爾雅詁林敘錄

錢君匋題

朱祖延　主編

長江出版傳媒
湖北教育出版社

叙錄上

主　編　朱祖延

副主編　宛志文　歐陽洲　趙熙文

編　纂（以姓氏筆劃爲序）

丁　忱　王迪綱　王勛敏　宋文虎　胡至善

胡錦賢　黄毓儀　張林川　張德英　郭康松

馮瑞生　董恩林　溫顯貴　楊　薇　譚聯秀

叙錄下

主　編　朱祖延

副主編　謝先俊　黄毓儀　張孝純　張林川

編　纂（以姓氏筆劃爲序）

杜朝暉　林久貴　周德美　郭康松

溫顯貴　楊　薇

目錄

序跋匯編

當代論文選編……三六七

叙録下

研究專著輯録……五二五

論文輯録……一一七二

纂例

一、本書分上、下兩部分。上包括《爾雅》及其研究專著書目提要、《爾雅》研究專著序跋匯編和當代《爾雅》論文選編。下爲二十世紀四十年代以前《爾雅》研究資料輯録，包括未能收入《爾雅詁林》中的研究專著、論文輯録和研究專著存目。

二、書目提要、序跋匯編、研究專著按書立目；同一作者數種著作分别立目；同書數篇序跋編在同一目下。凡分家輯録者按原書立目（如犍爲文學《爾雅注》）；凡分條輯佚統領各家者，按輯本立目（如臧庸《爾雅漢注》）。下所收論文，採自文集、匯編及報刊。凡文集收録兩篇以上者只標文集名；僅有一篇者標文章篇名，並注明出自何集、何書；採自報刊者則説明報刊名稱及發表時間。

三、書目提要一般包括卷次和著録情况、作者簡介、内容述要、版本等項。同一作者有幾種著作，作者生平衹在一種著作中介紹。覆刊本、影印本繫於原版本之下，用「後有某某本」表示。未單獨刊行之書目，介紹所出叢書版本情况；雖有單行本，對收入叢書者，同時兼顧該叢書的版本。其書名，首見者用全稱，再見者一般用簡稱。

四、下所收研究專著，主要包括不便分條收入《爾雅詁林》的和《爾雅詁林》未收而有整理條件的手稿本、手抄本。《爾雅》論文包括了考辨材料。二者均祇用頓號、逗號、冒號、句號四種標點符號。少數專著和歷史上確有其書而暫時無由見到的則列目存參。

五、本書各部分大體上各依成書時間順序排列,收入叢書者則依叢書成書時間順序排列。民國以前的作者標明朝代名。

六、編者對研究專著之稿本、手抄本做了全面的整理。對全書文字作了必要的勘注。爲了排印方便,原文顯係抄寫、排印致誤者及避諱字,徑改不出校。某些習用的異體字,亦改爲通行的正體字,如竝改並、□改丘、岓改近、逘改後,不一一贅舉。校勘文字用方括號〔　〕標示,注用圓括號(　)標示。原文固有括號中之夾注,則於注中加編者按標明。

叙錄上

書目提要

犍爲文學《爾雅注》（黄奭輯本、馬國翰輯本）

南朝梁阮孝緒《七録》、《隋書·經籍志》與唐陸德明《經典釋文·序録》均著録爲三卷，已亡佚。清人黄奭輯得二三四條，載《爾雅古義》卷一。馬國翰輯得二二五條，載《玉函山房輯佚書·經編·爾雅類》。黄本不分卷，馬本分上、中、下三卷。

關於本書作者，《釋文·序録》「犍爲文學注三卷」下注云：「犍爲郡文學卒史臣舍人，漢武帝時待詔。」自是，説舍人是人名者有之，説舍人是官名者亦有之；説舍人姓舍者有之，説舍人姓郭者亦有之。衆説紛紜，迄今尚未得出一致的結論（詳殷孟倫《爾雅簡説中·爾雅注家概述》），一般稱作犍爲文學或犍爲舍人。

本書價值，馬國翰輯本自序以爲：「舍人在漢武時釋經之最古者，本多異字，尤可與後改者參校而得《爾雅》之初義。」黄侃在《爾雅略説》中指出，該書「所存蓋雖零文隻義，皆可葆珍，探討《爾雅》者，究不能不首先及于此焉。」

黄奭輯本的成書經過，其自序説：「奭初輯此種，第就諸經正義、《釋文》，而以王氏（謨）《漢魏遺書》本稍稍附益之，後乃于邵氏《正義》、郝氏《義疏》、孫氏《漢注》、余氏《鈎沈》外，復旁涉《荀子》、《史記》、《一切經音義》、《御覽》、《六書故》、《爾雅翼》得若干條，入于《漢學堂經解》。」

黄氏在初稿中雖曾沿襲王謨《漢魏遺書》之誤，將《釋詁》的「仇，匹也」，《釋畜》的「青驪驎，驒」，《釋草》的「衆秫」、「茥蒛葐」、「莞苻離」、「莩麻母」諸條，本屬于孫炎或某氏的注文皆作爲「舍人注」，而此後在定稿中皆一一予以訂正，足見其態度之嚴謹。

黄、馬兩個輯本各有所長，亦各有所短，如黄氏誤收三條，馬氏失收一條。而版本上的錯訛，黄本似較馬本爲少。至其有關條目的具體比較，可以參看後面的附表（按：黄、馬二氏所輯各家《爾雅》注文，除少數外，條目和内容大體相同，爲方便讀者，我們在各家提要後附上一覽表，以明異同）。

黄奭輯本（《爾雅古義》）的版本有：

漢學堂叢書本（又名《黄氏逸書考》）。

榕園叢書本。

番禺李光廷刻本。

馬國翰輯本（《玉函山房輯佚書》）的版本有：

清光緒九年長沙嫏嬛館刊本。後有光緒十年章邱李氏據馬氏刊版重印本。

清光緒十年楚南書局刊本。

附表

篇目＼項目＼輯者	黃奭 條目數	黃奭 特有條目	馬國翰 條目數	馬國翰 特有條目	備注
釋詁	33		33		
釋言	28	「原」異文，「縭」義。	26		
釋訓	31	「薨薨」異文，「怟」音，「夢夢訰訰」義。	30		有兩處，黃爲一條，馬分爲二條。
釋親					
釋宮	7		7		
釋器	7		7		
釋樂	4		5	「大塤謂之嘂」義。	
釋天					
釋地	3		3		

續表

篇目	黃奭 條目數	黃奭 特有條目	馬國翰 條目數	馬國翰 特有條目	備注
釋丘					
釋山					
釋水	3		3		
釋草	29		30	「荼苦菜」義。	
釋木	18		18		
釋蟲	13		13		有一處黃爲二條，馬爲一條，有一處黃爲一條，馬爲二條。
釋魚	7		7		
釋鳥	25		19		有一處，馬爲一條，黃爲七條。

續表

篇目＼項目＼輯者	黃奭 條目數	黃奭 特有條目	馬國翰 條目數	馬國翰 特有條目	備注
釋獸	11		11		
釋畜	15		13		有兩處，馬爲一條，黃爲三條。
總計	234		225		

說明：所輯相同者，不具列；不同者，見特有條目欄。以下附表同此。

劉歆《爾雅注》（黃奭輯本、馬國翰輯本）

《隋志》云：「梁有，亡。」《釋文・序錄》：「劉歆注三卷」。《舊唐書・經籍志》、《新唐書・藝文志》皆不著目，劉書佚已久。清人黃奭、馬國翰並輯得三條。計《釋樂》一條，《釋草》一條，《釋蟲》一條。黃奭所輯劉氏注在《爾雅古義》卷三《爾雅李巡注》之後，馬國翰所輯劉氏注收在《玉函山房輯佚書・經編・爾雅類》，自成一卷。

劉歆（？——公元二十三年），西漢沛（今江蘇省沛縣）人，字子駿，後改名秀，字穎叔，是劉向的次子。「少以通《詩》、《書》能屬文召見成帝，待詔宦者署，爲黄門郎。河平中（公元前二十八年——前二十五年），受詔與父向領校秘書，講六藝傳記，諸子、詩賦、數術、方技無所不究。向死後，歆復爲中壘校尉。」（《漢書·楚元王傳附劉歆》）劉歆繼承父志，整理六藝群書，在《别録》的基礎上，撰成《七略》。原書不傳，其主要内容保存在《漢書·藝文志》中。王莽執政，劉歆爲國師。後因參與謀殺王莽，事敗被處死。他考定律曆，著《三統曆譜》（出處同上）；于經學還有《春秋左傳注》，亦佚。事蹟具《漢書》卷三〇九、九〇九和《後漢書》卷四〇一、五〇一。

《釋文·序録》「劉歆注三卷」下注云：「與李巡注正同，疑非歆注。」李注多同劉注，因他們是「師承傳授」，古人于師説不嫌襲取，這是不足爲怪的。

但又有不同之處，如《釋蟲》「蝝」，李注爲「蝗子」，而黄、馬輯本中劉氏注爲「蚍蜉子」。其所以不同，殷孟倫《爾雅簡説》曾援引過兩種解釋：一是説李氏本劉爲注，大旨不殊，其間亦不無少異；一是從劉、李説的完全不相應，因此致疑舊題劉注乃是後人綴集劉義以釋《爾雅》，並非劉歆自有注本。

從近刻《古逸叢書》中的《玉燭寶典》、原本《玉篇》及高麗傳來的《大藏音義》來看，其中所引的劉歆《爾雅注》而未爲清代輯録家所見者頗多，後人還可以在黄、馬二氏的基礎上補輯之。

版本詳《犍爲文學爾雅注》。

樊光《爾雅注》（黃奭輯本、馬國翰輯本）

《隋志》三卷，《釋文・序録》、兩《唐志》均著録六卷。已亡佚。清人黃奭輯得七十九條，載《爾雅古義》卷二。馬國翰輯得一一四條，載《玉函山房輯佚書・經編・爾雅類》。兩種輯本比較情況見附表。

樊光，東漢京兆（今陝西省西安市以東）人，官中散大夫。《釋文・序録》著録《爾雅》學者十家中即有樊光注，郭璞注《爾雅》，乃「錯綜樊、孫」，唐、宋人注經、史，亦多引以爲據。《釋文・序録》自注云：「沈旋疑非光注。」近人吳承仕亦云：「按《爾雅》本三卷，樊光漢人，經、傳猶當别行，而作注乃及六卷，草創之世，不應詳備若此，沈旋疑之是也。」（見吳氏《經典釋文序録疏證》）但郭注《爾雅》明言「錯綜樊、孫，博關群言」，「郭爲晉人，沈在梁代，其不能預見沈書，而此注確乎出漢樊光之手，可不煩言而解矣。」（黃奭輯本自序）黃奭輯本與馬國翰本相比較，馬氏比黃氏多收三十五條。其中多數爲《詩正義》、《禮記正義》所引「某氏」注（按：黃氏則收入其《衆家注》），馬氏輯本自序説：「孔氏《正義》、《釋文》、邢《疏》所引樊光，又或引作某氏」，馬氏據臧庸《拜經日記》「唐人義疏引某氏《爾雅》注，即樊光也」之説，皆歸之樊光。其引《詩》多與毛、韓不同，蓋本《魯詩》。殷孟倫《爾雅簡説》雖同意臧氏的見解，但對邵晉涵「《詩疏》所引某氏注，《左傳疏》引樊光注與某氏同，則某氏疑即樊光」之説，則抱懷疑態度。「樊氏之學，兼通今古，故常引《周禮》、《左氏傳》爲説。」（見黃侃《爾雅略説》）又反語之起，舊説起自孫炎，而樊光注中已多處使用，如「尸，寀也」條注「寀，七在反。」「明明、斤斤，察也」條注「斤，居覲反。」可知反切在後漢時已多使用，到孫炎時才臻于完備。

版本詳犍爲文學《爾雅注》。

附表

篇目 ＼ 輯者 / 項目	黃奭 條目數	黃奭 特有條目	馬國翰 條目數	馬國翰 特有條目	備注
釋詁	5		11	「妃」「荒」「亶」「柔」「呬」「淈」「溢」義	
釋言	9		13	「祺」「冥」「洵」「搴」義	
釋訓	8		9	「穰穰，福也」義	
釋親	1		1		
釋宮	1		1		
釋器	1		1		
釋樂					
釋天					
釋地					

續表

輯者	黃奭		馬國翰		備注
篇目＼項目	條目數	特有條目	條目數	特有條目	
釋丘					
釋山					
釋水					
釋草	13	「戎菽謂之荏菽」義	21	「菉」「蔚牡菣」「菲」「竹」「薔」「莞」「菲蒠藥」「蒤」「苕陵」義	
釋木	12	「杜棠白者棠」義	15	「樓落」「河柳」「楝」「朴」義	
釋蟲	4		5	「蛗」義	
釋魚	3		3		

續表

篇目＼項目＼輯者	黃奭 條目數	黃奭 特有條目	馬國翰 條目數	馬國翰 特有條目	備注
釋鳥	15		21	「舒雁鵝」「舒鳧鶩」「桑鳸竊」「鴽鴾母」「鴮沉鳧」「鶖」義。	
釋獸	1		5	「麐」「所寢橧」「猶」「兕」義。	
釋畜	6		8	「宗廟齊毫戎事齊力田獵齊足」「黑脣犉」義。	
總計	79		114		

李巡《爾雅注》（黃奭輯本、馬國翰輯本）

《七錄》、《隋志》、《釋文・序錄》及兩《唐志》均著録爲三卷，已亡佚。清人黃奭輯得三〇四條，載

《爾雅古義》卷三，馬國翰輯得三〇五條，載《玉函山房輯佚書・經編・爾雅類》。兩種輯本比較情況見附表。

李巡，東漢汝陽（今河南省汝南縣）人，靈帝時中黄門。《後漢書・宦者傳・呂强附李巡》稱其清忠，不爭威權，並曾建議靈帝，與諸儒共刻熹平石經，對正定「五經」文字是有一定貢獻的。由于李巡所注的《爾雅》多同于劉歆，于是有人認爲他們之間「大概是有師承傳授」（見殷孟倫《爾雅簡説》上）。有人認爲「此必子駿注《爾雅》時適在黄門郎，與宦者日近，其稿遂爲所得，輾轉入巡手。而巡之成此書，或又如《呂覽》、《淮南子》，多聽賓客之所爲，竟蹈郭竊向注之譏，未可知也。」（見黄奭輯本自序）對此我們現在皆只能存疑而已。惟李巡注本有很多和其他注本不同的地方，如《釋地》「九夷八狄七戎六蠻謂之四海」下更有「八蠻在南方，六戎在西方，五狄在北方」三句，皆不見于孫炎、郭璞諸本。其餘異文殊義，還爲數不少，以此知郭璞的《爾雅注》，不止于「錯綜樊孫」，實則襲取李注的也不少。

比較黄、馬兩家所輯，條目大同小異，兩家各自都有特有條目，且都是言之有據，給研究《爾雅》者提供了不少可貴的資料。黄、馬兩個輯本又各自都有錯誤之處，如「十月爲陽」的注文：「純陰用事嫌於無陽故以名云」，《後漢書注》與《詩正義》皆作孫炎注，而馬氏歸入李巡注，其錯誤是很明顯的。同樣，黄氏亦有錯訛，如「夏爲長嬴」《釋文》引李巡注「萬物各發生長也」，而黄氏將此注誤收在「春爲發生」條目下，其錯誤也是很明顯的。但從總體來看，馬氏之誤多于黄氏。

版本詳犍爲文學《爾雅注》。

附表

輯者 項目 篇目	黃奭 條目數	黃奭 特有條目	馬國翰 條目數	馬國翰 特有條目	備注
釋詁	8		9	「弛，易也」音。	
釋言	27	「靟」音	27	「翿」義	
釋訓	21	「仇仇、敖敖，傲也」義及「敖敖」異文。	21	「翕翕訿訿莫供職也」義。	
釋親					
釋宮	25		25		
釋器	31		31		
釋樂	13	「棧」義	12		
釋天	47	「寎」音	47	「十月之陽」義。	
釋地	19		20		有一處，黃爲一條，馬爲二條。

續表

篇目 \ 項目 \ 輯者	黃奭 條目數	黃奭 特有條目	馬國翰 條目數	馬國翰 特有條目	備注
釋丘	13		13		
釋山	9		9		
釋水	27		27		
釋草	13		14	「蘮」異文。	
釋木	7		7		
釋蟲	11		12	「蠭醜螸」音。	
釋魚	4		4		
釋鳥	17		17		
釋獸	7	「鼸鼠」「鼩鼠」義。	5		馬本將「鼩鼠」注誤入「鼷鼠」下。

續表

篇目＼輯者／項目	黃奭 條目數	黃奭 特有條目	馬國翰 條目數	馬國翰 特有條目	備注
釋畜	5		5		
總計	304		305		

鄭玄《爾雅注》（許森輯本）

不分卷，篇第依經注本。所稽鄭注三十三條依次置於各篇有關目之下，原名《爾雅鄭玄注稽存》。

許森，字敏修，四川蓬安縣人。本書系據《尚書》、《毛詩》、《周禮》、《禮記》等經書的注疏中所引《爾雅》鄭玄注輯錄而成。其中《釋詁》五條，《釋言》十二條，《釋訓》二條，《釋親》二條，《釋宮》二條，《釋器》一條，《釋天》六條，《釋魚》二條，《釋畜》一條。許氏對所輯《爾雅》鄭注條目，參稽群籍，認真考辨。如慧琳《一切經音義》卷八十三「郵駿」下引有鄭玄注：「駿，馬之美稱也。」今本《爾雅·釋詁》，在「大也」、「長也」、「速也」三條中都有「駿」一詞，鄭玄此注應隸于何條，《一切經音義》中未見明文，許森博采諸家考訂，斷定鄭玄此注應屬「速也」條，其按語云：「《説文》：『駿，馬良材也。』駿本良馬之稱，良馬行疾，引申之有速義。」令人信服。遇有疑難之處，則暫付闕如，不妄下斷語，或收列存參。如《周禮·天官》「以民爲極」鄭玄注：「極，中也。」賈公彦疏：「『極，中』，《爾雅》文。」今本《爾雅》作：「殷、齊，中也。」無「極」字。許森在此條下云：「『極』、『齊』雖並訓《中》，然二字通假，經典別無明證，豈鄭本于『殷、齊』外別有『極』字耶，抑鄭本作『極』，郭本作『齊』耶？存參。」如此處理，十分穩妥。總之，本書所輯《爾雅》鄭玄注條目雖然僅三十餘條，但較其他輯本爲富。加之許氏態度謹嚴，稽考悉心，因此于研究《爾雅》古注、古義有重要參考價值。

版本有一九三六年石印本。

孫炎《爾雅音》、《爾雅注》（黄奭輯本、馬國翰輯本）

孫氏《爾雅注》，《隋志》七卷，兩《唐志》作六卷，《釋文·序錄》作三卷。孫氏《爾雅音》，《七錄》二卷，《釋文·序錄》作一卷。孫氏《爾雅》音、注均佚已久。清人黄奭輯得孫氏《爾雅音注》四六九條，載《爾雅古義》卷四；馬國翰輯得孫氏《爾雅音》一卷，九十二條，又《爾雅注》上、中、下三卷，共四二三條，均收在《玉函山房輯佚書·經編·爾雅類》。黄、馬兩種輯本分類比較見附表。

孫炎，三國魏樂安（今山東省博興縣）人。字叔然。因名與晉武帝同，以字稱。《魏志·王肅傳》說：「時樂安孫叔然受學鄭玄之門人，稱東州大儒，征爲秘書監，不就。」孫氏除《爾雅》音、注外，還有《周易注》、《毛詩注》、《禮記注》、《春秋三傳注》、《國語注》等書，均不傳。事蹟具《三國志》卷十（按：此孫炎與五代時之孫炎，即邢昺所稱俗間孫炎有别）。

《魏志》稱孫氏爲「東州大儒」，郭璞注《爾雅》「錯綜樊孫」（見郭氏《爾雅序》），可見其學術影響之大。郭注于孫氏某些注釋雖間有駁議（如《釋詁》「覭髳茀離也」注和《釋蟲》「莫貈，蟷蜋蛑」注），但郭注仍多同于孫注。如：《釋水》「鉤盤」，孫注：「水曲如鉤盤桓不前也。」郭注：「水曲如鉤流盤桓也」。又如《釋草》中釋「蘆虈」爲草，以「菺老」爲一名，郭注都顯然與孫注相同。有人説郭氏多襲于孫，而不言所自，這不是没有根據的。黄侃評價説：「（孫）叔然師承有自，訓義優洽，《爾雅》諸家中，斷爲第一。」（黄侃《爾雅略説》）正不必因爲郭氏的批評就遭到了貶損。

孫炎《爾雅》音、注與其他諸家不同處，是反語注音多，粗略統計，黄、馬兩種輯本中所輯孫氏音中使用反語的地方均多達五十餘處。《顔氏家訓·言辭》：「孫叔言（然）創《爾雅音義》，是漢末人獨知反語。」顔之推所以這樣説，「蓋反語條例，至叔然始成立。」（同前）

黄、馬兩個輯本比較，所收條目大致相同。但馬本的錯訛要比黄本爲多，且有自亂體例的地方。如在《孫氏音》中據《集韻》收有「三月爲痟」。況病切」，而在《孫氏注》中「三月爲痟」下又據《釋文》注云：「痟，陂病反。」（案《釋文》此音是李注）同時也有將注收在《孫氏音》中的情況。此外，排印上的錯訛也不少，如：《釋詁》「譏，汽也」注：「汽，近也」注：「話，善人之言也。」馬本誤作「言人之言也。」這些都應引起我們的注意。至于將五代孫炎「蒚山蒜」、「中馗菌」注誤作魏人孫叔然注而加以輯録，則是黄、馬兩家共同疏忽之處。

版本詳犍爲文學《爾雅注》。

附表

篇目 \ 項目 \ 輯者	黃奭 條目數	黃奭 特有條目	馬國翰 條目數（音）	馬國翰 條目數（義）	馬國翰 特有條目	備注
釋詁	41	「妥」音。「典」音。	15	30		
釋言	49		9	45	「光」「很」音。	
釋訓	35	「洸洸」異文，「濟濟」義。	2	32		
釋親	5			5		
釋宮	29			29		
釋器	33		6	32	「康」「辨」音。	
釋樂	13		2	13		
釋天	65	「十月爲陽」義。	3	67	「寎」音。	馬本誤收。
釋地	18	「邑外謂之郊」義。	5	16		

續表

輯者	黃奭	黃奭	馬國翰	馬國翰	馬國翰	備注
篇目＼項目	條目數	特有條目	條目數（音）	條目數（義）	特有條目	
釋丘	12		1	12	「隩限」義。	
釋山	11		1	11		
釋水	18		4	18		
釋草	49		19	37		
釋木	20		6	18		
釋蟲	24	「蛾羅」義。「螝蛹」義。	9	18	「蚸」音，「强醜捋」義。	

續表

篇目＼項目＼輯者	黄奭 條目數	黄奭 特有條目	馬國翰 條目數（音）	馬國翰 條目數（義）	馬國翰 特有條目	備注
釋魚	9	「鰼」「鱒」「蚴蠃」義。	2	7	「蠑螈蜥蜴蜥蜴蝘蜓」義。	
釋鳥	16		4	14		
釋獸	10	「貗貐」義。	1	8		
釋畜	10		3	10		
補遺	2	「闍謂之臺」「蠽蠡螇蚸」義。				馬本無補遺。
總計	469		92	422		

郭璞《爾雅注》

《隋志》五卷，兩《唐志》及《宋史・藝文志》三卷，今傳世宋本均爲上中下三卷。

郭璞（公元二七六——三二四年），字景純，晉代河東聞喜（今山西聞喜縣）人，是西晉末東晉初傑出的詩人和著名的語言學家。《晉書》本傳稱其「好經術，博學有高才，而訥于言論，詞賦爲中興之冠。好古文奇字，妙于陰陽歷算。」「爲中興才學之宗。」他一生著述宏富，據其本傳及《隋志》載，尚有《爾雅圖》十卷及《圖贊》二卷、《爾雅音義》二卷、《毛詩拾遺》一卷、《周易新林》四卷、《三蒼注》三卷、《方言注》十三卷、《穆天子傳注》六卷、《山海經注》二十三卷、《楚辭注》三卷等，以及大量詩賦誄頌。這些著述大部分現已散佚，少有全帙。

在郭氏衆多的著述中，《爾雅注》是其「沉研鑽極二九載」（郭璞《爾雅序》，下引文同）的力作。其取材廣博，所謂「綴集異文，會粹舊説，考方國之語，采謠俗之志，錯綜樊、孫，博關群言」。據粗略統計，全書引三代秦漢古籍近五十種。而且，注解方法也有超軼前人之處，全書不僅始終貫徹以今語釋古語、以當代方言證雅言的原則，還別爲音圖相輔，這就使後人既能識其名、解其義，又能辨其物。他見解獨到，一反漢儒「注不違傳，疏不破注」的陋習，注意從語言發展的角度去研究《爾雅》，不盲從古人、拘泥成説，而是大膽糾正訛謬，删除蕪雜。正如自序所説：「剟其瑕礫，搴其蕭稂，事有隱滯，援據徵之。」如《釋詁》「玄黄」注：「虺穨、玄黄，皆人病之通名，而説者便爲之馬病，失其義也。」他態度謹嚴，有疑則闕，不妄臆斷。故全書明言「未詳未聞」者達百餘處。此外，郭璞在注釋中所提出的「語之輕重」、「聲轉、語轉」、「假借音」、「連綿字不分訓」等帶規律性的概念，下開了清人「因聲求義，聲義密合」治學方法的先河，對訓詁學作出了重大貢獻。所以，此書歷來受到學者們的推崇。唐陸德明《釋文·序錄》云：「先儒多爲億必之説，乖蓋闕之義，唯郭景純洽聞强識，詳悉古今，作《爾雅注》，爲世所重」。宋邢昺《爾雅疏序》稱此書「最爲稱首」，「學者祖焉」。《四庫全書總目提要》也認爲此書「所注多可據。後人雖迭爲補正，然弘綱大旨，終不出其範圍。」當然，郭注也並非無疵可指，如其中時引漢魏樊光、孫炎《爾雅注》之説，而不言所自，且多貶損。此外，也偶有望文生訓，不得要領之處。如《釋詁》「載、謨，僞也」注：「載者，言而無信；謨者，謀而不忠。」宋人鄭樵已辨其誤。但即使如此，仍是瑕不掩瑜。而且，此書是唯一比較完整地保存到現在的最早的《爾雅》注本。因此，研究《爾雅》當以此書爲第一要籍。

郭注問世以後，先後有唐陸德明據以著音釋，宋邢昺等人爲之作疏，清邵晉涵爲之作正義，郝懿行爲之作義疏。因此，其書除單行本外，尚有音注本、注疏本、正義本、義疏本。兹將其單注本簡述如下：

宋刻本。後有四部叢刊影印本。

覆宋大字本。遵義黎庶昌《古逸叢書》影刊，原本爲日本室町氏時翻刻南宋補刊本。

影宋小字本。日本山崎氏羽澤石經山房天保年間覆刻。

《天祿琳琅叢書》影南宋監本。

元大德己亥平水曹氏進德齋刻巾箱本。

元刊雪窗書院本。清嘉慶年間武進臧庸拜經堂據以重刻；光緒年間東陵方功惠碧琳琅館又據臧本重新校刊。

明景泰七年馬諒刻本。後有嘉靖四年張景華、黄卿補刊本。清道光四年金陵陳宗彝石經精舍又重刊此本。

明嘉靖四年陝西許宗魯宜靜書堂刻本。

明嘉靖十七年吴元恭仿宋刻本。後有清嘉慶十一年顧廣圻思適齋重刻本。又有民國年間《古書叢刊》影顧氏重刊本。
明嘉靖隆慶間畢效欽編刻《五雅》本。
明萬曆三十一年胡文焕刻《格致叢書》本。
明天啓六年郎奎金輯刊《五雅》本二卷。商務印書館叢書集成有影印本。
天啓七年邵闇生輯刊《夢古介書》一卷。
明崇禎十二年永懷堂刻《十三經古注》本十一卷。後有清同治八年浙江書局校修印本。
明萬曆刊陳深撰《十三經解詁》本。
明鍾人傑刻本。
清乾隆二十九年山東曲阜孔繼汾、張樞校刻本。
清嘉慶六年曾燠刊影宋繪圖本。
清嘉慶二十二年清芬閣刻本。後有同治十三年湖南尊經閣翻刻本。
清嘉慶二十二年聽潮吟館刻本（按，此本與清芬閣本同）。
清同治七年湖北崇文書局校刻本。
同治十一年山東書局重校刊《十三經讀本》。
同治十二年稽古樓刻巾箱本。
光緒五年山西濬文書局刻本。後有光緒十二年湖北官書處重刻本。
光緒十年上海同文書局刊本。

郭璞《爾雅音義》（黄奭輯本、馬國翰輯本）

郭璞《爾雅序》云：「別爲音圖。」《晉書》本傳載：「注釋《爾雅》，別爲音義、圖譜。」《釋文・序録》載：郭璞「音一卷」。兩《唐志》亦著録音義一卷。已佚。清人黄奭輯得四七四條，載《爾雅古義》卷五，馬國翰輯得三四五條，載《玉函山房輯佚書・經編・爾雅類》。兩種輯本分類比較情况見附表。

郭璞《音義》多從《釋文》輯得，也有極少數從本注、邢《疏》、各經正義及《齊民要術》、《初學記》、《藝文類聚》、《史記索隱》、《後漢書注》、《文選注》、《集韻》、《太平御覽》、《一切經音義》等書中輯録者。在輯録的過程中如何處理紛紜衆多的舊音舊注，如何區分「郭」與「非郭」、「注」與「音義」呢？黄奭輯本自序云：「嘗疑《御覽》載《爾雅》音極多，孰從而知彼非郭此爲郭哉？久乃覺其音于注上及各字下者爲各家舊音，其在郭注下者爲郭音。其舊有名字可指者歸各家，無名字者以衆家統之，而郭之本音遂昭然若揭矣。」自序又説：「夫義與注何以別之？則凡見他書與注複者非義，爲注所略者是宜以音義當之。」可見黄奭在輯録過程中態度嚴謹，方法科學，加上他所涉獵的書籍多達二十六種，所以他的輯本無論在數量上或質量上都大大超過馬氏輯本，如所收條目多出馬本將近一二〇條。馬國翰非常注意那些在音上有「兩讀」、「三讀」的問題，并收兼采，以備參考。他以爲「自毋昭裔删存一音，古法浸失，兹編雖殘缺，猶存先儒之舊範焉。」（見馬氏輯本自序）但失收漏收較多，還有不少明顯的錯訛現象，如《釋詁》中有十八條誤入了《釋言》，又《釋山》「霍山爲南嶽」下凡一〇七字的郭注，見于《左傳・昭公四年》孔疏，《書》、《詩》、《周禮》等正義亦皆曾引之（只詳略不同），郝懿行等已考證其爲「郭氏音義」，而馬氏竟漏收此條，殊失「與其過而廢之，不若過而存之」之義。至於由于時代的局限，還有不少存在于古本《玉篇》、《玉燭寶典》

及慧琳《音義》等晚近才從日本回歸的古籍中的「郭氏音義」。未能加以輯錄，這是黃、馬兩本所共有的缺陷。

版本詳犍爲文學《爾雅注》。

附表

篇目 \ 項目 \ 輯者	黃奭 條目數	黃奭 特有條目	馬國翰 條目數	馬國翰 特有條目	備注
釋詁	45	「怡、懌」義，「瑳」音。	45	「重」音。	有一處，黃爲一條，馬爲二條。
釋言	37	「底」、「氂」、「跪」音；「賈」、「鞠」異文；「逡」、「恫」、「衮」義。	30	「闇」音。	
釋訓	27	「怟」音，「緜緜」義。	28	「斤」、「琄」音。「綽綽」義。	
釋親					
釋宮	14	「梫」、「闍」、「甓」音，「桷」義。	12	「杙」音，「岐」義。	

續表

篇目	黃奭 條目數	黃奭 特有條目	馬國翰 條目數	馬國翰 特有條目	備注
釋器	28	「瓵」、「襮」、「衸」、「鐐」音，「罝」、「石」、「筆」義。	23	「撩」音、義。	有一處，黃爲一條，馬爲二條。
釋樂	6	「鬌」、「韶」義	5		有一處，黃爲一條，馬爲二條。
釋天	16	「窮蒼」、「歲」義，「著」異文，「黓」、「牂」、「敦」、「雩」音。	9	「咮」音。	
釋地	8	「豫州」、「揚州」義。	6		
釋丘	10	「崑崙」、「右陵泰邱」、「如畝畝邱」、「微」義，「沮」音。	5		

續表

輯者 項目 篇目	黃奭		馬國翰		備注
	條目數	特有條目	條目數	特有條目	
釋山	12	「山三襲陟」、「屬者嶧」、「霍山爲南嶽」義，「墮」音。	8	「坯」音	有一處，馬爲一條，黃爲二條。
釋水	10	「潬沙出」、「九河」義，「潏」音。	8	「絜」音。	
釋草	70	「藿嶉」等二十九條	45	「曼」、「薊」、「鬷」、「菼薍」音。	
釋木	39	「梅柟」等共十七條	22		
釋蟲	29	「蝒馬蜩」等共十條	21	「螗蜩」音，「土蠭」義。	
釋魚	35	「鱧」等共十九條	16		
釋鳥	40	「鶌鳩鶻鵃」等十五條	27	「鳭」、「鳦」音。	

續表

篇目＼項目＼輯者	黃奭 條目數	黃奭 特有條目	馬國翰 條目數	馬國翰 特有條目	備注
釋獸	21	「麕牡麌」等共八條	16	「鼪」、「䶂」音。	有一處，黃爲一條，馬爲二條。
釋畜	22	「左白畀」、「其子犢」義，「驚」音。	19		
補遺	5	「味」、「秠」音。「罬」、「重甗隒」、「鯉鱣鰋鮎鱧鯇」義。			
總計	474		345		

郭璞《爾雅圖贊》（王謨、嚴可均、黃奭、馬國翰、錢熙祚輯本）

《隋志》、《釋文·序錄》著錄二卷，兩《唐志》作一卷。清人王謨輯得五十五首，載《漢魏遺書鈔》中；

嚴可均輯得四十八首，載《觀古堂匯刻書》第一集中；黄奭輯得六十五首，載《爾雅古義》卷六；馬國翰輯得五十五首，載《玉函山房輯佚書·經編·爾雅類》；錢熙祚輯得四十四首，載《指海》第十八集中。五家輯本分類比較見附表。

郭璞爲《爾雅》音圖的用意，他在《爾雅序》中曾云：「别爲音圖，用袪未寤。」邢昺疏云：「字形難識者則審音以知之，物狀難辯者則披圖以别之。」至其圖贊，全採用四言詩的形式，或句句押韵，或隔句押韵，文字優美，便于誦讀。其内容乃「窮物之形，盡物之性」（嚴氏輯本序）。

五家輯本相比，數量以黄本爲多，質量以嚴本爲優，葉德輝稱贊嚴氏輯本説：「至嚴君此本之精，如《犀》贊，據郭注與《山海經》互易，《太室》《螣蛇》二贊，據《中山經》迻入，皆足見抉擇之精，校讎之密，羽儀經傳，揖讓姬孔，詎惟有功郭氏也哉。」（見葉德輝觀古堂刻本後跋）

王謨輯本（《漢魏遺書鈔》）版本有：

嘉慶三年金溪王氏刊本。

嚴可均輯本（《觀古堂匯刻書》）版本有：

光緒二十八年刊本。

黄奭輯本（《爾雅古義》）、馬國翰輯本（《玉函山房輯佚書》）版本詳犍爲文學《爾雅注》。

錢熙祚輯本（《指海》）版本有：

道光中錢氏據借月山房匯鈔刊版。

重編增刊本。後民國二十四年上海大東書局有影印本，今藝文印書館《百部叢書集成》又據道光本影印。

附表

輯者	項目	釋器	釋天	釋地	釋丘	釋山	釋水	釋草	釋木	釋蟲	釋魚
王謨	條數	4	2	4	1		2	9	5	6	5
	特有條目										
嚴可均	條數	4	2	4		1	1	8	4	6	5
	特有條目					「太寶山」					
黃奭	條數	4	2	4	1		4	10	6	7	6
	特有條目							「澤鳥蘘」		「蠓蠛蠓」	
馬國翰	條數	4	2	4	1		3	8	5	6	6
	特有條目										
錢熙祚	條數	4	2	4			2	8	2	6	4
	特有條目										
備注											

續表

輯者	項目	釋鳥	釋獸	釋畜	補遺	總計
王謨	條數	4	9	4		55
王謨	特有條目					
嚴可均	條數	3	8	2		48
嚴可均	特有條目					
黃奭	條數	4	11	4	2	65
黃奭	特有條目		「贙有力」、「蜼邛鼻而長尾」。		「有梁山之犀象焉」	
馬國翰	條數	5	9	2		55
馬國翰	特有條目					
錢熙祚	條數	4	7	1		44
錢熙祚	特有條目					
備注						

沈旋《爾雅集注》（黄奭輯本、馬國翰輯本）

《隋志》、兩《唐志》均作十卷，《釋文·序録》：「梁有沈旋，集衆家之注。」沈書已亡佚，清人黄奭輯得五十三條，載《爾雅古義》卷七；馬國翰輯得五十七條，載《玉函山房輯佚書·經編·爾雅類》。兩種輯本比較情況見附表。

沈旋，南朝梁吴興武康（今浙江省德清縣武康鎮）人，字士規，沈約之子。《梁書·沈約傳》言沈旋「歷中書侍郎、永嘉太守、司徒從事中郎、司徒右長史。免約喪，爲太子僕，復以母憂去官，而蔬食辟穀，服除，猶絶粳粱。爲給事黄門侍郎、中撫軍長史。出爲招遠將軍、南康内史。在部以清治稱。卒官，謚曰恭侯。」不言有著述。僅《南史》本傳言他「集注《邇言》行于世」。並没有説沈旋集注《爾雅》，可見「《邇言》當是《爾雅》的傳訛」（殷孟倫《爾雅簡説》中）。

從黄、馬二人所輯可以看出，大概沈書是集注又兼注音。佚文大部分是從《釋文》中輯得，少數條目則引自《集韻》、《類篇》和玄應《一切經音義》。沈旋曾懷疑樊光注不是真的（見《釋文·序録》），後來引用，也衹稱作「某氏」，可以看出沈書必有許多可取之處和駁正舊説的地方。故馬國翰在《爾雅集注序》中曾言沈氏注本「其本字，鮮作誓、駬作豊，與邢疏本異，未審據用何家，要非無所自也。」

黄、馬兩種輯本，内容大同小異。各有特有條目若干，亦均有疏漏之處。例如：「𠛗謂之鑢」馬氏據《集韻》録得沈讀「鑢，千結切」，而黄氏漏收。又《釋魚》：「鱊鮬鱖婦」，黄氏據《釋文》收有沈注「鱊音述，又音聿。」又據《類篇》收有沈注「鮬，貧悲切，魚名。」馬氏僅據《釋文》收有「鱊」的音。總之，黄、馬兩種輯本各有長短。從兩種本子所涉及的書目來看，馬本要比黄本廣泛一些。

版本詳犍爲文學《爾雅注》。

附表

輯者 / 項目 / 篇目	黃奭		馬國翰		備注
	條目數	特有條目	條目數	特有條目	
釋詁	9	「藹」音。	9	「誶」音。	
釋言	6		7	「懈，怠也」義。	
釋訓	4		4		
釋親					
釋宮	1		3	「椳」音，郭注 「礿」音。	
釋器	7		9	「⿰甾疌」、「捐」音。	
釋樂	1		1		
釋天					
釋地					

續表

篇目＼項目＼輯者	黃奭 條目數	黃奭 特有條目	馬國翰 條目數	馬國翰 特有條目	備注
釋丘					
釋山	1		1		
釋水					
釋草	12		12		
釋木					
釋蟲	2		2		
釋魚	4		4		
釋鳥	1				
釋獸	4		5	「狒」音。	
釋畜					

續表

篇目＼項目＼輯者	黃奭 條目數	黃奭 特有條目	馬國翰 條目數	馬國翰 特有條目	備注
補遺	1	「鮥鮇鮪」義。			
總計	53		57		

謝嶠《爾雅音》（黃奭輯本、馬國翰輯本）

《釋文·序錄》：「陳國子祭酒謝嶠撰音。」謝書久已不傳。清人黃奭輯得一〇九條，載《爾雅古釋》卷九，馬國翰輯得九十一條，載《玉函山房輯佚書·經編·爾雅類》。兩種輯本分類比較情況見「附表」。

謝嶠，會稽山陰（今浙江省紹興縣）人，據《陳書·謝岐傳》載：「岐弟嶠，篤學，爲世通儒。」黃、馬兩家所輯謝嶠《爾雅音》大都引自《釋文》，僅有數條引自《詩正義》、《御覽》、《集韻》與《類篇》等書。關於今本《釋草》「荍蚍衃」郭注所引的「謝氏云：小草，多華少葉，葉又翹起。」歷來即有爭論，認爲「謝氏即謝嶠」，其理由是：「大概邢疏采《詩正義》，連引了郭、謝，後人又取邢疏增益郭注，遂至此謬。」（清人邵晉涵、錢大昕和近人黃侃皆主此説）馬本不收此條，可能是認爲在郭璞之前另有一個

「謝氏」。黃氏在此書輯本自序中也認爲「郭所引謝氏，或更有一謝在郭前，而非陳之通儒謝嶠也」，但在輯本中又收有此條，其自相矛盾如此。至于黃氏特有的二十條（按：已剔除「莪蚍蜉」（條），初步查核都是出自《釋文》，且明標有「謝氏云」字樣者，而馬本竟均漏收，這不能不說是馬氏的一個重大疏忽。

版本詳犍爲文學《爾雅注》。

附表

輯者 項目 篇目	黃奭 條目數	黃奭 特有條目	馬國翰 條目數	馬國翰 特有條目	備注
釋詁	9		9		
釋言	10	「舫」「洵」「稹」「飧」「柢」音。「矧」義。	4		
釋訓	10	「佗」「赫」「旭」「仳」「昫」「溞」「尼」「懕」「薆」「恂」音。			馬本無《釋訓》。
釋親					
釋宮					

續表

篇目 \ 項目 \ 輯者	黃奭 條目數	黃奭 特有條目	馬國翰 條目數	馬國翰 特有條目	備注
釋器	6	「斪」「罬」音。	4		
釋樂	1		1		
釋天	1		1		
釋地	1	「罊」音及異文。			馬本無《釋地》。
釋丘	4	「畫」音。	3		馬本將「畫」，「胡卦反」誤入《施乾音》。
釋山					
釋水	2		2		
釋草	32	「收（荍）蚍衃」義。	32		黃收此條自相矛盾，又有一處，黃爲一條，馬爲二條。

續表

輯者	黃奭		馬國翰		備注
篇目＼項目	條目數	特有條目	條目數	特有條目	
釋木	6		6		
釋蟲	6		7	「蛢」音。	
釋魚	6		6		
釋鳥	10		11		有一處，黃爲一條，馬爲二條。
釋獸	2		2		
釋畜	3		3		
總計	109		91		

《釋文·序錄》：「陳舍人顧野王撰音，既是名家，今亦采之，附于先儒之末。」書已亡佚。清人黄奭輯得二二四條，載《爾雅古義》卷十，馬國翰輯得五十八條，載《玉函山房輯佚書·經編·爾雅類》。兩種輯本對比情况見附表。

顧野王《爾雅音》（黄奭輯本、馬國翰輯本）

顧野王（公元五一九——五八一年），南朝吳郡吳（今江蘇省蘇州市）人。字希馮。初仕梁，陳時官至光祿卿。《南史》本傳說他「幼好學，七歲讀五經略知大指。九歲能屬文。」「長而徧觀經史，精記默識，天文地理，蓍龜占候，蟲篆奇字，無所不通」。

他於梁大同九年（公元五四三年）撰成《玉篇》三十卷。「於許氏《說文》外，自樹一幟」（馬國翰輯本自序）。除《爾雅音》、《玉篇》外，還著有文集二十卷，「《輿地志》三十卷，《符瑞圖》十卷，《顧氏譜傳》十卷，《分野樞要》一卷，《續洞冥記》一卷，《元象表》一卷，又撰《通史要略》一百卷，《國史紀傳》二百卷，未就而卒。」事蹟具《南史》卷六十九，《陳書》卷三十。

顧書的文字多與今郭璞注本異，如：《釋言》：「虹，潰也。」陸氏《釋文》云：「虹，音紅。顧作訌，音同」，又《釋訓》「薨薨，衆也。」《釋文》云：「薨薨，顧舍人本作雄雄。」

黄、馬兩個輯本，雖正篇所輯大抵相埒，但黄本體例較精，列有《附錄》，凡《玉篇》有引《爾雅》經文及音注者盡載之。這就大大提高了它的參考價值。因《玉篇》與《爾雅顧氏音》乃顧氏兩部互爲表裏的著作，讀者用它不僅可與今本《爾雅》相對照，且可從中知道顧氏是怎樣解釋《爾雅》的。惜黄氏當時尚未能見到從日本傳來的唐寫本《玉篇》，故拾遺補闕，還有待後人。

版本詳犍爲文學《爾雅注》。

附表

篇目 ＼ 輯者／項目	黃奭 條目數	黃奭 特有條目	馬國翰 條目數	馬國翰 特有條目	備注
釋詁	9		9		
釋言	6		7		有一處，黃爲一條，馬爲二條。
釋訓	6		7	「莔」義。	
釋親					
釋宮	2		2		
釋器	3		3		
釋樂	1		1		
釋天					
釋地	1		1		

續表

篇目＼輯者、項目	黃奭 條目數	黃奭 特有條目	馬國翰 條目數	馬國翰 特有條目	備注
釋丘					
釋山	2		2		
釋水					
釋草	10		10		
釋木	1		1		
釋蟲					
釋魚	7		8	「鮥」音。	
釋鳥	1		1		
釋獸	1		1		
釋畜	5		5		

續表

篇目＼項目＼輯者	黃奭		馬國翰		備注
	條目數	特有條目	條目數	特有條目	
附錄	169				黃本凡《玉篇》有引《爾雅》及音注者皆附錄于此。
總計	224		58		

施乾《爾雅音》（黃奭輯本、馬國翰輯本）

《釋文·序錄》：「陳博士施乾撰音。」隋、唐志皆不著目。已亡佚。清人黃奭輯得七十七條，載《爾雅古義》卷八；馬國翰輯得七十七條，載《玉函山房輯佚書·經編·爾雅類》。兩種輯本比較情況見「附表」。

施氏事蹟未詳，從《釋文·序錄》中僅知他是南朝陳人，曾官博士。馬國翰在輯本自序中說「（施）音多非今用」，並歷舉施氏于《釋訓》「慱慱，憂也」之「慱」讀「逋莫反」，于《釋草》「菟奚顆涷」之「涷」，以及《釋天》「暴雨謂之涷」之「涷」，皆讀「都弄反」，以爲「凡此之屬，未可爲訓也」。陸氏《釋文》在《釋水》「鬲津」條下亦云：「鬲音革；施，力的反，與今注不同。」但黃奭則以爲「施乾音尚有見

《類篇》、《集韻》者，少而彌珍」。（見黄奭輯本自序）黄、馬二人所輯施氏音，條目數字雖大致相等，但條目内容並不全同。兩本雖各有錯訛，但比較起來馬本的錯訛要多一些。例如《釋丘》「途出其右而還之畫丘」條下的「畫，胡卦反」，本爲謝嶠音，而馬氏卻誤作施乾音而收入輯本。

版本詳犍爲文學《爾雅注》。

附表

輯者 項目 篇目	黄奭 條目數	黄奭 特有條目	馬國翰 條目數	馬國翰 特有條目	備注
釋詁	13	「相」音	12		
釋言	6	「徇」音	5		
釋訓	4		4		
釋親					
釋宮					
釋器	4		4		
釋樂					

續表

篇目＼項目＼輯者	黃奭 條目數	黃奭 特有條目	馬國翰 條目數	馬國翰 特有條目	備注
釋天	1		1		
釋地	1	『軹』音			
釋丘	2		4	「還」音，「畫」音	
釋山					
釋水			1	「鬲」音	
釋草	17		16		
釋木	6		6		
釋蟲	6	「螝」音	6	「螂」音	
釋魚	5		5		
釋鳥	7		7		

續表

篇目＼輯者、項目	黃奭 條目數	黃奭 特有條目	馬國翰 條目數	馬國翰 特有條目	備注
釋獸	4		5	「幺」音	
釋畜	1		1		
總計	77		77		

裴瑜《爾雅注》（馬國翰輯本）

兩《唐志》不著錄，《宋志》、《中興書目》並載五卷。書已佚。清人馬國翰輯得八條（其中：序一條，《釋詁》五條，《釋言》一條，《釋訓》一條，《釋鳥》一條）。載《玉函山房輯佚書·經編·爾雅類》。

裴瑜，字、里無考，據《宋志》僅知他爲唐人。裴氏自序曰：「依六書八體，撮諸家注未盡之義，勒成五卷，並音一卷。」可見其書大概。馬氏所輯八條，其中有五條係以《龍龕手鑑》所引舊注作爲裴瑜注，故馬氏自序云：「又遼僧行均《龍龕手鑑》引雅注五條，考犍爲文學及劉、樊、李、孫之注，宋、遼之際已不存，存者唯郭璞、裴瑜二注，行均所引，郭注不見，審爲裴注矣。」可見純係推測之詞，實在不足爲據。

馬氏輯本（《玉函山房輯佚書》）版本詳《犍爲文學爾雅注》。

黄奭《爾雅衆家注》

分上下兩卷。載《爾雅古義》。

本書共輯得四七三條，其中：《釋詁》三十九條（上卷二十，下卷十九），《釋言》三十三條（上卷八，下卷二十五），《釋訓》十條（上卷四，下卷六），《釋親》一條（下卷），《釋宮》二十條（上卷三，下卷十七），《釋器》二十七條（上卷五，下卷二十二），《釋樂》六條（上卷三，下卷三），《釋天》二十九條（上卷六，下卷二十三），《釋地》十一條（上卷三，下卷八），《釋丘》九條（下卷），《釋山》十一條（上卷二，下卷九），《釋水》十一條（上卷二，下卷九），《釋草》八十二條（上卷二十，下卷六十二），《釋木》四十一條（上卷十，下卷三十一），《釋蟲》二十六條（上卷四，下卷二十二），《釋魚》十五條（上卷二，下卷十三），《釋鳥》三十七條（上卷十四，下卷二十三），《釋獸》三十五條（上卷六，下卷二十九），《釋畜》二十五條（上卷六，下卷十九），另有補遺五條（上卷四，下卷一）。

本書乃黄奭完成了《爾雅》之《犍爲文學注》、《樊光注》、《李巡注附劉歆》、《孫炎注、音》、《郭璞音義》、《郭璞圖贊》、《沈旋集注》、《施乾音》、《謝嶠音》及《顧野王音》等十種古注古音的輯錄工作之後，鑒于《釋文·序錄》所不載，而散見于郭《注》、邢《疏》、陸《釋文》中的「某氏」、「舊説」、「舊云」、「舊注」、「或説」、「或曰」以及賈誼、董仲舒、服虔、韋昭、殷仲堪、阮孝緒、劉昌宗、吕伯雍、諸詮之等先儒的一義一句，歸屬爲難，棄之可惜，遂發憤更作《爾雅衆家注》上下卷以統之。據作者自序説：「下卷本意專收諸家所引古本舊音及字句同異，與夫雖非雅訓，而與雅訓相發明，如《淮南子》、《論衡》、《風俗通》、《顔氏家訓》之類。」以「上卷先成，憚于改作」，于是上卷的漏收者，「御覽」中所載《爾雅》音不能定爲郭音者，以及僅止三條的裴瑜注亦入下卷，故體例有異于先時之構想。

黄氏在輯録本書的過程中，所參閲的典籍曾多達六十餘種。由于他「昕夕勤劬，左右采獲」，故凡「單辭隻義，悉歸攟摭。」（見阮文藻《爾雅古義序》）並在古本舊音及字句的同異方面，利用了邵氏《正義》與郝氏《義疏》的部分研究成果，作了一些簡略的考證，有的還加了他本人的按語。如在《釋山》「小山别大山鮮」條下既輯出異文「小山别大山嶰」，（見《文選·吴都賦》及《長笛賦》李善注所引）又加按語説：「鮮、解義本相通。又古碑文魚旁與角旁多混，後人因有嶰谷，故作嶰字耳。」與郝《義疏》合，且更簡明。本書所輯，不少内容皆爲其它輯本所無，填補了《爾雅》古注輯佚的某些空白，極大地方便了後人對《爾雅》的研究，其功績還不止于自序所説的「掩暴露骸骨」和「哺失乳嬰兒」。

因爲這個輯本的工作量比較大，涉及的範圍比較廣，甄别取舍所要求的學識水平比較高，加上時代和其他條件的局限，漏收、重收乃至錯訛等情况也就在所難免，如《劉歆注》已附見于《李巡注》，此書又重複出現。《釋天》「北極謂之北辰」條下所引鄭玄注「天皇，北辰耀魄寶」，本鄭玄《文耀鉤》之注，近人已辨之甚詳，而黄氏仍誤作鄭玄《爾雅》之注，諸如此類，讀者仍須慎之。

版本有：

漢學堂叢書本。

榕園叢書本。

附一：黄奭《爾雅古義》

十二卷。卷一《犍爲文學注》，卷二《樊光注》，卷三《李巡注》附《劉歆注》，卷四《孫炎注音》，卷五《郭璞音》，卷六《郭璞圖贊》，卷七《沈旋集注》，卷八《施乾音》，卷九《謝嶠音》，卷十《顧野王音》，卷十一《衆家注》上，卷十二《衆家注》下。

黄奭，字右原，清江蘇甘泉（今江蘇省揚州市）人。以貲入爲刑部郎中。道光中又以順天府尹薦得賜舉人。黄氏受業于江藩，爲漢學大家惠棟門下的再傳弟子。藩以惠棟著《十三經古義》，惟《爾雅》未成，命奭卒其業。黄氏乃就《釋文》舊注，並廣搜博采群書，成《爾雅古義》十二卷。

黄奭除纂輯本書外，還有《高密遺書》十三種，《端綺集》二十八卷，《杜詩注》三卷。事蹟具《清史列傳》卷六十九。

對于《爾雅古義》全書的評價，朱珔序言以爲「近人輯漢注、古注，率未分系，或有疏漏，訓詁殺賾，莫屡所求」。而黄氏的《爾雅古義》則「州次部居，鱗然咸理，搜抉幽隱，靡弗周到」。阮文藻序言以爲黄氏的《衆家注》做到了「于十家外，網羅群言，昕夕勤劬，左右采獲，凡單詞隻義，悉歸攟摭」。其功「不獨羽翼景純，邁軼叔明」，簡直可以「跂仰高密」。在宫廷秘籍難以窺閲、海外佚書尚未還歸的時代，黄氏一人力任斯役，終竟惠氏遺志，且具有不同于臧庸、余蕭客、嚴可均、馬國翰諸家《爾雅》古注輯佚的特色，誠屬難能可貴，朱、阮二人序中所作的評價確乎不爲溢美。

版本詳《犍爲文學爾雅注》。

附二：馬國翰《爾雅輯佚》

共十三種，收在《玉函山房輯佚書·經編·爾雅類》中，其中《爾雅犍爲文學注》三卷，《爾雅劉氏注》一卷，《爾雅樊氏注》一卷，《爾雅李氏注》三卷，《爾雅孫氏注》三卷，《爾雅孫氏音》一卷，《郭璞爾雅音義》一卷，《郭璞爾雅圖贊》一卷，《沈旋集注爾雅》一卷，《爾雅施氏音》一卷，《爾雅謝氏音》一卷，《爾雅顧氏音》一卷，《爾雅裴氏注》一卷。

馬國翰，清歷城（今山東省濟南市）人。字詞溪，號竹吾。道光十二年進士，官至隴州知州。有《玉函山房文集》五卷、《續集》五卷傳世。馬氏以匯刻《玉函山房輯佚書》致大名。對于馬國翰學識上的評價，學術界頗有微辭，而對于他的《玉函山房輯佚書》今人張舜徽亦批評説：「其實攘竊章宗源未完之稿，改序付雕。」（見《清人文集别録》卷十五第四二三頁）

馬國翰《爾雅輯佚》與黄奭《爾雅古義》同是清代道光年間的兩種《爾雅》古注輯本，時間相距很近，他們的共同做法都是分家輯録，力求恢復各家注本的本來面貌。在他們之前，臧庸、余蕭客、嚴可均等人做過《爾雅》注的輯佚工作，但臧、余、嚴諸氏都是以《爾雅》經文爲綱，分條統注，使讀者無由窺見各家佚注之全貌，黄、馬二輯本問世，就大大有便于從縱向和横向兩個方面來進行《爾雅》的研究工作。

黄、馬兩種輯本，其輯録的意圖和基本形式雖然相同，但又各具特色。馬氏輯本的特色是：第一，對各家注本的原貌恢復得比較徹底，凡有關條目之經文有異者，即根據佚文「云某」而將經文亦改作「某」。第二，于郭璞《爾雅圖贊》，每首贊語的標題都使用了「某某贊」，較之黄奭輯本以整句經文爲題似乎更符原著意旨，更能突出各贊主題。第三，于佚文出處，大都交代得比較清楚，還間或加上簡按，便于讀者對書的查核和分析。第四，每家輯本前面的序言簡明扼要，似較黄氏的文繁辭冗爲勝。但馬氏也有表現得不如黄氏嚴謹的地方，比較突出者有二，一是在《樊光注》中收録了不少的「某氏曰」，一是《裴氏注》中引用了五條來自《龍龕手鑒》的材料，後者純系推測，前者還有待進一步研究。故黄奭爲慎重起見，將它們都歸入了《衆家注》。而馬氏竟憑臆必作出判斷，這就有乖蓋闕之義。此外，由于版本不善而産生的錯訛，馬本也似較黄本爲多。

版本詳《犍爲文學爾雅注》。

附三：王仁俊《爾雅輯佚續編》

該書收在《玉函山房輯佚書續編》中，其中收舍人注《釋宫》一條，鄭玄注《釋訓》一條、《釋草》二條，劉劭注《釋蟲》一條，麻杲注《釋宫》一條，共計六條。此書錯訛之處顯而易見，如收鄭注共三條，《釋訓》一條應爲《釋言》，《釋草》二條中一條有注文而無經文，不知所歸。又所收劉劭注，「考《三國志》劉劭本傳及史志諸書均未著録，《爾雅注》據《初學記》列于孫炎前，蓋本劉歆誤爲劉劭耳」。（見胡元玉《雅學考》）又所收麻杲注，「考麻杲雖似姓名，然實無其人」。（同上）所收麻杲注，陸德明《釋文》所載爲李巡注，麻杲當爲李巡之誤。

（《玉函山房輯佚書續編》）係稿本（上海圖書館藏）。

陸德明《爾雅音義》（一作《爾雅釋文》）

《宋志》、《玉海》、《四庫提要》均作二卷（按《書録解題》、《文獻通考》作一卷）。載《釋文》卷二十九和三十。

陸德明（約公元五五〇——六三〇年），名元朗，以字行，唐初吴（今江蘇吴縣）人。隋煬帝時擢秘書學士，遷國子助教。入唐，任國子博士，封吴縣男，爲唐代著名的經籍學家和訓詁學家，新舊《唐書》皆有傳。所著有《經典釋文》三十卷（其中《爾雅釋文》即《爾雅音義》凡二卷）、《老子疏》十五卷、《易疏》二十卷，而于《經典釋文》一書用力尤勤。書序自稱「古今並録，括其樞要，研精六籍，采摭九流，搜訪異同，校之《蒼》、《雅》」，所言並非誇大。

《四庫提要》贊其「所采漢魏六朝音切凡二百三十餘家，又兼載諸儒之訓詁，證各本之異同，後來得考見古義者，注疏以外，惟賴此書之存」，其詞不爲溢美。關於《爾雅音義》部分，近人黄侃認爲它有兩大特點：第一是保存舊説，如《釋詁》之「詁」，舉樊、李別本；林烝之「烝」，舉一本異文；元胎之「胎」，載叔然異音；圖漠之「漠」，取舍人別解。第二是自下己意，即或辨字體，如「俶」下云：「字又作俶」；或舉直音，如「肇」下云：「音趙」；或引他證，如「詁」下云：「《説文》云：詁，故言也。《字林》同。」；或加考辨，如「泆」下云：「如犬反，顧徒蓋反，字宜作泆。」故黄侃對《爾雅音義》總的評價是：「詳陸書體例，可謂閎美，雖有漏闕，待後來之補苴；要之治《爾雅》者，必以此爲先導矣。」

此書本爲《經典釋文》中的第二十九卷與三十卷，至宋仁宗天聖四年始由國子監把這兩卷單獨摹印頒行，與《經典釋文》並行于世。（據王應麟《玉海》卷四十四）宋代的這種單行本《爾雅音義》今已不可復見。光緒二十年陝甘味經刊書處重校刊行的《爾雅音義》（二卷）也是從三十卷的《經典釋文》中析出，書中猶赫然標有《經典釋文》卷二十九、《經典釋文》卷三十的字樣。其版本既不同于徐氏通志堂本，也有異于盧氏抱經堂本。從乾德、開寶等年號及陳鄂、薛居正、趙普等校刊官的姓名已移置卷終來看，知此本亦同犯徐、盧二本好爲臆改的毛病。

（《經典釋文》）版本有：

宋刻宋元遞修本。後有一九八〇年上海古籍出版社影印本。一九八五年上海古籍出版社又有縮印本。

徐氏通志堂本。後有四部叢刊影印本。一九八三年中華書局影印本。

盧氏抱經堂本。

又光緒二十年陝甘味經刊書處《爾雅音義》單刊本。

孫炎《爾雅正義》（吴騫輯本）

一卷，所輯共六條，其中《釋蟲》三條（螻蛄、螳螂、蛾），《釋魚》三條（鰼、鱔、蝸）。原名《孫氏爾雅正義拾遺》。

吴騫（公元一七三二——一八一三年），字槎客，清浙江海寧人，乾隆時諸生。《清史列傳·文苑三》本傳謂其「生負異稟，過目成誦」。生平獨嗜典籍，精于校勘，以所得書五萬卷築拜經樓藏之，錢大昕曾爲之序。所著有《國山碑考》、《小相溪吴氏家乘》、《拜經樓詩話》、《拜經樓詩集》和《愚谷文存》等書。

本書系吴氏自陸佃《埤雅》采録而成。五代孫炎曾被邢昺視爲「淺近俗儒」，故雖著有《爾雅正義》（《宋志》作《爾雅疏》十卷）而不傳于後世，陸佃著書，喜采俗説，故得以保留數條。吴氏録此數條以成《孫氏爾雅正義拾遺》一卷，自序説是「聊附《詩譜拾遺》之次，以補自來簿録所未及」。

版本有：

嘉慶吴騫拜經樓本。後有民國十一年上海博古齋增輯影印《拜經樓叢書》三十種本，《叢書集成》影印本。

邢昺等《爾雅疏》

十卷。卷一爲《郭序》、《釋詁》上，卷二爲《釋詁》下；卷三爲《釋言》；卷四爲《釋訓》、《釋親》；卷五爲《釋宫》、《釋器》、《釋樂》；卷六爲《釋天》；卷七爲《釋地》、《釋丘》、《釋山》、《釋水》；卷八爲《釋草》；卷九爲《釋木》、《釋蟲》、《釋魚》；卷十爲《釋鳥》、《釋獸》、《釋畜》。均存。

邢昺（公元九三二——一〇一〇年），北宋曹州濟陰（今山東省曹縣）人，經學家。太宗時擢九經及第，真宗時爲國子祭酒、翰林侍講學士，咸平二年受詔與杜鎬、舒雅、孫奭等校定《周禮》、《儀禮》、《春秋公羊傳》、《春秋穀梁傳》、《孝經》、《論語》及《爾雅》，並爲後三書作疏。官至禮部尚書，事蹟見《宋史·儒林傳一》。

邢昺等校定並疏證《爾雅》，其主旨爲「考案其事，必以經籍爲宗；理義所詮，則以景純爲主」。（《爾雅疏序》）書成以後，被列于學官，自此凡研究郭璞注者，都不得不借助于此疏，遂與陸德明《爾雅音義》同爲不可廢之書。

關於邢書之得，黄侃論述最詳。他總結出三條：「一者，補郭注之闕。注所未詳，邢氏雖不能全補，而莿、肇、逐、求、卒、廩、宦、徒駭、太史、胡蘇十事，則皆依據經籍，確能爲郭氏拾遺。二者，知聲義之通。近儒知以聲訓《爾雅》，而其端實啓于邢氏。即以卷首爲例，凡説哉、怡、謨、諶、亮、詢、譸、迥、嵩、茂諸文，皆能由聲得其通借，特不能全備耳。三者，達詞言之例。近人多言《爾雅》有例（言此者，以嚴元照爲最通）。然邢疏隨事指陳，如云：《釋詁》不妨盡出周公，題次初無定例，造字與用字不必盡同諸條，隨便即言，《爾雅》與經文，異人之作，所以不同諸説。皆闊通之極。」（《爾雅略説》，下同）黄氏以爲這正是「新疏縱行，邢疏仍不能皮閣」的原因之所在。

關於邢疏之失，前人時有批評，大要有二：一者，篤守疏不破注之陳規，郭注未及，不煩旁搜。于前人舊注，雖偶有掇拾，然采之寥寥；于郭注闕略，雖間有補正，然遠未詳備。二者，邕衍郭注，亦未能博采群言，但剿取他經正義爲之，如《釋天》一段，全襲《禮記·月令》疏，「五嶽」一段，全襲《大雅·嵩高》疏。歷來學者於邢疏持論多有異同，清代以來，議論更多，褒貶不一，除黄侃《爾雅略説》外，讀者還可參看紀昀的《四庫提要》、阮文藻的《爾雅古義序》、阮元的《爾雅校勘記序》、周春的《爾雅補注序》、邵晉涵的《爾雅正義序》及有關論著。

版本有：

宋刻宋元明初遞修本。《四部叢刊》二編據此本有影印本。《四部叢刊》續編有縮印本。《續古逸叢書》本。

清光緒四年吳興陸氏十萬卷樓據北宋版單疏本重刊本。

《十三經注疏》本。

《四庫全書》本。

陸佃《爾雅新義》

《宋志》、《玉海》、《經義考》均作二十卷。

陸佃（公元一〇四二——一一〇二年）字農師，號陶山，北宋越州山陰（今浙江紹興縣）人。居貧苦學，熙寧三年中進士，授蔡州推官。哲宗時，因坐王安石變法被罷職。徽宗時，召爲禮部侍郎，旋因黨籍左遷，出知亳州，卒于官。治學精于《禮》及名物訓詁，因其少年時代曾入京受經於王安石，故學問淵源多主於王氏。著述另有《埤雅》（初名《物性門類》）、《禮象》、《春秋後傳》等，凡二四二卷，今惟是書及《埤雅》傳於世，餘均佚。

該書自序云：「豈天之將興是書，以予贊其始。譬如繪畫，我爲發其精神；後之涉此者致曲焉，雖使僕擁篲清道，跂望塵躅可也。」可見陸氏于此書頗自信，然其不事考正，專「盡心」于「微言奥旨」，致説經不免臆必。如《新義》釋「俶」曰：「於人爲叔，於天爲始」，純屬傅會。其所謂「新義」，率不出於王氏之學。

該書所據經文乃北宋善本，如「華皇也」、「四氣和謂之玉燭」、「當途梧丘」、「卷施草拔心不死」、「鷽白鷢」之類，皆可信從，可據以勘正元明以來各本之誤。該書于《爾雅》義例亦間有發明，張月霄《愛日精盧藏書志》曾摘舉其最爲有識者達二十二條之多。如于「落，始也」條下云：「落，於花爲落，於實爲始。」意尚新雋。又如將「篲，勤也」之「勤」釋爲「灑掃之勤」，補了郭注之闕。

版本有：

阮元輯《宛委別藏》原稿本（此書無刻本）。後臺灣商務館據原稿有影印本。

宋大樽校，嘉慶十三年陸芝榮三間草堂本。

咸豐三年《粵雅堂叢書》本。後有叢書集成影印本。

鄭樵《爾雅注》

《宋志》著錄三卷。

鄭樵（公元一一〇三——一一六二年），字漁仲，號夾漈山人，又號西溪逸民。宋代興化軍莆田（今福建省莆田縣）人。《宋史》本傳稱其「好讀書，不爲文章，自負不下劉向、揚雄」。對天文、地理、草木、蟲魚之學都有研究，對語文學頗多創獲，所保存的有關文字的歷史資料，爲後來學者的研究提供了方便。一生著述甚富，清人鄭定遠在《重刊爾雅注跋》中説他「所著成帙者凡五十八種，其《通志》尤籍甚藝林」。但著錄于《宋志》的僅有《通志》二百卷、《石鼓文考》一卷、《字始連環》二卷、《象類書》十一卷、《論梵書》三卷、《書考》六卷與《爾雅注》七種而已。由于鄭氏亦未盡脱南宋諸儒崇義理而疏考證之習，故《宋史》本傳謂其「成書雖多，大抵博學而寡要」。

該書爲補訂郭璞《爾雅注》而作，所謂「略者詳之，闕者補之，晦者明之，非者正之」（周裳跋語）。全書不多事考證，訓釋亦淺近簡要。如《釋言》：「賦，量也。」郭注：「賦稅所以評量。」鄭注：「量其所入。」又「土，田也。」郭注：「別二名。」鄭注：「已耕者曰田。」諸如此類，雖皆常義，然鄭注較郭注更爲明晰和確當。在宋代的一些雅學著作中，鄭氏《爾雅注》堪稱佳書，故清人補郭、正郭之類的著作時有徵引。但該書缺點亦復不少。清人汪師韓在《書鄭氏箋注》中指摘的「經文有闕，增改未當，臆斷無證，仍誤不能改」四個方面的問題，並非出自對前人的苛求。

版本有：

元刻本。

明汲古閣刻《津逮秘書》本。後有應世堂復刻汲古閣本。又有民國十一年上海博古齋影印汲古閣《津逮秘書》本。

清康熙四十年鄭定遠刻本。

嘉慶十年照曠閣刻《學津討原》本。後有民國十一年商務印書館影印本。

羅願《爾雅翼》

三十二卷，共五萬餘言。計《釋草》八卷，《釋木》四卷，《釋鳥》五卷，《釋獸》六卷，《釋蟲》四卷，《釋魚》五卷。

羅願（公元一一三六——一一八五年），南宋徽州歙縣（今安徽省歙縣）人，字端良，號存齋。乾道二年進士，官知鄂州。博學好古，文章有先秦西漢風，爲朱熹所稱道。事蹟見《宋史》卷三八〇《羅汝楫傳》、《宋史新編》卷一三六、《南宋書》卷三十一。

《爾雅翼》是仿《爾雅》體制而專輯百科名詞的書。作者爲撰此書，對自然界的動植物着實進行過一番考察研究，所謂「乃探其源，因《爾雅》爲資，略其訓詁、山川、星辰，研究動植，不爲因循。觀實於秋，玩華於春。俯看淵魚，仰察鳥雲。山川皋壤，遇物而欣。有不解者，謀及芻薪，農圃以爲師，釣弋則親。用相參伍，必得其真」。（羅氏自序）正因此，書中有的條目確實寫得很生動，且有科學根據，如關於「貓」和「鼠」的描寫（均見卷五《釋獸》）就是很好的例證。作者自詡「此書之成，爲雅羽翰。其涵如海，其負如山」，「千世之下，與雅並行」（同上）。《四庫提要》稱此書考據精博，體例謹嚴，在陸佃《埤雅》之上。王應麟後序稱它即物精思，體用相涵，本末靡遺。但黄侃以爲「以鶉爲淳、以鳩爲九，皆不脱王氏《字説》之惡習。雖援據載籍極多，洽《爾雅》者，亦只能等之於《埤雅》之流；以視陸璣《毛詩義疏》、陶宏景《本草注》，固不逮遠甚矣」。（《爾雅略説》）由于此書得失相參，瑕瑜互見，故殷孟倫要求「讀是書者又當善于别擇爲是」。（《爾雅簡説》中）

該書于宋淳熙甲午年撰成，九十六年後，咸淳庚午年始刊布之，板逸不存。元延佑七年朱霽屬學官訪求墨本重刊。明清之間又多次刊刻，其刻本主要有：

明正德十四年羅文殊重刻宋本。

明萬曆間姚大受校補刻本。

明天啓刻，崇禎六年重修本。

明嘉靖隆慶間畢效欽校刻《五雅》本，明萬曆十六年瑞桃堂刻畢氏《五雅》本。

清嘉慶十年張氏照曠閣刊《學津討原》本。後有叢書集成初編重排本。
清光緒十年洪氏晦木齋重刻本。

佚名《爾雅音圖》

分上、中、下三卷，下卷又分前、後，實有四卷。篇次悉依通行經注本。

本書的刊印者曾燠，清江西南城縣人。乾隆年間進士，官至兩淮都轉鹽運使。

關於本書的來源與刊印經過，曾燠的序言介紹說：「元人寫本，題：『影宋鈔繪圖爾雅』。」「書贈自曹大農文埴，弆藏已久。適孫觀察星衍、張太守敦仁見而譽之，屬廣其傳。復得姚處士之麟摹繪付刊。」

關于本書的內容和作者，曾氏序言說：「此本經文內有音，中、下卷有圖。其音則較之《釋文》所載郭音、或音、或用反語，多不合，而附經爲三卷，正是《音略》卷數，當爲毋昭裔音。其圖則宋、元人所繪，甚精致，疑必有所本，即非郭氏之舊，或亦江灌所爲也。」

考《宋志》，郭璞《爾雅音》、江灌《爾雅圖贊》均不載，曾氏謂本書「圖則宋元人所繪」，殆不誣也。本書載圖六三二幅，其中《釋宮》一，《釋器》二十三，《釋樂》十八，《釋天》三十七，《釋地》九，《釋草》一七六，《釋木》八十，《釋蟲》六十四，《釋魚》五十六，《釋鳥》六十八，《釋獸》五十二，《釋畜》四十八。

關于本書所載音，曾燠以爲「當爲毋昭裔音」。理由是《音略》卷數與此書卷數相同，未免有些牽强附會。考本書用直音，取宋本《音釋》對照，凡宋本《音釋》的直音，是書幾乎全同；凡宋本《音釋》的反切，是書都改成直音，如《釋詁》「俶始也」之「俶」，《音釋》作「昌叔切」，就易之以直音「叔」（按：「昌叔切」當讀「chu」）；「叔」，式竹切，當讀「shu」）；又《釋詁》「熲光也」之「熲」，《音釋》作「古迥切」，就易之以直音「耿」（按：「古迥切」當讀「jiong」；「耿」，古幸切，當讀「geng」）。皆大謬不然。該書之音絶非毋昭裔音，蓋宋、元間俗儒所爲，具體姓氏不可考。由於此書有文有圖，又「直音」易讀，引起了人們的興趣，所以嘉慶六年至光緒十年的短短數十年間就再版了三次，成爲當時的一種暢銷書。以此我們又可以認爲此書雖非郭氏之舊，且對《爾雅》的研究無多裨益，但乃不失爲一種通俗的《爾雅》讀物。

版本有：

嘉慶六年影宋繪圖本重摹刊本。道光二十九年、光緒三年均有翻刻本。光緒十年上海同文書局又曾影印。一九八五年北京市中國書店又據光緒十年上海同文書局本影印。

朱銓《爾雅貫珠》

不分卷。載《小嫏嬛山館匯刊類書》中。

朱銓，清仁和（今浙江省餘杭縣）人。生平事蹟未詳。著《爾雅貫珠》傳于世。

是書采《爾雅》經文《釋訓》以下各篇（《釋詁》、《釋言》不取）「因類裁剪，間采他書製爲對偶，累累乎如貫珠」，（朱氏卷前識語）故名。全書分爲：《釋訓》、《釋親》、《釋宮》、《釋樂》、《祭名講武》、《釋器》、《田器網罟》、《肴食》、《衣服》、《旌旗》、《圭璧金玉》、《弓箭羽革》、《釋天》、《星名》、《釋地》、《釋山》、《丘陵厓岸》、《釋水》、《釋草木》、《釋蟲魚鳥獸》、《釋畜》、《齸屬》、《須屬》二十三篇。朱氏初衷，似在便讀，書中插入若干提示，亦有助初學，如《釋親》，在「父之考爲王父……」一段之前提示曰：「自考妣等而上之」，在「孫之子爲曾孫……」一段之前插入「自子孫等而下之」。又如《釋宮》，在「西南（隅）謂之奥……」一段之前插入「隅之名因所向而殊」，在「在牆謂之楎……」一段前插入「杙之名因所在而異」。這些提示往往能揭示《爾雅》條目之間的內在聯繫，對於初學者不無啓迪。然對深造者則難饜所求。全書分篇比較叢雜，正文中錯訛脱漏亦復不少，如《釋天》云：「谷風者，東風也；凱風者，南風也；泰風者，西風也。」脱去「北風」（按《爾雅》「北風謂之涼風」，似不屬剪裁之列）。此外，版本方面的問題也比較嚴重。如《釋畜》云：「登曰臭，」《爾雅》原作「鳥曰臭」，三個字即錯了兩個。諸如此類，讀者務必慎之。

版本有：

小嫏嬛山館匯刊類書十二種。

朱彝尊《爾雅考》

二卷，載《經義考》中，分别爲該書卷二三七和卷二三八。

朱彝尊（公元一六二九——一七〇九年），清秀水（今浙江省嘉興縣）人。字錫鬯，號竹垞，又號藲舫、長盧釣叟、金風亭長，晚年號小長盧釣魚師。康熙十八年以布衣舉博學鴻詞，授翰林院檢討。曾參與修《明史》，預修《大清一統志》，後引疾罷歸，家居十餘年而卒。生平博通群籍，綜貫經史，精於考證金石；工古文、詩詞，與王士禎齊名，時人譽爲「南朱北王」。著有《曝書亭集》、《日下舊聞》、《經義考》，輯有《詞綜》、《明詩綜》等書，均傳於世。事蹟見《清史稿》卷四八四和《清史列傳》卷七十一。

卷一首輯錄前人關於《爾雅》之論述，《爾雅》之名義、性質、作者、題次諸項，皆輯錄而無或遺。次介紹自犍爲文學至毋昭裔等研究《爾雅》之專著。依次爲：犍爲文學《爾雅注》，劉歆《爾雅注》，樊光《爾雅注》，李巡《爾雅注》，孫炎《爾雅注》、《爾雅音》，郭璞《爾雅注》、《爾雅圖贊》、《爾雅音義》，江灌《爾雅音》、《爾雅圖贊》，沈旋《爾雅集注》，施乾《爾雅音》，謝嶠《爾雅音》，顧野王《爾雅音》，陸德明《爾雅釋文》、《爾雅音義》，曹憲《爾雅音義》，高璉《爾雅疏》，裴瑜《爾雅注》，釋智騫《爾雅音義》，毋昭裔《爾雅音略》等，計十七家二十三種。介紹内容包括卷次、存佚情況、作者生平等，大率取前人成説，間下按語，加以考辨。自漢迄宋，一千多年《爾雅》研究之沿革、傳經之原委，可言詳贍。

卷二專門介紹宋代至清初《爾雅》研究之專著，依次爲邢昺《爾雅疏》、王雱《爾雅新義》、鄭樵《爾雅注》、潘翼《爾雅翼》、羅願《爾雅翼》、洪焱祖《爾雅翼音釋》、陳櫟《爾雅翼節本》、胡炳文《爾雅韻語》、危素《爾雅略義》、薛敬之《爾雅便音》、羅日褧《爾雅餘》、譚吉璁《爾雅廣義》、無名氏《爾雅音訓》、《互注爾雅貫類》、《爾雅兼義》、《爾雅發題》，計十七種。介紹内容同卷一，諸書凡需辨者，亦加按語於末。

兩卷所輯包括佚書在内，然囿于册府儲藏之秘，所言佚書實存，據四庫所錄即知，故其言某爲佚書不盡可據。又將《爾雅釋文》與《爾雅音義》題爲兩書，乃承襲《宋志》之誤。胡元玉《雅學考》已予辨明。《經義考》統考歷朝經義之目，條貫易明，《爾雅》部分即有此特色，于雅學史之研究尤具深義。

（《經義考》）版本有：

揚州馬氏刻本。

乾隆乙亥盧見曾刻本。

杭州書局刻本。

四部備要本。

姜兆錫《爾雅注疏參義》

六卷。卷一《釋詁》；卷二《釋言》、《釋訓》；卷三《釋親》至《釋樂》；卷四《釋天》至《釋水》；卷五《釋草》、《釋木》；卷六《釋蟲》至《釋畜》。

姜兆錫（公元一六六六——一七四五年），字上均，清丹陽（今江蘇省丹陽縣）人。康熙二十九年舉人。乾隆元年，薦充三禮館纂修官，不久即辭去，息隱山中，閉門研究儒家經典。他著述繁富，除本書外，還有《禮記章義》、《周易本義述蘊》、《周易蘊義圖考》、《書經蔡傳參義》、《詩蘊》、《周禮輯義》、《儀禮經傳内外編》、《大戴禮删翼》、《春秋胡傳參義》、《春秋事義慎考》、《孝經本義》、《家語正義》等，均傳于世。事蹟見《清史列傳》卷六十七、《國朝耆獻類徵》卷四一八、《國朝學案小識》卷十三。

《爾雅注疏參義》，簡稱《爾雅參義》，又名《爾雅補注》。他著此書的動機是「以其先聖遺書，而真贋錯見」，（鄂爾泰《爾雅參義序》）意欲加以「參正」。

該書對於《爾雅》各篇中附見和錯見的條目詳加考辨，對於《釋親》、《釋天》、《釋地》、《釋丘》、《釋水》、《釋獸》、《釋畜》各篇中的章題，一反通行本的慣例，均置于各章之前。在各篇、章、節下注意發明其旨趣，有提要鈎玄的作用。條目下的補注，有確當的，如《釋宮》：「垝謂之坫。」邢疏：「坫名見于經傳者有三。」姜參稽舊籍，謂「坫」「蓋不止三矣」。（卷三第六頁）但一般過于簡略，因爲失於稽考，有的流於皮傅，如《釋詁》：「永、羕、引、延、融、駿，長也。」補注謂「羕者，蕩漾；融者，冲和；駿者，奮發：皆長之意」。（卷一第五頁）有的流於武斷，如《釋詁》：「希、寡、鮮，罕也；鮮，寡也。」補注謂「末三字當爲衍文」。（第一卷十二頁）

版本有：

清雍正十年寅清樓刊《九經補注》本。

吳浩《爾雅義疑》

共九條。載《十三經義疑》卷十二。

吳浩，清代江蘇華亭縣人。字養齋，生卒年不詳。著有《十三經義疑》、《三傳三禮字疑》等。《四庫全書總目提要》對《十三經義疑》一書曾有如下評價：「其說亦頗有可采者。蓋於注疏之學雖未能貫通融會，而研究考證，具有根柢。視剽剟語錄，枵腹談經，徒以大言臆斷者，則勝之遠矣。」

本書雖然條目不多，考證亦言簡意賅，使人一目了然。如《釋詁》「崇充也」條，僅據《儀禮·鄉飲酒》與《儀禮·有司徹》兩文鄭注，簡釋爲「《儀禮》『崇酒』，謂酒薄充滿一飽而已」。不再重出鄭注。《釋天》「夏曰復胙」條，亦只引用《穀梁傳·宣公八年》楊疏與《儀禮·有司徹》賈疏各一句，用字不多，卻解決了郭注以至郝疏所没有解決的問題。個别條目訓釋欠妥，如《釋詁》「穀，善也」條，郭注：「未詳。」吴按：「毛傳頗多，『俾爾戩穀』之類。」毛傳明言「戩，福；穀，禄」。吴氏失檢。

（《十三經義疑》）版本有：

《四庫全書》本。

沈廷芳《爾雅注疏正字》

三卷，載《十三經注疏正字》中，分别爲卷七十九卷八十和卷八十一。

沈廷芳（公元一七一一——一七七二年），字椒園，號畹秋（一作畹叔），清仁和（今浙江餘杭縣）人。乾隆元年由監生召試博學鴻詞，授翰林院編修，遷御史，官至山東按察使。受古文法於方苞，詩學本於查慎行，尤究心經術。著作有《隱拙齋集》、《十三經注疏正字》、《續經義考》、《鑒古録》、《古文指授》、《盥蒙雜著》等。事蹟見《清史稿》卷四八五。

沈廷芳以監本《十三經注疏》多訛脱，因參稽衆本（即監本、重修監本、陸氏閩本、毛氏汲古閣本，音義釋文則以徐氏通志堂本爲準），考驗經史、六書。「訂刊板之舛訛，祛經生之疑似」，（見《清儒學案小識》卷十四）撰《十三經注疏正字》八十一卷。該書大抵仿《韓文考異》之例，每條先標經文或注、疏本

句，而疏其譌誤於下，「據某本改者並顯出之，有未定者則以疑存之，或有據某人説者亦綴附焉」。（見《四庫提要》）

其中《爾雅》部分，作者以「注疏所載音切，頗多脱誤，今就《釋文》音義内别解及散見他疏而邢君或未之及者，輒爲綴緝；並李、孔、樊、謝之説可採者，亦附入焉。至《釋詁》、《釋言》二篇，《五經正義》所引而今或無其文，則編諸篇末，以俟參考」。（見《爾雅注疏正字》題詞）沈氏治學堪稱謹嚴，《正字》亦大體精審。《四庫提要》評價説：「注疏有功於聖經，此書更有功於注疏，較諸訓詁未明而自謂能窮義理者，固有虚談實際之分矣。」然因沈氏所據版本不多，更無秘籍可窺，「故是書所舉，或拘或漏」（見《四庫提要》）在所難免。

（《十三經注疏正字》）版本有：

《四庫全書》本。

《四庫全書》珍本初集本。

盧文弨《爾雅音義考證》

分上中下三卷。卷上包括《序》、《釋詁》至《釋親》，卷中包括《釋宫》至《釋水》，卷下包括《釋草》至《釋畜》。

盧文弨（公元一七一七——一七九六年），清代浙江餘姚縣人，字紹弓，一作召弓，晚年又號弓父。因其書齋名抱經堂，學者稱爲抱經先生。乾隆十七年中一甲三名進士，授翰林院侍讀學士。乾隆三十年充廣東鄉試正考官。三十一年提督湖南學政。後告老還鄉，主講浙江各書院達二十年。《清史稿》、《清史列傳》均有傳。

盧文弨一生潛心研究漢學，博學淹貫，精于校勘、考據。經他所校稱爲善本的書有《逸周書》、《孟子音義》、《荀子》、《呂氏春秋》、《賈誼新書》、《韓詩外傳》、《春秋繁露》、《方言》、《白虎通》、《獨斷》等。他所著的書也不少，有《抱經堂集》三十四卷、《鍾山札記》四卷、《龍城札記》三卷、《〈廣雅·釋天〉以下注》二卷和《經典釋文考證》等。

《爾雅音義考證》是其《經典釋文考證》中的一部分。

他鑒于宋代邢昺等《爾雅注疏》中的音義大多是邢昺自定，没有全用唐代陸德明《爾雅音義》原文，其正文和陸德明本常常有同有異。而清時的「官本」把陸德明的音義參入邢昺的音義中，又作了一些改動和删節，爲求與邢氏相合，以致大大失去了原貌。爲此，他以明葉林宗影鈔宋本爲底本，撰寫了《爾雅音義考證》。考證的體例是先列經文，次列《釋文》，再下己意。有的條目《釋文》没有音義的，則只有兩段，即先列經文，再下己意。本書内容豐富，以考證《爾雅》的音義爲主，兼及形體（包括正體、或體、俗體、訛字）；以考證《釋文》爲主，兼及經文、郭注和邢疏。考證取材廣泛，諸如版本異同、字韻書（如《説文》、《方言》、《玉篇》、《廣韻》等）的説解以及典籍的注疏都在引證之列。考證態度審慎，有的舉出充分根據，直接改正（如《釋器》「斛」下考證）；有的只列出版本異同，不置可否；有的根據充足理由徑責其妄（如《釋器》「絇」下考證）；有的進行比較分析，辨明其陋（如《釋詁》「饋也」條下考證）。該書考證的成果常爲後人證實或引用，如：《釋詁》「磒」下《考證》曰：「石落也，官本作『殞』譌。此訓石落，自當從石。」阮元《校勘記》亦曰：「磒，《釋文》、唐石經、單疏本、雪窗本、元本、毛本同。閩本、監本作『殞』訛。」

《石經考文提要》引至善堂亦作『碵』。（《十三經注疏》中華影印本第二五七二頁）又如《釋詁》「痗」下的「一音脢」，盧改作「一音晦」，並考證曰：「舊晦作脢。案官本作晦，與《廣韻》同，今從之。」黄焯《經典釋文匯校》曰：「盧本改『一音晦』，是也。」（中華書局一九八〇年版第二四九頁）

至於盧氏此書所存在的一些問題雖説瑕不掩瑜，但仍須實事求是地指出。由於他們所選藍本系脱誤較多的葉林宗影鈔，「雖極力修訂，但其失與徐（即通志堂本）略等」。（見黄焯《經典釋文匯校·前言》）這裏所謂「失」。主要是指以訛傳訛，仍誤而不能改；或改而又憑臆必，復歸於謬。（參見孫毓修《經典釋文校勘記》識語，叢刊本第四三一頁）如《釋木》「榽」陸德明音義：「兮計反，又音奚。」盧考證云：「似當作計兮反，讀杜詩者俱音溪。」吳承仕辨證：「承仕案：《篇》、《韻》『榽』字並有『胡計』一切，與『兮計』同，蓋平去相轉之常例也。此字本無『計兮』一音，即溪字亦不音『計兮反』，盧説大謬。」（《經籍舊音辨證》中華書局一九八六年版第一七五頁）又如在《釋詁》「掔」字條下，徑將「慳愭」改爲「摼揩」，並云「舊摼揩俱誤從立心。案慳愭無義，字書亦無『愭』字。『摼揩物』，謂拂拭物也。今改正。」黄焯在《經典釋文匯校》中指出其錯誤説：「惠（棟）云：愭，疑作惜。黄氏亦謂當依舊本作『慳愭』，愭者惜之誤，與惠説同。焯案：《玉篇·心部》：『慳，口閑切，慳吝也。』此音『卻閉』，即《玉篇》之『口閉』，是掔與慳惜物之慳字同，郭音義本是也。宋本誤惜作愭，盧本竟改『慳愭』爲『摼揩』，大謬。」（中華書局一九八〇年版第二四八頁）其他該改而卻未改的疏忽之處，雖屬在所難免，但黄焯仍在《匯校》中一一爲之指出，讀者自可對照參考。

版本有：

《抱經堂叢書》刻本。

余蕭客《爾雅鈎沈》

三卷。載《古經解鈎沈》卷二十八至卷三十。

余蕭客（公元一七二九——一七七七年，或一七三二——一七七八年），字仲林，號古農，清江蘇吳縣布衣。少好學，年十五即通《五經》。年二十二，以《注雅别鈔》就正於惠棟，後成爲吳派經學大師。晚年失明，學者求教，皆以口授，人稱「盲先生」。所著除本書外，還有《文選紀聞》三十卷、《文選音義》八卷、《文選雜題》三十卷。事蹟詳《清史稿》卷四八一、《國朝漢學師承記》卷二。

余氏鑒於漢魏以來的古經説頗多闕遺，欲求補之。於是自諸家經解所引，旁及史傳類書，凡唐以前之舊説，有片語單詞可考者，悉著其目，爲《古經解鈎沈》三十卷。撮其體例，約有六端：［一］取材以李唐爲斷；［二］舊注散見其他經疏，仍爲盡數分摘；［三］舊注初見，備載姓氏書名，再見以下，獨載書名；［四］每條下注所出書名或注疏本之篇第，以便讀者復對；［五］各經本文，一以注疏本爲正，其先儒舊本，字或異同，分注經文各字之下；［六］校補缺誤，率用宋槧。

余氏對此書用力甚勤，自序謂其擯絶交游，五年專力，晝夜手録，幾於左目青盲。叙録所載佚書達四百餘種，「捃摭亦可謂備」。（見《四庫提要》，後引同）故王鳴盛序言稱其「瀏覽群書，左右采獲……每條俱注所出，數典而舉其祖，按籍稽之可復視也，其學可謂有本，而其存古亦可謂有功矣」。但是，由于「海外之本是時尚未至中國，而天禄之珍，皮藏清秘，非下里寒儒力所能睹」。重以天不永年（享年只四十八歲），致使此書尚有一些「沈而未鈎」者，（見《國朝漢學師承記》卷二）如《爾雅》古義之沈於《一切經音義》中者便是，而完成這一鈎輯補苴工作的，則是其再傳弟子黄奭的《爾雅古義》。

（《古經解鈎沈》）版本有：

乾隆六十年刊本。

道光二年京江魯氏刊本。

周春《爾雅補注》

四卷。

周春（公元一七二九——一八一五年），字松靄，號芚兮，晚稱黍谷居士。清海寧（今浙江省海寧縣）人。乾隆十九年進士，官廣西岑溪縣知縣。《清史稿》本傳稱其「革陋規，幾微不以擾民，有古循吏風」。周氏博學好古，於四部、七略無不瀏覽。尤潛心字母之學，遍觀《釋藏》六百餘函，於韻學有得，著《十三經音略》十三卷。另著有《古文孝經》一卷（附《孝經外傳》一卷）、《爾雅補注》四卷、《代北姓譜》二卷、《遼金元姓譜》一卷、《遼詩話》一卷、《選材錄》一卷、《杜詩雙聲疊韻譜括略》八卷。

周氏爲《爾雅補注》，間取宋人鄭樵之説，又旁及他書，廣搜博采，折衷一是，匯爲一編。故王鳴盛序曰：「此編補經注而行，正義疏之體。且其於注，不但補其缺，又能正其誤，而於邢疏漏略處，裨益尤多。」如《釋詁》「省，善也」補注曰：「省，郭未詳。《（禮）記・大傳》『有（大）事省於其君』注：『省，善也。善於其君謂免於大難也。』」又《釋言》「律，述也」補注曰：「律，疏云『律管所以述氣。』鄭云即聿字，鄭說爲長。」或以經注補郭注，或取鄭（樵）說正邢疏，可取之處甚多，足證王氏所說之不誣。葉德輝序稱是書「援據精詳，雖不如邵、郝二義疏之整齊，要勝於翟、戴二家補注之淺略。」所言甚中肯綮。

版本有：

乾隆間舊抄本。

松靄初刻本。

光緒三十四年長沙葉氏觀古堂刻本。該本經盧文弨、吳騫校閲，較善。

周春《爾雅音略》

三卷。篇第依經注本。載《十三經音略》卷九至卷十一。

《十三經音略》乃周氏「殫精覃思，積數十年而後成」（秦瀛《十三經音略序》）的力作。伍崇曜在爲該書所作的跋中盛稱此書爲「殆亦考群經音韻必不可廢之書」。

該書以陸氏《釋文》爲主，參以《說文》、《玉篇》、《廣韻》、《五經文字》諸書，「間有六朝早誤者，亦詳辨之」。（《十三經音略凡例》）阮元指出此書具有「字必審音，音必歸母」和「掇拾諸家，詳審博辨」（阮元《十三經音略序》）兩大特色。如《釋詁》「肇」字，《音略》云：「《釋文》音『趙』，澄母字。今通讀邵，禪母字。案音趙，直小翻。《後漢書》注引許慎：肇，大了翻。『大了』以隔標出切，其音『趙』，與『直小』同也。」（本書第四三七頁）不僅做到了審音、歸母，而且還指出了「隔標出切」的問題。又如在

《釋詁》「艘」字條下，《音略》引用了大量的材料，加以悉心考辨，而後得出了堅確的結論：「《五經文字》又音滓，由於誤讀《說文》而起。」「皆由不知《說文》『讀若』之例而已。」（本書第四四一頁）

《爾雅音略》除了在音讀上盡力博采詳審之外，還力圖解決一些校勘、句讀乃至義訓等方面的問題。比如《釋言》中的「替」字與「桄」字的字形演變問題，《釋草》中的「齧彫蓬薦黍蓬」與《釋魚》中的「魴魾鰲鯠」的句讀問題，《釋詁》中，「謟」字「勅檢反」一音的訛誤問題，他都不隨便放過，確如本書凡例所說的「所以《爾雅》一門，較他經爲繁，蓋由不忍割愛云」。正因此，本書的内容誠然豐富，但體例上就不免有些雜亂。另外，本書尚存在一些疏忽失誤之處，如《釋宮》「㝔」字條下的「㝔」、「宧」、「宎」三字本從「宀」，不從「穴」，宋本《玉篇》也是從「宀」，且畢沅、盧文弨已在《釋名疏證》和《經典釋文考證》中分別指出郭注與《釋文》有誤，而周氏仍沿襲舊訛。（本書第四九五頁）又如《釋詁》「陽」字條，《音略》不採取盧文弨氏的考證成果，而誤從毛居正的謬說，謂另有一個從「阝」從「昜」之「陽」，音讀爲「陽」。（本書第四四八頁）凡此種種，讀者亦當慎之。

（《十三經音略》）版本有：

嘉慶七年刊本。

咸豐三年《粵雅堂叢書》本，後《叢書集成初編》據粵雅堂本影印。

周春《爾雅直音正誤》

一卷。載《十三經音略》卷十二。

周氏以當時坊間新近所刻《爾雅音圖》中直音多誤，遂依據陸德明《釋文》中所存孫炎直音進行考訂，成《爾雅直音正誤》一卷，附於《十三經音略》之後，以供參考。其體例是，先列直音本句，下加按語以正其訛誤，或正以反切，或正以直音，共一三六條。所列直音本句，多出自《爾雅音圖》；有的則出自於孫侶《爾雅直音》一書，以「其誤較少，因並辨之」。（周春書後記語）在正誤中，能運用音韻學理論作指導，或指出聲之誤，如「鑽，直音音專。案：鑽，精（母）；專，照（母）。音專，誤」。或指出韻之非，如「樫，音稱。案：樫當音頳，庚（韻）；今音稱，蒸韻，非。」或指出當以隔標出切，如「箌，音罩。案：箌音到，陟孝翻。端、知隔標出切。今音罩，仍以陟字本母出切，非。」諸如此類，難能可貴。又周氏此書，不但正其音，且亦正其字。如《釋獸》「狊」下云：「《直音》音抽，去聲。案當作『狊』古闃翻，今作『臭』，大謬。」又如《釋畜》「駺」下云：「駺音兗。案駺，衮、允二音，今音衮，『兗』字乃『兖』字之譌。」

版本詳《周春爾雅音略》。

彭元瑞《爾雅石經考文提要》

一卷，載《石經考文提要》中。

彭元瑞（公元一七三一——一八〇三年）清江西南昌人。字掌仍，一字輯五，號云楣。乾隆二十二年進士。改庶吉士，散館授編修，直懋勤殿。歷任侍講，工、户、兵、吏諸部侍郎，禮、兵、吏諸部尚書，太子少保，協辦大學士，《高宗實錄》總纂官等職，卒謚文勤。長於詩文，因得朝廷禮遇。又善鑒別書畫彝鼎，官輯《秘殿珠林》《石渠寶笈》《天祿琳瑯》等書，皆出其手。而《金石考文提要》十三卷，《經進稿》《知聖道齋跋尾》各若干卷，則其自著，均傳於世。

「乾隆五十六年校刊石經，據宋元舊刻多所訂正，尚書彭元瑞撰輯」，《石經考文提要》「每經爲一卷」，（均見阮元《校勘記》卷前《引據各本目錄》）《爾雅石經考文提要》爲第十二卷。全書共七十六條，計《釋詁》五條，《釋言》五條，《釋親》四條，《釋器》一條，《釋樂》一條，《釋天》四條，《釋地》六條，《釋丘》二條，《釋艸》十六條，《釋木》七條（其中「杭，魚毒」條案語特詳），《釋蟲》七條，《釋魚》二條，《釋鳥》九條，《釋獸》五條，《釋畜》二條（於《釋訓》、《釋宮》、《釋山》、《釋水》無考文）。彭氏據唐石經，廣泛參照監本、武英殿本、坊本、鄭樵注本、至善堂九經本等不同版本及《釋文》、《五經文字》、《九經字樣》、邢昺《疏》、《康熙字典》諸書，逐一考明上列各條經文衍脱誤倒的情况，往往不僅指出何爲正，何爲訛，而且能曉明理由。如《釋詁》：「隕、磒，落也。」《提要》曰：「監本作隕、殞。案：《釋文》、邢昺《疏》皆云：『石落也』，今從唐石經、《九經字樣》、鄭樵注本、至善堂九經本。」彭氏考文率多精審，後人亦常常采用，如《釋獸》「羊曰齛」等條即爲阮元《校勘記》和周祖謨《校箋》所采用，但由於他所見秘籍無多，漏校和曲校的地方亦不少。

（《石經考文提要》）版本有：

乾隆五十六年刻本，後有同治十二年癸酉六月重刻本。

李調元《爾雅注疏錦字》

不分卷，載《十三經注疏錦字》中。

李調元（公元一七三四年——？），清四川羅江（今四川省德陽縣）人。字羹堂，一字贊庵，又字鶴州，號雨村，又號墨莊、醒園，晚年號童山蠢翁。乾隆二十八年進士，由庶常授吏部主事，遷考功司員外郎。歷官廣東學政、直隸通永道。得罪權臣和珅，充軍伊犁，尋以母老釋歸，以著述終。他少聰敏好學，自經史百家以及稗官野乘，靡不博覽。群經小學，皆有撰述。著有《易古文》二卷、《尚書古文辨異》一卷、《鄭氏古文尚書證訛》十一卷、《春秋三傳比》二卷、《春秋左傳會要》四卷、《夏小正箋》一卷、《逸孟子》一卷、《十三經注疏錦字》四卷、《詩音辨》二卷，凡二十餘種，均傳于世。事蹟見《清史列傳》卷七十二。

李氏一生精力，悉耗之注疏中，其詮釋名物，研芳擷艷，雖屈、馬、揚、班無以過。因摘其標新領異之語，别爲一書，名曰《注疏錦字》（詳《十三經注疏錦字序》）。

《爾雅錦字》系《十三經注疏錦字》中的一節，共輯録一三〇餘條。這些條目均是從郭注和邢疏中擇出，各條字數不一，有的僅兩三字，有的多達三十餘字。所選條目，有的是注疏中所舉的方言俗語，有的是注疏中引自其他典籍的奇聞趣事。如「踏雪馬」，出自郭璞注（《釋畜》「四蹄皆白，首」郭注：「俗呼爲踏雪馬」），「舐毫而孕」，出自邢疏（《釋獸》「兔子娩……」邢疏：「《論衡》：『兔舐毫而孕，及其生子，從口出』」。）全書没有什麽創見，又西蜀版本極劣，所引注、疏，文字錯訛頗多，讀者宜慎之。

（《十三經注疏錦字》版本有：

西蜀刊本。

乾隆、道光、光緒三個年代的《函海》本。

翟灝《爾雅補郭》

一卷，分上下。卷上包括《釋詁》至《釋丘》，卷下包括《釋草》至《釋畜》。《釋山》、《釋水》未見補注。

翟灝（公元一七三六——一七八八），字大川，晚年改字晴江，清仁和（今浙江餘杭縣）人。乾隆十九年進士，歷官衢州、金華二地教授，《清史稿》有傳。生平博覽群書，精心考證，尤致力於訓詁。所著除本書外，還有《通俗編》、《四書考異》、《家語發覆》、《周書考證》、《説文偁經證》等。其《通俗編》三十八卷，援引詳博，尤爲學人所稱道。

本書卷前識語云：「郭氏注《爾雅》，未詳未聞者百四十二科（按：據黄侃説，郭注未詳者實不止此數。）邢氏疏補言其十，餘仍闕如。今據謭識，參衆家，一一備説如左。」清人補郭（包括評郭、正郭等）的著作不少，但似這樣全面逐一拾遺補闕的尚祇有翟氏一家。且其中也有補注較好的，如卷上「省，善也」和「兼，長也」等條，後人大致採用。但總的説來該書成就不高，黄侃在《爾雅略説》中曾明確地指出其不足之處。他首先説翟不明郭氏「蓋闕」的謹慎之意。次説翟氏所補「神重」、「篲勤」、「徽止」、「衛嘉」、「郡乃」、「臻乃」、「揚續」、「萌萌在也」諸條皆無明證。最後指出《釋草》諸篇，「郭由目驗者多，其所未聞，多難代補」。翟説「蕱芋熒」、「蓁蕒」「薜牡藖」、「蘵百足」、「貢綦」、「髦柔英」諸條，多臆必之論。因此，我們在引用其疏證時，務必細加擇别。

版本有：

翟氏自刻本。

光緒八年《咫進齋叢書》本。

光緒十一年《木犀軒叢書》本。

光緒十四年《皇清經解續編》本。

《玲瓏山館叢書》本。

《益雅堂叢書》本。

施謏刻巾箱本。

戴鎣《爾雅郭注補正》

《清史稿·藝文志》著録三卷（按，每卷又分三卷，實有九卷）。

戴鎣，清安徽休寧人，戴震族弟。乾隆四十九年舉人，曾任四庫全書三分總校。《爾雅郭注補正》一書，爲戴鎣進呈本，韓光鼐曾譽爲「海内士林奉爲圭臬」。該書補正的體例是，每條先列經文、郭注，再加「臣鎣按」語。按語采摭群編，兼增己見。補正多取邢昺疏、鄭樵注，並注意選録時賢之説，如卷中一《釋宮》「正門謂之應門」條下，引用戴震《三朝三門考》加以補充。補正還力求將古今稱謂加以串通，如卷中一《釋宮》「牆謂之堊」條，補正曰：「今人燒石灰謂之白罣。」又「樴謂之杙」條，補正曰：「植木埋地半出地面，今謂之椿。」又「屋上薄謂之筄」條，補正曰：「筄今椽上版，所以承瓦者。」諸如此類，雖然未臻盡善，不無可商之處，但期在溝通古今，亦難能可貴。本書名爲《補正》，實則重在補闕，而略於訂正。

該書乾隆年間曾有刊本，咸豐年間因遭「粵氛之亂」，版毀無存。至光緒十一年，海陽韓光鼒將家藏原本校對付梓，遂有重刊。《販書偶記》著錄爲光緒二十一年重刊，誤。

劉玉麐《爾雅補注殘本》

劉玉麐（公元一七三八——一七九七年），清江蘇寶應人。字又徐，乾隆四十二年拔貢，曾任鬱林州判，歷知象州、龍門、北流等縣。素好學，游京師，得聞戴震、程瑤田等人論說，與劉台拱爲問學交，博通經籍，著有《爾雅補注》，段玉裁嘗擬爲之序。又著有《粵西金石錄》等書。由於劉氏後嗣少衰，其著述大多散佚，其說經之文，經後人掇拾爲《甓齋遺稿》，阮元收入《皇清經解》中。另外，尚存《爾雅補注殘本》一卷，《爾雅校議》二卷，事蹟見《清史列傳》卷六十八。

《爾雅補注殘本》係劉玉麐同鄉劉岳雲所輯（詳《劉玉麐爾雅校議》）。此本雖非全書，但究其殘卷，得失大略可識。其主要特色是考證精審，實可補前修之未密。如「神，重也」條，郭注未詳，劉氏補注舉出《東京賦》注「神、音申」，並根據聲同義通的道理，斷定神、申同義，復舉出《易》、《書》中「申」作重解的例證，不言而喻，神亦可釋作重了，郭氏未詳之疑至此涣然冰釋（詳本書第二頁）。劉岳雲在《補注跋》文中評價説，是書與翟灝《爾雅補郭》、戴鎣《郭注補正》比較，有過之而無不及。其語不誣。然《補注》之文，亦有失誤。如「揫、摟，聚也」條，劉玉麐疑孔氏疏《詩》引《爾雅》「遒、斂，聚也」和「婁、斂，聚也」非《爾雅》文，乃郭璞注文，理由是《爾雅》作「揫、摟，聚也」，無「斂」字，「斂」字出自郭注。劉氏有所不知，孔氏疏《詩》時《爾雅》有多本，各本皆有「斂」字，他僅以自己見到的今本《爾雅》正孔疏，自然會得出以上錯誤結論。所以劉岳雲在此條下糾正説：「孔所引乃《爾雅》正文，與郭注無涉。」

版本有：

廣雅書局光緒十四年刻本。

功順堂叢書本。

劉玉麐《爾雅校議》

上、下二卷。卷上《釋詁》至《釋水》，卷下《釋草》至《釋畜》。

劉氏在世之日，曾受其學生范承英之託，爲他讎校《爾雅注疏》，於是，「集孫、李舊注之暇，並搜輯宏農逸注，有所考證，輒援筆録於監本上方。」凡三易本，遂成《爾雅補注》（《爾雅校議》序）。書成未刊，僅作爲學生課讀之本。後劉叔俛得到是書《釋詁》《釋言》各一卷，其弟劉岳雲又得到是書下册，二人即將兩次所得書中確知爲劉玉麐按語且言而有據者抄録成帙，取名爲《爾雅補注殘本》。同時，趙撝叔得到是書完帙，遂抄出劉氏於監本上所作批語，名之曰《爾雅校議》。可見，《爾雅補注殘本》和《爾雅校議》實屬同一著作的兩種輯本。但兩種輯本不僅詳略不一（前者略，後者詳），而且内容各不相同，偶有條目相同者，按語也不一致。如《爾雅校議》卷下《釋畜》：「面顙皆白惟駹。玉案：《易》『震爲龍』。《釋文》云：『虞、于作駹，虞云蒼色，于云雜色。』又《匈奴傳》云……」凡七十一字，而《爾雅補注殘本》則云：「面顙皆白惟駹。玉案：《易》『震爲龍』《釋文》云：『虞、于作駹，虞云蒼色，于云雜色。』駹宜訓雜，而此云皆白，疑有誤。』《匈奴傳》云……。」

凡七十七字。因此，二本實可互補有無，不可偏廢。總之，是書旁徵博引文獻例證，推衍、補充經文釋義，勘正經注疏訛脱誤衍之處，多有「邵郝二家未及者」（《爾雅校議》趙撝叔序），較翟灝《爾雅補郭》、戴鎣《爾雅郭注補正》爲優。

版本有：

《食舊堂叢書》本。

錢坫《爾雅古義》

二卷。卷一《釋詁》至《釋樂》，卷二《釋天》至《釋畜》。

錢坫（公元一七四一——一八〇六年），字獻之，號十蘭，又號篆秋。清江蘇嘉定（今上海市嘉定縣）

人。錢大昕之侄。乾隆三十九年副貢生。少穎敏過人，因家貧閉户力學凡十三年。曾供職畢沅幕下，與孫星衍、洪亮吉等討論訓詁和輿地之學，「論者謂坫沉博不及大昕，而精當過之」（《清史稿·儒林傳二·錢大昕傳》）。官陜西乾州州判，以疾歸，卒于家。事蹟見《清史稿》卷四八一、《碑傳集》卷四十七。所著除本書外，還有《詩音表》、《車制考》、《論語後録》、《爾雅釋地四篇注》、《十經文字通正書》、《説文解字斠詮》、《禮記内則注》、《古器款識》、《鏡銘集録》、《史記補注》、《漢書地理志集釋》、《漢書十表注》、《十六國地理志》等書。其中《史記補注》一書，爲錢氏集三十年精力而後成者，頗自珍視，惜未刊行。

錢氏此書於《爾雅》古義主要做了兩件工作：一是考文字之異同，如「廓」之與「郭」、「箌」之與「菿」、「貢」之與「贛」、「悝」之與「里」、「暴樂」之與「爆爍」等便是。二是補郭注之闕略，如在《釋詁》一篇中對郭注的「未詳」和過於簡略者即補了十一條。而這些考證和補注都大致精審。其中「神，慎也」一條，以爲「神」與「引」通，「神慎」即「神引」，各家皆未道及。然書中如「鱧鯇鱸鮦」異説不能審正等小疏之處仍在所難免，故讀者引用此書有關材料時，仍須細加甄别。

版本有：

清抄本。

南菁書院《皇清經解續編》本。

錢坫《爾雅釋地四篇注》

不分卷。「《釋地》四篇」，指《釋地》、《釋山》、《釋水》、《釋丘》。

錢氏壯時曾「歷齊、魯、越、周、衛，通乎秦、晉，頗知以今證昔」（錢氏自序）。客陝西撫院時，又與孫星衍同治地理之學。孫星衍序曰：「一日，錢君讀張守節所稱《晉地道記》飛狐岌之說，告星衍曰：『予始知《爾雅·釋山》之皆山名，小山岌、大山峘之即飛狐岌與恒山也。』於是注《釋地》以下四篇，越三月成。」作者自序謂：「名者，實之徵。古人之言，何嘗虛造；率以鄙見，就所遐瞻，括成卷册，媿非孫、樊所及道，郭君所及推。」通過實地考察和深入研究，積累了豐富的地理知識，這是該書著作的基礎；以今證古則是該書著作之動機。孫星衍評價該書云：「《釋地》諸篇之義既古，其所釋皆是《夏書》、《山海經》之山，而郭、李、舍人僅隨意解釋，不著所在。」「君（錢氏）注解質核，有賈逵、高誘之風，漢以下無以擬也」（孫序）。《爾雅釋地四篇注》不尚空談，注意求其實地，誠爲可取。然銳意徵實，有時也不免失之穿鑿。陳玉澍説：「《爾雅·釋地》四篇有專釋者，有泛言者……專釋者，當求其地以實之；泛言者，不必求其地以實之。有與《爾雅》合者引以爲説則可，謂《爾雅》專爲彼釋則不可，錢氏必欲一一以今證昔，確指所在，不亦過乎。」（見《爾雅釋例》）黄侃也説：「必處處求其地，斯鑿矣。」（見《爾雅略説》）這些都是中肯的批評。

版本有：

嘉慶七年擁萬堂刊《錢氏四種》本，後有民國年間中國書店影印本。

皇清經解續編本。

邵晋涵《爾雅正義》

二十卷，今存。計《釋詁》兩卷，《釋言》以下至《釋畜》各一卷。

邵晋涵（公元一七四三——一七九六年），清浙江餘姚人。字與桐，一字二雲，自號南江。乾隆三十六年禮部會試第一，賜進士出身。三十八年詔修《四庫全書》，除翰林院庶吉士，次年授編修，後累官至翰林院侍講學士，兼文淵閣直閣事，博通經義，勤於著述，除本書外，還有《孟子正義》、《穀梁正義》、《韓詩内傳考》、《方輿金石編目》等，均傳於世。事蹟見《清史稿》卷四八一，《清史列傳》卷六十八。

該書爲改補邢疏而作，黄侃紬繹邵氏的自序，指出其條例有六：

一、校文。

「世所傳本，文字異同，不免訛舛；郭注亦多脱落，俗説流行，古義寖晦。爰據唐石經暨宋槧本及諸書所徵引者，審定經文，增校郭注。」（引文係邵氏自序，下同）

二、博義。

「漢人治《爾雅》，若舍人，劉歆、樊光、李巡、孫炎之注，遺文佚句，散見群籍。梁有沈旋集注，陳有顧野王音義，唐有裴瑜注，徵引所及，僅有數語。或與郭訓符合，或與郭義乖違，同者宜得其會通，異者可博其旨趣。今以郭氏爲主，無妨兼採諸家，分疏于下，用俟辨章。」

三、補郭。

「郭注體崇矜慎，義有幽隱，或云未詳。今考齊、魯、韓《詩》，馬融、鄭康成之《易注》、《書注》，以及諸經舊說，會粹群書，尚存梗概，取證《雅》訓，辭意瞭然。其蹟涉疑似，仍闕而不論，確有據者，補所未備。」

四、證經。

「郭氏多引《詩》文爲證，陋儒不察，遂謂《爾雅》專用釋《詩》。今據《易》、《書》、《周官》、《儀禮》、《春秋三傳》、《大小戴記》，與夫周秦諸子、漢人撰著之書，遐稽約取，用與郭注相證明。」

五、明聲。

「聲音遞轉，文字日孳，聲近之字，義存乎聲。自隸本變更，韻書割裂，古音漸失，因致古義漸湮。今取聲近之字，旁推交通，申明其說。」

六、辨物。

「艸（草）木蟲魚鳥獸之名，古今異稱，後人輯爲專書，語多皮傅。今就酌知副實者，詳其形狀之殊，辨其沿襲之誤。其未得實驗者，擇從舊說，以近古爲徵，不敢爲臆必之說。」

該書對邢疏進行全面的改訂補正，委實一大創造。黃侃評價說：「清世治《爾雅》者如林，而規模法度，大抵不能出邵氏之外」（《爾雅略說》）。另外，本書就郭璞《爾雅序》所作的正義，對《爾雅》的名義、作者、篇第、傳者、注家等問題都作了全面論述，常爲後代學者所稱道和引用。

由於作者篤守疏不破注之例，所以未能解去拘攣。又因爲該書係開創之作，就難免有一些未能盡善之處。如：校文方面，於經於注，多所遺漏；博義方面，搜採不周；證經、明聲方面，皆只略引其端。這些就有待後人抽其緒、補其闕了。

版本有：

乾隆五十三年餘姚邵氏家塾刻本，該本後遞有翻刻。

皇清經解本。

武億《爾雅考異》

一卷，載《經讀考異》中。

武億（公元一七四五——一七九九年），字虛谷，一字小石，號授堂，自號半石山人。清河南偃師縣人。少孤好學，讀書不輟。年二十一縣試第一，乾隆三十五年舉鄉試，四十五年會試，賜同進士出身，以知縣歸班用。五十六年選山東博山縣知縣，因事革職。後館于亳州、臨清、魯山、安陽、登州等地，以小學、經史、古文、倫品教授生徒。他博貫群經，著述甚富。著有《群經義證》七卷、《經讀考異》八卷、《經讀考異補》二卷、《經讀考異叙述》二卷、《三禮義證》十二卷、《金石三跋》十卷、《金石續跋》十四卷、《偃師金石記》四卷、《偃師金石遺文補錄》二卷、《安陽金石錄》十六卷、《讀史金石集目》、《錢譜》、《郟縣金石志》、《句讀叙述》二卷，均傳於世。

《經讀考異》一書是館西霞先生（王增）西齋教授經書，口講指劃，剖析疑義，輯錄而成。《爾雅考異》共收列條目十一條，其中《釋詁》一條，《釋水》一條，《釋草》二條，《釋木》一條，《釋蟲》二條，《釋鳥》二條，《釋獸》一條，《釋畜》一條。是書雖非博綜宏辨，但也不拘守于當時「世已口習，不復可破」的師塾之説，而是若有疑義，輒求證於諸家，務必得其確詁。如《釋草》「唐、蒙，女蘿；女蘿，兔絲」條，億案：「邢氏疏引孫炎曰：別三名。郭云：別四名。據孫別三名則唐蒙連文爲讀；郭氏別四名則唐一讀，蒙一讀。又疏云：唐與蒙或並或別，故三四異也。《詩經》直言唐，而傳云：唐，蒙也。是以蒙解唐也，則四名爲得，從郭讀爲定。」個別疑難一時弄不清者，也不强作解釋，僅提出問題，如《釋草》「熒，委萎」條，億案：「邢疏：藥草也。一名熒，一名熒委。據此則單名熒者，是以委萎爲讀；雙名熒委者，是以萎爲讀。」諸如此類，均反映了武氏治學之嚴謹。

《經讀考異》版本有：

授堂遺書（乾隆本、道光本）。

皇清經解（道光本、咸豐補刊本、鴻寶齊石印本、點石齋石印本）。

江氏聚珍版叢書四集。

包錫咸《讀爾雅日記》

共十三條（其中《釋詁》三條，《釋言》二條，《釋丘》一條，《釋山》一條，《釋草》二條，《釋木》二條，《釋魚》二條），載《學古堂日記》中。

包錫咸，字熙士，江蘇吳縣（今江蘇省蘇州市）人，清乾隆三十八年恩科舉人。包氏《讀爾雅日記》或推衍陳說，如《釋詁》：「幠，龐，有也。」郝懿行義疏：「《詩》『遂荒大東』，郭引作『遂幠大東』，幠、荒聲轉也。」錫咸案：「幠與荒同，荒，幠一聲之轉，古亡、無通用是其證」。或校訂訛誤，如《釋詁》：「敕，勞也。」郝懿行義疏：「經典敕、勅、勑三字相亂。」錫咸曰：「勑當本作勑。《説文》：『勑，勞也。』《一切經音義》卷十二引《爾雅》：『來，勞也。』來者勑之省，勅者勑之誤。或修正舊注，如《釋言》：「稱，好也。」郭注：「物稱人意亦爲好。」錫咸曰：「稱直訓好，非物稱人意爲好，……稱好之訓不煩隔一義以釋之也。」皆言之成理，雖寥寥十餘條，然亦不可忽視。

（《學古堂日記》）版本有：

光緒十六年刊本。

楊賡元《讀爾雅日記》

共十條（其中《釋言》一條，《釋樂》一條，《釋天》一條，《釋丘》一條，《釋水》一條，《釋草》二條，《釋木》一條，《釋魚》一條，《釋畜》一條），載《學古堂日記》中。

楊賡元，字良孚，江蘇吳縣（今江蘇省蘇州市）人，清乾隆三十九年副榜貢生。

楊氏《讀爾雅日記》，以考訂名物爲主，雖僅只十條，仍不乏灼識，其于《釋水》「氿泉，穴出；穴出，仄出也」與「水醮曰厬」兩條，引《説文》加以對照，《説文·水部》：「氿，水厓枯土也。」又《厂部》：「厬，仄出泉。」楊氏云：「是許書與雅訓正互相反者，《説文》釋其本字，《爾雅》從其借字也。」又於《釋草》「藒車，芞輿」條云：「許書、《爾雅》每多異同，據其偏則異同適相牴牾，會其通則異同不妨互證。」可謂深得《説文》、《爾雅》之旨。

版本詳包錫咸《讀爾雅日記》。

王謨《爾雅策案》

一卷。載《十三經策案》卷二十二。

王謨（公元一七三一——一八一七年），字仁圃，號汝上老人，清江西金溪縣人，乾隆四十三年進士。他「以專志著述，不欲爲令，請改學職，選授建昌府學教授」，任教達三十五年之久。王氏「好博覽考證，雅慕鄭迪功、馬端臨之學」（均見同治《金溪縣志卷二十四・王謨傳》），早年便開始從事文獻輯佚活動，在古文獻的搜輯整理方面，頗有成就。現存輯著有《江西考古錄》、《豫章十代文獻略》、《十三經策案》、《讀書引》、《增訂漢魏叢書》、《漢魏遺書鈔》、《漢唐地理書鈔》等。

《十三經策案》一書，爲王謨多年所「雜記諸經大義疑難，並摘《困學紀聞》、《黄氏日鈔》，及鄭夾漈、馬貴與、洪容齋、羅長源諸家所説經義若干條」（見該書自序）等前人成説，萃輯爲一書。諸經策案，計一二五〇條，約一二〇〇〇〇餘言。「各提要語，以當策眼，先後原委，以次貫串，經各爲篇，篇自分段，每段四句，相承爲一韻，使有文理，取便記誦。」每句之下，引衆家成説，再以小字夾注己見。所引成説，並分賓主，「有以數説相發明而始足者」、「有以彼説相攻辨而始透者」、「有以其事相類而推言之者」、有「以其文相近而附記之者」（見該書凡例），使衆目在綱，有條不紊。引據浩博，融經義策學於一爐，大有便於科舉士子，故一經問世，即「不脛而走，幾於家置一編」（見宋延春《重刊江西考古録序》）。

其中《爾雅》部分，自周至宋，「窮源竟委，兼及流派」（見《十三經策案・凡例》）。所列經義疑難十七段，共六十八句，而博采異説，辨同異得失於其下。

（《十三經策案》）版本有：

乾隆四十二年寶田齋刊本。

光緒同文書局石印縮本。

李雩《讀雅筆記》

三卷。

李雩，字鐵垣，清江蘇南通人。

該書的成書與出版，據作者之子李懿曾在跋中所説，書始作於乾隆三十九年，成稿於乾隆四十五年。初以「中多絓漏，勿以示人」，私爲枕中之秘，直至嘉慶九年始從同里袁運泰之請，正式付梓。

該書卷上、卷中爲正文，共計七十八條。因係隨手劄記，故條與條的次序並不全是以類相從，卷與卷的内容也很難看出明顯的區别。大抵卷上所收多爲與經文有關的問題，卷中所收多爲與注疏有關的問題。該書内容，涉及面廣，深淺詳略也頗不一致。如《爾雅》一書的作者、篇第、體例、脱文、重文、誤字與行文特點以及《爾雅》經注與經、史、子書在文字上的互異等問題，都有涉及，但一般只提出問題和表明態度，很少繁瑣考證。而對於郭注、邢疏則探討較廣、分析較細，而立條用字亦往往隨之增多。書中既有郭注與服注（服虔《左傳注》）陸疏（陸璣《詩草木鳥獸蟲魚疏》）相異之條；也有邢疏與朱注（《朱熹《論語集注》）相異之條，既有郭注與毛傳異義之條，也有邢疏與毛傳同義之條；既有郭注用韻之條，也有邢疏字法句注之條；既有郭注之誤、郭、邢俱誤與邢疏之誤之條；既有注疏義未備之條，也有義當補之條。一般都立論有據，書證翔實，少有偏頗與錯訛。其中有的條目還能突破前人成説，有所創獲，如「郭氏不知字誤」一條，以爲《釋言》「坎律銓也」之「坎」無銓字之義，而云「坎當爲欥，形近而譌，《説文》：「欥，詮詞也」；以爲《釋器》「不律謂之筆」之「不」爲發聲，而云「律即聿，適即述也」。得到同時代或稍後的訓詁學家如錢大昕、阮元和王引之等的進一步論證和肯定（參見阮元《經傳釋詞序》和王引之《經義述聞》卷二十六）。

卷下標題爲《爾雅碎金》，據作者自云，系「取經文及注疏中語，妃儷成文，二字至三字止」，凡一百九十條，詞語編次大抵以類相從。詞語下邊有同里袁運泰的雙行小字校注，從校注中即可看出一些不見於《爾雅》經文的詞語，皆邢疏轉引自《方言》者。由於儷語較工，很便於學者記誦，也是一種推廣訓詁常識的良好形式。

版本有：

嘉慶九年賜錦堂刊本。

朱亦棟《爾雅札記》

一卷。載《十三經札記》中。

朱亦棟，原名芹，字獻公，號碧山，清浙江上虞縣人。乾隆舉人，爲錢大昕的高足弟子，官平陽訓導。

著述有《十三經札記》、《群書札記》等。

《十三經札記》是作者的讀書、研究心得，隨得隨録，所取論證材料，上自漢魏六朝，下至唐宋元明諸家之説。共二十二卷。作者聲稱不倚傍門户，力求持論公平，「以期折中於至當」（見《十三經札記·馮一梅序》）。其中《爾雅》部分雖只有二十五條，但涉及範圍較廣，或探語源（如《釋器》「不律」切音爲筆，《釋天》「螮蝀」切音爲虹，「挈貳」切音爲蜺），或辨語義（如《釋樂》「重、敏、經、迭、柳」諸義），或證以今語（如《釋木》「劉杙」，芹按：此即今之安石榴也），或明其用例（如《釋詁》「蘙彗，勤也」，芹按：《爾雅》此訓專釋《魯頌》），不拘一格。每條辨證頗詳，搜羅亦廣，足資啓發。

（《十三經札記》）版本有：

光緒四年浙江武林竹簡齋刊本。

周樽《爾雅旁訓讀本》

四卷。卷一爲《釋詁》、《釋言》，卷二爲《釋訓》、《釋親》、《釋宫》、《釋器》、《釋樂》、《釋天》，卷三爲《釋地》、《釋丘》、《釋山》、《釋水》、《釋草》，卷四爲《釋木》、《釋蟲》、《釋魚》、《釋鳥》、《釋獸》、《釋畜》。載《十一經旁訓讀本》中。

周樽，字壽南，號眉亭，清昆明（今雲南省昆明市）人。乾隆己卯舉人，歷官安徽布政使。推誠待人，詳刑慎獄，遇事有不可者，雖上官必争。所至培養士氣，如守鎮江，修寶晉書院；秉臬甘肃，增刻皋蘭肄業課編，在皖復刻《十一經旁訓讀本》，後學賴之。事蹟詳《國朝耆獻類徵初編》卷一八四。

本書爲清代坊間通行的《十一經旁訓讀本》（原爲《十一經讀本》）的一經。書前的例言，首先説明了這種讀本是「爲初學而設」。其次指出了《爾雅》「體屬訓詁，語焉貴詳」，故書「全載郭注，旁參邢疏（即『取言簡而義明者錄之』，見周氏自序），亦期於文義了然」。最後交代了「音切俱照各經原注及陸德明《釋文》，載於本字之下」。由於它是清代儒生們的經學讀本，故採用的是官方規定的注疏和音切。注文（即郭注）與音切用雙行小字置於有關經文之下，疏文（即邢疏）一般用單行小字置於有關經文之旁（這就是所謂旁訓），唯於各篇篇題下的疏語則用雙行小字置於篇題之下。所用音切，説是各經原注，實不全同於《十三經注疏》，且以直音爲主。經文條目之間用大圓圈隔開，詞語之間用小圓圈隔開，醒目易識。

這種簡明扼要的訓旁讀本，在當時確實起到了便利初學者的作用，但時至今日，它就没有多少價值（包括參考價值和版本價值）可言了。

（《十三經旁訓讀本》）版本有：

乾隆五十八年留余堂刊本。

光緒年間刊本。

孫偘《爾雅直音》

上下兩卷。上卷包括《釋詁》至《釋樂》，下卷包括《釋天》至《釋畜》。

孫偘，清乾隆間高郵（今江蘇省高郵縣）人，字步陶。

本書爲便初學而作，專注直音，不用反切。全書經文用大字，注音用小字，附於經旁。易讀字不注音。注音的字一般是一字一音；一字有兩音者並注兩音，一字有數音者，則取字義切近者，酌存兩音。同一字在經中數次出現，同音者，俱於前 字注明，後不重出；異音（及易於忽略者）另行注明；《釋草》、《釋木》等篇，前後檢閱不便，多行重注。每個字的注音方法不盡相同，有「音某」者，有「某聲」者，有「同某」者等。音義專主郭（璞）、陸（德明）二家，樊（光）、李（巡）、孫（炎）、施（乾）、謝（嶠）、顧（野王）各家，間行採入，遇有矛盾的地方，依《康熙字典》考定。

本書除注音外，還兼考形體。以通行的注疏本爲底本，參之《五經文字》，逐行考訂。其通用者，於經上天頭處標明某本作某字；須分異義者，則加一「從（某本）」字，兼下己意。本書對經文本身的增減情況也注意考辨，並於經文下用雙行小字注明，如：六畜監本無此字，今依石經補入。

版本有：

光緒二十一年崇德書院本。

秦中刻本，已不存。

山淵堂刊本。

天壤閣叢書本，此乃王祖源校本，最善。後有叢書集成初編影印本。

任基振《爾雅注疏箋補》

任基振，字領從，清江蘇興化縣人。篤志研治《爾雅》，著《爾雅注疏箋補》。《爾雅注疏箋補》其體例悉依《爾雅》十九篇之順序安排，每條先全錄經文，再作補釋。任氏廣搜博採，除援引《詩》、《書》以外，並旁及先秦、兩漢之典籍與注文以證《爾雅》，同時對于注疏，不僅補其缺，又能證其誤。今舉數例以説明。如：一、《釋詁》「肆故今也」條，任氏據《詩毛傳》「肆字當故今二字」指明「郭注字别爲義失之」。二、《釋詁》「儼恪祇翼禋……敬也」條，郭注「禋未詳」，任氏補曰：「《詩大雅》毛傳訓禋爲敬，孔疏『《釋詁》禋，祭也。又云禋，敬也。義得相通，祭必致敬，故以禋爲敬也。』案經文禋作諲，或孔所見本異與？」三、《釋詁》「烈枿餘也」條，郭注「晉衛之間曰蘖，陳鄭之間曰枿」，任氏指出郭注與《方言》異。案今周祖謨《爾雅校箋》：「《方言》云：『烈、枿，餘也。陳鄭之間曰烈，晉衛之間曰烈』。此注據《方言》爲説，『烈』、『蘖』二字互倒，蓋傳寫之誤。」是書《釋親》以下，也不乏考據精核之處，正如戴震序其書曰：「書中考索精詳，辨據明晰，則讀其書者，固自知之。」該書係稿本（上海市圖書館藏）。

臧庸《爾雅漢注》

本書分上、中、下三卷。

臧庸（公元一七六七——一八一一年），本名鏞堂，字拜經，一字西成，又字在東。清江蘇武進縣人。少曾師事盧文弨。以後又與錢大昕、王昶、段玉裁等相交游。爲人沉默樸厚，學術精審。爲續其高祖臧琳將絶之學，仿《經義雜記》爲《拜經日記》八卷。高郵王念孫極稱之。兩應鄉試不售，以幕府生涯終其身，居阮元幕府尤久，曾助其編纂《經籍籑詁》和校勘《十三經注疏》。臧庸長於校勘和輯佚，研精訓詁，而宗主漢學。著作方面，除《拜經日記》外，還有《拜經文集》、《月令雜説》、《樂記二十三篇注》、《孝經考異》、《臧氏文獻考》等書。輯佚方面，除了《爾雅漢注》外，還有《宋本爾雅考證》、《盧植禮記解詁》、《蔡邕明堂月令章句》、《王肅禮記注》等書。事蹟見《清史稿》卷四八一、《國朝耆獻類徵》卷四一六。

臧庸「篤好古義」，他嘗言：爲學之道，約有二端，一曰勤，二曰細心。《爾雅漢注》雖爲輯校之書，亦體現了上述特色。《爾雅》舊注，如犍爲文學、樊光、李巡、孫炎諸家之説「散見於唐人諸書中，其爲郭氏所不取者，説顧往往勝郭」（盧文弨序）。臧氏於此徧加搜討，「勤勤掇拾」（同上）而後成書，該書取資頗豐，能考其同異，「引申其所長，而不曲護其所短」（同上），「洵足以存古誼而益後學」（朱記榮跋語）。郝懿行《義疏》中所引舊注，即多本於此書，足證朱説之不誣。臧氏此書雖較稍早的余蕭客的《鈎沉》爲勝，但由於時代和條件的限制，在資料來源上也同樣只止於經生耳目之所及，於古注仍有由于未見而致遺漏者。

版本有：

《問經堂叢書》本。後有《叢書集成》影印本。

光緒十三年刊《槐廬叢書》本。

阮元《爾雅注疏校勘記》

六卷。卷一《釋詁》，卷二《釋言》至《釋親》，卷三《釋宮》至《釋天》，卷四《釋地》至《釋水》，卷五《釋草》至《釋蟲》，卷六《釋魚》至《釋畜》。載《十三經校勘記》與《皇清經解》卷一〇三一至卷一〇三六中。

阮元（公元一七六四——一八四九年），字伯元，號芸臺，清代江蘇儀徵縣人。乾隆五十四年進士。歷官兵、禮、户、工等部侍郎，浙江、河南、江西諸省巡撫，湖廣、兩廣、云貴總督，體仁閣大學士。嘗總裁會試，得士最盛，一時名士如張惠言、陳壽祺、王引之、湯金釗、許宗彦、姚文田、郝懿行等，悉出其門。所至以興學教士爲急，如督浙學時，修《經籍籑詁》；撫浙時，立詁經精舍；撫江西時，刻《十三經注疏》；督兩廣時，立學海堂，又編《皇清經解》。阮氏一生雖爲達官，不廢問學，於經史、小學、天算、輿地、金石、校勘，皆造其微，而尤長於治經。其言訓詁，得之王念孫，而闡明義理，又與焦循爲近。所著《性命古訓》、《論語孟子論仁政》、《曾子十篇注》，李慈銘譽爲「卓識精裁，獨出千古」（見《越縵堂日記》）。所編《經籍籑詁》、《十三經注疏校勘記》傳布海内，爲學者所取資；《疇人傳》、《淮海英靈集》、《積古齋鐘鼎彝器款識》、山左、兩浙《金石志》並爲考古者所重。事蹟具《清史稿》卷三六四、《清代樸學大師列傳》第二十五。

阮氏鑒於當時俗間通行的汲古閣毛本《爾雅注疏》錯誤極多，嘉善浦鏜的《爾雅注疏正誤》也多未可信，於是「搜訪舊本，於唐石經外，得明吳元恭仿宋刻《爾雅經註》三卷、元槧雪牕書院《爾雅經註》三卷、宋槧《爾雅邢疏》未附合經註者十卷」等，「授武進監生臧庸，取以正俗本之失，條其異同，纖細畢備。

元復定其是非，爲《爾雅註疏校勘記》六卷。」（見阮元自序）

該書問世之後，即受到當時學人的重視，成爲研治《爾雅》者必備的參考資料。今人周祖謨亦以爲該書具有「比較詳備」和「比證極細」兩大特點，在刊正文字的訛誤方面是「最爲人所稱道」（均見《爾雅校箋》的序言和凡例）的一本書。所謂「比較詳備」，即阮氏自序所説的「條其異同」和「定其是非」。如《釋言》「遇，偶也。」郭注：「偶而相值遇。」對此條經注的校勘，阮元不僅參校了《文選》中《讓宣城郡公表》和《與山巨源絶交書》兩文李善注所引的《爾雅》有關經文與郭註，而且還參證了玄應《音義》卷二和卷九中所引的《爾雅》經註，經過一一比證之後才得出結論：「據此，知唐以前《爾雅》作『偶，遇也。』郭註作『偶而相值』，『值』即釋經之『遇』。今本經又誤倒，註衍『遇』字。」阮氏的這一結論，不僅爲清代學者所接受，就是現今研究《爾雅》的專家也一致加以肯定，如周祖謨就指出：「阮元據李善《文選註》及玄應《音義》定《爾雅》『偶』、『遇』二字誤倒是也。《萬家名義》及《字鏡》亦云：『偶，遇也』」（見《校箋》第二一二頁）。

由於時代和其他條件的局限，該書也存在不少疏漏或失誤之處。如《釋詁》「允信也」郭註，各本皆已誤爲「允信者，佞人似信。」由於未能看到希麟《續音義》，而對「允信者」三字中所衍的「信」字也未能勘出（見周祖謨《校箋》第一九六頁）。又如《釋詁》「汱，墮也」之「汱」，除邢昺單疏本外，其餘各本皆已誤作「汏」，邵氏《正義》雖已指出字當作「汱」，而阮氏《校勘記》仍説：「陸德明、施乾皆作汏，音犬，惟據顧音謂字宜作汱，猶未改爲汱也。」并以爲「邵晉涵《正義》謂汏當作汱，失之」。周祖謨《校箋》根據原本《玉篇》徹底糾正了阮氏這一失誤，他説：「原本《玉篇・水部》『汱』音達蓋反，與《釋文》引顧音相同。《玉篇》云：『汱，墮也。郭璞曰：水落貌也。』是顧本字從『大』作『汱』。」（見周書第一九五頁）因此，我們在使用阮氏這本書的時候，還必須同時參考原本《玉篇》、慧琳《音義》等阮氏未見的古書以及王樹枏《爾雅郭註佚存訂補》、周祖謨《爾雅校箋》等晚於阮氏的校箋，這樣才不致使阮氏的某些失誤繼續影响我們的《爾雅》研究工作。

（《十三經校勘記》）版本有：

嘉慶十三年揚州阮氏文選樓刊本。

嘉慶二十一年南昌盧氏刊本。

同治十年湖南尊經閣刊本。

（《皇清經解》）版本有：

道光本。

咸豐補刊本。

鴻寶齋石印本。

點石齋石印本。

郝懿行《爾雅義疏》

分上、中、下三卷。篇第悉依通行經註本，唯《釋詁》篇又分上、下。

郝懿行（公元一七五七——一八二六年），清山東棲霞縣人，字恂九，一字尋韭，號蘭皋，嘉慶四年進士，官户部主事，二十五年補江南主事，《清史列傳》、《清史稿》均有傳。

他學識淵博，一生肆力於著述。所著除本書外，還有《春秋説略》十二卷、《春秋比》一卷、《易説》十二卷、《書説》二卷、《鄭氏禮記箋》四十九卷、《山海經箋疏》十八卷、《詩經拾遺》一卷、《荀子補註》二卷、《汲冢周書輯要》一卷、《竹書紀年校正》十四卷、《補晉書刑法志》一卷、《反語考》一篇、《通俗文疏證》十八卷、《晉宋書故》一卷。此外，另有《詩文集》十卷。這些著作都傳於世，一部分存《郝氏遺書》中。

在諸多著作中，郝氏對《爾雅義疏》「用力最久，稿凡數易，垂歿而後成」（胡培翬《郝蘭皋先生墓表》）。據他自己介紹説：「漏下四鼓者四十年，常與老妻焚香對坐，參徵異同得失，論不合輒反目不止。」（陳奂《爾雅義疏跋》）他以邵晉涵《爾雅正義》及臧鏞堂《爾雅漢註》爲藍本，深入研究了《易》、《書》、《詩》、《荀子》、《水經註》、《本草綱目》、《玉篇》、《廣韻》、《通俗文》等一大批著作，認真檢閱了《藝文類聚》、《太平御覽》、《經籍籑詁》、《北堂書鈔》、《開元占經》等書籍，廣搜博採，然後成書。因此《義疏》内容特别豐富。「到現在爲止，所有《爾雅》註本中最詳贍的也是最通行的，要算《爾雅義疏》。」（張永言《論郝懿行的〈爾雅義疏〉》，見《中國語文》一九六二年十一月號）

郝氏著書的動機，出於對邵晉涵《正義》感到有兩點不滿意的地方，即邵氏於「聲音訓詁之原尚多壅閡」（《郝蘭皋先生墓表》），於「草木蟲魚尤多影響」（《曬書堂文集》卷二《與孫淵如觀察書》），所以他著書就着重以聲音貫穿訓詁，據目驗考釋名物。郝氏自謂「余田居多載，遇草木蟲魚有弗知者，必詢其名，詳察其形，考之古書以徵其然否。今兹疏中，其異於舊説者，皆經目驗，非憑胸臆。此余書所以别乎邵氏也」（《郝蘭皋先生墓表》）。唯其如此，它的名物解釋就做到了以今釋古，實事求是，具有一定的科學性和批判精神，破除了成説中的某些荒誕和糾正了前人的一些錯誤，所以凡所考釋，多翔實可信，如他依據

「放螢火屋内，明年夏細螢點點生光矣」的親身實驗，破除了歷史上「腐草爲螢」的錯誤傳説，得出了「螢本卵生」的科學結論。郝氏又謂「今余作《義疏》，於字借聲轉處，詞繁不殺，殆欲明其所以然」（《郝蘭臯先生墓表》）。惜其「疏于聲音」（陳奂《爾雅義疏跋》），因此説音多誤，他不僅誤用和濫用「音同」、「音近」、「雙聲疊韵」、「合聲」、「借聲」、「音轉」或「一聲之轉」來説明詞義問題，而且於經籍舊音的評斷取舍亦多臆斷，往往以不誤爲誤。至於《義疏》對草木蟲魚鳥獸的「名義」往往缺而不論，究其原因，主要是郝氏不明古音，不能以聲音明訓詁。

關於《義疏》的長處和不足還可以舉出許多，如能闡明《爾雅》的某些重要條例，能糾正郭註和諸家訓詁的某些違失，對《爾雅》的性質和宗旨的理解有錯誤，襲舊而不明舉等等，兹不贅述。總之，它是一部瑕瑜互見、得失相參的著作。

《義疏》問世以來，研究者頗衆，其中最著名的有王念孫的「刊誤」（《爾雅義疏刊誤》一卷）和黄侃的「訂補」（見黄侃手批《爾雅義疏》，後由黄焯編次爲《爾雅音訓》）；評論者更多，除郝氏的業師（阮元）和門人（如宋翔鳳、胡培翬）外，尚有陳奂（《爾雅義疏跋》）、陳澧（《東塾讀書記》）、朱緒曾（《開有益齋讀書志》）、錢泰吉（《曝書雜記》）、張之洞（《書目答問》）、章炳麟（《國故論衡·小學略説》）、王國維（《周代金石文讀序》）、黄侃（《爾雅略説·論清儒〈爾雅〉學下》）、殷孟倫（《爾雅簡論中》）、蕭璋（《王石臞删訂〈爾雅義疏〉述補》）、張永言（《論郝懿行的〈爾雅義疏〉》）等，學者們對該書毁譽不一，讀者自可參看。

《義疏》有足本和節本兩種。節本是由王念孫删定的。這一作法後來得到很多人的肯定。例如黄侃就説：「高郵之徑爲删汰，未嘗非成人之美也。」所以黄侃自己對《義疏》足本也作了增改。據黄焯説：「先叔父批校《爾雅》係依郝懿行《爾雅義疏》而施以增改。」（見《爾雅音訓》附記）

版本有：

《皇清經解》本，即學海堂本（節本）。

清道光庚戌十月木犀香館藏本（節本）。

清咸豐六年吳門湯漱芳齋刻本（足本）。據胡珽跋説，原稿是「嚴鶴山所鈔」（現北京市中國書店影印出版的也就是這個本子）。後有四部備要排印本、萬有文庫排印本。

郝聯薇（懿行孫）校刻本（足本）。

清同治四年刻本（足本）。

清光緒十年榮縣蜀南閣刊本（足本）。

清光緒十三年點石齋校刊《經學輯要》本（足本）。

清光緒十三年湖北官書處重刊本（足本）。

王念孫《爾雅郝註刊誤》

一卷。

王念孫（公元一七四四——一八三二年），清江蘇高郵縣人，字懷祖，號石臞。乾隆四十年進士，選翰林院庶吉士，散館改授工部主事。洊升郎中擢陜西道御史，轉吏科給事中，累官至永定河道。事蹟見《清史稿》卷四八一、《清史列傳》卷六十八。

他從戴震學，研究聲韻文字訓詁，造詣極深，主張「訓詁之旨本於聲音」，「就古音以求古義，引申觸類，不限形體」（見《廣雅疏證自序》）。精於校讎，著有《廣雅疏證》十卷、《讀書雜志》八十二卷、《說文解字校勘記殘稿》二卷、《輶軒使者絕代語釋別國方言疏證》若干卷、《王氏讀說文記》等。

本書內容原爲王氏讀《爾雅義疏》批語，由近人羅振玉命名其子福頤由《義疏》寫本迻錄爲一卷，題曰《爾雅郝註刊誤》。該書刊正了郝懿行《義疏》的失誤計一一八條（按羅振玉云一一三條，不確）。內容大致涉及如下幾個方面：

對《爾雅》宗旨的誤解。郝說：「《爾雅》之作主於辨別文字，解釋形聲。」（頁一）王念孫按：「《爾雅》之作主於釋義，非以辨別文字、解釋形聲。」

對聲韻文字的誤訓。郝說：「循者……又通作修。《易·繫辭》云：『損德之修。』《釋文》：『修，馬作循。』……修，循一聲之轉也。」（頁二）王念孫按：「隸書循、修二字相似，寫者多亂之……循、修二字隸法止爭一畫，書碑者好奇，所以從省借用，然皆形之誤，非聲之通也。或者不察，遂謂循、修二字古通，誤矣。韻書循在諄部，修在尤部。尤與諄可通用乎？其或作修者，又修之誤耳。」類似這樣的刊誤在全書佔了很大的篇幅。

對引文的誤釋及出處的誤註。郝說：「吾者，《說文》云：『我自稱也。』……《管子·海王篇》云：『吾子食鹽二升少半。』尹知章註：『吾子謂小男小女。』按：吾子猶言我子耳。」（頁四）王念孫按：「《管子》云：『終月，大男食鹽五升少半，大女食鹽三升少半；吾子食鹽二升少半。』吾子猶言余（餘）子。故尹註云：『吾子謂小男小女也。』今云吾子猶言我子。我字不知何指，真不可解矣。」又如郝說：「賚者，《說文》云賜也，引《周書》曰：『賚爾秬鬯。』今《洛誥》作『預以秬鬯』。」（頁一）王念孫按：「《說文》所引乃《文侯之命》，非《洛誥》也。」

引證解釋蕪雜。郝說：「案，匹與正字形相亂。故《禮器》云：『匹士大牢而祭。』《釋文》：『匹士，本或作正士。』《緇衣》云：『唯君子能好其正，小人毒其正。』鄭註：『正當爲匹字之誤也。』蓋漢隸書匹、正形近，所以致誤，非古字通也。」（頁三）王念孫按：「《爾雅》誤字所當辨者也。若他書之誤字而亦辨之，則是之富必至積案盈箱，不止於七卷矣。」

羅振玉在此書序言中說：「其所刊正，莫不精切，如嚴師之於弟子。」

又黄侃著有《手批〈爾雅義疏〉》，蕭璋著有《王石臞刪訂〈爾雅義疏〉聲韻謬誤述補》，均可參看。

本書由羅振玉收入《殷禮在斯堂叢書》中。

張宗泰《爾雅註疏本正誤》

五卷。

張宗泰（公元一七五〇——一八三二年），字登封，號筠岩，清江蘇甘泉（今江蘇省揚州市）人。乾隆五十四年拔貢生，歷官天長、合肥等縣教諭。著述尚有《周官禮經註正誤》一卷、《孟子七篇諸國年表》二卷、《竹書紀年校補》二卷、《質疑偶存》六卷，均傳於世。另有《春秋左氏傳讀本正誤》、《舊唐書疏正》、《新唐書天文志疏正》等書俱藏於家。事蹟具《續碑傳集》卷七十六。

是書爲匡正《爾雅註疏》本文字訛誤之作，全書五卷，約三萬字。其中，卷一正經文之誤，卷二正註文之誤，卷三正疏文之誤，卷四、卷五正音釋之誤。所正訛誤，經與作者當時未見而現已從日本傳回的幾種宋本《爾雅郭註》相校，多數確鑿可信。然亦間有當正而不正者和不當疑而疑者，如：《釋詁》「台、朕、賚、畀、卜、陽，予也」郭註：「今巴璞之人自呼阿陽。」「璞」，宋刻十行本（四部叢刊影宋本）作「濮」，當據正而作者未正。又如：《釋詁》「諶、諴、亮、詢，信也」郭註「《方言》……燕岱東齊曰諶。」作者按：「《方言》本岱作代，不從山，疑是。」今考《爾雅郭註》三種宋本及元本和《方言》各本，均作岱，顯然不當疑。

版本有：

《積學齋叢書》本。

光緒二十六年廣雅書局本。

干朝梧《爾雅音釋》

不分卷，篇第依經註本。

干朝梧，清嘉慶年間江西星子縣人。

《爾雅音釋》註釋《爾雅》十九篇音義，各篇音釋數量不等，有多有少，未全註。其音釋采取「直音」與「反切」二法。「反切」法僅註其字音；「直音」法即在該字下標註一字。標註之字與被音釋之字（即詞）有種種關係：或只明讀音，或爲古今字，或爲異體字，或爲通用字，或爲通假字。《釋文》有的釋音即釋義，《音釋》亦多仿此。其書爲干氏塾本，故《音釋》不全含釋義，有些僅爲註音而已。不論其註音或釋義，皆有所本，從封面上書有「謹遵《字典》音釋」字樣，可知干氏音釋係以《康熙字典》爲藍本，但有擇別，如「蛈」字，《康熙字典》有他結、他計二切，干氏僅取其一（他結切），此例尚多；又間有增補，如「蟦」字，《康熙字典》只有符非切音肥和逋昆切音奔兩讀，干氏增又讀扶味切。總的説來，干氏音釋對舊註音釋能擇善而從，亦不乏作者之己見。

版本有：

嘉慶六年星子干氏刻白文本。

吴琨《爾雅正譌》

三卷，篇第依經註本。

吴琨，字緝瑶，清代江西南城縣人。

作者在其自序中説：「《爾雅》一經，坊刻甚夥，然字畫、聲音、句讀之間，頗多訛誤，如註疏之渦、蓏、杭、蚵，訛作過、蔿、杭、何者，不可枚舉。邵太史之《正義》，姜兆錫先生之《參義》、周太史之《附註》、孫步陶先生之《直音》，俱稱善本，亦不免襲謬傳訛。」因此，極力旁搜，細加校訂，名曰《正譌》。然序中未言明用何種善本爲其底本，而參校者亦僅止於《字典》、《韻府》、《説文》、《正字通》、郭、邢註疏、陸氏《音義》等數種常見之書；序中所指訛誤，大半由於版本之不同，並非發前人所未發。雖在字畫、聲音、句讀等方面有差勝坊間諸本之處，然亦只能視爲三家村較佳童蒙課本而已。

版本有：

嘉慶十三年南溪樓刊本。

龔元玠《爾雅客難》

一卷三條。載《十三經客難》中。

龔元玠，字鳴玉（按《十三經客難·龔元玠小傳》作字琢山，一字畏齋），清江西南昌（今江西省南昌市）人。乾隆十九年進士，官貴州銅仁知縣，八十二歲卒。元玠「少貧好讀書，未嘗從師學，嘗取歐陽修限字讀『九經』法，畢誦註疏，自是博通群籍。」（《清史列傳》卷六十八）治學不守一家言。著述有《十三經客難》五十餘卷、《黃淮安瀾先資編》二卷、《畏齋文集》四卷，「俱極爲時流所欽重」（《十三經客難·龔元玠小傳》）。事蹟具《清史列傳》卷六十八。

元玠鑒于「自尋誦各經以來，覺先儒註釋，尚多有未安者，且並有遺漏者。」于是「每有心得，不能自已，輒筆記之」（均見龔元玠《十三經客難》總序）。積三十餘年，成《十三經客難》五十餘卷，計《周易》二卷、《尚書》四卷、《詩經》四卷、「三禮」十三卷、《春秋》二十四卷、《爾雅》一卷、《四書》七卷、《孝經》一卷。其中《孝經客難》已佚。

元玠相信舊說：《爾雅》一書爲周公所作，子夏所續。然「於諸篇中，別其何者爲周公所作，何者爲子夏所續，則自有《爾雅》以來，未有言及此者。」（龔氏《爾雅客難序》）他經過認真研究，得出結論說：

「凡訓釋之文出於正風、正雅，作於周公以前者及不見於三百篇内者，皆周公所作，變風、變雅及雖係正風、正雅而作於周公以後者，皆子夏所續。作與續，每篇皆錯雜相參。」「《釋樂》、《釋親》、釋天、地、山、水，釋草、木、禽、獸，似皆周公所作。」（同上）《爾雅客難》僅有三條，其中第一條，考《釋訓》「如切如磋」至「民之不能忘也」的作者，認定其爲子夏所續；第二條，考《釋地》中西王母一山在何地及命名的時代，認定西王母山即崦嵫山，「以人名山，其在虞夏殷之間」；第三條考《釋畜》中馬名訛釋，認定「馬名之見於《皇皇者華》、《駉》篇、《有駜》篇者，皆周公所釋也。」諸如此類，可備一説。

（《十三經客難》）版本有：

嘉慶二十三年環堵山房刻本。

道光二十六年縣學文昌祠考棚公局刊本。

嚴元照《爾雅匡名》

二十卷。前十九卷依《爾雅》篇次，每篇爲一卷；第二十卷爲逸文。《清史稿・儒林傳》著録八卷。

嚴元照（公元一七七三——一八一七年），字九能，又字修能，清歸安（今浙江省吳興縣）人。《清史稿・儒林傳》本傳稱其「十歲能爲四體書，補諸生。儀徵阮元、大興朱珪深賞之」。他「熟於《爾雅》，作《匡名》八卷，旁羅異文軼訓，鉤稽而疏證之。」嚴氏勤於治學，著述甚豐，除《匡名》外，還有《悔菴文鈔》、《詩鈔》、《詞鈔》、《娱親雅言》等書，均傳於世。事蹟詳《清史稿》卷四八二。

關於本書之宗旨，嚴氏自序曰：「（其書）命之曰《爾雅匡名》。名，文字也；匡之爲言正也，吾於《爾雅》，爲之正其文字而已矣。」關於本書之宗旨，勞經原跋又轉引嚴氏之言曰：「《爾雅》，近邵氏撰《正義》，註解精當，而於俗本之誤及載籍所引文字異同，闕焉不錄，因著此書，以補其未逮，是亦讀《爾雅》者之所資也。」書中匡正文字之道，徐養原序言中概括爲以下三點：一曰證偏旁之離合，則以《說文》爲主；二曰存古本之異同，則以《釋文》爲主；三曰糾俗刻之舛誤，則以石經爲主。而其要尤在明乎通借之例，蓋只有明乎通借之例，孰爲同類相從，孰爲同音相假，才可得而審；孰爲流俗增加，孰爲《說文》遺脱，才可得而究；對似異實同者，才可得而稽。本書復由於「採摭群言，構會甄擇，經疏史註有涉於此者，悉舉而臚陳之，俾互相證發，不煩言而自解」（見徐序），故黄侃《爾雅略說》以爲「考《爾雅》殊文者，莫詳於是書，雖偶有闕遺謬誤，又往往儀毫失牆，然於大體固無害爾」。又駱鴻凱《爾雅論略》以爲嚴氏攟拾《爾雅》逸文至三十有二條，多非本真。如引《爾雅》「鋪布」與「敷布」者，乃《小爾雅·廣詁》文；《爾雅》「棘戟」，乃《小爾雅·廣器》文。讀者亦須審辨。

嚴氏先有《娛親雅言》六卷，末一卷皆說《爾雅》之文。其中言《爾雅》之例一條至爲閎通。嚴氏云：「《釋詁》篇首訓『始』，篇末訓『死』，兩端具矣；篇内次第亦以義類從。《釋言》篇有一字兼兩義者，則匯置一所，『基經』、『基設』之類是也；有字異而義同者，則匯置一所，『蠲明』、『茅明』之類是也；有義訓遞嬗而下者，匯置一所，『速徵』、『徵召』之類是也；或字義皆異而音同者，匯置一所，『挾藏』、『浹徹』之類是也。次序皆有深義，蓋非適然。而中間不無小有舛錯者，亦必非摩滅失次，古人行文錯綜變化，正以見嚴密之中又未嘗拘謹也。」又有一條論物名相同，也頗可取（詳黄侃《爾雅略說》）。

版本有：

嘉慶二十五年唐西勞氏刊本。

光緒十一年吳興陸氏守先閣重刊本（湖州叢書本）。

廣雅書局叢書本。

皇清經解續編本。

萬希槐《爾雅證異》

五卷。載《十三經證異》卷七十五（《釋詁》、《釋言》）、卷七十六（《釋訓》、《釋親》、《釋宮》、《釋器》）、卷七十七（《釋樂》、《釋天》、《釋地》、《釋丘》、《釋山》）、卷七十八（《釋水》、《釋草》、《釋木》、《釋蟲》）、卷七十九（《釋魚》、《釋鳥》、《釋獸》、《釋畜》）。

萬希槐，字蔚廷（一作蔚亭），湖北黄岡縣人，嘉慶初歲貢，官南漳訓導。九歲能屬文。博通經史，獲知人家有藏書，不遠數百里，必往借觀。早年便棄舉子業，沉潛於經學研究，著有《困學紀聞集證》刊行於世，蕲州陳詩稱他爲「王氏（應麟）之功臣，閻何之諍友」（見《湖北通志·人物·文學二》）。晚年課業餘暇，取十三經經文訛異者，輯成《十三經證異》七十九卷，成憲謂「捜羅浩博，考證詳明，洵爲清代鴻儒」（見《十三經證異校勘記》）。

萬氏鑒於後儒讀經常以近代之形聲究古書之義旨，穿鑿附會，相互攻擊，於是捜羅經語及各家註疏，上自周秦，下迄有唐，研求經義，以經證經，權衡異同，撰成《十三經證異》欲證出「若者爲正體字，若者爲或體字，若者爲通用字，若者爲假借字，若者爲二音合聲字，若者爲一音兩用字，若者字與音異而義同，若者字與音同而義異」，以使學者得知所歸。該書大抵「仿《韓文考異》之例，先標經文某句提綱，頂格大書，尊經也；次以漢魏諸儒各家專本文字異同及各經註疏、史傳諸子漢唐註釋、唐世類書所引諸經異同挑出，低一格書之；又次以名家辨駁文字之所以異同或字異而音義同，或字異而音義亦異，綴以己意，更低一格，雙行書之，不敢貳於經也」（見萬嵒《十三經證異序》，上引均同）。

《十三經證異》徵引經語以唐爲斷限，以「唐以前藏書家皆寫本，其中文字異同皆有師授，讎校亦復精確，漢註唐疏及兩《漢書》註、《文選》註、《初學記》、《藝文類聚》、《太平御覽》所引可覆按」。而後世寫本浸以亡佚，踵謬承訛，無以是正，加以宋儒改易經文，顛倒次序，更不足爲訓。故《十三經證異》所用諸書，亦多係宋以前石經、監本。可見所引材料，不僅廣博，而且翔實可信。

《爾雅》自郭註本通行以後，從漢犍爲文學至六朝顧野王，各家註、音漸佚，而各本多與郭本《爾雅》異。《爾雅證異》將存於諸經傳註箋、《史記》、兩《漢書》及註、《文選註》、《水經註》、《初學記》、《御覽》等書中的《爾雅》各家註輯出，與今本諸經和註疏相互印證，往往證出諸經註疏異同的原委，如《釋地》「九夷八狄七戎六蠻謂之四海」條，鄭玄在《詩·蓼蕭》箋下引《爾雅》與此文同，而在《周禮·職方氏》和《布憲》註下引《爾雅》又作「九夷、八蠻、六戎、五狄謂之四海。」爲何同是鄭玄，所引《爾雅》，其文不同？萬希槐據《詩·蓼蕭》正義引李巡註，知《爾雅》本有兩文。正義謂「李巡所註『謂之四海』之下更三句云：『八蠻在南方，六戎在西方，五狄在北方。』此三句唯李巡有之，郭璞諸本皆無。李與鄭同時，鄭讀《爾雅》蓋與巡同，故或取上文，或取下文也。」諸如此類，以各本經、疏互證和補充，則紛爭迎刃而解。這對讀者來說，的確是一件很有意義的工作。

《十三經證異》成書較早，其兄萬嵒爲之作序是在嘉慶二十四年，即公元一八一九年，「屢欲刊行而未果」，直至百餘年後，民國十二年（即公元一九二三年）才得以問世。然「倉卒成書，校對亦未能精審」，難免有魯魚亥豕文字乖異之處。據《黄岡志》，該書光緒中黄陂陳氏曾寫有宋字本八十一卷，未刊。今未見。又據《湖北通志》引其兄萬邑序：「弟蔚亭……集成《證異》一百卷。」遂案曰：「見寫本止八十一卷，此云一百，殆其初稿，後又有所删訂歟。」《販書偶記》著録七十九卷首一卷，與今見民國十二年鉛印本同。

（《十三經證異》）版本有：

民國十二年湖北官書處鉛印本。

胡承珙《爾雅古義》

分上、下兩卷。上卷考求《釋詁》、《釋言》、《釋訓》三篇之古文古義。下卷則考求《釋宫》以下至《釋獸》十四篇，對《爾雅》第四篇《釋親》及第十九篇《釋畜》未曾涉及。具體條數如下：《釋詁》二十，《釋言》十一，《釋訓》五，《釋宫》二，《釋器》三，《釋樂》三，《釋天》三，《釋地》一，《釋丘》四，《釋山》三，《釋水》一，《釋草》五，《釋木》三，《釋蟲》二，《釋魚》二，《釋鳥》一，《釋獸》三，共計七十二條。

胡承珙（公元一七七六——一八三二年），字景孟，號墨莊，清安徽涇縣人。嘉慶十年進士，選翰林院庶吉士，散館，授編修，尋遷御史，轉給事中。署臺灣兵備道，三年，積勞成疾，乞假歸里，遂不復出。生平究心經術，精研小學，熟於《爾雅》、《説文》，所著除本書外，還有《毛詩後箋》三十卷，《儀禮古今文疏義》十七卷，《小爾雅義證》十三卷，《春秋三傳文字異同考證》，《求是堂詩文集》三十四卷等。事蹟見

《清史稿》卷四八二、《清史列傳》卷六十九。

該書卷上前有小引，略述著書之旨：「《爾雅》爲訓詁之書，而文字多爲後人所亂。草木蟲魚之名，偏旁大半俗增，古文又率多改易，其存而可考者希矣。」「古本之僅存者，惜其尚未能存什一於千百耳。」故著此書，以求《爾雅》之古義，並補惠氏棟所未及。

胡氏考求古文古義之法，可概括爲：博稽經典用例旁證，援引《釋文》所載異文，證以《説文》説解本義，根據音義關係推求。或用其一，或用其二，或數者兼而用之。所論言之成理，多發前人之所未發，對於探求《爾雅》古義，多可據信。

版本有：

清道光十七年求是堂刊本。

墨莊遺書本。

又《國粹學報》一九一〇年六三——六九期分載全文。

路德《爾雅易讀》

不分卷，篇第悉依通行經註本。

路德，字閏生，清代陝西盩厔（今作周至）縣人。嘉慶十四年進士。曾官户部主事，歷主關中宏道、象峰、對峰諸書院講席。嘗病俗學日非，又慮違俗鮮從，頗欲因勢利導，俾學者由窮經以明事理，故即就舉業爲教。刊行《仁在堂時藝十種》，一時風行，俗師奉爲圭臬。並取其五經節講之本以教，學者不復知讀其全，頗爲世所詬病。然一生喜誦墨子，且欲推其道以用之於世，故又持論新辟，不同於俗。所著除本書外，尚有《樫華館文集》六卷行世。

本書名曰《易讀》，其特點有二：

第一，從形式看，經文大字書寫，註文小字旁行，見經即知註，且於經於註，皆加句逗，讓人一目了然。

第二，從内容看，不事煩瑣考證，註文或註音，或釋義，或舉證，均視需要而定。尤爲可貴的是，釋文特別淺近易懂。如《釋器》「革中絶謂之辨；革中辨謂之韏。」路氏註曰：「轡頭皮子，中間斷了，有一個碎皮條分開了，皮子中間分開，把碎皮條再分成細絲絲子了。」又「簀謂之笫」，「簀」釋爲「床頭上的板」；「蓐謂之兹」，「蓐」釋爲「草席子」；「竿謂之箷」，「竿」釋爲「搭衣服竿子」；「婦人之褘謂之縭」，「褘」釋爲「香包兒」。諸如此類，不可勝舉。用後代通行的雙音詞釋《爾雅》經文中的單音詞，是路氏書中常見的訓釋方法，如《釋詁》「密、康，靜也」條，釋曰「安靜」。又「棲、遲、憩、休……息也」條，釋曰「休息」。似此，既節省篇幅，又明白易懂。

本書註文絶大部分係沿襲前人成果，但不註明所自，即令舉證也不具列出處，既爲「易讀」，爲明了見，亦無不可。惟有的例證引文删節不當（如《釋詁》「吾，我也」條，舉證爲「吾日三省」），以致不詞。另外，有個別釋文欠妥（如《釋詁》「貿、賈，市也」條，路氏釋市曰「街市」（當曰買賣），讀者也當慎之。

版本有：

狀元閣刻本。

光緒十七年千頃堂刊本。

李曾白《爾雅舊註考證》（附李滋然補考）

本書分上下兩卷。《釋詁》至《釋地》爲卷上，《釋丘》至《釋畜》爲卷下。

李曾白，字省三，清四川長壽縣人。約生於嘉慶或乾隆年間，死於同治年間。道光乙酉年中舉後，「五戰春闈（即會試）不捷」。乃閉户著書，不求進取。道光甲辰年選授四川黔江縣教諭。著作有《封圻阨塞》、《沿邊要害》、《七省海防》等十餘種，大多已散失。唯《爾雅舊註考證》，幾經周折，仍爲其子李滋然所得。光緒丁未年（公元一九〇七年），李滋然供職清廷駐日使署，他公餘之暇，訪求遺書，搜集到《玉燭寶典》、原本《玉篇》、慧琳《音義》及《和名類聚抄》等「中土久佚而刊之於東洋」的古籍。於是詳爲鈎考，又得《爾雅》舊註四十六科，依次補入原書的有關篇目，而在該條目之下註上一個「補」字。與原書六十二條加在一起，共得一〇八條，約一六〇〇〇餘字。本書較之清人前此所輯諸本《爾雅》舊註有以下三個特點：一是所輯引的舊註，僅止確認爲漢儒者；二是每條必有考證，有的且有態度比較明確的按語；三是由於李滋然所補四十六條，全係從慧琳《音義》等久佚古籍中所輯引，其中明標「鄭註」者即達十四條，尤可資研究者參考。

版本有：

光緒三十四年石印本。

分上、中、下三卷。卷次悉依《爾雅》經註本，惟下卷又分上、下。《釋草》、《釋木》、《釋蟲》爲下卷之上，《釋魚》以下爲下卷之下。

江藩《爾雅小箋》

江藩（公元一七六一——一八三一年），字子屏，號鄭堂，晚年自號節甫老人，清江蘇甘泉（今江蘇省揚州市）人。監生。曾受聘于阮元，爲麗山書院山長。江氏「爲人闊達大度，視友朋如性命，散其家産，結納滿天下，竟以餓死」（見汪憙孫等校《爾雅小箋》附記）。他治學深於漢人訓詁，精研群經，熟習歷史，以考據學爲長。著作除本書外，尚有《周易述補》四卷、《隸經文》四卷、《漢學師承記》、《宋學淵源記》、《經解入門》八卷、《樂器考》二卷、《半氈齋題跋》二卷，又有《炳燭室雜文》和《江湖載酒詞》。這些著作都是由劉文淇、劉寶楠、汪憙孫整理刊行的。事蹟見《清史列傳》卷六十九。

關於《爾雅小箋》的作書旨趣和成書過程，他在《爾雅小箋序目》中介紹得很清楚。他年少時學習儒家經典。十八歲，「不揣簡陋」，作《爾雅正字》，以《説文》爲依據，凡「《説文》所無之字，或考定正文，或旁通假借，不敢妄改字劃」。後來因爲外出謀生，没能完稿。到了六十歲時，給學生講《毛詩》，又接觸到《爾雅》。他認爲註《爾雅》的郭璞是個文學家，「於小學涉獵而已」。又認爲「邢（昺）《疏》膚淺」；邵晉涵《正義》「沿襲唐人義疏之弊」，委婉曲折地維護郭璞的《註》。「至於形聲，則略而不言」，不夠完善。於是將自己的舊稿找出來，重加删訂。對邵晉涵《正義》所引毛《傳》、鄭《箋》、《説文》諸書，「其誤者正之，未及者補之」。又「數年中竊聞師友之緒論，擇善而從，皆書姓氏」。另外，有些觀點本是他自己的見解而被人剽竊，就「直書己説，置之不辯」。這樣删訂完後，分爲三卷，「易名《小箋》」。後來汪憙孫等在校《小箋》時的附記中説，他「博覽九流，尤精史學」，而研究《爾雅》，則「非專門之業」。所以「王、段兩家小學書成，此書不能與之爭席」。

版本有：

徐乃昌光緒二十六年《鄦齋叢書》本。該本係清光緒癸巳南陵徐氏從武進費屺懷抄本借刻。

嚴可均輯《爾雅一切注音》

十卷。卷一《釋詁》，卷二《釋言》，卷三《釋訓》、《釋親》，卷四《釋宫》、《釋器》，卷五《釋樂》、《釋天》，卷六《釋地》、《釋丘》，卷七《釋山》、《釋水》，卷八《釋草》，卷九《釋木》、《釋蟲》、《釋魚》，卷十《釋鳥》、《釋獸》、《釋畜》。

嚴可均（公元一七六二——一八四三年），字景文，號鐵橋，清烏程（今浙江省吴興縣）人。嘉慶五年舉人。曾官建德縣教諭，旋引疾歸，專事撰述。嚴氏博涉多通，而尤邃許氏之書，勤於校勘輯佚之業。其著述有《鐵橋漫稿》十三卷、《説文翼》十五卷、《説文聲類》二卷、《段註説文校訂》一卷、《毛詩四書改錯考》四卷、《集古錄目》十卷、《古今錢圖》三十卷、《錢龍手鑒》二卷、《訪碑續錄》一卷、《鐵橋金石跋》四卷，與姚文田合撰《説文校議》三十卷。輯校有《全上古三代秦漢三國六朝文》、《京氏易》、《韓詩》、《儀禮古今異同説》、《三禮圖》、《謚法》、《鄭氏註孝經》、《郭璞爾雅圖讚》、《爾雅一切註音》等。嚴氏四十年中的撰輯僅收入《四錄堂類集》者，即達七十三種，共一二五一卷。

嚴氏此書，雖名爲《爾雅一切註音》，實則有註而無音，註也只有舍人、樊光、李巡、孫炎與郭璞五家。且於漢註，時有疏漏，以黄奭的《爾雅古義》與馬國翰的《玉函山房輯佚書》對照之，僅《釋詁》、《釋言》、《釋器》三篇，即漏輯舍人註達九處之多。唯經文、郭註全出，漢註、郭註依次排列，有便於讀者查閱和了解諸家的異同，故此書在《爾雅》古註輯佚諸書中，仍屬於不可廢棄的一種。

版本有：

光緒十一年木犀軒叢書本。

另外，該書又收入《鐵橋漫稿》。

洪頤煊《讀爾雅録》

不分卷，載《讀書叢録》中。

洪頤煊（公元一七六五——一八三三年），清臨海（今浙江省臨海縣）人。字旌賢，號筠軒，晚號倦舫老人。他苦志力學，與兄坤煊、弟震煊嘗讀書僧寮，夜坐借佛燈團坐談經不輟。嘉慶六年拔貢生，入貲爲州判，權知新興縣事。後入阮元幕府。頤煊尤精研經訓，貫串子史，並熟習曆算之學。曾館於平津館，與孫星衍同撰《尚書古今文義疏》。著作除《讀書叢録》外，尚有《禮經宫室答問》二卷、《孔子三朝記註》八卷、《夏小正疏義》五卷、《管子義證》八卷、《平津館讀碑記》十二卷、《經典集林》三十五卷、《讀史考異》十八卷。他性好聚書，家藏善本三萬餘卷，碑版二千餘，因著《倦舫書目》十卷。所著書均傳于世。事蹟見《清史稿》卷四八一，《清史列傳》卷六十九。

《讀書叢錄》二十四卷，計經傳八卷，小學四卷，諸子四卷，三史（《史記》、《漢書》、《後漢書》）七卷，宋元刊本一卷。是書略仿王念孫《讀書雜志》例，取經史百家之書，摘句爲釋，證其異同，辨其得失。《讀爾雅錄》係《讀書叢錄》中的一部分，共收錄《爾雅》經文五十六條。計《釋詁》二十條，《釋言》五條，《釋訓》一條，《釋宮》二條，《釋器》九條，《釋樂》一條，《釋天》二條，《釋地》一條，《釋丘》二條，《釋山》二條，《釋水》一條，《釋草》三條，《釋木》二條，《釋蟲》一條，《釋魚》二條，《釋鳥》一條，《釋畜》一條。對所收各條，洪氏均一一考辨。如《釋丘》：「重厓，岸。」郭註：「兩岸累者爲岸。」頤煊案：「上文已釋『望厓洒而高，岸』，此不必復釋岸。岸當作岸。《說文》：『岸，岸上見也。從厂，從之省。讀若躍。』岸上見岸，即是重厓。岸作岸，字形相近並涉下文『岸上，滸』字相連而訛。」又《釋草》：「薜，山蘄。」《釋文》：「蘄，古芹字。」頤煊案：「《玉篇》：『薜，山芹也』；下文『蘄茝，蘪蕪』，《文選・吳都賦》李善註引《爾雅》作『芹茝』，皆是。」或考證經文，或辨析詁訓，皆能做到根據充分，推理嚴密，頗富啓發性，故洪氏的觀點常爲時人所採用。

另外，在《讀爾雅錄》卷首，洪頤煊對《爾雅舍人註》、孫炎《爾雅疏》兩書作者舍人和孫炎也作了簡明的考證。

（《讀書叢錄》）版本有：

皇清經解續編（南菁書院本、蜚英館石印本）。

傳經堂叢書。

晉石厂叢書。

廣雅書局叢書・史學・諸史考異附。

叢書集成初編·總類。

王引之《爾雅述聞》

三卷（卷上《釋詁》、卷中《釋言》至《釋水》、卷下《釋草》至《釋畜》）。載《經義述聞》卷二十六至卷二十八。

王引之（公元一七六六——一八三四年），字伯申，號曼卿，王念孫之子，清江蘇高郵縣人。嘉慶四年進士，授翰林院編修，擢侍講，累官工部尚書，人謂「有古大臣風度」。引之幼承家學，研精聲音文字訓詁之學。所著除《經義述聞》三十二卷外，還著有《經傳釋詞》十卷、《周秦名字解詁》、《字典考證》等。王氏父子「熟於漢學之門户，而又不囿於漢學之藩籬」（《經義述聞·自序》），家學精博「過於惠、戴兩家」（阮元《經義述聞序》），被世人稱爲「高郵二王」。

《經義述聞》嘉慶本自序云：「述聞者，述所聞於父也。」道光本自序云：「過庭之日，謹錄所聞於大人者以爲圭臬，日積月累，遂成卷帙。既又由大人之説觸類推之……不揆愚陋，輒取一隅之見附於卷中。」論者謂《經義述聞》爲引之先錄庭訓，又以己説陸續增益之，父子之説約各居半，可視作父子合璧之作。

全書摘錄經句而解之，間有摘一、二字數字的，也有摘一、二句或數句不等。所收共二〇四五條。其解經之法嚴守父訓「諸説並列，則求其是；字有假借，則改其讀」（《經義述聞·自序》）。駁正前修，創立己意，莫不旁徵曲喻，融會貫通。前人論其成就，謂爲陵越漢唐，其博大精深，百餘年殆無出其右者。

《爾雅述聞》共二一八條，其中《釋詁》六十四條，《釋言》四十五條，《釋訓》九條，《釋宫》四條，《釋器》十一條，《釋天》五條，《釋地》二條，《釋丘》九條，《釋山》四條，《釋水》六條，《釋草》十一條，《釋木》十三條，《釋蟲》三條，《釋魚》七條，《釋鳥》六條，《釋獸》十三條，《釋畜》七條。

王氏於《爾雅述聞》中，常常引用其父之議論，或加推闡，或作爲論證，冠以「家大人曰」與自己的見解相區别。但也有許多條目無有「家大人曰」，便可視作他自己的研究心得。與清人其他治《爾雅》者相較，《爾雅述聞》尚有如下特色：

一、不僅對實詞考釋甚詳，於虚詞方面也深下功夫。關於虚詞方面的考釋，則可與《經傳釋詞》一書相發明。二、不僅深究語詞，對名物也詳加考證，如《釋宫》「所以止扉謂之閣」條，闡明郭意，駁正顔（師古）註、段（玉裁）註、徐（鍇）註之誤；除了文字考釋，還畫有圖形（見正文），使人一目了然。三、不僅逐一考證了衆多條目，還對《爾雅》訓詁之方法作了一些規律性的探討，如「兩義不嫌同條」（參見「林烝……君也」條）和「聲近而有二名」（參見「尸職主也、尸宷也、宷寮官也」條）二説，是對訓詁學和雅學研究的一大貢獻。

總之，《爾雅述聞》一書，於前賢多有駁正，創獲頗多，足見王引之克承家學，造詣精深；此書堪稱學林之瑰寶，《爾雅》之功臣。

（《經義述聞》）版本有：

道光七年北京刻本，一九八五年江蘇古籍出版社有影印本。

學海堂本。

四部備要本。

馮登府《爾雅詁答問》

不分卷。載《十三經詁答問》第六卷中。

馮登府（公元一七八〇——一八四〇年），字柳東，一字雲伯，號勺園，又號小長蘆舊史。清嘉興（今浙江嘉興縣）人。嘉慶二十五年進士，授翰林院庶吉士，改江西將樂縣知縣，旋轉寧波府學教授。一生劬經媚學，尤善聲音訓詁。著述除《十三經詁答問》外，尚有《石經補考》、《三家詩異文疏證》、《論語異文考證》、《金石綜例》、《閩中金石志》、《金屑録》、《浙江磚録》、《梵雅》、《酌史巖摭譚》、《玉堂書史補》、《石經閣文集》等二十餘種。事蹟具《清史列傳》卷六十九。

《十三經詁答問》共六卷，以問答形式分條解説經註。内容涉及經文的正誤衍脱和後世衆多註文的優劣等問題，簡明扼要，多有可取。

《爾雅詁答問》計十九條，或釋郭璞所未詳，或駁陸德明、陸佃、盧文弨、邵晉涵諸儒之誤訓，或解世俗之疑惑，皆爲作者平生研讀《爾雅》心得，可資參考。尤可貴者，有的條目能示人以訓詁之常例。如「問：《釋山》：『多草木，岵；無草木，峐。』《説文》、《釋名》、《玉篇》、《廣韵》並同，《魏風·陟岵》傳：『山無草曰岵，山有草木曰屺』及《周南》之『崔嵬』、『砠』（傳），並與《爾雅》相反何也？曰：此類甚多……，此皆稱説之異，非有誤也。」

（《十三經詁答問》）版本有：

槐廬叢刻二編本。

皇清經解續編本。

馮登府《爾雅古義補》

不分卷。

馮氏搜輯群籍，間採舊註，爲《爾雅》古義之補。除《釋訓》、《釋丘》兩篇外，對其他十七篇共補九十五條。其中《釋詁》十三條，《釋言》九條，《釋親》三條，《釋宮》三條，《釋器》七條，《釋樂》一條，《釋天》五條，《釋地》二條，《釋山》二條，《釋水》六條，《釋草》二十七條，《釋木》一條，《釋蟲》三條，《釋魚》一條，《釋鳥》九條，《釋獸》三條，《釋畜》二條。

馮氏是書，大抵援經史典籍與古註以明《爾雅》之古義，又據《爾雅》之古義以正經史之訛誤，並略考文字之異同。如「妃」之訓「匹」。據《易·豐》「遇其配主」《釋文》「鄭作妃」，《大戴記》「配以及配」《小戴記》作妃，《左傳》「子叔姬妃齊昭公」《釋文》作配，説明「妃」、「配」古通用。

在本書所補各篇中，又以《釋草》爲最詳。或補郭註未詳，或補草木植物之異名、習性及功用。大都有所依據，不失爲一家之言。如：「蕘，雀弁。郭註未詳。」馮氏先引《詩·小雅》「言採其蕌」陸璣疏：「蕌一名蕌，河内人謂之蕘，幽州謂之燕蕌。」然後補曰：「［蕌］，一名爵弁，有兩種，一種莖葉細而香，一種莖赤有臭氣。《詩》傳：蕌，惡草［菜］。則赤莖者是。」個别地方似有臆斷之嫌。如《釋水》「氿泉穴出」馮氏謂「氿泉」本是「汎泉」。考之《説文》，「氿」、「厬」二字之訓釋正與《爾雅》互異，然從未有以

「氿」爲「汎」，以「氿泉」爲「汎泉」者，不審馮氏何所據而云然。

該書係手抄本（上海圖書館藏）。

汪文臺《爾雅註疏校勘記識語》

不分卷，共三十三條，載《十三經註疏校勘記識語》中。

汪文臺（公元一七九六——一八四四年），字士南，清安徽黟縣人。少從父學，年十五而父卒。家貧，以授徒自給，仍讀書不輟。博聞强記，深通經史百家，尤以校勘名于世。宗漢儒學，與俞正燮友善。著述有《論語外傳》、《七家後漢書》、《淮南子校勘記》、《十三經註疏校勘記識語》、《説文校字錄》、《脞稿》等，均行于世。事蹟見《清史稿》卷四八六。

汪氏有感于阮元《十三經註疏校勘記》雖有益于後學，但出於衆手，時有疏誤，因别爲表識，著《十三經註疏校勘記識語》四卷，對阮元《校勘記》又作了校正和補充。其中《爾雅》部分，計有三十三條。每篇所得，雖只有一條或數條，但極爲精善。如《爾雅·釋山·重甗隒》註：「謂山形如累兩甗。甗，甑。山狀似之，因以名云。」阮元校勘記云：「《詩》正義此（山狀似之）下有上大下小四字。《葛藟》釋文引此註云：『形似累兩重甑，上大下小。』然則今本無上大下小四字者，脱也。」汪文臺校識：「案上大下小蓋兼《釋畜》『善陞甗』註引之，非此註脱字。」汪説甚確，今有原本《玉篇》可證，其引該註但作「山形如累兩甑也」並無上大下小四字（詳周祖謨《爾雅校箋》第二九四頁）。汪文臺曾將《十三經註疏校勘記識語》寄示阮元，阮氏「服其精博，禮聘之」（見《清史稿·文苑三》）。

（《十三經校勘記識語》）版本有：

光緒三年江西書局刊本。

葉蕙心《爾雅古註斠》

三卷。卷次篇第悉依通行經註本，唯書末增立《序篇第二十》一目。

葉蕙心，字蘭如，清江都（今江蘇江都縣）人，貢生李祖望（公元一八一四——一八八一年）之妻。幼時即隨祖父受《爾雅》，都能背誦。婚後與夫切磋經義，問奇析疑，悟聲音訓詁通假之旨。於是，篤志著述，成《爾雅古註斠》一書，刊行於世。

本書依《爾雅》十九篇順序校補古註，徵引樊、孫等五家舊註校補郭註，或匡郭註之失。書中亦多採《尚書》、《左傳》正義及《一切經音義》、《龍龕手鑑》等有關材料以校《爾雅》古註，各個詞條之下都加按語以申述己意。劉壽曾序稱其「多説通轉、假借之例，而箴邵、郝正義之失，尤多精確。」其搜採古註較臧鏞堂《爾雅漢註》爲多。所校詞條之數略如下計：《釋詁》一七九，《釋言》一一七，《釋訓》一〇〇，《釋親》六，《釋宫》五十五，《釋器》七十五，《釋樂》二十八，《釋天》九十八，《釋地》五十五，《釋丘》二十四，《釋山》五十，《釋水》五十，《釋草》一二三，《釋木》四十九，《釋蟲》四十一，《釋魚》三十六，《釋鳥》五十六，《釋獸》四十二，《釋畜》四十五，凡一二二九條。《爾雅古註斠》是研究《爾雅》古義及

《爾雅》舊註的重要參考資料，多有匡謬補缺之功。

版本有：

光緒二年春仲半畝園藏版。

該書又收在李祖望《小學類編·附編》中。

龍啓瑞《爾雅經註集證》

三卷，篇第依經註本。

龍啓瑞（公元一八一四——一八五八年），字翰臣，清廣西臨桂人。道光二十一年進士，授翰林院編修，官至江西布政使。爲學以致用爲本，亦嘗究心於音韻訓詁。所著除本書外，還有《古韻通説》、《莊子字詁》、《字學舉隅》、《小學高註補正》、《班書識小錄》、《通鑒識小錄》、《是君是臣錄》、《諸子精言》、《經籍舉要》以及《經德堂集》等。事蹟見《清史稿》卷四八二。

《爾雅經註集證》一書，略取清人阮元、盧文弨、邵晉涵、郝懿行、臧庸、錢大昕、嚴元照、孔廣森、全祖望、武億、段玉裁諸家之説，申以己意，間有駁辨，皆爲常義。該書雖爲王先謙收入《皇清經解續編》，然其成就實不能與邵氏《正義》、郝氏《義疏》、嚴氏《匡名》三書相比。故黄侃《爾雅略説》謂此書「號爲集證，一若裒然鉅册者，可云名實不相中也。」張舜徽《清人文集别錄》亦以此書與其《古韻通説》「皆非深造自得之學，未足以語乎專精之業也。」

版本有：

龍氏家刻本。

南菁書院《皇清經解續編》本。

光緒七年刊本。

姚正父《爾雅啓蒙》

十二卷。卷一《釋詁》，卷二《釋言》、《釋訓》，卷三《釋親》、《釋宮》，卷四《釋器》、《釋樂》，卷五《釋天》，卷六《釋地》，卷七《釋丘》、《釋山》、《釋水》，卷八《釋草》，卷九《釋木》，卷十《釋蟲》，卷十一《釋魚》、《釋鳥》，卷十二《釋獸》、《釋畜》。

姚正父，清歸安（今浙江省吴興縣）人。通曉堪輿奇門六壬之術，尤邃於經學小學。所著《爾雅啓蒙》是一部研讀《爾雅》的通俗啓蒙之作，語言明白易曉，不作煩瑣考釋。條目下常常先用一兩句話點明該條要旨，如卷四《釋器》：「黑謂之黝，斧謂之黼。」姚註曰：「此釋衆色之名。」又如卷七《釋水》：「天子造舟，諸侯維舟，大夫方舟，士特舟，庶人乘泭。」姚註曰：「古者自天子至於庶人，舟各有制，此釋其名也。」似此均能起到提綱挈領的作用。對具體詞語的説解，往往先據《説文》明其本義，再根據經籍用例或説引申，或解假借，但均以疏通雅訓爲限，不枝不蔓。如卷一《釋詁》：「楨、翰、儀，榦也。」姚氏註曰：「《説文》：『榦，築牆耑木也。』徐鉉曰：『今别作幹，非是。』《左襄三十年傳》：『禮，國之幹也。』楨，《説文》剛木也。《賚誓》：『峙乃楨榦。』翰，詳《釋鳥》，《大雅》『維周之翰。』傳：『翰，榦也。』假借字，儀，《説文》作『檥，榦也。』註：『人儀表曰榦，木所立表亦爲榦，《史記・項羽本紀》：檥其船以待。』」本書注意前後照應，對不同條目中的同訓現象僅在一處詳釋，在另一處則指出「×詳×」，如卷一《釋詁》：「忥、謐、溢、蟄、慎、貉、顗、密、寧，靜也」條已作了詳釋，在「密、康，靜也」條下則云：「靜與密詳上文。」另外，在姚書中還注意對冷僻字注出直音，對形似字進行辨析。如卷一《釋詁》「離也」條「暴，音剝」；「髳，音蒙」。又如「蠱、諂、貳，疑也」條，姚氏註曰：「《説文》：『疑，惑也。從子、止、匕，矢聲。』若《釋言》『疑，戾也』，是《匕部》『𠤕，（未）定也』之𠤕，非訓惑之疑也。」諸如此類，頗便初學。唯有的直音，不遵宋本，多出己意，間有未安，如《釋詁》的「俶」字，《釋文》音「尺叔反」(chu)，《廣韻》音「昌六切」，宋本《爾雅》亦不用直音而用「昌叔切」，而本書獨作直音「叔」(shu)。又「晊」，《釋文》音「之日反」，又云：「本又作至」，宋本《爾雅》亦不用直音而從《釋文》，而本書獨作直音「姪」(zhi)，與「至」音又不全相吻合。這是讀者必須注意加以審辨的。

版本有：

咸豐二年刻本。

許光清《爾雅南昌本校勘記訂補》

三卷，篇次依經註本。

許光清，清嘉慶至咸豐年間人。

該書採唐石經本、元十行本（即元平水曹氏刻巾箱本）、顧刻嘉靖吳元恭本、臧刻雪窗書院本等四種版本以校正南昌本之訛誤，以上四種版本中自身有明顯訛誤者亦標出之。其校勘之法，原則上以諸本作某，而南昌本不作某者，即定爲「南昌本誤」，如是得出經註訛誤達三十餘條。今以收入天祿琳琅叢書的宋監本《爾雅》經註本核之，所校大體不誣，其中有二十餘處錯訛猶可在據江西書局重修阮本影印的《十三經註疏》中看到。

該書極少考證，有疑之處，或僅提出問題，或僅用《説文》或《釋文》等少數書目參證，寥寥數語以定是非。如《爾雅疏序》，雪窗本、吳本均無，而南昌本、元十行本竟有，許氏于此提出疑問説：「按單註本不當有邢序，十行亦單註本，有之何也。」（見第一頁）又如《釋木》「柜桏」之「桏」，南昌本作「枊」，《校勘記訂補》曰：「石經『枊』作『桏』，校文作『枊』，不體。案『枊』，《説文》：『繫馬柱』；『桏』，《説文》：『欆椐木』，則《釋木》自當作『桏』」（見第十四頁）。黃焯《經典釋文匯校》第三十四曰：「案『卬』從匕從卩，讀伍岡切；『邛』從邑工聲，讀渠凶切，二字迥異。以臆言之，從『邛』爲長。柜桏雙聲，猶草之名邛鉅也（《釋草》『蕎邛鉅』），草、木、蟲、鳥之名多相出入。」（中華版第二八〇頁）

該書由于所據版本並未勝于阮元，且同樣未能見到清宮的天祿琳琅叢書本與黎庶昌的古逸叢書本以及由日本傳回中國的原本《玉篇》與慧琳《音義》之類的古書，其成就雖受到限制而未能超過阮元的《校勘記》，但仍能勘出南昌本訛誤達三十餘條，並指出了阮元的某些失誤，特別是指出了存在于南昌本中的「音釋」混亂現象，即既不遵從陸氏的《釋文》也不全同于宋本所附的《音釋》，故該書仍有一定參考價值。

版本有：

咸豐六年海昌蔣氏宜年堂刊本。

涉聞梓舊叢書本。

劉椿《爾雅蠡管》

不分卷，載《群經蠡管》中。

劉椿，清道光時人。

該書引言曰：「錢塘王愼旃（名言）有《連文釋義》一卷，爲操觚家習而不察者，辨其字義也。取其有裨于經訓錄之。」所引王氏書常用詞語凡四十五條（其中：《天地篇》十一條，《山川篇》二條，《形體篇》六條，《人道篇》八條，《人事篇》七條，《器用篇》五條，《草木篇》六條）。詞語的釋義，有的取其他典籍成語，如「宇宙」一詞，則取《淮南子·齊俗》「往古來今謂之宙，四方上下謂之宇」的成説；有的將註疏加以改造，如「穹蒼」一詞，則將郭註「天形穹隆，其色蒼蒼」之語改造成爲「穹言其形，蒼言其色」的對仗句；大有便于初學者的誦記。

（《群經蠡管》）版本有：

道光八年敬信齋刻本。

楊國楨《爾雅音訓》

不分卷，篇第悉依通行經註本，載《十一經音訓》中。

楊國楨，清道光年間湖北崇陽人。

楊氏有感于甘肅蘭山書院《經訓約編》分卷簡要，而體例未善，遂纂《十一經音訓》。「指其命名之意，蓋謂辨反切耳，訓字義耳。」（林則徐《十一經音訓》道光十一年刻本序）本書係《十一經音訓》中的一個部分。其體式，經用大字，註音訓釋皆用小字。音擇字而註，綴于經字下，或註反切，或註直音。訓釋從簡，旁行細書。訓釋音切，悉遵舊本，擇善而從，不註出處。細觀全書，註音與《釋文》多同，訓釋以郭註爲宗。天頭處間載諸儒説經粹語，以發明微言大義。該書於音於訓，概取成説，且不言所自，無多大學術價値，然取舍頗爲精審，尚便初學。

（《十一經音訓》）版本有：

道光年間刻本。

光緒三年湖北崇文書局刻本。

段諤廷《爾雅字詁》

六卷，載《群經字詁》卷六十七至卷七十二。卷一《釋詁》至《釋言》，卷二《釋訓》至《釋樂》，卷三《釋天》至《釋水》，卷四《釋草》，卷五《釋木》至《釋魚》，卷六《釋鳥》至《釋畜》。

段謂廷，字訒庵，清黔陽（今湖南省黔陽縣）人。道光壬辰貢生。《國朝耆獻類徵初編》稱其「少有聲譽序，性恬靜」。段氏舍棄名利，一生未仕，壯歲閉户，潛心于經學，著《十三經音訓》，「援據經傳，無義不搜。」（按，出處同上）黔陽縣教諭寧鄉黄本驥見其遺稿，稱爲賅洽，編訂爲《四書字詁》七十八卷、《群經字詁》七十二卷。另有《儒粹》四卷，未見傳本。

《爾雅字詁》係《群經字詁》中的一部分，它摭取《爾雅》十九篇中之九〇四字匯集而成。計卷一：一四四字，卷二：一六八字，卷三：六十四字，卷四：一一六字，卷五：二〇三字，卷六：二一七字。篇中各字，悉依《爾雅》經文次序排列。字條下，先標反切並註直音，後釋義。其註音釋義不以《爾雅》本訓爲限，凡多音多義均予收列。音訓、義訓多因襲《康熙字典》，唯音切不標明所自。另外，凡《康熙字典》的編者按語，均標明「字典……」，段氏自己的辨析，則用「按」表示。又凡《康熙字典》漏收的《爾雅》義訓，亦注意補掇。

（《群經字詁》）版本有：

道光二十九年黔陽楊氏刊本。

趙履和《爾雅考異摘要》

一卷。載于《十三經考異摘要》中。

趙履和，清湖南衡山人。

《十三經考異摘要・序略》云：「予束髮，頗留心典籍，佔畢暇，於徵引異同處輒筆載，漸積成帙。」「摘其要，依經編次。」在編撰過程中，還借讀過阮元重刻的《十三經註疏》，再四檢閱。本書稽考的條目與阮元《校勘記》或有異同，但數量卻較阮記爲多。該書依據的材料，大抵來源于《説文》邢《疏》等書所引的經文，以及《釋文》中所載的異文。一般僅列舉其異同，且大半遵從邢説，將異文歸結爲「古今字」或「音義同」。只在極少數條目下作出了自己的考證，或指出了邢疏的失誤。

（《十三經考異摘要》）版本有：

咸豐十年刊本。

俞樾《爾雅平議》

兩卷。卷一包括《釋詁》至《釋親》，卷二包括《釋宮》至《釋畜》。載《群經平議》中，分别爲該書卷三十四和卷三十五。

俞樾（公元一八二一——一九〇七年），字蔭甫，號曲園，清浙江德清縣人。道光三十年進士，歷官翰林院庶吉士、編修、河南學政。年甫三十八即去職講學，先後主講于蘇州紫陽書院、上海求志書院、杭州詁經精舍，成就人材甚衆。且致力于經籍刊刻，曾總辦浙江書局，精刻子史，嘉惠後人。一生善詩文、工隸篆、通墳典、勤著述。所著前後五百餘卷，統曰《春在堂全書》。其中以《群經平議》、《諸子平議》、《古書疑義舉例》三書最爲學者稱許。事蹟見《清史稿》卷四八二本傳。

《群經平議》一書本爲俞氏平生治經心得的匯聚之作。是書《序目》謂其所作「竊附王氏《經義述聞》之後。」可見其撰述意旨、體例均依《經義述聞》爲宗。

《爾雅平議》兩卷，處《群經平議》全書之末。作者以郭璞《爾雅註》爲基礎，或繹其所註，或補其所闕，或匡其所謬。近代學者黄侃指其得失參半，殆爲確論。其得者如《釋詁》「順劉、陳也」條，謂「劉」猶「留」也，「陳」猶「塵」也，塵者，久也。能發前人所未發。其失者在隨意改經，較高郵王氏尤多，如《釋詁》「艾，歷也」條，謂「歷也」之「也」爲衍文，未免言之無據。

《群經平議》成書于同治三年（公元一八六四年），同治五年始刊。

現存有：

光緒十四年《皇清經解續編》本。

光緒二十五年《春在堂全書》本。

朱學聃《爾雅評郭》

一卷，分卷上和卷下。卷上包括《釋詁》至《釋親》，卷下包括《釋器》至《釋畜》。

朱學聃（公元一八一四——？），字仲英，清海寧（今浙江省海寧縣）人。早年從俞樾受業，專攻小學。

朱學聃對前人關於《爾雅》的註疏多有自己的看法。他認爲從郭璞的註至郝懿行的義疏均未臻完美，或有可補，或有可論，于是積極搜集資料，凡是涉及《爾雅》的論述，如《經義述聞》、《潛研堂集》、《經學卮言》等，他都逐一研究，博觀約取，比較衆說，用其所長，補闕糾謬，匯成是編。如《爾雅・釋詁》：「繇，憂也。」郭璞註：「繇役亦爲憂愁也。」評曰：「郝氏、王氏皆以繇爲傜之假借。《方言》：『傜，憂也。』《釋訓》：『傜傜，憂無告也。』足以訂誤。蓋以繇役爲憂愁乃後世之失政使然。即以繇爲憂，殊非古義。」又：「鞏，固也。」郭註：「《易》曰：『鞏用黃牛之革。固志也。』」前一句係《易・革》初九文，後一句係《易・遯》六二《象》文，郭蓋前後相涉而誤。邵晉涵作正義强爲之解，云「二卦取象同，其義亦同，故合而釋之。」郝懿行作義疏也迴護說：「郭蓋以意引經也。」朱氏批評說：「二卦義雖同，然明引《革》卦『鞏』字而以《遯》之『固志』爲訓，究屬牽合，曲爲之說，非也。」又評曰：「《說文》：『鞏，以韋束也。』以韋束物即有堅固之義。」批評中的，補註明快。

全書評語一百多條，除補正郭註外，于邵、郝二家之訂正郭註實不誤者，也詳加剖析。故王樹榮序曰「是書不但爲景純之諍友，實亦郭氏之功臣也。」

版本有：

清光緒十六年刊本。

民國二十五年鉛印本。

李鴻藻等《爾雅不二字》

不分卷。載《十三經不二字》中。

李鴻藻（公元一八二〇——一八九七年），字蘭孫，清末直隸高陽（今河北省高陽縣）人。咸豐年間進士，歷任兵部、吏部、禮部尚書，軍機大臣，協辦大學士。信守程朱理學，爲清末箝制洋務派的守舊人物。《十三經不二字》係一部「十三經」集子，名曰「不二」，意即不收一個重複字，也不遺漏一個經文中已見之字，故其凡例謂：「『四書』、『五經』絶無重複，亦無遺漏（《周禮》等），經前後翻閲十餘次。」全書共收得六五四四字，其次第和收字情況如下：「四書」二三二八字，「五經」二四二六字，《周禮》三二〇字，《儀禮》七七字，《左傳》三九四字，《公羊傳》五五字，《穀梁傳》二四字，《孝經》二字，《爾雅》九二八字。另外，「四書」註中的字有未見于「十三經」者，計一八八字，也附在本書的後頭。該書除集字外，尚註音，其凡例云：「字稍有難識者，旁註音某。有音某而字難識者必註某某切，音某。有字無的音，或所音之字全然不識，而平上去入無一可通者，註讀某。」「字有本音本字，在本處不讀此字，則註明音某字。」故該書有便初學。

《爾雅》經文本來有一萬多字，但由於排在各經之後，須除去與各經重複的字頭，故《爾雅不二字》僅收錄九二八字，這九二八字絶大部分都作了註音，細觀其所采用的直音與反切，既不全遵陸氏《釋文》與宋本《爾雅音釋》，也不悉依通行的字韻書（如《玉篇》、《廣韻》、《集韻》和《康熙字典》等），間有含混乃至錯訛。如《釋詁》「敆」字，宋本《音釋》、《十三經註疏》及《康熙字典》，其直音皆作「閤（ge）」，而本書的直音則作「蛤」；「蛤」在隋、唐以後又有通「蝦（ha）」一讀，那「敆」究竟讀閤（ge）音還是蝦

(ha) 音，叫人無所適從。又如《釋訓》：「旭旭、蹻蹻，憍也。」郭註：皆小人得志憍蹇之貌。其中憍字，《釋文》和宋本《音釋》俱作「嬌夭反（jiao）。」而本書則作「起囂切，音橇（qiao）。」查《廣韻·宵韻》，該字有兩音兩議：①舉喬切，恣也；②起囂切，紆也。對照《廣韻》，本書註音顯然有違字義，亦不合經訓。類似的情況書中時有發現，讀者當注意辨析。

（《十三經不二字》）版本有：

光緒九年掃葉山房刻本。

光緒十一年上洋得月樓坊刻本。

潘衍桐《爾雅正郭》

三卷，篇第依經註本。

潘衍桐，原名汝桐，字嶧琴。清南海（今廣東省南海縣）人。同治進士，官至侍講學士。其著述除《爾雅正郭》外，還有《朱子論語集註訓詁考》、《兩浙輶軒錄》、《雅緝堂詩話》等，均傳于世。

據潘衍桐在本書序言中介紹，他曾視學兩浙，以《爾雅正郭説》爲題，分課詁經精舍諸生，繼而「訪諸博雅通人，參考舊説，附以私見，諸生所引，間亦搴採，通得二四二條」，成《爾雅正郭》一書。在《爾雅正郭》之前，清人翟灝曾撰《爾雅補郭》一書，爲有别於《補郭》之名，故潘氏題爲《爾雅正郭》。二者相比，當以《爾雅正郭》爲優。胡樸安在《中國訓詁學史》中評價此書説：「潘氏之書，比翟氏之範圍爲大也，徵引豐富，體例亦視前之書爲密，而成書亦較後，不僅景純之箴友，實治《爾雅》者之導師也。」（北京市中國書店本第五十八頁）胡氏之言，雖略有溢美，然潘氏之書確實糾正了郭註的不少錯誤，如《釋宮》「在地者謂之臬」郭註：「即門橜也。」潘氏舉出了兩條有力的論據予以駁正：一是《周禮·考工記》鄭註以《爾雅》在地之臬爲規識日影，因此與設于門橛名闑者無與也；二是胡培翬《研六室雜箸（著）》有云：「《爾雅》既云在地者謂之臬，又云橜謂之闑，是臬與闑殊明矣。」最後得出結論「郭以橜釋臬誤。」潘氏之書亦有一些正之未當，或者説值得商榷的地方，如一概否定《爾雅》中一訓兼兩誼（義）之例（見「台、朕、賚、畀、卜、陽，予也」等條），就未免失之武斷，讀者亦當辨之。

版本有：

光緒十七年浙江書局本。

陶起庠《爾雅心畬》

一卷，載《十三經心畬》中，爲該書第二卷。

陶起庠，生平未詳。

《爾雅心畬》爲陶氏學習、研究《爾雅》之札記，包括資料撮抄和心得筆記。全書内容不多，計有：紀數略、九州、九府、草木、負版、鳥鼠、鼮鼠、鼸鼠天鷄六駁彭蜞日及、小學、《爾雅》注疏十項内容，多徵引成説，間下己意者亦引成説爲證。本書於《爾雅》之深入研究，雖無多大價值，然其匯集有關資料，尚利後學翻檢。

（《十三經心畬》）版本有：

甲州陶氏家塾本（聚秀堂藏版）。

周嘉璧《爾雅比類便讀》

周嘉璧，字蒼士，清人。

該書是周氏在教授《爾雅》之餘，爲蒙學「易讀」、「易用」而編寫的一本便讀課本。編者在本書例言裏曾以《釋詁》、《釋言》、《釋宮》、《釋器》、《釋草》、《釋木》、《釋蟲》、《釋魚》、《釋鳥》、《釋獸》等篇爲例，今所見到的抄本，僅存《釋詁》、《釋言》、《釋訓》、《釋親》、《釋宮》、《釋器》、《釋樂》七篇，是爲殘本。以上七篇，篇次依舊，各篇中，則將詞序打亂，把意義相同、相近或相關的詞排列在一起，加以簡要訓釋，所謂「比類舉要，標節分附。」（本書序言）還將《爾雅》經文加以節縮，如：「《釋詁》：永、悠、遐、逿，遠也。永、悠、迥、遠，遐也。永、羕、引、延，長也。」經文原本作三條，且不相聯屬，《便讀》合爲一條，且訓遠凡七詞，節其三（即：迥、違、闊），訓長凡六詞，節其二（即：融、駿）。又如：「《釋訓》：條條、秩秩，智也。明明、斤斤，察也。諸諸、便便，辯也。」《便讀》釋曰：「此類形容明辨之詞。」在解釋詞義方面，編者基本採用前人註疏材料，若有考證處，亦旁採諸家言，没有什麼發揮。此編雖然「爲家塾肄誦計」，多少提供了一些方便，但無多大學術價值，作者對經文的肆意支解節縮，尤不利于學習者對《爾雅》全貌的了解。

版本有：

手抄本（湖北省圖書館藏）。

王仁俊《爾雅疑義》

一卷。從《釋詁》至《釋水》，依經文順序，有疑則列。《釋草》以下七篇不録。

王仁俊，字干臣（一本作扞鄭），號籀鄦，一號師鄭，清江蘇吴縣人。光緒十八年進士。改庶吉士，散館，授吏部主事。歷官湖北宜昌、黄州知府。張之洞創存古學堂，聘爲教務長。復調充北京學部圖書局副局長兼大學堂教習。事蹟見《清儒學案小傳》卷十九。自幼喜治經、小學，既長，肆力考據，中年以後邃于金石文字。著述繁富，輯佚達數百種，經手自編訂，先後刊行的有《群經講義》三卷、《孔子集語補遺》一卷、《毛詩草木今名釋》一卷、《爾雅疑義》一卷、《倉頡篇輯補斠證》一卷、《説文引漢律令考》二卷、《説文一家學》一卷、《説文獨字成部考》一卷等二十多種；其屬草已定，尚待理董者有《孔子經解》等百餘卷。

王氏以許慎《説文解字》校《爾雅》，於字義假借者，求其正字，明其借義，溝通源流，辨其訛誤。《引言》自云：「凡邵氏、郝氏、翟氏、錢氏、戴氏、嚴氏、龍氏（邵晉涵《正義》，郝懿行《義疏》，翟灝《補註》，錢坫《古義》、《釋地四篇註》，戴鎣《補郭》，嚴元照《匡名》，龍啓瑞《集證》），及阮、王氏所刊

《經解》中先正已及者，不敢剿說。有所從韋（違），亦附記之，名曰《疑義》，以不敢自信，待就正於師也。」
細觀全書，有不少可取之處，如《釋詁》「憮、厖，有也」條，《疑義》指出：「厖當讀爲䶭」。首先舉《說文》：「䶭，兼有也。從有，龍聲，讀若聾。」再舉典籍異文和註疏說明厖、䶭聲同，從厖從龍字古通。繼而舉《廣雅・釋詁》及王念孫疏證、朱駿聲《說文通訓定聲》，證明䶭義爲有，厖䶭聲近，厖借爲䶭。最後得出結論：「俊謂䶭者正字，故訓爲兼有，厖者假字，故本義石大也。」言而有徵，令人信服。他如《釋詁》「綝，善也」條，指出「綝與琳聲同」；《釋詁》「肇，謀也」條，說明「肇、兆疊韵，兆即肇謀之肇正字」等諸多條目，皆能發前人所未發，給後人以借鑒。

該書系稿本（北京圖書館藏）。

王仁俊《讀爾雅日記》

共九十七條（其中《釋詁》七條，《釋言》十三條，《釋訓》四條，《釋親》一條，《釋宮》五條，《釋器》八條，《釋樂》四條，《釋天》十四條，《釋地》四條，《釋丘》五條，《釋山》六條，《釋水》九條，《釋草》一條，《釋木》一條，《釋蟲》二條，《釋魚》二條，《釋畜》一條。附逸文十條），載《學古堂日記》中。

本書的主旨及所參閱的書籍，王氏在其前言中是這樣向讀者介紹的：「乃溥以許書校《雅》，故求其正字。凡群書所引異文、逸文、古註，亦條記之。其已見邵、郝、戴、翟、錢、臧、嚴、龍、黃、馬、葉諸儒（邵氏晉涵《正義》、郝氏懿行《義疏》、戴氏鎣《補正》、翟氏灝《補郭》、錢氏坫《古義》、又《釋地以下四篇註》、臧氏庸《漢註》、嚴氏可均《一切註音》、嚴氏元照《匡名》、龍氏啓瑞《集證》、黄氏奭、馬氏國翰、葉氏蕙心所輯古註），及阮氏所刊《經解》、王氏所刊續編者，不敢剿説。有所從韋（違），謹質疑誼，以就正君子。」因爲他所參閲的書籍比較廣泛，已能得見從日本回歸祖國的原本《玉篇》與慧琳《音義》等，又有乾嘉一代學人的研究成果可資借鑒，故本書所依據的資料及其所作出的論斷皆大抵可信，足資參考。如利用原本《玉篇》補出《釋詁》「謐，眘（慎）也」一條逸文（按：周祖謨《校箋》亦以爲今本《爾雅》佚此一條），利用唐釋湛然《輔行記》所引《爾雅》經文「兔罟曰第亦曰罝」，證實了郝氏《義疏》的假想（郝氏疑罘爲罝之異名，按罘、第一字），又利用唐釋湛然《輔行記》所引《爾雅》（「東北隅謂之宧」）麻杲註（麻註：「養萬物也」），補苴了臧氏《漢註》的疏漏。另外，據《説文》與《釋文》的體例，肯定了錢大昕以爲「東陵阠」之「阠」應作「扒」之説，據《爾雅》李巡註與《禮記》鄭玄註，肯定了俞樾以爲「潬沙出」之「潬」即《説文》之「灘」之論，其例甚多，厥功不小。然王氏亦間有失考之處，如他以爲今本《爾雅》並無「藝，靜也」一條，遂據原本《玉篇》作爲逸文補之，而未知今本《爾雅》中本有「蟄，靜也」一條，此「蟄」即「藝」之訛，周祖謨《校箋》云：「『蟄』，《釋文》音直立反。原本《玉篇·云部》『藝』下引《爾雅》：『藝，靜也。』《廣韻·祭韻》『藝』下亦有『靜也』一義，是《爾雅》舊本有作『藝』者。劉師培《左盦集·爾雅誤字考》謂『蟄』字即『藝』字之訛。」

本書乃王氏在其《爾雅疑義》抄本的基礎上經過加工整理而成，故條數雖較前減半，而質量則大大超過之，讀者苟能將二書仔細地對照閲讀，或可從中窺見王氏的治學態度和治學方法。

版本詳包錫咸《讀爾雅日記》。

蔣元慶《讀爾雅日記》

不分卷。載《學古堂日記》中。

蔣元慶，字子藩，清江蘇常熟縣人。同光間優廪生。生卒年月不詳。

本書刺取《爾雅》經文四十三條（其中《釋詁》一條，《釋言》八條，《釋訓》三條，《釋器》一條，《釋天》四條，《釋地》一條，《釋山》一條，《釋草》四條，《釋木》二條，《釋蟲》六條，《釋魚》二條，《釋鳥》四條，《釋獸》五條，《釋畜》三條），就郭註、邢疏、邵氏正義、郝氏義疏推闡之，意在補前修之未密。如《釋言》「烝，塵也；戎，相也」條，蔣氏《日記》說：「郭曰：『人衆所以生塵埃。』又曰：『相佐助。』邢疏引孫炎曰：『烝物久之塵。』元慶按：《爾雅·釋訓》專釋《詩》，《釋言》兼及《詩》者亦不尠。此條『烝，塵也；戎，相也』確指《小雅》『烝也無戎』說，故《毛傳》『烝，填；戎，相也』即本《爾雅》。景純善引《詩》而此獨缺如者，疑一時失檢。至謂『人衆所以生塵埃』，則更迂遠矣。故邵二雲、郝蘭皋、王伯申諸家皆辨郭註之非。」其他如《釋言》「集會也」條，蔣氏《日記》說：「鳥在木云云乃集之本義，此『集，會也』之『集』則固『亼』之假字也」，「集字專指棲鳥，凡訓會合之集皆當作亼」，「自集字專行而亼字廢」。又如《釋畜》「犘牛」條，蔣氏《日記》說：「郭曰：『出巴中，重千斤。』邵正義曰：『是牛出西寧府西寧衛。』郝疏從邵疏而曰：『犘之爲言莽也。莽者大也，今俗呼莽牛即此。』元慶按：邵、郝説皆非是。西寧府西寧縣今隸甘肅省，爲漢金城郡臨羌縣地，非巴中，且以犘爲莽，係臆度，于經典無據……然則犘當作犛，而犛牛出巴中，證諸書皆合。」皆有新意，可備一說。

版本詳包錫咸《讀爾雅日記》。

孫詒讓《爾雅註疏校記》

共十六條（其中郭璞《爾雅序》邢昺疏九條，《釋詁》六條，阮元《校勘記》一條）。載《十三經註疏校記》中。

孫詒讓（公元一八四八——一九〇八年），字仲容，號籀高，一作籀廎，浙江省瑞安縣人。同治六年舉人，授刑部主事。孫氏研精學術三十餘年，兼包金榜、錢大昕、段玉裁、王念孫四家，其明大義，鈎深窮高，幾駕四家上，巍然爲清三百年樸學之殿軍，與定海黄以周、德清俞樾並稱清末浙江三先生。晚年主持溫州師範學堂，繼任浙江教育會長。光緒十一年以經濟特科徵，不應。宣統元年，禮制館徵，亦不就。不久病逝。事蹟見《清史稿》卷四八二。

孫氏著述繁富，有《周禮正義》八十六卷（並附三家佚註一卷）、《周禮政要》二卷、《墨子間詁》十五卷（又《目錄》一卷、《附錄》一卷、《後語》二卷）、《古籀拾遺》三卷、《古籀餘論》一卷、《名原》二卷、《契文舉例》二卷、《札迻》十二卷、《周書斠補》四卷、《九旗古義述》一卷、《籀高述林》十四卷。輯《永嘉郡記》一卷。其《周禮正義》係三十年精力所萃，爲清儒群經「新疏之冠」（梁啓超《清代學術概論》）。其《墨子間詁》，「精深宏博，一時推爲絶詣」（《清史稿》卷四八二）。生前未刊行的還有《經迻》、《逸周書斠補》、《尚書駢枝》、《大戴禮記斠補》、《六歷甄微》、《廣韻姓氏刊誤》、《白虎通校補》、《颯籀餘錄》等。孫氏《十三經註疏校記》就是雪克根據《經迻》的手批本輯錄整理而成的。

孫詒讓校讀「十三經」，係以江西刻阮元校勘的《十三經註疏》爲底本，除校正經、註、疏文字外，還兼及阮元《校勘記》。其《周禮正義·凡例》譏「近胡培翬《禮記正義》、阮福《孝經義疏補》、陳立《公羊傳義疏》並全錄「阮記」俗本訛文，塵穢簡牘，非例也。」可見其對『阮記』的態度和校勘「十三經」之目的。孫氏校經並不止一遍，因而札記也有先有後，非一時之作。《十三經校記》一稿，詳於「三禮」，而《周禮》條目尤多，幾佔全書之半，其他經籍條目則多少不等。《爾雅註疏校記》，僅校註、疏和「阮記」，尚無《爾雅》經文內容，所校且多爲註疏中之引文。卷次殘缺，條目不多，疑非足本。

檢所校之內容，有衍字、脱字、訛字等，有的還註明引文出處。此雖爲校勘之作，亦反映其治學謹嚴求實之特點。如郭璞《爾雅序》（「誠九流之津涉」）邢昺疏：「（墨家者流八十六篇）蓋出於清廟之官」，孫詒讓校記：「『官』，《漢書》作『守』。」今核《漢書》多種版本，均作「守」，可見孫説不誣。

版本有：

齊魯書社一九八三年版。

王祖源《爾雅直音》（校正）

王祖源，清同治、光緒間人。

《爾雅直音》爲清乾隆間孫偘所作，光緒六年，王祖源校正重刊。據王氏序云，「頃得秦中刻本，頗多誤舛」，于是校正重雕，「以課家塾」。秦中刻本「有改舊本正文者」，皆據註疏本更正；有漏音與誤音者，據

《釋文》及韻書補正；「有本非難字不必音而音者」，「則刊去之，以清耳目」。秦中刻本已無由見到，今僅存山淵堂刊本，取該本與王氏校本加以對照，審知王校頗多的見。

版本有：

天壤閣叢書本。後有叢書集成初編本，係據天壤閣叢書本影印。

沈錫祚《爾雅義疏校補》

一卷。

沈錫祚，清歸安（今浙江省吳興縣）人。

沈氏撰《爾雅義疏校補》，以沔陽陸建瀛所刻高郵王念孫删定的郝懿行《爾雅義疏》爲底本，以群書字義爲依據，共校補了三十多條，有的補郝疏的缺漏，有的糾郝疏的失誤。補缺漏的如：「身，（郝）疏：身者郭云今人亦自呼爲身。按，今時唯獄詞訟牒自呼爲身。錫祚按：……《舒藝室隨筆》云：『《蜀志・張飛傳》：飛據水斷橋，瞋目横矛曰：身是張益德也。』此所謂自呼爲身也。」這一補充就給郭註提供了有力的例證。糾正失誤的如：「（郝）疏：王砅。錫祚謹按《四庫全書簡明目録》：『《黄帝素問》，唐王冰註。』晁氏《讀書志》作王砅，蓋欲附會杜甫詩而改之。（郝）疏引作王砅，係承晁氏之誤。」無疑這類的校補對閲讀和研究郝氏《義疏》是會有裨益的。

版本有：

臺灣文海出版社有限公司《清代稿本百種匯刊》手稿影印本。

王朝璩《爾雅遺文》

不分卷，載《十三經拾遺》中。

王朝璩，號達詮，清代江西萬年縣人。他「夙根深厚，以大儒自期，尤湛深經術」。「性嚴重，尚氣節，一時名公卿咸敬禮之，爲秦撫軍承恩課子七年，署中藏書無不搜討，由是學問益淹貫。門下士多至顯宦，而己獨艱。于禮闈九試不遇，以鄉魁終。初由大挑任寧州訓導，以賢著。」後由學使「合詞薦舉擢直隸寧河知縣，計典卓異，當遷，固辭，以目疾告歸。」（出處均見清同治十年項珂所修《萬年縣志》）

王氏鑒于「『十三經』流傳既遠，不免間有散遺」，又「鮮聞裒成一書，即秀水朱氏博考經義逸經，亦止傳三卷」，于是凡「秘籍之偶披，鴻編之倖覯，苟片言隻字爲經傳所遺脱，必務掇拾。」「歲閲廿餘，稿經屢易」，遂成《十三經拾遺》。「計其卷帙凡十有六，視朱氏逸經，若已增多數倍。」（均見王氏《十三經拾遺序》）除《十三經拾遺》外，王氏著述尚有：《唐石經考正》、《重訂雙峰講義》、《江西通志·南唐前人物補遺》、《番郡瑣録》、《饒郡道古篇》、《萬年備徵録》、《義寧備徵録》、《寓潯道古篇》（未見刊本）。《爾雅遺文》係《十三經拾遺》中的一部分，王氏在篇首云：「《爾雅》一書……隋唐而還，傳習者甚寡，矧其散著之遺文又誰掇拾焉？兹有所獲，特繕録之，俾無隕墜。」他從《説文》、《易》、《書》、《詩》、《孟子》正義、《周禮》、《公羊傳》註疏、《左傳》、《史記》、《後漢書》註等近二十種書中輯録《爾雅》遺文三十六條，均爲諸書中確標明爲《爾雅》文而今本《爾雅》所無者。其中有十一條王氏還指明了應隸于《爾雅》某篇某條之下，亦可見考證之精。《爾雅遺文》雖僅輯得三十六條，但「寂寥片言，如斷圭璧，良可寶貴」（《十三經拾遺·弁言四則》），對研究《爾雅》仍然有一定的參考作用。

（《十三經拾遺》）版本有：

王氏遺書本。

豫章叢書本（第三集）。

王樹枏《爾雅郭註佚存補訂》

二十卷。《釋詁》二卷、《釋言》二卷、《釋訓》一卷、《釋親》合《釋宮》爲一卷、《釋器》一卷、《釋樂》合《釋天》爲二卷、《釋地》合《釋丘》爲一卷、《釋山》合《釋水》爲一卷、《釋草》二卷、《釋木》一卷、《釋蟲》一卷、《釋魚》一卷、《釋鳥》二卷、《釋獸》一卷、《釋畜》一卷。

王樹枏，字晉卿。清山東新城人。光緒十二年進士，累官新疆布政使。以善爲古文辭名於時。早歲讀書，沿乾嘉諸儒蹊徑。力治樸學，於文字訓詁研繹甚精。所著四十餘種，凡百八十餘卷，悉收入《陶廬叢刻》中。馬其昶嘗序其文集云：「晉卿濡沫先業，早慧夙成，既通籍，歷官蜀、隴、新疆，由牧令以躋監司，躓而再奮，鍥而不舍，晚年會開清史館，遂承聘，取畿輔先正遺集蒐討而論述之，以備一方文獻。」又於義理、考據皆有深得。膠西柯劭忞氏謂「其於佉盧之字，羊皮之史，六經以外之學術，九州以外之方輿，均能偏譯其書，裒然爲一家著作。」

王樹枏著述，於訓詁小學方面，除本書外，尚有《爾雅説詩》二十二卷、《廣雅補疏》四卷、《尚書商誼》三卷、《費氏古易訂文》十二卷、《校正孔氏大戴禮記補註》十三卷、《學記箋正》四卷、《墨子校註補正》二卷等。

王氏著此書之動機和體例，其《弁言》謂郭璞註「傳鈔既繁，脱訛滋甚。」「今世所引郭註，證以他書，所引多從删節，非足本也。」「今就諸書所引，參互補訂」，於音於義，「諸書所引與今本不同者」，「則概爲補入註中」。仿《廣雅疏證》例，「凡有採補，皆以小字旁記於正文之内。」「今所採綴，以有郭璞字爲據，其不明引者存於説中，蓋亦慎之之意也。」

由于王氏所處的時代已屬晚清，可資參證的文獻較前人豐富，特别是唐殘本《玉篇》和慧琳《音義》等比較珍貴的佚書已陸續由日本傳回中國，加上作者的辨析悉心，取舍審慎，故此書「頗有發明」，成就在阮元、嚴元照等人之上（參見周祖謨《爾雅校箋序》）。如《釋詁》「誶，告也」，王氏補訂即按陸德明《釋文》所據郭註本與《後漢書・張衡傳》註引合，而唐殘本《玉篇》所引（郭璞曰：「相問誶也」）則爲今註文所無，從而指出顧野王蓋誤合《釋言》註（「訊，告也」註：「相問訊也」）所致。又如《釋詁》「摟，聚也」，郭註按《左傳》文以證「摟今言拘摟聚也」，註中摟字兩見俱從手，或有從木作樓者，王氏據阮元《校勘記》和陸德明《釋文》指出：「則註中俱作摟矣。」此説不誤，今人周祖謨《校箋》可證（見該書第一八八頁）。

至本書不足之處，有兩個方面，一是將郭璞的《爾雅音義》補入《爾雅註》中，給後人造成混亂。二是對原書中的某些訛誤，仍然没有給予改正。如《釋詁》「台、朕、賚、畀、卜、陽，予也。」郭註：「賚、畀、卜，皆賜與也。」周祖謨《校箋》據原本《玉篇》，以爲郭註原文「皆」下蓋有「謂」字，而王氏于此處卻無交代（見本書卷一第十二頁與周氏《校箋》第一八六頁）。又如《釋言》「啜，茹也」郭註：「啜者拾食。」王氏據玄應《音義》只在句末增加一個「也」字，而周氏據玄應《音義》則訂爲「啜者欲食也」（見本書卷三第九頁與周氏《校箋》第二〇二頁）。類似的事例還有不少，讀者亦當慎之。

版本有：

光緒壬辰年王氏資陽文莫室自刻本。

陶廬叢刻本。

王樹枏《爾雅說詩》

二十二卷。卷一至卷六《釋詁》，卷七至卷十《釋言》，卷十一《釋訓》，卷十二《釋宮》，卷十三《釋器》，卷十四《釋樂》，卷十五《釋天》，卷十六《釋地》，卷十七《釋丘》、《釋山》、《釋水》，卷十八《釋草》，卷十九《釋木》，卷二十《釋魚》，卷二十一《釋鳥》，卷二十二《釋獸》、《釋畜》。

本書對《爾雅》逐條進行說解，主要羅列《詩經》原文和傳、箋、疏爲證，對《說文》和先秦兩漢的其他典籍也間有徵引，但只是旁及而已。說解中緊緊扣住《爾雅》本訓，也間及同、近、通、假等關係，但一般不越出《詩經》的範圍。說解的主要傾向是信守傳、箋，只偶爾有所駁正。對《爾雅》中已收錄而《詩經》中未有的那些詞條也加以說解，但比較簡略。可以說，該書是實踐戴震「援《爾雅》以說《詩》、《書》，據《詩》、《書》以證《爾雅》」的理論的一個生動實例。突破《說文》系統和現成典籍，運用金文研究成果來疏解《爾雅》（如釋「丕」，見該書卷二第十一頁）又是該書的一個創舉。殷孟倫《爾雅郭氏纂疏舉例》對該書多有徵引。

說解中，有的地方過于拘泥傳箋，以致扞格難通，還有待于運用《詩經》研究的最新成果予以補訂。

版本有：

陶廬叢刊本。

汪鋆《爾雅正名》

不分卷，篇第悉依通行經註本。

汪鋆，清安徽歙縣人，字芸石。著有《爾雅正名》。

「正名者，正字也。」（見該書楊硯序）汪氏從《爾雅》各篇經文中摘取七四七字（按，字頭七八三，重文三十六，實數七四七），一一列出其相應的篆文進行對照，逐個辨明這些字或爲假借字，或爲俗體字，或爲或體字，指出其本字或正體當作某。如：

悅　邢疏：「《小雅·都人士》云：『我心不說』。悅說音義同。」案，說正字，悅俗字。

範　《釋文》：「範，字或作笵，同。」案，《說文》：「範，軷也」；「笵，法也。」笵，正字；範，借字。《一切經音義》二引正作笵。

墜　《釋文》：「墜，本又作隊，同。」案，《荀子·王制篇》楊倞註：「隊與墜同。」

黄侃《爾雅正名評》曰：「乾隆中戴鎣撰《爾雅郭註補正》，汪君適與同名，亦治《爾雅》，然戴氏之書尚不能及此也。」其實戴氏書主在補義，汪氏書主在正形（字），宗旨不同，亦各有短長。通觀汪氏全書，其正名的原則和方法是：以《説文》訓釋爲依據，以《釋文》或體爲綫索，以典籍用例爲旁證。這些原則和方法大體是正確的，但又有局限性，因而汪氏的結論往往顯得牽强，有的地方甚至還産生了錯誤。有鑒于此，近人黄侃著有《爾雅正名評》，對汪氏書中的不少條目提出了補充和是正的意見，可資參考。

本書未單獨刊行，手稿爲徐行可所得，後由章炳麟連同黄侃評語發表于《制言半月刊》（一九三六年）第十八、十九期上，名《黄侃爾雅正名評》。

劉光蕡《爾雅註疏校勘札記》

不分卷，共六七五條。

劉光蕡（公元一八四二——一九〇三年），字煥唐，號古愚，清咸陽（今陝西咸陽市）人。舉光緒乙亥鄉試，赴禮部試不第，乃退居教授終身，歷主涇陽、涇于、味經、崇實等書院，凡三十載。鑒于中國積弱，屢被外侮，故在爲學與教學中講求新學、新法、新器，通經務期致用。遺書凡二十餘種，其較著者有《立政臆解》、《學記臆解》、《大學古義》、《孝經本義》、《論語時習錄》、《前漢書食貨志註》、《前漢書藝文志註》等。事蹟詳《碑傳集補》卷五十二。

周祖謨《續雅學考擬目》謂劉氏「就阮校兼採諸家之説爲札記六七五條」。今觀此書，其校勘的主要對象爲邢疏，有時亦及經註；一般只具列文字異同，有時也表明己意。由於本書參考了監本、毛本、湘本以及永懷堂本等多種版本，引證了一些秦漢以來的文獻資料，且利用了乾嘉以來某些訓詁學家的考證成果，故雖創見不多，但仍不失爲閱讀和研究《爾雅》的較好參考資料。

版本有：

光緒二十年陝甘味經刊書處本。

周繪藻《爾雅訓纂》

不分卷。

周繪藻，清黄岡（今湖北省黄岡縣）人。《湖北通志·人物志十·選舉表十》載：周氏光緒十九年癸巳恩科出身，官江西省廣信縣知縣。

《爾雅訓纂·例言》（下引文同）云「訓纂」之名，即「亦猶《訓纂》續《三倉》之意。」故全書經文、註疏融于一體，大抵皆爲四言韻語，「便于童謠孺歌」，實爲一部註解《爾雅》的普及讀物。

周氏《爾雅訓纂》依《爾雅》篇目編次，惟篇中根據註解要求「略易其次第」，「間或仿毛傳、會韻之例」，尤對註釋本義者即用符號在字旁標記以别之。《釋草》以下六篇《釋木》、《釋蟲》、《釋魚》、《釋鳥》、《釋獸》、《釋畜》，「皆依次叶句，其一物重見于後及相類者，皆移掇于前本字下，以便解經敷證。」周氏對于《釋草》中有關草藥，特匯集《藥物》一篇附後，簡述藥物之異名、形狀、性能，「俾小草無疑于遠志，參著不溷于豨苓。」

周氏《爾雅訓纂》，雖未旁羅異文軼訓，鈎稽疏證，但用以課學童，仍不失爲一種較好的註解本。

版本有：

百柱山房石印本。

陳玉澍《爾雅釋例》

五卷。

陳玉澍（公元一八五三——一九〇六年），字惕庵，清江蘇鹽城縣人，光緒十四年舉人，生卒年代不詳。爲人不樂仕進，專心學術。治學長于訓詁，兼及史學，以求經世致用，爲王先謙、黄以周等大家所稱許。著述另有《毛詩異文箋》、《卜子年譜》、《後樂堂集》等。

《爾雅》一書，自古以來，註家頗衆，但因義例晦蒙，常不免詰鞫爲病。清中葉以後，多有言及《爾雅》義例者，如程瑶田、王引之、嚴元照、王述曾等，然皆止略引其端，未成系統。至陳氏「測知釋《爾雅》之不可無例，猶之釋諸經之不可無例。」「即黽没從事斯經，不憚倫勩。」「艾歷二載，績《爾雅釋例》五卷。」（陳氏《爾雅釋例序》）計列三十八例，或爲通例，統貫全書；或爲特例，止攝某篇。醜類解紛，正名核實，立爲凡例，洞得體要，「疇昔《爾雅》有例之言得此大暢。」（黄以周《爾雅釋例叙》）該書「于犍爲文學、孫、李、樊、郭之註，陸氏之音，邢氏之疏，暨邵氏正義，郝氏義疏，嚴氏匡名，翟氏補郭，臧氏漢註，錢氏古注釋地四篇註，王氏述聞，俞氏平議之説，皆有所律遹，亦皆有所皇匡。」（陳氏《爾雅釋例敘》）於《爾雅》在流傳過程中衍脱誤倒之處亦一一舉例辨析，詳爲考訂。「洵初學者研治雅詁之入門。」（顧實《校印爾雅釋例序》）直至近現代，凡言《爾雅》義例者，率不出其範圍。然開創者難爲功，該書乃發凡起例之作，體例或有不精，説解或有不確，尚需後人改訂補正。

此書一九一六年初刊于《中國學報》第四——五册，一九一九年再刊于《國故》雜志一—四期。一九二一年又有南京高等師範學校出版的由顧實校勘的鉛印單行本。

董瑞椿《讀爾雅日記》

共九十八條（其中《釋詁》三條，《釋言》七條，《釋訓》二條，《釋器》八條，《釋樂》一條，《釋天》十一條，《釋地》二條，《釋丘》三條，《釋山》一條，《釋水》一條，《釋草》二條，《釋木》五條，《釋蟲》四條，《釋魚》二條，《釋鳥》五條，《釋獸》十二條，《釋畜》二十九條），載《學古堂日記》中。

董瑞椿，字楙堂，清江蘇吳縣（今江蘇省蘇州市）人，光緒十九年副榜貢生。生卒年不詳。曾從雷浚學，一生專攻《爾雅》，頗欲於邵、郝諸家外别爲一書而未果。後游學日本，歸國後一意研究教育。

本書從引證《説文》入手，多從假借途徑考明《爾雅》所釋字義與被釋字之關係，以明其正讀。如《釋言》「原，再也」之「原」，作者據《説文》以爲其正字作「厵」。《釋器》「環謂之捐」，作者據《廣雅·釋詁三》以爲正字當作「梋」，皆可徵信。於郭璞、邢昺、郝懿行等前人註疏也多有訂正。如《釋詁》「副，審也」郭註作「副長」，董氏以爲失之。《日記》説：「案《説文》：『副，判也。』判之解爲分析。《周禮・朝士》：『凡有責者有判書。』故書判爲辨。鄭司農云：『辨讀爲別，謂別券也。』辨別與分析胥有審義。副既解判，即以判之義解副，《爾雅》所以曰審也。」似較郭、郝之輾轉尋繹爲長。惟于《釋訓》之「藹藹濟濟」本爲釋《詩》之《楚茨》與《卷阿》，鄭玄與孫炎皆訓「容止」，惟毛傳訓爲「止息」，郭註從鄭、孫，正因爲鄭、孫之説較毛爲長，今董氏爲從毛説而改經文之「藹」爲「遏」，反譏郭璞爲「疏于小學，未諳假借之例，求訓止之故而不得，遂以容止强解之，支離甚矣。」這是難以使人信服的。

據《清代傳記叢刊・清儒學案小傳》（卷十九）載，董氏治《爾雅》，積稿已盈尺，不幸被人竊走，今所傳《讀爾雅日記》雖首尾完具，實非董氏稿本全貌。

版本詳包錫咸《讀爾雅日記》。

董瑞椿《讀爾雅補記》

共一〇三條（其中邢昺《爾雅疏序》二條，郭璞《爾雅序》四條，《釋詁》八十條，鄭註逸文十七條），載《學古堂日記》中。

本書似爲董氏《讀爾雅日記》一書的補記。其考證一般較《日記》爲詳。其條目，除《釋詁》「幠、厖，有也」一條外，皆不與《日記》重複（即在「幠，厖，有也」一條中，其内容亦無重複之處），惜自《釋詁上》以後，各篇闕如，使讀者不能窺其全豹。

本書所考釋的各條，新意甚多，如「胎，始也」條，一般皆未能越出舊注「胎，始養也」的範圍，惟董氏據《說文》「胚，婦孕一月也。胎，婦孕三月也」之解，以爲「此經舉胎不舉胚，必非以胎爲詁始本字」。于是以《釋草》「其萌虇蕍」例之，「疑此『胎，始也』亦即《釋草》『箈，箭萌』之箈」。再證以《說文》「箈，竹萌」與《廣雅·釋詁一》「萌，始也」，而後得出結論說：「可見箈實竹之始，箈從怠聲，怠又與胎同從台聲，因而音假爲胎耳。」又如「如，謀也」之「如」，引雷浚說，以爲「如」乃「咠」的誤文，「咠」爲古文，「謀」爲今文，合乎《爾雅》以今文釋古文之例。再如「纂，繼也」，引古逸本《玉篇》與玄應《音義》及各經正義，以爲《爾雅》有作「纂」與作「纘」兩種本子，郭註本作「纂」，邢疏引《魯頌·閟宮》「纘禹之緒」，是邢昺所見《爾雅》作「纘」，與周祖謨《校箋》基本相合。諸如此類的考證，有的信而有徵，有的可備一說。

至于從原本《玉篇》和慧琳、慧苑、希麟《音義》等書中所鈎輯出來的經佚文與鄭註佚文，率皆作者辛勤用力所得，可與葉蕙心《爾雅古註斠》、陶方琦《爾雅古註斠補》、李曾白《爾雅舊註考證》、王仁俊《爾雅鄭君註》等輯本比較讀之。

版本詳包錫咸《讀爾雅日記》。

王頌清《讀爾雅日記》

共十四條，計《釋詁》七條，《釋訓》五條，《釋親》一條，《釋宮》一條。載《學古堂日記》中。

王頌清，字卿月，清江蘇元和（今江蘇省蘇州市）人。廩貢生。

該書或依古註舊訓以校勘《爾雅》經文，如以爲《釋詁》「瘽，病也」之「瘽」應作「瘒」；或從假借途徑以疏通雅訓，如以爲《釋詁》「噊、幾、烖、殆，危也」之「危」有二義，「幾、烖、殆」用其本義，「噊」則用通假（通「詭」，詭譎）義。諸如此類，皆能在前人訓詁的基礎上有所創獲。他如以「忥，息也」之忥爲「呬」之或體，「儴，因也」之「儴」爲「攘」之俗體（皆見《釋詁》），其説皆有新意；又釋「窕，間也」（見《釋言》）之「間」爲「閑暇」，亦較郭註之「間隙」爲勝。

版本詳包錫咸《讀爾雅日記》。

陸錦燧《讀爾雅日記》

共一七九條，計《釋詁》四十四條，《釋言》四十六條，《釋訓》四十七條，《釋親》七條，《釋宮》十三條，《釋器》十條，《釋樂》一條，《釋天》十二條。載《學古堂日記》中。

陸錦燧，字晉笙，清江蘇長洲（今江蘇蘇州市）人，光緒十九年舉人。

本書卷前識語云：「考《爾雅》所釋遍及群經，而獨云叙詩人之興咏者，以篇中釋《詩》爲多……是以《爾雅》與《詩》實相表裏」。「《雅》與《説文》尤相表裏也，何者？《爾雅》所詳，皆字之用；《説文》所詳，皆字之體。如：初、基皆始也，據《説文》，則『初』爲裁衣之始，『基』爲築牆之始，後人通用，直爲凡始之稱耳。」

基于上述認識，故陸氏《日記》所摘考的《釋言》、《釋訓》諸條，率皆與《毛詩》傳箋或齊、魯、韓三家詩有關連者。即或《詩》無此字，亦必通過《釋文》、《説文》或其他有關文獻，幾經曲折找到與《詩》的聯繫。如《釋訓》：「幬謂之帳」。錦燧謹案：「《詩》中無幬字。《釋文》云：幬本又作幬。而《詩》中亦無幬字。竊謂幬乃裯字之訛，因幬字而誤以巾旁，蓋釋《詩·小星篇》『抱衾與裯』也。鄭箋云：『裯，床帳也。』正與《雅》訓合。《爾雅》作幬，必三家《詩》異文亦有作幬者。鄭君先治三家《詩》，最後治毛（詩），知《毛詩》之裯即三家《詩》之幬也，故《箋》即本《爾雅》，以床帳釋之。《説文·巾部》云：『幬，禪帳也。』又《衣部》云：『裯，衣袂衹裯。』是幬爲本字，裯乃假借字。《毛詩》多古文，故用假字作裯也。」似此，可聊備一格。

此外，《釋親》以至《釋天》諸條，亦皆能廣稽群經，博引衆説，極力尋求本字本義，凡所考釋，多與前人不盡相同，不失爲一家之言，如《釋親》「父之晜弟，先生爲世父，後生爲叔父」與《釋天》「東風謂之谷風」諸條便是。

版本詳包錫咸《讀爾雅日記》。

董桂新《爾雅古註合存》

卷次悉依通行郭註本。二十卷。

董桂新，清嘉慶新安人。事蹟不詳。

該書是一部《爾雅》古註彙編。編纂者主要從陸德明《釋文》和本經義疏中，搜集古人的《爾雅》註文，並旁採十二經疏，《史記》、《漢書》諸史和《水經》、《文選》等書註文，以及前人類書所引，編輯成册，「合而存之」。在《古註合存》正編前，依據清朱彝尊《經義考》彙錄了前人關于《爾雅》經註的考證，名爲《爾雅總考》。凡前人對《爾雅》一書的考證，彙錄甚詳；收集有關犍爲文學、劉歆、樊光、李巡、孫炎等各家《爾雅》註的考證近四十種。其編纂體例是：一、凡郭璞、鄭樵註文全錄；二、凡古註與郭註同者，必全錄古註，以證郭註必出古註無疑；三、諸書同引一古註，字句小有異者，擇其詳者錄之，或有相質，特爲標出，或有可疑，則云「某書作某」，以便參考；四、凡諸書所引古註中涉及經文形體、音讀有異者，一般據陸氏《釋文》改定，間亦存異於經文之下，以便參覽。全編體例比較統一，其不足者，彙錄古註大多没有指明出處。

所錄古註間或下有案語。其案多是客觀叙錄諸家引文之異同，校勘用功甚勤。偶爾斷以己意，如卷二「郵，過也」條：「郭璞曰：『道路所經過。』案，《文選·賈誼〈吊屈原文〉》云：『般紛紛其離此尤兮，亦夫子之過也。』李善註引犍爲舍人《爾雅》註曰：『尤，怨大也』考《爾雅》無『尤』字，古字『尤』與『郵』通，《漢書·賈誼傳》載《吊屈原文》『尤』作『郵』，顏師古註云『郵，過也』，用此《釋言》文爲訓。然則《文選》註所引舍人註，疑即爲此句，釋與郭義異而理亦通。」又如卷二「燬，火也」條：「李巡曰：『燬，一名火。』按《釋文》引李巡云：『燬，一音火。』《詩·周南》疏及邢疏並作『名火』。當是『名』，非『音』也。」

本書係稿本（上海圖書館藏）。

史詮《爾雅異文考》

序言作十六卷，正文十九篇大部份未標明卷次。

史詮，字解人，又字砎存，浙江嘉興人。生卒年代與行事皆不詳，僅從高夔序言中得知其爲清代諸生，曾從學于馮登府太史，著書甚勤，除本書外，尚有《爾雅佚文》一卷、《詩經玉屑拾》、《周易釋異》（按：史氏本書中自言尚有《詩經述異》與《周易存奇》，不知是否即以上二書之異名）與《吉祥草堂詩集》等數種著作，均未刊行。

本書從陸氏《釋文》、《爾雅》各舊註、《文選》李善註、各經正義、唐石經、汗簡和《說文》、《玉篇》、《廣韻》、《集韻》等字、韻書以及清代顧亭林、萬季埜、錢竹汀、盧抱經等學人的有關著作中搜求得與今本《爾雅》經文相異之字近千條。本書一般僅標出其相異之字，即某書作某或某人作某；對於極少數必須加以說明、且有足夠材料以資說明者，始在按語中加以申釋，或明其會通，或斷其是非，態度比較嚴肅，文字比較簡賅。如《釋畜》：「四蹄皆白，首。」史書在「首」字下說：「『首』，當作『前』，訛作『首』。按：《玉篇》作『騚』。」《釋宮》：「其楹謂之棳。」史書在「棳」字下說：「《釋文》：『棳，本或作棁。』按：《論語》『山節藻棁』，釋文云：『棁，本又作棳。』《集韻》棳即棁，是同字也。今《爾雅》作『棁』，是假借字也。《說文》：『棁，木杖也。』『棳，木也。』」《釋詁》：「台、朕、賚、畀、卜、陽，予也。」史書在全條下說：「台，註讀與貽同。按：鄭樵云，當言『台、朕、陽，予也。』『賚、畀、卜，予也。』」

書中亦間有考察不周或沿襲他人錯誤之處，如《釋詁》「休、嘉、珍、禕、懿、鑠，美也」條中之「禕」，以爲應從錢竹汀之說從「衣」作「禕」；又《釋詁》「底、厎、尼、定……止也」條中之「底厎」二字，以爲應從萬季埜之説作「厎廢」。這兩個問題，阮元的《校勘記》早已考明（按：阮氏的結論已得到今人黄焯的《爾雅釋文匯校》與周祖謨的《爾雅校箋》進一步的論證與基本肯定），但史氏卻未能博採衆説而泥守一家之言，以致沿誤踵訛。從本書所涉及的資料看，史氏不僅無緣得見從日本回歸中國的原本《玉篇》、慧琳《音義》等秘籍，即使清代學人如嚴氏《匡名》、邵氏《正義》、郝氏《義疏》以及阮元盧文弨等人在校勘、考證諸方面所取得的成果，史氏亦很少加以引證和利用，可見其見聞尚不夠廣闊，研究也不夠深入。

本書係手稿本，眉批夾註雜糅，塗抹添改間出，辨認閲讀皆感困難。高夔在序言中稱他還見到一個馮登府氏所校過的清本，惜今已難獲睹，徒使讀者引爲恨事。

沈潮《爾雅箋釋》

不分卷。

《爾雅箋釋》，實際上是《爾雅正義》箋釋。作者對邵晉涵《爾雅正義》一書，從《釋詁》至《釋器》，逐次予以箋釋（按《釋樂》以下各篇未見）。其體例是：先將邵氏正義所引重要文獻和古註資料按條分行排列，然後在該條下加以註箋和疏釋。其箋釋的内容大體包括下列幾項：

一、如某條引文有脱漏訛誤，則在該條引文下予以補正。如《爾雅序》「誠九流之津涉」正義引《漢書

·藝文志》：「有儒家者流、道家者流……是以九家之説，蠭出並作，各引一端，崇其所善，以此馳説，取合諸侯。……今異家者，各推所長，窮知究慮，以明其指。雖有蔽短，亦六經之支與流裔。」沈氏在此條下謂：「説，當作術；『雖有蔽短』下脱『合其要歸』四字。」又《釋詁一》「儀若祥淑……善也」正義引《淮南·説林訓》「六畜生多耳目者不詳」高誘註：「詳，善也。」沈氏謂：「《説山訓》。」

二、如《正義》引某條古註未交待註者爲何人或引書無篇目時，沈氏則予以標明。如《爾雅序》「誠九流之津涉」正義引班固《幽通賦》及註：「盍孟晉以迨群。孟者，勉也。」沈氏謂：「曹大家註。」又如《釋詁一》「敆部……合也」正義引《夏小正》：「翕也者，合也。」沈氏謂：「《六月》篇。」

三、若某條引文有古註或他本可證者，則補充説明之。如《釋言》「舫，泭也」正義引《方言》云：「泭謂之箄，箄謂之筏，筏，秦晉通語也。」沈氏謂：「《釋文》引此同。」又《爾雅序》「《爾雅》者，蓋興於中古」正義引劉勰《練字篇》：「《爾雅》者，孔徒之所纂，而《詩》《書》之襟帶。」沈氏謂：「楊批《文心雕龍》同。」

四、對《正義》所引《説文》語，均標明部首，以便讀者查找。

五、對《正義》闡述不明或有誤者，予以辨析。如《釋詁一》「初哉首基肇祖元胎……始也」正義：「本或作殆。《豳風·七月》云：『殆及公子同歸。』毛傳：『殆，始也。』孔疏以爲《釋詁》文。」沈氏曰：「疏云『《釋詁》云胎，始也。説者皆以爲生始。然則胎殆義同，故名始也。』蓋疏以毛傳訓殆爲始，故引《釋詁》『胎，始也』以爲胎、殆義同之證，非以『殆，始也』爲《釋詁》文也。《經典釋文》『胎，本或作台』，無作殆者。」

在《正義》引文與沈氏箋釋之間，均以圓黑點間隔標示。凡重要文字之處，則加圓圈以示讀者。

總觀全文，該書於《爾雅正義》或糾訛，或補證，成績匪小。但亦有遺漏之處。如《釋詁一》：「諧輯協和也」至正義「《洪範》文」和《釋詁二》「娠蠢……動也」至正義「《小雅・無羊》文」兩段，未見箋釋。此外，有些條目分段，亦不免偶有交叉。

該書係手稿本（上海圖書館藏）。

陶方琦《爾雅漢學證義》

二卷。（《釋故（詁）》一卷、《釋言》一卷）。

陶方琦（公元一八四五——一八八四年），字子珍。清會稽（今浙江省紹興縣）人。光緒二年進士，選庶吉士，授翰林院編修。曾督學湖南，號稱得士。

陶氏爲同邑李慈銘之高足，「學有本末，汲汲於古，述造無間歲時」（《清史稿》卷四八六）。治《易》鄭註、《詩》魯故、《爾雅》漢註、《大戴禮記》、《淮南王書》，兼工駢儷文。著有《淮南許註異同詁》、《許君年表》及《漢孳室文鈔》等書。其治《淮南王書》，「推究經訓，蒐采許註，拾補高誘，再三屬草，矻矻十年，實事求是」（同上）。事蹟見《清史稿》卷四八六。

據本書陶氏自序，言其「肄業雅訓，尤嗜古註」，視散見於群籍中的遺文佚義「如片珩斷珪，愈足崇貴」。鑒於迄今盛行之郭註「訛敓舛駢」，而余蕭客之《古經解鈎沉》尚多缺漏，臧鏞堂之《爾雅漢註》亦未睹其書，大有「願學未能，中心如噎」之感。於是「約擽漢人雅説，自孫氏止」，並「略爲疏證，命之曰《爾雅漢學證義》」。

又據里人姚振宗書跋，言作者自撰之《漢孳室書目》，有《爾雅漢註述》八卷，而檢手稿僅有《釋故（詁）》、《釋言》二篇，疑爲「未審訂且未卒業」之書，因即以二篇爲二卷，並「題名曰《爾雅漢學證誼》」。

本書雖是一本「未審訂且未卒業」之書，但在清代衆多的雅學著作中亦自有其特色。該書不僅輯錄佚文，於《古經解鈎沉》等書之缺漏多所補苴，且附有疏證，爲余氏（蕭客）、臧氏（庸）、黄氏（奭）、馬氏（國翰）乃至葉氏（蕙心）等諸家輯本所不及。其疏證緊扣中心，要言不煩，精審之處，幾可直追邵氏《正義》與郝氏《義疏》。如《釋故（詁）》：「胎，始也。」郭註本作「胎」，孫炎本作「台」。陶氏先從《釋文》中輯出孫註，然後再引《説文》、《孔耽碑》、《神祠碑》、《詩·魯頌》、《方言》等有關資料以證明「胎，始」字並從台，作『台』省文」，最後得出「台、胎相通」的結論。又如《釋故（詁）》：「悠，遠也。」陶氏先從《一切經音義》中輯出舍人註，然後再引《説文》、《易·頤》釋文與《詩·鄘風》、《詩·大雅》等有關資料以證明舍人之訓爲行遠，從而得出「悠，古訓爲攸字也」的結論。此説雖與郝懿行、陳晉等之「悠」與「脩」同之説相異，卻與嚴元照、朱駿聲等「攸」爲本字之論相合。如天假以年，使全書八卷得以卒業，並詳加審訂，定當大有禆益於《爾雅》漢註之研究。

本書係稿本（上海圖書館藏）。

陶方琦《爾雅古註斠補》（載《漢孳室文鈔·小學卷》）

一卷。

本書係陶方琦氏爲葉蕙心所著之《爾雅古註斠》一書所作之補，收入葉氏之書所未收入的古註七十餘條，「都爲一帙，間有訂正」（自序）。本書《釋詁》、《釋言》中的十三條，有八條又被收入其《爾雅漢註證義》一書。

觀陶氏所補，亦皆輯自陸氏《釋文》、各經註疏以及《初學記》、《藝文類聚》、《文選》註與《衆經音義》等常見之書，其中僅僅輯自陸氏《釋文》與各經註疏者即佔全書所補條目的三分之二以上。故其書之勝不在資料來源之新穎，而在對常見古籍的悉心搜求，以是得以補葉氏書之諸多缺遺。至書中的幾處案語，如鄭玄是否註過《爾雅》，劉歆、李巡二註之難以區分，雖至今仍未折衷一是，但「李巡《爾雅註》多與《淮南》高註同」，「今李氏註有缺遺，皆可據高註補之」與《釋草》「蒚山蒜」註中據《爾雅翼》等書所引之孫炎説，以爲「皆非漢末之孫炎」諸説，確能給後之治《爾雅》古註者以啓發。

本書係抄本（上海圖書館藏）。

徐孚吉《爾雅詁》

卷一《釋詁》至《釋魚》，卷二《釋獸》至《釋畜》。

徐孚吉，字石漁，清海門（今江蘇省海門縣）人，光緒二十年舉人。所著《爾雅詁》二卷，傳于世。

徐氏《爾雅詁》係摭取《爾雅》諸篇六十五條，「取各家之註，訂譌補遺」（周祖謨《續雅學考擬目》），匯集成書。第一卷：《釋詁》七條，《釋言》三條，《釋訓》一條，《釋宮》三條，《釋器》二條，《釋樂》一條，《釋天》四條，《釋丘》二條，《釋水》二條，《釋草》四條，《釋木》三條，《釋蟲》二條，《釋魚》四條；第二卷：《釋獸》十三條，《釋畜》十四條。如：卷一《釋詁》「賚，賜也」條，「（孚吉）按：賚或省作來，通作釐，又通作理。《少牢饋食禮》云：『來女孝孫。』鄭註：『來，讀曰釐。釐，賜也。』《書》：『予其大賚女。』《史記·殷本紀》作『予其大理女。』凡從來聲、里聲字並聲近而字通，故蔓華謂之釐，亦謂之萊（《釋草》：『釐，蔓華。』《說文》釐作萊），貍謂之不來，亦謂之豾貍。」該例前半（「凡」以上）郝懿行已言之（詳《爾雅義疏》卷上「賜也」條），後半（「凡」以下）則是徐氏的發明，象這樣能舉一反三，富于啓發性的，篇中不乏其例。然間亦有自逞臆說、詆毀舊註，以不誤爲誤者。如卷一《釋詁》「苦，息也」條，「（孚吉）按：《禮記·經解》云：『故婚姻之禮廢，則夫婦之道苦，而淫辟之罪多矣。』謂婚姻之禮廢，則夫婦之道息也。郭云『勞苦者宜止息』，是勞苦不得直訓止息也，郭註似失之。」「苦之爲息，相反爲訓，無可疑也」（黃侃《爾雅音訓》卷上）。徐氏以儒生說教代訓詁，殊不可取。

版本有：

南菁書院叢書本。

王闓運《爾雅集解》

十九篇，篇第與經註本同。

王闓運（公元一八三三——一九一六年），字壬秋，湖南湘潭人。咸豐七年舉人。太平軍起義時，投曾國藩爲幕僚。後講學四川、湖南、江西等地。清末，授翰林院檢討，加侍講銜。辛亥革命後任清史館館長。經學治《詩》、《禮》、《春秋》，宗法《公羊傳》。詩文在形式上主要模擬漢魏六朝，爲晚清擬古派所推崇。著述除大量經子箋註外，還有《湘軍志》、《湘綺樓日記》、《湘綺樓詩文集》等。門人輯其著作爲《湘綺樓全書》。事蹟見《清史稿》本傳。

是書詮釋《爾雅》，不囿於某一家之論，而是兼採自漢至清各家的説解，旁證先秦以來各種重要典籍，以成一家之言，可以與邵氏《正義》、郝氏《義疏》相參閲。然其訓釋常有「自造新義」之病（張舜徽《清人文集別錄》卷二十）。如以「權輿」爲「勸與」之假，否定王念孫、錢大昕等人的「權輿」爲「蘿蕍」之假的説解（見《釋故（詁）》第二頁），以「巂周」爲「蝙蝠」，否定傳統的「巂周」即「子規」的詮釋（見《釋鳥》第五頁），便是比較典型的例子。

版本有：

《王湘綺全書》本。

繆楷《爾雅稗疏》

四卷。卷一《釋詁》至《釋宫》，卷二《釋器》至《釋水》，卷三《釋草》至《釋魚》，卷四《釋鳥》至《釋畜》。

繆楷，字嘯仙，江蘇省江陰縣人。光緒二十三年拔貢，經學尤粹，廷試不第，多病，閉户潛修。著述頗富，除本書外，還有《玉篇箋證》十卷，《詩經大義》八卷，《經餘隨筆》二卷，《繆文貞編年紀事》一卷，《江陰方言》一卷。《江陰縣續志·人物·儒林》有傳。

本書針對歷代《爾雅》註疏未詳未安的問題進行疏釋和辨析，徵引浩博，吸收清代學者的訓詁成果，注意從音與義、義與義的聯繫中探討詞語的確詁，頗具啓發性。如《釋詁》：「綝，善也。」郭云：「未詳其義。」《稗疏》云：「翟灝《爾雅補郭》云：『《廣韻》：綝，繕也』。《詩·鄭風序》箋、《周官·繕人》註並曰：繕之言善也。據此，則綝釋爲善，乃謂備治服器之精善者。」王念孫《廣雅疏證》云：「綝，止也。止有安善之義。」王引之云：「《玉篇》：綝，善言也。古無諃字，故借綝爲之。」楷案：「《說文》：『綝，止也。』讀若郴。』許書讀若之字義俱相通。《方言》：『自關而西秦晉之間凡物之壯大者而愛偉之謂之夏；周鄭之間謂之嘏；郴，齊語也。』郴有大義，故又訓善，《詩·桑柔》箋：『善猶大也。』大謂之郴，善亦謂之郴，猶大謂之元，善亦謂之元，大謂之介，善亦謂之介也。綝與郴同，《說文》『琳，美玉也。』亦與綝音義同。」類此之例尚多，甚有參考價值。

版本有：

南菁書院札記本。

黃世榮《爾雅釋言集解後案》

不分卷。載《文惠全書》中，爲該書之第五種。

黄世榮，字闇伯，清末江蘇嘉定（今上海市嘉定縣）人。於光緒丙申年，與上海姚文棟共同創建經學社，一時蘇、寧、皖、浙諸經生咸集受業，有議稿行於時，《文惠全書》，即其畢生治學之成果。《爾雅釋言集解後案》收錄《釋言》三十九條，仿李鼎祚《周易集解》例，於每條下備錄各家註，上自漢代古註，下迄清人成果，凡有及于《爾雅》者，皆採掇靡遺，及至時人吳支雲之《經説》，雖流布未廣，亦予收錄。又仿王應麟《古文尚書馬鄭註》例，於每條集註之後綴以己意，是爲後案。本書案語取證廣泛，或證以《説文》，或參以《釋名》、《廣雅》，或旁引《史記》、《漢書》、《文選》諸註；案語内容，或刊正經文，或追溯本義，或别其引申，或明其假借；其方法「不專求諸義而兼求諸聲，凡聲同、聲近、聲轉及古音、唐韻同部者靡不詳爲辨析」，「得其貫通」（姚文棟序）。如「佴，貳也」條，歷代註家聚訟紛紜，世榮案：「佴、貳疑互易……自貳、佴倒置，而註家皆不得其解矣。」又「征、邁，行也」條，世榮按：「征、邁從正、邁得聲（按《説文》作「蓮」省聲），則正行、遠行此本義也。然經典往往通用，故此經亦通釋之，此引申義也……郝氏謂征伐亦即行伐，則强本義以就引申，似失之。」又「眕、厎，致也」條，世榮按：「眕、陳聲近，古本同部；眕、致聲轉，故眕得訓陳，亦可訓致。」諸如此類，所言多是。另外，本書體例科學，前設有例言，一一載明所據版本及取材原則諸事，大有便于讀者。

（《文惠全書》）版本有：

民國四年十月黄世榮子黄守恒校定刊本。

胡元玉《雅學考》

一卷，包括註十二家、序篇一家、音十五家、圖贊二家、義疏二家，又《袪惑記》一篇。

胡元玉，清光緒年間湖南湘潭人，字子瑞，號鏡珠齋。清代湘潭縣屬長沙，故常自署「長沙」。自少紹承家學，讀書稽古，爲許、鄭之學，至專且謹。生平著述，除本書外，尚有《駁春秋名字解詁》、《漢音鈎沉》、《鄭許字義異同評》，合刻名曰《胡氏雜著》。

本書所考註家上自漢代《爾雅註》之臣舍人，下迄唐代（據胡考）《爾雅義疏》之高璉，宋以後者概未著錄。他認爲「宋談性理，實學漸荒」（自序，下同），清儒雖「講求實學」，對「《爾雅》舊註固已蒐羅略備」，然有的地方卻「踳駁殊甚」，于是「考宋前雅學諸書，撰稽衆言」，申以己意，「叙次爲五種」。

胡氏考證，首列註家及書名爲條目，於條目下雙行小字註作者字號、爵里，或見何典籍；次列衆家考釋文字，後申己意。周祖謨氏譽其「訂正紕繆」，「駁正肴亂，使有書者不因書亡而名没不稱，無書者不以誤紀而濫尸作者」，「雅學源流始得統紀」（《重印〈雅學考〉跋》）。

考證詳備周浹，是其特點之一。《爾雅》最早註家應署何名，其説不一，陸德明《經典釋文·序錄》謂爲「犍爲文學」。而朱彝尊在其《經義考·爾雅一》中改謂「犍爲舍人」，亦有稱「郭舍人」者。胡氏獨以「臣舍人《爾雅註》」著錄于書。他首先列《釋文·序錄》至郝懿行《義疏》十四家之論，繼而申述己見。一者，「漢人稱臣，例不自記其姓，故往往名存而姓不可考」。「則其姓久已無考可知」。「以「郭舍人」爲人姓名更誤。彼知舍人自是官名」。二者，「以官命名，古多有之，如漢武帝時有丁夫人，亦是以内官命名也」。三者，題「郭舍人」者，乃成于唐代之《文選》註，且僅一稱「郭舍人」。「單文晚出，難以案據」。最後作結：故「從《漢志》著錄『臣彭』等之例改題『臣舍人』，以復原題，而不從《七錄》僅題其官焉」。其二，論斷多確鑿不移，讀其「曹憲《爾雅音義》」條下所作的考辨則可見一斑。兩《唐志》均著錄《爾雅音義》二卷，曹憲撰。但臧在東認爲「曹憲祇作《廣雅音》。《隋書·經籍志》載『《廣雅音》四卷，秘書學士曹憲撰』是也。《唐書·藝文志》誤作曹憲《爾雅音義》二卷，疏舛已極」（《與段若膺論校〈爾雅〉書》）。胡氏考訂謂《廣雅》自曹憲時始更名《博雅》。「《唐志》既出《博雅音》十卷，又出《爾雅音義》二卷，書名卷數判然不同，安可詆爲疏舛耶？至《隋志》不錄曹憲《爾雅音》，則由憲入唐後始成書故耳，猶陸德明作《經典釋文》三十卷而《隋志》但錄其《周易》並註音七卷也……在東所作《爾雅考》雖未得見，然據此書所云，已不可信，今仍從《唐志》錄之」。其三，正誤多可徵信。朱彝尊《經義考·爾雅一》據《通考》著錄陸德明《爾雅釋文》一卷，存；復據《宋志》著錄陸德明《爾雅音義》二卷，未見（見四部備要本卷二三七）。胡氏辨正云：《爾雅音義》「即從《經典釋文》中摹寫刊行者」，後兩書並行于世，「《宋志》兩錄之，誤矣。觀陳振孫題爲《爾雅釋文》。可見《釋文》與《音義》非有兩書。《經義考》於《爾雅音義》云「未見」，不達《宋志》致誤之由，而以爲實有此書也」。其四，祛惑多能解惑。黎刊《玉燭寶典》載有何承天《爾雅纂文》和顔延之《爾雅纂要》。胡氏于該兩條下引證謝蘊山《小學考》之辨《山東通志》於《纂文》、《纂要》二書上妄加「爾雅」二字後，謂「考《七錄》著錄何承天《纂文》三卷，《唐志》著錄顔延之《纂要》六卷。書名卷數均與《山東通志》不合，頗似兩書。然方志多淆，古書久佚，後起之疑文，未敢信其有據，自當以謝說爲完耳」。

此外，還糾正了所引典籍原文的訛字，如在「郭璞《爾雅註》」條下即指出《晉書·郭璞傳》竟誤《爾雅音義圖贊》之贊爲譖。

此書考證，據事按理，言而有當，論而有定，實研究雅學者不可不讀之作，惜其斷代過早，對研治雅學史者又不能無憾。且其於宋代、特别於清代雅學研究之業績一筆抹煞，也覺欠妥。

版本有：

長沙益智書局刊本。後有民國二十五年北京大學重刊本。

吳修祜《爾雅舊學加商》

五條，載《十三經舊學加商》中。

吳修祜，原名繡虎，字穎士，清末浙江嘉善人。所著《十三經舊學加商》，許景澄評曰：「尊著蓋亦用王氏（念孫）家法……昔人謂揚子雲好爲深湛之思，斯編所詣，其庶幾乎」（見卷前識語）。其中雖不無溢美，然也可見該書風格、成就之一斑。

《爾雅舊學加商》條目雖然不多，然皆能去陳言，抒己見，發前人所未發，如《釋詁》「郡、臻、乃也」條，吳氏以爲「郡當即古群字」；臻「蓋瑧之訛文」，「臻與瑧草書相亂」。又《釋詁》「鬱陶、繇，喜也」條，吳氏疑《爾雅》本文當作「鬱陶，喜也」四字句，繇字當是陶下小字，本係註家以是爲陶字作音，而後人誤攙入正文者也。諸如此類，不一定即爲確詁，但可聊備一格，啓人深思。

（《十三經舊學加商》）版本有：

光緒十五年排印本。

唐文治《爾雅評點劄記》

一卷。載《十三經讀本評點劄記》中，爲該書卷第四十。

唐文治，字蔚芝，清太倉（今江蘇太倉縣）人。光緒十八年進士，官至農工商部左侍郎。少游于黄以周之門，習聞經師緒論，樸學頗具根柢。嘗創立國學專修館於無錫，以十事教士，皆迂遠而闊於事情。唐氏編有《十三經讀本》，《十三經讀本評點札記》即附其後。《爾雅評點札記》但取《釋親》、《釋宫》、《釋樂》、《釋天》、《釋地》、《釋山》、《釋水》、《釋畜》等章中一二事加以評點，並標明讀《爾雅》時當如何圈點句讀。觀其所加評語，俱從《爾雅》叙事、句法、用字及物名之結構等角度立言，審知此書並非經典釋文，亦非訓詁、音韻方面之考原鏡流之作，殆屬以文章結構學及修辭學方法論以研治《爾雅》之書。且從《釋天》「春獵爲蒐」條下所引胡揆「俊雅無訓詁氣」一語來看，知作者已厭於以註疏方法治《爾雅》之舊傳統，而欲另闢一條從文學角度以探討《爾雅》之新途徑。評語多引自前代知名之士，間亦有個人見解。有心于研究《爾雅》的文學價值者不可不讀此書。

（《十三經讀本評點札記》）版本有：

民國十三年吴江施肇曾醒園刊本。

唐文治《爾雅提綱》

一卷，載《十三經提綱》中，爲該書卷十二。

《十三經提綱》附唐氏所編《十三經讀本》之後。《爾雅提綱》分四部份：一，授受源流。作者以爲《爾雅》始於周公而非周公所作，經過孔子、子夏、叔孫通、梁文之增益補充而成，至於《爾雅》中「何者爲何人所著，則未可臆斷。」二，精義。作者以爲《爾雅》者，「宜探索道本，不當作類書讀也。」又以爲童蒙須將《爾雅》與《孝經》同讀，「所以端修身之本，知文字之源，使道德與訓詁合而爲一。」其立論未免泥古而迂闊。三，致用。作者鄙薄那種視《爾雅》「爲文學淵藪、詞章奧府，藉供掇拾之資」的觀點，以爲「此未爲知用者也」。贊成陳澧「訓詁之功大矣哉」的觀點，以爲「古者廣谷大川異制，民生其間者異俗，聖人修其教，齊其政，遂使不一者而統於一，則文字之功也。我中國數千年之文化，所以久盛而不衰者，文字爲之，即雅言爲之也。」特别强調了雅學的作用。但作者認爲古人修教是化俗爲雅，而今人言教是化雅爲俗，甚至擔心「聖訓日微，文化滅息。」且又由迂闊發展至於荒謬了。四，註釋及文法。簡要論及自郭璞以下各主要註家之優劣，尤推崇郝氏，認爲郝氏書「特爲精詳」。最後，提到「《爾雅》係解詁例，雖文質相宣，而實則愈質而文愈奧，故於字法尤當注意。」

版本詳唐文治《爾雅評點札記》。

王尚欅《讀爾雅臆説》

不分卷，載《十三經管見草》中。

王尚欅，清甘肅秦州人，字季平。研經汲古，搜集漢唐説經之書，所得甚博，持論觥觥，能自抒其所見，爲文亦古勁不俗。道光丁酉鄉試，中副車第一，後漸絶意進取，專心學術。生平著述甚富，標新領異，一衷于正。事蹟見《甘肅通志》本傳。

《讀爾雅臆説》僅八十八字，内容涉及《爾雅》成書時代和啓迪作用等，其文曰：「《爾雅》十有九釋，名義瑣俚，極似漢人輯録，然其體足開註疏傳説之宗，雖不關世道人心之重，亦讀經者所必先之務也。」

《十三經管見草》係《王羲川先生遺書》之一。

陳僅《爾雅質》

共十一條。載《群經質》中。

陳僅，清人。

本書爲《群經質》中的一部分。僅僅提出了十一個問題。在這些問題中，有的表明了自己的見解，如《爾雅》是否有《序篇》、舍人是否姓郭等問題便是。有的給郭註或《釋文》作了一點補充，如「陽」（《釋詁》）和「騱騵枝蹄」（《釋畜》）等條便是。有的僅僅羅列了諸家不同的説法，如「葭蘆菼薍」（《釋草》）

和「鰋鮎鱧鯇」（《釋魚》）等條便是。要之，本書所提出的一些問題和提供的某些資料，對我們全面深入地開展《爾雅》研究尚有一些參考價值。

版本有：光緒年間四明文則樓刊本。

于鬯《爾雅校書》

兩卷，載《香草校書》中，分别爲該書卷五十五和卷五十六。

于鬯（公元一八五四——一九一〇年），字醴尊，號香草。清末江蘇南匯（今上海市）人。曾中秀才、登光緒二十三年拔萃科。一生絶意仕途，醉心學問，尤長于小學。治學敢於疑古，但謹嚴而不妄下斷語。著述凡二十三種，其中刊行于世的有：《香草校書》、《香草續校書》、《香草文鈔》、《説文職墨》、《花燭閑譚》、《讀周禮日記》、《讀儀禮日記》、《卦氣直日考》等，餘則多爲稿本和抄本。

《香草校書》主要爲經書校勘札記，除「十三經」外，另附《周書》、《大戴禮記》、《國語》、《説文》，凡十七種六十卷。作者自比是書於王引之《經義述聞》及俞樾《群經平議》，僅謂「力更不逮矣」。足見是書不同一般校勘記，實屬治經之一家言。故書中多用理校法，旁徵博引，輾轉通假，從文字訓詁到文物制度，均有疑而發，有證而説。

《爾雅校書》不以任何注家爲宗，或聲訓，或義訓，亦獻疑，亦正誤。通篇不拘陳説，全出新意，且論證充分，縷析透徹，可資治《爾雅》者參考。

（《香草校書》）版本有：

光緒二十九年印本。

手抄本。

中華書局一九八四年點校本。

李元音《爾雅西學通義》

一卷，十五條。載《十三經西學通義》中。

李元音，字子韶，清末平江（今湖南平江縣）人。《十三經西學通義》成書于清朝光緒末年，其自序謂：「憲政之善者皆吾經義所固有」，「以經義發明西學，將西學準諸經義」。其配合當時所謂君主立憲運動的政治傾向是比較明顯的。從《爾雅》部份有關條目看，作者竭力從經文和有關註疏中尋求出一些可以與當時的西方科學相互印證的東西，如地球與太陽的關係、地球與月球的關係，作者舉出《釋天》邢疏説明「非西人創論」（頁三），「其理我中國古人言之矣」（頁二）。有的雖嫌資料貧乏和説服力不强，但在當時或多或少還可起到一些啓迪民智和增强民族自信的作用。此外，他還看到了「西國之易于進化者，文字簡而識字者多也，中國之難于進化者，文字繁而識字者少也」，認爲應「取今日通行急用之字，仿《三蒼》之例，四字爲句，編爲韻語；或仿《爾雅》、《方言》之例，另爲一書，使通其訓而知其名物」，也是頗有識見的。

至於以爲「《爾雅》一書，不盡華夏之詞，亦有夷詞」（頁七）、「五帝三王之世，中國之學説政説，凡經籍精意，必有流傳西土者……西人得經籍之緒餘，師其意匆失，競智爭能而富强，遂雄視乎五洲」（《十三經西學通義·序》）。以及「仁智信武，中國政教之大端也，彼四極之人而有此，豈非得之於中國乎（頁五）等，則已流於牽强和荒誕。

（《十三經西學通義》）版本有：

光緒三十二年木刻本。

宋育仁《爾雅今釋》

七卷。

宋育仁，字芸之，號芸子，四川富順人，官至湖北補用道。著有《泰西各國采風記》。《爾雅今釋》是宋氏「任京師大學講授之作」（宋維鎮《爾雅今釋跋》），名爲七卷，實可看作七講。卷一講《爾雅》爲古小學教科書，重點《釋詁》，兼講《釋訓》、《釋言》。卷二講讀雅條例。卷三講《釋親》。卷四講《釋宫》。卷五講《釋器》、《釋樂》、《釋天》。卷六爲圖釋，講《釋地》、《釋丘》、《釋水》。卷七爲釋草、木、蟲、魚、鳥、獸通義。該書每一講都有所側重，如卷一重點講述《爾雅》主旨和《釋詁》，略講《釋訓》、《釋言》。又如卷六重點講《釋地》，並先列《内九州外五服影射圖》、《禹貢五服圖》、《職方九服圖》、《〈爾雅〉鄒伯奇周禮九畿方率圖》等圖式，之後以次詮釋，同時兼講《釋丘》、《釋水》。

該書有别於一般的註疏，它不注重逐詞爲釋，而着重曉明《爾雅》一經之主旨，《爾雅》各篇之義例和價值。如卷一舉例説明《釋詁》中「專名、共名大小别，析詞則異，統詞皆通」。又卷七紬繹出草、木、蟲、魚、鳥、獸命名之法：以性爲名，以形爲名，以類爲名，以色爲名，以聲爲名。卷六着重强調「釋地九州最關經制」，是「建國之綱要」。卷三詳明「《釋親》一篇學者最當注意，此即中國國教倫理，首在正名以定血統，顧定血統必須制定以男爲統。」通觀全書，凡講義例，多富啓發；關涉實用，率多陳腐。

問栞閣叢書之一，一九二六年刊于成都。

高潤生《爾雅穀名考》

本書共六卷，卷末有附考、附記等。

高潤生，晚清河北固安縣人。生卒年代不詳。

作者自序述其著書宗旨：「以經誼説農事，即從農事證經誼也。」「是考也，蓋將因名以求實，亦即因俗而見雅也。」本書是一部考證《爾雅》穀名的專著，其中所列穀名，均見《爾雅·釋草》。其體例是先列經文，然後全録郭璞註、邢昺疏，至于邵晉涵《正義》、郝懿行《義疏》，採取頗多，遇有舛謬，亦不隨聲附和。又取材程瑶田《九穀考》、劉寶楠《釋穀》二書之考釋，間加糾正。在訓詁説義方面，於《説文》、《玉篇》、《廣雅》、《廣韻》等書，並加採録，以廣異聞；在描形繪狀、言樹藝之法、收獲之宜方面，于《管子》、《吕氏春秋》、《山海經》、《古今註》、《齊民要術》、《農桑輯要》等書並加論列，以備參稽；在辨形正音方面，于陸氏《釋文》、嚴氏《匡名》、阮氏《校勘記》等書廣泛摘錄，其未盡者，則申以己見，以便參詳。《爾雅》不載而其名又勢不容缺者，則仿《説文新附》之例，匯入附錄，以免遺憾。本書逐卷匯聚衆説，每章分條，每條分註。於抒發己見時，除各卷有總按語外，還有分按語。但由於引證用書雅俗並陳，故六卷字體亦正俗不一，古今錯見，以致該書詳博有餘而精覈不足。

版本有：

笠園叢書本。

尹桐陽《爾雅義證》

三卷。卷一《釋詁》，卷二《釋言》至《釋水》，卷三《釋草》至《釋畜》。

尹桐陽，湖南常寧人，字侯青，是清末民初的一位學者。著作除本書外，還有《論語箋》二卷、《墨子新釋》三卷、《説文學教科書》二卷、《作文教授案》一卷等，均印行于世。

運用現代科學知識研究《爾雅》，力求貫通古今，是本書的最大特點。首先，依照現代科學門類將《爾雅》十九篇分作八部，一部之内或包括若干篇，即：

文學之部一（《釋詁》）、二（《釋言》）、三（《釋訓》）

親族之部（《釋親》）

建築之部（《釋宫》）

理化之部（《釋器》）

音樂之部（《釋樂》）

天文之部（《釋天》）

地理之部一（《釋地》）、二（《釋丘》）、三（《釋山》）、四（《釋水》）

博物之部一（《釋草》）、二（《釋木》）、三（《釋蟲》）、四（《釋魚》）、五（《釋鳥》）、六（《釋獸》）、七（《釋畜》）

每部之首，均有題詞，以闡明分部之旨。如《理化之部》題詞曰：「古無物理化學之名詞，《大學·格致》、《周禮·考工》均爲理化之先道……《爾雅·釋器》備述遺物，古之工巧所由見，即古之理化所由顯也。」

其次，注重運用現代科學知識詮釋《爾雅》百科詞語，如《釋魚》「蜎蠉」條，其釋曰：「蜎，《說文》作『肙，小蟲也』，《廣雅》以爲『孑孓，今蚊之幼蟲』是也。生活于污水中，體末有一呼吸管，常浮于水面而倒懸之。蛹頭上有二呼吸管，時至則如篋而浮于水面，羽化爲蚊以去。夏日最繁盛。雌者尤善螫人。《通俗文》謂蜎化蚊是也……」類似這樣的詮釋在該書《釋天》、《釋地》和博物部諸篇中所在多有。有的條目在訓釋中還注意破妄言，辟邪說，更爲可貴。如《釋獸》「狐」下釋曰：「狐，今犬族類獸也，似犬而小，體瘦，頭尾皆長，性狡猾，穴居山野，盜食小物，壽十四五年，皮可爲裘。俗傳狐壽千年，能祟人，妄也。」

本書名爲《爾雅義證》，在通用詞語下援用的例證誠爲豐富，但說解常有疏失。如在《釋詁》「林、烝，君也」下釋曰：「或曰：林、烝，衆也，斥民而言。此釋君者，其即今所謂民主與？」實屬牽強。

版本有：

民國三年八月衡南學社石印本。

李遂賢《爾雅説義》

不分卷，載《十三經説義》中。

李遂賢，字仲都，清末民初江蘇吴縣人。

李遂賢撰《十三經説義》，「爲啓蒙門徑之本，以授子女」。其内容「爰述「十三經」之源流大旨綜合成編」，「名以説義者，並詳考證意義，非敢謂漢、宋兼收」（均見《十三經説義自序》）。

《爾雅説義》爲《十三經説義》中的一篇，字不足六百，率多取前人（如郭璞、陸德明、邢昺等）成説，概述《爾雅》名義、内容、撰人、功用和歷史上傳習情況，可資家塾授受之用，别無其他的參考價值。

（《十三經説義》初爲寫印本，一九一九年水孟賡爲之付排。

饒炯《爾雅例説》

饒炯，清末民初四川資中縣人，著述另有《文字存真》一書，其中包括《六書例説》一卷、《説文解字部首訂》十四卷，均爲丁福保《説文解字詁林》所收。

此書不分卷，以例爲目，全書共五十八例。以解説《爾雅》義例爲主，偶及駁議（如訓因連及非屬誤簡、事因連及非屬殘文等條），兼涉經註中脱、衍、訛、倒諸事，略嫌瑣碎和蕪雜，且有的提法欠科學。然每例解説不重考證，以簡明爲尚，多則百餘字，少則幾十字，便于初學。

據饒氏所題《緒言》稱：「茲編抄拾名匯大概，本諸郝疏，稗年肄業及之，知爲宿儒用功之書，但未詳其姓字，而舉此潤色爲教，甚省學者目力。」「茲以所纂諸例，臚列于後，滋考訂焉。」則此書原有所本，蓋饒氏先得無名氏釋《爾雅》義例之書，感其有益于世，故抽繹其書諸例，以己意簡説之。

版本有：

民國十五年成都存古書屋刊本。

齊樹楷《爾雅鈔》

不分卷，載《十三經鈔》中。

齊樹楷，民國年間河北省蠡縣人。齊氏以爲「《爾雅》古義多不行于今者。茲鈔前三篇，以見古今異義」（《爾雅鈔·釋詁弁言》，下同），以期「勿以古義譯今書」，「勿以中義測西書」。此書名「鈔」，於《爾雅》既無釋，亦無考，惟有幾處言及造字用字及訓詁之例，如「毁也」條下云：「以毁釋虧、圮、垝，聲訓也。字之增造，皆先有聲，而後以形附之。」又「始也」條下云：「作字由點起孳之爲横竪等法。成字後有通，有假，有轉，有古今字，有方言。音同則通」，「義同則通」，「相反亦通」。「聲同則假」，「義同亦假」。諸如此類，可資參考。此書名之曰《爾雅鈔》，實則僅抄《釋詁》一篇，《釋名》以下各篇均略。

（《十三經鈔》）版本有：

民國十七年六月四存學校刊本。

汪柏年《爾雅補釋》

分上、中、下三卷。卷次悉依經註本。

汪柏年，字青在，浙江桐鄉縣人。受詩古文辭於錢基博，又受經學於章太炎、曹叔彥。於《周易》、《尚書》、《爾雅》三書，用心力最深。「《易》、《書》導揚師説，而《爾雅》則神解自超」（見本書錢基博序）。章太炎曾亟賞，謂「邵氏《正義》不免粗舛，郝《疏》後出，覈而未精，得生研慮，足相匡捄」（出處同上）。汪氏覃思好學，以邵、郝諸書「尚多缺失攟摭不具，未爲純美」，「欲補前修之未宏，正後師之横議，通古今之異言，辨雅俗之殊號，明其本籍，釐其句讀」（見該書自序）。于是重加釐汰，得若干條，遂成《爾雅補釋》。所考《爾雅》，不僅廣徵博引，資料詳覈，而且還注重實地調查，「審定古之何物爲今之何物」，於前人漏略疏失處，多有補正。如《釋蟲》「蟋蟀，蛬」條，郭註：「今促織也，亦名蜻蛚。」汪氏案：「郭説本《方言》，蓋誤。」並舉《説文》、鄭玄《考工記註》，證以目驗，辨蟋蟀、蜻蛚爲二物，謂「不得以形體相似，合爲一物也。」又如「蚊，蟥蛢」條，郝疏：「未聞能翼鳴也。」汪氏舉《本草·附錄》、《北户錄》、《益部記》和《説文》，證之目驗，謂即今之金和蟲，可以養玩，且能以翼作聲，「郝氏或未曾目驗，故云未聞能翼鳴也。」諸如此類頗多，錢基博評之説：「非但取明經義，抑亦有裨實用。」

版本有：

蘇州文新印書館民國二十五年鉛印本。

王國維《爾雅草木蟲魚鳥獸釋例》

王國維（公元一八七七——一九二七年），浙江海寧縣人。字静安，一作靜庵，一字伯隅，號觀堂，又號永觀。曾師事羅振玉，後又赴日本東京物理學校留學。辛亥革命後，任北京清華研究院教授。五十一歲時投頤和園昆明湖自盡。事蹟見《清史稿》卷四九六、《碑傳集補》卷五十三。

王國維一生著述宏富，精于文學、書契、考證、聲韻等學，著有《靜庵文集》、《曲錄》、《戩壽堂所藏殷虚文字考釋》、《觀堂集林》、《人間詞話》等，凡六十餘種，均傳于世，對學術界有深遠影響。其《爾雅草木蟲魚鳥獸釋例》，爲詮釋《爾雅》後七卷條例之專文，分爲「雅序」、「雅例」兩個部份。

「雅序」部份言其撰述本文之旨，提出「謂古韻明而後詁訓明，毋寧謂古雙聲明而後詁訓明」的觀點，認爲「近儒皆言古韻明而後詁訓明，然古人假借、轉註多取雙聲，段、王諸君自定古韻部目，然其言詁訓也，亦往往捨其所謂韻而用雙聲，其以叠韻説詁訓者，往往扞格不得通。」由于草、木、蟲、魚、鳥、獸、畜諸篇以聲爲義者甚多，而前人於此亦未能觀其會通，故以聲音爲綫索，求其條例，某些名物無關於聲音者亦並釋之。

「雅例」部份論其條例可概括爲七大類：同名異實例，異名同實例，俗異同實例，雅俗遞訓例，雅俗同稱例，以雅別俗例，以聲爲義例。歸總其原則是：釋雅以俗，釋古以今；若雅俗古今同名或此有而彼無者，名不足以相釋，則以其形釋之；草木蟲魚鳥多異名，故釋以名，獸與畜罕異名，故釋以形。

王國維《爾雅草木蟲魚鳥獸釋例》，較之陳玉澍《爾雅釋例》論《釋草》以下七卷義例大有突破，更爲詳盡科學。治《爾雅》之要，在以聲音明訓詁之由來，《釋草》以下七卷最難，而王氏正是運用科學的「以聲爲義」的方法解決難點的，今人之研究尚未超出其範圍。不過，王氏之文尚嫌蕪雜，似未臻美備。

近人胡樸安《中國訓詁學史》（商務印書館）分王氏《釋例》爲十四條，可資參證。

該書收入《觀堂集林》時，名《爾雅草木蟲魚鳥獸名釋例》，並刪去了「雅序」部份，「雅例」部份小有增補。

該書收在《雪堂叢刊》、《廣倉學宭叢書》、《觀堂集林》、《王國維先生遺書》等書中。

劉師培《爾雅蟲名今釋》

劉師培（公元一八八四——一九一九年），江蘇儀徵縣人，字申叔，號左盦。公元一九〇三年，因贊成「光復」，改名光漢。光緒二十八年舉人。一九〇九年爲清官僚端方所收買，政治上趨向反動。辛亥革命後，又入籌安會，助袁世凱復辟帝制。後在北京大學任教。他紹承家學，宗古文經，精于訓詁，尤善以聲音推求字義，著述有《左盦集》、《左盦外集》、《群經大義相通論》、《經學教科書》等達七十四種之多。抗戰前夕，由寧武南桂馨出資校印成《劉申叔先生遺書》。

劉氏自序云：「昔宋儒羅願、陸佃……特不明聲音訓故，故物名起源，言之未晰。」「僕幼治小學，知萬物之形狀均可於聲音訓故求之，擬仿錢氏坫《釋地以下四篇》（《爾雅釋地四篇註》）之例，作《爾雅物名今釋》。惟編纂未成，先成《釋蟲》一篇，以爲博物學之一助。」可見劉氏「釋蟲」一篇，即曾着力以聲音明訓詁。該書體例，「先溯其得名之源，繼以今名釋古名，證明古物即今某物」（引文見《爾雅蟲名今釋》劉氏自序，下同）。他綜核條貫，發明義例，認爲「一物必有一物之名，而名各有義」，「萬物名字歧異，皆可以諸類求之」。他稽出《爾雅·釋蟲》義例十二條，如「蟋蟀、蜈蚣、蝓蝸，此以自鳴之聲呼之者也」，「寒蟬之屬，此以所生之時名之者也」，「草螽、土螽、木螽、桑蟲，此以所生之地別之者也」，深得《爾雅》奥蘊。

他態度謹嚴，自謂「得之目驗者半，本於古籍者亦半，其所不知，則缺如也」。

該書初分篇刊布于《國粹學報》一九〇七年第二十九期至第五十三期，後收入《劉申叔先生遺書》。

黄侃《爾雅音訓》（黄焯編次）

三卷。卷次悉依通行經註本。

黄侃（公元一八八六——一九三五年），字季剛，湖北蘄春縣人，晚年自號量守居士。自幼聰穎，六歲能詩。十三歲即從江瀚問學，習《論語》而皆可背誦。十七歲入武昌普通學堂就讀，參加資産階級民主革命活動而受清政府緝捕，旋避難日本，從章太炎學，並加入同盟會。辛亥革命前夕返回祖國，于武昌、鄂東諸縣謀聚義師，與黄興、居正、田桐等會於武昌。辛亥革命以後，返滬撰述，先後任武昌高等師範（武漢大學前身）、北京大學、北京師範大學、山西大學、東北大學、中央大學、金陵大學等校教授。今人稱譽其爲近代國學大師。其學深得章氏之傳，建立黄氏古音體系，爲乾嘉以來古音學之殿後人。著述宏富，箋識群書，今人輯有《黄侃論學雜著》（《續編》待刊）。經黄焯（其堂侄、弟子）編次刊行之書多種：《爾雅音訓》、《廣韻校録》、《文字聲韻訓詁筆記》、《説文箋識四種》、《文選平點》、《量守廬群書箋識》及《爾雅正名評》、《黄氏文存》（待刊）。其子黄念華編次、黄焯校定之《字正初編》亦刊行。《白文十三經》手批本於一九八三年由上海古籍出版社印行。黄侃詩文亦結集付梓。臺灣石門圖書公司影印有《黄季剛先生遺書》十四大册。

「黄侃認爲研究《爾雅》的方法，首先在考證文字，其關鍵在明聲音。」他嫌郝懿行在這方面作得不夠，「曾打算寫成《爾雅郝疏訂補》一書，所以先就郝疏細加評騭，評語約十餘萬言，對於鳥獸草木得名的由來，從聲音方面去推求，尤爲精卓。」（均引自《爾雅音訓出版説明》）。黄焯剌取其校語中有關音訓者數百條編輯成書，是爲《爾雅音訓》。該書以聲義同源爲其理論根據，其所立條例凡六：一、同條牽屬，二、本字，三、義證，四、近義，五、通字，六、借字。義本于聲，即聲是義。黄侃據以增改郝懿行《爾雅義疏》過半，《爾雅音訓》即增改、删批後之精華結集。又「於同字並見，同訓分條及一訓兼兩義與相反爲訓之類亦並及之」（黄焯《爾雅音訓序》）。

版本有：

上海古籍出版社一九八三年版。

黄侃《爾雅略説》

不分卷，載《黄侃論學雜著》中。

該書内容概括起來，大致包括下列六個方面：

第一，論述《爾雅》的性質：「先師皆云《爾雅》釋經」（引自《爾雅略説》，下同）。

第二，考證《爾雅》的作者：「竊謂《爾雅》之名，起于中古，而成書則自孔徒。」

第三，闡明《爾雅》的地位和作用：「《爾雅》與經傳百家多相同」，「經儒備習《爾雅》」。

第四，介紹《爾雅》註家，自漢迄宋，一一評論其得失。

第五，叙錄清人《爾雅》之學：「清世《爾雅》之業獨隆于前古。」

第六，指明研究《爾雅》的工具和基礎，《説文》和古韻學書乃「治《爾雅》之資糧」。

黄氏以前，《爾雅》研究主要集中於疏釋方面，理論探討缺乏系統，更没有專書，只在序、跋和例言中偶有論列。《爾雅略説》開創了全面研究《爾雅》的範例，有啓門闢户之功。迄今爲止，學人們全面論述《爾雅》者，無不循其途轍。

（《黄侃論學雜著》）版本有：

民國間中央大學《文藝叢刊》印《黄季剛先生遺著專號》本。

上海古籍出版社一九八〇年印本。

黄侃《爾雅正名評》（《黄侃手批〈爾雅正名〉》）

不分卷，篇第悉依通行經註本。

本書内容原爲黄侃研讀清汪鎣《爾雅正名》一書所作的批語，黄氏讀本卷終有他自己的題記「癸亥三月廿六夕閱竟　黄侃季剛記」。汪氏原書七四七條（按，重文未計，詳《汪鎣爾雅正名》），黄氏就評了三二〇多條，估原書條目近三分之一，可見研讀之細。黄氏評語除了極少數對汪氏原書的結論表示肯定或贊賞外（如《釋畜》「四骹皆白，驓」條下評曰：「此條諦甚」），絶大多數是或作補充，或作是正，歸納起來，有如下數端：

（一）補充書證。如《釋詁》「迄（至也）」，《正名》云：「訖　鈕氏玉樹曰：『《漢書·揚雄傳》：降迄周孔。蕭該《音義》云：宋咸《法言》本迄作訖。又引《字林》曰：迄，至也。是古通作訖。』案，《書》『聲教訖于四海』，《史記》引作迄，亦其證。」侃曰：「《説文》：『訖，止也。』」

（二）説明語原。如《釋詁》「噰（噰噰，音聲和也）」，《正名》云：「……噰，俗字，當作雝。」侃曰：「雍和之訓當作饔，然語原仍出于邕，四方有水，自邕成池，則和合之義也」。

（三）指出不煩改字。如《釋詁》「貢（賜也）」，《正名》云：「贛　《釋文》：『貢，字或作贛，同。』《説文》：『貢，獻功也』；『贛，賜也』。當從或本。」侃曰：「獻賜義亦相因，作貢亦可。」

（四）指出不當立目。如《釋詁》「壃（當也）」，《正名》云：「畺《釋文》：『壃，字又作畺。』案《説文》作畺，或作疆。」侃曰：「今本《爾雅》固作疆，此條宜去。」

同是考察經文正假字，古今字，與汪氏相比，黄侃視野更加開闊，方法更加科學，除汪氏所用的方法外，他還注意到詞語間、詞義間、音義間的種種聯繫，注意到版本的區別和義例的一貫等等，因此黄氏評語中「精覈之語不少」（章炳麟《爾雅正名評》識語）。

本書初由章炳麟於一九三六年在《制言半月刊》第十八、十九期上發表，同年又有章氏國學講習會鉛印本。一九八六年復由徐孝宓獻出黄侃手批本原件，武漢大學出版社影印出版，名曰《黄侃手批爾雅正名》。

黄侃《爾雅聲類表》

《爾雅聲類表》載《黄侃聲韻學未刊稿》下册。分爲三表，即表一《釋詁》、表二《釋言》、表三《釋訓》以下各篇。

《爾雅聲類表》係黄侃早年居北京和武昌時所製音韻學表譜手稿之一。該表取用四十一聲類，標明《爾雅》詞條所屬之聲類，被釋詞與所釋詞均加標明。其中，《釋詁》、《釋言》各條詞目基本上被標明，表中順序大體上按《爾雅》之序列。《釋訓》以下則甚簡略，有的只標了一兩條。

《爾雅聲類表》同《聲韻學未刊稿》中其他聲韻表共爲十三種，可以看出黄侃聲韻學著作及聲韻學理論與實踐的全貌。它是研究黄侃學術觀點的重要資料，對于語言文字的研究也具有重要的參考價值。

（《黄侃聲韻學未刊稿》）版本有：

武漢大學出版社一九八五年版。

陳晉《爾雅學》

正文共十九篇，篇第同經註本。書前有長篇《緒言》。今存《緒言》和《釋詁》、《釋宫》、《釋訓》三篇。

陳晉，字夕康，江蘇泰興人。

該書初爲講義，後收入某教育學院叢書，刊印於一九三六年。書前有馬駿所寫的序言，介紹此書的特色是「本音韻及科學方法治《爾雅》」。

該書《緒言》很長，共十七章，諸如《爾雅》的命名、性質、著作者、詮釋者，《爾雅》與經史諸子以及《方言》、《説文》的關係，《爾雅》的義例、文字篇節的異同等都有論列，實是一篇爾雅學的專論。雖然率多取前人成果，但能博觀約取，綜覈條貫，且公允平實，不拘一隅，頗便省覽。其第十四章專論用科學方法以治《爾雅》，在融會前人治學經驗的基礎上，結合今人治學方法，提出了觀察、比較討論、設假定説、證實、綜合判斷五個步驟，可資參考。《緒言》第十七章專論「本書大旨」，要而言之，大概有三：

其一、篇第概依舊貫；

其二、訓釋字義，不外以《説文》爲依據，以郝氏及王氏父子爲依歸；

其三、《釋天》、《釋草》、《釋木》、《釋蟲》、《釋魚》、《釋鳥》、《釋獸》、《釋畜》諸篇，凡有最新科學知識可資解説者，必援引參稽。《釋親》一篇，于今日各省所有方言、所有俗稱，亦兼及之。

從上例可以看出，本書的精華當在「其三」所涉及的各篇，惜全書殘缺，尚待搜求。

版本有：

一九三四年刊本。

馬宗薌《爾雅本字考》

一卷。

馬宗薌，字竟荃，生于公元一八四四年，卒年不詳，遼寧省開原縣人。早年受業于劉師培與章太炎，畢業于北京大學法律門。曾任東北大學中國文學系主任、教授。後又在河北女子師範學院、民國學院、齊魯大學等院校任教，《爾雅本字考》係他根據講義整理而成。

本書對《爾雅·釋詁上》逐條逐字「約以許君之義，明其本字，以見指歸。徵其通假，以明流衍」。「更博採昔賢説雅之書」，「凡所稱引皆箸（著）所由，亦述音理以明變轉」（馬氏自序，下同）。體例一貫，態度謹嚴。作者「謹述師説」，書中大量引用章太炎關于推尋本字、疏釋故言方面的説解，其中不少未見流傳，賴作者和同門筆錄手記，始得以保存。囿於《説文》系統而未能吸取金文、甲骨文的研究成果，是本書的不足。

版本有：

齊魯大學國學研究所一九三九年刊本。

周祖謨《續雅學考擬目》

不分卷，叙爲十種：一、校勘，二、輯佚，三、補正，四、文字，五、音訓，六、節略，七、疏證，八、補箋，九、考釋，十、釋例。附于胡元玉《雅學考》民國二十五年刊本後。

周祖謨（公元一九一四——一九九五年），北京大學教授，當今著名的訓詁學家和語言學家。擅長校勘，所著除本書外，還有《廣韻校本》、《洛陽伽藍記校註》、《方言校箋》和《問學集》等。

清胡元玉撰《雅學考》，斷自宋代，周氏謂其「作意在辨稽舊説，不以備目爲主」，而「治雅學史者終憾其未備」（重印《〈雅學考〉跋》），於是稽錄宋元至近代五十七家，各以類從，分爲十種，撰此續篇。體例一仍胡氏正篇之舊，並附其後。

《擬目》以書列目，按時爲序。每目下用雙行小字註明作者、版本，亦多兼及該書之性質，如於《爾雅註疏本正誤》下註：「清甘泉張宗泰。廣雅書局本、徐乃昌積學齋叢書本。正經文、註文、疏文音釋之誤。」又如《宋本爾雅考證》條下註：「清武進臧鏞堂。見古書叢刊重刊吳元恭本《爾雅》中。論南宋雪窗書院《爾雅》與明本之優劣。」

其於有目而書不存者，未見典籍著錄則曰「未見」；見于典籍則曰「佚」。其記叙之科學精細率類此。是書之作，俾研治者明雅學之流變，從而窮源竟委，考鏡異同。

版本詳《胡元玉雅學考》。

周祖謨《爾雅校箋》

全書分兩大部份。第一部份是經文（附郭註），分三卷，篇第依經註本，每卷後附有宋刻本音釋。第二部份是校箋，分卷與經文同。

據該書自序，作者以爲《爾雅》成書距今年代久遠，在流傳刊刻過程中訛誤難免。盡管清代已有不少人（如阮元、臧庸、嚴元照、王樹枏等）做了一些校勘工作，並取得了不少成績，但或者由於材料不足，或者由於體例不精，原書中有些訛誤仍未得到改正，甚至還造成了新的混亂。爲了便于研討，有必要重加校勘。

本書的特點大要有四：

一、底本善。

本書以一九三一年故宫博物院所影印的《天祿琳琅叢書》宋監本爲底本。該本經註兼備，每卷之後又附有音釋，且字大醒目，便于省覽。

二、取證富。

作者在校勘過程中，除對照了不同版本的《爾雅》經註外，還廣泛參考了歷代字書、韻書、音義書、類書。注意選取其中引用的《爾雅》文字進行對校，又注意擇取清代學者在《爾雅》研究方面的成果。參考的書籍多達三十餘種，每種書都注意選用善本。其中比較珍貴難得的有《古逸叢書》影宋覆蜀大字本《爾雅》和《玉燭寳典》，敦煌所出的《爾雅》白文和《爾雅》郭註本殘卷，影印日本獅谷白蓮社本慧琳《音義》，一九〇四年柯逢時刻本唐慎微《經史證類大觀本草》，日本所印的《香要抄》、《令抄》、《篆隸萬象名義》、《倭名類聚抄》和《字鏡》等書。

三、體例密。

本書有凡例六條，對本書底本、參校本、音釋、句讀等都一一作了説明。校箋内容有經有註，先經文，後註文，註文前必標上「註」字，二者絶不相混；經文、註文與校箋之間一律用圓圈隔開，讓人一目了然；經文或註文前標明原書及本書的頁碼和行次，便于翻檢；校箋中凡引用書目，或註明卷次，或註明部首（常指明某部某字），查尋甚便。

四、校勘精。

作者於《爾雅》經文和郭註在根據文意加點句讀的基礎上，逐字逐條進行審核。校勘範圍不僅包括文字異同，諸如誤脱衍倒之類，還兼及句讀牽屬和條目分合，較前人爲廣爲細。本書對于經註中需要校勘的問題，能分别不同情況作出不同的處理，有的只列出版本異同；有的輒下按語，表明己意。有的下一「疑」字，表示尚待研究；有的下一「當」字，表明確鑿不移。在考辨中，不滿足于孰同孰異、孰是孰非的簡單結論，而特别注意考明歷史沿革，得出的結論令人堅信不疑。有的雖然已作出明確的論斷，但還要列出相反的材料，實事求是，不避歧異。

總之，本書是迄今爲止最好的一部《爾雅》校本，是研究《爾雅》和利用《爾雅》研究古代訓詁和詞匯必不可少的一部參考書。

版本有：

一九八四年江蘇教育出版社版。

洪業等《爾雅引得》

不分卷。

本書係解放前哈佛燕京學社引得編纂處編印，編者爲洪業、聶崇岐、李書春、趙豐田、馬錫用等。他們鑒于《爾雅》在學術上的重要地位，於是重加校印，編爲引得，希望有助於學人。

本引得以一句爲主，逐字（或詞）爲之，虚詞一般不立目；引得每目下皆綴原句及該句所在之處，唯一字同訓較多而原句較長者，中間有所省略；一字數見者，皆在同一目下予以標明。本引得索檢以皮擷法爲主，同時附有筆劃檢字和拼音檢字。本編經文以一九二六年上海錦章書局影印清嘉慶二十年南昌府學重刊《十三經註疏》（附校勘記）本爲準，並闢有異文欄目，凡經文字句有異文而見於阮氏《校勘記》者，皆一一列出。總之，該書體例較密，查尋較便，是學習和研究《爾雅》必備的一本工具書。但於經文，有些條目分立失之籠統（如《釋親》、《釋水》兩篇，僅各分爲四條，《釋丘》一篇僅分爲兩條，《釋地》一篇僅分爲七條，《釋天》一篇僅分爲十一條），不便查尋；皮擷法繁瑣難記，不易掌握。諸如此類，尚待改進。爲方便讀者，近年上海古籍出版社爲該書編製了四角號碼檢字表及漢語拼音檢字表，另册出版，可配合使用。

版本有：

燕京大學一九四一年版。後有上海古籍出版社影印本。

洪業等《爾雅註疏引書引得》

不分卷。

洪業、聶崇岐、李書春、趙豐田、馬錫用等既編《爾雅引得》，又有感于《爾雅》註疏（郭璞註，邢昺疏）所引舊籍多已亡佚，研究者視之若珍寶，但註疏體大，尋檢不便，於是又編此書，以助學人。

本引得立目的原則是：

一、凡註疏中著者、書名並舉者，以著者爲目，書名繫於著者下；凡註疏中僅舉書名者，則以書名爲目。

二、凡註疏中書名、篇名並舉者，以書名爲目，篇名繫於書名下。

三、凡註疏中一書數稱者，以習用者爲目，下括諸異稱。

四、註疏中對著者有時舉名，有時舉字或別號，凡此皆以本名爲目，下括字號，而於字號下括見本名。

本引得以一九二六年上海錦章書局影印清嘉慶二十年南昌府學重刊《十三經註疏》（附校勘記）本爲準，每條引得除互見者外，皆綴其所在之卷數和頁碼。本引得同樣以庋擷法爲主，附有筆劃檢字和拼音檢字，檢索尚便。至於庋擷法的缺點和補救的方法前篇已及，兹不贅。

版本有：

燕京大學一九四一年版。後有上海古籍出版社影印本。

蔣伯潛《爾雅解題》、《爾雅述要》

均不分卷，附載《十三經概論》第五篇《〈儀禮〉〈禮記〉概論》中。

蔣伯潛，浙江省富陽縣人，現代著名學者。抗戰時期避居上海，任上海世界書局特約編審，又任大夏大學國文系教授及當時遷滬之無錫國學專修學校文學系教授。他自幼即熟讀「十三經」，在兩校執教期間，開設《經學通論》課，能自出機杼，備受學子愛戴。《十三經概論》即是蔣氏在任教期間所撰，該書自序述其要旨云：「編著《十三經概論》一書，就所謂《十三經》者，首錄解題，次述内容，俾教者可省編纂之勞，學者可得誦習之資，有志深造者亦可先獲一概念焉。」

《爾雅解題》係《十三經概論》第五編第三章（《孝經》《爾雅》解題）中的一部分。内容包括《〈爾雅〉名稱》、《〈爾雅〉作者》、《〈四庫書目提要〉說〈爾雅〉》、《梁啓超論〈爾雅〉》、《〈爾雅〉爲古文說》、《〈爾雅〉註本》、《廣雅》七個部份。蔣氏認爲《爾雅》是訓詁之書。「漢世字書，如《凡將》、《訓纂》之類，皆以教學童識字而已，《爾雅》獨集訓詁之成。在字典類書未發達時，誠足珍矣。」他完全贊同紀昀的見解，認爲《爾雅》不但非經，且亦非「傳」、「記」，不過西漢時好學之士輯取經子諸書訓詁名物之文編爲類書，以便參檢。又節錄梁啓超《二戴禮記解題》一文中附論《爾雅》之語，指出「梁氏謂《爾雅》本在《（禮）記》百三十一篇中，其說誠是。但即以《爾雅》與《禮記》四十九篇相較，其價值尚在《大學》《中庸》諸通論下耳。」在《爾雅》爲古文說一段文字中，蔣氏以爲《爾雅》非經書，「故其本身無今古文之糾紛，但所輯錄，則多古文說。」

關于《爾雅》註本，在簡要評述郭、邢、邵、郝等諸家註疏之後說：「《爾雅》爲訓詁名物之書，讀之，每苦其枯燥；《爾雅》之註之疏，直是爲訓詁作訓詁，於名物亦考證再三，枯燥之外，更病煩瑣矣。苟非欲於訓詁考證之學作專門之研究者，雖不讀可也。」最後蔣氏附帶提及《廣雅》，認爲《廣雅》後來居上。「與其讀《爾雅》，不如讀《廣雅》之所得愈多也。」綜觀蔣氏所論，率多取前人成說，且不無偏頗，然亦可以聊資參考。

《〈爾雅〉述要》係《十三經概論》第五編第八章（《〈孝經〉〈爾雅〉述要》）中的一部份。首先點名《爾雅》要旨，再概述各篇內容，最後特別提出「九州」、「十藪」、「五岳」皆可與《尚書·禹貢》、《周禮·職方》參較。蔣氏以爲：「《爾雅》十九篇中，《釋親》尚有一讀之價值。何也？世俗之親屬稱謂大都見於此篇，一；某種親屬關係，世俗往往有以不知其稱謂爲病者，亦可於此篇中求之，二也。」於是對《釋親》一篇紹介特詳。不僅全文照錄，而且附加夾註或評語，如：「王父之考爲曾祖王父，王父之妣爲曾祖王母」（即曾祖父母）；「兄之子，弟之子，相謂爲從父晜弟（俗稱嫡堂兄弟）」；「兩壻相謂爲亞（俗稱連襟）」；「弟之妻爲婦（今俗仍用此稱，但謂弟之妻曰弟婦）」；「祖，王父也，晜，兄也」（此二句疑爲註，誤作本文）。以上諸例，括弧中語均爲蔣氏夾註。蔣氏於「母黨」後評曰：「家庭既採男系，親屬亦以男系爲主，故『父黨』之『宗族』，其所載稱謂亦特詳；母黨即較父黨略矣，如母之兄弟之妻，俗稱『舅母』者，母之姊妹之夫稱『姨丈』者竟不見于本篇也。『父黨』、『母黨』之稱謂，今俗雖與本篇所載者異，尚可謂至備；至於下列『妻黨』及『婚姻』二項，則有不能舉其稱謂者矣。」蔣氏夾註，或釋古以今，說明沿革；或提出質疑，發人深思。蔣氏評語，將家庭構成跟稱謂詳略綜而論之，實質上涉及語言與社會性質的關係，亦屬難能可貴。

（《十三經概論》版本有：

一九四四年上海世界書局版。一九八三年上海古籍出版社有重印本。

駱鴻凱《爾雅論略》

駱鴻凱（公元一八九二——一九五四年），字紹賓，湖南省長沙沱市（今湖南省望城縣）人。爲湖南大學、湖南師範學院教授。出黄侃之門，擅長音韻、文字、訓詁及楚辭、文選之學。

此書初爲講義，一九八三年經其門生馬積高整理編次成書。全書十五節，十萬字。舉凡《爾雅》名義、作者、成書年代、註家、義例及治學途徑，均有論述。但此書承黄氏《爾雅略説》而作，宏綱大旨率不出其中，故作者初名爲「述」。其中十二至十四節《論治〈爾雅〉之資糧》，時寓心得，頗多發明。

版本有：

岳麓書社一九八五年版。

方俊吉《爾雅義疏釋例》

不分卷。全書包括《前言》、《釋例》、《爾雅義疏徵引書類例》三個部份。

方俊吉，今人，臺灣學者。所著除本書外，尚有《廣雅疏證釋例》等。

方氏就《爾雅義疏》一書「予以分析歸納，調理抉剔，都爲十例：曰校經文、曰證經、曰補郭、曰闡義、曰明聲、曰辨字、曰驗物、曰評比諸家舊註之説、曰闕疑、曰其他。每大例之下，又分若干類例」。（該書《前言》）如校文例又分爲校異本異文例、校經文之脱漏訛誤例、校經文之重出例。全書共計大小三十一例。每例之下，均有例證，例證取樣悉依《爾雅義疏》原書篇目之先後爲次。

《爾雅義疏》一書引證浩繁，説解詳贍，内容淹博，經方氏悉心排比與分析，一一抽繹其義例，不但於初學者大有裨益，易於得其要領，而且於研究者也堪稱便利，便於探討其中之真諦。方氏於《義疏》之精微發掘盡量，反映全面，但概括尚有不當，擇别或有不精，如明聲例與辨字例相互交叉，明聲例中既有明本借、通假之關係例，辨字例中又有通用字例和異文例。在古代典籍中，通用字可能是本字，也可能是借字；異文可能是正體、異體之異，也可能是本字與借字之異。講通用字和異文，必然都要涉及本借和通假，方氏分類顯然不妥。再如校文例中舉證云：「《釋畜》『絶有力，欣犌』義疏：『釋文：古牙反』《玉篇》云：牛有力。《廣韻》云：『牛絶有力。俱止言犌，不言欣，疑欣字衍。』」此本邵晉涵《爾雅正義》中語（按邵氏正義作「欣字疑衍文」，亦舉《玉篇》、《廣韻》爲證），郝氏襲用而不明舉，方氏莫辨。此外，該書中文字和句讀錯譌較多，可能係排印所致，讀者亦當慎之。

文史哲出版社一九八〇年版。

徐朝華《爾雅今註》

不分卷。篇第悉依通行經註本。

徐朝華，今人，南開大學中文系教授，致力于漢語詞彙史的研究。徐氏在教學中有感於「同學們屢次反映《爾雅》一書有些詞語很生僻，不會唸，也看不懂，舊註有的過於簡略，有的過于煩瑣，閱讀起來有一定的困難，希望能有一個今人的註本」，於是「想到爲文科大學生和青年讀者提供一個便於閱讀的註本」（見本書前言），便發奮作《爾雅今註》，五六年數易其稿。

張清常謂「所謂今註，不是改用大白話來做註釋就算，更重要的是形式新，語言新，方法新，內容既精又新」。（《〈爾雅今註〉序》）《爾雅今註》大體上達到了這些要求。該書前有凡例，後有索引，閱讀、翻檢甚便。于每篇題下設有題解，介紹每篇的基本內容，要言不煩。採用漢語拼音方案註音；釋義不事煩瑣考證，簡明扼要；於絶大多數詞語釋義之後又設有例句，於例句中一些較難懂的詞語還在括號中加以簡釋。《釋親》之後，設有《宗族稱謂表》；《釋宮》之後，附有《古代宮室示意圖》。凡此種種，處處爲青年着想，便于初學。

《今註》在疏釋中於《爾雅》古註既注意廣泛吸取，又注意悉心擇別，特別注意運用近人的研究成果解説詞義，劉師培、黄侃乃至聞一多的考釋吸收不少。《今註》能引進甲骨文、金文的研究成果，曉明詞義源流，如《釋詁》中「才」、「元」、「後」，《釋魚》中「丁」、「乙」、「丙」等例即是；能運用新的詞彙學知識説明詞語意義範圍的變化（如《釋詁》中「朕，我也」條）和同義詞間適用對象的不同（如鏤、刻、切、磋、琢、磨等）；能運用現代科學知識解説名物詞語，去陳言，破謬説，《釋草》以下諸篇，其例尤多。《今註》説解審慎，於未詳未聞的條目，不强作解釋；於疑而未決之處，或提出問題存疑（如《釋樂》中宮、商、角、徵、羽的異名問題），或具列材料存參（如《釋詁》「謐，静也」條），或僅作出推測而不武斷論定（如根據《集韻》推測《釋木》中「狄臧」可能是烏臼樹的别名）。

《今註》在註音、釋義、引例、句讀諸方面亦有未能盡善之處，如《釋詁》「獮」，音 xiăn，當音 xiǎn，

《廣韻》作息淺切。又《釋言》：「劑、翦、齊也。」《今註》釋曰：「齊，整齊。引申爲整治。」當釋作「斷也」，郝疏可參。又《釋詁》：「妥，安坐也。」《今註》句讀作「妥、安，坐也。」釋曰：「妥，安坐。《禮記・士相見禮》：『妥而後傳言。』鄭註：『妥，安坐也。傳言，猶出言也。』其於經文，句讀不當，從所引書證鄭註中即可窺見；其所引例證，《禮記》當作《儀禮》，蓋誤信通行郭註本（案郭註即引作《禮記》）而又失檢之故。」

南開大學出版社一九八七年版。

丁忱《爾雅毛傳異同考》

不分卷。全書包括《文獻述評》、《雅傳異同》、《雅傳原理》和《結語》四個部份以及附錄《主要參考書目》、《爾雅釋訓筆記》。

丁忱，今人，漢語史博士，武漢大學中文系教授。

《爾雅毛傳異同考》係丁氏博士論文，是其業師黃焯欲撰而未暇及之題。《異同考》「旨在具體探討《爾雅》、《毛傳》在訓詁方面釋《詩》之異同，究其異同之義例，明其釋《詩》之得失，以期總結前人研究《詩經》之成果」（本書《引言》）。

《文獻述評》部份，於《爾雅》含義、內容、功用、作者、傳本及其研究諸問題均有論列。其中關于《爾雅》作者，丁氏否定了周公說，也否定了秦漢學者說，認爲「極可能爲孔子門人所作，後儒有所增補」。

他在前人研究的基礎上，從八個方面加以論證，條分縷析，頗有説服力。本書在深入考察了《爾雅》、《毛傳》的異同之後，得出的結論是：一、《爾雅》、《毛傳》釋《詩》，基本相同。或訓釋全同，或字異義同，或聲近義同，或引申義同，或似異而興喻之義同之。二、《爾雅》、《毛傳》釋《詩》部份有異者，其因在于：（一）所持觀點不同。（二）所持根據不同，（三）《爾雅》、《毛傳》釋《詩》各有其例，互有得失。（四）《爾雅》之作多爲釋《詩》。《爾雅》以釋「六藝」成言，然多爲釋《詩》而作。丁氏逐篇詳細統計《爾雅》、《毛傳》釋《詩》（詞語）之數目，準確計算出《爾雅》釋《詩》之比例爲百分之二十二，徹底澄清了《四庫全書總目提要》所謂《爾雅》「釋《詩》不及十之一」的臆説。黄焯評價説：「觀其所論，徵證略備，頗有獨見，既異時人蔑古之説，亦非株守成言者可比。」（《丁忱博士論文評語》）誠非過譽。

《異同考》個別觀點尚欠精審，如認爲「《爾雅》十九卷共釋詞兩千六百餘條」，「《説文》則收字（亦猶詞）九千三百五十三個，近于《爾雅》四倍！故其反映整個詞彙面貌有限。」其實《爾雅》一個條目通常不只包含一個詞語，當不得與《説文》所收字頭（猶詞）等量齊觀。

武漢大學出版社一九八八年版。

序跋匯編

郭璞爾雅序

夫《爾雅》者，所以通詁訓之指歸，叙詩人之興詠，總絶代之離詞，辯同實而殊號者也。誠九流之津涉，六藝之鈐鍵，學覽者之潭奥，摛翰者之華苑也。若乃可以博物不惑，多識於鳥獸草木之名者，莫近於《爾雅》。《爾雅》者，蓋興於中古，隆於漢氏。豹鼠既辯，其業亦顯。英儒贍聞之士，洪筆麗藻之客，靡不欽玩耽味，爲之義訓。璞不揆檮昧，少而習焉，沈研鑽極二九載矣。雖註者十餘，然猶未詳備，並多紛謬，有所漏略。是以復綴集異聞，會粹舊説。考方國之語，采謡俗之志。錯綜樊孫，博關群言。剟其瑕礫，搴其蕭稂。事有隱滯，援據徵之。其所易了，闕而不論。别爲音圖，用袪未寤。輒復擁篲清道，企望塵躅者，以將來君子爲亦有涉乎此也。

覆刻重刻經注（郭注）本

王國維　覆五代刊本爾雅跋

日本室町氏重刊舊本《爾雅》，每半葉八行，行大十六字、小二十一字，卷末有將仕郎守國子四門博士臣李鶚書一行。案趙德甫《金石錄》：後唐汾陽王真堂記，李鶚書。鶚五代時仕至國子丞，九經印板多出其所書，前輩多貴重之。王仲言《揮麈錄》：後唐平蜀，明宗命太學博士李鶚原訛作諤書五經，刊板於國子監。是此書尚出五代監本。考五代刊九經、三傳，經始於長興三年。其中五經三傳與《五經文字》、《九經字樣》先成。《舊五代史·漢書·隱帝紀》：乾祐二年國子監奏，《周禮》、《儀禮》、《公羊》、《穀梁》四經未有印板。則五經與《孝經》、《論語》、《爾雅》爾時當已刊畢。而《五經文字》、《九經字樣》有開運丙午田敏序，則五經、三傳亦當成於石晉之世矣。此八種皆李鶚一人書。王仲言云：家有李鶚書五經。《玉海》言景德二年九月國子監言《尚書》、《孝經》、《論語》、《爾雅》四經字體訛舛，請以李鶚本別雕。則此八種皆出鶚手。其二禮二傳，則鄉貢三禮郭嵲所書見《容齋續筆》及《玉海》，至廣順三年乃竣。《經典釋文》，太廟室長朱延熙書見《容齋續筆》，顯德六年乃竣。此五代寫刊經典之大略也。此本有李鶚書款，自出五代監本。惟《釋草》椴木槿注或呼日及，不作白及五代監本作白及，見《宋史·儒林·田敏傳》。則已經宋人校正。又高宗嫌名遘字或闕筆，則又宋南渡後遞翻之本矣。案《玉海》，紹興九年九月七日，詔下州郡索國子監元頒善本校對鏤板。又二十一年五月，詔令國子監訪尋五經三館舊監本鏤板。則此本實紹興後重刊舊監本，其行款大小，與唐人書諸經卷子一一相近。自是五代舊式，當時所刊諸經，今無一存者。惟賴此遞翻本，足窺五代北宋監本面目耳。凡諸經與此本同行款者，如吳門黄氏所藏《周禮·秋官》二卷，虞山張氏所藏《禮記》殘卷，内府所藏《孟子》十四卷，蓋亦宋監本若翻監中之本，前人皆誤以此爲蜀大字本，故聊復辨之。

《揮麈錄》言毋昭裔貧賤時，嘗借《文選》於交游間，其人有難色，發憤：異日若貴，當板以鏤之，遺學者。後仕王蜀爲宰相，遂踐其言。後唐平蜀，明宗命太學博士李鶚倣其製作，刊板於國子監云云。案後唐始刊九經，據《册府元龜》所載馮道、李愚等奏，固發端於吳蜀印板文字。然以爲倣蜀毋昭裔《文選》製作，則大不然。考昭裔相蜀，在孟昶明德二年（後唐清泰二年）。至廣政十六七年尚在相位。仲言謂其相王蜀已非事實，其刊《文選》在相蜀後，自不得在長興之前。孔平仲《珩璜新論》云，周廣順中，蜀相毋昭裔請刊印板九經。《通鑑》載昭裔開學館刻九經（即蜀大字本九經與蜀石經典涉）。在廣政十六年，即周廣順三年，正田敏九經板成之歲。昭裔所刊，當倣其製。近人或廣王仲言之説，謂蜀本九經先於監本者，尤乖事實也。

繆荃蓀《平水巾箱本爾雅跋》

巾箱本《爾雅》三卷，元平水刊本。每半葉八行，行十五字，高四寸半，寬三寸六分，黑綫單邊。中縫上魚尾上大小字數，上魚尾下《爾雅》上中下三字，下魚尾葉數下有一畫，題郭璞注。首載郭序，後有音釋，與宋本同。序後又有牌子云：一物不知，儒者所恥，聞患乎寡而不患乎多也。《爾雅》之書，漢初嘗立博士矣，其所載精麤鉅細畢備，是以博物君子有取焉。今得郭景純集注善本，精加訂正，殆無毫髮訛舛，用授諸梓，與四方學者共之。大德己亥平水曹氏進德齋謹志。阮文達南昌本未見此書。取校一過，經字：《釋詁》底底不作廢，雪窗、天順本同。（宜靜書院作廢，注疏所出。）從使也不作使從也，各本同，阮刻誤倒。《釋言》廨不作廨。《釋親》謂女子上有男子二字，各本同，阮刻誤脱。《釋天》太平太蒙不作大，《釋草》傳攅目不作横，蘇不作蘓，阮刻誤。注字：《釋詁》惄如調飢，阮誤饑。天畏棐忱，阮作威。《釋言》肅雍和鳴，阮作噰。謂燒燎，阮脱謂字。今荆楚人皆云還，音沓，阮脱。相千瘖，阮作于。荄亂也，阮校云：不應入《釋言》。此本已有之。《釋訓》瘍瘖下，阮有也字。口柔之人，阮脱人字。《釋宫》今人稱家義出於此，阮本下有扆倚二字。宧夷，阮本下有窔要二字。按此二字與宧夷作對，當有大路謂之奔，下此皆人行步趨走之處，因以名云，阮脱賈誼曰。寳康瓠，阮脱寳字。《釋器》連底挏之，阮作桐。《釋天》涷音東西之東，阮涷上有◯，似不應有。呼牽牛星爲擔鼓擔者荷也，阮作檐。《釋邱》鐵頂者，阮作鐵。《釋水》瀸纔有貌，阮本下脱◯。見現否是釋文。衣謂襌，阮作禪。從《釋地》已下十三字作大字，阮本是小字。《釋草》謂簫管之屬，阮脱謂字。江東呼爲堇音靳，阮脱音靳二字。大莖小葉華紫黄色，阮華作葉。苕華色異，名亦不同，音沛，阮芨音沛，是釋文。《周禮》曰葱菹，阮作蔥。江東呼芊音忭，阮脱音忭二字。江東呼爲烏蓲音邱，阮脱音邱二字。今江東呼華爲荂音敷，阮脱音敷二字。《釋蟲》齊人呼蟻蛾蛘，阮作蟻蟻蛘，均誤。吴元恭本同。天順本作齊人呼爲蛾蛘是，阮誤爲蟻。此本改蟻作蛾，然上蟻字仍爲字誤。《釋魚》小鋭而長齒，阮作鯢。丹甲青文，阮作青玄。《釋鳥》雅烏也，阮作鴉。鱎屬人曰橋，阮作撟。此與阮本不同者。其經文不同於唐石經者：如《釋宫》屋上薄，薄不作簙。宋刻《廣韻》三十五笑：篎，屋上薄也。亦從艸。《釋天》何鼓不作河鼓，與郭氏擔荷之訓合，蓋古擔荷之荷實作何也。《釋水》縣出，不作懸出。釋文縣音元，是古本作縣之證。又《釋畜》駷牝驪牡不同，雪窗本作駷牝驪牝。武進臧氏謂鄭高密、孫叔然本作驪牡，郭本作驪牝。《釋草》其萌蘿注音繾綣不同，雪窗本訛作邱。阮釋經皆以元恭本、雪窗本爲單經之善，而此本更出其上。世所存元本，閩板居多，至平水本，據各家目錄，不及十部，則北本重於南本，不得以墨色稍次譏之矣。首有稽瑞樓白文長印、瞿氏鑒藏《金石記》白文長方印、恬裕齋藏朱文方印，蓋常熟故家物，先陳後瞿，庚申亂後，爲嶺南丁中承所得，令又從嶺南仍回江南矣。

戈宙襄《顧千里重刻吳元恭本爾雅郭注跋》

鈕君非石以《爾雅郭注》三卷見借，曰：此明吳元恭本，出於宋槧者也。予讀之，洵然。經文較開成石本有數處不合。如《釋宮》屋上薄，石作簙。《釋天》何鼓，石作河。《釋水》縣出，石作懸。石本未必是，板本未必非。又如接慮李之椄從木，姑䗍之蛄從虫，蓋相承有如此者，仍足資考訂也。其注文完善，尤他本所鮮及，爰識其後而還之。袁壽皆二丈藏北宋單行本邢疏，黄蕘翁亦有一部，養痾多暇，或盡假而細讀，唯非石更教其不逮焉。乙丑九月真止居士戈宙襄。

臧庸《書吳元恭本爾雅後》

此本款式古雅，刊書者可依以爲法。《釋言》：華，皇也。今本多倒，此獨與《釋文》及唐石經合。《釋草》：出隧，蘧蔬。注云：音氈氍毹。以氍毹，氈類，故連言之，須人易曉耳。後人輒改氈爲同，獨不思《釋文》氈之延反，要亦作旃。正爲氈字作音義。如本作同，則音義無所附矣。《釋畜》末，唐石經有六畜字，目上文也，今本多脱，此亦與唐石經合。鏞堂嘗以明人郎奎金本勘正毛本之失凡若干條，疑其原流宋刻，而此本更出其上，即此三事，皆郎本所失也。然則此書雖翻刻於嘉靖，要本宋、元舊書無所疑，吳元恭撰後序中不知其可貴，故未言耳。凡匡、恒、桓等字缺末筆，爲太祖、真宗、欽宗諱，非仍南宋本之舊之徵乎。同里莊葆琛先生家藏此本，得借讀相參校，綴數語於後以歸之。

臧庸《重雕宋本爾雅書後》

戊午仲冬，鏞堂將有粤東之行，嚴君久能貽我雪牕書院《爾雅》三卷。審其雕刻，定爲南宋本。深感良友所惠，不忍一已私秘之，將願人人得讀宋本也，因勉力重雕焉。鏞堂讀雅十餘年於今矣，初得明天啓丙寅郎奎金五雅本，據以校正注疏本之譌。已酉冬得嘉靖十七年吴元恭單注本，較郎本爲善，始知郎本尚多竄改。癸丑夏四月得明陳深十三經解詁本，與吴本合，間有愈於吴本者。最後得此册又出郎、吴、陳三本之上。凡已據三本校正者勿論，論其三本所失而此得焉者。《釋詁》：疧，病也。疧音祇。邢疏引《詩·白華》：俾我疧兮。此作疷，病也，疷音祈。按《釋文》作疷云：祈支反，或丁禮反，本作疧。《字書》云：疧，病也。《聲類》猶以爲疷字，又音支。《説文》及毛《傳》皆云：疷，病也。今《詩》作疧，誤也。愉勞也注：勞苦者多惰愉，今字或作窳，同。此窳作窳。按《詩召旻》釋文、正義皆引《説文》云：窳：嬾也。《一切經音義》十四引《爾雅》：窳，勞也。郭璞曰：勞苦者多墮窳也。承慶云：懶人不能自起，瓜瓠在地不能自立，故字從瓜。又懶人恒在室中，故從宀。嘗見宋槧單疏《爾雅》引注亦作窳頫視也。此作覜。按《釋文》作覜，《説文·見部》云：覜，視也。頁部云：頫，低頭也。大史卜書頫仰字如此。《釋言》：祺，祥也。注謂徵祥。祺，吉也。注：祥吉之先見。此作謂吉之先見，與上注合。又《釋言》：競、逐，彊也。注：皆自勉彊。《釋訓》：懋懋、慔慔，勉也。注：皆自勉强。此前後俱作皆自强勉。《釋言》釋文作强，云巨丈反，注同，本或作强。《釋宮》：石杠謂之徛。注：聚石水中以爲步渡彴也。《釋天》：奔星爲彴約。二文皆作彴。此《釋宮》作彴，《釋天》作仢。按《説文·人部》：仢，約也，從人，勺聲。《玉篇·人部》：仢，扶握切，《爾雅》曰奔星爲仢約。《彳部》：彴，之約切，徛渡也。《廣韻·十八藥》：彴，横木渡水。仢，仢約流星。然則《釋宮》當作彴，《釋天》當作仢矣。《釋樂》：所以鼓敔謂之籈。注：刻以木，長尺櫟之。此作擽之。按釋文：櫟，力的反，《廣雅》云櫟，擊也，《漢書音義》云櫟，捎也，櫟皆當作擽。《玉篇·手部》：擽，郎的切，捎也，舒也。《廣韻·十八藥》：擽，《字統》云擊也。《三十三錫》：擽，捎也。《釋地》：西方有比肩獸焉，與邛邛岠虚比。此作邛邛。按今《釋文》亦作卭卭，而影宋本作邛邛，云本或作蛩蛩，巨凶反。《釋草》：蕎，卭鉅。此作邛鉅。按影宋《釋文》亦作卭，然音渠恭反，知本作邛也。《釋木》：椵，柜桏。此作柜桏。釋文：桏，郭音卭。影宋本作郭音枊。按《說文》梔，欆椐木也，從木，邛聲。《玉篇·木部》：枊，渠容切。枊柜柳。《廣韻·三鍾》：枊，柜柳。痤，椄慮李。此作桽、椄。按《玉篇·木部》：椌，才戈切，慮李，亦作桽。《廣韻·八戈》：桽，《爾雅》云：座，椄慮李，今麥李也，或從木。《釋鳥》：鸒，鵛鶨。此鸒作與。按《釋文》作與，云音餘，樊、孫本作鷽。《釋畜》四骹皆白，驓。四蹢[蹢]皆白，首。此作四蹢[蹢]皆白騚。按《玉篇·馬部》：驓，才陵切，馬四骹皆白，見《爾雅》。騚，才田切，馬四蹄白。《廣韻·一先》：騚，馬四蹄皆白也。騋牝驪牡，此作騋牝驪牝。按玉林先生說，鄭康成、孫叔然本作騋牡驪牝，元郭景純本作騋牝驪牝。《釋文》：騋牝，頻忍反，下同。謂下驪牝之牝音同也。又驪牝云：孫注改上騋牝爲牡，讀與郭異，謂孫本上作騋牡，見此作驪牝，則孫、郭同，今《釋文》作驪牡，誤也。若《釋親》之目，宗族、母黨、妻黨、婚姻皆在前。《釋地》牧外謂之野，無之字。《釋水》徒駭作徙駭。《釋宮》小閨謂之閤，作謂之閣。《釋器》米者謂之糪，作米生。《釋草》攫橐含之作攖。《釋木》狄臧槔之作藏。《釋鳥》鸉白鷢之分楊鳥。鴽子鶉之作駕。此皆顯見其誤者。今注疏本所載音切，未詳其所本，明刻單注葛鼒本與注疏同。吳、陳兩本無之，郎奎金、鍾人傑本別附於各卷後，大致皆同。及見此書，知諸本音切俱經删改，惟此獨爲完善，深可寶貴。凡切字皆作反，知其所由來者遠矣。王氏《玉海》著《爾雅音義》二卷，釋智騫撰，吳鉉駁其舛誤。天聖四年國子監請摹印德明音義二卷頒行。而《郡齋讀書志》載蜀毋昭裔《音略》三卷，謂《爾雅》舊有釋智騫及陸德明《釋文》，昭裔以一字有兩音或三音，後生疑於呼說，今擇其文義最明者爲定，此書每字一音，其即昭裔所著爲本於智騫乎。郭氏注中有音，注外别爲一卷，後人多所祖述，乃注疏本見音切與郭注同者，多删注中之音以避複。郎、吳、陳三本注下不附音切，故郭注無删。此書於注末連載音切，雖加匡爲識，仍多混淆，今據三本以定郭注，凡三本所無，悉屬之音切加圈以別之。原本亦間有删改者，如《釋詁》：謟，疑也。注末三本有音縚，《釋文》謟郭音縚可證。而此作音叨。《釋草》：薢茩，芵茪。注末有音皆，釋文亦云：薢，郭音皆。故音切有薢音皆，此因與注複，遂删注中音皆。苄，地黄。注末有音怙。《釋文》既爲經苄音户，又爲注怗音户。音切云苄，音户，本《釋文》也。此據《釋文》改怗爲户，遂覺音切爲複而删之。其萌藿注音繾綣，邢疏有申釋之辭，釋文藿、郭音綣，丘阮反，而此竟作音丘阮。凡此悉仍其舊，不敢專輒改正，即顯係傳寫脱誤，或筆畫小有譌闕者，亦俱仍之。宋板間有模糊，則計字空缺，不依俗本補錄，庶不失其舊，俾信而有徵，以還雪牕真面目，達者幸無誚焉。取其長而舍其短，仍在善讀此書者矣。凡諸經義疏與經注皆别行，南宋以來，欲省兩讀，始合載之，名之曰兼義。然經注本與義疏往往不同，分之則兩全，合之則兩傷。近日讀經之士多思重雕十三部注疏而未見有發軔者，蓋因資費浩繁，善本亦難一時具得。故鏞堂意以古人校刊書籍必得善本，而勿參以己意，亦不取其兼備。試約同志於十三部中不拘經注義疏，得一宋本，即爲重雕，無則寧缺，庶得友朋分任。力既紓緩，而所刊之書復無私智臆改之失。不數年間，十三部之注若疏亦可漸被備，奚必一人一時合而爲之，始稱雄快哉。吾友袁君又愷藏有宋雕單疏《爾雅》，希世之珍也，歸將慫恿付梓。吳中多研經之士，又多善本經書，鏞堂昔年所見，有單注三禮、單疏《儀禮》，皆宋槧善本。安得普大公無我之志者爲之次第刊行，以傳漢唐一綫乎。則鏞堂雖貧儒，《爾雅》雖小經，其即以此爲刻十三經注若疏之權輿也可。

《書爾雅郭注後》

王國維

漢人注經，不獨以漢制説古制，亦以今語釋古語，杜子春、鄭大夫、鄭司農説《周禮》已用其法，後鄭司農注三禮復推而廣之。然古語者，有字而無音者也。由古語之字以求其音與義，於是有讀如讀若之例焉，有讀爲之例焉。今語者，有音無字者也。由其音以求其字，或可得或不可得。凡云今謂厶爲厶者，上厶其義，下厶其音也。其音如此。其字未必如此，如《周禮·夏官·序官》司爟注：今燕俗名湯熱為觀，字當作涫。《考工·輪人》注：今人謂蒲本在水中者為弱，字當作蒻。《禮記·內則》注：拭物之巾，今齊人有言紛者，字當作帉。而作觀、弱、紛者，但取其音或從經字也。吾但取其字以表其音，使與古厶字之音相比附而已矣。故以今語釋古語，雖舉其字，猶或擬其音。如《周禮

·天官·醢人》豚拍注云：鄭大夫、杜子春皆以拍爲膊，謂脅也，今河間名豚脅聲如鍛鎛。又《春官·小宗伯》甫竁注：鄭大夫讀竁皆爲穿，杜子春讀竁爲毳，段氏《周禮漢讀考》云：經竁字當作毳，注當云杜子春讀毳為竁。其說是也。皆謂葬穿壙也，今南陽名穿地爲竁，聲如腐脆之脆。又《考工記·輪人》察其菑蚤不齵注：鄭司農云，菑讀如雜廁之廁，謂建輻也。泰山平原所樹立物爲菑，聲如胾，博立梟棋亦爲菑。蓋河間之言鍛鎛，南陽之言竁，泰山平原之言菑，初未有此字也。以其言脅之音如鎛，而知其當爲膊，以其言穿地之音如腐脆之脆，而知其當爲竁，以其言所樹立之音如胾，而知其當爲菑，此言語學之事也。由鍛鎛之爲豚脅，而知豚拍之爲豚膊，由脆之爲穿地，而知竁之爲穿壙，以胾之爲樹立，而知菑爲建輻，此訓詁之事也。不必問其字之如何，但使古今兩語音義相會足矣。故與其求其字也，寧存其音，此鄭君以今語釋古語之法也。郭景純注《爾雅》從之，故注中往往有音。夫景純於《爾雅》，既別有音義矣，此注中復有音何也。曰：非爲古語作，實爲釋古語之今語作也。爲今語作音何也。曰：今語有音無字，吾但取今語之音以與古ㄙ字之音相比附，而古字之義見矣。如《釋詁》：嗟、咨，𧹞也。注：今河北人云𧹞歎，音兔罝。《釋言》：恀、怙，恃也。注：今江東呼母爲恀，音是。又逮，遝也。注：今荆楚人皆云遝，音沓。謂河北云𧹞如罝音，江東呼母如是音，荆楚呼逮如沓音，本但有其音，其定爲𧹞、恀、遝三字者，則景純自於古語中得之，而轉以證古語之義，故舉其字而復存其音，以示定其爲某字之所由，並示古今語之相合云爾。餘如《釋天》：螮蝀謂之雩。螮蝀，虹也。注：俗名美人虹，江東呼雩音芋。又暴雨謂之涷。注：今江東人呼夏日暴雨爲涷雨，音東西之東。又濟謂之霽。注：今南陽呼雨止爲霽，音薺。又宵田爲獠。注：今江東亦呼獵爲獠，音遼。《釋地》：其名謂之蟨。注：今雁門廣武縣夏屋山中有獸，形如兔而大，相負共行，土俗名之蟨鼠，音厥。《釋水》：潬，沙出。注：今江東呼水中沙堆爲潬，音但。《釋草》：莕，接余。注：江東食之，亦呼爲莕，音杏。又葴，寒漿。注：今酸漿草，江東呼曰苦葴，音針。又薢茩，芵光。注：或曰蔆也，關西謂之薢茩，音皆。又莤，蔓于。注：草生水中，一名軒于，江東呼莤音猶。又出隧，蘧蔬。注：蘧蔬似土菌，生菰草中，今江東啖之甜滑，音氍氀。又莞，苻蘺，其上蒚。注：西方亦名蒲，中莖爲蒚，音羽翮。又萍，蓱。注：水中浮萍，江東謂之薸，音瓢。又芨，堇草。注：即烏頭也，江東呼爲堇，音靳。又芐，地黄。注：一名地髓，江東呼芐，音怙。又蒹，薕。注：似萑而細，高數尺，江東呼爲蒹薍，音廉。又其萌虇（蔣）。注：今江東呼蘆笋爲虇，然則萑葦之類，其初生者皆名虇，音繾綣。又（蔣）芛、皇、華，榮。注：今俗呼草木華初生者爲芛，音豬豨。又華，荂也。注：江東呼華爲荂，音敷。《釋木》：欇，虎櫐。注：今虎豆，纏蔓林樹而生，莢有毛刺，今江東呼爲欖欇。連綿字，或讀欖字句絶者，非。音涉。《釋蟲》：螗蜩。注：江南謂之螗蛦，音荑。蜩荑，雙聲。又蛂蟥，蛢。注：甲蟲也，大如虎豆，綠色，今江東呼黄蛢，音瓶。又姑𧏡，强蛘。注：今米穀中蠹，黑小蟲是也，建平人呼爲蛘子，音芊姓。又鼅鼄，鼄蝥。注：今江東呼蝃蝥，音掇。鼄掇，古雙聲。《釋魚》：鰝，大鰕。注：今青州呼鰕魚爲鰝，音鄗鎬。又鯤，小魚。注：今江東呼魚子未成者爲鯤，音繩。又鮥，鮛鮪。注：鱣，鮪屬，大者名王鮪，小者名鮛鮪，今宜都郡自京門以上江中通出鱣鮪之魚，有一魚狀似鱣而小，建平人呼鮥子，即此魚也，音洛。又鯦，當魱。注：似鯿而大鱗，肥美多鯁，今江東呼其最大長三尺者爲當魱，音胡。又魴，魾。注：江東呼魴魚爲鯿，一名魾，音毗。又蝟蠌。注：或曰即彭蝟也，似蟹而小，音滑。又蚝，蜸。注：蝮屬，大眼，最有毒，今淮南人呼蜸子，音惡。《釋鳥》：鴾，䳇鴰。注：今江東呼鵂鶹爲䳇鴰，亦謂之鴝鵒，音格。又鷚，天鸙。注：大如鷃雀，色似鶉，好高飛作聲，今江東名之曰天鷚，音綢繆。又鴾，烏鸔。注：水鳥也，似鶂而短頸，腹翅紫白，背上綠色，江東呼烏鸔，音駮。又舒鴈，鵝。注：今江東呼鳽，音加鵝加，古叠韻。又鷌，負雀。注：鷌鷂也，江東呼之爲鷌，善捉雀，因名云，音淫。又鷽斯，鵯鶋。注：雅烏也，小而多群，腹下白，江東呼爲鵯烏，音匹。又鸍，沈鳧。注：似鴨而小，長尾，背上有文，今江東呼爲鸍，音施。又鳭，頭鵁。注：似鳧，腳近尾，略不能行，江東謂之魚鵁，音驍箭。《釋獸》：貙獌似貍。注：今山民呼貙虎之大者爲貙豻，音岸獌獌韻。又鼰鼠。注：今江東山中有鼰鼠，狀如鼠而大，蒼色，在樹木上，音巫覡。又羊曰齥。注：今江東呼齝爲齥，音漏洩。《釋畜》：牡曰騭。注：

今江東呼駁馬爲騭，音質。又未成雞僆。注：江東呼少雞曰僆，音練。此上四十六條所音之字，雖經注中並見，然皆音於所舉今語之下，則其音自爲注作而不爲經作，爲今語作而不爲古語作明甚。郭意若曰，今有厶音，與古厶字之音相近，有厶物之名之音，與古厶物之名相近，吾姑以古厶字及古厶物稱之，而所以用此字當此物者，由其音如厶故，猶杜、鄭諸儒注禮之旨也。又於經所不見之字，亦爲作音。如《釋草》：菼，薍。注：似葦而小，實江東呼爲烏蓲，音丘。《釋蟲》：土蠭。注：今荆巴間呼爲蟺，音但。《釋獸》：鼬鼠。注：今鼬似鼦，赤黄色，大尾，啖鼠，江東呼爲鼪，音生。又鼫鼠。注：形大如鼠，頭似兔，尾有毛，青黄色，好在田中食粟豆，關西呼爲鼩鼠，見《廣雅》，音瞿。此四音尤與經無與，而亦音之者，蓋欲以廣異語，存方言，亦足以證前之四十六音實爲注作而非爲經作也。惟《釋詁》：謟，疑也。注：左傳曰：天命不謟。音滔。《釋言》：懠，怒也。注：詩曰，天之方懠，音薺。《釋草》：蕇，亭歷。注：音典。又白華，茇。注：音沛。又芺、薊，其實莠。注：芺與薊莖頭皆有蓊臺，名莠，即其實也，音俘。皆爲經作音。又《釋樂》大鐘謂之鏞。注：亦名鏄，音博。則爲注自作音，與全注音今語之例不合。此六條或出一時不檢，或由後人羼入，均不可知。以郭氏自有音義，不應及此也。後人不達郭意，如元以來注疏本以載音義故，遂將注中之音删剟殆盡，近人雖多據舊本補綴，然頗不能言郭注中所以有音之故，又孰知其關於訓詁者有如斯也。

孔繼汾《爾雅音注序》

《爾雅》一書，音注之家夥矣。漢有犍爲文學、劉歆、樊光、李巡、孫炎，晉有郭璞，梁有沈璇，陳有施乾、謝嶠、顧野王，唐有陸德明，宋有邢昺、鄭樵，莫不研精殫思，考音析理，裨益我後學。要之，諸家之中，注以郭氏爲精，音以陸氏爲備，今二家並肄學官，固其宜也。顧傳世既久，輾轉滋譌，讎校匪易。今監本雖於每卷之末，各附臣照考證一篇，逐加是正，然本書中句讀之參差，魚豕之舛錯，時或仍不免焉。頃者，余季男廣棨將入小學授

《爾雅》，俾爲他日受經之基，爰不揣荒陋，更點勘字句，别録一册授之。竊以陸義本與郭相輔，無取於複。又感於夾漈鄭氏説，注《爾雅》者於人不應識者則略，應識者則詳，舍經而從緯，背實而應虚，每致後學昧其所不識而忘其所識。故惟備載陸音，不並引其義。案陸氏所音之字較見行郭注頗多，兼有云本今無此字者。蓋郭本在陸時已自全略不同，今更閲千餘年，文字之脱漏又何待言。就中有尋求上下可以附入者，有難於附入者。可附入者存之，以仍其舊。其難附入者，不比字畫疑誤形似之間，可以據書考證也，是以並闕而不論。至郭氏之注，先儒不無異説，監本考證中亦多臚列，均可采集，以資傳覽。秖以學愧淵通，且全經未授，徒斤斤於單文隻義之間，既非初學急務，脱徵引稍有不當，更生枝節，又未免蹈鄭氏所譏。故惟校音而不校注，即注中間有殘脱，仍悉從舊文，不敢多附巵論也。書成出以示錢塘張子蓀田，張子云鈔寫難廣，莫梓之宜，爰相與重校而授梓人。　乾隆甲申孟秋闕里孔繼汾序。

馬諒　《書爾雅注後》

蓋聞儒者之學，必欲周知。夫事物者，以其盈天地之間，無一物一事之理而不在吾性之内也。人惟於理有未窮，故其知有未盡。《大學》所謂致知在格物，《孟子》所謂盡其心者，知其性也，其以此歟。然而經書子史充棟汗牛，積歲經年，未易徧考，故博物好古之君子往往病焉。惟《爾雅》一書，始於中古，盛於西漢，迨至東晉復得郭景純爲之注。故凡天地古今、綱常倫理萬事之義，鳥獸草木、宫廬服食百物之名，罔不提挈其綱領，訓釋其字義。誠博物之捷徑，讀書之指南，吾儒之不可不知也。予自蚤歲，嘗嗜是書，然歷年滋久，其傳録之弊，未免有魯魚亥豕之舛，因鈔而訂正之，捐俸鋟梓，以廣其傳。俾初學之士於事理名物巨細精粗。開卷可以盡識，亦庶幾無媿於儒者之學矣。因僭書此于末簡，以識歲月云。

時景泰七年歲次丙子八月癸丑日。賜進士出身通議大夫應天府府尹和陽馬諒識。

陳宗彝《重刊爾雅序》

近代言十三經之數，足以《爾雅》。愚謂讀經之序，當以此書爲先。漢儒説經皆本雅訓，蓋《爾雅》者，經傳之訓。故古訓明，而後古文、古韻可得而辨。嘗取是書以課學僮，苦無善本，前得景泰馬京兆本，逐卷附有音釋，殊便覽者，當沿宋元之舊。適陽城張古餘夫子自雲南歸，寓居金陵，因執此本請業於先生而謀梓焉，先生以爲然。剞劂之貲，則皆師友助成之，不可没人善也。别題名於後，兹栞成而記其顛末如此。

道光五年歲在乙酉秋七月歔抱居士書。

古注輯佚本

犍爲文學《爾雅注》

黄奭序

是注《七録》作三卷，《隋志》亦作三卷。《七録》已佚不可知，今惟據《隋志》知爲三卷耳。陸氏《釋文》，自《釋訓》以下《釋草》以上，無一語引及此者，蓋彼時惟存上下二卷而闕其中卷矣。惟《齊民要術》尚引《釋器》，《水經注》亦引《釋水》。賈、酈成書當在陸前，故猶及見其中卷也。陸氏《經典敘録》云：犍爲郡文學卒史臣舍人，漢武帝時待詔。翁覃溪先生《補正》、朱竹垞先生《經義考》謂《文選·羽獵賦》注一引《爾雅》犍爲舍人注，一引《釋詁》郭舍人注，于是知舍人姓郭矣。然《左傳正義》引舍人自舍人，文學自文學，似兩人而後兩見。此丁小雅先生之説，而翁先生述之。謝蘊山先生《小學考》定爲一人，蓋以《詩正義》稱舍人，陸璣《詩疏》稱犍爲文學。陸《疏》在吳，孔《正義》在唐，唐人正義覆述吳人疏，仍其稱而不改，而唐人自疏又互文以見意。彼《左傳正義》、《爾雅》邢義亦猶是例耳。《詩·大田》陸釋文引郭云：皆蝗類也。而景純注中無此語，知其爲舍人之郭，而非太守之郭矣。然則郭舍人、犍爲舍人、犍爲文學，三而一者也。奭初輯此種，第就諸經正義釋文，而以王氏《漢魏遺書》本稍稍附益之。後乃于邵氏《正義》、郝氏《義疏》、孫氏《漢注》、余氏《鈎沈》外，復旁涉《荀子》、《史記》、《一切經音義》、《御覽》、《六書故》、《爾雅翼》，得若干條，入于《漢學堂經解》，而留此爲前車之鑒。其間如《詩正義》引仇相求之匹一條，又引青驪驎驒色有淺深似魚鱗也一條，《齊民要術》引衆秫秫黏粟也一條，《御覽》引堇蒛葐青州白堇一條，皆孫炎注，非舍人注。《詩正義》引莞苻蘺，《本草》云白蒲一名苻蘺，楚謂之莞一條，與邢義皆作某氏，不作舍人。《御覽》引莩［芓］麻母莩，［芓］苴麻一名麻母，不惟非舍人注，並無此十字之《爾雅》注。在今《御覽》九百九十八卷中，殆因同卷有孫炎堇蒛葐之注，而連類誤及之。雖皆由《漢魏遺書》誤于前，而鄙人沿誤之失，又烏可諉哉。

道光癸卯六月，甘泉黄奭右原。

黄奭後序

余既以前輯舍人注爲略，因而改作，未必遂能勝前。或更歷數年，並此本亦嫌其略。一息尚存，學無止境。九州之外，人有同心，耳目所限，精力告疲。姑就今日所可釋然，亟煩手民，俾正有道於所未安，已詳前例。抑更有疑者，如任昉《述異記》：郭景純注爾雅臺今在夷陵郡。祝穆《方輿勝覽》：爾雅臺在硤州，郭璞注《爾雅》

於此。王象之《輿地碑記》：嘉定府下有郭璞《移水記》，蘇轍詩指其注《爾雅》於此。郭子章《郡縣解詁》：景純注《爾雅》，握筆嘉州，在今烏尤山，江魚吞墨，千年猶黑。夫《晉書》本傳，景純無入蜀之事。即其《移水記》有嘉州二字今四川嘉定府而嘉州之名，後周始見，不應晉人古文預用後周新地。郭雖前知，未必於閒筆自神其術。嗚呼噫嘻，我知之矣。嘉州在漢爲犍爲郡。諸家所謂爾雅臺，其爲文學舍人之郭，而非宏農太守之郭，不信然歟。舍人名不出里閈，在嘉州則爲閉户著書，偶即其地以名臺也宜。若太守，則爲輕去其鄉。且名動京師，彼無地不可臺，何必嘉州。丁小雅先生嘗疑之。釋地固《爾雅》學也，願以質諸實事求是者。

道光昭陽單閼歲相月，甘泉黃奭右原。

馬國翰序

《爾雅犍爲文學注》三卷，漢郭舍人撰。陸德明《經典釋文·叙録》曰：犍爲郡文學卒史臣舍人，漢武帝待詔。《文選·羽獵賦》注引《爾雅》郭舍人注，張澍《蜀典》謂即與東方朔同時待詔，爲隱語被榜呼謈之郭舍人也。又博考漢時官階，云當是初爲郡文學，後補太守卒史，以能詼諧，善投壺，入爲待詔舍人也。《七録》有犍爲文學《爾雅注》三卷。《隋志》云：梁有。又云：亡。《唐志》不著録。《釋文》云：闕中卷。今佚。從《釋文》、邢《疏》及諸書所引，仍釐三卷。引者或稱文學，或稱舍人，要是一人之言。《釋文》以爲闕中卷，故自《釋宮》至《釋水》不及引舍人注。而《齊民要術》、《水經注》、《太平御覽》等書所引，猶足捃摭成卷，以補陸氏之闕。舍人在漢武時，釋經之最古者，本多異字，尤可與後改者參校而得《爾雅》之初義焉。歷城馬國翰竹吾甫。

黎庶昌跋（趙曉峰輯犍爲文學爾雅注）

《爾雅犍爲文學注》，就余所見，知輯者有余蕭客本，有臧庸本，有王謨本，有馬國翰本，有揚州女士葉心蘭本，並曉峰而六。六家中惟馬氏玉函山房本盛行於時。其題銜直曰漢郭舍人譔。張孝達之洞《書目答問》從之。是不可以無辨。馬序云：《文選·羽獵賦》注引《爾雅》郭舍人注，張澍《蜀典》謂即與東方朔同時待詔，爲隱語被榜呼暑之郭舍人也。此其題銜所據。不知朔傳曰倖倡郭舍人。陸氏《釋文》曰：犍爲文學卒史臣舍人，漢武帝時待詔。其爲兩人甚明，所載官階名字詳而有徵，缺者獨一姓耳。馬氏知其不可通，從而爲之詞曰：博考漢時官階，當是初爲郡文學，後補太守卒史，以能詼諧，善投壺，入爲待詔舍人。上銜甫以舍人爲名，此又以舍人爲官，前矛後盾，進退兩無所據。《史記》褚先生補《佞倖傳》，祗言郭舍人發言陳辭，令人主和説，不謂如東方朔之好古傳書愛經術也。漢世同名甚多，如安國、延年、勝之之類，未易枚舉。要之舍人或姓郭，或不姓郭，俱未可知，當從缺如之義。今直斷以爲即倖倡之郭舍人，則大誤矣。《廣韻》以舍爲姓，亦是望文生義。或又以爲即茂陵郭威，亦非。何者，依漢代上書例推之，應題作犍爲文學卒史臣威，不當云舍人也。況《西京雜記》於牂柯盛覽作《合組歌》、《列錦賦》，一文一詩皆詳記不遺，豈有犍爲舍人注經三卷，反不一及之理。茂陵遠在三輔，與郡國自除之例更不合，是又不待辨而自明矣。余向疑四川嘉定爲漢犍爲地，城外有爾雅臺，或即舍人注經之所。及考《苕谿漁隱叢話》，謂嘉州烏牛山在水中，昔郭景純注《爾雅》於此，有臺在焉。《四川通志》亦云：郭璞巖在烏尤山，上有爾雅臺，相傳郭璞入蜀注《爾雅》於此。又王十朋詩云：隱迹江山郭景純，學兼儒伎術通神，蟲魚草木歸箋注，何害其爲磊落人。據此數説，是宋以前亦未有以爾雅臺屬之舍人者。然則《遵義府志》定舍人爲郡産，並非借才異地，奉爲樂祖，其又奚疑。

劉歆《爾雅注》

馬國翰序

《爾雅劉氏注》一卷，漢劉歆撰。歆有《春秋左氏注》已著録。其注《爾雅》，《七録》云：三卷。《隋志》云：梁有劉歆、犍爲文學、中黄門李巡《爾雅》各三卷，亡。《唐志》不著目。佚已久。惟陸氏《釋文》及唐徐景安《樂書》引其説宫謂之重五節。又陸璣《詩疏》、許慎《説文》各引一節，輯録爲帙。《釋文·叙録》云：劉歆注三卷，與李巡注正同，疑非歆注。考《説文》引劉歆説：蝝，復陶也，蚍蜉子。與《春秋正義》引李巡説蝝蝗子不同。則李氏本劉爲注，大指不殊。其間亦不無少異，録存一家，其他佚義固可與李注互考也。歷城馬國翰竹吾甫。

樊光《爾雅注》

黄奭序

《五代史志》梁、陳、齊、周、隋五史，本一書十志，即為五史而作，故亦括五代。其編入《隋書》，特以隋于五史居末，非專屬隋也。其後五史各行，十志遂稱《隋志》，惟《經籍志》最舛。《史通》曰：其實别行，俗呼為《五代史志》。曰：漢中散大夫樊光《注》三卷。《唐志》作六卷，與《釋文·序録》同。然陸德明雖詳其爲京兆人，爲後漢中散大夫，而乃屬之：沈旋疑非光注。此殆如李巡之注疑出劉歆。惟是巡本宦官，或非作手，劉歆爲新莽國師，經術是其家風。觀于漢平帝元始四年，王莽始令天下通《爾雅》者詣公車，當是子駿贊成其事，不然即彼揣摩風氣而注《爾雅》，故李注疑出劉手不爲無因。若沈旋乃梁沈約之子，陸氏亦自知其集衆家之注，而非成一家之言。今旋注亦尚有蹤跡可尋，與光注並不一一脗合。且《郭璞注自序》明言錯綜樊、孫，博關群言，郭爲晉人，沈在梁代，其不能預見沈書，而此注確乎出漢樊光之手，可不煩言而解矣。即《邢疏自序》云：程敏政云，在舒館直雅集中，題曰：代邢昺作。其爲注者，則有犍爲文學、劉歆、樊光、李巡、孫炎。其爲義疏者，則俗間有孫炎、高璉。夫宋邢氏後出，不宜不見梁沈氏注。況沈是集注，何以不與爲義疏之俗孫氏、高氏同稱，乃僅覆述郭意，舍沈旋而取樊光。豈不知唐陸氏先有樊同沈注之疑，其不取斯説，宋去唐未遠，爲疏時又有杜鎬、舒雅、李維、孫奭、李慕清、王煥、崔偓佺、劉士元等共相討論，書成官局，事定輿評。即謂陸氏所疑未必無據，亦止是沈竊樊耳。後可以襲前，前不可以襲後，豈竟有與樊同時同官之同姓名沈旋哉。然而皆非也。蓋陸氏本意以沈旋疑非光注，此疑出于沈，不出于陸。讀《釋文》者當知疑非光注者爲沈旋，固不得謂陸氏疑此注爲沈旋注，即不得謂陸氏疑非光注。雖非光注，而其爲漢人之注則無疑。今六卷三卷之舊皆不可復，仍用前例都爲一卷，吉光片羽，良足寶云。

道光昭陽單閼歲陽月甘泉黄奭右原。

馬國翰序

《爾雅樊氏注》一卷，後漢樊光撰。光，京兆人，官中散大夫，見《釋文·叙錄》。其注《爾雅》，《隋志》：三卷。《唐志》：六卷。今佚。孔氏《正義》、《釋文》、《邢疏》所引樊光，又或引作某氏。《釋文》云：沈璇疑非光注。然則稱某氏者，其缺疑之義乎。臧庸《拜經日記》云：唐人義疏引某氏爾雅注即樊光也。證以椵[椵]木槿、櫬木槿注，《詩正義》引作樊光，《禮記正義》引作某氏。隹其夫不注，《春秋正義》引作樊光，《詩正義》、《邢疏》引並作某氏，臧君之言確不可易。兹據合輯爲卷。其引詩，如民之攸呬、攸攸我里、有蒲與茄、譬彼瘣木、其扆孔有，臧氏謂與毛、韓不同，蓋本魯詩，此亦考古者所宜會通也。歷城馬國翰竹吾甫。

李巡《爾雅注》

黃奭序

趙高有《爰歷》，史游有《急就章》，李巡有《爾雅注》，皆以宦者而留心小學。趙高，人不必論，書亦不傳。史之《急就章》至今存，與許叔重《說文》並重。巡，據《後漢書・宦者傳》：汝陽李巡與濟陰丁肅、下邳徐衍、南陽郭耽、北海趙祐等五人，稱爲清忠，皆在里巷，不爭威權。是其人品尚在史黃門上。傳又謂：巡以爲諸博士試甲乙科，爭第高下，更相告言，至有行賂定蘭臺漆書經字以合其私文者。乃白帝，與諸儒共刻五經文於石。是雖無《爾雅》一注，其人不得謂無功于經學。朱氏《經義考》，於爾雅門不引《後漢傳》，於刊石門不引《釋文・敘錄》，殆不知注《爾雅》之李巡即請刻石之李巡也。陸德明《釋文》稱爲：汝南人後漢中黃門注三卷。《隋志》：梁有漢劉歆、犍爲文學、中黃門李巡《爾雅》各三卷，亡。《七錄》皆三卷。是劉歆、李巡兩注皆已亡于作《隋志》之前。惟《釋文》云：劉歆《注》三卷，與李巡注正同，疑非歆注。既皆亡，何以知劉與李同。且子駿西漢人，何能下同于東漢之宦者。子駿雖爲新莽國師，然領五經，自有《七略》、三統可傳。本傳無《爾雅注》。即人與同時，亦不肯同于人。於是讀《漢書・楚元王傳》至：歆召，見成帝，待詔宦者署，爲黃門郎。而後知陸德明之誤有由矣。此必子駿注《爾雅》時適在黃門郎，與宦者日近，其稿遂爲所得，輾轉入巡手。而巡之成此書，或又如《呂覽》、《淮南子》，多聽賓客之所爲，竟蹈郭竊向注之譏，未可知也。惜歆《注》僅於《說文》、《埤雅》各見一二條，轉不如巡書爲人引用獨多。今姑以巡爲主，而退歆《注》于後，以質當世之深小學者。

道光二十三年八月甘泉黃奭右原。

《舊唐書》卷四十六《經籍志》：《爾雅》三卷，李巡注。編者按，原注：又卷一百三十《李勉傳》：以名士李巡為判官。乃唐李巡，非漢黄門也。《新唐書》卷五十七《藝文志》：《爾雅李巡注》，三卷。

馬國翰序

《爾雅李氏注》三卷，後漢李巡撰。巡，汝南人，官中黄門。《後漢書宦者呂强傳》云：時宦者濟陰丁肅、下邳徐衍、南陽郭耽、汝陽李巡、北海趙祐等五人，稱爲清忠，皆在里巷，不爭威權。《隋志》云：梁有漢劉歆、犍爲文學、中黄門李巡《爾雅》各三卷，亡。《唐志》復載《爾雅李巡注》三卷。今佚。從諸書裒輯仍釐三卷。《經典釋文・序録》於劉歆《注》三卷下云：與李巡正同。然則巡蓋師宗劉氏，博通《七略》之書者矣。又范史云：巡以爲諸博士試甲乙科，爭第高下，更相告言，至有行賂定蘭臺漆書經字以合其私文者，迺白帝，與諸儒共刻五經文於石，於是詔蔡邕等正其文字。自後五經一定，爭者用息。據此知熹平立石，巡實發端倡議，則其有功於五經獨大，固不止天地山水草木蟲魚之淹博已也。歷城馬國翰竹吾甫。

鄭玄《爾雅注稽存》

許森序

《爾雅鄭玄注》，《後漢書》本傳不載，《隋、唐史志》亦無其目。賈公彦疏《周禮》始一引之，釋慧琳撰《一切經音義》又十數引之。外此則臧琳作《經義雜記》，據《周禮注》列有鄭本《爾雅》一條，孫志祖《讀書脞録續編》據《尚書》、《毛詩》、《禮記》諸注疏，又列有鄭本數條而已。唐代以後，引者絶然。宋、元、明公私目録，既不載其書，而諸家考訂之籍，亦未有論及之者，此固鄭注之不幸，抑鄭氏著述甚富，有《禮注》、《詩箋》可傳，而《爾雅注》反爲不顯，故重視之者鮮歟？逮於清世余蕭客輯《古經解鉤沈》，乃據《周禮疏》列鄭玄《爾雅注》。戴震《東原集》

謂《爾雅》舊注之散見者，有鄭康成注。而胡培翬《研六室文鈔》亦謂康成生東京之季，集漢學之成，范史作傳，殊多漏略，《爾雅注》見《周官疏》，而本傳未載入云。維時慧琳《音義》，海内尚少傳本，故未見其書，而謂《周禮疏》所引，單文孤證，不足爲據者。孫志祖《讀書脞録》云：《周禮大宗伯疏》引緯書《文耀鉤》天皇大帝之號，又引《爾雅》北極謂之北辰，其下引鄭康成注云：天皇北辰耀魄寶。此《文耀鉤》注語，非《爾雅》注也。近余氏蕭客《古經解鉤沈》列之康成《爾雅注》誤矣。邵晉涵《爾雅正義》云：注《爾雅》者，其爲《釋文·叙録》所未及引者，有鄭康成注，見《周禮疏》。然康成傳不言其注《爾雅》，其即《鄭志》引《爾雅》而釋之，後人遂以爲康成《爾雅》之注歟。阮元《周禮注疏校勘記》云：此鄭注《文耀鉤》也，上引《文耀鉤》可證。因文承《爾雅》之下，而或云鄭有《爾雅注》，誤讀此疏矣。邵、阮二氏並謂鄭無《爾雅注》。孫氏《讀書脞録續編》既據《詩》、《書》注疏列鄭本《爾雅》數條，而《讀書脞録》又謂《周禮疏》所引非康成注，均與余、戴、胡三氏之論不同。近人胡元玉作《雅學考》辨之綦詳。其説云：《周禮正義》辨五帝大帝之號，首引《春秋緯運斗期》，次引《文耀鉤》，次引《元命包》，次又引《文耀鉤》，次引《爾雅》，次引鄭注，次引《尚書·君奭》云時則有若伊尹，格於皇天，次引鄭注云皇天北極大帝，次引《掌次》，次引《月令》季夏云以供皇天上帝。鄭分之皇天北辰耀魄寶，上帝太微五帝。此引《月令》鄭注也。念《禮記鄭注》具存，與此疏《月令》下所引正合。《尚書鄭注》雖亡，然《隋、唐志》等書久已著録，則此疏《尚書》所引確是《尚書》注矣。《爾雅鄭注》前籍雖未言，然此疏三引鄭注皆先列經文，次列注文，極爲明瞭。如必以爲《文耀鉤注》，何以不於引《文耀鉤》下先列此注，而列於《爾雅》下耶。且斥爲非《爾雅注》者，不過因上引《文耀鉤》，下有是天皇大帝之號也之文，遂以此注爲釋緯文天皇大帝之號耳，不知此句並非緯文，乃賈疏總釋《周禮鄭注》之語。合觀前後，文義自見。爲此説者乃真誤讀此疏，余仲林實未誤也。胡氏從余氏之説，並據《周禮疏》引書次第以決鄭氏有《爾雅注》，可稱卓識。惟慧琳《音義》當時海内流傳已廣，胡氏得見其書，不爲詳繹，而乃據其所引鄭注之與郭注相同者二三條，以爲鄭乃郭字之誤，曲爲附會，其失在疎。又陳邦福《爾雅逸文箋》云：鄭君《爾雅注》，其見於各書者，如《一切經音義》卷三十引《爾雅鄭注》云，懋，謂自勉强也。卷八十三引《爾雅鄭注》云，郵，道路過也。又引駿，馬之美稱也。觀慧琳所引，益信《周禮·宗伯》疏天皇北辰耀魄寶句爲鄭君之《爾雅注》矣。孫貽穀志祖字未見慧琳之音，曲爲之説，不足據也。陳氏據《一切經音義》所引，以證鄭氏有《爾雅注》，顧所引亦衹三條，其失則略。案慧琳《音義》卷六引《爾雅》曰：父之從祖昆弟爲族父。鄭注云：族，聚也。《釋親》此條下郭氏無注。卷十八引《爾雅》：賈，市也。鄭玄云：坐賣也，賈物之貴賤。《釋言》賈市也下，郭亦無注。卷八十五引鄭注《爾雅》云：百歲鷂入水化爲蛤。《釋魚》蜃大蛤下今本佚大蛤二字郭亦無注。此鄭注非「郭」注字之誤，其證一也。又卷五十引鄭注《爾雅》：箕，言盛米寫斛中者也。《釋天》：箕斗之間，漢津也。郭注云：箕，龍尾。與鄭注異。卷八十三引鄭注《爾雅》云：駿，馬之美稱也。《釋詁》：駿，速也。郭注云：「駿猶迅」。又與鄭注異。卷八十九引鄭注《爾雅》：「漠，謂靜察也。」《釋言》：漠，清也。郭注云：「清明」。又與鄭注異。此「鄭」注非「郭」注字之誤，其證二也。胡氏又云：《爾雅》郵，過也。郭景純注：道路所經過。與慧琳所引鄭注大致相同。且郵字古作尤，郭注望文生訓，《日知錄》已辨其非，而鄭君箋《詩·四月》，注《洪範五行傳》，皆用《雅》訓云：尤，過也。足見慧琳所引，本非鄭注，乃「郭」字之譌。是又不然。《説文》：郵，竟上行書舍。段玉裁注云：經過與過失，古不分平去，故經過曰郵，過失亦曰郵，爲尤、訧之假借字。黄汝成《日知錄集釋》云：郵傳是正義，以爲過失之尤，是通義也。是郵字本訓郵傳，《孟子》速於置郵而傳命，《列子》魯之君子迷之郵者是也。假借爲尤，顧炎武《日知錄》所舉皆是也。顧氏忽郵本義，誤攻郭注於前，胡氏不察沿譌於後，遂致郭注有望文生訓之譏，而鄭氏《雅注》幾亦因之以晦矣。鄭箋《毛詩·小雅》「不知其郵」云：「郵，過也」。注《禮記·王制》「郵罰麗於事」亦云：「郵，過也」。孔穎達《詩》、《禮》二疏均不云「《釋言》」文，此必習於鄭注經過之義，故不如是云云。而《四月》尤過之疏亦所以不云「《釋言》」文也。且慧琳《音義》卷八十三引鄭注《禮記》云：「郵，表也。」與《雅注》、《詩箋》均異，可知鄭氏釋郵不僅用其假義尤也。然則以《雅注》與《詩箋》不同，而謂鄭無此注，可乎。此鄭注非「郭」注字之誤，其證三也。皮錫瑞《經學歷史》云：郭璞注《爾雅》，多没前人説解之名，余蕭客謂之攘善無耻。及今考之，其與前人之注相同者，誠不可一二數也。約舉數例，以明此説。《釋詁》：即，尼也。孫炎注云：即猶今也，尼者，近也。孔穎達《尚書·高宗肜日》疏引。郭注同。又：「昵，近也。」孫注云：「昵，親近也。」《尚書·泰誓》疏、李善《文選》陸士衡《歎逝賦》注，又顏延年《和謝靈運詩》注，又謝惠連《七月七日夜詠牛女詩》注並引。《釋言》：馹，傳也。孫注云：「傳車驛馬也。」陸德明《左傳音義》、孔穎達《昭二年左傳》疏並引。又「佻，偷也。孫注云：「偷，苟且也。」《昭十年左傳》疏引。又，「班，賦也。」孫注云：「謂布與也。」《尚書·舜典》疏引。郭注均同。又「鬩，恨也。」李巡注云：「相怨恨」《僖二十四左傳》疏引。郭注亦同。《釋宫》：「樴謂之杙。」李注云：「杙謂橛也。」陸德明《毛詩音義》，孔穎達《毛詩·周南》、《兔罝》、《禮記·内則》二疏並引。《釋器》：「極祗謂之襭。」李注云：「極衣上袵於帶。」《毛詩·周南·芣苢》疏引。郭注亦均同。而郭氏於上舉各注並不著其用李或孫之説，是郭注「多没前人解説之名」，信有徵矣。則其用鄭義而没其名，亦固其所。然則慧琳《音義》所引《爾雅鄭注》，其與郭注相同者，當即郭用「鄭」義，不能謂「鄭」爲「郭」注字之誤也。且斥「鄭」注爲「郭」注字誤者，必以「鄭」、「郭」二字形近易譌，而慧琳《音義》卷十八引《爾雅》鄭玄云云，明標「鄭玄」，「玄」、「璞」字形絶不相近，將何辭以解之耶。又胡氏謂慧苑《華嚴經音義》卷二引鄭注《爾雅》云：「芬，香氣調也。」芬字本《爾雅》所無，其有譌誤，更爲明顯。董瑞椿《讀爾雅補記》辨之云：慧琳《經音義》卷二十二慧苑音《華嚴經》引鄭注《爾雅》曰：「芬，香氣調也。」此注未見在今何釋。據《周禮·春官·鬯人》叙官鄭注：鬯，釀秬爲酒，芬香調暢於上下也。知芬爲香氣調，碻是鄭義，今《爾雅》有奪文耳。《方言》十三：「芬，和也。」郭注：芬香和調。郭注《方言》，蓋即用鄭注《爾雅》義，故與鄭注頗合。臧氏鏞堂補訂《北藏》本《華嚴經音義》徑改鄭注爲郭注，然則郭注只見《方言》，不見《爾雅》，慧苑引邇雅二字豈亦方言之誤耶。案慧苑《音義》通行本有武進臧氏補訂北藏本、金山錢氏守山閣本、日本白連社本及大正藏本。除臧本外，各本於「芬馥」下並引作「鄭注」，與慧琳所見本合，知鄭氏確有此注。惟今《爾雅》有逸文，致此注無所附屬，故易於滋疑耳。由上所舉，知慧琳《音義》所引鄭注，實非「郭」注字之誤。爰參稽群籍，輯録爲《爾雅鄭玄注稽存》，以補諸家輯《爾雅》古義者之未備云。民國二十一年夏五月蓬安許森敏修謹識。

予輯《爾雅鄭注》，得二十餘條，其中引慧琳《音義》凡十餘條。慧琳本姓裴氏，疏勒國人，唐大興善寺僧也。所撰《一切經音義》，徵引經史百家之説，兼採玄應慧苑等音義，成一百卷，凡六十萬言。開成中，處士顧齊之序而藏之，旋傳入内府。周顯德間，高麗國遣使入浙中購求此書，不得而返。後求之於契丹，則併獲希麟《續音義》十卷，因刊板於海印寺焉。第摹印不多，流傳絶少，故自元至清中葉五百餘年，海内未嘗見其書也。其流傳日本者，日僧寶洲於元文二年清乾隆二年重刊於白蓮社，行字款式，雖盡異原刻，顧校勘精細，異同尚少。咸同以來，此書傳布漸廣，但亦祇白蓮社及大正藏二本耳。海印寺原板，庋藏既久，有謂已散佚者，即寶洲紀事，亦彰彰言之。實則其板今仍在也。去歲日本新印海印寺本出，繙閲一遍，雖間有缺蝕，大體尚完好。故慧琳《音義》以此爲祖本，亦以此本爲最善。白蓮社本次之，大正藏本又次之。民國初，黎養正校印頻伽藏本，則「自檜以下」。近丁福保印本，謂據白蓮社本影印。略加校核，始知其與白蓮社本頗有岐異，而與《頻伽藏》本一一脗合，當本係影頻伽藏本，而以白蓮社本相號召也。本書所引慧琳《音義》，即據海印寺本，其與各本異同並注於下。竊以鄭注久佚，吉光片羽，彌足珍貴，故不憚煩勞，綴成此帙云。許森再識。

孫炎《爾雅音注》

黄奭序

注《爾雅》之孫炎凡兩人。其一據邢疏叙：其爲注者，則有犍爲文學、劉歆、樊光、李巡、孫炎。此魏之孫炎，字叔然。《魏志·王肅傳》：時樂安孫叔然，授學鄭玄之門人，稱東州大儒，徵爲秘書監，不就。《顔氏家訓》：孫叔然創《爾雅》音義，是漢末人獨知反語。《訪碑錄》：淄州長山縣西南三十里長白山東有孫炎碑，碑陰有門徒姓名，係甘露五年立。其《爾雅注》，《隋志》七卷，《唐志》作六卷，《釋文·序錄》作三卷。其音《七錄》二卷，《釋文·序錄》作一卷。此孫炎在郭璞前者也。其一亦據邢序：其爲義疏者，則俗間有孫炎、高璉。此五代時之孫炎，字與爵里無考。其《爾雅正義》，《宋志》十卷。此孫炎在郭璞後者也。魏孫炎與晉武帝同名，以字稱。所注《爾雅》，郭景純於《釋蟲》兩引其説，而皆曰孫叔然。此魏孫炎一證也。《水經注·濕水》：鸒鸒斯，卑居也。孫炎曰：卑居，楚烏也。魏徵注類禮，本之孫炎，初唐無所避，故直名之。此魏孫炎二證也。邢疏既以俗間孫炎、高璉皆淺近俗儒，不經師匠，宜在所棄，何以疏中取孫炎説轉多，而無一字引及高璉。然則俗孫炎固與高疏均在所棄，而獨取魏孫叔然説。此魏孫炎三證也。若五代孫炎，亦有三證。俗孫炎不生唐武宗前，蓋以顯慶、開成皆尚文之世，孫炎正義，《唐志》無名。會昌以後，炎爲唐諱，其人當在五代。此五代俗孫炎一證也。晁氏《讀書志》曰：舊有孫炎、高璉疏，皇朝以其淺略。陳氏《書錄解題》曰：其爲義疏者，惟俗間有孫炎、高璉，皆淺近。晁、陳爲宋人，孫疏始見著錄。此五代俗孫炎二證也。陸農師《埤雅》所引孫炎注，除卷十五孫炎以爲闊節爲蕩一條與邢疏引孫炎略同，知爲魏之孫叔然炎，故陸農師不曰引孫炎正義，餘引必曰孫炎正義，必曰孫炎《爾雅》正義。夫正義之名起於隋唐間，前此未有。魏孫炎有注有音無正義。郭注蟷蜋云：孫叔然以方言説此義，亦不了。《埤雅》蟷蜋條與郭相背。此五代俗孫炎三證也。近時吳槎客曾輯五代俗孫炎《爾雅》正義，大半據《埤雅》所引。惟魏孫炎《爾雅注》、《爾雅音》未見有輯者，其亦必有善本，而奭特未之見耳。奭不能割愛，明知有俗孫炎正義而復羼入孫叔然注中者，以叔然音注既未分，姑兩存其説，而於逐條略加案語，以待他日專門小學家論定焉。

道光癸卯小陽月甘泉黄奭右原。

黄奭後序

魏之孫炎尚有數證。鄭夾漈《通志》：無名氏《爾雅音訓》二卷。《崇文總目》曰：以孫炎、郭璞二家音訓爲尚狹，頗增益之。孫、郭雖相提並論，而語次孫在郭前，此魏之孫炎也。高似孫《緯略》：《爾雅》注今所傳者，郭璞、孫炎耳。躋晉郭璞于魏孫炎之上，於義不順，當指五代俗孫炎。且高氏既云樊光、李巡、沈璇注已不可復見，漢李、樊在魏孫炎前，固宜不復見。梁沈璇在魏孫炎後。豈有在後之沈，集注已亡而獨在前之魏孫炎爲今所傳之理。故知《緯略》云今所傳者，乃晉郭璞五代俗孫炎耳。惟《孫炎春秋例》見《隋志》，《隋志》不能下見五代，此則魏之孫炎也。《釋文叙錄》亦有《孫炎禮記》二十九卷，字叔然，樂安人，魏秘書監徵，不就。此又明明一魏之孫炎也。況《釋文條例》並云：古人音書止爲譬況之説。謂某讀如某，某音近某。孫炎始爲反語。《顔氏家訓》：孫叔然獨知反語。相傳《玉篇》末附《沙門神珙反紐圖》，爲言等韻者所祖。戴東原《聲韻考》謂反語始孫炎，不始神珙，甚是。至謂唐以前無字母，神珙字母乃剽竊儒書，而託詞出于西域，則又不然。《隋志》：婆羅門書以十四音貫一切字，漢明帝時與佛經同入中國。蓋遠在孫炎前，然則字母不始于孫炎，而反語實始孫炎。今《切韻》緩讀爲二字，急讀則一音，蓋本《左傳》丁甯爲鉦、句讀爲穀，《國語》勃鞮爲披，《國策》勃蘇爲胥。《爾雅》固明訓詁，兼重形聲。孫炎附見《三國志·王肅傳》：樂安孫叔然與晉武帝同名，故稱其字。授學鄭玄之門人，稱東州大儒，徵秘書監，不就。肅集《聖證論》以譏短玄，叔然駁而釋之，及作《周易春秋例》，《毛詩》、《禮記》、《春秋三傳》、《國語》、《爾雅》諸注，又著書十餘篇。然則叔然爲康成再傳弟子。康成無《爾雅》注，《周禮·大宗伯》疏所引，東原氏以爲非康成説，得叔然此注，而後康成所好群書不得于禮堂寫定傳與其人之歎，其亦少慰也夫。

道光癸卯年長至月，甘泉黄奭右原。

馬國翰注序

《爾雅孫氏注》三卷，魏孫炎撰。炎有《禮記注》，已著録。其注《爾雅》，《隋志》：七卷。《唐志》六卷。《經典釋文·序録》：三卷。今佚。輯爲上、中、下卷。叔然授學鄭玄之門人，稱東州大儒，則訓義之優洽可知。郭景純注多用孫氏，其改舊説者，往往遜之，亦以所取法者上也。邢昺《爾雅疏·序》於魏孫炎外，又云：爲義疏者俗間有孫炎、高璉。《宋志》稱《孫炎疏》十卷者是也。蓋唐宋間人，與叔然同名，别輯一家，不使相混云。歷城馬國翰竹吾甫。

馬國翰音序

《爾雅孫氏音》一卷，魏孫炎撰。炎既注《爾雅》，又爲之音。《隋志》：梁有《爾雅音》二卷，孫炎、郭璞撰。亡。《唐志》著郭《音義》一卷，孫音不著録，佚已久。兹既輯録孫注，别輯其音爲卷。《顔氏家訓》云：孫叔然創《爾雅》音義，是漢末人獨知反語。《隋志》孫、郭二音合稱，則郭音同孫者必多。唐時郭存孫佚，亦以郭注獨行故也。今郭音亦不傳。各輯一家，而異同固可甄覈也。歷城馬國翰竹吾甫。

郭璞《爾雅音義》

黄奭序

景純自序：别爲音圖。邢疏謂：注解之外别爲音。然則今所行之郭注與音爲二，判然矣。《晉書》本傳亦云：注釋《爾雅》，别爲《音義》、《圖譜》。陸德明《釋文》於注三卷外，又云：《音》一卷《圖贊》二卷尤爲注自注、音自音之明證。《釋文》所載撰音家孫炎《音》一卷，施乾、謝嶠、顧野王並音無卷數，止此而已。《經義考》則有失名《爾雅音義》一卷見《唐志》，本《七録》。江灌《爾雅音》八卷、陸德明《爾雅音義》二卷即《釋文》，竹翁偶然重出耳。曹憲《爾雅音義》二卷、裴瑜《爾雅音》一卷、釋智騫《爾雅音義》二卷、毋昭裔《爾雅音略》三卷。唐以前之爲《爾雅》音，其不及見于《釋文》者，亦止此而已。奭既輯《圖讚》，必得音而後郭氏一家之言乃爲完璧。嘗疑《御覽》載《爾雅》音極多，孰從而知彼非郭此爲郭哉。久乃覺其音於注上及各字下者，爲各家舊音，其在郭注下者爲郭音。其舊音有名氏可指者歸各家。無名氏者，以衆家統之。而郭之本音遂昭然若揭矣。外此，如本《注》，邢《疏》，《釋文》，《詩釋文》，《詩》、《書》、《儀禮》、《禮記》、《公羊》各疏，《説文繫傳》，《匡謬正俗》，《埤雅》，《集韻》，《史記索隱》，《後漢書注》，《水經注》，《寰宇記》，《齊民要術》，《續博物志》，《初學記》，《藝文類聚》，《一切經音義》，《華嚴音義》，《文選注》皆曾引及郭音，并《山海經注》即出景純之手，亦自引其音，更堪互證。惟自序與釋文止于別爲音，本傳則兼音義。夫義與注何以别之，則凡見他書與注複者非義，爲注所略者是宜以音義當之。《爾雅·釋山》：霍山爲南嶽。注：霍山今在廬江灊縣西南，灊水出焉，别名天柱山。漢武帝以衡山遼曠，因讖緯皆以霍山爲南嶽，故移其神於此。今彼土俗人皆呼之爲南嶽。南嶽本自以(兩)山爲名，非從近來也。而學者多以霍山不得爲南嶽。又云漢武帝以來始乃名之。即如此言，謂武帝在《爾雅》前乎。斯不然矣。凡一百七字。《詩》、《書》、《周官》正義並引之，而今本注止有即天柱山灊水所出也九字。且細繹注意，原爲辨衡山亦名霍山，而廬江之霍山不得爲南嶽。信如今注，則郭之本意轉晦。不知爲後人刊削耶，抑他經疏引本非注文而爲音義耶。安得起景純而問之。然似此頗難更僕數，檮昧如奭，中年健忘，勉出所業，聞過爲幸。他日有偕《圖讚》依注而行，未始非企望塵躅有以先之也。

道光昭陽單閼歲涂月甘泉黄奭右原。

馬國翰序

《爾雅音義》一卷，晉郭璞撰。璞有《毛詩拾遺》已著録。《晉書》本傳云：注釋《爾雅》，别爲音義、圖譜。《隋志》：梁有《爾雅音》二卷，孫炎、郭璞撰。《唐志》無孫音，有郭《音義》一卷。蓋二卷之音，孫、郭各一卷。唐時孫音已佚，郭注盛行，故音義得著於目。今佚。陸德明《釋文》引述獨多。又邢《疏》、《詩正義》、《公羊疏》等引郭音爲《釋文》所不載者，並據合輯。其音有兩讀、三讀者，並收兼採，以備參考。陸氏《釋文》循其例。自毋昭裔删存一音，古法浸失，兹編雖殘缺，猶存先儒之舊範焉。義每詳於地理，可補注之所略。音及自注，亦郭氏創爲之。然則白香山注己之詩，不爲無所本也。歷城馬國翰竹吾甫。

郭璞《爾雅圖贊》

王謨序録

《隋志》：《爾雅圖》十卷，郭璞撰。梁有《爾雅圖讚》二卷，亡。

《晉書》本傳曰：璞注釋《爾雅》，别爲音義、圖譜。

《文心雕龍》曰：景純注《雅》，動植必讚。

邢昺《疏》曰：序云别爲音圖，用袪未寤者，謂注解之外，别爲《音》一卷，《圖讚》二卷。字形難識者，則審音以知之。物狀難辯者，則披圖以别之。用此音圖以袪除未曉寤者，故云用袪未寤也。

《通志·藝文略》曰：《爾雅圖》，蓋本郭注而爲圖。今雖亡，有郭璞注，則其圖可圖也。

嚴可均序

郭璞《爾雅注》五卷，《音》二卷，《圖》十卷，《圖贊》二卷。今本《注》三卷。又有宋板《圖》六卷，不箸名氏，疑即郭璞譔。而音見《經典釋文》略備，或引作音義，只是一書。唯圖贊久亡，余蕭客《古經解鈎沈》、邵晉涵《爾雅正義》僅徵數事。張溥《百三家集》蒐獲頗多，與《山海經》雜厠，絶不區分。今從《藝文類聚》、《初學記》、《太平御覽》鈔出四十八首，皆注明出處，依《爾雅》正文先後編次之。凡《釋器》四首，《釋天》二首，《釋地》四首，《釋山》一首，《釋水》一首，《釋艸》八首，《釋木》四首，《釋蟲》六首，《釋魚》五首，《釋鳥》三首，《釋獸》八首，《釋畜》二首，定箸一卷。郭璞博洽工文，覃精術數，以不附王敦謀逆，殺身成仁。其爲贊也，窮物之形，盡物之性，羽儀經業，粹然儒者之言。原本雖亡，搜羅殘賸，十得二三。績學之徒，當有取焉。嘉慶丙子歲秋八月烏程嚴可均謹叙。

黄奭序

郭景純注《爾雅》三卷，即邢氏所疏以立學宫者。郭序自云：别爲音圖，用袪未寤。邢《疏》云：謂注解之外别爲《音》一卷、《圖贊》二卷，字形難識者則審音以知之，物狀難辯者則披圖以别之，用此音圖以袪除未曉寤者。《晉書》本傳云：注釋《爾雅》，别爲音義、圖譜。不言贊，亦無卷數。《隋志》：《爾雅圖》十卷，梁有《爾雅圖贊》二卷，亡。此據《七錄》卷數。《七錄》雖亡，然《隋志》稱梁有，知為《七錄》所載。陸德明《釋文》作《音》一卷，《圖贊》二卷，與《疏》合。《唐志》《音》與《圖贊》皆作一卷。《文心雕龍》曰：景純注《雅》，動植必讚。《通志·藝文略》曰：《爾雅圖》蓋本郭注而爲，圖今雖亡，有郭璞注，則其圖可圖也。國朝王氏謨、嚴氏可均，各有返魂本，大都據《正義》、《釋文》、《初學記》、《類聚》、《御覽》所引，雖由補苴而成，猶賢乎已。曾賓谷先生任兩淮都轉時，得影宋鈔

《爾雅圖》刻之，甚行於世。謂非郭圖，亦必晉江灌《圖讚》，此則沿《經義考》之誤矣。蓋有兩江灌。一即江逌從弟，《晉書》本傳云：字道群，陳留圉人，吴郡太守。無所謂《爾雅圖讚》。惟《唐志》有江灌《爾雅音》六卷、《隋志》作八卷。《圖贊》一卷。與張彦遠《名畫記》《爾雅圖》二卷、《音》六卷、《贊》二卷不合。且《記》云：灌，字德源，陳尚書令，至武德中爲隋州司馬。武德是唐高祖年號，徐《初學記》、歐陽《類聚》皆武德人所收，明言郭贊，尤無江贊羼入。然則爲《圖贊》之江灌，乃唐司馬非晉太守明矣。《經義考》既列《晉書》，亦引《名畫記》，似非。不知有兩江灌者，何以躋於梁沈旋《集注》上，或者過由鈔胥而非竹翁之本意。特竹翁可諉爲不知，而後於竹翁者不可諉。況《圖贊》自《圖贊》，《音》自《音》。固不得以唐江灌之《圖贊》爲晉江灌，尤不得以晉郭璞之《圖贊》爲唐江灌也。郭贊存，音亦存。音義已有專書。無圖而有圖，又何必以無名氏之音强屬之毋昭裔哉。夫毋昭裔《音略》三卷，雖見於《通考》及《玉海》，晁陳兩《志》，然爲《爾雅》音者，於郭景純、江德源兩家外，尚有孫炎、施乾、謝嶠、顧野王、曹憲、釋智騫、陸元朗，或爲音，或爲音義，不一而足。賓谷先生所圖，雖元人舊軸，無如重摹付諸時手，其所據依，以意爲之，注不盡然，贊於何有。奭不揆檮昧，爲讀郭贊者擁篲清道，以企將來君子有涉乎此。不然，曾氏斯圖即不爲謝中丞《小學考》所收，何不可左圖右注，使贊不虛設，則郭氏一家之言竟成完璧之爲快也。

道光癸卯長至月甘泉黄奭右原。

馬國翰序

《爾雅圖讚》一卷，晉郭璞撰。璞有《爾雅音義》已著録。《隋志》有《爾雅圖》十卷。又云：梁有《爾雅圖讚》二卷，郭璞撰。亡。《唐志》：《圖》一卷。今佚。裒輯諸書，得讚五十有三，外有稱圖者二則。鄭樵《通志略》曰：《爾雅圖》蓋本郭注而爲圖，今雖亡，有郭璞注，則其圖可圖也。家藏有《圖》三卷，未識何人所補。讚則散失。此編雖非完具，而存景純之手澤，與注可以參考。其讚皆韻語古奥，詞寓箴規，雒誦一通，猶想見江魚呑黑，二九載讚[鑽]極之功力也。歷城馬國翰竹吾甫。

錢熙祚跋

郭景純《爾雅注》外有《音》一卷、《圖贊》二卷。今其音間見於陸氏《釋文》，而《圖贊》則亡佚已久。明刻《郭宏農集》僅存三十餘首，與《山海經贊》雜廁。今爲博考諸書，拾遺正誤。其先後則以經文次序序之，凡若干首，都爲一卷。中惟《比翼鳥》、《水泉》二贊與《山海經贊》大同。然《初學記》、《藝文類聚》引《水泉贊》並云《釋水》，而《比翼鳥贊》云：鳥有鶼鶼，似鳧青赤。《山海經》無鶼鶼二字，則當屬《爾雅》無疑。古人著書不嫌重複，或郭氏作《爾雅贊》後又略加點竄，以爲《山海經》之贊，未可知也。金山錢熙祚錫之甫識。

葉德輝識語

右《爾雅圖贊》一卷，亦嚴君景文所輯録者。原本附《山海經圖贊》後，余鈔時析出。其與《山海經圖贊》異同別白語，悉詳《山海經圖贊》及跋中。近以馬國翰玉函山房輯本與此對校，馬本於此本外，浮出《藝文類聚七·崑侖丘贊》一首，《藝文類聚八十九·桂贊》一首，又《椒贊》一首，《藝文類聚九十九·鳳皇贊》一首，邢《疏·狒狒贊》一首，即《太平御覽》九百八之《㺜㺜贊》。《藝文類聚九十三·騊駼贊》一首，大抵誤以《山海經圖贊》羼入，不足據也。惟録釋玄應《大智度論》卷四十二音義所引《虺蛇贊》云：蛇之殊狀，其名爲虺，其尾似頭，其頭似尾，虎豹可踐，此難忌履。邢昺疏所引《鸛鶇贊》云：鸛鶇之鳥，一名嫦羿，應弦銜鏑，矢不箸地，逢蒙縮手，養由不睨。足補此本之闕。又江都李祖望妻葉蕙心《爾雅古注斠》本，輯《郭贊》五十餘事，亦《爾雅》與《山海經》溷淆，難以徵信也。至嚴君此本之精，如《犀贊》，據郭注與《山海經》互易，《太室》、《騰蛇》二贊，據《中山經》迻入，皆足見抉擇之精，校讎之密，羽儀經傳，揖讓姬孔，詎惟有功郭氏也哉。光緒十五年己丑冬十一月，長沙葉德輝識于都門長沙郡館。

裴瑜《爾雅注》

馬國翰序

《爾雅裴氏注》，唐裴瑜撰。瑜，不詳何人。其注《爾雅》，《唐志》不著録。宋《藝文志》、《中興書目》並載五卷。今佚。唯《玉海》載裴瑜《爾雅注序》，《芥隱筆記》引裴瑜音一則，《酉陽雜俎》引裴瑜注一則。又遼僧行均《龍龕手鑑》引《雅》注五條。考犍爲文學及劉、樊、李、孫之注，宋、遼之際已不存。存者唯郭璞、裴瑜二注。行均所引，郭注不見，審爲裴注矣。並據合輯。瑜序自言勒成五卷，並音注皆依經句排次，不復區别云。歷城馬國翰竹吾甫。

沈旋《爾雅集注》

黄奭序

《梁書·沈約傳》：子旋，及約時已歷中書侍郎，永嘉太守，司徒從事中郎，司徒右長史。免約喪，爲太子僕，復以母憂去官，而蔬食辟穀。服除，猶絶粳粱。爲給事黄門侍郎、中撫軍長史，出爲招遠將軍、南康内史，在部以清治稱。卒官，謚曰恭侯，子實嗣。不言有所著述。《南史》：旋字士規。集注《邇言》，行于世。所著書止此一部，又不言有《集注爾雅》。謝蘊山中丞《小學考》誤以《南史》爲《梁書》，並誤以《邇言》爲《爾雅》。《經義考》作

《邇言》，不誤。自必謂雅言兩字傳訛，當由爾與邇筆畫相近似，《邇言》無可集之注。殊不思其父隱侯著《邇言》十卷，《梁書》、《南史》兩傳皆載之，子注父書，情理之常。然雖《南史》不言注《雅》，而陸德明《釋文·叙錄》則云：右《爾雅》，梁有沈旋約之子。集衆家之注。惟不言卷數。《隋志》乃作十卷。既云集注，所集衆家無非二郭與夫劉、李、樊、孫。何以今爲邢《疏》、《釋文》、《詩釋文》、《類篇》所引者，其説往往與二郭、劉、李、樊、孫不類。當是所集衆家有出六家外者。使其閒參以己意，用其父《四聲譜》所謂天子聖哲即平上去入四聲，以之求《爾雅》形聲假借之原，而略于草木鳥獸之迹，不誠小學之大觀歟。士規能讀父書，計必出此。惜乎，鱗爪徒存，無從得珠。紀文達公雖有沈氏四聲之輯，然不過存什一于千百，以意爲之耳。奭不揆檮昧，尚思集文學、樊、李、孫、顧、謝、施衆家之注，爲士規推廣注例。而以紀輯沈氏《四聲》消息之，於是專家之學不墜。以視高璉《義疏》、俗孫炎《正義》邢《疏》譏其淺近者，得此則邢《疏》亦有淺近之譏。徒以企望塵躅，有志未逮。若夫旋、琁、璇三字皆似宣切。《漢書·律麻志》佐助旋璣，《後漢·安帝紀》據琁璣玉衡，並與璇通。高似孫《緯略》作沈璇《爾雅集注》高氏曰：《爾雅》注今所傳者，郭璞、孫炎耳，所謂樊光《爾雅注》、李巡《爾雅》注、沈璇《爾雅集注》已不可復見。郭璞有《爾雅圖》，江瓘有《爾雅圖讚》，皆奇書。以非宏旨所關，亦不復置辨云。

道光癸卯年八月，甘泉黄奭右原。

馬國翰序

《集注爾雅》一卷，梁沈旋撰。旋，字士規，武康人，梁尚書僕射沈約子。官至給事黄門侍郎、撫軍長史。出爲招遠將軍、南康内史。《梁書》有傳。陸德明《經典釋文·序錄》云：梁有沈旋，約之子，集衆家之注。《隋、唐志》並十卷。今佚。從《釋文》及邢《疏》、《集韻》、《一切經音義》所引輯錄。注不多見，惟略存字音。其本字，如鮮作誓、騆作[illegible]，與邢《疏》本異，未審據用何家，要非無所自也。歷城馬國翰竹吾甫。

謝嶠《爾雅音》

黄奭序

《陳書》：謝岐，會稽山陰人也。卒贈通直散騎常侍。岐弟嶠，篤學，爲世通儒。《南史》作：弟嶠，篤學，為通儒。陸德明《釋文》：陳國子祭酒謝嶠撰音。王伯厚序羅鄂州《爾雅翼》後：景純之後，顧、謝、沈、施。謝氏之音見于著録者如是而已，然皆無卷數。史附見其兄傳，惟以五六字了之。其不暇縷陳書目，史例綦嚴，固無足怪，《爾雅翼·序》既以顧、謝、沈、施並稱，宜乎所采必多。今羅氏全書具在，落落晨星。王伯厚以顧、謝、沈、施在景純之後，而現行郭注即如收虴蚸一條，引謝氏云：小草，多華，少葉，葉又翹起。當日景純自序云：爲之義訓，注者十餘，會萃舊説，錯綜樊、孫，博關群言。謝氏固非舊説，然亦群言。不稱其名，惟舉謝氏，何所見爲嶠，何所見爲非嶠。據邢《疏》云：《五經正義》援引有某氏、謝氏、顧氏。或云沈旋、施乾、謝嶠、顧野王者，非也。此四家在郭氏之後，故知非也。誠哉是言。郭爲晉之太守，謝爲陳之祭酒：中隔宋、齊、梁三朝，郭所引謝氏或更有一謝在郭前，而非陳之通儒謝嶠也。此邢《疏》密處。惟嶠字忽作水旁，此又邢《疏》疏處。無論《字典·水部》不收此字，即有此水旁之嶠，而謝嶠自是山旁。《爾雅·釋山》：山鋭而高，嶠。《類篇》引作謝嶠，《集韻》亦作謝嶠，嶠或作嶠。然其兄名岐，非山頭字，仍從山旁。爲是《釋文》有時專稱謝，并不稱氏，知其爲謝，即知其爲嶠矣。《詩正義》、《太平御覽》、《韻會》，閒有一二條隨手附入。鼠目寸光，不能遍及，下示將來，尚慚疏略，邢《疏》云然，吾亦耻之。

道光癸卯年七月，甘泉黄奭右原。

馬國翰序

《爾雅謝氏音》一卷。陳謝嶠撰。嶠字佚，會稽山陰人。附見《陳書・謝岐傳》云：弟嶠，篤學，爲世通儒。陸德明《經典釋文・叙錄》云陳國子祭酒。其音《爾雅》，《隋、唐志》皆不載。亦見《釋文叙錄》，卷數未詳。今佚。從《釋文》、邢《疏》、《集韻》、《類篇》、《御覽》諸書輯錄。其本有異字，如弛作施，與顧本同。芞輿作蒵，與舍人本同。綦作萁，螫音乎逢反作螽，並與施本同。知其博採不主一家。而邕支載也，謂邕字又作擁，擁者護之。鳲鳩鴶鵴，謂布穀類。邢《疏》引之以補正郭《注》。則其書在陳代亦卓然足自名家矣。考郭璞於《釋草》茭蚍衃，引謝氏：小草多華少葉，葉又翹起。此謝氏景純以前人，非嶠也。考《七錄》有《毛詩釋義》十卷，謝沈撰。郭所引者或《陳風》視爾如茭注乎。又嶠名與兄岐皆從山，《集韻》引或作橋，亦筆誤也。歷城馬國翰竹吾甫。

顧野王《爾雅音注》

黃奭序

《南史》本傳：字希馮，吴郡吴人也。幼好學，七歲讀五經，略知大指。九歲能屬文，嘗制《日賦》。十二隨父之建安，撰《建安地記》二篇。長而徧觀經史，精記嘿識，天文地理，蓍龜占候，蟲篆奇字，無所不通。爲臨賀王府記室。又善丹青。及侯景之亂，乃召募鄉黨，隨義軍援都。城陷，逃歸會稽。陳太建中爲太子率更令。尋領大著作，掌國史，知梁史事。後爲黄門侍郎、光禄卿，知五禮事。卒贈秘書監右衛將軍。所撰《玉篇》三十卷，《輿地志》三十卷，《符瑞圖》十卷、《顧氏譜傳》十卷、《分野樞要〉一卷、《續洞冥記》一卷，《元象表》一卷。又撰《通史要略》一百卷，《國史紀傳》二百卷，顧野王《陳書》三卷與同時傅縡《陳書》三卷、陸瓊《陳書》四十二卷並見《隋・經籍志》。未就。有文集二十卷。《陳書》雖較詳，然亦不言有《爾雅》音。惟《釋文》叙錄《爾雅》，陳舍人顧野王撰音，無卷數。邢疏：顧野王者，在郭氏之後。王伯厚序《爾雅翼》：顧、謝、沈、施並馳經義。考顧氏注《釋言》虹潰也，虹作訌。邢疏引《大雅·抑篇》實虹小子、《召明》旻蟊賊内訌，蓋本之顧，以上竹坨翁謂見邢疏。其實《釋文》、《詩釋文》所引亦夥。且《玉篇》尚在人間，朱竹垞所序上元本並非孫強原增，仍是大廣益本，為陳彭年等重修者。彼中所引《爾雅》，無論若干條，即非全用己音，既入顧手，便是顧義，亟登之成一家眷屬。蓋《玉篇》原與《爾雅》相表裏。蟲篆奇字，幼即知名。《爾雅》音于前，《玉篇》撰于後，或出其《玉篇》之餘，以音《爾雅》，是皆不可知矣。嘗欲推廣此例，並輯曹憲《爾雅音義》。因思《廣雅音義》盧文弨《廣雅注釋》、錢大昭《廣雅疏義》、王念孫《廣雅疏證》皆發明曹音。巋然獨存，李善《文選》之學又受之曹氏，今惟就自注《廣雅》，及其高足《文選注》，苟耐旁搜，必邀冥悟。況曹爲揚州江都人，鄉曲後進，文獻攸資，假我數年，終酬奢願而，姑發其凡于此。

道光癸卯年重九月，甘泉黃奭右原。

馬國翰序

《爾雅顧氏音》一卷，陳顧野王撰。野王字希馮，吳郡吳人。官至黃門侍郎、光禄卿，贈秘書監。事跡具《陳書》本傳。其音《爾雅》，《隋、唐志》均不載。陸德明《釋文·叙錄》與施乾、謝嶠並稱。又云：陳舍人、顧野王既是名家，今亦采之，附於先儒之末。考德明與顧同郡，又嘗仕陳左常侍，與顧同時，親見其書。以未著錄於史，故分別申說，蓋亦景企之至矣。今其音佚，即從《釋文》，參邢《疏》所引輯爲一帙。顧嘗著《玉篇》三十一卷，於許氏《說文》外自樹一幟。《玉篇》幸存而此音散失，得沾賸馥。史所稱徧觀經史，精記嘿識者，猶穆然想見其人焉。歷城馬國翰竹吾甫。

施乾《爾雅音》

黃奭序

陸德明《釋文》：陳博士施乾、國子祭酒謝嶠、舍人顧野王並撰音，既是名家，今亦采之，附于先儒之末。邢《疏》：今郭氏言十餘者，典籍散亡，未知誰氏。或云沈旋、施乾、謝嶠、顧野王者，非也。此四家在郭氏之後。王伯厚撰羅端良《爾雅翼後序》：諸儒箋釋，歆、炎、樊、李、文學犍爲。景純之後，顧、謝、沈、施。陸音、邢《疏》諸書所述施氏音如是。在施氏前撰音者，有江氏灌八卷，見《隋志》。在施氏後撰音者，有曹氏憲二卷，見《唐志》。釋智騫二卷，見《玉海》。毋昭裔三卷，見《通考》。智騫、毋昭裔之音雖亦在唐，然非陸德明唐初人所能叙錄。若江氏、曹氏固皆德明應見之書，而《釋文》竟未之及，蓋《釋文》于他經既引衆家之讀並及其異義，于《爾雅》惟存音切，衆家之説不與焉，非略也。夫《易》有田何《易》，施、孟、梁邱《易》，京、費《易》，高氏《易》，楊氏《易》。《書》有今文、古文，歐陽，大、小夏侯。《詩》有魯、齊、韓三家。《禮》有高堂生，大、小戴，慶氏學。《春秋》有鄒氏、夾氏。公羊有嚴、顔之學。《孝經》有今、古文。《論語》有《齊論語》、張侯《論》。漢儒家法具在。惟《爾雅》後出，絶無師承。然雖叙錄不過十家，其散見于《釋文》中者，則有董仲舒、服虔、韋昭、殷仲堪、阮孝緒、劉昌宗、呂伯雍、諸詮之衆家音義，其説未必不如施乾，而施儼然在叙錄内，此施之幸也。叙錄内如顧、謝之音，未必遠勝於施，而陳書則顧、謝有傳。施亦陳博士，無傳，見《冊府元龜》六百六。此施之不幸也。然則當時如施之撰《爾雅》音者不知凡幾，今且不能舉其姓氏，此施又不幸之幸也。彼《釋文·序》：校之《蒼雅》及《爾雅》等音。其條例：《爾雅》之作，本釋五經，既解者不同，故亦略存其異。又：《爾雅》本釋墳典，字讀須逐五經，豈必飛禽即須安鳥，水族便應著魚，蟲屬要作虫旁，草類皆從兩屮。其次第：衆家皆以《爾雅》居經典之後，諸子之前，今微爲異。據此，知陸氏之撰《爾雅釋文》，以無師法，難于他經。今《釋文》所引施乾音，視邢叔明所引多至十數倍，

《疏》之劣於《釋文》，此亦一端矣。施乾音尚有見《類篇》、《集韻》者。少而彌珍，不得不思洪筆麗藻之客，將來亦有涉乎此。

道光甲辰年人日，甘泉黄奭右原。

馬國翰序

《爾雅施氏音》一卷，陳施乾撰。乾，字里無考，爲陳博士。所撰《爾雅音》，《隋、唐志》皆不著目。唯見陸德明《經典叙錄》。卷亦未詳。今佚。從《釋文》參《集韻》、《類篇》所引，輯爲一帙。音多非今所用。如《釋訓》：愽愽憂也。愽，音逋莫反。是字從專、從心作愽矣。案《爾雅》釋《詩》爲多，愽愽釋《檜風》勞心愽愽，與上冠、欒叶韻，施音逋莫，大失經義。《釋草》：菟奚顆涷。涷，音都弄反。云：讀者以爲冬。案《本草》作欵冬，郭《注》同。司馬相如《凡將篇》作欵東，則涷與冬、東字異音同。《釋天》：暴雨謂之涷。衆家亦並音東，施音都弄，似又誤涷爲湅。凡此之屬，未可爲訓也。歷城馬國翰竹吾甫。

《爾雅衆家注》

黄奭序

陸德明《釋文·叙錄》：爲《爾雅》學者凡十家：犍爲文學、劉歆、樊光、李巡、孫炎、郭璞、沈旋、施乾、謝嶠、顧野王。已上九家皆亡，郭璞注雖存而圖贊、音亦亡。余既一一欲各還舊觀，善乎李穆堂先生之言：譬掩暴露骸骨，哺失乳嬰兒。顧俠君選元詩，萝古衣冠數十百輩羅拜，未免言大而夸。然與其過而廢之，寧過而存之。若十家者，未必即還舊觀，或可得二十分之一。既成，更作《爾雅衆家注》上下卷。原不必分上下。其上卷，凡爲陸氏《叙錄》所不載，出十家外而散見於郭《注》、邢《疏》、陸《釋文》中者，如曰某氏、曰舊説、曰舊云、曰舊注皆歸之。其下卷，有爲上卷所漏者，如《注》中或説、或曰並賈誼、賈氏，《疏》中先儒並劉炫説，《釋文》中衆家並董仲舒、服虔、韋昭、殷仲堪、阮孝緒、劉昌宗、呂伯雍、諸詮之。或人止一義，義止一句，皆應歸上卷。以上卷先成，憚于改作，姑入下卷。而實則下卷本意，專收諸家所引古本舊音及字句同異。與夫雖非雅訓，而與《爾雅》相發明，如《淮南子》、《論衡》、《風俗通》、《顔氏家訓》之類。至《御覽》所引《爾雅》音，其在郭注下者，已入郭璞《音義》，其不在郭注内者，俱入此卷。裴瑜原有專書，以所見不滿三條，不能自爲一卷，亦附入焉。上卷引書三十二種，爲郭《注》，邢《疏》，陸《釋文》，《詩》、《書》、《周禮》、《禮記》、《左傳》、《公羊》各疏，《論語》皇侃《義疏》來自日本贋鼎可疑。《説文繫傳》、《玉篇》、《廣韻》、《六書故》、《龍龕手鑑》、《一切經音義》、《爾雅翼》、《史記索隱》、《隋書》、《列子釋文》、《水經注》、《顔氏家訓》、《齊民要術》、《占經》、《政和本草》、《帝範》、《北堂書鈔》、《初學記》、《藝文類聚》、《太平御覽》、《玉海》、《文選注》。下卷亦引此三十二種，而更在三十二種外者，爲《周禮注》、《禮記注》、《詩釋文》、《詩陸璣疏》、《孟子舊疏》今無其書，見邵《正義》。《駁五經異義》、《漢魏遺書》返魂本。唐石經、《急就篇注》、《説文》、《釋名》、《類篇》、《集韻》、《韻會》、《六書正義》、《史記正義、集解》、《漢書、後漢注》、《元和郡縣志》、《潛夫論》、《論衡》、《白虎通》、《風俗通》、《呂覽注》、《淮南子注》、《匡謬正俗》、《困學紀聞》、《素問王砯注》、《山海經郭注》、《酉陽雜俎》、《莊子釋文》。如上卷引書數而少其一。他日總此上下卷衆家注，並前輯犍爲文學以下十家專注，推之《倉頡篇》、《凡將篇》、《勸學篇》、《字林》、《聲類》之見《隋志》小學家者，有任氏《小學鉤沈》可作藍本。合而爲《爾雅疏證》一書。誠不敢擬江氏艮庭《釋名疏證》、戴氏東原《方言疏證》、王氏懷祖《廣雅疏證》，而或者隨邵氏《正義》、郝氏《義疏》後。於所未詳，輒下己意。歲不我與，有志竟成。則此上下卷將糟粕視之而筌蹄忘之矣。

道光甲辰年孟陬月甘泉黄奭右原。

附：黃奭《爾雅古義》

黃奭總序

予受業于江鄭堂先生，先生受業于余古農先生，余先生又受業于惠定宇先生，予爲小紅豆山人門下再傳弟子。小紅豆山人作十三經古義，以《孟子》、《孝經》、《爾雅》未成書，先出《九經古義》問世。《左傳》孤行，更名《補注》。

《四庫全書》已著錄其《周易述》，亦未卒業。鄭堂先生於是作《周易述補》，今與《周易述》皆刻入《皇清經解》中。余先生有《注雅別鈔》，鄭堂先生有《爾雅正字》，皆爲補小紅豆山人《爾雅古義》而設。若胡氏承珙雖有《爾雅古義》，貌同而心異，蓋不在漢學師承内也。予力小任重，誠不敢受鄭堂先生付託。久思作《爾雅古義》，欲探驪珠，必先獺祭，因就陸德明《釋文·叙錄》十家舊注，纘其已墜之緒，成此未竟之志，爲書十二卷。竊歎古人有毁《爾雅》而不知所以毁者。謂周公作《爾雅》如兩河間曰冀州，河南曰豫州，河西曰雝州，漢南曰荆州，江南曰揚州，濟河間曰兖州，濟東曰徐州，燕曰幽州，齊曰營州。禹貢有青、徐、梁而無幽、并、營，夏制也。《周禮·職方氏》有青、并、幽而無徐、梁、營，周制也。《釋地》有徐、幽、營而無青、梁、并，必殷制矣，豈有周公而用殷制之理。如魯有大野，晉有大陸，秦有楊陓，宋有孟諸，楚有雲夢，吴越之間有具區，齊有海隅，燕有昭余祁，鄭有圃田，周有焦護。蓋《釋地》十藪與《周語》九藪異。《淮南子》九藪，無周、魯，而益以趙之鉅鹿。《説文》用《職方》説，以圃田為甫田。當周公時秦未分地，豈得與周並論，周亦無因自謂之周。如《釋訓》瑟兮僩兮，衛武公詩。張仲孝友，宣王時臣。猗嗟名兮，齊人刺魯莊公。皆非周公所知。或者周公止撰《釋詁》一篇，《釋詁》中必無後世事。何以開卷胡不承權輿之權輿，緇衣之蓆兮之蓆，鄭武、秦康之詩即見《釋詁》。不惟在周公後，即張揖亦不能指實某篇爲仲尼所增，某篇爲子夏所足，《文心雕龍》：《爾雅》者，孔徒之所纂，而《詩》、《書》之襟帶也。商可言《詩》，賜亦可與言《詩》，安見《爾雅》必煩子夏。且多識于鳥獸草木之名，乃汎勸小子學《詩》，必求其人以實之，豈亦子夏耶。某篇爲叔孫通所益，梁文所補。似仲尼、子夏並無所增。叔孫通尚在漢初，或是沛郡梁文補益。最初作注之犍為文學是漢武帝時待詔，不得以平帝元始四年王莽始令天下通《爾雅》者詣公車為疑。其書與《毛詩》相出入，如：學有緝熙于光明。毛傳：光，廣也。鄭箋：緝熙，光明也。而《釋詁》曰：緝、熙，光也。齊子愷悌。毛傳：樂易。然鄭箋：猶言發夕也。而《釋言》曰：愷悌，發也。薄言觀者。毛公無訓，鄭箋：觀，多也。而《釋詁》曰：觀，多也。振古如茲。毛傳：振，白也。鄭箋：振，亦古也。而《釋言》曰：振，古也。自字古文作𦣻，形與古相似而訛。韋昭《國語》注：振，起也。即自也。古古如茲不成語，不若自古如茲為文從字順也。如多草木，岵。無草木，峐。毛傳：山無草木曰岵，有草木曰屺。石戴土謂之崔嵬，土戴石爲砠。毛傳：崔嵬，土山之戴石者，石山戴土曰砠。傳無不與《釋山》相反。使成書在毛公前，《漢志》但稱毛公，不著名。《後漢·儒林傳》：趙人毛長傳《詩》。其長字不從草。《隋志》：漢河間太守毛萇《傳》。於是《詩傳》遂稱毛萇。然鄭康成《詩譜》：魯人大長公為訓詁，河間獻王得而獻之，以小毛公為博士。陸璣疏：趙人荀卿授魯國毛亨，毛亨作《訓詁傳》以授趙國毛萇。時人謂亨為大毛公，萇為小毛公。孔疏亦云：大毛公為《傳》。然則《詩傳》是亨非萇矣。何至康成始盡用其說。歐陽《詩本義》以爲學《詩》者纂集博士解詁，《論衡》又以爲五經訓故。然釋他經居十之一，釋《詩》居十之三，大半解釋六藝，本之揚雄《方言》，並見郭璞《自序》，作《六藝鈐鍵》。津涉九流亦見郭《序》。者爲多。如《釋鳥》：爰居，雜縣。即《國語》也。《釋天》：暴雨謂之涷。《釋草》：卷施草，拔心不死。即《楚辭》也。《釋天》：扶摇謂之猋。《釋蟲》：蒺藜，蝍蛆。即《莊子》也。《釋詁》：嫁，往也。《釋水》：瀵，大出尾下。即《列子》也。《釋地》：北方有比肩民焉，迭食而迭望。又河出崑崙虚。即《山海經》也。《釋地》：四極西至于邠國謂之四極。朱子以邠國近在秦隴。《説文》引西至汃國，汃，西極之水也。西王母。《釋畜》：小領，盜驪。即《穆天子傳》也。《釋地》：東方有比目魚焉，不比不行，其名謂之鰈。南方有比翼鳥焉，不比不飛，其名謂之鶼鶼。即《管子》也。又邛邛岠虚，負而走，其名謂之蟨。即《呂覽》也。《釋詁》：天、帝、皇、王、后、辟、公、侯。又洪、廓、宏、溥、介、純、夏、憮。《釋天》：春爲青陽，夏爲朱明，秋爲白藏，冬爲元英。四時和，謂之玉燭。春爲發生，夏爲長嬴，秋爲收成，冬爲安甯。四時和爲通正，謂之景風。甘雨時降，萬物以嘉，謂之醴泉。即《尸子》也。已佚，今據湖海樓輯本。《釋親》鄭夾漈據《左傳》辨娣姒。即《白虎通·親屬記》也。蓋亦雜家者流。《漢·藝文志》附《孝經》類，《隋·經籍志》附《論語》類，今取冠小學類者，特從其所重列之經部耳。《漢志》二十篇，今惟存十九篇。據張揖《進廣雅表》，今俗所傳三篇，《漢志》：《爾雅》三卷蓋三篇即三卷也。凡萬七百九十一言。其正文往往爲後儒所亂，如台、朕、陽爲予我之予，賚、畀、卜爲賜予之予，而《釋詁》曰：台、朕、賚、畀、卜、陽，予也。觀上文卭、吾、台、予、朕、身、甫、余、言，我也。又朕、余、躬，身也。則不應相承復以台、朕為予我之予。注謂通其名，而疏謂台者遺與也，讀與貽同。朕者我與之也。且陽施陰受，陽固有施與之義，不必以《魯詩》陽如之何為解。豫爲厭足之厭，射爲厭倦之厭，而《釋詁》曰：豫、射，厭也。《釋詁》之晊晊、皇皇、藐藐、穆穆、闗闗、噰噰。當入《釋訓》。《釋草》之菈蒚菽薔。當入《釋木》。《釋獸》之豕子豬、豶豮、幺幼、奏者豱、豕生三豵二師一特、所寢檜、四豴皆白豥、其跡刻絶有力豜、牝豝。當入《釋畜》。《釋詁》之阬阬虚也。阬不當有重文。《釋地》有鶼鶼，《釋鳥》不當再有鶼鶼。《釋蟲》有密肌繼英，《釋鳥》不當再有密肌繫英。《釋邱》之夷上洒下不漘，不字當爲衍文。《釋天》謂之景風之上當有缺文。十二辰所次不當脱實沈、鶉首、鶉尾。饘自饘，餬自餬，不得謂餬饘也。訊自訊，言自言，不得謂訊言也。襺自襺，袍自袍，不得謂袍襺也。衮自衮，黻自黻，不得謂衮黻也。《詩》：奉璋峨峨。謂助祭者執圭璋峨峨然。而《釋訓》曰：峨峨，祭也。伐木丁丁。丁丁，伐木聲也。鳥鳴嚶嚶。嚶嚶，鳥聲也。而《釋訓》曰：丁丁嚶嚶，相切直也。夫《釋言》隻字者一義，《釋訓》雙文者一義，《釋詁》數十言者一義，如孔、魄、哉、延、虚、無、之、言，閒也。惟孔、魄、延、虚、無五字為一義。理滯于所積，詞强於無佐。故郭注所未詳未聞者凡百四十二條，邢疏舉其十耳，蓟、肇、逐、求、卒、廪、宧、徒駭、太史、胡蘇。餘仍闕如。至謂華爲荂，謂蘆筍爲虇，謂藕經緒爲茭，疑是江南人，而忘《釋草》即有燕北、闗西語。若謂《釋親》宗族、母黨、妻黨、婚姻四類，開成石經列後，而今本在前。六畜之畜本作嘼，後人借用畜字。虎豹不畜于人歸《釋獸》，牛羊爲人所畜歸《釋畜》。《釋畜》後題六畜二字，《左傳桓六年、昭二十六年》正義皆曰釋畜。于馬、牛、羊、豕、狗、雞之下題云六畜，而今本或無之，此又校者之過，而作者固不受也。即有譽《爾雅》而不知所以譽者，如《大戴禮·孔子三朝記》：哀公曰寡人欲學小辨，以觀于政，其可乎。孔子曰：《爾雅》以觀于古，足以辨言矣。《春秋元命包》：子夏問夫子作《春秋》不以初、哉、首、基爲始何。據此則在仲尼前，當爲周公作，尚不止《釋詁》一篇。即仲尼、子夏所增《釋言》以下亦有限，更不待叔孫通、梁文補益也。徒以終軍之對鼮鼠，盧若虛之辨鼨鼠，《漢書·終軍傳》無辨豹文鼮鼠事，《爾雅郭序》及《釋獸》注或別有所本。《玉篇》亦主此說。《文選·任彦昇薦士表》注引摯虞《三輔決錄》作竇攸，不引《竇氏家傳》。其引《竇氏家傳》者惟《廣韻》、《類聚》、《御覽》三書，雖竇攸亦止知鼮鼠。至《唐書·盧藏用傳》：弟若虛博物。辛怡諫獲異鼠，豹首，謂之鼮鼠而賦之。若虛曰：此許慎所謂鼨鼠。《說文·鼠部》：鼨，豹文鼠也。讀鼨鼠豹文爲句，鼮鼠屬下，《經義考》誤鼨爲鼶。江南進士之問天雞，《南唐近事》：張佖知貢舉試天雞弄和風，但以《文選》中詩句為題。有進士白云：《爾雅》：螒，天雞。鶾，天雞。未知孰是。佖不能對。互取《爾雅》檢之，一在《釋蟲》，一在《釋鳥》。劉原父之識六駁。歐陽公撰《劉原父墓志》：奉使契丹，有獸如馬，食虎豹，不識。問公，曰：此所謂駁也。劉原父《七經小傳》：《秦風》六駁毛《傳》引《爾雅》：駁如馬。陸璣疏：駁馬，梓榆。是樹名。獸動物，豈止于隰者，與上下文苞櫟、樹檖亦不類。一據《爾雅》，一不據《爾雅》，皆劉敞事。反是則有毛公之不用《釋山》，田敏之改寫白及，見《宋史·儒林傳》。《釋草》：椴，木槿。櫬，木槿。郭注：華朝生夕隕，或呼日及，亦曰王蒸。成公綏、潘尼俱有《日及賦》。劉禹錫《傷往賦》誤作日反。王邵之刊落明菜，酈道元之讀破句，王伯厚之昧蘇蔜，《困學紀聞》：《爾雅》不釋蘇蔜，然雖郭注未聞。其實即上文之蔜𧀹蕿。郭注：今蘩蔞或曰雞腸草。釋蔜即釋蘇蔜矣。謝尚誚蔡謨而好自用，《晉書·蔡謨傳》：初渡江，見蟛蜞，大喜。既食，吐下，方知非蟹。謝尚曰：卿讀《爾雅》不熟，幾為勸學死。勸或作勤，非。《爾雅·釋魚》：蜎蠌，小者蟧。注：即蟛蜎也，似蟹而小。陶宏景注《本草》：蟛蜞似蟹而小，似蟛蜎而大。《世說》注：今蟛蜞小於蟹而大於蟛蜎。然則蔡謨誤蟛蜞為蟹，謝尚又誤蟛蜎為蟛蜞。士勛疏《穀梁》而疑本文，以蛩爲蟣蠓，以蠡爲螻蛄，以反舌爲蝦蟆，以乾鵲爲蟋蟀，以鵙鴞爲巧婦，以鸜鳩爲伯勞。蕠竹是一是二，莧陸是合是分，秬秠是異是同，鎛鐘是大是小，莫不震于博物之名，而未有受其小學之益者。如《釋言》：桄，充也。六經無桄字。鄭注《樂記》、《孔子閒居》，皆訓横爲充。横桄古通用。《書》：光被四表。《漢書》引作横被四表，雖僞孔《傳》猶訓光爲充。如《釋言》：鬩，恨也。郭注：相怨恨。毛傳《小雅》兄弟鬩于牆：鬩，很也。鄭注《曲禮》很毋求勝：很，鬩也。二字轉注，義出《爾雅》。又苛，妎也。郭注：煩苛者多嫉妎。鄭注《内則》疾痛苛癢：苛，妎也。義出《爾雅》。《周禮·大宗伯》疏引有鄭康成《爾雅注》，而本傳及各志不著錄。如《釋言》：庥，廕也。即《詩》不可休息之休。《釋木》：桑柳醜條。即《詩》蠶月條桑之條。如《莊子》：已而爲之者，已而不知其然。苟非《釋詁》已此也一解，固郭象夢想所不到。至是而知《爾雅》廣大處易到，精微處不易到。彼多識鳥獸草木，《爾雅》注蟲魚，定非磊落人。雖出《韓詩》，凡為文須略識字，亦昌黎語，仍以經訓菑畬為重。雖以陸農師《埤雅》尚有《爾雅新義》，其人非王安石黨，其學則染安石《字説》，是王雱《爾雅》一派。至牛衷《埤雅廣要》，更屬自鄶以下。羅鄂州《爾雅翼》奸臣羅汝楫子。皆優爲之。其資經傳訓故，若二劉氏杳之《要雅》《南史》本傳：字士深，梁天監中，為宣惠豫章王行參軍，沈約、任昉以下，每有遺忘，皆訪問焉，撰《要雅》五卷。伯莊之續爾雅《唐志》：一卷。傳曰：徐州彭城人，貞觀中除國子助教。高似孫曰：劉伯莊有《續爾雅》。王應麟曰：劉《續》陸《埤》。不亡，或可與張稚讓《廣雅》避隋諱改《博雅》。王應麟曰：揖《廣》憲《博》。鄭樵《通志》亦誤分二書。近注《廣雅》者，盧、錢、王三家外，江德量亦有《廣雅疏》。擁篲清道，企望塵躅，郎奎金《五雅》，妄改《釋名》為《逸雅》。必欲集《五雅》，惟《廣雅》可充首選，餘則朱謀㙔《駢雅》、方以智《通雅》、吴玉搢《別雅》、洪亮吉《比雅》，雖殊其體，不離其宗。若張萱《彙雅》、夏味堂《拾雅》，以及李商隱《蜀爾雅》、劉溫潤《鰋爾雅》、梅彪《石藥爾雅》、失名《本草爾雅》，皆近類書，非字學也。而僞孔鮒之《小爾雅》不與焉。《隋志》李軌解，已佚。今從《孔叢子》十一篇鈔出者，非《漢志》之《小雅》。王肅僞造《家語》以攻康成，梅賾又撰此以行其古文《尚書》。杜預注《左傳》稍引用焉。蓋梅賾固攘王肅、杜預之説為之耳。郭注去漢未遠，在景純前之郭舍人注，謂即漢武帝時聯柏梁體詩者固非，亦與《西京雜記》為武帝投壺賜金之郭舍人有別。如遂幠大東稱《詩》，釗我周王稱《逸書》，尚見古本。苟有賈公彦《禮疏》、孔穎達《五經正義》手段，必不至如邢疏《釋天》全襲《禮·月令》正義、五嶽全襲《詩·崧高》正義矣。邢叔明《爾雅》差勝所疏《孝經》而不如《論語》正義。《爾雅》在元明爲絶學。《説文》：雅，楚烏也。又云：疋，古文以為《詩·大疋》字。是《爾雅》亦可作疋。國朝爲是學者衆。予以漢儒家法師承有在，謹附去取所見書目於後。

道光閼逢執徐歲陬月，甘泉黄奭右原。

黄爵滋跋

右原比部受業於江鄭堂，鄭堂受業於余古農，古農受業於惠定宇，自叙爲小紅豆山人門下再傳弟子。此《爾雅古義》之述，爲鄭堂所付託以補小紅豆山人十三經古義内未成書之一也。於是州别部分，綺交星錯。復觀其衆家注序言：他日當總此上下卷，並前輯犍爲文學以下十家專注，推之《倉頡》、《凡將》、《勸學》、《字林》、《聲類》之見《隋志》小學家者，合爲《爾雅疏證》一書。而矢以願力，期以年歲，謙益之義，何其盛歟。顧嘗考之，自漢有鼮鼠之對，一見於終軍，再見於竇攸。史稱漢武賜軍絹百疋，人爭受《爾雅》之業。世祖賜攸亦絹百疋，詔諸侯子弟從受《爾雅》，千古豔之。其實漢、唐諸儒説經之家，訓詁名物，多本是書。蘭坡朱先生序則謂許、鄭二家可爲《爾雅》補缺，臚舉異同，至爲詳備。要之，《爾雅》固釋經之宗也。所患音義不明，博辨罕覯。昔唐武宗製字以試王起，起言三教書所不識，惟周穆王傳㖈㕣二字。今之讀《爾雅》者，恐多類㖈㕣矣，矧能綜比貫穿會通證晰以求折衷乎。予主經訓書院，方以分經授課，今獲是書，將亟以示諸生中之習《爾雅》者。道光戊申夏至，宜黄黄爵滋澍齋跋。

阮文藻序

凡言漢學者皆守鄭氏家法。鄭注群書而未注《爾雅》。或以《周禮·大宗伯》疏上引《爾雅》北辰北極，下連引鄭《注》北辰耀魄寶，遂視爲詞意相承，謂康成亦有《爾雅注》，誤矣。《爾雅》本史佚教子之書，後人迭有增補，故群言龎出。是書在漢初無治習者，後雖置博士頒學官，而説者尠所師承，故亦不甚著，今所行者獨晉郭璞注而已。郭自序是書習自童丱，鑽研二九載，網羅十餘家，其孅惡雜呈，比之瑕礫莅稂，多所剟搴。又别爲音義、圖贊，用袪未寤。是亦足補鄭氏之缺，而爲小學津筏矣。惟所稱注者十餘家，《釋文·叙録》止存其九，半居郭前，半居郭後，前者可引援，後者不得强附也。但就前五家論，郭亦第錯綜孫炎、樊光所説，然則若劉歆、李巡、犍爲舍人之注槩不足録與。歆之書少有存者，僅見於《埤雅》、《説文》中。若舍人、李巡、樊光、孫炎之説，則邢昺疏時引之，往往與《釋文》、《正義》相輔益。邢於郭注雖少補正，然數家亦賴是以略存。按疏中引舍人注者凡八十條，引樊光注者凡十三條，引李巡注者凡一百四十二條，引孫炎注者凡一百三十六條，可謂夥矣。邢之意以爲詳其訓釋即當審其音義，乃間引沈旋集注，施乾、謝嶠、顧野王音注。是數家者本與郭時代相隔，邢但偶援，證合其説，遂居然與孫、樊、劉、李、舍人儕列，並景純而爲十家。惜所采寥寥，觀者未厭心焉。大抵疏家之體惟依本注曼衍，注所未及，不復旁搜。邢之疏郭，猶孔之疏鄭。設使鄭注《爾雅》孔疏之，亦不過如邢，然則又何容以疏略遺漏責之耶。於是甘泉黄比部右原慨然於古義之就湮，瞿然於遺文之散見，自以服鄭有年，意鄭以《爾雅》箋詩，亦必曾爲《爾雅注》，兼孫炎受業於鄭之門人，其《爾雅音義》或鄭有宿説，而本傳不載。恐亦在群書腐敗，不能就禮堂寫定之列，心竊傷之。又身爲小紅豆山人再傳弟子，山人舊有《爾雅古義》未成，其師江鄭堂屬卒其業，乃力任斯役。凡以上十家若注、若音、若贊有見於五經正義者，有見於陸氏《釋文》者，有見於《玉篇》者，有見於《占經》者，《初學記》者，《文選注》者，《藝文類聚》者，《太平御覽》者，《埤雅》者，並邢疏所引者，掇拾之以還舊觀，爲之疏通證明，悉有依據。更於十家外網羅群言，昕夕勤劬，左右采獲，凡單詞隻義，悉歸攟摭，爲衆家注。則不獨羽翼景純，邁軼叔明，於以跂仰高密，亦漢學堂私淑之一端也。道光戊申陬月，安福阮文藻侯亭序。

李星沅序

自夫文字繁興，訓典彪列，意恉同受，聲義相假，總群經之筦鍵，匯六藝之殽賾，辭約指博，厥惟《爾雅》。漢興承秦火之餘，經義不絶如綫。賴老師宿儒互有誦述，遺文秘簡，爛然可觀。《爾雅》統楫訓詁，爲傳説所依據。其時嘗立博士，方聞之彦，靡不洽孰。嗣是治《爾雅》者代有顓門，鉤引貫穿，注釋間出。最著爲犍爲文學、劉歆、樊光、李巡、孫炎五家，大都萌柢舊聞，辨章名物，繹其緒論，致爲近古。晋郭璞博闡群言，彙輯爲注，附以音圖。沿及沈旋、施乾、謝嶠、顧野王等，著録師説，審音正辭，雖或相牴牾，而言各有當。洎乎郭注專行，諸子之説遂晦。邢疏間有徵引，亦頗闕略。單辭隻義，其軼往往見於他書。故籍湮滅，僅有存者，朱紫錯陳，弗淆其采，琘玉雜糅，莫眩其質，蒐討所及，嘗用慨然。惜無閎覽之士，檢括薈萃，尋墜緒之微茫，存什一於千百也。黄君右原篤學耆古，究心漢儒之業，既已逍遥百氏，無所不窺。念《爾雅》旁通經傳，廣大精微，尤當標拔古義，爲之綱領。乃冥搜遠稽，左右采獲，殫十舍之勞，涉《七略》之富，取漢以來各家言傳合於《雅》者，詳加摭拾，罔有遺漏。研校次第，繫之其人，分門别户，畢力補綴。於郭氏則緝《音義》、《圖贊》，以彌其闕。自文學以下凡十家。又雜録衆家注曾益於後。微言佚而更出，奥義缺而復彰。學者誠鋭志推闡，覽其殊涂同歸，因以明經文之大要。參考傳記，觸類引伸，窮竟端委，敷暢妙道。譬之溯河源於昆侖，導軌轍於莊馗，六通四辟，豁然無所扞格，豈徒循誦習傳，博聞多識云爾哉。吴中稱述漢學，舊有師承，轉相授受，至惠徵君作《九經古義》，皆能扶翼絶學。獨《爾雅》未有成書，得右原是編，亦可續徵君未竟之志矣。長沙李星沅譔。

朱珔序

《爾雅》一書，自晉郭璞作注以來，群奉爲埻的，而先儒各注遂致散亡。近人輯漢注、古注率未分繫，或有疏漏，訓詁殽賾，莫饜所求。維揚黄右原比部少而好學，長受師法，彌臻精覈。乃博稽《爾雅》古義，彙列成編。介同歲生梁茝林中丞郵函屬製序。余深媿謝，無已，展繙數過，紬繹意恉，則州次部居，觲然咸理，搜抉幽隱，靡弗周到。首犍爲文學，一稱郭舍人。陸氏《釋文》定在漢武帝時，是爲最古注，今存者尚二百三十餘條。以西漢遺義，姑舉其槩。如《釋言》：愷悌，發也。舍人釋爲闓明發行，李巡從之，孫炎又從之。鄭箋於齊子豈弟，謂猶言發夕也，亦舍人説。《釋訓》：委委、佗佗，美也。或謂《鄘風》委委佗佗，即《召南》之委蛇委蛇，古人叠語多，即上下字各加二。而舍人云禕禕者心之美，以委通禕義尤諦。《釋獸》注云：貔名白狐，其子名豰。《説文》則豰在豕部，爲小豚。犬部別有㹞，云犬屬，即黄腰食猴者也。似豰與㹞非一物。但豰既豚之小者，貔之子亦小也，二字形聲俱相近，殆可通借。意者同名異物，各據傳聞，《説文》析言之，而《爾雅》渾言之，故《釋文》云豰本又作㹞也。次及樊光，《釋文》言爲後漢中散大夫，顧於此注，疑非光譔，而屬之沈旋。案旋爲沈約子，別自成書。旋去郭殊遠，郭於《釋艸》之蘱狗毒引樊注：俗語苦如蘱。《釋畜》之回毛在膺宜乘引樊注：伯樂相馬法，旋毛在腹下如乳者千里馬。其爲真樊注可知。且《釋蟲》之蜉蝣渠略，《太平御覽》載陸璣《詩疏》引云：糞中蝎蟲，隨陰雨時爲之朝生而暮死。璣，吴人也，距旋更久。《釋艸》之芍鳧茈，後魏賈思勰《齊民要術》引云：澤草，可食也。計南朝之梁宜值北之周、齊不逮魏，是璣及思勰所引，亦必非沈旋。然則樊光之注豈旋所得而混哉。次及李巡附劉歆。歆注僅《説文·蟲部》及《埤雅》所引各一語。他盡佚，惟巡頗夥。巡見《後漢書·宦者傳·吕强》下。蔡邕《石經》賴巡啓其端，於藝林不爲無功。巡之注雖未及史游《急就章》文詞雅奥，而視徐爰注潘岳《射雉賦》則遠勝。核巡時代當在靈帝熹平間。歆爲西漢末人，年已遼闊，而《釋文》乃云巡注同歆注，是巡是歆固難臆定。然引者皆曰巡，其注中如《釋訓》：饎，酒食也。注云：得酒食則喜歡。案《釋文》：饎，舍人本作喜。

而謂古曰饎。《毛詩》亦作喜，鄭箋於《七月》、《甫田》、《大田》並云：喜讀爲饎。蓋喜爲饎之省借字。巡本當亦作喜，而因饎字從喜，遂以喜釋之也。《釋器》：槮謂之涔。《釋文》云：槮，《爾雅》舊文并《詩傳》並米旁作，《小爾雅》木旁作，郭因改米從木。案：《御覽》引舍人曰以米投水中養魚爲糝，正合《潛》詩毛傳潛糝也之訓。郝氏蘭皋謂《詩正義》引李巡同，唯米作木爲異。又謂《詩正義》引孫炎積柴養魚曰槮，是糝之作槮，郭注本之孫炎，非郭始改。余疑米與木或字形相似缺筆而誤，抑後人以郭本作槮，遂改作木，否則巡注實用舍人說，而何以獨異其字。況《爾雅》舊文俱作糝，則今本《爾雅》豈得謂之非郭改耶。又次及孫炎。炎字叔然，見《魏志・王肅傳》，是魏人也。郭注同孫者至三十餘，屬魏無疑。迨邢《疏》序文言俗間有孫炎與高璉並稱，當在後五代時。宋人如晁公武、陳振孫皆輕之，邢《疏》亦斥其淺近，宜不爲所採，是邢《疏》載之多者必魏孫炎。唐以前《齊民要術》於《釋艸》之衆秫、戎菽、蘮蒘竊衣、黂枲實、芓麻母等咸引孫。《釋器》之甌瓿謂之瓵，《史記・貨殖傳》裴駰集解引孫。衣眥謂之襟，《顔氏家訓・書證篇》引孫。即唐人書如《釋文》所引《釋言》桄充也，桄孫作光。案《書・堯典》：光被四表。《漢書・王莽傳》作横被。鄭注《樂記》號以立横、《孔子閒居》以横於天下，皆云：横，充也。是横與桄通。《書》當作桄被，而鄭注《書》仍用光之本字。蓋今文《尚書》作桄，古文《尚書》作光，鄭習古文因作光。叔然亦通古文，故同鄭君言，是已。但桄訓充，光不訓充，鄭即爲光耀之解。而東晉古文某氏傳云：光，充。孫釋《爾雅》亦以光之字爲桄之訓，是光本桄之省，原可通用。故《漢書》既作横被，而《蕭望之傳》黄霸、于定國等議仍引光被四表，語與鄭合也。又《釋詁》：懷，因也。懷作攘。《釋訓》：蹻蹻，憍也。憍作驕。《釋器》：滅謂之點。點作玷。《釋天》：四月爲余。余作舒。皆異他家。此類非一，不悉數。外若孔氏《正義》，徐氏《初學記》、李氏《文選注》、小司馬《史記索隱》俱有引證。諸人何緣知五代之俗孫炎，獨陸農師始稍羼入耳。此皆在郭注之先者也。郭又自爲音、爲圖贊，君並加裒集，乃成完璧。郭之後，復列梁沈旋之集注，陳施乾、謝嶠、顧野王之音，固堪與郭相輔翼。而末卷衆家注，凡舊本、舊說不詳誰氏者胥甄錄，尤重許叔重、鄭康成兩家。

苟闕《雅》訓，無弗兼收，君於此可謂用力勤而用心篤矣。竊念當代學士往往宗許、鄭。許有《五經異義》而不注《爾雅》，鄭注群經亦未見《爾雅》。然兩家説於前所舉外，許《木部》引《釋宫》檐謂之樀，《斗部》引《釋器》斛謂之疀。《疒部》引《詩》譬彼瘣木，恰合《釋木》之瘣木苻婁。樊光及某氏注《釋訓》：儚儚、洄洄，惽也。段氏茂堂據王符《潛夫論》佪佪、潰潰之文，知今《爾雅》脱潰潰二字。許引作褘褘禬禬，則褘褘即洄洄之假音，禬禬即潰潰之假音也。許《馬部》馺字讀若《爾雅》小山馺大山峘，而《釋山》作岌，是亦借字也。《水部》引西至於汃國，而《釋地》作邠國，是通用字也。《禸部》引𥝀𥝀如人被髮，而《釋獸》作狒狒，是異體字也。惟《釋天》：天氣下，地不應曰雺，地氣發，天不應曰霧。《釋山》：石戴土謂之崔嵬，土戴石爲砠。二者並與許互異。《釋天》則《爾雅》是而《説文》非。《釋山》則《説文》同毛《傳》是，而《爾雅》非。論者俱謂傳寫之譌，殆不誣也。鄭如《釋詁》緝熙之類，已見《四庫書提要》，君亦引之。餘則《釋詁》：淈，治也。某氏引《詩》：淈此群醜。鄭《泮水》箋云：屈，治。屈蓋淈之省借。《釋言》：鬩，恨也。孫炎作狠，狠即很字。鄭注《曲禮》很毋求勝：很，鬩也。蓋二字轉注。又苛，妎也。鄭注《内則》疾痛苛癢，苛字用其義。《釋宫》：在牆者謂之楎。《考工記·匠人》注引楎作杙。《釋獸》：牝麎。某氏引《詩》，其麎孔有。今《詩·吉日》：其祁孔有。鄭箋：祁當作麎。即某氏注義。其句讀之異，許、鄭都有。《釋艸》：其萌虇蕍芛葟華榮。《説文》夢字解云：灌渝，讀若萌。是夢灌渝即萌虇蕍，蕍字上屬也。《釋獸》：鼨鼠豹文鼮鼠。郭讀鼨鼠屬上鼫鼠，豹文下屬鼮鼠，許讀鼨鼠豹文爲句，見《唐書·盧若虚傳》。《釋畜》：騋牝驪牡元駒褭驂。許以牡字斷句，郭從許，而鄭注《檀弓》引作元字上屬。《釋獸》：狸狐貒貈。許引作狐狸貛貉，鄭《地官》注作貂狐貒貉，又各不相侔也。至《釋天》：濟謂之霽。《説文》霋字解云：霽謂之霋。或謂引《爾雅》。又纁帛縿。《周禮·巾車》注：正幅爲縿。賈疏以爲《爾雅》文。《覲禮》疏謂《爾雅》説旌旗云：正幅爲縿。郝氏義疏據此二文知《爾雅》今本脱去四字。則是許、鄭之書可爲《爾雅》補闕也。蒙苦乏敏資，近更老至而耄及，仰希前哲，徒歎望洋。惟是許、鄭兩家曩曾尋覽，故不憚覼縷，藉質諸君。君札言十三經統擬綴耆，《易》、《詩》先就，業已刻行。頃幸得《爾雅》讀之，將俟次第告竣，蔚爲鉅觀。覬天假余年，猶及親睹其備焉。道光二十有七年，歲在强圉協洽之皋月，涇蘭坡朱珔譔，時年七十九。

《爾雅圖》

曾燠重刊影宋本叙

《爾雅圖》三卷，下卷分前、後二卷，實四卷。元人寫本，題《影宋鈔繪圖爾雅》。案郭氏叙云：别爲音圖，則郭本有圖及音義，與注别行。《隋・經籍志》稱：梁有《爾雅圖》二卷，郭氏撰，亡。故其音及讚，或見於《釋文》、《正義》，而不得其全帙。郭璞之後，又有江灌《圖讚》一卷，《音》六卷，見《唐・藝文志》。而曹憲及釋智騫亦皆爲音，杜鎬、孫奭又加詳定。至蜀毋昭裔以釋智騫及陸元朗《釋文》一字有兩音或三音，後生疑於呼讀，擇其文義最明者爲定，作《音略》三卷，見晁、陳二志及《玉海》。此本經文内有音，中、下卷有圖。其音則較之《釋文》所載郭音、或音、或用反語，多不合，而附經爲三卷，正是《音略》卷數，當爲毋昭裔音。其圖則宋、元人所繪，甚精致，疑必有所本，即非郭氏之舊，或亦江灌所爲也。考《晉書》，江灌字道群，陳留圉人，吴郡太守。而張彦遠《名畫記》以爲字德源，隋尚書令，至武德中爲隋州司馬。不知何以不合。毋昭裔去宋甚近，所爲蜀本書傳世亦多，宜其音尚存。宋人作韻書，惟取沈約、孫愐定本，其有古音相戾者，即不收入。故楊伯嵒作《九經韻補》，以證其缺略。郭《音》既不存，毋昭裔《音略》亦無傳者。後世圖、書又分爲二家之學，若《孫子兵法》、《山海經》諸書，皆有書無圖。然則舊音及圖賴有宋本存其梗概，良足寶矣。此書贈自曹大農文埴，弆藏已久，適孫觀察星衍、張太守郭仁見而譽之，屬廣其傳。復得姚處士之麟摹繪付刊，特識顛末，以質來者。古人云：《爾雅》以觀於政，可以辨言。又云：多識於鳥獸草木之名。一物不知，儒者之恥。遇物能名，可爲大夫。則此書之成，不獨好古者所宜服膺，爲政者盍流覽於斯。嘉慶六年太歲辛酉十月望日兩淮都轉鹽運使南城曾燠撰。

德林重刊景宋本補記

此《爾雅圖》景宋重刊本也。余於白下藏書家購得此板。原其始，乃曾賓谷先生得宋刊本，寶其舊音、繪圖，獨賴以存，欲廣其傳，故景摩付梓。其板後歸張敦仁古餘觀察。道光二十二年邗上，聞此耗，踰年，至白下訪購之。余珍是板，因音義圖形足正考辯耳。今欲續賓谷、古餘兩先生之意，亦欲廣其傳，非私也。又恐久失其考，徵信無由，願後之藏是板者，當珍襲之，則此書幸甚，而余亦幸甚。

道光二十九年歲在己卯陽月燕山德林補記于二十四琴書屋。

宋琪重刊景宋本補跋

古人之書得以流傳不朽者，剞劂氏功居多也。但坊刻行世，魯魚亥豕貽誤後學匪輕。間有善本，兵燹之餘，又往往散失。此家弦户誦之書，良梓固難，而守藏亦不易也。是編字畫無訛，圖形維肖。曾賓谷都轉得宋印初本，景摹重刻，工極精良。厥後傳之張古餘觀察，復傳之德研香觀察。研香觀察工篆隸，善丹青，珍惜是書如異寶，雖播遷靡定，行橐必隨，得完全璧。余嘗見而好之。無何，乙亥秋，觀察捐館姑蘇。其家恐其駁蝕，將是板歸之於余。睹物興懷，不免人琴之感，余敢不珍之惜之，以承諸先生之志哉。抑豈敢置之高閣哉。爰集同好，醵金刷印，以廣其傳。僅贅數言，以志顛末。

光緒三年歲在丁丑暮春之初古歙宋琪補跋。

孫氏《爾雅正義拾遺》

吳騫序

歸安丁升衢學博，嘗爲予述東原戴氏之説，以爲注《爾雅》之孫炎有二：一爲魏徵士，樂安人，字叔然。其一蓋唐五代間人，惜字與爵里不可考。惟陸氏《埤雅》所引孫炎註多後之孫炎。騫按，邢昺《爾雅注疏・序》云：其爲義疏者，俗間有孫炎、高璉，皆淺近俗儒，不經師匠。是宜于二家之説槩寘弗錄，而或者復疑邢氏既不取高璉，仍多載孫炎之語，似皆未達前説者也。且觀《埤雅》每引其語，或曰孫炎《正義》，或曰孫炎《爾雅正義》。若孫叔然，《經典・序錄》及隋唐各志所載，但有《爾雅注》及《音》，而未嘗有《正義》。正義之名，亦起于隋唐間，前此未聞也。是其判爲二人明矣。暇日因從《埤雅》采錄，通得如干條，爲孫氏《爾雅正義拾遺》一卷，聊附《詩譜拾遺》之次，以補自來簿錄所未及。《埤雅》惟簜竹云：孫炎以爲闊節爲簜。與《尚書》正義及邢疏相同。又蠓引孫炎注：蠛蠓，微細群飛。與《文選》注引孫炎云蠛蠓，蟲小于蚊相似。此當屬叔然舊注，故並不曰《爾雅》正義，茲亦不取。或又疑陸氏何以獨有取于俗間孫炎，曰此正鼂公武所謂農師著書，喜采俗説之證也。因書以爲序。

乾隆壬子上元前一日吳騫槎客氏。

周廣業題語

魏孫炎，晉世以與武帝名同，改稱其字。《魏志・王肅傳》：樂安孫叔然。是也。其所注《爾雅》，郭景純於《釋蟲》兩引其説而辨之，亦曰孫叔然。至酈道元注《水經・濕水》引《爾雅》：鷽斯，卑居也。孫炎曰：卑居，楚烏也。魏徵注《類禮》本之孫炎，時無所避，故直名之。俗間孫炎，如在唐會昌後，則炎亦廟諱，不應相犯。若謂武宗以前，則貞觀、顯慶、開成皆尚文之世，其書何以不見採錄，而《唐志》無名，然則五代時人無疑矣。郭氏蟷蜋注云：孫叔然以《方言》説此義，亦不了。《埤雅》螳蜋一條顯與相違，尤可見其非魏孫炎也。辛亥夏五下浣耕厓周廣業題。

唐宋以下注釋本

陸德明《爾雅音義序》

《爾雅》者，所以訓釋五經，辯章同異，實九流之通路，百氏之指南，多識鳥獸草木之名，博覽而不惑者也。爾，近也。雅，正也。言可近而取正也。《釋詁》一篇，蓋周公所作。《釋言》以下，或言仲尼所增，子夏所足，叔孫通所益，梁文所補，張揖論之詳矣。前漢終軍始受豹鼠之賜，自兹迄今，斯文盛矣。先儒多爲億必之説，乖蓋闕之義，唯郭景純洽聞强識，詳悉古今，作《爾雅注》，爲世所重，今依郭本爲正。犍爲文學《注》三卷，云犍為郡文學卒史臣舍人，漢武帝時待詔，闕中卷。劉歆《注》三卷，與李巡注正同，疑非歆注。樊光《注》六卷，京兆人，後漢中散大夫。沈旋疑非光注。李巡《注》三卷，汝南人，後漢中黄門。孫炎《注》三卷，《音》一卷。郭璞《注》三卷。字景純，河東人，東晉弘農太守著作郎。《音》一卷，《圖贊》二卷。梁有沈旋，約之子。集衆家之注。陳博士施乾、國子祭酒謝嶠、舍人顧野王並撰《音》。既是名家，今亦採之，附於先儒之末。

邢昺《爾雅疏叙》

邢昺序

翰林侍講學士朝請大夫守國子祭酒上柱國賜紫金魚袋臣邢昺等奉勑校定

夫《爾雅》者，先儒授教之術，後進索隱之方，誠傳注之濫觴，爲經籍之樞要者也。夫混元闢而三才肇位，聖人作而六藝斯興，本乎發德於衷，將以納民於善。洎夫醇醨既異，步驟不同，一物多名，繫方俗之語，片言殊訓，滯今古之情，將使後生，若爲鑽仰。繇是聖賢間出，詁訓遞陳，周公倡之於前，子夏和之於後，蟲魚草木，爰自爾以昭彰，禮樂《詩》《書》，盡由斯而紛郁。然又時經戰國運歷，挾書傳授之徒寖微，發揮之道斯寡，諸篇所釋，世罕得聞。惟漢終軍獨深其道，豹鼠既辨，斯文遂隆，其後相傳，乃可詳悉。其爲注者，則有犍爲文學、劉歆、樊光、李巡、孫炎，雖各名家，猶未詳備。惟東晉郭景純用心幾二十年，注解方畢，甚得六經之旨，頗詳百物之形，學者祖焉，最爲稱首。其爲義疏者，則俗間有孫炎、高璉，皆淺近俗儒，不經師匠。今既奉勑校定考案其事，必以經籍爲宗，理義所詮，則以景純爲主，雖復研精覃思，尚慮學淺意疏。謹與尚書駕部員外郎直秘閣臣杜鎬、尚書都官員外郎秘閣校理臣舒雅、大常博士直集賢院臣李維、諸王府侍講大常博士兼國子監直講臣孫奭、殿中丞臣李慕清、大理寺丞國子監直講臣王煥、大理評事國子監直講臣崔偓佺、前知洛州永年縣事臣劉士玄等，共相討論，爲之疏釋，凡一十卷。雖上遵睿旨，共竭於顓蒙，而下示將來，尚慙於疏略。謹叙。

錢大昕跋（爾雅疏單行本）

唐人五經正義，本與注別行，後儒欲省兩讀并而爲一，雖便於初學，而卷弟多失其舊，不復見古書真面，蒙竊病焉。玆見金昌袁氏又愷所藏宋槧《爾雅疏》單行本，不特紙墨精妙，且可想見古注疏之式，良可寶也。此書引陸氏《艸木疏》，其名皆從木旁，與今本異。考古書機與璣通，馬、鄭尚書璿璣字皆作機。《隋書·經籍志》烏程令吳郡陸機，本從木旁。元恪與士衡同時，又同姓名，古人不以爲嫌也。自李濟翁强作解事，謂元恪名當從玉旁，晁氏《讀書志》承其説，以或題陸機者爲非，自後經史刊本，遇元恪名輒改從玉旁。予謂考古者但當定《艸木疏》爲元恪作，非士衡作，若其名則皆從木旁。而士衡名字尤與尚書相應，果欲示别，何不改士衡名耶，即此可徵邢叔明諸人識字猶勝於李濟翁也。

陸心源（重刊北宋本爾雅疏序）

群經之疏，北宋時本與注别行，至南宋麻沙刊本始合爲一，閩刻及明監本仍之。自合刻本行而單行本遂微，今存者《儀禮》、《穀梁》、《爾雅》而已。《儀禮》、《穀梁》皆殘缺，惟《爾雅》獨完。承平時吳中有二本，一爲士禮居黄氏所藏，一爲五硯樓袁氏所藏。余於亂後得之吳中，故家書中有何氏藏書印，其即黄、袁二家所藏，或别爲一本，無可考也。其紙乃至順中公牘紙，背有蒙古文官印。金人汴京，盡輦國子監、秘書監書籍而北。事見《北盟會編》。其板至元時尚存，故有元時印本。考《玉海》，咸平三年二月命國子祭酒邢昺等重定《爾雅義疏》。四年九月表上，十月命摹板印行。書中凡遇宋太祖、太宗、真宗廟諱，皆缺末筆。其爲咸平初刻無疑。間有不避宋諱者，當是入元以後所修補耳。經注或載全文，或標起止，皆空一格，下偁釋曰，與單行本《儀禮疏》同例。經文與唐石經合，疏文完全，遠勝合刻本之删削。叔明訓詁考訂雖不及邵氏正義、郝氏義疏之精，而疏《爾雅》者於今爲最古。邢《疏》刊本又以此本爲最古也。叔明自序云爲之疏釋凡一十卷，合刻本皆作十一卷，若非此本僅存，何從見邢氏真面目乎。粤逆之亂，爲古今圖書一大劫，念世間未必有二，校正付梓，以餉學者。行款悉仍宋刊舊式，别爲校勘記附於後。

光緒四年歲在著雍攝提格且月歸安陸心源譔。

王國維（宋刊本爾雅疏跋）

烏程蔣氏藏宋刊《爾雅疏》十卷，每半葉十五行，行三十字，明文淵閣舊藏，即吾鄉陳仲魚先生經籍跋文中所著錄者也。案宋刊諸經單疏存於今日者，臨清徐氏有《周易正義》，日本楓山官庫有《尚書正義》，竹添氏有《毛詩正義》，近藤氏有景鈔《左傳正義》，前吳門黄氏有《儀禮疏》，蔣氏復有殘《公羊疏》，并此《爾雅疏》而七。《爾雅疏》舊又有吳門黄氏、歸安陸氏二本。今黄本已佚，陸本又流出海外，惟此爲碩果矣。諸疏行款，除《易疏》未見外，《書疏》每行二十四字，《詩疏》與《左傳疏》每行二十五字，《儀禮疏》二十七字，《公羊疏》二十五六七字，《爾雅疏》三十字，其半葉十五行，則諸疏皆同，此亦六朝以來義疏舊式。考日本早稻田大學所藏六朝人書《禮記》子本疏義，每行二十八九字至三十字不等，富岡君撝所藏唐人書《毛詩疏》殘卷，每行自二十二字至二十六字不等，狩谷望之藏古鈔《禮記單疏》殘卷，每行二十六七字，巴黎國民圖書館藏唐人書《老子道德經義疏》，亦每行二十四五字至三十字不等，其餘唐人所書佛經疏，亦無不然。是五代刊九經用大字，宋初刊經疏用小字，皆仍唐人卷子舊式也。宋初刊五經正義，成於淳化五年，七經正義咸[成]於咸平四年，此本猶是咸平舊式。然於欽宗嫌名亶字，高宗嫌名媾字，皆闕一筆，又多元明補刊之葉，乃南渡後重刊北宋監本，又經元明修補者也。考北宋監本，靖康中爲金人輦之而北，故南渡後即有重刊經疏者。如竹添氏所藏《詩疏》，乃紹興九年九月十九日紹興府重雕，又《玉海》載紹興十五年博士王之望請群經義疏未有板者令臨安府雕造。《建炎以來朝野雜記》亦記此事。則高宗末年，群經義疏當已盡有印板矣。此種州郡刊板，當時即入監中。故魏華父、岳倦翁並謂南渡監本盡取諸江南諸州。蓋南渡初監中不自刊板，悉令臨安府及他州郡刻之，而以其板入監，此即南宋監三經之闕，是以二疏後世猶有傳本，餘疏自元以後，殆已不多印行矣。

本也。明黄佐《南雍志經籍考》所載舊板，有《周易注疏》十三卷、《儀禮注疏》五十卷、《春秋正義》三十六卷、《春秋公羊傳疏》三十卷、《春秋穀梁傳疏》十二卷、《爾雅注疏》十卷，其書雖或稱正義，或稱疏，或稱注疏，而其卷數無不與北宋單疏本合，而與南雍之十行本注疏不合，當即南宋所刊單疏舊板也。以其板久闕不印，又明人但知有注疏，不知有單疏，故即以注疏目之。此本用洪武中公牘紙印，又有明初補板，乃明南雍印本，可知《南雍志》之《爾雅注疏》十卷，即是此本。而其他《周易》、《儀禮》三傳諸疏，卷數同於單疏本而不同於南雍注疏本者，其爲南宋單疏舊板，蓋可識矣。南雍十行本注疏，向無《儀禮》、《爾雅》二種，故元、明間尚補綴單疏本，以彌十三經之闕，是以二疏後世猶有傳本，餘疏自元以後，殆已不多印行矣。

陸佃《爾雅新義》

陸佃序

萬物汝故有之，是書能爲爾正，非能與爾以其所無也，名之曰《爾雅》以此。莊子曰：中無主而不止，外無正而不行。舊説此書始於周公以教成王，子夏因而廣之，雖不可考，然非若周公、子夏不能爲也。故予每盡心焉，雖其微言奥旨有不能盡，然不得爲不知者也。豈天之將興是書，以予贊其始，譬如繪畫，我爲發其精神，後之涉此者致曲焉，雖使璞擁篲清道跂望塵躅可也。元符二年五月山陰陸佃農師序。

孫志祖跋

陸農師《爾雅新義》二十卷，全謝山先生嘗見之，而惜其未鈔，後旁求不可得，著其説於經史問答中。吾友丁君小山，乃於京師購得影宋鈔本，誠希世之秘册也。農師之學，源於荆公，説經間有傅會，然其博洽多識，視鄭漁仲注實遠過之。且其所述經文，猶是北宋舊本，可以正今監本之譌謬。如《釋詁》之底底，不作底廢。《釋訓》之怟怟，不作怟怟。《釋天》之四氣和謂之玉燭，與李善選注相符。監本作四時，非也。《釋邱》之當途梧邱，監本譌作堂途。《釋草》之蒙王女，監本作玉女。雖字畫小差，然農師於箭王蔧注云：凡大偁王。引此文爲證，則非傳寫之誤也。蕭萩，萩字不作荻，亦與石經、《釋文》本合。《釋木》之杬魚毒，杬不作杭。蔽者翳，《釋文》明出蔽字，今本皆譌作斃。《釋鳥》之鸒白鷺，監本誤分楊鳥爲二字。《釋畜》之騂白駁、黄白皇，監本白譌作曰，皆可據以訂正。曩余裒集衆説，作《爾雅考異》，惜猶未睹此書，今何幸而得補其闕憾也。乾隆乙卯仁和孫志祖跋。

嚴元照書後

陸氏佃《爾雅新義》，自來藏書家絶不著録，《經義考》云未見。初聞徽州有此書，道遠莫能致。同縣丁教授杰藏書鈔廿卷，殆陳振孫所稱其曾孫子遹嚴州刻本也。大人從丁君借觀手録一本，五旬而畢，命元照校之。前有元符二年自序，文極詭誕。其注履帝武敏，引武未盡善。大者謂之栱，引大舜有大焉。比傅經義，殆同兒戲。陸又號通小學者，顧殊不識字。闢、閾字皆從門，《釋文》、石經從門者，相承繆體如是。陸不知正其誤，於閾恨也注，反附會之曰：門内之事。蚕，他典切。與蠶字音義迥異。唐時俗借作蠶，行之已久，然固未有以蠶解《爾雅》之蟴蚕者。陸注之曰：蚕老而後眠。是直以蚕爲蠶矣。不知篇中蟓桑繭，乃是蠶也。《釋鳥》：與，鶅鷎。樊、孫本與作鷽，見於《釋文》，蓋即卑居也，一鳥而異名耳。石經誤作車輿字，陸又附會之曰：輿，載也。此皆甚可笑者。又若狄臧槔貢綦，景純云：未詳。《釋文》、《廣韻》以狄臧槔爲句，陸以槔字屬下讀。螼蚓蟴蚕，陸於蟴字句絶，以蚕下屬莫貈爲句，不知何所本也。注中多引荆公《字説》，當元符時王氏新説已奉明禁，而猶欲鼓其頽波，疑誤學者，良可怪也。予嘗聞之抱經盧先生曰：古人之於字義不因音讀之異而爲區别。《爾雅》台、朕、賚、畀、卜、陽同訓爲予，不必分予我、賜予兩義也。予因先生言推之，見《爾雅》如此例者尚不少。陸於爰、粵、于、那、都、繇，於也注曰：於，一名而兩讀。於台、朕、賚、畀、卜、陽，予也則曰：予，亦一名而兩讀。於昌、敵、彊、應、丁，當也又曰：當，一名而兩讀。注中唯此義爲至精，所謂先覺者也。其經文本於《釋文》、石經，可以校近本之誤。亦間有異於《釋文》、石經者，如勴，助也。勴作勯，據《說文》、《玉篇》元未嘗有勯字。嗟，咨䠅也。釋文云：䠅，本或作𨁬。二字皆不見於《說文》，此書作蹉，始知䠅、𨁬皆蹉之省。此二科皆勝於《釋文》、石經。北宋時舊本猶未盡佚，故所據不僅《釋文》、石經也。

嚴可均書後

《爾雅新義》二十卷，宋陸佃農師譔。農師有《陶山集》詩文及格《鶡冠子》注，亦簡貴。唯引字解二而小者示也，可嗤。《埤雅》駁雜，尚堪節取。獨《爾雅新義》率本《字說》，再加穿鑿，幻境重重，至不可思議。陳振孫詆爲翫物喪志，余謂《五行志》有詩妖，《新義》蓋經妖也。其書，《玉海》引《中興書目》、元修《宋藝文志》、明焦竑、葉盛皆著錄。後乃若存若亡。乾隆五十年吾鄉丁小山得影宋本于京師。是時四庫館告竣，不復收錄，然亦不當收錄。孫詒穀攜歸武林，落吳山書肆。嘉慶十三年陸香圃刻板于蕭山，至道光九年以印本見詒。搖筆書後，香圃見之，將怒我矣。

王宗炎叙

宋山陰陸氏《爾雅新義》，爲世所罕覯。吾鄉陸君芝榮、陳君培得仁和宋助教大樽手校本，審定鏤版既畢，謂宗炎宜叙其耑。宗炎讀之卒業，歎其學富思沈，深造自得，獨惜其有意求新，而未協於《爾雅》之義也。夫《爾雅》者，周公修軒轅之正名，紹陶唐之稽古，以當名辯物，正言斷辭者也。爾之言近，邇言簡質，察而識之。雅之言正，群言殽亂，理而董之。或旅述衆文而解以總義，或楔舉正義而廣其異名，或綱敶而義條其目，或枝數而義最其凡。初、哉、首、基以下蓋相傳之故言，始也諸訓則周公所考定也。書名既諭，天下同文，厥後詩書，咸符雅訓。宣聖憲章，述而不作。七十子之徒，守其微言，附以經説，篇籍滋多，其義一致。何者，故言爲經所從出，即據以正經。訓詁爲義之主，名非可以義起。埽除更張，有違古訓，不惟不暇，亦不敢也。漢、晉以還，犍爲舍人、劉歆、樊光、李巡、孫炎、郭璞，各爲之注。雖深淺不同，皆能多識畜德，辯惑闕疑，温故知新，由此其選。原夫訓詁之興，依於音聲，因聲象形，睹形生義。明乎音有通轉，義有假借，考經師之異讀，證别國之方言，袪偏旁附益之疑，究聲均遞變之漸，使比文屬字者，各從其類，旁通互受者，雜而不越，治《爾雅》者如是可矣。且如初之爲義，衣之始也。基之爲義，牆之始也。引申以爲凡事之始，古人釋之，後人從而釋之云爾。若夫凡事之始，之所以必謂之始，雖古人復起，不能解其義也。古人所不能解，而吾以意解之，則逆而多違矣。嬰孩之生，嘔啞然、嫛婗然，此未始有始時也。徐而能語，謂父父，謂母母，猶夫人之言也。以能語之始，即不能不言人之所已言。而欲一旦取古人相沿相習之言，以爲至今日而始得其所以言，則危而不安矣。且夫日月之變易以成歲也，萬古而躔運如故也。禮樂之損益以救弊也，三代而文質如故也。是故言新者則故而已矣。孟子曰：故者以利爲本，利者，順也，宜也。順以數往，宜以適時，故無惡於智者之鑿也。陸氏之爲人，彊毅自遂，學於王安石，而不苟同其害政。集中所載元豐大裘清廟諸議，學者多偁焉。是書承詔所作，覃思畢精，蘄綴三經新義之次，立於學官。然而當代已不滿其書，後世卒未有述之者，則有意於新而失之也。夫以陸氏之才之學，尚不能以一人之智易天下，况不逮陸氏者乎。方今經術道備，儒者咸知發墨守而尚心得矣。宗炎懼夫喜新之習，進取而忘其初故，於是書詳叙而極論之，以諗後之達者，非敢訾議前哲也。

陸芝榮識語

家農師《爾雅新義》，世尠傳本，往得之吳山書肆，瞻寫譌脱，幾不可讀。今春假仁和宋助教大樽校本，是正文字，差爲完善，亟思鏤板，以廣其傳。同邑陳君茌邨培與有同志，佽以刊直之半，命工開雕，三月蕆事。案《直齊書錄解題》，是書原本十八卷，今本二十卷，乃農師曾孫子遹所編。宋君據《直齋》説重定卷目，冀合故書次第，竊意原本既不可得見，此編猶宋本之舊，當仍從之。農師解經，每合上下文助成其説，如：衎、祪，祖也。注云：尼祖爲衎。即用下句即尼也之義。饎，酒食也。注云：饎喜爾，雩有舞有號。雩有舞有號即釋下句舞號雩也。宋君皆以爲傳寫之誤，蒙有猜焉。又宋君於經文援據衆本，疏證精審，而注文尚多可議。聞歙鮑先生廷博嘗見影宋寫本，後有太原閻徵君跋語，他日庶幾見之，得以覆加校定，抑有厚幸焉。喜慶戊辰八月既望蕭山陸芝榮識。

鄭樵序

鄭樵《爾雅注》

大道失而後有六經，六經失而後有《爾雅》，《爾雅》失而後有箋注。《爾雅》與箋注俱犇走六經者也。但《爾雅》逸，箋注勞。《爾雅》者，約六經而歸爾雅，故逸。箋注者，散《爾雅》以投六經，故勞。有《詩》、《書》而後有《爾雅》，《爾雅》憑《詩》、《書》以作，往往出自漢代箋注未行之前，其孰以爲周公哉。《爾雅》釋六經者也。《爾雅》明，百家箋注皆可廢。《爾雅》應釋者也，箋注不應釋者也。人所不識者，當釋而釋之，曰應釋。人所不識者，當釋而不釋，所識者，不當釋而釋之，曰不應釋。古人語言於今有變，生今之世，何由識古人語，此《釋詁》所由作。五方言語不同，生於夷，何由識華語，此《釋言》所由作。物有可以理言者，以理言之，有不可以理言，但喻其形容而已。形容不可明，故借言之訓以爲證，此《釋訓》所由作。宗族、婚姻，稱謂不同，宮室、器樂，命名亦異，此《釋親》、《釋宮》、《釋器》、《釋樂》所由作。人之所用者人之事爾，何由知天之物，此《釋天》所由作。生於此土，識此土而已。九州之遠，山川丘陵之異何由歷，此《釋地》、《釋丘》、《釋山》、《釋水》所由作。動物、植物，五方所産各有名，古今所名亦異謂，此《釋艸》、《釋木》、《釋蟲》、《釋魚》、《釋鳥》、《釋獸》、《釋畜》所由作。何物爲六經，集言語、稱謂、宮室、器服、禮樂、天地、山川、艸木、蟲魚、鳥獸而爲經，以義理行乎其間而爲緯，一經一緯錯綜而成文，故曰六經之文。《爾雅》謂言語、稱謂、宮室、器服、禮樂、天地、山川、艸木、蟲魚、鳥獸之所命不同，人生不應識者也，故爲之訓釋。義理者，人之本有，人生應識者也。故嬰兒知好，瞽者、聾者知信義，不馮文字而後顯，不藉訓釋而後知，六經所言，早爲長物，何況言下復有言哉，故《爾雅》則不釋焉。後之箋注家反是，於人不應識者則略。應識者則詳，舍經而從緯，背實以應虛，致後學昧其所不識，而妄其所識也。蓋人所不應識者經也、實也，不得釋則惑，得釋則明。若曰：關關雎鳩，在河之洲。不得釋，則人知雎鳩爲何禽，河洲爲何地哉。人所應識者緯也、虛也，釋則不顯，不釋則顯。董遇有言，讀百徧理自見者，爲此也。若雎鳩、河洲，不得旨言，雖千誦何益哉。何謂釋則不顯，且如《論語》所謂學而時習之，不亦説乎。無箋注人豈不識。《孟子》所謂亦有仁義而已矣，何必曰利。無箋注人豈不識。《中庸》所謂天命之謂性，率性之謂道。無箋注人豈不識。此皆義理之言，可詳而知，無待注釋。有注釋則人必生疑，疑則曰：此語不徒然也。迺舍經之言而泥注解之言，或者復舍注解之意，而泥已之意以爲經意，故去經愈遠。正猶人夜必寢、旦必食，不須告人也。忽而告人曰：吾夜已寢矣，旦已食矣。聞之者豈信其直如此耳。必曰：是言不徒發也。若夜寢旦食，又何須告人。先儒箋解虛言致後人疑惑，正類此。因疑而求，因求而迷，因迷而妄，指南爲北，俾日作月，欣欣然以爲自得之學，其實沈淪轉徙，可哀也哉。此患無他，生於疑爾。其疑無他，生於本來識者而作不識者解爾。爾雅訓釋六經，極有條理，然只是一家之見。又多徇於理而不達乎情狀。故其所釋六經者，六經本意未必皆然。樵酷愛其書，得法度，今之所注，只得據《爾雅》意旨所在，因採經以爲證，不可叛之也。其於物之名，大有拘礙處，亦略爲之摭正云爾。謹序。

鄭樵後序

一字本一言，一言本一義。饘自饘，餬自餬，不得謂餬爲饘。訊自訊，言自言，不得謂訊爲言。襧自襧，袍自袍，不得謂袍爲襧。衮自衮，黻自黻，不得謂衮爲黻。不獨此也，大抵動以十數言而總一義，今舉此四條亦可知其昧於言理。《詩》云：奉璋峨峨。謂助祭之士，執圭璋峨峨然。《釋言》：峨峨，祭也。伐木丁丁。丁丁者，伐木聲也。鳥鳴嚶嚶。嚶嚶者，鳥聲也。奈何曰丁丁、嚶嚶，相切直也。舉此三條，亦可知其不達物之情狀。《爾雅》所釋，盡本《詩》、《書》，見《爾雅》自可見，不待言也。《離騷》云：令飄風兮先驅，使涷雨兮灑塵。故釋風雨云：暴雨謂之涷。此句專爲《離騷》釋，則知《爾雅》在《離騷》後，不在《離騷》前。謂華爲荂，謂艸木初生爲芿，謂蘆笋爲虇，音勸謂藕紹緒爲茭，皆江南人語，又知作《爾雅》者江南人。謹後序。

毛晉識語

舊有《爾雅》注什餘家，如劉歆、樊光、李巡、孫炎、沈旋、施乾、謝嶠諸子爲尤著。先輩病其漏略，湮而不傳。惟郭景純考采二九載，詮成三卷，最爲稱首。第晉代迄今幾千餘年，況本文多江南人語，而郭氏居河東，古今世殊，南北俗異，意義音聲之間，誠有未盡合者。迨宋邢昺、杜鎬九人疏之，非不詳洽。漁仲又懼後人舍經而疑箋注，復舍箋注而泥己意，別出手眼，採經爲證，不畔作者本旨。郭氏所謂擁篲清道，企望塵躅者，其在斯乎。余家向藏抄本，未甚精確。客秋從錫山購得殘編數篋，獨斯帙完好，實南宋善版。狂喜竟日，亟授梓人。其間淆訛，如𠜸、斛、蔤密、蚚蚈、䶑鼩之類，一一更定。又如：弅同也、葦醜芀、蛭蟣、倉庚，黧黄也及由膝以下爲揭、由膝以上爲涉、由帶以上爲厲數條，俱已脱落，未見其注何似，不敢妄補。始信落葉難掃，雖宋刻不無遺憾云。海虞毛晉識。

周裳識語

研究事物，卓然自命爲百代瞻仰者，豈獨天資粹美，縱横討論云爾哉。良由博覽宏蒐，啓迪後學，有以輔前人所未逮也。宋夾漈鄭先生《通志》，全編學問經術，夙推用世大典，惜乎原版散軼。甄一喬梓屢擬重鐫，而絀乎力。兹《爾雅》一書爲卷凡三，爲目凡十九，久矣列之于經。其爲解釋箋訓，實與謨誥相表里。注疏約數十家，獨郭景純稱爲絶倫。而夾漈先生猶懼古今殊世，南北異俗，語義聲音之間尚有未盡合者。于是别出手眼，略者詳之，闕者補之，晦者明之，非者正之。自訓詁、語言、人倫、日用、天地、山川以及蟲魚、飛走之屬，莫不探微索隱，典贍精確。在它人只釋人之所易知，而先生則釋人之所難解。蓋釋人之所易知者多淺近，而釋人之所難解者獨奥博也。夫豈矜一己之浩衍，而實開讀者之迷途。事罔溷淆，物無錯誤，乃景純之功臣，而非誇多鬥靡，訕駁前人，以自立旗幟者同日而論矣。余嘗三復于此書，而知先生啓迪後學，輔翊前人之意至深遠也。一名也，必原其稱謂之所自出。隻字也，務究于義理之無可疑。錯綜同異而條析，仍自犁然，羅列雅俗而并包，總歸至當。擷六經之膏澤，寫萬彙之情狀。由是而作爲文章，昭如日月，著爲事業，沛若江河。洵穹壤之菁華，藝文之淵藪也。張茂先之博物足稱，揚子云之奇字堪問，亶其然乎。苟非然者，麥菽莫辨目前，鼮鼴昧于往册。窮極幽渺，而音韻未協于四方，標舉恢宏，而形體不符于五酉。則雖名重海内，而不免于譏，筆妙天下，而終歸于陋。況乎以臘爲獵，訓麈作璋者歟。世有博極群書，而君子以爲不識一字，此非廢而弗觀，抑讀而不熟也。甄一嗜古力學，恪承尊甫之志，盡舉先世奏議遺集，壽之梨棗。并刊先生注釋《爾雅》原本，流傳于後。庶無有以波爲水皮如王介甫，誤食蟛蜞如蔡道明者。

康熙辛巳孟夏婁東八十二叟周裳拜識。

鄭定遠跋

吾宗著述名家，代不乏人，若夾漈先生其最著者也。先生博聞多識，自經義、禮樂，暨天文、地理、昆蟲、草木之類，辨論精析，所著成帙者凡五十八種，其《通志》尤籍甚藝林。先君子購求先世遺書，捐槖重刊，因艱於刻資，歷時未竣。茲《爾雅》一編，乃先生手注，典贍詳核，遠勝郭景純舊本。海虞毛君子晉曾刊入《津逮秘書》中。顧卷帙浩繁，行世殊艱。定遠謹承先君子未竟之志，重加校訂，與先世所注錄忠孝諸經並付剞劂，以公同好。至是書原委，先生之自序，毛君之題識，論之詳矣，不敢復贅云。時康熙辛巳王正元日玉峰宗孫定遠謹識。

黄廷鑑跋

宋鄭夾漈先生注《爾雅》一書，採經爲證，不事穿鑿，轉得簡要，最稱善本。汲古毛氏得南宋本，刻入《津逮書》中，俾後學得睹遺編，厥功匪淺。惟中由膝以下爲揭、由帶以上爲厲諸條，因原注佚脱，并節去經文。又以舊文淆訛，有所更定，如斛改斠、鼩改鼩之類，皆失之疏。考斛字，郭《注》、《經典釋文》及許氏《説文》所引斛謂之䑋，皆從斗，則斛字本不作斠。鼩字，釋文云：鼩鼠。郭注，關西呼爲鼩鼠。鼩音雀，或誤爲瞿，并以鼩鼠爲鼩鼠。又《説文》云：鼩，胡地鼠也。與郭注意合。《廣雅》云：鼩，鼩鼠也。則鼩鼠注本不作鼩鼠，此皆漢唐舊籍，足可依據。乃毛氏輒將鄭注本文改易，何未深考也。又如經文莩爲芓，薔爲牆，楊鳥爲鸉之類，皆足以正監本相沿之訛，與《唐石經》、《釋文》諸書合。兹特補入經文，餘悉仍宋槧之舊。他若忕伏、杬杭、䳭鵙之訛，經前輩訂定者，咸與刊正，庶幾不失舊觀，無誤來兹，于是書不無小補云。

羅願《爾雅翼》

羅願序（洪焱祖釋）

惟宋十一世淳熙改元，孝宗朝甲午歲羅子次《爾雅翼》。羅子願，字端良，徽州歙縣人。《爾雅》十九篇，郭璞釋曰：爾，近也。雅，正也。言可近而取正也。翼，謂編次此書所以羽翼《爾雅》，並行於世也。定著五萬餘言。《論語》曰：《詩》三百，一言以蔽之，曰思無邪。《左傳》趙簡子稱子大叔遺我以九言。此以一句為一言。漢東方朔誦二十二萬言，此以一字為一言。今云五萬餘言者，以字計也。乃論古初造化始耑，耑，俗作端。《說文》：物初生之體也。上象生形，下象根。萬彙芒忽，並生其閒。芒，音荒。忽，本作芴。《莊子》：芒乎芴乎，而無從出乎。芴乎芒乎，而無有象乎。萬物職職，皆從無為殖。民生如標枝，鹿豕爲群。標，上聲。一音杓，又去聲。言木杪之枝無心在上也。枝，一作校，音效。《莊子·天地篇》。自以爲一物，不自貴珍。有聖人者立，桀出其倫。使同類相收，異類區分，正名百物，毛羽介鱗。《周官·大司徒之職》：辨其山、林、川、澤、丘、陵、墳、衍、原、隰之名物。毛物，貂、狐、貒、貉之屬。羽物，翟、雉之屬。介物，龜、鼈之屬。鱗物，魚、龍之屬。貒，它丸切，又它畔切。圜首方趾，自別爲民。《太戴禮·曾子天圓篇》曰：天之所生上首，地之所生下首。注：人首圓足方，因繫之天地。乃佃乃漁，乃栞乃焚。《易·繫》注：陸佃以羅鳥獸，水漁以罔魚鼈。栞，通作刊。《書》：隨山刊木。《孟子》：益烈山澤而焚之。選百羞百穀，以爲常珍。《周官·內饔》：選百羞醬物珍物以俟饋。羞出於牲及禽獸，以備滋味。楊泉《物理論》曰：粱者，黍稷之總名。稻者，溉種之總名。菽者，衆豆之總名。三穀各二十種，為六十。蔬、果之實助穀，各二十。凡為百穀。味其辛毒，俾相君臣。《淮南子》云：神農嘗百草之滋味，一日而七十毒。程子曰：若小毒，亦不當嘗。若大毒，一嘗而死矣，安得生。其所以得知者，自然視色嗅味，知得是甚氣，作此藥使可攻此病。古者因藥物之性分為君臣佐使以相攝，故其合和，有一君二臣三佐五使，或一君三臣九佐使。沈括曰：君，謂藥雖衆，主病者在一物，其他則節級相為用。靈智以爲畜，猛虣服循。畜，音嗅。《禮運》：四靈以為畜，故飲食有由也。麟、鳳、龜、龍謂之四靈。虣，音暴。《周禮》：服不氏掌養猛獸而教擾之。注：教習使之馴服。異物著之鼎，別姦與神。遂超萬物，莫之與鄰。號名三才，與天地均。裁制萬品，皆由於人。《左傳》：昔夏之方有德也，遠方圖物，貢金九牧，鑄鼎象物，百物而為之備，使民知神姦。故民入山林川澤，不逢不若。物患既去，其利畢暾。患去，如周公驅虎豹犀象而遠之。利暾，如虎豹之皮為侯與其裘，犀兕為甲，象以節輅而為笏。智者用其實，因既其文。有所著作，假之而論。故《詩》首《關雎》，《春秋》感麟。《易》八卦始畫，仰天俯地，窮鳥獸之文。《書》契因之，是生典墳。《禮》觀象作服，贄死生之物，以明卑尊。歙竹聽鳳，爲樂本原。《漢志》：黃帝使冷綸制十二筩聽鳳鳴，其雄鳴為六，雌鳴亦六，比黃鐘之宫而皆可以生之，是為律本。《魯論》貴多識，譏五穀不分。聖有所不語，亦有所常言。子不語怪力亂神，雅言《詩》《書》執禮。此結上文，意謂異物神姦，固聖所不語，《易》、《書》、《詩》、《春秋》、《禮》、《樂》，皆假物而論，則聖所常言也。至《王會》紀遠物，則多異聞。《周書·王會解》篇所記雜物奇獸，皆四夷遠國各齎土地異物以為貢贄。篇名《王會》者，王城既成，大會諸侯及四夷也。唐太宗時，遠方諸國來朝者甚衆，服裝詭異，顔師古請圖以示後，作《王會圖》。自《王會》以下，不敢上紊聖經，故於過脈處下一至字。先生作文，不苟如此。《離騷》志絜，唯掇其芳芬，王逸章句曰：行清絜者佩芳。屈平以清絜一介自處，故《楚辭》取象於草木之芳絜者，無所不備。不若《爾雅》，博洽雅馴。起於漢世，學者自爲顓門。欲輔成詩道，廣摭旁穿。萬物異名，始著於篇。先師説之，義多不鮮。由古學廢絶，説者無所旁緣。郭璞序曰：若乃可以博物不惑，多識於鳥獸草木之名者，莫近於《爾雅》。《爾雅》蓋興於中古，隆於漢世，雖注者十餘，然猶未詳備。愚按，《爾雅》之作，經傳莫言其人及時世。郭氏以為興於中古者，經典通謂伏羲為上古，文王為中古，孔子為下古。中古蓋指周公時言。邢昺疏有曰：《釋詁》一篇，蓋周公所作，《釋訓》以下，或言仲尼所增，子夏所足，其説皆不足信。故羅公斷定以為起於漢世，專門之學，為輔成詩道而作也。郭氏雖曰興於中古，然亦云蓋以疑之。朱文公曰：《爾雅》是取傳注以作，後人卻以《爾雅》證傳注。趙岐説《孟子》、《爾雅》皆置博士，在漢書亦無可考。風土不同，各據所偏。夾漈鄭氏曰：物之難明者，為名之難明也。名之難明者，謂五方之名既已不同，而古今之言亦自差別。江南之産，踰北而遷。《考工記》云：橘踰淮而北為枳，鸜鵒不踰濟，貉踰汶則死，此地氣然也。汶，毛氏音岷。陸德明音問，誤。至其語音，亦不相沿。楚語虎為於菟，蠻名魚為娵隅。《東漢書注》：零陵、南康人呼蜼音餘，建平人呼蜼音贈遺之遺，又音余救反。皆土俗輕重不同。鄭人命死鼠，儗於璵璠。璵，音餘。璠，音煩。按，《類要》載《尹文子》曰：鄭人謂玉未琢者為璞，周人謂鼠未腊者為璞。周人謂鄭賈人曰：欲買璞乎。鄭賈曰：欲之。出璞示之，乃鼠也。因謝不取。六書之相假，鱓則爲鱣。《漢書·楊震傳》：冠雀銜三鱣魚。注：冠，音貫。即鸛雀也。鱓，音善。韓子云：鱓似蛇。臣賢按：《續漢》及《謝承書》鱣字皆作鱓，然則鱣鱓古字通也。鱓魚長者不過三尺，黄地黑文，故都講云：蛇鱓，卿大夫之服象也。郭璞云：鱣魚長二三丈，音知然反。安有鸛雀能勝二三丈乎，此為鱣，音善，明矣。物亦固有難識，不可汎觀。惡莠亂苗，豫章須七年。《述異記》曰：豫章生七年而後與衆木異。非好古博雅，身履藪澤，孰能究宣。野人能別之，不能見於傳。鄭氏曰：儒注家多不識田野之物，農圃人又不達《詩》《書》之旨，二者無由參合，遂使鳥獸草木之學不傳。至謂鴟女匠，魚罟爲荃。《詩》：鴟鴞。郭云：鴟類。陸璣疏云：似黄雀而小，其喙尖如錐。取茅秀為窠，以麻紩之，如刺韈然，縣著樹枝。或曰巧婦，或曰女匠。陸説蓋誤。《周易》王弼明象曰：得魚忘筌。《廣韻》：筌者，魚笱也。從竹。《莊子》作荃。注：香草，可以餌魚。愚按，罟字疑當作笱。六駮以爲馬，不可駕牽。《秦風》：隰有六駮。六駮，木名。其皮青白駮犖，遠而望之似六駮之獸，因以為名。其木則梓榆也。毛直以為獸之六駮，則與苞櫟、棣、檖不相類，故陸不從。謂芍藥無香，説芳草者，初不識蕙與蘭。鄭詩：贈之以勺藥。毛萇云：香草。陸璣云：無香氣。蓋醫方但用其根，陸不識其華，故云無香。蕙、蘭，説見翼中。羅子疾之。乃探其源，因《爾雅》爲資，略其訓詁、山川、星辰。《爾雅》有《釋詁》、《釋訓》、《釋山》、《釋水》、《釋天》。略，謂闕而不述。研究動植，不爲因循。《周官·大司徒之職》：以土會之法，辨五地之物生。音性。動物謂毛、鱗、羽、介、臝，植物謂皁、膏、覈、莢、叢。注云：天覆地載，地有五等，所生無過動植及民耳。觀實於秋，玩華於春。俯瞰淵魚，仰察鳥雲。《列子注》：察見深淵之魚。《淮南子》：鳥飛於雲。又《大戴禮》：鳥魚皆卵，魚遊于水，鳥飛于雲。山林皋壤，遇物而欣。《莊子·外篇》曰：山林與，皋壤與，使我欣欣然而樂與。注：山林皋壤未善於我而我樂之，此為無故而樂也。與，音余。有不解者，謀及芻薪。農圃以爲師，釣弋則親。用相參伍，必得其真。農圃釣弋四字本《論語》。《易》：參伍以變。《荀子》曰：窺敵制變，欲伍以參。《趙廣漢傳》：參伍其貫，以類相準。蓋紀數之法，以三數之，則遇五而齊。以五數之，則遇三而會。參伍者，前後多寡，更相反覆，以不齊而要其齊。此書之成，爲《雅》羽翰。其涵如海，其負如山。韓文：海涵地負。其稱物小，義炳而寬。《易·繫》曰：其稱名也小，其取類也大。注：所稱物名多細小，若見豕負塗之屬，雖是小物，而喻大事。是所取義類而廣大也。不强所不知，義無不安。宇中所有，目擊而存。《莊子》：目擊而道存。擊，動也。郭云：目裁往，意已達。指毛命獸，見末知根。古之命獸，皆以其毛色命之。如馬驪白雜毛曰騢，黄白雜毛曰駓，陰白雜毛曰駰。凡此，皆指毛以命之也。草木之根，未易察識，觀於柯葉可以知之。如葉大有毛為白术，葉細小為赤术，松葉柏身為樅，柏葉松身為檜。凡此，皆見末以知根也。可用閟覽，虞悦性情。玩化無窮，以觀我生。率是佐時，人主以裁成。通之于六籍，疑義以明。千世之下，與《雅》並行。後有子雲、君山之儔，乃知其精。楊雄作《太玄》、《法言》，時人皆忽之，惟桓譚以為絶倫。君山，譚字也。韓文：後有楊子雲，必好之矣。《雅》道復顯，功亦宏矣。郭序《爾雅》云：豹鼠既辨，其業亦顯。此云復顯者，言其書行於千世之下，當與《爾雅》同功而復顯也。

王應麟識語（洪焱祖釋）

右《爾雅翼》三十有二卷，歙羅公願端良譔。惟大學始教，格物致知，萬物備於我，廣大精微，一草木，皆有理可以類推程子曰：一草木亦皆有理，不可不察，但於一事上窮盡，其它可以類推。卓爾先覺，即物精思，體用相涵，本末靡遺。先覺，指下文周、程、邵、朱四先生。水華庭草，玩生意以自怡。周子有《愛蓮說》。《程氏遺書》明道先生曰：周茂叔窗前草不除去，問之，云：與自家意思一般。朱子贊云：庭草交翠。雞雛觀仁，乾坤具梅枝。程子曰：觀鷄雛可以觀仁。朱子曰：凡物皆可觀。此偶見雞雛而言耳。小小之物，生理悉具。又曰：初與嫩底便是。蓋當時飲啄自如，未有爭鬭侵陵之患，便是仁也。二程《語錄》：早梅冬至以前發，方一陽未生，然則發生何也，其榮其枯，此萬物一箇陰陽升降大節，然逐枝自有一箇榮枯，分限不齊，此各有一乾坤也。鉅而苞萬彙乎《觀物》，纖而析衆芳乎《楚辭》。邵康節《皇極經世書》十二卷，《觀物篇》六卷。朱子作《楚辭集注辨證》。約不膚陋，博不支離。蓄德致用，一原同歸。彼謏聞者，誤荔挺杜若，不識蟹蜞。《顔氏家訓》載《月令》云：荔挺出。鄭玄注：馬薤也。《說文》：荔似蒲而小，根可為刷。《廣雅》云：馬薤，荔也。高誘注《吕氏春秋》云：荔草挺出也。然則《月令》著荔挺為草名，誤矣。江陵嘗有一僧，面形上廣下狹，劉縚呼為荔挺法師。縚，親講禮名儒，尚誤如此。《小說舊聞》：宋謝朓詩云：芳洲采杜若。貞觀中，醫局求杜若。度支郎乃下坊州令貢。州司判報云：不出杜若，應由謝朓詩誤也。太宗聞之大笑。判司改雍州司法，度支郎免官。彭蜞似蟹而小。蔡謨初渡江，見之曰蟹。有八足，加以二螯。既食，方知非。謝尚曰：卿讀《爾雅》不熟，幾為《勸學》死。騶牙重常徒語怪，而麃鴿售欺。《史記》：建章宮後閣重櫟中，有物出焉，其狀似麋。以聞，武帝詔東方朔視之，朔曰：所謂騶牙者也。遠方當來歸義，而騶牙先見，其齒前後若一，齊等無牙，故謂之騶牙。其後一歲，匈奴渾邪王果來降。索隱曰：此朔以意自立名而偶中也。以有九牙齊等，故謂之騶牙，猶騶騎然也。王充《論衡》第十三卷《別通篇》第三十八：禹、益並治洪水，禹主治水，益主記異物。海外山表，無遠不至。以所聞見作《山海經》。董仲舒睹重常之鳥，劉子政曉貳負之尸，皆見《山海經》，故能立二事之說。使禹、益行地不遠，不能作《山海經》，董、劉不讀《山海經》，不能定二疑。愚按，今《山海經》無有鳥名重常者，惟劉子政貳負事見注中。或者漢時《山海經》本未至脱簡，董仲舒見其全，王充時亦未泯，而今已亡此簡也。然騶牙重常二事，可謂怪矣。麃，顔師古曰：鹿屬，形似麞，牛尾，一角。音蒲交反。《郊祀志》：漢武帝郊雍，得一角獸若麃然，謂之麟。《史記·封禪書》曰：獲一角獸，蓋麟云。蓋，疑辭也。鴿，本作鶡。《漢書注》音芬。鴿、鶡字通用。鶡雀，大而色青，出羌中，俗謂鶡鷄。宋景文音介，以為鴿雀。《黄霸傳》：鶡雀飛集丞相府，霸以為神爵，議欲以聞。張敞奏霸挾詐偽以奸名譽，霸甚慙。售欺，謂妄以麃為麟，以鶡為神爵也。矧編絶簡脱之餘，舄虎魚豕，柳卯荄兹。舄，古鵲字。陸佃云：舄，通為舄履之舄。古人居欲如燕，行不欲如鵲，故借為鵲字。所以為行戒也。殷氏子抄曰：舄九寫而為烏，虎三寫而為帝。言書之轉易如此。《佩觿集》曰：帝成虎，魚成魯，三豕當為己亥。皆字誤也。《吴志·虞翻傳》注：古大篆卯讀當為柳，古柳卯同字。宋景文筆記亦謂卯本柳字，後借為辰卯之卯。沈存中筆談：劉字從丣，音酉，從金。如桺、駵、畱皆從丣，非卯字也。《詩》：言采其茆。音卯，徐音柳。毛氏曰：茆，本作茆，從寅卯之卯。按：其字從丱，從申丣之丣，音酉。音義與柳同，乃茆也，非鳧葵之茆，諸儒音釋互用，誤矣。愚按：韻書卯為春門，酉為秋門。丣乃一卯，閉門象也。《漢書》：蜀人趙賓好小數書，以為箕子明夷。箕子者，萬物方荄茲也。至於菉綠桋荑，毛公解衛詩，分綠竹為二物，曰：綠，王芻也。竹，萹竹也。郭云：今呼白腳莎，即菉蓐豆。萹竹似小藜，赤節，好生道旁，可食。陸璣草木疏則以為草之莖葉似竹而青。合綠與竹為一草。洪《容齋隨筆》謂《漢書》下淇園之竹以為揵，衛詩又有籊籊竹竿，以釣于淇之句，所謂綠竹，豈不明甚。若白腳莎菉豆，安得云猗猗青青哉。此則直以綠為色，竹為今笋生之竹。朱子《詩傳》亦然。《詩》：隰有杞桋。注：桋，赤楝也。本亦作荑。音夷。愚按脂韻有桋、荑二字。注：桋，木名。巠荑，藥名。并音夷。又齊韻亦有桋荑二字，注：桋，女桑也。荑，初生草也。《詩》：手如柔荑。自牧歸荑。《易》：枯楊生稊。是也。並音題。此二字字同，而音義不同如此。楝，山革切。《玉篇》云：赤楝木也。薠蘋薺茨，《詩》：采蘋。項氏曰：白蘋水生，似萍。青蘋陸生，似莎。相如賦：薛莎青薠。毛氏謂青薠似蘋而大。屈原《九歌》：登白薠兮騁望。朱文公注：薠，音煩。一作蘋，非是。薠草秋生，今南方湖澤皆有之，似莎而大，鴈所食也。愚按《九歌》中四句，上言登白薠兮騁望，下言鳥何萃兮蘋中，一薠一蘋，本不相亂，而注或亂之，非也。《詩》牆有茨，《說文》作有薺，薺、茨古通用。嚴氏曰：《詩》有二茨。如茨如梁，福祿如茨，為蓋屋之茨。牆有茨，楚茨，皆蒺藜也。苹蓱萊棗，《詩·鹿鳴》：食野之苹。毛云：苹，蓱也。孔疏云：蓱是水中草，非鹿所食。愚按，《爾雅》苹有二種，一云苹蓱。其大者蘋。此水生之苹也。一云苹，藾蕭。今藾蒿也。此陸生之苹，即鹿所食。《埤雅》亦以鹿倉之苹為水中之蓱，蓋承毛氏之誤。東漢馮衍《遺田邑書》曰：外無桃萊之利。李賢注云：按，謝息得桃邑萊山，萊字似棗，文又連桃，後學者以桃棗易明，桃萊難悟，輒改萊為棗。衍集文作萊，或故作棗，展轉乖僻為謬矣。愚按，謝息為孟孫守郕邑，季孫與之桃，辭以無山，與之萊柞。事見《昭七年》。熊能螭離，韓文：羽窟無底幽黃能。集注：能有兩音：奴來切者，三足鼈也。奴登切者，熊屬，足似鹿者也。堯殛鯀于羽山，其神化為黃能，以入于羽淵。《國語》作黃能，音賢能之能。東海人祭禹廟，不用熊白及鼈為饌，疑鯀化為二物，則兩音亦可通用。螭，音摛。离，音醨。《漢書》相如《上林賦》：蛟龍赤螭。文穎曰：龍子為螭。張揖曰：赤螭，雌龍也。如淳曰：螭，山神也，獸形。師古曰：許慎云：离，山神也。字則單作离。形若龍，字乃從虫。此作螭，別是一物。既非山神，又非雌龍、龍子，三家之說皆失之。虫音許尾反。鵠鶴鷻鶉，雜糅而紛披，《陳涉世家》：燕雀安知鴻鵠之志。《史記》音義云：鴻鵠，音紅鶴。鴻鵠一舉千里，自是一鳥名，鸞鳳之屬，非鴻雁與黃鵠也。《漢書》司馬相如《子虛賦》：弋白鵠，連駕鵝，雙鶬下，玄鶴加。

師古注：鵠，水鳥也，其鳴聲鵠鵠。鵠，音胡沃反。玄鶴，黑鶴也。鶴壽滿二百六十歲則色純黑。愚按，鴻鵠，音紅鶴，則鵠鶴疑為一物。賦四句既言鶴，又言鵠，自為二物。然《莊子》鵠不日浴而白，陸德明音義直云：鵠，又作鶴，並胡洛切。則是一物。陸佃《埤雅》有鶴，又有鵠。今翼中謂鵠即鶴音之轉，鶴之外無所謂鵠。《詩·小雅·四月》：匪鶉匪鳶。鶉，徒丸切。毛氏曰：鶉，鵰也。《說文》作鷻。《鄘國風》：鶉之奔奔。音純，鶉鶉鳥。此二字字同音異，兩物也。諼藼導㠭，夆峰嚶鸎，訓義之參差。《詩》：焉得諼草，言樹之背。諼，忘也。《說文》從艸、憲，又作萱，作藼，俱以況袁為飜。傅會程泰之又謂古詩字本作藼，自唐明皇改古文，代以今字，乃訛藼為諼耳。導，亦作㠭。《顏氏家訓》曰：相如《封禪書》：導一莖六穗於庖，犧雙觡共抵之獸，此導訓擇。光武勑郡國異味不得有所獻，詔云非徒有豫養導擇之勞。是也。而《說文》云㠭是禾名，引《封禪書》為證，無妨自當有禾名㠭，非相如所用也。禾一莖六穗於庖，豈成文乎，縱使相如鄙拙，強為此語，則下句甹云麟雙觡共抵之獸，不得云犧也。觡，音格。《周頌·小毖》：莫予荓蜂。毛傳云：荓蜂，摩曳也。從旁牽挽，使離正道。荓甹、夆蜂音義同。愚按文公《詩傳》：荓，使也。蜂，小物而有毒者也。蜂為蜂蝶之蜂，則與下文辛螫義協。毛說非也。摩，尺制反。曳，以制反。《詩》：伐木丁丁，鳥鳴嚶求。注：兩鳥聲。正文與注皆未嘗及黃鳥，自《禽經》稱摩鳴嚶嚶，白樂天作《六帖》，類入鶯門中，又作詩每用之，於是詩人例用遷鶯鸎友事，雖宋之碩儒如舒王、山谷，亦所不免，要皆承襲唐人之誤。《東皋雜錄》、《緗素雜記》辨之甚詳。芑有菜、艸、粟之別，《詩》有三芑：薄言采芑，菜名。豐水有芑，草名。維糜維芑，白粱粟。杞有梓、柳、檵之殊。名之相混，《詩》有三杞。《將仲子》：毋折我樹杞。柳屬也。《南山有臺》：有杞。《湛露》：在彼杞棘。山木也，即梓杞也，宫室之良材。《杕杜》、《北山》：言采其杞。《四月》：隰有杞桋。《四牡》：集于苞杞。枸髻也，即今枸杞。髻，音計。獸則蛭蜩、蝦蛤，《上林賦》：蛭蜩蠼蝚。《漢書注》：如淳曰：蛭，音質。張揖曰：蛭，蟣也。蜩，蟬也。師古曰：《方言》獸屬，而引蛭蟣水蟲，又及蜩蟬，乖於事類，如說非也。《文選》注引《山海經》曰：不咸之山，飛蛭四翼。飛蛭，音翡窒。不咸，乃肅慎氏之國，有此獸。郭璞曰：蛭蜩，未聞。《上林賦》：格蝦蛤。孟康曰：獸名。蝦，音遐。蛤，音閤。愚按，蛭、蜩、蝦、蛤四字皆從虫，而獸類乃有此二名也。艸則虌、蝱、鷊、鵻。《詩》及《爾雅》、《說文》皆云：蕨，虌也。郭氏曰：江西謂之虌。《草木疏》云：周秦曰蕨，齊魯曰虌。俗云初生似虌腳，因以名焉。《鄘風·載馳》：陟彼阿丘，言采其蝱。陸云：今藥草貝母也。《陳風》：邛有旨鷊。疏云：綬草。鷊，朱惟切。《詩·大車》傳：菼，鵻也。愚按，鼈，從黽。蝱，從虫。鷊、鵻，並從鳥。而草類乃有此四名也。女摯之亲與榛異，鳴垤之雚與鸛異，校諸經而多違。《春秋傳》曰：女摯不過亲栗。《説文》：榛，木也。亲，果實也。今果實字通作榛者，非。《詩·東山》：鸛鳴于垤。《説文》作雚。鄭氏曰：水鳥也。將陰雨，則好水長鳴而喜也。《爾雅》別有鸛鶇之鳥，如鵲，短尾，射之，銜矢射人。《玉篇》作鸛，音歡，非鳴垤者。鶇，音團。小大同稱，有鯤有麑。《國語》：魯宣公夏濫於泗淵，里革斷罟而棄之曰：魚禁鯤鮞，獸長麑麌。韋昭注：鯤，魚子也。鮞，未成魚也。鹿子曰麑，麋子曰麌。按，此則鯤麑皆為小物也。如《莊子》所謂北溟大鯤化鵬，如西域師子曰狻猊，亦作麑，則皆大物。此四者名同物異，所謂小大同稱也。新雉之木以爲草，《廣韻》雉字內有薙字。音直几切，注云：辛薙，辛夷別名。又音替。《甘泉賦》：列新雉於林薄。乃書辛為新，書薙為雉。李善注：辛夷也，一名辛矧。［雉］服虔曰：香草也。雉、夷聲相近。愚按，《楚辭》：露申辛夷死林薄兮。此《甘泉賦》語所本也。《九歌》曰：辛夷楣兮藥房。王逸注：辛夷，香草。以作戶楣。惟朱文公注：辛夷樹木連合抱，高數仞，其花初發如筆，北人呼為木筆。乃知服、王二注皆誤以木為草。《類苑》紀鸒斯。鸒，音豫。《詩》：弁彼鸒斯。注：鵯鶋也。錢氏引孔疏曰：此鳥曰鸒。而云斯者，語辭。猶蓼彼蕭斯、菀彼柳斯。以劉孝標之博學而《類苑·鳥部》乃立鸒斯之目，是不精也。愚按，楊子云：頻頻之黨，甚於鸒斯。則承誤久矣。《爾雅》亦作鸒斯，惟邢疏本毛傳以斯為語辭。《藝文志》劉《類苑》一百二十卷注：闕。則其書亡久矣。《王會》芣苢，《伊尹書》盧橘，荒異物其誰咨。《周書·王會篇》：康民以稃苡，其實如李，食之宜子。《詩·周南》：采采芣苢。陸璣疏云：馬舄草，一名車前。王肅引《王會》為據，王基駁之，以為《王會》所記，皆四夷遠國貢物，非《周南》婦人所得采。是芣苢為馬舄之草，非西戎之木。《上林賦》：盧橘。注：應劭引《伊尹書》曰：箕山之東，青鳥之所有，盧橘夏熟。晉灼曰：盧，黑也。愚按，蘇子瞻詩以盧橘為枇杷，張嘉甫嘗辨其非矣。《西漢·藝文志》有《伊尹》五十一篇，注：湯相。娵隅以音變，烏啄以字迷。《世説》：郝隆為桓公南蠻參軍，作詩云：娵隅躍清池。桓問何物，答曰：蠻名魚為娵隅。桓公曰：何得作蠻語。《筆談》：陸龜蒙作藥名詩云：烏啄蠹根迴。乃是烏喙，非烏啄也。又斷續玉琴哀。乃是續斷，非斷續也。堯韭舜榮，儷句爲嬉。堯韭，昌蒲也。舜榮，即《詩》舜華，木堇也。梁元帝《玄覽賦》始用之，蓋戲借堯舜二字為對。李群玉詩又以堯韭對禹糧。豆逼莫解，《顔氏家訓》曰：吾在益州，與數人同坐。初晴日晃，見地上小光。問左右：此是何物。有一蜀豎就視，答曰：是豆逼耳。相顧愕然，不知所謂。命將取來，乃小豆也。窮訪蜀土，呼粒為逼，時莫之解。吾云：《三蒼》、《説文》此字白下為七，皆訓粒。《通俗文》：方力切。衆皆歡悟。**苻、蓴曰莧、葵。**謂誤以苻為莧，以蓴為葵也。《顔氏家訓》曰：《詩》參差苻菜。《爾雅》云：苻，接余也。先儒解釋皆云：圓葉，細莖，隨水淺深，今是水悉有之。劉芳具有注釋。而河北俗人多不識之，博士皆以參差者是莧菜，呼人莧為人苻，可笑之甚。世有蔡朗諱純，既不涉學，遂呼蓴為露葵菜。承聖中，一士大夫聘齊，齊主客郎李恕問梁使曰：江南有露葵否，答曰：露葵是蓴。**問稻何草，而謂羊蹲鴟。**《世説》：簡文見田稻，不識，問是何草，左右答：是稻。簡文還，三日不出。云：寧有賴其末而不識其本。愚按：簡文諱昱，晉元帝少子，謝安稱為惠帝之流。或以為梁簡文者，非。《顔氏家訓》：江南有一權貴，讀誤本《蜀都賦》注，解蹲鴟芋也乃為羊字。人饋羊肉，答書云：損惠蹲鴟。舉朝驚駭。**候氣廢葭莩，**候氣，見《東漢·律歷志》、宋白《續通典》載《晉·律歷志》。《楊泉記》云：取河内葭莩為灰，或云以竹莩灰。《漢書》音義云：莩，蘆裏白皮也。楊雄又云：莩，亦只竹膜也。《北史》載：信都芳算歷玄妙，機巧精微，每一沈思，不聞雷霆之聲也。丞相倉曹祖珽謂芳曰：律管吹灰，術甚微妙，絶來既久，吾思所不至，卿試思之。芳留意十餘日，便報珽云：吾得之矣，然終須河内葭莩灰。祖對試之，無驗。後得河内灰，用術應節便飛，餘灰即不動也。為時所重，竟不行用，故此法遂絶。愚按，古人候氣用灰，必有微妙之術，如祖珽所言吹灰之法，在當時已稱久絶，降及後世，則又廢絶可知。所以廢者，由無其人，而其術不傳，亦以律管之分寸不的故也。**議樂昧秬秠。**宋皇祐初置詳定大樂局。范鎮上書論樂，略曰：按詩誕降嘉種，維秬維秠。許慎云：秠一稃二米，今秬黍皆一米。又權衡起於黍，而黍未真。臣固知聲音不可得而和也，請權罷局，俟真黍至，然後為樂。**或有能辨蒲盧，表枸杞，别象膽與駮而問天雞。**《中庸》：蒲盧。鄭注以為果蠃，《夏小正》傳謂蜃，《筆談》以為蒲葦。朱子從之。《筆談·藥議》：枸杞，陝西極邊生者，高丈餘，大可作柱，葉長數寸，無刺，根皮如厚朴，甘美異於它處者。千金翼云：甘州者為真，葉厚大者是大體，出河西諸郡。其次江池間埂上者，實圓如櫻桃，全少核，暴乾如餅，極膏潤有味。宣和中，順州進枸杞，群臣當賀，莫能為此表者。綦宻禮叔厚為學官，擬為之，或以轉達，遂取用之。其起聯云：靈根夜吠，變異質於千年。驛騎朝馳，薦聖人之萬壽。又有云：驗西河之遺法，蓋推服餌之良。詢南丘之故封，厥有延長之益。能致飛仙之變化，更傳伏狗之精英。又有云：疑彼舐鼎之留形，宛若結芻而取象。特用工狗字也。又云：天心垂佑，上符所屬之辰。徽廟生於戌，而狗屬戌也。一時流傳，名譽大振。叔厚，維州人，事見樓攻媿所作《綦北海文集序》。《本草圖經》云：象膽不附肝，隨月在諸肉間。淳化中，上苑一馴象斃，太宗命取膽，不獲。使問徐鉉，鉉曰：當在前左足。既而剖之，果得。又問其故，鉉曰：象膽隨四時，春在前左，夏在前右。今其斃在春，故知左足也。愚按：《酉陽雜俎》云：象膽隨四時，如龜無定體。又云：熊膽春在首，夏在腹，秋在左足，冬在右足。以此知不獨象膽能轉也。劉原父奉使契丹時，順州山中有異獸，如馬而食虎豹。虜人不識以問，曰：此所謂駮也。為言其形狀聲音，皆是。虜人歎服。楊文公《談苑》：淮南張佖知舉進士，試天鷄弄和風詩，佖但以《文選》中詩句出題，未曾詳究也。有進士白試官云：《爾雅》天鷄有二，未知孰是。佖大驚，不能對。亟取《爾雅》，檢《釋蟲》有：螒，天雞。小蟲，黑身赤頭，一名莎雞，一名樗雞。《釋鳥》有：鶾，天鷄。赤羽。《逸周書》曰：文鶾若綵雞。成王時，蜀人獻之。江東士人深於學問有如此者。螒、鶾並音汗。指不勉之善，取騶虞、竊脂。蘇子由《古史序》曰：古之帝王，皆聖人也。其於為善，如水之必寒，如火之必熱。其於不為不善，如騶虞之不殺，竊脂之不穀，不學而成，不勉而得。朱文公深喜此語，數稱之。騶虞，見《詩注》。竊脂，桑扈也。見《爾雅注》。然洽通之彦，猶蒟醬失對，謬剝棗於《豳》詩。蒟醬者，蒟，音矩。廣、蜀皆有之。實草類也。蜀中者緣樹而生，子如桑椹，熟時正青，長二三寸，以蜜藏而食之。劉淵林注《蜀都賦》云：爾廣中者蔓生，葉似王瓜而厚大，味辛香，實似桑椹，皮黑肉白，其苗為浮留藤，取葉合檳榔食之。唐注《本草》：西戎亦時時持來，細而辛烈。《本草》云：溫無毒，主下氣溫中，破痰積，其功效如此。然唐蒙所見，謂來自牂柯。則廣生，殆蜀本也。淳熙末，孝宗閒為大臣言：昔漢武感蒟醬而開南越，想其味極美。朕欲問蜀中士大夫，其味如何。周益公對曰：想不過如今之醬耳。此事載於史册。益公在近世朝臣中，號該博者，而謬誤乃爾，豈不甚可笑哉。劉禹錫補注《本草》，謂渝瀘等州出焉。今瀘州乃無之。蓋蒟醬之味全類蓽撥，而蓽撥辛烈尤甚，世人惟貴蓽撥而不用蒟醬，故士大夫鮮有知者耳。出《建炎以來朝野雜記乙集》卷十二。王荆公說《詩》剝棗者，剝其皮而進之，養老故也。古注音朴。讀為剝皮之剝，非也。集中已有奏狀，乞刪改。蓋騖遠略近，躐高忽卑。孰知《爾雅》附于經，多識是資。諸儒箋釋，角立墨畦。歆、炎、樊、李，文學犍爲。《爾雅邢昺疏》載：郭氏言作注者十餘家。陸德明《敘錄》、《犍為文學注》二卷，《劉歆注》三卷，《孫炎注》三卷，《樊光注》六卷，《李巡注》三卷。惟此五家而已。郭氏言十餘者，典籍散亡，未知誰氏。犍為文學，姓名不傳。墨畦謂翰墨畦逕。景純之後，顧、謝、沈、施。東晉郭璞，字景純，為《爾雅注》，又為《贊》。

《注》今行於世。景純之後，有顧野王、謝嶠、沈璇、施乾四家。陸《音》、邢《疏》，分轡並馳。唐國子博士陸德明，名元朗，以字行，撰《爾雅音義》三卷。邢昺、杜鎬等《爾雅疏》十卷，咸平四年上。鮒演以小，絜矩叠規。孔子八世孫鮒，字子魚，仕陳勝，為博士，著書二十一篇，名曰《孔叢子》。第十一篇為《小爾雅》。《廣詁》第一，《廣言》第二，《廣訓》第三，《廣義》第四，《廣名》第五，《廣服》第六，《廣器》第七，《廣物》第八，《廣鳥》第九，《廣獸》第十，跬，量衡。宋咸注曰：經傳字義，有所未暢，繹而言之，於《爾雅》為小焉。按，夾漈《藝文略》：楚孔鮒撰《小爾雅》一卷，有李軌解。唐楊烱《少室山銘》：重規叠矩。揖《廣》憲《博》，劉《續》陸《埤》。張揖，字稚讓，清河人，魏大和中為博士，作《廣雅》四卷。隋秘書學士曹憲，用張揖之說，附以音釋，撰《博雅》十卷。易廣為博者，避煬帝諱。唐貞觀中，諫議大夫劉伯莊撰《續爾雅》一卷，《唐·藝文志》注：闕。宋陸佃，字農師，著《埤雅》二十卷。晁公武《讀書志》謂：佃，王安石客，而其學不專主王氏。愚按，高氏《緯略》曰《爾雅注》，今所傳者，郭璞、孫炎耳，所謂《樊光、李巡注》、《沈璇集注》，已不可復見。郭璞有《爾雅圖》，江灌有《爾雅圖贊》，皆為奇書。張揖既作《廣雅》，劉伯莊又有《續爾雅》，草木蟲魚，該括無盡。選中諸賦，惟郭璞特著。《上林賦》，張揖又注之，他人不及其精確也。其他所謂《孝經爾雅》、《石經爾雅》、《蜀爾雅》、《蕃爾雅》、《小爾雅》，皆自成一書爾。按：《蜀爾雅》，李商隱撰。郭璞《爾雅圖》十卷。江灌《圖贊》二卷。斟酌群言，嚌醇擩醨。嚌，才詣切。嘗也。擩，音乳，取物也。《唐·文藝傳》：擩嚌道真。理無窮，書有賾，未窺夫浩倉槃物，化育亡厓。班固《賓戲》：顥蒼。師古曰：顥，顥天也。元氣浩汗，故曰顥天。其色蒼蒼，故曰蒼天。浩、倉古通用。槃，轉也。賈誼賦：大專槃物。專，讀曰鈞。《鄒陽傳》注：陶家名模下圓轉者曰鈞，言其形制器大小，以比之於天。益不殫名，隸首難偏稽。張平子《西京賦》曰：伯益不能名，隸首不能紀。李善注引《列子》：北海有魚名鯤，有鳥名鵬，大禹行而見之，伯益知而名之，夷堅聞而志之。《世本》曰：隸首作數。宋均曰：隸首，黄帝史。《山經》所有，恢詭譎奇。按，《越絕書》：禹治水，巡行天下，所歷山川，命伯益記之，遂為《山海經》。《南山經》第一，《西山經》第二，《北山經》第三，《東山經》第四，《中山經》第五，并《海外、内、大荒經》，通為一十八卷，漢劉歆所定也。《地員》九十物，草十二衰。《管子·地員篇》，房玄齡注：員，位也。土地高下，水泉深淺，各有其土。上土三十物，種十二物。中土三十物，種十二物。下土三十物，種十二物。凡土物九十，其種三十六。凡草土之道，各有穀造。注：謂此地生某草、某穀。適，成也。又云：或高下各有草土，葉下於㰁。即鬱也。㰁下於莧，莧下於蒲，蒲下於葦，葦下於萑，萑下於蔞，蔞下於荓，荓下於蕭，蕭下於薜，薜下於萑，萑下於茅，凡彼草物有十二衰。注：葉亦草名，惟生葉無莖在鬱之下。衰謂草上下相重次也。《考工記》卻行紆行之屬《考工記》注：卻行，螾衍之屬。紆行，蛇屬。《鴻烈》庶鳥庶魚之類，萬耑千歧。《淮南子·鴻烈解》曰：飛龍生鳳皇，鳳皇生鸞鳥，鸞鳥生庶鳥。凡羽者生於庶鳥。又蛟龍生鯤鯁，鯤鯁生建邪，建邪生庶魚。凡鱗者生於庶魚。按：淮南王名安，厲王長子也。與蘇飛、李尚、左吳、田由、雷被、伍被、晉昌等八人及諸儒大山、小山之徒，共講論道德，而著此書。號曰鴻烈者，鴻，大也。烈，明也。以為大明道之言也。物物而察，必研其幾。匪淹綜沈潛，貫璣組絲。鱻克鉤索幼眇，甄剖是非。《漢書·元帝紀》：窮極幼眇。幼，音要。眇，通作妙，精微也。淵哉若人，如五總龜。淵哉若人，出《漢書·揚雄傳》。此借以指羅公。殷踐猷傳學，賀知章號五總龜。謂龜千年五聚，問無不知。筆爲鉏耒，迺芸迺菑。覽故考新，揆叙物宜。根極六藝，冰渙昔疑。囊括百家，抉庾擿玼。玼，音疵，玉中石。一曰玉病也。豈惟傳《騷》説《詩》亦解頤。謂羅公著《翼》，有傳《騷》説《詩》之功也。解頤，見《匡衡傳》。纂次有典則，班馬可追。爲《雅》忠臣，翼之以飛。纂與撰同。《唐書·顔師古傳》：杜征南、顔秘書為左丘明、班孟堅忠臣。杜預注《左傳》，師古注《漢書》也。本立言之志，欲率是佐時。陶冶旁薄，印贊範圍。中和位育，與物春熙。羅自序云：率是佐時，人主以裁成。匪衒豹鼠之辯，以貽蟲魚譏。《爾雅》豹文鼮鼠者，郭云：鼠文彩如豹，漢武帝得此鼠，孝廉郎終軍知之，賜絹百匹。郭序《爾雅》云：豹鼠既辯，其業亦顯。愚按，《漢書·終軍傳》無此事，亦未嘗為孝廉郎，不知郭注何所本而云爾也。《文選》任彦昇《為蕭揚州薦士表》有曰：鼮鼠有必對之辯，竹書無落簡之謬。李善注引摯虞《三輔決錄注》曰：竇攸舉孝廉為郎，世祖大會靈臺，得鼠如豹文，熒熒光澤。世祖異之，以問群臣，莫能知者。攸對曰：鼮鼠也。詔問何以知之。攸對曰：見《爾雅》。詔按秘書，如攸言，賜帛百匹。按，李善所引如此。則豹鼠之辯乃竇攸，非終軍明矣。終軍傳但有對一角獸奇木事，以郭之博洽，豈亦不考而有所誤邪。不然，李善之注，何為不取郭説。摯虞，字仲治，才學通博，晉武帝世舉賢良，拜中郎，注《三輔決錄》。郭璞渡江後名始顯。竹書落簡事見《束晳傳》。鼮，音廷。韓退之詩：《爾雅》注蟲魚，定非磊落人。入國問喬木，誦其文爲師。昔者朱子稱經緯縝密，惜其先萎。朱文公稱羅公文有經緯細密，欲為願附名集後。又云：羅端良止此可惜。蓋公年四十九而卒。小集僅傳，知此者希。公有《鄂州小集》五卷行世，然僅文之什一。此指《爾雅翼》，謂其書未傳，知之者少也。歲甲午書成，迨庚午九十七載，出若有期。咸淳庚午，王公知徽州。自今顯行，式永厥垂。繇是進大學之道，學者葆之。晁公武《讀書志》謂《爾雅》乃訓詁之書，置於小學之首。今此書為《爾雅》之翼，故欲學者由小而進於大也。先是公之從曾孫裳，錄藏家楹。訪求得其書，則前大學博士方君回也。識卷後而刊於郡者，浚儀王應麟也。此篇凡有五節：大學始教至一原同歸為一節，首明濂洛諸大儒格物之學。彼謏聞者至躐高忽卑為一節，備述傳記訓義之訛。孰知《爾雅》至甄剖是非為一節，歷叙《爾雅》諸家，因言格物之不易。淵哉若人至貽蟲魚譏為一節，推本羅公次翼之志而贊美之。入國問喬木以下為一節，蓋喜得其書而刊布之，又勉學者進於大學之道，以終首節之意。

洪焱祖識語

《爾雅翼》，奇書也。自序爲韻語，蓋擬《史記·龜筴傳》而作，奇文也。厚齋先生王公倣爲韻語以識之，益奇且博也。焱祖不量淺陋，既於翼牋加音釋，因并釋二序，以訓蒙士。使知前輩作文，要皆自其數萬卷心胸流出，夫豈掇拾鬬飣以求奇哉。延祐七年夏四月望日紫陽洪焱祖彦實敬識。

方回識語

宋興二百一十五年淳熙甲午，新安存齊羅公次《爾雅翼》成。又九十六年，咸淳庚午，浚儀王侯應麟爲守，始刊布之。回聞之先生君子，南渡後文章，有先秦西漢風，惟羅鄂州一人。甫七歲，已能爲《青草賦》，以壽其先尚書。少長，落筆萬言。既冠，乃數月不妄下一語，其精思如此。以南劍州陛辭，孝廟大賞異，易畀鄂州，明年淳熙乙巳卒。今新安志行於世，與馬班等。小集僅文之什一，劉公清之子澄所刊。晦翁謂文有經緯，嘗欲附名集後。又謂羅端良上此可惜。蓋年四十餘，使老壽，進未艾也。《爾雅翼》者，序見小集，世未見其書。回訪求得公之故從孫裳手抄副本三十二卷。侯躬自校讎，雖廋閩隱説，具能知所自來，可謂後世子雲矣。回竊謂近世學者，於天下書，鑽研少而剽襲多，靡勞遺力，名義曉然。古人有終身不能通者，或開卷頃刻而得之。道德性命之類，有《北溪字義》，而《真西山讀書記》爲尤精。車冕器服之類，有《三禮圖》，而陳祥道《禮書》爲尤博。考論經傳草木鳥獸蟲魚，則許慎、陸璣、張揖、曹憲、邢昺、陸佃不如此翼之爲尤悉。是書皆前代所無，挾是以求，爲儒易易哉。雖然，學陋俗壞，承弊踵訛，以無盲道，以氣言性，以知覺言仁，以詐謀言知，以反經言權，以姑息言恕，以輪迴言生死，以祠廟言鬼神，詖淫邪遁，先儒闢之非不至，而士之陷溺者，猶不自知也。以誤注《本草》爲世之害，而不以誤注易爲世之大害，識者患焉。侯賢父子有德吾州，嘗以右螭直北門，是將攄所學陶天下，俾本末精粗，無不壹歸於是云。郡人後學方回敬識。

洪焱祖跋

鄉先生羅公願端良著《爾雅翼》三十有二卷。《釋草》八卷，凡一百二十名。《釋水》四卷，凡六十名。《釋鳥》五卷，凡五十八名。《釋獸》六卷，凡八十五名。《釋蟲》四卷，凡四十名。《釋魚》五卷，凡五十五名。通爲名四百有奇，附見者不與。夫《爾雅》之作，多爲釋《詩》。毛公傳《詩》，皆據《爾雅》。今觀此翼，明《詩》之義者一百二十章，明三禮之義者一百四十章有奇。他如《易象》、《春秋傳》，閒亦因有發明。蓋先生成此書時，年三十有九，經學最精，非但爲《爾雅》之翼而已也。咸淳庚午，郡守厚齋先生浚儀王公應麟始刊布之，今五十年矣。板逸不存，郡守自齋先生北譙朱公霽屬學官訪求墨本，節費重刊，且以難字頗多，初學未能遽曉，俾焱祖詳加音釋，附於各卷之末。又舊本出於筆吏之手，頗有訛舛，謹爲正之。所不知者闕。昔莆田鄭公樵序《昆蟲草木略》，以爲學者皆操窮理盡性之説，而以虚無爲宗，至於名物之實學，則置而不問。愚嘗竊疑其言之過，及觀所作草類，以公之博物洽聞，猶不免自以蘭、蕙爲一物，則知鳥獸草木之學，豈易言哉。先聖教人學《詩》多識者此也。學者觀於此翼，其勿以明道玩物喪志之説，藉口而自恕云。延祐七年三月甲午紫陽後學洪焱祖謹跋。

都穆（正德己卯重刊）序

《爾雅》，周公書也。昔之志藝文者，以之附於《孝經》。志經籍者，以之附於《論語》。皆所以尊經也。唐《四庫書目》，始置之小學之首。至宋邢昺等奉勑爲疏，《爾雅》遂復與諸經並列。由周而後人之作者，漢孔鮒有《小爾雅》，魏張揖有《廣雅》，宋陸農師有《埤雅》。此外又有《爾雅翼》者，其爲卷三十有二，總五萬餘言，宋知鄂州新安羅公願之所著也。書嘗一刻於宋，再刻於元，以屢經兵燹，人間罕存，雖公之後人與鄉之士夫間有藏者，率皆繕寫，且多譌缺。予家舊藏，乃宋刻本，後以歸李工部彦夫。蓋彦夫，新安人也。今年，公十六世孫文殊持是書來謁，詢之，知其捐貲新刻，即予向所遺李君者也。遂作而嘆曰，博哉羅公之學乎。世之學者，多務高遠而忽卑近，至於訓詁直眇焉視之，以爲無用而不足究心。嗚呼，其亦弗思而已矣。孔子之教學者曰：博學於文。孟氏亦曰：博學而詳説之。而况太學之教，先於格物，夫一物不知，君子所恥。孔子，聖人也。嘗辨商羊，識萍實，論者謂其小吾夫子，殊不知人而曰聖，以其無所不通。使有問焉，懵然無答，其與庸人亦奚異哉。大抵學以聖人爲師，古之人如東方曼倩、張司空，其學雖不能窺聖門牆，而其博物，人到于今稱之。世之君子，或猶有未逮，然則物豈可以易格，學豈可以自足也哉。是書之出，後於陸氏，而考覈名物，援引百家，所謂其涵如海，其負如山者，誠非虛語。若其博，視陸氏殆又過之。學者得此，不俟旁求汎閲，而坐收格物之功，則公澤之及人，固亦多矣。惜乎史闕公傳，《文獻通考》亦不載其書，茲非文殊不能使其晦而復傳。噫，羅氏之子孫衆矣，若文殊者，顧不謂之孝邪。正德十四年歲次己卯冬十月廿有六日中順大夫太僕寺少卿致仕姑蘇都穆序。

顧璘書後

予向嘗讀宋《羅鄂州集》，見朱子敬服其文，以爲南渡以來，文人之所鮮有。近復得鄂州所著《爾雅翼》於其遠孫惟美，則又以見鄂州之學之博，而非人之所易窺也。《爾雅》，博物之書也。天下之物廣矣，一物之理未窮，則一物之知缺焉。學者之意，豈不以一物未窮，若無害乎其學，而不知學之疏淺，未必不自兹而始也。孔子，生知之人也，其入太廟，必每事問，復曰：我非生而知之，好古敏以求之者也。此聖人之所以爲聖也。是書之於格物詳矣，學者能復熟研究，由是而進，大學之道，蓋無難者。則是書也，固將與《雅》並行，有不俟後世之子雲而知之矣。正德己卯冬十月知台州府吳郡顧璘書。

羅玠附記

曾子得泔魚傷人之説，泫然曰：有異心乎哉。傷其聞之晚也。則禽魚草木之義，雖日用所接，綜該亦未易矣。至於尼嚴商萍，仲明俞駁，怪哉貳負之談，彭侯傒囊之辨，君子弘識，固又不遺于宇宙内外也。《爾雅》權輿周公，而成于東魯之門，孔鮒小焉，張揖廣焉，陸佃埤焉，先鄂州翼焉，大都皆其承祧適裔補衰功臣也。乃若物必探原，理期考實，海涵山負，既博既精，則吾愛家珍，不敢以鷄鶩易見也。宋史載公兄弟顥、籲、頡、頌、願、頎［類］皆有文，而家塾所傳，惟公有小集，鄂州公頌附見數篇，餘皆散佚矣。昔陸澄碩學，著《宋書》未成。李善淹貫古今，不能屬辭，時有廚簏之誚。公文筆追秦漢，爲南宋冠冕，宜其成此家言，經緯有法，爲學府鴻編也。此梓出大司馬長垣李公，當時失訂，後屢經讎勘，猶有餘譌，近因殺青，復釐正數十字，雖曰埽葉拭塵，而門王河豕庶亦免矣。崇禎六年嘉平上辛從裔孫羅炌敬記。

李化龍序

自宋儒有玩物喪志之説，學者遂以心性爲藏拙之府，閉目而坐，抗手而談，曰：吾葆吾徑寸足矣，何事誇多鬭靡爲。則曷不以周孔觀之。周公作《爾雅》，草木鳥獸蟲魚，一跂一喙，可臚覆也。哀公曰：寡人欲學《小辨》以觀於政，其可乎。孔子曰：《爾雅》以觀於古，亦足以辨言矣。夫誠博物足以溺心，又何周孔之諄諄也。將無以遠稽博觀，皆足以發天明而周世用故邪。乃至以格物窮理之學，爲存心養性之累，則學道者必且如煉士、如定僧，不立文字，不通古今，夫誠深居而靚處則可。脱一日而隼集於庭，石言於野，怪哉生於郊，商羊舞於市，於是乎奉君王之問，當稠人之咨，可啞無以應。曰，吾學在心與性，此非所及邪。則又何以曰通天地人曰儒，而有一物不知之恥也。自孔門之教，博約並行，以至於今，兩家者不能相一，亦不能相廢。蓋《爾雅》之後，有楊雄之《方言》、劉熙之《釋名》、張揖之《廣雅》、陸佃之《埤雅》，學者尊而師之，在經之下，子之上。此以知夫學不廢博，而天下無不多能之聖也。《爾雅翼》者，蓋南宋鄂州守羅公願所爲，其體在《爾雅》之中，其所訓釋不出乎草木鳥獸蟲魚之外。然事原其始，物徵其族，肖其形色象貌之倫，極其性情功用之備，粗則漁佃農圃牛醫馬師所可知，精則地志山經五緯七籤所不能盡者也。故説者謂其涵如海，其負如山，真博物者之專門，考道者之雜俎矣。余往於博古全雅中得睹是書，珍而惜之，不啻爲帳中之秘。近得其家藏本，比余所有，更多音釋，一再讀之，乃益歎夫古今人不相及也。余觀書中所載，一枝之木，一莖之草，一飛鳴、一游泳之肖翹，靡不别於疑似，而究其歸宿。其在于今則謂急近小而舍遠大，共以爲笑矣。乃今之所爲遠且大者安在，不過謬爲大言以文其疏陋。此無他。古以實，今以虚。古以精，今以粗。極其實與精，即身心性命，脩齊治平，齊且無不實，無不精，何論其小。極其粗與虚，即手足耳目，食息起居，亦且無不粗，無不虚，何況其大。故知徹上徹下，無二理也。識大識小，無兩心也。善學者約之乎操脩體驗，以完吾天然自有之中，博之乎名物散殊，以悉夫人情物理之變，是謂全學，是謂通儒，則周公作《雅》之指，而羅公所以翼《雅》之心乎。不則，遺心性而極夭喬之觀，置洪鉅而窮飛潛之辨，是書果爲誇多鬬靡之資而已，無論非鄂州之苦心，即學者所爲孜孜矻矻於是書者，亦曷取焉。吁，後之爲《爾雅》之學者，得吾説而存之，亦可以弗畔已夫。

賜進士第光禄大夫少保兵部尚書前奉勅總理河道總督川湖貴州軍務巡撫四川遼東地方長垣李化龍撰。

姜兆錫《爾雅註疏參義》

鄂爾泰序

丹陽姜子，以名孝廉，甫授令，即息肩山中，鍵户窮經。所傳注經義凡十餘種，皆研究義理，剖析毫芒，而以間參《爾雅》義。《爾雅》於群經，緒餘耳。然姜子參之者，以其先聖遺書，而真贋錯見也。且以首篇《釋詁》，疏信之矣。然考篇中，如《終風》詩刺衛莊之謔浪笑傲、《閟宫》詩頌魯僖之黄髮兒齒，即此篇亦非皆周公作矣。凡姜子參正，不少假類如此。而復以質於余，余顧而嘆曰：有是哉，姜子之嗜學篤而用心虚也。夫以是篇爲非皆周公作，信也。然姜子猶不自爲信，余復何以與子商之乎。《爾雅疏》，邢氏爲之。而謂首篇爲周公作，不自邢氏始之也。考魏博士張揖進《廣雅表》云：周公相成王六年，制禮以導天下，著《爾雅》一篇以釋其義，傳於後嗣。歷載五百，墳典散落，唯《爾雅》恒存。《顔氏家訓》云：《爾雅》周公所作，其釋後世詩篇，後人所羼，非本文也。則是《爾雅》者，周公之書也。陸德明《經典釋文》有云：《釋詁》一篇，周公所作。德明號隋唐間名儒，亦以《釋詁》爲周公所作，故知不自邢氏始也。然謂其非皆周公作者，亦非率自今始。《西京雜記》有云：郭偉好讀書，以謂《爾雅》周公所制，而《爾雅》有張仲孝友。張仲，宣王時人，非周公之制明矣。劉子駿嘗問楊子雲，亦答云：聖門游夏之儔，所記以解釋六藝也。劉向嘗稱《外戚傳》載史佚教其子以《爾雅》，又記言孔子教魯哀公學

《爾雅》。爾雅之出遠矣。舊傳學者，皆云周公所記，詩張仲孝友之類，後人所足耳。當漢之時，去古未遠也，或以爲周公作，或以爲非周公作，其無定説也久矣。張揖亦云：今所傳三篇《爾雅》，或言仲尼所增，或言子夏所益，或言叔孫通所補，或言沛郡梁文所考，皆解家所説，詁師口傳，既無正驗，故疑不能明也。由前諸説觀之，大抵是書也，始以周公，繼以孔子，增以子夏，益以叔孫通、梁文之徒，而必欲指何者爲何人所著，則不敢以臆斷也。至於姜子所舉《終風》之詩，亦不自姜子始。明焦弱侯氏嘗謂疏言《釋詁》爲周公所作。他姑弗論，若謔浪笑傲變風詩，烏得周公釋乎。今姜子所稱合符焦氏，而又以推例其餘。士君子之好學深思者，其所見大抵然耳。夫今之學者，去古愈遠，古之人，且多以無所正驗而未決其疑，又況生於古人千餘年之後者乎。然疑有難明則存之，如子告弟子以闕疑及曲禮疑事直而不有之屬是也。疑有當明則考之，如語稱君子疑、思、問，及陶靖節疑義相與析之屬是也。姜子雖欲然不自以爲足，而余謂其心之虚與其學之篤，俱使後之學者千載如見矣。是爲序。時雍正三年季春下澣侍生西林鄂爾泰題於書院之春風亭。

附：爾雅注疏參義附論三則

《爾雅》暨《小爾雅》、《廣雅》、《逸雅》、《埤雅》，後人謂之五雅。今考《小爾雅》，漢孔鮒作，文頗潔徑。《廣雅》，魏張揖作，其文純雜參。《逸雅》，漢劉熙所作，義曲而支，殆《白虎通義》之流。《埤雅》，宋陸佃作，冥搜幽討，殊長神智，然穿鑿亦有之，此所謂巧累于理，備傷其道者耶。

五雅之外，若《白虎》、《風俗》諸通，又若許氏《説文》、《篇海》、《字彙》及《四聲韻》、《韻府群玉》，聖朝《字典》、《佩文韻府》之屬，皆文字之源流也。今考《白虎》、《風俗通》，體近《逸雅》、《埤雅》，而視《埤雅》抑又降焉，蓋支曲多而發明鮮矣。《説文》即六書而發其義，非荆公《字説》比。此之謂遡其所從生。而《篇海》、《字彙》之屬，考字以明義，今集成以《字典》。《四聲韻府》，考韻以敷文，亦集成以《佩文》。此之謂推而至于其所終極也。

五雅除削《逸雅》不録外，擬將《爾雅》、《小爾雅》、《廣雅》三書依類相次，理其煩亂，正其踳駁，以合爲一書，而别以《埤雅》討附其後。顧年邁齒衰，力未足文。若奉聖明睿裁，詔館閣諸臣，如《字典》、《佩文》之例，集爲成編，庶周文公之遺業，于今爲烈云。

姜兆錫上均氏題于鶴溪之夾齋。

嚴元照書後

八股盛而六經微，亭林蓋有激而云然，非篤論也。雖然，是亦惡可厚非。丹陽姜兆錫喜説經，有九經補注盛行於時。間予取其《爾雅》所謂參義者讀之，真經之蝨也。爲之廢書大息，信亭林之言非過。其於經文傳譌不能是正，更證成其繆。《釋訓》：恅恅，愛也。恅從氐，《説文》、《玉篇》恅皆訓愛。俗本恅誤從氏，姜據《玉篇》有怟字訓悶，曲爲附會。不知《玉篇》怟、恅别出，一訓愛，一訓悶，未嘗淆也。援引注疏，任意塗改，初不顧文義之窒。於景純所未詳者補之，盡臆説也。其所偁字書，不知何書，以之改經文，糾郭注。又喜據朱子《詩集傳》以證雅訓。小學淪喪，至此極矣。而村夫子樂其便易，靡然奉之，疑誤學者，當何如也。彼歿身以務帖括者，既不屑措意於經，而若姜君雖頗有志於古，惜乎鹵莽滅裂，不唯無益，而重有損也。故爲書其後以砭之。

盧文弨《爾雅音義考證識語》

今邢昺《爾雅注疏》中音義多即邢氏所定，不全用陸氏元文，其正文與陸氏本往往異同。今官本以陸氏音義入之邢氏注疏中，不難改易删節，以求合於邢氏，甚失其舊。故《釋文》一書，斷斷當别行也。至書中有本今云云者，當是後人以邢本參校。所謂今者，即指邢本，並非陸氏元文，亦混入其中。《論語》、《孝經》與時下本不合者，並加此語，讀者當分別觀之。

周春《爾雅補注》

王鳴盛序

小學之失其傳也久矣。《爾雅》一經多可恨者，其正文往往爲後儒所亂。如：台、朕、陽爲予我之予，賚、畀、卜爲賜予之予，而云台、朕、賚、畀、卜、陽，予也。孔、魄、延、虚、無爲間，哉爲言之間，而云孔、魄、哉、延、虚、無、之、言，間也。豫爲厭足之厭，射爲厭倦之厭，而云豫、射，厭也。此類皆正文爲後儒所亂者，而郭氏皆不能辨。且郭注傳而犍爲文學、劉歆、樊光、李巡、孫炎並亡，郭之音圖亦亡，即郭注亦多有爲妄人删去者，非全本也。如《釋山》：霍山爲南嶽。郭注云：霍山今在廬江灊縣西南，潛水出焉，别名天柱山。漢武帝以衡山遼曠，因讖緯皆以霍山爲南嶽，故移其神於此。今其彼土俗人皆呼之爲南嶽。南嶽本自以兩山爲名，非從近來也。而學者多以霍山不得爲南嶽，又云漢武帝來始乃名之，即如此言，謂武帝在《爾雅》前乎，斯不然矣。凡一百有七字，《書、詩、周官正義》並引之，詳略不同耳。而今本但云：即天柱山，潛水所出也。餘悉删去。且郭意本爲辨衡山亦名霍山，而廬江之霍山不得爲南嶽。今一經刊削，與郭本意轉大違反，如此者甚夥。又唐人正義每博採群言，以釋經注，至邢氏疏則但勦取他經正義爲之，如《釋天》一段，全襲《禮記·月令》疏，五嶽一段，全襲《大雅·崧高》疏，此類不可枚舉。陸氏《釋文》于他經每引衆家之讀，并及其異義，而於《爾雅》惟存音切，諸儒之説略不及之，羊豹一鞟，殊無足觀。《爾雅》之失其傳如此。而俗師專己，仍陋踵謬，古義日就瞢昧，余嘗病焉。同榜進士海昌周子芚兮，成學治古文，貪博嗜奇，而一歸平正，與余有獿。間取莆田鄭氏説，又旁及他書，預是有益者悉鈔内焉。其援引也富，其詮叙也確，信乎小學中必不可少之作也。昔者，羅鄂州書雖名爲《爾雅》學，實非解經。若芼兮此編，補經注而行，正義疏之體。且其于注，不但補其缺，又能正其誤，而于邢疏漏略處，裨益尤多，則其所補又不特注而已也。余謂此書之美，補注二字未足以盡之，以是名書，是爲實浮于名。夫自有十三經注疏而後之用力于經者，言疏足以見注，言注不足以包疏，爲寄語芼兮，鄙意竊思以廣疏易此名可乎。同年弟嘉定王鳴盛西莊氏拜題于京邸青棠軒。

齊召南序

治經必先識字，識字必先訓詁。於今可見古人小學之傳，僅存《爾雅》一書，其源實出於六書中之有轉注。在初造字者，因有轉注，而字形不窮，故欲識字者，因可轉注而字義不昧也。字書總彙古文，無有重復，自《三蒼》下逮續訓纂，共得一百三章，章六十字，計秖六千一百八十字。《班志》明謂六藝群書所載略備，然則漢初太史試學童，必能諷書九千字以上者，乃得爲史。字數尚多，其又有時俗所增，出於群書之外者邪。後人釋字，耑爲一書：有從體製類聚者，始於象形。有從音韻條分者，始於諧聲。其分散於經傳之下，爲音爲釋，某字讀如某字，有反有切，是諧聲之轉注也。字有相似，辨其疑誤，訂其舛訛，是象形之轉注也。至字取指事、會意、假借者，亦必釋之，而總以轉注爲綱，其形聲不必同而其義本同，彼此相資觀者，自解其源。始於至聖贊《易》：乾，健。坤，順。震，動。巽，入。坎，陷。離，明。艮，止。兑，悦。直以一字解一卦，爲千古經學之宗。《爾雅》雖多爲解《詩》，詞非全備，間有錯謬，然關係訓詁，指陳名物，實爲諸儒治經沿流溯源者導之先路，宜乎《班志》列《孝經》後，視他字書有異也。自郭氏爲注，陸氏爲釋文，邢氏爲疏，已列爲十三經。後人精於六書，發前人所未發，則有夾漈鄭氏。嗚乎，俗儒專務詞章，每耻言訓詁，其於《爾雅》不久已束之高閣歟。博物之難也，近在經籍，猶未遍識。葖竹是一是二，莧陸是合是分，秬秠是異是同，鎛鐘是大是小。毛公不用《釋山》，酈元讀有破句，田敏誤改日及，王劭刊落明棻，謝尚誚蔡謨而先不熟，楊氏疏《穀梁》而疑本文，辨論所存，難以枚舉。然則以蛩爲蟣蠓，以螽爲螻蛄，以反舌爲蝦蟆，以乾鵲爲蟋蟀，以鳲鴞爲巧婦，以鶌鳩爲百勞，一物偶疏，尚虧該洽，又何怪乎主司不能答天雞，致千載下猶羨終軍之能識鼮鼠也哉。周君松靄爲《補注》四卷，旁搜廣採，疏通證明，又多出於夾漈之外，即群書釋經有當者，以轉注是書，其有功於郭注也，蓋亦若《爾雅》後有張揖能廣之，陸佃能埤之，羅願能翼之，可以愧夫名爲治經，實則束書不覿，游談無根者。松藹，張樊川太史高弟也。以余言質之，樊川謂何如。

乾隆庚辰夏天臺齊召南。

葉德輝序

《爾雅補注》四卷，海甯周松靄先生未刊遺書之一也。先生名春，字芚兮，松靄其號，晚稱黍谷居士。乾隆甲戌進士，官廣西岑溪知縣，嘉慶庚午重宴鳴鹿，卒年八十六。事蹟載朱緒曾《讀書志·海昌勝覽》下。而吳振棫《續杭郡詩輯小傳》中列先生是書謂爲已刻，又云未刻者有《爾雅廣疏》，不知《廣疏》即《補注》異名，見本書王序，則考之不實矣。此爲歸安姚氏咫進齋藏抄本，板心記有字數若干，殆擬刻入叢書而未果者。書中二、三、四卷過録盧抱經朱筆校閲字一行，又有朱筆眉批，疑亦抱經校語。又黑筆引吳葵里云云，葵里爲吳免牀先生騫別號，與先生至交，亦當時往來商榷，隨手校注者。姚書散出，展轉爲余得之。余喜其援據精詳，雖不如邵、郝二義疏之整齊，要勝于翟、戴二家補注之淺略，是亦可以傳矣。爾雅漢立博士，唐入試科，至宋有鄭夾漈《爾雅注》、羅鄂州《爾雅翼》專門之書，補郭注之未詳，正邢疏之已誤，與陸農師《埤雅》實可鼎足一時，乃近世注疏諸家多未稱引，毋亦門户不同歟。先生是書折衷一是，不以晚近而廢之，是其集思廣益之心，異於專己守殘之見。

昔臧在東先生庸錄漢人郭舍人、李巡以下佚注爲《爾雅漢注》一書，先生則取之於宋學，後有治《爾雅》之學者得通其郵，則誠可以觀於古矣。光緒戊申九月朔長沙葉德輝撰。

周春《爾雅直音正誤後記》

坊間新刻《爾雅音圖》，假託影宋本，其直音多誤。舊有《直音》一書，其誤較少，因并辨之。我聞元熊氏勿軒云：自孫氏《直音》出而《釋文》不復考。今賴有《釋文》尚存，而《直音》之誤可正，兹附於《音略》之後云。嘉慶癸亥孟秋周春記。

戴鍌《爾雅郭注補正》

戴鍌序

《漢志》：《爾雅》三卷，二十篇。今篇惟十九。《志》不著撰人名氏。郭璞言興于中古，隆于漢代。鄭樵言出自箋注未行之先，《爾雅》明則百家箋注可廢。魏張揖乃謂周公作《釋詁》。揚雄以爲皆孔門游夏之儔所記，以解釋六經。然則此書爲考據之鴻寶久矣。臣竭思搜紹，積有寒暑。欣逢聖朝右文，開設四庫，琳瑯炳蔚，有如列星，爰於校勘之餘，卒業是編。按，漢劉歆、樊光、李巡、孫炎咸有注，今則晉郭璞注存，所謂究心十八載者也。宋邢昺與杜鎬八人奉詔疏之爲十卷，又鄭樵注亦存。顧漢注佚矣，猶散見於陸氏《釋文》、邢《疏》、《尚書》、《毛詩》、三《禮》、《春秋左氏》、《公羊》義疏、《太平御覽》、《龍龕手鏡》、《文選》等書。又有陸氏《音義》、陸佃《埤雅》、羅願《爾雅翼》，并資覈證。用是錄郭注之全，辨其亥豕。綴陸邢之説，觀厥引伸。復摭群編，兼增蠡見，爲《爾雅郭注補正》三卷，卷分爲三，共九卷。敬謹繕寫，冒瀆宸衷鑒定，仰邀睿誨，不勝悚慄之至。謹序。

乾隆五十二年春二月二十五日欽賜舉人充三分四庫書校對臣戴鎣忝擬進呈本

韓光鼐識語

《爾雅郭注補正》一書，爲戴孝廉鎣進呈本。成於乾隆之三十二年，海内士林奉爲圭臬由來久矣。咸豐年間，遭粤氛之亂，板已無存。光鼐家向藏是書，幸未付楚人一炬。兹將原本校對付梓，俾共珍賞。爰於竣工之日，聊識數言。光緒十一年仲春月海陽韓光鼐識于經香閣。

劉嶽雲《劉玉麐爾雅補注殘本識語》

吾鄉劉氏，有東西之分。東劉，明初自蘇州遷寶應。西劉，則土著也。又徐先生爲西劉裔，博通經籍，與族叔祖丹徒公爲問學交。金壇段若膺先生嘗貽書丹徒公，言其箸述有《爾雅補注》，世無傳本。道光辛丑，族兄叔俛於家佩卿伯處得先生《爾雅邵疏》校本，僅存《釋詁》、《釋言》，擇其引證有所發明者録之。嶽雲少時從家大人讀書，叔俛兄所授以此紙，因藏篋笥。甲申又於湯丈印卿處，得先生校《爾雅邵疏》下一本，朱墨甚多，亦有鈔自他書者，不可識别，擇有玉案二字者録之，遂成此帙。蓋先生考據之精，大略可睹矣。視翟灝《爾雅補郭》、戴鎣《郭注補正》，有過之無不及。先生後嗣稍微，原書不知存否，他日容當訪之。丙戌正月邑後學劉嶽雲識。

錢坫序

錢坫《爾雅釋地四篇注》

竊聞大河横流，神禹績用。東西南朔，舟肆鳩楯，無遠弗屆。據形製名，前聖所隆。遵其位號，缺而弗及，則皆因地以著焉。然山經記載，祇以身所過越，區其程涂，雖附山小水，罔或遺之。循名課義，略不致意。釋地者，聖人所以不能無作也。夫知地者智，知幾者神。形氣首尾，少窺秘妙。各土異性，隨方殊尚，亦如言語之不通，日用之弗協。聖人因宜，述其稱謂。既定厥誼，用昭竹帛。坫旁行之學，夙亦未論。壯歲則歷齊魯，仰止上京。不四三年，又越衛周，通乎秦晉，頗知以今證昔。每遇垝垣敗址，延領嘻吁，想慕前人之遺跡矣。夫名者實之徵，古人之言，何嘗虛造。率以鄙見，就所遐瞻，括成卷册。媿非孫、樊所及道，郭君所及推。附于諸家之後，儻不以異義置之耶。時有陽湖孫君星衍指余曰：如君所䛐，殆得禹周二聖微旨歟。因記所由成以告來者。乾隆四十有六年九月一日錢坫述。

洪亮吉序

重光赤奮若元月，吾友錢君獻之注《爾疋・釋地》四篇畢。時予方疏《國語》地名未竟，病苶䰩之莫定，阻形魚之乏證。旁采金石，搜稽或窮，高觀周秦，披覽亦徧。聆遂得于許氏，阜落證以韓生。廣都之壠注乃增乎韋昭，皐耳之谿名堪通于劉向。以隋高之文，識觸山之語誕。由田渭之蹟，知惠竇之傳疑。《國語》：共工氏墮高堙痺。知《列子》、《淮南》觸山折柱所由附會也。又《晉語》：為惠公從予于渭濱。渭濱《韓非子》書作惠竇。茫茫一編，窺古獨笑焉。蓋六合云渺，難從竪亥之步，三古甚遠，誰詳伯翳所名。而儒者好破舊聞，矜其臆獲。甚或變易陵阜，移徙川澤，此則超北溟之說，非屬寓言，移太行之語，遂成左證也。夫創奇者既信心之已過，守故者又目證而或離。以數雜之居諸，窮八埏之浩渺，知其難矣。又況高下定名，肇于文命，川藪著錄，仿自元公。梁、卜之所未言，樊、李于焉缺注。即云證之別簡，而東陵未究，先地昧于金蘭，《漢・地理志》：盧江郡金蘭西北有東陵鄉。《水經注》：盧江郡有金蘭縣。按金蘭無所考，二漢亦無此縣，《水經注》縣字當有誤。橋山屢移，遂神迷于劍舄。而能采茲衆說，成乎一是。高平廣平，皆區方之可指，朝陽夕陽，非向背之虛號。則前哲之所未及，視景純而或過者焉。時孫君季述亦注《山海經》，削諸迂怪之談，證以耳目所及，揖夷堅于上世，諒厥用心，友裴酈于六朝，均茲命意。蓋輿地之學，至今日而言者益廣，亦訂之益精也。若夫日下之所在，息慎之爲方，此之闕疑，師夫前聖。

孫星衍序

星衍既與錢君同客陝西撫院，時又同爲地理之學，其讀一書有所知，必相告，亦多如其意所欲出。一日，錢君讀張守節所稱《晉地道記》飛狐岌之説，告星衍曰：予始知《爾雅·釋山》之皆山名，小山岌大山峘之即飛狐岌與恒山也。于是注《釋地》以下四篇。閲三月成，屬星衍爲之叙。叙曰：《釋地》以下四篇，皆禹所名、周公之所述也。張揖《上廣雅表》言周公著《爾雅》一篇，今俗所傳三篇《爾雅》，或言仲尼所增云云。揖意蓋言古本《爾雅》合《釋詁》以下爲一篇，後儒附以傳注，廣爲三篇。云三篇者，即《藝文志》之三卷。是今十九篇皆有周公之説也。《釋詁》等十九篇之名，蓋後儒所分。陸德明乃以《釋詁》篇爲周公所作，《釋言》以下爲仲尼等所增。疑其誤會張揖一篇之義。古者聖人不虛作，黄帝正名百物，禹與伯益主命山川。《尚書》亦言奠高山大川，孔、鄭訓奠爲定，定言定名。其名存諸《尚書》、《山海經》，其義存諸《釋地》諸篇也。古人之書，特多經傳相亂，今自《釋地》以下四篇，考其文義，《釋地》九州當是經，十藪當是傳。錢君以《周禮》九藪，此云十藪。又陽華屬秦，疑是後人所益。星衍亦案文云：鄭有圃田，圃田在今開封府中牟縣，此新鄭也。宗周之滅，鄭遷于溱洧。圃田屬鄭，亦春秋時語矣。八陵、九府、五方、野、四極當是經。《釋邱》三成爲敦邱以下當是經，陳有宛邱以下當是傳。《釋山》河南華以下當是經，泰山爲東嶽以下當是傳。《釋水》有云：正出，涌出也。縣出，下出也。穴出，仄出也。河水清且瀾漪以下十八字，濟有深涉以下三十九字，汎汎楊舟以下三十三字，云四瀆者發原注海者也，云從《釋地》已下至九河皆禹所名也，皆當是傳。且案《釋詁》之文，亦有黄髮齯齒、謔浪笑敖之類，直釋《詩》辭，何得盡云周公所作也。

是知《釋詁》一篇，非無孔卜所增，《釋言》以下，皆有周公之説矣。《釋地》諸篇之義既古，其所釋皆是《夏書》《山海經》之山，而郭李舍人僅隨義解釋，不箸所在。郭璞注山大而高崧，云今中嶽嵩高山蓋依此爲名。亦未知其即釋嵩山也。可不惑與。錢君既知岌之爲飛狐岌，峘之爲恒山，旁通其類以説河南華以下諸山，信非古人之所及已。又諸經之文，惟《爾雅》最多俗字。陸德明言：豈必飛禽即須安鳥，水族便應著魚，蟲屬要作虫旁，草類皆從兩中。若此之類，實繁有徒，是以不合于篆文，不登于許氏。星衍嘗校其謬誤，去其十五，今以錢君之例證之，山大而高崧，即嵩山，知崧當爲崇也。《國語》：崇山即嵩山。鋭而高嶠，即橋山，知嶠當爲橋也。小而衆巋，即歸山，知巋當爲歸也。又以加陵爲即柯陵，祝栗爲即涿鹿，深通古人假音之義。星衍嘗病山左右有岸厒，厒字不合六書，而唐石經、《五經文字》皆有其形。據《廣韻・二十七合》有㕁字，云山左右有岸，乃知是㕁之寫爲厒，又譌爲厒也。又疑礅礐即《春秋傳》敖鄗之類，君皆有取焉。君注解質核，有賈逵、高誘之風，漢以下無以擬也。今世注《爾雅》者，有君家詹事君、邵編修二雲，江布衣叔澐。星衍亦嘗爲《爾雅正俗字考》。又注《釋詁》以下諸篇，依叔言及舍人之例，字以本義爲釋，然君所獨到，不能掩也。孫星衍撰。

孫星衍後序

星衍序《釋地四篇》，以爲《釋詁》以下皆有周公之説，獻之韙之。然自唐以來，無有信是論者矣。無有舍陸德明之言而深求張揖之説者矣。星衍有所見，當以告讀全書者，亦附獻之書以著焉。《爾雅》所紀，則皆《周官》之事也。《釋詁》、《釋言》、《釋訓》，則誦訓掌道方志以詔觀事及訓方氏掌誦四方之傳道也。《釋親》則小宗伯掌三族之别以辨親疏。《釋宫》亦小宗伯掌辨宫室之禁也。《釋器》其緵罟謂之九罭云云，則獸人掌罟田獸，辨其名物。肉曰脱之云云，則内饔辨體名肉物。黄金謂之璗云云，則職金掌凡金玉錫石之戒令，辨其名物之媺惡。金鏃翦羽謂之鍭云云，則司弓矢掌六弓四弩八矢之法，辨其名物也。珪大尺二寸謂之玠云云，則典瑞掌王瑞玉器之藏，辨其名物。一染謂之縓云云，則典絲掌絲人而辨其物也。《釋樂》則典同掌六律六同之和，以辨天地四方陰陽之聲也。《釋天》則眡祲掌十煇之法以觀妖祥，辨吉凶。又保章氏掌天星，以志星辰日月之變動，以辨其吉凶，又甸祝詛祝之所掌也。其旌旗，則司常掌九旗之物名，巾車掌公車之政，辨其旗物而等叙之也。《釋地》、《釋邱》、《釋山》、《釋水》，則大司徒以天下土地之圖，周知九州之地域廣輪之數，辨其山林、川澤、邱陵、墳衍、原隰之名物。職方氏掌天下之圖，以掌天下之地，辨其邦國、都鄙、四夷、八蠻、七閩、九貉、五戎、六狄之人民與其財用，又山師、川師、邍師之所掌也。《釋草》以下六篇，亦大司徒以土宜之法，辨十有二土之名物。山師、川師辨其物與其利害，而頒之于邦國，使致其珍異之物。又土訓道地慝以辨地物，而原其生以詔地求也。又倉人掌辨九穀之物，龜人掌六龜之屬，各有名物皆在也。《釋畜》則庖人掌共六畜、六獸、六牲，辨其名物。其馬屬，則校人掌王馬之政，辨六馬之屬。雞屬，則雞人掌共雞牲，辨其名物也。昔魯哀公欲學《小辨》以觀于政，孔子告之《爾雅》，其意在是。是周公之著《爾雅》爲在《周禮》前。《周禮》之名物，必以《爾雅》辨之也。其諸儒所廣，亦自可考。按《釋詁》文有舒、業、順，叙也。下云：舒、業、順、叙，緒也。明是解上四字。又粤、于、爰，曰也。下云：爰、粤，于也。郭璞説轉相訓。又治、肆、古，故也。下云：肆、故，今也。璞説此義相反而兼通者。星衍謂郭説非也，此類即後儒所增矣。其《釋訓》有如切如磋道學也云云，按《禮記》云是孔子之言，其直引《詩》辭，當是子夏之言，子夏實治《詩》也。又《釋親》一篇，亦有所增。考《史記》田文問其父嬰曰：子之子爲何。曰：爲孫。孫之孫爲何。曰：爲元孫。元孫之孫爲何。曰：不能知也。今《釋親》則有元孫之子爲來孫云云，當是戰國後叔通等所增矣。不然，嬰何得不見《爾雅》也。自餘諸篇，可以類證。星衍不敏，其有所失，尚望正告無隱也。獻之書副刊已畢，故附于其末。

邵晉涵《爾雅正義》

邵晉涵序

上古結繩爲治，後世聖人易之以書契，百工以乂，萬品以察，由是成命百物，序三辰以固民。至於成周，文章大備，訓詁日滋，元聖周公始作《爾雅》，以觀政辨言。周室既衰，群言淆亂，折衷至聖，六藝以彰。七十子之徒，發明章句，增成其義，傳《爾雅》三篇。其爲書也，重辭累言，而意旨同受。依聲得義，而假借相成。宫室器用之度，歲時星辰之行，州野山川之列，艸木蟲魚鳥獸之散殊，或因事以爲名，或比類以合誼。其事則睹指而可識，其形則隨象而可見，通貫六書，發揮六藝，聚類同條，雜而不越，敷繹聖訓，則天地萬物之情著矣。揚於王廷，則宣教明化之用遠矣。漢初經始萌芽，《爾雅》嘗立博士。厥後五經並立，其業益顯。通才達儒，依於爾雅，傳釋典藝，沈潛乎訓詁，洞徹其指歸，故用日少而畜德多，三十而五經立矣。魏晉以降，崇尚虚無，説經者務爲鑿空憑臆，違離道本，《爾雅》之學殆將廢墜。唯郭景純明於古文，研覈小學，擇撢群藝，博綜舊聞，爲《爾雅》作注。援據經傳，以明故訓之隱滯，旁采謡諺，以通古今之異言。制度則準諸禮經，藪澤則測其地望，詮度物類，多得之目驗。故能詳其形聲，辯其名實，詞約而義博，事覈而旨遠，蓋舊時諸家之注，未能或先之也。爲之疏者，舊有孫炎、高璉二家，今皆不傳。邢氏《疏》成於宋初，多掇拾《毛詩》正義掩爲己説，間采《尚書》、《禮記》正義，復多闕略。南宋人已不滿其書，後取列諸經之疏，聊取備數而已。晉涵少蒙義方，獲受雅訓，長涉諸經，益知《爾雅》爲五經之錧鎋。而世所傳本，文字異同，不免訛舛，郭注亦多脱落，俗説流行，古義寖晦。爰據唐石經暨宋槧本，及諸書所徵引者，審定經文，增校郭注，仿唐人正義，繹其義藴，彰其隱賾。竊以釋經之體，事必擇善而從，義非一端可盡。漢人治《爾雅》，若舍人、劉歆、樊光、李巡、孫炎之注，遺文佚句，散見群籍。梁有沈旋集注，陳有顧野王音義，唐有裴瑜注，徵引所及，僅存數語，或與郭訓符合，或與郭義乖違，同者宜得其會通，異者可博其旨趣。今以郭氏爲主，無妨兼采諸家，分疏於下，用俟辯章，譬川流而匯其支瀆，非木落而離其本根也。郭注體崇矜慎，義有幽隱，或云未詳。今考《齊、魯、韓詩》，馬融、鄭康成之《易》注、《書》注，以及諸經舊説，會萃群書。尚存梗槩，取證雅訓，辭意瞭然，其跡涉疑似，仍闕而不論。確有據者補所未備。附尺壤於崇邱，勉千慮之一得，所以存古義也。郭氏多引《詩》文爲證，陋儒不察，遂謂《爾雅》專用釋《詩》。今據《易》、《書》、《周官》、《儀禮》、《春秋三傳》、《大小戴記》與夫周、秦諸子、漢人撰著之書，遐稽約取，用與郭注相證明。俾知訓詞近正，原於制字之初，成於明備之世，久而不墜，遠有端緒，六蓺之文，曾無隔閡，所以廣古訓也。聲音遞轉，文字日孳，聲近之字，義存乎聲。自隸體變更，韻書割裂，古音漸失，因致古義漸湮。今取聲近之字，旁推交通，申明其説，因是以闡揚古訓，辨識古文，遠可依類以推，近可舉隅而反，所以存古音也。艸木蟲魚鳥獸之名，古今異稱，後人輯爲專書，語多皮傅。今就灼知副實者，詳其形狀之殊，辨其沿襲之誤。其未得實驗者，擇從舊説，以近古爲徵，不敢爲億必之説，猶郭氏志也。惟是受性顓愚，識限方域，粗事編輯，固陋是虞。維時盛治右文，翊經惇學，秘簡鴻章，彙昭壁府，幸得以管闚錐指之學，覩書石室，聞見所資，時有增益。歲在旃蒙協洽，始具簡編，舟車南北，恒用自隨，意有省會，仍多點竄，十載於兹，未敢自信。而中年意思零落，性多遺忘，耳目所接，時或失焉。抱殘守獨，凜凜乎以不克聞過爲懼，勉出所業，就正當世俊哲洪秀偉彦之倫，叩其兩端，匡厥紛繆，企而望之。

嚴元照書後

餘姚邵學士晉涵《爾雅正義》，箋釋允當，徵引博贍，較諸邢叔明之書，不翅倍蓰過之。且於景純之注，誤者糾之，闕者補之，信此經不朽之典也。此經自開成而下，尚有宋本存於人世，即明人如郎奎金、鍾人傑、吳元恭，國朝王朝宸諸人所刻，皆遠勝明監本。汲古閣本注疏，又自漢魏下到北宋，典籍徵引，頗有異同。學士於此，尚未能博綜以資參訂，然非大疵，可勿論也。間有巨繆，恐滋疑誤，敢竭一得之愚，用⿰飠卑千慮之失。《説文解字》與此經相爲表裏，許君之義可以證明雅訓者，在所必援，而踳駁甚多。俅，戴也。《説文》訓俅爲冠飾皃，引《詩》戴弁俅俅。其義正同。邵不之引，而云：《説文》作絿。夫系部之絿，於義爲急，《商頌》不競不絿是也，於此何與。十羽謂之縛。《説文》訓縛爲白鮮色，非其義，不引可也。而乃引縛束也，且曰：十羽可以束也。是不識專、専之辨矣。素錦綢杠。綢乃韜之假借，而引《説文》綢繆也，綢繆之義，於此奚取。諸所誤引，誠足齒冷，然猶有其字也。亦有《説文》無此字，而誤仞它字以當之者。其於玉謂之雕，引《説文》剮剝也，又援《左傳》剝圭以爲之徵。案，《説文》：琱，治玉也。彫，琢文也。則琱、彫皆可用。從刀者，俗書也。其訓剝者乃是割字，形相近似，漫不措意，又皮傅引文以證成其繆，過矣。它若賑之訓富，傁之訓聲，僨之訓僵，弄之訓玩，忝之訓辱。《釋水》：滸，水厓。《釋器》：草中絶[辨]謂之豢。《説文》皆同。顧或引《玉篇》，或引《説文》它訓。一若《説文》無此字者，何也。又其所引書籍，改竄以就己意者，十之七八，而於《釋文》尤甚。算，數也。引《盤庚》釋文：選即算也。翿，纛也。引《陳風·宛邱》釋文：翿作纛，音義同。所以止扉謂之閣。引《左傳》高其閈閎釋文：閎，本或作閣。皆未嘗有其語。又於《釋水》外爲隈，云唐石經及宋本俱作鞫。宋本吾弗知，石經固作隈也。《釋畜》篇末小題六畜二字，石經無之，而云據石經補。是於石經未嘗讀也。景純之注，監本譌闕，可以宋本補正。邵於《釋山》篇據《詩》、《禮》疏補注若干字，乃宋本所無者，中有宜音之字，《釋文》無音，則知是《音義》之文，而非注也，以之補注，失之専輒。景純既别譔《爾雅音義》，而注中仍自有音，宋本已多漏落，監本删汰尤多，邵所增者，未能賅備。且有不明句讀而致誤讀者，《釋木》：欇，虎櫐。注云：今江東呼爲欌。欇，音涉。欌字句絶。欇音涉，景純之音也。監本删音涉二字，而欇字不删，邵遂誤以欌欇連文，此則一檢邢《疏》，即可憭然者。其文字沿監本之譌者尚多，而所引書篇中卷數多錯。案籍求之，輒不可得。校勘之疏，尤未易悉數。學士當日校官書既繁尤，而人就之講時藝者，且以百數。退直講肄之暇，以餘力成此書，其不能甚精，固所宜耳。當其草藁未定，雖朋好不得見。歸安吴孝廉蘭庭、德清許兵部宗彦，與學士往還最久，皆未之見也。刻成後，亦時時修改，惜改之終未能盡。學士又有《孟子正義》，書未成而歿，藁在今大學士諸城劉公家。

余廷燦書後

右《爾雅正義》若干卷，餘姚邵太史晉涵賡續郭氏注，而疏其所未詳，補其所已漏，薈萃捃摭，勒成一書者。夫《爾雅》，包羅天地，囊括《詩》《書》，標訓詁之指歸，通古今語言之同異。在昔業之者，無慮數十家。近日休寧戴氏，主於沿字以討其詞，沿詞以通其意，其業横翔捷出，故論説磊落旁魄，實能變易一時之聽聞。太史是書，則又破郭注之荒，證邢疏之陋，凡片簡隻字，但與《爾雅》相發明者，莫不搜奇西穴，抉奥羽陵。亦采殊指舛論，意在别是以非。或收孤義僻聞，期其證同於獨。塗山之玉帛千重，禹鼎之罔兩萬狀。栗栗菽粟，縷縷機絲，誠綴緝絶緒，羽翼孤經，能闢山嶮於蠶叢，導河源於星宿矣。予尋討細字，昭若發蒙，服膺之久，因繫以詩。《蒼頡》鳥跡既權輿，萬靈百秘洩包符。孳乳蝌蚪及籀篆，摹繢根窟達方隅。六經囊括總心畫，隻字貫串皆道樞。元聖《爾雅》始訓詁，孔門游藝先支餘。講析形聲自幼學，庚續增益到漢儒。經義煙海此津逮，沿源庶不隔斷渠。郭氏作注功豈小，中流失船賸一壺。陋儒閣注不寓目，繼注作疏亦齟齬。學書纔取記名姓，問字不過識之無。或矜鼫鼠辨豹采，或誤蟛蜞充食廚。終軍詎與蔡謨等，記録細碎要區區。無怪退之腹磊落，浪謂《爾雅》注蟲魚。邵子正義一稾注，郭注罅漏全補苴。秘書遍索《吕覽》市，奇字盡探揚子居。碎金收拾入大冶，康莊指點借岐途。穿穴群經集證佐，情狀百物供畋漁。詞嚴義密古在昔，歷歷周冕溯商冔。盛代典册萃壁府，堯文廣焕糺縵初。九經九緯標涂軌，一歲三歲任菑畬。遂有絶學破荒出，江河既導萬穴俱。真開潭奥啓鈐鍵，寧侈孑孓誇駏驉。每展細字邃古接，宛露羲圖與禹書。

李雱《讀雅筆記》

胡長齡序

鐵垣先生《讀疋筆記》上、中卷，擘肌分理，聚米畫沙，撮舉注疏之精，博闢群言之賾，俾覽者無遺憾焉。末復築拾碎金，裒録成衮，儷語之工，天造地設，殆以經術兼詞術者與。《爾疋》爲十三經之一，讀《爾疋》不熟，幾爲《勸學》死，昔人譏之。我朝經學昌明，耆儒輩出，得先生是編，則訓故之學，有所據依，而洪筆麗藻之士，亦於是沈研耽味也夫。

嘉慶甲子中春上浣年愚姪胡長齡拜書。

李懿曾識語

先君子自乾隆甲午後，杜門治經，窮極根柢。以《爾疋》爲六蓺鈐鍵，嗜之尤篤。歲庚子，《讀疋筆記》三卷成，以授不肖兄弟，戒之曰：中多絓漏，勿以示人。不肖志之不敢忘。嘉慶己未北上，謹藏箱篋。京邸雒誦間，爲同人所窺，輒驚爲瓌寶，索讀卒業，不肖堅謝之。甲子南旋，友人袁君棣蕣見之曰：此當公諸海内，勿私爲枕秘也。請代梓之，可乎。懿不敢忘先君之言，既又念先君謙德不自滿，而是書經緯條貫，實爲可傳，故不敢終秘，而從其請。男懿曾謹識。

郝懿行《爾雅義疏》

陸建瀛（校刊）序

《漢·藝文志》載古人釋經之書多曰解故，故即詁也。故《爾雅》訓詁之學爲治經者之津梁。晉郭景純表章此書，始有專注，而書體矜慎，間有缺疑。又注所引者多在《毛詩》，淺學者或昧舉一反三之義。邢氏雖有疏，亦少所發明。嘉慶中棲霞郝蘭皋先生爲作《爾雅義疏》，疏通證明。有經可旁通者，以假借通之，有注所未徵引者，以群籍佐之。儀徵阮文達公亟重此書，刊入學海堂《皇清經解》，津逮後學者至矣。惟卷帙繁重，不能家有其書，因延陳君奂校勘專行，以便學者。至於是書之精博詳奥，治經者宜自得之，亦不復贅論也。道光三十年十月朔沔陽陸建瀛序。

胡珽識語

郝蘭皋先生《爾雅義疏》，儀徵阮文達刊入《皇清經解》。沔陽陸制府慮學者之未能家有是書也，復單刻之。惜其板旋遭兵燹，書未盛行。然兩刻者或謂皆據高郵王懷祖念孫觀察節本，或又謂阮刻經解錢唐嚴厚民杰明經實總其成，是書蓋厚民所節。傳聞異辭，無由審也。歲乙卯，嘉興高伯平均儒文學得嚴鶴山厚民之子所鈔郝疏足本，以奉河帥楊至堂以增先生，讀而善之，郵書寄資，命爲校刻。功方過半，至堂先生遽歸道山。珽因益資以蕆事焉。預讎校者，元和徐稼甫立方徵君、吳縣葉調生廷琯、海鹽陳容齋德大兩明經。而用力尤多，則金匱江彤甫文煒茂才也。光陰彈指，倏已經年。手民戡功，附識繇緒。世之欲睹郝氏全本者，其諸亦有樂於是與。時咸豐六年丙辰七月仁和胡珽識於蘇城鲟谿定慧里。

宋翔鳳序

學者有志治經，必先明古字、古言。古字者，《倉頡》古文及籀文也。古言者，三代秦漢所讀之音與今不同也。自隸書行而古字漸亡，六朝以後之韵書出而古言漸亡。就晚近之心思耳目，求往古之制度、文教，以致微茫沈晦，殆逾千載。恭逢盛世，經學昌明，則有傑出之士綜《易》、《詩》、《離騷》，凡漢以前有韵之文皆得本音，而別其部居，明其通假。日積月久，相與引申。復有通儒就許書所存之古籀，又博采自古鍾鼎遺文，以始一終亥之義，依類而編之，分合而辯之。俗儒以爲模黏影響，而能一皆就理，悉合六書。有是二者，斯能訓故通而五經立。《爾雅》二十篇本《漢志》，今《爾雅》十九篇。愚意以為《釋詁》文多，舊分二篇。又《詩正義》引《爾雅序篇》云：《釋詁》、《釋言》通古今之字，古與今異言也。《釋訓》言形貌也。《詩正義》但疏詁訓二字之義，所引不全，則《爾雅》尚有序篇，今亡之矣。則訓故之淵海，五經之梯航也。然至唐代，但用郭景純之注，而漢學不傳。至宋邢氏作疏，但取唐人五經正義綴緝而成，遂滋闕漏。乾隆間，邵二雲學士作《爾雅正義》，翟晴江進士作《爾雅補郭》，然後郭注未詳未聞之説皆可疏通證明，而猶未至於旁皇周浹、窮深極遠也。迨嘉慶間，棲霞郝户部蘭皋先生之《爾雅義疏》最後成書，其時南北學者知求於古字古言，於是通貫融會諧聲、轉注、假藉，引端竟委，觸類旁通，豁然盡見。且薈萃古今，一字之異，一義之偏，罔不搜羅。分別是非，必及根原，鮮逞胸臆。蓋此書之大成，陵唐躒宋，追秦漢而明周孔者也。翔鳳昔在嘉慶辛未滯迹京邸，始識先生，時接言論。每致商榷，輒付掌錄，不以前脩而輕後生。時所箸《山海經箋疏》，不涉荒怪，而惟求實是，已行於世，《爾雅》則未卒業。一官不達，九原難起。後於湘中得太傅阮公所輯《經解》，一再瀏覽，得其大端。後制府陸公單行其書，與阮本無異。嘉興高君又得足本以校阮、陸兩本，多四之一。或云删去之文，出高郵王石渠先生手，或云他人所删而嫁名於王。夫説一經之文，必合衆家之議，前此者未必是，後此者未必非，惟在學者求其本根，不立門户，同歸康莊。是以河帥楊公得高君之本，而爲流播。於時剞劂僅半，而河帥即世。兹胡君心耘始續成之，而後郝氏一家之言遂有完書，誠盛事也。咸豐六年八月後學長洲宋翔鳳謹記。

陳奐跋

郝蘭皋先生己未中進士，僻處京之東偏，杜門不與外政，雖僮僕不具，弗顧也。道光壬午歲，奐館汪户部孟慈喜荀家，先生挾所箸《爾雅疏》稿徑來館中，以自道其治經之難：漏下四鼓者四十年。常與老妻焚香對坐，參徵異同得失，論不合輒反目不止。艸、木、蟲、魚，多出親驗，訓詁必通聲音，余則疏於聲音，子盍爲我訂之。奐時將南歸，不敢諾。丙戌，猶子兆熊殁于官，再入都而先生古矣。高郵王先生爲先生通訂全書。删削之甚，至數十字數十句，不更增易其字句。越今廿有餘載矣。戊申在杭州汪守備鐵樵士驤家，重見王先生所手定之本。歲暮歸吳門，適應陸立夫制軍召，委任校讎之役。遂與公子東漁影寫原稿，細意對治，全書大旨悉依王先生定本。制軍好尚治經，道揚先喆，嘉惠來賢，迺亟亟首以先生《爾雅疏》重脩專刊，爲家塾課讀。斯足慰先生四十餘年之攻苦，奐亦得藉手以報先生昔日諄訂之情。懽欣舞蹈，遂奮筆而志其顛末也。己酉冬月長洲陳奐碩甫氏後跋。

謝章鋌跋

庚午余主講關西，見是書於方元仲觀察，心好之。其冬入都，道出涿州，州牧郝君近垣，則蘭皋先生之孫也。聞予名，一見大喜，盡出所刻先世著述相贈，則此書在焉。辛未攜以歸家。自辛未至今已五年，碌碌不得讀。今年復之漳州，校文之暇，乃克卒業。邵氏《正義》網羅古遺，言有根據。先生更能於訓詁、形聲、通轉、假借之處，得其條理大旨，可悟六書之要，又豈獨跨越邢疏，娩美二雲哉。余昔讀高郵王氏書，深服其融會貫通，以爲小學中巨子，乃《廣雅疏證》終篇取諸其子。今先生穿穴百家，并近采其婦書中所稱王照圓者是説凡數則。《釋詁》無祿則，《釋言》窕閒則。《釋山》：卑而大扈則，多草木岵則，《釋木》：女桑桋桑則，《釋鳥》：鸒白鷢則。索解皆有師法，脂籤粉盝之旁，竟與毛公、許洨長相揖讓，刑于之美，蔚爲女宗，較之堂構作述，尤足爲經苑佳話矣。其《列女傳注》已刻，第所謂《葩經小記》者，未知尚有傳本與否。昔晤近垣，惜未及問也。又按前後序跋，知此本與《皇清經解》本有煩簡。《經解》所刻諸書，於原本輒有刊削，即如《邵氏正義》，其黍説一篇，亦全去之。異日尚當細校。乙亥六月甲午晦章鋌讀畢記於丹芝講院。

郝聯蓀、郝聯薇識語

先大父蘭皋公《爾雅義疏》，儀徵阮文達刊入《皇清經解》，沔陽陸制府又單刻於金陵。聯蓀等僻處山陬，俱未之見。或謂兩刻本皆據高郵王念孫觀察所節本，未爲全書。迨河帥楊至堂先生得足本於錢唐嚴厚民杰明經嗣君鶴山，許始屬仁和胡君心耘珽鳩合同志，校刊於吴門。乃未幾，又爲粤賊所毁。先大父生平著述十餘種，心力尤萃於此書。先大母臨終猶諄諄以亟覔原本爲誡，聯蓀等謹志之勿敢忘。歲乙丑二月，聯蓀有事濟南，晤陽湖汪叔明司馬，欣然以所藏楊氏足本相授，且任校讎之役。聯薇既刺涿州，謹節廉俸所入爲剞劂之資，閱月九而工始竣。原書訛誤尚多，又經德清鍾舍人麟、陽湖周司馬懋祺、鍾醝尹履祥及汪司馬互相讎勘，是皆有功於是書者，不可以不記。同治五年二月既望孫男聯薇蓀謹識。

王念孫《爾雅郝注刊誤》

羅振玉識語

兒時讀《爾雅郝氏義疏》，乃學海堂刊本。稍長始得同治五年郝氏家刻，所謂足本者。據長洲宋于庭先生序言阮刻删去之文出高郵王石渠先生手，或云他人所删而嫁名於王。嘗取兩本並幾觀之，見凡阮本所删之處多有未安，知阮本所删必出當世碩儒之手，意非石渠先生不能如是之精密也。且疑所謂足本者乃初本，阮刻爲定本，顧無以證之。逮己未仲夏，由海東返國。明年從貴陽陳松山黄門許得《義疏》寫本，首尾朱墨爛然。凡句乙處用朱筆，又凡一語有未安、一字有譌脱，亦以朱筆訂正。以書迹觀之，皆出石渠先生手，間有一二爲文簡書。其尤未安處，則石渠先生加墨籤，每條皆出念孫案字，凡百十有三。則知删定果出石渠先生，非託名也。其所刊正，莫不精切，如嚴師之於弟子。於此可見古人友朋論學之忠實不欺。雖石渠先生實長于蘭皋先生十餘年，然在今人即齒相若，殆亦未必如是之真切不唯阿也。考蘭皋先生卒於道光五年，阮氏經解之刻在道光六年，至九年而工竣。石渠先生卒於道光十二年，阮氏刻書時郝氏初亡，而石渠先生健在。故當時以定本付刊，其後人乃誤以未定本爲足本，復爲之刊布。于庭先生作序，徇郝氏後人之意而爲，或云出於假託之言以阿之。知道、豐諸儒已漸失先輩質實之風矣。予平生服膺王氏之學。往歲既刊石渠先生未刊諸書，爰以戊辰暮春命兒子福頤將此編中刊正郝書諸籤錄爲一卷，顔之曰《爾雅郝注刊誤》，以遺當世之治王、郝二家之學者，且以識予早歲所疑逾四十年竟得其證爲可喜也。五月既望上虞羅振玉書。

臧庸《爾雅漢注》

臧庸序

余聞之先師鄭公曰：《爾雅》者，孔子門人所作，以釋六藝之言。揚子雲亦云：孔子門徒，游夏之儔所記。作《雅》之人，斯爲定論矣。《隋志》錄漢中散大夫樊光《注》三卷、魏秘書監孫炎《注》七卷。又言：梁有漢劉歆、犍爲文學、中黄門李巡《爾雅》各三卷，亡。而《釋文·序錄》具有，是陸氏猶及見之。《春秋正義》引樊光注，《禮記正義》作某氏，《詩正義》則某氏、樊光兩引之，殆因沈旋疑非光注，或題爲某氏耳。要皆漢儒之義，精通舊詁，深研雅訓，遠非東晉郭景純輩所能及。唐初，孔冲遠撰《五經正義》，引諸家證之。陸德明《釋文》則用郭本，古義益微，及唐季而諸家之書盡亡矣。後有孫奭、高璉、邢昺三家，著《爾雅》正義，主郭説，無足爲怪。鏞堂少習此經，兼考舊義，見郭氏精美之語，多本先儒，支離之談，皆由臆説。更或擅改經文，輕棄注義。如委委佗佗，諸儒本作禕，與《説文》合，而郭從《毛詩》作委。摻謂之涔，《爾雅》舊文並《毛詩傳》皆作槮，而郭從《小爾雅》改木旁。不榮而實者謂之秀，衆家無不字，而郭本有之，音義引不榮之物爲證。又自歲陽至月名及九州、九河之類，郭多不言其義，而不知古聖人創物定名，各有取意，非無故漫爲是稱者。爰采《釋文》、《正義》及唐以前諸書所引舊注，錄爲三卷，以存漢學，俾讀是經者有考焉。昔梁沈旋嘗集衆家之注爲十卷，見《釋文》及《隋、唐志》，惜唐以後亦亡。夫治經必先通詁訓，故《爾雅》者，六藝之權輿也。治《爾雅》者必根本漢學，而後參考之郭氏，則此書又《爾雅》之權輿也。學者其知所後先歟。

盧文弨序

不識古訓，則不能通六藝之文而求其義，欲識古訓當於年代相近者求之。《爾雅》一書，舊説謂始於周公所箸，而子夏暨叔孫通輩續成。今臧生在東，從揚子云、鄭康成之言，斷以爲孔子門人所作。其爲注者，漢有犍爲文學、樊光、李巡，魏有孫炎，爲反切之學所自始，是皆説《爾雅》者所必宗也。今唯晉郭璞注盛行，而他皆失傳。郭於古文古義不能盡通，往往以己意更定，考古之士病焉。幸李、孫諸人説時散見於唐人諸書中，其爲郭氏所棄而不取者，説顧往往勝郭。在東篤好古義，遍加搜輯，彙成三卷，庶乎遺言之不盡墜也。夫時之近遠，猶夫州土之各異，以吳人解越人之言，縱不盡通，猶得其六七，燕秦之士必不逮焉。故吾亦不謂李、孫諸人之解之盡得也。然其是者，必賢於後人所見。在東勤勤掇拾，能引伸其所長，而不曲護其所短，由詁訓以通經學，斯不難循塗而至矣。吾因以知宋人若陸佃、鄭樵之更不足尚也。與其陸、鄭之是從，又無寧郭。乾隆五十四年陽月既望，杭東里人盧文弨序。

朱記榮跋

《爾雅》二十篇，爲訓詁之淵海，五經之梯航。郭氏言：興於中古，隆於漢氏。知漢儒之所以詮解者，傳授近古，義藴宏深。沿及唐代，婥用郭注而漢學不傳，則欲孯尋夫古誼難矣。然漢注雖佚，而劉歆、樊光、李巡、孫炎之説，猶幸散見於陸氏《釋文》、邢《疏》、《尚書》《毛詩》三禮《春秋左氏、公羊》義疏、《太平御覽》、《龍龕手鏡》、《文選注》等書，以及《初學記》、《藝文類聚》、《開元占經》，外至釋氏《衆經音義》。並資掇拾，用以覈證，則爲郭氏所棄者藉群籍以廑存焉。武進臧在東先生廣爲采輯，拾其墜遺，考其同異，彙成三卷，洵足以存古誼而益後學矣。舊刻本謬誤頗多，因重爲校訂。補其缺，正其譌，刊行於世。通經之士其將於是乎取證者歟。時光緒十三年歲次丁亥冬日，古吴朱記榮識。

阮元《爾雅注疏校勘記》序

《爾雅》一書，舊時學者苦其難讀，今則三家村書塾匙不讀者，文教之盛可云至矣。《爾雅》注，郭氏後出，不必精審，而從前古注之散見者，通儒多愛惜攗拾之，若近日寶應劉玉麐、武進臧庸皆采輯成書可讀。邢昺作疏，在唐以後，不得不綷唐人語爲之。近者翰林學士邵晉涵改弦更張，别爲一疏，與邢並行，時出其上。顧邢書列學官已久，士所共習，而經、注、疏三者皆譌舛日多，俗閒多用汲古閣本，近年蘇州翻版尤劣。元搜訪舊本，於唐石經外得明吴元恭仿宋刻《爾雅》經注三卷、元槧雪牕書院《爾雅》經注三卷、宋槧《爾雅邢疏》未附合經注者十卷，皆極可貴，授武進監生臧庸取以正俗本之失，條其異同，纖悉畢備。元復定其是非，爲《爾雅注疏校勘記》六卷，上、中、下三卷，各分上下卷。後之讀是經者，於此不無津梁之益。陸德明《經典釋文》，此經爲最詳，仍别爲校訂譌字，不依注疏本與經注相淆。《爾雅》經文之字，有不與經典合者，轉寫多歧之故也。有不與《説文解字》合者，《説文》於形得義，皆本字本義，《爾雅》釋經，則假借特多，其用本字本義少也。此必治經者深思而得其意，固非校勘之餘所能盡載矣。阮元記。

吴琨《爾雅正譌》序

《爾雅》一經，坊刻甚夥，然字畫、聲音、句讀之閒，頗多譌誤。如注疏之濄、蔿、葹、杬、蚵，譌作過、蔿、旆、杭、何者，不可枚舉。邵太史之《正義》，姜兆錫先生之《參義》，周太史之《附注》，孫步陶先生之《直音》，俱稱善本，亦不免襲謬傳訛。即揚州李拔識先生所刻《蒙求》，於坊本之譌者訂正甚多，且讀點句圈，字書寸楷，音從直音，訓蒙大有裨益。顧猶有隋、猣、狣、芐、濄、蔿、蚵、蝁、鼳、櫰、櫂，譌作墮、佛、佻、苄、過、蔿、何、蜇、鼰、攖、擢等字未及檢點者。荎著、櫙荎，上音持，下音跌。螣螣蛇，上音朕，下音騰。及覆敦音堆，瓜曰華之音話等音，沿舊本之謬未及釐正者。巒山隋、澤烏蘋、螱齒艾及狄臧槹貢綦、梲州木、髦柔英等句讀未能明辨者。授讀每滋貽誤，是以不揣譾陋，極力旁搜，希助諸儒之偶闕。爰遵《字典》、《韻府》、《説文》、《正字通》、郭邢注疏、陸氏《音義》、前賢經傳，細加校訂，名曰《爾雅正譌》。凡書本此字，或作彼字於義更妥者，則列彼字於旁。凡字畫之多少長短，有無鉤、挑、丿、八、敧、正不同者，細加辨正。凡字可讀一偏半截者，則不注音。或字本平聲，誤讀上聲者，則於平聲加圈。或讀平上二聲而義同者，則加二圈。於去入亦然。其或音無本字，則注某字之平、上、去、入。一字兩音者，則音注兩字。凡一讀一點，一句一圈并郭注未詳者，亦考他書句讀之。句讀明，形聲辨，意義自易曉。爲便初學，故專刊正文，不録注解。别輯《補注》一卷，俟成付梓。自慚檮昧，難免疏虞，第視諸本之譌誤者差善，於授讀不無小補云。恭呈博洽，賜啓顓蒙，不勝翹企之至。

嘉慶著雍執徐孟陬人日南城吴琨緝瑶識。

龔元玠《爾雅客難》序

《爾雅》爲十三經注釋、箋、疏之所本，誠窮經考古者之所不容一日離也。舊説以爲周公所作，子夏所續。雖無確據，然觀《周官·司寇》之屬，穴氏、翨氏等職，信非周公不能作。觀《家語》、《大戴禮》之易本命篇所陳，信非子夏不能續。爲此説者，固不同於無稽之言矣。顧於諸篇中，别其何者爲周公所作，何者爲子夏所續，則自有《爾雅》以來，未有言及此者，此亦此書之大缺典也。予嘗細玩之，凡訓釋之文出於正風、正雅，作於周公以前者及不見於三百篇内者，皆周公所作。變風變雅及雖係正風正雅而作於周公以後者，皆子夏所續。作與續，每篇皆錯雜相參，今皆一一注明。至若《淇澳》之詩如切如磋道學也一節，知行交盡，表裏不遺，《大學》傳且引之，以釋明明德者之止於至善，信乎非可與言《詩》之子夏，不能與於斯也。《釋樂》、《釋親》、釋天、地、山、水，釋草、木、禽、獸，似皆周公作所。馬名多見於《魯頌·駉》篇，然《泮水》既爲伯禽之頌，則《駉》篇不得屬之僖公，又豈得以《釋馬》屬之子夏乎。樊光、孫炎、李巡、邢昺輩，俱爲《爾雅》功臣。至如鼮鼠之誤屬終軍，則以《終軍傳》不載此事，《竇攸傳》特載此事決之，豈以武帝光武二武字致誤耶。此條爲之訂訛，要亦郭公之小失云爾。乾隆癸巳五月癸酉南昌龔元玠書。

嚴元照《爾雅匡名》

嚴元照序

僮時在塾讀書，《周易》、《書》、《詩》、《論》、《孟》而外，三禮、三傳皆不能卒業，於《爾雅》則僅知有此書名而已。生年過二十，始得注疏合刻之本，讀之苦其文字多誤，思有以是正之。乃據《釋文》、石經盡祛俗本之陋，以爲得之矣。反復久之，知《釋文》所載諸家之異同，尚多漏略，而瑕瑜並瞰，漫無折衷，學者既無以定一是之歸，間有是非，又往往不能合乎古。予於是博稽載籍，自漢訖宋，凡有徵引此經，錄而存之，以備甄別。復進而求之許祭酒《說文解字》之書，以究其離合。前輩之緒言，同學之講說，有可以裨益此經者，單詞片言，戢孴掌錄，罔有遺佚。歲在辛酉，讀禮之暇，整比校語，寫成稿本，命之曰《爾雅匡名》。名，文字也。匡之爲言正也。吾於《爾雅》，爲之正其文字而已矣。《爾雅》之文字正，而後可以治經。《爾雅》者，經之匯也。治經而不治《爾雅》，如躲之無的也，未有能通者也。是以孔子之告魯哀公曰：《爾雅》以觀於古，可以辨言矣。辨言者，治經之要道也。嘗考漢儒之訓詁，大半出於《爾雅》，而《毛詩》之傳、箋用雅訓者尤多。然而毛、鄭所讀之《爾雅》，視晉、唐人之所讀者蓋大不同矣。吾讀《毛詩》傳、箋，往往有不見於《爾雅》而循其形聲以求其義，焯然知即今本之某字者，然而唐人之爲義疏者忽焉而弗省，則其假借貫通之故，久已失其傳矣。自宋以降，小學日微，《爾雅》一經久爲學者所不道，是以說經之儒，新義臆說，日煩月滋，脫略詁訓，成書甚易，書益多而經義益汩，則不讀《爾雅》之弊也。晦冥既深，久而當復。本朝儒者務申古義，國初諸老開其端，至乾隆中而特盛。餘姚邵氏乃爲此經作正義，義例精識解當，較邢叔明之書，過之不翅倍蓰，惜其於文字之異同，亦未能詳也，吾是以作此書以俌之。初予寫定是書之時，安居尚無恙，越二年而蕭牆之釁起，有同姓之親，覬覦吾者，利予有敬通孝標之累，乘間生變以訟相尋，訟不直則怨愈甚，欲甘心焉，而門內之鬩亦日以甚。值歲又大祲，寢食不得安。所生子既長大，其趣尚出人意。丙寅孟娵，予一病幾不蘇，則吾所生之長者爲之也。吾以輕脆之軀，爲無父之人，無昪弟姊妹之助，轉側於内外交訌之地，不惜以身殉者，忘其力之所不及，而重去其鄉也。迨於丙寅一蹶，所望始絶，精力消亡，不能復振。念徒死非先人之意，而幼子遴生已半歲，又不能無所屬望，乃託諸德清蔡外兄買屋以居之。遂於是冬安葬先考妣，事既畢，乃毀吾家以弛吾擔。自兹以往，偷息人世，知復幾時，修短不足計，自甲子以後盡餘生也。昔者，蘇文忠注《易》、《書》、《論語》，攜之渡海，元符三年六月之晦，宿大海中幾不免，公撫書而歎：天苟未欲喪是也，吾儕必濟。已而果然，古之人自信其學如此。予書無益於世，不敢援此例以自詡，然處顛危之際，已度付灰燼久矣，今日者猶得從事於斯，不可謂非小人之幸也。繕寫既定，乃自爲之序，其詳别有例言與金壇段先生之序在，可勿贅也。

皇清嘉慶十三年歲在祝犂執徐夏六月歸安嚴元照書於餘不谿館，時析居德清之弟三年也。

段玉裁序

凡言訓詁之學，必求之《爾雅》矣。雖然求之《爾雅》，而不得其所以然之故，但見其氾濫無厓涘。吾未見熟於《爾雅》之必能通經也，則又求之《説文解字》矣。以《説文解字》言形，與聲與義無不憭然，讀之者於訓詁當無不憭然。然吾見讀《説文解字》，而於經傳《爾雅》愈不能通，鉏鋙不合，觸處皆是，淺人遂謂小學與治經爲二事。然則從事小學將以何爲也。夫訓詁者，《周官》所謂轉注是也。《説文解字》與經傳爾雅訓詁有不能同者，由六書之有假借也。經傳字多假借而《爾雅》仍之，《説文解字》字無假借，蓋六書有義、有音、有形，有義而後有音，有音而後有形。《周官》屬瞽史，諭書名，聽聲音，固有音韵之書矣。《爾雅》者，言義之書也。當漢時無不知三代之音者，亦無不讀《爾雅》者。學士、大夫又有《蒼頡》、《凡將》、《訓纂》諸篇爲字形之書，童而習之，三者備矣。

三者既備，而《說文解字》何以作也。許氏以爲沿流不若討原，乃取《周官》指事、象形、形聲、會意列部五百四十，刱爲説形之書，形在是而聲與義均在是，讀者見其形可以得其聲與義。蓋自古小學之書義例未有善於此者。顧以形爲主，則義必依形，字有假借之用，則義不必依形，此《説文解字》於經傳《爾雅》鉏鋙不合觸處皆是之故。雖然，舍《説文解字》，則未有能知假借者。經傳《爾雅》所假借，有不知本字爲何字者，求之許書而往往在焉，是非經無以知權，其觸處鉏鋙者，其毫未有鉏鋙者也。許書專言本字本義，而其義之可以引申轉徙，似異而同，似遠而近者，抑同音而即可相代者，無不可以書中求之。然則謂《説文》爲綱，謂《爾雅》《方言》、《釋名》、《廣雅》諸書爲目，可也。然則其讀之也，宜何如。一曰以《説文》校《説文》。何謂以《説文》校《説文》也。《説文解字》中字多非許舊，則自爲鉏鋙，即以《説文》正之，而後指事、象形、形聲、會意之説可明也。二曰以《説文》釋《爾雅》。何謂以《説文》釋《爾雅》也。以《説文》之本字本義定《爾雅》之氾濫無厓涘者，而後假借之説可明也。五者明，而轉注舉矣。蓋《爾雅》不可改從《説文》，猶《説文》之不可改從《爾雅》也。顧《爾雅》字體文理之譌，有當取古本及《説文》及它書相正者。歸安嚴子九能述《爾雅匡名》廿卷，博觀約取，一一精畫，蓋唯能窺見其大者，故於綱者較易易耳。近日阮芸臺中丞爲《爾雅校勘記》，不識見九能是書否也。九能《娛親雅言》既爲同學推許，而是書復將出，予故先以鄙説序之云。

嘉慶八年正月金壇段玉裁書於姑蘇下津橋朝山墩之枝園。

徐養原序

《爾雅》乃總釋群經之書，非小學家言也。前漢諸儒無兼治五經者，故班氏志蓺文，以石渠《五經雜議》附《孝經》後，而《爾雅》次之，此深得《爾雅》之旨者也。凡《爾雅》所釋之文，皆經典所有，其不見經典者，蓋後世逸之。自張揖著《廣雅》，多汎濫於經外，而《爾雅》始列小學，失作書之旨矣。然則漢儒説經有古文有今文，《爾雅》古文邪，今文邪。張揖謂《爾雅》周公所造，仲尼所增，子夏所益，叔孫通所補，梁文所考。子夏以前尚矣，梁文不知何人。若通之委蛇從時，必不違見行之小篆而從前代之古文，是《爾雅》固今文之學。然班固曰古文讀應《爾雅》，賈逵亦言古文《尚書》與經傳《爾雅》詁訓相應，則《爾雅》雖主今文，亦不謬於古文，此所以爲經義之總匯而漢學之權輿也。然而《爾雅》之難讀即在於此。夫文字者，六藝之本，以偏旁爲之體，以詁訓爲之用。《爾雅》主於詁訓，若偏旁則非所及焉。善乎顔介之言曰：今之經典皆非，《説文》所明皆是，許慎檢以六文，貫以部分，使不得誤，誤則覺之。孔子存其義，而不論其文，先儒尚得改文從意，何況書寫流傳邪。竊謂《爾雅》亦然。憑書寫流傳之本以定字體，其不可也必矣。字體不定，則字義亦不易明，而後之儒者，乃欲穿鑿而爲之説，傎孰甚焉。吾友歸安嚴九能氏，於此書治之有年，近著一書，名曰《爾雅匡名》。其言曰：名，文字也。匡之爲言正也。吾於《爾雅》，爲之正其文字而已矣。旨哉言乎。是讀《爾雅》而得其要領者歟。其正文字之道，大要有三：一曰證偏旁之離合，二曰存古本之異同，三曰糾俗刻之舛誤。證偏旁之離合，則以《説文》爲主。《説文》，字書之祖也。字有形、事、聲、意，舍《説文》其奚從。存古本之異同，則以《釋文》爲主。《釋文》於異字、異義載之甚詳，其稱樊光作某、孫炎作某者，它家之異於郭者也。其稱本亦作某者，即郭本而傳寫互異者也。其稱字亦作某者，則專就字論，雖書無此本，而字有此體，亦並載之，於六義之旨多資考證。糾俗刻之舛誤，則以石經爲主。監本、毛本承譌襲繆，幸開成石刻尚存，可以參校是正。崑山顧氏反以石經爲非，弟弗深考耳。九能合此三者以讀《爾雅》，而《爾雅》之文字正矣，而其要尤在明通借之例。蓋《説文》職在解字，分别部居，一字祇有一義。《爾雅》意在説經，古時字少，一字或有數讀，明乎通借之例，則孰爲同類相從，孰爲同音相假，可得而審也。自李陽冰已來，治《説文》者意爲增竄，多失其舊，經傳所有而《説文》無者，不皆俗體，明乎通借之例，則孰爲流俗增加，孰爲《説文》遺脱，可得而究也。至若古本之與俗刻，更非一致，俗刻由於校勘之疏，古本異同，則字有古今，音有楚夏，師讀相承，遂致錯互。明乎通借之例，則似異實同者，可得而稽也。是故明通借之例，以正《爾雅》之文，而六經之文皆正，是不唯有功《爾雅》，并有功六經也。其它採摭群言，搆會甄擇，經疏史注有涉於此者，悉舉而臚陳之。俾互相證發，不煩言而自解，簡而當，博而不支，無臆説，無虚詞，《爾雅》得此洵爲善本，景純、元朗不得專美於前矣。嘉慶辛未春二月德清徐養原序。

許宗彦序

外弟嚴子九能，熟於《爾雅》，作爲《匡名》八卷。旁羅異文軼訓，鉤稽而疏證之，微獨邢祭酒有不逮，抑亦可以爲著作之功臣矣。夫《爾雅》與六書相經緯。六書者，造字之例，源於上古，經也。《爾雅》者，辨言之書，肇於有周，緯也。書契之興，取凡民所恒言者而形之文，有此字之用，乃制此字之文，文成而義見，本無待於詁訓也。三代以還，文勝其質，方音流變，學士增潤，字之義或不盡如其文，則非詁訓弗能明矣。《爾雅》之作，薈萃群言，歸之近正，使考古無所惑，臨文有所守，故曰《爾雅》以觀于古，足以辨言矣。若夫六書爲制字之綱領，帝王改易字體，必依此六者爲法。而猶有不能虚造者，則假借以濟其窮。象形、指事、象形居其最先。形聲、會意、轉注，必合兩文以成之，又居其次。仰觀俯察，近取遠取，指事、象形、形聲之字最多，故家祭酒云：依類象形謂之文，形聲相益謂之字也。祭酒於指事、象形、會意、假借皆明言之，獨形聲轉注無專指之字，非略之也。蓋所謂某聲者即形聲，所謂凡某之屬皆從某者即轉注。曩戴吉士以考老二字互相訓，因推《爾雅》詁訓爲轉注，宗彦竊不以爲然。《爾雅》如初、哉、首、基十餘名，雖皆訓始，然各有所從之部，非以始爲建首。又初、哉諸字，各有本義，各自其所從之部首，而生亦不受意于始，其不可爲轉注明矣。段大令懋堂，今之精六書者也。序九能書，申戴氏之説，而又言《説文》與《爾雅》詁訓有不能同者，由六書之有假借也。經典字多假借，而《爾雅》仍之。宗彦則謂假借者，本無其字，今如初、哉、首、基之訓始，非本無始字而假初哉諸字以當之也。段又云《説文解字》無假借，若然，則《説文》止五書無六書矣。《説文》韋字解云：借以爲皮韋字。安得謂《説文》無假借也，特不若段所説耳。六書假借主于形體。唐人有請改六書表，云假借者，謂本無其字，假用音者也。遂請凡所假音，並加新字。可知假借與詁訓無涉矣。典謨雅頌，修辭致飾，必異恒言，沿及後來，新奇日出，銑溪虬户，又豈可以六書之假借蔽之哉。依大令言，《爾雅》之字爲假借，而義爲轉注，是假借非轉注不明，合二者爲一，而于二者之本旨胥失之矣。宗彦愚瞢，不敢雷同阿附。輒疏所見，以告九能，其有以教我也。

勞經原跋

亡友悔盦先生工詩、古文，精六書、故訓之學。早年著《娱親雅言》，見稱於耆宿，既乃成《爾雅匡名》二十卷。丙子冬，手藁本示余曰：《爾雅》近邵氏撰正義，注解精當，而於俗本之誤及載籍所引文字異同，闕焉不録，因著此書，以補其未逮，是亦讀《爾雅》者之所資也。余許爲之鋟版，遂以手藁見畀。丁丑夏，先生殁，乃校理授梓。宿草既列，汗青斯竟。校讎之頃，略得數端。案《釋言》：祺，祥也。邵氏據《詩·維清》傳，以爲祺當作禎。先生據山井鼎考文謂作禎者係崔靈恩本，陸、孔皆不遵用，后經始依崔本。然《説文》：禎，祥也。同於《爾雅》。則崔亦有所本矣。華，皇也，引盧學士説：郭氏《釋草》注作皇，華也。考今本《爾雅》實作華，皇也，蓋盧氏誤引耳。《釋天》：扶摇謂之猋。《文選·放歌行》：素帶曳長飈。注云《爾雅》或爲此猋，兩字古通也。風與火爲庉。《釋文》：庉，本或作炖。《説文》無炖字。《法苑珠林·日月篇·地動部》引作忳。迴風爲飄。《珠林》迴作回，與《説文》合。《釋水》：汝有濆。陸氏《新義》濆作墳所云《新義》，俱據舊鈔本，今本已多改易，與雪窗本同今本《詩·汝墳》正義引作墳。案正義又云：彼濆從水，此墳從土。所云彼者，即指《爾雅》。知今本從土，係是傳寫舛誤。案《詩正義》

引李巡注曰：江、河、汝旁有肥美之地名。則從土非誤，特與郭注重見之説不合耳。《釋蟲》：姑𧑓，强蛘。蛘，《新義》作蚌，云楚姓也。《説文》有蛘無蚌，視注意似原本作竿，不從虫也。蠨蛸，長踦。《釋文》云：《詩》作蠨。考《廣韻·一屋》引《詩》：蠨蛸在户。息逐切，又音蠨。是《詩》本亦作蠨也。蟓，桑繭。《説文》無蟓字，《新義》作象。《釋魚》：鱀是鱁。《新義》作暨，與《集韻》、《類篇》合。《釋鳥》：鸉，白鷢。《説文》、《五經文字》無鸉字。《廣韻·十月》：白鷢，一名揚鳥。揚從手旁，與《新義》合《中華古今注》亦云：楊鳥，白鷢也，似鷹而尾上白。則雪囱本及通行本亦有所本也。其粻嗉。《説文》無嗉字，《新義》作素，與《史記·天官書》合。《釋獸》：貍子，貄。《新義》作貄。貄見《集韻》，然非正文。凡此數科皆所未及糾正、徵引，故附識之，聊備一説，惜不得起九京而質之。助余訂證校勘者，爲德清徐明經養原、同縣趙秀才坦，繕録督梓者，同里朱秀才以升也。嘉慶二十有五年歲次庚辰六月乙酉朔十有四日戊戌仁和勞經原識。

胡承珙《爾雅古義》弁言

《爾雅》爲訓詁之書，而文字多爲後人所亂。草木蟲魚之名，偏旁大半俗增，古文又率多改易，其存而可考者希矣。如《説文》：⿰歹京，事有不善言⿰歹京也。引《爾雅》：⿰歹京，薄也。今《爾雅》無此文，僅見于《廣雅》。郭忠恕《汗簡》有⿰歹京字，云見古《爾雅》，與《説文》合。他如壑阬之壑，《釋文》云：本或作叡。《説文》叡正字，壑或字。涼風之涼，《釋文》云：本或作古飆字。造舟之造，《釋文》云：《廣雅》作艁。又引《説文》云：艁，古文造也。秬鬯之秬，《釋文》引《説文》作𪏰。諸字《汗簡》皆云見古《爾雅》，此古本之僅存者，惜其尚未能存什一於千百耳。

李曾白《爾雅舊注考證》

李曾白序

《爾雅》爲故訓淵海，五經梯航。故儒者治經，必先自《爾雅》始。然群經皆多古注，《爾雅》自唐代而後，但用郭璞注，而漢學不傳。郭氏自叙云：錯綜樊、孫，博關群言。又曰：雖注者十餘，然猶未詳備。戴東原《爾雅文字考叙》曰：是書舊注之散見者六家，犍爲文學、劉歆、樊光、李巡、鄭康成、鄭氏實有《爾雅注》。詳《釋天》北極謂之北辰句下。孫炎，皆闕佚，難以輯綴。而今所行郭注復删節不全。邢疏但取唐人五經正義綴緝而成，尤多闕漏。近世歷城馬氏國翰考輯佚經佚注至三百餘種，其於《爾雅》古注，若犍爲文學、劉歆、樊光、李巡、孫炎五家，皆按照《隋書·經籍志》、唐《經典釋文·叙錄》分卷，考列頗爲詳備。惟於鄭氏一家，以其僅見《周禮疏》一事，又篤信阮氏元《周禮校勘記》、謝氏啓琨《小學考》之説，竟闕而不論。其群書徵引明稱《爾雅》舊注者，亦隻字未采。邢疏據五經正義，以在景純後之沈旋、施乾、謝嶠、顧野王四家，取備注者十餘之數，尤爲武斷。今特博徵群籍，據《説文繫傳》、《詩》、《春秋》正義，《齊民要術》、《帝範·審官篇》、《後漢書注》、《文選注》、《白孔六帖》、《釋元應》《一切經音義》、《開元占經》、《北堂書鈔》、《元和郡縣志》、《初學記》、《藝文類聚》、蜀本圖經、《龍龕手鑑》、戴侗《六書故》及近儒邵晉涵《爾雅正義》、郝懿行《爾雅義疏》等書，殫心鉤考，抉出《爾雅》舊注，得六十二科，皆與郭注不同，而爲馬本漏輯，確爲漢儒舊注。謹疏通而證明之，以課兒讀，非敢問世也。其有岐文脱字無關師説異同者，例從蓋闕，概免臚陳。咸豐十一年歲次辛酉夏六月長壽李曾白序于丹興學署。

李滋然識語

先君子省三公潜心典籍，道光乙酉登賢書，五戰春闈不捷，閉户著書，不求進取。甲辰選授黔江縣教諭。山城避淨，著書凡十有餘種。皆以年幼，未能敬讀。惟《爾雅舊注考證》一書，係晚年編輯，逐條指授，以課滋然讀者，是以略知體例。乃成書未久，髮逆陷城，先君子從容殉難。賊去後，匍匐奔殮，舊有書籍隻字無存。癸酉鄉試，得晤趙云帆廣文于成都，先君之高足也，面稱當年拾得先君子著作數種。場後馳赴丹興，館於趙氏，得《封圻阨塞》、《沿邊要害》、《七省海防》三書，皆霉濕殘缺，字迹不明。惟《爾雅舊注考證》一書，係雲帆借閱原本，隻字無譌，荷蒙反璧，珍藏待梓。光緒丁未，供差駐日本使署，公餘之暇，訪求遺書，得隋著作郎杜臺卿《玉燭寶典》十一卷、顧黄門原本《玉篇》三卷半、唐釋慧琳《一切經音義》一百卷及日本源順所撰《和名類聚抄》十卷，皆中土久佚而刊之於東洋者。佚文古注，燦若列星。詳爲鉤考所引《爾雅》舊注，得四十六科，内明標鄭注者都十有四事。略加疏證，附於正文之後。光緒三十四年十月男滋然謹識於日下江户。

江藩《爾雅小箋》

江藩序

《爾雅》之名見于孔子《三朝記》，則《釋詁》一篇爲周公所著無疑。《釋言》以下則秦漢儒生遞相增益之文矣。在當時，經文皆篆書，讀者望文即知形聲，故但著訓義而略形聲也。至西京時變篆爲隸，形聲已非其舊，然篆隸之體不甚相遠，其文猶可考索。嗣後變隸爲楷，形聲皆失矣。字體在後漢已大壞，如持十爲斗、屈中爲蟲，鄉壁虚造，變亂常行。此許叔重所以歎古文欲絶而作《説文解字》也。桓靈之世，賄改蘭臺漆書，而文字逾壞矣。魏晉以降，譌體百出，詭更正文。變騧爲騟，改悖作背，易荼爲茶，别蕶作花。艸木之名，無不從艸從木。蟲魚之屬，亦皆從虫加魚。文義乖舛，違戾六書，且傳寫多譌，帝虎魯魚，輾轉滋謬。徐鼎臣曰：《爾雅》所載草木魚鳥之名，肆意增益，不可觀矣。諸儒傳《釋文》，非精究小學之徒莫能矯正。此説是也。予少習此經乾隆四十三年年十八矣，不揣譾陋，爲《爾雅正字》一書。承艮庭先師之學，以《説文》爲指歸。《説文》所無之字，或考定正文，或旁通假借，不敢妄改字畫。張美和手可斷筆不可亂之言，豈欺我哉。王西沚光禄見之，深爲嘆賞。謂予曰：聞邵晉涵太史作疏有年矣，子俟其書出，再加訂正未晚也。弱冠後，千里飢驅，未遑卒業。嘉慶二十五年年六十矣，爲阮生賜卿説《毛詩》，肄業及之。《爾雅》自郭注行而舊注盡廢。景純乃文章家，於小學涉獵而已。邢疏膚淺，固不足論，而邵疏又襲唐人義疏之弊，曲護注文，至於形聲，則略而不言，亦未爲盡善也。因撿舊藁，重加刪訂。邵疏引毛《傳》、鄭《箋》、《説文》諸書，讀所引之文，即知譌字爲某字，故不複出，其誤者正之，未及者補之。數年中竊聞師友之緒論。擇善而從，皆書姓氏。有其説本出於予而爲人剽竊者，直書己説，置之不辯。讀者幸勿以掠美責之。箋中稱後人者，魏晉以後之人也。稱陋人者，本郭注之例，猶言淺人也。稱庸人者，有其人而不質言之，若曰夫己氏也。書爵、書氏、書名、書人，《春秋》之名例也。今據古本釐爲三卷，易名《小箋》，變篆作楷者，俾循覽之人，趣于簡易云。道光元年大歲在重光大荒落霜月庚申自叙。時年六十又一。

汪熹孫附記

江先生治《爾雅》在邵太史正義之前，是其少作，非顓門之業。近日王、段兩家小學書成，此書不能與之爭席。然先生爲大興朱學士弟子，博覽九流，尤精史學。爲人闊達大度，視友朋如性命，散其家産，結納滿天下，竟以餓死。吁，可悲也。熹孫早年受知，獲聞緒論。記先生自京師歸，盛稱星伯先生及少鶴閣學，曰：京師學者，孰與二徐。熹孫心識之。迨來京師，始知星伯先生今之徐健庵畢秋颿也。會先生歿，無子。星伯先生出泉十萬貫，俾熹孫録先生遺書，與吴太守、陳明經是正之。二君深于文字聲音訓詁之學，與王段相埒，熹孫奉手受教者也。于時在京師治小學者，復有徐户部、龔舍人、羅上舍，亦奇士也。

葉蕙心《爾雅古注斠》

劉壽曾序

《爾雅》箋注之學，隆於漢代。武帝初曾置博士，而《漢志》不詳其事。其著於《七錄》者，有犍爲文學、劉歆、樊光、(按：脱李巡)、孫炎五家。然郭景純《爾雅注》自序謂注者十餘，則魏晉之間又有專門之學，爲《七錄》所未收者矣。景純作注，綴集異聞，會粹舊説，而不顯姓氏。邢昺作正義時，五家之注，度仍有存者，昺學術至淺陋，又罕徵古誼，故五家之注，宋以後不復行於世，漸微漸湮，無有珍護而收集之者。至王雱、陸佃輩之書行，俚儒俗師，嚮壁虚造，即經文已多淆亂，况舊注乎。外舅江都李賓嵎先生治《説文》、《文選》之學，爲江淮耆宿。外姑葉太君亦研覃訓詁，闈幃之中，以問奇析疑爲娛説。太君病《爾雅》舊注自宋以來無裒輯善本。余氏《鉤沈》未臻詳備，舛誤尤多。邵氏、郝氏《正義》爲疏證景純之書，其采舊注，因文附著，誼非專家。甘泉黄氏、句容陳氏並有輯本，而未傳於世。因刺取群經正義、釋文，逮唐宋類書，凡五家之注及舊注失姓名者，悉與甄錄，以溯景純注所從出。其景純以後，沈旋、施乾、謝嶠、顧野王、裴瑜之音注，孫炎、高璉之義疏(此別一孫炎，爲郭注作疏者)，師法不遠，曲説未淆，亦附存之。旁及異字、逸文、舊讀，以略見古本面目。景純之《注》，叠經刊改，已非完書。別有《音義》、《圖贊》，今亦不傳。其見稱引，咸著於篇，偶有發明，即詮釋注文之下，多説通轉假借之例，而箴邵、郝正義之失，尤多精確。整齊別白，部居秩然，誠爲治《爾雅》者不可不讀之書也。太君爲前明刑部左侍郎葉公相之裔，繼可先生之女孫，幹初先生之女，家世文學，門閥方雅。弟蘭卿先生，孝友樂善，爲名諸生。太君承母杜夫人之教，工詩善琴，而博聞耆古，篤志著述又如此。昔伏女之書，韋母之禮，皆關於經學絶續之際。太君之斠錄《雅》注，乃乾嘉諸儒所欲爲，或爲之而未成者，以視伏、韋傳書之功，雖時有難易，而有裨經術，則無不同焉。壽曾承命校勘，因備書撰述之義例，以告讀者。

光緒二年春正月甥儀徵劉壽曾識。

芮曾麟序

幼從外舅賓嵎李先生游，執經之下，時聞外姑以經義質函丈，析疑辨難，娓娓不倦。今刻《爾雅古注斠》三卷，皆其平時所釐訂者也。外舅向輯有《小學類編》、《爾雅古注》之刻，當爲績學家所並珍守。刻既竣，復出詩一卷，以授曾麟曰：余自在室時，習承母訓，鍼黹有餘暇，即喜以音韻訓詁爲研究，間有吟詠，顧不多作。他若操縵之學，亦得之太夫人指示，要以勤習内職，未得專息心於是。洎揚城遭兵燹，母氏闔門殉城内，傷心罔極，幾於讀《詩》廢《蓼莪》。是卷特近今十餘年來心有所得，筆之於篇。至癸丑以前所作，胥付劫火，不復存矣。曾麟敬受讀之，竊見至性愷惻，形爲詠歌，感鞠育之恩，篤孔懷之誼。卷中傷亂諸詠，可以想見其大概。餘者多詠物之作，夫一草一木，詳記其名，《爾雅》之體也。《詩》之多識，本與《爾雅》相發明。是集固宜附所刻《古注斠》之後。讀竟，爰亟以爲請，並誌其緣起於簡末云。

光緒二年夏月甥芮曾麟謹識。

李祖望跋

内子二十一歲歸余，奩篋中有《爾雅》全册，都能背誦，謂幼時祖父繼可公所口授，而未通其義，因檢毛刻注疏本示焉，讀之頗有所得，並指毛本誤字十餘處。更進以邵氏《正義》、郝氏《義疏》，因悟聲音訓詁通假之旨，病邢疏之簡，郭注多用舊注又不名所自出，亟欲裒古注爲一書，時年已三十餘，然事翁姑，勤操作，未能卒業也。迨咸豐三年，避居東臺之三里澤，晨夕稍暇，繙閲書籍，采擇以考訂者幾二十年，成書三卷，條理略備，猶不自信，時年已六十有二矣。親屬亟慫恿付梓，刻既成，爰爲識其顛末。光緒二年清和月李祖望書於半畝園。

龍啓瑞《爾雅經注集證》

龍啟瑞序

《爾雅》一書，學者多苦其難讀，蓋其書止立篇目，不分科段，至於句讀，因以混淆。而傳習者復以近鄙別字亂之，雖郭景純、陸元朗之儔，尚不能有所諟正。唐宋以降，其學漸微。國朝諸儒，潛心經學，始復表章此書。其中箋疏文義，以邵、郝之學爲尤精。訂正文字，以盧、阮之書爲最備。暇輒折衷數子，博採群言，於發疑正讀之間，務求講明至是。諸說不同者，則擇取其至善，間復參以鄙見，求析所疑。凡所易知及無關小學者，皆不復錄。以學者探抉閎深，自有諸家之全書在。此特爲家塾便讀之本，故無取其繁焉。書成，姑名之曰《爾雅經注集證》，用附本經之末云爾。道光二十八年十二月臨桂龍啓瑞序。

龍啟瑞識語

是書成於楚北官署，就正於興國刺史山左澤農潘君克溥。承君析疑正誤，資益頗多，今俱采其言入《集證》中。君所箸有《經廚餘芳》，惜未之見。兵戈未靖，友朋寥落。儻此後猶得從事丹鉛，與素心人往復辨難，詎非吾生之厚幸耶。時咸豐甲寅正月，檢校舊文，聊識數言於簡首。

朱學聃《爾雅評郭》

朱學聃弁言

《爾雅》爲群經樞紐，訓詁考據，靡不兼賅。學者會而通之，其於群經有如以匙勘鑰，觸處皆通。惟欲暢其流而不爲清其源，毫釐千里之差在所不免。古注多散佚，惟東晉宏農太守郭景純《注》尚列學官。觀其援據經傳，旁采謡諺，視鑿空者固自有間，而體崇矜慎，幽隱者輒從蓋闕，示不阿附前説。自翟氏《補郭》書出，詳所未詳，已足匡其不逮，猶有未盡詳審者，擬爲《補郭》，補以足成之。若注文之已詳者，沈研鑽極，不無千慮之失。邢疏闕略，邵氏作正義以敷暢厥旨，又限於體例，於注説多所迴護。郝氏義疏稍稍糾正，亦尚有遺議。不揣檮昧，嘗欲薈萃衆説以求其是，而有志未逮焉。今年秋潘嶧琴宗師課士詁經精舍，命題有《爾雅正郭説》，言阮文達公云景純注雅，宜補者固多，宜糾者亦復不少，宜取注文之未安者一一正之。喜與素志合，遂鋭意網羅，凡説涉《爾雅》者，如王氏《經義述聞》、錢氏《潛研堂集》、孔氏《經學卮言》等譔箸，博觀約取，折衷而證成之。其有載籍可稽而舊説未經徵引，悉刺取以資訂正，屬在肄業生録所箸以就正，幸尚不謬，許爲雅意搜剔，宏農諍友。竊維尚友古人，非後生所敢望，特理當諍諫，雖臣子亦無所隱，似無庸以僭妄爲疑。兹值歲晚務閒，復取而釐訂之，因名之曰《評郭》，竊附於當仁之不讓。縱不能起宏農而質之，而原序云：輒復擁篲清道，企望塵躅者，以將來君子爲亦有涉乎此也。未始非有望於後人。即不敢爲知我，恐尚不至罪我云爾。

光緒十六年歲在上章攝提格涂月鹽官朱學聃識。甲子長夏重録於桐鄉寓園叢桂山莊，時年七十有六。

王樹榮序

《爾雅》三卷，載《漢書·藝文志》。《釋文·序録》云：《釋詁》一篇，蓋周公所作。《釋言》以下，或言仲尼所增，子夏所定，叔孫通所益，梁文所補。蓋者疑詞，《釋言》以下數語，尤涉游移。即鄭君以爲孔子門人所以釋六經之文，亦無碻據，大致係漢儒研經之札記。第自《史籀》、《倉頡》、《凡將》、《訓纂》諸書亡佚，訓詁典籍要以《爾雅》爲最古。漢儒注《爾雅》者如犍爲文學、樊光、舍人、孫炎、李巡之等，今所輯存者僅零章斷句，其完好無缺者厥維郭注。然宏農此注，體崇矜慎，凡義涉隱奥者，多從蓋闕。邢疏又失之簡略，於郭注頗少發揮。自邵二雲作正義，郝蘭皋作義疏，雖足補邢疏之闕而於郭注尚少規正。至翟灝之《爾雅補郭》、戴鎣之《爾雅郭注補正》、潘衍桐之《爾雅正郭》，則皆舍邢而直匡郭謬者也。朱仲英先生踵諸家後，復本阮文達所云景純注雅宜補者固多，宜糾者亦復不少之旨，網羅群言，詳加參訂，補闕糾謬，不遺餘力。然於邵、郝二家之訂正郭注而原注實不誤者，尤不憚苦心剖析，則是書不但爲景純之諍友，實亦郭氏之功臣也。先生爲哲侯院長受業師，觀其自序年已七十有六，足見先輩耄而好學，孜孜不倦，故能登大耋而神明不衰。哲侯謀刊遺箸，屬爲弁言，予喜是書足爲後學研究故訓之津逮，並於各家探討郭注外尤多所發明，因略舉諸儒之考訂得失而爲之序其簡端焉。丙子小春初吉吳興王樹榮。

陳福民跋

是編爲先師朱仲英先生所手定。師與先君同出德清曲園老人之門。先君兼治群經，師專攻小學，均爲曲園老人所契賞。歲壬辰，師設帳於杭城某氏，先君遣福民就讀，於授經之餘，兼及訓詁。越歲隨宦甬東。師亦歸桐鄉，遂與函丈闊阻。未幾清廷變法，至日本留學。還國以後，奔走南北者垂十餘年。庚申，重游浙江，擬趨謁於桐鄉叢桂山莊，適師來遊西湖，得親謦欬，蓋不相見者已逾二十年矣。叩所箸書，於行篋中取是集見付，受而讀之，急付手民以公諸世。會齊盧戰起，版爲之燬。幸稿存故里，今秋假旋撿得重付剞劂。蓋距吾師付托之年又閲一紀矣。今師已歸道山，此書刻成已不及見。追憶前塵，展轉濡滯，其愧對吾師者，曷有既耶。丙子冬受業陳福民謹跋於安慶法廨之懷冰亭。

潘衍桐《爾雅正郭序》

昔阮相國有言：《爾雅》注，郭氏後出，不必精審。而從前古注，近日寶應劉氏、武進臧氏，采輯成書。又言：《爾雅》注義，亦嘗有志，宦轍匙暇，力所未逮。衍桐持此數語，尋繹郭注，每見注中引用，有王子雍《詩》注，及所作古文《尚書》孔安國傳、《孔子家語》、《孔叢子》、《小爾雅》篇，大恉與皇甫士安作世紀、杜元凱注《左傳》、何平叔注《論語》體製相似。揆兩晉作者之意，自謂獨得漢儒未見本，則凡音讀通假，無所施用。蘭陵家法，後來居上，南學宗派由斯以成。苟非上求舍人、劉、樊、李、孫古注，合校《毛詩傳》，揚子《方言》，許氏《説文》，鄭氏《詩箋》、《禮注》等書，不足抉其幽隱，以復舊觀。爰擬殫述前聞，採輯成帙，勉竟阮志，久而未果。往歲戊子，簡命視學兩浙，校閲暇日，整理舊業。庚寅孟秋，分課詁經精舍諸生，即以《爾雅正郭説》爲題。訪諸博雅通人，參考舊説，附以私見，諸生所引，閒亦搴采。通得二百四十二條，仍舊爲上中下三卷，題曰《爾雅正郭》，以别翟教授補郭之名。蓋補者補其略，正者正其失也。竊惟景純淹博，箸書滿家，此經之注，盛行唐代，以余瞀陋，何能匡正。兹之命名，蓋取相國之意，希文公儒師從而糾之。於時歲次辛卯大清光緒十七年也。

周嘉璧《爾雅比類便讀》序

《爾雅》，類釋名物之書也，如《釋天》爲一類，《釋地》爲一類，而一類中則雜釋焉，不復概從其類。前詁言、後草木諸册，尤錯出不以類從，蒙學不便記憶也。授徒之暇，爲比類舉要，標節分附，依注疏大旨詁釋之。有當考訂處，亦旁採諸家言。俾舉業易讀、易用，亦不無小補云。蒼士周嘉璧識。

王仁俊《爾雅疑義》弁言

仁俊受性檮昧，學殖淺陋，少讀《爾雅》注疏，才知從事小學，然于義訓瞢如也。己丑之夏，入學古堂，讀蜀大字本《爾雅注》。既就阮栞注疏本斠其異同，復竱意以《説文解字》校《雅》，故有所疑則識之。凡邵氏、郝氏、翟氏、錢氏、戴氏、嚴氏、龍氏邵晉涵《正義》，郝懿行《義疏》，翟灝《補注》，錢坫《古義》、《釋地四篇注》，戴鎣《補郭》，嚴元照《匡名》，龍啟瑞《集證》。及阮、王二氏所栞經解中先正已及者，不敢勦説，有所從違，亦附記之。名曰《疑義》，以不敢自信，待就正於師也。

王祖源重刻《爾雅直音》序

《爾雅》首明訓詁，備詳名物象數，爲小學必讀之書，今人多以其難讀而置之。童子就學，不諳反切，往往以方音求之，音讀益譌。乾隆時始有直音之刻，以便初學。頃得秦中刻本，頗多譌舛。有改舊本正文者：《釋地》：西至於邠國。據《説文》所引改邠爲汃。《釋邱》：厓内爲隩，外爲隈。據李巡釋文之本改隈爲鞫。雖有依據，然注疏本皆作邠、作隈。良由漢晉以來，師授不同，文字互異，二本並行，不得以爲俗本之誤而輒改之也。有臆改正文者：《釋畜》：駵白，駁。皇白，騜。義與毛傳相應。今兩白字均改作曰，當由上文兩曰字而誤。有正文沿誤俗本者：《釋鳥》：鸒，白鷢。誤分鸒爲二字而不音：《釋鳥》鳥鵙、《釋畜》鼳鼠，字俱從昊，乃誤從貝之類，今皆據注疏本更正。有漏音者：《釋地》崑崙虛之虛、《釋畜》之畜，皆不音之類。有誤音者：《釋詁》穹音旭，平聲。陽音腸，卒音碎，又音啐：《釋山》崒音諍，《釋草》羸音卵，《釋蟲》蠲音翦，《釋鳥》鳭音及之類，尤不可枚舉，今就所知者據《釋文》及韵書補正。其有本非難字不必音而音者：如《釋言》開音偯、《釋天》荒音肓之類，則刊去之，以清耳目。爰重雕之以課家塾，雖不敢謂一無舛誤，然視原本則略加審正矣。

光緒六年歲次庚辰冬十一月長至日福山王祖源蓮塘氏譔。

王樹枏《爾雅郭注佚存補訂》弁言

《釋文·叙錄》:《爾雅郭璞注》三卷。與《舊唐志》合。《隋志》作五卷,《新唐志》作一卷,當爲字誤。唐石經本、明吳元恭仿宋刻本、元槧雪牕書院本,皆分上中下三卷,蓋郭注分篇之舊也。

郭景純集晉以前諸家之注,沿同别異,最爲詳洽,故郭注出而諸家之注俱廢不行。然傳鈔既繁,脱訛滋甚。陸氏《釋文》依郭本爲正,此爲近古之本,今所訂經注,悉從陸氏。陸所偶誤者,間亦以他本正之。

陸氏《釋文》多爲俗書所淆,苦無善本。盧氏文弨所校之本,閒有訂正,未能一律精審。如郭注狹本作陜而又出狹字,蔭本作廕而又出蔭字,啗本作啖而又出啗字,呼本作評而又出呼字。他如涂途、箭箭、㬥暴、菹葅等字,雅俗並著,前後不一,盧氏皆未及一一訂正。余别有《爾雅釋文校正》,今悉據前後文悉心改訂,以復陸氏之舊。

今世所行郭注,證以他書,所引多從删節,非足本也。據《禮記·禮器》疏及《周禮·春官》疏所引《釋魚》神龜、靈龜諸條,知唐時已有二本行世,故孔、賈所據各有不同。《太平御覽》兩引《釋魚》蜃小者珧之注,一與今本同,一與今本異。《本草》唐本注引《釋草》苕陵苕注云:一名陵時,又名陵霄。《蘇頌圖經》謂今《爾雅注》無又名陵霄句。蓋當時讀者删繁就簡,以便省覽,如今時五經删節之本。其後學者喜便畏難,節本盛行於世,人遂無復知郭注復有足本者。今就諸書所引,參互補訂,猶可得其一二焉。惜乎行篋之書不備,不足盡其採掇耳。

《爾雅注》中有音,與《方言》體例略同。自注疏本别附音切,遂將注中之音概從删削,明吳元恭仿宋刻本尚有一二存者。今諸書中凡引音切,悉爲補入。其不明言郭璞者,雖明知爲郭音,亦從闕如之例,蓋言慎也。

郭氏别有《爾雅音義》一書,諸書所引與今注不同者,亦或爲《音義》之文,然無從辨别,則概爲補入注中,緣係一人之言，故採掇不嫌於濫耳。

唐以後，郭注盛行於世。諸書所引《爾雅》注，凡不明言者皆謂郭注。今所採掇，以有郭璞字爲據，其不明引者存於説中，蓋亦慎之之意也。

王懷祖先生著《廣雅疏證》，凡有採補，皆以小字旁記於正文之内。今爲是書，亦略倣其例，蓋不敢以散見之文淆亂古注。記於旁者，亦疑而未定之意也。

是書成於署任資陽之二年。邑孝廉伍西垣鋆助余蒐拾者頗勤。鎮南劉越夫樾一任校刊之事。書凡分爲二十卷。見聞寡陋，攈摭不周，特以此爲博學方聞之士導其先路云爾。

光緒十八年歲次壬辰七月望後。新城王樹枏自識於資陽署内流芬峙秀之軒。

汪鑒《爾雅正名》

楊峴序

歲庚申，汪君芸石同客汴梁。余貧悴奔走，舊學隳廢，而芸石鋭意《爾雅》以篆文寫定萬七百九十一言。篆所無者，求諸假借。寒暑黽莫，手一卷不輟，可不謂懃歟。今世行《郭璞注》本，已非其舊。陸德明《釋文》兼引各家注，略存古字，輒依爲説，蘄衷許慎書。閲六年，粗具藁，猶有未竟者。題曰《正名》，正名者，正字也。會來金陵，再相見，以諍余。余惟《爾雅》一書，周公所箸，區目十九，即是傅益。然而通古今之異言，綜六藝之條貫，言故訓者莫或先之。數千年來，迻寫譌舛，偏旁俗增，各書徵用，絢歧滋惑，所由漸矣。許書博采通人，稽譔其説，秦漢前文字靡不網羅，第不能無放失。以爲主明字例，不必盡天下之字也。援《爾雅》證許書，而許書有據。證《爾雅》以許書，而許書詎無憾乎。旁蒐廣采，是在作者。且夫《爾雅》名物，即《周禮》名物也。昔者魯哀公欲學《小辨》，以觀於政，孔子告之《爾雅》，意在兹乎。余曩疏《周禮》，苦難奏筆。及它日未填溝壑，尚卒余業。芸石勉乎哉。六官之掌，王制禮儀，世間人事，與夫山川輿地、雜物奇怪，罔非雅訓。宏觀遠覽，此特嚆矢。儻有新得，亟告余，幸甚。若遽自封，余不敏，不敢請，亦不敢徇矣。同治乙丑夏五月歸安楊峴拜叙。

陳玉澍《爾雅釋例》

陳玉澍序

《爾雅》者，孔子之所作也。古者天子立太學，樂正崇四術、立四教，順先王《詩》《書》《禮》《樂》以造士。孔子生春秋之季，既不得行先王之道，退而老于洙泗之上，以《詩》《書》《禮》《樂》教弟子，蓋三千焉。故《論語》曰：子所雅言，《詩》《書》執禮，皆雅言也。不言樂者，方氏《論語偶記》所謂樂在《詩》體中也。今觀《爾雅》一書，所釋《詩》爲多而《書》次之。豆籩瓦登之器冠于《釋器》之先，祭祀講武之禮系于《釋天》之後，而《釋樂》有專篇。《詩》《書》《禮》《樂》，此夫子之文章可得而聞者，故以雅言明之，而《爾雅》亦釋之。若《易》象《春秋》，則夫子之言性與天道不可得而聞者，夫子雅言不之及，《爾雅》亦不之釋焉。《爾雅》所釋，即夫子所雅言，夫子所雅言者，即夫子所以爲教。夫子所以爲教者，即樂正之所以爲教也。揚子雲云：典莫正于《爾雅》。張晏注《漢書》曰：爾，近也。雅，正也。《釋名·釋典藝》亦曰：爾，呢也。呢，近也。雅，義也。義，正也。《論語》之雅言，孔安國、鄭康成皆訓雅爲正。故劉台拱《論語駢枝》、焦循《論語補疏》、宋翔鳳《論語發微》，皆謂雅言爲即《爾雅》。而《大戴禮》《孔子三朝記》載孔子告哀公曰：《爾雅》以觀于古，可以辨言。古即釋詁之詁，言即雅言之言。而爾之爲義曰近，此又朱子所謂《詩》以理性情、《書》以道政事、《禮》以謹節文，皆切于日用之實者也。雅之爲義曰正，即《學記》所謂大學之教，時教必有正業，朱子所謂《易》掌于大卜、《春秋》掌于史官。學者兼通之非正業，唯習《詩》《書》《禮》《樂》爲正業也。然則雅言者，以爲正業而言之，《爾雅》者于學人最爲切近之正業也。魏張揖《上廣雅表》稱周公著《爾雅》一篇，今俗所傳三篇，或言仲尼所增，或言子夏所益。揚雄《方言》《鄭志・答張逸》謂成于孔子之門人。郭璞言《爾雅》興于中古，其意亦主周公。陸德明《經典釋文・叙録》以《釋詁》一篇屬之周公。今考謔浪笑敖，爲衛莊之詩。黄髮兒齒，爲魯僖之頌。而《釋詁》並稱之，未見其成于周公。《春秋元命包》言：子夏問夫子，作《春秋》不以初、哉、首、基爲始何。正以《爾雅》爲夫子所作，故卜氏以爲疑。此與《論語》雅言，皆孔子作《爾雅》之塙證也。《漢書・藝文志》六藝居首，以《易》、《書》、《詩》、《禮》、《樂》、《春秋》、《論語》、《孝經》爲次。而《爾雅》三篇二十卷，與《五經雜議》十八篇，並列于《孝經》十一家五十九篇之中，不與《史籀》、《蒼頡》、《凡將》、《急就》列于小學十家四十五篇之内。其次于《五經雜議》之後者，《爾雅》所釋匪一經，與雜議同也。其列于《孝經》者，孔子曰：弟子入則孝，出則弟，行有餘力則以學文。文即樂正所教之《詩》《書》《禮》《樂》，而《爾雅》爲《詩》《書》《禮》《樂》之鈐鍵，與《孝經》皆入學之初所宜誦肄，《爾雅》之列于《孝經》也，猶之《弟子職》之列于《孝經》也。漢人已躋《爾雅》于經，而千百載後，猶有謂《爾雅》自爲一書不附經義者，何其妄也。近儒于諸經多有釋其例者，而于《爾雅》獨未之及。近儒注《爾雅》者，有邵晉涵、郝懿行、嚴元照、翟灝、臧庸、錢坫、錢繹、王引之、俞樾諸家，于其例皆未之及。夫不明于經文在上之例，則不知譏汔、萑葦、魤鱒、鶨鶉之爲誤倒矣。不明於經文在下之例，不知幬謂之帳、閍謂之門之爲誤倒矣。不明于文同訓異之例，則不知諲之訓敬當作禋、琛之訓寶當作探矣。不明于文異訓同之例，則不知宜之訓事當作官、禧之訓告當作祰矣。不明于相反爲訓之例，則康之爲苛不可通，因有執抗荷爲説者矣。不明于同字爲訓之例，則蹉之訓嗟不可通。《釋詁》：嗟、咨，蹉也。當作嗟、咨，嗟也。《書・堯典》正義：《文選・嘆逝賦》注兩引：咨，嗟也。可證。因有讀咨蹉爲句者矣。不明于名同文異之例，則不知其莖茄之茄即其棄蕸之蕸，唐棣栘之唐即常棣棣之常矣。不明于文同義異之例，則不知竊脂之竊非竊牟、竊藍之竊，未成毫之成非未成羊、未成雞之成矣。不明于名同義異之例，則不知宛中之宛邱，非邱上有邱之宛邱矣。不明于名異義同之例，則不知如陼之陼邱，即澤中有北之都北矣。不明于一字重讀之例，則鶨欺老鳸鴳之老、騉蹏趼善升甗之蹏，爲不可通矣。不明于因此及彼之例，則《釋天》之釋祭名講武旌旗、《釋魚》之釋龜貝蠑螈虺蛇，爲不可通矣。不明于郭氏改經之例，則不知汝爲濆之濆，衆家作涓，郭改作濆，轉謂濆爲涓之誤矣。不明於《釋文》改郭之例，則不知陽予也之陽，郭本作陽，《釋文》改作錫，妄謂陽有賜音矣。玉澍測知釋《爾雅》之不可無例，猶之釋諸經之不可無例也。於《毛詩異文箋》既就之後，即黽没從事斯經。不憚倫勩，干流其義例之所存，或爲他書所同，或由後人致誤，捨之則無以迄於明備，亦兼釋焉。權輿於箸雝困敦之陽月，求酋於上章攝提格之奎月，艾歷二載，績《爾雅釋例》五卷。于犍爲文學、孫、李、樊、郭之注，陸氏之音，邢氏之疏，暨邵氏正義，郝氏義疏，嚴氏匡名，翟氏補郭，臧氏漢注，錢氏古注、釋地四篇注，王氏述聞，俞氏平議之説，皆有所律遹，亦皆有所皇匡。錢氏疏證未之覯，其有攷郤與否，未可知也。自維腹笥溓虛，識解俴俴，紛繆漏略，膺亦不免，海内梗較之士，有攻台之短者乎。此則錫畀甚竺，而爲予所愷康而愉懌者也。惕庵陳玉澍自叙。

顧實（校印）序

昔張南皮有言：由小學入經學者其經學可信，由經學入史學者其史學可信。斯言也，稽古之圭臬所不能外。蓋小學猶幾何之有點綫也，經學猶幾何之有平方、立方諸體也，史學則窮高測深，幾何之所致用者遠矣。舊分小學三類：一文字，二音韻，三訓詁。則舊有《説文》、《廣韻》、《爾雅》三書，其最要也。《爾雅》自清郝懿行、邵晉涵諸前輩多所疏通證明，而猶有未盡。陳惕庵玉澍先生者，二十年前知名儒也。頃於《國故雜誌》中，讀其遺箸《爾雅釋例》，詫爲傑作，洵初學者研治雅詁之入門。都中訪其猶子斠玄鐘凡先生，乃畀予全稿，而付諸排印。凡前輩考訂之作，皆忼日勶歲而成，非可叱嗟辦也。故讀其書，輒可省日力無算，則讀者之樂爲何如也。然惕庵先生暨黄玄侗以周先生兩序，釋《爾雅》名義，余猶未敢苟同。《大戴禮·小辨篇》：《爾雅》以觀於古，足以辨言矣。盧注：爾，近也，謂依於《雅》、《頌》。則以依訓爾也，是爾者依也。《學記》：不學博依，不能安《詩》。依或作衣，衣者隱也。《白虎通》。司馬遷曰：《詩》、《書》隱約者，欲遂其志也太史公自序。蓋《詩》、《書》主文，率多隱依，不欲直言，譬猶有隱書《漢書·藝文志》詩賦家：隱書十八篇、隱語《史記·楚世家》：伍舉進隱。《呂氏春秋·重言篇》：荊莊王好讔。讔，俗字。《韓非子·難篇》：人有設桓公隱者，此爾之解也。《詩·韓奕》：侯氏燕胥。《大玄·樂首》：不晏不雅。燕胥作晏雅。《說文》疋下云：古文以爲《詩·大疋》字，或曰胥字。《詩·大疋》即《詩·大雅》，故《詩》有《大雅》、《小雅》，即大胥、小胥也。胥者，諝也、材知也。古者登高能賦，可以爲大夫，言材知深美。材知曷爲而深美，則胥者疏也，疏記也，得自故書雅記而深美也。推之《爾雅》所記歲陽十幹名、歲陰十二枝名，係古代西方撒馬利亞 Samaria 語，故舌人亦曰象胥矣。此雅之解也。是故《爾雅》者，依託雅詁。其雅詁本自故書雅記，乃至絶國方言，無所不包，而决非日常行用之辭也。雅訓正者，正乃疋形近之訛也朱駿聲《說文通訓定聲》詳之。中國去於草昧遠矣。虞史伯夷曰：明，孟也。幽，幼也《大戴禮·誥志篇》。此《爾雅》之嚆矢也。及周而樂正崇四術、立四教，庠序徧乎國中，《詩》《書》《禮》《樂》之化沛乎宇内。故古訓是式，威儀是則，出言有章，雍雍乎士君子之風也。雖今之爲詩詞駢散文，猶且取材類書，襞積爲工。乃至外國博士當路騰口，好文惡質。言民治，必曰德謨克拉西 Democracy。語靈魂，必曰烟士批里純 Inspiration。而惡知皆古《爾雅》之類哉。此書嘗經劉申叔師培、陳伯陶漢章兩先生均略有校訂。余以課餘匆匆，再三校之，猶有誤字，良爲遺憾。民國十年辛酉孟秋，識於南京高等師範學校之六朝松下，武進顧實。

黄以周序

古之方言，有通語，有別語。通語近字之本義，別語爲音之轉。其字多出於假借，假借爲六書之一法，在昔自有其例。方音迭變，厥例不明，周公憂之，爰作《爾雅》。《爾雅》者，訓詁之近正者也。特勒一書以示之範，在此者爲近正，不在此者爲方言之奇衷俶詭，而不可施諸文字，此周公同文之治也。《爾雅》之文有本義，有引申，有假借。學者必先明字之本義，而後引申、假借之音讀可正。沿至春秋，假借既久，學者習見其字，而音讀乃淆。孔子憂之，爲之雅言。雅言者，正其音讀也，漢儒讀若讀爲之例所自昉也。讀若者，義之引申者也，字從其讀。讀爲者，字之假借者也，讀改其音。如《詩》古文貊其德音，貊爲莫借，《爾雅》並收其義以存故訓。孔子雅言，讀貊爲莫，以定正言。一時承學之士皆雅言。故子夏對魏文侯，左邱明作《春秋傳》，字并作莫，此夫子正名之訓也。漢師注經，恪守周孔遺言，不敢違越。魏晉而降，觀古之術微，辨言之道衰。迄至國朝，其學丕振。然恂瞀之儒，一見音近之字，不考經義從違，典制異同，概爲通假，幾若洪水氾濫，茫無涯涘。其敢專輒恣肆者，由昧於《爾雅》之例。《釋詁》、《釋言》，義可互訓。《釋親》以下，義在別異。通師祭之禡爲伯，通馬祭之伯爲貉，于《爾雅》訓顯爲別異者，誤仞爲互訓，經義由此泯亂，大紊周公《爾雅》之教矣。《爾雅》所釋之字有通借，釋之之字必用本義，即非本義，亦必經典恒用易曉之字，無煩改讀。通林烝之君爲群，通嘰幾之危爲詭，分一字爲兩訓兩音，破壞形體，鉤鈲析亂，大違孔子正言之道矣。陳生惕庵，潛研經術，尤精小學。所爲古文，見賞於長沙王祭酒。所箸《毛詩異文箋》，業與李薌沚書，分道揚鑣。近治《爾雅》，作《釋例》五卷，郵寄示予，讀之忻然。雖以《爾雅》非權輿於周公，與愚見相左。而《釋詁》諸篇，立有假借無假借、文同訓異、文異訓同、訓同義異、訓異義同、同字爲訓、同聲爲訓、相反爲訓、輾轉爲訓諸例。《釋地》諸篇，立名同文、異文同義、異文異義、同名同義異、名異義同、物異名同、名異物同諸例。標明綱格，統括大歸。疇昔《爾雅》有例之言，得此大暢。《爾雅》明，群經亦可治，庶乎訓詁、聲音，各得分理，不至氾濫無歸，漫如洪水也乎。定海黃以周敘。

陳鍾凡後序

《爾雅釋例》五卷，先叔父惕庵公遺箸也。叔父弱歲趨庭，沃聞《詩》訓，嘗箋注《毛詩》異文，成書十卷，區別雅俗，考正古今，視王氏述曾異字考，疏密純駁殊矣。長沙王祭酒先謙亟見偁許，爲之刊入《南菁書院叢書》。其後更游定海黃先生以周門，鑽研經訓，槷戕斯宏，彊立不返。恒以遺典舊文，讀應《爾雅》，辨言觀古，惟存故訓。雅言者，六籍之檢度，百家之筦鑰也。徒以誼例晦蒙，詰鞠爲病，向、歆父子且猶太息。於是醜類解紛，正名覈實，或同文異訓，或同訓異文，其傳鈔衍脫，亟待刪增，文句錯易，尤宜諟正。遂著之科條，立爲凡例，務期會通，洞得體要。於舍人、樊、李、孫、郭之注，元朗釋文，叔明誼疏，並能料簡奇侅，敻求正諭，摭撢兩祀，以就斯篇。黃君歎其精核，輒爲製序。自古論《爾雅》撰人者，說多羣午。漢魏儒先並謂《釋詁》一篇出於周公，增益潤飾由於孔氏，書非成於一手，文豈先後洽通。邢氏且謂諸篇次第，舊無明解。或以有親必須宮室，宮室既備，事資器用。今謂不然，造物之始，莫先兩儀，而樂、器居《釋天》之先，豈天地乃樂、器資始。公謂太初乃天地之本，才爲屮木之初，人類之生，兆於元首，尋此建首諸文，已包舉三才，統括群品。至篇末言終言死，猶《釋言》之始以中而終以終，《釋訓》之始以明明而終以鬼之爲言歸矣。中亦天地所由造端見《太玄》，明爲神，鬼爲幽，洞幽明之誼，則原始要終，知生知死，即此三篇大誼昭著。知《爾雅》出於一人，非由遞相增益。此其卓爾立誼，慮深通敏，足使郭氏擁篲清塵者也。鍾凡幼侍函丈，略聞微旨。廿年持此，徧謁通人，僉謂不朽之作，羽翼瑆言，豈宜久秘塵封，没於羽蠹。爰寄武進顧君實惕森求爲刊布。嗟乎，方今淺漓群梟，寖汩瑆模，瞽醜雅音，弁髦同棄。誠使剝極復生，明融晦盡，則典言未替，故說具存，後之君子，其或有取於斯書歟。庚申秋姪鍾凡謹識。

董桂新《爾雅古注合存》序

《爾雅》一書，漢、晉、唐、宋以注名者，合有八家，唯晉郭氏璞、宋鄭氏樵二注今行於世。新嘗謂漢犍爲舍人、樊氏光、李氏巡、孫氏炎諸儒講《爾雅》者家自爲學，並在璞前，其流最古，未可偏廢。雖其注皆已佚，然時見於他説。惜網羅放失，未有其人。梁沈氏旋嘗集衆家之注，今又未見其書。新因不揣固陋，取陸氏《釋文》與本經《義疏》，旁及十二經疏，并《史》、《漢》諸史，《水經》、《文選》等書注中所引，與凡雜見前人類部諸書者，合而存之。其諸家音、字之異，具見《釋文》，間亦錄諸經文之下，以便參覽。至諸儒所説，互有異同，不復差别，孰得孰失，是在能辨之者。若夫漢劉氏歆所注《爾雅》，先儒謂與李巡注正同，疑非歆注，即注亦不多覯。唐裴氏瑜撰注五卷，並已無傳。今唯各載其一二條，聊以備一家之注云爾。嘉慶三年歲次戊午仲夏月端三日，新安董桂新柳江書。

陸錦燧《讀爾雅日記》序

夫欲通傳注之詮釋，爲經籍之樞要者，莫如讀《爾雅》。郭景純《爾雅序》云：《爾雅》者，所以通訓詁之指歸，叙詩人之興詠者也。考《爾雅》所釋，徧及群經，而獨云叙詩人之興詠者，以篇中釋《詩》爲多。《釋言》自務侮也至幕暮也，皆依經釋義，與經文次第盡合。《釋訓》之如切如磋以下數句，并直舉原文。故毛公傳《詩》，大半本諸《爾雅》。《爾雅》之不同《毛傳》者，則齊、魯、韓三家之説也。如鬱氣也之釋《韓詩》鬱隆烔烔，握具也之釋三家《詩》夏握渠渠，此類甚多，碻不可易。是以《爾雅》與《詩》實相表裏。而蒙謂《雅》與《説文》尤相表裏也。何者，《爾雅》所詳，皆字之用。《説文》所詳，皆字之體。如初、基皆始也，據《説文》則初爲裁衣之始，基爲築牆之始，後人通用，直爲凡始之偁耳。介、純皆大也，據《説文》則介之本義訓畫，純之本義爲絲，介、純當讀爲乔奄，後人通用，直訓釋爲大耳。凡此之類，莫可殫述。昭代經學昌明，説《雅》者有翟、邵、郝、嚴類，皆抉隱鉤沈，盡美盡善。後有作者，胥其鱗爪已。錦燧竊貫讀書，麤識文字，間以讀《雅》之暇，籤記左方。深惟《爾雅》觀古之訓，尤懍不知蓋闕之義。大雅宏達，或無譏焉。

姚正父《爾雅啓蒙》

陳慶鏞序

漢經生多説陰陽，故璇璣鈐、稽命徵、汎秝樞，推談天時人事，往往輒驗，其術皆本之經。而《洪範》五行，劉向即借以陳政。《齊詩》四始，郎顗因據以上書。蓋離經無以言緯，因緯即以見經。吾友歸安姚君正父，通堪輿并精奇門六壬，斷人時事無不奇中。近箸《擇吉會要》、《陽宅正宗》，摘河洛，鑿乾坤，迥異人世蹈空之談，雅與漢人之説陰陽近。然人知正父之學爲術學，而不知正父之學乃經學也。余近造訪，見几上簡册鱗萃，有《爾雅啓蒙》一書。略觀大概，如《釋詁》哉下引《書》哉生明，即云：通作才。《説文》才，草木之始也。又通作載。《詩》曰：載見辟王。案，《尚書大傳》：茂哉茂哉。《釋文》或作茂才。《書》：往哉汝諧。《張平子碑》作往才汝諧。哉生魄。《晉書・夏侯湛傳》作才生魄。《詩》：陳錫哉周。《左宣十五年傳》作陳錫載周。是才、哉、載古通用也。肇下引《詩》肇基王迹，即云：通作兆，《孟子》曰爲之兆也。案，肇乃肁之假音。《説文》：肁始開也。《詩》：后稷肇祀。《禮記・表記》作兆祀。是兆、肇古通用也。駿下引《詩》駿命不易，即云：通作浚，《書》曰夙夜浚明有家。又通作俊。《夏小正》：時有俊風。案：駿，《玉篇》：馬之美稱也。馬大爲駿，故駿有大義。《詩》：駿極。《中庸》引作峻極。駿發。釋文：駿本或作浚。《書》：俊德。《大學》作峻德。然則駿、浚、峻、俊皆通用。專言則駿，馬之大者。俊，人之大者。峻，山之大者。浚，水之大者。而統言則同聲通假也。從形聲以知假借，從假借以知轉注，故曰《爾雅》、《説文》相爲表裏。至於蟲魚獸草，則又與許書言天地鬼神、山川草木、鳥獸蚰蟲、騶物奇怪、王制禮儀，互相發明。以是知正父之善於術乃其善於經，而即其善於小學也。其所言地輿、風角，特餘事耳。余向固喜聲音、訓詁、文字之學，鑽揅討論，莫得崖略。今見是書，不啻先得我心也，爰喜而爲之序。咸豐紀元歲在重光大淵獻皋月晉江陳慶鏞識於都門之籀經堂。

任基振《爾雅注疏箋補》

任兆麟序

古者大司徒以三物教士，六藝與居一焉。樂正立四教，《詩》、《書》、禮、樂以造之。《爾雅》通釋六藝，辨章同異，中年考校於庠序，制綦重已。孔子曰：《爾雅》以觀於古，足以辨言矣。《漢志》論書，謂古文讀應《爾雅》，解古今語而可知。故以《爾雅》入《孝經》家，開《史籀》十五篇、《蒼頡》二十章之先，而首列六藝，有以也。先漢時毛氏《詩》故，孔氏傳《書》，多與《爾雅》證合。孔傳《堯典》：光，充。圮，毀。《舜典》：詢，咨，謀也。《大禹謨》：昌，當也。《盤庚》：戎，大。昬，强。《大誓》亶訓誠，《洛誥》如訓往，《洪範》爰訓曰、燮訓和，《康誥》鞫訓稚、戞訓常，《無逸》嘉靖訓善謀，《周官》董正訓督正，已類不可毛舉。今之疑《孔傳》者何不審也。嗚虖，自小學之教廢而實學寖微矣。余兄領從，篤志研經。謂今人尚未識字，輒目故訓之學不足爲其究也。文字之恉能通，妄謂通其語言。語言之恉能通，妄謂通其心志。蓋深病後儒鑿空之説歧惑學者，欲使本諸《爾雅》，以正故訓，爰殫心於兹十年，成《爾雅注疏箋補》一書，實克廣郭璞、邢昺、鄭樵、羅願所未及。東原戴君偁其考索精詳，辨據明晰，邵二雲正義固不逮其淵博。戴君著有《爾雅文字考》，書中多引其説。近世精於小學家，若段若膺之解《説文》，王懷祖之證《廣雅》，暨兹書舉足傳世行遠而無疑也。兄有訂正《玉海》，糾譌補遺，實有裨浚儀氏書。余命其孫學孟，繕校成編藏於家。

魯九皋序

昔班固氏志藝文有《爾雅》三卷，附《孝經》之後，不著作者名氏。宋鼂無咎曰：《爾雅》，小學之類，附於《孝經》，非也。余讀其書，通訓詁，釋名物，誠若《蒼頡》、《訓纂》之流，非夫諸説《孝經》之文者比。而兩漢儒臣，亦鮮以此專門名家者。惟武帝時孝廉郎終軍，號稱能辨豹鼠，深於其道，要亦多識之資，非治經之大者也。然班氏顧附諸《孝經》之後，豈以其從來者遠，爲諸經義疏，故述列諸經既終，爰附其後。附《孝經》，即所以附諸經與。觀夫《孝經》十一家，自安昌侯説已下，若《五經雜議》、《小爾雅》、《弟子職》，皆非特主《孝經》爲説者也。蓋班氏《藝文志》本於劉向父子，此固《七略》之舊，其指意必有所在矣。若夫《蒼頡》、《訓纂》之流，義專六書，固無緣與之比附也。漢氏以後，晉郭璞獨嗜此書，爲之注解，至宋邢昺等奉敕作疏，於是定十三經注疏之目，而《爾雅》之書遂巍然與《易》、《書》、《詩》、《春秋》三傳、三《禮》經傳、《孝經》、《論》、《孟》並列學官矣。然經傳日繁，而學者固陋自守滋甚，自三禮、三傳且不能徧習，況《爾雅》乎。余嘗考漢初經師之授弟子，大抵口耳相傳，通其訓詁，釋其名物而已，至於精義微言，則務使學者自思而得之也。而學者亦守其師説，終身不變。其高第者能有所發明，下者亦不失爲章句之士。故邢氏之叙此書曰：《爾雅》者，先儒授教之術，後進索隱之方。誠不誣也。蓋古今異宜，五方異俗，其制度典章之損益，方言之不齊，因之爲文各異，固非可以意揣而得之者。若夫義理之在人心，則千萬世此心此理而已，此《孟子》所謂先聖後聖其揆一者也。自説經者以訓詁名物爲末務，以己意穿鑿附會於其間，不倫不貫，而漢初經師傳授之意浸微，經之大義亦愈晦。此爲師者有講而無應，爲弟子者有讀而無問，不問不思，以經義爲盡於是者，王安石氏所以致慨於後世之學者也。吾友高郵任君頌從，好學深思之士也。嘗與余遊於越中。其於十三經傳之文，皆能默識而倍誦之，思索以通之。尤盡心於《爾雅》一書，嘗病其注疏繁簡未稱，每讀書有所得，輒箋補其下，謂余曰：古者，《爾雅》爲六經義疏，讀六經之辭不得其解，則從而求之於此，此書不注可也。今學者既莫能徧讀諸經，又經文爲諸説所晦者多，則必先假道於是。蓋文義明然後以此求經傳之辭，條理倫貫，可以廓然無礙矣。故余盡心於是，爲讀經者導之先路焉。他日書成，子當爲我序之。余應之曰：諾。今年以書來，曰：《箋補》成矣，子可以序矣。余喜君用心之勤，而果能有補於治經者也，於是乎言。

黄世榮《爾雅釋言集解後案》

姚文棟序

《爾雅集解後案》存《釋言》三十九條，吾友嘉定黄君闇伯明經遺著也。《爾雅》自郭注、陸釋文、邢疏外，古誼多佚。郭氏以前注者十餘，今見於釋文與疏所引，惟犍爲文學及劉氏歆、樊氏光、李氏巡、孫氏炎五家耳。音始自孫炎，郭氏亦有音與圖，其佚皆可惜。何者，義存乎聲，聲亡義亦隱也。六朝人在《釋文》以前，有沈氏旋之集注，施氏乾、謝氏嶠、顧氏野王三家之音。《釋文》後，唐人有裴氏瑜之注。自漢迄唐，音與注佚存一二猶可考見者，總十二種，近世歷城馬氏並有輯本，所稱《玉函山房》者也。又有曹氏憲之音義見於《唐志》，高氏璉之疏見於《宋志》，釋智騫之音義見於《玉海》，毋氏昭裔之音略見於晁公武《讀書志》，爲馬氏輯佚所未及。宋鄭氏樵注《爾雅》雖在邢疏以後，然未盡違古誼，則亦不容遺也。凡以上可考信者，君悉以采入。是編仿李氏《周易》例稱爲集解，而以己意衷諸其後，是爲後案，用鄉先哲王氏尚書例也。夫經學至有清而極盛，邵氏正義、郝氏義疏，治《爾雅》學者奉爲專門大宗，阮氏校勘記亦讀注疏者所不能廢。外此，小學名家若高郵王氏父子，若本邑潜研堂諸錢，又盧抱經、俞曲園諸家考證，有及於《爾雅》者，君皆采掇靡遺，亦云密矣。至若吳氏夌雲之經説，流布未廣，世所尠見，則又賴君以表彰者也。而君所自爲後案，穿穴群經傳疏音義，證以《説文》，參以《釋名》、

《廣雅》，旁引及於《史》、《漢》、《文選》諸注。於本義外，別其引申假借，以爲當時小學方明，造文本義固不待釋。又不專求諸義而兼求諸聲，凡聲同、聲近、聲轉及古音、唐韻同部者靡不詳爲辨析，而得其貫通。蓋《釋言》與《釋詁》分篇解者雖不同，要不外以今言釋古，以雅言正方音而已。漢儒注《論語》，指雅言爲雅音。然則《雅言》當自有偏重於音者，君之特見爲不謬也。憶昔光緒丙申，予與君並創經學社，一時蘇、寧、皖、浙諸經生咸集，有議稿行於時，距今已二十年。自遭國變，古學榛蕪，經書已廢，甫復舊時，同社百中僅存一二，而君亦墓有宿草矣。君之家嗣曰守恒，字無臣，世其家學，校刊君書，予尤望其能昌此社也。歲在乙卯仲冬之月上海姚文棟。

高潤生《爾雅穀名考》序

余輯古農書，首編《爾雅穀名考》。或問曰：是考也，農説邪，抑經説邪。答曰：以經誼説農事，即以農事證經誼也。或又問曰：經誼嘖矣，胡爲斤斤于《爾雅》。農事緐矣，胡爲瑣瑣于穀名也。答曰：雅與俗，故相通。名與實，不容紊。是考也，蓋將因名以求實，亦即因俗而見雅也。菽粟不辨，何論芝英。蕭稂未搴，皇言藻麗。名者實之幟，雅者俗之砭。穀名者，農事之權輿。《爾雅》者，經誼之鈐鍵。早年學稼，時還讀書，炳燭微明，奇觚急就。例以景純之作，雖未必得其寰中，願爲思勰之徒，或不忍摀諸門外云爾。時乙卯啓蟄後三日笠園畊夫高潤生。

饒炯《爾雅例説》緒言

爾者，麗爾，猶靡麗也。古文即㸚，本形容窗牖離婁闓明形，後乃加形與聲爲爾。雅者，疏之古文疋借，通也，從止，象疏通形。合之名爲《爾雅》者，意猶取[illegible]疏、細疏、明疏云爾。然則《爾雅》誼書，乃六藝九流之匯詁，與《説文》形書並行，一爲文字之用，一爲文字之本。蓋造字者本誼付音，説字者别誼辨事，其推本及用，由委究原，皆有相因之道。許叔重云讀書貴先識字者，殆謂文字以記事達意，事意之變態無窮，聲音之轉演多類。在昔文字初創，事簡字單，原不完備，故一篇之書，引借聲假者多，本誼本聲者寡，兼之方音轉變，時勢異宜，字有古今所制，竟或南北不同。故一字肇興，可推爲數字之誼，數字究竟，仍歸宗一字之用。欲考前言往行，非治《説文》、《爾雅》，必致囿於一隅，而不能闡發大誼，審擇微言，夫理將何據，使各貫徹於心而無疑難歟。是以形書之外，又有誼書。用今釋古，以此通彼，爲注經疏注之匯，其用凡若干例，莫非本前人之所發明而纂紀之。《説文》之外有《字林》、《玉篇》，《爾雅》之外有《小爾雅》、《廣雅》，皆不出其範圍。兹編鈔拾名彙大概，本諸郝疏。穉年肄業及之，知爲宿儒用功之書，但未詳其姓字，而舉此潤色爲教，甚省學者目力。至若《説文》一書，别有發凡具在，學者將二書互相參觀，字形字詁之學，斯過半矣。兹以所纂諸例，臚列於後，滋考訂焉。時中華民國十二年六月穀旦資中饒炯題。

汪柏年《爾雅補釋》

錢基博序

汪生青在，從余受詩古文辭，而經學則得法於吴縣曹叔彦太史、餘杭章太炎先生。《周易》、《尚書》、《爾雅》三書，尤殫心焉。《易》、《書》導揚師説，而《爾雅》則神解自超，稽古攸會，斠補前修。得如干事以正餘杭先生，先生亟賞，謂邵氏正義不免麤舛，郝疏後出，覈而未精，得生研慮，足相匡捄，將爲序行，而歸道山。余於雅訓，苦未致力，獨謂《爾雅》一書，誼匪一端，詁訓名物，囊括兼該。詁訓以總絶代之離詞，可讀書以明故，名物當辨同實而殊號，貴博物以通方。孔子論《詩》，謂多識鳥獸草木之名。動植之學，新知日茁，而生好學深思，稽古有餘，所貴通方。如考《爾雅》以徵新籍，參之圖説，實以目驗，蟲魚草木，審定古之何物爲今之何物。瞻彼東鄰，知新溫古，蓋有先我而爲之者，非但取明經義，抑亦有裨實用。君子博物，未可以鑿空而漫不加訾省也。民國二十五年秋無錫錢基博。

汪柏年序

六經之道，誼各攸歸，獨《爾雅》爲之鍵鎋。詁訓明而後《爾雅》通，《爾雅》通而後六經可釋，非是而諉曰籀繹大義，是蹵言也。景純作注，自謂綴集異聞，薈萃舊説，而穿鑿屢見，未詳者得百四十二事。宋邢昺作義，以云閎洽，猶若未逮。《爾雅》漢注，舊傳有犍爲文學、劉歆、樊光、李巡、孫炎五家，久佚不傳，單文間見，殊鮮精疏，一依郭氏律令，不能斷以己意，故窳陋無可觀。農師、漁仲，間有可采，終未能越景純藩籬，覃至于明，寶治者寡。清世詁訓之學，粲然復張，邵、郝諸家，匡韋補缺，疏通證明，庶幾雅訓可通者十得七八。顧二氏之書，雖景純未可與絜短長，邢氏之徒不足當牧圉矣。余以顓固，猶涉是書，聊慮固護，亦既有年，獨欲補前修之未宏，正後師之橫議，通古今之異言，辨雅俗之殊號，明其本籍，釐其句讀。屬草甫畢，就正先師餘杭先生，師曰："是足補邵、郝所未備，好爲之，罔或自弛墜，將爲序而刊行，以勗進修。"時日崔隤，忽忽浹旬，而師遽賠微疾以捐館舍。心喪鬱陶，我傷如何。懼終違遺命，而無以成誘掖之意，爰重加釐汰，得如干條，名曰《爾雅補釋》。雖未達神恉，多所缺遺，而釋邕、擁爲一義，以茅、霚爲同字，坎銓字誤當作吹詮，洵龕聲轉即爲恂諶，繼英重出，辨之于蟲鳥，麠麔字别，分論于虎羊，庶幾杜絶華離，異于偏觭之議，同條共貫，而符比物醜類之則者矣。若謂通群言于靡遺，析名物于至纖，精意入神，則余豈敢。丙子季秋桐鄉汪柏年。

劉師培《爾雅蟲名今釋》弁言

近儒錢氏坫，作《爾雅》釋地以下四篇通釋，于古人一丘一水，必求其所在，以今地證古地，以今音證古音，于近儒之書，均爲徵實。蓋考古不能知今，則爲無用之學，匪獨地學然也，即物名亦然。以今物證古物，與以今地證古地，其功略同。昔宋儒羅願、陸佃于古籍所詳庶物，咸考其形狀，證以鄉曲之稱，其學亦鄰於徵實，特不明聲音訓故，故物名起源，言之未晰。至近儒高郵王氏作《廣雅疏證》，凡花柳竹木鳥獸蟲魚，皆購列于所居，故詮釋物類，咸以得之目驗者爲憑。即郝氏疏《爾雅》，桂氏疏《説文》咸以今物證古物，與王氏之文略同。僕幼治小學，知萬物之形狀，均可于聲音訓故求之。擬仿錢氏坫《釋地》以下四篇之例，作《爾雅物名今釋》。惟編纂未成，先成《釋蟲》一篇，以爲博物學之一助。夫近儒之論物名也，謂一物數名，或由言語遞轉，或由方土稱謂各異，此固不易之説矣。顧一物必有一物之名，而名各有義。試即《爾雅·釋蟲》一篇言之，其命名之義，約有十二例。如：蟋蟀、螇螰、蜙蝑，此以自鳴之聲呼之者也。蛣蝠、蜉蝣、蛈蝪、諸慮、蚇蠖、蒺藜、虰蛵、鼅鼄、蠐螬、果贏，此以形狀得名者也。寒蜩之屬，此以所生之時名之者也。齧桑、守瓜、負版，此以所具之能名之者也。草螽、土螽、土蠭、木蠭、桑蟲，此以所生之地別之者也。蜻蜻、蠸、輿文[父]、白魚，此以顔色別之者也。毛蠹、長踦，此以形體別之者也。王蚊[蛟]、茅蜩、馬蜩、大蟻、蠛蠓，此以種類大小別之者也。有以相似之物而同名者，如渠略即蛣蜣、強蚚是。有以切語名者，如莫貈即蛑是。有以合音名者，如齧桑即蠰是。有以音近名者，如蛩羅、強蚚是。以上諸例，豈惟蟲類惟然哉，凡萬物名字歧異，皆可以諸類求之。故今作《爾雅蟲名今釋》，先溯其得名之源，繼以今名釋古名，證明古物即今某物，得之目驗者半，本于故籍者亦半，其所不知，則缺如也。

黄侃《爾雅音訓》

黄焯序

治《爾雅》之要，在以聲音證明訓詁之由來。蓋古人制字，義本於聲，即聲是義，聲音訓詁固同出一原也。夫文字孳生，聲從其類，故今日文字聲音訓詁，古曰字讀，讀即兼孕聲音訓詁二事，蓋聲音即訓詁也。詳考吾國文字，多以聲音相訓，其不以聲音相訓者，百不及五六。試取《説文解字》觀之，其説解之字，什九以聲爲訓，以意訓者至希。推之成國《釋名》諸書，莫不皆然。聲音爲訓詁之綱要，斷可知矣。先叔父季剛先生學術文章冠冕百代，世以與餘杭章君並稱，其於《爾雅》、《説文》、《廣韻》三書校語，積至百餘萬言。嘗誨焯曰：《爾雅》解釋群經之義，無此則不能明一切訓詁。《説文》解釋文字之原，無此則不能得一切文字之由來。蓋無《説文》，則不能通文字之本，而《爾雅》則不能盡文字之變，而《説文》不能致用。如車之運兩輪，鳥之鼓雙翼，缺一則敗矣。又曰：《爾雅》名物，仍當貫以聲音，求其條例，如《説文》璺瑀、裖蜃，《禮注》韜蒨、弁槃。箭爲苕帚，製以黍穰，則書爲梨。蒲爲水草，移狀禽口，則變爲凫。至於狀所異同，名言遷貿，沈思冥索，䚡理秩然，亦鑽研故言之樂事也。故其解鶩舂鉏云：舂，與從通。則舂鉏亦雙聲字。舂鉏之言蜙蝑、蠨蛸也蜙蝑長股，蠨蛸長足。白鷺腳高，故名舂鉏。《禽經》云：步於淺水，好自低昂，如舂如鉏之狀。此望文生義，不足信也。解不過蟷蠰其子蜱蛸云：蜱蛸，螵蛸，蚲蟭、冒焦廣雅。倒言之與鷦鷯、焦螟同義，皆謂小也。凡此諸解，皆以聲音穿貫其間，其精當碻不可易。今刺取其校語中之有關音訓者數百條，成爲《爾雅音訓》三卷。其於同字並見、同訓分條及一訓兼兩義與相反爲訓之類亦並及之。烏虖，先生往矣，今去其歿已三十有八年，而焯則衰老多病，瞀亂昏惑，雖録先生之書，實多漏略之失，今惟於卷首題先生箋識並記其所録之意如此。一九七三年十二月蘄春黄焯時年七十有二。

先叔父批校《爾雅》係依郝懿行《爾雅義疏》而施以增改。全書增訂字數約十餘萬言，謂郝疏於物名訓詁什之九不能說。其所立條例有六：一，同條牽屬。如初與哉聲近，其語自才來，亦自且來。二，本字。三，義證。四，近義。五，通字。六，借字。所用校勘之本有二十五種，考訂所引用之書達三十四種，補輯古注之書列舉者亦達二十五種。原校本今存武漢大學中文系資料室。一九七五年四月黄焯附記。

黄侃《爾雅正名評》

章炳麟識語

季剛殁後，求其遺箸，有《説文、音韻、爾雅略説》三種。此汪氏《爾雅正名》評，則徐行可所得者。其間精覈之語不少，行可將舉以付刻，余先爲登之《制言》。蓋所謂遺著者，今人亦不必遜於昔儒也。

民國廿五年一月章炳麟識。

李格非、徐孝宓跋

汪芸石先生著《爾雅正名》，黄季剛先生閲竟，手爲批識，評其得失，章太炎先生親爲作序。此書，曾載于《制言》雜志，現已存書無多。今由湖北省圖書館副館長徐孝宓先生獻出珍藏的黄批手稿，委托武漢大學出版社正式出版，廣泛流傳，以餉讀者，這是一個義舉。

《爾雅》一書，流傳很久。或師承有異，或傳本不同，或偏旁增損，或迻錄致誤，頗多歧異，亟需整理。汪君因就《經典釋文》所引漢魏諸家之注并征引經籍字書有關資料，用以考證《爾雅》文字之正變。所謂「正名」，就是正《爾雅》文字之訛變。

季剛先生評語，也是正名工作。二家的「正名」同樣都要考證文字，但同中又有不同。汪君主要是就文字的形體論文字之正訛。季剛先生則不泥于形體，而是從聲音和意義的聯繫，從文字的語言上探求造字時的本義，研究字的得名之由，即訓詁學求本字、本義的研究。這與詞源研究有關繫，是傳統小學研究的精粹所在，也是一個困難問題，因爲它需要豐富的歷史資料作驗證。

其次，黄、汪二先生還有一個不盡相同的觀點。黄評有云：「凡草木蟲魚之名，既不知其本義即不知其本字，寧可率然以爲可借某字乎。」窺其意向，是不欲輕言假借。今之所言「通假字」，可能包含兩項重要內容，一是「通」，一是「假」。凡意義毫無關係的假借，就是小學研究中的「用字假借」，應是真正的假借字，古籍中最爲常見。此所言「通」，是就通而可假者言之。其有歷史淵源和意義聯繫的字，典籍中也有「假借」的現象。小學研究言假借範圍較廣者，也都包括這部分字在內。這些字既不同于純粹的用字假借，又不同于「依聲託事」的造字假借，而是轉注以後的「通借」字。凡論古籍通假而略於這些字義之間的發展關繫，就會割斷字與字之間的歷史聯繫；如果過于廣泛追求意義聯繫而諱言「用字假借」，又可能導致求之過深、轉而失真的另一種嚴重偏向。其間糾葛滋多，所宜精審。

季剛先生求本字本義，是對漢字的溯源研究；論通、假是對漢字流變關係的處理。這種溯源及流的歷史觀點，對我們的學習、研究，大有裨益。季剛先生踵章太炎先生之後，爲當代小學大師，猶自謙謙以爲不足，晚年還特請陸宗達先生爲他多方購置甲金文字要籍，以爲進一步論證本字本義、發展小學研究的重要資糧。這種隨着時代進步，要求更新知識的治學精神，我們要認真學習。尤其是今天新技術變革的影響所及，我們語言學各部門研究，都不同程度地有所發展，語言學與有關學科的聯繫也日益增强。例如語言研究工具的現代化改革方面，已經有了好的開端，對語言研究的現代化也拉開了序幕。又如考古學的發展，地下發掘出的古文字很多，有些「字源中斷」的資料，今天也有發現，這是很可貴的。無論是整理研究的成果，或是學術資料的累積，今天我們已經大大地超過了古代。我們一定要利用今天的學術優勢，吸取新的理論知識，發揚優良傳統，把文獻整理資料和口語研究成果，把語言學科和邊緣學科的有關部分，緊密地結合起來，開展新的研究。我們要比古人更加廣泛深入地旁徵博引，多方求證：求之古籍義證，求之字書書證，求之出土資料、竹簡帛書，求之歷代文獻的記録，求之口語方言、親屬語言的比較驗證等等……。我們的論證資料愈豐富精核，論證的結果就愈加具有説服力，就愈加具有約定俗成的社會性質。語言文字本是社會産物，研究語言文字的規律，必定要言必有徵，爲全社會所公認。這是檢驗研究成果的科學性的重要準則。也是我們所要努力建樹的科學求實的學風。太炎先生在半個世紀前評季剛先生遺著及《爾雅正名》時説：「今人亦不必遜于昔儒也。」今天我們更應當相信，今人的研究，一定要在前修研究的基礎上，爭取有所發展，這是歷史對我們的要求。

后學李格非、徐孝宓謹跋一九八六年五月

陳晉《爾雅學》

馬駿序

訓詁之學，《爾雅》最古，爲治經者必讀之書。蓋學者讀經必先認字，認字不真，經義何解。晚近來國學淪亡，憂時之士未嘗不力思保存。然求學而不知讀書，讀書而不知識字者，比比皆是，深可懼也。泰興陳君夕康，博學多識，肆力古學。出所著《爾雅學》一書示余，卒讀一遍，旁徵博引，搜羅宏富，其主張本音韻及科學方法治《爾雅》，洵爲獨具特識。而釋天、釋艸、木、蟲、魚、鳥、獸諸篇，根據最近學説，尤足引起學者興趣。前由教育學院院長吾鄉郭允叔學兄鑒定，今且刊爲學院叢書之一。余信兹編既出，已讀經者得所貫通，未讀經者知所權輿，國學昌明，庶以此爲發軔乎。爰綴數語，以誌簡端。

歲在閼逢閹茂孟陬之月，晉城君圖馬駿叙。

馬宗薌《爾雅本字考》序

《爾雅》之興也，諒不於《詩》《書》禮樂未有之前。元聖周公制禮作樂，始制《爾雅》。孔子删述六經，有所增益。七十子以還，傳授經傳，附益亦多。戰國兵爭，經籍道息，雅學如何，無聞焉耳。漢興，叔孫通譔置《禮記》，亦通《爾雅》。孝文求書，始立博士。孝武表章六經，詔書律令下者，明天人分際，通古今之誼，文章爾雅，訓釋深厚，小吏淺聞，弗能究宣，遂以通經者爲吏箸功令。自此以來，公卿大夫士吏彬彬多文學之士矣。是必有《爾雅》之學以通其塗路，爲之鈐鍵，可知用是。漢人注《雅》，有舍人、樊光、劉歆、李巡、鄭玄、孫炎之倫，舊訓古義，流傳不沫。東晉郭璞深通小學，稱引經傳，旁采《方言》，詮釋動植，多由目驗，博闢群言，流風斯遠，歷載千百，獨行至今。惟經傳古文多用假借，不明本字，疑誤何極。郭氏於此含而不言。邢昺爲疏，證發亦尟。邵晉涵疏，旨在徵經，言之蓋寡。郝懿行疏，義取博大，甄明本字，又言通假，譬諸射者百發或一不中。於義有疑，宜更深詳，此後學之責也。文字有考，始於戴震，其書不傳。錢坫《古義》，江藩《小箋》，嚴元照之《匡名》，王引之之《述聞》，俞樾之《平議》，王樹柟之《訂經》，黄侃之《正名評》，各有善言，而黄評尤美。先師儀徵劉先生有《爾雅本字考》，嘗聞其義，未見其書。唯先師餘杭章先生無説《雅》之專籍，而所箸書説古義言小學者最爲多。推尋本字，疏解故言，豁然塙斯，高矣卓爾，自許君以來一二千年所未有也。此天下之公言也，非余一人之私言也。宗薌昔以顓蒙獲事大師，撰杖之所聽聞，同門之所疏記，諸祖耿兄所記尤速，且詳盡，恭載迻錄，盈冊絫卷，此之厚幸可謂弘矣。不敢自宋，隱此良道。爰及暇日，散之當處。更博采昔賢説《雅》之書，約以許君《説文》之義，明其本字，以見指歸，徵其通假，以明流衍。不旃表本字，無以見語言文字之本原。不究尋通假，無以免望文生義之謬見。古人之述造多矣，隨文曲解，少所裁量，調和之效，終未可睹。是故本字通假更相扶胥，是猶影響之與形聲，相與而立，不能闕也。爰遵斯義，以爲辯究。凡所稱引，皆箸所由。亦述音理，以明變轉。昔在辛壬癸甲，曾以此教於東北大學、河北女子師範學院、民國學院，祇取簡要，人易聽授，講疏短促，不具大體。邇者息肩齊魯，研究國學，遂乃博觀群書，思就此業。惟書尚未集，而程限已臻，倉黄執筆，急付寫官，無復修改之暇，商兑之慶，自可待諸他日隨宜增益修補而已。草刱於四月癸未，訖事於六月己未，凡閲時三十有七日。識慚明哲，才謝經通，而造次宣究，夙夜劬勞，章則急就。實曾不如，事徒自苦，又兼妄作，覆瓿爲薪，行自有在。詮次舊聞，裁成義類，皆有證據，不苟矯異，是宿昔之所味詠，慷慨之本誠也。唯兹事體大，固非凡才所能立，而自有述造以來，倉卒如斯，非希企所及，此古人之炯戒，而末學所大恐也。怕懷不叙，於事可得爾乎。詒笑通方，致譏來葉，是其宜耳。默爾而息，乃爲得之，而仍自奮筆無作者，人事之牽率，欲罷而不能。於是謹述師説，誦説經傳，撮其大要箸於篇。世之大雅宏達以覽觀焉，匡其紕繆，斯爲幸矣。述《釋詁》卷上既竟，遂記其緣起云爾。時民國二十八年夏六月馬宗薌自記。

周祖謨《爾雅校箋》序

《爾雅》是中國最早的一部訓釋詞語的書。作者爲誰，已不可考。漢代傳説是周公所作。魏張揖《進廣雅表》又説：「今俗所傳三篇，或言仲尼所增，或言子夏所益，或言叔孫通所補，或言沛郡梁文所考。」那都是不足信的。

從這部書的内容看，有解釋經傳文字的，也有解釋先秦子書的，其中還有戰國秦漢之間的地理名稱。這樣看來，《爾雅》這部書大約是戰國至西漢之間的學者累積編寫而成的。

《漢書·藝文志》著錄《爾雅》二十篇，今存十九篇，分爲上中下三卷，上卷爲《釋詁》、《釋言》、《釋訓》、《釋親》，中卷爲《釋宮》、《釋器》、《釋樂》、《釋天》、《釋地》、《釋丘》、《釋山》、《釋水》，下卷爲《釋草》、《釋木》、《釋蟲》、《釋魚》、《釋鳥》、《釋獸》、《釋畜》。古代書籍由簡策發展爲卷軸，篇卷的分合一般没有甚麼意義，只求卷軸大小粗細相稱，以便插架尋檢而已。《爾雅》上中下三卷篇目的分配也同樣是没有甚么意義的。不過方以類聚，物以群分，事類名目相近的不能不比次在一起。

語言的詞彙包括的方面很廣。《爾雅》的前三篇，即《釋詁》、《釋言》、《釋訓》是講解語詞的。《釋親》以下都是解釋事物名稱的。先由人事和人所做的宫室、器物列起，然後叙列天地自然的名稱和植物、動物的名稱，加以解釋。這代表古人對於事物名稱的一種粗疏的分類法。事物的名稱每有古今方俗之異。《爾雅》中或以今語釋古語，或以通語釋方言，對於我們了解古代的事物和古人對各種事物的稱謂以及古今詞義的發展都極爲有用。

據古代書籍所載，《爾雅》從東漢時期已開始流行起來，漢魏之間爲《爾雅》作注的就有許多家，文字也互有異同。據陸德明《經典釋文》叙錄中所記就有犍爲舍人、李巡、樊光、孫炎諸家，可是從唐代以後這些書都逐漸亡佚。流傳較廣而且一直傳流到現在的是晉代的郭璞注本。郭璞研究《爾雅》十八年，用力很深。他參考樊光、孫炎所注，多所發明，並且又作《爾雅音義》和《爾雅圖》以補前人所不備。可惜音和圖，宋以後亡佚不存，而他的注釋則歷代傳習不廢。後世注解《爾雅》的人也都以郭注爲底本。

郭璞注本《爾雅》有唐代開成石經本，只有原文，無注文；有原文和注文的有宋刻監本，有宋刻十行本，還有元刻本、明刻本。但書經傳寫刻板，總不免有譌誤。清人從事刊正文字譌誤的，以儀徵阮元的《爾雅注疏校勘記》最爲人所稱道。阮書刻於《十三經注疏》中《爾雅注疏》之後，以明吴元恭仿宋刻本爲底本，參證《經典釋文》、唐石經和宋刻邢昺《疏》讎校異同，比證極細，所記多出臧庸在東之手。後求歸安嚴元照又有《爾雅匡名》一書，大體以《爾雅》與《説文解字》相較，主旨在於刊正文字，講明字有假借，與一般校讎不同。以上兩家所見古本秘籍不多，如原本《玉篇》、慧琳《一切經音義》之類的古書，當時還没有由日本傳至中國。到光緒年間，新城王樹柟作《爾雅郭注佚存訂補》一書，所見書籍已多，頗有發明，不過，原書中有些譌誤還沒有改正，並且把前代書中所引郭璞的《爾雅音義》誤與《爾雅注》混爲一談。所引各書也多未記明卷數，缺誤尚多。爲了便於研討，有必要重加校勘。現在據一九三一年故宫博物院所印《天祿琳琅叢書》宋刻本《爾雅》郭注加點句讀，取其字大醒目。別取敦煌所出《爾雅》白文殘卷和《爾雅》郭注本殘卷以及前代字書、韵書、音義書、類書等所引《爾雅》文字與之對校，並擇取清代學者的成説，寫成《校箋》三卷，附於原書之後，以備應用《爾雅》研究古代訓詁和詞彙者參考。

本書《校箋》部分承陳慎之先生代爲精心繕寫，非常感謝，在此謹表謝忱。

一九八三年三月記於北京大學綠蔭清韵書屋

方俊吉《爾雅義疏釋例》前言

魏張揖《上廣雅表》云：「……夫《爾雅》之爲書也，文約而義固，其敶道也，精研而無誤。真七經之檢度，學問之階路，儒林之楷素也。若其包羅天地，綱紀人事，權揆制度，發百家之訓詁未能悉備也。」東晉郭璞《爾雅序》亦云：「夫《爾雅》者，所以通訓詁之指歸，叙詩人之興詠，總絶代之離詞，辨同實而殊號者也。誠九流之津涉，六藝之鈐鍵，學覽者之潭奧，摛翰者之華苑也。若乃可以博物不惑，多識於鳥獸草木之名者，莫近於《爾雅》。」然則，《爾雅》一書誠乃先儒通訓詁之指歸，釋經籍之檢度，無庸置疑。是以注疏者，代不乏人，唯曩昔之作，多已亡佚，犍爲文學、劉、樊、李、孫之書，亦僅存目。逮乎東晉郭璞景純出，以爲「雖注者十餘，然猶未詳備，並多紛繆，有所漏略。」見《爾雅序》於是沈研鑽極，綴集異聞，薈萃舊説，旁考博采，二十九載，以成《爾雅注》。陸氏《釋文》云：「先儒於《爾雅》多臆必之説，乖蓋闕之義，唯郭景純洽聞强識，詳悉古今，作爲《爾雅注》，爲世所重。」後之學者，無不以郭《注》爲宗。歷來雖迭有補正者，然宏綱大旨，未能出其範疇矣。

降及有清，小學隆盛，雅學之作，不讓前賢，其中以邵晉涵氏之《爾雅正義》與郝懿行氏之《爾雅義疏》，最爲世之所重。邵氏於《上錢竹汀先生書》云：近思撰《爾雅正義》，先取陸氏《釋文》，是正文字。繼取九經注疏，爲邢氏删其剿襲，補其缺漏，次及於佚書，古義，周、秦諸子，暨許、顧、陸、丁小學書。」足見邵氏之成書，甚爲嚴謹。而邵書成於乾隆，郝氏修於嘉、道之間，雖諸家評論，或以爲互有長短，然所謂「前修未密，後出轉精。」良有以也。郝氏《與王伯申學使書》云：「某近爲《爾雅義疏釋詁》一篇尚未了畢。竊謂訓詁之學，以聲音、文字爲本，轉注、假借，各有部居，疏通證明，存乎了悟。前人疏義，但取博引經典，以爲籍徵，不知已落第二義矣。鄙意欲就古音古義中博其情趣，要其會歸，大抵不外同、近、通、轉四科，以相系統。先從許叔重書得其本字，而後知其孰爲假借，觸類旁通，不避繁碎，仍自條理分明，不相雜厠，其中亦多佳處，爲前人所未發。」郝氏又嘗自謂云：「邵晉涵《爾雅正義》，蒐輯較廣，然聲音、訓詁之原，尚多壅閡，故鮮發明，今余作《義疏》，於字借聲轉處，詞繁不殺，殆欲明其所以然。」郝氏之言，雅能明其精到之處矣。

今不揆檮昧，謹就郝氏之《義疏》予以分析歸納，調理抉剔，都爲十例：曰、校經文，曰、證經，曰、補郭，曰、闡義，曰、明聲，曰、辨字，曰、驗物，曰、評比諸家舊注之説，曰、闕疑，曰、其他。每大例之下，又分若干類例，每類取樣，悉依篇目之先後爲次。外此，郝氏之義疏，廣徵博引，所徵引典籍及單篇小記，爲數不下百種。今并就其所徵引之書，依四庫之分類，舉例附後，用作參考。余此所爲，雖於雅學之精微不敢妄議，然於探研郝氏學者，或有取焉。至於謬誤疏漏之處，在所難免，尚祈淹雅君子賜正焉。

徐朝華《爾雅今注》

張清常序

《爾雅》是中國古代第一部大致按照詞義系統和事物分類而編纂的詞典。包括十九篇。前三篇《釋詁》、《釋言》、《釋訓》具有解釋語詞的小詞典性質，第四至第十九篇具有小百科詞典的性質。在世界文化史上，《爾雅》不但是最早期的詞典和小百科詞典的雛形，而且它首創的這種編纂法今天仍然採用，例如我國新版《辭海》曾兩次發行分册本，第一分册爲語詞，以下爲小百科。這種編排既是現代辭書編纂工作中的一道重要工序，又産生頗爲切合實用的成品，有時它比定稿的依部首排列的《辭海》還更便於查閲。飲水思源，《爾雅》在世界文化史上的貢獻確實不小。

關於《爾雅》在中國語言學史上的重要性及其影響，學者們已經講過許多，兹不贅述。

前人曾對《爾雅》進行過大量的研究，他們取得的成就主要有三個方面：一是字義的注釋與考證，二是訓詁方法的研究，三是音義關係的探討。給《爾雅》全書及郭注做疏證的，最重要也是最常見到的是邢昺、邵晉涵、郝懿行三家的注釋本。各有千秋，均有貢獻。

舊日注釋有一些不可避免的缺點。由於時代較早，前賢不可能看到甲骨文，没有利用甲骨文、金文探求古義的機會。那時還没有現代語言科學理論，尤其是現代詞彙學理論，無法運用它去觀察分析《爾雅》複雜的詞彙詞義現象。前賢所認識到的音義關係，還比較籠統。如此種種，毫不足怪。可是我們處在二十世紀八十年代，如果仍然墨守舊日疏證，就是故步自封，不求進取了。

舊日疏證有個缺點，就是煩瑣。當年戴段二王都反對煩瑣，他們的著作内容樸實精粹，行文簡潔清新。《爾雅》邢邵郝三家注釋未能臻此境界。

時代在前進，應該給舊日疏證結賬，取其精華，去其煩瑣，寫出今注，使人耳目一新，輕裝上陣，才好邁開步伐，開展新的科學研究。

所謂今注，不是改用大白話來做注釋就算，更重要的是形式新，語言新，方法新，内容既精又新。給《爾雅》做個今注，實在是當前迫切需要的。但是作今注難，爲《爾雅》作今注更難。

［徐］朝華一向樸實勤奮，基礎廣博而扎實。學成之後，致力於漢語發展史詞彙部分的研究，又專攻訓詁。醞釀日久，遂發奮作《爾雅今注》。五六年來數易其稿。

朝華此書，博採衆家之長，並吸取最新科研成果，深入淺出，簡明扼要，指明《爾雅》得失，並提出自己的見解。不唯于平淡中見功力，而且處處爲青年讀者着想，文字淺顯，要言不煩，頭緒清爽，引人入勝。並編製索引，以利于繙檢和進行科研。優點甚多，是一部好書。

我對於《爾雅》只是初學。讀朝華此書，受益不小，所以樂於向讀者推薦，希望《爾雅》之學出現新氣象。

張清常一九八四年十一月

徐朝華前言

《爾雅》是我國最早的一部解釋詞義的專著，也是第一部大致按照詞義系統和事物分類而編纂的詞典。《爾雅》的「爾」是近的意思，「雅」是正的意思，指雅正之言，即作爲政治、文化、社交活動中使用的語言，這是後代作爲規範的共同語的雛形。《爾雅》一書命名之意就是以雅正之言解釋古語詞、方言詞，使之近於規範。

據《漢書·藝文志》記載，《爾雅》原爲二十篇，但今本《爾雅》只有十九篇。宋代邢昺《爾雅疏》説：「《爾雅·叙篇》云：《釋詁》、《釋言》通古今之字。」可見《爾雅》原有《叙篇》一篇。《叙篇》大約於宋代亡佚。現存十九篇按照內容分爲十九類，即釋詁、釋言、釋訓、釋親、釋宮、釋器、釋樂、釋天、釋地、釋丘、釋山、釋水、釋草、釋木、釋蟲、釋魚、釋鳥、釋獸、釋畜，每類一篇。其中《釋詁》《釋言》、《釋訓》等三篇是解釋一般語詞的，可以說是普通的詞典；《釋親》以下十六篇是解釋各類名物的，可以說是百科名詞詞典。全書共計一三一一三字。解釋的大部分是單音詞，也有一些複音詞。

關於《爾雅》的作者和成書年代，從古到今，説法不一，尚無定論。最初或説是周公所作，或説是孔子門人所作。宋代以後，學者們多認爲所謂周公、孔子門人所作，都是依托之詞，從而否定了聖人所作的說法。那么真正的作者是誰？確切的成書年代是甚麽時候呢？有人認爲是從戰國中期到漢初的儒者陸續編纂而成；有人說是戰國末年齊魯儒生所作；有人認爲是秦漢間儒生所作；有人說是漢初儒生所作；有人認爲是漢武帝之後，哀帝平帝之前儒者所作；還有人認爲是西漢末年劉歆僞撰。凡此種種，衆説紛紜，從《爾雅》一書的內容和有關資料分析，《爾雅》中有一部分詞語出於戰國中後期古籍，成書不可能在此之前。秦代焚書坑儒，漢初社會動亂未定，文景之世開獻書之路，先秦古籍才陸續復出。漢初也缺乏編纂這樣一部內容、字數繁多的詞典的社會條件。而到漢武帝「罷黜百家，獨尊儒術」之後，很快就出現了犍爲文學的《爾雅注》。這說明最初成書也不會是在漢代。因此，大體上可以斷定，《爾雅》最初成書當在戰國末年，是由當時一些儒生彙集各種古籍詞語訓釋資料編纂而成，並非一人之作。這部書或由於某種原因幸免於秦火，或由於民間私自密藏而逃避了抄禁，因而當漢王朝開始重視經學時，便很快地重新問世了。此後又經過漢代經師儒者陸續增補，才成爲今天所見到的《爾雅》。

從《爾雅》一書的內容來看，這部書編纂的目的是爲了幫助人們閱讀古書和辨識名物。《爾雅》的主要內容之一是以雅釋古，即用當時作爲規範的雅正之言，解釋當時已經認爲是時代較遠難以通曉的古籍中的詞語，目的是爲了幫助人們讀懂古書，當時的古籍既包括儒家經典，也包括儒家經典之外的古書。戰國是一個科學文化有很大發展的時代，也是一個百家爭鳴的時代，諸子百家從不同的角度吸收了當時的文化科學知識，著書立説。當時私人講學之風大開，游學之風盛行如齊國稷下學士多至數萬人，在這種情況下，儒生們所接觸到的書籍，肯定不會只是局限於儒家經典範圍之内。在《爾雅》中多次見到對儒家經典之外的一些古書或當時的書籍中詞語的解釋。如《釋天》中「春爲青陽，夏爲朱明，秋爲白藏，冬爲玄英。」等取之於《尸子》；「扶摇謂之猋」，是釋《莊子》中詞語的；《釋地》：「東方有比目魚焉，不比不行，其名謂之鰈。南方有比翼鳥焉，不比不飛，其名謂之鶼鶼。」取之於《管子》；「北方有比肩民焉，迭食而迭望。」取之於《山海經》；《釋畜》：「小領，盜驪。」取之於《穆天子傳》。當然，和其他古籍相比，《爾雅》對儒家經典《詩經》中詞語的解釋是要多一些。如《釋訓》中所訓釋的大部分都是《詩經》中的詞語。在其他篇中，也有一些是專門解釋《詩經》中詞語的。如《釋天》中的「是禷是禡」、「既伯既禱」，《釋水》中的「汎汎楊舟，紼縭維之」等，都是出自《詩經》。孔子認爲《詩經》不僅對修身行事，而且對豐富知識都有着重要的作用，他説：「小子何莫學夫《詩》？《詩》可以興，可以觀，可以群，可以怨。邇之事父，遠之事君。多識於鳥獸草木之名。」《論語·陽貨》在春秋戰國時期，人們在外交場合，在辯論、講學時，在著作中常引用《詩經》中的詩句以表達思想感情，增添文采。《詩經》在人們的生活中比其他各種書籍都爲重要。但戰國時代距離《詩經》的時代已經相當遥遠了，《詩經》中有些古詞語如不加以解釋，當時的人在理解上就會有困難。由於這樣兩個方面的原因，《爾雅》中對《詩經》詞語的解釋就比較多了。雖然《詩經》是儒家經典，但《爾雅》的編纂者解釋它並不僅僅因爲它是儒家經典，而是因爲它是一部被人們廣泛閲讀、使用的古籍。

《爾雅》另一個主要内容是以雅釋俗，或以俗釋雅。在《釋詁》《釋言》等篇中有以雅言解釋方言俗語的，目的是爲了閲讀古書。《釋草》以下七篇收集解釋了大量草木蟲魚鳥獸之名包括雅名和俗名，其目的主要是爲了幫助人們辨識名物，豐富知識，增廣見聞。如《釋草》中的「芣苢，馬舄。馬舄，車前。」説明同一種植物有不同的名稱芣苢為雅名，馬舄、車前為俗名。《釋草》中有「果蠃」，《釋蟲》中也有「果蠃」，說明有異物同名的情況。有時僅列出名稱而未加說明，如《釋蟲》中的「土蜘蛛、草蜘蛛」「土蜂、木蜂」，也是要使人們知道蜘蛛、蜂有不同的種類。在這方面，《爾雅》與漢代作爲童蒙讀本的《急就篇》和解釋四方別國之語的《方言》是有相似之處的。郭璞在《爾雅序》中說：「夫《爾雅》者，所以通詁訓之指歸，叙詩人之興咏，總絶代之離詞，辯同實而殊號者也。……若乃可以博物不惑，多識於鳥獸草木之名者，莫近於《爾雅》。」他認爲《爾雅》的主要作用是總結和整理了歷代不同的語詞，解釋了經籍中詞語的意義和詩歌中詞語的用法，辨別了許多異名同實的詞，保存了很多鳥獸草木之名。郭璞的認識是比較全面的。過去有些學者認爲《爾雅》編纂的目的在於解經，其認識顯然與《爾雅》的内容不盡吻合。

《爾雅》雖然最初不是專爲解經而作，但後來由於經學家們的重視、使用和宣揚，使它和經學的關係越來越密切。《漢書・藝文志》把它附在六藝類《孝經》之後，《隋書・經籍志》把它放在經部《論語》之後，實際上已把它列入群經之屬。唐代開成年間鐫刻石經時，《爾雅》和《詩經》、《尚書》等十一部儒家經典同時上石，正式成爲儒家重要經典。宋代以後，《爾雅》成爲十三經之一。《爾雅》這樣一部解釋詞義的書，在封建社會裏竟然能夠和《詩經》《尚書》等重要儒家經典並列，是有其特殊的社會原因的。

從秦始皇焚書坑儒之後，社會經過了幾十年的動亂，出現了比較安定的「文景之治」。封建統治階級爲了加强思想統治，開始重視儒家學說。但經過秦火和戰爭的破壞，儒家經典損失很大，能讀經解經的經師大儒，更是難以尋覓。《漢書・儒林傳》：「孝文時，求能治《尚書》者，天下亡有，聞伏生治之，欲召。時伏生年九十餘，老不能行，於是詔太常，使掌故朝[晁]錯往受之。」由此可見當時經師的奇缺。在這種情況下，《爾雅》這樣一部唯一保存了大量先秦古籍中古詞古義解釋的詞典，對于傳習儒經就成了重要的依據，在一定程度上起到了經師的作用。東漢趙岐《孟子題辭》中說：「孝文皇帝欲廣游學之路，《論語》、《孝經》、《孟子》、《爾雅》皆置博士。」

雖然不能因此就肯定文帝時確曾設置《爾雅》博士，但從中可以揆測文景之世《爾雅》已經和儒家經典有着較爲密切的聯繫了。

漢武帝獨尊儒學，立《五經》博士以後，從中央到郡縣，乃至鄉聚，廣設學校，傳習儒經。讀經、通經成爲當時讀書人實現抱負、追求利祿的重要途徑。雖然陸續出現了一大批儒家經典的注釋書，如《詩經》有《魯故》、《韓故》、《齊后氏故》等，《尚書》有《歐陽章句》、《大小夏侯章句》、《大小夏侯解詁》等，但這些書都是就某一部經書的詞語隨文釋義的，而且今文經學家的注釋多側重於闡明經書中的「微言大義」，而不注重語言文字的解釋。在這種情況下，《爾雅》這樣一部比較全面、比較系統地彙釋古詞古義的詞典，就成爲儒生們讀經、通經的重要工具書了。它的這種作用，是其他任何一種某一經書的注釋書所不能代替的，也是《蒼頡》、《急就》和《説文》之類字書所不具有的。正因爲如此，《爾雅》一書和儒經的關係就變得更加密切了。清代學者錢大昕説：「夫六經皆以明道，未有不通訓詁而能知道者。欲窮六經之旨，必自《爾雅》始。」《潛研堂文集·與晦之論〈爾雅〉書》宋翔鳳説《爾雅》是「訓故之淵海，五經之梯航。」《爾雅義疏序》都説明了《爾雅》是因爲「説經之家多資以證古義，故從其所重，列之經部耳。」《四庫全書總目》

將《爾雅》列爲經書，似乎是抬高了它的地位，使它享有歷代各種詞書所没有的殊榮，而實際上卻是縮小了它的作用，貶低了它的價值。今天我們應該對《爾雅》這部書在中國語言學史和詞書史中的作用和價值作一個全面的、恰當的分析。《爾雅》這部書的主要作用和價值在於：

一、《爾雅》是在兩千多年以前出現的我國第一部詞典，它有清楚的分類篇目和完整的編纂體系，有直訓、陳説、描寫、比擬、音訓等多種釋詞方法。它首創的按意義分類編排的體例和多種釋詞方法，對後代詞書、詞典以及類書的發展都有很大的影響。在它的影響下，出現了一系列以「雅」爲書名的補充或仿照它的釋義詞書。如托名秦末孔鮒所著的《小爾雅》、三國時魏張揖的《廣雅》、宋代陸佃的《埤雅》、羅願的《爾雅翼》、明代朱謀㙔的《駢雅》、方以智的《通雅》、清代吳玉搢的《別雅》、洪亮吉的《比雅》、夏味堂的《拾雅》、史夢蘭的《疊雅》等。

二、《爾雅》彙集並解釋了大量先秦古籍中的古詞古義，是閱讀、研究先秦古籍的重要工具書。如《釋言》中有「宜，肴也」條，這是解釋《詩經・鄭風・女曰鷄鳴》：「弋言加之，與子宜之」中「宜」字的。「肴」指做熟的魚肉等。「宜」在古書中一般都解釋爲合適、適宜，没有肴的意義，而從甲骨文、金文看，「宜」字象砧板上有肉之形，用作名詞，表示切肉用的砧板；用作動詞，意爲吃做熟了的肉。《爾雅》中以「肴」釋「宜」，便是根據「宜」的本義而來的。又如《釋親》中有「男子謂姊妹之子爲出」，這是母系社會親屬稱謂的遺迹，在父系社會裏，「出」作爲一種親屬稱謂已經被「甥」所代替了。借助於《爾雅》，後人可以了解「出」的這一古義。

三、《爾雅》彙集了大量上古漢語詞彙，其中包括古語詞、方言詞以及外來詞（如《釋地》中的「珣玗琪」爲上古東夷語）。在《釋詁》、《釋言》、《釋訓》中收集了很多上古漢語中的同義詞，它爲研究上古漢語詞彙提供了豐富的資料，是研究上古漢語詞彙的重要參考書。

四、《爾雅》彙集解釋了不少有關宫室、器物、樂器、天文、地理和動植物等方面的詞彙，可以幫助人們了解古代社會，豐富知識。並爲進行生物學方面的研究提供寶貴的歷史資料。如《釋獸》中有「貘，白豹」，郭璞注説：「似熊，小頭庳脚，黑白駁，能舐食銅鐵及竹骨」。這些資料對今天研究大熊貓類動物很有參考價值。

《爾雅》在釋義、編排等方面存在着一些缺點，較爲突出的是解釋詞義往往過於簡單籠統。用多義詞去解釋詞義，用的是這個多義詞的哪一種意義不明確。如《釋言》有「郵，過也」條，「過」有經過、超越、錯誤、探望等義，在這一條中究竟是用「過」的哪一種意義解釋「郵」不明確。特別是「二義同條」的情況，更容易引起誤解。有的詞詞義有發展變化，《爾雅》的編纂者不加説明而相提並論。如《釋詁》中有「亂，治也」，又有「縱、縮，亂也」。前者用的是「亂」在周代前期的古義，表示治理紛亂的事物；後者用的是「亂」在春秋戰國時的常用義，表示紊亂、紛亂的意思。兩條同時收入，又未加以説明，容易使人誤解「亂」同時有兩種意義。此外，有些不是同義詞的誤以爲是同義詞。有些詞歸類不當，如將爬行動物歸入《釋魚》。有的詞前後重複出現，如「鵜鶘」在《釋地》和《釋鳥》兩篇中都有，内容相同。這些缺點是由於《爾雅》出自衆人之手並受當時科學發展水平所限而造成的。

從漢到唐，爲《爾雅》作注的人很多。最早的是西漢的犍爲文學，其後有劉歆、樊光、李巡、孫炎、郭璞、沈旋等人。除郭璞注外，這些注家的注本多已亡失。現在能看到的最早的、完整的《爾雅》注本是晉代郭璞的《爾雅注》。郭注引用了近五十種古籍資料，取證非常豐富，而且能用晉代活的方言俗語來解釋《爾雅》中的古語詞、方言詞，爲後人研讀《爾雅》起了重要的橋梁作用。唐宋以後爲《爾雅》全書作注疏的有北宋邢昺等人的《爾雅疏》，邢疏雖有煩瑣考證之弊，但搜求先秦到隋唐的資料很多，有一定的參考價值。《十三經注疏》中的《爾雅注疏》用的就是郭璞的《爾雅注》和邢昺的《爾雅疏》。南宋鄭樵的《爾雅注》，雖然比較疏略，但能不因循舊説，多采群經以證《爾雅》，間或别有所見。清人研究《爾雅》的著作很多，最著名的是邵晉涵的《爾雅正義》和郝懿行的《爾雅義疏》。邵書廣泛采集先秦兩漢古籍資料和漢魏六朝人舊注來印證郭注，推求文字的古音古義，並根據善本，訂正原書文字。引證豐富，解釋簡明扼要，但語言探索稍有不足。郝書晚出，是所有《爾雅》注本中最詳細的一種。這部書繁徵博引，搜羅宏富，能根據實際觀察的情況來描述草木蟲魚鳥獸。注釋中力求從音義關係上疏通詞義，但在因聲求義方面錯誤較多。此外，從清代到近代，還有不少學者對《爾雅》作過專題研究。如清代戴震的《爾雅文字考》、翟灝的《爾雅補郭》、錢坫的《爾雅釋地四篇注》、高潤生的《爾雅穀名考》、陳玉澍的《爾雅釋例》、近人王國維的《爾雅草木蟲魚鳥獸名釋例》、劉師培的《爾雅蟲名今釋》、黄侃的《爾雅略説》、楊樹達的《爾雅略例》等，這些著作對閱讀、研究《爾雅》都是很有參考價值的。

前幾年，在教學中介紹訓詁學要籍時，同學們屢次反映《爾雅》一書有些詞語很生僻，不會唸，也看不懂，舊注有的過於簡略，有的過於煩瑣，閱讀起來有一定的困難，希望能有一個今人的注本。在清常師的熱情鼓勵和指導下，我從七九年開始編注這部書。要爲《爾雅》這樣一部内容極爲豐富廣博的書作注，確非易事，但我想到爲文科大學生和青年讀者們提供一個便於閱讀的注本，使《爾雅》這部書能夠在我們這個新時代更好地發揮它的作用，還是值得爲之辛苦的。經過五年的努力，現在總算可以把它奉獻給讀者了。《爾雅》一書天文地理、草木蟲魚無所不包，給它作注，雖有諸家舊注和其他前人成果可資參考，也曾請教過一些同志，稿子經過多次修改，但因自已學識有限，肯定會有不少錯誤和疏漏之處，我誠心誠意地希望能夠得到所有翻閱過此書同志的批評和意見。

徐朝華一九八四年十月

當代論文選編

方言與爾雅的關係

濮之珍

我國的語言研究，可以説是從漢代開始的。在漢代以前，雖然有些學者也談到語言，但是没有寫成專書。直到漢代，在漢語研究方面，作出了輝煌的成績。《爾雅》和《方言》就是漢代語言研究方面兩部極其重要的作品。

歷代學者對《爾雅》和《方言》進行過討論和研究。至今，也還存在一些尚未解決的問題，例如二書的作者問題，就是一個至今尚未很好解決的問題。我個人的意見是，關於《方言》的作者，在没有得到有力的新證可以證明不是楊雄以前，暫且放在楊雄名下；至於《爾雅》的作者，本文暫不討論。我們衹要知道《爾雅》成書確在《方言》之前就行了。本文的目的是想就《方言》與《爾雅》的關係進行研究。

《爾雅》采用郝懿行《爾雅義疏》本，《方言》是采用周祖謨吳曉鈴校編的《方言校箋及通檢》本。①在取材方面：《爾雅》取材於釋詁上、釋詁下、釋訓、釋言四卷；《方言》則取材於卷一、卷二、卷三、卷六、卷七、卷十、卷十二、卷十三。二書其餘有關名物的材料，與本文所要討論的無關，暫且不用。

爲了便於排列、檢查、稱引，我用數字標記了《方言》和《爾雅》的各條，以每一卷每一條作一單位。我又假定了一些名詞：「雅詁」，「群詁例字」，「詁訓字」即「母題」，「方言」以作討論的標幟。關於這些名詞所代表的意義，用《方言》原文爲例，加以解釋如下：例如《方言》第一卷第一條：「黨曉哲知也。楚謂之黨，或曰曉。齊宋之間謂之哲。」用我假定的名詞來表示就成爲：

黨曉哲 ｜ 知也 ｜ 。楚謂之黨，或曰曉。齊宋之間謂之哲。

群詁例字 ｜ 詁訓字即母題 ｜ 方言

雅詁

以下我們進行《方言》與《爾雅》的關係的研究。

一、從收集《方言》成書方法觀察

《方言》一嚮被列入小學訓詁類，明朝陳與郊的《方言類聚》，就是以《爾雅》的組織形式，作《方言》內容的分類。關於《方言類聚》這部書，清朝《四庫全書總目提要》上説：

> 《方言類聚》四卷，明陳與郊撰。與郊有《檀弓集注》已著錄。是編取楊雄原本，依《爾雅》篇目，分爲釋詁、釋言等十六門，別爲編次，使以類相聚。如原本第三卷，氓民也至根隨也數語，移入卷首爲釋詁。其原本卷首黨曉也兩節則列爲釋言，文載於敦豐龐夼一節之後。郭璞原注則總付每節後，低一格以別之。間有雙行夾注，爲與郊所考訂者，僅略及音切字畫之異同而已。②

由以上可知，陳與郊的《方言類聚》，是將《爾雅》的分類組織，應用到《方言》這部書上去。不過，《方言》仍舊是《方言》，《爾雅》仍舊是《爾雅》，他並没有注意到《方言》與《爾雅》的真正關係。但是，卻因此引起我對《方言》與

《爾雅》關係的注意。

現在，我們首先從收集《方言》來觀察。關於收集《方言》的記載，郭璞《方言》序上説：

蓋聞《方言》之作，出乎輶軒之使，所以巡游萬國，采覽異言，車軌之所交，人迹之所蹈，靡不畢載，以爲奏籍。周秦之季，其業隳廢莫有存者。暨乎楊生，濳淡其志，歷載構綴，乃就斯文。③

《劉歆與楊雄書》上説：

詔問三代周秦軒車使者，遒人使者，以歲八月巡路，求代語，僮謡，歌戲，欲得其最目。因從事郝隆求之有日，篇中但有其目，無見文者。歆先君數爲孝成皇帝言：當使諸儒共集訓詁，《爾雅》所及，五經所詁，不合《爾雅》者詰籀爲病；……會成帝未以爲意，先君又不能獨集。至於歆身，脩軌不暇，何偟更創？屬聞子云獨采集先代絶言，異國殊語，以爲十五卷，其所解略多矣，而不知其目。④

《楊雄答劉歆書》上説：

雄少不師章句，亦於五經之訓所不解。常聞先代輶軒之使奏籍之書，皆藏於周秦之室；及其破也，遺棄無見之者。獨蜀人有嚴君平、臨邛林閭翁孺者，深好訓詁，猶見輶軒之使所奏言。⑤

由以上引文可以知道，在很早的古代，就已經進行過方言采集工作。到了周秦時代，收集方言的工作曾經中斷過。直到漢代，大家又注意到收集方言的工作。由楊雄與劉歆往返的書信中，我們知道，劉向劉歆兩父子注意到收集方言的工作。在楊雄以前，有蜀人嚴君平及臨邛林閭翁孺做過收集方言的工作，僅僅就這兩封信，就已經知道，注意方言收集的人和親身做收集方言的人，就有劉向、劉歆、嚴君平、林閭翁孺、楊雄等五人。我想一定還有好些我們不知名的。何以在漢代，一般人又注意到收集方言這個工作呢？這是與當時國君的提倡有關係的。《劉歆與楊雄書》中説：

今聖朝留心典誥，發精於殊語，欲以驗考四方之事、不勞戎馬高車之使，坐知傜俗；適子云攘意之秋也。⑥

當時的統治者爲什麽注意方言收集工作呢？《漢書・食貨志》已指出目的在於「王者不窺牖户而知天下」，也就是説，統治者想通過收集方言了解地方情況，以便加强政治上的統治。因此在《漢書》本紀中常記載着派遣大臣巡行天下覽觀風俗的事。例如：

《漢書・宣紀》第八：「遣太中大夫彊等十二人循行天下，存問鰥寡，覽觀風俗，察吏治得失。」

《漢書・平紀》第十二：「遣太僕王惲等八人，置副假節，分行天下，覽觀風俗。」

所謂「覽觀風俗」實際是兼做方言收集工作的，古人對「風俗」的「風」的觀念中，是包含着方言的不同。清代王先謙指出：「前古采風使者方行列國，匪獨陳其詩篇而已，其於異俗殊言，必將備其聲音訓詁，隨以上進。」⑦明白了以上的情況，對漢代有較多的人注意方言收集工作的事，就不奇怪了。我想，楊雄《方言》可能是在前人收集方言的基礎上，更進一步而完成的。

另一方面，秦漢兩代成爲中央集權大國以後，由於社會、經濟、文化的發展，也影響到語言的發展。在語言發展方面，一方面是春秋戰國各地語言的交流融合，另一方面是共同語的統一性加强。這樣豐富複雜的語言事實，提供了小學家楊雄等研究語言的資料。我國語言研究從漢代開始，就不是偶然的。是社會發展、語言發展的自然要求。

其次，我們談談收集方言的人與文字訓詁學及《爾雅》的關係。前面我們説過，在漢代的時候，一般人注意到收集方言的工作，朝廷也重視這項工作，那麽，收集方言的人到底是怎樣去收集呢？在《楊雄答劉歆書》中，説到收集方言的嚴君平「財有千言」，説到收集方言的林閭翁孺是「梗概之法略有」。至於説到他自己收集方言的情形是：

故天下上計孝廉及内郡衛卒會者，雄常把三寸弱翰，賫油素四尺，以問其異語，歸即以鉛摘次之於槧，二十七歲於今矣。而語言或交錯相反，方復論思，詳悉集之，燕其疑。⑧

《西京雜記》中也記載了楊雄收集方言的情形：

楊子云好事，常懷鉛提槧，從諸計吏，訪殊方絶域四方之語，以爲裨補輶軒所載，亦洪意也。⑨

由以上記載，我們可以知道，收集方言時，並不是得一條記一條，隨便零星的散記，而是有條理，有組織，有方法的。即所謂「翁孺梗概之法略有」。當然，關於林閭翁孺的梗概之法，我們是無從知道了。不過，關於《方言》如何收集成書，從《方言》本身，是可以推尋的。

在楊雄答劉歆書中，説到收集方言的嚴君平與林閭翁孺，都是「深好訓詁」的人。而楊雄自己，就是一位小學家。劉向、劉歆也是對文字訓詁素有研究的人。由此我們看到一個事實：那就是這五位注意收集方言工作和親身做方言收集工作的人，都是具備有文字訓詁知識的人。另一方面，《爾雅》在《漢書·藝文志》中，雖被列入孝經家；可是《漢書·藝文志》書家中卻説：「古文讀應《爾雅》，故解古今語而可知也。」⑩由此可見，漢代人仍把《爾雅》看作是一部文字訓詁的書。事實上《爾雅》主要是爲解經而作的，這部書的完成一定在漢武帝提倡經學之後，而且是經過許多人補充的。那麼，毫無疑問，楊雄等五位當然都見過《爾雅》的。《方言》這部書，也是一向被列在小學訓詁類的，所以明陳與郊作《方言類聚》，就是以《爾雅》的分類組織，作《方言》內容的分類。總之，就由於以上這些綫索，引起我對《方言》與《爾雅》的關係的注意。

第三，《方言》與《爾雅》編製的粗略對照：

《方言》一書一共是十三卷，六百七十五條。每一條分成兩部分：上面一部分是雅詁，下面一部分是方言。方言就是作者所收集的。但是，上面一部分的雅詁是從哪裏來的呢？如果説就是下面一部分的方言，爲什麼在有些條中，方言與雅詁又不相符合呢？有時方言多於雅詁，如：

娥、嬿，好也。秦曰娥，宋魏之間謂之嬿，秦晉之間凡好而輕者謂之娥。自關而東河濟之間謂之媌，或謂之姣。趙魏燕代之間曰姝，或曰妦。自關而西秦晉之故都曰妍。好，其通語也。（三—卷一）

有時又雅詁多於方言，如：

慎、濟、暱、惄、濕、桓，憂也。宋衛或謂之慎，或曰暱。陳楚或曰濕，或曰濟。自關而西秦晉之間或曰惄，或曰濕，自關而西秦晉之間，凡志而不得，欲而不獲，高而有墜，得而中亡，謂之濕，或謂之惄。（十—卷一）

在卷十二、卷十三中又大部分僅有雅詁，如：

爰暖哀也。（一—卷十二）

儒輸愚也。（三—卷十二）

裔歷相也。（二—卷十三）

裔旅末也。（二—卷十三）

我們知道，《方言》是一部未完成的作品，卷十二、卷十三僅有雅詁的現象就遺留下著作的痕迹，説明了作者是先有了雅詁，然後根據這些雅詁，再去求方言的。由於《方言》是一部未完成的作品，没有經過作者重新整理，所以在有些條中，雅詁與方言不相符合，以及卷十二、卷十三僅只有雅詁的現象。那麼，這些雅詁究竟是從哪裏來的呢？我認爲《方言》的雅詁是從《爾雅》中來的。也就是説，《方言》是根據《爾雅》先立下雅詁，然後再去求方言的。關於這個論點，在下一節中，我用二書具體内容的排比與對照來作證明。

二、從兩書内容觀察

在上面一節中，我説明了《爾雅》與《方言》有着密切的關係。現在，作更進一步的具體的排比與對照。

第一，名物分卷的對照：

《爾雅》十九篇，第一篇《釋詁》分上下兩卷，所以一共是二十卷。除《釋詁上、下》、《釋訓》、《釋言》四卷外，其餘的十六卷，都是釋名物方面的。《方言》是十三卷，除卷一、卷二、卷三、卷六、卷七、卷十、卷十二、卷十三外，其餘五卷，也都是釋名物方面的。現在，就名物方面作《方言》與《爾雅》的對照：

《爾雅》	《方言》
《釋器》第六	卷五、卷九。
《釋蟲》第十五	卷十一。
《釋鳥》第十七	
《釋獸》第十八	卷八。
《釋畜》第十九	

這些名物方面的，與本文所要討論的關係不大，所以就不再作詳細的排比研究了。

第二，雅詁形式的對照：

《爾雅》的雅詁組織形式，歸納起來可分爲下列三式：

第一式：初哉首基肇祖元胎俶落權輿始也。（一—《釋詁》）

如適之嫁徂逝往也。（六—《釋詁》）

殷齊中也。（一—《釋言》）

第二式：明明斤斤察也。（一—《釋訓》）

條條秩秩智也。（三—《釋訓》）

第三式：姜女爲媛。（九二—《釋訓》）

鬼之爲言歸也。（一一四—《釋訓》）

第一式是列舉群詁例字，以母題作義類的統領，放在一句的最後，並且一定以語助詞「也」作結束。第二式在母題形式方面與第一式一樣；但在群詁例字方面就不同了，所舉的群詁例字，都是重言的復合詞。第三式的形式最不整齊，群詁例字與母題形式都不一定，整個一條，好象是一句文章。

《方言》的雅詁組織形式，歸納起來，也可分爲三種形式：

第一式：黨曉哲知也。（一—卷一）

倰憮矜悼憐哀也。（七—卷一）

第二式：迹迹屑屑不安也。（二〇—卷十）

第三式：張小使大謂之廓。（二五—卷一）

東齊之間壻謂之倩。（二—卷三）

由以上看來，《方言》雅詁組織的三種形式，與《爾雅》雅詁組織的三種形式是没有什麽不同的。現在，我們再看看這三種形式在二書中的應用情况：《爾雅》的《釋詁》、《釋言》，完全是用第一式；《釋訓》大部分用第二式，有一小部分是用第三式；《方言》則十分之九用第一式，用第三式的有十餘條，以第二式的應用最少。

第二式，在《爾雅》中列入《釋訓》，朱駿聲《説雅》上説：「訓，説教也。或雙聲，或叠韵，……，皆連文以爲誼，當口以説教，斯聆音而曉焉。」⑪可見《釋訓》中的連文詞，多半是以聲爲義的。《毛詩關雎詁訓傳正義》上説：「訓者，道也。道物之貌以告人也。」⑫可見《釋訓》中的連文詞，在語法作用上是用作「道物之貌」，就是説用作形容名詞的形容詞，或用作形容動詞的副詞。漢字是單音節的，表現在文學語言上有一種求偶的現象，於是有雙聲、叠韵、重言。所謂「灼灼狀桃花之容，依依儘楊柳之貌」，可見古人早已有應用重言的現象。可是，由於社會不斷發展，語言也隨着社會的需要而有所變遷。也就是説，古人的重言，不一定就是今人所用的重言。

我們試翻開《爾雅・釋訓》來看，其中的重言復詞，大都已不存在於現代漢語中了。不過楊雄的時代，去古不遠，爲什么在《方言》中也找不出《爾雅·釋訓》中所收的重言復詞，爲什么《方言》中以第二式應用最少？是由於語言發展變遷的緣故？還是有其他的原因？由於《方言》是一部未完成的作品，有待於進一步的研究。

第三，母題重見的對照：

現在，我們來作《方言》與《爾雅》母題排比的研究。在進行排比研究以前，我們先將《爾雅》的母題情形説明一下。《爾雅》卷一《釋詁上》五七條，《釋詁下》九三條，《釋訓》一一四條，《釋言》二七二條，一共是五三六條。在這五三六條中，並不是有五三六個不同的母題，因爲其中有七個母題重見了：

一　忥謐溢蟄慎貉謐顗頠密寧靜也。（二三二·釋詁上）

密康靜也。（一一九·釋詁下）

二　永羕引延融駿長也。（三〇·釋詁上）

育孟耆艾正伯長也。（五六·釋詁下）

三　薨薨增增衆也。（一八·釋訓）

栗栗衆也。（五三·釋訓）

四　斸明也。（八五·釋言）

翌明也。（二〇〇·釋言）

五　逸諐過也。（二一·釋言）

郵過也。（一七二·釋言）

六　迨及也。（九二·釋言）

逮及也。（一二一·釋言）

七　檢同也。（一五四·釋言）

弇同也。（二〇八・釋言）

同樣的母題，同在《釋詁》、《釋訓》或《釋言》的範圍下，爲什麽不合放在一條，而分開於兩處呢？我稱這種現象叫做母題重見。母題的重見，不一定是作者的失誤，同樣的母題，在同一範圍下卻分置成兩條，是有它分置的道理的。就象上面所舉的母題「長」，見於《釋詁上》三十條，又重見於《釋詁下》五六條。從字形看起來，《釋詁上》三十條的母題「長」與《釋詁下》五六條的母題「長」是完全一樣；但是由語音及義類去看，兩個母題「長」的確是不同的。見於《釋詁上》三〇條的母題「長」是長大久遠的意思，而見於《釋詁下》五六條的母題「長」是長官、長輩的意思。象這樣的母題重見，《方言》中是很多的。本文所取材的八卷《方言》，共計是五二八條，在這五二八條中，母題重見約七十多次，凡二百十餘條。母題重見的條數，占了二分之一，象這樣一個普遍的現象，當然不是偶然的，重見有它重見的道理，分置有它分置的原因的。關於《方言》中的母題重見，我打算在另外一篇文章裏專門討論，現在，暫時不談了。

第四，母題相同的對照：

《爾雅》的《釋詁》、《釋訓》、《釋言》五三六條中，除了有七個母題重見了，還有二六個母題相同。「母題重見」與「母題相同」的含義是不同的。在同一性質範圍下，同樣母題，分置成兩條，稱做「母題重見」；同樣母題，分置在不同性質範圍下，這只能稱做「母題相同」。就是說，同樣一個母題，見於《釋詁》，又見於《釋言》或《釋訓》中。象這樣的情形，在《爾雅》中，有二六個母題是如此的，總共是五二條，我想不必逐條抄錄，現在按《爾雅》的卷數、條數，即《釋詁上》卷一，《釋詁下》卷二，《釋訓》卷三，《釋言》卷四，將母題相同的情形，列表於下：

母題：	大	勉	美	和	衆	病	思	敬
條數—卷數：	三—一	三三—一	四一—一	四二—一	四九—一	五二—一	五五—一	一—二
	二六—三	二八—三	二〇—三	六—三	一八—三	四四—三	一六—三	三—三

危　言　止　直　安　作　清　愛
四—二　八—二　一四—二　一八—二　二〇—二　三一—二　三九—二　四九—二
十—三　二三四—三　二三五—三　六二—三　二四—三　一九—三　六四—四　二一—三
動　喜　正　迎　食　忘　毒　智
五〇—二　六六—二　七三—二　八一—二　八二—三　八〇—三　六七—三　二—三
八—三　三二—三　一九四—四　六八—四　四二—四　一二九—四　一七〇—四　一九二—四
緩　小
三一—三　四二—三
二五二—四　二五八—四

現在，我們再來談《方言》的母題。《方言》是十三卷，我取材的是卷一、卷二、卷三、卷六、卷七、卷十、卷十二、卷十三等八卷，總共是五二八條。我拿《方言》五二八條中的母題與《爾雅》的母題對比研究，結果是母題相同的有六八次，共計是二二八條。現將《方言》與《爾雅》母題相同的情形列表於下：

母題：《爾雅》條數—卷數：《方言》條數—卷數：
大　三—一　二六—三　一二—一　二一—一　二四—一　九五—十二　三六—十三
一三二—十三
勉　三三—一　二八—三　三三—一
美　四一—一　二〇—三　三—二　一二四—十三　一四〇—十三
和　四二—一　六—三　一〇七—十三
病　五二—一　四四—三　二十一—三一　四八—十三

思 五五—一 一六—三 一十一—一
敬 一—二 三—三 二八—六
危 四—二 十—三 三七—六
止 一四—三 十五—三 二四—十二 二五—十二
作 三一—二 一九—三 五一—六 一九—十三
清 三九—二 六四—四 一八—十二 四三—十二
愛 四九—二 二十一—三 六—一 一七—一 二六—七
動 五〇—二 八—三 六五—十二 三八—十三
喜 六六—二 三二—三 九五—十三
正 七三—二 一九四—四 三五—三 四—六 七四—十二
迎 八一—二 六八—四 二九—一
食 八二—三 四二—四 三一—一 二七—七 六九—十二
忘 八〇—三 一二九—四 一四—十三
毒 六七—三 一七〇—四 四二—十三
緩 三一—三 二五二—四 六〇—六 四五—十二
小 四二—三 二五八—四 八—二 二八—十二 八四—十二 十—十三
始 一—一 二十三—十二 七八—十二 七二—十三 九一—十三
至 五—一 十三—十二
往 六—一 一四—一

分	一一七—四	三三—六				
怒	一一八—四	二〇—二	三三—三	五三—六	一八—七	
	五三—十二	五九—十三				
重	一二三—四	九—六	一〇九—十二			
本	一六七—四	四七—十三				
能	一九八—四	二三—十三				
極	二〇八—四	三九—十三	八九—十三			
痛	二〇一—四	八—一	二十一—二	七一—十三		
恨	二一三—四	五五—十二				

第五，內容現象的對照：

以上的排比，主要是組織形式方面的。現在，我們作內容上的排比研究。就是在母題相同的條件下，以《方言》的雅詁內容，與《爾雅》的雅詁對照，比較研究。研究的結果，有以下幾種現象：

第一，雅詁完全相同：

烈枿餘也。（《爾雅》八〇—二）

烈枿餘也。（《方言》四—一）

第二，雅詁部分相同：

（一）弘廓宏溥介純夏幠龐墳嘏丕奕洪誕戎駿假京碩濯訏宇穹壬路淫甫景廢壯冢簡箌昄晊將業蓆大也。（《爾雅》三—一）

敦豐龐夻幠般嘏奕戎京奘將大也。(《方言》一二—一)

碩濬巨濯訏敦夏於大也。(《方言》二一—一)

墳地大也。(《方言》二四—一)

(二)迨及也。(《爾雅》九二—四)

迨遝及也。(《方言》一八—三)

(三)逆迎也。(《爾雅》六八—四)

逢逆迎也。(《方言》二九—一)

(四)迄臻極到赴來吊艐格戾懷摧詹至也。(《爾雅》五—一)

假洛懷詹戾艐至也。(《方言》一三—一)

(五)如適之嫁徂逝往也。(《爾雅》六—一)

嫁逝徂適往也。(《方言》一四—一)

(六)允孚亶展諶誠亮詢信也。(《方言》二〇—一)

展惇信也。(《方言》一一—七)

(七)劉獮斬刺殺也。(《爾雅》三一—一)

虔劉慘林殺也。(《方言》一六—一)

(八)亹亹蠠没孟敦勖釗茂劭勔勉也。(《爾雅》三三—一)

釗薄勉也。(《方言》三一—一)

(九)肅齊遄速亟屢數迅疾也。(《爾雅》四七—一)

速逞搖扇疾也。(《方言》三四—二)

(十)悠傷憂思也。懷惟慮願念惄思也。(《爾雅》五五—一)

鬱悠懷惄惟慮願念靖慎思也。(《方言》一一—一)

(十一)㥒憐惠愛也。(《爾雅》四九—二)

憮㤿憐牟愛也。(《方言》六—一)

亟憐憮㤿愛也。(《方言》一七—一)

(十二)浡肩搖動蠢迪俶厲作也。(《爾雅》三一—二)

蠢作也。(《方言》一九—十三)

(十三)餥餱食也。(《爾雅》四二—四)

食飵食也。(《方言》三一—一)

第三，還有一類現象，不象以上兩類那麼明顯，就是說在這類現象中，母題雖然相同，而在群詁例字方面，有一些字，若由字形去看，是兩個不同形體的字，若由字音或義類去看，這兩個不同形體的字所表示的，往往卻是相同的。如：

迪繇訓道也。(《爾雅》五四—二)

裕猷道也。(《方言》二三—三)

這兩條母題相同，在群詁例字方面似乎都不相同，可是，祇要仔細觀察，我們可以進一步認識它們真正的關係。例如：《爾雅》五四—二的「繇」與《方言》二三—三的「猷」由表面上看來，是兩個不同形體的字；可是，我們應進一步由音義方面去看。《廣韻》：「猷，道也。尤韻，以周切。」⑬「繇，猶也，尤韻，以周切。」⑭根據《廣韻》我們知道，「猷」與「繇」同屬尤韵，根據反切我們知道，「猷」與「繇」同屬喻母。就是説，在字音方面「猷」與「繇」是完全相同的。我們知道字音相同的字往往義類相通，所以《詩》《小雅》《巧言》：「秩秩大猷」，《漢書》注引作「大繇」⑮由此可知《方言》二三—三的「猷」與《爾雅》五四—二的「繇」是相同的。又如：

格·懷來也。（《爾雅》十—四）

儀·洛來也。（《方言》一四—二）

《方言疏證》戴震曰：「格洛古通用」⑯按「洛」與「格」，《廣韵》：「格，陌韵，古伯切」⑰「洛，陌韵，古伯切」⑱由此可知「格」與「洛」同屬陌韵，見母。也就是説，在音的方面，「格」與「洛」是完全相同的。所以《方言》一四—二的「洛」與《爾雅》十—四的「格」是沒有什麼兩樣的。又如：

燬·火也。（《爾雅》二一六—四）

煤·火也。（《方言》六—十）

按《方言》注「煤，呼隗反」，按《廣韵》：「燬，紙韵，許委切。」⑲「煤」與「燬」韵部雖然不同，可是由反切上知道二字同屬曉母，又由於母題及二字的偏旁相同，知道二字的義類也相同。總之，由於這些仔細的觀察，使我們認識了《方言》六—十「煤」與《爾雅》二一六—四「燬」的真正關係。像這一類的情形，還有很多，我們現在祇舉出三條，以説明這一類現象的大概罷了。

第四，除了以上三種現象外，在比較《方言》與《爾雅》雅詁內容時，還發現一種現象，就是在兩條母題不同的雅詁中，群詁例字是往往有着牽連的關係，例如：從《方言》十八—三「迨遝及也」及《爾雅》九二—四「迨及也」兩條來看，《方言》中「迨」可以看作是本之《爾雅》，至於另外一個群詁例字「遝」是《方言》新創？還是有所本呢？又本之於何處呢？我們再看《爾雅》一二一—四「逮及也」，這一條母題雖然與《方言》一八—三條相同，可是群詁例字又似乎不相干。我們再看《爾雅》一一三—四條「逮遝也」，這一條與《方言》一八—三條母題雖然不同，可是這條的母題「遝」卻與《方言》一八—三條中的群詁例字相同。現在，我們將這四條平列着研究：

迨及也。（《爾雅》九二—四）

逮及也。（《爾雅》一二一—四）

逮遝也。（《爾雅》一一三—四）

迨遝及也。）《方言》一八—三）

由以上平列四條，輾轉牽涉的關係上，我們可以看出，《方言》雅詁本之於《爾雅》的又一種方式。

總之，不論從組織形式來看，或從母題雅詁對照研究來看，都具體有力的説明了二書的關係：即《方言》的雅詁本之於《爾雅》。

《爾雅》和《方言》是我國語言科學上兩部極其重要的作品，歷代學者對二書進行過討論和研究，至今還存在一些尚未解決的問題。本文所研究的，是提供出這一事實，以作爲專家學者們更進一步研究二書，及研究漢語史的參考資料。

注：

(1)科學出版社出版。

(2)《四庫全書總目提要》卷四十三，經部四十三，小學類存目一。

(3、4)《方言校箋及通檢·方言校箋附錄》九一——九三頁。

(5、6)均見《方言校箋及通檢·方言校箋附錄》。

(7)見序郭慶藩《方言校注》(思賢講舍本)。

(8)《方言校箋及通檢·方言校箋附錄》。

(9)《四部叢刊》子部，葛洪《西京雜記》第三。

(10)《漢書》卷三十，《藝文志》第八頁。

(11)朱駿聲《説雅》(《花雨樓叢書》)卷一，三十一頁。

(12)《毛詩正義》卷一釋詁訓傳。

(13、14)《廣韵》(《四部備要》本)下平聲卷第二，尤第十八，三十七頁。

(15)清陳喬樅《三家詩遺説考》引《漢書》顔注，《詩·小雅·巧言》之篇曰：「秩秩大繇，聖人謨之。」

(16)戴震《方言疏證》卷二。

(17、18)《廣韵》入聲卷第五，陌第二十，三十三頁。

(19)《廣韵》上聲卷第三，紙第四。

論郝懿行的爾雅義疏

張永言

一

《爾雅》是我國第一部有系統的訓詁專書，對後世訓詁學影響巨大，在古漢語和漢語史研究上有很高的價值。

《爾雅》撰者不止一人，成書當在西漢後期。①據陸德明《經典釋文·序錄》，東漢時此書就有樊光、李巡的注本。②三國魏時又有孫炎的注本。這些古注都已亡佚，只能從古籍徵引里見到一些片段，清代學者有輯錄，如馬國翰《玉函山房輯佚書》的「經編·爾雅類」，黄奭《漢學堂經解》的「爾雅古義」，臧庸的《爾雅漢注》（在《問經堂叢書》中）。

現存完整的《爾雅》注本以晉郭璞注爲最早。唐陸德明爲《爾雅》及郭注作了「音義」，見於《經典釋文》卷二十九至三十。北宋邢昺等爲《爾雅》作了「疏」，在今《十三經注疏》中。

清人又爲郭注《爾雅》作了兩種新疏，即邵晉涵（一七四三——一七九六）的《爾雅正義》和郝懿行（一七五七——一八二五）的《爾雅義疏》。郝疏後出，在所有《爾雅》注釋中最爲詳贍。

郝懿行字恂九，一字尋韭，號蘭皋，山東棲霞人。③他是乾嘉時代一位治學方面較廣的學者，對語文學和博物學（natural history）都很有興趣，著述頗多，大部分收在《郝氏遺書》裏。其中關於語文學的著作除《爾雅義疏》外有《晉宋書故》《通俗文疏證》《證俗文》等，關於博物學的有《蠭衙小記》《燕子春秋》《記海錯》等。他以這樣的學術修養來注釋「多識於鳥獸草木之名」的訓詁專書《爾雅》，自然十分相宜。

《爾雅義疏》始撰於嘉慶十三年（一八〇八），完成於道光二年（一八二二），前後歷時十四年，是郝氏生平用力最多的一部著作。他在嘉慶十四年給阮元的信裏說：「即今《釋詁》一篇經營未畢，其中佳處已復不少。」④同年給王引之的信裏也說：「其中亦多佳處，爲前人所未發。」⑤十一年後他在給友人的信裏又說：「此書若成，自謂其中必有佳處。」⑥從這些自白可以看出郝氏對他這部著作是頗爲自負的。

郝氏著書的動機據他自己說是出於對邵氏《正義》感到兩點不滿，即：邵氏於「聲音訓詁之原尚多壅閡，故鮮發明」；⑦於草木蟲魚「尤多影響」。⑧所以他著《義疏》就特別注重以聲音貫串訓詁和據目驗考釋名物這兩方面。

現在看來，在郝氏標榜的兩大目標中，在據目驗考釋名物這一方面他的確做得相當出色，爲别家同類著作所不及。《釋草》以下七篇的義疏裏常有「今驗」云云，凡所考論大多翔實可信；此外書中還常引俗名和民間知識作釋，往往令人耳目一新。郝氏對他這方面的優長也頗爲自信，在嘉慶十三年寫給孫星衍的信裏曾說：「嘗論孔門『多識』之學殆成絶響，唯陸元恪之《毛詩疏》剖析精微，可謂空前絶後。…蟲魚之注，非夫耳聞目驗，未容寘喙其間。…少愛山澤，流觀魚鳥，旁涉夭條，靡不覃研鑽極，積歲經年，故嘗謂《爾雅》下卷之疏幾欲追蹤元恪，陸農師之《埤雅》、羅端良之『翼雅』蓋不足言。」⑨至於以聲音貫串訓詁這一方面，郝氏雖然用力甚勤，但是由於他畢竟「疏於聲音」，⑩以致力不從心，有志未逮，做出來的結果仍然不盡如人意。以下我們就從「草木蟲魚」和「聲音訓詁」以及其他方面來考察一下郝疏的得失。⑪

二

據目驗考釋名物，特別是鳥獸草木蟲魚，這是郝疏一個顯著的特色和優點。在清代小學家中「專力訓詁者多，推求名物者鮮」，⑫所以郝氏這方面的成就尤其值得推重。大致說來，此書具有如下一些長處：

1. 能以實事求是的科學態度廓清漢代以來社會流行的「讖緯」「符應」「災異」「祥瑞」等謬說。例如：

　　四氣和謂之玉燭，四時和爲通正，謂之景風，甘雨時降，萬物以嘉，謂之醴泉。（釋天）【郝疏＊】今按：《爾雅》此章題之曰「祥」，祥者善也，夫天地順而四時當，民有德而五穀昌，此之謂大當，祥莫祥於是矣。自世儒喜談緯候，侈言符命，「封禪」名「書」，「符瑞」箸「志」，《爾雅》此篇將以杜絶謬妄…蓋以四時光照即爲玉燭，四氣和正即爲景風，甘澍應期即爲醴泉，所以破讖緯之陋說，標禎祥之本名。

郝氏此說立論明通，表現出了他的科學批判精神，這在封建時代的學者中是很難得的。

　　麟：麕身，牛尾，一角。（釋獸）【疏】按：古書說麟不具録，大抵侈言德美與其徵應，惟《詩》及《爾雅》質實可信。至於言德，則《廣雅》備矣；說應，則《禮運》詳矣。今既無可據依，亦無取焉。

《禮記·禮運》以麟爲「四靈」之一。⑬《廣雅·釋獸》尤其講得神秘：「麟：狼題，肉角，含仁懷義，音中鍾呂，行步中規，折還中矩，游必擇土，翔必後處，不履生蟲，不折生草，不群居，不旅行，不入陷穽，不羅罘罟，文章彬彬。」⑭對於這類不經之說，郝氏就一律撇開，「亦無取焉」。

此外郝疏在《釋蟲》「食苗心，螟」條不同意許慎、李巡、孫炎的「災異」說，在《釋獸》「虪，白虎」條反駁漢儒的「瑞應」說，也是這方面的好例子。

2. 能對不合事理的「俗說」加以合理的辨正。例如：

虎竊毛謂之虦貓。（釋獸）【疏】《方言》云：「虎，陳魏宋楚之間或謂之李父，江淮南楚之間謂之李耳，……自關東西或謂之伯都。」《御覽》引《風俗通》云：「俗說虎本南郡中廬李氏公所化爲，呼『李耳』因喜，呼『班』便怒。」⑮按：《易林》云：「鹿求其子，虎廬之裏。唐伯李耳，貪不我許。」然則「唐伯」「李耳」蓋皆方俗呼虎之異名，俗說謂是李翁所化，未必然也。

3. 能依據對生物現象的實地考察，糾正歷世相傳的誤說。《釋蟲》「果蠃，蒲盧；螟蛉，桑蟲」和「熒火，即炤」的義疏是兩個典型的例子。螟蛉化爲果蠃的傳說源遠而流長：始見於西漢楊雄《法言》，⑯東漢許慎《說文》、鄭玄《毛詩箋》、三國吳陸璣《毛詩草木鳥獸蟲魚疏》、⑰晉司馬彪《莊子注》繼續沿譌。直到梁陶弘景注《本草》，纔提出新的正確的見解。但後世多數學者，包括邵晉涵在內，仍然篤守舊說。郝懿行卻能根據實地觀察，獨取陶說，這正是他高明的地方。⑱「腐草化螢」的傳說影響更大，連本草學專家陶弘景也未能免俗，爲其所惑，邵晉涵之倫就更不用說了。郝氏卻能依據「實驗」，得出「螢本卵生」的正確結論，尤爲難能可貴。

4. 能根據「目驗」對動植物作出詳確的描述，遠勝諸家注疏。例如：

蛣蜣，蜣蜋。（釋蟲）【疏】蜣蜋體圓而純黑，以土裹糞，弄轉成丸，雄曳雌推，穴地納丸，覆之而去，不數日間，有小蜣蜋出而飛去，蓋字乳其中也。《莊子·齊物論》篇云「蛣蜣之智在於轉丸」是矣。⑲此有二種：小者體黑而暗，晝飛夜伏，即轉丸者；一種大者，甲黑而光，頂上一角如錐，腹下有小黃子附母而飛，晝伏夜出，喜嚮燈光，其飛聲烘烘然，俗呼之「鐵甲將軍」，宜入藥用，處處有之。

蟠，鼠負。（釋蟲）【疏】鼠婦長半寸許，色如蚯蚓，背有横文，腹下多足，生水缸底或牆根濕處。

通過這樣的描述，讀者就能結合自己的生活經驗，把名與實聯係起來。

5. 能發揚《爾雅》及郭注「以今釋古」的精神，常引當代方俗語解釋名物，往往片言居要，一目了然。例如：

蜎，蠉。（釋魚）【疏】今登、萊人呼跟頭蟲，揚州人呼翻跟頭蟲。

鷀，鷧。（釋鳥）【疏】今江蘇人謂之水老鴉。

鼢，鼠。（釋獸）【疏】此鼠今呼地老鼠。

鼬，鼠。（釋獸）【疏】今俗通呼黄鼠狼，順天人呼黄鼬。

然而，就是在郝氏所擅長的這一方面，本書也并非没有缺點。第一，由于「察物未精」，批判精神不徹底，有時稱引誤説，未加辨正，甚或從而附和，語涉不經。例如《釋木》「楙，木瓜」條：「《本草》陶注：木瓜最療轉筋，如轉筋時，但呼其名及書土作『木瓜』字，皆愈。」《釋鳥》「鴷，斲木」條：「蓋此鳥善啄蟲，故治蟲齒之病。」《釋蟲》「食苗心，螟」條：「螽子遇旱還爲螽，遇水即爲魚，故云『衆（郝氏讀爲螽）維魚矣，實維豐年』也。」⑳或者模棱兩可，是非無主。例如《釋草》「蘋，萍」條：「《埤雅》云：『世説楊花入水，化爲浮萍。』㉑《類聚》八十二引《異術》曰：『萬年血爲萍。』此蓋事之或有，非常然也。」

第二，對事物「名義」往往略而不論。按訓詁學的要求來説，這是一大缺憾。例如《釋蟲》「果蠃」「蜎」「螢火」三條疏釋極爲詳盡，但是對這幾種蟲的得名之由亦即這幾個詞的内部形式卻未贊一辭。㉒有時郝疏也對一些事物的名義加以解釋，但遺憾的是其説又常常不中肯綮。例如：

鷯，鶉。其雄，鶛；牝，庳。（釋鳥）【疏】鶛之言介也，…介然特立也；庳之言比也，…比順於雄也。

古音「鶌」在脂部而「介」在祭部，「庳」在支部而「比」在脂部。「鶌之言介」「庳之言比」的説法不可靠。㉓

　　無枝曰檄。（釋木）【疏】檄者，猶言弋也。弋，橛也。

古音「檄」屬匣母藥部而「弋」屬以母職部，聲韵都不相同。「檄猶言弋」的説法不可信。㉔

　　芑，白苗。（釋草）【疏】芑猶玖也，玖玉色如之。

「芑」和「玖」古音確乎極近。但「芑」是白苗而「玖」是黑石，何能黑白不分，隨意比附？㉕

郝氏解説名義多誤，主要是由於不明古音和主觀附會。事實上「物名由來本於訓詁」，㉖正確闡明事物的名義已經屬於由聲音以通訓詁的問題。

三

在以聲音貫串訓詁這一方面郝氏同樣作了很大努力，但是由於他疏於聲韵之學，㉗而處理問題又不夠審慎，結果失誤甚多，歸納而言，略如下述。

1. 誤用、濫用「音同」「音近」「雙聲叠韻」「合聲」「借聲」「聲轉」「一聲之轉」。例如：

　　諲，敬也。（釋詁）【疏】諲者，禋之假音也。㉘……通作闇。《廣雅》云：「闇闇，敬也。」又通作言。《玉藻》云：「二爵而言言斯。」鄭注：「言言，和敬貌。」是「言」「闇」「禋」俱聲義同。

「禋（諲）」和「言（闇）」聲韻皆異，不能通作，且「禋（諲）」爲單音詞而「言言（闇闇）」爲叠字詞，不可牽混。

　　東至日所出爲太平。（釋地）【疏】《大荒東經》云：「東海之外大荒之中有山，名曰大言，日月所出。」蓋此即太平也。「太平」「大言」古讀音近。

「平」爲并母耕部字而「言」爲疑母元部字，絶非音近。

　　猱，蝯，善援。（釋獸）【疏】「蝯」「猱」雙聲。

「蝯」屬喉音匣母,「猱」屬舌音日母,并非雙聲。

栵,栭。(釋木)【疏】「栵」「栭」字之叠韻。

「栵」爲月部字,「栭」爲之部字,并非叠韻。

艾,冰臺。(釋草)【疏】冰,古「凝」字。……「冰臺」即「艾」之合聲。

「臺」屬之部,「艾」屬祭部,「冰」「臺」合聲不得爲「艾」。何況經典用字「冰」一般即爲「仌」,《爾雅》此處「冰」字未必是「凝」。㉙

䳍,鴻薈。(釋草)【疏】「鴻薈」雙聲叠韻字也。《釋言》云「虹,潰也」,此云「鴻薈」,并以聲爲義。

「鴻」爲匣母東部字而「薈」爲影母祭部字,既非雙聲亦非叠韻。《釋言》的「虹,潰」是以「潰」釋「虹」,「虹」「潰」是兩個詞,而《釋草》的「鴻薈」則是一個復音詞,二者意義無關,「潰」「薈」聲韻皆異。郝氏强爲牽附,誤甚。㉚

遾,逮也。(釋言)【疏】《左傳》莊六年傳:「若不早圖,後君噬齊。」「噬齊」即「遾逮」矣。杜預注:「若嚙腹齊。」此爲望文生義。凡借聲之字,不論其義,但取其聲,皆此類也。

《左傳》的「噬齊(臍)」是一個述賓詞組,杜注不誤;《爾雅》的「遾,逮」是以「逮」釋「遾」。「齊」「逮」音異,「後君遾逮」文不成義。郝説非是。

佴,貳也。(釋言)【疏】佴之爲言猶亞也,亞,次也。「亞」「佴」之聲又相轉。

「亞」屬影母,「佴」屬日母,二聲不能相轉。

肯,可也。(釋言)【疏】可之言快也。……「快」「可」「肯」俱一聲之轉。

「快」「可」「肯」三字雖然同聲,但這三個詞并非同源,不可濫説「一聲之轉」。

鏝謂之杇。(釋宫)【疏】「鏝杇」猶言「模糊」,亦言「漫畫」,俱一聲之轉。

「鏝」「杇」并非連文,只是可以互訓的兩個詞,與「模糊」「漫畫」談不上「一聲之轉」。

2. 誤以形譌爲聲通。例如：

遹、遵、率，循也。（釋詁）【疏】循者，…又通作修。《易・繫辭》云：「損，德之修也。」《釋文》：「修，馬作循。」《莊子・大宗師》篇云：「以德爲循。」《釋文》：「循，一本作修。」「修」「循」一聲之轉也。

此所舉「修」作「循」、「循」作「修」并爲形譌，㉛不是聲通。

甚至據典籍誤字立說。例如：

苦，息也。（釋詁）【疏】苦者，《方言》云「快也」，又云「開也」。「開明」「快樂」皆與「安息」義近。「開」「快」「苦」俱以聲轉爲義也。

《方言》卷六：「闓苦，㉜開也，東齊開户謂之闓苦。」又卷十三：「闓，開也。」郝氏割裂「闓苦」一語，以「苦」的譌字「苦」與「開」「快」爲聲轉，從而證成其曲説，甚誤。

貉縮，綸也。（釋詁）【疏】貉縮，謂以繩牽連緜絡之也。聲轉爲「莫縮」。《檀弓》云：「今一日而三斬闆。」鄭注：「斬闆，謂斷莫縮也。」「莫縮」即「貉縮」。

鄭注作「其縮」，不作「莫縮」。㉝孔疏：「縮爲約闆之繩。」郝氏據誤字立論，非是。㉞

障，畛也。（釋言）【疏】《詩・載芟》傳：「畛，埸也。」「埸」「障」聲義近也。

《載芟》毛傳：「畛，易也。」《釋文》：「易本又作埸。」并非「埸」字。郝氏蓋據《經籍籑詁》轉引㉟，因而沿譌。

3. 割裂復音詞，附會「聲轉」。例如：

鸛鷒，鶝鶔。（釋鳥）【疏】此即「鷽斯，㊱鵯鶋。」「鷽」「鶔」「鵯」「鶝」俱聲相轉。

以復音詞「鵯鶋」「鶝鶔」的前一音「鵯」「鶝」，以「鶝鶔」的後一音「鶔」和單音詞「鷽」附會聲轉，毫無意義。再説「鶔」屬日母而「鷽」屬以母，不能相轉。

桃蟲，鷦。（釋鳥）【郭注】鷦䳺，桃雀也。【疏】又爲蒙鳩…「蒙」與「䳺」又一聲之轉。以復合詞「蒙鳩」的前一成分與聯緜詞「鳥鴜」的後一成分相比附，侈談「一聲之轉」，這是毫無道理的。

蹶泄，苦棗。（釋木）【疏】《初學記》引《廣志》曰：「有桂棗夕棗之名。」然則「桂」「蹶」聲同，「夕」「泄」聲轉。

把聯緜詞「蹶泄」截爲兩段，分别牽合復合詞「桂棗」「夕棗」的「桂」「夕」，侈談「聲同」「聲轉」，甚誤。再説，「夕」屬邪母而「泄」屬以母，不能相轉。

4. 破壞句法，附會「音變」。例如：

覭髳，茀離也。（釋詁）【疏】「覭髳」音變爲「幕蒙」。《左氏》昭十三年傳：「以幕蒙之。」「幕蒙」亦覆蔽之意也。

《左傳》原文爲：「晉人執季孫意如，以幕蒙之」是説用帷幕蒙住他。郝氏攔腰截取「幕蒙」二字，認爲是聯綿詞「覭髳」的音變，訓爲「覆蔽」，而不顧「晉人執季孫意如覆蔽之」之不可通，其説謬甚。

5. 虛構古今語之間的語音聯係。例如：

芏，夫王。（釋草）【疏】《釋文》又云：「今南人以此草作席，呼爲芏，音杜。」……今燈草席即杜草席，「杜」「燈」一聲之轉。

古語「芏」名義不可考，而今語「燈草」則是理據明白的復合詞，「杜（芏）」「燈」一聲之轉之説純屬附會。

楔，荆桃。（釋木）【疏】楔，古黠反；今語聲轉爲家櫻桃。

貄，脩毫。（釋獸）【疏】今狸貓之屬有毛絶長者，謂之獅貓；「獅」與「貄」音近而義同。

鸛鷒，鶝鶔。（釋鳥）【疏】順天人呼寒鵶；「寒」即「鸛鷒」之合聲。

今語「家櫻桃」「獅貓」「寒鵶」都是理據明白的復合詞，郝氏以「家」「獅」「寒」比附古單純詞「楔」「貄」「鸛鷒」，説成「聲轉」「音近」「合聲」，顯然不符合語言實際。

6. 仿效《釋名》，濫用聲訓。例如：

汧，出不流。（釋水）【疏】水出于地便自停蓄而不通流，猶人慳吝而不肯施散，厥名曰汧，汧之爲言慳也。

以「汧」得名於「慳」，殊嫌穿鑿。若如所言，同篇「水決之澤爲汧」又將何說？「水決之澤」不用說是通流而不停蓄的。

木自獘，柛。（釋木）【疏】柛猶伸也，人欠伸則體弛懈如顛僕也。

由「伸」而及於「欠伸」，已是牽附；欠伸何以有如顛僕，尤不可解。郝説殊誤。㊲

國貉，蟲蠁。（釋蟲）【疏】蠁猶響也，言知聲響也；亦猶嚮也，言知所嚮也。

解釋同一事物的名義而異説歧出，莫衷一是，《釋名》式聲訓的主觀隨意性表現得十分明顯。

7. 討論古音，音理，模糊影響，似是而非。例如：

須，待也。（釋詁）【疏】「待」從「寺」得聲，古讀當「詳吏切」，……今讀「徒改切」，非古音矣。

郝氏以爲「待」既從「寺」得聲，古音就應讀如「寺」，顯係誤解。

甚至惝怳迷離，不知所云。例如：

時，寔，是也。（釋詁）【疏】時者，「是」聲之輕而浮者也。……寔者，「是」聲之弇而下者也。

8. 輕議舊音，以正爲誤。郝氏曾批評陸德明「不知古音」，對舊文「妄加非議」，㊳其實他自己正往往如此。例如：

鬱陶，繇，喜也。（釋詁）【疏】陶，音遥。《釋文》：「陶，徒刀反」，非矣。……《詩》：「君子陶陶。」……《釋文》：「陶，音遥」，此音是也。

雖然我們不能要求郝氏懂得「喻母古讀」「喻四歸定」，但「徒刀反」和「音遥」既然同是相承舊音，就不宜是此非彼。

鼀𪓰，蟾諸。（釋魚）【疏】《説文》：「𧍢黿，詹諸，以脰鳴者。」…黿，七宿反，與「𪓰」同字，《釋文》音「𪓰」爲「秋」，非古音也。

「秋」字音與「七宿反」切出的音古音相同，不能説前者非而後者是。

9. 古籍舊音之誤未能辨識。例如：

無足謂之豸。（釋蟲）【疏】豸，通作蛾。《史記・黄帝紀》：「淳化鳥獸蟲蛾。」《索隱》曰：「蛾，一作豸。」《正義》曰：「蛾，音豸，直起反。」

「蛾」字《索隱》「音牛綺反」，《正義》「音魚起反」，是。《正義》又以「蛾」一本作「豸」，遂謂「蛾」字「又音豸」，非是。古書異文未必同詞，甚至未必同義，「蛾」「豸」二字音義懸殊，不能通作。

由此可見，郝氏以音説義，往往失之於濫。另一方面，由於他對古音與音義缺少真知灼見，因而在真正需要由聲音以通訓詁的地方又顯得無能爲力。例如：

耇，老，壽也。（釋詁）【疏】耇者，《説文》云：「老人面凍梨若垢。」《釋名》云：「耇，垢也，皮色驪顇，恒如有垢者也。或曰凍梨，皮有斑點如凍梨色也。」《行葦》箋云：「耇，凍梨也。」《正義》引孫炎曰：「面凍梨色似浮垢也。」《左氏》僖廿二年《正義》引舍人曰：「耇，覯也，血氣精華覯竭，言色赤黑如狗矣。」是諸家説「耇」字互異：…老者，《説文》云：「考也，七十曰老」，…《釋名》云：「老，朽也。」《獨斷》云：「老，謂久也，舊也，壽也。」《白虎通》云：「老者，壽考也。」

由於郝氏未能以聲音貫串訓詁，探明詞的正確語源，因而只能雜抄舊説，不得要領。今按：《説文》八上老部：「耇，…從老省，句聲。」「句」及「句」聲字並有「曲」義。《説文》三上句部：「句，曲也。」又：「笱，曲竹捕魚笱也。」又：「鉤，曲鉤也。」四上羽部：「翑，羽曲也。」七下疒部：「痀，曲脊也。」俞樾云：「『耇』蓋即『痀』之異文。」㊴

朱駿聲云：「耇…當訓老人背傴僂也。」㊵「耇」「老」分別成詞，亦可連讀成。《漢書》卷八十一《孔光傳》引《書・〔召誥〕》：「無遺耇老。」《逸周書・皇門》：「克有耇老。」「耇老」與「痀瘻(僂)」「傴僂」「曲僂」「踽僂」「僂旅」「枸簍」同根，其語源義爲「弓曲貌」。㊶

上文臚列了郝疏在由聲音以通訓詁方面的失誤，但這不等於說它就一無是處，事實上郝不但收集了大量的有用材料，就是所作的解釋也不乏可取之處。如：

1. 說文字通假有中肯的。例如《釋詁》「塵，久也」條說「塵」是「陳」的假音，《釋言》「郵，過也」條說「郵」是「尤」的借聲。

2. 說事物名義有正確的。例如《釋木》篇說「檉」，《釋畜》篇說「犩」，《釋草》篇說「戎葵」，《釋鳥》篇說「鵁鶄」。

3. 說古今語傳承有可靠的。例如《釋詁》「傒，待也」條說今語「等」爲古語「待」的聲轉，「逢，遇也」條說今語謂相遇曰「蓬(去聲)」即古語的「逢」。

4. 說特殊音讀來源有可信的。例如《釋器》「一染謂之縓」條說「縓」從「原」得聲而音「七絹反」乃是讀成了同義字「茜」的音。㊷

四

除了直接關係到「據目驗考釋名物」「以聲音貫串訓詁」的問題以外，郝疏還有不少優缺點可說，現在擇要論列如下。先說優點：

1. 能闡明《爾雅》的某些義例。比如，《爾雅》(特別是《釋詁》《釋言》兩篇)有些條目中訓釋字是一字多義，㊸對此缺乏認識就會在理解和利用訓詁材料時產生錯誤。如《釋詁》：「載、謨、食、詐，僞也。」訓釋字「僞」兼有

「詐僞」「作爲」二義。㊹在被訓釋字里「載」「謨」是作爲之「僞」而不是詐譌之「僞」。㊺郭璞據同篇「載，言也」「謨，謀也」，注作「載者，言而不信；謨者，謀而不忠」，就是由於專主「僞」的詐僞一義而不得不增字解經，穿鑿求通。對於這類一字多義現象郝氏卻能有所辨析。分別而言，約有三種情況：

(1)同詞異用。例如：

穀、鞠，生也。(釋言)【疏】生者，活也。……生，猶養也。是「生」兼活也、養也二義。

這就是說，訓釋字「生」既可用作不及物動詞，解爲「活，存活」，又可用作及物動詞，解爲「養，養活」，在被訓釋字里「穀」是前者，如《詩·王風·大車》「穀則異室，死則同穴」，而「鞠」是後者，如《小雅·蓼莪》「父兮生我，母兮鞠我。」

(2)一詞多義。例如：

載、謨、食、詐，僞也。(釋詁)【疏】僞之言爲也，……詐之言作也。「作」與「詐」，「僞」與「爲」古皆通用。……《爾雅》之僞義亦通爲，説者但謂詐僞，則失之矣。……然則「載」「謨」爲作爲之爲，「食」「詐」爲詐僞之僞，而亦爲作爲，㊻一字皆兼數義。《爾雅》此例甚多。㊼

顯、昭、覲、覿，見也。(釋詁)【疏】「見」訓看者音古電切，訓示者音胡電切。《爾雅》之「見」實兼二音，《釋文》但主「賢遍[反]」一音，失之矣。……「顯」「昭」皆觀示之義，讀「賢遍」者是也；「覲」「覿」皆看視之義，讀「古電」者是也。

豫、寧、綏、康、柔，安也。(釋詁)【疏】「安」兼靜、樂二義。《爾雅》之「豫」「康」爲安樂之安，「寧」「綏」「柔」爲安靜之安。

(3)同字異詞。例如《釋詁》：「際、接、翜，捷也。」郝疏指出訓釋字「捷」代表「交接」「疾速」兩個詞義，在被訓釋字里「際」「接」是交接之捷，而「翜」則是疾速之捷，并且説明「此『翜』字與『際』『接』義異而同訓，《爾雅》此

例甚多」。㊽

2．能糾正郭注及諸家訓詁的某些違失。其關乎郭注的如：

矜、憐，撫，掩之也。（釋訓）【郭注】撫掩猶撫拍，謂慰恤也。【疏】《釋詁》云：「⿰忄某、憐，愛也。」「⿰忄某」與「憮」同。《說文》云：「憮，愛也。」「撫」「掩」當作「憮」「㤿」。《方言》云：「憮、㤿，憐，愛也。」又云「憮、矜、憐，哀也。」……《方言》俱本《爾雅》「憮」「㤿」作「撫」「掩」乃古字通借，郭氏望文生義，以「撫掩猶撫拍」，失之矣。

關乎《說文》的如：

葵，揆也。（釋言）【郭注】《詩》曰：「天子葵之。」【疏】揆者，《說文》云：「葵也」。按：此雖本《爾雅》，但《爾雅》本爲解經，經有「葵」字，乃「揆」之假借，故此釋云葵即揆也，亦如「甲，狎」「幕，暮」之例。至於《說文》，本爲訓義，不主假借，當言「揆，度」而言「揆，葵」，則義反晦矣，疑此許君之失也。

關乎《釋名》的如：

前高，旄丘。（釋丘）旄丘者，《詩傳》云：「前高後下曰旄丘。」《釋文》引《字林》作「堥」。……《爾雅釋文》引《字林》作「嵍」。……可知今本作「旄」假借字耳。《釋名》作「髦」，因云「前高曰髦丘，如馬舉頭垂髦也」，殆望文生訓矣。

關乎其他訓詁的如：

楔，荆桃。（釋木）【郭注】今櫻桃。【疏】《月令》：「羞以含桃。」鄭注：「含桃，櫻桃也。」……《釋文》：「含，本作函。」高誘注《呂覽·仲夏紀》及《淮南·時則》篇並云：「含桃，鸎桃，鸎鳥所含「食」，故言含桃。」此說非也。「含」與「函」、「鸎」與「櫻」俱聲同假借之字，高注未免望文生訓矣。

荾，蘆葩。（釋草）【郭注】「葩」宜爲「菔」。【疏】《説文》云：「菔，蘆菔，似蕪菁，實如小尗者。」《繫傳》云：「即今之蘿卜也。」……蘆菔又爲蘿卜，又爲萊菔，並音轉字通也。《埤雅》乃云「萊菔，言來麰之所服，謂其能制麪毒」，失之鑿矣。

次説缺點：

1. 對《爾雅》一書的性質理解有誤。《釋詁》題下疏：「《爾雅》之作主於辨别文字，解釋形聲。」[49]其實《爾雅》是主於義訓，既不辨别文字，也不解釋形聲。

2. 對詞的完整性、定形性缺乏認識，妄加割裂、拼湊。例如：

葽繞，棘蒬。（釋草）【疏】《説文》：「葽，艸也」，引《詩》「四月秀葽」……《説文》「葽」不言「繞」，《詩傳》與《説文》同。「葽」「繞」叠韻，疑《爾雅》古本無「繞」字。

截取雙音詞「葽繞」的一個成分以比附單音詞「葽」（「繞」爲衍文之説不能成立），甚誤。段玉裁曾説：「凡合二字爲名者，不可删其一，字以同於他物。」[50]又説：「凡物以兩字爲名者，不可因一字與他物同，謂爲一物。」[51]又説：「凡兩字爲名，一字與他物同者，不可與他物牽混。」[52]又説：「凡單字爲名者，不得與雙字爲名者相牽混。」[53]可惜段氏反復强調的這一點郝氏未曾措意，以致書中這類失誤不少。

遏、遾。逮也。（釋言）【郭注】東齊曰遏，北燕曰遾。[54]【疏】證以《易》之「噬嗑」食相逮也，「噬嗑」倒轉即「遏遾」矣。

雙音節詞「噬嗑」義爲「咬合」，不可任意倒轉來牽合訓「逮」的單音節方言同義詞「遏」「遾」。再説，「嗑」「遏」二字古音聲韵皆異，無從通轉。

3. 對詞的多義性認識不足。例如：

罹，憂也。（釋詁）【疏】罹者，《詩》：「逢此百罹」和「無父母貽罹。」……《書》：「不罹於咎，」「罹其凶害。」

「罹」是個多義詞。《王風・兔爰》「逢此百罹」和《小雅・斯干》「無父母貽罹」的「罹」訓「憂」，引作《爾雅》本條書證是恰當的。

但《洪範》「不罹於咎」和《湯誥》「罹其凶害」的「罹」卻并非此義，郝氏漫不區别，一並引用，實爲欲益反損。

儵儵、嘒嘒，罹禍毒也。（釋訓）【郭注】傷已失所遭讒賊。【疏】「罹，憂」已見《釋詁》。…郭注訓「罹」爲「遭」，失其義也。

「罹」有「憂」義，亦有「遭」義。「罹禍毒」的「罹」同於郝疏上條所引《湯誥》「罹其凶害」的「罹」，[55]正當訓「遭」。[56]失其義的不是郭璞而是郝氏自己。

窕，閒也。（釋言）【郭注】窈窕，閒隙。【疏】閒者，《釋文》：「音閑，或如字。」蓋因郭注「閒隙」，故引此音，即實非也。閒，暇也，静也，寬也。…是「閒」音「閑」之義也。

「窕」本指空間的間隙，引伸爲時間的閑暇，[57]郭注「閒隙」，陸音「如字」，不誤。郝氏襲用王念孫説，[58]專主「閒音閑之義」，可謂知其一不知其二。

4. 實詞虚詞分辨不清，釋義流於穿鑿。例如：

郡、仍、侯，乃也。（釋詁）【疏】「郡」者，「君」之假借也。[59]…然則「君」與「侯」義近。通作「宭」。…「宭」訓「困」，與「乃」訓「難」義又近。[60]

斯，此也。（釋詁）【疏】「斯」者，《説文》云：「析也。」「分析」與「此」義近。

憯，曾也。（釋言）【疏】曾者，《説文》云：「詞之舒也。」蓋曾之言增，增者重累，故其詞舒。[61]

勿念，勿忘也。（釋訓）【疏】勿者與無同。無念者，《詩》「無念爾祖」傳：「無念，念也。」[62]按：「無」古讀如「模」，「模」猶「摹」也；「無念」者，心中思念，手中揣摹，故曰「無念」。

5. 隨意牽合詞義，附會訓詁。例如：

宜，事也。（釋詁）【疏】「宜」訓「事」者，作事得宜，因謂之「宜」。

利用訓釋字和被訓釋字編造一句話，借以證明《爾雅》的訓詁，這種辦法郭注常用。如《釋詁》：「珍，獻也。」注云：「珍物宜獻」，故「珍」可訓「獻」。又：「苦，息也。」注云：「苦勞者宜止息」，故「苦」可訓「息」。《釋言》：「矜，苦也。」注云：「可矜憐者亦辛苦」，故「矜」有「苦」義。又：「服，整也。」注云：「服御之令齊整」，故「服」有「整」義。郝氏每每仿效，極穿鑿附會之能事，實在不足爲訓。「作事得宜」，因而謂「事」爲「宜」。如若「作事不得宜」呢？

揚，續也。（釋詁）【疏】「揚」訓「續」者，蓋飛揚輕舉亦有連續之形。

觀，多也。（釋詁）【疏】「觀」訓「示也」，示人必多於人，故訓「多」矣。

飛揚何以便有連續之形，示人何以必多於人，「飛揚」與「連續」、「觀」「示」與「多」義如何相通，殊不可解。郝疏顯係隨意牽合。

道，直也。（釋詁）【疏】《詩》云：「周道如砥，其直如矢。」逸《詩》云：「周道挺挺。」是皆「道」訓「直」之義也。

《詩》句中上有「道」字而下有「直」字或「挺挺」字，并不能證明「道」有「直」義。郝疏往往把古書上下文中甲詞的意義引渡給乙詞，借以疏通《爾雅》的訓詁，其實不足爲訓。

秩秩，清也。（釋訓）【疏】《書》：「汝作秩宗。」下云：「直哉惟清。」是「秩」有「清」義也。

所引《舜典》文爲「汝作秩宗，夙夜惟寅，直哉惟清。」「秩」與「清」邈不相關，無從得出『「秩」有「清」義』的論斷。再説，《尚書》的單音詞「秩」與《爾雅》的疊字詞「秩秩」完全是兩碼事，不能相提而並論。

6. 誤用書證，斷句取義，造成誤解和曲解。例如：

吾，我也。（釋詁）【疏】《管子·海王》篇：「吾子食鹽二升少半。」……按：「吾子」猶言我子也。

《管子》原文爲「終月大男食鹽五升少半，大女食鹽三升少半，吾子食鹽二升少半。」㊸「吾」通「牙」，「吾子」猶言幼子也。㊹郝氏當是從《經籍籑詁》「吾」字條查得《管子》此句，又不覆按原書，審辨上下文義，貿然以「吾子」爲「我子」，引來證《爾雅》的訓詁，實爲大誤。

强、事，勤也。（釋詁）【疏】《曲禮》云：「四十曰强仕。」「强仕」即「强事」。

所引《禮記·典禮上》文爲「四十曰强，而仕。」郝氏爲了牽合《爾雅》的「强」「事」，故意删去「而」字，㊺這是很不嚴肅的；即便如此，仍然不能用來説明《爾雅》的訓詁，因爲《曲禮》的「强」義爲「堅强，强健」，㊻「仕」義爲「仕宦」，與《爾雅》訓「勤」的「强」「事」不相侔。

7. 疏於校勘，不辨衍誤。例如：

鞠、訩，溢，盈也。（釋詁）【疏】「訩」者，《説文》作「詾」……云：「訟也。」……蓋「詾」從「匈」聲，言語爭訟，其聲匈匈，故又訓「盈」。

今本《爾雅》「訩」字是由郭注引《詩·小雅·節南山》「降此鞠訩」以證「鞠」字之義而誤衍，阮元《爾雅注疏校勘記》考校甚明，郝氏穿鑿爲説，實爲無的放矢。

8. 古書訓詁之誤未能辨正。例如：

履，禮也。（釋言）【疏】「履」訓「禮」者……《詩》「履我即兮」「率履不越」傳並云：「履，禮也。」

《商頌·長發》「率履不越」的「履」爲名詞，訓「禮」，「率履」猶言「循禮」；《齊風·東方之日》「彼姝者子，履我即兮」的「履」爲動詞，不可訓「禮」，當依朱熹《集傳》訓「躡」或從《大雅·生民》毛傳訓「踐」。㊼郝氏未辨。

偏高，阿丘。（釋丘）【疏】《釋名》云：「偏高曰阿丘，阿，何也，如人儋何物，一邊偏高也。」

《釋名》説「阿丘」顯係附會，郝氏亦未辨。

9. 論證推理常欠嚴密。例如：

侯，乃也。（釋詁）【疏】「侯」訓伊。……「乃」者汝也。……古人謂汝爲「乃」，今人謂彼爲「伊」。「伊」亦「乃」也。「乃」亦「侯」也。

由「古人謂汝（第二身）爲乃」「今人謂彼（第三身）爲伊」推導不出「伊亦乃也」的結論。

終，牛棘。（釋木）【疏】《士喪禮》云：「決用正王棘若檡棘。」鄭注：「……世俗謂王棘矺鼠。」然則「矺」「檡」音同。

俗名爲「矺鼠」的是「王棘」，不是「檡棘」，因而根本談不上「矺」「檡」音同與否的問題。

未成鷄，僆。（釋畜）【疏】僆者，《方言》三云：「凡人畜乳而雙產，秦晉之間謂之僆子。」……然則「僆」爲少小之稱。

由《方言》此文只能引出「僆爲雙產之稱」而不是「僆爲少小之稱」的推論。

嫠婦之笱謂之罶。（釋器）【疏】「嫠婦」二字合聲爲「罶」。

《爾雅》説的是「（嫠婦之）笱謂之罶」，不是「嫠婦謂之罶」。郝氏合聲之説未免驢唇不對馬嘴。

10. 失於照應，自相抵牾。例如《釋草》「蕭，萩」條和《釋木》「槐」條郝疏同引《左傳・襄公十八年》「伐雍門之萩」一語爲證，但前條把引文中的「萩」解爲草本植物「萩蒿」，而後條則把它解爲木本植物「楸樹」，令人無所適從。

11. 貪多務得，枝蔓蕪雜。

這是郝疏一個突出的缺點，無煩舉例。邵晉涵曾説：爲《爾雅》作疏「不難博證，而難於別擇之中能割所愛。」㊸看來郝疏正是没有做到這一點。本來郝氏在嘉慶十三年着手著此書時寫給孫星衍的信裏曾説他自己

「性喜簡略」，故名其書爲《爾雅略義》，⑥⑨但是後來卻寫成了如此繁冗的一部著作，這也許與他次年「購得《經籍纂詁》一書，絶無檢書之勞，而有引書之樂」不無關係。《學海堂經解》刊本郝疏對原書繁蕪不當之處作了很好的芟治（據説出自王念孫之手），我們如果取芟本與足本對讀，可以從中得到不少啓發。⑦⓪

12. 襲舊而不明舉。⑦①郝疏襲用成説的地方很多。以關於事物名義的解釋爲例，如説「梧丘」（釋丘）本於王念孫，⑦②説「荎」（釋木）和「朾蛇」（釋蟲）本於王引之，⑦③説「檉」（釋木）本於段玉裁、⑦④王念孫，⑦⑤説「蜆」（釋蟲）本於王念孫、⑦⑥阮元，⑦⑦都是十分明顯的。但是郝氏在這種場合對其人其書一般是絶口不提。至於襲用邵疏之處自然更多。⑦⑧但是書中正面稱述邵氏只有極少幾處（如《釋獸》「威夷」條），其余全是暗襲。而當其以邵説爲誤而加以批駁時，則無不指名道姓，如《釋山》「河南，華」條、《釋水》「河出崑崙」條、《釋草》「荼，苦菜」條、「秬，黑黍」條、《釋木》「輔，小木」條。其實邵説有誤郝氏不知而暗中據爲己説者不少，如《釋詁》「汱，墜也」條以「汱」爲「汱」之譌，「元、良，首也」條以「元、良」爲「元首」之譌，《釋木》「髡，梱」條説「梱」即「捆」，《釋鳥》「鸍，沉鳧」條説「沉鳧」名義，等等。郝氏在《與孫淵如觀察書》中曾説他對邵疏的態度是「不相因襲」，是「不欲上掩前賢」，實際未必如此。

總起來説，郝懿行的《爾雅義疏》一書內容雖然豐富但并不完美，是一部瑕瑜互見、得失相參的著作。⑦⑨我們今天爲進行古漢語和漢語史的研究而研讀這部書，應當「集其菁英」而「搴其蕭稂」。

注：

①參看余嘉錫：《四庫提要辨證》，科學出版社，一九五八年，頁八十六——九十二。

②陸德明以注《爾雅》的「臣舍人」爲漢武帝時人，不確。參看劉師培：《左盦集》卷三「注爾雅臣舍人考」；楊樹達：《積微居小學述林》卷六「注爾雅臣舍人説」；余嘉錫《四庫提要辨證》卷二「爾雅注疏」。

③關於郝氏傳記，看李桓：《國朝耆獻類徵》卷一百四十八；繆荃孫：《續碑傳集》卷七十二；光緒《登州府志》卷三十九；《清史稿》卷四百八十二；《清史列傳》卷六十九；許維遹：「郝蘭皋夫婦年譜」，《清華學報》第十卷第一期，一九三五年，頁一百八十五——二百三十三；恒慕義（Arthur W. Hummel）[Ed.]：Eminent chinese of the ch,ing Period (1644—1912)，Vol. I，1943，pp. 277—279.

④郝懿行：《曬書堂文集》卷三「再奉芸臺先生論爾雅書」。

⑤《曬書堂文集》卷三「又與王伯申學使書」。

⑥郝懿行：《曬書堂外集》卷上「與兩浙轉運使方雪浦書」。

⑦胡培翬：《研六室文鈔》卷十「郝蘭皋先生墓表」記郝氏語。

⑧⑨《曬書堂文集》卷二「與孫淵如觀察書」。

⑩陳奐《三百堂文集》卷上「爾雅義疏跋」：「道光壬午歲（二年），奐館汪户部喜荀家，先生挾所著《爾雅疏》稿徑來館中，以自道其治經之難。……『草木蟲魚，多出親驗；訓詁必通聲音，余則疏於聲音，子盍爲我訂之？』奐時將南歸，不敢諾。丙戌……再入都，而先生故矣。」

⑪《爾雅義疏》有兩種本子：一爲道光九年阮元刻《學海堂經解》本和道光三十年陸建瀛據《經解》本重刻的木犀香館本，這是節本；一爲咸豐六年胡珽刻本和同治四年家刻本《郝氏遺書》本，這是足本。胡本舊有商務印書館排印本，《遺書》本今有上海古籍出版社影印本。足本是郝書原貌，本文論述一律依據足本。

⑫黄侃：「爾雅略説」，《文藝叢刊》（中央大學）第二卷第二期，一九三六，頁二十一。

⑬關於麟，參看張孟聞：「四靈考」，見李國豪、張孟聞、曹天欽主編：《中國科技史探索》，上海古籍出版社，一九八六，頁五百一十五—五百一十八；李仲鈞，楊鳳麟「我國古籍中記載的『麒麟』的歷史演變」，《科技史文集》第四集，一九八〇。

⑭《廣雅》之説本於《説苑・辨物》。

⑮《漢書・叙傳上》：「楚人謂虎『班』。」

⑯子雲之姓當從木，不從扌。參看吴仁傑《兩漢刊誤補遺》卷十；王念孫：《讀書雜誌·漢書第十三·揚雄傳》；段玉裁《經韻樓集》卷五「書漢書楊雄傳後」；朱駿聲《傳經室文集》卷九「揚楊一氏辨」；黄廷鑒《第六絃谿文鈔》卷二「答雲門論揚子雲姓從楊書」；高步瀛《文選李注義疏》卷七「甘泉賦」；黄仲琴：「揚雄的姓」，《嶺南學報》第二卷第一期，一九三一，頁十三—十八；康達維(David R. Knechtges)：The Han Shu Biography of Yang Xiang，Occasional paper No. 14，Center for Asian Studies，Arizona State University，1982，p. 8。

⑰陸元恪之名當作「機」，作「璣」者非。參看錢大昕：《潛研堂文集》卷二十七「跋爾雅疏單行本」；阮元《毛詩注疏校勘記》卷一之一；余嘉錫《四庫提要辨證》卷一「毛詩草木鳥獸蟲魚疏」；夏緯瑛：「《毛詩草木鳥獸蟲魚疏》的作者—陸機」，《自然科學史研究》第一卷第二期，頁一百七十六—一百七十八。

⑱參看陳楨：「由《毛詩》中『螟蛉有子，蜾蠃負之』所引起的我國古代昆蟲學研究和唯心與唯物兩派的見解」，《生物學通報》一九五六年第六期。

⑲郝氏引文出郭象注，非《莊子》文。崔豹《古今注》卷中「魚蟲」：「蜣蜋，一名轉丸，一名弄丸，能以土包屎，轉而成丸，圓正無斜角，莊周所謂『蛣蜣之智於轉丸』者也。」是古人已有此誤。

⑳此爲郝氏襲舊説而沿誤，見盧文弨《鍾山札記》卷四「衆維魚矣」條。對此王念孫曾幽默地批評説：「蝝之生子必於田野間之高處，若蝝子見水而化爲魚，則已成水災，非豐年之兆矣。」見王氏對《爾雅義疏》所加的案語(羅振玉輯爲《爾雅郝注刊誤》，收在《殷禮在斯堂叢書》中)

㉑《廣雅·釋草》：「䕯，蓱也。」王引之《疏證》：「浮萍，淺水所生，有青紫二種，或背紫面青。俗謂楊花落水，經宿爲萍。其説始於陸佃《埤雅》及蘇軾《再和曾仲錫荔枝詩》。案：楊花之飛多在晴日，浮萍之生恒於雨後。稽之物情，頗爲不合。且楊花飛於二月三月，而《夏小正》云『七月湟潦生蘋』，則時無楊花，萍亦自生，足以明其説之謬矣。」

㉒關於「果蠃」「蛸」「熒火」的名義，參看程瑶田：《果蠃轉語記》(《安徽叢書》本)；王國維：《觀堂集林》卷五「爾雅草木蟲魚鳥獸名釋例」；王引之：《經義述聞》卷二十七「爾雅中」「環謂之捐」條、卷二十八「爾雅下」「榮，桐木」條。

㉓參看《爾雅郝注刊誤》;《經義述聞》卷二十八「爾雅下」「鶉,鶉」條、「犤,牛」條。

㉔㉕參看《爾雅郝注刊誤》

㉖黄侃:上引文,頁二十九。

㉗參看蕭璋:「王石臞删訂爾雅義疏聲韻謬誤述補」,《浙江學報》第二卷第一期,一九四八,頁十七—四十六;孫玄常:「爾雅札記」,《語文研究》一九八五年第三期,頁十九—二十七。

㉘參看《潛研堂文集》卷十「答問」七。

㉙胡玉縉《許廎學林》「爾雅艾冰臺解」(中華書局,一九五八)以爲郝氏此説「至精至確」(頁一百二十三),其實未必。

㉚㉛參看《爾雅郝注刊誤》。

㉜「苦」字舊本譌作「笘」,盧文弨《重校方言》已訂正。錢繹《方言箋疏》説同。戴震《方言疏證》據《廣雅》誤字改「苦」爲「苦」,非是。

㉝參看阮元:《禮記注疏校勘記》卷八。

㉞參看《爾雅郝注刊誤》。

㉟郝懿行《再奉芸臺先生論爾雅書》:「適又購得《經籍籑詁》一書,絶無檢書之勞,而有引書之樂。」

㊱《釋文》:「斯,本多無此字。案:『斯』是詩人協句之言,後人因添此字也。」

㊲參看楊樹達:「爾雅木自獘神説」,《積微居小學金石論叢》,科學出版社,一九五五,頁二百一十六。

㊳見《釋詁》「賚,賜也」條義疏。

㊴俞樾:《群經平議》卷三十四「爾雅一」「耇,老,壽也」條。

㊵朱駿聲:《説文通訓定聲》需部第八「耇」字條。

㊶參看王念孫:《廣雅疏證》卷七下《釋器》「枸簍」條、卷九下《釋山》「岣嶁」條;蕭璋:「考老解」,《説文月刊》第四卷(合訂本),一九四四,頁七十九—八十二。

㊷這是一個字讀成了跟它同義的某個字的音，即所謂「訓讀」。例如：「血」聲的「洫」而音「況逼切」是讀成了「減」字的音；「九」聲、「巨鳩切」的仇又音「市流切」是讀成了「讎」字的音；「五禾切」的「囮」又讀「以周切」乃是「圝（亦作『由』『游』）」字的音；「里」聲的「菫」的「醜六切」一讀乃是「苗」字的音；「龜手」（《莊子・逍遥游》司馬彪注：「手拆如龜文也。」《釋文》：「愧悲反，李居危反。」）的「龜」又讀「舉倫反」乃是「皸」字的音；「虚穢反」的「喙」又音「丁遘反」（見《易・説卦》釋文）是讀成了「咮」或「噣」字的音；「而小反」的「擾」又音「尋倫反」（見《周禮・天官・冢宰》釋文）是讀成了「馴」字的音；「古狄反」的「擊」又音「薄歷反」（見《儀禮・喪服》釋文）是讀成了「甓」字的音。

㊸這種現象陸佃《爾雅新義》（《釋詁》「爰，於也」條）叫「一名而兩讀」，邵晉涵《爾雅正義》（《釋詁》「臺，予也」條）叫「因字同而連舉之」，郝懿行《爾雅義疏》（同上條）叫「一字兼包二義」，嚴元照《爾雅匡名》（同上條）叫「一訓兼兩義」，王引之《經義述聞》（卷二十六「爾雅上」「林，君也」條）叫「二義不嫌同條」，陳玉澍《爾雅釋例》（卷一）叫「訓同義異例」，劉師培《中國文學教科書》（第三十四課）叫「一字數義之例」。

㊹《説文》八部上人部：「僞，詐也。」《廣雅・釋詁》：「僞，爲也。」

㊺參看《潛研堂文集》卷十「答問」七；《經義述聞》卷二十六「爾雅上」「載，僞也」條。

㊻錢大昕以「食」爲「虛僞」義，王引之以爲「作爲」義。

㊼郝疏此條本於邵疏，但進而講明了「一字皆兼數義」的道理；同時邵還回護郭注，而郝則明辨其非。

㊽郝氏此説本於邵氏，但進而明確了「義異而同訓」的問題。

㊾參看《爾雅郝注刊誤》。胡樸安《中國訓詁學史》（商務印書館，一九三九）論《爾雅》宗旨（頁十六），沿襲了郝氏這一錯誤説法。

㊿段玉裁：《説文解字注》一下艸部「苦」字條。

(51)《説文解字注》四下鳥部「鴇」字條。

(52)《説文解字注》十三下黽部「黽」字條。

(53)《說文解字注》十三上蟲部「蛁」字條。

(54)《方言》卷七：「蝎，噬，逮也。東齊曰蝎，北燕曰噬，逮通語也。」

(55)譌孔傳：「罹，被也。」「被」也是「遭」的意思。

(56)邢疏：「罹，遭也。」是。

(57)參看楊樹達：「爾雅寃閒說」，《積微居小學金石論叢》，頁二一五—二一九。

(58)《經義述聞》卷二十七「爾雅中」「寃，閒也」條。

(59)此說非是。《爾雅郝注刊誤》：「《法言·孝至》篇曰：『龍堆以西，大漠以北，郡勞王師，漢家不爲也。』郡者仍也；仍者，重也（《晉語》注），數也（《周語》注）。言數勞王師於荒服之外，漢家不爲也。李軌注以『郡』爲郡縣之郡，非是。」

(60)郝氏蓋據《公羊傳》及何休注爲說。如《公羊傳·宣公八年》：「冬十月己丑，葬我小君頃熊，雨，不克葬，庚寅日中而克葬。……『而』者何？難也。『乃』者何？難也。曷爲或言『而』，或言『乃』？『乃』難乎『而』也。」又：「夏六月，公子遂如齊，至黃乃復。其言『至黃乃復』何？有疾也。」又《昭公二年》：「冬，公如晉，至河乃復。其言『至河乃復』何？不敢進也。」後二例何注並云：「乃，難辭也。」這些傳注解釋的是虛詞「而」和「乃」的用法差異，意在說明「乃」的語意比「而」强，而不是訓「乃」爲「難」。郝氏誤解。

(61)此說本於《說文解字注》二上八部「尚」字條。其實段說不可取。

(62)參看俞敏：「漢藏語虛字比較研究」，《中國語文學論文選》，日本光生館，一九八四，頁三二〇—三二一。

(63)參看郭沫若、聞一多、許維遹：《管子集校》，科學出版社，一九五六，頁一〇三九。

(64)參看《爾雅郝注刊誤》。

(65)郝氏是經學家，還著有《禮記箋》，不會連《禮記》第一篇人所習知的文句都不熟悉。

(66)孔穎達疏：「『强』有二義：一則四十不惑，是智慮强；二則氣力强也。」

(67)參看于鬯《香草校書》卷十三「詩三·履我即兮」，中華書局，一九八四，頁二五一—二五二；楊樹達：「詩履我即兮履我發兮解」，《積微居小學述林》，中國科學院，一九五四，頁二二七。

⑱黄雲眉《史學雜稿訂存·邵二雲先生年譜》（山東人民出版社，一九六一）「乾隆五十年」條引《邵與桐別傳》章貽選按語（頁六十一）

⑲《曬書堂文集》卷二「與孫淵如觀察書」。

⑳參看俞敏：「王删郝疏議——評郝氏《爾雅義疏》的足本和節本，《河北師院學報》一九八四年第四期，頁四十—四十四。

㉑這是借用黄侃《爾雅略說》評郭注語。

㉒《經義述聞》卷二十七「爾雅中」「當途，梧丘」條。

㉓《經義述聞》卷二十八「爾雅下」「蘊，莖」條、「蠪，朾螘」條。

㉔《說文解字注》六上木部「梩」字條。

㉕王念孫：《廣雅疏證》卷八上《釋器》「丹，赤也」條。

㉖《經義述聞》卷二十八「爾雅下」「蜆，縊女」條。

㉗阮元：《揅經堂一集》卷一「釋磬」；又：《爾雅注疏校勘記》卷九。

㉘如王念孫說：「是書用邵說者十之五六」（《爾雅郝注刊誤》）；黄侃說：「凡邵所說幾於囊括而席卷之」（《爾雅略說》）

㉙胡樸安《中國訓詁學史》說郝疏「足與王氏之《廣雅疏證》同其精博」（頁五十六），《辭海》（試行本）第十分册（一九六一）說郝疏「由聲音以通訓詁，…極爲精審」（頁二四三），評價均嫌過當。

載張永言《語文學論集》（語文出版社一九九二年一月版）

爾雅管窺

趙仲邑

儘管《爾雅》編纂的年代還不很清楚，它是我國第一部故訓匯編是可以確定的。它雖然不是專爲解經而編纂的辭書，但自從《漢書·藝文志》把它附於「六藝類」的《孝經》之下，以後編書籍目録的都不敢不列之於經部。至唐開成鐫刻石經，它更和《易》、《書》、《詩》、《三禮》、《三傳》、《論語》、《孝經》同時上石，而列爲十二經之一了。當然，把它劃歸經部，未必合適，但由此也可以看到古人對它的重視。拿我們現在的眼光來看，它在古書詞語訓詁上的價值，也是應該大力肯定的。由於詞義有它的時代性，因而它對於故訓的纂集，這工作對於文化遺産的繼承，便有很大的貢獻。所以自漢武帝時的郭舍人以來，學者們在注音釋義以及其它方面給它做了不少研究的工作。但其中有些問題，如下面所提出的，仍然可以繼續探討。因而這裏試對這些問題，提出個人一些不成熟的看法，以就正於高明。

編纂的時代和編者

《爾雅》是何時何人所編，聚訟紛紜。

傳爲西漢劉歆所著的《西京雜記》説：「郭威，字文偉，茂陵人也。好讀書，以謂《爾雅》周公所製。而《爾雅》有『張仲孝友』，張仲宣王時人，非周公之製明矣。余嘗以問楊子雲，子雲曰：『孔子門徒游、夏之儔所記，以解釋《六藝》者也。』家君以爲《外戚傳》稱史佚教其子以《爾雅》，《爾雅》，小學也。又記言孔子教魯哀公學《爾雅》。《爾雅》之出遠矣。舊傳學者皆云周公所記也。『張仲孝友』之類，後人所足耳。」

魏張揖《上〈廣雅〉表》認爲《爾雅》一篇，爲周公所著。但「今俗所傳三篇《爾雅》，或言仲尼所增，或言子夏所益，或言叔通所補，或言沛郡梁文所考王念孫《廣雅疏證序》認為『孝』應為『作』——筆者。下面凡圓括弧內的話，也都是筆者所注的。皆解家所說，詁師口傳，既無正驗，聖人所言，是故疑不能明也。」陸德明《經典釋文》以爲「《爾雅》一篇」指《釋詁》，其餘指《釋言》以下。

晉郭璞《爾雅序》但說《爾雅》「蓋興於中古，隆於漢氏」，没有說明編者何人。「中古」在這裏指周代。

唐賈公彦《周禮注疏》認爲《爾雅》是「孔子門人所作以注《六藝》之文」。

宋歐陽修《詩本義》說《爾雅》「乃是秦漢間之學《詩》者，纂集說《詩》博士解詁」之書。

高承《事物紀原》說「當是孔子删《詩》、《書》之後」的人所著。

葉夢得《石林集》說作者「出於毛公之後」。

鄭樵《爾雅注序》認爲：「有《詩》、《書》而後有《爾雅》。《爾雅》憑《詩》、《書》以作，往往出自漢代箋注未行之前，其孰以爲周公哉？」則以爲春秋後半期至西漢時人所編。

明姚際恒《古今僞書考》認爲《爾雅》之編纂在《離騷》後。

清崔述《豐鎬考信録》斷定爲「秦漢間書」。

《四庫全書總目提要》說「其書在毛亨以後，大抵小學家綴緝舊文，遞相增益」而成。

康有爲《新學僞經考》一口咬定爲西漢末的劉歆所僞撰。但東漢趙岐《孟子題辭》已說「文帝時《爾雅》置博士」，而漢武帝時已有犍爲文學郭舍人的《爾雅注》，這些問題應怎樣解決呢？康氏有辦法，就是說這種說法和注本，也是劉歆所僞造的。

日本内藤虎次郎《爾雅新研究》對《爾雅》各篇製作年代的考釋最爲詳盡。他說：「在《爾雅》中之《釋詁篇》，殆作於距七十子不遠之時代，或製作於七十子之晚年乎！迨後戰國初年，有種種附益。而《釋言篇》乃亞七十子時代之作品，即製成於以孔子爲秦王之時代，殆稷下學問興盛之時所附益者也。《釋訓篇》尤含有各種之時代，與《釋言篇》，大體亘於漢初，隨時有所附益。《釋親》以下，至於《釋天》各篇，《公羊春秋》發達、《禮》學盛行之時代，即從荀子前後，至於漢後蒼、高堂生之時所製作也。《釋地》以下，至於《釋水》各篇，亦從戰國之末，至漢初而成也。自《釋草》至《釋獸》各篇，或因解《詩》之故而自古時已存在者，然製成迨在漢初之時焉。最後《釋畜篇》，想是從漢文、景之時所製成。」江俠庵編譯《先秦經籍考》中

梁啓超《古書真僞及其年代》認爲《爾雅》所釋多《詩經》之語，則其年代當在《詩經》之後。《釋地》解九州、五嶽，乃漢初地理，則不但非周公時書，也不是孔子以前之作，而應該是漢儒抄錄過去及同時代人對於古書的訓詁，以便檢查者。《爾雅》原是叔孫通所編《禮記》中的一部分，至劉歆徵募能通《爾雅》者千餘人，叫各人把材料記載下來，《爾雅》或者就在這時才變成龐然大物。

張心澂《僞書通考》說：「《爾雅》一書。當系漢及漢以前之字典，陸續有增益，非成於一手，故《漢志》亦無主名。」

郭沫若《甲骨文字研究》說：「《爾雅》雖號稱爲周公所作，然實周秦之際之所纂集，其中且多秦漢人語。」

綜上所述，可知從西漢開始，對這問題就已經有爭論了，到現在還在爭論不休。這些意見，可以歸納爲兩類：一類明確地指出編著的具體的人，如周公、孔子、孔子門人子游、子夏、叔孫通、梁文、劉歆；一類則沒有指出具體的人。看來能否明確指出編著《爾雅》的具體的人，這問題不好解決。因爲現在所能看到的最早的可靠的材料只是《漢書·藝文志》，也沒有指出它的編著者是誰。而《漢書·藝文志》的藍本是劉向的《七略》，可知在西漢成帝時候典校秘書的劉向對這問題已弄不清了，以後的人卻是根據什麼材料而知道得那麼清楚？但要說《爾雅》是某個時代還是某些時代的人所編，也還是要先行解決《爾雅》是否成於一時一人之手的問題。那麼，讓我們先看看《爾雅》本文吧！《釋詁》上：

舒、業、順，叙也。舒、業、順、叙，緒也。

遹、遵、率、循、由、從，自也。遹、遵、率，循也。

允、孚、亶、展、諶、誠、亮、詢，信也。展、諶、允、慎、亶，誠也。

粤、於、爰，曰也。爰、粤，於也。

歆、郃、盍、翕、仇、偶、妃、匹、會，合也。仇、讎、敵、妃、儀，匹也。妃、合、會，對也。

永、悠、迥、違、遐、逷、闊，遠也。永、悠、迥、遠，遐也。

犯、奢、果、毅、剋、捷、功、肩、戡，勝也。勝、肩、戡、劉、殺，克也。

《釋詁》下：

卬、吾、臺、予、朕、身、甫、余、言，我也。朕、余、躬，身也。

亮、介、尚，右也。左、右，亮也。

肅、齊、遄、速、亟、屢、數、迅，疾也。寁、駿、肅、亟、遄，速也。

黎、庶、烝、多、醜、師、旅，衆也。洋、觀、裒、衆、那，多也。

倫、勩、邛、敕、勤、愉、庸、癉，勞也。勞、來、强、事、謂、翦、篲，勤也。

遘、逢，遇也。遘、逢、遇，遻也。遘、逢、遇、遻，見也。

希、寡、鮮，罕也。鮮，寡也。

俾、拼、抨，使也。俾、拼、抨、使，從也。

伊，維也。伊、維，侯也。

《釋言》：

潜，深也。潜、深，測也。

葵，揆也。揆，度也。

這些並不是什麽「互訓」或「遞訓」，而是發現了某些同義詞或意義有關的詞兒的材料先收了進來，編在裏面；後來發現了另一些材料，又編進去，附在先行收集的材料下面，即使重復，也在所不計，衹要不是完全重復就行了。如果說是成於一時一人之手，這些現象就不好解釋了。又如《釋詁》下：

肅、延、誘、薦、餤、晉、寅、藎，進也。羞、餞、迪、烝，進也。

諧、輯、協，和也。……勰、燮，和也。

悠、傷、憂，思也。懷、惟、慮、願、念、惄，思也。

《釋言》：

斆，明也。茅，明也。

尹，正也。皇、匡，正也。

如果是一時一人所編，各條中被解釋的詞兒爲什麽不歸併在一起呢？

此外，從其内容的前後矛盾、體例的不統一和古書的引文，也可以看出它不成於一時一人之手。如《釋山》既說：

河南華，河西嶽，河東岱，河北恒，河南衡。

又說：

泰山爲東嶽，華山爲西嶽，霍山爲南嶽，恒山爲北嶽，嵩高爲中嶽。

解釋重言詞是《釋訓》的體例，但又見於《釋詁》。如《釋詁》下：

關關、噰噰，音聲和也。

最有趣的是《釋詁》上：

亹亹、……勉也。

爲什麽不歸併到《釋訓》「懋懋、慔慔，勉也」一條裏面呢？又《釋詁》下：

唯唯、皇皇、藐藐、穆穆、……美也。

爲什麽不歸併到《釋訓》「委委、佗佗，美也」一條裏面呢？

關於古書所引《爾雅》之文，如《釋詁》上「弘、廓、宏、溥、介、純、夏、憮、龐、墳、嘏、丕、奕、洪、誕、戎、駿、假、京、碩、濯、訏、宇、穹、壬、路、淫、甫、景、廢、壯、冢、簡、箌、昄、晊、將、業、席，大也」條下，郭璞注引《尸子》曰：「此皆大，有十餘名，而同一實。」邢昺疏引《尸子·廣澤》云：「天、帝、後、皇、辟、公、弘、廓、閎、博、介、純、夏、幠、蒙、贖、昄，皆大也。十有餘名，而實一也。」則《尸子》撰著時所見《爾雅》，是把今本上條「林、烝、天、帝、皇、王、後、辟、公、侯，君也」中六個同義詞和今本本條中的「弘、廓……」等字合爲一條，而且「幠、蒙、贖」等字還有出入。《隋書·經籍志》説《尸子》「其九篇亡，魏黄初中續」。不知郭璞和邢昺所見到的《尸子》是戰國末年所作的部分還是魏黄初時所續補的部分，但同樣都可以看出今本《爾雅》和《尸子》撰著或續補時所見到的古本《爾雅》有很大的差異，這是由於今本《爾雅》是經過《尸子》以後的人改編和增補之故。

可見今本《爾雅》，是成於衆人之手，而且不是同一個時代的人所編的。那麽，是哪些時代的人所陸續編成的呢？現在一般人都相信周秦之間的人所編的這種説法。其實這從《爾雅》裏面，就可以找到反證。《釋地·九府》説：

中《淮南子·地形》作「中央之美者」，所據蓋古本《爾雅》有岱嶽，與其五穀魚鹽生焉。

以岱嶽即泰山爲天下之中，乃戰國時齊國稷下學者思想的表現。可知《爾雅》至少有一部分是戰國時所編的。又《周禮·地官·序官》鄭玄注：

《禹貢》曰：「九澤既陂。」《爾雅》有八藪。

可知「八藪」是在《呂氏春秋·有始》和《周禮·夏官·職方氏》「九藪」以及《尚書·禹貢》「九澤」之説以前所編

成的。《職方氏》内藤虎次郎《爾雅新研究》斷定爲戰國末年之作。《禹貢》衛聚賢《禹貢的研究》《古史研究》第二輯和内藤虎次郎《禹貢製作年代考》江俠庵編譯《先秦經籍考》上也都認爲是戰國末年之作。則《爾雅》至少也有一部分是戰國時期的人所編的了。

不止是這樣，而且《爾雅》還有一部分是孔子修《春秋》公元前四八一年以前所編的。《釋詁》原以「始也」始，以「終也」終。《釋詁》下：

求、酋、在、卒、就，終也。

本來這樣就已經有「始」有「終」了，但在這條之後，又有：

崩、薨、無祿、卒、徂落、殪，死也。

「崩、薨、無祿、卒」是《春秋》中的用語，顯然是孔子修《春秋》之後有人加進去的，而前條「求、……終也」則透露了是修《春秋》以前之文。看來郭璞《爾雅序》邢昺疏引《春秋元命包》説「子夏問夫子作《春秋》不以『初、哉、首、基』爲始何？」表示孔子修《春秋》前已有《爾雅》初編，不完全是出於漢人所推想的子虚烏有的事吧！

另一方面，由於《爾雅》所釋多《詩》、《書》之語，可知它開始編纂時又在《詩》、《書》的産生之後，即在春秋後半期。

自此以後，《爾雅》代有增益。至西漢文帝時《爾雅》已置博士，可知已基本編成。武帝時郭舍人所注《爾雅》，西漢末劉歆所注《爾雅》，《漢書·藝文志》所著錄《爾雅》三卷二十篇，應該就是文帝時的《爾雅》加以補充修改而成。《漢書·藝文志》的藍本是西漢成帝時典校秘書的劉向的《七略》，則在《七略》中《爾雅》也是二十篇。今本《爾雅》雖然祇有十九篇，但如果把《釋詁》上、《釋詁》下當作兩篇，則篇數和西漢時的《爾雅》相同。因此説今本《爾雅》，大致成書於西漢，是没有什麽問題的。

不過《爾雅》自東漢以後，至東晉初郭璞注《爾雅》以前，仍然有所補充。如前所説，《周禮·地官·序官》鄭玄注說「《爾雅》有八藪」，可知至東漢末鄭玄所見到的《爾雅》，在《釋地》一篇中的澤藪還祇有「八藪」。今本《爾雅》作「十藪」，其中有二藪顯然是東漢末鄭玄以後至東晉初郭璞以前的人所補充進去的。

《釋詁》和《釋言》所釋詞兒的性質有無區別？

《釋詁》和《釋言》由於名稱不同，因而所釋的詞兒的性質，前人認爲是有區別的。《釋詁》邢昺疏說是「古今異言，解之使人知也」。郝懿行《爾雅義疏》說是「舉古言釋以今語」。朱駿聲《説文通訓定聲》「詁」字下說是「釋古言也」。意思都是說其中所釋的都是古語。

《釋言》邢昺認爲是解釋方言。他說：「要以古今方國殊別，學者莫能通，……故爲之作釋也。」朱駿聲也說是「釋方言也」。郝懿行則認爲「言之爲言衍也，約取常行之字，而以異義釋之也」。就是說，所釋的是常用詞。

這些解釋，都很明白、具體，現在都有不少的人相信。但是，是否符合於《釋詁》和《釋言》實際的內容呢？

先談《釋詁》。的確，單就「詁」字來說，「詁」是「古言」，即古語。但是是否《釋詁》所釋的詞兒都是古語而沒有方言詞和常用詞呢？關於《釋詁》所釋有沒有方言詞的問題，試把《釋詁》和《方言》加以比較就知道了。《方言》中保存了不少周、秦的方言詞，所謂「古雅之別語」、「絶代語」，指的就是這些。《言》的作者，是以周、秦的方言資料爲底本再來調查漢代的方言的，因此，《方言》可以和《爾雅》相印證。那麼，把《釋詁》和《方言》加以對照吧！

《釋詁》上：「夏」、「憮」、「龐」、「嘏」、「墳」、「戎」、「假」、「京」、「訏」、「壯」、「將」，「大也」。據《方言》也是「大也」。《方言》卷一：「東齊、海、岱之間曰乔，或曰幠；宋、魯、陳、衛之間謂之嘏，或曰戎；秦、晉之間凡物壯大謂之嘏，或曰夏；秦、晉之間，凡人之大謂之奘或謂之壯；燕之北鄙，齊、楚之郊或曰京，或曰將；皆古今語也。」「中齊、西楚之間謂之訏；自關而西，秦、晉之間，凡物之壯大者而愛偉之謂之夏；周、鄭之間謂之假。」「青、幽之間，凡土而高且大者謂之墳。」卷二：「自關而西，秦、晉之間，凡大貌謂之朦，或謂之厖。」

又：「艐、㣙、戾、懷、摧、詹，至也。」據《方言》卷一也是「至也」：「邠、唐、冀、兗之間曰假或曰㣙古「格」字，下同；齊、楚之會郊或曰懷；摧、詹、戾，楚語也；艐，宋語也。皆古雅之別語也，今則或同。」

「適」、「徂」、「逝」，「往也」。據《方言》卷一，也是「往也」：「逝，秦、晉語也；徂，齊語也；適，宋語也。」

「允」、「展」、「諶」、「亮」、「詢」，「信也」。據《方言》卷一，也是「信也」：「齊、魯之間曰允，燕、代、東齊曰訦通「諶」；宋、衛、汝、潁之間曰恂通「詢」；荆、吳、淮、汭之間曰展；……衆信曰諒通「亮」，周南、召南、衛之語也。」

「敵」，「匹也」。據《方言》卷二，則「自關而西，秦、晉之間，物力同者，謂之臺、敵」。

「融」，「長也」。據《方言》卷一，也是「長也」：「宋、衛、荆、吳之間曰融。」

「劉」，「殺也」。據《方言》卷一，則「秦、晉、宋、衛之間謂殺曰劉」。

「勔」，「勉也」。據《方言》卷一：「釗、薄，勉也。……東周、鄭之間曰勔、釗。」

《釋詁》下：「速」，「疾也」。據《方言》卷二，也是「疾也」：「東齊、海、岱之間曰速。」

「騭」、「格」，「登也」。據《方言》卷一，也是「登也」：「魯、衛曰郅通「騭」，梁、益之間曰㣙。」

「胥，皆也。」據《方言》卷七，也是「皆也」：「東齊曰胥。」

「㥼」、「憐」，「愛也」。據《方言》卷一，也是「愛也」：「韓、鄭曰憮通「㥼」，下同；……汝、潁之間曰憐。」「陳、楚、江、淮之間曰憐；宋、衛、邠、陶之間曰憮，或曰俺。」

「頤」、「艾」，「養也」。據《方言》卷一，也是「養也」：「晉、衛、燕、魏曰臺通「頤」；……汝、潁、梁、宋之間曰胎，或曰艾。」

「烈」、「枿」，「餘也」。據《方言》卷一，也是「餘也」：「陳、鄭之間曰枿；晉、衛之間曰烈；秦、晉之間曰肄，或曰烈。」

還有《釋詁》上「延」、「駿」，「長也」，《釋詁》下「懷、惟、慮、願、念、惄，思也」，也見於《方言》卷一，應該也是古代的方言詞。祇是到了漢代，《方言》的作者得不到漢代方言的印證，所以没有指出原是什麽地區的方言詞罷了。

那麽，難道這些詞兒在《爾雅・釋詁》裏面都是古語，而到了《方言》裏面才都變成了方言詞麽？其實郭璞在注《爾雅・釋詁》時已經看出來了。他在「初、哉、首、基、……始也」這一條下便已指出：「此所以釋古今之異言，通方俗之殊語。」因此他注解《釋詁》上「艐……懷、摧、詹，至也」一條說：「齊、楚之會郊曰懷；宋曰屆（通「艐」，下同）；詹、摧皆楚語：《方言》云。」注「展、諶、……詢，信也」，「融、……長也」，「劻，勉也」，以及注《釋詁》下「鷺、……格、……陞也」，「胥，皆也」，「艾、……養也」，「烈、枿，餘也」，都引用了《方言》。而注《釋詁》下「罄、……盡也」云：「今江東呼厭極爲罄。」注「行、……言也」云：「今江東通謂語爲行。」注「呰、已，此也」云：「皆方俗異語。」注「惈、憐、……愛也」云：「惈，韓、鄭語（據《方言》卷一）；今江東通呼爲憐。」

可知《釋詁》裏面，方言詞是不少的，並不單純是「釋古言也」。

關於《釋詁》所釋有没有常用詞的問題，我們祇須看其中的詞兒，是否在古書中經常出現就知道了。象作「始」解或和「始」義有關的「初」、「首」、「基」、「祖」、「元」，作「君」解的「帝」、「皇」、「王」、「公」、「侯」，作「至」解或和「至」義有關的「迄」、「極」、「到」、「赴」、「來」，作「往」解或和「往」義有關的「如」、「之」、「嫁」，作「樂」解或和「樂」義有關的「怡」、「悅」、「欣」、「喜」、「愉」，作「自」解或和「自」義有關的「遵」、「循」、「由」、「從」，……難道這些詞兒不是在古書中經常出現的麽？

而且，《釋詁》上有：「遐、……遠也。……遠，遐也。」《釋詁》下有：「亮、……右也。……右，亮也。」「多、……衆也。……衆、……多也。」「勤、……勞也。勞、……勤也。」如果說所釋的詞兒是古語，用來解釋的詞兒是常用詞，那麽，這些詞兒既是古語同時又是常用詞嗎？

可知一概而論，由於「詁」字可以單獨解釋爲「古言」，就認爲《釋詁》所釋的詞兒都是古言古語是不對的。

其次是《釋言》。《釋言》中所解釋的，是否如邢昺、朱駿聲所説，都是方言詞呢？當然其中有些是。如「斯誃，離也」，郭璞注：「齊、陳曰斯誃。」「恀、怙，恃也」，郭注：「今江東呼母爲恀。」「律、遹，述也」，郭注：「皆叙述也，方俗語耳。」「遏、遾，逮也」，郭注：「東齊曰遏，北燕曰遾。」「臞、脙，瘠也」，郭注：「齊人謂瘠瘦爲脙。」「劉、翦，齊也」，郭注：「南人呼剪刀爲劑刀。」「餥、餱，食也」，郭注：「《方言》云：陳楚之間，相呼食爲餥。」「邕、支，載也」，郭注：「皆方俗語。」「增，益也」，郭注：「今江東通言增。」「挾，藏也」，郭注：「今江東通言挾。」「迨，及也」，郭注：「東齊曰迨。」「粻，糧也」，郭注：「今江東通言粻。」「奘，駔也」，郭注：「今江東呼大爲駔，駔猶粗也。」「逮，遝也」，郭注：「今荊楚人皆云遝。」「燠、煖也」，郭注：「今江東通言燠。」「昆，後也」，郭注：「謂先後，方俗語。」再加上郭璞没有注明的，如：「格、懷，來也」，《方言》卷二云：「自關而東，周、鄭之郊，齊、魯之間，或謂之洛，或曰懷。」「諈、諉，累也」，《釋文》引孫炎云：「楚人曰諈，秦人曰諉。」「庇、……廕也」，《方言》卷二云：「庇、……寄也。齊、衛、宋、魯、陳、晉、汝、潁、荊州、江、淮之間曰庇。」「逆，迎也」，《方言》卷一云：「自關而東曰逆，自關而西曰迎，或曰逢。」「屆，極也」，《方言》卷一云：「艐，宋語也。」「弇，同也」，《方言》卷三云：「江、淮、南楚之間曰掩通「弇」。」「燬，火也」，《方言》卷十云：「煨通「燬」，火也，楚轉語也。」「苛，妎也」，《方言》卷二云：「小怒曰齘通「妎」，陳謂之苛。」「班，賦也」，《方言》卷三云：「班、……列也。北燕曰班。」「濟，渡也」，《方言》卷七云：「過度謂之涉、濟。」除了這二十幾個例子外，要找也許還可以再找到一些，但不管怎樣，方言詞在《釋言》三百零六條當中，所佔的比例還是太少，不足以證明《釋言》所釋，單純是「釋方言也」。

那麼，是否又如郝懿行所説都是「常行之字」即常用詞呢？試看以下這些被解釋的詞兒吧！像作「中」解的「殷」、「齊」，作「起」解的「謖」，作「致」解的「畛」，作「叙」解的「豫」、「臚」，作「順」解的「惠」、「若」，作「傲」解的「幠」，作「稚」解的「鞠」，作「急」解的「悈」，作「隱」解的「窄」、「陋」，作「再」解的「薦」、「原」，作「撫」解的「憮」、

「枚」，作「充」解的「桄」、「熲」，作「求」解的「流」，作「度」解的「茹」，作「用」解的「式」……難道這些也是「常行之字」嗎？又如以上所舉的那些方言詞，難道也是「常行之字」嗎？

因此，單純從「言」字「詁」字本身有什麼不同的意義來解釋《釋言》和《釋詁》所釋詞兒的性質，說彼此有什麼區別，並不能解決問題。我們祇能根據《釋言》中所釋詞兒的性質，說它和《釋詁》一樣，都有古語、方言詞和常用詞罷了。當然這些同樣都是古書中表示抽象事物概念的詞兒。幾年前聽方孝岳先生講《語文工具書使用法》，說《爾雅》的《釋詁》、《釋言》、《釋訓》，相當於劉熙《釋名》的《釋言語》。方先生這話發人深省，也令人心折。則所謂「詁」、「言」、「訓」，祇是劉熙所謂「言語」，也就是表示抽象事物概念的詞兒。從這方面來說，《釋言》和《釋詁》所釋詞兒的性質，更沒有什麼不同。

那麼，《釋言》和《釋詁》爲什麼又不合併爲一篇，而偏要分爲兩篇，而且還用了不同的篇名呢？那是由於《爾雅》最先祇有《釋詁》《釋詁》也不成於一時一人之手，後來又發現了有《釋言》《釋言》也不成於一時一人之手，便把它附益在《釋詁》之後的緣故。

不過内藤虎次郎說：「《釋言篇》，大體是仿《釋詁》之體裁而作者。」這倒未必。《釋言》如果是模仿《釋詁》的體裁而作的話，那作者必然是見到了《釋詁》才能這樣做的，那就應該和《釋詁》的内容避免重復了，爲什麼《釋詁》上說「亟、屢、……疾也」，而《釋言》又說「屢、……亟也」呢？爲什麼《釋詁》上說「下、降、……落也」，而《釋言》又說「降，下也」呢？爲什麼《釋詁》上說「請、謁、……告也」，而《釋言》又說「告、謁，請也」呢？爲什麼《釋詁》下說「壑、……隍、……虚也」，而《釋言》又說「隍，壑也」呢？爲什麼《釋詁》下說「瘞、幽、……微也」，而《釋言》又說「瘞，幽也」呢？爲什麼會有這些重復呢？

是分類的標準太寬？還是體例不嚴？

《爾雅》是根據各種詞兒不同的性質而分類編成的。《釋詁》、《釋言》、《釋訓》所釋的如上所説，是表示抽象事物概念的詞兒。當然，也有例外，如《釋言》：「舫，舟也。」「舫，泭也。」「里，邑也。」「趾，足也。」「鋤，鐘也。」「袍，衤也。」「翢，纛也。纛，翳也。」「緡，綸也。」《釋訓》：「饎，酒食也。」「舞號，雩也。」「緎，羔裘之縫也。」「幬謂之帳。」但例子很少。《釋親》以下十六篇所釋，是表示具體事物概念的詞兒，和《釋詁》等三篇所釋是兩大類。但這並不是説《釋詁》等三篇所釋都不是名詞，而《釋親》等十六篇所釋都是名詞。如《釋詁》下「祿、祉、……福也」，「烈、績，業也」，「績、勳，功也」，也是名詞，祇是表示抽象事物概念的名詞罷了。反之如《釋宫》「室中謂之時，堂上謂之行，堂下謂之步，門外謂之趨，中庭謂之走，大路謂之奔」，所解釋的是「時」、「行」、「步」、「趨」、「走」、「奔」六個動詞，祇是表示比較具體的動作的概念罷了。當然《釋詁》等三篇所釋的主要是動詞、形容詞以及其他虚詞，《釋親》等十六篇所釋的主要是名詞，那是没有什麼問題的。

《釋親》等十六篇，材料的排列，以類相從，比較明顯。各篇各作一類，而其中有的又分若干小類，如《釋親》便分爲「宗族」、「母黨」、「妻黨」、「婚姻」四小類。

《釋詁》等三篇中材料的安排以《釋訓》爲最有系統。把《詩經》和《釋訓》兩相對照，則《釋訓》所釋幾乎全是《詩經》中的詞語。其中雖然没有象《釋親》、《釋天》、《釋地》、《釋丘》、《釋水》、《釋獸》、《釋畜》裏面那樣的小標題，但仍然可以明顯地看出其中的詞語分爲兩類：自「明明、斤斤，察也」至「秩秩，清也」，所釋都是重言詞，自「甹夆，掣曳也」至「鬼之爲言歸也」，所釋都不是重言詞。

考察《爾雅》裏面的分類，也是一件趣事。

以《釋器》而論，我們現在把「器」當作器皿、用具。但《釋器》所釋不一定是器皿、用具的名稱。如：「餀謂之餯，食饐謂之餲，摶者謂之糷，米者謂之糪，肉謂之敗，魚謂之餒。」「肉曰脱之，魚曰斮之；冰，脂也；肉謂之羹，魚謂之鮨；肉謂之醢，有骨者謂之臡。」「金謂之鏤，木謂之刻，骨謂之切，象謂之磋，玉謂之琢，石謂之磨。」「一染謂之縓，再染謂之赬，三染謂之纁。」

以《釋天》而論，它所釋的是有關天道運行現象概念的詞兒，如「四時」、「祥」、「災」、「歲陽」、「歲陰」、「歲名」、「月陽」、「月名」、「風雨」、「星名」各類，我們容易理解；但它所釋又有「祭名」、「講武」、「旌旗」等類明明是有關人事概念的詞兒。

以《釋魚》而論，它說：「蜎，蠉孑孓。」「蛭，蟣。」「蝌蚪，活東。」「魁陸狀如海蛤。」「鼁鼀，蟾諸；在水者黽。」「蚌，含漿。」「鼈三足能，龜三足賁。」「蚹蠃，螔蝓蝸牛。」「蠃螺，小者蜬。」「蜎蠌似蟹，小者蟧。」「蜃，小者珧。」「蠑螈，蜥蜴；蜥蜴，蝘蜓，守宮也。」「螣，騰蛇。」「蟒，王蛇。」總之，凡是水中的動物，甚至連不是活在水中的螔蝓、蠑螈、蜥蜴和蛇等，都成了《釋魚》解釋的對象。

這些現象的產生，到底是由於《爾雅》編者分類的標準太寬呢？還是由於所訂的體例不嚴呢？看來「器的本義是「皿也」《說文》，原指食器，後引申爲一切用具用物。《爾雅·釋器》的編者是知道的，所以其中絕大部分都是這類的詞兒。但由於食物和食器有關，是用食器盛的，因此有關食物性質變化和食物加工方法概念的詞兒也附錄在裏面了。由於材料經過加工才成爲用具用物，所以「刻」、「鏤」等詞兒也附錄在裏面了。既說附錄，爲什麼不附錄到本篇的末了，而是交錯在器物的名詞之中？這不正好說明體例不嚴麼？《釋天》收「祭名」和有關「講武」概念的詞兒，乃是由於這些活動和時序有關或者是以天或天神爲祭祀的對象。收「旌旗」一類的詞兒，乃是因爲是天子之旗。

這些詞兒所表示的具體事物的概念，和《釋器》、《釋天》所應該解釋的對象，雖然意義有關，但是性質不同。把它們混合在一起，祇能說是體例不嚴吧！如果認爲這些還可能是分類標準太寬的結果，那麼，《釋魚》中從「蟲」、「從「黽」和從「魚」的字，其偏旁部首都是表意的形符，都已體現了古人造字時對這些動物分類標準的掌握。難道對於這些形符的意義，《爾雅·釋魚》的編者都一無所知嗎？祇是因爲這些動物在習性上有些類似之點，如「蛭」、「蚌」和魚類同樣活在水中。「蜥蜴」，邵晉涵《爾雅正義》據《太平御覽》引曹叔祥《異物志》云：「魚跳躍則蜥易從草中下，便共浮水上而相合。」所以也都附錄在《釋魚》裏面了。這些都祇能說是體例不嚴，而不好說《爾雅》的編者們對這些事物的門類都分別不清或分類的標準太寬。

在《釋詁》中還有用同形詞來解釋兩組連詞義也毫不相關甚至詞性也不相同的詞兒的現象，更容易引起混亂。如《釋詁》下：

臺、朕、賚、畀、卜、陽，予也。

「賚」、「畀」、「卜」解爲「予也」是賜予之「予」，是動詞。「臺」、「朕」、「陽」解爲「予也」是作「我」解的「予」，是第一身的人稱代詞。祇因爲兩個詞義、詞性不同的「予」字形相同，所以才讓「予」兼差。

治、肆、古，故也。

「治」、「古」解爲「故也」是作「久」、「舊」解釋之「故」，而「肆」解爲「故也」是作因果連詞用之「故」。

載、謨、食、詐，僞也。

「載」、「謨」解爲「僞也」是作「人爲」解的「僞」，而「食」、「詐」解爲「僞也」是欺騙、詐僞的「僞」。

孔、魄、哉、延、虛、無、之、言，間也。

「孔」、「魄」、「延」、「虛」、「無」解爲「間也」是作「間隙」、「間迭」、「空虛」解的「間」，而「哉」、「之」、「言」解爲「間也」是作虛詞或助詞用的「間」。

棲遲、憩、休、苦、𣪠、齂、呬，息也。

「棲遲」、「憩」、「休」、「苦」解爲「息也」是止息的「息」，而「𣪠」、「齂」、「呬」解爲「息也」是氣息的「息」。

郡、臻、仍、迺、侯，乃也。

「郡」、「臻」、「仍」解爲「乃也」是作「仍然」解的「乃」，而「迺」、「俟」解爲「乃也」是作「卻」、「才」解的「乃」。

都是用一個同形詞來解釋。是不是《爾雅》的編者不知道所釋的詞兒原是兩組，各有不同的用法，和不知道用來解釋的詞兒衹是一個兼差的同形詞呢？不是的。譬如關於「臺、朕、賚、畀、卜、陽，予也」一條，在它上面而又和它同條的就有「卬、吾、臺、予、朕、身、甫、余、言，予也」，在它前面的《釋詁》上就有「賚、貢、錫、畀、予、貺，賜也」，《爾雅》的編者難道會視而不見嗎？衹是由於他們對於凡是不完全重復的材料就有聞必錄，所以就把這些材料都收進來，而弄到體例不嚴了。我們在閱讀和使用《爾雅》時，對於這些，尤其不能疏忽。

結語

談到這裏，且把本文主要的論點，歸納如下，作爲結束：

一、《爾雅》不成於一時一人之手。它是由春秋後半期至西漢的小學家陸續編纂而成的，但東漢以後至東晉初郭璞注《爾雅》之前，仍有補充修改。

二、《釋詁》所釋的不完全是古書中的古語，也有古書中的方言詞和常用詞。《釋言》所釋的既不完全是古書中的方言詞，也不完全是古書中的常用詞，也有古書中的古詞，和《釋詁》並沒有什麼分別。但《釋言》也不是模仿《釋詁》而作的。

三、從《爾雅》對材料的分類來看，《爾雅》的體例是不夠謹嚴的，在閱讀和使用《爾雅》時可不能疏忽。

從爾雅看古漢語詞彙研究（批判繼承中國語言學優良傳統的一個實例）

殷孟倫

古漢語詞彙研究，根據我國歷代書錄記載，以《爾雅》的出現爲最早。它的出現年代，各家論述，容有不同，但無論如何，距離現代的時間在兩千年以上，這是毫無可疑的。這不僅説它在中國出現的年代很早，同時就世界各國來看，也應當承認它是出現得很早的一部詞書。關於它的内容和價值，在我所寫的《爾雅簡析》一文裏，已經就這部書的編纂目的、資料依據、全書組織、訓釋方式以及研究它的方法和它本身所受到的局限等等，有所論列。當時從這部書裏所得到的體會是：（一）這部書爲漢語初步形成的共同語作了鞏固提高的保證；（二）它是古代典籍詞彙的總彙；（三）它是中國的第一部詞書；（四）它反映了上古漢語基本詞彙的面貌；（五）從所收集的詞語裏，使我們看出先秦時代已有不少雙音詞；（六）解釋漢語的主要方式，在這部書裏已經具備了。近來又把本書重加溫理，舊學新知，時有參會。爲了批判繼承中國語言學的優良傳統，我認爲從這部書細細探討，倒是一個很好的實例。本文即擬從下列兩方面來作説明，並以質正於當代方聞之士。

一、研究《爾雅》的重要性和《爾雅》的啓導作用

《爾雅》一書的出現，標志了漢語文學語言的形成和發展已達到了相當成熟的一個重要階段。今天研究漢語詞彙，雖然可以利用詞彙學新的體系作爲藍圖，但對《爾雅》卻不能低估了它的價值。儘管現代的任何一部

詞書所收集的詞語，多至十幾萬個乃至幾十萬個的那樣豐富，編製的條理儘管也是細密非常，爲二千年前的詞書——《爾雅》所不能比擬，但《爾雅》的重要性和所起的啓導作用仍然不可忽視。從社會發展的史實觀察，先秦時代的思想意識和物質生活的具體情況，概括反映在《爾雅》裏的，並非過於簡略，不切實際，書中所記錄的詞語，恰是當時社會現實所經常需用的，除了《爾雅》，在它的同一時代，還没有第二部詞書可據，這就是《爾雅》難能可貴之處，因而要溝通古今，也非依靠它不可。漢朝人曾經説過，「古文讀應《爾雅》，故解古今語而可知也」語見《漢書·藝文志》。這句話雖然指的是某一部書，可是在實際上，《爾雅》起的作用，是可以適應於所有的古代文獻的。漢代人學習古代，曾經把《爾雅》同《論語》、《孟子》、《孝經》列於學官，作爲讀通古代文獻的基本書，這是不爲無因的。在漢平帝劉衎元始四年（公元後四年），王莽又「令通《爾雅》讀者詣公車」，《爾雅》之得到重視，也非出於偶然。

《爾雅》的作用不僅這樣，它又總結了曾經行用過的古漢語的詞語，加以類聚群分，勒成專書，這便爲古漢語詞彙的研究勾畫出了一個大的輪廓。惟其如此，這就使《爾雅》由主要以服務於古代文獻的閲讀爲目的的著作，進而成爲獨立研究詞彙這一學科的開端的著作，而且成爲最早一部研究古漢語詞彙規模初具的一部著作。因此，我們説《爾雅》的出現，是我國語言科學研究進入一個新的階段的里程碑，並非過譽。從詞彙研究的角度來看《爾雅》，它決不是一大堆横七豎八毫不聯貫的材料聚積，而有其創始分類爲後代詞書樹立規範的功績，在這一方面同樣是值得我們注意的。

爲了説明上述看法，我們不妨從《爾雅》所載詞彙數目和它的代表性作一番確切估計。古漢語的詞彙在先秦時代究竟有多少，現在還没有人作出較爲精確的統計數字。可能由於甲骨文、鍾鼎文等古文字材料的整理，會增加一定數字，但佔主要地位的，仍然是歷世相傳的古代文獻裏早經見到的詞語。先秦時代的文獻資料，留存到現在的，本不算多，要是一部書一部書的來作統計，就非得動員較大的人力不可。過去作過的一些「引得」、「索引」、「通檢」一類的工具書，如《毛詩引得》、《春秋左氏傳綜合索引》、《國語索引》、《尚書通檢》等，雖然可以備用，但缺而未作的還很多，一時也來不及全都搞好。是不是因爲這樣，就把古漢語詞彙的研究工作推後一步呢？那也不必。衹要能夠解決主要問題，能夠找出一個較爲有代表性的著作，作出統計數字，劃出古漢語詞彙的大輪廓，也未始不可以，這就非利用《爾雅》作爲研究的對象不可了，因爲它恰恰具有可以滿足我們需要的足夠條件。

《爾雅》一書所收集的詞語，共有二千零九十一個條目，包括通用詞和專用名詞大部分，詞數總數是四千三百多。其中通用詞語的條目則是六百二十三個，詞數共有二千多，約佔全書總詞數的一半。全書所分《釋詁》、《釋言》、《釋訓》、《釋親》、《釋宮》、《釋器》、《釋樂》、《釋天》、《釋地》、《釋丘》、《釋山》、《釋水》、《釋草》、《釋木》、《釋蟲》、《釋魚》、《釋鳥》、《釋獸》、《釋畜》等十九篇，實具有了通用詞詞典和百科名詞詞典的規模。書中所載詞數，是否可以相信曾經爲古代文獻所使用過，這可以用當時具有代表性的古代文獻如《周易》、《尚書》、《毛詩》等書裏所用過的詞語作爲比較。通常所稱爲的「十三經」包括《爾雅》在内，這十三部書總共用過的字數是六二八四一四，分別計算，其數目有如下表：

書名	全書字數	統計根據
《周易》	二四二〇七	據鄭畊老説
《尚書》	二五八〇〇	據鄭畊老説
《毛詩》	三九二二四	據鄭畊老説
《周禮》	四五八〇六	據鄭畊老説

續

書名	全書字數	統計根據
《禮記》	九〇九二〇	據鄭畊老說
《春秋左氏傳》	一九六八四五	據鄭畊老說
《論語》	一三七〇〇	據鄭畊老說
《孝經》	一九〇三	據鄭畊老說
《孟子》	三四六八五	據鄭畊老說
《儀禮》	五六六二四	據閻若璩說
《春秋公羊傳》	四四〇七五	據閻若璩說
《春秋穀梁傳》	四一五一二	據閻若璩說
《爾雅》	一三一一三	據闕元恭本

包括有這樣字數的「十三經」，可以說把先秦時代政治、經濟、社會、文化、語言等方面的主要情況都反映出來了。但是考察一下這十三部書裏所使用的詞語，加以統計，一般是以單音詞佔絕對優勢，而這些單音詞每一個究竟用過多少次，是可以統計出來的。單音詞數目明白了，復音詞的數目同樣也就不難統計。下面便是這十

三部書裏曾經使用過的單音詞的統計數字：

《四書》：①　二三二八個字
《五經》：　二四二六個字
《周禮》：　三一〇個字
《儀禮》：　七七個字
《左傳》：　三九四個字
《公羊傳》：　五五個字
《穀梁傳》：　二四個字
《孝經》：　二個字
《爾雅》：　九二八個字

總計爲六五四四個字。這個數字的統計②，是按照這樣的辦法：（一）以出現在《四書》裏的單音詞，作爲基本，每個單音詞又祇以始見一次的，作爲計算數字的單位；（二）《四書》以下各書的單音詞，如已見於《四書》的，就不再計算在內，祇就不同的單音詞，方作爲計算數字的單位；（三）《五經》裏不同於《四書》的單音詞，作爲一個總的計算數字的單位；（四）以下各書，每加一種，採取除同存異的辦法，同於前一書的就不計，而不同於前書的方始計算；（五）由於數字的逐書乘減，到了後來，某一書所獨有的單音詞特別愈來愈少，並不意味着這部書裏祇用過這些單音詞。《爾雅》是列舉各書的最後一部，它和前十二部書相比，不同於它們，而爲《爾雅》所獨有的詞語，以單字計是九二八個。它這部書共爲一三一一三個字，除去九二八個字，它和其他各書相同的有一二一八五個字。這個數目再用除同存異的核計法，它本身所有的詞語，約計爲三千五百左右。而十三經的總字數爲六五四四個字，除去各書所獨有的，這三千五百左右的數目確實又是《爾雅》和各書所共有的詞語數目。

大體來説，《爾雅》和其他各經關係，既然這樣密切，那麼，《爾雅》的作用，也就可以不言而喻。因此，我們説掌握了《爾雅》裏的詞語，尤其是一般詞語，無異乎就掌握了其他各經的詞語，也就是掌握先秦時代一般詞語以及某些專名的主要部分。更確切地説，掌握《爾雅》裏的詞語，對於了解先秦時代的文獻和古漢語詞彙是起着重大作用的。我們説，熟悉《爾雅》，就可以找到打開先秦時代文獻和古漢語的一把鑰匙，並非誇大之辭。從《爾雅》看古漢語詞彙的研究，直如晉代注《爾雅》的學者郭璞在他所作的序裏所説那樣：「夫《爾雅》者，所以通訓詁之指歸，叙詩人之興詠，總絶代之離詞，辨同實而殊號者也。誠九流之津涉，六藝之鈐鍵，學覽者之潭奥，摛翰者之華苑也。若乃可以博物不惑，多識於鳥獸草木之名，莫近於《爾雅》」。由此可知，要研究古漢語的詞彙，《爾雅》一書的重要，可以説是有目共睹。如果不從歷史觀點出發給予《爾雅》應有的歷史地位，那決不是研究問題的實事求是的認真態度。

從《爾雅》一書裏的詞語概括反映，我們還可看到古代人對客觀對象所謂客觀對象，包括一切事物、現象、行為、特征等的認識是怎樣的深細，而對這些詞語的類聚群分，更可見出編製者的治學方法的切合實際。例如《爾雅》裏所載草木蟲魚和鳥的名稱，異名很多，有古今雅俗的不同，爲了便於理解，就採用了釋雅以俗、釋古以今的方式來了解這些各不相同的名稱；獸和畜的名稱，異名較少，對它們的命名稱謂，就從它們形體上的特征來作區別③。這樣辨晰事物，務在區同別異，也就顯示出古代所謂「正名百物」所掌握的原理原則的一斑。這些原理原則到後代也還有它一定的適應性。因此，通過《爾雅》的學習，不僅使人「多識於鳥獸草木之名」，同時也可以初步學習到怎樣認識客觀對象和怎樣聯繫客觀實際以治學的某些辦法。

《爾雅》裏所類聚的詞語，在各物方面，有好多是總結我國勞動人民的生活實踐而來的，因而這部書的訓釋又透過了爲古代文獻服務的限制。例如在詞語的編排上，「桃」和「李」就列在一起：楔、荆桃，旄，冬桃，榹桃，山桃，休、無實李，痤、接慮李，駁、赤李。依照植物學的分類，是把桃李并列在薔薇科的，而古代文獻裏用過桃和李這樣的詞有不少地方，可是並不一定促使人們認識到這兩種果樹在植物裏有什麽聯繫，而《爾雅》的編製者類別果樹，安排在《釋木》裏，聯類而及，這就見得桃和李所以并舉的關係，而與其他植物有所不同④，考其歷史淵源，是由來已久的。又如《釋獸》和《釋畜》的分别，而把馬屬、牛屬、羊屬、狗屬、雞屬和彘類類聚爲六畜，這更反映出牲畜的飼養在先秦時代已經嚴格分别誰是家畜，誰是野畜，而家畜之爲人類服務，遠在二千年前，已經是這樣的了。以此作例，《爾雅》的編製，在日常生活方面詞語的注意，更可顯示出這部書有由爲古代文獻服務擴展到爲一般日常生活服務的趨向。因此，我們把《爾雅》單純看作是一部經籍詞典，也不完全適合。而古人之所以重視《爾雅》的學習，不僅解決閱讀古代文獻的問題，同時還和人們的生活密切結合，所以熟讀《爾雅》，是可以作生活實踐的指導的。否則對《爾雅》一點也不熟悉，卻也會使人的生活實際受到影響。例如晉代蔡謨誤食蟛蜞而以爲是蟹子的故事，所謂「讀《爾雅》不熟，幾爲《勸學》死⑤」，就很典型。又如鼠之文彩如豹者，祇有孝廉郎終軍知道它的名稱叫「鼮鼠」，爲漢武帝劉徹所嘉賞，賜絹百匹見《爾雅》《釋獸》郭璞注引，而《漢舊儀》所載「武帝初，置博士，取學通有修，博識多藝，曉古文《爾雅》，能屬文章者爲之」。這可能覺察出《爾雅》這部書對現實生活大有用處，所以也就重視了它。

《爾雅》一書所立的規模，對於後來的訓詁書影響很大，這不能説是後人崇古，一味模倣，實際上《爾雅》所給予後來學者的實踐精神的指示，起了很大的啓導作用。《爾雅》之後，有《小爾雅》、《廣雅》等書，這些書大體上是依照了《爾雅》的分類，但是出入和補充的地方也很大。例如《小爾雅》有《廣義》、《廣名》、《廣服》、《廣物》、《廣度》、《廣量》、《廣衡》各篇，不僅補《爾雅》分類之所未及，而且顯示出詞彙獨立研究的趨向更大。《廣雅》在分篇上的名稱完全同於《爾雅》，但在内容上也有其迥不相侔之處。如《釋詁》一篇所補，不見於《爾雅》的詞義的，就有三百餘條之多。《釋親》一篇也是就人之初生以及人體上的名稱補列了四十餘條。如果把兩書對比一下，就可以知道它們的異同和出入。《廣雅》的有些篇，比《爾雅》還更分列出小類的名稱。如《釋天》就增立了

「年紀」、「九天」、「天度」、「宿度」等，這對詞語的分類，使人更具有明確的認識。由此說來，所謂「雅學」的一類書，不能說衹是陳陳相因，了無新義，而這些書正是遵守了「隨時」之義，隨着時代的前進，及時地記錄了新的詞語。有的詞語雖然已經早見於舊的文獻裏，但都不曾經人纂集，一經類聚攏來，對詞彙研究也是大大有益的。因此，編製「雅學」一類的書，一方面類聚新生的詞語，一方面對舊有的詞語也作了拾遺補闕的工作。《爾雅》的影響，並不止於「雅學」流派的著作，就是名稱上毫不帶一個「雅」字的那樣的書，如比《爾雅》後出的《方言》、《說文解字》、《釋名》等，都可以說是受到《爾雅》的啓導而別開途徑的著作，因而這些書的編製體式，並不囿於《爾雅》的形式，而是繼承《爾雅》的編製者的治學精神。即就稱做爲某某雅的書來說，其編製目的，完全屬於詞彙學的範圍，也就是早已脱離經籍詞典，轉而爲專業性的詞典，如《農雅》、《湖雅》之類便是。有的又單就某一物類的名稱而類聚成書，有的又單釋某一詞義而類聚成書，這也同樣繼承了《爾雅》編製者的治學精神。例如清代學者程瑶田的《釋宫》、《九谷考》、《釋蟲》、《果臝轉語記》，孫星衍的《釋人》，王念孫的《釋大》，及近人徐昂的《釋小》之類都是。繼承這一治學精神而出現的著作，往往是「前修未密，後出轉精」，這就是繼承了我國語言學的這一優良傳統，而逐步向前發展，推動了漢語詞彙學的研究，更逐漸走向科學研究的道路上去。

二、《爾雅》在漢語詞彙研究史上的地位

研究漢語詞彙，斷不能忘記《爾雅》這部書。忘記了它，漢語詞彙的研究很難窮源溯流。我們不能認爲這部小書很簡略，作用不大，就不予以看重。必須知道，《爾雅》是漢語詞彙的蒐集、整理、研究，向着成爲獨立的一門學科發展中的重要的里程碑。有了它的出現，才由口耳相傳、師師相授、專爲經籍服務的東西，一變而爲研究爲文學語言服務的詞彙專著。即使以現代詞彙學的尺度來作衡量，它所作出的貢獻，仍然值得稱道。通過下面所提出的幾點説明，我們對於《爾雅》在漢語詞彙研究史上的地位，不難得到一個明確的認識。

1. 基本詞彙和一般詞彙，在《爾雅》裏已經有了顯明的區分界限。就今天的詞彙研究的水平說，我們知道，詞彙不是一些詞的簡單的堆積，而是相互聯繫的、完整的、詞的體系。這種詞的體系是語言長期發展的歷史產物，是由客觀存在於語言之中的詞層構成的。因此，根據不同的原則就構成了詞層的對立的、統一的整體。例如基本詞彙和一般詞彙的區分，固有詞和外來詞的區分，全民詞和方言詞、職業詞的區分，現代詞和新詞、舊詞的區分，通用詞和專用詞的區分，中立詞和表情詞的區分等等。當然這種現代詞彙學所分門類，遠非《爾雅》一書的體制所能備具，但《爾雅》對詞語類分的方法和它所分的十九篇，確已爲現代人研究詞彙開了分類之端，是毫無疑義的。祇要一揭開這本書的首葉，就會使我們馬上接觸到這個問題。如以它的前三篇——《釋詁》、《釋言》、《釋訓》來加以考核，更可發見基本詞彙和一般詞彙已經有了顯明的分劃。以《釋詁》爲例，全篇一九一個條目，每個條目都用一個詞來解釋這一條內所類聚的各個詞，這個有資格作爲解釋的詞，它具備了什麼條件呢？那就是它的詞義必然先爲人們所了解、所習用，然後才能憑借它的內在含義來了解其他的詞，因而採取以已知推未知的方式對其他各詞去進行了解。不論古今，可以説這是一條公例。如從《釋詁》第一條「始也」的「始」起，到末了一條「死也」的「死」止，這些作爲能解釋的詞，不能不承認它們是解釋其他九九五個詞的基本。既然是基本，也無妨把它稱做基本詞，把這些可以稱做基本詞的，總合攏來，就無妨稱爲基本詞彙。雖然這樣理解，和今天所説的基本詞彙，含義不盡相同，但也不是全無乾係。基於同理，我們當然可以把那些被解釋的詞，稱做一般詞和一般詞彙。這樣的分劃標準，並不違背語言事實，祇是在認識上，有古今之別，精粗之分而已。又如被解釋的詞裏，有「初」、「首」等詞，是否我們一直就不承認它們有作爲基本詞的資格呢？徵之事實，也不盡然。我們既然以《爾雅》的編製體例作爲準則，對於這些詞祇能先作一般詞看，然後再談它們的變動，後來又把它們作爲基本詞，乃是從一般詞向基本詞的轉化。如《釋詁》的「大也」條，被「大」所解釋的，從「弘、廓」到「業、席」，一共有三十九個詞，對這些詞，細加分析，很難都成爲基本詞，可見定它是否作爲基本詞，乃是一種客觀存在。再如《釋言》的三〇八個詞條，由「中也」條的「中」到「終也」條的「終」，《釋訓》一二七個條目把短語形式的解釋的除外，實際祗有七十七個條目，由「察也」條的「察」到「鬼之爲言歸也」條的「歸」，定它們是否作爲基本詞，其所持的理由，也何嘗不是這樣。因爲採用大家久已習用的詞作爲區分詞義標志，在語言認識上是很有必要的。更進一步看，採用這種方式來辨別基本詞和一般詞，已經概括出漢語詞彙基本情況的一個大輪廓了。有了這個基本，才能以簡馭繁，各按實際，類聚群分。後來一些「雅學」書歸納詞語的體例，總不外乎《爾雅》的辦法，即或有所變通，但對於編製《爾雅》者的治學精神是完全繼承下來的，因而在中國語言學史上「雅學」終於形成一大流派。

現代語言科學，對於基本詞彙已經賦予了嶄新的概念，從這一點來講，這個新概念和一般想法不同，這是科學研究的結果。在《爾雅》前三篇里一般以動詞、形容詞、副詞，尤其是動詞爲多，名詞的數目極少，《釋親》以下十六篇又幾乎全是名詞。關於名詞屬於基本詞的，如自然現象、方位、時令、親屬、肢體以及有關生產、物質文化等名稱，在《爾雅》的後十六篇裏有好多是可以照今天的看法來決定它們作爲基本詞的資格的。如父、母、子、女、兄、弟、姊、妹、宮、室、門、户、道、途、樓、閣、豆、缶、羅、鬲、刻、鏤、切、磋、春、夏、秋、冬、年、歲、風、雨、山、陵、藪、澤、郊、野、林、坰、隰、平、原、陸、丘、岸、滸、厓、山、水、泉、舟、谿、谷、溝、澮、瀆、洲、馬、牛、羊、雞、狗之類。如照這樣理解，《爾雅》裏可稱做基本詞的，仍然和現代語言科學的某些概念有其相通之處。

2. 通用詞和專用詞的區分，從《爾雅》的分篇看，這一區劃已經非常明顯。《釋詁》、《釋言》、《釋訓》三篇是屬於通用詞範圍的。《釋親》以下十六篇，每篇所類聚的詞，大都是屬於專用詞的。如《釋親》一篇所類聚的，是親屬的稱謂詞，除父、母、兄、弟、姊、妹極少數的詞同時可以歸入一般通用詞外，其餘全是反映封建社會宗法制度時一套稱謂。這套稱謂，在先秦時代早已存在，因而編製《爾雅》者據以類列。這一套稱謂具體反映了中國舊社會的構成，基本是以家族作爲中心，從個人出發，把人我的關係搞得很複雜，因而訂出什麽家族、母黨、妻黨、婚姻等各種各樣的稱謂。而這些稱謂，反映了封建社會的腐朽本質。封建統治者無非利用這些虛名拉攏關係，更好爲他服務。現在看來，甚覺無聊，然應知這些稱謂在當時生活實屬重要。《釋宮》、《釋器》等篇的專用詞，有的是對自然現象所作的一些概括反映的名稱，有的是對生產工具所定出的一些名稱，有的是屬於封建社會上層建築的一些名稱，有的又是屬於對生物界分類的認識的一些名稱。總而言之，古代封建社會各方面發展的大體情況，算是由這些專用詞較有系統地把它們概括反映出來了。這些詞有它各自使用的範圍，因而《爾雅》在類聚群分時，把它們和通用詞分家，各自獨立成篇，僅僅從這點看，當然也是大可稱道的。

3. 方言詞和全民詞的關係，在《爾雅》裏也有較明顯的反映。《爾雅》裏並不曾提到哪些是方言詞，哪些是全民性的通用詞，但我們從比較《爾雅》稍後出現的著作來看，如揚雄的《方言》、許慎的《説文解字》以及《爾雅》的郭璞注，可以使我們對這一問題的了解有了明確的綫索，雖然不是從《爾雅》本書得來，但仍然可以作爲説明《爾雅》有這樣分别的旁證。揚雄的《方言》的資料依據，本來有兩個來源，一方面是以嚴君平和林閭孺所保存的以及他觀書於石室所得的作爲藍本，一方面又是作者從當時的語言實際作了研究，因此總結的結果，得出哪些詞是通語、凡語、凡通語，也就是全民性的通用詞；哪些是方言，而且又有「某地某地之間通語」這便是通行區域較廣的方言。如在「大也」條下，揚雄對「敦、豐」各詞，説爲「皆古今語也。初别國不相往來之言也，今或同，而舊書雅記故俗語意思是説舊書所常記故俗之語不失其方，而後人不知，故爲之作釋也。」這是他説明自己作書之意，全書各個詞條所類聚各詞的解釋，他都貫徹了這一認識和主張，這從《方言》全書十三篇的具體詞目可以知道⑥。《爾雅》裏載有方言詞，根據郭璞的《爾雅》注也可以知道一些。郭璞在《爾雅・釋詁》第一條「始也」下注即説：「此所以釋古今之異言，方俗之殊語。」從這句話裏，不是很明白地使人知道《爾雅》所類聚的一般詞語裏有古語詞和方言詞的成分嗎？單就方言詞説，郭璞所指出的，可以相信。因爲他既是一個訓詁專家，同時也是一個在揚雄後的方言專家，他所注的書有《爾雅》和《方言》，因此他把兩書相關的地方加以溝通，這是非常自然的事。他在《方言》的注裏更多地指出漢晉方言的不同和方言的轉化，我們不必費詞，祇參看王國維《書方言郭注後》⑦一文就可明白。《爾雅》裏有方言詞，從郭璞注所引來解釋的，在《釋詁》、《釋言》、《釋訓》三篇注裏，不下五六十條，在《釋親》以下十六篇的注，所引方言、今呼、俗呼、建平語、齊語等也不下百餘條，有的是晉代的方言，有的則是引用揚雄的《方言》，如一一細加比勘，要明白《爾雅》裏的方言和全民性的通用詞的問題，並不是怎樣難的事。這裏僅舉《釋詁》「至也」條注作例：「齊楚之會郊曰懷，宋曰居。《詩》曰：『先祖於摧。』又曰：『六日不詹。』詹、摧皆楚語，《方言》云。」由此可見，《爾雅》所類聚的詞語，正有方言詞在內，這些方言詞，有賴於揚雄的《方言》、郭璞的《爾雅注》來作佐證。而我們又必須知道的，《爾雅》是作爲正言教科書的面貌出現的，它的主要作用在正言，因此，把所類聚的方言詞，就和古語詞併合在一般詞一起，而以全民性的通用詞來作解釋，不再單獨就方言詞作爲專篇。方言詞的專門研究，這一課題就讓給揚雄的《方言》來擔負了。

4. 同義詞在語言中的作用，從《爾雅》所類聚的一般詞語，很明顯地證明了這一點。所謂同義詞，根據現在人的理解，有兩種：凡是兩個或兩個以上的詞，意義完全相同，我們可以稱它做等義詞，這種詞在一般情況下可以任意互相替換；另外凡是兩個或兩個以上意義相同的詞，但不完全相等，而有細微的差別，在應用上也不能任意替換，我們可以稱做近義詞或類義詞。《爾雅》的《釋詁》、《釋言》、《釋訓》三篇裏，象以上所說的兩種同義詞都有，屬於後者的數目最多，屬於前者的數目較少。數目最多的同義詞，正顯示漢語在不斷豐富和發展。這是古今中外語言發展所同具有的一般規律。《爾雅》裏屬於前一種的，如《釋詁》「樂也」條，以「怡」、「懌」并訓爲樂。怡，本訓爲「心之樂也」郝懿行《爾雅義疏》云：《一切經音義》一引《爾雅》舊注，《說文》：「怡，和也。」和樂義近。「懌」是「釋」的「亦作」。但在古代文獻裏兩字作爲樂的意義時，曾經互相替換使用過，如《史記·五帝本紀》引《尚書》「舜讓於德不懌」，裴駰《集解》引徐廣曰：「今本《尚書》作《不怡》」，這是明證。談到後一種同義詞，幾乎可以説每一條裏的各個基本意義相同的詞，在使用上都有其細微差别，斷不可以因爲把它們類聚在一條，就認爲相等，如果那樣理解，就不對了。例如《釋詁》：「戫、穧，獲也」條，「戫」和「穧」雖然同訓爲「獲」，但它們各有使用的條件，絶對不能互相替换。照獲字的本義説，獲是「獵所得」，本主得物言，引申使用才爲得人，它又通作「穫」，指刈穀言實際上穫是獲的後出分别字。郭璞爲這條作注説：「今以獲賊耳爲戫，獲禾爲穧，并見《詩》」。此所謂并見《詩》，是指見於《詩·大雅·皇矣》的「攸戫安安」和見於《詩·小雅·大田》的「此有不斂穧」兩句而言。戫訓爲獲，已見《毛傳》，穧訓爲獲，則見於《經典釋文》，由於有「得人」、「得禾」的分别，所以雖然同訓爲獲，而語感各有不同，不能混爲一談。

又如《釋詁》裏的一些屬於動詞方面的同義詞，看來類聚它們在一起，同是屬於某一意義，但彼此間的差别卻有非常細微的地方。如「監、瞻、臨、涖、頫、相，視也」條，郭璞注：「皆謂察視也」。所謂察視，自然和一般的視有所區别，而在這條裏被郭璞解爲「皆察視也」的詞，彼此之間卻還有其細微的差别存在。如「監」的察視義的意味重在督責，看《詩·小雅·節南山》「何用不監」，《國語·周語》：「王怒，得衛巫，使監謗者」裏的兩個監字就含有這個意思。「瞻」的察視義的意味重在望遠，看《詩·邶風·燕燕》「瞻望弗及」裏的「瞻望」就含有這個意思，又重在仰望，看《詩·大雅》的《雲漢》和《瞻卬》裏都有「瞻卬仰昊天」之句，這裏面的兩個瞻字就含有仰望的意思。頫字，《説文》訓爲「三年大相聘曰頫」，也可見不是平常的看望。相字，《説文》訓爲「省視也」，並引《易》曰「地可觀者，莫大於觀木」來説明字形結構所以「從木，從目」。段玉裁的注説：「按目接物爲相」，這對相字的含義説得最爲明白不過。因而《周禮·大司徒》注以相爲「佔視也」，《考工記·矢人》注謂爲「相，猶擇也」，都是由這個含義引申而來。可見相的察視意義又是不同於其他的察視的。「臨」的察視義是「以高視下」，《論語·爲政》：「臨之以莊」的《皇侃疏》，即如此説。《國語·晉語》：「臨長晉國」韋注以「臨」訓爲「監」，也是取義於以高臨下的監視。「涖」是「埭」的後出字，或作莅，《説文》訓「埭」爲「臨也」，引申則爲臨視義，如《周禮·

司市》：「市師涖焉，而聽大治大訟；胥師、賈師涖於介次，而聽小治小訟。」又《大宗伯》：「涖玉鬯」。鄭衆注此兩處涖字，並云：「涖，視也。」又《鄉師》：「執斧以涖匠師。」鄭衆把這句裏的「涖」字作「臨視也」解，即是如此。「臨」與「涖」後來發展可以成爲并列詞組的復合詞，但在分别使用時，語氣卻有輕重之别，不能互相替换。清代語言學家考求同義詞的詞義，往往重在求同捨異，因而把原來有所誤解的都改正過來，這是對的，但把應當有所區别的詞義，一味地混同起來，而且還不承認它們之間的相異之處，這就值得商榷了。例如段玉裁認爲瞻的仰望義是今義⑧，徐灝爲段注作箋，也不承認桂馥所區分的《論語》：「正其瞻視」是「臨下之意」，「瞻彼日月」，「民具爾瞻」是仰望之意，而把它説成是「乃因原文或全句之意義而異其趣，其本義因同訓爲視」⑨，這都不免有膠柱鼓瑟的毛病，忽視了上下文字詞配搭的製約關係，這是很難令人同意的。關於「見」與「視」的同義詞，以單音詞論，見於字書的非常多，這不妨舉朱駿聲《説文通訓定聲》一書後附的《説雅》裏所臚列的一些來看看：

睼：迎視也。　　覞：旁視也。

眘、相：省視也。　　𧡪：笑視也。

奞、矆、𧡫：大視也。　　䙺、𧡱：内視也。

䀟、䀡、眙、𧡙：直視也。　　䚈：察視也。

睨、眄、覛：衺視也。　　䀠：左右視也。

䁲、窺：小視也。　　𠊹：左右兩視也。

睪：司視也。　　𧡸：正視也。

盻：恨視也。　　瞫：深視也。一曰，下視也。

𥉋：很視也。　　媢：相視也。

覞：并視也。
瞀：氏目謹視也。
䀛：目冥遠視也。
睘：目驚視也。
瞴：瞴婁微視也。
盰：蔽人視也。
𥈴：轉目視也。
䀩：失意視也。
矘：目無精直視也。
睇：目小衺視也。
瞗：目熟視也。
睗：目病視也。
眽：目財視也。
眮：瞋目顧視也。
眈：視近而志遠也。
䁴：視而止也。
道：相顧視而行也。
覛：病人視也。

𥈅、𨴚：低目視也。
瞥：財見也。
見、診、𥌈：視也。
視：瞻也。
瞻、臨：視也。
覽：觀也。
觀：諦視也。
䚈：外博衆多視也。
覺：注目視也。
𧡉：私出頭視也。
眷：顧也。
顧：遠視也。
瞫：竊見也。
窡：穴中見也。
𧢄：目有察省者也。
瞟：䁦也。
䁦、督：察也。
覭：小見也。

睹、僨、昃：見也。　覿：遇見也。

俔、閆當作閈：見也。　靚：召見也。

如此等等，照它們的詞義解釋，絶大多數，彼此間的差别，可以説細微已極，雖然多半已成爲歷史詞，不再使用，但從當時採用這些不同的符號，標志不同的細微差别來看，卻是從他們各有的表象特徵來決定其不同的。

《釋詁》的「始也」條，共類聚了十一個詞，從古代文獻使用情況看，有些是可以互相替換的，但從每個詞本身所具有的基本意義説，比於其他各條的，卻特别分得很清楚。如「初」的本義是「裁衣之始也」。《穀梁隱五年傳》説：「初，始也」，這已經是用的初的引申意義了。「哉」是「言之閒也」。作爲始義用，是「才」的借字，「才」的本義是「草木之初也」。《尚書》的「哉生明」，即「才生明」。「首」是「百」的古文，「百」，「頭也」。所以把它訓作始義，是指的「人之初生」，由人的初生然後才作爲泛指的始，也是屬於它的引申意義的。《呂氏春秋・簡選》：「以爲兵首」，高誘注：「首，始也」，可爲明證。「基」的本義是「牆基始築也」，引申用爲泛指的始義，所以才有《周頌・昊天有成命》的「夙夜基命宥密」的用法。「肇」本訓爲擊，沒有始的意思，訓爲始的，是「肁」的借字，「肁」，「始開也」，引申其義才訓爲始。但一般卻通用肇字。「祖」的本義是「始廟也」的意思，由始廟然後引申訓始，如《尚書》：「黎民祖饑」的「祖」，即作爲始解。「元」的本義是指人身的頭部而言，所以《孟子》才有「勇士不忘喪其元」的話語，引申其義，方訓爲始。《春秋》的「元年」，即是某一公即位的開始一年。「胎」的本義是「婦始孕腜兆也」，也就是始孕第一次懷孕，作爲泛指的始義，那是它的引申義了。「俶」的本義訓爲善，一曰「始也」。訓爲始義，實以頭爲本字。周代説「俶」，漢以來説「頭」。「落」是草木零落的名稱，引申爲「始死」，又再引申方訓爲始，當是由相反對立的意義而來。「權輿」即是「虇蕍」，是説開始化生，《大戴禮・誥志》：「孟春百草權輿」是其義，也是由引申義才訓爲泛指的始義的。由此看來，這十一個詞雖然同訓爲始的意義，其所以爲始的意義卻不相同，這就證明同義詞的詞義是同中有異，並非完全相等。

再如《釋詁》的「死也」條，類聚了六個詞，雖然同是死的意義，但在封建社會裏更各富有强烈的封建色彩。如「崩」本爲「山壞也」，但卻把它作爲封建帝王之死的專用詞，漢代以後也直接用「山陵崩」作爲隱諱語。「薨」是爲諸侯的死而作的專用詞。「無祿」，即不祿，即「不終其祿」，是士的死的專用詞。「卒」，本作「𣨛」，是大夫死的專用詞。「徂落」，又作「殂落」，據《爾雅》郭璞注説：「古者死亡，尊卑同稱耳。故《尚書》堯曰殂落，舜曰陟方乃死。」可見「徂落」初無特殊的意義，由於《尚書》有這句話，因而後來也就不是用來指普通人的死。「殪」訓爲死，是被擊殺而死，《晉語》：「擊人盡殪」，《左氏隱九年傳》：「衷我師，前後擊之盡殪」，都是指人被擊死而言；《楚辭·國殤》：「左驂殪兮刃傷」，則又是指物被擊死而言了。

基於上述，從《爾雅》前三篇的同義詞，很可以看出先秦時代的漢語文學語言已經相當發展成熟。這些同義詞使用的精確，和其數量之多，正是社會不斷向前發展的必然結果。我們研究古漢語應當重視這方面的問題。《爾雅》能爲我們提供不少的資料，對我們的研究很有幫助，而這方面問題研究的開展是應當提到目前的日程上來的。

5.《爾雅》的編製者本着捨異求同的原則，建立若干義類，以古代文獻的可徵爲斷，這又是本書值得注意重視的另一方面，同時從這些歸納出來的義類，還可認識到古人思想意識中所概括反映出的客觀對象是怎樣的一個輪廓。所謂義類，範圍有大小之別。大的範圍，是指《爾雅》全書十九篇所包括的自然、人事、生物三大部門的總內容而言。以生物這一部門作例，《爾雅》把它分做《釋草》、《釋木》、《釋蟲》、《釋魚》、《釋鳥》、《釋獸》、《釋畜》七篇。這對生物界的復雜紛繁的現象，是作了較詳的分類的。這樣的分類，自然不能和現代生物學的分類相比，但《爾雅》已經做到類聚群分，雜而不越，實是難能可貴。比如把植物分成兩大類，草和木的區分那就不會含混。所以有「譬諸草木，區以別矣」這樣的習用語。又如從獸類劃出馬屬、牛屬、羊屬、狗屬、雞屬和彘等六畜，使家畜與獸相對立，別爲《釋畜》一篇，有它所獨具的重要意義。這不僅辨別野生和家養，辨別誰有什麼特徵、習性、形狀和顏色等，更重要的是先秦時代的人們早已認識到家畜的經濟價值，成爲人民財產的一部分。因此，用語雖簡，而彼此間的同異，卻大爲顯然。這能說不是古人對畜類觀察的真實記錄？因此，《爾雅》雖然並非全部記載生物方面詞語的書，而在記錄方面所採取的類聚群分，也隱然依照生物必然可分的現象來作區劃。既然有這樣根據來建立義類的觀念，那我們就不能把《爾雅》看成雜字攢集的東西。小的範圍，指本書前三篇所類聚的六百二十三個條目二千多個通用詞而言。其中《釋言》一篇，「專釋六藝成言」，所分條目比較零碎；《釋詁》、《釋訓》兩篇所分的若干條目和建立的義類，這便有細微的用意可說。而每一義類又類聚了若干同義詞，在這一系列的同義詞中，使我們對詞義的理解，既看到一般，也看到個別。恰如現代語言學者所說的，一般就是把一些同義詞聯繫在一起，使其成爲仿佛是代表含義廣泛的一個概念的各種詞，而個別就是使這一系列中每一個同義詞都衹能特指概念的某個方面，而所有同義詞總起來則能從各個方面表達出一個概念的意義來。語言中精確選擇過的同義詞的多樣性，正是語言表達的高度發展的證明。由此可見，《爾雅》裏這些意義的建立，在詞與詞的關係上，既顯現出它們的統一性，同時又顯現出它們的示差性，因而人們的思想表達，在不同的場合表達出各種不同的意味。雖然稱它做同義詞，但很難做到替換使用，而詞與詞的語義之所以有更精確、更細致的表達，其原因正在於此。而人們思想意識的復雜精細的面貌，也同時可以從這裏看出來。就學習語言、掌握語言說，有了這樣劃分的義類，衹要我們能夠理解了它的基本詞的意義，那就可以概括其他，這是一種學習語言的經濟手段之一。試看《釋詁》裏所建立的義類，既然掌握了它的基本詞的意義，當然也就可以以其所知類推其所未知，這是以簡馭繁的方便法門。《釋詁》的一百九十一個條目，約可作如下的區分：⑩

(一)表示事物方面的名稱的：計有君、緒、常、法、皋、壽、信、誠、匹、寀、官、事、虛、衆、病、思感思、福、祭、早、故、今、僞、業、言、功、直正直、靜、榦、垂、長、佞、從隨從、孝、餘、首、祖、綸、定靜定等詞。

（二）表示動作、形容、性質方面的：計有有、至、往、賜、叙、樂、服、循、謀、謔、合、對、媿、繼、落、告、毁、陳、主、勝、克、殺、勉、强、進、道、勴、右、亮、和、和相合、重重叠、聚、擇、儘、懼、憂、勞、勤、思、待、汽、遇、遻、見、見現、視、微逃藏、止、厭、成、安、易易直、易相延易、報、疑、俌、當、作、習、陞、竭、清、代、饋、徙、執、興、嘉、舍、息、具、愛、動、審、絶、道由、歷、數、傳、相、治、養、墜、捷相接續、愼、喜、獲、因、正、獻、亂、取、存、察、迎、臻、續、尼、定、近、坐、已、終、死、大、善、靜、遠、遐、長、高、充、光、固、美、豐、疾、速、多、敬、厚、罕、寡、暴樂、茀離、難、利、始、自、間、盈、久、皆、與等詞；

（三）表示稱代詞及語助詞方面的：計有我、身、予、誰、此、曰、于、於、嗟、乃、維、侯、是等詞。

照《爾雅》原書對這些詞義先後的排列，雖不如現代詞書那樣看起來便於檢查，但這些起概括作用的義類的基本詞，以它們作爲基本詞義，一查這些詞義，就可以了解其他各詞，這在編排的次序上已經是前進一步。照後代乃至於今天的辦法，當然可以有各種各樣，那也祇能説是改進了檢查辦法，而在詞義的歸納爲若干類，後代的詞書卻很少超出《爾雅》分類精神的範圍。如《廣雅》出現在三國時代，但它的分類完全依照《爾雅》，祇是在小類上有些增補出入，通用詞的義類也僅僅作了拾遺補闕的工作，並没有另辟途徑。可見《爾雅》編製者所遵守的這樣捨異求同的方式，確是一個編製詞書的原則，而不是隨心所欲。因此，後來有些不是「雅學」一類的書，爲了研究某一書詞義的義類，也有人把原書打散，另照《爾雅》組織方式編排的，如清代陳奐的《毛詩傳義類》，朱駿聲的《説雅》，這對研究古代詞義，卻開了一條新通道。如若不這樣做，象《詩毛傳》的詞義解釋的那樣分散的條文，究竟怎樣貫穿？《説文解字》那樣據形係聯的書又怎樣改變爲據義類聚的書？這就很費周章斟酌。有了上面兩書的貫穿辦法，以它們作例，那我們對詞義的研究，很可以匯集各種形式不同的詞書字書，以詞義爲綱，把各書中紛然雜陳的詞義加以合理的安排，詞義的總結工作就更接近正確，再加以其他基本知識作輔助，古代詞義的研究就會更深入細致。象章太炎先生的《文始》，立出初文、準初文，「都五百十字，集爲四百三十七條，討其物類，比其聲均韻，」已經能夠貫穿《說文》裏的文字五六千個，就是在這方面研究的一部傑作，雖然這部著作還不免有可商之處。由此可見，《爾雅》的編製所採的捨異求同，建立若干義類的辦法，在漢語詞彙研究史上實具有重要意義。

三、結語

《爾雅》的出現，是漢語詞彙研究史上的一個重要里程碑，根據以上所述，已可證明。在古代資料少、憑借難的情況下，能夠編製出這樣的書，的確不很容易。而這部書終於載諸竹帛，流傳後代，直到今天，已不少於二千年，它之有存在的價值，決非出於偶然。論其關係之深之巨，也不盡在我國傳統的語文學方面形成所謂「雅學」，而且《方言》、《說文解字》、《釋名》等各辟門户的語言專著同樣受到它的影響。今天要研究漢語詞彙的發展過程，對這部書決不能置之等閒視之之列。我們這樣說，並不是對它有所偏嗜，而是一種客觀存在，不容我們有所忽視。當然這部書不是没有一些缺點，而且它的缺點是大可指摘的。如所類聚的材料不夠詳備，頗有過於簡略之處，所分列的條目也不盡合理，所概括反映的詞語也有不少是屬於非全民性的，而所反映的思想意識有很大部分又是有極厚的封建色彩的，如此等等，不一而足。然而這些缺點對《爾雅》說，是必然具有的，不可避免的。反過來說，我們對它的優點，卻不能因爲它有了這些缺點，就一概加以抹殺，不予提出，那也不是實事求是的治學態度。單以同義詞的類聚群分這一項而論，遠在二千年前，世界上還不曾有過《爾雅》這樣的書，而《爾雅》的編製者卻有這樣眼光、識力，總集材料，創立規模，難道不值得我們稱美？說到它的影響之深之鉅，難道在今天就不值得一提？不說古代，且說現代，大家一致承認，語言研究所得的科學成就，遠邁前古，這是事實。但直到目前爲止，卻不曾見到一部漢語同義詞詞典，也不曾聽到有人有這樣撰述，這就不無遺憾。不說中國，就說其他各國，即使有這樣的詞典，但說得上内容豐富、分析精確的，也很難指數。即如我們今天常見的兩本，一是A.Gandelsman的《英語同義詞》(English Synonyms)，全書六二二頁，僅僅列出二四四個條目，一是由葉軍譯的蘇聯波達波娃著《簡明英語同義詞詞典》，共一五一頁，僅僅有五十一個條目，前一書在解釋上比較詳盡，後一書卻祇能成爲一本比較好的通俗讀物。這兩部書的出現年代，卻在《爾雅》出現以來的二千年後，又是語言科學研究更有成就的新時代，照理説，是應該後勝於前，精益求精的。我們姑且不去衡量它們的價值如何，但我們感到現在撰述的這類書太少，不能滿足時代的需要，對語言使用的提高還缺少指導的作用，這不能不熱望於研究漢語詞彙同志的努力。過去的學者對《爾雅》是作過不少疏釋工作的，在疏釋當中提出了很多實例，通貫群書，確鑿精審，大有利於研究者的掌握、學習。通過這些疏釋的著作，不僅使我們對古代文獻有了更深一層的認識了解，同時對探索古漢語詞義的辨析，提供了極其重要的資料，而《爾雅》本書的作用和價值也就無形中得到證明和提高了。因此，我們今天研究《爾雅》，要求作出適當的評價。

注：

①《四書》，是宋元以來對《論語》、《孟子》兩書以及從《禮記》抽出的《大學》、《中庸》兩篇的習慣稱呼，是過去學習古代文獻的基礎讀物。我們這裏作爲詞彙統計，爲方便計，也就照習慣，不再另分。

②暫時依照過去通行《十三經集字》的統計數字。

③參看王國維《爾雅草木蟲魚鳥獸名釋例》，載《觀堂集林》卷五。

④現代研究我國果樹歷史的植物學家或農學家，對《爾雅》裏《釋木》、《釋草》所述及的果樹，頗有論列，其説可以參考。

⑤事載《晉書》本傳。舉此以見前人實際也是把《爾雅》用於生活的。

⑥《方言》一書的具體内容，筆者所作《方言簡析》載本學報一九六一年第三期已有所論列，這裏不再詳及。

⑦載《觀堂集林》卷五。

⑧見《説文解字注》第四篇上「瞻」字注。

⑨見所著《説文解字段注箋》第四篇上「瞻」字注下箋。

⑩這裏的區分，是根據各該詞的古籍中的使用情況來作的。

爾雅釋詞撮例

李法白

《爾雅》一書，收羅了比較豐富的古代漢語詞彙，特別是先秦經籍中的詞語，經過系統的處理，予以簡要的訓釋，從而成爲我國最早的詞典和訓詁專著，爲後來經學家、小學家所重視。直到現在，它在語言學者對於古漢語或漢語史的研究上，在解決一般人閱讀古書中所遇到的一些詞義問題上，仍然有着極其重要的作用。

《爾雅》作爲古代詞典或訓詁專著，對於詞義的訓釋，是相當完整地繼承了在它以前的訓詁常法①，並且作了多樣化的創造。盡管其中有些地方不夠科學合理，需要批判；但基本上是依照一定的義例，做到了精密謹嚴，給後世許多同樣性質的著作如《小爾雅》、《廣雅》、《埤雅》之類樹立了範例。我們今天要研究《爾雅》，探索古漢語詞彙的某些問題，或者是要利用《爾雅》以通先秦經子，都不能不首先在這方面加以注意。

在發明《爾雅》全書的義例方面，前人曾經有過不少論述②，而專門紬繹其釋詞方法的，還不大多見。即或有人附帶談到一些，不是語焉不詳，就是不夠系統全面。這樣就使初學《爾雅》者由於缺乏這方面的認識，而產生或多或少的困惑；有時還會因此給人們造成一種錯誤觀念，認爲《爾雅》的訓詁漫無準則，不足爲法，甚至對《爾雅》全書也持以否定態度，不能給以恰如其分的評價。

近來因教學需要，重新閱讀了《爾雅》。在閱讀過程中，把全書的釋詞的方法和條例，作了一番依類排比、分析歸納的工作。本文就是初步歸納的結果。其中繁瑣和粗疏并見，謬誤怕也在所難免。這些都有待於今後更深入細致地探討，作出必要的補充和修正。這裏需要首先聲明兩點：一是本文寫作的目的，僅僅在於揭示《爾雅》釋詞的方法，對於各種方法的優劣短長，打算另寫專文討論，這裏一般不加評述。二是文中的術語名稱，有沿用傳統訓詁學上的，也有出於個人杜撰的。前者雖然是沿用，但涵義或所代表的概念範圍並不一定和過去的完全相同，特爲指出，免滋誤會。

一

《爾雅》的釋詞，首先是把所搜集的詞分成大類，大類的下面，或再分若干小類，然後根據詞與詞某種聯繫，依次排列，逐條加以訓釋。具體的訓釋方法，我們後面再談，這裏先概述一下詞的分類和詞條序列的情況。

《爾雅》對於詞的分類基本上是按意義或事類爲標準的。全書十九篇，代表了所劃分出來的十九個類。這十九篇就是《釋詁》、《釋言》、《釋訓》、《釋親》、《釋宫》、《釋器》、《釋樂》、《釋天》、《釋地》、《釋丘》、《釋山》、《釋水》、《釋草》、《釋木》、《釋蟲》、《釋魚》、《釋鳥》、《釋獸》、《釋畜》。

《釋詁》、《釋言》、《釋訓》三篇所釋的大都是一般性的、意義不太具體的詞。其中《釋詁》、《釋言》以釋單音詞爲主，《釋訓》以釋重言或迭音詞爲主，而《釋詁》和《釋言》釋詞的不同，一般認爲，前者側量「古語」，後者側重「今言」，實際上也不盡然。這三篇所收的詞，從語法的詞類上看，最多的是動詞、形容詞、抽象名詞。此外，還有一些代詞、副詞、連詞、嘆詞、象聲詞、數詞。

《釋親》以下十六篇是釋人事、天文、地理和動植物的名稱的。《釋親》、《釋天》、《釋地》、《釋丘》、《釋水》、

《釋獸》、《釋畜》等篇，在大類之下，又分出小的類目。如《釋親》下分「宗族」、「母黨」、「妻黨」、「婚姻」，《釋天》下分「四時」、「祥」、「異」、「歲陽」、「歲名」、「歲陰」、「月名」、「風雨」、「星名」、「講武」、「旌旗」，《釋地》下分「九州」、「十藪」、「八陵」、「九府」、「五方」、「四野」、「四極」等；《釋宫》、《釋器》、《釋樂》、《釋山》、《釋草》、《釋木》、《釋蟲》、《釋魚》、《釋鳥》等篇，没有明確地標出小的類目，而實際上所釋的名物，也隱然自成小類。如《釋宫》包括宫室、户牖、臺榭、道路、橋梁等目；《釋器》包括用具、網罟、衣服、車輿、鼎鬲、金玉、弓矢等目；《釋魚》包括魚、鱉、龜、蛇、蛙、蚌等目。屬於同一類目的事物，基本上排在一起，但彼此混雜的也不少。這十六篇所釋的絶大部分是代表各類事物的名詞，中間有時也夾雜着一些與各該類事物有關的動詞和形容詞。例如：

1. 逆流而上曰溯洄，順流而下曰溯游。（《釋水》）
2. 鵲鶪醜，其飛也翪；鳶鳥醜，其飛也翔。（《釋鳥》）
3. 肉謂之敗，魚謂之餒。（《釋器》）
4. 青謂之葱，黑謂之黝。（《釋器》）

十九篇每一篇的詞條是怎樣安排的呢？這在《釋親》以下十六篇裏比較容易看得出來：大體上是把各條的詞按它們所代表的事物，依類相次；條與條之間，保持着相當密切的聯繫。以《釋樂》篇爲例，全篇共列十六個大詞條：第一條，釋宫、商、角、徵、羽五音的别名；二至十二條，釋瑟、琴、鼓、磬、笙、篪、塤、鐘、簫、管、籥各種樂器大小的異名；十三條釋奏樂、歌唱的名稱；十四條至十六條，釋擊鼓、敲敔與導樂、和樂等器物的名稱。上下連屬，倫類清楚，基本上做到了次序井然，有條不紊。不過，這十六篇裏的詞條並不都是排列得恰當合理的；其中隨意安插，因而形成凌亂、重復的地方，也有一些：《釋草》裏「卉，百草」③一條，按理似乎應該冠於篇首，卻混雜於其他各條的中間；「虋，赤苗；芑，白苗；秬，黑黍；秠，一稃二米」與「粢，稷」「衆，秫」「戎叔謂之荏菽」等條，都是解釋五穀之類的，卻分離在兩處；「葍」「䔰」「藑茅」「雀弁」是一種野菜的不同名稱，分作三條解釋，各不相連；《釋鳥》裏「鸕，諸雉」與「鷂雉，鷮雉……」兩條本來可以連貫，而中間卻加入「鷺，舂鉏」一條④；《釋器》裏前面已經解釋了彝、卣、罍等器物，最後又出「卣，中尊也」一條……諸如此類，都表現了作者在確立詞條及其序次上是不夠精細的。

如果說《釋親》以下十六篇的詞條排列，還比較有條理、有次序，那麼，《釋詁》、《釋言》、《釋訓》三篇，在這方面，顯然是差了一些。但是，我們也並不能因此就說這三篇裏的詞條是完全雜亂無章地堆放在一起的。衹要我們細心考察，也會發現詞條與詞條之間的種種聯繫，從而找出它排列的一些規律。首先，各篇開頭和結尾的詞條，意義上是互相照應的。例如：《釋詁》第一條是「始」義的詞，末兩條是「終」義和「死」義的詞。這樣安排，雖然不一定象邵晉涵所說，是「君子慎始」、「示民有終」的意思，但也決不是偶然的現象。又如《釋言》第一條是「中」義的詞，末一條也是「終」義的詞。郝懿行解釋說：「上篇首言始，末言終，此篇首言中，末亦言終，以中統始終之義，而包上下之詞也。」⑤這種解釋是合乎情理的。再如《釋訓》第一條是「明明，斤斤，察也」，末條是「鬼之爲言歸也」，所謂「始於明，終於幽」⑥，意義遥遥相對，清楚地可以看出作者着意安排的匠心。其次，某些詞條的連列，是由於詞義的相承、相關或語音的相同、相近。前者如《釋詁》中訓「始」訓「君」訓「大」三條，訓「至」訓「往」兩條，訓「法」訓「辜」兩條，訓「病」訓「憂」訓「勞」訓「勤」四條，訓「已」訓「終」訓「死」三條，後者如《釋言》中「兆，域也」與「肇，敏也」兩條，「薆，隱也」與「僾，唈也」兩條，「俾，職也」與「紕，飾也」兩條，「偁，舉也」與「稱，好也」兩條。這種觸類旁通、連續訓釋的結果，就使這些詞條處於一定的次序之中。再次，某些詞條的連列，還由於詞的出處相同，就是說，所分條訓釋的詞，在意義和聲音上不一定有什麼聯繫，但它們都同出於某經某篇，因而依次排列在一起，例如《釋言》「跋，躐也」、「疐，跲也」，「跋」「疐」同出於《詩經·豳風·狼跋》；「靡，罔，無也」，「爽，差也」，「靡」「罔」「爽」同出於《詩經·王風·氓》；「粲，餐也」，「渝，變也」，「宜，肴也」，「夷，悦也」，「粲」「渝」「宜」「夷」同出於《詩經·鄭風》；《釋訓》「抑抑，密也」，「秩秩，清也」，「抑抑」「秩秩」同出於《詩經

•大雅•假樂》。由此可見《爾雅》前三篇詞條排列，也未嘗没有義例可尋。但是從總的方面説，規律性不强，標準不一致，所以畢竟不能不給人們以零亂無序的感覺。這一點是《爾雅》的缺點之一。這種缺點的造成，可能有多方面的原因比如《爾雅》在流傳中，文字上有遺佚、有奪誤、有錯亂，又曾經後人遞相增益，這些都會使書中詞條不相連屬，而最主要的恐怕還應該歸咎於原作者在編排時態度不夠嚴肅認真，考慮不夠細密，這是無庸諱言的。

關於《爾雅》區分詞的類别和序次詞條的情况，大致已如上述，這裏我們還有必要再明確一下每一詞條中訓釋對象所處的位置。

一切字書和詞書，在訓釋文字、詞語時，作爲訓釋對象的字或詞，可以位在訓釋部分的前面，也可以位在它的後面。《爾雅》裏這兩種情况，都很常見。

（一）訓釋對象在前的主要見於《釋詁》、《釋言》、《釋訓》和《釋草》、《釋木》、《釋魚》、《釋蟲》、《釋鳥》等篇。絶大多數採用判斷句式——在《釋詁》等三篇中的格式是「×，×也」；《釋草》等五篇中的格式是「×，×」，句末不用「也」字。其他各篇，也有不用判斷句式的，但爲數不多。這一類的例子如下（例中加「•」的是訓釋的對象）：

1. 彌，終也。《釋言》
2. 明明、斤斤，察也。《釋訓》
3. 蟬，白魚。《釋蟲》
4. 鬼之爲言歸也。《釋言》
5. 蝮虺，博三寸，首大如擘。《釋魚》

（二）訓釋對象在後的主要見於《釋親》、《釋宮》、《釋器》、《釋天》、《釋地》、《釋丘》、《釋水》、《釋獸》、《釋畜》

等篇。從形式上看，凡是句中有「爲」、「曰」、「謂之」或「惟」、「其」、「者」「諸」⑦的，都屬於這一類。通常的格式有：「×爲曰、惟×」、「×謂之×」、「×謂×爲×」、「×稱×曰×」、「×，×者×」、「×，其×，×」。例如：

1. 父爲考，母爲妣。《釋親》
2. 水中可居者曰洲。《釋水》
3. 馬膝上皆白惟馵。⑧《釋畜》
4. 大版謂之業。《釋器》
5. 男子謂女子先生爲姊，後生爲妹。《釋親》
6. 婦稱夫之父曰舅，稱夫之母曰姑。《釋親》
7. 魚有力者，黴。《釋魚》
8. 龜…前弇諸果，後弇諸獵。《釋魚》
9. 宮中之門…其小者謂之閨。《釋宮》
10. 櫟，其實，梂。《釋木》

句中不用「爲」、「曰」等字，也有屬於這一類的，例如「澤中有丘，都丘」《釋丘》、「山三襲，陟」《釋山》，「果臝之實，栝樓」《釋草》。論句型，這同上面「藿，山韭」、「蟫，白魚」那一類都是句中不用繫詞、句末不用「也」字的判斷句，但也具有一個區別於那一類句子的特點，就是，句子的前半，結構總是比較復雜，在一般情況下不可能祇是一個單詞。

二

從訓釋部分的繁簡來考察，《爾雅》的釋詞可以概括爲兩種情況：一是以一詞釋一詞，一是以多詞釋一詞⑨。這兩種情況，要是僅僅着眼於形式上，那很簡單；要是再結合意義來加以分析，就比較復雜一些。

I）以一詞釋一詞

以一詞釋一詞，兩個詞之間的意義關係，有的是對當的，有的不是對當的。二者可以分别叫做對當式和非對當式。所謂「對當」，是指訓釋與被訓釋的詞所表示的概念完全相同或者基本上相同（一般可以對譯），即彼此是同義詞或近義詞。

（一）對當式的訓釋，又有幾種不同的情況。

甲）以B釋A，B是常用詞，即作者當時較爲通行的「官話」，包括書面上的「雅言」和口頭上的俗語，A是非常用詞，包括載於先秦典籍、後來使用較少的古語詞和帶有地域局限性的方言詞。

1）以今言釋古語，例如：

1. 如、適、之……，往也。《釋詁》
2. 孔，甚也。《釋言》
3. 甹夆，掣曳也。《釋訓》
4. 載，歲也。《釋天》

2）以通語釋方言。例如：

1. 展、諶……詢，信也。《釋詁》

郭注引《方言》：「荆吴淮汭之間曰展，燕代東齊曰諶，宋衛曰詢」。

2. 惈、憐，愛也。《釋詁》

郭注：「惈，韓鄭語，今江東通呼爲憐。」

3. 餥，食也。《釋言》

郭注引《方言》：「陳楚之間相呼食爲餥。」

以今言釋古語和以雅言釋方言二者之間的界限是不明確的。因爲許多古語詞，在古代往往都衹流行於某一地區；而許多方言詞，也往往見於先秦典籍，它們同時也就是古語詞。比如上面例子中的方言詞「展、諶、詢」，都曾出現於《詩經》中。如《小雅·車攻》：「展也大成」，《鄘風·君子偕老》：「展如之人兮」，《大雅·大明》：「天難諶斯」，《鄭風·溱洧》：「洵與「詢」音義同訏且樂」。

乙）以B釋A，A和B是同一個詞，衹是書寫形式上即字體上有所不同：其中一個是古字，一個是今字；或者一個假借字，一個是正字或本字。古今字相訓的，叫做同字訓；正假字相訓的，叫做正假訓。《釋詁》、《釋言》兩篇，不少這種例子。如：

1. 于，於也。《釋詁》

「于」《説文》作「亏」。段注：「…凡《詩》、《書》用『亏』字，凡《論語》用『於』字。蓋『亏』『於』二字在周時爲古今字。」

2. 迺，乃也。《釋詁》

郭注：「迺即乃」。《廣韵》、《列子》、《釋文》並以「迺」爲「乃」之古文。

以上爲同字訓。

3. 矢，誓也。《釋言》

按：「矢」爲「誓」的假借《説文》：「矢，弓弩矢也」。《書》：「出矢言」。

4. 干，扞也。《釋言》

按：「干」爲「扞」之假借。《詩·兔罝》：「公侯干城。」

——以上爲正假訓

在同字訓和正假訓中，我們應該指出一點，就是古字和今字、假借字和正字，它們的位置是固定的：一般說，古字、假借字在前，今字、正字在後。這種「以今訓古」、「以正訓假」，是詁訓的通則，也是《爾雅》訓釋詞、字的義例之一。不過，今本《爾雅》中，也有一些例外，這或者是文字有所倒誤⑩，或者是出於偶然，不足深怪。

丙）訓釋與被訓釋的詞并列，以下釋上，彼此之間，很難說有「古與今」、「通與方」的差別，它們衹是同一事物的兩個或兩個以上的不同名稱這同今天「玉蜀黍」也叫「玉米」、「包谷」的情況是一樣的。《釋草》、《釋木》、《釋蟲》、《釋魚》、《釋鳥》等篇的訓釋在於別異名，廣見聞，所以大都屬於這一類。例如：「連，異翹」、「荷，芙蕖」《釋草》、「終，牛棘」《釋木》、「蛣蟯，蟯螂」、「蠸，輿父，守瓜」《釋蟲》、「鰼，鰌」《釋魚》

二）非對當式的訓釋。

語言中真正的同義詞非常罕見，意義十分接近的近義詞也並不太多。所以，以詞釋詞，不可能多用對當式，而要常常使用非對當式。非對當式的訓釋，大體上可以分作三類：

甲）廣狹訓。

兩個詞意義相近、相似而不相同：或者有範圍大小的差別，或者有概括與具體的差別，以彼詞訓釋此詞，叫做「廣狹訓」。一般訓詁書上所說的「以廣名釋狹名」或「以共名釋別名」「以狹名釋廣名」或「以別名釋共名都屬於這一類。這類訓釋出現於《爾雅》前三篇的比較多。如：

1. 瞻、相，視也。《釋詁》

《説文》「瞻，臨視也」。又：「相，省視也」。

2. 探、篡，取也。《釋言》

《説文》：「探，遠取之也」，又：「屰而奪取曰篡」。

3. 耋，老也。《釋言》

郭注：「八十曰耋」。

4. 嬪，婦也。《釋親》

按：「嬪，婦人之美稱」見《周禮・大宰》注或「婦人有法度者之稱見《曲禮》注。

5. 土，田也。《釋言》

《爾雅義疏》：「土爲田之大名，田爲已耕之土」。

上面一——四例，是「以廣釋狹」，五例是「以狹釋廣」。

乙）異性訓

所謂「異性」，是指詞性的不同。凡是以事物訓釋事物的動作、性狀，或是以動作訓釋動作的性狀等等的，都屬於這一類。例如：

1. 謀，心也。《釋言》

郭注：「謀慮以心」。「謀」，動詞；「心」，名詞。

2. 婆娑，舞也。《釋訓》

郭注：「婆娑，舞者之容」。「婆娑」，形容詞；「舞」，動詞。

3. 悠悠、洋洋，思也。《釋訓》

「悠悠」、「洋洋」，并多思之貌，形容詞；「思」，動詞。

4. 偲，聲也。《釋言》

「偲」，象聲詞；「聲」，名詞。

此外，《爾雅》中有些訓釋，看形式，也是一詞釋一詞，而實際上，衹是由於句法結構的省略或殘缺所形成的一種比較特殊的現象這些省略或殘缺了的結構，一般衹充當復句中的分句，不能獨立。 用作訓釋的那個詞，並不是訓釋部分的全部，這樣也就談不到與訓釋對象的「對當」。例如：

1. 金謂之鏤，木謂之刻，骨謂之切，象謂之磋，玉謂之琢，石謂之磨。《釋器》
2. 肉謂之敗，魚謂之餒。《釋器》
3. 春爲蒼天，夏爲昊天，秋爲旻天，冬爲上天。《釋天》
4. 南方曰𠷎，東方曰鶅，北方曰鵗，西方曰鷷。《釋鳥》
5. 牛曰齝，羊曰齥，麋鹿曰齸，鳥曰嗉，寓屬曰嗛。《釋獸》

上面這些例子中的「金」，顯然不是「鏤」；「肉」顯然不是「敗」。同樣，「春」決不是「蒼天」，「南方」決不是𠷎」，「牛」決不是「齝」……。「金謂之鏤」，意思是「治金謂之鏤」；「肉謂之敗」，意思是「肉壞謂之敗」；「春爲蒼天」，意思是「春之天爲蒼天」；「南方曰𠷎」，意思是「南方之鳥曰𠷎」；「牛曰齝」，意思是「牛反芻曰齝」……。可見每一個訓釋都不是完整的；從句法結構上說，都省略了某些必要的成分。 這種省略，我們雖然可以從上下文、從幾個分句并列對比中，意識得到，但要說這些句子分句是省略句，也不妥當。 因爲省略句，其省略的成分必定能夠明確地補出來⑪；而這些句子，我們衹能肯定它們有所省略，可是究竟省略了些什麽，有時候是很難說的。比如：「春爲蒼天」，既可以說是「春之天爲蒼天」的省略，也可以說「天，于春爲蒼天」的省略。 這種兩可的情況，是一般省略句所不能容許的⑫。特別是象下面的例子，其中省略的東西，更難捉摸，因而補起來也更困難。

我們與其把它們叫做省略句，倒不如干脆叫做殘缺句：

1. 肉曰脫之，魚曰斮之……肉謂之羹，魚謂之鮨。《釋器》

2、獸曰釁，人曰撟，魚曰須，鳥曰狊。《釋獸》

Ⅱ）以多詞釋一詞

以一詞釋一詞，由於用作訓釋的衹是簡單的一個詞，很不容易做到明白、確切。就是前面說的對當式的訓釋，其中訓釋與被訓釋的詞，也並不一定是銖兩悉稱、百分之百的對當，更不要說非對當式的訓釋了。如果訓釋時不是僅僅用一個詞，而是用較多的詞，那情况就會完全不同，就有可能突破種種局限，通過判斷、叙述、説明等等辦法，較爲細致地給訓釋的對象以圓滿恰當的解釋。《爾雅》中有一半以上的篇章，就正是這麼辦的。

王力先生在《理想的字典》⑬一文裏，曾經肯定了《説文》的幾種訓釋方法：「天然定義」、「由彼知此」、「屬中求別」、「描寫」、「譬况」。這些方法，在《爾雅》中都是早已使用了的。現在衹就「屬中求別」、「描述比况」二者，分别舉例説明⑭：

一）屬中求別

就被訓釋的詞大都是名詞，動詞、形容詞較少加以限製性的説明，叫做「屬中求別」。常見的形式有：

甲）訓釋部分是一個偏正詞組，其中心詞是一個類屬的名稱。例如：

1. 卣，中尊也。《釋器》
2. 緎，羔羊之縫也。《釋訓》
3. 鰝，大鰕。《釋魚》
4. 目上爲名。《釋訓》

5. 大阜曰陵。《釋地》

6. 屋上薄謂之筄。《釋宮》

前三例訓釋部分在後，全句爲不帶係詞的判斷句，其格式爲「×、×也」、「×、×」，簡單而少變化。後三例，訓釋部分在前，全句一般爲帶有係詞或準係詞的判斷句或準判斷句，其格式爲「×爲曰、謂之×」。這一類可以一變再變，成爲以下幾種形式：⑮

A）以類屬名稱居句首，以「者」字充當原來偏正詞組的中心詞，復指句首的類屬名稱。這種形式，一般出現在復句當中，「曰、爲」之類的係詞，可以不用。例如：

1. 龜，俯者靈，仰者謝。《釋魚》
2. 弓，有緣者謂之弓，無緣者謂之弭。《釋器》
3. 萍，…其大者蘋。《釋草》
4. 杜，[赤棠]；白者棠。《釋木》

B）省略變式（A）中的「者」。例如：

1. 室，有東西廂曰廟，[無東西廂曰寢]。《釋宮》
2. 桷，正而遂謂之閱。《釋宮》
3. 水，注川曰谿，[注谷曰溝…]。《釋水》
4. 木，族生爲灌。《釋木》
5. 木，自獘，柛；[立死，椔]。《釋木》
6. 槐，小葉曰榎。《釋木》

這類句型，可能有人分析爲連動式或連謂式，但這種分析，對前四例來說，似乎是可以的；對後二例就很難說得過去。而後二例同前二例在性質上卻並沒有多大差別。因此，不能認爲這類句子是連動式或連謂式。

C)「省略」變式(A)中的類屬名稱，即衹用「者」字構成的偏正詞組充當訓釋部分。例如：

1. 凡曲者爲罶。《釋訓》
2. 可耕者曰原。《釋地》
3. 水中可居者曰洲。《釋水》
4. 有足者謂之蟲，「無足者謂之豸」。《釋蟲》

這類句子，說它有所「省略」，衹是和變式(A)對比着說的，具體省掉了什麽，不太明確，因而也很難補上。

D)不出現不必要或不可能出現類屬名稱，也不用「者」字。這類句子，看起來好象省略本式中偏正詞組的中心詞即類屬名稱，又好象省略變式(A)中的「者」字。下面都是這一類的例子：

1. 四方而高曰臺，「陝而修曰樓」。《釋宮》
2. 所以止扉謂之閎。《釋宮》
3. 一染謂之縓，「再染謂之頳……」。《釋器》
4. 肉倍好謂之璧，「好倍肉謂之瑗」。《釋器》
5. 有鈴曰旂。《釋天》
6. 二足而羽謂之禽，「四足而毛謂之獸」。《釋鳥》

乙)訓釋部分是動賓或主謂詞組

這是用「屬中求別」法訓釋動詞、形容詞常用的格式。例如：

1. 和樂謂之節。《釋樂》
2. 善父母爲孝，「善兄弟爲友」。《釋訓》

3. 執衽謂之袺，「扱衽謂之襭」。《釋器》

4. 穀不熟爲饑，「蔬不熟爲饉，果不熟爲荒」。《釋天》

除了上面(甲)、(乙)兩種情况外，前邊提到的「金謂之鏤」、「肉謂之敗」、「春爲蒼天」之類，也是「屬中求別」的一種形式。但是，由於那種形式是「踰越常規」的省略的結果，訓釋部分僅僅殘留下一個單詞；被省略的詞語，又難於確指，所以就不能從結構上加以分析了。⑯

抛開結構，純從意義着眼分析《爾雅》「屬中求別」的訓釋，其「求別」的方法，更是非常之多的。粗略地看，就有下面一些類型：

子)從時代或時間上求別的：

1. 「繹，又祭也。」周曰繹，商曰肜，夏曰復胙。《釋天》

2. 春爲青陽，夏爲朱明，秋爲白藏，冬爲玄英。《釋天》

3. 春獵爲蒐，夏獵爲苗，秋獵爲獮，冬獵爲狩。《釋天》

4. 蘩之醜，秋爲蒿。《釋草》

丑)從地域、處所、方位或部位上求別的：

1. 兩河間曰冀州，河南曰豫州……《釋地》

2. 西南隅謂之奥，西北隅謂之屋漏。《釋宮》

3. 在牆者謂之楎，在地者謂之臬。《釋宮》

4. 厓内爲隩，外爲隈。《釋丘》

5. 莞，苻蘺；其上蒚。《釋草》

寅)從形貌、性質或狀態上求別的：

1. 黄金謂之璗，白金謂之銀。《釋器》
2. 凡曲者爲罶。《釋訓》
3. 蚍蜉，大螘；小者螘。《釋蟲》
4. 山小而高，岑。《釋山》
5. 疾雷爲霆……。暴雨謂之涷，小雨謂之霢霂，久雨謂之淫。《釋天》

卯）從動作和動作的對象或方式上求别的：

1. 龜，俯者靈，仰者謝。《釋魚》
2. 祭星曰布，祭風曰磔。《釋天》
3. 善父母爲孝，善兄弟爲友。《釋訓》
4. 徒鼓瑟謂之步，徒吹謂之和，徒歌謂之謡。《釋樂》
5. 肉曰脱之，魚曰斮之。《釋器》

辰）從原料或質料上求别的：

1. 木豆謂之豆，竹豆謂之籩。《釋器》
2. 肉謂之羹，魚謂之鮨。《釋器》
3. ……以金者謂之銑，以蜃者謂之珧，以玉者謂之珪。《釋器》

己）從數目、數量或頻率上求别的：

1. 一達謂之道路，二達謂之歧旁……九達謂之逵。《釋宮》
2. 丘一成爲敦丘，再成爲陶丘。《釋丘》
3. 犬生三猣，二師，一玂。《釋獸》

4. 玉十謂之區。《釋器》

5. 仍饑爲薦。《釋天》

午）從作用上求別的：

1. 所以鼓柷謂之止，所以鼓敔謂之籈。《釋樂》

2. 鳥罟謂之羅，兔罟謂之罝……，魚罟謂之罛。《釋器》

未）從領屬上求別的：

1. 衣梳謂之䘽。《釋器》

2. 婦人之褘謂之縭。《釋器》

3. 櫟，其實梂。《釋木》

申）從雌雄、老幼上求別的：

1. 鶨、鶵，其雄鶛。《釋鳥》

2. 鹿，牡麚、牝麀，其子麛。《釋獸》

3. 犬……未成毫，狗。《釋畜》

二）描述和比況。

從性質、狀態方面對某種事物——訓釋的對象——加以描寫或叙述的，叫描述。例如：

1. 莽，數節；桃枝，四寸有節。《釋草》

2. 卷施草，拔心不死。《釋草》

3. 樅，松葉柏身。《釋木》

4. 麐，麕身、牛尾、一角。《釋獸》

5. 蜼，卬鼻而長尾。《釋獸》

6. 鵲鶪醜，其飛也翪；鳶烏醜，其飛也翔。《釋鳥》

對訓釋對象作比喻性的説明，叫比況。這種訓釋方法和前面所説的方法不同之處就在於：它是「以彼物比此物」，而前面那些方法則是「直訓其義」直指其名或直言其事。《爾雅》中比況的訓釋，往往與描述法并用，一般是先作比喻，然後再進行描述。句中常用表明比喻的詞語「如」、「似」、「類」、「狀」等。例如：

1. 綸似綸，組似組，東海有之。《釋草》

2. 貙獌似狸，羆如熊，黄白文。《釋獸》

3. 蒙頌，猱狀。《釋獸》

4. 猰貐類貙，虎爪，食人，迅走。《釋獸》

5. 狒狒如人，被髮迅走，食人。《釋獸》

「屬中求別」式，也有帶比喻的；不過，所比喻説明的祇是訓釋部分中那個類屬名稱不論事實上是否出現，而不是直接比喻説明訓釋對象的。例如：

1. 山，如堂者密；如防者盛。《釋山》

2. 句如羽喬。《釋木》

前一例屬於「屬中求別」甲式的變式(A)，後一例屬於變式(D)。

三

從對於同義詞、多義詞等等的訓釋手段上來考察，《爾雅》釋詞的方式更是多種多樣的。

漢語詞彙，同其他語言詞彙一樣，其中有所謂多義詞、同義詞、近義詞、反義詞、同音詞等等，非常復雜；再加上漢字這是古漢語詞的書面形式的異體繁多，使用上的互相通假，這就使得詞義的訓釋，面臨着較大的困難。在這種復雜、困難的情況下，《爾雅》的釋詞，採用了以下一些方式：

（一）通訓

所謂通訓，就是列舉若干詞爲一組，下面用一個常用詞加以訓釋。訓釋與被訓釋的詞，一般是同詞類的，但也有詞類不同的即前所說的「異性相訓」。例如：

1. 初、哉、首、基、肇、祖、元、胎、俶、落、權輿，始也。《釋詁》
2. 作、造，爲也。《釋言》
3. 穆穆、肅肅，敬也。《釋訓》
4. 路、場、猷、行、道也。《釋宮》

關於《爾雅》通訓的義例，我們必須明確認識兩點：

第一，一組被通訓的詞，一般是也應該是同義或近義的，但有時意義卻相去很遠，甚至完全不同。在這種情況下，用作訓釋的詞，必然是多義詞或者是代表兩個異義詞的同一個字。它的一個意義訓釋全組中這一個字或這幾個詞，另一個意義訓釋那一個或那幾個詞。如果用甲、乙、丙、丁代表被訓釋的詞其中甲和乙、丙和丁分別為同義詞或近義詞，用 A 代表用作訓釋的詞，用 a、a' 代表 A 的兩個意義這兩個意義分別與甲和乙、丙和丁相通，它們之間的訓釋關係如下：

甲、乙 (a')
丙、丁 (a) ＞A也

具體的例子，如：

1. 育、孟、耆、艾、正、伯，長也。《釋詁》

「長」兼有「年長」、「官長」兩義。這裏以前一義訓釋「育、孟、耆、艾」，以後一義訓釋「正、伯」。

2. 臺、朕、賚、畀、卜、陽，予也。《釋詁》

「予」兼有二義：一爲「賜與」，一爲「自謂之稱」，即「我」。這裏以前一義訓釋「賚、畀、卜」，以後一義訓釋「臺、朕、陽」。

3. 治、肆、古，故也。《釋詁》

「故」有「久故」義，又爲「申釋之詞」。前者以訓釋「治始、古」，後者以訓釋「肆」——「肆」爲「髮端之辭」，與「故」爲「申釋之詞」，意義相通。

這種「一訓二義」的方法⑰，是不夠科學的，但是我們必須了解並加以掌握。否則，在閱讀《爾雅》時就會感到迷惘，造成理解上的窒礙。鄭樵注《爾雅》疑「臺、朕、賚、畀、卜、陽、予也」當分爲兩條。這證明鄭氏對《爾雅》釋詞的這一義例是不夠明了的。

第二，被通訓的一組詞中，這個詞和那個詞，有時是兩個同義詞或近義詞；有時是意義不相關聯或關聯不夠密切的兩個詞。另外，還有一種情況，表面上看，是兩個詞，實際上祇能算是一個。就是說，它們是採用了有假借關係的兩個不同的字來表示的。在《釋詁》、《釋言》兩篇中，不少這樣的例子。⑱如：

1. 嘏、假、京、景，大也。《釋詁》

按《說文》「嘏」訓「大遠」，「假」訓「非真」，「京」訓「人爲絶高丘」，與大義近，「景」訓「日光」。可知「嘏」爲本字，「假」爲假借字；「京」爲本字，「景」爲假借字。

2. 蓋、割，裂也。《釋言》

按《說文》「蓋」下云：「苫也」；「割」下云：「剝也」，與「裂」義近。是「割」爲本字，「蓋」爲假借字。

二）異訓

對於一個多義詞或兩個同形異義詞的不同意義，分别作不同的訓釋的叫異訓⑲。異訓有的是在同一條内進行的，有的則各自獨立成條，不相連屬，甚至也不在同一篇之内。從文字方面説，我們可以把前者叫做「一文連訓」，把後者叫做「一文重訓」。

甲）同條的異訓——一文連訓。

通常的字書，詞書或經書傳注，也常用這一訓釋法，但訓釋對象，祇在前面出現一次。其格式，一般是「甲，某也，某也」、「甲，某也，又某也」、「甲，㊀某，㊁某」。如《周禮》鄭注：「典，常也，經也，法也」；《辭海》：「典，㊀常也……㊁五帝之書也……㊂法也……㊃主其事也……㊄質物也……㊅姓也……」。《爾雅》中使用這種訓釋方法，訓釋對象，總是重復出現，成爲「甲，某也；甲，某也」的格式，這是比較特别的。例如：

1. 崇，高也；崇，充也。《釋詁》

2. 績，業也；績，功也。《釋詁》

3. 替，廢也；替，滅也。《釋言》

4. 濟，渡也；濟，成也；濟，益也。《釋言》

乙）不同條的異訓——一文重訓。例如：

1. 滅，盡也。滅，絶也。《釋詁》

2. 予，賜也。予，我也。《釋詁》

3. 典，常也。《釋詁》

典，經也。《釋言》

4. 咨，謀也。咨，此也。咨，嗟也。《釋詁》

5. 卒，盡也。卒，已也。卒，終也。卒，死也《釋詁》

卒，既也。《釋言》

異訓中的幾個意義，一般是彼此關聯、前後相成的。就是説，或者其中一個是基本義，其餘的是引申義；或者它們都是從一個基本義引申擴展而來的如「崇」訓「高」，又訓「充」；「滅」訓「盡」，又訓「絶」；「卒」訓「盡」，又訓「已」、訓「終」、訓「死」、訓「既」。在這樣的情况下，被訓釋的詞，祇是一個多義詞。有時，異訓中的意義，各不相涉或者關係疏遠如「予」訓賜，又訓我；「咨」訓謀，又訓「此」、訓「嗟」。在這樣的情况下，被訓釋的不能認爲是一個多義詞，而是幾個同形詞。它們之所以同形，是文字上因聲假借的結果。由此可見，異訓的訓釋對象是多義詞和同形詞，換句話説，是一個字。可是，由於漢字有古今、正假等異體，有時還出現這樣一種情况：異訓的對象是幾個異體字⑳，而就詞來説，卻祇是一個。例如：

1. 艐，至也。《釋詁》

屆，極也。《釋言》　按，「艐」，古「屆」字。

2. 瘽，病也。《釋詁》

悝，憂也。《釋詁》　按，「瘽」古作「悝」。

3. 寀，官也；采，事也。《釋詁》 按「寀」即「采」。

三）同訓

以相同的詞，分别訓釋不同的詞，即以A訓甲，再以A訓乙，叫做同訓。所謂「同」，是指用以訓釋的詞書寫形式上的相同，意義上有時還在讀音上可能有所差别，甚至毫無關聯，它們衹是一個字的重復出現，但並不一定是同一的詞。《爾雅》裏的同訓，有見於同條同篇的，也有分見於兩篇的。有人把這兩種情况分别叫做「母題重見」和「母題相同」——所謂「母題」是指用作訓釋的詞㉑。

甲）見於同條或同篇的同訓。例如：

1. 尼、定也。貉、嘆、安，定也。《釋詁》

2. 永、兼、引、延、融、駿，長也。育、孟、耆、正、伯，長也。《釋詁》

3. 蠲，明也。翌，明也。《釋言》

乙）分見於兩篇的同訓。例如：

1. 從、申、神、加、弼、崇，重也。《釋詁》
昣，重也。《釋言》

2. 舒、業、順，叙也。《釋詁》
豫，臚，叙也。《釋言》

3. 儼、恪、祇、翼、諲、恭、欽、寅、熯，敬也。《釋詁》
穆穆、肅肅，敬也。《釋訓》

用同樣形式的詞，來分别訓釋不同的詞，看起來好象並没有什麼必要。因爲與其以A訓甲，再以A訓乙，倒不如直捷了當地把甲乙集中起來加以通訓。但是《爾雅》之所以採取這種訓釋方法，也有其一定的理由，是

「未可厚非」的。

首先，用作訓釋的詞，有的雖然形式相同，但在意義上，甚至在語音上有很大的差别，它們並非同一個詞；它們所訓釋的詞，意義當然也十分不同。如上面(甲)(2)例中，訓釋「永、羕、駿」的「長」，是「久遠」、「長久」的意思，讀作chang；訓釋「育、孟、……伯」的「長」，是「年高、位高」或「官長」的意思，讀作zhang。又如(乙)(1)例中，訓釋「從、申……」和訓釋「眕」的「重」，一是「重疊」的意思，讀chong；一是「厚重」的意思，讀zhong。象這種情况，如果不分置兩條，而合併通訓，就勢必産生前面所説的「一訓數義」的現象；而「一訓數義」，雖然也是《爾雅》釋詞的義例之一，但從科學的觀點看，畢竟是不足爲訓的。

其次，有時用作訓釋的詞不是兩個詞，而是一個詞，但這個詞是多義的，它的一個意義，同甲組詞意義相當，另一個意義，同乙組詞相當。在訓釋甲組詞時，用的是一種意義；訓釋乙組詞時，用的是另一種意義。如果把甲、乙兩組詞合起來通訓，也同樣會形成「一訓二義」，使人在很大程度上難於尋繹這兩組詞之間的差别。如上面(乙)(2)例中，「叙」有「次序」和「陳叙」兩種意義。訓釋「舒、業、順」等詞，用的前一種意義；訓釋「豫、臚」等詞時，用的是後一種意義，如果合併「舒、業、順」和「豫、臚」，通訓作「叙」，就會使訓釋含混。

再次，《爾雅》採取同訓，有時又同它的分類標準和編排體係有關，比如(乙)(3)，「儼、恪……」與「肅肅、穆穆」同訓「敬」，但「儼、恪……」是單音詞，所以歸入《釋詁》；「穆穆、肅肅」是重言詞，所以在《釋訓》中另置一條。

四）遞訓 聯珠訓

一條之中，包含兩個或兩個以上小句，首尾相銜，先以乙詞訓甲詞，再以丙詞訓乙詞，遞接而下，形式上和修辭上的聯珠格或頂真格相同，這種訓釋方法叫做遞訓或聯珠訓。遞訓法，古書中很常見。如《詩·豳風·東山》：「熠熠，粦也；粦，螢火也」。《禮記·祭統》：「福者，備也；備者，備百順之名也。無所不順謂之備」。下面是《爾雅》中遞訓的例子：

1. 矢，弛也；弛，易也。《釋詁》
2. 速，徵也；徵，召也。《釋言》
3. 凌，慄也；慄，慼也。《釋言》
4. 芣苢，馬舄；馬舄，車前。《釋草》
5. 蠑螈，蜥蜴；蜥蜴，蝘蜓；蝘蜓，守宫也。《釋蟲》

以上是單純的遞訓，此外，還有和異訓交織起來的遞訓。例如：

6. 潛，深也；潛、深，測也。《釋言》
7. 遘、逢，遇也；遘、逢、遇，遻也；遘、逢、遇、遻，見也。《釋詁》

用作遞訓的詞，有前後同義的，也有前後不同義的。前者如「速，徵也；徵，召也」、「芣苢，馬舄；馬舄，車前」。在這種情況下，「召」可以訓釋「速」，「車前」也可以訓釋「芣苢」。後者如「矢，弛也；弛，易也」，「凌，慄也；慄，慼也」。在這種情況下，「易」不能訓釋「凌」。

此外，我們還應該注意的是，《爾雅》中有些訓釋貌似遞訓，而實非遞訓的。例如：

1. 植謂之傳，傳謂之突。《釋宫》
2. 緵罟，謂之九罭；九罭，魚綱也。《釋器》

例(1)中兩分句所訓釋的對象都在後，例(2)中的第一分句所訓釋的對象在後，如果把它們倒過來變成訓釋對象在前的形式，就可以看出這兩條訓釋，都不是遞訓了。

五)轉訓

甲、乙等詞，通訓作某，然後再以乙訓甲，或以甲訓乙，原來被通訓的詞，彼此「輾轉相訓，其義俱通」，這叫做轉訓。其格式是：

「甲、乙…，某也；甲，乙也。」

或「甲、乙…，某也；乙、甲也。」

例如：

1. 遹、遵、循、率…，自也；遹、遵、率，循也」《釋詁》
2. 粵、于、爰，曰也；爰、粵，于也。《釋詁》
3. 齊、疾，壯也。《釋言》
   齊、速，疾也。《釋詁》

前二例是見於同條之內的轉訓；後一例是不屬於同條的轉訓。

六）互訓

兩個完全同義詞，可以無條件地交互訓釋；兩個多義詞，它們的一個意義相同，也可以彼此相訓。即先用甲訓釋乙，再用乙訓釋甲。如《說文》「螽」下云：「蝗也」，「蝗」下云：「螽也」；又「老」下云：「考也」，「考」下云：「老也」。這種方法，叫做互訓。下面是《爾雅》中互訓的例子：

1. 多，衆也；衆，多也。《釋詁》
2. 遐，遠也；遠，遐也。《釋詁》
3. 請，告也。《釋詁》
   告，請也。《釋詁》
4. 室謂之宮，宮謂之室。《釋宮》

七）反訓

甲、乙兩個反義詞相訓，叫反訓；以甲、乙分別訓釋丙，也叫反訓。前者如以「擾」訓「馴」㉒，以「糞」訓「除」

㉓等；後者如「面」訓「背」，又訓「嚮」等㉔。《爾雅》中的反訓，也有這兩類：

甲類，即用與本詞正訓相反的詞訓釋本詞。如：

1. 亂，治也。《釋詁》

2. 故，今也。《釋詁》

乙類，即用兩個反義詞分別訓釋同一個詞㉕。例如：

1. 落，始也。《釋詁》

落，死也。《釋言》按「始」即「生」，與「死」相反。

2. 繇，憂也。《釋詁》

繇，喜也。《釋詁》

3. 徂，往也。《釋詁》

徂，存也。《釋詁》

八）比類連訓

對於某些類似或相關的事物、動作之類的名稱，因此及彼地次第分訓或加以對比説明，叫做比類連訓。古書中常常使用這種方法來區分事物，如《禮記》：「天子之妃曰后，諸侯曰夫人，大夫曰孺人，士曰婦人，庶人曰妻」。《論語》：「不教而殺謂之虐，不戒視成謂之暴，慢令致期謂之賊」。《左傳》：「師有鍾鼓曰伐，無曰侵，輕曰襲」。《爾雅》裏廣泛地使用了這種方法，作爲「屬中求別」見前的有效手段之一。連訓時，往往是「×曰為、謂之×」并列連用的格式，也可以是其他平行句式。用這種句式連訓的對象，雖然並不排斥同義詞㉖，但《爾雅》中所連訓的，幾乎全部是非同義詞㉗。例如：

1. 婦稱夫之父曰舅，稱夫之母曰姑；姑舅在，則曰君舅君姑；没，則曰先舅先姑。《釋親》

2. 丘一成爲敦丘，再成爲陶丘，再成銳上者爲融丘，三成爲昆侖丘。《釋丘》

3. 邑外謂之郊，郊外謂之牧，牧外謂之野，野外謂之林，林外謂之坰。《釋地》

4. 荷，芙渠；其莖茄，其葉蕸，其本蔤，其華菡萏，其實蓮，其根藕，其中的，的中薏。《釋草》

5. 食苗心，螟；食葉，蟘；食節，賊；食根，蟊。《釋蟲》

6. 翥醜，鏬；螽醜，奮；强醜，捋；蠭醜，螸；蠅醜，扇。《釋蟲》

四

傳統訓詁學的訓釋詞、字，一般以訓釋部分的性質不同分作三類：從形體上來訓釋的叫形訓，從聲音上來訓釋的叫音訓，專從意義上來陳述說明的叫義訓。許慎《說文解字》以形訓爲主；劉熙《釋名》以音訓爲主；《爾雅》則以義訓爲主，同時也採用了音訓。

字的聲音和意義互相依附，彼此關聯，聲音相同或相近，其意義也大抵相通。這樣就有可能由字音來推字義——雖然古人用字多所通假，但通假原於聲音，因此仍然可以根據字音求得本字本義。訓詁學上音訓的運用，有時是很自然而且很有必要的。《爾雅》用音訓的地方，總的說，不算太多絶大部分在前三篇中，但也並不罕見。下面分三類舉例說明：

（一）同聲爲訓

甲、乙兩個「單字詞」即單音詞，其字聲母相同，以乙訓甲，叫做同聲爲訓或雙聲訓。例如：

1. 復，返也。《釋言》「復」、「返」同屬「幫」母。

2. 戲，謔也。《釋詁》「戲」、「謔」同屬「曉」母。

3. 卬、吾，我也。《釋詁》「卬」、「吾」、「我」同屬「疑」母。

4. 鞏、堅、膠，固也。《釋詁》「鞏」、「堅」、「膠」、「固」同屬見母。

二）同韻爲訓

甲、乙兩個「單字詞」，其字韻母相同或同時聲母也相同，以乙訓甲，叫做同韻爲訓或疊韻訓。例如：

1. 登，昇也。《釋詁》「登」、「昇」同屬蒸部。

2. 基，始也。《釋詁》「基」、「始」同屬之部。

3. 茹、虞，度也。《釋言》「茹」、「虞」、「度」同屬魚部。

4. 履，禮也。《釋言》「履」、「禮」同屬來母脂部。

5. 鬼之爲言歸也。《釋訓》「歸」、「鬼」同屬見母微部。

從《爾雅》對於表示某種事物的「雙字詞」即雙音詞的訓釋中，我們也可以看到音訓的使用，那就是，甲、乙兩個「雙字詞」，其相對應的字，在發音或收音上相同，從而以乙訓甲——甲和乙通常是同一事物由於地區或時間不同而語音變化所產生的不同名稱。例如：

1. 科斗，活東。《釋魚》「科」、「活」雙聲溪母，「斗」、「東」雙聲端母。

2. 藒車，芞輿。《釋草》「藒」、「芞」雙聲溪母，「車」、「輿」疊韻魚部。

3. 商庚，倉庚。《釋鳥》「商」、「倉」疊韻陽部。

三）合音爲訓

以一個詞的「緩言」的語音形式訓釋它的「急言」的語音形式，而後者即是前者的合音，這叫做「合音爲訓」。我們知道，語言中的詞，往往因爲音讀的長短疾徐的關係，可以把雙音的合讀爲單音的，也可以把單音的析讀爲雙音的。古漢語裏一些虚詞如「盍、爾、耳、諸、旃、那(nuo)、叵」，促聲急讀是「盍、爾、、諸、旃、那、叵」；緩聲徐讀，就是「曷不、如是、而已、之乎或者歟、者焉、奈何、不可」。某些事物的名稱，由於方言的轉變，也有短言、長言的分别㉘。如「虎」爲「於菟」㉙、「苦蘲」爲「鴻」㉚。這完全是出於語音的自然，和「反切」情況相似，所以又可以叫做「反切爲訓」。《爾雅》中對於某些事物的名稱，有時就採用了這種「合音爲訓」的方法。例如：

1. 不律謂之筆。《釋器》
2. 扶摇謂之飆。《釋天》
3. 茨，蒺藜。《釋草》

五

上面我們從幾個方面考察了《爾雅》訓釋詞義的方法，並且通過具體實例，作了分析説明。但是，所有這些方法，在《爾雅》中還衹是一般性的。除此之外，我們不能不注意到《爾雅》對詞語訓釋所採用的一些比較特殊的方法。

一)引詩爲訓。

《爾雅》訓釋古代經籍的詞，一般是就詞釋詞，不指明該詞所從出的某書某句，這是它區别於經傳注疏而具有詞典性質的主要特徵。但是，對於《詩經》某些詞的訓釋，有時是先引詩句，然後指出其中某詞的特定意義。例如：

1.「既微且尰」《小雅・巧言》。——骭瘍爲微，腫足爲尰。《釋訓》

2.「是刈是鑊」《周南・葛覃》。——鑊，煮之也。《釋訓》

3.「有客宿宿」《周頌・有客》。——言再宿也。《釋訓》

4.「河水清且瀾兮」㉛《魏風・伐檀》。——大波爲瀾。《釋水》

5.「是禷㉜是禡」《大雅・皇矣》。——師祭也；

「既伯既禱」《小雅・吉日》。——馬祭也。《釋天》

6.「徒御不驚」《小雅・車攻》——輂者也。《釋訓》

上列六例，都是先引詩句，接着訓釋句中某詞。但前四例，明確訓釋對象，看起來非常清楚。後二例情況不同：所引詩句中，需要訓釋的詞不止一個，而實際上訓釋從偏，又没有明確地提出來。比如「既伯既禱——馬祭也」。「伯」和「禱」都是待訓釋的詞，而實際上「馬祭也」，祇訓釋「伯」一個詞㉝。又如「徒御不驚——輂者也」。「徒」和「御」都是待訓釋的詞，而實際上「輂者也」祇訓釋「徒」一個詞㉞。這些地方最容易引起誤會，也最應該加以留意。

有時在引《詩經》語句之後，並不特就其中某個詞，而是對整個語句作出訓釋；也有連引多句，逐句訓釋的。例如：

1.「謔浪笑敖」《邶風・終風》，戲謔也。《釋詁》

2.「子子孫孫」《小雅・楚茨》，引無極也。《釋訓》

3.「乃立冢土，戎醜戎行」《大雅・緜》，起大事，動大衆，必先有事乎社而後出之謂宜。《釋天》

4.「如切如磋」，道學也；「如琢如磨」，自修也；「瑟兮僩兮」，恂慄也；「赫兮咺兮」，威儀也；「有斐君子，

終不可諼兮」，道聖德至善，民之不能忘也㉟。《釋訓》

對於某些肯定出於《詩經》的重言詞，有時不直接訓釋其本身的詞彙意義，而特就它們在原詩中所具有的修辭上的「興喻之義」加以説明，這也算作「引詩爲訓」。例如「丁丁、嚶嚶見《小雅·伐木》，相切直也」《釋訓》。郭注：「丁丁，伐木聲，嚶嚶，兩鳥鳴」，詩中用以喻朋友的互相切正。《爾雅》所釋，正是這種「興喻之義」，同這兩個詞本身的詞彙意義無關。其它的例子，如：

1. 藹藹、萋萋，臣盡力也；噰噰、喈喈，民協服也。《釋訓》
2. 晏晏、旦旦，悔爽忒也。《釋訓》

二）寓訓釋於叙述。

《爾雅》的每一條訓釋，不論是一詞釋一詞或多詞釋一詞，也不論中間是否有所省略，其訓釋和被訓釋的兩個部分，一般總是能夠分析開來的——就是説，一看就能分出哪是訓釋部分，哪是被訓釋部分雖然在某些詞條中，訓釋部分形式上是不完整的。但是，象《釋水》「天子造舟，諸侯維舟，大夫方舟，士特舟，庶人乘泭」條，就很難進行這樣的分析：這裏僅僅叙述了古代階級社會裏乘舟的尊卑制度，不是特就某某詞加以訓釋雖然意思上是訓釋「造舟」、「維舟」、「方舟」、「特舟」和「泭」的，和一般的情況迥然不同。這種情況，我們叫它做寓訓釋於叙述。《釋天》、《釋地》、《釋丘》等篇還有一些這樣的例子：

1. 素錦綢杠，纁帛縿，素昇龍於縿，練旒九，飾以組，維以縷。《釋天》
2. 北方有比肩民焉，迭食而迭望。《釋地》
3. 太平之人仁，丹穴之人智，大蒙之人信，空洞之人武。《釋地》
4. 陳有宛丘，晉有潛丘，淮南有州黎丘。《釋丘》

三）列舉名物，以不訓爲訓。

《爾雅》訓釋草木、蟲魚、鳥獸等名物，通常是把同一事物的不同名稱並列，以後者訓釋前者見前「對當式訓釋」；有時則僅僅列舉出事物的名稱，不作訓釋，這是非常特殊的。例如：

1. 鯉。鱣。鰋。鮎。鱧。鯇。㊱《釋魚》

2. 土蠭。木蠭。《釋蟲》

3. …怪鴟。梟鴟。《釋鳥》

這裏都是幾種不同事物名稱的並列，彼此之間没有訓釋和被訓釋的關係。其所以如此，可能有兩種原因：一是所列舉的各種事物，僅僅衹有一個名稱，無從對舉爲訓；一是這些事物，爲當時人所熟知，無須另加訓釋。

附記

《爾雅》釋詞的種種方法，必須通過詞義、語音和語句結構等方向的分析，才能夠清楚地看得出來。本文在這方面是注意了的，並且經過分析，也概括出若干條例，劃成若干類型。但是由於鉤稽排比、觀察研究的工夫做得不夠，不少地方還遠遠没有達到精審縝密的程度，因而也就不能如實地反映出《爾雅》釋詞方式方法的多樣性。另外，文中所列舉的訓釋方法，有的衹是從俗備數，並不見得恰當、必要。比如，音訓是不是應該列爲《爾雅》釋詞方法之一，就值得商榷。因爲《爾雅》某些詞條中訓釋和被訓釋的詞之間存在着一定的語音上的聯繫，雖然是無可否認的事實，但這並不是由於作者特意拿語音上有聯繫的詞作爲一種手段來進行詞義的訓釋的；訓釋的目的，不在於從語音上推求詞源，訓釋的性質，仍然和一般的義訓相同，而和劉熙《釋名》裏的典型音訓有着相當大的差别。例如《釋名》：「暑，煮也，熱如煮物也」、「心，纖也，所識纖維無物不貫也」。「暑」從不當「煮」用，「心」從不當「纖」用，這裏以「煮」訓「暑」，以「纖」訓「心」，顯然是緣聲求義，以語音闡明詞義的本原。《爾雅》的所謂音訓，除少數情況，如「鬼之爲言歸也」以外，一般都不能説是緣聲求義，而衹是要説明甲、乙兩個在語音上有聯繫的詞意義相同或在某種情況下意義相通。例如「務，侮也」、「不律爲筆」，這裏説明「務」有時可以當「侮」用㊲，「筆」又叫「不律」。至於「務」爲什麽可以當「侮」用，「筆」爲什麽又叫「不律」，它們彼此之間聲音上有怎樣的關係，那是另外的問題，不是《爾雅》釋詞的方法問題。因爲，很清楚，《爾雅》本無意於利用這種關係來對詞義進行訓釋。基於這種理由，在《爾雅》釋詞方法中不列入音訓，似乎是可以的。本文對於這種方法，没有從略，衹是姑依舊説，存之以備一格而已。

注

①訓詁並不始於《爾雅》，在它以前的經籍中就已經有了萌芽，並且形成了一些固常的訓釋詞義的方法。例如：《易》：「震，動也」，《荀子》：「多聞曰博，少聞曰淺，多見曰閑，少見曰陋」，《孟子》：「徵之爲言正也」，《左傳》：「凡師一宿爲舍，再宿爲信，過信爲次」，又：「楚人謂乳，穀，謂虎，於菟」等。

②釋《爾雅》義例的專著有陳玉澍《爾雅釋例》、王國維《爾雅草木蟲魚鳥獸釋例》等。王著着重論述《爾雅》名物得名的由來，是詞源學或構詞法的問題，與釋詞方法無關。

③「草」上奪「百」字，見阮元《爾雅注疏校刊記》。

④陳玉澍以爲「鶩，春鉏」條，應在「鸕，諸雉」條之上，今本錯簡致誤。見《爾雅釋例》。

⑤見《爾雅義疏》。

⑥見《爾雅正義》。

⑦「諸」與「者」同，「者」古音「諸」，古書常通用。如《禮記・郊特牲》「或諸遠人乎」亦作「或者遠人乎」。

⑧《詩・秦風・小戎》正義引郭云：「馬厀以上皆白爲惟馵」，是以「惟馵」爲一詞，邵氏《爾雅正義》從之，實誤。郝氏《爾雅義疏》云：「按此言『惟馵』，下言『惟駹』，『惟』皆語詞。郭義恐非」。王氏《經義述聞》亦同郝説，而辨之尤詳。

⑨這裏所説的「以多詞釋一詞」，並不等于説以詞組釋詞。這是因爲：(1)訓釋部分的幾個詞，有時並不構成詞組。例如

「蘩之醜，秋爲蒿」《釋草》一條中，訓釋部分有「蘩之醜」這個偏正詞組和「秋」這個詞，而「蘩之醜」和「秋」不是詞組。2)有時，訓釋部分表面上看是一個詞組，但它並不是訓釋部分的完整形式，因而真正訓釋某詞的也並不是這個詞組。例如：「鼎絶大謂之鼐」《釋器》一條中，「鼎絶大」是個主謂詞組，實際上訓釋「鼐」的，不是這個主謂詞組，而應當是「鼎，絶大者」。詳後

⑩如《釋詁》：「嗟，蹉也」。「嗟」、「蹉」二字上下互譌，而「蹉」本或作「蹉」，皆古「嗟」字。說見陳玉澍《爾雅義疏》。

⑪《爾雅》中，也不乏正規的省略句。例如：「水自河出爲灉，濟爲濋，汶爲瀾，洛爲波，漢爲潛，淮爲滸，江爲沱」。《釋水》「濟爲濋」以下六個分句都承上省略了「水自……出」，可以明確地補出。

⑫《爾雅》採用這種省略成分的訓釋方法，往往影響到訓釋的明確性，甚至引起誤解。比如上面例(5)五個分句省略的，照理應該是相同意義的東西，但實際上前三句是釋獸類反芻動作的名稱，後兩句是釋鳥類和寓屬貯食之處的名稱。由於成分省略，使人不易索解。

⑬原文載《國文月刊》第 33 期。

⑭其他幾種方法，《爾雅》中也有所使用，但不太多見，如「子之子曰孫」、「兩婿相謂爲亞」《釋親》，屬於「天然定義」；「謂我舅者吾謂之甥也」《釋親》，屬於「由彼知此」；「蠢，不遜也」《釋訓》，屬於「由反知正」。

⑮「蘩之醜，秋爲蒿」《釋草》也是一種變式。它和本式不同的是系詞上又帶狀語「秋」。但這種形式，《爾雅》中不多，所以不再特爲列舉。

⑯《爾雅》中還有些「屬中求别」的訓釋，如「桑槐醜，條；椒椴醜，莍；桃李醜，核」，形式上看，也都是不用繫詞的判斷句，也是以偏正詞組作訓釋部分，但是，「桑槐醜」並不是「條」，「椒椴醜」並不是「莍」……。結構形式的分析同意義的分析統一不起來，説它有所省略，也似乎説不過去。這也算是一種特殊的情況。

⑰「二訓二義」的現象，郝懿行叫「一字兼包二義」，王引之叫「二義不嫌同條」，嚴元照叫「一訓兼兩義」，陳玉澍叫「訓同義異」。

⑱詳見楊樹達《爾雅略例》。

⑲「異訓」是就其釋義之異這一點上來命名的。如果就分別訓釋這一點上來命名，也可以叫做「分訓」。

⑳嚴格説，「異體字」衹指意義完全相同、寫法不同的字，與「古今字」概念不相當，與「通假字」更不相同。這裏爲了方便，一律稱作異體字。

㉑見濮之珍：《「方言」與「爾雅」的關係》，載一九五七年十二月號《學術月刊》。濮文稱：《釋詁》、《釋言》、《釋訓》三篇中，母題相同者七，母題重見者二十六。今據統計，實不止此數。

㉒《左傳》：「乃擾畜龍」。注：「擾猶養也。」

㉓《曲禮》：「凡爲長者糞之。」注：「糞，掃除也。」

㉔《説文》：「面，向也，背也。」

㉕按即異訓，不過特指訓釋之詞意義相反的而言。

㉖如《方言》：「蟬，楚謂之蜩；宋衛之間謂之螗蜩；陳鄭之間謂之蜋蜩……」。

㉗連訓對象是同義詞的，衹有很少的幾條。如「夏曰歲，商曰祀，周曰年，唐虞曰載」。《釋天》

㉘顧炎武《音論》：「宋沈括謂，古語已有二聲合爲一字者，如『不可』爲『叵』，『何不』爲『盍』，『如是』爲『爾』，『而已』爲『耳』，『之乎』爲『諸』。鄭樵謂，慢聲爲二，急聲爲一；慢聲爲『者焉』，急聲爲『旃』；慢聲爲『者歟』，急聲爲『諸』；慢聲爲『而已』，急聲爲『耳』；慢聲爲『之矣』，急聲爲『祇』是也。愚嘗考經傳，蓋不止此……」。

㉙《左傳》宣四年：「楚人謂『虎』『於菟』」。

㉚見聞一多《古典新義·詩新臺鴻字解》。

㉛「瀾」，今作「漣」。「漣」即「瀾」之或體。

㉜「禷」，今作「類」。

㉝毛《傳》：「伯，馬祖也；禱，濤獲也」，《爾雅》訓釋從偏，未釋「禱」字。

㉞毛《傳》：「徒，輦者；御，御車者」。《爾雅》釋「徒」遺「御」。

㉟此引《禮記・大學》文，蓋釋《衛風・淇澳》之詩者。孔疏則以爲「記者引《爾雅》」。

㊱舊説以「鯉、鱣」爲一魚，「鰋、鮎」爲一魚，「鱧、鯇」爲一魚，《爾雅》蓋以「鱣」釋「鯉」，以「鮎」釋「鰋」，以「鯇」釋「鱧」。郭璞謂得諸時驗，分爲六物。後世若陸德明、邵晉涵、郝懿行等多從郭，惟王引之則以郭説爲非。

㊲《詩・小雅・棠棣》：「外御其務」。《左傳》僖二十四年引作「外御其侮」。

爾雅與百科全書

蔡聲鏞

百科全書依美國國際百科全書EI一九七八年歷史的分法，可以分爲古代百科全書、中世紀百科全書和現代百科全書三者，而前二者都是分類編排的。我國分類編排的《爾雅》，若就上述世界百科全書的發展過程而言，它類似於古代百科全書也許是百科全書的雛型，而其問世還是比較早的。《爾雅》究竟是怎樣的一部書呢？它與百科全書的編纂有何類似之處？「雅學」的發展及其傾向於現代百科全書化的過程又是怎樣的呢？試談一些粗淺的看法。

一、《爾雅》始於何時？

據晉郭璞《爾雅》序稱：「《爾雅》者蓋興於中古，隆於漢代」。「中古」究指何時呢？唐國子博士陸德明在其所撰《經典釋文》卷第二十九中，解釋爲「中古，謂周公也」。玆考中日學者合編的《中國歷代年表》即清禮部侍郎史官齊召南原著的《歷代帝王年表》後經日本學者山根倬三譯補而成，並改用今名有如下記載：「周世表載明成王在位三十七年即公元前十二世紀其元年周公相，六年製禮作樂，七年營洛邑；周公還政於王，公留治東都洛邑。十一年周公旦薨。「周禮六官始」、「儀福始」、「爾雅始」」云云見該書第二十五頁。照此說來，《爾雅》是否有可能興於公元前十二世紀，首須核對研究第一手材料。於是，考齊氏原著《歷代帝王年表》，二者基本相符。惟尚不及日人譯補本詳細，亦無公元年號。觀其體例，始自三皇，迄明洪武，周而上以世，秦後以年，縱横列之，統閏別之。每於重要著作都特加標注。例如：在周穆王世表内注有「國語始」在周平王世表内隱公元年處注有「春秋始」等等。又清道光四年鄞童槐序稱：「是書也，兼史記年表通鑒目錄及呂王兩家大事記之體」。由此可見，其所以在成王世表内標注「爾雅始」，就是作爲一件大事記下來的。已取得了日本學者的共認。惟上述《中國歷代年表》内所注「儀福始」，經核齊氏原著《歷代帝王年表》三種版本即商務萬有文庫民國二十六年版及其叢書集成初編民國二十八年版和上海中華書局據文選樓本校刊版）均作「儀禮始」。又查日人諸橋轍次等著《新漢和辭典》改訂版（一九六七年，未見有「儀福」一詞，恐系筆誤，順便校之，當亦無損於其史料參考價值。但年表一類讀物，多匯輯前人之作，以便讀者一覽無餘，事半功倍，並不一定代表另有新的創見。因此，如果要確定《爾雅》始於周初，尚有待于旁證。不管怎樣，要定《爾雅》的時間，當先定其作者。

二、《爾雅》何人所作？

有以下幾種說法：

一說是《釋詁》一篇，蓋周公所作。《釋言》以下或言仲尼所增，子夏所足，叔孫通所益，梁文所補。持此見者有魏張揖和唐陸德明。清黄叔琳氏在注《文心雕龍》有關《爾雅》時，亦引陸氏語。

二說是孔子門人所作。漢揚子云、鄭康成、賈公彥等均有此看法。清盧文弨序臧鏞堂《爾雅漢注》時，亦從之。

三說是秦漢間學《詩》者所纂集。宋歐陽修有此主張。哈佛燕京學社《爾雅引得》序則認爲「蓋秦漢以來小學家雜輯之作」。

四説是出自毛公之後。如葉夢得石林集所云。

五説是漢代小學家綴輯舊文遞相增益之作。宋曹粹中放齋《詩説》有此看法。

六説是否認爲周公所製，當在孔子删《詩》、《書》以後之作。如漢劉歆《西京雜記》、高承《事物紀原》所説。

綜上六説，似乎可以指出以下兩點：

（一）整個《爾雅》一書，是難有單一作者的。決非周公一人之作，亦非出自某一後人之手。

（二）從《爾雅》遞相增益，綴輯成書的情況來看，非屬一時之事。因此，《爾雅》一書大概是歷先秦漢代的跨代集體創作。這點聊供研究《爾雅》起始時間的上限者參考而已。不是本文的重點。

三、《爾雅》的篇幅

今《爾雅》郭注三卷本爲十九篇。但有人認爲《爾雅》有二十篇，説法不一。例如，清宋翔鳳在《爾雅郭注義疏》序中説：「愚意以爲《釋詁》文多，舊分二篇」。十三經索引開明書店關於《爾雅》篇目簡稱，則已列明爲《釋詁》、《釋詁下》等二十篇，又《詩正義》引《爾雅》《序篇》云：「《釋詁》、《釋言》通古今之字，古與今異言也。然則《爾雅》尚有《序篇》，今亡之矣」。漢志《爾雅》三卷二十篇一説，大概就是合上述《序篇》而説的。日人近藤春雄《中國學芸大事典》云：「《爾雅》現存者分《釋詁》、《釋言》、《釋訓》等十九篇，尚謂有《釋禮》一篇」。惟語焉不詳。

四、《爾雅》的性質

《經學通志》云：「《爾雅》者爾、近；雅、正也。正者虞、夏、商、周建都之地之正言也。近正者各國近于王都之正言也」。「學者舉今語以釋古語，引方言以證雅言，猶之殊語之互相翻譯。」又説「是蓋古代訓詁學之權輿」。筆者按：《爾雅》可謂之為訓詁書，而不可謂之為訓詁學，「學」字或系筆誤。日人近藤春雄謂《爾雅》爲辭書中之最古者見《中國學芸大事典》大修館書店一九七八年。我國訓詁方法的先驅戴震氏謂古故訓之書，其傳者莫先於《爾雅》。由此不難看出《爾雅》是辭書的起源。它究竟是怎樣的一種辭書呢？要回答這個問題，似須適當參考著名百科全書的規定標準，主要根據我們自己國家古代社會經濟的實際狀況和古代所謂的經典著作對《爾雅》的具體解釋，從多方面加以權衡，才能做出實事求是的結論。美國百科全書EI一九七四年認爲百科全書是旨在廣泛叙述全部知識的概要的著作，有的分類編排條目，有的則按字順編排條目和分類編排相結合。日本世界大百科事典平凡社一九七八年版認爲百科全書是涉及人類全部知識領域，簡明扼要叙述一切事物，按字順或五十音順編排條目的書。早期，與百科全書相仿的辭書，不論在日本或西方都是分類編排的。新村出所編《広辭苑》第二版補訂版，岩波書店一九七六年版認爲百科全書（Encyclopedia）是把涉及一切學術、技藝、家庭、社會以及其他學科的知識，在一部書中集中地記述下來，分門别類或按五十音順、平假名順、字順編排條目的書。另一方面《經典釋文》説：「《爾雅》者所以訓釋五經，辨章同異，實九流之通路，百氏之指南，多識鳥獸草木之名，博覽而不惑者也」。綜上而觀，不難理解《爾雅》是類似古代百科全書的工具書。漢《大戴禮記·小辨》明袁氏嘉趣堂刊本云：「公曰寡人欲學小辨，以觀於政其可乎？」子曰：「否，……《爾雅》以觀於古，足以辨言」。由此更可看出《爾雅》不僅類似於古代百科全書，而且還有它足夠的權威性。

五、《爾雅》的歸類和次第

《爾雅》爲歷代所重。兹考我國歷代圖書分類法關於《爾雅》歸類的梗概如下：《爾雅》在漢列入六藝略；在魏晉，荀勗列之於甲部；在隋歸經部；至唐開成中刻石經，且更與《易》、《詩》、《書》、三禮、三傳、《論語》、《孝經》同時上石而爲十二經之一；在宋歸甲部經錄；而鄭樵《通志》藝文略，門類詳細，子目分明，歸之於經類第八；元、明仍之。在清有兩種分法：①《續通志》分類，將之歸到經類第一内；②《四庫全書提要》則歸入小學内。至於《爾雅》在經典中的次第如何，學者也有不同看法。一種是傳統的擺法：即衆家皆以《爾雅》居經典之後，在諸子之前。另一種是陸德明氏的主張，他認爲「《爾雅》周公復爲後人所益，既釋於經又非次，故殿末焉」。即把它排在子書的末尾：《周易》、《論語》、《老子》、《莊子》、《爾雅》。筆者認爲《爾雅》本非專爲解經者，即使其初多用於説詩，本身畢竟不是經學。以隸經部，實爲不倫。無奈謬見相沿，混亂學術。似應改進，爲之另立《辭典》大類，列爲古代百科全書子目。既不巴「經」，也不挨「子」，而獨立於總類工具書之中。這樣，《爾雅》歸類既新，更無所謂「次第」問題了。

六、《爾雅》的體例

《爾雅》郭注上中下三卷常熟鐵琴銅劍樓瞿氏宋刊本就其整體結構而言，不失爲一部類綜合性古代百科全書，包括有社會科學、應用科學和自然科學初始的名詞概念以及少數事實數據，分類編排爲：《釋詁》、《釋言》、《釋訓》、《釋親》、《釋宮》、《釋器》、《釋樂》、《釋天》、《釋地》、《釋丘》、《釋山》、《釋水》、《釋草》、《釋木》、《釋蟲》、《釋魚》、《釋鳥》、《釋獸》、《釋畜》十九篇。篇目次第井然，似乎略有學科分界，構成了一個比較齊全的古代知識體系。兹主要採取《爾雅義疏》的看法，對《爾雅》的體例作如下分析：

（一）《釋詁》：所以釋古今之異言，通方俗之殊語。換句話説，「詁之爲言、古也，博舉古人之語，而以今語釋之也。《釋詁》之篇，動連十餘文而爲一文」。

例：初、哉、首、基、肇、祖、元、胎、俶、落、權、輿，始也。

本篇從「始」至「死」共有詞條一七一條。其中條頭較長的居多。

(二)《釋言》：言之爲言，衍也。約取常行之字，而以異義釋之。言即字也。《釋言》即解字也。古以一字爲一言。此篇所釋皆單文起義，多不過二三言。

例：殷、齊，中也。

本篇從「中」至「終」，共有詞條三〇七條，其中大都詞頭較短。

(三)《釋訓》：「訓，道也，道物之貌以告人也。《釋訓》云者多形容寫貌之詞，故重文叠字，累載於篇。子子孫孫以下，則又略釋《詩》義，諧於古音。『抑密』、『秩清』以下，復取斷文零句，詮釋終篇。訓之爲言順也。順其意義而道之」。

例：明明斤斤，察也。

本篇從「察」至「鬼」共一二九條。其中多爲叠字重文組成的詞頭。

以上爲訓詁，以下各篇則爲名物之釋。王國維氏著有《爾雅草木蟲魚鳥獸釋例》一書，析例精辟，深得《爾雅》編纂的規律。他提出：「凡雅名多奇，俗名多偶，古名多雅，今名多俗。《爾雅》之作，爲通古今雅俗之名也」。

4.《釋親》：分宗族即父黨、母黨、妻黨、婚姻四題，以定名分。從「父」至「嬪」共九十四條。

5.《釋宮》：從「宮」至「樓」共八十六條，包括房屋、道路等修建的初始名稱。

6.《釋器》：包括飲食、祭祀、漁獵、耕作、服飾、運輸、戰鬭、雕琢的用具和財貨等名稱。由「豆」至「中尊」共一二八條。

7.《釋樂》：有鍾鼓管弦音樂之名。從［宮］至［節］共三十六條。

由以上第五、六、七三篇可以考見我國古代衣、食、住、行、樂的文物制度和社會生産的概貌了。

8.《釋天》：分四時、祥、災、歲陽、歲陰、歲名、月陽、月名、風雨、星名、祭名、講武、旌旗十三個題。從［蒼天］到［旌旗］共一〇六條。

9.《釋地》：此篇爲以下《釋丘》、《釋山》、《釋水》三篇的總類。分九州、十藪、八陵、九府、五方、野、四極七個題。共六十六條。該篇所釋自九州以訖四極，其間陵藪異名，原野異勢，五方異氣，莫不備載。

10.《釋丘》：《風俗通》云：堯遭洪水，萬民皆山棲巢居，以避其害。凡土之高者舉可稱 丠即丘，蓋人立於地面之意。此篇所釋「丠」與厓岸，俱因形以定名。共四十九條。

11.《釋山》：首言五山，舉其大而名者，以下俱釋山的形體。從［華］至［梁山］，共有五十條。

12.《釋水》：分水泉、水中、河曲、九河四個題。玆篇所釋，自泉原川流及溪谷溝澮，經通灌注，靡不詳賅。乃至津涉舟航，滹洄宛在。四瀆注海，九河紀功，從《釋地》以下至［九河］，皆禹所名也。共五十五條。

13.《釋草》：從［藿］到［莫］共二二九條。

14.《釋木》：從［稻］到［灌］共一一七條。

15.《釋蟲》：從［螜］到［豸］共八十三條。

16.《釋魚》：從［鯉］到［火龜］共六十條。

17.《釋鳥》：從［隹］到［鸗黄］共一一五條。

18.《釋獸》：從［麋］到［狊］共七十二條。分爲寓屬、鼠屬、齸屬、須屬。

19.《釋畜》：此篇專釋馬牛羊彘犬雞六畜。從［騊駼］到［鶤］共九十四條。

玆統計《爾雅》一書共有二〇四七條。計社會科學［包括前四篇即上卷全部内容加《釋樂》］爲七三七條佔全書的百分之三十六;應用科學包括中卷前二篇即《釋宮》、《釋器》爲二一四條佔百分之十;自然科學包括自《釋天》起至《釋畜》的最後十二篇爲一〇九六條佔百分之五十四。又計其正文即經文字數的分配比重如下:社會科學佔百分之四十;應用科學佔百分之十;自然科學佔百分之五十。

七、《爾雅》詞目的層次

《爾雅》詞目的層次井然有條。但内隱而不炫,含藴而自如,與外國百科全書的編排,迥不相同。兹試條分縷析,揭示一些類型於次:

(一)階梯式層次標目:

例:《釋水篇》的水注川一條云:「水注川曰溪,注溪曰谷,注谷曰溝,注溝曰澮,注澮曰瀆」。這些都是水轉相灌注所入之處名。可把它列成如下七個層次:

層次標目順序:	1	2	3	4	5	6	7
	《釋水》	水泉	溪	谷	溝	澮	瀆

(二)併列夾階梯式層次標目:

例1.《釋草》荷芙渠一條：「荷芙渠其莖茄，其葉蕸，其本蔤。其華菡萏，其實蓮，其根藕，其中的，的中薏」。可列爲五個層次如下：

層次標目順序：	1	2	3	4	5
	《釋草》	荷芙渠	其莖茄		
			其葉蕸		
			其本蔤		
			其華菡萏		
			其實蓮		
			其根藕	其中的	的中薏

例2.《釋水》水中題一條：「水中可居者曰洲，小洲曰陼，小陼曰沚，小沚曰坻，人所爲爲潏」。擬列爲六個層次如下：

層次標目順序：	1	2	3	4	5	6
	《釋水》	水中（題）	洲	陼		

沚

坻

潏

八、《爾雅》定性叙述的句型分析

《爾雅》爲義書。每一詞條無論長短，均須定義。詞條就是詞頭＋釋文。百科全書則相應地稱爲條目。而條目＝條頭＋釋文。因此，不管怎樣，二者釋文的定性叙述都是不可或缺的。怎樣才算好的定性叙述呢？張揖氏在所上《廣雅》表中揭示了《爾雅》在這方面的特點。他説：「夫《爾雅》之爲書也，文約而義固」。所謂「文約」指的是語言精煉，所謂「義固」指的是詞義穩定，而爲世所公認。這正是百科全書編纂的基本要求。試歸納《爾雅》中一些常見的句型于下：

(一)者也型：

1. 一字一義者：如：逆、迎也。
2. 二字同訓者：如：徵、邁、行也。
3. 多字同訓者：如：初、哉、首、基、肇、祖、元、胎、俶、落、權輿、始也。
4. 以單文釋疊字者：如：穆穆、肅肅、敬也。
5. 以偶文釋重言者：如：赫赫烜烜、威儀也。
6. 以句釋句者：如：有斐君子，終不可諼兮，道盛德至善，民之不能忘也。

(二)爲型：如：父爲考。

(三)曰型：如：婦稱夫之父曰舅。

(四)其名謂之型：如：牆謂之墉。西方有比肩獸焉……其名謂之蟨。

(五)省略型：如：山大而高曰崧。

(六)同實異名型：如：宮謂之室，室謂之宮。

(七)轉相解型：如：蠑螈、蜥蜴；蜥蜴、蝘蜓；蝘蜓、守宮也。

九、《爾雅》釋文的章法

《爾雅》釋文，乍一看，好像詞頭滿目，雜亂無章。若加細味，仍具條理。例如：

(一)《釋山》爲第十一篇。全篇首尾呼應，大體段落分明。試標明其要點如下，則通篇可以看成一個長條目。

它首言五岳的位置：「河南華，河西嶽吴嶽，河東岱，河北恒，江南衡。」

次別山的重疊而定名：「山三襲陟，再成英，一成坯。」

再按山的形狀而寫貌：「山大而高、崧；山小而高、岑；鋭而高、嶠；卑而大、扈；小而衆、巋；屬者嶧；獨者蜀。」

又按夾帶成分而異名：「石戴土、謂之崔嵬。土戴石爲砠。」

或按山水相間而殊號：山夾水澗；陵夾水澞。

或按山嚮而異稱：山西曰夕陽；山東曰朝陽。

(二)如《釋水》篇的「河曲」一條：「河出昆侖虚，色白，所渠併千七百一川，色黄。百里一小曲，千里一曲一直」。這條先説「河」，後説「曲」，一氣呵成，短小精悍，字字珠璣。似可看成一個比較典型的短條目。

詞典的釋文大都是彼此孤立的，而百科全書則不然，各條之間有其內在的聯繫。由上二例可知《爾雅》的釋文，確非一般詞典所及，不論條長條短，縱横展筆，似有章法，趣味盎然。

十、《爾雅》版式上的特點

茲根據上述郭注宋刊本來說明：

(一)每卷終附有經文、注文、統計字數及《爾雅音釋》附錄。例如上卷末附「經四千一百三十二字，注五千四百一十六字」及《爾雅音釋》。《音釋》之例：釋詁第一：肇兆、憮呼等。這樣，似乎把經文、注文、音釋三者看成《爾雅》的一個綜合體，以防改動散佚而昭鄭重。是其特點之一。

(二)有時在若干詞條或某一詞條之後，附有標題，這與一般把標題放在叙述之前的版式，迥異其趣。例如《釋水篇》在「徒駭、太史、馬頰、覆鬴、胡蘇、簡、絜、鉤盤、鬲津」之後，標有「九河」字樣。即《爾雅郭注義疏》所謂「題上事也」的總題。這同横排的英國百科全書十五版在切口或訂口空白上的旁注小題引，有些類似。也許可以說，這是開百科全書「批注」之先河吧。

十一、《爾雅》的用處

《爾雅》是研究我國古籍包括典章制度、古代各個領域的初淺知識等的必要工具書。它的用處首先在於「小學」啓蒙和一般質疑解惑。戴東原《爾雅文字考序》稱：「古故訓之書，其傳者莫先於《爾雅》，六藝案：周代學制規定的課程之賴是以明也。」又說：「余竊謂儒者治經，宜自《爾雅》始，取而讀之，殫心於茲十年」。這說明《爾雅》不僅差堪符合百科全書要起教育作用的初步要求，而且它在辭書中的確處於創始的地位。特別是劉勰在《文心雕龍》宗經第三中，高度評價了《爾雅》：「書實記言，而訓詁茫昧，通乎《爾雅》，則文意曉然」。「文意曉然」四字，意味深長，非苦讀《爾雅》者莫能體會。似有進一步舉例說明的必要。例如戴震氏在其《爾雅注疏箋補序》

中就對此提供了一則讀《爾雅》的心得，講得很生動。他說：「《爾雅》六經之通釋也。……曩閱莊周書：『已而爲之者，已而不知其然』。語意不可識，偶檢釋故：已、此也見《爾雅義疏》商務一九三三年版八十六頁。始豁然通乎其詞」。於此可見「文意曉然」就是「豁然通乎其詞」。這是因爲《爾雅》具有比較全面的知識性。重在博而不在精，以便讀者應用其所學來解決一些實際的、切身的問題。晉郭璞對此早就作過概括性的評價。他說：「可以博物不惑，多識於鳥獸草木之名者，莫近於爾雅」。茲再從正反兩方面試舉史實說明於下：

（一）豹鼠之辨：翁元圻注王應麟《困學紀聞》引《後漢竇氏家傳》云：「光武宴百寮於靈臺，得豹文之鼠，問群臣莫知之。惟竇攸曰此鼮鼠也。詔問所出，曰見《爾雅》。驗之果然。賜絹百匹。詔公卿子弟就攸學《爾雅》。」筆者按：有人以為事出終軍。但《漢書·終軍傳》無辨豹鼠事。諸書多言竇攸，茲從翁說。

（二）蔡謨博學，不識彭蜞。人謂讀《爾雅》不熟。《晉書·蔡謨傳》卷七十七第二〇四一頁、中華書局版：「謨初渡江，見彭蜞，大喜曰：『蟹有八足，加以二螯』。令烹之。既食，吐下委頓，方知非蟹。後詣謝尚而說之。尚曰：『卿讀《爾雅》不熟，幾爲《勸學》死』」。蟹，六跪二螯；《大戴》二螯八足。《大戴勸學》云：跪，足也。

此外，《爾雅》雖主要包括訓詁、名物二者，但還略具作爲古代百科全書不可或缺的檢索性内容：即數據和事實等編纂要素，以備讀者按篇目或題目的不同而查考。例如：

（一）數據：《釋畜篇》六畜題載有：「馬八尺爲駥，牛七尺爲犉，羊六尺爲羬，彘五尺爲豝，狗四尺爲獒，雞三尺爲鶤。」這是按遞減數列編寫的。便於記憶。又如《釋水篇》河曲題所云：「所渠併千七百一川」，「百里一小曲，千里一曲一直」。這些都是難得的歷史數據。

（二）事實：《爾雅》紀異，令人多見多聞。例如：《釋地篇》五方題云：「東方有比目魚焉，不比不行，其名謂之鰈。南方有比翼鳥焉，不比不飛，其名謂之鶼鶼。西方有比肩獸焉，與邛邛岠虛比，爲邛邛岠虛齧甘草，即有難，邛邛岠虛負而走，其名謂之蟨。北方有比肩民焉，迭食而迭望。中有枳首蛇焉。此四方中國之異氣也。」

(三)日用經驗談：還載有趣味性的經驗。例如《釋鳥篇》云：「鳥之雌雄不可别者，以翼右掩左雄，左掩右雌」。

十二、雅學的發展及其傾向于現代百科全書化的過程

我國歷周秦漢而由奴隸社會進入了封建社會，生産逐漸得到了相應的發展，名物增繁；又由於社會文化愈益發達，語詞逐漸豐富，訓詁日增，古代《爾雅》的名物訓詁，已不相適應，亦必隨時代的推移而向前發展。余長祚氏在《駢雅序》中就指出了這種歷史發展情況。他提到有些篤古的先生們對《爾雅》「取而埤之翼之廣之矣」。這是指魏張揖的《廣雅》、宋陸佃的《埤雅》和羅願的《爾雅翼》先後問世而説的。兹介述幾種《雅書》以示其發展如下：

(一)《小爾雅》

漢《藝文志》有此書，不著姓氏，因此究爲誰作，衆説紛紜：

一説：據姚際恒《古今僞書考》引陳直齋曰「今館閣書目云孔鮒撰。」

二説：戴震氏及《四庫全書提要》都認爲《小爾雅》是漢末人掇拾之書，非孔鮒作。

三説：清葛其仁《小爾雅疏證》作者則認爲「《小爾雅》一書漢志列孝經家，則其書本出先秦，固非嚮壁虚造者比。循習既久，真僞易淆：或滋傳訛，皆魏晉以後俗師附益以申其説。」真僞問題已超出本文範圍，不贅述。

《小爾雅》在發展上確有其特點：(一)其所釋詁訓及名物，皆廣前人之所未備。凡《爾雅》所載，此篇不復見。如有重出者疑爲後人所竄入。(二)其體例較之《爾雅》，有所變動。共分廣詁、廣言、廣訓、廣義、廣名、廣服、廣器、廣物、廣鳥、廣獸、廣度、廣量、廣衡十三篇。共計三七四條。在《廣詁》的五十一條中新增了三十六條，即使原載於《爾雅》的十五條，其訓文亦異。《爾雅・釋獸》分爲獸、畜，而《小爾雅》則不分；《釋草》、《釋木》併爲

《廣物》。《釋服》則從《爾雅》釋器中分出，而新例二十六條。(三)最後將度量衡三者各立專篇，乃是適應當時社會經濟的發展和交換頻繁的需要而製定的統一標準。例如《廣詁》：淵、懿、邃、賾、深也。都是《爾雅》所没有的。(四)《小爾雅》的價值，還在於辨義靈活。例如：《廣訓》三云：「烏乎，吁嗟也；吁嗟，嗚呼也。有所嘆美，有所傷病，隨事有義也」。其非生搬硬套，於此可概見了。

(二)《廣雅》

又名《博雅》。魏張揖撰。所以廣《爾雅》而作。篇目分類全照《爾雅》。凡其所不載者，悉著於篇。單袛《釋詁》一篇，就大量搜輯了一四三一條，多於《爾雅》一二六〇條，增八倍有餘。《釋器》一篇爲三七三條，也多於《爾雅》二四五條，將近兩倍之多。其所以多，除上述整個社會經濟文化的客觀發展原因之外，還由於張揖博士主觀努力所致。據他上《廣雅》表稱：「竊以所識，擇撢群義，文同文異，音轉失讀，庶物易名，不在《爾雅》者，詳錄品覈，以著於篇。」例如：卷第一《釋詁》：古、昔、先、創、方、作、造、朔、萌芽、本、根、櫱鼃、萃、昌、孟、鼻、業、始也。這些都是《爾雅》裏所没有的。根據《叢書集成初編》商務一九三六年版統計全書共萬八千一百五十文，分爲上中下卷。對於訓詁貢獻很大。

以上所言，是指《爾雅》作爲類綜合性古代百科全書的發展進程。

自此以後，《爾雅》的發展開始分流，即由其綜合性轉而朝着多種類專門性百科全書的方向發展。雖然如此，但仍以《爾雅》爲母體而孳乳繁衍。略舉以下幾種：

(三)《埤雅》

宋陸佃作，是專輯名物的一種。即所謂「《埤雅》者言爲《爾雅》之輔也。」專釋名物，不釋訓詁。《經學通志》評其書曰：「其釋諸物，大抵略於形狀者詳於名義。尋究偏旁，比附形聲。務求其得名之所以然。又推而通貫諸經，曲證旁稽，假物理以明其義。其所援引多今未見之書」。茲摘錄釋貂一則於下：

「貂，亦鼠類。縟毛者也。其皮煗於狐貉，取以爲帽，得風則暖。其毛拂面如焰。朔地苦寒，人以其皮溫額。後代效之，因以金璫飾首前插貂毛。至漢因焉。加以附蟬爲文。侍中插左，常侍插右。應卲《漢官儀》云：金取堅剛，百煉而不耗；蟬取居高，飲露而不食；貂取内勁捍而外溫潤，其色紫蔚而不耀……」這條共一六四字，相當於現代百科全書的一個中小條目。行文典實精煉，博採群書。定性叙述清楚，使讀者可得一整體概念。可見《埤雅》詞條的寫法，已有了進一步的發展，更類似於古代百科全書了。

（四）《爾雅翼》

宋孝宗時羅願撰。依《爾雅》體例，專釋草木鳥獸蟲魚六類之名。共四〇七條。凡一草一木，一鱗一介，一蹄一羽，無不辨其疑似，究本追源，創有新解。而引據精博，體例謹嚴，是其獨特之點。該書系宋淳熙元年一一七四年成書，咸淳六年一二四六年王應麟刊行。元延祐年間一三一四——一三二〇洪焱祖加音釋。爲日人學津討原所選收。由此足證我國從《爾雅》發展到《爾雅翼》遠在十二世紀中葉已向着「專爲名物之辨」的一種雛型動植物專門性百科全書的階段演進了。

（五）《駢雅》

明朱謀㙔撰，是專輯聯語的一種。用余長祚氏的話説「駢之爲言并馬也，聯也，謂字與説俱耦者也，括殊號於同條，標微言於兩字。」因余氏有感於雅書前此的編纂方法，對讀者很不方便。他指出：「其爲字也或奇或三或四而不必於耦；其爲説也，或辨或駁或證而亦不必於耦，致考者畢簡而始明，披者累牘而難竟，此郁儀宗侯《駢雅》之所由作也。」朱氏在自序中更進一步闡明了他的編法實際上是前無古人的創新。他説「聯二爲一，駢異而同，析之則秦越，合之則肝膽，古故無其編焉。」例如：《爾雅》《釋宫篇》：五達謂之康，六達謂之莊。經過朱氏的駢聯，便形成了「康莊」兩字的新詞組。其他如「權衡」等等就是搭配組合而成的，迄今流傳於現代漢語之中。因此《駢雅》不僅對辭書的編法別開生面，而且發展豐富了漢語的詞彙，因爲是雙音詞，確易收到言者便而聽者明的良好效果。但當其駢聯，有時不免機械地拼造而使之成爲聯語，當有可議之處。

此外，還有清之《别雅》、《説雅》、《選雅》、《比雅》、《拾雅》、《叠雅》、《支雅》等直系雅書。它們或則用《爾雅》的體例，或則拾《爾雅》之所遺而不斷發展。再加上自漢魏以還，許許多多治雅書的解家、疏家、考證家的大量著作，蔚爲大觀。實已發展成爲一門新雅學了。

進入本世紀三十年代之後，我國的雅學已朝着現代百科全書化的方向發展。例如：一九三〇年哈佛燕京學社編有《爾雅引得》一書，附標校經文，備有筆劃檢字、拼音檢字及中國字庋擷。後者即漢字的解剖排列法，猶英文所謂 alphabetization。演進至此，《爾雅》一書面貌爲之一新。在便於檢索的形式上已趨近於現代百科全書了。

至於雅學的體例和内容，在三十年代也有了新的演變。例如：一九三三年，黎錦熙氏學通中外，著有《中國大辭典長編之一「巴」字十義及其復合詞、成語》一書，附有小序説：「「巴」字共有二十多義，祇採用十義。按《爾雅》前三篇分類的條例説，這十義是「釋言」，其他大都是「譯詁」，單字各義所統的復合詞就是「釋訓」了。把這個「長編」定名爲《新爾雅及其疏證》。特創體例：訓詁擬《爾雅》而不襲其類各篇次序準國音之聲母。故以「釋巴」爲第一…事類如《爾雅·釋親》以下文字如部首或音韻當謀便檢而附以索引。以大體似《爾雅》故名」云云。

例：(一)巴，附也

(二)巴，羓也，脯也。黏結斂合之物也。例如「鍋巴」英：the crust inside a kettle。

ㄅ巴巴，結合不解貌…。

以上釋單言，次釋復訓。

此雖爲語言辭典，但大體是隨《爾雅》的演變而來的。强調了中國的特點。而所謂「長編」，又大致與英國百科全書所謂的「詳篇」略相類似。並提出了有關現代百科全書編纂的兩個要素：一是按音順編排；二是附以索引。

綜上所述，可見《爾雅》的發展演變，是以社會經濟文化的發展爲基礎的。群雅叢生，各有創見，匯爲雅學，博洽淵深。卷帙浩繁，談何容易。古代司《爾雅》者，被尊爲博士；説《爾雅》者多爲國學大師。名家戴震學「雅」，曾殫心於兹十年，名著《郝氏義疏》窮盡半生之力，景純沉研鑽極二九載，才有淘汰諸家的郭注。要治雅學尚且如此其難。又何況乎聯繫到百科全書的研究！因此，本文所論，並非考鏡源流，辨章學術。衹不過着重談談《爾雅》與百科全書編纂的某些類似之處，並略及雅學的發展及其傾向於現代百科全書化的過程罷了。深恐舛誤很多，希專家學者予以指正。

爾雅的年代和性質

何九盈

《爾雅》的編者是誰？成書於何時？古今中外的學者已進行了不少探索。

一説周公「著《爾雅》一篇，以釋其意義」，「今指三國時代俗所傳三篇《爾雅》，或言仲尼所增，或言子夏所益，或言叔孫通所補，或言沛郡梁文所考。」魏·張揖：《上廣雅表》。

一説孔子門人所作。鄭玄《駁五經異義》：「某之聞也，《爾雅》者，孔子門人所作，以釋六經之旨。蓋不誤也。」《詩·黍離》正義引，又《周禮·大宗伯》疏引劉勰也取此説，《文心雕龍·練字》：「夫《爾雅》者，孔徒之所纂。」是孔子的哪位門徒所纂呢？揚雄説：「孔子門徒游·夏之儔所記。」《西京雜記》引明代焦竑亦主此説：「《爾雅》，《詩》訓詁也。子夏傳《詩》者也。」《焦氏筆乘》卷一一説「《爾雅》出於漢世」，「考其文理，乃是秦漢之間學《詩》者纂集説《詩》博士解詁之言爾。」歐陽修全集九九頁，世界書局本；歐陽修《詩本義》卷十，第二頁「文王」條梁啓超也説：《爾雅》「是西漢人編的字典，劉歆又擴大些，干周公什麽事。」古書真僞及其年代一四八頁

諸説多以爲《爾雅》與孔門有關，與解經有關，不無道理。但成書年代卻相差甚遠，從周公到漢代劉歆，有一千多年之距。這就意味着：在劉歆之前，《爾雅》一直没有定本，這是令人難以置信的。

張揖説，周公著《爾雅》一篇，這句話有歧義。可以理解爲《爾雅》的第一篇《釋詁》爲周公所著陸德明就是這麽理解的。他説：「釋詁一篇，蓋周公所作，釋言以下，或言仲尼所增……」；也可以理解爲周公著的《爾雅》祇有一篇，而不是三篇，俗所傳三篇《爾雅》是在一篇的基礎上增益而成。錢大昕就是這麽理解的。他以爲今本《爾雅》「十九篇中皆有周公正文」《潛研堂文集》卷十。邵晉涵認爲《爾雅》「諸篇之目，皆周公所定。」《爾雅正義》卷一這種爭議没有什麽意義，因爲《爾雅》的確不「干周公什麽事」。

《爾雅》「乃是秦漢之間學《詩》者纂集」的説法也不確。秦王朝是反對學《詩》的，「天下敢有藏《詩》、《書》、百家語者，悉詣守尉雜燒之。」《史記·秦始皇本紀》歐陽修怎麽把這樣一個重要事實給忘了呢？至於把整本《爾雅》的内容視爲「説《詩》博士解詁之言」，更與事實不符。《爾雅》全書「釋《詩》者不及十之一，非專爲《詩》作。」四庫全書總目。又，秦漢之際哪來的説《詩》博士呢？始皇帝有博士七十，未聞有説《詩》者；漢高祖至惠帝時，什麽經學博士也没有，漢文帝時，「《詩》始萌芽。」《漢書·劉歆傳》祇可能學《詩》者依據《爾雅》，而不可能是「秦漢之間學《詩》者」纂集《爾雅》。據東漢人趙岐約公元一〇八年——公元二〇一年説：「孝文皇帝欲廣游學之路，《論語》、《孝經》、《孟子》、《爾雅》皆置博士。」《孟子題辭》漢文帝即位距離漢高祖開國才二十多年的時間，在這短暫的時期内如果有人編出了《爾雅》，而且中央王朝還爲此書立了博士，此書的編纂者是誰，豈能湮没無聞！所以，《爾雅》成書於西漢初年的説法也不可靠。

我個人的看法是：《爾雅》當成書於戰國末年，它的作者是齊魯儒生。理由有以下四點。

第一、歷史淵源。從宋代開始，那些不相信《爾雅》是成書於先秦時代的人，有一個重要原因是他們對先秦名物訓詁學的發展認識不足。朱熹的「《爾雅》是取傳注以作」（《朱子語類》）的觀點影響深遠。可是，一説「傳注」，人們就坐實到《毛傳》上。其實，大量的材料説明，在《毛傳》之前，名物訓詁就已經産生了。如：

1.《國語·周語下》晉國叔向解《周頌·昊天有成命》：「夙夜，恭也；基，始也；命，信也；宥，寬也；密，寧也；緝，明也；熙，廣也；亶，厚也；肆，固也；靖，龢也。」

2.《禮記·樂記》：「肅肅，敬也；雍雍，和也。」

3.《呂氏春秋·不屈》：「愷者，大也；悌者，長也。」

4.《尸子·仁意》：「春爲青陽，夏爲朱明，秋爲白藏，冬爲玄冥。四氣和，正光照，此之謂玉燭。甘雨時降，萬物以嘉，高者不少，下者不多，此之謂醴泉。祥風，瑞風也，一名景風，一名惠風。

5.《尸子》卷下：「天神曰靈，地神曰祇，人神曰鬼。鬼者，歸也。」

6.《逸周書·謚法解》：「勤，勞也；遵，循也；肇，始也；怙，恃也；享，祀也；錫，與也；典，常也；糠，虚也；惠，爰也；敏，疾也；捷，克也；載，事也。」

這些材料有的跟《爾雅》一樣，有的不同於《爾雅》。這説明先秦時期的訓詁學也有不同的流派，《爾雅》並不是將當時各派的訓詁資料都收集起來了。再者，拿《爾雅》與《毛傳》相比，二者也多有不同之處，如：

1.《小雅·巧言》：「蛇蛇碩言。」《爾雅·釋訓》：「蛇蛇，美也。」《毛傳》：「蛇蛇，淺意。」

2.《魏風·陟岵》：「陟彼岵兮。」「陟彼屺兮。」《爾雅·釋山》：「多草木，岵；無草木，峐。」《毛傳》：「山無草木曰岵」，「山有草木曰屺。」與《爾雅》正好相反。

過去長期爭論的一個問題：是《爾雅》抄《毛傳》呢，還是《毛傳》抄《爾雅》？我認爲這兩個説法都不正確。

二書來源有同有異，不存在誰抄誰的問題。

主張《爾雅》成書於西漢的人，不僅認爲《爾雅》抄《毛傳》，甚而至於認爲《爾雅》抄《史記》，這就更背於事實了。司馬遷在《史記·五帝本紀》中翻譯《尚書·堯典》的文字，無疑是以《爾雅》作爲根據的。《漢書·藝文志》説：「古文《尚書》者，出孔子壁中……《書》者，古之號令，號令於衆，其言不立具，則聽受施行者弗曉。古文讀應《爾雅》，故解古今語而可知也。」什麽叫做「讀應《爾雅》」呢？陳澧在《東塾讀書記》中解釋得很好。他説：「觀於《史記》採《尚書》，以訓詁代正字而曉然矣。如『庶績咸熙』，《史記》作『衆功皆興』。庶，衆也；績，功也；咸，皆也；熙，興也。皆見《釋詁》。其一二字以訓詁代者，如『寅賓』作『敬道』，『方鳩』作『旁聚』。寅，敬也；鳩，聚也。亦見《釋詁》。此所謂『讀應《爾雅》也。』」文學史家們津津樂道的司馬遷翻譯了《尚書》中的某些古文，實際上祇不過是司馬遷根據《爾雅》「以訓詁代正字」而已。「以訓詁代正字」也就是「解古今語」。「古」是指《尚書》中用的古詞，「今」是指《爾雅》中的釋詞。

看來，《爾雅》不是淵源於漢初經師的詁訓，而是戰國末年的人所編纂的名物釋義書，在時代上比較合理。我們爲什麽要把《爾雅》的成書定在戰國末年呢？

上文我們否定了《爾雅》成於漢世的説法，但《爾雅》的成書也不可能是在戰國末期以前，即不會是在春秋時期或戰國初期、中期。因爲對名物的釋義，也有一個發展過程。這些釋義資料，起先是零散的，由於資料的日漸增多，就會有人出來匯編成書。這種匯編工作也有一個發展過程，大概在戰國中期就開始了，先是把有的名物釋義編成單一的條目。如《尸子·廣澤》就保存了這種性質的材料。

天、帝、皇、後、辟、公：［皆君也］。

弘、廓、宏、溥、介、純、夏、幠、冢、晊、昄：皆大也。十有餘名而實一也。

尸佼與商鞅同時，戰國中期人。在他的著作中已經出現了類似《爾雅·釋詁》中的詞條，這是很值得我們注意的。一、它證明這種以一詞釋衆詞的釋詞方式在戰國中期就已經產生了，《爾雅》衹不過是將此種釋詞方式推而廣之罷了；二、《尸子》明確談到，用一個「大」字來解釋十一個與「大」有關的詞，是「十有餘名而實一也」，這證明先秦諸子研究詞義是從辨名實出發的，他們是爲了適應當時的名實之爭而對詞義發生興趣的，這也可以間接證明《爾雅》並不完全是一部訓詁書，從本質上看它是一部名書，是春秋時期開始的一直持續到戰國時期的名實之爭的產物。離開了這一時代背景，我們就很難找到更適合於它得以產生的歷史條件了。戰國末年的名書當不衹是《爾雅》一種，西晉太康年間有人從魏王墓戰國末年的魏襄王或安釐王中發掘出《名》書三篇，據説此書類似《爾雅》參閲《晉書·束皙傳》。這條材料足以證明：《爾雅》之類的名書，在戰國末年可能有多種。魏王把《名》書作爲隨葬物，也可看出這種性質的書在當時有很重要的地位。

第二、《爾雅》名義。《爾雅》這個書名也是判斷其成書年代的好證據。何謂「爾雅」？有各種不同的解釋。我以爲劉熙的解釋最好。

《爾雅》：爾，昵也；昵，近也。雅，義也；義，正也。五方之言不同，皆以近正爲主也。《釋名·釋典藝》。

「爾、昵」、「雅、義」，各自以雙聲兼叠韵構成聲訓關係，這個我們可不去管它。要緊的是「五方之言不同，皆以近正爲主」這句話。在劉熙以前，王充、鄭玄等人衹講到《爾雅》是解經的，劉熙提出《爾雅》是釋方言的，把這兩種意見結合起來，才可以對《爾雅》作出全面評價。但劉熙所説的是什麼時代的「五方之言」呢？「近」的是什麼時候的「正」呢？從劉熙將《爾雅》這個條目安排在《國語》之後，《論語》之前來判斷，當是指先秦時代了。

在春秋戰國時期，存在一種「雅言」，這是人所共知的。《爾雅》的任務之一，就是以雅言爲標準解釋不同的方言詞語。黄侃説：「《爾雅》之作，本爲齊壹殊言，歸於統緒。」①這個看法深得《爾雅》編者之意。就從經書的解詁來説，也不可能是隨意的，一般均有師承爲據。師又承於誰？師承於「雅」。用「雅言」不僅有詞彙問題，也有讀音問題去解經、去讀經，這是社會的共同要求。「子所雅言，《詩》、《書》執禮，皆雅言也。」②就可以爲證。

到了漢代，「爾雅」的「雅」不僅有「正」的意思，又增添了「古」的意思。先秦時候的雅言到這時已成爲古言了。于是，「爾雅」這個詞的意思與戰國時候作爲書名的《爾雅》已經有些不同了。

1.《大戴禮記・小辨》：「爾雅以觀於古，足以辯言矣。」

2.《史記・三王世家》：「稱引古今通義，國家大禮，文章爾雅。」

3.《史記・儒林列傳》：「文章爾雅，訓辭深厚，小吏淺聞，不能究宣，無以明布諭下。」

4.《史記・樂書》：「至今上漢武帝即位，作十九章……，通一經之士不能獨知其辭，皆集會五經家，相與共講習讀之，乃能通知其意，多爾雅之文。」

5.《白虎通・禮樂》：「樂尚『雅』何？雅者，古正也，所以遠鄭聲也。」

6.《舊漢儀》：「武帝初置博士，取學通有修，博識多藝，曉古文《爾雅》能屬文章者爲之。」

《爾雅》作爲書名，原本是以雅言標準語解方言，以雅言今語解古語的意思。而上述的一至五例中的「爾雅」的「雅」都是「古雅」的意思，「爾雅」就是近乎古雅。「爾雅以觀於古」是根據先秦雅言對於漢人來說就是古言了以了解古代；「文章爾雅」是指書奏文牘的體例近於古雅；「多爾雅之文」是指用了很多的文言字；「雅者古正」更是以古爲正標準來解「雅」了；《舊漢儀》的《爾雅》是書名，這條材料說明漢武帝時一般人已經不能完全讀懂《爾雅》，要「學通有修，博識多藝」的人才能通曉。因此，這時候有犍爲文學起來給《爾雅》作注，這就是很可以理解的了。

第三，《爾雅》內容。《爾雅》的內容並非一時一地的產物，故此，僅據內容以判斷其成書年代是有困難的，但其中有些內容還是可以幫助我們了解此書的時代背景的。如：

一、日本的內藤虎次郎曾根據《釋地・九府》「中有岱嶽泰山」一語，推斷此篇編者「是以岱嶽之附近爲全國中央之思想。」又認爲《釋地·四極》云「距齊州即中州以南……」和《釋言》「齊，中也」之思想大體一致，推斷此篇所反映的「大約是戰國文化中心之齊稷下多數學者所集之時代思想。」江俠庵編譯《先秦經籍考》中冊一七一頁這樣的推測是有意義的。在内藤之前，清代學者阮元就已指出：「泰山者，古中國之中也……。古中國地小，以今之齊國爲天下之中。故《爾雅》曰：齊，中也。又曰：中有岱嶽。」阮元：《問字堂贈言》，見孫星衍《問字堂集》卷首漢代人不可能有這樣的地理觀念，戰國時秦楚人也不可能産生這樣的地理觀念，這是《爾雅》爲齊魯儒生所作的一個難以動摇的證據。

二、在地理方面還有兩條材料也值得注意。一是《釋地·十藪》與《周禮》、《呂覽》都不同。後二書祇有「九藪」。《呂覽》根本没有「大野」，《周禮》雖有「大野」，卻名列第五，而《爾雅》將「魯有大野」列爲十藪之首，它這麼突出魯國的「大野」，也證明此書的編者當是齊魯人。還有，後二書的九藪之中都没有「焦穫」，《爾雅》將「周有焦穫」列在最後，反映了齊魯儒生不忘「尊周」的思想。二是《爾雅》在釋「九州」稱謂時，没有梁州，梁州是秦通巴、蜀之後才有的稱謂，先秦典籍中，除《禹貢》外，《周禮》、《呂覽》等書都無梁州，這也可證《爾雅》或書在秦通巴蜀之前。可是，《爾雅》的九州卻有「齊曰營州」，《周禮》、《禹貢》、《呂覽》都作青州。劉熙在《釋名·釋州國》中，釋了漢代的十三州之後，又加上一筆説：「古有營州」，營州是漢以前的古製，先秦其他古籍均不載，僅見之於《爾雅》，這跟《爾雅》的編纂者爲齊魯儒生不無關係。

三、《釋天·星名》一章，暗含着四象、十二次、二十八宿的體系，可是卻没有出現「二十八宿」這樣的稱謂。「二十八宿」始見於《呂氏春秋·有始》，又見於《淮南子·天文訓》，這是秦漢時候的天文術語。《周禮》有「二十八星」的總稱，把「宿」也叫做「星」，這是戰國時候的用語，《爾雅》正與此合。如果《爾雅》是西漢時候的人編定的，不可能棄「二十八宿」這樣的基本概念不用司馬遷稱為「二十八舍」，「舍」與「宿」同義。另外，十二次的名稱，始見於《左傳》、《國語》，此後，直到劉歆之前，均未再見，這也可以證明《爾雅》非漢世産物。

從前研究《爾雅》成書年代的人，往往忽略「星名」一章。有人認爲這些材料應出現於二十八宿的概念形成之前如內藤虎次郎《爾雅新研究》說：「又星名一章……，想是二十八宿說未發生以前之書。」；也有的人疑心這是漢代人隨意加進去的。總之，都没有發現：星名雖不全，祇有十七個，而次序的排列卻暗含着二十八宿的完整體系。

一九七八年在湖北隨縣曾侯乙墓發現了二十八宿青龍白虎圖象，這是迄今所知的最早記載二十八宿名稱的文字資料。拿這份資料與《爾雅》的「星名」兩相對照，二者排列次序完全一樣，《爾雅》所不録的星名，都可以據曾侯乙墓星圖在相應的位置上填補出來。請看下表。

曾侯乙墓二十八宿	爾雅十七星名及九次		星宿分野
角	角	壽星	鄭
亢	亢		
氐	氐		宋
方	房		
心	心	大火	
尾	尾		燕
箕	箕	析木	
斗	斗		越
牽牛	牽牛	星紀	
女	○		吳
虛	虛」	玄枵	齊
危	○		
西縈	定		
東縈	東壁	娵觜	衛
圭	奎	降婁	
婁	婁		魯

曾侯乙墓二十八宿	爾雅十七星名及九次	星宿分野
胃	○	
矛	昴」大梁	魏
縪	畢	
觜	○	
參	○	趙
東井	○	
與鬼	○	秦
西	柳」鶉火	
七星	○	周
張	○	
翼	○	
車	○	楚

問題在於有的星名爲何《爾雅》不錄呢？若説《爾雅》的「星名」早於二十八宿，爲何次序與曾侯乙墓星圖一絲不差呢？且十二次的名稱，《爾雅》出現了九個。十二次是戰國時候的産物，不得早於曾侯乙墓。若説《爾雅》乃訓詁之書，其不錄之星名因經書中未之見，是又不然，如參星早已見之於《詩經》，《爾雅》若是專門釋

《詩》的，爲何不載此星？這真是一個謎。最近，我把這些不錄的星名與戰國時的星宿分野聯繫起來考察見上表，謎底終於揭開了。原來凡屬於秦楚兩國分野的星宿，《爾雅》就不錄，不唯星名不錄，秦楚兩國的次名照樣不錄，這難道是偶然的嗎？我推斷：《爾雅》不錄秦楚分野的星名，純系政治原因。戰國末年的齊魯儒生對西方的虎狼之秦，南方的蠻夷之楚，深懷敵意。他們在「星名」中把這兩國的分野一筆抹掉，並非小題大做，而是表示了一種文化抗敵的心理。

第四、結構體例。《爾雅》結構完整，體例劃一，這足以證明「遞相增益」論是不正確的，但也是判斷其成書年代的重要依據。《爾雅》乃「遞相增益」而成，這個觀點源於張揖。其後，内藤的《爾雅新研究》對《爾雅》各篇的成書年代分別作了考證，每一篇之中，又考證其增益成分。我認爲如此考證《爾雅》的成書年代是不恰當的，是誇大了「遞相增益」的成分。

首先我們要把個別材料的年代和整本《爾雅》成書的年代分別開來看待。個別材料有「增益」的問題，而全書的編定不可能是「遞相增益」而成。其次，後人「增益」的成分究竟佔多大比例，是否影響了此書編定時的基本面貌，也是需要弄清的一個問題。

我個人認爲：就《爾雅》一書的個別材料而言，它不是一個時代的東西。如《釋魚》的「魚枕謂之丁，魚腸謂之乙，魚尾謂之丙」，「左倪不類，右倪不若」，這些恐怕都是殷商或西周早期的資料。這些材料一代一代傳下來，可能也是有書爲據的。我們可以這樣設想，《爾雅》成書之前，已經有類似的著作存在了。但是，《爾雅》經戰國末年齊魯儒生之手編定爲二十篇之後，在基本面貌方面不會有什麽太大的變化。絕對不可能象梁啓超說的那樣：

> 東漢時代今《爾雅》尚未通行，尚未獨立……，篇幅一定没有今本那麽多。今本之多，由於劉歆，劉歆才特別提出這書來，有一回徵募了千餘能通《爾雅》的人，令各記字廷中，也許就因這回《爾雅》才變成龐

然大物。

這段話完全是私逞臆説。據《漢書・王莽傳》載：「是歲漢平帝元始四年……益博士員，經各五人，徵天下通一藝教授十一人以上，及有《逸禮》、古《書》、毛《詩》、《周官》、《爾雅》、天文、圖、鍾律、月令、兵法、史篇文字，通知其意者，皆詣公車，網羅天下異能之士，至者前後千數，皆令記説廷中，將令正乖繆，壹異説云。」王莽不衹是把通《爾雅》的人找了來，也把通《詩》、《書》、禮……的人找了來，其目的是爲了「正」文字之「乖謬」，「壹」訓詁之「異説」，並没有説對《爾雅》原書有什麽「增益」。元始五年又「徵天下通知逸經古記……及以五經、《論語》、《孝經》、《爾雅》教授者……遣詣京師，至者數千人。」《漢書・平帝紀》西漢末年《爾雅》已是教科書，「東漢時代今《爾雅》尚未通行」之説也不能成立。梁啓超的老師康有爲是今文學家，他把先秦時代一些重要古籍都説成是劉歆僞造的。梁啓超認爲是劉歆把《爾雅》「變成龐然大物」也是受了康有爲的影響。

《爾雅》是一部結構完整、體例劃一的著作。全書二十篇這是《漢書・藝文志》的説法。今《爾雅》衹有十九篇，有人析《釋詁》為上下兩篇，有人則認為另外有一個「序篇」，已失傳的篇題一律作《釋×》，篇與篇之間的先後次序也是經過周密考慮的。《釋詁》、《釋言》、《釋訓》三篇，屬於語詞部分，其中有形容詞，名詞，也有動詞。《釋親》以下十六篇，幾乎全是名詞，其中《釋親》、《釋宫》、《釋器》、《釋樂》四篇是對於人物稱謂日用器物的釋義；《釋天》至《釋畜》十二篇於自然科學的名物釋義，其中《釋天》、《釋地》、《釋丘》、《釋山》、《釋水》五篇爲一組，是對天文地理名詞的釋義，《釋草》、《釋木》、《釋蟲》、《釋魚》、《釋鳥》、《釋獸》、《釋畜》七篇是關於動植物名稱的釋義。

就各篇内部考察，各詞條出現的先後，詞條與詞條之間的關係，雖説不上是精心設計，但布局大體上是統一的，有少數地方安排不合理，有些内容爲書成之後所增益，基本上可辨别出來。如第一篇《釋詁》的第一個詞條是：「初哉首基……，始也。」最後一個條目是：「求酋在卒……，終也。」從「始」到「終」，這是編纂者的構思。在「終也」之後還有一個條目：「崩薨……死也。」這可能是後人加進去的，即所謂「增益」成分。第二篇《釋言》

的第一個詞條是：「殷齊，中也。」最後一個詞條是：「彌，終也。」由「中」到「終」，也是原編者的構思，無任何「增益」迹象可言。又如第十一篇《釋山》，開篇第一條釋五嶽：「河南華，河西嶽，河東岱，河北恒，江南衡。」篇終又出現釋五嶽：「泰山爲東嶽，華山爲西嶽，霍山爲南嶽，恒山爲北嶽，嵩高爲中嶽。」這條材料很明顯爲後人所增益，以嵩山爲中嶽，非齊魯儒生的思想。

就《爾雅》的釋詞方式而言，各篇内部的釋詞方式基本一致。如《釋詁》、《釋言》、《釋訓》三篇都是「××……，×也。」唯一的例外是《釋訓》的最後一個詞條：「鬼之爲言歸也。」《爾雅》全書不見「之爲言」這種釋詞方式，顯系後人「增益」。還有，漢代常用的釋詞方式，如「某某聲」、「某某貌」、「某某然」，均不見之於《爾雅》③，僅此一條，也可能推倒《爾雅》成書於漢世的説法。

確定了《爾雅》的成書年代，就可以進一步論定它的性質了。《爾雅》是一部什麽性質的書，歷來有各種不同的説法。有的説它是字典④，有的説它是訓詁札記⑤，有的説它開類書之先河⑥，有的説它是百科全書⑦。這些看法都有一定的道理，也都有一定的事實作爲依據，但與此書編纂者的本意未必相符合。

我認爲《爾雅》是一本爲兩個目的服務的教科書。歐陽修説：「《爾雅》出於漢世，正名命物，講説者資之。」⑧這三句話講了三個問題。第一句講了成書年代問題，這是我們所不贊同的，上文已經論説過了；第二句講了編《爾雅》的目的，第三句講《爾雅》的性質是教科書。「講説者」就是老師，「資之」就是以《爾雅》爲憑藉、依據。明代的喬世寧也説：「古者《爾雅》列諸小學，蓋識名物，便訓詁，自童子始也。」⑨王國維祇談到《爾雅》在漢代是教科書⑩，事實上，漢代用《爾雅》作教科書當是承先秦舊制。阮元説：「《大戴記·小辨》一篇，足明《爾雅》之學。小辨者，一知半解之俗學也，魯國當時或有此學。……又曰：『士學順辨言以遂志』。『順』與『訓』通借，即訓詁之『訓』，『遂志』者，通其意也。不學其訓，則言不辨，意不通矣。」⑪阮元的意思也是要説明在魯國曾有「學順辨言」的「俗學」，《爾雅》也是這種性質的讀物。

「正名命物」是《爾雅》的第一個目的。清代的《爾雅》專家邵晉涵也説：「《爾雅》者，正名之書也。」⑫《爾雅》的正名有兩個内容，即：辨名物，釋方語。《周禮·地官》説，大司徒的職責之一就是要辨九州之「山、林、川、澤、丘、陵、墳、衍、原、隰之名物。」又《天官·庖人》説：「掌共供六畜、六獸、六禽，辨其名物。」所謂「辨名物」是指對客觀事物本身的名號與實體進行分辨，將分辨的結果筆之於書，就成爲名書了。我們看《爾雅》中的釋丘、山、獸、畜等篇，就可以證實《周禮》所説的「辨名物」乃實有其事，非紙上空談。先秦時代，反映事物的「概念」，表示概念的「詞」，紀錄詞的「字」，統稱之爲「名」。《爾雅》作爲一部「正名之書」，既是在辨析事物的概念如屬概念、種概念等，也是對名詞進行釋義，這在戰國時代是一件很重要的事情。正名的第二個内容就是釋方語。釋方語的辦法是以雅言爲標準比較各方言區的有關詞彙。有的是同一事物有不同的方言名稱。如「中馗，菌。」「菌」是江東方言；「蛭，蟣。」「蟣」也是江東方言。有的衹是方音不同。如：「茨，蒺藜。」「螗，蜩。」「倉庚，商庚。」從這個意義上來説，《爾雅》與《方言》有相同之處。《方言》卷一共計三十二個詞條，其中有十七個詞條與《爾雅》相同或基本相同，佔一多半。《爾雅》有相當一些篇如果在釋詞部分加上方言區名，就成了《方言》，《方言》如果將釋詞部分的方言地名通通刪掉，就會和《爾雅》某些篇的面目一個樣了。《爾雅》如此關心當時的方言，是由此書的性質決定的。阮元説：「《爾雅》一書皆引古今天下之異言，以近於正言。夫曰『近』者，明乎其有異也。正言者，猶今官話也；近正者，各省土音近於官話者也。楊雄《方言》，自署曰《輶軒使者絶代語釋別國方言》，夫『絶代』、『別國』尚釋之，况本近者乎！」⑬從政治觀點看，研究方言也是爲了加强與諸侯國之間的聯繫。「夫習俗不同，言語不通，我得其地不能處，得其民不能使。」⑭在「五霸」「七雄」相爭的時代，言語問題是何等的重要。《周禮·秋官·大行人》：「王之所以撫邦國諸侯者，……七歲屬象胥，諭言語，協辭命；九歲屬瞽史，諭書名，聽聲音。」周天子每逢七年要把象胥譯官召來，每逢九年要把瞽史樂師和史官召來，諭之以言語，諭之以書名書之字，當時也應該是有教材的，這種教材的進一步演變，就是《爾雅》這種性質的名書。

《爾雅》作爲一本教科書，還有第二個目的就是解經。過去有的論者祇講《爾雅》是爲經學服務的，這個看法失之片面，但並非全錯。周初流傳下來的文獻，到春秋戰國時代已是「古代漢語」了，不經老師的訓釋，孩子們是讀不懂的。《釋訓》把《詩經》中的叠字和釋語編成大段韻文，就是爲了便於兒童記憶。《爾雅》把一些意義相關的詞繫聯爲一個詞條，然後用一個詞去加以解釋，這個辦法也可能是經師們的創造，其目的也是爲了便於記憶。當時的注文並不附在經文之下，是獨立成篇的，把獨立成篇的注文貫通起來，再按意義加以分類，就造成了《爾雅》式的名書。從詞典編纂的歷史來看，《爾雅》首創了按詞的義類編排詞彙的體例。它把兩千來個詞條分成十九個大類，基本面貌是清楚的。後世的「雅書」差不多都模仿了這個分類法。按義類編排詞彙，不便於人們查檢，但《爾雅》原本就不是供查檢用的字典，我們又何必用字典的標準來苛求它呢？

①《黄侃論學雜著·爾雅略説》。
②《論語·述而》。
③可參閲洪誠《訓詁雜議》，《中國語文》七九年，第五期。
④我曾經和程湘清同志合寫一文：《中國第一部字典——《爾雅》》，《光明日報》一九六一年六月四日。
⑤陸宗達：《訓詁簡論》七頁。
⑥劉葉秋：《類書簡説》八頁。
⑦蔡聲鏞：《爾雅與百科全書》辭書研究八一·一期。
⑧《歐陽修全集》九九九頁，世界書局本。
⑨《丘隅意見》二頁，《叢書集成初編》本。
⑩《觀堂集林·漢魏博士考》。

⑪⑬《揅經室集·與郝蘭皋户部論爾雅書》。

⑫《爾雅正義》卷十二，二頁。

⑭《吕氏春秋·知化》。

論爾雅性質上的一大特點——比較

管錫華

比較是《爾雅》性質上的一大特點。無論是其分篇分類、排列詞語，還是其所運用的釋義方式和釋義的具體内容，都體現了這個特點。《爾雅》創造性地運用了比較，在比較中讓人們了解各種詞語的意義及其異同，從而達到釋義、辨義的目的。下面我們首先把本文使用的術語作一交待，再詳細地分析討論《爾雅》體現出來的各種比較。

《爾雅》十九篇：《釋詁》、《釋言》、《釋訓》、《釋親》、《釋宮》、《釋器》、《釋樂》、《釋天》、《釋地》、《釋丘》、《釋山》、《釋水》、《釋草》、《釋木》、《釋蟲》、《釋魚》、《釋鳥》、《釋獸》、《釋畜》。前篇指前三篇，後篇指後十六篇。訓列、訓語、被訓語的含義及關係如「初哉首基……，始也」條，整條是一個訓列，「初哉首基……」是被訓語，「始也」系訓語。篇與訓列之間的一個詞語集合層次我們稱類。類義詞是指意義上有一定聯繫，但不到同義程度的一組詞。

一、前篇與後篇《爾雅》前後兩篇是一種比較。它把意義抽象的非名物詞語與意義具體的名物詞語一分爲二，讓人們在比較之中認識詞語抽象義與具體義的不同。

二、篇與篇　前篇從形式角度分出《釋詁》、《釋言》和《釋訓》三篇，《釋詁》與《釋言》比較了表示某類概念的詞語的多少，而《釋訓》與《釋詁》和《釋言》比較了表述概念的詞語的語音形式的單和多。①不過，這種比較與其他比較有不同之處，即它是非意義的比較。

後篇從意義角度分出十六篇，其《釋器》與《釋樂》、《釋天》與《釋地》、《釋地》與《釋丘》、《釋丘》與《釋山》、《釋山》與《釋水》、《釋草》與《釋木》、《釋蟲》與《釋魚》、《釋獸》與《釋畜》都有很明顯的比較意味。

三、類與類　如《釋親》「母黨」與「妻黨」，《釋天》「祥」與「災」、「歲陽」與「歲陰」，《釋畜》「馬屬」與「牛屬」等等。主要爲後篇。

四、訓列與訓列　(一)意義相反相對　這種比較主要出現於前篇之中。如：《釋詁》：a.「㱿悉卒泯忽滅罄空畢罊殲拔殄，盡也。苞蕪茂，豐也。」b.「壑阬阬滕徵隍漮，虛也。黎庶烝多丑師旅，衆也。」《釋言》：a.「若惠，順也。敖幠，傲也。」b.「增，益也。窶，貧也。」《釋訓》：a.「惴惴憢憢，懼也。番番矯矯，勇也。」b.「赫赫躍躍，迅也。綽綽爰爰，緩也。」《釋水》：「逆流而上曰泝洄。順流而下曰泝游。」

(二)意義相同相近　這種比較主要出現於後篇，其訓列的訓語主要是義界。這種比較很是複雜，全書有二十種情況之多，但它亦最能體現出《爾雅》的性質特點來。

1. 數量的比較　(1)遞增式與遞減式　①遞增式　如：a.《釋宮》：「一達謂之道路。二達謂之歧旁。三達謂之劇旁。四達謂之衢。五達謂之康。六達謂之莊。七達謂之劇驂。八達謂之崇期。九達謂之逵。」「遞增式」還有一種變體，如b.《釋天》：「穀不熟爲饑。蔬不熟為饉。果不熟為荒。仍饑爲薦。」郭注「薦」：「連歲不熟。」是一年饑爲饑，再年饑爲薦。c.《釋丘》：「丘背有丘爲負丘。丘上有丘爲宛丘。」這些訓列，雖無數詞出現，但亦明顯爲數量的遞增。②遞減式　這差不多是①的反向排列。如a.《釋山》：「山三襲陟。再成英。一成坯。」「遞減式」也有一些變體，如b.《釋器》：「革中絶謂之辨。革中辨謂之韏。」郭注「辨」：「中斷皮也。」「韏」：「復分半也。」由半再半爲數量上的遞減。(2)排除式與增加式　此與(1)的不同是：(1)主要使用數目或與數目有相同作用的詞語，而此主要用「有」「無」或與其有相同作用的詞語。因此，我們又可合稱「排除式」和「增加式」爲「有無式」。①「有」「無」對用　如：a.《釋蟲》：「有足謂之蟲。無足謂之豸。」有些用「有」或「無」和與其有同等作用的詞語配合使用，如：b.《釋山》：「多草木岵。無草木峐。」②衹用「有」或「無」又没有同等詞語相配如：a.《釋器》：「肉謂之醢。有骨者謂之臡。」b.《釋木》：「小枝上繚爲喬。無枝爲檄。」③「有」「無」皆不用如：a.《釋器》：「金鏃剪羽謂之鍭。骨鏃不剪羽謂之志。」b. 又：「裳削幅謂之纀。」郭注：「削殺其幅，深衣之裳。」「裳」「纀」相比。上面是「有」「無」意義上的比較，「有」「無」兩個方面都出現了。還有衹出現比較的一偏的，但仍有「有」「無」比較的意味，如：a.《釋天》：「有鈴曰旂。錯革鳥曰旟。因章曰旃。」b.《釋樂》：「徒鼓瑟謂之步。徒吹謂之和。」(3)大小式　如：a.《釋水》：「大波爲瀾。小波爲淪。」「大」「小」中間還有層次的，如：c.《釋樂》：「大鍾謂之鏞。其中謂之剽。小者謂之棧。」有衹出「大」的，如：b.《釋器》：「鼎絶大謂之鼐。」有衹出「小」的，如：c.《釋魚》：「蚹，蠃。小者蜬。」郝疏：「小者曰蜬，…大者即名蠃。」有「大」連出的，如：d.《釋地》：「下濕曰隰。大野曰平。廣平曰原。高平曰陸。大陸曰阜。大阜曰陵。大陵曰阿。」有「小」連出的，如：e.《釋水》：「水中可居者曰洲。小洲曰陼。小陼曰沚。小沚曰坻。」實際上，這種連出，與「遞增式」、「遞減式」又是相通的。又有「大小式」與其他描寫結合使用的，如：f.《釋木》：「槐，小葉曰榎。大而皵楸。小而皵榎。」數量的比較，有不少又是表示程度的加深或減弱。　如：《釋器》：「一染謂之縓。再染謂之赬。三染謂之纁。」郭分别注爲「今之紅也」、「淺赤」和「纁絳也。」顔色由染的次數增加而逐步加深。2. 老幼的比較　這種比較實質上也是數量上的比較，所不同的是它主要從輩份的高低、年齡的大小的角度來進行的。如：a.《釋親》：「子之子爲孫。孫之子爲曾孫。曾孫子之爲玄孫。」b.《釋獸》：「熊，虎醜，其子狗。」3. 性别的比較　如：a.《釋親》：「男子先生爲兄，後生爲弟。男子謂女子先生爲姊，後生爲妹。」「兄」、「姊」、「弟」、「妹」因性别不同，取名有異。b.《釋畜》：「羊，牡羒。牝牂。」4. 質地的比較　如：a.《釋器》：「木豆謂之豆。竹豆謂之籩。瓦豆謂之登。」b.

又：「肉謂之羹。魚謂之鮨。」5. 時間的比較 (1)朝代 如：a.《釋天》：「載，歲也。夏曰歲。商曰祀。周曰年。唐虞曰載。」b. 又：「繹，又祭也。周曰繹。商曰肜。夏曰復胙。」(2)歲 如：a.《釋天》：「太歲在寅曰攝提格。在卯曰單閼。在辰曰執徐。」(3)季 如：a.《釋天》：「春獵爲蒐。夏獵爲苗。秋獵爲獮。冬獵爲狩。」b.《釋草》：「蘩之丑，秋爲蒿。」郭注：「丑，類也。春時各有種名，至秋老成，皆通呼爲蒿。」(4)月如：a.《釋天》：「月在甲曰畢。在乙曰橘。在丙曰修。」b. 又：「正月爲陬。二月爲如。三月爲寎。」6. 地點的比較 (1)州國 如：a.《釋地》：「兩河間曰冀州。河南曰豫州。河西曰雝州。漢南曰荆州。」b. 又：「燕曰幽州。齊曰營州。」(2)東南西北中 如：a.《釋地》：「東方之美者有醫無閭之珣玗琪焉。…南方之美者有梁山之犀象焉。…西方之美者有霍山之多珠玉焉。…北方之美者有幽都之筋角焉。中有岱嶽與其五谷魚鹽生焉。」b.《釋山》：「山西曰夕陽。山東曰朝陽。」(3)上下内外，如：a.《釋宮》：「室中謂之時。堂上謂之行。堂下謂之步。門外謂之趨。中庭謂之走。大路謂之奔。」b.《釋丘》：「厓内爲隩，外爲隈。」(4)前後左右 如：a.《釋丘》：「水出其前渻丘。水出其後沮丘。水出其右正丘。水出其左營丘。」亦有用「在某處」等來比較的，如：b.《釋宮》：「枳謂之杙。在牆者謂之楎。在地者謂之臬。」c.《釋魚》：「貝居陸贆。在水者蜬。」方言與通語、方言與方言的比較亦是一種地點上的比較，但與此不同的是，這裏主要是類義比較，而且對地點有所指明；而方言通語之間的比較則是同義的，而且多不予指明地點。下文還要談及。7. 顛倒的比較 (1)性質的狀態 如：a.《釋木》：「樅，松葉柏身。檜，柏葉松身。」b.《釋山》：「石戴土謂之崔嵬。土戴石爲砠。」c.《釋鳥》：「鳥之雌雄不可別者，以翼右掩左雄。左掩右雌。」(2)數量 如：《釋器》：「肉倍好謂之璧。好倍肉謂之瑗。肉好若一謂之環。」此種可併入1中，但與之畢竟有相異之處。(3)過程如：a.《釋天》：「天氣下地不應曰雺。地氣發天不應曰霧。」b.《釋草》：「不榮而實者謂之秀。榮而不實者謂之英。」8. 譬喻的比較 其他各類比較是一組詞間的互相比較，它們主要使人了解這一組詞的不同；而譬喻這種比較是以已知事物來比喻未知事物，使人對未知事物有形象的了解，或者在此基礎上又兼有詞語間的互相比較。這種比較常用「似」「如」，如：a.《釋草》：「綸似綸。組似組。……帛似帛。布似布。」「似」前皆爲草名。b.《釋丘》：「如畝畝丘。如陵陵丘。」也有用「類」「狀」的，如c.《釋獸》：「貄貐，類貙。」d. 又：「蒙頌，猱狀。」還有不用這些標志的，如e.《釋獸》：「豺，狗足。」不過，這種比較又是就其一部分的。9. 動作的比較　如：a.《釋鳥》：「鵠鶌醜，其飛也翪。鳶鳥醜，其飛也翔。鷹隼醜，其飛也翬。」b.《釋獸》：「牛曰齝。羊曰齥。麋鹿曰齸。」10. 狀態的比較　如a.《釋木》：「木自獘神。立死椔。蔽者翳。」b.《釋魚》：「龜俯者靈。仰者謝。」11. 習性的比較　如：a.《釋蟲》：「食苗心螟。食葉蟘。食節賊。食根蟊。」b.《釋鳥》：「生哺鷇。生噣雛。」12. 類屬的比較　如：a.《釋草》：「木謂之華，草謂之榮。」b.《釋天》：「穀不熟爲饑。蔬不熟爲饉。果不熟爲荒。」13. 用途的比較　如：a.《釋器》：「鳥罟謂之羅。兔罟謂之罝。麋罟謂之罞。彘罟謂之羉。魚罟謂之罛。」b.《釋樂》：「所以鼓柷謂之止。所以鼓敔謂之籈。」14. 方法的比較　如：a.《釋器》：「肉曰脱之。魚曰斮之。」b.《釋木》：「瓜曰華之。桃曰膽之。棗李曰疐之。樝梨曰鑽之。」15. 對象的比較　如：a.《釋訓》：「善父母爲孝。善兄弟爲友。」b.《釋天》：「祭天曰燔柴。祭地曰瘞薶。祭山曰庪縣。祭川曰浮沉。祭星曰布。祭風曰磔。」16. 領屬的比較　如：a.《釋地》：「魯有大野。晉有大陸。秦有楊陓。宋有孟諸。楚有雲夢。」b.《釋水》：「天子造舟。諸侯維舟。大夫方舟。士特舟。庶人乘泭。」17. 方式的比較　如：a.《釋天》：「宵田爲獠。火田爲狩。」郭注「獠」：「或曰即今夜獵載爐照也。」「狩」：「放火燒草獵亦爲狩。」b.《釋水》：「濫泉正出。正出，涌出也。沃泉縣出。縣出，下出也。氿泉穴出。穴出，仄出也。」18. 定性的比較

這種比較又多可分歸上述各類，但它又有自己的顯著特點，即它們都是把比較間的事物某方面的共同特點抽出來進行排比。如：a.《釋地》：「陵莫大於加陵。梁莫大於溴梁。墳莫大於河墳。」b. 又：「東方有比目魚焉。……南方有比翼鳥焉。……西方有比肩獸焉。……北方有比肩民焉。」c.《釋魚》：「鱉三足能。龜三足賁。」d.《釋畜》：「馬八尺爲駥。牛七尺爲犉。羊六尺爲羬。彘五尺爲豟。狗四尺爲獒。雞三尺爲鶤。」這例最爲特殊。

幾列似乎没有可比較的地方，它們的共同點也衹不過是都可以用尺來度量而已。實際上編者利用了這種方式，把幾類家養動物的大小在遞減的比較中告訴了人們。19. 複雜的比較 如：a.《釋獸》，上圖的「完全的雙向比較」和「不完全的雙向比較」，又是根據複雜比較二向的各因素是否全部出現劃成的。從大的方面看，衹要有兩個方面的比較就可以叫做複雜比較，如18所舉各例即是。但那並不是在兩個方向上都同時具有多個方面的，如18. a. 例「加陵」與他列構成了多個平行比較，但是「加陵」本列衹有一個與「陵」的比較。而這兒複雜的比較則是在兩個方向上同時具有多方面的比較。如「麋」縱向有「類屬」「性別牡牝」、「老幼」、「有無力」等的比較；橫向有「牡」、「牝」、「子」、「跡」、「絶有力」等的比較，如：牡麋麐，牡鹿麚，牡麕麌，牡狼貛；牝麋麎，牝鹿麀，牝麕麜，牝狼狼；等等。上面複雜的比較對應是整齊的。還有錯綜對應的複雜比較，如：b.《釋魚》：「貝居陸，贆。在水者，蜬。大者，魧。小者，鰿。玄貝，貽貝。餘蚔，黄白文。餘泉，白黄文。蚆，博而頯。蜠，大而險。蟦即鰿，小而橢。」這一組包括了①地點，②大小，③顔色和顔色的顛倒，④一般形狀等數種比較，錯綜在一起。

20. 原因的比較 如：a.《釋丘》：「絶高爲之京。非人爲之丘。」《説文·京部》：「京，人所爲絶高丘也。」郭注「非人爲之丘」：「地自然生也。」b.《釋水》：「小沚曰坻。人所爲爲潏。」朱駿聲《説文通訓定聲·履部第十二》「潏」下：「一曰水中坻，人所爲爲潏。」

類屬　性別　老幼　有無（力）

雙向　縱

橫

①麋，牡麐。牝麎。其子麇。其跡躔。絶有力狄。

②鹿，牡麚。牝麀其子麛。其跡速。絶有力麉。

③麕，牡麌。牝麜。其子麆。其跡解。絶有力豜。

完全的雙向比較

④狼，牡貛。牝狼。其子獥。○　絶有力迅。　不完全的雙向比較

⑤兔　○　○　子嬔。其跡迒。　絶有力欣。　雙向比較

牡類　牝類　跡類　絶有力類

上二十種比較是從不同角度加以觀察的，因此不免有交叉的情况。

五、訓語與被訓語　訓列之間的比較主要是類義詞的比較，通過比較讓人們清楚地了解各種詞語的對立關係和意義上的異同；而訓語與被訓語之間的比較主要是同義詞的比較，通過比較讓人們了解原來不懂的詞語的意義。前者强調其異，後者着重其同。

（一）通常語與方俗語的比較　《爾雅》没有明言哪是方言，哪是通語，但我們可以通過漢代揚雄所著的《方言》以及後代注疏的考證而得到了解。《方言》卷一「大也」條下説：「初别國不相往來之言也，今或同，而舊書雅記故俗語不失其方，而後人不知，故爲之作釋也。」《方言》所作主要是爲解釋《爾雅》中的古方言是没有多少問題的。通語方語的比較，我們舉《釋詁》「大也」條的一些被訓語爲例。介、幠——東齊海岱之間方言；夏、龐、壯——自關而西秦晋之間方言；墳——青幽之間方言；嘏——周鄭之間、宋魯陳衛之間方言；戎——宋魯陳衛之間方言；京、將——燕之北鄙齊楚之間方言；碩——齊宋之間方言；濯——荆吴揚甌之郊方言；訏——中齊西楚之間方言。②「大也」條的這些被訓語都是方言詞。「大」的意義是人們都懂得的，以「大」這個通語來和它們比較，這些不懂的方言也能理解了。

（二）方語與方語的比較　如：a.《釋言》「迨，及也」條：迨——東齊方言；及——關之東西方言③b.《釋草》「茦，刺」條：茦——北燕朝鮮之間方言；刺——自關而西方言。④從訓語與被訓語關係的角度看，《爾雅》以方言與方言比較是不多見的，因爲《爾雅》是部實用詞典，它的服務對象是整個先秦漢語，如果以方言爲訓語，則勢必降低其實用價值。

(三)古今語的比較我們下面舉《史記・五帝本紀》引《尚書・堯典》更換詞語的幾個例子來證明之。a.《釋詁》：「允，信也。」《堯典》「允厘百工」，《五帝本紀》引爲「信飭百官」。b. 又：「庶，衆也。」「績，功也。」「咸，皆也。」「熙，興也。」《堯典》「庶績咸熙」，《五帝本紀》引爲「衆功皆興。」c.《釋言》：「若，順也。」《堯典》「欽若昊天」，《五帝本紀》引作「敬順昊天。」d. 又：「俞，然也。」《堯典》「帝曰俞」，《五帝本紀》引作「帝曰然。」e.《釋詁》：「于，於也。」《堯典》「厘降二女于嬀汭」，《五帝本紀》引作「飭下二女於嬀汭。」除上述三種比較，甚至可能有本族與他族兩個民族語的比較。如《釋樂》：「宫謂之重。商謂之敏。角謂之經。徵謂之迭。羽謂之柳。」張清常先生說：「郭璞注：『皆五音之別名，其義未詳。』後代注疏作種種說解於事無補。恐怕它們也是某族的詞語的殘迹。」⑤

上面所說是詞與詞的比較，訓語與被訓語還有符號的比較，如《釋言》「矢，誓也」、「粻，糧也」，它告訴人們「矢」、「粻」在一定的環境中有「誓」、「糧」這些符號的同等價值。

六、術語　《爾雅》所用的真正術語有「爲」「謂為之」、「曰」、「言」、「之爲言」五個，共統帥了六二七個訓列，而具有表示比較作用的「爲」、「謂為之」、「曰」三個則占了六二四。可見《爾雅》在術語的運用上同樣體現着比較的特點。

七、結論　綜上各方面分析，我們看到《爾雅》自始至終基本上都貫穿着比較。因此，我們說比較是《爾雅》性質上的一大特點，《爾雅》是一部比較詞典。

①關於這個問題擬另文論述。
②參《方言》卷一和卷二的三個「大也」條。
③參《方言》卷二「及也」條。

④參《方言》卷三「策」條。

⑤見《語言研究》一九八一年一期張文《〈爾雅〉研究的回顧與展望》。

叙錄下

研究專著輯録

爾雅貫珠

清・朱銓

爾雅爲元公手定之書，最爲典贍。兹因類裁剪，間採他書製爲對偶，纍纍乎如貫珠，依次于左，不復另標名目云。仁和朱銓識。

釋訓　釋親　釋宫　釋樂　祭名講武　釋器　田器網罟　肴食　衣服　旌旂　圭璧金玉　弓箭羽革　釋天　星名　釋地　釋山　邱陵　厓岸　釋水　釋草木　釋蟲魚鳥獸　釋畜　豓屬

釋訓

明明、斤斤，察也。條條、秩秩，智也。大君已卜知臨之官。穆穆、肅肅，敬也。肅肅、翼翼，恭也。一人自著小心之度。

廱廱、休休，和也。人君布政之意。業業、翹翹，危也。犬臣憂國之心。

哀哀、悽悽，懷報德也。嗟行役者，獨抱終天之恨。儵儵、嘒嘒，罹禍毒也。感周道者，徒嗟茂草之衰。

丁丁、嚶嚶，相切直也。咏伐木者已訂友聲之譜。晏晏、旦旦，悔爽忒也。歌信誓者已寒天日之盟。國家之事，首重祀典。俅俅，服也。峨峨，祭也。鍠鍠，樂也。對越駿奔，盡其誠于籩豆几筵之側。太平之世，不忘武備。番番、矯矯，勇也。桓桓、烈烈，威也。洸洸、赳赳，武也。治兵振旅，講其事于春蒐秋獮之間。

人君有愛賢之名，而無用賢之實，則仇仇敖敖，漸以開傲慢之風。人君有知人之哲，方有官人之能，將皐皐琄琄，不致來素餐之刺［刺］。

旭旭蹻蹻，小人得志則驕。惴惴憢憢，君子憂時則懼。

藹藹、濟濟，止也。賦卷阿者，已慕吉人之盛。烝烝、遂遂，作也。歌魯頌者，猶懷泮水之風。

國之治也賢輔之。藹藹、萋萋，臣盡力也。雍雍、喈喈，民協服也。國之亂也讒中之。謔謔、謞謞，崇讒慝也。翕翕、訿訿，莫供職也。

瞿瞿、休休，儉也。此唐魏之遺風。宴宴、粲粲，息也。此委蛇之盛節。

畇畇，田也。畟畟，耜也。郝郝，耕也。緜緜，穮也。犂雨鋤雲，不憚泥塗之瘁，緈緈，生也。挃挃，獲也。溞溞，淅也。烰烰，烝也。乃倉乃積，漸告稼穡之登。

籧篨，目柔也。戚施，面柔也。夸毗，體柔也。襢裼，肉袒也。暴虎，徒搏也。馮河，徒涉也。美女爲媛，美士爲彥。善父母曰孝，善兄弟曰友。

釋親

自考妣等而上之，父之考爲王父，父之妣爲王母，王父之考爲曾祖王父，王父之妣爲曾祖王母，曾祖王父之考爲高祖王父，曾祖王父之妣爲高祖王母，慎終追遠，有以大水源木本之思。自子孫等而下之，孫之子爲曾孫，曾孫之子爲元孫，元孫之子爲來孫，來孫之子爲晜孫，晜孫之子爲礽孫，礽孫之子爲雲孫，寖昌寖熾，有以小椒衍瓜緜之慶。

姑之子爲甥，舅之子爲甥，妻之晜弟爲甥，姊妹之夫爲甥。

妻之姊妹同出爲姨，女子謂姊妹之夫爲私，男子謂姊妹之子爲出。

女子謂兄之妻爲嫂，弟之妻爲婦。

壻之父爲姻，婦之父爲婚。

父之黨爲宗族，母與妻之黨爲兄弟。

婦之父母、壻之父母，相謂爲婚姻。兩壻相謂爲亞。

婦之黨爲婚兄弟，壻之黨爲姻兄弟。白虎通云：夫者，扶也。以道扶接者也。婦者、服也，以禮屈服者也。婚姻者何，謂昏時行禮，故曰婚。婦人因夫而成，故曰姻。

釋宮

宮謂之室，室謂之宮。宮，穹也，言屋見于垣上穹崇然也。室，實也，言人物實滿于其中也。上世穴居野處，不知有安堵之樂也。自宮室之制興，而楹謂之梲，閞謂之槉，栭謂之楶，棟謂之桴，桷謂之榱，檐謂之樀，先王制其經營，後人待以風雨。上世營窟橧巢，不知有安宅之美也。自土木之功起，而垝謂之坫，垣謂之墉，鏝謂之杇，椹謂之榩，地謂之黝，牆謂之堊，先王植其基址，後人煥以文章。隅之名，因所向而殊，西南謂之奥，西北謂之屋漏，東北謂之宧，東南謂之窔。杙之名，因所在而異，在牆謂之楎，在地謂之臬，大者謂之拱，長者謂之閣。柣謂之閾，楣謂之梁，此門上下之木也。樞謂之椳，棖謂之楔，此門兩旁之木也。

臯雉、庫、應、路，朝門也。闈、閤、閎、塾、扉，宫門也。閍謂之門，觀謂之闕。

兩階間謂之鄉，中庭之左右謂之位，門屏之間謂之宁，此君臣列位之地也。宫中衖謂之壼，廟中路謂之唐，堂途謂之陳，此君臣出入之地也。步趨各從其地，室中謂之時，堂上謂之行，堂下謂之步。門外謂之趨，中庭謂之走，大路謂之奔。道路各異其名，一達謂之道路，二達謂之岐旁，三達謂之劇旁，四達謂之衢，五達謂之康，六達謂之莊，七達謂之劇驂，八達謂之崇期，九達謂之逵。

天子外屏在路門之外，諸侯内屏在路門之内。牖户之間謂之扆，其内謂之家室。有東西廂曰廟，無東西廂有室曰寢。廟爲接神之處，在前而尊。寢爲藏衣之所，居後而卑。

無室曰榭，四方而高曰臺，陜而修曲曰樓。闍謂之臺，有木者謂之榭。

隄謂之梁，以木爲之。石杠謂徛，以木爲之。别橋名也。

釋　樂

宫謂之重，商謂之敏，角謂之經，徵謂之迭，羽謂之柳。宫亂則荒，商亂則陂，角亂則憂，徵亂則哀，羽亂則危。

大瑟謂之灑，練其絃，疏其越，登歌用之。大琴謂之離，上曰池，下曰濱，君子操之。

大管謂之簥，其中謂之篞，小者謂之篎。大籥謂之産，其中謂之仲，小者謂之箹。

大鼓謂之鼖，小者謂之應。大鐘謂之鏞，小者謂之棧。大笙謂之巢，小者謂之和，大簫謂之言，小者謂之筊。大虎謂之沂，以竹爲之。大塤謂之嘂，以土爲之。大磬謂之毊，以玉石爲之。

所以鼓柷謂之止，所以鼓敔謂之籈。

大鼗謂之麻，麻者音槪而彌長。小者謂之料，料者聲清而不亂。和樂謂之節。是故聲之以金，振之以玉，作之以柷，止之以敔，而終始無奪倫之虞。衆和謂之音。否則徒鼓瑟爲步，徒擊鼓爲咢，徒鼓鐘爲修，徒鼓磬爲搴，而獨作無成章之美。徒吹謂之和，徒歌謂之謠。

商之爲言章也。物成熟可章度也。角，觸也，物觸地而出，戴芒角也。冤〔宮〕，中也，居中央，暢四方，倡始施生，爲四聲綱也。徵，祉也，物盛大而繁祉也。羽，字也，物藏聚，字覆之也。

祭名講武

春祭曰祠，夏祭曰礿，秋祭曰嘗，冬祭曰烝。春獵爲蒐，夏獵爲苗，秋獵爲獮，冬獵爲狩。是禷是禡，師祭也。既伯既禱，馬祭也。禘，大祭也。繹，又祭也。周曰繹，商曰肜，夏曰復胙。

國之大事，一在于祀。燔柴、瘞埋、庪縣、浮沉，以及祭風、祭星之典，將以邀神鬼之福。先以盡奉敬之誠。至于五年禘，三年祫，尤必謹其時，而祀之肅然也。故其禮悉統于周官，而其名備詳于爾雅。國之大事，一在于戎。春蒐、夏苗、秋獮、冬狩，以及宵田、火田之節，非以騁馳驅之樂，所以馴講習之常。至于興大事、動大衆，乃有事乎社，而出之裕如也。故治兵以尚威武，亦振旅以反尊卑。

釋器

木豆謂之豆，禮器也，天子飾以玉，諸侯飾以象，其實韭菹醓醢之類。竹豆謂之籩，禮器也，祭祀則用之，燕享則用之，其實棗栗菱芡之類。

太羹實于瓦豆，元酒盛于瓦缶。

盎謂之缶，甌謂之瓵，䰝謂之鬵，食器也。蓐謂之茲，竿謂之箷，簀謂之笫，用器也。輿之制詳于考工，轂以爲利轉，輻以爲直指，牙固抱，亦既肉稱、幬廉，咸利以可規、可矩、可水、可縣之用。輿之名釋于爾雅，革前謂之鞎，户後謂之笰，竹前謂之禦，以及環、鑣、轡、首，各錫以謂捐、謂钀、謂轙、謂革之名。治樸之名五，象謂之鵠，角謂之觷，犀謂之斮，木謂之剫，玉謂之雕。治器之名六，金謂之鏤，木謂之刻，骨謂之切，象謂之磋，玉謂之琢，石謂之磨。

田器網罟

罺謂之汕，篧謂之罩，槮謂之涔。作結繩而爲網罟，以佃以漁，取諸離焉。斫謂之鐯，斛謂之疀，定謂之耨。作耒耜以教天下，是耕是穫，取諸益焉。

先王結網以來，網罟利于天下。兔入「脱于字」罝，雉罹于羅，魚麗于留，舉凡海錯山珍，皆可以時而取之，此聖人用物之義也。古者登口有典，川澤蕃乎庶物。魚禁鯤鮞，獸長麛麇，鳥翼鷇卵，舉凡伐天槎蘖，尤必以時而禁之，此聖人愛物之仁也。

鳥罟謂之羅，兔罟謂之罝，麋罟謂之罞，雉罟謂之羉，魚罟謂之罛。

肴食

肉曰脱之，去骨也。魚曰斮之，削鱗也。

肉謂之築，原「魚」謂之鮨，榮「菜」謂之蔌，羮謂之湆。

肉無骨者謂之醘，有骨者謂之臡。

康謂之蠱，米皮也。澱謂之垽，滓澱也。

粒食所以養人，而臭惡異宜，即聖人亦必辨其味。食饐謂之餲矣，摶者謂之爛矣，米者謂之糪矣，雖同具乎黍稻粱，其何以爲馨香之薦。肥甘可以悦口，而腥羶異質，惟[雖]庖人又必人其防。牛夜鳴則庮矣，羊冷毛毳矣，犬赤股而躁矣，雖同具乎鹽梅醯醢，其何以爲鼎俎之烹。

編萑而塗之以謹，濡炙而蠔之以膋。騂黝也而祀别陰陽，元白也而制崇忠質。

肉謂之敗，魚謂之餒。

衣服

服在躬而不知名爲罔。衣裗謂之視，黼領謂之襮，衣眥謂之襟。表物采以章，身當以辨上下、短長之制。有其服而無其容則恥。袂圓應規，袷曲應矩，負純應疽。服先王之法，服蓋以著采齊、肆夏之容。

衱謂之裾，衣後裾也。衿謂之袸，衣小帶也。

衣緣謂之純，深衣云衣純以繢、衣純以青是也。執衽謂之袺，詩云：薄言袺之。扱衽謂之[脱襭字]，詩云：薄言襭之。

衣蔽前謂之襜，玉藻詳下廣二尺，上廣一尺之制。裳削幅謂之纀，深衣載十有二幅，以應十二月之名。

列鐘氏于考工，丹秫朱湛，而昭王朝之物采，三月而熾之，復淳而漬之，物相雜而成章，始得定三入爲纁、五入爲緅、七入爲緇之度。辨正色于爾雅，青葱黝黼，遂頒朝廟之冠裳，赤與黑相次也，元與黄相次也，目遇之而成色，得以别一染爲縓、再染爲赬、三染爲絳之名。

旌旂

素錦綢杠，禮所稱綢練設旐是已。陞龍于縿，昭其飾也。練旒以九，别其制也。飾之以組，彰素絲之美。維之以縷，昭曳地之文。緇廣充幅，長尋曰旐，繼旐曰旆。注旄首曰旌，禮所稱析羽爲旌是已。有鈴曰旂，禮所稱交龍爲旂是已。錯革鳥曰旃［旟］，禮所稱鳥隼爲旟是已。因章曰旃，禮所稱通帛爲旃是已。

廣雅云：天子杠高九仞，諸侯七仞，大夫五仞。天子十二斿、至地，諸侯九斿、至軫，卿大夫七斿、至輢，士三斿、至肩。

圭璧金玉

珪大尺二寸謂之玠，璋大八寸謂之琡，璧大六寸謂之宣，王者執以表瑞。肉倍好謂之璧，好倍肉謂之瑗，肉好若一謂之環，君子佩以比德。

璲，瑞也。繸，綬也。

絶澤謂之銑，金之美者也。玉十謂之區，玉之多者也。

黄金謂之璗，其美者謂之鏐。白金謂之銀，其美者謂之鐐。

鉼金謂鈑，司金掌上帝之供。錫謂之鈏，禹貢載揚州之利。

琫　嘹

天子玉琫而珧珌，諸侯璗琫而鏐珌，大夫璙琫而鏐珌。天子佩白玉而元組綬，公侯佩山玉而朱組綬，大夫佩水蒼玉而純組綬，士佩瓀珉而緼組綬。周有砥厄，宋有結綠，梁有懸藜，楚有和璞，此四寶者工之所失也，而爲天下名器。

弓箭羽革

以金者謂之銑，以蜃者謂之珧，以玉者謂之珪，弓因飾而異名。三羽謂之箴，十羽謂之縛，百羽謂之緷，羽因數而殊號。

金鏃翦羽謂之鍭，骨鏃不翦羽謂之志。

弓有緣者謂之弓，無緣者謂之弭。

革中絶謂之辨，革中辨謂之韏。

釋　天

春爲蒼天，夏爲昊天，秋爲旻天，冬爲上天。春爲發生，夏爲長嬴，秋爲收成，冬爲安寧。冬無愆陽，夏無伏陰，春無凄風，秋無苦雨，四時于以正，萬物于以嘉也。照于玉燭，暢于永風，息于膏火，飲于醴泉，德輝動于中，和氣應于外也。物産于春而爲聖，物長于夏而爲［脱仁字］，物揫于秋而爲義，物藏于冬而爲中。一穀不升謂之歉，二穀不升謂之饑，三穀不升謂之饉，四穀不升謂之荒。一陰一陽，二儀動運之法。爲高爲下，四遊升降之差。日者實，月者闕，重輪重光，仰照臨乎雨大。日爲陽，辰爲陰，在寅在申，驗周復于歲序。谷風者，東風也。凱風者，南風也。泰風者，西風也。焚輪爲穨，扶摇爲猋，與火爲庉，迴風爲飄。日出而風爲暴，風而與［雨］土爲霾，陰而風爲曀。虹名螮蝀。蜺爲挈貳，疾雷爲霆霓，地氣發天不應曰霧。暴雨謂之涷，小雨謂之霢，霖久雨謂之淫。

星　名

降婁，鶉火，昏旦有方。析木、觜觽，隱見有舍。

明庚生于東西，箕斗出于南北，龍虎分于左右，龜鳥判乎後先。辰角見而雨畢，天根見而水涸，駟見而隕霜，龍見而畢務［霧］。天根名氐，天駟名房。北陸爲虚，西陸爲昴。彗星爲欃槍，奔星爲彴約。東方成龍形，西方成虎形，南方成鳥形，北方成龜形。歲星爲木屬，熒惑爲火屬，太白爲金屬，辰星爲水屬。箕畢攸從，驗好尚于風雨。勾陳就列，儼營衛于辰宫。拱于辰者，合分野之地而聯其勢。居其所者，棲太乙之垣以締其綱。大火謂之大辰，北火謂之北辰。

釋地

兩河間曰冀州，河南曰豫州，河西曰雝州，漢南曰荆州，江南曰揚州，濟河間曰兖州，濟東曰徐州，［脱燕字］曰幽州。齊曰營州。此定九州之名。魯有大野，晋有大陸，秦有楊陓，宋有孟諸，楚有雲夢，吴越之間有具區，齊有海隅，燕有昭余祁，鄭有圃田，周有焦護。此載十藪之利也。東方之美者，有醫無閭之珣玗琪焉。南方之美者，有梁山之犀象焉。西方之美者，有霍山之多珠玉焉。北方之美者，有幽都之筋角焉。推之會稽竹箭，岱岳魚鹽，華山金石，莫非名山鍾儷薈萃焉，而珍九府之藏。青州厥貢鉛松怪石焉，徐州厥貢夏翟孤桐焉，揚州厥貢齒革羽毛焉，荆州厥貢礪砥砮是［丹］焉。推之豫之磬錯，梁之璆鐵，雍之織文，要皆萬國來朝率服焉，而入九州之貢。大野曰平，大陸曰阜，大陵曰阿，或萊沛沮洳，或險峭磽确，此不可耕種者也。可食曰原，陂者曰阪，下者曰隰，其穀宜黍稷，其穀宜稻麥，此可以耕種者也。原宜粟，隰宜麥，教民所宜，因以制賦，此瘠土、沃土所由分也。一歲菑，三歲各［畬］，象土之物，而布其利，此上田、下田所由判也。

王者歲（疑當作聚）地居民，邑外謂郊，郊外謂牧，牧外謂野，野外謂林，林外謂坰。界之遠近，一視乎國之廣狹。此因田制賦之規也。國家有備無患。五人爲伍，五伍爲兩，四兩爲卒，五人［卒］爲旅，五旅爲師。軍旅之起，一本乎田役之作。此寓兵于農之法也。

太平之人仁，丹穴之人智，太蒙之人信，空桐之人武。東方有比目魚，南方有比翼鳥，西方有比肩獸，北方有比肩民。

東至于泰遠，西至于邠國，南至于濮鈆，北至于祝栗。南戴日爲丹穴，北戴斗極爲空桐，東至日所出爲太平，西至日所入爲太蒙。

天之爲言顯也，謂其高顯而在上也。天之爲言坦也，謂其高遠而坦然也。雖其伏者爲天，原無形體可按。而四時有升降之理，日月有運行之度，星辰有次舍之常，極之陰揚，象乎陰陽，動潤協乎風雨，何莫一大之所統而包。地之爲言易也，謂其交易變化也。地之爲言諦也，謂其審諦不誤也。雖其似者爲地，不過撮土之多。而八陵之所鎮，九府之所聚，十藪之所產，推之遼域，通乎四極，異氣達乎五方，何莫非坤厚之所承而載。

釋山

河南華，河西嶽，河北恒，江南衡。鎮名山，安以人者也。泰山爲東嶽，華山爲西嶽，霍山爲南嶽，恒山爲北嶽，嵩山爲中嶽。嶽，捔也，天子巡狩至其下，捔考功德而黜陟之也，故謂之嶽。詩傳言四嶽之名，東嶽岱，南嶽衡，泰一名岱，霍一名衡，非三也。岱，代也，萬物更相代于東方也。華，變也，萬物成變由于西方也。霍，護也，萬物藏伏于北方有常也。

三襲，陟。再成，英。一成，坯。大而高，崧。小而高，岑。鋭而高，嶠。

卑而大，扈。小而衆，巋。多小石，磝。多大石，礐。

多草木，岵。無草木，峐。土戴石爲砠，石戴土爲崔嵬。

小山與大山不相屬者，小山別大山鮮是也。小山相並而高于大山者，小山岌大山峘是也。小山在中而大山在外者，大山宫小山霍是也。

屬者嶧，獨者蜀，以勢言也。如堂密，如防盛，以形肖也。

山夾水，澗。陵夾水，澞。小石曰礫，衆石曰磊。石，上［疑當爲土］之聚也。石，氣之核也。山之爲言産也，宣也。

山西曰夕陽，山東曰朝陽。翠微乃山氣之青縹，厜㕒則山頂之巉巖。

邱陵厓岸

土高曰邱，大阜曰陵。

一成爲敦邱，再成爲陶邱，再成鋭上爲融邱，三成爲崑崙邱。

東陵阠，南陵息陵［慎］，西陵威夷，北陵雁門。

陳有宛邱，晉有潛邱，淮南有州黎邱。

陵莫大于加陵，梁莫大于溴梁，墳莫大于河墳。重崖爲岸，而岸之遠于水者名滸。窮瀆爲汜，苦水之通于谷者名澂。厓内爲隩，外爲隈。大雅公劉云：芮鞫之即。鞫即隈也。昔舜耕于歷山，期年而田者爭。處境埆，以封畔肥饒相讓。釣于河濱，期年漁者爭。處湍瀨，以曲隈深潭相讓。淮南子曰：漁者不爭隈。是其事也。

釋水

濫泉正出，沃泉縣出，氿泉穴出，瀵泉尾出。

一見一否爲瀸，出而不流爲汧。以［水］自河出爲灉，自濟出爲楚［濋］，自汶出爲瀾［灛］，自洛出爲波，自漢出爲潛。水注川曰谿，注谿曰谷，注谷曰溝，注溝曰澮，注澮曰瀆。

大波爲瀾，小波爲淪，直波爲徑。江之有沱，河之有灉，汝之有濆。

逆流而上曰泝洄，順流而下曰泝游。絲帶以上爲厲，繇膝以下爲揭。

水中可居曰洲，小洲曰陼，小陼曰址［沚］，小址［沚］曰坻，人所爲爲潏。

天子造舟，諸侯維舟，大夫方舟，士特舟，庶人乘泭。

江、河、淮、濟爲四瀆。四瀆者，發源注海者也。

河出崑崙虛色白，所渠并千七百，一川色黃。百里一小曲，千里一曲一直。

水所經曰至，他水外來曰爲，溢而他流曰出，順流而下曰沿，絶流曰亂，舍舟而陸曰逾，因水入水曰達，大水受小水曰過，小水歸大水曰入，兩水勢均曰會。天下之水莫水［大］于河，故禹貢于河不言會。

釋草木

華，荂也。華、荂，榮也。木謂之華，草謂之榮。不榮而實者謂之秀，榮而不實者謂之英。

下勾曰朻，上勾曰喬。如竹箭曰苞，如松柏曰茂。自斃爲神，立死爲椔，蔽者爲翳，磨者爲槸。

繚而爲喬，族而爲灌。宮槐之葉，書聶而宵炕。木槿之華，朝生而夕隕。

大而皵楸，小而皵榎，此名因大小而殊。赤者爲杜，白者爲棠，此名因赤白而異。

芝以表聖瑞，株以兆豐年。

棶可爲食，椶可爲飲，秫可爲酒，薜可爲羹。

苧爲麻母，艾號冰臺。茹藘染絳，茈草染紫。甘棠、苦荼别其味也，黄英、赤棘從其色也。綸似綸，組似組，東海有之。布似布，帛似帛，華山有之。

厭桑爲弓，蒲柳爲箭，栵栭爲車，此木之全民利用也。臺可爲笠，藺可爲屨，莞可織席，此草之全民利用也。

草有借名于鳥者，芜爲雀弁，懷［蘾］爲烏［烏］蕵，鳺爲鴻薈，芍爲鳧茈是已。木有借名于獸者，欇爲虎櫐，楰爲鼠梓，終爲牛棘，遵爲羊棗是已。

莞爲苻蘺，芏爲夫王，一經夙夜編摩，得供几筵之用。莣爲杜榮，蘋爲薡蕫，一經中宵綯索，猶存草野之風。

檉爲河柳，旄爲澤柳，楊爲蒲柳。或名女桑，或爲桋桑，或名山桑。

槐棘醜喬，桑柳醜條，椒樧醜莍，桃李醜核。

瓜曰華之，桃曰膽之，棗李曰疐之，樝梨曰鑽之。

楔，荆桃。旄，冬桃。榹桃，山桃。

休，無實李。痤，椄慮李。駁，赤李。

棗，壺棗。邊，要棗。櫅，白棗。樲，酸棗。楊徹，齊棗。洗，大棗。煮，填棗。蹶洩，苦棗。晳，無實棗。還味，棯棗。

菉爲王蒭，竹爲篇蓄。

虋爲赤苗，芑爲白苗，秬爲黑黍，秠爲稃米。藿爲山韭，茖爲山葱，葝爲山韰，蒚爲山蒜。

新［梓］實桐皮曰椅，松葉柏身曰樅。

物之相類者，世主之所亂惑也。芎藭之與藁木，蛇床之與蘪蕪，善惡雖殊，孰克辨其真似。嫌疑肖像者，衆目之所眩耀也。畦留夷與藒車，雜杜衡于芳芷，薰蕕異器，何難判以差池。

虋爲天冬，苄爲地髓。

荷名芙蕖［蕖］，亦曰菡萏。蔦名寓木，亦曰寄生。

釋蟲魚鳥獸

有足謂之蟲，無足謂之豸。

醜扇，蠅也。蠛蠓，蜹也。蚍［疑當作螿］，螻蛄也。

翥醜鏬，螽醜奮，强醜捋，蠭醜螸，辨其性也。

食心螟，食葉蟘，食節賊，食根蟊，惡其害也。

里革以舍蚳蝝爲仁，合鷇卵鯤鮞而俱禁。周公以供蠃蚳爲禮，偕魚鼈龜蜃以同登。

魚枕謂之丁，魚腸謂之乙，魚尾謂之丙。魚之大者爲鱒，魚之小者爲鯫，魚之强者爲徽。貝居陸者贆，在水者蜬。

南方曰𠷎，東方曰鶅，北方曰鵗，西方曰鷷，四時之雉也。春鳸鳻雎［鶞］，夏鳸竊元，秋鳸竊藍，冬鳸竊黃，四時之鳸也。鵲鵙醜其飛也翪，鳶烏醜其飛也翔，鷹隼醜其飛也翬。麇子麇其跡也躔，鹿子麛其跡也速，麕子麌其跡也解。

生哺爲鷇，生噣爲雛，右掩左雄，左掩右雌。

鳧雁之飛其足蹼，烏鵲之飛其掌縮。

伊洛之南，素素，五采皆備成章曰翬，周禮所稱褘衣是已。江淮而南，青質，五采皆備成章曰鷂，周禮所稱揄狄是已。

猱猨善援，貜父善顧，辨其性也。威夷長脊，麐麔短脰，別其形也。

麋絶有力狄，鹿絶有力麖，麢絶有力豣，熊絶有力麙。

兔子嬔，雉子鷚。兔絶有力欣，雉絶有力奮。

爾雅詳兕犀之名，似豕、似牛，生出九德。考工載兕犀之用，七屬、六屬，壽以百年。

前弇諸果，後弇諸獵。左倪不類，右倪不若。在陽象經，在陰象緯。上圓法天，下方法地。

一曰神龜，二曰靈龜，三曰攝龜，四曰寶龜，五曰文龜，六曰筮龜，七曰山龜，八曰澤龜，九曰水龜，十曰火龜。

龜三足賁，鼈三足能。

貍、狐、貒、貈，皆有掌蹯。

釋畜

宗廟齊毛，尚純也。戎事齊力，尚强也。田獵齊足，尚疾也。回毛在膺，宜乘也。回毛在幹，茀方也。回毛在背，闋廣也。

爲羳，角之辨。曰犉曰牰，色之殊。

別其牝牡，曰羒、曰牂。驗其齊脊，爲觤、爲羷。

犬生三、猣，二、師，一、玂。長喙、短喙，詩云：載獫猲獢矣。豕生三、豵，二、師，一特。爲豥、爲豬，詩云：有豕白蹢矣。

馬八尺爲駥，牛七尺爲犉，羊六尺爲羬，彘五尺爲豝，狗四尺爲獒，鷄三尺爲鶤。馬之子爲駒，牛之子爲犢，羊之子爲羜，豕之子爲豬，犬之子爲狗，鷄之子爲雛。

齸屬

牛曰齝，羊曰齥，鳥曰嗉，此飲食之異也。

須屬

獸曰釁，人曰撟，魚曰須，登〔鳥〕曰臭，此氣體之須也。

經義考·爾雅

清·朱彝尊

漢志三卷二十篇今本十九篇

存。

揚雄曰：孔子門徒游夏之儔所記，以解釋六藝者也。

郭威曰：爾雅，周公所制。而文有張仲孝友，張仲，宣王時人，非周公之制明矣。

王充曰：爾雅之書，五經之訓故。

張晏曰：爾，近也。雅，正也。

張揖曰：昔在周公，纘述唐虞，宗翼文武，克定四海，勤相成王六年，制禮以導天下，著爾雅一篇以釋其義。今俗所傳三篇，或言仲尼所增，或言子夏所益，或言叔孫通所補，或言沛郡梁文所考，皆解家所說，先師口傳，疑莫能明也。

劉熙曰：爾雅，爾，昵也。昵，近也。雅，義也。義，正也。五方之言不同，皆以近正爲主也。

葛洪曰：史佚教其子以爾雅。爾雅，小學也。又孔子教魯哀公學爾雅，爾雅之出遠矣。學者皆云周公所記。張仲孝友之類，後人所足耳。

劉勰曰：爾雅者，孔徒之所纂，而詩書之襟帶也。

晉書蔡謨傳：謨初渡江見蟛蜞，大喜曰，蟹有八足加以二螯。令烹之。既食，吐下委頓，方知非蟹。後詣謝尚而說之，尚曰，卿讀爾雅不熟，幾爲勸學死。

陸德明曰：爾雅，所以訓釋五經，辨章同異，多識鳥獸草木之名，博覽而不惑者也。爾，近也。雅，正也。言可近而取正也。釋詁一篇蓋周公所作。釋言以下或言仲尼所增，子夏所足，叔孫通所益，梁文所補。張揖論之詳矣。

賈公彦曰：爾雅者，孔子門人作以釋六藝之文。

張懷瓘曰：周公相成王，申明禮樂，以加朝祭服色，尊卑之節，又造爾雅。宣尼、卜商增益潤色，釋言暢物，略盡訓詁。

裴肅曰：爾雅博通詁訓，綱維六經，爲文字之楷範，作詩人之興詠，備詳六親九族之禮，多識鳥獸草木之名。今古習傳，儒林遵式。

歐陽修曰：爾雅非聖人之書，不能無失。考其文理，乃是秦漢之間學詩者纂集說詩博士解詁。

高承曰：爾雅大抵解詁詩人之旨。或云周公作。以其文考之，如瑟兮僩兮，衛武公之詩也，猗嗟名兮，齊人刺魯莊公也，而文皆及之。則周公安得述也。當是出於孔子删詩書之後耳。

葉夢得曰：爾雅訓釋最爲近古，世言周公作，妄矣。其言多是詩類中語，而取毛氏説爲正，予意此但漢人所作耳。

晁公武曰：世傳釋詁周公書也，餘篇仲尼、子夏、叔孫通、梁文增補之。文字之學凡有三。其一體制，謂點畫有縱横曲直之殊。其二訓詁，謂稱謂有古今雅俗之異。其三音韻，謂呼吸有清濁高下之不同。論體製之書，説文之類是也。論訓詁之書，爾雅、方言之類是也。論音韻之書，沈約四聲譜及西域反切之學是也。三者雖各名一家，其實皆小學之類。而漢藝文志獨以爾雅附孝經類，隋經籍志又以爾雅附論語類，皆非是。今依四庫書目，置於小學之首。

曹粹中曰：昔人謂爾雅釋詁一篇周公所作，釋言以下仲尼所增，子夏從而足之，叔孫通、梁文又從而補益之。今考其書，知毛公以前其文猶略，至康成時則加詳矣。何以言之。如學有緝熙于光明，毛公云光、廣也。康成則以爲欲學于有光明者，而爾雅曰緝熙光也。又齊子豈弟，猶言發夕也，而爾雅曰豈弟發行也。薄言觀者，毛公無訓。振古如兹，毛公云振，自也。康成則以觀爲多，以振爲古，其説皆本於爾雅。使爾雅成書在毛公之前，顧得爲異哉。按，平帝元始四年，王莽始令天下通爾雅者詣公車，固出自毛公之後矣。

朱翼曰：爾雅非周公書也。郭璞序云興於中古，隆於漢氏，未嘗指爲周公。蓋是漢儒所作，亦非中古也。

林光朝曰：爾雅，六籍之户牖，學者之要津也。古人之學必先通爾雅，則六籍百家之言皆可以類求矣。及散裂爾雅而投諸箋注，説隨意遷，文從義變，説或拘泥，則文亦牽合，學者始以訓詁之學爲不足學也。不知釋詁、釋言、釋訓亦猶詩之有六義，小學之有六書也。

朱子曰：爾雅是取傳注以作，後人卻以爾雅證傳注。

陳傅良曰：古者重小學，漢嘗置博士。如毛氏詩訓、許氏説文、揚氏方言之類，皆有所本。隋唐以來以科目取士，此書浸廢。韓退之尚以注蟲魚爲不切，則知誦習者寡矣。

陳振孫曰：漢志爾雅二十篇，今書惟十九篇。志初不著撰人名氏，郭璞序亦第稱興於中古、隆於漢氏而已。至陸氏釋文，始謂釋詁爲周公所作，其説蓋本於魏張揖。

錢文子曰：爾雅出於漢世，正名、命物，講説者資之。

王應麟曰：陸璣爲詩草木疏，劉杳爲離騷草木疏，王方慶有園亭草木疏，李文饒有山居草木記，君子所以貴乎多識也。然爾雅不釋蘇薮，字書不見栮樻，學者恥一物之不知，其可忽諸。若終軍之對鼮鼠，盧若虛之辨鼫鼠，江南進士之問天雞，劉原父之識六駮，可謂善讀爾雅矣。又曰：爾雅注，漢武帝時得豹文鼮鼠，孝廉郎終軍知之，賜絹百匹。文選注引竇氏家傳，以爲竇攸世祖詔諸侯子弟從攸受爾雅，二説不同。又曰：爾雅，西至於邠國，謂之四極。朱文公曰，邠國近在秦隴，非絶遠之地。按，説文引爾雅曰，西至汃府巾切國，謂四極。汃，西極之水也。又曰：白虎通引親屬記，即爾雅釋親也。

楊士奇曰：爾雅，古小學書，初無深義。世謂周公作，非也。

張崇縉曰：訓詁之書，莫先於爾雅。爾雅所載大極天地四時之幽窈，細察昆蟲草木之瑣屑，顯悉人事之庶，微析群言之錯。故自漢以下列諸經籍，布諸學官，儒者靡不覽誦。嗣是作者，若釋名、埤雅、廣雅、博雅、小爾雅諸書，雖各陳所見，以足未完。其實大綱咸肇於爾雅，奇邃古妙莫能過焉。

鄭公曉曰：爾雅蓋詩訓詁也。子夏嘗傳詩。今所存者大小序，又非盡出子夏。然則爾雅即子夏之詩傳也。

七録三卷。　犍爲文學爾雅注

佚。

陸德明曰：犍爲郡文學卒史臣舍人，漢武帝時待詔，闕中卷。

按，犍爲舍人注爾雅，賈氏齊民要術引有二條。其一𣂔斸謂之定，注云：𣂔斸，鉏也，一名定。其一菥蓂大薺，注云：薺有小，故言大薺。而今本爾雅注疏俱無之。

又按，舍人待詔在漢武時，此釋經之最古者。其書雖不傳，閒采於邢氏之疏。疏所未載字義可考者，如釋言原作𠫑。縭介，縭作𦁛，注云：𦁛，羅也。介，別也。渝作𦁛。窕作跳，注云：跳者躍之閒。覞，注云：擅也。釋訓條條作攸攸。矯矯，注云：得勝之勇也。洸洸作僙僙，薨薨作雄雄。委委佗佗作褘褘它它，注云：心之美也。赫赫作奭奭。墫墫，注云：舞貌。夢夢訰訰，注云：煩懣，亂也。仇仇敖敖，傲也。傲作毀，注云仇仇，無倫理之貌。謷謷，衆口毀人之貌。仳仳，注云：形容小貌。饎作喜，注云：古曰饎。履帝武敏，敏作畝，注云：古者，姜嫄履天帝之迹於畎畝之中而生后稷。籧篨，戚施。注云：籧篨，巧言也。戚施，令色誘人。夸毗，注云：卑身屈己也。釋草瓝九葉，注云：九枝共一莖。中馗作中鳩，注云：兔奚名顆東，顆東名中鳩。釋木：蒜莖著。莖作柢，著作都。槔作皋。櫟其實梂，注云栗實名梂也。櫬梧樸枹者，謂櫬采薪，采薪即薪。謂作彙，注云：櫬梧，樸枹者。櫬者，其理也。樸者，相追附也。彙者，莖也，如竹箭，一讀曰枹也。櫬名采薪，又名即薪。釋蟲奚相作奚桑。釋魚活東作穎東。釋鳥：鴽，鴾母。母作蕪。亢鳥嚨，注云：嚨，嚨財可見也。釋獸猶作麡，寓屬作麌屬。猷鼠，注云：其鳴如犬也。騉駼枝蹄，注云：騉駼者，外國之名。枝蹄者，枝足也。前足皆白騱，後足皆白狗。騱作雞，狗作狗。白馬黑鬣駱。鬣作髦。凡此皆邢氏所未采，而見之陸氏釋文者也。

劉氏歆爾雅注

七録三卷。

佚。

陸德明曰：與李巡注正同，疑非歆注。

樊氏光爾雅注

隋志三卷唐志釋文序録六卷

佚。

陸德明曰：京兆人，後漢中散大夫。沈璇疑非光注。

按，樊氏注見於陸氏釋文者，釋言舫作坊，泭作坿。釋訓躍躍作濯濯，儵儵作攸攸，皐皐作浩浩，愮愮作遥遥、又作洮洮。釋草皫作駮。釋木著作屠，椳作楁，槸作槅，炕作抗。釋鳥爰居，注云：似鳳凰。亢鳥嚨，注云：嚨嚨，亢鳥之頸也。皆邢氏疏所不載。

李氏巡爾雅注

七録三卷

佚。

陸德明曰：汝南人，後漢中黄門。

按，李氏注釋言虹作降，握作幄，毳作毳。釋器康瓠作光瓠，箷作箟。釋鳥鶅鶅，注云：鳥有一目一翅，相得乃飛，故曰兼兼也。釋獸麢父作澤父。亦見釋文。

孫氏炎爾雅注

隋志七卷唐志六卷宋志十卷釋文序錄三卷

佚。

爾雅音

七錄二卷釋文序錄一卷

佚。

顔之推曰：孫叔然創爾雅音義，是漢末人獨知反語。

按，訪碑錄載，淄州長山縣西南三十里，長白山東，有孫炎碑。碑陰有門徒姓名，係甘露五年立。惜今不可得見矣。

郭氏璞爾雅注

隋志五卷唐志一卷釋文序錄宋志三卷

存。

璞自序曰：夫爾雅者，所以通訓詁之旨歸，叙詩人之興咏，總絶代之離詞，辨同實而殊號者也。誠九流之津涉，六藝之鈐鍵，學覽者之潭奥，摛翰者之華苑也。若乃可以博物不惑，多識於鳥獸草木之名者，莫近於爾雅。爾雅者，蓋興於中古，隆於漢氏，豹鼠既辨，其業亦顯。英儒贍聞之士，洪筆麗藻之客，靡不欽玩耽味，爲之義訓。璞不揆檮昧，少而習焉，沈研鑽極二九載矣。雖注者十餘，然猶未詳備，並多紛謬，有所漏略。是以復綴集異聞，會萃舊説，考方國之語，采謠俗之志。錯綜樊孫，博關群言，剟其瑕礫，搴其蕭稂。事有隱滯，援據徵之。於其易了，闕而不論。别爲音圖，用祛未寤。輒復擁篲清道，企望塵躅者，以將來君子爲亦有涉乎此也。

陸德明曰：先儒於爾雅多爲億必之説，乖蓋闕之義。惟郭景純洽聞强識，詳悉古今，作爾雅注，爲世所重。

陳振孫曰：爾雅舊有劉歆、樊光、李巡、孫炎之學，今惟郭氏行於世。

述異記：郭景純注爾雅臺，今在東陵郡。

祝穆曰：爾雅臺在硤州，郭璞注爾雅於此。

郭子章曰：景純注爾雅，握筆嘉州，在今烏尤山。江魚呑墨，千年猶黑。

爾雅圖讚

七錄二卷隋志爾雅圖十卷唐志一卷

佚。

鄭樵曰：爾雅圖蓋本郭注而爲圖。今雖亡，有郭璞注，則其圖可圖也。

爾雅音義

唐志一卷七錄二卷

佚。

江氏灌爾雅音

隋志八卷唐志六卷

佚。

爾雅圖讚

唐志一卷

佚。

晉書：灌字道群，陳留圉人，吳郡太守。按，張彥遠名畫記云：灌字德源，陳尚書令，至武德中爲隋司馬。著爾雅圖二卷，音六卷，讚二卷。

沈氏旋集注爾雅

隋志十卷

佚。

史傳沈旋字士規，武康人，梁尚書僕射沈約子，襲封建昌縣侯，歷中書侍郎、永嘉太守、司徒從事中郎、司徒右長史。免父喪爲太子僕。復以母憂去官，蔬食辟穀。服除，猶絶粳粱，爲給事黄門侍郎、撫軍長史。出爲招遠將軍、南康内史。在任清治。卒官謚恭侯。有集注邇言行世。子實嗣。弟趨，字孝鯉，亦知名，位黄門郎。

陸德明曰：梁有沈旋約之子，集衆家之注。

施氏乾爾雅音

佚。

陸德明曰：陳博士。

謝氏嶠爾雅音

佚。

陸德明曰：陳國子祭酒。

顧氏野王爾雅音

佚。

陸德明曰：陳舍人顧野王，既是名家，今亦采之。

按，顧氏注釋言虹潰也，虹作訌。邢氏疏引大雅抑篇云實虹小子，召旻篇云蟊賊内訌，蓋本之。

陸氏德明爾雅釋文

通考一卷

存。

爾雅音義

宋志二卷

未見。

玉海：天聖四年五月，國子監摹印陸德明音義二卷頒行。

曹氏憲爾雅音義

唐志二卷

佚。

高氏璉爾雅疏

宋志七卷

佚。

裴氏瑜爾雅注

宋志五卷

佚。

中興書目：爾雅注五卷，唐裴瑜撰。其序云，依六書八體，撮諸家注未盡之義，勒成五卷，並音一卷。今本無音。

釋智騫爾雅音義

二卷

佚。

玉海：釋智騫撰爾雅音義。景德二年四月，吳鉉言其多誤，命杜鎬孫奭詳定。

毋氏昭裔爾雅音略

通考三卷

佚。

晁公武曰：爾雅舊有釋智騫及陸朗釋文。昭裔以一字有兩音或三音，後生疑於呼讀，今釋其文義最明者爲定。

吳任臣曰：昭裔，河中龍門人。孟知祥鎮西川，辟掌書記。尋擢御史中丞，後主拜中書侍郎同平章事，改門下侍郎進左僕射，以太子太師致仕。所著有爾雅音略三卷。

邢氏昺爾雅疏

宋志十卷

存。

昺自序曰：夫爾雅者，先儒授教之術，後進索隱之方，誠傳注之濫觴，爲經籍之樞要者也。夫混元闢而三才肇位，聖人作而六藝斯興。本乎發德於衷，將以納民於善。洎夫醇醨既異，步驟不同。一物多名，繫方俗之語。片言殊訓，滯今古之情。將使後生若爲鑽仰。由是聖賢間出，訓詁遞陳。周公倡之於前，子夏和之於後。昆蟲草木，爰自爾以昭彰。禮、樂、詩、書，盡由斯而紛郁。然又時經戰國，運歷挾書，傳授之徒寖微，發揮之道斯寡。諸篇所釋，世罕得聞。惟漢終軍獨深其道，豹鼠既辯，斯文遂隆，其後相傳，乃可詳悉。其爲註者，則有犍爲文學、劉歆、樊光、李巡、孫炎，雖各名家，猶未詳備。惟東晉郭景純用心幾二十年，註解方畢，甚得六經之旨，頗詳百物之形。學者祖焉，最爲稱首。其爲義疏者，則俗間有孫炎、高璉，皆淺近俗儒，不經師匠。今既奉勅校定，考案其事，必以經籍爲宗。理義所詮，則以景純爲主。雖復研精覃思，尚慮學淺意疏。謹與尚書駕部員外郎直祕閣臣杜鎬、尚書都官員外郎祕閣校理臣舒雅、太常博士直集賢院臣李維、諸王府侍講太常博士兼國子監直講臣孫奭、殿中丞臣李慕清、大理寺丞國子監直講臣王煥、大理評事國子監直講臣崔偓佺、前知洺州永年縣事臣劉士玄等共相討論，爲之疏釋。雖上遵睿旨，共竭於顓蒙，而下示將來，尚慚於疏略。謹序。

晁公武曰：舊有孫炎、高璉疏。皇朝以其淺略，命邢昺、杜鎬等别著此書。

陳傳良跋曰：古者重小學，爾雅所以作也。漢興，除秦之禁，嘗置博士列於學官。至今漢儒書行於世，如毛氏詩訓、許氏説文、揚氏方言之類，蓋皆有所本云。隋唐以來，以科目取士，此書不課於舉子，由是寖廢。韓退之以古文名世，尚以注蟲魚爲不切，則知誦習者寡矣。國初諸儒獨追古，依郭氏注爲之疏，爾雅稍稍出。比於熙豐，三經行，學者非字説不學。自先儒注疏皆罷絀，而爾雅亦廢。予憶爲兒時入鄉校，有以爾雅問題者，予用能辨鼠豹，不識蟛蜞爲對。其事至淺，諸老先生往往驚嘆，以爲博也。郡有刊疏，並音釋若干卷，以久不就，字畫多殘闕。金華趙君子良來爲推官，繕補之，始頗可讀。趙徵余言，因叙此書之所以廢，且見子良之志。子良學於東萊呂伯恭氏，於余爲同年進士，名善珍。

程敏政曰：爾雅疏序，在舒館直雅集中，題曰代邢昺作。

王氏雱爾雅

佚。

項安世跋曰：予讀王元澤爾雅，爲之永歎曰：嗚呼，王氏以父子之學之苦，即其比物引類之博，分章析句之工，其用力也久，其屬辭也精，以此名家，自足垂世。視揚子云、許叔重，何至多遜，而必欲用此説也。咸五帝而登三王，縛頡利而臣高昌，則已疏矣。度不能勝，而乃濟之以愎，輔之以狡。招合一時之群小，盡逐累世之舊臣，以惑吾國而覆之。以遺凶流毒，至使後之擅國者世師焉。以享上衹辟之説悦人主，以邦朋國是之説空廷臣，則王氏父子實爲之津梁，可不痛哉。

陸氏佃爾雅新義

宋志二十卷

未見。

陳振孫曰：陸佃撰。其於是書，用力勤矣。自序以爲雖使郭璞擁篲清道、跂望塵躅可也。以愚觀，大率不出王氏之學。與劉貢父所謂不徹薑食三牛三鹿戲笑之語，殆無以大相過也。書曰玩物喪志，斯其爲喪志也弘矣。頃在南城傳寫凡十八卷。其曾孫子遹刻於嚴州，爲二十卷。

鄭氏樵爾雅注

三卷

存。

樵自序曰：大道失而後有六經，六經失而後有爾雅，爾雅失而後有箋注。爾雅與箋注，俱奔走六經者也。但爾雅逸，箋注勞。爾雅者，約六經而歸爾雅，故逸。箋注者，散爾雅以投六經，故勞。有詩書而後有爾雅。爾雅馮詩書以作，往往出自漢代箋注未行之前，其孰以爲周公哉。爾雅，釋六經者也。爾雅明，百家箋注皆可廢。爾雅，應釋者也。箋注，不應釋者也。人所不識者，當釋而釋之曰應釋。人所不識者，當釋而不釋，所釋者不當釋而釋之曰不應釋。古人語言於今有變。生今之世，何由識古人語。此釋詁所由作。五方言語不同。生於夷，何由識華語。此釋言所由作。物有可以理言者，以理言之。有不可以理言，但喻其形容而已。形容不可明，故借言之，訓以爲證。此釋訓所由作。宗族、婚姻稱謂不同，宮室、器、樂命名亦異。此釋親、釋宮、釋器、釋樂所由作。人之所用者，人之事耳，何由知天之物。此釋天所由作。生於此土識此土而已。九州之遠，山川邱陵之異何由歷。此釋地、釋邱、釋山、釋水所由作。動物植物五方所產，各有名，古今所名亦異謂。此釋草、釋木、釋蟲、釋魚、釋鳥、釋獸、釋畜所由作。何物爲六經，集言語、稱謂、宮室、器服、禮樂、天地、山川、草、木、蟲、魚、鳥、獸而謂經。以義理行乎其間而爲緯。一經一緯，錯綜而成文，故曰六經之文。爾雅謂言語、稱謂、宮室、器服、禮樂、天地、山川、草、木、蟲、魚、鳥、獸之所命不同，人生不應識者也，故爲之訓釋。義理者，人之本有，人生應識者也。故嬰兒知好，瞽者、聾者知信義，不馮文字而後顯，不藉訓釋而後知。六經所言，早爲長物，何況言下復有言哉。故爾雅則不釋焉。後之箋注家反是，於人不應識者則略，應識者則詳，舍經而從緯，背實以應虛，致後學昧其所不識，而妄其所識也。蓋人所不應識者，經也、實也，不得釋則惑，得釋則明。若曰關關雎鳩在河之洲不得釋，則人知雎鳩爲何禽，河洲爲何地哉。人所應識者緯也、虛也，釋則不顯，不釋則顯。董遇有言讀百遍，理自見者，爲此也。若雎鳩、河洲不得旨言，雖千誦何益哉。何謂釋則不顯。且如論語所謂學而時習之不亦説乎，無箋注人豈不識。孟子所謂亦有仁義而已矣，何必曰利，無箋注人豈不識。中庸所謂天命之謂性，率性之謂道，無箋注人豈不識。此皆義理之言，可詳而知，無待注釋。有注釋則人必生疑，疑則曰此語不徒然也。乃舍經之言而泥注解之言，或者復舍注解之意、而泥己之意以爲經意，故去經愈遠。正猶人夜必寢，旦必食，不須告人也。忽而告人曰吾夜已寢矣，旦已食矣，聞之者豈信其直如此耳，必曰是言不徒發也。若夜寢旦食，又何須告人。先儒箋解虚言，致後人疑惑，正類此。因疑而求，因求而迷，因迷而妄，指南爲北，俾日作月，欣欣然以爲自得之學，其實沈淪轉徙，可哀也哉。此患無他，生於疑耳。其疑無他，生於本來識者而作不識者解耳。爾雅訓釋六經，極有條理，然只是一家之見，又多徇於理，而不達乎情狀。故其所釋六經者，六經本意未必皆然。樵酷愛其書得法度，今之所注，只得據爾雅意旨所在，因採經以爲證，不可叛之也。其於物之名大有拘礙處，亦略爲之摭正云爾。

陳振孫曰：鄭樵撰。其言爾雅出自漢代箋注未行之前，蓋憑詩書以作爾雅。爾雅明，則百家箋注皆可廢。爾雅，應釋者也。箋注，不應釋者也。言語、稱謂、宫室、器服、草、木、蟲、魚、鳥、獸之所命不同，人所不能識者，故爲之訓釋。義理，人之所本有，無待注釋，有注釋則人必生疑，反舍經之言而疑注解之言，或者復舍注解之意、而泥己之意以爲經意。此其爲説雖偏，而論注釋之害，則名言也。

潘氏翼爾雅翼 佚。

王瓚曰：翼，字雄飛，青田人。建炎中徙居樂清，王十朋之師也。

羅氏願爾雅翼

三十二卷

存。（下略）

洪氏焱祖爾雅翼音釋

三十二卷

存。（下略）

陳氏櫟爾雅翼節本

佚。（下略）

胡氏炳文爾雅韻語

未見。

危氏素爾雅略義

十九卷

未見。

張萱曰：元至正初，檢討危素節略郭、邢二家注疏，進御抄本。

薛氏敬之爾雅便音

未見。

羅氏日褧爾雅餘

八卷

未見。

譚氏吉璁爾雅廣義

五十一卷

存。

顧炎武曰：舟石勤於讀經，叩其書齋插架十三經注疏，手施朱墨，始終無一誤句。我行天下，僅見此人。

亡名氏爾雅音訓

通考二卷

佚。

崇文總目不著撰人名氏，以孫炎、郭璞二家音訓爲尚狹，頗增益之。

互注爾雅貫類

宋志一卷

佚。

王應麟曰：不知作者，取字同者類之。

爾雅兼義

通志十卷

佚。

爾雅發題

通志一卷

佚。

爾雅注疏箋補（一名爾雅補翟）

清・任基振

卷上

釋詁第一　釋言第二

釋訓第三　釋親第四

趙宧光曰：通古今曰釋詁，以今合古曰釋言，釋其所釋曰釋訓。

釋詁第一

初、哉、首、基、肇、祖、元、胎、俶、落、權輿，始也。

陸德明經典釋文：哉，亦作栽。按，哉、才古字通。許叔重説文解字：才，草木之初也。徐鍇繫傳云：古亦用此爲纔始字。又古文尚書亦用此爲哉生魄字。

逸周書大開篇：兆墓九開，開其後人。兆，通作肇。哀元年左傳：能布其德而兆其謀。杜注：兆，始也。

漢書東方朔傳：本仁祖義。師古曰：以仁爲本，以義爲始。

聘禮：燕與羞，俶獻無常數。鄭注：俶，始也，始獻四時新物。

左傳昭公七年：願與諸侯落之。杜注：宫室始成，祭之爲落。

逸周書周月篇：終則復始，是謂日月權輿。揚雄云：天地未袪也，故權輿之名堪輿。張晏漢書注云：堪輿，天地之總名。許慎淮南注云：堪，天道也。輿，地道也。洪氏亮吉曰：爾雅以權輿為始，亦此義。或以為權者木之始，輿者車之始，不知權輿二字為雙聲，或亦作蘿輿，皆連文不可析也。

林、烝、天、帝、皇、王、后、辟、公、侯，君也。

詩小雅：有壬有林。孔疏：毛謂有祭祀之大禮，有孝子之人君。漢書律曆志：林鍾，林君也，言陰氣受任助蕤賓，君主種物，使長大楙盛也。

逸周書謚法篇：德象天地曰帝，靜民則法曰皇，仁義所在曰王，立制及衆曰公，執應八方曰侯。王子晉篇：侯能成群謂之君。

閎、廓、宏、溥、介、純、夏、幠、厖、墳、嘏、丕、奕、洪、誕、戎、駿、假、京、碩、濯、訏、宇、穹、壬、路、淫、甫、景、廢、壯、冢、簡、箌、昄、晊、將、蓆，大也。

方言云：張小使大謂之廓。詩大雅：憎其式廓。毛傳：憎其用大位，行大政。鄭箋：憎其所用爲惡者浸大也。揚雄太元經：廓之恢之。

詩小雅：溥天之下。毛傳：溥，大也。

詩周頌：文王之德之純。毛傳：純，大也。逸周書寶典篇：樂和純嘏。孔晁注：純，大也。嘏，大也。謂之大大之福。

揚雄方言：自關而西，秦晉之間，凡大貌謂之朦，或謂之厖。

周禮司烜氏：凡邦之大事，共墳燭庭燎。鄭注：墳，大也。按，墳也作賁。樊光注引詩云：有賁其首。今詩作頒。案，頒正字，賁借字。墳賁古字通。

詩周頌：伊嘏文王。孔疏：毛于嘏字皆訓爲大，此嘏亦爲大也。

太元經：往小來奕。

書盤庚：乃不畏戎毒于遠邇。詩大雅戎雖小子纘戎祖考，肇敏戎公，毛傳戎皆訓大。詩大雅：烈假不瑕。周頌：假哉皇考。史記司馬相如列傳：舜在假典。徐廣曰：假，大也。

公羊傳桓公九年：京者何，大也。

易蹇：上六，往蹇來碩吉。詩國風：碩人俣俣。毛傳：碩人，大德也。孔疏：碩者美大之稱。穆天子傳：爰有大木碩草。方言：碩、沈、巨、濯、訏、敦、夏、于，大也。

詩大雅：濯征徐國。又：實覃實訏。

詩國風：仲氏任只。毛傳：任，大也。孔疏：任，大，釋詁文也。案，任與壬通。

周禮巾車：王之五路。鄭注：王在焉曰路。孔疏：謂若路門、路寢、路車、路馬，皆稱路，故廣言之云王在焉曰路。路，大也。王之所在，故以大爲名，諸侯亦然。

書呂刑：爰始淫爲劓、刵、椓、黥。

蔡邕獨斷帝謚：致志大圖曰景。

周禮冢宰鄭注：百總焉則謂之冢，列職于王則稱大，冢，大之上也，山頂曰冢。班固白虎通：所以名爲冢宰何，冢者，大也。宰者，制也，大制事也。

詩國風：簡兮簡兮。毛傳：簡，大也。孔疏：毛以爲大德之人。論語：狂簡。何晏集解：孔曰，簡，大也，狂簡者進取于大道。

詩國風：福履將之。孔疏：毛以爲福祿所大。

憮、庬，有也。

迄、臻、極、到、赴、來、弔、艐、格、戾、懷、摧、詹，至也。

詩小雅：畏不能極。魯語：齊朝駕則夕極于魯國。詩節南山正義引釋詁：屆，至也。張參五經文字：艐，爾雅或作屆，音戒，至也。郭注方言宋曰屆可證。郭本作屆。

詩國風：有懷于衛。鄭箋：言我有所至念于衛。後漢書張衡傳：黄靈詹而訪命兮。

如、適、之、嫁、徂、逝，往也。

書洛誥：王如弗敢及天基命定命。孔傳：言王往日幼少，不敢及知天始命周家安定天下之命。

書盤庚：民不適有居。

詩國風：王姬之車。鄭箋：之，往也，王姬往乘車也。

列子天瑞篇：將嫁於衛。

戴氏震曰：古字省徂，通用且。詩士曰既且，釋文云音徂，往也。考爾雅徂又訓存。詩非我思且，鄭箋云猶匪我思存也。義雖出爾雅，余謂上章言我思之所存，此章蓋言匪我思之所往。又匪且有且，毛傳且，此也。余謂詩意以往昔對今日，故曰匪且有且，匪今斯今，振古如兹。

詩國風：無逝我梁。

賚、貢、錫、畀、予、貺，賜也。

禮記聘義：北面拜貺。

儀、若、祥、淑、鮮、省、臧、嘉、令、類、綝、彀、攻、穀、介、徽，善也。

詩小雅：無非無儀。

釋文：鮮，本或作誓。案，字書誓，先奚反，亦訓善。詩北山云：鮮我方將。鄭箋：鮮，善也。

詩國風：揖我謂我臧兮。

詩國風：我無令人。

逸周書謚法篇：勤政無私曰類。芮良夫篇后作類。荀子儒效篇：其言有類。

廣韻：綝，治也。三蒼傳：治也。繕之言善也。詩叔于田序：繕甲治兵。箋云：繕之言善也。周禮縫人註同。禮記曲禮上：急繕其怒。鄭注：繕讀曰勁。周禮繕人鄭注：繕之言勁也。綝、勁聲近。說文：綝，止也，從糸林聲，讀若郴。方言：自關而西，秦晉之間，凡物之壯大者而愛偉之謂之夏，周鄭之間謂之假[嘏]郴，齊語也。義亦與善相近。

書洪範既富方穀。周禮典瑞穀圭以和難，以聘女。鄭注：穀，善也。

詩大雅：文定厥祥。孔疏：言太姒之有文德，文王則以禮定其卜吉之善祥。

舒、業、順，叙也。舒、業、順、叙，緒也。

漢書張蒼任敖傳：蒼爲計相時，緒正律歷。緒正即叙正，蓋兩字通用。文穎訓緒爲尋，非也。

怡、懌、悅、欣、衎、喜、愉、豫、慨、康、妉、般，樂也。

蔡邕獨斷帝謚：安樂治民曰康。

文選東都賦、鷦鷯賦注并引爾雅作盤樂兮，今作般。說文：昪，喜樂貌。正字也，隸省作弁。詩小弁毛傳：弁，樂也。通作般，假作盤。書無逸篇：文王不敢盤于遊田。

悅、懌、愉、釋、賓、協，服也。

書梓材：和懌先後迷民。

遹、遵、率、循、由、從，自也。遹、遵、率，循也。

靖、惟、漢、圖、詢、度、咨、諏、究、如、慮、謨、猷、肇、基、訪，謀也。

書無逸：嘉靖殷邦。孔傳：善謀殷國。詩小雅：靖共爾位。毛傳：靖，謀也。鄭箋：有明君謀具女之爵位。

說文：圖，畫計難也。

書舜典：詢于四岳，咨十有二牧。孔傳：詢，謀也，咨亦謀也。

張衡傳：疇克謨而從諸。

詩大雅：肇敏戎公。毛傳：肇，謀。敏，疾。戎，大。公，事也。鄭箋：今謀女之事，乃有敏德。毛、鄭皆訓肇爲謀。

禮記孔子閒居：孔子曰夙夜其命宥密。鄭注：詩讀其爲基，聲之誤也，基，謀也。密，靜也。言君夙夜謀爲政教以安民。

詩周頌：訪予落止。鄭箋：成王于廟中，與群臣謀我始即位之事。

典、彝、法、則、刑、範、矩、庸、恒、律、戛、職、秩，常也。

周禮大司樂：以樂德教國子：中、和、祗、庸、孝、友。鄭注：庸，有常也。

禮記月令：季命四監，大合百縣之秩芻。鄭注：秩，常也。

柯、憲、刑、範、辟、律、矩、則，法也。

禮記學記：發慮憲。穆天子傳：乃發憲命。王符潛夫論相列篇：著爲憲則。

禮記禮運：刑仁講讓。鄭注：刑猶則也。孔疏：民有仁者，用禮賞之爲則也。

詩大雅：無自立辟。鄭箋：無自謂所建爲法也。

辜、辟、戾，辠也。

黄髮、齯齒、鮐背、耇、老，壽也。

禮記曲禮：君子敬黄髮。孔疏：人初老則髮白，太老則髮黄。

孟子：反其旄倪。趙注：旄，老耄也。倪，弱小倪倪者也。孫疏：正義曰，釋云耄齯，案爾雅云，黄髮、倪齒，壽也。然則趙注云倪，弱小。非止幼童之弱小，亦老之有弱小耳。

徐幹中論修本篇：君子修德始乎笄丱，終乎鮐背。

逸周書皇門篇：下邑小國，克有耇老。左傳僖公二十二年：雖及胡耇，獲則取之。蔡邕獨斷：老，謂久也，舊也，壽也。

允、孚、亶、展、諶、誠、亮、詢，信也。

方言：荆、吳、淮汭之間曰展。郭注：汭，水口也。今注疏俱誤作淮泗。案，陸本作淮汭爲是。

方言：燕、代、東齊曰訦。注疏引之，誤代爲岱。

展、諶、允、慎、亶，誠也。　謔、浪、笑、敖，戲謔也。

粤、于、爰，曰也。爰、粤，于也。

詩國風穀旦于差，穀旦于逝，鄭箋于皆訓曰。

詩國風爰有寒泉，爰得我所，小雅爰及矜人，爰其適歸，鄭箋爰皆訓曰。

詩國風：子曰何其。鄭箋曰：於也，於此憂之何乎。

爰、粤、于、那、都、繇，於也。

俞氏正燮曰：爰粤于那都繇於也，於音若烏，皆語助。蜉蝣之於我歸處、於我歸息、於我歸說，言於何是我歸之處及所止息及說舍乎。四月云爰其適歸，言粤此乃其適歸，皆雅訓也。王肅作家語，改四月爰其作奚其。集傳從之，則蜉蝣之於不能通，遂言欲其於我歸處、歸息、歸說。而作大全者又引一說云，將告以人無遠慮，必有近憂，庶幾有備無患，乃怪語。

詩國風：爰居爰處。鄭箋：爰，於也。荀子賦篇：爰有大物。楊注：爰，於也，言於此有大物。

詩國風越以鬷邁，鄭箋越訓爲於。孔疏：越，於。釋詁文。案：釋詁：越作粤，音義同。越語：吳人之那不穀，亦又甚焉。

書堯典：驩兜曰都。孔疏：都，於。釋詁文。於即嗚字，歎之辭也。

詩大雅無易由言，鄭箋訓由爲於。孔疏：由，於。釋詁文。由彼作繇，音義同。

敆、郃、盇、翕、仇、偶、妃、匹、會，合也。

董仲舒春秋繁露：百物皆有合偶，偶之、合之、仇之、匹之，善也。

仇、讎、敵、妃、知、儀，匹也。

易鼎九二：我仇有疾。王注：仇，謂五也，困于乘剛之疾。孔疏：仇是匹也。

詩大雅：無言不讎。毛傳：讎，用也。孔疏：相對謂之讎，讎者相與用言語，故以讎爲用，箋以用非讎之正訓，且與報德連文，故以爲讎報物價。釋詁云讎，匹也。是匹敵相報，故應對物價爲之讎，其意言于出教令，民則從其善惡以答王也。

詩序：關雎，后妃之德也。孔疏：妃，言媲匹于夫也，天子之妻惟稱后耳，妃則上下通名，故以妃配后而言之。

妃、合、會，對也。妃，媲也。

詩大雅：天作之合。孔疏：釋詁言妃、匹，合也。妃、合，對也。轉以相訓，是合爲配義也。易恒彖傳：剛柔皆應。王注：不孤媲也。孔疏：妃字音亦爲配。

詩大雅：天立厥配。毛傳：配，媲也。孔疏：妃字音亦爲配，釋詁云妃，媲也。某氏曰詩云天立厥妃。是毛詩讀配如妃，故爲媲也。

紹、胤、嗣、續、纂、緌、武、係，繼也。

詩大雅：下武維周。鄭箋：後人能繼先祖者，惟有周也。

後漢書袁紹傳：絶臣軍糧，不得踵係。鄭宏傳：汎海而至，風波艱阻，沉溺相係。

忥、謐、溢、蟄、慎、貉、謐、顗、頠、密、甯，靜也。　隕、磒、湮、下、降、墜、摽、蘦，落也。

命、令、禧、畛、祈、請、謁、訊、誥，告也。

禧，石經作禧，從衣。

詩大雅：以祈黄耇。鄭箋：告黄耇之人徵而養之也，飲酒之禮曰，告于先生君子可也。

訊，釋文作誶，云沈音粹，郭音碎，告也。又云：本作訊，音信。戴氏震曰：訊，乃誶之譌，後漢書張衡傳注引爾雅誶，告也。可證。

永、悠、迥、違、遐、逷、闊，遠也。永、悠、迥、遠，遐也。

詩國風：驅馬悠悠。毛傳：悠悠，遠貌。

詩大雅：用逷蠻方。毛傳：逷，遠也。

虧、壞、圮、垝，毀也。

矢、雉、引、延、順、荐、劉、繹、尸、旅，陳也。

詩大雅：無矢我陵。逸周書世俘篇：武王乃翼矢珪矢，憲告天宗上帝。

儀禮士冠禮：洗有篚，在西，南順。鄭注：篚亦盛勺觶，陳於洗西。特牲饋食禮：及兩鉶，芼設于豆南南陳。「脱南字」陳即南順也。鄉飲酒禮：篚在洗西南肆。肆亦陳也。

詩小雅：有母之尸饔。鄭箋：已從軍而母爲父，陳饌飲食之具。

鄭注周禮大宗伯旅上帝云：旅，陳也，陳其祭事以祈焉。注司儀旅擯云：旅讀爲鴻臚之臚。臚，陳之也。

尸、職，主也。

春秋莊公二十三年：公如齊觀社。穀梁傳：以是爲尸女也。范注：主爲女往耳。

詩國風：職思其居。禮記燕義：庶子官職諸侯、卿大夫士之庶子之卒。

尸，宲也。宲、寮，官也。

顏師古匡謬正俗：郭注官地爲宲，謂卿大夫因官而得食地，故謂之采地。

洪頤煊曰：案，宲與尸義不相近，宲當為宰字之譌。周禮序官，乃立天官冢宰，鄭注，宰，主也。公羊隱元年傳，宰者何，官也。

書九「酒」誥：百寮庶尹。詩大雅：及爾同僚。春秋莊公十六年穀梁傳：外内寮一。

績、緒、采、業、服、宜、貫、公，事也。

周禮官正：稽其功緒。

書堯典：疇咨若予采。

詩國風：三歲貫女。毛傳：貫，事也。鄭箋：我事女三歲矣。周禮職方氏：辨九州之國，使同貫利。賈疏：使同其事利，不失其所也。

詩小雅：于公先生。毛傳：公，事也。孔疏：往事其先王。

永、羕、引、延、融、駿，長也。

戴氏震曰：古銘識云，子子孫孫羕保用享。說文引江之羕矣。夏小正五月時有養日說曰，養，長也。十月時有養夜說曰，若日之長也。蓋古字永、羕、養通用。

詩小雅：勿替引之。

詩國風：東方之日兮。鄭箋：日在東方，其明未融與者，喻君不明。孔疏：昭五年左傳云，日上其中，明而未融，其當旦乎。服虔曰融，高也。按，既醉：昭明有融，傳云融，長也，謂日高其光照長遠，日之旦明未高，故以喻君不明也。

詩周頌：駿奔走在廟。毛傳：駿，長也。孔疏：此奔走在廟，非唯一時之事，乃百世長然，故言長也。

喬、嵩、崇，高也。崇，充也。

詩周頌：及河喬嶽。

鄉飲酒禮：阼階上「上」北面再拜，崇酒。鄭注：崇，充也。言酒惡相充實。荀子賦篇：周流四海，曾不崇日。楊注：言智周四海，曾不充滿一日而遍也。

犯、奢、果、毅、剋、捷、功、肩、堪，勝也。

釋文：堪，字又作戡，同。按：今文尚書西伯戡耆，亦戡之異文。

勝、肩、戡、劉、殺，克也。

方言：秦、晉、宋、衛之間謂殺曰劉，晉之北鄙亦曰劉。

劉、獮、斬、刺，殺也。

亹亹、蠠没、孟、敦、勖、釗、茂、劭、勔，勉也。

戴氏震曰：詩小雅式勿從謂，勿有没音，没、勉語之轉，言用勸勉之意，從而謂之以無使至甚怠也。劉向引詩密勿從事，今詩作黽勉。爾雅作蠠没。又鄭注禮記勿勿猶勉勉也，盧辯注曾子立事篇終身守此勿勿，亦云勿勿猶勉勉，皆當讀如没，而經師舊失其音，未通于古。

漢書揚雄傳：敦衆神使式道兮。師古曰：敦，勉也。

張衡傳：勔自强而不思兮。

鶩、務、昏、暋，强也。

卬、吾、台、予、朕、身、甫、余、言，我也。

詩大雅孔疏：自周以前，朕爲通言，秦始皇自稱曰朕，後代遂遵用之。宣十二年公羊傳何休注云：天子自稱曰朕，以漢法言之也。洪氏亮吉曰：朕，說文同而闕其義，按，考工記函人為甲，眡其朕，鄭注朕為草創。今朕字在舟部，或始造舟之時名之為朕，以其有草創之義遂以得名，亦未可知。

鄭注曲禮云：余、予古今字，獨顏師古謂詩詞予字皆作上聲，引毛詩綢繆牖户、或敢侮予，楚詞帝子降兮北渚、目眇眇兮愁予爲証。不知此即三聲通轉處也。如詩有彼交匪紓、天子所予兩句一合，楚詞有命天閽其開關兮、排閶闔而望予，召豐隆使先導兮、問大微之所居四句一合，何嘗非平聲也。况平聲作予解，上聲作與解，郭注甚明。經文接余亦作接予，故禮部韻以予該余。而增韻復添予字，郭忠恕「恕」謂予本無余音，非也。

朕、余、躬，身也。

台、朕、賚、畀、卜、陽，予也。

詩小雅傳：卜，予也。戴氏震曰：台、朕、陽爲自稱之予，賚、畀、卜爲取與之予，不得錯見一句中，蓋掇拾之病。

肅、延、誘、薦、餤、晉、寅、藎，進也。

詩大雅：民有肅心。鄭箋訓肅爲進，云：民有進於善道之心。

覲禮：擯者延之曰升。

詩小雅毛傳：殷曰寅車先疾也。孔疏：寅，進也。此車能進取遠道，故云先疾也。

詩大雅：王之藎臣，無念爾祖。鄭箋：今王之進用臣，當念女祖爲之法。

羞、餞、迪、烝，進也。

詩大雅：弗求弗迪。鄭箋：國有善人，王不求索不進用之。

詔、亮、左、右、相，導也。詔、相、導、左、右、助，𠢐也。亮、介、尚，右也。左、右，亮也。

易泰大象傳：以左右民。周禮士師：掌國之五禁之法，以左右刑罰。寺人：掌王之內人及女宮之戒令，相導其出入之事而糾之。又：凡內人弔臨于外，則帥而往，立于其前而詔相之。詩國風孔疏：未得荇菜，故助而求之。既得，故論采之。采之既得，故言擇之。皆是淑女助后妃，故每云左右。

緝、熙、烈、顯、昭、晧、頴，光也。

詩大雅：烈文辟公。孔疏：毛以爲汝等有是光明文章者，君人之辟公。

劼、鞏、堅、篤、掔、虔、膠，固也。

詩大雅：無不克鞏。

疇、孰，誰也。

暀暀、皇皇、藐藐、穆穆、休、嘉、珍、褘、懿、鑠，美也。

史記李斯列傳：鑠金百鎰。

諧、輯、協，和也。關關、噰噰，音聲和也。

勰、燮，和也。

詩大雅：燮伐大商。鄭箋：協和伐商之事。

從、申、神、加、弼、崇，重也。

應劭風俗通：傳云，神者，申也。

洪頤煊曰：案，説文：㑗，神也。詩大明：大任有身。毛傳：身，重也。鄭箋重謂懷孕也。是以神為重也。

春秋僖公三十一年公羊傳：不崇朝而徧雨乎天下者。何注：重也。不重朝，言一朝也。

瞉、悉、卒、泯、忽、滅、罄、空、畢、罊、殲、拔、殄，盡也。

李斯列傳：雖監門之養，不觳于此矣。小司馬索隱：觳，謂盡也。
詩小雅：禮儀卒度，笑語卒獲。

苞、蕪、茂，豐也。

詩商頌：苞有三蘖。鄭箋：苞，豐也。天豐大先三正之後，世謂居以大國行天子之禮樂。
詩小雅鄭箋：黍與與，稷翼翼，蕃廡貌。

揫、斂、屈、收、戢、蒐、裒、鳩、樓，聚也。

詩國風：四國是遒。遒與揫音義同。禮記鄉飲酒義：秋之爲言愁也。鄭注：愁讀爲揫。後漢書馬融傳：揫斂九藪之動物。
易謙大象傳：君子以裒多益寡。鄭注：多者用謙以爲裒。孔疏：于先多者，其物雖多，未得積聚以謙，故益其物更多而積聚。
釋文：摟，從手，本或作樓，非。詩小雅：式居婁驕。徐云：婁，鄭音樓，斂也。孔疏：釋詁婁、斂俱訓爲聚，則義得通，故云婁斂也。

肅、齊、遄、速、亟、屢、數、迅，疾也。

寁、駿、肅、亟、遄，速也。

寁，本作疌。
詩周頌：駿發爾私。鄭箋：駿，疾也。

壑、阬阬、滕、徵、隍、漮，虚也。

洪頤煊曰：案，説文滕，水超涌也。水超涌則其下空虚。滕與騰通，文選思元賦懲澒忍而為清，舊注懲，騰也。懲即徵字。

春秋襄公二十四年穀梁傳：四穀不升謂之康。

楊疏：康是虛荒之名。張揖廣雅：四穀不升曰𣢶。

黎、庶、烝、多、醜、師、旅，衆也。

詩國風：求我庶士。又：無庶予子憎。鄭箋：無使衆臣以我故，憎惡于子。

洋、觀、裒、衆、那，多也。

顏師古匡謬正俗：今山東俗謂衆爲洋。

詩小雅薄言觀者，大雅通觀厥成。周頌奄觀銍艾，鄭箋觀皆訓多也。

詩周頌：裒時之對。鄭箋：裒，衆也。

流、差、柬，擇也。

詩國風：穀旦于差。鄭箋：朝日善明曰相擇矣。匡謬正俗：或問曰，今官曹文書科發士馬謂之爲差，差者何也。答曰，詩云既差我馬，毛傳云差擇也，蓋謂揀擇取强壯者。今云差科取此義，亦言揀擇爾，應行役者爾。

戰、慄、震、驚、戁、竦、恐、慴，懼也。

痡、瘏、虺穨、玄黃、劬勞、咎、顇、瘽、瘉、鰥、戮、癙、癵、痙、痒、疷、疵、閔、逐、疚、痗、瘥、痱、癉、瘵、瘼、癠，病也。

揚雄傳：慶天顇而喪榮。

山海經：脱扈之山有草焉，名曰植楮，可以已癙。郭注：癙，病也。淮南子曰：貍頭已癙也。

詩小雅：祇自疷兮。石經從氏作疧。毛傳：疷，病也。白華：俾我疷兮。毛傳：疷，病也。洪頤煊曰：正義不引釋詁文爲證，疑所見爾雅本作疲。

潛夫論德化篇：天昏作瘥。杜預曰：小疫曰瘥。

漢書賈誼傳：又類辟且病痱。師古曰：辟，足病。痱，風瘡，即癉。山海經：翼望之山有獸焉，名讙，服之已癉。郭注：黄癉，病也。左傳襄公十九年，荀偃癉疽。杜注：惡創。

方言：癆，生而不長也。

恙、寫、悝、盱、繇、慘、恤、罹，憂也。

楚詞九辯：還及君之無恙。

悝，古通里。詩大雅：云如何里。鄭箋：里，憂也。釋文：本又作悝。戴氏震曰：十月之交悠悠我里、亦孔之痗，里如雲漢篇云如何里之里，憂也，言憂之長至于甚病。

通論：振貧老曰恤，心戌然而慘惻之也。心衷痛而收之。若己身之有患焉，故于文，心血爲恤。

倫、勩、邛、敕、勤、愉、庸、癉，勞也。

說文：侖，思也。玉篇：倫、思也，通作惀。說文：惀，欲知之皃。欲知是思勞也。儀禮既夕篇記：倫如朝服。鄭注：古文倫為輪。易說卦：為弓輪。釋文：輪本作倫。倫、輪古字通用，輪轉則勞，故倫亦為勞也。

詩國風：既詒我肄。毛傳：肄，勞也。孔疏：肄，勞。釋詁文。爾雅或作勩。

愉，或云即瘉也。

勞、來、强、事、謂、翦、篲，勤也。

陳奐曰：齊商、勤商義本相通，皆由不知剪、翦古作歬。濂按，說文止部：前，不行而進謂之歬，從止在舟上。刀部剪、齊，斷也，從刀歬聲。

詩大雅昭兹來許、遹追來孝，鄭箋來皆訓勤。

張氏穆曰：按曲禮曰國中以策彗卹勿。鄭注彗，竹帚。卹勿，搔摩也。說文彗，掃竹也，從又持甡。（編者按，原注：

丯象彗之形，不從雨生。）篲，或從竹。簪，古文彗從竹、習。然則篲自有本義，不當引假借之蔧以證篲之初文為掃竹，引申之則為馭馬之竹帚，猶言策之初文為馬箠，假借之則為策意之方策焉。訓為勤者，篲掃之事，弟子之職也。御亦曰勤意。策彗，御者所執也。古文從竹、習，習，勤也。邵氏之說立矣，郝氏義疏無說，然曰謂通作蔧，則亦同邵說矣。說文：彗，埽竹也。重文作篲。左氏昭十七年傳：彗所以除舊更「今作布」新也。史記高祖本紀：太公擁篲。集解：李奇曰，如今卒持持帚者也，言為之掃地。埽除亦勤勞之事，故篲為勤也。

詩國風：迨其謂之。鄭箋：謂，勤也。女年二十而無嫁端，則有勤望之憂。又謂之何哉。箋云：我勤身以事君何哉。小雅：遐不謂矣。箋亦以謂爲勤思君子也。

悠、傷、憂，思也。

懷、惟、慮、願、念、惄，思也。

詩大雅：載謀載惟。

祿、祉、履、戩、祓、禧、褫、祜，福也。

詩國風：福履綏之。孔疏：祭統曰福者富也、大順之顯名，孝經援神契云祿者錄也，取上所以敬錄接下、下所以謹錄事上，堯典曰天祿永終，及此以樂君子，皆謂保王位爲福祿。天保云降爾遐福、天下普蒙，則下民遇善時亦曰福祿。故正月云，民今之無祿。是福祿之言，無定分也。

詩大雅：以弗無子。鄭箋：弗之言祓也，祓除其無子之疾而得其福也。孔疏：釋詁云祓，福也，孫炎曰祓除之福。

張衡傳：蒙厖褫以拯人。又，文選東京賦：祈褫禳災。

禋、祀、祠、蒸、嘗、禴，祭也。

詩大雅：克禋克祀。孔疏：大宗伯云禋祀昊天上帝，注云禋之言煙，周人尚臭，煙氣之臭聞者也。則鄭以禋者惟祭天之名。故書稱禋于六宗，鄭皆以爲天神。又于尚書禋于文武，以文武于明堂配五帝，亦以稱禋，是禋名惟施于祭天地。傳于禋敬下即說郊禖之祀，郊必祭天，則毛亦以此禋爲祭天。

大宗伯：以祠春享先王，以禴夏享先王，以嘗秋享先王，以烝冬享先王。案，禴又作礿。

儼、恪、祗、翼、禋、恭、欽、寅、熯，敬也。

大司樂：德教國于中、和、祗、庸、孝、友。鄭注：祗，敬也。

詩大雅：以燕翼子。

詩大雅毛傳訓禋爲敬。孔疏：釋詁禋，祭也。又云禋，敬也。義得相通，祭必致敬，故以禋爲敬也。案，經文禋作諲，或孔所見本異與。

朝、旦、夙、晨、晙，早也。

古朝字作鼂，楚詞九章：甲之鼂吾以行。王逸注：鼂，旦也。漢書嚴助傳：鼂不及夕。

詩國風：夙夜在公。鄭箋：夙，早也，謂諸妾或早或夜在于君所。孔疏：或以爲早謂夜初，知不然者，以其詩言夙夜者皆記昏爲夜，晨初爲早，未有以初昏爲夙者。

劉熙釋名：晨，伸也，旦而日光復伸見也。

劉子慎獨篇：孔徒晨起，爲善孜孜。

說文：晙，明也。

頦、竢、替、戾、厎、止、徯，待也。

詩國風：俟我于城隅。

釋文：厎，之視反，字宜從厂，或作底，非也，底音丁禮反。

噊、幾、烖、殆，危也。

荀子堯問篇：汝其以魯國驕人，幾矣。說文：幾，殆也，從𢆶從戍。戍，兵守也，𢆶而兵守者危也。

荀子儒效篇：樂樂兮其執道不殆也。王制篇：此强大之殆時也。

蟣，汔也。

文選枚乘七發：所滌汔者。玉篇：⿰幾乞，蟣也。

類篇：⿰幾乞，相切近也。可與注疏相發明。

治、肆、古，故也。

尚書盤庚序：將治亳殷。正義引束晳說：孔子壁中尚書作將始宅殷。荀子正論篇：治古無肉刑而有象刑。治古猶言始古也，古即故也。楊倞註治古，古之治世也，失之。

詩國風：逝不古處。鄭箋：其所以接及我者，不以故處，甚違其初時。

肆，故今也。

詩毛傳以肆字當故今二字。郭注字別爲義，失之。

惇、亶、祜、篤、掔、仍、肶、埤、竺、腹，厚也。

楚詞天問：稷維元子，帝何竺之。

詩小雅：出入腹我。孔疏：其出入門户之時，常愛厚我。

載、謨、詐、食，僞也。

晉語：言不可食。左傳不可食，國語作不可為，是以食為為也。洪氏頤煊曰：案，偽、為古字通用，食字亦兼有二義。左氏僖二十八年傳背惠食言、成十六年傳瀆盟而食話言，是以食為偽也。哀元年傳後雖悔之、不可食已，是以食為為也。俞氏正燮曰：今案，詐偽自為一條，食偽乃平秩南偽之偽，古言食，為用力之辭，食哉為時是也。是此雅訓也。書湯誓云朕不食言，當如日有食之食，謂消蝕其言也。食言以語久，又生旁義。左傳哀二十五年云是食言多矣，能無肥乎，則就飲食言之。

書盤庚：乃話民之弗率。孔疏：王苦民不從教，必發善言告之，故傳以話爲善言，鄭元詩箋亦云話，善言也。

漢書翟方進傳：民人訛謡。

遘、逢，遇也。遘、逢、遇，遻也。遘、逢、遇、遻，見也。

左氏哀元年傳：因吳太宰以行成。服虔注：行成，求成也。管子山權數篇：行者道民之利害也。是皆行為言也。

莊子達生篇：醉者遻物而不慴。遻亦作遌。

張衡傳：幸二八之遌虞兮。

顯、昭、覲、釗、覿，見也。

聘禮：賓奉束錦以請覿。敖氏繼公曰：覿，卑見尊之稱也。

監、瞻、臨、涖、頫、相，視也。

周禮鄉師：及窆，執斧以涖匠師。鄭注：涖謂臨視也。

鞠、訩、溢，盈也。

詩國風：曷又鞠止。鄭箋：鞠，盈也。孔疏：責桓之盈縱文姜，不禁制之。

孔、魄、哉、延、虛、無、之、言，閒也。

左傳隱公元年：隧而相見。杜注：隧，若今延道。戴氏震曰：説文云哉、言之間也，然則哉、之、言三字乃言之間，言之間即辭助。

瘞、幽、隱、匿、蔽、竄，微也。

晉語：敏能竄謀。韋昭解：竄，微也。又：公子重耳過曹，曹共公聞其駢脅，諜其將浴，設微薄而觀之。韋昭解：徽，蔽也。

訖、徽、妥、懷、安、按、替、戾、底、厎、尼、定、曷、遏，止也。

文選陸士衡挽歌詩：悲風徽行軌。李善注：爾雅曰徽，止也。馮登府曰：徽即徽音之徽，當就威儀容止說，故有止訓，即說服。

詩國風：懷哉懷哉。鄭箋：懷，安也。孔疏：釋詁懷、安俱訓爲止，是懷得爲安。石經作底、厎、尼、定，無廢字。釋文有底，丁禮反。厎，之視反，無廢音。知唐時本如是。今本俱作厎、廢，無底字，誤也。

豫、射，厭也。

戴氏震曰：豫當訓厭足飽飫之厭，射訓厭倦厭憎之厭。

烈、績，業也。

詩大雅：烈假不瑕。孔疏：毛以爲王之功業廣大，豈不長遠乎。

績、勳，功也。

書堯典：庶績咸熙。

功、績、質、登、平、明、考、就，成也。

戴氏震曰：大雅虞芮質厥成者，獄訟之情實，所謂獄成是也。質者，所以平斷此獄成而論定者也。通之，則凡簿書議奏待上論定皆謂之成，凡報皆謂之質。王制，百官各以其成質于三官，大司徒、大司馬、大司空以百官之成質于天子，百官齋戒受質。鄭注云，受平報也。平斷畢、報于下，是爲平報。蓋質、成二字對文，成屬下，質屬上，其自下質于上，猶言待平斷于上耳。周禮：卿大夫以歲時登其夫家之衆寡，辨其可任者。鄭注：登，成也，定也。

春秋宣公十五年：宋人及楚人平。戴氏震曰：古義成與平訓，平斷之曰平，定其議曰成。在春秋，兩國相和講則平解，曰平，其結好議曰成。在獄訟，則平治之曰平，所劾罪實曰成，往莅之以驗其狀曰成。又百官之計要通曰成。

春秋隱公五年：考仲子之宮。穀梁傳：考者，成之也，成之爲夫人也。禮運：禮義以爲器，故事行有考也。鄭注：考，成也，器利則事成。

易革九三：革言三就。

梏、梗、較、頲、庭、道，直也。

古人以覺爲梏。禮記緇衣引詩有覺德行，作有梏德行，鄭注：梏，大也，直也。射義正鵠鄭注：正之言正也，鵠之言梏也，梏，直也，言人正直乃能中也。

豫、寧、綏、康、柔，安也。

詩大雅：止旅乃密。毛傳：密，安也。孔疏：釋詁云密康靜也，康安也，轉以相訓，是密得爲安。

密、康，靜也。

平、均、夷、弟，易也。　矢，弛也。弛，易也。　希、寡、鮮，罕也。鮮、寡也。　酬、酢、侑，報也。

毗劉，暴樂也。

暴樂一作剝落。漢書五行志：剝落萬物，始大殺矣。

覭、髳、茀，離也。

蠱、謟、貳，疑也。

左傳昭公二十六年：道不謟。

楨、翰、儀，榦也。

詩小雅：之屏之翰。毛傳：翰，幹也。鄭箋：内能立功立事，爲之楨幹。孔疏：言楨幹者，皆以築牆爲喻。幹是牆之主，善政亦民之主也。

弼、棐、輔、比，俌也。

越語：憎輔遠弼。荀子臣道篇：成于尊君安國謂之輔，功伐足以成國之大利謂之拂。平原君之于趙也，可謂輔矣。信陵之于魏也，可謂拂矣。楊注：拂讀爲弼，弼所以輔正弓弩者也。

詩國風：胡不比焉。鄭箋：比，輔也。孔疏：釋詁文。彼輔作俌，實輔之意也。

疆、界、邊、衛、圉，垂也。

左傳成公十三年：虔劉我邊陲。荀子臣道篇：邊境之臣處，則邊垂不喪。史記律書：連兵于邊陲。

詩大雅：孔棘我圉。毛傳：圉，垂也。孔疏：行役自傷在邊垂也。

昌、敵、彊、應、丁，當也。

注引書：禹拜昌言。按，書孔傳：昌，當也。以益言爲當，故拜受而然之。當字作丁浪反。

㳄、肩、摇、動、蠢、迪、俶、厲，作也。

考工記梓人：張皮侯而棲鵠，則春以功。鄭注：春讀爲蠢。蠢，作也。莊子天地篇：蠢動而相使，不以爲賜。

詩大雅：有俶其城。毛傳：俶，作也。

兹、斯、咨、呰、已，此也。

戴氏震曰：莊子齊物論，已而爲之者殆而已矣，又，已而不知其然謂之道。已而即此而。

嗟、咨，蹉也。

閑、狎、串、貫，習也。

太元經：極樂之幾，不移日而悲，則哭泣之䠥資。玉篇：䠥，今作嗟，憂歎也，或作⿱差言。

詩小雅：閑之維則。孔疏：閑之是先閑習，書傳曰征伐必因蒐狩以閑之。閑之者何，貫之。貫之何，習之。是也。荀子修身篇：多見曰閑。楊注：閑，習也，能習其事則不迫遽。

周語：未狎君政。

左傳襄公三十一年：射御貫則能獲禽。賈誼傳：習貫如自然。師古曰：貫亦習也。

曩、塵、佇、淹、留，久也。

詩國風：烝在桑野。鄭箋：久處桑野，古者聲寘、填、塵同也。大雅：倉况填兮。毛傳：填，久也。

詩周頌：奄觀銍艾。鄭箋：終久必多銍艾。孔疏：釋詁奄作淹，蓋鄭讀爾雅以奄爲淹故也。

逮、及、曁，與也。

騭、假、格、陟、躋、登，陞也。

書洪範：惟天陰騭下民。馬云：騭，升也。升猶舉也，舉猶生也。

詩大雅：昭假無贏。鄭箋：假，升也。天之光耀升行不休，無自贏緩之時。商頌：來假來享。孔疏：假之爲升，乃是正訓，故箋以假爲來朝升堂也。

躋亦作隮。書顧命：由賓階隮。詩國風：朝隮于西。鄭箋：朝有升氣于西方。商頌：聖敬日躋。毛傳：躋，升也。

揮、盝、歇、涸，竭也。

考工記㡛氏：湅帛清其灰而盝之，而揮之，而沃之，而盝之，而塗之，而宿之，明日沃而盝之。

拒、拭、刷，清也。

士喪禮：乃沐，櫛挋用巾。鄭注：挋、晞也，清也。又：浴用巾，挋用浴衣。聘禮：賈人北面坐，拭圭。禮記雜記：雍人拭羊。家語：黍以雪桃，蓋桃有毛，以黍沐之。孔穎達曰：桃去毛，拭治去毛。列子齊景公雪涕，晏子春秋作刷涕。刷當作㕞。說文：㕞，拭也。史記楚世家：王雖東取地于越，不足以刷恥，必且取地于秦而後足以刷恥於諸侯。唐書蕭銑傳：是以痾心疾首，思刷厥恥。沐、㕞皆雪也。高誘注淮南云：雪，拭也。

鴻、昏、於、顯、間，代也。

書多方：有邦間之。漢書杜欽傳：支庶有間敵之心。

饁、饟，饋也。

詩小雅：以其婦子，饁彼南畝，田畯至喜，攘其左右。鄭箋：攘讀當爲饟，成王親與后、世子行，爲農人之在南畝者設饋以勸之，司嗇至，則又加之，以酒食攘其左右從行者。史記高祖紀：老弱罷轉饟。

遷、運，徙也。

秉、拱，執也。

詩大雅：處共爾位。毛傳：共，執也。孔疏：共，執。釋詁文。彼共作拱，傳讀爲拱，故爲執也。商頌：受小共大共。孔疏：箋以此章文類于上，玉必以手執之，故以爲小拱大拱，猶所執搢小球大球也。

衛、蹶、假，嘉也。

錢氏大昕曰：衛通為禕，禕與嘉同訓美，故禕亦有嘉義。洪頤煊曰：案，一切經音義卷十：蹶，古文作躛。說文：躛，衛也。故衛與蹶同訓為嘉。

廢、税、赦，舍也。

戴氏震曰：廢當作發。方言發，舍車也，東齊、海、岱之間謂之發，宋、趙、陳、魏之間謂之税，郭注今通言發寫。寫即卸字。

棲、遲、憩、休、苦、㱛、齂、呬，息也。

邵氏正義：苦訓為息，於經籍無考。經義述聞：苦，讀與靡盬之盬同，周官鹽人共其苦鹽，杜子春讀苦為盬，王事靡盬者，王事靡有止息也。洪頤煊曰：案，㱛，息也。釋文，孫本作快。方言：苦，快也，宋、鄭、周洛、韓、魏之間曰苦，自關而西曰快。是苦、快同為息也。

詩大雅孔疏：釋詁云呬，息也。某氏曰詩云民之攸塈，郭璞曰今東齊呼息爲呬。則塈與呬古今字也。

張衡傳：呬河林之蓁蓁兮。

供、峙、共，具也。

後漢書章帝紀：詔所經道上郡縣，無得設儲跱。章懷賢注：跱，具也。

詩小雅：靖共爾位。鄭箋：共，具也，有明君謀具女之爵位。

㥟、憐、惠，愛也。

方言：㥄、㥟，憐也。

娠、蠢、震、戁、妯、騷、感、訛、蹶，動也。

詩小雅：憂心且妯。孔疏：毛以爲賢者爲之憂結于心，且爲之變動容貌也。

覆、察、副，審也。

契、滅、殄，絶也。

方以智通雅：契舟求劍，契與刻通。

郡、臻、仍、迺、候，乃也。

迪、繇、訓，道也。

詩大雅：古訓是式。毛傳：訓，道也。周禮土訓鄭司農云：謂以遠方土地所生異物，告道王也。案，道字有二解，訓義兼之。

僉、咸、胥，皆也。

詩小雅：君子樂胥。孔疏：毛以爲與天下皆樂。

育、孟、耆、艾、正、伯，長也。

詩國風：昔育恐育鞠。孔疏：毛以爲我昔日幼稚之時，恐至長而用窮。月令孟春之月孔疏：禮緯爲庶長稱孟。若于人言之，庶爲孟。若于物言之，直爲長也。不取庶長之義。先儒以孟春亦爲之庶長。案尚書康誥云孟侯，書傳天子之子十八稱孟侯。並皆稱孟，豈亦庶長乎。先儒以孟春稱庶長者，非也。

詩大雅：上帝耆之。耆，傳箋皆訓老。孔疏：在上之天養而老之。

詩國風：夜未艾。毛傳：艾，久也。孔疏：毛意艾取名于耆艾，艾者是年之久，從幼至艾爲年久，似從昏至旦爲夜久。

詩國風：正是四國。鄭箋：可爲四國之長，言任爲侯伯。

小雅：噲噲其正。孔疏：王肅云長者寬博，噲噲然。周禮宫正、宫伯，鄭注正、伯皆訓長。賈疏：宫正主任三宫卿大夫、士之身，故爲宫中官之長。宫伯直主宫中卿大夫士之適子、庶子，行其秩叙，授其舍次之事，亦得爲長。周禮之内宗伯之類，諸言伯者，伯，長也，以尊長爲名。

艾，歷也。

詩周頌：朕未有艾。鄭箋：于是未有數。孔疏：昭考之道悠然至遠，我去之懸絶，未有等數。釋詁云艾，歷也。歷，數也。轉以相訓，故艾爲數。

歷、秝、算，數也。　　歷，傳也。

艾、歷、覛、胥，相也。

邵氏正義：方言裔、歷，相也。裔、艾聲之轉也。洪頤煊曰：案，小爾雅廣詁相，治也，左氏昭和九年傳而楚所相也。杜預注相，治也。下文乂，治也，古通作艾字。艾與相同訓治，是以艾亦為相也。

周語：古者大史順時覛土。

乂、亂、靖、神、弗、淈，治也。

書堯典：有能俾乂。

書盤庚：兹予有亂政。孔傳：此我有治政之臣。

詩魯頌屈此群醜，鄭箋訓屈爲治。孔疏：屈，治。釋詁文。彼屈作淈，某氏引此詩，是音義同也。

頤、艾、育，養也。

詩小雅：保艾爾後。

詩周頌：帝命率育。

汱、渾、隕，墜也。

詩大雅：亦有不隕厥問。

際、接、翜，捷也。

毖、神、溢，慎也。

詩大雅：爲謀爲毖。鄭箋：女爲軍旅之謀，爲重慎其事也。

神，治也。洪氏頤煊曰：案，禮記月令毋發令而待以妨神農之事也，孟子滕文公上有為神農之言者許行，神農皆謂治農。濂案，翟氏灝亦有神治也一條。

詩魯頌：閟宮有侐。鄭箋：閟，神也。孔疏：釋詁毖、神俱訓爲慎，是閟得爲神，閟與毖字異相同。戴氏震曰：周頌假以溢我。說文誐、喜［嘉］善也，詩曰誐以謐我。毛詩以嘉釋假，慎釋溢，義本爾雅。春秋傳引詩作何以恤我，轉寫訛失耳。爾雅溢與謐又皆訓靜，蓋靜、慎義得交通。未有心氣不靜而可謂之慎者，未有能慎而浮妄之動不除不貊然甯靜者。史記惟刑之靜哉，徐廣云今文云惟刑之謐哉，索隱曰恤、謐聲近。蓋書之謐刑謂慎刑。此詩承上文王之德之純而言嘉以慎我，我其取之，思取法文王嘉美之純德以敬慎也。又莊子書以言其老洫也，陸德明云本亦作溢、同、音逸。然則謐、溢、恤、洫四字，聲音字形往往譌失。

鬱、陶、繇，喜也。

逸周書官人篇：喜色猶然以出。

馘、穧，獲也。

禮記王制：以訊馘告。鄭注：訊馘，所生獲斷耳者。孔疏：鄭以生獲解訊，以斷耳解馘。

阻、艱，難也。

書舜典：黎民阻飢。孔傳：衆人之難在于飢。

剡、挈，利也。

匡謬正俗：張揖古今字詁略，古作挈。俗于礪山出刀子，刀謂之略刃。礪刃使利，故稱略刃耳。

允、任、壬，佞也。

洪氏頤煊曰：允當是兑字之訛，兑，古通作悅字，以言悅人者即是佞也。荀子脩身篇饒樂之事則佞兑而不曲，即其證。

俾、拼、抨，使也。俾、拼、抨、使，從也。

儴、仍，因也。

儴、樊、孫如羊反，引論語作攘。匡謬正俗：或問曰，論語云直躬之父攘羊，注云攘，盜也。何以謂盜爲攘，更有何義。答曰，按爾雅云攘、仍，因也。書云敚攘矯虔，即其事也。周禮司几筵：凶事仍几。鄭注：故書仍爲乃，鄭司農云乃讀爲仍。仍，因也。因其質謂無飾也。禮記明堂位：爵用玉琖仍雕。鄭注：因爵之形爲飾之也。

董、督，正也。

珍、享，獻也。　享，孝也。

匡謬正俗：楚茨篇云以享以祀，鄭箋云享，獻也。又信南山篇云享子祖考，大田詩亦云以享以祀，其義並同。

縱、縮，亂也。

探、篡、俘，取也。

揚雄法言問明篇：鴻飛冥冥，弋人何篡焉。匡謬正俗：莊六年經書齊人來歸衛俘，傳言衛寶，公羊、穀梁經並爲寶，杜預注云疑左氏傳經誤。案爾雅云俘，取也，書序云遂伐三朡，俘厥寶玉，然則所取于衛之寶而來獻之。經、傳相會，義無乖爽，豈必俘即是人。杜氏之説爲不通矣。

徂，在，存也。

在、存、省、士，察也。

書堯典：平在朔易。孔傳：均平［均平誤倒］在察其政以順天常。孔疏：舍人曰在，見物之察，是在爲察義。傳以在察須與平均連言，不復訓在爲察，故舜典之傳別更訓之。周禮司尊彝：大喪存奠彝。賈疏：欲見所奠彝尊，朝夕洒存省之意也。

顔氏家訓書證篇：省，小井、所領二反，皆得訓察。鄭注周禮士師云：士，察也。賈疏：義取察理獄訟，是以刑官多稱士。案：士師外有鄉士、遂士、方士、訝士等，皆刑官之屬。

烈、枿，餘也。

漢書叙傳：三枿之起。劉德曰：詩云包有三枿，爾雅烈、枿，餘也。謂木斫髡而復枿生也。方言：陳、鄭之間曰枿，晉、衛之間曰烈，秦、晉之間曰肄，或曰烈。郭注與此異，或别有所出。邢疏以爲方言文，恐非。

迓，迎也。

詩大雅：以御于家邦。孔疏：書傳諸御字亦得爲迓，故毛讀爲迓，訓之爲迎，王肅云以迎治天下之國家。

元、良，首也。

薦、摯，臻也。

鄭師珍曰：按，虞書颺言，史記夏本紀作揚言。史公從孔安國問，故所載多古文説，知作揚者乃古文。漢碑揚舉字多作颺，則颺言及時而颺之。作颺者，蓋今文通用也。此訓正釋皋陶謨賡揚義，謂續帝敕命時幾之言。賡歌，謂續帝喜起之歌也。僞孔傳云大言而疾曰颺。似其本亦原是揚字，故依傳鄭箋毛詩不揚，云不讙譁、不大聲者以為義。不知吴揚並言，自宜就高舉意。訓揚為大聲，虞廷君臣雍容歌詠，拜手稽首，皋陶此時敬慎至矣，而忽大聲疾呼，有是理耶。雅訓誠古説也。濂謹按，釋言：越，揚也。與此訓亦通。

賡、揚，續也。

祔、祪，祖也。

檀弓：以吉祭易喪祭，明日祔于祖父。

即，尼也。

書高宗肜曰：無豐于昵。孔傳：近也。孔疏：昵與尼音義同。

尼，定也。

妥、安，坐也。

詩小雅：以妥以侑。

貉、縮，綸也。

貉、嘆、安，定也。

詩大雅：貊其德音。孔疏：左傳、樂記、韓詩貊皆作莫。釋詁云貊、莫，定也。義俱爲定，聲又相近，讀非一師，故字異也。定是靜義，故傳云貊，靜。杜預云莫然清靜，取此傳爲說也。

伊，維也。伊、維，侯也。

匡謬正俗：書云惟三月哉生魄、惟十有三祀之類，古文皆爲惟字，而今文尚書變爲維者，同音通用。又，詩云价人維藩、大師維垣、大邦維屏、大宗維翰、懷德維甯、宗子維城，此亦是辭語之助，與書之列爵惟五、分土惟三、任官惟賢才、左右惟其人，于理無別。詩云伊其相謔、我罪伊何、伊于胡底、侯誰在矣、侯薪侯蒸，並與維同義。

時、寔，是也。

書堯典：黎民於變時雍。詩大雅：曰止曰時。

詩國風：寔命不同。小雅：寔維伊何。鄭箋：寔，猶是也。孔疏：實、寔義同，故實亦爲是也。

卒、猷、假、輟，已也。

求、酋、在、卒、就，終也。

詩大雅：世德作求。又：遹求厥甯。鄭箋求皆訓終。

崩、薨、無祿、卒、徂、落、殪，死也。
白虎通：薨之言奄也，奄然亡也。
殂落，石經作徂落。
孔子家語：殪而不避。

釋言第二

殷、齊，中也。
列子黄帝篇：華胥氏之國，不知斯齊國幾千萬里。注：齊，中也。
斯、誃，離也。
趙宣孟見桑下餓人，與之脯一朐，曰斯食之。
注：斯，析也。
謖、興，起也。
詩小雅：皇尸載起。鄭箋：神醉而尸謖。
還、復，返也。
宣、徇，徧也。
墨子公孟篇：身體强良，思慮徇通。
馹、遽，傳也。
周禮大僕：建路鼓于大寢之門外，而掌其政，以待達窮者遽令。鄭注：遽令，郵驛上下程品。
釋名：傳，傳也，人所止息，去後人復來，轉轉相傳，無常人也。

蒙、荒，奄也。

告、謁，請也。

曲禮：問士之子，長，曰能典謁矣，幼，曰未能典謁也。

肅、嗺，聲也。

格、懷，來也。

書舜典：格汝舜。禮記大學：致知在格物。鄭注：格，來也。物，猶事也。其知于善深，則來善物，其知于惡深，則來惡物，言事緣人所好來也。孔疏：言若能學習招致所知。格，來也。已有所知，則能在于來物。方言：儀、佫，來也，陳、潁之間曰儀，自關而東、周、鄭之郊、齊、魯之間或曰佫，曰懷。

易旅六二：懷其資。王注：懷，來。資，貨。

詩國風：昌又懷止。鄭箋：何復來爲乎。周禮懷方氏鄭注：主來四方之民及其物。

眕、底，致也。　恀、怙，恃也。

律、遹，述也。

禮記中庸：上律天時。鄭注：律，述也。述天時，謂編年四時具也。

戴氏震曰：文選注引韓詩薛君章句云聿，辭也。春秋傳引詩聿懷多福，杜注云聿，惟也。皆以爲辭助。禮記引詩聿追來孝，今詩作遹。七月篇曰爲改歲，釋文云漢書作聿。角弓篇見晛曰消，釋文云韓詩作聿。劉向同毛傳，于歲聿其莫釋之爲遂，于聿修厥德釋之爲述。鄭箋于聿來胥宇釋之爲自。于我征聿至、聿懷多福、遹駿有聲、遹求厥甯、遹觀厥成、遹追來孝，並釋之爲述。今考之，皆承明上文之詞耳。說文有欥字，注云詮詞也，引詩欥求厥甯。然則欥蓋本文，省作曰，同聲假借用聿與遹。詮詞者，承上文所發端詮而繹之也。

俞、畣，然也。　豫、臚，叙也。

庶、幾，尚也。

詩國風：我生之初尚無爲。鄭箋：尚，庶幾也。孔疏：庶，幸也。幾，覬也。是庶幾者，幸覬之意也。

禮記文王世子：武王帥而行之。鄭注：庶幾程式之。孔疏：言武王慕尚文王以爲程式。穆天子傳：尚能復來。

觀、指，示也。

觀，施音館，謝音官。

若、惠，順也。

荀子非十二子篇：甚察而不惠。

敖、幠，傲也。

荀子强國篇：嬴則敖。

石經作敖幠傲也。釋文：本亦作幠。禮記投壺無幠無傲，諸本俱作幠，從巾、無。疑惟釋文于禮記從忄，應是傳寫之誤。

幼、鞠，稚也。

書康王之誥：無遺鞠子羞。詩國風：鬻子之閔斯。孔疏：郭璞曰，鞠一作毓，是鬻爲稚也。

逸、諐，過也。　疑、休，戾也。　疾、齊，壯也。

悈、褊，急也。

詩國風：棘人欒欒兮。孔疏：棘，急也，釋言文。彼棘作悈，音義同。

貿、賈，市也。

厞、陋，隱也。

禮記喪大記：甸人取所徹廟之西北厞，薪用爨之。孔疏：熊氏云，厞謂西北隅厞隱之處，徹取屋外當厞隱處薪。楚詞九歌：隱思君兮厞惻。厞，或作陫。

遏、遾，逮也。

方言：蝎、遾、逮也，東齊曰蝎，北燕曰噬，逮通語也。注疏引之蝎作遏，噬作遾。

征、邁，行也。

詩國風：行邁靡靡。孔疏：傳訓邁爲行。箋又訓行爲道，嫌相涉，故又釋之云，道行猶行道也。

圮、敗，覆也。

荐、原，再也。

詩小雅：天方薦瘥。毛傳：薦，重也。孔疏：薦與荐文異義同，釋言荐，再也。再，重之義也。易比象：原筮元永貞無咎。文王世子：末有原。張衡傳：曩滯日官，今又原之。

憮、敉，撫也。

臞、脙，瘠也。

鄭注周禮其民晳而瘠，云：瘠，臞也。

桄、熲，充也。

戴氏震曰：漢書王莽傳昔唐堯橫被四表，語出堯典。後漢書永平六年安帝詔云橫被四表、昭格上下，班孟堅西都賦云橫被六合，王子淵聖主得賢臣頌化溢四表、橫被無窮，皆足以證尚書譌文。樂記號以立橫，鄭注云橫，充也，謂氣作充滿也。釋文云橫，古曠反。孔子閒居篇以橫于天下，鄭注云橫，充也。

疏家不知其義出爾雅。蓋横被猶廣被也，横四表、格上下對舉，溥徧所及曰横，貫通所至曰格。横轉寫爲桄，脱誤爲光，而爾雅音義乃古黄反，殊少精覈。

屢、暱，亟也。　靡、罔，無也。　爽，差也。爽，忒也。

佴，貳也。

漢書司馬遷傳：李陵既生降，頽其家聲，而僕又佴之蠶室，重爲天下觀笑。

周禮酒正：大祭三貳，中祭再貳，小祭壹貳。鄭司農云：三貳，三益副之也。

劑、翦，齊也。

詩魯頌：寔始翦商。毛傳：翦，齊也。鄭箋：翦，斷也。孔疏：齊即斬斷之義，故箋以爲斷。

儀禮既夕禮：馬不齊髦。鄭注：齊，剪也。

饙、餾，稔也。

媵、將，送也。

易咸上六：滕口説也。孔疏：滕，鄭又作媵。媵，送也。徒送口舌言語相感而已。

詩周頌：日就月將。毛傳：將，行也。孔疏：釋言將，送也。孫炎曰將行之送。是將亦行之義，故爲行也。

作、造，爲也。

詩大雅：帝作邦作對。鄭箋：作，爲也。天爲邦，謂興周國也。作配謂爲生明君也。春秋成公元年：作邱甲。穀梁傳：作，爲也，邱爲甲也。

餥、餱，食也。

詩小雅：乾餱以愆。

鞫、究，窮也。

詩國風：昔育恐育鞫。

滷、矜、鹹，苦也。干、流，求也。流，覃也。覃，延也。佻，偷也。潛，深也。潛、深，測也。

穀、鞠，生也。

方言：鞠，養也，陳、楚、韓、鄭之間曰鞠。

啜，茹也。

茹、虞，度也。

詩大雅：用戒不虞。周禮山虞鄭注：度知山之大小及所生者。

試、式，用也。

緇衣：刑不試而民咸服。

詩國風：式微式微，胡不歸。毛傳：式，用也。孔疏：左傳曰，榮成伯賦式微。服虔云言君用中國之道微，亦以式爲用。此勸君歸國，以爲君用中國之道微，未若君用在此，微爲窗也。

誥、誓，謹也。

競、逐，彊也。

詩大雅：職競用力。鄭箋：競，逐也。主由爲政者，逐用彊力相尚。孔疏：釋言競、逐俱訓爲彊，故競得爲逐。

禦、圉，禁也。窒、薶，塞也。

黼、黻，彰也。

月令：季夏，命婦官染采，黼黻文章，必以法故。

膺、身，親也。　愷、悌，發也。　髦、士，官也。

畯、農，夫也。

詩國風：田畯至喜。毛傳：田畯，田大夫也。孔疏：此官選俊人主田，謂之田畯，典農之大夫謂之農夫。以王者尤重農事，知其爵爲大夫也。

蓋、割，裂也。　邕、支，載也。

諈諉，累也。

列子力命篇：眠娗、諈諉、勇敢、怯疑四人相與遊于世。

注：四名皆假托寓言，諈諉、煩重貌。

漠、察，清也。

庇、庥，廕也。

庥、休通。詩國風：不可休思。

穀、履，祿也。

履，禮也。

詩國風：履我即兮。鄭箋：在我室者，以禮來我則就之，與之去也。禮記祭義：禮者履此者也。

隱，占也。

逆、迎也。

方言：逢、逆，迎也。自關而東曰逆，自關而西或曰迎，或曰逢。

憯，曾也。　增，益也。　窶，貧也。

薆，隱也。

律歷志：昧薆于未。方言：掩、翳，薆也。郭注：謂蔽薆也。詩曰薆而不見，戴氏震曰：薆而，猶隱然。

僾，唈也。

荀子禮論篇：僾詭唈僾而不能無時至焉。

基，經也。基，設也。

賈誼新書禮容篇：叔向曰，夙夜基命宥謐。基者，經也，勢也。布文陳紀，經制度，設犧牲。

祺，祥也。祺，吉也。

荀子成相篇：請牧祺，明有基。

兆，域也。

周禮小宗伯：兆五帝于四郊，四望四類亦如之。鄭注：兆爲壇之營域。肆師：掌兆中廟中之禁令。典祀：掌外祀之兆守皆有域。冢人：掌公墓之地，辨其兆域而爲之圖。

肇，敏也。

洪氏頤煊曰：郭注書曰，肇牽車牛。案，詩江漢肇敏戎功，毛傳，肇、謀，敏、疾，鄭箋，今謀女之事，乃有敏德，是以肇為敏也。肇又通作寃，下文：寃，肆也。大戴禮夏小正狸子肇肆，肆亦疾也，與敏同義。

挾，藏也。

漢書惠帝紀：除挾書律。注：張晏曰，秦律敢有挾書者族。

浹，徹也。

匡謬正俗：問曰，新故交代謂之爲替，何也。答曰，按爾雅云替，廢也。詩稱勿替引之，傳云無替舊職，皆謂不廢墜耳。前人既廢，後人代之，故總謂代爲替。

速，徵也。徵，召也。

琛，寶也。

文選木華海賦：其垠則有天琛水怪。注：天琛，自然之寶也。

探，試也。　髦，選也。髦，俊也。

俾，職也。

按，俾虛職實，於義不洽。俾為比之假借也。詩：克順克俾。是俾、比通。比者，釋詁云：粊、俌、比，輔也。易亦云：比，輔也。輔弼，皆職官之義。比亦通庀者，左襄九年傳官庀其司、庀府庫「守」、庀刑器，庀亦訓具。又左襄二十五年傳：子木使庀賦。注：庀，治也。具治皆主職之義。

紕，飾也。　淩，慄也。慄，感也。

蠲，明也。　茅，明也。明，朗也。

左傳襄公十四年：惠公蠲其大德。

馮氏登府曰：左宣十二年傳杜注茅，明也。即本爾雅文。竊謂茅是昧之假，昧之訓明，猶如亂之訓治、存之訓徂之例，今傳疏引舍人云茅、昧之明也可證。古讀茅如貿。成公元年王師敗績于茅戎，公穀作貿戎。

猷，圖也。猷，若也。

詩小雅：子之不猶。鄭箋：王不圖其變之所由爾。

偁，舉也。

偁，古稱字。聘禮：大夫西面，賓稱面。鄭注：稱，舉也，舉相見之詞以相接。左傳襄公八年：女何故稱兵于蔡。

稱，好也。

坎、律，銓也。

馮氏登府曰：或謂坎為欿之誤，銓為銓之誤。其說是否。曰，欿、聿古曰字，皆辭也。據或說須改字矣。郭注易坎卦主法、法律，皆所以銓量輕重，其義甚明。考九家易，坎為律，逸象坎為罪、為獄、為輕、為法、為平、為則，與律義近。詮亦訓衡，又何疑於實誤乎。況律遹述也，已見前矣。或說更非。

矢，誓也。　舫，舟也。　泳，游也。

迨，及也。

方言：迨、遝，及也，東齊曰迨，關之東西曰遝，或曰及。

冥，幼也。

洪氏頤煊曰：案，詩斯干噦噦其冥，毛傳冥，幼也。釋文幼，本作窈。正義、爾雅亦或作窈，孫炎曰冥，深闇之窈。與郭本異。說文冥，幽也。文選思元賦、歎逝賦李善注引說文冥，窈也，老子窈兮冥兮，莊子在宥篇至道之精，窈窈冥冥，素問從容論吾問子窈冥，皆義本於爾雅。

詩小雅毛傳：正，長也。冥，幼也。孔疏：王肅云少者閑習噦噦然。傳意或然。而爾雅幼亦或作窈，孫炎曰冥，深闇之窈也。某氏曰詩曰噦噦其冥爲窈冥，于義寔安。但於正長之義不允，故據王注爲毛說。

降，下也。　傭，均也。　彊、暴也。

窕，肆也。肆，力也。

左傳襄公二十六年：楚師輕窕。

俅，戴也。

瘞，幽也。

詩大雅：上下奠瘞。禮運：列祭祀，瘞繒。毳，罽也。

東方朔傳：狗馬被繢罽。師古曰：罽，織毛也。

烘，燎也。煁，烓也。

說文：烓，行竈也。

陪，朝也。　康，苛也。

樊，藩也。

詩國風：折柳樊圃。孔疏：種菜之地謂之圃，其外藩籬謂之園。太宰九職：亦「二」曰園圃、毓草木，注云樹菜蓏曰圃，園其藩也。是圃可以種菜，又可以樹果蓏，其外列藩籬以爲樊。柳是柔脆之物，以手折而爲樊，無益于禁。

賦，量也。

粻，糧也。

詩大雅：以峙其粻。

庶，侈也。庶，幸也。

詩小雅：爲豆孔庶。鄭箋：庶，䏧也。祭祀之禮，后夫人主共籩豆，必取肉物肥美者也。孔疏：庶䏧也，釋言文。舍人曰庶，衆也。䏧，多也。孫炎曰庶，豐多也。案，䏧字又作侈。

詩國風：庶見素冠兮。孔疏：言已幸望得見服既練之素冠兮。

筑，拾也。　奘，駔也。

集，會也。

詩周頌：予又集于蓼。

舫，泭也。

洵，均也。洵，龕也。

詩國風：洵直且侯。孔疏：其性行均直，且有人君之度也。

劉氏書年曰：按洵訓信，詩洵訏且樂、洵有情兮之類，皆是為洵之假借。龕者，勝也，任也。文選謝靈運述祖德詩注引尚書孔傳云：龕，勝也。謝元暉和伏武昌登孫權故城詩：西龕收組練，龕亦訓勝。逸周書祭公解云：周克龕紹成康之業。言能任繼續成康也。通作堪。晉語口弗堪也、列子仲尼篇堪秋蟬之翼，韋昭、張湛注并云：堪，勝也。廣韻云：任，堪也。周禮大司馬：司貢分職，以任祁國。注：事以其力之所堪。以堪訓任。信與勝任之義同。釋詁允、任同義，允即信。詩燕燕箋：任以恩相親信。周禮大司徒注：信，任於友道。史記季布欒布列傳：為氣任俠。集解引如淳曰信為任。是也。龕訓任，因得訓受。方言：龕，受也，揚越曰龕也。玉篇亦云：龕，受也。任、受一義，信、任亦一義。

馮氏登府曰：邵氏引逸書，訓龕為繼，非也。龕古借以為堪字，六朝造像造佛一龕，屢見一堪，即一龕。則龕即堪、即洵，義合箋。

逮，遝也。

是，則也。

說文引爾雅曰：徥，則也。

畫，形也。

賑，富也。

文選張衡西京賦：鄉邑殷賑。左思蜀都賦：爾乃邑居隱賑。魏都賦：同賑大內。

劉氏台拱曰：注謂隱賑富有。案，隱、殷通用，詩殷其靁是也。

局，分也。

曲禮：左右有局。

憤，怒也。

僁，聲也。

廣韻：僁，動草聲，或云細聲。

葵，揆也。揆，度也。　逮，及也。

惄，飢也。

詩國風：惄如調飢。鄭箋：如朝飢之思食。

眕，重也。　獵，虐也。　土，田也。

戍，遏也。

詩國風：不與我戍申。

師，人也。　硈，鞏也。　棄，忘也。

囂，閑也。

劉氏書年曰：囂閑也，今考囂、閑義有並與閑暇相反者。詩魏風：十畝之間兮、桑者閑閑兮。傳：閑閑然男女無別往來之皃。箋：古者一夫百畝，今十畝，往來者閑閑然，削小之甚。然則詩意謂地狹人稠，以閑閑狀往來者之多，傳云男女無別，而多意見。下章十畝之外兮、桑者泄泄兮，傳：泄泄、多人皃。下不言往來，上不言多人，文互見也。荀子修身篇多聞曰博、多見曰閑，閑亦多義。囂者，詩小雅十月之交：無罪無辜，讒口囂囂。箋：囂，衆多皃，時人非有辜罪，其被讒口見椓囂囂然。淮南修務訓：莫囂大心。高注：莫，大也。囂，衆也。主人大衆之官是。又左氏成十六年傳在陳而囂、合而加囂、又甚囂且塵上矣、昭三年傳景公欲更晏子之宅、曰子之宅近市、湫隘囂塵，囂並是人衆喧閬不安之皃。通作嗸。詩讒口囂囂，釋文引韓詩作嗸嗸。說文：嗸，衆口愁也。又通作敖。荀子強國篇：百姓讙敖。

楊倞注：讙，喧嘩也。敖，喧噪也。敖即聱之省借。爾雅囂閑，蓋兼閑暇、衆多兩義。

謀，心也。　獻，聖也。

里，邑也。

詩大雅：于豳之里。

襄，除也。　振，古也。　懟，怨也。

縭，介也。

說文：縭，以絲介履也。舍人本縭作䋄，注：䋄，羅也。介，别也。

號，謼也。　凶，咎也。　苞，稹也。

逜，寤也。

按，左隱元年：莊公寤生。

洪氏頤煊曰：案，釋文孫本逜字作午，郭注干當是午字之譌。禮記哀公問午其衆以伐有道，釋文引王肅本作迕。荀子富國篇午其軍，楊倞注：午讀為迕。

顁，題也。

猷、肯，可也。

詩國風：猶來無止。孔疏：可來乃來，無止軍事而來。

詩國風：惠然肯來。鄭箋：有順心然後可以來至我傍。

務，侮也。　貽，遺也。　貿，買也。

賄，財也。

冢宰：以九賦斂財賄。

甲，狎也。

書多方：因甲于内亂。孔疏：鄭、王皆以甲爲狎。詩國風：能不我甲。鄭箋：其才能實不如我衆臣之所狎習。

菼，騅也。菼，薍也。

詩國風：毳衣如菼。孔疏：傳以菼爲騅，箋以菼爲薍，似如易傳，又言其青者如騅，復似從傳。張逸疑而問之，鄭答云騅鳥青，非草名，薍亦青，故其青者如騅。

粲，餐也。　渝，變也。

宜，肴也。

詩國風：與子宜之。鄭箋：與君子共肴也。

夷，悦也。

顛，頂也。

齊語：班序顛毛以爲民紀統。後漢書蔡邕傳：華顛胡老。注：顛，頂也，華顛謂白首也。

耋，老也。

輶，輕也。

詩國風：輶車鸞鑣。鄭箋：輕車，輕逆之車也。中庸：詩曰德輶如毛。孔疏：云用德化民，舉行甚易，其輕如毛也。

俴，淺也。　綯，絞也。

訛，化也。

書堯典：平秩南訛。孔疏：禾苗秀穗化成子，寔亦胎生乳化之類，故掌夏之官，平序南方化育之事。

跋，蹴也。𨆫，跆也。

烝，塵也。詩國風：烝在桑野。毛傳：烝，窴也。鄭箋：久處桑野，古者聲窴、填、塵同也。孔疏：窴，填。釋言文。彼作塵。

戎，相也。詩小雅：烝也無戎。

飫，私也。詩小雅孔疏：飫既爲私，不在公朝，在路門内也。酒肉所陳，不宣在庭，則在堂矣。周語曰，王公立飫則有房烝、親戚嚌餐則有殽烝。又曰，飫以顯物、燕則合好。則飫、燕禮異。序曰燕兄弟，此陳飫者，飫大于燕。下章云妻子好合［好合倒誤］，呼［此］傳曰王與族人燕則尚毛，是此章之中兼燕禮矣。上二句爲飫，下二句爲燕。

孺，屬也。曲禮：大夫曰孺人。鄭注：孺之言屬。孔疏：與人爲親屬。

幕，暮也。煽，熾也。熾，盛也。

柢，本也。詩小雅：維周之氐。孔疏：毛讀從柢，若四圭有柢，故爲本，言是根本之臣也。

窕，閒也。舍人本窕作跳，注：跳者躍之間。

淪，率也。罹，毒也。

檢，同也。

洪氏頤煊曰：案，孟子梁惠王上：狗彘食人食，而不知檢。漢書食貨志引孟子作而不知斂。隸任伯嗣碑姦軌檢手。檢，即斂字。考工記梟氏侈弇之所由興，弇謂鍾狹，狹即斂也，故檢、弇皆訓為同。

郵，過也。

注以爲郵傳之郵，恐非。古人以尤爲郵。詩小雅：是曰既醉，不知其郵。王制：郵罰麗于事。晉以[語]夫郵而效之，郵又甚焉。吕子樂成篇：鞞而麛裘，投之無郵。漢書成帝紀：天著變異以顯朕郵。五行志：后妾有失節之郵。賈誼傳：般紛紛其離此郵兮，亦夫子之故也。谷永傳：封[卦]氣悖亂，咎徵著郵。外戚傳班倢伃賦：猶被覆載之厚德兮，不廢捐于罪郵。叙傳：譏苑扞偃，正諫舉郵。皆是過失之義。

遜，遯也。

斃，踣也。僨，僵也。

魯語：紂踣于京。

畛、殄也。　曷，盍也。

虹，潰也。

虹，李本作降。

陪，闇也。　䵑，膠也。　孔，甚也。厥，其也。戛，禮也。　閣，臺也。　囚，拘也。

攸，所也。展，適也。

詩小雅：風雨攸除，鳥鼠攸去，君子攸芋。

俞氏正燮曰：案，展、適，之也，往也，如也。如，其意亦發舒。詩適我願兮，展我甥兮。展、誠也，信也。適，的也，信也。信，申也。義俱相通。適如之適、適莫之適，皆得爲申。故曰展，適也，得自申展也。

鬱，氣也。宅，居也。休，慶也。祈，叫也。

濬、幽，深也。哲，智也。

詩商頌：濬哲維商。

弄，玩也。

尹，正也。皇、匡，正也。

詩國風四國是皇，毛傳以皇爲匡，鄭箋又轉爲正。穆天子傳：皇我萬民。漢書韋賢傳：此惟皇士。

服，整也。

聘，問也。

詩小雅：靡使歸聘。孔疏：無人使歸問家安否。春秋隱公元年穀梁傳：聘弓鍭矢不出竟場。楊疏：麋信云，聘，問也。古者以弓矢相聘問，故左傳云楚子問卻至以弓。

愧、慙也。

殛，誅也。

鄭注周禮廢以馭其罪云：廢，猶放也，舜殛鯀于羽山是也。魏鶴山曰：太宰，三歲則大計群吏之治而誅賞之。誅止責讓字從言，六經皆然，自秦漢來始以誅訓殺。郭氏引書鯀則殛死，亦謂其死于竄所耳。馮氏登府謂極是殛之假字。釋文亦作極。魯頌：致天之届。箋：届，極也，一作殛。殛、極古通用。爾雅作殛爲後改之誤。邵氏正義未及引此。左傳莊公八年誅屨于徒人費，亦是誅責。戴氏震曰：書流、放、竄、殛四者，皆流耳，故先言流，而下變文。放者，流而放廢。竄者，流而竄遁。殛者，流而殊絶。説文殛、殊也。殊、死也。誅、責也，與殊異義。漢詔有云骨肉之親、粲而不殊，言明于仁恩而不殊絶。爾雅以誅訓殛，誅必殊字之譌。殎之爲殊，即屈原天問所云阻窮，謂阻隔窮絶也。

克，能也。翌，明也。訩，訟也。晦，冥也。奔，走也。逡，退也。疐，仆也。亞，次也。諗，念也。屆，極也。

弇，同也。弇，蓋也。

詩周頌：奄有四方。毛傳：奄，同也。孔疏：奄，同。釋言文。又云：奄，蓋也。鄭于閟宫、玄鳥箋，皆以奄爲覆，覆蓋四方，同爲已有，與傳不異也。

恫，痛也。

握，具也。

詩國風：於我乎夏屋渠渠。鄭箋：屋，具也。言君始于我厚設禮食，大具以食我，其意勤勤然。孔疏：爾雅屋具正訓以此，故知謂禮物大具。

振，訊也。

案：訊當作迅。

鬩，恨也。

戴氏震曰：恨當作很字，形之譌。詩兄弟鬩于牆，毛傳：鬩，很也。禮記很毋求勝，鄭注：很，鬩也，謂爭訟也。二字轉注可證。

越，揚也。對，遂也。

晉語：使越于諸侯。

詩大雅以對于天下。孔疏：毛以爲以遂于天下之心。

燬，火也。懈，怠也。宣，緩也。遇，偶也。曩，曏也。偟，暇也。

詩國風：莫敢或遑。

宵，夜也。懊，忨也。愒，貪也。　楮，柱也。　裁，節也。並，併也。　卒，既也。　慒，慮也。將，資也。

黹，紩也。

説文：黹，箴縷所紩衣。玉篇：黹或作䘗。

遞，迭也。　矧，況也。

廩，廯也。

洪氏頤煊曰：案：孫炎以鮮為絜，舍人以鮮為少，本皆作廩，鮮也。郭意同於孫炎、舍人，故注云，或說云即倉廩，所未詳。引其義，未改其字，本亦當作鮮。公羊文十三年傳群公廩，疏：廩者，希少之名。詩采薇正義引鄭易注：嫌，讀如群公溓之溓。溓亦是希少之義。皆與舍人注合。

逭，逃也。　訊，言也。

間，俔也。

周禮環人：巡邦國，搏諜賊。鄭注：諜賊，反間，爲國賊。賈疏：言諜賊者，謂間伺此國之善惡，諜諜然傳道之。言反間者，謂間伺反于彼言之也。

沄，沉也。

揚雄傳：汾沄沸渭。

干，扞也。

趾，足也。䠊，刖也。

士昏禮：皆有枕北止。鄭注：止，足也。

襄，駕也。
詩小雅：終日七襄。鄭箋：襄，駕也，駕謂更其肆也。孔疏：日月所止舍即肆，在天爲次，在地爲辰，每辰爲肆，是歷其肆舍有七也。星之行天無有舍息，亦不駕車，以人事言之耳。
忝，辱也。燠，煖也。
士昏記：今吾子辱。鄭注：以白造緇曰辱。賈疏：謂以潔白之物造置于緇色器中，是汙白色。
詩國風：不如子之衣安且燠兮。
塊，堛也。
既夕記：坐用塊。
將，齊也。
餬，饘也。
左傳隱公十一年：餬其口于四方。杜注：餬，鬻也。禮記内則饘酏鄭注：酏，粥也。孔疏：酏既爲粥，粥是薄者，則饘爲厚者。釋名：粥，粥然也，一曰糜，周謂之饘，宋謂之餬。
啓，跪也。
注所謂小跽，如今之半跪，史記魏其武安侯列傳半膝席是也。滑稽傳：髡帣韝鞠䐶。徐廣曰：䐶與跽同，謂小跪也。
矎，密也。開，闢也。袍，襽也。障，畛也。
靦，姡也。
越語：余雖靦然而人面哉。
鬻，糜也。

說文：鬻，健也。廣韻：鬻作粥。

舒，緩也。

翿，纛也。纛，翳也。

翿，石經作翢。鄉射禮石經文各以其物獲下，有士鹿中翿旌以獲七字。方言：翿，幢翳也，楚曰翿，關西關東皆曰幢。鄉師：及葬，執纛。鄭司農云：翿，羽葆幢也，以指麾輓柩之役，正其行列進退。張衡東京賦：方釳左纛。注：以旄牛尾大如斗，置騑馬頭上，以亂馬目，不令相見也。

隍、壑也。

詩大雅：實墉實壑。孔疏：壑即城下之溝。釋言隍，壑也，舍人曰隍，城池也。壑，溝也。李巡曰隍，城池也，壑也。

芼，搴也。

典，經也。威，則也。

詩周頌：既有淫威。鄭箋：既有大則，謂用殷正朔行其禮樂如天子也。

苛。妎也。

內則：問衣燠寒，疾痛苛癢，而敬抑搔之。鄭注：苛，妎也。戴氏震曰：妎當作疥。

芾，小也。

迷，惑也。狃，復也。

詩國風：將叔無狃。鄭箋：狃，復也。

逼，迫也。般，還也。

釋文引左傳云：役將般矣。

班，賦也。

周禮宫伯：以時頒其衣裘。鄭注：頒讀爲班，班布也，衣裘若今賦冬夏衣。賈疏：班之與賦，皆賜授之義。

濟，渡也。濟，成也。濟，益也。

緍，綸也。

詩小雅孔疏：綸是繩。石經云：言綸之繩，謂與之作繩，此猶今人接綖謂之繩綖也。

辟，歷也。篨，盎也。

鄭師珍曰：按，辟，古霹字。歷，古靂字。謂震雷也。辟，說文震下作劈，則辟言其擊物破析也，歷言其雷剌轞轣也。單言則曰辟，合言則曰辟歷。前漢天文志辟歷夜明，劉向傳。赧虹辟歷皆合言也。後世俗書並從雨。郭氏按文求之，此訓遂無從解說。邢、郝二疏並執辟法以通歷字，一云歷，律之通。一云歷，秝之借。俱未確。

寬，綽也。　衮，黻也。

華，皇也。

胡氏士震曰：石經作皇、華也，釋文音義亦華在皇上，知唐時本如是。又玉藻雜帶，大夫玄華，鄭注：華、黃色也。案，釋鳥：皇，黃鳥。釋畜：黃白，騜。詩豳風：皇駁其馬。毛傳：黃白曰皇。魯頌有驈有皇、有驪有黃，毛傳黃白曰皇、黃騂曰黃。知皇與黃色相近，字亦通。故蒼皇字亦作蒼黃。鄭氏注諸經多與郭異，疑其本作華，黃也，故釋玉藻玄華引之，亦並爲華在皇上之一證矣。

昆，後也。　彌，終也。

釋訓第三

明明、斤斤，察也。條條、秩秩，智也。穆穆、肅肅，敬也。諸諸、便便，辯也。肅肅、翼翼，恭也。廱廱、優優，和也。兢兢、憴憴，戒也。戰戰、蹌蹌，動也。晏晏、溫溫，柔也。

尚書考靈曜堯聰明文塞宴宴，今書作安安。

業業、翹翹，危也。

太元經：累卵業業。

惴惴、憢憢，懼也。番番、矯矯，勇也。桓桓、烈烈，威也。洸洸、赳赳，武也。藹藹、濟濟，止也。悠悠、洋洋，思也。蹶蹶、踖踖，敏也。薨薨、增增，衆也。烝烝、遂遂，作也。委委、佗佗，美也。

祭義：陶陶遂遂。

舍人本作禕禕它它，注：心之美也。

忯忯、惕惕，愛也。偁偁、格格，舉也。蓁蓁、孽孽，戴也。懕懕、媞媞，安也。

詩小雅厭厭夜飲，說文引詩作懕。

祁祁、遲遲，徐也。丕丕、簡簡，大也。存存、萌萌，在也。懋懋、慔慔，勉也。

洪頤煊曰：按：釋訓一篇專為釋詩而作，其間有不在今詩者，蓋三家傳本有異同也。慔慔，當為楚茨君婦莫莫之異文。莫與勿字同義，禮記禮器勿勿乎其欲其饗食之也，鄭注：勿勿猶勉勉也，故莫莫亦為勉也。鄭師珍曰：音義慔亦作慕，邢疏因云慔與慕同。按，說文慔，勉也。從莫在旁。慕，習也。從莫在上。形義俱別。淺人不知為兩字，移旁心作慕，詩楚茨君婦莫莫，傳清靜而敬至也。敬靜即勉力無怠之意，所以為豆孔庶也。此正訓詩文。慔正，莫省。

庸庸、慅慅，勞也。　赫赫、躍躍，迅也。　綽綽、爰爰，緩也。

坎坎、壿壿，喜也。

舍人注：壿壿，舞貌。通雅謂壿爲撙之訛，無據。

瞿瞿，休休，儉也。　旭旭、蹻蹻，憍也。　夢夢、訰訰，亂也。

爆爆、邈邈，悶也。

詩大雅孔疏：藐藐，謂王不受之，言者憂悶也。

儚儚、洄洄，惛也。　版版、盪盪，僻也。　爞爞、炎炎，薰也。

居居、究究，惡也。

詩國風孔疏：懷惡而不與民相親，是不習也，用民力而不憂其困，是窮極人也。案，自毛鄭以後諸儒，皆據經文解詩，惟朱子以爲未詳。

仇仇、敖敖，傲也。

釋文：舍人本傲作毀，釋云仇仇，無倫理之貌。謷謷，衆口毀人之貌。李同。

仳仳、瑣瑣，小也。

舍人注：仳仳，形容小貌。

悄悄、慘慘，慍也。

戴氏震曰：慘當作懆，采老切。説文云愁不安也，與爾雅訓慅義合。詩月出篇勞心慘兮與照、燎、紹爲韻，而釋文七感反。正月篇憂心慘慘與沼、樂、炤、虐爲韻，抑篇我心慘慘與昭、樂、藐、教、虐、耄爲韻，及北山篇或慘慘劬勞，或慘慘畏咎，釋文反音並同，不知皆懆字之譌也。白華篇念子懆懆，此一處幸而未譌，釋文亦加以七感反之音，是不辨懆、慘之爲二字矣。

痯痯、瘐瘐，病也。殷殷、惸惸、忉忉、慱慱、欽欽、京京、忡忡、惙惙、怲怲、奕奕，憂也。

畇畇，田也。

畟畟，耜也。

詩周頌孔疏：畟畟是刃利之狀。

郝郝，耕也。

詩周頌孔疏：舍人曰：郝郝猶藿藿，解散之意。

繹繹，生也。　穟穟，苗也。

緜緜，穮也。

詩周頌孔疏：穮是芸之别名，緜緜是穮之貌。釋訓云緜緜，穮也。郭璞曰芸不息也。王肅云芸者，其衆緜緜然不絶也。

挃挃，穫也。栗栗，衆也。

溞溞，淅也。烰烰，烝也。

詩大雅孔疏：釋之既在簸之下，烝之上，傳故知爲淅米也。説文云：淅，汏米也。孟子曰：孔子去齊，接淅而行。謂洮米未炊漉之而去。釋訓：溞溞，淅也。烰烰，氣也。樊光引此詩。孫炎曰：溞溞，淅米聲。烰烰，炊之氣。傳言洮米則有聲，故言溲溲聲，烝飯則有氣，故言烰烰氣。

俅俅，服也。　峨峨，祭也。　鍠鍠，樂也。　穰穰，福也。　子子、孫孫，引無極也。　顒顒、卬卬，君之德也。

丁丁、嚶嚶，相切直也。

詩小雅孔疏：王肅云鳥聞伐木，驚而相命嚶嚶然，故曰丁丁嚶嚶相切直，以興朋友切切節節。

藹藹、萋萋，臣盡力也。　噰噰、喈喈，民協服也。

詩大雅孔疏：舍人曰：藹藹，賢士之貌。萋萋，梧桐之貌。孫炎曰：言衆臣竭力則地極其化，梧桐盛也。是用毛傳爲説。

佻佻、契契，逾遐急也。　宴宴、粲粲，尼居息也。　哀哀、悽悽，懷報德也。　儵儵、嘒嘒，罹[罹]禍毒也。　晏晏、旦旦，悔爽忒也。　皋皋、琄琄，刺素食也。

懽懽、愮愮，憂無告也。

詩大雅孔疏：釋訓憂無告也，解其言懽懽之意耳，非解懽懽之義。故傳云猶款款言日至誠款，寔而告之，但彼不受用，即是無所告耳。

憲憲、洩洩，制法則也。　謔謔、謞謞，崇讒慝也。

翕翕、訿訿，莫供職也。

詩小雅孔疏：潝潝，爲小人之事，是作威福也。訿訿者，自營之狀，是求私利也。自作威福、競營私利，是不供君職也。

速速、蹙蹙，惟逑鞫也。　抑抑，密也。　秩秩，清也。

甹夆，掣曳也。

詩周頌：莫予荓蜂，自求辛螫。孔疏：王肅云：以言才薄，莫之藩援，則得辛毒。孫炎云：群臣無肯牽引扶助，我則自得辛螫之毒。此二家以荓蜂爲掣曳，爲善自求，爲王身自求。

朔，北方也。

不俟，不來也。

戴氏震曰：俟當作𥏖，亦作𢓊，其義爲來。説文引詩曰不𥏖不來，詩曰二字疑誤，當是引爾雅而脱去也字。

不遹，不蹟也。　不徹，不道也。

勿念，勿忘也。

小爾雅：無念，念。

萲、諼，忘也。

詩國風：焉得諼草。毛傳：諼草令人忘憂。鄭箋：憂以生疾，恐將危身，欲忘之。孔疏：諼訓爲忘，非草名，故傳本其意，謂欲得令人善忘憂之草。不謂萲爲草名，故釋訓諼，忘也。孫氏引詩云焉得諼草，是諼非草名也。

每有，雖也。

詩小雅：每懷靡及。毛傳：每，雖。懷，和也。孔疏：王肅云雖多内懷中和之道，猶自以無所及。

饎，酒食也。

詩國風：田畯至喜。鄭箋：喜讀爲饎，饎，酒食也。耕者之婦子俱以饟來，至于南畝之中，其見田大夫，又爲設酒食焉。

舞號，雩也。　暨，不及也。　蠢，不遜也。

如切如磋，道學也。如琢如磨，自修也。瑟兮僩兮，恂慄也。赫兮咺兮，威儀也。有斐君子，終不可諼兮，道盛德至善，民之不能忘也。

禮記大學：瑟兮僩兮，赫兮喧兮，有斐君子，終不可諠兮。孔疏：自此以上，詩之本文也。自此以下，記者引爾雅而釋之。

既微且尰，骭瘍爲微，腫足爲尰。

是刈是濩，濩煮之也。

濩與鑊同。

履帝武敏。武，迹也。敏，拇也。

詩大雅孔疏：毛以爲二章、卒章皆言上帝，此獨言帝不言上，故以爲高章［辛］氏帝也。既依爾雅以武爲迹，而不以敏爲拇者，意蓋謂爾雅不可盡從故也。心識速疾謂之敏，故訓敏爲疾。鄭以此及玄鳥，是說稷以迹生、契以卵生之經文也，故以帝爲上帝。爾雅引此釋之，而以敏爲拇指，故依用之云敏、拇也。

美女爲媛。

曹子建集辯道論：媛妃所以耀光。

美士爲彦。

說文：美士有文，人所言也。

其虚其徐，威儀容止也。

猗嗟名兮，目上爲名。

詩國風：猗嗟名兮，美目清兮。毛傳：目上爲名，目下爲清。

式微式微者，微乎微者也。之子者，是子也。

徒御不驚，輦者也。

詩小雅毛傳：徒，輦也。御，御馬也。不驚，驚也。孔疏：徒行輓輦者與車上御馬者，豈不警戒乎，言以警戒也。

襢裼，肉袒也。暴虎，徒搏也。馮河，徒涉也。籧篨，口柔也。戚施，面柔也。夸毗，體柔也。婆娑，舞也。

辟，拊心也。

石經擗作辟。釋文：辟，婢亦反，字宜作擗。則知古本無擗字。諸本竟改擗，非。禮記問喪：辟踊哭泣。鄭注：辟，拊心也。

矜憐，撫掩之也。

緎，羔裘之縫也。

詩國風孔疏：五緎既爲縫，則五紽、五總亦爲縫也，爾雅獨解緎者，蓋舉中言之。

殿屎，呻也。

幬謂之帳。

詩國風毛傳：衾，被也。裯，襌被也。鄭箋：裯，牀帳也。孔疏：鄭以衾既爲被，不宜復云襌被也。漢世名帳爲裯，蓋因于古，故以爲牀帳。

侜張，誑也。誰昔，昔也。

不辰，不時也。

詩國風：不能辰夜。孔疏：不能時節此夜之漏刻。

凡曲者爲罶。

鬼之爲言歸也。

列子天瑞篇：鬼，歸也，歸其貞宅。王子年拾遺記：張儀、蘇秦問一先生曰，子何國人。答曰，吾生于歸谷，亦云鬼谷。鬼者，歸也。

釋親第四

父爲考，母爲妣。父之考爲王父，父之妣爲王母。王父之考爲曾祖王父，王父之妣爲曾祖王母。曾祖王父之考爲高祖王父，曾祖王父之妣爲高祖王母。父之世父、叔父爲從祖祖父，父之世母、叔母爲從祖祖母。父之晜弟先生爲世父，後生爲叔父。男子先生爲兄，後生爲弟。男子謂女子先生爲姊，後生爲妹。父之姊妹爲姑，父之從父晜弟爲從祖父，父之從祖晜弟爲族父，族父之子相謂爲族晜弟，族晜弟之子相謂爲親同姓。兄之子、弟之子相謂爲從父晜弟。子之子爲孫，孫之子爲曾孫，曾孫之子爲玄孫，玄孫之子爲來孫，來孫之子爲晜孫，晜孫之子爲仍孫，仍孫之子爲雲孫。王父之姊妹爲王姑，曾祖王父之姊妹爲曾祖王姑。「脱高祖王父之姊妹爲高祖王姑十二字」父之從父姊妹爲從祖姑，父之從祖姊妹爲族祖姑。父之從父晜弟之母爲從祖王母，父之從祖晜弟之母爲族祖王母。父之兄妻爲世母，父之弟妻爲叔母。父之從父晜弟之妻爲從祖母，父之從祖晜弟之妻爲族祖母。父之從祖祖父爲族曾王父，父之從祖祖母爲族曾王母。父之妾爲庶母。祖，王父也。晜，兄也。

父爲考，母爲妣。是父母之通稱。虞書：百姓如喪考妣。是生前亦稱考妣。周邿敦錄追孝其父母，是歿必亦稱父母。易蠱初六：幹父之蠱，有子，考無咎。小過六二：過其祖，過其妣。孔疏：妣者母之稱。馮氏登府曰：說文：妣，歿母也。釋文父死曰考，亦按曲禮文。蓋曲禮皆漢儒後起之文。鄭注駁之，良是。王父、王母。釋名：王，暀也，家中所歸暀也。

曾祖王父之考爲高祖王父。左傳昭公十七年郯子來朝，曰：我高祖少皞，摯之立也，則以始祖爲高祖。書盤庚肆上帝將復我高祖之德、亂越我家，康王之誥張皇六師、無壞我高祖寡命，則以受命之君爲高祖。文武至康僅四世。左傳昭公十五年王謂籍談曰，昔而高祖孫伯黶司晉之典籍，則謂其九世爲高祖。世父、叔父。舊説古人于父之昆弟必稱伯父、叔父，未有但呼伯叔者。若不言父而但曰伯、叔，則是字之而已，詩所謂叔兮伯兮、伯兮朅兮、叔于田之類，皆字也。案：晉書王湛傳，濟曰：濟始得一叔。又曰：臣叔殊不癡。則晉時已有但呼爲叔者，然非古禮。

兄弟姊妹。釋名：兄，荒也。荒，大也。故青徐人謂兄爲荒也。弟，第也。相次第而上也。姊，積也。猶日始出，積時多而明也。妹，昧也。猶日始入，歷時少尚昧也。

父之姊妹爲姑。白虎通：父之昆弟不俱謂之世叔，父之女昆弟俱謂之姑，何也。以爲諸父曰内親也，故别稱之也。姑當外適人疎，事諸姑禮等，可以外出又同，故稱略也。至姊尊妹卑，其禮異也。

父之從祖晜弟爲族父，族父之子相謂爲族晜弟。書堯典：克明俊德，以親九族。孔傳謂睦高祖玄孫之親。馬、鄭説九族，皆據已上自高祖、下至玄孫凡九族。左傳襄公十二年：凡諸侯之喪，同宗臨于祖廟，同族于禰廟。注：同族，謂高祖以下是也，故晉叔向言肸之宗十一族。賈誼新書六術篇：人有六親，六親始曰父。父有二子，二子爲昆弟。昆弟又有子，子從父而昆弟，故爲從父。昆弟從父昆弟又有子，子從祖而昆弟，故爲從祖昆弟。從祖昆弟又有子，子從曾祖而昆弟，故爲曾祖昆弟。曾祖昆弟又有子，子爲族兄弟。備于六，此之謂六親。是同高祖之兄弟即爲族，非疏遠之稱。顔氏家訓風操篇：凡宗親世數有從父、有從祖、有族祖，江南風俗自兹以往，皆云族人。河北雖二三十世猶呼爲從伯從叔。梁武帝嘗問一中土人曰，卿北人何故不知有族。答曰，骨肉易疏，不忍言族耳。子之子爲孫。釋名。孫，遜也。遜遁在後生也。

孫之子爲曾孫。詩周頌：曾孫篤之。毛傳：成王能厚行之也。鄭箋：自孫之子而下，事先祖皆稱曾孫，是言曾孫欲使後王皆厚行之，非唯今也。孔疏：哀二年左傳云，曾孫蒯聵敢告皇祖文王、烈祖康叔，是雖歷多世，亦稱曾孫也，小雅曾孫惟斥成王，文各有施，不得同也。

玄孫、來孫。釋名：玄，懸也，上懸于高祖最在下也。玄孫之子曰來孫，此在無服之外，其意疏遠，呼之乃來也。晜孫之子爲仍孫。惠帝紀注：晉灼云：耳孫，玄孫之曾孫也。師古曰：爾雅仍孫從己而數，是爲八葉。與晉説相同。仍、耳聲相近，蓋一號也。

宗族

母之考爲外王父，母之妣爲外王母。母之王考爲外曾王父，母之王妣爲外曾王母。母之晜弟爲舅，母之從父晜弟爲從舅，母之姊妹爲從母。從母之男子爲從母晜弟，其女子子爲從母姊妹。

母之姊妹爲從母。通典：晉袁準論曰：從母小功五月，舅緦麻三月，禮非也。從母緦，時俗所謂姨母者也。舅之與姨俱母之姊妹兄弟，焉得異服。從母者，從其母而爲庶母者也，親益重，故小功也。凡稱父母者皆同乎父母之例者也。男非父列，姨非母列，故舅不稱父，姨不稱母也。可稱姨，不應稱母。謂姨母爲從母者，此時俗之亂，各書之所由誤也。此説與經文異。

女子子。古人謂男女通曰子，故加女子于子之上，以别于男子也。

母黨

妻之父爲外舅，妻之母爲外姑。姑之子爲甥，舅之子爲甥。妻之晜弟爲甥，姊妹之夫爲甥。妻之姊妹同出爲姨，女子謂姊妹之夫爲私。男子謂姊妹之子爲出。女子謂晜弟之子爲姪。謂出之子爲離孫，謂姪之子爲歸孫。女子子之子爲外孫。女子同出謂先生爲姒，後生爲娣。女子謂兄之妻爲嫂，弟之妻爲婦。長婦謂稚婦爲娣婦，娣婦謂長婦爲姒婦。

外舅外姑。坊記：壻親迎，見于舅姑，舅姑承子以授壻。

妻之晜弟爲甥。釋名：妻之昆弟曰外甥。其姊妹女也，來歸已内爲妻，故其男爲外姓之甥。甥者生也，他姓子本生于外，不得如其女來在已内也。

妻之姊妹同出爲姨。通典：春秋傳：蔡哀侯娶于陳，息侯亦娶焉，息嬀將歸，過蔡，蔡侯曰，吾姨也，止而享之。爾雅曰妻之姊妹同出爲姨。此本名者也。左傳：臧宣叔娶于鑄，生賈及爲而死，繼室以其姪，穆姜之姨子也。此緣妻姊妹之姨，因相謂爲姨也。姊妹相謂爲姨，故其子謂之姨子。

男子謂姊妹之子爲出。左傳晉公子姬出也及康公我之自出是也。今俗皆以己所生子曰出，傳碑志狀並踵用之。史記秦本紀帝咨費，爾後嗣將大出。小司馬索隱曰：出猶生也，言爾後嗣繁昌，將大生出子孫也。禮書無先祖惡出。楚世家集解引宋忠曰：芊姓諸楚所出。左傳襄公二十三年：東郭偃曰：今君出自丁，臣出自桓。哀二十七年，何環智伯謂陳成子曰：大夫陳子，陳之自出。楚辭天問曰：何環穿自閭社丘陵，爰出子文。北史陸騰傳：子麗二妻杜氏、張氏，長子定國，杜氏所生，次叡張氏所出。是生與出亦可兼稱，宜小司馬以生訓出矣。釋名：出嫁于異姓而生之也。

女子謂晜弟之子爲姪。釋名：姑謂兄弟之子爲姪，姪，迭也，共行事夫更迭進御也。喪服傳：謂吾姑者，吾謂之姪。左傳襄公十九年：齊侯娶于魯，曰顏懿姬，無子，其姪鬷聲姬生光。二十三年：初臧宣叔娶于鑄，生賈及爲而死，繼室以其姪，穆姜之姨子也。生紇。皆對姑而稱也。王湛傳濟于湛略無子姪之敬，對世父、叔父呼姪始此。柳宗元祭六伯母文自稱姪男，皆非古禮。

離孫歸孫。釋名：出之子曰離孫，言遠離已也。姪之子曰歸孫，婦人謂嫁曰歸姪子列，故其所生爲孫也。

女子子之爲外孫。賈公彦曰：以女適外而生，故曰外孫。

長婦謂稚婦爲娣婦，娣婦謂長婦爲姒婦。左傳成公十一年：聲伯之母不聘，穆姜曰，吾不以妾爲姒，生聲伯而出之。是以稚婦爲姒婦，與此相反，豈時俗有不同者歟。史記孝武帝紀：神君者長陵女子，以子死悲哀，故見神于先後宛若。韋昭曰：先姒後娣。方言注：今關西兄弟婦相呼爲築里。釋名：少婦謂長婦曰姒，言其先來，所當法姒也。長婦謂少婦曰娣。娣，弟也，已後來也。或曰：先後，以來先後之第也。顔氏家訓兄弟篇：娣姒之比兄弟，則踈薄矣。

妻黨

婦稱夫之父曰舅，稱夫之母曰姑。姑舅在則曰君舅、君姑，没則曰先舅、先姑。謂夫之庶母爲少姑。夫之兄爲兄公，夫之弟爲叔，夫之姊爲女公，夫之女弟爲女妹。子之妻爲婦。長婦爲嫡婦，衆婦爲庶婦。女子子之夫爲壻，壻之父爲姻，婦之父爲婚。父之黨爲宗族，母與妻之黨爲兄弟。婦之父母、壻之父母相謂爲婚姻，兩壻相謂爲亞。婦之黨爲婚兄弟，壻之黨爲姻兄弟。嬪，婦也。謂我舅者，吾謂之甥也。

婦稱夫之父曰舅，稱夫之母曰姑。詩國風：三歲爲婦。鄭箋：有舅姑曰婦。孔疏：公羊傳曰稱婦有姑之辭。傳以國君無父，故云有姑，其寔婦亦對舅，故士昏禮云贊見婦于舅姑，是也。

君舅、君姑。劉丙列女傳我無樊衛二姬之行，故君以責我是也。

夫之弟爲叔。春秋莊公二十四年大水，公羊傳何注：夫人不制，遂淫二叔。案：二叔即公子慶父、公子牙，莊公母弟也。

夫之姊爲女公，夫之女娣爲女妹。禮記昏義：和于室人。鄭注：室人謂女姑、女叔、諸婦也。孔疏：室人是在室之人，非男子也。女姑謂壻之姊也，女叔謂壻之妹也，諸婦謂娣姒之屬。

壻之父爲姻，婦之父爲婚。禮記經解：昏姻之禮。鄭注：壻曰昏，妻曰姻。孔疏：爾雅據男女父母，此據男女之身。

母與妻之黨爲兄弟。春秋宣公十年：齊人歸我濟西田。穀梁傳：公娶齊，齊由以爲兄弟反之。戴氏震曰：古人法度之言兄弟與昆弟異義。喪服傳曰何如則可謂之兄弟，傳曰小功已下爲兄弟。此傳中引傳相證明也。詩小雅兄弟無遠，鄭箋云兄弟，父之黨、母之黨。蓋兄弟云者，或專言異姓，或兼同姓異姓，皆舉遠不以關大功之親。記曰兄弟皆在他邦，加一等，不及知父母與兄弟居，加一等。此惟小功已下，即于疏故加等。若大功已上，則昆弟也、世父母叔父母也、從父昆弟也，豈可以皆在他邦，及少孤相依而加等哉。大功之親，分當相恤，其不相恤，是賊其性者也。小功已下而相恤，斯進之也。故傳有曰子無大功之親，不言小功。古人立言，精微若此。記曰夫之所爲兄弟服，妻降一等。或欲援此爲叔嫂有服之證，則與檀弓奔喪逸禮相背戾。閻百詩解之曰：夫之所爲兄弟服，即夫之所爲小功服，妻降一等爲緦麻也。服問之外兄弟，指外祖父母、從母在小功者，是其證。百詩此論精矣，惜尚未告之以昆弟，不言兄弟及舉遠，不可關大功之説，使其義益曉然也。

謂我舅者，吾謂之甥也。詩國風：展我甥兮。鄭箋：姊妹之子曰甥。

卷中

釋宮第五

宮謂之室，室謂之宮。

文王世子：諸父守貴宮、貴室，諸子諸孫守下宮、下室。孔疏：指其院宇謂之宮，指其所居之處謂之室。

牖户之間謂之扆，其内謂之家。

扆或作依。明堂位：天子負斧依南鄉而立。鄭注：斧依爲斧文屏風，于牖之間。案，士昏注：户西者尊處，以尊者及賓客位于此。故又曰：客位行禮于室，則此不爲尊處也。士虞記：佐食無事，則出户負扆南面。以佐食而南面于此，則此不爲尊處，而士亦有依可見矣。故敖氏繼公曰：依，自天子至于士皆設之，天子則飾以斧文耳。

東西牆謂之序。

西南隅謂之奥，西北隅謂之屋漏，東北隅謂之宧，東南隅謂之窔。

鄭注屋漏。中庸云：屋漏非有人也。孔疏以户明漏照其處，故稱屋漏，人之所居多近于户、屋漏深邃之處，非人所居，故云非有人也。釋名：西北隅曰屋漏。禮：每有親死者，輙撤屋之西北隅薪以爨竈煮沐，供諸喪用，時若值雨則漏，遂以名之也。必取是隅者，禮：既祭，改設饌于西北隅，令撤毁之，示不復用也。釋名：東北隅曰宧，宧，養也。東北陽氣始出，布養物也。按：以宧訓養，與李巡、許慎說俱合。

窔與突同。漢書叙傳：守突奥之熒燭，未卬天庭而覩白日也。

柣謂之閾，棖謂之楔，楣謂之梁，樞謂之椳，樞達北方謂之落時，落時謂之戹。

左傳僖公二十二年：婦人送迎不出門，見兄弟不踰閾。漢書王莽傳：思不出乎門閾。

說文：楔，櫼也。門兩旁長木，今謂貼方。陸氏德明曰兩旁木楔是也。

垝謂之坫，牆謂之墉，鏝謂之杇，椹謂之榩，地謂之黝，牆謂之堊。

方言：秦謂之杇，關東謂之槾。

詩商頌鄭箋：取松柏易直者，斲而遷之，正斲于椹上。春秋莊公二十三年穀梁傳：禮：天子諸侯黝堊。

楊疏：徐邈曰：黝，黑柱也。堊，白壁也。謂白壁而黑柱，與經文地謂之黝不合。喪大記：既祥，黝堊。釋名：堊，亞也，次也，先泥之，次以白灰飾之也。

洪氏頤煊曰：案，黝當作坳。莊子逍遥篇覆杯水於坳堂之上，釋文：崔云堂道謂之坳，司馬云塗地令平。說文：坳，地不平也，從土、幼聲。地不平謂塗之令平，皆義本於爾雅。黝、坳同聲字。

樴謂之杙，在牆者謂之楎，在地者謂之臬，大者謂之栱，長者謂之閣。

内則鄭注：楎，杙也。孔疏：爾雅釋宫郭景純引禮云：不攸縣于夫之楎椸。植曰楎，横曰椸，然則楎椸是同類之物。

考工記：置槷以縣。鄭注：故書槷或作弋，杜子春云，槷當爲弋，讀爲杙。元謂槷、古文作臬，假借字。爾雅曰在牆者謂之杙，在地者謂之臬。賈疏：今之槷從木，執聲之省者也。古之槷爲臬法，字亦得借爲臬柱之字，故云假借字也，引爾雅者證此臬是在地樹之也。

閣，庋閣也。

闍謂之臺，有木者謂之榭。

禮記禮器：不臺門。鄭注：闍者謂之臺。孔疏：兩邊築闍爲基，基上起屋曰臺門。云闍者謂之臺，爾雅釋宮文。案：今文無者字。左傳春秋宣公十六年：成周宣榭火。杜注：榭謂屋歇前。孔疏：歇前者無壁也，如今廳是也。通雅：臺上之屋四達曰榭。

雞棲於弋爲榤，鑿垣而棲爲塒。

顏氏家訓治家篇：鷄豚之善，塒圈之所生。植謂之傳，傳謂之突。

宋廇謂之梁，其上楹謂之梲，閞謂之槉，栭謂之楶，棟謂之桴，桷謂之榱，桷直而遂謂之閱，直不受檐謂之交，檐謂之樀。

梁上短柱二、以承小梁者謂之梲，小梁之上短柱一、以承棟者爲楶。

閞即枅，凡兩檁交接處必有枅焉。有枅然後檁止而不動。

楶，說文：欂櫨也。徐鍇繫傳：謂梁上短柱上承屋脊者。管仲山楶藻梲，蓋刻此柱爲山形，畫兩旁枝梧木爲水藻之文，今尚謂此短柱爲屋山也。法言學行篇：吾未見斧藻其德若斧藻其楶者歟。張衡西京賦：繡栭雲楣。晉書大秦國傳：以珊瑚爲梲栭。

鄉射禮：序則物當棟。士昏禮：賓升西階，當阿，東面致命。鄭注：棟也，入堂深，示親親。賈疏：鄉飲酒、聘禮皆云賓當楣，獨此云當阿，故云示親親也。說文：棟，極也。棼，複屋棟也。櫋，棼也。釋名：櫽，隱也，所以隱桷也。或謂之望，言高可望也。或謂之棟，棟，中也，居室之中也。朱子儀禮釋宮曰：堂之屋，南北五架，中脊之架曰棟，次棟之架曰楣。戴氏震曰：兩下之屋正中曰棟，四阿則兩旁更設兩棟，或曰棟，或曰棼，皆在椽之上端。易漸六四：或得其桷。孔疏：鳥之木而遇堪爲桷之枝，易直可安也「易上脱取其二字」。説文：榱，椽也。椽方曰桷。榱，秦名爲屋椽，齊魯謂之桷。陸氏德明曰：圓曰椽，方曰桷。案，椽直下至檐口。宮殿制，近檐有接椽，俗呼接檐，非檐也。椽之接于檐者，故以接椽呼之。春秋莊公二十四年刻桓宮桷，即刻其接出者以飾觀。

方言，屋梠謂之櫺。郭注：屋梠即屋檐也，亦呼連緜。説文：檐，梍也。梍，梠也。梠，楣也。楣，秦名屋櫋聯也，齊謂之檐，楚謂之梠。逸周書作雒篇：四阿反坫，重亢重郎，常累復格。孔晁注：復格，累之櫺也。鄭注明堂位：重檐，重承壁材也。皇侃云：謂就外檐下壁，復安板檐以辟風雨之灑壁。按，説文楣之名與爾雅異。檐以板爲之，今俗呼包椽，亦呼連板，垂椽端，使相連齊平。或不用則無檐，而當霤仍謂之檐口。郭璞注上林賦云：南榮，屋南檐也。考之士冠禮設洗直于東榮，鄭注：其室爲夏屋。燕禮設洗當東霤，鄭注：人君爲殿屋也。案榮，漢時謂之屋翼，後人呼爲摶風。殿屋四柱，則四霤而無榮。夏屋南北兩下，故東西皆有榮檐，在椽端霤下。其制與榮相近，故檐亦有榮之稱。上林賦所謂偓佺之倫暴于南榮，謂南檐下也。

容謂之防。

荀子正論篇：居則設張容，負依而坐。楊注：言施此于户牖間，負之而坐也。聶氏崇義曰：容，縱、廣七尺，以牛革輓漆之。

連謂之簃。

劉氏德曰：洛陽宮誃臺是也，徐氏引經文解誃，臺。集韻：簃通作誃。濂案，東京賦：誃門西榭。五臣注：

宫室接謂之誃。西京賦：聯以昆德。李善注引説文：聯，連也。廣韻：摙，簃也。桂氏馥曰：簃、誃正作誃、誃，趙策作誃門。高誘注：誃，別也。誃門因誃臺得名。薛綜以誃門為冰室門，未審所據。或以為連，或以為別，郭注則小屋連美屋，實別成一搆，其義相通。

屋上薄謂之筄。

釋名：笮，迮也，編竹相連迫迮也。説文：笮，迫也，在瓦之下棼上。按，屋上薄或以竹，或以木，或以磚，在瓦下椽上，王逸所謂樓版，俗或呼仰磚，鄭注考工記重屋，複笮也。賈疏：若明堂位云復廟重檐，鄭注重檐，重承壁材也。則此複笮亦重承壁材。考重屋，必重棼、重橑、重檐，重笮，傳注任舉其一言之耳。賈氏溷笮與承壁材爲一，則非。

兩階間謂之鄉，中庭之左右謂之位門，屏之間謂之宁，屏謂之樹。

左思魏都賦：肅肅階䦨。注：爾雅曰：兩階間曰䦨。

詩國風：俟我于著乎而。孔疏：著與宁音義同。釋名。宁，佇也。將見君所佇立定氣之處也。

鄭注明堂位疏屏云：屏謂之樹，今桴思也，刻之爲雲氣蟲獸，如今闕上爲之矣。廣雅：罘罳謂之屏。釋名：屏，自障屏也。

閍謂之門，正門謂之應門，觀謂之闕。宫中之門謂之闈，其小者謂之閨、小閨謂之閤。衖門謂之閎，門側之堂謂之塾、橛謂之闑，閫謂之扉，所以止扉謂之閎。

明堂位：應門之外。孔疏：李巡云：宫中南嚮大門，應門也。應是當也，以當朝正門，故謂之應門。

禮運：出遊于觀之上。鄭注：觀，闕也。左傳莊公二十一年：鄭伯享王于闕西辟。史記秦本紀：築冀闕。注：劉伯莊云：冀猶記事，闕即象魏也。高祖紀：立東闕、北闕。崔豹古今注：古每門樹兩觀于其前，所以標表宫門也，其上可居，登之則可遠觀，故謂之觀。人臣將至此，則思其所闕，故謂之闕。

其上皆丹堊，其下皆畫雲氣、仙靈、奇禽、怪獸，以昭示四方焉。

雜記：夫人至入自闈門，升自側階。鄭注：宮中之門曰闈門，爲相通者也，側階亦旁階也。孔疏：闈門是旁側之門，故云側階亦旁階。張衡東京賦：啓南端之特闈。

春秋宣公六年公羊傳：有人荷畚，自閨而出者。何注：外朝在閨外，内朝在閨内。離騷經：閨中既以邃遠兮。史記汲黯傳：卧閨閤内不出。漢書文翁傳：使傳教令出入閨閤。師古注：閨閤，内中小門也。

左傳成公十七年：乘輦而入于閎。杜注：閎，巷門。又昭公二十年：使華齊御公孟，宗魯驂乘，及閎中。杜注：閎，曲門中。

考工記匠人：門堂三之二。鄭注引門側之堂爲解，則塾師門堂也。士冠禮：擯者負東塾。劉氏瑾曰：門之内外夾其東西皆有塾，一門凡四塾，外兩塾南向，内兩塾北向。士虞禮：俎在西塾之西。古今注：塾，門外之舍也，臣來朝君至門外，更詳熟所應對之事，塾之言熟也。

注以闑爲門閫似誤。闑，古臬字。鄭康成曰：闑，古文作槷。以經傳考之，槷，植木于地也。考工記：置槷以縣。可見謂塾爲橛、爲弋則可，謂閫爲臬則不可。棖爲兩旁長木，臬則門中闑木，今俗所謂㕒，古詩所謂戺㢖，俗謂之直拴，其横者呼爲槓，小者謂拴其門，大則須直木作拴也。士冠禮：筮日席于闑西閾外。闑之不可謂閫明矣。

月令仲春乃修闔扇。左傳襄公十八年：晉州綽以枚數闔。

瓴甋謂之甓。

說文：瓴，甓也，甓也。文選司馬相如長門賦：緻錯石之瓴甓兮。晉書陶侃傳：在州無事，輒朝運百甓于齋外，暮運于齋内。

宮中衖謂之壼，廟中路謂之堂「唐」，途謂之陳。路、旅，途也。路、場、猷、行，道也。一達謂之道路，二達謂之歧旁，三達謂之劇旁，四達謂之衢，五達謂之康，六達謂之莊，七達謂之劇驂，八達謂之崇期，九達謂之逵。

詩大雅：室家之壼。毛傳：壼，廣也。孔疏：以宮中巷路之廣，故以壼爲廣。王肅云：其善道施于室家，而廣及天下。周語：單靖公之老送叔向，叔向告其老而美單子。引此章乃云壼也者，廣裕民人之謂者也，王肅據彼文以述毛傳，故以壼爲廣也。

揚雄傳：醴泉流其唐。

考工記匠人：堂涂十有二分。鄭注：謂階前若今令甓裓也。賈疏：漢時明堂涂爲令甓裓，令甓則今之磚也，裓則磚道也。令甓裓，音零壁階。詩小雅：胡逝我陳。釋名：陳、堂涂也，言賓主相迎陳列之處也。案，凡入門之後，皆三揖至階。昏禮注：三揖者，至內霤將曲揖，既曲，北面揖，當碑揖。賈氏曰：至內霤將曲者，至門內霤，主人將東，賓將西，賓主相背時也，既曲北面者，賓主各至堂塗，北行向堂時，也。鄉飲三揖注曰：將進，揖當陳，揖當碑，揖陳即堂塗也。

釋名：道，一達曰道路，道，蹈也。路，露也，人所踐蹈而露見也。二達曰歧旁，物兩爲歧，在邊曰旁，此道並通出似之也。三達曰劇旁，古者列樹以表道，道有夾溝，以通水潦，恒見修治，此道旁轉多用，功稍劇也。四達曰衢，齊魯謂四齒杷爲欋，欋杷地則有四處，此道似之也。五達曰康，康，昌也。昌，盛也。車步併列並用之，言充盛也。六達曰莊，莊，裝也，裝其上使高也。七達曰劇驂，驂馬有四耳，今此道有七，比于劇也。八達曰崇期，崇，充也。道多所通，人充滿其上，如共期也。九達曰逵，齊魯謂道多爲逵，師此形然也。

室中謂之時，堂上謂之行，堂下謂之步，門外謂之趨，中庭謂之走，大路謂之奔。

詩國風：巧趨蹌兮。孔疏：趨，今之捷步。曲禮：帷薄之外不趨。鄭注：行而張足曰趨。孔疏：此謂平常法也。又引爾雅此節以爲祭祀之禮。大戴禮：行中鸞和，步中采茨，趨中肆夏。盧辯注云：周禮及玉藻曰：行以肆夏，趨以采茨，此云步中采茨，趨中肆夏，又云行以采茨，趨以肆夏，則于大寢之内奏采茨，朝廷之中奏肆夏歟，周禮文誤也。

隄謂之梁，石杠謂之徛。

詩國風谷風篇：毋逝我梁。孔疏：此與小弁及敝笱在梁，皆爲魚梁。何人斯云胡逝我梁，亦爲魚梁。有狐云在彼淇梁，傳曰：石絶水曰梁。候人云維鵜在梁，傳曰：水中之梁。鴛鴦云鴛鴦在梁，箋云石絶水之梁。白華亦云有鶖在梁，又云鴛鴦在梁，皆鳥獸所在，非人所往還之處。即皆非橋梁矣，故以石絶水解之。亦是魚梁。故王制云獺祭魚，然後虞人入澤梁，注云：梁，絶水取魚者。表記注云：鵜洿澤善居泥水之中，在魚梁。周制獻人掌以時獻爲梁。鄭司農云：梁，水堰，堰水而爲關空。以笱承其空，然則水不絶。云絶水者，謂兩邊之堰是絶水堰，則以土。皆云石者，蓋因山石之處亦爲梁以取魚也。月令孟冬謹關梁，大明云造舟爲梁之類，皆謂橋梁，非絶水。故月令注云，梁，横橋是也。案：隄謂之梁，當主郭氏後説，作石絶水之梁，下文石杠乃橋梁之梁。

左思魏都賦：石杠飛梁。

室有東西廂曰廟，無東西廂有室曰寢。無室曰榭，四方而高曰臺，陜而修曲曰樓。

戴侗六書故曰：宫前曰廟，後曰寢，今王宫之前殿，士大夫之聽事是也。虞箴曰，民有寢處。巧言之詩曰奕奕寢廟，傳曰夫鼠不穴寢廟，畏人故也，猶後世言廟朝、廟堂也。死則具為宫而祭之。有廟而無寢謂之詛廟，禰當謂之寢廟。

覲禮記注：東箱，東夾之前相翔待事之處。特牲注：西堂，西夾之前近南耳。賈氏曰：即西箱也。

通雅：屋無室曰榭，亦謂之序。

洪氏頤煊曰：此非重屋之樓。説文：廔，屋華麗廔也。淮南原道訓，運枯形于連嶁列埒之門。麗廔、連嶁，皆即屋之修長者。

釋器第六

木豆謂之豆。

豆受四升，盛昌本脾析豚拍之齏，醓鸁兔雁之醢，韭菁芹筍之葅，麋麢鹿麢之屬。以木爲之，有蓋。鄉射記：醢以豆。鄭注：豆宜濡物。

竹豆謂之籩。

籩無蓋。鄉射記：薦脯用籩。鄭注：籩宜乾物。

瓦豆謂之登。

詩大雅毛傳：木曰豆、瓦曰登。宋史禮志：設三登實牛羊豕之清以爲太羹。元史祭祀志：太羹每室三登。案，登降之登上從癶，登豆之登上從夕、從又。夕即肉字，又即手字，持祭肉于豆之義。

盎謂之缶。

漢書楊惲傳：仰天拊缶。師古曰：即今之盆類也。急就篇注：缶即盎也，大腹而斂口。

甌瓿謂之甂。

荀子大略篇：流丸止于甌史。楊注：史皆甌器也。戰國策：夫鼎者，非效醯壺醬瓿耳。揚雄傳：吾恐後人用覆醬瓿也。師古曰：瓿音部，小甖也。

康瓠謂之甈。

方言：甃甈謂之盎，自關而西或謂之盆，或謂之盎。彼注云：案爾雅甈、康壺，而方言以爲盆，未詳也。廣雅：甈，甈也。賈誼傳：寶康瓠兮。鄭氏曰：康瓠，瓦盆底也。

斫斸謂之定。

考工記：車人之事，半矩謂之宣，一宣有半謂之欘。鄭注：欘，斫斤柄，長二尺，爾雅曰句欘謂之定。賈疏斫斤即句也，欘，斫斤柄也。舍人注：斫斸，鉏也，一名定。

斛謂之疀。

史記河渠書：舉鍤如云。田單傳：身操版插。漢書溝洫志：舉臿爲雲。師古曰：臿，鍬也，所以開渠者也。

緵罟謂之九罭。九罭，魚罔也。嫠婦之笱謂之罶。罺謂之汕，篧謂之罩，槮謂之涔。鳥罟謂之羅，兔罟謂之罝，麋罟謂之罞，彘罟謂之羉，魚罟謂之罛。繴謂之罿。罿，罬也。罬謂之罦。罦，覆車也。

詩國風毛傳：九罭，緵罟，小魚之網也。孔疏：百囊之網非小網，而言得小魚之網者，以其緵促網目能得小魚，不謂網身也。

馮氏登府曰：案，說文所無，嫠當作釐。宋氏翔鳳曰：詩巷伯傳鄰之嫠婦，音義：嫠婦，寡婦也。後漢西羌傳兄亡則納釐嫂，章懷注：寡婦曰釐。昭十九年左傳已為釐婦，注：即嫠婦也。

淮南鴻烈解說林訓：罩者抑之，罣者舉之。

廣雅：岑，取也。岑蓋涔字之省。淮南子說林：罧者扣舟。高注：罧者，以柴積水中以取魚。今兗州人謂之罧，幽州則名之曰涔。

馬融傳：罦罝羅羉。注：羉，彘網也。

洪氏頤煊曰：案，文選張景陽七命張修罠，李善注，爾雅曰彘罟謂之羉，羉或作罠。說文罠，釣也。義與爾雅合，說文無羉字。

魯語：水虞于是乎講罛罶取名魚。

文選班固西都賦：撫鴻罿。

絢謂之救。

敖氏繼公曰：絢，取屈中之義而名之，綴于屨頭以爲飾也。絢純亦以絛爲之。

洪氏頤煊曰：案，救，通作綵。說文：綵，急也。郭註，救絲即急絲也。救又通作捄。詩大東：有捄天畢。毛傳：捄，畢貌。畢所以掩兔，故或說以絢為罥也。

律謂之分。

大版謂之業，繩之謂之縮之。

考工記匠人：凡任索約大汲其版，謂之無任。鄭注：約，縮也。汲，引也。築防若牆者以繩縮其版，大引之，言版橈也。版橈，築之則鼓土不堅矣。

彝、卣、罍，器也。小罍謂之坎。

衣裗謂之稅，黼領謂之襮，緣謂之純，袕謂之裻。衣眥謂之襟，衱謂之裾，衿謂之袸，佩衿謂之褑。執衽謂之袺，扱衽謂之襭。衣蔽前謂之襜。婦人之褘謂之縭。縭，緌也。裳削幅謂之纀。

詩國風：青青子衿。孔疏：言青青之色者，是彼學子之衣衿也。衿與襟音義同。洪氏頤煊曰：案，眥當是前字之譌。前、說文作歬，與眥字形相近。釋名釋衣服：襟，禁也。交於前，所以禁禦風寒也。公羊哀十四年傳反袂拭面涕沾袍。何注：袍，衣前襟也。疏：袍亦作衿字者，衿與襟同。皆是衣前之證。

方言：袿謂之裾。郭注：或作袪，廣雅云衣袖。

褘，後漢書張衡傳李賢注，文選思賦、琴賦李善注引爾雅皆作婦令徽謂之縭。三糾繩曰徽，字異而音義並同。

詩國風毛傳：縭，婦人之褘也，母戒女施衿結帨。孔疏：孫炎曰：褘，帨巾也。郭璞曰：即今之香纓也，禕邪交絡帶繫于體，因名爲禕。緌，繫也。此女子既嫁之所著，示繫屬于人，義見禮記。詩云親結其縭，謂母送女，重結其所繫著以申戒之。說者以禕爲帨巾，失之也。母戒女禮施衿結帨，士昏禮文。彼注云，帨，佩巾也，不解巾之形象。內則云婦事舅姑，衿纓綦屨。注云：衿，猶結也。婦人有衿纓，示有繫屬也。然則衿謂纓也。衿先不在身，故言施。帨則先以佩訖，故結之而已。傳引結帨證此結縭，則如孫炎之說，亦以縭爲帨巾，其意異于郭也。內則云：男女未冠笄者總角，衿纓，皆佩容臭。郭以縭爲香纓，云義見禮記謂此也。按昏禮云結縭，則縭當是帨，非香纓也。且未冠笄者佩容臭，又不是亦繫屬也。郭言非矣。

輿革前謂之鞎，後謂之第。竹前謂之禦，後謂之蔽。環謂之捐，鑣謂之钀，載轡爲之轙，轡首謂之革。

詩大雅：鞹鞃淺幭。毛傳：鞹，革也。鞃，軾中也。戴氏震曰：車前三分隧之一皆爲軾中，其鞔革謂之鞃。軾中以軾深言輿，自後至前爲深。鞹鞃即齊風所謂朱鞹，爾雅輿革前謂之鞎是也。鞹、革語之轉，以朱革鞔車軾中也。

釋名：鑣，苞也。所以在旁苞斂其口也。陸氏德明曰：說文曰：馬纏鑣扇汗也。鑣，一名扇汗，又曰排抹。

張衡東京賦：龍輈華轙。戴氏震曰：詩大雅鞗革金厄，厄亦作扼，兩指圍握也，故以爲環名。鄭注士喪禮云：中人之扼圍九寸。爾雅載轡謂之轙。厄即轙，在衡上，爲轡所貫。

餀謂之餯，食饐謂之餲，摶者謂之爛，米者謂之糪，肉謂之敗，魚謂之餒。

廣韻：餯飯臭，爛飯相著也，糪飯半生熟也。

肉曰脫之，魚曰斮之。

春秋成公二年公羊傳疏：釋器云：魚曰斮之。樊光云：斮，砍也。

冰，脂也。

釋文：冰，孫本作凝，牛烝切。膏凝曰脂。肉謂之羹，魚謂之鮨，肉謂之醢，有骨者謂之臡。

戴氏震曰：羹、芼、葅，醢凡四物。肉謂之羹，菜謂之芼，肉謂之醢，菜謂之葅。詩左右芼之，言用爲鉶芼也。豆實葅醢皆生爲之，羹芼則清烹之。

康謂之蠱，澱謂之垽。

詩大雅毛傳：或簸康者。洪氏頤煊曰：案說文：穅，穀皮也。康即穅字之省。蠱與盬通。詩四牡毛傳盬，不堅固也。左氏昭元年傳穀之飛亦為蠱。皆義本爾雅。杜預注穀久積則變飛蟲，名曰蠱，論衡商蟲篇穀蟲曰蠱，望文生義，失雅訓矣。

鼎絶大謂之鼐，圜弇上謂之鼒，附耳外謂之釴，款足者謂之鬲。

宣和博古圖錄：凡鼎之屬，大曰鼐，中曰鼎，小曰鼒，故詩言鼐鼎及鼒，自大及小也。

說文：鬲，三足，或作㽁。史記索隱：款者，空也，言其足中空也。郭氏云鼎曲腳者。以款訓曲，故云曲腳。

䰝謂之鬵。鬵，鉹也。

鼎大上小下曰鬵。說文：大釜也。林氏希逸曰：甑與甗同，但其底不爲隔子路而爲七空甑，容受如盆，厚半寸，脣寸七，穿有底。

璲，瑞也。玉十謂之區。

璲通作遂。詩國風：容兮遂兮。毛傳：容儀可觀，佩玉遂遂然。鄭箋：容，容刀也。遂，瑞也。

羽本謂之翮。一羽謂之箴，十羽謂之縛，百羽謂之緷。

詩國風：肅肅鴇行。毛傳：行翮也。孔疏以爲翮之毛有行列，故稱行也。

木謂之虡。

考工記：贏者、羽者、鱗者以爲筍虡。

旄謂之蘢。

陸佃埤雅：古者于旄旗之首注旄牛尾之毛焉，而謂之旄。凡建旄皆首物者也，示使愛尾焉。

菜謂之蔌。

周禮醢人：糝食。鄭司農云：菜餗蒸。賈疏：若今煮菜謂之蒸菜也。

白蓋謂之苫。

左傳襄公十四年：乃祖吾離被苫蓋。

黄金謂之璗，其美者謂之鏐。白金謂之銀，其美者謂之鐐，鉼金謂之鈑，錫謂之鈏。

説文：璗，金之美者，與玉同色。南史：海南林邑國謂金之精者爲陽邁，若中國云紫磨者。

文選何晏景福殿賦：鐐質輪菌。注：以鐐爲質，輪菌然也。

通雅：鉼亦謂之笏，猶今之謂錠也。墨莊漫錄：宋崇甯中，米芾爲太常博士，詔以黄庭小楷作千文以獻，賜白金十六笏。又：韓滉與擔夫白金一版。笏與版猶鉼也，今閩甌、湖南皆傾銀作鉼、即鉼之遺也。

象謂之鵠，角謂之觷，犀謂之剒，木謂之剫，玉謂之雕。

逸論語問王篇：玉謂之琢，亦謂之雕。埤雅：雕之義出于雕鶚之雕，雕性刻制故也。

金謂之鏤，木謂之刻，骨謂之切，象謂之磋，玉謂之琢，石謂之磨。

詩國風：虎韔鏤膺。鄭箋：膺有刻金飾也。孔疏：釋器説治器之名云，金謂之鏤，故知鏤膺有刻金之飾。金者銅鐵皆是，不必要黄金也。鄭司農注周禮八材云：珠曰切，象曰磋，玉曰琢，石曰磨，木曰刻，金曰鏤，革曰剥，羽曰析。賈疏：珠曰切之下並爾雅文，然今爾雅云骨曰切者，蓋司農讀爾雅本作珠也。

璆琳，玉也。

簡謂之畢。

詩小雅：畏此簡書。孔疏：古者有事書之于簡，謂之簡書。

不律謂之筆。

世俗傳秦蒙恬造筆。按，曲禮：史載筆。劉向新序雜事篇：周舍對趙簡子曰：願爲諤諤之臣，墨筆操牘從君之後，伺君之過而書之。則筆不始于蒙恬矣。

滅謂之點。

洪氏頤煊曰：案，禮記曲禮上：毋不敬。釋文：毋字與父母字不同，俗本多亂，讀者皆朱點毋字以作無音。史記梁孝王世家：李太后亦私與食官長及郎中尹霸等士通亂。正義：張先生舊本有士字，先生疑是衍文，又不敢除，故以朱大點其字中心。

絶澤謂之銑。

説文：銑，金之澤者。

金鏃翦羽謂之鍭，骨鏃不翦羽謂之志。弓有緣者謂之弓，無緣者謂之弭。以金者謂之銑，以蜃者謂之珧，以玉者謂之珪。

既夕記：翭矢一乘，骨鏃短衛。鄭注：生時翭矢金鏃。賈疏：爾雅云金鏃翦羽謂之鍭是也。案，今爾雅鍭作鏃。又：志矢一乘，軒輖中亦短衛。鄭注：無鏃短衛、亦示不用，生時志矢骨鏃。賈疏：翭矢，生時用金鏃，矢用骨鏃。志矢，生時用骨鏃，死則令去之。爾雅云骨鏃不翦羽謂之志，此志矢是。集韻：皰箭骨鏃，箭不傷人。

天問：馮珧利決。朱子集注：珧，蜃甲也。

釋名：弓，穹也，張之穹隆然也。其末曰簫，言簫梢也。又謂之弭。以骨爲之，骨弭弭也。珪大尺二寸謂之玠，璋大八寸謂之琡，璧大六寸謂之宣。肉倍好謂之璧，好倍肉謂之瑗，肉好若一謂之環。

洪氏頤煊曰：案，郭注宣作瑄。說文無瑄字，玉部珣字注，醫無閭之珣玗琪，周書所謂夷玉也，從玉、旬聲。一曰玉器，讀若宣。勹部旬，古文旬，汗簡引石經旬作宣，字形本相近。爾雅宣璧、說文珣玉、漢書郊祀志瑄玉、詛楚文亶璧，皆是一字。

大宗伯：以蒼璧禮天。鄭注：璧圜像天。典瑞：四圭有邸。鄭司農云：于中央爲璧，圭著其四面。賈疏：謂用一大玉琢出中央爲璧形，亦肉倍好，爲之四面琢，各出一圭。與經文以肉倍好爲璧同，則璧體圜矣。而典職又云：璧羨以起度。鄭司農云：羨，長也。康成謂羨不圜之貌。考工記玉人：璧羨度尺，好三寸以爲度。賈疏：先鄭引爾雅，欲見此璧好三寸。好即孔也。兩畔肉各三寸，兩畔共六寸，是肉倍好也。後鄭云：羨猶延其袤一尺而廣狹焉者，是羨爲不圜之貌，造此璧之時應圜徑九寸，今減廣一寸，以益上下之袤一寸，則上下一尺，廣八寸。其說與經文異。

繸，綬也。

案，繸本作縌。說文：縌，綬維也。後漢書輿服志：縌者，古佩璲也。佩綬相迎受故曰縌。釋草：虉，綬。郭注：小草有雜色似綬。虉縌同聲，字當作縌為是。

一染謂之縓，再染謂之赬，三染謂之纁。青謂之葱，黑謂之黝，斧謂之黼。

詩小雅：韎韐有奭。毛傳：韎韐者，茅蒐染草也。一曰韎韐，所以代韠也。孔疏：韎韐者，衣服之名。奭者，赤貌。傳解言奭之由，以其用茅蒐之草染之，其草色赤故也。一曰韎韐，所以代韠者。按爾雅云一染謂之縓。此曰靺韐，即一入曰靺韐，是縓也。定本云，一入曰靺韐。是以他服謂之韍，祭服則謂之靺韐，以此靺韐代他服之韠。周禮草人：赤緹用羊。鄭注：赤緹，縓色也。考工記鍾氏染羽不言一染再染，其三入爲纁，與此三染謂之纁同，而不言四入六入，但云五入七入，經文三染以下皆未嘗及。案，鄭注士冠禮朱紘云：朱則四入與，是以纁入出汁則爲朱矣。纁若不入赤，而入黑汁則爲紺，更以此紺入黑則爲緅，考工記五入爲緅是也。更以此緅入黑汁則爲玄。故鄭注士冠禮與考工記皆云玄則六入與。更以此玄入黑汁，則考工記所謂七入爲緇矣。

詩小雅：有瑲葱珩。毛傳：葱，蒼也。三命葱珩。孔疏：三命以上皆葱珩。禮記玉藻孔疏：孫炎注爾雅云：黝，青黑。葱則青之異色。

詩小雅：以其騂黑。鄭箋：陽祀用騂牲，陰祀用黝牲。

書益稷孔疏：孫炎云：黼文如斧，蓋半白半黑，似斧刃白而身黑。

邸謂之柢。雕謂之琢。

蓐謂之兹。

荀子正論篇：琅玕、龍兹、華覲以爲實。楊注：或云龍兹即今之龍鬚席。史記周本紀：康叔封布兹。徐廣曰：兹，藉草之名。廣雅：蓐謂之菆。

竿謂之箷。

廣雅：箷謂之椸。玉篇：箷，衣架。

簀謂之笫。

小爾雅：簀，牀笫也。

革中絶謂之辨，革中辨謂之韏。

玉篇：爾雅云：革中絶謂之辨，車轡勒也。韏，韋中片也。洪氏頤煊曰：案，辨當作辮。說文：辮，憂也。一曰急也。謂皮中斷者謂之急，皮中急者謂之韏。說文：襞，韏衣也。韏如襞積，則如今之縐紋矣。說文韏字承韗絶靴裏也下，此亦當指靴裏而言。郭注分平當是分半之譌。

鏤，鋑也。

卣，中尊也。

肆師：廟用修。鄭注：修讀曰卣。卣，中尊，謂獻象之屬。

釋樂第七

宮謂之重，商謂之敏，角謂之經，徵謂之迭，羽謂之柳。

管子地圓[員]篇：凡鼓徵如負豬豕覺而駭，凡聽羽如鳴馬在野，凡聽宮如牛鳴窌中，凡聽商如離群羊，凡聽角如雉登木以鳴，音疾以清。徐景安樂書：劉歆云：宮者中也，君也，爲四音之綱，其聲重厚，如君之德而爲重。商者幸也，臣也，其聲敏疾，如臣之節而爲敏。角者觸也，民也，其聲圓長，經貫輕濁，如民之象而爲經。徵者祉也，事也，其聲抑揚，遞續其音，如事之緒而爲迭。羽者宇也，物也，其聲低平，掩映自下而高，五音備成，如物之聚而爲柳也。

大瑟謂之灑。

荀子樂論篇：瑟易良。宋史樂志：古者大琴則有大瑟，中琴則有中瑟，有雅琴、頌琴則雅瑟、頌瑟，寔爲之合。夔乃定瑟之制，桐爲背，梓爲腹，長九尺九寸，首尾各九寸，隱間八尺一寸，廣尺有八寸，岳崇寸有八分，中施九梁，皆象黃鍾之數。梁下相連，使其聲冲融。首尾之下爲兩穴，使其聲條達。四隅刻雲，象其出于雲和。漆其壁，與首尾腹取椅桐梓漆之全。設二十五絃，絃一柱，崇二寸七分。別以五色，五五相次，蒼爲上，朱次之，素與黔又次之。絃八十一絲而朱之，是謂朱絃。

大琴謂之離。

樂論篇：琴靜［婦］好。風俗通：舜揮五絃之琴，歌南風之詩，而天下治。今琴長四尺五寸，法四時五行也。七絃者，法七星也。

陳氏樂書：大琴練絃達越，五絃之琴，小琴也。倍之而爲十經，中琴也。四倍之而爲二十經，大琴也。

大鼓謂之鼖，小者謂之應。

樂論篇：鼓大麗，似天。大射禮：應鼙在建鼓東。禮器：縣鼓在西，應鼓在東。

大磬謂之馨。

詩小雅：笙磬同音。明堂位：叔之離磬。孔疏：世本無句作磬，皇氏云：無句，叔之别名。義或然也。

樂論篇：磬廉制，似水。

大笙謂之巢，小者謂之和。

白虎通：笙者太簇之氣，象萬物之生，故曰笙。有七政之節焉，有六合之和焉，故謂之笙。宋史樂志：禮官云：今丹墀之上，巢笙、和笙各二人。非也。蓋鄉射三笙一和，乃大夫士之禮。請增倍爲八人，丹墀東西各三巢一和。楊傑言巢笙、和笙其管十九，以十二管發律呂之本聲，以七管爲應聲，用之已久，而聲至和。

大篪謂之沂。

樂論篇：塤篪翁博。宋史樂志：篪之制，採竹竅厚均者，用兩節開六孔，以備十二律之聲，則篪之樂生于律。又：釋詩者以壎篪異器而同聲。蓋壎篪皆六孔，而以五竅取聲，十二律始于黄鍾，終于應鍾。二者其竅盡合，則爲黄鍾。其竅盡開，皆［則］爲應鍾。餘樂不然，故惟壎篪相應。馬端臨通考引陳氏樂書曰：篪有底之笛也。大塤謂之嘂，嘂則六孔，交鳴而喧嘩。沂則一孔，而其聲清辯，初無八孔七孔之説。

大塤謂之嘂。

白虎通：壎在十一月，壎之爲言勳，陽氣于黄泉之下默然而萌。風俗通：塤圍五寸半，長三寸半，有四孔，其二通，凡爲六孔。宋史樂志：大樂塤，舊以漆飾，敕令黄其色，以本土音。范鎮奏塤器以木爲之，是無土音也，不報。景祐樂記云：今大塤八孔，二前五後，一縣飾其上。

大鍾謂之鏞，其中謂之剽，小者謂之棧。

樂論篇：鐘統實，似地。風俗通：鐘，秋分之音也。

大簫謂之言，小者謂之筊。

詩周頌：簫管備舉。鄭箋：簫，編小竹管，如今賣餳者所吹也。孔疏：其時賣餳之人吹簫以自表也。廣雅：簫大者二十四管，與郭注二十三管異。邢疏弓［以］廣雅作博雅，誤爲二十三管。言，或作管。筊，本或作筊。

大管謂之簥，其中謂之篞，小者謂之篎。

風俗通：按詩云：嘒嘒管聲、簫管備舉。禮樂記：管，漆竹，長一尺，六孔，十二月之音也。物貫地而芽，故謂之管。古以玉爲管，後乃易之以竹。

大籥謂之産，其中謂之仲，小者謂之箹。

禮記少儀莢籥，孔疏：籥，笛也。鄭云籥如笛三孔者，案漢禮器知之。詩注或云籥六孔。而［兩］不同者，蓋籥有大小。宋史樂志：宣和元年，蔡攸上書云，按周官籥章之職，龡以迎寒暑。王安石曰，籥，三孔，律吕于是乎生，而其器不行于世久矣。近得古籥，嘗以頌行。今如爾雅所載，製造太、正、少三等，用爲樂本，設于衆管之前。

徒鼓瑟謂之步，徒吹謂之和，徒歌謂之謡，徒擊鼓謂之咢，徒鼓鍾謂之脩，徒鼓磬謂之蹇。

朱氏載堉曰：古人歌詩未嘗不彈琴瑟，彈琴瑟未嘗不歌詩。或有不彈而歌、不歌而彈者，則變也。故爾雅云：徒歌謂之謡，徒鼓瑟謂之步，别而言之，著其變也。

考工記鳧氏：鍾大而短，則其聲疾而短聞；鍾小而長，則聲舒而遠聞。脩亦取遠聞為義。

所以鼓柷謂之止，所以鼓敔謂之籈。

白虎通：柷敔者，終始之生，萬物之所生也。

柷，始也。敔，終也。

大鼗謂之麻，小者謂之料。

月令：仲夏，修鞀鞞鼓。鞀，本作鞉。孔疏：鞀字或從兆下鼓。通考：雷鼗三鼓，靈鼗四鼓，路鼗二鼓，餘皆一鼓。八音兆于革音，鼗所以兆奏鼓也。

和樂謂之節。

宋書樂志：節不知誰所造，傅元節賦云，黄鍾唱，歌九韶，興舞，口非節不詠，手非節不拊。此則所從來亦遠矣。杜佑通典：節鼓狀如博局，中開圓孔，適容其鼓，擊以節樂。與邢疏後説作樂器者同。

釋天第八

四時

穹蒼，蒼天也。春爲蒼天，夏爲昊天，秋爲旻王，冬爲上天。

洪氏頤煊曰：案論衡是應篇，爾雅釋四時章曰春為發生，夏為長嬴，秋為收成，冬曰安寧，四時氣和為景星［時字衍］。今本爾雅冬為上天已上為四時章，甘雨時降，萬物以嘉，謂之醴泉已上為祥章。論衡所引五句在祥章中。

春爲青陽，夏爲朱明，秋爲白藏，冬爲玄英，四時和謂之玉燭。春爲發生，夏爲長嬴，秋爲收成，冬爲安寧，四時和爲通正，謂之景風。甘雨時降，萬物以嘉，謂之醴泉。

王充論衡是應篇：儒者言太平之時有景星。夫景星或時五星也，大者歲星太白也，古質不能推步五星，見大星則謂景星矣。爾雅釋四時章曰四氣和爲景星。夫如爾雅之言，景星乃四時氣和之名也，恐非著天之大星。爾雅之書，五經之訓故，儒者所共觀察也，而不信從，更謂大星爲景星，豈爾雅所爲景星與儒者之所説異哉。案，經文四時和爲通正謂之景風，恐傳寫之誤。

論衡是應篇：爾雅言甘露時降，萬物以嘉謂之醴泉，醴泉乃謂甘露也。今儒者説之，謂泉從地中出，其味甘若醴，故曰醴泉。二説相遠，寔未可知。案爾雅釋水泉章，一見一否曰瀸。檻泉正出，正出，涌出也。沃泉懸出，懸出，下出也。是泉出之異，輒有異名。使太平之時更有醴泉從地中出，當于此章中言之，何故反居釋四時章中，言甘露爲醴泉乎。若此，儒者之言醴泉從地中出，又言甘露其味甚甜，未可然也。儒曰：道至大者，日月精明，星辰不失其行，翔風起，甘露降。雨濟而應一者謂之甘雨，非謂雨水之味甘也。推此以論，甘露必謂其降下時，適潤養萬物，未必露味甘也。亦有露甘味如飴蜜者，俱太平之應，非養萬物之甘露也。何以明之，案甘露如飴蜜者，著于樹木，不著五穀。彼露味不甘者，其下時，土地滋潤，流濕萬物，洽沾濡溥。由此言之，爾雅且近得寔，緣爾雅之言驗之于物，案味甘之露下著樹木，察所著之樹，不能茂于所不著之木。然今之甘露，殆異于爾雅之所謂甘露。欲驗爾雅之甘露，以萬物豐熟，災害不生，此則甘露降下之驗也。甘露下，是則醴泉矣。案，經文作甘雨時降，恐傳寫之誤。

祥

穀不熟爲饑，蔬不熟爲饉，果不熟爲荒，仍饑爲荐。

詩大雅：饑饉荐臻。孔疏：薦與荐字異義同。

災

太歲在甲曰閼逢，在乙曰旃蒙，在丙曰柔兆，在丁曰强圉，在戊曰著雍，在己曰屠維，在庚曰上章，在辛曰重光，在壬曰玄黓，在癸曰昭陽。

史記歷書以在甲爲焉逢，在乙爲端蒙，在丙爲游兆，在丁爲彊梧，在戊爲徒維，在己爲祝犂，在庚爲商横，在辛爲昭陽，在壬爲横艾，在癸爲尚章。

歲陽

太歲在寅曰攝提格，在卯曰單閼，在辰曰執徐，在巳曰大荒落，在午曰敦牂，在未曰協洽，在申曰涒灘，在酉曰作噩，在戌曰閹茂，在亥曰大淵獻，在子曰困敦，在丑曰赤奮若。

天官書以在巳爲大荒駱，在未爲叶洽，在酉爲作鄂。漢書天文志：在酉曰作詻。

載，歲也。夏曰歲，商曰祀，周曰年，唐虞曰載。

鄭注周禮大史職云：中數曰歲，朔數曰年。戴氏震曰：周禮大史，正歲年以序事。歲也者，夏時也，以建寅爲孟春。年也者，周以建子爲正月也。夏數得天，故殷周雖改正朔，仍兼用夏正。周用夏不用殷，故舉歲年不及祀。大史按其從夏時所行之事，合以周之歷日，此之謂正歲年以序事也。凌人掌冰政，歲十有二月令斬冰。歲以明夏，以別周，則知爲夏時也。其直曰正月之吉，則知爲周正月也。凡言正月之吉，必在歲終正歲之前，未嘗一錯舉于後。正月爲建子之月，歲終爲建丑之月，正歲爲建寅之月。

歲名

月在甲曰畢，在乙曰橘，在丙曰修，在丁曰圉，在戊曰厲，在己曰則，在庚曰窒，在辛曰塞，在壬曰終，在癸曰極。

月陽

正月爲陬，二月爲如，三月爲寎，四月爲余，五月爲皋，六月爲且，七月爲相，八月爲壯，九月爲玄，十月爲陽，十一月爲辜，十二月爲涂。

戴氏震曰：小雅日月方除，鄭箋云：四月爲除。考之爾雅四月爲余，孫叔然本作舒。李巡云：萬物之生枝葉，故曰舒也。鄭蓋讀余爲除，孫、李之説似優于鄭。爾雅十二月爲涂。廣韻：涂，直魚切。除，涂正同音，古字通用。方以智云：謂歲將除也。其説得之。夏正十二月，周之二月，故首章云二月初吉，載離寒暑，此時正寒，歷暑至秋末尚未歸，故云爾。下章曰昔我往矣，日月方奥。張以寧謂與厥民隩之義同，民方聚居于隩時。今考方除、方奥，詞意亦似迫于觱發、栗烈之際，而往非春和氣温也。蕭與菽皆收之于秋者，而曰歲聿云莫、采蕭獲菽，以夏正季秋，周之仲冬也。若夏正之歲莫，非采蕭獲菽時矣。倘自夏正二月春温時往，至于其秋，又不得言載離寒暑。詩用周正，非夏正甚明。六月篇六月棲棲。張以寧謂盛暑，非玁狁入寇時。合以十月之交，爲幽王六年建酉之月。詩中用周正，不一而足。何説詩，説春秋者，盡欲歸之行夏之時一語，而謂古人皆不奉時王正朔，可乎。

月名

南風謂之凱風，東風謂之谷風，北風謂之涼風，西風謂之泰風。焚輪謂之頹，扶摇謂之猋。風與火爲庉，迴風爲飄。日出而風爲暴，風而雨土爲霾，陰而風爲曀。天氣下地不應曰雺，地氣發天不應曰霧。霧謂之晦。蝃蝀謂之雩。蝃蝀，謂之［此三字衍］虹也。蜺爲挈貳。弇日爲蔽雲。疾雷爲霆霓。雨霓爲霄雪。暴雨謂之涷，小雨謂之霡霂，久雨謂之淫，淫謂之霖。濟謂之霽。

王莽傳：其夕穀風迅雷疾。師古曰：穀風即谷風。

頹，石經作穨。詩小雅：習習谷風，維風及頹。孔疏：頹者，風從上而下之名。迴風從上而下，力薄不能更升，谷風未與相扶謂之爲頹。谷風既與相扶而上，則于爾雅爲猋，不復爲頹也。詩言頹，據其未與相扶之名耳。

月令：孟春行秋令，猋風至。鄭注：迴風爲猋。孔疏：中央土氣爲風，箕屬東方木，木克土，土爲妃，尚妃之所好，故箕星好風。今申氣乘寅，兩相衝破，申來逆寅，寅爲風，風之被逆，故爲猋。

釋名：霾，晦也，言如物塵晦之色也。曀，翳也，言掩翳日光使不明也。

春秋元命包：陰陽亂爲霧。釋名：霧，冒［冒］也，氣蒙亂復冒［覆冒］物也。

天官書：其蛪者類闕旗。注：蛪亦作蜺。故或稱挈貳即蛪貳。京房易傳：蜺，日旁氣也。釋名：虹，陽氣之動也。虹，攻也。純陽攻陰之氣也。又曰：蝃蝀其見，每于日在西而見于東，蝃飲東方之水氣也。

霓，蠹也。其體斷絶，見于非時，此災氣也，傷害于物，如有所食蠹也。埤雅：贰蓋言二，淮南子曰天二氣則成虹是也。

洪氏頤煊曰：案，霓非疾雷，霓當是雹字之譌。說文：霆，雷餘聲也。雹，陰陽激燿也。皆疾雷時所有。邵氏正義據初學記改作疾雷謂之霆，臧氏琳經義雜記據北堂書鈔、事類賦注謂當作疾雷為霆。余嘗見影宋本北堂書鈔、元刻初學記、事類賦注引爾雅皆作疾雷為霆霓，足證近刻皆俗人所改，不足為據。

釋文：霄本作霰，霹，同。按：說文：霰，稷雪也。釋名：霰，星也。冰雪相摶如星而散也。

說文：涷，暴疾有所趨也。爾雅釋言：振，迅也。廣雅：奮，振也。奮，訊也。訊即迅，與疾同義。涷之為暴，猶振之為迅。迅速則早，故晨為早也。焦氏循曰：說文：棟，極也。爾雅，北極謂之北辰，魏都賦劉逵注云：棖，屋宇櫋也。棟亦名櫋。棟之於辰猶東之於震。說文：洞，疾流也。洞之為疾通於涷之為暴。又駧，馳馬洞去也。洞去，斯即疾去。然則從同之字與從東桐通。恫，痛也。釋名：通，洞也。無所不貫洞也。

釋名：霢霂，小雨也。言裁霢歷霑漬如人沐頭，惟及其上枝而根不濡也。

風雨

壽星，角亢也。天根，氐也。天駟，房也。大辰，房心尾也。大火謂之大辰。析木謂之津。箕斗之間，漢津也。星紀斗，牽牛也。玄枵，虚也。顓頊之虚，虚也。北陸，虚也。營室謂之定。娵觜之口，營室東壁也。降婁，奎婁也。大梁，昴也。西陸。昴也。濁謂之畢。味謂之柳。柳，鶉火也。北極謂之北辰。何鼓謂之牽牛。明星謂［脱之字］啓明。彗星爲欃槍。奔星爲彴約。

疏所載十二次之分野，以禹貢九州之中爲斷。畢九在子中，軫九在申中，于是角軫分界未申間，其中在河洛。角亢氐房爲南服矣，故得宋鄭。斗牛女虚爲東藩矣，故得吴齊。婁胃昴畢爲北境，故得趙晉。

升鬼柳星爲西土，故得周秦。惟燕在朔易，而屬東南之箕尾最爲不類。百粤荆廣綿亘萬里，俱入翼軫，魯衛僅數百里，分屬兩舍，亦有可疑。尾箕本越也，漢初尉陀負固，故黜之而易以燕。按，左傳昭公三十二年：夏吴伐越，史墨謂越得歲，而吴伐之。吴越本屬兩舍，法推是年辛卯夏，歲星正在析木之津，尾箕之分，則尾箕本屬越確矣。况越地甚廣，何以十一舍各占一國，而星紀獨吴越二國乎。天官書：燕齊之疆，候在辰星，占虚危。辰星爲北方主宿，而燕齊接壤，故同占虚危，則燕固有在矣。若楚在滇黔之地，所謂鬼方也，徽、瀘、彭、濮、庸、蜀、羌、髳，無非楚焉。自後，地愈廣，而愈失分野之舊，徐氏發所著天元歷理辨之詳矣。漢永元十五年，造太史黄道銅儀，角十三度，亢十度，氐十六度，房五度，心五度，尾十八度，箕十度，斗二十四度四分度之一，牽牛七度，須女十一度，虚十度，危十六度，營室十八度，東壁十度，奎十七度，婁十二度，胃十五度，昴十二度，畢十六度，觜觿三度，參八度，東井三十度，輿鬼四度，柳十四度，七星七度，張十七度，翼十九度，軫十八度。戴氏震曰：天九重，自下而上數之。月一，辰星二，太白三，日四，熒惑五，歲星六，鎮星七，恒星八。恒星者列星也。恒星日月五步，並右旋合大氣，左旋而九，南北東西方位以赤道極取準，故赤道正而黄道斜。黄道交于赤道，半圜周在其南，半在其北。日躔黄道，冬至後自南斂北，夏至後自北發南，此一歲日南北行之象也。日月並右旋，同爲大氣所掣，成左旋之虚跡，此一晝夜人所見之象也。右旋之軌寔，左旋之跡虚。右旋成歲者，其象隱。左旋成晝夜者，其象顯。日左旋一周，恒星亦左旋一周，二者本同也。恒星一晝夜其爲右旋甚微，日則右旋一度。于左旋一周，内減此一度，則日所起處雖已滿一周，而日之寔體離所起處有一定之差，必一周又過一度。日之寔體始周天以成晝夜，是故一晝夜而恒星一周又過一度。細計之，恒星亦右旋所過之一度微不足。恒星右旋甚微，鎮星、歲星、熒惑右旋遲于日。速于恒星。太白、辰星、月右旋速于日。右旋之寔軌有遲速，各循一道，出入于赤道外内。左旋之虚跡無遲速，皆由大氣所掣，其旋也準赤道。東西之正，先辨在旋之天次。察恒星日月五步高下同，然後天行可得而知。天本無度，因日躔以設度。度也者，行而過之之名。日一晝夜所過，即爲一度，凡三百六十五日、小餘不及四分日之一。日右旋一周天，即以一歲之日爲周天之度，故曰在天成度，在歷成日。古推步法主于民事，不求密合，故經歲爲三百六十五日四分日之一周歲。天爲三百六十五度四分度之一，雖歲寔太强，一歲所差固微，分、至、啓、閉仍察之，測器而推移以合天，使數十年中不大差則已。此古人立法之意也。十二次之名本起于二十八宿，以歲差言之，星象歲歲不同。太虚之天，日躔適足而刻宿有差，謂日躔稍有不足者，非也。唐一行分天自爲天，歲自爲歲，其云天者指列宿之天耳。若太虚之天，日發斂一周而成歲，歲與天本合爲一，當曰列宿自爲列宿，歲自爲歲。祖冲之有云：次隨星名，義合宿體，分至雖遷，而厥位不改。歐邏巴誤以星次之名用之于黄道十二宫，于是冬至日在箕而曰星紀，夏至日在參而曰鶉首，使列離次，名寔淆亂。蓋歐邏巴雖襲十二次之名，而寔非以列宿紀日躔。然則日之過宫，當就何者明之。曰：古法以節氣過宫。蓋中氣者，言乎日當十二氣之中。節氣者，言乎日當十二宫之界。節者其界也。今歐邏巴以中氣過宫，與古法相反。凡圜周皆可均分十二宫，就恒星二十八宿分十二宫，即十二次之名是也。虚五度爲元枵正中，其宫界不得如歷代史志隨節氣推移，假此以志日月之次舍，故曰次。若就黄赤道分十二宫，皆當以十二子名之。赤道以正南爲午，明晝夜十二時。黄道以日值外衡，冬至爲子宫之中，值内衡，夏至爲午宫之中，中衡。赤道春分爲卯宫之中，秋分爲酉宫之中。餘宫準此分之。黄、赤道與二十八宿，三者各自爲用，斯不至交相溷淆矣。

鄉飲酒義：立三賓以象三光。鄭注：三光，三大辰也。孔疏：爾雅云大辰，房心尾也。大火謂之大辰，北極謂之北辰，是三大辰也。

何鼓，石經作河鼓。徐氏文靖曰：按河鼓一名牽牛，故有兩牽牛，星傳曰：牽牛六星在天河東，河鼓三星在牽牛西，本二星也。魏伯陽參同契曰：河鼓臨星紀，人民皆驚駭。此蓋以星紀爲斗牽牛，而河鼓臨之，非河鼓即牽牛也。而周處風土記曰：七夕灑掃，於庭施几筵、設酒果祀河鼓織女，言二星神會□□□□及子，是誤以河鼓即牽牛矣。古樂府：東飛伯勞西飛燕，黄姑織女時相見。荆楚歲時記曰黄姑即河鼓。或以河鼓音近而訛爲黄姑。□□□□□□□□□□□□□不盈尺，皆誤以牽牛爲黄姑也。李後主詩：迢迢牽牛星，杳在河之陽、粲粲黄姑女，耿耿遥相望。即以織女爲黄姑，庶幾近之。春秋運斗樞云：牽牛神名略，佐助期云：織女神名收陰。大唐占經引春秋佐助期曰：牽牛神名略緒熾，今本歲時記牽牛神名略，俱不知有緒熾二字。古今書傳磨滅大率類此。

星名

春祭曰祠，夏祭曰礿，秋祭曰嘗，冬祭曰蒸。祭天曰燔柴，祭地曰瘞霾［薶］。祭山曰庪縣，祭川曰浮沉，祭星曰布，祭風曰磔。是類［此當作禷］是禡，師祭也。既伯既禱，馬祭也。禘，大祭也。繹，又祭也，周曰繹，商曰肜，夏曰復胙。

礿本或作禴。

張參五經文字：爾雅以蒸爲祭名，其經典祭蒸多去草，以此爲薪蒸。

周禮大祝：辨九祭，三曰炮祭。鄭注：燔，柴也。周禮司巫：凡祭祀守瘞。鄭注：瘞，謂若祭地祇有埋牲玉者也。犬人：凡祭祀，共犬牲，用牷物，伏瘞亦如之。鄭注：瘞，謂埋祭也。揚雄傳：將瘞后土。師古曰：祭地曰瘞埋，故云瘞后土。

春秋僖公三十一年公羊傳疏：注云山縣者，李氏曰：祭山以黄玉及璧，以庪置几上，遥遥而眂之若縣，故曰庪縣。孫氏曰：埋于山足曰庪，埋于山上曰縣，是也。

犬人：凡幾珥沈辜，用駹可也。鄭司農云：幾讀爲庪。

公羊傳何注：日月星辰布。史記封禪書：諸布。索隱：爾雅祭星曰布，或云諸布，是祭星之處。

公羊傳疏：孫氏曰：既祭，披磔其牲以風散之。李氏曰：祭風以牲頭蹄及皮，破之以祭，故曰磔。

詩大雅毛傳：于內曰類，于野曰禡。周禮甸祝：禂牲禂馬。杜子春云：禂，禱也，爲馬禱無疾，曰[爲]田禱多獲禽牲。鄭注大司[日字衍]樂天神地示人鬼云：此三者皆禘大祭也，天神則主北辰，地祇則主崑崙，人鬼則主后稷。賈疏：案，爾雅云，禘，大祭。不辨天神、人鬼、地祇，則皆有禘稱也。祭法云禘黄帝之等[之字衍]，皆據祭天。大傳云王者禘其祖之所自出，據夏正郊天。論語禘自既灌，據祭宗廟。是以鄭云三者皆禘大祭也。春秋文公二年公羊傳：五年而再殷祭。何注：謂三年祫。五年禘，禘所以異于祫者，功臣皆祭也。春秋宣公八年公羊傳何注：禮，繹繼昨日事，但不灌池降神爾。殷曰肜，周曰繹。繹者，據今日道昨日，不敢斥尊言之文意也。肜者，肜肜不絶，據昨日道今日，斥尊言之質意也。疏：案，郭氏爾雅仍有夏曰復胙之文，而何氏不言之者，正以諸家爾雅悉無此言，故不引之。穀梁傳楊疏：案，爾雅云：夏曰復胙，殷曰肜，周曰繹。謂之復胙者，復前日之禮也。謂之肜者，肜是不絶之意也。謂之繹者，繹陳昨日禮也。

祭名

春獵爲蒐，夏獵爲苗，秋獵爲獮，冬獵爲狩。宵田爲獠，火田爲狩。乃立冢土，戎醜攸行。起大事，動大衆，必先有事乎社而後出，謂之宜。振旅闐闐，出爲治兵，尚威武也。入爲振旅，反尊卑也。

春秋昭公八年。秋蒐于紅。左傳：秋大蒐于紅。公羊傳：蒐者何，簡車徒也。胡傳：蒐，春事也，秋興之則違天時。肆師：獮之日，涖卜來歲之戒。

司馬相如列傳：獠于蕙圃。

曹氏猝中曰：帷冬田乃用火。若夫刈草以爲防，驅禽而納諸防中，然後焚而射焉，則四時之田皆然也。

王制：宜乎社。孔疏：爾雅孫炎注云：求便宜也。案，社主殺戮，故求其便宜。

講武

素錦綢杠，纁帛縿，素陞龍于縿，練旒九，飾以組，維以縷。緇廣充幅，長尋曰旐，繼旐曰旆。注旄首曰旌，有鈴曰旂，錯革鳥曰旟，因章曰旃。

禮記檀弓：綢練設旐。孔疏：鄭引爾雅素錦綢杠者，證經文綢練。練則素錦，用以爲綢杠也。

釋名：龜蛇爲旐。旐，兆也。龜知氣兆之吉凶，建之于後，察事宜之形兆也。

詩小雅毛傳：白茷繼旐者也。孔疏：茷與旆古今字也，故定四年左傳曰蒨茷旃旌，亦旆也。釋名：雜帛爲旆，以雜色綴其邊爲翅尾也，將帥所建象雜也。馬縞中華古今注：旌者，旌也。旌表賢人之德，類旗之象。

春秋宣公十二年公羊傳疏：爾雅有鈴曰旂。李氏云：有鈴，以鈴著旐端。孫氏曰：鈴在旂上。旂者畫籠[龍]，是以此注云加文章曰旂也。左傳僖公二十八年：亡大旆之左旃。昭公二十二年：旃以招大夫。

司馬相如列傳：靡魚須之橈旃。

旌旗［旂］

釋地第九

兩河間曰冀州，河南曰豫州，河西曰雝州，漢南曰荆州，江南曰揚州，濟河間曰兖州，濟東曰徐州，燕曰幽州，齊曰營州。

孫炎以爲分禹貢之冀，而復舜之幽，又并於青、徐，而復舜之營。陸佃亦云：禹貢有青、徐、梁，而無并、幽，營。爾雅有徐、幽、營，而無青、梁、并。職方有青、幽、并，而無徐、梁。三代不同故也。顧景范方輿紀要：孫炎以爾雅、禹貢、周禮不同，故疑爲商制，然無明文言殷改夏也。

九州

魯有大野。

在今山東兖州府鉅野縣東五里。方輿紀要：元末爲河所決，河徙後遂涸爲平陸。

晉有大陸。

漢志：太原鄔縣。班固曰：大澤在縣者為昭餘祁，并州藪，水經以為大陵也。按，陸當作陵。

書禹貢孔疏：釋地十藪晉有大陸，孫炎等皆云今鉅鹿縣北廣河澤也。春秋魏獻子田于大陸，焚焉。還，卒于甯。杜氏春秋説以爲汲郡修武縣吳澤。此二澤相去甚遠，所以得爲大陸者，爾雅廣平曰陸，故異所而同名焉。胡朏明禹貢錐指：冀州有三大陸。一在鉅鹿郡北，禹貢之大陸也。一在河内修武縣，杜預云大陸疑即吳澤，陂近甯是也。一在太原鄔縣，酈道元云呂氏春秋謂之大陸是也。呂覽九藪既云晉之大陸，又云趙之鉅鹿。如謂大陸即鉅鹿，則一澤不應兩見，故道元以鄔澤當之。蓋晉爲唐叔始封，大陸宜在其境内。而鉅鹿當戰國時寔爲趙地，故分爲二澤也。然晉之大陸在漢大陵縣界，陸恐是陵字之誤。戴氏震曰：呂覽趙之鉅鹿宜爲廣阿澤，山海經所謂泰陸之水，今日大陸澤，在順德府任縣東北二十里，東西十三里，南北三十五里。左氏春秋魏獻子田於大陸，在今懷慶府修武縣北。馬融言晉地至朝歌以北至中山爲東陽，朝歌以南至軹爲南陽，今南陽城是也，城在今修武縣北。元凱、善長皆以吳澤釋春秋傳之大陸。此澤自三晉分後，地屬于魏。秦漢間人凡舉魏，多以晉目之，而韓、趙則各目其國，以魏得晉之舊壤，晉舊都在魏故也。爾雅及呂氏春秋晉之大陸皆宜以修武吳澤寔之。高誘、郭璞之注並云廣阿澤非也。道元以晉大陸爲鄗陂，使別于趙。而鄗陂亦趙地，既趙與晉對言，則晉專以魏目，而非未分之晉矣。汪氏士偉曰：左定元年杜注：即吳澤陂，水經清水注，魏獻子田大陸還，卒于寧，即是澤也。（編者按，原注：今河内修武。）而爾雅郭注以為鉅鹿澤，今鉅鹿北廣河澤。不知此禹貢之大陸，呂覽淮南正謂趙之鉅鹿也。郭誤。

秦有楊陓。

在今陝西鳳翔府隴州西四十里，即周職方之弦蒲藪。至冀州楊紆、蓋異所而同名也。職方注以為所在未聞。而郭注以為在扶風汧縣西，是誤以弦蒲為楊紆矣。案雍州藪曰弦蒲注：在汧。漢志：汧北蒲谷鄉弦中谷雍州弦蒲藪。

宋有孟諸。

在今河南歸德府虞城縣西北十里。左傳僖公二十八年：余賜女孟諸之麋。

楚有雲夢。

漢書地理志。南郡華容縣，雲夢澤在南，荆州藪。編縣有雲夢宫[官]。江夏郡西陵縣，有雲夢宫[官]。案，華容，今監利、石首二縣。監利在江北，石首在江南。編縣今荆門州，西陵今蘄州及黄崗、麻城，皆在江北。禹貢錐指：雲夢，經傳諸書有合稱者，有單稱雲、稱夢，特省文耳。雲可該夢，夢亦可該雲。故杜注宣公四年云：夢，澤名。江夏安陸縣東南有雲夢城，則夢在江北。注文四年雲中云：入雲夢澤中，所謂江南之夢，則雲在江南。注昭三年江南之夢云：楚之雲夢跨江南北。則南雲北夢、單稱合稱無所不可，絶無江北爲雲，江南爲夢之説。自唐太宗詔改禹貢雲夢土作乂爲雲土夢作乂，後人因謂雲在江北，夢在江南，而古注棄如塵羹矣。

吳越之間有具區。

在今江南蘇州吳江縣東。山海經：浮玉之山北望具區。郭注：具區，尚書謂之震澤。葉少藴曰：周官九州有澤藪、有川、有浸。揚州澤藪爲具區，其浸爲五湖。既以具區爲澤藪，則震澤即具區也，太湖乃五湖之摠名耳。凡言藪者，皆人資以爲利，故曰藪，以富得民，而浸則但水之所鍾也。今平望八尺震澤之間，水瀰漫而極淺，與太湖相接而非太湖，自是入于太湖，自太湖入于海，雖淺而瀰漫，故積潦暴至，無以洩之，則溢而害田，所以謂之震，猶言三川皆震者。然蒲魚蓮芡之利，人所資者甚廣。亦或可隄而爲田，與太湖異所，以謂之澤藪。他州之澤無水暴至之患，則爲一名而已。而具區與三江通塞爲利害，故二名以別之。禹貢方以既定爲義，是以言震澤而不言具區也。

齊有海隅。

金氏吉甫曰：斥鹵可煮爲鹽，故齊有魚鹽之利，今登州千里長沙是其地。方輿紀要：海在山東東北境者皆謂之渤海。

蘇秦曰：齊北有勃海。田肯曰：西有濁河之限，北有勃海之利。又謂之少海。韓非子：齊景公遊于少海。少海，猶云小海也。

書乎［禹］貢：海岱惟青州。孔傳：東北據海，西南距岱。孔疏：堯時青州當越海而有遼東也。金氏吉甫云：書疏青州之境越海而有遼東。又云，青州東北據海。蓋跨在小海也。北自平州碣石，南至登州沙門島，皆爲渤海之口，闊五百里，西入直沽幾千里。廣志：山東自兗州東昌而外，其當大海一面之險者，濟南東北境也。當兩面之險者，青州府東及府北東南境也。當三面之險者，登萊二府之東南北皆以海爲境也。此之又云青州東北據海，孔疏無此文。

燕有昭余祁。

周禮職方氏：并州其澤藪曰昭餘祁。吕氏春秋：九藪，燕之大昭。漢書地理志：太原郡鄔九澤在北，是爲昭餘祁，并州藪。水經注：侯甲水逕祁縣故城南。自縣連延，西接鄔澤，是爲祁藪也，即爾雅所謂昭余祁矣。戴氏震曰：以鄔陂爲昭餘祁始于班孟堅，徒因東北近祈縣，致滋傅合。祁縣本晉祁氏之田，與澤名不相蒙。周職方昭餘祁及虖池、嘔夷、淶、易並舉，宜爲今之東西澱，水經注所謂雍奴藪。自鮑邱水之南，南極虖池，西至泉州雍奴，東極于海。其澤野有九十九澱，宋時東塘濼、西塘濼亦在是間，自餘無復大澤可以當并州藪者。且其上游即城淶易之水，寔七國時燕地，故爾雅稱燕有昭余祁，吕覽稱燕之大昭。若鄔陂在今介休縣東三十二里，去燕絶遠，乃趙地之鄰魏者，燕不得西南跨趙。太原而有祁、平遥、介休甚明。

鄭有圃田。

在今河南開封府中牟縣西北七里。穆天子傳：祭父自圃鄭來謁。郭注：鄭有圃田，因云圃鄭。

周有焦護。

戴氏震曰：焦護藪，爾雅注以爲瓠中，又名冶谷。河渠書秦鑿涇水自中山西邸瓠口爲渠。瓠口，封禪書所謂寒門谷口。冶水出谷處亦謂之東谷口也，在馮翊池陽。故其語曰，田於何所，池陽谷口。中山即今九嵕之東仲山。池陽城在陝西西安府三原縣西北二十里。谷曰[口]城地醴泉縣東北七十里。

十藪

東陵阠，南陵息慎，西陵威夷，中陵朱滕，北陵西隃，雁門是也。

今雁門關在太原府代州。西隃，史記作先俞，趙地。山海經：雁門之山無草木，雁飛出其間。水經注：即北陵，在代中。

陵莫大於加陵。

風俗通：言其獨高厲也。

梁莫大於溴梁。

後漢書郡國志河内郡：軹有溴梁。是也。

墳莫大於河墳。

鮑照蕪城賦：格高五嶽，袤廣三墳。李善注：三墳未詳。或曰：毛詩曰遵彼汝墳、又曰鋪敦淮墳、爾雅曰墳莫大於河墳，此蓋三墳。不知非也。若總經傳言之，墳亦不止三。照賦蓋用天問。地方九，何以墳三。王逸章句云：墳，分也。謂九州之地，凡有九品，禹何以能分別之乎。三墳即言九州之土，而言與上五嶽正配。若泥河、淮、汝之墳，則河、汝距蕪城較遠，照何以反舍江而言河、汝乎。以是當用王逸説，注此為長矣。

八陵

東方之美者有醫無閭之珣玗琪焉。東南之美者有會稽之竹箭焉。南方之美者有梁山之犀象焉。西南之美者有華山之金石焉。西方之美者有霍山之多珠玉焉。西北之美者有崑崙虚之璆琳、琅玕［玗］焉。北方之美者有斥山之文皮焉。中有岱岳，與其五穀魚鹽生焉。

山海經：開明北有玗琪樹。郭注：玗琪，赤玉屬也。

廣韻：箭竹高一丈，節間三尺，可爲矢。與疏異。

左傳閔文元年：晉滅霍。杜注：永安縣東北有霍大山。晉語：景霍以爲城。注：景，大也。大霍，晉山名。與釋山篇霍山爲南嶽者别。

司馬相如列傳：琳珉琨珸。漢書音義：琳，球也。急就篇注：琅玕，火齊珠也，一曰石之似珠者也。蘇恭曰：琅玕有數種，以青者爲勝。

九府

東方有比目魚焉，不比不行，其名謂之鰈。南方有比翼鳥焉，不比不飛，其名謂之鶼鶼。西方有比肩獸焉，與邛邛岠虚比，爲邛邛岠虚齧甘草。即有難，邛邛岠虚負而走，其名謂之蟨。北方有比肩民焉，迭食而迭望。中有軹首蛇焉。此四方中國之異氣也。

鰈，史記作鰜，一作魼。韓詩外傳：東海之名魚曰鰈，比目而行，不相得不能達。後漢書邊讓傳：比目應節而雙躍兮。章懷賢注：比目魚，江東呼爲板魚。文選左思吴都賦：罩兩魪。注：魪，左右魪一目，所謂比目魚也。異物志：一名箬葉魚。臨海志：婢屣魚。風土記：奴屩魚，或云貼沙，亦曰左魪。身扁喜貼沙上，市歸以貼牆壁，兩三日猶鮮。一邊青緑，一邊白，一目在青緑邊，即比目魚也。

逸周書王會篇：巴人以比翼鳥。博物志：比翼鳥一青一赤，在參嵎山。王子年拾遺記：周武王六年，燃邱之國獻比翼鳥，名歸飛，鳴聲自呼。

王會篇：獨鹿，邛邛岠虚，善走也，孤竹距虚。穆天子傳：邛邛岠虚走百里。郭注：亦馬屬。韓詩外傳：西方有獸名曰蟨，前足鼠，後足兔，得甘草銜以遺蛩蛩距虛。司馬相如列傳蟨邛邛、蟨距虛，漢書作蟨邛邛，轔距虛。張揖曰：蛩蛩，青獸，狀如馬，距虛羸而小。郭璞曰：距虛即邛邛，變文互言耳。師古曰：據爾雅文，郭説是也。案，劉子審名篇：蛩蛩巨虛，其寔一獸，因其辭煩分而爲二，與郭注同。

韓詩外傳：妻更食而更視，不相得不能飽。即此比肩民也。

王逸楚詞注：中央之州有岐首之蛇，爭食牧草之寔，自相齕齧。

五方

邑外謂之郊，郊外謂之牧，牧外謂之野，野外謂之林，林外謂之坰。下濕曰隰，大野曰平，廣平曰原，高平曰陸，大陸曰阜，大阜曰陵，大陵曰阿。可食者曰原，陂者曰阪，下者曰溼。田一歲曰葘，二歲曰新田，三歲曰畬。

釋文：李本牧作田，釋云：田，敶也。謂陳列種穀之處。洪氏頤煊曰：案，田即周禮四丘為甸之甸。周禮稍人鄭注：甸讀與維禹敶之敶之同。今詩作維禹甸之。甸祝鄭注：甸之為言田也。小宗伯鄭注：甸讀為田，田即甸之省。

劉子慎獨篇：冀缺耕于坰野。

釋名：原，元也。如元氣廣大也。

易漸九三：鴻漸于陸。王注：陸，高之頂也。

釋名：陸，漉也。水疏漉而去也。

釋名：土山曰阜，阜，厚也，言高厚也。廣雅：無名曰阜。風俗通：阜者茂也，言平地隆踊，不屬于山陵也。

釋名：陵、隆也，体高隆也。

方言：陂，傜，袤也，陳楚荆揚曰陂。釋名：山旁曰陂，言陂陁也。

野

禮記坊記：易曰不耕穫。不菑畬，凶。鄭注：一歲曰菑，二歲曰畬，三歲曰新田。孔疏：案，爾雅云三歲曰畬，周頌傳亦云三歲曰畬，此云三歲曰新田者誤也。

東至于泰遠，西至于邠國，南至于濮鈆，北至于祝栗，謂之四極。觚竹、北户、西王母、日下，謂之四荒。九夷、八狄、七戎、六蠻，謂之四海。岠齊州以南、戴日爲丹穴，北戴斗極爲空桐，東至日所出爲太平，西至日所入爲太蒙。太平之人仁，丹穴之人智，太蒙之人信，空桐之人武。

王應麟困學紀聞：朱文公曰邠國近在秦隴，非絶遠之地。愚按説文引爾雅曰：西至汃國謂四極。汃，西極之水也。

濮鈆，通典所謂諸濮之域也。

漢書禮樂志：四極爰轃。

天問：出自湯谷，次於蒙汜。蒙汜即太蒙。

四極

釋邱第十

邱一成爲敦邱。

釋名：邱一成曰頓邱，一頓而成邱，無高下小大之殺也。

再成爲陶邱。

釋名：再成曰陶邱，于高邱上一重作之，如陶竈然也。

再成鋭上爲融邱。

釋名：鋭上曰融邱，融，明也。明，陽也。凡上鋭皆高而近陽者也。

三成爲崑崙邱。

水經注崑崙説曰：崑崙之山三級。下曰樊桐，一名板松。二曰玄圃，一名閬風。上曰層城，一名天庭，是爲上帝之居。

如乘者乘邱。

釋名：如乘曰乘邱，四馬曰乘，一基在後似車四列，在前似駕馬車之形也。

如陼者陼邱。

水潦所止泥邱。

廣韻泥作𡸒，云：受水邱也。

方邱胡邱。

絶高爲之京。

詩大雅：乃覯于京。孔疏：絶高謂之京，釋邱文。彼下即云非人爲之邱。京與邱相對，且言爲之京，則是人爲之矣。孫炎、郭璞皆云人力所作。而此詩説公劉依京築宫，王肅言可以禦亂，則京是大邱，非人爲矣。李巡曰，邱之高大者曰京。是京有二等，若戰勝取尸築爲京觀者，則人爲之。此言京者，則是邱之高大，非人爲也。案，風俗通：爾雅邱之絶高大者爲京，謂非人力所能成，乃天地性自然也。春秋左氏傳：莫之與京。國語：趙文子與叔向遊于九京。今京兆、京師，其義取于此，亦與郭注異。然説文：京，人所爲絶高邱也。與郭説可從。

非人爲之邱。

説文：邱，土之高也，非人所爲也。

水潦所還，埒邱。　上正，章邱。　澤中有邱，都邱。

堂途，梧邱。

堂途，石經作當途。

途出其右而還之，畫邱。

釋名：道出其右曰畫邱，人尚右，凡有指畫皆用右也。

途出其前戴邱。　途出其後昌邱。

水出其前，渻邱。水出其後，沮邱。水出其右，正邱。水出其左，營邱。

檀弓：太邱封于營邱。孔疏：釋邱云：水出其前而左曰營邱。以水營遶，故曰營邱。

如覆敦者，敦邱。

漢書叙傳：欲從旄敦而度高虖泰山。應劭注引爾雅：旄邱，敦邱。又文選旄邱作堥丘，注引應劭曰：爾雅曰前高堥丘如覆敦者，敦邱也。

邐迤，沙邱。

左高，咸邱。右高，臨邱。前高，旄邱。後高，陵邱。

詩國風：前高後下曰旄邱。孔疏：釋邱云：前高旄邱。李巡云：謂前高，後卑下。以前高後必卑下，故傳亦言後下。

偏高，阿邱。

李巡曰：謂邱邊高。釋名：阿，荷也。如人擔荷物一邊偏高也。

宛中，宛邱。

下文邱背有邱爲負邱，注云：此解宛邱中央隆峻，狀如負一邱於背上。合宛邱、負邱爲一，非也。考之釋山篇宛中隆，其謂宛邱爲中隆高者，得之。邱背乃邱之後，與邱上不同。

邱背有邱爲負邱。左澤定邱。右陵泰都。

如畝，畝邱。

釋名：畝邱，邱體滿一畝之地也。

如陵，陵邱。

邱上有邱爲宛邱。陳有宛邱，晉有潛邱，淮南有州黎邱。天下有名邱五，其三在河南，其二在河北。

曹學佺名勝志：潛邱在太原縣東南八里，汾晉二水之間，長四千五百步、高四丈。

邱

望厓洒而高，岸。

夷上洒下，不漘。

詩國風毛傳：漘，水隒也。許氏謙曰：岸上面平夷，而下爲水洗蕩，齧入若脣也。

隩，隈。

詩國風：瞻彼淇澳。孔疏：陸璣云：淇澳，二水名。以毛云隩隈爲誤，此非也。爾雅所以訓此而爲隩隈，明非毛誤。

厓内爲隩，外爲鞫。

釋文：鞫，九六反。詩孔疏引爾雅亦作外爲鞫，唐時猶未誤也，至宋遂譌爲隈。鞫阸古字通用。廣韻：曲岸水外曰阸。

畢，堂牆。

毛氏萇曰：堂畢，道平如堂也。詩終南正義引此注云：其邊若堂之牆。洪氏頤煊曰：案，邢疏其邊之厓如堂室之牆，言平正也。釋山：山如堂者密。郭注：形如堂室者密。堂下皆有室字。

重厓，岸。

洪氏頤煊曰：案，上文已釋望厓洒而高岸，此不必復釋岸，岸當作㟁。說文，㟁，岸上見也，從厂、從之省，讀若躍。岸上見岸，即是重崖。㟁作岸，字形相近，并涉下文岸上滸，字相連而譌。

岸上滸。

毛氏萇曰：水崖曰滸。

墳，大防。

易大畜六五：豶豕之牙，吉。孔疏：褚氏云：豶，除也。然豶之爲除，爾雅無訓。案爾雅云墳大防。則墳是隄防之義。此豶其牙，謂防止其牙。古字假借，雖豕旁土邊之異，其義亦通。

涘爲厓。

窮瀆，汜。

戴氏震曰：釋邱之窮瀆汜，釋水之注澮曰瀆，皆當作谾，從谷，與釋山所云山谾無所通寔一字，其從水者乃四瀆之瀆。

谷者溦。

酈道元水經注濟水篇引爾雅曰：通谷者微。郭景純曰：微水邊從谷也。

釋山第十一

河南華，河西嶽，河東岱，河北恒，江南衡。

華山在今陝西同州府華陰縣南十里。

吳嶽在今陝西鳳翔府隴州南八十里。唐六典：關内道名山曰吳山，亦謂之西鎮。

岱在今山東泰安府治北五里。

北岳，禹貢作恒山，漢避文帝諱改常山，在今山西大同府渾源州南二十里，接直隸真定府界。漢志載于上曲陽，即今真定府曲陽縣。蓋古者巡狩至方岳之下，主其在曲陽，不遠涉渾源州也。曲陽距山趾百四十里。

南岳，周禮作衡山，山海經作岣嶁山，今在湖廣衡州府衡山縣西北三十里，接衡陽縣及長沙府界。

山三襲，陟。再成，英。

一成，坯。

水經注：許慎、呂忱等並以爲邱一成也。

坯，韋昭音䣛。案，據尚書釋文當改䣛。

山大而高，崧。

山小而高，岑。

孟子：可使高于岑樓。趙注：岑樓，山之鋭嶺者。孔疏：山之鋭峰也。

釋名：岑，嶃也，嶃嶃然也。

鋭而高，嶠。

釋名：土鋭而高曰嶠，形似橋也。

卑而大，扈。小而衆，巋。

小山，岌。大小，峘。

説文引此文岌作岋。

屬者，嶧。獨者，蜀。上正，章。宛中，隆。山脊，岡。未及上，翠微。

山頂，冢。

釋名：山頂曰冢。冢，腫也，言腫起也。

崒者，厜㕒。

廣韻：厜㕒，山巔狀。

山如堂者密。如防者盛。巒山，嶞。

重甗，隒。

詩大雅：陟則在巘。巘，本又作甗。毛傳：小山別于大山也。孔疏：小山別于大山者。釋山云：重甗，隒。郭璞曰：謂山形如累兩甗，甗，甑。山狀似之，上大下小，因以爲名。西京賦曰陵重甗是也。與皇矣小山曰鮮義別，彼謂大山之傍別有小山也。

左右有岸，厒。

大山宮小山，霍。

本連解在一句，而宋晁補之作二句對解之，說非，無據。按，古人原有二種讀法，水經注第四十卷霍山下引爾雅：大山宮小山曰霍。斯郭氏之說也。第三十九卷廬江水篇引爾雅：大山曰宮。則晁氏之說矣。

小山別大山鮮。

詩大雅：度其鮮原。逸周書和寤篇：王乃出圖商至于鮮原。孔晁注：小山曰鮮。文選馬融長笛賦嶰壑澮涚、左思吳都賦嶰澗闃，李注皆引作嶰。嶰，古買切。形相近也，亦同音假借字。釋名［文］鮮作巘可證。洪氏頤煊曰：呂氏春秋古樂篇伶倫竹於嶰谿之谷，嶰當作解，與鮮字形相近。馮氏登府曰：毛詩作巘不作鮮。案，鮮巘古實通。月令：天子鮮羔開冰。鄭註鮮當為巘者，今不可考。

山絕，陘。

說文：陘，山絕坎也。

多小石，磝。

磝，說文作嶅。釋名：磝，堯也。每石堯堯獨處而出見也。

多大石，礐。

礐，說文作嶨。釋名：礐，學也。大石之形學學然也。

多草木，岵。無草木，峐。

說文：屺，山無草木也。岵，山有草木也。釋名：山有草木曰岵。岵，怙也，人所怙取以爲事用也。山無草木曰峐。峐，圯也，無所出生也。詩魏風陟岵傳：山無草木曰岵，山有草木曰峐。馮氏登府謂此稱說之異，並非有誤。

山上有水，埒。

列子湯問篇：終北之山名壺領，頂口有水涌出，名神糞，一源分爲四埒。

夏有水冬無水，澩。

山豄無所通，谿。

鄭師珍曰：按，注本李巡（編者按，原注：見左傳隱三年正義。）說，恐未確。釋水：水注川曰谿。同是谿名，不應一為注川之谿，一為無所通之谿。竊謂此為釋山之文，自主山言。山豄無所通為深山古澗，非通達道路之經由者，是名曰谿。易曰：舟楫之利，以濟不通。此無所通即不通之謂，而其水仍注川也。釋丘窮瀆氾，即俗謂死水潭。李、郭牽合窮字與此無所通為一，似誤也。

石戴土謂之崔嵬。　土戴石爲砠。

山夾水，澗。陵夾水，澞。

詩小雅毛傳：干，澗也。孔疏：釋山云夾水曰澗，不訓干爲澗。毛以秩秩宜爲流貌，斯干共秩秩連文，與南山相對，故知干爲澗也。

山有穴爲岫。

說文：岫，山穴也。

山西曰夕陽。　山東曰朝陽。

泰山爲東嶽，華山爲西嶽，霍山也爲南嶽，恒山爲北嶽，嵩高爲中嶽。

封禪書：上巡南郡，至江陵而東，登禮灊之天柱山，號曰南嶽。應劭注曰：灊縣屬廬江。南嶽，霍山也。胡朏明曰：按徐靈期記云：衡山爲南岳，其來尚矣，至于軒轅乃以灊霍之山爲其副焉，故爾雅云霍山爲南岳。此蓋本方士家言，漢武信之，遂移衡山之祭于灊霍。其寔南岳曰衡山，初無二名，釋山後一條當是漢人所附益，璞據不經之言以衡山一名霍山，自古已然，非由漢武，不亦謬乎。洪氏頤煊曰：左氏襄三年傳，楚子重伐吳，克鳩兹，至于衡山，即廬江灊縣之霍山。杜預注衡山在吳興烏程縣南，失之。

梁山，晉望色。

釋水第十二

泉一見一否爲瀸。

井一有水一無水爲瀱汋。

元中記：貴州有漏汋，一日百盈竭應漏刻。今貴州城外有之。

濫泉正出，正出，涌出也。

釋名：濫，銜也。如人口有所銜，口閽則見也。漢書叙傳：懷氿濫而測深虖重淵。

沃泉縣出，縣出，下出也。

管子地員篇：高陵土山二十施，百四十尺，而至于泉。山之上命之曰縣泉。

氿泉穴出，穴出，仄出也。

釋名：氿，軌也。流狹而長如車軌也。

湀闢流川。過辨回川。

灉，反入。

水經注：枝津水受大河，東北逕富平城，所在分裂以溉田圃，北流入河。爾雅曰灉反入，言河決復入者也。河之有灉，若漢之有潛也。

潬，沙出。

汧，出不流。

洪氏頤煊曰：案，汧當是汙字之譌。左氏隱三年傳潢汙行潦之水，服虔注：水不流謂之汙。說文：洿，濁水不流也。一切經音義卷八引三蒼：停水曰洿。字皆通用。

歸異，出同流，肥。

釋名：所出同、所歸異曰淝泉，本同出時所浸潤，少所歸，各枝散而多似肥者也。水經酈注引犍為舍人云：水異出流行合開曰肥。

瀵，大出尾下。

水經注：瀵水出汾陰縣南，與郃陽瀵水夾河，河中渚上又有一瀵水，皆相潛通，故呂忱曰爾雅異出同流爲瀵水，與今文異。

水醮曰厬。

說文：爾雅曰水醮曰氿，水厓枯土也。

水自河出爲灉。濟爲濋，汶爲瀾，洛爲波，漢爲潛，淮爲滸，江爲沱，濄爲洵，潁爲沙，汝爲濆。

漢書鄒陽傳：申徒狄蹈雍之河。師古曰：雍者，河水溢出爲小流，言狄初因蹈雍，遂入大河也。服虔曰雍州之河非也。

水經注：呂忱曰：洸水出東平，上承汶水于岡縣西闡亭東。爾雅曰：汶别爲闡，其由洛之有波矣。

水經注：洛水，又東門水出焉。爾雅所謂洛别爲波也。

荀子大略篇：雨小漢故潛。楊注：言漢者，本因雨小水濫觴而成，至其盛也，乃溢爲潛矣。桑欽水經：

潛水出巴郡宕渠縣。注：潛水，蓋漢水枝分潛出，故受其稱耳。

說文：過，水。受淮陽扶溝浪湯渠，東入淮。

水經注：過水，受沙水于扶溝縣。

水經注：潁水自臨潁縣西小㶏水出。

水經注：汝水又東南逕奇雒城西北，濆水出焉，世亦謂之大㶏水。案，說文引爾雅曰：汝爲涓。所見本異也。

水決之澤爲汧。

決復入爲汜。

說文：水別復入水也。釋名：汜，已也。如出有所爲畢已而復還也。

河水清且瀾漪。大波爲瀾，小波爲淪，直波爲徑。

釋名：瀾，連也，波體轉流相及連也。淪，倫也，小文相次有倫理也。水直波曰涇，涇，徑也，言如道徑也。

江有沱，河有灉，汝有濆。

滸，水厓。

滸，說文作汻。

水草交爲湄。

詩國風：在水之湄。毛傳：湄，水隒也。孔疏：水之岸也。釋名：湄，眉也，臨水如眉臨目也。

鄭師珍曰：左傳僖八年正義引李巡注：水中有草木交會曰湄。水經濟水注引舍人注：水中有草木交合也。據此知舍人、李巡注本是水草木交為湄，多一木字。若如今本，是水與草交，非草木交也。

濟有深涉，深則厲，淺則揭。揭者，揭衣也。以衣涉水爲厲，繇膝以下爲揭，繇膝以上爲涉，繇帶以上爲厲。

家語：有一丈夫方將厲之。後漢書班超傳：超討焉耆，焉耆王廣絶橋，不欲令漢軍入國，超更從他道厲度。

潛行爲泳。

天子造舟，諸侯維舟，大夫方舟，士特舟，庶人乘泭。

詩大雅孔疏：禮，天子乃得造舟。文王欲盛其昏事，必極物盡禮，用天子之制，然後爲榮。故傳云造舟然後顯其光輝。春秋宣十二年公羊傳：舟中之指可掬矣。何注：禮，天子造舟，諸侯維舟，卿大夫方舟，士特舟。疏：釋水文也。造，孫氏云：比舟爲梁，舊説以舟爲橋，詣其上而行過，故曰造舟也。言以舟爲梁，故謂之造。造，成也。諸侯維舟，孫氏云：維，連四船。音義曰：連，維持使不摇動也者是也。大夫方舟者，李氏云：併兩船曰方舟也。士特舟者，李氏云：一舟曰特舟是也。案爾雅云下文云庶人乘泭，李氏曰：併木以渡，别尊卑是也。此注引之不盡者，蓋何氏所見者無此文矣。按，今孫、郭所注者，亦有其文。史記酈食其傳：方船而下。案隱：方船謂並船也。吴志：徐琨母謂琨曰，宜伐蘆葦以爲泭，佐船渡軍。

汎汎楊舟，紼離維之。紼，繂也。縭，緌也。

水注川曰谿，谿注川曰谷，注谷曰溝，注溝曰澮，注澮曰瀆。

公羊傳僖公三年：桓公曰：無障谷。釋名：水注谷曰溝，田間之水亦曰溝。溝，搆也，從横相交搆也。注溝曰澮，澮，會也，小溝之所聚會也。

瀆當作續。

逆流而上曰泝洄，順流而下曰泝游。

正絶流曰亂。

荀子勸學篇：假舟檝者非能水也，而絶江河。鴻烈解時則訓：自崑崙東，絶兩恒山。高注：絶，猶過也。天官書：絶漢抵營室。索隱：絶，度也。孔氏穎達曰：水以流爲順，横渡則絶其流，故爲亂。

水泉

江、河、淮、濟爲四瀆。四瀆者，發源注海者也。

釋名：天下大水四謂之四瀆，江、河、淮、濟是也。瀆，獨也，各獨出其所而入海。江，公也，諸水流入其中所公共也。淮，圍也，圍繞揚州北界東至海也。河，下也，隨地下處而通流也。濟，濟也，言源出河北濟河而南也。海，晦也，主引濊濁，其水黑而晦也。博物志：四瀆，河出崑崙墟，江出岷山，濟出王屋，淮出桐柏。水經注：自河入濟，自濟入淮，自淮達江，水徑周通，故有四瀆之名也。

水中

水中可居者曰洲。小洲曰陼，小陼曰沚，小沚曰坻，人所爲爲潏。

方言：水中可居爲洲，三輔謂之淤，蜀漢謂之𡏖。説文：水中可居曰州，周遶其旁，從重川，昔堯遭洪水，民居水中高土，故［或］曰九州。詩曰在河之州。釋名：水中可居者曰洲。洲，聚也，遮也，體高能遮水，使從旁迴也。小陼曰沚。沚，止也，小可以止息其上也。小沚曰泜，泜，遲也，能渴［遏］水使流遲也。人所爲之曰潏。潏，術也，堰使水鬱術也，魚梁水碓［碓］之謂也。

河出崑崙虚，色白，所渠并千七百，一川色黄。百里一小曲，千里一曲一直。

書禹貢：崑崙、析枝、渠搜。析支在雍州之西，崑崙又在析支之西近南，渠搜在崑崙之北，蓋西戎三大國耳。崑崙山，唐書謂之紫山，今之枯爾坤。有三山，所謂三成曰崑崙邱也。最西而大爲河源所出，名巴顔哈喇山，東流至星宿海。元史謂大敦腦兒，今名鄂敦他拉。又東過積石之南，唐人所謂大積石山，在土谷渾界者也。今名阿木尼瑪勒占木遜山。元人誤以此山爲崑崙，不知寔禹貢之積石耳。漢書葱嶺、于闐二河歸于蒲昌海。蒲昌在星宿海之西北五百餘里。水之入蒲昌海者，伏流至星宿海復出，則漢人所謂崑崙，亦非荒遠。案，說文崑崙邱謂之崐崘虚。

書禹貢孔疏：積石山在金城西南，河所經也，沿河順流而北，千里而東，千里而南，龍門山在河東之西界。案，此所謂千里一曲一直也。

河曲

徒駭、太史、馬頰、覆鬴、胡蘇、簡、絜、鉤盤、鬲津。

水經注濁漳水篇：九河既擣，八枝［牧］代絶，遺迹故稱，往往時存，故鬲般列于東北，徒駭瀆聯漳絳，同逆之狀粗分，陂障之會猶在。案經考瀆，自安故目矣。于欽齊乘曰：某嘗往來青、齊，西道河間，東履清、滄，熟訪九河故道，蓋昔北流，衡漳注之。河既東徙，漳自入海，安知北流之漳非古徒駭河歟。踰漳而南，清、滄二州之間有古河隄岸數重，地皆沮洳沙鹵，太史等河當在其地。滄州之南有大連澱，西踰東光，東至海，此非胡蘇河歟。澱南至西，無棣縣百餘里間，有曰大河、曰沙河，皆瀕古隄。縣北地名八會口、縣城南枕無棣溝，玆非簡、絜等河歟。東無棣縣北，有陷河闊數里，西通德棣，東至海，玆非所謂鉤盤河歟。濱州北有士傷河，西踰德棣，東至海，士傷河最南，比他河差狹，是爲鬲津無疑也。案，大連澱在滄州東南六十里，東無棣故城在海豐縣西北三十里。又西北二十里許爲西無棣，故城值老黄河東南，明洪武六年移治老黄河北岸，距故城五裏，永樂初改曰慶雲。

九河

從釋地已下至九河皆禹所名也。

卷下

釋草第十三

藿，山韭。茖，山葱。葝，山䪥，蒚，山蒜。

山海經：丹熏之山，其草多韭䪥。羅願爾雅翼：山韭形性與韭相類，但根白，葉如燈心苗。

山海經：邊春之山，多葱、葵、韭。鄭注：山葱名茖，大葉。馬融傳：格、韮、菹、于。注：格與茖古字通。

廣韻引爾雅曰：茈，山䔉。

爾雅翼：小蒜即蒚。

薜，山蘄。

鄭樵通志：薜曰山蘄、曰白蘄、曰乾歸、曰文無。王藎臣群芳譜：當歸、一名山蘄，春生，苗葉緑、有三稜，七八月開花，似蒔蘿，淺紫色，根黑黄，能使血氣各有所歸，當歸之名疑取諸此。洪氏頤煊曰：案，玉篇：薜，山芹也。下文蘄茝蘪蕪，文選吴都賦李善注引爾雅作芹茝，皆是。

椵，木槿。櫬，木槿。

葉如桑，光潤而厚，樹高止四五尺，花如蜀葵，插枝即生。蘇子瞻詩焰焰燒空紅佛桑，謂朱槿也。

朮，山薊。楊，枹薊。

通志：朮，蒼朮也。

本草圖經：楊枹即白朮也。

葥，王蔧。

七月開黄花，子色生青，嫩苗可作蔬茹，至八月而䕸幹成。

菉，王芻。

詩小雅：終朝采緑。鄭箋：緑，王芻也。張衡西京賦：王芻莔臺。

拜，蔏藋。

蘩，皤蒿。蒿，菣。蔚，牡菣。

詩國風孔疏：孫炎曰：蘩、白蒿也，然而非水菜。此言沼沚者，謂于其傍采之也。下于澗水中，亦謂于曲内。埤雅：蔚大于蒿。嚴氏粲曰：蔚，蒿之尤麤大者。羅氏願曰：今青蒿葉端皆作子如米大，蔚獨無耳。

齧，彫蓬。薦，黍蓬。

通志：菰曰蓬，今人謂之茭。彫蓬者，米茭也，其米謂之彫胡，可作飯，故曰齧。黍蓬者，野茭也，不能結實，惟堪薦藉，故曰薦。

蔨，鼠莞。

通志：即石龍芻，生被崖垂下，故得龍鬚之名。

葝，鼠尾。

陵苕，一名鼠尾，生下濕水中，七八月中花紫，似今紫草花，可染皁者，一以染髮即黑。

蘄茝，大薺。

舍人注：薺有小，故言大薺。文選張衡南都賦：蘄茝芋瓜。廣雅：蘄茝，馬辛也。通志：似薺而大。

菉，虎杖。

大觀本草圖經：虎杖，一名苦杖，三月生苗，莖如竹笋狀，上有赤斑點。

孟，狼尾。

孟，石經作孟。

瓠，棲瓣。

説文：瓣，瓜中實也。埤雅：長而瘦上曰瓠，短頸大腹曰匏，匏苦瓠甘。戴氏震曰：論語：吾豈匏瓜也哉，焉能繫而不食。繫而不食，即春秋傳所云苦匏，不材于人，供濟而已是也。説者混匏、瓠爲一，失之矣。

茹藘，茅蒐。

十二月生苗，方莖中空，每節五葉，八月開花，結實如小椒。山海經：釐山其陽多玉，其陰多蒐。郭注：茅蒐，今之倩草也。詩小雅毛傳：韎韐者，茅蒐，染草也。鄭箋：茅蒐，韎韐聲也。孔疏：古人謂蒨爲茅蒐，讀茅蒐其聲爲韎韐。鄭注其禮云：士緼韍而幽衡合韋爲之，士染以茅蒐。説文：茅蒐，茹藘，人血所生，可以染絳。通志：莖葉龐澀而根紅。

果臝之實，栝樓。

栝樓結寔在花下，九月熟，黄赤色，形有圓者、有鋭而長者，内扁子大如絲瓜子。本草：栝樓，一名地樓。詩國風：果臝之寔，亦施于宇。玉篇：苦樓，齊人謂之瓜蔞。唐書地理志：陝州貢栝樓，楊州貢栝蔞粉。通志：栝樓曰地樓、曰果臝、曰天瓜、曰澤姑、曰白桑，其寔曰黄瓜。

荼，苦菜。

苦菜生山田及澤中，得霜而甜美，吳人謂之苦藚。詩大雅：堇荼如飴。内則：濡豚包苦。鄭注：苦，苦荼。孔疏：言濡豚之時，苞裹豚肉，以苦菜殺其惡氣。馬融傳：芳茹甘荼。劉勰文心雕龍夸飾篇：荼味之苦，寧以周原而成飴。

萑，蓷。

本草茺蔚子、一名益母，一名益明，一名大札，即此。詩國風毛傳：萑，鵻也，嘆菸貌。陸草，生于谷中，傷于求。

虉，綬。

粢，稷。

稷即穄米，黄色。周禮甸師：共齍盛。鄭注：粢，稷也，穀者稷爲長，是以名云。

衆，秫。

考工記鍾氏：染羽，以朱湛丹秫。鄭司農云：丹秫，赤粟。匡謬正俗：秫木［米］即今之似黍米而粒小者，其米亦堪作酒，而不及黍。通志：稻有粳、糯二種，五穀之類皆有。粳糯之糯曰粱、曰粢。黍之糯曰秫、曰衆，爾雅云衆秫是也。

戎叔謂之荏菽。

詩大雅孔疏：郭璞等以戎菽爲胡豆。后稷種穀，不應捨中國之種而種戎國之豆。即如郭言齊桓之伐山戎始布其豆種，則后稷之所種者何時絶其種乎，而齊桓復布之。明戎叔正大豆是也。

卉，草。

書禹貢孔疏：舍人曰：凡百草一名卉。

蒫，雀弁。

玉篇：蒫草生江南。

蘥，雀麥。

楊用修以范文正所進江淮烏昧草即此，不知烏昧乃蕨也。又以烏麥爲雀麥，不知烏麥乃蕎麥也。古歌云：道邊燕麥，何嘗可穫。正此雀麥也。

蘾，烏蕵。萰，菟荄。蘩，菟蒵。

玉篇：萰，白蘞也。

黄，菟瓜。

桂氏馥曰：御覽引孫炎云：一名瓜裂。釋草下文云：茢薽豕首。孫以茢字上屬，御覽譌作裂。説文薽不云茢薽。濂疑釋草當是黄菟瓜、瓜茢，表二名，説文云菟瓜，不及瓜茢者，但舉正名耳。

茢薽，豕首。

豕首即今之豨薟，對節稜莖有斑毛。周禮掌染草：掌以春秋斂染草之物。鄭注：染草，茅蒐、橐蘆、豕首、紫茢之屬。賈疏：爾雅茢薽豕首，郭注不言可染何色，未審鄭之所據也。通志：異苑云：宋元嘉中，青州劉悛射中一麞，既剖五藏，以此草塞之，蹶然而起，去之則仆，如此者三。是以知其治折傷，故其草得劉悛之名。

荓，馬帚。

夏小正：七月荓秀。説曰：荓也者，馬帚也。通志：荓即地膚。

蘾，懷羊。

芋之惡者曰蘾，集韻作蘾。張衡西京賦：戎葵懷羊。

茭，牛蘄。

玉篇：茭草可供牛馬。爾雅翼：舊説牛蘄香似橘皮而無苦味。通雅：菰有臺中黑者曰茭。

葖，蘆萉。

方言：蕪菁紫華者謂之蘆菔，東魯謂之菈蘧。醫經言蘿蔔能制麪毒，其狀有長圓二種，根有紅白二種。葖或作䒒，音要。蘇頌謂菘入地而變，非也。埤雅：一名來菔，言來麰之所服也。廣韻：東魯人呼蘆菔曰菈蘧，秦人呼爲蘿蔔。

菹，灌。

苬，芝。

本草：赤芝一名丹芝，黑芝一名元芝，青芝一名龍芝，白芝一名玉芝，黃芝一名金芝，紫芝一名木芝。白虎通：王者德至山陵，則芝實茂。張黃［華］博物志：上芝爲車馬，中芝爲人形，下芝爲六畜。

洪氏頤煊曰：案，說文無茵字。莊子逍遥遊：朝菌不知晦朔。釋文：司馬云菌，大芝也。文選思元賦咀石菌之流英，李善注：菌、芝也。茵當是菌字之譌。

筍，竹萌。

詩大雅孔疏：陸璣疏云：筍皆四月生，唯巴竹筍八月、九月生，始出地長數寸，鬻以苦酒，豉汁浸之，可以就酒及今［食］。爾雅［周禮］醢人：加豆之實，筍菹。鄭注：筍，竹萌。賈疏：一名簜。又：羞豆之實，糝食。賈疏：案易鼎卦九四，鼎折足，覆公餗。鄭注：糝謂之餗。震爲竹，竹萌曰筍。筍者餗之爲菜也，是八珍之食。或云凡竹有雌雄，第一節歧枝者雌，雌者多筍，是曰孕筍。

簜，竹。

書禹貢孔疏：篠爲小竹，簜爲大竹。

莪蘿。

俗呼抱孃蒿。詩小雅毛傳：莪蘿，蒿也。孔疏：釋草云莪，蘿蒿。通志：蘪蒿先于百草而生。

苨，菧苨。

桔梗、薺苨葉同，惟根有心者桔梗，無心者薺苨，此足爲別耳。博物志：薺苨亂人參。通志：薺苨之根解藥毒，以其與毒藥共處，而毒皆自然歇。

經，履。

莕，接余，其葉苻。

俗呼荇絲菜，夏月開黄花。顏氏家訓：今是水有之，黄華似蓴，江南俗呼爲猪蓴，或呼爲荇菜。

白華，野菅。

山海經：白菅爲席。詩序：白華，喻孝子之潔白也。詩小雅：英英白雲，露彼菅茅。逸詩：雖有絲麻，無棄菅蒯。濮氏一之曰：蒯與菅皆謂苕也，黄華者俗名黄芒，即蒯也。白華者俗名白芒，即菅也。

薜，白蘄。

菲，芴。

坊記：詩云采葑采菲，孔疏引下文葍菜而不引芴，則以芴與葍菜爲二物明矣。

葍，葍。

詩小雅毛傳：葍，惡菜也。鄭箋：仲春時生，可采也。

熒，委萎。

本草：萎蕤一名玉竹。韓昌黎詩萎蕤綴藍瑛即此。

蒚，芐熒。

説文：芐熒，朐也。王篇：蒚，芐熒。

竹，萹蓄。

詩國風：綠竹猗猗。毛傳：綠，王芻也。竹，篇竹也。孔疏：釋草云菉王芻，又曰竹萹蓄，此作竹篇竹，字異音同。陸璣云：綠竹一草名，其莖葉似竹青綠色，高數尺，今淇隩傍生此，人謂此爲綠竹。此非也。詩有終朝采綠，則綠與竹别草，故傳依爾雅以爲王芻，與篇竹異也。

葴，寒漿。

一名燈籠草。世有龍葵爲寒漿者。按，龍葵子無殼有蓋，生青熟紫，黑寒漿結子如燈籠，殼中子一顆。司馬相如列傳：葴橙若蓀。通志：沈括云：即苦蘵也，其寔如撮口袋，中有珠子，熟則紅，關中謂之洛神珠，亦曰王母珠，亦曰皮弁草，以其寔又似弁也。

蘚莕，芺茺。

芙苑有二種。馬蹄決明，晝開夜合，秋開淡黄花。江芒決明，似槐葉，夜不合，秋開深黄花。通志謂有三種，其一則山決明也，相似而不可食。按，廣雅：蔆、芰，薢茩也。郭注後説同。但芙明子治目疾，故以解去垢穢名。又後文有蔆蕨攈，注云：水中芰則蔆自不亂，薢茩也。

莁荑，蔱蘠。

瓞瓝，其紹瓞。

埤雅：瓜之繼本爲紹，今驗近本之瓜甞小，末則復大。戴氏震曰：瓞、瓝皆小瓜，故以瓝者小瓜之種，瓞者繼本之瓜也。

芍，鳧茈。

後漢書劉元傳：人掘鳧茨而食。

藬，蓨蓫。

説文：杜林曰蔏根。廣雅：藬、芓，蓫也。玉篇：藬，蓨蓳。廣韻：藬，一名似茅。

蒋，英。

蒋，爾雅翼作梯，云：有米而細小。

鉤芺。

䕡，鴻薈。

通志：與韭同類，雖辛而不葷五藏，所以學道之人服之。有赤白二種，白者補而美，赤者主金創，不結子。

蘇，桂荏。

方言：蘇亦荏也，關之東西或謂之蘇、或謂之荏，周鄭之間謂之公蕡，沅湘之南或謂之䓿，其小者謂蘸葇。馬融傳：桂荏鳧葵。說文：荏，桂蘇。通志：此紫蘇也，葉實俱良。許氏謙曰：荏者白蘇、紫蘇類也。

薔，虞蓼。

顏師古注急就篇云：虞蓼亦謂之薔。而許叔重云蓼一名薔虞，非也。爾雅翼：蓼者有紫、赤、青等種，最大者名蘢，詩曰予又集于蓼。蓼辛物，故以爲多難之喻。離騷云蓼蟲不知徙乎葵藿，言蓼辛葵甘，各安其故，不知遷也。

蓧，蓨。

虋，赤苗。芑，白苗。

說文：禾之赤苗謂之虋，璊玉色如之。戴氏震曰：丹黍謂之虋，白黍謂之芑。黍粒有赤白黑數種，苗色亦同。郭注赤粱粟、白粱粟，非也。

秬，黑黍。

周禮籩人：朝事之籩，其實麷蕡白黑。鄭司農云：稻曰白，黍曰黑。管子地員篇：五剽之土，其種大秬、細秬，黑莖青秀。呂子本味篇：飯之美者，南海之秬。律歷志：以子穀秬黍中者。孟康曰：子，北方，北方黑，謂黑黍也。師古曰：此說非也，子穀猶言穀子耳，秬即黑黍，無取北方爲號。中者，不大不小也，言取黑黍穀子大小中者率爲分寸也。

秠，一稃二米。

案，說文：來麰，一來二縫。秠，一稃二米。疑秠即來牟。

稌，稻。

山海經：糈用稌。

菅，蕢茅。

楚辭離騷經：索蕢茅以筳篿兮。師古曰：蕢茅，靈草也。揚雄傳：又勤索彼瓊茅。

臺，夫須。

吳語：簦笠相望于艾陵。韋昭解：唐尚書云：簦，夫須也。昭謂簦笠，備雨器也。纂文：臺即山莎，名蓑衣草。

⿱艹拳，⿱艹罰。

莔，貝母。

蔡邕述行賦：蘡薁與臺菌兮。

荍，蚍衃。

艾，冰臺。

埤雅云：博物志削冰令圓，舉以向日，以艾承其影，則得火艾，曰冰臺，其以此乎。通志以爲莵葵，非也。

蕇，亭歷。

鴻烈解天文訓：五月爲小刑，薺麥亭歷枯。亭歷或作葶藶。葛洪西京雜記：董仲舒答雨雹問，葶藶死于盛夏，款冬華于嚴寒。

苻、鬼目。 薜，庾草。 蔜，⿱艹嫂⿱艹縷。

離南，活莌。

活莌，通脱木也。本草：通草，一名附支，山海經升山多寇脱即此。通志：今人謂之通草，其瓤白可愛，婦人取以爲首飾。則自宋時已誤呼通脱木爲通草矣。

蘢，天蘥。須，葑蓯。

陸璣曰：蘢，一名馬蓼，即今之水葒草。

坊記：詩云：采葑采菲，無以下體。鄭注：葑，蔓菁也。陳、宋之間謂之葑，菲，蒠類也。下體，謂其根也。采葑菲之菜者，采葉而可食，無以其根。美則并取之，苦則棄之。孔疏：記者引詩凡有二意。一則云但采其葉，無得并采其下體之根莖，言根莖雖美，不可并取，則是不盡取其利，當遺與于下。二則云無以下體之惡，并棄其葉，據下體有苦惡之時，言交友之道無以一處之惡，并棄其餘事之善。又按，詩傳云葑，須也。陸璣云又謂之蓯，吴人謂葑蓯，蔓菁。幽州人或謂之芥。通雅以須葑蓯爲菰根，非是。

蒡，蘠蒫。

管子地員篇：五浮之土，其種忍蘠，忍葉如藿葉，以長［脱狐茸二字］。

莤，蔓于。

司馬相如列傳：菴蕳軒芋。索隱：郭璞云軒于生水中，今揚州有也。馬融傳：格韮菹于。注：于，軒于也，一名蕕。通志：臭草也，生水中。

菌，蘆。柱夫，摇車。

出隧，蘧蔬。

菰菜中心生白臺，如小兒臂，即此。

蘄茝，蘪蕪。

山海經：洞庭之山，其草多葌、蘪蕪、芍藥、芎藭。郭注：蘪蕪似蛇牀而香。司馬相如列傳：江離，蘪蕪。

漢書音義：江離，香草。蘪蕪，蘄芷也。鴻烈解説林訓：蛇牀似蘪蕪而不能芳。

茨。蒺藜。

本草：蒺藜，一名旁通，一名屈人，一名止行，一名犲羽，一名升推。韓詩外傳：春樹蒺藜，夏不可採其葉，秋得其刺焉。通志：其實有芒刺，行軍之家以鐵象之而布地焉。

蔨葞，竊衣。

今湖南有鬼目草，人過則粘衣，江北呼爲指甲即此。九經文字云：葞，釋文作蘪。王逸九思：蔨蘪兮青葱，正作蘪。

髦，顛蕀。

通志以爲大戟，不知下文蕎邛鉅，乃大戟也。

群芳譜：天門冬，一名顛蕀。

雚，芄蘭。

説文：芄蘭，莞也。沈氏括解詩云：支荚也，芄蘭生荚支出，于葉間垂之如觿狀。陳氏藏器曰：漢高帝用其子傅軍士金瘡，故又名斫合子。

蕁，莐藩。

本草：知母，一名蚔母，一名連母，一名野蓼，一名地參，一名水參，一名水浚，一名貨母，一名蝭母即此。説文：蕁，芜藩也。蕁或從爻作薚。

蕍，蕮。

澤瀉春生苗，多在淺水中，葉似牛舌，獨莖而長，秋時開白花，作叢，似穀精草。

菌，鹿藿，其實莥。

王磐野菜譜：菌，野鹿豆。

薃，侯莎，其實媞。

司馬相如列傳：薛莎青薠。漢書音義：莎，鎬侯也。玉篇：薃，莎草，一名莎侯。

莞，苻蘺，其上蒚。

禮器：莞簟之安，而稾鞂之設。東方朔傳：莞蒲爲席。注：今謂之葱蒲。說文：蒚，夫蘺上也。玉篇：蒲蒚謂今蒲頭，有臺，臺上有重臺，中出黄即蒲黄。案，宿州離山産苻離草，即莞也，漢以此名符離縣。

荷，芙蕖。其莖，茄。其葉，蕸。其本，蔤。其華，菡萏。其實，蓮。其根，藕。其中的。的中薏。

楊雄傳：衿芰茄之緑衣兮。師古注：茄荷字也，見張揖古今字譜。詩國風孔疏：樊光注爾雅引詩有蒲與茄，然則詩本有作茄字者。案，張衡西京賦：蒂倒茄于藻井。注：茄，藕莖也。與經文合。洪氏頤煊曰：案，藝文類聚卷八十二引爾雅作其葉葭，與釋文所見本同。初學記卷二十七引作其葉荷。說文艸部菡、蔄、蓮、茄、荷、蔤、蕅連屬，荷字注：芙蕖葉，是說文所見爾雅本亦有此句，字作荷，與初學記本同。

劉子駿集甘泉宮賦：芙蓉菡萏。陸氏璣曰：未發爲菡萏，已發爲芙蕖。

文選王延壽魯靈光殿賦：緑房紫菂。玉篇：菂，亦作的。埤雅：薏皆倒生兩芽，一成芰荷，一藕荷也，又生一芽爲華。

紅，蘢古，其大者蘬。

即馬蓼草，一曰墨記草，葉中有黑點。鴻烈解地形訓：海閭生屈龍，屈龍生容華。高注：屈龍，游龍鴻也。廣雅：葒，蘢薣，馬蓼也。

莩，薺實。

説文蔛薺實，非也。薺開細白花，結莢如小萍，有三角，莢内細子名莩，四月收。

䕸，枲實。

籩人：朝事之籩，其實麷、蕡。鄭注：蕡，枲實也。賈疏：案，喪服云苴絰，子夏傳云苴麻之有蕡，蕡是麻之子實也。又案，疏：衰裳齊牡麻絰，子夏傳云牡麻者，枲麻也。則枲麻謂雄麻也。若然，枲麻無實而蕣蕡爲爲枲實者，舉其類耳，謂若圓曰簞，方曰笥不同。鄭注論語云：簞、笥舉類，義同也。五經文字枲從朩，不從木。

枲，麻。

須，葑蓯。

一名諸葛菜。

菲，蒠菜。

詳見須葑蓯條下。

蕢，赤莧。

易夬：九五，莧陸夬夬。孔疏：董遇云：莧，人莧也。陸，商陸也。管子地員篇：蘉下于莧，莧下于蒲。列子天瑞篇：老韭之爲莧也。博物志：取鼈挫令如碁子，大擣赤莧和合，厚以茅苞，投地中經旬，鱉鱉盡成鼈也。案，莧有六種，赤莧、白莧、人莧、紫莧、五色莧、馬齒莧。

蘠蘼，虋冬。

通志：蘠蘼曰滿冬、曰地門冬、曰筳門冬，今名天門冬，葉如絲縷。群芳譜，麥門冬，一名虋冬。

蒿，苻止。

濼，貫衆。

本草圖經：貫衆春生苗，赤葉，大如蕨，又名鳳尾草。

莙，牛藻。

顔氏家訓書證篇：今水中有此物，一節長數寸，細茸如絲，圓繞可愛，長者二三十節，呼爲莙。

蓫薚，馬尾。

玉篇作蓫募，又名葦柳，苗高三四尺，葉大如牛舌，而長莖青赤，至柔脆，夏秋開紅紫花，根如蘿蔔，而長。通志與蓄蓄混爲一，非也。

苹，蓱，其大者蘋。

鄭注周鄭［禮］苹氏：苹氏主水禁，苹之草無根而浮，取名於其不沉溺。

菥，菟葵。

亦名天葵。

芹，楚葵。

可爲菹，周禮芹菹即此。

蕢，牛蘈。

詩小雅鄭箋：蓫，牛蘈也，仲春時生，可采也。通志：今人呼爲禿菜。蓫、禿音訛耳。

藚，牛脣。

廣韻：藚斷，藥名，一曰牛脣，又名水蕮。按，郭注如藚斷，則牛脣非即藚斷矣。

苹，蘋蕭。

司馬相如列傳：薛莎青薠。漢書音義：薛，賴蒿也。匡謬正俗：此蕭自是香蒿，古之祭禮祈用、合脂爇之以饗神者。

連，異翹。

玉篇：蓮，連蘛草。通志：葉似當歸，華似菡萏。

澤，烏蘐。

石經蘐作薞。

傅，横目。

䕡，蔓華。

説文：萊，蔓華。謂䕡也，古萊音䕡。

蔆，蕨攈。

段成式酉陽雜俎：今人但言四角三角曰芰，兩角曰菱。仇池筆記：蔆花開背日，芡花開向日，故蔆寒而芡暖。

大菊，蘧麥。

廣雅：茈葳、陵苕，蘧麥也。日華子云：瞿麥催生。通志：瞿麥曰石竹，其葉細嫩，花如錢可愛，唐人多像此爲衣服之飾，所謂石竹繡羅衣也。

薜，牡贙。

葥，山莓。

葥高四五尺，葉似櫻桃而狹長，四月開小白花，結實如覆盆子，但色紅爲異。陳氏藏器曰：莖上有莿如懸鈎，故又名懸鈎子。

齧，苦。

鄭注内則堇荁云：冬用堇，夏用荁。三十國春秋：劉殷曾祖母王氏，盛冬思堇，殷入澤中慟，有堇生焉，得斛餘。

藫，石衣。

色青綠，蒙茸如菱，即今石耳。陸龜蒙苔賦：散岩竇者曰石髮。或云有石藻者，石上苔衣也，一名蒙茶，以水瀹之，至十度清香不減，多産羅浮山中。

蘜，治蘠。

一名拒霜花。周禮蟈氏：掌去鼃黽焚牡蘜，以灰灑之則死。鄭注：牡蘜，蘜不華者。博物志：菊有二種，苗花如一，惟味小異，苦者不中食。

唐蒙，女蘿。女蘿，菟絲。

山海經注：菟邱，菟絲也。吕子精通篇：人或謂菟絲無根，菟絲非無根也，其根不屬也，茯苓是。鴻烈解説山訓：千年之松，下有茯苓，上有菟絲。高注：茯苓，千歲松脂也，兔絲生其上而無根，一名女蘿也。廣雅：女蘿，松蘿也。兔邱，兔絲也。博物志：女蘿寄生菟絲，菟絲寄生木上，生根不著地。埤雅：蔦是松柏上寄生女蘿，是松上在蔓。又：在草曰菟絲，在木曰女蘿，無葉，有花，白色微紅，香亦襲人，結實如粃豆而細。爾雅翼：女蘿、菟絲寔二物，然皆附木上。女蘿有寄生菟絲上者，釋草女羅菟絲，或亦此義耳。

苗，蓨。

茥，蒛葐。

莖有鉤刺，一枝五葉，葉小，面青背微白，無毛，開白花，四五月寔成。蓬蘽，葉有毛，六七月始開花。本草以蓬藟、覆盆爲一，非也。

芨，堇草。

堇形如烏頭，故名烏頭。有兩歧相合如烏喙，又曰烏喙。冬月採之爲附子。博物志：烏頭、天雄、附子一物，春秋冬夏採各異也。

藏，百足。

菺，戎葵。

古今注：荊葵，一名戎葵，一名芘芣，有紅、有紫、有青、有白、有赤，莖葉不殊，但花色異耳。爾雅翼：其開花自本以漸至末。

蘻，狗毒。

通志：蘻即薊也。

垂，比葉。

蕧，盜庚。

通志：似菊，俗呼金錢花。

茡，麻母。

石經茡作芓。說文：芓，麻母也，從艸、子聲。一曰芓即枲也。玉篇：芓、麻母也，與茡同。則石經不誤。

瓝，九葉。

舍人注：九葉共一莖。

藐，茈草。

藐即紫草，二月開花紫白。廣雅：茈莀，茈草也。

倚商，活脱。

蘵，黄蒢。

夏小正采識説曰：識，草也。金氏履祥曰：識當作蘵。顔氏家訓書證篇：江南有苦菜，葉似酸漿，花或紫或白，子大如珠，或赤或黑，即爾雅蘵黄蒢。今河北謂之龍葵。

蒚車，芞輿。

司馬相如列傳：揭衡蘭。

權，黄華。

王氏談録：文丞相秦亭分遺種之家庭，如苜蓿，尤香，乃牛芸也。

葞，春草。

通雅：葞乃白薇。

蔠葵，蘩露。

葵之小花者名錦葵，吴人呼爲蘩露。案，通志：蔓生繞籬落，葉圓而厚，子如豆，生青熟黑，挼之則色紫。與郭注異，

菋，荎藸。

陶氏曰：今第一出高麗，多肉而酸甜。次出青州、冀州，味過酸，其核并似豬腎。通志：引蔓，寔如珠而赤。

蒤，委葉。

通志：白茅苗初出地者茅鍼。爾雅：蒤，委葉。詩：以薅荼蓼。皆謂茅鍼。此説非也。戴氏震曰：蓼，

陸生者謂之蒤，水生者謂之蔷，即今毛蓼、澤蓼二種。

皇，守田。

爾雅翼：菵米可以爲飯，生水田中，即此。

鉤，藈姑。

廣雅：葵菇、⿰句瓜⿰婁瓜，王瓜也。通志：王瓜曰土瓜，曰藈姑，其根可食，類瓜，故得瓜名。爾雅言鉤藈姑，又言菲芴，又言黃菟瓜，皆謂此也。按，黃，菟瓜。郭注：似土瓜。而土瓜自謂之藈姑，蓋菟瓜別是一種。菲芴亦謂之土瓜，自別是一物。詩所謂米葑米菲者，非此土瓜也。物有異類同名甚多，鄭漁仲誤混爲一。

望，乘車。困，衱袶。

欔，烏階。

石經作攫。

杜，土鹵。

通志：杜能香人衣體，南人以亂細辛。

盱，虺牀。

通典：廣陵郡貢蛇牀子、蛇牀仁。通志：花白，子如黍粒，葉似芎藭而細，亦香。

蔝，蔜。

閻百詩云：璞注雖云未聞，其實雅以蔜釋蔝，即上文之蕿⿱艹縷，璞注今蘩⿱艹縷，或曰雞腸草，是也。

赤，枹薊。

生芽。

中馗，菌，小者菌。

舍人本中馗作中鳩，注云：菟奚名顆東，顆東名中鳩。莊子逍遥遊：朝菌不知晦朔。齊物論：蒸成菌。呂子本味篇：和之美者越駱之菌。博物志：江南諸山郡中，大樹斷倒者經春夏生菌謂之椹，食之有味，而忽毒殺人。

茺，小葉。

苕，陵苕。黄華，蔈。白華，茇。

本草：紫葳即陵霄花。陶隱［脱居字］有云詩有苕之華，郭云陵霄。蘇恭引釋草云苕，陵苕。郭云又名陵霄。按：今注苕一名陵時，本草云而無陵霄之説。據陸機及孔穎達疏義亦云苕，一名陵時。陵時乃是鼠尾草之别名。本草紫葳無陵時之名，而鼠尾草有之。陶、蘇所引，是以陵時誤作陵霄耳。又陵霄在本草入木部，唐白樂天詩：有木名陵霄，擢秀非孤標。通志、通雅皆以陵苕爲陵霄，誤矣。

虋從水生。

薇垂水。

公食大夫禮：鉶芼豕以薇。通志：薇葉如萍。

薜，山麻。

莽，數節。桃枝，四寸有節。粼，堅中。［簢］，祭中。仲，無笐。篙，箭萌。篠，箭。

左思蜀都賦：靈壽桃枝。郭璞江賦：桃枝篔簹。

通志：𥳑，堅中，今人謂之木竹。

贊甯筍譜：篔，筍嫩而節耎薄。

通志：仲，無笐，今之篔簹竹也。

醢人：加豆之實，箈菹。鄭注：箈，箭萌。

賈疏：一名篠箈。與簜同。通志：此箭筍，凡筍類惟箭筍爲美。

枹，霍首。素華，軌鬷。

廣韻：軌鬷，一名素華。

芏，夫王。

芏草出高要，白土村上下數十里坑田皆種之，兩歲三刈，搗軟織席。

綦，月爾。

馬融傳：茈萁芸蒩。其音其，即綦也。廣雅：茈綦，蕨也。通雅亦謂紫綦即紫蕨，與郭注似蕨異。

葴，馬藍。

張衡西京賦：草則葴莎菅蒯。司馬相如列傳：其燥則生葴薪苞荔。爾雅翼：凡物大于其類者多以馬名之，今人言亦然。諸藍之類，菘藍惟堪染青，蓼藍雅作碧色，惟馬藍爲作澱之藍。

姚莖，涂薺。

苄，地黄。

日華子：生者水浸驗，浮者名天黄，半浮半沉者名人黄，沈者名地黄。

蒙，玉女。

玉，石經作王。

拔，龍葛。

拔，五葉如白薟，故又曰烏薟。七八月結苞成簇。花大如粟，黄色。結寔大如龍葵子。

薂，牡茅。

菤耳，苓耳。

本草：葈耳，一名胡葈，一名地葵。即此。陶隱居云：一名羊負來。昔中國無此言，從外國逐羊毛中來。

通志：即卷菜。羅氏願曰：即檀菜。朱子曰：據本草，即今蒼草耳。

蕨，虌。

二三月生芽，拳曲狀如小兒拳，長則展寬如鳳尾，高三四尺。又初生似虌腳，故名虌。朱子曰：薇亦謂之迷蕨，即莊子楚狂所歌迷陽也。

蕎，邛鉅。

即本草大戟。圖經云：苗似甘遂，高大，葉有白汁，花黄，根似細苦參。

繁，由胡。

上蘩皤蒿，邢疏引夏小正傳云：蘩，游胡。游胡，旁勃也。即此。又通雅謂在水者曰游胡，即爾雅之繁由胡，郭云未詳者也。

蒠，杜榮。

稂，童粱。

詩國風毛傳：稂非溉草，得水而病。魯語：馬餼不過稂莠。説文稂作蓈。爾雅翼：稂有寔如黍，故能亂苗。

藨，麃。

蔓小於蓬虆，一枝三葉，葉面青背淡，白而微有毛，開小白花，四月寔熟，紅如櫻桃，俗名薅田藨。

的，薂。購，商蔞。茢，勃茢。

葽繞，蕀蒬。

說文：葽，艸也。詩曰四月秀葽。劉向說此味苦，苦葽也。案：注以爲遠志。博物志：遠志苗曰小草，根曰遠志。世說：謝安曰：處則爲遠志，出則爲小草。或曰葽，即狗尾草。

茦，刺。

玉篇：莿，芒也，草木針也。

蕭，萩。

萩，七由切。詩疏作荻者誤。禮記郊特牲：蕭合黍稷，臭陽達于牆屋。論語所謂蕭牆之內，義取諸此。

薚，海藻。

通志：海藻類紫菜而麄惡，爾雅云：藫，石衣。郭氏云：石髮也。又云：薚，海藻。郭氏云：如亂髮。其說無別。案，海藻形如敝衣，石髮形如亂髮，自是二物。

長楚，銚芅。

廣雅：鬼桃、銚弋，羊桃也。

蘦，大苦。

玉篇：蘦，大苦菜。沈括筆談：此乃黃蘗也，其味極苦，謂之大苦，非甘草也。

芣苢，馬舃。馬舃，車前。

說文：芣苢，一名馬舃，其寔如李，令人宜子，周書所說。案，詩國風孔疏：傳言宜懷妊者，即陸璣疏所云治難産是也。而黃氏日抄云：車前，婦人服之下血，非可治妊。

綸似綸，組似組，東海有之。帛似帛，布似布，華山有之。

左思吳都賦：綸組紫絳。郭璞江賦：青綸競糾，縟組爭映。通雅：綸組，本草不能辯［辨］，但附昆布海藻之條。案：生于水者青綠如髮，海濱之人取裛而食之，綸組即海粉也，紫菜亦其類。此説大非。予聞海珠如蛞蝓，大如臂，所茹海菜，于海濱淺水吐絲，是爲粉。海鮮時或紅，或綠，隨海菜之色而成，安得以綸組冒之。

通志：昆布似布。

芫，東蠡。

張衡西京賦：草則葴莎菅蒯，薇蕨荔芫。

緜馬，羊齒。 萿，麋舌。 搴，柜朐。 蘩之醜，秋爲蒿。 芺薊，其實荂。

蔈荂荼。猋藨芀。

詩國風：有女如荼。既夕記：茵著用荼。周禮掌荼：掌以時聚荼。考工記：鮑人之事，望而眡之，欲其荼白也。吳語：望之如荼。皆此茅莠之荼也。芀，就地蔓生，黃花，謂蛇藨蠶母也。

葦醜芀。

葭華。蒹，薕。葭，蘆。菼，薍。其萌蘿。

戴氏震曰：毛詩傳云：菼，鵻也。蘆之初生者也。蘆字譌，當作萑。孔沖遠不能考正，而溷蘆、菼爲一，非也。夏小正：七月秀萑葦。傳曰：未秀則不爲萑葦，秀然後爲萑葦。故先言秀，又曰萑。未秀爲菼葦，未秀爲蘆，是菼與蘆乃萑葦二物初生之名。凡詩中曰蒹葭、曰葭菼、曰萑葦及今人曰蘆荻，皆並舉二物。蒹菼、萑荻一也，葭、蘆葦，一也。許叔重説文解字多本毛詩，于菼字云萑之初生。然則毛詩轉寫譌失顯然矣。

蕍、芛、蒮、華，榮。

馬融傳：蓶扈蘣熒蓶與芛通。玉篇：蕐古芛字。類篇：芠與芛通，草之華榮也。

卷施草，拔心不死。

卷施，一作卷葹。南越志：甯鄉草多卷施，拔心不死。

菿，茭。

廣韻：藁葦根可食者曰茭。

荄，根。

方言：荄，根也。東齊曰杜，或曰茇。禮樂志：青陽開動，根荄以遂。師古曰：草根曰荄。

攫，橐含。

攫或譌作欔。

華，荂也。華、荂，榮也。

方言：華、荂，晠也。齊楚之間或謂之華，或謂之荂。説文：華，榮也，從艸𠌶。鄭氏曰：𠌶，象華葉垂敷之象。

木謂之華，草謂之榮。不榮而實者謂之秀，榮而不實者謂之英。

郭注山海經引爾雅釋草曰：榮而實謂之蒡。玉篇亦云蒡，不實草。

釋木第十四

梠，山榎。

詩國風有條有梅，條本又作樤。孫炎曰：條，槄也。書舜典孔傳：扑、榎，楚也。學記：夏、楚二物。鄭注：夏，槄也。

栲，山樗。

通雅：樗，臭椿也，一名鬼目，葉脱處樗蒲子類之，故以爲名。

柏，椈。

禮記雜記：暢，臼以椈，杵以梧。孔疏：暢者，謂鬱鬯也。椈，柏也。梧，桐也。謂以柏爲臼，以桐爲杵。擣鬱鬯用柏臼桐杵，爲柏香，桐白潔，爲神爲宜。埤雅：椈性堅緻，有脂而香，故古人破爲臼以擣鬱。

髡，梱。

椵，柂。

椵從段，與下櫠椵音檟者不同。

梅，柟。

案，此梅柟乃似豫章者，郭注以似杏實酢解之，誤矣。柟與楠同，南方之木，故字從南，其葉經歲不凋，新陳相換，幹甚端偉，高者十餘丈，巨者數十圍，氣甚芬芳，爲梁棟器物皆佳。山海經：虖勺之山，其上多梓柟。郭注：柟葉似桑。子華子晏子篇：豫章楩楠之可以大蹠者，必在夫大山穹谷孱顔嶇岨之區，扶劚之，掎摭之，剝削之，苟不中于程度，則有虎狼、蛟黿、虺蜴之變，雷霆、崩墜、覆壓之虞。陸賈新語：夫楩柟豫章，天下之名木。張衡西京賦：木則樅栝椶柟。劉子激通篇：楩柟鬱蹙以成錦縟之瘤。劉氏書年曰：此非郭璞原注也。文選李注引爾雅曰：梅，柟。郭曰：柟木似水楊。唐時郭注如此。郭又注南山經云：枏，大木，葉似桑，音南，今作楠，爾雅以為梅。（編者按，原注：今本誤枏）是郭不以為似杏實酢矣。

今本係淺人所改。

柀，煔。

本草：彼子。唐本注云：此彼字當木傍作皮，柀仍音彼。爾雅云柀。一名杉。葉似杉，木如柏，肌軟，子名榧子。或云柀即沙木，結寔如楓寔，其木有赤白二種。赤杉寔而多油，白杉虚而乾燥。爾雅翼云：柀似煔而異，釋木蓋以類相附也。柀既有文彩，又勁于銀杏，其木自有牝牡。牡者華而牝者自寔，寔有皮殼，大小如棗短，而去皮殼可生食，即榧也。

櫠，椵。

說文：椵，木，可作牀几。通志：櫠，椵，即大柚也。或言櫠即枳，蓋江北無橘，所以爾雅只載枳柚。此言非是。爾雅所載，豈盡無南方所産乎。爾雅翼：椵似桐而多陰，人參生其下。

杻，檍。

山海經：甘棗之山，其上多杻木。考工記：凡取幹之道，柘爲上，檍次之。張衡南都賦：柍柘檍檀。

楙，木瓜。

陶隱居云：人于轉筋時，但呼其名，及書木瓜字于其上，輒愈。蓋望梅止渴，書楙緩筋，理有固然者。

椋，即來。

廣韻：棶、椋，木名。

栵，栭。

栵一名㯢。玉篇：栭，栗也。廣韻：楚呼爲茅栗。通志：二三寔作一捄，似栗而小。

檴，落。

許慎以爲㮠，顔師古以爲樺，鄭樵以爲赤檉，未許孰是。

柚，條。

樹有刺，冬不凋，葉青、花白、子黄，與橘相似而大，最大者曰𨰝柚，小曰邐柚。説苑奉使篇：晏子曰：賜人主前者橘柚不剖。埤雅：執錫分銀操橙證柚。又：橘柚凋于北徙。廣志：成都柚大如斗。

時，英梅。

通雅云：爾雅三釋梅，時英正言梅花之梅，與詩摽梅同。

楥，柜柳。

馬融傳：柜柳楓楊。玉篇：栁，柜柳。通志：鳥臼曰楥，曰柜柳，葉可染皂，子如[可]壓油。

張登封師曰：説文木部無楥字（按，説文木部：楥，履法也。不作木名。），而柳椶柜木也，渠容切。據此，則楥為椶之誤。陸德明釋文楥音袁，又于眷切，恐係望文為音。（編者按，原注：今本栁半誤從卯，亦非。説文：枊，馬柱。吾浪切，非木名。）

栩，杼。

一名橡，三四月開黄花，八九月結實。説文：其實皁，一曰樣。徐曰：亦栗屬也。

蒔，荎著。

蒔，石經作蒔[味]。

樞，荎。

樞，石經作藲。陸璣草木疏：榆有十種，葉皆相似，皮及木理異耳。爾雅釋榆者三，一曰藲荎，一曰無姑其實夷，一曰榆白枌。

杜，甘棠。

賈氏思勰曰：梨一核十餘子、種之生一二梨，餘皆生杜，今棠梨也。戴氏震曰：杜之甘者曰棠。

狄，藏槔。貢，綦。

狄，玉篇作梑。藏，石經作臧。槔，舍人本作皋，樊光本作格。

杌，繫梅。

杌，一名山樝，一名山裹，果子味似樝，九月熟，核狀如牽牛子，色白微映紅，甚堅。

朻者聊。

魄，榽橀。

榽橀俗呼朴樹。詩國風孔疏：陸璣疏云：檀木皮正青滑澤，與繫迷相似，又似駮馬。駮馬，梓榆。故里語曰，斫檀不諦得繫迷，繫迷尚可得駮馬。繫迷，一名挈橀。案，挈橀即榽橀。

梫，木桂。

山海經：招摇之山多桂。王會篇：自深桂。孔晁注：自深，南蠻也。左思蜀都賦：其樹則有木蘭梫桂。按，桂有三種。葉如柏、皮赤者爲丹桂。葉似柹、皮嫩而卷成筒、醫所用肉桂桂心者，爲菌桂。葉似枇杷者爲牡桂。梫即牡桂，出潯州，三四月開花，全類茱萸，九月成寔。

棆，無疵。

通志：釣樟曰棆，亦樟之類也。

椐，樻。

山海經：虢山多桐椐。

檉，河柳。

檉一名朱楊。詩大雅：其檉其椐。劉子適才篇：夫檉柏之斷也，大者爲之棟梁，小者爲之椽桁。酉陽雜俎：涼州有赤白檉。通志：其材可卷爲盤合。爾雅翼：檉葉細如絲，婀娜可愛。天將雨，檉先起氣以應之，故一名雨師而從聖。

旄，澤柳。

通志：杞柳亦曰澤柳，可爲栝棬者。

楊，蒲柳。

山海經：風雨之山多楊。詩國風：不流束蒲。毛傳：蒲，草也。鄭箋：蒲，蒲柳。孔疏：箋以首章言薪，下言蒲楚，則蒲楚是薪之木名，不宜爲草，故易傳以蒲爲柳。陸璣疏曰：蒲柳有兩種。皮正青者曰小楊。其一種皮紅者曰大陽。其葉皆長廣似柳葉，皆可以爲箭幹。小雅：楊柳依依。毛傳：楊柳，蒲柳也。

權，黄英。輔，小木。

杜，赤棠，白者棠。

通志：此别棠梨赤白之異也。

諸慮，山櫐。

管子地員篇：五藟之土，其種櫑葛。圖經：藟延木上，葉如蒲萄而小。湛若云：諸慮即柘藟。韻會引經文櫐作虆，云江東謂虆莫爲千歲，藤大者如碗，故字從木，其形蔓似草，故從草，在草木之間也。

欇，虎櫐。

杞，枸檵。

本草：枸杞，一名杞根，一名地骨，一名枸忌，一名地輔。易央卦：九五，以杞包瓜。王注：杞生于肥地。孔疏：王氏蓋以杞爲今之枸杞也。山海經：虖勺之山多荆杞。郭注：杞，苟杞也。廣雅：地筋，枸杞也。廣韻：苟杞，春名天精子，夏名苟杞葉，秋名卻老枝，冬名地骨根。王氏應麟曰：杞有三，詩云無折我樹杞，生水旁，樹如柳，柳屬也。南山有杞、在彼杞棘，梓杞也。集于苞杞、言采其杞、隰有杞桋，則此枸檵也。群芳譜：六七月開小花，淡紅紫色，隨結實，生青熟紅。

杬、魚毒。

說文：杬，魚毒也，從艸、元聲。急就篇注：芫華一名魚毒，漁者煮之，以投水中，魚則死而浮出，故以爲名。其根曰蜀桑，其華可以爲藥。芫字或作杬。爾雅曰，杬，魚毒。郭景純解云，大木産南方，皮厚汁赤，堪作藏卵果。此説誤耳。其生南方、用藏卵果者，自別一杬木，乃左思吳都賦所云緜杬杶櫨者耳，非此毒魚之杬也。

檓，大椒。

檓即今花椒。應劬［劭］曰：皇后稱椒房，以椒塗壁，取其溫也。通志：秦椒曰檓，田野人呼爲樛子。

楰，鼠梓。

鼠梓似山楸而黑。

楓，欇欇。

楓，厚葉弱莖，大風則鳴。論衡：楓桐之木生而速長，故其皮肌不能堅剛。張衡南都賦：楓柙櫨櫪。李善注引爾雅曰：楓，欇。孫炎云：欇欇生江上，有奇生枝高三四尺，生毛，一名楓子，天旱以泥泥之即雨。廣韻：子可爲式。爾雅翼：楓上有菌，食之令人善笑不止。洪氏頤煊曰：說文：楓，一名欇。文選上林賦張揖註：楓，欇也。皆不重欇字。

寓木，宛童。

宛童多生楓、槲、櫸、柳、水楊等樹上。山海經：龍山上多寓木。郭注：寄生也。通志：寄生有兩種。大者葉如石榴，小者葉如麻黃。其子皆似。大者曰蔦，小者曰女蘿。

無姑，其實夷。

櫟，其實梂。

櫟，一名橡栗，即芧栗，莊子所謂狙公賦芧者此也。舍人注：栗寔名梂也。爾雅翼：櫟可以爲車轂木，不出火，惟櫟爲然，應陰氣也。

檖，蘿。

玉篇蘿作欏。詩孔疏引經文云：檖，赤羅。埤雅：檖木文細密如羅，故曰蘿。

楔，荆桃。旄，冬桃。榹桃，山桃。

楔，一名朱櫻，一名朱桃，一名牛桃。張衡南都賦：其木則檉松楔㮫。爾雅翼：果熟最先，故仲夏以含桃先薦。西京雜記列櫻桃、含桃爲二種，非也。

旄，一名雪桃，花紅、形圓、色青，肉粘核，味甘酸。廣中有冬桃，似橄欖而圓。

山海經：邊春之山多桃李。郭注：山桃、榹桃子小，不解核也。左思蜀都賦：榹桃函列。案，榹桃小而多毛，核粘味惡，不堪食，其仁充滿，多脂，可入藥，即毛桃也。

休，無實李。座，接慮李。駁，赤李。

石經座作痤，接作椄。玉篇作⿰木痤櫖李。爾雅翼：座李肉厚而乾，與核相離駁，則李之赤而有水者。

棗、壺棗，邊要棗。櫅，白棗。樲，酸棗。楊徹，齊棗。遵，羊棗。洗，大棗。煮，填棗。蹶洩，苦棗。皙，無實棗。還味，棯棗。

壺，玉篇作⿰木壺。

酸棗小而圓，如芡，無大樹，寔生青熟紅，皮薄核大。仁堪入藥，通志今藥家所用酸棗仁是也。

通鑑：唐大中中，王式爲安南都護，至交趾，樹芀［艻］木爲柵，可支數十年。胡三省注：其字從艸、從刀〔力〕，讀與棘同，羊矢棗也。此木可以文久。還味，玉篇作檈味。

櫬，梧。

陸氏佃曰：今人以其皮青，號曰青桐。通雅以爲皮白有子者是。二説不同。案，郭注與下榮桐木爲一木。

樸，枹者。謂櫬，采薪。采薪即薪。

棪，槤其。

郭注山海經：棪，别名連。説文：棪，遬其也。箋曰：與欖同，今江南呼青果。此説與注疏作赤色者不同。

劉，劉杙。

通志以爲石榴，云劉與榴通用。通雅駁之云：漢以前六經無此名，自張騫使外十八年，始得塗林安石榴。然爾雅所採，不必盡出中國。榴本名若榴，因自安石來，故改名石榴。一物數名者多矣，當從通志爲是。

櫰，槐大葉而黑。

春秋説題辭：槐木者，虚星之精也。鴻烈解氾論訓：老槐生火。埤雅：老槐當夏間，忽起火自燒，所謂極陰生陽者也，其根又可作神燭。

守宫槐，葉晝聶宵炕。

爾雅翼：按説文：枼，木葉摇白，從木聶聲。則聶乃開之義。又：炕，乾也，木葉近火而乾，則當相合。然則，郭氏之説正反之耳。今江東有槐，晝開夜合者謂之合昏槐。

槐小葉曰榎，大而皵，楸。小而皵，榎。

椅，梓。

管子地員篇：五沃之土宜白梓。廣韻：椅，木名，梓寔桐皮。通志：詩云椅桐梓漆，注疏家不能别椅是岡桐，桐是梧桐，梓似楸，别是一物。爾雅謂之椅，梓。誤矣。又，陸璣謂楸之疏理白色而生子者爲梓。齊民要術云：白色有角者爲梓，無子爲楸。是皆不辨楸梓也。梓與楸自異，生子不用角。

桋，赤楝。白者楝。

詩小雅孔疏：某氏曰：白色爲楝。其色雖異，爲名同。江河間楝可作鞍。

終，牛棘。　灌木，叢木。

瘣木，苻婁。

今詩作壞木。孫盛論魏云：雕剪枝幹，委權異族，勢同瘣木。

蕡，藹。枹遒木，魁瘣。

棫，白桵。

山海經：羭次之山多棫橿。詩大雅：柞棫拔矣。鄭箋：柞，櫟也。棫、白桵也。明係二木，以棫爲即柞者，不可從。又芃芃棫樸，鄭箋：白桵相樸屬而生者，枝條芃芃然。龐懋賢文昌雜錄：兵部杜員外言，今關中有白蕤，棫樸也，芃芃叢生，民家多採作薪，且言烟與他木異。嘗取試之，其烟上直如線，高五七丈不絶。

梨，山樆。

梨之山生者曰樆。五經文字：樆，山梨也。

桑辨有葚，梔。

詩國風：無食桑葚。毛傳：鳩食葚過則醉而傷其性。魏略：楊沛爲新鄭長，積乾椹以禦飢。晉書：會稽王道子問西土所出，張天錫曰：桑葚甜甘，鴟鴞革響。

女桑，桋桑。

詩國風七月：猗彼女桑。毛傳：女桑，荑桑也。洪頤煊謂夷古通作雉字，桋桑即雉桑也。孔疏：集注及定本皆云女桑，柔桑，取周易枯楊生荑之義。荑是葉之新生者。與稚桑同義。

榆，白枌。

内則：枌榆。鄭注：榆白曰枌。

唐棣，栘。常棣，棣。

戴氏震曰：唐棣或謂之鬱，或謂之車下李。栘、鬱，蓋語之轉。以栘爲夫栘，説爾雅之疏也，常棣或謂之爵李，或謂之郁李。晉宣室閣銘：華林園中有車下李三百一十四株。車下李即唐棣，薁李即常棣。郁、薁字通。

檟，苦荼。

自秦人取蜀後，始有茗飲之事。孫楚詩云：薑桂荼荈出巴蜀。本草衍義：晉溫嶠上表，貢荼千斤。唐書陸羽傳：羽嗜茶，自此後，荼字始減一畫爲茶。經中荼蒤字凡五見，各有不同，而惟此苦荼屬茶，故説文：荼，苦荼也。徐鉉以爲即今之茶字。

樕樸，心。

詩國風毛傳：樸樕，小木也

榮，桐木。

詩大雅毛傳：梧桐，柔木也。孔疏：梧桐可以爲琴瑟，是柔刃之木，故曰柔木。釋木云：櫬，梧。郭璞曰：今梧桐。又曰榮桐木。郭璞云：即梧桐也。然則梧、桐一木耳。嚴氏粲曰：椅桐梓漆之桐爲白桐，梧桐生矣之桐爲青桐。陳翥桐譜列六種，紫桐、白桐、膏桐、刺桐、赬桐、梧桐。爾雅翼：物之榮者多矣，獨桐名榮者，桐以三月華，在衆木之先，故名桐爲榮。

棧木，干木。

考工記輪人：斬三材。鄭注：轂用雜榆，輻以檀，牙以橿。橿即棧木。

檿桑，山桑。

山海經：陽帝之山，其木多橿杻檿楮。郭注：檿，山桑也。書禹貢：青州貢厥篚檿絲。孔疏：檿絲，是蠶食檿桑所得絲，韌中琴瑟弦也。詩大雅：其檿其柘。鄭語：檿弧箕服。馬融傳：冒檿桑柘。

木，自弊神，立死椔，蔽者翳。木相磨，槸。棤，皵。梢，梢櫂。

弊，又作斃。

荀子非相篇：周公之狀，身如斷菑。楊注：椔與菑同。

樅，松葉柏身。檜，柏葉松身。

水經注：魯連子曰，松樅高千仞而無枝。書禹貢：杶幹栝柏。孔傳：柏葉松身曰栝。張衡西京賦：木則樅栝椶柟。五經文字：栝檜同，宋人動稱檜花。老學菴筆記：亳州太清宮檜花時蜂多，曰檜花蜜。毆[歐]陽守亳詩云：蜂採檜花村落香。大約木犀耳，非此柏葉松身之檜也。爾雅翼：從者合異而爲同，會者聚兩以爲一。故二木合松柏之體而取合從胥會之義。樅大木千仞，無枝，利以爲夏屋，檜性能耐寒。

句如羽，喬。下句曰朻，上句曰喬。如木楸曰喬，如竹箭曰苞。如松柏曰茂，如槐曰茂。

山海經：竹山其上多喬木。郭注：枝上竦者。埤雅：竹性叢生，行鞭深遠，故曰苞。

柷，州木。髦，柔英。

柷石經作祝。

槐棘醜喬，桑柳醜條，椒樧醜梂，桃李醜核。

戴氏震曰：詩：蠶月條桑。鄭箋云：枝落之采其葉也［之字衍］。於辭義不協。條如厥木惟條之條，謂阿那垂條時也。詩：椒聊之實。鄭箋：今一捄之實，蕃衍盈升。内則：三牲用藙。鄭注：藙，煎茱萸也。漢律：會稽獻焉。爾雅謂之樧。爾雅翼：樧，辟毒破氣。

瓜曰華之，桃曰膽之，棗李曰疐之，樝梨曰鑽之。

家語：黍以雪桃，蓋桃有毛，以黍沐之。

樝同柤。山海經：洞庭之山，其多木柤梨。爾雅翼：鑽之，蓋鑽去其心而食之也。

小枝上繚爲喬。無枝爲檄。木族生爲灌。

釋蟲第十五

螜，天螻。

本草：螻蛄，一名蟪蛄，一名天螻，一名螜。

爾雅翼：好夜出，以孟夏鳴，其出入與蚓同時，一名螻蟈，月令所謂螻蟈鳴者也。案，螻蟈，蛙也。蛙即蝦蟆也。

蜚，蠦蜰。

春秋莊公二十九年：有蜚。穀梁傳范注：穀梁説曰，蜚者南方臭惡之氣所生也，象君臣淫佚有臭惡之行。劉歆以蜚爲負蠜也，性不食穀，食穀爲災。劉向以爲蜚色青，近青眚也，非中國所有，南越盛暑，男女同川澤，淫風所生，爲蟲臭惡。師古曰：蜚者中國所有，非南越之蜚，未詳向所説。爾雅翼：今負盤好以清旦集稻上，食稻花，又其氣臭惡，能熯稻使不蓄。

蟦衘，入耳。

考工記：卻行。鄭注：蟦行之屬。釋文：按此蟲能兩頭行，是卻行。劉云：或作衍蚓。衍音延，今曲蟮也。鴻烈解説林訓：昌羊去蚤虱而來蚙窮。高注：昌羊，菖蒲。蚙窮，蚰蜒、入耳之蟲也。劉子利害篇：菖蒲去蚤虱而來蚰蜒。

蜩，蜋蜩。螗蜩。蚻，蜻蜻。蠽，茅蜩。蝒，馬蜩。蜺，寒蜩。蜓蚞。螇螰。

按，埤雅：蜩亦蟬之種，形大而黑，昔人啖之，禮有雀鷚、蜩范是也。爲其變蜕而禪，故一名蟬。列子黄帝篇：見痀瘻者承蜩。

西京雜記：枚乘爲柳賦曰：蜩螗厲響。

韓昌黎集征蜀聯句：始去杏飛蜂，及歸柳嘶蚻。埤雅：一種似蟬而小，緑色，北人謂之蟧，即蚻也。

考工記：以旁鳴者。鄭注：蜩蜺屬。疏：即蟬也，蟬鳴在脅。

方言：蟬大者謂之蟧，或謂之蝒馬，其小者謂之麥蚻，有文者謂之蜻蜻，其雌蜻謂之疋，大而黑者謂之蜻蛓[蜻字衍]，黑而赤者謂之蜺蜩，蟧謂之蓋蜩，蠦謂之寒蜩，寒蜩，瘖蜩也。彼注云：按，爾雅云：蝒者馬蜩。非别名蝒馬也，此方言誤耳。又按：爾雅以蜺爲寒蜩，月令亦曰寒蟬鳴。知寒蜩非瘖者也。廣雅：蟧、蝒，馬蜩也。蛥蚗，蚻也。

蜓蚞據方言，即蟪蛄。家語：違山十里，蟪蛄之聲猶在於耳。按，莊子逍遥遊：蟪蛄不知春秋。桓寬鹽鐵論：獨不見季夏之螇乎，音聲入耳，秋風至而聲無。是皆以爲夏蟬也。離騷：蟪蛄鳴兮啾啾，歲暮兮不自聊。則又爲秋蟬矣。一説春生者死于夏，夏生者死于秋，故曰不知春秋。

蛣蜣，蜣蜋。

舊說蜣蜋轉丸，丸成而精思之而有蠉白者存丸中，俄去殼成蟬。古今注：一曰轉丸，一曰弄丸。

蝎，蛣蝠。

說文作蛣蚍。劉子防慾篇：身之有慾，如樹之蝎。

蠰，齧桑。

廣韻：蠰爾雅云齧桑，蝎也。

諸慮，奚相。

蜉蝣，渠略。

詩國風：蜉蝣掘閱。鄭箋：掘地解閱，謂其始生時也，以解閱喻君臣朝夕變易衣服也。孔疏：此蟲土裏化生。閱者，悅懌之意。掘閱者，言其掘地而生，形容鮮閱也。上言羽翼，謂其成蟲之後，此掘閱舉其始生之時。蟲以朝夕容貌不同，故知喻君臣朝夕變易衣服也。家語：蜉蝣不飲不食。鴻烈解詮言訓：浮游不過三日。高注：浮游，渠略也，生三日死也，漢書王褒傳：蜉蝤出以陰。師古曰：甲患也，好叢聚而生。蝤亦作蝣，其音同也。方言：蜉𧍪，秦晉之間謂之蟝蠀。

蛂，蟥蛢。

考工記：以翼鳴者。鄭注：發皇屬。賈疏：案，蛂蟥蛢即此發皇也。張氏穆曰：黃蛢即發皇。臧玉林曰：案犮、發聲同，古人多通用，故爾雅作蛂，周禮注又作發。據說文，蟜為正字，蛂、發並聲近假借字。

蠸輿父，守瓜。

列子天瑞篇：瞀芮生乎腐蠸。

蟓，蛖螻。不蜩，王蚥。

蛄䗐，强蛘。

石經作姑䗐。戴氏侗曰：籀文𧑗即蛢𧑗，省作强，廣東謂之米牛。洪氏頤煊曰：案姑當作蛄，下文蟔蛄蜇，蛄蜇即蛄䗐，因其色黑，故又名爲蟔。説文：蛄斯，墨也。從虫、占聲。即其證。或改蛄䗐爲姑䗐，非是。

不過，蟷蠰。其子蜱蛸。

蟷蠰，衮人謂之拒斧。莊子人間世：怒其臂以當車轍。韓詩外傳：齊莊公迴車避螳蜋而勇士歸之。月令：仲夏，螳蜋生。鄭注：螳蜋，螵蛸母也。廣雅：䗃蟭、烏洟、冒焦，螵蛸也。爾雅翼：螵蛸所在有之，以桑上者爲佳。朱彝尊日下舊聞引化書云：螳蜋，陶宏景云燕趙謂之蝕肬，今人病贅肬者食之。爾雅刻本誤食厖，藝文類聚刻本誤食耽。予按。本草桑螵蛸一名食肬，而禮記孔疏及通志亦誤作食肬。

蒺藜，蝍蛆。

石經作蒺藜。俗謂之百尺。關尹子三極篇：蝍蛆食蛇，蛇食鼃，鼃食蝍蛆，互相食也。史記龜策列傳：騰蛇之神而殆于即且。正義：即吴公也，狀如蚰蜒而大，黑色。廣韻：蝳蝶、蝍蛆，蜈公。

蝝，蝮蜪。

五行志、董仲舒、劉向以爲蝝，螟始生也。何休曰：始生爲蝝。長爲螽。韋昭亦曰，復陶大抵爲蝗之始生者。

蟋蟀，蛬。

考工記：以注鳴者。鄭注：精列屬。賈疏引經文爲證。時訓篇：蟋蟀居壁。王褒傳：蟋蟀竢秋唫。廣雅：蛩、促織、蚟孫，蜻蛚也。

蟼，蟆。

月令：仲夏反舌無聲。鄭注：反舌，百舌鳥。孔疏：蔡云：蟲鳴［名］，鼃也，今謂之蝦蟆。其舌本前著口側而末嚮內，故謂之反舌。通卦驗云：博勞鳴，蝦蟆無聲。又麋信云：昔于長安中與書生數十共往城北水中取蝦蟆，屠割視之，其舌反嚮後如此，鄭君得不通乎。蟜夙問曰：誠如緯子言爲蝦蟆，五月中始得水，適當聒人耳，何反無聲。此者著時候，今猶昔也，是以知蝦蟆非反舌。反舌鳥春始鳴，至五月稍止，其聲數轉，故名反舌。時候言之，今人識之，故不從緯與俗儒也。或蝦蟆舌性自然，不必爲反舌也。急就篇注：蝦蟆，一名蟼，大腹而短腳。蘇氏頌曰：蝦蟆多在陂澤間，形小，皮上多黑斑點，能跳接百蟲，舉動極急，與蟾蜍在人家者別。

蛝，馬䗃。

皇螽，蠜。草螽，負蠜。蜇螽，蜙蝑。蟿螽，螇蚸。土螽，蠰谿。

詩國風鄭箋：凡物有陰陽情慾者，無不妒忌，惟蚣蝑不耳，各得受氣生子，故能詵詵然衆多。考工記：以股鳴者。鄭注：蚣蝑動股。方言：春黍謂之蚣蝑。郭注：江東呼虴蜢。廣雅：蜙蝑，蝽[虫黍]也。馮氏嗣宗曰：凡經傳直謂之螽者蝗也，凡似蝗不爲災歲時恒有者，通得螽名，故有皇螽、草螽，蜇螽、蟿螽、土螽之別。戴氏震曰：周南，螽斯羽。豳風，五月斯螽動股。螽，草蟲，以股鳴者。斯，辭也。或曰螽斯，或曰斯螽，便文協同。如鷽斯，斯干之類言羽者，于其飛之盛見之。召南：喓喓草蟲，趯趯阜螽。阜，大也，如四牡孔阜之阜。喓喓狀其聲。故槩曰草蟲。趯趯狀其躍，故目之曰阜螽。螽之屬不一，螽其統名也。草蟲，則凡小蟲草生者之通語也。爾雅有皇螽、草螽，蜇螽，蓋因詩辭而別其名類以傅合之。爾雅周秦之際所記，解釋詩書，往往緣辭生訓，以爲盡可證，實則違經矣。

螼蚓，豎蚕。

月令：仲冬蚯蚓結。孔疏：蔡云：結猶屈也。蚯蚓出穴，屈首下嚮陽氣，氣動則宛而上首，故其結而屈也。荀子勸學篇：螾無爪牙之利，筋骨之彊，上食埃土，下飲黄泉，用心一也。楊注：螾與蚓同，蚯蚓也。廣雅：蚯蚓、蜿蟺，引典也。抱朴子博喻篇：蚓無口而揚聲。李石續博物志：蚯蚓長吟地中，江東謂之歌女。古今注：蚯蚓一名曲蟺，或謂之鳴砌。廣韻：吴楚呼爲螼蠕。篇海：爾雅：螼蚓，豎蚕。蚕音腆，俗作蠶，非。

莫貈，螳蜋，蛑。

莫，本或作蟆。貈，本又作貉。螳，石經及陸氏本作螳。

虰蛵，負勞。

鴻烈解齊俗訓：蝦蟆爲鶉，水蠆爲蟌蔥。高注：蟌蔥，青蛉也。音矛、音務。廣雅：蜻蛉、蝍蛉，倉螘也。古今注：蜻蛉一名青亭，一名胡蝶，色青而大者是也。小而黄者曰胡梨，一曰胡離。小而赤者曰赤卒，一名絳𧑬，一名赤衣使者。好集水上，亦名赤弁丈人。埤雅：其翅輕薄如蟬，取蚊蝱食之，遇雨即多好集水上欻飛。爾雅翼：水蠆化爲青蛉，青蛉相交還于水上，附物散卵後爲水蠆。

蛅，毛蠹。

即本草斑蝥。

螺，蛅蟴。

本草：雀甕，一名躁舍，生樹枝間，蛅蟴房也。陶隱居云：此蟲多在石榴樹上，其背毛螫人。生卵形如雀子，大如巴豆。唐本注此物紫白間斑狀，似硨磲文可愛。按，爾雅翼：今俗呼楊瘌蟲，老則吐汁自裹，久漸堅凝，就其中作蛹，謂之蛅蟴房，一名雀甕。既久，出而爲蛾，復孚子于葉間。或者乃謂雀甕爲蛄蟴之卵，非也。

蟠，鼠負。

本草：鼠婦，一名負蟠，一名蛜蝛。説文：蟠，鼠婦也。通志：瓮底白粉蟲也。

蟫，白魚。

鄭注周禮蠹物云：穿食器物者，蠹魚亦是也。賈疏：書内有白魚及白蠹，食物書。爾雅翼：蟫始則黄色，既老則身有粉，視之如銀，故名白魚。

蛾，羅。

詩國風集傳：蛾，蠶蛾也，其眉細而長曲。家語：食桑者有緒而蛾。古今注：飛蛾善拂燈，一名火花，一名慕光。

螒，天雞。

天雞在莎草中，翅内盡紅。爾雅翼：有青褐兩種，率以六月振羽作聲，連夜札札不止，其聲如紡絲之聲，故一名莎雞，一名絡緯。

傅，負版。

負版即蝜蝂。柳子厚集：蝜蝂者，善負小蟲也。行遇物輒持取，昂其首負之。背愈重，雖困劇不止也。其背甚澀，物積因不散，卒躓仆不能起。人或憐之，爲去其負。苟能行，又持取如故。又好上高，極其力不已，至墜地死。

强，蚚。

通志：牛蝱，蠅類，噉牛馬血。

蛶，螪何。

説文作蝸何。玉篇作蝸蚵。釋文：蚵，本或作抲。何，本或作何作蚵，音河。

蜆，蛹。

蠶化爲蛹，蛹化爲蛾。荀子賦篇：蛹以爲母。蔡邕短人賦：繭中蛹兮蠶蠕。

蜆，縊女。

釋名：縊，阨也，阨其頸也。

蚍蜉，大螘，小者螘。蠪，朾螘。螱，飛螘，其子蚳。

學記：蛾子時術之。鄭注：蛾，蚍蜉也。蚍蜉之子微蟲耳，時術蚍蜉之所爲，其功乃復成大垤。螘，俗作蟻。韓非説林篇：蟻壤一寸而仞有水。通志：大螘即馬蟻，小螘即小黄蟻，以其種極多，故專其名。

玉篇：虰，蠪虰也。廣韻：虰同朾。

粤東白蟻能嚙銀，老則生翅，善飛，名曰螱。爾雅翼：螱，螘之有翅者，蓋柱中白螘之所化也。

内則：腶脩蚳醢。周禮醢人：祭祀共蠯嬴蚳，以授醢人。魯語：蟲舍蚳蝝。張衡西京賦：蚳蝝盡取。通志：蚳似飯粒，可爲醬。

次蟗，鼅鼄。鼅鼄，鼄蝥。土鼅鼄，草鼅鼄。

賈誼新書諭誡篇：蛛蝥作網，今之人修緒。太元經：蜘蛛之務，不蠶之綸。三國志管輅傳：輅射覆，卦成曰，第三物觳觫長足，吐絲成羅，尋網求食，利在昏夜，此鼅鼄也。西京雜記：蜘蛛集而百事喜。埤雅：蜘蛛布網如罾，其絲右旋。今磨旋蔓生皆隨右而轉，亦自然之理。戴氏震曰：次當讀爲鼅，蟗音牟，譌作蟗，不成字。

土蠭，木蠭。

孝經援神契：蠭蠆垂芒，爲其毒在後。博物志：細腰無雌蜂類也。陸氏佃曰：其毒在尾，垂穎如鋒，故謂之蜂。爾雅翼：黄色細腰者謂之稺蜂。又：蜜蜂一日兩出而聚鳴，號爲兩衙。

蟦，蠐螬。蝤蠐，蝎。

列子天瑞篇：烏足之根爲蠐螬。方言：蠐螬謂之蟦，自關而東謂之蝤蠐，或謂之蛬蠾，或謂之蝖蟗，梁益之間謂之蛒，或謂之蝎，或謂之蛭蛒，秦晉之間謂之蠹。論衡無形篇：蠐螬化爲腹育，復育轉而爲蟬。晉書盛彦傳：彦母失明，婢取蠐螬炙飴之。博物志：蠐螬以背行快于足。埤雅：蝤蠐即木中蠹蟲，故古者譖從中起謂之蝎譖。蔡氏卞曰：蝤蠐，桑蟲也。食桑之腴，故色白而體柔。

蛜威，委黍。

蛜，石經作咿。詩國風：伊威在室。孔疏：説文云：委黍，鼠婦也。陸璣云：伊威，一名委黍，一名鼠婦，在壁根下、甕底中生，似白魚者是也。

蟰蛸，長踦。

劉子鄙名篇：野人晝見蟢子者，以爲喜樂之瑞。古今注：長跂，蟰蛸也。

蛭蝚，至掌。

本草：水蛭，一名蚑，一名至掌。唐本注云：此物有草蛭、水蛭，在深山草上，人行即縛著脛股不覺，遂于肉中産育。

國貉，蟲蠁。

左思蜀都賦：景福肸蠁之［而］興作。注：如蟲群起而多。或曰蠁，善令人不迷。

蠖，蚇蠖。

易繫辭孔疏：尺蠖之蟲，初行必屈者，欲求在後之信也。考工記：麋筋斥蠖灂。鄭注：斥蠖，屈蟲也。賈疏：弓背若用麋，其灂文如斥蠖文。亢倉子政道篇：猶蠖屈之于葉也，食黄則身黄，食蒼則身蒼。廣雅：尺蠖，蠙蚭也。晉書張協七命：尺蠖動而成響。文選王褒洞簫賦：蟋蟀蚸蠖。蚑行喘息。爾雅翼：尺蠖，屈伸蟲也。如人以指度物，移後指就前指之狀，古所謂布指知尺者，故謂之尺蠖。果蠃［蠃］，蒲盧。螟蛉，桑蟲。

山海經：青要之山多僕纍、蒲盧。郭注：僕纍，蝸牛也。爾雅曰蒲盧者，螟蛉也。鄭注中庸蒲盧云：蒲盧、蜾蠃，謂土蜂也。蒲盧取桑蟲之子去而變化之，以成爲己子。政之于百姓，若蒲盧之于桑蟲然。孔疏：善爲政者化他民以爲己民，若蒲盧然也。黄氏日抄云：解頤新語謂取蜾蠃之巢視之，有細卵如粟，寄螟蛉之身以育之，久則螟蛉枯而卵自爲蜾蠃之形，非以螟蛉之子爲子也。戴侗云：嘗親見蠮螉負螟蛉入筆管，有兩蠮螉互飛而共營之，非獨陽無子也。

蝎，桑蠹。

熒火，即炤。

詩國風毛傳：燿燿，燐也。燐，熒火也。孔疏：釋蟲、本草諸文皆不言熒火爲燐。淮南子云久血爲燐，許慎云謂兵死之血爲鬼火，然則燐者鬼火之名，非熒火也。陳思王熒火論曰：詩熠燿宵行，章句以爲鬼火，或謂之燐，未爲得也。天陰沈數雨在于秋日熒火［入］夜飛之時也，故云宵行。然腐草木得濕而光，亦有明驗。衆説並爲熒火，近得寔矣。然則毛以熒火爲燐，非也。案，廣雅：景天、熒火，蟒也。古今注：螢火，一名耀夜，一名景天，一名熠燿，一名丹良，一名燐，一名丹鳥，一名夜光，一名宵燭，腐草爲之，食蚊蚋。則熒火亦有燐名，燐非專指鬼火也。埤雅：一名挾火，一名據火。黄氏日抄：腐草化螢，乃螢宿其子于草上成形，則自腐草而出，故杜詩云：幸因腐草出。詩傳謂宵行，夜行喉下有光如螢，則宵行非即螢火也。

密肌，繼英。

廣韻：密虮，蟲名。

蚅，烏蠋。

蠋，本作蜀。爾雅翼：蠋雖蠶類而不食桑。詩乃稱烝在桑野者，葵藿之下亦桑野之地也。蠶致養于人，萬百爲族。蠋則獨行，故以比敦然獨宿者。

蠓，蠛蠓。

荀子勸學篇：醯酸而蜹聚焉。列子天瑞篇：醯雞生乎酒。周本紀：蜚鴻滿野。索隱：按高誘曰：蜚鴻，蠛蠓也。郭璞曰：蠓飛磑則天風，舂則天雨。言蠛蠓將風則旋飛如磑，一上一下如舂則雨矣。揚雄傳：浮蔑蠓而抴天。通志：似蜹而小，斜陽則群聚鬭飛。

王，蛈蝪。

蛈蝪，聲轉爲顛當。鬼谷子謂之蛈母，金樓子謂子鈎槖駝，即土中結網之蜘蛛也。秦中兒謠曰：顛當顛當牢守門，蠮螉寇汝無處奔。

蟓，桑繭。雔由，樗繭、棘繭、欒繭。蚢，蕭繭。

爾雅翼：蟓，野蠶，不養于人、就桑食葉作繭者。比家蠶小而行疾。古者稱野蠶成繭以爲瑞。若蟓者，歲未嘗無，但成繭者，言其成熟如家繭。

翥醜罅，螽醜奮，强醜捋，蠭醜螫，蠅醜扇。

翥醜，蟲之有甲角者，齧桑類。罅，張拆也，其僻在乎張角拆甲。玉篇作⿰土虖。

詩國風：五月斯螽動股。言斯螽股成而奮迅之也。

强醜捋，即上文强蚚。疏云：好自摩捋者。

方言：蠅，東齊謂之羊，陳楚之間謂之蠅，自關而西、秦晉之間謂之蠅［羊］。說文：扇，蠅醜搖翼。

（按：扇、說文作蝙，云：蝿醜蝙，搖翼也。）

食苗心，螟。食葉，蟘。食節，賊。食根，蟊。

京房易傳螟篇：臣安祿，兹謂貪。厥災蟲，蟲食根。德無常，兹謂煩。蟲食葉，不絀無德。蟲食本，與東作爭。兹謂不時，蟲食節。蔽惡生孽，蟲食心。按，此總附于螟，不分蟘、賊、蟊等名，與經文異。

有足謂之蟲，無足謂之豸。

鄭注周禮亦犮氏云：主除蟲豸自埋者。

釋魚第十六

魚字下四點即火字。說文作𩵋，水蟲也，象形，魚尾與燕尾相似。徐鍇曰：下火象尾，非水火之火。段氏解字謂其尾皆枝，故象枝形，非從火也，與徐氏之義同。愚考易姤卦包有魚，虞氏注巽之初為魚，蓋巽下斷有魚尾之形也，則魚象形之說非無本矣。然考內經素問，言魚熱中，家語言魚生於陰而屬陽，醫家丹經朱氏謂諸魚在水無二息之停，皆能動風、動火，則魚字亦可以火，不必泥於象形矣。庖犧畫卦，以坎為水，坎中有一陽火，即水中之火。魚之游泳於水中，正其具火之性而可以勝水者也。彼南方飛鳥屬火，而魚亦可以與之為類，故文鰩有翼能飛。（編者按，原注：說文：文鰩，魚名，能飛，見山海經。）况魚尾雙尖，亦有火之形，安知蒼頡造字不以此為象形乎。濂案，韓詩魴魚赬尾，王室如⿰火尾，雖則如⿰火尾，父凶兒還。韓詩章句曰：赬，赤也。燬（編者按，原注：案當作⿰火尾）烈火也。說文：⿰火尾，火也。玉篇⿰火尾同燬。⿰火尾、燬音義同，江氏以魚尾雙尖，象火之形亦信。

鯉。

江氏藩曰：鯉從里，何也。說文云里、居也，言人所居之地皆有此魚，故從里。邵氏正義云，今鯉處處有之，是所居皆有鯉也。說文以鯉為鱣何也。蓋鱣從亶字，說文訓為多穀。穀字訓善。鯉三十六鱗，合陰爻之全數而獺祭之，豈非多善者乎，故鱣鯉互訓爲一物耳。

玉篇：鯉，今赤鯶。爾雅翼：唐律，取即放，佩用魚符亦取象于鯉。古云鯉脊中鱗一道，每鱗有小黑點，文皆三十六鱗。案：是脇正中一道耳，非脊也。

鱣。

山海經：孟子之山，其上有水出焉，名曰碧陽，其中多鱣鮪。鴻烈解氾論訓：牛蹏之涔不能生鱣鮪。抱朴子清鑒篇：彗星出則知鱣魚之將死。古今注：鯉之大者曰鱣，鱣之大者曰鮪。水經注：爾雅曰：鱣，鮪也。出鞏穴，三月則上渡龍門，得渡爲龍矣，否則點額而退。

江氏藩曰：正義引陸璣疏云：鱣大者千餘斤，可烝爲臛，又可爲酢，魚子可爲醬，是亦魚之多善者也。

鰋。

江氏藩曰：說文本作鰋、鮀也，鰋從匽，何也。說文云：匽，安也。天下之魚多矣，何獨以安屬鰋乎。釋謂鰋即白魚，史記武王伐紂，渡河中流，有白魚躍入舟中，（編者按，原注：殷人尚白。）是天將以殷之天下與周，正天下治安之兆也。此鰋字所以從匽也。

鮎。

爾雅翼：諺曰：鮎魚上竹。或云鮎出流水者色青白，出止水者青黃，以灘瀨中者爲美。

鱧，鯇。

圖經作黑鱧，埤雅作元鱧，首有七星，夜朝北斗。狀類青魚，有青鯇、白鯇二色，以其食草，又名草魚。洪氏頤煊曰：說文：䲡、鮦。鮦，一曰䲡。詩魚麗毛傳：鱧，鮦也。說文以鱣釋鯉、鮎釋鰋，不應於鱧獨違雅訓。疑毛傳、說文所見爾雅鯇皆作鮦，與郭氏本異。

鯊，鮀。

爾雅翼：鯊魚非特吹沙，亦止食細沙。其味甚美，大者不過二斤，然不若小者之佳。毛氏解詩曰太平然後微物衆多，則鯊是物之微者，與注疏合。然本草圖經：鮀魚生湖畔，形似守宮而大，長丈餘，背尾俱有鱗甲。通雅：身前半闊而扁，後方而狹。陸氏以為狹小，非也。

鮂，黑鰦。

注即白鯈魚。鯈音條，本作鮋，又音由，長僅數寸，形狹而扁，狀如柳葉，性好群游。荀子榮辱篇：鯈䱁者，浮陽之魚也。楊注：字書無䱁字，蓋當爲鮁，鯈魚一名鯈鮁。鴻烈解覽冥訓：不得其道，若觀鯈魚。高注：鯈，小魚也，在水中可觀見而不可得。玉篇：鮂或作鮋。廣韻：鳥化爲鮂，上有細骨如禽毛。正字通：俗呼參條魚。

鰼、鰌。

莊子齊物論：鰌與魚游。荀子富國篇：黿鼉魚鼈鰌鱣以時別一而成群。玉篇：鰌，狀如鱧而小。

鰹，大鮦，小者鮵。

說文：鮦，魚名，一曰鱶也。

魾，大鱯，小者鮡。

山海經：洧水有鱯黽。郭注：鱯似鮎而大，白色也。古今注：白魚雄者曰魾，北人呼鱯，南人呼鮠。水經注：度水有二源，一曰青撿、出佳鱯，二曰濁撿，出好鮒。

鰝，大鰕。

張衡南都賦：駮瑕委蛇。注：瑕與蝦古字通。左思吳都賦罩鰝鰕，注引爾雅曰鰝，大魚。與今文異。水經注引廣州記稱，晉盧循爲刺史，循鄉人與循鰕，鬚長一赤，循以爲虛，責其人乃至東海取鰕鬚四赤，速送示循。爾雅翼：今閩中五色鰕，長尺餘，具五色。

鯤，魚子。

張衡西京賦：摷鯤鮞。

鱀，是鱁。

鱀魚大者長二尺餘，若鋒刃，嘗至廣東南海廟前，謂之來朝。或一年數至，或數十年一至，若來數則人者疫疾。或云南海歲有風魚之災，有烏白二種，來鯫有風，故又曰風魚。

鱦，小魚。

字典引家語：魚之大者名爲鱒鱛。

家語：魚之大者名爲鱃，其小者名爲鱦。古今注：魚子曰鱦，亦曰鯤，亦曰鮇，言如散稻米也。

鮥，鮇鮪。

水經注：崟原邱下有鞏穴直穴，有渚謂之鮪渚。

鮨，當魱。

戴侗六書故：魱似鯿而大，生江海中，四五月大上，肥美而多骨，江南珍之。以共出有時，又謂時魚，別作鰣。何大復稱其銀鱗細骨，是也。

鮤，鱴刀。

山海經：苕水北流，注于其區，其中多鮆魚。郭注：鮆魚狹薄而長，頭大者尺餘，太湖中今饒之，一名刀魚。鄭注周禮貍物云：鱴刀，含漿之屬。賈疏：案爾雅：刀魚，鱴刀也。蜯，含漿。觀此，鄭意鱴刀爲一物，蜯爲含漿，亦一物。孫氏注爾雅刀魚與鱴別，非鄭意。史記貨殖列傳：鮐鮆千斤。異魚圖贊：鮆魚，蝴蝶所化，列蔑長鬚，今太湖有之，大者名刀鮆，小者亦可作鮓。

鱊鮬，鱖鯞。

崔豹所謂青衣魚，世俗所謂鰟魮鯽也。似鯽而小薄，黑而揚赤，或云鱊魚。春時自巖穴出，狀似初化魚苗。宜乾之食以薑醋，曰銀魚，光滑無鱗，表裏明澈。

魚有力者徽。

洪氏亮吉曰：海魚之極大者通名曰鱷。鱷，一作鯨。說文：鱷，海大魚也。春秋傳曰：取其鯨鯢。蓋魚之彊大有力者。鱷，強也。京，大也。羽獵賦即作京魚，非別有一種鱷魚也。濂案，徽即鯨之別名。凡魚之有力者，或名鯨，或名徽，不專指一魚也。淮南王書及玉篇：鯨，魚之王，亦以其強大得名。爾雅：蠚，王蛇。玉篇即作大蛇。明王訓為大，是魚之王即魚之大者耳。集韻采古說，一曰鱷，大魚。雄曰鱷，雌曰鯢。又按，劉逵吳都賦注引說文：［說文當為一說之誤］鯨猶言鳳，鯢猶言凰。

魵，鰕。

玉篇：鰕，魵也，長須蟲也。

鮅，鱒。

身圓而長，青質赤章。詩國風毛傳：九罭緵罟，小魚之網也。鱒魴，大魚也。孔疏：鱒魴非是大魚，言大魚者，以其雖非九罭密網，此魚將不漏，故言大耳，非大于餘魚也。爾雅翼：鱒魚，目中赤色一道橫貫瞳，食螺蚌，多獨行。

魴，魾。

詩國風：魴魚赤尾。毛傳：魚勞則尾赤。孔疏：魴魚之尾不赤，故知勞則尾赤。馬融傳：魴鱮鱣鯿。注：鯿，魴之類也。劉子妄瑕篇：牛躅之涔不生魴鱮。爾雅翼：魴，今之鯿魚也。案，馬融傳分魴鯿爲二，而爾雅翼以魴爲鯽鯿，與郭注同。

鰲，鰊。

埤蒼：鰲、鰊，鯅也。案，此則與上魴鯅爲一物，而通志云：今鰻魚亦呼鰻鰲。

蜎，蠉。

俗呼沙蟲。考工記廬人：刺兵欲無蜎。鄭注：蜎，謂若井中蟲蜎之蜎。鴻烈解説林訓：孑孓爲蟁。高注：孑孓，倒跂蟲也。

蛭，蟣。

賈誼傳：夫豈從蝦與蛭螾。服虔注：蛭，水蟲。説文：齊謂蛭曰蟣。爾雅翼：蛭，一名馬蟥。韻會有石蛭、草蛭、泥蛭等名。

科斗，活東。

山海經：湖水東流，注于食水中，其中多活師。郭注：科斗也。古今注：蝦蟆子尾脱即腳生。廣韻活東作蛞蟗。爾雅翼：蝱蟆曳于水際草上，纏繳如索，日見黑點，至春水時鳴以聒之，則科斗皆出，謂之聒子，古所謂鸛影抱、蝦蟆聲抱者也。

魁陸。

士冠禮：素積白屨，以魁柎之。鄭注：魁，蜃蛤。柎，注也。唐書孔戣傳：明州歲貢淡菜、蚶蛤之屬。

蜪蚅。

郭注未詳，邢氏正義闕。案，洪氏頤煊曰：蝻是蜪字之訛，當屬下鼁䵷蟾諸句讀。説文蝻鼁，詹諸。玉篇蝻、蟾蠩也。皆其證。

鼁䵷，蟾諸，在水者黽。

戴氏震曰：鼁，力竹切。説文單用圥䵷，七宿切。詩用戚䵶，式吏切。詩用施，説文誤以鼁䵷爲一字，當據爾雅正之。詩：籧篨不鮮、籧篨不殄、得此戚施，上文並云燕婉之求。毛傳：籧篨，不能俯者。戚施，不能仰者。鄭箋：籧篨口柔，常觀人顏色而爲之辭，故不能俯者也。戚施面柔，下人以色，故不能仰也。傳本國語，箋本爾雅，考之方言簟或謂之籧苗，其麤者謂之籧篨，蓋粗竹席之用以爲困者，不可使俯之。疾似之。柔者媚也，以言媚人者常仰觀顏色，病若籧篨之不能俯。不鮮，言宣公媚于齊姜，徒有籧篨之狀。見之不鮮，讀如史記數見不鮮。不殄當從箋讀爲腆，腆，善也。儀禮腆字，古文皆作殄。詹諸爲物，狀卑俛，故不可使仰之。疾似之。籧篨、戚施本物名，因以爲疾名而爲口柔、面柔之名。宣公非兼有二疾，狀其媚于齊女可醜而已，言非燕婉之求，徒强爲此態也。

張登封師曰：鼁䵸蟾諸，詩釋文：鼁，起據反，䵸音秋。按鼁䵸當為圥鼀。說文：圥鼀，詹諸也。鼀，七宿切，亦作䵸，說文、玉篇黽部俱無從去之字，唯廣韻有鼁字。然不足為據。䵸既為鼀之別體，斷非𪓿字之訛（編者按，原注：說文，式支切，詩曰得此𪓿䵺。）蓋隸書圥字與去字相近，故譌圥作去而成鼁字。陸氏望文為音，誤矣。（編者按：原注：玉篇：䵸有二音，是䵸雖有秋音，而鼁字之誤則自陸氏始。）今釋文本䵸半又誤從齒，圥、力竹反，在說文屮部。

考工記：以脰鳴者。鄭注：鼃黽屬。賈疏：鼃黽即蝦蟆也。脰，項也，以其項中鳴也。左思魏都賦：句吳與鼃黽同穴。

蜌，螷。

馬刀一名蜌，生江漢，長六七寸。又海蜌即淡菜，生東南海中。鼈人：祭祀共蠯、蠃、蚳，以授醢人。鄭司農云：蠯，蛤也。杜子春云：蠯，蜯也。說文：脩，馬蠯，圜爲蠇。張衡東京賦：蝸蠯與菱芡。

蚌，含漿。

周禮鬯人：凡山川四方用蜃。鄭注：蜃，畫爲蜃形，蜯曰合漿，尊之象。賈疏：蚌、蛤一名含漿則是容酒之類，故畫爲蜃而尊名也。呂子精通篇：月望則蜯蛤實，月晦則蚌蛤虛。

鼈三足，能。龜三足，賁。

案，能，賁。人食之化爲水。張衡東京賦：能鼈三趾。玉篇：能，奴臺切，三足鼈也。爾雅翼：魁下六星，兩兩而比者曰三能，取三足象也。子産稱堯殛鯀于羽山，其神化爲黄能，以入于羽淵，説者亦以爲三足鼈。若從賢能之能讀之，則能乃獸名，熊屬，不當入淵中也。鼈之為言罷也，其狀頳頂而行若罷敝然。故鼈又名能，能即罷也。龜之猶言邱也，其脊高聳有如邱者。左傳射麋麗龜，龜指麋之脊，知龜取義於高，故又名賁。賁者，墳也，亦高義也。爾雅以三足者分釋之、其實能與賁仍鼈與龜，於三足之義無涉。

蚹蠃，螔蝓。

士冠禮：蠃醢。鄭注：螔蝓醢。今文蠃爲蝸。莊子則陽篇：有國于蝸之左角者曰觸氏，有國于蝸之右角者曰蠻氏。

蠃，小者蜬。

易説卦傳：離爲蠃。山海經：槐江之山，邱時之水出焉，其中多蠃母。

螖蠌，小者蟧。

或曰即蟛蜞，似蟛螖而大，似蟹而小，不可食。晉書蔡謨傳：謨初渡江，見蟛蜞，喜曰：蟹有八足加以二螯，令烹之。既食，吐下委頓，方知非蟹。謝尚曰，卿讀爾雅不熟，幾爲勸學死。案，蟛蜞有毒，多食發吐痢，而近海人家食之，以當園蔬，且謂白蟛蜞爲珍品。

蜃，小者珧。

王會篇：且甌文蜃。通雅：䗂薄殼而大，其柱最珍，別作瑶。䗂即所謂江䗂柱也。

龜俯者靈，仰者謝。前弇諸果，後弇諸獵。左倪不類、右倪不若。

周禮卜師：凡卜，辨龜之上下左右陰陽，以授命龜者，而詔相之。鄭注：所卜者當各用其龜也。上，仰者也。下，俯者也。左，左倪也。右，右倪也。陰，後者也。陽，前者也。通雅：左倪不類，右倪不若，二不字通爲丕。

貝居陸贆，在水者蜬，大者魧，小者鰿。元貝，貽貝。餘貾，黄白文。餘泉，白黄文。蚆，博而頯。蜠，大而險。鰿，小而橢。

書禹貢：揚州，厥篚織貝。孔傳：貝，水物。孔疏：釋魚之篇，貝有居陸居水，此州下濕，故云水物。

魧，廣韻作蚢。郭璞江賦：紫蚢如渠。

王會篇：若人元貝。孔晁注：若人，吳越之蠻。元貝，貽貝也。

蠑螈、蜥蜴，蜥蜴、蝘蜓，蝘蜓、守宫也。

考工記：以胸鳴者。鄭注：榮原屬。東方朔傳：上置守宫盂下，朔射之曰，臣以爲龍又無角，謂之爲虵又有足，跂跂脈脈善緣壁，是非守宫，即蜥蜴。師古曰：方言云其在澤中者謂之蜥蜴，故朔曰是非守宫則蜥蜴也。古今注：蝘蜓、一名龍子，一曰守宫，善上樹捕蟬食之，其長細五色者名爲蜥蜴，短大者名蠑螈。通志：小而青者曰蜥蜴，大而黄者曰蝘蜓，最小在牆間砌下者曰守宫，又名歇虎。種類既異，而爾雅釋爲一物，恐未審也。

趺，蝁。

説文：蝁，虺屬。玉篇作蚨蝁。

螣，螣蛇。

山海經：柴桑之山多飛蛇。郭注：即螣蛇乘霧而飛者。鬼谷子本經陰符篇：寔意法螣蛇。荀子勸學篇：螣蛇無足而飛。鴻烈解説林訓：螣蛇游霧而殆于蝍蛆。龜策列傳：螣蛇之神而殆于即且。劉子類應篇：

螣蛇雄鳴于上風，雌鳴于下風。而化成形。抱朴子任命篇：騰蛇不能無霧而電征。案，螣與騰同。

蟒，王蛇。

蝮虺，博三寸，首大如擘。

山海經：猨翼之山多蝮虫。郭注：虫，古虺字。天問：雄虺九首，儵忽焉在。史記田儋列傳：蝮螫手則斬手，螫足則斬足，何者，言害于身也。應劭注：蝮，一名虺。博物志：蝮蛇秋月毒盛，無所蜇螫，嚙草木以泄其氣，草木即死。北史高道穆傳：今若還師，令元顥從完守具，可謂養虺成蛇。顔氏家訓勉學篇：初讀莊子螝二首，韓非子曰：蟲有螝者一身兩口，爭食相齕，遂相殺也。茫然不識螝字何音，後見古今字譜［詁］，是螝字。案，韓非子説林篇作蚘。

鯢大者謂之鰕。

山海經：丹水多人魚，又決決之水多人魚，其狀如䱗魚，食之無癡疾。即此。水經注：鯢魚，司馬遷謂之人魚，故其著史記曰：始皇帝之葬也，以人魚膏爲燭。徐廣曰：人魚似鮎而四足，即鯢魚也。酉陽雜俎：鯢能上樹，天旱輒含水上山，以草葉覆身張口，鳥來飲水，因吸食之。

魚枕謂之丁，魚腸謂之乙，魚尾謂之丙。

一曰神龜，二曰靈龜，三曰攝龜，四曰寶龜，五曰文龜，六曰筮龜，七曰山龜，八曰澤龜，九曰水龜，十曰火龜。

禮器：諸侯以龜爲寶。鄭注：易曰十朋之龜。孔疏：案損卦，六五、或益之十朋之龜。鄭注引爾雅云一曰神龜，郭注此當龜以爲畜在宮沼者。二曰靈龜，注云今江東所云卜龜黄靈、黑靈者，此蓋與天龜靈屬一也。三曰攝龜，注云以腹甲翕然，攝斂頭閉藏之，即當周禮地與四方之龜，知者，以皆有奄斂之義故也。四曰寶龜，即遺我大龜，及樂記曰青黑緣者天子之寶龜，及公羊定公八年龜青純皆是也。五曰文龜，注甲有文采者，河圖云靈龜負書，丹甲青文是也。言靈者，直是神龜之義，非天龜也。六曰筮龜，注云常在蓍叢下者。七曰山龜、八曰澤龜、九曰水龜、十曰火龜，注此皆説龜所處也。大凡神、靈、寶、文、攝，惟五龜［今本作體］而已。此所引郭注較今本更詳。

釋鳥第十七

鄭氏漢勛曰，爾雅自佳其至王睢始凡五種，案：今俗名鳩亦有五種：牛矢斑最大，牛矢色。土斑鳩鳴聲濁，土黃色。金雞斑赤黃色，尾稍長。火胡盧赤色，即布穀。竹雞斑色似竹雞。

佳其，鳺鴀。

摯虞槐賦：春棲教農之鳥，即佳是也。鳺鴀亦作夫不。

鶌鳩，鶻鵃。

詩國風：于嗟鳩兮，無食桑葚。毛傳：鳩，鶻鳩也，食桑葚過則醉而傷其性。張衡東京賦：鶻鳩春鳴。

通志：今謂之鸜鴿。

鳲鳩，鴶鵴。

詩國風毛傳：鳩鳲鳩［上鳩字衍］，秸鞠也。鳲鳩之養其子，朝從上下，莫從下上，平均如一。月令：仲春，鷹化爲鳩。賈疏：鄭云鳩，搏穀者。釋鳥鳲鳩鴶鵴。郭景純云今之布穀也。謝氏云布穀者近之。彼云布，此云搏者，布、搏聲相近。謂之搏穀，以聲呼之。或以爲此鳥鳴，布種其穀。列子天瑞篇：鷂之爲鸇，鸇之爲布穀，布穀之復爲鷂也。廣雅：擊穀、鴶鵴，布穀也。埤雅：一名搏黍，牝牡飛鳴，以翼相拂，不自爲巢，居鵲之成巢，又名鵓姑。

鴗鳩，鵧鴗。

廣韻⿰及鳥鳩鳥，集韻：鵧鳩，小鳥。是也。爾雅翼以爲烏鴓小于烏，而能逐烏。通志：似鸜鴿無冠而長尾。

鴡鳩，王鴡。

或曰鴡鳩，魚鷹也。案，詩國風毛傳謂其摯而有別。古字鷙通用摯。左傳昭公十七年：鴡鳩氏司馬也。杜注：鷙而有別，故爲司馬，主法制。正合郭注，所謂鵰類也。

鵅，鵋鶀。

異物志：鵩如小鷄，與鵋鶀爲一物。

鶅，鵵軌。

一名木鵵鳥，有毛角，夜飛，與下文萑老鵵同。

鴗，天狗。

一名翠奴，本草名魚師，爾雅翼謂之魚狗。

鷚，天鸙。

晉書張載傳：丹穴之鷚。通志：按比雀類似鶉而小長，以其能鳴，故人多養之，俗呼告天，所在寒月有之。

鵱，鷜鵝。

小者爲雁，大者爲鴻，蒼者爲野鵝。野鵝即鵱鷜。

鶬，麋鴰。

鶬似雁而黑，亦呼爲鶬括。顔師古注急就篇：鴰者，鶬也，關西謂之鴰鹿，山東謂之鴰捋，皆象其鳴聲也。又呼爲錯落，亦鶬聲之轉也。裴瑜注爾雅云：是九頭鳥也。

鴰，烏鸔。

本草：烏賊魚。蜀本圖經云：鸔烏所化也，今目口尚在背上。

舒雁，鵝。

張登封師曰：郭注出如舒鴈。今本鴈皆作雁，疏同。説文：雁，鵝也。從鳥人、厂聲。臣鉉等曰：當從雁省聲。雁，鳥也，讀如鴈。臣鉉等曰：雁，知時鳥也，大夫以為贄，昏禮用之，故從人。是從鳥者為鵝，與雁不同。自玉篇大曰鴻、小曰雁，及引月令與白虎通，皆不以鴈為雁矣。

方言：雁自關而東謂之鴚鵝。鴚即駕，古加字讀如哥。爾雅翼：鵝吐乳于水中，然其子飲者終不雜，性絶警，每更必鳴，可以警盜。又養之園林，則蛇皆遠去。

舒鳧，鶩。

曲禮：庶人之摯匹。鄭注：説者以匹爲鶩。孔疏：野鴨曰鶩。鶩不能飛騰如庶人，但守耕稼而已，故鄭注宗伯云：鶩，取其不飛遷。董仲舒郊祀對張湯問：祀宗廟或以鳧當鶩，非鳧可用否。仲舒以爲不可。廣雅謂之⿰耒鳥鷗。贊寧物類相感志：鶏鶩伏卵忌磨，聞礱磨之聲則不生也。爾雅翼：其雄尾有毛，翹起如鈎，大率皆雌鳴乘雄，與他畜異。古人貴鶏而賤鶩，春秋傳公膳日雙鶏，饔人竊更之以鶩是也。

鳽，鵁鶄。

禽經：白鷁相晲而孕，鵁鶄睛交而孕。司馬相如列傳：鵁鶄鹮目。左思吳都賦：留鵁鶄。説文：鵁鶄，一曰鵁鸕。王嘉拾遺記：蜀糜竺家人收鵁鶄數千頭，養池渠中，以厭火。

輿，鵛鷋。

廣雅：鵛雀，怪鳥屬也。玉篇作鸒鵛，鷋。鷋，鳩也。鳩，鳩鷋，鳥名，鳥喙蛇尾。案，今首望山中有蛇，尾

〔脱雀字〕大如鳩。尾似蛇，長尺餘，鳥而蛇尾，亦可怪也。

鵜，鶦鸅。

鵜，一名犂鶘。山海經：沙水南流，注于涔水，其中多鵹鶘，其狀如鴛鴦而人足，其鳴自訆，見則其國多土功。郭注：今鵜鶘足頗有似人腳形狀也。莊子外物篇：魚不畏網而畏鵜鶘。鴻烈解齊俗訓：鵜鶘飲水數斗而不足。五行志：昭帝時，有鵜鶘集昌邑王殿下。魏志：黄初四年，有鵜鶘集靈芝池，詔曰：此詩人所謂汙澤也。爾雅翼：鶦鸅猶洿澤也，洿，抒水也。又：戽斗亦抒水器也。

鶾，天雞。

文選郭璞江賦：其羽族也，則有晨鵠、天雞。通志：按今有吐錦雞，蓋雉類，惟蜀中有之，仰日吐錦甚有文彩，即鶾也。說文：翰曰天雞。即釋鳥之鶾。天雞既屬羽翰之翰，何緣更入釋蟲。螒即曲禮之翰，音韓，則字林所誤載。今則本許義以正郭本郭說。

鷽，山鵲。

一曰山鷽。戴氏震曰：鵲或謂之鳷鵲，漢有鳷鵲觀。或謂之飛駮。山鵲謂之鷽，或謂之鳱鵲，皆烏之屬。故周禮羅氏總謂之烏鳥，季冬始巢，巢嚮太陰，所建面背歲。鄭注司裘職射鵠云：謂之鵠者，取名于鳱鵠，小鳥而難中，是以中之爲儁。注儀禮大射引淮南子：鳱鵠知來。

鸇，負雀。

通志：此即今之小鷂也，蓋鶻類，南方無鷹，惟呼此爲鷹。

鵅，鶀老。

通志：此蓋鴟類，能捕雀，句喙，目圓黄可畏。郟氏漢勛曰：今首望山中有小綠鳥，雨雪時來入房櫳間，昏冥不知出，其癡鳥乎。

鳸，鴳。

鳸，左傳、詩並作扈，説文作雇。晉語：平公射鴳不死。韋昭解：鴳，扈。小鳥也。埤雅以鴳爲鶴，一説鴳即鷃字，莊子所謂斥鷃也。潜夫論交際篇：鶉鷃群游，終日不休，亂舉聚跱，不離蒿茆。

桑鳸，竊脂。

鴻烈解説林訓：馬不食脂，桑鳸不啄粟，非廉也。

鳭鷯，剖葦。

埤雅以桑鳸竊脂、鳭鷯剖葦爲一類，非也。

鳭鷯一作鴮，與下桃蟲爲一物。

桃蟲，鷦，其雌鴱。

俗呼黄脰雀，喙鋭如錐。禽經：鳩拙而安，鷦巧而危。莊子逍遥遊：鷦鷯巢于深林，不過一枝。荀子勸學篇：南方有鳥焉，名曰蒙鳩，以羽爲巢，而編之以髮，繫之葦苕。楊注：蒙鳩，鷦鷯也。説文：鷦䳕也。黄脰雀也○集韻：鷦鷯也。鄒氏漢勛曰：案，今首望山中有山麻雀，似家雀而小，丹首，不家居，殆即黄脰雀也。脰、頸字同，見水經注。

鶠，鳳，其雌皇。

王會篇：西申以鳳鳥，鳳鳥者，戴仁抱義，掖信歸有德，方揚以皇鳥。孔晁注：皇鳥，配于鳳者也。禽經：鳳雄皇雌，亦曰瑞鶠，亦曰鸑鷟，羽族之君長也。荀子解蔽篇：詩曰鳳皇秋秋，其翼若干，其聲若蕭，有鳳有皇，樂帝之心。楊注：逸詩也。秋秋猶蹌蹌，謂舞也。帝，謂堯也。韓詩外傳：皇帝致齊于宫，鳳乃蔽日而至，集帝梧桐，食帝竹實。論衡講瑞篇：案禮記瑞命篇云：雄曰鳳，雌曰皇，雄鳴曰即即，雌鳴曰足足。詩云：梧桐生矣，于彼高岡。鳳皇鳴矣，于彼朝陽。菶菶萋萋，雍雍喈喈。瑞命與詩俱言鳳皇之鳴，瑞命之言即即、足足，詩云雍雍、喈喈，此聲異也。

䳭鴒，雝渠。

詩小雅：題彼鶺鴒，載飛載鳴。禽經：䳭鴒友悌。司馬相如列傳：煩鶩鷛䳜。漢書音義：鷛䳜，似鶩，灰色而雞足。東方朔傳：辟若䳭鴒，飛且鳴矣。說文：雝，石鳥，一名雝䳜，一名精列。廣雅：⿰石鳥、精列、雝䳜，雝也。玉篇：鷛䳜似鳧，一名⿰章鳥䳜。唐書：明皇時，有鶺鴒千數集麟德殿廷樹，翔棲浹日，魏光乘作頌，以爲天子友悌之祥，帝喜亦爲作頌。王應麟玉海頌云：我所息宴，桂宮蘭殿，九月辛酉，雍渠伊見，飛鳴行搖，在原之趣，急難有愔，逼之不云懼。

鷽斯，鵯鶋。

詩小雅毛傳：鷽，卑居。孔疏：鷽，卑居。釋鳥文也。傳或有斯者，衍字，定本無斯字。以劉孝標之博學而類苑鳥部立鷽斯之目，是不精也。周禮羅氏：掌羅烏鳥。鄭注：烏謂之卑居。法言學行之篇：頻頻之黨甚于鸒斯，亦賊夫糧食而已矣。易林：疋居，鶌楚烏，即卑居。古卑與匹近。小爾雅：鵶烏，鷽。張衡東京賦：鵯鶋秋棲。玉篇：鷽⿰斯鳥，雅烏也。通志：多群飛，食穀粟，俗呼必烏鵯，音匹，聲相近。案，斯是詩人協句之言，孔氏見爾雅本無斯字，可證今本字誤。而玉篇斯下作鳥，尤誤。

燕，白脰烏。

燕，象形字。或加鳥者非。或云白脰烏，烏當作鳥。

鴽，鴾母。

玉篇、廣韻皆云鴽，鴿也。

密肌，繫英。

玉篇作⿰密鳥肌，繼英。通志：密肌，爾雅曰繫英。英，雞也，喙啖石英，故得名焉。

巂周。

説文巂字注：巂周，燕也。呂氏春秋本味篇：雋觾之翠。燕字皆屬上句讀。説文失經文之句讀，以周燕釋巂誤矣。異物志：巂周自呼曰謝豹。洪氏頤煊曰，案詩正義引舍人云巂周名燕，燕又名鳦，孫炎云別三名也。郭讀注以巂周句，燕燕鳦句，注引詩云燕燕于飛爲證，誤。鄒氏漢勛曰：今之榨油郎大如燕，黑色，尾長而歧，頭上戴勝，説文巂從屮，象其冠也，殆即此也，然非郭景純之子規也。

燕燕，鳦。

色紫而小者爲越燕，斑黑而聲大者爲胡燕。詩國風毛傳：燕之于飛，必差池其羽。家語：立冬則燕雀入海化爲蛤。列子天瑞篇：燕之爲蛤也。莊子山木篇：鳥莫知于鷾鴯。鷾鴯即燕也。鴻烈解説林訓：大廈成而燕雀相賀。説文：燕，籋口，布翅，枝尾。通志：燕有二種，前言燕、白脰烏，則知此爲紫燕矣。

鴟鴞，鸋鴂。

陳孔璋集檄吳將校部曲文：鸋鴂之鳥巢于葦苕，苕折子破。玉篇：寧鴂亦名飛桑，亦名巧婦。通志：案郭氏説及方言謂是鴟類，據下言茅鴟怪鴟，則此應是鴟，無緣得是巧婦。鄒氏漢勛以景純不從楊、陸之言爲是。詩言綢繆牖戶，即桑飛也。楊所由致誤者，蓋以詩詠鴟鴞取桑飛子、毀桑飛室文義相涉故爾。今俗名此鳥爲焦人子。

狂，茅鴟。怪鴟。梟，鴟。

莊子秋水篇：鴟鵂夜撮蚤察毫末，晝出瞋目而不見邱山。董仲舒郊語篇：鴟羽去眯。埤雅：梟如虎豹而小，始生還食其母，故曰梟獍。案，舊説梟食母，破獍食父，作二物爲是。

鶌，劉疾。

生哺鷇，生噣雛。

魯語：里革曰：鳥翼鷇卵。韋昭解：生哺曰鷇，未乳曰卵。禽經：鷇將生，子呼母應。雛既生，母呼子應。莊子齊物論：其以爲異于鷇者。方言：爵子及雞雛皆謂之鷇。東方朔傳：聲謷謷者，鳥哺鷇也。晉書王澄傳：澄脱衣上樹，探鷇而弄之。木華海賦：毛翼産鷇。抱朴子清鑒篇：鶚鷇有凌鷙之貌。西京雜記：孕雛産鷇。

爰居，雜縣。

急就篇：乘風縣鐘華洞樂。師古注：乘風，一名爰居，一名雜縣，蓋海鳥也。左思吴都賦：鶢鶋避風。張華鷦鷯賦：海鳥鶢鶋，避風而至。

春鳸鳻鶞，夏鳸竊玄，秋鳸竊藍，冬鳸竊黄，桑鳸竊脂，棘鳸竊丹，行鳸唶唶，宵鳸嘖嘖。

通志：竊，古淺字，言其色之淺。唶唶音即，嘖嘖音責，皆其聲然也。或取其毛彩，或取其鳴聲以命名。鳸雖雀屬，皆以時見，亦猶鷹雁然。農家雖其鳴以候時，故又命以四時也。桑鳸，今名臈觜，性慧可教。桑棘之鳸多在是木，故名。行鳸者多在籬落，如雞雉然，不飛去，故名。

鵖鴔，戴鵀。

汴人呼爲夏舌，如燕，黑色，長尾有歧。方言：自關而東謂之戴鵀，東齊海岱之間謂之戴南。南猶鵀也。三國志：張竦告門人曰，戴鵀陽鳥而巢門陰，此凶祥也，乃援琴歌詠。埤雅：男事興而布穀鳴，女功興而戴鵀鳴。爾雅翼：似山鵲尾短，青毛，冠俱有文彩如戴花勝，故呼戴鵀，又稱戴勝。郝氏漢勛曰：月令戴鵟降于桑，今之采桑子，毛冠短尾，食葚而醉，殆即此也。

鷽，澤虞。

鵁鶄之方目者名澤虞，頭有白肉冠，赤足，或謂之鴛鴉。玉篇作䲰，鸐鸕。通志：此鳥亦多在田中，閩人呼爲姑雞。紡，以其聲類紡聲，且聒聒不輟。

鷀，鷧。

水鳥。南方漁舟畜之，令其捕魚。

鷯，鶉。其雄鶛，牝痺。

列子天瑞篇：種有幾若䵷爲鶉。又云：田鼠之爲鶉也。鴻烈解齊俗訓：蝦蟆化爲鶉。徐幹中論貴言篇：鶉鳥之性善近人，飛不峻也，不速也，蹲蹲然似若將可獲也，卒至乎不可獲。或云鵪色黑，無班，始鼷鼠化，終復爲鼠，夏有冬無。鶉毛有班點，始鼷蝦蟆黃魚化，終以卵生，四時常有，今通呼爲鵪鶉矣。

痺，陸本作庳。

鷏，沉鳧。

性好没，故曰沈鳧。說苑：魏文侯嗜晨鳧。論衡：月行十三度。十度二萬里，三度六千里，月一旦夜行二萬六千里，與晨鳧飛相類似也。左思蜀都賦：晨鳧旦至。爾雅翼：唐陸龜蒙稱：冬十月視穫于甫田，夜間有聲，類暴雨而疾至者，一夕凡數四。明，訊其甿，曰，鳧鷖也。其曹蔽天而下，蓋田所當之禾，必竭穗而後去。

鳽頭鵁。

玉篇：鳽，魚鵁也。通志：鳽頭，爾雅曰鵁，與邢疏鳽一名頭鵁異。

鵽鳩，寇雉。

禽經：奪曰鵽。注：如鶉而小，取鳥雀如攘奪也。張衡南都賦：歸雁鳴鵽。異物考：蕃雀即鵽也。新唐書五行志：調露元年，鳴鵽群飛入塞，相繼蔽野。

雚，老鵵。

廣雅：鸛、鵅，老鵵也。通志：疑此即訓狐，以其首似兔，故有此等名。通雅：本草作雚，乃是鸛。古人既不借，今何爲亂之。

鶟鴐鳥。

狂，㝱鳥。

廣韻：狂，鴟屬。

皇，黄鳥。

此鳥冬藏谷中，二月始鳴。荆州志：農人冬月于田中掘二三尺，得土堅圓如卵，破之則鳥在焉，無復羽毛，春始生羽，破土而出。

翠，鷸。

王會篇：倉吾翡翠。翡翠者，所以取羽。左傳僖公二十四年：鄭子臧好聚鷸冠。昭公十二年：楚王翠被。漢書賈山傳：飾以翡翠。應劭曰：雄曰翡，雌曰翠。臣瓚曰：異物志云：翡色赤而大于翠。師古曰：鳥各别類，非雄雌異名也。劉子韜光篇：翠以羽自殘。玉篇：翠鳥鷸，知天將雨也，故知天文者冠鷸。或云粤産翠羽而不珍，故語曰：南海之羽，出疆始珍。羽，翠羽也，其大者毛充貢，小者名水翠，宿食各占磯塘，自銜其尾，日浴水中，乃益鮮，美于山翠，一名魚翠，即鷸也。

鸀，山烏。

蝙蝠，服翼。

廣雅：伏翼、飛鼠、仙鼠，蚮蠌也。古今注：五十歲則色白，腦重集則頭垂，故謂之倒折食之神仙。爾雅翼：似鼠有肉翅而黑，棲人家屋隙中，遇夜則飛，夏夜尤甚，今人以爲鼠食巴菽所化，其類亦自相生，不特化而已。

晨風，鸇。

通雅：戴氏謂詩鴥彼晨風，鬱彼北林，若晨風爲鸇，則當言集彼北林，不得言鬱。自爾雅誤認鴥爲鳥飛，因以晨風爲鸇。今説文亦以鴥爲鸇飛貌，誤矣。鴥通作矞，別作獝，風之疾者也，亦作颫。河梁詩願因晨風發，送子以賤軀，亦謂風也。今人以鸇寔之，何謂乎。按，通雅之説出戴侗六書故，于詩亦可備一解。鄒氏漢勛曰：今首望山中有鷹，赤色，名紅鷹，云是布穀所化，即此。

鸉鳥，白鷢。

釋文：鸉音楊。或離爲楊鳥二字者，非。廣韻：白鷢善捕鼠。今白翅鷹，似鷹而翅白，疑即此也。説文：白鷢，王雎也。誤。

寇雉泆泆。

鷏，蟁母。

鴻烈解説林訓，孑孓爲蟁。劉子防慾篇：蚊蟁噆膚則通宵失寐。唐國史補：江東有蚊母鳥，亦謂吐蚊鳥，夏則夜鳴，吐蚊于蟲葦間，湖州尤甚。爾雅翼：鷏雖吐蚊，然得其羽爲扇，乃可以辟蚊。或云類烏而大。

鷉，須鸁。

方言：野鳧其小而好没水中者，南楚之外謂之鷿鷉。張衡南都賦：鶔鶂鷿鶙。廣雅：鷿鷉，鵲鷉也。

鼯鼠，夷由。

司馬相如列傳：蜼玃飛鸓。郭璞曰：蠝，鼯鼠也。漢書音義：飛鸓，飛鼠也，狀如兔而鼠首，以其頿飛也。張衡西京賦：狒飛鼯。南都賦。騰猨飛鸓棲其間。馬融長笛賦：鼯鼠夜叫。廣雅：鷚鴤，飛蠝也。劉子殊好篇：飛鼯甘煙。廣雅：鸓，鼯鼠，毛紫赤色，似蝙蝠而長。爾雅翼：鼯既飛走且乳，故將娩者持其皮毛則易生。

倉庚，商庚。

鴩，餔鼓。

說文：鴩，鋪豉也。徐鉉曰：鋪豉，鳥名。廣韻：［此宜補字頭字鵏］鵏豉鳥。

鷹，鶆鳩。

月令：季冬，征鳥厲疾。孔疏：按釋鳥：鷹，鶆鳩。郭景純云：鶆當爲鷞，此征鳥者則鷞之謂也。廣韻：鶆鳩，鷹。出埤蒼。

鶼鶼、比翼。

鵹黃，楚雀。

方言：鸝黃，自關而東謂之鶬鶊，自關而西謂之鸝黃，或謂之黃鳥，或謂之楚雀。埤雅：黃鳥亦名鵹黃，其色黎黑而黃也，鳴則蠶生。

鴷，斲木。

鴻烈解說山訓：斲木愈齲，此類之推者也。異物志：此鳥有大有小，有褐有斑。褐者雌，斑者雄。又：山中有一種青黑色頭上有紅毛，土人呼山斲木，亦名大老鴉。王元之詩云：淮南斲木大如鴉，頂似仙鶴堆丹砂。埤雅：鴷善爲禁法，能曲爪畫地爲印，則穴之塞自開，飛即以翼墁之。

鶩，鶻鵃。　鸕，諸雉。

鸞，春鉏。

鷺于淺水，好自低昂如春如鉏，故曰春鉏。

鷂雉。鷮雉。鳪雉。鷩雉。秩秩，海雉。鸐，山雉。翰雉，鵫雉。雉，絶有力奮。伊洛而南，素質、五彩皆備成章曰翬，江淮而南，青質、五彩皆備成章曰鷂。南方曰𠾏，東方曰鶅，北方曰鵗，西方曰鷷。

鷂雉即所謂鷂，負雀。列子天瑞篇：鷂之爲鸇，鸇之爲布穀，布穀之復爲鷂也。

薛氏綜曰：雉之健者爲鷸，長六尺。

左傳昭公十七年：丹鳥氏司閉者也。杜注：丹鳥，鷩雉也，以立秋來，立冬去。説文：鵔鸃，鷩也。通志：鷂雉即鷸雉，鳪雉即鷩雉。據文勢是如此，郭氏離此爲四物，誤矣。按，此説無本，不可從。

博物志：鸐雉長毛，雨雪惜其尾，栖高樹杪不敢下食，往往餓死。

山海經：嶓冢之山鳥多白翰。郭注：白翰，白鵫也，亦名鵫雉。西京雜記：閩粤王獻白鷴、墨鷴各一雙。白鷴即翰雉，黑鷴即秩秩海雉。

詩小雅：如翬斯飛。鄭箋：伊洛而南、素質、五色皆備成章曰翬。此章四如字，皆謂廉隅之正、形貌之顯也。翬者，鳥之奇異者也，故以成之焉。黄憲外史：臣聞淮南有鳥，其名曰鷂，南越有鳥，其名曰翬。皆五色也。

鳥鼠同穴，其鳥爲鵌，其鼠爲鼵。

杜氏彦達曰：同穴上宿，養子互相哺食，長大乃止。甘肅地志：涼州地有兀兒鼠者，似鼠，有鳥名木周兒者，似雀，常與兀兒鼠同穴而處。

鸛鷒，鶝鶔。如鵲、短尾，射之，銜矢射人。

說文作鸐專，畐蹂。博物志：鸐，水鳥也，伏卵時，卵冷則不沸，取礜石周繞卵，以時助燥氣。埤雅：鸐形如鵠，善群飛，薄霄激雨，雨爲之散，作窠大如車輪，卵如三升杯，擇礜石以嫗卵。

鶻鵃醜，其飛也猣。

說文：㚇，歛足也，鶻鵃醜，其飛也㚇。玉篇：猣亦作㚇。廣韻：猣，聳翅上皃。㚇，飛而歛足。

鳶烏醜，其飛也翔。

曲禮：前有塵埃，則載鳴鳶。鄭注：鳶鳴則將風。夏小正：十二月鳴弋。弋也者，禽也。禮記疏亦與之同。鄭氏漢勛曰：今之鴟鷹，身頸俱長於鷹，摯犬疾迅，殆即鳶也。弋、鳶古今字，漢書作䳒。

鷹隼醜，其飛也翬。

鄭注周禮猛鳥云：鷹隼之屬。劉子愛民篇：鷹隼未擊，不張罻羅。

鳬雁醜，其足蹼，其踵企。

蹼，本又作蹼，鳬雁駢跖也。

鳥鵲醜，其掌縮。

石經鳥誤作烏。

亢，鳥嚨。其粻嗉。

鄭師珍曰：釋文引舍人云：亢，鳥高飛也。樊光云：亢，星鳥也。嚨嚨，亢鳥之頸也。是舍人、樊光皆作亢鳥嚨嚨。陸氏不及孫炎，知孫與郭同今本也。但如今本亢鳥嚨其粻嗉文義，為指喉嚨鳥嗉甚明。舍人以亢為高亢義，則是亢鳥連讀，謂高飛之鳥也。樊光亦亢鳥連讀，謂是亢星。二家之本皆似無其粻嗉句。若有，則嚨嗉連文，即不應如是解。以知釋獸已有鳥曰嗉之文，此其粻嗉句是郭氏以前人所增，舍人、樊光並無也。然若樊義，亢星既非星鳥，且此是釋鳥，何與天星。釋文必有誤字。

左思蜀都賦：哢吭清渠。

天官書：張素爲廚主觴客。索隱：素，嗉也。

鶉子鳼，鴽子鷚。

禽經：鴽鶉野則義，豢則博。

雉之暮子爲鷚。

鳥之雌雄不可別者，以翼右掩左雄，左掩右雌。

詩小雅：鴛鴦在梁，戢其左翼。孔疏：言斂其左翼，以右翼掩之，舉雄者而言耳。

鳥少美長醜爲鶹鷅。

詩國風孔疏：瑣兮而少，尾兮而好者，乃流離之子也，少而美好，長而醜惡。

二足而羽謂之禽，四足而毛謂之獸。

鵙，伯勞也。

夏小正作伯鷯。詩國風：七月鳴鵙。鄭箋：伯鷯鳴，將寒之候也。五月則鳴，豳地晚寒，鳥物之候從其氣焉。孔疏：月令仲夏鵙始鳴，是中國正氣五月則鳴。今豳地晚寒，鳥初鳴之候從其鄉土之氣焉，故至七月鵙始鳴也。鄭注：鵙，搏勞也。曹子建集令禽惡鳥論：伯勞以五月而鳴，感陰氣之動。陰爲賊害，蓋賊害之鳥也。其聲鵙鵙然，故俗憎之。若其爲人災害，愚民之所信，通人之所略也。

倉庚，鵹黃也。

鵹，陸本作鶩。

釋獸第十八

麋：牡麔，牝麎，其子麇，其跡躔，絶有力狄。

周禮獸人：夏獻麋。鄭注：麋膏散，散則涼，以救時之苦也。鴻烈解天文訓：日至而麋鹿解。高注：日冬日［此日字衍］至，麋角解，［脱日字］夏至，鹿角解。説山訓，孕婦見麋而子四目。

詩小雅：其祁孔有。鄭箋：祁當作麎。麎，麋牝也，中原之野甚有之。

張衡西京賦：效獲麑麇。東京賦：畋不麑胎。

鹿：牡麚，牝麀，其子麛，其跡速，絶有力麉。

馬融長笛賦：特麚昏髟。麚與麚同。西京雜記：中山王文木賦曰：麚宗驥旅。南史阮孝緒傳：若使麏麚可驂，何以異夫驥騄。埤雅：鹿六十年必懷瓊于角下，角有斑痕，紫色如點，行或有涎出于口，不復能急走也。

詩國風：町疃鹿場。毛傳：町畽，鹿跡也。

麕：牡麌，牝麜，其子麆，其跡解，絶有力豜。

埤雅：麕鹿皆健駭，而麕性膽尤怯，飲水見影輒奔。

狼：牡貛，牝狼，其子獥，絶有力迅。

獸人：冬獻狼。鄭注：狼膏聚，聚則溫，以救時之苦也。廣雅：㹉狼也。埤雅：里語曰：狼卜食將遠逐食，必先側立以卜所向，故獵師遇狼輒喜，蓋狼之所向，獸之所在也。古之烽火用狼糞，取其烟直而聚，雖風吹之不斜，與橐駝糞同。爾雅翼：獸之類，牝猛于牡，是以狼爲貛之牝，而狼名獨著。或云封川多狼，青色，尾特大，作聲諸竅皆沸，能食犬羊。

兔子娩，其跡迒，絶有力欣。

博物志：兔舐毫望月而孕，口中吐子，舊有此説，余自所見也。鴻烈解説山訓：孕婦見兔而子缺唇。爾雅翼：説者以爲天下之兔皆雌，惟顧兔爲雄，故皆望之以稟氣然。兔亦自有雌雄，不專視月，凡野獸鮮有氂，惟兔足底皆毛，號健毛。

廣雅：⿰元兔、娩、䨲，兔子也。集韻：江東呼兔子爲䨲。

釋名：鹿兔之道曰亢，行不由正，亢陌山谷草野而過也。

春秋繁露三代改制質文篇云：禹生發於背，形體長，長足肵疾。兔其迹远，絶有力欣。兔以善逃爲有力，其名欣猶狼之名迅，謂其行之疾也。肵疾之肵爲是此欣足長，故行步欣疾。肵疾連文，肵即疾也。

豕子豬。𧳜，豶。幺幼。奏者豱。豕生三豵，二師，一特。所寢橧。四豴皆白豥。其跡刻，絶有力豜。牝豝。

顏師古注急就篇云：豶犗豕亦謂之𧳜。埤雅引易曰：豶豕之牙。謂牙者，所以畜豶豕之杙也。于𧳜豶爲合。

奏或作湊。廣韻：豩，溫豕。

詩小雅：有豕白蹢，烝涉波矣。鄭箋：離其繪牧之處，與衆豕涉入水之波漣矣。孔疏：檜［橧］是所居之處，牧是所食之地。繪與檜［橧］音義同。

詩小雅鄭箋：豕之性能水，又唐突難制，四蹄皆白曰駭，則白蹄其尤躁疾者。孔疏：馬驚謂之駭，則駭者躁疾之言。白蹢名之爲駭，是躁疾于餘豕。駭與豥字異義同。

爾雅翼：説文稱豝，牝豕，一曰二歲能相把拏也。然則豝，牝豕之小者，故又謂之小豝。

虎竊毛謂之虦貓。

虪又作虥。

貘，白豹。

司馬相如列傳：獸則㺢旄貘犛。左思吳都賦：俯蹴豺獏。貘通作貊。劉子殊好篇：走貊美鐵。酉陽雜俎：貊澤大如犬，其膏宣利，以手所承及于銅鐵瓦器中貯，悉透，以骨盛則不漏。蘇頌曰：唐世畫貘作屏。埤雅：貘糞可爲兵切玉。爾雅翼：象鼻、犀目、牛尾、虎足，土人鼎釜多爲所食。

甝，白虎。

山海經：盂山多白狼、白虎。郭注：外傳曰：周穆王伐犬戎，得四白狼、白虎，虎名甝虪。王會篇：般吾白虎。鴻烈解道應訓：散宜生以千金求天下之珍怪，得騶虞雞斯水之乘。高注：騶虞，白虎黑文而仁，食自死之獸，日行千里。左思吳都賦：虣甝虪晉書張載弟協傳：拉甝虪。

虪，黑虎。

虎皆黄質黑章。虪亦有斑，但以淺色爲質，深色爲章耳。

貀無前足。

釋文：貀本又作豽。晉書：夫餘國出善馬及貂豽。唐書：骨貀獸出遼西營州及結骨國。異物志：似貍，能捕鼠。陳藏器云：骨貀獸出西方突厥國，似狐而大，長尾。

鼳鼠身長須而賊，秦人謂之小驢。

釋文：鼳，本多作狊，經文既云鼠身，宜從鼠。梁書：倭國有鼠如牛，即鼳也。

熊虎醜、其子狗。絶有力麙。

狗，本或作豿。麙，本或作㺌。

貍子貄。

禮記樂記：左射貍首。孔疏：皇氏以爲舊解云貍之取物則伏下其頭，然後必得，言射亦必中，如貍之取物矣。方言：貔，陳楚江淮之間謂之㺎，北燕朝鮮之間謂之𧳏，關西謂之貍。廣雅：貔、貍，貓［下脱也字］。豾，貍也。或云雷州產香貍，所觸草木生香，臍可代麝。南越有貍無狐。有猫貍，文如錦錢。火貍，毛色如金錢豹。藤貍，生長藤間。香麞味甘性溫。臍名麝香，非麞也，貍之似麞者也。

貈子貆。

貈，本作貉。詩國風：胡瞻爾庭有縣貆兮。鄭箋：貉子曰貆。周禮草人：凡糞種，鹹潟用貆。鄭注：貆，貒也。賈疏：案爾雅貒，或曰貆，故以貆、貒爲一也。穆天子傳：天子獵于滲澤，得元貉以祭河宗。鴻烈解齊俗訓：貆貉得埵防，弗去而緣。

貒子貗。

方言：貛，關西謂之貒。廣雅：貒，貛也。李白大獵賦：拳封豨。案，豨，野豬也。

貔，白狐，其子豰。

劉子閱武篇：貔貅戾獸，而黃帝教之戰。司馬相如列傳：獑胡豰蛫。張衡南都賦：豰玃猱𤠖戲其巔。廣韻：豰似豹而小，食獮猴，又名黃腰。

麝父麕足。

本草：麝香，陶隱居云：麝常食柏葉，又噉蛇，五月得香往往有蛇皮骨。山海經：陽帝之山，其獸多麢麝。關尹子九藥篇：走麝以遺香，不捕。

豺，狗足。

月令：季秋，豺兮祭獸戮禽。孔疏：獸皆殺之，但殺獸而又陳，戮禽而殺之則已，不以爲祭，故直云戮禽，此亦互文也。禽獸初得者殺而祭之，後得者殺而不祭也。案，通卦驗：季冬豺祭獸。熊氏云再祭也。一曰易説誤也，無此文。漢律：捕豺一購錢百。急就篇注：豺，深毛而狗足。劉子言苑篇：豺形似犬而健于犬。説文、廣韻皆云狼屬，通志以爲即狼也，不可從。

貙，獌，似貍。

司馬相如列傳：蟃蜒貙豻。郭璞曰：蟃蜒，大獸，長百尋，貙似貍而大。爾雅翼：貙似虎而五爪，能食鹿，以立秋日殺物。

羆如熊，黄白文。

山海經：嶓冢之山多犀兕熊。詩小雅：維熊維羆。孔疏：熊羆大較是山獸，亦居澤在穴，故韓奕云川澤訏訏，有熊有羆。秋官穴氏注云：熊羆之屬，冬藏者也，燒其所食之物于穴外，以誘出之，是也。鴻烈解説山訓：熊羆之動以攫搏。埤雅：熊羆眼直，惡人横目。爾雅翼：羆則熊之雌者，力尤猛。

麢，大羊。

山海經：翠山其陰多旄牛麢麝。郭注：麢似羊而大。説文：麢，大羊而細角。與注疏異。寰海志：安南高石山中出羚羊，一角極堅，能碎金石。通雅：麢羊，九尾羊也。

麠，大麃，牛尾，一角。

注：麃即麞。史記武帝紀注：楚人謂麋爲麃。師古曰：麃，形似麞，牛尾一角。則麃與麞爲二物，與郭注異。

麐，大麢，旄毛，狗足。

麂一名麖，牡者有短角，黧色，喜食橄欖，聲如破鈸，每鳴則赦書至，其皮軟膩，以作履韈良。或謂麖多智，聞犬而奔，一息已去犬千百步，乃使智以滅其跡，周遭幾許，犬攝其膝行奮迅之跡而追之，往往得麃。

魋如小熊，竊毛而黃。

説文：魋獸似熊。爾雅翼：有豬熊、馬熊、人熊。按，馬熊即羆，人熊即魋。

猰貐類貙，虎爪，食人，迅走。

山海經：猰貐龍首，居弱水中，在狌狌知人名之西，其狀如龍首，食人。鴻烈解本經訓：堯使羿殺猰貐。左思吴都賦：猰貐貙象。

狻麑如虎虦貓，食虎豹。

狻麑即師子。張衡西京賦：批窳狻。注：狻、狻猊也。南史劉瓛傳：瓛族子顯入梁，波斯獻生師子，帝問劉顯，曰師子有何色。顯曰：黄師子超不及白師子超。東坡獅子屏風讚曰：圓其目，仰其鼻，奮鬐吐舌，威見齒舞，其足前，其耳左顧右躑，喜見尾。

騆如馬，一角，不角者騏。

春秋哀公十四年公羊傳何注：麒麟臻，疏引釋獸文云：然則麒麟非直雄雌之異，其體亦别。案，司馬相如列傳：乘遺風而射游騏。索隱：韋昭曰：騏如馬無角，非麒麟之騏。玉篇：騆，騏驥也。

羱如羊。

急就篇注：西方有野羊，大角，牡者曰羱，牝者曰羠，並以時墮角，其羱角尤大，今人以爲鞍橋。羠羊差小，可以爲刀子把。爾雅曰羱如羊，即謂此也。魏書：鮮卑有野馬、羱羊。爾雅翼：只此名羚羊。唐本草注：羚羊如牛大，一名羱羊，俗名山羊。陳藏器云：山羊、山驢、羚羊，三種相似。

麐，麕身，牛尾一角。

子華子執中篇：毛蟲三百，有六十兑宫，麒麟爲之長。北宫意問篇：上古之世視鳳凰麒麟也，豢牢之養爾。漢書終軍傳：從上幸雍祠五時，獲白麟，一角而五蹄。師古曰：每足有五蹄也。論衡講瑞篇：魯之所得麟者，若麞之狀也。武帝時西巡狩得白麟，一角而五趾。角或時同，言五趾者，足不同矣。魯之得麟，云有麞不言色者，麞無異色也。武帝云得白麟，色白不類麞，色不同也。指瑞篇：鳳麟不生外國，外國亦有鳳麟。然則中國亦有，未必外國之鳳麟也。人見鳳麟希見，則曰在外國見，遇太平則曰爲聖來王來。説日篇：麒麟晝日行千里，廣韻：麐，牡麟。

猶如麂，善登木。

曲禮：定猶豫。離騷經：心猶豫而狐疑。顔氏家訓書證篇：猶，獸名，聞人聲，乃豫緣木，如此上下，故稱猶豫。

貄，修毫。

貙似貍。

鄭注周禮射牲云：今立秋有貙劉。漢書武帝紀：膢五日。注：蘇林曰，膢，祭名也。貙，虎屬，常以立秋日祭獸，王者亦以此日出獵，還，以祭宗廟，故有貙膢之祭也。後漢書禮樂志：貙劉之禮祠先虞。即貙膢也。

兕似牛。

山海經：兕狀如牛，蒼黑，一角。鄉射禮：大夫兕中。鴻烈解説山訓：兕牛之動以觝觸。

犀似豕。

埤雅：異物志云：犀兼五種，舌有刺，嘗食草木、棘刺，不啖莖葉。舊説犀之通天者惡影，嘗飲濁水。又犀望星而入，角可以破水駭雞，南人呼犀角爲黑暗，言難識也。三角者水犀也，二角者山犀也，在頂者謂之頂犀，在鼻者謂之鼻犀。

山海經：琴鼓之山多白犀。宋史外國傳：太宗問大食國使者云：犀以何法可取。對曰：使人升大樹操弓矢，伺其至，射殺之，其小者不用弓矢可以捕獲。

彙，毛刺。

山海經：梁渠之山，多獸居暨，其狀如彙而赤毛。郭注：彙似鼠，赤毛如刺猬。案，此説分彙與猬爲二，非也。彙或作蝟。龜策列傳：鵲辱于蝟。注：郭璞曰：蝟能制虎，見鵲仰地。鴻烈解説山訓：鵲矢中蝟。賈誼傳：反者如蝟毛而起。注：蝟，蟲名也，其毛爲刺。炙轂子：刺端分兩歧者蝟，如棘斜者蝝。華陽國志：滇池有白蝟山，山無石，惟有蝟也。蜀圖經：虎鼠即䶂鼠，則刺猬也。張衡西京賦：摣狒猬。注：猬，其毛如刺。續博物志：蝟能跳入虎耳中。通志：蝟有兩種：一種作豬蹄者，又名蠔豬。一種作鼠脚。

狒狒如人，被髮，迅走，食人。

王會篇：州靡費費，其形人身，枝踵自笑，笑則上脣翕其目，食人，北方謂人吐嘍。張衡西京賦：摣狒猬。狒即狒狒。爾雅翼：或曰其初得人喜而笑，則上脣覆其額，移時而後食之，人因爲筒貫于臂上，待其見質執，即抽手從筒中出，鑿其脣于額而擒之。或曰以釘釘著額，任其奔馳，候其死而取之。髮極長，可爲髲，其血可染緋。

貍、狐、貒、貈，醜。其足蹯，其跡厹。

鄭注周禮大司徒職毛物云：貂、狐、貒、貉之屬。賈疏：此依爾雅而言耳。案，爾雅：貍、狐、貒、貉同文，此云貂狐不言禮［貍］者，鄭君所讀爾雅者爲貂不爲貍也。

陳孔璋集檄吳將校部曲文：夫繫蹄在足，則猛虎絶其蹯。

蒙頌，猱狀。

廣志：獶猨有黑白黄者，暹羅最良。或云獶猨似貍，高足而結尾。

猱猨善援。

詩小雅：毋教猱升木，如塗塗附。毛傳：猱，猨屬。鄭箋：猱之性善登木，若教使其爲之必也。孔疏：言王之不教小人如人之禁。彼云無得教猱之升木，若教之升木，則如以塗泥塗物，必附著也。猱則猨之輩屬，非猨也。陸璣疏云：猱，獮猴也，楚人謂之沐猴，老者爲玃，長臂者爲猨，猨之白腰者爲獑胡，獑胡猨駿捷于獮猴。然則猱猨其類大同，故樂記注云：獶，獮猴也。是其類故也。案，樂記：獶雜子女。鄭注：獶，獮猴也，言舞者如獮猴戲也。獶或爲優，釋文：優，亦作猱。管子形勢篇：緣高出險，蝚蝯之所長，而人之所短也。鴻烈解齊俗訓：猨狖得茂木不舍而穴。廣雅：猱、狙，獮猴也。或云東粵山中有狨，大小類猿，色絶黄，名金線狨，一名猱。尾絶自愛，中藥矢即自齧斷其尾。蹻捷善緣木，獮猴絶怖畏之。

玃父善顧。

説文：玃，母猴也。劉子審名篇：犬似玃，玃似狙，狙似人。博物志：蜀山南高山上有物如獮猴，長七尺，能人行健走，名曰猴玃。玉篇：玃，狙也，亦作玃。廣韻：大猿也。

威夷，長脊而泥。　麔、麚，短脰。

豰有力。

炙轂子載豰銘曰：爰有獷獸，厥形似犬，飢則馴服，飽則反眼，出于西海，名之曰豰。廣韻：豰，一曰對爭。

豦迅頭。

山海經：崇吾之山有獸焉，其狀如禺而文臂，豹虎而善投，名曰舉父。即此。

蜼，卬鼻而長尾。

山海經：鬲山多猿蜼。司馬相如上林賦：蜼玃飛蠝。揚雄傳：蝯狖擬而不敢下。馬融長笛賦：玃蜼晝吟。郭璞江賦：迅蜼臨虚以騁巧。羅氏願曰：蜼一名果然，人捕其一則群蹄相赴，謂之果然以來之可必也。柳子厚謂其仁讓孝慈。古者畫蜼爲宗彝取此。

時善乘領。

猩猩小而好啼。

通典：哀牢出猩猩。山海經云：猩猩知人名。據華陽國志曰：永昌郡有猩猩，能言，取其血可以染朱罽。荀卿子曰：猩猩能言笑。淮南萬畢術曰：猩猩知往。水經注云武平郡封溪縣有獸名猩猩，善學人語，聞者無不酸楚。案，水經注云封路縣屬交阯，不言武平郡。又云縣有猩猩，獸形若黄狗，又狀貆貒，人面，頭顔端正，善與人言，音聲麗妙，如婦人好女對語交言，聞之無不酸楚。其肉甘美，可以斷穀，窮年不厭。〔宜補又云二字〕（此案語後復爲通典文。）太原王綱著傳云：阮研會使封縣見邑人説，猩猩好酒及屐，里人置之山谷，常行路，數百爲群，見酒物等，知人設張，取之。此獸甚靈，先知其人祖父姓名而詈曰：奴欲殺我，捨爾去也。既去復還，因相呼曰：試共嘗酒。及飲，乃甘其味，逮半醉，皆擒之無遺逸，遂置檻中，隨其所欲飼之。將烹，索其肥者，乃自推擇，泣而遣。又禮記曰：猩猩能言。廣志云：猩猩惟聞其啼，不聞其言，出交趾郡封溪縣。按前代永昌郡即今之雲南郡，武平郡即今之南安南府，並封略之内。古謂其靈而智，不因人教而解人語，殊爲珍異。秦漢以降，天下一家，即嶺南獻能言鳥及馴象，西域獻汗血馬，皆載之史傳，以爲奇物，復廣異聞，聲教遠覃，如越裳白雉之類，故彰示後代，則猩猩不劣于鳥，何爲獨無獻乎。獲之以充口實，則致之固難也。王莽置漢孺子于四壁中，禁人與語，及長不能名六畜。猩猩若非靈異自解人語，即須因教方成，又不可容易而爲庖膳也。是知諸所說不加考核，遞相祖述耳。佑以爲廣志尤足徵矣。血染朱罽，徧問胡商，元無此事，故詳而疏之。

闕洩多狃。

寓屬

鼢鼠。鼸鼠。鼷鼠。鼶鼠。鼬鼠。鼩鼠。鼭鼠。鼣鼠。鼫鼠。鼤鼠，鼨鼠。豹文，鼮鼠。鼰鼠。

馬融傳：木產盡寓屬。單注：木產，巢棲之類也。寓屬，謂穴居之屬也。邢疏以爲寄寓木上，誤矣。

鼢與蚡同，田中鼠也，無尾。草人：墳壤用麋。鄭司農云：墳壤多蚡鼠也。

鼷鼠或謂之甘口鼠。董仲舒順命篇：祭天不享，其卜不從，鼷鼠食牛角。或言食牛，或言食而死，或食而生。博物志：鼷鼠，鼠之類最小者，食物當時不覺痛。玉篇：鼷鼠螫毒食人及鳥獸，皆不痛。

魏志陳思王傳：鼲鼬讙譁于林木。埤雅：取鼬鼠之毫與尾，可以製筆，世所謂鼠鬚栗尾者也。

東方朔傳：譬猶鼱鼩之襲狗。說文：狗精，鼩鼠也。

舍人注：鼣鼠其鳴如犬。廣韻：鼣如犬吠。

易［當補卦名晉字］：九四，晉如鼫鼠。王注：進如鼫鼠無所守也。孔疏：鼫鼠有五能而不成伎之蟲也，九四履非其位，事同鼫鼠，無所成功也。

玉篇：鼤，斑尾鼠。

說文：鼨，豹文鼠也。唐書盧藏用傳：藏用弟若虛多才。博物志：隴西辛怡諫爲職方，有獲異鼠者，豹首虎臆，大如拳，怡諫謂之鼮鼠而賦之。若虛曰，非也，此許慎所謂鼨鼠，豹文而形小。一座驚服。禮部韻略：漢光武得鼮鼠，竇攸識之，廣韻以爲終軍，誤。廣韻蓋本之郭注。

鼠屬

牛曰齝，羊曰齛，麋鹿曰齸，鳥曰嗉，寓鼠曰嗛。

說文：齝，吐而噍也。案，牛羊麋鹿等皆然，但其名異耳。玉篇：齛，羊噍草，亦作齛。廣韻：齸，麋鹿受食處。

齸屬

獸曰釁，人曰撟，魚曰須，鳥曰狊。

論語三嗅而作，與鳥曰狊合，釋文誤讀許又反。

須屬

釋畜第十九

騊駼馬。

鄭注周禮膳用六牲云：馬牛羊豕犬雞也。賈疏：此依爾雅釋畜，亦是將用之曰牲也。

王會篇：禺氏騊駼。司馬相如列傳：軼野馬而轊騊駼。漢書百官志：騊駼監。揚雄傳：前番愚後陶塗，師古曰：騊駼馬出北海上，陶塗，北方國名，本國出馬，因以爲名。爾雅翼：騊駼，獸之善走者，既如馬而又善走，故馬之良者取以爲名。

野馬。

說文：驒騱，野馬。

駮如馬，倨牙，食虎豹。

易說卦：乾爲駮馬。孔疏：王廙云：駮馬能食虎豹，取其至健也。鄉射禮：君國中射，則皮樹中。郝云：皮樹即駮馬也。王會篇：正北方義渠以茲白，茲白若白馬，倨牙食虎豹。孔晁注：一名駮。管子小問篇：桓公乘馬，虎望見之而伏。桓公問管仲，對曰：此駮象也，駮食虎豹，故虎疑焉。抱朴子清鑒篇：駮子有吞牛之容。

騉蹄趼，善陞甗。

馬融傳：絹猑䮫。注：猑䮫，野馬也。

騉駼，枝蹄趼，善陞甗。

舍人注：騉駼者，外國之名枝蹄者，枝足也。張衡西京賦：陵重巘，獵昆駼。酉陽雜俎載，唐太宗時，骨利幹國獻馬百匹，十四尤駿，上為製名。決波騟者，近後足有距。（編者案，原注：按骨利幹亦西北國。）長編：宋太平興國中，靈州貢馬，足有二距。（編者案，原注：按高誘淮南注距，爪也。）洪氏亮吉曰：宣和中，燕山府貢馬亦然，二距即枝蹄。是靈州、燕山所貢即是騉駼，西北塞外所常有，故舍人云騉駼，外國之名也。郝氏懿行非之，似誤。

小領，盜驪。

通雅：八駿有盜驪。盜即竊，有淺意，謂淺驪也，如釋鳥竊脂、竊藍等色。

絶有力，駥。

　埤雅：武事用駥。

膝上皆白，惟馵。四骹皆白，贈。四蹢皆白，首。前足皆白，騱。後足皆白，翑。前右足白，啓。左白，踦。後右足白，驤。左白，馵。駵馬白腹，騵。驪馬白跨，驈。白州，驠。尾本白，騴。尾白，駺。馰顙，白顛。白達素，縣。面顙皆白，惟駹。

　詩國風：駕我騏馵。孔疏：郭璞曰：馬上膝上皆白爲惟馵，後左脚白者直名馵。廣韻翑作⿰羽馬，云：馬左足白。類篇與⿰豸句同，集韻或作⿰瞿馬。

　檀弓：周人尚赤，戎事乘騵。

　山海經：倫山有獸焉，其狀如麋，其川在尾上，其名曰羆。郭注川，竅也。據此説，州當作川。覲禮：奉束帛匹馬，卓上，九馬隨之。説者以爲卓即的顙。蜀志：昭烈乘的盧渡檀溪。潛谷以莊子月題即的盧，所謂白顛也。史記匈奴列傳：匈奴騎東方盡青駹馬。索隱：青色馬也。正義引爾雅云：黑馬面白也。

回毛在膺，宜乘。在肘後，減陽。在幹，茀方。在背，闋廣。

　廣韻：騤驣亦作闋廣。

逆毛，居馻。

騋牝，驪牡。玄駒，褭驂。

鴻烈解齊俗訓：夫待腰褭、飛兔而駕之，則世莫乘車。博物志：古駿馬有飛兔、腰褭。爾雅翼：騋牝配驪牡而生之玄駒，曰褭驂。

牡曰騭，牝曰騇。

顔氏家訓書證篇：詩云駉駉牡馬，江北書皆作牝牡之牡，河北本悉爲牧放［牧放二字倒］之牧。鄴下博士見難云：駉頌既美僖公牧于坰野之事，何限騲騭乎。余答曰，按毛［脱傳字］云駉駉，良馬腹幹肥張也，良馬以加［駕］玉輅，［此脱諸侯二字］以充朝聘郊祀，必無騲也。

騂白，駁，黄白，騜。騂馬黄脊，騝。驪馬黄脊，騽。青驪，駽。青驪驎，驒。青驪繁鬣，騥。驪白雜毛，駂。黄白雜毛，駓。陰白雜毛，駰。蒼白雜毛，騅。彤白雜毛，騢。白馬黑鬣，駱。白馬黑脣，駩。黑喙，騧。一目白，瞯，二目白，魚。

詩魯頌孔疏：爾雅有騂白駁，謂赤白雜色駁而不純。樊光、孫炎引易乾爲駁馬、東山皇駁其馬。案，郭注亦引詩曰騜駁其馬。至易乾爲駁馬，孔疏言此馬有牙如鋸，能食虎豹，爾雅云鋸牙食虎豹，此之謂也。王廙云駁馬能食虎豹，取其至健也，則樊、孫于騜白駁下引易誤矣。

説文：驒，青驪白鱗，文如鼉魚。

駂從馬。詩國風乘乘駂字從鳥，蓋轉寫之譌。

詩魯頌孔疏：騅、駓二者，傳皆云雜毛，是體有二種之色相間雜。上云黄白曰皇，黄騂曰黄，止二毛色之中自有淺深，與此二色者異，故不云雜毛也。案，此説甚明經文。邢疏謂馬有騂處、有白處者曰駁，有黄處、有白處者曰騜，及毛色黑白而復有雜毛相錯者名駂，毛色黄白而復有雜毛者名駓等語皆非。玉篇：⿰馬否與駓同。

詩魯頌孔疏：釋畜云：陰白雜毛駰。舍人曰：今之泥驄也。樊光曰：駰者目下白也。孫炎曰：陰，淺黑也。郭璞曰：陰，淺黑，今之泥驄。或云目下白，或云白陰，皆非也。璞以陰白之文與驪白、黄白、蒼白、彤白相類，故知陰是色名，非目下白與白陰也。

詩魯頌孔疏：釋畜云：蒼白雜毛騅。郭璞曰：即今騅馬也。

詩魯頌孔疏：釋畜云：彤白雜毛騢。舍人曰：赤白雜毛，今赭馬名騢。玉篇：騢，赭白色，似蝦魚也。

南史宋明帝紀：改騧馬字爲馬邊爪，以騧旁似禍也。

瞯，說文、玉篇皆作䮝。

埤雅：二目白今謂之環眼馬，馬之最下者也。既差我馬，差，擇也。宗廟齊毫，戎事齊力，田獵齊足。

馬屬

犘牛。犦牛。犤牛。犩牛。犣牛。犝牛。犋牛。角一俯一仰觭。皆踊觢。黑脣犉，黑眥牰，黑耳犚，黑腹牧，黑腳犈。其子犢。體長牬。絶有力欣犌。

玉海篇：李綽輦下歲時曰：御殿御樓，金吾犦矟前引。爾雅云犦牛，犎牛也，抵觸百獸無敢當者。仗內有犦矟庫，刻犦牛于上，如龍虎節之狀。

粵謠云：果下馬，果下相逢爲郎下。果下牛，果下相逢爲儂留。果下牛即犤牛。

通志按：獵牛角向前，毛如白雪，其長毛今人以爲拂子，出荆夔間。

李氏易傳：侯果曰：童牛，無角之牛也。後漢書南蠻傳：冉駹有毛，旄牛無角，一名童牛，肉重千斤，毛所爲毦。釋文：廣蒼作犝。

洪氏頤煊曰：案：犋當作犑。說文：𤛓，牛羊無子也，從牛、𠷎聲，讀若糗糧之糗。即此牛。

鄭師珍曰：說文：觭，一俛一仰也。觢，一角仰也。易：其牛觢。音義：子夏作契。傳云：一角仰也。虞翻云：牛角一低一仰，故稱觢。按，爾雅文别觭觢之異甚明。韓嬰、許君說觢是一角一仰，則有一角不仰，仍是一俯一仰觭也。兩家云一角，必是二角寫誤。音義又云：觭作觭。據虞氏義，其本亦必作觭，與觭同。故以角一低一仰解之。稱觢之觢，觭字之譌也。

牛屬

鄭氏周易睽：六三，其牛掣。釋文：牛角皆踊曰犎。山海經：黄山有獸，狀如牛，蒼黑大目，其名曰犎。吳任臣曰：即犝犨牧牶之屬。

羊屬

羊，牡羒，牝牂。夏羊牡羭，牝羖。角不齊，觤。角三觠，羷。羳羊，黄腹。未成羊，羜。絶有力奮。

左傳僖公四年：專之渝攘公之羭。孔疏：羭是羊之名。美善之字皆從羊，故羭爲美也。列子天瑞篇：老羭之爲猿也。秦本紀：吾媵臣百里傒在焉，請以五羖羊皮贖之。

詩大雅孔疏：薛綜答韋昭曰：羊子初生達，小名羔，示成羊曰羜，大曰羊，長幼之異名。

狗屬

犬生三䝗，二師，一玂。未成毫，狗。長喙，獫。短喙，猲獢。絶有力狣。尨，狗也。

按，玉篇猥、䝗、猣、皆犬生三子名。玂、㣭皆犬生一子名。曲禮：效犬者左牽之。孔疏：通而言之，狗犬通名，若分而言之，則大者爲犬，小者爲狗。故月令皆爲犬，而周禮有犬人職，無狗人職也。但燕禮烹狗或是小者，或通語耳。

詩國風孔疏：長喙獫、短喙猲獢，釋畜文。李巡曰：分别犬喙長短之名。

詩大雅：取羝以軷。毛傳：羝羊，牡羊也。孔疏：傳以祭不用牝，故知是牡也。釋畜羊牡羒。郭璞曰：羒謂吳羊白羝者也。是亦以牡爲羝也。案，今郭注作謂吳羊白羒，恐誤。

墨子兼愛篇：牂羊之裘。

雞大者蜀，蜀子維，未成雞僆。絶有力奮。

王褒曰：魚瞰雞睨。李善以爲雞好邪視。埤雅謂雞有蜀、魯、荊、越諸種，越雞小，蜀雞大，魯雞又其大者。

馬八尺爲駥，牛七尺爲犉，羊六尺爲羬，彘五尺爲豟，狗四尺爲獒，雞三尺爲鶤。

十三經拾遺·爾雅遺文

清·王朝㮚

爾雅一書，九流之津涉，六藝之鈐鍵也。然雖倡於周公，和於卜氏，以傳註之濫觴，側篇目於經典。隋唐而還，傳習者甚寡。矧其散著之遺文，又誰掇拾焉。兹有所獲，特繕録之，俾無終隕墜。

䣤，薄也。

𨵦𨵦襀襀〇右說文

八蠻在南方，六戎在西方，五狄在北方。〇謂之四海下〇漢李巡本

鵅〇老鳸鵅下〇樊光註及左傳注

厎〇釋詁按替戾底下〇唐石經〇按，底厎二字，一從广下氏，一從厂下氏，義閒相通，形聲各別。石經疊出兩字，其

旨確然可存。

庇蔭曰休。○說文

荒○虛也上

豐○大也上○右詩正義

山足曰麓。

山南曰陽，山北曰陰。

土之高者曰邱。

二歲曰駒。三歲曰駣。

巷門謂之閎。○右周禮註疏

輯，合也。○釋言○尚書正義

杻謂之梏，械謂之桎。○周易正義

如燕尾○釋天繼旐下

加文章曰旗。○釋天錯鳥革上○右公羊傳註疏

棘實謂之棗。○陸氏釋文

須女謂之媭女。○史記注

中央鎮星，東方歲星，南方熒惑。

心爲大火。

棲遲，息偃也。

罰謂之大辰。

檝謂之橈。

禾穗謂之穎。

蓋戴覆也。

半壁曰璜。○右後漢書註

鯢似鮎，四足，聲如小兒。○唐劉氏恂嶺表錄異

雲出天之正氣，霓出地之正氣，雄謂之虹，雌謂之霓。○孟子正義

春夏秋有水、冬無水曰澭。○陸放翁大蜀記

草食曰芻，穀食曰豢。○元臨川詹氏四書纂箋

上淫曰蒸，下淫曰報。

水○決復入上

河○決復入下○右文選注

大麥麰，小麥麳。○齊民要術

按，沈休文宋書樂志所稱爾雅，係就傳注更為增衍。朱竹垞謂比今文詳略不同，錄為爾雅遺句。余不敢從。至懸鐘磬者曰筍簴、橫曰筍、縱曰簴三語，則沈志并未指為爾雅也。

六畜○釋畜末題上文○鄭漁仲本

十三經策案・爾雅

清・王謨

爾雅之名，蓋興中古。最初一篇，周公釋詁。

邢疏：爾雅之作經傳，莫言其人及時世，但相傳云周公作之以教成王。經典通以伏羲爲上古，文王爲中古，孔子爲下古。父統子業，周公亦可爲中古。又爾，近也。雅，正也。言可近而取正也。釋，解也。詁，古也。古今異言，解之使人知也。此類相承以爲周公作。張揖云：昔在周公，纘述唐虞，宗翼文武，克定四海。勤相成王，踐祚理政，日昃不食，坐而待旦。德化宣流，越裳來貢，嘉禾貫桑。六年制禮，以導天下，著爾雅一篇，以釋其義。傳乎後世，歷載五百，墳典散落，惟爾雅常存。禮三朝記：哀公曰：寡人欲學小辨，以觀於政，其可乎。孔子曰：爾雅以觀於古，足以辨言矣。春秋元命苞言：子夏門夫子，作春秋不以初哉首基爲始何。足[是]以知周公所造也。文獻通考漢志初不著撰人名氏，郭氏亦但稱興於中古，隆於漢氏而已。至陸氏釋文始謂釋詁為周公所作，其說蓋本於魏張揖所上廣雅表。

先始君大，三才之祖。間雜後事，秦康鄭武。

邢疏：周公作詁，必以始也、君也、大也居先者，始者無先之稱，君者至尊之號，大則無所不包。一曰此三者天也、地也、人也，故以此爲先。乾坤相對之物而以地在人後者，以人居天地之中，且尊尚人君，故進之。自此以下，隨便即言，無義例也。又此篇相承以爲周公作，但其文有周公後事。若言胡不承權輿及緇衣之席兮，此秦康鄭武之詩，在周公之後明矣。其義猶今爲文採摭故事以爲辭耳。則此篇所載悉周公時所有，何足怪也。按，困學紀聞云：爾雅作於周公，而云張仲孝友，疑後人附益，非本文。今檢此文在釋訓篇，乃子夏所足，又無怪也。

其十八篇，子夏所繫。梁文叔孫，綴緝大備。

文獻通考：按漢志爾雅二十篇，今書惟十九篇。或言子夏所益，或言叔孫通所補，或言沛郡梁文所考，皆解家所說，先師口傳，疑莫能明也。紀數略：爾雅十九篇，第一釋詁、二釋言、三釋訓、四釋親、五釋宮、六釋器、七釋樂、八釋天、九釋地、十釋邱、十一釋山、十二釋水、十三釋草、十四釋木、十五釋蟲、十六釋魚、十七釋鳥、十八釋獸、十九釋畜。

簡編後先，若無次第。標題分合，則有義例。

諸篇所次，舊無明解，或以爲有親，必須宫室，宫室既備，事資器用。余謂不然。何則。造物之始，莫先兩儀，而樂器居天地之先，豈天地乃樂器所資乎。蓋以先作者居前，增益者處後，作非一時，故題次無定例也。讀書記：古人作書，於一篇之中有分題，則標篇題於首，而列分題於下。如爾雅釋天一篇，下列四時、祥、災、歲陽、歲名、月陽、月名、風雨、星名、祭名、講武、旌旗是也。按，邢疏：祭名、旌旂俱非天類而亦在此者，以皆王者大事。祭名則天曰燔柴，講武則類於上帝，旌旗則日月為常，他篇不可攝，故繫之釋天也。又釋畜與釋獸異篇者，以畜是畜養之名，獸是毛蟲總號，故此篇惟論馬牛羊彘犬雞，前篇則通釋百獸之名，所以異也。

九州殷制，故異夏周。九府圜法，與此通流。

爾雅：兩河間曰冀州，河南曰豫州，河西曰雝州，漢南曰荆州，江南曰揚州，濟河間曰兖州，濟東曰徐州，燕曰幽州，齊曰營州。郭注：此蓋殷制。邢疏以此文上與禹貢不同，下與周禮文異。禹别九州有青、徐、梁而無幽、并、營，是夏制也。困學紀聞：漢食貨志：太公爲周立九府圜法。顔師古注：周官太府、玉府、内府、外府、泉府、天府、職内、職金、職幣，皆常財幣之官，故曰九府。愚按，爾雅醫無閭之珣玗琪，會稽之竹箭，梁山之犀象，華山之金石，霍山之珠玉，崑崙之璆琳、琅玕，幽都之筋角，岱岳之五穀、魚鹽，是謂九府五峰。胡氏皇王大紀所述與爾雅同，而繼之曰尚父立圜法輕重，以銖通九府之貨。

又按，史記列傳：吾讀管仲輕重、九府。劉向別錄曰：九府書民間無有。索隱謂其書論鑄錢之輕重。鹽鐵論：文學曰管仲設九府徼山海。通典亦云：太公立九府之貨。然則九府太公立之，管仲設之，其名列於爾雅，蓋即管仲書也。大紀說得之，顏注恐非。原注：曲禮天子之六府亦與大禹謨之六府異，何云九府當如顏注。

始辨黃河，正名中岳。河分簡潔，岳合衡霍。

水經注：山海經曰崑崙墟在西北，河水出其東北隅。爾雅曰：河出崑崙墟，色白，所渠并千七百，一川色黃。物理論曰：河色黃者，衆川之流蓋濁之也。按，此則黃河之名，始見爾雅。爾雅：嵩高爲中岳。郭注：太室山也。按，爾雅又云：山大而高崧。郭注：今中嶽嵩高山蓋依此名。邢疏：詩大雅云：崧高維嶽。毛傳：崧，高貌。釋名云：崧，竦也。李巡曰：高大曰嶽。此則山高大者自名崧，本不指中嶽。今之中嶽名嵩高，或取此名以立名乎。蔡氏書傳：按爾雅九河，一曰徒駭、二曰太史、三曰馬頰、四曰覆釜、五曰胡蘇、六曰簡、七曰潔、八曰鉤盤、九曰鬲津，其一則河之經流也。先儒不知河之經流，遂分簡、潔爲二。吳程曰：曰簡曰潔，孟子集注與爾雅同，而蔡傳合簡潔為一。以水道考之，九河率在河間滄州境內。今南皮縣有潔河，未聞與簡河合一。集注良是。爾雅：江南衡。又：霍山爲南岳。邢疏：詩傳言四嶽之名南嶽衡。此及諸經傳多云霍山為南嶽者，山有二名也。風俗通：衡山一名霍，言萬物霍山大也。若此上云江南衡，地理志云：衡山在長沙湘南縣南。張揖廣雅云天柱謂之霍山，地理志云：天柱在廬江。潛縣則在江北。而云衡霍一山二名者，本衡山一名霍山。漢武帝移嶽神於天柱，又名天柱亦為霍，故漢以來衡霍別矣。郭云：霍山在廬江潛縣西南，別名天柱山，漢武帝以衡山遼曠，移其神於此。今其土俗人皆呼為南嶽，本自以兩山為名，非從近也。而學者多以霍山不得為南嶽，又言從漢武帝始乃名之如此，言為武帝在爾雅前乎。斯不然矣，若孫炎云以霍山為誤，當作衡山。按，虞書夏傳及白虎通、風俗通、廣雅並云霍山為南嶽，豈諸文皆誤。明是衡山一名霍也。註：即天柱山，潛水所出。此據作註時霍山為言也。此山本名天柱，漢武帝移江南霍山之祀於此，故又名霍山，即江南衡是也。故上註云：衡山，南嶽也。

四極之邠，十藪之秦。西王母國，或曰神人。

困學紀聞：爾雅西至於邠國謂之四極。朱文公云：邠國近在秦隴，非絕遠之地。愚按，説文引爾雅曰：西至汃國謂四極。汃，西極之水也。路史餘論：周語云豐殖九藪，其在職方，揚有具區、荆有雲夢、豫有圃田、青有孟諸、兖有大野、雝有弦蒲、幽有貕養、冀有陽陓，而并有昭餘祁。然爾雅書乃有十藪：魯曰大野、宋曰孟諸、楚曰雲夢、燕曰昭餘祁、鄭則圃田，而吳越間則有具區，齊有海隅、周有焦護、晉有大陸，而陽陓乃爲秦藪。海隅、大陸、焦護既異，且無弦蒲。夫大陸晉地，而焦護、陽陓皆在扶風。方周公時秦未分地，豈得與周並舉。周亦何由自謂之周而與秦並言哉。且以海隅何得爲藪，而獨屬之齊耶。傳云：鄭之有原圃，猶秦之有具圃也。今乃以陽陓爲冀，圃田屬豫，地理殊矣。以鴻烈之九藪若從爾雅，既無周魯而益之以趙之鉅鹿，則是與晉大鹿爲二也。説文用職方説，以圃田爲甫田、貕養爲奚，則自異爾。又西王母，昏荒之國也。在爾雅爲四荒之名。據大戴禮三朝記，孔子之言昔西王母獻舜白玉琯及益地圖，註言神也，亦見書帝驗期及世紀。世本乃云：獻白玉環及玉佩，禮斗威儀云：獻地圖及玉玦。集仙錄又言：黄帝在位，西王母使乘白鹿授地圖。舜帝在位，使獻白玉環，復獻白玉之琯，以和八風。竊按，竹書紀年穆王七年西王母來賓，特不過西戎耳。大歷六年試西戎獻白環詩指此。按，山海經玉山是西王母所居也。西王母狀如人，豹尾、虎齒而善嘯，蓬髮、戴勝。竹書：穆王十七年王西征昆侖邱，見西王母。其年西王母來朝，賓於昭宮。穆天子傳亦云：天子西征至於西王母之邦，執白圭元璧以見西王母，西王母再拜受之。天子觴西王母於瑤池之上，西王母為天子謠。則爾雅注以為昏荒之國，大戴記註以為神人，皆近之。

詩書傳註，學當是咨。名歧鳥鼠，象測坎離。

鄭漁仲曰：爾雅出自漢代箋註未行之先，蓋憑詩、書以作爾雅。爾雅明則百家箋註皆可廢。朱子語錄：爾雅是取傳註以作，後人卻以爾雅證傳註。邢疏尚書禹貢云：導渭自鳥鼠同穴。不言鳥獸之名，故此釋之曰鳥鼠同穴，其鳥曰鵌，其鼠爲鼵。孔氏書傳云：共爲雌雄。張氏地理志云：不爲牝牡。郭氏並載此言，未知誰得其實。困學紀聞：爾雅小罍謂之坎，大瑟謂之離。萬物之象無非易也。閻云：爾雅又有彎首謂之革，康謂之蠱，和樂謂之節，皆合易卦。

屺岵崔嵬，訓詁淆亂。𧞤𧞤䙡䙡，説文所竄。

讀書記：爾雅釋山：多草木，岵。無草木，峐。石戴土謂之崔嵬，丹鉛總錄：爾雅：山未及上曰翠微。詩曰：陟彼崔嵬。崔嵬即翠微。詩傳授字各不同耳。土戴石謂之砠。毛傳引之互相反。邢疏：峐當作屺。毛傳山無草木曰岵，有草木曰屺，與此不同者，當是傳寫誤也。王肅解依爾雅。説文：𧞤，重衣貌，以[從]衣圍聲，爾雅曰𧞤𧞤䙡䙡。徐鉉曰：爾雅亦無此語，疑後人所加。

戴禮是稽，其名始顯。豹鼠既辨，業乃宏闡。

困學紀聞：大戴禮云：爾雅以觀于古，足以辨言矣。注謂依於雅頌。原注：張揖云即爾雅也。爾雅之名始見於此。又爾雅注：漢武帝時得豹文鼮鼠，孝廉郎終軍知之，賜絹百匹。文選注引竇氏傳以爲竇攸，世祖詔諸侯子弟從攸受爾雅。二説不同。

註家十餘，並多疎謬。郭氏研精，時尤挂漏。

郭注自序：沈研鑽極二九載矣。雖註者十餘，然猶未詳備，並多紛謬有所漏略。是以復綴集異聞，會粹舊説。考方國之語，采謠俗之志。錯綜樊孫，博關群言。事有隱滯，援據徵之。別爲音圖，用袪未寤。邢疏：十餘家者，陸德明叙錄犍爲文學注二卷、劉歆注三卷、樊光注六卷、李巡注三卷、孫炎注三卷，惟此五家而已。今郭氏言十餘者，典籍散亡，未知誰氏。或云沈旋、施乾、謝嶠、顧野王者非也，此四家在郭氏之後。又方國之語即方言謠俗之志，謂童謠及俗聞，若檴楹注曰上山斫檀、檴楹先殫，蠨蛸注云俗爲喜子之類是也。又注解之外別爲音一卷、圖贊二卷，字形難識則審音以知之，物狀難辨者則披圖以別之。按，郭序錯綜樊孫，謂樊光、孫炎二家。若疏引舍人，即犍為文學。經典錄云：犍為郡文學卒史臣舍人，漢武帝待詔，注爾雅二卷，失其名姓。

引遺箌梏，解混尤郵。蘇蔜見昧，負版未搜。

困學紀聞：韓詩箌彼甫田，箌，卓也。爾雅釋詁：箌，大也。郭璞注云：箌，義未聞。豈未見韓詩故耶。知新錄：爾雅釋詁篇梏，直也，古人以覺爲梏。禮記緇衣引詩有覺德行作有梏德行，註未引。又釋言篇郵，過也，註道路所經過，是以爲郵傳之郵，恐非。古人以尤爲郵，詩賓之初筵是曰既醉，不知其郵，禮記王制郵罰麗於事，國語夫郵而效之，罪又甚焉，家語苐而靡裘，投之無郵，皆是過失之義。列子魯之君子迷之郵者，則以爲過甚之義。尤與郵古字通。又引孟子止或尼之誤作行或尼之。引易鞏用黃牛之革，固志也，誤以革、遯二文合為一傳。困學紀聞：爾雅不釋蘇蔜，字書不見梋檯，學者恥一物之不知，其可忽諸。又傳負版郭璞注未詳，即柳子所爲作蝜蝂傳者也。又西京賦：戎葵懷羊。爾雅蒁懷羊，璞亦曰未詳。

孫高義疏，不如邢昺。陸佃鄭樵，說亦並騁。

邢疏自序：爲義疏者，俗間有孫炎、高璉，皆淺近俗儒，不經師匠。今既奉勑校定，考按其事必以經籍爲宗，理義所詮則以景純爲主。乃與杜鎬、舒雅、李維、孫奭、李慕清、王煥、崔偓佺、劉士元等共相討論，爲之疏釋。陳止齋爾雅疏跋：古者重小學，爾雅所為作也。漢興，除秦之禁，嘗置博士列于學宮，至今漢儒書行於世。如毛氏詩訓、許氏說文、揚氏方言之類，蓋皆有所本云。隋唐以來以科目取士，此書不課於舉子，由是寖廢。韓退之以古文名世，尚以注蟲魚為不切，則知誦習者寡矣。國初獨追古，依郭氏註為之疏，爾雅稍稍出。比於熙豐，三經行，學者非字說不學，自先儒注疏皆罷絀，而爾雅益廢。余憶為兒時入鄉校，有以爾雅問題者，余用能辨鼠豹不識蟛蜞為對，其事至淺，諸老先生往往驚嘆，以為博也。文獻通考陸佃爾雅新義二十卷。陳氏曰：佃於是書用力勤矣。自序以為雖使郭璞擁彗清道，跂望塵躅可也。以愚觀，大率不出王氏之學。與劉貢父所謂不徹薑食三牛二鹿戲笑之語，殆無以相過也。又鄭樵注爾雅三卷。陳氏曰：其言爾雅明則箋註皆可廢。爾雅，應釋者也。箋註，不應釋者也。言語、稱謂、宮室器服、草木蟲魚鳥獸之所命不同，人所不能識者，故謂之訓釋義理。人之所本有，無待注釋。有注釋則人必生疑，反舍經之言而疑注解之言，或者復舍注解之意而泥己意以為經意。此其為説雖偏，而論注釋之害則名言也。

學之精者，辨二天鷄。讀之不熟，乃誤蟛蜞。

困學紀聞：江南進士之試天鷄，劉原父之識六駁，可謂善讀爾雅矣。蔡謨不識蟛蜞，人謂讀爾雅不熟。田敏不知日及，學之陋也。按，爾雅釋蟲有螒天雞，釋鳥有鶾天雞。郭注：螒，天雞，小蟲，赤身、黑頭，一名莎雞。鶾，天雞，赤羽、文若彩雞。是所謂二天雞也。又世説：蔡謨食蟛蜞，吐下委頓，方知非蟹。謝尚曰，卿讀爾雅不熟，幾為勸學誤。劉孝標注：大戴禮勸學篇云：蟹，二螯八足，非蛇蟺之穴，無所寄托者，用心躁也。爾雅本無蟛蜞，惟勸學篇有之，故謝以譏蔡也。

故凡讀經：認字必真。顏杜二子，斯爲忠臣。

何氏讀書記：何元朗云爾雅世以爲周公作，然只是小學之書。但學者若要讀經，必先認字。認字不真，於經義便錯。則何可不列於學宮。按唐人有習大經、中經、小經之目，以爾雅爲小經。是爾雅原爲士子所誦習，不知以何時廢耳。鄭夾漈曰：杜預解左氏，顏師古解漢書，所以得忠臣之名者，以其盡之矣。傳注之學，惟此二人其殆庶幾乎。善乎二子之通爾雅也，顏氏所通者訓詁，杜氏所通者星歷、地理。當其顏氏之理訓詁也，如與古人對談。當其杜氏之理星歷地理也，如羲和之步天，如水之行水。然亦有所短。杜氏則不識蟲魚鳥獸草木之名，顏氏則不識天文、地理。孔子曰：知之爲知之，不知爲不知，是知也。杜氏於星歷地理之言無不極其致，至於蟲魚鳥獸草木之名，則引爾雅以釋之。顏氏於訓詁之言甚暢，至於天文、地理，則闕略焉。此爲不知爲不知也。

文字小學，本類有三。此爲訓詁，六書是參。

宋藝文志、漢志六藝以爾雅附孝經。六書爲小學。隋沿其制。唐錄有訓詁、小學二類，爾雅爲訓詁，謂稱謂有古今雅俗之異。其三音韻，謂呼吸有清濁高下之不同。論體製之書，說文之類是也。論訓詁之書，爾雅、方言之類是也。論音韻之書，沈約四聲譜及西域反切之學是也。三者雖各名一家，其實皆小學之類。而藝文志獨以爾雅附孝經類，經籍志又以附論語類，皆非是。今依四庫目置於小學之首。漢藝文志：古者八歲入小學，故周官保氏掌養國子教之六書，謂象形、象事、象意、象聲、轉注、假借，造字之本也。師古曰：象形，謂畫成其物，隨體詰詘，日、月是也。象事，即指事也，謂視而可識，察而見意，上、下是也。象意，即會意也，謂比類合誼，以見指撝，武、信是也。象聲，即形聲，謂以事為名，取譬相成，江、河是也。轉注，謂建類之首，同意相受，考、老是也。假借，謂本無其字，依聲記事，令、長是也。文字之義，總歸六書，故曰立字之本。

五雅三蒼，實則典則。說文方言，皆其羽翼。

文獻通考：小爾雅一卷，孔鮒撰。晁氏云：孔子古文也。見孔鮒書。蓋即孔叢子第十一篇也。曰廣詁、廣言、廣義、廣名、廣服、廣器、廣物、廣鳥、廣獸，凡十章。又度量衡爲十三章，當是好事者抄出別行。又博雅十卷。魏張揖嘗采蒼雅遺文爲書，名曰廣雅。隋曹憲因揖之說附以音解，避煬帝諱更爲博雅，後有張揖表。憲後事唐太宗。嘗讀書，有奇難字輒使問憲。憲且爲音注，援驗詳覆，帝歎賞之。陳氏云：凡不在爾雅者著於篇，仍用爾雅舊目。揖又有埤蒼、三蒼訓詁、雜字、古文字訓，凡四書。見唐志，今皆不傳。又埤雅，宋陸佃農師撰。書載蟲魚鳥獸草木名物，喜採俗說。然佃，王安石客也，而學不專主王氏，亦似特立者。陳氏云：釋魚、釋獸以及於鳥蟲馬草木而終之，以釋天以為爾雅之輔也。此書本號物性門類，其初嘗以說魚，說木二篇上之朝。編纂將就，而永裕上賓，不及再上。既注爾雅，遂成此書。其於物性精詳，所援引甚博，而亦多用字說。又釋名八卷，漢徵士北海劉熙成國撰。序云：名之於實，各有類義，百姓曰稱而不知其所以然之義，故撰天地、陰陽、四時、邦國、都鄙、車服、喪紀下及庶民應用之器，即物名以釋義，凡二十七篇。按，上四書及爾雅即後人所輯五雅也。其劉伯莊續爾雅、羅願爾雅翼及蜀爾雅、羌爾雅、蕃爾雅俱不在數內。困學紀聞：隋志以蒼頡、訓纂、滂喜爲三蒼。說文繫傳以蒼頡、爰歷、博學爲三蒼，并訓纂爲四篇。閻云：按三蒼之名，以隋經籍志為定。蓋趙高所作爰歷篇、胡毋敬作博學篇并於李斯蒼頡篇，已久而不可復識矣。訓纂揚雄作，滂喜賈魴作。文獻通考：說文解字三十卷，凡十四篇，并序目一篇，各分上下卷。凡五百四十部九千三百五十三文，重一千一百六十三。唐李陽冰刊定，宋散騎常侍徐鉉重校，其音切則以唐孫愐韻爲定。許慎自序：古者庖犧氏之王天下也，仰則觀象於天，俯則觀法於地，觀鳥獸之文與地之宜，近取諸身，遠取諸物，於是始作易八卦以垂憲象。及神農氏，結繩為治而統其事，庶業共繁，飾偽萌生。黃帝之史倉頡，見鳥獸蹏迒之迹，知分理之可別異也，初造書契。百工以乂，萬品以察，蓋取諸夬。夬揚於王庭，言文者宣教明化於王者朝廷，君子所以施祿及下，居德則忌也。倉頡之初作書蓋依類象形，故謂之文。其後形聲相益，即謂之字。字者，言孳乳寖多也。著於竹帛謂之書。書者，如也。以迄五帝三王之世，改易殊體，封於泰山者，七十有三代，靡有同焉。周禮八歲入小學，保氏教國子先以六書。及宣王太史籀著大篆十五篇，與古文或異。至孔子書六經，左丘明述春秋傳皆以古文，厥意可得而說。其後諸侯行政不統於王，惡禮樂之害己，而皆去其典籍。分為七國，田疇異畮，車涂異軌，律令異法，衣冠異制，言語異聲，文字異形。秦始皇帝初兼天下，丞相李斯乃奏同之，罷其不與秦文合者。斯作蒼頡篇，中書府令趙高作爰歷篇，大史令胡毋敬作博學篇，皆取史籀大篆，或頗省改，所謂小篆者也。是時，秦燒滅經書，滌除舊典，大發隸卒，興設戍官。獄職務繁，初有隸書以趣約易，而古文由此絕矣。自爾秦書有八體。一曰大篆，二曰小篆，三曰刻符，四曰蟲書，五曰摹印，六曰署書，七曰殳書，八曰隸書。漢興有草書。尉律，學僮十七已上始試，諷籀書九千字乃得為吏。又以八體試之，郡移太史并課，最者以為尚書史。書或不正，輒舉劾之。今雖有尉律不課，小學不修，莫達其說久矣。孝宣時，召通蒼頡讀者，張敞從受之。涼州刺史杜業、沛人爰禮、講學大夫秦近亦能言之。孝平時，徵禮等百餘人，說文字未央廷中，以禮為小學元士。黃門侍郎揚雄采以作訓纂篇，凡蒼頡已下十四篇，凡五千三百四十字。群書所載略存之矣。及亡新居攝，使大司空甄豐等校文書之部，自以為應制作，頗改定古文。時有六書，一曰古文，孔子壁中書也。二曰奇字，即古文而異者也。三曰篆書，即小篆，秦始皇帝使下杜人程邈所作也。四曰佐書，即秦隸書。五曰繆篆，所以摹印也。六曰鳥蟲書，所以書幡信也。壁中書者，魯恭王壞孔子宅而得禮記、尚書、春秋、論語、孝經。又北平侯張蒼獻春秋左氏傳。郡國亦往往於山川得鼎彝，其銘即前代之古文，皆自相似。雖叵復見源流，其詳可得略説也。而世人大共非訾，以為好奇者也。故詭更正文，鄉壁虚造不可知之書，變亂常行，以耀於世。諸生競説字解經，誼稱秦之隸書為蒼頡時書，云父子相傳，何得改易。乃猥曰馬頭人為長，人持十為斗，虫者屈中也。廷尉説律，至以字斷法。苛人受錢，苛之字止句也。若此者甚衆，皆不合孔氏古文，謬於史籀。俗儒鄙夫，翫其所習，蔽所希聞，不見通學。未嘗覩字例之條，怪舊蓺而善野言，以其所知為秘妙，究洞聖人之微指。又見蒼頡篇中幼子承詔，因號古帝之所作也，其辭有神仙之術焉。其迷誤不諭，豈不悖哉。書曰：予欲觀古人之象。言必遵修舊文而不穿鑿。孔子曰：吾猶及史之闕文，今亡也夫。蓋非其不知而不問，人用己私，是非無正，巧説衺辭，使天下學者疑。蓋文字者經藝之本，王政之始，前人所以垂後，後人所以識古。故曰本立而道生，知天下之至賾而不可亂也。今叙篆文合以古籀，博采通人，至於小大，信而有徵，稽譔其説。將以理群類，解謬誤，曉學者，達神恉。分別部居，不相雜廁。萬物咸覩，靡不兼載。厥誼不昭，爰明以諭。其偁易孟氏、書孔氏、詩毛氏、禮、周官、春秋左氏、論語、孝經皆古文也。其於所不知，蓋闕如也。

又方言十三卷，漢揚雄子雲撰，晉郭璞注。首題輶軒使者絶代語，末載答劉歆書，具詳著書本末。其略云天下上計孝廉及内郡衛卒會者，常抱三寸弱翰，齎素紬四尺，以問其異語。歸即以鉛摘次之於槧。葛洪西京雜記言，子雲好事，嘗懷鉛提槧，從諸計訪殊方絶域之語，蓋本雄書所云也。容齋隨筆：今世所傳揚子雲輶軒使者絶域語釋别國方言，凡三十卷。郭璞序而解之。末又有漢成帝時劉子駿與雄書，從取方言及雄答書。以予考之，殆非也。雄自序所為文，漢史本傳但云：經莫大於易，故作太玄。傳莫大於論語，作法言。史篇莫善於蒼頡，作訓纂。箴莫善於虞箴，作州箴。賦莫深於離騷，反而廣之。辭莫麗於相如，作四賦。雄平生所為文盡於是矣。初無所謂方言。漢書藝文志有訓纂一篇，儒家有雄所序三十八篇。注云：大元十九、法言十三、樂四、箴訓雜賦有雄賦十二篇。亦不載方言。觀其答劉子駿書稱蜀人嚴君平。按君平本姓莊，漢顯宗諱莊改為嚴。法言所稱蜀莊沈冥、蜀莊之才之珍、吾珍莊也，皆本字，何獨至此書而曰嚴。又子駿只從之求書，而答云必欲脅之以威，陵之以武，則縊死以從命也。何至是哉。成帝時子駿與雄書，而其中乃云孝成皇帝反覆抵牾，又書稱汝頹之間，先漢人無此語也，必漢魏之際好事者為之云。

字林切韻，亦其源流。元澤爾雅，孰知其郵。

文獻通考：字林五卷，晉呂忱撰集說文之漏略者。又切韻五卷，隋開皇初刻，臻等八人與陸法言共撰集，長孫納言爲之箋注。困學紀聞：陸法言切韻五卷，後有郭知元等九人增加。唐孫愐有唐韻，今之廣韻則本朝景德、祥符重修。今人以三書為一，或謂廣韻為唐韻，非也。李巽巖說文繫傳序：漢和帝永元中，太尉祭酒許叔重始為說文解字。安帝建元初，叔重子冲乃獻。晉東萊惤令呂忱繼作字林，以補叔重所闕遺者。於叔重部叙初無移徙。陳左將軍顧野王更因說文造玉篇三十卷，梁武帝大同末獻之。其部叙既有升降損益，文又多於叔重。唐上元末，處士孫強復修野王玉篇，愈增多其文。今行於俗間者，強所修也。天歷間，李陽冰以篆學得名，更刊定說文，乃祖叔重，然頗出私意詆訶許氏，學者恨之。南唐二徐兄弟實相與反正由舊，故鍇所著書四十篇總名繫傳，蓋尊許氏若經也。鉉又苦許氏偏旁奥密，因令鍇以切韻譜其四聲，又為鍇傳，名曰釋文韻譜。予嘗謂小學放絕久矣，欲崇起之必以許氏為宗。而鉉、鍇兄弟，最其親近者。如陽冰、林罕、郭忠恕等，俱當採掇聚為一書，顧力所不及耳。韻說仍便於檢閱，然局以四聲，則偏旁要未易見。乃因司馬光所上類篇，依五音先後，悉取說文次第安排，開篇可了。類篇者，司馬光治平末所上也。先是，景祐初，宋祁、鄭戩建言見行廣韻乃陳彭年、邱雍等景德末重修，繁省失當，有誤科試。即詔祁、戩與賈昌朝同修，而丁度、李淑典與之。書成，賜名集韻。度等復奏集韻添字極多，乞別為類篇，命胡宿、范鎮、司馬光相繼成之。自集韻、類篇列於學官，而廣韻、玉篇微矣。所謂廣韻，則隋仁壽初陸法言等所共纂次，而唐義鳳後郭知元等又附益之，時號切韻。天寶末，陳州司法孫愐以切韻為謬，略復加刊正，别為唐韻之名。宋大中祥符元年改賜新名曰廣韻。今號集韻，則又寶元改賜也。切韻、廣韻皆不及集韻最詳。嗚呼，學無小，而古則謂字書之學為小，何哉。亦志乎學當由此始爾。凡物雖微必有理存。何況斯文，幼而講習，磨礲浸灌之久，逮其長也，於窮理乎何有。否則，躐等陵節，君子不貴也。又王元澤爾雅，王雱撰。項平甫跋：予讀王元澤爾雅，為之永歎曰：嗚呼，以王氏父子之學之苦，即其比物引類之博，分章析句之工，其用力也久，其屬辭也精。以此名家，自足垂世。視揚子雲、許叔重，何至多孫而必用此說也。咸五帝而登三王，縛頡利而臣商昌，則已疎矣。度不能勝而乃濟之以愎，輔之以狡，招合一時之群小，盡逐累世之舊臣，至使後之擅國者世師焉。以享上祇辟之説悦人主，以邦國足之説遏廷臣，則王氏父子實爲之津梁，可不痛哉。

讀十三經管見草·讀爾雅臆説

清·王尚槩

世謂周公作爾雅之首章，卜氏續爾雅之全編。詁、言、訓也，親、宫、器、樂也，天、地、邱、山、水與草、木也，蟲、魚、鳥、獸、諸畜也，十有九釋，名義瑣俚，極似漢人輯錄。然其體已足開註疏傳説之宗。雖不關世道人心之重，亦讀經者所必先之務也。

群經地釋·爾雅

清·周翼高

釋地

大野魯有大野。見卷六。

大陸晉有大陸。見卷六。

楊陓秦有陽陓。即弦蒲。見卷八。

孟諸宋有孟諸。　見卷六。

雲夢楚有雲夢。　見卷六。

具區吴越之間有具區。　即禹貢震澤。見卷六。

海隅齊有海隅。　注：海濱廣斥。海濱，見卷六。

昭余祁燕有昭余祁。　一統志：山西太原府祁縣東南七里昭餘池。水經注：太谷水自祁縣連延西接鄔澤，是為祁藪，即爾雅所謂昭餘祁也。方輿紀要：昭餘祁藪水久涸鹵，元至正十一年濬得細水，為昭餘池，旁建成湯廟，至明又涸。本朝順治九年復溢。

圃田鄭有圃田。　即詩甫草。見卷三。

焦護周有焦護。　見卷三。

雁門東陵阠，南陵息慎，西陵威夷，中陵朱滕，北陵西隃，雁門是也。　邢昺疏：此五方之陵名也，其義及所在未詳。雁門，郭璞注：即雁門山也。一統志：雁門山，在山西大同府陽高縣西北邊牆外。山海經：碣石之山又北水行五百里，至于雁門之山。水經注：其山重巒疊巘，霞舉雲高，連山隱隱，東出遼塞。

加陵陵莫大於加陵。　郭璞注：今所在未聞。

湨梁梁莫大於湨梁。　見春秋襄十六年。

醫無閭東方之美者，有醫無閭之珣玗琪焉。　見卷八。

會稽東南之美者，有會稽之竹箭焉。　見卷八。

梁山南方之美者，有梁山之犀象焉。　邢昺曰：郭氏不注梁山所在。按，梁山有二：禹貢冀州梁山，即吕梁山，見卷六。詩奕奕梁山，雍州之梁山也，見卷三。

華山西南之美者，有華山之金石焉。　即西岳。見卷五。

霍山西方之美者，有霍山之多珠玉焉。　見卷八。

崑崙虛西北之美者，有崑崙虛之璆琳琅玕焉。　山海經海内西經云：帝之下都崑崙之下都崑崙之虛，方八百里，高萬仞。一統志：崑崙山在青海黄河源西。書經地理今釋：崑崙山在今西番界，有三山，一名阿克坦齊欽，一名巴爾布哈，一名巴顏喀喇，總名枯爾坤，譯言崑崙也，在積石之西，河源所出。

幽都北方之美者，有幽都之筋角焉。　郭璞曰：幽都，山名。一統志：今直隸昌平州西北三十里有幽都山，相傳古幽州以此名。

斥山東北之美者，有斥山之文皮焉。　斥山，在今登州府榮成縣南一百二十里，即爾雅所稱之斥山也。一統志云：取海濱廣斥之義。

岱岳中有岱岳，與其五穀魚鹽生焉。　郭璞曰：言泰山有魚鹽之饒。泰山，見卷四。

四極東至於泰遠，西至於邠國，南至於濮鈆，北至於祝栗，謂之四極。　郭璞曰：泰遠、邠國、濮鈆、祝栗，此四方極遠之國名也。

四荒觚竹、北戶、西王母、日下，謂之四荒。　漢書地理志：令支縣有觚竹城。水經注：元水西南逕孤竹故城北，孤竹國也，城在山側肥如縣南十二里。一統志：孤竹城在直隸盧龍縣南，邢昺謂北戶即日南郡，顔師古曰：言其在日之南，所謂北戶以向日者。按，今安南古南交地，周時為越裳氏地，秦為象郡，漢武帝元鼎六年置日南郡。邢昺曰：西王母者，山海西荒經云西海之南，流沙之濱，赤水之後，黑水之前有大山，名崑崙之邱，有人戴勝，虎齒，有尾，穴處，名曰西王母。竹書紀年：穆王十七年西征崑崙邱，見西王母。漢書地理志：金城臨羌縣，西北[脱至字]塞外有西王母石室、崑崙山祠。十六國春秋：張駿時，酒泉太守馬岌上言，酒泉南山即崑崙之體也，周穆王見西王母，樂而忘歸，即謂此山，上有石室、玉堂，珠璣、鏤飾，煥若神宮，禹貢崑崙在臨羌之西，即此明矣，宜立西王母祠，以禪朝廷無疆之福，駿從之。一統志：山在甘肅肅州西南。邢昺曰：日下者，謂日所出處其下之國也。郝懿行義疏：日下者，鄭樵以為即今日本國也，邵氏正義以為嵎夷雖在東表，然是賓日之地而無日下之名。

四海九夷、八狄、七戎、六蠻謂之四海。　邢昺曰：風俗通云東方人好生萬物觝觸地而出，夷者，觝也。其類有九。依東夷傳，夷有九種，曰畎夷、十[干]夷、方夷、黃夷、白夷、赤夷、元夷、風夷、陽夷。又一曰元菟、二曰樂浪、三曰高驪、四曰滿飾、五曰鳧更、六曰索家、七曰東屠、八曰倭人、九曰天鄙。蠻者，風俗通云君臣同川而浴，極為簡慢，蠻者，慢也。其類有八。李巡云一曰天竺、二曰咳首、三曰焦僥、四曰跂踵、五曰穿胸、六曰儋耳、七曰狗軹、八曰勞春。戎者，風俗通云斬伐殺生不得其中，戎者，兇也。其類有六。李巡云一曰僥夷、二曰戎夷、三曰老白、四曰耆羌、五曰鼻息、六曰天剛。狄者，風俗通云父子嫂叔同穴無別，狄者，辟也，其行邪僻。其類有五。李巡云一曰月支、二曰穢貊、三曰匈奴、四曰單于、五曰白屋。

丹穴岠齊州以南，戴日為丹穴。　郭璞曰：岠，云也。齊，中也。邢昺曰：言去中國以南、北戶以北、值日之下，其處名丹穴。天老說鳳去濯羽弱水，莫宿丹穴，又山海經云禱過山東五百里，曰丹穴山是也。

空桐北戴斗極為空桐。　邢昺曰：斗，北斗也。極者，中宮天極星。其一明者，泰一之常居也。以其居天之中，故謂之極。極，中也。北斗拱極，故云斗極，值北斗極之下，其處名空桐。

太平大蒙東至日所出為太平，西至日所入為大蒙。　注：即蒙汜也。　疏：淮南子云日出扶桑入于蒙汜。

釋邱

陶邱再成為陶邱。　郭璞曰：濟陰定陶城中有陶邱。邢昺曰：禹貢濟水東出于陶邱北是也。詳卷六。

乘邱如乘者，乘邱。　邢昺曰：郭氏兩解，一云形似車乘也，一或云乘謂稻田塍埒。地理志：泰山有乘邱。春秋莊十五年：公敗宋師于乘邱。　見卷九檀弓。

營邱水出其左，營邱。　郭璞曰：今齊之營邱，淄水過其南及東。　營邱，見卷二。

沙邱邐迤，沙邱。　邢昺曰：邱形斜行連接而長者名沙邱。地理志云：鉅鹿，有紂所作沙邱臺，在東北七十里。一統志：沙邱臺在直隸平鄉縣東北。史記趙公子成、李兑圍主父，三月餘，餓死沙邱宫。秦始皇三十七年崩于沙邱。平臺舊志：今平鄉東北有王固岡，岡東北十餘里有太平臺村，東去廣宗鄉八里，其東又有小平臺村，即故沙邱臺遺址也。

旄邱前高，旄邱。　見卷二。

泰邱右陵，泰邱。　郭璞曰：宋有泰邱社亡。邢昺曰：六國年表：周顯王三十三年、秦惠王二年，宋泰邱社亡是也。一統志：太邱故城在河南歸德府永城縣西北三十里，漢武帝元朔三年，封魯恭王子節侯政為敬邱侯，國屬沛郡。後漢明帝改曰太邱，陳實為太邱長即此。漢表作瑕邱侯政，元朔三年封，史記表注云：屬山陽。考山陽郡之瑕邱，並不言侯國，蓋表誤。與左傳襄元年參看。

畝邱如畝，畝邱。　見卷三。

宛邱陳有宛邱。　郭璞曰：今在陳郡陳縣。見卷二。

潛邱晉有潛邱。　郭璞曰：今在太原晉陽縣。元和志：在太原縣南三里。一統志：潛邱在太原縣，隋開皇二年，于其上置大興國觀，舊志在縣東八里，宋修惠明寺浮屠，陶土作瓦，是邱遂湮。

州黎邱淮南有州黎邱。　郭璞曰：今在壽春縣。按，壽春即今鳳陽府壽州。

畢畢，堂牆。　郭璞曰：今終南山道名，畢，其邊若堂室之牆。邢昺曰：李巡云堂，牆名。厓似堂牆曰畢。郭以畢終南之道名也，其邊之厓如堂室之牆，言平正也。

釋山

華河南華。　郭璞曰：華陰山。按，即西岳。見卷五。

嶽河西嶽。　郭璞曰：吴嶽。見卷八。

岱河東岱。　郭璞曰：岱宗泰山。見卷四。

恒河北恒。郭璞曰：北嶽恒山。見卷五。

衡江南衡。郭璞曰：衡山南嶽。見卷五。

霍山霍山為南嶽。郭璞曰：即天柱山，潛水所出也。見卷八。

嵩高嵩高為中嶽。郭璞曰：少室山也。按，即禹貢外方。見卷六。

梁山梁山，晉望也。括地志：山在韓城縣東南十九里。寰宇記：梁山有大梁、小梁之號。大梁山在韓城縣西五里。禹貢錐指：梁山在韓城縣西北九十里。郃陽縣志：山在縣西北四十里，東西橫亘，逶迤最遠，穹山隆之形如屋梁焉。考梁山，自今郃陽西北，至韓城縣西北之麻線嶺，皆此一山，綿延最遠。諸志言梁山所在，其說雖不同，實一山也。

釋水

河水自河出為灉。見卷一。

濟濟為濋。見卷六。

汶汶為瀾。見卷二。

洛洛為波。見卷一。

漢漢為潛。見卷二。

淮淮為滸。見卷六。

江江為沱。見卷二。

過過為洵。水經：淮水又東過當塗縣北，過水從西來注之。水道提綱：過河自商水東南境南流，有支渠西達縣南境，與西北境之汾河合，其正流東南經沈邱縣西北境，又東南入江南界，經太和縣西境朝陽鎮沈邱集之南，又東至潁州城北而入于淮。

潁潁爲沙。　見卷八。

汝汝爲濆。　見卷二。灉，見卷六。澩，水經注：江水西分濟瀆東北，逕濟陰郡南，濟別爲澩也。瀾，未詳。波，水經：洛水又東，門水出焉。注：所謂洛別爲波也。潛，見卷六。滸，水經注：地理志曰游水自淮浦北入海，淮別滸。游水亦枝稱者也。沱，見卷六。洵，未詳。沙，水經注：潁水自臨潁縣西小溵水出，潁別爲沙也。濆，水經注：濆水亦謂大溵水，汝別也。邢昺曰：此十者皆大水分出，別爲小水之名。

河曲河出崑崙虛，色白，所渠并千七百，一川色黄。百里一小曲，千里一曲一直。河，詳卷一。

九河徒駭、太史、馬頰、覆鬴、胡蘇、簡、絜、鉤盤、鬲津。　見卷六。

釋鳥

鳥鼠同穴見卷六。

雅學考

清・胡元玉

爾雅之學，顯于隆漢，孝文時置爾雅博士，孝武初置博士必取通爾雅者爲之，元始中徵天下通爾雅者詣公車，令記説廷中。自是以來，朝野化之，咸能研究，雅學之盛，莫與比隆。雖授受源流闃焉無考，而攟所造述，抑亦可心識其迹也。迨于東晉，注者十餘。降及隋、唐，猶有作者。宋談性理，實學漸荒，雅學諸書用是散佚，迄于今日，惟餘郭注。近儒講求實學，裒輯前代遺書，爾雅舊注，固已蒐羅略備。然而釋文序錄記樊光之名，或强易其稱爲某氏，周禮正義載康成之注，或竟指所注爲緯文。如斯之類，踳駮殊甚。又如江漼、曹憲所譔音圖，或訛爲道群之書，或斥爲廣雅之誤，儻不亟爲釐正，致失先哲之苦心，斯亦後起者之罪也。爰考宋前雅學諸書，譔稽衆言，申以愚管，叙次爲五種。宋後不録，著雅學所由衰歇爾。

臣舍人爾雅注不知其姓，里居、事迹均未詳。

釋文叙録云：犍爲文學注三［二］卷，一云犍爲郡文學卒史臣舍人，漢武帝時待詔。闕中卷。

隋志云：梁有漢劉歆、犍爲文學、中黄門李巡爾雅各三卷，亡。

册府元龜云：犍爲郡文學卒史臣舍人注爾雅二卷。案此蓋據釋文闕中卷而云然，殊誤。

翁覃溪經義考補正云：丁杰按，文選羽獵賦注引爾雅犍爲舍人注，又引郭舍人注，則舍人姓郭。但左傳正義中舍人文學並見，則又似二人也。附識以俟考。

盧紹弓釋文考證云：李善文選羽獵賦注引作郭舍人。考漢書東方朔傳，武帝初有幸倡郭舍人，常侍左右。注爾雅者，疑非此人。

謝蘊山小學考云：詩正義舍人及犍爲文學並引異説，蓋二説本出一人。正義中稱舍人，陸璣詩疏稱犍爲文學。下一條乃正義覆述詩疏原文，故仍其稱耳。春秋正義、爾雅疏皆然，非有兩人也。詩大田釋文引郭云皆蝗類也句，景純注中所無，其即犍爲文學之説。文選注前引郭舍人注，後引犍爲舍人注，亦偶異其稱耳。

錢竹汀與晦之論爾雅書云：考陸氏釋文稱犍爲郡文學卒史臣舍人，漢武帝時待詔。而廣韻亦有舍姓，是舍人乃其人姓名，非官稱也。

孫怡谷讀書脞録續編云：錢竹汀云廣韻有舍姓，蓋其人姓舍名人。按，姓舍罕見，且名人，疑未必然也。李善文選羽獵賦注引郭舍人爾雅注，是其人姓郭爾。漢書東方朔傳有幸倡郭舍人，正值漢武帝時，豈即其人耶。蓋本犍爲郡文學卒史而入爲舍人也，名則不可考矣。

周松靄十三經音略云：文選羽獵賦注引爾雅犍爲舍人注，又引釋詁郭舍人注，與景純不同。疑舍人即文學，而與景純同姓。據陸氏釋文，則即東方朔傳郭舍人無疑。然左傳正義文學、舍人並引而説異，蓋文學兼稱舍人，而顧野王亦稱舍人也。

邵二雲爾雅正義云：諸書多引作犍爲舍人，或作舍人。文選注閒稱爲郭舍人，疑即一人也。

臧在東爾雅漢注云：文選注舍人上衍郭字。

洪筠軒讀書叢録云：文選注引作郭舍人。按，西京雜記：郭威，字文偉，茂陵人。好讀書，謂爾雅周公所制而有張仲孝友，張仲，宣王時人，非周公之制明矣。疑即此人。

馬竹吾玉函山房輯佚書云：文選羽獵賦注引爾雅郭舍人注。張澍蜀典謂即與東方朔同時待詔，爲隱語，被榜呼暑之郭舍人。又博考漢時官階，云當是初爲郡文學，後補太守卒史，以能詼諧，善投壺，入爲待詔舍人也。引者或稱文學，或稱舍人，要是一人之言。釋文以爲闕中卷，故自釋宫至釋水不及引舍人注。而齊民要術、水經注、太平御覽等書所引，猶足據摭成卷，以補陸氏之闕。舍人在漢武時，釋經之最古者。本多異字，尤可與後改者參校，而得爾雅之初義焉。

黄右原爾雅古義云：在景純前之郭舍人注，謂即漢武帝時聯柏梁體詩者固非，亦與西京雜記爲武帝投壺賜金之郭舍人有别。又云：釋文自釋訓以下、釋草以上無一語引及此者，蓋彼時惟存上下二卷，而闕其中卷矣。惟齊民要術尚引釋器注，水經注亦引釋水注。賈、酈成書尚在陸前，故猶及見中卷也。

宋于庭過庭録云：孫君志祖據文選注，斷爲郭舍人是矣。然舍人由文學卒史入爲待詔，非入爲舍人也。舍人，太子官屬，非近侍官名。又東方朔傳云：朔高自稱譽，上偉之，令待詔公車。蓋朔與舍人同待詔公車，同得省見，傳記之。若爲倡優者，蓋失實也。則朔傳之郭舍人，正注爾雅者，舍人當是其名。釋文稱文學卒史臣舍人，猶注漢書者稱臣瓚，若是官名，則當云舍人臣某矣。蓋其成書奏上之時，尚未顯幸，故僅題文學卒史耳。朔傳稱郭舍人爲諧語，注：師古曰諧者，和韻之言也。可以爲舍人明小學、通諧聲之切證。原注：魏孫炎為反切之學，其源或出于舍人。後漢文苑傳：王逸元初中舉上計吏爲校書郎，順帝時爲侍中。今傳楚辭章句題校書郎臣王逸上。漢書五行志：待詔寵等。注：師古曰以經術待詔，其人名寵，不記姓也。漢書枚乘傳：皋自陳枚乘之子，召入見待詔。又言：皋爲賦，好嫚戲，以故得媟黷貴幸，比東方朔、郭舍人等。

郝蘭皋爾雅義疏云：宋翔鳳言，郭舍人即與東方朔爲射覆者。其説是也。

案漢書藝文志儒家有臣彭四篇，道家有臣君子二篇，原注：蜀人。雜家有博士臣賢對一篇，臣説三篇。原注：武帝時［脱所字］作賦。師古曰：説者，其人名。小説家有待詔臣饒心術二十五篇。原注：武帝時。師古曰：劉向別錄云：饒，齊人也，不知其姓。待詔臣安成未央術一篇。臣壽周紀七篇。原注：項國圉人，宣帝時。詩賦有郎中臣嬰齊賦十篇。臣説賦九篇。臣吾賦十八篇。臣昌市賦六篇。臣義賦二篇。皆成書奏上時原題也，與此題犍爲郡文學卒史臣舍人正同。宋于庭以臣瓚爲比，確極。以官命名，古多有之，如漢武時有丁夫人，見史記孝武本紀。集解引韋昭曰：丁，姓。夫人，名。亦是以内官命名也。漢時内官有夫人、美人、良人、七子、八子諸號。漢人稱臣，例不自記其姓，故往往名存而姓不可考。隋志本于七錄，釋文作于陳、隋之際，均不題爲郭舍人，則其姓久已無考可知。惟不知其姓，故改題其官而以犍爲文學著于錄也。文選注成于唐代，且僅一稱郭舍人，單文晚出，難以案據，昭然察矣。而丁、謝、孫、周、邵、洪、馬、黄、宋、郝諸君，皆據以爲定，殊不及盧、臧之識卓論精。錢以舍人爲姓名，亦不合漢人稱臣之例。楚辭章句題臣王逸上，乃傳寫者所加，非叔師原題，不可援以為例，故舍不得為姓。若怡谷所譏，則未中錢失也。宋牽合東方朔傳，以郭舍人爲人姓名，更誤。彼之舍人，自是官名。觀舍人恚曰朔擅詆欺天子從官可見。蓋本幸倡，後爲舍人，故常侍武帝左右，不必泥于舍人非近侍官名也。如其人姓郭，名舍人，則身止幸倡焉，敢自號爲天子從官耶。至釋文引郭云皆蝗類也，自是郭音義中語。否則今本郭注有脱漏。謝指爲舍人注，未免疏淺。今從漢志著錄臣彭等之例，改題臣舍人，以復原題，而不從七錄僅題其官焉。

劉歆爾雅注歆，字子駿。事迹具漢書本傳。

釋文叙錄云：劉歆注三卷。隋志、通志並同。與李巡注正同，疑非歆注。冊府元龜同。

邵二雲爾雅正義云：今散見諸書者，不盡同于李巡。

馬竹吾玉函山房輯佚書云：考説文引劉歆説：蝝，復陶也，蚍蜉子。與春秋正義引李巡説蝝，蝗子不同，則李氏本劉爲注，大指不殊，其閒亦不無少異。

黄右原爾雅古義云：劉歆、李巡兩家皆已亡于作隋志之前。既皆亡，何以知劉與李同。且子駿，西漢人。何能下同于東漢之宦者。子駿雖爲新莽國師，然領五經，自有七略三統可傳。原注：本傳無爾雅注。即與人同時，亦不肯同于人。于是讀漢書楚元王傳至歆召見成帝待詔宦者署爲黄門郎而後，知陸德明之誤有由矣。此必子駿注爾雅時，適在黄門郎，與宦者日近，其稿遂爲所得，輾轉入巡手。而巡之成此書，或又如吕覽、淮南子，多聽賓客之所爲，竟蹈郭竊向注之譏，未可知也。惜歆注僅于説文、埤雅各見一二條，轉不如巡書爲人引用獨多。今姑以巡爲主，而退歆于後。

案據元朗云與李巡注正同，則二注必全書盡同可知。若偶爾襲用舊説，乃古人譔述之常。元朗博識古書，斷不至據在後之李注，斥在前之劉注爲非也。竊疑劉注蓋成于爲黄門郎時，因以題其書。迨陳、隋之際，劉注已亡，而李注猶有偶存之本。傳寫淺人，但知劉注有黄門郎之題，見李注亦題中黄門，因有誤將李書妄改劉名者。二本並行，元朗皆及見之，知題劉名者爲誤。故于劉書下著此二語，專指當時目見之本而言，非謂七錄所著錄者本非歆注也。一書兩題，猝難剖辨。故云疑非，此元朗之慎也。二注正同，故元朗援引皆稱李不稱劉。臧在東以釋樂釋文所引劉歆為本漢志，非爾雅注，唐徐景安樂書所引乃爾雅注。是也。漢書五行志云：劉歆以為蝝蝗蠹之有翼者食穀為災。與說文所引雖文有詳略，而大旨不甚縣殊。則許所引乃子駿雅注真本。故與李注不同，而為元朗所未引。邵、馬所說，未洞癥結。右原之言，尤爲瞽談。

樊光爾雅注事迹無考。

釋文叙錄云：樊光注六卷，舊、新唐志同。京兆人，後漢中散大夫。沈旋疑非光注。

隋志云：爾雅三卷，漢中散大夫樊光注。冊府元龜、通志並同。

盧紹弓釋文考證云：春秋正義引樊光注，詩正義作某氏注，殆因沈旋之疑也。據此可見，某氏即樊光耳。

邵二雲爾雅正義云：詩疏所引有某氏注，左傳疏引樊光之注與某氏注同，則某氏疑即樊光。然詩疏亦閒引樊光注，與某氏互見，其爲一人與否，疑未能定也。

臧在東拜經日記云：唐人義疏引某氏爾雅注，即樊光也。

馬竹吾玉函山房輯佚書云：證以椵木槿、櫬木槿注，詩正義引作樊光，禮記正義引作某氏。佳其夫不注，春秋正義引作樊光，詩正義、邢疏並引作某氏。臧君之言確不可易，兹據合輯爲卷。

案某氏與樊光非一人也，說詳後某氏注下。

李巡爾雅注巡事迹附見後漢書呂強傳。云：時宦者濟陰丁肅、下邳徐衍、南陽郭耽、汝陽李巡、北海趙祐等五人稱為清忠，皆在里巷，不爭威權。巡以為諸博士試甲乙科，爭第高下，更相告言，至有行賂，定蘭臺漆書經字以合其私文者。迺白帝，與諸儒共刻五經文于石。于是詔蔡邕等正其文字。自後五經一定，爭者用息。

釋文叙錄云：李巡注二卷，隋志，舊、新唐志並同。汝南人，後漢中黃門。

通志云：爾雅三卷，漢犍爲文學中黃門李巡。案此鈔隋志，而誤合二人為一也。

盧紹弓釋文考證云：詩正義曰：李巡與鄭同時，鄭讀爾雅蓋與巡同。案，見後漢書宦者傳，蔡邕石經之刻，李黄門白帝，兆其謀也。

案墨池編載王愔文字志録目中卷古今字學，李巡列蔡邕前，則巡與邕經術字學並相頡頏，不僅清忠足稱也。黄右原乃有郭竊向注之譏，淺之乎視巡矣。

鄭玄爾雅注玄，字康成。事迹具後漢書本傳。

孫怡谷讀書脞録云：周禮大宗伯疏引緯書文耀鉤：天皇，大帝之號。又引爾雅　：北極謂之北辰。其下引鄭康成注云：天皇北辰耀魄寶。此文耀鉤注，非爾雅注也。近余氏蕭客古經解鉤沈，列之康成爾雅注，誤矣。

邵二雲爾雅正義云：其爲叙録所未引及者，有鄭康成注，見周禮疏。然康成傳不言其注爾雅，其即鄭志引爾雅而釋之，後人遂以爲康成爾雅注與。又云：今考陸氏經典叙録所載犍爲文學、劉歆、樊光、李巡之外，益以鄭康成爲六家，其餘未之詳也。

阮芸臺周禮校勘記云：此鄭注文耀鉤也，上引文耀鉤可證。因文承爾雅之下，而或云鄭有爾雅注，誤讀此疏矣。

案周禮正義辨五帝大帝之號，首引春秋緯運斗期，次引文耀鉤，次引元命包，次又引元命包，次又引文耀鉤，次引爾雅，次引鄭注，次引尚書君奭云：時則有若伊尹、格于皇天。次引鄭注云：皇天，北極大帝。次引掌次，次引月令季夏云：以供皇天、上帝。鄭分之皇天、北辰、耀魄寶、上帝、太微五帝。此引月令鄭注也。今禮記鄭注具存，與此疏月令下所引正合。尚書鄭注雖亡，然隋、唐志等書久已著録，則此疏尚書下所引，確是尚書注矣。爾雅鄭注，前籍雖未言，然此疏三引鄭注，皆先列經文，次列注文，極爲明瞭。如必以爲文耀鉤注，何以不于引文耀鉤下先列此注，而列于爾雅下耶。且斥爲非爾雅注者，不過因上引文耀鉤、下有是天皇大帝之號也之文，遂以此注爲釋緯文天皇大帝之義耳，不知此句並非緯文，乃賈疏總釋周禮鄭注之語。合觀前後文義，自見爲此説者，乃真誤讀此疏，余仲林實未誤也。但文耀鉤既無天皇之語，爾雅亦僅有北辰之文，此注北辰二字，似當在天皇之上方合，豈涉下文月令注而誤倒耶。又案，釋慧琳一切經音義卷三十引爾雅鄭注云：懋，謂自勉也。卷八十三引爾雅鄭注云：郵，道路過也。又引駿，馬之美稱也。釋慧苑華嚴經音義卷二引鄭注爾雅云：芬，香氣調也。考爾雅懋懋慔慔，勉也，郭景純云：皆自勉强。郵、過也。郭景純云：道路所經過。均與慧琳所引鄭注大致相同。且郵字古作尤，郭注望文生訓，日知録已辨其非。而鄭君箋詩四月，注洪範五行傳，皆用雅訓云：尤，過也。足見慧琳所引本非鄭注，乃郭字之訛。惟駿馬之美稱也，不見景純雅注中，然又與穆天子傳天子八駿郭注適合。其爲誤標爾雅，又無可疑。至于芬字，本爾雅所無，其有譌誤，更爲明顯。華嚴經音義卷四又引此注作郭注爾雅，亦誤。據方言十三：芬，和也。郭注正作芬，香氣調和也。華嚴經音義卷三引此注但稱郭璞，極是。則駿、芬二注皆是，一誤郭璞曰，爲郭注爾雅，再誤爲鄭注爾雅明矣。又，史記五帝紀：蓺五種。集解云：詩云蓺之荏菽，索隱云：此注所引，見詩大雅生民之篇。爾雅［脱云字］：荏菽，戎菽也。郭璞曰：今之胡豆。鄭氏曰：豆之大者。是也。按，此之鄭氏，自指詩箋，非雅注也。觀所引雅文，郭注皆有增損，足見此爲增損詩箋戎菽、大豆也之文矣。雖文承爾雅郭注之下而義自明顯。此等處不爲剖别，反足貽惑後賢。故詳著之，明鄭君之有雅注，得周禮一疏已足，不必借重釋慧琳、司馬貞諸人所引，轉滋無識者以口實耳。

孫炎爾雅注 炎字叔然，顔氏家訓作叔言。三國志附見王肅傳，云：時樂安孫叔然受學鄭玄之門，人稱東州大儒，徵爲秘書監，不就。肅集聖證論以譏玄短。叔然駮而釋之。及作周易春秋例，毛詩、禮記、春秋三傳、國語、爾雅諸注，又著書十餘篇。

釋文叙錄云：孫炎注三卷。

隋志云：爾雅七卷，孫炎注。通志同。

舊唐志云：爾雅六卷，孫炎注。新唐志同。

册府元龜云：孫炎注爾雅二卷。

緯略云：爾雅注今所傳者，郭璞、孫炎耳。所謂樊光爾雅注、李巡爾雅注、沈璇爾雅集注，已不可復見。郭璞有爾雅圖，江灌有爾雅圖讚，皆奇書。

黄右原爾雅古義云：緯略躋晉郭璞于魏孫炎之上，于義不順。當指五代俗孫炎。且高氏既云樊光、李巡、沈璇注已不可復見，漢李、樊在魏孫炎前，固宜不復見。梁沈璇在魏孫炎後，豈有在後之沈集注已亡，而獨在前之魏孫炎爲今所傳之理。故知緯略云今所傳者，乃晉郭璞、五代之俗孫炎耳。

案宋尤延之遂初堂書目尚著錄孫炎爾雅注，但未載卷數。可見叔然之書，南宋時實未全佚。不得以宋志未著錄，而謂其時已無傳本也。右原所云，殊不可信。如以叔然在士規前決之，則景純獨非在士規前者耶。俗孫炎之書自名義疏，宋人所知，不至以注稱之也。

某氏爾雅注姓名、時代、卷數均無考。

案盧臧諸人皆强以某氏爲樊光，其實非也。其驗有三：古人著書最審慎，即心疑其非，亦不敢臆改。故釋文叙錄于樊光注，雖云沈璇，疑非光注，而釋文中所引，未嘗改稱某氏也。冲遠亦唐代大儒，何至竟改樊光爲某氏乎。其不然一也。古人譔述體例最嚴，既改爲某氏，即不得復稱樊光。今自詩疏而外，如禮記疏、釋玄應一切經音義、宋邢昺爾雅疏，皆引某氏注。而樊光注復雜出互見，不一而足。其不然二也。某氏與樊光同者不過一二條，而樊光注葭蘆、菼薍、椐樻、科斗、活東、春鳸、鳭鷯七句，鼫鼠、駵白駮等處，乃與舍人、李巡、孫炎之注多同。古人注書多襲舊義，即如郭注，全本李、孫者亦不少。安見偶與之同，即可指爲一人乎。且詩疏引釋詁云：亶，厚也。某氏云：詩云俾爾亶厚。而春秋疏引樊光注，則云逢天亶怒。是某氏注亦不盡與樊同。安得執其一二同者，遽定爲一人哉。不然三也。兩漢之世最重爾雅，潛心經術者靡不通貫。故景純之前注者十餘，亦越于今，散亡幾盡。某氏姓字雖不可考，然詩疏皆列于郭前，則其人斷不在郭後。蓋是書原題僅著其姓，若詩禮箋注之題鄭氏，傳寫者觸其私諱，因以金縢祝辭以某代發之例改之。相沿莫正，姓字遂湮，故援引者亦從而稱爲某氏耳。

謝氏爾雅注名、字、時代、卷數均無考。

顧氏爾雅注同上。

邵二雲爾雅正義云：注引謝氏，疑爲謝嶠之說。殆因詩疏連引，後人溷入郭注與。太平御覽引郭注，不引謝氏語。

錢竹汀潛研堂集云：問莪蚍衃注引謝氏說，謝未知何時人。答東門之枌疏先引舍人說，次引郭氏說，次引謝氏說，謝必在郭之後。陸氏釋文稱陳國子祭酒謝嶠撰爾雅音，當即其人也。邢疏采自詩正義，後來校書者又依邢疏，攙人注文。

阮芸臺爾雅校勘記云：按爾雅序疏云：五經正義援引有某氏、謝氏、顧氏。邢氏不云郭注引謝氏，而云五經正義引謝氏，則邢氏所據郭注，本無謝氏可知。

黃右原爾雅古義云：據邢疏云：五經正義援引有某氏、謝氏、顧氏，或云沈旋、施乾、謝嶠、顧野王，非也。此四家在郭氏後，故知非也。誠哉是言。郭爲晉太守，謝爲陳之祭酒，中隔宋、齊、梁三朝。郭所引謝氏，或更有一謝在郭前，而非陳之通儒也。此邢疏密處。惟嶠忽作水旁，此又邢疏疏處。案嶠作水旁，自是刊本之誤。檢阮校自明，非邢之疏也。

案郭注引謝氏僅此一處，史志諸書又未著錄謝氏注，錢邵諸人據詩疏以爲即謝嶠，似矣。然太平御覽九百七十九引郭注，無謝氏說。而九百九十四引郭注，又與今本無殊。邢疏雖云又五經正義援引有某氏、謝氏、顧氏，然實承上文所列犍爲文學、劉歆、樊光、李巡、孫炎而言，乃歷數郭序所云注者十餘也。因尚不滿十家，故又云今郭言十餘者，典籍散亡，未知誰氏。或云沈旋、施乾、謝嶠、顧野王者，非也。據此觀之，則疏意必以上文所列八家爲在郭前矣。蓋當時有以沈旋等四家，合犍爲文學等八家，當十餘之目者。故邢以爲非。細審疏文，前之謝氏顧氏與後之謝嶠、顧野王，一在郭前，一在郭後，判然四人。玉海亦以五經正義引某氏、謝氏、顧氏與文學、劉歆、李巡、孫炎、樊光連文為一條，其下空一格，錄隋志沈璇集注十卷，旁注云：及施乾、謝嶠、顧野王四家在郭氏後，則王伯厚亦不以謝氏、顧氏為謝嶠、顧野王。今若執此疏以證謝氏爲謝嶠，則與此疏文意不合矣。至詩疏連引謝氏于郭下，安知非郭注本有謝氏說乎。況御覽成于北宋初，雪窗書院單注本爾雅刻于南宋，而莪蚍蜉一注，均與今本無殊。知郭注之有謝氏，其來久矣。後人依邢疏攙入之說，殆未可奉爲定論。古人著書，姓存名佚與名存姓佚者比比然矣。若謝氏者，固不必因有謝嶠，遂謂爲必非兩人也。如隋志著錄劉叔嗣尚書注二十一卷，又有劉先生尚書義三卷。著錄王肅喪服要記注一卷，又有王氏喪服記十卷。舊唐志著錄孫綽論語集解十卷，又有孫氏論語注十卷。皆實係二人不可合為一書也。今定謝氏說爲郭注所本有，依邢疏，錄二家于郭前。

郭璞爾雅注 璞事迹具晉書本傳。

釋文序錄云：郭璞注三卷，舊唐志、中興書目、讀書志、書錄解題、文獻通考、宋志。並同盧紹弓云：今本同，隋志作五卷誤。又云：先儒多[脱爲字]億必之說，乖蓋闕之義，惟郭景純洽聞強識，詳悉古今，作爾雅注，爲世所重。

隋志云：爾雅五卷，郭璞注。通志同。邵二雲云：疑兼音圖而言。

新唐志云：郭璞注一卷。

書録解題云：爾雅舊有劉歆、樊光、李巡、孫炎之學，今惟郭氏行于世。

四庫全書總目提要云：璞時去漢未遠，如遂幠大東稱詩，釗我周王稱逸書，所見尚多古本，故所注多可據。後人雖迭爲補正，然宏綱大旨，終不能出其範圍。

錢竹汀與晦之論爾雅書云：尚書正義引景純注云：恒山，一名常山，避漢文帝諱。又云：霍山，今在廬江灊縣，潛水出焉，别名天柱山，漢武帝以衡山遼曠，移其神于此。今其土俗人皆呼之爲南嶽，南嶽本自以兩山爲名，非從近來也。而學者多以霍山不得爲南嶽，又言從漢武帝始乃名之，即如此言，爲漢武帝在爾雅前乎，斯不然矣。今本注文不若是之詳，然則景純注亦經後人所删，非完書矣。

附：考爾雅臺

太平御覽引述異記云：郭景純注爾雅臺，今在夷陵郡。

太平寰宇記峽州夷陵縣下云：爾雅臺，郭璞注爾雅于此臺，故郡有稱郭雅臺焉。襄州南漳縣下云：清溪山，其山高峻，庾仲雍荆州志云：臨沮縣清溪山，山東有泉，晉郭璞爲臨沮長，常遊此，賦游仙詩云：清溪千餘仞，中有一道士。即此也。

輿地紀勝荆湖北路峽州下云：爾雅堂在州治。又云：爾雅臺，方輿記云：郭璞注爾雅于此臺，上見有郭璞先生塑像。又云：硯池在州南，昔郭景純注爾雅，汲水于此，黑水出焉。又云：郭景純廟，晏公類要云：在夷陵縣。圖經云：在爾雅臺。又云：郭道山，在夷陵縣西南五里，晉郭景純結廬于此，故基猶存有一井、一鐘。又云：均慶寺，在遠安縣西南清溪鬼谷子之舊隱，郭璞有詩。成都府路嘉定府下云：郭璞書巖在烏尤山。田錫詩云：郭璞書巖古釣灣。蘇子由詩云：云有古郭生，此地苦箋注，區區辨蟲魚，爾雅細分縷，洗硯去殘墨，遍水如黑霧，至今江上魚，頭有遺墨處。史謂無人蜀之文，而城中八卦井，亦云璞所置。又云：郭璞移水記謂世主播遷，戎羯亂華，于是優游笑傲，放意于山水閒。仍于嘉州城東百步烏尤山鑿書巖。而蘇子由詩亦指其注爾雅于此。史謂無入蜀之文，謹案移水記有嘉州二字，則非璞之手筆，恐後人之附會耳。蓋嘉州之名，始于後周，而自周已前，止曰漢嘉郡、曰龍遊縣耳。案龍遊之名，始于隋開皇十年，非古稱也。曰龍遊縣四字，必後人所妄增，非本有。安得有所謂嘉州哉。或者後人追書，則亦未可知耳。當考。又云：明月樓，在府樵樓之右有明月湖，故名。郭璞詩云：鬱姑復鬱姑，將州對洛都，但至千載後，變成明月湖。後隋時鬱姑將軍開此湖。郡縣解詁云：景純注爾雅，握筆嘉州，在今烏尤山。江魚呑墨，千年猶黑。

翁覃溪經義考補正云：丁杰按，晉書郭璞傳無入蜀之文。王象之輿地碑記目，嘉定府下有郭璞移水記。蘇轍詩指其注爾雅于此。考記中有嘉州二字，而嘉州之名實始後周，不應預見郭璞文中。又考嘉州在漢爲犍爲郡，諸書所云爾雅臺，疑是犍爲舍人之遺蹟，與璞無涉。

案晉書本傳云：父瑗終于建平太守。考晉之建平郡，即今夔州府巫山建始，宜昌府歸州、興山，施南府恩施等縣地。晉之宜都郡夷陵縣，即唐宋之峽州夷陵郡，或作硤，或作陜。今之宜昌府東湖縣地。晉之襄陽郡臨沮縣，即今宜昌府遠安、襄陽府南漳二縣地。于晉志均屬荆州。晉之漢嘉郡，即今雅州府。後周之嘉州，即晉之犍爲郡，今之嘉定府。于晉志均屬蜀郡。由夔州、宜昌至嘉定，均不過千餘里，泝江而上，兼旬可達。璞爲臨沮長，史傳失載，築臺注雅當在斯時。今宜昌故老猶傳述古言，謂其城舊基即璞所築。相其陰陽，土德爲弱，乃輦土中州，築二臺以鎮之。璞居其一，以注爾雅，遂號爾雅臺。一臺前有曲池，因號臺爲明月臺，池爲洗墨池。以清溪遊詠證之，俗傳或有所本也。又考本傳云：惠懷之際，河東先擾，璞筮之，投策而歎曰：嗟乎，黔黎將湮于異類，桑梓其翦爲龍荒乎。于是潛結姻昵，及交遊數十家，欲避地東南。與移水記所云正相照應。史雖未言入蜀，然以記文證之，可決其必不誣矣。蓋昔年隨宦建平，作宰臨沮，曾至其地，今避地重來，故記有仍于嘉州之文。前者築臺注雅，池水爲之黑，今鑿巖讀書，江水亦復如是。後人異之，作記述其原委，因題曰郭璞移水記。謂江水之黑，若璞自夷陵硯池移來，然作記者故神其說云爾，非璞自作是記也。王失考于前，丁隨聲于後，强指爲舍人遺迹，抑何逞臆誣古之甚耶。據虪黑虎注云：永嘉四年，建平秭歸縣檻得之。而太興元年會稽剡縣人家井中得棧鐘，見釋文及郭璞本傳郭注不引爲小者謂之棧之證，則郭成此書在過江以前避地嘉州之日，斷斷無疑。故注不律謂之筆云：蜀人呼筆爲不律。注檟苦荼云：蜀人名之苦荼。注巂周云：子巂鳥出蜀中。注犣牛云：出蜀中。皆以目驗方言，證明經義，景純入蜀，此爲顯據。他如引巴中、巴濮、荆巴、荆楚、宜都、建平之謡俗、物産爲證者尤多，皆未過江以前，得之隨宦作宰避地者也。由永嘉之末，上溯二九載，則注雅創始，適當元康四五年間。爲臨沮長，其在斯時乎。騶如馬注，以元康八年九真郡得一獸爲證，貀無前足注，以太康七年召陵扶夷縣檻得一獸爲證。晉志九真郡屬交州，召陵郡屬荆州。一爲作宰時所聞，一爲隨宦時所聞，璞死于王敦之難，年四十九，上溯太康七年，璞年十三歲。杜預卒于太康五年。而璞傳稱尚書杜預有所增損，瑗多駮正之。故知太康七年必瑗為建平太守時也。皆東南近事也。邵二雲謂郭注成于過江以後，考之未審耳。避地、重來，游歷非一，故夷陵嘉州遺迹，多有方志所紀，雖未必一一可據，然與舍人無涉，則固不待智者始知。今嘉定土人，猶呼郭璞書巖爲郭璞爾雅臺，名雖乖，實猶未失。若丁所云，則名實皆非矣。

沈旋集注爾雅旋，吴興武康人。梁書附沈約傳。云約子旋，及約時已歷中書侍郎、永嘉太守、司徒從事中郎、司徒右長史。免約喪，為太子僕。復以母憂去官，而蔬食辟穀，服除，猶絶粳粱。為給事黄門侍郎中撫軍長史，出為招遠將軍、南康内史，在部以清治稱。卒官，謚曰恭侯。子寔嗣。南史云：字士規，襲爵。集注邇言行于世。

釋文叙録云：梁有沈旋原注：約之子。集衆家之注。

隋志云：集注爾雅十卷，梁黄門郎沈琁注。舊、新唐志、通志、冊府元龜並同。琁，舊唐志、通志皆作璇。

黄右原爾雅古義云：謝藴山中丞小學考，誤以南史爲梁書，並誤以邇言爲爾雅。自必謂雅言兩字傳訛，當由爾與邇筆迹相似，似邇言無可集之注。殊不思其父隱侯著邇言十卷，梁書南史皆載之，子注父書，情理之常。雖南史不言注雅，而陸德明釋文叙録則云：梁有沈旋，集衆家之注。惟不言卷數，隋志乃作十卷。

案南史集注邇言之文，正是因隱侯曾作邇言而誤。蓋校者未讀釋文及隋唐志，因據本傳改之，非南史本作集注邇言也。子注父書，固情理之常，獨不思父作之，子注之，有何舊注可集，而以集注名哉。黄説謬甚。

裴瑜爾雅注爵里、事迹均未詳。

中興書目云：爾雅注五卷，唐裴瑜撰。宋志同。其序云：依六書八體，撮諸家注未盡之義，勒成五卷，並音一卷。今本無音。

右注十二家，今存郭璞一家，餘俱佚。

爾雅序篇

陸堯春爾雅序篇説云：爾雅之有序篇，猶周易之序卦、尚書之百篇序、詩之大小序也。按，詩周南關雎詁訓傳正義引其文云：釋詁、釋言，通古今之字，古與今異言也。釋訓，言形貌也。此序篇之僅存者。爾雅疏襲用孔疏，但于釋詁下引上三句，足見邢氏之陋。漢志爾雅三卷二十篇，今所傳止十九篇。漢志或即合序篇而言耳。

孫怡谷讀書脞録續編云：漢志爾雅二十篇，今惟十九篇。仁和翟晴江云：古爾雅當更有釋禮篇與釋樂篇相隨，祭名與講武、旌旂三章，乃釋禮之殘闕失次者。按，廣雅篇第一依爾雅，廣雅無釋禮篇，則晴江之説非也。蓋釋詁分上下二篇，故漢志稱二十篇爾。近人以毛詩周南關雎故訓傳第一正義引爾雅序篇，欲以序篇充二十篇之數。然爾雅果有叙篇，景純豈應删而不注。且唐作正義時，尚存此篇。則張揖魏人，其著廣雅，亦必沿用之矣。原注爾雅序篇，不知何人所作，應考。

案爾雅序篇，即鄭君三禮目錄、論語篇目、弟子趙臺卿孟子篇叙之類，皆注家解釋篇名之作。蓋唐前注爾雅諸家所爲，其人則不可考矣。

右序篇一家，今佚。

李巡爾雅音

樊光爾雅音

案釋文叙錄及史志諸書均未著錄，而釋文引樊、李音甚多，今據錄。其目、卷數無考。

孫炎爾雅音義

釋文叙錄云：孫炎音一卷。册府元龜、通志並同。

隋志云：梁有爾雅音二卷，孫炎、郭璞撰。案此蓋謂孫、郭合二卷也。

郭璞爾雅音義

釋文叙錄云：郭璞音一卷。舊、新唐志並同。

通志云：爾雅音略三卷，郭璞。案，爾雅音略乃毋昭裔所作，此誤屬之郭璞也。

臧在東重雕宋本爾雅書後云：郭氏注中有音注，外別爲音一卷。後人多所祖述，乃注疏本，見音切與郭同者，多删注中之音以避複。惟明郎奎金五雅本、吴元恭單注本、陳深十三經解詁本，注下不附音切，故無删。

沈旋爾雅音

施乾爾雅音事迹未詳。

謝嶠爾雅音會稽山陰人。陳書附謝岐傳。云：弟嶠篤學，為世通儒。

顧野王爾雅音字希馮，吴郡人。事迹具陳書本傳。

釋文叙録云：梁有沈旋集衆家之注，陳博士施乾、國子祭酒謝嶠、舍人顧野王并撰音。既是名家，今亦采之，附于先儒之末。

案沈旋音，衆家未著録，釋文屢引之，今據列其目。

爾雅音訓

崇文總目云：爾雅音訓二卷，通志、文獻通考並同。不著撰人名氏，以孫炎、郭璞二家音訓爲尚狹，頗增益之。

案通考列于陸德明音後，今據崇文總目所云，則此書似在沈旋諸家前。通考以無姓氏，故附釋文後。今定爲唐前書，姑列于此。

江灌爾雅音濟陽考城人。陳書附江總傳。云：第七子漼，駙馬都尉、秘書郎、隋給事郎、直秘書省學士。

隋志云：爾雅音八卷，秘書學士江漼撰。

歷代名畫記云：江灌字德源，陳尚書令，至武德中爲隋州司馬。著爾雅圖二卷、音六卷、讚二卷。

舊唐志云：爾雅音六卷，江灌注。新唐志同，無注字。案注乃撰字之誤。

通志云：爾雅音八卷，江灌。

余仲林古經解鉤沈序録云：竇蒙述書賦注上卷載江灌字道群，陳留人。晉侍中中護軍，不言作爾雅贊。當從張彦遠，爲唐人。

翁覃溪經義考補正云：丁杰按晉江灌即江逌從弟。本傳不言其曾注爾雅。此作圖讚者，乃陳之江灌，唐初尚存，下引名畫記所稱是也。此合爲一人，列于梁沈旋之前，似誤。

案此書自隋志而外皆題江灌考。江灌乃江逌從弟，曾爲秘書監，後遷尚書中護軍，出爲吴郡太守，未拜，卒。與陳之江漼判然兩人，與名畫記所云亦不合。據摠之長子名溢字深源，見摠傳。則第七子名漼，字德源，正無可疑。陳書失載其字，名畫記誤題其名，不有隋志，孰得而訂其訛哉。其書至宋已佚，漼之誤灌，蓋始于宋以後，徒知晉有江灌，曾爲秘書監，而不考摠傳故也。舊唐志名畫記之作江灌，皆後人校改，決非本題。張彦遠言其入唐，而隋志錄其書者，蓋成于爲秘書學士時，故隋志錄之。猶陸德明、曹憲諸人皆入唐，而所作周易大義，廣雅音，隋志皆著于錄也。史傳不言其仕唐，不言其爲尚書令，則記有詳略，不足致疑也。

陸德明爾雅音義本名元朗，以字行。蘇州吴人。事迹具舊、新唐書本傳。

書錄解題云：爾雅釋文一卷，陸德明撰。文獻通考同。

宋志云：陸德明經典釋文三十卷，又爾雅音義二卷。

案玉海云：天聖四年五月戊戌，國子監摹印陸德明爾雅音義二卷頒行，此即從經典釋文中摹寫刊行者。後遂與經典釋文並行于世。宋志兩錄之，誤矣。觀陳振孫題爲爾雅釋文，可見釋文與音義非有兩書。書錄解題于經解類著錄經典釋文三十卷，又將諸書釋文分錄各類中，故雖爾雅釋文與經典釋文並列而非誤。惟以爾雅釋文爲一卷，與今本不合，似誤。經義考于爾雅音義云：未見。不達宋志致誤之由，而以爲實有二書也。

曹憲爾雅音義揚州江都人。事迹具舊、新唐書本傳。

舊唐志云：爾雅音義二卷，曹憲撰。新志同。

臧在東與段若膺論校爾雅書云：釋獸麙白虎下尊校引徐鍇曰：曹憲作爾雅音云音覓。按徐楚金繫傳惟説文本書爲可信，餘所引經史傳注之文，多由臆記誤舉，不可根究。曹憲秖作廣雅音，隋書經籍志載廣雅音四卷，秘書學士曹憲撰是也。唐書藝文志誤作曹憲爾雅音義二卷，疏舛已極，不料與楚金暗合。

朱錫鬯經義考誤采唐志，鏞堂撰爾雅考嘗訂正之。今廣雅釋獸無麙字，曹憲亦無覓音，不知楚金何由致誤，而可引以爲據乎。

案玉海云：憲注廣雅，藏秘書。改廣爲博，書目十卷，因張揖廣雅附作音解，更爲十篇。是廣雅自憲始更名博雅，始分爲十卷也。今唐志于曹憲爾雅音義外，著録廣雅四卷，張揖撰，博雅十卷，曹憲撰。則所謂博雅十卷，即曹憲廣雅音明矣。無音字者，脱去耳。隋志作四卷，乃未定之本爾，時尚未改稚讓之舊也。唐志既出博雅音十卷，又出爾雅音義二卷，書名、卷數判然不同，安可詆爲疏舛耶。至隋志不録曹憲爾雅音，則由憲入唐後始成書故耳。猶陸德明作經典釋文三十卷，而隋志但録其周易並注音七卷也。隋唐志廣雅音卷數不符，亦猶經典釋文中易音僅一卷，而隋志作七卷也。蓋附經注之下，故有七卷，猶廣雅音十卷，音即附正文下也。麙字廣雅所無，惟爾雅有之。釋文引字林云：下甘反，又亡狄反。下甘即是酣音，亡狄即是覓音。憲取覓音不取酣音，與説文讀若冪之音合，故楚金特引之。若定唐志爲廣雅音之誤，則此音直是楚金憑空結撰矣，豈其然哉。在東所作爾雅考，雖未得見，然據此書所云，已不可信。今仍從唐志録之。

裴瑜爾雅音

中興書目云一卷。

釋智騫爾雅音義時代事迹均未詳。

玉海云：爾雅音義二卷，釋智騫撰。景德二年四月丁酉，吴鉉言其多誤，命杜鎬、孫奭詳定。

毋昭裔爾雅音略河中龍門人。事迹具吴任臣十國春秋本傳。

郡齋讀書志云：爾雅音略三卷，僞蜀毋昭裔撰。文獻通考同。爾雅舊有釋智騫及陸元朗釋文，昭裔以一字有兩音或三音，後生疑于呼讀，乃擇其文義最明者爲定。

臧在東重雕宋雪窗書院爾雅書後云：諸本音切俱經删改，惟此獨爲完善，深可寶貴。凡切字皆作反，知其所由來者遠矣。郡齋讀書志載蜀毋昭裔音略三卷，謂爾雅舊有釋智騫云云。此書每字一音，其即昭裔所著乎。

右音十五家，今存陸德明一家，餘俱佚。

郭璞爾雅圖讚

釋文叙録云：圖讚二卷。

隋志云：爾雅圖十卷，郭璞撰。通志同。梁有爾雅圖讚二卷，郭璞撰，亡。案，蓋圖存而讚亡也。

舊唐志云：爾雅圖一卷，郭璞注。新志同，無注字。案注乃撰之誤。

案晉書璞本傳云：注釋爾雅，别爲音義圖譜。冊府元龜、玉海並同。譜即讚字之誤也。

江漼爾雅圖讚

名畫記云：圖二卷，讚二卷。

舊唐志云：爾雅圖贊二卷，江灌注。通志同，無注字。案，灌注乃漼撰之誤。

新唐志云：江灌圖贊一卷。案灌當為漼。

右圖讚二家今俱佚。

孫炎爾雅義疏時代、爵里事迹均未詳。

高璉爾雅義疏同上。

爾雅疏序云：其爲義疏者，則俗閒有孫炎、高璉，皆淺近俗儒，不經師匠。

宋志云：孫炎爾雅疏十卷，高璉爾雅疏十卷。

翁覃溪經義考補正云：丁杰按孫炎有二：據邢昺爾雅疏序云，爲注者有犍爲文學劉歆、樊光、李巡、孫炎，此則魏之孫炎，在郭璞前者也。又云，爲義疏者俗閒有孫炎，高璉，此則唐、宋閒别一孫炎，在郭璞後者也。隋唐志于孫炎爾雅俱稱注，且卷數或六或七皆不盈十。宋志則稱孫炎疏十卷，書名卷數並異隋、唐，其爲後之孫炎無疑。此混而一之，似誤。案，經義考于孫炎爾雅注下云：宋志十卷，故云。

洪筠軒讀書叢録云：此作疏之孫炎與作注之魏孫炎叔然别是一人。陸佃埤雅屢引孫炎爾雅正義，即俗閒所行義疏本。

周耕崖跋吳槎客所輯孫炎正義云：魏孫炎，晉世以與武帝名同，改稱其字，魏志王肅傳樂安孫叔然是也。其所注爾雅，郭璞于釋蟲兩引其説而辨之，亦曰孫叔然。至酈道元注水經溼水引爾雅：鷽斯，卑居也。孫炎曰：卑居，楚烏也。魏徵注類禮，本之孫炎，時無所避，故直名之。俗閒孫炎如在唐會昌後，則炎亦廟諱，不應相犯。若謂武宗以前，則貞觀、顯慶、開成皆尚文之世，其書何以不見采録，而唐志無名，然則五代時人無疑矣。郭氏螳蜋注云：孫叔然以方言説此義，亦不了。埤雅螳蜋一條，顯與相違，尤可見其非魏孫炎也。

案據宋志列二家于裴瑜注前，則二家似皆唐人。一代史志，勢不能盡登一代之書，周説恐非定論。

右義疏二家，今俱佚。

歲在辛巳，元玉以近人所輯雅注不盡精詳，擬重爲校輯，先作雅學考，叙次諸家書爲五種。後以人事甹夆，校輯中輟，迄今五稔，未遑卒業也。頃于遵義黎氏所刊玉燭寶典中見有劉歆斵字反語，頗詫爲奇秘。既而審知其僞，乃復取此及紀述淆譌者，别爲祛惑記之左方。

劉歆爾雅音

案黎刊玉燭寶典卷五引爾雅鴷斵木劉歆注云：斵音中木反，啄樹蠹而食之。考劉歆注雅，未聞作音，此注亦不見他書，不可信也。且杜氏真本久已散佚，太平御覽時序部共引六事，核之黎本，悉故爲增損字句。如御覽三十一引五月五日採艾懸于户上以禳毒氣，按荆楚歲時記云：宗則字文度，常以五月五日未雞鳴時採艾，見似人處，攬而取之，用灸有驗。是日競渡，採雜藥。夏小正曰此月蓄藥以蠲除毒氣也一條，荆楚歲時記以下，正所以證明採艾之典也。競渡，又一典也。採雜藥，又一典也。引夏小正，又所以證採雜藥之典也。按，夏小正云：五月蓄蘭為沐浴也。神農本草：蘭草屬上品，殺蟲毒，辟不祥。文意明顯。而黎本乃删改爲荆楚四民並蹹百草，採艾以爲懸門户之上，以振毒氣，殊爲謬妄。御覽三十三又引臘者祭先祖，蜡者祭百神，同日異祭也。黎本改爲蓋同一日臘祭宗廟，八蜡群祀，便不直截了當矣。即此二事，僞迹顯然。其爲日本略識字人剌取各類書時序部所引古籍，排纂臆造，以欺黎氏，可知決非少山之舊。故所引爾雅古注，往往爲群籍所未引，而核其文義，無不淺陋紕謬。不僅子駿之音不可信也，學者尠識，將爲所惑。姑記數條，以明其妄。如引李巡云：鴂，一名鳶，鳶，隻也。正月萬物萌牙，陬隅欲出曰陬。陬，出之也。三月陰氣在上，陽氣未壯，萬物微弱，故曰病。病，微弱也。五月萬物方盛壯，故曰皋，皋大也。孫炎曰：皋，物長之貌。六月陰氣將盛，萬物將衰，故曰且時也。十一月萬物虚無須陽任養，故曰事任也。孫炎曰：物幽閉蟄伏，如有罪事。十二月，萬物始芽，陽氣尚微，故曰塗。塗，微也。孫炎曰：物始牙生，生通也。捏造訓故，妄改經文，可笑已極。三月息夬五陽用事，而曰陰氣在上，陽氣未壯。八月萬物成熟，始以壯名月，而于六月，即曰萬物將衰，不通之論，將誰欺乎。不得以釋文有病，李陂病反之音，遂信爲有據也。又如引榮螈蜥蜴下云：犍爲舍人注螈字下加一黿字，釋云榮螈名黿，一名蜥蜴，蜥蜴又名蝘蜓，蝘蜓又名守宫也。劉歆注榮螈下注云：龍漦化爲玄螈，並引詩胡爲虺蜴，謬妄不通，更爲易見。黿與榮螈截然二物，西京大師焉得有此奇謬之注哉。其爲贋本，無可疑矣。

王肅爾雅注

案册府元龜云：王肅善賈、馬之學，而不好鄭氏，采會同異爲尚書、詩、論語、三禮解，及撰定父朗所作易傳，皆列于學官。及作周易春秋例、毛詩、禮記、春秋三傳、國語、爾雅諸注，考周易春秋例以下，皆孫炎所作。此乃節録三國志王肅本傳，而以傳末述叔然所著諸書，誤屬之肅也。浦二田史通通釋卷一述肅所注書云：魏志本傳于諸經解後，又有三傳、國語、爾雅諸注。誤與此同。

劉劭爾雅注

案初學記歲時部引爾雅蟋蟀蛬下列劉劭注云：謂蜊蛣也。孫炎云：梁國謂之蛬。禮記月令疏引孫炎注云：蛣蜊也，梁國謂之蛬。臧在東合爲一條，皆屬之孫炎。侯君謨補三國藝文志，著録劉劭爾雅注，引初學記以證之。令玩初學記明是二條，與月令疏所引雖同，然古人注書多相承襲，偶爾相同，不害其爲二人之説也。考三國志劉劭本傳及史志諸書，均未著録劉劭爾雅注。據初學記列于孫炎前，蓋本劉歆誤爲劉劭耳。臧侯分合，殆均失之。

李充爾雅注

案皇侃論語義疏引爾雅云：食饐謂之餲。李充注云：皆飲食壞敗之名也。考晉書李充傳，未言充注爾雅。而論語義疏引李充論語注甚多，邵二雲、臧在東皆以爲李巡之誤，是也。

陶隱居爾雅注

案朱翌猗覺寮雜記卷下引爾雅蠮螉陶隱居注云：銜泥于壁及器物作房，生子如粟米，乃捕取草上蜘蛛，滿中，仍塞口以俟其子爲糧。考隱居雅注，前籍未聞。蠮螉之文，亦不見于爾雅。據神農本草，蠮螉屬下品。而本草綱目引弘景注，與此所引正同，但字句稍詳。則蠮螉乃本草之文，注乃本草之注，爾雅二字，傳寫之譌也。此書誤標書名之處甚多，如卷下南人以鹽收鴨子一條，引廣韻音杬，亦云煎汁藏卵果不壞。今檢廣韻，並無此文。惟玉篇有之，即其一證。余仲林古經解鉤沈列此注于爾雅果蠃蒲盧之下，且並新仲所云已破變爲己子説矣九字皆録之，殊誤。

劉昌宗爾雅音

案爾雅釋文首大如擘下引劉昌宗音薄歷反。此乃儀禮鄉射禮注著右手大擘指，大射儀注右巨指，右手大擘，士喪禮注飯大擘指本也之音，具見儀禮釋文中。昌宗固無爾雅音也，余仲林亦列此音于爾雅，未免失考。

何承天爾雅纂文

顔延之爾雅纂要

案謝藴山小學考云：山東通志有何承天爾雅纂文十卷，顔延之爾雅纂要一卷，即纂文、纂要二書。蓋其體似爾雅，遂妄加二字于上也。考七録著録何承天纂文三卷，唐志著録顔延之纂要六卷，書名卷數均與山東通志不合，頗似兩書。然方志多淆，古書久佚，後起之疑文，未敢信其有據，自當以謝説爲定耳。

孫林爾雅注

案文選歎逝賦注引爾雅昵近也孫林曰：親之，近也。胡果泉文選考異云：陳少章云林疑當作炎是也，各本皆誤。考顔延年和謝靈運詩注、謝靈運七月七日夜詠牽牛詩注、尚書大誓正義，均引孫炎昵近也注，正與此所引同，陳説信而有徵矣。汪韓門文選理學權輿列注中所引書目，于孫炎爾雅注外，别出爾雅孫林、包氏，疏矣。爾雅舊注未聞有包氏，今檢文選注，亦未見所引包氏爾雅注，未審注文云何，無從訂其致誤之由也。

麻杲爾雅注

案臧在東録唐釋湛然輔行記序云引爾雅東北隅謂之宧，麻杲云：養，養萬物也。按釋文稱李云東北者，陽氣始起，育養萬物，故曰宧。宧，養也。可證。當作李巡云宧，養也，養萬物也。今考麻杲，雖似姓名，然實無其人。臧以輔行記所引爲李注，良是。麻即李字之誤，杲即東字之誤，云即育字剝落之餘，下養字誤倒在上，餘文悉皆脱去，僅存養萬物也四字，故辭意不完足。不得因論語有麻達注，遂謂爾雅實有麻杲注也。

續雅學考擬目

周祖謨

今仿胡氏之例，就宋以後之雅學書，叙次爲十種，各以類從，每種内又以撰人時代先後爲序。然古人著書兼賅各體，殊難斷制。此不過就其著者而分之，未詳者容後補苴可也。

一校勘　校讎衆本，正其譌誤者：

爾雅糾譌二卷明郎奎金附郎刻五雅後

爾雅音義考證二卷清餘姚盧文弨抱經堂本

爾雅石經考文提要清南昌彭元瑞石經考文提要中

爾雅注疏本正誤五卷清甘泉張宗泰　廣雅書局本徐乃昌積學齋叢書本　正經文注文疏文音釋之誤。

爾雅注疏校勘記十卷清儀徵阮元　文選樓本　經解本

宋本爾雅考證清武進臧鏞堂　見古書叢刊重刊吳元恭本爾雅中　論南宋雪牕書院爾雅與明本之優劣。

爾雅經注集證三卷清臨桂龍啓瑞　光緒七年刻本　續經解本

爾雅注疏校勘札記清咸陽劉光蕡　光緒二十年陜甘味經刊書處刊本　就阮校兼采諸家之説為札記六百七十五條。

爾雅郭注佚存補訂二十卷清新城王樹枏撰（光緒十八年作）文莫室刊本　據陸氏釋文唐人各書校補郭注。

二輯佚　輯唐宋諸書中所引之古注舊音者：

爾雅古經解鈎沉清吴郡余蕭客古經解鈎沉中

孫氏爾雅正義拾遺清海寧吴騫槎客輯　拜經樓叢書本　從宋陸佃爾雅新義中輯出。

爾雅集解三卷清海寧陳鱣仲魚　見小學考卷三　摭拾舊注舊音，各注出處，以存漢魏訓詁。

爾雅一切注音十卷清歸安嚴可均纂輯　光緒十三年德化李氏刻入木犀軒叢書

郭璞爾雅圖贊一卷清歸安嚴可均輯　光緒間湘潭葉德輝觀古堂刻本

爾雅漢注三卷清武進臧鏞堂輯　嘉慶七年問經堂本　光緒間吴縣朱氏槐盧重刻本　輯李孫諸人之説以補郭之不逮，兼正郭氏。

爾雅李氏注

爾雅音義

爾雅施氏音

爾雅孫氏注

爾雅孫氏音

爾雅犍爲文學注

爾雅裴氏注

爾雅圖讚

爾雅劉氏注

爾雅樊氏注

爾雅謝氏音

爾雅顧氏音

集注爾雅

以上見清馬國翰玉函山房輯佚書。

爾雅古義十二卷清甘泉黄奭右原輯 光緒四年番禺李光廷刻本 漢學堂叢書本 張宗炎刻榕園叢書本 輯古注古音與馬氏大同小異。

爾雅古注斠三卷清甘泉葉蕙心蘭如女士撰（李祖望夫人） 光緒二年李氏半畝園刊本

爾雅新義二十卷宋陸佃 嘉慶戊辰三間草堂本 粤雅堂叢書本

爾雅注三卷宋鄭樵 津逮秘書本 學津討原本

爾雅釋宋潘巽 經義考 佚

爾雅廣義明譚吉璁 經義考五十一卷

爾雅補注六卷一名爾雅參義 清丹陽姜兆錫 雍正十年姜氏九經補注本

三補正 補郭注邢疏之未備，兼正其誤者：

爾雅補注四卷清海甯周春 光緒間葉氏觀古堂刻本 就郭鄭旁及諸家之説彙為一編補郭注之未詳，正邢疏之已誤。

爾雅注疏箋補清任基振 見戴東原集

爾雅補注殘本一卷清寶應劉玉麐又徐撰 廣雅書局本 功順堂叢書本 此書自劉氏爾雅疏校本擇其有發明者録出。後劉氏校本為趙撝叔所得，又鈔出劉批，名曰爾雅校議。錢唐汪大鈞刻入食舊堂叢書中。

爾雅補郭一卷清仁和翟灝 原刻本 傅世洵益雅堂叢書本 姚氏咫進齋叢書本 李氏木犀軒叢書本 續經解本

爾雅郭注補正九卷清戴鎣　光緒間海陽韓光鼐刻本

爾雅正郭三卷清南海潘衍桐　光緒十七年浙江局本　引前人之説正郭注之失

四文字　以説文爲本正爾雅之俗字者：

爾雅文字考一卷清休寧戴震

爾雅古義二卷清嘉定錢坫　續經解本

爾雅小箋三卷清甘泉江藩　徐乃昌鄦齋叢書本　以説文爲指歸定爾雅之文字。

爾雅匡名二十卷清歸安嚴元照　嘉慶間仁和勞氏刻本　湖北叢書本　廣雅書局本　續經解本　以説文校爾雅，辨經字之正俗。

郭氏爾雅訂經二十五卷清新城王樹枏訂　自刊本　據釋文以還郭本之舊，經字以説文爲正。

五音訓　注音者：

無名氏爾雅音訓二卷見通志　佚

爾雅韻語元胡炳文　未見

爾雅便音明薛敬之　見千頃堂書目

六節略　删節注疏者：

互注爾雅貫類失名　宋志一卷　佚　取字同者類之。（見玉海）

爾雅發題失名　通志一卷　佚

爾雅兼義失名　通志一卷　佚

爾雅略義元危素　明志十九卷　未見　節略郭邢二家注。

七疏證　疏證經注者：

爾雅疏十卷宋邢昺等　十萬卷樓景刊北宋本　續古逸叢書本

爾雅正義二十卷清餘姚邵晉涵　乾隆間邵氏家塾本　學海堂本　以郭注為主，兼采諸家。

爾雅郭注義疏二十卷清棲霞郝懿行　孫郝聯薇校刻足本　四川刻足本　學海堂本不足。

爾雅郝注刊誤一卷清高郵王念孫　民國十七年羅氏印殷禮在斯堂叢書本

爾雅疏證十九卷清嘉定錢繹　未刊

爾雅集解十九卷清湘潭王闓運　湘綺樓本

八補箋　讀前人書補其未詳條記之者：

爾雅釋文補三卷清嘉定錢大昭著　補正前人，摘字為注，例仿陸氏故名。

爾雅札記清上虞朱亦棟　十三經札記中

爾雅古義卷上下清涇胡承珙撰　道光丁酉求是堂刊本　墨莊道書本　引諸書以證雅訓。

爾雅稗疏四卷清江陰繆楷　南菁書院札記本　疏正前人之說。

爾雅日記學古堂日記中　有吳縣王仁俊，常熟蔣元慶，長洲陸錦燧，吳縣董瑞椿四家。

爾雅詁二卷清海門徐孚吉　南菁書院叢書四集第三種　取各家之注，訂誤補遺。

九考釋　專考釋名物者：

釋宮小記釋草小記釋蟲小記各一卷清歙程瑤田　經解本

爾雅釋地四篇注一卷清嘉定錢坫　續經解本

爾雅釋服一卷清長洲宋翔鳳　浮溪精舍叢書道光間自刊本

爾雅穀名考八卷民國固安高潤生　民國六年刻本

十釋例．釋經文文例者：

爾雅釋例五卷清鹽城陳玉澍　南京高師排印本

爾雅草木蟲魚鳥獸釋例民國海寧王國維　廣倉學宭叢書本，王忠慤公遺書本

爾雅漢學證義

清・陶方琦

釋詁第一

樊光、李巡本作故，見釋文。説文：詁，訓古言也。古，故也，從十口，識前言者也。詩孔疏曰：毛以爾雅之作多爲釋詩，而篇有釋故、釋訓，故依爾雅訓而爲詩立傳。定本作故，以詩大雅烝民章云古訓是式，毛傳：古，故也。則故訓者，故昔典訓也。今郭璞本作詁。

初、哉、首、基、肇、祖、元、胎、俶、落、權輿，始也。

孫炎曰：胎，大才反。本或作台。釋文證曰：系於孫曰下者，是孫本或作台也。説文：胎，婦孕三月也，從肉、台聲。胎、始字並從台，作台省文。漢孔耽碑、神祠碑背有胎表，隸釋云以胎爲台。按，鮐背之鮐，魯頌亦作台也。後漢崔寔初名台，字元始，方言：台、胎，養也。亦台、胎相通之證。

林、烝、天、帝、皇、王、后、辟、公、侯，君也。

弘、廓、宏、溥、介、純、夏、幠、厖、墳、嘏、丕、奕、洪、誕、戎、駿、假、京、碩、濯、訏、宇、穹、壬、路、淫、甫、景、廢、壯、冢、簡、箌、昄、晊、將、業、席，大也。

孫炎曰：廓，張之大也。衆經音義樊光曰：周禮云其聲大而宏，詩云有賁其首。書孔疏樊光曰：郅，可見之大也。史記索隱郅，孫炎都耗反。昄，孫炎都滿反。釋文

證曰：説文：霩，雨止雲罷皃，從雨，郭聲。臣鉉等曰：今別作廓，非是。淮南天文訓：道始于虚霩。蓋形天之大。方言云：張小使大謂之廓。張亦有大義。書康王之誥：張皇六師。僞孔亦訓爲大。淮南原道訓：廓四方。高注：廓，張也。又：能約能張。注：能大也。廣雅云：張，大也。廓又通作擴。趙岐孟子注：擴，廓也。孫奭音義引丁公著云：張，大也。其聲大而宏，周禮冬官梓人文也。先鄭云：宏讀爲紘綖之紘，謂聲音大也。樊説引此以證宏爲大之義。顧野王曰：宏，大也。有賁其首，詩小雅魚藻文也，原作有頒其首。釋文音符云反，讀爲墳也。孔疏曰：釋詁云墳，大也，頒與墳同，字雖異，音義同。毛傳云：頒首，大首也。兹引作賁，恐是古本。書盤庚用宏兹賁，僞孔傳以賁爲大。周禮賁鼓，即大鼓。晊，釋文謂本又作至、又作胵，諸家文互異也。樊作郅，故史記封禪書（當爲司馬相如列傳）爰周郅隆，引之以訓爲大也。案，校勘記以謂史記作爰周晊隆，徐廣曰：晊誤字，當作郅。索隱曰：郅，至。樊光云：郅，可見之大也。作郅、作晊、作胵，皆至之轉寫譌俗，漢魏人所爲也，而晊字僅見後漢書人名。

幠、厖，有也。

迄、臻、極、到、赴、來、弔、艐、格、戾、懷、摧、詹，至也。

孫炎曰：艐，古屆字釋文　史記索隱

證曰：説文艐字云：船著沙不行也。屆字下云：行不便也，一曰極也。艐、屆並訓爲行，即至之義，故古通也。方言：艐，宋語也。郭引爲屆。書大禹謨：無遠弗屆。僞孔傳曰：屆，至也。孔疏：屆至也，釋詁文。五經文字云：艐，爾雅或作屆。孫用古文也，故相如賦糾蓼叫奡蹋以艐路兮，索隱引孫説以

證之，知郭本已作居，孔氏書疏所引乃郭本也。

如、適、之、嫁、徂、逝，往也。賚、貢、錫、畀、予、貺，賜也。

儀、若、祥、淑、鮮、省、臧、嘉、令、類、綝、彀、攻、穀、介、徽，善也。

李巡曰：祥，福之善也。

證曰：說文：祥，福也。蓋統言則災亦謂之祥，析言則善乃謂之詳。春秋繁露云：羊之爲言猶祥與。左傳昭十一年祲祥，公羊作侵羊。說文：羊，祥也。故祥、善字皆從羊。古彝器吉祥作吉羊。又通詳，邵氏言之備矣，大抵祥、詳古通，又省作羊，並可訓爲善。淮南說山：六畜生多耳目者不祥。高注：祥，善也。

舒、業、順，叙也。舒、業、順、叙，緒也。

孫炎曰：緒謂端緒也。史記正義

證曰：說文：緒，絲耑也。方言：南楚或曰端。邢疏曰又爲端緒，互相訓也。承用孫說。

怡、懌、悦、欣、衎、喜、愉、豫、愷、康、妉、般，樂也。悦、懌、愉、釋、賓、協，服也。

遹、遵、率、循、由、從，自也。遹、遵、率，循也。

孫炎曰：遹，古述字，讀聿，亦音橘。釋文

證曰：說文辵部：述，循也，從辵，朮聲。籀文作逑。遹，說文本義訓回辟，古多假借爲述字。詩大雅：遹駿有聲。鄭箋：遹，述也。下文釋言：律、遹，述也。釋訓：不遹，不蹟也。不遹即邶風報我不述。詩大雅遹追來孝，禮器引作聿追來孝。詩魏風歲聿其莫，釋文：聿，允橘反。書湯誥：聿求元聖。孔疏曰：聿訓述也。釋文曰：聿，允橘切，述也。讀聿者，文王聿修厥德，漢書東平思王傳引作述修厥德。今考下文釋言遹，述也。其釋文亦云：古述字音餘橘反。知音橘者本作餘橘反三字，乃書脱譌耳。釋名：潏，述也。潏有術義，乃假借。

靖、維［惟］、漠、圖、詢、度、咨、諏、究、如、慮、謨、猷、肇、基、訪，謀也。

舍人曰：漠，心之謀也。釋文孫炎曰：漠音莫。釋文

證曰：說文慔，勉也，與釋訓慔慔、勉也義同。嚴氏以謂舍人本作慔，非也。詩小雅：聖人莫之。傳：莫，謀也。釋文以謂莫又作漠，是也。大雅：監觀四方，求民之莫。傳：莫，定也。謂定而後謀也。故下文曰：爰究爰度。漠音莫者，古人音能兼義。小雅釋文莫同漠，左傳狄之廣莫即漠，漠莫古通。

典、彝、法、則、刑、範、矩、庸、恒、律、戛、職、秩，常也。柯、憲、刑、範、辟、律、矩、則，法也。

孫炎曰：典，禮之常也。周禮疏

證曰：釋言：典，經也。經即常也。書：愼徽五典。僞孔傳以爲五典即五常。周禮天官太宰：掌建邦之六典。鄭注：典，常也，經也，灋也，王謂之禮經常所秉以治天下也。故賈疏引孫說。

辜、辟、戾，辠也。

黄髮、齯齒、鮐背、耇、老，壽也。

舍人曰：黄髮，老人髮白復黄也。本疏　詩疏

孫炎曰：黄髮，髮落更生。本疏　詩疏　書疏　春秋疏

舍人曰：老人氣衰，皮膚消瘠，背若鮐魚。本疏　詩疏又曰：耇，覯也，血氣精華覯竭，言色赤黑如狗。左傳疏

孫炎曰：耇，面凍梨色似浮垢，老人壽徵也。詩疏　本疏　春秋疏　書疏案，詩疏無老人壽徵四字。段注以謂孫炎注本作面凍梨，見南山有臺、太誓二正義，謂釋名及方言注乃曰如凍梨，衍一如字，非也。琦

案，詩行葦亦作面凍梨，疏以謂面如凍梨，邢疏引孫炎説直云面如凍梨。蓋如字正所以形容凍梨二字，釋名、方言注皆加一如字以顯其義。後人引孫説加之固非，然段氏注梨改作黎乃誤。

證曰：説文：老，考也，七十曰老，從人、毛、匕，言鬚髮變白也。論衡曰：老則髮白，白久則黃。釋名曰：黃耇，鬢髮變黃也。用犍爲舍人説也。孫謂髮落更生，言白髮落後有髮細茸而生如胎髮然，謂之黃髮也。郭以謂髮落更生黃者，乃用孫説。鮐背，詩大雅：黃耇台背。毛傳：台背，大老也。鄭箋：台之言鮐也，大老則背有鮐文。方言：鮐，老也。釋名：九十曰鮐背，背有鮐文也。説文曰：鮐，海魚名。文選注以謂鮐魚背上青黑有黃文，老人氣衰膚瘠，有似此也。消，竭也。疾，瘦也。内則曰：問衣燠寒，疾痛苛癢，而敬抑搔之。蓋言老人皮膚枯竭耳。耇，覯也，赤黑如狗，耇、覯、狗皆諧聲，所謂以聲近之輾轉相釋也。古人釋字多有此種。説文：覯，遇見也。言血氣精華已遇消竭之時故也，色赤黑也。案，鯸，説文曰魚名。左思吳都賦注云：鯸，鮐魚，狀如科斗，大者尺餘，腹下白，背上青黑有黃文。鯸，廣韻户鈎反。舍人所云色亦黑如狗，當即言色似鯸耳。狗、鯸同韵，蓋即承上釋鮐背之文。方言秦晉之郊、陳兖之會曰耇鮐，義同此而並用之也。孫云耇、面凍梨者，説文云：耇，老人面凍梨如垢。方言：凍梨，老也。此行葦所引，今本作眉梨。釋名：耇、垢也，皮色驪悴恒如有垢也，或曰凍梨，皮有斑黑如凍梨色也。詩大雅黃耇序鄭箋：耇、凍梨也。儀禮注同。皆與孫説合。

允、孚、亶、展、諶、誠、亮、詢，信也。展、諶、允、慎、亶，誠也。

謔、浪、笑、敖，戲謔也。

舍人曰：謔，戲謔也。浪，意萌也。笑，心樂也。敖，意舒也。戲笑，邪戲也，謔笑之皃也。本詩疏

證曰：戲，廣韻曰弄也。禮坊記：閨門之内戲而不歎。注：謂言笑也。説文引淇澳章以戲謔爲連文。浪，

意萌也。或作意明，誤。校勘記讀爲蒼筤竹之筤。竹初生時蒼筤，取其春生之美也。凡意蕊心花初生時似此，故舍人謂意萌。韓詩曰起也，正是意萌之訓，謂波浪使之起是也。笑，說文新附字，漢書作关。匡名曰：說文媄從女芺聲，女子笑皃。莞爾之莞亦從艸，明芺即古笑字。漢隸從竹從艹往往相亂。隸書艸在上者變爲兩點，漢書作关、作咲，此即從艸之證。笑，廣均曰喜也，喜、樂同義。敖，說文：游也。詩邶風以敖以游，謂伸暢其意。故說文：舒，伸也，一曰舒緩也。廣疋：游、敖、戲也同此。毛傳以謂皆言戲謔不敬，故曰邪戲。

粵、于、爰，曰也。爰、粵，于也。爰、粵、于、那、都、繇，於也。

孫炎曰：繇音由，又音遥。本文

證曰：繇，蓋通由。詩大雅抑云：無易由言。鄭箋云：由，於也。易坤卦其所繇來者漸矣，即由，古人音訓並通。孫雖音由，而訓亦並通耳。說文曰：繇，隨從也。釋詁：由、從，自也。易繫辭注：卦繇之辭，所以明得失。釋文引服虔云：抽也，抽出吉凶也。韋昭曰：由也，吉凶所由生也。繇，古音由，俗讀爲徭役之徭，筭上加卜字，非古義也。故說文、玉篇、廣韵均不收繇字。集韵始收之，曰音遥者，乃古人通音，咎繇是也。案，許由，漢書古今人表作許繇，知繇與由古通用。繇又通猷。書大誥猷大誥爾多邦，馬融本作繇。詩小雅秩秩大猷，猷繇音同義又通。猶音遥，如禮人喜則斯陶，陶斯詠，詠斯猶是也。

敆、郃、盍、仇、偶、妃、匹、會，合也。仇、讎、敵、妃、知、儀，匹也。妃、合、會，對也。妃，媲也。

李巡曰：仇，讎怨之匹也。衆經音義孫炎曰：逑，相求之匹也。詩疏

證曰：左氏傳曰：怨耦曰仇，詩邶風：不我能慉、反以我爲讎，皆以配偶而相怨。故李注曰：怨之匹

也。孫注仇作逑者，乃詩孔疏引文，蓋逑仇爲古今字。毛傳曰：逑，匹也。知作仇乃用今字耳。太玄：内，謹于嬰𣳚，即逑字義。孔疏曰：謂詩本作逑，爾雅多作仇，字異義同。大抵爾雅多係説詩，詩古本作逑，爾雅必承用之。故説文逑下云：又曰，怨匹曰逑。知逑爲仇之古文。臧氏琳以爲後人私改固誤，阮氏校勘記以謂假借亦未當也。逑、求會意兼形聲，故孫氏以爲相求之匹，字作逑也。

紹、胤、嗣、續、纂、緌、績、武、係，繼也。

舍人曰：允，繼世也。左傳疏

證曰：説文：允，子孫相承續也。書高宗肜日云罔非天允，史記作罔非天繼。世，代也。故大雅：永錫祚允。説文：三十年爲一世。蓋父子相繼曰世也。

忥、謐、溢、蟄、愼、貉、謐、顗、頠、密、寧，靜也。

孫炎：頠，五果反。釋文

證曰：釋文引沈旋：五罪反。郭同孫音。

隕、磒、湮、下、降、墜、標、蘦，落也。

命、令、禧、畛、祈、請、謁、誶［訊］、誥，告也。

孫炎曰：祈，爲民求福叫告之詞也。一切經音義

證曰：釋言祈，叫也，邵氏引孫炎説。案，此乃兩訓，故曰叫告之詞。説文：祈，求福也。詩大雅以祈黄耇，疏亦以祈訓告。玉篇：告，語也。祈以爲求福之辭，故訓祈曰告，釋文作古篤反。易蒙卦：初筮告。鄭注：告，求也。祈以訓求，義通而音區耳。

永、悠、迥、違、遐、逷、闊，遠也。永、悠、迥、遠，遐也。

舍人曰：悠，行之遠也。一切經音義

證曰：悠，説文心部，憂也。舍人訓爲行遠，當作跾。説文足部：跾，疾也，長也，從足攸聲。易頤六四其欲逐逐，子夏傳作攸攸，荀作悠悠，劉作跾跾，知悠、跾皆從攸爲聲，古本通訓。詩鄘風：驅馬悠悠。毛傳：悠悠，遠皃。又大雅悠悠南行，亦與行遠義合。悠，古故爲跾字也。

虧、壞、圮、垝，毀也。

孫炎曰：圮，房美反，岸毀也。釋文　本疏

證曰：説文土部：圮，毀也，從土已聲。書堯典方命圮族，史記作負命毀族。孫云岸毀者，蓋即説文屵部之嶏字。嶏從屵。屵，岸高也。嶏，説文云崩也，義與毀近。列子黄帝篇：口所偏肥，晉國黜之。殷敬順釋文云：皮美反，説文、字林並作⿸户肥，琦案：⿸户肥乃嶏之譌。又作圮，皆毀也，字從其省。説文又作嶏，云崩聲，從屵配聲，讀若費。蓋即嶏之或體。故圮字下又有從手、從非、配省聲作䣳，亦與嶏字近。淮南氾論訓：古者民澤處復穴。注：穴，毀隄防崖岸之中以爲窟宇。孫故云岸毀也。

矢、雉、引、延、順、薦、劉、繹、尸、旅，陳也。

樊光曰：雉，夷也。左傳疏

證曰：左傳五雉，夷民者也，疏引樊光及服虔説並同。文選甘泉賦注引服虔云：雉、夷聲相近。聲近者其義同。雉從矢聲，矢，陳也。古文雉與夷通，新雉即辛夷。又春秋夷儀，公羊作陳儀，雉訓爲夷而通爲陳耳。喪大記男女奉尸夷於牀，即陳列之義。魏都賦鷟鴺，玉篇：鴺，山雞也。古從多省作夷，鴟夷，古本尚作鴟鴺，謂如鴟之貪、鴺之善受也。夷、弟古文相似，鴺通作鵜。雉，古文作⿰隹弟。從弟者，謂有次弟也。爾雅釋鳥秩秩海雉，亦言其次弟。以雉順陳，謂秩然次弟而陳之也。樊訓雉爲夷，説文夷，平也。與次弟意亦通。段氏曰：周禮雉氏掌殺艸，雉或作夷，古雉音同夷。大鄭從夷，後鄭從雉而讀爲䳸。作薙者乃俗字，猶稻人芟夷字俗作芟荑也。月令燒薙，蓋亦本作燒雉。説文本無薙字，今所存者，恐爲後人羼入。

尸、職，主也。尸，寀也。寀、寮，官也。

李巡、孫炎曰：寀，七代反。釋文樊光：七在反。釋文

證曰：郭音同孫、李。案，説文宀部，寀爲新附字，當作采。堯典疇若予采，釋文引作七在反，是用樊音也。下采業之采，亦曰七在反。

績、緒、采、業、服、宜、貫、公，事也。永、羕、引、延、融、駿，長也。喬、嵩、崇，高也。崇，充也。

犯、奢、惈、毅、剋、捷、功、肩、堪，勝也。勝、肩、戡、劉、殺，克也。劉、獮、斬、刺，殺也。

孫炎曰：惈，決之勝也，今通作果。一切經音義戡，强之勝也。書疏本疏

證曰：左氏宣三年傳：殺敵爲果，致果爲毅。是果、毅皆訓爲勝。説文：毅，有決也。論語：由也果。包注：謂果敢決斷。内則：思貽父母令名必果。鄭注：果，決也。是今本皆省作果。廣韵引倉頡篇作惈，惈爲古文本字，大抵孫氏釋爾雅多遵古本。惈爲古文，果乃今文，今則果行而惈廢矣。故孫氏曰：今通作果。

説文：戡，刺也，從戈、甚聲。又通㦰。㦰，殺也。從戈、今聲。商書曰西伯既㦰黎，郭注作堪黎，乃通文耳。殺與刺義無別，皆有戰勝意，故曰克也。案，强，戕同音互訓。左傳邾人戕鄫子于鄫，杜解卒暴之名。是戕、强義通。戕，殺也，㦰亦曰殺，古人音同者多兼義，故孫説以爲强之勝也。

亹亹、蠠没、孟、敦、勗、釗、茂、劭、昬，勉也。

騖、務、昬、暋，强也。

孫炎曰：勔，夙夜之强也。本疏　書疏作夙夜之勉。

證曰：書釋文云：昬，本或作暋。又盤庚：不昬作勞。鄭注：昬讀爲暋，勉也。案，昬當作㱪。説文云：㱪，强也，從攴、民聲。蓋許所據爾雅作㱪，强也。昏字從氐省，不從民聲，玉篇謂㱪、暋同字，是也。夙，説文曰：早敬也，從丮，持事雖夕不休，早敬者也。夜，舍也，天下休舍也，從夕、亦省聲。詩夙夜在公，書夙夜維寅，皆謂敏於視事。此言勉强，曰其質昬耳。

卬、吾、台、予、朕、身、甫、余、言，我也。台、朕、賚、畀、卜、陽，予也。

舍人曰：余，謙卑之身也。春秋疏　本疏

孫炎曰：余，舒遲之身也。本疏　左傳疏台，羊而反。釋文

證曰：謙，説文曰敬也，玉篇曰讓也。卑，説文云賤也，玉篇曰下也。蓋即不自滿，假自抑尊人之意，故曰謙卑之身也。余，説文曰語之舒也。舒，伸也，一曰舒緩也。遲，徐行也。説文舒或同紓，遲或同遟。詩：舒而脱脱兮。毛傳：舒，徐也。行道遲遲。毛傳：遲，舒行皃。經傳中或假荼與豫，遲或假夷，皆訓爲徐緩也。左氏僖九年傳：小白余。杜解余，身也，用雅訓。

肅、延、誘、薦、餤、晉、寅、藎，進也。羞、餞、迪、烝，進也。

按，龍龕引舊註曰餤，甘之進也。恐是五家説。

詔、亮、左、右、相，道也。詔、相、導、左、右、助，勴也。亮、介、尚，右也。左、右、亮也。

孫炎曰：介者相助之義，如人之左右手，故以介爲左右也。本疏　詩疏

證曰：詩大雅生民章：攸介攸止。鄭箋：介，左右也。説文以謂從人介于八之中。八，分別也，一左一右。詩豳風：以介眉壽。鄭箋：介，助也。孫説殆合許、鄭之説而伸明之。

緝、熙、烈、顯、昭、晧、熲，光也。劼、鞏、堅、篤、掔、虔、膠，固也。疇、孰，誰也。暀暀、皇皇、藐藐、穆穆、休、嘉、珍、褘、懿、鑠，美也。諧、輯、協，和也。關關、噰噰，音聲和也。勰、燮，和也。從、申、神、加、弼、崇，重也。

𣪘、悉、卒、泯、忽、滅、罄、空、畢、罊、殲、拔、殄，盡也。

李巡曰：泯，没之盡也。詩疏 孫炎曰：罄，竭盡也。一切經音義 舍人曰：殲，衆之盡也。書疏 左傳疏

證曰：泯，説文新附字。錢氏以謂漢書叙傳湎湎紛紛即呂刑泯泯棼棼，陸雲夏府君誄以泯叶連，是也。嚴氏謂通泯，或謂通汶，皆肊測也。字林云：泯然盡也。廣雅：泯，滅也。泯、滅爲轉聲，而泯、没爲同韻。説文：没，沈也。小爾雅云：沈，滅没也。詩：曷其没矣。毛傳：没，盡也。論語：没階[宜補曰字]趨。孔曰：没，盡也。泯、没皆有盡義，故李説以謂没之盡也。琦案，書呂刑泯泯訓亂也，廣韵怋怋，不明，又曰亂也，與泯義合。泯，釋文音亡忍反，與汶音合。史記索隱：汶，亦音閔。謚法：閔，亦作愍。釋文：昬，或作旻。民、文通假之證。兩説當並存之。又記 罄，説文曰：器中空也，詩曰缾之罄矣。穴部窒字下云：空也，詩云缾之窒矣。是罄、窒通空，窒字形尤相似也。禮：君子不盡人之歡，不竭人之忠。竭即盡也。詩小雅：罄無不宜。傳：罄，盡也。左僖二十六年傳：室如懸罄。杜解：罄，盡也。釋文謂或作磬。空與竭義相近，故説文曰空，而孫説曰竭，其義則皆盡也。

殲，説文曰：微盡也。左傳莊十七年傳：殲，盡也。穀梁傳同。又襄二十八年：其將聚而殲旃。聚有衆義，故舍人謂衆之盡也。

殫字下云：殛盡也。殄字下云：盡也。殫、殄、殲同音互訓。

淮南氾論：滑王專用淖齒。許慎注曰：滑讀汶水之汶。此引在泯字又記下。

苞、蕪、茂，豐也。揫、斂、屈、收、戢、蒐、裒、鳩、樓，聚也。

肅、齊、遄、速、亟、屢、數、迅，疾也。疌、駿、肅、亟、遄，速也。

舍人曰：疌，急之速。詩疏

證曰：説文宀部：寁，居之速也，從宀、疌聲。字亦作⿸广疌。詩鄭風：不寁故也。毛傳：速也。又通作簪。鄭氏周易豫九四朋盍簪注曰：速也。蜀才作撍，亦曰速，是皆音近之轉，意者志之發，故曰速也。

𢡱、阬阬、滕、徵、隍、漮，虛也。

釋言：隍，𢡱也。舍人、李巡注詳見釋言。

黎、庶、烝、多、醜、師、旅，衆也。洋、觀、裒、衆、那，多也。流、差、柬，擇也。戰、慄、震、驚、戁、竦、恐、慴，懼也。

痡、瘏、虺穨、玄黃、劬勞、咎、顇、瘽、瘉、鰥、戮、癙、癵、⿸疒里、痒、疷、疵、閔、逐、疚、痗、瘥、痱、⿸疒亶、瘵、瘼、癠，病也。

孫炎曰：痡，人疲不能行之病。瘏，馬疲不能進之病。虺隤，馬疲不能升高之病。元黃，馬更黃色之病。本疏　詩疏

舍人曰：癙、癵、⿸疒里、痒皆心憂憊之病也。釋文　本疏

孫炎曰：癙者，畏之病也。釋文　本疏

孫炎曰：疷，滯之病也。釋文　本疏　⿸疒亶，疫病。釋文

證曰：痡，説文疒部曰：病也，從疒、甫聲。書泰誓毒痡四海，僞孔亦曰痡，病也。疲，説文以謂勞力，玉篇以謂乏也。疲即病義，或通作罷。孫曰人疲不能行，與詩我僕病矣語意脗合。此章釋詩之意，故孫氏依詩大意而申明之。　行，説文：人之趨步也。左從彳，右從亍，人行象也。不能行，故屬之人。　瘏，説文云：病也，從疒、者聲。詩豳風：予口卒瘏。毛傳：口病也。釋文謂詩作屠。進，説

文：登也。不能進，故曰馬病。論語：馬不進也。詩魯頌有駜章毛傳：駜，馬肥彊皃。馬肥彊，則能升高進遠。若云疲不能進，義當反訓，故下虺隤亦訓不能升高也。虺隤，詩釋文引説文作瘣穨。爾雅釋文有瘣字，引字林云：病也。釋名曰：氣下隤皆病狀。故曰不能升高，高指上崔嵬也。元黄，毛傳：元馬病則黄。玉篇：黄，馬病色也。玄黄言馬色變也。此外病也，若内病，則如周禮内饔馬黑脊而般臂螻是也。説文瘏下云馬病也，引詩曰瘏瘏駱馬。廣雅：瘏瘏，疲也。故申馬疲而申訓之。孫氏以爾雅虺隤、玄黄皆釋詩語。詩我馬瘏矣、我馬虺隤、我馬玄黄，是明明專系以馬，故孫氏皆云馬病也。瘏通訓曰病，然毛傳於予口卒瘏即曰口病，今曰我馬瘏矣，安得不屬之馬病乎。虺隤，毛傳訓曰病，鄭箋以爲山險而馬又病，孔疏亦曰其馬又虺隤而病。釋文虺字作瘣。瘣，玉篇、廣韵云馬病也。皆與孫説合。玄黄則毛傳專屬之馬。此三者皆形容馬疲病之狀，非謂三者定屬馬病。郭氏拘泥褊見，未達古人通訓之意而以孫説爲非，亦淺甚也。至於以玄黄亦謂人病之通名，是誤仞疸黄病之説，並未達毛傳矣。癙、癵、痙、痒，舍人以爲皆心憂憊之病。考説文無癙字。詩小雅：鼠思泣血。鄭箋：鼠，憂也。癙通作鼠，蓋鼠病而憂在穴内。劉氏説凡物之多畏，惟鼠爲甚，故曰癙憂。范氏説孫氏以謂癙者畏之病，亦以首鼠兩端畏首畏尾之象，故用鼠字義而釋之。惟毛傳曰：癙，病也。字林音恕，釋文引爲詩作鼠。癵，説文無癵字。一切經音義引作攣，用釋文引郭説也。錢氏曰：當作癵，癵者瘦之病也，詩棘人欒欒兮，説文引作臠臠。案，臠，説文曰臞也，廣韵癵曰瘦也，知臠即癵字。蓋人憂則肉消滅，舍人故曰憂憊之病。痙，説文亦無。詩大雅：云如何里。鄭箋：里，憂也。詩釋文云：本亦作痙，爾雅作悝。故下文曰悝，憂也，義相成也。悝，説文：啁也，一曰病也。毛詩省作里，正作悝，改作痙耳。痒，説文曰：瘍也。周禮天官疾醫夏時有痒疥疾，義同創，即如毛傳曰病也，舍人並訓爲憂憊之病者。説文：憂，愁也。憊，⿱髟心也。通俗文：疲極曰憊，皆謂愁苦疾憊之病耳。孫炎曰：疷，滯之病也，釋文言本作疲字，書疲，病也，呂靜聲類音支。蓋通祇。小雅：俾我祇也。毛傳：祇，病也。疷、滯同音，故轉訓。滯，說文曰：凝也。疷，說文曰：病不翅也。段氏謂帝聲、支聲、氏聲同在十六部，故底以病不翅釋之，取叠韵爲訓也。案，孫說底滯之病同此。瘽，說文無，當作癉。詩大雅：下民卒癉。傳：癉，病也。說文曰：勞病也。釋文引癉、沈本作瘽，知癉、瘽通也。孫說爲疫病。疫，說文云：民皆疾也。鄭注周禮以爲疫癘之鬼，與勞病之訓未合。案，疫字當是疲字之譌。疲義同勞，即說文癉、勞病說也。上文痡、瘏，孫氏皆訓爲疲，故後亦同前說也。按，龍龕手鑑引舊註曰瘉，勞病也，恐是五家說。

恙、寫、悝、盱、繇、慘、恤、罹，憂也。

孫炎曰：恤，救之憂也。一切經音義

證曰：說文：恤，憂也，收也，從心血聲。詩小雅出則銜恤，書盤庚永敬大恤，皆訓爲憂。孫曰救之憂者，周禮地官：六行，孝、友、睦、婣、任、恤。鄭注：恤，振憂貧者。通論：振貧者曰恤。振即賑，有救義。又通作卹。春官典瑞：以卹凶荒。注：卹者，開府庫振救之。故說文亦曰收也。收、救同音互訓，孫說之所本也。

倫、勩、邛、敕、勤、愉、庸、癉，勞也。勞、來、强、事、謂、翦、篲，勤也。

孫炎曰：肄，習事之勞也。詩疏　本疏

舍人曰：勞，力極也。一切經音義又曰：來，强事也。一切經音義

證曰：勩，說文：勞也，從力、貰聲。引詩曰：莫知我勩。詩邶風：既詒我肄。傳：肄，勞也。孔疏以謂爾雅或作勩，引孫炎云云，是孫本作肄。孫多用毛詩字，此亦一證。肄，習也。禮檀弓「當爲曲禮」：君命，大夫與士肄。注：肄、習也，君有命大夫與士展習其事。故曰習事之勞。勞爲力極。說文

曰：勞、劇也，從力熒省，用力者勞，是也。極，應作劇。來强事也。正文云勞來强事，舍人乃云來、强事，疑有誤。邵氏以謂强事二字本係舍人之註，傳寫者溷入正文，是也。來，釋文云：本作勑，或作賚。勑、賚皆從來聲，故通用。强事者，即黽勉從事，莫敢告勞之意。故訓爲勤也。

悠、傷、憂，思也。懷、惟、慮、願、念、惄，思也。

舍人曰：惄，志而不得之思也。詩汝墳疏　又小弁疏

證曰：詩釋文惄如調飢。引韓詩作愵。說文：愵，憂皃，從心、弱聲，讀與惄同。毛傳曰：惄，飢意也。孔疏謂惄之本訓爲思，蓋謂飢不得食而思之，與懷人不得見而思之均一義也。詩疏曰：在心爲志。志者，心之所至也。

說文無志字。

祿、祉、履、戩、祓、禧、褫、祜，福也。

孫炎曰：弗，祓除之福也。詩疏

證曰：祓，說文曰：除惡祭也。詩大雅生民章：以弗無子。鄭箋：弗之言祓也，祓除其無子之疾。疏引孫說云云，是孫本作弗也。郭注引祓祿康也，今毛詩作茀祿爾康矣。釋文引毛音弗，茀、祓通，故古省作弗。鄭箋：茀，福也。周禮春官女巫：祓除釁浴。說文以謂除惡祭，蓋除惡以致福也。

禋、祀、祠、蒸、嘗、禴，祭也。

孫炎曰：禋，絜敬之祭也。書疏

舍人曰：祀，地祭也。一切經音義

證曰：禋，說文示部曰：絜祀也，一曰精意以享爲禋。周語韋昭注：禋，敬也。孫說本許氏絜祀之說。祭，祭祀也，祀即祭。絜，別本作潔。左氏桓六年傳以致其禋祀，杜解禋、絜敬也，乃用孫說。穆

天子傳：天子具蠲齊牲全以禋昆侖之邱。郭注：齊祭神曰禋。傳曰：明絜致敬。

朝、旦、夙、晨、晙，早也。頷、竢、替、戾、底、止、徯，待也。

晞、幾、烖、殆，危也。

按，龍龕引舊註云：晞，事之危也。

⿰齒幾，汔也。

孫炎曰：汔，近也。詩疏　樊光、孫炎音虛乞反釋文

證曰：說文：⿰齒幾，⿰幾乞也。玉篇引埤蒼：⿰幾乞，⿰齒幾也。今爾雅作汔。幾，近也，故汔亦訓爲近。左氏襄二十八傳楚不幾十年，亦以幾爲近。郭云謂相摩近，乃用孫說。

治、肆、古，故也。肆、故，今也。

惇、亶、祜、篤、掔、仍、埤、竺、腹，厚也。

樊光曰：亶，詩：逢天亶怒。左傳疏

證曰：詩大雅桑柔文也。今作逢天僤怒。詩釋文云：本亦作亶。正義曰：僤、亶音相近，義亦同。釋詁云：亶，厚也。某氏曰：俾爾亶厚。是僤、亶同也。案，詩周頌：單其心。毛傳：單，厚也。是亶、單古通，如壇墠、癉癉之類。

載、謨、食、詐，僞也。

孫炎曰：食，言之僞也。本疏　書疏　左傳疏

證曰：左氏僖十五年傳：我食吾言，背天地也。杜解：消也。哀二十五年：是食言多矣。杜解又云：言而不行，如食之消盡，後終不行，前言爲僞。邢疏曰：故通謂僞言爲食言。案，湯誓：亦無不信，朕不食言。孔傳曰：食盡其言，僞不實也。

話、猷、載、行、訛，言也

舍人曰：話，政之善言也。書疏

孫炎曰：善人之言也。書疏 本疏

證曰：詩大雅：慎爾出話。毛傳：譱言也。說文：政，正也。舍人蓋謂善言可以取正。語，說文：會合善言也。孫謂善人之言，所謂吉人之言，其辭寡也。祥，善也，見上。說文：善，吉也。左氏文六年傳杜解亦以話爲善言，用古說也。

遘、逢，遇也。遘、逢、遇，遻也。遘、逢、遇、遻，見也。

按，龍龕手鑑引爾雅舊註曰：心不欲見而見曰遻。

顯、昭、覲、釗、覿，見也。監、瞻、臨、涖、頫、相，視也。鞠、訩、溢，盈也。孔、魄、哉、延、虛、無、之言間也。

瘞、幽、隱、匿、蔽、竄，微也。

舍人曰：匿，藏之微也。左傳疏 本疏

證曰：說文：匿，亡也，從匸，若聲。左氏襄二十五年傳：而知匿其暱。杜解：匿，藏也。匿專訓藏。論語：人焉廋哉。孔曰：廋，匿也。廋與藏義同。

訖、徽、妥、懷、安、按、替、戾、底、厎、廢、尼、定、曷、遏，止也。

孫炎曰：妥，他果反。釋文

豫、射，厭也。烈、績，業也。績、勳，功也。功、績、質、登、平、明、考、就，成也。梏、梗、較、頲、庭、道，直也。密、康，靜也。豫、寧、綏、康、柔，安也。平、均、夷、弟，易也。矢，弛也。弛，易也。希、寡、鮮，罕也。鮮，寡也。酢、酢、侑，報也。

毗劉，暴樂也。覭髳，茀離也。

舍人曰：毗劉，爆爍之意也。木支葉稀疏不均爲爆爍。詩疏 本疏 樊光曰：庇蔭也。釋文

證曰：詩大雅桑柔：捋采其劉。毛傳：劉，爆爍而稀也。鄭箋云：及已采捋之，則葉爆爍而疏，人息其下則病於爆爍。蓋爆爍者，枝葉不均，故不得爲息蔭。疏以謂各得其所，謂俱蒙蔭被病於爆爍，苦于炎熱也。樊光以毗作庇，訓蔭，亦有説也。庇既爲蔭，則劉者表殺之象，如毛傳云稀也。故舍人以爲毗劉即爆爍意，鄭箋以爲人息其下則病于爆爍，是也。詩釋文：爆本作暴，同音剝，爍，本又作樂，或作落，意同剝落。剝落即稀疏不均之義。古人轉輾相訓，與後之拘文解義不同。正義以謂樊本作庇、訓蔭，與暴樂之義無涉，不知郭解蔭疏即樊庇爲蔭之説，古訓未可改也。覭髳茀離，郭以謂茀離即彌離，彌離即蒙茸，并謂孫叔然字别爲義，失矣。案，孫叔然即孫炎。字别爲義，是每字各别爲義。蓋覭髳、茀離皆連舉之字，不當分析取義。今孫氏之解已佚，無從考正。然古人師説相承，别有見解。孫受學鄭氏之門，淵源自正。郭究後於孫而輕非之，亦開後儒掊擊之端矣。

蠱、謟、貳，疑也。

楨、翰、儀，榦也。

舍人曰：楨，正也，築牆所立兩木也。翰，所以當牆兩邊障土者也。書疏 左傳疏 本疏

證曰：左傳成二年疏引舍人楨作槙。案，古真皆作貞字，則槙乃譌字。宣十三年傳：平板榦。杜解：榦，楨也。楨、榦可互訓也。貞，古訓皆作正也，此以楨爲正，古通訓然耳。書費誓：峙乃楨榦。史記集解引馬融曰楨、榦皆築具，楨在前，榦在兩旁。與舍人説合，是翰、榦又互通。宣十一年疏引舍人説翰正作榦。惟莊二十九年疏及成二年疏皆引作翰。杜解翰，旁飾，與馬氏榦在兩旁説正同。爾雅釋文云：本又作幹，胡旦反，又作翰。是亦翰、幹不分矣。案，幹俗字。又案，書費誓：峙乃楨榦。僞

孔傳曰：題曰楨，旁曰榦。正義曰：題曰楨，謂當兩端者也。旁曰榦。謂在牆兩邊者也。

弼、棐、輔、比，俌也。

疆、界、邊、衛、圉，垂也。

舍人曰：圉，拒邊垂也。詩疏 本疏 左傳疏無拒字。

孫炎曰：圉，國之四垂也。詩疏 本疏

證曰：圉，說文作圉：囹圉，所以拘罪人，從㚔、從囗，一曰圉，垂也。詩大雅桑柔：孔棘我圉。毛傳：圉，垂也。鄭箋訓作禦，與舍人說合。圉，古通作禦。管子大匡篇吾參圉之，即禦也。舍人曰拒邊垂，拒同距，玉篇抵也。禦有拒義，故知同禦也。孫氏所說與毛傳合。垂，說文云遠邊也，一切經音義引作陲。左氏成十三年傳：虔劉我邊陲。戰國策：今大國之地半天下有二垂。今言四垂，即說文遠邊之意。

昌、敵、彊、應、丁，當也。浡、肩、搖、動、蠢、迪、俶、厲，作也。 兹、斯、咨、呰、已，此也。

嗟、咨，蹉也。

按，文選注引舊注云：嗟，楚人發語端也。

閑、狎、串、貫，習也。

舍人曰：串，心之習也。一切經音義

證曰：串，古通作患，見詩皇矣正義及釋文，郝氏懿行曰：患乃本字，串即患字之省，據舍人此注知爾雅古本串正作患。

曩、塵、佇、淹、留，久也。

孫炎曰：塵，居之久，久則生塵矣。書疏

證曰：說文：塵，鹿行揚土也。土部填字下段注曰：大雅倉兄填兮，傳曰：填，久也。常棣烝也無戎，傳曰：烝，填也。東山烝在桑野，傳曰：烝，窴也。而爾雅釋詁曰：塵，久也。是填、窴、塵三字音同。故鄭箋東山曰：古者聲填、窴、塵同也。又曰：甫申傳尊者食新，農夫食陳。陳同塵，陳有久義。填當是正字，塵、陳假借字也。孫說爲居之久，盖居積也。書皋陶謨懋遷有無化居傳亦訓居爲積。積久生塵，理或然也。正義曰：郭以謂塵垢，義同孫炎，是矣。

逮、及、暨，與也。　騭、假、格、陟、躋、登，陞也。　揮、盝、歇、涸，竭也。　挋、拭、刷，清也。

鴻、昏、於、顯、間，代也。

孫炎曰：間，廁之代也。書疏

證曰：詩周頌桓章：皇以間之。毛傳：間，代也。其釋文引間廁之間，代也。廣韻：廁，間也。

饁、饟，饋也。

孫炎曰：饁，野之餉。詩疏　左傳疏

舍人曰：饟，自家之野也。詩疏　本疏

證曰：豳風：饁彼南畝。毛傳：饁，饋也。說文：饁，餉田也，從食、盍聲。餉曰饋也，從食、向聲，義皆互通。故孫曰野之餉。詩釋文饁，饋也，用孫說。案，詩周頌：有嗿其饁。正義引孫炎曰：土野之饋也。說文曰：饋，餉也。饋、餉義通。校勘記謂應改作饁，野之饋也，與釋文饁、野饋說尤合。左傳僖三十三年疏引孫炎曰：饁，野之饋也。杜解：野饋曰饁。成五年：宣伯餫諸穀。杜解：野饋曰餫，運糧饋之，敬大國也。疏又引孫曰：饁，野之饋也。彼言野饋，饋農夫在野之人。此言野饋，饋在野行路之人。俱有在野之義，故皆曰野饋。　饟，說文：周人謂餉曰饟，從食、襄聲。周頌其饟伊黍作此饟字。然經注餉、饟互通。説文：餉，饟也。戴芟章鄭箋：饁，饋饟也。小雅甫田章：攘其左右。鄭箋：攘，當爲饟。自家之野者，言饁彼南畝，皆婦子饁饟物也。

遷、運，徙也。秉、拱，執也。廞、熙，興也。衛、蹶、假，嘉也。廢、税、赦，舍也。

棲遲、憩、休、苦、㱥、齂、呬，息也。

舍人曰：棲遲，行步之息也。詩疏又曰：憩，卧之息也。一切經音義

孫炎本㱥作快。齂，虚貴反。呬，許器反。釋文

證曰：詩陳風衡門章毛傳：棲遲，游息也。説文：西，鳥在巢上，象形。或從木妻作棲。遲，説文：徐行也。或作迡。揚雄甘泉賦靈遲迡兮，説者皆云上音棲，下音遲，是棲遲古皆從辵，與行步義合。憩，説文作愒，息也，與毛傳合。大雅：汔可小愒。疏：愒，息。釋詁文。故釋文云本或作愒，是也。又説文尸部眉，卧息也，從尸自。與舍人説合。眉乃正字，憩、愒乃通字。㱥，孫作快，釋文引字林作喟，本又作嘳。考説文無㱥字，蓋即艸部之⿱艹㱥字。⿱艹㱥隸變作蒯，與嘳通，屠蒯即杜蕢是也。快與嘳聲相近。孫本多古義，皆此例。非如郭之望文生義，罕所師承者也。

供、峙、共，具也。

舍人曰：共，具物也。偫，具事也。文選注引作郭舍人。琦案，郭字衍文。

證曰：左僖四年傳：爾貢包茅不入，王祭不共。釋文云：共音恭，本亦作供。漢書成帝紀：無共張繇役之勞。師古注共，音居用反，謂共具張設也，即用雅訓。説文共，同也，非此義。龔，説文曰給也。是矣。本文共在峙字後。文選引舍人注在峙字前者，知舍人本供作共也。偫，説文：待也。儲，偫也。偫有儲義，故舍人曰具事也。詩周頌：庤乃錢鎛。毛傳：庤，具也。鄭考工記引詩語作偫，書費誓傳訓爲儲峙，疏謂預貯米粟謂之儲偫。韋昭國語[脱注字]：偫，具也，字亦作偫。案，楊雄校獵賦儲

積共徛乃用雅訓，與舍人説符合，益以知今供峙之供當作共字，峙當作徛字也。

⿰忄某、憐、惠，愛也。　娠、蠢、震、戁、妯、騷、感、訛、蹶，動也。　覆、察、副，審也。　契、滅、殄，絶也。　郡、臻、仍、迺、侯，乃也。　迪、繇、訓，道也。　僉、咸、胥，皆也。

育、孟、耆、艾、正、伯，長也。

舍人曰：伯，正之長也。一切經音義

證曰：説文：伯，長也，從人、白聲。詩正月毛傳同。周禮春官大宗伯：以九儀之命，正邦國之位，九命作伯。注：上公有功德者，加命爲二伯，得征五侯九伯。是爲諸侯之長，故曰長也。釋名：伯，把也，把持家政也。案，伯通霸。中候注：霸，把也，把天下之事也。伯、霸互訓把，知伯同霸，故曰位之長也。諸家各以正伯連文。天官宮正、宮伯鄭注：正，長也。伯，長也。義亦是第，與位之長意未顯，故旁採異説，俟後正之。

艾，歷也。

歷、秝、算，數也。

舍人曰：釋數之曰算。書疏

證曰：説文示部：祘，明視以筭之，從二示。逸周書曰土［士］分民之祘，均分以祘之也，讀若筭。易繫辭君子雜物撰德，鄭作筭，曰數也。然鄭注少牢饋食禮爵無算，又注論語何足算也，皆曰：算，數也。詩衛風［當作邶風］：不可選也。毛傳選，數也，即算字。盤庚士選爾勞，僞孔亦曰：選，數也。疏引算數，釋詁文。蓋算與撰、選義並通，舍人以謂釋數之曰算。説文：釋，解也，從釆，釆取其分別物［脱也字］。即與祘之均分以祘之義合。

歷，傅也。　艾、歷、覛、胥，相也。

乂、亂、靖、神、弗、淈，治也。

舍人曰：亂，義之治也。書疏　本疏

孫曰：亂，治之理也。本疏

證曰：説文：𤔔，治也，幺子相亂𠬪治之也，讀若亂同，一曰理也。又乙部：亂，治也。從乙。乙，治之也。從𤔔。義，宜也，釋名：裁制事物使各宜也。故舍人曰：義之治也。治，經籍多訓理。説文：理，治玉也。又：敒，理也。治、理義通，故孫氏以雅書亂訓治而並釋之。

頤、艾、育，養也。　汱、渾、隕，墜也。　際、接、翜，捷也。

毖、神、溢，慎也。

舍人曰：溢，行之慎也。詩疏　本疏

證曰：溢，上文與慎並訓靜。溢通作侐。説文：侐，靜也。詩曰閟宮有侐。閟通毖，故毖、溢皆訓爲慎，乃申引前説曰行之慎。行以概言，即易繫辭云言行君子之樞機，慎密不出之意。詩疏引某氏曰：詩云假以溢我。慎即此義也。

鬱陶、繇，喜也。　馘、穧，獲也。　阻、艱，難也。　剡、絜，利也。

允、任、壬，佞也。

舍[孫]炎曰：似可任之佞也。書疏　本疏

證曰：此乃釋任字義。佞，説文曰：巧讇高材也。郭注曰：佞人似信，壬猶任也。乃用孫説。

俾、拼、抨，使也。俾、拼、抨，使從也。

儴、仍，因也。

樊光、孫炎曰：儴，如羊反。儴作攘。論語：其父攘羊。［脱注云二字］因來而盜曰攘。釋文

證曰：説文無儴字。書益稷［當爲皐陶謨］：思日贊贊襄哉。釋文引馬融曰：襄，因也。儴通作攘，故邢疏引施博士讀曰襄，段氏玉裁曰古襄、攘通。史記：西襄大宛。徐廣曰：襄，一作攘。邢疏：費誓無敢寇攘，鄭注曰因其亡失曰攘，儴、攘音義同。論語周注有因而盜曰攘，即此義也。蓋儴通作攘，省作襄。淮南氾論引攘羊，高注曰：凡六畜自來而取之曰攘。

董、督，正也。　亨，孝也。

珍、享，獻也。

舍人曰：獻珍物曰珍，獻食物曰享。文選注

證曰：鈕氏樹玉曰：琛，疑珍之别體。琛有獻義，故珍亦訓爲獻。然説文無琛字，新附有之。珍，説文云寶也。珍物者，如尚書旅獒珍禽異獸、漢書西域傳珍琦凡數十萬是也。然食物亦有曰珍者，周禮膳夫珍用八物，禮王制八十常珍。第舍人分别言之，當是獻奇物曰珍、獻常物曰享，獻奇食曰珍、獻常食曰享耳。邵氏曰秋官大行人將幣王享，是享亦不專指食物。第食物二字並有實義，幣亦物耳。古人訓詁，不必規規于偏解，此等是也。易大有：公用享於天子。京房曰：享，獻也。萃六四［當爲隨九五］：王用享於西山。鄭玄曰：享，獻也。淮南氾論：犒以十二牛。高注曰：酒肉曰享，牛羊曰犒。

縱、縮，亂也。

探、篡、俘，取也。

李巡曰：因敵曰俘，執伐之曰取。左傳疏　本疏

證曰：説文：俘，軍所獲也。春秋傳曰：以爲俘馘。春秋左氏莊六年經齊人來歸衛俘，傳作衛寶，公、穀同作衛寶。案，寶通保。易繫辭聖人之大寶曰位，孟喜易作保。又徐廣史記注云：史珍寶字皆作葆，

葆即保是也。保，古文保，說文以謂采乃古文孚，是俘古寫應作保，與保字無異。故保通俘也。邵氏曰俘又通作捊，引虞翻曰：捊，取也。案，鄭、荀、董、蜀皆云：捊，取也。段氏改說文引取之說作引堅，訓聚，有背古說。捊既訓取，捊亦從古文采，是捊古寫作採。保與採字相似，且音亦古通，故可互訓曰取也。邵氏所說太簡，故引申之。左傳俘馘，杜解俘、所得囚，釋文亦曰俘，囚也。承用樊說。取，說文：捕取也，從又、耳。幸部：執，捕罪人也。取字下又引周禮：獲者取左耳。司馬法注曰，載獻馘。馘者，耳也。樊說執伐曰取。義相符合。

徂、在，存也。

在、存、省、士，察也。

舍人曰：在，見物之察也。書疏

證曰：尚書：在璿璣玉衡。傳曰：在，察也。察，說文曰：覆審也。覆審則昭著，故謂見物之察也。禮中庸言其上下察也，鄭訓察，昭著也。惟昭著，則物盡在可得而見也。

烈、枿，餘也。

李巡曰：枿，槁木之餘也。書疏

證曰：說文作㯻，云伐木餘也。栓、不爲古文，櫱爲或體。然說文㠯字注下兩引枿字，知枿亦非盡俗字也。方言亦作枿，烈餘也。漢書叙傳引詩作苞有三枿，劉德注曰：謂木斫髡而復枿生也。今毛傳作櫱，訓餘也。槁，說文作稾，枯木也。易頤卦枯楊生稊、枯楊生華，皆爲槁木之餘。左傳襄十九年［當爲二十九年，脫二字］：晉國不恤宗周之闕，而夏肄是屏。孔疏謂肄是復生之餘

迓，迎也。　元、良，首也。　薦，摯，臻也。

賡、揚、續也。

孫炎曰：賡，音庚。釋文

證曰：釋文引沈旋與孫同音，說文以爲續字。小雅：西有長庚。毛傳：庚，續也。正義曰：庚，續。釋詁文。是賡古通庚，孫氏音兼訓也。

祔、祪，祖也。

即，尼也。尼，定也。

孫炎曰：即，猶今也。尼者，近也。書疏

舍人曰：尼，私之定也。本疏

證曰：詩衛風：來即我謀。鄭箋：即，就也，謂近就也。今說文是，時也，與即義相近。即、今乃同母之字，故訓即爲今。尼同昵。高宗肜日典祀無豐于昵，馬融注本作尼，曰考也。惠氏定宇曰：尼，古文禰，今文二字聲相近，故讀從之，引詩飲餞於禰，韓詩作坭，劉昌宗儀禮作泥，並從尼聲，皆古文禰。是也。禰爲說文未收之字。玉篇：禰，年禮切，父廟也。說文新附謂禰，親廟也，從示、爾聲。錢氏辛楣曰：考于七廟爲最近，故禰。爾，後人加示旁，古讀爾如昵。案，劉熙釋名曰：爾，昵也。昵，近也。昵通尼，故孫說訓尼亦曰近。說文：尼，從後近之，從尸、匕聲。春秋傳私降昵燕，或從尼作昵。是郭與孫說不易一字，乃用孫說也。暱、昵通訓，故下暱字孫注謂親近，是也。且昵有私意，故舍人曰私之定也。郭注尼者，止也，止亦定，乃用舍人說。孟子：行或尼之。趙岐注：尼，止也。詩邶風：胡能有定。毛傳：定，止也。

邇、幾、暱，近也。

舍人曰：暱，戚之近也。左傳疏

孫炎曰：暱，親近也。書疏　一切經音義

證曰：暱，說文：暱，日近也，從日、匿聲。或同昵。昵有親近意，故舍人曰戚之近也。文選注引爾雅昵，近也。孫炎曰親之近也。書疏所引作親近也，脫一之字。第漢儒詁雅之說多有之字，似與本文無涉，而反若演文者。然古皆相承，亦難輕改也。一切經音義引爾雅昵，親近也，暱作昵，與文選所引悉同。尚書正義：昵，近。釋詁文。知暱古作昵，然昵，親近也，乃孫炎之說，郭氏承用之。一切經音義以謂正文，非也。

妥、安，坐也。　貉、縮，綸也。　貉、嘆、安，定也。　伊，維也。伊、維，侯也。　時、寔，是也。

卒、猷、假、輟，已也。

李巡曰：卒，事之已也。一切經音義

證曰：詩邶風綠衣：曷維其已。毛傳：已，止也。又：畜我不卒。鄭箋：卒，終也。終、止乃已義。左氏襄十九年傳其爲未卒事於齊故也乎，李說本此。下文卒字一訓終，一訓死，與此稍別。

求、酋、在、卒、就，終也。

孫炎曰：卒，病之終也。一切經音義

證曰：殚，說文云：大夫死曰殚，從歹、卒聲。白虎通：大夫曰卒，精耀終也。卒之爲言終於國也。釋文云：卒亦作殚。然殚乃正字，故殁字說文亦曰終也。

崩、薨、無祿、卒、殂落、殪，死也。

李巡曰：殂落，堯死之稱。書疏　本疏

證曰：說文：殂，往死也，從歹、且聲，虞書勳乃殂［脫落字］。書傳：殂落，死也。堯年十六即位，七十載求禪，試舜三載，至正月上日至崩二十八載，堯死壽一百一十七歲是也。釋文云：殂，本作徂，落作殂。郭引堯曰徂落，用李說。

釋言第二

殷、齊，中也。

斯、誃，離也。

孫炎曰：斯，析之離也。詩釋文及詩疏　本疏

證曰：詩陳風墓門章：斧以斯之。毛傳：斯，析也。鄭箋：維斧可以開析之。說文：斯，析也，從斤、其聲。析字下曰：破木也。析破皆有離意。論語：邦分崩離析而不能守也。高誘注呂覽報更篇亦曰：斯，析也。故孫說析之離也。

謖、興，起也。　遠、復，返也。

宣、徇，徧也。

樊光本徇作㣧，辭峻反。釋文　一切經音義

證曰：㣧，說文曰：行示也，從彳、勻聲，司馬法斬以㣧。古勻、旬通用，故㣧本作徇［當爲徇本作㣧］，隸變爲徇也。

馹、遽，傳也。

舍人曰：馹，尊者之傳也。左傳疏

孫炎曰：傳車馹馬。左傳疏

證曰：說文馬部：馹，驛傳也，從馬、日聲。左文十六年傳會師於臨品，又昭五年傳楚子以馹至於羅

汭，杜解皆曰：馹，傳也。故舍人以爲尊者之傳。邵氏引襄二十一年乘馹而見宣子、二十七年子木使馹謁諸王、二十八年吾將使馹奔問諸晉，以爲馹不專屬尊者，亦拘甚矣。按，段氏以謂馹爲尊者之傳、用車，則遽爲卑者之傳、用騎。左傳文十六年注馹字皆譌驛。成五年以傳召伯宗，注曰傳，驛也，驛亦馹之譌。蓋謂召伯宗之傳，必晉侯常乘。故杜注傳，馹也，與舍人尊者之傳説亦合。傳車馹馬者，顔師古漢書注：古者以車謂之傳車，其後又單騎爲之馹騎。按，馹乃驛之訛。説文曰：驛，置騎也。禮記玉藻疏以謂四馬高足爲置傳，四馬中足爲馳傳，四馬下足爲乘傳，一馬二馬爲軺傳。（按：玉藻無此疏。史記孝文帝本紀餘皆以給傳置，索隱引如淳注載漢律有此語。）漢制有用乘騎，古無用騎，惟禮曲禮前有車騎，正義以謂周末時禮，劉炫謂左傳左師展將以公乘馬而歸是單騎而歸，乃騎馬之漸。段氏謂左傳趙旃以良馬二濟其兄與叔父，非單騎乎。説文以馹爲傳車，驛爲置騎。即今驛遞也。周禮傳遽注曰：傳遽，若今時乘騎驛而使者也。是以乘傳指車騎，驛指馬。孫氏之説與古義合，左傳引孫説必有脱簡。邵氏指爲分屬，亦失考核。況郭氏皆傳車馹馬之名，亦用孫説者也。又案，孫氏傳車馹馬之馹應作驛。蓋馹、説文訓傳，舍人又謂尊者之傳，似非近世馬遞置騎之稱。郭用孫説，今亦作傳車驛馬，邢疏同。校勘記謂單疏本、雪牕本、元本、閔本、監本［脱同字］，惟毛本驛作馹，泥經而改，反致混淆。蓋馹遽之訓，孫氏統言之，並不分屬，自驛譌馹，而説皆窒礙矣。

蒙、荒，奄也。

孫炎曰：荒，大之奄。書疏 本疏

證曰：詩周頌：大王荒之。毛傳：荒，大也。書益稷惟荒度土功，僞孔傳訓爲大治，鄭云荒，奄也。説文：荒，蕪也。一曰艸掩地也。艸掩地亦有奄覆之義。詩周南：葛藟荒之。毛傳：荒，奄也。荒有大義，本訓爲奄，故孫炎謂奄之大也。

告、謁，請也。　肅、嗺，聲也。　格、懷，來也。　眕、底，致也。　愘、怙，恃也。

律、遹，述也。

按，見上釋詁孫炎說。

俞、畣，然也。　豫、臚，叙也。　庶、幾，尚也。　觀、指，示也。　若、惠，順也。　敖、憮，傲也。　幼、鞠，稺也。　逸、諐，過也。　疑、休，戾也。　疾、齊，壯也。　悈、偏，急也。　貿、賈，市也。　厞、陋，隱也。　遏、遾，逮也。　征、邁，行也。　圮、敗，覆也。

荐、原，在也。

孫炎曰：荐，草生之再也。本疏　左傳疏舍人本原作⿱原蚰。

證曰：說文：荐，薦席也，從艸、存聲。廌部薦曰：獸之所食艸，從廌、艸。小爾雅：荐，重也。詩節南山毛傳：薦，重也。知荐、薦古通。孫曰艸生之再，謂獸食餘而再生者，與說文薦字義合，字應作薦也。左氏襄四年傳：戎狄荐居。服虔曰：荐，艸也。莊子齊物論麋鹿食薦，陸氏音義引司馬云美艸也，崔云甘草也，郭璞引三蒼云六畜所食曰薦。荐雖通薦，孫說訓艸必當作薦，左氏本亦經後人竄改耳。說文蚰部無⿱原蚰字，蓋即原蠶而加蚰也。淮南泰族訓：螈蠶一歲再收，非不利也，然而王法禁之者，爲其殘桑也。螈即⿱原蚰。周禮夏官馬質禁原蠶者作原，⿱原蚰與原通也。郭注引重蠶爲⿱原蚰亦作⿱原蚰，用舍人本也。

憮、敉，撫也。

孫炎曰：敉，敷是反。釋文

臞、脙，瘠也。

舍人曰：臞，瘦也。史記索隱

證曰：說文肉部：臞，少肉也，從肉、瞿聲。疒部：瘦，臞也。文選引舊注云：臞，肉之瘦也。似李、孫舊說。知少肉即爲瘦，說互合也。周禮地官其民皙而瘠，鄭注：瘠，臞也。說文：瘠，瘦也。淮南原道訓故子夏心戰而臞，得道而肥。用韓非解老篇說。又修務訓堯瘦臞。其說盡同。

桄、熲，充也。

孫炎本桄作光，古黄反。釋文　本疏

證曰：唐書：光被四表。僞孔傳：光，充也。正義曰：光，充。釋言文。近儒戴氏東原謂桄應作横。桄、横古通，省脱作光，蓋光之訓充似難遽解。禮記號以立横及孔子閒居篇以横于天下，鄭皆注曰：横，充也。又引後漢書馮異傳横被四表、前書王莽傳昔唐堯横被四表，是其證也。琦案，戴氏以横被爲廣被。横即桄字，訓充是矣。至謂光訓充謂委曲費解，並謂光乃脱誤，則非也。詩敬之毛傳：光，廣也。釋名：光亦曰廣：則光被亦當訓廣也，所照廣遠也。水經濟水注：光里，即春秋所謂守之廣里。王氏西莊曰：蕭望之傳：黄霸、于定國等議曰：陛下聖德充塞天地、光被四表。與鄭説合，則作光是也。邵氏與桐曰：横、光聲相近，故漢人稱横門爲光門。琦案，淮南墬形訓。玉横維其西北之隅。高誘注：横，光也。水經睢水注：横高，世謂之光城。横、光聲相近，訓亦相通也。孫氏説多用古文，亦其一證。孫作古黄反。戴氏謂宜作古曠反，是欲行横而廢光，其説必不可從。校勘記言作横作桄乃今文，作光爲古文，孔傳堯典曰光，充也，與孫叔然本合，賈逵曰古文讀應爾雅，是亦爾雅作光也。

屢、暱，亟也。

靡、罔，無也。爽，差也。爽，忒也。佴，貳也。

孫炎曰：忒，變雜不一。詩疏　本疏

證曰：忒，說文云：更也，從心、弋聲。易豫卦：故日月不遇，而四時不忒。鄭注：忒，差也。然詩大雅鞠人忮忒，魯頌享祀不忒，鄭箋皆曰變也。釋文云：忒或作𢖻。說文心部𢖻，失常也。與忒曰更也義亦相承。第失常乃差失之義，更與變雜不一之義尤近，是以孫本作忒不作𢖻。

劑、翦，齊也。

饙、餾，稔也。

孫炎曰：烝之曰饙，均之曰餾。詩疏 本疏

證曰：說文食部：餴，滫飯也，從食、桒聲。或從賁作饙，或從奔作餴。釋文引字書：饙，一蒸米。劉熙釋名曰：饙，分也，衆粒各自分也。蓋一蒸米未黏合，故各自分。玉篇曰：饙，半蒸飯。廣雅曰：饙謂之餈。釋文引蒼頡篇曰餈，饙也，餈之言深，初蒸未熟意也，與說文合。蓋饙者蒸而未熟，故孔疏蒸米謂之饙。孫說與諸家合也。餾，說文曰：飯氣流也，從食、留聲。舊本作蒸，誤。蒸雖不盡訓爲饙，然說文言脩飯者，初蒸意也。流者，飯已熟而氣液盛流。饙爲一蒸，則餾必再蒸，故不必言蒸。詩孔疏以爲饙必餾而熟之，是也。均者，米熟已均，不比饙時猶有未黏合處。郭注：今呼資［餈］飯爲饙，饙均［均字衍］熟爲餾，乃申訓孫說者耳。

媵、將，送也。

孫炎曰：送女曰媵。後漢書注

孫炎曰：將，行之送也。詩疏 本疏

證曰：說文女部無媵字，人部：㑞［㑞］、送也，呂不韋曰有侁氏以伊尹㑞［㑞］女，古文以爲訓字。鄭注禮燕禮大射媵觚于賓亦曰：媵，送也。段氏以謂送爲媵之本義，以姪娣送女，乃一端耳。案，左氏僖五年傳：晉執虞公及其大夫井伯以媵秦穆姬。杜注：送女曰媵。公羊傳曰：媵者何，諸侯娶一國，則二國往媵之，以侄娣從。是也。孫説用此。後人因送女，遂加女文耳。説文貝部賸，一曰送也，與倂［佚］義相通。又案，詩鵲巢釋文：媵，音孕，又繩證反。國君失人有左右媵。鄭箋云：滿者言衆媵姪娣之多。疏引公羊説以證之。將者，詩鵲巢：百兩將之。毛傳：將，送也。邶風：遠于將之。毛傳：將，行也。鄭箋：將，亦送也。孫説本此。

作、造，爲也。　餥、餱，食也。　鞠、究，窮也。　滷、矜、鹹，苦也。

干、流，求也。流，覃也。覃，延也。

孫炎曰：古覃字同。

證曰：釋文：覃，徒南反，本又作㝷字，孫叔然曰古覃字同。案，同字下脱一音字，蓋謂古覃字與㝷同音也。淮南天文訓：火上蕁。説文蕁或從爻作𦺒，許叔重注曰：蕁，讀若葛覃之覃。是葛覃之覃古音與㝷近，此一證也。又按，淮南原道訓：故隹［雖］游于江潯海裔。許注亦曰：潯，讀葛覃之覃。

佻，偷也。

李巡曰：佻，偷薄之偷也。左傳疏　本疏

孫炎曰：偷，苟且也。左傳疏

證曰：説文人部：佻，愉也，從人、兆聲。説文古本偷皆作愉。心部：愉，薄也，從心俞聲。詩：視民不佻。毛傳：佻，愉也。服虔注左傳解詩曰：視民不愉薄也。案，唐風：佗人是愉。毛傳：愉，樂也。鄭箋：愉讀曰偷，謂取也。偷之字亦不可謂不古。包注論語則民不偷，曰不偷薄也，與李説悉合。偷謂苟且，郭亦用孫説。邢疏引左傳趙孟曰吾儕偷食，朝不謀夕，何其長也，杜注［脱云字］言欲苟免目前，不能念長久，是謂偷爲苟且。段氏玉裁曰：佻訓苟且，苟且者必輕，故離騷王注曰佻，輕也。左傳楚師輕窕，窕即佻之假借。蓋佻、愉正當互訓。

潛，深也。潛、深，測也。穀、鞠，生也。啜，茹也。茹、虞，度也。試、式，用也。

誥、誓，謹也。競、逐，彊也。

禦、圉，禁也。

舍人曰：禦、圉，謂未有而豫防之也。一切經音義

證曰：禦、圉古本通。詩大雅柔桑：孔棘我圉。鄭箋：圉讀曰禦。詩不畏强禦，漢書引作彊圉。莊子繕性篇：其來不可圉。陸氏音義曰：本又作禦。禦、圉俱有禁止義。易蒙卦：利用禦寇。虞注，禦，止也。管子大匡篇：安能圉我。圉亦有止義。說文圉通作圄。禮月令：省囹圄。鄭注：圄，止也。又通作敔。說文曰：敔，禁也，從攴、吾聲。舍人所說即易既濟思患預防之意。廣韻：防，禦也。禮檀弓：又敢與知防。鄭箋：防，禁也。故訓禦、圉曰防。　案，荀爽易注：六爻既止，必當復亂，故君子象之思患而預防之，治不忘亂也。蓋晏安無常，禍患未生，每每疏于防禁。及至釁端紛起，魚潰蟲腐，有不可禁防者矣。未有而豫防，豫之時義大矣哉。禮學記禁於未發謂之豫，即此義也。

窒、薶，塞也。

黼、黻，彰也。

按，邵氏正義曰：下篇釋器斧謂之黼，孫炎曰黼文如斧形，蓋半白半黑，似刃白而身黑，黼謂刺繡爲巳字相背，以青黑線繡。於釋器則删此條，蓋謂黼文致線繡三十字皆爲孫説。王氏西莊尚書後案亦載如此，阮氏經籍纂詁則以三十字直斷爲孫説。考此條出於尚書黼黻絺繡，疏中繹其義，則惟黼文如斧文[形]五字乃孫氏下篇釋器斧謂之黼注説。餘則孔疏傳文也，故不錄。

膺、食[身]，親也。

愷、悌，發也。

舍人、李巡、孫炎皆曰：闓、明，發、行。詩疏

證曰：愷，三家本皆作闓。説文門部：闓，開也。方言：開户，楚謂之闓。尚書堯典胤子朱啓明，史記作開明，疏言開解明達也。是闓明義當合訓發、訓行，以釋闓闉之義。邵氏謂似迂曲。案，詩齊風孔疏云：上言發夕，謂初夜即行，此云闓明，謂侵明而行。故詩明發不寐，疏言天將明，光發動也，動有行義，以發爲行，義以轉注而得。詩齊風東方之日章：履我發兮。毛傳：發，行也。

髦，士官也。畯，農夫也。

孫炎曰：農夫，田官也。詩疏　本疏

證曰：詩七月，田畯至喜。毛傳：田畯，田大夫也。疏謂此官選俊人主田，謂之田畯，與［典］農之大夫謂之農夫，以王者尤重農事，知其爵爲大夫也。案，鄭注周禮載師云：六遂餘地，自二百里以外，天子使大夫治之。或於田農之時，特命之主其農之事。以周禮無田畯正職，故直云田畯田大夫。春官籥章：掌擊土鼓以樂田畯。鄭司農云：田畯，古之先教田之官者。故孫説以謂田官是也。

蓋、割，裂也。

舍人本蓋作害。釋文

證曰：説文宀部：害，傷也。書呂刑鰥寡無蓋，孟子謨蓋都君咸我績，義雖訓掩覆，而皆有傷害意。故蓋通害，亦聲近也。

諈，諉，累也。

孫炎曰：楚人曰諈，秦人曰諉。釋文　本疏

證曰：説文言部：諈諉，累也。列子力命篇殷氏釋文：諈諉，鈍滯也，又煩重也。廣雅稙，積也，同諈。又通作娷。説文：娷，諉也。諉，賈誼傳尚有可諉者。蔡謨曰：諉，託也。孫説蓋亦方言之遺意。

漠、察，清也。

樊光曰：漠然清皃。詩疏 爾雅釋文 本疏

證曰：説文水部：漠，北方流沙也，從水、莫聲，一曰清也。廣雅：漠，泊也。賈誼傳注：漠，靜也。泊、靜與清字義相成，故樊云清皃。

庇、庥，蔭也。

舍人曰：庇，蔽也。庥、依止也。左傳疏 本疏

孫炎曰：庇，覆之蔭也。一切經音義

證曰：説文：庇，蔭也，從广、比聲。上釋詁毗劉暴樂也，樊光以毗作庇，訓蔭。此云庇，蔽。同音爲訓，義亦同。蔭，有蔭以掩蔽之，故通俗文自蔽曰庇，同此意也。庥應作休，通庥。説文：休，息止也，從人依木會意。即用舍人説也。淮南精神得休樾下，許慎注曰：王輔人爲休，華樹下爲庥也，字亦作庥。詩民勞：汔可小休。傳：休，定也。定即止意，故鄭箋訓爲止也。呂覽觀表：未嘗休也。高誘曰：休，止也。皆與舍人依止義合。孫炎以庇爲覆之蔭。禮記表記：雖有庇民之大德。鄭注：庇，覆也。周禮工輪人［工上脱考字］弓長六尺謂之庇軹，鄭注謂覆軨。是庇亦有覆義。覆，説文曰蓋也。案，又通冒。詩邶風：下土是冒。毛傳：冒，覆也。易繫辭：故能冒天下之道［故能二字衍］。桓［韓］注：冒，覆也。又通蒙。説文：冡，覆也。字即蒙。詩君子偕老章：蒙彼縐絺。毛傳：蒙，覆也。孫謂覆之蔭，特推廣言之。覆義與舍人訓蔽亦暗合。

穀、履，祿也。履，禮也。 隱，占也。 逆，迎也。 憯，曾也。 增，益也。 窶，貧也。

薆，隱也。

僾，唈也。

孫炎曰：僾，心唈也。詩疏 本疏

證曰：說文：僾，仿佛也，從人，愛聲。禮祭義：僾然必有見乎其位。鄭注：微見皃。玆曰心唈，亦形容孝子追感，中心如噎之意。荀子禮論悍詭唈僾，注謂氣不舒，憤鬱之皃。通俗文：塞喉曰唈。字亦作噎。是也。

基，經也。基，設也。

祺，祥也。祺，吉也。

舍人云：祺，福之祥。詩疏 本疏

證曰：儀禮士冠禮祝辭壽考惟祺，鄭注：祺，祥也。疏謂祺訓爲祥，祥又訓爲善也。漢書禮樂志：惟春之祺。注曰：祺，福也。皆依用舍人說。邵氏引作舍人云禎，福之祥，蓋因詩周頌維周之禎，孔疏以謂定本集注祺字作禎，故盡改舍人、某氏之說盡作禎［二盡字衍一］，非也。考孔疏先引祺，祥。釋言文。是毛傳作祺、祥也。舍人曰祺，福之祥，厶氏曰惟周之祺，而後定本集注作禎字，是詩與毛傳原作祺也。陸氏詩釋文亦曰：祺，音其，祥也，爾雅云同。後又載徐云本又作禎，音貞，與崔本同。是亦以禎爲後加字也。校勘記謂鄭箋云乃周家得天下之吉祥，皆用爾雅祺祥祺吉之文。釋文、正義二本皆作祺，是也。其作禎者，非也。案，邵氏又引說文禎祥之說相證，不知說文多不依雅訓。且說文示部之禎列于祿褫之下、祥祉之上，祿褫祥祉皆訓曰福。亦禎字亦訓爲福［上亦字似當作其］，故字林禎，福也。並當列于禛字後，爲禛之古文。如曰禛，福也，此二字臆加。從［以］真受福也，從示、真聲，古文禎。此三字臆加。蓋貞、真古今字，禎即禛也。後人羼舛許書，遂分而爲二。此類甚多。至禎下之祥也二字，當退入祺下乃合。況祺、禎二字文體相似，自唐石經譌楨改禎，而後人並易毛傳亦爲禎。山井鼎考文亦云如此。今邵氏欲據點竄詩疏之說，以改定爾雅正文及舍人之訓，殆千慮之一失也。

兆，域也。　肇，敏也。　挾，藏也。　浹，徹也。

替，廢也。替，滅也。

李巡曰：替，去之廢也。一切經音義

證曰：替，説文作暜，云廢，一偏下也，從竝、白聲。六收故引説文：廢也，一曰偏下也。或從兟作朁，少牢饋食禮勿替引之，亦訓廢也。晉語蔫可而替不，韋昭注曰替，去也，與李説可互證。

速，徵也。徵，召也。

琛，寶也。

舍人曰：美寶曰琛。詩疏　本疏　御覽

證曰：説文無此字，御覽引説文有琛，云寶也。詩魯頌：來獻其琛。毛傳：琛，寶也。舍人云美寶者，如説文瑾瑜、美玉，璿、琳、美玉之類。鈕玉樹曰：説文珍訓寶，釋詁珍訓獻，是珍義實同琛，但音讀微別耳。俗珍作珎，故疑琛當是珍。凡經典中字，許君不應遺，或所見本不同，或經典爲後人改。言亦近是。

探、試也。　髦，選也。髦，俊也。　俾，職也。　紕，飾也。

淩，慄也。慄，感也。

樊光曰：淩，冰凜也。釋文

證曰：説文仌部：勝，仌出也，從仌、朕聲。謂仌出水棱棱然。或從仌、夌聲作凌。今郭本作淩，釋文以謂郭注竟當作倰，引埤蒼曰倰，慄也。今樊本作凌，不從水，從仌也。廣雅釋言：勝，冰也。詩豳風：納于凌陰。古本亦作勝。毛傳：勝，陰冰室也。周禮凌人鄭注亦曰：凌，冰室。凜，説文作癛、寒也。凜溧乃一聲之轉，錢氏大昕曰：此當從樊義，慄當爲溧。是也。

蠲，明也。茅，明也。明，朗也。

樊光曰：蠲，陰［除］垢穢便令清明。本疏

舍人曰：茅，昧之明也。左傳疏　本疏樊光曰：詩，高朗令終。左傳疏

證曰：周書多方：不蠲蒸。釋文引馬融曰：蠲，明也。樊云蠲除垢穢，乃即周禮除其不蠲之意。蓋鄭注蠲，潔也，惟潔故無垢穢，乃得清明，義以轉注而得。玉篇蠲，除也。鄭注蠲，清明皃。乃用樊說。舍人曰茅，昧之明者，鄭注尚書洪範曰蒙作雺，曰雺聲近蒙，茅、蒙亦聲之轉。蒙又通作冒，蒙、冒皆有昧意。詩召南：白茅包之。毛傳：白茅，取其絜清。故曰昧之明也。詩高朗令終，乃大雅既醉文也，樊氏引此以釋朗義。毛傳：朗，明也。説文朗作朖，亦云明也。

猷，圖也。猷，若也。　偁，舉也。稱，好也。

坎、律，銓也。

樊光曰：坎卦、水也，水性平，律亦平，銓亦平也。春秋疏　本疏作坎水也。

證曰：易説卦：坎者，水也，正北方之卦也。九家易曰：坎爲律。律，法也，故杜注左傳亦曰：坎爲法象也。此律應作法象解。虞氏逸象：坎爲法、爲平。律、銓皆法象之具，故皆訓亦平也。太玄曰：一六爲水，類爲法。郭注易坎卦主法：法律皆所以銓量輕重。亦用樊氏説而小異。揅經室以謂坎律銓也，應作吹聿詮也。錢辛楣取之。

矢、誓也。　舫，舟也。泳，游也。　迨，及也。

孫炎云：冥，深闇之窈也。詩疏

冥，幼也。

證曰：冥，説文曰幽也。窈，説文曰深遠也。然毛傳窈窕，幽閒也，是以窈訓幽。淮南道應訓：可以

明，可以窈。注，窈，讀如幽。老子：窈兮冥兮，其中有精。莊子在宥篇：至道之精，窈窈冥冥。淮南要略：測窈冥之深。兵略：建心乎窈冥之野。與[皆]用雅訓。一切經音義引爾雅亦曰：冥，窈也。今郭氏以謂幼稚者冥昧，泥讀詩傳殊矣。古義當以孫訓爲正。詩小雅斯干噦噦其冥，毛傳冥，幼也。與上噲噲其正曰正、長也相例，則似少幼之義爲長。不知毛傳曰正，長也，乃即崔說直良反，讀爲長短之長，謂日之長也。故鄭箋引申毛義曰：正，晝也。冥，夜也。王肅好駁難鄭氏，遂倡爲長者少者之說。不知此箋乃引申毛義，非異訓也。孔疏以爲冥窈於義實安，但于正長之義未允，故據王說。此尤唐人之無識耳。詩釋文亦云：幼，本作窈，崔音杳。郭氏好異說，故用子邕義，斷不可信。

降，下也。　傭，均也。　彊，暴也。　窕，肆也。　肆，力也。　俅，戴也。　瘞，幽也。

氂，罽也。

李巡本氂作毳，呂鈍反。釋文舍人曰：氂，毛罽也，邊人績羊毛而作衣。詩疏 本疏孫炎曰：毛氂爲罽。書疏

證曰：小爾雅廣訓：雜毛曰氂。說文：氂，氂牛尾也。淮南說山：馬氂截玉。高注：氂馬尾也。舍人曰邊人績羊毛而作衣，是又以氂爲羊毛也。按，毳，說文毛部曰：獸細毛也。衆經音義引字林：毳，細羊毛也。禮內則：羊泠[洽]毛而毳。舍人云羊毛，當是毳字，與李巡本作毳同。說文罽，魚网也，與毛氂義無涉。說文繭字下云以毳爲糹罽，引詩云毳衣如繭，是糸部糹罽字。糹罽，說文曰：西湖[胡]毳布也，從糸，罽聲。是罽、毳說文亦互訓。周禮司服：祠四望山川則毳冕。先鄭注曰：毳，罽衣也。疏引爾雅云：毛氂謂之罽，即孫、郭說。則績毛爲之，即舍人說。若今之毛布。詩豳風無衣無褐，鄭箋：褐，毛布也，疑即毼字。廣雅云：毼，罽也。孔疏以爲毛布皆織毛爲之，義即同毳。周禮掌皮：共其毳衣[布]爲氈，以待邦事。鄭注：毳毛，毛細縟者。是毳爲邊地所出，如後漢烏桓傳婦人能刺韋作毾㲪、

天竺國有好毼㲪是也。故爾雅氂字本與毳字同義，犍繹舍人、李巡文義並是毳也。孫云毛氂爲罽，一切經音義九引三蒼曰罽，毛也。廣雅亦曰氂，毛也。明非一獸之毛。說文㲨曰：强曲毛也，可以箸起衣。漢書王莽傳：莽好著氂裝衣。注：毛之强曲曰氂，以裝褚衣中，令其張起也。知即說文㲨字。廣訓[雅]毦，罽也，一曰績羽爲衣，讀近餌，亦與㲨相近。漢書高帝紀：賈人毋得衣錦繡綺縠絺紵罽。注曰：即今毼及氍毹之類。邢疏謂氂，織毛爲之，若今之毛氍毹，以衣馬之帶鞅是也。服虔通俗文：織毛曰罽蓋毳與氂皆極邊之地所生，皆可以織爲罽。郭氏謂毛氂爲罽［氂下脱所以二字］，乃承用孫說。案，御覽八百十六引犍爲舍人注曰：氂，毛也。罽，邊人績［當作績］羊毛作衣。以績作績，義較明顯。罽字置在下文亦較順。

烘，燎也。煁，烓也。

舍人曰：烘，以火燎也。煁，烓竈也。詩疏　本疏孫炎曰：烘音恭。釋文　詩釋文

證曰：詩小雅白華：卬烘于煁。毛傳：烘，燎也。說文火部：烘，尞也。從火、共聲。又：燎，放火也。此當作尞，作燎非也。以火尞，即如鄭箋用炤事物而已。煁，毛傳：烓竈也。說文曰：烓也，烓曰行竈也。孔疏以謂烓者無釜之竈，其上燃火謂之烘，本謂此竈上亦燃火照物，若今之火爐也。說文引字林巨凶、甘凶二反，甘凶即用叔然音恭說。

陪，朝也。康，苛也。

樊，藩也。

孫炎曰：樊，圃之蕃也。詩疏　本疏

證曰：詩齊風：折柳樊圃。毛傳：樊，藩也。圃，菜園也。孔疏引周禮太宰九職：二曰園圃，毓草木。注曰：樹果蓏曰圃，園其藩也。是圃内可以種菜，又可以樹果蓏，其外列藩籬以爲樊。孫曰圃之藩，乃

因詩言而釋之。說文艸［屮］部：樊，鷙不行也，從艸［屮］從棥。非此義。當作棥。說文：棥，藩也，從爻、從林，詩曰營營青蠅止于棥。莊子山木篇：莊子［周］遊乎雕陵之樊。司馬注：樊，藩也，謂游栗園藩之内也。易大壯九三：羝羊觸藩。易釋文引馬融注曰：藩，籬落也。藩、樊古通，邵氏引詩止於樊，漢書作止於藩是也。

賦，量也。粻，糧也。

庶，侈也。庶，幸也。

舍人曰：庶，衆也。侈，多也。詩疏

孫炎曰：庶，豐多也。

證曰：庶，衆也，乃上釋詁文，舍人特引徵之。侈，說文曰奢也，即奓。字林：侈，大也。韓非解老篇：多費爲之侈。楚語：不陳庶。侈又爲㢋，故舍人曰多也。孫以庶爲豐多也者，即詩天保俾爾多益、以莫不庶之意。易晉卦：康侯用錫馬蕃庶。集解引虞注曰：艮爲多，坤爲衆，故緐庶。是亦以庶爲豐多也。

筑，拾也。

奘，駔也。

樊光、孫炎本作將，且也。釋文

證曰：釋文云：駔，沈集注本作⿱壯目，音同。孫、樊二本並作將且，而無奘駔。沈集衆本合爲一本。錢氏大昕曰：經典不見奘字，當從樊、孫本。邵氏正義曰：詩小雅谷風將恐將懼，鄭箋將，且也。案衛風簡兮章方將萬舞，鄭箋將，且也，秦策城且拔矣，韋昭注且，將也。琦按，鄭氏將，且也，正用雅訓。奘乃將之形似字。詩北山鮮我方將，毛傳將，壯也。壯即奘。經典多用壯字，故奘字稀見。說文：奘，駔大也，從大從壯會意。方言：秦、晉之間，凡人之大謂之奘，或謂之壯。是奘即壯，實當訓大。上文釋詁將，大也。詩商頌長發章有娀方將，毛傳將，大也。將、奘俱訓爲大。是後人誤合將大之文爲奘，又僞爲奘耳。駔，說文曰：壯馬也，從馬、且聲。玉篇：駔，猶麤也。麤即同粗。樊、孫作且，乃省寫字，如但作旦、易其行趑趄作且類耳。沈本作⿱壯且，合二字爲一，系之駔下，尤不成文。

集，會也。

舫，泭也。

樊光本舫作坊，符方反，又音方。泭作坿。爾雅釋文又：泭作柎。詩釋文引樊光孫炎曰：方木置水爲泭栰也。詩釋文 詩疏 本疏

證曰：舫，說文：舟師也。當作方。方，並船也，象兩舟總頭，會意，從兩舟省。或又從水作汸。詩周南邶風傳箋皆曰：方，泭也。正義曰：方，泭。釋言文。樊作坊，說文無此字。惟防字下云：防，隄也，從阜、方聲。或又從土作埅，與本義無涉。或即說文汸字之譌寫。下云音方，亦似讀作方。正義以方泭爲釋言文，是爾雅本作方也。樊謂泭作坿，說文曰：益也。詩召南又引樊作柎。柎，說文曰：闌足也。謂鐘鼓簴之足。案，闌連古通，如詩漣漪，雅作瀾漪類。闌足即連足。連有並義，亦是從方爲並而申一義耳。似當以柎爲長。詩釋文泭作⿰氵符，又作桴，或作柎，又引孫說亦作柎栰。校勘記謂樊光爾雅本作柎，考文古本作柎。然說文水部泭，編木以渡也、從水付聲。毛傳方，泭也。當以泭爲字。孫云方木置水爲柎栰者，柎，疏引作筏。方木，並木也。齊語：方舟設泭。廣雅：⿰氵符，筏也。方言：泭謂之顗，顗謂之筏。孔疏引論語乘桴注：桴，編竹木，大曰栰，小曰桴。邢疏：烰[桴]、泭同音義同也[上同字衍]。釋文引弘農注曰：木曰顗，竹曰筏，小筏曰泭。栰、筏同音伐。又曰：水中顗栰也。皆與孫氏義合。

御覽引許慎淮南注曰：桴，木筏。

洵，均也。洵，龕也。

李巡曰：洵，徧之均也。詩疏 本疏

證曰：詩大雅桑柔：其下侯旬。毛傳曰：旬，言陰均也。正義引旬，均。釋言文。說文日部旬，偏也，古文作旬，乃以日爲旬也。周禮均人：公旬用三日焉。鄭注：均也。禮記內則：旬而見。鄭注：旬當爲均。詩正義引爾雅：旬，均也。又引某氏曰：詩其下侯旬。是洵應作旬，曰洵者，假借字也。詩鄭風：洵直且侯。毛傳：洵，均也。正義又曰：洵，均。釋言文。知旬、洵古本通也。李以謂洵、徧之均，蓋說文於旬訓曰徧也，於均曰平徧也，洵、均皆有徧義，故互解之。

逮，遝也。

孫炎遝，徒荅反。釋文

證曰：遝，說文辵部云：迨也。玉篇云：迨遝，行相及。釋文引郭亦音徒荅反。按，宋雪窗本及明吳元恭本郭注遝下俱有音沓二字，乃徒荅切字也。

是，則也。　畫，形也。　賑，富也。　局，分也。

懠，怒也。

舍人曰：懠，怒聲也。詩疏 本疏

證曰：說文心部無懠字，當即齎。離騷：反信讒而齎怒。王注：齎，疾也。詩大雅板章：天之方懠。毛傳：懠，怒也。說文[當爲釋文]：疾，怒也，怒，說文心部：恚也。舍人曰怒聲，乃形容疾怒之意，非實有聲也。郝氏懿行曰：素問五運行大論云：其志爲怒，王冰注：怒，直聲也。是怒亦有聲，然非通義。

偲，聲也。

葵，揆也。揆，度也。

孫炎曰：揆，商度也。一切經音義

證曰：説文：揆，度也。據六書故引唐本説文訂。易繫辭初率其辭而揆其方，侯果訓揆爲度也。詩衛風定之方中章：揆之以日。毛傳：揆，度也。經典言揆多訓度。孫氏謂商度者，即商量、商榷之意，郭注本孫。

逮，及也。

惄，飢也。

李巡曰：惄，宿不食之飢也。詩疏

證曰：詩周南：惄如調飢。毛傳：惄，飢意也。箋：思也，未見君子之時，如朝飢之思食。孔疏曰：惄之爲訓本爲思耳，但飢之思食，意又惄然，故又以爲飢。惄是飢之意，非飢之狀。故傳言飢意，箋以爲思義，相接成也。案，説文心部：惄，飢餓也。故李曰宿不食之飢，謂一宿不食，至朝而飢，正解中詩意。雖與傳箋意未合，要不背説文，或古自有兩訓。

眕，重也。　獵，虐也。　土，田也。　戍，遏也。　師，人也。　硈，鞏也。　棄，忘也。

⿰目卲，閑也。　謀，心也。　獻，聖也。

里，邑也。

李巡曰：里，居之邑也。左傳疏

證曰：説文：里，居也，邑國也。御覽引風俗通云：里者，止也。止即居。廣雅亦曰：里，居也。釋名亦云：五鄰爲里，居方一里之中也。四井爲邑，邑，偪也，邑人聚會之稱也。詩大雅：于豳之里。毛傳：里，邑也。里宰云：掌比其邑之衆寡。鄭注：里，猶邑也。然里與邑數皆無定。詩鄭風：無踰我里。毛傳：二十五家爲里。尚書大傳：三朋爲裏。琦案，即七十二家爲里説。論語譔考文：古者七十二家爲里。公羊宣十五傳注：一里八十户。鶡冠子王鈇：五家爲伍，十伍爲里。韓詩外傳：廣三百步，長三百步爲一里。管子小匡篇：十軌爲里，是一里五十家也。禮記注引王度記：百户爲里。論語千室之邑、千室之邑，蓋邑爲通名，大不過千室，小不過十家。十與千舉成數也。

裏，除也。　振，古也。　懟，怨也。

縭，介也。

舍人、李、孫云：縭，羅也。介，別也。釋文

證曰：釋文引作李、孫、顧舍人云：䋺，羅也。介，別也。臧氏琳曰：字書無䋺字，集韵以爲補或作䋺，義不合，蓋縛之譌。説文：縛，束也。束縛有羅維意。或又疑爲捕字，謂捕鳥以羅也。琦按，字書無䋺字，作縛、作捕，强爲附合，是可不必。蓋䋺、縭字形相似，䋺即縭字之譌。漢書外戚傳：申佩離以自思。是縭猶離，離、羅聲轉而義亦同。方言離謂之羅、羅謂之離，是也。離古通麗。詩大雅［當爲小雅］采菽紼纚維之，韓詩作縭。郭注縭者、繫也，亦有羅維之義。説文：縭，以絲介履也。介，説文云畫也。廣雅釋言：離，剛也，剛有分別意。故以縭訓介。

號，譁也。　凶，咎也。

苞，稹也。

孫炎曰：物叢生曰苞，齊人名曰稹。詩疏　書疏　本疏

證曰：苞，豐也，見上釋詁。豐爲叢茂，又訓爲稹。説文稹，穜穊也，引周禮：稹理而堅。考工記鄭

注：稹，致也，即禮記聘義縝密以栗，鄭注：縝，緻也。詩鴇羽：集于苞栩。毛傳：苞，稹也。鄭箋：稹，根相迫迮梱致也。齊人曰稹，蓋亦方言之餘。郭注今人呼物叢緻者爲稹，義同孫説。

逜，寤也。

孫炎本吾字作午，吾補反。釋文

證曰：莊子達生篇釋文引爾雅曰遻，迕也。與今爾雅作逜寤不同，然與孫氏吾從午之説相合。孫作迕，然説文辵部無迕字，意同遻字。遻，相遇驚也，從辵、㖾，㖾亦聲。故左氏以寤生謂驚姜氏。臧氏琳曰：寤即啎之假借。啎，説文曰：逆也。一切經音義引聲類云：迕，逆不遇也。説文：午，啎也，五月陰氣午逆陽，冒地而出。孫説與説文符合。琦按，禮記哀公問：午其衆以伐有道。荀子富國：午其軍。楊倞注：午，讀爲迕。釋名：午，仵也，陰氣從下上，與陽相仵逆也。廣雅釋言：午，仵也。淮南天文訓：午，仵也。皆有迕逆意。呂覽明理：長短頡啎百疾。高注：啎，逆也。高唐賦：陬互横啎。注：啎，逆也。皆爲迕、寤之通假字。郭云相干寤，干字當作午字。説文以午爲啎，故春秋寤生，史記引鄭世家以爲午，啎逆難生，久不得下，是也。即午寤之説。郭多襲用孫説，故知干乃午字耳。

頠，題也。猷、肯，可也。務，侮也。貽，遺也。貿，買也。賄，財也。甲，狎也。

菼，騅也。菼，薍也。粲，餐也。

渝，變也。

舍人本渝作䞕。釋文

證曰：説文：渝，變污也，從水、俞聲。詩羔裘：不渝［不字前宜補舍命二字］。毛傳：渝，變也。隱六年傳：鄭人來渝平。杜解：更成也。通作輸。舍人作䞕乃渝或體。玉篇：䞕，色落也。色落即有變更之義。説文以渝爲變汙，或古以繻爲染色法，如爾雅再染謂之赬類乎。疑即羔裘如濡之異文。

宜，肴也。

李巡曰：宜，飲酒之肴也。詩疏　本疏無上宜字。

證曰：鄭風：與子宜之。毛傳：宜，肴也。説文：肴，啖也。初學記引説文作肴，襍肉也。恐是啖肉之譌。玉篇：肴，俎也，又啖肉也。廣雅：肴，肉也。蓋肴從肉，故訓爲啖肉。詩下文有宜言飲酒，故訓爲引酒之肴。鄭箋云所弋之鳧雁，我以爲加豆之實，與君子共肴，是肴與酒乃兩用也。正義引公食大夫禮無用鳧雁之文。此得用鳧雁者，公食大夫是自食之禮，此則飲酒，彼以正禮而食，此以相好私燕，其饌不得同也。知宜言飲酒之宜，與上文與子宜之字迴不同。李説或是連下文訓之耳。

夷，悦也。　顛，頂也。

耋，老也。

舍人曰：耋，年六十稱也。春秋疏　孫炎曰：耋者色如生鐵。釋文　詩疏　本疏又曰：耋，他結反。釋文

證曰：詩秦風：逝者其耋。毛傳：耋，老也，八十曰耋。説文：耋，年八十曰耋，從老省、至聲。鄭氏易注：王肅易注、劉熙釋名及郭氏注皆云八十，承毛傳訓也。馬融注易、服虔左傳注、杜預注皆以爲七十。蓋如春秋正義説耋有七十、八十，無明文也。舍人云六十之稱，自係古説。公羊宣十二年傳：使帥一二耋老而綏焉。何休注：六十稱耋。是六十亦當稱耋，與七十、八十似小異。禮曲禮：六十曰耆。釋文、正義皆引賀瑒曰：耆，至也，至老之境也。琦案，至老之境，正分解耋字之義。此耆字古或當作耋。耋、耆聲之轉，耋從至聲，尤與耆近。孟子耆老，即公羊耋老，故曲禮別無耋字。釋文云八十、九十曰耄，或本作八十曰耋，九十曰旄，乃後人妄加之是也。耋與耆皆訓爲老，故字亦互通。射義：耆耋好禮。鄭注：耆耋皆老也。是舍人之説本於曲禮，較他説尤古耳。孫云耋者，色如生鐵。釋

名曰耋，鐵也，皮膚變黑色如鐵也。與上文耇訓面凍梨色似浮垢相類。爾雅釋文及本疏引作耋，老人面如鐵色。廣韵耋，徒結切，與孫音同。

輶，輕也。俴，淺也。

綯，絞也。

李巡曰：綯，繩之絞也。詩疏 本疏

證曰：詩豳風：宵爾索綯。毛傳：綯，絞也。鄭箋：作絞索以待時用。方言：車紂，或謂之曲綯。郭注云：綯亦繩名。與李注合。士喪禮：絞，橫三縮一。鄭注：所以收束衣服爲堅急者也。喪服傳云：絞帶，繩帶也。説文云：繩，索也。易繫辭：上古結繩而治。亦與絞義合。

訛，化也。

跋，躐也。疐，跲也。

李巡曰：跋，前行曰躐。跲，卻頓曰疐。詩疏 本疏

證曰：詩豳風：狼跋其胡，載疐其尾。毛傳：跋，躐。疐，跲也。孔疏引説文云跋，踈也。丁千反跲，躓也。竹二反躓即疐也。然則跋與疐皆顛倒之類，以跋爲躐，謂跋其胡而倒躓耳。老狼有胡，謂頷垂胡。進則躐其胡，謂躐胡而前倒也。退則跲其尾，謂卻頓而倒于尾上也。此似申明李氏之説。案，説文足部：䟦，步行獵跋也。段氏玉裁云：獵，今躐字，踐也。獵跋猶踐踏。郝氏義疏謂躐爲獵之或體，獵有從旁凌獵之義，獵猶捷也，捷行出前也。跋者䟦之假音，引一切經音義引聲類云：狼䟦，顛䟦也。顛即踈，䟦即跋。詩之狼跋即狼䟦。琦按，跋，玉篇：蹳行皃。禮玉藻：登席不由前曰躐席。疏謂失節而踐曰躐席。楚辭：凌余陳兮躐余行。注：躐，踐也。蓋足緩謂跋躐者，凌獵而前行也。躓，説文引詩曰：載躓其尾。疐者，躓之假借字。中庸注：跲，躓也。通俗文：事不利曰躓。廣雅：蹪，疐也。淮

南原道訓：足蹪趎埳。許注：楚人讀躓爲蹪。蹪、躓古通字。列子説符注：躓，礙也。説文：疐，礙不行也。從叀，而止之［而上脱引字］。皆有卻頓之意，與蹢躅、逗足、峙踞不前義同。

烝，塵也。

孫炎曰：烝，物久之塵。詩疏 本疏

證曰：詩東山：烝在桑野。毛傳：烝，寘也。鄭箋謂久處桑野，古者聲寘、填、塵同也。常棣：烝也無戎。毛傳：烝，填也。鄭箋：久也，猶無相助己者，古者填、寘、塵同［填上脱聲字］，又依古聲音塵，塵，久也。案，釋詁塵，久也。孫炎曰：塵，居之久，久則生塵矣。以烝謂物久之塵，亦猶此義。邵氏正義曰：郭注本孫，孫昧于古音，後世望文生義實昉于孫。然鄭雖以寘、填、塵爲同聲，乃申毛傳烝寘、烝填之義，而于小雅烝然罩罩，箋曰烝，塵也，塵然猶言久如也。是亦以烝爲久塵之説。孫説殆祖此，非真作實字解。邵氏誤視孫説，故輕相譏也。

戎，相也。飫，私也。

孫炎曰：飫、非公朝，私飲酒也。詩疏 本疏

證曰：詩小雅：飲酒之飫。毛傳：飫，私也，不脱屨升堂謂之飫。鄭箋：私者，圖非常之事，若議大疑於堂，則有飫禮焉，聽朝爲公。正義曰：以私在路寢堂上，故謂之私。若聽朝則爲公事。對公，故言私，周禮云王公立飫則有房烝，親戚燕饗則有殽烝，又曰飫以顯物、燕以合好，則飫，燕禮異，序曰燕兄弟，此陳飫者，圖非常，議大疑，乃有飫禮，則飫大於燕。説文餱，燕食也，字應作醧。説文酉部：醧，私宴飲也。文選魏都賦愔愔醧讌注云：能者飲，不能者已，謂之醧。引韓詩飲酒之醧。玉篇：醧，私也。孫説私飲酒當是醧字，蓋飫禮爲燕食，有殽烝之禮，故字從食。醧爲私宴飲，故從酒省耳。郭注宴飲之私，用孫説。

孺，屬也。

李巡曰：孺，骨肉相親屬也。詩疏　本疏

證曰：詩小雅：和樂且孺。毛傳：孺，屬也。箋云：屬者，以昭穆相次序。鄭注曲禮云：孺之言屬。屬，説文曰連也。釋名曰：屬，續也，恩相連續也。骨肉相親屬者，即恩相連續之義，蓋申言燕親親之禮。毛傳云：王與親戚燕則尚毛。李説承用此義。郭注謂親屬，乃用李説。

幕，暮也。　煽，熾也。熾，盛也。　柢，本也。

窕，閒也。

舍人本窕作跳，曰跳者，躍之閒。釋文

證曰：説文：跳，蹶也，一曰躍也。躍，説文：迅也。玉篇：躍，跳也。釋名：跳，條也。如艸木枝條務上行也。淮南俶真訓蕭條、霄窕亦互訓之。躍之閒者，謂跳躍相去一閒耳。一閒猶一隙也，故説文曰：閒，隙也。

郭曰閒隙，恐即用舍人説。

淪，率也。　罹，毒也。

檢，同也。

李本檢，居儉反。釋文

郵，過也。

舍人曰：尤，怨人也。文選注

證曰：郵，古通作尤，正作訧。詩邶風：俾無訧兮。毛傳：訧，過也。詩載馳：許人尤之。毛傳：尤，過也。無我有尤鄭箋：無過我也。小雅：莫知其尤。鄭箋：尤，過也。論語：則寡尤。包咸注：尤，過也。孟子：畜君何尤。趙注：何尤，無過也。列子：魯之君子迷之郵者。注：郵與尤同。故殷敬順列子楊朱篇釋文引爾雅曰尤，過也。舍人作尤，蓋是古本以謂怨人者。論語：不怨天，不尤人。馬注：人不知己，亦不尤人。史記屈賈傳：般紛紛其離此尤兮。索隱：謂怨咎也。荀子議兵篇：罪人不郵其上。注：郵，怨也。郵同尤。顧氏炎武曰：古人郵、尤通用。郭以道路所經過解之，非也。

遜，遯也。

孫炎曰：遁，逃去也。詩疏

證曰：詩：公孫碩膚。鄭箋：孫讀當如公孫于齊之孫，孫之言孫遁也。正義：古之遜字借孫爲之，春秋昭二十五年經言公孫于齊，春秋之例，内諱奔謂之遜，言昭公遜遁而去位，此周公亦遜遁去位，故讀如此文。遜，遁。釋言文。孫炎曰遁，逃去也。是孫本作遁。釋文云字又作遁，即是孫本耳。遁通遯，字又作遂。易遯卦集解引鄭注：遯者，逃去之名。孫説本此。史記吳世家：季札讓遁去。劉歆列女贊：衛君不進［聽］，後果遁逃。玉篇：遁，逃也。説文：遁，遷也，逃亡也。郭注遁謂逃亡，乃參用孫氏及説文。

斃，踣也。僨，僵也。

孫炎曰：前覆曰踣。左傳疏

舍人曰：僨，背踣意也。左傳疏

證曰：左隱元年：必自斃。杜注：斃，踣也。正義引孫曰：前覆曰踣。説文：踣，僵也。又通䞡。説文亦曰：僵也。襄十四傳晉人踣之，杜用説文義，亦曰僵也。正義曰前覆謂之踣，乃暗用孫説。踣既訓僵，與下文僨僵也義似嫌混，然古踣、僨義亦互通，故舍人訓僨曰：背踣也。踣又作仆。釋名：仆，踣也。釋木釋文：踣，或作仆。禮檀弓：吾得正而斃焉。鄭注：斃，仆也。定八年傳：與一人俱斃。正義引釋言斃，仆也。孫炎曰前覆曰仆。釋文所引亦同。益以知踣、仆古通。余氏蕭客古經解鈎沈於斃、踣也引李巡曰前覆曰踣，則誤孫爲李。又於疐、仆也下引孫炎曰前覆曰仆，則尤顛倒注文矣。釋文踣有赴音，踣、覆尤聲之轉。邵氏正義曰：前覆者不能起，故兼覆亡之義。僨，説文云僵也，僵曰僨也，僨、僵轉訓。釋名：僵，畺也，正直畺然也。吕覽貴卒：鮑叔御，公子小白僵。高注：僵，偃也。漢書梁平襄王傳：即詐僵仆陽病。注：倒地也。吴越春秋：迎風則偃，背風則仆。背仆即背踣。郭云仰偃，乃用舍人説也。郝氏義疏：背踣謂仰仆，即卻偃之義。

眕，殄也。　曷，盍也。

虹，潰也。

李本虹作降，下江文［反］。釋文

證曰：説文：訌，讃也，從言、工聲。詩曰：蟊賊内訌。毛傳：訌，讃也。疏：虹，潰。釋言文。釋文引顧作訌，乃正字，虹假借字也。李作降者，郝氏義疏曰：降古讀若洪。水經河水：東北過黎陽縣南。注云：尚書禹貢曰北過降水，不遵其道曰降，亦曰潰。説文：洚，水不遵道。玉篇：胡公、胡江二切。又洚，潰也。胡公即虹字之音。是洚與降同，是李巡以降爲訌，鄭注以洚爲降。琦按，禹貢降水，地理志作絳水。今河内共縣北山共水出焉，東至魏郡黎陽縣入河，近所謂降水也。蓋周初國於此地，惡言降，故改謂共耳。後加水作洪，是降、虹亦一聲之轉。離騷庸、降叶讀，乃同此也。

隌，闇也。　劉，膠也。　孔，甚也。　厥，其也。　戛，禮也。

闍，臺也。

孫炎曰：積土如水渚，所以望氛祥也。詩釋文證曰：詩鄭風：出其闉闍。毛傳：闍，城臺也。説文：闉闍，城曲重門也。以爲臺者，謂門亦有臺，積土爲之也。如水渚者，釋水曰小洲曰渚，韓詩外傳一溢一否曰渚，釋名渚，遮也，體高能遮水使從旁迴也。淮南高注水中可居者曰渚。蓋積土築闍臺亦如之。以望氛祥者，氛，説文氛，祥氣也。玉篇氣也。左昭二十年傳：梓慎望氛。注：氛，氣也。又十五年傳：吾見赤黑之祲，非祭祥也，喪氛也。晉語：獻公日見翟祖之氛。韋昭曰：氛，祲氣象也，凶曰氛，吉曰祥。楚語：先君莊王爲匏居之臺，高不過望國氛。後漢明帝紀升靈臺望元氣，臺最高明，可以望吉凶先見之氣。古經解鈎沉及郝氏、正義皆作氣祥，誤。

囚，拘也。攸，所也。展，適也。

鬱，氣也。

李巡曰：鬱，盛氣也。一切經音義

證曰：鬱，説文作鬱，芳艸也，一曰鬱鬯，百艸之華，遠方鬱人所貢芳艸，合釀之以降神。周禮鬱人薦鬯注：鬱金香艸，宜以和鬯酒也。蓋鬱本香艸，以爲鬱鬯，其氣芬𩰪，故以氣言之也。呂覽：精氣鬱也。高注：鬱，不通也。漢書王褒傳：不苦盛暑之鬱燠。注：熱氣也。舞賦：或有宛足鬱怒。注：怒氣遲留不發也。素問五運行大論：其令鬱蒸。注：盛也。文選海賦：鬱沏迭而隆頹。注：盛貌。故郭注云鬱然氣出，即李説也。邵氏正義引韓詩云鬱隆烔烔，郝氏義疏引素問至真要大論諸氣膹鬱，左氏定二年傳鬱攸從之，杜注鬱攸，火氣也。皆鬱爲盛氣之證。

宅，居也。休，慶也。

祈，叫也。

孫炎曰：祈，爲民求福叫告之詞也。一切經音義證曰：説文：叫，嘑也。詩小雅北山：或不知叫號。毛傳：叫號，嘑召也。周禮太祝：掌六祝之辭，以祈福祥、求永貞。鄭注：祈，嘄也。嘄即同叫。淮南繆稱訓：故情甚乎叫呼也。孫説本此。餘見釋詁祈，告也。

濬、幽，深也。

舍人曰：濬，下之深也。書疏 本疏

證曰：説文作睿，云深通川也，引虞書睿畎澮、距川。或作濬，古文作濬。又通浚。詩小雅：莫浚匪泉。毛傳：浚，深也。易：初六浚恒。集解引虞翻曰：浚，深也。初下稱浚，故曰浚恒。又引侯果曰：浚，深也。王弼注曰：處恒之初，最處卦底，始求深者也。釋文引鄭作濬恒。舍人曰下之深，蓋濬字兼下、深二義也。

哲，智也。

舍人曰：哲，大智也。書疏 本疏

證曰：詩大雅：哲夫成城。毛傳：哲，知也。方言：哲，知也，齊宋之間謂之哲。智，説文作𥏼，通作知。左傳二十九年疏云：哲，知。釋言文。説文云：哲，知也。虞書稱舜爲濬哲文明，禮中庸引夫子言舜爲大智，舍人説本此意。 汚

弄，玩也。 尹，正也。皇、匡，正也。 服，整也。 聘，問也。 愧，慙也。 殛，誅也。

克，能也。 翌，明也。

諂，訟也。 晦，冥也。 奔，走也。 逡，退也。 疐，仆也。 亞，次也。 諗，念也。

屆，極也。

弇，同也。弇，蓋也。

孫炎曰：弇，覆也，蓋亦覆之義。詩疏

證曰：説文蓋作盇，云覆也，弇同奄。詩魯頌鄭箋：奄，覆也。又通掩。文選注引埤蒼云掩，覆也。説文于弇曰蓋也，于奄、掩皆云覆也。故孫曰蓋亦覆之義。故郭注云謂覆蓋，兼用孫説。

恫，痛也。

握，具也。

李巡曰：幄，居位處之具也。釋文　本疏

證曰：握，李作幄，説文無幄字。釋名：幄，屋也，以帛衣板施之，形如屋也。案，以帛衣板，故爲木帳。説文：幄，木帳也。楃，篆作𣞘，（幄恐遺其木篆半）。握者，又楃隸變後之譌，似説文橦字云帳極也，今作幢。幄、楃古今字。詩秦風夏屋渠渠。鄭箋：屋，具也。疏云：屋，具。釋言文。知幄、屋古或通。小爾雅：覆帳謂之幄。幄，帳也。玉篇：幄，帳也。周禮天官幕人：掌帷、幕、幄、帟、綬之事。鄭注：四合象宫室曰幄，王所居之帳也。又巾車釋文：握，劉音屋，賈、馬作幄。

振，訊也。

鬩，恨也。

李巡曰：鬩，相怨恨也。左傳疏孫炎曰：恨作很，相很戾也。左傳疏　釋文　本疏

證曰：説文：恨，怨也。郭本作恨，注相怨恨也，乃用李説：廣雅釋詁：很，恨也。知恨亦同很，依鬩字解很義爲得也。詩小雅：兄弟鬩于牆。毛傳：鬩，很也。禮記曲禮：很毋求勝。鄭注：很，鬩也。周禮韋注亦曰：鬩，狠也。説文：很，不聽從也，一曰行難也，一曰盭也。左襄二十六傳疏引服注：很戾，不從教也。戾、盭古今字。孫云相很戾，乃用許、服説。説文言部詪，狠戾也。與很同。玉篇亦曰：很，戾也，諍訟也。故説文以鬩爲恒訟也。鬩、很皆有爭訟意。説文：皀，很也，從匕目會意。匕

目猶目相匕不相下也。鄭氏易注：艮之言很也。很、恨並從艮，義亦相成。

越，揚也。　對，遂也。

燬，火也。

李巡曰：燬，一名火。詩疏 爾雅釋文 本疏孫炎曰：方言有輕重，故謂火爲燬也。詩疏 爾雅釋文 本疏

證曰：詩：王室如燬。毛傳：燬，火也。説文：火，燬也。春秋苞［苞上脱元命二字］：火之爲言委隨也。白虎通：火之言化也，陽氣用事，萬物變化也。釋名：火，化也，消化物也。一曰毁也，物入中皆毁壞也，古音火讀如燬。顧氏炎武唐韵正云：火，古音毁，轉聲則爲喜，故灰字從火得聲。按，宣十六年傳人火曰火，天火曰災，亦自相韵，郝氏義疏曰詩七月流火與八月萑葦韵是也。蓋火既有毁音，則燬即火義。燬，説文引作㷂，云火也，從火、尾聲，詩王室如娓。字異音同也。方言：㶮，呼隗反火也，楚轉語也，猶齊言㷂火也。詩釋文引云：齊人謂火曰燬，字書作㷂，音毁，説文同。知㷂、燬皆火之或體。周禮司烜氏鄭注：烜讀如衛侯燬之燬。是燬又同烜也。故釋文引或云：楚人名曰燥，案，疑即㶮字。齊人曰燬，吳人曰㷂，北方俗訛語也。孫云方言有輕重，乃即急氣緩氣讀之分耳。郭云燬，齊人語。亦用方言説。詩釋文引郭音貨，乃即白虎通火言化之讀。古書貨、化通用，貨或作䝨，䝨亦有毁音，故知化與毁亦音之近。

懈，怠也。宣，緩也。　遇，偶也。　曩，曏也。

偟，暇也。

舍人曰：閒暇無事也。左傳疏襄八年

李巡曰：遑，閒暇也。左傳疏襄二十九年。

證曰：詩召南：莫敢或遑。毛傳：遑，暇也。鄭箋：無敢或閒暇時。釋文：閒，音閑。説文：暇，閑

也。經典多作遑，變作徨，省又作偟，皆皇之或體。表記引詩云。皇恤我後。注：皇，暇也。書：則皇自敬德。僞孔傳曰：皇，暇也。郭本引詩不遑啓處亦作遑，乃承用李本。

宵，夜也。

舍人曰：宵，陽氣消也。書疏　釋文　本疏

證曰：詩召南：肅肅宵征。毛傳：宵，夜也。說文：宵，夜也，從宀，宀下冥也。夜，云舍也，天下休舍也。舍人云宵消亦猶夜舍，以聲近爲訓。消，說文云盡也。夜則陰盛，陽氣漸盡，故曰消也。又通小。樂記：宵雅肄，王注：宵之言小也。莊子：宵人之離外刑者。王注：宵人非明正之徒，宵夜之人蓋即小人也。君子爲陽，小人爲陰，故易泰卦：内陽而外陰，君子道長，小人道消也。九家易注云：陽息而升，陰消而降，陰用特言消也。周禮司寤氏：禁宵行者。注：定昏也。淮南精神：甘暝太宵之宅。高注：長夜之中也。蓋爲定昏及夜將中，則陽氣滅絶，若遇此，則一陽微動矣。文選七發：消息陽陰。注：消，滅也。參同契曰萌者不生，陰伸陽詘，剝爛肢體，消滅其形，義亦與此同也。

懊，忨也。　愒，貪也。　榰，柱也。　裁，節也。　並，併也。　卒，即也。　慒，慮也。

將，資也。　黹，紩也。

遞，迭也。

李巡曰：遞者更迭。書疏　本疏

證曰：說文：遞，更易也。迭，更迭也。易說卦：迭用柔剛。集解引虞翻曰：迭，遞也。又通佚。方言：更，佚代也。古辵多省作彳，亻又從彳省。漢郊祀歌四興遞代，即迭代也。西京賦遞宿迭居，遞、迭雙聲。邢氏疏引李說作更迭間廁相代之義，此乃誤視書疏。疏以傳言間迭也，引釋詁云間，代也，孫炎曰間廁之代也。又引釋言遞，迭也，李巡曰遞者更迭間廁相代之義，故間爲迭也。蓋間廁相代之義乃申明上引孫說之意，脱一即字、故易混耳。余蕭客鈎沉亦承其誤，邵、郝皆引作遞者更迭，是也。郭注曰更迭，即全用李說。

矧，况也。

廩，廯也。

舍人曰：廯，少鮮也。釋文

孫炎曰：廯，藏穀鮮絜也。釋文 本疏

證曰：說文無廯字。玉篇：廯，倉也，廩也。郝氏義疏曰：舍人、孫說俱以廯爲鮮，或取少鮮，或取鮮絜，可知古本廯止作鮮，後人淺俗妄以意作廯。郭云未詳，蓋以經典無廯字故也。若作鮮，鮮訓少也，廩亦少意。故公羊文十三年傳：群公廩。何休注：廩者，連新于陳上，財令半相連耳。廩、連聲之轉。郭氏易注坤文言引作群公濂。按，鄭易注慊讀如群公濂之濂，古書篆作立心，與水相近，讀者失之，故作濂。濂，雜也。濂猶廉，廉亦少意，是廩爲鮮少之名。釋名曰：廩，矜也。矜惜亦少之義，與舍人合。案，鮮，說文作尟是也。易繫辭：君子道鮮矣。鄭作尟，云少也。釋山：小山別大山鮮。李巡曰：大山少，故曰鮮。廯，蓋古本止作鮮，或加广。舍人乃循鮮字而釋字而釋之，故曰少鮮。孫云鮮絜，又別生一義。絜即潔古字。管子水地篇：鮮而不垢絜也。文選補亡詩：絜爾晨昏[餐]。注：絜，鮮靜也。左桓六年傳絜粢豐盛，儀禮少牢饋食禮作潔粢豐盛。故說文㐭字云穀所振入，宗廟粢盛，倉黃㐭而取之。㐭或作廩。孫氏所見爾雅本必曰廩，鮮也，謂之藏穀鮮絜也。公羊桓四年傳：御廩者[下脱何字]，粢盛委之所藏也。詩豐年：亦有高廩。毛傳：所以藏齍即粢字盛之德。周禮廩人鄭注：盛米曰廩。漢書五行志：御廩，夫人八妾所舂米以奉宗廟。藏德、藏米、藏粢盛，說雖不一，要爲倉之總名。廣雅云：廯，倉也，所以藏穀之所。說文：廩者，穀所振入。孫曰藏穀，蓋本諸此。

逭，逃也。

樊光曰：行相避逃謂之逭，亦行不相逢也。書疏

證曰：說文：逭，逃也。或從逃省、藋聲作𨘬。書太甲：自作孽，不可逭。僞孔傳曰逭，逃也。疏曰天作災者，謂若太戊桑穀生朝、高宗雊雉生鼎耳，可脩德以禳之，是可避也。自作災者，謂若桀放鳴條、紂死宣室，是不可逃也。乃用樊說。方言：逭，步也。廣雅：逭，行也。步即行義。樊說以行訓逭不相逢者，即申避逃之意。說文：逃，亡也。遯，逃也。遯、逭亦一聲之轉。禮緇衣引書，釋文云逭作踰，鄭注：逭，逃也。

訊，言也。　間，俔也。　沄，沆也。

干，扞也。

孫炎曰：干、楯，所以自蔽扞也。詩釋文　詩疏　書疏

證曰：詩周南：公侯干城。毛傳：干，扞也。干本作𢧀。說文：𢧀，盾也。詩正義引孫說楯作盾。又盾、瞂也，所以干身蔽目。小爾雅廣器：干、瞂，盾也。方言：盾，自關而東或謂之干。廣雅：干、瞂、樐、𢧀，盾也。疑干𢧀複文。左成十二年傳：公侯之所以扞城其民也。杜注：扞，蔽也。又左文六年：親帥扞之。注，扞，衛也。西周策：而設以國爲王扞秦。注：扞，禦也。禦敵即所以衛己，即包蔽之意。楯乃俗字，應改作盾。郭云相扞衛，亦用孫義。　又呂覽明理：有天干。注：干，楯也。

趾，足也。　䟣，刖也。

李巡曰：斷足曰刖。書疏

證曰：䟣，說文曰：跀也，從足、非聲，讀若匪。又跀，曰斷足也，從足、月聲。或從兀作䟚，莊子

兀者叔山無趾踵是也。呂刑僞孔傳曰：刖足曰剕。爾雅釋文亦引之，又曰：跰，本亦作剕。古文尚書呂刑說夏刑作剕。周本紀、漢刑法志、周禮司刑注引尚書大傳皆作臏。周禮注云：周改臏作刖。公羊疏引鄭駁異義云皋陶改臏爲剕，疑刖字。疑夏字呂刑有剕，周改爲刖。作剕、作臏，實一事也。然說文無剕字，有臏字。骨部臏云：厀耑也。蓋周以前去膝骨爲臏，至周始改作跀。說文刀部刖曰絶也，絶與斷義相近，然斷足之訓似應作跀，刖乃通字，然經典多假用刖字。呂刑：刖辟之屬五百。周禮司刑：刖罪五百。鄭注：刖，斷足也。春秋莊十六年傳杜注斷足曰刖，乃用李說。莊子釋文亦曰：跀，斷足也。廣雅：刖，斷也。刖、跀乃古今字。

忝，辱也。

燠，煖也。

舍人曰：燠，溫煖也。書疏

證曰：詩唐風：安且燠兮。毛傳：燠，煖也。燠又省作奥。小雅：日月方奥。傳：奥，煖也。又通隩。書厥民隩，馬注煖也，史記引作燠。書洪範：曰燠。僞孔傳：火氣也。說文火部：燠，熱在中也。與舍人溫煖意合。禮記内則問衣燠寒，釋文燠，煖也，楚辭天問鳥河燠之，王逸注：燠，溫也。俱用舍人訓。

塊，堛也。

孫炎曰：堛，土塊也。儀禮疏

證曰：說文：堛，凷也。凷、墣也，或從鬼作塊。釋文引說文曰塊，俗凷字，凷一名堛。吳語王寐，涓人疇枕王以墣。郭引作堛，是堛與墣同也。淮南說林訓：土勝水者，非以一墣塞江也。御覽三十七引許注曰：墣，塊也。又引賈逵注國語亦曰：墣，塊也。說文：墣，塊也。或從卜作圤。一切經音義引說文曰：凷，堅土也，從土、一屈象形。儀禮喪服傳釋大塊土也。左僖二十三年傳：野人與之塊。杜注：得土有國之祥。郭注用孫說。

將，齊也。　餬，饘也。

啓，跪也。

李巡曰：啓，小跪也。春秋疏

證曰：詩四牡：不遑啓處。傳：啓，跪也。說文：跪，拜也。跽，長跪也。玉篇引聲類曰：跪，跽也。釋名：跪，危也，兩厀隱地，體危貌也。跽，忌也，有所敬忌不敢自安也。史記滑稽傳：髡帣韝鞠⿰月萑。徐廣曰：⿰月萑與跽同，謂小跪也。莊子曰：擎跽曲拳，臣之禮也。按，啓古與跽通，郭云小跽，誤。邵氏正義曰：劉熙以啓爲一舉體，即所云小跽應作小跪。是也。

暘，密也。　開，闢也。　袍，襺也。　障，畛也。

靦，姡也。

舍人曰：靦，擅也。一曰面皃也，謂自專擅之皃。釋文

李巡、孫炎曰：靦，人而姡然也。釋文　詩疏單引孫炎，本疏同。

證曰：說文靦，面見也，從一𦥑見［按今本作從面見］會意，見亦聲，或從面旦作䩉。玉篇：靦，慙皃，或作⿰單亶、⿰面亶。按，說文面見當作面皃，乃字形相近而譌。故舍人［脫曰字］靦，面皃，謂自專擅之皃。靦、擅形聲之相近［疑之字衍］，玉篇引埤蒼靦作䩉。擅、䩉字義合，字書作⿰面亶，又從擅字生義也。說文擅、專也。國語余雖靦然而人面哉、吾猶禽獸也，韋昭曰：靦，面目之貌。即舍人說也。說

文：婚，面醜也。段氏據詩疏改作面靦也，郝氏義疏亦從之。按，面醜義亦通。或面醜之面作靦，謂靦然可醜。説文：醜，可惡也。又通作㥠。説文引方言青、齊謂慙曰㥠，故顧氏以靦謂慙也。詩何人斯：有靦面目。毛傳：靦，婚也。鄭箋：婚然有面目。方言曰：秦、晉之間曰獪，或曰婚。又曰：婚，娗也。爾雅釋文引云：婚，猶獪也，凡小兒多詐謂之婚。郭注面婚然，正用李、孫説。

鬻，糜也。

孫炎曰：鬻，淖糜也。左傳疏

證曰：説文：鬻，健也，糜，糝也。釋名：粥，濁于糜，粥粥然也。郝氏引濁作淖，未詳所出，今本多作濯，畢氏疏証據御覽改作濁。糜，煮米使糜爛也。畢疏本謂應從説文㸑爛也作㸑。儀禮鄭注：粥，糜也。左昭七年傳：鬻于是。疏曰：淖者曰鬻。左僖二十八年傳疏引孫説釋曰糜之鬻，稠淖之異名耳。淮南覽冥訓[當爲原道訓]：甚淖而㴸。高注：饘鬻多瀋曰㴸。㴸即淖也。廣雅淖，濁也。即釋名濁糜之説。字林淖，濁甚也。漢書文帝紀當受鬻者，注鬻，淖糜也，爾雅釋文引字林曰：鬻，淖糜也，郭注亦曰淖糜，皆用孫説。

舒，緩也。

翿，纛也。纛，翳也。

李巡曰：翿，舞者所持纛也。詩疏

孫炎曰：纛，舞者所持羽也。詩疏

證曰：説文羽部翳，翳也，所以舞也，從羽、𣪊聲。詩左執翳，今本作翿。毛傳：翿，纛也，翳也。翿即翳之隸變。翳從𣪊聲，𣪊實從㠯聲，㠯㠯㠯[illegible]隸變皆作壽。于翳字，因筆形纍複，因𠛱殳之半體。又通作䎌。䎌即翳之省字，一從經，宋本作翢。翢或作䎉，皆翳之變體。釋文纛下云：字又作翳。按，此四字當移在上翿字注下，今在纛下者乃錯簡也。纛自有義。釋文引鄭衆云：纛，羽葆幢也。蔡伯喈云：以旄牛尾爲之，大如斗，在左騑馬軛上，所謂黄屋左纛。考漢書左纛，李斐注曰在乘輿車衡左方上注之。應劭曰雉尾爲之，在左驂當鑣上。義盡合。段氏玉裁曰：毛傳本釋言，翳也上當本有纛字，陳風則約之云翿，翳也，許本之。謂許本毛傳陳風約文。許無纛字者，無每部，亦無縣部，無所入也。纛從縣、每會意，緐從系、每會意同。段説極是。琦按，邵氏、郝氏皆爲爾雅釋文所誤，然以纛本作翳，是翿既從翳舞，又從翳，一字烏能轉訓，致使雅説成贅辭。今醳［疑當作繹］李曰翿、舞者所持纛，孫曰纛、舞者所持羽，益知纛自有義。翳即翿也。郭云今之羽葆幢，乃用先鄭説，即解纛字也。詩秦風：值其鷺羽。毛傳：值持也，鷺鳥之羽可以爲翳。箋云：翳，舞者所持以指麾。又王風：執翿。鄭箋：翳，舞者所持爲羽舞也。李、孫説並從此，第傳寫三翳字皆宜改作翳。説文：儔，翳也。蓋又借儔爲翳字。又翌字下樂舞以𦐇自翳其首，𦐇同翳。方言，翿，幢翳也，楚曰翿。廣雅：幢謂之𦑊。釋名：翳，陶也，其皃陶陶下垂也。儀禮射禮記君國中射，則以翿旌獲。鄭注：翿，所以進退衆者。然則翳也、纛也、羽葆也，雖異義而亦可互訓也。翳爲舞者持羽自翳之物，與纛爲羽葆義雖有微異，義亦可互訓也。又呂覽仲夏紀：執干戚戈羽。注：羽以爲翿舞者，執之以指麾也。

隍，壑也。

舍人曰：隍，城池也。壑，溝也。詩疏

李巡曰：隍，城池壑也。詩疏

證曰：説文：隍，城池也。有水曰池，無水曰隍。易曰城復于隍。一切經音義引蒼頡篇曰：隍，城下阬。詩韓奕鄭箋：隍，壑也。易泰卦子夏傳作堭，釋文引又曰是城下池也。本疏引虞翻曰：否艮爲城，故稱城，坤爲積土，隍，城下溝，無水稱隍，有水稱池。列子周穆王：藏諸隍中。廣雅：堭，壂也。説文：叡，溝也，從𣦼、從谷。或從土作壑。說文隍、叡二訓與舍人並合。詩：實墉實壑。釋文：壑，城池也。國語：谿壑何盈。韋昭注：壑，溝也。釋詁郭注壑，谿壑也。此注城池空者爲壑，蓋兼用舍人、李説也。

芼，搴也。

孫炎曰：皆擇菜也。詩疏

證曰：詩關雎：左右芼之。毛傳：芼，擇也。箋曰：后妃既得荇菜，必有助而擇之者。説文：覒，擇也，讀若苗，從見、毛聲。玉篇引詩左右覒之，覒，擇也，本亦作芼。覒與芼通，與孫説悉合。

典，經也。　威，則也。　苛，妎也。　芾，小也。　迷，惑也。

狃，復也。

李巡曰：復音服，狃能屈申曰復。釋文

孫炎曰：狃、忕，前事復爲也。詩疏　釋文無前事二字。　本疏

證曰：説文狃，犬性驕也。非此義。錢氏大昕曰：當作𢓜，説文彳部𢓜，復也。是也。按，論語公山弗擾，古今人表作不狃，史記作不蹂。詩猺之間兮，或作猱。知丑與柔古通。然經典承用狃字。詩：將叔無狃，毛傳：狃，習也。鄭箋：狃，復也。左桓十三年傳莫敖狃于蒲騷之役，即狃能之説。欲屈而申，故曰復也。説文：復，往來也。孫曰：狃、忕，復爲。小爾雅：狃，忕也。左僖十五年傳：一夫不可狃。杜注：狃，忕也。字亦作忸。荀子議兵：忸之以慶賞。注：忸，與狃同，串習也。後漢西羌傳：忸忕邊利。注：狃忕，慣習也，謂慣習前事而後復爲之。乃用孫説。魯語：夕而習復。注：復，覆也。史記漢興以來諸侯年表：怵邪臣計謀。故爾雅云：怵，猶狃也。案，爾雅無此文，怵與忕字相似而僞。或爾雅古本作狃忕復也之説，故孫、郭並云狃忕復爲。書君陳政日狃忕，是慣習之義。詩疏又

曰復亦貫習之義。邢疏又引説文云狃，狎也。忕，習也。則未詳所出。

逼，迫也。　般，還也。

班，賦也。

李巡曰：班，徧，賦與也。一切經音義

孫炎曰：謂布與也。書疏

證曰：説文：班，分瑞玉也，從玨、從刀。按，從分省會意，分亦聲。分有分别與人之義，義實同頒。小爾雅：頒，賦也。周禮太宰：匪頒之式。先鄭云：匪，分也，頒讀若班布之班，謂班賜也。後鄭云：謂王所分賜群臣也。又祭義頒禽注：頒之言分也。廣雅釋詁：分，予也。左昭十四年傳：分貧賑［振］窮。杜注：分，與也。説文：與（与），賜予也。一勺爲與（与）會意。經傳多作與予字。小宗伯：遂頒禽。鄭注：謂以予群臣。分與頒皆有予人意。頒又爲攽。説文：攽，分也。周書：乃惟孺子攽。又通肦。王制：名山大澤不以肦。鄭注：肦讀爲班。儀禮聘禮記：肦肉及廋車。注：猶賦也。又通作⿱八𢍏［𢍏］。𢍏，從𦍌、從八。八，分之也。説文：𢍏，賦事也，讀若頒。頒、肦、攽、班皆有分義。𢍏字從八，與班從刀皆得分之半體。左哀元年傳：熟食者分而後敢食。注：猶偏［徧］也。郝氏義疏：班有偏［徧］義，故李氏以班偏［徧］爲言，偏［徧］與辨同，士虞禮記注古文班或爲辨。又小爾雅：頒，布也。廣雅釋詁：班，布也。東京賦：布教頒常。公羊僖三十一傳：班其所侵地于諸侯也。何休注：布偏［徧］還之辭。詩大雅：明命使賦。毛傳：賦，布也。釋名：敷布其義謂之賦。漢書陳湯傳：與城郭諸國［與上脱賦字］。注並云［並字衍］：賦謂班與之也。郭注謂布與，正用孫説。

濟，渡也。濟，成也。濟，益也。

緝，綸也。

孫炎曰：皆繩名也。詩疏　本疏

證曰：詩召南：維絲伊緡。傳：緡，綸也。箋：以絲爲之綸，則是善釣也。詩小雅言綸之繩，傳、箋綸、釣繳也，與說文緡爲釣魚繳義相通。詩釋文曰：綸，音倫，繩也。易繫作結繩而爲網罟，亦與釣義合。前漢武帝紀：初算緡錢。注：緡，絲也，以貫錢也。故郭注曰：綸，繩也。淮南說山：上言若絲，下言若綸。注：大繳也。江東謂之緡。易屯卦：君子以經綸。荀子注曰：綸，理也。釋名：綸，倫也，作之有倫理也。禮緇衣曰：綸，粗于絲也。繩，說文曰：索也。易下繫：上古結繩而治。疏引鄭注曰：事大，大結其繩。事小，小結其繩。小爾雅廣器：大者謂之索，小者謂之繩。

辟，歷也。

漦，盝也。

李巡曰：吐沫漦也。釋文　本疏

證曰：說文：漦，順流也。鄭語：卜請其漦而藏之，吉。韋昭注曰：漦，龍所吐沫，龍之精氣也。郭注：漉漉出涎沫。皆本李說。

寬，綽也。

孫炎曰：性之裕者。本疏

證曰：說文：寬，屋寬大也。綽，緩也。詩衛風：寬兮綽兮。毛傳：寬，能容衆。綽，緩也。疏曰：性寬容而情綽緩。詩小雅：綽綽有裕。毛傳：綽綽，寬也。裕，饒也。禮坊記引詩綽綽有裕注：綽綽，寬裕皃也。孟子：豈不綽綽然有餘裕哉。趙岐注：綽，寬也。裕，說文曰：衣物饒也，引易曰：有孚裕旡咎。晉初六疏引何氏曰：裕，寬也。周語：享祀付[付乃時字之誤，下闕至字]而布施優裕也。注：裕，緩也。郭注謂寬裕，乃用孫說。

衮，黻也。

華，皇也。

樊光曰：詩云，皇皇者華。詩疏　本疏

孫炎曰：皇皇猶煌煌也。詩疏　本疏

證曰：說文：䑞，華榮也，讀若皇，爾雅曰䑞，華也。䑞或作葟。釋艸曰：葟，華榮。皇皇者華，詩小雅皇華文也。毛傳：皇皇猶煌煌也。樊引詩文，孫引毛傳。

昆，後也。　彌，終也。

爾雅釋例

清・陳玉澍

卷一

有假借無假借例

爾雅所釋之字有假借，泥其字以求之不得也。釋之之字無假借，易其字以說之不可也。其有假借者，盡人而知之矣。其無假借者，未有人言之也。試以無假借之例言之。爾雅以釋經也，經或用假借，或用正字，爾雅必用正字釋之。釋者，解也。若以假字釋之，是不可解也。且詁之云者，古今之異語也。假字爲古，正字爲今，以正字釋假字，即以今語釋古語。若用假字爲詁，是有古而無今也。言者，宣也。若以假字言之，是不宣也。訓者，順也。若以假字訓之，是不順也。如釋詁初、哉、首、基等字訓始，始字雖通作殆，通作治，不以殆、治代始字也。林、蒸、天、帝等字訓君，君字雖通作尹，通作群，不以尹、群代君字也。釋言殷、齊訓中，中字雖通作仲，不以仲代中也。斯、誃訓離，離字雖通作罹，不以罹代離也。後儒不明此例，動逞異説。如王氏引之謂林、蒸訓君，君讀爲群，噊訓危，噊讀爲譎，危讀爲詭，信如是則爾雅爲猜謎之書。夫既訓林、蒸爲君矣，而又須後人易爲群以釋之，則曷不立林蒸群也一條，以别於天、帝、皇、王、公、侯之訓君也。既訓噊爲危矣，而又須後人易爲詭以釋之，則曷不立譎詭也一條，以别於幾、災、殆之訓危也。釋詁雖有一訓兩義之例，皆不須改字。唐人已有此失，不始於王氏。如釋詁：馘、穧，獲也，獲本訓得，得人曰獲，得禾亦曰獲。詩：執訊獲醜。此馘獲之獲。孟子：耕者之所獲。荀子富國篇：一歲而再獲。此穧獲之獲。注云：獲禾爲穧。釋文本作穫禾，云：一本作獲禾。作穫係淺人所改，非郭氏之舊。周髀算經下：物有朝生暮獲。注云：獲，疑作穫。詩臣工正義云：耕則必獲。浦鏜云：獲當作穫。皆淺人之見耳。獲可以該穫，穫不可以該獲。改獲爲穫，而馘之訓獲不可通矣。釋言：疾、齊，壯也。莊子徐無鬼釋文引李頤注：壯，猶疾也。釋詁：齊，疾也。齊壯與疾壯義同，與毛詩思齊傳之齊壯無涉。詩正義乃云齊莊，釋言文，改壯爲莊，而疾之訓壯不可通矣。論者據此謂爲一訓兩義，獲當讀爲穫，壯當讀爲莊。作爾雅者，何不别立穧穫一條，以别於馘獲；别立齊莊一條，以别於疾壯，而必待後人之改其字也。釋言：凌，慄也。素問瘧論、調經論皆云寒慄。慄字本有寒意。説文無慄，古止作栗。説文云：木至西方戰栗。是栗亦有寒意。而郝氏懿行、錢氏大昕必欲易慄爲凓。慄，慼也。慄爲懼而慼爲憂，慄之訓慼，即懼之爲憂。呂氏春秋：予何憂於龍焉。注：憂，懼也。而郝氏必欲易慼爲蹙。康，苛也。康爲靜，爲安，苛爲擾，以相反爲義。而俞氏樾必欲易康爲抗，易苛爲荷。逜，寤也。即説文之啎寤。孫本作午，亦啎之假借。而臧氏琳必欲易寤爲牾。將，資也。上文將訓送，而資亦訓送，見莊子德充符李注。將訓行，見詩燕燕傳、簡兮傳、豐傳。而資亦訓行，見孝經鄭注。而郝氏必欲易資爲齎。苛，妎也。郭云：煩苛者多嫉妎。其義已明。以嚴氏元照必欲易妎爲疥。信如諸人所言，作爾雅者，何不徑用溧、蹷、荷、牾、齎、疥字以釋之，必假栗、慼、苛、痦、資、忦字以代之，如此之迂曲乎。愈釋而義愈晦，不如無釋之爲愈矣。或曰氣、謚訓靜，靜非竫之假借乎。矢、雉訓陳，陳非敶之假借乎。驚、務訓强，强非勥之假借乎。恙、寫訓憂，憂非㥑之假借乎。平、均訓易，易非傷之假借乎。矢訓弛，弛非施之假借乎。毗劉訓暴樂，暴樂非爆爍之假借乎。揮盝訓竭，竭非渴之假借乎，俞畣然也，然非嘫之假借乎。冥訓幼，幼非窈之假借乎。洶訓龕，龕非含之假借乎。蘢訓劂，劂非𦇧之假借乎。虹訓潰，潰非讀之假借乎。鬱訓氣，氣非气之假借乎。怟怟愓愓訓愛，愛非炁之假借乎。緜緜訓麃，麃非穮之假借乎。予曰：竫、敶、勥、㥑、傷、嘫、讀、气、炁等字，雖見説文，古人罕用。靜、强、憂、易、然、潰、氣、愛等字。經典相承，通用已久。未可拘執許書，謂爲假借。如説文心部㥑訓愁，久部憂訓和行，愪、怮、忦、恙、惴、鈞等字之宜訓㥑者，許書仍作憂，未嘗過於拘執。若此之類，不可悉數。段氏謂傳寫許書所改，不盡然也。釋詁：典、彝、法、則、刑、範、矩、庸、恒、律、戛、職、秩，常也。永、羕、引、延、融、駿，長也。説文常爲裳本字。長訓久遠，則長當爲本字，常當爲借字。乃詩文王箋云：長，猶常也。廣雅釋詁：長，常也。説文二部亦云：恒，常也。安見常之爲借字乎。過執許書，則鄭康成、張稚讓皆不達矣。靜、强、憂、易等字雖假借，不可謂之假借。矢，弛也。弛，易也。釋文於下弛字云：顧、謝本作施，則上弛字亦當作施。龍翰臣爾雅經注集證謂上下兩文皆當作施是也。詩江漢：矢其文德。傳云：矢，施也。所據爾雅本正是施字。郭本作弛，後人以通用之字改之。暴樂釋文云：本又作爆爍。詩桑柔正義引爾雅正作爆爍。説文火部無爆。暴，説文作㬥，云晞也。晞，乾也。㬥字從日，爍字從火，日與火皆能枯物，故曰㬥爍。後人以㬥無火旁，於爍亦去火，以爍有火旁，於㬥亦加火，皆非古也。竭，釋文本作渴。稔，釋文云字又作餁，詩泂酌釋文引作飪。斯干傳：冥，幼也。釋文云：幼，本或作窈。正義引孫炎曰：深闇之窈也，是孫本作窈。一切經音義卷八引爾雅作窈。洵龕也，釋文云：龕，字又作含。當以作含爲正。洵以普遍爲義，含以寬容爲義。罽、𦆸古本一字，説文始分別罽爲魚網，𦆸爲西胡毳布。逸周書王會篇：正西紕罽爲獻。漢書高帝紀下：賈人毋得衣錦繡綺縠絺紵罽。東方朔傳：狗馬被繢罽。後漢書李巡傳：香罽之屬，一無所受。杜篤傳：燒罽帳。一切經音義卷一引通俗文：織毛曰罽。玉篇网部：罽，魚網也，亦作𦆸。系部：𦆸，毛布也，或作氀、罽。毛部：氀，亦作罽、𦆸。廣韻十三祭亦以𦆸爲罽之重文，不分爲兩字。郝氏、嚴氏皆以罽爲𦆸之假字，亦泥於説文而不達之甚矣。䋎縣麃也，唐石經及單疏本皆作穮。説文禾部已有穮字，引春秋傳：是穮是蔉。爾雅必不借麞屬之麃大徐本說文：麃，麞屬。小徐本作麞屬。以代穮，自違其例，以滋讀者之疑。此與施之作弛、渴之作竭、飪之作稔、窈之作幼、含之作龕，皆後人不明爾雅之例者，以通借之字改之，而不得謂釋之之字有假借也。

經文在上在下例

孔子雅言不獨詩也，而以詩居首。爾雅釋經非專釋詩也，而釋詩爲多。即以釋詩言之，而經文有在上在下之分。凡用也字者，經文例皆在上。釋親、釋宮、釋器、釋天、釋山、釋水、釋魚、釋鳥、釋畜諸篇皆有之，不獨釋詁、釋言、釋訓三篇已也。亦有不用也字，而經文在上者。如釋丘之隩限、墳大防，與釋草、釋木、釋蟲、釋魚、釋鳥五篇，其例正同。凡曰爲、曰其、曰惟、曰有、曰者、釋山岸者厓厎，古本作岸者崖巍。此上下皆經文，以經釋經也。餘皆經文在下。曰諸、曰謂之、曰曰，皆經文在下。亦有不用此數字，而經文在下者。釋邱：前高旄邱，偏高阿邱，如畝畝邱。釋山：山高而大崧，河南華五句，以及一成伾等句，皆經文在上。銳而高嶠，山脊岡，山頂冢，小山别大山鮮，多草木岵，無草木峐。釋水：歸異出同流肥。流字衍文。釋木：立死椔，句如羽喬。釋蟲：食苗心螟，食葉蟘，食節賊，食根蟊。釋畜：後右足白驤，左白馵，騽白駁，黃白皇。如此之類，不可備舉。可用曰字而不用者，古人行文簡勁。後人引用爾雅，往往增一曰字於其間，通典四十六引河西曰岳。山海經西山經注引再成曰英。集韻十六咍引山一成曰𨺅。詩正義引山大而高曰崧。文選注凡七引山小而高曰岑，四引山鋭而高曰嶠。詩正義、書正義、文選注、北堂書鈔、一切經音義引山脊曰岡。史記封禪書索隱引山頂曰冢。詩正義引小山別大山曰鮮。吳都賦注引多草木曰岵。白貼引山夾水曰澗。水經淇水注引歸異出同曰肥。一切經音義引食心曰螟，食葉曰蟘。詩正義引食節曰賊，食根曰蟊，駵白曰駁，黄白曰皇。曰字皆今本所無。非爾雅真有是本也。循此例以求之，而爾雅之誤可得而諟正矣。釋詁云𧯷汔也，當作汔𧯷也，今本誤倒經文在下。此釋詩汔可小康。鄭箋汔、幾也，正用雅訓。左傳昭二十年正義引釋詁正作汽幾。釋訓幬謂之帳，當作帳爲「謂」之幬，今本誤倒經文在上。幬與裯通。此釋詩抱衾與裯。釋宮閍謂之門，當作廟門謂之祊。此釋詩祝祭於祊。禮記郊特牲索祝於祊，鄭注：廟門曰祊。國語周語今將大泯其宗祊，韋注：廟門謂之祊。禮器正義引釋宮廟門謂之祊。浦鏜謂廟門爲衍字，其說非也。郊特性正義引釋宮門謂之祊，郝氏懿行謂脱廟字，其説是也。又左氏襄二十四年傳正義引李巡曰：祊故廟門也。又引孫炎曰：祝祭於祊，謂廟門也。禮器正義引廟門謂之祊，據李孫本。左氏襄二十四年正義、詩楚茨正義引閍謂之門，據郭誤本。或如孫同元所説，後人據今本爾雅而妄改之也。廟門謂之祊，與下文正門謂之應門，皆經文在下。郭本誤倒，非惟與例不符，亦且於文不順。釋天螮蝀謂之雩，當作雩謂之螮蝀。此釋詩螮蝀在東也。雩謂之螮蝀。螮蝀，虹也。上句經文在下，下句經文在上。與緵罟謂之九罭、九罭魚網也。繴謂之罿、罿罬也，罬謂之罦、罦覆車也，婦人之幃謂之縭、縭緌也，甂謂之㼪、㼪甈也正同。或謂釋宮闍謂之臺，釋詩出其闉闍，是某謂之某，而亦有經文在上者。予曰不然。釋言：闍，臺也。此釋詩闉闍之闍也。闍謂之臺，與有木謂之榭，此釋月令之臺榭也。鄭注引爾雅以釋之可證。釋水大波爲瀾，釋詩河水清且漣猗。李巡本作大波為漣。說文漣瀾為一字。小液波爲淪，釋詩河水清且淪猗。直波爲徑，當作徑波爲直，釋詩河水清且直猗。然釋名亦曰：直波曰涇。涇，徑也。或爾雅不誤。詩本作河水清且徑猗，如桐城馬氏瑞辰所言，後人以韻不叶，改徑爲直，說見毛詩傳箋通釋。亦未可定也。二者必居一於此矣。釋草萑蓷，亦以形似誤倒。此釋詩中谷有蓷。毛傳云：蓷，鵻也。陳氏奐曰：爾雅釋草萑蓷，疑上一字作蓷，下一字作萑。爾雅以隹釋蓷。毛傳以鵻釋蓷，鵻從隹聲也。釋文引爾雅作蓷鵻。玉澍案：詩釋文出中谷有蓷云：吐雷反，爾雅云鵻也。又出鵻字，云：音隹，爾雅又作萑，音同。云又作萑者，以上文已引作鵻也。據此，是陸氏所見本有作蓷鵻者，與毛公所見正同。說文云：蓷，萑也。萑字與今本同，然亦作蓷萑，不作萑蓷也。爾雅釋文仍先出萑字，後出蓷字，宜以詩釋文正之。蘋葑蓯，嚴氏匡名。據說文葑須蓯，疑爾雅誤倒。以經文在上之例言之，其爲誤倒無疑。葑須從，釋詩采葑采菲。毛傳云：葑，須也。須下脱從字。陳氏奐毛詩傳疏曰：說文葑須從也。據許所見爾雅不同，而今本毛傳須下疑脱從字。其所據本與許同。詩正義引孫炎曰：須，一名葑蓯。孫本已誤，不如毛許所據之爲善本。藿芄蘭，當作芄蘭藿。此釋詩芄蘭之枝，謂芄蘭一名藿也。說文云：芄蘭，莞也。莞與藿古字通。許氏所見本作芄蘭莞，與今本異也。詩言韭，而爾雅言山韭。詩言蓬，而爾雅言彫蓬、黍蓬。詩言蓼，而爾雅言虞蓼。詩言蘢，而爾雅言蘢古。詩言薺，而爾雅言大薺、薺實。詩言藻，而爾雅言牛藻、海藻。詩言堇，而爾雅言苦堇。詩言藍，而爾雅言馬藍。詩言葛，而爾雅言蘢葛。詩言茅，而爾雅言牡茅。詩言蔞，而爾雅言商蔞。詩言荼，鴟鴞：予所捋荼。而爾雅言蒡荼。不專釋經，故不以經文居首。若菉王芻，釋詩菉竹猗猗、孫炎注引詩作菉竹猗猗。禮記大學、說文艸部、水經淇水注引詩並作菉竹猗猗。今毛詩作綠。係假借字。終朝采菉。今詩作綠。楚辭注引作菉。蘩皤蒿，釋詩于以采蘩。蒿菣，釋詩匪莪伊蒿。蔚牡菣，釋詩菲莪伊蔚。瓠棲瓣，文選祭古冢文注、御覽九百九十七引作瓠犀瓣。釋詩齒如瓠犀。郭注引詩作齒如瓠棲。茹藘茅蒐，釋詩茹藘在阪。果贏之實栝樓，釋詩果贏之實。荼苦菜，釋詩誰謂荼苦。虉綬，釋詩邛有旨鷊。邢疏引詩作邛有旨虉。玉篇同。說文引作邛有旨虉，云綬草也。卉草，釋詩卉木萋止。筍竹萌，釋詩維筍及蒲。莪蘿，釋詩蓼蓼者莪。莕接余，釋文作莕，云本又作荇。說文作䓷。釋詩參差荇菜。白華野菅，釋詩白華菅兮。菲芴，釋詩采葑采菲。葍藑，釋詩言采其葍。竹萹蓄，釋詩菉竹猗猗。瓞瓝，釋詩緜緜瓜瓞。虋赤苗、芑白苗、秬黑黍、秠一稃二米，釋詩維秬、維秠、維穈、維芑。稌稻，釋詩豐年多黍多稌。臺夫須，釋詩南山有臺。莔貝母，釋詩言采其蝱。淮南子氾論訓注、說文繫傳莔下引詩並作言采其莔。莪蚍衃，釋詩視爾如莪。艾冰臺，釋詩彼采艾兮。茨蒺藜，釋詩牆有茨。莞苻離，釋詩下莞上簟。荷芙蕖，釋詩隰有荷華。苹蓱，釋詩食野之苹。芹楚葵，釋詩言采其芹。蕢牛脣，釋詩言采其蕢。蘦蔓華，釋詩北山有萊。萊蘦字通。說文：萊，蔓華也。唐蒙女蘿、女蘿兔絲，釋詩爰采唐矣、蔦與女蘿。荼委葉，釋詩以薅荼蓼。苕陵苕，釋詩苕之華。菤耳苓耳，釋詩采采卷耳。蕨鱉，釋詩言采其蕨。薇垂水，非釋詩言采其薇。謂草之生於水邊者名薇也。邵氏、郝氏以薇菜當之，大謬。郭注、邢疏及釋文皆不以為薇菜。稂童粱，釋詩浸彼苞稂。葽繞棘蒬，釋詩四月秀葽。蕭萩，釋詩彼采蕭兮。萇楚銚芅，釋詩隰有萇楚。蘦大苦，釋詩隰有苓。毛傳云：苓，大苦也。說文：大苦，苓也。苓、蘦字通。芣苢馬舄，釋詩采采芣苢。葭華、蒹薕，釋詩蒹葭蒼蒼。葭蘆、菼薍，釋詩葭菼揭揭。皆詩文在上。則須葑蓯、萑蓷、雚芄蘭之爲誤倒，復何疑哉。釋木、梠山榎，梠，即秦風有條有梅之條。如條風，呂覽作滔風之比。毛傳：條，梠也。正謂假借。下文柚條謂橘櫾。非詩條。栲山樗、柏椈、梅枏、梅，為終南墓門之梅，大木也。郭注誤以為雀梅。杜甘棠、此上下皆經文也。例見後。椐樻、檉河柳、楊蒲柳、杜赤棠、杞枸檵、楰鼠梓、樕樸、唐棣栘、常棣棣、樕樸心、當作樸樕。詩正義引作樸樕心不誤。檿桑山桑、當作檿山桑，說詳後。檜柏葉松身，女桑桋桑、唐棣栘、常棣棣、樕樸心、當作樸樕。詩正義引作樸樕心不誤。

皆詩文在上。其誤倒在下者，唯榆白枌，當作枌白榆。此釋詩東門之枌也。毛傳曰枌，白榆也，即本爾雅。漢書郊祀志注、地理志注並曰：枌，白榆。榆爲大名。有刺榆、姑榆、山榆、赤榆、諸名。枌榆亦其一種。曰白榆者，以別于赤榆。如以榆爲白枌，則是赤者亦得爲枌，而枌爲大名矣。說文玉篇並以榆爲白枌，係後人據爾雅誤本改之。毛傳于枌釋曰白榆，于隰有榆，不曰榆白枌，所見本自不誤。鄭注內則堇荁枌榆云榆白者曰枌，不曰枌白者曰榆也。詩正義引孫炎曰：榆白者名枌。是孫本正作枌白榆。若作榆白枌，則孫氏當云枌白者爲榆矣。郭注云：枌榆先生葉，卻著莢，皮色白。是郭本亦作枌白榆。若作榆白枌，郭當云榆枌，不云枌榆矣。段氏說文解字注云：釋木榆白爲逗，枌爲句，許意亦如此讀。玉澍案：許意不可知。若釋木，斷不得如此讀法。爾雅如此句法甚多，亦皆無此讀法。薜白蘄、芑白苗、蟫白魚、鸞白鳥、貘白豹、甝白虎、貔白狐，皆不得以白字上屬爲句。推而言之，如蘩皤蒿、虋赤苗、秬黑黍、蘵黃蒢、權黃華、權黃英、杜赤棠、楰赤楝、駁赤李、皇黃鳥、虪黑虎，未有以皤赤黃黑等字上屬爲句者。其爲誤倒甚明，不必多方曲爲之說。釋蟲蜩蜋蜩、蜉蝣渠略、蟋蟀蛬、皇螽蠜，詩作阜螽，草螽負蠜，詩作草蟲。正義引草螽作草蟲。蜤螽蜙蝑，釋文云：蜤，本亦作蟴。詩作斯螽。蟴，俗體字。蛸蠨蛸、伊威委黍、蠨蛸長踦，釋文云：蠨，亦作蟰，同，悉彫反，或音肅。廣韻一屋引詩：蠨蛸在戶。說文有蠨無蟰。果蠃蒲盧、螟蛉桑蟲、蚅烏蠋，韓弈傳：戹，烏蠋也。正義曰：釋蟲文。皆詩文在上，無誤倒者。釋魚鯉鱣，此釋魚麗之鯉也。詩正義引舍人曰：鯉，亦名鱣。郭判鯉、鱣為二，非也。鰋鮎，此釋魚麗之鰋也。毛傳亦云：鰋，鮎也。孫炎以鰋、鮎為一魚。郭氏分為二。鱧鯇，此釋魚麗之鱧也。舍人云：鱧，一名鯇。孫炎以鱧、鯇為一魚。郭氏亦不從。鯊鮀，此釋魚麗之鯊也。毛傳云：鯊，鮀也。詩釋文引舍人云：鯊，石鮀也。爾雅釋文引詩：魚麗于罶，鱨鯊。知鯊鮀之專為詩釋，即知鯉鱣、鰋鮎、鱧鯇之專為詩釋矣。知鯉鱣、鰋鮎、鱧鯇之專為詩釋，即知鯉鱣、鰋鮎、鱧鯇之非二魚矣。郭氏不知釋詩之例，故不從舊說。鯤魚子、詩敝笱：其魚魴鰥，箋云：鰥，魚子也。正義曰：鰥，魚子。釋魚文。李巡曰凡魚之子總名鯤也。鯤鰥字異，蓋古字通用，或鄭本作鰥也。案：鄭本作鰥之鰥舊訛作鯤。說見校勘記。然鄭特以鰥為鯤之假借，故以鰥為魚子。內則注：卵讀為鯤。鯤，魚子。或作𩸄。是所見本不作鰥也。鯤或作𩸄，故亦通作鰥。昆弟字說文作罤，亦眔聲也。魴鮅，皆詩文在上。其誤倒者，唯鮅鱒當作鱒鮅。此釋詩九罭之魚鱒魴。故下文即繼之曰魴鮅。詩正義云：釋魚有鱒魴，樊光引此詩。魴即鮅字之訛也。釋鳥：隹其鳺鴀、鳲鳩鴶鵴、鴡鳩王鴡、鵅鵁澤、今本作鵁鶄，說文鳥部所無，係後人所改。郭注作洿澤。詩候人疏、禮記表記疏引爾雅皆作洿澤，引舍人注、郭注並同。桑鳸竊脂、詩作桑扈，古文假借。桃蟲鷦、鵙鴒雝渠、詩作脊令。譽斯鵯鶋、燕燕鳦、鴟鴞鸋鴂、晨風鸇、倉庚商庚、鷹鶆鳩、鷺舂鉏、鶪伯勞、倉庚鶩黃，皆詩文在上。其誤倒經文在下者，唯鷯鶉。此釋詩鄘風魏風之鶉也。鷯鶉當作鶉鷯。詩伐檀引李巡曰：鶉，一名鷯。是李本上鶉下鶉。廣韻三十五笑鷂下云：爾雅鷂、一名鶉。即上鷂下鶉之今本也。鷗鳳、其雌皇，此釋詩鳳皇于飛。不曰鳳鷗而曰鷗鳳者，鷗爲大名。雄曰鳳，雌曰皇，不曰雄者，省文。狂茅鴟，釋詩茅鴟。左氏襄二十八年傳：使工為之賦茅鴟。杜注：茅鴟，逸詩。不曰茅鴟狂者，以下文怪鴟、梟鴟，皆鴟字在下。皇黃鳥，釋詩黃鳥。不曰黃鳥皇者，以上文鵊鵙鳥、狂瘳鳥，皆鳥字在下，故同之也。此爾雅之變例，而不可謂誤倒者。釋獸、釋畜二篇無誤倒者，而經文在上在下之例則兼有之。

上下皆經文例

經文有在上在下之殊，亦有上下皆經文者，此以經釋經之例。廑以詩言之。如終風曰謔浪笑敖，淇澳曰善戲謔兮，釋詁以戲謔釋謔浪笑敖。頍弁曰庶幾悦懌，兔爰曰尚無爲，釋言以尚釋庶幾。大東：尚可載也。菀柳：不尚息焉。箋並云：尚，庶幾也。雨無正曰靡所止戾，桑柔曰靡所止疑，釋詁以戾釋疑。關雎曰左右流之，葛覃曰葛之覃兮，釋言以覃釋流。采菽曰天子葵之，板曰則莫我敢葵，定之方中曰揆之以日，釋言以揆釋葵。日月曰報我不述，沔水曰念彼不蹟，釋訓以不蹟釋不遹，不遹即不述也。釋文云：遹，古述字，一音聿。釋詁釋文：遹，孫云古述字讀聿。釋言釋文：遹，古述字。九罭曰九罭之魚，新臺曰魚網之設，釋器以魚罔釋九罭。詩正義引作魚網。桑柔曰以念穹蒼，黍離曰悠悠蒼天，釋天以蒼天釋穹蒼。雞鳴曰明星有爛，東門之楊曰明星晳晳，大東曰東有啓明，釋天以明星釋啓明。詩正義引作啟明。十月之交曰山冢崒崩，谷風曰維山崔嵬，釋山以崒釋崔嵬。鄭箋云：崒者，崔嵬。其所據本作崔嵬。正義曰：字與爾雅小異，義實同。今本厜㕒。說文云：厜㕒，山顛也。毛傳曰：崔嵬，山顛也。義亦同。采唐曰爰采唐矣，頍弁曰蔦與女蘿，釋草以女蘿釋唐蒙。何彼襛矣曰唐棣之華，晨風曰山有苞棣，釋木以棣釋唐棣。此以異篇爲釋也。閟宫曰奄有龜蒙、遂憮大東，郭注引詩遂憮大東，魯詩也。毛詩憮作荒。釋詁以有釋憮。南有嘉魚曰嘉賓式燕以衎、嘉賓式燕以樂，釋詁以樂釋衎。皇皇者華曰周爰咨諏、周爰咨謀、周爰咨度、周爰咨詢，釋詁以謀釋詢、度、咨、諏。閟宮曰黄髮兒齒、曰眉壽保魯，行葦曰壽考維祺、曰黄耇台背，釋詁以壽釋黄髮、兒齒、台背、耇老。菀柳曰不尚息焉，不尚愒焉，民勞曰汔可小息、汔可小愒，釋詁以息釋愒。釋文作憩，云：本又作愒。民勞。正義引釋詁作愒息。説文：愒，息也。臣鉉等曰：今别作憩，非是。出其東門曰匪我思存、匪我思且，箋云：猶匪我思存也。釋文云：且音徂，爾雅云存也。釋詁以存釋徂。有瞽曰喤喤厥聲、肅雝和鳴，釋言以聲釋肅雝。蓼莪曰無父何怙、無母何恃，釋言以恃釋怙。燕燕曰遠送于野、遠于將之，釋言以遂釋將。緇衣曰敝予又改爲兮、敝予又改造兮、敝予又改作兮，釋言以爲釋作、造。關雎曰左右流之、寤寐求之，釋言以求釋流。載驅曰齊子豈弟、齊子發夕，釋言以發釋愷悌。愷悌與豈弟同。七月曰田畯至喜、曰嗟我農夫，甫田曰田畯至喜、曰農夫克敏，釋言以農夫釋畯。草蟲曰我心則説、我心則夷，釋言以説釋夷。召旻曰蟊賊内訌、曰潰潰回遹，釋言以潰釋虹。顧野王本作訌潰召旻。正義引同。版曰上常[帝]版版、曰民之多僻，蕩曰蕩蕩上帝、下民之僻，釋訓以僻釋版版、蕩蕩。雲漢曰藴隆蟲蟲、曰赫赫炎炎、曰憂心如熏，釋訓以熏釋爞爞、炎炎。雲漢正義引釋訓作蟲蟲。爞，俗字也。節南山曰無小人殆、瑣瑣姻亞，釋訓以小釋瑣瑣。柏舟曰憂心悄悄、慍于群小，釋訓以慍釋悄悄。信南山曰畇畇原隰、曾孫田之，釋訓以田釋畇畇。氓曰女也不爽、士貳其行，貳與忒古字通，王氏引之以貳為忒字之訛，其説非也。詳予所著毛詩異文箋。曰言笑晏晏、信誓旦旦，釋訓以悔爽忒釋晏晏旦旦。常棣曰每有良朋、曰雖有兄弟，釋訓以雖釋每。每有，雖也。有，衍文。説見後。此以同篇爲訓。釋器繩謂之縮今本衍兩之字。説見後。亦此例，此釋詩其繩則直、縮版以載也。崧高曰崧高維嶽，釋詁以高釋崧。敬之曰學有緝熙于光明，釋詁以光釋緝熙。大東曰職勞不來，釋詁以勞釋來。舍人本作來，字又作勑，郭本訛為勅。沔水正月曰民之訛言，釋詁以言釋訛。北門曰終窶且貧，釋言以貧釋窶。江漢肇敏戎功，釋言以敏釋肇。谷風曰方之舟之、泳之游之，釋言以舟釋舫。舫、方古字通。以游釋泳。絲衣曰載弁俅俅，今詩作載弁俅俅。郭注引作戴。釋言以戴釋俅。汝墳曰惄如調飢，釋言以飢釋惄。蕩曰式號式呼，釋言以謼釋號。釋文云：謼，字又作呼。一切經音義二引爾雅作號呼。詩釋文云：呼，崔本作謼。漢書叙傳引詩作式號式呼。淇澳曰寬兮綽兮，釋言以寬釋綽。皇皇者華曰皇皇者華，釋言以華釋皇。此與釋訓糾糾武也、悠悠思也、慅慅勞也、巷伯曰：勞人草草與慅慅同。旭旭憍也、巷伯驕人好好。驕、憍字通。好、旭字通。殷殷惸惸欽欽京京忡忡惙惙怲怲奕奕憂也、畟畟耜也、郝郝耕也、載芟其耕澤澤，正義引釋訓作釋釋。舍人曰：釋釋，猶藿藿解散之意。史記封禪書音義云：古釋字作澤。建元以來侯者年表：衆利侯郝賢。索隱曰：郝，又音釋。虞卿傳使趙郝約事于秦、靳歙傳趙將賁郝，郝並音釋。郝、澤、釋三字並通用。緜緜穮也、挃挃穫也、溞溞淅也、釋文引詩淅之溞溞。樊光注引作釋之溞溞。李富孫曰：釋、淅音近而義同。叟、溞聲相近。烰烰蒸也、穰穰福也、不俟不來也，皆以同句爲訓。不獨此也，白華曰白華菅兮，釋草曰白華野菅。定之方中曰椅桐梓漆，釋木曰椅梓。蕩曰如蜩如螗，釋蟲曰蜩螗。亦此例。

經有異文而爾雅並釋例

六經之有異文，匪始於秦漢以後也。古人經皆口授，往往傳聞異辭。左邱明、公羊高、穀梁俶同時傳春秋，而三家異文以數百計。豈得謂作爾雅時，經尚未有異文哉。今考爾雅有於句同文而並舉之者。如釋天：天氣下地不應曰雺，地氣發天不應曰霧。他經別無雺霧。此專釋洪範也。七稽疑，其三曰雺，此正義本也。正義云：雺聲近蒙。詩云：零雨其蒙。則蒙是闇之義，故以雺為兆。是孔本作雺。又引王肅云：雺，天氣下地不應，闇冥也。又引鄭云：雺者，氣澤鬱鬱冥冥也。釋文引徐音亡鉤反，正是雺音。是鄭本、王本、徐本並作雺。今本作蒙。段玉裁謂衛包所改。史記宋世家引作霧，集解引鄭注亦作霧。當作爾雅時，已有雺、霧二形，故並釋之。別有例見後。洪範曰霽，史記作濟，而下文云濟謂之霽。此皆異文並釋之顯見者。不獨此也。史五帝本紀引尚書舜讓於德不懌。此古文尚書也。漢書儒林傳曰司馬遷亦從安國問故，遷書載堯典、禹貢、洪範、微子、金縢篇多古文說。段玉裁古文尚書撰異謂司馬遷治歐陽夏侯今文尚書，說非是。段氏又謂太史公以故訓之字更之作不懌，此語亦非。集解引徐廣曰：今文尚書作不怡。釋詁並釋之曰：怡、懌，樂也。書盤庚：不昬作勞。釋文：昬、本或作暋。釋詁並釋之曰：昬、暋，强也。觀於此而知尚書之有異文，何待今古文之分塗哉。詩漢廣：不可永思。毛傳曰：永，長也。文選王粲登樓賦注引韓詩不可漾思，薛君章句曰：漾，長也。説文永，水長也。下引詩江之永矣。羕，水長也。下引詩江之羕矣。此毛、韓之別。羕即漾也。段氏説文解字注、馮氏三家詩異文疏證謂漾爲羕之訛。説非是。陳氏喬樅以作羕爲魯詩，亦臆説耳。釋詁並釋之曰：永、羕，長也。皇矣貊其德音，釋文引韓詩作莫，云：莫，定也。左氏昭二十八年傳、禮記、樂記引詩皆作莫其德音，同於韓而異於毛。釋詁並釋之曰：貊、莫，定也。是永羕、貊莫之異文，匪始於毛與韓也。伯兮：焉得諼草。毛傳云：諼草令人忘憂。爾雅釋文引毛詩經傳並作萲草。諼借字，萲正字。釋訓並釋之曰：萲、諼，忘也。郭注云：萲見伯兮詩。是郭以萲爲釋焉得萲草之萲。詩正義曰：焉得諼草，謂欲得令人善忘憂之草，不謂諼爲草名。故釋訓云：諼，忘也。孫氏引詩云焉得諼草，據正義説。是孫炎以諼爲釋焉得諼草之諼。毛詩作諼，韓詩作諠，文選謝惠運西陵遇風獻康樂詩注引韓詩曰：焉得諠草。薛君曰：諠草，忘憂也。郭注引作萲。臧庸、陳喬樅謂係魯詩。由釋訓觀之，是萲、諼異文，不始於毛與魯也。郭氏不知萲、諼出於一句，而謂諼出考槃，其所見出孫叔然下矣。有異文並釋而不同條者。如葛屨好人媞媞，亦作姼姼，説見前。釋訓曰：媞媞，安也。姼姼，愛也。從漢書叙傳注孟康所引。陳喬樅謂齊詩作好人姼姼，今亦未見。班氏所用必爲齊詩。周南：遵彼汝墳。毛云：大防。後漢書周槃傳注引韓詩作汝濆。釋邱云：墳，大防。此釋汝墳也。釋水云：汝爲濆，汝有濆，此釋汝濆也。郭氏於汝爲濆下引詩遵彼汝墳，於墳大防下不引詩遵彼汝墳，豈知異文並釋之例者哉。大雅：崧高維嶽。禮記孔子閒居、公羊定四年傳注引作嵩高維嶽。釋詁曰：嵩，高也。此釋嵩高維嶽也。釋山：山大而高，崧。此釋崧高維嶽也。毛傳曰：崧，高貌。此用釋詁文也。又曰：山大而高曰崧。此用釋山文也。崧嵩字他經不見，縱有見者，亦係引詩。其爲專釋此句之異文，復何疑哉。

釋訓釋詩例

臨海洪頤煊曰：釋訓一篇，專爲釋詩而作，其間有不在今詩者，蓋三家傳本有異同也。今案自明明斤斤至秩秩，緟文一百四十有六。明明、斤斤、秩秩、穆穆、肅肅、翼翼、廱廱、優優、兢兢、繩繩、戰戰、蹌蹌、晏晏、溫溫、業業、翹翹、惴惴、嘵嘵、番番、矯矯、桓桓、烈烈、洸洸、赳赳、藹藹、濟濟、蹶蹶、踖踖、悠悠、薨薨、增增、蒸蒸、遂遂、委委、佗佗、愓愓、蓁蓁、孽孽、蘖蘖之訛。祁祁、遲遲、簡簡、赫赫、躍躍、綽綽、爰爰、坎坎、瞿瞿、休休、蹻蹻、夢夢、諄諄、蕩蕩、炎炎、居居、究究、仇仇、佌佌、瑣瑣、悄悄、慘慘、痯痯、慇慇、惸惸、忉忉、慱慱、欽欽、京京、忡忡、惙惙、怲怲、奕奕、畇畇、畟畟、穟穟、緜緜、挃挃、栗栗、俅俅、峨峨、穰穰、子子、孫孫、顒顒、卬卬、丁丁、嚶嚶、藹藹、萋萋、噰噰、喈喈、佻佻、契契、燕燕、粲粲、哀哀、萋萋、嘒嘒、晏晏、旦旦、皋皋、琄琄、灌灌、搖搖、憲憲、泄泄、謔謔、訿訿、蹙蹙、抑抑、秩秩，皆與詩文同。而秩秩、肅肅、晏晏、藹藹、萋萋，皆兩見。以此例之，而知訓智之條條、罹禍毒之儵儵，即訓思之悠悠也。釋文：條條，舍人本作攸攸。攸攸又通作悠悠。郭知條條即悠悠，故以智爲智思。儵儵，釋文引樊本作攸攸，引詩攸攸我里。今詩作悠悠我里，是儵、悠字通。說文：悠，憂也。釋詁悠與憂俱訓思，而罹又訓憂，故知三者實一貫也。訓作之遂遂，即訓苗之穟穟也。郭以遂遂爲物盛興作，以穟穟爲茂好，茂與盛同義。詩生民：禾役穟穟。毛傳：穟穟，苗好美也。美與盛亦同義。穟從遂聲，通作遂，猶萌從明聲、通作明，悠儵從攸聲、通作攸也。訓愛之怟怟，即訓安之媞媞也。媞媞，詩葛屨正義引釋訓作提提，邢昺疏及楚辭章句引詩好人提提作媞媞，是提媞通用。漢書叙傳下：姼姼公主，迺女烏孫。孟康曰：姼音題，姼姼、愓愓，愛也。師古曰：姼姼，好皃也，詩葛屨之篇曰好人提提，音義同耳。據孟、顏兩家說，是怟怟即姼姼，姼姼即提提也。怟從氏聲，姼與提皆是聲。是與氏通用，故是聲、氏聲之字亦通用也。訓在之萌萌，即訓察之明明也。周禮占夢：乃舍萌於四方。注云：杜子春讀萌爲明。其字當作明，是萌明字通。釋詁：在、存，察也。故明明既訓察，又與存存俱訓在。毛詩小明、大明、江漢、常武、有駜、泮水皆有明明之文。明與萌通用，故一作明明，一作萌萌，非有二也。至説文心部蕄，存也，從心簡省聲，讀若簡。説文蕄字，即簡簡大也之簡。訓存者，涉下文存存而誤。猶之草部以蘮爲薺實，涉下文蒫薺實而誤也。説文之蕄，與釋訓之萌萌無涉。玉篇誤合爲一，引爾雅作蕄蕄在也。襲説文蕄字之形，仍爾雅萌字之音，輾輾致誤。釋文：萌萌，郭武耕反，施亡朋反，字或作𢜩𢜩。與萌形近，爾雅萌萌因有誤為𢜩𢜩者。陸氏雖云字或作𢜩，不言音簡，仍上武耕、亡朋二反，特以𢜩為萌之别字，不以𢜩為説文之𢜩也。玉篇誤合𢜩𢜩為一，又合𢜩萌為一。心部：𢜩，古限切，或作𢜩，又音萌。草部：𢜩，莫耕切，爾雅云存存𢜩𢜩在也。重文作𢡕，云本或作萌。廣韻十三耕莫耕切内有𢜩字，注引爾雅存存𢜩𢜩在也。又莫登切，本亦作萌，又作𢡕。十七登武登切内有𢜩，注亦引爾雅。玉篇、廣韻收𢜩、𢡕二體，即據誤本爾雅。玉篇之誤又勝於廣韻，草部之誤又勝於心部。以顧舍人之博雅，必不繆為牽合。心部𢜩下或作𢜩又音萌六字必陳彭年、吴鋭、邱雍輩所增益。玉篇非顧氏之舊，朱竹垞已言之矣。郭施武登、亡朋二反，音形皆不誤。讀者當據郭本爾雅以正玉篇之誤，不可據俗本玉篇而疑爾雅之訛也。近儒不解萌萌訓在之義，多以説文𢜩字爲是，而斥爾雅萌字爲僞，知萌萌之爲明明者鮮矣。訓惛之儚儚，即訓亂之夢夢也。釋文儚字或作懜。説文人部無儚，心部有懜。爾雅亦以作懜爲正。懜與夢，説文俱訓不明。訓惛、訓亂，鈞與不明義近。毛詩正月、抑皆有夢夢之文，三家詩必有作懜懜者。懜從夢聲，懜懜即夢夢也。嚴氏元照爾雅匡名謂儚作懜，則與上文夢夢重出。不知釋訓本有重出之例，無庸以此爲疑。實應朱士端謂藹藹不當重出，藹藹萋萋當作菶菶萋萋。亦誤説也。條條、儵儵、怟怟、媞媞、萌萌、懜懜而外，與今毛詩異文者。憴憴，釋文本作繩繩。憢憢，釋文云：本又作嘵嘵。訰訰，釋文云：或作諄。盪盪，釋文本作蕩蕩。敖敖，釋文云：又作嚻。禳禳，釋文云：本今作穰。懽懽，釋文云：本或作灌。愮愮，釋文云：又作搖。洩洩，釋文作泄泄。皆不可謂與詩異文。如便便，今詩作平平。洋洋，詩作養養。格格，詩作閣閣。懕懕，詩作厭厭。丕丕，詩作伾伾。慔慔，詩作莫莫。説本洪頤煊。慅慅，詩作草草。壿壿，詩作蹲蹲。旭旭，詩作好好。懪懪，詩作懆懆。邈邈，詩作藐藐。版版，詩作板板。爞爞，詩作蟲蟲。敖敖，詩作囂囂。瘐瘐，詩作愈愈。郝郝，詩作澤澤。繹繹，詩作驛驛。溞溞，詩作叟叟。烰烰，詩作浮浮。鍠鍠，詩作喤喤。琄琄，詩作鞙鞙。謞謞，詩作熇熇。翕翕，詩作潝潝。速速，詩作蔌蔌。皆是。然毛詩平平左右，左氏襄十一年傳引作便蕃左右，詩釋文引韓詩作便便左右。約之閣閣，考工記匠人鄭注引作約之格格。厭厭夜飲，説文心部引作懕懕夜飲。蹲蹲舞我，説文士部引作壿壿舞我。聽我囂囂，潛夫論明忠篇引詩作聽我敖敖。烝之浮浮，説文火部作烝之烰烰。潝潝訿訿，説文言部引作翕翕訿訿，後漢書翟酺傳引作翕翕呰呰。蔌蔌方有穀，後漢書蔡邕傳注引毛詩速速方穀，云韓詩亦同。以便便之爲韓詩推之，其不見於毛詩者，多三家詩也。亦有本與三家詩合，後人改之以從毛者。如旦旦、佻佻、泄泄之類是也。爾雅釋文：旦旦，本或作㥏。説文心部引詩信誓㥏㥏，此係三家詩。爾雅本作㥏㥏，後人改從毛詩始作旦旦。大東：佻佻公子。釋文引韓詩作嬥嬥。文選魏都賦注引爾雅嬥嬥契契，與韓詩合。今本作佻佻者，係後人改從毛。泄泄，釋文云又作呭，説文口部引詩：無然呭呭。亦有本與毛詩合，後人以俗體改之，遂與毛詩異者。憴憴、憢憢、訰訰、邈邈、爞爞、瘐瘐、溞溞、諠諠、謞謞皆説文所無。之類是也。亦有毛詩本與爾雅字同，後人以俗體改之，始與爾雅異者。板板、蔌蔌之類是也。説文：有版無板，有速無蔌。後漢書董卓傳論注、文選劉峻辨命論注、謝靈運擬魏太子鄴中集詩注，並引毛詩上帝版版。後漢書注引毛詩速速方穀，係古本。今本作板板蔌蔌，並俗字，説文所無。蓁蓁、孽孽，戴也。孽爲蘖之誤，戴當作載。一切經音義卷十一引爾雅：栙，載也。卷十二引蘖，載也。卷十八引栙，載也。卷廿一引栙，再也。説文欁，重文作櫱，古文作不、又作栙。戴與載通。詩：載弁俅俅。釋言：俅，戴也。注、説文繫傳人部引詩作戴弁俅俅。再亦與載同。詩：載寢載興。文選曹植應詔詩注引作再寢再興。孟子：自葛載。趙岐注：一説載當作再字。載者，生也。釋名釋天：載，生物也。管子侈靡篇注：載，生也。釋天注：載，取物終更始，更始即更生也。然則蓁蓁者，謂葉之生也。蘖蘖者，謂萌之生也。薛綜注東京賦：以蘖爲斬而復生。與載爲終而更始正同義。郭氏不知此義，謂爲頭戴物，此説之必不可通者。元應所據，勝於郭本多矣。詩無蘖蘖，唯長發曰苞有三蘖。單言之則曰蘖，重言之則曰蘖蘖，故曰蘖蘖載也。出其東門曰：匪我思存。正義以爲存在。單言之則曰存，重言之則曰存存，故曰存存，在也。懋懋，古本當作茂茂，與釋詁茂勉也同字。釋文：懋，古茂字。此語有脱誤，當云古亦作茂字。脱去亦作二字，遂不可通。説文草部：茂，草豐盛也。心部：懋，勉也。茂訓勉，爲懋之假字，不可以懋爲茂之古字。節南山：方茂爾惡。傳云：茂，勉也。單言之曰茂，重言之則曰茂茂，故曰：茂茂，勉也。免爰尚無庸。箋云：庸，勞也。單言之曰庸，重言之則曰庸庸，故曰：庸庸，勞也。訓惛之洄洄，訓辨之諸諸，訓舉之稱稱，皆不見於詩。然以下文不俟不來例之，未可執今詩以定其有無。説文來部引詩曰不䅲不來，而今三百篇無其文，知必有出於三家詩者。如洸洸，舍人本作潢潢。委委，舍人本作褘褘。赫赫，舍人本作奭奭。使無郭本以爲之證，將亦謂其不出於詩，而求之於他經矣。自甹夆掣曳也而下，至蠢不遜也，共十有二條。甹夆，即小毖之荓蜂。朔，即城彼朔方之朔。不俟，即説文所引詩句之不䅲。不遹，即日月之不述。釋文：遹，古述字。毛詩釋文云：述本亦作術。文選注引韓詩：報我不術。薛君云：術，法也。爾雅訓為不蹟。蹟，道也。道，亦法也。不徹，即十月之交之不徹。勿念，即文王之無念。蔑、諼見伯兮。魯詩作焉得蔑草。毛詩作焉得諼草。每，即每懷靡及、每有良朋之每。每有，雖也。有，為衍文。説見經義述聞。饎，即吉蠲爲饎之饎。舞，號雩也。當以舞字斷句。舞，與周禮舞師、舞旱暵之舞同。公羊桓十五年傳注：使童男女舞而呼雩。呼雩、即號雩。郭云、雩之祭舞者，吁嗟而請雨。是讀舞號爲句，非是。釋訓此文，釋雲漢無不能止之無。無、舞古字通。周禮鄉大夫曰：興舞。注：故書舞為無。無不能止者，謂已舞而號雩，而旱猶不能止也。暨，不及也。暨，即頃筐塈之之塈。塈、暨古字通。士喪禮注引喪大記：塗不暨於棺。釋文：暨，劉本作塈。是其證。梅摽而傾筐取之，是不及時也。序傳箋之説並可證。暨訓不及，此釋意，非釋義也。王氏引之以不爲衍文，誤矣。蠢，不遜也。蠢，爲蠢爾蠻荆之蠢。自如切如磋道學也，至徒御不驚輦者也，引詩句十有六。唯美女爲媛，美士爲彥，之子者是子也，上無詩句。先君子嘗謂玉澍曰：美女爲媛上當有邦之媛也四字，美士爲彥上當有邦之彥兮四字。與先後引詩以釋之例同。詩正義引舍人曰：國有美士，爲人所言道。國有美士，正釋邦之彥兮。如無此句，舍人止當云美士，不當云國有美士也。今各家爾雅本俱亡，其可見者唯此耳。自禮裼肉袒也，至鬼之爲言歸也，共十有七條，皆掇取詩文而釋之。唯幬謂之帳，當作帳謂之幬。釋文云：幬，本作㡚。詩小星作裯，箋云：裯，牀帳也。文選潘岳悼亡詩注引毛詩箋云：幬，牀帳也。凡某謂之某者，皆經文在下。例見後。矜憐，撫掩之也。矜即爰及矜人之矜。侜張，誑也。侜即誰侜予美之侜。詩作矜而爾雅作矜憐、詩作侜而爾雅作侜張者，增字以釋之。詩言劉而釋詁言毗劉，詩言唐而釋草言唐蒙，與此正同。詩言槃而爾雅言槃槃，詩言存而爾雅言存存，詩言庸而爾雅言庸庸，亦此例也。詩毛傳曰：矜，憐也。侜張，誑也。傳用爾雅，亦增侜爲侜張，可恍然於侜張之釋詩，非釋書矣。郭注引書無或譸張爲幻爲證，豈知釋訓釋詩之例者哉。然郭注云悠悠、偁偁、丕丕、簡簡、存存、懋懋、庸庸、綽綽，皆重語。則亦知釋訓之重語，在詩爲單言矣。毛傳多本爾雅。柏舟言汎傳言汎汎。谷風言洸潰，傳言洸洸潰潰。氓言沃言咥，傳言沃沃咥咥。芄蘭言遂言悸，傳言遂遂悸悸。中谷有蓷言條，傳言條條。邱中有麻言施，傳言施施。大叔于田言揚，傳言揚揚。傳云：揚揚，光也。揚揚爲句，光也爲句。古今人多誤讀。揚與陽通。陽，明也。故訓光。匪風言發、言偈，言嘌，傳言發發、偈偈、嘌嘌。常棣言鄂，傳言鄂鄂。十月之交言噂沓，傳言噂噂沓沓。白華言扁，傳言扁扁。雲漢言藴隆，傳言藴藴隆隆。皆經單文，傳重文。亦何疑於詩單文，釋訓重文之例也哉。又有經重文，爾雅單文者。如小雅皇皇者華，釋言云皇華也，是也。

文同訓異例

釋詁、釋言兩篇，有同文異訓而並列一處者。如憮庬大也、憮庬有也、懌悅愉樂也、悅懌愉服也、辟法也、辟辠也、妃合也、妃匹也、妃對也、妃媲也、尸陣也、尸主也、尸寀也、崇高也、崇充也、載僞也、載言也、績業也、績功也、康靜也、康安也、咨此也、咨嗟也、艾長也、艾歷也、歷數也、歷傳也、歷相也、享孝也、享獻也、卒已也、卒終也、卒死也、流求也、流覃也、履祿也、履禮也、基經也、基設也、祺祥也、祺吉也、替廢也、替滅也、髦選也、髦俊也、猒圖也、猒若也、庶侈也、庶幸也、洵均也、渝龕也、茭，雔也。茭，薊也。茭薊係釋草文，錯簡於此。弇同也、弇蓋也、濟渡也、濟成也、濟益也，皆是。以是例求之，而知寀官也，古當作采，與下文采事之采同。寀訓官，官又訓事。寀即采也，官即事也。説文宀部無寀，古止作采。書堯典：疇咨若予采。馬注：采，官也。史記司馬相如傳：以展采錯事。集解引漢書音義曰：采，官也。漢書刑法志注、文選嵇叔夜答何劭公詩注並引爾雅采寮官也，字正作采。痽病也。古當作悝，與下文悝憂之悝同。説文疒部無痽。心部有悝，云啁也，從心、里聲，一曰病也。悝訓病，即本爾雅。後人以其訓病，始改心爲疒。詩十月之交：悠悠我里。釋文：里如字，病也，本或作痽。玉篇疒部引詩悠悠我痽。郭注：痽，憂也。引詩作悠悠我悝。雲漢：云如何里。釋文：里如字，憂也，本又作痽。毛詩古文本皆作里。其作痽者，後人以俗字改之。毛公於里訓病訓憂，以里爲悝之假借也。諲，敬也。古當作禋，與上文禋祭之禋同。書洛誥正義、詩生民正義、左傳桓六年正義並引釋詁作禋敬。玉篇礻部：禋，於神切，敬也。言部：諲，之神切，敬也。廣韻十七真：禋，祭也，敬也。又云：諲，敬也。似爾雅有諲敬、禋敬二本。説文有禋無諲，經典不見諲字，舍敬别無意義，諲直禋之譌耳。玉篇、廣韻收諲字，即據誤本爾雅，故止有敬也一訓。孔沖遠三引作禋，當出衆家本。郭本誤作諲，又未檢衆本，故云未詳。邵氏云：諲、禋古字通。郝氏云：諲者，禋之假音，而不知其爲禋字之訛。翟氏補郭知其爲偏旁之訛，而無所引證。嚴氏匡名引毛詩左傳疏，而不及洛誥疏與玉篇、廣韻，且又不辨其爲訛。皆非盡善之説。疆，垂也。古當作彊，與下文彊當之彊同。疆、彊古字通用。史記楚世家越王無彊，越絶書作無疆。左襄二十四年薳啓彊，楚語作啓疆。釋文本疆作壃，云字又作畺，音姜，經典作彊假借字。彊字今本誤作疆。説文：疆爲畺之重文，其非假借甚明。陸氏豈昧昧如此耶。陸氏但云經典作彊，不云本又作彊，其所見本已無作彊者矣。或曰：彊，當也。古當作疆，與上文疆垂之疆同。説文田部：當，田相值也，從田、尚聲。畕部：畕，比田也。畺，界也，從畕，三其界畫也。重文作疆。疆訓界，有界則必有相當值之田，故疆訓當。此説亦有理。總之或皆作彊，或同作疆，必非一作疆一作彊也。乂，治也。古當作艾。與上文艾長、艾歷、艾相，下文艾養之艾同。詩小毖：或肅或艾。孟子：有私淑艾者。毛傳趙注並曰：艾，治也。即本雅訓。艾與乂訓治，皆係假借，唯作㸒係正字。既可借乂爲㸒，即可借艾爲㸒。前後艾字四見，此必不作乂明矣。尼，定也。暱，近也。尼、暱古皆作昵。上文即尼也。釋文：尼，本亦作昵，同。女乙反，下同。下同云者，指下文尼定而言，是尼作昵之證。邢疏引孫炎曰：尼，私之定也。私正是昵之訓。是孫炎本尼作昵。文選曹子建送應氏詩注、顏延年和謝監靈運詩注、陸士衡歎逝賦注、盧子諒贈劉琨詩注，並引爾雅暱近作昵近。一切經音義卷一、卷五、卷十、卷十一、卷十三、卷十八、卷二十一、卷二十二並引作昵近。書泰誓：昵比罪人。傳：昵，近也。正義曰：昵，近。釋詁文。又引孫炎曰：昵，親近也。然則作昵亦是孫本。昵、暱說文本一字，後人以暱代昵，又去昵之偏旁作尼，而爾雅同文異訓之例亡矣。猷，已也。古當作酋，與下文酋終之酋同。已亦終也，終亦已也。酋之爲已亦爲終，猶卒之爲終亦爲已也。酋之加犬其旁作猷，猶卒之加歹其旁作猝也。郝氏不知猷、酋字通，已、終義同，乃引穀梁傳猶之爲言可以已也爲說，不知可以已之與已，其義迥別。春秋猶朝於廟，訓爲已朝於廟，猶繹訓爲已繹，可乎。釋詁之猷爲已，非可以已之辭。春秋之猶，爲可以已之辭，不得訓爲已。以春秋解釋詁，不如以釋詁解釋詁。郝氏可謂道在邇而求諸遠矣。釋言：薆，隱也。薆古當作僾，與下文僾唈之僾同。僾唈，釋詩亦孔之僾。僾隱，釋詩僾而不見。說文人部：僾，仿佛也。引詩作僾。又：蒸民愛莫助之。傳：愛，隱也。正義曰：釋言文。說文艸部無薆。竹部有䈅，云蔽不見也。釋言此文釋詩，而詩有僾，無薆與䈅，故知其當作僾。廣韻十九代云僾、隱也，唯作僾。故與僾唈並列一處，而列於基經也，基設也，祺祥也，祺吉也之前。後人不知同文異訓之例，改僾爲薆，誤矣。祺祥也、祺吉也之後，爲兆域也、肇敏也。兆、肇古字通，古本皆作肈。肈域者，釋詩肈域彼四海。肈敏也，釋詩肈敏戎功。皆以同句爲訓之例。後人昧於古文假借，疑肈之不可爲域，遂改爲兆，以別於肈敏之肈，而不顧其與前後之例相乖。肈域也、肈敏也之後，曰挾藏也、浹徹也、替廢也、替滅也。說文水部無浹，古止作挾。周禮太宰：挾日而斂之。挾日即浹日。鄭注：從甲至甲謂之挾日，凡十日。國語越語：浹日而令大夫朝之。注：從甲至甲爲浹。荀子儒效篇：盡善挾洽之謂神。挾洽即浹洽。禮論篇云：方皇周挾。周挾即周浹。周禮釋文挾字又作浹，楊倞注挾，讀爲浹，是也。阮氏校勘記謂爾雅本作挾徹也，與上挾藏也同字異訓，已發其例矣。髦選也、髦俊也之前，爲琛寶也、探試也。琛字古當作探。說文無琛。以探爲琛，於六書爲假借。爾雅本作探寶，故列於探試之前。探寶、探試同文異訓，故列於髦選、髦俊之前。從手之字，往往變而從王。說文無珙，玉篇有之，云大璧。左氏襄二十八年傳：與我拱璧。注云：大璧。又三十一年傳：竊其拱璧。老子：雖有拱璧。字皆從手作拱。拱之變爲珙，猶探之變爲琛矣。鄒漢勛讀書偶識曰：釋言凡十五條，皆明同字異義，惟薆僾、挾浹、琛探、偁稱爲異字。考說文無薆，而僾訓仿佛，即隱義也。無浹，而周官經挾日即浹日。偁爾戈，今尚書亦作稱，蓋古本一字，後人隨義以俗字羼改，故異文也。由是言之，則琛探亦應同文。唐韻探音他含切，琛音丑林切，古透徹二母音同。而覃韻之字，悉從侵韻流轉，則琛探之音亦同也。斯言先得我心。至莊述祖謂琛字當依說文作珍，鈕樹玉疑琛爲珍之別體，其說並非。偁，舉也。稱，好也。偁本作稱。書牧誓：稱爾戈。傳：稱，舉也。正義曰：稱，舉。釋詁文。文選陸士衡演連珠注引爾雅亦作稱舉。孔冲遠及李善所據不誤。釋訓：偁偁，舉也。釋文：偁，本又作稱。當亦以作稱爲是。般，還也。校勘記曰：釋文，般，郭音班。左傳云役將般矣是也。此經當本作班還也，與下班賦也，爲同字異言之證。注引左傳般馬之聲，今襄十八年傳作班馬之聲可證。一音蒲安反，非。玉澍案，書堯典：班瑞於群后。左氏襄十年傳：請班師。孔傳杜注並曰：班，還也。即本釋言。後人改經班還爲般還，因又改注班馬爲般馬。猶之改經稱舉爲偁舉，因又改注稱爾戈爲偁爾戈也。又釋詁：瘽，癉病也。古本作勤癉，與下文勤癉勞也同字。釋文云：瘽，音勤，本亦作懃。懃即勤字之俗，癉又癉字之俗。說文無癉有癉，云勞病也。詩板：下民卒癉。傳：癉，病也。正義曰：釋詁文。字正作癉。雖隔訓憂一條，亦例之相合者矣。

文異訓同例

爾雅有文異而訓同者，文雖異而實相通。如釋詁皇、王訓君，皇與王古字通。洪範五行傳：建用王極。注：王極或爲皇極。儀禮聘禮記：賓入門皇。注：古文皇皆作王。是皇、王字通之證。暇、假訓大，暇與假古字通。郭注引詩湯孫奏暇，今詩作奏假。詩鬷假無言，左氏昭二十年傳，引作鬷暇無言。是暇、假字通之證。京、景訓大，京與景古字通。史記高祖功臣年表高京侯周成，漢書作高景侯。文選西京賦注引韓詩曲京曰阿，大方廣佛華嚴經音義引韓詩曲景曰阿。是京、景字通之證。訏、宇訓大，訏與宇古字通。方言：訏、芋，大也。郭注：芋猶訏也。又云：訏亦作芋。是訏、芋字通之證。壯、將訓大，壯與將古字通。禮記射義：幼壯孝弟。鄭注：壯或爲將。史記秦本紀：伐敗趙將泥。集解引徐廣曰：將，一作莊。釋言奘，駔也。樊、孫本作將且。此壯、將字通之證。來、戾訓至，來與戾古字通。公羊隱五年傳登來之，禮記大學注引作登戾之，李薌沚公羊異文釋曰：來戾亦音近字。陳卓人公羊義疏曰：來，古讀狸，聲轉爲戾。詩泮水傳戾，來也，即讀戾為來。此來、戾字通之證。鮮、省訓善。鮮與省古字通。釋文：鮮，息淺反。禮玉藻：唯君有黼裘以誓省。釋文：省依注作獮，息淺反。史記魯世家索隱：字或作鮮，或作獮。是鮮、省字通之證。穀、彀訓善，穀與彀古字通。論語：不至於穀。孔注：穀善也。釋文：穀，公豆反，是讀如彀。説文彀、穀皆從㱿聲。是穀、彀字通之證。怡、懌訓樂，怡與懌古字通。史記五帝本紀引尚書舜讓於德不懌。集解引徐廣曰：今文尚書作不怡。史記孔子世家怡然高望，家語作睪然高望。是怡、懌字通之證。懌、釋訓服，懌與釋古字通。書顧命王不懌，釋文引馬本作不釋。詩靜女：説懌女美。箋云：説懌當作説釋。是懌、釋字通之證。漠、謨訓謀，漠與謨古字通。詩巧言：聖人莫之。釋文：莫如字，又作漠，一本作謨。漢書叙傳：謨先聖之大繇兮。注引詩聖人謨之、抑訏謨定命。釋文：謨，莫蒲反，沈云本亦作漠，音莫。是漠、謨字通之證。亶展訓信，訓誠，亶與展古字通。詩君子偕老箋展衣，禮記作襢衣。

周禮內司服注：展字當作襢，襢之言亶。是展、亶字通之證。仇、讎訓匹，仇與讎古字通。莊二十二年公羊傳注譏莊公取仇國女，穀梁傳疏引作取讎女。是仇、讎字通之證。謐、溢訓靜，謐與溢古字通。詩維天之命：何以溢我。釋文：溢，音逸，徐音謐。此謐、溢字通之證。謐密訓靜謐，與密古字通。詩昊天有成命篇夙夜基命宥密，賈子禮容篇作夙夜其命宥謐。何氏楷曰：密當依新書作謐。是謐、密字通之證。隕、磒訓落，隕與磒古字通。說文石部磒，落也，引春秋磒石於宋五，今左氏穀梁俱作隕。是隕、磒字通之證。命、令訓告，命與令古字通。周禮司儀則令爲壇三成，儀禮覲禮注令作命。左氏僖九年傳：令不及魯。釋文：令，本又作命。是命、令字通之證。矢、雉、尸訓陳，三字並通用。說文：雉，從隹，矢聲。左氏桓十五年傳尸諸周氏之汪，淮南子俶真訓注尸作矢。此雉、矢、尸字通之證。永羕訓長，永與羕古字通。說文永下引詩江之永矣，羕下引詩江之羕矣。毛詩作永，韓詩作羕。是永、羕字通之證。崇、嵩訓高，崇與嵩古字同。嵩高山，漢書地理志作崈高。師古曰：崈，古崇字。段氏說文解字注云：崧、嵩二形皆即崇之異體，韋注國語云古通用崇字，太平御覽及徐鉉皆引其語。河東賦、瞰帝堯之嵩高，即崇高也。漢碑云如山如岳，嵩如不傾，謂崇而不傾也。此崇、嵩字同之證。釗、劭訓勉，釗與劭古字通。劭從召聲，召從刀聲，釗從刀，刀亦聲。釗通作昭，昭亦召聲。釗本訓刓，其訓勉者，即劭之假音。是釗、劭字通之證。騖、務訓强，騖與務古字通。騖，從馬敄聲。務，從力敄聲。說文云：敄，彊也。騖本訓亂馳，務本訓趣，其訓强者，皆即敄之假借。此騖、務字通之證。昬、暋訓强，昬與暋古字通。書般庚：不昬作勞。釋文：昬，本又作暋。正義引鄭注：昬，讀爲暋，暋，勉也。是昬、暋字通之證。吾、予、余訓我。三字並通用。楚辭懷沙衆不知余之異采，史記屈賈列傳余作吾。曲禮：曰予一人。注：余、予古今字。是吾、予、余字通之證。堅、掔訓固，堅與掔古字通。公羊定十四年經：公會齊侯、衛侯於堅。釋文：堅，本又作掔。是堅、掔字通之證。暀暀、皇皇訓美，暀與皇古字通。詩信南山箋：皇之言暀也。泮水箋：皇皇當作暀暀。禮少儀注：皇讀如歸往之往。釋文：皇依注音往。是皇、暀字通之證。申、神訓重，申與神古字通。説文：神，從申聲。郝氏曰：申與神同，故説文云申，神也。是申、神字通之證。肅、速、數訓疾。三字並通用。儀禮特牲饋食禮注：宿或作速，記作肅。考功記注：速書或作數。是肅、速、數字通之證。祀祠訓祭，祀與祠古字通。詩生民釋文：祠，本亦作祀。是祀、祠字通之證。篤竺訓厚，篤與竺古字通。書微子之命：曰篤不忘。釋文：篤，本又作竺。説文篤竺皆從竹聲。釋文：竺字又作篤。案，竺篤字雖通，但上文既有篤，此不得復作篤。下文翰，榦也。釋文：榦，本又作翰，誤與此同。此篤、竺字通之證。肶、埤訓厚，肶與埤古字通。郝氏曰：詩福祿膍之。傳膍，厚也。釋文引韓詩作肶，義亦同。又通作毗，天子是毗傳：毗，厚也。埤又與毗通。節南山釋文：毗，王肅作埤。是肶、埤字通之證。昭、釗訓見，昭與釗古字通。郭引逸書釗我周王，孟子作紹我周王，梅書作昭我周王。是昭、釗字通之證。安、按、曷、遏訓止。四字並通用。説文按從安聲。詩皇矣：以按徂旅。釋文：按，本又作遏。孟子引作以遏徂莒。長發則莫我敢曷，漢書刑法志引詩曷作遏。遏從曷聲，省作曷，猶按從安聲，省作安也。安聲與曷聲相轉，説文頞從頁、安聲，或從鼻、曷聲作齃是其例。此安、按、曷、遏字通之證。底、厎訓止，底與厎古字通。上文厎止待也，釋文：厎，之視反，字宜從广，或作底，非也。案，説文厎底皆從氐聲。厎作底不可謂非。此底、厎字通之證。豫射訓厭，豫與射古字通。豫字從象予聲。詩：于邑于謝，潛夫論志氏族，引詩作于邑于序。孟子：射者，序也。鄉射禮：豫則鉤楹内。鄭注：豫，讀爲成周宣榭火之榭，今文豫爲序。此豫、射字通之證。梏、較訓直，梏與較古字通。釋文：梏，郭音角。即較音也。廣韻四覺梏、較並古岳切。詩抑正義云：釋詁梏較直也，與覺字異音同。是梏、較字通之證。頲、庭訓直[脱頲與庭古字通六字]，説文：頲，從頁廷聲，庭、從广廷聲。是頲、庭字通之證。夷、弟訓易，夷與弟古字通。易：匪夷所思。釋文：夷，荀本作弟。夷於左股。釋文：夷，子夏本作睇。稊字通作荑，鵜字通作鶇。皆其例。是夷、弟字通之證。茲、咨、已訓此。三字並通用。魏孔羡碑：咨可謂命世大聖。咨即茲。咨嗟字説文作嗞。書皋陶謨邇可遠在茲，史記夏本紀作邇可遠在已。

是兹、咨、已字通之證。串、慣訓習，串與慣古字通。釋文：慣、本又作貫，又作遺。一切經音義卷九、卷十九皆云：串、古文摜遺二形。卷十八：慣、又作串、摜、遺三形。玉篇丨部：串，古患切，習也，或作慣、遺。辵部：遺，古患切，習也，亦作串。是串、慣字通之證。騭、陟訓陞，騭與陟古字通。釋文：騭，之實反，又音陟。說文：騭，牡馬也。從馬、陟聲。夏小正：執陟攻駒。洪震煊疏義引阮侍郎云：陟當爲騭。又引段若膺云：陟與騭古今字。是陟、騭字通之證。假、格訓陞，假與格古字通。詩昭假無嬴、湯孫奏假、來假來享，箋並云：假，升也。釋文並云：假音格。鬷假無言，禮記中庸引作奏格無言。是假、格字通之證。供、共訓具，供與共古字通。詩關雎箋共荇菜，曲禮共給鬼神，釋文並云：共，本又作供。是供、共字通之證。娠、震訓動，娠與震古字通。左氏昭元年傳：方震太叔。釋文：震本又作娠。哀元年傳：后緡方娠。釋文：娠，音震。詩生民正義、釋詁疏皆引作后緡方震。是娠、震字通之證。覆副訓審，覆與副古字通。說文覆從復聲，復從复聲，復從畐省聲，副從畐聲。易小畜：輿脱輻。釋文：輻，本亦作輹。周禮追師注：副之言覆也。釋名釋首飾：副，覆也。是覆、副字通之證。仍、迺訓乃，仍與迺古字通。說文：卥，讀若仍。迺，即卥之隸變。周禮司几筵：凶事仍几。鄭注：故書仍爲乃。廣韻及列子皆以迺爲乃之古文。是仍、迺字通之證。渾、隕訓墜，渾與隕古字通。左氏文十二年經：城諸及鄆。注：城陽姑幕縣南有員亭，員即鄆也。哀十二年公會衛侯宋皇瑗於鄖，公羊作運。山海經廣員百里，畢氏沅謂即國語之廣運百里。此渾、隕字通之證。陶、繇訓喜，陶與繇古字通。書孔安國序臯陶謨，釋文：陶，本又作繇。說文言部引作咎繇暮。是陶、繇字通之證。任、壬訓佞，任與壬古字通。上文壬大也，詩燕燕正義引釋詁作任大。是任、壬字通之證。拼、抨訓使，又訓從。拼與抨古字通。一切經音義十二：拼，古文抨字。釋文云：字書拼、抨並音普耕、補耕二反。是拼、抨字通之證。賡、揚訓續，賡與揚古字通。賡從庚聲，字與庚通。古讀如岡，與揚同部。說文唐，從口庚聲，古文從昜聲作啺。漢書司馬相如傳：瑉玉旁唐。師古曰：唐，字亦作碭。是賡、揚字通之證。貉、莫訓定，貉與莫古字通。釋文作嘆，云：本亦作莫。詩皇矣：貉其德音。釋文引韓詩作莫，云莫，定也。左傳、樂記、史記樂書引詩皆作莫其德音。是貉、莫字通之證。伊、維訓侯，伊與維古字通。詩抑無競維人，蔡邕祖德頌、楊公碑、胡公碑作無競伊人。是伊、維字通之證。時、寔訓是，時與寔古字通。書無逸其在高宗時，舊勞於外，論衡時作寔。唐韻正二十四職：寔，去聲。則音是。是亦與時通。詩巧言亂是用餤，列女傳是作時。是時、寔字通之證。求、酋、就訓終，三字並通用。卷阿正義引釋詁作遒終。詩百祿是遒，北史蘇綽傳遒作求。史記魯世家考公酋，索隱引世本作就。是求、酋、就字通之證。釋言宣、徇訓徧，宣與徇古字通。説文王部：珣，讀若宣。説文無瑄，珣即瑄字。是宣、徇字通之證。律、遹訓述，律與遹古字通。孝經開宗明義章釋文、詩抑正義引遹述作聿述。緜正義引釋詁遹自作聿自。禮記禮器引詩遹追來孝作聿追來孝。是律、遹字通之證。試、式訓用，試與式古字通。説文：試，從言、式聲。唐韻正二十四職：式，去聲。則音試。戰國策楚策願得以身試黄泉，錢、劉、曾本皆作式。李善注文選任彦昇爲范始興作求立太宰碑表引同。是試、式字通之證。禦圉訓禁，禦與圉古字通。詩：孔棘我圉。箋云：圉當作禦。曾是彊禦，漢書叙傳禦作圉，不畏彊禦，王莽傳禦作圉。是禦、圉字通之證。皇、匡訓正，皇與匡古字通。匡，説文作匩，從匚、㞷聲。㞷，從㞢在土上，讀若皇。詩四國是皇，詩考引董氏説，齊詩作四國是匡。是皇、匡字通之證。釋訓萲、諼訓忘，萲與諼古字通。釋文引詩焉得諼草作萲草。郭注亦云：萲義出伯兮。是萲、諼字通之證。以此例求之，而知釋詁宜貫事也，當作官貫事也。官與貫古字通，宜之訓事，經典所無。邵氏、王氏各執一説，不知宜乃官字形似之訛。官之訓事，樂記注凡兩見。官、貫古字通用。易剥：六五，貫魚以宫人寵。釋文：貫，徐音官。釋樂注：鬻，形似犂錧。釋文：錧，本亦作貫。是其證。以此例求之，而知釋詁禧告也，當作祰告也。祰與下文誥字通。禧訓福，訓吉，訓禮吉，從無訓告者。故陸堯春説禧爲祰字之訛。説文、玉篇並云：祰，告，祭也。祰訓告，與下文誥訓告同。祰、誥字通。又皆與告通，亦異文同訓之例。此例不明，非惟不辨宜之爲官、禧之爲祰，並渾之訓墜、揚之訓續，多異説矣。

卷二

訓同義異例

訓同義異，即高郵王氏所謂二義合爲一條，歸安嚴氏所謂一訓兼兩義也。宋陸氏佃撰爾雅新義已發其例。然陸氏言一名兩讀，不如一訓兩義之説爲善。兩其讀，是改其音。改音不已，必至改字。爾雅所釋之字有假借，改之猶可也。釋之之字無假借，改之不可也。如爰、粤、于、那、都、繇，於也。爰、粤、于、那、繇之訓於，語辭也。都之訓於，歎辭也。釋文：繇，孫音由。案，古多以繇為由。顔師古注漢書云：繇，讀與由同。繇與由同，凡百數十見。詩：抑無易由言。箋：由，於也。正義曰：由，於。釋詁文。由於即繇於也。郭注云：繇，辭。於、乎，皆語之韻絶。郭以繇為歎辭、與於乎同義，故云皆語之韻絶。考經典從無以繇、由、猷、猶等字為歎辭者。蓋馬本、鄭本尚書大誥篇：王若曰大誥繇爾多邦。東晉元帝是梅賾上僞古文尚書作王若曰繇，大誥爾多邦，微子之命篇云：王若曰繇殷王元子。繇字，有似歎辭，郭説即本僞古文尚書。至唐衛包又改繇為猷，蔡九峰作書集傳云：猷，發語也，猶尚書咨嗟之例。其所見與郭注正同。僞孔傳訓猷為道，經文雖倒，詁訓尚不悖於古。於，本古文烏字。説文引孔子曰烏于呼也，取其助氣，故以爲烏呼。烏呼即於乎，作嗚呼者，俗也。歎辭也。取其助氣，故又以爲語辭。語辭之於，與歎辭之於，古無異音。陸氏以於爲一名兩讀。盧氏文弨云：古人之於字訓，不因音讀之訓而區別。段氏云：凡言都者，史記夏紀俱訓於，張守節正義以爲於音烏，歎美之辭。然烏于同聲，于於其義又同。史記以於釋都，正本爾雅爲訓。張守節音於爲烏，此强生區別耳。爾雅釋文亦云於音烏，注同，其失均矣。台、朕、賚、畀、卜、陽，予也。台、朕訓予，予者我也。賚、畀、卜、陽訓予，予者與也。陽者，錫字之訛也。釋文：陽音睗，又如字，本或作睗。釋文陽字決當作錫。釋文作錫者，以他本改郭本也。釋文改郭例見後。今陸本仍作陽者，後人以郭本改陸本也。郭本作陽，以予爲予我之予。陸氏音賜，以予爲賜予之予。陽字萬萬不得有賜音。嚴氏云陽賜音通，盧氏龍城札記及爾雅釋文考證謂陽有賜音，皆不得其說而强爲之辭。錫與賜説文皆從易聲。錫字古讀若賜，錫本訓銀鉛之間。經典凡言錫予者，皆即賜之假音。周易訟上九：或錫之鞶帶。釋文：錫，星歷反，又星自反。師王三錫命。釋文：錫，星歷反，徐音賜。鄭本作賜。集韻二十三錫：錫亦有斯義一切，即音賜二字，而知其本決作錫不作陽矣。此錫訛作陽之證一也。凡釋文所引或作本，字多相通，而陽字斷不得與賜通。至錫、賜相通，經典不可枚舉。書序：平王錫文侯命。馬本錫作賜。儀禮燕禮注：古文賜爲錫。詩：王錫韓侯。周禮屨人注作王賜韓侯。此錫與賜通之證。即本或作賜一語，而知其本作錫矣。此錫訛作陽之證二也。書堯典：師錫帝曰。傳：師衆錫與。正義曰：師衆錫與皆釋詁文。錫與，即錫予也。書洪範正義、左傳襄三年正義皆曰：畀，與。釋詁文。畀與，即畀予也。予與字通，故孔氏不復區別，詩豐年正義引仍作畀予。孔沖遠所見本正作錫字，與釋文合。此錫訛爲陽之證三也。舍人、樊、孫、李諸家本必有作錫予者。郭本誤作陽，引魯詩陽如之何，又云巴濮之人自呼阿陽。考陽如之何，即陳風澤陂傷如之何。原本玉篇阜部引韓詩陽如之何。陽，傷也。此陽不訓予之塙證。巴濮之人自呼阿陽，説本方言。其字作婸，即後漢書西南夷傳所謂夷人自稱曰婸也。婸，音徒朗切。與陽音異。爾雅釋經，非釋夷言，不得據以爲説。郭氏若見有作錫之本，必不如此云云矣。或云郭氏少習此書，沈研鑽極十有八年，方病注者漏略。豈於諸家有漏而不檢之理。予曰：智者千慮，必有一失。箸述家雖極精審，不能保其必無闕誤，不足爲郭氏諱也。下文諲敬也，諲字不見説文，經典所無，諲爲禋字之訛。書洛誥正義、詩生民正義。左傳桓六年正義。並引釋詁作禋敬。又書堯典正義引孫炎曰：禋，絜敬之祭也。是諲敬之諲，孫本作諲之證。郭云諲未詳，是忘孫本作禋，遂不知諲爲禋之訛也。敕，勞也。即下文勞勑勤也之勑，形近致誤。説文力部：勑，勞也。即本爾雅。勑又省作來。一切經音義十二引爾雅：來，勞也。又引舍人注勞、力極也。來，强事也。舍人本正作來。

下文勞勑勤也，釋文本作來，云：本又作勑。郭本誤作敕，云：以相約敕亦爲勞。是忘舍人本作來，遂不知敕爲勑之訛也。釋言郵，過也。郵爲訧之假借。詩綠衣傳：訧，過也。又通作尤。載馳傳：尤，過也。賓之初筵箋云：郵，過也。殷敬順列子湯問篇釋文引爾雅曰：尤，過也。文選弔屈原文注引犍爲舍人爾雅注曰：尤，怨人也。舍人本正作尤過。郭以郵過爲道路所經過，是忘舍人本作尤，遂不知郵爲尤之假借也。然則郭氏未檢作錫之本，不知陽爲錫字之訛，何足怪哉。且其字在賚畀卜之下，不與台朕連文，其爲賜予之予，非予我之予，復何疑哉。說文：予，推予也。象相與之形。賜予字古止作予。書堯典疏引釋詁予作與。郭注亦云賜與。予字兼包二義。作與則倚於一偏而不可通矣。勞、來、强、事，謂翦彗勤也。勞、來爲勤恤之勤，勤、恤見僖三年左傳注，王氏謂為相勞苦之勤也。强、事謂翦彗爲勤勞之勤。治、肆、古，故也。治、古爲久故之故。肆爲語詞之故。說詳經義述聞。載、謨、食、詐，僞也。載、謨訓僞，僞者爲也。食、詐訓僞，僞者欺也。此亦不必改僞爲爲，以就載、謨之義也。爲字說文訓母猴，今作爲字古曰作僞。作字從人，僞字亦從人。荀子性惡篇曰：桀、紂，性也。堯、舜，僞也。人之性惡，其善者僞也。不可學不可事而在人者謂之性，可學而能、可事而成之在人者謂之僞。荀卿之所謂僞，今之所謂爲也。故楊倞注云：僞，爲也。廣雅釋詁亦云：僞，爲也。徐楚金曰：僞者，人爲之，非天真也。史記五帝本紀：便程南僞。南僞即南爲。禮月令：毋或作爲淫巧，以蕩上心。注：今月令作爲，爲，詐僞。詐僞仍即作爲。為與僞通，猶作與詐通。詩兔爰傳：造，僞也。造僞即釋言之造爲。郝氏曰：凡非天性而人所造作者皆僞也。僞即爲矣。作僞二字皆從人，皆人之所爲矣。棲、遲、愒、休、苦、㱇、齂、呬，息也。棲、遲、愒、休、苦爲止息之息。㱇、齂爲氣息之息。㱇，釋文云：字林以爲喟，孫本作快，又作嘳。說文喟，太息也。重文作嘳。呬字兼止息、氣息二義。詩：假樂民之攸塈。正義曰：釋詁云呬，息也。某氏云詩云民之攸呬。是呬爲止息之息。說文口部：東齊謂息爲呬，從口、四聲。方言：呬、息也，東齊曰呬。是呬爲氣息之息。若愒字，俗雖作憩，不得引說文訓臥息之眉以代憩，而以憩爲氣息，致詩於詩召伯所憩之憩、汽可小愒之愒也。郡、臻、仍、廼、佚，乃也。郡、臻、仍，爲仍乃之乃。廼、佚，爲語詞之乃。詳見經義述聞。艾、歷、覛、胥，相也。上文云：艾，歷也。歷，傅也。是艾歷爲輔相之相。說文：覛，衺視也，是覛爲相視之相。胥字兼輔相、相視二義。方言：胥，輔也。吳越曰胥。廣雅釋詁：胥，助也。是胥爲輔相。管子樞言篇：與人相胥。注：胥，視也。是胥爲相視。際、接、翜，捷也。際、接爲捷續之捷。注：捷，謂相接續也。莊子人間世釋文：捷引續也。翜謂捷疾之捷。說文：翜，捷也，飛之疾也。此皆訓同而義異者也。至嚴氏于壑、阬、阬、滕、徵、湟、漮之訓虛，話、猷、載、行、訛之訓言，歷、秭、算之訓數，馘、穧之訓獲，皆謂一訓兼兩義，今概不取。而王氏亦有不當分而分者，其說較嚴氏爲詳。謹附辨於後，以正其誤焉。

王氏之言曰：林、烝、天、帝、皇、王、后、辟、公、侯，君也。君字有二義。一爲君上之君，天、帝、皇、王、后、辟、公、侯是也。一爲群聚之群，林、烝是也。古者君與群同聲，群臣字通作君臣。管子大匡篇：桓公使鮑叔識君臣之有善者。問篇：君臣有位而未有田者幾何人。皆群臣之假借也。呂氏春秋召類篇曰：群者，衆也。白虎通義曰：林者，衆也。此篇下文曰：烝，衆也。林、烝、群同爲衆多之義，故曰：林、烝，群也。林、烝二字連文而不與下文相錯，亦可以知其别爲一類矣。不然，君上至尊，豈得以林、烝稱之乎。自毛公釋詩之有壬有林、文王烝哉，始誤以林烝爲君上之君。而漢書律曆志之說林鐘，楚詞天問注之說伯林，表記注之說武王烝哉，並仍其誤。林鐘之義，周語以爲和展百事，莫不任肅純恪，韋注曰林，衆也。言萬物衆盛也。則林字正取衆盛之義，故訓之曰百事。故淮南時則篇謂林鐘爲百鐘。不得如漢志君王種物之說也。天問之伯林雉經，不知何指。王叔師見晉語有太子雉經之事，遂以伯林爲申生，而訓爲長君。實無明據也。至大雅文王有聲之文王烝哉，則韓詩訓烝爲美。其說塙不可易，不得如毛傳訓爲君上之君也。下文有王后烝哉、皇王烝哉。若訓烝爲君，則與王后、皇王字義相複矣。徧考經傳之文，未有謂君爲林、烝者，則林、烝之本訓爲群明矣。天、帝、皇、王、后、辟、公、侯爲君上之君，林、烝謂群聚之群，而得合而釋之者，古人訓詁之旨，本於聲音，六書之用，廣於假借，故二義不嫌同條也。玉澍案，荀子王制篇云：君者，善群也。韓詩外傳曰：君者，群也。春秋繁露曰，君者，群也。又曰：君者，不失其群者也。白虎通曰：君之爲言群也。又曰：君，群也。群下之所歸心也。逸周書太子晉解曰：侯能成群曰君。又謚法解曰：從之成群曰君。君爲群，群即爲衆，故林、烝爲衆亦爲君。林、烝之爲衆，猶君之爲群也。衆則有大義。林、烝之爲君亦爲衆，猶皇、王之爲君亦爲大也。韓詩訓烝爲美。白虎通曰：皇，君也，美也。詩烈文傳、執競傳並曰：皇，美也。禮記曲禮正義引孟京曰：王，美稱。詩羔裘：洵直且侯。釋文引韓詩：侯，美也。烝之爲美，亦爲君，猶皇、王、侯之爲美，亦爲君也。林者，隆也。漢書地理志：河内郡隆慮。後漢郡國志作林慮。荀子曰：君者，國之隆也。注隆猶尊也。林者，臨也。左氏定八年傳林，楚公羊傳作臨南。詩皇矣正義曰：臨者，以上臨下之名。皇侃論語疏曰：臨謂以高視下也。釋詁：烝，進也。説文：烝，火氣上行也。烝，有進而在上之義。又書多方：不蠲烝。馬注訓烝爲升，升亦上也。易升釋文引序卦云：升，上也。上亦君也。禮記：中庸上焉者。鄭注：上謂君也。廣雅釋詁，上，君也。毛公訓壬林之林爲君，班固訓林鐘之林爲君，王逸訓伯林之林爲君，范望注太元元數亦以林鐘之林爲君，毛公訓文王烝哉之烝爲君，鄭康成訓武王烝哉之烝爲君。兩漢大儒相承之訓詁，後人豈容妄逞異辭。且王后烝哉、皇王烝哉，王后、皇王指文王而言。烝訓君，歎其盡君道，何謂複乎。釋詁雖有一訓兩義之例，皆不須改其音讀。如王氏説，則是一君字既讀爲君，又讀爲群。專讀爲君，與林、烝之義不合。徑讀爲群，又與天、帝、皇、王、后、辟、公、后、侯之義相妨。不使人無所適從乎。且釋詁云者，謂解詁也。夫既以君釋之，又須後人讀爲群以釋之，是雖釋而仍難解。作爾雅者何不另立林烝群也一條，以别於天帝皇王后辟公侯之訓君。而故爲此隱而不露之詞，使讀者求形聲於無言之表，於釋之義不亦大相剌謬也乎。此好奇害理之説，不可從也。王氏又曰：䇓、竢、替、戾、底、止、徯，待也。䇓、竢、徯爲竢待之待。替、戾、底、止爲止待之待。㕧、幾、烖、殆，危也。危有二義：一爲危險之危，幾、烖、殆是也。一爲詭詐之詭，㕧是也。㕧蓋譎之别體。危則詭之假借。漢書天文志司詭星出正西，史記天官書詭作危。淮南説林篇尺寸雖齊必有詭，文子上德篇詭作危。是詭與危通。故以二義合爲一條。猶林、烝爲群而群通作君，遂與天帝皇王后辟公后[侯]同訓爲君也。昌、敵、强、應、丁，當也。昌爲當理之當，敵、强、應、丁爲相當之當。案，此皆好爲區別，未有竢待而不留止者。𥪕竢字皆從立。徯字玉篇亦從立作𥪡，立則有止而不行之義。說文：立，住也。一切經音義十七：駐，古文作住、尌、侸、逗四形。一切經音義八引蒼頡：駐，止也。止又訓立竢。禮記檀弓：吉事雖止不怠。注：止謂立竢時事也。是竢待之待，與止待之待，不必分二義也。說文、玉篇、廣韻並訓噊爲危，多言多敗，此噊字從口訓危之義也。字又與僪通。呂氏春秋明理篇：其日有鬭蝕，有倍僪。注：僪，日旁之危氣也。是噊、幾、烖、殆之訓危不必分二義也。當理之當訓合。淮南子原道訓注、覽冥訓注並曰：當，合也。相當之當訓值。說文云：當，田相值也。國語晉語當之者戕焉，又云朱也當御。韋注並曰：當，值也。相值則相合，不相值則相離，非有二義，兩軍相當謂之合戰，是其明證。近人分別訓合者讀丁浪反，訓值者讀都郎反，考禮記月令：斬殺必當。注云：當，謂值其罪。釋文：當，丁浪反。是讀丁浪反者亦訓值，音同而義亦通。是昌、敵、强、應、丁之訓當，不必分二義也。

訓異義同例

訓異而義同者，如釋詁：俶，始也。俶，作也。作亦始也。詩駉傳及廣雅釋詁並曰：作，始也。烝，君也。烝，衆也。君亦衆也。白虎通及廣雅釋言並曰：君，群也。群即衆也。介，大也。介，善也。善亦大也。桑柔箋：善猶大也。周易繫辭上傳莫善乎蓍龜，本亦作莫大乎蓍龜矣。駿，大也。駿，長也。長亦大也。呂氏春秋本味篇：長澤之卵。注：長澤，大澤也。迄、戾、懷，至也。訖、懷、戾，止也。止亦至也。詩淑慎爾止、魯侯戾止，傳並曰：止，至也。說文辵部無迄，古止作訖，今釋詁一作迄、一作訖，非是。類篇言部引釋詁作訖，至。嘉，善也。嘉，美也。美亦善也。說文云：美與善同意。周禮大司徒：媺宮室。釋文：媺音美。注：美，善也。豫、康，樂也。豫、康，安也。安亦樂也。史記樂書：而民康樂。張守節正義曰：樂，安也。淮南子氾論訓：而百姓安之。注：安，樂也。辟，法也。辟，辠也。辠亦法也。說文：辠，犯灋也。灋，刑也。刑即辠矣。亶，信也。亶，厚也。信亦厚也。大戴禮衛將軍文子篇：信德之厚也。妃，合也。妃，匹也。妃，對也。妃，媲也。合、匹、對、媲四字義並相通。貉，靜也。貉，定也。定亦靜也。周書謚法解：大慮靜民曰定。寧，靜也。康，靜也。寧，康，安也。安亦靜也。詩靜言思之、莫不靜好，傳箋並訓靜爲安。說文云：安，靜也。靜又作竫，說文云亭安也。永，遠也。永、長也。長亦遠也。詩：順彼長道。箋云：長，遠也。說文：長，久遠也。矢，陳也。矢，弛也。弛通作施，施亦陳也。詩：矢其文德。傳：矢，施也。正義曰：謂施陳文德。延、薦，陳也。延、薦，進也。進亦陳也。郝氏曰：延者引之進也。引訓陳，延亦訓陳、引訓進，延亦訓進。薦者陳之進也。滅、殄，盡也。滅，殄，絶也。絶亦盡也。文選鮑明遠還都道中詩：絶目盡平原。注：絶，猶盡也。瘽、癉，病也。詩板正義云：癉，病。釋詁文。今本作瘽，俗字也。勤、癉，勞也。勞亦病也。說文：癉，勞病也。釋文云：瘽，字亦作懃。嚴氏曰：懃即勤之俗體。據此知古本爾雅瘽作勤，與下勤勞之勤同字。瘽，病也。悝，憂也。憂亦病也。孟子有采薪之憂。注：憂，病也。瘽爲悝之俗體，說文悝字注：一曰病也。妥、安，止也。妥、安，坐也。坐亦止也。說文：坐，止也。績，業也。績，功也。功亦業也。易文言傳：君子進德修業。正義：業謂功業。就，成也。就，終也。終亦成也。凡事始於作而終於成，故作爲始而成爲終。樂毅報燕惠王書曰：善作者不必善成，善始者不必善終。善作即善始，善成即善終。書：益稷簫韶九成。正義引鄭注：成，猶終也。國語周語：高朖令終。韋注：終，猶成也。詩：似先公酋矣。傳云：酋，終。箋以爲終成矣。育、艾，長也。育、艾，養也。養亦長也。國語晉語：是養吾疾而干吾祿也。注：養，長也。長，音丁丈反。夏小正執養宮事、時有養日、時有養夜，傳並訓養為長。長音直良切，然義可互通，音亦不必分也。歷，傳也。歷，相也。相亦傳也。書周官：太傅。傳謂傅相。卒，已也。卒，終也。卒，死也。死亦終也，終亦已也。左氏僖二十四年傳：婦怨無終。注：終，猶已也。釋言：貿，市也。貿，買也。

市亦買也。説文：市，買賣所出也。廣雅釋詁：市，買也。爽，差也。爽，忒也。忒亦差也。易豫：而四時不忒。釋文引鄭注：忒，差也。將，送也。將，資也。資亦送也。莊子德充符：不以翣資。釋文引李注：資，送也。祺，祥也。祺，吉也。吉亦祥也。儀禮士虞禮記：期而小祥。注：祥，吉也。髦，選也。髦，俊也。俊亦選也。郭云：俊士之選。逮，遝也。逮，及也。遝亦及也。玉篇辵部：迨，遝。行相及。方言：遝，及也。釋訓：明明，察也。萌萌，在也。在即察也。釋詁：在、存，察也。萌萌即明明也。周禮占夢注[注字衍]：乃舍萌於四方。注：杜子春讀萌爲明，其字當作明。是萌、明字通。有引作蔄蔄者，字之訛也。説見前。條條，智也。悠悠，思也。智即思也。郭注云：智思深長。條條即悠悠也。釋文云：條條，舍人本作悠悠。秩秩，智也。秩秩，清也。清即智也。易象上傳：則刑罰清而民服。虞注：清，明也。明即智也。肅肅，敬也。肅肅，恭也。恭亦敬也。釋詁：恭，敬也。廱廱，和也。廱廱，民協服也。協亦和也。釋詁：協，和也。夢夢，亂也。儚儚，惛也。儚儚即夢夢也，惛即亂也。詩民勞傳：惛怓，大亂也。此皆訓異義同之例也。

相反爲訓例

釋詁：徂、在，存也。注云：以徂爲存，猶以亂爲治，以曩爲曏，以故爲今，此皆訓詁義有反覆旁通，美惡不嫌同名。蒙案，此謂相反爲訓。釋詁、釋言、釋訓篇此類尚多，郭注所舉未盡。如哉，始也。在，終也。在即哉也，始、終相反爲義。在，説文作扗，從土，才聲。哉，説文作哉，從口、𢦏聲。𢦏，從戈、才聲。故知在與哉通，哉又與載通。詩駟驖箋、載見傳並曰：載，始也。釋天：唐虞曰載。注：取物終更始。是載之義包乎始終。落，始也。落，死也。始即生也，與死相反。死即終也，與始相反。昧於此義，而落乃別作𣧠矣。愉，樂也。愉，勞也。勞苦與安樂義反。豫，樂也。豫，厭也。厭惡與愛樂義反。繇，憂也。繇，喜也。憂與喜義反。念，思也。勿念，勿忘也。忘與思義反。鞠，盈也。鞠，窮也。窮盡與盈滿義反。康，靜也。康，安也。康，苛也。苛擾與安靜義反。國語晉語：以皐落翟之朝夕，苛我邊鄙。注：苛，擾也。一切經音義十六引國語賈氏注：苛猶擾也。郝氏不知此義，引康謂之蠱，謂康細碎之物，與苛細、苛擾義近，其說非也。俞氏讀康苛爲抗苛，說亦非也。逮、暨、及，與也。暨，不及也。不及與與義反。育，長也。鞠，穉也。鞠即育也，穉幼與長義反。詩鴟鴞正義引釋言鞠穉作鬻稚，又引郭璞曰鞠一作毓。說文毓爲育之重文。故知鞠、育字通。詩谷風昔育恐育鞠，上育字箋訓幼稚，下育字箋訓長老。釋言之鞠穉即詩箋之育穉也。茅，明也。茅即釋天之雺，郭以雺爲蒙昧。既爲昧，又爲明者，以相反爲義。舍人知此義，故云茅昧之明也。沈括若知此義，可無疑於釋草蘦大苦之爲甘草矣。而榮而實者謂之秀，郭本作不榮而實者謂之秀。兩說不同，亦可援此例而兩存之，無容偏執以爲之說。

同字爲訓例

爾雅有同字爲訓之例，如釋詁：于，於也。此以今字釋古字也。于，說文作亏，亦訓於。段注云：釋詁、毛傳皆曰亏，於也。凡詩書用亏字，論語用於字，蓋于於在周時爲古今字，故釋詁以今字釋古字也。嗟、咨，𨲠也。嗟𨲠二字上下互訛。書堯典正義曰：咨，嗟。釋詁文。文選歎逝賦注引爾雅：咨，嗟也。皆嗟字在下。則𨲠當在上明矣。釋文：𨲠，本或作𨱼。引字林云：皆古嗟字。此亦以今字釋古字也。山海經海外東經：𨲠丘。注云：一曰嗟丘。太玄膏：上九，時𨲠𨲠。王涯亦以𨲠爲古嗟字。嚴氏元照以𨲠不見說文，謂當從陸佃本、雪窗本作𩭿。說文髟部：𩭿，髮好也。嗟、咨訓𩭿，于義難通。說文於古籀字不能備載，後人以不見許書之字，概滋疑議。觀吳氏大澂所譔說文古籀補一書，其亦可以恍然矣。德清俞氏謂嗟、𨱼同字，以嗟釋嗟，義不可通。當以嗟字爲句，咨𨲠也三字爲句。此不知同文相訓之例而爲此說。迺，乃也。賡，續也。皆以今字釋古字也。毛詩乃迺互見。廣韻十五海：乃，古文作迺。列子釋文亦云：迺，古乃字。說文以賡爲古文續字。釋言：遹，述也。釋文：遹，古述字。釋訓釋文亦云遹，古述字。此孫炎說也。釋詁：遹，自也。遹，循也。釋文云：遹，孫云古述字。一切經音義卷十八、卷廿四，書甘誓正義引皆作述循。說文遹、述異字。與孫說不同者，師授各異，不可據許書以疑孫說。書：今民將在祇，遹乃文考。詩：遹駿有聲。釋文皆云：遹，又音述。此亦以今字釋古字也。粻、糧也。考粻字不見說文。而書費誓峙其糗糧，說文食部引作峙乃餱粻。許所引乃古文尚書，則粻當爲糧之古文。論語：在陳絶糧。釋文：糧，鄭本作粻。楚辭哀時命：日饑饉而絶糧。集注：糧亦作粻。文選思元賦餐沆瀣以爲粻，後漢書張衡傳粻作糧，章懷注：糧或作粻。皆可爲粻糧同字之證。燬，火也。釋文引李巡云：燬，一音火。顧氏炎武詩本音及唐韻正廿四果。皆云：火，古音毁。李氏黼平毛詩紬義曰：毛傳燬，火也。非以火訓燬，蓋謂燬即火字。段氏玉裁詩經小學曰：火，古讀如燬，燬即火字之異文。蒙謂說文火部火訓燬，燬亦訓火、謂火燬字同。非惟轉注，猶之草部葍訓䔰，䔰亦訓葍，謂葍、䔰字同也。苗訓蓨，蓨亦訓苗，謂苗、蓨字同也。茦訓莿，莿亦訓茦，謂茦、莿字同也。唐韻正：一屋葍去聲，則音富。是葍、䔰字同。䔰從富聲。富從畐聲。葍從畐聲。苗從由聲、蓨從脩聲，由、脩叠韻。苗音徒歷切，蓨音他歷切，亦係叠韻。茦從朿聲，莿從刺聲，刺亦朿聲。許氏於葍䔰、苗蓨、茦莿雖未明言爲一字，而以例求之，其爲一字無疑矣。如竝訓併，併亦訓竝。而儀禮士昏禮、公食大夫禮、士喪禮、少牢饋食禮之以竝，皆古文作竝，今文作併，則竝併二字，漢時爲古今字也。且說文葍、䔰二篆，苗、蓨二篆，皆先後相次。許氏於當時同讀通用之字，皆二篆先後相次，有似一爲正文，一爲或體。如日部之昃、昊，王部之玭、瑳，手部之抏、抈，竹部之筭、算，乃部之乃、卤，号部之号、號，喜部之喜、憙，豈部之豈、愷，豆部之豆、梪，丶部之丶、主，鬥部之鬥、鬭，女部之妴、婉，江氏沅曰：妴與婉同音同義，可作重文。屮部之荃、岑，食部之饟、餉，立部之竫、靖。水部之洿、污，汩、潰。永部之永、羕，丌部之巺、顨，邑部之邠、豳，皆其例也。然則釋言云：燬，火也。謂燬字亦作火也。竝併也。謂竝字一作併也。非徒訓其義也。故邢昺疏云：竝、併古今字。翿之訓纛亦然，通志堂釋文本、閩本、監本、毛本作翻，唐石經、宋本作翢，俗字。謂翿字亦作纛也。下文翿翳也，說文作翳翳，引詩左執翳，今詩翳作翿。爾雅釋文：纛，字又作翿。玉篇系部：纛，徒到切，亦作翿。翿爲翵之隸變，翿爲翿之或體，故段氏説文解字注云：翵、翢、翿字同。此亦以今字釋古字也。釋艸云：蔨，蘦。謂苗字一作蘦也。廣韵四十九宥引爾雅：蘦，蔔。蔔作蘦，蘦作蔔，亦字同之證。苗，蓨。謂苗字一作蓨也。莿，莿。釋文云：剌字又作𠛬，又作𦶟。𠛬，訛字。謂莿字一作莿也。蕐之訓荂亦然，謂蕐字一作荂也。説文蕐，艸木蕐也，從𠂹、亏聲。或從艸作荂。蕐，榮也，從艸、蕐。段氏謂蕐、蕐音義皆同。蕐與蕐爲一字，蕐與荂亦一字矣。郭注謂江東呼蕐爲荂，音敷，不知古蕐字無不音敷。𠌶從亏聲，荂從夸聲，夸亦亏聲。以郭氏之博雅而猶不識荂、蕐爲一字，於後人更無足怪矣。釋蟲之蜎蠉亦然，謂蜎字一作蠉也。一切經音義三蜎或作蠉，是其證。説文懁讀若絹。論語狂狷，孟子作狂獧。玉篇獧重文作狷。一切經音義二引三蒼：罥，古文作䍲。亦其例。説文：蜎，肙也。從段氏本蜖，肙小蟲也。郭注蜎蠉爲井中小蛣蟨，即謂小蟲。然則爾雅以蠉爲蜎，説文以蜎爲肙，皆取同字爲説。段氏止知蜎、肙爲古今字，不知蜎、蠉亦古今字，拘於説文蠉訓蟲行之説故也。賴有爾雅元應書，知蠉爲蜎之或體。戰國策楚策：楚王問於范環。史記作范蜎，徐廣曰一作蠉。黄氏丕烈校國策，亦謂蠉、蜎同字。嘗謂説文一書，有以古字釋今字之例，有以今字釋古字之例，要皆本於爾雅。如蜎，肙也。舃，誰也。舃為小篆，誰為籒文。段氏以舃為古文，謂以今字釋古字，説非。此以古字釋今字也。亐，於也。突，深也。説詳段氏注。此以今字釋古字也。威，滅也。顛，㬎也。旱，厚也。自，鼻也。王部曰：自讀若鼻。嫛，婉也。褮，褮也。衣部褮下引詩衣錦褮衣，林部褮下引詩衣錦褮衣，褮褮一字，而分隸二部。猶口部呭下引詩無然呭呭、言部詍下引詩無然詍詍，走部趩下引詩不敢不趩、足部蹐下引詩不敢不蹐，呭詍、趩蹐亦一字分隸二部。説文此類甚多，兹不備舉。缸，瓨也。玉篇缸與瓨同。廣韻缸重文作瓬，瓬即瓨之訛。集韻亦云瓨與缸同。從缶之字或從瓦，如缾作瓶、䍃作瓾之類皆是。此以同字爲訓，而未可辨其孰今孰古者也。非唯説文爲然也，傳注家亦有之。如毛詩草蟲傳：趯趯，躍也。此以今字釋古字也。巧言：躍躍毚兔。釋文：躍，力狄反。是讀如趯趯阜螽之趯。爾雅釋訓：躍躍，迅也。釋文：躍，余斫反。是讀如魚躍于淵之躍。孫愐唐韻躍、趯並音以灼切。韓詩作趯趯毚兔。漢書李尋傳：涌趯邪陰。注：趯與躍同。躍趯本一字，説文亦分隸二部。周禮：太史協事。注：故書協作叶，杜子春云叶，協也。說文：協，古文作叶。考工記匠人注：⿰田巜，畎也。釋文：畎與⿰田巜同。案，⿰田巜當作甽。說文：𡿨，水小流也。古文作甽，籀文作畎。玉篇、廣韻皆以⿰田巜為畎之古文。淮南俶真訓注：㭒，蘗也。說文㯭重文作蘖，古文作不，又作㭒。皆是。於爾雅又何疑焉。

同聲爲訓例

同聲爲訓者，以聲爲義，即義見聲。如釋詁：錫，賜也。即讀錫爲賜也。易師：王三錫命。釋文：錫，徐音賜，鄭本作賜。粵，曰也。即讀粵爲曰也。尚書曰若稽古，薛季宣古文尚書作粵若稽古。係，繼也。即讀係爲繼也。廣韻十二霽，係、繼、繫三字同音古詣切。後漢李固傳群下繼望，即係望。釋蟲有密肌繼英，釋鳥有密肌繫英，繫英即繼英。誥，告也。即讀誥爲告也。書序云作帝告，史記殷本紀作帝誥。周禮大祝云：三曰誥。杜子春注：誥，當爲告，書亦或爲告。藎，進也。即讀藎爲進也。列子天瑞篇：終進乎不知也。注：進當爲藎。漢書高帝紀：蕭何爲主吏、主進。師古曰：進者會禮之財也，字本作賮，又作贐，音皆同耳，古字假借，又轉而爲進。陳遵傳：數負進。師古亦曰：進者會禮之財也，藎之讀爲進，猶進之讀作盡與贐矣。肅，速也。即讀肅爲速也。特牲饋食禮注：宿，或作速。記作肅。矢，弛也。古本作矢施，即讀矢爲施也。詩江漢矢其文德，禮孔子閒居引作弛其文德，皇本作施。釋文施訛作弛。下文云施弛，如字，皇本作施布。可證。翰，榦也。即讀翰爲榦也。釋文云：榦，本又作幹，胡旦反，又作翰。翰榦字雖通，此榦字斷不得作翰。漢書郊祀志：井榦樓高五十丈。師古曰：榦，或作翰，說文翰、榦皆倝聲也。輔，俌也。即讀輔爲俌也。大誥正義引棐俌作棐輔。詩杕杜箋：比，輔也。正義曰：比，輔。釋詁文。彼輔作俌音義同。登，陞也。古本作登升，即讀登爲升也。禮記樂記男婦無別則亂升，史記樂書升作登。儀禮喪服傳注：登，字當作升。假，嘉也。即讀假爲嘉也。詩假樂君子，禮中庸及孟子離婁注、左傳並作嘉樂。仍，乃也。即讀仍爲乃也。周禮司几筵：凶事仍几。鄭注：故書仍爲乃。鄭衆注：乃，讀爲仍。乃之讀爲仍，猶仍之讀爲乃也。接，捷也。即讀接爲捷也。易晝日三接、内則接以太牢，鄭皆讀接爲捷。時、寔，是也。即讀時、寔爲是也。詩亂是用餤，列女傳是作時。毛詩古音考云：時音是。書：是能容之，是不能容，大學是作寔。唐韻正云：寔去聲，則音是。釋言：底，致也。即讀底爲致也。尚書：乃言底可績。傳：底，致。正義曰：底聲近致，故爲致。説文底爲砥之本字，訓柔石。尚書多假底爲致，故史記多引作致。釋鳥釋文鴟或作鵄，節南山箋氏讀爲桎，亦其例也。豫，叙也。即讀豫爲叙也。祭義注：序，或爲豫。鄉射禮注：今文豫爲序。序叙字又通。豫、序從予聲，叙從余聲，予、余字通，故予聲、余聲之字亦通也。敖，傲也。即讀敖爲傲也。説文敖本訓出遊，即今遨字。詩多假敖爲傲。謔浪笑敖，藝文類聚十九、御覽三百九十一引詩並作笑傲。彼交匪敖，漢書五行志引作匪傲匪傲。罔，無也。即讀罔爲無也。書罔水行舟，夏本紀罔作無。罔有攸赦，殷本紀罔作無。罔之讀爲無，猶亡之讀爲無、荒之讀爲幠、詩遂荒大東，釋詁注作遂幠大東。禮投壺毋幠毋敖，大戴記作毋荒毋傲。㦽之讀爲撫也。舞，古文作翌。撫，古文作辷。亦其例矣。履，禮也。即讀履爲禮也。詩率履不越，漢書宣帝紀、蕭望之傳作率禮不越。易履霜堅冰至，鄭讀履爲禮，亦其證。矢，誓也。即讀矢爲誓也。表記引氓篇信誓旦旦，釋文出信誓，云本亦作矢。矢下舊有誓字，誤衍。易晉上六失得勿恤，虞翻失作矢，云古誓字。樊，藩也，即讀樊爲藩也。詩止于樊，漢書昌邑王傳作止于藩。葵，揆也。即讀葵爲揆也。葵與揆，説文皆從癸聲，故相通借。務，侮也。即讀務爲侮也。詩外禦其務，國語周語及左氏僖二十四年傳引詩務作侮。甲，狎也。即讀甲爲狎也。詩能不我甲，韓詩甲作狎。徐仙民讀胡甲反，即狎音也。粲，飧也。即讀粲爲飧也。釋文：飧、謝素昆反。字又作餐，詩緇衣傳粲飧，正義本作粲餐。粲之讀爲飧，猶餐之通作飧也。訛，化也。即讀訛爲化也。化古音訛。漢書天文志與人逢遻訛言，史記天官書作逢俉化言。幕，暮也。古本作幕莫，説文無暮字。莫，説文作茻，云日且冥，從日入茻中。即讀幕爲莫也。幕莫並讀慕各切。幕府古亦作莫府，幕絡古亦作莫絡，説詳郝氏義疏。眕，殄也。即讀眕爲殄也。眕與殄皆從㐱聲，故相通借。偶，遇也。釋言：遇，偶也。一切經音義卷三、卷九，文選任彦昇爲齊明帝讓宣城郡公表注，嵇叔夜與山巨源絶交書注引爾雅並作偶遇。即讀偶爲遇也。史記殷本紀：爲偶人。索隱曰：偶音寓。孟嘗君傳：見木偶人、土偶人相語。索隱曰：偶音遇。天官書：氣相遇者。索隱曰：遇音偶。干，扞也。即讀干爲扞也。左氏成十二年傳：此公侯之所以扞城其民也。扞城即干城。下文引詩曰：赳赳武夫，公侯干城。釋訓：便便，辯也。即讀便爲辯也。書平秩東作，史記作便程東作，周禮馮相氏注作辯秩東作。蹻蹻，憍也。即讀蹻爲憍也。詩板正義引釋訓作蹻蹻驕也。韓詩外傳四牡驕兮，新序刺奢篇作四牡蹻兮。敖敖，傲也。即讀敖爲傲也。單言之曰敖，重言之曰敖敖。敖敖之爲傲，猶敖之爲傲也。敏，拇也。即讀敏爲拇也。敏從每聲，每從母聲，拇亦從母聲。暴虎，徒搏也。即讀暴爲搏也。匡謬正俗曰：暴有薄音。漢書宣帝紀注：暴室或曰薄室者，薄亦暴也。此皆同聲爲訓之例也。毛公詁訓傳此例最多，如輖朝、威滅之類，不可枚舉，即本爾雅，不獨釋詁三篇有此例也，以下亦有之。釋器：絇謂之救。謂絇讀爲救也。説文絇讀若鳩，即救之平聲。而救字亦有平聲一讀，武王盤銘以救韻遊，詩谷風以救韻舟、遊、求，是其證。周人[禮]履人：青句。注云：絇謂之拘。士冠禮注絇之言拘也，鄭本爾雅作絇謂之拘。則絇字應讀作拘，其字皆作句聲。救字亦有拘音，周禮司救釋文引劉昌宗音拘，是其證也。環謂之捐。謂環讀爲捐也。錢氏玷曰：古睘與肙同聲，故狂狷亦作狂獧，方圜或作方圓。環謂之捐者，蓋依聲而别其名也。璲，瑞也。説文無璲，古止作遂。芄蘭箋曰：遂，瑞也。遂得爲瑞者，謂假借也，郝氏謂以聲爲義是矣。斧謂之黼者，謂斧讀爲黼也。覲禮天子設斧依，顧命作黼依。斧之通作黼，猶父之通作甫也。邸謂之柢。謂邸讀爲柢也。邸、柢皆從氐聲。邸借字，柢正字也。釋天：濟謂之霽。即讀濟爲霽也。洪範曰霽，史記宋微子世家作濟。濟借字，霽正字。釋草：戎葵謂之荏菽。謂戎讀爲荏也。古韻侵東相轉，唐韻正所引甚詳。詩蓺之荏菽，周禮天官注作蓺之戎菽，是其字通矣。

兩句相承例

兩句首尾相承，其字有義異者，有義同者。如釋詁：尸，寀也。寀、寮，官也。矢、弛也。弛，易也。釋言：啜，茹也。茹、虞，度也。淩，慄也。慄，慼也。此義異者也。釋詁：即，尼也。尼，定也。釋言：流，覃也。覃，延也。速，徵也。徵，召也。茅，明也。明，朗也。疧，肆也。肆，力也。葵，揆也。揆，度也。煽，熾也。熾，盛也。翻，纛也。纛，翳也。此義同者也。以此例推之，而知憯，曾也。增益也，古本當作曾益，與憯曾字同。此二句相承，字同義異之例也。孟子：曾益其所不能。音義引丁音，依注曾當讀作增，引張音曾與增同。此增字古止作曾之證。加土作增，後人以今字改古字也。

轉相訓例

爾雅有轉相訓之例。其文上下相承，不容或異。如遹遵率循訓自，遹遵率又訓循。郝氏謂展轉相訓，其義俱通。詩緜正義、抑正義引釋詁遹自作聿自。釋文于異本不盡載，故但引孫炎云遹、古述字，讀聿，不云本又作聿。釋言律率也，詩文王正義、禮器正義引作聿述，孝經開宗明義章釋文引亦作聿述，是元朗亦曾見作聿之本。不云律本又作聿者，闕也。易坎填釋文引爾雅：洊，再也。莊子在宥釋文引北戴斗極為空同。今釋言作荐再，釋文不云荐本又作洊。釋地作空桐，釋文不云桐本又作同。以釋文證釋文，而知其闕而不錄者多矣。嚴元照爾雅匡名据拾爾雅異文，於此數條亦未之及。上遹字作聿，下遹字當亦有作聿者矣。書五子之歌正義爾雅匡名誤作甘誓正義。引釋詁遹循作述循，一切經音義卷十八、卷二十四並引作述循。下遹字作述，上遹字當亦有作述者矣。王制正義、曾子問正義、文王世子正義、內則正義，並引釋詁率循作帥循。下率字作帥，上帥字當亦有作帥者矣。法、則、刑、範、矩、律訓常，刑、範、律、矩則又訓法。釋文於彝下出範字，云音犯、本又作范，說文作笵，云：法也。同。上範字作范，下範字當亦有作范者矣。允、亶、展、諶、誠訓信，展、諶、允、亶又訓誠，郭注以爲轉相訓。大明正義曰：忱，信。釋詁文。文選寡婦賦注引爾雅：忱，信也。書大誥正義引釋詁：忱，誠也。上下兩諶字皆作忱矣。粤、于、爰訓曰，爰、粤又訓于，爰、粤、于又訓於。書太甲正義、詩東門之枌正義、清廟正義，皆引釋詁粤於作越於。匡名誤以越於為粤于之異文。下粤字作越，上二粤字當亦有作越者矣。仇、偶、妃、匹訓合，仇、妃又訓匹。民勞正義曰：逑，合。釋詁文。關雎正義曰：逑，匹。釋詁文。上下兩仇字皆作逑矣。永、悠、迥、遐訓遠，永、悠、迥、遠又訓遐。洞酌正義引迥遠作洞遠。上迥字作洞，下迥字當亦有作洞者矣。剋、肩、堪訓勝，勝、肩、戡又訓克。克，正字，剋，俗字，上下皆當作克。堪，借字，戡，正字，古或同作堪，或同作戡。唐石經及宋本皆上作剋，下作克，下作堪，上作戡，非也。釋文出堪字，云又作戡，同苦含反，不云下同者，陸氏之闕誤也。亮、左、右訓道，亮又訓右，左、右又訓亮。郭氏謂反覆相訓以盡其義。反覆相訓者，亦轉相訓之謂也。詩何人斯箋：反側，展轉也。正義曰：反側者翻覆之義，故以爲展轉。釋文云：道，本或作導，下同。其説是也。肅、遄、速、亟訓疾，肅、亟、遄又訓速。釋文出亟字，云欺冀反。又出肅亟，云字又作苟，說文：苟，自急敕也，從羊省，從勹省，從口。大徐音己力切，與從艸句聲之苟形似、音義迥別。同居力反，經典亦作棘。兩亟字相承，不得上作亟下作苟。字又作苟云云，當隸於亟之下，云下同。不應隸於肅亟之下與上異也。若陸氏所見本止一苟字，必係後人所改，非爾雅之舊矣。勑、勤訓勞，勑、勞又訓勤。勑勤之勑，郭本誤爲勅。又作敕、又作飭。注云：以相約敕。亦爲勞。釋文勅，本又作飭，並恥力反，其形與音俱誤。易噬嗑：先王以明罰勑法。釋文云：勑，恥力反，此俗字也，字林作勅。案，勑本音力代反，其音恥力反者，爲勅字之訛，文選永明九年策秀才文注引易，正作明罰勅法。尚書勑我五典五敦哉、勑天之命、唯民其勑、慭和勑，皆當作敕。漢碑多以勑為敕。形似致誤，漢世已然。勅爲敕字之俗。字林有勅，說文、玉篇皆無之。廣韻二十四職收勅字，為敕字之重文，云今相承用勅。勑本音賚，尚知以勑為敕之非也。勅訛爲勑，勑又訛爲勅。説文力部：勑，勞也。即本爾雅。下文勑勞之勑，釋文作來。一切經音義十二引爾雅：來，勞也。又引舍人注：來，强事也。來，強事下有總釋之文。元應所引誤脱。說見經義述聞。是上下兩勑字皆作來也。寡鮮訓罕，鮮又訓寡。文選潘岳西征賦注引爾雅作尠寡，則上鮮字亦當有作尠之本。此皆轉相訓而先後相次者也。亦有分列兩處而轉相訓者。首、元訓始，而元又訓首。溢、慎訓靜，而溢又訓慎。隕、墜訓落，而隕又訓墜。績、業、公訓事，而績又訓業訓功，公即功也。七月正義曰：功，事。釋詁文。字正作功。厎、止訓待，厎又訓止。皆其例也。然則賚貢錫畀予貺賜也，賚畀陽予也，以轉相訓之例求之，陽爲錫字之訛，復何疑哉。書堯典正義曰：錫，與。釋詁文。知諸家本有作錫者，孔沖遠猶及見之。故釋文亦作錫，云音賜。今釋文本錫亦訛作陽，近儒遂妄謂陽、賜音通，而不覺其誤矣。

釋地四篇例

錢氏坫之注釋地四篇也，以山大而高曰崧，爲登封之嵩山，鋭而高嶠，爲今合水縣黄帝所葬之橋山，小而衆巋，爲山海經太行之首之歸山，小山岌大山峘，爲晉地道記之恒山岌。孫氏星衍爲之作序，專舉此數條，服其質核。其族父大昕亦極稱之。玉澍竊謂不然。釋山之前五嶽，爲周之五嶽。後五嶽爲漢之五嶽，爲漢儒之所附益。說見後。嵩高，禹貢以爲外方，左傳以爲太室，至漢武帝始名爲嵩高。故謂周語之崇山爲嵩高山者，韋昭之誤也。以大雅之崧高維嶽爲中岳嵩山者，應劭之誤也。毛傳曰：崧，高貌。山大而高曰崧。嶽，四嶽也。東嶽岱、南嶽衡、西嶽華、北嶽恒，而中嶽不與焉。毛公之不以崧爲嵩山也明矣。即謂嵩、崧與崇通用。詩序云：崇邱，萬物得極其高大也。是凡物之高大者皆可謂之崇。豈凡山之高者不可謂之崇，而必專指嵩高言耶。即專以山言，今澧州慈利縣有崇山，即尚書放驩兜之崇山。此山以崇名之最古者也。何以知其非專指尚書之崇山，而必謂其專指周語之崇山耶。歸與魄古字通。郭注山海經，于大魄之山音爲歸，不獨太行之首有歸山也。慶陽府合水縣之橋山，其字與嶠通。而山海經荆山東北百五十里之驕山，其字亦與嶠通。又列子湯問篇：渤海之東有員嶠矣。嶠與高義合，員與鋭義合。文選郭景純江賦：巫廬嵬崛而比嶠。顔延年車駕幸京口詩：山祇蹕嶠路。

和謝靈運詩：企予望衡嶠。江文通雜詩：山嶠備盈缺。注皆引爾雅：山鋭而高曰嶠。是凡鋭而高之山，皆謂之嶠也。説文山部無嶠，古止作喬。詩時邁及河喬嶽，淮南子泰族訓引作嶠嶽。詩又曰墮山喬嶽，謂爾雅之嶠專指橋山。然則詩兩言喬嶽，亦專指橋山言之乎。此必不然矣。小山岌大山，峘。説文無岌，引作駮，云馬行相及也。駮之爲言及也。及，連也。廣雅釋詁及，繼也。荀子儒效篇注謂小山與大山相繼而連續也。郭注以岌為高過，誤甚。小山安能高過大山。當以小山岌大山爲句，不得以小山岌爲句，即不得以岌爲山名。猶之大山宫小山霍，當以大山宫小山爲句，不得以大山宫爲句，水經注卷三十九引爾雅小山曰宫，此誤也。卷四十引小山宫大山為霍，不誤，又泚水篇引開山圍濡山闈繞大山為霍，與郭義合。晁補之作二句讀對解，梁玉繩瞥記已辨之矣。即不得以宫爲山名。小山別大山鮮，詩正義引孫炎曰：別，不相連也。與小山岌大山義正相反。以小山別大山爲句，不得以小山別爲句，即不得以別爲山名。釋文：峘，胡官反，一音袁。埤蒼云：峘，大山，又音恒。據恒音則字當作峘。廣韻二十六桓有峘字，十七登有峘字。注皆引爾雅，二者必有一非。説文無此字，當以顧希馮玉篇斷之。玉篇山部則有峘無峘，止有胡端一反，而引爾雅大山峘。此原本玉篇也，朱、曹、張各本峘，胡官切。亦有峘無峘。釋文、唐石經、單疏本、雪牕本皆作峘，未可以釋文音恒二字，遽定爲峘。且此果作恒，後人改作峘，則上文河北恒，下文恒山爲北嶽，何以仍作恒乎。釋文雖云音恒，而以前列二音爲是。臧氏琳經義雜記雖誤讀峘爲恒，訓恒爲長，尚未以峘爲山名。錢氏以晉地道記之恒山岌當之，不獨音誤，而句讀亦乖。校勘記從而取之，誤矣。總之釋地四篇，有專釋者，有泛言者。釋地之九州、十藪、八陵、九府、四極、四荒、四海，皆專釋也。若有比目魚之東方、比翼鳥之南方、比肩獸之西方、比肩民之北方，及邑外謂之郊十八句，皆泛言也。釋邱自邱一成爲頓邱，至方邱、胡邱共八句，自水潦所還埒邱，至其三在河南、其二在河北，共三十一句皆專釋也。絶高謂之京、非人爲之邱二句，及望厓灑而高岸，至谷者澂，共十二句，皆泛言也。釋山河南華五句，太山爲東嶽六句，皆專釋也。自山三襲陟，至山東曰朝陽，共三十九句，皆泛言也。釋水歸異出同流肥一句、此專釋詩我思肥泉也。詩人有所專指，則爾雅亦繫專指矣。

水經注曰：馬溝水，東南注淇水為肥泉也。博物志謂之澳水，在今衛輝府淇縣。水自河出爲灉十二句，江有沱三句，又自河出昆侖墟至九河，皆專釋也，餘皆泛言也。專釋者當求其地以證之，泛言者不必求其地以實之。有與爾雅合者引以爲説則可，謂爾雅專爲彼釋則不可。錢氏必欲一一以今證昔，塙指所在，不亦迂乎。或曰，釋山一成伾，似專指黎陽之大伾，在今衛輝府濬縣者而言。屬者嶧，似專指鄒之嶧山，在今兗州府鄒縣者而言。山如堂者密，似專指中山經之密山，在禹州密縣者而言。大山宮小山霍，似專指灊之霍山，在今霍山縣者而言。瀵大出尾下，似專指汾陽郃陽之瀵，在今蒲州府河津縣、同州府郃陽縣者而言，不在泛言之例。予曰，據臣瓚説黎陽有大伾山。據鄭康成説，則修武武德之界有大伾山。武德故城，在今武陟縣。據張揖、酈道元説，則成皋有大伾山。又周語云：檮杌次于丕山。據韋昭説則河東有大邳山。邳、伾字通。是山之以伾名者不一也。今密縣有密山。密縣志作密岵山，云西抵登封，南抵禹州。而中山經穀山西七十二里有密山，郭注疑非滎陽密縣之密山。又西山經不周之山西北四百二十里有峚山，郭音密。文選張平子思玄賦注引山海經作密山。汲冢周書、穆天子傳俱云：黄帝採密山之玉策。注云：密，一作峚。是山之以密名者不一也。今鄒縣東南有嶧山，漢書地理志魯國騶縣，嶧山在北是也。此詩魯頌之繹也。邳州西南有嶧山，地志東海郡下邳，嶧山在西，古文以爲嶧陽是也。此書禹貢之嶧也。又明史地理志：兗州府嶧縣東南有柱子山，舊名葛嶧山，丞水繞其下。是山之以嶧名者不一也。漢志：廬江郡灊縣，天柱山在南。酈道元以爾雅之霍，專指此山而言。考中山經，牛首山北四十里有霍山，郭注引爾雅大山繞小山爲霍，云平陽永安縣、漢志：河東郡彘縣有霍太山。應劭曰：順帝改曰永安。廬江灊縣、晉安羅江縣、河南鞏縣，皆有霍山。明山以霍名者非一矣。汾陽郃陽之瀵，説見郭注及水經注。而列子湯問篇云壺領山頂有口，狀若員環，有水涌出，名曰神瀵，一源分爲四。錢氏亦謂瀵、汾字通，引史記之汾門、春秋之濆泉以爲釋矣。安得以名有相同，遂謂專指一山一水釋之哉。孫氏之言曰郭、李、舍人僅隨意解釋，不箸所在。郭璞注山大而高崧，云今中嶽嵩高山，蓋依此爲名。亦未知其即釋嵩高山也。可不謂惑歟。噫，此豈郭氏之惑哉。

釋草七篇泛言例

釋草、釋木、釋蟲、釋魚、釋鳥、釋獸、釋畜七篇，有泛言而不專指一物者。釋草：蘪從水生，嶶垂水。此泛言也。篇末之芛葟華榮、蕍芛葟華榮，蕍字上屬為句，郭誤。卷施草拔心不死、蒟茭、荄根、欆橐含、華荂也、華荂榮也、木謂之華、草謂之榮、不榮而實者謂之秀、榮而不實者謂之英，皆泛言也。釋木櫬采薪、采薪即薪、灌木叢木、瘣木苻婁、蕡藹、枹遒木、魁瘣、榮桐木、棧木干木、木自獘柛、立死椔、蔽者翳、木相磨㰚、棤皵、梢梢擢，此泛言也。篇末之句如羽喬、下句曰朻、上句曰喬，如木楸曰喬、當作木如楸如喬。如竹箭曰苞、如松柏曰茂、如槐曰茂、柷州木、髦柔英、小枝上繚為喬、無枝曰檄、木族生為灌，亦皆泛言也。郭以蘪從水生為生於水中，嶶垂水為生於水邊。釋文云：薇音微，又音眉。顧云水濱生，故曰垂水。疏云：草生於水濱而枝葉垂於水者為薇。郭氏、顧氏、陸氏、邢氏皆不以薇為草名。近儒邵氏、郝氏以薇為薇菜。考詩云山有蕨薇、陟彼南山，言采其薇。史記伯夷列傳：登彼西山兮，采其薇矣。陸璣詩疏云：薇，山菜也。薇生於山，不得有垂水之名。且以垂水為薇之名，則上文從水生亦將為蘪之名乎。薇垂水不言生者，蒙上文蘪從水生而省也。郭氏知之，故云生於水邊。生字承上，邊字釋垂。說文云：垂，遠邊也。史記司馬相如傳：坐不垂堂。莊子逍遥遊：其翼若垂天之雲。索隱及釋文並云：垂，邊也。垂水即邊水，邊水即水邊，水邊即水濱。郭、顧二家依經立說，與望文生義不同。釋文微、眉二音，當以眉音為是。廣韻薇有二音。其在六脂者，與湄溦同音武悲切，引爾雅薇垂水。其在八微者，與微敳同音無非切，云菜也。音義極為分析，薇與湄溦同音，從之取義。釋水云：水草交為湄。釋文湄，本又作溦，生於水邊，即水草之交，故以薇名。此泛指水邊之草而言。以薇為菜，不獨義乖，音亦誤矣。卷施草拔心不死，以卷施為句，草拔心不死為句。謂凡草之拔心不死者，皆以卷施為名也。楚辭離騷云：攬中州之宿莽。王逸注云：草冬生不死者，楚人名曰宿莽。又九章云：搴長洲之宿莽。注云：楚人名冬生草曰宿莽。未嘗言拔心不死。郭氏誤以卷施爲宿莽，且作贊云：卷施之草，拔心不死，屈平嘉之，諷詠以比。郭氏説本劉逵吳都賦注。而沈懷遠越南志又依附劉郭之説，云甯鄉縣草多卷施，拔心不死，江淮間謂之宿莽。洪興祖楚辭補注亦云：卷施即宿莽。實大謬也。宿者，久也，小爾雅廣詁舊也，漢書霍去病傳注留也，廣雅釋言積久也，莊子徐鬼釋文久留也。漢書韓安國傳注莽者，草也。宿莽即宿草。草冬生不死謂之宿莽，猶麥冬生不死謂之宿麥，與拔心不死之義無涉。卷謂斷絶，見史記蘇秦傳正義。釋詁拔訓盡，亦有斷絶之義。拔又取也，國策秦策：拔燕酸棗。注：拔，取也卷亦取也。淮南子兵略訓：南卷沅湘。注：卷，屈取也。卷訓收，儀禮公食大夫禮注收亦取也。左傳襄二十七年注：收，取也。廣雅釋詁同。不死者生也，施亦生也。管子地員：鳥獸安施。注：施有以為生。文選閒居賦：陰謝陽施，即陰謝陽生。施訓敷，説文攱訓敷、敷亦訓攱，攱即施也。敷亦生也。漢書地理志：筱蕩既敷。注：敷，布地而生也。敷又作尃。易説卦傳：震為尃。正義云：尃，布而生也。施又訓興，後漢書王充王符仲長統傳論注：施舍猶興廢也。與亦生也。離騷注：史記樂書正義並曰：興，生也。拔心不死，故曰卷施，與冬生不死之義無涉。冬生不死，同於松柏後凋，故屈子以爲喻。王逸云：木蘭去皮不死，宿莽遇冬不死，以喻讒人雖欲困己，己受天性終不可變易也。夫性即心也，性不可變易，即心不可變易也。志士仁人所恃者心耳，何取於拔心不死之草哉。卷施非草名，更非宿莽。宿莽亦非草名，郭、劉不惟誤解爾雅，亦誤會離騷矣。菂，茭。茭當作芰，與下文荄根爲一條，皆言根也。臧氏琳、段氏玉裁、錢氏大昕與郝氏之説並同。欔橐含，與下文華荂也爲一條。臧氏、錢氏、嚴氏之説並同。郭氏不知芛葟華榮以下皆泛言，以卷施爲宿莽，菂茭爲蕩，紹緒如指，空中可食，于欔橐含則云未詳，與郝氏以薇垂水爲薇菜，同一誤也。櫬采薪，采薪，即薪。郭以上謂字連讀雖誤，而云指解樵薪則不誤。櫬字與上櫬梧字同而義異，櫬爲親字之增文。而親又與新通，即薪字之假借也。一條之内，用字不同。爾雅此例不一而足。書金縢：唯朕小子其新迎。馬本新作親。親之通作新，猶櫬之通作薪也。薪采薪者，謂薪一名采薪。采薪即薪者，謂采薪又即謂之薪。此轉相訓之例。詩曰：薪之槱之。又曰：薪是穫薪。此采薪專稱薪之證。説文：薪，蕘也，從艸、新聲。新，取木也，從斤，亲聲。據說文則采薪之薪作新，即薪之薪當作新。王氏引之以櫬采薪采薪即薪，爲柞木之異名，誤矣。然王氏之解榮桐木也則不誤。其言曰：釋木所言灌木、叢木、瘣木、遒木、棧木、干木，皆泛言木之形狀，非指一木。以此例之，榮謂桐木，亦是通稱，非謂梧桐也。桐之言童也，小木之名也。淮南兵略篇曰：夫以巨斧擊桐薪，不待利時良日而後破之。桐薪對巨斧，蓋言其小者也。榮亦小木之名。黄石公三略曰：若決河而沈熒火。見後漢書袁紹傳注。淮南泰族篇曰：熒水不能生魚鱉。說文：熒，絶小水也。謍，小聲也。𤬪，小瓜也。聲與榮並相近。樸樕心、榮桐木，二文上下相承，皆木之小者也。但一爲木名，一爲小木之通稱耳。而解者見桐木二字輒以爲梧桐。說文：梧，梧桐木，一曰櫬。榮，桐木也。桐，榮也。則許君已誤以桐木爲梧桐，不始於景純矣。爾雅本釋木名，無庸更加木字。上文言櫬梧，不言櫬梧木也。遍考周秦之書，未有謂梧桐爲榮者。舊說殆不可從。以上王氏語。句如羽喬之下，皆係泛言。柷州木，髦柔英，不當仍爲木名。翟氏灝爾雅補郭曰：釋畜篇：白州驠。注：州，竅也。州木乃有竅穴之木。說文解柷字云：樂木空也。竅外之木，其中必空，故比以樂器而謂之柷也。柔英如藤花、柳葉、垂絲、海棠之屬。髦如白馬黑髦，及詩髧彼兩髦之髦，柔英下垂似之。玉澍案，說文樂木空之空，乃椌之省文。說文椌亦訓柷，然其字從木從空，實以中空得名。釋名及周禮小師鄭注皆云柷如漆桶，是其器中空也。潘克溥亦取翟氏中空之說。檜風隰有長楚篇云猗儺其華，毛傳以猗儺爲柔順，可爲柔英二字之證。文選蜀都賦云：布有橦華。注云：橦華者，樹名橦，其花柔毳可績爲布。說文云：毳，獸細毛也。髦即毛也。此柔英可名爲髦之證。翟舉藤花、柳絮爲說，尚未善，然於篇末泛言之例不乖，遠勝於郝氏之說矣。泛言於篇之末者，例之正也。若蘼薇櫬采薪之屬。非篇末而亦泛言者，例之變也。釋蟲之末曰：食苗心螟，食葉蟘，食節賊，食根蟊，有足謂之蟲，無足謂之豸。蟲、豸固泛言也，螟、蟘、賊、蟊亦泛言也。同此一蟲，而食心則謂之螟，食葉則謂之蟘，食節則謂之賊，食根則謂之蟊，不必各有一蟲也。無論何蟲，凡食心概謂之螟，凡食葉概謂之蟘，凡食節概謂之賊，凡食根概謂之蟊，不必專指一蟲也。郭氏始謂分別蟲啖食禾所在之名，近儒皆曲爲區別，與篇末泛言之例不符。詩大田正義所引李巡、孫炎及犍爲文學之説，固不如是矣。釋魚本終以魚枕謂之丁、魚腸謂之乙、魚尾謂之丙。此三句泛言也。一曰神龜十句，皆漢儒所附益也。附益例見後。釋鳥之末曰鳥之雌雄不可別者，以翼右掩左雄，左掩右雌，鳥少美長醜曰鶹鷅，二足而羽謂之禽，四足而毛謂之獸。此六句泛言也。鴠，伯勞也。倉庚，鶩黄也。此亦漢儒所附益也。鳥少美長醜爲鶹鷅，謂鳥之少美長醜者皆爲鶹鷅，非專指食母之梟。段氏説文解字注曰：詩本以少好長醜比衛臣始有小善，終無成功。陸疏乃謂流離梟也，其子長大還食其母，絶非爾雅毛、鄭、許諸君意也。釋獸之末曰齸屬、須屬，釋畜之末曰馬八尺爲戎、牛七尺爲犉、羊六尺爲羬、彘五尺爲豟、犬四尺爲獒、鷄三尺爲鶤，皆係泛言。馬屬有騊駼、野駮之不同。騊駼野駮以下不可勝舉，略舉以該之。而凡八尺則同謂之戎。牛屬有犘、犦、犤、犣之不同，而凡七尺則同謂之犉。羊屬有羒、牂、羭、羖之不同，而凡六尺則同謂之麙。彘屬有豱、豥、豟、豝之不同，釋畜本有彘屬，説見後。而凡五尺則謂之豟。犬屬有獫猲獢狣之不同，而凡四尺則謂之獒。鷄屬有大者蜀、絶有力奮之不同，而凡三尺則同謂之鶤。

卷三

釋草七篇專釋例

釋草七篇，雖有泛言之例，而專釋其名爲多。郭氏叙云：可以博物不惑，多識於鳥獸草木之名，莫近於爾雅。鳥獸草木之區別，名爲先而形次之，性又次之。釋草七篇，間亦詳其形性，而其大旨則以釋名爲要，使人辨別於同異之間。或二名，或三四名，亦有止舉一名而無所釋者。如釋蟲之土鼅鼄也、草鼅鼄也、土蠭也、蝀蟰也、蠑螈也，釋鳥之怪鴟也、梟鴟也、鶅雉也、鷂雉也、鳪雉也、鷩雉也、鶾雉也、鵫雉也，釋獸之鼢鼠也、鼸鼠也、鼷鼠也、鼶鼠也、鼬鼠也、鼩鼠也、鼭鼠也、鼣鼠也、鼨鼠也，釋畜之騊駼馬也、野馬也、犘牛也、犦牛也、犤牛也、犩牛也、犣牛也、犝牛也、犑牛也。雖無異名，而必明言其爲鼅鼄、爲蠭、爲蘮、爲鴟、爲雉、爲鼠、爲馬、爲牛。若釋魚之鯉鱣、鰋鮎、鱧鯇。郭注分爲六魚，止舉一名而不言其爲魚。釋草七篇，絕無此例。王氏引之曰：舍人曰鯉一名鱣，鱧一名鯇。案，孫炎亦謂鯉鯇一魚。詩魚麗傳云：鱧，鯇也。孫曰鰋一名鮎。魚麗傳及潛箋並曰：鰋，鮎也。說文鮎鰋也。鰋，重文作鰋。郭曰鯉今赤鯉魚。鱣，大魚，似鱏而短鼻，口在頷下，體有邪行，甲無鱗肉，黃大者長二三丈，今江東呼爲黃魚。鰋今偃額白魚。鮎別名鯷。江東通呼鮎爲鯷。鱧，鮦也。鯇，今鯶魚，似鱒而大。又郭音義曰，先儒及毛詩訓傳，皆謂此魚有兩名，今此魚種類形狀有殊，無緣强合之爲一物。引之謹案舍人及孫注是也。鯉鱣鰋鮎，釋詩之鰋鯉也。鱧鯇魴魾，釋詩之魴鱧也。郭氏徒以鯉鱣大小絕殊，遂分爲二物，并鰋鮎鱧鯇而亦分之。不知鯉鱣與鰋鯉並稱，而不與下文之鮥鮇鮪相連，明非鱣鮪之屬也。自毛公釋詩之鱣鮪，始誤以鱣爲鯉，則不知鱣鮪之鱣，非鯉鱣之鱣也。郭氏又誤爾雅之鯉鱣爲二物，而以鱣爲大魚，則不知鯉鱣之鱣，非鱣鮪之鱣也。若鯉鱣以下各爲一物，則當云鯉魚、鱣魚、鰋魚、鮎魚、鱧魚、鯇魚，方合本書之例，不得徑省其文，而稱鯉鱣鰋鮎鱧鯇也。鳥獸蟲魚固多異物而同名者。魵謂之鰕。似鮎之魚謂之鯢，雌鯨亦謂之鯢。鱣謂之鯉，鯪魚亦謂之鯉。然則鯉稱之鱣，何嫌與鱣鮪之鱣同名乎。不然鱣鮪之鱣絕大，作爾雅者，不應茫然不知，而與鯉混爲一物也。至白魚名鰋，鯤魚名鯇，皆以意爲說，書無所證。祇以鯉鱣既分爲二，遂連分四魚以從之耳。郭說似是而非，未可依據。案，王氏此說，不獨可正郭氏鯉鱣分釋之失，兼可正許書鯉鱣互訓之非，前人所未見及。或曰，釋木柀檆，段注說文引草木狀云，杉一名柀檆，不可謂披一名檆也。釋鳥云巂周，注云子巂鳥出蜀中，不可謂巂一名周也。是止舉一名而不言其爲鳥也。予曰：段氏之說，潘克溥已斥其與雅例不合。巂周與下文燕燕鳦連讀。詩正義引爾雅：巂周燕燕鳦。孫炎云：別三名。舍人云：巂，周名燕，燕又名鳦。說文亦云：

巂，周燕也。斷巂周二字爲句者，郭氏之誤也，不得援此説以亂七篇之例。

釋畜釋獸二篇例

或問於予曰：周禮天官敘官、獸醫疏，儀禮聘禮疏，皆引爾雅在野曰獸，在家曰畜。今釋獸釋畜無其文何也。予曰，此爾雅序篇，漢書藝文志爾雅三卷二十篇，今止十九篇，脱序篇故也。詩周南正義引爾雅序篇。解説釋獸、釋畜二篇命名之義，有此文也。或曰：信斯言也，齸屬之牛曰齝，羊曰齛，何以亦列於釋獸也。曰：此因麋鹿曰齸，寓鼠曰嗛而並及之。猶之人曰撟，魚曰須，鳥曰狊，因獸曰釁而並及之也。木謂華、草謂之英，於釋草言之，二足而羽謂之禽、四足而毛謂之獸，於釋鳥言之，亦此例也。或又曰：騊駼馬、野馬，駮如馬倨牙食虎豹，三者皆野獸，何以亦列於釋畜也。曰：三者雖野之所生，皆可以馬畜之者也。淮南子主術訓：胡人騎騵馬而服騊駼。司馬相如子虚賦云：軼野馬，轊陶駼。皆以所駕馬言之。又云：楚王乃駕馴駮之駟。張揖曰：馴，擾也，駮如馬，白身黑尾一角，倨牙食虎豹，擾而駕之，以當駟馬也。又文選王元長三月三日曲水詩序：乘黄兹白之駟。注引周書義渠獻兹白。兹白者，倨牙食虎豹，是兹白即駮、而可以驂駟者也。淮南子泰族訓，晉獻公欲伐虞，賂以寶玉駮馬，宫之奇諫而不聽。人間訓云遺虞垂棘之璧，屈産之乘，與春秋傳合。是屈産之乘即駮馬，即爾雅所謂駮如馬也。三者皆種之異者，故列於馬屬之前。或又曰：駮如馬既列於馬屬，驨如馬又不列於馬屬，何也。曰：駮可以馬畜之。驨不可以馬畜之，故不列於馬屬也。經云：驨如馬，一角，不角者騏。注云：元康八年獵得一獸，大如馬，一角，角如鹿茸，此即驨也。子虚賦云：射游騏。張揖注引爾雅：巂如馬一角，不角者曰騏。孔晁注逸周書引亦作巂。巂字本不從馬，故釋文云本亦作巂。説文馬部無驨字。巂本野獸之可得而畜者耶。若驨可服而駕也，有馬之形無馬之用，與騊駼、駮有别。玉篇以驨為騏驥，大誤。猶之羱如羊、不可以羊畜之，兕似牛、不可以牛畜之，犀似豕、不可以豕畜之，故不列於牛屬、羊屬、豕屬之内也。或又曰：犘牛、犣牛皆野牛，非家所畜，何以亦列於牛屬也。曰：以其同爲牛而及之也。或又曰：若麋、若鹿、若麕、若狼、若兔、若虎、若虥貓、若貘、若豹、若甝、若虪、若貀、若鼳、若熊、若貍、若豻、若貒、若麝父、若豺、若貙獌、若羆、若麢、若麠、若麃、若麔、若魋、若貗貐、若狻麑、若巂、若羱、若麔、若猶、若貄、若兕、若犀、若彙、若狒狒、若狐、若蒙頌、若猱猨、若貜父、若威夷、若麔、若麚、若贙、若豦、若蜼、若猩猩，以及鼠屬，其爲在野之獸無疑。若豕則家之所畜，人之苙而執之牢者也，何以亦爲獸也。予曰：郝氏懿行、周氏中孚、陳氏奐皆有説矣。郝氏之言曰：釋獸所釋皆是野獸。豕爲六畜之一，宜入釋畜，而誤置在此。周氏之言曰：豕子豬、䝐豶、幺幼、奏者豱、豕生三豵，二師、一特、四蹢皆白豥、其跡刻、牝豝、共三十五字，其文法與釋畜極相似，其爲錯簡無疑。陳氏依爾雅作毛詩傳義類十九篇，於釋畜豕屬之下云：今爾雅豕屬脱簡在釋獸。二人説如此，未可非也，亦未盡是也。釋畜曰馬八尺爲駥，牛七尺爲犉，羊六尺爲羬，彘五尺爲豟，狗四尺爲獒，雞三尺爲鶤，爲畜凡六。故周禮牧人疏云：爾雅所釋六畜，有馬牛羊豕犬雞。又職方注六擾，馬牛羊犬豕雞。疏曰：此與爾雅六畜，及周禮六牲一也。又左傳僖十九年正義曰：爾雅釋畜，馬牛羊豕犬雞謂之六畜。又昭二十五年正義曰：釋畜之末，別釋馬牛羊豕犬雞之名，其下題曰六畜。上文自騊駼至田獵齊足，題曰馬屬。自摩牛至絶有力欣犌，題曰牛屬。自羊牡羒至絶有力奮，題曰羊屬。自犬生三猣至尨狗也，題曰狗屬。自雞大者蜀至絶有力奮，題曰雞屬。僅有五畜，與六畜之數不符。然則羊屬之後，狗屬之前，當有豕屬明矣。故曰其説未可非也。左傳正義曰：家養謂之畜，野生謂之獸，豕有野豕，故因記之釋獸。周氏中孚妄駁之曰，釋獸此段絶不見有野豕，何得如孔氏所云。考周禮天官庖人職：掌共六畜六獸。鄭司農云：六獸，麋、鹿、熊、麕、野豕、兔。服虔注左傳五牲亦有野豕在內。玄謂獸人冬獻狼，夏獻麋。又內則無熊，則六獸當有狼而熊不屬。是鄭康成以麋、鹿、麕、狼、野豕、兔爲六獸。釋獸首麋、次鹿、次麕、次狼、次兔、次豕，與康成六獸之説正合。是釋獸不得無豕也。逸周書世俘解：武王狩，禽豕三百五十有二。朱右曾曰：豕，野豬。此野豕單稱豕之證。故曰其説未盡是也。鄭之六獸，本於釋獸。釋獸止言豕，而鄭言野豕者，別乎釋畜之豕而言也。自豕子豬。子字當為衍文。

王氏引之說。至牝豝，牝豝上當有牝豭二字。牟廷相說。蓋釋畜舊亦有此文。野豕家豕雖别，命名一切皆同。今無此文者，後人疑爲重出而删之。此俞氏樾古書疑義舉例，所謂兩文疑複而誤删者也。所寢橧，郭注以橧爲蓐。淮南子俶務訓：野彘有艽莦。高誘注：亦以爲蓐。詩漸漸之石正義引某氏曰：臨淮人謂野豬所寢曰橧。此橧屬野豕言之也。廣雅云：橧，圈也。方言云：豬其檻及蓐曰橧，圈即詩之所謂牢。後漢東夷傳注：牢，圈也。莊子達生釋文引李注：牢，豕室也。檻即孟子之所謂苙。趙岐注：苙，闌也。文選西京賦薛綜注：檻，闌也。此非野豕所有，此橧以家豕言之也。釋畜於馬曰絶有力戎，牛曰絶有力欣犌，羊曰絶有力奮，犬曰絶有力狣，雞曰絶有力奮，於豕曰絶有力豟正相類。馬八尺爲駥，即上交絶有力戎。狗四尺爲獒，即上文絶有力狣。邵氏正義說。則彘五尺爲豟，亦即絶有力豟矣。彘五尺爲豟，既爲釋畜文，則絶有力豟，亦當爲釋畜文也。釋獸於麋曰絶有力狄，鹿曰絶有力麉，麢曰絶有力豜，狼曰絶有力迅，兔曰絶有力欣，豕曰絶有力豟，亦正相類。則絶有力豟，不可謂非釋獸文也。張揖廣雅篇目次第，悉本爾雅。其釋獸篇曰：豨、豠、豭、彘，豕也。豯、豰，豵也。其釋畜篇馬屬、牛屬、羊屬之後有豕屬，豕屬之後爲犬屬、雞屬。觀於廣雅釋獸、釋畜之皆有豕，而爾雅釋獸、釋畜之宜有豕，可類推矣。今宜於釋畜羊屬之後，增補豕子豬一節，題曰豕屬。與六畜之數合，於在家曰畜之例亦合。　釋獸舊有之文並仍其舊，與六獸之數合。於在野曰獸之例，亦無不合。

用韻例

爾雅用韻，釋訓、釋天爲多。釋訓之韻，人也，故參用合音。釋天之韻，天也，故悉爲本音。郝郝耕也、繹繹生也、䆐䆐苗也、綿綿穮也，耕生爲韻，苗穮爲韻。自子子孫孫引無極也，至速速蹙蹙唯逑鞫也，用韻十有六。極、德、直、力、服、息、德、忒、食、則、慝、職爲本音，急、毒、告、鞠爲合音。詩六月以急韻飭、服、國，曹植思歸賦以毒韻匿，詩楚茨以告韻備、戒、位，抑以告韻則，楚辭懷沙以鞠韻默，與爾雅正合。春爲青陽、夏爲朱明、古音芒。秋爲白藏、冬爲玄英，古音央。陽、明、藏、英爲韻。春爲發生、夏爲長贏、秋爲收成、冬爲安寧、四時和爲通正謂之景風，論衡是應篇引爾雅曰四氣和爲景星，無爲通正三字，生、贏、成、寧、星爲韻。穀不熟爲饑、蔬不熟爲饉、果不熟爲荒、仍饑爲荐，饉、荐開句爲韻。釋言：荐，再也。釋文云：荐，郭音徂遜、徂很反。是與饉為韻。歲陽、歲名、月陽，皆首尾有韻而中無韻。月名皆有韻。曰閼逢、曰旃蒙、曰上章、曰重光、曰元默、曰昭陽，逢、蒙爲韻，章、光、陽爲韻。曰攝提格、曰單閼、曰執徐、曰大荒落、曰大淵獻、曰困敦、一作困頓，字通。曰赤奮若，格、閼、徐、落爲韻，獻、敦、奮爲韻。格古音故，落古音路。並見唐韻正。閼，説文從門、於聲。文選揚雄羽獵賦：窮冘閼與。李善注：閼，於庶切。曰畢、曰橘、曰則、曰窒、曰塞、曰終、曰極，畢、橘爲韻，則、塞、極爲韻。爲陬、爲如、爲寎、爲余、爲皋、爲且、爲相、爲壯、爲元、爲陽、爲辜、爲涂，陬、如、余、且爲韻，相、壯、陽爲韻，辜、涂爲韻。釋文：陬，側留、子侯二反，又子瑜反。讀子瑜反者得之。焚輪謂之穨、扶搖謂之猋、風與火爲庉、迴風爲飄，穨、庉爲韻，猋、飄爲韻。釋文：庉，本亦作炖。郭注：庉庉，熾盛之貌。説文庉，樓牆也，非此意。炖字説文所無，其正字當作焞。玉篇：焞，徒門切。又：他雷切，焞焞，盛貌。詩采芑：嘽嘽焞焞。傳：焞焞，盛也，又通作燉。玉篇：燉，火熾盛貌。與郭注熾盛之貌正合。辜聲、屯聲之字，古多通用，如困敦作困頓之類甚多。焞有他雷一切，詩以焞韻雷。漢書韋玄成傳引嘽嘽焞焞作嘽嘽推推，焞讀若推，正與穨韻。久雨謂之淫，淫謂之霖，淫、霖爲韻。降婁奎婁也，大梁昴也，西陸昴也，婁、昴爲韻。昴，從日丣聲，讀若畱。今誤從卯讀若卯。詩小星以昴韻裯、猶。毛傳云：昴，畱也。正義引春秋元命苞曰：昴，六星。昴之爲言畱也，言物成就繫畱也。七月正義引孫炎曰：西方之宿昴爲中也。分野略例云：自胃七度至畢十一度，於辰在酉，爲大梁，昴爲大梁之次之中星也。漢書律厤志、史記律書正作畱。漢書云：畱，孰于酉。史記云：畱者，陽氣之稽畱也。故曰畱八月也。律中南呂，其於十二子爲酉。索隱曰：畱即丣字。丣，古文酉字。然則昴之從丣，不獨取聲亦兼取義。丣，八月也。昴，八月宿也。丣，西方也。昴，西方白虎宿也。昴，畱也。丣，亦畱也。禮記月令正義：酉，畱也。太玄玄數：酉取畢成可畱聚也。昴之從丣，猶罶之從丣。昴之誤從卯作昴，猶罶之誤從卯作畱。説文從丣之字，今多從卯，不廑昴、罶爲然。音隨形變，玉篇遂音莫絞切，廣韻遂音莫飽切。賴有史記漢書，而昴之古音不亡。毛詩之韻裯、猶，釋天之韻婁，亦一助也。段氏古文尚書譔異力辨昴不從丣，顧氏詩本音亦謂讀力求反而從昴者非，亦不察之甚矣。明星謂之啓明，彗星爲欃槍，明、槍爲韻。祭天曰燔柴，祭地曰瘞薶，柴、薶爲韻。祭星曰布，祭風曰磔，布、磔爲韻。（古音同五部。）以此例推之，而知春爲蒼天、夏爲昊天、秋爲旻天、冬爲上天，當從歐陽尚書説。及白虎通五經異義所引爾雅作春爲昦天。夏爲蒼天，蒼、上相間爲韵。説文云春爲昦天，廣雅釋天云：東方昦天，其所見本亦與孫、郭異也。以此例推之釋器，而知象謂之鵠、角謂之觷、犀謂之剒、木謂之劇、玉謂之雕、金謂之鏤、木謂之刻、骨謂之切、象謂之磋、玉謂之琢、石謂之磨，鵠、觷爲韻，剒劇爲韻，雕、鏤爲韻，（雕爲琱之假借，皆從周聲。）磋、磨爲韻。郭氏不知用韻之例，劃玉謂之雕爲一段，與下文金謂之鏤不相接貫，誤矣。以此推之釋地，而知魯有大野、晉有大陸、秦有陽陓、宋有孟諸、楚有雲夢〔脱吴越之閒有具區七字〕、齊有海隅，陽陓，當從周禮職方氏、淮南墬形訓及風俗通、漢書地理志注所引作陽紆，與野、（古音墅。）諸、區、隅爲韻。孫音於于反，是也。郭音烏花反，非也。以此例推之釋草，而知茜蔓于、菌蘆、柱夫摇車、出隧蘧蔬、蘄茝蘪蕪，于、蘆、車、蔬、蕪爲韻。郭音蘆爲才河反、（郭又音采古反，施、謝才古反。）陸音車爲尺蛇反，非也。以此例推之釋木，而知楰鼠梓、枹遒木、魁瘣，而知椙散、梢櫂，皆取疊韻。今本作梢梢櫂，臧氏庸拜經日記謂衍一梢字，是也。以此例推之釋蟲，而知姑䗐强蛘、不過蟷蠰，蛘、蠰爲韻。説文蛘作羊，字林作蛘，是也。郭作芈，亡婢反，非也。以此例推之釋鳥，而知鴽鴾母當從舍人本作無。李巡本作毋，音無，與上鷽鶌雝渠、鷽斯鵯鶋、燕白脰烏爲韻。作母字非也。行鳸唶唶、宵鳸嘖嘖，唶、嘖爲韻。唶，莊百反。嘖，莊革反。顧野王唶讀子夜反，非也。以此例推之釋獸，而知猱猨善援、貜父善顧、威夷長脊而泥、麔麌短脰，猨、援爲韻，父、顧爲韻，夷、泥爲韻，麌、脰爲韻。麌古音胡，脰古音渡，文選羽獵賦以脰韻遽、注、怖、獲、（古音護。）聚，是其證。釋文以加、豆今音讀之，遂與上三句用韻之例不符。以此例推之釋畜，而知回毛在膺宜乘、在肘後減陽、在幹茀方、在背闕廣，釋文音光。亦陽與方、廣爲韻也。

名同文異例

爾雅於同名而並列一處者，每異其文以別之。明於此例而爾雅可通。他書之異於爾雅者，亦無不可通。如釋器革後謂之茀，竹後謂之蔽。蔽亦茀也。詩碩人曰：翟茀以朝。毛傳：茀，蔽也。周禮巾車鄭注引作翟蔽以朝。史記屈原列傳：倚路幽拂兮。索隱曰：楚辭作幽蔽。刺客傳：跪而蔽席。蔽亦拂字假借。故索隱曰：蔽猶拂也。是蔽、茀字通之證。革後謂之茀，亦可謂之蔽。竹後謂之蔽，亦可謂之茀。詩載驅、采芑、韓奕三言簟茀，而茀字亦從竹作第，是其證矣。巾車蒲蔽、棼蔽、藻蔽、雚蔽、藩蔽，劉昌宗蔽皆音茀。蔽有茀音，故借茀爲蔽。采芑箋云：茀之言蔽也。凡傳注言某之言某者，皆假借也。蔽正字，茀借字。字形離別，音義則同。革竹雖殊，命名匪異。知此例者鮮矣。鑣謂之钀，載轡謂之轙。轙亦钀也。説文車部：轙，車衡載轡者，從車、義聲。或從金、從獻作钀。是钀與轙本一字。此如書大誥民獻有十夫，今文尚書作民儀有十夫之比。獻與犧通，古讀如莎。儀古讀如俄。故從義聲之字亦從獻聲也。集韻：钀，魚羈切，與轙同。即本説文。徐楚金因爾雅而疑説文爲誤，嚴九能又據説文而以爾雅爲誤，不知皆不誤也。郭氏轙音儀、钀因[音]魚謁反，已不知轙、钀爲一字矣。一羽謂之箴，十羽謂之縳，百羽謂之緷。緷即縳也。周禮羽人：凡受羽，十羽爲審，百羽爲摶，十摶爲縳。周禮之審，即爾雅之箴。周禮之摶，即爾雅之縳。周禮之縳，即爾雅之緷。考工記鮑人注云：摶讀爲縳，一如瑱之縳。廣韻二十八獮以摶、縺爲一字，縺字注云亦作縳。是周禮之摶縳，其字通也。廣韻摶字注引周禮百羽爲摶，十摶爲緷。今周禮緷爲縳。郭氏注穆天子傳又引周禮十羽爲箴，百羽爲縳，十縳爲緷。是摶、縳、緷字並通。爾雅釋文：緷，古本反。周禮釋文引劉音縳，古本反。劉昌宗徑讀縳爲緷，可證縳、緷之匪異名矣。鄭注羽人職引爾雅，而云其名音相近，已見及此。後人不察於周禮爾雅之互異，辨論紛呶。不知羽數雖殊，命名匪異，名同文異。爾雅此例，周禮亦此例也。象謂之鵠，角謂之觷。鵠亦觷也。如詩有覺德行，緇衣作有梏德行之比。觷從角，鵠亦從角作觡，廣雅釋器云：治象牙也。蔽茀也、钀轙也、搏緷也、鵠觷也，皆無異名，而異其文以別之也。釋器一篇，此例已四見矣。以此例推之釋天，而知天氣下地不應曰雺，雺或作霚。地氣發天不應曰霧，霧或作霿。蓋亦無異名，而姑異其字以別之也。何以言之。說文雨部：霚，地氣發天不應，從雨、敄聲。籒文作雺。霿，天氣下地不應曰霿。霿，晦也。與爾雅互異。將以爾雅爲誤，而玉篇雺與霚同，云天氣下地不應也。霿與霧同，云地氣發天不應也。洪範正義引王肅云：雺，天氣下地不應。文選三國名臣序贊注引爾雅：天氣下地不應曰雺。廣韻引爾雅：地氣發天不應曰霧。與爾雅正合。將以說文爲誤，而史記天官書索隱、文選甘泉賦注，皆引爾雅：天氣下地不應曰霧。與說文正合。然則天氣下地不應謂之雺，亦可謂之霧。地氣發天不應爲之霧，亦可謂之雺。雺從矛聲，字亦作霚。霚從敄聲，敄亦矛聲。霧，說文作霿，霿從瞀聲，瞀從敄聲，敄從矛聲。爾雅此文爲洪範釋也。洪範曰雺，此正義本也。正義引鄭、王本俱作雺。釋文引徐音亡鉤反，亦雺音也。史記宋微子世家作霧，漢書五行志作霿。經有異文而爾雅并釋。如洪範曰霽，史記作曰濟，而爾雅云濟謂之霽，亦其例也。謂爾雅之雺、霧有別，然則洪範之雺、霧亦有別乎。集韻十九侯，雺、霧、蒙三形爲一字。說文判雺、霧爲二，已不知爾雅同名異文之例。後人說愈紛而誤愈甚。明於此例，孫同元爾雅雺霧辨可不作矣。開元占經所引郗萌在天在人之說，亦不足道矣。以此例推之釋草，而知荷芙渠其莖茄其葉蕸，釋文作遐，云字又作蕸。藝文類聚八十二引作蕸。說文無蕸字。茄爲荷之別禮［體］，蕸亦荷之假音也。漢書楊雄傳：衿芰茄之綠衣兮。師古曰：茄亦荷字，見張揖古今字詁。詩澤陂有蒲與荷，鄭箋、陸璣疏皆以荷爲芙蕖莖。樊光注引詩正作有蒲與茄，則茄之爲荷明矣。荷從何聲，茄從加聲。加古讀若柯，若嘉陵一作柯陵，駕鵝一作鴚鵝之類，不一而足。蕸與茄通。猶論語加我數年，史記加作假之比。遐與荷通，猶詩假以溢我，左傳引作何以恤我，遐不作人、遐不眉壽，集傳遐讀爲何之比。遐古音胡。遐之爲何，猶胡之爲何也。胡何聲轉字通。說文以荷爲芙蕖葉，初學記二十七寶器部引爾雅正作其葉荷，則葭之爲荷明矣。徐氏養原曰：葭疑即荷字，葭、荷雙聲，古字多以雙聲相通。錢氏坫亦謂蕸即荷字，蓋已見及此。荷爲芙蕖統名，又爲莖葉之專名。莖葉相連，稱名故同。無異名者不得不異其文。若云荷芙蕖，其莖荷，其葉荷，即失之複，而與全書之例不符矣。釋文云：其葉蕸，衆家並無此句，唯郭有。然郭本中或復脱此一句。臧氏琳、段氏玉裁以無者爲是。然蓺文類聚引其葉葭，又詩正義引其葉蕸。山有扶蘇正義、澤陂正義引李巡曰：皆分別蓮莖葉華實之名也，是李巡本有此一句。俞氏樾曰：芙蕖唯葉爲最大，古人命名，雖蓮中之的，的中之薏，猶一一爲之名，何獨於葉而遺之乎，無此句者非也。又曰：荷者芙蕖之定名。稱芙蕖者，其始彌望止見有葉而已，因以葉之名名之。故荷即爲大名。上文曰荷芙蕖，此文曰其葉荷，不嫌同名也。其所見與徐氏略同。蘪從水生，注：生於水中。薇垂水，注：生於水邊。水中水邊雖殊，而蘪與薇則一也。蘪之爲言灖也，玉篇水部、廣韻六脂湄字注，皆引爾雅水草交爲湄，重文作灖。詩、左傳作麋。生於水中，即水草之交也，故曰蘪也。薇之爲言溦也，釋丘釋文：溦，本或作湄。釋水釋文：湄，本或作溦。廣韻六脂亦收薇字，注引爾雅薇垂水，與湄、灖、溦同音武悲切。即音以求義，而知生於水邊，亦水草之交也。故曰薇也，蘪薇古字通用，故蘪蕪一曰薇蕪。上文蘄茝蘪蕪，釋文：蘪蕪，一名薇蕪，一名江離。張衡南都賦云：薇蕪蓀萇。注引本草經曰：蘪蕪，一名薇蕪。古無輕唇音，薇讀若蘪。儀禮少牢饋食禮：眉壽萬年。注：今文微爲眉。公羊、穀梁春秋莊二十八年冬築微，釋文並云微，左氏作麋。微之通作麋，猶薇之通作蘪矣。釋文薇音微，又音眉，當以眉音爲正。蘪生水中，亦可謂之薇。薇生水邊，亦可謂之蘪。爾雅異其字非異其名。近人昧此義例，並薇之音讀亦誤，以山生之薇菜當之矣。洪頤煊知薇山菜，不可稱垂水，又以説文雲夢之蕒、呂覽雲夢之萓當之矣。以此例推之釋木，而知唐棣栘、常棣棣，唐棣、常棣即棠棣，非二名也。詩唐棣之華。御覽一百五十二、七百七十二皆引作棠棣之華。論語唐棣之華，春秋繁露竹林篇、文選廣絶交論注皆引作棠棣之華。甘泉賦注引爾雅唐棣栘。作棠棣栘。此唐棣即棠之證也。後漢書郡國志山陽郡方輿有武唐亭，左氏春秋隱二年公盟戎於唐，注作武唐亭。隱五年公矢魚於棠，注作武棠亭，水經注泗水篇亦作武棠亭。定五年傳堂谿氏，廣韻作棠谿，後漢書延篤傳作唐溪。此又唐作棠之旁證也。詩常棣之華，文選謝瞻安城答靈運詩注、曹植求通親親表注、謝莊宋孝武宣貴妃誄注、初學記友悌類、御覽四百十六、五百十四並引作棠棣之華。左傳昭七年正義云：小雅棠棣之篇。此常棣即棠棣之證也。山海經海外西經有樹名曰雒常，淮南子墬形訓謂之雒棠。管子小匡篇反其侵地常潛，齊語作棠潛。此又常作棠之旁證也。孫奕示兒編以俗讀常棣爲棠爲誤。考漢書杜鄴傳，鄴謂王音曰：戚而不見殊，孰能無怨。此棠棣角弓所由作也。師古曰棠棣小雅篇名，棠棣美燕兄弟，則漢人已讀常爲棠，不可爲誤。毛公於何彼襛矣傳以唐棣爲栘，晨風傳又以唐棣爲棣。常棣傳以常棣爲棣，而一本又作栘。詩考引韓詩序云：夫栘燕兄弟也。藝文類聚八十九引三家詩云：夫栘之華，萼不煒煒。皆以常棣爲栘。論語之唐棣，何晏以爲栘，孔安國皇侃又以爲棣。總之唐棣謂之栘，常棣亦可謂之栘。常棣謂之棣，唐棣亦可謂之棣。唐、常字異而音同，栘、棣名異而物同，並無赤白之分。一物而兩釋者，猶之椴木槿、櫬木槿也。近來説者紛如，多謂爾雅互訛，以求合於毛傳，而毛傳又不可盡合，因又以毛傳之異者爲訛，至毛傳、爾雅二者舉不足信。不知爾雅與毛傳本無異，毛傳與毛傳亦無異。皆不明於爾雅名同文異之例故也。戴侗六書故云、唐棣、常棣、棠棣特一物，猶夫栘、扶栘、蒲栘之爲一物。唐、常、棠，夫、扶、蒲，皆聲相邇，故通用。戴氏已言棣、栘同物，但又云爾雅分唐棣、常棣爲二，遂啓後人之誤。則仍不知爾雅之例，無以塞聚訟之口而解其紛。此爾雅釋例一書所以不可不作也。以此例推之釋獸，而知鹿絶有力麉、麠絶有力豣，豣亦麉也。麉，説文作麉，云鹿之絶有力者。豣，説文云：三歲豕肩相及者。麉正字，豣借字。麠字從鹿，故鹿之絶有力者名麉，麠之絶有力者亦名麉也。釋文云：豣，郭音與上麉字同。郭亦知豣即麉字。詩騶虞正義曰：釋獸。麠鹿皆云絶有力麉。七月正義曰：釋獸鹿與豣皆云絶有力麠。孔沖遠亦以豣爲麉。是名同文異之例，古人已有知之者矣。釋畜：白州驠，尾本白騴。騴亦驠也。尾本眤於州竅，故名同。王氏引之謂驠與騴聲近而義同。是名同文異之例，今人亦有知之者矣。則茀蔽、鑣轙、縳緷、鵅鸒、雺霧、荷茄葭、蘼薇、唐常之爲名同文異，復何疑哉，復何疑哉。

文同義異例

釋親：來孫之子爲晜孫。阮氏校勘記曰：史記索隱孟嘗君列傳、漢書惠帝紀師古注，皆引爾雅來孫之子爲昆孫，昆孫之子爲仍孫。是唐初本爾雅作昆孫。開成石經始誤爲晜弟字，猶晜弟字，釋文及後漢書注亦誤作昆也。俞氏樾曰：説文弟部，周人謂兄曰罤，然經典相承，皆作昆弟，不作罤弟。猶昆蟲字依説文當作蚰，而經典止作昆蟲，不作蚰蟲也。此篇自父之晜弟以下，晜字凡十六見。釋文曰，本亦作昆，下同。疑唐初爾雅，凡晜弟字、晜孫字皆作昆，實古本也。故唐以前引爾雅者皆如此，不得謂昆孫是而昆弟非也。惟昆孫、昆弟字同而義異。昆弟之昆，罤之假字也。昆孫之昆，疑當讀爲貫。釋名釋親屬曰，來孫之子爲昆孫。昆，貫也。恩情轉遠，以禮聯貫之耳。此雖依聲取義，爲釋名一書之常例，而適得其本字。昆、貫一聲之轉，説文玉部琨、或作瑻，是其證也。詩皇矣篇鄭箋曰：串夷即混夷。然則昆之爲貫，猶混之爲串矣。上文曾孫注曰：曾猶重也。下文仍孫注：仍亦重也。昆有連貫之義，則亦重也。此與昆弟之昆，其義本不相涉。開成石經於昆弟字俱改作晜，遂併昆孫字而亦改之，失其恉矣。玉澍案，俞氏説是也。字同義異，爾雅本有此例，不獨昆弟昆孫之昆已也。釋宮：三達謂之劇旁，七達謂之劇驂。劇旁之劇訓多，謂旁出之多也。荀子非十二子篇：材劇志大。注：劇，煩多也。玉篇劇又訓增。增益之，則亦見其多矣。詩兔罝正義引孫炎曰旁出岐多，孫正訓劇爲多。釋名云此道旁轉多、用功稍劇，劉亦訓劇爲多也。劇驂之劇當讀若遽。遽者，驛路也。驂者，騑也。劇驂者，謂驂騑之多如驛路也。釋名解此，亦云：此道有七，比於劇也。比於劇者，亦謂同於遽也。公羊宣六年傳注釋文：劇，其據反，本亦作遽。是劇有遽音，與遽通用之證。説文傳、遽互訓，釋言云：馹、遽，傳也。舍人注云：傳車驛馬。管子大匡篇：三十里置遽。注：今之郵驛也。詩江漢箋：則使傳遽告功於王。釋文：以車曰傳，以馬曰遽。遽者疾也，晉語：

公懼遽見之。注：遽，疾也。周語：遽歸告王。注：遽猶疾也。與劇旁之劇義不相涉。釋器：革中絶謂之辨，革中辨謂之桊。上辨字當訓分。易：剝牀以辨。鄭注：辨，分也。下辨字爲辮之假音。説文：辮，交也。廣雅釋詁：交，合也。辨、辮皆從辡聲，故相通假。王氏引之以辨爲辟之訛，俞氏樾又以辨爲辮之訛，説皆非也。釋天：雨霓爲霄雪，雪、衍文。暴雨謂之涷。上雨字自上而下也，與暴雨之雨無涉。濁謂之畢。李巡、孫炎本作噣謂之畢。盧令箋：畢，噣也。正義引。噣者，獨也。李云：噣，陰氣獨起。咮謂之柳。詩大東傳釋文、文選長門賦注引爾雅噣謂之柳。噣，喙也。噣，鳥口也，與噣謂之畢之噣不同。玉篇以咮爲噣之重文，廣韻以噣爲咮之重文。説文噣訓喙，咮訓鳥口，分爲二字，似非，釋地北陵西隃，西讀爲先，與上文西陵之西不同。史記趙世家正作先俞。西、先聲相轉，故西施一作先施，匡謬正俗謂西有先音，是也。釋山：多小石磝，多大石礐，多草木岵，無草木屺。上二多字少之反也，下多字無之反也。多即有也。釋名、説文、玉篇皆以岵爲山有草木。有草木即爲岵，不必多草木而後爲岵也。無草木始爲屺，若僅少草木，猶未可謂爲屺也。釋水：灉，反入。以入言之，謂出而復反者也。水自河出爲灉。以出言之，謂出而不反者也。一則專以河言之，一則不專指河言之。河爲灉，淮爲滸，江爲沱，汝爲濆。作涓者非是，説見後。此以水之枝流言之。江有沱，河有灉，汝有濆，滸水厓。此以水旁之地言之。詩汝墳正義引李巡曰：江、河、汝旁有肥美之地者。葛藟正義引李巡曰：滸，水邊地名，厓也。是也。郭氏不知文同義異之例，既以反入之灉爲水自河出之灉，又以有灉、有沱、有濆爲上文別出之水。然則注澮曰瀆，即下文四瀆之瀆耶。説文云：瀆，溝也。釋名：瀆，獨也。各獨出其所而入海也。二瀆纖洪迥別，不可比而同之明矣。逆流而上曰泝洄，順流而下曰泝游，正絶流曰亂。上兩流字訓行，謂逆行順行也。流之爲行，常訓也。下流字訓渡。郭注云：直橫渡也。孫炎於正絶流訓爲直橫渡，而於逆流順流亦以逆渡順渡釋之。不知渡者過也，廣雅釋詁：渡，過也。由此岸至彼岸也。逆流而上、順流而下之非渡也明矣。釋草：其中的。其字指蓮言之也。上文其莖茄、其葉蕸、其本蔤、其華菡萏、其實蓮、其根藕，其字指荷芙蕖言之也。蘦，大苦。注云：今甘草也。苦訓甘，與上文荼苦菜、蘦苦堇之苦不同。方言：苦，快也。注云：苦而爲快者。猶以臭爲香，治爲亂，徂爲存。苦既訓快，即可訓甘。後人不達相反爲訓之義，謂大苦非甘草，而欲讀苦爲苄，誤矣。釋木：櫬，樸樕者謂。句。櫬，采薪，采薪即薪。上櫬字爲梧之别名，下櫬字爲薪之假借。説見上。字又與新通。説文：新，取木也。舍人引櫬梧來合此句。不知二櫬文雖同，而義則别也。采薪即薪，謂采薪又即止謂之薪也。上薪字，如樵彼桑薪之薪，以木言。下薪字，如采荼薪樗之薪，以伐木者言。詩曰：薪是穫薪。兩薪字，義亦别也。大而橵楸，小而橵榎。注云：老乃皮麤橵者爲楸，小而皮麤橵者爲榎。左氏襄二年正義引樊光曰：大，老也。橵，棤皮也。皮老而麄棤者爲楸。小，少也。少而麄棤者爲檟。大小訓老少，與上文櫰槐大葉而黑，槐小葉曰榎之小大不同。釋鳥：桑鳸，竊脂。竊乃盗竊之竊。郭注云：好盗脂膏。詩桑扈箋云：竊脂肉食。陸元恪疏云：好竊人脯肉及筩中膏。其説是也。夏鳸竊玄，秋鳸竊藍，冬鳸竊黄，棘鳸竊丹。竊如釋獸虎竊毛之竊。竊，淺也。竊玄，淺黑也。竊藍，淺青也。竊黄，淺黄也。竊丹，淺赤也。孔穎達左傳正義以竊玄、竊藍、竊黄、竊丹例竊脂，訓竊脂爲淺白。不知桑扈色青，故陸疏及高誘注淮南子説林訓皆以桑扈爲青雀。邵二雲、郝蘭皋力辨孔氏之非，其説是矣。鴟鴞鸋鴂、狂茅鴟，怪鴟，梟鴟。鴟鴞雖與三鴟連文，實非鴟類。方言陸璣疏皆以鴟鴞鸋鴂爲巧婦，而爾雅釋文云鸋鴂，今之巧婦鳥，詩釋文亦云似黄雀而小，俗呼巧婦，已不以郭氏鴟類之説爲然。考韓詩傳所説，鴟鴞係巢於葦苕之小鳥，與捋荼正合，荼即葦苕也。趙岐注孟子亦云：鴟鴞，小鳥。是也。呂忱云梟，鸋鴂也，楚人謂之服鳥，亦鴟類。王逸注劉向九嘆以鴟鴞鸋鴂爲貪鳥。皆誤會爾雅所致。埤雅力主郭説，而讀詩記、詩集傳、詩緝皆從之。夫鴟鴞之詩，周公自喻。毛、鄭、王肅其説並同，鄭君之説尚書也亦同。焉有大聖人而以貪惡之鳥自比者哉。此説之不辨自明者矣。或謂劉向九歎云葛藟虆於桂樹兮，鴟鴞集於木蘭，以喻小人進在顯位。漢書賈誼傳：鸞鳳伏竄兮，鴟鴞翱翔，以鸞鳳鴟鴞比君子小人。是鴟鴞爲鴟類之證。予曰，以鴟鴞爲貪鳥者，東漢人之説也。蔡邕弔屈原文以鸋鴂、鸞鳳對言，其意與王逸同。若賈誼劉向所謂鴟鴞，即鴟梟之假音，史記屈賈列傳正作鴟梟翺翔，是其塙證。詩墓門：有鴞萃止。泮水：翩彼飛鴞。傳皆云：鴞，惡聲之鳥。鴞皆梟之假音。瞻卬：為梟為鴟。箋云：梟、鴟，惡聲之鳥也。梟正字也。詳予所箸毛詩異文箋。九嘆以鴟鴞與葛藟對言。葛、藟二草也，鴟、鴞亦二鳥也。賈誼傳以鴟鴞與鸞鳳對言，鸞鳳非一鳥也。鴟鴞亦非一鳥也，謂鴟也、梟也。爾雅之鴟鴞二字連讀，不得援彼鴟鴞以爲之説。釋畜：未成毫狗。注云：狗子未生乾毛者。成訓生，與上文未成羊，下文未成雞之成義别。國語晉語黄帝以姬水成，炎帝以姜水成，成而異德，成皆生也。韋昭訓成爲生長，是也。俞氏樾謂未成毫，當與未成羊、未成雞一律。例不明而詞雖辯，亦不足取矣。

義同文異例

毛詩於義同之字，往往異其文以别之。有異句而義同文變者，如漢廣之息思、草蟲之蟲螽、正月之威滅、皇矣之度宅、行葦之鈞均、閟宫之懲承是也。有一句而義同文變者，如甘棠之蔽芾即蔽蔽、凱風之睍睆即睍睍、碩人之其頎即頎頎、公劉之廬旅即廬廬是也。予所著毛詩異文箋詳言之矣。此例爾雅亦有之，釋山曰崒者厜㕒，又曰石戴土謂之崔嵬，當作土戴石。厜㕒即崔嵬之異文也。詩小雅十月之交：山冢崒崩。箋云：崒者崔嵬。正義曰：雖字與爾雅小異，義實同也。又漸漸之石箋云：卒者崔嵬。正義曰：雖音字小異。是取爾雅爲説也。不獨此也。有數句之中而義同文異者，釋木：木自斃柛，立死椔，蔽者翳。蔽即斃之假借。詩皇矣正義引釋木作斃者翳，又引李巡曰：斃，死也。李巡本作斃，以正字代之也。釋蟲：蠰齧桑，諸慮奚相。相即桑之假借，舍人本正作奚桑。奚爲繇之假借。説文奚從繇，省聲。繇爲系之古文。今五六月野蠶吐絲，多懸系於桑枝之下，即釋蟲之諸慮奚桑也。釋魚：龜俯者靈，仰者謝，前弇諸果，後弇諸獵。諸即者之異文。説文諸從言者聲，者古音渚。

秦詛楚文寘者冥室、率者侯之兵、箸者石章，者皆諸也。釋畜：青驪繁鬣騥，驪白襍毛駂，黄白襍毛駓，陰白襍毛駰，蒼白襍毛騅，彤白襍毛騢，白馬黑鬣駱。釋文云：白馬黑鬣，舍人本衆家並作髦，詩釋文引樊、孫爾雅並作白馬黑髦。案，髦即毛也。廣雅釋器：髦，毛也。鬣即髦也。釋文：鬣，力涉反，髦也。髦與毛字通。儀禮既夕記：馬不齊髦。注：今文髦爲毛是也。鬣與髦亦通。周禮巾車注：故書翣爲毦，亦或爲毼。釋文云：毦毼並音獵，毦或音毛。音獵之字可以音毛，則鬣亦可以讀爲髦矣。詩四牡釋文：鬣，本又作鬛，本亦作髦，鬣，髦也。文雖異，義則同也。犬絶有力狣，狗四尺爲獒。説文犬部無狣字，即獒之異體。馬絶有力戎，即馬八尺爲戎。彘絶有力豝，即彘五尺爲豝。故知犬絶有力狣，亦即狗四尺爲獒。邵氏正義云：狣與獒聲相近，狣亦獒也。嚴氏亦取其説，有一句之中義同文異者。釋草：熒萎萎。釋文云：萎，今作委，唐石經作委。案，委爲萎之省文，萎爲萎之別體。如捼挼、餧餒、棲桜之類。類篇引作萎萎，則萎之爲萎明矣。竹萹蓄。蓄亦竹也。釋文云：竹，本又作茿。説文云：茿，萹茿也。毛詩傳云：竹，萹竹也。釋草之竹萹蓄，即説文之筑萹筑，毛傳之竹萹竹。茿正字。竹、蓄皆假借字。韓詩竹作薄，説文云水萹筑。藚牛蘈。蘈即藚之異文。詩：我行其野，言采其蓫。箋：蓫，牛蘈也。釋文作牛藚，云：本又作蘈，正義云：定本作牛蘈。是藚蘈本一字。蘈，從艸、從頹，頹爲穨字之俗。古且無頹，又安有蘈。然藚亦係俗字，艸頭疑係後人所加。隤、頹字通，經典甚多，藚、蘈決非二字。釋文於藚音吐回反，蘈音火回反。廣韻亦判藚蘈爲二。玉篇艸部則有藚無蘈。唐石經、雪窗本作蘈牛蘈，字形微異。單疏本作蘈牛蘈。阮氏以藚、蘈一字爲疑。潘克溥以芑莀芑、苕陵苕、葝勥葝例之，可以正阮氏之失。杜土鹵。土即杜之異文。詩徹彼桑土，釋文引韓詩、郭注方言並作桑杜。玉篇：鹵，杜鹵也。又引郭注曰：即杜蘅也，似葵而香，則土鹵之爲杜鹵明矣。釋鳥：鴽鴾毋。釋文云：鴾，字或作牟，毋如字。今釋文誤刻作母，云毋如字者，謂毋不音牟，以別於月令注、公食大夫禮注之毋無、無毋。毋，皆音牟也。李音無，舍人本作蕪，若作母字，李不得音無，舍人本亦不得作蕪矣。禮記月令鄭注作鴽毋無。釋文云：毋音牟，又如字。毋又如字，與爾雅釋文合，可證爾雅釋文之不作毋。儀禮公食大夫禮鄭注作鴽無毋，釋文云：毋音牟。又士冠禮記、郊特牲之毋追，釋文皆云毋音牟。左氏春秋宣十五年仲孫蔑會齊高固于無婁，注無婁，杞邑。隱四年公伐杞、取牟婁。注：牟婁、杞邑，實一邑。公羊作牟婁。是牟、毋、無字並通用。說文無鴾字。云：翟、牟毋也。爾雅本作牟毋，釋文可證。爾雅、說文之牟毋，月令注之毋無，公食大夫禮注之無毋，皆即牟牟。郭注云：青州呼鴾毋。高誘注呂覽季春紀云：青州謂之鴾鴾，周雒謂之鴽。則牟毋之爲牟牟，復何疑哉。陸氏不知此例，於月令注、公食大夫禮注之毋則音牟，於釋鳥之毋則讀如字。後儒不知此例，以他處不合爾雅者爲訛，或又以爾雅爲訛。異說吅吺，幾如聚訟。例之不達，其害可勝道哉。以此例之，而知釋訓襢裼肉袒，唐石經上作襢、下作袒，詩大田正義及類篇引與石經同，亦未可疑其非矣。

文同形異例

文同形異者，謂或用正字，或用借字，或用今文，或用古文，字不畫一也。如釋詁艐至也，字作艐。釋言居極也，字作凥。釋文云：艐，郭音居，孫云古居字。釋詁由自也，字作由。釋水繇膝以下爲揭，繇膝以上爲涉，繇帶以上爲厲，字作繇。釋文云：繇，古由字。釋詁務鶩昬暋强也。强，勤也。釋言競逐强也。釋文：强，或作彊。强暴也。釋天在丁曰强圉，釋文云或作彊字作强。釋詁彊當也，字作彊。强借字，彊正字。釋詁茂勉也，字作茂。釋訓懋懋勉也，字作懋。懋正字，茂借字。釋文云：懋，古茂字，非也。釋詁：迅，疾也，釋獸狼絶有力迅、食人迅走，字作迅。釋言：振，訊也，字作訊。訊借字，迅正字。釋詁：挋清也，字作挋。釋言：振，訊也，字作振。一切經音義云：振，古文宸、挋二形。釋詁：繇，道也，字作繇。釋宮：猷，道也，字作猷。繇古字，猷今字。釋詁僉，皆也，字作僉。釋言：檢，同也，字作檢。檢即僉也，同即皆也。檢借字，僉正字。釋言：迨，及也，字作迨。逮遝也、逮及也，字作逮。逮、迨古今字。釋言：弇，同也，弇，蓋也，釋器圜弇上謂之鼒，釋天弇日爲蔽雲，字作弇。釋鳥以翼右掩左雄，左掩右雌，字作掩。釋訓：不遹不蹟也，字作蹟。武迹也，字作迹。釋獸其跡躔，釋文：跡，字或作迹，又作蹟。此類甚多，未可枚舉。

名同義異例

名同義異者。如釋親：父之姊妹爲姑，婦稱夫之母曰姑。姑之名同，而所以名姑之義則不同也。母之晜弟爲舅，婦稱夫之父曰舅。舅之名同，而所以名舅之義則不同也。姑之子爲甥，舅之子爲甥，妻之晜弟爲甥，姊妹之夫爲甥，謂我舅者，吾謂之甥。甥之名同，而所以名甥之義則不同也。不獨此也。釋丘：水潦所還，埒丘。釋山：山上有水，埒。一則水環其下，一則水渟其上。埒之名同，而所以名埒之義則不同也。後高陵丘，爲陵遲之陵。如陵者陵丘，爲大阜曰陵之陵。陵丘之名雖同，而所以名陵之義則不同也。宛中宛丘，丘上有丘宛丘。宛中者，謂四方高中央下。李巡注、孫炎注及毛詩傳、釋名、漢書地理志注之説並同。丘上有丘者，謂四方下中央高，其上有丘之狀也。宛，郭音於粉反，其字與菀通。詩都人士箋、楚辭離世注並曰：菀，積也。又通作薀。薀，俗作蘊。荀子哀公注：蘊、宛字通。韓詩外傳：陳之富人鶮於轀丘之上。轀丘即宛丘，郭正讀宛為蘊，云蘊、聚，隆、高也。説文、字林、廣雅並曰：薀，積也。四方高中央下者，積於中之象也。四方下中央高者，積於上之象也。宛之名同，而所以名宛之義則不同也。郭氏欲合而爲一，以宛中之宛丘爲中央隆高。又云：蘊，聚。隆，高。詩宛邱正義駁之，是矣。臧氏琳矯郭注之失，謂丘上有丘之宛丘，亦係中央宛下。錢氏坫謂丘上有丘宛丘，爲增益爾雅者所加，不可與正文相亂。皆誤説也。釋丘釋厓岸曰：谷者溦。釋文：溦，本又作湄。溦借字，湄正字。説文：溦，小雨也。釋水：水草交爲湄。釋文云：湄，本又作溦。廣雅曰：湄，汜，涯也。詩蒹葭：在水之湄。傳：湄，水隒也。説文：隒，厓也。此谷者湄之湄也。詩曰：在河之湄。此水草交爲湄之湄也。一則爲水邊高厓，不與水交會。一則爲水邊低地，與水交會。湄之名同，而所以名湄之義則不同也。釋山：山藚無所通谿。釋水：

水注川曰谿。左氏隱三年正義引李巡曰：山中水瀆，雖無所通，與水注川同名。郭氏說與之同。一無所通，一有所通，谿之名同，而所以名谿之義則不同也。釋畜：未成毫狗，尨狗也。郭以未成毫爲未生乾毛。釋文云：乾，下旦反，長毛也。尨，亡江反，說文云犬之多毛者，字林同。一則毛尟，一則毛多，狗之名同，而所以名狗之義則不同也。未成毫狗，以狗之小者言，狗四尺爲獒，以狗之大者言。俞氏不解此例，以郭未生乾毛之說爲非，嘵嘵致辨，而欲讀毫爲獒，且云下文四尺爲獒之獒，古本爾雅亦止作豪，緣尚書之旅豪，字偶相通，遂逞斯異說，亦勞而無當矣。

名異義同例

名異義同者，如釋丘：再成爲陶丘，丘上有丘爲宛丘。丘上有丘，是亦再成也。是陶丘宛丘之名雖異，而再成與丘上有丘之義則同也。如陼者陼丘。注云：水中小洲爲陼。如陼之陼，說文作渚，云如渚者陼丘，水中高者也。澤中有丘都丘。注云：在池澤中。然則都之爲言渚也。陼丘、都丘之名雖異，實音近而義同也。水潦所止泥丘。注云：頂上汙下者。玉篇、廣韻引爾雅作屔。說文云：屔，反頂受水丘也。繫傳云：頂當高，今反下，故曰反頂。郝氏曰：反頂即汙頂，史記孔子世家說夫子圩頂，索隱圩頂言頂上窊是也。宛中宛丘。釋文引孫云：謂中央汙也。毛詩傳曰：四方高中央下曰宛丘。夫頂在中央，中央汙下，即頂汙下，汙下則爲水潦所留止。是泥丘宛丘之名雖異，而水潦所止，與宛中之義則同也。釋名：中央下曰宛丘，有丘宛宛如偃器也，丘上有一泉水。亦是也。劉熙亦以宛邱爲水潦所止矣。左高咸丘，右高臨丘，前高旄丘，後高陵丘，偏高阿丘。偏者倚也。阿與倚古同聲，阿亦倚也。書太甲上傳、詩長發箋並曰：阿，倚也。偏高阿丘，總承上四句言之。左高則右卑，右高則左卑，前高則後卑，後高則前卑，皆倚於一偏之狀。阿丘與咸丘、臨丘、旄丘、陵丘之名雖別，而偏高與左高、右高、前高、後高之義則同也。釋丘曰：重厓岸。釋山曰：重甗隒。說文云：岸，水厓而高者。厓，山邊也。

甗與釋畜善升甗之甗，皆巘之假借。玉篇山部、文選晚出射堂詩注，皆引作重巘隒。説文云：隒，崖也。詩葛藟正義引孫炎曰：隒，山基有重岸也。隒為山下有岸，下文厒為山左右有岸，正同類。孫訓重巘爲重岸。是岸、隒名異而義同，重厓、重巘義亦同也。釋水：灉反入，決復入爲汜。復之訓反，經典不可枚舉，郭亦以反入爲決出復還矣。是灉、汜之名雖異，而反入與決復入之義則同也。潬沙出。亦水中洲渚沚坻之類。洲渚沚坻可居，潬亦未始不可居也。廣韻云：河陽城南有中潬城矣。

物異名同例

草以木名，則有枹薊、桂荏、顛棘、杜榮。草以蟲魚名，則有貝母、龍古、龍舌、龍葛、魚毒、芫魚毒，本釋草文。錯簡入釋木。蕨鼈、虵牀。草以鳥名，則有雀弁、雀麥、烏蘋、鳧茈、鴻薈、烏階。草以獸畜名，則有鼠莞、鼠尾、虎杖、狼尾、兔荄、兔蒵、兔爪、豕首、馬帚、鹿藿、牛藻、馬尾、兔葵、牛蘈、牛脣、兔絲、馬藍、馬舄、緜馬羊齒、麋舌。木以草名，則有蒲柳。木以獸畜名，則有虎櫐、鼠梓、羊棗、牛棘。蟲以草名，則有茅蜩、草蟲、草鼅鼄、守瓜、委黍、蒲盧。蟲以木名，則有齧桑、奚桑、舍人本。木蠭、桑蟲、桑蠹。蟲以魚名，則有白魚。蟲以鳥名，則有烏蠋。蟲以獸畜名，則有馬蜩、馬蝬、鼠負、天雞、國貉。鳥以草名，則有天蘥、鹵艾、剖葦、茅鴟。鳥以木名，則有桑扈、桃蟲、楚雀、斲木。鳥以蟲魚名，則有桃蟲、蟁母。鳥以獸畜名，則有兔軌、天狗、麋鴰、老兔、天雞。後人不達此例，顛棘加草爲蕀，龍古加草爲蘢，蕨鼈加艸爲虌，鹿藿加艸爲蔍，鳧茈加艸爲[艹鳧]，兔皆加艸爲菟，茅蜩加虫爲蟊，烏蠋加虫爲螐，天蘥去艸加鳥爲鸙，茅鴟加鳥爲鶜，蟁母去蚰加鳥爲鴖，兔軌、老兔加鳥爲鵵，麋鴰改麋爲鶥。俗字多而爾雅之例亡矣。不獨此也。葝山䪤，葝鼠尾。蒚山蒜，莞苻蘺、其上蒚。薜山蘄，薜白蘄，二薜一草。薜牡贊，薜庾草，薜山麻。葥王彗，葥山莓。蘩皤蒿，蘩由胡，二蘩一草。蘩兔蒵。齧彫蓬，齧苦堇。荼虎杖，荼苦菜，荼委葉，蔈荂荼。葍蕾，葍藑茅。葴寒漿，葴馬藍。瓞瓝，瓝小葉。搴罰，搴柜朐。苹蓱，苹藾蕭。須葑蓯當作葑須從，非與須飧蕪同名，說見上。此草與草同名也。榴山榎，槐小葉曰榎，榎苦茶。椵木槿，椵櫬。櫬木槿，椵木槿、櫬木槿本釋木文。錯簡入釋草，說見後。櫬梧。梅柟，時英梅，朹檕梅。旄澤柳，旄冬桃。欇虎櫐，楓欇。楓欇欇其一衍文，說見後。此木與木同名也。魾大鱯，魴魾。鰝大鰕，鮂鰕，鯢大者謂之鰕。此魚與魚同名也。蠃小者蜬，貝在水者蜬。亦釋魚篇之同名者也。鶅兔軌，雉東方曰鶅。翟氏灝以鶅兔軌為雉。俞氏樾以兔軌為兔鴟，讀鶅為甾，二說均未塙。鷚天鸙，雉之暮子爲鷚。鸒鵛鶨，郭本作與，樊、本作鸒。鸒斯卑居。翰天雞，翰雉。鶠鳳其雌皇，皇黃鳥。狂茅鴟，狂瘳鳥。鵅鵋鶀，說文作鵅，郭音格。鵅烏鸔，釋文音洛。音異，非同名。此鳥與鳥同名也。寇雉泆泆，秩秩海雉。釋文：秩秩，施音逸。是與泆泆同音。此亦鳥之同名者也。鹿絕有力麉、麕絕有力豜。麉、豜同名異文，說見前。貔白狐，狸狐貒貈醜。此獸與獸同名也。前足皆白雞，舍人本作雞，郭本作騱。雞大者蜀。後足皆白狗，舍人本作狗，郭作豿。未成毫狗，尨狗也。白馬黑脣犉，郭作駩，釋文引孫本作犉，云與牛同稱。牛黑脣犉。此畜與畜同名也。楊枹薊，楊蒲柳。味荎藸，味荎著。杜土鹵，杜甘棠，杜赤棠。此草與木同名也。果贏之實栝樓，果蓏正字果贏，假字作蠃，係俗字。果贏蒲盧。雪牕本作蠃，五經文字同。唐石經及釋文作蠃，非是。茨蒺藜，蒺藜蝍蛆。蘢天蘥，鷚天蘥。此草與蟲鳥同名也。皇守田，皇黃鳥，馬黃白皇。此草與鳥畜同名也。諸慮山櫐，諸慮奚桑。守宮槐，蝘蜓守宮。此木與蟲同名也。駁赤李，駵白駁。此木與畜同名也。翰天雞，宋本作螒，釋文云：翰，字林作螒。不言本又作螒，則作螒者非也。翰天雞。釋文作鶾，云：本又作翰。說文翰為天雞，鶾為鶾音。則從羽作翰為是。此蟲與鳥同名也。雉絕有力奮，羊絕有力奮，雞絕有力奮。此鳥與畜同名也。狼牡貛、牝狼，馬尾白狼。釋文作駺，云：本多作狼。說文馬部無駺。熊虎醜、其子狗，後足皆白狗，未成毫狗，尨狗也。熊虎絕有力麙，羊六尺爲麙。釋文作羬，云：本又作麙。說文有麙無羬。豕生三豵、二師，釋獸以野豕言之也，家豕名同。犬生三猣、二師。此獸與畜同名也。後人不諳此例，每異其文以別之。前足皆白雞易作騱。後足皆白狗易作豿。白馬黑脣犉易作駩，又易作騂。駩、騂皆不見說文。蒺蔾蝍蛆易作螏蟄，又作螏蟍。鷚天蘥易作鸙。釋木之諸慮易作櫖，釋文云：字又作攄。攄係檍之僞。檍亦俗字。釋蟲之諸慮易作蘆。釋蟲之翰作輪，釋鳥之翰作鶾。蜜肌繼英作蠿英，蜜肌繫英作䳌肌繫䳌。尾白狼易作𩦺。其子狗易作豿。麔易作麙。犬生三猣易作㺐，又訛爲猥，又訛作猥。知名之不嫌於同，則俗訛之字，正之斯無難矣。釋獸豕子豬一段，釋畜羊屬之後亦有之，係後人疑爲複而誤刪，此亦獸畜同名之例。若釋草之突盧葩，葩爲菔字形近之訛，後漢書劉盆子傳注引爾雅正作葖蘆菔。郭注云葩宜爲菔，是也。王氏引之謂葩字不訛，與釋蟲之盧蚻同名，其説非也。

名異物同例

爾雅有一物而再釋者，此名異物同之例，不獨椵木槿、櫬木槿已也。葝山䪥與䪥鴻薈爲一草，薜山蘄與薜白蘄爲一草，楊枹薊與赤枹薊爲一草，蘩皤蒿與蘩由胡爲一草，果蠃之實栝樓與鉤𦬊姑爲一草，蒫雀弁。蒫作莬者誤。釋文音古本反是也。與蔨蔖爲一草，陸璣疏曰：蔨，一名蔖。河内人謂之蒫，幽州人謂之燕蔨，一名爵弁。爵、雀字通。今詩正義省節陸疏，不著爵弁名。齊民要術所引有之。河内謂蒫，又別見汲古閣所刻陸疏廣要。説見翟氏補郭。蘾烏䕸與澤烏䕸爲一草，蘩兔蒵與兔蒵顆涷爲一草，菲芴與菲息菜爲一草，蘚𦬼英光與蔆厥攈爲一草，蓨蓧與苗蓨爲一草，臺夫須與薃莎侯爲一草，離南活莌與倚商活莌爲一草，藫石衣與藫海藻爲一草，葭蕐與葭蘆爲一草。栩杼與櫟爲一木，大而皵楸、小而皵榎與椅梓爲一木。螫天螻與螜蛄螻爲一蟲，蝎蛣蝹與蝤蠐蝎蝎桑蠹爲一蟲，姑𧓝强蛘與强蚚爲一蟲，不過蟷蠰與莫貈蟷蜋蛑爲一蟲，蟠鼠負與伊威委黍爲一蟲，土蠭與果蠃蒲盧爲一蟲。鯤魚子、鱦小魚爲一魚，注云：家語曰其小者鱦魚也，今江東呼魚子未成者為鱦，音繩。案，郭云未成者，未長成也。凡小而未成者，皆謂之子。釋獸子字十見，釋畜子字二見。釋名曰：子，小稱也。魚子謂之鯤，亦可謂之鱦。小魚謂之鱦，亦可謂之鯤。實非有二物也。鮥當魱與鯬鯠爲一魚。皆即鰣魚也。全謝山、邵二雲、崔應榴説並同。郭謂海魚者，鰣魚本生於海。三月由海入江，故惟近海通潮汐處有之。兼江海二水之味，故獨美。郝疑鰣非海魚，郝本北人，故云然。鴒鵋鵙與怪鴟爲一鳥，桃蟲鷦其雌鴱與鴟鴞鷯鴃爲一鳥，郭以鴟鴞為鴟類，説非是。說詳郝氏義疏。鵽鳩寇雉與寇雉泆泆爲一鳥，倉庚商庚與鵹黃楚雀爲一鳥。上文皇黃鳥即黃雀，非此物。下文倉庚，楚雀係後人附益。麠與麐爲一獸，貙獌與貍爲一獸。又有未見其塙爲一物，而後儒輒合爲一者，其是與非不敢臆斷，姑闕而不取，以示慎焉。

蒙上文而省例

爾雅有蒙上文可省而不省者，如途出其右、途出其前、途出其後，水出其前、水出其後、水出其右、水出其左之類是也。有蒙上文省一字者，如在乙曰橘九句、蒙上文省月字，再成爲陶邱三句、蒙上文省邱字之類是也。有蒙上文省二字者，如在乙曰旃蒙九句、在卯曰單閼十一句、蒙上文省太歲，左白踦、右白畀、蒙上文省前足後足之類是也。有蒙上文省三字者，如濟爲濋九句，蒙上文省水自出之類是也。省則俱省，不省則俱不省。循此例以求之，而爾雅之誤，與説爾雅者之誤，可得而言焉。釋地云東方之美者、東南之美者、南方之美者、西南之美者、西方之美者、西北之美者、北方之美者、東北之美者。是之美者三字概不省也，不應至末句忽省。中有岱岳，與其五穀魚鹽生焉。中有岱岳，當作中央之美者有岱岳。淮南墬形訓正作中央之美者，是其證也。釋山：山三襲陟，再成英，一成伾。山大而高崧，山小而高岑，鋭而高嶠，卑而大扈，小而衆巋。山三襲陟之山，統下二句。山大而高崧之山，統下四句。不應小而高之上又有山字，致乖蒙上而省之例。此衍文也。釋畜：白馬黑鬣駱，白馬黑脣駩，黑喙騧。白馬黑脣之白，係黃字之訛，若果係白馬，則上句白馬二字，可統黑鬣、黑脣、黑喙三種，無庸於黑脣之上增白馬二字。不幾爲衍文乎。駩，釋文引孫本作犉，云：與牛同稱。郝氏曰既作犉，以詩傳黃牛黑脣曰犉推之，則此白馬疑爲黃馬之譌。證以下句黑喙騧，説文及詩小戎傳並云黃馬黑喙，與黃牛黑脣，其例正同。益知爾雅白馬必黃馬之誤矣。嚴氏説略同。予以蒙上文而省之例推之，亦斷白爲訛字，郝、嚴所未及見也。釋草：藨從水生，薇垂水。不言垂水生者，蒙上生字而省也。阮氏校勘記反以上句生字爲衍文，誤矣。

鳥之雌雄不可别者以翼。不言别以翼者，蒙上文别字而省也。孔氏詩正義引爾雅云：鳥之雌雄不可别者以翼知之。增知之二字，於文爲贅。鄭箋亦無此二字，與今本同。嚴氏乃云今本箋中無知之二字者，後人據爾雅删之，誤矣。

一字重讀例

友人阜甯左溥謂釋訓一篇專釋詩。詩有矜而無矜憐，有侜而無侜張。矜憐，撫掩之也。矜字當重讀。矜，矜憐，撫掩之也。此釋詩爰及矜人也。侜，張誑也。侜字當重讀。侜，侜張，誑也。此釋詩誰侜予美也。玉澍案，釋訓有增字解經之例，不必如左君所言。然俞氏樾譔古書疑義舉例，有一字作兩字讀之例，云：古書遇重字多省不書，但于本字下作二畫識之，亦或並不作二畫，但就本字重讀之者，考工記輈人曰：輈注則利準，利準則久，和則安。鄭注曰：故書準作水，鄭司農云注則利水，謂輈脊上雨注令水去利也，元謂利水重讀似非。據此則故書利水二字，本無重文，先鄭特就此重讀之。故後鄭可以不從也。案，周禮校勘記曰：司農于經文利水兩遍讀之耳，必不增注。可知注中鄭司農云下當有利水重讀四字。故後鄭辨之云：利水重讀。似非淺人於經既增重文，因删司農重讀之言矣。玉澍案，爾雅此例凡四見，而古今無知者，俞氏亦未之及。釋蟲蟦蠐螬，當讀爲蟦蠐蠐螬。説文云：蠐，蠐螬也。莊子至樂篇云：烏足之根爲蠐螬。御覽引陸璣疏云：蠐螬生糞土中。是蠐螬連文，蠐字宜下屬也。本草云：一名蟦蠐。别錄云：一名蜰蠐。蜰蟦聲轉字通，是蟦蠐連文，蠐字上屬也。詩疏引孫炎曰：蠐螬謂之蟦蠐，則蠐字必宜重讀，不專屬之上，亦不專屬之下，而説乃通矣。釋鳥鵅鶀老鳸鴳，老字當重讀。鵅鶀老，一鳥也。老鳸鴳，又一鳥也。左氏昭十七年傳：九鳸爲九農正，鳸民無淫者也。杜注有老鳸鷃鷃。正義引爾雅鵅鶀老鳸鷃云：注爾雅者，舍人、李巡、孫炎、郭璞，皆斷老上屬，鳸下屬。解云：鵅一名鶀老，鴳一名鳸，鳸，雀也。唯樊光斷鵅鶀爲句，以老下屬。注云：春秋云九鳸爲九農正，春鳸、夏鳸、秋鳸、冬鳸、棘鳸、行鳸、宵鳸、桑鳸、老鳸，是以老下屬，唯鷃不重耳。不知老宜兩屬而重讀之，上屬下屬皆偏也。唯許叔重知老字宜重讀。隹部雇字注云：老雇鷃。雇、鳸，扈字通，用扈借字也。與樊光説合。鳥部鶨字注云：欺老也。與舍人諸家説合。又説文鳥部云：鴳，雇也。雇上當有老字。此王氏引之所謂後人以郭本爾雅改之也。然王氏主樊説，止知老宜下屬，不知亦宜上屬。于説文之鶨鶀老，亦斥爲後人所改。其説誤矣。俞氏專主舍人諸家之説，止知老宜上屬，不知亦宜下屬。夫渾言扈不言何扈，何以名官。不獨與諸扈稱名不類，且與五鳩五雉之例不符。五鳩五雉，未有單稱鳩雉者，不應九鳸之中，有單稱鳸者。老鳸名官，已定於金天之世，豈容復以老鳸連讀爲非。俞氏自知説之背於左傳，至以左傳爲晚出之書，不可爲典要，則説更誖矣。邵氏知老上下兩屬，而不知重讀之例，乃云扈字上舊有老字。後人以爲重衍而去之。據左傳疏説舍人、李、孫、郭諸家之本皆是止有一老字，斷非後人所刪，王氏駁之是矣。老鳸鷃，鷃字亦宜重讀，賈氏、服氏、杜氏注左傳皆云：老鳸鷃鷃。老鳸鷃鷃，與行鳥唶唶，宵鳸嘖嘖，皆以聲音得名。李巡曰：唶唶嘖嘖，鳥聲貌也。賈、服皆云：鷃鷃亦聲音爲名也。賈又云：老鳸鷃鷃，趣民收麥，令不得晏起者也。是皆讀鷃爲鷃鷃也。文選東京賦注引爾雅老鳸鷃鷃。舍人、李、孫、樊、郭本鴳皆不重，說文有鴳無鷃。玉篇鳥部鴳字兩見。一云鴳，烏諫反，鴿鴳也。一云鴳，音晏，鴳雀也。音晏之鴳，必係鷃字之訛。廣韻三十諫以鷃為鴳之重文，玉篇分為兩字，非也。嚴氏匡名於鴳作鷃，竟未之及。爾雅但以一字作兩字讀耳。作鷃鷃者，後人所增，猶考工記之利水也。釋畜：騉蹏趼趼與研通。釋文云：趼，本亦作研。善陞甗，騉駼枝蹏趼善陞甗。下句枝蹏趼三字連文，上句亦當以蹏趼連文。而騉蹏係馬名，蹏字又宜與騉相屬，此一字重讀之例之最箸者也。郭注云：騉蹏，蹏如研而健上山，秦時有騉蹏苑。御覽九百十三引孫炎曰：昆蹏之馬，蹏平如研。二人雖未知重讀之例，然於騉蹏之下，增一蹏字以釋經之研，已與重讀之例潛符。漢書百官公卿表有昆蹏令丞。應劭曰：昆蹏，好馬名也。如氏引爾雅昆蹏研善升甗。後漢書馬融傳：絹猑蹏。章懷注：猑蹏，野馬也。引猑蹏善升甗。舍人乃云：騉善登高歷險。李巡乃云：騉者，其蹏正堅而平似研也。二人以蹏研連文，遂疑騉蹏不可連讀，而以騉爲馬名。顔師古注漢書亦云：昆，獸名也，蹏研者謂其蹏下平也。蓋用舍人李巡之説。夫秦以昆蹏名苑，不以昆名苑。漢以昆蹏名官，不以昆名官。謬説無足深辨。獨怪夫舍人、李巡皆漢人，而不知當時有昆蹏之馬，亦不察之甚矣。俞氏知有以一字作兩字讀之例，而不知釋鳥老字、釋畜蹏字之宜重讀，仍沿前人誤説，亦何明於彼而暗於此乎。

因此及彼例

旃旗當入釋器。而於釋天舉之者，因講武而及之也。旃旗，講武所必設也。講武、祭名，于天亦不類。而於釋天及之者，天以春夏秋冬而殊號，祭祀田獵亦隨四時而異名也。觀其首舉者而例可知矣。廣雅篇次，皆本爾雅。其釋天篇亦附釋祀處、肆武［兵］、旗幟，則爾雅釋天篇，決非有誤也。因此及彼，爾雅此例甚多。翟氏灝不知此例，妄謂祭名、講武、旌旗俱非天類，漢書藝文志爾雅三卷二十篇，今止十九篇，當更有釋禮篇與釋樂篇相隨。孫氏志祖駁之是矣。崔氏應榴取之誤矣。漢志爾雅二十篇，蓋合序篇計之。孔穎達詩周南詁訓傳第一疏、邢昺釋詁第一疏，皆引爾雅序篇。郭本無序篇，故止十九篇也。舟泭本器也，而楊舟、造舟、方舟、特舟，泭於釋水釋之者，以上文言涉水，因及行水之物也。魚有鱗者也，蛇亦有鱗者也。鴃、螣、蟒、蝮諸蛇在釋魚篇，因有鱗而及有鱗者也。詩斯干正義云：蛇實是蟲，以有鱗故在釋魚。其説是也。魚，水蟲之可食者也。魁陸蜌、蠯、含漿、鼈、龜、蠃、蜎蠌、蜃，亦水蟲之可食者也，故及之也。蜎蠉蛭蟣、科斗活東、黽，周禮蟈氏：掌除鼃黽。鼃可食，黽不可食，黽即蝦蟆之在水者。鼃與蝦蟆本二物，古人往往混而為一。韓愈答柳柳州食蝦蟆詩云：予初不下喉，近亦能稍稍。韓所食者實蛙耳，非蝦蟆也。鼃一名哈子，見本草別錄。韓公又有詩云，蛤即是蝦蟆，同實浪異名，則其誤為一物。可知今人皆食鼃，不食蝦蟆。古寧與今異乎。説文黽、鼃黽也，以鼃黽為一物，亦非。鄭注蟈氏不誤。此水蟲之不可食也。因可食者及其不可食者也。蠃黽在水者也，蚼蚅嚴元照云疑蚼乃蛃字之偽。説文蟲部：蛃，蛃鼃、詹諸，以脰鳴者，從蟲丙聲。案：此下即係以鼁䶂詹諸，故疑必蝌之誤，然傳誤已久，莫能是正矣。明郎奎、鍾人傑刻本皆作蝌蚯，未必無由。玉尌案，洪氏頤煊說亦同，翟氏灝謂即釋蟲之蟓蝮蜪，說非也。鼁䶂詹諸鼁為鼁字之訛䶂為鼀字之訛。不在水者也。蠃在水者也，蚹蠃螔蝓、不在水者也。龜在水者也，山龜、火龜不在水者也。貝在水者蜬，此在水者也。居陸贆，此不在水者也。因在水者及其不在水者也。蠑螈蜥蜴有在壁者，有在水者。在水者方言所謂在澤，陸疏所謂水蜴是也。犘牛、犣牛皆野牛。列於釋畜之牛。因牛而及在野之牛也。釋草：木謂之華，草爲之榮。因草而及木。釋木云：如竹箭曰苞，如松柏曰茂，瓜曰華之，桃曰膽之。因木而及草。釋鳥云：鳥鼠同穴，其鳥爲鵌，其鼠爲鼵。二足而羽謂之禽，四足而毛謂之獸。因鳥以及獸。釋畜獸：牛曰齝，羊曰齥，鳥曰嗉，寓鼠曰嗛，獸曰釁。人曰撟，魚曰須，鳥曰狊。因獸而及魚鳥與畜。此又例之顯見者矣。

舉此見彼例

孔子曰：舉一隅，不以三隅反，則不復也。是以古書之文，往往有舉此以見彼者。而爾雅一書，此例爲尤多。釋親男子先生爲兄，後生爲弟，男子謂女子先生爲姊，後生爲妹。則女子先生爲姊，後生爲妹，女子謂男子先生爲兄，後生爲弟可知矣。女子謂兄之妻爲嫂，弟之妻爲婦，則男子謂兄之妻爲嫂，弟之妻爲婦可知矣。釋宮有木者謂之榭，則上文闍謂之臺，無木可知矣。路、旅，途也。路、場、猷、行，道也。一達謂之道路。則旅、途、場、猷、行之皆爲一達可知矣。無東西廂有室曰寢，則下文無室曰榭之爲有東西廂可知矣。釋器有骨者謂之䑋，則上文肉謂之醢無骨可知矣。彝、卣、罍，器也。又曰：卣，中尊也。則彝爲上尊，罍爲下尊可知矣。周禮鬯人：廟用脩。注：脩讀曰卣。卣，中尊，謂獻象之屬尊者。彝為上，疉為下。釋天仍饑爲荐，則仍饉、仍荒之爲荐可知矣。南風謂之凱風，則東南風之爲凱風可知矣。東風謂之谷風，則東北風之爲谷風可知矣。詩邶風谷風正義引孫炎曰：谷之言穀，穀生也。小雅谷風箋亦以谷風為生物之風。是谷為穀之假借。漢書王莽傳下：穀風從東北來。師古曰：穀風即谷風。

是漢人謂東北風為谷風。北風謂之涼風，則西北風之爲涼風可知矣。西北風寒涼尤甚，其在易乾西北之卦也，為寒為冰。西風謂之泰風，則西南風之爲泰風可知矣。凱風、夏風、谷風、春風、泰風、秋風、涼風、冬風，以四時之序言之。宜首東風，次南風，次西風，以北風終焉。爾雅由南而東者，以南該南之東，東之南也。由東而北者，以東該東之北，北之東也。由北而西者，以北該北之西，西之北也。而西之該西南可由此推矣。據淮南天文訓及易緯通卦驗，東北風曰條風，亦曰調風，爲立春之風。東風曰明庶風，爲春分之風。東南風曰清明風，爲立夏之風。南風曰景風，爲夏至之風。西南風曰涼風，爲立秋之風。此涼風與爾雅涼風不同。字林曰涼，涼，微寒也。玉篇：涼，薄寒貌。西南風曰涼風，此微寒之風。北風曰涼風。此祈寒之風。天地嚴凝之氣始於西南也。西風曰閶闔風，爲秋分之風。西北風曰不周風，爲立冬之風。北風曰廣莫風，爲冬至之風。是東北風與東風同爲春風，故以東風該東北方。東南風與南風同爲夏風，故以南風該東南風。西南風與西風同爲秋風，故以西風該西南風。西北風與北風同爲冬風，故以北風該西北風也。郝氏謂風有八方，爾雅止及四方，據詩文爲釋，可謂知其一不知其二。陰而風曰曀，則上文日出而風爲暴，風而雨土爲霾，爲姓而風可知矣。小雨謂之霡霂，則上文暴雨謂之涷，爲大雨可知矣。釋水：水草交爲湄。水草之交爲湄，則水木之交亦可爲湄。故李巡注云：水中有草木交會曰湄。舍人注云：水中有草木交合也。李注見左傳八年正義，舍人注見水經濟水注。鄭珍巢經巢經説，據兩家注謂古本多一木字，而以今本爲非，其説訛也。河水清且瀾猗，大波爲瀾。則下文小波爲淪、直波爲溼，釋詩河水清且淪猗，河水清且直猗可知矣。人所爲爲潏，則上文洲、渚、沚、泜非人所爲可知矣。釋木桑辨有葚梔，則上文女桑荑桑全有葚可知矣。釋魚鼁䵹詹諸，在水者黽，則詹諸在陸可知矣。言雌不言雄者，即雌以見雄。釋鳥桃蟲鷦、其雌鴱，則知雄者爲鷦。鷗鳳、其雌皇，則知雄者爲鳳。言大不言小者［大小二字應互乙］，即小以見大。言大不言小者，即大以見小。古人行文不嫌疏略，若一一言之，則失之緐縟，是在善讀者知所隅反焉耳。

釋鳥釋獸釋畜言雌雄牝牡例

尚書牧誓孔疏、周禮天官庖人賈疏皆云：爾雅飛曰雌雄，走曰牝牡。又地官司門疏曰：爾雅走曰牡牝。此言爾雅之定例，蓋爾雅叙篇之文也。詩匏有苦葉疏云：釋鳥云：鳥之雌雄不可別者以翼，右掩左雄，左掩右雌。是飛曰雌雄也。釋獸云：麇牡麔牝麎。是走曰牝牡也。此其定例。若散則通，故書曰牝雞之晨，傳曰獲其雄狐是也。案，必散文始通，若非散文，則不可通稱明矣。釋鳥云：鷯，鶉。其雄鶛，牝痺。此對舉，非散文也，不應稱雌爲牝。牝痺之牝，當爲雌字之誤。鶛雄而痺雌，非言雄不言雌也。桃蟲鷦，其雌鴱。鷦即其雄。鶠鳳，其雌皇。鳳即其雄。非言雌不言雄也。此與右掩左雄，左掩右雌，皆先雄後雌。釋獸言牝牡者四。麇牡麔牝麎一也，鹿牡麚牝麀二也，麕牡麌牝麜三也，狼牡貛牝狼四也。釋畜言牡牝者三。牡曰騭，牝曰騇，一也，羊牡羒牝牂二也，夏羊牡羭牝羖三也。未有先牝後牡者，亦未有有牝無牡者。獨牝豝言牝不言牡。牟廷相謂脱牡豭二字，郝氏從之，是矣。説文、玉篇、晉書音義、漢書翟方進傳注皆云：豭，牡豕也。左氏隱十一年傳：使卒出豭。左氏哀十五年傳：輿豭從之。正義皆以豭爲豕之牡者。定十四年傳：盍歸吾艾豭。釋文：豭，牡豕也。正義曰：釋獸云豕子豬牝豝，牝者謂之豝，則豭是豬之牡者，故以喻宋朝也。孔氏雖言牡者爲豭，然引釋獸文已脱牡豭二字矣。騋牝驪牡，唐石經注疏本並同。羅願曰：釋獸蓋以騋者爲牝，驪者爲牡，如此説，是先牝而後牡也。雪牕本作騋牝驪牝。釋文本同，于騋下出牝字，云頻忍反，下同。云下同者，謂驪牝之牝亦頻忍反也。郝氏懿行謂以驪牝釋騋牝，如此説，是有牝而無牡也。皆與爾雅之例不符。考周官夏官庾人鄭注引爾雅：騋牡驪牝玄。釋文出牡驪，云：茂後反，下力知反。復出牝玄云：頻忍反。賈疏云：詩騋牝三千，言牝不言牡，爾雅之意，以詩人美衛文公，直牝有三千，其實兼有牡，故云騋中所有，牡則驪色，牝則玄色。鄭、賈以下文玄駒褭驂之玄上屬，以騋牡驪牝玄爲句，與麇牡麔牝麎等句既合，與有牡有牝先牡後牝之例亦符。爾雅釋文云：孫注改上騋牝爲牡，讀與郭異。孫讀當亦以玄字上屬，故云與郭異。云孫注改騋牝爲牡，是孫本初亦訛作騋牝。止云孫改，是諸家本並沿騋牝之訛而不改也。鄭氏所見本獨不誤，而孫氏所改正與之合，其識實超出乎諸家之上。而近儒仍不盡從其説，何耶。禮記檀弓戎事乘驪，注引爾雅騋牝驪牡玄牝牡以形近互訛，然亦止正義本如此。釋文本已無可考，庾人注之牡驪牝玄，釋文固不誤也。説文引詩曰騋牝驪牡，此是三家異文，與爾雅無涉。孔廣森經學卮言云：又必知牝牡字當互易者，以禮駕四牡不用牝，而詩言比物四驪，四驪濟濟。則驪必騋之牡者，玄必騋之牝矣。此説得之。邵氏乃云：許氏以爾雅此文所以釋詩，故省文稱詩。夫驪牡二字，豈可以釋詩騋牝也哉。牝也而可以牡釋之，則雌也亦可以雄釋之，是牝牡、雌雄爲無別也。此説之最謬者，又在郝氏下矣。郝氏于夏羊牡羭牝羖釋云：夏羊，黑色羊也。説文夏羊牡曰羖，又云夏羊牡曰羭，此牡字誤。段氏注改牡爲牝，云羖必是牡，知羭必是牝，其説是矣。但釋畜之例，俱先牡後牝，則此當云牡羖牝羭。不知何時誤倒，蓋郭本已然。郝氏于此例，固非習焉不察者也。

語助例

釋邱：夷上灑下不漘。孫炎以不爲衍字，郭以不爲發聲。今案，玉篇云：不，詞也。詩桑扈之不戢不難，受福不那，大明之不顯其光，思齊之不顯亦臨，下武之不遐有佐，生民之上帝不臨，不康禋祀，卷阿之矢詩不多，常武之不留不處，不字皆爲語詞。毛傳之説甚明。則郭氏之説是，而孫氏之説非也。不獨此也，釋訓徒御不驚，驚當爲警字之訛。詩車攻毛傳云：不警，警也。毛以不字爲發聲也。釋器不律謂之筆，不亦發聲。釋言：律，述也。釋名云：筆，述也。律與聿古字通。説文云：聿，所以書也，楚謂之聿，吳謂之不律，燕謂之弗。秦謂之筆。謂之不律者，猶之謂之聿也。郭云蜀人呼筆爲不律，語之變轉，而不知不爲發聲，與不漘之不同例。何明于彼而闇于此也。釋蟲不蜩王父，不蝸蟷蠰，二不字皆發聲。不蜩，蜩也。不蝸，蝸也。舍人乃云不蝸名蟷蠰，孫炎乃云蟷蠰，螳螂，一名不蝸，失之遠矣。釋蟲[魚]：左倪不類，右倪不若。邢疏云：不，發聲也。周禮：西龜曰靁屬，靁、類古字通。北龜曰若屬。不爲發聲，故亦可省之，而稱靁稱若。釋鳥：鷽斯，卑居。釋文云：斯、本多無此字，案斯是詩人協句之言，後人因將添此字也，而俗本遂斯旁作鳥，謬甚。詩小弁正義曰：鷽，卑居。釋鳥文也。此鳥名鷽而云斯者，猶蓼彼蕭斯、菀彼柳斯，傳或有斯者衍字，定本無斯字，以劉孝標之博學而類苑鳥部立鷽斯之目，是不精也。玉澍案，以鷽斯爲鳥名誠誤，然謂釋鳥斯爲衍文則非。爾雅本有用語助之例。釋木棪欇其，其即斯之省文。説文斯從斤、其聲。類篇引爾雅棪欇，以其爲語詞，故省。釋鳥佳其夫不，其亦斯之省文。詩四牡傳：鵻夫不也。正義引李巡曰：夫不，一名鵻。左傳十七年正義引舍人曰：鵻名夫不。其爲語詞。故省之。止稱鵻，猶鷽斯之單稱鷽也。詩言螽斯，又言斯螽，斯本語詞。釋蟲仍之，云斯螽蜙蝑。後人不解語助之例，于斯加虫作蟴，又作蜇。釋文：蜇，本又作蟴，詩作斯，同。音私支反。説文無蟴。詩正義引爾雅仍作斯螽，是也。蠌蛅蟴，當依説文作蛅斯，斯亦語助也。斯螽、蛅斯之斯俗作蟴，猶鷽斯之斯俗作鷉也。薛綜注東京賦、酈注水經濕水篇皆引爾雅鷽斯卑居，詎可以斯字爲衍文乎。釋畜：膝上皆白惟馵，面顙皆白惟駹。二惟字皆語詞也。詩小戎正義引釋畜膝上皆白惟馵，又引郭璞曰馬膝上皆白爲惟馵，是郭氏不知惟之爲語詞矣。

卷四

衍文宜删例

釋丘不滑之不、釋鳥鷽斯之斯，雖非衍字，然爾雅衍文之宜删者，實多於它經。試一言之。釋詁：犯、奢、果、毅，勝也。校勘記曰：毅當爲衍文。注云：陵犯、誇奓皆得勝也。此釋經之犯字奓字。又云：左傳曰殺敵爲果。此釋經之果字。今注陵犯誇奓下有果毅二字，蓋後人竄入。邢疏祇云陵犯誇奓，經如本有毅字，郭引左傳必連致果爲毅矣。邢所據本有毅字，故釋經云殺敵爲果，致果爲毅。段玉裁云：注當本是陵犯、夸奓、果毅，以果毅釋果，猶以陵犯釋犯，夸奓釋奓也。玉澍案，傳注未有訓毅爲勝者。廣韻訓詁多本爾雅，犯、奓、果、克、捷等字下皆有勝也一訓，唯毅字下無之，亦其證矣。諧、輯、協，和也。關關、噰噰，音聲和也。勰、燮，和也。案輯協之協，衍字也。釋文出諧字，云：下階反。次出輯字，云：音集，次出噰噰，云：於恭反。次出勰字，云：本又作協，同户牒反。次出燮字，云：蘇頰反。勰、協古字音通。書堯典正義曰：釋詁以協爲和。洪範正義曰：協，和。釋詁文。與釋文所引又作本合。燮和之上，經文既有協字，關關之上，經文不得復有協字明矣。故釋文於諧輯之下，噰噰之上，不見協字。釋文於上文協服之協，音胡頰反。於本又作協之協，音户牒反。音既不同，必當標出，非若關字之不待作音者也。阬阬，虚也。嚴氏曰：鄭樵注云阬有二文無義，其一爲衍者耳。臧氏琳曰：經傳不見阬阬之語，廣韻十二庚阬字下，引爾雅曰虚也，類篇四下𣦼部壑字下引阬，虚也。郭璞云阬，壍也，引經、注阬字不重，則鄭所謂衍者，是也。校勘記説同。玉澍案，各本皆作阬阬，本之唐石經。而唐石經又本之釋文本。莊子天運篇：在谷滿谷，在阬滿阬。釋文云：阬，苦庚反。引爾雅云：阬，虚也。以釋文證釋文，而知阬字之必不重矣。鞠、訩、溢，盈也。校勘記曰：訩當爲衍文。詩：節彼南山，降此鞠訩。毛傳：鞠，盈也。訩，訟也。正義曰：訩，訟。釋言文。鞠，盈。釋詁文。可證鞠詁盈，訩不詁盈也。此殆因郭注引詩降此鞠訩，正文遂衍訩字。玉澍案，校勘記説本臧庸堂，而匿名亦引之。傳、注未有詁訩爲盈者，故郝氏義疏舍之不釋。邵氏正義引詩召旻箋訩訩滿庭，又引左傳曹人兇懼，云：兇兇衆多之聲。其説甚謬。訩訩亦作匈匈，漢書高帝紀注以匈匈爲喧擾之意，項籍傳注以匈匈爲讙擾之意，東方朔傳注以匈匈爲讙議之聲。荀子天論篇注以匈匈爲喧譁之聲，云與訩同。又作洶洶。不聞爲衆多之詞，安見有盈滿之意。至左傳之兇懼，兇亦懼也。管子任法注：匈，恐懼貌。玉篇心部：恟，許邛切，恐也。是其證。邵氏望文生訓，不足據。謂爲衍文者是也。釋訓每有雖也。有爲衍文。詩：皇皇者華，每懷靡及。傳：每，雖也。陳氏奐曰：每，雖。釋訓文。今本爾雅作每有雖也，衍一有字。莊子庚桑楚篇：每發而不當。釋文引爾雅：每，雖也。不誤。玉篇、廣韻皆云：每，雖也。常棣篇：每有良朋。又云：雖有兄弟。是每有即雖有也。彼箋云：每有，雖也。有亦衍字。王氏引之曰：自唐石經誤增有字，而常棣箋亦依誤本爾雅作每有雖也，唯相臺岳氏本無有字。校勘記曰：無有字者爲是。案，此盧句宣校語也。阮校説異是。箋正用皇皇者華傳也。案皇皇者華正義曰下篇每有良朋之下，有每雖之訓，正謂常棣箋有每雖之訓也。則箋作每雖也，而無有字明甚。箋訓出於爾雅，則爾雅亦無有字可知。玉澍案，常棣箋又云：雖有善同門至。鄭以雖有釋每有，以善釋良，以同門釋朋。以箋證箋，當作每雖也甚明，不獨相臺本及皇皇者華正義可據。阮校謂箋依釋訓文，反謂岳本爲誤，盧氏非之是矣。此因注引每有良朋，遂於經文衍有字，與釋詁鞠訩之訩，皆緣注衍經。釋親：父之從祖姊妹爲族祖姑，父之從祖晜弟之妻爲族祖母。據鄭珍説，各衍一祖字。邵氏不知其衍，乃云：父之從祖晜弟爲族父，則其妻當爲族母，今云族祖母者，猶云族祖姑，亦言自族祖而別也。鄭氏巢經巢經説非之，云：言自某別者，謂我與彼從某世分也。故可言自父而別，自祖而別，自曾祖而別，斷不可言自族祖而別。此義就己言，就所稱者言，俱無可通，邵説殊謬。鄭氏於釋親多所補正，然多謬説不可從，此則塙不可易者也。夫之兄爲兄公。兄公之兄衍也。俞氏樾群經平議曰：夫之兄爲公，故姊爲女公，夫之弟爲叔，故妹爲女叔，今作女妹者，字之訛也。郝氏義疏、阮氏校勘記均已具論之矣，惟兄公之兄爲衍文，則未有見及者。夫之兄曰公，乃禮經之正文。郭注曰今俗呼兄鍾，則方俗之殊語。釋名釋親屬曰，夫之兄曰公。公，君也。君，尊也。此即本爾雅之文而釋其義。又曰：俗間曰兄章。章，灼也，章灼敬奉之也。又曰：兄伀，言是己所敬忌，見之怔忪自肅齊也。兄章、兄伀之稱，以俗間別之，明非雅意矣。其下文又曰俗或謂舅曰章，又曰伀，亦如之也。然則兄章、兄伀之稱，蓋起於此。因舅亦有此稱，故於夫兄之正稱，轉加兄字以別於舅也。禮記奔喪篇注曰：兄公於弟之妻，此蓋從漢世俗稱，非據爾雅文。正義曰，釋親婦人謂夫之兄爲兄公，則唐初已衍兄字。又引皇氏云婦人謂夫之兄爲公者，須公平，尊稱也。此亦可證古本爾雅之無兄字。玉澍案，説文無妐字。唐石經及雪牕本作公，釋文云：妐音鍾，本今作公。陸以注云今俗呼兄鍾，因音公爲鍾。郝氏遂云兄公當讀爲兄鍾，郭注欲顯其音讀，故借鍾爲公。自有此説，直合兄公、兄鍾爲一，愈莫知兄之爲衍文矣，不知郭以俗呼之兄鍾。釋經之公，非讀公爲鍾。此句公字與下文女公之公無異字，亦無異音。女公不得因兄鍾之鍾，則此句公字亦不得音鍾，不得以釋文訛音，遂謂兄公即兄鍾，而謂兄之非衍文也。玉篇女部、廣韻三鍾皆云：妐，之容切，夫之兄也。其音雖誤，然亦可證其單稱妐而不稱女妐矣。釋器：繩之謂之縮之。案此釋詩：縮版以載，其繩則直。以經釋經之例也。經言縮、不言縮之。經言繩，不言繩之。二之字於文爲贅，於例不符，郝氏謂爲衍字，是也。毛傳云：乘謂之縮。鄭箋云：乘、聲之誤，當爲繩。正義云：釋器云繩謂之縮。又云繩謂之縮出釋器。兩引此文，皆無二之字。又引孫炎曰：繩束築版謂之縮。是孫本亦無二之字也。日本玉篇糸部引爾雅：繩之謂之縮。較今本少一之字，仍衍一之字。釋天：弇日爲蔽雲。此語絶不可通，而古今未有疑者。夫弇即蔽也，蔽亦弇也。雲能弇日，而弇日不可謂之蔽雲。雲蓋黔之訛，蔽則字之衍也。説文雲部：黔，雲覆日也。廣韻黔誤作霒，亦云：雲覆日。覆日即弇日矣。黔即陰雨之陰。其作陰者，字之假借也。疾雷爲霆霓，雨霓爲霄雪。霓、雪二字衍也。臧氏琳、盧氏文弨、嚴氏元照、阮氏元、臧氏鏞堂、郝氏懿行説並同。文選東都賦注、事類賦三、北堂書鈔一百五十二引疾雷爲霆。初學記一、藝文類聚二、白貼二引疾雷謂之霆。説文、五經文字引雨霓爲霄。開元經引雨霰爲消。皆其證。析木謂之津。謂字衍文。邢疏云：析木之津者，箕斗之次名也。經典但有析木之津，無析木謂之津。今定本有謂字，因注云即漢津也，誤矣。據此知邢疏本無謂字，春秋昭八年左傳：今在析木之津。注云：箕斗之間有天漢，故云析木之津。正義引釋天，析木之津，箕斗之間漢津也。國語周語云日在析木之津。皆無謂字之證。釋地：西方之美者，有霍山之多珠玉焉。郝氏曰：淮南子墬形訓珠玉上無多字，珠玉以美好爲珍，非以多爲異也，多字蓋衍。今案，郝説是也。上下文皆不言多，此不應獨有多字。多則不足爲美矣。續漢書郡國志劉昭注引爾雅有多字，係誤本。淮南無多字，係漢時古本。釋水：歸異出同流肥。注引毛詩傳曰：所出同所歸異爲肥。據郭注則經流字當爲衍文。水經注淇水篇引爾雅曰：歸異出同曰肥。亦無流字。詩正義及水經注又引舍人曰：水異出流行合同曰肥。據舍人本則歸字當爲衍文。二説相反，今本兩存之，義不可通。當從郭本删去流字，與毛詩傳及釋名合。舍人本誤也。酈道元疑舍人之説爲是，陳氏啓源毛詩稽古篇辨之是矣。曾釗毛鄭異同辨謂同下實無流字，又牽就舍人之説，云歸字上屬汧出不流爲句，誤矣。釋草：菿薽豕首。説文艸部薽，豕首也，無菿字。孫炎本有列字，而合上文讀之，云黄菟，一名瓜列。其讀雖訛，亦可證薽之上不得有菿字。嚴氏以菿爲衍字是也。藒車芞輿。釋文出車字，云本多無此字。臧氏琳曰：説文藒芞輿也，是説文以藒爲芞輿，不名藒車也。據釋文知古本無車字，與説文合。今按，注云藒車香草，見離騷經。車字涉注而衍，與釋詁果毅之毅、鞫訩之訩，釋訓每有之有，釋親兄公之兄同。釋木：時英梅。説文：柍，梅也。玉篇：楧，梅也。柍、楧即爾雅之英，草木偏旁通用。據説文玉篇，是英一名梅，時者衍字。楓欇欇。嚴氏曰：欇當作𣡌。文選南都賦注：楓，聶。又上林賦注引張揖曰：楓，欇也。史記索隱曰：爾雅云一名攝。欇之誤。説文：楓，木也，厚葉弱枝善摇，一名𣡌。又云：𣡌，木葉摇白也。疑爾雅衍一欇字。檿桑山桑。上桑字衍也。説文、玉篇、廣韻、禹貢釋文、山海經中山經注，皆云檿山桑。史記夏本紀索隱、後漢書馬融傳注引爾雅皆作檿山桑。爾雅此文列於立死菑蔽者翳之前，蓋釋詩之其檿其柘。毛傳云檿山桑，即本爾雅。毛公所據本，山上無桑字。鄭注考工記弓人引爾雅檿桑山桑，已衍桑字。詩皇矣正義曰：檿，山桑。釋木文。書禹貢正義引釋木：檿桑，山桑。是孔穎達所見尚有二本。梢梢櫂。嚴氏云：經典不見梢梢之文，此與摩樕楷皵相蒙而下，無緣於此有重文也。釋文於經文重字，不敢輕爲芟薙。而此唯標出一梢字，疑陸本無二梢字。校勘記曰：唐石經以字數計之，此行亦多一字。玉澍案，注云謂木無枝柯，梢櫂長而殺者，是郭本梢字亦不重。集韻：梢，色角切，梢櫂、木無枝柯長而殺者。亦梢止單文之證。梢、櫂疊韻，與上楷檄同。單文衍重文，與上文欙欙暨釋詁之阬阬同。桑扈，竊脂。棘扈，竊丹。邵氏正義、臧氏漢注以桑扈竊脂四字爲誤衍刪之，邵氏之説甚詳。嚴氏匡名、郝氏義疏並從其説。釋獸：豕子豬。經義述聞曰：豬即豕，非豕子也。子字涉上文兔子娩而衍，自唐石經已然。小雅漸漸之石傳及楚辭大招注並曰：豕，豬也。初學記獸部、太平御覽獸部十五引此並無子字。釋畜：牛絶有力欣犌。郝氏曰：犌，古牙反。玉篇云牛有力，廣韻云牛絶有力，俱止言犌，不言欣，疑欣字衍。邵氏説略同。校勘記曰：釋鳥雉絶有力奮，釋獸麋絶有力狄、鹿絶有力麉、麕絶有力豜、狼絶有力迅、兔絶有力欣、豕絶有力豟、熊絶有力麙，釋畜馬絶有力駥、羊絶有力奮、犬絶有力狣、雞絶有力奮，凡鳥獸之絶有力者，單字無兼名，自唐石經誤衍欣字，而今本因之。玉澍案，釋文止出犌字，知陸本亦不作欣犌也。然亦有不衍而誤以爲衍者。如釋草：不榮而實謂之秀。衆家本並無不字，唯郭本有之。考詩七月傳、生民傳，皆云：不榮而實曰秀。正義以爲釋草文。又御覽引月令章句：不榮而實謂之秀。文選思元賦注：不華而實謂之秀。漢書禮樂志注、淮南子本經訓注，皆云：不榮而實曰秀。皆本爾雅爲説，而毛傳爲最古之書。又淮南時則訓苦菜秀，呂覽孟夏紀苦菜秀注，皆引爾雅、不榮而實曰秀。詩七月正義、生民正義、文選殷仲文南州桓公九井作注，皆引爾雅：不榮而實謂之秀。惟藝文類聚八十一引爾雅無不字，此衆家本也。校勘記不以衆家本爲脱，反以郭本爲衍，其説誤矣。釋水：水中可居者曰洲。嚴氏曰：廣韻十八尤、一切經音義引無者字，以説文證之，是也。玉澍案，釋名，詩毛傳，書孔傳，左氏文十年傳注，釋文，哀二十二年傳注，釋文，楚辭離騷注，皆云：水中可居者曰洲。詩正義、書正義引爾雅，亦皆有者字。則者字之非衍，明矣。

脱文宜補例

爾雅脱文見於陸氏釋文者，如釋言：縭，介也。李、孫、顧舍人本並作縭，羅也。介，別也。是郭本脱羅也別三字。其攟拾於嚴氏匡名者，共三十有二條。在釋詁者，曰皇大、書洪範正義云：皇，大。釋詁文。曰自用、書立政正義引。曰良善、詩蟋蟀正義引。曰豐大、詩豐年正義引。曰壽考、詩閟宮正義引。曰虔敬、詩殷武正義引。曰由用、左傳昭八年正義引。曰顯明。禮記祭法正義引。在釋言，曰忒疑、詩鳲鳩正義引。曰輯合、書舜典正義引。曰斯盡、詩皇矣正義引。曰餁熟、儀禮士虞禮疏引。曰殑薄、說文歺部引。曰鋪布、文選西都賦李善注引。曰敷布、後漢書班固傳注及尚書傳序正義引。曰幾冀、尚書傳序正義引。曰濬通、史記五帝本紀索隱引。曰遂生、後漢書杜篤傳注引。曰摎求、後漢書張衡傳注引。曰與許、皇侃論語公冶長篇義疏引。曰棘戟。文選吳都賦注、過秦論注、辨亡論注凡三引。在釋器，曰半壁曰璜、後漢書張衡傳注引。曰赤緣謂之褖。儀禮士喪禮疏引。在釋天，曰時雨、曰澍雨、曰雨與雪雜下曰霰、並徐堅初學記引。曰正幅爲縿。周禮春官巾車疏引。在釋邱，曰土之高者曰邱、高邱曰阜、周禮冢人疏引。曰齊有營邱。白帖六引。在釋山，曰山足曰麓、此條塙係脱文，說見後。曰山南曰陽、曰山北曰陰。周禮柞氏疏引。在釋魚，曰蜃大蛤。周禮醢人疏引在釋畜，曰二歲曰駒、三歲曰駣。周禮校人疏引。玉澍案，唐人於小爾雅，或謂之小雅，或亦謂之爾雅。其引爾雅鋪布與敷布者，並小爾雅廣詁文也。其引爾雅棘越者，小爾雅廣器文也。嚴氏謂為方言之誤，說非是。班彪傳注引爾雅敷布，又引爾雅戠穎謂之秷，今爲小爾雅廣物文。孔穎達尚書傳序云：敷布，爾雅有訓，亦指小爾雅言之。桃夭正義引爾雅云：無夫無婦並謂之寡。此小爾雅廣訓文也。賓之初筵正義引爾雅：射張皮謂之侯，侯中者謂之鵠，鵠中者謂之正。此小爾雅廣器文也。此孔氏引小爾雅止稱爾雅之證。陸氏經典釋文亦有此例。如詩十月之交釋文引爾雅云：慗，願也。慗，強也。此小爾雅廣言文也。小弁釋文引廣鳥文亦云爾雅。據此，知左傳正義曰由，用。釋詁文。即小爾雅廣詁之由用也。書畢命正義引釋詁亮，佐。即小爾雅廣詁之涼佐也。漢書藝文志：六經之支與流裔。集注云：裔，衣末也。方言、爾雅釋詁並云：裔，末也。詁乃言字之訛。小爾雅廣言曰：裔，末也。稱廣言為釋言，猶之稱廣詁為釋詁也。稱小爾雅爲爾雅，漢世已然。說文引爾雅䡵薄也，即小爾雅廣言之涼薄。嚴氏不知出於小爾雅，概謂爲爾雅逸文，誤矣。孔疏引爾雅而不在爾雅者，率皆記憶之誤。詩楚茨傳皇大凡兩見，正義不云釋詁文。皇矣傳：皇，大也。正義：釋詁云皇，君也。君亦大之義，故為大也。文王有聲正義云：釋詁又云皇，君也。君亦大義。如釋詁有皇大之文，何必如此迂曲其說。據此則知洪範所謂皇大釋詁文者，誤矣。詩日月傳，鶉之奔奔傳、氓箋、大叔于田箋、常棣箋、角弓箋、民勞箋、桑柔箋、良耜箋皆云：良，善。正義皆不云良善，釋詁文。又書大誓傳：良，善。正義曰：良之為善。書傳通訓，亦不云釋詁文。據此知蟋蟀正義所云良善釋詁文者，誤矣。禮檀弓云：吾今日其庶幾乎。正義云：庶，幸也。幾，冀也。不云釋言者，以釋言有庶幸而無幾冀也。書盤庚正義曰：釋言云庶幾，尚也。反覆相訓，故尚為庶幾、庶幸也，幾冀也。據此知尚書傳序正義所謂幾冀爾雅有訓者，誤矣。尸鳩正義曰：忒，疑。釋言文。忒疑為貳疑之異文，釋言為釋詁之訛文。文王正義曰：聿述、永長、言我，皆釋詁文。今釋詁有永長、言我，而無聿述。聿述即釋言律述之異文。故禮記禮器云：聿，述。釋言文。文王正義誤釋言為釋詁，猶尸鳩正義誤釋詁為釋言也。若此之類，不可盡辨。皇矣正義曰斯，盡。釋言文，釋言係方言之誤。方言云：澌，盡也。澌、斯字通。誤方為釋，非必孔氏原本如是。賈疏亦然。嚴氏亦云，賈公彥所指爾雅今本無文，不盡可信。其餘諸書所引，多緣牽涉致誤。張衡傳注引爾雅：摎，求也。即釋言流求之異文，不可謂爾雅逸文。廣韻十八尤：摎、流同，力求反。是其字通也。匡名所引，唯山足曰麓墒係釋山之逸文。周禮載師疏曰：爾雅釋山山足曰麓。地官序官注：山足曰麓。疏曰：山足曰麓者，爾雅文。又林衡疏曰：爾雅山足曰麓。秋官柞氏注：山足曰麓。疏曰：爾雅文。又後漢書班彪傳注引爾雅云：麓山足也。毛傳詩旱麓、馬鄭注書大麓，並曰：麓，山足也。即本爾雅爲訓。則山足麓三字，當增入山脊岡、山頂冢之上下者也。若柞氏疏引爾雅山南曰陽、山北曰陰，它書未有謂爲爾雅文者，未可與此同日語也。山海經南山經：其陽多亦金，其陰多白金。注云：銀也，見爾雅，山南曰陽，山北曰陰。郭氏於白金為銀云見爾雅。於山南曰陽山北曰陰，以己意為說，不云並見爾雅。是其證也。釋訓：傻傻、洄洄，惛也。郝氏曰：釋文引郭音義云：洄本或作禋，音韋。說文引爾雅作禋禋禕禕。是禋禋即佪佪之聲借。然則樻樻亦即憒憒之聲借也。説文及蒼頡篇並云：憒，亂也。亂亦惛也。楚辭逢尤篇云：心煩憒兮意無聊。憒通作潰。詩召旻傳：潰潰，亂也。據説文所引，則知爾雅當有潰潰二字，今脱去之。段氏玉裁據潛夫論云佪佪潰潰，蓋用爾雅文，可證矣。美女爲媛上，古當有邦之媛也四字。美士爲彦上，古當有邦之彦兮四字。今本無之，與前後引詩句之例不符。詩君子偕老正義引舍人曰：國有美士，爲人所言道。國有美士正釋邦之彦兮。如無此四字，舍人當云美士爲人所言道，不當云國有美士爲人所言道也。此先君説也。徒御不驚鷩為警字之訛。輦者也，輦上當有徒字，與是又是鑊、鑊煮之也同例。黍苗正義曰：釋訓徒御不驚，以徒爲輦者也。車攻：徒御不警。傳：徒，輦者。御，御馬者。陳氏奂曰：二者字，各本皆作也字，依正義訂正。正義云：諸徒皆爲徒行，此獨以爲輦者，釋訓云徒御不警，徒輦者也。爾雅特釋此文，故依而爲説。徒既爲輦者，故御爲御馬者也。玉澍案，觀兩篇正義所言，當作徒御不警徒輦者也毫無疑義。毛傳訓徒爲輦者，即本釋訓。藉無徒字，是徒御不警一句訓輦者也，尚可通乎。今車攻正義引釋訓徒御不警，下亦脱徒字，陳氏補之是矣。段氏玉裁校爾雅亦主此説。臧鏞堂與段氏書辨其非是，而於車攻傳疏舍之不論，其説非也。然段氏謂釋天既伯既禱，馬祭也，當作既伯既禱，伯，馬祭也。臧氏謂不當增伯字，實足砭段氏之失。毛傳云：伯，馬祖也。説文示部引詩作既禡既禂，云：禂，禱牲馬祭也。周禮甸祝：禂牲禂馬。杜子春云：禂，禱也，爲馬禱無疾。則伯、禱皆主馬祭言之。爾雅何嘗以伯爲馬祭、禱爲禽祭耶。段氏、郝氏以此例徒御不警，不知伯禱一義，徒御二義，不可同日語也。然郝氏於釋天濟謂之霽下云：説文霋字解云霽謂之霋，或引爾雅古本之文，今本脱之。較之錢氏大昕以霽謂之霋，爲濟謂之霽之誤者，説實過之。濟謂之霽，霽謂之霋，與上文久雨謂之淫、淫謂之霖正一例。淫、霖韻也。霽、霋亦韻也。釋地：中有岱岳，與其五穀魚鹽生焉。郝氏曰：淮南墬形篇中作中央之美者，五穀魚鹽之間有桑麻二字，疑據爾雅古本，今脱去之。郝氏此説亦是也。以上十六句，淮南皆同爾雅，是其證也。釋邱：谷者溦。注云：通於谷，郝氏云：據注，谷上當脱通字。錢氏坫亦云：近本脱一字，水經注濟水篇引爾雅通谷者澂。釋草：卉，草。許氏宗彦曰，藝文類聚八十一引爾雅卉百草，據注云百草總名。又禹貢正義引舍人云凡百草，一名卉，則當有百字。臧氏爾雅漢注據舍人及郭注增補百字，所見與許氏同。莪，蘿。詩：菁菁者莪。傳云：莪，蘿蒿也。正義云：釋草云莪，蘿蒿也。陸璣疏亦云莪、蒿也，一名蘿蒿。今本脱蒿字。荺茭荄根。根下當有也字，謂荺、茭、荄三字皆訓根也。茭爲茇字之訛。説文：荺，茇也。茇，草根也。荄，草根也。郭本脱也字，遂誤分荺茭、荄根爲兩條矣。釋木云：檖，羅。詩晨風：隰有樹檖。傳：檖，赤羅。正義引釋木云：檖，赤羅。今本脱赤字。陸疏亦云：檖，一名赤羅。廣韻六至檖下全用郭注，而云一曰赤羅。皆有赤字之證。説文則云：莪，羅也。檖，羅也。係後人依誤本爾雅所改。當以毛公所據爲正。釋獸：牝豝。有牝必有牡，宜如牟廷相説，於牝豝上增牡豭二字，與釋畜、釋獸牡牝並舉之例始符。説詳前。豕子豬豶豮幺幼奏者貀豕生三豵二師一特所寢橧四豴皆白豥其跡刻絶有力豜牡豭牝豝，除子爲衍文外，共三十六字。釋畜羊屬之後亦有之，係後人疑爲複而誤删。今宜於羊屬之後，狗屬之前，增此三十六字，與釋畜六畜之數始符。説詳前。

錯簡宜正例

釋草：莽，數節。桃枝，四寸有節。粼，堅中。簢，筡中。仲，無笐。䈜，箭萌。篠，箭。筍，竹萌。簜，竹。此釋周禮醢人䈜菹筍菹及禹貢之篠簜也。篠箭爲竹之小者，説文筱作篠，云：箭屬，小竹也。廣韻：筱，細竹也。玉篇、漢書地理志注、禹貢正義皆以篠為小竹。文選吴都賦注云：箭竹細小而勁實。䈜箭萌爲筍之小者，簜竹爲竹之大者，説文、玉篇、廣韻、書禹貢傳疏、漢書地理志注、文選西京賦注，皆以簜為大竹。禹貢鄭注同。筍竹萌爲筍之大者，仲無笐則竹之中者也。牟廷相云：鄭樵謂仲為篔簹竹，篔簹於竹中為最大。今以釋樂篇文參之，籥中謂之仲，釋文仲或為筗，則仲為中竹，非大竹也。云無笐者，説文：笐，竹列也。養大竹欲得成列，中竹以下任其延布而已。䈜筍言其萌也，莽桃枝言其節也，粼簢言其中也，以類相從，秩然不紊。今筍竹萌簜竹，錯簡於茵芝之後、莪蘿之前，郭氏遂不知篠爲小竹，簜爲大竹，而以篛爲竹名矣。篠之爲言條也，説文：條，小枝也。篛之爲言蕩也，廣韻三十七蕩：蕩，大也。又説文云：篡，大竹箭也。則篠、篛之爲小竹、大竹無疑。知篠、篛之爲小竹、大竹，則爾雅篠箭、篛竹之列一處無疑。鄭注醢人曰：箈，箭萌。今周禮作菭，係訛字。先鄭作菭，後鄭讀爲箈。郭氏引作箈菹，從後鄭也。筍，竹萌。説文竹部亦筍、箈二篆相連，筱、篛二篆相連。賈公彦醢人疏曰：箈箭萌者，一名篠者也。筍竹萌者，一名篛者也。萌皆新生者也。皆其證矣。釋蟲之七蜩、五螽、四蠪、四蠭，釋魚之十貝、十龜，釋鳥之五鳩、三鶌、七扈，謂春扈、夏扈、秋扈、冬扈、棘扈、行扈、宵扈也。冬扈竊黄下舊有桑扈竊脂四字，係衍文。釋獸之十三鼠，皆以類相從，不以異類厠乎其間。唯釋鳥之十四雉，而盧諸雉之下，鷂雉之上，有鷺春鉏三字，致盧諸雉與鷂雉不相接貫，遂不辨其爲雉之種類。而郭注云未詳。説文言雉十四種，首盧諸雉、次鷮雉、爾雅鷮雉上有鷂，説文無之。嚴氏曰：據郭注，江淮而南青質五采之一種，故不列。次鳪雉、次鷩雉、次秩秩海雉、次翟山雉、次翰雉、次卓雉、郭以翰雉鵫雉為一，與許異。次伊雒而南曰翬、次江淮而南曰摇、釋鳥作鷂。次南方曰𠷎、次東方曰甾、釋鳥作鶅。次北方曰稀、釋鳥作鵗次西方曰蹲。釋鳥作鷷。唯無雉絶有力奮五字，餘皆與釋鳥合。據此，知鷺春鉏三字，古本當在鶩唐居之下、盧諸雉之上，今本係錯簡。梁玉繩瞥記亦知其錯簡，但云鸕字在下文鷺春鉏之上，黑爲盧，白爲鷺。諸雉二字在下文鷂雉之上。雉有數種，故以諸雉冠之，以鷺鸕爲一物，其説顯與説文背矣。又有不同篇而錯簡者。釋言：菼，騅也。菼薍也。校勘記曰：菼、薍係釋草文誤入，郭氏言菼草色如騅云云，本上文菼騅也之注而在此下可證。詩大車：毳衣如菼。毛傳：菼，鵻也。箋云：菼，薍也。正義曰：菼，騅。釋言文。菼，薍。釋草文。分析最清。釋文薍字亦後人竄入。臧鏞堂、嚴元照説與阮氏同。釋草：椵，木槿。櫬，木槿。案，此係釋木文錯簡於釋草者也。椵與椵杝同名。椵杝，木也。椵木槿，亦木也。櫬與櫬梧同名。櫬梧，木也。櫬木槿，亦木也。不曰槿而曰木槿，以木名木，又與木瓜、木桂正同。木槿之不可名爲草，猶木瓜、木桂之不可名爲草也。釋木首山木，釋草首山草。藿山韭、茖山葱、葝山䪥、蒚山蒜、薜山蘄、朮山薊，本以類相從。自錯簡椵木槿櫬木槿六字於其間，而薜山蘄與上文朮山薊，遂不相接，樊光不知其錯簡，乃云：其樹如李，其華朝生莫死，與草同氣，故在草中。夫其華雖朝生莫死，其樹非朝生莫死，不得謂與草同氣。且草亦未有朝生莫死者，不得謂華朝生莫死者之即爲草也。天下安有其樹如李而可稱爲草者哉。陸璣詩疏以舜入木類，云：舜，一名木槿，一名櫬，一名椴。陸引爾雅而以木槿爲木，其所見本，此二句必不在釋草中矣。釋木：杬，魚毒。此係釋草文錯簡於釋木者也。校勘記引盧文弨曰：説文草部芫，魚毒也。木部無杬字。顔師古注急就章云：芫華，一名魚毒，漁者煮之以投水中，魚則死而浮出，故以爲名。芫，字或作杬。郭景純説誤，其生南方，用藏卵果者，自别一杬木乃左思吴都賦所云緜杬杶櫨者耳，非毒魚之杬也。據此，蓋本釋草文，因芫或作杬，遂誤入釋木耳。上文蒤荎著，郭注亦以爲釋草文之誤重者。玉樹案，吴都賦劉逵注引異物志云：杬，大樹也，其皮厚，味近苦澀，煎以藏卵果，使不爛敗，以增其味，豫章有之。玉篇木部：杬，木名，出豫章，煎汁藏果及卵，不壞。廣韻二十二元：杬，木名，出豫章，煎汁藏果及卵。此杬木也，而不可煎以毒魚。本草別錄：芫華，一名魚毒，一名杜芫，其根如蜀桑，可用毒魚，此即今藥中芫花。郭注中山經亦云：芫花中藥。玉篇：芫，花藥。廣韻：芫，草名，有毒，可爲藥。太平御覽藥部九引吴氏本草：芫花根有毒，可用殺魚。此芫草也，而不可煎以藏卵。杬與芫判然二物。郭氏不知經文錯簡，以杬木而冒魚毒之名。顔師古非之是矣。毒説文作𣫭，云：害人之草，往往而生，從中毒聲。中，古文，或以爲艸字。𣫭本從艸取義，故艸之有毒者，多以毒名，若奚毒、雞毒、狗毒、狼毒、續毒皆艸之名。魚毒爲艸，正與之類。若木，未有以毒名者也。此當在釋草，與蘱狗毒相次。本草芫華本在草部，證類本草移入木部，爲爾雅所誤故耳。所引有芫花小樹之説，甚不足據。王引之據其説，以校勘記誤入之説爲非。庸詎知爾雅之錯簡，且不止此乎。然亦有非錯簡而謂爲錯簡者。釋獸豕豬一節，郝氏懿行、周氏中孚、陳氏奂皆謂爲釋畜文誤入。證以鄭氏康成六獸之説，必不然矣。有友人以釋魚蠑螈蜥蜴蝘蜓蝘蜓守宮也、趹蝁螣螣蛇蟒王蛇蝮虺博三寸首大如擘，爲釋蟲文誤入，今考廣雅釋魚，亦以蜇蝪虺蝰相次，正循爾雅之例，其説爲不然矣。

上下互誤例

釋天之雺、霧，釋木之常棣、唐棣，論者多謂上下互誤。予辨其非誤，而以名同字異之例斷之，可以袪説者之惑矣。然爾雅上下互誤之例，實視他書爲多，有一句而上下互誤者，有兩句而上下互誤者，有兩句不相接而上下互誤者，又有上下兩篇彼此互誤者。試一一言之。釋詁：詔、相、導、左、右、助，勴也。助勴當作勴助。説文、玉篇並無勴，字當作勴。勴之爲字，必待釋者也。助之爲字，不待釋者也。以必待釋之字釋不待釋之字，有釋而義轉晦，不如無釋而義反明。不獨釋詁三篇無此例，古今傳注家亦無此例。勴與詔相導左右可以訓助，助不可以訓勴。猶之權輿訓始，始不可以訓權輿。林烝訓君，君不可以訓林烝也。説文、玉篇、廣韻皆勴訓助，助不訓勴，是其塙證。説文：勴，助也。即本釋詁。關雎箋：左、右，助也。疏云：左、右，助也。釋詁文。此正助字在下之證。𧰣汽也，當作汽𧰣也。此釋詩，汽可小康。箋云：汽，幾也。易井：汽至亦未繘井。虞注亦云：汽，幾也。幾與𧰣古字通。左傳昭二十年正義引釋詁正作汽幾，是其證矣。嗟咨蹉也，當作蹉咨嗟也。書堯典正義曰：咨，嗟。釋詁文。文選嘆逝賦注引爾雅：咨，嗟也。皆嗟字在下，則蹉字當在上明矣。釋文：蹉、本或作𨀤。引字林云：皆古嗟字。蹉古字，嗟今字。此以今字釋古字之例也。釋言遇偶也，當作偶遇。文選讓宣城郡公表注，山巨源絶交書注，一切經音義卷二、卷九引爾雅，並作偶遇。郭注云：偶爾相值遇。亦上偶下遇之證。釋訓：佻佻、契契，愈遐急也。群經平議曰：經文本作佻佻契契遐愈急也，故郭注以遠益急切釋之。遠釋遐字，益釋愈字，急切釋急字也。下文宴宴粲粲尼居息也，注曰：盛飾宴安，近處優閒。疏曰：尼，近也。然則此兩經正相對成義。遐愈急也，謂遠者急切。尼居息也，明近者優閒。遐與尼爲對文。今誤作愈遐急也，則不特與郭注不合，而與下文亦不一律。且遐急二字不倫，非上文之切直、協服，下文之禍毒、爽忒二字同義者可比。其爲傳寫之誤倒無疑矣。玉澍案，俞氏此説，前人從未見及，當補入阮氏校勘記。文選魏都賦李善注引爾雅：嬥嬥契契愈遐急也，則二文之誤倒，自唐世已然矣。幬謂之帳，當作帳謂之幬。此釋詩抱衾與裯也。凡某謂之某者，皆經文在下。釋親姑舅在，當作舅姑在。上文外舅外姑曰舅曰姑，下文君舅君姑先舅先姑，皆先舅後姑。此以先後見義，與父母兄弟姊妹同，必不容倒置者也。後漢書列女鮑宣妻傳注引爾雅作舅姑在，當據以訂正。釋宮：閍謂之門。閍門二字互誤，而又脱廟字。禮記郊特牲正義引釋宮門謂之祊，禮器正義引作廟門謂之祊。阮氏校勘記亦知門閍誤倒，而謂廟字非爾雅本文則非是。釋天蝃蝀謂之雩，蝃蝀虹也，當作雩謂之蝃蝀，蝃蝀虹也。此釋詩蝃蝀在東也。與繴謂之罿、罿罬也，罬謂之罦、罦覆車也，婦人之褘謂之縭、縭緌也，䰝謂之鬵，鬵鉹也，皆上句經文在下，下句經文在上也。釋草萑蓷，當作蓷萑。此釋詩中谷有蓷。毛傳云：蓷，鵻也。釋文引爾雅作蓷鵻，又云：鵻，音隹，爾雅作萑。又説文云：蓷，萑也。皆其證也。蕦葑蓯當作葑蕦蓯。此釋詩采葑采菲也。説文葑、須從也。是其證。毛傳曰：葑，須也。須下脱從字。正義引孫炎曰：葑，一名葑蓯。與郭本同誤，不如毛、許所據爲善。藨藨當作麃藨。麃爲假字，藨爲正字，以正字釋假字也。鄭注曲禮、張揖注子虛賦並曰：苞，藨也。即釋草之麃藨。苞與麃古字通。儀禮既夕：木鑣。注：古文鑣作苞。是其證。釋木梨山樆，當作樆山梨，梨爲大名，樆爲梨生於山者之名。猶之萑山韭，茖山葱，葝山䪥，蒚山蒜，薜山蘄，朮山薊，槄山榎，栲山樗，韭、葱、䪥、蒜、蘄、榎、樗爲大名，萑、茖、葝、薜、朮、槄、栲爲生於山者之名也。子虛賦注曰：離，山梨也。説文木部無樆字，離即樆也。玉篇、廣韻並曰：樆，山梨也。張參五經文字亦云：樆，山梨也，見爾雅。其所據尚不誤。顔師古注急就篇云：梨，山樆也。所見已是誤本。榆白枌當作枌白榆。此釋詩東門之枌也。毛傳曰：枌，白榆也。即本爾雅。榆爲大名，枌爲白者之名。曰白榆者，以别於赤榆、刺榆、姑榆、山榆諸種。説文玉篇以榆爲白枌，係後人據誤本爾雅改之。漢書郊祀志注、地理志注並曰：枌，白榆。毛公於陳風之枌，釋曰白榆。於唐風之榆，不曰白枌。毛公不誤。詩正義引孫炎曰：榆，白者名枌。孫本亦不誤。郭注云枌榆，不云榆枌，以枌爲榆之名，不以榆爲枌之名。郭本亦未嘗誤也。樕樸心，當作樸樕心。此釋詩林有樸樕也，詩正義引釋木正作樸樕心。孫炎曰：樕樸，一名心。某氏：樕樸，槲樕也。爾雅古本依詩作樸樕，毛傳、說文、玉篇、廣韻並作樸樕。唯釋文誤倒作樕樸，而唐石經及宋本遂從之而誤。如木楸曰喬。王氏引之曰：如木當作木如，上既言喬之形狀矣，此復明稱名取類之義，故特以木字別之。以首句即是言喬，故附於上句曰喬之下，一木字統下四句而言。上文木自斃柛、立死椔、蔽者翳、木相磨槸、棤皵、梢梢擢，木字皆統下文而言，且與上文更端。是其證也。今本作如木楸曰喬，則木爲衍文矣。釋蟲國貉蟲蠁，當作國貉蠁蟲。蠁，乃蟲之名也。說文：蠁，知聲蟲也。玉篇：蠁，禹蟲也。郭注引爾雅土蛹蠁蟲，則經文作蠁蟲明矣。又物類相感志云：山行慮迷，掘蠁蟲一枚於手中則不迷。亦蟲蠁當作蠁蟲之證。釋魚，鮅鱒當作鱒鮅。此釋豳風之鱒魴，故下文即繼以魴魾。詩正義云：釋魚有鱒魴。樊光引此詩魴即鮅字之訛也。字林云：鮅，魴也。唯鱒上鮅下，故與魴相接。呂忱句讀雖誤，而鮅魴二字相接則不誤也。釋鳥：鵖鴔戴鵀。鵖鴔當作鴔鵖。說文：鴔，鴔鵖也。段氏注謂當從爾雅，其說非也。玉篇鳥部鵖下云：北及、北涉二切，鴔鵖，戴鵀，今呼戴勝。其引爾雅，異於今本而同於說文。廣韻亦作鴔鵖。知今本誤也。鶨鶪當作鶪鶨。詩伐檀正義引李巡曰：鶪，一名鶨。此上鶪下鶨之證。此皆一句而上下互倒者也。釋地廣平曰原，高平曰陸，當作高平曰原，廣平曰陸。文選西都賦注、後漢書班彪傳注引爾雅皆作高平曰原。詩常棣傳、離騷注並曰：高平曰原。鄭注周禮大司徒曰：高平曰原。箋詩、注禮記又曰：廣平曰陸。左傳定九年注引爾雅作廣平曰陸。漢書郊祀志注、史記司馬相如傳索隱引司馬彪並曰：廣平曰陸。禹貢正義兩引，一作高平曰陸，一作廣平曰陸。說文、釋名、毛詩箋並以陸爲高平。說各不一。考經典多原隰對言，隰爲下者，則原爲高者明矣。公羊昭元年傳：上平曰原。此說之最先者也。上平即高平，原爲高平，則陸當爲廣平明矣。釋山：石戴土謂之崔嵬，土戴石爲岨。此亦互誤。詩卷耳傳：崔嵬，土山之戴石者，石山戴土曰岨。與爾雅互異。段氏說文解字注、陳氏毛詩傳疏、胡氏毛詩後箋調停兩說謂皆不誤，其說非也。馬瑞辰毛詩傳箋通釋曰：說文：崔，大高也。嵬，高不平也。段本從南都賦李注作嵬，山石。崔巍，高不平也。說文又曰：兀，高而上平也。阢，石山戴土也。阢即兀也。知高而上平者爲石山戴土，則知崔嵬之高而不平者，爲土山戴石矣。文選南都賦注，崋嵬，山名。崔嵬，高而不平。嵬通作褢。吳都賦注引埤蒼：褢，不平也。義並與說文同。砠，通作岨。說文：岨，石戴土也。以岨爲石戴土。則益知崔巍爲土戴石矣。十月之交：山冢崒崩。箋云：崒者崔巍。漸漸之石：維其卒矣。箋云：卒者崔巍，謂山巔之石也。說文：崒，崒危，案：崒危即崔巍，段氏以崒為複舉字之未刪者，說非是。高也。卒即崒之省借。崔嵬通作陮隗。說文：陮隗，高也。又曰：崖，高也。又轉作厜㕒。爾雅：崒者厜㕒。郭注：謂峰頭巉巖。後漢書注：巉巖，山石高峻之貌。是皆崔巍爲石在上之證。釋名：土戴石爲崔巍，因形名之也。石戴土爲岨，岨，臚然也。義與毛傳合。毛傳多本於爾雅。今爾雅與毛傳互異，蓋傳爾雅者傳寫誤也。孔疏轉疑毛傳爲誤，失之。馬氏說塙不可易，可以正爾雅之訛。釋獸：夏羊牡羭，牝羖。羭、羖互誤。說文：夏羊牡曰羖，夏羊牝曰羭。從段注本。顏師古注急就篇云：羭，夏羊之牝也。羖，夏羊之牡也。可據以訂正。程氏瑤田通藝錄說甚詳，此兩句上下互誤者也。釋地東方之美者、有醫無閭之珣玗琪焉，東北之美者、有斥山之文皮焉，當作東方之美者、有斥山之文皮焉，東北之美者、有醫無閭之珣玗琪焉。何以言之。郭注云：醫無閭，山名，今在遼東。周禮職方氏：其山鎮曰醫無閭。鄭注：醫無閭在遼東。漢書地理志：遼東郡無慮。應劭曰：慮，音閭。是無慮即無閭。明史地理志：廣甯衛西有醫無閭山，又西南有閭陽關，今醫無閭山在錦州府廣甯縣西十里。隋書地理志：東萊郡文登縣有斥山。太平寰宇記云：即爾雅之斥山。齊乘云：斥山在登州東南六十里，以海濱廣斥得名。明史地理志：文登東南有斥山，今斥山在登州府榮成縣南一百二十里。謂醫無閭爲東方，則所謂東北者，當在今吉林、黑龍江等處。謂斥山爲東北，則所謂東方者，當在沂海、莒、郯等處。乃所謂東北者，遠在無閭之南。所謂東方者，反在斥山之北。其爲互誤不待言矣。書顧命正義引鄭注：夷玉東北之珣玗琪也。此珣玗琪爲東北之美之證也。廣韻四十禡：斥，山名，爾雅曰東方之美者有斥山之文皮焉。此斥山之文皮爲東方之美之證也。或曰東北、東方僅易一字可矣，必以下數字爲誤，何耶。予曰，爾雅首東方、次東南、次南方、次西南、次西方、次西北、次北方、終東北，順行之序不可易。故知互誤之字不在上而在下也。淮南子墬形訓與今本爾雅同，係後人據誤本爾雅所改。當以鄭氏所據者爲是。此兩句不相接而上下互誤者也。釋草云：權，黄華。釋木云：權，黄英。考説文草部英下云：一名黄英。木部：權，黄華木。釋草又明言木謂之華。嚴氏元照謂釋草當作黄英，釋木當作黄華，其説是也。此又上下兩篇彼此互誤者也。亦有非互誤，而後儒妄謂爲互誤者。如釋山：有草木岵，無草木峐。峐，詩作屺。毛傳云：山無草木曰岵，山有草木曰屺。與爾雅互異。段氏是毛詩而非爾雅，創爲瓠落荄滋之説，上元朱氏緒曾已非之。愚謂即毛詩經文，可證毛傳之誤，爾雅之不誤。不獨説文、釋名、玉篇、廣韻皆合於爾雅，異於毛傳也。陟彼岵兮，岵多草木。覞蒙蔽目，瞻望不可得見，故舍而陟無草木之屺以瞻之。又不可得見，故陟岡以望之。山脊曰岡。岡，亢也，釋名：岡，亢也，在上之言也。山之最高處也。今使先登無草木之山，尚不可見，反舍而登有草木之山，有是理乎。文選吳都賦岡岵童，以童代屺。童即無草木之山也。小爾雅云：山無草木曰童。童無草木，則屺亦無草木矣。屺無草木，則岵有草木可知矣。釋魚：鮥，叔鮪。鯦，當互。釋文云：鮥，字林作鯦。鯦，字林係互誤。説文魚部：鮪，鮥也。鮥，叔鮪也。鯦，當互也。與爾雅合。此又爾雅不誤，可證他書之互誤，而不得援上下互誤之例以爲之説者也。

涉上下文而誤例

爾雅有涉上文而誤者。釋樂：徒鼓磬謂之寋。磬言擊不言鼓，此涉上文徒鼓鐘而誤也。初學記引爾雅正作徒擊磬謂之寋。釋文引李云：置擊枲聲寋連也。是李本作擊。校勘記及臧鏞堂之説並同。釋丘外爲隈，隈當作鞫。此涉上文隩隈而誤也。釋文隈作鞫，云：如字，字林作㕞，云厓外也，九六反。邢昺疏云：隈當作鞫，傳寫誤也。詩公劉：芮鞫之即。正義曰：釋丘隩、隈也，厓内爲隈，外爲鞫。李巡曰其内近水爲隈，其外爲鞫。詩箋云：水之内曰限，水之外曰鞫。鄭所據本與李巡同，作鞫不誤。郭注不見鞫字，是其本亦作限，故唐石經從之。校勘記謂其誤始於石經，非也。錢氏坫謂鞫限相轉合，亦非也。釋水河水清且瀾漪，漪當作猗。猗猶兮也。今詩作河水清且漣猗，說文以漣瀾為一字。瀾，俗體。正義引爾雅亦作猗。今本涉上瀾字，誤加水旁。詩賦家不察，多用漣漪字，誤甚。釋文云：漪，本又作猗。又作本乃古本也。釋草：蔏車，芞輿，釋文云：輿，字或作萸。唯郭、謝及舍人本同。衆家並作蒢。案，蒢字涉上文蘵黄蒢而誤也。釋木：槐小葉曰榎。郭注云：槐當爲楸。此涉上文櫰槐守宫槐而誤也。釋獸鼳鼠，鼳當作鼳頁。此涉上文鼳鼠身而誤也。王氏引之曰：郭曰今江東山中有鼳鼠，狀如鼠而大，在樹木上，音巫覡。釋文：鼳，古闃反，郭音覡，户狄反。引之謹案，鼳、皆當作鼳頁，釋文古闃反當爲互結反，後人依唐石經改之也。案，釋文誤作鼳，與鼳鼠身之鼳同字亦同音，非後人依唐石經改之。玉篇：鼳、吉役切，鼠身長須，秦呼爲小驢也。廣韻：鼳，古闃切。引爾雅：鼳鼠身長須，秦人謂之小驢。皆不以爲鼠名，亦不音覡。唯鼳頁字，玉篇、胡的、胡姪二切，似鼠而白也。廣韻：胡狄胡結二切，鼠名。集韻奚結切、鼠名，色蒼。胡狄之音，正與覡同。色蒼之訓，又與注合。而其字從頁户結反不從狊，古闃反然則鼳頁鼠之鼳頁，户狄、户結二反。與上文鼠身長須之鼳，古闃反。字體不同，音讀亦異。且經文鼳字在前，鼳頁字在後，而郭音巫覡在後不在前，明是鼳頁字之音，非鼳字之音也。自唐石經誤涉上文而書作鼳，後人遂改釋文之音以從之。釋畜：白馬黑脣駩、黑喙騧。白馬當作黄馬，涉上文白馬黑鬣而誤也。釋文云：毛詩傳、說文、字林皆云黄馬黑喙曰騧，郭云今以淺黄色爲騧馬。是郭本舊作黄馬，未嘗誤也。亦有涉下文而誤者。釋天：四時和謂之玉燭。四時當作四氣，此涉下文四時和而誤也。下文四時和為通正，藝文類聚一及文選新刻漏銘注並引爾雅作四氣和為通正。臧氏鏞堂曰：論衡是應篇引爾雅曰，四氣和為景星。玉樹案，郭氏於上四句注云：此亦四時之別號。是郭本作四時之塙證。校勘記以唐石經作四時為非，其說誤。唐石經、單疏本、雪牕本並作四氣和謂之玉燭，注疏本誤作四時。後漢書西域傳論注、白帖七引爾雅並作四時。則唐時本已有誤者。郭注春爲青陽，云：氣清而温陽。注夏爲朱明，云：氣赤而光明。注秋爲白藏，云：氣白而收藏。注冬爲玄英，云：氣黑而青英。郭本作四氣甚明。文選束晳補亡詩注、曹植朔風詩注、王融策秀才文注引爾雅並作四氣和謂之玉燭，與郭本合。釋丘：重崖岸。洪頤煊曰：上文已釋望崖洒而高岸，此不必復釋岸。岸當作屵。說文：屵，岸上見也，從厂、從屮省，讀若躍。岸上見岸，即是重厓。屵作岸，字形相近，並涉下文岸上汻字相連而訛。錢坫據說文屵，岸高也，謂當作屵。二說雖不同，而其涉下文而誤則無疑矣。釋獸麙大羊，當作麙如羊。猶上文云羆如熊，下文云羱如羊也。大字涉下文麠大麃、麔大麕而誤。廣韻云：麙，大羊。即據誤本爾雅。說文云：麙，大羊。係後人據誤本爾雅所改。麙獸而羊畜，本非一物，非麠麃麔麕之比。故麠可謂之大麃，麔可謂之大麕，而麙不可謂之大羊。注云麙羊似羊，正釋經如字。猶上文羆如熊，注云似熊，下文羱如羊，注云似羊也。似羊者不可謂之大羊，猶巂如馬不可謂之大馬，兕似牛不可謂之大牛，犀似豕不可謂之大豕也。郭注山海經云：麙似羊而大角。張揖注子虛賦云：麙羊似羊而青，皆不以麙爲大羊，可正今本爾雅之誤。釋畜四蹢皆白首，雪牕本作騚。邵氏本作前，云：玉篇云騚四蹄白，廣韻云，騚四蹄皆白也，是舊本作前，後人增加馬旁，又因形涉誤爲首也。今案前字，係涉下文前足皆白而誤。唐石經作首，初學記二十九、藝文類聚九十二皆引作首，不可謂作首爲誤。玉篇、廣韻即據誤本爾雅，邵氏反據以爲說，誤矣。

誤以上文屬下下文屬上例

釋鳥鵋欺老鳸鴳。或以老字上屬爲誤，或以老字下屬爲誤。予以一字重讀之例釋之，而知上下兩屬皆非誤矣。其誤以上文屬下句者，如釋草葒蘢古其大者蘬荖薺實。詩正義引舍人曰：葒名蘢古，其大者名蘬。玉篇艸部：蘬，大蘢古也。荖，薺實也。廣韻八微：蘬，馬蓼，似蓼而大也。五旨：蘢古，大者曰蘬。七歌、九麻並曰：荖，薺實。與今讀合。說文艸部乃云：蘬，薺實也。是以蘬代荖，而下屬薺實爲句。然說文亦有可正郭氏之誤者。艸部：䕨，灌渝，從艸、䕨聲，讀若萌。段氏注云：今釋草葭蘆菼薍，其萌虇，郭云今江東呼蘆筍爲虇，音繾綣。

下文蕍芛皇華榮，郭別爲一條。許君所據爾雅，夢灌渝句，字與今本大乖。今不可得其讀矣。今案説文之灌渝，即釋草之虇蕍，亦即釋詁之權輿也。大戴禮：孟春百草權輿。後漢書魯恭傳：今始夏，百穀權輿。皆以萌芽之始而言。孫氏星衍、嚴氏元照、牟氏廷相、郝氏懿行、俞氏樾之説並同。郭氏誤以其萌虇爲句，而以蕍字下屬。段氏之説，猶有疑許袒郭之見存於中也。釋木：樸枹者謂。樸、檏字通。説文云：檏，檏棗也[下檏字衍]。段云檏、樸正俗字。枹，叢生也。謂，舍人、李、孫本鈎作彙。詩召頤箋：彙，茂貌。正義曰：如易泰卦拔茅茹以其彙之字，是茂盛之貌。又漢書叙傳上：柯葉彙而靈茂。師古曰：彙，盛也。彙又爲𢍁之假借。説文木部：𢍁，艸木𢍁孛之貌。釋畜釋文：彙、本或作猬，又作蝟，亦作𢍁，同音。是彙、𢍁、謂字並通用。字又作蒷。易泰卦釋文：彙，古文作蒷。集韻八未，𢍁或作蒷。檏枹者彙，謂檏棗叢生者稱爲彙也。枹者彙與枓者聊，蔽者翳，句法相似。陸佃新義如此讀，錢氏潛研堂集讀與之合。舍人、李、孫誤以彙字下屬櫬采薪采薪即薪。舍人云：彙者，莖也。李云：采薪，一名彙櫬。孫引詩云：薪是穫薪。薪，一名彙櫬，説俱未順。郭本作謂，亦下屬而無解説。唯上屬爲句，則疑義渙然冰釋，而上下兩條皆可通矣。櫬，字又作蓼，見釋草釋文。蓼即薪之異文，亦猶親通作新。此文異義同之例也。薪字又止作新。説文：新，取木也。取木即采薪，故曰櫬采薪。采薪又止謂之薪，故曰采薪即蓼。謂采薪者，即詩之所謂薪也。此轉相訓之例也。薪本木也，因而伐木即謂之薪，一如詩柞薪桑薪之薪，以木言。一如詩薪槱薪樗之薪，以伐木者言。此文同義異之例也。瘣木，苻婁。郭云：謂木病尪傴瘻腫無枝條。樊光引詩云：譬彼瘣木，疾用無枝。苻婁者，尪傴内病磈磊無枝也。李云：苻婁，一名瘣木。乃詩正義引舍人謂苻婁屬下句。是以苻婁蕢藹爲句，而瘣木二字無所釋矣。釋蟲：强蚚蛶商何。釋文：蛶、本或作捋，何、本或作蚵。蛶、捋字通。蛶字本上屬强蚚爲句，即下文云强醜捋。故强又名蚚，又名蛶。郭誤以蛶下屬螪何，而云未詳。然説文亦云：蛶，商何蟲。則誤不自郭氏始矣。翟氏灝補郭曰：捋字當合上强蚚爲一科，後文强醜捋，其明證也。螪何二字爲一科。廣雅、玉篇皆以蚵蠪爲蜇蜴，集韵訓螪爲蜥蜴類。蜇蜴有二種：一在草澤，釋魚篇別名蝶螈者是。一緣屋壁，今人謂之蝎虎。此所釋是。釋畜：駷牝驪牝玄駒褭驂。上牝爲牡字之誤。以駷牡驪牝玄爲句，駒褭驂爲句。鄭康成、賈公彥皆如此讀，見周禮廋人注疏。孫炎亦如此讀，見釋畜釋文。駷牡驪牝玄，謂駷之牡者爲驪，牝者爲玄也。駒褭驂，謂馬所生之駒，一名褭驂也。駒者小馬之名，褭有弱小之義。淮南原道注：褭讀撓弱之撓。廣韻以婹嬝爲細弱，是也。郭以玄字下屬，而以銜褭良馬爲說，誤矣。又有誤以下文屬上句者。字林以瀵大出尾下之瀵，屬上歸異出同，是也。歸異出同流肥，詩泉水正義引同。郭注引毛詩傳曰：所出同所歸異爲肥。水經淇水注引爾雅曰歸異出同曰肥，無流字。詩正義引舍人曰：水異出流行合同曰肥。舍人本又無歸字。釋名同毛義，則流字當係衍文。諸家本雖不同，而其不易肥爲瀵，則皆同也。瀵大出尾下，說文水部引同。郭注云：今河東汾陰縣有水口，如車輪許，濆沸涌出，其深無限，名之爲瀵。馮翊郃陽縣復有瀵，亦如之。相去數里而夾河，河中渚上又有一瀵，瀵源皆潛相通。尾，猶底也。蒙謂尾謂水之下流，如左傳次於潁尾之尾，下謂水流入地。易繫辭下傳：上下無常。虞注入地爲下。郭注穆天子傳亦有下謂入土之說。汾陰之瀵，洩入地下，而不流於地上，故能與郃陽之瀵，隔河潛通。濆沸涌出，故曰大出。下流入地，故曰尾下。郭釋尾下之義雖誤，而以瀵屬之大出尾下，則不誤也。陸氏釋文乃云：瀵，敷問反，水本同而出異。誤以瀵屬上爲句，上文肥字成衍文，而大出尾下四字亦無所係屬。水經河水注引呂忱曰：爾雅異出同流爲瀵水。釋文蓋本字林爲說，不知字林一書，多不足據，即以爾雅釋文所引言之，可議者已多矣。釋蟲之螪何，釋文：螪，失羊反，字林之亦反。是字林螪作蝻。說文蟲部蝻下云商何蟲，不作商字。玉篇、廣韻並有螪無蝻。各本爾雅無有作蝻者。類篇、集韻、五音集韻始收蝻字。字林之造蝻字，即據誤本爾雅。宋人字書之收蝻字，即本字林，而音唯之亦一反，非他有所據也。釋魚鰲鰊，釋文引字林作鰇，音七。鰇鰊音遠形近，說文、廣韻所無。玉篇有鰇，不訓爲鰲，意爾雅有誤作鰲鰇者。呂忱遂於魚部收鰇字。左氏文十一年傳注：防風之後漆姓。漆為淶之訛。史記孔子世家作釐，釐、淶字通，鰊之誤為鰇，猶淶之誤為漆也。左氏襄二十一年經：邾庶其以漆閭邱來奔。釋文云：漆，本或作涞。漆之誤作涞，猶涞之誤為漆，非漆與涞之相通也。鮥叔鮪。鮥，字林作⿰魚皆。⿰魚皆當互。⿰魚皆，字林作鮥。二字以形似互訛，説文、玉篇諸書可證。釋鳥鷹鶆鳩。説文無鶆字。字林云：鶆，音來，鶆鳩、鷹也。蓋爾雅本作爽鳩，衆家本誤作來鳩，後又加鳥爲鶆。呂忱不悟其誤，遂於鳥部收鶆。釋獸：甝白虎。釋文云：甝，字林下甘反、又亡狄反。蓋爾雅本作虪白虎，亡狄反即虪音。説文：虪，白虎，從虎、昔省聲，讀若鼏。別無甝。虪、甝形似致訛。呂忱不悟，遂於虎部收甝字，而音下甘切矣。釋畜夏羊牡羭牝羖，本作牡羖牝羭，説文及顔師古急就篇注可證。郭本已誤，呂忱所見本與之同，遂以羖爲夏羊牝矣。或據誤本爾雅而形訛，或據誤本爾雅而義訛。字林之爲書，不逮説文遠甚，唐人乃與説文並重。陸氏撰經典釋文多引其書，襲謬沿訛，不獨以瀵大出尾下之瀵上屬已也。釋文不辨字林之誤，因其義以改郭。郝氏義疏又沿釋文之誤，牽就其説，而謂瀵肥聲轉，不亦傎乎。釋草：菟奚顆涷中馗菌。郭以菟奚顆涷爲款涷，以中馗菌爲地蕈，云江東名爲土菌，亦曰馗廚。物類相感志引孫炎：地蕈亦有馗廚之稱。舍人本顆涷作顆東，中馗爲中鳩，云：菟奚名顆東，顆東名中鳩。是亦誤以下文上屬也。郝氏不知舍人之誤，乃云説文云菌地蕈，許亦讀中馗屬上，與舍人同，殆誣許君矣。釋蟲：莫貈蟷螂蛑虰蛵負勞。方言以虰字上屬，云蟷螂謂之髦，髦與蛑字通用。或謂之虰，孫本及陸氏新義從之。説文以虰字下屬，云：丁蛵，負勞也。郭本及陸氏釋文從之。玉篇從孫本，蟲部蛵字注云：呼丁切，負勞。虰字注云：虰蠪也。廣韻從郭本，十五青虰字注引爾雅虰蛵負勞，蛵字注云虰蛵。此則上下兩屬，而難定其孰誤者也。

形近致誤例

經典形近之字，往往致誤。有形誤而音未誤者，有形誤而音與之俱誤者。茲以形音俱誤者言之。釋詁：禧告也。案，説文：禧，禮吉也。玉篇：禧，福也。廣韻：禧，福也，吉也。古人從無訓禧爲告者。陸堯春謂禧爲祰之形近之訛。其説是也。説文、玉篇、廣韻並曰：祰，告祭也。祰又訓禱。禱者，説文云告事求福也。錢坫、徐養原欲牽就爾雅，轉以説文禮吉爲禮告之訛，其説非也。宜，事也。宜之訓事，經典所無，近儒説者紛如，皆無塙據。蒙謂宜爲官字形近之訛。禮記樂記：樂之官也。天地官矣。注並曰：官猶事也。説文宀部：官，吏事君也。上條采寮訓官，此條采官訓事。官與上文服字相連爲義，又與下文貫字音近字通。官貫訓事，如永羕訓長、嵩崇訓高、騖務昬暋訓强，皆相通也。釋畜：回毛在膺宜乘。宜亦官字之訛。注引樊光云俗呼之爲官府馬，以官府釋官字，馬釋乘字，藉使經作宜字，何以知其爲官府馬乎。服官之官誤爲宜，猶官乘之官誤爲宜也。陽，予也。釋文：陽，音賜，又如字。案，陽字斷不得有賜音，當爲錫字形近之訛。錫訓予、訓賜，經典甚多，不可枚舉。易訟：或錫之鞶帶。釋文：錫，星歷反，又星自反。師王三錫命。釋文：錫，徐音賜。錫訓予，爲賜字假借，故云音賜。又如字者，讀星歷反也。郭注引詩陽如之何，郭本自誤作陽，釋文自作錫。書堯典：師錫帝曰：傳：師衆錫與。正義曰：師衆錫與，皆釋詁文。孔冲遠所據本有作錫者，與陸本合，可以正郭本之訛。勅、勤，勞也。勅爲勑字之訛。下文勞來勤也，來爲勑字之省，故釋文云來、本又作勑。勑與勤之爲勞，猶勞與勑之爲勤也。説文力部：勑，勞也。廣韻十七代以勑爲徠之重文，亦云勞也。虞書勑我五典五敦哉、勑天之命，易噬嗑先王以明法勑罰，勑皆勅字之訛。勅又為敕字之俗。勅之誤爲勑，猶勑之誤爲勅矣。郭字[注]乃云：以相約敕亦爲勞。釋文亦云：敇，本亦作飭，並恥力反。何誤之甚也。諲，敬也。諲爲禋字之訛，與上禋祭同字。書洛誥正義、詩生民正義、左傳桓六年正義並引釋詁作禋敬。郭氏不知禋字之誤，故云未詳。徽，止也。徽爲徵字之訛。釋天釋文引白虎通：徵，止也。易損：君子以徵忿窒欲。釋文：徵，止也。徵與懲通，懲亦止也。莊子天運：徵之以天下。釋文：徵如字，古本多作徽。徽字於義難通，亦徵之訛字。漢書賈誼傳：見細德之險微。微當作徵，見困學紀聞。徵之誤作微，猶徵之誤作徽矣。汱、渾、隕，墜也。注：汱、渾皆水落貌。經典無汱，玉篇、廣韻有汱，即本爾雅爲説，別無義訓。顧野王音徒蓋反，字宜作汏。邵氏晉涵、嚴氏元照皆謂作汏爲是。説文汏訓淅瀰，無由訓墜。愚意汱當是沃字之訛。釋水：沃泉縣出，縣出，下出也。注云：從上霤下。詩下泉正義引李巡注：沃泉，水從上溜下。釋名亦謂沃泉水從上下。墜，説文作隊，云從高隊也。隕字注云：從高下也。從高墜即是從高下，從高下即是從上下。沃從上下謂之墜，猶隕從高下謂之墜矣。郭云水落即是水下，上文隕與下皆訓落，是其證。郭本舊是沃字，故以水落爲説。不知何時始誤爲汱。允，佞也。洪頤煊曰：允當是兑字之訛，兑古通作説字，以言悦人者即是佞也。荀子修身篇：饒樂之事則佞兑而不曲。是其證。玉樹案洪説是也。論語集解及皇疏並曰：佞，口才也。易説卦傳：兑爲巫，爲口舌。老子：塞其兑。釋文引簡文注：兑，言也。韓詩外傳佞訓諂，諂字又從言，皆兑可訓佞之證。兑之訛作允，猶之説文之鋭誑作鈗矣。說文別有鋭篆，淺人所增。詳見段氏注。郭氏佞人似信之説非也。貉，綸也。注云：綸者繩也，謂牽縛縮貉之。案，經注貉字皆絡字之訛。慧琳一切經音義十三引釋詁正作絡綸。古逸叢書所刻玉篇，糸部縮字注引爾雅郭注：牽縛縮絡之。絡字注引爾雅經注皆作絡，可以諟正今文之誤。釋言：坎、律，銓也。樊光曰：坎卦，水也。水性平，銓亦平也。郭曰：易坎卦主法，法所以銓量輕重。王氏引之曰：爾雅非釋易之書，不得旁涉卦象。且水性雖平，然書傳無訓水爲銓者，况爲水之坎乎。法爲銓量輕重，然書傳亦無訓法爲銓者，况主法之坎乎。樊、郭二家之説皆曲説也。今案、坎當爲次，相似而誤。李善魏都賦注引杜預左傳注曰：銓，次也。玉篇曰：硂、亦作銓，次也。廣韻同。銓可訓爲次，次亦可訓爲銓，故曰：次，銓也。釋言：振，古也。古爲自字之訛。周頌載芟傳曰：振，自也。即本於爾雅。箋云：振亦古也。鄭所見本已誤作古，古古如兹，不若自古如兹之文從字順也。自字古文作𦣹，形與古相似，因誤作古。說本經義述聞。釋訓：徒御不驚。驚爲警字之訛。詩車攻：徒御不驚。正義本作警，云豈不警戒乎，言以相警也。文選挽歌詩注引作徒御不警。山井鼎考文古本同。毛詩之驚當作警。爾雅之驚亦當作警矣。不字爲語詞，故毛傳云：不警，警也。不盈，盈也。不知不爲語詞，則亦不知驚之爲誤字矣。臧拜經謂毛詩作警，三家詩作驚，特無稽之肊說耳。釋親：夫之女弟爲女妹。郝氏曰：夫之女弟爲女妹者，女妹當作女叔，與夫弟爲叔之義同也。昬義云：和於室人。鄭注：謂女姒女叔諸婦也。正義曰：女姒，謂壻之姊也。女叔謂壻之妹也。然則爾雅及郭注女妹並女叔之誤。案，注以女妹釋經女叔，非誤也。賴有昬義注可以正之。所以叔誤爲妹者，叔字俗變作尗，或變作[illegible]，與草書妹字形近，因而致誤矣。袁廷檮、臧鏞堂並以女妹爲女叔之誤。釋宮：楣謂之梁。注云：門户上橫梁。案，楣爲⿰木冒之訛字。說文以楣爲梠，而以⿰木冒爲門樞之横梁，玉篇同。釋文云楣，本或作⿰木冒，亡報反，是其證。鄭注公食大夫禮及喪服四制皆云：楣謂之梁。楣亦⿰木冒之形譌。金鶚棟梁考之說最爲明晰。顔氏家訓書證篇曰：太史公論英布曰禍之興生於妬媚。又漢書外戚傳亦云成結寵妾妬媚之誅。此二媚並當作媢，媢亦妒也，義見禮記三蒼。且五宗世家亦云常山憲王后妬媢。案，索隱云媢，郝氏作媚。王充論衡云妬夫媢婦。益知媢是妬之别名。逸周書皇門篇：媚夫有邇無遠，媚夫先受殄罰，媚亦媢字之訛。王引之說。⿰木冒之誤作楣，猶媢之誤作媚矣。段氏說文解字注亦以釋宮楣爲⿰木冒字之誤。室有東西廂曰廟。室爲堂字之訛。俞氏樾曰：古制堂東西牆爲序，序以外爲夾室，夾室之前爲東堂、西堂，亦曰東廂、西廂，是廂繫堂不繫室也。乃云室有東西廂，於義難通。疑室乃堂字之誤。宣十六年公羊傳疏引李巡曰：室有東西廂，謂宗廟殿有東西小堂也。案，說文土部：堂，殿也。是殿者堂之訓。經文是堂字，故李巡以殿字釋之。若是室字，安得以爲殿乎。下文無室曰榭，尚書大誓正義引孫炎曰：榭但有堂也。禮記月令正義引李巡曰：但有大殿無室名曰榭，以彼證此，可知李巡以殿字解堂字，其所據經文必作堂矣。文選潘安仁爲賈謐作贈陸機詩注引舍人曰：殿有東西小堂也。與李巡同。是古本爾雅皆作堂有東西廂也。且合下文讀之曰：堂有東西廂曰廟，無東西廂有室曰寢，無室曰榭。是堂之一字，冒下三句而言，均是堂也。其有東西廂者曰廟，其無東西廂而有室者曰寢，無室者曰榭。今堂字誤作室，則合下文讀之而不可通矣，所宜訂正也。所以止扉謂之閎。釋文云：閎音宏，本亦作閣。郭注本無此字。案，閎爲閣字之訛。説文門部：閣，所以止扉也。廣雅釋詁：閣，止也。詩斯干：約之閣閣，椓之橐橐。約，止也，戰國策燕策：蘇代約燕王曰。注：約，止也。閣，所以止扉也。椓，擊也。橐與㯪同，行夜所擊木也。單言之曰閣，重言之則曰閣閣。單言之曰㯪，重言之則曰㯪㯪。釋宫此文以釋詩也。郭本作閎，注云：門辟旁長橛也。引左傳曰：高其閈閎。閎，長杙，即門橛也。然左傳本作高其閈閎。釋文云：閎、獲耕反，杜云門也，爾雅云衖門謂之閎是也。爾雅又云所以止扉謂之閎。然爾雅本止扉之名或作閣字，讀者因改左傳作各音。案下文云門不容車，此云高其閈閎，俱謂門耳，於義自通，無爲穿鑿。玉澍案，爾雅之閣誤作閎，猶左傳之閎誤作閣也。陸氏知左傳閣字之誤，而不知爾雅閎字之誤，何明於彼而暗於此也。江氏沅説文解字音均表謂左傳高其閈閎，閎乃閣字之誤，其説非也。國語吳語：王孫雒。墨子所染、説苑襍言並作雒。越絶書、吳越春秋作駱。左傳襄十三年疏、定十三年疏引國語誤作王孫雄，與閣誤作閎正類。釋器：摶者謂之𥻆，米者謂之糪。郭以糪爲飯中有腥。郝云：腥當為胜，亦作生。釋文引李巡云：米飯半胜半孰爲糪。玉篇：糪，半生也。廣韻：糪，半生貌。案，米飯半生半孰謂之糪，而米不可謂之糪，米者二字難通。愚謂糪之爲言擘也。擘者，分也。米爲釆之訛字，釆亦分也，謂飯中有生孰之分也。李巡曰半生半孰，半亦分也。説文：釆，辨别也，象獸指爪分别也，讀若辨。釆與辨音義皆同。下文革中絶謂之辨，釋文引孫炎曰：辨，半分也。釋文木：桑辨有葚梔。注：辨，半也。釋文云：桑樹一半有葚，半無葚謂之梔。辨可訓半，釆亦可訓半，故李巡以半生半孰釋之。後人罕識釆字，遂訛爲米。又李注有米字，愈不覺其爲誤矣。釆與摶相反，摶者團結，傷於孰也。釆者分散，傷於生也。論語孔注所謂失生孰之節也。許叔重亦知米者謂之檗不可通，以意加一炊字，云炊米者謂之檗。多一字與上句不相配，且炊米亦不可謂之檗。段氏斷炊字爲句，而炊字又不可斷句。知其爲采字之訛，則炊字可芟。米采最易溷淆。詩生民：釋之叟叟。毛云：釋，淅米也。釋當爲釋。說文米部：釋，漬米也，從米、睪聲。從米之字誤作從采，亦猶采之誤作米矣。縌，綬也。注云：即佩玉之組，所以連繫瑞玉者，因通謂之縌。郝氏曰：綬者，說文云：韍維也。縌者，當作綖。說文云：綖，綬維也。蓋綬韍維是韍之系，綖綬維是綬之系。系施於綬，以貫所佩之玉也。綖之言逆，逆猶迎也，言與佩綬相迎受。故後漢書輿服志：綖者，古佩璲也，佩綬相迎受，故曰綖。然則綖綬相連，故志又云綖綬之間，即本爾雅綖綬爲說。綖綬繫璲，故劉昭引徐廣曰今名璲爲縌也。蓋璲、縌聲誤，縌、綖形誤矣。宜據說文及輿服志以訂正。玉澍案，縌字說文所無，經典不載。玉篇以縌爲凶具，即縌之別體字也。廣韻以綈爲韍維，玉篇以綖爲韍綬，是綖綬同物。鄭注周禮小宗伯職、太僕職、及儀禮聘禮並訓逆爲受。注小宰職、宰夫職，又訓逆爲迎受。綖之爲綬，猶逆之爲受矣。釋樂：大篪謂之沂。篪爲篪字之訛。說文作䶵，重文作篪。篪字說文、廣韻所無。玉篇：篪，呼古切，竹大高百尺。非此義。釋文本作篪不誤。唐石經、單疏本、雪牕本均誤。樂記之壎篪，嘉靖本、毛本作篪，誤與此同。釋天：弇日爲蔽雲。案，雲能蔽日，而弇日不可謂之蔽雲。雲爲黔之誤，蔽則字之衍也。弇日爲黔有二義，一以雲言之，一以霓言之。以霓言者，說文雨部：霓、屈虹，青赤或白色，黔氣也。爾雅釋文引作陰氣。漢書五行志引京房易傳曰：有蜺蒙霧。霧上下合也。蒙如塵雲。霓，日旁氣也。古微書引河圖稽耀鉤云：霓者，氣也。起在日側，其色青赤白黃。又引尚書璇機鈐云：日旁赤青者爲霓。蓋霓有二。垂於雲腳之下，其狀如龍，流俗因謂之掛龍，此釋天所謂霓爲挈貳也。在日之上下左右，或貫其中，五行志說甚詳。此爾雅所謂弇日爲黔也。五行志曰：蜺四方，日光不陽。不陽即是陰。說文曰黔氣，爾雅曰爲黔，其義一也。以雲言者，說文、廣韻皆云：黔，雲覆日也。雲覆日謂之黔，猶蜺弇日謂之霒也。霒，玉篇作黔，脱去偏旁，便成雲矣。下文疾雷爲霆霓，雨霓爲霄雪，霓雪皆衍文。此句蔽爲衍文，皆四字爲句，正相儷配。郭注云：即暈氣五彩覆日。五行志以霓爲日旁氣，孟康以暈爲日旁氣，郭意亦主霓而言。楚辭九辨云：彼日月之照明兮，尚黯黮而有瑕。王逸注云：雲霓之氣蔽其精也。近人但知雲能弇日，不知霓能弇日，無惑乎郝氏以郭注爲非矣。釋地：下者爲溼。溼爲隰字之誤。溼、一作濕，與隰形近，一誤而爲濕，再誤而爲溼矣。注引公羊下平曰隰，知郭本舊是隰字。詩車鄰正義引下者爲隰，又引李巡曰：隰，溼也。是李本亦作隰。釋邱：水出其右正邱。正爲止字之訛。釋名云：水出其右沚邱。沚，止也，沚止字通。詩谷風湜湜其沚。説文、玉篇引作止。西方義氣有所制止也。沚邱或省水作止邱，後遂訛爲正。賓之初筵箋：舞不能自正也。釋文云：正，本或作止。又云：此宜爲止。荀子儒效篇：有所正矣。注：正當爲止。此皆止之訛爲正也。釋水：汧水出不流。論者謂即下文水決之澤爲汧。考汧水雖匯爲弦蒲藪，復由弦蒲藪東流至郁夷縣故城南在今隴州西五十里。入渭，非不流也。洪頤煊以汧當爲汙之誤字，其説最確。郭注云：水泉潛出，便自停成汙池。汙者，水不流也。停，亦水不流也。左氏隱三年傳：潢汙行潦之水。服虔注：水不流謂之汙。呂覽達鬱注：水淺不流曰洿。説文：洿，濁水不流也。一切經音義八引三蒼：停水曰洿。左傳隱三年正義：停水謂水不流也。郭本本是汙字，故曰停成汙池。若是汧字，與下文同義，則郭必云停成藪澤，不云汙池矣。釋草萑蓷、藨麃皆以形似上下互訛。説文：蓷，萑也。即本爾雅。禮記曲禮注：苞，藨也。即釋草之麃藨也。衆秫。案，經典無稱秫爲衆者。注云：謂黏粟也。衆當是粟字形訛。盧氏文弨爾雅音義考證曰：齊民要術引爾雅粟秫也。是其確證。齊民要術又引孫炎曰：秫，黏粟也。上文粢稷，郭云：今江東人呼粟爲粢。左傳桓二年正義引舍人曰：粢，一名稷。稷，粟也。舍人似以粢稷粟秫四字連讀，不分爲二。説文禾部：秫，稷之黏者。秫與稷本一物，而有黏與不黏之别。粟，本穀實之通稱，而又爲稷與秫之專稱。劉寶楠釋穀謂黏秫不黏粢，説甚分晰，然亦未知衆之訛也。舍人、孫、郭本皆是粟字。釋文誤作衆音終，唐石經以下各本皆因之，知其誤者鮮矣。

莌，雀弁。莌爲蓑字之誤。釋文：莌，悦轉反，或古本反。古本爲蓑音。詩小雅：言采其莔。陸璣疏云：莔、一名莔，河內人謂之蓑，幽州人謂之燕莔，一名爵弁。爵與雀字通。蓑之名與古本音合。今詩正義引陸氏義疏有刪節，不著雀弁之名。齊民要術所引有之。河內謂之蓑，又別見汲古閣所刻陸疏廣要。翟氏灝謂陸疏蓑爲誤字，其說非也。徐氏養原曰：春秋傳是穮是蓑，說文禾部穮字注引作衮。據雀弁之義作蓑爲是。葖，蘆萉。郭注云：萉當爲菔。說文草部：菔，蘆菔，似蕪菁。後漢書劉盆子傳：掘庭中蘆菔根。章懷注引爾雅：葖，蘆菔。臧氏琳據此謂爾雅本作菔，郭本以形近致誤，其說是也。王氏引之謂與釋蟲之蠠蜚同名，萉字不誤，其說非也。茵，芝。俞氏達齊叢說以茵爲茜之訛，其說非是。郝氏曰：類聚八十引爾雅作菌芝，蓋菌字破壞作茵耳。列子湯問篇云：朽糞之土有菌芝者，生於朝，死於晦。殷敬順引諸家說，即今糞土所生菌也。莊子逍遥遊釋文引司馬彪崔譔並以菌爲芝。然則古本正作菌芝。玉澍案，文選張平子思元賦：冀一年之三秀兮。注引王逸曰：三秀，芝草也。又引爾雅曰：菌，芝。又引郭璞曰：芝，一歲三華，瑞草。菌即菌之訛。菌之訛爲茵，猶菌之誤爲茵也。李善引經菌芝，又引郭注，是郭本作菌之證。山海經海內經有菌山。郭傳音芝菌之菌，亦郭本作菌之一證也。菌芝有二種，生於糞壤者爲穢草，生於山石者爲瑞草。思元賦又云：咀石菌之流英。注：菌，芝也。又引字林：石菌，石芝也。西京賦：浸石菌於重厓。薛注：石菌，靈芝。李注菌，芝屬也，引抱朴子曰芝有石芝。此郭氏所謂瑞草。郝氏引列子所云則穢草也。蔆，蕨攗。錢氏大昕曰：攗，釋文音亡悲反，蓋從麋聲也。而兼存孫炎居郡、居群二音，則字當作攈。案說文手部有攈無攗，當從孫音作攈字。凡草木蟲魚之名，多取雙聲叠韻，如薢茩、決光、鼎董、蓫薚、衱袶、邛鉅、銚弋之類，皆雙聲也。蕨攈亦雙聲，故知攗爲轉寫之訛。玉澍案，經典無攗字，玉篇手部收字至六百四十五字之多，亦無攗字。廣韻六脂始收攗字，別無義訓，但曰水芰名也。所據止誤本爾雅，其爲形訛之字無疑。一切經音義卷十五引作麇，卷十八引作糜，麇、糜皆訛字。集韻六脂、類篇木部引作𣟴，又變扌成木，愈誤愈甚。下文菧麇舌，麇亦麇之訛。釋文本作麇，云：俱綸反，本或作麋，音眉。本草別録有蘪舌草。蘪即麇也。左傳哀十四年：逢澤有介麇焉。釋文：麇，獐也，本又作麕。詩吉日正義本或作麕牝者誤。閩本、毛本麕誤麇。周禮醢人茆菹麇臡，嘉靖本誤作麕。又醢人注麇爲辟雞，宋本嘉靖本誤作麕。麕之誤作麇，猶攈之誤作攗矣。困，衱袶。袶爲絳字之訛。嚴元照曰：釋文云袶，施音絳，孫蒲空反，本今作絳。石經、雪牕本作袶。廣韻一東部蓬紐有袶字，引此文云亦作袶。集韻一東部袶，蒲蒙切。四絳部袶，古巷切。皆引爾雅。案袶、袶、絳三字不見於説文，又不見於玉篇，就此二字中袶爲近之。衱袶爲雙聲字。吴都賦注云絳，絳草也。疑此文亦本作絳，始則訛糸爲衣，繼則訛夅爲夆耳。玉澍案，從夅從夆之字，經典多相亂。如廣韻一東蓬紐有韸字，云鼓聲。四江胮紐、龐紐皆有韸字，云鼓聲。三鍾逢紐又有韼字，亦云鼓聲。考詩：鼉鼓逢逢。呂覽注引作韸韸，御覽五百八十二引作蓬蓬，則作韸爲正。韸則韸之訛也。左傳成二年：逄丑父。廣韻四江引作逄丑父。公羊：逄丑父。唐石經諸本皆作逄，唯鄂本作逢。説文、玉篇並有逢無逄，則逄乃逢之訛也。絳之誤爲袶，猶韸之誤爲韸，逢之誤爲逄矣。段玉裁曰：逄丑父、逢伯陵，逢皆博紅反，東轉為江，乃薄江反。及宋人廣韻改字從逄，殊謬，不可不正。玉澍案，顔氏家訓書證篇云：逢逄之别，豈可雷同。唐人已有此謬説，非宋人始改也。孫音蒲空反，是其本誤作袶。東漢去古稍遠，訛俗之字襍出，隸釋漢碑可案也。攫，烏階。注云：即烏杷也，子連相著，狀如杷齒，可以染皂。郝氏曰：釋名云齊魯謂四齒杷爲欋，以證郭注所説。子連著如杷齒，則爾雅攫當作欋。今作攫，音居縛反，恐字形之誤。玉澍案，周禮鄉大夫注：孔子射於矍相之圃，釋文：矍，本或作瞿。莊子天運釋文：懼，音句，一本作戄。音况縛反。徐無鬼釋文：瞿，紀具反，本亦作矍，吁縛反。庚桑楚釋文：懼，向紀具反，本又作戄。欋之訛作攫，猶懼之訛作戄，瞿之訛作矍矣。茸，小葉。茸爲菆字之訛。釋文：茸，豬葉反，又阻留反，字又作菆。案豬葉反則當作茸，阻留反則當作菆。説文、玉篇並有菆無茸。雪窗本、元本、閩本、監本、毛本作菆是也。五經文字云：茸，音輒，見爾雅。廣韻二十九葉引爾雅作茸，非也。菆又與椒通，椒亦誤作朹。廣韻云：朹，木，小葉。椒誤爲朹，與菆訛爲茸同。葉疑爲柴字之訛。説文：菆，麻蒸也。蒸，折麻中幹也。漢書楊雄傳注：蒸，麻榦也。菆或從木作棷。漢書五行志：民驚走持稾，或棷一枚。注：棷，麻榦也。又通作⿸麻夋。說文：⿸麻夋，麻⿱艹⿱吉灬也。玉篇：⿸麻夋，麻莖也。又通作繓。廣韻：繓，子留切，麻榦也。麻蒸、麻榦、麻莖、麻⿱艹⿱吉灬，皆即麻薪。薪即是柴，故廣雅云：棷，柴也。說文：棷，木薪也。廣韻：棷，薪之別名。又有⿱竹敢字，云：竹柴。鄭康成注月令收秩薪柴，謂大者爲薪，小者爲柴。說文：柴，小木，散材也。注周禮甸師謂木大曰薪，小曰蒸。菆爲麻蒸，正以小言之，故曰小柴。淮南子兵略訓：肆梢曳柴。注：梢，小柴也。小柴二字連文，菆蒸二字從草，亦可以木言。柴字從木，亦可以草言。故菆小柴載之。釋草謂菆指麻蒸言可也。不專指麻蒸言，亦無不可也。葭，華。校勘記曰：華當作葦，字之誤也。說文葦，大葭也。葭，葦之未秀者。可證。文選東京賦：外豐葭菼。李善注引爾雅：葭，葦也。是唐初本不誤。今本承開成石經之訛。郭注葭葦云即今蘆也，注葭蘆云即今葦也，正彼此互證。玉澍案，詩七月篇八月萑葦，毛傳亦以葭爲葦。正義引釋草葭華，又引舍人曰葭，一名華，二華字亦後人所改。故下文云初生爲葭，長大爲蘆，成則名爲葦，不見華字，是其證也。葯茭荄根。茭爲茇字之訛。說文：葯，茇也，茇，草根也，荄，草根也。釋文云：茭，字又作⿱艹殽，胡巧反，又胡交反。廣雅云：根也。張揖所據爾雅本。已誤爲茭，一誤而爲茭，再誤而爲⿱艹殽矣。釋木：楥，柜桏。郭云桏當作柳，以桏爲柳之誤也。玉篇、廣韻徑訓桏爲柜柳，亦誤。釋文：桏，郭音邛，又作柳，良久反。作柳者，據注以改經也。棆，無疵。疵爲杶之訛字。說文：棆，母杶也。杶從屯聲。棆，說文讀若屯。是其字通。與釋草之蕡牛蘈，竹萹蓄正同例。玉篇木部作無杫，又作無⿰木疵，皆誤。檓，大椒。嚴氏曰：說文木部無檓字，疑與樧形近而訛。下文茱樧醜荥[疑下有脫文]。釋蟲：蛄𧐐，強蝆。注：米穀中蠹，小黑蟲是也，建平人呼爲蝆子，音芈姓。釋文：蝆，郭音芈，亡婢反，本或作芈，說文作羊，字林作蛘，弋丈反，搔蛘也。案蝆爲蛘字之訛，芈爲芊字之訛，蝆即蛘字，芊即羊字。強、羊疊韻，與蟯蟯、諸慮、蜉蝣、蟷蠰、蟋蟀、螼蚓、蜸蠶、蟷蜋、虰蛵、伊威、蠨蛸、尺蠖、果蠃、蒲盧、螟蛉、⿰虫雔由同例。說文、玉篇皆有蛘無蝆，廣韻始有之。今此蟲江北人呼爲牛子，山東人亦然。郝氏曰：此蟲大如黍米，赤黑色，呼為牛子，音如甌子，登萊人語也。廣東人呼為米牛，紹興人呼米象，因形為名。江南人呼爲羊子，段氏說文解字注云：今江東人呼米麥中小黑蟲為羊子。與爾雅正合。郭以俗語讀訛字，當以説文、字林正之。方言云：姑螿謂之强蝆。郭注：米中小黑甲蟲也。江東謂之蛪，音加，建平人呼蝆子音芈，芈即姓也。郭所據方言，蝆亦蛘之訛也。釋魚：蝍蛆。蝍爲蜩字之訛。此與下鼁䵷蟾蠩爲一條。説文蟲部：蜩，蜩鼁，詹諸。此嚴氏匡名説也。鼁䵷蟾蠩，鼁當作鼀，䵷當作鼅。説文黽部鼀字注云：鼀鼅，詹諸也，其鳴詹諸，其皮鼀鼀，其行圥圥，從黽、從圥、圥亦聲，或從酋作䵷。又鼅字注云：䵷鼅，詹諸也，詩曰得此鼀鼅。嚴元照曰：鼀從圥聲，圥從六聲，當讀七宿切。釋文誤從去，音起據反。廣韻收入九御，與欯去諸字同紐。蓋字誤而音亦隨之而誤矣。釋鳥：鷹，鶆鳩。注云：鶆當爲鷞，字之誤耳，左傳作鷞鳩是也。釋文云：來，字或作鶆，郭讀爲爽，所丈反，衆家並依字，樊云來鳩，爽鳩也，字林作鶆，云鶆鳩，鷹也。案，經注鶆字本皆作來，鷞字本作爽。左傳十七年正義引爾雅經注來爽字，皆無鳥旁。近儒有謂來字不誤者。夫少皞五鳩有爽鳩而無來鳩，杜注左傳亦以爽鳩爲鷹，與爾雅正合。樊光已知來當作爽，郭説即本樊光。説文鳥部無鶆，而字林有之，即據誤本爾雅。猶釋魚之鮥叔鮪，字林鮥作鮥。鮥當互，字林鮥作鮥。鰲鯠，字林鯠作鯠，音七。皆形近之訛，不足據也。夏小正爽死，爽爲來字之訛。説見洪震煊夏小正疏義。來之誤爲爽，猶爽之誤爲來矣。釋獸：熊虎醜，其子狗。狗爲豹字之訛。列子天瑞篇釋文曰：尸子云：程，中國謂之豹，越人謂之貘。爾雅熊虎醜，其子豹，豹，熊虎子也，豹即虎生。據引是狗古作豹。禽蟲述云：虎生三子，一爲豹。通雅云：豹亦虎所生。虦，白虎。釋文：虦，下甘反，又亡狄反。案，説文虎部無虦，虦乃虪字之訛。説文云：虪，白虎也，從虎，昔省聲，讀若鼏。釋文亡狄反，正是鼏音。字林已誤作虦，無怪玉篇、廣韻並沿其誤。文選吳都賦注、蕪城賦注並引爾雅虦白虎，云虦，户甘反，所據皆誤本也。釋文有亡狄一音，是唐時尚有作虪白虎者。陸氏收其音而不正其文，至國朝嚴氏始辯其誤。校勘記不採其説，何與。釋獸：鼳鼠。鼳當作鼰。鼰、鼳形近，兼涉上文鼳鼠身之鼳而誤也。經義述聞言之詳矣。釋畜：駷牝，驪牝。釋文出駷牝，云頻忍反，下同。又出驪牝，云孫注改上駥牝爲牡，駥牝之牝爲牡之訛。字形近，最易溷淆。釋文止訛駥牡之牡爲牝，今釋文又訛驪牝之牝爲牡，於所謂下同者不合。鄭注周禮廋人職引爾雅：駥牡驪牝元。孫炎與鄭同。郭本不獨字誤，讀亦誤矣。又考釋文，知服宜貫公之服，字亦作般，般爲服字之訛。服字說文本從舟作䑺，左旁之卩誤爲殳，便成般矣。釋宮：落時謂之戹。本或作扈，扈爲戹字之訛。扈，從邑、户聲。戹，從户、巳聲。落時謂戹，乃門户上物，從户取義，不當從户取聲。嚴氏謂作扈爲是，其說非也。釋草：芫，東蠡。芫本亦作芫，芫爲芫字之訛。杬魚毒之杬，明監本誤爲杭。杬之誤爲杭，猶芫之誤爲芫矣。釋木：休無實李。休本又作林，林即休字之訛。又有即其音而知其字之訛者。釋詁：疷，病也。釋文：疷，祈支反，或丁禮反。是其字誤從氏作疷也。謟，疑也。釋文：謟，沈勑檢反。是其字誤作諂也。釋言：劼，鞏也。釋文：硞，苦角反。是其字誤作硞也。釋訓：博博，憂也。釋文：愽，施逋莫反。是其字誤作博也。釋山：小山岌大山，峘。釋文：峘，胡官反，一音袁，又音恒。是其字誤作峘也。釋草：莁夷，蔱蘠。釋文：莁，亡符反，又市制反，又户耕反。市制反，是其字誤作筮。户耕反，是其字誤作莖也。釋蟲：蚹，螪何。釋文：螪，失羊反，字林之亦反。是其字誤作螪也。錢氏十駕齋養新錄所舉今本爾雅誤字，如釋草孟狼尾，孟作盂。澤烏飧，飧作蘾。釋鳥燕白脰烏，鳶烏醜，烏皆作鳥。又釋草拜商翟，趙氏均影鈔宋本誤作商。芓麻母，邢疏本誤作莩。蒙王女，毛本誤作玉。今本訛而唐石經以上不訛者，若此之類，概不舉焉。

又有不訛而妄以爲訛者。釋詁：郡，乃也。校勘記引段氏云：郡當爲那之誤，那、仍、迺、乃皆一聲之轉，經傳未見訓郡爲乃者。玉澍案，邵氏云：古者乃、仍二字通用，郡通作宭。小雅正月箋：宭，仍也。此説可訂段氏之誤。釋詁：尸，寀也。寀字說文所無，古止作采，下文寀寮官也之寀亦然。尸訓主、又訓采，采又訓官，官又訓主。管子宙合：不官於物。注：官，主也。荀子解蔽：勢亂其官也。注：官，司主也。郭氏不達尸采之恉，誤以寀地爲言。洪氏讀書叢錄乃謂寀爲宰之訛字，誤矣。釋言：硈，鞏也。校勘記曰：硈，唐石經、單疏本、雪牕本同。釋文，硞、苦角反。邢疏云，硞當從告。說文別有硈，云石堅也，字異義同。案說文：硞，石聲，從石、告聲。段玉裁云：據釋文知爾雅硈必硞之訛，非告聲不得苦角切也。五經文字，硈、口八反，又苦角反。蓋張氏本始誤從吉矣。玉澍案，釋言之硈鞏，即釋詁之劼固也。釋文云：劼，苦黠反，郭苦八反，或作硈字，古黠反。書酒誥：汝劼毖殷獻臣。傳：劼，固也。釋文：劼，苦八反。廣韻十四黠硈字注引說文堅也，與劼皆恪八切。硈、劼音同，鞏、固義同。鞏亦有固音，詹卬之無不克鞏，鞏韻祖後，後音胡上聲，此錢氏大昕說也。謂釋言之硈當從告，則釋詁之劼亦當從告矣。凡從吉聲之字，多有堅固之義。戰國策秦策注、文選南都賦注並曰：結猶固也。說文：硈，石堅也。黠，堅黑也。鮚，齒堅聲。玉篇：黠，堅也。鮚齧堅聲。廣韻：劼，固也。則硈鞏之硈當從吉，毫無疑義。陸氏本硈誤作硞，故音苦角反。廣韻四覺苦角切紐內有硈字，云固也。音則硞之音，義則硈之義。廣韻之誤在義，陸氏之誤在音。唯玉篇不誤：硞，苦角切，石聲也。硈，口黠反，堅也。音義皆爲分析。段氏說文解字注力辯硈鞏之硈當作硞，且稱音義爲積古相傳之學。考陸書歧誤甚多，安得爲此阿附之說。段氏以經文不誤爲誤，以釋文誤爲不誤。而阮氏誤取其說，此校勘記所以必須緟加訂正者也。釋樂：大篪謂之沂。俞氏樾曰：沂，誤字也。釋文引孫炎曰：篪聲悲，沂，悲也。太平御覽五百八十引舍人曰大篪其聲悲，沂，鏘然也。沂與悲義不相涉，沂當作⿱斬言。說文言部：⿱斬言，悲聲也。今作沂者，疑別本或假漸爲⿱斬言。其字闕壞，遂成沂矣。玉澍案，釋文云：沂，郭魚斤反，又魚靳反。廣韻二十一震魚覲切，惟憖、猌、垽三字。十七真語巾切內有⿰魚斤字，注云：大篪，魚覲切。即郭氏之魚靳反也。語巾切，即郭氏之魚巾反也。廣韻、方言、廣雅並曰：憖，傷也。廣雅又曰：憖，憂也。憂傷即是悲，舍人、孫炎讀沂爲憖，故訓悲。郭氏知舍人、孫炎讀沂爲憖，故音魚斤、魚靳二反。漢碑多假沂爲垠。玉篇：垠，古文作圻。淮南子俶真訓：通於無圻。即無垠也。沂之通作憖，猶沂之通作圻矣。俞氏說非也。釋山：小山別大山，鮮。洪頤煊曰：文選吳都賦、長笛賦李善注俱引爾雅曰：小山別大山曰嶰。嶰，古買切。呂氏春秋古樂篇：伶倫取竹於嶰谿之谷。嶰當作解，與鮮字形相近。宋翔鳳、張聰咸並同此說。玉樹案，釋山此文釋皇矣之鮮原也。毛傳正用此文。鮮又通作巘。毛傳云：巘，小山別於大山也。毛公所見本正如此。李善所引特誤本耳。郝氏引宋張之說，謂孫注不相連，正釋解字之義。不知別與鮮皆有不相連之義，安見孫本之爲解字乎。釋水九河：鉤盤。釋文作般，引李本作股，云水曲如鉤，折如人股，故曰鉤股。考般字隸省作股，與般作服、彤作彤、兪作俞同。尚書般庚既遷，漢石經正作股。李巡不知股即般字，故云曲折如人股，此不得謂形近之訛。然書禹貢、詩般正義引李巡云：屈折如盤。不作股字。詩校勘記謂正義涉孫、郭而誤。考孫、郭但云盤桓不直前，無屈折如盤之說，亦未見李本之不作般也。

釋木：柀，煔。郝氏云：宋本及釋文俱作煔，不成字，蓋黏字之誤。徐鉉作檆亦非。段氏說文注依爾雅改作黏是也。玉澍案，說文炎部：煔，炎行也，從炎、占聲。玉篇炎部：煔，火光也。郝云煔不成字，殊不可解。玉篇木部：柀，杉木也。檆，木名，重文作杉。廣韻二十六咸：檆，木名，似松，爾雅又作煔。重文作杉，又作櫼。說文木部：柀，檆也。大徐據注增檆篆，所補十九字之一也。段氏誤改作黏。考說文當同爾雅作煔，謂檆爲俗字可也，謂煔爲訛字不可也。潘克溥已以郝氏之說爲不然矣。洗，大棗。丁希曾以大爲犬字之誤，以梁文紀中河東洗犬，隴右蹲鴟爲證。又六帖棗類云：遵羊、洗犬並棗名，出爾雅。盧氏文弨頗取其說。玉澍案，河東云云，即據郭注。注云：今河東猗氏縣出大棗，子如雞卵。如雞卵云者，正是言其大也。郭注非犬字甚明。魏志杜畿傳注：畿爲河東太守，劉勳嘗從畿求大棗。此大不當作犬之證。洗犬云云係誤用，不足據。釋畜：其迹速。校勘記引段氏云：說文速爲籀文迹，廣雅躔踈解亢迹也四字正釋爾雅。曹憲音踈爲迹，速與踈同字。玉澍案，說文云：𪋻，鹿迹也，從鹿速聲。玉篇：𪋻，先卜切，麞鹿之迹也。廣韻一屋：𪋻，麋鹿迹也。釋文本正作𪋻，云素卜反，本又作速。速必非訛字。王氏引之經義述聞辯之詳矣。

不當分而誤分例

不當分而誤分者，謂本一條而分爲二也。釋草蔨苻止濼貫衆，郭氏斷蔨苻止爲句，云未詳。釋文於貫衆下引本草云：貫衆一名貫節，一名貫渠，一名百頭，一名虎卷，一名蔨苻，一名伯萍，一名藥藻，此謂草鴟頭也。衆［案］爾雅：蔨苻止。郭云：未詳。本草乃是貫衆。以上皆釋文語。陸意以郭氏不當分爲二物，故引本草以諟正之。翟氏補郭云：疏引本草，貫衆一名蔨苻，則止字應合下濼爲一名。蔨苻也，止濼也，貫衆也，一物而三稱也。龍氏翰臣爾雅經注集證、鄒氏漢勛讀書偶識並同此說。菂茭荄根，茭爲芨字之訛，根下脱也字。説文：菂，芨也。茅，根也。芨，草根也。荄，草根也。廣雅亦云：杜、蘝、芨、荄、株，根也。郭氏分菂茭與荄根爲二。臧氏琳、錢氏大昕、嚴氏元照、段氏玉裁、郝氏懿行並斥其誤，是也。攫橐含華荂也。郭氏斷攫橐含爲句，云未詳。錢氏謂此當連下華荂爲一句，攫當作穫。玉澍案：周禮獸人注釋文：攫，本又作穫。是字通之證。説文穫即樗之或體，樗讀若華，故與華同訓。穫當爲朿。説文：朿，木垂華實，從木马，马亦聲。朿與橐字形相涉而誤耳。含與马同。説文：马、嘾也，草木之華未發，圅然，象形，讀若含。玉澍案，玉篇、廣韻皆有荅字，云花開後。漢張衡傳：百卉含蘤。章懷太子注引張揖字詁：蘤，古花字也，含蘤即南都賦之含華也。臧氏琳亦同此說。翟氏亦知含與马同，而未悟郭氏舊讀之非。邵氏晉涵援上文攫烏階爲說，則更謬矣。釋木：朹檕梅朻者聊。郭氏於朻者聊云未詳。翟氏引注疏考證曰：説文朻高木也，此應連上節言朹檕梅，其朻者又名聊也。姜兆錫亦曰三字當連上爲文。釋魚：鯉鱣鰋鮎鱧鯇。舍人云：鯉一名鱣。説文鯉、鱣互訓。詩碩人傳：鱣，鯉也。郭氏誤分鯉鱣爲二。孫炎云：鰋鮎一魚。説文：鮎，鰕也。魚麗傳：鰋，鮎也。郭氏誤分鮎鰋爲二。舍人云：鱧一名鯇。孫炎云：鱧鯇一魚。魚麗傳：鱧，鯇也。郭氏誤分鱧鯇爲二。蝍蛆鼁䱂蟾蠩，即説文之𧑒鼁詹諸、鼁䱂詹諸也，郭本分爲二，而又誤𧑒爲蝍，誤鼁䱂爲鼁䱂。釋鳥：嶲周燕燕鳦。郭氏以嶲周爲子規，與下文離爲二。詩疏引舍人云嶲周名燕、燕又名鳦，孫炎云別三名。太平御覽引孫炎云：巂周，燕別名。說文云：巂周，燕也。呂氏春秋本味篇云：巂燕之髀。皆以巂周燕爲一物。郭氏分之，非也。釋獸：蜼卬鼻而長尾時善乘領。（領與嶺同，說文無嶺字。）時善乘領，即指蜼言，謂蜼之爲物善登山也，釋詁曰時是也。山海經於駮曰是食虎豹，於孰湖之獸曰是好舉人，於孟極之獸曰是善伏，如此句法甚多，不可枚舉。郭氏於蜼卬鼻而長尾，云蜼似獮猴，爲物捷健，於時善乘領則云好登山峰。夫捷健則善登山矣。山海經鬲山、狄山、湯山並多蜼。蜼生於山自善登山矣。凡獮猴之屬，皆善登山領。二句合讀無疑。如郭義則時當爲獸名。邢疏云好登山峰之一獸，亦不能指爲何獸。邵氏云未詳。郝氏置之不釋。皆不悟郭氏之非，何也。猩猩小而好啼闕泄多狃。郭氏二句分爲兩條，以上文例之，亦以連讀爲是。闕泄多狃，即指猩猩而言。闕與蹶通，（闕與蹶皆從欮聲。論語：闕黨童子。漢書古今人表作厥黨。左傳：吳蹶由。人表作厥由。）又與蹷通，（蹷蹶本一字。）走之急也。（文選射雉賦注引賈逵曰：蹶，走也。禮記曲禮：足無蹶。注：蹶行遽貌。釋文：蹶，急遽貌。莊子在宥釋文：蹶，驚而起也。釋訓：蹶蹶，敏也。敏亦急也。）泄與呭通，又與詍通，言之多也。（詩：無然泄泄。說文口部引作無然呭呭，言部引作無然詍詍。呭呭皆訓多言。又楊倞注荀子解蔽篇：詍，多言也。）狃者，性之貪也，（國語晉語：嗛嗛之食不足狃也。注：狃，貪也。漢書馮異傳：忸忲小利。忸與狃同。）又狎也，習也，就也。（並見玉篇。）性貪則與人狎習而就禽也。（吳都賦：猩猩啼而就禽。）淮南子氾論訓：猩猩知往而不知來。高誘注：猩猩、北方獸名，人面獸身黃色。禮記曰：猩猩能言，不離走獸，（今禮作禽獸。）見人狂走，（邵氏正義、郝氏義疏引作往走。今據莊逵吉本作狂走，於義為長。）知人姓字，此知往也。又嗜酒，（杜佑通典云：猩猩好酒及屩。）飲而不耐息，（耐，古能字。）不知當醉以禽其身，此不知來也。狂走故曰蹶，能言故曰詍，嗜酒飲而不息故曰狃。翟氏亦知二句連讀，所說多狃之義近似，闕泄之義則非。鼠屬曰：鼨鼠豹文鼮鼠。郭於鼨鼠云：未詳。於豹文鼮鼠云：鼠文彩如豹，漢武帝時得此鼠，孝廉郎終軍知之，賜絹百匹。文選注引三輔決錄，又太平御覽皆以辨豹文鼠爲竇攸事，與郭注異，而以豹文爲鼮鼠則同。說文、字林皆以鼨爲豹文鼠。唐書盧藏用傳云：其弟若虛在隴西，有獲異鼠者，豹文虎臆，大如拳。辛怡諫謂之鼮鼠而賦之。若虛曰此許慎所謂鼨鼠豹文而形小者，一坐驚服。予謂爾雅句讀不明，所以各持一説。六字當連讀，謂鼨鼠豹文，一名鼮鼠也。許叔重、呂伯雍、盧藏用知豹文之爲鼨，而不知爲鼮。終軍、竇攸、郭景純、辛怡諫知豹文之爲鼮，而不知爲鼨。其説皆偏。近儒專主一家之言，亦皆偏也。玉篇鼠部鼨字注云：豹文鼠。鼮字注云：漢武帝時有此鼠，文如豹，終軍識之。廣韻一東：鼨，豹文鼠也。十五青又云：鼮鼠豹文，漢武帝得此鼠。其以鼨鼮爲一鼠明矣。此皆不當分而誤分者也。俞氏樾以釋詁艾歷也之也爲衍，與下文厤秝算數合爲一條，引訪落箋艾、數也爲證，謂其文當作艾歷厤秝算數也。今案厤秝算數之厤，古本作歷，與上文艾歷、下文歷傅歷相同字。此文同訓異之例，必不可與上文艾歷合爲一條。訪落正義引釋詁：艾歷也、歷數也，云轉以相訓，故艾爲數。可證俞説之謬，不得謂爲不當分而誤分矣。

不當合而誤合例

不當合而誤合者，謂本兩條而合爲一也。如釋丘：宛中宛丘，丘背有丘爲負丘。宛丘與負丘本二丘也。郭以宛丘爲中央隆高，以負丘爲解宛丘中央隆峻，狀如負一丘於背上，則合二丘爲一丘矣。釋名云：中央下爲宛丘。詩宛丘傳曰：四方高中央下曰宛丘。正義引李巡、孫炎皆云：中央下。王風云：丘中有麻，丘中有麥，丘中有李。不曰丘上、丘側，而曰丘中，是亦四方高中央下之丘也。宛丘本非中央隆高，而丘背有丘，謂丘北有丘，郝氏説。非丘上有丘也，何由合爲一耶。釋草：淔灌，茵芝。淔灌一物也，茵芝一物也。茵者，菌之訛也。菌芝無淔灌之名，李登聲類誤合爲一物，云淔灌茵芝也。郝氏不辯其誤，云：淔灌，一名菌芝，淔之言殖，灌猶藂也，菌芝藂生而繁殖。其説妄矣。郭於淔灌云未詳，翟氏補郭之説亦未可信。釋木：櫬，梧。樸枹者謂。櫬采薪采薪即薪。櫬梧爲一科，樸枹者謂爲一科，櫬采薪采薪即薪爲一科。舍人誤合爲一條，説不可通。釋魚：鮅，鱒，魴，魾，鯬，鯠。鮅，鱒，一魚也。當作鱒鮅。魴魾，一魚也。鯬鯠，一魚也。説文魴或作鰟，古音有重唇無輕唇。魴，古讀爲旁，今人猶呼爲鰟魱魚，與爾雅義合，與説文音合，音義俱爲古矣。爾雅釋文引字林云：鮅，魴也。是誤合鮅鱒、魴魱爲一魚也。釋文又引廣雅魱鰲，又引埤蒼云：鰲鯠，魱也，是誤合魴魱、鰲鯠爲一魚也。科斗活東，魁陸。科斗，活東，蝦蟆子也。魁陸，海蛤也。釋文引本草云：魁蛤，一名魁陸，一名活東，並生東海，是誤合活東、魁陸爲一物也。釋鳥：鵖䳄戴鵀，鶭澤虞。鵖䳄戴鵀，當作鵖鴔。戴勝也。鶭澤虞，媢澤鳥也。邢疏引孫炎云：鳲鳩自關而東謂之戴鵀。御覽九百廿五引鶭作紡，孫炎注：鳲鳩或謂紡，澤虞其別名也。又方言云鳸鳩或謂之鶭鸅，是誤合鵖鴔戴鵀、鶭澤虞爲一鳥也。鶾雉鵫雉。説文説雉有十四種，鶾雉、卓雉分爲二。玉篇、廣韻亦不以鶾、鵫爲一雉。郭云今白鵫也，江東呼白鶾，亦名白雉。注西山經亦云：白翰，白鵫也。是誤合鶾、鵫爲一雉也。釋獸鼠屬：鼢鼠鼸鼠。郭於鼢鼠云地中行者，於鼸鼠云以頰裏藏食。説文：鼢，地中行鼠，伯勞所化也，一名偃鼠。鼸，鼢也。釋文引孫炎云：鼸者頰裏也。並與郭讀同。釋文又引字林云：鼸即鼢鼠也。是誤合鼢、鼸爲一鼠也。釋畜騊駼馬野馬，本二物也。逸周書王會解以騊駼、野馬並稱。子虛賦云：軼野馬，轊騊駼。皆與爾雅合。釋文引字林云：騊駼，一曰野馬。説文云：騊駼，北野之良馬。淮南子主術訓注：騊駼，野馬也。是誤合二馬爲一馬也。此皆不當合而誤合者也。簡與絜爲九河之二，宋人合簡絜爲一，謂其一則河之經流。如此説則爾雅之九河成八河，此又臆説不足置辨者也。又有本兩字而誤合爲一字者。釋言：將，且也。孫、樊本。沈集注本作暫，是誤合將且爲一字也。釋鳥：鸉，白鷢。注：似鷹而尾上白。案，鸉當作楊鳥，釋文唐石經作鸉，誤合二字爲一字。楊與揚古字通。説文：揚，飛舉也。廣雅釋鳥：白鷢，鷹也。淮南子繆稱訓：鷹翔川，魚鼈沈，飛鳥楊。高誘注：鳥見鷹而楊去。其以楊鳥爲名，不亦宜乎。説文無鸉，玉篇有之，是顧本已誤作鸉。廣韻十楊雖有鸉，而十月鷢字注云：白鷢、一名楊鳥，似鷹尾上白。所説正本爾雅經注。中華古今注亦云楊鳥，白鷢也。雪牕本汲古閣本並作楊鳥白鷢，不誤。

郭氏改經例

釋器：槮謂之涔。釋文云：槮，爾雅舊文并詩傳並米旁作，小爾雅木旁作，其文云魚之所息謂之橬，橬，槮也，積柴水中而魚舍焉。郭因改米從木。又詩周頌：潛有多魚。傳：潛，糝也。釋文出糝字云：舊詩傳及爾雅並作米旁參，郭景純改爾雅從小爾雅，作木旁參。正義引李巡曰：今以木投水養魚曰涔，木當爲米字之誤。米可養魚，木不可以養魚。又引孫炎曰：積柴養魚曰槮。槮當爲糝，此係孔氏依郭本所改。若使孫本已作槮，則陸氏不云郭氏改從小爾雅矣。孔氏但知從積柴取義宜從木，不知從養魚取義宜從米也。御覽引舍人曰：以米投水中養魚爲糝。李、孫之説，正本舍人。正義又云：槮字諸家本作米邊，爾雅作木邊，積柴之義。然則槮從木不從米，當從木爲正也。案，毛云潛糝，與古本爾雅正合。孔氏不悟爾雅作槮之非，改詩傳之糝以從爾雅。猶郭氏不悟小爾雅作槮之非，改爾雅之糝以從小爾雅也。郭氏改經，尚不止此。釋訓：委委佗佗。釋文云：委委，於危反。詩云委委佗佗，如山如河是也。諸儒本並作禕。舍人云：禕禕者，心之美。顧舍人引詩釋云：禕禕它它，如山如河。據諸儒本，是爾雅舊作禕禕，郭氏因詩作委委，始改之以合於詩。故郭本獨與諸家本不合，不知作委委者毛詩，作禕禕者三家詩。爾雅之文，不必盡與毛詩合。顧野王在郭氏之後，其本仍作禕禕，不從郭氏所改。釋水：汝爲濆。注引詩遵彼汝濆。韓詩作濆，毛詩作墳。釋文：濆，符云反，下同，字林作涓，工玄反，衆爾雅本亦作涓。説文：涓，小水也。引爾雅：汝爲涓。據此知作濆，唯郭本爲然。此當從郭本。其作涓者形近之訛。何以明之，水經汝水注云：汝水逕奇領城西北，奇領城在今南陽府葉縣東北二十三里。濆水出焉，世亦謂之大㶏水，爾雅云河有灉，汝有濆。玉澍案，當引河爲灉、有爲濆，不當引河汝灉，汝有濆也。然則濆者，汝别也。故其下夾水之邑，猶流汝陽之名，是或濆㶏之聲近矣。史記正義引括地志曰，汝水源出汝州魯山縣西伏牛山，亦名猛山，汝水至豫州郾城縣一名濆水。引爾雅曰：河有灉，汝有濆。水之自汝出者有濆無涓，且下文云河有灉，此云河爲灉。下文云江有沱，此云江爲沱。下文云汝有濆，則此亦當云汝爲濆。郭因改衆家本之涓爲濆，而又引詩遵彼汝濆以釋之，此郭改正之最善者。不得因說文、字林與衆家本合，遂疑濆爲涓之譌也。釋木：不榮而實謂之秀。衆家並無不字。郭以毛傳兩言不榮而實曰秀，故於經增不字以合於毛傳。釋魚：蜃小者珧。釋文云：珧，衆家本皆作濯。嚴氏曰：周禮春官守祧，注云古文祧爲濯。詩小雅佻佻公子，釋文云韓詩作嬥嬥。淮南原道上游於霄雿之野，注云雿爲翟氏之翟。蓋兆翟聲近通用。濯爲古文，其作珧者，郭所改也。由嚴氏之說推之，而知釋魚仰者謝，衆家本作射，唯郭作謝。前弇諸果，衆家本作裹，唯郭作果。釋鳥：鶼鶼比翼。衆家本作兼兼，唯郭作鶼鶼。皆郭氏所改。改射爲謝、改兼兼爲鶼鶼、與改濯爲珧，皆是以今字代古字。改裹爲果者，以合於周禮龜人東龜曰果屬也。亦有不易經文，但於注中云某當爲某以易之者。如釋草：葖蘆萉。注云：萉當爲菔。釋木：椵椐柳。注云：柳當爲柳。槐小葉曰榎。注云槐當爲楸。釋鳥：鷹來鳩。注云：來當爲爽。此又改經之一例也。

釋文改郭例

釋文序錄有云：先儒多爲臆必之說，乖蓋闕之義。唯郭景純洽聞强識，詳悉古今，作爾雅注，爲世所重，今依郭本爲正。玉澍案，釋文亦有不用郭本者。如釋詁：癵，病也。釋文云：癵，郭本作拘攣，同力專反。又引舍人云瘝癵瘽痒，皆心憂憊之病也。是郭本作攣，舍人本作癵。今作癵者，陸氏以舍人本改郭本也。（郝氏謂郭欲破癵為攣，說非是。）文選登徒子好色賦注、一切經音義卷十九引爾雅皆作攣病，正是郭本之舊。訓病之字三十，無瘣字。釋文於瘽瘵瘼痡下出瘣字，云呼回反。引字林云病也。又云：今經注無此字。是有瘣字者非郭本也。釋訓：骭瘍爲微，腫足爲尰。釋文：骭，下諫反。郭作犴，然則今作骭者非郭本也。詩巧言正義引經及郭注並作靬，乃後人所改，非郭氏之舊矣。扞借字，靬正字，其字皆從干聲，故可通也。釋宮：所以止扉謂之閎。郭注云：門辟旁長橛。引左傳曰高其閈閎。閎，長杙，即門橛也。釋文云：所以止扉謂之閎，音宏，本亦作閣，音各。郭注本無此字。左傳釋文引爾雅亦作閎，嚴氏謂郭本誤閎，故其注引左傳高其閈閎。又云：陸氏明言郭注本無此字，無此字者，承本亦作閣而言，言郭注本無作閣字者也。玉澍案，此説大誤。郭注明言閣長杙，即上文杙長者謂之閣也。郭本作閣明甚。左氏襄三十一年傳高其閈閎，有誤作閣者。左傳釋文云：本或作閣。郭注所引係左傳誤本，而爾雅本則不誤也。陸云郭注本無此字者，謂無閎字，非謂無閣字。嚴氏不知釋文有改郭之例，故有此謬説。閎與閣形近易訛。左傳之閎誤爲閣，猶爾雅之閣誤爲閎。陸氏據誤本以改善本，大非。廣韻十三耕引爾雅作閎，此陸誤本也。玉篇門部引爾雅作閣，此郭善本也。釋丘：隩隈厓。内爲隩，外爲隈。下隈字釋文作鞫，云如字。字林作⿰土尻，云：隈厓外也，九六反。詩公劉箋：水之内曰隩，水之外爲鞫。正義引釋丘：厓内爲隩，外爲鞫。又引李巡曰：厓内近水爲隩，其外曰鞫。是李本作鞫。左傳閔二年正義引釋丘隩隈，又引孫炎云：内隈曲裏也。公劉正義引孫炎曰：内曲裏也，外曲表也。與此小異。是孫本作隈。郭注不見鞫字，是其本作隈，異於李而同於孫。陸作隈者，以李本改郭本也。釋木：大而皵楸，小而皵榎。郭云：老乃皮粗皵者爲楸，小而皮粗皵者爲榎。釋文引郭注字亦作皵，是作皵者郭舊本也。釋文本作檵，引樊云：檵，棤皮也，謂粗檵而老者爲楸。是以樊本改郭本也。左傳襄二年正義引經及樊注並作皵字。孔氏所據樊本不作檵。陸氏所據樊本非善本也。陸雖改檵，而于引郭注之後，云本今作皵，則亦不没郭氏之舊矣。釋魚：蝮虺。郭云：此自一種蛇，名爲蝮虺。詩斯干正義引經及郭注，爾雅釋文引郭注並作蝮虺。又郭氏圖讚云：蛇之爲狀，其名爲虺，其尾似頭，其頭似尾。皆郭本作虺之證。釋文作虫，云虫即虺字也。引説文、字林：虫，一名蝮，虫正字，虺借字。陸以正字改借字，故作虫。陸雖改作虫，而云即虺字，正以明虫之爲己所改，見虫虺非有異也。唐石經單疏本、注疏本、雪窗本並作蝮虺。校勘記不悟改郭之例，以釋文作虫，爲經作虫注作虺之明證。又謂唐石經以下諸本作虺，俱係後人援注所改。夫詩正義明明引經蝮虺，又引舍人及孫炎俱作虺，爾雅釋文引舍人亦作虺，釋文又云本今作虺，經何嘗有作虫之本哉。凡校勘記所謂經注異文者，其謬誤多此類也。釋獸：所寢橧。釋文云：橧，舊本多作繒帛字，非。方言從木。案，舊本者，謂郭舊本也。詩漸漸之石箋字亦作繒，釋文引爾雅豕所寢繒，亦郭舊本也。正義曰：釋獸於豕之下所寢橧。舍人曰豕所寢草名曰橧。某氏曰臨淮人謂野豬所寢爲橧。李巡曰豬臥處爲橧。是舍人、某氏、李巡本作橧，與方言同。釋文作橧者，依衆家本改郭本也。說文無橧字，故假繒字爲之。衆家本作橧，不如郭本爲善，與鄭氏所據同也。鼳鼠身，長須而賊。釋文云：鼳，本多作狊，經文既云鼠身，宜從鼠。嚴氏曰：說文鼠部無鼳字，據云本多作狊，則鼠旁係陸氏所增，不足信也。今案，玉篇鼠部：鼳，吉役切，鼠身長須。是顧舍人本已作鼳。陸言作鼳者，以顧本改郭本也。郭注鼳字，亦陸所改。廣韻二十三錫引鼳鼠身長須而賊，即據陸本。是蓋改字不改義也。又有改字兼改義者。釋詁：陽，予也。注引魯詩陽如之何，又云：巴濮之人自呼阿陽。是郭本作陽。釋文作錫，云：音賜，又如字。郭作陽予，爲予我之予。陸作錫予，爲賜予之予。書堯典正義曰：錫，與。釋詁文。予、與字通。據孔疏，是諸家本當有作錫予者，故陸氏據以易郭。今釋文錫字仍誤作陽，陽不得音賜，音賜之字不得音陽。錫訓予而音賜，經典甚多。近儒不知釋文有改郭之例，又安知郭作陽而陸作錫哉。

附益例

張稚讓上廣雅表、陸元朗經典釋文叙錄，皆言爾雅叔孫通所補，梁文所益。今案，補益之人，雖不可定，而補益之跡，塙有可尋，其例可得而言焉。如釋詁肅延誘薦餤晉寅藎進也之後，又曰羞餞迪烝進也，諧輯協和也。協，衍文。說見前。關關噰噰音聲和也之後，又曰勰燮和也。悠傷憂思也之後，又曰懷惟慮願念惄思也。遵逢遇遻見也之後，又曰顯昭覲釗覿見也。釋言蠲明也之後，又曰茅明也。尹正也之後，又曰皇匡正也。其在後者皆附益也。藉非出於附益，則分而二之者，皆可合而一之。釋詁訓大之字三十有九，訓病之字三十，訓善、訓謀之字十有六。豈訓進之字獨不可十有二，訓思、訓見之字不可有九，訓和之字不可有四，乃病其多而判爲二乎。釋言一篇兩字並稱者六十有二，豈繇茅之訓明，不可合爲一乎。訓苦之字有三，豈訓正之字不可有三乎。以此知其爲附益也。繹又祭也，周曰繹，商曰肜，夏曰復胙。尚書高宗肜日傳云：殷曰肜，周曰繹。正義曰：釋天又云夏曰復胙，或無此一句。公羊宣八年傳注云：殷曰肜，周曰繹。疏云：郭氏爾雅下文有夏曰復胙之文，何氏不言者，正以諸家爾雅悉無此言。據兩疏，是舊本無此一句，郭於此亦云未見義所出，其爲附益明矣。釋地：北陵西隃，雁門是也。注云：即雁門山也。邵氏以雁門是也四字爲傳爾雅者所附益。玉澍案，上四陵皆無所指實，獨北陵西隃以雁門實之，于文不類。且雁門一名句注，爲淮南子九塞之一，其山最爲險峻，古今倚爲關塞，不得被以陵名。山雖有以陵名者，而山不可謂之陵，猶之山有以丘名者，而山不可謂之丘也。此文合上文阠、息慎、威夷、朱滕，下文加陵、湨梁、河墳，題曰八陵。又下文曰大阜曰陵，則八陵者，特大阜中之尤大者耳。以山之高大者當之可乎。漢書地理志：雁門郡，秦置，句注山在陰館。後漢郡國志：雁門郡陰館。注云：史記曰漢蘇意軍句注，應劭曰山險名也，在縣，爾雅八陵西隃雁門是也。明史地理志：代州，句注山在西，亦曰雁門山，其北爲雁門關。是雁門山即句注山。史記趙世家蘇厲爲齊遺趙王書：既云句注，云：羊腸之西，句注之南非王有已。又云、踰句注，斬常山而有之。又曰先俞，先俞即西隃，張守節正義曰：西先聲相近。徐廣引爾雅作西隃，此猶西施作先施，洗字一作洒也。是西隃非句注明矣。既非句注，即非雁門明矣。總之西隃陵而非山，雁門山而非陵，作爾雅者必不誤山爲陵，出自淺人附益何疑。郭氏不悟其謬，注山海經及穆天子傳皆引此文。而徐廣注趙世家、劉昭注郡國志皆守其說。說文𨸏部隃下亦引之，不辨其誤。獨邵氏謂爲附益，可謂發千古之覆矣。釋獸：鼳鼠身長須而賊，秦人謂之小驢。爾雅不載方言。俞氏樾以樞達北方謂之落，時為方俗殊語，與秦人謂之小驢一律，此謬說也。邵氏謂秦人謂之小驢六字，漢初傳爾雅者所附益，其說是也。此附於句之後者也，其例一也。釋親之末曰嬪婦也，謂我舅者吾之甥也，亦附益也。何以知其爲附益也。書云：嬪于虞。詩云：來嬪于京。嬪皆訓婦。婦即妻也。曲禮：生曰妻，死曰嬪。通言之則生亦曰嬪，死亦曰妻。釋親之婦有三義。婦稱夫之父以及婦之父，婦之父母，婦之黨，婦皆對壻而言。此夫婦之婦也。子之妻爲婦，長婦爲嫡婦，衆婦爲姒婦。此子婦之婦也。女子謂兄之妻爲嫂，弟之妻爲婦。此晉書及世説所謂新婦之婦也。混言嬪婦，何由知其爲夫婦之婦，而非子婦之婦，嫂婦之婦乎。嬪雖訓婦，寘之于此，不免溷淆，與釋親義取分晰者不同，且句法又與通篇不類。上文祖王父也，晜兄也，亦係附益，説見後。釋山之首曰河南華，河西嶽，河東岱，河北恒，江南衡，此周之五嶽也。鄭注大司樂五嶽據之。釋山之末曰泰山爲東嶽，華山爲西嶽，霍山爲南嶽，恒山爲北嶽，嵩高爲中嶽，此漢之五嶽也。鄭注大宗伯：五嶽據之。河西之嶽，一名岍山，一名吳山。不曰河西岍，河西吳，而必曰河西嶽者，明其爲嶽也。此舉此見彼之例也。郭知其爲嶽，故注河北恒爲北嶽恒山，江南衡爲南嶽衡山，則上三句之爲嶽可知。此亦舉此見彼之例也。郭知後之五嶽，爲漢之五嶽。故於霍山爲南嶽，注云：即天柱山，潛水所出。恒山爲北嶽，注云：常山。常山，漢人語也。天柱爲南嶽，亦漢制也。左傳昭四年正義引郭注云：郝氏云當是郭音義之文。霍山今在廬江灊縣，潛水出焉，別名天柱山，漢武帝以衡山遼曠，故移其神於此，今其土俗人皆呼之爲南嶽。漢書地理志：泰山郡博，有泰山廟。京兆尹華陰，太華山在西南，有祠。廬江郡灊，天柱山在南，有祠。常山上曲陽，恒山在西北，有祠。潁川郡崈高，崈與嵩古字通。武帝置以奉太室山，是爲中嶽，有太室少室山廟。漢於五嶽皆有祠廟，獨長沙國湘南下，但言禹貢衡山在東南，不言有祠者，漢制不以衡山爲南嶽也。史記封禪書：登禮灊之天柱山，號曰南嶽。漢書郊祀志説同。師古曰：武帝以天柱山爲南嶽，説與史記同。廣雅：天柱謂之霍山，岣嶁謂之衡山。衡自衡而霍自霍，與爾雅同。周之南嶽爲衡山，自唐虞以來皆同。不得謂之霍山。風俗通謂衡山一名霍山者，非也。漢之南嶽爲霍山，不得謂之衡山。賈公彦周禮疏謂霍山一名衡陽山者，非也。衡者長也，霍者護也。衡山自衡陽至長沙之岳麓，延亘七八百里，其勢衡長。霍山衆峰環護，惟天柱一峰傑然獨出，與大山宫小山之義正合。二山各有命名之義，不相假借。孫炎不知霍山爲南嶽，主漢制而言，乃疑霍山爲衡山之誤。孔穎達駁之是矣。文選遊天臺山賦注引爾雅衡山爲南嶽，此傳寫之訛。東都賦注仍引作霍山爲南嶽，是其證矣。陸氏爾雅釋文亦云：霍山一名衡山。蓋沿舊説之誤。然釋文云：漢在長沙湘南縣，以漢初之制言之。又云：在廬江灊縣。以武帝以後言之。泰山，漢在泰山博縣。華山，漢在宏農華陰界。恒山，漢在常山上曲陽。嵩高，漢在河南。陸氏亦以此爲漢制，故於五山皆言漢也。知爲漢制，非周制，則此文爲漢儒附益，不待言矣。白虎通論五嶽亦云：東方爲岱宗，南方爲霍山，西方爲華山，北方爲恒山，中央爲嵩高。陳氏疏證謂據漢制而言。白虎通又引尚書大傳曰：五岳爲岱山、霍山、華山、恒山、嵩山。陳氏云：説文云嶽東岱、南霍、西華、北恒、中嵩。許氏多用古尚書説，而同大傳，蓋當時諸儒皆緣漢制釋經，故多合也。邵氏亦云大傳多附益，皆據漢事言之。漢儒不獨據漢制釋經，且據漢制增經。虞書叠言四岳，又言覲四岳群牧。唐虞止四岳，而無中岳，無智愚皆知之。乃史記封禪書引尚書歲二月東巡守一節，於皆如岱宗之禮之下，有中嶽嵩高也五字。公羊隱八年傳何休注引尚書於至于北嶽如西禮之下，歸格于禰祖用特之上，有還至嵩如初禮六字。如此言，則虞書之四岳，不當改爲五岳乎。尤可異者，太史公既有中嶽嵩高之説，而上文亦引尚書覲四岳群牧，作見四岳諸牧。何氏既有至嵩如初禮之説，而上文仍云至四嶽，足以知四方之政。皆自相矛盾，而無以自掩其附益之跡。還至嵩如初禮六字，唯惠氏棟誤信其説。而邵氏則云何休尚讖緯，段氏尚書譔異則云何邵公補經文爲蛇足，江氏尚書集注音疏則云六字妄人所增，所見高出惠氏之上。邵氏有云：左氏昭四年傳，司馬侯云四岳、三塗、陽城、太室。太室即嵩高山，别太室於四岳，明乎太室之不稱岳也。江氏有言嵩高山始於漢武，周時尚未以嵩高名山，况唐虞乎。今考史記封禪書云：禮登中岳太室，以山下户三百，封嵩高，爲之奉邑。地理志云：嵩高，武帝置，以奉太室山，是爲中岳。古文以嵩高爲外方也，是中嶽嵩高之始於漢武，史漢皆有明文，不獨霍山爲南嶽之爲漢制也。至周頌之崧高維嶽。毛傳云：崧，高貌，山大而高曰崧。嶽，四岳也。東嶽岱、南嶽衡、西嶽華、北嶽恒。不以崧高爲山名，嶽爲中嶽也。應劭風俗通以崧高維嶽爲中岳崧高，誤矣。邵氏於釋山之前五嶽爲周制，後五嶽爲漢制，謂漢初傳爾雅者增益其文。陳氏奂毛詩傳疏、馬氏瑞辰毛詩傳箋通釋、陳氏公羊義疏、白虎通疏證皆篤守其説，獨郝氏懿行及金氏鶚聱聱致辨，不知漢儒可益虞書，何有於爾雅。郝氏、金氏雖善辨，能謂何休公羊注之還至嵩如初禮六字非增益乎。知何休之注公羊，因漢制以增經，可無疑於鄭康成之注大宗伯，因漢制以釋經矣。知大宗伯注之五嶽爲漢制，可無疑於大司樂注之五嶽爲周制矣。東嶽五句，固係附益，梁山晉望也一句，亦附益也。此句於通篇文義不倫，山川皆有望祭，何以僅言山。各國各有望祭之山，何以獨言晉望。晉之名山不一，何以獨舉梁山。此篇末附益之顯見者也。不獨釋山也，即釋水亦有之。末云：從釋地以下至九河，皆禹所名也。此語可致詰者甚多，姑舉一二辨之。夫禹貢九州，冀、兗、青、徐、揚、荆、豫、梁、雍也。釋地九州，冀、豫、雝、荆、揚、兗、徐、幽、營也。禹貢無幽、營二州，可謂爲禹所名乎。中嶽嵩高之爲漢所名，已備論之矣。禹貢有岱之名，無泰山之名。有外方之名，無嵩高之名。有岍之名，無嶽之名。周禮職方氏：雍州其山鎮曰嶽，是嶽之名，起於周。鄭注：嶽，吴嶽也。即郭注所本。有九澤之名，無十藪之名。左氏襄二十五年傳正義引李巡曰：藪，澤之別名也。説文：藪，大澤也。有六府之名，無九府之名。有震澤之名，無具區之名。有陂之名，無墳大防之名。海濱廣斥，不曰海隅也。東漸于海，西被于流沙，不曰東至于廣遠，西至于邠國也。概曰皆禹所名，不亦誣乎。其所以附益此語者，欲掩前篇附益之跡，以見五嶽始于禹也。太平御覽引徐靈期南岳記云：衡山者，五嶽之南嶽也。其來尚矣，至於軒轅乃以灊霍之山副焉。故爾雅曰霍山爲南嶽，蓋因其副焉。至漢武南巡，又以衡山遼遠，道隔江漢，於是乃徙南嶽之祭於廬江灊山，亦承軒轅遺意也。邵氏曰：軒轅以灊霍爲副，於古無徵。此海上迂怪之士，妄引黄帝，案，公孫卿公玉帝及各方士無不言黄帝者，詳見封禪書。漢武所據讖緯，大率類此。愚謂其託名於神禹也，猶之託名於黄帝也。有此一語，而附益於釋山之末者乃愈不可掩矣。釋木之末曰：小枝上繚曰喬，無枝曰檄，木族生曰灌。上繚曰喬即上文上句曰喬，無枝曰檄即上文稍稍擢，族生曰灌即上文灌木叢木。無容贅述，此亦漢儒所附益。釋草終以木謂之華，草謂之榮，不榮而實者謂之秀，榮而不實者謂之英。釋蟲終以有足謂之蟲，無足謂之豸。釋魚本終以魚枕謂之丁，魚腸謂之乙，魚尾謂之丙。釋鳥本終以二足而羽謂之禽，四足而毛謂之獸。魚尾謂之丙後，有一曰神龜，二曰靈龜，三曰攝龜，四曰寶龜，五曰文龜，六曰筮龜，七曰山龜，八曰澤龜，九曰水龜，十曰火龜，凡四十字，係漢人附益。若係原文，必繫於龜俯者靈，仰者謝，前弇諸果，後弇諸獵，左倪不類，右倪不若之後矣。四足而毛謂之獸，正與下篇釋獸相接，乃其下有鵙伯勞也，倉庚鵹黃也兩條，係漢人附益。兩也字與通篇句法不類，且與各篇不類。郝氏云倉庚一鳥，而文凡三四見，必叔孫通梁文所附益。其說是也。此皆附於篇之末者也，其例一也。又有非篇末而同於篇末者。釋親宗族之末曰：祖王父也，晜兄也。此係附益之語。上文已言父之考爲王父，則祖之爲王父不待言矣。上文已言先生爲兄，且言晜弟者九，言兄弟者三，則晜之爲兄無庸贅矣。釋地以周有焦穫殿十藪之末，考周禮職方氏及呂氏春秋、淮南子、說文，皆言九藪，不應爾雅獨多一藪。郝氏疑焦穫一藪後人所增，不爲無見。風俗通十藪與爾雅同者，應氏所據，已經增益之本也。（郝氏謂今風俗通非應劭舊本，其說未塙。）周禮地官序官澤虞注云：爾雅有八藪。八爲九字形近之訛。鄭氏所據，未經增益之本也。郝氏說未暢明，試詳言之。將謂爾雅作於西周之世，則陽陓尚周有，非秦有也。將謂爾雅作於東周之世，則焦穫已秦有，非周有也。既有秦、鄭諸國，則塙係作於東周之世。以魯有大野稱首推之，則塙係作於孔子。其時周室雖衰，於魯、晉諸國，猶有君臣之分，不應降與諸國并稱，且殿諸國之後。律以春王尊周之義，不亦無王之甚乎。焦穫在西周畿內，後入於秦。亦猶圃田在東都畿內，後歸於鄭。謂焦穫爲周有也，則圃田亦周有也。既以圃田爲鄭有，即不得以焦穫爲周有矣。或曰：天子爲天下之君，天下皆周有也。焦穫雖入於秦，不妨仍屬之周。信如此言，則藪之有於魯、晉、秦、宋、楚、吳、齊、燕、鄭者，皆周有也。奚必於焦穫獨冠以周乎。或曰：以焦穫屬周者，追叙之詞也。信如此言，於圃田又何以不追叙而屬之鄭乎。職方、呂覽、淮南諸書言九藪皆無焦穫，則焦穫塙係漢人增益。九藪之爲十藪，塙係漢人所改。錢氏坫亦知十藪爲後人所益，而謂所益之在陽紆。斯不然矣。釋畜馬類之末曰：既差我馬，差，擇也，宗廟齊毫，戎事齊力，田獵齊足。案，釋草七篇未有引詩者。此獨引詩，不類者一。上文止釋馬名，下文止釋牛、羊、犬、雞之名，於其用處概未之及。此文不釋其名而釋其用，不類者二。差擇之訓，已見釋詁。釋畜而雜以訓詁，不類者三。狗屬之末曰尨狗也，句法亦不類。昔人謂爾雅係掇拾毛詩傳而成，言雖太過。而尨狗也，與賜伯勞，倉庚鵹黄及宗廟齊毫、戎事齊力、田獵齊足，塙係漢儒摭毛傳以附入者。尨狗也，見野有死麕傳。賜伯勞也、倉庚鵹黄也，見七月傳。宗廟齊毫三句，見車攻傳。此又附益之一例也。雖附益必於其後，而又多用也字以別之，與横行增竄者有別，千載下猶有例可尋。總之作爾雅者止一人，附益者亦止一人，非雜出於衆人之手。宋曹氏粹中放弃詩説，謂爾雅成書在毛亨以後，小學家綴緝舊文，遞相增益，歐陽氏修詩本義以爲學詩者纂集博士解詁，其説過矣。

爾雅義疏校補　據沔陽陸氏所刻高郵王氏删定本　清・沈錫祚

卷一第二葉（釋詁上初哉首基肇祖元胎俶落權輿始也）

疏：祖，古金石文字作且。書黎民阻飢，史記集解據今文尚書作祖飢，索隱據古文作阻飢。詩六月徂暑，箋：祖，猶始也。

錫祚按，書黎民阻飢，史記五帝本紀作始飢。漢書食貨志上作祖飢，孟康曰：祖，始也。

三十二葉（矢雉引延順薦劉繹尸旅陳也）

疏：矢或作戻，蓋矢之異文也。

錫祚按，説文𠤕下云：𥏼，古文矢字。是戻係𥏼之隸變。

四十一葉（卬吾台予朕身甫余言我也）

疏：身者，郭云今人亦自呼爲身。按，今時唯獄詞訟牒自呼爲身。

錫祚按，越絶書外傳本事嫌以承譽，是以不著姓名，直斥以爲身者也。南匯張氏文虎舒藝室隨筆云：蜀志張飛傳，飛據水斷橋，瞋目横矛曰，身是張益德也。此所謂自呼爲身也。

四十八葉（關關噰噰音聲和也）

疏：南都賦及歸田賦、笙賦並引噰噰作嚶嚶，疑因釋訓丁丁嚶嚶相涉而誤也。

錫祚按，歸田賦：交頸頡頏，關關嚶嚶。李善注引爾雅曰：關關噰噰，音聲和也。釋訓曰丁丁嚶嚶，兩鳥鳴也。據胡氏仿宋本。謹按，原注引釋訓本文有相切直也句，下云：注嚶嚶，兩鳥鳴也。似宜照原文載，然否。是李氏所見之爾雅與今本同。又笙賦：嚶嚶關關。李注引爾雅曰：關關嚶嚶，音和也。又南都賦：嚶嚶和鳴，李注引毛詩曰鳥鳴嚶嚶，爾雅曰關關嚶嚶，聲之和也。皆涉正文而誤。

六十九葉（禋祀祠蒸嘗禴祭也）

疏：月令：季秋，大饗帝，嘗。鄭注：嘗者謂嘗群神也，天子親嘗帝，使有司祭於群神。然則鄭意亦以此爲祭名，而不以爲時祭之嘗矣。唯禴未聞，可姑闕焉。

錫祚按，易既濟：東鄰殺牛，不如西鄰之禴祭。王弼注曰：牛祭之盛者，禴祭之薄者。又禴祭，漢書郊祀志下引作瀹祭。顔師古注曰：東鄰謂商紂也，西鄰，周文王也。瀹祭謂瀹煮新菜以祭，言祭祀之道莫盛修德。故紂之牛牲不如文王之蘋藻也。據此，是禴亦凡祭之通名也。

又一第十七葉（釋詁下豫寧綏康柔安也）

疏：豫者，豫、譽古字通，故文選曲水詩序注引孫子兵法曰：雖優游暇譽，令猶行也。暇譽即暇豫也。

錫祚按，晉語暇豫之吾吾，不如烏烏，正用豫本字。

二十七葉（曩塵佇淹留久也）

疏：王砅。

錫祚謹按，四庫全書簡明目錄云：黄帝素問，唐王冰注。晁氏讀書志作王砅，蓋欲附會杜甫詩而改之。疏引作砅，係承晁氏之誤。

卷二第二十五葉（釋言琛寶也）

疏：文選思元賦舊注：琛，質也。質與寶異。琛質之訓與爾雅又乖。疑未能定也。

錫祚按，毛氏汲古閣、葉氏海錄軒並胡氏仿宋本所刻之文選思元賦，琛字注皆作寶也。唯明刻文選俗名之黑口本則訓琛爲質。此因寶、質二字形近而訛，不足爲據也。

卷四第四葉(釋親族父之子相謂爲族晜弟)

疏:賈子六術篇:從曾祖昆弟又有子,子爲族兄弟。

錫祚按,漢書禮樂志如淳注引賈子作族昆弟。今本作兄似誤。

第十葉(夫之姊爲女公夫之女弟爲女妹)

疏:正義:女妐謂壻之姊也,女叔謂壻之妹。然則爾雅及郭注女妹並女叔之誤。

錫祚按,鈕氏樹玉段氏説文注訂云:爾雅當本是女叔,故郭注云今謂之女妹是也。是郭注本未誤,其改當出郭注後。此説確不可易。若郭注亦作女叔,其義便不可通。

卷五第四葉(釋宫椹謂之榩)

疏:椹者,斫木質也。榩者,詩云方斲是虔。文選擣衣詩注引爾雅作砧謂之虔。砧、榩俱俗體字。

錫祚按,椹亦説文所無。鈕氏樹玉説文新附考據瞿鏡濤云:周禮司弓矢椹質,説文弓部引作甚質。砧即甚之俗字,或作枮。釋宫釋文:椹,本又作砧。據此知砧即椹,而古只作甚。又廣韻下平二十一侵:椹,重文作枮,知砧又枮之俗字矣。

第五葉(有木者謂之榭)

疏:古無榭字,借謝爲之。

錫祚按,荀子王霸篇:臺謝甚高。楊倞注:謝與榭同。

卷六第六葉（釋器彝卣罍器也）

疏：正義引異義罍制，韓詩説金罍，大夫器也。天子以玉，諸侯、大夫皆以金，士以梓。

錫祚按，漢書文三王傳：孝王有罍尊，直千金。與韓詩説合。

卷八第五葉（釋天在壬玄黓）

疏：元黓者，天文篇云：戍在壬曰元黓。

錫祚按，黓字説文所無。古祇借弋爲之。文選張衡西京賦：建元弋。薛綜注：元弋，北方第八星。又漢書文帝紀贊：身衣弋綈。如淳注曰：弋，皂也。賈誼曰身衣皂綈。師古曰：弋，黑色也。是弋本有黑義可證。黓即弋之俗體耳。

第二十五葉（冬獵爲狩）

疏：狩者，説文云：犬田也。

錫祚按，今本説文犬田係火田之訛。嚴氏可均説文校議、段氏玉裁説文注皆據韻會二十六宥所引正。

卷九第八葉（釋地東陵阠）

疏：東陵有二處，阠字不見所出。

錫祚按，錢氏大昕養新錄云：釋地東陵阠，先儒皆未詳其地。予按，説文手部：扟，讀若莘。是莘與阠通矣。莊子駢拇篇：盜跖死利於東陵。陸氏釋文：東陵，陵名。今名東平陵，屬濟南郡。又春秋成二年傳從齊師于莘，杜注但言齊地。今據下文華不注、華泉皆在濟南府，莘與華不注、華泉相去不遠，亦當在濟南。則爾雅之東陵阠，疑即左氏傳之莘也。古本當從手旁，後人改從阜旁耳齊乘：東平陵城，城在濟南東七十五里。

第十五葉（邑外謂之郊郊外謂之野野外謂之林林外謂之坰）

疏：王砯。

錫祚按，應作王冰。又按，一切經音義卷二十二引爾雅云：邑外謂之郊，郊外謂之野，野外謂之牧，牧外謂之林。皆各七里。林外謂之坰，坰無里數。設百里之國。邑，王者之界也。此係連注並引，與今本及疏中所據李、王諸家引本又復不同。錄之以備參考。

卷十一第三葉（釋山小山岌大山峘）

疏：說文云：馬行相及也，讀若爾雅小山馺大山峘。此言馺讀若岌則非。爾雅本作馺矣，疑馺字誤。

錫祚按，岌係說文新附字，作馺非誤。陳氏瑑說文引經考證云：馺，馬行相及也，讀若爾雅小山馺大山峘，今作岌。郭云岌謂高過。錢詹事曰：郭說未然。峘即恒之訛，恒義爲緜亘，故以恒得名。山相及即緜亘之象，當依說文作馺。用相及之訓，此亦讀若不破字。又按，廣韻下平十七登恒下即列峘字，引爾雅此文。是恒之爲峘，猶馺之爲岌，皆後人因釋山而改。乃上平二十六桓復收峘字，並引爾雅文，定爲後人所增。至釋文引埤蒼作垣，亦誤。

卷十二第二葉（釋水瀵大出尾下）

注：今河東汾陰縣有水口如車輪許，濆沸涌出，其深無限，名之爲瀵。

錫祚按，列子湯問篇殷敬順釋文引郭注水口作水中，許下有大字，無限作無底，名之爲瀵作名曰瀵。

卷十三第二葉（釋草薛山蘄）

疏：廛，本今作麤。
錫祚按，本今應作今本。

第二十九葉（莙牛藻）

疏：說文：莙、牛藻也，從草君聲，讀若威。釋文：莙，孫居筠反。若依孫炎當讀爲君，如從說文當讀爲威。
錫祚按，莙字，顔氏家訓書證篇引音隱：隖瑰反。又墨子明鬼篇下：不能敬莙以取祥。畢氏沅校注云：言敬威以取祥也。是讀係古音。

卷十四第二葉（釋木柀煔）

疏：宋本及釋文俱作煔，不成字，蓋黏字之誤。徐鉉作棪，亦非。段注說文注依爾雅作黏，是也。
錫祚案，說文：柀，檆也。徐鉉據補檆篆於下。嚴氏可均說文校議、鈕氏樹玉說文新附考、錢氏坫說文斠詮均據爾雅此文訂正。今通行之孫氏仿宋小字本說文並毛氏汲古閣本皆從木作棪。唯段氏玉裁注本訛煔爲黏，其所著汲古閣說文訂並未舉及此字，故知是訛。並誤。臆爾雅亦作柀黏，遂注云正棪爲黏。此蓋一時失檢耳。至煔篆，說文收在炎部。郝氏竟指爲不成字，亦未免疏於考覈也。
又郭注：可以爲船下。徐鍇說文繫傳引有又耐埤三字。

第十二葉(楔荊桃)

疏：齊民要術引博物志：一名英桃。

錫祚按，櫻桃、一名英桃，係齊民要術注引博物志。注係孫氏所作，見四庫全書簡明目錄。

二十葉(檟苦荼)

疏：按今荼字古作荼。

錫祚按，今荼應作今茶。

卷十五第二葉(釋蟲螾衘入耳)

疏：方言云：蚰蜒，自關而東謂之螾衘，或謂之入耳，或謂之蜧蠬，趙、魏之間或謂之蛈虷，北燕謂之蚰蚭。

錫祚按，唐釋慧琳一切經音義卷三十八引集注爾雅，李巡曰：青而大者曰螾蜥，黄而小者謂之入耳，齊人謂之距窮，趙人謂之蛈虷，亦或曰長朧，皆蚰蜒之異名也。

第十一葉(螵蛸蟵)

疏：口中吐白廾。

錫祚按：廾係汁字之訛。

第十二葉(蟫白魚)

疏：衣魚，一名白魚。

錫祚按，列子天瑞篇：朽瓜之爲魚也。又蘇頌圖經云：衣魚生於瓜子。據此，是蟫爲朽瓜所化也。

卷十六第七葉(釋魚蛭蟣)

疏：其久病心腹之疾皆愈。

錫祚按，疾字，盧文弨校本賈誼新書作横。

卷十七第九葉(釋鳥鴽鴾母)

疏：古蓋讀無如模。

錫祚按，無、模古通。説文：無(按説文書作橆)，豐也，從林𡚨，或説規模字。或説係指無爲規模字。嚴氏、段氏諸家皆誤讀。唯桂氏馥説文義證、胡氏秉虔説文管見、王氏筠説文句讀不誤。韓詩外傳卷五：儒者，儒也。儒之爲言無也。借無爲模，與或説正合。

第十九葉(鶼鶼比翼)

疏：説文鶼鶼，衆家作兼兼。

錫祚按，説文無鶼篆，古祇作兼。水經注卷三十六：兼，比翼鳥。不比不飛。疏内所引説文係釋文之訛。

第二十一至二十二葉（鳥鼠同穴其鳥爲鵌其鼠爲鼵）

注：穴入地三四尺，共爲雌雄。

錫祚按，司馬彪續漢郡國志劉昭注引作穴地入三四尺，共爲雌雄。又穴地，山海經第二郭注作穿地。餘與劉昭注所引同。

卷十八第一葉（釋獸鹿牡麚牝麀其子麛其跡速絶有力豣）

其跡速。

錫祚按，其跡速之速應作速。速係籀文迹字。說文有䴠篆，解作鹿迹也，正用爾雅義。釋獸釋文先列䴠字，下釋云：素卜反，又作速。是䴠爲正字，速爲借字。現行曾氏所刊影宋本爾雅音圖、顧氏重刊明吳元恭郭氏單注本、陸氏新刻北宋本、邢氏單疏及黎氏所刊日本，均作速，乃此本忽訛作速，其爲承段氏之誤而改。見段氏說文注。王氏引之經義述聞已辨之。陳氏奐爲段氏弟子，故校刊時未肯改正耳。

第七葉（貔白狐其子豰）

疏：說文豰作𤞞，云：犬屬，食母猴。

錫祚按，說文：豰，小豚也。又廣韻一屋豰注云：獸名，似豹而小，食獮猴。又名黄腰。說文作𤞞，犬屬，腰已上黄、腰已下黑，食猴。今本說文同。疏稱說文作𤞞，疑據廣韻注而言，蓋未檢及說文原書耳。又，子虚二字係上林之誤。

第九葉(魋如小熊竊毛而黄)

疏：説文：魋如小熊，赤毛而黄。釋文魋，徒回反，引字林云：獸如熊，黄而小。郭注本説文。

錫祚按，説文鬼部魋篆係徐鉉新修十九文之一，訓爲神獸。段氏注本補入隹部，注云依爾雅文，惟改竊作赤，疏中所引是也。乃竟仞[仞字疑有訛誤]爲許氏原文，爲郭注所本，則大誤耳。

第十葉(狻麑似虥貓食虎豹)

疏：説文：虓，一曰師子。

錫祚按，今本説文一曰師子下有奪文。唐釋元應一切經音義卷廿二引作一曰師子大怒聲也。

第十五葉(猩猩小而好啼)

疏：王會篇云：都郭生生，欺羽生生若黄狗，人面能言。

錫祚按，水經注卷三十六[當爲卷三十七]：平道縣有猩猩獸，形若黄狗，又狀貆豘，人面頭顔端正，善與人言，音聲妙麗如婦人好女，對諸交言，聞之無不酸楚。其肉甘美，可以斷穀，窮年不厭。麗妙，據王會篇王氏應麟補注本所引乙正。

卷十九第一葉(釋畜駮如馬倨牙食虎豹)

疏：説苑辨物篇云：駮之狀有似駮馬。今君之出，必驂駮馬而畋。虎所以不動者，爲駮馬也。

錫祚按，此説亦見管子小問篇。桓公問管仲曰：今者寡人乘馬，虎望見寡人而不敢行，其故何也。管仲對曰：

意者君乘駮馬而洀桓，迎日而馳乎。公曰：然。管仲對曰：此駮象也，駮食虎豹，故虎疑焉。

第二葉（騉駼枝蹏趼善陞甗）

錫祚按，胡氏仿宋本文選作枝蹄。説文：跂，足多指也，巨支切。枝係跂之借字。

疏：西京賦薛綜注：昆駼如馬，枝蹏。

爾雅比類便讀

清・周嘉璧

釋詁

詁音古，義亦古也。古今異言，故釋之使人知也。此篇相承以為周公作，但其文有周公後事，故先儒疑焉。或曰孔子、子夏所增足也。

初、哉、古文作才、纔同。首、基、肇、祖、元、胎、俶、落、權輿，始也。此釋初哉以下皆為始之義，餘倣此。

始凡十二義。書：哉生明。詩：令終有俶。訪予落止。哉、俶、落，皆始也。邢疏云：首者身之始，胎者形之始，祖者宗廟之始，權輿者天地之始。天圓而地方，故名。以下分釋經義，類此者皆本邢疏。又造衡自權始，造車自輿始，故借權輿爲始義。

林、烝、天、帝、皇、王、后、辟、公、侯，君也。

釋君凡十義。白虎通曰：君者，群也，群下所歸心也。詩有壬有林、文王烝哉，皆借林、烝爲君義。易乾：爲天爲君。天即君也。帝，諦也。皇，煌也。王者，往也。德合天地者稱帝，天下所歸往者謂之王。又於文，三畫連中爲王，故貫三才謂之王。發號施令者，君也。后之字从從，通用。一口，故易曰后以施命誥四方。辟，法也，言爲人所法則也。公，通也，公正無私之意也。侯，候也。候順逆也。

憮呼、厖、嘏、丕、奕、洪、誕、戎、駿、假、京、碩、濯、訏、宇、穹，大也。丕讀平聲。

釋大凡三十九義，今酌擇其易誦者存之。詩亂如此憮、爲下國駿厖、天錫公純嘏、王公伊濯、訏謨定命，皆大義。餘義易曉，多見詩書。上下四方爲宇，天形穹隆爲穹。故宇穹亦訓大，一大爲天之義。

憮、厖，有也。

釋有凡二義。憮、厖又爲有，言大有也。憮通作撫。

喬、嵩、崇，高也。

釋高凡三義。喬以木高言之。嵩、崇以山高言之。喬又通作嶠。下文釋山云：山大而高，嵩。鋭而高，嶠。説文：崇，嵬高也。然則喬，鋭而高也。嵩，大而高也。崇，嵬而高也。

惇、亶、祜、篤、掔牽、仍、肶毗通、埤陴，厚也。

釋厚凡十義，節其二。掔，固也。仍，重平聲也。肶、埤皆益也。詩節南山云：天子是毗。北門云：王事一埤益我。然則掔以固爲厚，仍以重爲厚也，肶、埤以益爲厚也。

永、悠、遐、逿愓遠也。

釋遠凡七義，節其三。釋遐凡四義，轉相釋之。永、悠、迴、遠，遐也。永、羕、漾引、延，長也。

釋長凡六義，節其二。説文云：羕，水長也。十丈爲引。引者，伸也。延，年長也。

較角、頲挺、庭、道，直也。

釋直凡六義，節其二。鄭康成註司裘云：鵠之言較，較者，直也，所以直己志。左傳引逸詩云：周道挺挺。頲通作挺，正直也。詩大田篇：既庭且碩。

黎、庶、烝、多、師、旅，衆也。裒、衆，多也。

釋衆凡七義，節其一。釋多凡五義，節其三，亦轉相釋之。

佮合、郃合、盍、翕、仇、偶、妃配通、匹、會，合也。

釋合凡九義。佮，會合。郃，和合。盍，衆合。翕，斂合也。嘉偶曰妃，怨偶曰仇。偶者對合，匹者配合，會者集合也。盍簪，見易。好仇伊匹，見詩。翕受和會，見書。

仇、讎、敵、妃、知、儀，匹也。

釋匹凡六義，亦互釋上文。讎，儔也。公侯好仇，實維我儀，仇、儀皆匹也。萇楚篇：樂子之無知。知亦匹義。按，釋詁訓匹。皆作匹耦解，而匹夫則似一夫之稱。左傳：匹夫無罪。注［疏］云：庶人夫妻相匹，其名一定，雖單亦匹，故通謂匹夫匹妻。

諧、輯、協，和也。龢協同、燮，和也。關關、噰噰，音聲和也。

釋和凡七義，疊言以盡之。

緝、熙、烈、顯、昭、晧皓、熲耿，光也。

釋光凡七義。緝者光之繼，熙者光之廣。周語引緝熙詩而釋之曰：緝，明也。熙，廣也。昭者日光。晧，日出貌，亦日光也。烈，火之猛。熲，亦火光也。

暀暀旺往、皇皇、藐藐、穆穆、休、嘉、珍、褘為暉、懿、鑠，美也。

釋美凡十義。禮少儀：宗廟之美，齊齊皇皇。鄭謂皇皇讀如歸往之往，彼言皇皇即此暀暀也。詩：既成藐藐。毛傳云：美也。褘，歎美辭。我求懿德，見時邁篇。於鑠王師，見酌篇。

儀、若、祥、淑、鮮、省、臧、嘉、令、穀、介、徽，善也。

釋善凡十六義，刪其四。儀者象之善，祥者福之善，淑者德之善，穀者養之善。介者大善，徽者美善也。

娠身振、蠢、震、戁、騷、感、訛、蹶，動也。

釋動凡九義，删其一。婦人孕子爲娠，亦謂之震。子在胎必動，故爲動。又震爲雷，能動物。蠢、騷皆摇動貌。戁者，恐也。蹶者，跌也。戁則動心，蹶則動氣也。訛，化也。能感人者能動人，故感爲動。能化人者能動人，故訛爲動。不戁，見長發篇。蹶生，見綿篇。無感，見野麕。或訛，見無羊篇。

溢、蟄、慎、貉默莫、顗愷擬、頠、密、寧，靜也。頠，危上聲。

釋靜凡十一義，存其八。溢，盈溢也。溢者宜靜，詩假以溢我是也。震在春，陽之動也，故爲動。蟄在秋，陰之靜也，故爲靜。慎者，容之靜，抑之篇曰：淑慎爾止。貉者，言之靜，皇矣篇曰：貊其德音。密者，心之靜，成命篇曰：基命宥密。顗、頠未詳。

怡、懌、悦、欣、衎看上聲、喜、愉、豫、愷、康、妉耽通、般盤，樂也。

釋樂凡十二義。怡者和樂，懌者悦樂，悦者心樂也。欣者，笑喜之樂。衎者，飲食之樂。愉者，安閒之樂。豫者逸樂，妉者久樂，般者遊樂也。式燕以衎，見嘉魚篇。他人是愉，見山[脱有字]樞篇。逸豫無期，見白駒篇。豈樂飲酒，見魚藻篇。無已太康，見蟋蟀篇。豈、愷通。

悦、懌、愉、釋、賓、協，服也。

釋服凡六義，因上文而互釋之。悦者，喜樂而服。釋者，釋恨而服。賓者，懷德而服。協者，和合而服。皆謂喜而服從也。

黄髮、齯齒、鮐背、耇、老，壽也。

釋壽凡五義。老人齒落更生曰齯齒。閟宮篇作兒齒。鮐背，背如鮐魚文。黄耇鮐背，見行葦篇。

禄、祉、履、戩、祓、禧、禠、祜，福也。禠音思

釋福凡八義。詩福履戩穀，史記受禧，文選祈禠，皆福之義。

釋喜凡二義。鬱陶，心初悦而未暢之意。檀弓：詠斯猶，繇猶即繇也。鬱陶、繇，喜也。

釋敬凡九義，删其一。詩：我孔熯矣。熯，敬也。餘義皆易明。儼、恭、祗、翼、恪、欽、寅、熯善，敬也。

釋信凡八義，釋誠凡五義，互相釋之。展、諶、允、慎、亶，誠也。允、孚、亶、展、諶、誠、亮、詢，信也。

釋定共四義，兩釋之。尼者止也，貉者静也。大學：知止而后有定，定而后能静。義可互證。詩皇矣篇：貉其德音，求民之莫。貉、貊，嗼、莫，音義並同。尼，定也。貉、嗼莫、安，定也。

釋安凡五義。戲豫，見板之篇。敉米寧，見大誥。撫綏，見太甲。小康，見民勞篇。柔遠，見舜典。豫、寧、綏、康、柔，安也。

釋止凡十四義，存其八，皆謂止住也。訖者終止，妥者坐止，懷者至止，安者休止，定者静止也。按作遏。詩以按徂旅。孟子：止或尼之。皆止義。徽，未詳。訖、徽、妥、懷、安、按通作遏、尼、定，止也。

釋進凡八義。延者，引而進之。誘者，道而進之。荐者，獻而進之。餤，見詩，亂是用餤是也。肅、延、誘、荐、餤、晉、寅、藎燼，進也。餤音淡、談

釋往凡六義。方言云：自家而出謂之嫁，猶女出爲嫁。逝，秦、晉語也。徂，齊語也，適，宋魯語也。往，凡語也。如、適、之、嫁、徂、逝，往也。

迄、臻、極、到，至也。

釋至凡十三義，存其四。

迪、繇、訓，道也。

釋道凡三義。釋名云：道，導也，所以通導萬物也。惠迪吉，見大禹謨。繇、猷同。秩秩大猷，見巧言篇。命汝嗣訓，見顧命。

柯、憲、刑、範、辟、律、矩、則，法也。

釋法凡八義。考工記車人：半矩謂之宣，一宣有半謂之欘，欘同一欘有半謂之柯，一柯有半謂之磬折。是柯與矩皆所以爲法也。又詩：伐柯伐柯。禮：範金合土。然則柯者伐木之法，範者鑄金之法，律者審音之法，矩者爲方之法也。

績、緒、采、業、服、宜、貫、公，事也。

釋事凡八義。采者，有官之事，書曰亮采。業者，學人之事，易曰修業。服者，服其事也，周頌曰亦服爾耕。宜者，宜其事也，冠禮曰宜之於假。貫，即仍舊貫之貫。公，通作功，詩曰肇敏戎功。

靖、惟、漠、圖、詢、度、咨、諏、慮、謨、猷、肇、基、訪，謀也。

釋謀凡十六義，節其二。靖者安謀，惟者思謀，漠者心謀也。詩：聖人莫之。莫、漠通。慮者計謀，謨者大謀，基者謀始，猷者謀道，訪者謀政也。

矢、引、延、繹、尸、旅，陳也。

釋陳凡十義，今酌存之。書出矢言，書序云皋陶矢厥謨，皆以矢爲陳。引者伸陳，延者鋪陳，繹者復陳，旅者布陳也。夫子矢之，一説爲陳。

命、令、眕、真整祈、請、謁、訊、誥，告也。

釋告凡九義，節其一。禮曰畛於鬼神，畛者，致告也。祈者，求告也。請者，言告也。誥者，布誥也。謁者，告白也。説者，告問也。命、令，上告下也。畛、祈，人告神也。請、謁，主告賓也。

詔、亮、左、右、相、導也。詔、相、導、左、右、助，勴慮也。

釋導凡五義，又轉相釋之。亮，涼通詩：涼彼武王。勴謂贊勉。説文：勴，助也。不以力助，以心助也。

卬、吾、台、怡予、朕、身、甫、余、言，我也。

釋我凡九義。古者貴賤通稱朕。帝曰：朕宅帝位。禹曰：朕德罔克。楚辭：朕皇考曰伯庸。秦以後始定爲至尊之稱。詩：言告師氏。毛傳云：言，我也。

育、孟、耆、艾、正、伯，長也。

釋長凡六義。詩：既生既育。鄭箋云：育，長也。孟者，序之長。耆艾者，年之長。正者，官之長。伯者，侯之長。長俱上聲

賚、貢、錫、畀、予與、貺，賜也。　賚、畀，予也。

釋賜凡六義。詩周頌賚篇詩序云：賚，大封於廟也。賚，予也，所以錫予善人也。賜之義猶與。貢者，下與上也。故貢亦爲賜。釋予凡六義，節其四。

勝、肩、戡堪、劉留、殺，克也。

釋克凡五義。詩：弼時仔肩。毛傳云：肩，克也。

勞、來，並去聲勤也。　劭、勔泯緬，勉也。

釋勤凡七義，釋勉凡九義，今節之。漢書成帝紀：先帝劭農。劭，歡勉也。勔，説文作愐，勉也。

元、良，首也。　董、督，正也。　寀采通，寮，官也。

書太甲篇：一人元良。官地爲寀，同官爲寮。

烈、績，業也。　績、勳，功也。　功、績，成也。

轉相釋之。成，謂功績有成。釋成凡八義，節之。

享，孝也。　珍、享，獻也。

詩：以孝以享。孝之義也，珍物宜獻，故爲獻。周禮：廟中將幣三享。享又爲獻。互相釋之。

祔附、祪鬼，祖也。

新主祔廟曰祔。祭毀廟之主曰祪。

酬、酢、侑，報也。

皆相報答之義。主人酌酒獻賓曰獻。賓酌酒以答主人曰酢。主人先自飲，又酌以勸賓曰酬。侑，勸也，勸之使又食也。

賡、揚，續也。

書乃賡載歌，謂續歌也。

儴、仍，因也。

儴通作襄。書：思日贊贊襄哉。疏云：襄，因也。又通作攘。因來而盜之曰攘。

剡、挈略，利也。

詩：以我覃耜。有略其耜。覃、剡，略、挈，音義同。

秉、拱，執也。　供、峙、共供，具也。

論語：子路共之。晁氏從拱執義，邢氏從共具義。

粵、爰袁，曰粵通也。　爰、粵，于也。　肆、古，故也。　肆，故。今也。

因文義而轉相釋之。曰有數義，說文：詞也。廣韻：于也，之也。又與粵通。古文尚書曰若作粵若。蓋訓爲語端者，通作粤。訓爲辭者，則如字耳。既釋肆古爲故，又釋肆爲故今。詩：肆不殄忝厥慍。毛傳云：肆，故今也。

釋言第二

說文曰：直言為言。大戴記曰：發志為言，發言定名。古謂之名，今謂之字。釋名云：言，宣也，宣彼此之意也。古有以一句為一言者，論語：一言以蔽之。有以一字為一言者，有一言可以終身行之是也。上篇多連舉十餘字，此篇皆專舉一二字。故題曰釋言。

獻，聖也。　尹，正也。　師，人也。

說文曰：聖，通也。白虎通曰：萬傑曰聖。謚法：聰明睿智曰獻，知質有聖曰獻，揚善賦簡曰聖，敬賓厚禮曰聖。正，官之長也。人，謂人衆。釋詁訓師爲衆，釋言又訓爲人。

髦，選也。　髦，俊也。　髦士，官也。　畯，農夫也。

士中之俊，如毛中之髦。說文：髦，髮也。白虎通：十人爲選，百人爲俊。詩：髦士攸宜。鄭箋：士，謂卿士。畯，農官也。詩謂之田畯，田畯至喜是也。又謂之田，月令云：命田舍東郊。又謂之農正，又謂之農大夫，周語云農正再之、農大夫咸戒農用。又謂之嗇夫，覲禮云嗇夫承命、春秋傳云嗇夫馳是也。

祺，祥也。　祺，吉也。　履，禮也。　穀、履，祿也。

祥謂禎祥，吉之先見者也。故又爲吉。祺又與禎通。詩：維周之禎。定本集注云：祺字作禎。釋詁訓穀爲善，訓履及祿爲福，釋言又訓爲祿。

里，邑也。　土，田也。　賦，量也。　賑，富也。

大戴禮：三百步爲里，千步爲井。說文：里，居也。釋名：五鄰爲里，居方一里之中也。四井爲邑，邑猶俋也，邑人聚會之稱也。又云：土，吐也，能吐生萬物也。已耕者爲田，田，填也，五穀填滿其中也。說文：

田，陳也，樹穀曰田。量，斗斛之屬。賦稅所以評量多寡，故賦爲量。富，備也，厚也。賑，振也，振起之也。

亦見說文。

粻，糧也。 粲，餐也。 餬，饘也。 鬻，糜也。 養、餱，食也。非 饙、餾，稔也。分溜

粻、糧字通用。詩：以峙其粻。釋名：餐，乾也。乾，入口也。說文作飡，水澆飯也。釋名：飡，散也，投水於中解散也。饘，糜也。周謂之饘，宋謂之餬。鬻，淖糜，煮米使糜爛也。食麥饘爲養，飯乾爲餱，蒸米爲饙，饙熟爲餾，言飯氣流也。稔，熟也。詩：可以餴饎。餴、饙音義同。

飫，私也。

孫炎曰：飫，非公朝，私飲酒也。不脫履升堂謂之飫。周語：王公立飫，則有房烝，親戚燕享，則有殽烝。鄭箋曰：飫者，圖非常之事，若議大疑於堂，則有飫禮焉。

服，整也。 袍，襺繭也。 黹只，紩挟也。 黼黻，彰也。

服之使人整齊，故爲整。玉藻：纊爲襺，縕爲袍。鄭注：衣著之異名也，纊爲新綿，縕爲舊絮。說文以絮曰襺，以縕曰袍。釋名：袍，苞也。苞，內衣。繭，幕也。貧者著衣，可以幕絡絮也。紩衣爲黹。書絺繡。鄭注：絺，讀爲黹，紩也。今人呼女工爲鍼俗作針黹。黼文如斧，黻文如兩己相背。黼取其斷，黻取其辨。彰，明也，言文采著明也。

翿濤，纛也，纛導，翳也。翳音意

翿，舞者所持纛也。今之羽葆幢。執以自蔽，故爲翳。蔡邕云：以犛旄通牛尾爲之，大如斗，在乘輿左騑馬頭，所謂黃屋左纛。

廩，廯銑也。 闍，台也。 郵，過也。闍音都

穀藏曰倉，米藏曰廩。釋名：廩，矜也，物之可矜惜者實其中也。孫炎曰：廯，藏穀鮮潔也。詩：出其闉

闉。毛傳云：闉，曲城也。闍，城臺也。郵謂郵亭。過，經過也，道路所經過也。孟子：置郵、郊特牲郵表畷是也。

舫，舟也。舫，泭也。濟，渡也。濟，成也。濟，益也。

詩：方之舟之。方、舫古字通用。泭即桴，詳下釋水。濟備三義。書若濟巨川，渡也。左傳以人從欲鮮濟，成也。盍請濟師於王，益也。

律、遹，述也。坎、律，銓也。

述，猶叙也。釋名：律，述也，助陽氣也。孫炎曰：遹，古述字，讀聿。律管所以述氣，故爲述。易坎卦主法，法律皆所以銓量輕重。樊光曰：坎爲水，水性平。律亦平，銓亦平也。

茅，明也。綯，絞也。

茅潔白，故義取乎明。糾繩爲綯。絞，糾也。詩：宵爾索綯。

烘，燎也。煁，烓也。烓音頃

燎謂燒燎，烓，行竈。郭云：三隅竈也。疏曰：烓者，無釜之竈，其上燃火謂之烘，詩卬烘於煁是也。

殷、齊，中也。若、惠，順也。

書：以殷仲春。孔安國以殷爲正中。釋地：岠齊州以南。齊州，中州也。

膺、身，親也。媵、將，送也。謖縮、興，起也。

親謂躬親。送女爲媵。又燕禮媵觚於賓，亦借媵爲送義。祭統及士虞禮皆云尸謖，謂作而起也。

聘，問也。

大聘曰聘，小聘曰問。聘使卿，問使大夫。王制：比年一小聘，三年一大聘。大行人：歲相問，殷相聘。王制以事天子言，大行人以邦交言也。

矢，誓也。誥、誓，謹也。

詩：之死矢靡他。矢，誓也。以大義諭衆爲誥，集將士而戒之爲誓，皆以勤謹戒衆。

穀、鞠，生也。幼、鞠，穉也。鞠「鞫」、究，窮也。

轉相釋之。詩：穀則異室。母兮鞠我。生也。書：鞠子哀。稚也。詩：鞠「鞫」哉庶正，以究王訩事。窮也。

皇、華也。華音花。

草木之華，一名皇。詩皇皇者華，皇皇猶煌煌，言光明也。石經作華，皇也。蓋先華後皇。

釋訓第三

訓，道也，道物之貌以告人也。此篇所引多重語形容之詞，義在道形貌。故以釋訓名篇。篇末因類舉詩義，兼及事物，皆以具訓於蒙士。

穆穆、肅肅，敬也。肅肅、翼翼，恭也。

此類釋形容恭敬之詞。

條條、秩秩，智也。明明、斤斤，察也。諸諸、便便，辯也。

此類形容明辨之詞。

雍雍、優優，和也。晏晏、溫溫，柔也。

此類釋形容和順之詞。

懕懕、媞媞，安也。祁祁、遲遲，徐也。綽綽、爰爰，緩也。

此類釋形容舒緩之詞。懕懕，詩作厭厭，音義同。

藹藹、濟濟，正也。委委、佗佗，美也。

此類釋形容容止之詞。

蹶蹶、踖踖，敏也。　赫赫、躍躍，迅也。　懋懋、慔慔同慕，勉也。

此類釋形容奮勉之詞。

番番、矯矯，勇也。　桓桓、烈烈，威也。　洸洸、赳赳，武也。

此類釋形容武勇之詞。

戰戰、蹌蹌，動也。　兢兢、憴憴，戒也。　惴惴、僥僥，懼也。

此類釋形容戒懼之詞。　憴憴，詩作繩繩。僥僥，詩作嘵嘵。音義並同。

殷殷、惸惸，憂也。　悄悄、慘慘，慍也。

此類釋形容憂鬱之詞。

佌佌、瑣瑣，小也。　儚儚音萌、洄洄，惛也。　版版、盪盪，僻也。

此皆形容小人邪慝之詞。　版盪與詩之板蕩文義迥別。或古義相通。

旭旭、蹻蹻巨虐切，憍也。　仇仇、敖敖平聲，傲也。　居居、究究，惡也。

此皆形容小人驕肆之詞。　憍，言驕蹇自大。　敖，敖賢。　惡，相憎惡也。

丕丕、簡簡，大也。　烝烝、遂遂，作也。　坎坎、壿壿，喜也。　瞿瞿、休休，儉也。

此節一句自爲一義，附錄之。　作，謂物盛興作之貌。　壿，詩作蹲，音義同。

偁偁、格格，舉也。　蓁蓁、孽孽，戴也。

此形容出力任重之詞。　舉，手持物也。　戴，頭戴物也。

抑抑，威也。　秩秩，清也。

此釋大雅假樂篇之重語也。　抑抑，威儀審諦也。　秩秩，德音清冷也。　釋訓多釋重語，以上皆舉其重兩義者釋之。自此以下凡四節，祇釋重一義之詞。

穰穰，福也。　鍠鍠，樂也。　峨峨，祭也。　俅俅，服也。

此類釋雅頌詠祭之重語也。　執競篇：降福穰穰。　又曰：鐘鼓喤喤。　鼓鐘專謂之樂者，鼓以君樂，鐘以聲樂也。　棫樸篇：奉璋峨峨。　謂之祭者，臣執璋瓚以助祭也。　絲衣篇：載弁俅俅。　弁在首而謂之服者，弁必有服以配之。　據士冠禮爵弁服、纁裳、純衣、緇帶、韎韐，與祭於君之服也。　此篇本助祭之詩。

畇勻畇，田也。　畟測畟，耜也。　郝郝，耕也。　繹繹，生也。　穟穟，苗也。　綿綿，穮也。　挃挃，穫也。　栗栗，眾也。　溞溞，淅也。　烰烰，蒸也。

此類釋雅頌詠農之重語也。　自墾田以迄於成飯，循序而歷言之。　溞溞，淅之聲。　烰烰，氣之蒸。

子子、孫孫，引無極也。　丁丁、嚶嚶，相切直也。　藹藹、萋萋，臣盡力也。　噰噰、喈喈，民協服也。　晏晏、旦旦，悔爽忒也。　皋皋、琄琄，刺素食也。

此節子子以下共二十二句，以韻語敷繹經義。　古音鏗鏘，賦家之權輿也。　爲多變雅語，酌擇其半焉。

張仲孝友，善父母爲孝，善兄弟爲友。

此以下皆雜釋經文。

美士爲彥，美女爲媛。　猗嗟名兮，目上爲名。　其虛其徐詩作邪，威儀容止也。

名、明通，謂眉眼之間。　詩傳：上爲名，下爲清。　虛、徐，雍容都雅之意。

之子者，是子也。　式微式微者，微乎微者也。

李巡曰：詩言之子者不一。　桃夭指嫁女，漢廣指貞女，東山指軍士之妻，白華指幽王。

有客宿宿，言再宿也。　有客信信，言四宿也。

左傳云：一宿爲宿，再宿爲信，過信爲次。　宿又言宿，信又言信，皆重之，是再宿、四宿也。

履帝武敏，武，迹也。敏，拇也。

拇，謂足大指。

婆娑，舞也。舞、號，雩也。徒御不驚，輦者也。

婆娑、盤辟貌，舞之容也。雩，求雨之祭。孫炎曰雩，有舞有號。公羊注云：男女各八人，舞而呼雩，謂之舞雩。故郭注云：雩之祭，舞者吁嗟而請雨。凡徒皆徒行，此獨爲輦，故釋之。司馬法曰：輦有一斧一斤，一鑿一梩音梨。周輦加二板二築，夏二十人而輦，殷十八人而輦，周十五人而輦。是會同田獵人挽輦以徒行也。

幬謂之帳。凡曲者謂罶。

詩：抱衾與裯。幬、裯音義同。罶，曲梁也。凡以曲薄取魚者名罶。

籧篨，口柔也。戚施，面柔也。夸毗，體柔也。既微且尰腫同。骭干瘍爲微，腫足爲尰。

柔，弱順也。籧篨之疾不能俯，巧言悦人者，仰面視人顔色似之。戚施之疾不能仰，和顔悦人者，常低首下人似之。夸毗者，屈己以順人也。卑身足恭，故爲體柔。骭，腳脛。瘍，創瘡也。

鬼之爲言歸也。

言若歸去然。

釋親第四

大傳云：親者，屬也。孝莫大於嚴父，故此篇先言祖父系世，而父黨、母黨、妻黨、婚姻之屬類附焉。

父爲考，母爲妣。父之考爲王父，父之妣爲王母。王父之考爲曾祖王父，王父之妣爲曾祖王母。曾祖王父之考爲高祖王父，曾祖王父之妣爲高祖王母。

此釋父祖以上系世之名。　王者，尊之之辭。曾，重也。高，最上之稱。

男子先生爲兄，後生爲弟。男子謂女子先生爲姊，後生爲妹。

此釋同體之親。

父之晜昆同弟先生爲世父，後生爲叔父。父之從父晜弟爲從祖父，父之從祖晜弟爲族父。族父之子相謂爲族晜弟，族晜弟之子相謂爲親同姓。兄之子、弟之子相謂爲從父晜弟。

此釋父黨親疏之屬。

子之子爲孫，孫之子爲曾孫，曾孫之子爲元孫，元孫之子爲來孫，來孫之子爲晜孫，晜孫之子爲仍孫，仍孫之子爲雲孫。

此釋子孫以下系世之名。　元，言親屬微昧也。來者，言有往來之義。晜，猶後也。仍，亦重也。雲，言輕遠如雲。

母之晜弟爲舅。妻之父爲外舅。謂我舅者，吾謂之甥也。

此釋甥舅之異名。

姑之子爲甥，舅之子爲甥。妻之晜弟爲甥，姊妹之夫爲甥。

此釋甥之親異而名同者。四者之親皆敵體，故更相呼爲甥。

妻之姊妹同出爲姨。女子謂姊妹之夫爲私。男子謂姊妹之子爲出。女子晜弟之子爲姪。

此釋戚屬之異名。　同出，謂俱已嫁。邢侯之姨、譚公惟私，見詩。康公我之自出、姪其從姑，見左傳。

子之妻爲婦，長婦爲嫡婦，衆婦爲庶婦。婦稱夫之父曰舅，稱夫之母曰姑。長婦謂稚婦爲娣婦，娣婦謂長婦爲姒婦。女子同出謂先生爲姒，後生爲娣。女子謂兄之妻爲嫂，弟之妻爲婦。

此釋婦人相稱謂之名。　此同出謂俱嫁一夫。

女子子之夫爲婿，婿之父爲姻，婦之父爲婚。婦之父母，婿之父母相謂爲婚姻。兩婿相謂爲亞。

此釋婚姻之異名。女子子，即女也。別於男子之稱，猶男子之釋丈夫子。

釋宮第五

白虎通：宮之為言中也。古貴賤同稱宮。內則云：由命士以上，父子皆異宮。秦後則惟王者稱宮。

宮謂之室，室謂之宮。

此互釋宮室之總名。釋名云：宮，穹也，言屋見於上，穹然崇也。室，實也，言人物實其中也。

牖户之間謂之扆，其内謂之家。西南隅謂之奧，西北隅謂之屋漏，東北隅謂之宧夷，東南隅謂之窔要。烏皎切

此兩節就堂室之間釋之。牖，穿壁以木爲交窗也。門之單闔門扇為闔者爲户。全為門，半為戶。古者宮必南鄉向，前爲堂，後爲室。堂如今杠梁廳，室如今之後廳。但其後有北壁，謂之墉，不似今之開門耳。堂室之交，東設户，西穿牖，設扆如今之屏風。天子則畫斧文，謂之斧扆於其間，故其地名扆。其内則室也，亦謂之家。古家、室通稱。室户在東，故室内西南隅最奧，爲神所棲。牖在西，故西北隅爲牖間日光漏處，謂之屋漏。窔，亦隱暗之處，既夕禮云：童子執帚，掃室，聚諸窔。宧，未詳。李巡曰：養也，東北陽氣始起，養萬物也。

東西牆謂之序。牆謂之墉，垝謂之坫。鏝墁同謂之杇污。地謂之黝，牆謂之堊惡。

此釋牆墉之屬與其修飾之名。堂之左右有東堂、西堂。東西堂之後爲夾室，曰東夾、西夾。東西堂不及中堂之深，故前為堂，後為夾。夾之後為室之左右房。蓋中只隔二堵，曰堂、曰室。左右隔三堵，曰堂、曰室、曰房。東西堂亦曰東廂、西廂。堂與廂相隔之壁名序，東爲東序，西爲西序。謂之序者，其地爲賓主序立之處，亦以序別内外而名也。墉，即牆也。室之前爲牖户間之扆，其後有牆曰北墉。室之左右爲左右房，如今後廳兩旁之房，

亦名東房、西房。房之前即東西夾室，房與夾之牆亦曰墉。冠禮：陳服於房中西墉下。聘禮：西夾六豆，設於西墉下。言西墉，即有東墉矣。江慎修曰：牆者，垣壁之總名。在堂上謂之序，在室中、房中及夾室謂之墉。在堂下及中庭謂之壁，亦謂之牆。詳見鄉黨考儀禮釋宮。坫在堂隅，以土爲之。東南隅爲東坫，西南隅爲西坫。朽，泥牆之飾。黝，黑。飾在地。堊，白。飾在牆。按，坫之名不一。士冠禮云，爵弁、皮弁、緇衣冠各一匴，執以待於西坫南。此堂隅之坫，即爾雅所謂坫也。室之外向者亦名坫，逸周書云：乃立五宮，咸有四阿反坫。注謂坫，外向室。是反者外向之名，非反爵之反也。屏牆亦名坫，説文云：坫，屏也。曹寅谷曰：此三坫者，與反爵之坫絶不相蒙。凡累土甓成臺可庋物者，皆名坫。而庋物之坫亦有三。一庋食。内則云：大夫於閣三，士於坫一。注：閣，木爲之而高。坫，土爲之而卑。是也。一庋圭。明堂位云：崇坫康圭，鄭謂亢所受圭奠于坫上是也。一庋爵。明堂位云：反坫出尊，蓋兩君相會，皆當面尊。尊在兩楹間，而爵坫在尊之南，獻酬皆自尊而南出，故曰出尊。此正論語所謂坫也。坫之形制，孔疏謂築土爲之。阮逸禮圖謂木爲之，高八寸，漆赤中。聶崇義三禮圖云：謂坫即豊。似豆而卑，高八寸，足二寸，漆赤中。今按，豊以承罰爵，用與坫異。豊字從豆，坫字從土，是必築土爲之，如孔疏之説。但奠圭者必藉以藻率，非竟着於土。則坫上或別有木以承爵，通謂之坫，如阮説未可知也。開元禮鑑謂坫似俎，廣二尺，高三尺。豈反爵之坫崇尺，康圭之坫崇三尺歟。方氏曰：崇坫、圭坫也，反坫、爵坫也，圭坫所以薦圭也，故謂之崇。爵坫所以覆爵也，故謂之反。

室有東西廂曰廟，無東西廂、有室曰寢，無室曰榭。

此釋寢廟及榭以廂與室而異名也。東西廂，即東西堂也。室之後爲寢。室之東房，房中半以北，爲北堂。室有北壁曰北墉。西房亦有北壁。惟東房之北無壁，故有堂之名。以其向北，謂之北堂。北堂下有階，曰北階。循北階而入則寢也。廟以事神，寢以藏衣服。廟有東西堂，寢則但有室而已。榭者，屋之有堂無室，如州序是也。左傳注謂之屋歇前。疏云：歇前者無屋也。鄉射記曰：序則物以朱墨縱橫畫之，為射者所履之界。當棟，堂則物當楣。楣前棟後。注曰：序無室可以深也。無室則堂深。按，古者朝聘冠昏之禮皆有事於廟堂，故禮言宮室之制於廟獨詳。此所謂曰廟曰寢者，特借廟之堂寢言之，非謂居室之堂即無東西廂也。顧命言成王崩于路寢，其陳位有東堂、西堂。則有東西廂者，非獨廟也。居室之制，大略與廟制相倣。君之燕朝，其堂、室、廂、夾即與廟無異。室後有君之小寢，小寢後有夫人之正寢，正寢後有夫人小寢，亦曰燕寢，後有世婦御嬪之寢。大夫士以下，廣狹不同，其制度亦當相倣也。儀禮釋宮謂大夫、士東房西室。江慎修辨之。

閍崩謂之門。正門謂之應門。觀謂之闕。宮中之門謂之闈。其小者謂之閨，小閨謂之閤。衖門謂之閎衖巷同。

此釋門闕之屬異名。閍，同祊。詩云祝祭於祊，謂廟門也。應門，朝門也。正朝治朝為正朝所在，故曰正門。諸侯以雉門為正門。應門之外爲雉門。雉門之旁，雙闕曰觀，亦名象魏。宮中小門相通曰闈。衖門，衖首之門，謂里門也。按，天子五門，曰皋、曰庫、曰雉、曰應、曰路。諸侯三門，曰庫、曰雉、曰路。天子三朝，諸侯亦三朝。外朝在庫門天子有皋門，則先入皋門，始為外朝。諸侯無之。外。治朝在路門外。天子有應門，則入雉門。再入應門，始為治朝。諸侯則入雉門，即為治朝。內朝在路門內，謂之燕朝，亦曰路寢。廷其內則君小寢也。玉藻云：退適路寢聽政，大夫退，然後適小寢。門與朝之制如此。論語入公門，謂始入之門，蓋庫門也。過位，謂治朝君位，所謂宁也。治朝無堂，但有君宁立之位，名宁。升堂，謂內朝之堂也。皆據江慎修鄉黨圖考。

兩堦間謂之鄉向，中庭之左右謂之位，門屏之間謂之宁，屏謂之樹。

此釋位宁之屬之異名。兩階間謂內朝之堂階也。三朝維內朝有堂有階，故主內朝言之。人君向明而治朝，位皆南向，故謂堂階之間爲鄉。中庭，統三朝之庭而言。外朝，朝士掌之，其位，左九棘、右九棘之位也。此以天子言。江慎修謂諸侯外朝未必有之。治朝，司士掌之，其位東面北上、西面北上之位也。內朝，太僕掌之，其位亦東面北上、西面北上之位也。內朝，太僕掌之，其位亦東面北上、西北上之位也。見燕禮小臣納卿大夫節。鄉黨復位在沒階後，是主內朝之臣位言。路門之外、屏樹之內，其位名宁。屏，蔽也。樹，立也。立牆當門，以蔽內外，其名爲樹，論語樹塞門是也。江慎修曰：孔疏謂諸侯內屏內屏外屏本禮緯。在路門內，天子外屏在路門外近應門者。本孔穎達曲禮疏。邢氏疏爾雅引之。此説不然。蓋屏樹設於正門，天子以應門爲正門，則外屏當在應門外。諸侯以雉門爲正門，則內屏當在雉門內。然則邢氏所謂內外者，治朝之內外。江氏所謂內外者，正門之內外也。夫屏樹謂之樹塞門，則內屏、外屏自當以正門言，不當以治朝言。至邢疏釋宁字，謂在屏樹之間、路門之外，則得之。江氏曰：爾雅門庭之間，正言諸侯之宁。宁爲治朝君位，近門而遠屏。宁南爲諸臣序立之位。若天子屏在應門外，去宁愈遠矣。天子宁在路門應門之間，非門屏間。又按，李巡釋宁字，謂正門內兩塾間曰宁，江氏曰此齊風所謂著，當作宁。非爾雅之宁也。宁有二。詩齊風俟我於著，著即宁，其位在兩塾間。君視朝宁立之宁，在門屏之間。李巡以兩塾間解爾雅則誤矣。又按，廟門外之屏，惟天子有之。明堂位所謂疏屏，天子之廟飾也。諸侯則朝有屏，廟無屏。聘禮賓入廟門內霤，屋檐雨所溜處曰霤。向內者為內霤。不言有屏可證也。

門側之堂謂之塾。

此釋門堂之名。謂之夾門堂也。凡居室及宗廟之制，其大門曰正門。門之兩旁、夾門內外各有堂室，謂之塾。月令祀竈注曰：席于門之奥。門有奥則知有室。左曰東塾，右曰西塾。門一而塾四，其在門外向南者曰外塾，在門內向北者曰內塾。門內之塾，東塾鄉東堂下，西塾鄉西堂下。兩塾間謂之宁。按，李巡釋爾雅云：正門內兩塾間謂之曰宁。江慎修駁之。今考江氏鄉黨圖，朝門之兩塾在路門左右，其門外則治朝宁立之位在焉。路門鄉外之兩塾，去宁不遠，亦可謂之兩塾間。意者兩塾間之宁，即門屏間之宁，一以左右言，一以前後言歟。但聘禮注謂大夫揖入省內事，既省俟于宁，則似言門內之塾。李巡亦曰：正門內兩塾間曰宁。然則路門内亦有宁，别於君位之宁歟。古人出入由闑右，爲地無多，乃當門設宁。禮家之説可疑。或者以其地可宁立，因名宁，非必實如居位之宁。按，塾之所在不一。家塾、廟塾皆在大門，朝之塾在路門，閭之塾在街門。即上文術門謂之閎。學記家有塾，謂二十五家之塾，蓋術門也。古者二十五家爲閭，閭同一巷，巷首有門，門側有堂曰塾。尚書大傳曰：大夫七十而致仕，退老歸其鄉里，大夫爲父師，士爲少師。新穀已入，謂農事既畢。餘子閭中子弟皆入學，距冬至四十五日計冬至後始出學，傅農事，教之耕。上老即父師平明坐於右塾，庶老即少師坐於左塾，餘子畢出，然後歸。漢書食貨志曰：春將出民，里胥平旦坐於右塾，鄰長坐於左塾。陳氏禮書曰：坐父師、少師於此，所以教之學也。坐里胥鄰長於此，所以教之耕也。

宫中衖謂之壼閫同，廟中路謂之唐，堂途謂之陳。

此釋宫中、廟中道路之名。宫中衖，舍間道也。宫中有巷相通名壼，詩室家之壼是也。故後宫稱永巷。廟中路，謂自大門至堂下之中庭也。庭如三堂之深，謂三倍于堂之深。三分庭一，謂三分庭之一分。在北設碑。謂近堂下之一分設碑。碑者所以觀日景影同，識陰陽也，朝、廟、庠、序皆有之。中庭謂之唐，詩中堂有甓是也。堂途，謂庭之兩旁，自門内至東西階之徑也。儀禮釋宫曰：其北屬階，其南接門内霤。蓋古者宫室之制，中庭以列庭實，如皮馬牢鼎之類。及射者張侯所在，不設階。階在庭之左右，左曰東階，亦曰阼階，主人升之。右曰西階，賓升之。故堂途在兩階下。主賓入見，主人入門右，向内則東爲右，西爲左。折而東行，以就東階。賓入門左，折而西行，以就西階。將曲必揖。禮所以有入門將曲揖，既曲北面揖，當碑揖，謂之三揖也。堂途名陳，詩胡逝我陳是也。

杗亡廇溜謂之梁，其上楹謂之梲拙，閞卞謂之槉疾，栭夷謂之楶同節，棟謂之桴，桷謂之榱，直而遂謂之閲，直不受檐謂之交。檐謂之樀滴。屋上薄謂之筄曜。

此就宫室之上釋之。梁，堂上東西壁之大梁也。梲，一名侏儒，梁上短柱也。槉，柱上方木，横列似筓，以承棟者也。楶，論語作節，一名欂博櫨，柱頭斗拱也。棟，屋中脊之桁也，又謂之阿，士昏禮賓升階當阿致命是也。桷，屋椽也。圓曰椽，方曰桷。齊魯名桷，周人名榱。孟子榱題數尺，即此榱也。屋椽長直而遂達五架屋者名閱。若其椽直不上于檐，而但交于櫋即棟也。複棟曰櫋。上者名交。屋檐、一名屋梠，又名宇，皆屋之四垂也。檐之兩頭高起者爲榮。士冠禮曰：設洗直于東榮。笮，屋笮窄。在椽上，以傅于瓦之板也。今謂之軒板。按，古人之屋，前後共五架。猶今云五柱屋。中脊之架曰棟。次棟之架曰楣，棟前一架曰前楣、棟後一架曰後楣。前楣以前一架接檐曰庪委。後楣以後一架爲室。前楣之下爲堂東西之兩楹。楹者，柱之孤立不倚於壁者也。如今之扛梁，廳之廊頭柱。釋名云：楹，亭也。亭亭然孤立，旁無所依也。鄉射禮曰：豫則鉤楹內，堂則由楹外鉤，繞也。可繞而行，為孤立之柱。可證也。堂東西之中曰兩楹間，南北之中曰中堂。堂基側隅曰廉，亦曰阤俟，鄉飲酒禮曰：席於堂廉東上。顧命云：夾兩階阤。是也。堂階高則廉去地遠，故賈誼曰：廉遠地則堂高。堂上之梁，橫列於屋脊前後者曰楣，曰棟。堂東西壁縱平聲列以負棟者，爲宗廇之梁。梁上有短柱以承棟，使棟得高起者爲梲。江慎修說。棟上疏布細木接於檐端者爲桷。桷上施笮，笮上覆瓦。桷端橫楣爲檐。

楣謂之梁。　棖謂之楔屑。　闔謂之扉，所以止扉謂之閎。正義謂閎乃閣字之誤，即下文長者謂之閣。但郭注引左傳高其閈閎，左傳不作閣也。　橛謂之闑。　樴謂之杙，在牆者謂之楎輝，在地者謂之臬闑同，大者謂之栱，長者謂之閣。　柣直謂之閾，樞謂之椳隈。

此就門之上下左右釋之。　楣，門上橫木。棖，門之兩旁長木。闔，謂門扇。閎，門之長橛。俗謂之門頰。闑，門中央直竪之短木也。樴，門橛別名。在門旁牆者名楎，禮云不敢縣於夫之楎椸是也。在門中地者名臬，臬即闑也。　閾，門限。　樞，門户開合之機。　古者大門之制，左右有扉，左曰東扉，右曰西扉。兩旁有棖，中央有闑。東扉曰闑東，西扉曰闑西。以入門向內言之，則闑東亦曰闑右。公門之西扉不常開，有朝聘之賓則開之。主君及擯者由闑東，賓及介由闑西。又聘賓公事聘享之事由闑西，私事覿面之事由闑東。從臣禮也。無事則闔西扉，君臣出入恒由闑東而已。論語立不中門，謂東扉之中也。故注曰：謂當棖闑之間。棖闑之間，君出入所由，臣當避君。

闍都者謂之臺，有木者謂之榭。四方而高曰臺，陜而修曲曰樓。

此類釋臺榭樓之名。闉闍，已見釋言。積土四方爲臺，臺上起屋爲榭。此與上文無室之榭不同。樓，重屋也。修，長也。屋上架屋，狹長而屈曲者曰樓。左傳注曰：天子有靈臺，諸侯有觀臺。公羊注曰：天子有靈臺，以候天地，諸侯有時臺，以候四時。時臺即觀臺也。五經異義曰：天子有三臺，靈臺以觀天地，時臺以觀四時，囿臺以觀鳥獸。諸侯但有時臺、囿臺。天子諸侯又於門上作臺。禮器云天子諸侯臺門是也。魯之臺門在雉門上。臺門亦曰門臺。定四年傳曰：邾子在門臺。

一達謂之道路，二達謂之歧旁，三達謂之劇旁，四達謂之衢，五達謂之康，六達謂之莊，七達謂之劇驂，八達謂之崇期，九達謂之逵。

此通釋道路之名。逵，通也，皆交道旁出之名。

室中謂之時，堂中謂之行，堂下謂之步，門外謂之趨，中庭謂之走，大路謂之奔。

此釋宮室內行步趨走之名。時、行、步、趨、走、奔，皆以人之行步緩急爲名。

隄謂之梁。石杠謂之徛寄。

此釋橋梁之名。梁即輿梁，杠即徒杠。

雞棲于弋爲榤，鑿垣而棲爲塒。

此釋詩中塒、榤之名。弋杙同即上文之樴也。

容謂之防。

形如小曲屏風，唱射者所以禦矢以自防也。儀禮謂之乏，鄉射禮云：乏參侯道。周禮謂之容，射人職云：三獲三容。

瓴零甋的謂之甓闢。

即今之磚。因宮廟用磚而釋之。　郭云：甋鹿甎專也。堂涂及中庭皆以甋甎甃秋去聲之。壘磚謂之甃。

釋器第六

說文云：器，皿也，象器之口，從犬，犬所以守之。此篇釋諸器之名，改曰釋器。按，篇中衣服飲食金玉羽毛之屬，不皆為器，以人之所資為用者，統以器名之。

木豆謂之豆，竹豆謂之籩，瓦豆謂之登。登，祭器，從癶。與登降之登從癶者迴別。［按，毛本作登。阮元校勘記以單疏本、雪窗本、元本、閩本、監本作登是，謂登為鐙之假借字。］

此釋禮器之名。　豆，古食器也。考工記梓人云：食一豆肉，飲一豆酒，中人之食也。又量名。左傳曰：四升爲豆。其用以行禮者，則籩豆之豆，本作梪。說文云：木器謂之梪。豆爲木器，故字從木豆。籩與登亦名豆者，借其名也，說文凡豆之屬皆從豆是也。量器之豆受四升，故豆實亦四升。其形制則三。禮圖云：口圓徑尺，墨漆飾，朱其中。大夫以上，豆口畫以雲氣，諸侯飾以象，天子飾以玉，其質皆用木。蓋高一尺，足徑一尺。其中央直豎者名校，其足跗名鐙登，祭統云夫人薦豆執校，執醴授之執鐙是也。籩，以竹爲之，口有籐緣，形制如豆，亦受四升。或有飾或無飾。其有飾者，儀禮所謂籩有縢。無飾者，所謂無縢是也。登，以瓦爲之，形亦如豆，寔亦四升。考工記瓬人爲之，云豆中縣賢。瓬人爲器，而云豆中縣，是瓦亦名豆也。實於豆者宜濡物，菹醢類，周禮醢人掌之。寔於籩者者宜乾干物，棗栗糗餌類，周禮籩人掌之。寔于登者，太羹也。公食大夫禮云：太羹湆音泣，從泣、從肉。不和，實於登。太羹者，大古之羹。湆者，肉汁。不和五味，貴其質。故以瓦器盛之。

彝、卣、罍，器也，小罍謂之坎。

此釋酒器之名。 孫炎曰：尊，彝爲上，罍爲下，卣居中。周禮司尊彝：六彝皆有舟，舟，尊下臺，若今之承盤。 六尊皆有罍。 庋爲尊之副。 罍似壺，畫雲雷之形，故曰罍。卣，鄭康成以爲犧象屬。見周禮鬯人注。似犧尊象尊，皆名卣也。司尊彝獨不言卣，卣即尊歟。禮圖曰：六彝爲上，受三斗，六尊爲中，受五斗，六罍爲下，受一斛，原文一斗，誤。卣爲中尊。 玆云尊爲中，似與鄭説同。而孫炎謂尊彝爲上，卣居中，則卣非尊矣。又考廣韻曰：尊者有三品，上曰彝，中曰卣，下曰罍。 則是尊者彝、卣、罍之統名也。爾雅不言尊，與此同義。

鼎絶大謂之鼐，圜弇上謂之鼒咨，附耳外謂之釴亦，款足者謂之鬲力。

此釋鼎之異名。 説文云：鼎，三足兩耳，和五味之寶器也。其絶大者名鼐。士虞禮有上鼎、中鼎、下鼎。有司徹云司馬舉羊鼎，司士舉豕鼎、魚鼎。則鼎體有别，其用亦殊。天子諸侯有牛鼎，大夫有羊鼎，士豕鼎、魚鼎而已。 禮圖：天子之鼎飾以黄金，諸侯飾以白金，容一斛。大夫羊鼎，飾以銅，容五斗。士豕鼎，飾以鐵，容三斗。 而牛羊豕鼎各象其首於足上。 鼎絶大者，是受一斛之鼎也。小鼎謂之鼒。弇與掩通，斂也。圜弇上，斂上而小口也。 鼎小口宜於食，蓋受食之鼎，附耳外，耳在表也。釴，即易所謂鉉是也。 款足，曲腳也。 考工記云：鬲食五觳。 按，鼎爲重器，用各不同。 有陳鼎，有食鼎。 聘禮飧饔之鼎，陳鼎也。 膳夫王日一舉之鼎，食鼎也。 又有寳鼎，如禹鑄九鼎是也。

䰝甑同謂之鬵尋。 鬵，鉹也。 鉹音移。

此釋䰝之異名。 説文云：甑，鬵屬。 鬵，大釜也。或曰鼎之大上小下若甑者曰鬵。考工記陶人云：甑，實二鬴，厚半寸，脣寸，七穿。 少牢禮云：廩人溉甑。 鬵，一名曲鉹。孫炎曰：關東謂甑爲鬵，涼州謂甑爲鉹。 方言云：釜，自關而西或謂之釜，或謂之鍑福。 甑，自關而東或謂之甑，或謂之鬵，或謂之酢餾留。 按，鼎爲食器，釜甑爲爨器。釜所以煮，甑所以炊。釜以金，甑以瓦。甑非釜也，乃爾雅謂䰝爲鬵。蓋鬵之形大上小下若甑，故亦可謂甑。詩：溉之釜鬵。毛傳云：鬵，釜屬。然則鬵固釜之類也。説文謂甑爲鬵屬，下又云鬵，大釜也，似乎混釜甑爲一，學者不能無疑焉。

盎謂之缶，甌瓿否謂之瓵夷，康瓠謂之甈臬憩。

此釋瓦器之名。盎，盆也。甌瓿，小甖。康瓠，壺也。賈誼曰棄周鼎，寔[寶]康瓠是也。

斪劬拘斸謂之定訂，斫灼謂之鐯斫同，𠞰同鍬。音挑。謂之䤵插同。

此釋田器之名。定，郭注云鋤屬。廣雅曰：定謂之耨。世本云：垂作耨。呂氏春秋云：耨柄尺，其耨六寸，所以間稼也。蓋耨以耘苗，其刃廣六寸，以入苗間。周頌良耜云：其鎛斯趙。毛傳以鎛爲䥥，或又作耨。然則耨、鎛及定皆一物也。斫，郭云钁也，説文大鋤也。𠞰，一作斢。周頌臣工云：庤乃錢鎛。毛傳云：錢，銚也。銚當作𠞰。管子曰：農之事必有一耜一銚。方言云：燕之東北謂之𠞰，宋、魏之間謂之鏵，江淮之間謂之臿同鍤，趙、魏之間謂之喿躁，沅、湘之間謂之畚，皆𠞰也。按，説文云：欘屬，斫也，齊謂之鎡錤即孟子鎡基。考工車人云：一宣有半謂之欘。鄭注引爾雅句欘謂之定。則斪斸又作句欘。但説文謂欘爲斫，爾雅斫謂之鐯，又不得以欘爲定也。

衣背𢗇謂之襟。　繡[黼]領謂之襮，緣去聲謂之純準。

此以下三節皆類釋衣服之制之名。此一節釋衣領及其緣飾也。衣背，交領也。繡黼文於衣領名襮，詩所謂朱襮是也。緣，衣緣飾也。禮深衣曰：具父母、大父母，衣純以繢。具父母，衣純以青。如孤子，衣純以素。純，謂緣之也。尊者存，以多飾爲孝。不然則否，即曲禮純采純素之儀也。衣飾有三，不止領緣，朱注：飾，領緣。沿邢疏而誤也。緣領也，緣袂也，緣邊也。深衣袷二寸，注謂曲領也。又郊特牲繡黼丹朱中衣，鄭謂丹朱中衣之緣。深衣疏云：綃黼爲領，丹朱爲緣。緣領之證也。深衣又云：袪尺二寸，注：袂口也。又云：純，袂緣。注謂緣其口也。緣袂之證也。又云：純廣寸半。注：飾邊也。又云：純邊廣各寸半。注：緣，衣裳之側各寸半，則表裏共三寸矣。緣邊之證也。詳考之，爲紺緅飾證。

衣裗謂之𧙄倪。　衱劫謂之裾。　袕穴謂之褮榮。　衿謂之袸賤，佩衿謂之褑媛院。

此釋衣中裾衽之屬及衣帶之名。帶與上衣同色，故類附焉。　裗，郭謂衣縷。方言云：褸謂之衽。然則裗即衽也。衽，在服之旁，上衣下裳皆有之。釋名又謂之襜，言在旁襜襜然也。襜如也可證。裾，衣後裾也。袕，衣開孔也。衿，衣小帶也。士昏禮云：視諸衿鞶。佩衿，繫佩玉之帶。

裳削幅謂之襥卜僕。　斧謂之黼。　衣蔽前謂之襜。　絇音拘劬謂之救。

此釋裳幅及韍屨之屬。韍屨與下裳同色，故類附焉。　古者朝祭之服，裳用正幅如帷，謂之帷裳。削幅，謂削殺其幅，則非帷裳也，其名爲襥。帷裳之幅，前三後四，上下方正，而襞積其要腰同間，以便於著着。深衣之裳，前四後四，亦皆正幅。共八幅，皆正裁。其前後衽之幅，下廣上狹，斜裁嚮上，裳兩旁前後各二幅，斜裁之，合正幅為十二幅。所謂削也。則不須襞積，但有殺縫矣。黼已見釋言篇。襜，郭云：今蔽膝也。禮謂之韠。又謂之韍。玉藻云：韠，君朱，大夫素，士爵韋。鄭注：此元端服之韠也。又云：一命緼韍幽黝衡，再命赤韍幽衡，三命赤韍葱衡。鄭注：此元冕爵弁服之韠，尊祭服，異其名耳。孔疏云：他服稱韠，祭服稱韍。韠與韍皆取障蔽之義。論語謂之黻，注云：祭服。易謂之紱。困卦九二曰朱紱方來，利用享祀，亦以祭服言之。詩謂之芾。候人之赤芾三百，注謂冕服之韠，指大夫言也。車攻之赤芾金舄，注謂諸侯之服，指會同之諸侯言也。斯干之朱芾斯皇，注謂天子純朱，諸侯黃朱，指天子諸侯言也。又謂之韐。瞻洛「瞻彼洛矣」篇：韎韐有奭。注謂韐，韠也。詩言以作六師，則指兵事皮弁服言之。絇，屨頭之飾，以爲行戒。士冠禮元端黑屨，青絇繶純是也。

執衽謂之袺結，扱衽謂之襭挈纈。

此類因釋服制而及芣苢之詩詞也。　執衣之上衽曰袺，扱衣之上衽于帶間曰襭，詩曰薄言袺之、薄言襭之是也。

婦人之褘為謂之縭。縭，緌也。緌音雖。

此因釋服而及詩之縭也。　縭，郭注：今香纓也，緌，繫也。婦人之義，示有繫焉，故恒佩纓，幼佩香纓，內則所謂衿纓。許嫁繫纓，曲禮所謂纓也。孫炎曰褘，帨巾也，與郭異義。詩曰：親結其縭。

蓐謂之茲，簀謂之笫姊。

此釋牀席之屬之名。　蓐，草席也。左傳：軍行，左轅右追蓐。簀，郭注以爲牀板。孫炎曰：笫，牀也。按，方言：齊、魯之間謂之簀，陳、楚之間或謂之笫。則簀爲牀，孫氏近是。檀弓云元起易簀，似非牀笫之謂。

輿革前謂之鞎痕干，後謂之茀。竹前謂之禦，後謂之蔽。環謂之捐，鑣謂之钀蘗，載轡謂之轙儀，轡首謂之革。

此釋車馬之飾之異名。　輿之前後以韋革爲飾者名鞎、名茀，以竹簟爲飾者名禦、名蔽。環謂車上衆環。鑣謂馬勒旁之鐵。轙謂貫轡之環。轡首飾銅、以皮爲勒者名革。

弓有緣去聲[脱者字]謂之弓，無緣[脱者字]謂之弭。以金者謂之銑跣，以玉者謂之珪，以蜃者謂之珧遙。　金鏃剪羽，謂之鍭，骨鏃不剪羽，謂之志。

此釋弓矢之名。　骨飾兩頭曰弓，不以骨飾兩頭曰弭。緣，繳纏也，謂繳束而漆之。蜃，蚌屬。以金玉及蚌飾弓之兩頭，而異其名也。　鏃，箭鋒，今人謂之鏑。剪，齊也。以金爲鏑，與羽齊者名鍭。以骨爲鏑，不與羽齊者名志。　方言云：關以東謂之矢，關以西謂之箭，江淮間謂之鏃。

緵宗罟謂之九罭。九罭，魚罔也網通。　鳥罟謂之羅，兔罟謂之罝，麋罟謂之罞矛濛，彘罟謂之羉鸞，魚罟謂之罛孤。

嫠婦之笱謂之罶。　罺謂之汕，篧音捉謂之罩，槮糝謂之涔岑。

此類釋網罟之異名。緵罟，細密之罟，即數促罟也。郭注：今之百囊罟。九罭，謂魚所入有九囊。毛傳云：小魚網也。魚網之最大者名罛。罶，編竹爲曲梁，亦曰曲薄。功最易成，故謂嫠婦之笱，實非寡婦所爲也。罺，説文作樔巢。以壅草澤畔，蓄魚其中之名。篧，籠竹罩魚者也，故名罩。槮，積柴水中，使魚依而食焉，因而取之。又謂之筌詮，莊子曰：得魚忘筌。此節上二句釋魚罟。中類釋捕鳥獸及魚之罟。嫠婦以下又類釋捕魚諸器物之名。

律謂之分粉。又如字。木謂之簇。大版謂之業。

此釋樂律及懸樂之器之名。律，十二月候氣之管。其陽者爲六律，陰者爲六呂。周禮又謂之六同，言陰同于陽也。而統言之則爲十二律。律管可分氣候，故名分。懸鐘磬者兩端植木爲虡。虡上横木爲筍。筍上大版爲業。

簡謂之畢。不律謂之筆。滅謂之點。

此釋簡筆而及點字之名。古未有紙，載書於簡謂之簡札。王制云：太史執簡記。鄭注：策書也。學記云：呻其佔畢。鄭注：吟誦其所視簡之文。是畢爲簡也。聘禮記：百名以上書于策，不及百名書于方。古謂字爲名，百名猶百字。鄭注：策，簡也。方，版也。王充論衡曰：截竹爲筒，破以爲牒，加筆墨之迹，乃成文字。斷木爲槧漸上聲，析同折之爲板，力加刮削，乃成奏牘。簡，即策。策以竹，方以木。筆，古文本作聿。説文云：聿，所以書也。後乃加竹爲筆。曲禮：史載筆。六經中筆字始見。楚謂之聿，燕謂之弗，吳謂之不律，秦謂之筆。亦見説文。點，小黑也。以筆加小黑而滅其字爲點。

黄金謂之𨭖蕩，其美者謂之鏐泳留。白金謂之銀，其美者謂之鐐遼。鉼餅金謂之鈑板。絶澤謂之銑。錫謂之鈏引。

此釋金銀之異名。鉼一作板。周禮職金云旅于上帝，則供其金板是也。金絶有光澤者名銑。

珪大尺二寸謂之玠介，璋大八寸謂之琡叔，璧大六寸謂之宣。肉倍好謂之璧，好倍肉謂之瑗。肉好若一謂之環。玉十謂之區。

此釋圭璧之屬之異名。　肉，璧邊。好，璧孔。邊大倍于孔者名璧，孔大倍于邊者名瑗。邊與孔相等者名環。雙玉曰瑴，五瑴曰區。

象謂之鵠，角謂之觷學，犀謂之剒錯。陸作斮。木謂之剫鐸，玉謂之雕。　金謂之鏤漏，木謂之刻，骨謂之切，象謂之磋，玉謂之琢，石謂之磨。

此釋治角骨金木玉石之異名。　未成器者爲樸，既成器者爲器。鵠以下五者，所以治樸也。鏤以下六者，所以治器也。

白蓋謂之苫羶。

此釋茅苫之名。

羽本謂之翮。一羽謂之箴，十羽謂之縳篆，百羽謂之緷衮。

此釋羽數之名。

一染謂之縓元緣，再染謂之赬檉，三染謂之纁。　青謂之葱，黑謂之黝。

此釋采色之名。　郭注：縓，今之紅也。赬，淺赤。纁，絳也。按，考工記：鍾氏染羽。三入爲纁，五入爲緅，七入爲緇。鄭康成注士冠禮云：凡染絳，一入謂之縓，再入謂之赬，三入謂之纁，朱則四入歟，凡染黑，五入爲緅，七入爲緇，元則六入歟。賈疏：爾雅所染縓赬纁三者，是染絳法。鍾氏之染鳥羽，是染黑法也。論語：紺緅飾。集注云：緅，絳色。是沿邢疏緅，淺絳色而誤也。淺絳是再入之色，即郭注淺赤之義。未成爲絳，故曰淺絳。絳即赤，故説文云：赬，赤色。絳，大赤。即赬色也。考工記明言三入爲纁，五入爲緅，纁爲絳色。則緅非絳，又非淺絳明矣。又云：三年之喪，以飾練服。是沿孔注練以緅飾衣而誤也。禮小祥練冠縓緣。

緅爲一入，緅爲五入。則緅非練服之飾又明矣。集注：紺，深青揚赤色，本説文，蓋青赤色也。又云齊服，是沿孔注紺齊服盛色而誤也。齊服元端，故邢疏以紺爲玄色。玄與朱皆正色，而爾雅考工無明文。合兩經觀之，備言自一入至七入之色，獨不言四入、六入，故鄭注云：朱則四入歟，元則六入歟。考工疏曰：三入之纁，以入赤汁則爲朱，以入黑汁則爲紺。若更以此紺入黑汁，則爲緅。淮南子所謂以涅染紺，則黑于涅者也。紺緅相類，故連文。若更以此緅入黑汁，則爲元。更以元入黑汁，則名七入，爲緇矣。緇元相類，故禮以緇衣冠爲元端也。據此説，紺爲黑汁之四入，元爲六入。紺非元色，則孔注齊服之誤又明矣。江慎修曰：紺緅皆赤黑之間色，緅又黑于紺。君子不以爲飾者，爲其非正色也。飾必用正色，如深衣篇：純以繢，純以青，純以素是也。不以紺緅飾，猶之紅紫不以爲褻服耳，注疏誤矣。集注亦因之而未正也。

肉曰脱之，魚曰斮之。肉謂之羹，魚謂之鮨支，肉謂之醢，有骨者謂之臡泥。

此釋治魚肉及其所成之名。　脱，剥其皮。斮，削其鱗。羹，肉臛。鮨，鮓屬。醢，肉醬。無骨曰醢，有骨曰臡。

餀謂之餯誨，食饐謂之餲，摶者謂之爛爛，米者謂之糪擘，肉謂之敗，魚謂之餒。

此釋食物敗惡者之名。　餯，物臭也。餲，飯饖穢臭也。爛，飯相著着也。糪，飯中有米也。

釋樂第七

樂記云：樂者，樂也。君子樂得其道，小人樂得其欲。説文：樂者，五聲八音之總名，象鼓鞞之形。從木。木，虡也。從白。白，歌也。

宮謂之重，商謂之敏，角謂之經，徵謂之迭，羽謂之柳。

此釋五音之别名。　單出曰聲，雜比曰音。劉歆曰：宮者，中也，爲四音之綱，君也。其聲重厚，如君之德而爲重。商者，章也，臣也。其聲敏疾，如臣之節而爲敏。角者，觸也，民也。其聲圓長，經貫清濁，如民之象而爲經。徵者，祉也，事也。其聲抑揚，遞續其音，如事之緒而爲迭。羽者，宇也，物也。其聲低平掩映，自下而高，五音備成，如物之聚而爲柳。

大瑟謂之灑洒，大琴謂之離，大磬謂之毊驕喬，大塤謂之嘂叫，大篪謂之沂銀。

此類釋樂器之大者。　琴、瑟、玉磬，皆爲堂上之樂，故先釋之。瑟者，嗇也，閑也。所以懲忿窒慾，正人心之德也。本白虎通。世本曰：庖犧氏作瑟，五十弦，黃帝使素女鼓之，哀不自勝，乃破爲二十五絃，具二均聲。瑟兩頭有孔，其在底下者名越，鄉飲酒禮：相者二人，皆左荷瑟，後首，挎枯越，以指伱入爲挎。燕禮小臣左荷瑟，面鼓執越是也。若用之祭祀，絃則練之，練之使絲熟。越則疏之。樂記：清廟之瑟，朱絃而疏越。朱絃，謂練朱絃。疏，通也，疏其瑟孔，使兩頭相通也。蓋祭祀之瑟，不欲其聲太急而過清。絲勁則聲清，故練之使濁。孔小則聲急，故疏之使緩也。瑟有雅瑟、頌瑟。禮圖云：雅瑟長八尺一寸，二十三絃，其常用者十九絃，頌瑟長七尺二寸，二十五絃，盡用之。二瑟皆廣尺八寸，其大者名灑。郭注以爲二十七絃，則本于白虎通。琴，禁也。禁止于邪，以正人心也。本白虎通。琴操謂伏羲作琴，世本謂文王作琴，廣雅曰琴長六尺六寸六分，五絃，此常用之琴也。其分寸象三百六十六日，其絃象五行。又琴操曰：廣六寸，象六合也。上曰池，言其平。下曰濱，言其服。前廣後狹，象尊卑。上圓下方，法天地。楊雄曰：舜彈五絃之琴而天下化，堯加二絃以合君臣之恩。桓譚曰：五絃之琴，第一絃宮，次商、角、徵、羽，文王武王加二絃爲少宮、少商，其大者名離。郭注以爲二十七絃。　磬，罄也。其聲罄罄然堅緻也。本釋名。明堂位云：叔之離磬。世本謂無句鉤作磬，皇侃以爲叔之別名也。白虎通曰：磬，夷則之氣，象萬物之成也。有玉磬，有石磬。玉磬最尊，異于常磬。陳在堂上，衆聲依之以宣。故商頌言鞉鼓，言管聲，曰依我磬聲。書曰：戛擊鳴球，搏拊琴瑟以詠，堂上之樂也。下管鼗鼓，合止柷敔，笙鏞以閒，堂下之樂也。鳴球即玉磬。樂之始作，升歌于堂上，貴人聲也。聲之輕清者，宜與人聲相比。夔則戛擊鳴球，搏拊琴瑟，以合詠歌之聲，故曰以詠也。八音之中，石音屬角，聲最清，難和。磬聲和，則八音無不和矣。故夔之奏樂，先言鳴球，下文又專言擊石拊石也。其形制，則考工記曰：磬氏爲磬，倨句鉤一矩有半，其博爲一，股爲二，鼓爲三。其大者名馨。孫炎曰：馨，喬也。喬，高也，言其聲高也。樂經云：黄鐘磬，前長三律，二尺七寸，後長二律，尺八寸。黄鐘律長九寸，三九二十七，故二尺七寸。二九一十八，故尺八寸。是謂特磬，以配鎛博鐘者也。考工鄭注曰：先度一矩爲句，一矩爲股，以求其弦。既而以一矩有半觸其弦，則磬之倨句也。弦者其下兩頭相望者也。陳氏禮書曰：鐘圓中規，磬方中矩，倨句一矩有半，觸其弦也。其博爲一，股博一律也。股爲二，後長二律也。鼓爲三，前長三律也。股非所擊也，短而博。鼓其所擊也，長而狹。鄭司農云：股，磬之上大者。鼓，其下小者。康成云：股，外面。鼓，内面。蓋擊者爲前而在内，不擊者爲後而在外。内者在下，外者在上。其小大長短雖殊，而其厚均也。黄鐘之磬，股與鼓皆厚二寸。塤，詩作壎。燒土爲之。大如鵝子，六孔，鋭上平底，形如秤錘。釋名云：塤，喧也，聲濁喧喧然。篪，以竹爲之。長尺四寸，八孔，一孔上出，横吹之。今之横笛是也。釋名云：篪，啼也，聲如嬰兒啼。大鼓謂之㚘，小者謂之應。大𥫗謂之麻，小者謂之料。大笙謂之巢，小者謂之和。大簫謂之言，小者謂之筊。

此類釋樂器之有大小者。笙于八音屬匏。以匏爲底，列管匏中，施簧管端，管中金薄鍱名簧。象鳳凰之身。大者十九簧。小者名和，十三簧。鄉射記曰三笙一和而成聲，謂三人吹笙，一人吹和也。簫，編竹參差，其形鳳翼，其聲鳳聲。大者二十四管，無底。小者十六管，有底。其無底者名洞簫。洞，通也。兩頭相通。釋名云：笙，生也，象物貫地而生。簫，肅也，聲肅肅而清也。鼓之制，其圓象天，其聲象雷，其于樂象君。故鞸運人冒鼓，必于啓蟄之日。荀子曰：鼓其樂之君耶。廣韻謂凡有所擊搏曰鼓。説文鼓舞之鼓從攴。鐘鼓之鼓從支。然經典通用支。故鼓琴、鼓瑟、鼓鐘、鼓簧、鼓缶，皆謂之鼓，以五音非鼓不節也。學記曰：鼓無當于五聲，五聲弗得不和。大鼓謂之鼖，考工記所謂鼓長八尺，謂鼓身之木。鼓四尺，謂鼓面之革。中圍加三之一者也。小鼓爲應，言應于大鼓也。周禮小師：下管擊應鼓。詩曰：應田縣鼓。鄭康成謂詩之田爲輴引。輴，猶引也，言先擊小鼓，以引大鼓。太師下管播樂器，令奏鼓輴是也。明堂位曰：夏后氏之鼓足，殷楹鼓，周縣鼓。植木爲跗曰足鼓，貫木于柱曰楹鼓，繫于筍簴曰縣鼓。禮器曰：廟堂之上[下]，縣鼓在東，應鼓在西。又有雷鼓八面，以祀天也。靈鼓六面，以祀地也。路鼓四面，以祀先也。皆見鼓人注。臯鼛同鼓磬折，見韗人。役事所用也。提鼓曲柄，見大司馬注。師帥所執也。鼗於文從兆，蓋以兆鼓也。小鼓有柄，兩旁有耳。鄭康成謂持其柄而搖之。則旁耳還自擊。周禮小師掌教鼗，瞽矇眂瞭掌播鼗。虞書謂之鼗，夔曰：下管鼗鼓。商頌謂之鞉，那篇曰：置我鞉鼓。月令謂之鞀，當作鼗。仲夏修鞀鞞同鼙鼓是也。鞞，亦鼗也。樂志云：大鼗謂之鞞。周禮、儀禮皆作鼙。大司馬云：旅帥執鼙。大射儀有應鼙朔鼙。禮書曰：應鼓號應鼙，朔鼓號朔鼙。詩以應配輴，則朔鼙即輴鼓也。朔，始也。以其引鼓，故曰輴。以其始鼓，故曰朔也。凡言鼗必及磬。詩：鞉磬柷圉。眂瞭：播鼗，掌[擊]頌磬、笙磬。儀禮：鼗倚於頌磬西紘庚。磬繩也。蓋鐘磬作，則鼗作矣。及下管播樂器，而樂畢作焉，乃鼓輴以先之。是鼗常在前，而輴常在後也。釋名云：鼓，廓也，張皮以冒之，其中空也。鼗，導也，所以導樂作也。

大鐘謂之鏞，其中謂之剽瓢，小者謂之棧。大管謂之簥嬌喬，其中謂之篞涅，小者謂之篎渺。大籥謂之產，其中謂之仲，小者謂之箹渥約。

此類釋樂器之有大小與中者。明堂位云：垂之和鐘，世本以爲作鐘。釋名曰：鐘，空也。內空受氣多，故聲大也。考工記：鳧氏爲鐘。兩欒謂之銑，銑間謂之于，于上謂之鼓，鼓上謂之鉦，鉦上謂之舞，舞上謂之甬，甬上謂之衡，鐘環謂之旋，旋蟲謂之幹。鐘帶謂之篆，篆間謂之枚，枚間謂之景。蓋鐘口之兩角。鐘形不圓，如鈴，故口有兩角。曰兩欒。一名銑。曰于、曰鼓、曰鉦、曰舞，四者鐘體也，鼓其所擊處也。曰角、曰衡，二者鐘柄也。柄上有環曰旋。旋飾以蟲，即高子所謂追也。介于于、鼓、鉦、舞甬之間，各環以篆紋如帶曰篆。分布于帶間如乳曰枚。鐘帶四，鐘乳三十有六焉。每帶有九乳。堂上之樂，磬爲貴。堂下之樂，鐘爲重。鐘之大者曰鏞，亦曰鎛。周禮掌金奏者有鐘師，復有鎛師。鐘磬有特縣，有編縣。特縣者，鎛鐘、特磬也。一鐘一磬自爲一虡。編縣者，編鐘、編磬也。小胥云：凡縣鐘磬，半爲堵，全爲肆。注謂鐘磬編縣之，二八十六枚而在一虡，謂之堵。鐘磬各一堵，謂之肆。倍八音而設之，故十六也。編縣者聲器皆小，襍奏于八音而不相凌。特縣者器大聲洪，但用以起調畢曲而已，所謂金聲而玉振之者也。編鐘曰笙鐘、頌鐘。編磬曰笙磬、頌磬。笙，生也，縣在東。頌，庸也，功也，縣在西。以其應笙，故曰笙。以其應歌，故曰頌也。王宮縣四面，象宮室。諸侯軒縣，闕其南。大大[夫]判縣，東西面。士特縣，于東方一面。大射儀曰：樂人宿縣樂于阼階東，笙磬西面，其南笙鐘，其南鑮，皆南陳。東方之樂也。建鼓即楹鼓在阼階西，南鼓，所擊之面向南曰南鼓。應鼙在其東。南鼓，北方之樂也。西階之西，頌磬東面，其南鐘，其南鑮，皆南陳，一建鼓在其南，東鼓，朔鼙在其北。西方之樂也。一建鼓在西階之東，南面，簜笙簫之屬在建鼓之間。鼗倚于頌磬西紘。亦北方之樂也。禮書曰大射避射位，謂避阼階南耦次之位。故阼階西之建鼓、應鼙，爲北方之樂。非大射則當在阼階之南。應鼙在其北，與西階之建鼓、朔鼙相對。阼階之北方，非常位也。樂縣之可考者，大略如是。管，漆竹爲之，長尺，圍寸，六孔，有底。或以爲八孔無底，併兩而吹之。風俗通曰：管，十二月之音也，物貫地而生，故謂之管。其形式鄭司農以爲如篪，鄭康成以爲如笛，廣雅以爲象簫。堂下之樂多言管。書曰：下管鼗鼓。禮曰：下管象。燕禮、大射儀皆曰：下管新宮。周禮太師職曰：下管，播樂器，令奏鼓朄。大司樂有孤竹之管以祀天神，陰竹之管以祀地示祇同，絲竹之管以享人鬼。教管者，小師也。播管者，瞽矇也。教龡吹同管籥者，笙師也。籥，似笛，三孔而短小。或曰六孔，或曰七孔。或曰三孔者名籟。籥之命名，以律管黍龠之法寓焉。三孔主中聲，上下之律所由生。郭注三孔之說是也。周禮有籥師教舞羽歈籥，復有籥章教土鼓豳籥。釋名云：籥，躍也，氣躍出也。

所以鼓柷謂之止，所以鼓敔謂之籈真。

此釋柷敔而及其所擊之物也。柷，形如漆桶，木爲之。方二尺四寸，深一尺八寸。中有椎，柄連底。撞之，令左右擊。止者，其椎之名。敔，亦以木爲之。形如伏虎，背上有二十七鉏祖鋙語。刻以木，長尺，櫟之。籈，其名也。古以木為籈。唐制以竹，破其端為十二莖。今文廟亦竹籈。按，柷敔多異名。周頌以敔爲圉，月令謂之椌控楬揭，明堂位謂之揩戞通擊。柷以起樂，敔以止樂。禮書曰：聲之所出，以虚爲本。桐以虚而爲琴瑟，竹以虚而爲笙簫，石以虚而爲搏拊，金以虚而振響，革以虚而發聲。及其止，則歸于實焉。敔之爲器，實而已矣。

徒吹謂之和，徒歌謂之謡，徒擊鼓謂之咢，徒鼓鐘謂之修，徒鼓磬謂之寋蹇，徒鼓瑟謂之步。和樂謂之節。

此釋徒作樂及和樂之名。徒者，獨作之謂。和樂則應節，故謂之節。一説節，樂器也，即拊也。形如鼓，以革爲之，著之以糠，書曰搏拊是也。亦以節樂。又名相。樂記云：治亂以相。

爾雅今釋

清・宋育仁

卷一

爾雅列於十三經，原於漢志、論語、孝經。爾雅在六藝之科，爲群經之匯。凡小學、史篇皆附此科，據此可推爾雅屬古小學教科書，蓋無疑義。既推知其書爲何類之書，即知其書爲何用而設，便可推知作述源流，於諸家考訂聚訟之紛，可不煩言而解。從來説經家篤信好古者，必主於周公、孔子、子夏所作。務博好辨者，又必剌取本書數言，參以旁證數事，破壞家法以就己説。將祛二弊，須討遠流，必按切事理，先問此經將以何用，然後可期通經致用。後世學者通病，視人事自爲人事，書籍自爲書籍，於是讀書者以書爲書，考據家即以考據此書爲終事。今北京大學經學專科兼設小學，以説文、爾雅并列一門，正合漢志以爾雅、史篇屬於六藝學科之列。劉子政、班孟堅備聞古義，知爾雅爲古小學教科書，故其分別部居在此。今日設科附於大學，似屬不侔。但因未立學校以前，學者家自爲教，未治小學，輒談經義，今列此科，以資補習，實與漢志列科不同而同，不合而合。既推斷爾雅爲古小學教科，則其書爲周公、史佚、孔子、子夏所定，以及沛郡梁文附益，可以數言解決，不致凝滯難通。何則，春秋以前學術，一切典於史官，皆屬官家箸述。官家箸述決非成於一人之手，後世猶然。古人私家箸述，亦不嫌弟子附益，故晏子、管子、墨子等書皆然。茲論官書不悉引證。周官所載之分門圖籍夥頤，不啻汗牛充棟。六典、八法、八則、六聯、八成、九式、九法、三典、簡稽版圖、繫世方志、日會月要，歲成執禮書而協事，辨事者考焉。禮書則其總名也，掌六典、八法、八則之貳。貳者，其副本也。至於九州土地之圖、十有二壤之名物、三皇五帝之書，悉數難終，乃指各官所掌之專書也。其不見書目統掌於史官者尚多，惟經孔子删訂論定、七十子後學所箸録傳習者，乃傳於後世。周秦諸子之書，亦因有弟子傳習而存。其當時學校傳本則亡於秦焚，其官府存本則亡於楚炬。以書類推，考其當時之學校課本，小學教科書之僅存者，惟夏小正經孔子論定而存，爾雅經孔門誦習而存。月令爲大正分時列國家行政。夏時爲授民時而設，不舉國政，專言民事，故對月令爲小，即以爲普通學校之教科。小正以識天時氣候，因知農事爲主。爾雅以記百事百物之名，開普通知識爲主，此本書之旨要也。其爲教科之分別，爾雅主於識字，小正主於造句。小正傳例，如春秋傳，而春秋傳乃釋詞以明大義，小正傳則專釋詞例，即講明造句法也。由此推斷，則原本爲成周小學教科，自是周公制作，不妨爲史佚所編，即經孔子所修，不妨子夏有述。今考釋訓詁之文，多與毛詩詁訓傳相同，謂書成在毛公之後，纂集博士解詁，有沛郡梁文附益，固不害其爲三代之遺書。揚子雲方言以爲孔子門徒解釋六藝，王仲任論衡以爲五經之訓故，諸説皆通矣。

爾雅本經，既明爲先周小學教科，經孔子修訂，七十子後學傳習，而列於六藝之科。其後之附益，自偏注於六藝之訓釋。縱不必盡宜於普通之教科，實最宜於經學大科之補習，可斷言也，亦學界所公認也。但蒙尚有新發明一義文字者，所以備一切治事之用也。欲得文字之用，須先通其訓詁。文言之曰訓詁者，質言之即講解也。講解觸類旁通，則於一切文句言下立解。訓詁篇中雖多經訓，但亦深者見深，淺者見淺，治經者自本之以説經，不治經者即因之以講字。此猶僅就釋詁、釋訓、釋言三篇而言。至於釋親以下、月名以上，皆屬普通常識所應知，即用以爲中國本國國學之普通小學教科書，亦無不宜也。

小學教科書必有圖，故終軍能據以識豹鼠。至晉時圖尚未亡，故郭景純爲之圖讚。星名至九河以暨艸、木、鳥、獸、蟲、魚各篇，無圖則碩學難通，有圖則童蒙易曉。自二陸以來，箋注蟲魚，皆視爾雅爲考據博雅之資，不尋省所用，雕蟲刻楮，直同古玩。推求孔子言詩，并取多識之義者，爲由古可以知今，因文可以曉事。非徒欲入博聞强記，爲書簏、書廚，挾兔園册子而遇物乃不能名，菽麥反不能辨也。爾雅艸木禽魚之例，先舉古名，次廣異名，最後釋以方名。披圖既識其形，聞名即知何物，遇物自必能名，即今學科之普通博物學。注者所以注明古之何詞即今之何語，疏者所以疏狀古之何名即今之何物。經學者所以求其所用，而非即以解經爲用。注疏者所以通經之學，而非即以注疏爲學。考據者爲經傳文字流傳其間，慮有錯誤，考訂其誤，乃見其真相若何。譬如兩人通詞，先須諦聽其言，語音不誤，始能研究言中之意，於意云何。治經者不得，但以考訂爲能，猶之聽言者不得，但以審音爲貴也。以普通教科之體例視爾雅，則爾雅之切用益明。自文字訓詁至天文、地理、親屬、倫理、宫室、服器以迄艸、木、鳥、獸、蟲、魚所謂應有之高等，普通知識略備於此。在古爲普通小學教科，在今爲普通古學預備教科。此亦古今普通人格之進退，其程度蓋視社會之程度以爲衡，又即此可知也，不可以不察也。六經爲大學專科之學，即大學專科之主課書，不能不求諸深微。非求其深微，不能達聖人言中之涵義，與其間組織、倫理、政治之原理。爾雅爲古小學普通之學，即普通小學之教科書，不可不求諸淺顯。非求其淺顯，則穿穴文字之通假，博稽名物之異同，疏證艸木蟲魚之細碎，徒費腦力、日力。其用止於能識古字，能考古物，能讀古書，是謂食古而不化。以讀書力學爲終身之域，而非以讀書力學通萬事之郵，此非先聖制作經典以垂教後人之意，即非今日朝廷設立經學專科以造士之意也。易曰聖人所以極深而研幾也，六經專科之學是也。子曰辭達而已矣，爾雅小學之科是也。義各有所當也。

爾雅之徵引最古者，子夏問孔子，春秋何以不用初、哉、首、基爲始。舊解此説疑不能明。愚按，子夏此問，春秋之元也。元年者，君之始年也。據古訓當作初年、如洪範：初一日五行。或哉年、如尚書：哉生明，哉生魄。或首年、如春秋傳曰：首時必書。或基年，如詩曰：基命宥密。今獨曰元年，不從古訓，故發疑問也。據此即知初、哉、首、基爲周公所定名詞，肇、祖以下爲孔子以後所續也。名詞爲言語之範圍必由規定，自黄帝正名百物，倉頡造字，必先規定名詞，殆無疑義。名詞先定，然後詞之所指，即西東文例云所謂是也。及附屬於名詞所指之間，爲形容、區別、疏狀、介系、挈合，以及連綴於名詞所指之首尾，爲稱代、爲嗟歎，乃從之而定其例。自一字之單名詞，始據文法完備之後，究文字之所用，則有八部，分别部居。而據制字之初，則凡天地之間，一事一物，一動一作，爲之造一符號，統謂之曰名也。人事日繁，文字孳乳浸廣，由是始分别一字之部居，由是始增以兩字之組合，由是始益以連疊之標幟，由是始廣爲組合之成語。俾人習聞通曉，輾輾移用，以達人心之意與事物之情狀。此釋詁、釋訓、釋言三篇所以居爾雅之前，乃自然之序。而三變之次第，又文字自然發生之序也。由單字獨訓而兩字組合，而連字形容，而四言成句，又具由單簡而繁複自然之序。據此可推知，逐代增益不必在篇末，但要在逐條訓詞之前，前條名詞之後耳。嘗論名學之起點，即是訓詁。訓詁之切點，即是繙譯。訓詁之深觀，即是名學。名學之原料，即字學之部居也。中外文字原理規則皆同，深通文字即通名學，其理法亦同。然而中外亘古未嘗相通者，由於中文一字一音，西文合數音爲一字，原點既異，故難通也。凡治詁訓，須以訓詞爲主，如釋詁篇列字如下：

始俶、落為後起之義，權輿為兩字組合之玄名，元為繫易及春秋經特取之名。祖、胎為況譬之義。肇謂始筆之於書。

君林、烝皆衆也。疏引白虎通君群之訓最為切合，即王者天下所歸往之說也。故謂訓詞為諸詞之界說，受訓詞為訓詞所涵之涵義，與名學相通。

大大為諸詞之界說。自弘至席為大之涵義。注疏中引重疊詞及方言為證者，皆非大之涵義所應有。但因疊詞，方言有依大之界說設詞者，故以界說統之。

有有者，不宜有也。日有食之。食日者，月也。月體本小而視徑覺為大，正以狀月近掩日。此訓憮、厖，正釋詩亂如此憮，為下國駿厖。即東名詞膨脹之意，由不宜有之義所引申也。

至詹當為占。占、貞古同字，體之遠視。艐為屆，則戾當為沍，摧當為隮。據經傳所借用之字，則非訓詞之涵義所應有。據所依之聲，其同聲之本文則均當以至為界說。餘可以此例推。

往如，古通于。于此乎，于彼乎，有所往也。嫁從女家，禮詞所謂往之女家，統詞為適人者，別詞為嫁。統詞即西文例之公名，即共名。別詞即專名也。

賜予，當為與。經文傳寫通借予為與，因出予字訓賜。說文因誤以與為黨與，予為賜予。於文，兩手奉勺當為賜與，連環下引當為黨予。錫即賜字，最初古文只有易字，黃帝名民共財交易而退，各受其賜。

善善之涵義甚廣，由於造字之本即取於況譬之義。古者人之膳以羊為美膳，故字從口得羊，謂其味美。定字之形取此，而其字職所涵之義不止於此。凡適於人意之詞，皆以為界說。叙亦訓緒，此當重出，不數。

緒舒、業、順，叙也，又重言之曰：舒、業、順、叙，緒也。據此可推知舒業緒也為原文，順叙二字為附益。舒義未詳。業，上從木上出枝葉，中從木心之屮，下從木根本。謂治木之工，因為凡事業之稱。緒如纘禹之緒、纘太王之緒，皆以事業為言，由緒治絲之義引申。化專名為公名，乃為次叙。

樂怡、懌至愷、康十字皆樂之涵義。妣、般當屬增益。詩毛傳借耽為妣，晚出偏旁，依聲移易。般即盤字，義取盤之圓轉、舟之般旋，譬況詞也。

服悅、懌、愉、釋屬正義，賓、協乃旁義。據此可推知先為原文，後為附益。服、從皮，取治皮五服五反之意，如中庸服膺，乃本義也。

循遹、遵、率、循也為正義，由、從、自為引義。據此推知，由、從、自為附益。率為捕鳥畢，乃篆文說。古文正當為繩率。自，本義為鼻。由，從之義後起。

自遹、遵從辵，本屬循義，詩借遹為聿，又借為粤。粤，爰也。遂生由從之義。由從者，有所自來，因以自訓。

謀郭云：如、肇未詳。疏絕解。據推為博士附益。漢，舍人云：心之謀也。蓋即莫字。詩莫其德音，正當作莫。基，本或作諆，即惎字。肇、基皆始之涵義。如，無謀義。蓋因詩毛傳不可以茹，茹，度也而附益之。

常常，從尚、巾，人日用所需也，故周禮謂官法、官常。庸、恆二字屬常之引申義，故形、範、律、矩、則五字錯見下條。

法柯，當如周禮柯欘之柯。注疏引詩為證，似失之。柯，柄也。斧之有柄，猶衡之有權。度起於柯，以斧柄為則。

辠罪從自、辛，篆文改古。隸從古文网、飛鳥羽。

壽黃髮、兒齒、鮐背，皆據詩書二字組合之詞。可推知為博士集解詁所增益。壽字次此，與前後次叙不同條貫，蓋全屬增入。

信亶、展皆諶之音借，故引方言為證。詢借作洵。

誠展、諶、允、亶均見信訓。誠之界說專主於內信，義兼包內外，涵義更廣。除謔浪、笑傲係釋終風成句，而以兩字為訓詞，非釋詁之正例，顯為漢博士集解詁所附益，當不數。

于于，從音制字。本為發聲譬衆，後假於戲為長聲歎詞，而語中介，合皆用之。

於曰、于、於三字在詞間為介系，為挈合。在詞端為發語，為歎詞。那、都、繇，推例當為博士家據經傳通借所附益。

合合之涵義廣，受訓之詞涵義狹。敆、郃、盍、翕、會為一類，仇、偶、妃、匹為一類，皆以合為界說。

匹知、儀非本義，據推知為附益。知、儀皆據詩毛傳轉義，故通匹，當在漢益以前，七十子後學所增也。

對對，本義為應對。有兩人相對，故轉注引申為匹對。

媲對、媲皆狹義。據例訓詞主廣義，以廣義訓狹義，不以狹義訓廣義。當為附益。

繼緌、武二字蓋取冠緌、冠武，其義甚狹。武又借字，博士附益。餘七文皆從治絲相續繼之涵義，正詁也。嗣，古文亦從糸。

靜忥、慎、密、甯為本義。蟄、貉為一例，顗、頠為一例，謐、溢、謚為一例。謐、溢乃謚之異文。以廣義為狹義之界說，以涵義為界說之分子，詁訓之通例也。

落磒即隕之或體。湮、淹古今字。摽、蘦即飄零。

告僖、眕二字，據例推為附益。從喜之字若僖、譆，從㐱之字若沴、診，皆涵有預徵來告之意。博士家據經傳訓義而增。

遠所訓七文皆正詁。

遐遠為廣義，遐為狹義。遐、遠互訓者，因經傳古語多用遐。

毀所訓四文皆正詁，以廣義涵狹義，以公名釋專名。

陳陳，本義取於戰陣以定形，而涵義最廣，不專為戰陣，亦取譬於戰陣之陳列最廣也。引、延、薦、旅為正訓陳兵。繹、尸為轉借義。雉從矢，謂築牆之堵以矢量之，義為陳列。順即儀禮之肆。劉即留字，春秋傳鄭處於留，人居留名之，漢因名陳留也。

主尸為祭主，職為事主，以公名釋專名。尸訓宷，宷、寮訓官，宷非主詞，亦當不數。尸、宷之訓無徵，義亦不能明。郭釋為宷地，然謂田主也。

官官從深屋。從𠂤、古堆字。謂群萃事之處所，謂衙門。故官地為宷，同官為寮。

事界說包涵義如前例。績、緒為一類，采、業為一類，服、宜為一類。貫、公乃引申，數轉就經傳仍舊貫、夙夜在公、退食自公之涵義所增入，決為博士附益。

長融、駿皆據詩詞所訓，非本義，決為附益。

高嵩、崇古文同字。

充崇訓充非本義。據儀禮崇酒增入。

勝奮、果、毅皆非勝字應有之涵義，特據左傳殺敵致果二語附益。郭注說肩即剋，剋即克。人肩能勝重，所謂勝任。周禮[左傳成公二年]：師有功。師不功謂不勝也。

克剋、克古今字。勝，本義為舟任載，原屬專名，轉為公名，故復重出以古文釋今文。

殺克字最古涵義為廣，故以古釋今。殺字晚出，通用為統詞。故又以殺為界說，釋劉、獮、斬、剌[刺]之析名。

勉亹亹、蠠沒，據連疊與組合詞附益，推例可知。孟、釗，郭注未聞。補郭引鄭漁仲說為愍之借，引書馬注為覂之借。要非正訓，決為博士附益。

強強，本義為勉強，本經訓詞連文可證。昏、暋一字。務、鶩亦古今字。強弱字本作弜，經傳傳寫借強為弜弱。

我人之自稱，以身為主，故說文曰施身自謂也。台，古胎字。朕，亦初胎之名，身之始也。自小之詞卬，即我之聲轉。余，從呆，古保字，自稱之本字。吾、予皆余音之轉借。我、言乃孳合之詞，其詞之間見有自謂。

身我字篆文不可說，推知亦屬借字。因假借最初相承已遠，故用為自稱之界說。究其本誼，以身為主名，故復重出朕、余、躬，而以身為界說歸納之。

予賚、畀、卜轉從施身生誼，又因魯詩異文云如之何作陽、如之何說陽為我，經傳轉寫相承，借予為與，後師乃複增此條。餘文以此例推，自犯、奮、果、毅後，文有附益，在訓詞羼前，因重釋誤次。可例推，不逐條詮注也。

進此下詞重進，有附益，可知飲、晉、寅、蓋、羞、餞，皆就詩、書、易、禮轉借之義為訓界說，廣義包況譬、引申等義也。

導次至亮也四條，轉輾互相訓釋。亮，始見書亮天工。字從臺門屋下冗從。是相導為本義，光明義屬後起。

慮本亦作勴。郭說贊勉，與助同義。以上所舉專名、共名大小別，析詞則異，統詞皆通。發例已明，下不列舉。

右亮光固誰美和重盡豐聚疾速虛衆多擇懼病憂勞勤思

福祭敬早待危汔故今厚僞言遇遝見視盈閒微止厭業功

成直靜安易弛罕寡報離疑幹俌垂當作此嗟習與陞竭清

代饋從執興嘉舍息具愛動審絶乃道皆長歷數傳相治養

墜捷慎喜獲難利佞使從因正孝獻亂取存察餘迎首臻續

祖尼定近坐綸定維侯是已終死

此釋詁篇訓詞，以次若可屬讀，如曲禮弟子職。而又不盡可屬讀，且有重複，故推知爲從後附益甚多。要之，不必推見本原，已可知其體例。何則，其訓詞止百餘字，始於始，次於君，終以終結以死，其先製此訓詞應有次第無疑也。而中間又有重複，及反以疑難之字釋通易之字，則周公以後後賢附益，各就其方音所易知以釋古訓之難知，又可推見也。如登來爲得來，楚人謂稻緩之類。據此推知，其爲小學教科更無疑也。今既以本經爲主課，無論其爲後人附益在孔子以後，在七十子以後，均守家法，不應破經，惟當依文詮次，以明訓詁之用。君子於所不知，蓋闕如也。孔子爲政，主在正名。子路知今名學之難，變遷太巨，有無從取證之處，故曰子之于也，故訓作訏，大也。猶莊子之河漢其言。故夫子告之曰：何其野哉，謂此不難也，由其猶有草野之見存也。誠有無徵之難，但君子於所不知，義如蓋闕，不因蓋闕而廢食也。今依次訓詞爲主，逆數受訓之詞，以略見前後古今變遷，損益之跡，即治訓詁之要領也。

右說釋詁，先舉五十條見例。此篇增益頗多，出入浸廣。視釋言、釋訓兩篇尤爲繁難。先其易者，後其節目，有質疑者，再舉答之。

卷二

讀雅條例

字書門類須先分別，然後可以治字書。今約分其例有三。一曰據形，許君説文解字是也。其書中解説雖有形、義、聲三類，而其爲部居，則據形系聯，是曰據形。許書之外有吕忱字林，全書已佚。此後惟唐郭忠恕汗簡爲古文字學，唐張參五經文字、唐玄度九經字樣、顏元孫干祿字書爲今文字學，此三種爲據形一類。二曰釋義，爾雅是也。其書不專説字，而以説字始，以説字終。釋詁、釋訓、釋言及釋鳥、獸、蟲、魚、草、木是也。但釋其解説之相通，不究其本義之所主。爾雅之外則有釋名、方言、廣雅、通雅、埤雅等書，亦主釋義。其義相通，不辨孰爲主義，凡數十種，小爾雅出孔叢，爲次古。舊來考訂孔叢爲僞，不述。晚出書，多不能悉數。爲釋義一類。三曰分韵，詩、易之韵是也。詩經非爲韵而設，而韵之所始以詩爲始。此後字書如三倉、凡將、元尚、急就，以至飛龍、滂喜，皆以斷字爲句，斷句爲韵，是爲音韵之始。而此後玉篇、廣韵、切韵、等韵、通謂之篇韵，皆以韵爲斷，以字附韵，爲依韵一類。舉此三類，盡字書之例。舉此三例，盡字書之類。爾雅爲古小學教科書，約言兼此三類。今舉其凡，後刺舉其字説之，以備前説之證疏説。揚雄方言皆古今語也，初別國不相往來之言也。今或同，而舊書雅説。故俗語不失其方。而後人不知，故爲之作釋也。此即前説揚子方言其題名爲輶軒使者絶代語釋別國方言之意，謂列國方言即絶代語釋也。其稱輶軒使者，乃稱古義。使者乘輶軒，掌達書名於四方，以知別國方言。而國史書之，知其所由來，爲絶代語釋之起例。別國方言拚音之語，亦屬本無其字，依聲託事。揚子問故於林閭，就六書聲形之例，依類配聲，繙成主形之字。故曰繙譯即訓詁，訓詁即繙譯，其義一也，其事一也。第統詞則如此，析言則有別。析言之，則縱爲絶代語釋，以今言解古言。横爲別國方言，以此語譯彼語。再析言之，繙者，翻也。翻其音之謂也，即反其音之例也。如蓬為蒲紅反，東為都翁反。譯者，如記曰北方曰譯。譯，繹也，繹其義也。至今繙譯仍有兩例，而新學家不能辨析其名詞，統曰翻譯而已矣，不知此不可以不辨也。豈惟治古學以求深者宜辨，即通今譯之淺近，亦不可以不辨也。

此非解經正誼，不必旁生辨言。然語既及此，不可以不證。姑舉之，譬如加拍利，乃繙日本國名之本音。恰哀來，乃外國繙我國國名之本音也。今試問之加拍利三音今爲何解，恰哀來三音今爲何解，則皆不能立解。又如米利堅三音，此繙音也。問其何解，則群知爲合衆國矣。又如獨逸志，中國繙爲德意志，群不知爲何解。若就義解之，則知爲特立之意。又如憲法二字，中國不問其所從來。究其本音，爲孔士九嵩，問其原解，則爲組織之意，則知所解矣。又如比士業司，中國不知所謂。究其意，則雖與中國語不同，而其意可知爲事業之意也。如此以推，則郢書而燕説者多矣。譯文之郢書而燕説，正如注語之謬解，貽誤不淺而譯者不知也。今欲正譯，必先知學，知此理之是，然後知彼説之非也。知是非然後能辨學，能辨學然後能治學，不可誣也。今爲小學發一言詮，願學界識之。非明訓詁，不能通譯。學非通譯，學不能治邦交也。我中國邦交，自天津條約以來，貽誤於舌人者十之七八以數。人之兒戲而貽誤蒼生，可痛也，不可以不辨也。我輩今日講經學，群不知其所用。無怪也，欲破其説甚難也。今爲一淺語以破之曰，君輩不治古學，必不能通譯學也。此輩之爲譯者，不知譯學者也。奈何以譯事委之不通譯學者乎。

各國文字爲各國之國粹，即其國政教所由發生。謂文字爲政教之母可也。即易繫謂易之以書契，百官以治，萬民以察，蓋取諸夬。夬揚於王庭。夬，決也。萬事取決，由此箸爲法典，垂爲訓誥，傳爲命令，議爲規則。非箸之於文，無以爲據，固非前乎書契所能比較揚於王庭者。中國先王爲天下所歸往。王者立政即是立教，故曰：作之君，作之師。而推原政教之産料，則由於始制文字以正名百物，教化由此行，財政由此理。故曰：以明民共財。孔子論爲政，必也正名。爲政非修法令不成，修法令非據名學理斷不可，治名學非先正訂文字訓解又不能解決也。是以又推知世界原理，書同文，則行同倫。中西文字不同，是書不同文，所以行不同倫。書文行倫中間之間接，是爲宗教。無論佛氏經典、可蘭法典，無非文字語言。未有文字以前，只有單簡語言以應日習常識之用。雖人群之俊，獨有高深之理，想亦無由宣之於口，轉授與人，宗教即無從發生。及有文字，演成長言，即繁複語言。由此民智日開，交通日廣，人群相接，彼此無不達之意。從此發生文言，演出哲理，爲人群所悦服，是爲宗教。由其語言文字先異，是以所表之哲理不同，而宗教由此分途行倫，遂生差别。主音之字，一字爲一句，重在口記。口口相傳，不易變動。其所表示哲理亦不能出單簡範圍，故其宗教條約主於簡易。主形之字，一字縮爲一音，一音即有一義，兩音以上即任意聯綴成爲一句。由是理想繁複，變動不居，須憑心悟。心心相證，哲理愈衍愈深，愈深愈細。故其宗教獨造精微，所謂君子之道費而隱。彼教之宗旨提綱曰：母［毋］奪人之權利。亦作權力。又曰：一心事天，愛人如己。我國禮教即我中國之宗教。中庸之言曰：君子之道造端乎夫婦，及其至也，察乎天地。如夫婦二字，即中文特制之名詞。夫字畫人正立之形，而頭上加横貫一簪，以象男子之冠簪。所謂男子重乎首，於以表示頂天立地之意。禮所謂男子生而懸弧門左，桑弧蓬矢射天地四方。婦字旁畫女形，女從𠂆，畫腹表示懷妊生子。篆變體作𡰥，遂不可識。右從帚，手在屏内，下佩巾也，ヨ爲爪，冂爲屏，下垂巾也。於以表示女執箕帚。禮所謂女子生而設帨於門右，詩所謂夙興夜寐、洒掃庭内也。即此兩字，而夫婦人倫之界説，涵義顯然犂然。此所謂男女有别也。西文之稱夫語爲阿士本，稱婦語爲口外符。其音中含有士、婦二音，然其字中之涵義，則斷無中文士字、婦字之涵義可決言也。何則，主音之字，其單文中絶無涵義可言，穆勒名學所稱爲無意識之徽幟是也。既非士、婦二字之文，初無夫婦二字之義。爲譯其言，則不得以文言爲比例，只當以俗語爲比例。中國俗語之稱夫婦，通曰男人、女人。其偁婦人，已屬由文言廣爲俗語。因學界稱文言爲習慣，非學界亦習聞而習知，遂亦效文言之語。沿習口傳，女子對夫之稱曰婦人矣。對夫之稱曰女人，對婦之稱曰男人。其實即普通男子、女子之别稱，無所謂夫婦之取義。則夫對於婦，婦對於夫，只有人己之對待。從此起點，推之父子、祖孫、兄弟、伯叔皆然。名不立，則義不能生。由此觀念，世界之內，只有人已之界，自然生平等心。人已兩界之間種種交涉，自然見權利之關係。人爲獨立，則人人各自爲獨立。獨立則防其害群，故首爲戒曰：毋奪人之權利。又爲之訓曰：須愛人如愛已。由此觀念，一切意識、習慣、政治，皆如是推演而成。中國文字先由拼音。而倉頡最晚出，見分理之可相別異，乃仰觀俯察，近取遠取，收束長音，改進字法，爲主形之文字。所謂造文者，三人長、次、幼，左行、右行、下行是也。兄弟長、次、幼，乃文字孳乳浸廣以後之析名詞。古初字少，只有統名詞，即先後二字。從後譯解古書，因誤以先後譯為兄弟，或又偽為長、次、幼矣。正如夔一足，人皇九頭之類。迄今尚有可執爲左證者，如太歲在甲曰攝提格以下，二十二十[下一十字衍]名及訾陬、降婁十二星次是也。鷄首、鷄尾諸名，則舍合音而譯以合語。文字進化至此而至精，字字皆爲有意識之徽幟。一字有一字之涵義，有一字之界說，極天下之至賾而不亂可也。

乀，象人形俠立，爲人類男女之公名。大，象人形正立，以顯男子之符號。先由高深之哲理觀念，以製造此主形之文字，表示其極深研幾之理想。男子成人而冠，有爲夫之道。故從大上加冠簪，以爲男子對於其婦之專名。女嫁而從男，以主家庭内職。潔清洒掃是爲婦之道，故從女加帚，以爲女子對於其夫之專名。乃所謂正名百物，察於天地。所以生人之情狀，以形定名，以意定音。清釐含胡，繁複轉換，拚合之音束爲一字一音，就其脣外之言表示詞内之意。夫之符號讀之曰扶，謂其有扶養其婦之職務。婦之符號讀之曰服，謂其有服從其夫之職務。從名義之觀念，即見人道處處出於天道。由是見人群相接，各有其道。乃由此省悟，有物渾成，先天地生。不可得而名，强字之曰道。故於文，道從人首、人足，即頂天立地、戴天履地之意。易曰：首出庶物。禮曰：天之生上首，地之生下首，盈天地間。動植生物，惟人首向上戴天也。由此觀念製爲道字，以表示爲人所共由之路。各由名義觀念，則非權利思想能盡生人之理。故中庸提出名義爲君子之道，而直抉其精微曰：造端乎夫婦。雖謂君子之道造端乎夫婦之名詞，亦無不可至於天字之界說。則中文涵義廣，而西文涵義狹。中文天字涵義，輕清之氣爲天，人所受中爲天，人之所戴爲天，人事之莫之爲而爲者爲天。一字涵四端，而仍可一以貫之。西文天字涵義則專指人所受造一端，故曰一心事天，譯又以爲一心事神。由此觀念，但知人與物同受生於天，而不知人與物受生之別。

爾雅又有一最古之證，學界所未能明。孔子告哀公曰：學於爾雅，則可辨言矣。魯哀公，人君也。而夫子教以學於爾雅則可以辨言，豈非可咤之語而不可咤也。即此可推見孔子設教，順先王詩、書、禮、樂四術，而雅言詩、書執禮。詩、書皆故訓，禮器皆正名。學於爾雅，則能辨詩、書、禮、樂之文，言於修身治國之全體大用。言下立解，心相契合。由此可證知爾雅確爲孔門普授治學之書。故漢志列於孝經、論語之次，稱爲六藝總匯。孝經、論語爲經義之總匯，爾雅爲經訓之總匯也。詩詁訓傳全從此經寫出。郭注引詩爲證尚多。書訓爲僞孔所亂，注家即不知引證。然劉略班志尚傳其義云，古文讀取爾雅。學者竟不解此爲何語。不知其正謂尚書古文訓釋在爾雅篇中也。故釋言之次，次以釋樂，即禮器也。

宮謂之重，商謂之敏，角謂之經，徵謂之迭，羽謂之柳。孫叔然説此五名，郭景純以無經據不用。陸氏釋文釋其略云，宮音濁而庭遲，故曰重。商爲臣而佐君成政，故曰敏。此由於經生不知樂律，故望文生義。夫宮爲君，商爲臣，角爲民，徵爲事，羽爲物云者，乃古樂家推究五聲之感應，又以喻五聲還相爲宮之次第條理也。至本經所云宮謂之重以下云云者，與大瑟謂之灑，大琴謂之離，大笙謂之巢，大鐘謂之鏞，及徒鼓鐘謂之修，徒鼓磬謂之蹇，詞爲一例，則義亦相符。此爲彼之代名，而代名之中具有涵義。不得以引申之旁義，曲爲附會可知矣。夫五聲之命名，所以表示聲音之情狀。不得就形義爲訓詁。管子、淮南、呂覽所引古説大同小異。所謂聽宮如牛鳴甕中，聽商如離群羊，聽角如雉登木，聽徵如負途豕，聽羽如馬鳴在野。推此以推求五聲之情狀，須以俗言解釋，始能聽於耳而解於心。牛鳴甕中者，今人言所謂瓮聲。離群羊者，羊離群則曼聲長叫，其音尖仄。負途豕者，人背負豕，或以車載豕。豬性最劣，縛之則哀號，聲直往無回音。馬鳴在野者，馬嘶也。聲如散絲而輕清上浮。雉鳴則今所未聞，不能定雉登木之聲確爲何狀。近人李映庚考訂聲譜，以上爲宮、尺爲商、工爲角、六爲徵、四爲羽。諦聽管吹之音，惟上音不甚似牛鳴甕中。尺音如羊鳴，六音如豬叫，四音如馬嘶，皆畢肖然。則工音如雉之且飛且啼，從下而上，即角聲矣。以余審聽，與李君之説工、角互易，則工即宮聲，正如牛鳴。上乃角聲，從下而上。但未聞雉鳴之聲，究與吹上字之音相合否，未敢持爲定論也。要之，今之工、尺聲字，即古之宮、商七音，則毫無疑義。宮、商、角、徵、羽之命名，不能據形義以解説，只當據音讀爲譬況。乃爲聲音專設之符號，無形義之可言，正所謂本無其字，依聲託事也。知宮、商、角、徵、羽五名之專屬音符，并無形義，則當知宮謂之重、商謂之敏、角謂之經、徵謂之迭、羽謂之柳。諸代名亦必係狀其聲音，而不必牽合事理又可知也。宮謂之重，五聲惟宮聲最重也。商謂之敏，謂商聲短而疾也。角謂之經，謂角聲引長如綫也。徵謂之迭，亦謂聲長相連迭，正如西人論音始於爆，猶算理之點引爲綫也。羽謂之柳，謂其聲散也。合之於古説，如牛鳴甕，離群羊、雉登木、豕負途、馬鳴野，況譬相似。合之於今之聲字，猶云宮謂之工、商謂之尺、角謂之上、徵謂之六、羽謂之四，此就鄙説分配，與李説小異。後有考訂古今七音碻解，作樂律舉隅別出。爲古今音譜之代名符號。以別五音、七音之長短、疾徐、輕重、清濁、高下而已也。以此推例，瑟謂之灑、琴謂之離、笙謂之巢、鐘謂之鏞，皆狀其聲。惟鏞字依聲孳乳，始得據形聲字例以立解説。然亦係後起字，原文只當作庸。乃狀其聲之鉉然，名之曰庸。猶聽其聲簁然，名曰灑。聽其聲犂然，名之曰離。聽其聲嘈然，名之曰巢。其徒鼓鐘謂之修，徒鼓磬謂之寋亦然。徒鼓鐘者，編鐘也。徒鼓磬，編磬也。編鐘編磬〔疑編磬二字當在下句石音前〕別無和音，其聲修修然。石音尤短而難諧，其聲寋寋然。因以爲此項樂器單調樂譜之牌名。翟氏補郭以楚詞寋修之義説之，則無當矣。

爾雅爲先周普通教科書，條分各學科教授綱要，隱栝古今訓詁名物。其中可見古今學術源流、天文、地理、九族、三黨，以至鳥、獸、草、木之名，隨處指示，舉隅而反。一切學術起於文字。就文字名義，可以知古今之變遷。通古今之變，然後知聖明作述。以前民用之理，考鏡其得失，然後不致蹈無知妄作之咎，以學術誤蒼生，不可不慎。故孔子告哀公曰：學於爾雅，可以辨言矣。孔子曰：蓋有不知而作之者，我無是也。多聞，擇其善者而從之，多見而識之，知之次也。古今之名物傳於文字，據名義之推斷，可以知文字之先後。據文字之別異，可以知政教之文野，以及世界進化之階級次第。如樂之興前於禮，故爾雅之名義最古雅者，拍也，即樂節也。爾雅者，爲文言與俗言相通之節，謂近於樂節也。記稱女媧之笙簧，是作樂在黃帝、蒼頡之前。史稱古之造文者三人，左行、右行之字在先，下行之字在最後。即蒼頡見鳥獸蹄迒之跡，知分理可相別異，始制象形統系之字。是也。左行、右行皆旁行，即今各國拚音文字。拚音者必須横寫，故其屬句成文必須旁行，乃出於自然之勢，無容致疑者也。據形組合點畫，皆自上而下，其下行亦自然之理。拚音則合數音始成一義。據形則分一字爲一音，即具一義。合數音爲一義者，依託語言以爲文字。析一音爲一義者，集合文字以達語言，乃有文言。此亦古今中外文字進化一定不移之階級也。然則，先有合音之字，文明進化由觀念而歸納，始有形體組合之文，又何疑焉。樂律之名，先有律，後從兩律之間音分析其名，謂之呂。故六律即五音也。六律者，黃鐘、太簇、姑洗、蕤賓、夷則、無射是也。黃鐘爲宫，太簇爲商，姑洗爲角，蕤賓爲徵，夷則爲羽，無射爲變宫。假定此名以爲樂器聲音之符號，原屬無意識之標幟，本非今日所傳黃鐘、蕤賓等字。乃另有符號，依聲託事，正如今外國之音符。迨主形之文字既興，始以象形文字之音繙切。初有之拚音符號，仿佛蕤賓、夷則者，即以此二字爲古語之代名。正如加拍理、米利堅，其義爲日本、爲合衆。不得合加拍理三字望文生義，亦不能分析米利堅三字逐文疏解也。律生呂，乃據聲之元點起例，爲有意識之符號，古語名之曰黃鐘。更從鐘字起義，名其間音爲夾鐘、爲林鐘、爲應鐘，始有義可言，其名本由義起也。以六律之間音名爲六呂，則由呂起義，名之曰大呂、仲呂、南呂，合之夾鐘、林鐘、應鐘爲六呂，合以原音之六律，統名爲十二律。律爲先出，呂爲後起，而十二律還相爲宫。由律生呂，由呂又生律，故曰律取妻而呂生子也。聲音之道孳乳浸多，亦推求加密，乃知無射一律，宫聲之變。究其元素，只有五音，更將古音符號歸納於一字一名，易黃鐘、大簇、姑洗、蕤賓、夷則、無射之符號爲宫、商、角、徵、羽、變宫。雖用象形之文立名，仍非取據形説字之義，良以聲音之符號其事，取於識別其義。猝語難明，惟以喉、舌、齒、唇區別其清濁、疾徐、高下，取五字之音爲比例，以代表樂語之部居而已。唐以後別用聲字，皆以工、尺、上、一、四、合代宮、商、角、徵、羽、變宮，即古之六律。更加凡字代表變徵，合爲七音。更亦不能以字義説也，音符而已也。

次則十干、十二支之名，爾雅謂之歲陽、歲名。見於史記天官書、歷書。淮南天文訓、吕氏春秋字多異同。如屠維爲祝犂，玄默爲横艾，單閼爲亶安，涒灘爲汭漢，大淵獻與困敦互易。屠維與著雍文相似，而部又相次，似一名而分爲二名。又史記以重光爲昭陽，昭陽爲上章，而上章謂之商横。又如焉逢閼逢，端蒙旃蒙，游兆柔兆，執徐執除，作鄂作噩之類，一字之別異者累累。李巡説與高誘注、孫炎説，皆就文附義，穿鑿傅會，蔓衍支離。徒使學者迷惑，無有是處。惟攝提格、大淵獻、大荒落、赤奮若、昭陽、重光數處，約略可通其實。攝提之爲星名，即已先不能解是何取義，仍屬偶合，而非其本然。以愚見推證，古今文字源流，於此又得一證。世本稱大撓作甲子，與倉頡造文字同時，非於此始造日甲。乃於此始整齊歷象，正名定義，以甲乙子丑等二十二字代閼逢、攝提格等二十二音符符也。在倉頡未作以前，先有合音之字。迨大撓既作以後，改定以一字一音之名，與倉頡同時並作，亦依分理以相別異，乃有名義可得而言。其閼逢至昭陽、攝提格至赤奮若二十二名，乃書契以前合音之符號。及文字改良進步，以主形之文易拼音之字。尚存繙音一例，以見文字源流。不得據六書之文字以分疏合音之語言也。

由此推例，月名、月陽等字亦然。其義不可得而説。尋求文字源流階級，必先由縮短合音，取其重讀之一音爲主體，乃從此音爲標準，依音製字。又因同音而意指各別者多，於是仰觀俯察，見蹏迒之跡，知分理可相別異，乃據形爲標幟，以成中國數千年文字統系。其自昔所傳名物之符號，有改易名號者，有仍其舊名而繙音者。如星名之壽星、天根、大辰、大火、析木、星紀、北陸、大梁、啓明，乃後起改定之名。玄枵、顓頊、娵觜、降婁、渴柳、鶉火、河鼓，乃依前繙音之號也。文字源流，此其可知也。

卷三

釋親九族、三黨爲古來之普通教科所必要。此乃倫理名教之統系根源。在往日學界，習聞習知，即不治爾雅亦既聞而知之，遇而名之。在今日學界，交通外域，平等之教闌入中國，則倫教爲中國獨立之學説，非補習爾雅必致漸久漸忘。今講爾雅，須注重此點。六親、九族之名稱均有涵義，即西文所謂字職。如王父、王母，乃比例於至尊之稱，云一家所歸往。歸往即歸向之義。曾祖王父、曾祖王母。曾，重也。高祖王父、高祖王母。高，上也。又在其上之謂。故孫之稱，對曾祖則同詞，亦言重也。對高祖則稱玄，言遠也。以祖視孫可謂之遠，以孫視祖不得以爲遠，稱其尊上云爾。經文謂之即俗言稱呼，乃所謂名也。有名即有義，名立而職分，即從之而定，是謂名教。董子深察名號篇所發明春秋之義，即此旨也。

由血統而定親屬，由親屬而定名稱。以父母爲特立之名詞，其字亦特別製定。父從手舉扑，扑即戒尺，古以爲教刑。儀禮糾儀有撍撲。明父之職，主督家庭教育。母從女垂乳，乳以哺子，明母之職，主以慈養子。世系親統，重在傳代，故曰：不孝有三，無後爲大。立廟鬼享，爲人子事親之終，即爲父受代之始。代者，代也，輾轉受代以成世代。故於父母之既殁，又特立名稱，父爲考，母爲妣。考、妣二字皆特製之名。由此上推至高祖，而親親之道備。自身而起，上至高祖爲五世。自身而起，下至玄孫亦五世。合上下而通教之爲九世，是謂親親。以三爲五，以五爲九，由此旁推，以成九族。親親之恩義漸遠而漸殺，是謂上殺、下殺、旁殺。故曰：親親之殺。親盡於上，則族單於下，爲中國堯、舜至孔子立教、立政根源。九族教親，確爲宗教之規定。而人倫之政治依此而敷設，是爲中國人倫之政治。今之且勿論其詳，先言其略。天子爲禮教領袖，頒行此教，即頒行此政。其不見於經，但見於史。如通鑑前編、路史之類姑置不談，孔子刪書，斷自唐虞。帝堯之德曰：克明峻德，以親九族，九族既睦，平章百姓，百姓昭明，協和萬邦。然則九族之興，始於帝堯可知矣。克明峻德、以親九族者，由己以及人之起點也。由此起點，即以其親九族之法推及於其時之貴族，貴族從而進化，是爲九族既睦、平章百姓。其時所謂百姓，在古訓爲百官。其實尚有未盡，應就其時事實推斷，乃有悟處。然則如何。其時之百官，即其時之分土而治之君也，即三代所謂諸侯，即後世所謂大姓豪家，即今日各國所謂貴族也。由君主自行宗教之政，以親睦九族，九族未有不歡迎。以九族歡迎之現象聯合姻婭，即百姓也。百姓未有不歡迎。昭明者，即孟子所稱以其昭昭，使人昭昭之昭，明字係附屬副詞。當時貴族分土而治，帝者布政九族，翕然推及姻黨，自然歡悦。其服從教化之貴族，皆分土而臨民之國君。處處有一君，即處處行此政，於是乃有黎民於變而且時雍之效。此尚書帝典九族之解，與爾雅先周教科書前後互相發也。以上言血統之正系，而推暨中國堯、舜至於孔子立政立教之原理。再就本經所列旁系，加以説明於中國政教之關係與各國之根本不同處，可以啓悟其平列之親親，由兄弟起點，即男子先生爲兄，後生爲弟二語是也。此二語乃緣初民時代之原稱，以爲血統本親之起義。何則，男子先生爲兄，後生爲弟，尚未分明同母耶，同父耶，抑同父同母耶。是以知爲緣初民之稱也。其下文又云：謂女子先生爲姊，後生爲妹。亦不明其爲同父耶，同母耶，抑又同父同母也。又於男女先生、後生名次之間加一謂字，其爲就初民稱謂沿襲之語音，而後緣音附義，以製爲此名詞之專字，又斷可知也。按之説文，兄弟皆屬假借字，姊妹又爲後出字，即此可推父母考妣、兄弟姊妹輕重之倫。故云：黄帝正名百物。故云：夫子爲政必也正名。舉一反三，決無疑義。由九族以生三黨，舊説不甚明，今請爲解決之。詞曰由身而生也，人生於天地之間。由身起點，生身者爲父母。生身之父者，不止生身之父一人，於是推其次叙有世父、叔父。又由此推之，有父之從父晜弟爲從祖父，父之從祖晜弟爲族父。是爲旁親至此，則名窮而親盡。此所謂親親之殺。其母黨則又較父黨而滅[減]等。母之考爲外王父，母之妣爲外王母。母之王考爲外曾王父，母之王妣爲外曾王母。仍自本身起點，上推至於母爲一代。再上推至於母之父母爲一代，禮教重男統，故先稱母之父，其實際母黨即是推本女統。稱外王父者，實推本於外王母也。此乃文質之别。母之祖父母爲一代，母之父母爲一代，由母本身起合爲三代。本支男統則以三爲五，因其上有祖父、曾祖父，則下有孫與元孫。其恩義之相親，本止有三代，而男統既立，則上有兩代，其下之對待亦有兩世，由此自然之理由化三爲五。至於母黨，則只有上推兩代，其下之兩代又屬别姓之女所生，與母系上溯血統之外曾王母女系已斷，非厚於父而薄於母也。男統之所推父之系，可以以三爲五，母之系不能以三爲五也。斷於三而止者，乃自然之理也。母之視父，其恩不殺而義當殺者，親之道盡也。降而妻黨，亦由此推例。何則，妻之所自出者，妻之父母，及其嫁而適人，則所承者其夫家之統。及其既歿所受者，夫家之代也。故溯其來源，只能及於一代。如再溯以上，則壻之對於外姑，已屬兩姓之轉傳血統。再溯而上，則爲三姓之轉傳，此猶就中國男統既立而言。如就各國現狀，則當迭加爲六矣。不能統系矣。是以爾雅於妻黨又依例遞減，只推暨一代。即外舅外姑之稱名是也。六親、九族之名稱均有涵義，即西文所謂字職。如王父、王母乃比例於至尊之稱，猶云一家所歸往。歸往即歸向之義。曾王父、曾王母。曾，重也。高祖王父，高祖王母。高，上也。又在其上之謂。父母爲在生之稱，亦屬直系尊親。上至高祖之統，稱高祖至玄孫，可及生存相逮。高曾祖爲本名，王父母表尊號，謂之名義。名義立而職分即定，謂之名教。男子先生爲兄，後生爲弟，乃緣初民時代之原稱。聖人組織人倫，推血統傳重之義，又特製晜字，以爲長兄統諸弟之名詞。而世父、叔父之别由此起。世父者，傳世統家之義也。

釋親一篇，學者最當注意。此即中國國教倫理首在正名，以定血統。顧定血統，必須制定以男爲統，認定生我之身者爲父，再揭明正男統之義，爲世系傳代一脈相承。不但爲生存計，即預爲傳代計。何則，有生必有死，乃人生天地之間不可逃之公例。生曰父、曰母，死曰考、曰妣。故首提父爲考者，世系之所考也。母爲妣。妣者，比也，與父爲配，以比於父爲稱。由此上推，則先其既歿之稱，而後及在生之稱。禮教既立，則重在宗廟。

通死生，合人神，示人生必有終，以考爲終。故曰：父之考爲王父，父之妣爲王母。上及高祖，而親親正系之稱至此而止。自身而上溯爲五世而親盡，則統名爲祖而不異其稱。自身而下數至元孫，合上溯爲九世。從本親直系旁推支系同此。一系發生者，合爲九族，去九族而親亦盡。在九族之直系，死生相續，即於其死終之際制爲喪服。上服至於五世，反服亦至於五世。上溯五世，下逮五世，連己身并數。合數爲九族。服親組織以成五服。服制示人以親親有殺，愈近者其恩愈深，漸遠者其恩漸淺。再遠者其恩不相及，但以姓氏相屬，雖百世猶可考其種姓，知其血統，仍有祖孫之名。故系之以姓而弗别，雖百世而婚姻不通。禮云：百世而婚姻不通者，周道然也。據知夏商之制，親盡可相爲婚。孔子修訂爲萬世之法，善周道以廣親親，特取百世婚姻不通以爲通制。一爲正男統以定世系。親盡如相爲婚，則男女行輂[輩]或亂，所傳血統即不純全。一爲聯族姓以防黷亂。古者女學校乃用合族教法，故曰：祖廟未毁，教於公宫。祖廟既毁，教於宗室。先之以不通婚姻，則男女習知習聞，均無敢犯。然後聚同宗之女而教育之，坦然無嫌，有監察而無黷亂。一爲廣生育以遠疾病。傳曰：男女同姓，其生不蕃。又曰：美先盡也，遠其疾也。同氣類而無交换，其生不茂，徵之植物、動物皆然。無交换，生氣則易致衰腐。傳所謂美先盡，遠其疾，即互明其理。由此先聖、後聖作述，人倫以成。我中國萬世一系之民族，除卻此法則，須并計男女血統。從父之父母即生别異，計父之父母即須計母之父母。故歐法於外祖父母與祖父母同稱。自祖父母并計直系之親四人，曾祖父母并計則當八人，高祖父母并計則當十六人，再上推則三十二人。由此相加，如幾何級數，決不能理，亦無直系。由中國之倫理，則從本生支。據外國之血統，則前分後合，其同直系之分支更無從推認矣。别有圖説另出。

直系尊親以與外域三等親比較，尚缺彼中妻親一層。彼教男女並計血統，則須并計妻親。己之父母與妻之父母皆認爲直系，則上一代即四人。再上推直系尊親，則父之父母、母之父母即中教之外祖父母。并妻之外祖父母爲六。再上推曾祖，已有直系尊親十二人。再上推高祖，則二十四人。若太高祖，則四十八人矣。是以血統不能正名，而姓氏不能一系。由此親親之道不能立，而同姓、異姓無從別矣。妻之姊妹不得爲昏，而嫡堂姊妹轉可爲婚。由於其起點不同，視男女爲一律故也。近世科學發明，亦知受生傳種之生氣屬於男子。且推究生理，男女同氣，生殖不蕃，易至衰弱，兼傳病種，最與左傳古義暗合。無如并計男女血統直系，已不可勝數。若據此以推旁支，則如父母各有兄弟姊妹各五人，即有四十姓不得相爲婚姻，於事實萬不能行。是以有其學説無其辦法。如此比較，可證君子之道造端乎夫婦一語，爲立名教、倫理之根原。倫教即君子之道，故曰聖人人倫之至。堯舜之道，孝弟而已，學則三代共之，皆所以明人倫。舜明於庶物，察於人倫，故中庸本章云：夫婦之愚，可以與知。夫婦之不肖，可以能行。及其至也，察乎天地，知夫婦合而生子之故，乃可推知天地所以生人之故。三合然後生人。男受生氣於天、女受生氣於男，是謂三合。猶之地生萬物，即地之所以生物受氣於天。此男女不為同物之原理也。再推究其根原，則大傳所謂男女有別，不得與民相變革者也。聖人先能盡性。以盡人之性，知男女受生之命不爲同物，乃循其性之自然而爲之裁制，以立人倫之教。使男率女，女從男，首爲規定夫婦之倫。使匹偶不亂。男女有別，夫婦有別是兩層。先分別人所受中於天之原理，男不同於女，女不同於男，是謂男女有別。次爲制定以男率女，以女從男，規定血統，嚴男女之防，以定傳代之義。立法以傳代之義，注重於男以守身之義，注重於女兩相維持。使其匹偶不亂，而後血統不亂。是婦所生，決爲其夫之子，然後父子相親。假如男不注重傳代，則有子與無子相同，爲父者即不必親愛其子。假如女不重守身，則所生之子不必能決定是其本夫之子，爲子者即不必親其父，自不能與親其母之愛同。故曰：有男女然後有夫婦，有夫婦然後有父子，有父子然後有君臣，有君臣然後有上下，有上下然後禮義有所措。故又曰夫婦有別然後父子親，父子親然後義生，義生然後禮作，禮作然後萬物安。倫即始於夫婦也，禮即始於夫婦也。

第二段，旁系之最親者爲晜弟，應從晜弟起點。而先言父之世父、叔父者，先尊而後親也。然後及父之晜弟，然後及身之晜弟。至於姊妹，則從本身上溯，乃及父之姊妹。女爲外宗，示男女有別之義。父之從父晜弟，以至親同姓，則其親又殺，故離而言之。

兄之子、弟之子，應次於族父之子之前。因族父之子相謂連父爲叙。此文兼舉兄弟之子，則目言指本身以下。族父之子相謂，則據本身之同輩而言。亦先尊而後親，所謂重昭穆也。昭穆二字為班輩之代名，猶云左班右班。親則從親，疏則從尊之義也。

玄孫以下又增數合爲九，似屬後來附益。但記有嫡來孫，當是九世以後之裔。統名曰來孫，猶云嗣孫、裔孫。博士家因而增廣之耳。

兄弟本古先長次之名，非專製之字，視父母、夫婦之名義有間。但禮制兄尊於弟，兄之嫡長有宗之道，即君道也。因此更製晜弟字，爲兄之專名。推廣其稱至於族晜弟。非同族晜弟，則無此稱。故又申明其別曰：母與妻之黨爲兄弟。晜字從眔，其義同群，視其群皆弟也。隸省作晜。眔音讀同鰥，後世語稱哥，不知所自始。按眔、哥雙聲，古音同讀，方音從雙聲轉變爲哥。本製爲嫡長兄之專名詞，猶冢婦之稱矣。禮稱冢婦者，本經爲嫡婦。要之，别於諸弟之婦，其義則同。此宗法統家傳重之要義也。

婦稱夫之父母爲舅姑。舅，久也。姑，古也。皆長老之稱。字屬形聲，亦爲後起，乃男女長老之通稱。婦於舅姑，親不敵其父母，而義與之同。故本經特箸其文曰：在則曰君舅、君姑，没則曰先舅、先姑。存則事如嚴君，没則承其宗祀也。此名學之最重者，女學所宜先知也。聖門女教最重其教科，同在詩、禮兩經。爾雅爲六經之總匯，凡載在爾雅者，皆常識所公知。男女學課並授釋親，更顯而易見。父母一例，兄弟、姊妹並提，姑姪、娣姒俱詳，母黨、妻黨亦屬直系，而伯父、叔父爲旁支。特祇以父爲統有異，即揭明立家庭之道，以男爲統系，所謂父爲子綱，夫爲妻綱。俗學不解綱之文義，説誤爲剛意。若爲俗語之鈐制，豈止誤訶止爲拘執人乎。學理由此亂，而反動力乃決爲横流。不知匪但父爲子綱、夫爲妻綱爲建立家庭之關鍵，非由此立根，則人道不能成立，而且君爲臣綱，亦爲建立家庭之關鍵，非由此立例，則家道亦不能成立也。建立家庭以建國爲比例，婦道之於臣道是也。建國之道以家庭爲比例，臣道之與妻道是也。世學觚生徒知臣道引比於家庭之妻道，而不知婦道爲起例於建國之臣道也，女學宜先知也。易曰：家人女爲奥主。又曰：妻道也，臣道也。又曰：家人有嚴君焉，父母之謂也。此經君舅、君姑，即易云嚴君父母。義主於妻，謂夫之父母。子事父爲家君，從有家而起，亦起例於家人之有嚴君。家人女爲奥主，以女主家道，夫婦胖合爲一體。妻事夫之父母爲父母，奉爲家之嚴君。男子正位乎外，從家道起義，亦奉父如嚴君。婦來自外，非血統天屬，則重在名義，故純爲臣道。臣道各有等位，聖制立君之道亦有等威。天子爲大君，諸侯建國爲邦君，卿大夫受采地，亦爲其宗之主君。詩云君之宗之是也。其起例先建於家庭，故妻對於夫謂若主君，妾對於嫡稱爲女君。婦對舅姑奉以嚴君，在稱君舅、君姑，没曰先舅、先姑。再其上同稱王父、王母，高祖王父、王母。在廟則夫爲主祭，同稱考妣，詞從其文。在家則女爲奥主，語從其質。然則據文推驗，此篇重授女教，故以女爲詞主。夫之兄爲兄公、夫之女兄爲女公，謂家梟、伯姊。大夫妻稱内主，此又從君之宗之推例，謂視如國之尊重。三公有采、有家之奉爲宗主也。建國爲家庭起例，非但妻道援臣道比例也。孔門非略於女教，正以女學事業專重家庭也。

卷四

釋親之後即次以釋宫、釋器、釋樂，而釋天地四時反次於後。普通教育，先使知近，而後及遠，亦一定之次第。於此益可證其爲普通之教科文字者，所以正百物之名。字詁之緣起，即名學之緣起，先有公名，乃從公名抽象而有專名。宫謂之室、室謂之宫互爲訓釋者，即明專名起於公名之例。疏引釋名云：宫，穹也，言屋見於垣上穹隆然。室，實也，言人物實滿於其中也。詞者，意内而言外。其言外稱之曰宫者，其意内狀其穹隆然。其言外呼之爲室者，其意内謂人物塞滿其中也。其始制文字，並有二名，詞各有指，而所稱同物，皆公名也。訓詁既興，則於同中見異。由全體抽象，則據詞内之意箸其穹隆者，爲合數間、數十間、數百間共一家居之統名。箸其塞滿者，爲專指一間、或一套間、或一人所獨居、或夫婦所共居之析名。故云：由命士以上，父子異宫。又云：半畝之宫，其大者則曰公宫，曰王宫，皆合門庭堂房而合言之詞。其云環堵之室、獨居一室、男女居室、嗟我婦子入此室處，皆分析閤家之一處所、一間房而言。西人謂西文名詞皆有區别、中文名詞無區别者，由於譯學未明我國之治，譯者未能通訓詁小學，但解普通認字，普通屬文，無從知古先名學，因而翻譯西文不能區其詞界。縱能深於西文，通其名學，而於中文不知碻詁，則其比附中西文之解釋，隨文句而推移，失其本義，但假通訓。譬如后夔一已足訛爲夔只一足，人皇九代首出爲君訛爲人皇一身九首，是其比例。就文而屬讀，則成郢書而燕説。或有尋求前後文義意有不得通，則以意爲之，又成改漆書以合秦文矣。必祛二者之惑，始足以言譯學。必通譯學，始能作中西學術之郵，則非通中文之小學，不能爲功。先從爾雅釋宫、釋器諸篇，詳審其名詞之何以繁複，何以多生區别，自易悟人。

牖户之間謂之扆。古時宫室建築有一定之式，一爲便於習行禮教，一爲便於治事衛生。户皆南向，門在室西，窗在室東。則户牖之間，乃一室之當中，行禮之位。人君則於此處當設屏風，以木爲之，刻爲篆文，即今梓人所謂漢文，如今之漢文椅扆轉作篆形，是其遺制。所謂兩已相背畫爲黼扆，字借爲斧依，正文作妃戺。即戺字。内謂之家，承上文而言，室必有户牖，其外則户牖之間謂之扆，其内則人所居也。故曰：其内謂之家。家，居也，人所居也。

東西牆謂之序。此須知三代宫室之制與今不同。所謂堂者，與今之堂異式，略如今之飄簷走廊。而進身所占地位甚寬，殆倍於室之進身。行禮布席皆在此。其兩旁只以牆界之，中架有楹，其後有室。以行禮在此東西牆界内，故謂之序。

東西牆謂之序，取義於次叙。行禮之地，其室之四隅各有名義，亦以行禮、衛生二義定其稱。宫室定制，牖在室之東南，户在室之西南，雙扇在外爲門，單扇在内爲户。記云：户開亦開户闔亦合。有後入者，闔而勿遂，言聞則入，言不聞則不入。是室户以闔爲常，行禮則啓户，設饌於奥則闔户。故以奥爲幽隱之處。於奥既畢，改設饌於西北隅，則人啓户。故曰：當室之白，日光所漏入。孫叔然之説是也。郭云未詳。補郭引釋名及熊安生説，謂喪禮撤此隅屋薪，值雨則漏，其義無取，經傳亦無此據。疏謂二家説皆無據，郭氏不取是也。古人尚右，以西爲尊，故行禮設饌皆在西南、西北兩隅，其東南隅當牖之左，惟東北隅去户牖皆遠，當爲人所常居寢處之地，故謂之宧。李巡説宧，養也，是其義也。除户牖及户牖之間，四隅皆容布席，則室制甚寬。古制布席在地，席上仍几。其地皆有莞，若今北方地坑之必有蘆席，然後上加細席。有再重、三重，如今檐毯之屬，詩所云下莞上簟也。居常寢卧之衾枕，既起則韣而縣之。今日本猶循此法。其行禮設饌之席，亦臨時始布之，亦加幾如今炕机矣。由此推見古時宫室居處法度，約如今日北省地炕、東洋席地之式兼而有之。居常寢處多不用帳，以常卧處距户牖光綫透入處均遠。抑或時改寢處於西北隅，則當户之白亦用帳以蔽光。詩小星説幬爲單帳，抑篇説屋爲小帳是也。屋、幄古今字也。或用帳或不用帳，此又與西人同矣。其東南隅謂之窔。據禮，掃室聚窔。既夕文曰：朔月，童子執帚卻之，左手奉之，從散[徹]者而入，比奠，舉席掃室聚諸窔，布席如初。但言掃室之散[徹]者而聚諸窔，不言糞除奉而出之。然則窔是下孔，在牖下之左旁，下齊地爲孔。由此可推，棄所掃於室外，故云舉席掃聚諸窔，又布席其上如初。此又適與西法衛生，上窗入空氣、下隙出冷氣之式相合矣。宫室之制，須重衛生，古先與今西法用意固同，其有異點，則又必便於行禮，爲中國古先所獨也。

次别門户上下四旁之名。注疏已詳。惟樞達北方，注未得解，疏更就文傳義，不得其實。愚按，樞達北方者，示户扉開向後，前爲南，後爲北也，故云樞達北方。户扉之開向南、開向北，樞爲之主也。落，如落成之，落時是也。兩適相當之，謂户扉向後開，附箸於壁，適當户牖之間，廣狹所占地位相當如一，如落成然。俗語所謂落井，猶言恰合式云爾。據此推究古訓，則落時、落成，皆合兩字以表一意，乃相傳古語爲拚音文字時代之名詞。亦即歲陽、歲名、五音、星次之比例也。故重申其名義曰：落時謂之戹。戹，即戺字。户扉向後開，附著於壁間，其前面即正當牖户之間之黼戺，共一堵而前後略異。其稱古讀當不必異音。即容或異音，要之其爲同物，則據文可知也。此又古今文字音系在前，形系在後之明證也。

此下略分二例，一例有關於名學，一例有關於建築。據訓詁家舊詞，例有散文、對文，析詞、統詞之别。據新學界釋名學詞，例有公名、專名，察名、玄名之科。此篇所舉，如垝謂之坫至在地者謂之臬，皆舉對文。析詞則各有主名，散文統詞則其義相通，即名可互假。至大者謂之栱，長者謂之閣，又演其義云闍謂之臺，有木者謂之榭，則由專名而逐漸演爲公名。其兩階間謂之鄉，中庭之左右謂之位，門屏之間謂之寧，廟中路謂之唐，堂途謂之陳。以至九達謂之逵，大路謂之奔兩節，則由察名而演爲玄名。於此可究訓詁與名學密切關通之消息。先周之制度爲中國文明極盛時代，無事不有法式，建築尤爲最精。欲以禮教爲國，先須正人群之爭。其原理須周給人群滿足之願欲與本分之願欲，而防禁其奢侈之願欲。先分别人群賢否之階級，以設爲地位高下之階級。就其地位高下之階級，以制定宫室、車服、飲食、器用之等級，必先自建築爲始，而尤以宫室爲先。不獨於此，養生又須於此行，禮所謂君子賢其賢而親其親，小人樂其樂而利其利。製合家庭以爲政教之起點，必先制其宫室之度，以爲家庭教育之範圍。故其宫室之制同爲一式，惟以其階級分别其占地廣狹、列屋多寡、用材良楛、度數崇卑之等差。禮記所舉自天子以至庶人之分數是也。植謂之傳至檐謂之樀。物有定名，則工有定度。此自庶人所居同於此名，即同於此度。閍謂之門至衖門謂之閎，則推而上之至於諸侯、天子之宫。夫宫室有制，然後道路有經。推而廣之，匠人營國，司空量地以制邑，度地居民，地邑民居必參相得。無非工政之整齊畫[劃]一，恢之而彌廣。故孟子言國家之亂，朝不信道與工不信度對舉同論，是爲壞法亂紀之兩大原因。而其效果則成於君子犯義，小人犯刑，如立竿之見影。夫奢侈之願欲，人類所同懷。本分之願欲，生人所應有。而聖王之政，以滿足之願欲爲執其中，而就其人格之等衰以爲之限制。如使人人競於奢侈之願欲，而無義務權利之原則以爲之權衡，則在位之君子必致犯義以妄求，在野之小人必致犯刑而盜竊。雖有法治，猶不能正。況未成法治之國，而先廢禮教之防，其何恃以處此。此篇一達謂之道路至石杠謂之徛，由宮室制度以演成營國規模，約舉工政以爲教科，言皆有次第也。雞棲二句，容謂之防三句，門側堂謂之塾四句，路旅途也二句，室有東西廂五句，皆舉經詞博士所附益也。

卷五

古先遺書，非傳其專門之學，即屬普通教科。史篇之屬於普通教科審矣。古謂史篇者，今言字書，非爲教科，則毋庸作字書也。爾雅亦史篇之類，證以漢時史篇之尚存者，如急就篇，先以人之姓名，次以器用宮室，即係規仿爾雅體例。述人之姓名者，即爾雅釋親之義。制九族以正血統，始有一脈相傳之氏系，而族姓從此別焉。彼用韻語，但取識字，其爲教科等級尤小。故僅能臚舉姓氏綴系以名，讀而成句，察而可識，如後世通俗所行之百家姓。然而推其體例所從出，實仿於爾雅九族之意，次以宮室、器物、音樂之類，綴字成句，其次第與爾雅正同矣。

爾雅爲先周教科，故其篇第部居雖秩然有法，顧爲後學附益，逐節增入，以致參雜，猝難見其條理。如釋器篇，該類甚廣而紊亂，亦甚約分其節。木豆謂之豆四句，宜若先言祭器，而簠、簋、鉶、俎之名又不悉具。緵罟謂之九罭至罦覆車也，則次舉網罟佃漁之器。衣裗謂之視至裳削幅謂之纀，則次舉衣服縫紉之名。輿革前謂之鞎至轡首謂之革，則辨車馬之飾名。餀謂之餘至有骨者謂之臡，疏謂別魚肉所作食味之名也。但網罟類多取晚出之名，輿服類亦不完備。食味先言飫、餲、餧、敗，又覺先後倒次。此後鼎、鼐、金、錫略見大凡，羽、革、玉、角又前後錯舉。惟弓矢一節、圭璧一節、染采一節，尚見完好。猝未能條分縷析，辨其孰爲原文，孰爲附益。但亦仍可以前例求之。其專釋經詞及待證方言者，即所謂博士集解詁、梁文所附益也。

此篇所該既廣，應是取日用常習所需。每類各舉其概，不應搜及僻隱。原文所舉應屬統名，無取析名；如木豆謂之豆四句，皆日用食器之大名。若甌瓿謂之瓵、康瓠謂之甈，須證以方言始能名其物，當爲後來增益。斪劚謂之定三句，則舉農器而不及耒、耜，疑亦原文所無也。抑耒、耜屬文言之名，此舉其習語之稱。古書流傳，文字孳乳，所書之字多半非其本體，不徒水族安魚、飛禽箸鳥而已也。據晚出之名以求原有之物，因以通其最初之文，則是篇之例可略得而説也。今用此推例，就所已知刺取疏證，以爲舉隅之，助治爾雅者爲遇物能名，舉書能識。非以博聞爾雅之故以爲學也。

斪劚謂之定。廣雅云：定謂之耨。世本云垂作耨。呂覽云：其耨六寸，所以間稼也。詩臣工毛傳云：鎛，耨也。據此，則耨即是犂，犂即是耒。耒、耜一物，就柄名之爲耒，就臿名之爲耜。文言爲耒耜者，於古恒言謂之丁定，又名爲斪，亦名爲劚。郭注斪劚：鋤屬。耡、犂一類也。文字孳乳，文言浸廣，始由統名而抽象，别爲析名以爲稱。如斪，本字當爲句，即俗寫之勾。又推原其始當爲㇄，隸書變形當作乚。劚當爲欘，即周禮柯欘之欘。又推原其始當爲椓，又推原其始當爲亅。耡也、耰也、犂也、耙也、鎛也，皆一類也，統而言之曰耕也。耕字亦從耒成文，未知與諸文孰先孰後。究其初名，則曰作耳。故書曰：平秩東作。作，古文爲乍，即乚之重形。要之，舉統名則耕作之名無别，即農作之器，其名義相通，則可斷言也。然則斪即句、即勾、即乚、即劚即椓、即杙、即亅，定即⿰耒丁、即朾、即丁矣。據此諸證以推其物，然則斪也、劚也、定也三物而一物，一物而三形，三形而三用，三用而三名。舉此三物，而農力耕作之事備矣。斪即乚，劚即亅，定即丁。中文下行，故將乀書作亅。其實亅即乀，乃鋤也，從上舉手挖下也。乚即乚，乃耙犂之屬宛曲而上者也，從下耨上使上疏也。丁即臿、即臿、即插、即鍤、即钁，從上插入地以種物也。農器之三用備於此也。斫謂之鐯，舊説以爲大鋤，乃據後起之詞而名之。愚按，斫，斤也。斤者，鐮也。鐮者，横腰刈艸之器也，今語謂之鐮刀。鐯者，著也。即俗着字。字從者、艸。者者，著也。以器著艸，即以鐮刈草也。楚詞所謂誅茅是也。㪍疀，郭釋爲鍬鍤。愚按，㪍當爲戽，疀當爲菑、爲甾。戽水以灌田，以名其戽水之器爲戽，演爲㪍，以所灌之動詞爲菑，演爲疀矣。

宮謂之重一節，前已刺舉爲説。今按，全篇名義，大鼓謂之鼖，小者謂之應。大鐘謂之鏞，其中謂之剽，小者謂之棧。大籥謂之産，其中謂之仲，小者謂之箹。所以鼓柷謂之止，所以鼓敔謂之籈。和樂謂之節，此數名者，可以義説。其餘皆以其音之狀，爲其物之名，只可以釋名之例説之，不得用詁字之例爲訓也。鼖鼓，所以鼓軍旅，取義於其聲奮迅。以鼓起，衆小者其聲應於樂節。疏以爲應於大鼓，失之。李巡説尚近之，孫炎説非也。應，如周禮春牘應雅，詩應朄懸鼓，正謂應樂節板眼。在諸音之間，爲諸音之節，如點、讀、句然。今樂所用簡鼓尚如此。俗音訛爲尖鼓，其實即朄鼓之遺語也。剽者，聲輕疾而短聞，孫叔然説聲輕疾是也。棧、謂編聯爲棧也，即編鐘是也。産之義難明，所未詳也。仲者，即取伯仲之誼。箹即約矣。止即取以此止樂。籈，注疏無説。籈即甄。甄，作陶瓦之器也。所以起樂，如陶之有甄，蓋其命名所取如甄之圓也。節者，如竹之有節也。

釋天穹、昊者，特製之名詞，尊稱也。蒼天者，普通之習語，以習語釋文言也。此下分四時之别稱，郭注明矣。兩舉四時之名，見黄帝内經素問，詞有出入。載，歲也。郭注取物終更始。載，本字只作𢦏，從才、艸生才見，弋以識之。故曰物終更始，古文遺説也。夏曰歲，商曰祀，周曰年，唐虞曰載。首見尚書斷代易稱，餘經皆同此例。夏曰歲，故周禮用夏時，所舉之政皆改稱正月爲正歲也。歲陽、月名等，古書亦罕見用，惟楚詞及越語兩引用之。即此亦可證其爲古語，不得以文言之訓義説之明矣。惟月陽義尚可説，但亦可無説。焚輪、扶摇，亦未有形系文字時代拚音之語。庉，字亦作炖，皆不見經傳。漢置燉煌郡即此誼，然皆晚出字，後所附益。

雺、霧古爲一字。漢書作霿，即書洪範曰雨曰霽曰蒙之蒙。孳乳浸廣，因名製字，遂又分爲二名。霆霓即霹靂。霓讀爲翳，音如歷矣。

此題星名以壽星、天根、大辰、析木、漢津、星紀、玄枵、娵觜、降婁、大梁、鶉火，或數營室，合爲十二次。或數濁咮，以當鶉首。濁即噣，即啄，即咮也。十二星紀有有星，有無星，故云虛也。玄枵，顓頊之虛、北陸三星次皆無星，故皆曰虛也。箕斗之間亦無星，然不曰虛者，漢津亦積星也。是類是禡、既伯既禱，全舉詩經文爲釋，乃博士所附益。乃立冢土至反尊卑也，皆舉經傳全文，亦屬博士附益。

周禮祠春、礿夏、嘗秋、蒸冬享先王，與爾雅同。禮記春礿、夏禘，詞有所改。祭星曰布，即禮詞所謂禜也。禜者，營也，縈也。餘均書、禮、春秋名詞。大祭之禘，禮所謂殷禘，禮家説三歲一禘，五歲之祫。

因祭而次講武，蒐、苗、獮、狩，均禮、春秋名詞。四時之田，一爲乾豆。國之大事，在祀與戎。兵不可忘，而武不可黷，故下舉宜于社，轉詮其義云：起大事，動大衆，必先有事乎，社而後出，謂之宜。如今講科學授課，亦演説本科原則，以引起國家原理，啓學者常識，工執藝事，以諫之遺。

因講武次旌旂。古之立武，以司耳目而便指臂，在於旗鼓。鼓已見釋樂大鼓謂之鼖、小者謂之應。素錦綢杠至維以縷六句，詳旗之製。舉九旒者，諸侯之制軍以守關。明國君爲主，故不及王之太常。旗爲統名，曰旐、曰旆、曰旂、曰旟、曰旃，舉析名之別也。

卷六

圖釋

釋地九州最關經制建國之綱要。自十二州、九州異同，五服、九服，三千里、萬里，諸家聚訟，不得懸解。今先立圖式以次，詮釋如後。

立十二州之名，以括昆崙以南之地，故於文地北爲丘。人所居在昆侖丘之南，則視昆侖丘爲地之北，此即黄帝以來劃定之中國國界也。帝王相傳之政策，宅中建國，旁晝八區，合中爲九，是爲九州。上象九宫，八星環繞，以明帝王法天之則。下制貢賦，分爲五服，以治地政。周禮所稱侯服、甸服、男服、采服、衛服，即内九州也。面距各五百里，合之方三千里，所謂王者治三千里，置其外爲外州。周禮所稱蠻服、夷服、鎮服、藩服，面距又各五百里，弼成五千，故虞夏書云：弼成五服，至於五千。就中國方域制十二州之名，或拓東北入内九州版籍，則置西南爲外服。或收西南入版籍，則置東北爲外藩。故帝典又云肇十二州，封十二山也。

從五百里起度，合五百里者四，爲甸服，面距各五百里。此外則每服遞加面距各五百里，兩面弼成方千里爲一服。

并數蕃服，則除王圻不數。并連王圻，則不數蕃服。邊陲之域皆奇觚，地爲廣輪，不能正方如圖。故略外州約舉其面距爲五千里，合兩面爲九服萬里。故曰：至於五千，弼成五服，外薄四海，咸建五長。俾有統系而已。

五服方五千里，九服方萬里。九州、十二州及王者治三千里，爲今古文家説經之聚訟，因而疑及王制。東不盡東海，北不盡恒山，面距千里而遥。千里而近，如鴻溝之界絶不相通。此其説經皆於通處求塞。惟鄒伯奇

職方九服圖

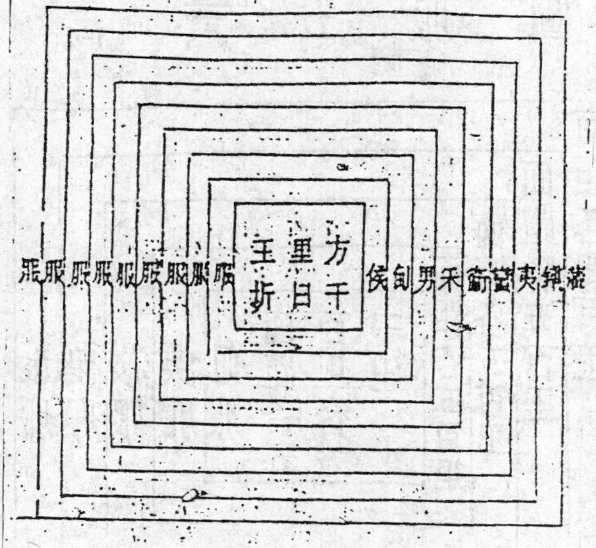

方千里起度，則遞加之九服，各等邊五百里爲一服。

內九州外五服影射圖

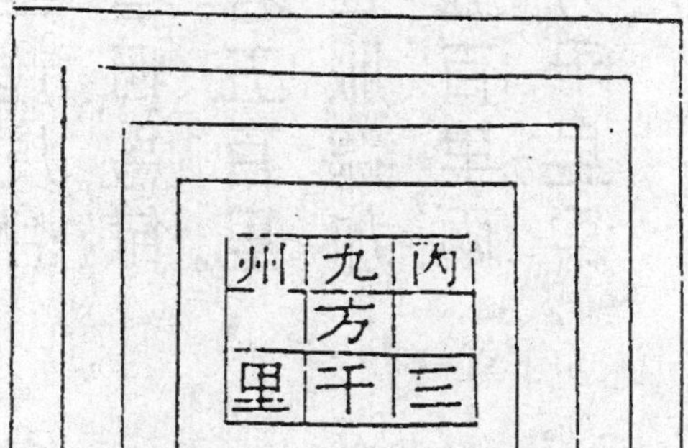

禹貢五服圖

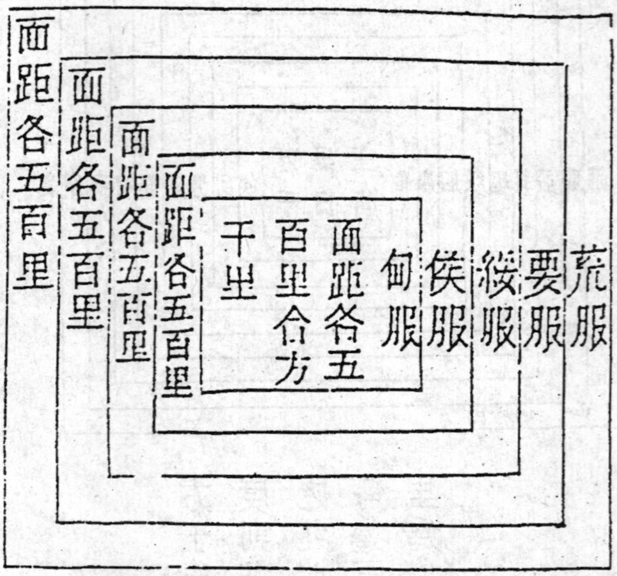

從五百里起度，合五百里者四，爲甸服，面距各五百里。此外則每服遞加面距各五百里，兩面兩成方千里爲一服

爾雅鄒伯奇周禮九畿方率圖

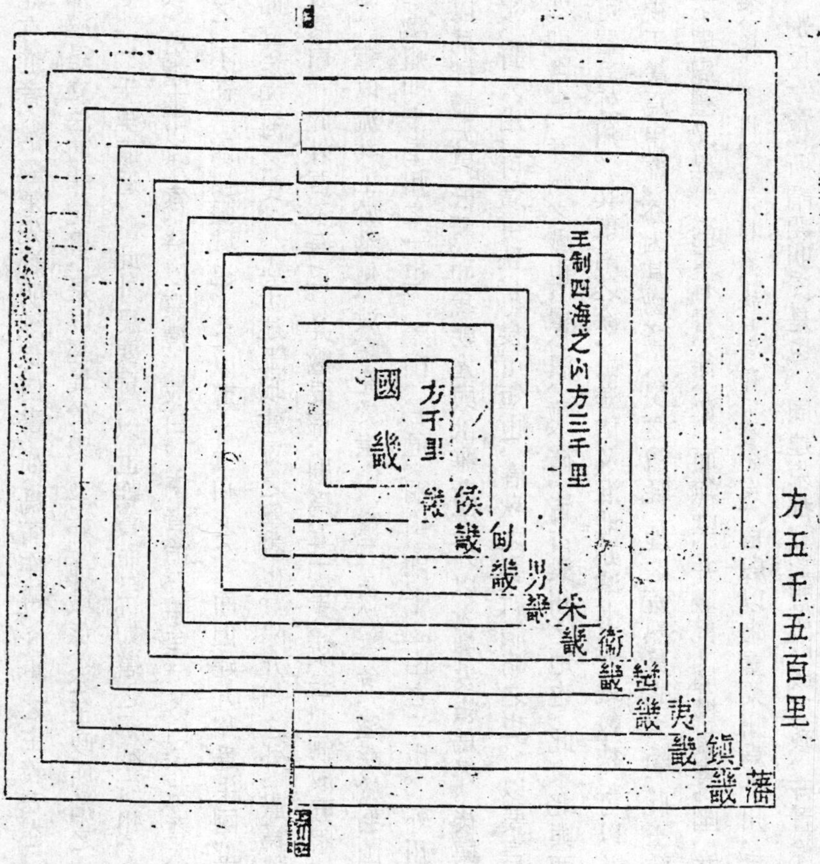

九畿方率圖能於塞處求通。今先列兩圖説明尚書、周禮本無不合，即本鄒氏之意而疏證之。次取鄒圖與前圖兩相印證，其餘皆通矣。抑尤有進者，治經須先認明經係何書，何爲而作傳，此書之主義安在，治此書將以何用，如何謂之通經致用。須知經是立法而非記事，是以經異於史。王制地域係、述王政所治之内九州，故除王畿，數其四至，面距不過千里而近。千里而遥，劃此外爲要荒，以世朝貢而已。如唐之羈縻府州，今之藩屬土司，地距愈遠者，愈不干預其内政，所謂疆以戎索，待以夷禮。故曰：王者治三千里。又曰：王者不臣夷狄。惟精於自治，以俟其歸化，歸斯受之，不在乎恢拓疆域也。是以置十二州之名，而但建九州爲中國，求土中以建國，因王畿而定界。所謂中天下而立定四海之民，乃孟子述王政建置之學説也。除九州之外，畫爲外州，故九州謂之九有，猶宋祖以玉斧劃大渡河曰：此外吾不有也。并數要荒，則爲五千里。故云：弼成五服，至於五千。又曰：肇十有二州，封十有二山。繼以流共工於幽州，放驩兜於崇山，竄三苗於三危，殛鯀於羽山。惟其置幽州爲外州，乃流配共工於其地。幽州即十二州之一也。崇山、三危、羽山，即十二山之三也。外州不必悉如内九州之建置，申畫郊圻，但封山以爲標識大界云爾。如我朝先與俄羅斯定界以大興安嶺爲界，後與英定緬甸界約以野人山爲界。所謂大興安嶺、野人山，可廣可狹，可長可短也，春秋之義所謂略之也。以要言之，黑龍江省，内、外蒙古三姓、四盟、車臣汗，即古幽、并州之域也。嶺、滇、藏、衛，皆古梁州之地也。此東北與西南之大限也。其正東之青州，海濱廣斥，亦可置爲外州。其東南之徐，由海岱及淮地亦瀉鹵，方域較狹，可以并入揚州之域，亦可棄置爲外州。建置所宜，視王畿爲申縮，亦因其物産人民之盈耗、地之荒熟爲之土斷，此王政之政策也。是以爾雅此文，上與禹貢不同，下與周禮又異。禹貢有青、徐、梁，而無幽、并、營。周禮有青、幽、并，而無徐、梁、營。此有徐、幽、營，而無青、梁、并。青州即營州異名，故此云齊曰營州矣。自殷以來置梁州爲外州，爲營洛宅中，整齊方域。故蜀山氏興於其際，别爲一帝，所謂開明氏是也。周建東都，朝諸侯以成王政，并置徐、營爲外州者，蓋將東北縮小，畫訖青州爲界。此外登、萊、碣石、朝鮮、嵎夷、奉、吉之地，悉爲外州之境，則從青島以訖海、徐，亦并隸於要服。王者治三千里之外，統謂之爲四海矣。

十藪、八陵、九府、五方，以廣博聞，不甚關於要義。周禮：藪以富得民。所謂名山大澤不以封，由王朝設虞衡之官世掌之。因以周知九府之所出産，及其五方之異物，故連類誌之。邑外謂之郊至林外謂之坰，亦舉侯國爲主。先王之疆理天下，重在分土而治也。郭注此文最精，謂邑、國都也。假令百里之國，五十里之界，界各十里也。據周禮：王城外百里爲近郊，二百里爲遠郊，遠郊以外統名謂之野。王國六鄉，置於近郊百里之地域。侯國則三鄉，縮小範圍，界僅十里也。書稱魯人三郊三遂，蓋比王朝六鄉六遂。六遂置於遠郊之地域。侯國鄉改稱郊，則遂地遠郊避稱爲牧。牧外乃謂之野。據周禮林在距王城五十里内之園圃，今侯國面距只五十里，故野外始謂之林。坰，古文只作冋，最初當作冂，表界牌也，以表國界。

周禮地域五名，有山林、川澤、丘陵、墳衍、原隰。此獨詳原隰、丘陵，亦主侯國名山大澤不以頒。阜即丘。陂者阪，即墳。上既舉溼曰隰，復舉下者曰隰，與阪連文，即謂衍也。題爲四極，而目言四荒、四海，推至南戴日、北戴斗、東至日出、西至日入，蓋由近及遠。殆亥章所步，禹益所名，又在荒服之外矣。

釋丘别爲篇不入釋山。古誼山，宣也，主名水之所出，緜亘枝幹，爲宣通天地之氣。故曰：竅於山川。丘以昆侖得名。爲地南祖山突起，因而名起突岡阜别以爲丘。故篇中特提人爲之京，與非人爲之丘對舉，以證明一成、再成、三成，乃指生成而名，非如築壇之成人所爲也。上正章與釋山同詞，蓋幃借字，上平如覆帳也。澤中都，都即堵，亦即渚也。當途梧，謂交迕。途出其前，山面陰，如有戴。途出其後，山面陽，昌明也。左澤定，右陵泰，據史地輿記所增益。丘上有丘宛丘，重出，與宛中誼相左。如畝、如陵，亦組合之誼。陳有宛丘，據詩。晉有潛丘，據地記。淮南以下四句，顯屬附益無疑。

厓岸因邱陵、川澤而生，故别其形狀以命地誌之名。古中國立國中原，故無海角、海頸等名目。今談輿地者，亟偁外域方名，而於國文地域之類别，反數典而忘之矣。釋山水以五嶽、四瀆、河曲、九河爲綱領，篇尾梁山晉望也。從釋地以下至九河，皆禹所名也，乃子夏以後所增。此外爲附屬條目，製爲文字，因其形狀以命名。箸於文篇，即因其名以知形狀，乃爲文言，而設俗語呼名，亦即察而見意也。山脊岡，未及上翠微，山頂冢，崒者厜㕒，山絶陘，山西曰夕陽，山東曰朝陽，水自河出爲灉，濟爲濋，汶爲瀾，洛爲波，漢爲潛，淮爲滸，江爲沱，過爲洵，潁爲沙，汝爲濆，注川曰谿，注谿曰谷，注谷曰溝，注溝曰澮，注澮曰瀆，水中可居曰洲，小洲曰渚，小渚曰沚，小沚曰坻，乃分別山之一部、水之支流之析名。餘皆狀況之名詞，約與崖岸同例。字多偏旁，皆緣後起，以類識別。如崧即嵩之別體，岑即今之晚出，嶠、巋、峘、嶧、巒、隓，字本即作喬、歸、亘、睪、變、隋。推之，多草木岵，謂老山林茂。無草木峐，謂老林根亥於下而難生。石戴土崔嵬，正當作𠂤畏。古文有𡴀字，莊子有畏壘，即此所名也。土戴石爲砠，謂如且薦之下籍。灉爲水邕不流。潛爲兟。兟，水聲。滸爲水旁邪許，沱爲它盤汚沱。均不必逢陵箸山，遇川加水也。

華、嶽、岱、恒、衡，舉吳嶽不及崧。結尾目言五嶽，又舉嵩、霍，不及吳嶽、衡山。四瀆舉江、淮、河、濟，不及漢水。自河出一節，則舉漢出爲潛。即以示九州、十二州建置轉移，所封名山大川可得而變易之誼。濟爲濋二句，過爲洵三句無徵，斷自子雲以後據方言所增。水決之澤以下至庶人乘泭，則據詩傳附益也。

卷七

附釋草木蟲魚鳥獸通義

孔子言詩有曰：多識於鳥、獸、草、木之名。古之博雅君子遇物能名，未有不資於多識。郭序亦云：可以博物不惑，多識於鳥、獸、草、木之名者，莫近於爾雅。與孔子之詔詩正同。今按，其文同於毛詩詁訓傳、許說文草木蟲魚鳥獸各字，解者十九。從可推知毛故訓傳由此錄出，許説文又取此經與毛傳散注各文之下也。辯物之名，各從其類，分別部居，不相雜廁。其取資也宏，而致思也易。詩之名物，散見篇章，此爲薈萃最錄，誠哉學覽者之潭奧，摛翰者之華苑也。但古所云多識以名爲物，主識其名必知其物，因名識物，遇物能名。後人以書爲書，但取解字。今日博物之學，在西國已成專科，審形辯性，析類分源，非詳考圖説、實驗標本，未足明其要略。故爾雅釋草以下諸篇，非專爲博物之譜錄，實乃名學之綱領。原本有圖，故郭有圖讚。書得轉寫，圖難轉摹。既失圖形，則輾轉引徵，祗資文誦，失孔門教科之旨。然物之稱名取類，元與近正之本義相合。其初發見此物，由人命名，名之所標，即有取義，此劉熙釋名之所由作。後人循其名而知其物，惟其稱之而有例可尋，就此研究補爲圖説標本，亦賴有此綱領之存。自經生辟守故籍，耳目所及，不若田夫野老之廣。而徒知獺藻以矜贍博，數典雖工，其去本旨益遠，而紛繆因之百出矣。注疏家但刺取群書傳説及本草諸譜錄之言，繁徵博引，頗涉蕪雜。然而取材甚富，統郭、邵、郝三家之書參觀之，可省蒐集之功泰半。若再能以近世各地物產之志及新動植物學之説證之，以爲辯物之助，使前人定名之誼於以大明，世有博物君子，吾知必於是求之矣。物生而後有象，象而後有滋名以別之，其繫於物也專矣。爾雅以稱名爲識物之用，郭序所謂辯同實而殊號者也。其所重者在物名，物名之中具有其形性。例如稱山者皆香物，山產野生草木多芳烈，本爲藥氣，移以稱花。稱王者以質巨立名，稱女者以低菀取譬。馬牛皆取於大，羊兔指云其小。有刺名之曰虎，明刺可傷人，有毒名之以蛇，謂毒中合藥。母爲多子取名，牡爲不實寫狀。植物藤蘿上糾，動物飛時且鳴，則謚之曰天禽。蟲襍色不類，似類則字之曰醜。凡鳥、獸、蟲、魚、草、木多別具異名。惟一名者，乃取形性言之。如釋草桃枝四寸有節，釋魚蝮虺博三寸首大如擘，詳其形狀。釋草卷施草拔心不死，釋木守宮槐葉晝聶宵炕，詳其變態。又如東海綸組、華山帛布、伊雒之翬、江淮之鷂，皆詳其所產之地。釋獸畜兼形性而言者尤多。其一名獨見者，惟釋魚篇首六物耳。三名以上，表古今遞嬗之名，以後釋前，以今釋古。例如芣苢馬舄、馬舄車前，蠑螈蜥蜴、蜥蜴蝘蜓、蝘蜓守宮也，最顯而易見。今車前、守宮名猶未改，其他如非古今異名，即屬方言名異。二字爲名者，去其偏旁即顯其形性。或多錯具旁見。如釋草薜爲山蘄，又曰白蘄。釋蟲蝎爲蛣蝠，又曰蝤蠐、桑蠹。釋鳥皇爲黄鳥，又曰倉庚、商庚、鶩黄、楚雀。鶩黄兩見，亦作鵹黄。皆參出於全篇中，不盡相屬。如蛣蝠即云詰屈，蝤蠐即謂酋齊。見屈蚓知古名，辨桑蟲之齊首。類此甚夥，互相發明，其誼轉顯。又有名同而實異者，如鶾天雞，密肌繫英，蟲鳥同名。諸慮，木蟲同名。蒺藜、果蠃，艸蟲同名。誼各有在，故異物而同名，不嫌其溷異。名而同物，不病其歧。近世名學不講，學者罕能知物。田夫野老，探巢觳，逐原獸，辯艸木之狀，聞蟲鳥之音，以知節候。習見而不能別其名，乃沿用鄙語呼之，以臆顧其所名，亦往往與名學合，而非所語於近雅者矣。雅者，樂節之名。周禮春牘應雅，如今拍版以正樂節。今以時物之名釋方名、古語，是就常識以通雅言，化俗爲雅。如唐蒙女蘿、女蘿兔絲，蟋蟀蛬，例皆通矣。今海國動植物學之籍譯錄流傳，學子不辯其名，輒狥譯音之例，詰屈難通，殊乖於物從中國之義，抑亦中國學者之耻也。

器物之名，物由人造，而名隨之。若動植物之得名，固人定之而天限之矣，故名之亦較難。於名器，爾雅之名則名之最善者也。善爲名者，舉其名而物自見，故物狀可知，而名爲之記也。名之初生，始於方語。連綴之二音、三音，後乃歸納於一字之名。衍爲二字，則形象分焉。夫萬物雖本於天生，而族類蕃滋，日以殊異，稱名亦從之加多。一字之名限於發聲，同音多而不良於口，故恒以二字爲通名。字再增，則音迂緩而詰屈，名例遂止於此。釋蟲蠸輿父，或以爲三字之名。據玉篇，則蠸與輿父各爲一名。此其所以爲近正也。春秋左氏傳申繻言命名五例曰：有信，有義，有象，有假，有類。雖祇論人名，而實通於名物。萬物羅列，非以例求之，則不得見其誼。故綜其大別，約分爲五，曰以性得名，以形得名，以類得名，以色得名，以聲得名。無論其名之繁簡，可括於此數。苟通其例，則雖有異物來自殊方，發自近代，皆可援據以推定其名而不慮其失，正是即爾雅之用於博物學科者也。詳例申釋於後。爾雅之主旨在正名，因名求誼，以分形辯性。其於艸、木、蟲、魚、鳥、獸之大別，以片言括之，著於篇末，簡而有要，所以供人識別之資，而易定其形聲之名字者也。釋艸：木謂之華，草謂之榮。是草木之大別也。釋蟲：有足謂之蟲，無足謂之豸。是蟲豸之大別也。說文：豸、獸長脊，行豸豸然，有所司殺形。與蟲不得對舉，乃并包釋魚、蛇、虺之類而言，龜蛇為魚類，經見其例。釋鳥：二足而羽謂之禽，四足而毛謂之獸。是鳥獸之大別也。而且於草有秀、英之分，於木有喬、條、實、核之判，是即植物學莖、花、果、種之分類法也。於蟲有螽、强、蠭、蠅之變態，於鳥有鵲鶪、鳶鸞、鷹隼、梟雁之特徵，是即動物學昆蟲鳥類之分目法也。於獸則寓、鼠分屬，於畜則馬、牛、羊、狗、雞分屬。而齸兼鳥言，須兼人與魚言，是即動物學以有脊骨動物爲一門法也。其體物也至精，故能盡物之性。而極數千祺數萬里，專家積驗所得者多與冥符，宜其名之無不當也。知此，則爾雅定名之例備，而其用亦彰。

物生日繁，其麗不億。繼出如小爾雅、埤雅諸書，但驚淹博，而於近正之旨有間。然而爾雅稱名有待於後人續補者正多。例如蟋蟀蛬，續云蛬，叫嘓，趨趨。倉庚商庚長股，續云長股，秧雞。麢大羊，續云羚羊、山羊。鮥尗鮪，續云尗鮪、王鮪，時魚。鮤鱴刀，續云鱴刀、刀鯽，刀魚。常棣棣，續云棣、林禽、來禽，海棠。依本書之先例也。下旁小注方俗之名，不亂古經，賢於箋疏矣。說文可考古誼，與本經互爲詳略。山海經多具物之情狀，而間涉詭異，其名不盡合於爾雅。今博物學西來，即依託之書尚出在前。不妨與爾雅相發明，再參以西國博士所著之動植物學書，詳辯其物。與中國合者正其本名，中華未有之物産，則以名從中國之例補之。物滋則名滋，名滋則字滋，雖更造形聲相益之新字以爲物名，亦無所嫌。須知爾雅方名，其偏旁皆後人附益傳寫所加也。由此爲之，則釋艸以下七篇，即爲博物家定名之準的可也。不然，效勃姑之野言，徇娵隅之蠻語，是以不學無術者矣。

兹摘要發例，申釋於左，所望博雅君子有以匡其不逮焉。

以性得名，爲名物之公例。性不易，名自其變狀求之，則可見其獨異之性，即據以爲定名之本。如垂水、出隧、石衣、守田、車前、守宮、澤虞，從其産出之異性而名。竊衣、乘車、異翹、貫衆、守宮、負版、縊女、含漿，從其見狀之異性而名。蠶桑、守瓜、剖葦、蟴木、竊脂、負雀，從其食物之異性而名。入耳、至掌、狗毒、魚毒，則示其害以知其性。苦堇、苦菜、甘棠、苦荼，則辯其味以知其性。皆此例也。

以形得名，如草之比葉、委葉，蟲之毛蠹、長踦，鳥之服翼、比翼，皆物之本形也。又如運目、百足、鼠尾、狼尾、豕首、鬼目、馬尾、牛脣、羊齒、麋舌，取象於物體。綬、經履、綸、組、帛、布、雀弁，取象於器服。皆其例也。以類得名，其例最多，其用最廣。因其假同類之物以定其形，視取象於他物者尤爲近也。有以形爲類者，天、王、戎、蜀、馬、牛，皆與大同誼。薪蒖大薺、椴太椒、洗大棗餘多訓誼從略。以大名，龍天蘥、螢天螻、螒天雞、鷚天鸙、鶾天雞以天名，箭王彗、篡王芻、不蜩王蚥、蟒王蛇、睢鳩、王睢以王名，戎叔、戎葵以戎名，雞大者蜀以蜀名，莽馬帚、葴馬藍、芣苢馬舄、蝒馬蜩、蛝馬蝬以馬名，茭牛蘄、莙牛藻、藬牛蘈、終牛棘以牛名，皆是也。女、童皆與小同誼。菆小葉、輔小木、鮑小魚以小名，唐蒙女蘿、女桑桋桑以女名，稂童粱、寓木宛童以童名，皆是也。有以性爲類者。成子者曰母，芓[苧]麻母是也。無子者曰牡，薺牡葭、薜牡贊、藗牡茅是也。有以地爲類者。在山者以山名，藿山韭、茖山葱、葝山䪥、蒚山蒜、薜山蘄、術山薊、葥山莓、薜山麻、槄山榎、栲山樗、諸慮山櫐、榹桃山桃，梨山樆，檿桑山桑，鸒山鵲，鸀山烏，鸐山雉是也。在澤者以澤名，澤烏蕵，旄澤柳，鶭澤虞是也。出於河海者、以河海名，檉河柳，薚海藻，秩[脱一秩字]海雉是也。

以色得名者，蘩皤蒿，白華野菅，薜白蘄，蕢赤莧，藏黃蒢，權黃華，權黃英，駮赤李，櫅白棗，棧白栘，榆白檜，鱮白魚，鮣[鮂]黑鰦，燕白脰烏，鸉白鷢，皇黃鳥，貘白豹，甝白虎，虪黑虎，貔白狐是也。

以聲得名者，惟動物爲然。蜋蜩、螗蜩、蚻、蟋蟀、鳲鳩、鶚、喈喈、嘖嘖是也。此例亦多，兹取其考定者。

以上五例命名之法，大略已能最栝物之得名。無論繁簡不同，皆有取誼之所在。但古今言語多方，必欲逐一而求其解，勢必流於穿鑿。如王元澤、著有王氏爾雅。陸農師作有爾雅新義。之弊，轉失其真。故但舉本誼之可尋者爲例，其不知者，蓋闕如也。

十三經讀本評點劄記·爾雅

唐文治輯

釋親

總評古來文字，各具體法。此篇命題曰釋。是訓注格也。當於每字句上觀其妙，每章各出一句，法當於每章求之自得。鍾惺曰：詳别名號，更相稱述，真若對家人、親族共呼於一堂者。非手筆之妙，安能及此。

族晜弟之子相謂爲親同姓鍾惺曰：親同姓三字有逸致。女子謂姊妹之夫爲私夫原不可公。着一私字精確。女子子之子爲外孫孫鑛曰：疊用子字，句拙，妙。謂我舅者吾謂之甥也蔣尚賓曰：末句簡陗可誦。

晜孫點仍孫點雲孫點女子謂姊妹之夫爲私私點離孫點歸孫點女子子之子爲外孫點長婦謂稚婦至爲娰婦點謂我舅者吾謂之甥也圈

釋宮

總評阿房宮之綺麗紆曲，明堂位之奠制五方，總由此結構。蔣尚賓曰：霞駮錦爛，星錯波迴，大匠不能外是。陳淼曰：謂之之謂，設一顛倒，迴各有謂。文字析至此際，微乎，微乎。

樞達北方謂之落時點鑿垣而棲點突點其上楹點直不受檐點所以止扉點劇驂崇期點室有東西廂至曰樓點

釋樂

總評鈞天廣樂，以至儛佅、兜離，其節奏清濁或殊，而樂器之制一也。王叔元曰：釋名新穎，不與俗類。

徒鼓瑟謂之步點所以鼓柷所以點

釋天

春爲青陽下欽昊授時，災祥惟謹。故釋天首此。大歲在甲曰閼逢下孫鑛曰：支干歲月之名多不可解，然亦紀數之書，不必深解。南風謂之凱風下孫鑛曰：風雨總名也。至如焚輪、扶搖、挈貳、霡霂等名，狀風雨妙極。壽星角亢也下列宿分野，瞭如指掌。恐巫甘之學，亦不過因此充類而已。魏之允曰：此乃步天歌之大略耳。春祭曰祠下□惟信曰：歷叙祭名，復徵三代，皆詳而核。春獵爲蒐下胡揆曰：俊雅無訓詁習氣。孫鑛曰：字皆新俏。兼以句法、調法絶佳，爾雅中最為可誦者。

春爲蒼天蒼天圈昊天圈旻天圈上天圈青陽點朱明圈白藏圈玄英圈玉燭圈發生點長嬴圈收成點安寧點通正點萬物以嘉圈仍饑點涒灘點焚輪點扶搖點風而雨土點挈貳點霡霂點庪縣點浮沈點是禷是禡至馬祭也點乃立冢土至振旅闐闐點尚威武也圈反尊卑也圈素錦綢杠點素陞龍于縿點緇廣充幅點錯革鳥點因章點

釋地

兩河閒曰冀州下口仲光曰：九州陵藪，區别井然。東方之美者下范德建曰：產異羅珍，盡九府之利。可佐禹貢之所未備。有霍山之多珠玉焉珠玉出不一方，惟霍山為多，故加一多字，妙有斟酌。東方有比目魚焉下孫鑛曰：句法、調法、章法俱工。胡揆曰：舉五方偶物以志異事，幻而不詭。東至於泰遠下鍾惺曰：遐荒渺忽之所，雖不可不知，而其名亦不可不辨也。故詳及之。

珣玗琪點有霍山之多珠玉焉多圈璆琳琅玕點中有岱岳至魚鹽生焉點與邛邛岠虛比至負而走點迭食而迭望點此四方中國之異氣也點

釋山

河南華下叙得嶒崚、嶢屼如萬山當前。孫鑛曰：句皆質峭，字多奥險。多小石磝，多大石礐王宗尹曰：說得碩石皆生。

上正章宛中隆點未及上翠微點厜㕒點重甗隒點晉望點

釋水

總評長波涾沲，涓流泱瀼。尺幅中，靡不曲盡其義。湀闢流川，過辨回川鍾惺曰：流川、回川，寫得雋甚。水自河出爲灉下别名俱雅鍊。濟有深涉下胡揆曰：忽解深厲、淺揭二句甚詳。

窅汋點湀闢流川過辨回川點直波點水草交爲湄點發源注海者也點人所爲爲潏點色白點百里一小曲千里一曲一直點

釋畜

騊駼馬下鍾惺曰：其狀、其色、其性，悉皆寫出。何煩伯樂之相，而後知哉。口口口曰叙馬名，字字新奥雅練。膝上皆白惟馵下蔣尚賓曰：辨别毛色之細至此。古人於一畜且然，況更有重於斯者乎。

騉蹄趼善陞甗點小領盜驪絶有力駥點左白點白達素縣點回毛在膺至青驪繁鬣騥點宗廟齊毫至田獵齊足點

十三經提綱·爾雅

唐文治

一、授受源流

魏張揖上廣雅表云：昔在周公，制禮以導天下，著爾雅一篇，以釋其意義。傳于後孠，歷載五百，墳典散翆，唯爾雅恒存。禮三朝記哀公曰：寡人欲學小辯，以觀於政，其可乎。孔子曰：爾雅以觀於古，足以辯言矣。春秋元命包言：子夏問夫子，作春秋不以初哉首基爲始何，是以知周公所造也。率斯以降，超絶六國，越踰秦楚，爰暨帝劉。魯人叔孫通撰置禮記，文不違古。今俗所傳三篇爾雅，或言仲尼所增，或言子夏所益，或言叔孫通所補，或言沛郡梁文所考，皆解家所説，先師口傳。既無正譺，聖人所言是故疑不能明也。文治案，爾雅各篇，有依毛詩而作者，有依國語而作者，有依楚詞而作者。四庫提要言之綦詳，其非周公所作，蓋無疑義。陸德明經典釋文有云：釋詁一篇，周公所作。顔氏家訓亦云：爾雅，周公所作，其釋後世詩篇，後人所羼，非本文也。論者因謂是書始於周公，繼以孔子，增以子夏，益以叔孫通、梁文之徒。必欲指何者爲何人所著，則未可臆斷。其説允矣。

二、精義

近人姜氏兆錫云：爾雅爲書，本訓詁耳。然先聖作之者，自昔而言，實爲繼天立極、翼經明道之書。自後而言，但爲鑿智角才、好異驚奇之書也。遡自上古結繩爲政，無所爲文字也。其後有圖象，而後有書契。有書契而後有典籍矣，然猶無所爲訓詁也。夫日星之屬之成象于上，川嶽之屬之成形于下，仁義之屬之成性于中，厥類蓋繁。顧六書不作則類虚，衆義不釋則類舛。古者六書謂之方名。名立而字生，字生而義附，義附而解著。字之言滋也，因名而滋。釋之言解也，因義以解。然則字非道安所生，解非道安自著耶。故爾雅之書凡三變。自爾雅言之，周公書止一篇，而遞增者凡四嬗，此一變也。爾雅而外，其後又以小爾雅、漢孔鮒作廣雅魏張揖作佐之，此又一變。又其後更以逸雅、漢劉熙作埤雅宋陸佃作附之，此更其一變與。綜而計之，爾雅及小爾雅、廣雅，因文以釋義。而逸雅、埤雅因義而釋其所以爲義。釋其義者質而固，而釋其所以爲義者文而支。故曰爾之爲言近也，雅之爲言正也。所謂言近而指遠，不下帶而道存者也。其説極爲精至。可見學爾雅者，宜探索道本，不當作類書讀也。

張揖云：爾雅爲書，文約而義固。其敶道也，精研而無誤。真七經之檢度，學問之階路，儒林之楷素也。此可謂見道之言矣。而文治則更有進者。據漢藝文志，爾雅三卷二十篇附於孝經類中。夫爾雅與孝經，非一類而同一部居者何也。蓋孝經，道德之總匯也。爾雅，訓詁之指歸也。古者入小學先讀是二書，所以端修身之本，知文字之源，使道德訓詁合而爲一，蒙以養正，皆聖功之基也。後儒析訓詁義理爲二，甚至分别學派，聚訟紛紜，乃較古者學僮之不若，豈非大惑也哉。

三、致用

邢昺爾雅疏叙云：爾雅者，傳注之濫觴，經籍之樞要。後儒因視爲文學淵藪，詞章奥府，藉供掇拾之資，此未爲知用者也。陳蘭甫先生東塾讀書記云：詁者古也，古今異言，通之使人知也。蓋時有古今，猶地有東西、有南北，相隔遠則言語不通矣。地遠則有繙譯，時遠則有訓詁。有繙譯，則能使别國如鄉鄰，有訓詁，則能使古今如旦暮，所謂通之也。訓詁之功大矣哉。文治竊觀近代學子，縱横億萬里，於繙譯之辭，既得其用矣。獨至上下數千年古聖人典籍、訓詁之辭，轉略而不講，何其陋耶。士不通經，決不足用。博文强識，廣而通之，是在有志之君子。楊子雲云：通天、地、人曰儒。先儒有云：一物不知，儒者之耻。舉凡天地、人物、山川、草木、鳥獸、蟲魚，無一非格致之用。河間獻王治經之法曰：實事求是。實事者，即格物之學也。自周公創釋詁之例，孔子、子夏均有增益，可見爾雅並非限定三卷二十篇，且每篇亦並非限定若干條。學問之道，日新月益，正賴後人遞相推廣。乃自五雅世稱爾雅、小爾雅、廣雅、逸雅、埤雅為五雅。及駢雅外，未聞更有作者何也。竊嘗歎中國學術拘墟。其始也漢學、宋學，互相排擊，不能合而爲一。其繼也中學、西學，互相訾訾，亦不能合而爲一。故藝學無續考工記。文學無續爾雅。實士林之耻也。

論語，子所雅言，詩、書、執禮。近劉氏論語駢枝云：昔者周公著爾雅一篇，以釋古今之異言，通方俗之殊語。劉熙釋名曰：爾，昵也。昵，近也。雅，義也。義，正也。五方之言不同，皆以近正爲主也。上古聖人正名百物，以顯法象，别品類，統人情，壹道術，名定而實辨，言協而志通。其後事爲踵起，象數滋生，積漸增加，隨時遷變。王者就一世之所宜，而斟酌損益之，以爲憲法，所謂雅也。然而五方之俗不能彊同，或意同而言異，或言同而聲異。綜集謠俗，釋以雅言，比物連類，使相附近，故曰爾雅。文治案，古者廣谷大川異制，民生其間者異俗。聖人修其教，齊其政，遂使不一者而統於一，則文字之功也。我中國數千年之文化，所以久盛而不衰者，文字爲之，即雅言爲之也。然則古人之修教也，將以化俗而爲雅。而今人之言教也，將以化雅而爲俗。古人因言語之不能一而以文字統一之。今人於文字之統一者掃而除之，於言語之不能統一者强而合之。而不一者，更無統一之日。聖訓日微，文化滅息。嗚呼，其可痛也哉。

四、注釋及文法

郭璞注爾雅去古未遠。後人雖多爲補正，然宏綱大旨終不出其範圍。爲之疏者，舊有孫炎、高璉二家，今皆不傳。邢昺疏成於宋初，或剌取毛詩正義，掩爲己說。間采尚書禮記正義，亦多闕略。近邵二雲爾雅正義，郝蘭皋爾雅義疏，實能度越前人。然郝氏疏更在邵氏之上，蓋郝氏之學出於阮文達。文達與宋定之論爾雅書云：以聲音文字爲注爾雅之本，則爾雅明矣。郝氏深得文達之法，而其書成又在邵氏之後，故特爲精詳。至爾雅係解詁例，雖文質相宣，而實則愈質而文愈奥，故於字法尤當注意。

十三經西學通義·爾雅

李元音

揅經室集曰：古人字從音出。喉舌之間，音之所通者簡，天下之大，言之所異者繁。爾雅者，近正也。正者，虞、夏、商、周建都之地之正言。近正者，各國近於王都之正言也。正言者，猶今官話也。近正者，各省土音近於官話也。據此知爾雅一書集古今天下之異言以近於正言。而正言以王都爲主，此著書之正則也。而吾謂亦學校之良規。今日中國民間土音嘔啞啁哲，蓋哤雜極矣。奏定學堂章程，言各國言語皆歸一致，其情易洽，實由小學堂教字母拼音始。中國民間各操土音，致一省之人彼此不能通語，辦事動多扞格。擬以官音統一天下之言語，善哉。學制不第與各國言語一致之例合，而與爾雅之旨尤相符矣。

釋詁自宏、廓以至業、席皆曰大也。郭注引尸子曰：此皆十有餘字而同一實。邢疏引尸子廣澤篇云：墨子貴兼、孔子貴公、皇子貴衷、田子貴均、列子貴虛、料子貴別囿，其學之相非也數世矣，而已皆弇於私也。天、帝、后、皇、辟、公、宏、廓、閎、博、介、忳、夏、幙、蒙、贖、昄宏、廓、閎、博、介、忳、夏、幙、蒙、贖、昄困學紀聞引作：宏、廓、溥、介、純、夏、幠、冢、晊、昄。皆大也，十有餘名，而實一也。若使兼、公、虛、均、衷、平、易、別囿，一實也[也字衍」，則無相非也。案，尸子之意蓋謂墨子、皇子等之相非，以其弇於私也，私則非公，公則非大耳。惟孔子貴公如天、帝、后、皇、辟、公之公，其義爲大，若墨子、皇子等所貴之兼、衷、均、虛、別一實爲大，何至數世相非哉。余思墨子、皇子、列子等之學大抵偏一途劃一溝，亦如佛教、回教、耶教以至古今各種之教，立一我教之界限者也。豈若孔子之教，專在世界國家之事、倫理道德之原，無迷信、無禮拜，不禁懷疑，不仇外道，大矣哉。如天之無不覆，地之無不載乎。

釋天邢疏云：天形狀之殊，凡有六等。其六曰安天，是晉時虞喜所論。引鄭注考靈曜云：天者純陽，清明無形，聖人則之，制璿璣玉衡以度其象。因謂如鄭此言，則天是太虛，本無形體，但指諸星運轉以爲天耳。愚案，虞喜安天之論，隋書天文志云：晉成帝咸康中，會稽虞喜因宣夜之說，作安天論，以爲天高窮於無窮，地深測於不測，天確乎在上，有常安之形云云。與康成言天者純陽，清明無形，即西人地動天靜之謂也。昔西人哥白尼言地動天靜。彼中繼起天學名家，如陽瑪諾、羅雅谷、湯若望、熊三拔、南懷仁均未之信。逮侯失勒法一出，而哥氏之學復振。中國自譯談天一書，疇人家莫不以地動天靜爲定本。近人吳善述著論七十條，以辨地動天靜之誣，疇人家無應之者。夫天靜非常安之謂乎，非清明無形之謂乎。然則西人天靜之說，其理我中國古人言之矣。

釋天邢疏引鄭注考靈曜云：天旁日，四表之中，冬南、夏北、春西、秋東，皆薄四表而止。地亦升降於天之中，冬至而下，夏至而上，二至上下蓋極地厚也。地與星辰俱有四遊升降云云。案，攷靈曜地有四遊之説，即西人言太陽高卑之理。湯若望以四十二事矜新法之異。其九曰盈縮真限，言日有最高最卑二點，上古在二至前，今世在二至後，六度有奇乃真盈縮之限，授時從二至起算。如此歲實安得齊也。今用授時消分爲平歲，更以最高最卑差加減之爲定歲。阮氏疇人傳謂其太陽高卑，與考靈曜地有四遊之說合。抑可見新法諸事亦集合古今之長而爲之，彼太陽高卑其一端耳。泰西利瑪竇、陽瑪諾、湯若望等入中國，地周九萬里，厚二萬八千六百餘里之説以定。說本天學初函。若美國地理淺說，則云七萬四千六百四十里，東西對徑二萬三千七百六十里。雖然，此非利瑪竇諸人創論也。爾雅釋天邢昺疏引鄭注考靈曜云：地蓋厚三萬里。鄭第言地之厚而已，未言地之周。然疏率徑一圍三則地九萬里，而周亦鄭意所賅，不得懾爲西人獨獲而或有所疑駭也。

利瑪竇以天爲九重，明史天文志言之詳矣，與楚詞圜則九重之説合。自侯失勒談天一書出，其術以恒星天與日俱不動，且以天爲空。習新學者俱宗之，而利氏之説舊矣。余謂西人以天爲空，合乎古宣夜家之説也。隋書天文志云：宣夜之書，絶無師法，惟漢秘書郎郄萌記先師相傳云，天了無質，仰而瞻之，高遠無極，眼瞀精絶，故蒼蒼然也。譬之旁望遠道之黄山而皆青，俯察千仞之深谷而窈黑。夫青非真色，而黑非有體也。日月衆星自然浮生虛空之中，其行其止皆須氣也。據此是宣夜家以天爲虛空矣，以天爲蒼蒼然矣。爾雅釋天云：穹蒼蒼蒼天也。郭注：天形穹隆，其色蒼蒼，因名。此與宣夜家言天高遠無極，蒼蒼然也之説合，與西人天空之説亦合。夫古之言天者三家，曰蓋天，曰渾天，曰宣夜。西人地圜之説既與渾天、蓋天合，而天空之説又與宣夜合。然則三家之學俱得見於西國。

西人言月爲地球衛星，其光受之太陽而反射者，此非西人創論也。爾雅釋天邢疏曰：月是陰精，日爲陽精，故周髀云：日猶火，月猶水。火則外光，水則含景，故月光生於日所照，魄生於日所蔽，當日則光盈，就日則明盡。京房云：月與星辰，陰者也，有形無光，日照之乃有光。先師以爲日似彈丸，月似鏡體。或以爲月亦似彈丸，日照處則明，不照處則闇。據邢氏所引各説，可知月無光，受日之光以爲光，與西人言月之光，受之太陽而反射者，其理正同。

日本矢津昌永地理學曰：地理不徒在知本國事情，而尤當考察外國形勢。中國之屢敗，坐於不明外國形勢之故。日本四五十年前國人並不知有萬國地理之説。自新井白石采蘭異言一書出，世始知世界强盛之國甚多，若者文明，若者野蠻云云。愚案，爾雅釋地言九州、十藪、八陵、九府及野則詳於本國事情也。言五方四極則兼考察外國形勢也。言觚竹、北户、西王母、日下謂之四荒。邢疏言聲教不及，無禮義文章，是四方昏荒之國也。言太平之人仁、丹穴之人智、大蒙之人信、空桐之人武，則知若者文明，若者野蠻也。蓋昏荒者，野蠻國之類，仁、智、信、武者文明國之類。

萬國地理志萬國通志第六編曰：地理學者講究土地洋海之位置，形勢氣候之異同，人類、禽獸、蟲魚、鑛物等之散佈，及地球表面關於人生種種狀態之科學也。愚觀此書於五大洲大抵詳其位置、境界、地勢、河湖、都市、平原、物産、氣候、人種、政體諸事。此例爾雅釋地已起之矣。釋地自兩河間曰冀州至齊曰營州，自東至於泰遠及西至日所入爲大蒙，此詳於土地洋海之位置及境界也。自魯有大野至墳莫大於河墳，凡十藪、八陵，此詳於形勢及河湖也。自東方之美者有醫無閭之珣玗琪焉至九府，此詳於鑛産物産也。自東方有比目魚焉至此四方中國之異氣也，此詳於氣候以及禽獸蟲魚也。自邑外謂之郊至三歲曰畬，此詳於平原也。若夫言太平之人仁、丹穴之人智、大蒙之人信、空桐之人武，則詳於種類，而氣候見焉，而政體亦見焉。

釋地言九夷、八狄、七戎、六蠻謂之四海。邢疏曰：明堂位稱九夷、八蠻、六戎、五狄。周禮職方氏掌四夷、八蠻、七閩、九貉、五戎、六狄之人。鄭注云，四八七九五六、周之所服國數也。遍檢經傳四夷之數，參差不齊[同]，先儒舊解此爾雅上文，殷制，明堂位及職方並爾雅下文，皆爲周制，義或當然。此在四荒之内、九州之外，於王者世一見。愚案，殷周四荒之内、九州之外，今不能確指爲何地，然足見殷周政教所及之遠也。彼其王者世一見，則中國政教在殷周時有流入外國者矣。即如釋地言太平之人仁、丹穴之人智、大蒙之人信、空桐之人武，夫仁、智、信、武中國政教之大端也。彼四極之人而有此，豈非得之於中國乎。今者泰西各國之人於仁、智、信、武四端俱有之，此豈徒地氣使然哉，其所由來者遠。

釋地言東至日所出爲太平，西至日所出爲大蒙。郭注：即蒙汜也。邢疏：即者，即淮南子云日出扶桑入於蒙汜是也。據此日出日入東西相對，則知地爲球形矣。使地非球形而塊然大陸，則日何自出何自入乎。以是知地圜之說雖發自西人，而其理，則中國經籍先已言之。

釋水言水中可居者曰洲，小洲曰渚。李巡云：四方皆有水，中央獨可居，但大小異其名耳。案，洲有大小。經第言小洲曰渚，不曰大洲，蓋當日海禁未開，五大洲之地未出，作經者知天下有大洲而不能名之，故第言小洲曰渚。言小洲，而大洲從可知矣。李巡亦知天下有大洲而不能名之，且知天下之大洲不一，故第言大小異其名耳。自歐人探地，疊冒艱險，哥侖布開闢新陸以來，麥士倫周航全球以後，而後亞美利加、澳大利亞、阿非利加三洲之地次第發見，合之亞歐二洲，而五大洲之名以定。

中國文字下行，西國文字右行，迥不相侔。而其以二字三字切一音，至四五字不等，實即中國於越、句吳、邾婁之理。余既已言之矣，今請徵之。爾雅如蝃蝀爲虹、大祭爲禘、不律爲筆、蒺藜爲茨、蕵蕪爲須、勃茢爲茢、牛蘈爲蕢、鶬鶊爲鴰、鵯鶋爲鸒、狻麑爲獅之類，此皆古人二聲合爲一字之證。顧氏音學五書音論曰：反切之語自漢以上即已有之。愚以爾雅推之，是反語不始於漢矣。今之精於譯學者，苟能以反切標射之法通拚法，則事半而功倍。

爾雅爲古小學之書，而與泰西小學校之課程有相符者。如釋詁、釋言、釋訓，是文字先教以實事之義也。四時、歲陽、歲名、月名、風雨、星名，是學塾備儀器爲日月五星運行軌道之義也。釋地、釋邱、釋山、釋水，是五洲輿地圖之義也。釋樂，是唱歌之義也。釋宮、釋器，是工藝之義也。釋草、釋木、釋蟲、釋魚、釋鳥、釋獸、釋畜，是植物動物學之義也。西人無學不有圖，疑爾雅舊皆有圖，而時久散佚不傳於世。

釋草云：艾，冰臺。陸佃埤雅引博物志言，削冰令圓，舉而向日，以艾承其影，則得火。案，陸氏之言是也。西人以玻鏡取火，其理即本於此。夫古人未有透光玻璃，故削冰爲鏡。玻璃為透光之物，而冰亦透光。以冰製成大式凸鏡可以取火。其冰不化者，以日光由此面透至彼面，始熱極生火，知玻鏡取火而玻不熱，即知冰鏡取火而冰不化也。而灸火以太陽之火爲宜，灸病之草以艾爲宜。今之玻璃火鏡或草或紙無不可灼，但不主乎治病，故不用艾。

郭璞爾雅序言：爾雅者，所以通詁訓之指歸，叙詩人之興詠。而又曰：總絕代之離詞。邢疏釋總絕代之離詞，有今古語異、夷夏詞殊、此書能總聚而釋之、使人知也之説。據此是爾雅一書不盡華夏之詞，亦有夷詞也，惟經能總聚而釋之耳。又璞序云：璞綴集異聞，會稡舊説，考方國之語，采謡俗之志。邢疏云：考方國之語者，考，成也。四方之國，言語不同，有所通釋，則援引考成之，注引方言是也。據此是璞亦通乎夷詞者也，故能考四方之國之言語。以此見古人於各國語言文字，未有不留心研究者也。作經者總聚之，注經者考成之。然則今之人欲通外國語言文字，當以經學爲根抵。西國之易於進化者，文字簡而識字者多也，中國之難於進化者，文字繁而識字者少也。京師大學堂經學科講義言，群經之字不過二千有奇，漢初所并之倉頡篇亦僅三千三百字，尚未繁也。至子雲所續則五千三百四十字。孟堅又續之，則六千一百八十字。賈魴又續之，則七千三百八十矣。許君説文至九千三百五十三，又重文一千一百六十三。至玉篇、廣韻則益繁矣。且中國文字主形不主聲，識字尤難。其實説文九千餘字中，已多冷僻不適於用者。莫如取今日通行急用之字，仿三蒼之例，四字爲句，編爲韻語。或仿爾雅方言之例，别爲一書，使通其訓而知其名物，則簡而易識，亦有益於進化之術也。竊謂四字澀，且爲韻所拘，不如仿爾雅、方言之例爲之。然方言即仿爾雅之體而變通者也。今日者如取通行急用之字别爲一書，則專仿爾雅之例爲宜。

十三經説義·爾雅

李遂賢

釋文：爾，近也。雅，正也。言可近而取正也。蓋五方之言不同，皆以近正爲主。正者，虞夏商周建都之地之正言。東晉郭璞爾雅注序：爾雅者，所以通訓詁之指歸，叙詩人之興詠，綜絶代之離詞，異詞也。辯同實而殊號者也。宋邢昺爾雅序疏：所以訓釋五經，辯章同異，實九經之通路，百氏之指南，多識鳥獸草木之名，博覽而不惑者也。爾雅二十篇，今存十九篇。釋詁篇釋，解也。詁，古也。古今異名，解之使人知也。釋古今之異言。釋言篇釋五方之異言。釋訓篇釋詩書之訓辭。其餘釋親、釋宮、釋器、釋樂、釋天、釋地、釋丘、釋山、釋水、釋草、釋木、釋蟲、釋魚、釋鳥、釋獸、釋畜諸篇，皆訓事物之名，所謂釋六藝之言是也。大戴禮孔子三朝記稱孔子教魯哀公學爾雅以觀於古，則爾雅之來遠矣。原書不著撰人名氏，或謂釋詁爲周公所作，釋言以下或謂仲尼所增、子夏所足、漢叔孫通所益、沛郡梁文所補，興於中古隆於漢代。叔孫氏以爾雅撰置禮記，文不違古，文帝爲置博士。武帝時孝廉郎終軍辯豹文之鼠，人服其博物，故爭相傳授，業乃大顯。遂取曉古文爾雅者爲高第。平帝元始五年，徵天下以爾雅教授者，所在爲駕一封軺車，傳詣遣京師，其隆重如此。爲之注者，凡十餘家，惟郭璞最著名。蓋綴集異詞，會稡舊説，考方國之語，采謡俗之志，歷二十年始卒業也。先儒言讀經先須認字，認字不真，於經義便錯。唐人以爾雅爲小經，蓋爲士子誦習之業，誠傳經之濫觴，經籍之樞紐也。

爾雅草木蟲魚鳥獸釋例

王國維

物名有雅俗，有古今，爾雅一書爲通雅俗古今之名而作者也。其通之也，謂之釋。釋雅以俗，釋古以今。聞雅名而不知者，知其俗名，斯知雅矣。聞古名而不知者，知其今名，斯知古矣。若雅俗古今同名，或此有而彼無者，名不足以相釋，則以其形釋之。草木蟲魚鳥多異名，故釋以名。獸與畜罕異名，故釋以形。凡雅俗古今之語，或同實而異名，或異實而同名。雅與雅同名而異實，則別以俗。

葝，山䪥。葝，鼠尾。草

櫬，木堇。草　櫬，梧。木

椵，木堇。草　椵，柂。木

薜，山蘄。薜，白蘄。　薜，庾草。　薜，牡蘩。薜，山麻。草

楊，枹薊。草　楊，蒲柳。　楊徹，齊棗。木

葥，王蔧。　葥，山莓。

齧，彫蓬。齧，苦堇。

蒤，虎杖。蒤，委葉。

蘩，皤蒿。繁，由胡。　蘩，菟蒵。

葴，寒漿。葴，馬藍。

藆，[illegible]。　搴，柜朐。

莞，苻離。　雚，芄蘭。雚，說文引作莞。

鉤，芺。　鉤，睽姑。

須，葑蓯。須，薞蕪。

薚，莸藩。薚，海藻。

苹，荓。苹，藾蕭。以上均草

權，黃華。草　權，黃英。木

蔠葵，蘩露。中馗，菌。草

杜，土鹵。草 杜，甘棠。杜，赤棠。木

梎，雚首。草 梎，遒木。木

旄，澤柳。 旄，冬桃。木

諸慮，山櫐。木 諸慮，奚相。蟲

鵅，鵋鶀。鵅，烏鸔。

鷚，天鸙。雉之莫子爲鷚。

燕，白脰烏。燕燕，鳦。以上鳥

俗與俗異名而同實，則同以雅。

薜，山蘄。薜，白蘄

蘩，皤蒿。蘩，由胡。

菲，芴。菲，蒠菜。

葍，蓄。葍，藑茅

欔，烏階。欔，橐含。以上草

杜，甘棠。杜，赤棠。木

蝎，蛣蝠。蝎，桑蠹。蟲

雅與雅異名而同實，則同以俗。

櫬，木堇。椴，木堇。

楊，枹薊。赤，枹薊。

蘱，烏蕵。澤，烏蕵。

蓧，蓨。苗，蓨。

離南，活莌。倚商，活脱。以上草

或雅與俗同名異實，則各以雅與俗之異者異之。雅與俗異名同實，則各以其同者同之。

蒚，山蒜。莞，苻離，其上蒚。

荼，苦菜。蘪、葿，荼。

虋，菟葵。菟奚，顆涷。

茭，牛蘄。葝，茭。

簜、竹。竹、萹蓄。

㔉，㕙。㕙，九葉。

荓，馬帚。苹，蓱。

蔜，蕿蔞。蘇，蔜。

唐、蒙。蒙，王女。

苕黄華，蘪。蘪、葿，荼。以上草

椵，柂。櫠，椵。

欇，虎櫐。楓，欇欇。以上木

蝎，蛝。蛝，烏蠋。

强，蚚。蛞螻，强蝆。以上蟲

鵹黄，楚雀。倉庚，鵹黄也。鳥

凡雅俗多同名而稍變其音。

萑，蓷。粢，稷。菲，芴。蒚，蔐。蕛，苵。蓧，蓨。稌，稻。
苹蓱其大者蘋。苗、蓨。藨、麃。茦，刺。猋，藨。芐，皇。
華，榮。葯，茭。荄，根。以上草
髡，梱。椵，柂。栵，栭。柚，條。栩，杼。椐，樻。櫰，槐。
祝，州。以上木
螗蜩。强，蚚。蜆，蛹。以上蟲
鰼，鰌。魴，魾。鮤，鮆。蛂，蠦。以上魚
鳸，鴳。燕燕，鳦。以上鳥
果蠃之實栝樓。薜莕，英茈。藒車，芞輿。以上草
次蠹，鼁蟗。蟲
科斗，活東。鼁䱂，蟾諸。以上魚
倉庚，商庚。鳥

右雅俗之名同音者。

蘩，皤蒿。蒤，虎杖。瘣，懷羊。莀，蒫莀。菨，接余。熒，委萎。䔿，鴻薈。葶，亭歷。茜，蔓于。茨，蒺藜。萑，芄蘭。薚，菧藩。蒫，薺實。須，薞蕪。芹，楚葵。蕢，牛蘈。茇，堇草　鉤，瞉姑。困，衱袶。杜，土鹵。中馗，菌。苄，地黃。蕎，邛鉅。稂，童粱。茢，勃茢。菩、蘪舌。以上草
栲，山樗。椋，即來。杞，枸檵。劉，劉杙。梨，山樆。常棣，棣。以上木

蜚，蠦蜰。蛣蜣，蜣蜋。蝎，蛣蝠。蛂，蟥蛢。蛗螽，蠜。

蟠，鼠婦。蠖，尺蠖。蠓，蠛蠓。以上蟲

鰝，大鰕。魚

鵱鷜，鵝。鵜，鴮鸅。齧齒，艾。以上鳥

古雅俗之名有參差，而二字或二字中之一、與其他名音相近者。

凡俗名多取雅之共名，而以其別別之。有別以地者，則曰山。

萑，山韭。茖，山蔥。葝，山䪤。蒚，山蒜。薜，山蘄。朮，山薊。葥，山莓。薜，山麻。以上草

槄，山榎。栲，山樗。諸慮，山櫐。榹桃，山桃。梨，山樆。

檿桑，山桑。以上木

鸀，山烏。鳥　鷽，山鵲。

曰海。

薚，海藻。草

秩秩，海雉。鳥

曰河。

檉，河柳。木

曰澤。

旄，澤柳。木

曰野。

白華，野菅。草

更細別之，則曰桑。

螟蛉，桑蟲。蝎，桑蠹。蟓，桑繭。以上蟲

曰樗、曰棘、曰欒。

雔由，樗繭、欒繭、棘繭。蟲

曰蕭。

蚢，蕭繭。蟲

曰茅。

蟼，茅蜩。蟲

有別以形者，形之最著者曰大、小。

菥蓂，大薺。蘦，大苦。草

檓，大椒。洗，大棗。木

蚍蜉，大螘。蟲

鰹，大鮦。魾，大鱯。鰝，大鰕。鱦，小魚。魚

麙，大羊。麠，大麃。麔，大麢。獸

大謂之荏，亦謂之戎。

戎菽謂之荏菽。菺，戎葵。草

亦謂之王。

葥，王蔧。菉，王芻。蒙，王女。草

不蜩，王蚥。蟲

蟒，王蛇。魚

鵙鳩，王鵙。鳥

小者謂之叔。

鮥，鮛鮪。魚

案，郭注大者名王鮪、小者名鮛鮪，説 文魚部引爾雅作叔鮪，叔之言少也。

謂之女。

唐蒙，女蘿。女蘿，菟絲。草

案，釋木有女桑、桋桑，則雅俗通名小者爲女。此女蘿見詩，亦雅俗同名。

謂之婦，婦謂之負。

草鼅，負蠜。虰蛵，負勞。蟠，鼠負。蟲

鱊鮬，鱖婦。魚

鶅，負雀。鳥

大者又謂之牛。

茭，牛蘄。萿，牛藻。藬，牛蘈。草

終，牛棘。木

謂之馬。

蒇，馬藍。芣苢，馬舄。草

蛔，馬蜩。蜠，馬蜒。蟲

謂之虎。

蒤，虎杖。草

欇，虎櫐。木

謂之鹿。

蔨，鹿蘿。草

小者謂之羊。

遵，羊棗。木

謂之狗。

蘩，狗毒。草

謂之菟。

萰，菟荄。蘩，菟蒵。黄，菟瓜。莃，菟葵。女蘿，菟絲。草

謂之鼠。

萆，鼠莞。草

楰，鼠梓。木

謂之雀。

蘥，雀麥。草

有别以色者則曰皤。

蘩，皤蒿。草

曰白。

薜，白蘄。芑，白苗。草

櫅，白棗。棫，白桵。榆，白枌。木

鸉，白鷢。鳥

貘，白豹。甝，白虎。貔，白狐。獸

曰赤。

虋，赤苗。蕡，赤莧。草

杜，赤棠。駁，赤李。桋，赤楝。木

曰黑。

秬，黑黍。草

鮂，黑鰦。魚

虪，黑虎。獸

曰黄。

蘵，黄蒢。

以他物譬其色則曰藑。

葍，藑茅。草

曰烏。

蘹，烏蕵。澤，烏蕵。欔，烏階。草

有別以味者則曰苦。

荼，苦菜。齧，苦堇。草

蹶洩，苦棗。檟，苦荼。木

曰甘。

杜，甘棠。木

曰酸。

樲，酸棗。木

有別以實者，則草木之有實者曰母。

莩，麻母。莔，貝母。草

其無實者曰牡。

蔚，牡菣。薜，牡蕡。藗，牡茅。草

實而不成者曰童。

稂，童粱。草

此諸俗名之下一字，大抵即雅名也。是故雅名多別，俗名多共。雅名多奇，俗名多偶。其他偶名，皆以其物德名之。有取諸其物之形者。

垂，比葉。卼，九葉。蒤，委葉。菆，小葉。草

輔，小木。灌木，叢木。枹遒木。棧木，干木。木

蠨蛸，長踦。蟲

鶼鶼，比翼。鳥

有取諸其物之色者。

權，黃華。草

權，黃英。木

有取諸其物之聲者。

夏扈，竊玄。秋扈，竊藍。冬扈，竊黄。棘扈，竊丹。皇，黄鳥。倉庚，黧黄也。鳥

蚻，蜻蜻。蟲

鳲鳩，鵠鵴。行扈，唶唶。宵扈，嘖嘖。鳥

有取諸其物之用者。

萠，王蕵。荓，馬帚。菡，蘆。草

有取諸其物之生活習慣者。

皇，守田。草

蠰，齧桑。蠸輿父，守瓜。蟲

蚌，含漿。蝘蜓，守宮也。魚

桑扈，竊脂。鵹，澤虞。鳭鷯，剖葦。鴷，斲木。鳥

有取諸他物者。或取諸生物。

菥蓂，豕首。

苻，鬼目。傅，横目。

卷耳，苓耳。

蕢，牛脣。

菩，麋舌。

緜馬，羊齒。

葝，鼠尾。孟，狼尾。蓫薚，馬尾。

蘵，百足。以上草

蟫，白魚。蟲

或取諸非生物。

藒，綬。蒬，雀弁。絰，履。葴，寒漿。艾，冰臺。柱夫，摇車。茥，蒛葐。菸葵，蘩露。望，乘車。盱，虺牀。草

蝝，蝮蜪。傅，負版。蟲

鮤，鱴刀。魚

鵖鴔，戴鵀。鳥

其餘或以形狀之詞。其詞或爲雙聲。

痭，懷羊。熒，委萎。薢茩，芵茪。蘱，薡蕫。蘢，鴻薈。蔆，蕨攈。從孫叔然音。菋，荎藸。鉤，䒼姑。困，衱袶。

蕎，邛鉅。繁，由胡。長楚，銚芅。搴，柜朐。草

味，荎著。狄、臧槔。貢、綦。木

蒺藜，蝍蛆。蛗螽，蜙蝑。次蟗，鼅鼄。蟦，蠐螬。熒火，即炤。蠓，蠛蠓。王，蛈蜴。蟲

鼁鱦，蟾諸。蚹蠃，螔蝓。魚

鳲鳩，鴶鵴。鵅，鵋鶀。鴽，鴾母。鷏，蟁母。鼯鼠，夷由。

鸄，鶝鶔。鷺，春鉏。鳥

回毛在肘後，減陽。在幹，茀方。在背，闋廣。畜

或以叠韻。

苨，菧苨。葋，艼熒。臺，夫須。蔜，蕿蔞。離南，活莌。

須，葑蓯。蒡，隱荵。出隧，蘧蔬。雚，芄蘭。荷，芙渠。其華，菡萏。倚商，活脱。草

魄，榽橀。瘣木，苻婁。枹遒木，魁瘣。木

蛣蜣，蜣蜋。不過，蟷蠰。螼蚓，蜸蚕。莫貈，蟷蜋，蛑。

果蠃，蒲盧。蟲

倉庚，商庚。鳥

案，右粗舉俗名之例，即雅名亦然。而雅名中雙聲叠韻之名數，幾與俗名埒。如草之薢茩、蔏葔、蓫薚、繇馬，木之唐棣，蟲之螾衙、蛣蜣、蟋蟀、莫貈、蝤蠐、伊威、蠨蛸，鳥之鵖鴔、鶹鷅、蝙蝠，獸之威夷，畜之騊駼，皆雙聲也。草之茹藘、果蠃、出隧、蘡薁，木之無姑、諸慮、樕樸，蟲之諸慮、蜉蝣、螼蚓、虰蛵、果蠃、螟蛉、䳭由，魚之鼁䵹，鳥之鵁鶄、倉庚、鸛鷒，獸之蒙頌、闕洩，皆叠韻。蓋雅俗古今之分，不過時代之差，其間固無界限也。

又雅俗古今之名，凡同類之異名與異類之同名，往往於其音義相關。同類之異名，其關係尤顯於奇名。

苹，蓱。其大者蘋。

苕，陵苕。黃華，蔈；白華，茇。

蒹，薕。葭，蘆。菼，薍。以上草

食苗心，螟。食根，蟊。蟲

鰹，大鮦。小者鮵。魚

鳥鼠同穴，其鳥爲鵌，其鼠爲鼵。鳥

案，苹與蘋，蔈與茇，薕與蘆，與薍，螟與蟊，鮦與鮵，鵌與鼵，皆一聲之轉。此不獨生物之名然也。釋宮：樴大者謂之拱，長者謂之閣。拱與閣一聲之轉也。廟中路謂之唐，堂途謂之陳。唐、途、陳，皆一聲之轉也。二達謂之岐旁，三達謂之劇旁，四達謂之衢，七達謂之劇驂，八達謂之崇期，九達謂之逵。岐、劇、衢、期、逵，一聲之轉也。釋器：輿革前謂之鞎，後謂之笰，竹前謂之禦，後謂之蔽。鞎與禦、笰與蔽，皆一聲之轉也。黃金美者謂之鏐，白金謂之鐐。鏐與鐐亦一聲之轉也。釋天：天氣下地不應曰雺，地氣發天不應曰霧，霧謂之晦。雺、霧、晦，亦一聲之轉也。晦本明母字，後世轉入曉母，與徽、豢諸字同。釋邱之重厓岸，釋山之重甗隒，厓、岸、甗、隒，四者皆一聲之轉也。又如釋山之多大石磝，多小石礐，釋水之川注溪曰谷，注谷曰溝，注溝曰澮，大波爲瀾，小波爲淪，磝、礐，谷、溝、澮，瀾、淪，亦皆一聲之轉。餘倣此。蓋其流期於有別，而其源不妨相同，爲文字變化之通例矣。

異類之同名者，其關係尤顯於偶名。

果臝之實栝樓。草　果臝，蒲盧。蟲

案，果臝、果臝者，圓而下垂之意。凡在樹之果與在地之蓏，其實無不圓而垂者。故物之圓而下垂者，皆以果蓏名之。栝樓即果臝之轉語。蜂之細腰者，其腹亦下垂如果蓏，故謂之果臝矣。

蘱，薡董。草　螮蝀，虹也。釋天

案，薡董與螮蝀皆有長意。郭注蘱薡董云：其葉似蒲而細。是薡董者長葉之草。釋天之螮蝀，其字從虫，自是蟲名。沈方伯說，以莊子蝍蛆甘帶之帶，虹形如帶，故以螮蝀名之。螮蝀、薡董亦語之轉也。

葖，蘆萉。草　蜚，蠦蜰。蟲

案，蘆萉、蠦蜰乃苻婁、蒲盧之倒語，亦圓意也。苻婁、蒲盧皆圓意，說見後。蘆萉根大而圓。蜚形亦橢圓如蘆萉，故謂之蠦蜰。後世謂之負盤亦以此矣。

莪，蘿。草　蛾，羅。蟲

案，未詳。

薢茩，芺光。蔆，蕨攈。草

案，薢茩、英茪、蕨攗，皆有圭角之意。薢茩英茪，郭注以決明釋之。案決明子夏花、秋生子作角，而蔆亦有角，故得英光、蕨攗之名。蔆之一名薢茩，亦以此矣。

蓧，蓨。苗，蓨。草　柚，條。木

案，蓧、蓨、苗、柚、條，皆有抽達之意。

莪，蚍衃。草　蚍蜉，大螘。蟲

案，螘之大者色紫黑，莪之花亦紫，故以蚍衃名之。

離南，活莌。倚商，活脱。草

案，離南、倚商，昔人謂爲一物，然無確證。活脱之義亦未詳。

蘄茝，蘪蕪。緜馬，羊齒。草　木髦，柔英。木　蠓，蠛蠓。蟲　鱦，小魚。魚　小雨謂之霡霂。釋天

案，蘪蕪、緜馬等皆有小意。郭注云，蘪蕪葉小如蔞［萎］狀，又云，緜馬草細，葉羅生而毛，有似羊齒。是二者皆小草。草之小者曰蘪蕪，曰緜馬，木之柔者曰木髦，蟲之小者曰蠛蠓，魚之小者曰鱦，鳥之小者亦曰緜蠻，毛傳：緜蠻，小鳥貌。皆微字之音轉。釋天小雨謂之霡霂，亦同語之轉也。

蘢，天蘥。草　鷚，天鸙。鳥

案未詳。

茨，蒺藜。草　蒺藜，蝍蛆。蟲

案，蒺藜布地蔓生而多刺，蝍蛆多足，故謂之蒺藜矣。

莞，苻離。草　瘣木，苻婁。木　果蠃，蒲盧。蟲　蚹蠃，螔蝓。魚

案，苻離、苻婁、蒲盧、蚹蠃，皆有魁瘣擁腫之意。又物之突出者，其形常圓，故又有圓意。莞之名苻離，以其首有臺也。瘣木之名苻婁，以其無枝而擁腫也。蒲盧之腹與蚹蠃之殼，亦皆有魁壘之意。故四者同名。

釋詁：毗劉，暴樂也。毗劉、暴樂皆苻婁之音轉，其義亦由是引申矣。

蓫薚，馬尾。草　王，蚨蝪。蟲

案，蓫薚、蚨蝪皆有值當之意。說文：蕩，艸枝枝相值，葉葉相當。昆蟲之足亦無不相當者，故均得此名矣。

權，黃華。草　權，黃英。木

其萌虇蕍。草　蠸輿父，守瓜。蟲　權輿，始也。釋詁

案，權及權輿皆黃色之意。黃華、黃英，雅有明文。蟲之蠸輿父，注以爲瓜中黃甲小蟲。是凡色黃者謂之權，長言之則爲權輿矣。余疑權即黇之初字。說文：黇，黃黑色也。廣雅：黇，黃也。今驗草木之萌芽無不黃黑者。故蒹葭之萌謂之虇蕍，引申之則爲凡草木之始。逸周書文酌解一幹勝權輿，大戴禮記誥志篇百草權輿是也。又引申爲凡物之始。詩秦風不承權輿，逸周書日月解日月權輿是也。始之義行而黃之義廢矣。

菤葵，蘩露。　中馗，菌。草

案，菤葵、中馗皆椎之音變。考工記玉人注：齊人謂椎曰終葵。菤葵大莖小葉，菌之端有蓋，皆與考工記玉人之大圭杼上終葵首相似，故名。

菋，荎藸。草　味，荎著。木

案，未詳。

蒐奚，顆涷。草　科斗，活東。魚

案，顆涷、科斗、活東，活讀如括。皆謂活動圓轉，如宋時言筋斗，今言跟兜矣。

萿，麇舌。草　鶬，麇鴰。鳥

案，未詳。

諸慮，山纍。木　諸慮，奚相。蟲

案，諸慮，疑支離之意。莊子養生主［當爲人間世］云：支離疏者，頤隱於齊，肩高於頂云云。支離疏三字，即諸慮之長言矣。

螾衘，入耳。蟲　蚹蠃，螔蝓。魚　鼫鼠，夷由。鳥

案，螾衘、螔蝓、夷由，皆行緩之意。楚辭：君不行兮夷猶。王逸注：夷猶，猶豫也。螾衘、蚹蠃，其行皆緩。鼫鼠五技而窮。故皆得此名矣。

蒺藜，蝍蛆。次蟗，鼅鼄。蟲　鼁鱦，蟾諸。魚

案，蝍蛆、次蟗、鼅鼄、鼁鱦、蟾諸，亦皆緩行之意。即易其行次且之轉語。蝍蛆多足，次蟗、鼁鱦皆碩腹而行緩，故得此名。

蟋蟀，蛬。　蜤螽，蜙蝑。　蠨蛸，長踦。蟲

案，蟋蟀、蜙蝑、蠨蛸者細長之意，皆以蟲足名之。上林賦：紛溶萷蔘。萷蔘亦此語之轉，則謂草木之細長矣。

螒，天雞。蟲　鶾，天雞。鳥

案，螒、鶾即易翰音登于天之翰，謂其鳴聲長也。翰音之物，以雞爲最著，故又謂之天雞矣。

密肌，繼英。蟲　密肌，繫英。鳥

案，未詳。

又名之上或加以冠字。

龜前弇諸果，後弇諸獵。魚　鸕諸雉。鳥

不蜩，王蚥。不過，蟷蠰。蟲 龜左倪不類，右倪不若。魚 夷上灑下，不漘。釋丘

名之下或承以且字。

不蜩，王蚥。蠸輿父，守瓜。蟲 廚父，麕足。 貜父，善顧。獸

此雅俗物名之大例也。

黄侃論學雜著·爾雅略説

黄侃

論爾雅名義

大戴禮記小辨篇載孔子之言曰：爾雅以觀于古，足以辨言矣。張揖上廣雅表引之，以爲即今爾雅。此爾雅名見于載籍之始。漢書藝文志：六藝、孝經家，爾雅三卷廿篇。此爾雅著在目錄之始。劉熙釋名云：爾雅，爾，昵也。昵，近也。雅，義也。義，正也。五方之言不同，皆以近正爲主也。張晏漢書注亦云：爾，近也。雅，正也。是則爾雅之作，本爲齊壹殊言，歸于統緒。又聖云：觀古，可知兼有絶代離詞，不獨當時方語。然子駿校理舊文，何緣必附之孝經之列，而不入諸小學家。鼂公武未之深思，遽以爲非，是亦可怪也。詳論語述而篇云：子所雅言，詩書執禮，皆雅言也。孔曰：雅言，正言也。鄭曰：讀先王典法，必正言其音，然後義全，故不可有所諱，禮不誦，故言執。此文於六藝但舉三者，餘從可知。特舉子所雅言，則子之常言，亦從方俗。上古疆域未恢，事業未繁，故其時語言亦少，其後幅員既長，謡俗亦雜，故多變易之言。變易者，意同而語異也。事爲

踵起，象數滋生，故多孳乳之言。孳乳者，語相因而義稍變也。時王就一世之所宜，標京邑以爲四方言語之樞極。故周禮大行人：王之所以撫邦國諸侯者，七歲屬象胥，諭言語，協辭命，九歲屬瞽史，諭書名，聽聲音，正于王朝，達于諸侯之國。此謂雅言。然而五方水土，未可强同，先古遺言，不能悉廢。綜而集之，釋以正義，比物連類，使相附近，此謂爾雅。凡六藝，皆掌在王官，四術所以教士，必以雅爲主。然而爾雅之附孝經，義見于此矣。雅之訓正，誼屬後起，其實即夏之借字。荀子榮辱篇：越人安越，楚人安楚，君子安雅。儒效篇則云：居楚而楚，居越而越，居夏而夏。二文大同，獨雅、夏錯見，明雅即夏之假借也。明乎此者，一可知爾雅爲諸夏之公言，二可知爾雅皆經典之常語，三可知爾雅爲訓詁之正義。王充曰：爾雅之書，五經之訓故。論衡是應篇 鄭玄曰：爾雅所以釋六藝之旨。駁五經異義 劉勰曰：爾雅者詩書之襟帶。陸德明曰：爾雅所以訓釋五經、辨章同異。先師皆云爾雅釋經，後儒乃云爾雅汎論訓詁，不亦淺窺爾雅乎。

論爾雅撰人

爾雅撰人，凡有三説，今依説出之時代前後序列之：

一曰，鄭玄駁五經異義曰：玄之聞也，爾雅者，孔子門人所作，以釋六藝之旨。蓋不誤也。西京雜記引楊子雲之言，亦曰：爾雅，孔子門徒游、夏之儔以解釋六藝者也。此説與鄭同，惟雜記書晚出，難以取證。劉彦和、賈公彦之流亦同斯説。康成之學，囊括大典，網羅衆家，審六藝之指歸，翼古文之正訓，其言足以爲信。其云釋六藝之旨者，宋林光朝艾軒詩説曰：爾雅，六籍之户牖，學者之要津也，古人之學，必先通爾雅，則六籍百家之言，皆可以類求，及散裂爾雅而投諸箋注，説隨意遷，文從義變，説或拘泥，則文亦牽合，學者始以訓詁之學爲不足學，不知釋詁、釋言、釋訓，亦猶詩之有六義，小學之有六書也。此説最能得爾雅釋六藝之旨，即漢志列爾雅于孝經之理，亦明矣。或疑爾雅既出孔徒，何以毛、鄭釋詩，同據爾雅而有異説。不知鄭君曾云：爾雅之文雜，非一家之注。

詩鳧鷖，疏引鄭志答張逸而申之曰：則孔子門人所作，亦非一人。是則經師各有取捨，何足怪也。漢文時，爾雅置博士，見趙岐孟子題辭。王伯厚曰：白虎通引親屬記，即爾雅釋親。皆足為證。二曰，張揖上廣雅表云：昔在周公踐阼，理政六年，制禮以導天下，著爾雅一篇以釋其義。西京雜記引向言以為外戚傳稱史佚教其子以爾雅，又記言孔子教魯哀公學爾雅，爾雅之出遠矣，舊傳學者，皆云周公所記也。此說同於稚讓，而雜記書不足徵信。今俗所傳三篇，或言仲尼所增，或言子夏所益，或言叔孫通所補，或言沛郡梁文所考，皆解家所說，先師口傳，疑莫能明也。案，張氏之説，獨以爾雅出周公爲無疑義，自餘作者，亦但約稱舊説，不能證實。然周公所著爾雅一篇，蓋指一卷言。觀下云俗傳三篇，即今三卷可知。而陸德明説此不審，遽云釋詁一篇周公所作，釋言以下或言仲尼所增云云，大誤也。竊謂爾雅之名，起于中古，而成書則自孔徒。故毛公釋詩，依傍詁訓。小雅之作，比擬舊文。使出于後來，何足以爲六藝之喉衿哉。三曰，以爾雅爲漢儒所作。朱子且以爲取傳注而作爾雅，此說出于歐陽修詩本義。而紀昀四庫提要且爲之證明云：爾雅，大抵采諸書訓詁名物之同異，以廣見聞，實自爲一書，不附經義，特説經之家，多資以證古，故從其所重，列之經部。其言絶不足憑，而敢於疑古，亦不足譏議也已矣。

論爾雅與經傳百家多相同

張揖上廣雅表引春秋元命包云：子夏問夫子作春秋，不以初、哉、首、基爲始何。據此，是爾雅之文興于孔氏之前，故子夏得據成文以發問，必非漫舉四字而已。傳記訓詁之詞，有與爾雅畢同者，彙而觀之，亦可知爾雅非後起之作也。

周書謚法篇，作自周公。其中訓故，如勤、勞也，肇、始也，怙、恃也，典、常也，康、虚也，惠、愛也，綏、安也，考、成也，懷、思也，皆與爾雅同。

易十翼，孔子所手著也。其中訓故，如師、衆也，比、輔也，晉、進也，遘、遇也，履者、禮也，頤者、養也，震者、動也，皆與爾雅同。

喪服傳，先儒以爲子夏作，親屬稱謂無一不與爾雅同。又子夏易傳散見他籍者，如元、始也，芾、小也，皆與爾雅同。

穀梁之學，出於子夏，其傳又穀梁子之所自爲。其中訓故，如平之爲言以道成也，胥之爲言猶相也，實來者、是來也，俟、待也，皆與爾雅同。

此皆爾雅遠出周世之徵。至於毛公釋詩專據詁訓，史遷釋書純用雅言。倉頡作於秦世，義多與雅相同。如廷、直也，革、戒也，赦、舍也，樂、喜也，戢、聚也，阬、壑也，皆同于雅。樂記録自河間，訓皆本之雅故。如紹、繼也，夏、大也。自餘漢世經師，學無今古，其訓釋經文，無不用雅者。下至百家諸子，亦無不與雅訓同符。乃有人言爾雅有漢人附益，邵二雲引雁門、霍山、小驢三條，疑之，亦非是。或竟謂爾雅作自漢儒，掇之傳注，亦傎已。四庫提要以爾雅釋天暴雨謂之涷、釋草云卷葹草拔心不死，爲取楚辭之文。釋天云扶摇謂之猋、釋草蒺藜蝍蛆，爲取莊子之文。釋詁云嫁往也、釋水瀵大出尾下，爲取列子之文。乃至釋鳥爰居雜縣，爲取國語之文。其文甚繁，憚于詳舉。邵氏譏之，以謂涷雨之名，亦見淮南。將謂爾雅更在淮南之後。侃謂國語但有爰居之名，初無雜縣之號，雜縣二字，復取何文乎，四庫提要經部多有妄説，尤以爾雅、穀梁兩提要爲可笑。善乎張稚讓之言曰：爾雅之爲書也，文約而義固。其陳道也，精研而無誤。真七經之檢度，學問之階路，儒林之楷素也。宋人好陳新義，以反舊説爲長，不足怪也。紀氏號爲漢學，亦迂謬至此乎。

論經儒備習爾雅

毛公作詩詁訓傳。正義曰：詁、訓、傳者，注解之别名，毛以爾雅之作，多爲釋詩，而篇有釋詁、釋訓，故依爾雅訓而爲詩立傳。傳者，傳通其義也。爾雅所釋十有九篇，獨云詁、訓者，詁者，古也，古今異言，通之使人知也。訓者，道也，道物之貌以告人也。釋言則釋詁之別。釋親已下皆指體而釋其別，亦是詁訓之義。故唯言詁、訓，是總衆篇之目。據冲遠此言，毛詩詁、訓、傳云者，無異言毛詩、爾雅傳矣。其云爾雅之作，多爲釋詩者，如釋詁云：關關噰噰音聲和也。釋言云：烝、塵也，戎、相也，飫、私也，孺、屬也。此專釋小雅常棣。釋訓引淇澳之詩而釋之，又引既微且尰，是刈是濩，履帝武敏，張仲孝友，有客宿宿，有客信信，其虛其徐，猗嗟名兮，式微式微，徒御不驚。釋天引是類是禡，既伯既禱，乃立冢土，戎醜攸行，振旅闐闐。釋畜引既差我馬，此皆明引詩文而釋之。雖毛公有用有否，而爾雅釋詩爲多，亦可見矣。

漢書藝文志云：書者，古文讀應爾雅，故通古今語而可知也。太史公受書孔安國，故其引尚書而以訓故代之，莫不同於爾雅。以堯典一篇考之，協合和萬邦國，欽敬若順昊天，歷數象法日月星辰，宅居嵎夷郁夷，寅敬賓道出日日出，厥其民析，允信釐飭百工官，庶衆績功咸皆熙興，共工方旁鳩聚僝布功，有能俾使乂治者，方負命圮毀族，師衆皆錫帝曰言於堯曰，帝曰堯曰俞然，克能諧和以孝，不格至姦，釐飭降下二女于於嬀汭。史公所易詁訓，無不本於爾雅。是知通書者，亦尠能廢雅也。

自餘三家之詩，歐陽、大小夏侯之書，劉、賈、許潁之左傳，杜、鄭、馬、鄭之禮，所用訓詁，大抵同於爾雅，或乃引爾雅明文。鄭注周官多有之。至於楊子雲纂集方言，實與爾雅同旨。郭景純序爾雅云：所以通詁訓之指歸，叙詩人之興詠，總絶代之離詞，辨同實而殊號。序方言云：考九服之逸言，標六代之絶語，類離詞之指韻，明乖途而同致。今考其書，大氐可與爾雅相證明。若夫鳲鳩一物，爲鴶鵴與戴鵟之共稱。自李巡、孫炎、高誘外，前之郭璞，近之戴震，皆不能明。亦可知子雲深於爾雅矣。

郭氏序云：豹鼠既辨，其業亦顯。案，爾雅久在孔門中，置博士，業之顯著不待終軍也。漢舊儀云：武帝初置博士，取學通有修，博識多藝，曉古文爾雅，能屬文章者為之。又儒林傳稱武帝詔令，文章爾雅，訓詞深厚。是武帝時，爾雅之學已大行之證。

論爾雅注家一

爾雅注家，分三科説之。一、郭璞以前諸家，二、郭璞，三、郭璞以後迄邢昺。其宋人爾雅之學，清儒考訂之業，皆别章説之。

郭璞以前諸家，據隋書經籍志及經典釋文序錄，有犍爲文學、劉歆、樊光、李巡、孫炎五家。郭氏序則云：雖注者十餘，然猶未詳備，並多紛謬，有所漏略。是郭氏所見舊注，實有十餘家，近人于前所舉五家外，益以鄭玄。實則鄭並無爾雅注，此考之未審也。而今不可見也。郭序又云：錯綜樊、孫，博關群言，剟其瑕礫，搴其蕭稂。是郭於舊注中，本之樊、孫爲多。經典釋文備載諸家，郭氏因仍樊孫之跡，多可考見。今按，舍人以下，皆係爾雅古義，具有師説。即有訛誤，亦有由來。晉世集解之學盛行，郭氏亦以纂集見長耳。然師説從此溷淆，致足惜也。郭於釋草以下諸篇，頗多實驗，能補前人所不及，故其書獨行。近世儒先，始從古籍中采輯舊注五家之説，雖至今尚未完備，而大體則可見矣。兹分論之於左：

一、犍為文學

釋文：犍爲文學注三卷。一云，犍爲郡文學卒史臣舍人，漢武帝時待詔，闕中卷。案，舍人或云人名，稱臣舍人者，如漢志稱臣步昌，漢書音義中有臣瓚注一家之例。或云官名，蓋先為犍為郡之文學卒史，後又待詔而為舍人。然不知其姓。僅文選羽獵賦注中，一引爾雅郭舍人注。説者遂以爲舍人姓郭，且引漢書東方朔傳之郭舍人以實之。竊謂文選注之郭舍人，或係衍字，下文即引犍爲舍人一條，如果爲一人，豈宜一篇之中錯見。或係顧舍人之訛。爾雅釋言：縭，介也。音義引李、孫、顧舍人本作褵、羅也，介、别也。顧舍人爲顧野王。顧訛爲郭，不足爲舍人姓郭之塙證。又皆稱舍人，所以致斯譌誤。惟其人在漢武時，此釋經之最古者。然細案其學，疑爲今文家，故釋履帝武敏，與毛公不同，而與齊、魯、韓詩合。爾雅釋訓：履帝武敏。武，迹也。敏，拇也。釋文：拇，舍人本作畝，（編者按，原注：今本訛謬不可通，爲訂正如此。）云：古者姜嫄履天帝之迹于畎畝之中而生后稷。此注之成近古，故近本爾雅中，俗别之字，其本皆不然。如釋畜：前足皆白騱，後足皆白狗。舍人本騱、狗作雞、狗，乃是借它物爲名之例。由此尚可考見，至如九扈之義，爲賈景伯所宗。糝涔之義，與詩傳獨合。蓋雖零文隻義，皆可葆珍。探討爾雅者，究不能不首及于此焉。

二、劉歆

隋志：梁有漢劉歆爾雅三卷，亡。釋文云：劉歆注三卷，與李巡注正同，疑非歆注。今可見者，僅説文虫部蝝下引劉歆説：蝝，復陶也、蚍蜉子，陸璣詩義疏，引萑、臭穢，又徐景安樂書引宮謂之重一節注五條，釋文引注五條，餘無可見。從陸氏之説，則李注即劉注，古人于師説，不嫌襲取。觀于鄭氏注經，多同馬説而不明言。然則李之同劉，無足怪也。李説蝝爲蝗子，與劉不同。然則所謂正同者，亦言其大略耳。

三、樊光

隋志：爾雅三卷，漢中散大夫樊光注。釋文：樊光注六卷，京兆人，後漢中散大夫句，沈旋疑非光注。唐人引之或作樊光，又或引作某氏，蓋由沈旋疑非光注，引家遂從蓋闕之義。證以椵木槿、櫬木槿注，詩正義引作樊光，禮記正義引作某氏。隹其夫不注，春秋正義引作樊光，詩正義、爾雅疏引作某氏。可知某氏即樊光也。説本臧庸拜經日記。樊氏之學，兼通今古，故常引周禮、左氏傳爲説，而引詩民之攸呬、攸攸我里、有蒲與茄、譬彼瘣木、其虞孔有諸條，又與毛、韓不同，蓋本魯詩。至本草始見樓護傳，而樊注引兩條，莞、苻蘺一條，茖、陵茖一條。皆今本所無。可知今本本草屢經後人竄易也。反語之起，舊云自孫炎。今觀樊注中反切，塙爲注文，非依義作切者。如尸宷也，宷，七在反，明明斤斤察也，斤，居親反二條。可知反語在後漢時已多用之，特自孫氏始大備耳。

四、李巡

隋志：梁有中黄門李巡爾雅三卷，亡。釋文：李巡注三卷，汝南人，後漢中黄門。案，李巡見後漢書，宦者傳稱汝陽李巡。又熹平石經，巡實發其端，亦見傳。漢世宦人往往通書，不足爲異，巡書又多同劉歆，蓋有師授。其本亦有與他本絶異者，如釋地九夷八狄七戎六蠻謂之四海下更有三句，其注文亦多同古文。故釋俘之義同于賈逵，釋殂落之義同於説文，其餘異文殊義，不可勝數。郭序但云錯綜樊、孫，其實襲取李注亦不少也。

五、孫炎

隋志：爾雅七卷，孫炎注。又：梁有爾雅音二卷，孫炎撰。釋文序錄：孫炎注三卷，音一卷。唐志：注七卷。觀三國志王肅傳曰：時樂安孫叔然授學鄭玄之門人，稱東州大儒，徵爲祕書監。郭序言錯綜樊、孫，實則郭多襲孫之舊，而不言所自。以今考之，如以闓明發行釋愷悌，發也，以絜者水多約絜釋九河之絜，以鉤盤者水曲爲鉤流、盤桓不直前也釋九河之盤，又釋蘆薍爲二草，以騏老爲一名，皆郭同孫之顯然可見者。然又時加駁議，如釋詁：覭髳，茀離也。注云：孫叔然字别爲義，非矣。孫叔然字别為義者，覭猶言溟溟，髳猶言茷茷，茀猶言茀茀，離猶言離離。凡疊字及雙聲疊韻連語，其根柢無非一字者。字别為義，正叔然之精卓也。釋蟲：莫貈，蟷蜋蛑。注云：孫叔然以方言説此義，亦不了。方言，螳蜋謂之髦，或謂之虰，或謂之蛑。孫氏本此，以下文虰蛵負勞之虰上屬。郭氏以虰下屬，同於説文。然師讀不同，不必强合。皆加以非難。然叔然師承有自，訓義優洽，爾雅諸家中，斷居第一，正不因郭氏呰謷而貶損云。鄭君于爾雅至深，而不作注。惟周禮疏引爾雅鄭康成注，然本傳不言注爾雅。周禮疏所言，蓋鄭志中釋爾雅之辭。

顏之推家訓曰：孫叔然創爾雅音義，是漢末人獨知反語。據此，是反語爲叔然所創，而以施之爾雅。然他書所引漢人音，如應劭、服虔等漢書音義已有反語，宜不始于叔然。而顏氏獨爲此言者，蓋反語條例，至叔然始成立。魏世大行，雖以高貴鄉公不解反語，而亦不能不承用。今觀孫音存在者，其反切上一字，多爲六朝、唐人諸作音家所同。如喉牙音用五、羊、虛、許、香、古、吾、户、九、牛、况、於、居、語、苦、巨、餘、于、輕、丘、胡、魚、火等字，舌音用大、都、知、徒、他、丁、直、豬、之、人、力、昌、勑、汝等字，齒音用七、子、仕、莊、徂、辭、慈、思等字，脣音用方、房、敷、亡、芳、蒲、匹、苻、甫、備等字，後之作音者，未之有改也。意叔然必有反語條例，李登、呂靜始得因以爲韻書。然則叔然非但爾雅之素臣，抑亦音學之作者已。

唐代別有孫炎。邢疏序云：爲義疏者，俗間有孫炎、高璉。宋志稱孫炎疏十卷，今輯佚家往往誤以爲孫叔然。如萬山蒜、中馗菌注，皆非叔然之文，顯而易見。

以上五家，並爲爾雅舊義。説爾雅者，只宜疏通其説，考其由來，而不必輕用譏訶也。

論爾雅注家二

郭璞好經術，博學有高才，好古文奇字，見晉書本傳。其所撰小學書，自爾雅注外，尚有方言注今存。三倉解詁，亦可知其業之廣矣。爾雅注序言其沈研鑽極，歷二九載，方言序云：余少玩雅訓。乃綴集異聞，會粹舊説。考方國之語，采謠俗之志，錯綜樊孫，博關群言。剟其瑕礫，搴其蕭稂，事有隱滯，援據徵之。其所易了，闕而不論，別爲音圖，用啓未寤。此文即其注經之發凡。自其注行，而前此諸家，幾于悉廢。經典釋文序錄云：先儒於爾雅多億必之説，乖蓋闕之義，惟郭景純洽聞强識，詳悉古今，作爾雅注，爲世所重。陸氏音義既專據郭本，邢氏疏亦就郭注疏明，于是爾雅古注巋然獨存者，徒有一郭氏。今試評其中失如下：

其中者，一曰取證之豐。陽如之何，稱引魯詩。釗我周王，援據逸書。考妣延年，則文遵倉頡。豹文鼮鼠，則遠本終童。此一事也。二曰說義之慎。歲陽以下，說者紛然，郭氏以義有難明，多從區蓋。山經、穆傳，郭並有注本，而釋爾雅西王母，不引彼書片言。此一事也。三曰旁證方言。方言之作，與雅相通，咨惟子雲，能知古始。郭氏兼綜二學，心照其然，注雅引揚，二途俱暢。此一事也。四曰多引今語。釋草一篇，言今言、俗言、今江東者，溢五十條。故知其學實能以今通古，非徒墨守舊說，實乃物來能名。此一事也。五曰闕疑不妄。爾雅注中稱未詳、未聞者百四十二科，實不止此，侃計之有百八十條事，此據翟灝所云。邢氏疏補言其十，近代多爲補苴。然訓詁所闕，近儒誠有補正精當者。名物所闕，則補者多非。是疑闕之多，反足爲賅洽之證。此一事也。其失者，一曰襲舊而不明舉。郭注多同叔然，而今本稱引叔然者，不過數處，又或加以駁詰，一似叔然注皆無足取者。其視鄭氏注周禮，韋昭注國語，凡有發正皆明白言之者有間矣。二曰不得其義而望文作訓。如載譔僞也，注云：載者言而不信，譔者謀而不忠。鄭樵輩指爲臆說，今亦不能爲諱也。自餘傳鈔訛謬，若霍山爲南嶽注，今本與郭意全相違反，幸賴詩疏、周禮引其文，得以訂正。而究非郭之誤，不足指斥。古書蠹墜，此注要爲近古，而有不可廢者。是以近代疏家，仍據此爲主焉。

論爾雅注家三

郭氏之後，詮解爾雅，遺文可見者，惟有數家。今叙列于左：

沈旋集注

釋文序錄：梁有沈旋，約之子。集衆家之注。南史旋傳云：約子旋，字士規，集注邇言行於世。案邇言即爾雅之傳訛。士規之書，殆亦如何晏之論語集解之例，且駁正舊說處必多。觀其疑樊光注非真，後來引用，遂但稱某氏，則沈說必有可從也。釋文多引沈音，蓋集注又兼音矣。

施乾音

釋文叙録：陳博士施乾撰音。

謝嶠音

釋文叙録：陳國子祭酒謝嶠音。陳書謝岐傳：岐弟嶠爲世通儒。今本郭注釋草：蚍衃下引謝氏一條，錢大昕説即謝嶠。蓋邢疏采詩正義，連引郭、謝，後人復取邢疏益郭注，遂致此謬。非別有一謝氏在郭前也。

顧野王音

釋文序録：陳舍人顧野王撰音。既是名家，今亦采之，附於先儒之末。案，此文兼稱沈、施、謝也。案，釋文屢引顧舍人本，其文字多與郭異。近人所輯之外，日本傳來原本玉篇中尚多有其説。如言部諈下引爾雅：諈，諉累。郭璞曰：以事相屬，累爲諈也。謐下引爾雅靜也，慎也。野王案，韓詩賀以謐我□，是。諼下引爾雅：有斐君子，終不可諼兮，道盛德至善，民之不能忘也。郭璞曰：言常思念之。詒下引爾雅：詒，遺也。郭璞曰：謂相歸遺也。誑下引爾雅：侜張，誑。郭璞曰：書無或侜張爲眩，眩，欺誑人也。誃下引爾雅：誃，離也。此類溢于百條。大氐顧氏多從郭璞。其中專引經注者，可校今本之文。稱野王案者，可以知顧氏之説。即略無詮論者，亦可考顧氏之音。真珍籍也。

裴瑜注

宋志：唐裴瑜注爾雅五卷。其序見中興書目。馬國翰以龍龕手鑑中所引舊注為裴瑜注，無所據。

陸德明音義

此經典釋文中之一種，凡三卷。其條例曰：爾雅之作，本釋五經，既解者不同，故亦略存其異。又云：爾雅本釋墳典，字讀須逐五經。而近代學徒，好生異見，改音易字，皆采雜書。唯止信其所聞，不復考其本末。且六文八體，各有其義。豈必飛禽即須安鳥，水族便應著魚，蟲屬要作虫旁，草類皆從兩中。如此之類，實不可依。今並校量，不從流俗。其次第曰：爾雅周公，復爲後人所益，故殿末焉。案，釋文用郭本爲正，而犍爲文學已下之注，孫叔然已下之音，並加甄采。今紬其義例。一曰存舊說。如釋詁之祜，舉樊李別本。林烝之烝，舉一本異文。元胎之胎，載叔然異音。圖漠之漠，取舍人別解。此皆存舊說也。二曰自下己意。或辨字體，如俶下云字又作㑷是也。或舉直音，如肈下云音趙是也。條例云：其或音一音者，蓋出於淺近，示傳聞見。或引他證，如詁下云，說文云詁，故言也，字林同是也。或加考辯，如洑下云姑犬反，顧徒蓋反，字宜作汏是也。惟書中間有稱本今作某，如皃下云本今皆作覰、惈下云本今作果之類，皆出校釋文者之辭，近人或竟以爲陸氏原文，斯爲巨繆。詳陸書體例，可謂閎美。雖尚有漏闕，待後來之補苴，要之治爾雅者，必以此爲先導矣。惟唐世義疏，引爾雅舊義，皆雜取諸家，不專以景純爲主。其兼引景純，必列衆家之下。如詩疏逑、匹，引孫炎注，不引郭注。皇、黄鳥，則兼引舍人與郭，而以郭說寘舍人後。是刈是濩，濩，煮之也，則兼引舍人、孫炎，而不引郭璞。蓋詩疏本之二劉，河北爾雅之學，猶不專以郭爲主也。獨有玉篇載爾雅之義，取景純者爲多。然則專尚郭注，江南之學如此也。今欲研撢舊義，自當于釋文之外，鉤取沈佚，庶無憾焉。

孫炎爾雅義疏

見邢叔明爾雅疏自序，又見宋志，謂其淺近俗儒，不經師匠。戴東原云：陸佃埤雅所引孫炎注，俗間孫炎也。吴騫云：埤雅每引其説，必曰孫炎正義，或曰孫炎爾雅正義。周廣業以爲五代時人，郅塙。其書可見者，如釋蒚山蒜，以蒚爲山名，其上出蒚。此等皆鄉壁虚造，宜爲邢氏所譏。陸農師喜采俗説，故往往搴擇及之也。

邢昺等義疏

義疏序：舒雅代邢昺作。今既奉勑校定，考按其事，必以經籍爲宗。理義所銓，則以景純爲主。此作疏之主恉也。其同修者，爲杜鎬、舒雅、李維、孫奭、李慕清、王煥、崔偓佺、劉士元八人。爲卷凡十。自此疏列於學官，考郭注者，不得不依于此，遂與釋文同爲不可廢之書。自南宋來，于邢疏每有異同之論。今且抄撮清師説數條于次，加以論斷焉。四庫提要云：昺疏亦多能引證。如尸子廣澤篇、仁意篇，皆非今人所及睹。其犍爲文學、樊光、李巡之注見於釋文者，雖多所遺漏，然疏家之體，惟明本注，注所未及，不復旁搜。此亦唐以來之通弊，不能獨責于昺。

阮君校勘記序云：邢昺作疏在唐以後，不得不綷唐人語爲之。

錢大昭爾雅釋文補自序云：北宋邢叔明專疏郭景純注，墨守東晉人一家之言，識己拘而鮮通。其爲書也，又不過鈔撮孔氏經疏，陸氏釋文，是學亦未能過人矣。

邵晉涵爾雅正義序：邢氏疏成於宋初，多掇毛詩正義，掩爲己説，間采尚書、禮記正義，復多闕略，南宋人已不滿其書，後取列諸經之疏，聊取備數而已。

右近世品騭邢疏之辭略如此。案，十三經疏，惟孟子疏，俚儒所爲，久應廢去。自餘諸疏，皆有所長，非清儒所能竟奪其席也。即爾雅疏言之，邢氏所長，當不僅如紀氏所云惟明本注而已。以愚觀之，有三善焉。所以新疏縱行，邢疏仍不能庋閣也。

一者，補郭注之闕。注所未詳，邢氏雖不能全補，而葝、肇、逐、求、卒、廩、宧、徒駭、太史、胡蘇十事，則皆依據經籍，確能爲郭氏拾遺。

二者，知聲義之通。近儒知以聲訓爾雅，而其耑實啓于邢氏。即以首卷爲例，凡説哉、怡、漠、諶、亮、詢、蓋、迥、蒿、茂諸文，皆能由聲得其通借，特不能全備耳。

三者，達詞言之例。近人多言爾雅有例。言此者，以嚴元照爲最通。然邢疏隨事指陳，如云釋詁不妨盡出周公，題次初無定例，造字與用字不必盡同諸條，隨便即言。爾雅與經文，異人之作，所以不同諸説，皆閎通之極。雖清儒有時遜之矣。

論宋人爾雅之學上

自邢叔明以後，戴東原之前，治爾雅之學者，惟四家略可稱道。一王雱，二陸佃，三鄭樵，四羅願。

項安世王雱爾雅跋曰：予讀元澤爾雅，爲之永歎，曰：嗚呼，以王氏父子之學之苦，即其比物引類之博，分章析句之工，其用力也久，其用功也精，以此名家，自足垂世，視楊子雲、許叔重，何至多遜。案，元澤書今久佚，無以知其懿否。然王氏之學，好爲新解，以陸農師之説爾雅比例之，度元澤書亦其象類。項安世之譽，蓋溢辭也。

陸農師有爾雅新義。爾雅新義，四庫亦未著錄。前此全謝山嘗見之。朱竹垞經義考未見。乾隆中，丁杰得景宋鈔，其書始傳于世。農師自序曰：萬物，汝故有之，是書能爲爾正，非能與爾以其所無也，名之曰爾雅以此。莊子曰：中無主而不止，外無正而不行。又曰：予每盡心焉，雖其微言奥旨有不能盡，然不得爲不知者也。豈天之將興是書，以予贊其始。譬如繪畫，我爲發其精神，後之涉此者致曲焉，雖使璞擁篲清道，跂望塵躅可也。陳振孫書錄解題譏此書：大率不出王氏之學，與劉貢父所謂不徹薑食、三牛、三鹿戲笑之語，殆無以大相過也。書曰玩物喪志，斯其爲喪志也宏矣。江藩國朝漢學師承記稱：余古農撰注雅別鈔，專攻是書及埤雅，及蔡卞毛詩名物解等書，就正于惠松厓。松厓曰：陸佃、蔡卞乃安石新學，人知其非，不足辨。古農瞿然。是清世經師，亦多不滿于其書矣。惟阮元、孫志祖稱其所據經文，猶是北宋善本。今案，農師所用本，如華皇也，四氣和謂之玉燭，當途梧丘，蕭荻，卷施草拔心不死，鸒白鷢之類，皆可信從。惟其説經，純乎傅會，展卷以觀，令人大噱。即其首條注云：初，氣之始。哉，事之始，亦物之始。首，體之始。基，堂之始。祖，親之始。元，善之始，亦體之始。胎，形之始。俶，于人爲叔，於天爲始。落，於花爲落，於實爲始。權，量之始。輿，車之始。又釋京大也云：詩曰三后在天，玉京金闕，在天之謂也。又釋隹其夫不曰：雕、一宿可期焉，一、妻道也，夫或不然。此等純乎望文生義。宋大樽乃云：善讀者能心領神會於尋常訓釋之外，獲益必多，若拘泥視之，是同於高叟之爲詩矣。噫，斯言過矣。陸氏又有埤雅，言為爾雅之輔，其術亦與爾雅新義同，今不論。

論宋人爾雅之學下

鄭漁仲之書，四庫提要頗左袒之，稱其於爾雅家爲善本，案其自序云爾雅訓釋六經，極有條理。然只是一家之見，又多昧於理而不達乎情狀。故其所釋六經者，六經本意，未必皆然。又後序云：一字本一言，一言本一義。饘自饘，餬自餬，不得謂餬爲饘。訊自訊，言自言，不得謂訊爲言。襺自襺，袍自袍，不得謂袍爲襺。衮自衮，黻自黻，不得謂衮爲黻。不獨此也，大抵動以十數言而總一義。今舉此四條，亦可知其昧于言理。釋言峨峨，祭也。釋訓丁丁嚶嚶，相切直也。舉此二條，亦可知其不達物之情狀。樵注爾雅而先攻爾雅，此謂蠹自木生，還食于木，所謂昧言理不達物情者。由今觀之，乃樵之昧與不達耳。樵又云爾雅在離騷後，又力主作爾雅者爲江南人，此皆妄也。汪師韓有書鄭氏箋注一篇，議其經文有闕，增改未當，肊斷無證，仍誤不能改，諸條大致不誤。至四庫提要所稱後序中諸條爲精確，則爲樵所愚。又稱其注中之善者，蓋皆常義，又多因襲。釋詁：台朕陽之予為我，賚畀卜之予為與。説多本陸農師。不過在宋世爾雅家，尚爲佳書耳。

羅端良爾雅翼自序云：因爾雅爲資，略其訓詁，山川星辰，研究動植，不爲因循。有不解者，謀及芻薪，農圃以爲師，釣弋是親，用相參伍，必得其真。此書之成，爲雅羽翰。王伯厚後序云：覽故考新，揆叙物宜，根極六藝，冰渙昔疑。囊括百家，抉度摘疵，豈惟傳騷，説詩亦解頤。纂次有典則，班、馬可追，爲雅忠臣，翼之以飛。四庫提要稱此書考據精博，而體例謹嚴，在陸佃埤雅之上。今案，鄂州是書，引證誠爲浩博。陳櫟遽加刊節，宜爲紀曉嵐所譏。然如謂旨鷊爲鳥，與上防有鵲巢偶，謂鵲善相地而累巢，若有驚懼則不累也，鷊善相天而後吐綬，若有戕賊之疑則吐也。此直以鷊爲吐綬鳥，爲前説所未有。他若以鶉爲淳、以鳩爲九，皆不脱王氏字説之惡習。其書多引字説。雖援據載籍極多，治爾雅者，亦祇能等之於埤雅之流，以視陸璣毛詩義疏、陶弘景本草注，固不逮遠甚矣。

論清儒爾雅之學上

元、明二代，治爾雅者寥寥。其見於經義考、小學考者，數家而已。爰及清世，小學大興。其始也，由小學以探經傳百家之門庭。其卒也，用經傳百家以富小學之左證。小學古籍存者，以爾雅爲最古，以説文爲最豐。于是左右撢尋，參驗稽决，而古籍疑滯，豁然塙斯。雖近儒專力訓詁者多，推求名物者鮮，而榛蕪既闢，軌躅可求，小學之秘奥，亦不難盡窺矣。要而言之，治爾雅之始基在正文字，其關捩在明聲音。字不明，則義之正假不能明。音不明，則訓之流變不能明。故使説文之學不昌，古韻之説未顯，雖使爾雅至今蒙晦可也。惟聲音文字，講求纖悉，然後訓詁之道，得其會歸。惟詁訓漸即闓明，斯名物漸知實義。一學之立，必待與之相關諸學，盡有紀綱。清世爾雅之業獨隆于前古者，正由此爾。

今且疏紀清儒爾雅專著如左方，次評其中失，而以邵、郝兩疏殿其後。

凡見於謝啓昆小學考者：

譚吉璁爾雅廣義，經義考：五十一卷，存。

爾雅綱目，浙江通志書目：一百二十卷，未見。

姜兆錫爾雅補注一作爾雅參義。四庫書目：六卷，存。

翟灝爾雅補郭一卷，存。

附載周春爾雅補注四卷。

戴震爾雅文字考一卷，存。

任基振爾雅注疏箋補，見戴東原集，存。

邵晉涵爾雅正義二十卷，存。

此中諸書，以戴氏爲最懿。其爾雅文字考自序曰：援爾雅以釋詩、書，據詩、書以證爾雅。由是旁及先秦已上，凡古籍之存者，綜覈條貫而又本之六書音聲，確然於訓詁之原，庶幾可與於是學。案，自戴氏後治爾雅諸人，雖所得有淺深，皆循戴氏之塗轍者也。展闢門户之功，亦可云偉矣。

論清儒爾雅之學下

其見於學海堂經解者，專著則有邵氏正義，次之則郝氏義疏。而郝疏非足本，胡珽刻郝疏前有宋翔鳳一序，稱阮公所輯經解及沔陽陸制府建瀛刻本相同，嘉興高君又得足本，以校阮、陸兩本，多四之一。或云删去之文出高郵王石渠先生手，或云他人所删而嫁名於王。此經解本郝疏未爲完善之證。

阮伯元十三經校勘記中有爾雅校勘記六卷，又附釋文校勘記於後，此爲覽爾雅者必治之書。其序有云：爾雅經文之字，有不與經典合者，轉寫多歧之故也。有不與說文合者，說文於形得義，皆本字本義。爾雅釋經，則假借特多，其用本字本義少也。此必治經者深思而得其意。阮公此言，郅爲閎通。其中小小罅漏，如以釋詁犯奢果毅勝也之毅爲衍文，釋草蘮從水生之生爲衍文，固自不免，而大體則精善矣。其但取一篇而推衍評議者，有程瑤田之釋宮小記、釋草小記、釋蟲小記，雖不盡關於爾雅，而可詮解爾雅者爲多。釋草小記中，論諸物稱名相同，或以形似，或以氣同，相因而呼，大率不可爲典要，而其勢有不得不相借者。觀書者於此，眼當如月，罅隙畢照，其旨蓋亦微矣。此論精深之至。自有此説，而後釋草已下七篇諸物名，稍稍可解。又釋蟲小記中有云：簡策之陳言，固有存人口中之所亡。而其在人口中者，雖經數千百年，有非兵燹所能劫，易姓改物所能變。則其能存簡策中之所亡者，亦固不少。此説直以今世方言本之皇古。明乎此，則今語之名物皆有所由來，即今語之訓詁，亦無不有所由來。是程氏此言，雖爲爾雅物名而發，其勳績正不獨專在爾雅矣。

其在群經總義中，載有爾雅説者。武億經讀考異中，別載爾雅句讀互異十餘條。王引之經義述聞説爾雅者凡三卷。其最精者，謂二義不嫌同條，如林烝爲群聚之群，天帝爲君上之君。聲近而有二名，如主謂之宰，亦謂之冢。官謂之宰，亦謂之冢。皆其義之精者。惟好以意破字，如改坎律銓也之坎爲次，振古也之古爲自，皆嫌專輒。至釋釋魚篇首六魚，足以破郭，乃云詩傳以鯉釋鱣之非，不知鮪屬之鱣，爾雅可無釋也。此亦千慮一失也。

其見於南菁書院經解者，專著則有如下列數種：

一、翟灝爾雅補郭

灝自序云：郭氏注爾雅，未詳未聞者百四十二科。邢氏疏補言其十，葝、肇、逐、求、卒、廩、宦、徒駭、太史、胡蘇。餘仍闕如。今據譾識，參衆家，一一備説如左。今案，郭注未詳者，實不止此數，其從蓋闕者，蓋謹慎之意。觀釋天篇注云：自歲陽至此，其事義皆所未詳通，故闕而不論。次觀舊注，則如閼逢、旃蒙之類皆有解釋。郭非不知，所以俄空不説者，以有所未信耳。然則郭所未詳，非必不知，明已。至如逐之訓病，東北隅謂之宧，信是常義，而郭亦云未詳者，蓋偶不省記耳。翟氏所補，如神重、篲勤、徽止、衛嘉、郡乃、臻乃、揚續、萌萌在也諸條，皆無明證。又釋草諸篇，郭由目驗者多，其所未聞，多難代補。翟説蒚芌熒、搴蔚、薜牡蘋、蘵百足、貢綦、髦柔英諸條，多意必之論，未爲佳書。

二、錢坫爾雅古義

書僅二卷。略考文字異同及他書可爲證左者，大致精寀。其釋神慎也一條，引檀弓其慎也注，慎當爲引，禮家讀然。據此，知爾雅慎字與引通，神慎即神引。此條各家皆未道及。然如鱧鯇鰋鮦，異説不能寀正，亦小疵也。

三、錢坫爾雅釋地四篇注

錢自序有云：名者，實之徵。古人之言，何嘗虛造。率以鄙見就所遐瞻，括成卷册，媿非孫、樊所及道，郭君所及推。其書大旨於釋地四篇，必求其實地，故下濕曰隰之類，皆求郡縣或山名以實之。孫星衍爲之作序云：釋地諸篇之義既古，其所釋皆是夏書、山海經之山，而郭、李、舍人僅隨義解釋，不著所在。郭璞注中嶽嵩高山蓋依此爲名，亦未知其即釋嵩高山也，可不謂惑歟。陳惕庵爾雅釋例言：爾雅釋地四篇有專言，有泛言。專釋者，當求其地以實之。泛言者，不必求其地以釋之。以此譏錢氏。侃謂郭注依此爲名之説最精。水經注釋霍山，爾雅舊注釋嶧山，元和郡縣志，釋滍湖，亦皆引雅爲説。必處處求其地，斯鑿矣。孫謂郭爲惑，此非郭之惑也。

勞經原笙士序，載九能自言曰：爾雅，近邵氏撰正義注解精當，而於俗本之誤及載籍所引文字異同，闕焉不錄。因著此書以補其未逮。侃案，考爾雅殊文者，莫詳於是書，雖偶有闕遺、如鴳鶡異文，陳玉樹謂嚴未及。謬誤，如謂說文無媞字。又往往儀毫失牆，如釋水篇末，從釋地已下至九河皆禹所名也十三字，乃九河下郭注，不知何時以為正文。陸佃爾雅新義亦據為經文，加之解釋。自此邵、郝諸人紛紛訂辨，絕不檢覆吳元恭本。嚴氏此書，亦未加舉正。然於大體固無害爾。

四、嚴元照爾雅匡名

嚴氏先有娛親雅言六卷，最後一卷皆說爾雅之文。其中有一條言爾雅之例至閎通，足以藥近人拘攣之弊。錄如左：

釋詁篇首訓始，篇末訓死，兩端具矣。篇内次第亦各以義類相從。釋言篇有一字兼兩義者，則彙置一所，基經、基設之類是也。有字異而義同者，則彙置一所，蠲明、茅明之類是也。有義訓遞嬗而下者，彙置一所，速徵、徵召之類是也。或字義皆異而音同者，彙置一所，挾藏、浹徹之類是也。次序皆有深義，蓋非適然。而中間不無小有舛錯者，亦必非摩滅失次。古人行文錯綜變化，正以見嚴密之中又未嘗拘謹也。

又有一條，論物名相同云：草木蟲魚之同名者多矣。莪蘿，草也。蛾羅，蟲也。蟲之螒，鳥之鶾，皆名天鷄。芣苢、馬舄，草木同名。又草名果蠃，蟲亦名果蠃，鳥亦名果蠃。見廣雅。草名蘆葩，蟲亦名蠦蜰。草名蚍蜉，蟲亦名蚍蜉。草名天蘥，鳥亦名天鸙。草名蒺藜，蟲亦名蒺藜。木名時，獸亦名時。槐爲守宮，榮原亦名守宮。蠮螉名蒲盧，蜃盒亦名蒲盧。散見國語、夏小正、廣雅諸書。蟲名精列考工記注。鳥亦名精列。見說文、廣雅。鳥名鸛鷒，說文 馬亦名鷛爽。左傳。草名射干，見荀子、大戴禮、廣雅諸書。獸亦名射干。見子虛賦。又牛之黑脣者、馬之黑脣者皆名犉，雉、羊、雞，絕有力者皆名奮。兔、牛，絕有力者皆名欣。郭於釋草蒫、莖豬，釋木又見。釋蟲有密肌、繫英，釋鳥又見。皆疑其重出，非也。

案，爾雅實有重出，如密，靜也。釋詁一篇前後兩見。

五、龍啟瑞爾雅經注集證

凡三卷。略取阮、元盧、文弨郝、邵、臧、鏞堂錢、大昕嚴、元照孔、廣森全、祖望武、億段玉裁諸家之說，間有駁辨，皆是常義。而號爲集證，一若裒然鉅册者，可云名實不相中也。

群經總義中，釋爾雅者，如下一種：其不分卷，僅見一二條者，不具。

俞蔭甫先生群經平議第三十四卷。

侃謹案，俞君此書，中失參半。今取其最精者說之。如釋耇壽，謂即痀之異文，而皆受義于句。從疒，從老，皆其孳乳寖多者。釋劉陳，謂劉讀爲留，陳猶塵也。塵者，久也。釋禴祭爲通名，引干寶易注非時而祭曰禴。釋衛垂，謂衛爲圍之借字，引詩九圍證之。釋神治，引廣雅伸理之訓以明之。釋揚續，引說文易，一曰長也，謂易爲揚之本字。釋祔祪祖也，謂祔、祪皆爲祖，駁郝疏之祪祖連讀爲非。釋坎律銓也，謂坎當讀爲科，引孟子注科坎爲證。釋昆後，謂即昆孫之昆。釋妻之姊妹同出爲姨，謂姨猶娣也，因妹而連言姊。釋東北隅謂之宧，引孫炎義日側之明謂宧，與熙聲近義通。釋夏獵爲苗，謂本字當作覒，引說文覒擇也、讀若苗爲證。釋潬沙出，謂潬即灘字，引說文灘水濡而乾爲證。釋莙牛藻，謂牛藻者馬藻之異名，駁郝以郭爲誤之說。釋薇垂水，謂非詩及史記伯夷傳之薇。釋蒺蔾蝍蛆，謂即廣雅之蝥蛆，蛆蟝，又即本書下文之蛝馬蝬。釋翥醜罅，引廣韻轉載爾雅作蠡，謂蠡即蟅之異文，蛷見赤犮氏注以爲狸蟲。此諸條類皆前人所未道。而隨意破字之病，較高郵王氏爲尤多。如艾歷也、歷秭算數也，謂歷也之也爲衍文。允任壬佞也，謂允爲㕣之誤字。佻佻契契愈遐急也，謂愈遐當乙轉。夫之兄爲兄公，謂下兄字爲衍文。室有東西廂曰廟，謂室當作堂。融謂之鬵，謂融上有若字。革中辨謂之韏，謂辨爲辮字之誤。大篪謂之沂，謂沂爲誓之誤。炎荾萎，謂荾萎當乙。中馗菌，謂當云中馗地蕈。鷚欺老鳸鴳，謂老鳸下屬，爲左傳義，違爾雅。舊讀狗四尺爲獒，謂獒止作豪。此諸條皆無顯證，輒以己意疑經。清儒固往往有此病，治爾雅者尤不能免。雖師承所自，亦不敢阿其所好也。

邵、郝二疏，皆爲改補邢疏而作。然邵書先成，郝書後出，先創者難爲功，紹述之易爲力。世或謂郝勝於邵，蓋非也。據邵自序，其撰是書之例有六。一曰校文。序云：世所傳本，文字異同，不免譌舛，郭注亦多脱落，俗說流行，古義寖晦。爰據唐石經及宋槧本及諸書所引者審定經文，增校郭注。是也。二曰博義。序云：漢人治爾雅，若舍人、劉歆、樊光、李巡之注，遺文佚句，散見群籍。梁有沈旋集注，陳有顧野王音義，唐有裴瑜注，徵引所及，僅存數語。或與郭訓符合，或與郭義乖違，同者宜得其會通，異者可博其旨趣。今以郭氏爲主，無妨兼采諸家，分疏於下，用俟辨章。是也。三曰補郭。序云：郭注體崇矜慎，義有幽隱，或云未詳。今考齊、魯、韓詩，馬融、鄭康成之易注，以及諸經舊說，會粹群書，取證雅訓。其跡涉疑似，仍存而不論，確有據者，補所未備。是也。四曰證經。序云：郭氏多引詩文爲證。陋儒不察，遂謂爾雅專用釋詩。今據易、書、周禮、儀禮、春秋三傳、大小戴記，與夫周秦諸子、漢人撰著之書，遐稽約取，用與郭注相證明。是也。五曰明聲。聲音遞轉，文字日孳聲近之字，義存乎聲。自隷體變更，韻書割裂，古音漸失，因致古義漸湮。今取聲近之字，旁推交通，申明其說。是也。六曰辨物。序云：草木蟲魚鳥獸之名，古今異稱，後人輯爲專書，語多皮傅。今就灼知副實者，詳其形狀之殊，辨其沿襲之誤。未得實驗者，擇從舊說，以近古爲徵，不敢爲億必之說。是也。清世說爾雅者如林，而規模法度，大抵不能出邵氏之外。雖篤守疏不破注之例，未能解去拘攣。然今所存雅注完書，推郭氏最善。堅守郭義，不較勝于信陸佃、鄭樵乎。惟書係創作，較後人百倍爲難。故其校文，於經、於注多所遺漏，不如嚴元照爾雅匡名、王樹枏爾雅郭注補正。其博義，於諸家注義，搜采不周，不如臧鏞堂爾雅漢注。其補郭，則特爲謹慎，勝於翟晴江之爲。其證經、明聲，略引其耑，而待郝氏抽其緒。其辨物，則簡略過甚，又大抵不陳今名。然郝氏搜采，略多於邵，其所指今名，往往局於一隅，不足遍喻學者。至於物名由來，本於訓詁，則什九不能說。其去廣雅疏證之屢解物名取義所由者，固覺無等級以寄言矣。郝疏晚出，遂有駕邢軼邵之勢。今之治爾雅者，殆無不以爲啓闢户門之書。宋于庭序郝疏也，曰邢疏但取唐人五經正義綴輯而成，遂滋闕漏。乾隆間，邵二雲學士作爾雅正義，翟晴江進士作爾雅補郭，然後郭注未詳未聞之説，皆可疏通證明。而猶未至於旁皇周浹，窮高極遠也。迨嘉慶間，郝疏最後成書。其時南北學者，知求於古字古言。於是通貫融會諧聲、轉注、假借，引端竟委，觸類旁通，豁然盡見。且薈萃古今，一字之異，一義之偏，罔不搜羅。分別是非，必及根原，鮮逞匈肊。蓋此書之大成，陵唐轢宋，追秦漢而明周孔者也。其推崇繩譽，可謂盡量矣。然郝疏刻於學海堂經解者，經王懷祖先生刪節，或云非王所刪，于庭則以刪去爲非是。黄茂重刊本書後，至云禕通作衛，止亦此之訓，嫠婦合聲爲罶，寡婦合聲爲笱，以及衛蹶嘉也、晙明也、月在甲曰畢一節，皆要義微言，重賴發明。阮刻經解徑多刪節，乃益見原本之足徵也。案禕非本字，正當作偉，而郝氏云衛者，禕之假音也。嫠婦之笱，據叔然說，以其功易而名。詩大田云彼有不穫穉，此有不斂穧。彼有遺秉，此有滯穗。伊寡婦之利。此言不自耕穫而得之，亦明其易，寡婦之笱正與此意同。凡取魚無不勞身手者，惟此以笱承梁，周禮獻人先鄭注：梁，水偃也。偃水爲關空，以笱承其空。而魚自入，取之之易，亦與捃拾他人所收刈者同矣。郝氏以寡婦、嫠婦巧合笱、罶之切音。然古音婦與負同，不與笱侯留蕭同部，因知寡婦取義當如孫説矣。晙者，晉之後出字，易曰明出地上晉，引申爲早，郝氏不知，而曰晙者，浚之或體也。月在甲曰畢一節，庫壬終癸極，其義顯然，餘則舊説盡亡，郭氏亦闕而不論。而郝氏率意補之，惡覩所謂要義微言者乎。高郵之徑爲刪汰，未嘗非成人之美也。郝書席邵、臧二家之成，凡邵所説幾於囊括而席卷之。而引據爾雅舊説，臧所輯者，郝亦輯之。臧所未見而遺漏者，郝亦闕之。至於推明本字，誠多於邵，然如孰爲𦎧之借，笑爲妖之借，說文：妖，女子善笑皃。以漢字釋古字。鴻代之鴻爲傭之借，考工記梓人：博身而鴻。注：鴻，傭也。是鴻傭以同部而借。說文：傭，均直也。苦爲盬之借，此皆常義易了，而郝不言。其釋物名，多據目驗，然以稷爲高粱，承程瑶田之謬説。以薇垂水爲即詩之薇，不能分別。皆其疏也。

論治爾雅之資糧

上來爾雅源流及歷代爲此學者，詮述略竟。兹更舉研治斯學之資糧：

一、説文

爾雅之作，大抵依附成文爲之剖判。成文用字，大抵正借雜糅，初無恒律。此由於太古用字，已有依聲托事之條，不獨用以行文，抑且用以造字。是故一壬也，既借爲朝廷，望所從之壬，即作朝廷解。又借爲徼幸，淫所從之壬，即作徼幸解。一辛也，既以爲辠，見宰下説解。又以爲熟。見變下説解。右訓手，見若下。字宜作又。戌訓悉，見咸下。字即宜爲悉。侖訓理，見侖下。而本解但爲思。回訓雷，而本解但象回轉。曾訓益，會下。論字只宜作增。麋訓惑，本字止宜作迷。至於祀、禩異文，從已有意，而從異者，即已之借。禂、騗異文，從壽者，禱省，而從周者，又禱之借。其佗一字殊讀，有若廿二十并、廿疾古文。㗊讀戢、㗊讀呶。一義引申，有若長長短、長尊長。令使令、令令尹。凡皆造字之假借，約定俗成而不移，又何怪用字之有假借乎。雖然，用字不能無假借者，勢也。解字必求得本根者，理也。使無説文以爲檢正群籍之本根，則必如顔之推所云冥冥不知一點一畫有何意義矣。爾雅之文，以解群籍，則綽綽然有餘裕，試一詢得義之由來，必有扞格而不通者。此如始也、君也二條，初、首、基、祖、元、胎、俶、天、帝、皇、王后，或爲本義，或自本義引申，此字形字義相附者也。哉訓言之間，無始義，其訓始者，當作才。何以知之，以説文訓才爲草木之初也。肇訓擊，無始義，其訓始者，當作肁。何以知之，以説文訓肁爲户始開也。落訓木葉陊，無始義，其訓始者，當爲反言。何以知之，即以胎、殆同從而義反知之也。權輿，一爲黄華，一爲車輿，無始義，其訓始者，當作灌渝。何以知之，以説文萝字説解曰灌渝知之也。林訓君者，當由群義蜕嬗，二木爲林也。烝訓君者，當由衆義引申，烝即衆之變，其本字爲氣上行，無君義也。辟訓法，君能執法，故以爲君但據辟之形，初無君義也。是故字書之作，肅然獨立，而群籍皆就正焉。辭書之作，苟無字書爲之樞紐，則蕩蕩乎如繫風捕影，不得歸宿。欲治爾雅者，安可不以説文爲先人之主哉。

二、古韻學書

爾雅總絕代之離詞，其中藴蓄先世逸言，異國殊語。當時九服聲音，相離未遠，縱以聲類比方假借，而聆音知義，不至淆訛。迨世遠聲遷，文字之著於竹帛者，不能相逐而同軌，于是睹文而不知義，音從世讀而不諧於古初。治爾雅者，不明乎此，上之不過如邢叔明之守文，次乃儕于陸佃、王雱，舍望文生義外，無復他技，且以新得自矜，至可忿疾者也。尚考郭氏注文，其於音理知之甚深，故其功績一在通故言，一在證今語。通故言者，如隕、磒，落也。注曰：磒猶隕也，方俗語有輕重耳。卬，我也。注：卬猶姎也，語之轉耳。賚、畀、卜，予也，注賚、卜、畀，皆賜與也，與猶予也，因通其名耳。迅，疾也。駿，速也。注：駿猶迅，速亦疾也。慴，懼也。注：慴即懾也。覭髳，茀離也。注：茀離即彌離，彌離猶蒙蘢耳。輔，俌也。注：俌猶輔也。迺，乃也。注：迺即乃。淈，治也。注：淈，書序作汩，音同耳。繇，喜也。注引禮記曰：詠斯猶，猶即繇也，古今字耳。任、壬，佞也。注：壬猶任也。在、存，察也。注：存即在。徂、在，存也，注以徂爲存，猶以亂爲治，以曩爲曏，以故爲今。此皆詁訓義有反覆旁通，美惡不嫌同名。薦、摯，臻也。注：薦，進也。摯，至也。故皆爲臻，臻，至也。柎，祖也。注：柎，付也。疾、齊，壯也。注：齊亦疾。奘，駔也。注：駔猶麤也。夫之兄爲兄公注：今俗呼兄鍾，語之轉耳。路、旅，途也。注：途即道也。斛謂之疀注：皆古鍪鍤字。不律謂之筆注：蜀人呼筆爲不律也，語之變轉。邸謂之柢注：邸即底。秋爲旻天注：旻猶愍也。春祭曰祠注：祠之言食。丘一成注：成猶重也。此皆依據音理，通古今之異言者也。證今語者，如嗟、咨，蹉也。注：今河北人云蹉歎，音兔罝。此以兔罝之音悟其爲爾雅之蹉也。恀、怙，恃也。注：今東江呼母爲恀，音是。此以是之音悟其爲爾雅之恀也。逮，遝也。注：今荊楚人皆云遝，音沓。此以沓音悟爲爾雅之遝也。螮蝀謂之雩注：江東呼雩音芋。潬，沙出。注：今江東呼水中沙堆爲潬，音但。菨，接余。注：江東食之，亦呼爲菨，音杏。未成鷄僆注：江東呼少鷄曰僆，音練。此由芋、但、杏、練之音，悟爲雩、潬、菨、僆之字，使非音理通明，豈可綜合古今，知其部類哉。自郭氏以後，此風莫紹，無往不復，乃中興于清世諸師。

清世古韻之書甚夥，擇其要者，厥惟顧、甯人音學五書中，唐韻正最要。江、慎修古韵標準。戴、東原聲類表。段、若膺六書音韻表，須佐以門人江沅子蘭說文解字音均表。錢、曉徵潛研堂答問。王、懷祖韻表，見經義述聞。孔、撝約詩聲類。嚴、鐵橋說文聲類。劉中受詩聲衍。數家，流覽既周，乃知古聲、古韻之概。

古聲類之說，萌芽於顧氏。錢氏更證明古無輕脣，古無舌上。本師章氏，證明娘、日歸泥。案此理本於切韻指掌圖、切韻指南，而興化劉融齋亦能證明。自陳蘭甫作切韻考，劃分照、穿、牀、審、禪五母爲九類，而後齒、舌之介明，齒、舌之本音明。大抵古聲於等韻只具一、四等，從而廣韻韻部，與一、四等相應者，必爲古本韻。不在一、四等者，必爲後來變韻。因是求得古聲類，塙數爲十九。凡變音，皆當歸納于本音之內，而後古雙聲可明。古雙聲明，而後音近音轉之字，皆得其䚡理矣。

古韻部之說，由簡趨繁。其最能致用者：

一、為戴氏異平同入之理

戴氏聲類表分九類。一曰歌、魚、鐸之類，二曰蒸、之、職之類，三曰東、矦、屋之類，四曰陽、宵、藥之類，五曰庚、支、陌之類，六曰真、脂、質之類，七曰元、月之類，八曰侵、緝之類，九曰覃、合之類。雖配合小乖，而孔氏詩聲類陰、陽對轉之說，即出于此。今謂不獨古韻陰、陽對轉，即今韻亦陰、陽對轉，詳在他篇。

二、為嚴氏諸韻會通之理

嚴氏書分韻十六類。之、支、脂、歌、魚、侯、幽、宵、蒸、耕、真、元、陽、東、侵、談。後附說文聲類出入表，云：櫂母爲紐，必在本類，其子有往適他類者，案如㞢省聲有屵，讀如躍，由之入宵。亦有他類之子來歸本類者，案如嶷從疑聲，本在脂類，而來入之。以及重文讀若，往來無定。既嚴其畛域，復觀其會通，所謂分則豪釐有辨，合則一統無外。其表惟之與陽，及支與侯、蒸、陽、東、侵無出入，非謂聲轉竟不得通，謂說文無此也。得此說而韻部皆可相通，可省無數拘攣之苦。

三、為劉氏分韻廿六之理

劉氏詩聲衍分韻廿六，冬、東、蒸、侵、鹽、陽、青、真、文、元、支、錫、歌、灰、職、蕭、屋、肴、藥、魚、陌、愚、微、未、質、緝。此爲古韻分部最多之書。若案前條一、四等爲古本韻之理，劉氏亦大氏近之。惟未韻應分爲二類，從章氏，今定名為沒類、曷類。緝韻應分爲二類，從戴氏，今定名為合類、帖類。而後古韻部始全。

十三經鈔・爾雅鈔

齊樹楷

爾雅，名書也。孔子曰：必也正名。以並爭之時，新名日出，不可不一爲訂正。説文序云：田疇異畝，車塗異軌，律令異法，衣冠異制，語言異聲，文字異形。想見當時名字之紛。其並爭之國，滅小國而自爲大國，國大則干涉之能力已漸薄，而被滅者之公卿大夫降在萌隸者，造作詞說，以與之爲難。來自他國之名，益紊棼不可爬梳。且其時戎狄同化，日益加多，不能遽去之名字，且須釋訂，亦並爭時之所同也。

爾，近也。雅，常也。爾則不遠，雅則不俗。近人言譯事三難，信、達、雅，亦以雅爲新名之要。孔子云：多識於鳥獸草木之名。此命物之名，尚于國政人心少所關礙。今日法政、文學、教育、新名日有灌輸，稍一不正，貽害無窮。亦以並爭之列國，以名附我者多也，此爾雅之意所不可不知者也。鈔釋詁一篇。

釋詁

昔人解經多將就前清儒者。以歷史之眼光行之，以其時之訓詁、聲音釋其時之經，而經之奧大開。亦論世之識也。字形以有迹而變較少，然已有籀、篆、隸、楷之分，說文諸書示之則矣。爾雅古義多不行於今者，茲鈔前三篇以見古今異義。勿以古義譯今書，即勿以中義測西書，庶不遺語界之害乎。（編者按，原注：近人白話，以譯西書多合。）

初、哉、首、基、肇、祖、元、胎、俶、落、權輿，始也。以一字解許多字，惟古人有之。作字由點起，孳之為橫、豎等法。成字後有通、有假、有轉，有古今字、有方言。音同則通，如哉始也，栽、才、載皆同是也。義同則通，如胎始也，首、鼻、元皆同是也。相反亦通，如落、與崇反，亦訓始，即亂治、消長之相反而義同也。聲同則假，如權輿，廣雅疏證以為其萌虇蕍之假音。義同亦假，如基、祖、胎等。略舉數例，不備。

林、烝、天、帝、皇、王、后、辟、公、侯，君也。

弘、廓、宏、溥、介、純、夏、幠、厖、墳、嘏、丕、奕、洪、誕、戎、駿、假、京、碩、濯、訏、宇、穹、壬、路、淫、甫、景、廢、壯、冢、簡、箌、昄、晊、將、業、席，大也。幠、厖，有也。他義尚多，舉幠、厖為例耳。

迄、臻、極、到、赴、來、吊、艐、格、戾、懷、摧、詹，至也。

如、適、之、嫁、徂、逝，往也。

賚、貢、錫、畀、予、貺，賜也。

儀、若、祥、淑、鮮、省、臧、嘉、令、類、綝、彀、攻、穀、介、徽，善也。

舒、業、順，叙也。舒、業、順、叙，緒也。

怡、懌、悦、欣、衎、喜、愉、豫、愷、康、妉、般，樂也。悦、懌、愉、釋、賓、協，服也。

遹、遵、率、循、由、從，自也。遹、遵、率，循也。

靖、惟、漠、圖、咨、度、詢、諏、究、如、慮、謨、猷、肇、基、訪，謀也。

典、彝、法、則、刑、範、矩、庸、恒、律、戛、職、秩，常也。柯、憲、刑、範、辟、律、矩、則，法也。

辜、辟、戾，罪也。

黄、髮、齯齒、鮐背、耇、老，壽也。

允、孚、亶、展、諶、誠、亮、詢，信也。展、諶、允、慎、亶，誠也。

謔、浪、笑、敖，戲謔也。

粤、于、爰，曰也。爰、粤，于也。爰、粤、于、那、都、繇，於也。于曰、粤於皆互訓。互相訓也與轉注同。但轉注中有聲轉耳。

㪉、郃、盍、翕、仇、偶、妃、匹、會，合也。仇、讎、敵、妃、知、儀，匹也。妃、合、會，對也。妃，媲也。

紹、胤、嗣、續、纂、緌、績、武、係，繼也。

忥、謐、溢、蟄、慎、貉、謐、顗、頠、密、寧，靜也。

隕、磒、湮、下、降、墜、摽、蘦，落也。

命、令、禧、畛、祈、請、謁、誶、誥，告也。

永、悠、迥、違、遐、逷、闊，遠也。永、悠、迥、遠，遐也。

虧、壞、圮、垝，毁也。以毁釋虧、圮、垝，聲訓也。字之增造皆先有聲，而後以形附之。

矢、雉、引、延、順、薦、劉、繹、尸、旅，陳也。尸、職，主也。尸，寀也。寀、寮，官也。績、緒、采、業、服、宜、貫、公、事也。

永、羕、引、延、融、駿，長也。喬、嵩，崇、高也。崇，充也。

犯、奢、果、毅、克、捷、功、肩、勘，勝也。勝、肩、勘、劉、殺，克也。劉、獮、斬、刺，殺也。

亹、亹壐、没、孟、敦、勖、釗、茂、劭、勔，勉也。

騖、務、昏、暋，强也。

卬、吾、台、予、朕、身、甫、余、言，我也。朕、余、躬，身也。臺、朕、賚、畀、卜、陽，予也。邛、吾、我、余、奴、儂、俺，皆方音轉而字隨之增者。

肅、延、誘、薦、餤、晉、寅、藎，進也。羞、薦、迪、烝，進也。

詔、亮、左、右、相，導也。詔、相、導、左、右、助，慮也。亮、介、尚，右也。左、右，亮也。

緝、熙、列、憲、昭、晧、熲，光也。

劼、鞏、堅、篤、掔、虔、膠，固也。

疇、孰，誰也。暀暀、皇皇、藐藐、穆穆、休、嘉、珍、褘、懿、鑠，美也。

諧、輯、協，和也。關關、噰噰，音聲和也。勰燮，和也。

從、申、神、加、弼、崇，重也。

觳、悉、卒、泯、忽、滅、罄、空、畢、罊、殲、拔、殄，盡也。

苞、蕪、茂，豐也。

揫、斂、屈、收、戢、蒐、裒、鳩、摟，聚也。

肅、齊、遄、速、亟、屢、數、迅，疾也。寁、駿、肅、亟、遄，速也。

壑、阬阬、滕、徵、隍、漮，虛也。

黎、庶、烝、多、醜、師、旅，衆也。洋、觀、裒、衆、那，多也。

流、差、揀，擇也。

戰、慄、震、驚、戁、竦、恐、慴，懼也。

痡、瘏、虺隤、玄黃、劬勞、咎、瘁、瘽、瘉、鰥、戮、癙、癵、瘇、痒、疷、疵、閔、逐、疚、痗、瘥、痱、擅、瘵、瘼、癠，病也。

恙、寫、悝、盱、繇、慘、恤、罹，憂也。

倫、勩、卬[邛]、敕、勤、愉、庸、癉，勞也。勞、來、强、事、謂、翦、篲，勤也。

悠、傷、憂，思也。懷、惟、慮、願、念、惄，思也。

祿、祉、履、戩、祓、禧、褫、祜，福也。

禋、祀、祠、蒸、嘗、禴，祭也。

儼、恪、祗、翼、諲、恭、欽、寅、熯，敬也。

朝、旦、夙、晨、晙，早也。

須、竢、替、戾、底、止、徯，待也。

噊、幾、烖、殆，危也。

治、肆、古，故也。肆、故，今也。

惇、亶、篤、祜、掔、仍、肶、埤、竺、腹，厚也。

載、謨、食、詐，僞也。

話、猷、載、行、訛，言也。

遘、逢、遇也。遘、逢、遇、遻也。遘、逢、遇、遻，見也。

顯、昭、覲、釗、覿，見也。監、瞻、臨、涖、頫、相，視也。

鞠、凶、溢，盈也。

孔、魄、哉、延、虛、無、之、言，間也。

瘞、幽、隱、匿、蔽、竄，微也。

訖、徽、妥、懷、安、按、替、戾、底、厎、尼、定、曷、遏，止也。

豫、射，厭也。

烈、績，業也。績、勳，功也。功、績、質、登、平、明、考、就，成也。

梏、梗、較、頲、庭、道，直也。

密、康，靜也。豫、綏、康、柔，安也。

平、均、夷、弟，易也。矢，弛也。弛，易也。

希、寡、鮮，罕也。鮮，寡也。

酬、酢、侑，報也。

毗劉，暴樂也。覭髳，茀離也。毗劉，雙聲字。暴樂，叠韻字。有雙聲叠韻，而反切有可尋。然不過人生口語中所常有，因作字切音而施之文字耳。

蟲、謟、貳，疑也。楨、翰、儀，榦也。

弼、棐、輔、比，輔也。疆、界、邊、衛、圉，垂也。

昌、敵、彊、應、丁，當也。

浡、肩、搖、動、蠢、迪、俶、厲，作也。

茲、斯、咨、呰、已，此也。嗟，咨嗟也。

閑、串、吊、貫，習也。曩、塵、佇、淹、留，久也。

逮、及、曁，與也。

隲、假、格、陟、躋、登，升也。

揮、盝、歇、渴，竭也。挋、拭、刷，清也。

鴻、昏、於、顯、間，代也。

饁、饟，饋也。遷、運，徙也。

秉、拱，執也。廞、熙，興也。

衛、蹶、假，嘉也。廢、税、赦，舍也。

棲、遲、憩、休、苦、㰵、齂、呬，息也。

供、峙、共，具也。煤、憐、惠，愛也。

娠、蠢、震、戁、妯、騷、感、訛、蹶，動也。

覆、察、副，審也。

契、滅、殄，絶也。

郡、臻、仍、迺、侯，乃也。

迪、繇、訓，道也。僉、咸、胥，皆也。

育、孟、耆、艾、正、伯，長也。艾，歷也。

厤、秭、算，數也。歷，傅也。艾、歷、覛、胥，相也。

乂、亂、靖、神、弗、淈，治也。

頤、艾、育，養也。

汱、渾、隕，墜也。際、接、翜，捷也。
毖、神、溢，慎也。鬱陶、繇喜也。
馘、穧、穫也。阻、艱，難也。
剡、絜，利也。允、任、壬，佞也。
俾、拼、抨，使也，俾、拼、抨、使，從也。
儴、仍，因也。董、督，正也。
享，孝也。珍、享，獻也。
縱、縮，亂也。探、篡、俘，取也。
徂、在，存也。在、存、省、士，察也。
烈、枿，餘也。迓，迎也。
元、良，首也。薦、摯，臻也。
賡、揚，續也。祔、祪，祖也。
即，尼也。尼，定也。邇、幾、暱，近也。妥、安，坐也。
貉、縮，綸也。貉、嘆、安，定也。
伊，維也。伊、維，侯也。時、寔，是也。
卒、猷、假、輟，已也。求、酋、在、卒、就，終也。
崩、薨、無祿、卒、徂落、殪，死也。
釋言、釋訓、釋親、釋宮、釋器、釋天、釋地、釋山、釋水、釋草、釋木、釋蟲、釋魚、釋鳥、釋獸、釋畜此缺引釋樂、釋丘，均略。

十三經概論

蔣伯潛

爾雅解題

（原書第五編第三章。書中夾注均原文所有）

爾雅者，訓詁之書也。爾同邇，近也。雅，正也。言此書所輯之訓詁爲近正也。故釋文曰：爾雅所以訓釋五經，辨章同異，實九經之通路，百氏之指南，多識鳥獸草木之名，博覽而不惑者也，爾，近也，雅，正也，言可近而取正也。邢昺爾雅疏序亦曰：夫爾雅者，先儒授教之術，後進索隱之方，誠傳注之濫觴，爲經籍之樞要者也。漢世字書，如凡將訓纂之類，皆以教學童識字而已。爾雅獨集訓詁之成，在字典類書未發達時，誠足珍矣。

漢志六藝略孝經類有爾雅三卷二十篇。今本止十九篇者，蓋亡序篇一篇也。孔穎達詩正義尚引爾雅序篇，是唐時猶存矣。大戴禮記孔子三朝記曰：哀公曰，寡人欲學小辯，以觀於政，其可乎。孔子曰：爾雅以觀於古，足以辯言矣。春秋緯元命苞亦言子夏問夫子，作春秋不以初哉首基爲始何。爾雅首篇釋詁首句，即訓初哉首基爲始，似爾雅成書在孔子以前。故魏張揖進廣雅表稱周公著爾雅一篇。釋文曰：釋詁一篇，蓋周公所作，釋言以下，或言仲尼所增，子夏所足，叔孫通所益，梁文所補。邢昺疏序所謂周公倡之於前，子夏和之於後者，亦謂此也。按，三朝記爾雅二字，僅謂近雅，蓋欲其觀於古而取其雅馴之言，非以爾雅爲書名也。緯書殊不足信，且子夏亦並未明言以初哉首基爲始出於爾雅也。二者皆不足爲孔子前已有爾雅一書之證。紀昀四庫書目提要說爾雅頗詳，今錄之如左：

郭璞爾雅注序稱豹鼠既辨，其業亦顯。邢昺疏以爲漢武帝時終軍事。按邢疏云：漢武帝時，孝廉郎終軍既辨豹文之鼠，人服其博物，故爭相傳授，爾雅之業，於是遂顯。按，爾雅釋獸篇鼠屬有豹文一種。七錄載犍爲文學爾雅注三篇，（原注：案七錄久佚，此據隋志所稱。梁有其書，亡。）知爲七錄所載。陸德明經典釋文以爲漢武帝時人，則其書在武帝以前。曹粹中放齋詩説曰：（原注：據永樂大典引。）爾雅，毛公以前，其文猶略，至鄭康成時則加詳。如學有緝熙于光明，周頌敬之篇句。毛公曰：光，廣也。康成則以爲學于有光明者。而爾雅曰：緝熙，光明也。又齊子豈弟，齊風載驅篇句。康成以爲猶言發夕世。而爾雅曰：豈弟，發也。薄言觀者，小雅采綠篇句，毛公無訓。振古如茲，周頌載芟篇句。毛公云：振，自也。康成則以觀爲多，以振爲古，其説皆本於爾雅。使爾雅成書在毛公之前，顧得爲異哉。則其書在毛亨以後，大抵小學家綴輯舊文，遞相增益。周公、孔子，皆依托之詞。觀釋地有鶼鶼，釋鳥又有鶼鶼，同文複出，知非纂自一手也。其書歐陽修詩本義以爲學詩者纂集博士解詁，高承事物紀原亦以爲大抵解詁詩人之旨。然釋詩者不及十之一，非專爲詩作。揚雄方言以爲孔子門徒解釋六藝，王充論衡亦以爲五經之訓詁，然釋五經者不及十之三四，亦非專爲五經作。今觀其書，大抵采諸書訓詁名物之同異，以廣見聞，實自爲一書，不附經義。如釋天云：暴雨謂之涷。釋草云：卷施草拔心不死。此取楚辭之文也。釋天云：扶摇謂之猋。釋蟲云：蒺藜，蝍蛆。此取莊子之文也。釋詁云：嫁，往也。釋水云：瀵大出尾下。此取列子之文也。釋地四極云：西王母。釋畜云：小領盜驪。此取穆天子傳之文也。釋地云：東方有比目魚焉，不比不行，其名謂之鰈鰈。南方有比翼鳥焉，不比不飛，其名謂之鶼鶼。此取管子之文也。又云：邛邛岠虚，負而走，其名謂之蟨。此取呂氏春秋之文也。又云：北方有比肩民焉，迭食而迭望。釋地云：河出崑崙墟。此取山海經之文也。釋詁云：天帝皇王后辟公侯。又云：洪廓宏溥介純夏幠。釋天云：春爲青陽至謂之醴泉，此取尸子之文也。釋鳥曰：爰居雜縣。此取國語之文也。如是之類，不可殫數。蓋亦方言急就之流。特説經之家，多資以證古義，故從其所重，置之經部耳。

就紀氏所言觀之，則爾雅不但非經，且亦非傳、記，不過西漢時好學之士，輯取經子諸書訓詁名物之文，編爲類書，以便參檢。而後儒競相推挹，竟以爲周公所作，孔子所增，抑何可笑。梁啓超二戴禮記解題一文，曾附論爾雅，今亦錄之如左：

> 是書蓋本爲記百三十一篇中之一篇或數篇，而大戴曾采錄之，張揖進廣雅表所謂爾雅一篇，叔孫通撰置禮記，文不違古也。臧庸列舉漢人引爾雅稱禮記之文，如白虎通三綱六紀篇引禮親屬記文，見今爾雅釋親。孟子帝館甥於貳室，趙岐注引禮記，亦釋親文。風俗通聲音篇引禮樂記乃爾雅釋樂文。公羊宣十二年何休注引禮記，乃爾雅釋水文，此尤爾雅本在禮記中之明證也。劉歆欲立古文學，徵募能爲爾雅者千餘人，講論庭中。自此，禮記中之爾雅篇，不知受幾許掎摭附益，乃始彪然爲大國，駸駸與六藝爭席矣。

梁氏謂爾雅本在記百三十一篇中，舉臧庸之言爲證。臧氏嘗輯爾雅古注，梁氏所引即見臧氏此書之序文中。其説誠是。但即以爾雅與禮記四十九篇相較，其價值尚在大學中庸諸通論下耳。

爾雅，非經書也，故其本身無今古文之糾紛。但所輯錄，則多古文説。如訓詁以毛詩爲主，釋山五嶽與周禮合，與堯典王制異，釋地九州與禹貢異、與周禮略同，釋樂與周禮同，釋天及祭名均與王制異、與毛詩周禮合。古文説起於西漢哀平之世，竊疑此書之成當在古文説已行之後。或前此已有草創，尚未完成，劉歆特加提倡，又有增益。紀昀謂其書當在毛亨前，或猶嫌過早也。惟毛傳之時代亦可疑。（編者按，原注：見本書第三編第一章。）紀氏以毛傳之時代定爾雅之時代，恐亦未爲得耳。

十三經注疏爾雅用郭璞注、邢昺疏。郭氏去漢未遠，所見之書，尚多古本，注亦可觀。後人雖迭爲補正，而宏綱大旨，終不出其範圍。邢疏所引古書，如尸子廣澤篇、仁意篇等，亦非今人所及見。但如陸氏釋文所載犍爲文學李巡樊光之古注，尚多所遺漏。清郝懿行有爾雅義疏，邵晉涵有爾雅正義，皆爾雅之新疏，遠勝邢氏之書，可謂能盡爾雅訓詁之長矣。爾雅爲訓詁名物之書，讀之每苦其枯燥。爾雅之注之疏，直是爲訓詁作訓詁，於名物亦考證再三，枯燥之外，更病煩瑣矣。苟非欲於訓詁考證之學作專門之研究者，雖不讀可也。

述説爾雅解題既畢，有不得不附帶提及者，爲類於爾雅之廣雅。魏張揖因爾雅舊目，博采三倉、方言、説文諸書以廣之。以較爾雅，可謂後來居上。隋曾憲爲作音釋，以避煬帝之諱，改名博雅。王念孫又爲作疏證。其精博，可謂能集訓詁考證之大成。故吾輩今日，與其讀爾雅，不如讀廣雅之所得愈多也。至於宋人陸佃之埤雅，初名物性門類，雖亦因名物以求訓詁而旁通於經義，但已不及廣雅本書，且無如王念孫者爲之作疏證也。

爾雅述要

（原書第五編第八章）

爾雅訓詁名物之書也。孔門後學、西漢經生箋釋群書，好事者乃分類輯錄之耳。故釋詁、釋言、釋訓三篇，所輯皆訓詁之文也。釋親，釋親屬之稱謂。釋宮、釋器、釋樂，釋房屋器具音樂之名稱。釋天，釋天文、歲時，而旁及於祭祀師田之禮物。釋地、釋丘、釋山、釋水，所釋皆關於地理。釋草、釋木，所釋皆關於植物，釋蟲、釋魚、釋鳥、釋獸、釋畜，所釋皆關於動物。此六篇所輯，皆箋釋名物之文也。釋詁首句曰：初、哉、始、基、肇、祖、元、胎、俶落、權輿，始也。末句曰：崩、薨、無祿、卒、徂落、殪，死也。釋言末曰：濟，渡也。濟，成也。濟，益也。又曰：寬，綽也。衮，黻也。華，皇也。昆，後也。彌，終也。釋訓首曰：明明、斤斤，察也。條條、秩秩，智也。穆穆肅肅，敬也。讀此諸篇，直如讀字典矣。且但釋其義，而不解其所以然，則又非説文解字之比也。其餘十六篇中，所釋名物，有爲古代之通名，不復用於今日者。如釋宮曰：牖户之間謂之扆，其内謂之家，東西牆謂之序，西南隅謂之奧，西北隅謂之屋漏，東北隅謂之宧，東南隅謂之窔。釋器曰：木豆謂之豆，竹豆謂之籩，瓦豆謂之登。釋樂曰：大瑟謂之灑，大琴謂之離、大鼓謂之鼖，小者謂之應。釋天曰：春爲青陽，夏爲朱明，秋爲白藏，冬爲玄英，四氣和謂之玉燭。釋地曰：田，一歲曰菑，二歲曰新田，三歲曰畬野。釋丘曰：丘一成爲敦丘，再成爲陶丘，再成銳上爲融丘，三成爲崑崙丘。釋山曰：山大而高，崧。山小而高，岑。銳而高，嶠。卑而大，扈。小而衆，巋。小山，岌。大山，峘。釋水曰：泉一見一否爲瀸，井一有水一無水爲瀱汋。釋草曰：木謂之華，草謂之榮，不榮而實者謂之秀，榮而不實者謂之英。釋木曰：「小枝上繚爲喬，無枝爲檄，木族生爲灌。釋蟲幾乎全舉蟲名，末二語曰：有足謂之蟲，無足謂之豸。釋魚於魚類之外，旁及龜貝蛇虺之類，且及於魚體之名稱，曰：魚枕謂之丁，魚腸謂之乙，魚尾謂之丙。釋鳥亦幾全舉鳥名，且曰：鵲、鵙醜（同類也），其飛也翪。鳶、烏醜，其飛也翔。鷹、隼醜，其飛也翬。釋獸曰：麋，牡麔，牝麎，其子麇，其跡躔，絶有力。狄鹿，牡麚，牝麀，其子麛，其跡速，絶有力。且分别動物之須（同鬚）曰：獸曰釁，人曰撟，魚曰須，鳥曰狊。釋畜曰：馬八尺爲駥，牛七尺爲犉，羊六尺爲羬，彘五尺爲䝐，狗四尺爲獒，雞三尺爲鶤。諸如此類，殆已不復爲今人所沿用矣。且有采取荒唐無稽之説者。如釋地有曰：東方有比目魚焉，不比不行，其名謂之鰈。南方有比翼鳥焉，不比不飛，其名謂之鶼鶼。西方有比肩獸焉，……其名謂之蟨。北方有比肩民焉，迭食而迭望。中有枳首蛇焉。即在今世界大通之世，未聞有此奇物異人也。故爾雅一書，不但難讀，實亦不必全讀矣。

爾雅十九篇中，釋親尚有一讀之價值，何也，世俗之親屬稱謂，大都見於此篇，一。某種親屬關係，世俗往往有以不知其稱謂爲病者，亦可於此篇中求之，二也。本篇釋稱謂，共分四項，兹錄其全文如次：

一、宗族，即父黨也。其文曰：父爲考，母爲妣。（此於死後稱之。）父之考爲王父，父之妣爲王母。（此亦於死後稱之，即祖父祖母也。）王父之考爲曾祖王父，王父之妣爲曾祖王母。（即曾祖父母。）曾祖王父之考爲高祖王父，曾祖王父之妣爲高祖王母。（即高祖父母，再上溯之，則但稱幾世祖。）父之世父叔父爲從祖祖父，父之世母叔母爲從祖祖母。父之晜弟，先生爲世父。（即伯父。）後生爲叔父，男子先生爲兄，後生爲弟。謂女子，先生爲姊，後生爲妹。父之姊妹爲姑。（即姑母。）父之從父晜弟爲從祖父。（俗稱嫡堂伯叔。）父之從祖晜弟爲族父。（俗稱堂伯叔。）族父之子相謂爲族晜弟。（俗稱堂兄弟。）族晜弟之子相謂爲親同姓。（俗稱再堂兄弟。）兄之子、弟之子，相謂爲從父晜弟。（俗稱嫡堂兄弟。）子之子爲孫，孫之子爲曾孫，曾孫之子爲玄孫，玄孫之子爲來孫，來孫之子爲晜孫，晜孫之子爲仍孫，仍孫之子爲雲孫。（今自來孫以下，泛稱裔孫。）王父之姊妹爲王姑。（即姑祖母。）曾祖王父之姊妹爲曾祖王姑，高祖王父之姊妹爲高祖王姑。父之從父姊妹爲從祖姑，父之從祖姊妹爲族祖姑。父之從父晜弟之母爲從祖王母，父之從祖晜弟之母爲族祖王母。（今泛稱伯祖母、叔祖母。）父之兄妻爲世母。（即伯母）。父之弟妻爲叔母，父之從父晜弟之妻爲從祖母，父之從祖晜弟之妻爲族祖母。（今亦泛稱伯母或叔母。）父之從祖祖父爲族曾王父，父之從祖祖母爲族曾王母。（今泛稱伯叔曾祖或伯叔曾祖母。）父之妾爲庶母。祖，王父也。晜，兄也。（此二句疑爲注誤作本文。）

二、母黨，指外家而言。　母之考爲外王父，母之妣爲外王母。（即外祖父外祖母。）母之王考爲外曾王父，母之王妣爲外曾王母。（即外曾祖父，外曾祖母。）母之晜弟爲舅，母之從父晜弟爲從舅。（即舅父，俗稱母舅。）母之姊妹爲從母。（俗稱姨母。）從母之男子爲從母晜弟，其女子爲從母姊妹。（俗泛稱表兄弟，表姊妹。）

家庭既采男系，親屬亦以男系爲主，故父黨謂之宗族。其所載稱謂亦特詳。母黨即較父黨略矣。如母之兄弟之妻，俗稱舅母者，母之姊妹之夫，俗稱姨丈者，竟不見於本篇也。父黨母黨之稱謂，今俗雖與本篇所載者異，尚可謂爲全備。至於下列妻黨及婚姻二項則有不能舉其稱謂者矣。

三、妻黨。　妻之父爲外舅。妻之母爲外姑。（俗稱岳父、岳母。）姑之子爲甥，舅之子爲甥。（俗稱表兄弟）。妻之晜弟爲甥，（俗稱内兄弟）。姊妹之夫爲甥，（俗稱姊夫、妹夫。）妻之姊妹同出爲姨。（今猶仍此稱。）女子謂姊妹之夫爲私。（此名最怪。詩譚公維私，猶用此名。）男子謂姊妹之子爲出。（俗稱外甥。）女子謂晜弟之子爲姪，謂出之子爲離孫。（俗亦稱外孫。）謂姪之子爲歸孫。（俗稱姪孫。）女子子之子爲外孫。（今仍此稱。）女子同出，謂先生爲姒，後生爲娣。（今俗仍稱姊妹。）女子謂兄之妻爲嫂，弟之妻爲婦。（今俗仍用此稱，但謂弟之妻曰弟婦。）長婦謂稚婦爲娣婦，娣婦謂長婦爲姒婦。（即妯娌也。）

四、婚姻。　婦稱夫之父曰舅，稱夫之母曰姑。姑舅在，則曰君舅、君姑，没則曰先舅、先姑。（俗稱公婆，或曰翁姑。）謂夫之庶母爲少姑，（俗隨夫稱姨娘。）夫之兄爲兄公。（俗無此稱。曰伯父者，隨其子女稱之耳。）夫之弟爲叔，（俗仍此稱。）夫之姊爲女公，夫子之女弟爲女妹。（俗稱姑母，亦是用其子女之稱謂。）子之妻爲婦，長婦爲嫡婦，衆婦爲庶婦。（俗但曰媳婦而已。）女子子之夫曰壻。（今仍此稱。）壻之父爲姻，婦之父爲婚，（俗但互呼爲親翁、親家，此下今本有父之黨爲宗族，母與妻之黨爲兄弟，婦之父母、壻之父母、相謂爲婚姻。三句首句疑注第一項宗族爲指父黨而言，次句竟不可解，末句疑涉上文而衍。）兩壻相謂爲亞。（俗稱連襟。）婦之黨爲婚兄弟，壻之黨爲姻兄弟。（俗概謂之姻兄弟。）嬪，婦也。謂我舅者，吾謂之甥也。（此二語亦似與上文不屬。　謂我舅者，吾謂之甥，故外舅謂壻亦可曰甥。　孟子述堯舜事曰：帝館甥于貳室，是也。）

此外，如釋地舉九州曰：兩河間曰冀州，河南曰豫州，河西曰雝州，漢南曰荆州，江南曰揚州，濟河間曰兖州，濟東曰徐州，燕曰幽州，齊曰營州。　又舉十藪曰：魯有大野，晉有大陸，秦有楊陓，宋有孟諸，楚有雲夢，吴越之間有具區，齊有海隅，燕有昭余祁，鄭有圃田，周有焦護。　釋山舉五嶽曰：泰山爲東嶽，華山爲西嶽，霍山爲南嶽，恒山爲北嶽，嵩高爲中嶽。　此皆可與尚書禹貢、周禮職方互相參較者也。

論文輯録

困學紀聞

清・王應麟

爾雅釋獸注：漢武帝時，得豹文鼮鼠，孝廉郎終軍知之，賜絹百匹。文選注引竇氏家傳，案，文選任彦升表鼮鼠事注引三輔決録，今王氏言文選引竇氏家傳當更查。以爲竇攸，世祖詔諸侯子弟從攸受爾雅。二説不同。全云：水經注穀水篇：世祖得鼮鼠于靈臺。元圻案，宋王楙野客叢書曰：郭璞註爾雅，謂豹文鼮鼠，終軍知之，其後如崔偓佺、劉士元之徒皆從其説。僕考前漢諸書，不聞終軍有此事。讀後漢竇氏家傳，光武宴百僚於雲臺，得豹文鼮鼠。問群臣，莫知之。惟竇攸曰此鼮鼠也。詔問所出。曰見爾雅。驗之果然，賜絹百匹，詔公卿子弟就攸學爾雅。是以徐陵謝啓曰：雖賈逵之頌神雀，竇攸之對鼮鼠，方其寵錫，獨有光前。得非即此事而誤以為終軍乎。摯虞三輔決録亦謂竇攸。國朝武進臧氏琳經義雜記一：識鼮鼠者，爾雅郭注以為終軍，案廣韻、藝文類聚、太平御覽引竇氏家傳以為竇攸，李善注文選任彦升為蕭揚州作薦士表引摯虞三輔決録亦作竇攸。又水經注穀水云：靈臺，漢光武所築，世祖嘗宴於此臺，得廷鼠於臺上。案漢書終軍傳無辨豹鼠事。諸書皆言竇攸，而郭氏屬之終軍，蓋傳聞之誤。玉篇承襲其説，又説文鼠部云：鼨，豹文鼠也。則讀鼨鼠豹文為句，鼮鼠屬下，與此異。玉篇鼠部：鼮，鼠名，漢武帝時有此鼠，文如豹，終軍識之，賜絹百匹。

爾雅：西至於邠國，謂之四極。朱文公曰：邠國近在秦隴，非絶遠之地。愚按，説文水部引爾雅曰：西至汃國謂四極。汃，西極之水也。原注：府巾切。元圻案，爾雅釋地：東至於泰遠，西至於邠國，南至於濮鈆，北至於祝栗，謂之四極。注：皆四方極遠之國。

爾雅釋詁疏：按尸子廣澤澤同釋篇云：墨子貴兼，孔子貴公，皇子貴衷，田子貴均，料子貴別囿，基儻之相非也數世矣，而何云疑脱一不字。已，皆弇於私也。天、帝、皇、后、辟、公、弘、廓、宏、溥、介、純、夏、幠、冢、晊、昄、皆大也，十有餘名而實一也。若使兼公虛均衷平易別囿，一實則無相非也。郭注：尸子曰此皆大，有十餘名而同一實。故邢疏引之。仁意篇述太平之事云：燭於玉燭，飲於醴泉，暢於永風，春爲青陽，夏爲朱明，秋爲白藏，冬爲元英，四氣今本氣作時和正光照，閣本云：元板作四氣和為光正。此之謂玉燭。甘雨時降，萬物以嘉，高者不少，下者不多，此之謂醴泉。其風春爲發生，夏爲長嬴，秋爲方盛，冬爲安靜，太平御覽十九引尸子作秋為收成冬為安寧，與爾雅本文同。四氣和爲通正，此之謂永風。見釋天。何云：此從閣校，更考善本○元圻案，疏又引君治篇云：舜南面而治天下，天下太平，燭於玉燭，息於永風，食於醴泉。宋邢昺爾雅疏叙云：為注者劉歆、樊光、李巡、孫炎，雖各名家，猶未詳備，惟郭景純最為稱首，其為義疏者，惟俗閒有孫炎、高璉，皆淺近。今春勑校定，以景純為主。共其事者，杜鎬而下八人。

爾雅疏引舍人云。按，經典序錄：爾雅有犍爲文學注二卷今本作三卷一云犍爲郡文學，卒史臣舍人，漢武帝時待詔。全云：其時爾雅未甚盛行，漢文雖嘗置博士，不久即罷，乃蜀人有通之者，文翁之化可謂盛矣。集證按：犍為文學，諸書多引作犍為舍人，李善文選羽獵賦儲積共偫注引作郭舍人，移珍來享注引作犍為舍人，即一人也。又按：犍為舍人爾雅注：賈思勰齊民要術引二條，其一斫斸為之定，注云：斫斸，鉏也，一名定。其一薪蓂大薺，注云：薺有小，故言大薺。元圻案，齊民要術二又引舍人釋草注：蘴芑是伯夷叔齊所食首陽山草也。舍人說，書詩禮春秋疏、水經注、經典釋文、說文繫傳、太平御覽皆引之。陸璣毛詩疏下引文學云：螟蛉，桑上小青蟲也。

白虎通三綱六紀篇引親屬記，即爾雅釋親也。通典：顏延之曰：伯叔有父名則兄弟之子不得稱姪，從母有綫名則姊妹之子不可言甥，且甥姪唯施於舅姑耳。雷次宗曰，姪字有女，明不及伯叔，甥字有男，見不及從母。

案，文見通典二十八甥姪名不可施伯叔從母議。劉共父名珙刊二程先生集，改姪爲猶子，朱文公答劉共父書謂古人固不謂兄弟之子爲姪，亦無云猶子者，原注：記禮者言猶己之子但云兄之子弟之子，然從俗稱姪，亦無害於義理也。闓案，顔氏家訓云：爾雅、喪服經、左傳姪名雖通男女並是對姑之稱，晉世以來始呼叔侄。余謂呂氏春秋黎邱部有奇鬼焉，喜效人之子姪昆弟之狀，先秦已稱兄弟之子為姪見於此。方樸山云：史記武安侯列傳：蚡未貴，往來侍酒魏其，跪起如子姪。漢書子姪作子姓。元圻案，杜君卿曰：姪之言實也，甥之言生也，女子雖出，情不自絕，故於兄弟之子稱，其情實男子，居內據自我出，故於姊妹之子言其出生，伯叔本內，不得言實，從母俱出，不得言甥（編者按，原注：甥字似當作生。）故謂吾伯叔者，吾謂之兄弟之子，謂吾從母者，吾謂之姊妹之子。朱子答張欽夫書曰：稱姪固未安，稱猶子亦不典禮，有從祖從父之名，則亦當有從子從孫之目，以此為稱似稍穩當。又曰爾雅云女子謂兄弟之子為姪，注引左氏姪其從姑以釋之，而反覆考尋，終不言男子謂兄弟之子為何也。以漢書考之，二疏乃今世所謂叔侄，而傳以父子稱之，則是古人直謂之子，雖漢人猶然也。蓋古人淳質，不以為嫌，降及後世則必有以為不可辨者，於是假其所以自名於姑者而稱焉。雖非古制，然亦得別嫌明微之意。而伯父伯叔與夫所謂姑者又皆吾父之同氣也，亦何害於親親之義哉。猶子出於檀弓之文，而彼文止為喪服。兄弟之子與子同，故曰兄弟之子。猶子也，與下文嫂叔之無服也、姑姊妹之薄也之文同耳。猶即如也，其義繫於上文不可殊絕明矣。若單稱之，即與世俗歇後之語無異。若平居假借稱之猶之可也，豈可指為親屬之定名乎。通典注見卷三第十頁。四庫全書總集類二程文集十三卷，此本出自胡安國家，劉珙、張栻嘗刻之長沙。安國於原文頗有改削，珙所刻以安國為主。朱子深以為不可以書抵珙及栻，辨之甚力。

傅，負版。釋蟲文郭璞注：未詳。即柳子所爲作蝜蝂傳者也。原注：西京賦戎葵懷羊。爾雅：蘾，懷羊。璞亦曰未詳。◯元圻案，邵氏爾雅正義曰：傅，一名負版。柳宗元蝜蝂傳云蝜蝂者善負小蟲也，行遇物輒持取，昂其首負之，背逾重雖困劇，不止也，其背甚澀，物積因不散，卒躓仆不能起，人或憐之，為去其負，苟能行，又持取如故，又好上高，極其力不止，至墜地死。案柳宗元所說似寓言，然負重之蟲所在有之，特未聞有負版之名耳。玉篇云蝂，蝜蝂也，則當云傅負，一名蝂。又釋草正義：蒐一名懷羊，西京賦云戎葵懷羊，其形狀未聞，玉篇蒐作瘣。

陸璣爲詩草木疏，劉杳爲離騷草木疏，見隋書經籍志集部，唐志入楚辭類。王方慶有園庭草木疏，見唐書藝文志二十一卷。李文饒有山居草木記。集證：通志藝文略：平泉山居草木記一卷，唐李德裕撰。文饒，德裕之字。君子所以貴乎多識也。然爾雅不釋蘇蔜，字書不見栮榿，學者恥一物之不知，其可忽諸。閻按，蘇蔜，璞註雖云未聞，其實爾雅以蔜釋蘇蔜，即上文之蕿藪，璞註今蘩蕿或曰雞腸草是也。王氏千慮亦有一失。元圻案，邵氏正義：案玉篇蔜蘇，子菜，而蕿藪亦名滋菜，是一物也。栮，集韻、類篇並忍止切，亦作楆，木楆。蓋即食物之木耳也。山海經：單狐之山多機木。郭註：似榆，可燒以糞田。楊用脩以為即榿也。益部方物記：民家樹榿，不三年，材可倍常。杜詩飽聞榿木三年大。蘇詩榿木已足燒。毛詩鳥獸草木蟲魚疏，二卷，陸璣撰，注見卷三第三頁。梁書文學傳：劉杳，字士深，平原人也。少好學，博綜群書，沈約、任昉以下，每有遺忘皆訪問焉。多所著述，撰離騷草木疏一卷。

檟，苦荼。釋木文注樹小如梔子，冬生，葉可煮作羹飲。今呼早采者爲荼，晚取者爲茗，一名荈。蜀人名之苦荼。說文：茗，荼芽也。東坡問大冶長老乞桃花茶栽詩：周詩記苦荼，茗飲出近世。閻按，三國志韋曜傳：曜初見禮異，或密賜茶荈以當酒。茶事見史始此。○元圻按，邵氏正義曰：釋文云：茶，埤蒼作𣘻。今蜀人以作飲，音真中反，茗之類。案晏子春秋有茗菜之文，然無以定其為即今茗飲。漢人有陽羨買茶之語，則西漢已尚茗飲。

終軍之對鼮鼠，盧若虛之辯鼨鼠，江南進士之問天雞，劉原父之識六駮，可謂善讀爾雅矣。蔡謨不識彭蜞，人謂讀爾雅不熟。田敏不知日及，閻案，木槿花朝開暮落，故名日及。不知日及，改為白及，見宋史儒林敏本傳。學之陋也。元圻案，終軍事已見前。唐書盧藏用傳：弟若虛多才博物，隴西辛怡諫為職方。有獲異鼠者，豹首虎臆，大如拳。怡諫謂之鼮鼠而賦之。若虛曰非也，此許慎所謂鼨鼠，豹文而形小，一座盡驚。宋鄭文寶南唐近事：後主壬申，張佖知貢舉試天雞弄和風，佖但以文選中詩句為題，未嘗詳究。有進士白云：爾雅螒天雞、鶾天雞，未知孰是。佖大驚，不能對，亟取爾雅檢之，一在釋蟲，一在釋鳥，果有二，因自失。爾雅釋蟲：螒，天雞。郭注：一名莎雞，又曰樗雞。釋鳥：鶾，天雞。郭注：鶾雞赤羽，逸周書曰文鶾若彩雞，成王時蜀人獻之。說文：翰，天雞赤羽也，一名鷐風。歐陽公劉原父墓志曰：至和二年，奉使契丹，時順州山中有異獸如馬而食虎豹，虜人不識，以問公，曰此所謂駮也，為言其形狀聲音皆是，虜人益歎服。爾雅釋畜：駮如馬，倨牙，食虎豹。蔡謨事注已見卷五。爾雅釋魚：螖蠌小者蟧。註：螺屬，見埤蒼；或曰即蟛螖也，似蟹而小。邵氏正義曰：古今注云蟛螖小蟹也，生海邊塗泥中，食土，嶺表錄異云蟛螖吳人呼為彭越，蓋語訛也。爾雅釋木：椵木槿，櫬木槿。註：別二名也，似李樹，花朝生夕隕，可食，或曰日及，亦曰王蒸。劉原父七經小傳：秦風六駁毛傳引爾雅駁如馬，據陸璣詩疏云檀木皮正青，滑澤，與繫迷相似，又似駁馬。是別有樹名駮，非爾雅所云駁也。王氏云原夫識六駁，蓋兼指歐陽公本傳及小傳二事。宋彭叔夏文苑英華辨證八：劉禹錫傷往賦飄日及之蕚集作日反，按廣志：日及，木槿也。晉成公綏、潘尼俱有日及賦，田敏，淄川鄒平人，歷仕五代，入宋卒。後唐明守長興三年，較勘雕印九經書籍，其進印板書奏云守官膠庠職司較定，蓋在梁為國子司業、在晉為祭酒時也。

經義雜記　皇清經解

清・臧琳

竇攸辨豹文鼠

釋獸鼠屬豹文鼮鼠，郭注：鼠文彩如豹者，漢武帝時得此鼠，孝廉郎終軍知之，賜絹百匹。案，廣韻、藝文類聚、太平御覽並引竇氏家傳云：竇攸，治爾雅，舉孝廉爲郎，世祖與百寮大會靈臺，得鼠，身如豹文，熒熒光澤，世祖異之，以問群臣，莫能知者。唯攸對曰鼮鼠也，詔問何以知之，攸對曰見爾雅。詔案秘書，如攸言，賜帛百匹，詔諸侯子弟從攸受爾雅。李善注文選任彦昇爲蕭揚州作薦士表引摯虞三輔決錄注亦同。又水經注穀水云：靈臺，漢光武所築，高六丈，方二十步，世祖嘗宴於此臺，得鼮鼠於臺上。案漢書終軍傳無辨豹鼠事，諸書皆言竇攸，而郭氏屬之終軍，蓋傳聞之誤。玉篇承襲其説。又説文鼠部云：鼨，豹文鼠也。則讀鼨鼠豹文爲句，鼮鼠屬下，與此異。

釋獸注脱文

後漢書馬融傳注引爾雅：蜼卬鼻而長尾。又引郭璞注以尾塞鼻，下有零陵南康人呼之音餘，建平人呼之音相贈遺之遺也，又音余救反，皆土俗輕重不同耳。案，宋以來本皆無此文。郭注釋獸每以零陵南康等方土爲證，且注中具有音切，俗人以其非要删之，古音遂不可知矣。或以此類爲郭氏音義之文，恐非。

荒虚也

釋詁：漮，虚也。釋文：漮，郭云本或作荒，荒亦邱墟之空無。案，詩召旻我居圉卒荒，箋云：荒，虚也，國中至邊境以此故盡空虚。正義曰：荒，虚。釋詁文。某氏曰：周禮云野荒民散則削之，唯某氏之本有荒字耳，諸家爾雅則無之，要周禮野荒必是虚之義也。據此則郭氏所云或作荒者即指某氏本，鄭康成所據亦同。又易泰九二包荒，釋文引鄭注云虚也。説文禾部云：穅，虚無食也。是荒之爲虚，古義也。

騋牡驪牝元

爾雅釋畜：騋牝驪牡。釋文云孫注改上騋牝爲牡，讀與郭異。案鄭注夏官廋人引爾雅曰騋牡驪牝元，則鄭本爾雅亦上騋牝爲牡，孫與鄭合，非私改也。周禮釋文云牡驪絶句，牝元絶句。郭璞義異鄭，蓋郭氏爾雅作騋牝驪牡，不與鄭孫本騋牡驪牝元同，故云義異鄭。又釋獸：麋，牡麔牝麎。鹿，牡麚牝麀。麕，牡麌牝麜。狼，牡獾牝狼。皆牡在牝上，陰陽先後之義也。檀弓注引爾雅曰騋牝驪牡元，此注必近人依郭氏爾雅竄改，當以廋人注爲正。正義曰或爾雅釋詩云騋牝。郭璞注元駒小馬，稍異鄭也。據正義知禮記注本作騋牡不作騋牝矣，幸有二禮注疏及釋文，尚得見鄭孫爾雅真本也。

誤讀釋山文

爾雅釋山：小山岌大山，峘。郭注：岌謂高過。釋文：峘，胡官反，一音袁，埤蒼云峘大山，又音恒。案説文馬部：馺，馬行相及也，從馬從及，讀若爾雅小山馺大山峘。則許讀爾雅以六字爲句，郭注謂高過，與許氏馬行相及訓亦合。蓋岌者，及也，峘者恒也，以小山而及於大山爲長可知矣。恒，長也。釋文峘音恒者是胡官反，音袁非也。禮堂謹案，峘字當以胡官反一音袁為正，音恒者非。説文恒作𢛳，從二從心從舟。峘字説文所無，篆書當從山從亘，形聲各異，如峘可音恒，豈垣桓等字皆可讀作恒乎。蓋唐時俗書𢛳作恒，偏旁與峘相混，故峘亦音恒也。廣韻二十六桓：峘，爾雅云小山岌大山曰峘，胡官切，又户登切。是陸法言讀爾雅以六字為句，一音户登切則失之矣。埤蒼云：峘，大山。則張氏讀爾雅以小山岌爲句，大山峘爲句矣。又大山宫小山霍。郭注：宫謂圍繞之，禮記曰君爲廬宫之是也。酈道元注水經廬江水曰：巖上有宫殿故基者三，以次而上，最上者極於山峰，山下又有神廟，號曰宫亭廟，胡彭湖亦有宫亭之稱焉。余案，爾雅云大山曰宫，宫之爲名蓋起於此，不必一由三宫也，是酈氏讀爾雅以大山宫爲句，小山霍爲句矣。卷末禹貢山水澤地所在霍山下引爾雅云大山宫小山霍似不誤。又小山别大山，鮮。郭注：不相連。釋文：鮮，息淺反，李云大山少故曰鮮，或作𡼤，又音仙。詩皇矣度其鮮原，傳：小山别大山曰鮮。正義引孫炎曰：别，不相連也。公劉陟則在巘，傳：巘，小山别於大山也。蓋毛意鮮巘爲一字，故皇矣同爾雅作鮮，公劉作巘。呂氏春秋及周禮注獻羔開冰，禮記月令作鮮羔開冰，鄭康成以為聲之誤。正義引釋山重甗隒及西京賦陵重甗釋之，謂與皇矣小山曰鮮義别，此過爲區别，失毛旨矣。李善注吴都賦嶰澗闃下引爾雅曰：小山别大山曰嶰，古買切。又注長笛賦嶰壑澮𡶇下引爾雅曰：小山别大山曰嶰。解與鮮古書往往互異。案孫郭皆云不相連，似作嶰爲是。陸云或作嶰，嶰蓋嶰之訛。李云大山少故曰鮮，是以小山別爲句，大山鮮爲句矣。其訓鮮爲少，則經必作鮮，蓋所傳本異也。郭氏以毛公許君孫氏讀爲據，而不從李巡張揖酈元等，其識較他差勝矣。

荷芙蕖葉

釋草：荷，芙蕖，其莖茄，其葉蕸，其本蔤，其華菡萏，其實蓮，其根藕。釋文：其葉蕸，字或作葭，音遐，又音加，衆家並無此句，唯郭有，然郭本中或復脱此一句亦並闕讀。案說文艸部：菡，菡萏也。萏，菡萏，芙蓉，華未發爲菡萏，已發爲芙蓉。蓮，芙蕖之實也。茄，芙蕖莖。荷，芙蕖葉。蔤，芙蕖本。蕅，芙蕖根。據說文亦無其葉蕸句。荷字注云芙蕖葉，則其葉即名荷，已見首句，詩澤陂有蒲與荷，傳：荷，芙蕖也。正義曰：荷之爲葉極美好。孔氏以荷爲芙蕖之葉，與說文同，初學記廿七寶器部引作其葉荷，雖亦妄增，較之蕸字尚為近是。是可知衆家本皆無此句，郭注本亦無矣。詩正義引爾雅與今本同有，非古義也。高誘注淮南子說山云：荷，夫渠也，其莖曰茄，其本曰密，其根曰蕅，其花曰夫容，其秀曰菡萏，其實曰蓮。亦無其葉蕸句。又詩正義曰：李巡曰皆分別蓮莖葉華實之名。菡萏，蓮華也。的，蓮實也。薏，中心也。郭璞曰：蔤，莖下白蒻在泥中者。今江東人呼荷華爲芙蓉，北方人便以藕爲荷，亦以蓮爲荷，蜀人以藕爲茄，或用其母爲華名，或用根子爲母葉號，此皆名相錯，習俗傳誤，失其正體者也。案，李注又見山有扶蘇正義，或疑據云皆分別蓮莖葉華實之名，則李本亦有其葉句，不知李所云葉即說文所謂荷爲芙蕖葉也。詩正義所引郭注，今本皆闕，邢氏襲此以作爾雅正義，此注具見疏中，則郭注之脱落在作疏前矣，然邢氏不爲補錄，何邪。

葋茭荄根

釋草葋茭，郭注：今江東呼藕紹緒如指空中可啖者爲茭，茭疑衍一茭字。即此類。又荄根，郭注：別二名，俗呼韭根爲荄。考説文艸部：荄，艸根也。荺，茇也，茅根也。茇，艸根也。廣雅釋草：杜⿱艹骹茇荄株，根也。案，爾雅有茭無茇，説文有茇無茭，案説文别有茭字，解云乾芻，合之二雅，無訓根之茭耳。然則茭即茇之異文，其義同爲根也。廣雅無荺，⿱艹骹即茭字，説文每字皆訓爲根，廣雅總釋爲根，則爾雅荺茭荄根者别四名也，不當分爲二，郭氏誤也。

擭橐含華荂也

釋草擭橐含，郭注：未詳。又華荂也，郭注：今江東呼華爲荂。案郭氏分此爲二節，以擭橐含爲未詳，蓋疑是草名耳。琳以此當六字爲一節，猶上之蕍芛葟華榮與荺茇荄根也。擭，疑當讀爲葩。説文艸部：葩，⿱艹𠌶也，從艸皅聲。又𣝗部：橐，囊也，從𣝗省，石聲。蓋言華之裹橐未開也。又𢎘，樊也，艸木之⿱艹𠌶未發函然，象形，讀若含。始知爾雅含本作𢎘，象華之𢎘而未放，以𢎘與含聲同，故讀若含，而義則不同，後人習用同聲者，非正字也。説文口部：含，嗛也。嗛，口有所銜也。又⿱艹𠌶，榮也，從艸從⿱艹𠌶。又⿱艹𠌶，艸木華也，從𠂹亏聲。荂，⿱艹𠌶或從艸從夸。學者能以説文之書校六經之字則無不通，即微文奧義，鮮不達矣。

騋牝驪牝

鄭康成、孫叔然爾雅本作騋牡驪牝元，余既有説矣。今玩郭注、陸氏釋文及禮記正義，知郭本爾雅作騋牝驪牝，鏞堂謹案，宋槧雪牕書院單注本爾雅正作騋牝驪牝。騋古讀若驪，爾雅以驪牝釋詩騋牝，故郭注曰：詩云騋牝三千，馬七尺以上爲騋，見周禮。解騋牝不更釋驪牝矣。若如今本則以騋馬爲牝，驪馬爲牡，郭注安得詳騋而不及驪乎。檀弓正義曰爾雅釋詩云騋牝，此正據郭本也。更可證者，釋文大書騋牝，云頻忍反，下同，陸所云下同即指下驪牝之牝，若是注中牝字，陸當言注同矣。又釋文大書驪牝，今妄改牡云孫注改上騋牝爲牡，讀與郭異，亦因本作驪牝，故陸言上騋牝別之，若下是牡字，則直云改牝爲牡矣。且孫本作騋牡驪牝元，故陸云孫改上騋牝爲牡，明下驪牝爲孫郭同也。

是刈是濩

詩葛覃是刈是濩，毛傳：濩，煑之也。釋文：是艾，本亦作刈，魚廢反，韓詩云：刈，取也。是濩，胡郭反，煑也，韓詩云：濩，瀹也。音羊灼反。正義曰：釋訓云：是刈是濩，濩，煑之也。舍人曰：是刈，刈取之。是濩，煑治之。孫炎曰：煑葛以爲絺綌，以煑之於濩，故曰濩煑。非訓濩爲煑。又郭注爾雅云：煑葛爲絺綌。釋文：是乂音刈，本亦作刈，鑊又作濩，同户郭反。正義曰：云是刈是濩者，周南葛覃文也，云濩煑之也者，釋之也，以煑之於鑊，故曰濩煑，非訓濩爲煑。又唐石經與宋刻單注本爾雅同作是刈是濩鑊煑之也，上一字從水，下一字從金。鏞堂謹案，宋槧雪牕書院單注本爾雅作是刈是穫，上字從禾。蓋毛詩作是刈是濩，依釋文韓詩亦從水，爾雅釋之云鑊煑之也，四字爲句。孔疏之説是也，陸德明訓濩爲煑非是。濩即鑊之假借，爾雅以濩爲鑊，開漢儒易字法之端。毛傳當云是刈是濩鑊煑之也，傳中無經則嫌於濩字爲讀，煑之也三字爲句，此蓋以傳合經時所删，若更定毛傳，當補載之。此類頗多，刈從乂從刀爲正，或作艾作乂，並假借字。

爾雅廣雅異同

魏張稚讓上廣雅表云：不在爾雅者，詳錄品覈以著于篇。然則廣雅所載皆爾雅所無。余參讀二書，有爾雅有而廣雅重見者，有爾雅有而廣雅申明者，有廣雅以爾雅展轉相訓者，今纂錄釋詁釋言兩篇，上列爾雅，下列廣雅，以考同異，兼注篇卷以便覆檢，使信而有證也。憮，有也。憮，古撫字。此爾雅。下倣此。撫，有也。此廣雅。下倣此。格，至也。假，至也。假，古格字。祥，善也。從，自也。郭注云：自猶從也。自，從也。誠，信也。信，誠也。

逷，遠也。逷，遠也。齊，疾也。齊，疾也。讎、敵、匹也。匹、敵、讎、輩也。使，從也。從，使也。探，取也。探，取也。以上爾雅釋詁，廣雅一釋詁。偁，舉也。偁，舉也。降，下也。降，下也。以上爾雅釋言，廣雅一釋詁。薦、晉、進也。晉、薦、進也。以上爾雅釋詁，廣雅二釋詁。餥，食也。餥，食也。啜，茹也。啜、茹、食也。以上爾雅釋言，廣雅二釋詁。卒，終也。釋文云：卒，又作殌。𣧩，本又作終。𣧩、殌、竟也。以上爾雅釋詁，廣雅三釋詁。燠，煖也。煖，燠，煗也。班，賦也。班、賦、布也。以上爾雅釋言，廣雅三釋詁。圖、慮、謀也。圖、謀、慮、議也。戾、定、止也。戾，定也。般，還也。般，還也。以上爾雅釋詁，廣雅四釋詁。遹、率、循也。釋文引孫云遹古述字。循、率、述也。亮、相、導也。亮，相也。遷，徙也。遷、徙、移也。陶，喜也。以上爾雅釋詁，廣雅釋言。鞠，穉也。詩鴟鴞正義引郭璞云鞠一作毓。毓，稚也。蓋、割、裂也。釋文云：蓋，舍人本作害。害，割也。奘，駔也。釋文云：孫樊二本并作將且。將，且也。以上爾雅釋言，廣雅釋言。𣄰，薄也。說文旡部引爾雅，今本爾雅闕。案毛詩桑柔職涼善背，傳：涼，薄也。𣄰，作⿺尢京訛。廣雅一釋詁。

藒芞輿

釋草：藒車，芞輿。郭注：藒車，香草，見離騷。釋文：車，音居，本多無此字。輿，或作藇，音餘，唯郭謝及舍人本同，衆家並作蒢。案，說文艸部：藒，芞輿也，從艸楬聲。芞，芞輿也，從艸氣聲。然則說文以藒爲芞輿，不名藒車也。據陸氏云本多無車字，知古本爾雅作藒芞輿，與說文正合，郭景純因離騷謂之藒車，故援以證之，後人輒仿注義增經字耳。離騷畦留夷與揭王逸李善本皆作揭，五臣本作藒車兮，王逸注：揭車亦芳草，一名芞輿。離騷以藒芞輿爲藒車，蓋詞人增損其文以成句，不必盡符本文，車即輿之駁文，猶曰藒輿云爾。王叔師云揭車一名芞輿，合之爾雅說文，少舛矣。爾雅輿字與說文同，郭謝舍人本是也。藇爲俗字。衆家作蒢。說文：蒢，黃蒢職也。義別。

馬八尺爲戎

釋畜：馬八尺爲駥。郭注引周禮曰：馬八尺已上爲駥。案，夏官廋人馬八尺以上爲龍，鄭司農引月令駕蒼龍，禮記月令注云馬八尺以上爲龍。淮南子時則垂蒼龍，高注云：周禮馬八尺已上曰龍也。説文馬部云：馬七尺爲騋，八尺爲龍。公羊傳隱元年注云：天子馬曰龍，高七尺以上。俱不作駥字。釋文作戎，云本亦作戎，而融反。蓋以戎與龍聲近借用。從馬者俗字，説文所無。後漢書注引爾雅曰馬八尺爲龍，則與諸書同。

爾雅經注用韻

爾雅釋訓：子子孫孫引無極也，顒顒卬卬君之德也，丁丁嚶嚶相切直也，藹藹萋萋臣盡力也，噰噰喈喈民協服也，佻佻契契愈遐急也，宴宴粲粲尼居息也，哀哀悽悽懷報德也，儵儵嘒嘒罹禍毒也，晏晏旦旦悔爽忒也，皐皐琄琄刺素食也，懽懽愮愮憂無告也，憲憲泄泄制法則也，謔謔謞謞崇讒慝也，翕翕訿訿莫供職也，速速蹙蹙惟逑鞫也。每句第七字皆用韻。晉郭氏注云：世世昌盛長無窮。道君人者之德望。丁丁，斫木聲。嚶嚶，兩鳥鳴，以喻朋友切磋相正。梧桐茂，賢士衆，地極化，臣竭忠。鳳皇應德鳴相和，百姓懷附興頌歌。賦役不均，小國困竭，賢人憂歎，遠益急切。盛飾宴安，近處優閑。悲苦征役，思所生也。悼王道穢塞，羨蟬鳴自得，傷己失所遭讒賊。傷見絶棄，恨士失也。譏無功德，尸寵禄也。賢者憂懼，無所訴也。佐興虐政，設教令也。樂禍助虐，增譖惡也。賢者陵替，姦黨熾，背公卹私，曠職事。陋人專禄國侵削，賢士永哀念窮迫。亦依倣經文用韻，更加以錯綜變化，牽上搭下。其注也，或一句或二句，或三句或四句。其句也，或三字或四字，或五字或七字或八字。其用韻也，或每句一韻，或每句二韻，或每句三韻。悲苦征役，當爲役征，方與下句思所生韻。或疑譏無功德尸寵禄也不得韻。案大戴禮記載孝昭冠辭云：以承皇天嘉禄，韻欽順仲夏之吉日，遵並大道邠或，韻秉集萬福之休靈，如加昭明之元服，韻推遠稚免之幼志，崇積文武之寵德，韻是西漢人固已協用之矣。

阬阬虚也

爾雅釋詁：壑、阬阬、滕、徵、隍、漮，虚也。郭注：阬阬謂阬壍也。壍當作塹。說文土部云：塹，阬也，一曰大也，从土斬聲。釋文：阬阬，苦衡反。案，阬字不宜重，釋詁釋言二篇重文甚少，經傳亦不見阬阬之語，正義曰阬阬者坎陷之虚也，但重言耳。鄭樵注云阬有二文無義，其一爲衍者耳。琳案，廣韻十二庚阬字下引爾雅曰虚也，郭璞云阬壍也，客庚切。坑下同引經注阬字皆不重，則鄭漁仲謂衍者是也。疑一即作坑。又說文水部云：沆，莽沆大水也，从水亢聲，一曰大澤皃，胡朗切。是作沆有大義，大者多虚，或一作沆，然釋文邢疏皆作阬阬，則爲重文已久，余說姑備一義而已。

疾雷爲霆

釋天：疾雷爲霆霓。案說文雨部：霆，雷餘聲也鈴鈴，所以挺出萬物，从雨廷聲。霓，屈虹，青赤或白色陰氣也，从雨兒聲。則霆霓顯然二物，不當連文。郭注云雷之急激毛本訛急者謂霹靂，亦無霓字義。考初學記一、白氏六帖二引作疾雷謂之霆，北堂書鈔一百五十二、文選注一、事類賦三引作疾雷爲霆，是可證霆下本無霓字，今諸本並有，蓋因下句雨霓爲霄雪，霓與霓形相近，遂誤衍矣。後有校刊此書者，不妨竟删之。

秦有楊紆

釋地：秦有楊陓。釋文：陓，孫於于反，郭烏花反，本或作紆字，非也。案周禮職方氏：冀州其澤藪曰楊紆，注：楊紆所在未聞。淮南子墬形：九藪秦之陽紆，高注：陽紆蓋在馮翊池陽，一名具圃。又修務：禹之爲水以身解於陽盱之河。注：陽盱河蓋在秦地。説文艸部：藪，大澤也。九州之藪，冀有楊紆。竹書紀年：周穆王十三年春，祭公帥師從王西征，次于陽紆。又風俗通山澤引爾雅秦有陽紆，劉昭注續漢郡國志引爾雅秦有楊紆，則釋地舊本皆作紆字，陸德明所見本尚然，郭璞改爲陓，音烏花反，陸氏據之，反以作紆爲非，不知孫叔然於于反亦作紆不作陓也。考呂氏春秋有始覽：九藪秦之陽華，高注：陽華在鳳翔，或曰在華陰西。華陓音相近，蓋郭氏或有所本，然周禮作紆，終當依舊本也。陽楊紆盱鳳馮皆音相近，翔翊文相近義同。

⿰糹甫羅也介别也

爾雅釋言：縭，介也。釋文云：李、孫、顧舍人本並云：⿰糹甫，羅也。介，别也。案李孫顧舍人，謂李巡、孫炎、顧野王舍人也。據釋文所述，則三家正文與郭氏不同。今考字書無⿰糹甫，集韻以爲補或作⿰糹甫，義不合。⿰糹甫蓋縛之訛。説文：縛，束也。束縛有羅維意。又説文八部：八，别也，象分别相背之形，凡八之屬皆從八。介，畫也，從八從人，人各有介。介畫即分别之意，與雅言義同。郭注云：縭者繫也，介猶閡。案説文：縭，以絲介履也，從糸离聲。則郭義亦通，蓋所傳本異也。

逢遇遻也

漢書叙傳下：幼寤聖君。鄧展曰：爾雅：寤、逢，遇也。師古曰：此説非也，言萬石幼而恭敬，感寤高祖，以見識拔也。爾雅遻，遇之也，非謂寤也。案釋詁：遘、逢、遇也。遘、逢、遇、遻也。釋文：遻，字又作迕。釋言逜寤也，釋文：孫本作午。莊子釋文又作遻忤。是遻寤逜迕午，五字音義皆同。鄧氏所據爾雅與釋文所載本合，依雅詁爲幼遇聖君，義自明直，師古見今本作遻，便以爲非，輒改爲感寤之義，斯不根之談也。釋名釋姿容云：寤，忤也，能與物相接忤也。亦作遇義。

海晦也

釋地四極：九夷、八狄、七戎、六蠻，謂之四海。曲禮下正義引李巡注云：四海遠於四荒，晦冥無形，不可教誨，故云四海也。海者晦也，言其晦暗無知。蓼蕭正義引孫炎注云：海之言晦，晦闇於禮儀也。又釋名釋水云：海，晦也，主承穢濁，其色黑如晦也。老子道經釋文澹兮其若海，古本河上本作忽兮若海，嚴遵作忽兮若晦，蓋海晦聲相近，故每訓海爲晦也。

九達謂之逵

釋宮九達謂之逵，郭注：四道交出，復有旁通。釋文：逵，本或作馗，字林云與逵同。詩施于中逵，傳：逵，九達之道。正義曰：莊二十八年左傳：楚伐鄭，人自純門及逵市。杜預云：逵並九軌。案周禮經涂九軌不名曰逵，杜意鄭城内不應有九出之道，故以爲並九軌，於爾雅則不合也。又春秋正義曰：隱十一年說爾雅者皆以爲四道交出復有旁通。是可驗舍人樊光孫炎之徒皆同斯説，故郭氏本之。説文九部：馗，九達道也，似龜背故謂之馗，從九從首。逵，馗或從辵從坴。釋名釋道：九達曰逵，齊魯謂道多爲逵師，此形然也。又文選注見十一又二十又二十七引韓詩施于中馗，薛君章句曰：中馗，馗中九交之道也。諸儒義皆用爾雅。左傳隱十一年、桓十四年及大逵、莊廿八年及逵市、宣十二年至于逵路，杜注皆以爲道方九軌，用周禮以易爾雅，與先儒相乖。劉光伯規杜以逵爲九道交出，謂國國皆有逵道，其説當矣。孔仲達言李巡注爾雅亦取並軌之義，與上劉說皆見春秋正義隱十一年單文未足證也。依説文則正作馗，重文作逵。韓詩作馗，爲正字。據釋宮釋文知爾雅亦作馗，初學記載爾雅注逵一曰馗，與許書合。

麕牝曰麌

詩吉曰：麀鹿麌麌。箋云麕牡曰麌。案，正義曰：釋獸云麕牡麜牝麌，舊本麜麌字互倒，是近人依今本爾雅改，今據下文乙正。是麕牝曰麌也。郭璞引詩曰麀鹿麌麌，鄭康成解即謂此也，但重言耳。音義曰麕或作麏，或作麜，是爲麜牡曰麌也，則鄭箋所用爾雅與郭本不同。詩釋文云麕牡下音茂誤同郭本矣，今注疏本作牡，是依釋文改也。玉篇鹿部：麌，牝鹿也。麜又云牝麕，誤。廣韻十一模：麌，牝麕也。五質又同郭本。皆與詩箋合。群經音辨卷七云：鄭以麀鹿牝也、麌麕牝也，謂祁當作麎，麎，麜牝也。所見鄭箋猶未誤。

橬，糝也

詩潛：潛有多魚。傳：橬，糝也。正義曰：釋器槮謂之涔，李巡曰：今以木投水中養魚曰涔。孫炎曰：積柴養魚曰槮。郭璞曰：今之作槮者，聚積柴木於水中，魚得寒入其裏藏隱，因以簿圍捕取之。槮字諸家本作米邊，爾雅作木邊，積柴之義也，然則槮用木不用米，當從木爲正也。釋文：糝，舊詩傳及爾雅本並作米傍參，小爾雅云魚之所息謂之橬，橬，槮舊訛糝。今據爾雅釋文改正。也，謂積柴水中令魚依之止息，因而取之也，郭景純因改云從小爾雅作木旁參。案，釋器釋文亦云爾雅舊文并詩傳並米旁參，然則正義謂爾雅作木邊者特據郭改本耳，然毛詩傳爲先秦古書，與爾雅舊經正合，古文多假借，豈可以偏旁拘之。小爾雅見孔叢子，乃漢魏人所作，郭氏據以追改爾雅，誤矣。且小爾雅橬字，爾雅作涔，毛詩作潛，亦可據小爾雅改乎。太平御覽八百卅四引犍爲舍人曰，以米投水中養魚爲涔，此糝字從米之證，詩正義引李巡作以木投水，字之誤也。如本作木，當如孫郭注言積聚柴木，不得云以投水中也。說文米部：糂，以米和羹也，一曰粒也，從米甚聲。糣，籀文糂從朁。糝，古文糂從參。與毛詩傳合。

珣璧

爾雅釋器：璧大六寸謂之宣。釋文：宣，如字，本或作瑄，音同。郭注：漢書所云瑄玉是也。案漢書郊祀志有司奉瑄玉，孟康注用爾雅，字作瑄。又藝文類聚八十四引爾雅亦作瑄。考説文玉部無瑄字有珣字，云醫無閭之珣玗琪，周書所謂夷玉也，從玉旬聲，一曰玉器，讀若宣。知爾雅璧大六寸謂之宣，字當作珣。許云一曰玉器者，以與珣玗琪字同義異故讀若宣，後人用其同聲者已非正字，又於宣旁加玉則誤甚矣。徐鉉新附有瑄字，云璧六寸，也從玉宣聲，不知説文本作珣也。

宛邱中央下

詩宛邱：宛邱之上兮。傳：四方高，中央下，曰宛邱。正義曰：釋邱云宛中宛邱，言其中央宛宛然，是爲四方高中央下也。郭璞曰宛邱謂中央隆峻狀如一邱矣，今本郭注但云宛謂中央隆高。謂邱之宛中中央高峻，與此傳正反。爾雅上文備説邱形，有左高右高、前高後高，若此宛邱中央隆峻言中央高矣，何以變言宛中，明毛傳是也，故李巡孫炎皆云中央下，取此傳爲説。又爾雅釋文：宛，施於阮反，孫云謂中央汙也，郭於粉反，謂藴聚隆高也，下同。又元和郡縣志載爾雅注云四方高中央下曰宛，與毛傳同。施博士於阮反讀爲宛，義與李孫合。郭氏於粉反，讀爲菀，音藴，與毛傳李孫皆乖異矣。邢疏云：郭以爲中央高者，以其四方高中央下，即是上文水潦所止泥邱也，又下云邱上有邱爲宛邱，作者嫌人不曉，故重辯之，既言邱上有邱，非中央隆高而何，此郭氏所以不從先儒也。案水潦所止之邱，但頂上污下耳，非四方高中央下也。下云邱上有邱爲宛邱，謂有上下兩邱，上一邱中央宛下耳，亦非言中央高也。釋名云中央下曰宛邱，有邱宛宛如偃器也，涇上有一泉水亦是也，亦用舊説。

廣雅釋言：偃，仰也。

葖蘆萉

爾雅釋草：葖，蘆萉。郭注：萉宜爲菔，蘆菔，蕪菁屬，紫華大根，俗呼雹葖。釋文：萉，郭音菔，蒲北反。案説文艸部：菔，蘆菔，似蕪菁，實如小尗者，從艸服聲。蒲北切萉，枲實也，從艸肥聲。房未切可證萉宜爲菔矣。後漢書十一李注引爾雅曰：突蘆菔，菔音步北反，字或作葍。據説文及後漢書注知爾雅本作菔，郭本以形近致誤耳。葍，俗字，説文所無。

蓏夫蘺

釋草：莞，苻蘺，其上蒚。釋文：莞，本或作蓏，謝音官，郭音桓，字林音緩，俗音關。苻蘺，力知反，本或作離。案説文艸部：莞，艸也，從艸完聲。蓏，夫蘺也，從艸睆聲。蒚，夫蘺上也，從艸鬲聲。則爾雅當作蓏，今作莞乃别是一字。釋文云本或作蔙，蔙即蓏之訛。今本作蘺與説文正合。

經史問答 鮚埼亭集　　清・全祖望

問：陶山陸氏埤雅，亦新經宗派之一也，聞其尚有爾雅新義，又有禮象，大抵當與埤雅出入否。

答：爾雅新義，僕曾見之，惜未抄，今旁求不可得矣。禮象則未之見，竹垞以爲即是埤雅草稿。陶山在荆公門下，講經稍純，然如埤雅卷首即謂荆公得龍睛，曾魯公得龍脊，則大是妄語，不知陶山何以有此也。

問：爾雅釋言：律、遹，述也。郭注以爲叙述之辭，而邢疏曰律管所以述氣，則與郭注各是一説。

答：張南漪曰：郭注是也，律本是聿，誤作律。堯典曰若之曰，注：曰古與粤越通。詩遹駿有聲，注以爲與聿同。然則曰、粤、越、聿、遹，五字皆發語詞，郭注以爲叙述者是已，邢疏謬。詩曰嬪于京，郭注引之亦作聿。

問：爾雅水自河出爲灉，漢爲潛，江爲沱，汝爲濆，淮爲滸，見於尚書與詩，而濟爲濋，汶爲瀾，洛爲波，渦爲洵，潁爲沙，更無所見，不知是何水，邢疏漏略不詳。

答：諸條皆見於水經，不知邢疏何以不及，但水經亦有不可盡信者，即諸書所言，亦多不合。河之爲灉，當在雷夏，而酈注兼以之解關中之雍則謬也，若説文以灉爲汳水亦非也。江之不爲沱，水經兼載孟州之沱、荆州之沱，顧宛谿曰孟州之沱乃湔江，而湔爲蜀相開明所鑿，酈注明言之非禹貢之沱矣。或又欲以成都内外江當之，則二水爲秦守李冰所導，益非禹貢之沱矣，唯師古所指湖廣枝江之水支分而後人大江者，可以當禹貢之沱。宛谿之説甚覈，然則益州之沱未有考也。漢爲潛即水經之涔水篇，然亦尚有疑者，詳見愚所説水經中。淮爲滸，則滸者實水厓之通稱，不知何以專歸之淮，酈注以爲游水。汝爲濆即濆水，非河水篇之濆水也一名汾水，毛傳誤以曲防解之，然則雖其見于尚書與詩者，亦正未易了了也，而況其疏漏不詳者乎。乃若濟之爲濋，則道元以爲定陶氾水。汶之爲瀾，道元以爲剛縣闡亭之洸水，是亦以瀾之合于闡而言之。洛之爲波，道元以爲門水。潁之爲沙，道元以爲㶏水。唯渦之爲洵，但引吕忱之詁而無其地。氾水、洸水、門水，不知果否是爾雅所指與否。若沙水則明是莨蕩渠水之一支，讀作蔡水，非㶏水也。

問：沙之讀蔡，不但郭氏無注，邢氏無疏，而陸氏亦無音，先生果何所出乎。

答：見許氏説文而水經注引之，即鴻溝也，左傳所謂沙汭也。北魏書有蔡水即沙水，胡梅磵引水經注，亦通作蔡，郭氏偶失之耳。

問：大山宫小山霍，本連解作一句，宋晁補之作二句，竟對解之，自是晁氏之謬否。

答：古人似原有二種讀法，水經注第三十二卷沘水篇引開山圖，灊山圍繞小山曰霍。而第四十卷霍山下，亦引爾雅曰大山宮小山曰霍，斯郭氏之説也。然第三十九卷廬江水篇又引爾雅大山曰宮，則晁氏之説矣。亦非無據也。

問：爾雅釋草，鉤芙，據説文則是重名，據正義則是二名，不知誰是。

答：説文：鉤芙，一名苦芙。則是重名，邢疏誤也。

釋杬　曝書亭集

清・朱彝尊

爾雅：杬，魚毒。郭璞注云：杬，大木，子似栗，生南方，皮厚汁赤中去聲藏卵果。陸德明釋文云：杬，音元，又作芫。鄭樵注云：今南人謂之杬木，其皮可煎汁藏梅。三家之釋爾雅若是，蓋杬之用在子。沈瑩臨海異物志云：杬味似楮，用其皮汁和鹽漬鴨子。裴淵廣州記云：杬殼似栗，赤色，子大如栗，散有棘刺，破其外皮，肉白如脂肪，著核不離。賈思勰齊民要術作杬子法云：杬木皮淨洗，細莖剉煮取汁率二斗，及熟，下鹽一升和之汁，極冷内甕中，浸鴨子一月，煮而食之。廣韻注：杬，木名，出豫章，煎汁藏果不壞。左文質吳興統紀云：大曆元年，進黄杬子、連帶木瓜，故李景先戲蘇特曰：使君貴部有三黄杬子、五蒂木瓜。錢易南部新書云：湖州歲貢單黄杬子。談鑰吳興志云：唐歲貢單杬子一千三百五十顆，重黄杬子一千三百顆。樂史寰宇記：湖州土産單杬子，予嘗問之州人，莫有識者。洪邁容齋隨筆云：杬如蒼耳益母，莖幹不純，漬以藏鴨子則染其外。陶宗儀輟耕錄云：今人以米湯和入鹽草灰以團鴨卵，謂曰鹹杬子。按，今無錫土俗猶然。坊本爾雅乃訛杬爲杭，於是凡詮杬者皆以杭義釋之，考諸顧野王玉篇，於杬則注木名，於杭則注州名，二義固秩然不紊也。若單黄、重黄、三黄，則造杬子法有不同爾。至若卞彬下酒以杬皮爲肴，則又專用皮已。

惜抱軒筆記三・爾雅

清・姚鼐

西北隅謂之屋漏。孫炎以當室之所白，日光所漏入，此解無可疑，曾子問所云當室之白也。劉熙釋名以古人親死撤屋西北隅薪以爨竈，若值雨則漏。此乃謬説。親雖死，屍猶在室，安忍撤之使漏。以士禮言之，室西即無房猶有序，撤屋之西北，此豈室之西北乎。

樞達北方謂之落時、落時謂之㡯。此當謂門堂之門樞。蓋古人門堂制亦是五架屋，故前堂可以行禮，内外左右有塾，四其門，宜正居堂中棟之下，而別施下梁以受門樞，所謂楣謂之梁也。若樞達北方則在北檼之下，北檼已卑，不須加楣，其地則南有餘而北寡也，意有外塾無内塾，與以此爲室之户樞者非是。

宋廇謂之梁、其上楹謂之梲。郭注梁爲屋大梁，此語殊不分明。近焦循斷以爲此南北施者，今俗所云駝梁，其解不可復易。蓋其形上穹微有屈勢，似度水之梁，故名梁，而梲可加其上，若今俗所呼東西施之梁，乃爾雅所云棟謂之桴，其上安得復置楹哉。古人藻梲，藻是水草，蓋取辟火之義。

桷謂之榱、桷直而遂謂之閲，不受檐謂之交。桷本方長木之名，而屋椽方不圓者亦名桷。易：鴻漸於木，或得其桷。凡方木，則鴻可立足矣。左傳子尾抽桷擊扉，此非椽也，適有長方木可抽取耳。慶舍援廟桷動於甍，乃是爾雅桷謂之榱，左氏故加一廟字，義故顯。桷直而遂，言其直至屋宇勢垂也。不受檐者，不直至宇，更加短榱，宇勢微揚，以利吐霤。謂之交者，言兩椽相交矣。中棟崇甚者於交宜，不甚者於閲宜。

樴謂之杙、在牆者謂之楎、在地者謂之臬、大者謂之栱、長者謂之閣。大者二句皆承在牆者言也。閣，所以閣物。天子之閣左達五右達五，即此閣也。栱者，以木杙於牆，承閣以固之，必有兩，故曰栱也。邵二雲解爲門閣，誤矣。後所以止扉謂之閣，乃是門閣。

橛謂之臬。郭注：門閫。按鄭注禮記：閾，閫也。蓋閫是限義，横於下以爲限者，閾也。竪於中以爲限者，臬也。故並可以受閫之名。吾舊為此說，近見張阮林士冠禮闑西閾外說辨，引甚繁，似不若吾兩皆可名閫之說，可以解其紛矣。

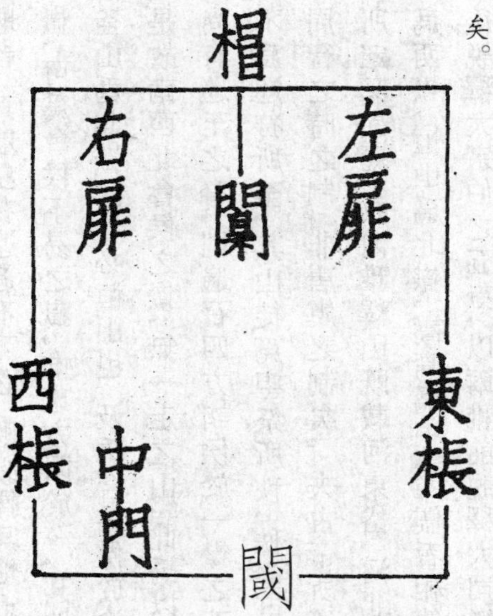

禮，君行爲賓，必中右扉門中矣。卿爲上介，則拂闑。士介則拂棖。若大夫無行正中門擬君之理。或在君左而不拂闑，或在君右而不拂棖，似皆可，是曰中，棖與闑之間。闔之謂扉、所以止扉謂之閣。按，此閣字郭本誤爲閎字，陸德明以作閣爲別本。證之說文：閣，所以止扉。則別本之當從固無疑矣。近邵二雲併郭本改之，且於所引左傳高其閈閎，亦改爲閈閈閣，是於爾雅則是而於郭注則非矣。竊意古人門大者中有臬而無門牡，别以大木爲拒，以止風撼，扉啓則拒使勿闔，闔亦拒使勿啓，是爲閣也。

五嶽説　惜抱軒文集後集

清・姚鼐

或問五嶽所居，前儒異説，惡所定諸，曰是不可定也。昔舜攝天子，一歲中周歷四方，書第言東巡之爲岱宗而已，南西北，曷嘗言其嶽之爲某山哉。夫嶽者，以會諸侯，使望走其山下者也。天子歲所至方，適有當親觀於其地者，其地左右遠近不可必，則必擇其地近之嶽而朝焉。可先時使命以告其方之侯，而不可爲一成不易會侯之嶽，可爲會侯不易之嶽，惟東方限於海，其地不甚曠遠者也，故書言之不得不異其辭爾。蓋昔黄帝嘗合符釜山，釜山爲北嶽而非必恒山也。及禹合諸侯於塗山，塗山近霍，則霍山爲南嶽矣。禹又合諸侯會稽，則會稽亦南嶽。是故南西北會侯之嶽，無一定之山，此禹以前之制然也。自禹以後，天子不能行一歲周行四方之禮，惟於岱宗尚有巡至之事，則徧召四方諸侯於一嶽之下，以至周所云衆頫曰同者，蓋在岱宗爲多云。若夫南西北之嶽，既不爲巡狩所至，其山徒爲望祭所秩，秩望可以有定名，故四嶽有定名，不知何時始，然必三代之君不能行一歲周行之時之制，非唐虞之制矣。夫古帝所巡狩，昔嘗命是山爲嶽矣，則後王皆可取之爲嶽，嶽有定名而前後王所定又異焉，故爾雅釋山既載河東岱、河北恒、江南衡、河西嶽、河南華矣，又載泰山爲東嶽、霍山爲南嶽、華山爲西嶽、恒山爲北嶽、嵩高爲中嶽。儒者相傳異説，蓋皆古王者制也，而不能質言其更易之時，故鄭康成以爾雅後説釋大宗伯之五嶽，以爾雅前説釋大司樂之五嶽，誠亦不知二者於周禮孰是非也。若夫虞書第言四方之嶽，而何休注公羊引書於如西禮下有還至嵩如初禮六字，太史公封禪書記舜四巡後亦有中嶽者嵩高也之文，似所見尚書同於何氏，且夫國主山川天子之都宜有嶽焉，唐虞皆在河東，惟霍太山近帝都，殆帝都之嶽也，故霍不山，古有嶽之名，至潁川南陽夏人之居，湯居亳，皆在中土，則太室爲王都之嶽無疑矣，然亦不知當世果有中嶽之名否也。稱嵩高爲中嶽，或虞夏已有是名歟，或始於周歟，夫考論五嶽爲定説，作爾雅者不能明，而後人欲明之，非所見之過也歟。

鍾山札記 皇清經解

清・盧文弨

苦息也

爾雅釋詁：苦，息也。郭注：苦勞者宜止息。意則是矣，而未有明證。案，家語困誓篇：子貢問於孔子，曰：賜倦於學，困於道矣，願息而事君，可乎。困倦皆勞苦之意也，病而求息亦是。

淩慄也

爾雅釋言云：淩，慄也。釋文云：案郭注意當作㥄，埤蒼云：㥄，慄也。今本釋文及疏皆以郭注意作陵，埤蒼作淩，此並誤也。案，淮南兵略訓諸侯莫不慴㥄，鶡冠子備知篇登高者下人代之㥄，張平子西京賦百禽㥄遽，並從立心。陸德明謂郭注意作㥄，故引埤蒼之㥄爲證，豈有一作陵一仍作淩之理。至樊光本作淩，如揚子雲羽獵賦虎豹之淩遽，與㥄可通用。

糝謂之涔

爾雅釋器：糝謂之涔。郭璞本糝作槮。釋文云：爾雅舊文并詩傳並米旁作，小爾雅木旁作，其文云魚之所息謂之槽，槽，槮也，積柴水中而魚舍焉。郭因改米從木文。詔案，太平御覽八百三十四引爾雅尚從米旁作，并引犍爲舍人曰以米投水中養魚爲涔也，則糝之義益明。今毛詩正義、爾雅釋文及疏皆不載犍爲舍人語。臧鏞堂案，周頌潛正義引李巡曰：今以木投水中養魚曰涔。據釋文所云則郭氏前注爾雅者俱作米旁，李亦與舍人義同，以木乃以米之誤耳。

須葑蓯

詩邶谷風云：采葑采菲。傳云：葑，須也。爾雅：須，封蓯。郭注：未詳。又須，蕵蕪。郭注云：似羊蹄，葉細，味酢，可食。案，方言：蘴蕘，蕪菁也。玉篇引方言：蘴，江東呼菘。爾雅之封與葑、蘴同一字，蓯亦與菘音相近，故先儒皆以須封蓯當詩之采葑。太平御覽於蕪菁條亦引爾雅須封蓯之文。乃作爾雅疏者妄謂郭意以毛云葑須者謂蕵蕪，其實郭何嘗云爾也。方言又云：蕪菁紫華者謂之蘆菔。爾雅葖蘆萉，郭云萉宜爲菔，蘆菔，蕪菁屬，紫華大根，俗呼雹葖。又注菲蒠菜云：菲草生下溼地，似蕪菁，華紫赤色，可食。若蕵蕪下之注，並無少似蕪菁者，而奈何以此當之，今當依先儒說爲正。

箈

爾雅釋草：箈，箭萌。今本郭注萌筍屬也，誤當作箈筍屬也。下引周禮箈菹鴈醢，則當作箈明矣。草木皆有萌，安得概言筍屬乎。

蘇桂荏注誤

爾雅釋草：蘇，桂荏。郭注云：蘇，荏類，故名桂荏。此注文不足，案疏中每直引注文，此疏云以其味辛似荏，一名桂荏。正是此注元文，而亦有誤，當云以其味辛似桂故名桂荏，始得之。

蜚蠦蜰

爾雅釋蟲蜚蠦蜰，舍人李巡皆以蜚蠦句，蜰句。郭注亦與之同，官本作蜰即負盤，並不誤。此即廣雅之蛩蜺蜰也，釋文不引而反引負蠜蟅爲説非此蟲，或又改郭注作蜚即負盤，是因邢疏而誤改耳。

洗犬棗

爾雅釋木：遵，羊棗。洗，大棗。唐以前本有以大爲犬者，丁希曾嘗爲吾言，舊嘗見梁文紀中有以河東洗犬、隴右蹲鴟作偶句者，不知洗犬二字所出，問其父龍泓先生，先生即舉爾雅之文，謂白帖所集，以遵羊洗犬相對，家無白帖，可向唐類函中檢之，果如先生所言。案郭璞爾雅注：今河東猗氏縣出大棗，子如雞卵。是大棗非犬棗審矣。然棗可名羊，安在其不可名犬，以此爲爾雅異文，夫何傷。丁名傳，杭人。龍泓先生名敬，曾應博學鴻詞徵。

蔆蕨攈當作蕨攈

錢曉徵以爾雅釋艸蔆蕨攈釋文攈音亡悲反，而兼載孫炎居郡居群二切。考説文無攈字，當用孫音而作攈字。凡艸木之名多取雙聲，薢茩、芵茪、鼎董、銚弋之類皆然，蕨攈亦雙聲也。説文廣雅皆以薢茩與蔆芰爲一物，惟爾雅分爲二條，竊意芵茪與蕨攈聲本相近，四字皆見毋薢茩、芵茪、蔆、蕨攈，當是一物而四名，郭亦知蔆有薢茩之稱，特以與蔆文不聯屬，遂以決明當之，其實當依説文廣雅作釋爲是。

駷牝驪牡玄

爾雅釋畜駷句牝驪句牡玄句。鄭康成如此讀。案郭注引周禮馬七尺以上爲駷，是並不以駷屬之牝明矣。上引詩駷牝三千，因成文耳，豈可即以郭爲駷牝驪牡句絶乎。又案，釋文云：孫注改上駷牝爲牡，讀與郭異。牡乃句字之訛，若云駷牡驪牡豈復成文，若以牡與牝當互易者，釋文何以未之及，故當云孫注改上駷牝爲句無疑也。邢氏不細審，而以玄字屬下句首。又郭注玄駒，玄字亦衍，駒爲小馬，此常訓耳，何必連玄字。邢氏既截玄駒屬下文，遂於郭注亦增此一字，謬甚。今以釋文證之，知郭與鄭同，唯孫氏獨異，邢疏依孫爲説，不可以誣郭氏。

陽有賜音　龍城札記

清・盧文弨

爾雅釋詁：台、朕、賚、卜、畀、陽，予也。今本郭注云：賚卜畀皆賜與也，與猶予也。陸氏釋文：陽，音賜，又如字，本或作賜。近時本兩賜字，皆作暘。夫陽暘同一音，即是如字，且陽苟讀如字，則上音暘二字亦贅，此由後人疑陽與賜音不相近而妄改之耳。今幸宋本不誤，可正之，因知郭注必本是賚卜畀賜皆與也，故下即承云與猶予也，以陽爲賜，以予爲與，皆即用漢人易字之法，如郭氏注穆天子傳以諫爲閒同是一例。此注下又云：因通其名，始引魯詩陽如之何，巴濮之人自呼阿陽。此則從如字讀。夫予字已見上條，陸云予余並羊如反，此則音羊汝反，然則此條正義實訓爲取與之與，通其名亦可爲予我之予。讀者但見引魯詩，以下便止知如字一讀，言與賜同，音義則憒然。夫與字非奥僻，何必連賜字成文而義始顯，且君子曰賜，小人曰與，二字亦微有别，觀下不兼承賜與言，則賜本不在皆字下明甚。噫，古人之書爲後人憑臆肆改者多矣，孰從而一一正之乎。

經學卮言・爾雅 皇清經解

清・孔廣森

落 釋詁

物終乃落，而以爲始，何也。嘗考落之爲始大氐施於終始相嬗之際，如宫室考成謂之落成，言營治之終而居處之始也。成王踐阼，其詩曰訪予落止，此先君之終今君之始也。離騷夕餐秋菊之落英，宋人有以菊花不落爲疑，而引此落始也訓之者，頗爲允當，蓋秋者百卉之終，草木黄落，而菊始有華，故它華不可以言落英，唯菊乃言落英。古人用字必有意義類如此。

幠厖有也

小雅民雖靡膴，王子雍注讀爲幠，大也。無大，有人言少也。愚謂膴既可與幠通，則盍引此幠有也以詁之。毛公説國雖靡止，云：靡止言小也。正義申之曰：猶言狹小無所居止，故爲小也。以上句例下句，則王注雅得毛意，但民雖無大，文義不足，不若解爲民雖無有，正是民少之意，與雖無旨酒、雖無嘉殽設辭相類。

艐格

注宋曰居，此本方言曰艐宋語也，郭蓋以艐爲居。孫炎云：艐，古居字。司馬相如大人賦蹋以艐路，徐廣亦音介，然艐之與居形聲弗類，當從顧野王音子公反爲是。艐格連文，即商頌所謂鬷假無言者也，上一字音同詩，下一字同中庸。詩釋文：假，鄭音格，至也。

都繇於也

注：書曰，皋陶曰都，繇辭於乎，皆語之韻絶。按，卜繇之繇，經典原止作繇，然郭義殊强鑿，都繇皆發語歎辭。繇亦見書大誥多方，並有王若曰猷是也。漆書作大誥繇爾邦多，古文繇猷通，故爾雅亦作繇字，即卜繇，似亦可通作猷，小雅我龜既厭不我告猶，蓋言不告我以卜之繇也，顧未可就以繇辭當都於之訓耳。猶即猷字，從犬左右易耳。孟子猶皆用由，漢書由皆用繇。

順

儀禮諸言陳者有西順南順，蓋指彼文。

蠠没

注曰猶黽勉。按，詩黽勉從事，劉向引作密勿從事，彼勿字當讀從卹勿之勿，即與此蠠没同。

蓻箸勤也

仁和翟灝曰：魯頌實始蓻商，鄭氏箋以蓻爲斷，後儒多疑其害義。今觀此釋，則詩言蓻商猶書武成篇言王季其勤王家。逸書程典解言文王合六州之侯，奉勤于商也。廣森按，閟宫毛傳曰：蓻，齊也。此蓻箸，釋文云本又作彗，大戴禮稱黄帝幼而彗齊，然則蓻彗猶彗齊之意。

育

虞書胄子，傳云：胄，長也。漆書古文作育子。見說文解字育義亦爲長，禮唯公卿大夫元士之長子乃入於大學，故曰教育子。

縱縮亂也

注：縱放掣縮皆亂法也。義非是。縱縮皆直也，所謂衡縱衡縮者是也。亂義如正絶流曰亂之亂，彼注以正爲直，是亂亦有直意，故以相詁。

潛深測也 釋言

考工記漆欲測，測當訓深。

室中謂之時 釋宫

時讀爲峙蹬之峙。

律謂之分

注云律管可以分氣。按律管當入釋樂，不當與罟罬罿罦等連文。唐高郢有律筒賦，曰：碧鮮之竹，採而爲筒，定名以律，式成厥功。厥功伊何，所指必捷，下彼高鳥，紛如墜葉。據此則律亦捕鳥器也。集韻有箻字，云竹管以射鳥，乃後人別加竹爲之。

正月爲陬 釋天

此周正正月也，故離騷曰攝提貞于孟陬。貞，正也。攝提星恒在北斗之首，言斗杓正北指子也。周之孟春故稱孟陬，今以陬月爲寅，則斗已斜建東北，不得言貞矣。史記曰太初元年歲名閼逢攝提格，月名畢聚，日得甲子，夜半朔旦冬至，聚與陬同，謂甲寅年甲子月甲子朔而子時冬至也。若畢陬爲甲寅，冬至安得在寅月乎，且甲寅之年寧有甲寅月乎。夏曆甲寅年正月必建丙寅，推曆元冬至，則用前年，天正甲子月也。又按，四分厤改名太初元年為丁丑。小雅日月方除，箋曰：四月爲除今爾雅作余，鄭君所讀本異。首章言二月初吉，次章言除，明除者，周正四月，即夏正二月也。越語至于玄月，韋昭注：九月爲玄。謂魯哀公十六年九月。是亦據周正言之，但鄭於歲亦陽止，箋有十月爲陽，時坤用事，嫌於無陽之説，則與小明箋自相戾。宋人因之，又有分正陽之月爲正月陽月者，錯中生錯矣。

祭星曰布

郭云布散祭于地。據周禮以實柴祀日月星辰，無布散于地之法。淮南子羿除天下之害而死爲宗布，注云司命傍布也。蓋祭司命而以羿配，羿雖無德，然太康有自取失邦之咎，觀武王賢臣作箴猶曰在帝夷，羿不黜其帝號，則謂羿死而爲神，或未必誣矣。又曹氏之裂布，注云楚人名命爲曹，今俗閒以始織布，繫著其傍，謂之曹布。按，司命文昌宮星也，然則祭星傍有縣布，故謂之布，不獨文昌爲然，司巫祭祀共道布，杜子春説新布三尺也。後鄭説道布者爲神所設巾中霤，禮曰以功布爲道，布屬于几，是即繫著神傍之布歟。封禪書稱雍有諸布之廟，蓋祀諸星者。

邑外謂之郊，郊外謂之牧，牧外謂之野，野外謂之林，林外謂之坰。釋地

注：邑，國都也。假令百里之國，五十里之界，界各十里也。此義非是。周官以官田牛田賞田牧田任遠郊之地，而詩曰駉駉牧馬，顔氏家訓云駉駉牧馬，江南本皆作牝牡之牡，河北本悉爲放牧之牧。在坰之野，然則坰牧皆在遠郊之內，此郊外，蓋近郊外也。令以王畿言之，遠郊百里，半之五十里爲近郊，其外十里曰牧，又其外十里曰野，又其外十里曰林，又其外十里曰坰，又其外十里達於遠郊之境。

茢薽，豕首。釋草

按，茢薽可以染藍，故一名蝦蟆藍。周官染草，鄭注以爲茅蒐、槖蘆、豕首、紫茢之屬。

猋藨芀，葦醜芀，葭華。

舊失其讀，此當於葦醜絶之，猋藨芀三名皆葦類也。芀者，葭之華也，即今蘆花也。

櫬梧，樸枹者，謂櫬采薪，采薪即薪。釋木

舊亦失其讀。櫬一名梧，梧之生而樸屬枹茂者謂之櫬也。采猶薪也，恐人不明故申訓之曰采薪者，即可單稱薪

也。叠互相訓，釋詁多此例。采薪即薪是自解上句，薪字非薪柴之薪，乃薪采之薪。春秋傳曰薪采者也。小雅薪是檴薪，箋曰：薪是檴薪者，析是檴薪也。此采薪乃單稱薪之證。愚仍恐人不明，更申訓之曰采析薪也，薪亦析薪也。凡析薪謂之采薪，又即可謂之薪薪。

皇黄鳥釋鳥

篇中釋倉庚者尚有三焉，此注亦以爲黄離留，太相複重，且倉庚名皇，傳記未見，廣森謂皇即周書王會方揚以皇鳥者是。

駀牝驪牡玄釋畜

郭以牝爲駀，牡爲驪，而玄别連下駒字爲句。疏引檀弓注讀則如此。今撿鄭注周官廋人又引作駀牡驪牝玄。爾雅音義云孫注改駀牝爲牡，讀與郭異，是叔然以周禮注爲正也。驪是馬色，合與玄對，且詩云駀牝三千，若駀即是牝，何勞兩言。彼傳云騋馬與牝馬也。又必知牝牡字當互易者，以禮駕四牡不用牝，而詩言比物四驪、四驪濟濟，則驪必駀之牡者，玄乃駀之牝者矣。

經韻樓集

讀爾雅釋山論南嶽

清・段玉裁

爾雅不出於一時、一人之手，且又備採衆説以俟折衷，故一篇内時有自相違戾者。如釋山紀五嶽曰：河東華，河西嶽，河東岱，河北恒，江南衡。此一説也。又曰：泰山爲東嶽，華山爲西嶽，霍山爲南嶽，恒山爲北嶽，嵩山爲中嶽。此一説也。衡山，漢志在長沙湘南縣東南。霍山，一名天柱山，漢志在廬江灊縣南。先儒或從爾雅前説，或從爾雅後説。毛公伏生兩大儒，而詁訓傳舉衡山，尚書大傳舉霍山，漢初説已乖異。孫炎之注爾雅也，以霍山爲誤，當作衡山。郭景純爾雅注今本闕落，見於詩崧高、書舜典、左氏昭四年三正義所引者，則曰：霍山，今在廬江灊縣西南，别名天柱山。漢武帝以衡山遼曠，移其神於此，今其彼土俗人皆呼之爲南嶽，南嶽本自以兩山爲名，非從近來也，而學者多以霍山不得爲南嶽，又言漢武帝來始乃名之，即如此言，爲武帝在爾雅前乎，斯不然矣。景純意在駁孫氏以霍山南嶽見爾雅非肇於漢武，漢武以前長沙之衡、廬江之霍皆稱南嶽，故曰南嶽本自以兩山爲名，言兩山皆有南嶽之名也。漢武因兩南嶽不可偏廢，而衡遠霍近，故併祀衡於霍耳。考元封五年登禮灊之天柱山，號曰南嶽，封禪書郊祀志皆云，然號曰南嶽者與元年以三百户封大室名曰崇高正同，號曰南嶽名曰崇高皆武帝號之名之，大室本號中嶽，故僅易大室之名名崇高山，又名其邑曰崇高邑，天柱本不號南嶽，故尊其號曰南嶽，此名與號之别也。然則霍山不得爲南嶽，武帝始名之，其説非無據矣。孫氏信爾雅前説而不信爾雅後説，故謂霍當作衡，郭謂霍與衡皆是南嶽，漢武專祀霍山，此兼信爾雅前後二説，其截然别衡霍爲二山！則孫郭一也。風俗通謂太山一名岱，衡山一名霍，一山而有兩名，不得其義而牽合之。孔沖遠詩崧高、書舜典、左傳昭四年正義惑其説，謂衡山亦名霍山，漢武移其名於天柱，此爾雅之霍山爲南嶽即是衡山，合二山爲一，正與景純説相背，而誤會南嶽以兩山爲名之句傅合而一之，以爲衡山亦名霍山，是謂以兩山爲名疏矣。邢昺作爾雅疏，不知據三正義以補郭注之脱落，乃全用冲遠崧高正義文而謂郭注云即天柱山者，郭據作注時霍山爲言其經之霍山爲南嶽，即是江南之衡，何其昧歟。惟衡霍是兩山，故孫氏云霍當作衡，郭氏云南灊有二。惟衡山爲南嶽之説優於霍山爲南灊之説，故孫氏注疑而易字未爲失，郭氏注失之過信，未能覈實。古者南灊衡山非霍山也，然則伏生在漢初何以舉霍山，曰大傳不出於伏生之手，其徒各論所聞，或襲用元封後名號耳。

説　荷

爾雅釋草於一物而特詳者惟荷，曰荷扶渠，謂其葉也，何以謂之荷也，言何其大也，猶大根駭人謂之芋也，草木之葉無大於荷者也。何以謂之扶渠也，渠者水所居，葉若扶水而出，故曰扶渠也。其莖茄何也，謂葉之莖也，茄之言柯也，古二字同音矣。以上言葉，俗人不解，以爲言華，乃妄增其葉蕸三字，陸德明謂古本所無也。其本蔤者何也，蒙葉而言謂葉之本也，何以謂之蔤也，蘊互於泥土中深密不可見，即今俗所謂藕也。其華菡萏者何也，既言其葉乃言其華也。菡萏者何也，説文曰：菡萏，扶渠華也。未發爲菡萏，已發爲夫容，發之言放也，菡之言马也，萏之言竷也。马者，草木之華未發函然。竷者，含深也。夫容者，言其鋪棻豐容也。爾雅不言夫容者，略也。鄭風隰有荷華，毛公曰：荷華者，荷扶渠也，其華菡萏。陳風有蒲與荷，又曰有蒲菡萏，毛公曰：荷，扶渠也。菡萏，荷華也。蓋與爾雅同矣。其實蓮者何也，蒙華言實也，爾雅所謂榮而實者也，蓮之言猶連也，連者負車也，負車者輦也，以一莖負房，猶輦者輓繩牽車也。下言其根藕者何也，蒙華實而言謂華實之根也，上言其本蔤矣。華與葉有異，本與本全，根偏本下根上，故以根系諸華實也。謂之藕者何也，藕之言有耦也，凡菡萏之出也必偕一葉，華葉兩莖相比俱出，如耕者之耦然。爾雅字作藕作蕅，六書之會意也。説文從草水禺聲，非造字之意矣。篇韵皆藕爲正體、蕅爲或體是也。藕之本義謂華之根，今則呼蔤爲藕矣。説文杜林曰藕一名蕫，言其光潤也，左傳予髮如此蕫蕫是也。蓮之房中有子焉曰的，謂之的者何也，言其白也。凡果實之白謂之覈，俗作核。亦謂之人。俗作仁。的中薏者蒙的而言，俗謂之蓮心是也。的薏不見説文者，以蓮賅之也，説文之字作的意也。爾雅之言，次第井然，説文列字之次第失之。花之莖亦曰茄，互文錯見也。凡俗言荷華言蓮華言藕華者，以其葉實本名其華也，爾雅統名之曰荷，説文統名之曰夫渠，皆以其葉目其全也。其莖類君子之直立，其葉有容而不留物，風雨馮陵而不沈溺，枯悴而不飄揚，尤爲可貴者也，是以爾雅統名之曰荷。

群經識小 皇清經解

清・李惇

一魚二名

釋魚云鯉鱣、鰋鮎、鱧鯇、鯊鮀，皆一魚而二名也，故舍人之解皆同，郭注以首六字分爲六魚，蓋據其時目驗而分之也。然璞去古已遠，千餘年後名目不能不變，據其時俗之名以折古人，未爲得也。謹案，詩毛傳云：鰋，鮎也。鱣字詩凡三見，碩人傳云：鱣，鯉也。潛傳云：鱣，大鯉也。四月箋亦云：鱣，鯉也。是鱣之爲鯉，毛鄭並同，鱧之爲鯇亦與鯉鱣鰋鮎鯊鮀等矣。今所傳定本毛傳訓鯉爲鮦，與郭注同，然案正義云遍檢諸本或作鱧鯶，或作鯉鯇，下又云毛及前儒皆以鮎釋鰋、鱧爲鯇、鱣爲鯉，唯郭注爾雅是六魚之名，則毛傳仍當作鱧鯇也。又云今目驗毛解與世不協，蓋自晉及唐其去古益遠，目驗愈不足據矣。且爾雅一書，草木蟲魚以下皆是二名互釋，無開卷舉一字之名上下無所附屬者，以體例求之，益知毛傳之當遵也。

葭菼蒹葭萑葦

爾雅釋草葭華、蒹薕、葭蘆、菼薍,李巡云分别葦類之異名,非也。疏引大車傳云:菼,鵻也,蘆之初生。則毛意亦以葭菼爲一草,此又仍孔疏之誤而不察矣。謹案,衛風葭菼揭揭,傳云:葭,蘆。菼,薍也。秦風蒹葭蒼蒼,傳云:蒹,薕。葭,蘆也。豳風八月萑葦傳云薍爲萑,葭爲葦,尤截然分明,使毛以葭菼爲一草,何以數處皆如是明析乎。惟大車之傳以經言毳衣之色,故以鵻釋之,其曰蘆之初生,戴氏謂蘆乃萑之訛者是也。萑字據説文從艸萑聲,字當作萑,隸書作雚。蓋萑葦截然二物,葦之初生曰葭,彼茁者葭箋云記蘆始出者是也。郭氏謂薍。此二草初生爲菼,長大爲薍,成則名爲萑,俗名爲荻。説文菿字注云:萑之初生一曰薍一曰鵻。豳風孔疏:初生爲葭,長大爲蘆,成則名爲葦。其説是也。爾雅郭注葭菼截然不混,蒹薕則云似萑而細,似與萑别,陸璣疏亦以爲水草。然案詩與葭並舉,爾雅葭華蒹薕葭蘆菼薍並列,説文蒹字解曰萑之未秀者,則蒹即菼矣。蓋葭華葭蘆蒹薕菼薍聲音相協,故爾雅、毛傳皆以音之協者釋之,聲音訓詁通一爲道也。言其初生則曰葭菼、蒹葭,言其既成則曰萑葦,詩人之詠亦皆以類從耳。

十駕齋養新録

清·錢大昕

板

上帝板板,當從爾雅作版版。説文只有版字,無板字。今毛詩家縮版之版從片,析板之板從木,分爲兩義,失其舊矣。古音方反兩字皆重脣，故訓方爲版。釋器，鉼金謂之鈑。郭氏注引周禮，供其金鈑。考周禮職金共其金版，注引爾雅亦是版字。魏晉儒師强立偏旁，妄生分别，故有從金從木之别。

窳

釋詁：愉，勞也。注：勞苦者多惰愉，今字或作窳。按，釋元應一切經音義引爾雅此文及注凡七見，皆作窳，無有作愉者，是唐以前爾雅郭注本作窳不作愉也。今字或作窳，五字疑後人所增，非景純之舊。

將且

釋言：奘，駔也。釋文云：駔，沈集注本作[illegible]，孫樊二本並作將且而無奘駔。案，經典不見奘字，當從樊孫本。詩：方將萬舞，將恐將懼。箋皆訓將爲且，正用此文，是鄭所見爾雅與孫樊本同。

女叔

釋親：夫之女弟爲女妹。注：今謂之女妹是也。袁又愷引禮記昏義和於室人注，室人謂女公女叔諸婦也。正義曰女公謂壻之姊女叔謂壻之妹，證爾雅正文女妹必是女叔之誤，若經本作女妹，則此注太無謂，即以俗説證，亦但當云今俗有此稱，不當叠經文矣。臧在東云：夫之兄爲公，故其姊爲女公，夫之弟爲叔，故其女弟爲女叔。

太歲

古法太陰與太歲不同。淮南天文訓：太陰在寅歲名曰攝提格，太陰在卯歲名曰單閼，太陰在辰歲名曰執徐，太陰在巳歲名曰大荒落，太陰在午歲名曰敦牂，太陰在未歲名曰協洽，太陰在申歲名曰涒灘，太陰在酉歲名曰作鄂，太陰在戌歲名曰閹茂，太陰在亥歲名曰大淵獻，太陰在子歲名曰困敦，太陰在丑歲名曰赤奮若。蓋閼逢以下十名，攝提格以下十二名，皆由太陰得名，不關太歲。史記索隱引爾雅云，歲在甲曰焉逢，寅曰攝提格，見天官書。無太字，當是古本。東漢術家不求太陰，誤仞太陰爲太歲，故漢書天文志有太歲在寅曰攝提格之文，太史公書但云攝提格歲，歲陰左行在寅，初不云太歲也。今本爾雅太歲在甲曰閼逢，太歲在寅曰攝提格。此兩太字疑後人所增。

東陵阠

釋地篇東陵阠，先儒皆未詳其地，説文亦無阠字，徐氏新附乃有之，非許君意也。予按，説文手部：扟，挹也，讀若莘。是莘與扟通矣。莊子駢拇篇盜跖死利於東陵，陸氏釋文：東陵，陵名。今名東平陵，屬濟南郡。又春秋成二年傳師從齊師于莘，杜注但言齊地，今據下文華不注、華泉皆在濟南府，莘與華不注華泉相去不遠，亦當在濟南，則爾雅之東陵阠疑即左氏傳之莘也，古本當從手旁，後人改從阜旁耳。齊乘，東平陵城在濟南東七十五里。

鉤股

釋水九河：鉤般。釋文：般，本又作盤，李本作股，云水曲如鉤，折如人股，故曰鉤股。按，漢隸從舟之字多作月，般與股二文相涉，難以辨别，李巡在郭璞之前，疏解分明，當以股爲正，鉤股雙聲，與胡蘇叠韻正相類也。禹貢正義引李巡云：鉤盤言河水曲如鉤，屈折如盤也。蓋後儒承用郭本已久，改易李注以從之，不如陸氏釋文之可據。

螽醜螽

釋蟲：螽醜螽。陸德明云：李孫郭並闕讀而謝孚逢反，施作螽，音終。案上有螽醜奮，依謝爲得。大昕案，宋本説文螽字云：螽醜螽，垂腴也。正與施本相同。謝嶠施乾同是陳時人，未必謝是而施非也。今坊本説文亦改螽爲螽，世遂不知施説之有據矣。

騚

廣韻：騚，馬蹄皆白也。按釋畜篇四蹄皆白首，首與歬字形相似，歬即前字。疑古本作歬，後人加馬旁耳。歸安嚴元照云嘗見雪牕書院校刊爾雅郭注本作騚，明人刊五雅本亦作騚。

王女

釋艸：蒙，王女。注：蒙即唐也，女蘿别名。案，女蘿之大者謂之王女，猶王彗王芻，魚有王鮪，鳥有王雎也。今本訛王爲玉，唯唐石經不誤。

今本爾雅誤字

釋艸孟狼尾，今本孟作孟。澤烏蕵，今本蕵作蘾。釋鳥燕白脰烏，今本烏作鳥。鸒白鷢，今本分楊鳥爲二字。鳶烏醜其飛也翔，今本烏作鳥。釋獸麔大麕，今本麕作麔。此皆轉寫之訛，唯唐石經字畫分明可信。顧寧人金石文字記轉據流俗本指爲石刻之誤，毋乃憒憒不分皂白乎。

釋木：桑辨有葚梔。辨，俗字。當從唐石經作辨。

潛研堂文集

與晦之論爾雅書

清・錢大昕

得晦之書，知方讀爾雅，從事於訓詁及蟲魚艸木之學，甚慰以喜。嘗病後之儒者廢訓詁而談名理，目記誦爲俗生，訶多聞爲喪志，其持論甚高，而實便于束書不觀、游談無根之輩，有明三百年，學者往往蹈此失。聖朝文教日興，好古之士始知以通經博物相尚，若崑山顧氏、吳江陳氏、長洲惠氏父子、婺源江氏，皆精研古訓，不徒以空言説經，其立論有本，未嘗師心自用，而亦不爲一人一家之説所囿，故嘗論宋元以來言經學者，未有如我朝之盛者也。夫六經皆以明道，未有不通訓詁而能知道者，欲窮六經之旨，必自爾雅始。注爾雅者，有舍人、李巡、樊光、孫炎、沈旋諸人，今惟存郭景純一家，景純有音有圖贊，則今亦亡之。尚書正義引景純注云恒山一名常山，避漢文帝諱。又云：霍山今在廬江灊縣，潛水出焉，别名天柱山，漢武帝以衡山遼曠，移其神于此，今其土俗人皆呼之爲南嶽。南嶽本自以兩山爲名，非從近來也。而學者多以霍山不得爲南嶽，又言從漢武帝始乃名之，即如此言，爲武帝在爾雅前乎，斯不然矣。今本注文不若是之詳，然則景純注亦經後人所删，非完書矣。釋鳥桑鳸竊脂，文凡再見。考春秋正義云諸儒説竊脂皆謂盜脂膏，即如所言，竊元竊黄者豈復盜竊元黄乎。若冬鳸竊黄之下果有桑鳸竊脂句，則景純注明云諸鳸皆因毛色音聲以爲名，竊脂之爲淺白，義已顯然，毋庸爲此辨矣。春秋正義又云釋鳥自春鳸鳻鶞至宵鳸嘖嘖凡七鳸，其文相次，今本多桑鳸句，則當云八鳸矣。故知此句乃唐以後人竄入無疑，而邢氏不能辨也，此不精之失也。宋初，古書之存者多矣，邢所徵引不過九經義疏、經典釋文，而尚不免於遺漏，它書固未能津逮，此又不博之失也。予昔在京師，有志撰述，掇李孫之墜遺，糾郭邢之違失，至於康成之説經，叔重之解字，參互取訂，啓悟良多。嘗欲勒爲一編，以附述者之後，繼有刊定元史之擧，力未能兼，迺輟弗爲。今晦之欲從事此書，則予考稽有年，千慮之中或有一得，暇日出以相質，何如。來書疑舍人爲何人，考陸氏釋文稱犍爲郡文學卒史臣舍人，漢武帝時待詔，而廣韻亦有舍姓，是舍人乃其人姓名，非官稱也。附去政和證類本艸一部，即檢收之。

答問七

問：權輿訓始，見於釋詁，或云造衡自權始，造車自輿始，其説然否。曰：此後儒臆説，不足信。予友孫星衍嘗説之，以爲權輿者，艸木之始。大戴禮誥志篇：孟春百艸權輿。揚雄賦：萬物權輿於內，徂落於外。釋艸云其萌虇蕍，郭景純以蕍屬下句，按説文：蘉，灌渝，蘉讀若萌。即釋艸之虇蕍，權輿與虇渝聲相近也。

問：墳訓爲大，郭氏不注所出，何也。曰：此於毛詩屢見之，遵彼汝墳，大防也。牂羊墳首，大首也。汾王之孫，傳訓汾爲大，以汾墳同音。有頒其首，傳訓大首，亦以頒墳同音也。賁鼓維鏞，賁爲大鼓，則賁本有大義。

問：郭氏以宇宙至極釋宇晊爲大義，然乎。曰：宇者，居之大也，詩君子攸芋，毛訓芋爲大。芋即宇之異文。晊即郅字，司馬相如封禪文爰周郅隆，小司馬引樊光説郅可見之大也。則樊本作郅字。

問：省、綝、彀之爲善，何也。曰：省與鮮連文，省即鮮聲之轉。物以少者爲善，省鮮俱有少義。詩帝省其山，禮大傳大夫有大事省於其君，鄭君皆訓爲善。史記太史公自序所從言之有省不省耳，亦以省爲善也。彀與攻、縠、介連文，聲皆相轉。彀者，射之善也。惟綝字不見於經，翟教授灝嘗引廣韻訓綝爲繕，詩鄭風序繕治甲兵，箋云繕之言善也，周禮繕人注亦云繕之言善。然則綝者，器之善也。景純注爾雅未喻聲音相轉之原，故於文多所未詳，如雉與陳、孟與勉、蹶與嘉、猷與已，皆聲之轉。延轉爲寅，故寅有進義，動轉爲迪，故迪有作義，皆景純所未喻也。

問：顗之爲靜，何也。曰：說文：顗，謹莊貌。與靜義相近。論語云：仁者靜。故周顗字伯仁。頃見翟教授說，亦與予同。

問：禧之爲告，何也。曰：說文：禧，禮告也。禧與畛祈連文，畛爲致告，祈爲求告，禧爲禮告，皆告神之名。今本說文作禮吉，蓋轉寫之訛。

問：雉之爲陳，何也。曰：雉從矢聲，矢者，陳也。古文雉又與夷通。春秋傳：五雉爲五工正，利器用，正度量，夷民者也。服虔云：雉者，夷也，夷，平也。正義云：雉聲近夷。楊子云甘泉賦列新雉於林薄，服虔謂雉夷聲相近，新雉即辛夷也。秋官薙氏注：薙或作夷。釋文云：薙一本作雉。古音夷如稊，稊陳聲相轉。春秋夷儀，公羊作陳儀，夷有陳義，故雉亦訓陳也。

問：繇之爲憂，何也。曰：詩心之憂矣，我歌且謠。謠本又作繇，見廣韻。是繇有憂義，景純以繇役爲憂愁，似曲。

問：倫、敕之爲勞，何也。曰：倫勞聲相近，敕當爲勅，讀如來，來勞亦相轉也。景純不知聲音之轉，乃云倫理事務以相約敕亦爲勞，斯爲鄉壁虛造矣。詩我生之初尚無庸，鄭訓庸爲勞，此經典正文而郭亦不能引。

問：翦、篲之爲勤，何也。曰：詩實始翦商，翦者，勤也。毛訓爲齊，鄭訓爲斷，皆失其旨。古文篲從習，習有勤義。

問：諲之爲敬，何也。曰：諲與禋音義同。孫炎云：禋，潔敬之祭也。見史記五帝本紀正義。詩克禋克祀，毛公釋禋爲敬，是諲即禋也。

問：晙之訓早，經典說文俱無之，何也。曰：晙者，明之早也。尚書咎繇謨：夙夜浚明有家，史記夏本紀作蚤夜翊明有家，則浚與翊義同。翊或爲翼，釋言：翼，明也。則浚亦有明義，晙即浚之異文。

問：治何以有故義。曰：古文治與始通，尚書在治忽，史記夏本紀作來始滑，漢書律歷志作七始詠，是治即始字，始者，故也。鄭漁仲亦疑爲始。

問：載、謨、食、詐何以均有僞義。曰：古文僞即爲字，書堯典平秩南訛，史記作南爲，漢書王莽傳作南僞。荀子性惡篇：人之性惡，其善者僞也，不可學不可事，而在人者謂之性，可學而能可事而成之在人者謂之僞。蓋僞有兩義，載謨者作爲之義，食詐者虚僞之義。郭景純專主虚僞之訓，乃謂載者言而不信，謨者謀而不忠，失其旨矣。景純於經術本疏，往往不考古訓，望文生義，如鴻之訓代，鴻即洪字，康誥乃洪大誥治，鄭釋洪爲代可證，而景純乃以鴻雁知運代爲説。朏之訓厚，本詩福祿朏之，韓詩作朏，而郭乃以朏輔爲説。窕之訓閒，本詩窈窕淑女，毛釋窈窕爲幽閒，窈爲幽則窕當爲閒矣，而郭乃以閒隙爲説。鬩之訓恨，恨乃很之訛，見詩毛氏傳，而郭乃以相怨恨爲説。苛之訓妎，苛即疴，妎即疥，皆字之訛，見内則鄭氏注，而郭乃以煩苛者多嫉妎爲説。庶之訓侈，侈乃䏧之訛，見詩楚茨鄭箋，而郭乃以庶者衆多爲奢侈爲説。皆臆説也。

問：釗之爲見，郭引逸書釗我周王，此語今有可考否。曰：孟子紹我周王見休，僞古文采入武成篇作昭我周王，景純生於晉世，所見孟子書當是古本，或有作釗者，故取以爲證。

問：寅之訓進，郭氏未詳其義，何也。曰：寅與延聲相近，人生於寅，寅者引也，漢書引達於寅，是寅有進意。

問：掔之訓固，於經典有之乎。曰：易牽羊悔亡，子夏傳作掔，掔者，牽之固也。

問：禕之訓美，郭以爲常語，疏以禕爲歎美，亦無所據。曰：禕與徽同，禮大傳殊徽號，注云徽或作禕是也。張平子東京賦：吁漢帝之德侯其禕。而邢以爲歎美，蓋本平子賦。

問：神之訓重，何也。曰：重有重疊之義，又有尊重之義。從、申、加，重疊之重也。神、弼、崇，尊重之重也。此與賚、畀、卜爲賜予之予，台、朕、陽爲予我之予，其例相同。景純止據重疊一訓，故於神字注云未詳，又以弼輔增崇傅合重疊之義，皆曲解也。

問：觳之訓盡，郭以爲今直語，於經典亦有徵乎。曰：史記李斯傳：雖監門之養不觳於此。小司馬云：觳，盡也。言監門下人飯猶不盡此也。觳悉連文，孟子吾不忍其觳觫，觳觫即觳悉之轉，言其命將盡也。

問：阬阬重文，郭以爲阬壍之稱，夾漈以其一爲衍字，然乎。曰：夾漈說是也。詩具贅卒荒，毛訓荒爲虛。我居圉卒荒，鄭亦訓爲虛。正義云：荒，虛。釋詁文。又引某氏注引周禮野荒民散則削之，謂惟某氏本有荒字，景純本多一阬字少一荒字，是其失也。

問：滕、徵之訓虛，何也。曰：滕者，水之虛。說文：滕，水超涌也。玉篇：滕，虛也。引詩百川沸滕。蓋水涌而上有虛之義。易：咸其輔頰舌，滕口說也。兑之上六象口舌，於歸妹爲無實，於咸爲滕口說，則言之虛亦爲滕矣。徵者，事之虛。春秋傳：魯人聞余出，喜於徵死。徵死者，徒死也。徒死猶虛死也。漮從康，康者穀之虛，釋器云康謂之蠱，春秋傳所謂穀之飛爲蠱也。說文漮從水，爲水虛，歑從欠爲飢虛。郭引方言漮訓空，以爲邱墟之義，亦非也。

問：戮之爲病，郭既以相戮辱亦可耻病爲說，又云戮逐未詳，何也。曰：戮當爲瘳，集韻瘳有戮音，瘳者病之瘉也。郭亦知戮辱之義未安，故仍闕之。

問：癵字不見於詩，郭以拘攣釋之，然否。曰：癵當爲臠，臠者，瘦之病也。詩棘人欒欒兮，說文作臠。臠，正字。欒，通字。癵則俗字也。

問：徽之爲止，何也。曰：徽從微省，古文微與尾通，故徽有止義。易繫用徽纆，所以止罪人也。或云徽當爲徵，徵與懲通。詩寧莫之懲，毛訓懲爲止。憯莫懲嗟，鄭亦訓止。易君子以懲忿窒欲，懲者，止也。漢儒傳易皆作徵字，劉表始作懲而王弼從之。徵有止音，故宮徵字讀如祉，漢書律志：徵，祉也。

問：豫之爲猒，何也。曰：豫與射古文通用，鄉射禮：豫則鉤楹内，堂則由楹外。鄭康成云：豫讀如成周宣榭災之榭。今文豫爲序，孟子序者射也。序之名取於習射，古文或爲豫，亦讀如榭。說文無榭字，則臺榭之榭亦當爲射，蓋因習射以得名也。詩于邑于謝，王符潛夫論引作序，則序與謝亦通矣。豫之與射猶竺之與篤，文殊而義同，射有猒義，則豫亦訓猒矣。釋言：豫，叙也。郭注其義亦未了，若知豫即序之古文，皆從予得聲，則豫之爲叙昭然察矣。邵編修晉涵云：豫猒猶易雜卦傳云豫怠也。

問：梏頲之爲直，何也。曰：詩有覺德行，緇衣引作梏，鄭訓梏爲直。春秋傳周道挺挺，杜云：挺挺，正直也。挺即頲字。

問：迪、俶之爲作，何也。曰：迪與動聲相轉，故亦有作義。説文：妯，動也。迪妯文異義同。詩崧高：有俶其城。傳云：俶，作也。郭注邢疏俱失於徵引。

問：騭之爲陞，景純但引方言證之，考洪範陰騭下民，先儒本有訓升者，郭何以不引。曰：此馬融之説，東晉初古文孔傳已行，故不用馬義。陞當爲升，詩陟彼崔嵬、君子攸躋，傳皆訓爲升。升，本字。陞，俗字。

問：衛、蹶、假之爲嘉，何也。曰：衛當爲禕，禕與嘉同訓美，故禕亦有嘉義。蹶假與嘉聲皆相轉。蹶者，動之嘉也。假者，大之嘉也。詩假以溢我，説文引作誐，誐，嘉善也。誐亦假之異文。

問：郡、臻、仍、迺、侯，乃也。郭氏謂迺即乃，餘皆未詳，可引伸其義否。曰：郡當爲君，詩君曰卜爾、春秋傳鬭廉謂莫敖曰君次於郊郢，皆以君爲乃也。乃有難義，故春秋傳曰乃難於而，臻亦難於，至仍亦難於，因也。詩侯誰在矣、侯服于周，皆與乃同義。

問：艾之爲歷，何也。曰：詩訪落云朕未有艾，謂年少未歷事也。庭燎云夜未艾，亦謂五夜未更歷。

問：毖、神、溢，慎也。郭云神未詳。神亦似有慎義。曰：説文：神，天神引出萬物者也。鄭康成注檀弓讀慎爲引，則神慎二文音本相近，義亦可通。又詩閟宮有侐，鄭訓閟爲神，正義謂閟與毖字異義同，竊意毖神一義，溢慎又一義，因毖又有慎義，誤合爲一耳。

問：揚之爲續，何也。曰：燕禮主人媵觚於賓，注：媵，送也。讀或爲揚。檀弓杜蕢洗而揚觶，注云：禮揚作謄。說文謄作賸，賸，物相增加也。禮賓主獻酢畢乃有謄觚謄爵者，則揚觶之揚蓋取義於續矣。書立政以揚武王之大烈，亦當訓續。

問：猷、假之爲已，何也。曰：猷之與已聲相轉，假之訓已則經典數見之。曲禮告喪曰天王登假，注：登，上也。假，已也。上已者若仙去云爾。詩烈假不瑕，鄭讀烈假爲厲瘕，訓瑕爲已，謂爲厲瘕之行者不已之而自已也。正義謂瑕已釋詁文。瑕之與已聲亦相近。登假字亦讀若遐。

問：遏、遾之爲逮，何也。曰：遏即曷字，詩小雅曷云能穀，傳云：曷，逮也。遾即噬字，詩唐風噬肎適我，傳云：噬，逮也。此皆經典正文而景純不能疏通證明之，故云景純於經術疏。

問：蓋之爲裂，何也。曰：鄭注緇衣云割之言蓋也。正義謂割蓋聲相近，古者聲隨義轉，聲相近者義亦相借。尚書割申勸寧王之德，割有蓋義。爾雅蓋割同訓，蓋有割義，皆取同聲之轉也。

問：邕、支之訓載，郭以爲皆方俗語，又云未詳，何也。曰：謝嶠謂邕字又作擁，擁者，護之載也。古書載與戴通，故謝訓爲擁護之義。支之與載則聲相轉也。

問：浹之爲徹，何也。曰：說文無浹字，當作挾。詩使不挾四方，釋文有子燮子協二音，即此浹也。毛訓挾爲達，漢儒諱徹爲通，通達義同。荀子儒效篇：盡善挾洽之謂神。注：挾讀爲浹。

問：淩之爲慄，何也。曰：此當從樊光義，樊本作凌，謂冰凜也。慄當爲溧，詩二之日栗烈，說文作溧瀨，溧瀨者，冰寒也。

問：洵之爲龕，何也。曰：龕與堪通，洵本訓信，信與堪義相因，信其堪斯任也。

問：偲之爲聲，何也。曰：說文偲讀若屑，蓋偲與屑通。漢書武帝紀天地況施著見景象屑然如有聞，即爾雅之偲也。陸德明以爲動屮聲，陋矣。

問：戎之爲相，何也。曰：詩烝也無戎，毛訓戎爲相，此經典之明文，孔疏不云釋言文，邢亦失於徵引，蓋叔明於小學本疏涉獵，九經義疏亦未賅博。如柢本也，當引詩維周之氐。郵過也，當引詩不知其郵。𥠜膠也，當引春秋傳不義不暱。說文引作𦤭，或作𥠜。襄駕也，當引詩終日七襄。里邑也，當引詩于蹶之里。威則也，當引詩既有淫威。遏止也，當引詩無遏爾躬。幾危也，當引詩維其幾矣、春秋傳利人之幾。郃合也，即洽字，當引詩民之洽矣。俶作也，當引詩有俶其城。

問：檢之爲同，何也。曰：檢當爲僉，書堯典僉曰伯禹作司空，傳云四岳同辭而對。是僉爲同也。郭本訛爲檢，因以模範同等說之，淺陋之甚。

問：忯忯之爲愛，何也。曰：古書忯與姼通。漢書敘傳姼姼公主迺女烏孫，孟康云：姼姼、惕惕，愛也。是孟所見爾雅本作姼姼矣。說文：忯，愛也。又云：姼，美女也。或作㛅。忯，正字。姼㛅皆假借字。春秋傳多見疏也，服虔本多作祇。論語多見其不知量也，多與祇同。

問：說文⿰衤圍字下引爾雅⿰衤圍⿰衤圍⿰衤貴⿰衤貴句，今爾雅無其文，何也。曰：說文無⿰衤貴字，當爲潰之訛。潛夫論救邊篇洄洄潰潰當何終極，即用此語。今釋訓有云儚儚洄洄惛也，儚儚即上文之夢夢，不應重出，必潰潰之訛也。洄洄或作⿰衤圍⿰衤圍，見陸氏釋文，景純亦讀洄爲韋音。

問：釋宮衖門謂之閎，所以止扉，又謂之閎，何也。曰：止扉之閎蓋閣之訛，說文：閣，所以止扉。則許君所見爾雅本是閣字。陸德明釋文於此閎字云，本亦作閣。

問：鉼金謂之鈑，鉼鈑兩字說文皆無之，據陸氏釋文，鈑本亦作版，周禮職金云旅於上帝則共其金版，是鈑當爲版也，但未審鉼字所從。曰：鉼當作并，孟子王餽兼金，兼金者，并金也。說文釘字有鍊鉼黃金之訓，亦當爲鍊并，俗誤加金旁。

問：角謂之觷，觷字說文未收，大徐以意補入，豈說文果有漏落與。曰：說文氏部有⿱𦥯氏字，即釋器之觷，氏有本義，角亦有本末，故治角字從氏，許祭酒偶闕此注，徐氏輒有增補，失其旨矣。

問：骨鏃不翦羽謂之志，郭以骨鉋當之，於它書有徵乎。曰：儀禮既夕記：猴矢一乘，骨鏃短衛，志矢一乘，軒輖中亦短衛。鄭氏注：志猶擬也，習射之矢。志矢見於禮經文，甚明白。鄭又引盤庚若射之有志證記文，而諸家説爾雅者不能徵引，蓋儀禮一經能通其義者尠也。

問：璋大八寸謂之琡，説文無琡字，何也。曰：説文：璹，玉器也，讀若淑。即此琡字，文異音同。

問：釋天濟謂之霽，按洪範曰雨曰霽，史記宋世家作濟，則霽濟本一字。曰：説文雨部有霎字，注云霽謂之霎，此經霽字當爲霎之訛。叔重引經典往往不顯書名，如詞之輯矣、烝然鯙鯙、鱣鮪鮁鮁、一之日滭泼、雨雪瀌瀌不云詩，水曰潤下不云書，地反物爲祥不云春秋傳，成閒廣八尺深八尺謂之洫不云周禮，足躩如也、趨進翼如也、寢衣長一身有半不云論語，户牖之閒謂之扆、闍謂之樀、一達謂之道、四達謂之衢、裳削幅謂之襥不云爾雅。此霽謂之霎，必古本爾雅之文，當據以訂郭本之誤。

問：祭山曰庪縣，釋文云庪或作庋又作攱，庪庋攱三字説文皆無之，不審許君意云何。曰：周禮犬人職云凡幾珥沈辜，鄭司農讀幾爲庪，引爾雅祭山曰庪縣爲證，是先鄭以庪當幾字，許君之意當亦不殊。陸氏釋文云或作攱，則庪之訛也。又周禮肆師職云及其祈珥，注：故書祈爲幾，杜子春讀幾爲祈。則幾祈同音亦同義。管子山高而不崩則祈羊至矣，謂庪縣之羊也。

問：釋地陵莫大於加陵，郭云所在未聞，不識猶可考否。曰：淮南人閒訓：晉厲公合諸侯於嘉陵。嘉與加同，即春秋之柯陵也，杜元凱云鄭西地，柯加聲相近。

問：小山岌大山峘，釋文有桓袁恒三音，如用桓袁兩音則字當從亘，如用恒音則字當從亙，説文無峘字，不審所從。曰：予族子坫嘗引晉書地道記恒山北行四百五十里得恒山岌號飛狐口，證峘即恒之訛，此證甚分明。大山宫小山即南嶽之霍山，則小山岌大山爲北岳之恒山審矣。郭訓岌爲高過亦未然。説文岌作駁，駁，馬行相及也。山相及有縣亘之象，故以恒得名，俗人妄加山旁，或誤讀爲桓音，陸德明疑而兩收之。

問：左右有岸厒，厒字説文所無，未審所從。曰：厒蓋居字之訛。説文：居，閉也，從户劫省聲。山左右有岸似户之閉，故以得名，俗師不通六書，誤作厒，或作㕒，皆非也。釋文：厒，户閤反，或作口閤反。予謂當爲口閤切乃與韻協。

問：岵屺之名，詩傳與爾雅説文互異，未審孰是。曰：父尊母卑，屺必小於岵，岵之言護也，山有艸木所庇者廣也。屺或爲紀，紀之言基也，又爲峐，峐之言荄也，基荄初具未有枝葉也。毛公詁訓，往往爲後師所亂，如崔嵬砠二名亦與釋山之文違反，皆當以爾雅爲正也。

問：孟狼尾，唐石經作孟，或疑石刻爲誤，然否。曰：玉篇艸部有𦭵字，亡更切，訓爲狼尾艸，即此經孟字，後人加艸耳。今監本毛本皆作𦭵字，形相涉而訛，考唐石經及鄭樵本皆是孟字，可證宋時猶未誤也。石經異於刊本者，如澤烏蘋，刊本作蘾。莩麻母，刊本作莩。味莖著，刊本作葆。燕白脰烏，刊本作鳥。鸒白鷢，刊本分楊鳥爲二字。鳶烏醜、烏鵲醜，刊本烏皆作鳥。𪊨大麢，刊本麢作𪊨。皆當據石本以正今本之訛。金石文字記乃轉以石本爲誤，斯不然矣。

問：菟一名雀弁，是何艸。曰：廣韻菟，耎也。説文：木耳一名蕈。雀弁豈木耳之别名乎。

問：蘾爲烏蘋，蒹爲菟荄，蘩爲菟蒵，注皆未詳，願聞其審。曰：蒹即白蘞，見於玉篇，詩云蘞蔓于野者也。孫星衍引本艸云白斂一名菟核，核本有荄音，則斂之爲蒹審矣。釋艸一篇釋蘩者三見，一云皤蒿，一云由胡，與此而三，郭惟釋皤蒿爲白蒿，餘皆闕之。以夏小正證之，由胡皤蒿本是一物，則菟蒵疑即皤蒿矣。或云菟蒵者款冬也，與下文菟蒵顆涷一物。烏蘋疑亦蘋蕪之類，篇中又有澤烏蘋一條，郭云即上蘾也。

問：薃爲懷羊，是何物。曰：按類篇芋之惡者曰薃，疑即此也。張衡西京賦：戎葵懷羊。

問：渲灌是何艸。曰：李登聲類以渲灌與茵芝爲一物。

問：薔虞蓼，疏謂薔一名虞蓼，然否。曰：此某氏之説，毛詩正義曾引之。説文訓蓼爲薔虞，則當於虞字斷句。

問：荍蚍衃，注引謝氏説，謝未知何時人。曰：詩東門之枌疏先引舍人説，次引郭氏説，次引謝氏説，謝必在郭之後，陸氏釋文稱陳國子祭酒謝嶠撰爾雅音，當即其人也。邢疏采自詩正義，後來校書者又依邢疏攙入注文。

問：蔨鹿蘿之蔨説文作藨，讀若剽，藨蔨二字形聲全别，未審何從。曰：文字當從許氏，然其致誤亦有由，春秋楚子麇卒，穀梁作卷，卷麇聲相近，蓋因藨譌爲麇，又以聲轉爲蔨爾。釋艸又云藨麃，豈亦鹿蘿之别名歟。郭以麃為藨莓。

問：藒，侯莎，其實媞。疏以侯爲語詞，然否。曰：説文：莎，鎬侯也。當於侯字斷句。説文無藒字，當爲滈，後人妄加艸耳。滈鎬古文通。荀子議兵篇湯以薄武王以滈注滈與鎬同。史記爲吾遺滈池君，即鎬池也。夏小正媞滈字並從糸旁。

問：説文：蘚，薺實也。今據釋艸薺實自名蒫，而蘚爲蘢古之大者，説文殆誤矣。曰：吾友江叔澐篤信許氏，亦疑此條有訛，予謂蘚蒫之文上下相承，許祭酒所見本當是蒫在蘚上，蘚爲薺實則蒫爲蘢古之大者矣。蒫即差字，蘢古葉大下垂有參差之象。

問：釋艸以黂爲枲實，據禮記閒傳云：斬衰貌若苴，齊衰貌若枲。喪服傳云：苴者，麻之有蕡者也。牡麻者，枲麻也。枲亦麻之名，而有實爲苴，無實爲枲，謂枲爲麻可也，謂黂爲枲實，似非其倫。曰：周禮籩人疏云：枲本無實，解蕡爲枲實者，舉其類耳。儀禮疏亦云枲是雄麻，蕡是子麻。爾雅云蕡枲實者，舉類而言，若圓曰簞、方曰笥，而鄭注論語云簞笥，亦舉其類也。此二條邢疏失引。

問：萹苻止是何艸。曰：萹苻即貫衆，本艸有明文。止當屬下讀，萹苻也、止濼也、貫衆也，一物而三名也。土夫、王蓁、月爾亦一物而三名。王蓁蓋蓁之大者，猶艸有王芻，魚有王鮪耳。郭必讀三字爲句，分爲二物，蓋泥於女蘿馬舄之例，謂三四名必重文，其實未必然也。陸德明引説文：蓁，土夫也。與今説文不同，陸所見猶是唐初本，當取以正郭注之失。

問：蔆蕨攈之攈，釋文音亡悲反，蓋從麋聲而兼存孫炎居郡居群二音，則字當從麇，不審宜何從。曰：說文手部有攈無𢹎，當從孫叔然音作攈字。凡艸木蟲鳥之名，多取雙聲疊韻，釋艸一篇如芺芜、薢茩、鼎董、蓫薚、茥蕻、𧄝䒞、邛鉅、銚芅之類皆雙聲，蕨攈亦雙聲，故知𢹎爲轉寫之訛。又考說文廣雅皆以薢茩爲蔆芰之別名，獨釋艸薢茩與蔆分爲兩條，薢茩即芺芜，蔆即蕨攈，說者疑之，予謂芺芜與蕨攈聲相近，其實一物而四名也。

問：蘵百足是何艸。曰：說文無蘵字，蓋即韱也。說文：韱，山韭。百足殆山韭之別名歟。

問：菆小葉之菆有兩音，一爲豬葉反則字當從耴，一爲阻留反則字當從取，陸氏疑而兩存之，願聞其審。曰：說文有菆無菆，菆乃傳寫之訛。史記鯫生說我，服虔以爲小人貌。鯫與菆皆從取聲，亦得有小義。春秋傳蕞爾國，杜云：蕞，小貌。說文無蕞，疑即此菆字。

問：攫橐含之義。曰：此當連下華荂爲一句，攫當爲樓，說文樓即樗之異文，讀若華，故與華同訓。橐當爲柬，讀胡感切。說文：柬，木垂華實。柬與橐字形相涉而訛耳。含與马同，說文：马，艸木之華未發函然，讀若含。此三者皆華荂之別，孫季仇讀橐爲易甲坼之坼，解樓亦與予異，然以三字連下句讀，則先得我心矣。景純注葯茭義亦不了，予謂茭當爲茇．說文：葯，茇也，茅根也。茇，艸根也。葯茇連下荄根爲句，葯茇荄皆根之異名，樓橐含皆華荂之異名。

問：輔小木，何木也。曰：予弟晦之云：詩山有扶蘇，毛云：扶蘇，扶胥，小木也。扶輔聲義皆相近，長言爲扶蘇，急言爲輔。孔冲遠以爲釋木無文，不知小木即木之名也。

問：狄藏槔貢綦、朹檕梅、枓者聊十一字，郭惟解朹爲檕梅，餘皆未詳，何也。曰：石經藏爲臧，狄，玉篇廣韻皆作樕，樕，臧槔也。樊光本槔作𣔳。說文：𣔳，木也。疑即臧槔矣。貢綦疑與朹檕爲一物，聲相近也。梅字當屬下句，謂梅之者名聊也，景純斷句似失之。

問：周禮壺涿氏以牡橭午貫象齒，杜子春以枯榆當之，然否。曰：牡橭即無姑，牡無聲相近。易枯楊生稊，鄭讀枯爲姑，謂無姑山榆也。稊，鄭本作荑，荑，木更生，讀如夷，謂山榆之實。爾雅之文皆出六經，景純於經義甚疏，故失於徵引。

問：樸枹者謂櫬采薪采薪即薪，諸家讀法不同，解亦互異，當主何説。曰：謂當從舍人本作彙，連上句讀，謂樸之枹者名彙也。説文彙作𢑴，亦即蝟字，本從胃得聲，故訛爲謂也。櫬采聲相近，櫬一名采薪，又名即薪，與梧之櫬名同而實異。

問：大而㪍楸，小而㪍榎，釋文㪍或作𢿱，𢿱㪍似皆俗字。曰：考工記老牛之角紾而昔，鄭司農云昔讀爲交錯之錯，謂牛角觕理錯也。此㪍亦當爲錯，或省文作昔。其從皮者經師附益也。

問：枹遒木魁瘣，郭以五字爲句，義似不了。曰：此本二物而郭誤合之。枹一名遒木，遒訓聚，聚木，叢木也。魁瘣別爲一句，即瘣木，魁其別名耳。

問：蛂，蟥蛢。郭云江東呼爲黄蛢，邢疏謂蛂一名蟥蛢，然否。曰：説文：蛢，蟜蝗以翼鳴者。考工記以翼鳴者，鄭君注發皇屬。發皇即爾雅之蛂蟥也，古書從犮與從發之字多相通，説文䮂讀若撥，國語王耕一墢，或作坺。詩鱣鮪發發，説文作鱍鱍。此亦以發皇爲蛂蟥，蟥皇音同，蛂蟥一名蛢，注疏斷句非是。

問：邢疏蠸輿父一名守瓜，蠸輿父豈三字名乎。曰：此見莊子至樂篇瞀芮生乎腐蠸，司馬彪注蟲名，爾雅云一名守瓜。蓋此蟲名蠸又名輿父，邢叔明未檢莊子，不能得其句讀也。

問：郭注莫貈蟷蜋蛑，既以石蜋當之，又譏孫叔然引方言説此義亦不了，何也。曰：蟷蜋即蟷蠰，叔然注已失傳，據方言螳蜋謂之髦，或謂之虰，或謂之芉，芉髦即蛑之轉，芉芉即莫貈之轉，則叔然所引信而有徵矣。説文貈即狐貉之貉，貉有陌音，莫與貉古文又通用，則莫貈異文而同音，莫貈猶莫莫，亦猶芉芉也。景純未喻古音，故譏其不了。

問：蛭蝚至掌是何物。曰：此即釋魚之蛭蟣。本艸：水蛭一名蚑，一名至掌。

問：密肌繼英，釋蟲釋鳥二篇俱有之，郭氏皆未之詳，究係何物。曰：周禮赤犮氏：凡隙屋，除其貍蟲。注：貍蟲蟠肌蛷之屬。密肌疑即肌蛷也，說文：蝨，多足蟲也，或作蛩。

問：鵧鷑字從并，釋文所載謝郭字林諸音皆不相近，何故。曰：古本作裨笠，淮南說林訓烏力勝日而服於鵻禮，高誘注：鵻禮，爾雅謂裨笠，蠶時晨鳴人舍者，鴻鳥皆畏之。高氏後漢人，所見本尚是裨字，鵻裨音相近，禮笠聲相轉也。今本字從并蓋卑之轉，而諸家音猶從卑聲，謝氏讀符悲切，讀鵧爲裨也。

問：甝白虎之甝，釋文有下甘亡狄二切，此字從甘，何緣有亡狄之音。曰：甝當爲⿸虍包字之訛。說文：⿸虍包，白虎也，從虎，昔省聲。讀若冖，與亡狄切相合。從甘之字說文無之，其誤始於字林。

問：威夷長脊而泥，郭訓泥爲少才力，何也。曰：泥當爲⿵門爾，聲相近而借用也。說文：⿵門爾，智少力劣也。漢書或作茶，古音爾與尼相近。易繫于金柅，說文作檷。詩飲餞于禰，韓詩作坭。書典祀毋豐于昵，謂禰廟也。俗人不通古音，乃於爾旁著人，讀爲奴禮切，又省作你，不知奴禮切乃爾之正音，故爾轉爲乃，籋從爾聲而音轉爲尼輒切也。

問：犬生三猣二師一玂，景純謂與豬生子義同，名亦相出入。今按豕子之名惟二師與犬同，豵猣聲尚相近，而說文無猣字，何故。曰：猣當爲猥字之訛。玉篇：猥，犬生三子也。景純本訛作猣，疑與豕豵音相似傅會，不足信。

問：毛公說詩訓詁皆取爾雅，而文字與今本多有異同，何故。曰：毛公所見爾雅勝於今本，如艸木蟲魚增加偏旁多出於漢以後經師，而毛公猶多存古，夫不、桔鞠、脊令、卑居之屬，皆當依毛本改正者也。丁丁嚶嚶相切直、憲憲洩洩制法則，見於鄭箋而毛無之，此類爲叔孫通梁文輩所增無疑也。以衣涉水爲厲、由膝以上爲涉、逆流而上曰泝洄、順流而下曰泝游、目上爲名，此又後人采毛義以益之，非爾雅本文也。陽湖孫季仇謂周公著爾雅一篇，後人分爲釋詁釋言諸目而以意附益之。陸德明以釋詁一篇爲周公作，蓋誤會張揖之旨，其實十九篇中皆有周公正文，釋詁一篇非無後儒增入，斯爲篤論矣。

瞥記 皇清經解

清・梁玉繩

爾雅釋詁：孟，勉也。郭注未詳。近日翟教授作補郭，引幽通賦孟晉迨群語爲證。案，管子任法云高言孟行，語在班前，至鄭漁仲爾雅注謂孟猶慜，未安。

釋詁：衛、蹶，嘉也。郭云未詳。案，儀禮既夕有短衛，考工記矢人注有𢓜衛，矢羽謂之衛，矢之美在乎衛也。蹶，見詩唐風、大雅。二字皆釋經，鄭樵爾雅注：今時俗訝其物則曰衛，蹶與衛不相遠，但方俗語有差耳。臆說無取。

釋言：肇，敏也。郭注引書肇牽車牛。嚴九能云：釋詁訓肇爲始爲謀，此又訓敏，殆釋江漢詩肇敏戎功之文。詩云肇敏，即訓肇爲敏，猶書云謀及乃心，即以心訓謀，詩云振古，即訓振爲古，詩云載弁俅俅，即訓俅爲戴。釋訓畇畇田也十四句皆此例，郭注所引似未合。

釋親：妻之父母爲外舅外姑。然亦可單稱舅姑，坊記曰舅姑承子以授婿。

釋樂：徒鼓磬謂之謇。郭云：未見義所出。案，釋文：謇，本或作謇。考謇與譽𠹌同，方言廣雅並云：吃也。玉篇：難也。蓋八音惟磬難和，其聲詘然如人之口吃于言，促而不舒也。

釋地：秦有楊陓。疏引周禮夏官職方氏之楊紆改爲楊陓，而謂冀州之楊陓即雍州之弦蒲，恐不然也。漢地理志述職方楊紆，而師古注引爾雅又改爲楊紆，豈因音同通用歟。鄭與顔皆不知楊紆所在。爾雅釋文云本或作紆字非。

釋山云：大山宮小山，霍。案，水經注四十卷霍山下引爾雅大山宮小山爲霍，為字舊刻作曰。三十九卷廬江水下又引爾雅宮字霍字之上皆有曰字，豈古本爾雅不同乎。全謝山太史謂古人元有二種讀法，晁補之作二句對解之，非無據也。案，沘篇引開山圖灊山圍繞大山爲霍山，以例此文，則霍上有曰字較爲明豁，若宮上亦有曰字作二句讀，畢竟未安。

釋木：皃，梱。郭云未詳。案，凡木枝葉凋落曰皃，亦謂之梱。方言：梱，就也。注：成就貌。蓋自榮至枯亦物之一成也。

釋鳥：輿，鵛鶋。郭未詳。案樊孫本輿作鷽，釋文本作與，則即鷽斯也。小爾雅廣雅並云此類有三：純黑而反哺者謂之烏，小而腹下白不反哺者謂之鴉，白項而群飛者謂之燕烏。鵛鶋必燕烏矣。頸爲鵛頂之義，鶋爲白義，詩有女如荼，亦言其白。

鸕諸雉。郭曰未詳。或云即今雉。案，此是錯簡，或説非也。鸕字在下文鷺舂鉏之上，黑爲鸕，白爲鷺也。諸雉二字在下文鷂雉等之上。雉有數類，故以諸雉冠之。景純注爾雅，自謂沈研鑽極二九載，然未詳者尚有百數十事，偶解一二，或可補闕，若必備説無遺，恐不免失之鑿矣。

札樸

清・桂馥

卷三

瓜　裂

釋草：黃，菟瓜。御覽引孫炎云一名瓜裂。釋草下文云：茒蘸，豖首。孫以茒字上屬。御覽訛作裂。說文蘸不云茒蘸。馥疑釋草當是：黃、菟瓜，瓜茒。表二名。說文云菟瓜不及瓜茒者，但舉正名耳。

簃

爾雅釋宮：連謂之簃。郭注：堂樓閣邊小屋，今呼之簃廚連觀也。東京賦謻門曲榭，五臣注：宮室接謂之謻。西京賦聯以昆德，李善注引說文：聯，連也。廣韻：樋，簃也。馥案：簃謻正作誃。謻門，趙策作誃門，高誘注：誃，別也。說文：誃，離別也，周景王作洛陽誃臺。然則東京賦之謻門因誃臺得名。薛綜以謻門爲冰室門，未審所據。或以爲連，或以爲別，據郭注則小屋連於大屋，實別成一構，其義相通。

釋詁釋言釋訓

趙宧光曰：通古合今曰釋詁，以今合古曰釋言，釋其所釋曰釋訓。

廟寢

釋宫：室有東西廂曰廟，無東西廂有室曰寢。戴侗曰：宫前曰廟，後曰寢，今王宫之前殿士大夫之聽事是也。虞箴曰：民有寢廟。巧言之詩曰奕奕寢廟，傳曰：夫鼠不穴寢廟，畏人故也。猶後世言廟朝廟堂也。死則異爲宫而祭之，有廟而無寢謂之祖廟、禰廟，通謂之宗廟。

卷五

敕

釋詁：敕，勞也。郭注：倫理事務以相約敕，亦爲勞。馥案，敕當爲勑，説文：勑，勞也。隸體敕多作勑，此又以敕爲勑。

易噬嗑：先王以明罰勑法。釋文：勑，俗字也，字林作敕。書：勑天之命。詩：嗟嗟臣工。傳云：嗟嗟，勑之也。周禮詔來瞽皋舞，先鄭云：來，敕也。漢韓勑字叔節，程勑字伯嚴，並借勑爲敕。

蔽

釋草：葋，茭。郭注：今江東呼藕紹緒如指空中可啖者爲茇茭，即此類。釋文云：茭，字又作芟，廣雅云根也。

馥案，玉篇：蔽，黄茅根。芟，同上。葋，蔽也，今江東人呼藕根爲蔽。説文：茅根也。又案，廣雅：蔽、茇、荄，根也。馥謂爾雅本作芟，轉寫訛爲茭，釋文兩存之。廣雅蔽即蔽之異文，廣韻：蔽，茅根。

廣韻三十一巧，蔽字兩見，一云草根，亦竹筍也，或作芰。一云郭璞云江東呼藕根亦作芰。馥謂此宋人據誤本廣雅闌入者，既有竹筍一訓又出蔽字云筍，並謬。

茲　萛

釋草：茲萛，蔙蘠。郭注：一名白蕢。釋草又云：蕢，赤莧。馥案，范子計然云：蕪萛出地赤心者善。赤心言如赤莧也。

竹　箭

釋地：東南之美者，有會稽之竹箭焉。劉淵林注吴都賦云：箭竹細小而勁實，通竿無節。戴凱之竹譜云：箭竹高者不過一丈，節間三尺。馥案，劉所謂通竿無節者，俗呼通天竹，戴所謂節間三尺者，即謝康樂山居賦注所偁苦箭大葉者也，故字統云大身小葉曰竹，小身大葉曰箭。馥於雲南見竹葉長尺許，寬二三寸，高及丈。

鶉　鶉

釋鳥：鶉，鶉。郭注：鶉，鷂屬。案，鶉兼鶉稱，郭氏不言所出，亦似望文爲義訓鶉爲鷂耳。鶉當爲鷻，乃雕也。詩小毖肇允彼桃蟲，傳云：桃蟲，鷦也。箋云：鷦之所爲鳥，題肩也。陸璣疏云：今鷦鶉是也，其雛化而爲鵰，故俗語鷦鶉生鵰。馥謂爾雅之鶉即毛鄭之鷦，爾雅之鶉即陸疏之鵰，借鶉爲鷻。

鶌　鳩

釋鳥：鶌鳩，鶻鵃。郭注短尾。案許注淮南原道訓云：屈讀如秋雞無尾屈之屈。馥謂短尾故名鶌鳩。

貒　豚

郭注釋獸云：貒，豚也。又云：猩猩狀如貛㹠。又注方言云：貛，豚也。案，高注淮南齊俗訓云：貆，貆豚。鄭注地官草人云：貆，貒也。

卷七

凌

釋言：淩，慄也。郭注：淩懅戰慄。釋文云：案郭注意當作陵，埤蒼云：淩，慄也。樊注作：淩，冰凍也。馥案，此多誤字，以意求之，郭意作倰，埤蒼亦作倰，樊注作淩凍當爲凜，説文無倰字，正作淩。樊注最善，蓋凜凓並從冫，俗皆變從立心，淩之爲倰亦猶是耳。羽獵賦虎豹之淩遽，字正作淩，西京賦百禽倰遽，又從立心。馥謂倰爲憐之别體，方言：趙魏燕代之間謂哀曰倰。玉篇：倰，憐也、哀也、慄也。兼二義矣。

窕

釋言：窕，肆也。郭注：輕窕者好放肆。案，説文：窕，深肆極也。淮南兵略訓：谿肆無景。高注：肆，極。極谿之深，不見景也。晉書羊祜傳：深谷肆無景，曹攄贈石荆州詩：窈窕山道深，詩關雎箋云：幽閒深宫，靜女箋云：猶貞女在窈窕之處，皆謂深肆也。

協洽

釋天：太歲在未曰協洽。李巡云：陽氣欲化萬物，故曰協洽。協，和。洽，合也。馥案，陽氣當爲陰氣。高注淮南天文訓云：陰欲化萬物，和合協洽。

獠

宵田爲獠，釋文云：郭音遼，夜獵也，或作燎，宵田也。據此則别本作燎，詩伐檀正義引郭注云：獠猶燎也。今郭注無此四字，但云：或曰即今夜獵載鑪照也。馥謂獠猶燎也四字當在或曰下。蜀都賦將饗獠者，劉逵本作僚，云：僚，獵也。馥謂燎誤爲僚。

霧

地氣發天不應曰霧，霧謂之晦。釋文云：霧，字林作霿，本亦作霿。馥案，霿從目，見説文，至諸字書韻書並無從口之字，蓋誤也。玉篇日部有晉字，云亂明。字林當從日作霿。

河墳

釋地：墳莫大於河墳。李巡云：墳謂厓岸狀如墳墓名大防也。詩汝墳傳云：墳，大防也。箋以爲汝水之側淮濆。傳云：濆，涯也。箋以爲淮水大防。正義謂墳從土，濆從水，故其義有别。馥案，説文：坋，大防也。濆，水厓也。字異義同。詩爾雅借墳爲坋，李巡謂狀如墳墓，臆説也。詩正義謂從土從水義别，淺説也。

汝爲瀆

釋水：汝爲瀆，又云：女有瀆。案，説文涓下引作汝爲涓，因有瀆，訛作瀆。

檍

釋木：杻，檍。釋文：杻，女九反，呂郭並汝九反。檍，字又作億，説文云：檍，梓屬也。詩：隰有杻，陸璣疏云：杻，檍也，今官園種之，正名曰萬歲，取名於億萬，材可爲弓弩幹也。馥案，説文：檍，杶也。橲，梓屬，大者可爲棺椁，小者可爲弓材。是檍橲二字同音不同物，二陸並誤。又案，説文杶古文作杻，則讀杻爲汝九反者亦誤。

橲通作檍。考工記弓人：凡取幹之道，柘爲上，檍次之。鄭司農云：檍讀爲億萬之億。

虇蕍

孫觀察星衍曰：釋草其萌虇蕍即權輿，釋詁：權輿，始也。大戴禮：孟春，百草權輿。郭景純以蕍屬下，非是。馥案，釋草：葭華，蒹薕，蘆。菼薍，其萌虇。蕍、芛、皇、華、榮。説文：蕄，灌渝。芛，艸之皇榮也。蕄即萌，灌渝即虇蕍，芛上不及蕍，深服觀察之説有徵。

白芷

本草：白芷一名莞，一名苻離。釋草：莞，苻蘺。郭云：西方人呼蒲爲莞蒲，江東謂之苻蘺，用之爲席。此與白芷遠不相涉，何以致此誤。釋草：芏，夫王。郭云：芏草生海邊，似莞蔺，越人采以爲席。陳藏器云：莊芏一名江蘺子。馥謂芏有江蘺之號，與莞同類，又皆可爲席，遂混苻蘺江蘺爲一。江蘺白芷皆香草，因誤偁白芷爲苻離與。苻蘺倆白蒲，又與白芷淆。

莞説文作蒢

牡

釋草：蔚，牡菣。郭注：無子者。陸璣詩疏謂即牡蒿，八月爲角，角似小豆角。本草即馬先蒿，唐本注云實八月九月熟。圖經云郭謂無子，陸云有子，二説小異。又唐注本草牡荊云：莖勁作樹，不爲蔓生，故稱之爲牡，非無實之謂也。馥案，牡蒿牡茅皆非無實，郭説未允。

麋舌

萿，麋舌。郭注：春生，葉有似於舌。案，釋鳥：鶬，麋鴰。鴰從昏音古活切，故司馬彪云亦呼鶬括是也。麋舌即麋鴰，草與鳥同名者，郭以爲口舌，音義兩失。

隹其

釋鳥：隹其，鳺鴀。釋文云：隹，如字，旁或加鳥，非也。馥案，説文雖或作隼，隹旁加鳥乃正文，何得爲非。陸氏所謂如字者如隼字也，旁或加鳥非也者，隼旁加鳥作鶽也。蓋釋鳥原作隼，其釋文原作隼如字，寫者並誤爲隹也。又鷹隼醜下釋文云：隼本或作鶽，案隹即鳥也，無勞更加。馥案，此言隼上從隹即鳥，無勞更加鳥作鶽，鶽即所云旁或加鳥非也。

狗

釋獸：熊虎醜，其子狗。左傳疏引李巡云：熊虎之類，其子名狗。郭注引律：捕虎一購錢三千，其狗半之。集韻引漢律：捕虎購錢三百，其豿半之，豿，熊虎子。馥案，列子釋文説白豹云：爾雅熊虎醜，其子豿，豿，熊虎之子也。是狗豿皆豹之訛。

竊脂

桑扈竊脂，或謂喜竊脂膏。案，春夏秋冬四扈於五色得其四而無白，脂即白色，所謂膚如凝脂是也。竊脂淺白，今謂之月白。易林桃雀竊脂巢於小枝，豈桃雀亦竊脂膏邪。

潏

説文：水中坻，人所爲爲潏。馥案，爾雅水中可居者曰洲，小洲曰陼，小陼曰沚，小沚曰坻，人所爲爲潏。此五句合爲一節。釋文引郭圖：水中自然可居者爲洲，人亦於水中作洲而小不可止住者名潏，水中地也。説文郭圖皆連上文爲義。今爾雅五句各爲一節，後人亂之也。

陼

説文陼下云：如渚者陼丘，水中高者也。馥案，渚字後人妄改。爾雅：如陼者，陼丘。郭注：水中小洲爲陼。子虚賦且齊東渚鉅海，李善引聲類：陼或作渚。是李以渚海爲陼海。説文渚下引爾雅小洲曰渚，亦後人加之。又沚下云小渚曰沚，坻下云小渚也，爾雅並作陼。

與邵二雲論爾雅雙聲書 十三經音略·附録

清·周春

去冬十二月，舍姪彦國家書來，知承寄大刻爾雅正義，雖浮沈未到，然心感先謝。此書於友人處借看，援據精博，可壓倒邢叔明，拙著廣疏可以不成矣。但所注雙聲處不能無疑。竊謂注爾雅本不必論雙聲，若以雙聲論之，則釋詁一篇有七十餘條，釋言一篇有四十餘條，其餘悉數難終，何得挂一漏百乎。且如云丁當雙聲義存乎聲，蓋割雙聲義存乎聲，何以謂之義存乎聲，不解一也。肯可與丁當蓋割一例，乃一以爲義存乎聲，一以爲聲轉爲義，不解二也。門滿亦與丁當蓋割一例，乃一以爲雙聲，一以爲聲之轉，不解三也。昌梁疊韻，何以謂之雙聲，不解四也。茀離去以千里，何以亦爲雙聲，不解五也。假誐迥不相謀，何以亦爲聲之轉，不解六也。泥寅喉舌懸殊，何以謂之聲近，不解七也。鈇釪本喉音相近，何以扃冪皆其轉聲，不解八也。䔰茅固同母字，乃云䔰爲茅蒐合聲，似䔰字可入尤韻，不解十也。輔字上聲，乃云輔爲扶胥合聲，似可讀輔爲平，不解九也。舍姪於音韻之學亦能粗通大略，日前令其面陳，並祈指教，忽得耿蘭之報，痛何可言，未知此論曾達於左右否。著書千古事，非一人之私言，諒俯鑒芻蕘不怪其戇直也。兹附應姪罕之便，匆匆再佈不宣。

釋草小記　皇清經解

清・程瑶田

由條説

爾雅釋草云：苗，蓨。又云：蓧，蓨。郭氏不詳所謂。釋木云：柚，條。郭氏以爲似橙而酢，用説文解也。苗蓧之名以其枝條遠揚由蘖叢生而命之，夫如是則釋草之文苗蓨蓧蓨之釋以爲藋也，則命名有其義，名藋爲由條有其義，則由條之本義固自有在矣。不然釋草曰由條，釋木又曰由條，如指一草一木而言之，何草與木之一物兩名者若是班乎，吾於是知由條之有本義也。是故釋草之以蓨釋蓧也，蓨之言脩，脩，長也。言蓧乃苗之長者也，苗其穉者可知矣。竹曰篠，篠條一聲之轉，義亦如是。盤庚曰若顛木之有由蘖，説文作㽕枿，言㽕初生細條也，正與爾雅合矣。余又讀禹貢至兗州曰：厥草惟繇，厥木惟條。繇由字相通，兗於九州爲衆流所歸之地，禹告成功，兗最爲後，所謂作十有三載乃同者也。洪水汎濫之時，幾於不生草木矣，水由地中行，然後草木萌動，其初也但有繇而已矣，條而已矣，蓋與青之草木漸包皆爲傷於水者也。揚州亦最下之地，然在南方，氣暖發生之功特速，厥草惟夭，厥木惟喬，固已華英美好矣，干雲蔽日矣。而高山大林，雖洪荒之世，材之老於其中者蓋不可勝數，故楹極任正之材，足充廊廟選者，所在多有，其異於兗之草木繇條者亦固其所耳。繇屬草，條屬木，鉅細之别也，而草木中亦各有其鉅細，故繇條之於草木又得相通焉。余於由條二字，既證之以説文解盤庚，又證之於禹貢兗州，言草木則爾雅釋草釋木之所舉者可互推之而得其本義，而似橙之柚與藋堇之蓧則皆其由是而之焉者也。若盤庚孔氏傳以由爲用，謂由蘖爲用生萌蘖，失其義矣。許叔重傳孔氏學者，而盤庚之傳與説文異乃若是，亦異乎其爲僞傳耳。

釋　蓬

北方埽帚菜之爲蓬也，今考爾雅荓馬帚，荓蓬音相近，馬帚埽帚名復相同。且夏小正七月荓秀，余居豐潤縣，見埽帚菜立秋節無不秀者，與七月荓秀合。又廣雅云：馬帚，屈馬第也。余觀蓬之初生也，柔條向上，久之則蓬心數百頭句屈錯見，故荀子以爲生麻中則不扶而直，言其性常屈不直也。郭象注莊周書亦云蓬非直達者，然則廣雅屈馬第之云乃荓蓬一物之證也。又案，爾雅拜啻藋疑即蓬也，莊周書田開之操拔篲以待門庭，余謂拔篲即拜篲，蓋以拜爲埽，帚聲轉之，故謂之拔篲。詩勿翦勿拜，鄭箋云拜之言拔也。唐施士丐説甘棠之詩，拜言人心之拜下低屈也。拜之義爲屈，而啻與第聲又相同，郭璞之注拜啻藋又以爲似藜，亦顔師古藜草似蓬之説也。今以啻藋爲灰藋之藜，余獨無解於其所謂拜者，私竊以爲不然，説文釋藋字别出一曰拜啻藋之文，可知啻藋之非藋也。今觀拜與屈義相合，拜與拔聲相通，而啻第之聲則又皆與弟同，蓋灰藋之類而非灰藋，故謂之拜啻藋，謂之屈馬第。凡物稺小者皆目之以弟，稊稗於五穀，若尊之臨卑、兄之畜弟也，故以名之。爾雅蕛苵，之與梟聲相轉，而弟失二字又義相通，故虞書平秩東作，説文作平豑。爾雅瓞瓝，瓝瓜小故瓝從勺而瓞從失也。余嘗疑藜即稊。淮南子：離先稻熟（離藜字通。）而農夫耨之，不以小利傷大獲也。説者或以爲水稗，余謂非稗也，（稗熟不先於稻。）乃稊也。稊與藋亦聲之轉也。今北方於大獲之外穜稗復穜藜，又藜無地不生，貧民爭埽收之以爲禦冬之糧，他物不足以當，孟子所謂五穀不熟反不如之者，是藜或即稊與。且弟之義，余得推而論之，涕與淚對而從弟，鐵與金銀銅錫對而或從失，失弟義通，弟夷義又通也，故鐵或又從夷而涕亦謂之洟。釋名妻之姊妹曰娣、母之姊妹曰姨亦如之。觸類旁通，其義自見。然則藜爲藋，（藜、藋為兩種，對文則異，於釋藜篇中已詳論之。）即爲稊。啻藋之爲荓馬帚，或名之曰屈馬第。屈之爲拜，拜轉爲拔，拜與屈非蓬不足以當之，而蓬拔亦一聲之轉也。且曰啻藋、曰馬第，則亦有弟之義，展轉互求，豈不然與。余向謂廣雅之書未足盡信，亦言乎未得其審者也。莊周書蓬心之言，余嘗疑之，今案爾雅螟食心，螣食葉，蟊食根，賊食節，心節之義殊異，因知心言莖之末生穗處，節言莖之中間生葉處也。心正其生意所聚，凡草未華時，莖末生無數碎葉，其滋長也在是，其作華也亦在是，所謂心也。蓬一本五六十莖，莖必有一心，多而且亂，蓬心云者，言其意念無所專主也。

釋荼一 苦菜之荼

苦菜有二種，一種爲苦蕒，一種北方人呼爲苣蕒菜也。苦蕒，余見八九月生者，先生數葉，肆出貼地中，後漸生嫩葉，多至二十以外，葉皆從根出，不生莖也。斷之有白汁，其味初舐之微甘，旋轉苦，苦甚，著舌良久不解。聞之野人云，苦蕒春生者至四月中心乃抽莖作花，月令孟夏之月苦菜秀是也。花黄色如菊，其鄂作苞，花英之本藏苞中，一英下一子，一花百餘英，則百餘子也。子末生白毛，如絲，多以百計，長半寸許，在苞中，各含其英本。花開一二日復合，既而色變，數日英乃𢾭斂而落矣，又數日苞枯而開，子末之白毛乃見，數以萬計，整齊不亂，形圓如毬，所謂荼也。蒲公英初春時便作花，花葉皆似苦菜，亦有英本之荼，苞開後亦圓如毬，但其白毛從子末出者，初止一莖，長三四分，後乃散而為數十，其形疏而不密，不似苦菜之荼，無數白毛皆從子上出，獨茂密而皎潔也。苣蕒菜，余見七月生者，有幹，其葉節節臺生，數葉後又生岐莖，於是枝本並出皆作花，如野人所云苦蕒花者。余見其苞開，白毛如毬，始悟其所以名荼之故。八九月花猶盛開，其子有形而不實，野人云此花四月開乃有實，實因風落，戴毛而飛如柳絮，著土又生。南方呼為兔兒草，言兔食此草也。自二月開花至秋末未已。余謂三月盛時與燕麥雜生，疑即兔葵與。余案，呂氏春秋任地篇：孟夏之昔，殺三葉而獲大麥，日至，苦菜死而資生，而穜麻此麻字為麥字之訛，余於九穀考中辯之。與菽，此告民地寶盡死。然則夏日至爲苦菜之秋，故秀於孟夏實於仲夏而死秋花者，蓋子落土復生，所以不實也。苣蕒與苦蕒，二荼一類，故亦以四月秀爲正時。本草銅君藥錄曰：苦菜三月生，扶疏六月，花從葉出，莖直花黄，八月實黑，實落根復生，冬不枯。寇宗奭曰：在北道者則冬方凋，生南方冬夏常青，故又有游冬之名。葉如苦苣而狹，綠色差淡，折之白乳汁出，味苦，花如野菊，春夏秋皆旋開。二君之說形惟肖矣，然皆未審知其秀之正時也。余折其葉斷其根，皆有白汁，其葉末略似劍形，近本處有岐出者厚而勁，不似苦蕒葉薄而軟也。詩邶風谷風篇：誰謂荼苦，其甘如薺。爾雅荼苦菜並指此二菜也。

釋荼二 委葉之荼 葦醜之荼

余見苦菜之秀而得其所以名荼之故，蓋落英後所見子末之白毛圓如毬者也。爾雅：荼，委葉。委葉者，落英之謂也。英亦呼葉，故花英重累而生者名千葉，千葉蓮、千葉水仙是也。委葉之荼不一種，凡花鄂作苞含子生白毛以承花英者皆是也。一爲苦菜，始秀於四月，後遂牽連作花至於秋末。一爲蒲公英，於春時作花者，一爲小黃花見於四五月間者，其花外一圍單英十三出，亦有少一二出或多一二出者，然十三出者為多。中有碎英屈不伸者以爲花心，徑半寸，如小菊花，其枝葉臭味並似菊，與蓼雜生衆草中，英落荼見，農人刈之以糞水田，詩言以薅荼蓼，疑指此荼也。一爲小黃花，大不及前花之半，亦於五月中見者，一本叢生數十枝，枝末花頭無數，近本處有大葉以承其大枝，葉形長，兩邊分岐逆出，其碎枝所承之小葉，銳末豐本，如三角形，其花有單有重，中有蕡，蕡末有蘂，亦英落荼見。余疑荼蓼之荼非一物，此亦其一也。一爲小黃花，徽俗呼野苦蕒，三四月間宿本叢生十餘莖，每莖又節節生莖，其近本第一節多對，節生兩莖，兩莖必生兩葉承之，葉有岐如苦菜，至第二節後則岐莖或對生或單生不定也。大約單生者多莖，本亦皆有葉承之，枝將至末所承之小葉則如柳葉矣。其本莖支莖至末皆生碎枝甚多，作花其上，黃色，徑半寸，單英，亦略有重者，英或十四五出或十六七出，每出末又分五小出如巔，中含一蘂，下連一子，子有荼，藏綠鄂中，英落鄂斂，斂而復開，約作八出而荼見矣。莖葉斷之皆有白汁，味苦。一爲苦苣菜，即萵苣，五月花，其色淡黃。一爲大薊，亦四五月開花，紫英蓑蓑然。莖上生芒，綠葉形如芥菜葉，邊岐出銳而作刺，野人呼爲刺芥菜，亦呼野芥菜，亦呼虎爪，亦呼虎刺，其小者曰小薊。一爲劉寄奴，余於六月見其荼，一莖直出，莖末岐生數莖，又岐生碎莖，花以數十計，一花五子，子末之荼含英五，其承子之鄂亦五出也，英色白。一爲馬藍菊，秋生，不一色，翠者白者嫣紅者藕褐色者。一爲野馬藍菊，有白黃水紅藕褐色數種，花外一重，單英十餘出，中有十餘子，子末白毛之荼含英，攢聚作花心，每一英自爲五出，中生一鬚，鬚末有蘂點，葉有極小者形如柳葉，或如桃葉。又有葉本作長柄者，花葉並無菊氣味，余於秋冬之交見之，土人呼爲野馬藍也。上凡十種並委葉之荼，余所目驗者也。爾雅芙薊其實莠、蘽莠荼，郭注：即芀。猋藨芀郭注：皆芀荼之別名。葦醜芀，郭注：其類皆有芀秀。邢昺疏云：鄭注周禮掌荼及詩有女如荼，皆云：荼茅秀也。蘽也莠也，其別名荼，即芀也。芀又一名猋，又名藨，皆萑葦之屬華秀名也，故注云皆芀荼之別名。如疏言是以芀荼諸名專歸之葦醜矣。余案，爾雅鉤芙，郭注云：大如拇指，中空，莖頭有臺似薊，初生可食。疏云：一名鉤，一名芙。其注芙薊其實莠，亦云：芙與薊莖頭皆有蓊臺名莠，莠即其實。說文：芙，草也，味苦，江南食以下氣。又云：薊，芙也。然則於其實莠下繼以蘽莠荼猋藨芀者，謂凡委葉之醜如芙薊之有蘽有莠者皆荼也，其有猋有藨者則皆芀也。下言葦醜芀者，謂凡葦醜之秀皆謂之芀，是以芀爲葦醜之專名矣，然散文通之，葦醜之芀亦得名荼。鴟鴞之詩予所捋荼，毛傳云：荼，萑苕也。夏小正七月灌荼，傳云萑葦之秀是也。然小正於四月巳著取荼之文，萑葦秀於秋，小正七月秀萑葦是也，安得於四月取之，四月秀者，茅也。周官掌荼注云：荼，茅秀。儀禮既夕篇記云茵著用荼，注云：荼，茅秀也。余案，小正取荼，傳云以爲君薦蔣，薦蔣一聲之轉，易殷薦，詩祼將，是薦將通也。蓋即茵之類。灌荼傳亦云爲蔣褚之，褚謂著荼於薦蔣之中，不獨葬時之茵著用荼也。韓非子十過篇：東縵帛為茵，蔣席頟緣。謂以蔣草為席緣純也，即顧命敷席黼純之類是也。席有頟有趾，緣者純其頟而已。趾與兩邊皆不純也。禹以蔣為席，因之名席曰蔣。小正傳云為蔣，猶言為席，蓋釋灌荼之用，言為席則以荼褚之。褚於茵而云蔣者，散文茵席通也，取荼傳已言為君薦蔣，此又申言褚之用荼之義益明矣。然則小正與既夕篇所云荼者實一事，並用茅秀之荼，茅秀亦葦醜也。七月灌荼乃可言萑葦之秀，蓋二秀皆荼，用之自不異也。葦之醜又有芒草，今南方呼爲菅草，亦呼曰荻，取其莖穗束之爲埽彗，呼曰苕帚，淮南子注：蔏苗，荻秀，楚人謂之蔏，蔏讀如敵戰之敵，幽冀謂之荻苕也。其著莖之蒴，繩之爲屨。儀禮喪服：菅屨。傳云：菅屨者，菅菲也。疏：屨者，藨蒯之菲也。爾雅：蒠，杜榮。郭璞注：今芒草，似茅，皮可以爲繩索履屩是也。吾歙人呼芒音與盲同。初秀時其色紫，後漸變為白也。方密之通雅云：菅，芒也。説文謂菅即茅，非也。菅大於茅，茅但可覆屋，菅宜飯牛，菅根赤，茅根白也。余驗之菅根牙色，茅根白色。余案，詩白華菅兮白茅束兮，毛傳：白華，野菅也。鄭箋：菅柔忍中用矣，而更取白茅收束之，茅比於白華爲脆。是二物之性有柔脆之異，今野人繩芒蒴以爲屨，不聞茅亦可繩也，茅之非菅審矣。然菅爲埽彗，寘諸堂側，瓦雀含其荼去以治巢，然則捋荼之荼、茵著之荼不必專指一物。茅秀、菅芒之秀，皆爲葦醜，三物互用，注者隨舉一物足以包之，是故四月取荼，葦醜之荼也，而委葉之荼當亦在所兼取諸。委葉之荼，夏秋間相繼有之。即茅秀、菅芒之秀、萑葦之秀，其荼亦相繼有之，故小正於四月曰取荼，於七月又曰灌荼。曰取者，始取之也。曰灌者，至是取之累月可蘩聚也。若偏指一物，不應四七兩月相懸錯出也。鄭風：出其闉闍，有女如荼。毛傳：荼，英荼也，言皆喪服也。鄭箋：荼，茅秀，物之輕者，飛行無常。余案，爾雅榮而不實者謂之英，葦醜之荼皆榮而不實者，然言喪服主於色白，則委葉之荼未始不足於當之，鄭氏主於物輕飛行無常，亦應兼委葉之荼言之，蓋飛行無常，委葉之荼尤切也。漢人於委葉之荼久失其義，故注者不闕及於此矣。監鐵論云秦法繁於秋荼，余見苦菜之荼生於秋者，一花之趺多以萬計，以斯云繁，洵爲繁矣。余於四月見苣蕒菜，莖高三四尺，連岡旋生，英落荼見，彌望一色，詩言如荼，足以當之。國語：吳王夫差會晉公午於黃池，萬人以爲方陳，皆白常、白旗、素甲、白羽之矰，望之如荼。韋昭云：荼，茅秀。余謂此惟葦秀，芒秀足以擬之，而昭云茅秀，可見古人菅亦通稱茅矣。是故茅不可索，而豳風七月之詩乃曰晝爾于茅，宵爾索綯，是古人稱菅爲茅之證。爾雅白華野菅，郭氏亦云：菅，茅屬。然則説文菅茅互釋，疑爲訓詁家相承舊説如此，未可遽云許氏有誤也。説文：蔈，苕之黃花也。爾雅：黃花蔈，白華茇。證以蔈荂荼、猋藨芀之云，可知苕與芀音邇字通也，苕與荼音轉事同也。則所謂苕之黃華者不猶言荼之黃華乎，故菅之荼稱白華，委葉之荼亦當稱白華，葉未委時則黃華也。余嘗目驗之，如前所陳委葉之荼若干種，惟薊華紫色，餘皆黃華，所謂蕫也。說文：蕫，一曰末也。茇有本義，說文：茇，草根也。曲禮燭不見跋，跋謂本也。是故其實名荂又名荼，含英之荼爲委葉之本，所委之葉爲荼所含者，是其末也，其末黃華，其本白華，故曰黃華蕫、白華茇，蕫茇之義斯爲信而有徵矣。獨是爾雅黃華蕫白華茇之文綴於苕陵苕之下，郭注陵苕引本草一名陵時，邢疏引詩小雅苕之華芸其黃矣鄭箋云：陵苕之華紫赤而繁。不指委葉之荼言。余於陵苕之華考之不得其審，斯則其所不敢知者矣。七月之詩采荼新樗，鄭箋以爲乾荼之菜，是謂此荼爲苦菜，苦菜生於寒秋，經冬歷春乃成，邢疏引易緯通卦驗元圖云。九月采荼正其時也。商書弗忍荼毒，孔傳云：荼毒，苦也。桑柔之詩寧爲荼毒，鄭箋云：天下之民苦王之政，欲其亂亡，故安爲苦毒之行相侵暴。余案，委葉之荼如苦菜、苦苣、芺薊、蒲公英之類，味皆極苦，故凡言苦毒，謂之荼毒也。

釋萑葦

萑葦之類見於說文爾雅者凡十餘名，爲校錄之則二物也，據說文：初生曰菼，一曰薍，一曰騅，得三名。自是曰蒹曰薕，則漸長未秀時又得二名也。然於菼曰雈之初生，於蒹曰雈之未秀，雈爲萑之屬，字不從艸，今以釋菼蒹，必從艸之字，其爲萑字之訛無疑。然則既秀而成，名之曰萑，合此六名宜爲一物。萑之別於葦者也，而說文於萑字但解以艸出，於薍字又解曰八月薍爲葦，何也，又據說文：葭，葦之未秀者。葦，大葭也。是葭葦又宜爲一物而別於萑者也。爾雅釋草又以葭蘆連文，郭璞注云葦也，雖說文於蘆字但有蘆菔薺根之解，未及葭葦，然當合爾雅說文中成其義。且夏小正傳云萑未秀爲菼，今本萑或訛雈。葦未秀爲蘆，蘆之爲葦決矣。況釋草菼薍連文，釋言又有菼騅也、菼薍也之文，三名互釋已與說文相合，則說文蘆字之解宜取爾雅以足成之。葭至八月成葦，薍至八月亦成萑，與葦不異，故說文曰八月薍爲葦，殆散文互通，非合二物爲一也。大車之詩毛傳謂菼爲蘆之初生，孔冲遠疑其以葭菼爲一物，然觀八月萑葦傳云薍爲萑葭爲葦，判然不相假借，毛氏何嘗合爲一物乎。夏小正七月秀萑葦，傳云：未秀則不爲萑葦，秀然後爲萑葦。然則萑葦從其華而名之也。萑從萑，萑，鴟屬，有毛角，華之象也。葦從韋者從韡省，皆從其華之象，而因以諧其聲也。然則葦未秀爲蘆，蘆之言大也，言大於菼薍，蓋謂葦之體本大於萑，雖其少時已然也。萑未秀爲菼，菼色青白，狀其少也。爾雅云：葦醜芀。説文云：芀，葦華。又云：葝，芀也。據此則二物之華通名爲芀。於葦醜芀下即云葭華，葭華猶云葦華，葦芀葭華重文互見，以申明之，非謂葭又名曰華也。下云蒹薕、葭蘆、菼薍、其萌虇者，謂葦醜之萌皆名虇，郭璞云今江東呼蘆筍者是也。釋言：菼，騅也。菼，薍也。毛傳於他詩皆引菼薍之文，於大車毳衣如菼獨引菼騅之文，故郭璞注釋言云：詩曰毳衣如菼，菼草色如騅，在青白之間。然則菼有騅名，著其色也。爾雅釋畜蒼白雜毛騅，故陸德明音義於釋言則曰如騅馬色，而邢昺之疏亦曰郭云青白之間，以釋畜云蒼白雜毛騅故也。騅從馬，爾雅注疏釋文皆不訛，惟詩傳詩箋詩疏今皆從鳥，蓋後世轉寫之訛，宜據爾雅改正之也。説文：𦃇，帛騅色也。引詩曰毳衣如𦃇。説文以毳衣如帛色之𦃇，毛傳以毳衣如草色之菼，比物雖不同，其言如騅馬之色則一也。説文：騅，馬蒼黑雜毛。以菼色青白證之，則爾雅蒼白是，説文蒼黑非也。桉，玉篇上接字林，廣韻本之唐韻，二書胚胎説文，並作蒼白，足證唐以前無作蒼黑者，至宋人著集韻、類篇、禮部韻略，引説文始作蒼黑，豈説文至唐宋間轉寫或訛與。今考覈既定，似當據爾雅正之。近有言易學者語余蒼筤竹解同竹箭之有筠，蓋初生竹色嫩青猶帶白者，震，東方也，於時爲春，故以象之。余深然其言。今考萑葦，因思説卦爲蒼筤竹爲萑葦相連取象，益信蒼白二字爲不可易矣。玉篇廣韻又收荻字，亦作藡並以萑解之，陸璣亦云薍或謂之荻，至秋堅成則謂之萑，是萑有七名矣。郭璞注蒹薕曰：似藡[萑]而細，高數尺，江東呼爲薕藡，薕[薕當爲音廉二字，或衍]釋文：藡，本今作萑。曰似藡似萑，則蒹薕又一物矣。然從説文萑未秀之解，不得别爲一物。郭注菼薍曰：似葦而小，實中，江東呼爲烏蓲。余謂萑葦類有大者中空小者中實二種，據以别二物，得之。詩白華菅兮白茅束兮，菅茅亦萑葦醜，然菅柔忍而茅脆，其用大別。間嘗考之，茅短者不過一二尺，秀於三月，一莖秀只一條，小兒采食之。吾歙呼茅尾讀曰米，四月成荼白如雪。菅有二種，小者五月秀，初色紫，後漸白，每莖末其秀疏散，多者數十條，取其莖爲埽彗呼苕帚，歙人謂之荻芒，江北人謂之芭芒，其心之包莖者只一葉，未秀時拔之亦可爲繩作屨。大者八月始秀，每莖末十余節，每節爲小莖數十，參差旋繞而至於末，荼生小莖上，其白如雪，其密不可以數計也，荼落則莖末禿然，無疏散長出數十條者，故不可爲埽彗，但可用爲流星桿耳。爆竹類之火引上升干霄者，俗呼流星。歙人謂之蘆芒，江北人謂之家芒，亦呼八月芒，余細察菅秀有莩如稻之穀殼，兩片中含一點，蓋即其子之不實者。其白毛遍生穀殼上，殼有小柄，長一二分，亦有白毛。其心之包莖者拔出剝之有三重未秀，皆可取爲繩作屨也。夫荻者，萑也，小而實中者，今菅之小者類焉，故謂之荻芒。蘆者，葦也，大而中空者，今菅之於大者類焉，故謂之蘆芒。如此則蘆荻別，菅之兩種亦別，而茅別於菅亦不待言矣。爾雅：莣，杜榮。郭璞注：今莣草，似茅，皮可以爲繩索履屩。其爲菅也無疑矣。釋文：莣，音亡，字亦作芒。按，説文：芒，草端也。未有以爲菅者，且廣韻音同忙，吾歙人呼菅爲芒者音同盲爲異，然後世詩人有芒屨之稱，宜即菅屨也，然則字本作莣，省心而書之成芒耳。至音亡音忙音盲，或古今方言不同，今北人呼之音同忙也。爾雅謂莣杜榮者，榮之言華荂也。郭注芺蒯其實荂云莖頭有蘙臺名荂，其注山海經曰，翁頭下毛。余謂菅實皆戴毛，所謂荼，故曰杜榮，謂其戴毛者，乃菅之白華也。詩言白華菅兮，豈謂蘆芒與。若荻芒，其初華乃紫色也。篇中言菅有二種，可補釋荼二中所未備。

釋荼芀

荼芀二文相通而實有別。釋草云：芺蒯其實荂，蔈荂荼，節猋藨芀，葦醜芀，葭華。節殆著荼芀之别與。芺蒯者，苦菜醜，荼委葉是也。余嘗博采之得十種，曰其實荂蔈荂荼者，謂其實皆有荼曰荂一曰蔈，故曰蔈荂荼也。荼即其華之實所戴者，荼上又戴黃葉以爲蔈，荼爲黃葉所含以爲芀。芀，本也。蔈，末也。故曰黃華蔈，白華芀。

蓋芙薊醜蕫黄者多，獨薊之蕫紫，其荼白，一也。所謂委葉者，蕫落荼乃見也。其曰猋曰藨者，則葦醜之荼，别其名曰芀也。謂是乃葭類之華，非葭又名華也。葭華未嘗非實而挺出輕颺，故不謂之實也。知藨爲葦醜之芀者，喪服傳：菅屨者，菅菲也。疏：屨者，藨蒯之菲也。説文：菅，茅也。玉篇：藨，蒯屬。廣韻：蒯，茅屬。又曰：藨，萑葦之秀。然則藨蒯與菅皆茅類而葦醜者也。而菅之貌或粗惡於藨蒯，故用爲喪屨，有齊斬之差與。釋天云扶摇謂之猋，説者以爲上行風，葦醜之芀乘風上飛，故又得猋名與。據爾雅文義，又采他説參伍證之，荼芀固自有别也。若夫散文則通解字之通義，故葦醜之芀亦可名荼。詩有女如荼，儀禮茵著用荼，鄭注皆云茅秀，詩捋荼毛傳云萑苕，小正灌荼傳云萑葦之秀，故爾雅曰蒢芛葟華榮，明可互注也。又曰：華，荂也。華、荂，榮也。乃又繼之曰：木謂之華，草謂之榮。示非無别矣。而不榮而實謂之秀，茅秀、萑葦秀、苦菜秀又何以稱焉。余因更繹之稻粱之類，其作采也不舒英發色，故曰不榮而實謂之秀。萑葦醜亦不舒英，故亦得言秀，雖無實而同其不榮，故謂之秀，然雖不榮而有芀荼即其榮也。苦菜雖榮而不實，然凡諸戴毛者皆即其子，亦即其實也。蓋草謂之榮乃通語也。此篇與釋荼二互看，中有補所未備處。

蘺苻蘺江蘺莞蔙雚命名同異記

神農本經：白芷一名白茝，一名芳香。名醫增補：一名澤芬，一名苻蘺。披讀至此，不能無疑。間嘗考之，説文：茝，虈也。楚謂之蘺，晉謂之虈，齊謂之茝。爾雅：莞，苻蘺，其上蒚。説文作：蔙，夫蘺也。蒚，夫蘺上也。而别出莞字曰：莞，艸也。藺，莞屬也。與蒲、蒻、蒢牽連錄之，莞曰可以作席，蒲曰或以作席，蒻曰蒲子可以爲平席，按蒲子，少蒲也。是莞爲蒲類，而蔙則特書明與莞别異。然曰蔙夫蘺，又不與蘺茝相次，而芄、虈、蘺、茝、蘼則五文連書，曰：芄蘭，莞也。於虈曰：楚謂之蘺，晉謂之虈，齊謂之茝。於蘺則又曰：江蘺蘼蕪。於茝曰：虈也。於蘼曰：蘼蕪也。以文求之，芄蘭一事，虈蘺茝一事，江蘺蘼蕪又一事，並香草，而又有同名異事之義藏其中，蓋江蘺之蘺與蘺茝之蘺及夫蘺之蘺宜分三事。夫蘺當依説文爲蕘，爾雅曰莞蓋聲形之訛與。莞乃蒲類。而説文又曰芄蘭莞也，莞蓋雚聲之訛，爾雅曰雚芄蘭是也。故郭注云雚芄句蓋誤讀蔓生，斷之有白汁。衛風鄭箋云：芄蘭柔弱，恒蔓延於地，有所依緣則起。陸璣疏云一名蘿藦，幽州人謂之雀瓢。今觀本經不載，而唐本草別收蘿藦一條，爲蔓生之芄蘭，與蒲類之苞生者大異，則説文之訛，證以爾雅，無復疑義矣。芄蘭爲雚，以非蒲類，不得名莞，而苻蘺則名醫增補於本經所載之白芷一名白茝一名芳香條下者，與本經所載之菖蒲香蒲，及別錄之白菖大別，爾雅乃以爲莞苻蘺。今説文別異莞字而出之曰蕘夫蘺，則爾雅之訛不益可互相證明哉。至爾雅曰蘄茝蘪蕪，桉蘪蕪本經載之，名醫增補又曰一名江蘺。上林賦曰被以江蘺揉以蘪蕪，子虛賦之數香草也衡蘭、茝若、芎藭、菖蒲、茳蘺、蘪蕪羅列並陳，則是茝也江蘺也蘪蕪也不得爲一物矣。故李時珍著本草綱目以爲未結根時爲蘪蕪，既結根後爲芎藭，大葉似芹者爲江蘺，細葉似蛇牀者爲蘪蕪，同中之異，安能不生分別。淮南子云：亂人者，若芎藭之與藁本，蛇牀之與蘪蕪，言乎似是而非者之當辨也。爾雅之呼蘪蕪爲蘄茝，名醫又呼之爲江蘺。時珍爲之説曰，當歸名蘄，白芷名蘺，蘪蕪葉似當歸，香似白芷，故有蘄茝江蘺之名。由是言之，蘄也茝也蘺也皆非蘪蕪之本名，而或以形似，或以氣同，相因而呼，稱名取類，大率不可典要，而其勢有不得不相借者。觀書者於此，眼當如月，罅隙畢照，其旨蓋亦微矣。然則江蘺信非蘺，蘺又信非夫蘺，是故虈蘺茝一物也。離騷同蕙，連文曰蕙茝。説文三文相次，首尾轉注互釋，明以曉人，而蘺居其中，獨別釋曰江蘺蘪蕪。蓋字有二義，本義已見互釋中，至此反以別義明之，故於三文之下即繼以蘪蕪之字，以見蘺字，横亘其間，左有右宜，二草呼名中具借義，而實則犁然不能相溷也。然則蘺之同名者三物，其獨呼蘺者，虈蘺茝是也。其香似蘺而呼曰江蘺者，則蘪蕪類也。而蘺之別，説文曰：蕘，夫蘺，爾雅曰：莞，苻蘺。是物也。余未聞其審，乃名醫增補於白芷條下無，亦襲其名而僞收之與。不然，説文曰蕘，爾雅曰莞，果爲白芷，本經何以不顯蕘莞之名，而名醫又何以不增補錄之曰一名蕘也或莞也，斯可見矣。至苻蘺之爲物，據爾雅郭注言：今西方人呼蒲爲莞蒲，蒚謂其頭臺首也，今江東謂之苻蘺，西方亦名蒲中莖爲萵，用之爲席。是其説同於説文莞蔄，而説文之解字何以別出蒚夫蘺、萵夫蘺上以與莞蒲兩不相入也哉。故楚金之作繫傳，於蒚字依附爾雅以爲莞蒲，又依附本草以爲白芷，進退無定見，吾不憑也。余於上數事固不敢曰能明辨晢也，以説文考之，芄蘭一也，蘺茝一也，江蘺蘪蕪一也，莞蒲一也，蒚夫蘺一也，於中雖有互通而實不可相亂。以爾雅考之，蘄茝蘪蕪一也，雚芄蘭一也，莞苻蘺一也。古義要眇，後人皮傅爲條理之如此，明其大致，則古書轉寫互訛固其所耳，不足累也。

芄蘭疏證

説文：芄蘭，莞也。證以爾雅雚芄蘭，則莞爲雚字之訛，蓋莞苞生，蒲類也，而芄蘭乃蔓生結莢之類，故郭璞注爾雅曰：芄蘭蔓生，斷之有白汁。衛風鄭氏箋云：芄蘭柔弱，恒蔓延於地，有所依緣則起。陸璣疏云：一名蘿藦，幽州人謂之雀瓢。蘇恭曰：雀瓢是女青別名，蘿藦葉似之，故亦名雀瓢。然則名芄蘭曰雀瓢，因葉似而借呼之也。故神農本經女青條，名醫增補曰葉嫩時似蘿藦，圓端大莖。而陶氏曰蘿藦作藤，葉厚而大。李時珍亦曰蘿藦三月生苗，蔓延籬垣，其根白軟，其葉長而後大前尖，六七月開小長花如鈴狀，紫白色，結實長二三寸，大如馬兜鈴，一頭尖，其殼青軟，中有白絨霜，後枯裂則子飛，商人取其絨作坐褥代緜，甚輕暖。據陶李説則芄蘭葉雖似女青，實則女青葉圓，芄蘭葉尖，大異矣。瑶田於癸丑大雪前二日在靈山採得施于桂樹上之藤莢數條，長七八寸，略如夏日所食之羊角莢，通體直紋而無節，赤黑色，莢中參差密排子約三十，子長六七分，形色並與莢皮略同，甚堅實，剝之不能開，割開皮肉甚厚，中有扁薄小仁，綠色，子末戴白荼，齊整光潔，荼稍長於子，約長七八分。秋荼甚多，今又見此一種，野人云開花白色，四出如車輪，有清香，開敗落英滿地，其莖依附樹上，隨處生絲根，葉油綠色，厚而不平正，本團末狹，又出一小尖在莖上，一葉單生，每相間以一二寸許，葉末皆下垂，經冬不黃落。比時不知名，詳紀之如此。今考詩爾雅及本草，蓋芄蘭也。又按，沈括夢溪筆談云：詩芄蘭之支，童子佩觿。觿，解結錐。芄蘭生莢支出葉間垂之，正如解結錐，所謂佩韘，疑古人爲韘之制亦當與芄蘭之葉相似，但今不復見耳。據此言生莢如解結錐，亦足證余之所目驗，蓋子戴白荼既合符木草而結莢含子，得筆談之説，更足爲詩爾雅之補疏矣。

丁巳七月，成此疏證，再令靈山人尋驗之，處暑後十日得一枝，葉長中大而本末皆尖，其莢生莖末，長約二寸三四分，兩莢對生，殼青軟，略如時珍之言，蓋是時猶未老。余前大雪前所見者老而枯，故長至七八寸而色赤黑也，葉亦與今小異，或爲老藤葉之近本者。今的問之，其花開於三四月，李氏云六七月開花，今乃云三四月，宜存以俟考。俗呼卍字花，蓋四出如卍字也。來年花開時再詳考之。

釋蟲小記　皇清經解

清・程瑤田

螟蛉蜾蠃異聞記

小宛之詩云：螟蛉有子，蜾蠃負之。毛傳據爾雅以桑蟲釋螟蛉，以蒲盧釋蜾蠃，負則以持釋之。鄭箋增成其説云：蒲盧取桑蟲之子負持而去，煦嫗養之以成其子。而其注中庸也則曰蒲盧蜾蠃謂土蜂也。犍爲文學在漢武帝時注爾雅，亦謂蜾蠃土蜂，似蜂而小腰者也，郭璞因之，而云細腰蟲，俗呼爲蠮螉。許氏説文之言螟蛉有子蠣蠃負之也，蠣與蜾同以爲天地之性細要純雄無子，蓋即列子純雄稺蜂、莊子細要者化之謂，古今注曰龜鼈之類無雄，蜂蝶之類無雌。是以法言云螟蛉之子殪而逢蜾蠃，祝之曰類我類我，久則肖之。然則兩漢魏晉之間，雖説詩者言人人殊，而釋螟蛉蜾蠃之物初無異義，至陶隱居注本草經，於蠮螉條下則云細腰土蜂之作房者，自生子如粟米大，捕草上青蜘蛛，束皙發蒙記曰：蠅生積灰，蜂出蜘蛛。滿房中仍塞口，以擬其子大爲糧，其入蘆管中者亦取草上青蟲，因斥説詩人言細腰無雌、教祝青蟲變成己子爲謬，於是唐宋以降，説者紛然，如掌禹錫所引本草、蜀本注及寇宗奭本草衍義，皆言今人壞其封穴，拆窠而驗之，實有卵如粟米大，及有青蟲在其中，若陶氏之所説者，故羅鄂州爾雅翼云陶説實當物理，箋疏及子雲之語疏矣。而許白雲詩集傳名物鈔、嚴坦叔詩輯、沈仲容詩經類考，並載范處義解頤新語，則又言之最詳。其略云：近人毁巢視之，細卵如粟，寄螟蛉之身以養之，其螟蛉不生不死，蠢然在穴中，久則螟蛉盡枯，其卵日益長大，乃為蜾蠃之形，穴竅而出，此物亦取小蜘蛛，寄卵於腹脅之門，亦不生不死，久之蜘蛛枯而其子乃成。今人養晚蠶者，蒼蠅亦寄卵於蠶身，久之其卵為蠅，穴繭而出，殆物類之相似者，所謂祝之曰類我，乃聽其聲意如此。或謂細腰有術能禁物，其祝聲乃其禁術，正謂其能禁螟蛉蜘蛛不生不死，以化物之膏潤滋養其卵而成其形，莊子所謂化者，理固近之。列子純雄，説文以為無子，殆未可信，況詩人之意本不然，讀之者不審耳。元人戴侗六書故云：蠮螉細要，縣腹，壘土為房，取蛛蝥或青蟲實之而卵其中，雌雄倡和，其聲若祝，已乃封其端而去，卵化為蟲，食蛛蝥而長則化為甬，再化而羽，乃為蠮螉，習俗不察，謂細要無雌，祝他類為子，毛氏遂以釋詩，誤矣。明王廷相雅述篇云：予田居年年驗之，每作完一窠，先生一子在底如蜂蜜一點，卻將桑上青蟲及草上花蜘蛛銜入窠內填滿，數日後其子即成形而生，以次食青蟲蜘蛛盡，則成一蛹，數日成蜂，齧孔而出。揚氏所謂類我，乃始銜泥作窠之聲，亦非銜青蟲之時，安得謂之祝。夫陳言相因，不如目驗，物類感化，誠亦有然，然既已見其生子，則固不得謂之純雄無雌矣。雖然，蜾蠃而有雌也，則是蜾蠃有子而螟蛉負之矣，而詩言反是，謂之何哉，吾嘗肄業及之，求其説而不得，則闕疑焉而已矣。庚子七月既望，余居京師，見小蜘蛛首腹相等而細其腰，腹大如菉豆，八足，足長而弱，口下有二短綏，負圓繭上，繭色白，其大倍蓰於其腹，行則惟二綏絢繭，足不抱之，繭若黏其腹者然。余問奴子曰蟲何名，則對曰螟蛉，余異之而疑焉，疑夫吾向者初不謂其爲螟蛉而心中自有所謂螟蛉者，則爾雅及毛鄭諸人之説也。再問則又對曰螟蛉，又問則對曰吾鄉之人皆相呼螟蛉也，於是件繫前所錄諸書而紬繹之，其謂蜾蠃所負者爲桑蟲，桑蟲，螟蛉也。其亦謂蜾蠃所負者爲小蜘蛛，小蜘蛛獨非螟蛉處。夫螟蛉、蜾蠃、蒲蘆，皆字之雙聲叠韻者也。擬諸形容，大率無專物，如蜾蠃之實栝樓，則謂瓜爲果蠃，元雉入淮爲蜃，則謂蜃爲蒲盧，鳥亦有果蠃之名，禾穗亦謂之果蠃，夫螟蛉也而豈有專名乎，則余奴子口中之螟蛉夫固有所受之，而文人學士不知者以其所習聞者簡策之陳言而已。夫簡策之陳言固有存人口中之所亡者也，而其在人口中者，雖經數千百年，有非兵燹所能劫，易姓改物所能變，則其能存簡策中之所亡者亦固不少，矧夫蜘蛛之爲螟蛉，亦或若滅若没若存若亡於陶氏以下諸人之簡策中，則簡策中亦非正亡之矣。夫然，而小宛之詩之云可得而細繹之矣。蜾蠃無定形也，螟蛉無定名也，蜾蠃負螟蛉之子教誨之，久之亦成其爲蜾蠃，則螟蛉亦蜾蠃也。今吾奴子所呼之螟蛉，乃小蜘蛛之抱繭者也，其謂小蜘蛛爲螟蛉乎，其亦謂所抱之繭爲螟蛉乎。余謂螟之爲言瞑（與眠同）也，眠其子於繭中若鈴然，不謂之螟蛉之子乎。小蜘蛛首腹相等而細其腰果蠃然，以抱其子，不可謂之螟蛉有子蜾蠃負之乎。毛傳釋負曰持也，則不必任在背者乃謂之負。余所見小蜘蛛抱繭而異之，乃納諸小匱中，可十日，子盡去蜕，咬破其繭而出，數之得絶小蜘蛛七十有五，不謂之教誨爾子式穀似之乎。教誨云者抱其繭，即鄭氏所謂煦嫗養之之義也，豈必作聲如類我之云者然後謂之教誨乎。是皆余之臆説也，然不有余奴子之言，則蜾蠃螟蛉一事已姑置之闕疑之例矣，何也，揚雄有類我之説，陶景破純雄之論，余烏知陶之必是而揚之必非與。雖然，世俗相傳所謂螟蛉窠者，則細腰蜂所爲之土房者也，是安可不有以察之乎。歲在壬寅五月夏至後，有如蠅大之小蜂揵土納筆帽中以間之，然後實小蜘蛛數枚又揵土間之，又實小蜘蛛數枚，然後以土封其端而去中兩間共長寸許，未十日其端土破，余疑爲童子鑽壞之，乃復以土塗其端，越廿餘日不見復破，乃劈開視之，下層有遺蜕一，上層有遺蜕二，赤黑色如菉豆大而皺瘦，其小蜘蛛盡枯矣，可知是物有子，其必以蜘蛛實之者，豈取其生氣，若鳥之伏卵以其母之氣，養蠶者納蠶子於當胸之衣間，取暖氣乃出也。陶氏所謂以擬其子爲糧者，亦意逆之辭耳。此蜂小而瘦，其揵土作之及封其端約四日耳，初作時有蠮螉之聲，後二日時藏身其中則無聲，（豈産子其中）至以土封之而去，即不復來矣。又有一種在壁柱及牕檽諸阿處，摶土作突起圓房，即俗呼爲螟蛉窠者，其蜂首腹分兩段如小胡盧，中分處綫有欲斷之勢，蓋所謂細腰是也。頭腦及喙亦如小胡盧，通長大半寸，余於壬寅六月十六日，見其摶土如黍子大，其足六，以前二足及口融其土而作之，須臾之間蓋往返十餘巡以成其房，最後於其頂爲口，如菉豆大，起緣如小瓶口哆而張之，既成以尾納口中而小動之，疑産子也然後往抱青蟲，大者一長寸許，又往連抱小者二，並納房中，乃毁其口之哆者，又摶土封之，復以白灰塗其封處而去，亦不復來矣。其成也不半日，作時無聲，飛來有聲，亦不審其爲飛聲或鳴聲也，然止即無聲，銜蟲飛來亦無聲，封後七八日，窠旁破一口而去。時未破其窠觀之。又見成一窠，廿餘日不破口，壞其窠視之，則已成細腰蜂僵死其中，此皆余所目驗，則法言所謂祝之曰類我久則肖之者乃想當然之詞，實未得其審也。是年又見一種大蜂甚肥，摶土爲窠於壁拆縫中。又見一種，連作數窠如竹節於衣摺中，甚黏，諦視之，乃銜松香爲之者。二種皆未深考，不具論，論其摶土爲房及爲於筆帽中者，其爲蜾蠃螟蛉已非一種，若吾所見抱繭之蜘蛛，有螟蛉之名，於世俗人之口中，夫固有所受之正，不得謂其非蜾蠃也，然則蜾蠃信無定形而螟蛉信無定名也。細腰者小蜂，而蜘蛛余所見者亦不得謂其非細腰也，抑此小蜘蛛而長脚，余疑其即蠨蛸也。爾雅蠨蛸長踦，郭氏注云小鼅鼄長脚者，又云俗呼爲喜子。東山詩疏引陸璣疏亦云荆州河内人謂之喜母，此蟲著人衣當有親客至，有喜也。玉篇亦云，蠨蛸，喜子。余按，宋大觀中撰證類本草，載陶氏於蜘蛛條下云詩蠨蛸在户，正謂此也，不明指謂喜子，載蘇頌圖經則引郭氏注爾雅以爲喜子，然吾歙人呼壁錢爲喜子，而掌禹錫則謂壁錢蟲是壁上作繭蜘蛛，陳藏器唐開元中人，撰本草拾遺。亦謂壁錢蟲似蜘蛛，作白幕如錢，北人呼爲壁繭，亦皆不明指謂喜子也。余察壁繭外一層周覆於壁中，尚有二層，靠壁一層小於外層，中一層又小於内層。明李時珍撰本草綱目，亦於蜘蛛外出壁錢一條云，壁錢，釋名壁鏡，其形扁，斑色，八足而長，亦時蜕殼，其膜色光白如繭，亦不及喜子之名，而喜子之名則專屬之蠨蛸，亦止附見蜘蛛條下，據二本草蠨蛸，依郭氏爲喜子在蜘蛛條，而壁錢別出一條，即難以喜子名之，然吾歙呼壁錢爲喜子，余官嘉定，彼土人亦呼壁喜，是又疑爲江南人之通稱。

若據東山詩蠨蛸在户之云，宜爲當户而結網者謂之喜子，恐非壁錢之類也。然吾歙呼壁錢之大者始曰壁鏡。連足約徑二寸辛丑，家居見壁鏡腹下黏白繭大如象棋子，與余京師所見小蜘蛛之抱繭者遥相應證，特未伺其繭破時所出之子何如，疑亦當爲小壁鏡，其數亦必不少也。然則余所見之抱繭小蜘蛛，或亦爲壁錢之類，而所謂蠨蛸在户亦不必定爲結網於户，或者即壁錢之爲白幕於户扇上者乎，然與二本草之云不無齟齬矣。抑又思之，陳藏器 掌禹錫並呼壁錢爲蜘蛛，而蠨蛸乃小蜘蛛，是蜘蛛有喜了之目，而壁錢亦有蜘蛛之名，則江南人之呼壁錢爲喜子，烏知其無所受而云然乎。若夫螟蛉蜾蠃，古説同然一辭，今人之異聞又皆得之目驗，而鄉民口中流傳相受，其所從來亦遠矣。之數者，夫固不可以相低昂者也。多聞闕疑，聖人之言，弗可改也夫。抑余嘗論之，細要者化，莊生之言也，已爲揚雄開其先矣。然莊生之言化也，白鶂相視，眸子不運而風化，蟲雄鳴於上風，雌應於下風而化，類自爲雌雄，列子亶爰之獸自孕而生曰類。故風化烏鵲孺言交尾而化也，魚傳沫言吐氣而化也。又曰奔蜂不能化藿蠋，越雞不能伏鵠卵魯雞固能矣。此言才有巨小，小不可以化大也。然則雞可以化鵠，猶蜂可以化桑蟲。雖然，雞化之得鵠非得雞也，鶂蟲烏魚之化也，依然得鶂蟲烏魚也，而蜂之化桑蟲則得蜂，非得桑蟲，此爲異耳。説文云風動蟲生，故蟲八日而化。太傅禮曰：二九十八，八主風，風主蟲，故蟲八日而化也。盧辯注曰蟲多生非類也。由是言之，非類之化，當不獨蜂之於桑蟲也。且小正不云乎，正月鷹則爲鳩、五月鳩爲鷹、三月田鼠化爲鴽、八月鴽爲鼠、九月雀入于海爲蛤、十月元雉入于淮爲蜃，月令季夏腐草為螢，干寶云稻成蛬、麥成蛺蝶。列子曰烏足之根為蠐螬，其葉為蝴蝶。三教珠英曰蒿成蠐螬。兹其化也固有類於不類者存，初不聞鷹之化爲鴽而雀之化爲蜃也。是故蜾蠃螟蛉，揚雄諸人謂取他子爲己子，陶景以下謂自有其子，今余見細腰蜂之爲窠抱青蟲以納而封之也，實不聞有所謂類我之祝矣。而又有蜘蛛壁錢抱繭之異聞，余豈敢謂今之所知必勝於前人，亦不敢謂今人口中古老相受之言之必爲傳訛也。夫百姓日用而不知，余更不敢謂余能知之也，相與觀乎天地之化而已矣。

山左孫禹橋縱答潘仿泉論螟蛉蜾蠃書，其略云，童時讀詩聞類我之説而奇之，既於筆管書篋中見小蜂出入，於桑樹間攫青蟲入管中，就而視之，其蜂小於諸蜂，腰細而翅旁展，黄質黑章，尾垂芒能螫人，以泥結房如小杏核，留孔如户，攫青蟲納房中，復以泥封其户而去。剖房視之，房後壁上有白子一顆，似粟米而長，其勢下垂，有數蟲僵卧於下，青潤如生而不能轉動，卧處與子相嚮而不相著，於是知蜾蠃有子，而未悉其儲蟲之用也。自是每遇土蜂房，輒剖視之，前所見者其子之始生也，又見子色稍黄而膚皺者，又見子化爲蟲如糞蛆者，尾不脱壁而能伸縮，黑首有口，稍伸即與蟲相著，蟲有槁死者矣。又見蟲盡槁而蛆亦僵於上不能伸縮者，又有蛆不見而蜂在者，尾脱於壁而色娞白，僅蠕動不能飛走，又有宛然蜾蠃，剖之則出而能飛矣。綜而論之，可知其成房即生卵，粘著壁上，乃取蟲以儲其糧，而封户以去，蜾蠃之事畢矣。自後卵自黄皺而化爲蛆蟲，仍粘壁上，而體能伸縮，有口能食，蟲值其下，遂取而齧之，吮其膏血而棄其皮膚，故槁蟲猶在也。食既足而將化則僵，如蠶老必由蛹而化蛾。當其爲蛹，食息俱廢也，及期而蜕，則翅足畢具而宛然蜾蠃，於是由娞而老，破壁以去，繼之所見土蜂取桑蟲者若此。又有蜂與房皆稍大於斯而相似者，又有蜂長而細，停飛則並翅貼身，鱗次作數土房相比附而成者，二種皆取蜘蛛。又有土蜂如核桃荔枝殻者，其蜂大腰長而色黄，好攫槐間步屈。又有作土房在帷幕桁衣上如寸管者，破之内有隔壁如竹内節，每節有物黄濡似蜜，蜜上著子，不見有蟲。以上皆名土蜂。又有蜂大寸許，尾芒常過其身，常伸不縮者，好攫蚱蜢螽斯，殪之而瘞土中，蓋即以蟲爲房而納子其中借以爲養者也。又如常見之宇下黄峰取牕紙作房，以樹膠結蒂而倒懸之，其中亦生子，粘尾倒懸，由卵而蛆，其母咀物以飤之，蛆老則械户而化，啓户而蜂出，其生化可與蜾蠃參觀。因所見而類推之，細腰之有子是卵非化，了無疑義也。人見蟲入蜂出，遂疑爲化生，又因其鳴聲之似，而撰爲祝辭。以繼所見，其爲是聲者乃結房如管，不取蟲之蜂，又鱗次結房，取蟢子與攫取螽斯埋地之蜂，其聲相近而較低，古人倚其聲以命名，若蜾蠃、若蠮螉、若蒲盧，皆類我之轉也。攫取桑蟲之蜂不聞有鳴聲，説者比類傅會，且以概天下之細腰盡有雄無雌，雖原本於莊、列，庸可信乎。蜂之取蟲也，螟蛉蠕子純一不雜，蟲體亦大小相埒，是其性各有宜而取其力所能制耳。孫又云子為桑蟲，螟蛉非桑蟲育，是蟲者灰黑，小蝶翅底粉質黑斑，翔集卉木，到處育子，不專在桑間，蜾蠃求其子，常與並集。仿泉與禹橋同官順德府，仿泉令廣宗，禹橋令鉅鹿，有鳴琴風。仿泉寄余書言禹橋碩學，會以兩書與論蜾蠃，原書見聞殫洽，兹不及載。錄其答書見示，又以瑶田昔嘗論蜾蠃而有説焉，書來索取。余説漏略，以視禹橋格物之精，用心之細，觀者能辨之。採掇至要，寫之於篇，以告世之治經者。

改正爾雅羭羖牝牡轉寫互訛記

羊有吴羊夏羊之别，本草綱目李時珍曰：生江南者為吴羊，頭身相等而毛短。生秦晉者為夏羊，頭小身大而毛長。爾雅釋畜：羊，牡羒、牝牂。夏羊，牡羭、牝羖。注謂羒爲吴羊白羝廣雅亦稱牂羝為吴羊。然則羭、羖，夏羊，羒、牂，吴羊也。云特羭牝羖，疑牝牡二字轉寫互訛，蓋牝羭牡羖也。此不知訛自何時，自有此訛，而字書韻書紛然無所適從矣。然諸書雜出，中猶可尋其端緒。説文：夏羊牡曰羖。説文又以夏羊牡曰羭，此牡字的是牝之訛。又曰：羯，羊羖羠也。廣雅曰：吴羊羠曰羳，羖羊羠曰羯。急就篇注：羖之羠者為羯。去勢曰羠，謂取牡羊之少而名羖者，去其勢之謂羯也。六書故云：凡畜奄之，絶其字尾則易肥也，牛曰犗、馬曰騬、羊曰羯、豕曰豶。六書正義云：牡羊羯，牝羊羠。廣韵云羖䍦羊，一切經音義七佛神呪經羖䍦注引三蒼云亦羯也。又引説文夏羊牡曰羖。古今韵略：羊牡曰羖。廣雅云：吴羊牡一歲曰牡䍜，説文：䍜，羊未卒歲也。三歲曰羝，牝一歲曰牸䍜，篇海：牸，牝羊也。三歲曰牂。李時珍曰：牡羊曰羖曰羝，牝羊曰牸曰牂。説本廣雅。桉，干祿字書羜通羖，今牯與牸對，牸有孳生之義，故爲牝。史記平準書：乘字牝。又曰：畜牸馬，歲課息。以牸對羖，羖之爲牡何疑。戴侗六書故云：羖，牡羊也。牡牛曰羖牛，猶羖羊亦曰牡羊也。周伯琦六書正訛曰：羖，牡羊也。此皆謂羖爲牡，並鑿鑿言之。易大壯羝羊觸藩，陸氏釋文：張曰，羝，羖羊也。以羖釋羝，羝牡羊，羖亦牡羊矣。羝之爲牡羊也，漢書蘇武傳：匈奴徙武北海上無人處，使牧羝，羝乳乃得歸。注者曰羝牡羊，不當産乳，故設此言示絶其事。詩大雅取羝以軷，傳云：羝羊，牡羊也。說文亦云：羝，牡羊也。急就篇注：羝，牂羊之牡也。吳羊牡曰牂，云牂羊之牡者，猶云吳羊之牡也。吳羊特羒，故注者以羒爲吳羊白羝，廣韻亦云：羒，白羝羊也。據廣雅、急就篇注、廣韻並以羝指謂吳羊，據爾雅、說文、廣雅並以羖指謂夏羊。廣雅吳羊羖羊對稱。匈奴宜牧羖，而云牧羝，均之爲牡，故羝羖可互通，是以廣雅亦謂吳羊牡一歲爲牯䍩，而易大壯釋文亦遂以羖釋羝也。又桉，小雅賓之初筵篇：由醉之言，俾出童羖。毛傳云：羖羊不童也。鄭箋云：羖羊之性，牝牡有角。則羖名已非牝者所得專。又大雅抑之詩云彼童而角，鄭箋云童羊譬皇后也，而角者喻與政事爲有所害也。以童羊喻婦人，是以無角者爲牝，彼童而角云者，猶牝雞之晨之云也。據小雅箋則羖羊有牡，桉：童羖猶言羝乳，故傳云羖羊不童，謂無牝也。箋兼牝言有角，蓋望文立義，故與傳異，亦與諸書之說不同。據大雅箋則羖羊無牝，安得曰夏羊牝羖乎。凡此皆徵之群經雅記，而斷牝牡二字後人轉寫易於互訛也。余更適屠羊之肆而問之，其人曰綿羊牡曰羝，羯之則曰羖。一切經音義別譯阿含經牂羖注云：羖，⿰羊厶羯也。檢字書無⿰羊厶字，疑爲⿰羊玄之訛。⿰羊玄同羝，謂羖乃羝之羯者也，可證屠羊者世俗流傳之語。牡者多有角，亦間有無角者，百中之數頭耳。其牝多無角，亦間有有角者，亦百中之數頭耳，然即有角亦不能如牡者之角大也。夫羖之爲牡也，考之於古，既爲疏通而證明之，及詢之今之屠羊者復無異詞，牡羖之說定，則牝羭之說亦從之而定。然羭之爲牝，而爾雅之牝牡互訛，又確有其左證也。列子天瑞篇老羭之爲猿，張湛注羭爲牝羊，黃公紹韻會舉要之引說文也，雖仍轉寫之訛，曰夏羊牡曰羭，而其引爾雅釋畜則曰夏羊牝羭、牡⿰羊古，此宋人之所引者也。茲非爾雅今本互訛之確證與。又黃氏於羖字則引說文曰羊牡曰羖，是說文牡字之不訛又非孤證，牡羖不訛則牡羭之爲訛，尤可互證而直改之，乃今之校說文者不改牡羭之訛，專信爾雅互訛之本，而反輒改牝羖之不訛，由其讀書不能旁穿交通，是以不能別黑白而定一尊也。說文：觟，下瓦切牝牂羊生角者也。謂牝羊無角而有生角者，特著其異，別之曰觟，而以牝牂羊生角觧之。蓋物類有異常者，說之以曉人，此可爲牝羊無角之證，兼可證屠羊者牝亦間有角之說。焦先祝衄歌見高士傳。魏伐吳，有問隱士焦先，先不應，謬歌曰：祝衄祝衄，非魚非肉，更相追逐，本爲殺牂羊，更殺羖䍧。後魏軍敗，人推其意，牂羊指吳，羖䍧指魏也。此可爲吳羊牂、夏羊羖之證。李時珍曰：夏羊毛長，土人二歲翦毛為氈物，故謂之綿羊。余謂北方地寒，故毛可以禦冬，吳羊生江南，即今湖州一帶所生之羊也。別吳曰夏，則夏羊者北方羊之通名。

經傳小記 劉氏遺書

清·劉台拱

爾雅釋詁：昄，大也。釋文：昄，孫、郭方滿反，字林方但、方旦二反。

案，方但反音粄，方旦反音半，蓋古人寒桓不分，今言翻切者目此等爲寄韻。

怡，樂也。疏：小雅節南山云既夷既懌，怡夷音義同。

案，古脂之二韻不相通，邢說非。郭注云見詩，當更考之。

鬠，盡也。釋文：鬠，本或作㦝字，廣雅云：㦝，劇也。

案，劇與𢓨同。子虛賦儌𢓨受詘，郭璞注云：𢓨，疲極也。與此注厭極義合。

亟，疾也。釋文：亟，欺冀反。

案，此志韻字而用至韻冀字爲切。

敕，勞也。釋文：本又作飭。

案，敕飭通。考工記：或飭力以長地財。

釋言：淩，慄也。釋文：案郭注意當作㥄，埤蒼云：㥄，慄也。

案，集韻㥄字解云怖也，當以從心爲是。邢疏亦引埤蒼，㥄誤掕。

舫，泭也。釋文：樊本作坊作坿。

案，坊坿別一義，非水中簰筏。

賑，富也。注：謂隱賑富有。

案，隱殷通用，詩殷其靁是也。

跋，躐也。釋文：跋，蒲末反，郭音貝，又補葛反。

案，狼狽即狼跋也，補葛反借曷韻葛字爲切。

疐，跆也。釋文：疐，竹利反，又得異反，又竹季反。案，三音皆同，只存一音足矣。陸氏採摭衆家，不加研核，往往有此。

煽，熾也。釋文：熾，昌至反。

案，昌至亦借切。

黹，紩也。釋文：紩音抶。

案，廣韻音秩。

䠊，刖也。釋文：䠊，扶味反，又枝迷反。

案，枝迷反未詳，集韻無此音。

釋訓：斤斤，察也。釋文：斤斤，樊居覲反，舍人云：斤斤，物精詳之察。

案，疏引舍人注精誤情，覲乃震韻字借切。

洸洸，武也。釋文：洸洸，女皇反，舍人本作僙，音同。

案，此字止有光汪二音，毛詩釋文可互證，此作女皇反疑誤。

怟怟，愛也。注：未詳。釋文：郭徒啓反，與愷悌音同。

案，注疏本作怟，如郭讀當從氏。

釋丘：淮南有州黎丘。注：今在壽春縣。

案，鹽鐵論：孔子能方不能圓，故飢於黎丘。哀公二年，蔡遷於州來，四年，孔子自陳適蔡，三歲，吳伐陳，楚救陳軍於城父，使人聘孔子，於是絶糧陳蔡之間。鹽鐵論所謂黎丘，蓋即州黎之丘也。

經義知新記 皇清經解

清·汪中

釋詁：哉，始也。釋文：亦作裁。康誥哉生明、哉生魄，並與裁字同。公冶長無所取材，集解一曰無所取哉，古字材哉同。說文：才，草木之初也。初裁並從衣，詩文王：陳錫哉周。周語昭十一年、宣十五年左氏傳，皆引作陳錫載周。詩駟鐵載獫歇驕，箋：載，始也。疏：載哉同義。夏本紀引書載采采作始事事。莊二十九年左氏傳：水昏正而栽。釋文：栽，字林才代反，一音再。隱十年經：宋人蔡人衛人伐戴。正義：地理志梁國甾縣故戴國。應劭曰古者甾戴聲相近。說文作䣌，云故國在陳留，從邑𢦏聲。詩俶載南畝，箋：載讀爲菑。又爾雅說文哉言之間，此則助字之哉，與爾雅尚書異。

爾雅釋言：殷、齊，中也。殷無盛意。說文：殷，作樂之盛，易曰殷薦之上帝。此盛專謂樂耳。殷讀如殷其雷之殷，九江孔殷，不得以殷爲盛也。

爾雅釋器：繩謂之縮之。注：縮者，約束之，詩曰縮版以載。非也。古者謂直爲縮，禮記古者冠縮縫，孟子自反而縮是也。繩所以爲直，故謂之縮。

釋邱：三成爲敦邱。釋文：敦，郭音頓。然則衛風之至于頓邱，頓敦同也，今或云堆，語之轉。

讀書脞錄續編　皇清經解　清·孫志祖

箌大也

爾雅：箌，大也。字本從竹，與從艸之菿字音義不同，故郭璞注云箌義未聞。釋文：箌，郭陟孝反，顧野王都角反，說文云草大也。邢疏又引韓詩云箌彼甫田，是直以菿爲箌矣。今案，說文有菿字無箌字，其菿字注云：草木到[倒]，從艸到聲。亦不訓大。菽字注草大也。韓詩之箌彼甫田必菿字之訛，景純非不見韓詩者，豈容以爲未聞而待後人之補釋乎。玉篇艸部菿字都角切，韓詩菿彼甫田。竹部箌字豬效切，捕具也。

廩廯也

釋言：廩，廯也。郭注：或說云即倉廩，所未詳。案，釋文引舍人云：廩，少鮮也。蓋廯與鮮通，廩有鮮義。公羊文十三年傳群公廩，何休注云：廩者，連新於陳上，財令半相連爾。疏謂全是故穀，但在上少有新穀，財得相連而已，故謂之廩，廩者，希少之名。此其證。

爾雅叙篇

漢志：爾雅二十篇。今唯十九篇，仁和翟晴江灝云古爾雅當更有釋禮篇，與釋樂篇相隨，祭名與講武旌旗三章乃釋禮之殘缺失次者。志祖案，廣雅篇弟一依爾雅，廣雅無釋禮篇，則晴江之説非也。蓋釋詁分上下二篇，故漢志稱二十篇爾。近人以毛詩周南關雎詁訓傳弟一正義引爾雅叙篇云：釋詁釋言通古今之字，古與今異言也，釋訓言形貌也。欲以叙篇充二十篇之數。然爾雅果有叙篇，景純豈應删而不注，且唐初作正義時尚存此篇，則張揖魏人其著廣雅亦必沿用之矣。爾雅叙篇不知何人所作，應考。

鄭康成爾雅本

鄭康成爾雅本與郭景純本多異，如釋詁繇於也郭注：繇詞於乎皆語之韻絶。釋文：繇，除又反，於音烏。詩無易由言，箋：由，於也。正義云釋詁文。漮，虚也。詩我居圉卒荒，箋：荒，虚也。爾雅釋文：漮，郭云本或作荒，荒亦邱墟之空無。歆、熙，興也。禮學記不興其藝，注：興之言喜也、歆也。正義引爾雅云：歆、喜，興也。假，已也。詩烈假不瑕，箋：瑕，已也。正義云釋詁文。釋言：殷、齊，中也。周禮以爲民極，注：極，中也。賈疏云爾雅文。斯、誃，離也。詩王赫斯怒，箋：斯，盡也。正義云釋言文。殛，誅也。詩後予極焉，箋：極，誅也。正義云釋言文。屆，極也。詩致天之屆，箋：屆，殛也。正義云釋言文。握，具也。詩夏屋渠渠，箋：屋，具也。

爾雅舍人注

陸德明經典釋文叙録：爾雅犍爲文學注三卷，一云犍爲郡文學卒史臣舍人，漢武帝時待詔。錢竹汀云：廣韻有舍姓，蓋其人姓舍名人。志祖案，姓舍罕見，且名人，疑未必然也。李善文選羽獵賦注引郭舍人爾雅注，是其人姓郭爾。漢書東方朔傳有幸倡郭舍人，正值漢武帝時，豈即其人邪。蓋本犍爲郡文學卒史而入爲舍人也，名則不可考矣。

大雲山房集

清・惲敬

釋舜

說文舛部：舜，草也，楚謂之葍，秦謂之藑，蔓地連華，象形，從舛亦聲。按，鄭風顏如舜華，此舜是也。說文草部：蕣，木堇也，朝華暮落，從草舜聲。按，月令木堇榮，此蕣是也。二物也。是故鄭風之舜非月令之蕣也，其舜之非蕣奈何，蕣之榮如戎葵，近蔕黑遠蔕者微有光曜而已，以擬女之顏，詩之比物，豈若是歟。舜之身蔓地，步以百計焉，舜之榮連華，英以億計焉，紅而暈，暈而善惑焉，故曰顏如舜華。是故鄭風之舜，葍也、藑也。月令之蕣，木堇也。二物也。是故鄭風之舜非月令之蕣也。雖然，詩之傳固辨於草木者也，其傳鄭風曰舜木堇，何歟，按爾雅椴木堇、櫬木堇，郭注別二名，夫爾雅之別名蓋有焉。唐蒙女蘿，女蘿菟絲，此別菟絲也，一物也。芣苢馬舄，馬舄車前，此別車前也，一物也。皆重文言之。椴櫬無重文。鶾天雞、螒天雞之類耳，二物也。則未知舜之木堇爲椴歟，櫬歟。則未知蕣之木堇爲椴歟，櫬歟。古者白爲椴，爾雅椴桅是也。赤爲櫬，爾雅櫬梧是也。蕣白身，其椴歟。舜赤身，其櫬歟。是故鄭風傳之言木堇，爲舜言之也，櫬木堇也。月令之言木堇，爲蕣言之也，椴木堇也。其舜與蕣之皆爲木堇奈何，葉堇也身木也，皆爲釋草奈何，爾雅于木之小而弱弱而灌生者草之，舜與蕣皆小也，皆弱也，皆灌生也。從之釋者以爾雅木堇爲一物，於是椴櫬混焉，以月令之木堇釋鄭風之木堇，於是舜蕣混焉，舜蕣混而舜之名不立矣。舜之名不立，於是蔓地連華之舜遂以檉河柳當之，夫檉在釋木，非小而弱弱而灌生者也。郭注赤莖小楊即赤楊也，高至尋丈焉，豈蔓地連華者哉。

嘉慶十六年，偕子寬自都還江南，見蔓地連華者，問之土人，曰日及華也。江南名河柳，蓋木堇華名日及，椴櫬通焉，河柳則誤名也。其誤名者日及，在江北皆蔓地連花，至江南有尋丈者焉，即赤楊也，故牽連及之耳。

十八年十二月在吳城作此釋正焉。

釋荍

爾雅：荍，蚍衃。郭云：今荆葵也，似葵紫色。陸云：華紫綠色。羅云：華似五銖錢，粉紅有紫文縷之。數說皆是也。以名荆葵，故北方名江西蕕，蕕蒿也。唐十道志江南西道，北盡鄂岳，南極涪黔，皆荆境也。以紫色、紫綠色、似五銖錢、粉紅有紫文縷之，故南方名藍菊，藍言色、菊言形也。然則以爲似葵者何歟，古者茹宋大曰葵，説文：葵，菜也。爾雅：莃，菟葵。芹，楚葵。終葵，繁露。皆葵類也。其華之名葵者，菺戎葵是也，郭云今蜀葵也，華如木堇華。夫戎葵如木堇，與荍懸甚矣。以爲似葵者何歟，蓋華如木堇而五色者曰蜀葵。華如木堇而黄者曰秋葵，即黄蜀葵也。華如菊而大，徑五寸莖及丈者曰黄葵，衛足葵也。華如菊而大，徑一寸莖餘尺者曰荆葵，即荍也。似葵者，似黄葵非似蜀葵也。然則以爲蚍衃者何歟，其葧廣其葧蔟如聚蛾子焉，故曰蚍衃也。古今注以蜀葵混荆葵，後人求所謂蚍衃而不得，遂以紫荆爲蚍衃，謬矣。

釋鳲鳩

鳲鳩，鳴鳩也。鳴鳩，鴶鵴。鴶鵴，布穀。布穀，郭公也。羽黑，翅尾如反舌有紒焉，如鸜鵒，其鳴多聲，聲二十四轉，故曰鳴鳩，黄鸝十二轉而已。其哺子，朝從上下，暮從下上，故小宛之詩以興懷二人焉。夫父子之倫正，推之無不正矣。鳲鳩之詩大矣哉。戴勝，戴鵀也。大如鴿，長喙，赤黑雜羽而有白文，其勝在首，度周尺，尺有畸兩，銳而中橢如五木，亦赤黑而白文。古者力所能勝曰任，任者，任其所能勝也，故所任之物名之曰勝。戴鵀，戴所任。戴勝，戴所勝也。西王母戴勝而處西極之地，其國俗以戴任爲業耳，豈有仙人之說哉，後之言勝者至以飾其首，非初義矣。

釋蟪蛄

蟪蛄草居，非蟬也而似蟬，蟬皆木居也。蟪蛄大如幺貝，身羽足深綠色，群族菅茅中，四月應陰氣千百相和而鳴，其聲喧沈留耳中啾啾然，故曰：違山十里，蟪蛄之聲尚猶在耳。蟪蛄鳴兮啾啾。爾雅：蛓，茅蜩。注：江東呼茅蛓。此蟪蛄也。知蟪蛄之爲茅蜩，而後爾雅釋蜩可別焉。蜓蚞螇螰注：即蝭蟧也，一名蟪蛄。此景純之誤也。疏方言蜓蚞，齊謂之螇螰，楚謂之蟪蛄。此子雲之誤也。蝭蟧木居，似馬蜩而差小，黑黃色，其鳴自呼曰蝭蟧，夏蟬也，非蟪蛄也。蜺寒蜩注：寒螿也。亦木居似蜓蚞而復小，黑黃色，其聲鏘鏘如舞鐃如鈴，故曰螿，非蟪蛄也。蚻蜻蜻注：方言有文者謂之蠽。亦木居似蜺而尤小，青赤色，其聲札札如繅如丁寧，故曰蚻，非蟪蛄也。後人以蜺爲蟪蛄，以蚻爲蜺，亦謂之蟪蛄，轉而相淆，豈有既耶。蜺蚻，秋蟬也。蜩，蜋蜩、螗蜩。蝒，馬蜩。皆夏蟬也，自其蛻言之曰蟬，自其鳴言之曰蜩，自其采言之曰蜋，具五色也，自其蝘言之曰唐，首正偃也，自其大言之曰馬，馬、蜀、胡皆大也。蝒之義如蝘。

鴟鴞說

爾雅：鴟鴞，鸋鴃。郭注曰鴟類而已。玉篇始有鵂鶹之說，案爾雅列鵅鵋鵙注云：江東呼鵂鶹爲鵋鵙。是郭未嘗以鴟鴞爲鵂鶹，玉篇之說非也。方言、陸疏、釋文、正義皆言巧婦鳥，以詩言綢繆牖户推之，其諸不甚謬歟。

鶪如鳩，一名鵬，一名流離是也。土鶪食母，一名梟鴟是也。鴟鶪如雀，一名鷤䳇是也。鶪、土鶪、鴟鶪俱名鶪，如五鳩名鳩，九扈名扈，故郭曰鴟類也。鴟鶪，鴟鶪鳥自呼之聲，爲鳥言者皆自呼姑惡姑惡是也。取子毁室，指下民言之。此詩，書僞孔傳以爲作于東征之後，詩鄭箋以爲作于東征之前，史記以爲既迎周公，遂東征，東征西歸乃作詩貽王。今取詩言繹之，予惟音曉曉，是成王未寤也，成王未寤，則史記謂迎周公之後非也。曰予未有室家、予室翹翹、風雨所漂摇，是東國未定也，東國未定，則史記、僞孔傳謂東征之後皆非也。周公作此詩當以鄭箋爲信，然鄭箋謂取子爲成王誅周公之屬黨，毁室爲絶其官位奪其土地則甚非。夫周公，聖人也，二公亦聖人也。成王，大賢人也。周公聞流言義宜避，二公當周公之避，義宜調護朝廷，成王者，蓋不能釋然于周公耳。曾是三聖一賢，而君臣之間，如晉之于荀寅士吉射，秦之于穰侯商君乎哉。是故既取我子，取管蔡也。其時管蔡未誅，取者管蔡已外，比武庚也，周公蓋傷之也。毋毁我室者，東國有叛志，周公虞之之詞也。徹土、捋荼、蓄租，周公居東輯侯封繕王旅以障東國也。拮据、卒瘏，周公之勤也。夫二公以勳舊勤勞于内，周公以太保冢宰出巡，既親且賢，勤勞于外，故武庚内引管蔡外引徐淮，兵興幾半天下，不旋踵而埽除之，知此則鴟鶪之詩所以開諭成王思往慮來之故，皆可以觀矣。

與邵編修辨爾雅斥山書 卷施閣文集甲集

清・洪亮吉

爾雅九府：東北之美者，有斥山之文皮焉。斥山，高誘注淮南王書及郭璞均不言所在。今足下作正義，稱隋書地理志及樂史太平寰宇記以爲斥山在今榮成縣南一百二十里。今考隋志，雖言文登縣有斥山，然偶同其名，不能定爲即爾雅所指，惟樂史始言即爾雅之斥山，樂史之于地理，其疏誤足下所知也，然則足下注殷商古制而僅據北宋單詞，僕竊以爲過矣，今敢據周禮爾雅爲足下陳之。周禮職方氏：正東曰青州，其山鎮曰沂山，東北曰幽州，其山鎮曰醫無閭。爾雅惟以東方爲東北，東北爲東方，與職方略異。今考爾雅九州本屬殷制，夫殷都河内，故以沂山爲東北而以醫無閭爲東，周都雍州，故又以沂山爲正東而醫無閭爲東北，古圖今雖不存，然宋劉豫阜昌七年所刊禹蹟圖者，尚屬賈耽相傳舊本，今核二山所在，以正兩代之名，既無累黍之差，益信立言之審，此一證也。職方氏九州之山除五嶽外餘即四鎮，職方氏舉周制，四極之内故不及昆崙墟，惟此與爾雅異，爾雅四荒云：觚竹、北户、西王母、曰下。今西王母石室即在昆崙山。若常山即今恒山，爾雅恒山爲北嶽，堯典宅朔方曰幽都，則北岳可名幽都之證，故郭注亦曰幽都山名是也，餘七山則盡與爾雅同，此二證也。隋開皇十五年詔祠名山大川，以沂山爲東鎮，醫無閭爲北鎮，會稽爲南鎮，霍山爲西鎮，是四鎮皆不出周禮職方及爾雅九府，此三證也。四鎮之名，周禮大司樂注與新唐書地理志所載不同，周禮注云：四鎮，揚州會稽，青州沂，幽州醫無閭，冀州霍山。而唐志則云東泝山，南會稽，西吳山，北醫無閭。是西鎮有時變遷而東沂絶無異説，此四證也。若云東北之美，則周書王會解：孤竹距虚，不令支元貘、不屠何青熊、東胡黄羆。注云皆東北夷。距虚，野獸，驢騾之屬。貘，白狐。元貘則黑狐。又鹽鐵論燕齊之魚鹽旃裘，蓋壤地既連則珍奇易萃，此不特羽畎之貢，載自堯時綾絹之徵，詳于近代，而黄羆墨狐且與紫草紅藍而并著矣，新唐書地理志：青州貢紅藍紫草。此五證也。今登州府榮成縣雖有斥山，山既辟小，隋書地志僅有其名，外此則自漢迄唐皆無著録，必非爾雅九府之山，至樂史之言又最不足據，故不辯。此六證也。泝斥字，隸書本近，或省文作斥，隸書又誤寫增。蓋沂山以沂水所出得名，故山字可不從水，猶之汧山爲汧水所出，灊山爲灊水所出，後人省文亦止作幵山鬵山，此七證也。爾雅既屬殷制，殷之九州爲冀、豫、雝、荆、揚、兖、徐、幽、營，則九府係一州舉一山，冀州霍山、豫州華山、雝州昆侖山、昆侖山在今肅州西南。禹貢雍州：昆侖、析支、渠搜、西戎。又云厥貢惟球琳琅玕。荆州梁山、揚州會稽山、兖州岱岳、徐州沂山、幽州幽都山、晉太康地志幽州本以幽都得名。營州醫無閭。尚書疏云青州之境非止海畔而已，堯時青州越海而有江東，舜為十二州，分青州為營州，營州即遼東也，禹貢又并營于青。爾雅營州之境與禹貢青州同，故醫無閭得在營州。若謂今榮成縣南之斥山，則與醫無閭同屬營州，一州舉二山而徐州反闕，既乖任土作貢之義，又失辨方正位之規，聖哲立言，不當如此，此八證也。況足下八山皆據周禮職方及考工記，獨東北斥山乃近據欒史而不信職方，可乎。又足下能別梁山之爲衡山，而乃失之于此者，則不察也。僕近爲乾隆府廳州縣志，雖于古人之外時有一得，然卷帙既廣，訛舛實多，海内故人，多聞直諒，如足下者亦僅見，他日亦欲足下引繩披根，是正缺失，故敢先貢其愚，幸不吝教我也。

與福將論爾雅釋言　許鄭學廬存稿

清・王紹蘭

案，釋詁與釋言有別，釋詁哉可詁爲初，淑可詁爲令，釋言殷齊皆釋爲中，而殷不可詁齊。賸將皆釋爲送，而賸不可詁將。此義實前人所未發，但詳考釋言，如還、復，返也。荀子王霸篇：舜禹還至，王業還起。楊倞注：還，復也。淮南子原道訓久淫而不還，高誘注：還，復。是還復皆釋爲返，而還亦可詁復也。宣、徇，遍也。左氏桓十三年傳莫敖使徇于師，杜預注：徇，宣，令也。是宣徇皆釋爲遍，而徇亦可詁宣也。蒙、荒，奄也。詩魯頌閟宮篇遂荒大東，毛傳：荒，蒙也。是蒙荒皆釋爲奄，而荒亦可詁蒙也。俞、畣，然也。畣即答之異文。漢書禮樂志星留俞，顏師古注：俞，答也。是俞答皆釋爲然，而俞亦可詁答也。劑、翦，齊也。郭璞注：南方人呼翦刀爲劑刀。太元經永次八測曰其命劑也，范望注：劑，翦也。是劑翦皆釋爲齊，而劑亦可詁翦也。作、造，爲也。周官膳夫卒食以徹于造，鄭注：造，作也。儀禮士冠禮夏之末造也，鄭注：造，作也。是造作皆釋爲爲，而造亦可詁作也。滷，矜，鹹，苦也。玉篇鹵部：滷，昌石切，苦地也，書曰海賓廣滷，本亦作斥，又音虜。水部：滷，音魯，鹹水。說文作鹵，西方鹹地也。是滷鹹皆釋爲苦，而滷亦可詁鹹也。競，逐，彊也。詩桑柔篇職競用力，箋：競，逐也。左氏昭元年傳諸侯逐進，注：逐，競也。莊子齊物論有競有爭，郭象注：並逐曰競。漢書五行志馳逐，晉灼曰：競走曰逐。是競逐皆釋爲彊，而競亦可詁逐，逐亦可詁競也。以上八條，皆不盡合殷齊朡將之例。又：告，謁，請也。釋詁：謁，告也。儀禮聘禮乃謁關人，覲禮擯者謁諸天子，禮記月令先立春三日太史謁之天子，鄭注並云：謁，告也。是告謁皆釋爲請，而謁亦可詁告，且釋詁顯有明文。疾，齊，壯也。釋詁云：齊，疾也。郭璞彼注說以詩曰仲山甫徂齊，蓋本三家詩，以齊爲徂往之疾，此注云齊亦疾。尚書大傳多聞而齊給，鄭注：齊，疾也。離騷反信讒而齊怒，王逸注：齊，疾也。古人名字相應，左氏晉有女齊字叔疾，今本誤作侯，猶周官前侯之誤為前疾，形近故也。衛有世叔齊亦字疾。是疾齊皆釋爲壯，而齊亦可詁疾，且釋詁顯有明文。以上二條，釋言所說其義與釋詁相通，不盡合殷齊朡將之例，又其明證矣。然則釋詁釋言有別之說當更商之。

與段若膺明府論校爾雅書　拜經文集　清·臧庸

尊校爾雅，以釋訓徒御不驚輦者，爲當作徒御不警徒輦者也，以黍苗正義爲據。鏞堂以作徒御不警者爲毛詩，作徒御不驚者爲三家詩，今毛詩車攻作驚，而七經孟子考文載古本經傳皆作警，又正義釋經曰徒行輓輦者與車上御馬者豈不警戒乎，言以相警戒也，此尤足爲本作不警之證，自唐石經以下作驚者譌也。爾雅今文本三家詩，當作不警，自唐石經及宋元本皆作驚，車攻黍苗正義引釋訓文莫不盡然，知爾雅無有作警者矣。黍苗正義曰：釋訓云徒御不驚，以徒爲輦者也。此釋爾雅之義以徒爲輦者耳，非謂輦者也之上更有徒字也，猶既伯既禱馬祭也，馬祭也上本無伯字，亦不當增。先生前舉是刈是濩，濩煮之也，以煮之也上重濩字，證徒字伯字當重，不知唐石經、宋本爾雅皆作是刈是穫鑊煮之也，上下兩濩字不同，詩正義釋之曰以蒸之於鑊故曰鑊煮，非訓濩爲煮。若如尊説，是訓濩爲煮，又當作是刈是穫，穫，鑊煮之也矣。釋水九河徒駭注云：今在承平縣，義所未聞。胡蘇注云：東莞縣今有胡蘇亭，其義未詳。蓋漢人李巡孫炎注云爾雅徒駭胡蘇皆有義，郭注馬頰、覆釜、簡、絜、鉤盤、鬲津亦莫不言其義，今於徒駭胡蘇但證其地之所在而不言義，故曰未聞未詳，乃尊校删去今在成平縣東莞縣今有胡蘇亭二句，豈誤會未聞未詳之説而疑此非郭注乎。釋獸虪白虎下尊校引徐鍇曰曹憲作爾雅音云音覓，按徐楚金繫傳惟説文本書爲可信，餘所引經史傳注之文多由臆記，誤舉不可根究，曹憲祇作廣雅音而無爾雅音，隋書經籍志載廣雅音四卷秘書學士曹憲撰是也。唐書藝文志誤作曹憲爾雅音義二卷，疏舛已極，不料與楚金暗合。朱錫鬯經義考誤采唐志，鏞堂撰爾雅考嘗訂正之。今廣雅釋獸無虪字，曹憲亦無覓音，不知楚金何由致誤而可引以爲據乎。惟釋畜狗四尺爲獒尊校斷注末尚書孔氏傳等十五字非郭注，謂出後人附益，鏞堂考之疏文祇釋公羊傳未釋書孔傳，又疏中標注公羊傳曰者，單疏宋板舉起至作公羊至之獒，然則邢叔明作疏時所據郭注本無尚書孔氏傳等十五字，此條校勘爲最精。凡尊校之是者，鏞堂既盡取之矣，其有似是而非者，不可以不辨也，希再定之。

拜經日記 皇清經解

清・臧庸

大戴禮有爾雅

公羊宣十二年注：禮，天子造舟，諸侯維舟，卿大夫方舟，士特舟。疏云：釋水文也。案何邵公引爾雅釋水而偁禮者，魏張揖上廣雅表言爾雅秦叔孫通撰置禮記，此蓋漢初之事，大戴禮記中當有爾雅數篇爲叔孫氏所取入，故班孟堅白虎通引爾雅釋親文偁爲禮親屬記。三綱六紀篇禮親屬記曰：男子先生稱兄，後生稱弟，女子先生為姊，後生為妹。孟子：帝館甥于貳室。趙云：禮記妻父曰外舅，謂我舅者，吾謂之甥。應仲援風俗通聲音篇引釋樂：大者謂之産，其中謂之仲，小者謂之箹。爲禮樂記，則禮記中之有爾雅信矣。或疑漢藝文志禮家不及叔孫通，張氏之言恐未得實，蓋未考之班氏諸書也。

崔嵬砠矣

詩卷耳陟彼崔嵬，傳：崔嵬，土山之戴石者。陟彼砠矣，傳：石山戴土曰砠。正義曰：釋山云石戴土謂之崔嵬，孫炎曰石山上有土者。又土戴石爲砠，孫炎云土山上有石者。此及下傳云石山戴土曰砠，與爾雅正反者，或傳寫誤也。庸案，此當從毛詩傳，孫郭本爾雅誤也。郭璞此注襲用叔然。本是土山，而石載其巔，故形崔嵬然，崔嵬，目上石也。且，薦也。砠從且，石在下，若且薦土然，故曰砠。砠，目下石也。蓋山以石爲君，故二山皆主石言之。說文山部：岨，石戴土也，從山且聲，詩曰陟彼岨矣。釋名釋山：石載土曰岨，岨，臚然也。土載石曰崔嵬，因形名之也。皆與毛傳同。引之案，此條確甚。鄙意崔嵬字岨字當以說文釋名正爾雅之訛，岵屺當以說文釋名正毛傳之訛。江叔澐聲云寫爾雅者誤，是也。戴東原撰一書，名爲毛鄭詩考正，反從爾雅，言高山其下多石爲之基，故石戴土謂之崔巍，砠字從石，以石上見也，故土戴石爲岨，此曲說，不足辨矣。焦循案，小雅漸漸之石維其卒矣，毛傳：漸漸，山石高峻。箋云：卒者崔巍也，謂山巔之末也。此爲戴石之證，以小雅爲國風之注，則毛是而爾雅非矣。

岵兮屺兮

陟岵陟彼岵兮，傳：山無草木曰岵。陟彼屺兮，傳：山有草木曰屺。釋文：陟岵此傳及解屺與爾雅不同，王肅依爾雅。正義曰：傳言無草木曰岵，下云有草木曰屺，與爾雅正反，當是傳寫誤也，定本亦然。爾雅釋山：多草木，岵。無草木，峐。注：皆見詩。釋文：峐，三蒼、字林、聲類並云猶屺字。說文：岵，山有草木也。屺，山無草木也。庸案，此亦當從毛詩傳，爾雅誤也。屺峐不同，是古今文之異，爾雅傳於漢世，爲今文之學，與毛氏古文不同，蓋韓魯之經必有作陟彼峐兮者，故注云皆見詩。三蒼、聲類並有峐字，知漢魏以來相傳舊本如是，與屺字聲亦相近，六書音韵表已聲亥聲同在第一部，說文亥荄也，有草木爲峐，義取諸此。金壇段若膺云岵之言瓠落也，屺之言荄滋也，得之。王肅依爾雅者，何也，好與鄭異也。鄭箋本毛傳，必與爾雅不同，故肅反從爾雅據以難鄭，可斥鄭本之誤。唐人定本往往爲肅所誤，而此獨不從肅改，亦可見肅依爾雅之非矣。說文作屺，義與爾雅同，必係後人私改。許叔重多用毛傳，如岨字之不從爾雅而從毛傳，亦可證。釋名釋山云：山有草木曰岵，岵，怙也，人所怙取以爲事用也。山無草木曰屺，屺，圮也，無所出生也。蓋已據誤本爾雅，戴東原毛鄭詩考正取其說而疑詩傳轉寫互訛。引之案，箋但云登岵山屺山而已，其所見毛傳本同不同未可知也，釋文正義所據毛傳本在後，說文釋名所據毛傳本在前，釋名作屺不作峐，似據毛詩，非據爾雅，竊謂戴庶常之說未必非。

樲棗

齊民要術卷四孟子嘗曰樲棗，樲棗者遵，實小而且圓，紫黑色，俗呼羊矢棗。爾雅釋木樲酸棗，注：樹小實酢，孟子曰養其樲棗。諸本皆作樲棘，惟元刻雪窗書院本、明刻明深本作樲棗。案，今本孟子皆誤作養其樲棘，趙邠卿告子章句亦云樲棗小棗，諸本皆作樲棘小棘，今從宋板爾雅疏。俗本爾雅疏并脱小棗二字。所謂酸棗也。盡心下曾晳嗜羊棗，章句：羊棗，棗名也。正義曰：蓋樲與棗一物也，然而有二名，是樲小而棗大，樲酸而棗甘耳。云羊棗，則羊棗之爲大棗甘者矣，其類則樲棗之屬也。據正義知北宋初本尚作樲棗，不知何時始誤作棘字，趙邠卿正本爾雅。宋板爾雅疏云：注孟子曰養其樲棗者，釋曰，案孟子曰今有場師，舍其梧檟，養其樲棗，則爲賤場師焉，趙岐注云樲棗小棗，所謂酸棗也。俗本疏棗皆作棘。許氏説文：樲，酸棗也。玉篇：樲，如至切，酸棗，孟子云樲棗是也。

行或尼之

釋詁：尼，止也。郭注引孟子曰行或尼之。正義曰：孟子行或使之，止或尼之，此云行或尼之，所見本異，或傳寫誤。案，趙氏章句：尼，止也。正本釋詁文，與郭景純義同，人欲行而天止之，人欲止而天使之，故曰行止非人所能，吾之不遇魯侯，天也。蓋本作行或尼之，止或使之，今本互倒，當從郭氏所引。趙注云孟子之意以爲魯侯欲行天使之矣云云，似後人據誤本竄改，非其本真。

雅釋

爾雅釋木棤皵謂木皮甲錯者，梢櫂謂木無枝柯者，文法極整齊。棤一名皵，梢一名櫂，取同聲同類者爲訓，皆叠韻也。今本作梢、梢櫂，衍一梢字矣。又篇末曰小枝上繚爲喬，此申上上勾曰喬也。曰無枝爲檄，此申上梢櫂也。曰木族生爲灌，此申上灌木叢木也。恐學者不了，故反復釋之。釋魚鮤鯬，此鮤魚一名鯬也，犂來聲相近，故以鯬釋鮤，猶釋畜鯬牝驪牝，來麗聲相近，故以驪牝釋鯬牝也。釋獸猱蝯善援、貜父善顧，蝯者援也，貜從瞿，瞿者雙目顧視貌，以其善援，故名之曰蝯也，以其善顧故名之曰玃也。

爾雅注多魯詩

唐人義疏引某氏注爾雅，即樊光也，其引詩多與毛韓不同，蓋本魯詩，今彙錄之而證以毛詩，不特樊之異於毛者可見，即毛之不與樊同而俗本誤同之者亦見矣。釋詁篇墳大也，注引詩云有賁其首，此見書盤庚正義，餘俱見詩正義。而毛詩魚藻作有頒其首。案釋文引韓詩亦作頒，云衆貌，則樊氏所用非韓詩。妃媲也，注引詩云天立厥妃，而毛詩皇矣天立厥配。或以配字為誤，非也。亶厚也，注引詩云俾爾亶厚，案，潛夫論慎微篇俾爾亶厚胡福不除，亶字正與此合。又何福作胡福者，毛詩山有樞子有酒食，何不日鼓瑟。揚之水既見君子，云何不喜。而隸釋石經魯詩作胡不日鼓瑟、云胡不喜，蓋毛詩何字魯詩我作胡，然則潛夫論所引乃魯詩也。而毛詩天保作俾爾單厚。柔安也，注引詩云懷柔百神，而毛詩時邁作懷濡百神。釋文云柔本作濡。正義曰定本作柔，集注作濡。呬息也，注引詩云民之攸呬，而毛詩泂酌作民之攸塈。淈治也，注引詩云淈此群醜，案鄭箋云：屈，治也。釋文引徐仙民云：鄭其勿反，則亦讀為淈，與樊氏音義皆同。而毛詩泮水作屈此群醜。案釋文引韓詩亦作屈，云收也，則樊注所用非韓詩。釋言篇祺祥也，注引詩云維周之祺，而毛詩維清作維周之禎。釋文云祺本又作禎，音貞，與崔本同。正義曰定本集注祺字作禎。洵均也，注引詩云：菀彼桑柔，其下侯洵。而毛詩桑柔作菀彼桑柔，其下侯旬。釋訓篇溞溞淅也、烰烰氣也，注引詩云：釋之溞溞，烝之烰烰。說文火部引詩烝之烰烰。而毛詩生民作釋之叟叟，烝之浮浮。儵儵嘒嘒，罹禍毒也，爾雅釋文云：儵儵，樊本作攸攸，引詩。注引詩云攸攸我里，而毛詩十月之交作悠悠我里。傳：悠悠，憂也。義亦不同。釋草篇荷芙蕖其莖茄，注引詩云有蒲與茄，而毛詩澤陂作有蒲與荷。釋木篇瘣木苻婁，注引詩云譬彼瘣木，疾用無枝。說文疒部亦引詩譬彼瘣木。而毛詩小弁作譬彼壞木，疾用無枝。毛傳：壞，瘣也。釋獸篇麋牡麔牝麎，注引詩云瞻彼中原，其麎孔有。案鄭箋云祈當作麎，麎麋牝也。是鄭與樊同。考鄭注儀禮、士昏禮、特牲饋食禮及禮記郊特牲，皆引魯詩素衣朱綃，而箋毛詩揚之水，繡當為綃，箋皇矣侵阮徂共，以阮徂共為三國。正義引張融謂魯詩之義如此。又注禮記坊記所引先君之思以畜寡人，以為衛夫人定姜之詩。釋文云此魯詩，然則康成雖從張恭祖習韓詩，而注三禮及箋毛詩所用魯詩為多，漢志所謂魯最為近之是也。此改祈為麎，蓋本魯詩。而毛詩吉日作瞻彼中林，其祁孔有。鼫鼠注引詩云鼫鼠鼫鼠，而毛詩魏風作碩鼠碩鼠。其文與毛同而義異者不録。

詩雅文同義異

郭注爾雅引詩文與毛氏同而義異傳箋者，兹亦兩列之，俾有所考焉。釋詁厖大也，注引詩曰爲下國駿厖，而長發曰爲下國駿厖，厖，厚也。廢大也，注引廢爲殘賊，而四月曰廢爲殘賊，廢，忕也。釋文云一本作廢大也，此是王肅義。攻善也，注引我車既攻，而車攻曰我車既攻，攻，堅也。徽善也，注引太姒嗣徽音，而思齊曰太姒嗣徽音，箋云：徽，美也。粤于也，注引對越在天，案越粤通，而清廟曰對越在天，箋云：越，於也。屈聚也，注引屈此群醜，而泮水曰屈此群醜，屈，斂也。箋云：屈，治也。正義曰：屈，治。釋詁文，彼屈作淈，某氏引此詩，是音義同也。釋文曰：韓詩云，屈，收也。邛勞也，注引維王之邛，而巧言曰維王之邛，邛，病也。惄思也，注引惄如調飢，而汝墳曰惄如調飢，惄，飢意也。箋云：惄，思也。履福也，注引福履綏之，而樛木曰福履綏之，履，祿也。釋言征行也，注引王于出征，而六月曰王于出征，出征以佐其爲天子也。箋云：王曰令女出征。將送也，注引遠于將之，而燕燕曰遠于將之，將，行也。箋云：將亦送也。振古也，注引振古如兹，而載芟曰振古如兹，振，自也。箋云：振亦古也。夷悦也，注引我心則夷，而草蟲曰我心則夷，夷，平也。皇匡正也，注引四國是皇，而破斧曰四國是皇，皇，匡也。釋訓惕惕愛也，注引詩云心焉惕惕。韓詩以爲悦人，故言愛也。而防有鵲巢曰心焉惕惕，惕惕猶忉忉也。序曰：防有鵲巢，憂讒賊也，宣公多信讒，君子憂懼焉。釋宮廟中路謂之唐，注引中唐有甓，而防有鵲巢曰中唐有甓，中，中庭也。唐，堂塗也。釋器繩之謂之縮之，注引縮版以載，而緜曰縮版以載，乘謂之縮。箋云：乘聲之誤，當爲繩也。釋天曰出而風爲暴，注引終風且暴，而終風曰終風且暴，終日風爲終風，暴，疾也。釋蟲草蟲負蠜，注引喓喓草蟲，而草蟲曰喓喓草蟲，草蟲，常羊也。釋獸麐牡麌，注引麀鹿噳噳，而韓奕曰麀鹿噳噳，鹿牝曰麀，噳噳，衆多也。箋云：麐牡曰噳，噳復噳言多也。四蹢皆白豥，注引有豕白蹢，而漸漸之石曰有豕白蹢，蹢，蹄也。箋云：四蹄皆白曰駭。釋畜騋牝驪牝，注引騋牝三千，而定之方中曰騋牝三千，馬七尺以上曰騋，騋馬與牝馬也。一目白瞯，二目白魚，注引有驔有魚，而駉曰有驔有魚，豪骭曰驔，一目白曰魚。牛七尺爲犉，注引九十其犉，而無羊曰九十其犉，黄牛黑脣曰犉。此爾雅毛詩之文同義異者可見矣。

雅注毛鄭異文

郭景純注爾雅，承用漢人舊義，如犍爲舍人、李巡、樊光等徵引詩經三家爲多，其文往往與毛氏不同而義亦有異，今考其文之顯異者，列爾雅於上，以毛鄭證之，其義之同異亦附著焉，若郭注但云見詩而經句無明文者不錄。釋詁權輿始也，注引詩曰胡不承權輿，而毛詩權輿曰于嗟乎，句不承權輿。權輿，始也。假大也，注引湯孫奏假，而那曰湯孫奏假。假，大也。箋云：假，升也。幠有也，注引遂幠大東，而閟宫曰遂荒大東。荒，有也。箋云：荒，奄也。摧至也，注引先祖於摧，而雲漢曰先祖于摧。摧，至也。箋云：摧當作嗺，嗺，嗟也。介善也，注引介人維藩，案維當作惟，漢書王莽傳同，而板曰价人維藩。介，善也。箋云：价，甲也。荀子君道篇彊國篇同。仇匹也，注引君子好仇，禮記緇衣、漢書匡衡傳同，匡衡學齊詩而關雎曰君子好逑。逑，匹也。釋文：逑音求。正義曰：詩本作逑，爾雅多作仇。陽予也，注引魯詩云陽如之何，而澤陂曰傷如之何。傷，無禮也。箋云：傷，思也。悝憂也，注引悠悠我悝，而十月之交曰悠悠我里。里，病也。箋云：里，居也。盱憂也，注引云何盱矣，而卷耳曰云何吁矣。吁，憂也。都人士作云何盱矣與郭同。箋云：盱，病也。與郭異。瘽勞也，注引哀我瘽人，而大東曰哀我憚人。憚，勞也。祓福也，注引祓祿康矣，而卷阿曰茀祿爾康矣。茀，小也。箋云：茀，福也。射猒也，注引服之無射，禮記緇衣、楚辭招魂注同，而葛覃曰服之無斁。斁，厭也。税舍也，注引召伯所税，而甘棠曰召伯所説。説，舍也。剡利也，注引以我剡耜，東京賦介馭間以剡耜本此，而載芟曰以我覃耜。覃，利也。酋終也，注引嗣先公爾酋矣，而卷阿曰似先公遒矣。遒，終也。釋言肅噰聲也，注引肅噰和鳴，而有瞽曰肅雝和鳴。愷悌發也，注引齊子愷悌，而載驅曰齊子豈弟。言文姜於是樂易然。箋云：此豈弟猶言發夕也，豈讀當爲闓弟。古文尚書以爲圛圛明也。猷若也，注引實命不猷，而小星曰實命不猶。猶，若也。俅戴也，注引戴弁俅俅，玉篇頁部同。而絲衣曰載弁俅俅。俅俅，恭順貌。箋云：載猶戴也。頲題也，注引麟之頲，而麟趾曰麟之定。定，題也。猷可也，注引猷來無棄，案棄當作止。而陟岵曰猶來無止。猶，可也。弇同也，注引奄有龜蒙，案奄當作弇。而閟宮曰奄有龜蒙，箋云：奄，覆也。偟暇也，注引不偟啓處，而四牡曰不遑啓處。遑，暇也。釋親妻曰嬪，注引聿嬪于京，而大明曰曰嬪于京。釋宮西北隅謂之屋漏，注引尚不媿於屋漏，而抑曰尚不愧于屋漏。西北隅謂之屋漏。閍謂之門，注引祝祭於祊，而楚茨曰祝祭于祊。祊，門内也。釋器珪大尺二寸謂之玠，注引錫爾玠珪，而崧高曰錫爾介圭，箋云：圭長尺二寸謂之介。釋樂小者謂之應，注引應朄縣鼓，而周禮大師注、禮記明堂位注同，而有瞽曰應田縣鼓。應，小鞞也。田，大鼓也。箋云：田當作朄，朄，小鼓在大鼓旁，應鞞之屬也，聲轉字誤變而爲田。釋天西風謂之泰風，注引泰風有隧，而桑柔曰大風有隧，箋云：西風謂之大風。雨霓爲霄雪，注引如彼雨雪，先集維霓，而頍弁曰如彼雨雪，先集維霰。霰，暴雪也。釋水過爲洵、潁爲沙、汝爲濆，注云：詩曰遵彼汝濆，皆大水溢出，别爲小水之名。而汝墳曰遵彼汝墳。汝，水名也。墳，大防也。水草交爲湄，注引居河之湄，而巧言曰居河之麋。水草交謂之麋。釋草瓠棲瓣，注引齒如瓠棲，而碩人曰齒如瓠犀。瓠犀，瓠瓣。蒤委葉，注引以茠蒤蓼。詩釋文云：薅，説文云或作茠，引此以茠蒤蓼。而良耜曰以薅荼蓼。蓼，水草也。釋木樌木叢木，注引集於灌木，而葛覃曰集于灌木。灌木，叢木也。釋蟲皇螽蠜，注引趯趯皇蟲，而草蟲曰趯趯阜螽。阜螽，蠜也。釋鳥鳥少美長醜爲鶹鷅，注云：鶹鷅猶留離，詩所謂留離之子。而旄丘曰流離之子。流離，鳥也，少好長醜。釋獸牝豝，注引一發五豝，儀禮鄉射禮注說文豕部同。而騶虞曰壹發五豝，豕牝曰豝。釋畜駵白駁黃白騜，注引騜駁其馬，而東山曰皇駁其馬。黃白曰皇，駵白曰駁。長喙獫，短喙猲獢，注引載獫猲獢，說文犬部同。而駟驖曰載獫歇驕。獫、歇驕，田犬也，長喙曰獫，短喙曰歇驕。舉此而毛詩、鄭箋、爾雅郭注，其文義之異同可見其略矣。

爾雅毛詩異文

爾雅釋訓一篇，釋詩之訓詁，漢初傳爾雅者皆今文之學，故與毛詩不同，後世三家既亡，爾雅之文不可盡考，今審其音義相同或別見他書者，列爾雅於上，以毛詩證之，釋雅正以訓詩也。爾雅便便辯也，此釋詩采菽平平左右也。詩釋文曰：平平，韓詩作便便。廱廱和也，此釋思齊雝雝在宮也。憴憴戒也，此釋抑子孫繩繩也。憢憢懼也，此釋鴟鴞予維音嘵嘵也。洸洸武也，此釋江漢武夫洸洸也。釋文曰：舍人本作僙，音同。鹽鐵論繇役篇引詩武夫潢潢，法言孝至篇武義璜璜兵征四方，璜璜皆僙僙之訛。洋洋思也，此釋二子乘舟中心養養也。薨薨衆也，此釋螽斯薨薨兮也。釋文曰：顧舍人本作雄雄。案，顧野王就郭注爲音，然則郭氏注本作雄雄矣，古瞢聲雄聲皆烝類也。委委佗佗美也，此釋君子偕老委委佗佗也。釋文曰：諸儒本並作禕，舍人云禕禕者心之美，引詩亦作禕。顧舍人引詩釋云禕禕它它。怟怟愛也，此釋葛屨好人提提也。漢書敘傳下姼姼公主，孟康曰：姼姼、愓愓，愛也。師古曰：魏詩葛屨之篇曰好人提提，音義同耳。惠氏棟云：說文：姼，美女也，或作㚬，從氏。然則爾雅之怟當作㚬，氏與是通，故王逸引作媞。格格舉也，此釋斯干約之閣閣也。周禮匠人注亦作約之格格。懕懕安也，此釋小戎厭厭良人也。媞媞安也，此釋葛屨好人提提也。楚詞七諫注云：媞媞，好貌也，詩曰好人媞媞。慅慅勞也，此釋巷伯勞人草草也。釋文曰：郭騷草蕭三音。廣雅釋訓曰：慅慅，憂也。曹憲音草。壿壿喜也，此釋伐木蹲蹲舞我也。旭旭憍也，此釋巷伯驕人好好也。釋文曰：旭旭，郭呼老反。是讀旭爲好矣。

訰訰亂也，此釋抑誨爾諄諄也。邈邈悶也，此釋抑聽我藐藐也。版版盪盪僻也，此釋板上帝板板，蕩蕩上帝也。爾雅釋文曰：版版，作板。廣雅釋訓曰：版版，反也。爞爞熏也，此釋雲漢蘊隆蟲蟲也。詩釋文曰韓詩作烔。廣雅釋訓曰：爞爞，憂也。然則作爞爞者蓋魯詩。敖敖傲也，此釋板聽我囂囂也。釋文曰：敖敖，本又作謷。庚庚病也，此釋正月憂心愈愈也。郝郝耕也，此釋載芟其耕澤澤也。繹繹生也，此釋載芟驛驛其達也。溞溞淅也、烰烰烝也，此釋生民釋之叟叟蒸之浮浮也。諻諻樂也、穰穰福也，此釋執競鐘鼓喤喤，降福穰穰也。噰噰喈喈民協服也，此釋卷阿雝雝喈喈也。佻佻契契愈遐急也，此釋大東佻佻公子，契契寤歎也。魏都賦或明發而嬥歌，善曰：爾雅曰嬥嬥契契愈遐急也，嬥或作佻，音葦苕，一音徒了反。廣雅釋訓曰：嬥嬥，好也。爾雅釋文曰：契契，字又作挈。楚辭九歎注引詩挈挈寤歎。廣雅釋訓：栔栔，憂也。曹憲音契爲挈。稚讓蓋本作挈。宴宴尼居息也，此釋北山或燕燕居息也。卉木悽悽懷報德也，此釋出車卉木萋萋也。儵儵罹禍毒也，此釋小弁踧踧周道也。又釋文曰：儵儵，樊本作攸，引詩云攸攸我里。則釋十月之交悠悠我里也。旦旦悔爽忒也，此釋氓信誓旦旦。釋文曰：旦旦，本或作怛怛，同，都歎反。玉篇心部：怛，得歎反，爽也忒也。義本釋訓。琄琄刺素食也，此釋大東鞙鞙佩璲也。懽懽愮愮憂無告也，此釋板老夫灌灌、黍離中心搖搖也。釋文曰：灌灌，本或作懽同，古玩反。愮愮，本又作搖，樊本作遥，又作恌。玉篇心部：懽，呼官切，悦也，又公玩切，爾雅曰懽懽愮愮憂無告也。又悹，古桓切，又公玩公緩二切，悹悹憂無告也。悺同上。蓋爾雅本作悹悹，淺人據毛詩改爲灌矣。謞謞崇讒慝也，此釋板多將熇熇也。翕翕訿訿莫供職也，此釋小旻潝潝訿訿也。速速惟逑鞫也，此釋正月蔌蔌方有穀也。甹夆掣曳也，此釋小毖莫予荓蜂也。不俟不來也，此釋采薇我行不來也。爾雅釋文作不俟，曰事已反待也，宜從來。案說文來部⿰來矣下引詩不⿰來矣不來，從來矣聲。又俟，⿰來矣或從彳。然則詩本作⿰來矣，爾雅作俟，今詩作來者，脫其半耳。不遹不蹟也，此釋日月報我不述也。釋文曰：遹，古述字。勿念勿忘也，此釋文王無念爾祖也。萲忘也，此釋伯兮焉得諼草也。瑟兮僩兮恂慄也、赫兮烜兮威儀也，此釋淇澳瑟兮僩兮，赫兮咺兮也。釋文曰：僩，本或作撊同，下板反，郭音簡。有斐君子，終不可諼兮，道盛德至善民之不能忘也，此釋淇奧有匪君子終不可諼兮也。是刈是穫，鑊煮之也，此釋葛覃是刈是濩也。釋文曰：是乂，本又作刈。履帝武敏，武迹也，敏挴也，此釋生民履帝武敏歆也。釋文曰：敏，如字，舍人本作畝，釋云古者姜嫄履天帝之迹於畎畝之中。又挴音畝。案，舍人本云云當在挴字下，若敏字作畝則下文敏挴也不可通矣。其虛其徐，威儀容止也，此釋北風其虛其邪也。徒御不驚，輦者也，此釋車攻徒御不警也。辟拊心也，此釋柏舟寤擗有摽也。幬謂之帳，此釋小星抱衾與裯也。右皆詩經爾雅異文者，其文同者不著。

陽予也

爾雅釋詁：台、朕、賚、畀、卜、陽，予也。注：賚、畀、卜皆賜與也，與猶予也，因通其名耳，魯詩云陽如之何，今巴濮之人自呼阿陽。釋文：陽，音賜，又如字，本或作賜。據影宋本。宋毛居正、近姜上均，皆疑陽字當作賜，學士盧召弓釋文考證云：疑注本作賚卜畀賜與也，故下承明云與猶予也，以陽爲賜正與音合，此古人改字法。袁又愷云據郭注引魯詩陽如之何，又時驗巴濮之人自呼阿陽，是經文斷作陽而不作賜，郭注賚畀卜皆賜與也，此專注賚畀卜三字，台朕解已見上，故郭氏但釋陽義。與猶予也，當作予猶與也，經作予我之予，而有賜與義，故郭舉經以通之，云此予字猶與字也，因通其名爲賜與之與，所以申上賚畀卜之皆爲賜與也，若經作賜，郭何云因通其名，且魯詩云云以下皆爲贅矣。釋文云音賜本或作賜，則陸氏所見本已誤作賜，陸不能辨正，故反從誤本爲音。邢疏云予即與也，皆謂賜與，台者遺與也，讀與貽同，朕者我與之也，是未識皆賜與也句專爲賚畀卜之注，而誤解予字皆作與也。鄭漁仲注欲分台朕陽與賚畀卜爲二，是不審郭氏予猶與也因通其名二語也。而釋文者證之混陽賜爲一，岐作兩解，亦可顯見其非矣。

夫之兄爲兄公

爾雅釋親：夫之兄爲兄公，注：今俗呼兄鍾，語之轉耳。夫之弟爲叔，夫之姊爲女公，夫之女弟爲女妹。注：今謂之女妹是也。釋文於少姑下，之轉上，大書兄妐二字，云：音鍾，本今作公。禮記昏義和於室人，注：室人謂女妐毛作女公，玆從宋板。女叔諸婦也。疏：注室人謂公妐毛亦作妐女叔諸婦也，正義曰女妐舊公今改謂婿之姊也，女叔謂婿之妹。又釋名釋親屬：夫之兄曰公，公，君也。君，尊稱也。俗間曰兄章，又曰兄妐，是己所敬，見之忪遽自肅齊也。俗或謂舅曰章，又曰妐，亦如之也。舊妐作忪，忪遽作怔忡，今據一切經音義卷十三十五引校。玉篇女部：妐，夫之兄也，之容切。廣韻三鍾：妐，夫之兄也，職容切。案郭注今俗呼兄鍾，當作今俗呼兄妐，與釋名俗間曰兄妐正合。釋文兄妐音鍾，本爲郭注作音，非音經文，乃或因音鍾二字妄改注中妐字爲鍾，集韻三鍾：妐通作鍾。是北宋時已誤。故宋以來校釋文者誤以兄妐是經文，因著語云本今作公，而不知其相左也。又夫之姊爲女公，郭氏無說，據鄭注禮記有女妐之文，知漢時即有是稱，可以補郭注所闕。夫兄曰兄妐，夫姊曰女妐，夫父亦曰妐，究其原蓋俱本作公，釋名正本爾雅而有公君也君尊稱之訓，可證爾雅經之本作公也。袁又愷廷檮云：以經作兄公，俗呼兄妐，故曰語之轉，謂公一東轉爲妐三鍾也，若經作兄妐，俗呼兄鍾，正是一音，安得云轉，且兄鍾二字無理之至。釋詁卬我也，注：卬猶姎也，語之轉耳。釋文引說文云女人稱我曰姎，蓋漢晉俗有是稱，郭舉時驗證之，故直云卬猶姎也，卬語轉為姎與公語轉為妐正一例。又下夫之女弟爲女妹，據鄭注禮記知女妹必本作女叔，故注云今謂之女妹是也，以俗稱女妹證經之女叔，若經本作女妹，郭或云今俗有是稱而已，鄭注女妐女叔固俱本釋親文也。庸案，夫之母爲姑，故其庶母爲小姑，夫之兄爲兄公，故其姊爲女公，夫之弟爲叔，故其女弟爲女叔，以經上下核之，足證袁說爲是。

春曰昊天夏曰蒼天

白虎通四時篇云：爾雅曰春曰昊天，夏曰蒼天，秋曰旻天，冬曰上天，一說春爲蒼天等是也。詩黍離正義云：異義天號，今尚書歐陽說春曰昊天，夏曰蒼天，爾雅亦云，元之聞也，爾雅者，孔子門人所作，以釋六藝之言，蓋不誤也。春氣博施，故以廣大言之，夏氣高明，故以遠大言之。書堯典正義云：鄭元讀爾雅云：春爲昊天，夏爲蒼天。案，白虎通俗本爾雅曰三字在冬曰上天之下，首二句亦作春蒼夏昊，此淺人熟於郭本爾雅而妄爲移改也，今訂正。班孟堅所見本是春昊夏蒼，故首引爲據。洪頤煊案，說文黍以大暑而種，故謂之黍，詩黍離因黍苗之盛而呼蒼天，亦可為夏為蒼天之證。其後一說與爾雅不同，於正文外聊備一義而已，故略之異義謂爾雅亦云，是許叔重所見本與班氏同，康成以出於孔門，蓋不誤，因爲之釋。說文解字云春爲昦天，元氣昦昦，與鄭義正合，昊昊者，廣大之貌也。廣雅釋天云東方昦天，亦本雅訓。楚辭章王逸九思云：惟昊大兮昭靈，陽氣發兮清明，風習習兮和煖，百草萌兮華榮。郭本作春蒼夏昊，即白虎通所載後一說是也，然與班孟堅所引爾雅、歐陽氏今文尚書、許叔重五經異義及說文解字、鄭康成異義，駁張揖廣雅等俱不合，其義非也。考詩正義引李巡注云：春萬物始生，其色蒼蒼，故曰蒼天。夏萬物盛壯，其氣昊大，故曰昊天。正義又云鄭讀爾雅與孫郭本異，則漢儒李侍中孫叔然本皆作春蒼夏昊矣，無怪乎晉之郭景純也。

左海經辨 左海文集

清・陳壽祺

釋詔

爾雅釋詁：詔，疑也。郭注引左傳曰天命不詔。明吴元恭、陳深、郎奎金本注末有音縚二字。案，文選張平子西京賦：天命不滔，疇敢以渝。李善注引左氏傳子高曰天命不詔，云滔與詔音義同。武進臧庸曰：滔當爲慆字之誤，水旁與心旁易亂也。壽祺考，爾雅釋文：本亦作慆。左氏昭二十六年傳天道不詔，釋文：本又作慆。昭二十七年傳天命不慆久矣，杜陸兩釋詔慆皆云疑也，皆用雅詁，詔慆字通，此其證。哀十七年傳天命不詔，釋文：本又作滔。此滔水旁作亦失之作詔者。杜預本作慆者，蓋賈逵服虔本。

洵旬辨

毛詩大雅桑柔：菀彼桑柔，其下侯旬。正義引爾雅釋言：旬，均也。某氏引此詩，李巡曰：洵，徧之均也。案詩疏引釋言，據某氏本作旬，又李巡本作洵，同郭本。陸氏爾雅釋文：洵，郭音巡，謝音荀。臧輯爾雅漢注載某氏引詩亦作洵字，非。

委佗辨

爾雅釋訓：委委、佗佗，美也。釋文曰：委委，諸儒本竝作褘，於宜反，舍人云褘褘者心之美，引詩云亦作褘。佗佗，本或作它字，音徒河反，顧舍人引詩釋云：褘褘、它它，如山如河。壽祺案，陸氏述舍人引詩委作褘，不及佗字，下述顧舍人引詩褘褘它它者，采顧野王爾雅音，見釋文叙錄，邵氏爾雅正義誤合兩舍人之言爲一，竟删去下文顧字，失之不審。臧氏輯爾雅漢注載舍人引詩亦依顧舍人，並改佗字爲它，非。

萌蔄辨

爾雅釋訓：萌萌，在也。釋文：萌萌，字或作蔄。説文心部：蔄，蔄蔄，存也，從心，簡省聲，讀若簡。案，玉篇心部簡，古限切，引説文云存也，或作蔄，又音萌。艸部蔄，莫呥切，引爾雅云：存存、蔄蔄，在也。悳，同上，本或作萌。是𥳑與蔄同，説文即據爾雅，讀若簡之簡字恐誤。玉篇蔄注引爾雅，又云本或作萌，謂郭本也。

儚儚洄洄

爾雅釋訓：儚儚、洄洄，惛也。釋文：儚儚，字或作懜。洄洄，郭音韋，音義云：本或作幗。字林：幗，重衣貌。案，説文：儚，不明也。即儚字也。洄，説文訓溯洄，幗，字林訓重衣貌，皆非雅義。幗疑潿之誤，説文水部：潿，下流濁也，從水圍聲。與惛也之訓相近。

釋訰訰

毛詩大雅抑篇誨爾諄諄，釋文曰：諄，字又作訰。説文、埤蒼並云告曉之熟。爾雅釋訓：夢夢、訰訰，亂也。郭注：皆闇亂。此非詩義。禮記中庸鄭注：肫肫，讀如誨爾忳忳之忳，忳忳，懇誠貌也。鄭義與雅訓異，與説文合。荀子哀公篇：繆繆忳忳，其事不可循。楊倞注：忳與肫同，雜亂之貌。本釋訓。

釋不俟

毛詩采薇：我行不來。爾雅釋訓：不俟，不來也。陸氏釋文云：不𠊩宜從來，本今作俟字。武進臧庸曰：爾雅釋文作不𠊩，說文引詩亦作𠊩，是詩本作我行不𠊩，故釋訓以不來釋不𠊩也。今毛詩作來，爾雅作俟，皆失其舊。壽祺案，爾雅釋詩之字多與毛異，與三家詩合，未可專執毛以繩之。考毛詩古文多假借，韓詩今文多以詁訓之字代經，然如陳風防有鵲巢，誰侜予美，釋文引韓詩作誰侜予娓，娓，美也。周頌思文無此疆爾界，文選魏都賦注引韓詩章句：介，界也。是釋思文篇之文，唐石經此詩初刻界，後改刻介，依韓詩也。此則毛今而韓古。釋訓：不遹，不蹟也。釋文云：遹，古述字。釋言：遹，述也。不遹即邶風日月之報我不術，此亦爾雅古而毛詩今。然則采薇之我行不來者，毛詩用本字也。傳云：來，至也。箋云：來猶反也，據家曰來。毛鄭原本作來甚明，豈得謂失其舊乎。我行不𠊩者，三家詩用借字也，爾雅據三家詩以不來釋不𠊩，聲近爲訓。說文來部偁詩曰不𠊩不來即爾雅之文，重文𢓜云𠊩或從彳，今隸省作俟，俟訓大義與至反之訓違，故謂爾雅作俟之失舊是也。謂毛詩由後人改𠊩爲來，蓋不然矣。

釋不遹

爾雅釋訓：不遹，不蹟也。釋文：不遹，古述字。壽祺案，爾雅以不蹟釋不遹，當引邶風報我不述句，而陸氏於不蹟下誤引沔水詩云念彼不蹟，邵氏正義因謂以不遹釋不蹟，非。

坯音辨

爾雅釋山一成坯，陸氏釋文曰：坯或作伾，備悲反，又備美反，沈五窟反，韋昭音軖。壽祺案，五窟反與坯音絕遠，尚書釋文：伾，徐扶眉反，又敷眉反。窟蓋眉字之誤。韋昭音當出漢書音義。尚書釋文引作音諮，爾雅釋文誤作䢿，集韻因列此字，引爾雅山一成曰䢿，真重惟貤繆也。

釋窔㝔

爾雅釋宮：東南隅謂之窔。釋文：窔，烏叫反，字林同，鄭又音杳，說文云深貌，本或作㝔，又作窔，同。案說文宀部：㝔，廬樞聲也，室之東南隅，從宀，皀聲。是許所見爾雅作東南隅謂之㝔也。穴部有㝔，云冥也，從穴皀聲。又有窔户字，云㝔窔，深窱貌，從穴交聲。皆不引爾雅。陸氏本作窔，又或本作㝔窔，皆通假字。

釋㡾

爾雅釋宮：落時謂之㡾。釋文：㡾，本或作戺同，音俟。廣雅云兩砌也。案，說文𦣝部：𦣞，廣𦣝也，從𦣝巳聲。戺，古文𦣞。𦣝本訓廣，𦣝假借以爲落時之名，猶之梁上短柱謂之侏儒、室東北隅謂之宧、說文：宧，養也。陸德明云與周易頤卦義同。梁謂之楣，皆取象人身。說文：梍，眉棟也。眉棟即鄉飲酒禮之楣。張載注魯靈光殿賦亦云眉梁，是眉楣同也。

釋髡梱

爾雅釋木：髡，梱。郭注未詳。案髡與梡頑、梱與棞䫜聲義皆相近。說文木部：梡，棞木薪也，從木完聲。棞，梡木未析也，從木囷聲。髟部：髡，鬄髮也，從髟兀聲，髡或從元。頁部：頑，棞頭也，案棞當為䫜，棞假借字。從頁元聲。䫜，無髮也，從頁囷聲。說文之梡棞即爾雅之髡梱，木之棞者謂之梡，亦謂之髡，猶人之䫜者謂之頑亦謂之髡，爾雅髡梱皆假借字也。周禮掌戮髡者使守積，鄭司農云髡當作完。漢書刑法志引作完者使守積。禮記王制公家不畜刑人，鄭注髡者使守積。釋文：髡，本又作完，徐户官反。是髡亦與完通，故借髡爲梡也。左氏傳成十年鄭人立髡頑，髡頑叠韻字。

杻檍辨

爾雅釋木杻，檍。釋文：檍，字又作億，説文云，檍，梓屬也。案今説文木部無杻有檍，在椋樻二篆之間，解云杶也。又有橲字，在梓楸二篆之下，解云梓屬。陸氏不引檍訓而引橲訓，是所據説文本無檍篆，知橲即檍也。釋文字又作億之億及引説文云檍之檍二字並當爲橲之訛。考工記弓人取幹之道檍次之，先鄭讀檍如億萬之億，此擬其音不徑作檍字也。段若膺云，説文檍篆淺人增之，注又訛杻爲杶不可通，韻會云説文作橲，今文作檍，則黄氏所據鍇本未誤。　壽祺謂玉篇橲前亦出檍字，在椋樻之間，蓋後人據此以增説文。

釋唐棣常棣

爾雅釋木：唐棣，栘。常棣，棣。郭注唐棣云：今白栘也，似白楊，江東呼夫栘。注常棣云：今關西有棣樹，子如櫻桃，可食。毛詩正義引舍人云唐棣一名栘，常棣一名棣，是爲二本審矣。案論語疏引陸璣云：唐棣，薁李也，一名雀梅，亦曰車下李，大如李子，可食。爾雅疏引陸璣疏云：常棣，許慎曰白棣樹也，如李而小如櫻桃，正白，又有赤棣樹，亦似白棣，子正赤，亦如郁李而小。齊民要術引詩義疏，常棣其實似櫻桃薁李。數説皆與郭略同。豳風六月食鬱及薁，毛傳：薁，夫栘也。此陸元恪所本。小雅常棣毛傳：常棣，棣也。陸德明釋文云本或作常棣栘。丘光庭兼明書引孔氏論語解唐棣棣也。疑爾雅舊本有作唐棣棣、常棣栘者，故陸孔所據如此。今毛傳於何彼襛矣云：唐棣，栘也。説文木部：栘，棠棣也。棣，白棣也。棠唐古通，則與舍人爾雅注合。蓺文類聚夫栘引韓詩夫栘燕兄弟也，閔管蔡之失道。夫栘之華，蕚不煒煒。王伯厚詩考引韓詩序同。是徑改常棣之字爲夫栘，與毛詩異。

釋　鯢

周書王會解濊人前兒，前兒者，鯢也。古文省作兒。北山經鐃山師魚，郭注或作鯢。爾雅釋魚鯢大者謂之鰕，郭注：今鯢魚似鮎，四腳，前似獮猴，後似狗，聲如小兒啼，大者長八九尺，別名鰕。說文：鯢，刺魚也。左氏宣十三年傳：取其鯨鯢而戮之。管子輕重甲篇：請立五厲之祭，魚以爲脯，鯢以爲殽。左傳疏引裴淵廣州記云：鯨鯢長百丈，雄曰鯨，雌曰鯢，目即明月珠也，故死即不見眼睛也。周處風土記云：鯨鯢，海中大魚，俗説出入即爲潮水。水經注伊水篇引廣志云：鯢魚聲如小兒啼，有四足，形如鯪鯉，可以治牛，出伊水也。司馬遷謂之人魚，故其著史記曰：始皇帝之葬也，以人魚膏爲燭。徐廣曰人魚似鮎而四足，即鯢魚也。太平御覽引異物志云：鯢魚有四足如龜而行疾，有魚之體而以足行，故曰鰕魚，含水仰天不動，小鳥就食，因而吞之。酉陽雜俎：峽中人食鯢魚，縛樹上，鞭至白汁出如構汁，方可食。諸家言鯢魚互異，上林賦謂之鰨，高誘注吕覽以爲魚之賊。

釋　黄鳥

周書王會解方煬以皇鳥，孔晁注：皇鳥配於鳳者也。案，爾雅：皇，黄鳥。郭注云：俗呼黄離留，亦名摶黍。考詩屢言黄鳥，不聞其名皇也。爾雅此下云：倉庚，商庚。又云：倉庚，鵹黄也。説文：離黄，倉庚也。毛詩疏引陸璣疏云：黄鳥，黄鸝留也。一名倉庚，一名鵹。訓義皆同。惟方言云鸝黄自關而東謂之倉庚，自關而西謂之鸝黄，或謂之皇鳥。此郭注所本也。然爾雅云：鶠，鳳，其雌皇。説文：鶠，鳥也，其雌皇，一曰鳳皇也。王部皇字無此訓，而見於鳥部鶠字。尚書益稷：鳳皇來儀。毛詩卷阿：鳳皇于飛。左氏莊二十二年傳：是謂鳳皇于飛。毛詩傳：鳳皇，靈鳥，仁瑞也，雄曰鳳，雌曰皇。尚書訛孔傳、毛詩、釋文引陸璣疏並同，皆本爾雅爲說。古鳳皇字皆作皇，作凰者俗也。集韻或作鶠，晉書武帝紀起鶠儀殿於後，其證也。說文亦無鶠字而有翌字，羽部翌讀若皇。周官樂師皇舞注：故書皇作翌，鄭司農云翌讀爲皇，元謂皇雜五采，羽如鳳皇色，持以舞。是說文翌即鳳皇之皇也，周書之皇鳥非爾雅之黃鳥矣。其連鳥字而稱者，左氏昭十七年傳鳳皇適至、鳳鳥氏歷正也、論語鳳鳥不至是也。王會解西申以鳳鳥氏羌以鸞鳥皇鳥之稱亦猶是矣。

釋　駮

爾雅釋畜：駮如馬，倨牙，食虎豹。衆經音義引舍人注：駮，多力獸是也。山海經海外北經云：北海有獸焉，其名曰駮，狀如白馬，鋸牙，食虎豹。郭注引周書義渠以茲白爲證。西山經云：中曲之山有獸，其狀如馬而白身黑尾，爾雅疏作引而身黑二尾。一角，虎牙爪，音如鼓，其名曰駮，是食虎豹，可以禦兵。張揖注子虛賦亦言駮一角，郭注爾雅不言駮有角及虎爪，然駮亦在畏獸畫中，注爾雅乃兼山海經兩說而參合之。易說卦傳乾爲駁馬，王廙云：駁馬能食虎豹，取其至健也。孔疏：倨牙如鋸，能食虎豹，由其剛堅，外著負力至健，故易取象焉。說苑：師曠曰豹食駮，駮食虎，駮之狀如駁馬是也。說文駁駮分二字，駁，馬色不純也。駮，獸如馬，倨牙，食虎豹。九經字樣從之。按，爾雅釋畜駵白駁固與釋獸之駮異字，大徐於說文二字並音北角切。易乾爲駁馬，王廙本爾雅解之郅確，是駁雖有馬名，無妨字與駮通也。若如宋衷說卦傳注天有五行之色故爲駁馬，則爾雅但稱駵白爲駁，不兼五色，如孔冲遠毛詩皇駁其馬疏稱樊光引乾爲駁馬，則駁乃雜毛，不得儗純陽之體，兩說並失所據，故知說卦之駁馬斷即釋獸之駮矣。又詩秦風隰有六駮，疏引陸璣疏以爲駮馬，梓榆也。毛傳引爾雅駮如馬訓之蓋誤。又釋艸凤九葉，釋文引樊光本作駮，釋云駮一名九葉。此又一艸名也。墨子號令篇訟駮言語，亦以駮作駁。

釋騊駼

爾雅釋畜騊駼馬，郭注色青。山海經海外北經云：北海有獸，其狀如馬，名曰騊駼。逸周書王會解：禺氏以騊駼。説文：騊駼，北野之良馬也。淮南主術訓：騎騵而服騊駼。爾雅釋文引字林云：北狄良馬也。瑞應圖云：幽隱之獸也，有明王在位即至。漢百官表有騊駼監，取義於良馬。畢氏山海經注疑騊駼即槖駝，今按，周書伊尹朝獻商書正北請令以槖駝白玉野馬騊駼駃騠良弓爲獻，並舉槖駝騊駼，不以爲一物也。又爾雅野馬郭注云：如馬而小，出塞外。釋文引字林：騊駼一曰野馬。如淳注漢書百官表、高誘注淮南主術訓亦云騊駼野馬也。按伊尹朝獻尚書以野馬騊駼並舉，子虛賦軼野馬而轊騊駼，則明非一物，小顔已駮之矣。宋書符瑞志駼作塗。楊雄解嘲：今大漢左東海、右渠搜，前番禺，後陶塗。顔注：騊駼馬出北海上，陶塗，北方國名，本國出馬，因以爲名。是陶塗又與騊駼通也。穆天子傳：野馬日走五百里。後漢書鮮卑傳：禽獸異於中國者有野焉。

釋詹諸

爾雅釋魚：鼁𪓰，蟾蠩。從釋文釋文曰：鼁，起據反。𪓰音秋。案，蟾蠩本作詹諸，詹諸謂之𧑒鼁，説文黽部𧑒云：𧑒鼁，詹諸以脰鳴者，從虫匊聲。廣韻一屋：𧑒，渠竹切。下引説文。又鼁𧑒，鼁，七宿切。詹諸又謂之𪓰鼁，説文黽部鼁云：𪓰鼁，詹諸也，其鳴詹諸，其皮鼁鼁，其行𠑹𠑹，從黽從𠑹，𠑹亦聲。重文𪓰云鼁或從酋。𠑹與𧑒音近，鼁與𪓰字同，陸氏釋文音𪓰爲秋，𪓰從酋得聲，古音秋𠑹同類，𧑒鼁也、𪓰鼁也，皆叠韻字也，音之轉則爲鼁𪓰。爾雅鼁𪓰蟾蠩，郭璞注：似蝦蟆，居陸地，淮南謂之去蚥。去蚥之名，方言從鼁𪓰而變耳。廣韻九御鼁下注本郭注。鼁與𧑒𠑹亦音近，鼁𪓰爲雙聲字也。又謂之屈造，夏小正四月鳴蜮，蜮也者，或曰屈造之屬也，屈造猶𧑒鼁也。又謂之鼓造，淮南子説林訓鼓造辟兵壽盡五月之望，高誘注：鼓造一曰蝦蟆，造與戚通。賈子胎教篇靈公戚然易容，大戴禮保傅篇、韓詩外傳卷七並作造然。周禮眡瞭鼜愷獻，鼜讀憂戚之戚。夏官掌固注云鼜讀為造次之造。說文穴部竈從穴鼀聲。周禮大祝二曰造，故書造作竈，杜子春云竈讀為造次之造。此皆顯證。古音造鼀亦同類也。詹諸亦謂之𪔂䵷。說文黽部䵷云：𪔂䵷，詹諸也，詩曰得此𪔂䵷，言其行䵷䵷，從黽爾聲。此所偁詩乃韓詩，䵷䵷猶施施也。淮南子原道訓蟾蠩捕蚤，高誘注蟾蠩，𧊔也，𧊔即戚施也。太平御覽九百四十九引韓詩作得此戚施蟾蜍喻醜惡，此與圥鼀異名而同物，故說文於鼀下䵷下一據爾雅一據韓詩，兩釋之曰詹諸以曉人也，或欲依許書䵷下之文改爾雅鼀𪔂爲鼀𪔂，改說文鼀下圥鼀爲鼀䵷，改說文注其行圥圥爲其行䵷䵷，不知如共言則說文之例鼀下訓義已具，䵷下但應云𪔂䵷也足矣，何煩復贅曰詹諸曰其行䵷䵷邪。如黽部：鼅，鼅鼄，蟊也。鼄，鼅鼄也。即其例。邵氏爾雅正義徑改鼀𪔂爲鼀𪔂，蓋沿誤玉篇而不知𪔂即鼀字。戴氏東原既謂鼀當作鼀，又謂說文𪔂當同䵷，斥陸之音𪔂爲秋非是，尤考之不審。

揅經室集

清・阮元

與郝蘭臯户部論爾雅書

古人字從音出，喉舌之間，音之所通者簡，天下之大，言之所異者繁。爾雅者，近正也。正者，虞夏商周建都之地之正言也。近正者，各國近于王都之正言也。予姻家劉端臨台拱之言曰：子所雅言詩書執禮，雅言者，誦詩讀書從周之正言，不爲魯之方言也。執禮者，詔相禮儀亦以周音說禮儀也，小雅大雅皆周詩之正言也。劉氏此說足發千古之蒙矣。然則爾雅一書皆引古今天下之異言以近于正言，夫曰近者，明乎其有異也。正言者猶今官話也，近正者各省土音近于官話者也。揚雄方言自署曰輶軒使者絕代語釋別國方言，夫絕代別國尚釋之，況本近正者乎。言由音聯，音在字前，聯音以爲言，造字以赴音，音簡而字繁，得其簡者以通之，此聲韻文字訓詁之要也。大戴記小辨一篇，足明爾雅之學。小辨者，一知半解之俗學也，魯國當時或有此學，猶漢急就章、宋王安石字說之類，然不可考矣。小辨之學易，爾雅之學難，故孔子曰社稷之主愛日，又曰士學順辨言以遂志。順與訓通借，即訓詁之訓。遂志者，通其意也，不學其訓則言不辨意不通矣。又曰小辨破言，小言破義，小義破道，道小不通，通道必簡，爾雅以觀于古，足以辨言矣。傳言以象，反舌皆至，可謂簡矣，夫亦固十變之棋由不可既也，而況天下之言乎。孔子此數言述爾雅之學甚明，何後儒之昧昧也。訓詁錯則言語錯，執古聖之書，以小辨破其言而斷斷論之，道義皆錯矣。使古聖人見後人如此錯解之也，必啞然笑曰吾所言本不若是也。是以不明爾雅之學，則五經四書皆鼠璞矣。今子爲爾雅之學，以聲音爲主而通其訓詁，余亟許之，以爲得其簡矣，以簡通繁，古今天下之言皆有部居而不越乎喉舌之地。孔子曰辨言之樂不下席，余與子接席而辨之，其樂何如。

與高郵宋定之論爾雅書

定之足下，蒙問爾雅注義，欲撰爾雅集注一書，誠說經之盛心也。元昔亦嘗有志于此，徒以宦轍鮮暇，力有未逮耳。竊謂注爾雅者，非若足下之深通乎聲音文字之本原不能。何也，爲其轉注假借本有大經大緯之部居，而初哉首基其偶見之蹟也。山水器樂草木蟲魚諸篇，亦無不以聲音爲本，特後人不盡知耳。如巒山墮義與考工鳧氏兩欒，毛詩棘人欒欒義同，汍泉義與考工車軌出兩轂中義同，槮涔同音假借，馨篙從高得聲得義。虋赤苗之與毳衣如璊之璊，立死椔之與輪菑接菑，蜆縊女之與磬天絸羽，蜩大而險之與典同險聲音義皆相通證。故以聲音文字爲注爾雅之本，則爾雅明矣。其引生明生魄以證哉，引夏屋逸書以證權輿，多寡有無無關輕重也。懷祖先生之於廣雅，若膺先生之於說文，皆注爾雅之矩矱，此事足下識超而年富，正宜及早爲之。古注之善者采之，淺者誤者棄之，其有新義即下己意，不拘郭氏一家之學，兼采友人精確之說，要當以精義古音貫串證發多其辭說爲第一義，引經傳以證釋爲第二義也。

釋蓋

爾雅釋言：蓋，割，裂也。郭璞注：未詳。今學者皆以蓋割同聲假借，引鄭康成禮記緇衣注明之，則郭所未詳者明矣。元更謂害、曷、盍、末、未古音皆相近，每加偏旁，互相假借，若以爲正字則失之。書吕刑曰鰥寡無蓋，蓋即害字之借，言堯時鰥寡無害也，僞傳云使鰥寡得所無有掩蓋，失之矣。害字與割音義最近，詩生民曰無菑無害，釋名曰害割也，書堯典洪水方割，大誥天降割之類皆害字之借也。害字與蓋字亦近，爾雅釋文蓋舍人本作害，尚書君奭割申勸王之德，鄭氏緇衣注曰割之言蓋是也。盍與曷同音，故孟子時日害喪，害即曷。吕覽葛天氏，即蓋天氏也。盍與末未亦最近，故春秋襄二十七年公羊傳盟曰昧雉彼視，何休學：昧，割也。邵公之意若曰有渝盟者視此割雉也。孟子謀蓋都君此兼掩井焚廩而言之，蓋亦當訓爲害也。若專以謀蓋爲蓋井而不兼焚廩，則下文咸我績咸字無所著矣。

爾雅足以辨言説 阮元輯 學海堂文集二集

清·林伯桐

爾雅，小學之書而列於經者，蓋六藝之指歸，百家之鈐鍵，皆在於是。不通雅訓則於經義往往私心穿鑿，人自爲説，本於雅訓則同條共貫，即爾雅書中一字兩訓三訓亦不相紊，或爾雅所未備而輔翼之書要不離乎宗，如小爾雅廣雅之類。此雅訓所以重也。毛公詩傳略同爾雅，蓋古訓本然，不可移易。或者見爾雅多同詩傳，遂以爲專釋詩，歐陽永叔詩本義及高承事物紀原皆有此說。然試考漢魏六朝説經者，孰能外於雅訓，賈董書中有經訓者輒符雅義，史記引尚書以訓詁字闡繹經文亦依雅義，其他諸子百家之古者皆與爾雅疏通證明，則其書不專釋詩昭然矣。夫言六藝者折中於孔子，孔子曰爾雅以觀于古，足以辨言矣。蓋小辨破言，小言破義，小義破道，必以近于雅以通古今之言而後無小辨之失，揚子雲謂孔子教魯哀公學爾雅，蓋指此也。夫對君之言猶偁雅訓，況綴學之士，實事求是，舍此何由乎。孔子又曰通道必簡，又曰辨言之樂不下席。然則簡而易從至近而可樂者莫如爾雅。按小學之書有形有義，説文言形者也，爾雅言義者也，二書實相表裏。但説文、爾雅訓詁略同而字體各異，蓋説文言形宜用本字，爾雅言義或用假借。如說文：贛，賜也。貢，獻也。本有分別。今釋詁云：貢，賜也。說文有挾字無浹字，今釋言云浹徹也，皆爾雅用假借字。古時字少，音近則假借用之，用之既久，人人習見而字之本義反隱，然亦有經典用假借而爾雅用本字，如經典麟字俱用假借，惟釋獸麐字是本字之類。非謂爾雅字皆假借，但較之説文則假借多耳。考爾雅在漢時嘗列學官，劉子政謂史佚以爾雅教子，王充論衡云爾雅者五經之訓故，劉勰云通乎爾雅則文義曉然，是則周秦漢京以來經師碩學無不通雅訓者也。唐人以爾雅爲小經，士子所必誦習，其後浸微者浮華日勝，則古義日疏耳。朱子謂字畫音韻多不留意爲甚害事，語類載朱子曰，字畫音韻，先儒多不留意，不知此等處不理會，卻枉費了無限辭說牽補而卒不得其大義，甚害事也。可知通儒之學，訓故爲先，將欲辨言，不僅空談，不識文字，則爾雅宜亟講矣。又考爾雅有犍爲文學舍人注，經疏中多引之，其人蓋當漢武帝時，夫漢文置爾雅博士，不久即廢，漢武時爾雅不甚顯，犍爲又僻在蜀中而有能注爾雅者。全謝山先生論此以為文翁之化遠矣。況當聖朝，崇儒右文，經學昌明，而雅訓尚可緩乎。夫通古人之言而後能求其義，訓故未明而謂吾能通其大義，果足信乎。故必如孔子之言爾雅觀古辨言而簡通于道，道之不明言之不辨也，言之不辨雅訓之不爾也，清談空論皆破義破道者也。

爾雅足以辨言説 阮元輯 學海堂文集二集

清・侯康

孔子教魯哀公曰學不可以小辨，曰小辨破言，又曰爾雅以觀於古足以辨言，蓋雅者正也，即子所雅言之雅。夫子設科，教亦多術，而必要於詩書執禮之正言，故曰雅言，邪説淫辭，何代蔑有。邵二雲曰，周衰文敝，即有私立詁訓，如墨子經篇，體倣爾雅，又演為經説以自申繹其義，訓釋字名實，陰以濟兼愛之説。阮芸臺先生曰，小辨者，一知半解之俗學也，魯國當時或有此學，猶漢急就章、宋王安石字説之類，然不可考矣。而是書綜絶代之離辭，合殊方之異語，一歸於正，故曰爾雅。雅訓即古訓，字義以最古者爲最正，若釋名、廣雅所載有不盡根據古義者，況其他乎。夫子與子路論爲政之要亦曰必也正名，鄭康成論語注：名謂書字古者曰名，今世曰字。按後魏書世祖始光二年初造新字，詔書引名不正則事不成之語。江式論書表、隋經籍志小學類俱引必也正名之語。又六書創自黄帝，故禮言黄帝正名百物。隋書文學傳載潘徽作韻纂序亦云正名百物。則正名二字決當依鄭注。名正則言順，名之必可言，言之必可行，君子於其言無所苟而已矣，此足以辨言之説也。夫子之對哀公與誨子路無異道也。尹吉甫美仲山甫曰，古訓是式，出納王命，其最著者也。漢藝文志：書者，古之號令，號令于衆，其言不立具，則聽受施行者勿曉。古文讀應爾雅，故解古今語而可知也。亦同此意。然即士言之則學順辨言以遂志，阮芸臺先生曰順與訓通借。長民者必以此通於政事也。

爾雅濫泉沃泉氿泉解 阮元輯 學海堂文集四集

清・柯兆鵬

爾雅釋水：濫泉正出，正出，涌出也。說文無涌字，案涌古通作踊，漢志曰泉水踊出可證。說文滕下云水超踊也，涌出有濆溢之意。公羊昭五年傳：濆泉者何，直泉也，直泉者何，涌泉也。是傳訓直出爲正出也。蓋水本卑下，今直上出同於氾濫，故以濫名。今詩采菽瞻卬濫泉俱作檻泉，傳箋並用雅訓，則仍作濫解，可知近人謂濫爲檻訛，詩檻泉因立爲闌檻故，不知濫泉涌出，實取氾濫之義，或借作檻耳。如謂因立爲闌檻故，則於公羊傳所云濆泉直泉、直泉涌泉之訓反覺不合，至釋名云濫泉濫銜也，人口有所銜，口闔則見也。考漢書谷永傳集注檻猶閉也，似立爲闌檻之説亦與釋名說合。然釋名之說，於涌出之義既未明著，且與正出之訓尚屬隔膜，故不能舉此爲檻泉左證。郭氏援公羊傳訓直出爲正出，其注濫泉本甚明析，固不必致疑也。沃泉縣出，縣出，下出也。郭注云從上霤下。案說文：渓，溉灌也。自上澆下曰渓，故澆下云渓也，自上而下其象爲繫，縣，繫也。釋名云：縣出曰沃泉，水從上下有所灌沃也。故泉之下出被以沃名，亦可謂之下泉。詩下泉傳云：下泉，下流也。正義引李巡注云：水泉從上溜下出。是下泉即沃泉之證。氿泉穴出，穴出，仄出也。說文：厬，仄出泉也。案，爾雅以仄出泉爲氿，說文以水厓枯土爲氿，爾雅以水醮爲厬，說文以仄出泉爲厬，氿厬二字各互易其訓，據毛詩有洌氿泉，似氿泉字當作氿，然考爾雅水醮曰厬，釋文云厬本作漸，大東氿泉釋文云氿本作晷。晷疑厬誤省。是氿⿰氵軌厬音同，故可互借作⿰氵軌者。釋名云：氿，⿰氵軌也，流狹而長如車軌也。故字或從軌，說文以水厓枯土訓氿，引爾雅曰水醮曰氿，郭氏注雅謂水醮盡。案醮當作潐，說文：潐，盡也。水厓枯土之訓蓋因水潐盡義而申之耳。氿厬二字，段犬令謂許書所據與今爾雅絶異，水厓枯土爲氿字，側出泉當作厬字。其說似泥矣。爾雅氿泉李巡注云水泉從旁出名曰氿，氿側出似未顯穴出之義。邵氏爾雅正義引說文沇水從孔穴疾出也，段氏說文解字注泬字引爾雅氿泉穴出，似皆非是。說文泬字之訓别爲一義，非氿泉穴出之穴，氿泉穴出謂旁出也，泉之出未有不自孔穴者，何獨氿泉爲然。且說文厝訓仄出泉，固未嘗云自孔穴出也。竊謂氿泉穴出，穴非孔也，文選幽通賦叛迴穴其若兹兮曹注云：穴，僻也。穴出之穴，當如此訓。僻之言偏也，與仄同是不正之名，故李巡以旁出注之甚確，如謂作孔穴訓，即濫泉沃泉亦出自孔穴者，何氿泉獨别之爲穴出乎。其云穴出，何以又云仄出乎，則穴出必非從孔穴解可知。夫兩漢小學之書，惟許氏説文悉宗雅訓，或與雅訓互相證明，故有觀諸雅而未明其義者，求諸許書即無有不明，但其中有字或不同而義亦異者，則不能牽此而合彼，有字或古今通借而義亦可通者，又不能執此而疑彼，要在潛心求之耳。

雅注犍爲舍人考　阮元輯　學海堂文集四集

清・陳爲燠

郭景純爾雅序稱注者十餘，今可考見者則犍爲舍人爲首，其注凡三卷，曾載在七錄而亡於隋以前，要流傳既久，散見諸書，故釋文及孔穎達等正義多徵引焉。舍人之職，列於地官，故有疑爲官名，而以茂陵郭威當之者。近人洪頤煊之説。案，釋文叙錄爾雅犍爲舍人注三卷，本注云犍爲郡文學卒史臣舍人，漢武時待詔。考郡吏銜下加臣某，是臣之下即其姓名，如爲郭威，當云犍爲郡文學卒史舍人臣郭威。且既以舍人爲官名，則與文學卒史一例，而以臣子横參其中則不辭矣。釋文於其時其地其官詳述之而辭繁不殺，豈反略其姓名，即果忘其姓名，亦當曰舍人臣某氏，諸經疏引爾雅注有稱某氏者。不應爲此不備之辭，况一茂陵一犍爲，地之相去若此其遥乎。至文選羽獵賦注所引有稱郭舍人爾雅注者，當别是一人，故其下又稱犍爲舍人爾雅注，若非二人，不應同引於一賦之中而前後異其文，李善蓋恐舍人混於郭舍人，故特以犍爲别之。諸經疏中引舍人曰與孫炎曰等一例，而廣韻亦有舍姓之訓，信乎其爲姓名矣。近儒錢宫詹亦主此説。鄭君注周禮所引舊注有稱其官者，然若司農若大夫皆冠以姓，賈疏云二鄭皆康成之先，故言官不言名字，杜子春非其宗，故指其名，是引述古注，自以稱其姓名爲正，況第稱其官而不繫以姓，古來舍人何可勝數，陸德明孔穎達輩必不若是昧昧也。又言地理者謂犍爲烏尤有爾雅臺，乃郭注爾雅處，邵氏亦引之。夫璞作注何以遠適此地，豈慕舍人之遺徽與，然觀其爾雅序但數樊孫不及舍人，則似非專述舍人者。而晉書本傳稱璞避地東南，不言其西行，且蜀地兵燹屢興，豈堪托足。計璞卒於晉明帝二年，是年甲申年四十九，而惠帝永康元年是年庚申益州趙廞已叛，嗣後李特李雄繼起，犍爲淪爲賊藪，郭即入蜀，當在永康以前，而永康元年郭年祇二十有五，古人著書多在晚歲，是犍爲有郭氏遺跡終屬可疑，得毋此臺即舍人注爾雅處，而後人以郭注較顯，遂誤以他屬耶。王象之輿地碑目郭璞移水記謂世主播遷，戎羯亂華，于是優游笑傲放意于山水間，仍于嘉州城東百步烏尤山鑿書巖，而蘇子由詩亦指其注爾雅于此。史謂無入蜀之文，謹案，移水記有嘉州二字，則非璞之手筆，恐後之附會耳，蓋嘉州之名始于後周，而自周以前止曰漢嘉郡曰龍游縣耳，安得有所謂嘉州哉。

爾雅禕不當從示説　阮元輯　詁經精舍文集

清・趙春沂

爾雅釋詁：禕，美也。説文示部無從韋之字。邵氏正義引易釋文以爲禕與偉通，亦無確證。今案唐石經爾雅此字本從衣，東京賦侯其禕，而薛綜注：禕，美也。此即釋訓之委委美也。釋文委諸儒本並作禕，舍人引詩釋云禕禕它它、如山如河，禕禕者心之美，又詩正義三之一引李巡云皆容之美也，又華嚴經音義二引郭注禕謂佳麗美豔之貌。今此注在委委佗佗之下，則釋訓之委當作褘可知，即釋詁之褘當從衣亦可知，惟是褘之訓美，經傳罕見，禮記大傳殊徽號注徽或作褘，釋器婦人之幃謂之縭，釋文幃或作褘或作徽，是褘與徽通。書舜典慎徽五典傳、詩角弓君子有徽猷傳、思齊太姒嗣徽音箋，皆云徽美也。且褘又通作猗，華嚴音義又云猗字又作褘。猗美之訓，見于漢書武帝紀注，猗美盛貌，見于詩綠竹猗猗傳，可見褘美之褘字必從衣，況褘本俗字，玉篇始有之，云美貌，又歎辭，此特襲爾雅傳本之訛，漢儒雅注具在，固可取而覆校也。

爾雅閍謂之門解　阮元輯　詁經精舍文集　清·孫同元

釋宮閍謂之門，此經文有脱誤處，遍考經傳從未有以門釋閍字者，亦未有以閍釋門字者，蓋本作廟門謂之閍，今既脱去廟字，又誤易門閍二字，遂致文義不順，觀邢疏爾雅廟門内外皆有閍稱，故舉廟門而内外已該之矣。禮記禮器爲祊乎外，正義引釋宮作廟門謂之祊。祊與閍同郊特牲索祭祝于祊，鄭注廟門曰祊，正義云釋宮文，知孔穎達所見本尚不誤，至郊特牲祊之於東方，正義引作門謂之閍，當是偶脱廟字，左傳襄公二十四年正義仍引祊謂之門，或後人據今本爾雅而妄改之，不足爲據也。

爾雅雺霧辨　阮元輯　詁經精舍文集　清·孫同元

爾雅云：天氣下，地不應，曰雺。地氣發，天不應，曰霚。霧謂之晦。而説文云：霧，地氣發，天不應。天氣下，地不應，曰霿，霿，晦也。與爾雅不合。考說文霚籀文省作雺，徐鍇云今俗從務，是霧雺霚三字並通。爾雅釋文云：雺，或作霧，字同。玉篇亦云霧同雺，天氣下地不應也。雺從矛聲，與蒙聲相近，洪範曰蒙，史記宋世家作曰霧，鄭康成洪範注作雺。釋名：霧，冒也，氣蒙亂覆冒物也。蒙，日光不明蒙蒙然也。此本一條，畢本誤分為二。郭注爾雅亦云雺言蒙昧。古皆以蒙訓霧。又文選甘泉賦李善注引爾雅天氣下地不應曰霧，云霧與蒙同，可見蒙與霚雺霧俱通，皆指天氣下地不應而言。至爾雅霧字當爲霿字之誤，爾雅釋文云務本亦霿，字林作霿，霿即霿字之省文。說文霿字注又云霿晦也，玉篇亦云霿武付切，地氣發天不應也，俱足爲霿字之證。蓋今本說文霿字注天氣下地不應六字，與上霚字注地氣發天不應互易，以致相沿承訛，莫之改正。觀文選注引爾雅上句作霧，則下句必不作霧。又釋文云霧本亦作霿，可見李善陸德明所見本相同，知唐本爾雅尚不誤也。近人誤以霧爲霿，反欲據說文以改爾雅，則甚謬矣。

爾雅釋畜脫簡考

清・周中孚

阮元輯　詁經精舍文集

爾雅釋文云：釋獸釋畜二篇俱釋獸而異其名者，畜是畜養之名，獸是毛蟲總號，故釋畜唯論馬牛羊雞犬，釋獸通說百獸之名。案釋畜有云馬八尺爲駥、牛七尺爲犉、羊六尺爲羬、彘五尺爲豟、狗四尺爲獒、雞三尺爲鶤，總題之曰六畜，依檢全篇獨闕彘屬，陸氏不置一辭，何與。然失之于此猶可得之于彼，釋獸寓屬有云豕子豬、䝐豶、幺幼、奏者豱、豕生三豵豝二師一特、所寢檜、四豴皆白豥、其跡刻絕有力豟、牝豝，共卅五字，核其文法與釋畜篇極相似，其爲錯簡無疑，試以此段歸入羊屬之下，題曰彘屬，庶成全篇，且于彘五尺爲豟句，亦前後相應矣。所可異者，左氏昭廿五年傳正義有云豕有野豕，故因記之于釋獸耳。今案釋獸此段絶不見有野豕，何得如孔氏所云。馬屬明有野馬，即騊駼，亦野馬也，故釋文云一曰野馬也。牛屬之犘牛犦牛亦皆野牛，俱非家養者，何不記于釋獸乎。總之，爾雅雖獸畜分篇，仍屬隨類而釋，不屑屑區而別之，猶之釋獸而及鳥曰嗉、鳥曰狊、魚曰須、并及人曰撟也，然又不可援此爲例謂彘屬亦不妨脱在寓屬也。邢氏于此段疏云此辨豕之種類也，絶不言及野豕，尚屬有識。其不及錯簡者，郭注所無則不及之，正義之體宜爾。近有新正義本竟采引孔氏之説爲主于釋獸篇目下復申之曰野豕非可常畜而實爲豕類，故豕見于釋獸，此自序所謂耳目所接時或失焉者也。

辨爾雅禧告也之誤　阮元輯　詁經精舍文集

清・陸堯春

禧，爾雅釋詁一云告也，一云福也，禧之訓告，義無可尋，心竊疑之。案，説文：禧，禮吉也。廣韻則云：禧，福也、吉也。蓋廣韻本許氏而禮吉之禮必因上文禮字而譌，又脱一也字也。玉篇及顔注漢書賈誼揚雄等傳亦云禧福也，此皆本之雅訓無可疑者。嘗見諸通人校説文，改禮吉爲禮告，並無他證，及讀許氏祰告祭也之訓，始悟訓告之禧當爲祰，以形近致訛，故廣雅祰與禳禱連文同訓爲謝，與告義相近也。禧亦作釐，漢書文帝紀祠官祝釐，注云釐本禧字假借用耳。近邵二雲太史著爾雅正義即引以爲禧告之證，殊不知連祝字言之纔有告義，而實不足以爲確證也。

爾雅序篇説 阮元輯 詁經精舍文集

清・陸堯春

爾雅之有序篇，猶周易之序卦、尚書之百篇序、詩之大小序也。按詩周南關雎詁訓傳正義引其文云：釋詁釋言通古今之字，古與今異言也，釋訓言形貌也。此序篇之僅存者。爾雅疏襲用孔疏但於釋詁下引上三句，足見邢氏之陋。漢志爾雅三卷二十篇，今所傳止十九篇，漢志或即合序篇而言也。張揖上廣雅表云今俗所傳三篇爾雅者，蓋即漢志之三卷，古人篇與卷同也。陸氏釋文謂釋詁一篇周公所作，釋言以下或言仲尼所增，子夏所足。以一篇專指釋詁而言謂張揖論之詳矣，似猶讀張揖表未審也。

寶甓齋札記 皇清經解

清・趙坦

爾雅釋天：焚輪謂之頹。釋文：棼，扶云反，本或作焚。坦案，此焚字當讀爲鄭伯之車僨於濟之僨。陸氏本作棼，今本作焚，皆假借字。左氏襄二十四年傳象有齒以焚其身，釋文引服虔云：焚讀曰僨，僨，僵也。此其義也。蓋風之從上而下者足以翻車，故曰焚輪。

爾雅釋草：蕍，蕮。郭注：今澤蕮。證類本草：澤瀉一名水瀉。圖經曰澤瀉生汝南池澤，今山東河陝江淮亦有之，以漢中者爲佳，春生苗，多在淺水中，葉似牛舌，獨莖而長，秋時開白花，作叢似穀精草。坦案，詩魏風言采其藚，毛傳：藚，水舄。即此。詩疏：釋草云藚牛脣，李巡曰別二名。陸璣疏云今澤蕮也。爾雅正義：蕍、蕮、藚、牛脣，一物四名。

爾雅猶字説　皇清經解・經義叢鈔

清・王述曾

爾雅猶字訓最多，其訓有九字，皆作猷，俗字也，或作繇，通字也。俗字宜改，通字可從。釋詁云：靖、惟、漠、圖、詢、度、咨、諏、究、如、慮、謨、猷、肈、基、訪，謀也。猷當作猶，猶訓爲謀，詩中字皆作猶。案詩中猶字二十一，召南小星篇寔命不猶，小雅伐木篇猶求友聲，采芑篇克壯其猶，斯干篇無相猶矣，小閔篇謀猶回遹、我視謀猶、不我告猶、匪大猶是經，巧言篇秩秩大猷、為猶將多，鼓鐘篇其德不猶，角弓篇君子有徽猷，白華篇之子不猶，大雅文王篇厥猶翼翼，板之篇為猶不遠，猶之未遠，抑篇遠猶辰告，桑柔篇秉心宣猶，周頌訪落篇繼猶判渙，般之篇允猶翕河，魯頌泮水篇式固爾猶。諸猶字中惟秩秩大猷、君子有徽猷，猶字作猷，此二字亦疑誤，當改。又云：爰、粤、于、那、都、繇，於也。猶作繇通字。書大誥猷大誥爾多邦，此猷字亦訛孔所改。釋文引馬融本字作繇。又云：話、猷、載、行、訛，言也。猷當作猶。又云：迪、繇、訓，道也。繇猶通字。方言云：裕、猶，道也，東齊曰裕，亦曰猶。又云：鬱、陶、繇，喜也。繇猶通字。禮記檀弓云：人喜則斯陶，陶斯詠，詠斯猶。大戴禮文王官人篇云：喜色猶然以出。字皆作猶。又云：卒、猷、假、輟，已也。猷當作猶。春秋宣八年壬午猶繹，公羊傳云猶者通可以已也。又文六年猶告于廟，穀梁傳云猶之爲言可以已也。字皆作猶。釋言云：猷，圖也。猷當作猶。詩小雅白華篇云之子不猶，鄭箋云：猶，圖也。禮記儒行篇云猶將不忘百姓之病也，鄭注云：猶，圖也。字皆作猶。又云：猷，若也。猷當作猶。論語吾猶人也，猶即若字之誼。又云：猷，肯，可也。猷當作猶，此即申釋上文若字之誼，爾雅字多正體，亦多俗字，猶字皆作猷，雖云隸體之變，恐舊文必不若是，皆宜改正。

爾雅草木蟲魚鳥獸同名考 皇清經解·經義叢鈔

清·王述曾

草木蟲魚鳥獸，爾雅所釋有同名者，或音轉于雙聲，或文歸于通字。如釋草中蓧蓨之與苗蓨字相通也，蕨攈之與芵莞音相轉也，離南活莌、倚商活脱，考之古音無不相合。他若釋草有果蠃而釋蟲亦有果蠃，釋草有蒺藜而釋蟲亦有蒺蔾，釋鳥有天雞而釋蟲亦有天雞，此同名之顯然者。至于釋草之莪蘿與釋蟲之蛬羅，釋草之葖蘆萉與釋蟲之蜚蠦萉，皆取音同。又釋草有蒤荎藸，釋木亦有蒤荎著，釋木有諸慮名山櫐，釋蟲亦有諸慮名奚相，釋蟲有密肌繼英，釋鳥亦有密肌繫英，郭氏景純或疑有重出之文，不知古人命名不嫌相假，或因其色同，或取其象類，俱未可知，故郭氏注葖蘆萉云萉宜爲菔，是不必改也。監本爾雅釋蟲果蠃字中不從果從虫，考唐石經作蠃，是石經可從也。案釋蟲果蠃爲細腰蟲，而釋草栝樓之果蠃亦有長而鋭者，然則命名之同兼寓象形亦堪會意，六書之誼皆可貫通。又釋草茨蒺藜，言其多刺不可近，故名蒺藜，而釋蟲蝍蛆之蒺藜，今蜈蚣也，蜈蚣亦難近，非猶之蒺藜歟。又釋草莪羅蒿屬也，其色多白，今釋蟲之蛬羅即蠶蛬，其色亦白矣。他如奔星爲彴約，言其星光似彴約然也，而石杠謂之徛徛亦謂之略彴，是石杠之横水而過，亦猶奔星之如水而流，故同有彴名。釋山獨者蜀，蜀爲蟲名，獨行而無匹，山亦假借其名。釋草戎葵之爲蜀葵，釋畜大鷄之爲蜀雞，同一取義。若夫籧篨爲竹席之名，而口柔之人亦名籧篨，戚施爲詹諸之稱，而面柔之人亦稱戚施，并人亦假物以爲呼矣，而又何疑于草木蟲魚鳥獸之類哉。

爾雅釋草辨類序 皇清經解・經義叢鈔

清・王述曾

夫陰陽之位定而甘苦之草生焉，土會之宜辨而膏莢之利溥焉。蘿蕍伊始，能感化機，蕃蕪有形，亦關治象。是以粟變爲苗，苗變爲穗，其生也有時，卉下于蕭，蕭下于薛，其成也有等。園庭作疏，藉以博聞，圖狀能成，稱爲格物。然問織待婢，學嫁求農，目驗良難，神謀必惑。矧爾雅釋草一篇，極衆卉之殊形，本六書之奧旨，或從方語，或廣異名，或音轉于雙聲，或文歸于通字，或名同而實異，或名異而實同。彼夫改日及而不知，見大戟而稱器，固已無煩品藻，不足低昂。即凡業號專門，學稱多識，而陽山之穄，目爲明粢，首種之文，名爲宿麥，始誤于唐之蘇恭，繼紊于宋之蘇頌。而又毛傳之釋野苹訓爲苹萍而不引藾蕭，孔疏之解堇荼指爲烏頭而不明苦堇。陸璣不知王芻萹蓄之即爲菉竹，張揖竟以月爾蕨蘁之皆爲紫綦。菥蓂亭麻兩物也，陳藏器不識其分。薜苢蕨攈一物也，徐楚金不知其合。蕪菁蘆菔，齊民要術獨異于方言。栝樓蔆姑，廣雅釋草不同于高誘。崔豹則混蚍衃戎葵之形，索隱則合馬藍寒漿之種。甘草爲蘦，而沈存中以爲其葉如槐。苦菜爲荼，而陶宏景以爲其類是茗。夫一物之不知，亦大儒之所耻，今述曾乃審衆説之紛紜，本前賢之論斷，六穀九穀，定厥主名，甲貨乙貨，分其異類。如防葵狼毒，投止水而分明，若蘼蕪蛇牀，聆芳馨而辨別。斯易言莧陸，詩詠菲葑，禮載堇葵，書稱篠簜，庶幾展卷而易析其形，呼名而輒明其類也矣。

說文爾雅相爲表裏論 皇清經解・經義叢鈔

清・汪家禧

大戴記曰，爾雅以觀于古足以辨言矣。夫爾雅，古小學書也，區分彙別，巨細兼包，其體定于元公，述于七十子，其以類聚，何也。曰，此古小學書之式，比類合義，連綴成文，學僮便于諷習。自說文以偏旁形聲爲別，可以濟爾雅之窮。秦興小篆，體更史籀，更趨簡易，徒隸書行，其文非爾雅所能正也。又俗儒厭繁樂省，一切用隸，六經正文，謬誤百出。許君就小篆合以史籀，又經以體，緯以聲，然後會意指事象形諧聲之學明後世，玉篇字林皆推衍其緒，而說文遂爲字書祖。若是說文可包爾雅歟，曰，六書之旨，轉注明而後重辭累言貫于一，假借明而後彼此異義者不膠于辭二，固說文未詳而觀其會通在爾雅，蓋同意相受雖具說文，然分部散見，于建類一首之義乖，至假借義因聲轉。由于前世字少，說文九千三百餘文字寖備矣，故爾雅通用者，說文已各列于部。又說文解經類依師說，而漢經儒箋釋聖籍均資爾雅，是爾雅說文之本也。且爾雅去古未遠，以音表義，詁訓名物，或取雙聲，或因聲轉，至于辯章六藝，囊括九流，較說文之取漢律證方言者體更正大，故爾雅進于經，說文列小學。然說文區分子母，各歸部分，後縱有舛誤，大綱終不可亂，去聖數千載，得識三代之文，不可謂非功也。爾雅自樊孫傳述，已有異同，遞因隸變，草木蟲魚偏旁妄置，向非說文，爾雅之俗文，何以覈歟。又漢自十四家博士並立，重以古文，其間短長得失，各有意旨，說文能綜貫之，文同訓異，訓同文異，備著于篇，其識固非專己守殘者比，雖謂與爾雅同功，可也。惟說文義主辨字，故同物而文隔部，異物而文相接，資于考覈，艱于成誦，蓋著書之體限之。統論之，爾雅專明義，說文兼言文，是說文勝。說文因爾雅而增益之，又爾雅勝。後世字書皆仿說文，爾雅自張揖後無能繼者，蓋通貫六書，發揮經籍，聚類同條，雜而不越，非聖賢不能作，夫爾雅定于周公而成于七十子者也。

吾亦廬稿　皇清經解

清・崔應榴

爾雅，漢志二十篇，今惟十九篇。晴江翟氏曰：祭名與講武旌旂三章俱非天類而繫于釋天，邢氏强爲之説，義殊不了，古爾雅當更有釋禮一篇，與釋樂相隨，此三章乃釋禮文之殘缺失次者耳。按此説甚爲有理，可取。

連謂之簃。注：堂樓閣邊小屋，今呼之簃廚連觀也。案，簃亦作誃，説文云周景王作洛陽誃臺。聲類曰宮室相連曰誃。張平子東京賦作謻，陸雲集曹公有謻唐。靈光殿賦：西廂踟躕以宴間。張戴注：踟躕，連閣旁小室也，踟或作移字。善曰：踟躕，相連貌。石林燕語東華門直北有東向門西與内東門相值，俗謂之謻門而無牓，張平子東京賦所謂謻門曲榭者也。薛綜注：謻，曲屈斜行，依城池為道。集韻謻字或作簃，以為宮室相連之稱，今循東華門牆而北轉東面為北門，亦可謂斜行依牆者矣。

釋山：小山別大山，鮮。注云不相連。逸周書和寤解至于鮮原，孔晁注：近岐周之地小山曰鮮。鄭氏毛詩箋曰：鮮，善也。

粢，稷。郭注：今江東人呼粟爲粢。廣雅：䆉粱，木稷。案今北之膏粱，南之苞蘆，又曰蘆粟是也。淮南子時則訓孟春行冬令，首稼不入。百穀惟稷先種，故曰首稼，御粟其別也。眾，秫。郭注：黏粟也。説文：稷之黏者也。邢疏：北人用以釀酒。則今膏粱酒是也。眾音終

戎叔謂之荏菽。郭注：胡豆。邢疏引孫炎曰大豆也。案，荏菽見詩，戎菽見周書王會解、穀梁傳。石勒時改稱黄豆。查注蘇詩以豌豆謂即爾雅之戎菽，非。豌豆，本草：其苗柔弱宛宛然，故名。當即今之寒豆，與蠶豆同熟。豌寒音轉而訛也。

菫，爾雅兩列之。蘦，苦菫。郭注：今菫葵，葉如柳，子如米，汋食之滑。芨菫，郭注：即烏頭也，江東呼爲菫。

詩堇荼如飴，內則堇荁枌榆以滑之，士虞禮夏用葵冬用荁，此苦堇也，可食，若驪姬置堇之堇，即芨也，有毒不可食。孔疏誤以烏頭之堇爲堇葵之堇，朱子不考而仍之，故嚴垣叔駁其非。

鮥，當魱。郭注：海魚也，似鯿而大鱗，肥美多鯁，江東呼其長三尺者爲當魱。邵二雲正義以爲即鰣魚是也。鄭樵爾雅注以鮥爲黄魚未是。又，鰲鯠，郭云未詳，謝山全氏以爲即鰣魚，粵人呼爲三鯠，亦曰三鰲。陶朱公書鰣魚盛於四月，其味肥美，廣州人謂之三鰲魚。廣韻以鰊爲鰻，集韻以鯠爲鰻，則非鰣矣。鄭樵云今亦呼鰻鰲，翟氏爾雅補郭取之。

螼蚓，蜸蠶。郭注：即𧊕蟺也，江東呼寒蚓。野客叢書：齊地有蟲，類蚯蚓，大者人謂之曲善，擘地以行呼之聲也。孟子所謂巨擘即蚯蚓之大者，注以爲大指者，非也。

過庭錄

清・宋翔鳳

疾雷爲霆霓，霓當作電

爾雅釋天：疾雷爲霆霓。文選東都賦注引爾雅曰疾雷為霆。無霓字。郭注云：據今注疏本。雷之急擊者爲霹靂。案，上文霓爲挈貳，音義：霓、一本作蜺。說文：霓，屈虹，青赤或白色，陰氣也。則霓非疾雷。霓當爲電，形近而訛。霆與電同物，既可言霆亦可言電，故并釋之，音亦通轉。淮南兵略云：疾雷不及塞耳，疾霆不暇掩目。此正言霆之光耀激目。說文：霆，雷餘聲也。此別是一訓。隱九年：大雨震電。穀梁傳：震，雷也。電，霆也。此霆電同物之切證。左傳襄十四年：畏之如雷霆。釋文云：本亦作電。莊子天運篇：吾驚之如雷霆。釋文並云：霆，電也。衆經音義九引爾雅疾雷爲霆霓。郭璞云：雷之急激者也。第十五卷引此，激作迅。今本郭注激字作擊，當改。說文：電，陰陽激燿也。與此急激義合。司馬相如子虛賦：星流電擊。則電亦可云擊。衆經音義九又引周易鼓之以雷霆，劉瓛曰：霆，雷也，震爲雷，離爲電。案雷也之雷當作電，方與下離爲電義合。易繫辭上：鼓之以雷霆。釋文：蜀才霆疑爲電。此蜀才不解霆即是電，故欲改字，不如劉說也。又案，公羊隱九年何休注云：電者，陽氣，有聲名曰雷，無聲名曰電。蒼頡篇云：霆，霹靂也。衆經音義九引。霹靂，依說文作劈歷，當亦言電光急迅之狀，非象雷聲也。又案，易：鼓之以雷霆。釋文：霆，王肅、呂忱音庭，徐又徒鼎反，又音定。據此，則作雷餘聲之霆音庭，禮記風霆流形當從此。雷霆之霆音定，定與電聲更近也。又或校爾雅，以霓非疾雷，遂改為霆，而仍存霓字。古人校書多用此法。

小山別大山曰鮮一本作嶰

文選東都賦嶰澗闃，又長笛賦嶰壑澮峴，李善兩注並引爾雅曰小山別大山曰嶰，嶰、古買切。與今爾雅作鮮者異。案，玉篇山部：嶰，山不相連也。與別義合。漢書律歷志：黃帝使泠倫，自昆侖之陰，取竹之嶰谷。注云：一說昆侖之北谷名。此正是小山別大山之嶰也。詩：度其鮮原。傳云：小山別大山曰鮮。用爾雅。鄭箋則云：鮮，善也，謀居善原廣平之地。不用毛義，又舍釋山而取釋詁，則鄭君爾雅本釋山文不作鮮矣。蓋爾雅有此二本，兩存其讀可耳。

爾雅舍人注

經典釋文叙錄：爾雅，犍爲文學注三卷，一云犍爲文學卒史臣舍人，漢武帝時待詔。錢少詹事大昕云：廣韻有舍姓，蓋其人姓舍名人。孫御史志祖。云：案文選羽獵賦注引郭舍人爾雅注，是其人姓郭，漢書東方朔傳有幸倡郭舍人，正值武帝時，豈即其人邪，蓋本犍爲文學卒史，而入爲舍人，名則不可考矣。翔鳳案，孫君據選注斷爲郭舍人是矣，然舍人由文學卒史入爲待詔，非入爲舍人也。舍人，太子官屬，非近侍官名。又東方朔傳云：朔高自稱譽，上偉之，令待詔公車。蓋朔與舍人同待詔公車，同得省見。傳記之若爲倡優者，蓋失實也。則朔傳之郭舍人，正注爾雅者，舍人當是其名，釋文稱文學卒史臣舍人，猶注漢書者稱臣瓚。若是官名，則當云舍人臣某矣。蓋其成書奏上之時，尚未顯幸，故僅題文學卒史耳。朔傳稱郭舍人爲諧語，注：師古曰：諧者，和韻之言也。可以爲舍人明小學、通諧聲之切證。魏孫炎為反切之學，其原或出於舍人。

後漢文苑傳：王逸，元初中，舉上計吏，爲校書郎。順帝時，爲侍中。今傳楚辭章句，題校書郎臣王逸上。

漢書五行志：待詔寵等。注：師古曰：以經術待詔，其人名寵，不記姓也。

漢書枚乘傳：皋自陳枚乘之子，召入見待詔。又言，皋爲賦，好嫚戲，以故得媟黷貴幸。比東方朔、郭舍人等。

甓齋遺稿 皇清經解

清・劉玉麐

爾雅：既伯既禱，馬祭也。案詩小雅曰：吉日維戊，即伯既禱。傳曰：伯，馬祖也。將用馬力，必先爲之禱其祖。郭璞注爾雅曰：伯祭馬祖也，將用馬力，必先祭其先。郭用毛傳，而于馬祖上增祭字者，知伯爲祭名。孔疏乃云馬祖之謂伯，伯者長也，殊爲乖舛。說文曰：禂，禱牲馬祭也，詩曰既禡既禂。此所引詩蓋出齊魯韓三家，故與毛詩作伯禱之字異，然徐鍇繫傳曰禡之言罵也，釋名曰罵，迫也。迫即禡字之轉，伯又迫字之轉，故禡或爲伯耳。然禡實本作貉也。鄭司農注周禮大司馬職有司表貉，曰貉讀爲禡，書亦或爲禡，是禡爲貉之或體字也。杜子春注甸祝表貉，云貉讀爲百爾所思之百。鄭康成注肆師表貉，云貉讀爲十百之百。是禡之作伯以貉音也。詩釋文曰貉又作貊，故讀百，百與伯同，故作伯也。黄公紹韻會引樂書云周官言貉，詩記言禡，一也。又晉鼓吹曲云蒐田表禡，表禡即表貉，然則貉與禡音義本相通也。伯又即貉禡音轉之字，安得訓爲長與。或曰禡爲師祭，伯爲馬祭，伯何以與禡同與。余曰，禡祭天神，武王東觀兵，上祭於畢，蘇寬曰畢爲天駟，是已伯祭馬祖則爲天駟，亦天神也。禡祭人鬼，鄭康成曰爲師祭造軍法者，其神蓋蚩尤，漢禮於武庫祀蚩尤，唐禮禡祀亦祭蚩尤是已伯祭則爲始養馬始乘馬及災害馬者，是亦人鬼也。貉祭則立表，鄭注表貉謂立表而貉祭是也。王制曰禡于所征之地，應劭注漢書曰至所征伐之地表而祭之謂之禡，是禡祭亦立表也，禡祭則有禱。鄭注肆師曰：于所立表之處爲師祭造軍法者，禱氣勢之百倍是也。又注甸祝曰：田者習兵之禮，故亦禡祭，禱氣勢之十百而多獲。是祭表貉行禡祭，故亦有禱也，然則貉祭與禡祭其禮同，故其名同，爾雅知其然，故連類紀之曰是類是禡師祭也、既伯既禱馬祭也。或曰：伯與禡同又即爲貉，禮謂之表貉者，何與。案，郊特牲郵表畷疏云若郵亭屋宇處所表田畔，晉語曰置茅蕝設望表，凡甸獵則爲表，虞人萊所田之野爲表是也。既爲表則建旗，司馬建旗于後表之中者也，既建旗立表，則列陳誓民，有司表貉于陳前，群吏聽誓于陳前是也。夫表貉之祭當在聽誓之後，春秋成十六年左氏傳紀鄢陵之戰，既曰聽誓，乃曰戰禱，戰禱者，禡祭爲兵禱也。禱禡祭在聽誓之後，則貉祭亦如之，甸禮與軍禮同也。且夫表貉祭神爲尊嚴之地，故車驟徒趨及表而止，又爲會歸之所，故師甸致禽于虞中，虞人爲表獲者，各以其禽來致于所表之中，故謂表中爲虞中也。詩豳風曰言私其豵、獻豜于公是已。又曰一之日于貉取彼狐狸于往也，貉即表貉也，言往表貉之處而取之耳。傳及義問并訓貉爲狐貉，豈失記表貉之義與。至貉祭謂之表貉者，虞人爲表，計之以步，積二百四十步爲四表，大司徒祭貉則爲馬祖位于四表之中祭之，故謂之表貉，單言之則曰貉而已，故詩稱既伯也。或又曰貉之祭其禮若何，案禮曰凡四時之大甸獵祭表貉則爲位，所謂位者，司几筵掌五几五席之名物與其位，注謂位爲所設之席，甸役設熊席右漆几，鬼神之几在右。此祭表貉之位也。禮曰凡師甸用牲于社宗，所謂社者，師祭則有軍社，甸祭則有馬社是也。所謂宗者，鄭康成讀宗爲禜，幽禜，祭星也。孝經説曰房爲龍馬，馬祭主之，亦禜祭也，故曰用牲于禜。一説禜猶營也，賈逵以爲營攢用幣，孔穎達謂其祭非有常處，臨時營其地立攢表用幣告之，貉祭立表亦宜用幣，此祭表貉之用牲幣者也。禮曰甸祝掌表貉之祝號，所謂號者，校人職曰春祭馬祖、夏祭先牧、秋祭馬社、冬祭馬步，此祭表貉之號也。所謂祝者，太祝掌六祝之辭，而祭貉之祝無聞，賈誼新書曰商湯見祝網者，其祝曰從天墜者、從地出者、從四方來者皆入吾網。此非祭表貉之祝，而其辭則爲祝類者也。夫祭有祝則有禱，肆師曰禂牲禂馬，禂與禱同，杜子春曰爲馬禱無疾，爲田禱多獲禽牲，此祭表貉之禱也。凡此皆祭表貉之見于禮經，而爾雅以爲馬祭者也。嗟乎，古禮之亡久矣，今既得于宣王吉日之詩，用徵祭表貉之禮，又得爾雅馬祭之説以證周官，學古者實有厚幸焉。若使禡伯不辨，則并即今尚存之禮而亡之矣。鄭康成曰禡爲兵禱，其禮亦亡，然詩序曰桓講武類禡也，其詩曰綏萬邦、屢豐年，詩以講武而作，首言及此，此太祝所謂多福永貞善爲兵禱者也，雖謂禱禮至今存焉可也。段玉裁曰，説文云㒒詩毛氏從其多者言之耳，其實不廢三家詩，如爾雅引既伯既禱，毛詩也。許引既禡既禂，三家詩也。確然如此。毛公意既伯既禱句法，謂禱於馬祖，加一既字以成句，如侯作侯祝，傳云作祝詛也，亦加一侯字以成句，若禡既既禂則分為二祭矣。禡貉伯三字古通用，而周官經有師祭之貉，有出祭之貉，貉即禡也。爾雅分别禡為師祭，伯為馬祭，伯者既辨禡伯之分，又著禡伯之同，引證精確，補禮家所未備。

爾雅：蜺爲挈貳。案，京房易傳曰：蜺，日旁氣也。河圖稽耀鉤曰：霓者，氣也，起在日側是已。尚書考靈耀鄭康成注曰日旁青赤者爲蜺。漢書：永和六年正月己卯，日暈兩耳，中赤外青是已。春秋元命苞曰，陰陽之氣聚爲雲氣，立爲虹霓，離爲倍僪，分爲抱珥。漢書天文志曰抱珥蚩蜺是已。揚雄大元經曰紫霓圍日。呂氏春秋日有暈珥，高誘注曰暈讀如君，氣圍繞日周帀，有似軍營相圍守，故曰暈是已。此皆以蜺爲日旁氣者。詩含神霧曰瑶光，如霓貫月正白，易識亦曰虹霓貫月。袁山松書曰，興平二年十二月，月在太微端門中，重暈二珥兩白氣廣八九寸，貫月東西南北是已。此又以蜺爲月旁氣者。演孔圖曰，天子外苦兵威内奪臣無忠則天投蜺。後漢書五行志：和光元年六月丁丑，有黑氣墮北宮庭中，御覽引名臣奏詔作溫殿東庭中。如車蓋，蔡邕對曰所謂天投蜺也。此蜺之以黑色見者。又有所謂紫蜺、揚子曰紫蜺喬雲朋圍日。絳蜺、潘岳雨賦曰收絳蜺于漢陰。素蜺、司馬相如大人賦曰乘絳幡之素蜺兮。彩蜺，李商隱詩曰祕殿崔巍拂彩蜺。易讖亦曰蜺其色青赤白黄，此蜺之以采色見者。謹案，史傳説蜺者多原于讖緯，建武以來，諸儒侈言元象，以稽占候，而實不能定物之名。夫蜺，一物也，氣之見于日者蜺，何見于月者亦蜺也，色之黑者蜺，何色之青赤白黄者亦蜺也。然猶但謂之蜺而已，蔡邕月令章句乃曰蜺常以蒙濁見日旁，白而直曰白虹，是直以白虹貫日者爲蜺，蜺且有虹之名矣。然名之曰白虹尚有別于虹耳。辭賦之家，不葵名義，益用棼如，如江淹賦虹而云赤蜺電出，序又云親弄絳蜺，是直不辨虹蜺之爲二物矣。竊考爾雅曰：螮蝀謂之雩，螮蝀，虹也，蜺爲挈貳。虹之與蜺殊非瞢然無別者。漢書天文志注：如淳曰雄曰虹，雌曰蜺。孫奭孟子疏引爾雅曰：雲出天之正氣，蜺出地之正氣，雄謂之虹，雌謂之霓。此蓋注爾雅家舊説。孔穎達禮記疏引郭氏音義曰：虹雙出，鮮盛者爲雄，雄曰虹，闇者爲雌，雌曰蜺。注家以雄雌別虹蜺，其説甚明。然雄虹之狀鮮盛易見，若雌蜺則尠有能言之者，惟楚詞遠遊曰雌蜺便娟以增橈兮。洪興祖補注引集韻云：橈，纏也。天問曰白蜺嬰茀，王逸注曰：蜺，雲之有色似龍者也。注又云：茀，白雲逶迤若蛇者，言此有蜺茀，氣逶迤相嬰。頗與説文脗合。許春曰霓屈虹即遠遊之謂便娟、王叔師之謂似龍者也。又曰白色陰氣，即天問之謂白蜺、王叔師之謂雲之有色者也。夫蜺爲雌屬能柔，故屈毗于純陰，其氣上隮有似雲物繚繞而呈白色者，雨之徵也，故孟子曰若大旱之望雲霓。雲霓昭見，雨施滂沱，故大旱望之。今趙岐注曰：霓，虹也，雨則虹見。是無論不辨虹霓，抑思旱既太甚，民情孔棘，惟求得可以徵雨者而已，何暇計及雨止而虹見乎，此所爲見雞卵而求時夜者也。或謂余曰，子以爲蜺見雨施，虹見雨止，詩曰朝隮于西，崇朝其雨，孔冲遠引周禮眂祲後鄭注訓隮爲虹，非與。余曰，周禮十煇，九曰隮，先鄭云隮爲升氣，此義最確，故康成用以釋詩，亦云朝有升氣于西方，終其朝則雨氣應自然。然則因升氣而致雨者霓也，非虹也，虹不得爲雨徵也。或又曰，虹蜺紛其朝覆兮、夕淫淫而霖雨，亦楚詞之言也，明以虹爲雨徵，安見趙氏謂雨則虹見者非與。余曰，雨自三日已上爲霖，霖雨連晨，一雨初濟，一雨復零，薄雲漏日則虹來，濁氣升霄則蜺見，故楚詞謂之曰紛、謂之曰覆，則虹與蜺雖並舉，而實較然殊矣。天道幽元，五行錯迕，未必無虹先雨後之時，然學人讀書，道厥常道，是豈足以相難哉。況蜺字爾雅從虫，孟子與說文從雨，亦以霓其爲雨之徵乎。至若虹之別名螮蝀者，釋文曰：螮，丁計反。蝀，丁孔反。郭璞鱊魚贊曰：壯士挺劍，氣激白虹，鱊魚潛淵，出則邑悚。虹與悚韻，是虹讀去聲，正與釋文之音螮蝀協，螮蝀乃虹字反音也。蜺之別名挈貳者亦然。釋文曰：挈，苦結反。貳，而至反。張衡東京賦曰龍輅充庭、雲旗拂蜺，夏正三朝庭燎晣晣，晣音之世反。是蜺與晣韻也。曹植七啓曰：淩轢諸侯，馳騁當世，揮袂則九野生風，慷慨則氣成虹蜺。是蜺與世韻也。蜺與晣世爲韻，是蜺讀去聲，正與釋文之音挈貳協，挈貳乃蜺字反音，尸子曰虹霓爲析翳，去聲。析翳即挈貳之轉，此挈貳爲反音之證也。甘氏星經又曰蜺爲蛪示，示音旗，蛪示二字反音亦爲蜺，此又蜺字反音讀平聲之證也。史記天官書曰其蛪者類闕旗，索隱曰蛪亦作蜺，蜺之爲闕旗，猶蜺之爲蛪示、爲析翳、爲挈貳耳。南史曰：沈約作郊居賦，示王筠，讀至雌蜺連蜷，曰：嘗恐人讀作平聲。此後世聲病之說，不可與論古音也。凡一音具有四聲，古人未嘗泥也，兩字合爲一音，古人未嘗無也。世既以沈約作四聲，又以孫炎作反音，爲椎輪之始，不知逸詩以不來爲貍，齊人以終葵爲椎，及爾雅云不律謂之筆、扶摇謂之猋，並此螮蝀爲虹蜺、爲挈貳皆反音也，學人不稔乎此，則簡册中處處成町畦矣。段玉裁曰，霓先雨而致雨，虹後雨而致姓，分別不可易。今里俗所云挂龍者即霓也，王叔師云雲之有色似龍者是矣。但古人對文分別，散文互言，許慎曰霓屈虹，趙岐曰霓虹也，後鄭訓隮為虹，楚詞虹霓朝覆淫淫夕雨，是皆散文不分別，而邠卿尤為語病。寶楠謹案，淩氏初成曰：爾雅疾雷為霆霓，霓有霆霓、有虹霓，大旱望霓，望霆霓也。案淩氏之言非也。爾雅釋文曰：霓，說文曰屈虹，青色也，一曰白色陰氣也，故孟子云若大旱之望雲霓也。案此則陸氏已知孟子之雲霓為雲氣矣。釋文又曰：霆，說文云雷餘聲鈴鈴所以挺出萬物也。陸氏於上經霓字音義不云下同，於下經單標霆字不並標霆霓，是經文本無霓字。近臧氏琳曰，初學記一、白氏六帖二引作疾雷謂之霆。北堂書鈔一百五十二、文選注一、事類賦三，引作疾雷為霆。是霆下本無霓字，今本因下句雨霓為霄雪，霓霓形相近遂誤衍。

爾雅：椹謂之榩。案周禮夏官司弓矢職云：王弓弧弓，以授射甲革椹質者。考工記謂王弓之屬利射革與質是已。鄭康成曰樹椹以爲射正，此作射正之椹也。圉師職云射則充椹質，賈公彦疏曰：圉人所習者，莝取椹斬莝。漢時掌畜官職斬莝是已。史記范睢傳注云：椹莝椹此資斬莝坐之椹也。春秋昭九年穀梁傳云：置旃以爲轅門，以葛覆質一爲槷。毛詩傳謂褐纏旃以爲門裘，纏質以爲槷是已。案褐可纏旃，亦宜覆質，穀梁傳注云葛或為褐，作褐者是也。范甯注曰：質，椹也。槷，門中槷。釋文云：槷，門橛。此充門橛之椹也。春秋襄二十七年公羊傳云：負羈縶執鈇鑕，秦策：范睢曰，臣之匈不足以當椹鑕，要不足以當斧鉞。鮑彪注云：鑕，鐵鑕。玉篇云：鐵鑕砧。砧與椹同。此椹以鐵爲之者也。毛詩云取礪取鍛，傳云：鍛，石也。箋云：鍛石所以爲鍛質也。疏云：質，椹也，言鍛金之時須山石爲椹質。此椹以石爲之者也。爾雅釋文云椹本或作砧，文字集略曰砧杵之質也。謝惠連詩欄高砧響發，擣衣砧也。古詩藁砧今何在，擣草砧也。砧又作碪，集韵云擣繒石。椹又爲櫍，唐韻：櫍，椹也。櫍或作礩，說文云柱下石。此椹以石爲之而各異其用者也。椹之質或爲石或爲金或爲木，質各不同，致用亦異，而書傳統名之曰椹而已，惟爾雅曰椹謂之榩，孫炎曰：椹，斲材質。郭璞亦曰斫木質。義并本詩方斲是虔。毛傳云：虔，敬也。鄭箋云椹謂之虔，又云正斲于椹上。是以椹當虔之名也。孔疏云方論斲斫楹桷不宜言敬故易傳，然亦未嘗申言名虔之義。謹案，書敚攘矯虔，疏引釋詁云：虔，固也。詩有虔秉鉞，左氏傳虔劉我邊疆，注訓固亦訓殺，虔之本義如此。史記張倉傳：倉坐法當斬，解衣伏質。注云：質，鍖也。漢書項藉傳：身伏斧質。注云：質謂鍖也。集韵云：椹，或作鍖。是鍖即椹也。夫斫木之具乃與刑人之具同名，何與。禮部韵略云：椹，木趺也。趺爲下基必堅固，其體乃克受斧斤之施，椹，質也。如鍖質之親刑殺然，故義亦得爲固爲殺而名之曰虔。或曰，說文云：虔，虎行皃。徐鍇曰虎之行兢兢然有威。椹之爲狀克象之與。余曰，虡從虔省，飾爲猛獸體亦趺也。禮部韻略曰：椹，木趺。說文曰：虡，鐘鼓之柎，飾為猛獸。柎與趺同。破有虡文，雕以居楹，實亦質也。集韻云：破，碪也。班固西都賦：雕玉碪以居楹。注云：碪，礩也。礩也。礩與質同。質，椹也。以類推之，則椹之名虡，不必求其狀而可以知其義矣。雖然，是特因文取義而已，訓詁之學不專一義。又案，釋文云：椹，張林反，音讀如砧。詩疏云質椹也。先儒以質訓椹者，椹質乃一聲之轉，故書傳椹質多連文。周禮椹質注云杜子春讀椹爲齊人鈇椹之椹，鈇椹猶鈇鑕，又即斧質，是椹有質音矣。方言云：秦晉之北鄙，燕北郊，翟縣之郊謂賊爲虔。今爾雅亦云椹謂之榩，榩不加木即虔字，椹轉爲質即賊音，謂椹爲榩蓋亦方俗語爾，拘文牽義則又失之遠矣。

爾雅：鼀䵷，蟾諸。釋文鼀音起據反，起據之音蓋以鼀從去也。按羅願爾雅翼曰鼀䵷詹諸，洪焱祖音釋曰：鼀，爾雅音圥。讀如六似是爾雅鼀本作鼀。夫德明隋人，已有起據之音，不得謂所見之本更出其前也。然許叔重說文云：圥鼀，詹諸，從黽從圥，圥，七宿切，讀如促。是鼀從圥不從去，則陸氏起據之音非矣。或曰郭注謂鼀䵷，淮南謂之去蚥，得無因有去蚥之名，鼀故從去而音起據與。余曰，不然，郭注去蚥，釋文作去蚥，蚥音甫。鄭樵通志六書略謂王蚥爲蟾諸，是去爲王字之訛也。玉篇曰：蚥，蟾蜍。廣韻曰：蛟，蟾蜍別名。是蛟爲蚥字之訛也。又按，釋蟲不蜩亦名王蚥，凡書傳及金石文丕字多作不，不，大也。王蚥者，大名也。不蜩之名王蚥，蟬中之大者。蟾諸之名王蚥，黽族之大者。不得以今本郭注之訛而證釋文之音不誤也。釋文曰䵸音秋，䵸爲䵷之訛字，宋本釋文仍作䵷也。案，莊子曰鰌我亦勝我，鰌本又作䲡。子六反，又七六反荀子曰大燕鰌吾後，注：鰌，蹴也。釋名曰：蹙，遒也。遒，迫也。然則鰌䲡遒三字從酋得聲，並讀如促，爾雅䵷字從酋，其音亦宜。然說文曰鼀或從酋作䵷，是䵷即鼀字，音促不音秋矣。或曰，鼀䵷既爲一字，爾雅何以作重文與。余曰，嘗考許叔重著說文，草木蟲魚之訓尤多取諸爾雅，今案其叙述之次，曰圥鼀詹諸也，䵷鼁詹諸也，若據說文可以訂正爾雅，則爾雅當曰鼀圥䵷鼁蟾諸也，今但存鼀䵷二字，重複爲文，莫可解說，豈竟傳寫者上肊圥字而下脱鼁字與，然而未敢憑肊以斷矣。至鼁當作鼀不音去，䵶又即鼀不音秋，今本爾雅釋文訛誤顯然，不可以不辨。傳均謹案，爾雅蟒王蛇，注：蟒，蛇最大者，故曰王蛇。王之謂大，郭義亦有徵矣。推此則王雎為鳩類之大者，不待注而可知。寶楠謹案，張教諭宗泰曰鼁䵶當為圥鼀，說文：圥鼀，詹諸也。鼀，七宿切。亦作䵶。說文玉篇黽部俱無從去之字，唯廣韻有鼁字，與釋文俱出唐初，不足相證。䵶既為鼀之別體，則斷非𪓰字之訛，當由作字者既益黽於圥之下又恐於下一字無別，故下一字從別體作䵶，隸書圥字與去相近，傳寫既久自然訛圥作去而成鼁字。陸氏不之考證，又復望文為音，誤人甚矣。玉篇䵶有七田七狄二反，是䵶雖有秋音而鼁字之誤則自陸氏始。按，教諭之說後出，足以相輔，其引玉篇謂䵶有秋，音不若此據說文直音促。

爾雅釋魚補義　炳燭室雜文

清·江藩

魚字下四點即火字，説文作𩵋，水蟲也，象形，魚尾與燕尾相似。徐鍇曰下火象尾，非水火之火。段氏解字謂其尾皆枝，故象枝形，非從火也。與徐氏之義同。愚考易姤卦包有魚虞氏注巽之初爲魚，蓋巽下斷有魚尾之形也，則魚象形之説非無本矣。然考内經素問言魚熱中，家語言魚生於陰而屬陽，醫家丹溪朱氏謂諸魚在水無一息之停，皆能動風動火，則魚字亦可從火，不必泥於象形。夫庖犧畫卦，以坎爲水，坎中有一陽爻，即水中之火。魚之游泳於水中，正其具火之性而可以勝水者也。雖南方飛鳥屬火，而魚亦可與之爲類，故文鰩有翼能飛，說文：文鰩，魚名，能飛，見山海經。况魚尾雙尖亦有火之形，安知蒼頡造字不以此爲象形乎。

鯉○鯉從里，何也，説文云：里，居也。言人所居之地皆有此魚，故從里。邵氏正義云今鯉處處有之，是所居皆有鯉也。説文以鯉爲鱣，何也，蓋鱣字從亶，亶字説文訓爲多穀，穀字訓善，鯉三十六鱗，合陰爻之全數，而獺祭之，豈非多善者乎，故鱣鯉互訓爲一物耳。

鱧○爾雅注爲黄魚，正義引陸璣疏云大者千餘斤，可烝爲臃，又可爲酢，魚子可爲醬，是亦魚之多善者也。

鰋○説文本作鮼，鮀也。鮼從𡚱，何也，説文云：𡚱安也。天下之魚多矣，何獨以安屬鮼乎，釋文謂鮼即白魚，史記武王伐紂，渡河中流，有白魚躍入舟中，殷人尚白是天將以殷之天下與周而天下治安之兆也，此鮼字所以從𡚱也。

隸經文 皇清經解續編

清· 江藩

釋言解

爾雅之釋詁釋言釋訓三篇，郭景純所謂九流之津涉，六藝之鈐鍵也。後之學者，致力於經注而昧於大題，或云釋言之言古謂之名，今謂之字，恐不然矣。考説文，直言曰言，直言者，如十五國詩人之言，各操土風，與王都之正音不合，作此篇以正方俗之語耳。然列國之言，因時遞變，有古之所有，今之所無者，有今之所有，古之所無者。自周至晉，先代之絶言多矣，有可知者，有不可知者，故郭注多引方言以證經，於其所不知，蓋闕如也。試舉其所知者論之，若斯誃離也，注：齊陳曰斯誃。是離與雅言，斯誃爲方言矣。其餘如怙恃律遹之屬，皆古之方言也。今江東呼母爲㛐，今呼重鼅爲䵶。凡言今者，皆晉時之方言也。郭注此篇引方言不下數十處，則釋言一篇以雅言正方俗語，爲無疑矣。此必舍人、樊光、李巡、孫炎諸人相傳述之舊聞，非景純創爲之也。

釋訓解

釋詁云：訓，道也。說文：訓，說教也。道者導也，謂順其意以導之也。說者，悦也。傳曰巽語之言能無悦乎，故曰說教也。巽訓爲順，見周易繫辭，巽語者，亦順以道之之意，後人以順道釋訓，於義雖通，然尚有所未盡也。訓順馴皆從川聲，互爲假借，小學家言之詳矣。所謂訓者，雅馴也。太史公五帝紀贊其文不雅馴，正義曰：馴，訓也。雅馴者，言之文也。傳曰：言者，身之文也。古禮，士大夫惟居喪乃言不文，爾雅言有單詞、有重言，重言爲形容之詞，明明察也，順明字而重言之，極形容之美也，是明明爲雅馴之言，察爲直言矣。如孟子曰泄泄猶沓沓，泄泄爲雅言，沓沓爲俗語矣。此篇自明明斤斤至秩秩清也，皆順字而重言之訓也。畇畇田也以下，亦重言形容之詞，而又有別焉。詩信南山畇畇原隰，畇畇，墾辟貌。頌畟畟良耜，畟畟，耜入地貌。此文節其詞也，言畇畇則知爲田，畟畟則知爲耜矣，是爲多文辭之文，似訓詁而又非訓詁也。如丁丁本伐木聲，嚶嚶本鳥鳴，因見於小雅伐木之什，韓詩云：伐木廢，朋友之道缺，所以言丁丁嚶嚶。則知爲朋友相切磋之道矣。藹藹萋萋，藹藹本訓容止，萋萋本訓盛貌，因見於大雅卷阿之詩，所以言藹藹萋萋，則知爲臣盡力之美矣。甹夆掣曳也以下雖非重言，其義一也，蓋釋詁一篇釋古今之異言，釋言釋訓二篇通方俗之殊語，皆雅言也。古人以言語爲樞機，榮辱之主也，率爾蒙野哉之誚，辭輯有君子之稱，可不慎哉。戴記小辨篇：孔子曰爾雅以觀於古，足以辨言矣，傳言以象，反舌皆至，可謂簡矣。是爾雅一書皆正雅俗之音，而雅頌爲王都之正音，風爲列國之方言，四方聲音之别，莫備於詩，爾雅多釋詩詞，其斯之謂歟。

經史質疑録

與郝蘭皋農部商爾雅釋山釋樂釋草三疏

清・張聰咸

聰咸近讀毛詩魯頌泮水篇薄采其茆傳曰，茆，鳧葵也。竊謂毛傳多本爾雅釋草文，爾雅是篇載莃菟、芹楚葵、無茆鳧葵之文。廣雅有茆鳧葵。又説文艸部莃字芹字及茆字注并用釋草文及毛傳，蒙頗疑莃菟葵之下脱去茆鳧葵三字，文選張平子南都賦注引有爾雅曰茆鳧葵六字可徵矣。袁本茶陵本并同。釋山小山別大山鮮，文選長笛賦及吴都賦注皆引鮮作巘，胡墨莊編修謂余曰爾雅本作解字，後人又加山旁并引説文釋解爲判，旁採荀子及呂覽作鮮之字皆以爲解文之譌。聰咸案，解鮮本雙聲，古音同在支部。詩有兔斯首箋云：今俗語斯白之字作鮮，齊魯之間聲近斯。左傳宣公二年傳于思于思，賈侍中服子慎訓為白頭，正義云字雖異蓋亦以斯聲近鮮。禹貢西戎析支，大戴禮記作鮮支，後漢書作賜支。詩新臺鮮與泚瀰為韻，孔撝仲云從鮮之字聲當以䨟為正，説文䨟字注小雨財䨟也，讀若斯是矣。解于古音入寘韻，韓奕詩以解與易辟為韻，殷武詩以解與辟績適為韻，閟宫詩以解與帝為韻，秦瑯琊刻石文以解與辟易畫為韻，今人不知詩古音讀辟為避、讀適為啻、讀績為債，又見唐韻解字在卦韻，遂莫求鮮與解為支部四聲字矣。曩讀月令天子乃鮮羔開冰，竊謂此鮮字即解字之借，與漢書賈誼傳屠牛坦一朝解十二牛之解同意也，不必若鄭氏訓爲獻聲之誤。又鮮説文從魚、羴省聲，魚旁隸多與角通用，如楅衡之衡本角，説文作爲善義，蓋不從毛傳引爾雅之説，非并爾雅經文而亦當如善字解也。邵氏正義頗拘牽其義而未之剖晰，尊疏如更正之，鄙論或有一得焉。釋文引鮮或作巘，與文選解作巘皆轉寫者以意加山旁，非其舊也。又釋樂大笙謂之巢，文選笙賦引作大笙謂之簧，郭注無解巢字衡，隸體變從魚。繳觸之觸從角，説文讀若魚旁觸。薊字鱴字説文俱從魚，隸體又變從觻變從薊矣。此鮮與解又篆隸相轉寫易溷之字，郭注云不相連，詩皇矣正義引孫炎説同。漢書律歷志解谷，孟康曰：解，脱也。周禮典同疏引同。此正釋解字之義，李巡乃不瘖而解曰大山少，此何言與。詩毛傳引爾雅而不破義。鄭箋云：鮮，善也。此亦用釋詁文以解本經鮮原之鮮當之義，云大者十九簧，似經文本作簧字，然尋繹禮鄭氏注及説文皆以簧綴竽笙之下。祭酒云簧笙中簧，司農云竽三十六簧，笙十三簧，然則簧非單行之物，郭云大者十九簧，則小者十三簧矣，似守文選注單文孤證未可爲據，更請明視之。

復郝蘭皋户部訂爾雅轡首郭注之誤

承明視悉尊意以革與勒古得假借，此與惠松崖詩經古義解鞗革及邵二芸本疏用錢詹事之説既博覈矣。第鄙意非以勒與革之不相通，以轡首之革不可溷爲鑣銜之勒也。詩蓼蕭正義曰馬轡所靶之外有餘而垂者謂之革，此轡首之革也，至勒字説文云馬頭絡銜也，衆經音義及廣韻引作馬鑣銜，鑣銜即今之絡頭，絡頭不得指爲轡首之垂革明甚，且郭注本無勒字，詩蓼蕭正義已爲明證，而釋文于靶字之下並無勒音，亦可證本無勒字矣。據鄙見郭注宜逸勒字，于尊疏下當云今本多勒者，與鑣銜之訓相溷，故依詩經正義。蒙以爲經字可以假借會通，注經似不必以假借相溷，且康成解六藝如古文假借字且破從今文，郭氏以勒字當古文之革，似無是事可否，不必依邵氏之舊，而依蓼蕭之疏似爲確矣。附考，廣雅䩭䪅勒也。又説文：罵，馬絡頭。絡頭，勒也。俱無轡首之訓，而東晉以後勒與轡革始溷爲一，如顧野王于䪅字注解曰勒是矣，而雜以靶也之訓，皆由轡革與勒不分之故，孫愐于䪅字注解曰轡首，誤更甚于顧矣。聰咸奉復。

記海錯 郝氏遺書

清・郝懿行

魱鮥魚

爾雅釋魚云：鯦，當魱。郭璞注云：海魚也，似鯿而大鱗，肥美多鯁，今江東呼其最大長三尺者爲當魱。余案，此即今之魱鮥魚。海人或謂之鰲魚，非也。鰲音想，俗字也。按香祖筆記二云：山海經何羅魚出譙明山譙水中，聲如吠犬，食之已癰，今登萊海上三月何羅魚始至，味甚美，即甯波之鰲也。漁洋此説蓋誤。魱，郭璞音胡，一音互。鮥，呂忱音格。今登萊人讀魱音如河，鮥音如洛，蓋胡河聲轉，格洛皆古音也。郭云海魚正指此，而近人説爾雅以爲今之鰣魚，誤矣。魱鮥鰣魚雖同類之物，出於江海則異。今驗魱鮥鱗有異采，入夜光明，鰣魚質微小而鱗采尤殊，婦人用飾花鈿也。形俱似鯿，大鱗而多骨，啖者畏之。又釋魚鯦當魱與鮥鮇鮪連文，陸德明音義於鮥云字林作鯦、巨救反，於鯦云字林作鮥音格，云當魱也，然則呂忱所見爾雅本作鮥當魱與今本異。證以登萊人魱鮥之讀，當由自古相傳以爲然，呂所見必是漢魏以來古本也。

昆布

爾雅釋草云：綸似綸，組似組，東海有之。太平御覽引吳普本草云綸布一名昆布，陶隱居注云：今惟出高麗，繩把索之如卷麻，作黃黑色，柔韌可食。又云：今青苔紫菜皆似綸、昆布，亦似組，恐即是也。余案，登州高麗壤境毗連，中間惟限以海，今昆布出登州者糾結如繩索之狀，一如陶説也，昆綸聲相近，是昆布即綸矣，而海帶則組也。海帶者青色而長，登州人取乾之，柔韌可以束物，人亦啖之。昆布舊以充貢，海帶今以供饌，二物皆消結核，能下水。青苔者，陟釐也，形如亂髮，可爲紙，又一種狀如龍鬚，相糾結如亂繩，亦可啖，爾雅之組疑或指此也。紫菜者，劉逵吳都賦注云：生海水中，正青，附石生，取乾之則紫色，臨海常獻之。而李善江賦注乃云紫菜色紫，狀如鹿角菜而細，其説非也。紫菜乾之乃紫，輕薄若紙，沃以沸湯，細如斷繩，陶云似綸蓋以此耳。鹿角菜附石而生，形似鹿角，與紫菜全別，又不似綸組也。又一種鳳頭菜，出海陽南門，外地名老龍頭，亦附石生，拳屈而纖形似蕨苗，瀹以肉湯，鮮美可啖，彼人珍之，謂之鳳頭，勝於龍鬚也。又有海青菜，碧青色，薄如紙，煮爛凝之如涼粉，縹色可觀，切而啖之實以醢。

蜌依説文當爲陛。又海蜌即淡菜，一名東海夫人，非此。

爾雅釋魚云：蜌，螷。郭注云：今江東呼蚌長而狹者爲螷。説文云：螷，陛也，脩爲螷，圜爲蠇。既夕禮云東方之饌有螷醢，鄭注云：螷，蜯也。本草經有馬刀，名醫別錄云一名馬蛤，陶隱居注引李當之云生江漢中，長六七寸，漢間人名爲單母，母，蘇頌圖經作姥。亦食其肉，肉似蚌，今人多不識之，大都似今蝏蛢而非。余案，蝏蛢，叠韻之字，即今蟶也，蟶是俗作字，海人呼蜌管。蟶形圜長如竹管兩頭開，閩粤人以水田種之，謂之蟶田也。馬刀即蜆也，海人呼蜆子音顯。形如剉草刀。釋魚之螷，疑兼此二種。

學童讀爾雅答　雕菰集

清·焦循

飽席芬之子六齡，其塾師將授之以爾雅，問於余，余曰，非所以教也，古者，六年教之數與方名，九年教之數日，十年學書記幼儀，十有三年學樂、誦詩、舞勺，成童舞象，學射御，二十而冠，始學禮，博學不教。數者一至十之數也。方名者東西南北也。日者干支時日數，計之使知朔望中節歲陽歲陰之名也。書記者，書爲六書，記爲計字之誤，九章算術也。射御書數，皆有用於世，故自幼習之。既入小學，春誦夏弦，秋學禮，冬讀書，學政之掌專於樂官。孔子曰：小子何莫學乎詩，不學詩無以言。童子血氣無定，性相近，習相遠，其間甚微。且誦且弦，使機之所蓄，畢達而無所鬱遏，善善惡惡，勃然於心志間，善氣盈則陽神長，陽神長則愚闇消，聰明日益，滯塞日開，有以達古今之志，而不爲迂儒，故詩之教最先，而又慮其肆也，節之以禮，則陰陽得所調，而中和之德於是基之，孔子之教，莫要於此。至爾雅訓詁，雖不外乎六書，然學之，習其蓺，通其義，無容誦爲也。漢初經學久廢，先王之教湮，蕭何草律，以學童能諷九千字以上得爲史，更進而通於六體，則爲尚書，天下動於利祿，從而趨之。閭里書師合蒼頡爰歷博學三篇，斷六十字爲一章，以取便於誦習，今所存急就章，叠簇文字，絶無條理，即其類也。揚子雲取有用者作爲訓纂，可知前此但務諷字之多，可以干祿，於古人教書數之旨，已屬兩途，乃其時爾雅屬孝經不屬小學，固未嘗教童子以是也。孝文立爾雅博士，漢書不言，見趙岐孟子題辭，然豹文之鼠，惟一終軍能識，則當時習之者亦甚少，蓋其時經生各習一師，第守其師之説，不復能究其師學之所出，故爾雅雖訓詁之指歸，而執爾雅之文即能通五經之義，貫群聖之言，此非通儒碩學未易言。此三尺之童，經文未誦，先以爾雅授之，不啻嫁甫入門，早言杵臼，子氏猶在，賵馬來歸，不亦傎乎。大抵徒誦其文，莫知其義，而爾雅一書遂成閭里書師課蒙本子，亦枉矣乎。且爾雅以訓詁爲文，率以一二字句强以連之，氣已抑塞而不暢達，以方萌之機，封之使錮，如噎如吃，不可以誦，所謂長言永歎，莫之有也。陽氣不宣，虛靈漸鈍，其帙雖終，茫然罔覺，欲其通經書，善屬文，吾知難矣。竊謂教童子者，宜淪其性靈，導其善志，養其和氣，蓄其道德，不速其成，不誘以利，不飾以虛，果有出人之才，不必讀爾雅，爾雅自能爲之用，世之通儒，非從幼年讀爾雅來也。若謂近年考試之文，間有以用爾雅字句獲者，緣是而爲教，則非余所知矣。

屋漏解 求古錄禮説

清・金鶚

屋漏向無確解，爾雅釋宮云西北隅謂之屋漏，郭注未詳其義。大雅云相在爾室尚不愧于屋漏，毛傳但引爾雅解之。鄭箋云：屋，小帳也。漏，隱也。禮祭于奥，既畢，改設饌于西北隅厞隱之處。孔疏云：室内可以施小幄，而漏隱之處正謂西北隅也。按，詩以屋漏承爾室之下，爾雅載屋漏於釋宮，則屋當如字，不應破屋爲幄。釋言訓陋爲隱，本是陋字，堯典以側陋對，明是陋爲隱也，故其文從自。屋漏之漏説文作屚，云屋穿水下也，從雨在尸下。尸者屋也，是其義不得訓爲隱，釋言陋或作漏者，聲之誤也。凡向南爲明，向北爲暗，此陰陽之義，故室東南隅爲窔，西南隅爲奥，皆以幽隱言，東北隅爲宧，西北隅爲屋漏，皆不以幽隱言也。且祭畢改饌于西北隅即是陽厭，曾子問云有陰厭有陽厭，又云當室之白是謂陽厭，鄭注云祭成人始設奠于奥，在未迎尸前謂之陰厭，尸謖之後改饌于西北隅謂之陽厭。夫曰當室之白而以陽稱，豈得以西北隅爲隱闇之處乎，鄭説誤矣。特牲饋食禮云：佐食徹尸薦俎，敦于西北隅，幾在南厞用筵。鄭注云：尸謖而改饌于幽闇，庶其饗之所以爲厭飫。此謂陽厭，厞，隱也。不知陽厭本取其明，而以幽闇言之，是陰厭，非陽厭也。此厞字當從少牢下篇古文作茀，少牢下篇厞用席，注云古文厞作茀。訓爲藉，茀者，草盛帀地行人履之義，與藉通，鄭據爾雅以厞爲隱，釋言云：厞，隱也。然曰隱用筵，文義其可通乎。或以幾在南厞爲句，然少牢下篇厞用席承右几之下，豈可以右几厞爲句乎，其亦誤矣。惟解曾子問當室之白，云西北隅得户明者也，明者曰陽，此乃合陽厭之義。第户在室東南，西北隅去户頗遠，而謂得户之明，抑又誤矣。太平御覽引舍人爾雅注云：古者徹屋西北厞以炊浴，故謂之屋漏。劉熙釋名云：西北隅曰屋漏，禮每有親死者，輒取屋之西北隅薪以爨竈煮沐，時若值雨則漏，遂以名之也，必取是隅者，禮既祭改設饌于西北隅，今撤毁之，示不復用也。按喪大記云甸人取所徹廟之西北厞薪用爨之，此謂廟後之西北厞，非謂室中之西北隅也，西北厞在廟之後，人所罕至，故爲隱陋之處，簷下可以積薪，廟有北墉，墉上有簷，垂于外約數尺，簷下可積薪，其東北隅有北堂，堂下有北階，非積薪之所也。其薪爲祭祀饎爨，因藏之于此，不得褻用，喪禮取以炊浴，所以神之也。周官甸師掌耕耨王藉以供粢盛，又帥其徒以薪蒸，役外內饔，則饎爨之薪亦必甸師納之，而西北厞所藏亦必甸師掌之，故爨浴之薪必使甸師取之，甸師即甸人也，經文明言徹其薪，則非屋材可知，若撤毁屋材則當使匠人，不當使甸人矣，而舊説或以厞爲門扉，或以厞爲屋簷，皆謂抽取屋材，熊氏謂屋外之薪，其説獨得。劉熙謂撤毁室之西北隅以示不復用，孔冲遠則以廟爲正寢，經文明言廟，何所據以為正寢，此説亦非。謂主人已死此堂無復用，夫以死者而毁廟寢之屋，實悖於理，廟室爲神主所藏，豈可毁壞使雨漏入，且凶喪非常之事，而因此爲室之常名，其名亦不正也。孫炎注爾雅云：見詩疏屋漏者，當室之白，日光所漏入。其説視諸家爲優。孔冲遠反以其説為非，此疏家必宗傳注之失。然日光所由入者，尚未曉也。鴟鴞思古人之室，東北隅得户之明，中間北墉下得牖之明，至西北隅則與户牖不相直，不可不穿壁以取明，于此蓋有向焉，豳風云塞向墐户，冬月塞向以禦北風之寒，然未必盡塞，疑當用簾薄之類，仍可以取明也。毛傳云向北出牖也，韓詩云北向窗也，向蓋小於牖，其制又與牖殊，故不名牖而名向。説文釋向與毛傳同，廣韻又以牖釋向，蓋以向爲牖之類，鄭注明堂位云：鄉，牖屬。注士虞禮云：鄉牖，一名也。故舉類以釋之，而以向爲北出牖，其實古人之室並無北牖也。士虞禮云祝從啓牖鄉，牖鄉並舉則鄉非牖可知，諸經無南牖之稱，則無北牖亦可知，若有北牖則當言南牖以别之矣。喪大記寢東首于北牖下，此牖字當爲墉字之訛，注云北牖或為北墉。釋文云牖舊音容。可知此經本作墉，墉與牖相似，後人傳寫因偽為牖。孔疏不能辨其誤，乃有遷于南牖之説，朱子採入論語集注，讀者鮮知其非矣。士喪禮下篇記云寢東首于北墉下可證也。郊特牲云亳社北牖使陰明也，又可知寢室無北牖矣。寢屬于陰，又當避風，必不在牖下，北墉下當室之中間，此處無牖故宜爲寢息之所，古人寢恒在此，不必疾病也。何以知之，東北隅當户爲飲食之所，故謂之宧。宧與頤通。頤者，養也。玉藻云君子之居恒當户，謂食時也，江慎修不知此義，引檀弓當戶而坐以駁之，非也。非食時則常居西南隅，曲禮謂人子居不主奥，可知爲尊者所常居也，曰居則皆非寢所矣。居字本作尻，坐也。孝經仲尼居曾子侍，論語居吾語女，是居為坐，寢不得為居也。東南隅近户，人所出入，牖下向下又皆當風向明之處，非可寢息，故知寢必于北墉下也。喪大記既夕記寢東首于北墉下，為東首記之，非為北墉記之也。平時寢雖東首，亦有隨意所適者，至疾病則必東首以受生氣，故特記之。至于北墉下則平時疾時皆然，不必特記。記者帶言之亦以見飯于牖下，自北墉而外遷耳。北墉下既爲寢息之所，不得有牖，亦不得有向，則向在西北隅無疑矣。西北隅有此窗，則日光自窗中漏入，故名屋漏，所謂當室之白，亦以此也。中庸疏云以户漏明，其處故稱屋漏，此沿禮記鄭注之誤，不知所謂漏者其光必不廣長，户之光明何得謂之漏邪。近邵二雲爾雅正義謂隱蔽之處時見日光，不知漏者必有隙，而日光漏入如雨下之漏雨，何得以隱見日光爲漏邪，總不知西北隅有向，故妄解耳。屋漏可見天日，牖雖啟明卻不見天日，惟向得見之。此乃天人相接之處，神之監臨莫顯於此，室中雖無人而神已見之，故曰相在爾室尚不愧于屋漏，又曰無曰不顯莫予云覯也。鄭箋謂諸侯卿大夫助祭在女宗廟之室，尚無肅敬之心，不慙愧於屋漏，此泥于祭祀陽厭之禮，與經意不合，經未嘗有祭祀之意，所謂室者，以寢言非以廟言也，鬼神無乎不在，下文神之格思亦不必在祭時也，毛公只引爾雅西北隅謂之屋漏，知其不以祭祀爲解矣。廟與寢同制，則西北隅亦有向，明堂位以達鄉爲天子廟飾，疑向有大小，惟天子之向最大，光明洞達，故曰達鄉。鄭注云鄉夾户窗每室八窗爲四達，此本考工記世室四旁兩夾窗之説，然夏世室即周明堂，明堂與宗廟異制，鄭以明堂釋廟制亦非也，此皆不可不辨正者也。

讀書叢錄

清・洪頤煊

爾雅舍人注

釋文序錄爾雅有犍爲文學注三卷，一云犍爲郡文學卒史臣舍人，漢武帝時待詔。頤煊案，文選羽獵賦李善注引作郭舍人。西京雜記：郭威，字文偉，茂陵人，好讀書，以謂爾雅周公所制而有張仲孝友，張仲，宣王時人，非周公之制明矣。疑即此人。

孫炎爾雅疏

宋史藝文志：孫炎爾雅疏十卷。邢昺爾雅疏序：其爲注者則有犍爲文學、劉歆、樊光、李巡、孫炎，雖各名家，猶未詳備，惟郭景純最爲稱首，其爲義疏者則俗間有孫炎高璉，皆淺近俗儒不經師匠。頤煊案，此作疏之孫炎與作注之魏孫炎叔然別是一人，陸佃埤雅屢引孫炎爾雅正義即俗間所行義疏本。

禮經宫室答問 皇清經解・經義叢鈔

清・洪頤煊

問：爾雅室中四隅之名與禮合否。曰：爾雅西南隅謂之奥，西北隅謂之屋漏，東北隅謂之宧，東南隅謂之窔。少牢饋食禮司宫筵于奥，鄭注室中西南隅謂之奥。既夕禮埽室聚諸窔，鄭注室東南隅謂之窔。詩抑：相在爾室，尚不愧于屋漏。此皆見于經者也。其實奥居室中正西，士昏禮席于廟奥東面，士喪禮設于奥東面，言東面則不當西南隅矣。曲禮席東鄉西鄉，以南方爲上，凡設席于奧，皆以南方爲上，故爾雅云西南隅謂之奧也。特牲饋食禮：佐食徹尸薦俎，敦設于西北隅。鄭注：此所謂當室之白。曾子問：凡殤與無後者，祭于宗子之家，當室之白。鄭注：當室之白謂西北隅得户明者也。此所謂屋漏也。

問：爾雅東西牆謂之序，以經考之，房以南至楹内四筵之地皆得序稱，願聞其詳。曰：顧命：西序東嚮，東序西嚮。士冠禮：賓西序東面，主人之贊者筵于東序，少北西面。凡設席于房南者皆依東西序，故以東西面爲正。特牲饋食禮：徹庶羞設于西序下，祝命徹阼俎豆籩，設于東序下。皆以其近于牆，故曰下也。士冠禮：主人升立于序端。鄉飲酒禮：主人坐奠爵于序端，阼階上北面再拜。則序端當楹而止，燕禮賓升立于序内東面。公食大夫禮公立于序内西鄉，則序内又在序端以北也。顧命孔疏上云西序東嚮東序西嚮，則序旁已有王之坐矣。下句陳玉復云在西序在東序者，明於東西序坐北也，序者牆之别名，其牆南北長，坐北猶有序牆，故言在西序在東序，是房以南至楹内俱得序稱也。

問：爾雅門側之堂謂之塾，其内外高卑可考否。曰：門旁兩室，廣二筵，深亦二筵。以門堂南北除室深則每室前後餘十二尺以爲東西塾，故士冠禮筮與席所卦者具饌于西塾，鄭注西塾門外西堂。擯者玄端負東塾，鄭注門内東堂。是門内外皆有東西塾也。士虞禮：匕俎在西塾之西，羞燔俎在内西塾上。鄭注：塾有西者是室南鄉。門内東西塾以向堂爲正，西塾之西即門中也，正堂室外有左右房門，兩室無左右房。特牲饋食禮主人立于門外東房南面視側殺，東房是東方之誤。塾，築土爲之，故亦謂之堂，詩絲衣自堂徂基，毛傳基門塾之基，鄭箋使士升門堂視壺濯及籩豆之屬，即其證。

問：爾雅屏謂之樹，曲禮孔疏：諸侯内屏在路門之内，天子外屏在路門之外，廟門外亦有屏否。曰：覲禮：侯氏乃肉袒于廟門之東，乃入門右，北面立告聽事，擯者謁諸天子，天子辭于侯氏，侯氏再拜稽首，出自屏南，適門西，遂入門左，北面立。鄭注：天子外屏。賈疏：出門乃云屏，南即是外屏。是廟門外亦有屏也。

介庵經説

清・雷學淇

十九篇是周公所定

漢志孝經類有爾雅三卷，二十篇，因是小學之始，故附於孝經。漢儒各注見七録、隋志、經典釋文者，有卷數無數無篇數，郭氏所注。止十九篇，與漢志之數不符。説文引爾雅云：鯨、薄也。王肅周官注引爾雅云：侯中者謂之鵠，鵠中者謂之正，正方二尺，正中者謂之槷，槷方六寸。見詩經賓筵正義。史記集解引爾雅云：四尺謂之仞，倍仞謂之尋。今此文皆見小爾雅，豈古時小爾雅一篇亦附於爾雅並行，故漢志云二十篇，諸家引之，即並稱爲爾雅歟。漢文帝時，爾雅已立博士，故武帝時犍爲舍人爲之注解，終軍亦以鼮鼠受賜，張揖、葛洪、俱謂爾雅作於周公，後人足之。揚子雲、鄭康成、謂是孔子門徒所記，以解釋六藝者。二説不同。按，古禮，子生六年教之數與方名，數即十等之數，方者版也，名即字也，所謂百名以上書於策，不及百名書於方，即周官保氏六書之教也。小學之教既立於周公，則爾雅之作亦始於周公，此無可疑者，但初止一篇，其目十九，游夏之徒更增益之，分爲三卷，尸佼、孔鮒、又復廣之，至漢初叔孫通定禮，乃取尸子之説散入各篇，又以孔鮒一篇附於其後，此爾雅二十篇所由稱也。

應膺陟鷺古文互通

應，當也。釋文云：應，本或作膺。釋鳥鷹隼醜，釋文云：鷹或作應。按説文雁字從隹，即鷹之本字，鷹乃籒文也。鷹敢當群鳥，而群鳥不敢當鷹，故凡從雁之字皆有當義。應者，心爲許諾，敢以身任其事也，故字或作膺。膺者，胸之別名，釋言曰膺身親也，即此義。必詳分之，使各從本義，則鷹宜作雁，身親其事者宜作膺，心許之而未行者止宜作應，然古經之文必皆用本字，雖通儒不能成誦矣。如書云惟天陰騭下民，爾雅曰騭陞也，此盡人所能解者，今若改爲陰陟下民，則人必呵爲別字，然陞乃陟之義，騭是牡馬之名，馬而好陟，即禮之騰馬也，尚書之用騭，乃古文之假借耳。夏小正曰執陟攻駒，此字本應作騭，亦因其義假借作陟也。讀古書必須明通假借之義。

衮黻之訓

黼，黻，彰也。衮，黻也。郭注及舊説皆誤。按虞書、戴禮，黄帝至堯皆黄衣黼黻而黻裳，舜始作爲十二章，衣裳各六章，繡黼黻於裳，天子備之，人臣之服，九章至一章凡五等，故曰天命有德五服五章，馬注謂裳之章尊者在下，黼黻尊於粉米，粉米尊於藻火，士服藻火，大夫加粉米，爲四章，此即舜命夏禹所定，然則虞夏之時大夫之裳亦未有繡黼黻者矣。至周公制禮，登火於衣，衣七章，裳五章。考工記曰：天時變，火以圜，山以章，水以龍，鳥、獸、蛇，雜四時五色之位以章之。此即衣之七章也。三辰、火、山乃至尊之服，故禮曰龍章而設日月，左傳曰火龍黼黻，荀子曰天子山冕，此其證已。其餘龍、鳥、獸、蛇，乃四宮列宿之象，與裳之藻、粉、米、黼、黻，共九章，是爲上公及方伯之尊服，謂之衮冕，衮字從公衣，謂上公也。三公有加命，始得服之，周公是也，故禮曰。制三公一命卷，卷象龍之連卷，説文所謂蟠阿上嚮也。字一作緄，魯峻碑衮職作緄職。從昆者，昆有明動二義，謂其章明生動也。三公之服無龍，以鳥爲章首，凡八章，是二者皆黼裳。七命以下者，裳無黼，凡七章，是曰鷩冕，王之九卿六命，六章，衣無鷩，以獸爲首，獸者，白虎也。子男五命，五章，衣無雉，亦以虎爲首，是曰毳冕。此三者皆黻裳，四命以下者裳無黻，是衮與黼黻皆章之尊貴者可知矣。惟其尊貴，故無衮衣者使得龍韍，無黼裳者使得黼領，無黻裳者使得黻衣。周公制禮，於王之大夫及上公之孤卿，特爲黻衣以命之，謂之黻冕，又曰希冕，或曰絺冕，希、絺，皆黹之別文，爾雅曰黹紩也即謂此，蓋四命者維紩黻于衣，裳繡藻粉米，三命以下者元衣無章，惟裳有之，故曰元冕，然則内臣之重衮衣，猶外臣之重黻衣也，此衮黻之義也。郭注衮衣黻文之説，亦因炫於禮注，不得其解耳。

五午同義

逜，寤也。注云相干寤。釋文云：孫本逜作迕。又莊子釋文引作遻忤也。按古文五作㐅，象陽陰交忤也。五月爲午，一陰復生於下，與陽氣迕逆，故古文五午互通，凡從五從午之字，義多放此。吾者，亦忤於人之辭也，故聖人毋我，石鼓文我字作遌，即吾、逜、迕、遻之本字，寤與梧、娪，義亦出此。左傳曰：莊公寤生，故惡之。雜記曰：杵以梧。釋邱曰：當途曰梧邱。釋名曰：青徐人謂女曰娪，女始生，人意不喜，忤忤然也。國語曰：暇豫之吾吾。韋注云不敢自親之貌，蓋即支吾之義也。鄭世家曰莊公寤生，生之難，即忤逆之意。杜注及應邵説皆誤。

舞雩之禮有二

祈，叫也。舞號，雩也。其義實相證，凡祈禱之祭，未有不叫號所祭以祈其佑祐者。雲漢之詩所述王言，是其證已。雩者，禱雨之祭也，其所舞即皇舞。古禮王社、侯社皆在籍田之中，天子在南郊，侯國在東郊，有壇墠樹木，祈報之禮，皆於此行之，此即舞雩之所也。魯僭王禮，雩於帝，故壇在南郊，周官舞師：教帗舞，帥而舞社稷之祭祀，教皇舞，帥而舞旱暵之事。皇舞不言其處，即承上社稷言之也，鄭注以皇爲五色羽，形制亦如帗，蓋義取祓除旱氣，皇皇然求神之佑祐也。古之雩祭，禮有大小，夏小正曰三月祈麥實越有小旱，此歲之小雩也，在周禮即男巫之春招弭以除疾病，女巫之掌歲時祓除釁浴。旱暵則舞雩也，蓋旱則皇舞，而雩爲麥祈實，不旱則但行招弭之祭，帗舞以袚除釁浴耳。論語謂莫春者浴乎沂風乎舞雩，即此。後世廢春雩之禮，但於上巳修禊，此鄭人秉蘭之陋俗耳，何足言禮。又夏小正曰四月越有大旱，此在周制，即時訓之小暑，至左傳之龍見而雩，月令之大雩帝以祈穀實也，此雩本在四月中氣後，其時角亢二宿昏中於午，故行大雩之禮，爲百穀祈實，此三代之通制也。秦距周初，恒星差十二度，五月朔氣，龍始昏中，故呂氏春秋謂小暑至大雩帝，皆在仲夏。漢初著爲月令，儒者從之，故春秋傳雩月之名，注者異説，戴君夏小正傳謂蓄蘭在五月五日，爲沐浴也，此日采蓄衆藥以蠲除毒氣。其説之附會亦由於此，然即此可證雩宗之禮，其舞號者，實有袚除旱氣、禱祈甘雨二義。

梁笱之異

釋訓曰凡曲者爲罶，釋器曰嫠婦之笱謂之罶，郭注並引毛詩傳曲梁之説，蓋編竹爲笱，立置水中以留魚謂之罶，罶之曲處建植木横木以支架之使不偃仆，謂之梁，此梁字與宋廇謂之梁同義，笱有梁則魚得留，室有梁則人得留也。笱與梁二物常相須，梁缺則笱不得立，笱敗則梁亦虚設矣，故詩云敝笱在梁其魚唯唯，言任其來去不能留也。説者解此梁爲隄梁橋梁，非是。夏小正曰十二月虞人入梁，傳曰梁者主設罔罟者也，即此。入乃古文納字，季冬冰盛，虞人修繕此梁，納之官府，以待明春之用，呂覽乃謂季冬之月命漁師始漁，天子親往，乃嘗魚，先薦寢廟，此即用小正之説而誤者也。以季春之獻鮪爲季冬，以虞人之納梁爲天子觀漁，不知水澤腹堅之日，漁於何處，歲事既終之月，何以云始。魯隱之觀漁，春秋譏之，而今於大寒之際，謂天子親往觀漁，此豈可著之典禮者。

蘢古擺字

旄舞用犛牛之尾以代象舞，時常蘢動不止，故曰旄謂之蘢，蘢即後世擺字之正文，俗謂畜獸摇尾爲擺，即本於此。擺即蘢之訛字也，好古者或以捭字代之，亦非是。捭之義爲開解，擺之義爲班設，皆與摇動之義無涉，惟蘢字得之。蘢是草名，即藥草之獨活，一莖無支，惟衆葉叢聚，無風自摇，與旄舞之犛尾相似，故義可互通。字書蘢音陂，音被，音賁，無音擺者，亦脱誤。

蓐謂之茲簀謂之笫

茲兹二字，人多混施，左傳曰何故使吾水滋，字從水從兹，説文曰：兹，黑也。周書云康叔封布茲，字從艸從丝，謂織草爲之，丝象其形，亦地上籍草之大名，丝象其紛亂也，因其辱而在下，故謂之蓐。周官圉師春除蓐，注云：蓐，馬茲也。即謂此。公羊傳謂諸侯有疾曰負茲，此謂仰卧在席上也。蓋寢息之處，地上施木版曰牀，以竹爲之曰簀，亦曰笫，笫者，削竹爲片，以繩物緯而排之，可以舒卷，且通氣，故范睢僞死，卷以簀，喪禮用襢笫，俗謂尸在牀曰停顗，顗或作棑，即此物也。其物貴賤亦有差，故禮曰華而睆大夫之簀與，貧賤者以草籍地謂之蓐，亦謂之茲，亦謂之薦，凡席之親地者亦曰茲也。牀笫之上加席曰莞，重之曰茵，茵之上，夏簟冬衽，席者，茲莞簟筵之大名也。以草爲之，曰茲曰莞，以竹爲之，曰簟曰筵，筵，敷於几者也。有緣曰席，故字從巾。茵以革爲之曰鞇，以帛爲之曰絪曰衽，衽謂之褥，衽之著曰蔣，蔣用茅秀，故從艸。喪之茵著用荼。用絮者謂之絪褥，被於身者謂之衾。大戴氏謂君之蔣用萑秀，廣雅謂蔣薦皆席名，誤也。

脱　衍

爾雅書文多殘缺，釋天一篇尤甚，史記索隱引爾雅云須女謂之婺女，又謂姚氏引爾雅云熒惑謂之執法，後漢書注引爾雅云中央鎮星、東方歲星、南方熒惑、罰謂之大辰，今本皆不載，似五星列宿古本悉詮次之，今乃缺也。春爲青陽一段，其文全見尸子，四時和以下，尸子作：四時和，正光照，謂之玉燭，甘雨以降，萬物以嘉，高者不少，下者不多，此之謂醴泉，其風春爲發生，夏爲長嬴，秋爲方盛，冬爲安靜，四時和，爲通正，謂之永風。見爾雅疏。太平御覽引秋冬二句與今本同。其説較爾雅之文語義完足。穹蒼蒼天也一段，題曰四時，而所釋者止天之異名，今藝文類聚、太平御覽等書引尸子云：春爲忠，東方爲春，春，動也，是故鳥獸孕孳，草木華生，萬物成遂，忠之至也。夏爲樂，南方爲夏，夏，興也，南，任也，是故萬物莫不任興，蕃殖充盈，樂之至也。秋爲禮，西方爲秋，秋，肅也，萬物莫不肅敬，禮之至也。冬爲信，北方爲冬，冬，終也，北方，伏方也，萬物至冬皆伏，貴賤若一，美惡不異，信之至也。此百餘字，當是四時本文，此與上段，未審是叔孫通刪節爲之，抑是此篇簡多脱失也。菋至著、密肌繫英，皆兩見於篇，自是衍文。六畜篇止列五畜，而豕子豬一段錯在釋獸篇中，此尤其誤之顯著者。

崑崙

崑崙之名，一見於書，三見於爾雅。見於書者乃裔國之大名，見於爾雅者乃邱虚之大名，故釋山不載九府之説，郭注不引禹貢而反引山海經，此景純好奇之過。禹之導河始於積石，釋地以下皆禹所名，禹時荒服内止有崑崙邱，無崑崙山也。

鄭康成謂禹貢崑崙非河所出，郭璞謂海内海外皆有崑崙，徵之載籍，有十説焉。馬融書注曰：崑崙在臨羌西，漢書地志曰：金城郡臨羌西有弱水崑崙山祠。此謂崑崙在臨羌，一説也。劉昭云：金城在雒陽西二千八百里，今臨羌故址在蘭州西八百里，去洛陽四千里。晋書張駿傳：酒泉太守馬岌上言，酒泉南山即崑崙之體。括地志云：昆侖山在肅州酒泉縣西南八十里。此謂崑崙在酒泉，二説也。劉昭漢志補注云：酒泉在雒陽西四千七百里。漢志曰：燉煌郡廣至縣宜禾都尉治昆侖障。後漢書西域傳：敦煌太守張璫上書曰，今以酒泉屬國吏士二千餘人集崑崙塞。此謂崑崙在廣至者也，三説也。今昆侖障在鎮西府宜禾縣，地近龍勒之玉門關，又在酒泉郡西七百餘里。爾雅曰：河出崑崙虚，色白，所渠并千七百一川，色黄。禹本紀曰：崑崙山高二千五百里，去嵩高五萬里。水經曰：崑崙虚在西北，去嵩高五萬里，河水出其東北陬，屈從其東南流入渤海，河水又出葱嶺，其一源出於闐國南山，北流與葱嶺河合，東注蒲昌海，又出海外，南至積石山下，有石門，河水冒以西南流。此與海內東西經及漢書西域傳皆合。東經謂大夏豎沙居繇月支四國、白玉蒼梧二山，皆在流沙之西，崑崙虚之東北。西經謂崑崙之虚方八百里，河水出東北隅以行其北，西南流入渤海，又出海外，即西而北，折入禹所道積石山。西域傳謂自蒲昌海潛行地下，南出積石，為中國河。西經二西字皆東字之訛，水經又出海外以下，從酈注移下。博物志曰：大秦西海之濱，有小崑崙高萬仞。此謂崑崙在大秦，去嵩高五萬里者也，四說也。玉門陽關在雒陽西北五千餘里，大秦在玉門陽關西北四萬餘里，大秦國方數千里，山在其西，故曰五萬里。大秦本亦海內之國，西海之水從其國南繞至東畔，故河水東南流，不能不入之。所云渤海，即東畔之海也。其實國北有陸地可通，故西域傳曰：從安息陸道繞海經行出海，西至大秦，人庶連屬。史記大宛傳曰：天子案古圖書，名河所出之山曰崑崙。此指于闐之南山，即水經注所謂仇摩置也，五說也。于闐去雒陽一千七百里。釋氏西域志及竺乾書皆以阿耨達大山爲崑崙，謂在于闐國西一千三百餘里，六說也。涼土異物志曰：葱嶺之水分流東西，西入大海，東爲河源，禹紀所云崑崙者焉。此以葱嶺爲崑崙，七說也。西河舊事云：葱嶺在敦煌西八千里。通典曰：吐番中，河從西南數千里東北流，見與積石山下河相連，聘使涉歷，無不言之，吐番自言崑崙山在國中西南。此謂崑崙在吐番，去中國幾萬里，八說也。唐書云：吐番在長安西八千里，蓋言其國都，山又在國之西南。唐書曰：劉元鼎爲吐蕃盟會使，使還，踰湟水，由洪濟梁，西南行二千里，水益狹，其南三百里有三山，中高四下，直大羊同國，曰紫山，古所謂崑崙也，虜曰悶摩黎山，東距長安五千里。元史河源附錄曰：河源在朶甘思西鄙，有泉百餘泓，名火敦腦兒，火敦，譯言星宿也，朶甘思東北有大雪山，名亦耳麻不莫剌，譯言騰乞里塔，即崑崙也，自星宿至崑崙，行三十四五日。此謂崑崙在吐蕃東北，距長安五千里，九說也。淮南地形訓曰：崑崙高萬一千里一百十四步二尺六寸。十洲記曰：崑崙在西海之戌地，北海之亥地，去岸十三萬里。此即張華所云大崑崙也，十說也。此十者，淮南子、十洲記、荒渺無稽，無足論矣。禹貢曰：黑水西河惟雍州，厥貢璆琳琅玕。爾雅曰：西北之美者，有崑崙虛之璆琳琅玕焉。則雍州之崑崙亦在西北可知，即酒泉之南山也，酒泉東與臨羌接壤，謂山在臨羌西，是即指酒泉者甚明。障塞之稱，亦因近於崑崙，取以名之耳，非廣至亦有崑崙山也，此則禹貢之崑崙也。

灉汜滸濆皆有二義

凡水厓曰濆，亦曰滸，決出復入曰灉，亦曰汜，此水之大名也。灉，一作邕，亦作雍，左傳吳人敗楚於雍澨，即巴陵之邕湖，江水之反入者也。汜一作洍，說文引詩曰江有洍，淮南子曰至於河上而航在一汜，此皆江淮之反入者也。滸一作汻，濆一作墳，詩曰江漢之滸，在河之滸，又曰遵彼汝墳，鋪敦淮墳，是其證已。水自河出爲灉，淮爲滸，汝爲濆。山海經曰：浮戲之山，汜水出焉，北流注於河，此水之專名也。郭注引灉沮會同，遵彼汝濆爲灉濆之證，於滸汜缺焉，灉則是，濆則誤也。唐時地志以雷澤西北之小水爲灉沮，此不如郭注之證確矣。史記河渠書謂河至大邳，禹乃廝二渠以引河，二渠者，一合於漯入海，一即灉水，會沮入雷澤，合陶邱之濟以入海也，此與上之反入者絶不同。沮即灉，一名雎，水出陳留，夏時，河灉沮漯俱東北流，商周之際，滎道爲川，沮水始東南入泗，故兗州之浸止有雷雍，汜即襄城之汜水，周襄王所居，楚伐鄭涉汜即此。字從戊巳之巳，杜元凱謂之南汜，讀作范，謂鄭有二汜，楚所涉者乃汝水，誤矣。濆即左傳楚子庚治兵於汾者，水經注謂之大㶏水，一名別汝，一名濦水，濦即㶏字之訛，說文㶏作濦也。酈氏謂濦水又別爲汾水汾陂，汾音糞，皆濆之轉音也。漢改溵强縣爲㶏强，王莽改汝南郡爲汝汾，漢志注謂㶏又音殷，亦由於此。濆本汝水之別支入潁者，說文謂濦出少室山，水經謂㶏出㶏强縣南澤中，此小㶏水也，亦注於大㶏，酈氏謂大㶏之稱，蓋因㶏汾流注而總受巨目，此亦不然，汾、溵、㶏、濆，皆濆音之波及耳。滸水今無可考，漢志謂淮浦縣有游水，乃淮之支流北入海者，水經注謂游水徑羽山夾谷紀鄣而入海，即滸水也。游滸字相似，其或即文之訛轉乎。

般服股古文相似

九河之鉤般，釋文謂李巡本作鉤股，此可證伯服伯盤之誤。書之盤庚，史記或作般庚，石經作股庚也。

蒜

蒜本同苞而異瓣，多者或二十餘，其花中之實亦作小瓣，不可數計，種之亦可成蒜，故其文從祘。祘，古算字，紀數之名也。夏小正以葫爲卵蒜，爾雅以蒚爲山蒜，説文以䪤爲小蒜，字林以苓爲水蒜，玉篇以䪤爲百合蒜，以葫爲大蒜，本草圖經以蒚爲小蒜。離騷草木疏謂葫即楚辭之胡，四民月令謂六七月種小蒜，八月種大蒜，蓋小蒜者其本與葉皆小於葫，即爾雅之蒚也。許以䪤爲小蒜者，即玉篇之百合蒜。爾雅翼所云百子蒜，今之柳葉蒜也，其苞雖乾，白而不赤，瓣多而細小於葫，故許曰小蒜，其實與蒚殊種，蒚是山中之野蒜，未得人功，故小於種蒔者，䪤葫皆圃圃所藝，即卵蒜也，但葫之瓣大而少，䪤之瓣細而多耳。廣韻因葫之名附會其説，謂蒜是張騫使西域所得，誤矣。大戴氏小正傳曰：卵蒜者，本如卵者也。戴君去武帝時甚近，使果有此，安肯以漢世裔國之物釋古經乎。此猶之荏菽藝於后稷，後世稱曰戎菽，曰胡豆，管子書遂云出山戎，齊桓公始布之天下，其誤與此正同。逸書謚法云：胡，大也。胡耇即大老之别稱，胡豆、胡蒜，皆是大義。

瓜瓠考

瓜者，蔓草之實，一名蓏，其本謂之蕒。管子地員云：剽土之次曰五沙，五沙之狀，粟焉如屑塵厲，其種大蕒細蕒，白莖青秀。此蔓白莖，謂莖有細白芒也，今老圃亦謂瓜宜沙地。蕒，一作菩，此蔓草之大名，其實皆曰瓜，細蕒之實曰瓞，大蕒之實曰瓠，瓠之苦者曰匏，瓠中曰瓣，棲於瓣者曰瓣，瓠犀即瓠棲也，本草謂之瓜子。瓠以秋成，可蓄以禦冬，故又曰冬瓜。凡蓏之就地成實者曰田瓜。詩云：中田有廬，疆場有瓜，左傳曰：登此昆吾之墟，緜緜生之瓜，即謂此。其瓜實小而甘，既生，不使滋蔓，絶其末莖方能結實，故爾雅曰瓞瓝其紹瓞，又曰瓝九葉，言止留九葉，結實稍大，否則迭次愈小矣。其蔕亦入藥，味大苦，墨子所謂甘瓜苦蔕，物無全美也，甘故易潰，不可生蓄而亦可剝之以爲菹，故禮曰：天子樹瓜華。不斂藏之種也。詩曰：疆場有瓜，是剝是菹。夏小正曰：八月剝瓜。蓋義相成矣。凡蓏之依木而秀者曰果蓏。爾雅曰：果蓏之實栝樓。此舉一以示類也。瓠纍樛木，橋樓本是草類瓜類，故説文作菩蔞，呂覽高誘注作⿰舌瓜𤬸，本草作瓜蔞。爾雅從木者，即因其寄生木上也。瓠纍樛木，瓜在栗薪，皆果蓏之實也。古文瓠通壺，故邠風曰：七月食瓜，八月斷壺。緩氣讀之，則成蒲盧，今謂之葫蘆。中庸曰：夫政也者蒲盧也。鄭注以蒲盧爲果蓏，亦因此。蓋政待於人而後成，猶壺纍於木而後實也，凡物之寄他族者，皆因此得名。螟蛉之子化爲果蓏，淮南子高注作蜾蠃，説文作蝺蠃。雉入於淮化爲蒲盧，見大戴禮傳。國語作蒲蠃，管子作僕累，見地員。山海經作僕纍，纍累古今字，即螺蠃也。釋蟲曰：果蠃蒲盧。此即其寓名之所本矣。高誘呂覽注謂⿰舌瓜𤬸即王瓜，鄭氏月令注謂王瓜是萆挈，此二説俱非是。按蔓草之長曰王萯，萯實之長曰王瓜，夏小正曰四月王萯秀，周書時訓作王瓜生，王者尊稱，實謂之秀，以其本言之則記其實，以其實言之則記其生，皆謂王瓜於四月秀實也。四月實則五月成，故小正曰五月乃瓜，傳曰始食瓜也。此惟今之王瓜可以當之，俗謂之黃瓜，黃王音相混。始生多芒刺，長成有青白二種，生籬落間，五月上旬即可食，先衆瓜而生，後衆瓜而瘁，利民最溥，故曰王瓜。此與本草之王瓜、瓜𤬸、萆薢、菝葜，判然五物，形味各殊，不可强同也。爾雅之鉤藈姑，乃本草之王瓜，郭注謂即鉤𤬸，廣雅謂之⿰句瓜𤬸，色赤味苦，生於平澤，四月始苗，葉似括樓而無叉缺，秋作淡黃花，秋末始結實如拳。括樓似王瓜，葉有叉缺，王瓜能平澤蔓衍，故一名土瓜，括樓必依木生山谷，故一名天瓜也。博物志云：菝葜與萆薢相亂，通志云：菝葜葉頗近王瓜，故又名王瓜草，秋開黃花結子，氣溫味酸。本草經云：萆薢味苦平生山谷。然則五物之形性色味各不同矣。正義謂鄭説見本草固誤，本草謂黃瓜是張騫從西夏帶來者尤誤，若古之王瓜非今之黃瓜，則小正、時訓、所云四月實五月食者，竟是何物，此因王瓜一名胡瓜，見本草。本亦瓠類，架而始生，胡即壺之別字，故東漢以後與卵蒜戎菽皆附會其說，謂非中夏之物，其實不然也。

瓠字從夸，夸者，大也。匏字從瓠省，故或作瓟，言腹大而多所包容也。此皆依木而生者，惟苦者不可食，以爲酒器樂器，大者以供濟，故叔向曰苦匏不材於人，論語曰：吾豈匏瓜也哉，焉能繫而不食。康瓠縣匏之稱亦由於此。瓝者，形大如勺。瓞者，迭次愈小也。此與藥物之王瓜皆就地而實者，故郭注蔆姑云實如瓝瓜。三代時，瓜州已通中夏，後人附會之，乃有胡瓜昆侖瓜之稱。

五穀考六穀九穀百穀附

釋草云：粢、稷。眾，秫。戎菽謂之荏菽。秬黑黍，秠，一稃二米。稌，稻。虋，枲實。枲，麻。大麥麰，小麥麳。末二句是爾雅逸文，齊民要術引之。此爾雅所釋五穀之異名也。五穀者，黍稷一也，稻二也，麥三也，菽四也，麻五也。漢儒解此多誤，因緯書以稷爲穀長，月令以稷屬中央，品類混淆，故訓詁失實耳。按豳詩曰：黍稷重穋，禾麻菽麥。禮内則曰：菽麥蕡稻黍，粱秫唯所欲。此即古經所言五穀也。黍稷重穋，四名一類，因北方以黍稷爲恒食，故詳言之。禾麻菽麥即内則之菽麥蕡稻，因此非恒食，故各舉一目。粱秫二者承上而言，凡米之精者曰粱，糯者曰秫，非稻黍之外別有粱秫也。蓋五穀之種，始生於田曰苗，即秀成穗曰禾，成實有殼曰穀，穀圓而堅曰粟，去殼曰米，米可量數曰糧，舂而淅之曰粱，不鑿而次者曰粢，糯者曰秫，盛之於器曰齍。邠詩謂稻爲禾者，稻有水陸二種，而水者爲正，故周禮稻人掌稼下地，邠地多山，不宜水稻，故別而言之曰禾，即前所云十月穫之而納於場圃者也。古書之字，稷穄通，蕡虋通，糜虋通，來牟麳麰通，重穋穜稑通。五穀皆有專名，而形與色每種各異，故曰百穀，百穀不能盡立之名，乃轉取其統稱以別之，於是有禾穀粱粟苗秫之目，此實假攝之種，當各以五種之本類釋而疏之，不得竟以此爲正名也。如稷穄秬秠䵚芑穜稑，皆黍類也，秈稌皆稻類也，來麰皆麥類也，蕡苴皆麻類也。見於經者，惟菽無異名。苗禾穀粟粱秫，猶米糧秔稉秸稈精粗，乃統稱，非專名也。古今雖遠，穀食則同，穀名雖殊，其類止有五種，五種之中，人之以爲恒食者又止黍稻二種。周頌曰豐年多黍多稌，重恒食也。南方宜稻，北方宜黍，此地氣使然，而風俗即因之以異。五帝三王皆建都於北，故詩禮所述黍稷之類尤詳，不惟閟宮之頌與豳詩同，生民之四章先詠菽禾麻麥，第六章特言嘉穀，詳叙秬秠穈芑，楚茨、南山、大田、良耜諸篇，且專言黍稷，則黍稷之重可知。稷之異於黍者，黍本高而稷下，黍穗散而稷聚，黍實大而稷小，黍性稬而稷秔，黍品貴而稷賤，黍飯鑿而稷疏。今河淮以北地無不宜，而稷之利人尤溥，黍可一歲再種，故又謂之重稷，最易生，故又謂之穋，詩詠蕭蔚皆以蓼言，即因其易長也。是二者，分言之，則黍之後種者爲重，稷之六旬成熟者爲穋。合言之，則穜稑亦黍稷之别稱，周禮王后帥六宮之人，生穜稑之種，獻之於王，此即謂王耕帝籍，后爲浴黍稷之種以備播藝也。黍稷皆具五色，黑黍曰秬，一稃二米者曰秠，赤者曰穈，一曰䵚，赤而稬者曰丹秫，白者曰芑。字從巨從丕者，皆著其高大。穈謂其秀穗時高即如麻，故爾雅以苗言之，凡此皆謂今之高粱也。高粱有黑其包裹穀粒，故曰黑黍，古人定律，累秬黍九十粒爲黃鐘之長，今穀中亦惟此種足以當之。廣雅謂之荻粱，亦因其高如蘆荻。本草謂之蜀黍，蜀亦大義，故大雞曰蜀雞，蓋此乃黍類之大者。其小者高下如稷，而實亦大於稷，俗謂之黃米，少白而微酸者曰䵖黍，此皆黍類也。稷是黍屬，而粟小於黍，俗謂之小米，古人以春雪之霰爲稷雪，即象其形。其實亦五色備具，赤者俗謂之紅穀，此即黍高稷下，黍大稷小之證。詩曰彼黍離離，又曰芃芃黍苗，此即黍散稷聚之證。禮記黍曰薌合，稷曰明粢，祭禮，將祝嘏，佐食摶黍授尸，此即黍稬稷秔之證。祭廟之禮，黍稷並設，而祭食祝嘏皆用黍不用稷。玉藻謂諸侯之禮，朔食四簋，獨子卯稷食，左傳曰粢食不鑿，列子曰食則粢糲，惟其不鑿，不可以奉尊長，故内則事父母姑舅食惟所欲，獨不言稷。管子輕重巳曰：黍者，穀之美者，以祀太祖。韓非子外儲篇：孔子曰夫黍者五穀之長也，祭宗祖爲上盛。本草經列稷於下品，此皆黍貴稷賤，黍精稷粗之證。亢倉子農道篇、呂覽務時篇、及氾勝之書，皆言黍不言稷，孟子曰：夫貉五穀不生，惟黍生之。此皆因黍稷同類，貴可以統賤，故止以黍稱之。其實庶人之恒食止食稷，故爾雅曰粢稷，粢即疏食脱粟之大名。詩曰其饟伊黍者，此謂年豐穀衆，雖農夫之賤且得食黍，伊之云者，即矜而美之之意耳。自孝經緯因農官之長曰稷，社神之配亦曰稷，月令中央土食稷與牛，於是謂稷爲五穀之長。緯説見風俗通及周禮禮記疏。東漢重緯，故白虎通、風俗通、獨斷、説文、周官注、禮記注、高氏淮南呂覽等注皆從其説，鄭康成又以黍稷爲五穀五種之二，廣雅又稱高粱爲木稷，於是黍稷之名實始混，殊不知稷神稷官土王食稷者，因稷是恒食，其利溥於上下，性又易生，五土咸宜，取其溥遍之義，故用以爲稱，食以配土耳，何嘗因其長而貴之，鄭康成以稷爲首種，誤亦因此。且黍稷二者皆種於二月者也，詩云我藝黍稷，又云黍稷方華，書禮亦並之，皆黍在稷前。夏小正曰：二月往耰黍禪。古文禪與單通，單者盡也，謂此二月内盡種而耰之也。管子臣乘馬曰：日至六十日而陽凍釋，七十日而陰凍釋，陰凍釋而蓺稷，百日不蓺稷，故春事二十五日之内耳也。輕重丁曰：日至百日，黍秫之始也。謂始萌輕重已曰：春至，即春分。循於百姓，十日之内，苟不樹藝者，謂之賊人。尚書大傳曰：主春者，張昏中，可以種穀。穀者，黍稷之統稱也。月令曰：仲夏之月農乃登黍。蔡邕章句謂之蟬鳴黍，此與小正之説皆合，然則黍稷通種於二月可知。書傳又云：主夏者，火昏中，可以種黍。此黍即詩之所云重穋也，因其一歲再種，故名曰重，因其種而易生，故名曰穋。書緯竊伏生之説，易種穀爲種稷，見月令正義引考靈曜。説文從書緯之説，謂黍者暑也，暑而後種，其説實誤。氾勝之書亦以黍之義爲暑，見齊民要術。蓋早黍以暑成，晚黍以暑種，月令謂仲夏之月農乃登黍，此亦據其先熟者言，猶之曰孟夏之月農乃登麥矣。其實黍以大暑之日皆成，麥以日至之日皆熟，此其大較也，東周以後，南北交通，故亢倉子、呂不韋、氾勝之三書，言六穀之得時失時並舉禾稻，此即水陸之殊稱，其餘四者與豳詩内則俱合。齊民要術引雜陰陽書曰：黍生於榆，六十日秀，秀後四十日成。漢志有雜陰陽三十八篇。氾勝之曰：黍者，暑也，待暑而生，謂晚黍。暑後乃成。謂早黍。豳詩毛傳曰：後熟曰重，先熟曰穋。謂一歲再種，後熟者曰重，同時並種先熟者曰穋也，後人並誤解二語。本草經陶隱居注曰：黍苗如蘆而異於粟，粒亦大。宋史天文志謂咸池五車，星主五穀，是黍稻麻菽麥。此數說與古經之義皆合，其餘悉舛誤耳。

生民、七月二詩，皆作於周公，其言五穀，皆輕序稻麻菽麥而重稱黍稷，以二詩互證，五穀之說，可確然而無疑矣。周禮之食用六穀，即亢倉呂氾所言，謂稻有水陸也。鄭注以食醫之六食當之，未確。六食之內無麻菽，豈天子之食不及此乎。三農之生九穀，謂稻有水陸黍麥菽，皆有大小，惟麻無分別，故曰九穀，舊注之說並未確。凡穀性之稬者皆曰秫，故爾雅曰衆秫，衆者，會合爲一之義。詩曰鳧鷖在潨，毛傳曰：潨，水會也。曲禮黍曰薌合，亦即此義。藥物之白朮、赤朮、蒼朮，皆物之膏而黏者也，秫字從朮，即由於此。說文謂朮即秫省，禾稷之黏者，此誤解爾雅之文，謂衆秫二字專承上粢稷言之，又誤謂秫字在先、朮字在後也。凡米之精潔者曰粱，故字於米上加刃水二文，刃謂鑿之使精，水謂淅之使潔也。詩云或舂或揄、釋之溲溲，即此。禮惟粢食不鑿，乃元酒蒲越之義，其餘必曰潔齊豐盛，即敦籩之薦是也。敦盛稻稷，籩盛麥麻，稻秬即麷黃白黑也。菰乃水草之實，並非穀類，止食醫取之以配魚，所以調劑之以和其性，此三者並非穀種之名，不得列爲九穀也。楊泉物理論百穀之說，尤屬附會，統黍稷麻麥而通謂之粱，三種之別，豈止二十。謂蔬可佐穀，若菰米、薏米、菱米、芡實、蓮實之類猶可言也，若果之棗、栗、桃、乾、䕩、榛實而謂之穀，未免强合。百穀止就五穀之種類分之，以見其盛多耳，百乃成數，不得過泥。擊人於黍稷之外獨重麥，此是土地所宜，風俗所尚，且麥以秋種夏收，備四時之氣，故思文、臣工二詩皆頌言之，至今北方之俗喜食麥，自陝以西尤盛，若必如書傳鄭康成之說，謂麥是武王伐殷時赤烏銜來者，未敢信也。或曰，鴇羽、甫田之詩及禮之內則皆言黍稷稻粱。爾雅郭注以虋爲赤粱，芑爲白粱，是黍即今之黃米，白黍即今之鏖黍，粱即今之高粱，黃粱即粱之黃色者，粱有五色，虋赤、芑白、秬秠黑耳。黍類惟黃米鏖黍得中，高而粒大者曰粱，卑而粒小者曰稷，其說於經義亦通，然粱字從米，以爲穀種之名，終是假借，猶之邠風以陸稻爲禾，本草以黑稷爲粟，此皆後起之稱，非五穀之初名矣。

螻蟈説

螻之雌雄者異名，蟈之水陸者異名，螻蟈者，其通稱也。爾雅曰：螜，天螻。蝚，蛖螻。又謂食苗根者名蟊。揚子方言謂螻蛄南楚名杜狗，或謂之蛞螻，説文無螜蛖蛞三字，謂蠹即螻蛞，蝚乃蛭蟲，螯爲盤蝥。即今之班蝥蟊爲蠿蛛，𧕴爲食苗根者，蛑乃蟊之古文，陸璣毛詩疏引或説云：蟊，螻蛄也。今按爾雅䵷𪓿一名𪓿螯，蛭蝚一名至掌，食苗根者謂之蟊，食米穀者謂之蛄，蟷蜋有斧謂之蛑，蓋螜即蛄之本文，蛞即蠹之本文，蛖即蛖之本文，蟊蛑即蟊之異字，蝚是草蛭之專名。螯有蟊蟱二音，讀爲蟱是蠿蛛，讀爲蟊即盤螯及食苗根者，故左傳用螯賊字即從此。爾雅之蝚蛖螻，蝚字當是蟊字之訛，猶今本之葝作䓘、蚳作貾矣。蓋螻之雄者善飛，故曰天螻，一曰螜，言能飛而食穀也，故與米蟲同名而字從穀省，且因其善鳴，故又名蛞，異文作蠹，北地謂之刺刺蛄，言其鳴聒聒不已、刺刺不休也，刺蛞蠹皆一音之轉耳。螻之雌者善穴，口足之利如矛，能穴地傷稼，農者苦之，故謂之蟊。其色不純，黑而微黄，又首形似犬，故方言謂之杜狗，爾雅翼謂之土狗，此蛖之所由名矣。古文當是蟊字，説文誤作𧕴，謂是象形字。詢之老農，田有細蟲攢食禾根者，其害與螻蛄等，未有細長而盤繞穀莖者也。螻蛄鳴於麥秀之後，故蟊又作蛑。蛭有水陸二種，水蛭謂之蟣，一名馬蟥，草蛭謂之蝚，一名至掌，爾雅於魚蟲分釋之，其義自著。蟊雖雌螻，有瓜甲而利口足，不得與蛭之柔而善入者同一名稱也。蟈，古文作蜮，見説文及周官注，而解之者亦每混淆。周官蟈氏掌去鼃黽，鼃即食蛙，細腰長股，今俗名水雞，黽即水中蝦蟆，腹大而背有疿磊，不可食。此二者穀雨即鳴，徹夜不止，南方北方皆然，最聒人耳，故蟈氏去之，此非時訓月令之蟈也。鄭司農讀蟈作蜮，可也，謂此即月令之螻蟈鳴則誤。吕覽高注謂螻蟈爲蛙，誤與月令鄭注同，謂四月陰氣動於下故螻蟈鳴，則尤誤。按，時訓立夏之日螻蟈鳴，螻乃螻蛄，蟈乃陸黽，此蟈即夏小正之四月鳴蜮、戴傳曰蜮也者，屈造之屬也。爾雅釋蟲云螫蟆，釋魚云鼁鼀蟾諸，在水者黽。屈造螫蟆、鼁鼀蟾諸，此即四月始鳴之蟈也。屈造一名鼓造，蟾諸亦作蟾蜍。文子上德曰蟾蜍辟兵，壽在五月之望。淮南子説林作鼓造辟兵，壽盡五月之望。其即一物可知。且造字疑與鼁通，周禮太祝二曰造，注云故書造作竈，恐竈即鼁字之訛，故劉訓戴傳皆以造名蟈，蓋造即爾雅之鼁也。郭注云似蝦蟆居陸地，似之云者，謂蟆乃釋蟲之螫，此純居陸地者。鼁乃釋魚之鼀，此遷居陸地者。黽遷於圭則名鼁，頭背愈多疿磊，不復鳴，夏後始間或作聲，因遷於陰地土穴中，必陽氣極盛始感而小鳴，故夏正周訓皆謂其鳴於四月，非關陰氣之動矣。説文曰鼁或作䵶，引詩云得此䵶鼀，是鼁又名䵶鼀戚施矣。説文謂其行鼀鼀，故以為名，即施施從外來義。然鼁鼀二字形聲各殊，且是爾雅原文，不應并爲一字，鼁或作䵶，當是鼁或名鼀之訛。玉篇因此不載鼁字，殊爲脱誤。廣韻鼁又作鼀，以去爲聲，載御韻內，釋文邢疏不從屋韻之鼀而反從御韻之鼁，此亦爾雅之訛字也。經文明云鼁鼀蟾諸在水者黽，則鼁是黽之遷於圭者甚明，故郭注云居陸地。圭即古文陸字，鼁從圭者，即圭黽二文合而成此字，説文謂其皮鼀鼀，其行𠂺𠂺，故以爲名。此與經義未合，亦可備一説。

古無蚳字

釋蟲以螘字爲蚳，釋魚貝屬有餘貾，經典釋文本作餘蚳。禮醢人、內則俱有蚳醢，孟子書有齊臣蚳鼃，國語曰蟲舍蚳蝝，字俱作蚳，無作蚳者。蓋蚳有三義，蟲子也，餘貾也，鼃也。此見於經者，凡蟲類之子已成形者皆謂之蚳，猶魚之子皆曰鯤，鳥之子皆曰雛也。小蟲之類，以蟻爲長，先諸蟲而出蟄，故蚳之名於蟻著之，以發其凡，不得泥釋獸諸文謂此亦蟻子之專稱也。餘蚳蚳鼃亦是此義，謂是蚳蛙之小者耳。蚳蝝之文亦可作證。漢儒經注多所泥滯，謂蚳醢是以螘子作醢，小正戴傳甚謂蚳是螘卵，郭氏爾雅注兼從二説，未免擇焉而不精矣。按周官鼈人掌取互物，以時簎魚鼈龜蜃凡貍物，祭祀共蠯蠃蚳，以授醢人，此魚謂鰌鱓，蠯謂蜌蚌，蠃即螺螄，蚳乃蛙貝之小者，蛙與鰌鱓皆貍物，貝與龜鼈皆互物，故必須簎取之，此皆物之在水者也。螘居陸地，既非水族，育卵於冬，亦難簎取。（簎即今之木叉戳網之類。）掘螘卵爲食，荒裔之俗誠有之，豈可以訓周禮。説文又附會其説，謂蚳是螘子，蚳是蛙名，自此始復有蚳字。説文謂蚳字籀文作𧖅，玉篇又謂蚳土蝁也，亦作𧖅，雖是轉相附會，亦可知蚳𧖅即蚳𧖅矣。

研六室雜著　皇清經解

清·胡培翬

庪縣浮沈解答馬水部

承詢爾雅庪縣浮沈之義，謂庪縣不當訓爲埋，（孫炎云：埋於山足曰庪，埋於山上曰縣。邢疏云：庪謂埋藏之。）庪當與禮經閣庋食義同。培翬按，尊見甚確。玉篇云：庋，閣也。庪同庋。引祭山曰庪縣可證。但爾雅儀禮周禮三經文各有當而義無妨，鄭志疑爾雅文雜不可據以難禮，周禮賈疏以庪縣爲異代法似皆非。爾雅云祭地曰瘞薶，（通作貍，又作埋。）祭山曰庪縣，祭川曰浮沈。儀禮云：祭山邱陵升，祭川沈，祭地瘞。周禮云：以貍沈祭山林川澤。（鄭注：祭山林曰埋，祭川澤曰沈。）按，瘞貍是以牲玉埋藏於地中，庪縣則有陳列之義，李巡云祭山以黄玉以璧庪置几上，邢疏云縣謂縣其牲幣於山林中，其説良近。蓋古者祭山之法，先庪縣而後埋之，故祭山又名旅，旅，臚陳之也。山海經凡祠山多言肆瘞，郭注云：肆，陳之也，陳牲玉而後薶藏之。此先陳後貍之證。庪縣蓋旅陳之義，祭山先庪縣而後埋，故亦得名埋。對文則祭地爲瘞埋祭山爲庪縣有異，散文則通，惟祭川是以牲玉投置水中，不得名埋，詩疏謂祭川而復埋，非是。故名浮沈，或名沈。凡以物入水通謂之浮沈，詩云載沉載浮。舟浮物亦云沈，可見浮沉無定稱，或欲分牲爲浮，玉爲沈，非是。周禮小子職凡沈辜侯禳飾其牲，鄭司農云沈謂祭川，則牲亦言沈也。祭川或言浮沈或言沈，猶爾雅祭地曰瘞埋，儀禮云祭地瘞，文有詳略而義不殊。儀禮祭山邱陵不云庪縣而云升者，對沈言之，山高故言升，川下故言沈。且兼明就祭之意，鄭注云：升沈必就祭者也，就祭則是謂王巡守及諸侯之盟祭也。按，就祭是就其處祭之，非望祭。言庪縣則就義不明，故言升。其實名異義同。賈疏：升即庪縣也。周禮止云祭山林川澤，無祭地之文，故祭山林亦通謂貍。此三經詳略異同之義，謂爾雅庪縣爲即周禮所謂貍固非，而以周禮疑爾雅亦非也。敖繼公又疑儀禮此祭多與周禮不合，亦未深考。

茅蒐經名茹藘不名韎也

爾雅：茹藘，茅蒐。詩云茹藘在阪，毛傳即本爾雅爲訓，是茅蒐一名茹藘也。鄭注士冠禮云今齊人名蒨爲韎，蓋染韎用茅蒐，當時遂有名茅蒐爲韎者，然經之韎字實不如此訓，茅蒐可以染韎，不得徑以韎爲茅蒐名，猶之茅蒐可以染絳，漢時亦名茅蒐爲絳草，見國語注然不得徑以絳爲草名。賈氏儀禮疏謂周公時名蒨草爲韎草，尤誤。周公作爾雅，第云茹藘茅蒐，不名茅蒐爲韎。鄭云今者，明據當時而言，即蒨之名亦出於後人。陸璣詩疏云茅蒐即今之蒨草，爾雅郭注云今之蒨也，此可證蒨爲後人名矣。

釋翿

清・胡承珙

爾雅釋言：翿，纛也。纛，翳也。説文無翿字，羽部：翳，翳也，所以舞也，從羽殹聲，詩曰左執翳。此據集韻。今説文引詩作翿，乃後人據俗本毛詩改。又云：翌，樂舞以羽𦏼自翳其首，以祀星辰也。此𦏼字即翳字之省，若翿字乃儔之别體，説文人部：儔，翳也，從人壽聲。徐鍇曰儔古與翿字同義，蓋儔正字或作翿，經典遂通用翿，若纛字六書所無，無以下筆，不但作纛爲俗，即作纛亦非。今案，爾雅當作翳翿也，翿翳也。後人多識翿少識翳，又别有作纛之俗字，寫爾雅者既以翿易翳，復以纛易翿，而他經傳亦皆有俗人據改者，或本作翳而改翿，或本作翿而又改爲纛。如周禮鄉師及葬執纛以與匠師御匶而治役，鄭注引雜記曰匠人執翿以御柩，又引鄭司農云翿羽葆幢也。考今雜記，但云匠人執羽葆，據周禮賈疏知古本雜記原作匠人執翿，鄭注鄉師直引執翿之文，不云纛當作翿，其引司農語亦祇作翿，則先後鄭所見周官經文本皆作翿不作纛明矣。後鄭又引爾雅曰纛翳也，此即承上文鄭司農曰翿羽葆幢也之下，蓋所見爾雅本必作翿翳也，故引以證此經執翿。今引爾雅作纛者，乃淺人因周官經文誤作纛，又俗本爾雅作纛翳也，遂據以改鄭注耳。毛詩陳風值其鷺翿，傳云：翿，翳也。正義曰：翿翳，釋言文。此可見孔作詩疏時所見爾雅本亦作翿翳也，不作纛翳也。王風正義又引釋言纛翳也，此亦後人因毛傳誤本有纛字而改。王風左執翿，傳云：翿，纛也、翳也。案，説文則詩本作翳，傳用爾雅釋詩，當是：翳，翿也，翳也。蓋爾雅二句雖是以翿釋翳，以翳釋翿，其實翳翿聲義本同，故傳引爾雅文中間可省一翿字，七經考文云古本毛傳翳也上有纛字，亦非是。若爾雅本作翿纛也纛翳也，則詩文本無纛字，傳何用并引纛翳也一句乎。至執其鷺翿則經文當本作翿，故傳亦止引爾雅翿翳也一句耳。自爾雅文誤，後人既改匠師之翿爲纛，又改王風之翳爲翿，并改傳注之翿皆爲纛，而紛錯繆亂，不可爬梳矣。

復朱蘭坡問爾雅書

承詢爾雅天氣下地不應曰雺、地氣發天不應曰霧、霧謂之晦。說文：霚，地氣發天不應，雺，籀文省。天氣下地不應曰霿，霿，晦也。與爾雅相反。承珙案，此當以爾雅文爲正。爾雅之雺乃從籀省，本亦有從篆作霚者，故釋文云：雺，或作霚字同，亡公亡侯二反。今本釋文云雺或作霧，此傳寫之訛耳。文選甘泉賦霧集而蒙合兮，李善注引爾雅曰天氣下地不應曰霧，霧與蒙同。此霧字亦必霚字之誤，甘泉賦當本作霚集而蒙合兮，故引爾雅天氣下之霚而曰霚與蒙同，若是霧字，不得云與蒙同也。若地氣發天不應曰霧，霧乃俗字，爾雅當本作霿。文選顏延年北使洛詩李善注引爾雅曰霿謂之晦，是所見本不誤也。釋文云字林作霧者，又霿字之省俗耳。爾雅先天氣後地氣，次序分明，說文亦先霚後霿，霿亦訓晦，此皆正用爾雅，不應地氣天氣獨與雅誼互易，蓋霚霿二字形近易混，傳寫者從而舛訛耳。玉篇云：霚，同雺，天氣下地不應也。霿，武付反，地氣發天不應也。此正與爾雅合，可見今本說文之必爲誤倒矣。矛聲近蒙，故雺或作蒙，霿有亡付武付之音，故俗有從務之霧字，然雺與霧斷不容合。五經文字云霚雺霧三同，並莫侯反，徐鉉於說文霚字下云今俗從霧，皆非也。至洪範之曰蒙伏生大傳作雺，鄭彼注云雺冒也，此從今文作也，其注尚書未知爲雺與否。若史記多用古文，宋世家引洪範曰雨曰濟曰涕曰霧，又曰霧常風，若此二霧字必皆霚字之誤，何以明之，徐廣於曰涕曰霧注云：一曰洟曰被，案涕洟聲相近，被蓋敄字之訛，霚從敄聲，古字省借，史記本必有作曰敄者，故又訛爲曰被。據此，疑今文作雺，古文作霚，一篆一籀，雖所作不同，要本爲一字，若兩漢書五行志之以蒙爲霿則別爲一字，恐於古今文皆未有當也。大傳王之不極厥咎瞀，此瞀疑即霿字之省，劉歆傳以眊訓瞀，今兩漢五行志遂皆以眊代瞀，又誤之誤者矣。

清・張宗泰

楥爲椶字之誤解

爾雅釋木：楥，柜桏。說文木部無楥字，而桏，椶柜木也，渠容切。據此則楥爲椶之誤。陸德明釋文楥音袁，又于眷切，恐係望文爲音。今本桏半誤從卬亦非。說文：枊，馬柱，吾浪切。非木名。

圥鼀字考

釋魚：鼁䵹，蟾諸。釋文：鼁起據反，䵹音秋。按鼁䵹當爲圥鼀。說文：圥鼀，詹諸也，鼀，七宿切，亦作䵹。說文玉篇黽部俱無從去之字，唯廣韻有鼁字然不足爲據。䵹既爲鼀之別體，斷非䶂字之訛，說文：䶂，式支切，詩曰得此䵹䶂。蓋隸書圥字與去相近，故訛圥作去而成鼁字，陸氏望文爲音，誤矣。玉篇䵹有七由七狄二音，是䵹雖有秋音而鼁字之誤則自陸氏始。今釋文本䵹半又誤從鹵。圥，力竹反，在說文中部。

雁鴈辨

釋鳥：舒鴈，鵝。注：出如舒鴈。今本鴈皆作雁，疏同。說文：鴈，鵝也，從鳥人厂聲。臣鉉等曰當從雁省聲。雁，鳥也，讀若鴈。臣鉉等曰：雁知時鳥，大夫以爲摯，昏禮用之，故從人。是從鳥者爲鵝，與雁不同。自玉篇大曰鴻小曰鴈及引月令與白虎通，無不以鴈爲雁矣。此與左氏疆埸之埸從易，自唐人作詩誤作平聲與詩場圃之場混同，而近人作場更於半易上添卜尤非。

鼫鼠注正誤

釋獸鼫鼠，注：見廣雅。依疏所述當有⿰鼠勺音雀三字，但今各本注呼爲⿰鼠勺鼠，⿰鼠勺字誤作鼩，而疏中⿰鼠勺音雀三字復誤作⿰鼠瞿音瞿，與注後所載之音鼩音瞿字異義同，又云今本作鼩，誤也。及證之釋文乃有云瞿音劬，而檢注中實無瞿字。諸誤歧出，然釋文明云：⿰鼠勺，郭音雀，將略反，字林音灼，云⿰鼠勺鼠出胡地。郭注本雀字或誤爲瞿字，沈旋因云郭以爲鼩鼠音求于反，非也。按，此則當爲⿰鼠勺音雀，而呼爲⿰鼠勺鼠之⿰鼠勺非鼩與⿰鼠瞿明矣。蓋釋文瞿音劬三字正所以證明雀字，如云若爲瞿字則音劬矣，故疏亦云今本作鼩誤也。非細從釋文會之，鮮不爲今本誤者。

鼳鼠辯音

鼳鼠今本音南見反，按釋文於上鼳鼠身長須而賊下、釋畜犑牛及此鼳鼠俱音古闃反，而郭於此節又注云音巫覡，陸申之曰郭音覡户狄反，又覡何狄反，此節之音，不一而足，則鼳字無由爲南見反審矣。揆其致誤有二，一即本節郭注音巫覡三字，巫字似南，覡半有見也。一鄭樵注此節之音作古覓反，今本下犑牛亦有此反，當是殘闕本以覓之上半益上古字，下一字祇餘見字，遂爲南見反，幸下存犑牛之音猶可證也。近來各經湨闃等字俱不從目從犬而直作貝，所從既非，音更無從別矣。

爾雅正義雜辨 落帆樓文集

清·沈垚

釋詁

廓，大也。邵氏正義曰廓又通作郭。按説文無廓字，詩大雅皇矣篇憎其式廓，釋文云本又作郭。郭是本字，廓乃後人增加之字，爾雅本文當亦作郭，邵言通作郭，非。

格，至也。邵曰格通作假。按説文木部：格，木長貌。無至義。彳部：假，至也。至本作假，通作假。人部：假，非真也，一曰至也，虞書曰假于上下。

亮，信也。邵曰亮通作諒。按諒本字，亮俗字。説文言部云：諒，信也。無亮字。無逸天命自度，王鳴盛曰：度，蔡邕石經作亮。亮本俗字，不知所從，無以下筆。説文卷八上人部云：倞，彊也。疑倞即亮字，移人於下，誤京作亰遂作亮，而載籍中遂罕見，倞字惟唐楊倞注荀子尚作倞耳。晚晉尚書多俗字，亮采惠疇、亮天工、亮采有邦，及下文亮陰也皆作亮，今觀石經，蔡邕已用此字，而諸葛孔明亦以此爲名，則其來久矣。

寀寮。邵曰，寀通作采，寮通作僚。按寀寮二字説文所無，爾雅原文本作采僚，今作寀寮乃後所改耳。

亮，道也。邵曰，小爾雅云：涼，佐也。涼與亮通。又曰詩釋文引韓詩云亮彼武王，亮，相也。毛詩作涼彼武王者義同。按亮字本當作涼，爾雅韓詩皆爲後人所改，非亮與涼通也。

禕，美也。邵曰禕與偉通。按説文無禕字，大傳異徽號，鄭注徽或作禕，然則禕乃徽字之俗文。上云：徽，善也。

速，疾也。邵曰速通作遫。按説文無遫字，速字重文有遫字。

竦，懼也。邵曰竦、㥄、聳、悚古字通用。按聳悚二字説文所無。

虺穨。邵曰，詩釋文云：虺，説文作瘣。按説文無瘣字，有瘣字，云：病也，從疒，鬼聲，詩曰譬彼瘣木，一曰腫旁出也。

顇　邵曰顇通作瘁。掃瘁字説文所無。

癙　邵曰癙通作鼠。按癙字説文所無，爾雅原文當亦作鼠。

⿸疒亶　邵曰⿸疒亶通作癉。按説文無⿸疒亶字，爾雅原文當亦作癉。

敕，勞也。邵曰，説文云：勑，勞也，從力來聲。故下文云：來，勤也。今經傳通作勑。徐廣史記注云：飭，古勅字。天官冢宰云：百工飭化八材。賈疏云，飭，勤也，勤力以化八材，敕通作飭，飭訓爲勤，勤即勞也。按勅字説文所無。釋文云：按説文字林來旁作力。是勞來之字束旁作文，音丑力反，邵混二字爲一，非也。

諲，敬也。邵曰諲禋古字通。按諲字説文所無，爾雅原文當亦作禋。

竢，待也。邵曰竢通作俟。按説文無俟字。

食，僞也。邵曰，左傳杜注云，言而不行如食之消盡後終不行前言爲僞也。按此僖二十八年孔疏，非杜注也。

遻，見也。邵曰遻又通作迕。按迕字説文無。

臨　邵曰，雜記云臨者入門左。按雜記文作入門右。

涖　按説文無涖字，周禮鄉師執斧以涖匠師，大宗伯涖玉鬯，注皆云故書涖爲立，鄭司農爲涖。

較　按考工記輿人注：故書較作榷，杜子春云當爲較。

頲，直也。邵曰，頲通作挺，又通作脡，曲禮鮮魚曰脡祭。按脡字説文無。

侑，報也。按侑字説文無。爾雅釋文云侑本或作宥。鄭特牲饋食禮注曰：侑，勸也，或曰又勸之使又食。然則字本作又，或借作宥也。

輔，俌也。邵曰，尚書大傳云古者天子有四輔臣。按王制疏引尚書大傳及近時盧刻尚書大傳皆云天子必有四鄰，此云有四輔臣，不知何本。

昌，當也。郭注引書曰禹拜昌言。按此乃皋陶謨之辭，僞孔取入大禹謨而訓曰昌當也。郭時僞古文尚書雖已出，恐此所引仍是皋陶謨非引僞大禹謨也。邵乃引梅賾大禹謨實之，恐非。

串，習也。按串字說文所無。大雅皇矣云串夷載路，釋文云串一本作患，或云鄭音患，說文患字下云從心上貫吅，吅亦聲。

蹐，陞也。邵曰蹐通作隮。按隮字說文無。士虞禮記曰：卒辭曰，哀子某，來日某隮附爾於皇祖某甫。鄭注：今文隮爲齊。然則隮字本有，說文傳寫脱落耳。

盝，竭也。按盝字說文無，當作淥，或作漉。

拭，清也。按拭字說文無。

峙，具也。邵曰峙通作庤。按峙字說文無，爾雅原文當是偫字或峙字。

妯，動也。郭注引詩曰憂心且妯。按說文云：妯，動也。又心部怞字下引詩曰惪心且怞。

算，數也。邵曰算與撰選義同。按撰字說文無。

育，養也。邵曰育通作鬻，又省作粥。按說文：鬻，健也，從弻米聲，武悲切。徐鉉曰今俗作粥，音之六切。又鬻，鬻也，從弻毓聲，余六切。重文鬻云鬻或省從米。然則毛詩鬻子之閔斯當作鬻，今作鬻及經典俱從俗作粥，皆後人妄改。

拼　邵曰，拼通作絣，或省作并。按拼字說文無，云爾雅原文當是并字。

抨　邵曰抨通作伻。按伻字說文無。

儴，因也。邵曰儴通作襄，又通作攘。按說文人部無儴字。爾雅釋文：樊孫作攘。則今作儴乃後人所改，又云施息羊反，則作襄。又按，邵引馬高皋陶謨傳出釋文非疏，鄭康成費誓注出詩大雅蕩疏非尚書疏，邵俱誤。

享，獻也。郭注引穀梁傳曰諸侯不享覲。邢疏誤謂隱五年傳文，邵承其僞，隱字當作僖。

省，察也。按省通作眚。大宗伯省牲鑊，釋文：省，本又作眚同，息井反。洪範王省惟歲，王鳴盛曰宋世家作眚，古字通。公羊莊二十二年肆大省，穀梁左氏並作眚。康誥：人有小罪，非眚，乃惟眚災。潛夫論引並作省是也。

烈枿　邵曰烈通作𠛱。按𠛱字說文無。枿，說文作㰁，又曰枠古文。㰁枿字乃隸體枠字之訛。

賡，續也。按賡即續字古文，小雅大東：西有長庚，毛傳以庚爲續，而詩與明行爲韻，則賡本有古郎反之音，蓋賡緩讀則古郎反，急讀則似足反，古音有轉，一字本有數音，非至後世始讀賡爲平聲也。

釋　草

荼，苦菜。邵氏正義引夏小正云正月取荼。按夏小正四月取荼，邵作正月訛。

萑蓷　正義引陶注本草云云，是郭注所本也。按宏景生在郭後，此言郭本陶注，訛。

莕，接余。正義稱齊民要術引陸璣疏云：接余，其葉白，莖紫赤。按詩疏引陸璣疏作接余白莖，葉紫赤色。

芹，楚葵。正義引說文作菦，云菦菜類蒿。按說文自有芹字，云楚葵也，即用爾雅爲義，此云說文作菦訛。

茖陵茖　正義鼠尾草惟有紫赤一種，絶無黃花白花者。按正義于上文葝鼠尾下明言其花或赤或白。

釋穀 皇清經解續編

清・劉寶楠

虋赤苗芑白苗

爾雅：虋，赤苗。芑，白苗。郭注以赤白指粟，九穀考云：是不知赤白在苗而不在粟也。案玉篇虋即今赤粱粟也。芑，白粱粟。廣韻：虋，赤粱粟也，俗作蘴。芑，白粱粟也。以赤白指粟，並沿郭誤。又蘇頌圖經以赤黍白黍冒虋芑，非也。九穀考云：黍之苗惟一色而無赤白之異。齊民要術引釋草舍人注：虋芑是伯夷叔齊所食首陽山草也，謬悠之説，可發一噱。詩：誕降嘉種，維穈維芑。毛傳用爾雅釋之。九穀考云：孔疏以虋芑為稷，非也。虋，正字。穈，或字。集韻虋或作穈𥞊。説文：虋，赤苗嘉穀也。芑，白苗嘉穀。又解𣯌字云：以毳爲𦇧色如虋，虋，禾之赤苗也。解璊字云：禾之赤苗謂之虋，言璊玉色如之。芑亦作杞。王氏懷祖讀書雜志云：管子地員篇五塥之土，其種大樛杞細樛杞，黑莖黑秀，樛當作穋，杞當作芑。大荒南經：維宜芑苣，穋楊是食。郭注：管子説地所宜云其種穋芑黑秀，皆謂禾類也。集韻：杞，禾名。引管子其種穋杞。義本尹注。今本尹注禾名訛作木名。九穀考云：余見禾之赤苗初生一二葉純赤色，三四葉後赤與青相間，七八葉後則純青矣。今直隸山西人猶別而呼之曰紅苗穀、白苗穀，白苗之穀，穀黑米白者黏，穀黑而米亦帶緇色者不黏，黑穀俗謂之拖泥穀，白苗者即青苗也，初出時色微白，故農人通呼白苗，以別於紅苗也。謹案，管子偁穋杞黑莖黑秀，黑秀即黑穀，與陳氏所見正合，而芑爲白苗不言黑莖，但黑色與青相似，據程説白苗即青苗，然則由白而青，深青之色即近黑也。又管子地員篇偁大苗細苗，赨莖黑秀箭長，赨莖謂莖節間之赤色，非全莖皆赤也，此當指虋言，赨莖謂虋，黑秀謂芑，各舉以見義，非赨莖黑秀爲一本也。九穀考又云：赤白苗之外又有黃苗者，黃苗穀殼有黃色白色二種，米皆不黏。案，古人不爲黃苗立名，豈隨舉所見而偁之，抑黃色近赤不別立名與。

秬黑黍其皮曰秠秠一稃二米

爾雅：秬黑黍，秠一稃二米。李巡注：黑黍一名秬。郭璞注：漢和帝時任城生黑黍，或三四實，實二米，得黍三斛八斗。生民惟秬惟秠，閟宮有稻有秬，毛傳鄭箋並宗爾雅。左傳：黑牡秬黍，以享司寒。楚辭天問：咸播秬黍。後漢班固傳元秬黃黎，李賢注：元秬，黑黍也。說文：𩰪，黑黍，一稃二米以釀也。秬𩰪重文，秠一稃二米。案，古者以黍釀酒，獨宗廟專用黑黍，故別名𩰪以異之。管子地員篇五剽之土其種大秬細秬，字亦作苣。大荒南經維宜芑苣穋楊是食，郭注：苣，黑黍，今字作禾旁是也。秠者，黑黍之皮，即稃也。九穀考云：鄭氏鬯人注曰釀秬爲酒，秬如黑黍一稃二米，生民詩孔氏疏所見鄭注作秬如黑黍一秠二米，以秠字易爾雅之稃字也。其言曰鬯人注言如者，以黑黍一米者多，秬爲正稱，二米則秬中之異，故言如以明秬有二等也。秬爲二等，則一米亦可爲酒，注必言二米者，以宗廟之祭惟裸爲重，二米嘉異之物，鬯酒宜當用之，故以二米解鬯，其實秬是大名，故云釀秬爲酒。爾雅秠一稃二米，鬯人注一秠二米，文不同者，鄭答張逸云秠即皮，其稃亦皮也，爾雅重言以曉人，然則秠稃古今語之異，故鄭引爾雅得以稃爲秠也。據此則是秬原包一稃二米者，而秠即秬之皮耳，但一稃二米不能不異其名，故義取諸皮之含米者異而名之爲秠也。案，程說是也。字林：秠，黑黍，一稃二米。以秠易秬，明以黍皮稱其米也。管子剽土之次曰：五沙，其種大萯細萯，白莖青秀以蔓。尹注曰：萯，草名。王氏伯申云：尹說非也，此篇凡言某某者皆指五穀而言，萯聲與秠相近，金縢是有丕子之責于天，史記魯世家丕作負。上文云其種大秬細秬，此言大萯小萯，是萯即秠也。

大菊蘧麥

爾雅：大菊，蘧麥。說文：蘧，蘧麥也。菊，大菊蘧麥。本草：瞿麥，一名巨句麥。陶宏景云：今出近道，一莖生細葉，華紅紫赤色可愛，子頗似麥，故云瞿麥。又云茈葳是瞿麥根。吳普本草云：茈葳一名瞿麥。廣雅疏證：神農本草云紫葳一名陵苕，一名茇草，生西海。陶注云：博物志云郝晦行華草於太行山北得紫萎華，必當奇異，今瞿麥華乃可愛而處處有，不應乃在太行山北，且其樹有莖葉，恐亦非瞿麥根。案，本草紫葳一名陵苕，即名醫別錄鼠尾一名陵翹者，詩義疏云陵苕一名鼠尾，七八月中華紫是也。紫葳以色得名，小雅箋云陵苕之華紫赤而繁，故陵苕謂之紫葳，陶注本草瞿麥云華紅紫赤可愛，故瞿麥亦謂之紫葳也。草木累物而同名正多此類。別錄云一名大菊大蘭。說文繫傳云：今謂之瞿麥，其小而華色深，俗謂石竹。案，據諸文是大菊也、蘧麥也、瞿麥也、巨句麥也、茈葳也、大蘭也、石竹也，七名實一物。廣雅：茈葳、麥句薑，今本麥句薑作陵苕二字，引從王校本。蘧麥也。郭注爾雅亦以麥句薑爲蘧麥之別名。說文繫傳云麥句薑地松也，非此。廣雅疏證：本草云瞿麥一名巨句麥，天名精一名麥句薑，二物不同。九穀考云：麥句薑，說者即爾雅茢薽豕首。呂氏春秋任地篇：豨首生而麥無葉。高誘注：豨首，草名也，麥無葉皆成熟也。案，此則麥句薑，與巨句麥自是別種，廣雅誤合爲一，而郭氏亦誤從之也。齊民要術云：穜瞿麥法，以伏爲時，舊注一名地麪。畝收十石，渾烝曝乾，舂去皮米全不碎，炊作飱甚滑，細磨下絹簁作餅亦滑美，然爲性多穢，一穜此物，數年不絕，耘鋤之功，更益劬勞。

稌稻

爾雅：稌，稻。郭注：今沛國呼稌。說文：稻，稌也。稌，稻也，周禮曰牛宜稌。周頌曰豐年多黍多稌，毛傳：稌，稻也。王逸招魂注：稻，稌也。南山經：箕尾之山，糈用稌米一璧稻米。郭注：稌，稌稻也。又其祠糈用稌，郭注：稻，穬也。案，說文稌稻互訓，而南山經先言稌後言稻，稌稻二名二物，與說文異，蓋對文則稌稻有黏不黏之分，散文皆通稱也。

齋稷衆秫

別四名。爾雅粢稷，郭注：今江東人呼粟爲粢。衆秫，郭注謂黏粟也。本孫炎邢疏：衆，一名秫，謂黏粟也。案，稷亦得通稱粟，然孫郭及邢疏直以稷粟爲一物，不知粟爲禾之本稱也，此不可以不辨。北人用之釀酒，其莖稈似禾而粗大者是也。案，説文：稷，齋也。齋，稷也。粢，齋或從次作。秫，稷之黏者。朮，秫或省禾。今經典齋字皆從或體作粢，而轉訛又從米作粢，非也。李時珍謂秫即粱米，蓋用孫炎郭璞秫爲黏粟之説，而以稷粟爲一物亦非也。

麻母莩芓蕡

爾雅：莩，麻母。郭注：苴麻盛子者。邵氏正義云：麻實有稃甲包裹，故説卦傳云其于稼也爲反生，宋衷注曰謂麻豆之戴甲而生是也。案麻外有稃甲，中以含實，象母之胎子，故謂其稃曰麻母。莩，本作芓，説文：芓，麻母也，一曰芓即枲也。蕡，芓也。案芓爲枲者，枲謂枲實，不專指稃甲，與麻母之訓稍異。

戎菽荏菽胡豆大豆也

爾雅：戎菽謂之荏菽。孫炎云大豆也。生民藝之荏菽，毛傳：荏菽，戎菽也。鄭箋：荏菽，大豆也。穀梁莊三十一年傳：戎菽也。逸周書王會篇山戎戎菽，孔晁注：戎菽，巨豆也。列子力命篇進其茙菽有稻粱之味，張湛注引鄭氏釋茙菽爲大豆。楊朱篇：昔人有美戎菽者。皆本爾雅釋詁戎大也之文。詩正義曰樊光、舍人、李巡、郭璞皆云今以爲胡豆。璞又云：春秋來獻戎捷，穀梁傳曰：戎，菽也。管子亦云：北伐山戎，出冬葱及戎菽，布之天下，今之胡豆是也。案，爾雅戎菽皆爲大豆，注穀梁者亦以爲大豆也，郭璞注以戎胡俱是夷名，故以戎菽爲胡豆也。后稷種穀，不應捨中國之種而種戎國之豆。即如郭言，齊桓之伐山戎始布其豆種，則后稷之所種者何時絶其種乎，而齊桓復布之。禮有戎車，不可謂之胡車，明戎豆正大豆是也。九穀考云：爾雅釋詁戎壬皆訓爲大，壬與荏字可通，荏菽戎菽並爲大豆之稱。管子書戎菽別有一種，或即今之豌豆，與后稷之所殖大異也。案，胡字古亦訓大，如詩言胡考是也。荏菽戎菽凡大豆之通稱，戎菽亦曰胡豆，蓋古有是語，後人牽合穀梁管子遂以戎胡俱是夷狄之名，而爲齊桓伐山戎所得。至御覽引神農本草又云張騫使外國得胡豆，或曰戎菽。以胡豆戎菽爲二，又爲張騫所得，其誤益不可究詰矣。考之春秋但言戎捷，左氏公羊俱指俘獲，獨穀梁指戎菽，范注菽豆，楊疏已疑其非。疏云：案管子云出戎菽及冬葱布之天下，則以戎為豆也，故徐邈云今之胡豆也。舊解以為依違其文恐失傳旨。僖二十一年傳云：其不曰宋捷，何也，不與楚捷於宋也。范云：據莊三十一年齊人來獻戎捷，據彼傳及注意，則似不以戎為豆。是穀梁管子所説殊不可信，今從孔疏及九穀考爲定。漢書天文志：正月旦，決八風，風從西北戎叔爲。孟康曰：戎叔，胡豆也。志以戎叔備八穀之數，是戎菽爲大豆之統稱，漢人説不誤也。至魏張揖始以今之豇豆爲胡豆，明李時珍以今之豌豆爲胡豆戎豆，又以今之蠶豆爲胡豆，而並以爲來自西胡，誠異乎吾所聞矣。

蔨藨豋鹿藿也其實謂之莥

爾雅：蔨，鹿藿，其實莥。郭注：今鹿豆也，葉似大豆，根黄而香，蔓延生。神農本草云：鹿藿味苦平，生汶山山谷。汶山即岷山。唐本注云：此草所在有之，苗似豌豆，有蔓而長尺，人取以爲菜，亦微有豆氣，名爲鹿豆也。梁簡文帝勸醫論云：胡麻鹿藿纔救頭痛之痾。説文：莥，鹿藿之實名。又云：藨，鹿藿也。廣雅同。王氏疏證云：徐鍇傳云，爾雅鹿藿，鹿豆也，一名蔨。爾雅藨麃注云即莓也，字與鹿豆相近，疑説文注誤以藨麃爲鹿藿字也。案，藨爲鹿藿非必爾雅藨鹿之誤，乃鹿藿自有此名耳，説文之訓或叙述經文，或原本師説，或雜採方俗之所傳，其所取者博矣，何必爾雅所有者而後見之於書哉，徐氏之説淺於窺測矣。邵氏爾雅正義：鹿豆，今一名豋豆，一名治豆。案古今注豋豆一名治豋，治疑作冶。葉似葛而實長尺餘，可蒸食，一名豋菽。明李時珍以豋豆爲鹿豆，當爲邵氏所本，然皆未明言於今爲何豆，予以其音求之，則今之所謂穞豆者也。一切經音義十七引通俗文曰：野豆謂之豋豆。玉篇：豋，力刀切，豆也。𧻓同上。廣韻豋𧻓並音勞，豋下云野豆。集韻豋、穞、𧻓、蟧并郎刀切與勞同音，注云：野豆謂之豋豆，或作穞、𧻓、蟧。此皆相沿舊音，與今正同。陳留耆舊傳賊送豋豆一斛。三國志賈逵傳注引魏略曰：楊沛收豋豆，閱其有餘，以補不足。唐書夏侯端傳：擷豋豆以食。吐番列傳：其稼有豋豆。皆言穞豆之可充爲食也。農政全書𧌄豆圖説云：𧌄豆生平野中，北土處處有之，莖蔓延附草木上，葉似黑豆葉而窄小微尖，開淡粉紫華，結小角，其豆似黑豆，形極小，味甘。案，𧌄與豋、穞字同音，蓋藰也、鹿藿也、鹿豆也、豋豆也、治豋也、豋菽也、𧻓也、藨也、𧌄豆也，九名實一物。恭冕曰：郝氏懿行爾雅義疏舊説鹿豆一名豋豆，豋鹿聲轉，王磐野菜譜作野綠豆，綠鹿聲同也。如郝此言，鹿豆即今綠豆，然豋豆之豋篇韻皆音勞，其爲今之穞豆無疑，豆色黑絶似穭豆，可以已勞，故有𧌄豆之名。簡文帝所謂鹿藿治頭痛，凡頭痛皆是虛弱，故爲勞也。郝氏以綠豆當鹿豆，殊未確。

欇虎櫐虎豆也小者謂之狸豆

爾雅：欇，虎櫐。郭注：今虎豆，纏蔓林樹而生，莢有毛刺，今江東人呼爲欌欇。邵氏正義：郭注山海經以櫐爲虎豆貍豆之屬，中山經卑山多櫐，郭注：今虎豆貍豆之屬，櫐一名縢。案縢與藤同，謂豆蔓也。貍豆一名黎豆，案陶氏注蚺蛇膽云如黎豆者即此。虎豆則虎櫐也。農政全書：黎豆古名貍豆，又名虎豆，其子有點如虎點之斑，故名。廣韻：萀，虎豆名。俗加艹。爾雅所謂欇虎櫐，三月下種，蔓生，江南多炒食之。案邵氏以貍豆虎豆爲一，與農政全書異。崔豹古今注云：貍豆集韻：狸，豆名，可食。即俗貍字。一名貍沙，一名獵沙，據爾雅郭注當作欌，謝靈運山居賦獵涉蘡薁，自注：獵涉，字出爾雅。此用古今注以釋爾雅，或爾雅舊注有此字。沙涉形近易訛，未知孰是。葉似葛而實大如李核，可啗食也。虎豆一名虎沙，似貍豆而大，實如小兒拳，亦可食。據此則貍豆虎豆本是一豆，特以大者名虎豆，小者名貍豆也。集韻：莥，豆屬，似狸豆而大。李時珍云：貍豆野生，山人亦有種之者，三月下種，蔓生，其葉如豇豆葉但文理偏斜，六七月開華成簇，紫色，狀如扁豆華，一枝結莢十餘，長三四寸，大如拇指，有白茸毛，老則黑而露筋，宛如乾熊指爪之狀，其子大如刀豆子，淡紫色有斑點如貍文。陳藏器曰：爾雅云諸慮一名虎涉，又注欇根云苗如豆。爾雅欇虎櫐，郭璞注云：江東呼櫐爲藤，似葛而粗大，纏蔓林樹，莢有毛刺。一名豆蒐，今虎豆也，千歲櫐是矣。李時珍曰：爾雅虎櫐即貍豆也。爾雅山櫐虎櫐原是二種，陳氏合而爲一，謂諸慮一名虎涉，又以爲千歲櫐，並誤矣。恭冕曰：郝氏懿行爾雅義疏虎櫐即今紫藤，其華紫色，作穗垂垂，人家以飾庭院，謂之虎櫐者，其莢中紫色斑然如貍首文也。亦以山櫐當虎櫐，與景純注全不合。

巢經巢文集

清・鄭珍

爾雅

釋詁：賡、揚，續也。注：揚，未詳。按，虞書颺言，史記夏本紀作揚言，史公從孔安國問，故所載多古文説，知作揚者乃古文。漢碑揚舉字多作颺，則颺言及時而颺之，作颺者蓋今文通用也。此訓正釋臯陶謨賡揚義，揚言謂續帝敕命時幾之言，賡歌謂續帝喜起之歌也。僞孔傳云大言而疾曰颺，似其本亦原是揚字，故依傅鄭箋毛詩不吳不揚云不讙譁不大聲者以爲義，不知吳揚並言自宜就高舉意訓揚爲大聲，虞廷君臣雍容歌詠拜手稽首，臯陶此時敬慎至矣，而忽大聲疾呼，有是理耶，雅訓誠古説也。

釋言：辟，歷也。注云未詳。按，辟，古霹字。歷，古靂字。謂震雷也。辟，説文震下作劈，則辟言其擊物破析也，歷言其雷剌轣轣也。單言則曰辟曰歷，合言則曰辟歷，前漢天文志辟歷夜明，劉向傳赧虹辟歷，皆合言也。後世俗書並從雨，郭氏按文求之，此訓遂無從解説。邵郝二家疏並執辟法以通歷字，一云歷律之通，一云歷秝之借，俱未確。

釋訓：懋懋、慔慔，勉也。音義：慔，亦作慕。邢疏因云慔與慕同。按説文：慔，勉也。從莫在旁。慕，習也。從莫在上。形義俱别。淺人不知爲兩字，移旁心作慕，非也。詩楚茨君婦莫莫，傳：莫莫，清靜而敬至也。靜敬即勉力無怠之意，所以爲豆孔庶也。此正訓詩義，慔正莫省。

釋山：山豄無所通，谿。注：所謂窮瀆者，雖無所通，與水注川同名。按此注本李巡見左傳隱三年正義説，恐未確。釋水水注川曰谿，同是谿名，不應一爲注川之谿，一爲無所通之谿。竊謂此爲釋山之文，自主山言，山豄無所通爲深山古澗，非通達道路之經由者，是名曰谿。易曰舟楫之利以濟不通，此無所通，即不通之謂，而其水仍注川也。釋丘窮瀆汜即俗謂死水潭。李郭牽合窮字與此無所通爲一，似誤也。

釋水：水草交爲湄。左傳僖八年正義引李巡注：水中有草木交會曰湄。水經濟水注引舍人注：水中有草木交合也。據此知舍人李巡本是水草木交爲湄，多一木字。若如今本，是水與草交，非草木交也。

釋鳥：亢，鳥嚨。釋文引舍人云：亢鳥高飛也，嚨嚨才可見也。樊光云：亢星，鳥也。嚨嚨，亢鳥之頸也。是舍人樊光本作亢鳥嚨嚨。陸氏不及孫炎，知孫與郭同今本也。但如今本亢鳥嚨其粻嗉，文義爲指喉嚨鳥嗉甚明，舍人以亢爲高亢義，則是亢鳥連讀謂高飛之鳥也，樊光亦亢鳥連讀謂是亢星，二家之本皆似無其粻嗉句，若有則嚨嗉連文，即不應如是解，以知釋獸已有鳥曰嗉之文，此其粻嗉句是郭氏以前人所增，舍人樊本並無也。然若樊義亢星既非星鳥，且此是釋鳥，何與天星，釋文必有誤字。

釋畜：角一俯一仰觭，皆踊觢。説文：觭，一俛一仰也。觢，一角仰也。易：其牛觢。音義云：子夏作契傳云一角仰也，虞翻云牛角一低一仰故稱觢。按，爾雅文别觭觢之異甚明，韓嬰許君説觢是一角仰，則有一角不仰，仍是一俯一仰觭也。兩家云一角，必是二角寫誤。音義又云：觢，荀作觭。據虞氏義其本亦必作觭與荀同，故以角一低一仰解之。稱觢之觢，觭字之訛也。

補正爾雅釋親宗族

爾雅之釋宗族，舍人、孫、李本久亡，今所傳惟郭景純本，然注略，邢疏復不詳，余三復斯篇，文蓋多所訛脱，即近日邵氏晉涵正義、郝氏懿行義疏，雖考證綦詳，而於此亦未之疑及也。 按儀禮喪服小功章稱從祖祖父母、從祖父母、從祖昆弟凡三世，緦麻章稱族曾祖父母、族祖父母、族父母、族昆弟凡四世，是祖之親兄弟與其子若孫稱皆冠以從祖，曾祖之親兄弟與其子若孫若曾孫稱皆冠以族明甚。從祖者言其親從祖而別，非祖行之謂，猶其親從父而別者稱從父非父行之謂也。其親從曾祖而別者，賈子六術篇亦稱從曾祖，而於正經止稱族。 族者，賈公彦云屬也，骨肉相連屬也。蓋所謂四緦麻者，於曾祖爲兄弟之親，於祖爲從父之親，於父爲從祖之親，於己親雖將盡而猶相連屬，有服，故曰族。至族昆弟之子，我之曾祖兄弟，乃其高祖，祖遷於上戚單於下，即骨肉不相連屬，止謂之親同姓而無從以族字加之矣。 故於父爲從父者，於己則爲從祖。於父爲從祖者，於己則爲族。 稱曾祖兄弟之親爲族祖，漢魏前未之聞也。今既釋曰父之從祖昆弟爲族父，父之從祖祖父爲族曾王父，父之從祖祖母爲族曾王母，與喪服經合矣，而於族父之妻乃曰父之從祖昆弟之妻爲族祖母，於族父之姊妹乃曰父之從祖姊妹爲族祖姑，不儕父行，於祖行乎，此非可以族祖王母例也。 父之從祖昆弟之父母本是祖行，故冠以族曰族祖，分男女則曰族祖父族祖母。從祖之尊稱則曰族祖王父、族祖王母，族字與從祖從父一例，是支派定稱，稱族祖即是祖行，男稱族祖父，其妻即族祖母，其姊妹即族祖姑，斷不得稱其婦女曰族祖母、族祖姑也。邵氏云族祖母族祖姑稱族祖者言自族祖而別，夫言自某別者，謂彼於我從某世分也，故可言自祖而別。 自父而別、自曾祖而別，斷不可言自族祖而別，此義就已言、就所稱者言，俱無可通，邵説殊謬。又父之世母叔母即父之從父昆弟之母也，既釋曰父之世母叔母爲從祖祖母，復曰父之從父昆弟之母爲從祖王母，不緟複乎。又既釋曰父之從祖昆弟之母爲族祖王母，不應族祖王父反無釋。又喪服從父昆弟姊妹皆大功親，從祖昆弟姊妹皆小功親，亦不應止釋從父昆弟，而於從父姊妹、從祖昆弟姊妹俱無釋，此皆非始作即然也。今詳審經文，父之從祖昆弟之妻爲族祖母蓋誤衍一祖字，父之從父昆弟之母爲從祖王母，當是父之從祖昆弟之父爲族祖王父之誤，古本原與下族祖王母句對文也。父之從祖姊妹爲族祖姑，當原是父之從祖姊妹爲族姑、父之從祖姑爲族祖姑兩句，傳寫上句脱爲族姑，下句脱父之從祖姑，遂致斯誤。兄之子弟之子相謂爲從父昆弟下疑舊有其女子子爲從祖姊妹三句，乃於儀禮五服内親無一遺闕，是皆參互可見，而自開成石經已同今本，知其訛脱在唐人已無知者矣。珍以爾雅爲詁訓之宗，釋親關名教之大，而窮經家相沿不察，致三從之稱晝然易明者往往心目蒙眯，如近日易疇程氏，說禮名家，而其文足徵，記中親屬隆殺述至以昆弟之曾孫與族曾孫爲二人，以從父昆弟之孫爲族昆弟之孫，則此篇關係非淺尠也。不揆無知，竊爲補正，庶幾明積，非備族從，俾童幼讀爾雅者知與喪服一經一訓原無缺誤云。

今補正本

父爲考，母爲妣，父之考爲王父，父之妣爲王母。王父之考爲曾祖王父，王父之妣爲曾祖王母。曾祖王父之考爲高祖王父，曾祖王父之妣爲高祖王母。父之世父叔父爲從祖祖父，父之世母叔母爲從祖祖母。父之晜弟先生爲世父，後生爲叔父。男子先生爲兄，後生爲弟。男子謂女子先生爲姊，後生爲妹。父之姊妹爲姑。父之從父晜弟爲從祖父，父之從祖晜弟爲族父，族父之子相謂爲族晜弟，族晜弟之子相謂爲親同姓。兄之子弟之子相謂爲從父晜弟，其女子子爲從父姊妹。從祖父之子相謂爲從祖晜弟，其女子子爲從祖姊妹。子之子爲孫，孫之子爲曾孫，曾孫之子爲元孫，元孫之子爲來孫，來孫之子爲晜孫，晜孫之子爲仍孫，仍孫之子爲雲孫。王父之姊妹爲王姑，曾祖王父之姊妹爲曾祖王姑，高祖王父之姊妹爲高祖王姑。父之從父姊妹爲從祖姑，父之從祖姊妹爲族姑，父之從祖姑爲族祖姑。父之從祖晜弟之父爲族祖王父，父之從祖晜弟之母爲族祖王母。父之兄妻爲世母，父之弟妻爲叔母。父之從父晜弟之妻爲從祖母，父之從祖晜弟之妻爲族母。父之從祖祖父爲族曾王父，父之從祖祖母爲族曾王母。父之妾爲庶母。祖，王父也。晜，兄也。宗族

姒娣

爾雅：男子謂女子先生爲姊，後生爲妹。女子同出，謂先生爲姒，後生爲娣。同出謂同一父所出也。其先生者男稱之爲姊，女稱之爲姒，後生者男稱之爲妹，女稱之爲娣。姊妹者，男子於女子之專稱。姒娣者，女子於姊妹之專稱。通之則女亦可同男稱，衛女之詩遂及伯姊是也。男亦可同女稱，列女傳魯子皮之姊號公乘姒，子皮與之言皆稱曰姒是也。推之則於諸父諸母所出亦同此稱，從父姊妹從母姊妹之等是也。惟女子謂姊妹爲姒娣，故妯娌相稱，即據其年之長少以姒娣呼之，親之若姊妹也，而繫以婦，曰姒婦娣婦，別其非同生也。自孫叔然誤解同出爲俱嫁事一夫，郭景純氏因之，世皆奉爲定説，姒娣爲女子於姊妹之專稱義遂昧矣。孫郭之義蓋據左傳厲嬀之娣戴嬀、戴己之娣聲已諸文爲説，不知娣止是女子妹稱，俱嫁一夫是娣，各嫁一夫亦是娣。公羊傳以姪娣從，是女子在母家謂妹爲娣，與謂兄弟子爲姪皆是定名，不待嫁事一夫始名姪娣也。苟以姒娣是同嫁一夫者，妯娌何以稱姒婦娣婦。如曰妯娌，須繫以婦，穆姜謂聲伯之母、子容之母謂叔向之妻何以止稱曰姒。又如以姪娣從者，娣自是後生，然不無先生之姪，既定名爲姪，不應因嫁改稱姒，而少於己者又不應升同己行改稱娣，況女君與妾自是定名，如女君稱妾長己者爲姒，妾稱女君少己者爲娣，亦決無是理也。謂妻之姊妹同出爲姨，同出文同義豈宜異。郭注又云同出謂俱已嫁，一篇之中前後岐解，郝氏義疏因云姨有二義，俱嫁一夫各嫁一夫皆謂之姨。稽之於古，稱妾爲姨，殊無所出。至鄭漁仲説未嫁不容相呼，豈妻之姊妹在室者必不許姊妹之

夫語及耶，尤不情矣。

開有益齋經説 皇清經解續編

清・朱緒曾

唐棣常棣

爾雅爲名物訓詁之祖，毛公詩傳多與之同，説文辨别六書，古字通用，後儒各執所見，好生異説，是今非古，支蔓滋多，仍當以經典正文爲斷也。爾雅釋木：唐棣，栘。常棣，棣。舍人注：唐棣一名栘，常棣一名棣。郭注：唐棣今白栘也，似白楊，江東呼夫栘。常棣注：今關西有棣樹，子如櫻桃，可食。據此則棣有二種，皆可名棣，分言之爲唐爲常也。詩召南唐棣之華，毛傳：唐棣，栘也。鄭箋云：何乎彼戎，戎者乃栘之華。小雅常棣之華，毛傳：常棣，棣也。皆與爾雅合。有單言棣者，晨風山有苞棣，毛傳：棣，唐棣也。孔疏謂釋木有唐棣常棣，傳必以爲唐棣，未詳聞也。嘗取而考之，唐常皆棣屬棣名，非常所得專，毛傳以苞棣爲唐棣之栘，物叢生曰苞，又根相迫迮捆致，知其木爲栘，以别于采薇章維常之華。論語引詩唐棣之華，邱光庭兼明書引孔注唐棣棣也。何晏注：唐棣，栘也。皇侃義疏：唐棣，棣樹也。即毛傳以苞棣爲唐棣之證。唐棣亦可單名曰棣，所謂散文則通，與爾雅不相背也。説文與爾雅毛傳亦無違異，説文：栘，棠棣也。棣，白棣也。按，棠與唐通。陳藏器本草引逸詩棠棣之華，偏其反而，又引鄭注棠棣栘也，亦名栘楊，是鄭注論語與爾雅毛傳訓栘同。春秋繁露竹林引論語亦作棠棣，文選廣絶交論注引論語棠棣之華，抑且甘泉賦注引爾雅亦作棠棣栘。類聚引詩何彼穠矣，棠棣之華。春秋公及戎盟于唐，即公矢魚于棠之棠，是皆唐通作棠之證。玉篇别出榶字，云棣也，則是後人所加，非古字。說文：栘，棠棣。即別之曰：棣，白棣。並未與常棣牽混爲一木，亦未嘗以常棣爲栘。自戴侗六書故横生訾議，謂唐棠常聲相通，爾雅分唐棣常棣爲二物，遂啓後誤。段氏說文拾戴侗之唾，因說文分栘棣，遂謂唐棠常同音，專用郁李之說，言花赤者爲唐棣，花白者爲棣，力辨爾雅注夫栘之非，不知說文棠棣即爾雅唐棣，棣即爾雅唐棣，陸元朗釋文常棣棣也本或作常棣栘，據爾雅云作栘者非。段氏譏郭注因栘字混合之，而不覺因一棠字遂與常字混合之，此戴段之說非叔重之義也。至唐棣常棣釋物形者又紛紛不一，爾雅唐棣栘郭注云似白楊，非即白楊也，栘自爲棣屬，白楊自爲楊屬。崔豹古今注白楊葉圓，青楊葉長，柳葉尤長細，栘楊圓葉弱蔕，微風則大摇，一名高飛，一名獨摇。又云蒲柳生水邊，葉似青楊，亦曰蒲楊，亦曰栘柳，亦曰蒲栘。水楊即蒲楊，枝莖勁韌，膏刃作矢，此即所云楊蒲柳者，惟雜入栘柳蒲栘之名，遂與唐棣之栘相混。經史證類本草白楊注引陳藏器云：白楊，北土多種人墟墓間，樹大皮白，或云葉無風自動。此是栘楊，非白楊也，故本草白楊外又有扶栘，白楊味苦無毒，扶栘味苦平有小毒，云無風自葉動，華反而後合，引詩棠棣之華，偏其反而。鄭注：棠棣，栘也，亦名栘楊。自是漢唐以來經師相傳舊説，至宋沈括作筆談，乃從而非之，云扶栘即白楊，唐棣自是小木，比郁李稍大，此非蒲楊，蒲楊乃喬木。又云常棣今人謂之郁李，豳詩鬱即白栘，謂之車下李，薁即郁李，其實似薁，沈括之說如此，蓋以鬱爲唐棣，以薁爲常棣。按詩豳風六月食鬱及薁，毛傳：鬱，棣屬。薁，蘡薁也。孔疏：鬱棣屬者是唐棣之屬。劉氏毛詩義問云其樹高五六尺，其實大如李，正赤，食之甜。本草鬱，一名雀李，一名車下李，一名棣。據毛傳但云鬱棣屬，不云即唐棣之栘，疏引本草一名棣，謂與棣相類，亦無白栘之名，括云鬱即白栘，豈非遷就添此注腳乎。邢昺爾雅疏唐棣栘引陸璣疏云奥李也，一名雀梅，亦曰車下李，所在山皆有，其華或白或赤，六月中熟，大如李子，可食。常棣棣又引陸璣云：許慎曰白棣樹也，如李而小，子如櫻桃，正白，今官園種之，又有赤棣樹，亦似白棣，葉如刺榆葉而微圓，子正赤如郁李而小，五月始熟，自關西天水隴西多有之。陸璣草木疏此語，孔穎達召南、晨風、常棣、采薇各疏及豳風六月俱未引之，未知陸璣所云，在唐棣常棣之篇耶，抑在食鬱及薁之下耶。奧李即郁李，奧郁聲同，奧鬱聲轉。廣雅云鬱又名郁李，今郁李藥中用之，其實正赤，甘酸微澀，寡於肉而豐於核，藥多用其仁，且詩唐棣取喻其華，不喻其實，豳風則言農夫之味，無庸强合邪。昺此疏但取證鬱薁，於栘字未置一解，未必含人景純爾雅之意耳。陸農師埤雅、羅願爾雅翼，好生新義，獨唐棣皆用夫栘栘楊之舊詁，王觀國學林謂唐棣者栘、常棣者棣、甘棠者杜，乃三物，俱不失景純故步也。若夫常棣，郭云今關西有棣樹，子如櫻桃可食，則與豳風食鬱及薁之薁相類，實非一物，毛傳謂之蔞薁，蔞，古櫻字，即含桃也。齊民要術引詩義疏承花者咢，其實似櫻桃薁李，麥時熟，食美，北人呼之相思也。顔師古急就篇注其子熟時正赤，可啗，俗呼爲山櫻桃，隴西人謂之棣子。上林賦隱夫鬱棣，閒居賦梅杏薁李棣之屬，注俱云似櫻桃。毛詩稽古篇豳風之鬱，車下李也。薁，薁李也。小雅常棣、常華、白棣樹也，三者各一木，孔疏謂薁是鬱類而小別，引晉宮閣銘以證之，則鬱薁各一木。陸疏謂鬱實大如李而色赤，棣實如櫻桃而正白，史記司馬相如傳注引郭璞謂鬱即車下李，棣實似櫻桃，則鬱棣各一木。陸璣謂郁李實大如李，常棣實如李而小，則鬱棣各一木。掌禹錫修嘉祐本草，郁李下引陸常棣疏，益以一曰薁李，始誤合薁李爲一木。鬱、薁、棣三木相類而結實異，鬱薁大如李，棣小如櫻桃，先儒釋常棣從無言其名薁李者，陶隱居所謂子赤色可啗，韓保昇所謂子如櫻桃甘酸而少澀，寇宗奭所謂子如御李紅熟可啗，正是常棣，但不得以爲薁李耳。本艸綱目既以薁爲野蒲萄，又以常棣爲薁李，誤矣。本草郁李，圖經云郁李樹高五六尺，葉花及樹並似大李，惟子小若櫻桃，甘酸，又引爾雅常棣郭注棣樹子如櫻桃。鄭樵爾雅注唐棣云一名夫栘，似白楊，不用邢昺郁李之説，常棣云郁李，用本草圖經，與郭義尚不遠耳。説文云白棣，陸璣云薁如李而小如櫻桃正白，正是一物，蓋唐棣栘乃皮白，故云似白楊，常棣及子白，故謂之白棣，説文與爾雅亦不相背。呂氏謂即今玉李，亦以白言，段氏以花紅花白分之，失其旨矣。沈存中據晉宮閣銘華林園中有車下李三百一十四株、薁李一株，謂車下李即鬱、唐棣、白栘也，薁李即郁李、常棣也，小變邢昺引陸璣之説。車下李與郁李，或可謂鬱薁之族類，若以郁李名白栘，古無是説，廣雅鬱郁李一名棣一名薁，則鬱薁同物，呂氏本草郁核一名車下李一名棣，則車下李與郁李同物，俱無一名白栘之説。綜而論之，蘡薁雖有大小，皆與常棣相類，而非一物。至唐棣自是夫栘，方以智通雅謂郁李花連蔕放苞方與韡韡之稱合，若白楊之夫栘有何花可稱而曰偏反，方氏此言混合唐常爲一，究其蔽錮，皆不細讀郭注皮似白楊之語，直以白楊爲夫栘，故尋其花而不得耳。王伯厚詩考引韓詩序云：夫栘，燕兄弟閔管蔡之失道。藝文類聚引三家詩：夫栘之華，咢不煒煒。曹子建求通親親表：中詠棠棣，匪他之誡。棠與唐同，即夫栘，曹正用韓詩，此三家詩之異文與毛公篇名不同，而非釋常棣爲夫栘也。若夫李商隱詩常棣黄花發，沈存中又謂棣棠葉似棣，黄花緑莖而無實，人家亭檻中多種之，戴侗又謂棣或紅或白紅，而重出者名錦帶白，而單出者結實如小李，故謂郁李。賏薁蔓生類蒲萄，六月熟，甌諺云賏薁熟，食新粥，非郁李也。棠棣，今世之垂絲海棠，華如棣而支幹類棠，其華麗爾下垂，豈所謂偏其反而者耶，是皆競出新義，乃經義之蟊賊。郝氏爾雅義疏云唐棣華白，即今小桃白也，其樹高七八尺，其華初開及背，終乃合，又謂棲霞山中赤棣小于櫻桃，味酢而多毛，不美，非不可爲博物之助，必執以爲此詩人所言，亦未敢信矣。朱子與張敬夫論癸巳論語説，曰論語及詩召南作唐棣，小雅作常棣，小雅常字亦無唐音，爾雅云唐棣栘，常棣棣，則唐棣常棣自是兩物，而夫子所引非小雅之常棣矣，是朱子亦遵守爾雅景純之注。毛公、叔重、康成皆以爲二物，本草圖經初無異訓，識名者足以徵矣。陸元朗詩釋文唐棣亦止引郭注，不引豳風及陸璣疏，其識在邢昺諸人之上也，故論唐棣常棣，當以爾雅正文爲斷。

西至於邠國

爾雅釋地：東至於泰遠，西至於邠國，南至於濮鉛，北至於祝栗，謂之四極。四極之外有四荒，四荒之外有四海，則四極爲中國之邊界。釋詁極至也，即後世言疆域者七至八到之所祖。自釋地以下至九河皆禹所命名，則此泰遠、邠國、濮鉛、祝栗，乃禹九州所封諸侯之國在四荒以内者，當較觚竹北户西王母日下之地爲近，若求之九夷八狄七戎六蠻之外，則失四極之義矣。請以邠國言之，困學紀聞云：爾雅西至於邠國謂之四極，朱文公曰邠國近在秦隴，非絶遠之地。陸氏爾雅釋文：邠，本或作豳。文穎上林賦注、白帖引爾雅皆作豳，惟説文水部：汃，西極之水也，從水八聲，爾雅曰西至于汃國謂之四極。叔重不言汃水所在，前漢地理志、續漢郡國志俱無汃水，即桑經酈注言涇渭漆沮，亦從無言西極之汃水者，郭注邢疏但言極遠之國，邵二雲正義郝蘭臯義疏亦但引説文汃字西極之汃水，不加一辭，不失古人著書矜慎之義，然於爾雅作邠之訓，究未能通也。段玉載説文注：汃，彼貧反，汃之作豳，聲之誤，作邠更俗。然説文邑部：邠，周太王國，在右扶風美陽。又：豳，美陽亭即豳也，民俗夜市，有豳山。是邠豳二字俱見説文，段氏不得其解，因設四疑，其云豳者，公劉之國，非太王。案孟子明言太王居邠遷岐，則豳言太王無可疑，但邠在右扶風亘郇邑，岐在美陽，説文以豳邠在美陽與漢地理志不合。玉篇多本説文，亦云邠周太王國，在右扶風郇邑，亦作豳，無美陽之語，此不能無疑，周禮籥師經文作豳，注作邠，孟子亦作邠，是邠豳二字無分雅俗，段氏既謂邠地名，豳山名，猶郊岐之比，獨謂爾雅邠國當從説文作汃，謂豳爲聲之誤，又云作邠更俗，豈非前後自相違異乎。唐開元十三年，以豳字與幽字相涉，詔曰：魚魯變文，荆并誤聽，欲求辨惑，必先正名，改爲邠字。郭忠恕佩觿云因似幽而易誤，非謂古字有豳無邠也。若夫爾雅邠國，正不必改作汃字，其地亦非不可考者。陸元朗云本或作豳，今考其地，春秋戰國時爲義渠戎國，夏時爲邠國，即不窋所奔戎狄之閒。何以言之，邠國之地，莫詳於唐李吉甫元和郡縣志，其關内道云：邠州，公劉所居之地，詩大雅于豳斯館，徐廣云新平漆縣東北有豳亭，在今州理東北三十九里三水縣界古豳城。又甯州云：古西戎地，當夏之時，公劉邑焉，周時爲義渠地，戎翟攻太王，亶父避於岐山，今州理城即公劉邑。又慶州云：古西戎地，今州理東南二里有不窋故城，春秋戰國時爲義渠戎國，秦厲公伐義渠并之。元和志於邠甯慶三州皆據不窋公劉爲説，則禹時邠國之地可考矣。文選北征賦：登赤須之長坂，入義渠之舊城。李善注赤坂在北地郡。樂史太平寰宇記真甯縣：羅水出羅山，甯州古公劉邑，春秋爲義渠國，有義渠城，即漢書地理志北地義渠道也。或曰爾雅言西方極遠之國，今以公劉之邠當之，毋乃太近乎，是正不然。史記周本紀：不窋末年，夏后氏政衰，去稷不務，不窋奔戎狄之間，不窋卒，子鞠立，鞠卒，子公劉立，公劉雖在戎狄之間，復修后稷之業，自漆、沮渡渭取材用，公劉卒，子慶節立，國於豳。索隱：豳即邠也，古今字異。正義曰：括地志豳州新平縣是夏時邠國，爲西極之地介，在戎狄之間，不得謂之近。匈奴列傳：夏道衰，而公劉失其稷官，變於西戎，邑於豳。又云：自隴以西有緜諸、緄戎、翟、貆之戎，岐、梁山、涇、漆之北有義渠、大荔、烏氏、朐衍之戎。是邠國爲義渠所居，更不得謂之近。嚴元照爾雅匡名云：汃訛爲邠，邠地近在扶風，何極之可言。嚴氏誤矣，蓋水分夏周之疆域也。周都鎬京，漢都長安，與邠地同在雍州之境，自不得謂之極遠，據史記夏本紀禹於陽城即天子位，世本云禹都陽城，今陳留浚儀，復自安邑徙晉陽，會諸侯于塗山，執玉帛者萬國，在會稽則去邠國甚遠，豈得以漢右扶風之地疑夏禹西極之近耶。西伯伐犬戎，武王逐戎夷於涇洛之北，以時入貢，命曰荒狄。國語穆王征犬戎，得白狼白鹿，自是荒服者不至。山海經后稷之葬，山水環之，在氐國西，次於雁門高柳之後。后稷之孫曰叔均，是始爲牛耕，大比赤陰，是始爲國。載於海内西經，明非大荒海外之地也。更以汃字與邠論之，汃從水八聲，說文：八，別也，象分別相背之形。邠從邑分聲。仌，古別字作仌，分也，從重八，八，別也，亦聲，孝經說曰上下有仌。文選南都賦砏汃輣軋，李善汃音八，埤蒼曰汃，大聲也。邠班音相近，爲八之輕聲，蓋汃即邠之異文，猶爾雅高平曰原，原說文作邍之比。汃水之名取二水別流之義，水之別者，其流必合。元和郡縣志甯州順化縣開皇十三年置合水縣，在白領白馬二水口，因以爲名，武德二年改合川縣，六年分合川縣置蟠交縣，縣以城臨大小樂蟠二水交口，因以爲名，是邠國有二水分流之證。禹貢雍州但言漆沮既從，不言汃水，亦猶治梁及岐不言邠，不得謂雍州無邠之地即不得謂無汃水也。昆崙、析支、渠搜皆西戎之國，渠搜孔傳不言所在，然義渠之名安知非因渠搜而起耶，請更以東南北例之，南濮鉛，白帖引作卜鉛，逸周書正南百濮，左傳文十六年百濮離居，劉伯莊史記地名謂在楚西南，即牧誓所謂彭濮，廣韻引山海經云濮鉛南極之夷，尾長數寸，巢居山林，今山海經無此文，其説恠誕不足信。北祝栗，邵氏謂祝栗即涿鹿之轉聲，史記黄帝紀邑於涿鹿之阿，又史記封黄帝之後于祝，樂記作封帝堯之後于祝，蓋祝薊俱近燕北極之地，雖東至泰遠見大戴禮千乘篇，東辟之民至于大遠，無可指實，然濮鉛近楚，祝栗近燕，與汃國在義渠近秦，其地遠近正相類，此四極在四荒四海之内也。更即四荒以證之，觚竹者，齊桓公北伐孤竹，漢地理志遼西郡令支有孤竹城。北户者，史記舜紀南撫交趾北發，索隱云北發當云北户。西王母者，大戴禮少閒篇西王母來獻白玉琯，漢志金城郡臨羌西北至塞外有西王母石室。日下即堯典宅嵎夷暘谷。知四荒之所在，則四極之非荒遠可知矣。禹貢雖無汃水，亦不必以弱水流沙例之，知公劉之邠正當夏之時，則知禹九州之西有邠國，其地自在四荒以内，不然，泥説文汃水之字將求之流沙弱水之外乎。陸佃爾雅新義云：邠國，自其同者視之，雖西極，是亦邠國爾，邠之西復猶邠也。不免影響之見。豳從山爲山名，汃從水爲水名，邠從邑爲國名，三字同訓同音，然則爾雅説文豈有異地耶。

傅負版

爾雅釋草木蟲魚諸字，有加草木蟲魚旁者，有不加旁而後人加之者。説文未有之字，吕忱字林補之，字林原書已佚，惟玉篇足證，故考爾雅之字不見於説文者，必當以玉篇爲斷，玉篇雖非顧野王之舊，經陸法言所增修，尚存六朝人舊詁，以之補爾雅説文可也。釋蟲傅負版，郭注：未詳。釋文：版，亦作蝂。此蟲一名傅負，一名蝂，爾雅以傅負釋蝂字，其句讀如此。陸佃爾雅新義云傅物而負之、柳宗元所謂蝜蝂是也。王伯厚困學紀聞引其説，後人多從之以補郭注，以傅字爲句，負版爲句，與玉篇不合。玉篇蟲部：蝜，扶缶切，蝜⿰虫布蟲，大如蜆，有毒。又云：蝂，百限切，⿰虫尃⿰虫員也。⿰虫員乃蝜字之訛。又云：⿰虫布，補故切，蝜⿰虫布。注爾雅者如補郭義，據玉篇，斯得之矣。廣韻十遇：蚹蝜，蟲也。五十五潸：蝂，蝂蝜蟲。集韻十遇：蚹，蝜蚹，蟲名，似蜆。廣韻二十四緩：螟蝂，蟲名，或書作蝁，通作版。類篇：蝂，補綰切，螟蝦，蟲名，或作蝁。兩螟字皆曹寅刻本之誤，類篇螟蝦二字尤謬。食苗心螟，螟與蝂迥別，蝦更與蝂不合，蓋蝦與蝂形近，螟與蝜形近，或疑即蝜蝂二字之訛，然據此訛異之文以蝜蝂斷句，則傅一字究不得謂之蟲名，不如據玉篇蝜蚹蟲大如蜆、以蝂一字爲蟲名與爾雅合也。蝦似蜆者，蜆一名縊女，孫炎曰小黑蟲赤頭，異苑云蜆長寸許，頭赤身黑，此言蜆之大者以爲異，郭云蜆小黑蟲頭赤，是蝂，乃蜆之類無可疑矣。或曰爾雅作傅負，玉篇云蚹蝜，何以蚹字下音布莫切，蚹蟭，蜱蛸。廣韻：蚹蟭，螗螂卵。集韻：蚹蟭，蟲名，蟷蜋子。此爾雅所云：不過，蟷蠰，其子蜱蛸。郭注一名蚹蟭，與蝂同名而異類。傅亦從尃得聲，古傅方遇切，博補各切，皆一聲之轉，爾雅作傅，玉篇加蟲作蚹，猶負字加蟲作蝜耳。至負字作蝜，更有可證者，釋蟲言負者不一，草蟲負蠜，郭注：詩云喓喓草蟲，謂常羊。釋文作蝜，音負，或作負。虰蛵負勞，方言云螳螂謂之虰，屬上句，郭注以虰蛵負勞四字爲句，云即晴蜓。蟠鼠負，郭注：公司器底蟲。釋文：負，本或作蝜，又作婦。集韻四十四有蝜蝜、蟓蝜，蟲名，或從帚。類篇：蝜蝜，扶缶切，蟓蝜，蟲名，或從帚。博雅蟠蟓一曰蟓蝜。釋鳥鷏負雀，注：鷏，鷂也。釋文或作鵖。蓋字者孳乳而生，必謂爾雅多俗字，然爾雅負字不加旁，釋文所見有作蝜，則古今字異也。或曰負勞負蠜負雀皆兩字爲名，安知負蝂非同一例，柳州句讀不無所本，然阜螽虰蛵皆二字蟲名，鷏爲鷂名，雀爲通稱，更不得以鷏負爲句，若玉篇以蠜蝜爲句、蝜蚹爲句，則蝂定爲一字蟲名，不得以負勞負雀之例之也。柳子厚蝜蝂傳曰：蝜蝂者，善負小蟲也，行遇物輒持取，昂其首負之，背逾重，雖困劇不止也，其背甚澀，物積因不散，卒躓仆不能起，人或憐之，爲去其負，苟能行，又持取如故，又好上高，極其力不止，至墜地死。此取論語式負版、史記黥布傳身負版之義以爲句讀，蓋愚溪鈷鉧潭之間偶見此善負小蟲，因取爾雅蝜蝂之名加之，爲寓言以譏世。邵氏正義、郝氏義疏雖取以補郭，邵氏疑之，曰負重之蟲，所在有之，未聞有負版之名，郝氏疑之，曰今驗此蟲黑身，爲性躁急，背有齟齬，故能負，不能釋，但其名未聞。

陸佃虰蛵負勞注，云即下負版以爲輕而負之勞矣，尤不可通。篤而論之，以負爲負重，則傅當爲傅著，彼鼠負宜作婦，無論矣。若虰蛵負勞，試問蜻蜓所負者何勞。草蟲負蠜，試問草蟲所負者何蠜。鷣負雀，試問鷣所負者何雀。是以負版爲句，謂背所負者重，不免望文生義，推之負勞、負蠜、負雀，無可通。釋草傅横目，豈有傅著雙目之炯炯乎。釋草木蟲魚鳥獸，穿鑿文義，乃荆公字學之陋習，以竹擊犬，有何可笑，鳲鳩在桑其子七兮，一公一母恰是九個，東坡譏之是已。然則傅負版，玉篇所云蝜蝂蟲大如蜆有毒者爲蝂，確然可據。釋爾雅者與其用陸農師取柳州之寓言，何如從顧野王之舊詁，故曰爾雅説文所未詳者，惟玉篇足以補之也。

爾雅釋詁釋言釋訓三篇名義説 詁經精舍自課文二

清・俞樾

爾雅首三篇詁言訓之名，邢疏所説不了，其云釋言則釋詁之别，然則二篇猶一篇矣，竊謂不然。以愚論之，釋詁一篇所説皆字之本義，故謂之詁，詁者，古也，言古義本如此也。即如初哉首基四字，邢疏曰：初者，説文云從衣從刀，裁衣之始也。哉者，古文作才，説文云：才，草木之初也。以聲近借爲哉始之哉。首者，頭也，首之始也。基者，説文云牆始築也。然則初哉首基之爲始，非皆字之本義乎。釋言一篇所説，則字之本義不如此而古人之言有如此者。即以篇首殷齊中也言之，殷本不訓中，而書云以殷仲春，此殷字則訓爲中。齊本不訓中，而釋地云距齊州以南，此齊字則訓爲中，故曰：殷、齊，中也。此釋言所以異於釋詁也。至釋訓一篇所説，則直是後世箋注之祖，所以解釋經文。如斤字並不訓察，而周頌云斤斤其明，合二字爲文，則有察義矣，故云：斤斤，察也。秩字並不訓智，而小雅云左右秩秩，合二字爲文，則有智義矣，故曰：秩秩，智也。本篇所釋多重言，皆本經文，并有舉全句而釋之者，此釋訓所以異於言也。三篇之分，初意如此，周公體例，本是秩然，叔孫梁文繼事增益，遂多羼亂，或失本真，要其大旨，可覆按也。漢世經師去古未遠，其所訓釋猶合雅義，今即以鄭君儀禮注言之，如云餼陳也、兼併也、進前也、自由也、贊佐也、命告也、即就也、卒巳也、反還也、旅衆也，若此之類，直舉其字而說其義，例之爾雅，其釋詁乎。如云積猶辟也、屬猶著也、側猶特也、攝猶整也、病猶辱也、于猶爲也、彌猶益也、殺猶衰也、請猶問也、與猶兼也，若此之類，並加猶字以成其義，明字之本義初不如此，例之爾雅，其釋言乎。如曰禮辭一辭而許也、側酌言無爲之薦者也、大古唐虞以上也、扱地手至地也、傳言猶出言也、改居謂自變動也、舉前曳踵備蹠跲也、問夜問其時數也、拜辱出拜其屈辱至己門也，如此之類，並舉經文而釋之，例之爾雅，其釋訓乎。惟詩人多重言叠語形況之辭，而禮經罕見，故此條所舉與釋訓篇略殊，至其詮釋經文固無異也。愚嘗欲剌取三禮鄭注，分別部居，依爾雅之例爲鄭雅一書，有志未逮，姑撮舉其略如此，且以發明雅義也。

姑之子爲甥，舅之子爲甥，妻之昆弟爲甥，姊妹之夫爲甥解 詁經精舍自課文一

清・俞樾

爾雅釋親云謂我舅者吾謂之甥，而不云謂我甥者吾謂之舅，非徒互文見義也，蓋舅者，舊也，尊長之稱，而甥則古人自敵以下得通稱之，故謂我舅者吾得謂之甥，而謂我甥者吾不得概謂之舅，於是有更相爲甥之例。釋親云：姑之子爲甥，舅之子爲甥，妻之昆弟爲甥，姊妹之夫爲甥。郭注曰：四人體敵，故更相爲甥。此說是也。姑之子得爲甥者，釋名云舅謂姊妹之子曰甥，而古人于父之姊妹謂之姑姊姑妹，襄二十一年左傳有公姑姊，列女傳有梁節姑妹，合而言之則曰姑姊妹。夫姊妹之子爲甥，則姑姊妹之子亦爲甥，其母有姊妹之名故其子亦有

甥之名，尊卑固不嫌同名矣。雖然，姑之子從舅之子而得名也，姑之子爲甥，將舅之子爲舅乎，曰不然也，舅者尊稱，非可施于敵體也，是故姑之子爲甥而舅之子亦爲甥，所謂更相爲甥也。夫舅之子者，吾母昆弟之子也，吾母昆弟之子爲甥，則吾妻昆弟之子降一等矣，於是妻黨之甥移而屬之妻之昆弟，是説也可以舅例之。吾妻之父吾謂之舅，釋親云妻之父爲外舅是也。吾母之父尊一等矣，於是母黨之舅移而屬之母之昆弟，蓋母黨妻黨皆外姓之親，雖尊卑異等而體例從同。母黨有舅，妻黨亦有舅，但母黨之舅則母之昆弟，妻黨之舅則推而上之，不於其昆弟而於其父矣。母黨有甥，妻黨亦有甥，但母黨之甥則母昆弟之子，妻黨之甥則推而上之，不於昆弟之子而於昆弟矣。比例觀之，其義自見，雖然，妻之昆弟從姊妹之夫而得名也。妻之昆弟爲甥，將姊妹之夫爲舅乎，曰不然也，舅者尊稱，非可施于敵體也，是故妻之昆弟爲甥而姊妹之夫亦爲甥，所謂更相爲甥也。此經四句，語雖平列而義實相生，因姑之子爲甥故舅之子亦爲甥，因舅之子爲甥故妻之昆弟亦爲甥，因妻之昆弟爲甥故姊妹之夫亦爲甥。其文雖列于妻黨，而不以妻之昆弟冠首者，爲此也。郭注更相爲甥之説必古義，如是有所受之，乃因此稱久廢，不得其義，又爲之説，曰甥猶生也，今人相呼蓋依此，則疑甥爲生之借字，非爾雅正名百物之旨矣。

達齋叢説

清・俞樾

巋

爾雅釋山：小而衆，巋。説文無巋字，或曰巋即巍字，然巍乃高大之皃，巋然之巋義或可通，山小而衆之巋非其義也。愚按，釋文引字林云：巋，邱追反。疑此巋字即𠂤之或體，説文：𠂤，小阜也，象形。小阜之義與小山合象形，作𠂤則有衆意矣。歸字本從𠂤得聲，𠂤變作𨸏又從歸得聲，古人作字自有此轉展相從之例，如去本從凵，而凵變作笑又從去也。

苬

爾雅釋艸：苬，芝。自來不知苬爲何字，愚謂此即説文茜字也。茜 象説解云：以艸補缺，從艸西聲，讀若陸。以艸補缺雖非芝之義，然讀若陸則知爾雅蓋借茜爲圥也。説文：圥，菌圥，地蕈，叢生田中，從屮六聲。坴字即從圥得聲，陸字又從坴得聲，陸坴圥三字聲同可以假借。茜讀若陸則亦聲同而可以假借矣，地蕈之義正與芝合。

遜齋文集

清・吳承志

觀多也解

爾雅釋詁篇：觀，多也。郭注引詩曰薄言觀者。郝氏懿行義疏云：文王有聲遹觀厥成、臣工奄觀銍艾，箋並云觀多也。有瞽永觀厥成，釋文亦云觀多也。聲同灌，灌，叢也。叢聚亦多也。釋文：觀，顧謝音官，施古喚反。古喚反者讀如觀兵之觀，觀訓示也，示於人必多於人也，故訓多矣。按，郝氏之説，甚爲迂曲。據段氏玉裁説文注云：物多然後可觀，故曰觀多也。則古喚古完二音義均得通，不必定讀如觀兵之觀。但段以爲物多然後可觀亦屬强附，説卦傳可觀而后有所合，豈合亦可訓觀乎。段又云小雅采綠傳觀多也，今檢小雅傳文並無此語。釋文：觀，韓詩作覩，毛韓同義。似觀多之訓，始於鄭箋，而毛公固不以之詁詩矣。朱氏駿聲説文通訓定聲云：觀即貫字之假借，爾雅灌木叢木釋文本作樌也。按，廣雅：貫，累也。楚辭：貫薜荔之落葉。王逸注：貫，累也。累與多義雖相近亦無塙證，竊疑觀乃矔之借字。說文：矔，目多精也。引伸爲凡多之通稱，故爾雅鄭義並云觀多也。矔從目，觀從見，二字本通，猶視從見而古文又作眎，睹從目而古文又作覩也。或謂觀與夥音亦相似，周禮祼祭鄭注祼之言灌，是雚聲果聲之字得互假也。說文：夥，齊謂多也。方言：凡物盛而多，齊宋之郊，楚魏之際曰夥。夥本俗語，古未有夥字，或即以觀爲之。矔與夥亦雙聲，姑並存之以備一說。

謂勤也解

爾雅釋詁：謂，勤也。郭注引詩爲證，召南迨其謂之、抑風謂之何哉、小雅遐不謂矣。鄭箋並同。段氏玉裁說文注云，謂之訓勤以合音最近也。按，勤與謂聲類相懸，古音通轉，於傳無徵，竊疑此謂字乃爲之假借。大戴禮記此之爲考志也，逸周書爲作謂。左傳是謂觀國之光，史記謂作爲。爲與謂通，爲之言猶事也。韓非喻老篇：事爲也。荀子性惡篇注：事，爲也。小爾雅勤事並訓力，此文事爲連屬，當言作事之勤。下云：厲，作也。釋言：作，爲也。爲與作並有勤厲之義。書臯陶謨[益稷]予欲左右有明[民]汝翼，予欲宣力四方汝爲。翼爲承左右，宣力而言爲亦勤治之謂也。康成箋詩援用雅訓，景純據以爲釋，而不能申其義，解家遂罕有知爲借字者。朱氏駿聲說文通訓定聲求其例而不得，乃以勩字當之，夫上文明云勩勞也，此又假謂爲勩，想古經之例必不爾矣。呂覽皆來謂矣，謂亦為之借字。詩鳧鷖箋為猶助也。王氏洪氏並用雅訓為說。

言我也解

爾雅釋詁：言，我也。郭注云見詩。邢疏云：周南言告師氏，言告言歸是也。郝氏懿行義疏云：詩內言字傳箋並訓我，莊子山木篇言與之偕逝之謂也，釋文亦云言我也，言與台余俱聲相轉，故其義同。段氏玉裁說文注云言之爲我，於雙聲得之，本方俗語言也。愚按段説近是。古音言在十四部，我在十七部，二部音理相近，言轉爲我，亦猶獻尊轉爲犧尊、若干轉爲若柯、媻娑轉爲婆娑，皆方音之異耳。毛詩東門之枌篇原與娑韻，隰桑篇難與何韻，讀原如阿，讀難如那，亦此例也。邵氏晉涵正義以爲言本發聲之詞，故引爲自謂之稱，證以説文余詞之舒也，爾雅余我也，邵説似亦可通。鄭康成禮記注云：言，言己事。皇侃論語義疏云言是宜出己，古以自言爲言，引伸之言亦有自義，廣雅自言從也。言自同訓，義可推矣，於前説知古音之轉，於後説見古義之通。

珠曰切解

爾雅骨謂之切，毛詩傳同，鄭仲師注周官以爲珠曰切、象曰磋、玉曰琢、石曰磨、木曰刻、金曰鏤、革曰剢、羽曰析。賈公彦疏曰：珠曰切之下並爾雅文，皆是治器用之名也。今爾雅骨曰切者，蓋司農讀爾雅本作珠也。邵氏晉涵云論衡量知篇作骨曰切與今本合，郝氏懿行云珠質堅滑，非可切之物，恐司農誤耳。蒙按，鄭説雖不全本雅訓，要各有所取義，賈疏不爲切字作解，郝氏以切是刌斷之意，故疑非所施之於珠，然珠本胎産，其不假切治而始成，盡人所知，司農何至漫不加檢而爲此謬悠之説乎。此切字舊必有異讀，以音求之，疑是刺之借字也。玉篇：刺，七亦切，針刺也。廣韻：刺，穿也，七迹切。切刺聲相近，故傳注多通用，如譏刺爲譏切、風刺爲風切之類是也。珠曰刺者，謂穿治之也，珠之爲物不穿則不適於用，是以韓詩外傳有穿九曲珠之説，禮樂記篇纍纍乎端如貫珠，貫即穿也。穿珠謂之刺，猶石鍼謂之柴，蓋古語如此。陸德明不達鄭意，以本字讀之，因闕其音釋，賈公彦又無所發明，唐以下遂罕有知之者矣。爾雅骨謂之切，據釋文是腦之假借，此切字讀爲刺，與彼同例，然則先儒作訓並不拘正文，必謂雅是而注非，亦通人之蔽也。

爾雅字説　顏宗儀輯詁經精舍文集三集

清・董慎言

爾雅一書，博通訓詁，綱維群經，誠六藝之鈐鍵，九流之津涉也。其以爾雅名者，張晏漢書注曰：爾，近也。雅，正也。劉熙釋名曰：爾雅，爾，昵也。昵，近也。雅，義也。義，正也。五方之言不同，皆以近正爲主也。陸氏佃爾雅新義自序曰：萬物汝故有之，是書能爲爾正，非能與爾以其所無也。竊謂爾與邇通，中庸譬如行遠必自邇，邇以近言。論語惡鄭聲之亂雅樂也，雅以正言。良以齊音楚語，風氣攸分，陬口合脣，短長互異，雖群言之薈萃，必雅訓以爲宗，故言訓詁者當自爾雅始，窮爾雅者當先辨爾雅之字義始。古人小學之傳僅存爾雅，其源出於六書中之有轉注而字形不窮，故識字者因可轉注而字義不昧也。後人釋字，專爲一書，有從體製類聚者，始於象形，有從音韻條分者，始於諧聲。其分散經傳之下爲音爲釋，某字讀如某字，有反有切，是諧聲之轉注也。字有相似，辨其疑誤，訂其舛訛，是象形之轉注也。至字取指事會意假借者，亦必釋之而以轉注爲綱。爾雅雖多爲解詩，詞非全備，然關係訓詁，指陳名物，爲治經者導之先路，而後儒不察，猥曰爾雅專爲釋詩而作，又曰爾雅掇拾毛傳而成。善乎邵氏爾雅正義云：漢初諸儒授受不絕，故賈董之書訓釋經文悉符雅義，太史公受尚書於孔安國，其爲本紀世家徵引尚書者皆依爾雅。遂取堯典一篇考之，靡不脗合。史遷所訓釋即孔安國書傳，而孔傳本於爾雅，則知古人釋經未有舍爾雅而別求字義者，謂爾雅掇拾毛傳，豈篤論哉。總之治經必先識字，識字必先訓詁，爾之訓近，雅之訓正，從近正之義推闡之，大極天地四時之幽窈，細察昆蟲草木之瑣屑，顯悉人事之庶，微析群言之錯，則軌於正道，而聖人之微恉明矣。

漢志爾雅二十篇考 俞樾輯詁經精舍文集四集

清・陳偉

漢志爾雅二十篇，今存唯十九篇，翟晴江云古爾雅當更有釋禮篇與釋樂篇相隨，孫志祖謂釋詁蓋分上下篇，近時陸氏謂合序篇言之，三說不同。古書散佚，未有確據，然以理推之，則合序篇之說較長。曷言之。孫氏之說，蓋習見宋槧單疏本，而臆據漢志論語分堯曰作二篇爲例，其本書並無據證。然堯曰從政，確有篇名可據，釋詁分篇，孫氏本無確據，則亦說而已。若後世槧本，則元槧分作二十八篇，又豈可據乎。且玩一篇文義，首曰初哉首基云云始也，末言求酋在卒就終也，起結自相呼應，其爲一篇之文無疑。翟氏謂祭名講武旌旂三章乃釋禮之殘缺失次者，孫氏以廣雅篇第駁之，然張揖魏人，容或未見漢氏全經，據後駁前，未足服翟氏之心。唯按祭名講武皆首舉春秋冬夏，則顯承天時而言，旌旂則因祭祀田獵所用而類記耳。正猶釋宮因廣陳而及道路康莊，釋邱因厓岸而及氾濫，釋獸因獸曰釁而及人撟魚須鳥臭也。邢疏謂祭名則天曰燔柴，講武則類於上帝，旌旂則日月爲常，故繫之釋天。說近穿鑿。且邵晉涵所引爾雅佚句，其中無篇名者，有如釋詁釋言釋訓文，有如釋器文，如釋天文，如釋鳥釋獸文，無如釋禮文者。豈篇存者尚多佚句而佚篇之句反獨不見乎。則釋禮篇之無，益可徵矣。序篇之作，雖未詳姓氏，然考詩周南關雎詁訓傳正義引爾雅序篇云：釋詁釋言，通古今之字，古與今異言也，釋訓言形貌也。邢氏釋詁疏亦引其語而無釋訓一句。題曰爾雅序篇，則爾雅自有古序，確然可據。孫氏以郭氏不注、張氏不沿用，斷之爲無，豈爲定論乎。蓋古經多有序篇，如易之序卦，詩之大小序。而今文尚書二十八篇，合序篇數之爲二十九篇，則又漢志數序爲篇之明證。但見聞淺隘，未能博搜，故亦不敢斷爲定論也。

篲勤也解　俞樾輯詁經精舍文集四集

清·張濬

爾雅釋詁：篲，勤也。郭注篲未詳。近儒錢氏潛研堂集謂篲重文作箒，習有勤義。按，從習之箒，義雖可通，而從彗之篲仍屬不得其解。邵氏爾雅正義謂篲當作蕢，泰初六云以其彚，古文彚作蕢，鄭注云勤也。按，玉篇：蕢，草名。鄭訓為勤，蓋以蕢為謂之假借，因蕢謂皆從胃聲也。引以證上文謂勤也則可，引以為篲之證則不可。郝氏爾雅義疏云：篲謂灑掃之勤也。按，此蓋囿於掃竹之訓，依文附會，殊非確鑿。洪氏讀書叢録謂篲之正文作彗，在昭十七年傳彗所以除舊更新也，故篲爲勤。按，彗星之名當因其形似掃竹而起，除舊更新是占驗家之以意為解，原非本義，今復從此而轉訓為勤，殊費曲折。竊以謂諸家之説皆非確詁。説文云：彗，埽竹也，從又從持甡。篲，彗或從竹。𥳐，古文彗。按，甡，衆生並進之貌，説文云：生，進也。甡從二生，故為並進。以又持甡，何以忽會意爲埽竹，極不可解。竊謂彗字從甡從又，衆生並進而用手，有勤之義，故會意爲勤，因而凡從彗得聲之字皆有勤義。繐字從彗，廣韻云布縷細也，布縷細則組織之勤也。轊字從彗，釋文云車軸頭也，軸爲輾轉之用，爲輾轉之勤也。㨹字從彗，廣雅云裂也，裂必用力，則舉手之勤也。嘒字從彗，廣韻云聲急也，急有勤義。熭字從彗，説文云火暴也，暴有勤義。鏏字從彗，淮南注云小鼎也，鼎小則烹調易孰，亦有勤義。慧字從彗，説文云儇也，儇爲便捷之稱，亦有勤義。凡從彗之字皆有勤義，則彗之本義爲勤，不待問而知矣。至篲字，當是埽竹之正字，非彗之重文。許誤合爲一，使勤之本義不明。當改説文云彗勤也從又甡會意、篲掃竹也從竹慧聲、𥳐古文，則説文與爾雅之義交通矣。至爾雅之篲，古文本作彗，陸德明釋文云本又作彗可證。後人因彗字爲天星之名所專，因加竹作篲耳。

珠曰切解 俞樾輯詁經精舍文集四集

清・黄家辰

爾雅：骨謂之切。骨非可切之物。先儒謂切者䶢之借。䶢，齒差也。周官太宰注引先鄭説作珠曰切，郝蘭皋爾雅義疏謂珠亦非可切之物，蓋字之誤也。案，古人所謂珠不盡蚌精，珠字從王，亦玉類也。説文玉部首列玉，次列石之次玉者，末列珠玭，以玫瓅琅玕珊瑚字相比，云珠類之似玉者。古有切玉之語，故珠曰切。凡古人器物多用珠少用骨，先鄭作珠當有所本，非字誤。

疾雷爲霆霓解 俞樾輯詁經精舍文集四集

清・黄以周

釋天：疾雷爲霆霓。郭注：雷之急擊者謂霹靂。近人據文選注及北堂書鈔、藝文類聚、初學記所引，或作疾雷爲霆，或作疾雷謂之霆，並無霓字，當是衍文。此説似是而實非也。郭注謂霹靂三字即釋經爲霆霓，霆霓霹靂實一聲之轉。霹靂本俗字，蒼頡篇作礔礰，見一切經音義，亦俗字。史記天官書辟歷夜明，後漢書蔡邕傳辟歷數發，其字皆作辟歷。釋名云：辟歷，辟析也，所歷皆破析也。此爲正字。説文注作辟歷，震字下云劈歷振物者，劈亦後起字，古人劈開字祇用辟，魏晉以後霹靂字盛行，而漢人祇用辟歷，周人謂之霆霓，其實一也。霆字從廷，而廷以壬得聲，與程字戜字從呈而呈以壬得聲同。霆之轉音爲霹，與程戜之轉音爲秩同。詩秩秩大猷，説文引作戜戜。書平秩東作，史記作便程。凡從壬得聲字，漢人多轉支微部之入聲，而𢦏驖之他結切，又從戜之轉音而遞變，霆轉爲霹，固其例也。霓從兒得聲，漢轉音讀若歷，釋名例以同聲叠韻爲訓，云霓齧也。廣韻：

霓，五結反。南史王筠傳：沈約製郊居賦示筠，筠讀至雌霓連蜷，讀霓五結切，約撫掌欣忭。增韻：范忠文公鎮試學士院詩用彩霓字，學士以沈約郊居賦雌霓連蜷爲入聲，謂鎮失韻。此皆霓轉爲歷之證也。六朝以後不知霹靂即霆霓之轉音，故注家類書家引爾雅皆截去霓字，以爲霆自有霹靂之義也。不知説文云雷霆餘聲也，本不訓霹靂。雷之霹靂者，古人謂之霆霓，霓字本不可截去。近人以唐時注家類書家之誤截，遂謂霓字衍文，緟貤㤜謬，莫此爲甚，是不可以不辨。

唐棣常棣考　俞樾輯詁經精舍文集四集

清・汪行恭

爾雅釋木：唐棣，栘。許氏説文曰：栘，棠棣也。段氏説文因爾雅下文常棣棣、説文曰棣白棣也，遂疑棠棣即赤棣，故與白棣對舉。然段説究無確證，未免臆斷。謹案，平議謂爾雅之文實作唐棣棣、常棣栘，此説爲得之矣，蓋許氏所見猶古本爾雅。常棠字古通用，其曰棠棣，猶文選謝宣遠於安城答靈運詩注引毛詩曰棠棣之華萼不韡韡，又甘泉賦注引爾雅正作棠棣栘是也。其曰白棣也之下當脱又有赤棣四字，段氏未之見及耳。陸璣草木疏引許慎曰白棣也，復引又有赤棣，陸氏必非無本，蓋爾雅僅釋其總名，而許氏又釋其有赤白二種也。今考白棣如李而小，如櫻桃，正白，齊民要術云北方呼之相思是也。赤棣亦如白棣，其子正赤，郝户部謂棲霞山中尤多，人俱呼爲山櫻桃，而文選閒居賦梅杏郁棣之屬李善注云：棣，山櫻桃也。安得謂棣非赤棣乎。又陸璣疏云：唐棣，奥李也，一名雀梅，亦曰車下李。注家多援今本爾雅以詆其誤。然考詩七月傳：鬱，棣屬也。廣雅云：山李、爵某、爵李，鬱也。爵即雀字，某即梅字，是張揖亦以奥李爲唐棣也。分言之則爲白棣、赤棠，合言之即爲唐棣，棣則爾雅常棣，説文棠棣别爲移種，尤覺彰明較著。且説文棠字彼注云：牡曰棠，牝曰杜。段氏玉裁曰：草木有牡者，謂無實者也。援此例以推之，則惟移楊有華無實得名棠棣，其赤棣白棣之屬凡有實者，皆爲唐棣無疑矣。至經傳及諸書所載，有以今本爾雅而誤者，有仍從古本爾雅而未誤者，平議俱已校正，不贅。

寓屬禺屬考 俞樾輯詁經精舍文集四集

清・徐鼎勳

爾雅釋獸自篇首麋牡麔牝麎至闕洩多狃，下標寓屬二字，與下文鼢鼠至鼫鼠下標鼠屬二字相對，邢昺疏：寓，寄也，言此上獸屬多寄寓木上，故題名寓屬。張照考證云：鄭樵謂此等獸爲寓屬，未詳何義，或説多寄寓木上，則自狐狸以下方可言寓，犀兕以前當别有命名，恐失之。按説文寓本作禺，今疏謂寄寓木上，蓋因郭注寓鼠云寓謂獼猴之類，故云。不知寓字從内音蹂，説文獸足蹂地也。細玩本文其迹躔、其迹速、其迹解、其迹远、其迹刻，無前足、麢足、狗足、其足蹯、其迹内、多狃注腳饒指，皆謂獸足之有掌爪，非若馬蹄者言也。若以寄寓木上言，則僅猶登木、猱猨善援、蜼卬鼻注雨即自懸于樹，數言而已，似不可爲訓，觀齸屬可以例見。今按張氏謂寓即禺，與周禮司尊彝注正合，戴侗亦謂寓即説文之禺。其謂禺從内謂獸足之有掌爪者，尤爲有見。然引迹躔、迹速、迹解、迹刻及麢足則非也。麋鹿豕麢雖與馬異，豈謂無蹄。内字即蹂，與厹迥别。厹從厶九聲，𠃢從ㄋㄟ聲，古足亦作ㄋ，ㄟ即柔字。觀柔字從矛，矛古作𢦏，從ㄗ得聲，概可見矣。有蹄足剛，無蹄足柔，故其跡之字亦從柔。考陸氏音義，寓魚倶反，孫五胡、魚句二反。寓有平音，固讀爲禺。又載舍人本作麌，麌從吳聲，與禺音似。竊謂爾雅釋獸釋畜二篇多經後人錯亂，釋獸中豕子豬一節固爲野豕，釋畜篇末總言六畜，何得中間豕屬獨缺。駒騟野馬尚堪乘，駮馬倨牙豈可云畜，正當與釋獸驨如馬一角之文相爲次比。其釋獸自麇以下種類四十有奇，統以寓屬，允爲未該，禺爲猴類，借寓爲之，郭注自明下言寓鼠可證。母猴亦具人狀，凡似人非人，如猩猩狒狒，胥可統之。公叔名爲，取義母猴，字以禺人，兼及似人之屬，人形具者謂禺人，猶禺馬具馬形，禺龍具龍形也。愚字從禺，亦指禺人，其質非獮猴，絶無人狀者，固不得謂禺屬矣。竊思獸屬有蹄，不得稱内。内之中又有离屬有禺屬。离音同偰，當是猰貐古字，夔魖之离以及禽獸，悉皆從之。凡四足柱地，𡿺必舀而喙長，從囟爲离屬字，或作□，亦復爲离，ㄚ音近斯，斯者析也，兩足人行，頂必圓而喙短，從囟爲禺屬，□□字從之，囟者顱之刍，囟者𡿺之圓也。大抵有蹄之獸或有角或無角，皆毛不蔽體，呂覽以爲蠃屬，高誘作注謂牛羊麋鹿之屬，蹄角蠃露，麒麐爲之長者是也。今釋獸篇闕洩多狃下舍人標作麌屬，竊意麌字雖不見許書，而詩言麌麌以爲鹿狀，爾雅牡麌以爲麕號，麕本麋鹿之倫，或有角爲麃，可以統牛羊諸獸之有角有蹄者。或無角爲麝爲麔，可以統馬豕諸獸之有蹄無角者。釋獸諸篇中若麋若麕若麝父若麢若麠若麔若驨若䝠若麐若兕若犀皆蠃屬，即皆麌屬也。其餘犬屬兔屬虎屬豸屬諸獸皆离屬也。若羆若狒狒若蒙頌若猱蝯若貜父若豦若蜼若猩猩皆禺屬也。後之學者不審离禺之分，疑爲一字，遂并离於禺屬。离既并禺，又以篇章既亂，麌屬諸獸或錯褫於禺屬之中，不能是正，但於多狃節下並標麌屬禺屬兩行，禺更借寓爲之，後人復疑麌寓二字因聲近而誤衍，再并爲一，故舍人本有麌屬而無寓屬，今本有寓屬而無麌屬，由不知寓爲禺假，而謬乃不可究詰。要之禺屬之異於鼠者，禺頭上向而足見，鼠頭下向而足藏，觀鼠篆作□可知矣。蓋爾雅一書，乃千古小學之源，欲求經學，必先審字，欲求字學，必先即形聲而審其義。自左氏記言，止戈反正，已昧形聲，許氏叔重於文字淆亂之後，謹守師說，往往誤會六書，或有形而無聲，或有聲而無義，形聲與義不能兼賅，則耳目與心不待並用，故三千年來，字學不明，經學終晦，略見管虎，用質於大方之家。

何鼓謂之牽牛解　俞樾輯詁經精舍文集六集

清·許傳霈

爾雅釋天篇何鼓謂之牽牛，郭注：今荆楚人呼牽牛星爲檐鼓，檐者荷也。邢疏謂以時驗而言也。竊謂郭氏雖順經爲説，而分别何鼓之名牽牛，與六星之牛宿不同，其意自在也。舊説以此經爲别于星紀之牽牛，而以上文星紀斗牽牛之牽牛爲牛宿，于誼未諧，郭注：牽牛斗者，日月五星之所終始，故謂之星紀。律書言陽氣牽引萬物出之，牛者冒也，言地雖凍能冒而生。文選長楊賦注引星經曰牽牛神一名天關，則星紀之名在何鼓之牽牛，而非六星之牛宿矣。牛宿六星，角上歧，腹下蹄廢，其星質微細難見。牽牛三星皆明，中星尤明大，占驗家以何鼓中坐爲第二等明星，位在牛宿之北，近接天漢，舉頭即見，占候者多取之。月令季春旦牽牛中，仲秋昏牽牛中，皆以何鼓三星爲中星，亦取其易于辨識。凡舉中星，亦不必定指二十八宿言，如仲春弧建之例，夏小正織女南門之類是也。如以牛宿爲牽牛，其星便微小難測，舉中星者何舍彼而就此邪，以是知牽牛之非牛宿也。史記天官書云：牽牛爲犧牲，其北河鼓。説者因誤牛宿爲牽牛，分何鼓牽牛爲二星。索隱引爾雅孫炎注：河鼓之旗十二星在牽牛北，或名河鼓爲牽牛。詩大東正誼引李巡説河鼓牽牛皆二十八宿名，而不知天官書又云河鼓大星，上將，左右，左右將。其言三星之明大，與牛宿迥然不同，既名河鼓爲牽牛，焉能以牛宿爲牽牛乎，既不能以牛宿爲牽牛，凡經傳之言牽牛皆指三星之牽牛，而非六星之牛宿矣。

爾雅峘字有桓袁恒三音宜何從考　俞樾輯詁經精舍文集六集

清・蔡啓盛

爾雅釋山篇：小山岌大山，峘。陸釋文有桓袁二音，又引埤蒼音恒。近儒錢大昕潛研堂集載其一家言，據晉書地道記恒山岌之文，以峘爲恒之訛，即北嶽恒山。蒙案，本經上下文皆不指山名，必無中間特出一山名之理，所説非也。然埤蒼古書，不得謂所音者誤。竊謂字不從亘，未始不可以音恒，正不必從亘而後音恒也。亘本作𠄢，説解云求𠄢也，從二從回，回古文回，象𠄢回形。朱豐芑謂宛轉經營之意也。亘本作亙，從二從舟，舟亦舟旋之誼，是二文之意通也。更以古文詞證之，桓本胡官切，而又有敕倫切，故漢人高彪詩與上句明韵，宣本須緣切而又有相倫切，故徐幹齊都賦與下句巡韵，此皆不從亘而音近于恒者，何必改字而後合于埤蒼之古音邪。

門屏之間謂之宁解　東塾集

清・陳澧

爾雅門屏之間謂之宁，李巡注云：正門内兩塾間曰宁。按，荀子大略篇云：天子外屏，諸侯内屏，禮也。郊特牲鄭注云：禮，天子外屏，諸侯内屏，大夫以簾，士以帷。（正義云禮緯文。）若然，則門屏之間謂之宁者，天子之制也。（猶下文正門謂之應門亦專言天子之制。）正門内兩塾間曰宁者，諸侯大夫士之制也。何以言之，天子設屏於門外以爲蔽，而宁立於門外屏内，故曰門屏之間謂之宁。邵氏爾雅正義云：天子外屏，屏在路門之外，門以外，屏以内，其間謂之宁。諸侯未集，天子宁立於此，設屏以蔽内外也。諸侯既集，則出至屏外，負屏而立，曲禮以負屏爲當宁，猶以負扆爲當依也。其説最明。江氏鄉黨圖考云：人君所立位之南，群臣甚多，宜去屏遠。則誤以當宁即宁立處耳。諸侯屏既在門内，若宁在門屏之間，則在門内屏外矣。屏者所以蔽也，人立屏外，屏不能蔽，何必設屏乎。然則諸侯屏在門内，宁又在屏内，不在門屏之間也。論語以管氏樹塞門爲不知禮，是大夫士不得設屏，故但以簾帷爲蔽，簾帷懸於門，則宁亦在門内，皆李巡注所謂正門内兩塾間者也。李注可以補爾雅之義，不可以解爾雅之義也。又李云正門内者，門謂路門，正猶當也，非爾雅所謂正門謂之應門也，應門内不得有兩塾也。

青學齋集

清・汪之昌

東至日所出爲大平考

爾雅釋地：東至日所出爲大平。郭璞無注。近郝懿行爾雅義疏：大平者，大荒東經云，東海之外，大荒之中，有山名曰大言，日月所出，蓋此大平也。案言與平音義俱遠，郝氏殆見有日月所出一語故引以爲説，然大海東經所記尚有山名合虚山，曰明星，俱云日月所出，以大言當大平，似未可信爲必，然據爾雅定其方曰東，指其地爲日所出，考之尚書堯典宅嵎夷曰暘谷寅賓出日之文，與之正合，則爾雅所云大平，殆即經傳所云東夷也。詩草蟲我心則夷，出車玁狁于夷，節南山式夷式已，召旻實靖夷我邦，桑柔亂生不夷，毛傳俱云：夷，平也。可證夷本有平義。説文：夷，平也，從大從弓，東方之人也。是夷本訓平而文從大，即以大平稱之者。風俗通：羌本西戎卑賤者也，主牧羊，故羌字從羊人，因以爲號，取義正同。且又爲東方之人。尚書顧命夷玉，鄭注釋以珣玗琪，爾雅釋地：東方之美者，有醫無閭之珣玗琪焉。説文玉部：醫無閭之珣玗琪，周書所謂夷玉。是夷爲東方專名。禮記祭義日出於東，東本爲日出之方，與日所出之文相符。本篇下云大平之人仁，案論衡驗符篇東方曰仁，寰宇記引四夷志云東方仁故其俗頗有中國之風，漢書夷作𡰥，𡰥古仁字，是夷與仁本同字，所云大平之人仁，猶云大平之人夷也，此尤可證大平之即東夷。説文羊部羌下唯東夷從大，大，人也。夷俗仁，仁者壽，有君子不死之國。淮南地形訓：東方有君子之國。高誘注：東方木，德仁，故有君子之國。後漢書東夷傳王制東方曰夷，夷者柢也，言仁而好生萬物柢地而出，故天性柔順，易以道御，至有君子不死之國焉。爾雅以仁稱大平之人與諸書稱東夷無不同，然則以日所出論，地當在東，以地形論，夷適因在東而名，以字義論，夷兼大平之訓且性仁，具見漢時傳説，似較以大言爲大平，差有實據，爰考之以補郝氏之遺。

濫泉沃泉氿泉辨

爾雅釋水：濫泉正出，正出，涌出也。沃泉縣出，縣出，下出也。氿泉穴出，穴出，仄出也。分釋泉之異名，無非以所出之不同。郭注引公羊傳直出直猶正也釋正出，從上溜下釋下出，從旁出釋仄出。考公羊傳，直泉者何，涌泉也。與雅訓正出涌出適合，故引以爲注。案，釋水明言正出者濫泉，孟子滕文公篇一則曰洪水横流氾濫於天下，再則曰水逆行氾濫於中國，是濫當謂水不由正道，則以濫目正出之泉不無可疑。案詩采菽傳、瞻卬箋檻泉正出，孔疏皆謂本釋水，似濫本作檻，爾雅校勘記：段玉裁云，濫泉正字，檻泉假借字。而校勘記引論衡是應篇爾雅釋水章檻泉云云，是漢儒所見爾雅本作檻字，文選答賓戲注，爾雅濫泉，韋昭曰濫音檻，是即作濫，而漢儒仍讀檻音，咸與詩合，安見濫爲正字而檻爲假字。釋名：檻，車上施闌檻以格猛獸。是以四旁設有闌檻而名。采菽疏：李巡曰水泉從下上出曰涌泉。案泉流率自上而下，檻泉乃自下涌上，不啻四旁有所遮遏遂激而上行。漢書谷永傳注檻義取檻柙之檻，檻柙殆謂規之於正，檻泉之涌出一若有檻柙使然，則名檻視名濫較顯。邵郝兩家釋沃泉，咸據説文沃爲溉灌之解及釋名懸出曰沃泉水從上下有所灌沃爲證，初無異詞，案詩下泉疏引釋水沃泉李巡注水泉從上溜下出，是郭注即本李巡而省一出字，似沃泉以自上而下得名，抑思就下本水之性，高懸下溜凡山泉類然，何所取而別謂爲沃。竊謂李注言從上溜下出者，殆以沃泉下出，幾與從下上出之檻泉無異，惟檻泉自下超涌徑出，而沃泉之下出乃從上溜，斯其別矣。邵郝釋氿泉亦本説文釋名，且以毛傳側出曰氿泉證仄側文異義同，穴出之穴當依説文作水從孔穴疾出之泬，郝並謂詩大東疏引李巡曰水泉從旁出名曰氿，氿側出未顯穴出之義，案經義述聞：氿泉言穴出者，穴非孔穴之穴，乃回穴之穴，歷引文選幽通賦及各家注並宋玉風賦後漢書盧植傳諸言回穴義咸與此同，以邪謂之回，僻謂之穴，僻者偏也，氿泉從旁出故曰穴出，又曰仄出，穴與仄皆不正之名，與濫泉正出相對，非謂其從孔穴中出，辨尤明晰。竊謂李注所云從旁出，正以穴非孔穴，故但言旁出以見泉出之不正耳，然則釋水之濫泉也、沃泉也、氿泉也，李巡注要爲可據，其字之孰正孰假，抑又無待辨已。

玉燭寶典引爾雅注 郭璞注不錄

扶摇謂之猋。李巡曰：扶摇，暴風從下升，故曰猋，猋上。孫炎曰：回風從下上故曰猋。孟春

爾雅曰春爲蒼天。李巡曰：春萬物始生，其色蒼蒼，故曰蒼天。

春爲青陽。孫炎曰：春氣青而陽暖日。

爾雅鼸鼠。李巡曰：鼠從田中銜穀藏。鼸，名也。

爾雅曰雇鴳。犍爲舍人注云：趣民收麥，令不得晏起也。

李巡云：鴳一名鳸，鳸，晏也。

爾雅曰正月爲陬。李巡曰：正月萬物萌芽。陬，隅。欲出曰陬。陬，出之也。

爾雅曰一歲曰菑。孫炎曰：始菑煞其草木。

食心曰螟。犍爲舍人注云：食苗心者名螟，言冥然不知。

李巡曰：食禾心爲螟，言其奸冥難知。中春

食葉曰螣。李巡曰：食禾葉者言其假貸無厭，故曰螣。孫炎曰：言以假貸爲名，因取之。

食節曰賊。樊光注云：言其貪狠急疾。李巡曰：食其節言其貪狠，故曰賊。孫炎曰：言其貪酷取之也。

爾雅鮥叔鮪。孫炎注云：海濱謂之鮥，河洛謂之鮪。

爾雅曰二月爲如。李巡曰：二月萬物戴甲負莩，其性自如也，故曰如。孫炎曰：萬物皆生如其性也。

爾雅：榮螈，蜥蜴。蝘蜓，守宮。犍爲舍人注：螈字下長加一黿字，釋云榮螈名黿，一名蜥蜴，蜥蜴又名蝘蜓，蝘蜓又名守宮也。李巡云：榮蚖一名蜥蜴，蜥蜴一名蝘蜓，蝘蜓一名守宮，皆分別一物二名也。唯轉螈爲蚖。

孫炎云别四名，一本云轉相解博異語。劉歆爾雅注榮螈下云，龍漦化爲元黿，并引詩胡爲蚖蜴。爾雅蜆蛹犍爲舍人注云：蜆名蛹，今蠶也。李巡云：蠶蛹一名蜆。

爾雅：蝃蝀謂之雩，蝃蝀，虹也。孫炎曰别三名。季春

爾雅曰三月爲柄。李巡曰：三月陰氣在上，陽氣未壯，萬物微弱，故曰病。病，微弱也。本作病。孫炎曰：物已絶地有莖柄也。

爾雅曰夏爲昊天。李巡曰：夏，萬物盛壯，其氣昊昊。孫炎曰：夏天長物，氣體昊大，故曰昊天。

夏爲朱明。孫炎曰：夏氣赤而光明也。

爾雅：葭，木堇。櫬，木堇。劉歆注：主别三名，其樹如李，其華朝生暮落。仲夏

爾雅：五月爲皋。李巡曰：五月萬物盛壯，故曰皋。皋，大也。

孫炎曰：皋，物長之皃。

爾雅云：鴷，斲木。劉歆注：斲音中木反，啄樹蠹而食之。

爾雅曰：蛬，蟋蟀。劉歆注云謂蜻蛚也。孫炎云梁國謂之曰蛬。季夏

爾雅：螢火，即炤。犍爲舍人注云：螢火名即炤，夜飛有火蟲也。李巡云：熒火夜飛，腹下如火，故曰即炤。

爾雅曰六月爲且。李巡曰：六月陰氣將盛，萬物將衰，故曰且，時也。孫炎曰：且之言粗，物粗大。

爾雅曰秋爲旻天。李巡曰：秋，萬物成熟皆有文章。旻，文也。孫炎曰：秋天成物使有文，以故曰旻天。孟秋

秋爲白藏。孫炎曰：秋氣白而收藏也。

爾雅曰七月爲相。李巡曰：七月萬物勁剛，大小善惡皆可視而相，故曰相也。孫炎曰：相，穰也，物實生皮之也。

爾雅曰八月爲壯。李巡曰：八月萬物成就，形體剛，故曰壯也。孫炎曰：物實完壯而勁成也。仲秋

爾雅曰冬爲上天。李巡曰：冬陰氣在上，萬物伏藏，故曰上天。孫炎曰：冬天藏物，物伏於下，天清於上，故曰上天。孟冬

冬爲玄英。孫炎曰：冬氣玄而物歸中也。

爾雅曰十月爲陽。李巡曰：十月萬物深藏，伏而待陽也。

孫炎曰：純陰用事，嫌於無陽，故曰陽。

犍爲舍人爾雅注云：南陽謂鶹鷅爲鉤鵅，玄冬素節，或夜至人家。

爾雅栩杼。孫音杵。中冬

櫟，其實梂。劉歆注云：實有角如栗。李巡孫炎云：山有苞櫟，實橡也，有梂彙自裹也。

爾雅曰十一月爲事。李巡曰：十一月萬物虛無，須陽任養，故曰事任也。孫炎曰：物幽閉蟄伏，如有罪事。

爾雅：十二月爲塗。李巡曰：十二月萬物始牙，陽氣尚微，故曰塗微也。孫炎曰：物始牙生，生通也。季冬

爾雅：四達謂之衢。孫炎云：衢，交道四出也。荀子勸學篇注。

劉貴陽經說 皇清經解續編

清・劉書年

洵龕也

釋言：洵，龕也。郭注未詳。按，洵訓信。詩洵訏且樂、洵有情兮、洵直且侯之類皆是。爲恂之假借。龕者，勝也、任也。文選謝靈運述祖德詩注引尚書孔傳云：龕，勝也。謝元暉和伏武昌登孫權故城詩：西龕收組練，龕亦訓勝。逸周書祭公解云：周克龕紹成康之業，言能任繼續成康也。通作堪。晉語：口弗堪也。列子仲尼篇：堪秋蟬之翼。韋昭張湛注並云：堪，勝也。廣韻云：任，堪也。周禮大司馬：施貢分職，以任邦國。注：事以其力之所堪。以堪訓任。信與勝任之義同，釋詁允任同義，允即信。詩燕燕箋：任，以恩相親信。周禮大司徒注：信任於友道。史記季布欒布列傳：爲氣任俠。集解引如淳曰：相與信爲任是也。龕訓任，因得訓受，方言：龕，受也。揚越曰龕也。玉篇亦云：龕，受也。任受一義，信受亦一義。

囂閑也

爾雅釋言：囂，閑也。郭注：囂然，閑暇貌。按，郭據孟子爲説也。萬章云：囂囂然曰，我何以湯之聘幣爲哉。趙注：囂囂然，自得之意，無欲之貌也。盡心：人知之亦囂囂，人不知囂囂。注：囂囂，自得無欲之貌。此皆閑暇之義也。今考囂閑義有並與閑暇相反者，詩魏風十畝之間兮桑者閑閑兮，傳：閑閑然，男女無別往來之貌。箋：古者一夫百畝，今十畝，往來者閑閑然，削小之甚。然則詩意謂地狹而人稠，以閑閑狀往來者之多。傳云男女往來無別，而多意見。下章十畝之外兮桑者泄泄兮，傳：泄泄，多人之貌。下不言往來，上不言多人，文互見也。荀子脩身篇：多聞曰博，多見曰閑。閑亦多義。囂者，詩小雅十月之交：無罪無辜，讒口囂囂。箋：囂，衆多貌。時人非有辜罪，其被讒口見椓囂囂然。淮南脩務訓：莫囂大心。高注：莫，大也。囂，衆也。主大衆之官是。又左氏成十六年傳：在陳而囂，合而加囂，又甚囂且塵上矣。昭三年傳：景公欲更晏子之宅，曰子之宅近市，湫隘囂塵。囂並是人衆喧闐不安之貌。通作嗸。詩讒口囂囂，釋文引韓詩作嗸嗸。説文：嗸，衆口愁也。又通作敖。荀子彊國篇百姓讙敖，楊倞注：讙，喧譁也。敖，喧噪也。敖即嗷之省借。爾雅囂閑蓋兼閑暇衆多兩義。

俾職也

爾雅釋言：俾，職也。郭云使供職。按，俾虚職實，於義不洽。俾者，比之假借也。詩克順克比，禮樂記作克順克俾，是俾比通。比者，釋詁云：弼、棐、俌、比，輔也。易亦云比、輔也。輔弼皆職官之義。比亦通庀。周禮春官大胥比樂官，鄭大夫讀比爲庀。廣韻比通作庀，是。庀者，左襄公九年傳官庀其司、庀府庫、庀刑器，十年傳庀群司，杜注並云具也。周禮大胥比樂官，鄭大夫云具錄樂器。庀亦訓具。又左襄二十五年傳子木使庀賦，注：庀，治也。具治皆主職之義。

梅柟注

釋木：梅，柟。注云似杏實酢。説者非之。按，此非原注也。文選西都賦樅栝椶柟，李注引爾雅曰梅柟，郭璞曰柟木似水楊。唐時郭注如此。郭又注南山經云：柟，大木，葉似桑，音南，今作楠，爾雅以爲梅。今本誤枏是郭不以爲似杏實酢矣，今本係淺人所改。

㪺經筆記 槐廬叢書第三集

清・陳倬

烝

爾雅釋詁：林、烝，君也。平都相蔣君碑云：於穆林烝，實乾所生。本雅訓也。倬案，楚辭王褒九懷云：將去烝兮遠遊。王逸注云：違離於君，之四裔也。此烝字正訓作君，近來説爾雅家所未及。

郭璞爾雅注逸文

爾雅釋天郭璞注：烝，進也。初學記引爾雅有此三字，而今本爾雅皆捝之。章樵古文苑注引爾雅注：蒸，進也，進品物。南宋人所見爾雅尚有此三字。

瘽病也

爾雅釋詁篇：瘽，病也。癉，勞也。詩板篇毛傳云：癉，病也。正義云：癉，病。釋詁文。釋文：癉，沈本作癉。倬案，爾雅勞也病也兩義本皆作癉，故説文兼之云癉勞病也。其作瘽者或三家本，後人據以改爾雅。緇衣釋文本作下民卒亶，云亶本亦作瘽。禮記所引即本三家。觀詩正義所稱，沖遠所見爾雅自作癉也。

茵芝

爾雅釋草篇茵芝，郝氏懿行謂茵字不見他書，莊子消搖篇釋文司馬彪崔譔並以菌爲芝。列子湯問篇：朽壤之上有菌芝者，生於朝，死於晦。藝文類聚引爾雅正作菌芝，茵即菌之破壞字。案唐王隱客集沙門不應拜俗等事序云茹丹茵於祕洞，即本爾雅，知菌之訛茵久也。

六畜

爾雅釋畜篇末總題曰六畜，分題曰馬屬、牛屬、羊屬、狗屬、雞屬，衹有五畜。郝氏懿行云羊屬之後應有豕屬，今乃廁於釋獸，不知何時羼錯。又云左傳正義以爲豕有野豕，故記於釋獸，然馬屬有野馬仍列於釋畜。倬案，廣雅悉依爾雅，其釋獸篇則馬牛羊豕犬雞爲六屬，此豕屬在六畜篇之證也，考唐初爾雅本豕屬尚在釋畜。左桓六年傳正義云：爾雅釋畜於馬牛羊豕狗雞之下題曰六畜。昭二十五年傳正義云：爾雅釋畜馬牛羊犬雞五者之名，其豕在釋獸之篇。與此不同，此由正義非出一手，當以桓六年為正。顏師古匡謬正俗云：故爾雅論牛馬羊豕則在釋畜，不言狗雞者，便於立文，非遺之也。論麋鹿虎豹即在釋獸。據此則顏籀所見爾雅豕屬尚未羼入釋獸篇。

鼨鼠豹文

爾雅釋獸篇：鼨鼠豹文鼮鼠。說文：鼨，豹文鼠也。不錄鼮字。倬案，鼮鼠二字當是衍文。麐父麕足、豺狗足、羆如熊黃白文、貄脩豪、虡迅頭，釋獸一篇，先舉物名，後言其狀，是其句例，鼨鼠豹文亦猶是也。郭璞所見爾雅已衍鼮鼠二字，注云：鼠文彩如豹者，漢武帝時得此鼠，孝廉郎終軍知之，賜絹百匹。贊云：有鼠豹采，厥號爲鼮，漢朝莫知，郎中能名，賞以束帛，雅業遂盛。以所聞終軍事繫於鼮鼠之下，遂有豹文鼮鼠之讀與爾雅句例不合。釋文引字林云：鼨，豹文鼠也。顧野王玉篇鼠部：鼨，豹文鼠。皆本説文，而玉篇於後出字有鼮即引終軍事，廣韵同之，則仍景純之訛也。藝文類聚於鼨鼠下引豹文二字旁寫，蓋以正文訛作注文耳，而鼨鼠下仍引郭注則進退失據也。初學記引同郭讀并不引鼨鼠之名，尤屬疏舛，皆不可為據。唐書盧藏用傳：其弟若虛在隴西有獲異鼠者，豹文虎臆，大如拳，職方辛怡諫謂爲鼮鼠而賦之，若虛曰此許慎所謂鼨鼠豹文而形小者，一坐驚服。據盧所見説文有形小二字，疑今本鼮鼠二字即形小二字之訛。是若虛所言與説文合也。或謂類聚引竇氏家傳以識豹文鼠者爲光武時孝廉郎竇攸，水經注及文選注引三輔決録注並載此事，攸曰鼮鼠則東漢初已有鼮字，竊謂竇攸事即終軍事，而傳聞異辭，鼮鼠或即鼨鼠之訛，徐陵謝賚燭監賞答齊國移文啓云竇攸之對鼫鼠，則又訛爲鼫，故知鼮亦鼨之訛也。徐鍇讀同郭而疑説文本有脱誤，非是。近儒段氏玉裁謂六字爲一物。郝氏懿行謂鼨鼮二鼠皆具豹文，亦調停之説。毛際盛説文述誼云：爾雅疑作：豹文，文鼠，鼨鼠，鼮鼠。文鼠二字即釋豹文，轉寫訛倒豹文於下。後人疑文鼠亦是鼠名，轉文作鼤，遂為鼤鼠鼨鼠豹文鼮鼠耳。説文無鼮字。又云：鼨鼮二字説文並收，鼨小鼮大，若盧以大如拳者合於説文豹文而形小之説，辨為是鼨非鼮，故一坐服其多識，且冬者終也，有收斂誼。廷，侹也，説文：侹，長也。字取冬廷為聲尤合鼨小鼮大之誼，説文當本作：鼨，鼠也，豹文而形小。鼮，豹文鼠也。今本轉寫脱誤耳。案，毛氏以説文為脱去鼮字，即本小徐説而推衍之，並無明據。

隸經雜著甲編

貉綸也正誤

清・顧震福

爾雅釋詁：貉，綸也。郭注：綸者，繩也，謂牽縛縮貉之。近邵郝二疏及阮氏校勘記嚴氏匡名均無訓釋，震福曩疑貉爲絡字之誤，引易繫辭虞注綸絡也爲證，猶屬肊度之辭，嗣見原本玉篇糸部、慧琳音義十三引爾雅正作絡綸也，原本玉篇並引注云謂牽縛縮絡之，碻與鄙見相符，快甚。絡今作貉者，蓋涉下文貉定也而誤。今因二書所引正自來未發之訛，古籍之可寶如此。

爰居名雜縣補義

爾雅釋鳥：爰居，雜縣。郭注、邢邵郝三疏於雜縣義均未詳，蓋不識爰居名雜縣其取義何在。震福案，急就篇二云乘風縣鐘華洞樂，顔師古注云：乘風一名爰居，一名雜縣，蓋海鳥也。言爲乘風之狀作簨虡以縣鐘，又爲華藻之形，兼列衆樂之器以成文章也。王應麟補注又引潘岳西征賦洪鐘頓於毁廟，乘風廢而弗縣爲證。然則古人簨虡多刻爰居之形以雜縣樂器，謂之雜縣，而後人遂於爰居鳥徑名之雜縣耳。

鉤盤解

爾雅釋水九河鉤盤，釋文引李本作股，云水曲如鉤，折如人股，故曰鉤股。孫郭同云：水曲如鉤流盤桓不直前也。錢氏大昕謂鉤股雙聲，當以股爲正。震福案，疇人家多以句股擬物之曲，鉤與句通李氏説亦可通，然考之古籍無稱鉤股河者，漢書地理志平原郡般水經注河水故瀆川派東入般縣爲般河。元和郡縣志棣州陽信縣鉤般河經縣北四十里。是般爲正字，李本作股乃誤字。張納碑、仲秋下旬碑般桓皆作股桓，般股形近故易誤。鉤般誤爲鉤股，猶易明夷馬王作夷于左般，今本般誤作股之比。詩六月篇，毛傳云夏后氏曰鉤車，鄭箋云：鉤，鉤鞶，行曲直有正也。正義曰：定本鞶作般，謂車行鉤曲般旋。然則車行鉤曲般旋，夏后氏名之曰鉤車，河行鉤曲般旋，夏后氏名之曰鉤般河，其義一也。陸德明所據詩箋本般作股，又足爲般易誤股之證矣。鉤般爲連語，皆狀旋繞之形。或謂河水般曲象鉤之般亦非。

釋塾

爾雅釋宮：門側之堂謂之塾。説文無塾字。錢氏大昕據後漢書皆畫伯升像於塾旦起而射之章懷注，云東觀記續漢書並作埻，謂塾當作埻。段氏玉裁據白虎通云所以必有塾何，欲以飾門，因取其名也，明臣下當見於君，必先熟思其事也，謂塾古作熟。震福案：二説並是，孰爲塾之本字，埻乃孰之假字也。崔豹古今注云：塾，臣朝君至門外，當就舍更詳熟所應對之事，塾之言熟也。是塾本以熟思得名。説文孰本熟爛之熟，借爲誰孰之孰，故漢書董仲舒傳但用孰。北齊無窮尊師造像碑、唐開業寺碑誰孰字反加火作熟，蓋以二字本爲一字耳，此可爲塾古作孰即熟思之熟字之證。孰字加土爲塾，如涂作塗、竟作境、易作塲、隊作墜之類，皆俗字也。説文埻從𦎫聲，𦎫字云孰也，又諄字云告曉之孰也。玉篇云：𦎫，熟也。𦎫孰義同，故孰字亦通用從𦎫之埻。

釋槮

爾雅釋器：槮謂之涔。釋文云：槮，爾雅舊文并詩傳並米旁作，小爾雅木旁作，其文云：魚之所息謂之㯹，㯹，槮也，積柴水中而魚舍焉。郭因改米從木作。字林作罧。臧氏琳、邵氏晉涵、郝氏懿行均據太平御覽引舍人曰以米投水養魚爲涔，謂當從米作糝，震福甚以爲不然。詩周頌潛有多魚，潛即㯹之正字，釋文引韓詩云：涔，魚池。涔乃潛之假。書禹貢沱潛既道，史記夏本紀引作沱涔，是潛涔古通。正義引李巡云今以木投水中養魚曰涔。又引孫炎云積柴養魚曰涔。郭注云：今之作槮者，聚積柴木於水中，魚得寒入其裏藏隱，因以薄圍捕取之。即本二家之説，是作槮不始郭氏。惟説文槮訓木長貌，與雅義別。槮正字當作罧，説文繫傳十四、倭名類聚抄五并引爾雅作罧謂之涔，繫傳引郭注槮亦作罧，所據之本最善。此二則阮氏校勘記嚴氏匡名均未載。淮南子説林訓罧者扣舟，高注云：罧者，以柴積水中以取魚，魚聞擊舟聲，藏柴下，壅而取之。説文：罧，積柴水中以聚魚也。取聚古通，林聲與參聲同在古音第七部，古侵覃亦并爲一韻，同聲即得通假，故說文森字云從林從木讀若曾參之參。廣韻云罧同槮，集韻云槮或作罧，邢疏云罧槮古今字。又案，郭璞江賦：栫澱爲涔，網羅衆笙。李注引說文云：栫，以柴壅水也。今本無水字。玉篇同。蕭該漢書音義引字林云：栫，柴木擁也。廣雅云：栫，籬也。又云：涔，栫也。是涔又名栫。觀槮之正字作罧，異名作橧，一作栫，皆積柴取魚，與槮義同，文并從木，益見槮當從木。舍人本作糝，蓋據訛文爲釋，殊不足據，且別無他經可證，不可從。

狒狒譌文辨

爾雅釋獸：狒狒，如人，被髮，迅走，食人。釋文云：狒，字又作𩰠，或作𥝋。說文作𩰠，云：周成王時，州靡國獻𩰠𩰠，人身，反踵，自笑，笑即上脣弇其目，食人，北方謂之土螻。引爾雅曰𩰠𩰠如人，被髮。讀若費，一名梟羊。徐氏養原曰𥝋即𩰠之俗體，非禼字也。吳都賦𥝋𥝋笑而被格，劉淵林注：𥝋𥝋，梟羊也。鄉先生吳氏玉搢非之，曰𥝋乃古文禼字，音契，見廣韻，以爲𩰠之異體誤。震福案，吳說是也。說文禼讀與偰同，𥝋古文禼。廣益玉篇同。是𥝋本非𩰠字，而吳都賦以𥝋爲𩰠者，或𩰠字之訛脫。廣益玉篇有𩲡字，說見後。𩲡蓋𩰠之古文，說文：𢀇，古文子從巛象髮也。𢀈籀文子從囟有髮。又巤字云象髮在囟上。𩰠𩰠被髮從巛作𩲡，正象其髮在囟上之形，𩲡脫囟作𥝋遂誤爲𥝋耳。王氏筠說文釋例云：說文𩰠從内象形，是謂𩰠象形也，其中之囟當是其首，兩臼是何物乎，山海經昆侖有獸焉其狀如羊而四角，名曰土螻，是食人，然則兩臼蓋象四角，或本作𢀈，作篆者整齊之耳。據此則𩰠之古文作𢀈，象披髮頭角之形，作𩰠體已小變，而𩰠字由六朝以迄元明遞變遞誤則尤甚。廣益玉篇云：𩲡，或作狒，𥝋。廣韻云：𩳁狒同𩰠。集韻云：𩰠，或作狒、𥝋、𩰫、𩳁、𩳐。類篇云：𩰠，或作𥝋、𩰫、𩳁、𩳐。六書統作𥝋、𩳐、狒。韻會云：𩰠，或作狒，亦作𥝋，又作𩳐。古文苑載王延壽攀賦批𩱦毅，章樵注云：一作狒，字本作𩱦父沸反，狒狒，怪獸，狀似人。通雅引蔞賦并引梅氏曰本作𩱦。駢雅又以𩱦毅爲鬼名。龍龕手鑑云：𩰫，扶沸扶嗗二反，獸名也。説文引逸周書𩲡𩲡，郭注山海經引作䰬䰬，洪邁隨筆引作𩰠𩰠，今本逸周書作費費。元稹詩䰬䰬穿筒格，注云：竹筒穿臂以受之，䰬䰬執臂輒笑，笑則唇蔽兩目。是𩲡共有𢏚、𩲡、𤔬、𢏚、𤔬、䰬、𩲡、𩰠、𩰠、𩰠、𩰠、𩰠、𩰠、費、𩰠、𦐃、狒十七形。蓋𢏚爲古文脱誤作𢏚，𩲡爲相承之字别作𤔬，遂誤作𤔬，又别作𩰠，由𤔬脱作䰬，由䰬誤作𩲡，由𩰠誤作𩰠，𩰠，又作𩰠、𩰠又作𩰠，龍龕手鑑以𩰠𩰠為𩰠之俗字，可為𩰠俗作𩰠之證。展轉謬訛而其字遂不可識。逸周書作費費，蓋因𩲡讀若費而通用。費費被髮，古文亦從巛爲𢏚，故俗又假𦐃爲之，狒𩰠皆俗字也。初學記引説文作𩲡𩲡，云音愚。六帖云：按此字從内從囟從𦣞，合囟與内爲离字，疑即音离，离之誤爲禺，禺之誤爲愚也，不知𩲡與离字説文明著其讀，音愚音离並非。

答友人何鼓河鼓何河二字説　鍥不舍齋文集

清・李祖望

何鼓一作河鼓，何河二字固由聲通亦由義轉。天官書作河鼓，河當指天河，爾雅所謂析木之津、箕斗之間漢津也。蓋實指星所在之處言之，故名河鼓。河鼓二字本叠韻。釋名：河，下也。下，古音虎。河下也猶天顛也、地底也。説文無低字，底即低也。其謂何鼓者，取象名之。説文：何，儋也。儋，何也。爲轉注。爾雅何鼓謂之牽牛，郭注云：今荆楚人呼牽牛星爲擔鼓，擔者荷也。按，擔爲儋之俗字，荷爲何之假字，因河鼓三星中豐而兩頭鋭下，有儋荷之象，故名。今南方農語猶呼為扁擔。天官書云牽牛三星牛二星，誤以牛星爲牽牛，故世亦以何鼓牽牛爲二星。何之作荷，經典每通用，如詩何天之休、何天之寵，易何天之衢，何校滅耳，釋文皆注本一作荷。皆假荷爲之，皆經後人所改竄。如春秋説題辭河之爲荷也，蓋河何皆可聲，河何聲通故相假，荷亦以聲通相假，河得假爲何，荷亦得假爲河矣。惟何鼓與河鼓聲固可通，然字究各有義，又不必定由假借也。質之大雅，以爲何如。乙亥六月十六日。

柔橋文鈔

清・王棻

漢志爾雅入孝經家説

漢書藝文志孝經家有五經雜議十八篇，爾雅三卷二十篇，小爾雅一篇，古今字一卷，弟子職一篇，説三篇。論者以爾雅訓詁之書，當入小學，不當入孝經，不知孝經亦小學也。考平帝紀元始三年立學官，郡國曰學，縣道邑侯國曰校，校學置經師一人，鄉曰庠，聚曰序，序庠置孝經師一人，蓋經師者，五經博士之類，乃大學也。孝經師者以孝經，兼弟子職爾雅古今字之屬，皆小學也，其專以字書爲小學者，字書爲六藝之一，乃小學之一種，教之者則閭里書師，即今家塾是也。凡童子讀書，必先識字，故專以字書爲小學，識字之後，先課孝經及弟子職，所以端其行，兼課爾雅五經雜議及古今字，所以通其文。論語：子以四教，文行忠信。先文而後行，此大學之教，必先格物致知，而後誠意正心也。弟子入孝出悌，謹信汎愛親仁，行有餘力則以學文。先行而後文，此小學之教，先通孝經，而後爾雅古今字也。蓋小學之教原分二類，序庠師教孝經，以行爲重，閭里師教六書，以文爲先。欲讀書必先識字，此不易之理也，先躬行而後學文，此入聖之教也。是乃漢志所以次小學於孝經之後，而以爾雅入孝經家之意也歟。至舊唐書經籍志又分訓詁小學爲二門，則歧爾雅與六書而二之，雖本漢志分門之意，實失漢人教學之法矣。

書求古録屋漏解後

金先生解屋漏，歷辨諸儒之誤，而以孫炎爾雅注爲優，所見誠卓，但以屋漏因向而名殆非也。向乃北出之牖，日常在南，其光亦未能射入，惟夏至日出入時容或有之。且南既有牖，北又有向，則奥與屋漏最爲明顯之處，安得以爲隱奥而深窅乎。竊意屋漏當如字解之。此處於室最爲深窅，户牖之明皆不能及，故於屋上通孔以漏明焉。説文穴部：窻，通孔也，從穴悤聲，楚江切。今人謂之天窻，字亦音聰。天窻之光僅照一隅，不能及遠，故經言當室之白，孫炎所謂日光所漏入也，且當雨時亦能漏水，故直名曰屋漏耳。漏者，自上而下之詞，若日光射向而入，焉得謂之漏乎。先生宗孫炎之説而頗失其旨，敢僭易之，惟有道是正焉。鄙意向當在北墉正中，不與牖對，冬則塞之，夏則啟之，陶淵明所謂北窗高卧是也。

釋鳥其粻嗉一本作張素説

爾雅釋鳥：亢，鳥嚨，其粻嗉。郭注：嗉者，受食之處，别名嗉，今江東呼粻。案，釋言云：粻，糧也。釋獸齥屬云：鳥曰嗉。郭注：咽中藏食處。是粻嗉二字，爾雅他篇皆同，無疑義矣。然説文米部無粻字，口部無嗉字，則本作張素可知。史記天官書：柳爲鳥注，主草木七星，頸爲員宫，主急事，張素爲廚，主觴客。索隱曰：素，嗉也。引爾雅鳥張嗉。是粻本作張，嗉亦本作素也。郝氏義疏曰：素，空也，謂空其中以受食。高郵王氏曰：粻之言韔也，廣雅曰：韔，弓藏也。故鳥獸藏食之處通謂之粻。釋獸云：羊曰齛，麋鹿曰齸。説文云：齛，羊粻。齸，麋鹿粻。是也。其鳥粻則謂之嗉，釋獸云鳥曰嗉是也。開元占經南方七宿占引黄帝占曰：張，朱雀嗉也。然則張爲朱雀嗉，故謂之張，張亦粻也。今案，台俗呼粻爲登，張知母，登端母，猶椓杙之椓、滴涿之涿本皆知母，而台俗呼作當入者轉爲端母也。端透定泥居第一等第四等，知徹澄孃居第二等第三等，二母同列一格，故俗音每相混耳。蓋藏食之處飢則空故曰素，飽則豐故曰張。其張也如盛物之囊，故台俗語轉爲登，登云爲言膡也，亦猶豆登之盛物也。高郵改訓爲韔，似尚未審。南方朱鳥七宿有張，本取此義，而史遷以素訓之，則爾雅本作張素愈可見矣。

闕洩多狃解

爾雅釋獸：猩猩小而好啼，闕洩多狃。郭注：說者云腳饒指，未詳。邢疏：舊說以爲闕泄獸名，其腳多狃，狃，指也。然其形所未詳聞。郝氏懿行義疏：上其跡内，釋文：内，字林或作狃。是狃謂腳指頭，腳饒指蓋舊注之文也。注疏考證：洩與渫同，猩猩有牝無牡，故云闕洩，伏行交足，故云多狃，非別有獸也，當連上文猩猩小而好啼讀。翟氏灝補郭云：書君陳狃于姦宄、詩鄭風將叔無狃，狃者，習也、復也。猩猩雖人言而不離禽獸，杜佑通典言其好酒及屩，人因置之山谷，行常數百爲群，見酒物等，知人設張取己，罵曰：奴欲殺我，捨爾去也。既去，復還相呼，試共嘗酒，並探屐著，逮醉，人出收之，無遺逸者。則凡物之多狃，其性雖明知禍害而卒不能改者，莫猩猩若也，所以謂之多狃。嚴氏元照匡名：泄，石經避諱作洩。謹案此句當連上文，考證之說最當。多狃之說，則以翟氏爲長，惟闕洩二字尚無定解。今案，釋名：舌，泄也，舒泄所當言也。是泄舌古音同也。左哀二年傳洩庸，吳語作舌庸，哀二十六年傳作后庸，后乃舌字之訛。吳越春秋作曳庸，漢書董仲舒傳作泄庸，王褒四子講德論作渫庸，是舌、泄、渫、洩，古字通也。說文：觖，缺也。古者城闕其南方謂之觖，詩子衿在城闕兮，則以闕爲觖。孟子滕文公篇南蠻鴂舌之人，鴂觖皆從夬聲，同音假借，則以鴂爲觖也。闕又通屈、厥。周禮内司服闕狄，玉藻作屈狄，論語闕黨童子，漢書古今人表作厥黨。厥又作𧤗。孟子若崩厥角，說文角部作𧤗，角有所觸發也。又力部：勥，彊也。勥彊即今倔強字。倔，古通用屈。然則鴂、觖、屈、闕、厥、𧤗、勥，古皆通用也。闕洩當作闕舌，即孟子所謂鴂舌，皆言其詞之倔強，非謂如鳥之惡聲也。孟子言其非先王之道，通典言其罵曰奴欲殺我，皆口舌倔强之明證，猶左傳所謂甚口，後世所謂饒舌也。而考證乃以有牝無牡爲闕洩，雖本史漢周仁傳陰重不泄之説，然張晏之注曰爲顔籀所駁矣。

闕洩二字從古無人著解，今據左國舌庸亦作洩庸，而孟子鴂舌之鴂恰與闕屈音近，釋文闕其越切，正音倔强之倔，遂定闕洩二字即孟子鴂舌之異文，雖不免於附會穿鑿，然卻有的證有至理，學者詳之。自記

讀書偶識 皇清經解續編

清・鄒漢勛

爾雅：星紀斗，牽牛也。又：河鼓謂之牽牛。毛詩疏引孫炎爾雅注：何鼓之旗十二星在牽牛之北，或名爲何鼓，或名爲牽牛。謹案，牽牛六星，牽牛北河鼓大星，上將。左，左將。右，右將。凡三星别有旗，則牽牛河鼓旗本是三坐，爾雅謂河鼓爲牽牛，叔然謂旗爲牽牛，天桴在其中，則牽牛也、河鼓也、旗也、天桴也，四者又統名牽牛。蓋二旗似牛腹，河鼓似牛脊，天桴似牛肩，牽牛似牛頭，所以統名牽牛也。叔然又謂旗一名何鼓者，以旗在鼓旁，本是一類，故統名之也。若然則天桴亦當統於何鼓，桴所以擊鼓也，今旗凡十八星，與叔然所説不同，古今數之各異。

爾雅倉庚，注即鵹黄也。又鵹黄，楚雀。注：即倉庚。又倉庚，鵹黄也。注：其色鵹黑而黄，因以名云。又皇，黄鳥。注：俗呼黄離畱，亦名摶黍。毛詩故訓傳：黄鳥，摶黍也。釋文：摶音徒端反，倉庚，離黄也。詳爾雅及二家之旨，兩處異訓，當爲二鳥。陸璣疏：黄鳥，黄鸝畱也，或謂之黄栗留，幽州人謂之黄鶯，一名倉庚，一名商庚，一名鵹黄，一名楚雀，齊人謂之摶黍，當葚熟時來在桑閒，故里語曰：黄栗畱，看我麥黄葚熟。亦是應節

趨時之鳥也。則竟以爲一矣，恐非。今有俗名黄道士者，一名黄老雅，一名黄鶯，其爲鳥，冬蟄。農人於土中得大泥丸，破視之，中乃黄道士也，因知此鳥冬不見者，由蟄故爾。夏小正：二月倉庚鳴。詩：倉庚于飛，熠燿其羽。黄道士羽明麗可愛，又以春鳴，即是倉庚矣。詩：睍睆黄鳥，載好其音。又緜蠻黄鳥，傳：緜蠻，小鳥貌。則黄鳥小而善鳴者也，今畫眉近是。

爾雅及毛詩傳皆云：食心曰螟，食葉曰螣，食根曰蟊，食節曰賊。陸璣疏：螟似子方而頭不赤。螣，蝗也。賊似桃李中蠹蟲，頭身長而細爾。或説云：蟊，螻蛄也，食苗根，爲人患。謹案，爾雅疏亦引此文，子方作虸蚄，則蟲名也。憶昔年於紵葉下得無數小蟲，長如胆，赤頭白身，殆子方也。螟今名水壯，自水中穴禾本，食上至穗中，形如胆，白色，禾被蟲悉是秕矣。蟦非蝗，乃青蟲也，夏秋蒸熱，暘雨並作，即生此蟲。俗謂其雨名蟲雨，雨畱禾葉，葉黏如包，包中王繭，蟲在其中，如蠶蛹大，成即食葉，葉盡翼生而飛，木無葉則草而不堅，亦食粱粟及豆藿，勤農於雨過時以竿戛之，蟲生減少。蛑乃今之麥子蟲，形如麥實故名。食根，經年復發，鷗好食之，去之以馬矢蒿，然不如乾之之可絶也。賊則今之火滅也。小如蝨，繞禾節而居，有翼能飛，好赴火，故名火滅，又名銀蟲。

螽即今之蚱蜢，稼中常有，多或爲災。其爲災同蝗，食禾穗前節，穗墜在地，然不若蝗之爲尤毒也。凡害稼之蟲莫甚於蝗，億兆爲群，日食數十頃無復遺。

爾雅、毛詩傳皆曰：阜螽，蠜也。詩疏引李巡爾雅注：蝗子也。陸氏詩疏：今人謂蝗子爲螽子，沇州人謂之螣，許慎曰：蝗，螽也。則先儒皆謂蝗螽爲一物。勛謂螽即蚱蜢，常有，蝗因災乃生，是二物無疑。

爾雅：草螽，負蠜。毛詩傳：草蟲，常羊。陸氏詩疏：草蟲大小長短如蝗也，奇音，青色，好在艸茅中。謹案，此蟲俗名小績姑，大小如蚱蜢，羽純青不如蚱蜢，翅末有灰黄色，秋前鳴若嘖聲不連續，一音一斷，陸云奇音者蓋是奇偶之奇，常與蚱蜢交。箋言草蟲鳴，阜螽躍而從之，亦是事實，余目擊之，詩人稱此蓋惡之之辭，故序曰以禮自防。出車言此謂玁狁動而西戎作也。

周南螽斯，故訓傳：蚣蝑也。豳風五月斯螽動股，故訓傳：蚣蝑也。爾雅蜤螽蜙蝑，蜤音斯，詩疏引之蜙亦作蚣，三文字雖小異，其實一也。陸氏釋文、許慎、楊雄皆以爲舂黍。陸璣疏：幽州人謂之舂箕，即舂黍，蝗類也，長而青，長角，長股，股鳴者也，或謂似蝗而小，斑黑，其股似瑇瑁，五月中以兩股相切作聲聞數十步是也。謹案，此蟲俗名山姑，又名長蚱蜢，身狹長大者，長於人中指，股亦長，但角不甚長爾。執其股則自舂，舂黍舂箕之名殆由此。是蟲與螳蜋皆産子極多，余咸目擊之。郭注方言謂江東呼爲虴蜢，上音竹帛反，下音猛。注爾雅蚣蜙也俗謂之舂黍，又蟿螽蟿蚸注今俗呼似蚣蜙而細長，飛翅作聲爲蟿蚸，虴蜢即蚱蜢，則郭竟以蜤螽爲蚱蜢，以蟿蚸爲今山姑也，非。

爾雅蟿螽蟿蚸，郭所注非是。陸璣釋斯螽曰：或謂似蝗而小，斑黑，其股似瑇瑁，五月中以兩股作聲，聞數十步，即此螽矣，俗謂之老蟲蚱蜢。老蟲者，俗以目虎。其爲螽，視群螽獨大。陸言似蝗而小者，據五月時言之，成則與蝗等大也。是蟲與山姑咸能以股作聲，此蟲聲較雄爾，色狀悉如陸所說。

爾雅：土螽，蠰谿。注：似蝗而小，今謂之土蝶。疏：江南呼虴蝐，又名蚱蜢，似蝗細小，善跳。謹案，此蟲今謂之土蚱蜢，蚱蜢是群螽總名，又以呼稼閒之阜螽，疏之名稱與今不合。土蚱蜢色如土而駁，小而善跳，如疏所說，此與蟿螽、蜤螽、常羊皆不在稼閒。

豳風：六月莎雞振羽。陸璣疏：莎雞如蝗而斑色，毛翅數重，其翅正赤，或謂之天雞，六月中飛而振羽索索然作聲，幽州人謂之蒲錯。謹案，莎雞即絡緯也，一名促織，俗名績姑，似蚱蜢而大，有純青者，有黃褐色者。秋前夜間鳴，余曾捕之，羽鳴者也，聲聞里許，能數十日不飲食，飲必花間之露，食必瓜豆之花穹。背長角，雄者不鳴，雌肥雄瘦，雄尾長刺一，雌尾短刺三，凡蚱蜢皆然也。陸言如蝗，似矣，其下所云又頗似老蟲蚱蜢，云或謂之天雞則痛非。詩疏又引爾雅翰天雞及樊郭所説，別是一蟲，非莎雞也。

蜻蛚亦螽類也，形小於螽，青色，在稼間，角極長，長如筆管，日間常誶誶作聲，清細而緩，若悉蟀然，即王孫也，然非促織與蛬矣。

爾雅：蟋蟀，蛬。陸璣毛詩疏：蟋蟀似蝗而小，正黑有光澤如桼，有角翅，一名蛬，一名蜻蛚，楚人謂之王孫，幽州人謂之趨織，里語云：促織鳴，嬾婦驚。毛詩疏引李巡云蜻蛚也。謹案，悉蟀有二種而非蜻蛚趨織也，陸言似蝗者，似其有股有角有尾刺能趯爾。形則扁，扁不正似蝗也，其在家者俗名竈雞，污白色，好居竈隙及壁縫中，少年養之以與雞鬥，鬥則蜚集雞冠上，齧之見血，是爲蛬勝。若爲雞所得，則啄食之。亦能鳴，聲悉率爾。其在野者色正黑，如郭所説，形差大爾，居土穴中。朱子詩集傳謂斯螽、莎雞、蟋蟀一物，隨時變化，今目驗之不爾。

爾雅：翰，天雞。詩疏引樊光注謂小蟲，黑身赤頭，一名莎雞。李巡曰一名酸雞，郭璞注又名樗雞。謹案，是蟲大如人小指一節，黑翅赤頭，好食茄菜之葉，俗名雞公蟲，然非莎雞也。又藥市中有樗雞，形如寒螿，通體皆赤，正符陶宏景本艸注中所説，又非此也。

召南林有樸樕，傳：小木。疏引爾雅樸樕心，某氏曰樸樕一名斛樕也，有心能溼，江河間以作柱。孫炎曰：樸樕一名心。郭璞注：槲樕別名。今爾雅作樕樸，誤。謹案，此木今名之曰斛櫟，亦櫟類也，木理堅縝，葉大於掌，又謂之大葉櫟，結實大如中指，端有斗冒之。召南之意謂樸樕之實，死鹿之肉，雖微物猶以白茅純束之，況有如玉之女而可不以禮求乎。

爾雅：櫟，其實梂。詩：山有苞櫟。傳：木也。疏引孫炎爾雅注：櫟實橡也，有梂彙自裹也。陸璣詩疏：秦人謂柞櫟爲櫟，河內人謂木蓼爲櫟，椒樧之屬也，其子房生爲梂，木蓼子亦房生，故説者或曰柞櫟，或曰木蓼。璣以此爲秦詩也，宜從其方土之言柞櫟是也。詩柞棫拔矣，箋：柞，櫟也。疏引陸疏：周秦人謂柞爲櫟。唐風集于苞栩，傳：栩，杼也。爾雅亦然。陸璣疏：今柞櫟也，徐州人謂櫟爲杼，或謂之爲栩，其子爲草，或言草斗。其殼爲汁，可以染草。今京洛及河内多言杼爲櫟杼，五方通語也。陸氏山有栲疏：今之所云栲者，葉如櫟，木皮厚數寸，可爲車輻，或謂之爲栲櫟。許慎正以栲讀爲糗，今人言爲栲，失其聲矣。謹案，櫟有二種，一名橫櫟，木理橫戾，皮極厚，即陸所云栲櫟也，然非栲矣，蓋即栩杼也。一名順櫟，木理少順，即柞櫟矣。梂即斗之别稱也。

爾雅：以衣涉水爲厲。又繇帶以上爲厲。經典釋文引韓詩至心曰厲。詩疏引孫炎爾雅注衣涉濡褌也。謹案，禮記帶上毋厭膂，下毋厭髀，當無骨者。褌在帶下，故盡濡也。則厲是自肦至心之名。詩疏引鄭注論語服注左傳，皆云由膝以上爲厲，非是。

爾雅：揭者，揭衣也。又繇膝以下爲揭。詩疏引孫炎爾雅注：揭衣，褰裳也。則揭褰其裳無所濡也。爾雅繇膝以上爲涉，則涉爲肦下至厀也。涉或濡或不濡，詩言深涉則濡褌矣。外傳魯語苦葉不材于人供濟而已，韋昭注佩匏可以渡水。謹案，今土人多蓄匏，云佩之渡水，水雖深人猶浮也。若是則詩之意謂深涉則以匏不至濡衣，深於深涉則濡衣而渡，淺於深涉則揭衣也，若濔然之濟非可涉者也，濔然之濟不可涉，喻名分極嚴不可以犯，今乃於名分極嚴之中，而爲雌雉求牡之聲，喻夷姜以庶母從宣公也。軌，車轍。極言其淺。下二章乃刺宣公。士即壻字，見説文。毛傳：遭時制宜，如遇水深則厲，淺則揭矣。衛夫人有淫泆之志，授人以色，假人以辭，不顧禮義之難至，使宣公有淫昏之行，皆得詩之本意，必有所受，不可易。

爾雅：斫謂之櫡。注：钁也。廣雅：櫡謂之钁。説文：斫謂之櫡。钁，大鉏也。謹案，此今之斫刀也，如鉏而大，直金旁錐，用之芟田亢草。

爾雅：斛謂之疀。注：古鍫鍤字。説文：疀，斛也，古田器也。梠，臿也，字又作梩。苿，兩刃臿也，宋魏曰苿，或從金亏作鋘。梟，芣臿也。鑼，相屬，讀若嫣。鈂，臿屬。鍦，臿屬。耒，手耕曲木也，古者垂作耒相以振民也。高誘淮南子注：臿，鏵也，青州謂之鏵，有刃也，三輔謂之鍋。方言：臿，燕之東北、朝鮮洌水之間謂之斛，宋魏之間謂之鏵，或謂之鍏，江淮南楚之間謂之臿，沅湘之間謂之畚，趙魏之間謂之梟，東齊謂之梩。注：斛，湯料反。此亦鍫聲轉也。鍏音韋。梟，字亦作鍫也。梩音駭。謹案，芣音互瓜反鋘即芣梟舉朱反鏵胡瓜反即芣鑼彼為反又步化反鍋即鑼鍦過委反鍏雨非反鈂直深反一器也，即古之耒，制詳考工記，曲柄枝刃耕器也。今有直柄三刃或四刃者謂之鑼音步華反泥手之以出泥，又横木施無數刃，又貫二槌繩係之屬鞍端以服牛，横上直二木，上復施横，人扶之名曰鑼，用之於犁後，亦耒屬也。相即耜梩即相臿楚洽反鍦即臿斛古鍫字鍫梟即鍫畚爲一器，即古相也，單刃耕器也。今南楚所謂鍫者，似斫，直柄而鋒在前，今之犁亦相屬。說文：鈐䥴，大犁也。犁之爲器，鑿轅貫版曰箭，箭下施版曰底，底上金曰頭，頭後倚箭曰壁，箭上人手所持曰欘，轅未施鐵環屬衡焉，衡端兩軥屬於鞍焉。牛耕始於后稷之孫叔均。冉耕字伯牛。說文：耕，犁也。古有牛耕尚矣。有牛耕自應有犁鑼。

爾雅：衣裗謂之䘽。注：或曰袿衣之飾。子虛賦蜚襳垂髾，文選李善注：司馬彪曰，髾，燕尾也，衣上假飾。漢書江充傳：充衣紗縠襌衣曲裾後垂交輸。如淳曰：交輸，割正幅使一頭狹若燕尾。蘇林曰：交輸如今新婦袍上挂全幅繒角割名曰交輸裁也。謹案，文選注引埤蒼曰：旓，旌旗旒也。旌旗之旒皆作燕尾。則髾即裗無疑。釋名所云上廣下狹如刀圭，方言衻謂之袩，即此。

爾雅：輿，鵛鶋。注：未詳。廣雅：鵛雀，怪鳥。玉篇：鶋，鳩也。鳩，鳩鶋，鳥名，鳥喙蛇尾。謹案，今首望山中有蛇尾雀，大如鳩，尾如蛇，長尺餘。鳥而蛇尾，亦可怪也。

爾雅：鸐，鹵艾。注：未詳。謹案，今首望山中有鳥，形如雀而色頗灰黯，夏中銜艾置燕巢，燕畏艾避去，卻乳其中。一尾有白毛，一尾有赤毛，不知何者爲雌，何者爲雄也，是即鹵艾矣。

爾雅：鶨，鶀老。注：鴝鶨也，俗呼癡鳥。謹案，今首望山中有小緑鳥，雨雪時來入房櫳間，昏冥不知出，其癡鳥乎。

爾雅：桃蟲，鷦。其雌鴱。説文：鷦䳼，黄脰雀也。謹案，今首望山中有山麻雀，似家雀而小，丹首，不家居，殆即黄脰雀也。脰頭字同。見水經注。

雇，小雀也。李時珍謂即蠟觜，大誤。今首望山中小斲木，大如雀，色青黄，好繞行樹上，鳴聲唶唶，亦能斲木，丁丁有聲，即行雇唶唶也。野鸜哥，小如雀，好夜鳴，如黄離之聲，即宵雇嘖嘖也。四四雀，大如雀，白黑駁，鳴聲四四，又疑是嘖嘖也。秧姑亦是雇類，背佗雀色黄，背龍鍾，即老雇鴳也。

爾雅：佳其，夫不。鶌鳩，鶻鵃。鳲鳩，鴶鵴。鷑鳩，鵧鷑。雎鳩，王雎。凡五種。謹案，今俗名鳩，亦有五種，牛矢斑最大，牛矢色。土斑鳩鳴聲濁，土黄色。金鷄斑赤黄色，尾稍長。火胡盧赤色，即布穀。竹鷄斑色似竹鷄。

爾雅：晨風，鸇。注：鷂屬，詩鴥彼晨風。陸氏疏：鸇似鷂，黄色，燕頷，句喙嚮風，下翮乃因風急疾擊鳩鴿燕雀食之。謹案，今首望山中有鷹赤色名紅鷹，云是布穀所化，即此。

爾雅：鷽斯，鵯鶋。毛詩疏引之無斯字，且譏劉氏不宜有鷽斯之稱，則孔所見爾雅本無斯字也，今本誤。

呂氏春秋：肉之美者，周燕之翠。説文：巂，周燕也。郭璞以燕字下屬，恐非。今之榨油郎，大如燕，黑色，尾長而岐，頭上戴勝。説文巂從中象其冠也，殆即此矣，然非郭景純之子規也。

爾雅：鵖鴔，戴鵀。月令：戴勝降于桑。今之采桑子，毛冠，短尾，食葚而醉，殆即此也。

説文：鵻，祝鳩也，從鳥佳聲，或從隹一作隼。爾雅：鷹隼醜。詩：鴥彼飛隼。顔師古曰隼即鶻，似鷹稍小，尾如舵。謹案，鷂有兩種，一種大者，白斑方肩舵尾，殆是隼也。

夏小正：十二月鳴弋，弋也者，禽也。爾雅：鳶烏醜。疏：鳶，鴟也。禮記疏亦同。謹案，今之鴟鷹，身頸俱長於鷹，擊犬疾迅，殆即鳶也。弋鳶古今字，漢書作戴。

爾雅鸒，白鷢。注：似鷹尾上白。今白翅鷹，似鷹而翅白，疑即此也。說文白鷢王雎也，誤。

方言戴勝或謂之鶝鴀，或謂之鵀鷐，或謂之鴔鶝。爾雅：鶝鴀，戴鵀。鵀，澤虞。鷀，鷧。說文：鷀，鸕鷀也。鸕，鸕鷀也。則鶝鴀戴勝鵀鷐一鳥三名。虞鷀即鸕鷀，形聲俱近，因以訛爾。

陸璣疏：脊令大如鷃雀，長腳長尾，鐵喙，背上青赤色，腹下白，頸下黑如連錢，故杜陽人謂之連錢。郭璞爾雅注：雀屬也，飛則鳴，行則搖。上林賦煩鶩庸渠，郭璞注：庸渠似凫，灰色而鷄足，一名章渠。若是則脊令庸渠本是二禽。爾雅：鵰鴒，雝渠。毛傳：脊令，庸渠也。勛謂此當如釋魚鯉鱣鰋鮎鱧鯇之例，各自異條，不相連也。毛傳蓋誤。

脊令好群聚，遇鷹隼則共啄之。詩：脊令在原，兄弟急難。題彼脊令，載飛載鳴。皆取斯義。

爾雅：蒺藜，蝍蛆。廣雅：蝍蛆，蜈蚣也。郭璞曰：似蝗而大腹，長角，能食蛇腦。莊子：蝍蛆甘帶。謹案，此蟲勛曾捕得，狀如蟬蠅但項腹細長爾，六足四翼，長角，二臂，能逐蛇入水，環而施毒，蛇斃而浮，伏腦而食之。滇中者大如掌，能伏蚺蟒，人家蓄之以除蟒害。吳公，百足之蟲，此與之同名，俗名此爲飛天吳公，百足者爲地吳公。

爾雅：蛅，毛蠹。謹案，此今之毛蟲也，如蠹而大，遍體生毛，大者如人小指。

爾雅：螺，蛅蟴。注：蛓屬也，今青州人呼蛓爲蛅蟴，孫叔然云八角螫蟲，失之。謹案，今俗謂之爛蟲，又名八角勒，狀似毛蠹，色青，項上八長豪如蝟毛，礫人即腫爛。叔然所詁似亦未失。

爾雅：翥醜罅，螽醜奮，强醜捋，蠭醜螸，蠅醜扇。注：罅，剖母背而生。奮，好奮迅作聲。捋，以腳自摩捋。螸，垂其胅。扇，好搖翅。謹案，今之蟬皆背中有罅，自罅蛻出。螽能奮股而趯，蠅好以腳摩捋，蠭垂胅尾有箴，蝳好扇戢。爾雅無蝳名，强疑是蝳，蠅强二醜與經文不合，當是轉寫互訛。

爾雅鱧，注：鮦也。謹案，是今名蛇魚，一名七星，長顋圓尾，鱗斑如鱖，鬐自尾至顋，目在顋前，齒如箴，是食子惟留七，當名七生。本草經：貫衆一名貫節，一名貫渠，一名百頭，一名虎卷，一名萹苻，一名伯萍，一名藥藻。爾雅萹苻、止濼、貫衆，是一物三名也。郭璞以萹苻止爲句而云未詳，濼貫衆又爲一句，似非。

說文：某，酸果也，從木甘，闕。古文從口作槑。梅，柟也，可食，從木每聲。柟，梅也。爾雅：梅，柟。又：柚，條。時，英梅。說文：楰，梅也。勛謂梅乃柟之别名，大木也，某乃某果也。爾雅之梅柟自目大木，郭注似杏實酸，非矣。爾雅之英即說文之楰，乃目酸果，郭别注曰雀梅，亦非。爾雅柚條時别爲句。

儀顧堂集

清·陸心源

釋杬

杬魚毒之名，著於爾雅釋木，字或作芫，釋文而古今說者紛紛不一。郭璞注：杬，大木，子似栗，生南方，皮厚汁赤，中藏卵果。鄭樵注云：今南人謂之杬木，其皮可煎汁藏梅。劉逵吴都賦注引異物志云：杬，大樹也，其皮厚，味近苦澀，剥乾之，正赤，煎訖以藏衆果，使不爛敗，以增其味，豫章有之。廣韻注：杬，木名，出豫章，煎汁藏卵果不壞。沈瑩臨海異物志：杬味如楮，用其皮汁和鹽漬鴨子。裴淵廣州記：杬殼似栗，赤色，子大如栗，散有棘刺，破其外皮，肉白如脂肪，著核不離。賈思勰齊民要術作杬子法云：杬木皮淨洗，細莖剉煮取汁率二斗，及熟，下鹽一升和之汁，極冷，内甕中，浸鴨子一月，煮而食之。錢易南部新書云：湖州歲貢黄杬子連蔕木瓜。左文質吴興統記云：大歷元年，進單黄杬子。談鑰吴興志云：唐歲貢單杬子一千三百五十顆，重黄杬子一千三百顆。樂史寰宇記：湖州土産單杭子。此皆以杭爲大木而用其子者也。墨子襍守篇：種畜芫芸烏喙。中山經首山多芫芸，注云：芫花，中藥。說文解字曰：芫，魚毒也。本草經曰：芫花殺蟲，日華子曰芫花，小樹，在陂澗旁。證類本草圖經曰：芫華宿根舊枝，莖長一尺。證類本章吳氏本草曰：芫華根有毒，可用殺魚。顏籀急救篇注云：芫華一名魚毒，漁者煮之以投水中，魚則死而浮出，故以爲名，其根曰蜀桑，其華可以爲藥，芫字或作杬。爾雅曰：杬，魚毒。郭景純解云：大木，生南方，皮厚汁赤，堪藏卵果。此說誤耳。生南方用藏卵果者别自一木，乃左思吳都賦所云緜杬杶櫨耳，非毒魚之杬也。本草别錄：芫華一名魚毒，一名杜杬，其根名蜀桑，可用毒魚。郝氏懿行爾雅義疏曰即今芫條，苗高二三尺，其華紫色，葉如柳葉而小，擣其汁以毒魚則死。此皆以芫爲草類而用在華者也。愚案，顏氏之説是也，蓋芫本草類，故字作芫，而宿根舊枝形如小樹，故爾雅與枸杞同入釋木。後人以芫在釋木，改從木作杬，說文無杬字，蓋俗作也。郭注望文生義，遂以南方大木當之，傎矣。

五嶽辨

爾雅釋山：河南華，河西嶽，河東岱，河北恒，河南衡。又曰：泰山爲東嶽，華山爲西嶽，霍山爲南嶽，恒山爲北嶽，嵩高爲中嶽。據前說則有吳嶽而無嵩高，有衡山而無霍山，據後說則反是。周禮大司樂鄭注曰：五岳岱在兖州，衡在荆州，華在豫州，嶽在雍州，恒在并州。詩疏引孫炎曰霍山當作衡山，此以前說爲正也。說文：嶽，東岱、南霍、西華、北恒、中泰室。白虎通義曰：嶽者何謂也，嶽之爲言埆也，埆功德也。東方爲岱宗者何，言萬物更相代於東方也。南方爲霍者何，霍之爲言獲也，言太陽用事護養萬物也。西方爲華山者何，華之言穫也，言萬物成熟可得穫也。北方爲恒山者何，恒者常也，萬物伏藏於北方有常也。中央爲嵩高者何，嵩言其高大也。應劭風俗通、伏生大傳、張揖廣雅皆同，此以後說爲正者也。毛詩嵩高傳曰：東嶽岱、南嶽衡、西嶽華、北嶽恒。

史記封禪書述尚書四嶽，而釋之曰岱宗泰山也、南嶽衡山也、西嶽華山也、北嶽恒山也、中嶽嵩高也。鄭注周禮大宗伯、孝經鉤命決、王肅注尚書、伏虔注左傳皆同，此以岱恒華衡嵩高爲五嶽，與爾雅前後二説皆不同者也。風俗通曰：南方衡山一名霍。郭璞爾雅注云：霍山今在廬江灊縣西南，别名天柱山，漢武帝以衡山遼曠，移其神於此，今其土俗人皆呼之爲南岳，南岳本以兩山爲名，非從近也。學者多以霍山不得爲南岳，又言從漢武帝始乃名之，如此言則爲武帝在爾雅前乎，斯不然矣。此以衡山霍山爲一山，調停爾雅之説者也。案五嶽當以後説爲正，與封禪書、詩毛傳、周禮注、鉤命決、王肅、伏虔所言皆合。其曰霍山者，邵氏二雲所謂漢儒所竄易也。孫叔然云霍當爲衡，其説最精，至所云河南華、河西嶽、河東岱、河北恒、江南衡者，言山非言嶽也。鄭氏據之以注大司樂之五嶽，誤矣。三禮義宗云：唐虞以衡山爲南岳，周氏以霍山爲南岳，水經注霍山爲南岳，在廬江灊縣西南，衡山在長沙湘南縣南，皆以衡霍爲二山，則風俗通所云山一名霍、郭氏所雲南岳本自以兩山得名，其説皆非。至郭氏言漢武帝移衡山神於霍山，又述學者以漢武帝始名霍山爲南岳，與封禪書所言漢武巡南郡至江陵而東登禮灊之天柱山號曰南岳合。此以霍山爲南岳爲出漢武後之明證，而郭氏乃以武帝非在爾雅前爲言，夫爾雅固在漢武前，而郭氏所見之爾雅非必漢武以前之本也，斯不然矣。要之，岱華恒衡嵩古今相傳之五嶽也，岱華恒霍嵩漢武所改之五嶽也。邵二雲爾雅正義退嵩高而進吴嶽，郝蘭皋爾雅義疏以爲衡山一名霍山，依違應劭之説，其説皆非。

味退居隨筆 文惠全書之八

清・黄世榮

説爾雅五則

惄飢也　訓思爲本義，訓飢爲引申義。經典蓋有用惄爲飢者，故雅有此訓，李注由汝墳緣詞生訓，固爲失之，諸家證佐，亦未明晰。

戍遏也　戍爲守邊之名，引申之則凡遏止皆可曰戍，此經所云乃引申義，非本義也。諸家多泥本義，似非雅詁。

師人也　衆曰師，少曰人，然師亦爲通稱，故曰師人也。注家泥于衆字，似非雅詁。

謀心也　謀出於心，故即訓謀爲心。

里邑也　里邑各有定名，通稱二義對文爲定名，散文爲通稱。此則以通稱言之，故里即爲邑。至經典里邑對文，説亦各異，則以其時其國與傳聞之制不同耳，非此經所訓。郝氏謂邑里通名，訓義極合，而徵引里邑諸説謂里數不同，亦猶邑居靡定以説此經，似近汎濫。

樞達北方謂之落時解 汶氏遺文

清・孫傳鳳

爾雅釋宫：樞達北方謂之落時。郭注：門持樞者或達北檼以爲固也。疏曰：其持樞之木或達北檼以爲牢固者名落時，櫺即棟也。桉，北櫺之名未之聞，疏以櫺爲棟，則劉熙釋名曰棟中也，又何以偁爲北櫺，近郝氏義疏謂落之言絡，連綴之意，説亦近是，但於經恉究未明顯。俞氏平議謂樞達二字當句，北方謂之落時，乃釋方俗之殊語。竊意更不足據，洵如俞説，則下文落時謂之㡿又何方之言乎，抑又從方言而釋之爲㡿乎，非也。桉落時謂之㡿，爾雅正恐或不達落時之義，故又以㡿申説，解此文者宜將落時及㡿比校細釋，而命名之誼見，所以由樞達於北方之誼亦見。考後漢列女傳注：落，藩也。文選西京賦揩枳落注：落，籬也。是落取藩衛連落之意。釋宮又云室中謂之時，是時據室中言也。謂之落時者，謂自門樞東西楹柱有縱木接達於北方，有似藩籬其室，故謂之落時。樞據東西横木言，達據南北縱木言也，然室以棟爲重，何以不曰棟而曰樞達，曰，古屋皆五架，惟中棟謂之棟，其餘無棟名也，然藩衛有牆，則落時當屬諸牆。曰牆者，障也。落有疏寂疏闊意，見左太沖詠史詩及後漢耿弇傳注。今人籬落正取諸此，非可以牆比也。若下文㡿字之誼，則當從釋文㡿或作扈，蓋㡿義與落時不相涉，惟扈，則證諸左氏傳扈民無淫者也，義當同屈蕩户之户。扈又爲捕魚器，如今之蟹籪，以竹疏密相編。字書作簄，魚之有力者恒跋扈而出，後漢質帝紀目梁冀爲跋扈將軍，誼正取此，而注以爲强梁者，非是。扈與落時兩兩校之，皆取藩衛誼無疑，故曰不審爲落爲時之義而所以由樞達於北方者無以明，即落時所以又謂之扈者亦無以明。

讀書雜釋・爾雅 金陵叢書丙集

清・徐鼒

蓋割裂也

孟子：謨蓋都君咸我績。趙岐注云：蓋，覆也。書呂刑：鰥寡無蓋。訛孔傳云：使鰥寡得所，無有掩蓋。楚語：子高曰以謀蓋（此訓掩亦通，但訓害亦可耳。）人詐也。韋昭注云：蓋，掩也。按，此皆當作害字讀也，蓋害古通用。爾雅釋言：蓋、割，裂也。釋文云：蓋，舍人作害。邵晉涵爾雅正義曰：君奭云割申勸甯王之德，鄭注緇衣云：割之言蓋也。蓋割雙聲，義存乎聲，而郭所未詳之義明矣。蓋字通害，割字亦通害，釋名釋天云：害，割也。如割削物也。廣雅釋言云：害，削也。書堯典：湯湯洪水方割。僞傳云：割，害也。疏引釋詁文，刀割爲害，故削爲害也。大誥：天降割於我家。釋文云：割，馬本作害。據爾雅蓋割爲一義。又鄭禮注：割之言蓋。則謨蓋都君咸我績即是謨害都君咸我績，較蓋井之説爲通脱矣。鰥寡無蓋即是鰥寡無害，以謀蓋人即是以謀害人，較掩蓋之説爲明切矣。阮相國元曰：害、曷、盍、末、未，古音皆相近，每加偏旁互相假借，若以爲正字則失之。盍與曷同音，故時日害喪即曷喪，呂覽葛天氏即蓋天氏也。盍與末未亦最近，故襄二十七年公羊傳昧雉彼視，何休學：昧，割也。若口有渝盟者視此割雉也。參觀諸説，可以傳文字通假之例矣。

是則也

説文彳部：徥，徥徥，行貌，從彳是聲，爾雅曰：徥，則也。今作是。按此古今字也。

縭緌也

邵晉涵爾雅正義、郝懿行爾雅義疏採輯舊注，折衷群言，近世治爾雅者無過兩家，邵明於義例而考核不逮郝之精，郝則詳於經而或略於注。如釋器：婦人之褘謂之縭，縭，緌也。詩疏引孫炎注：褘，帨巾也。義同毛傳。郭氏則云即今之香纓。邵氏證以説文離騷謂孫非而郭是，郝氏證以方言釋名謂孫是而郭非，均詳博勝於邢昺原疏，然就其義考之，則郝氏之從孫炎是矣。且此義亦見詩七月疏，尋繹孔穎達之意亦從孫炎，今讀詩疏而不知其義，由誤認孔疏所引郭注爲疏文也。今就疏文判别之，則疏所云郭注較今本爾雅郭注多四十七字，疏云：郭璞曰即今之香纓也，褘邪交絡帶繫於體，因名爲褘。緌，繫也。此女子既嫁之所著，示繫屬於人，義見禮記。詩云親結其縭，謂母送女重結其所著以申戒之，説者以褘爲帨巾，失之也。以上六十八字皆郭注也。疏又引内則云：男女未冠笄者，總角，衿纓，皆佩容臭。郭以縭爲香纓，云義見禮記，謂此也。此孔解郭注中義見禮記文也。疏又云：昏禮言結帨，此言結縭，則縭當是帨，非香纓也，且未冠笄者佩容臭，又不是繫屬也，郭言非矣。此孔駁正郭注文也。又義見禮記句下詩云親結其縭云云，明是郭引詩證雅之文，無可疑矣。第釋文於著字重字不作音，豈陸氏所見本亦奪此四十七字歟。邵氏郝氏兩書亦未知此四十七字爲郭注，惟阮元爾雅校勘記言之，此固當據補也。

宛中宛邱

按，爾雅宛中宛邱，詩疏引李巡孫炎注皆云中央下。元和郡縣志引舊注云：四方高中央下曰宛。詩宛邱毛傳亦曰四方高中央下曰宛邱。舊無異説，惟郭注以宛爲中央隆高。詩疏引郭注云謂中央隆峻狀如一邱矣，與今爾雅注文小異而訓則同，蓋採釋山宛中隆之文以爲中央高也。詩疏駁之曰：上文備説邱形有左高右高前高後高，若此宛邱中央隆峻言中央高矣，何以變言宛中。其説良是。郝氏懿行爾雅義疏據孔疏駁正郭誤，又引釋名曰中央下曰宛邱、有邱宛宛如偃器也，謂與詩傳李巡孫炎同。邵氏晉涵爾雅正義亦引釋名，則作中央高曰宛邱，謂與郭氏義同。今撿釋名一書，未有善本可校，鼒得臆説之，曰：宛邱之説自以毛傳孫李舊注爲是，釋名之書當與郭氏義同，蓋宛宛如偃器自當爲中央高之形，若中央下則與偃器不相似也。

水草交爲湄

爾雅釋水云水草交爲湄，郭注引詩曰居河之湄。今本小雅巧言章湄作麋。鼒按，左氏孟諸之麋，太平寰宇記云：虞城孟諸澤，俗呼爲湄臺。又釋名曰：湄，眉也，臨水如眉臨目也。蓋眉湄麋古字通也。儀禮士冠禮眉壽萬年，注云古人眉作麋。荀子非相篇伊尹之狀而無須麋，注云麋與眉同。方言注云：麋猶眉也。漢書王莽傳赤麋聞之，注云：麋，眉也。古字通用。

苹蓱其大者蘋

爾雅釋草云：苹，蓱。其大者蘋。郭注云：水中浮蓱，江東謂之薸。又：苹，藾蕭。郭注云：今藾蒿也，初生亦可食。苹蓱即月令始生之萍，其大者蘋即詩所謂于以采蘋南澗之濱之蘋，苹藾蕭即詩呦呦鹿鳴食野之苹之苹。物各異類而字皆作苹，故毛傳誤以蓱爲鹿所食也，箋改爲藾蕭，是鄭義之優於毛者也。後人恐誤萍爲藾蕭，故於苹字加水爲萍，以别於苹，此當自東漢始。説文云：苹，蓱也，無根浮水而生者，從艸平聲。又云：蓱，苹也，從艸洴聲。又云：萍，苹也，水艸也，從水苹，苹亦聲。一字而數易其體，則許氏之意可思也。

荼苦菜

本草苦菜爲本經上品，併荼、苦苣、苦蕒爲一，又白苣爲一，萵苣爲一。李時珍曰苣有數種，色白者爲白苣，色紫者爲紫苣，味苦者爲苦苣。萵苣似白苣而尖，色稍青，折之有白汁，黏手，江東謂之萵筍也。按爾雅毛傳皆云：荼，苦采。太平御覽九百九十七引蔡邕月令章句云：苦菜，荼也，不榮而實謂之秀。又吳澄七十二候集解引蔡邕云苦蕒菜，據廣雅：蕒，蘆也。蘆，説文作藘，即今苦苣之苣。藘爲本字，苣乃假借之字也。邢昺疏荼苦菜云：葉似苦苣而細，斷之有白汁，花黄似菊。徐鍇亦以苦菜爲即今野苦苣，是苦苣苦蕒皆荼苦類，故唐風采苦、儀禮羊苦直名之爲苦爲苣爲蕒爲游冬，則古今異名耳。萵苣之名，古未聞見。杜甫種萵苣詩序云：既雨已秋，理小畦，隔種一兩席許萵苣，向二旬矣。李石續博物志云：萵菜出萵國，萵爲何國未詳。有毒，百蟲不敢近，蛇虺過其下誤觸之則目瞑不見物，有中其毒者，惟生薑汁解之。本草引彭乘墨客揮犀亦云然，理或然歟。則萵苣别爲一種，以其類乎苣而名之也。

出隧蘧蔬

按，爾雅：出隧，蘧蔬。注云：似土菌，生菰草中。菰當作苽，説文云：苽，雕胡，一名蔣。又云：蔣，苽也。鼒按，蘇頌本草云：菰根，江湖陂澤中多有之，生水中，葉如蒲葦，春生白茅如筍，又謂之茭白，其中心如小兒臂者爲菰手，爾雅出隧蘧蔬即此也。郭注蒟茭云：今江東呼藕紹緒如指、空中可啖者爲茭。茭，諸家第云草根可食者，俱不能指其物。鼒謂此亦茭白，蘇頌所謂春生白茅如筍者，今俗謂之茭菜甲，折斷有絲，中空，有節，與郭注義同，與蘧蔬爲二者，於春生之時爲蒟茭，三年中心生白臺如藕狀有黑脈者，蘧蔬也。又牛蘄草亦名茭者，亦同類而異名者也。爾雅如此例甚多，如葦醜芀、葭華、蒹薕、葭、蘆、菼、薍之類同爲蘆而異其類與名也。蓋古人精於格物，就所見而箸之篇無達例也。

熒火即炤

詩正義引舍人云：夜飛有火蟲也。禮正義引李巡云夜飛腹下有火光，故曰即炤。與郭注同。按崔豹古今注云：螢火，一名耀夜，一名景天，一名熠耀，一名丹良，一名燐，一名丹鳥，一名夜光，一名宵燭，腐草爲之，食蚊蚋。夏小正八月丹鳥羞白鳥，傳云丹鳥者謂丹良也，白鳥者謂蚊蚋也，有翼者爲鳥，禮疏引皇侃説謂丹良是螢火，是也。廣雅云：景天、螢火，蟒也。（蟒即燐之變體。）詩熠耀宵行，傳云：燐，螢火也。正義曰：燐者，鬼火之名，非螢火也。陳思王螢火論曰：詩曰熠耀宵行，章句以爲鬼火，或謂之燐，未爲得也，天陰沈數雨在於秋日，螢火夜飛之時也，故曰宵行，然則毛以螢火爲燐，非也。王氏念孫曰：正義所云，未爲通論，説文云熒屋下鐙燭之光，而爾雅云熒火即炤，鐙燭有光謂之熒，熒火有光亦謂之熒，猶鬼火有光謂之燐，熒火有光亦謂之燐也。

𧱰　豶

爾雅𧱰豶，郭注云俗呼小豶豬爲𧱰子。邢疏引舍人云：𧱰一名豶，亦不詳其義。説文豕部云：豶，羠（羊部云：羠，騬羊也。）豕也。𧱰，豶也。義與郭注異。按此以説文爲正。易豶豕之牙，李鼎祚集解引虞翻注云：劇豕稱豶，令不害物。引崔憬注云：説文豶劇豕，今俗猶呼劇豬是也。豕本剛突，劇乃性和，雖有其牙，不足害物。鼎祚云：九二坎爻，坎爲豕，以陽居陰而失其位，若豕被劇之象也。釋文引劉表注云：豕去勢曰豶。易義海撮要引陸績注云：豶，豕之去勢者。又玉篇云：豶，犗也。廣雅云：豶，犍也。（一本作⿰牛曷）説見廣雅王念孫疏證，與郭注並不同，故爾雅釋文云豶猶犍豬，亦與郭異義也。鼒謂諸書猶漢以後人説，若韓非子十過云豎刁自豶、墨子非儒篇云豶彘起以其善突也，尤可爲説文確證。

䖘貓

説文無貓字，徐鉉新附曰貍屬。説文曰：貍，伏獸，似貙。夏官射人云：王若大射，則以貍步，張三侯後。鄭云：貍，善搏者也，行則止而凝度焉，其發必獲，是以量侯道法之也。今貓有所伺捕，趨縮之步不失尺寸，如鄭君所説，是貓爲貍屬無疑也。陸佃曰：鼠善害苗，貓能捕鼠，故字從苗。按，字之從苗，農師以鼠害苗貓食鼠爲義，此本禮郊特牲，其實非也。陶注本草云貍有虎貍有貓貍，此皆以形之似者爲名，虎貍，貍之似虎者也，貓貍，貍之似貓者也，總之貍屬而異名也。爾雅釋獸云虎竊毛謂之䖘貓，郭注云：竊，淺也。詩曰：有貓有虎。毛傳云：似虎而淺毛者也。則貓固虎類，今以貍爲貓，謂其形似貓而實非本名貓也。又按，貓字古作苗，説文云：䖘虎竊毛謂之䖘苗。

鼬鼠

爾雅釋獸云鼬鼠，郭注：今鼬似貂，赤黄色，大尾，啖鼠，江東呼爲鼪。説文云：鼬，如鼠，赤黄而大，食鼠者。邵晉涵曰此後世所謂鼠狼也，鼠狼能捕鼠及禽畜，祝雞者患之，江東呼爲鼪者，莊子所謂騏驥驊騮捕鼠不如貍鼪者是也。肅按，鼠狼之名，本孫炎爾雅注云鼷鼠有螫毒如鼠狼是也。又本草云鼬一名黄鼠狼，又名鼪鼠，又名䶈鼠，又名地猴。

牝馬謂之草馬

草馬之名見爾雅注，匡謬正俗云：牝馬謂之草馬，何也，答曰：本以牡馬壯健，堪駕乘及軍戎者，皆伏皁櫪芻而養之，其牝馬惟充蕃字，不暇服役，常牧於草，故稱草馬。顔氏家訓亦云：騲，騭騲。即草之俗體也。顧亭林日知錄所載甚詳。又淮南修務訓云：馬之爲草駒之時，跳躍揚蹄翹尾而走，人不能制。高誘注云：馬五尺以下爲駒，放在草中，故曰草駒。是與爾雅元駒同，爲小馬之別名也。

狗爲食犬

今國法禁宰牛殺犬，重耕田守夜也。而吾邑民及滁州人多食牛犬，官或治之，則曰吾所殺非耕牛，菜牛也。此小人無忌憚之言，然其由來已古。蓋宋時已有菜牛之名，陸佃埤雅云：傳曰犬有三種，一者田犬，二者吠犬，三者食犬，食犬若今菜牛也。是此説宋時有之矣。又周禮疏亦云犬有三種。按爾雅長喙獫、短喙猲獢者，田犬也。尨狗者，吠犬也。無云食犬者。邵晉涵正義曰雞豚狗彘之畜無失其時，是狗爲食犬也。邵氏蓋以尨爲吠犬，狗爲食犬也。

臨川答問 積學齋叢書

清·劉壽曾

問：爾雅星紀斗牽牛、河鼓謂之牽牛，兩牽牛之別，郭景純本河作何，何爲荷之省，豈荷鼓爲行軍用鼓之制歟。

答曰：爾雅兩牽牛，讀者不詳文例，又爲李巡孫炎兩説所淆，李説不可解，孫説不易解。牽牛或合或分，遂成二千餘年疑案，然此特注爾雅毛詩者之疑而于他書及星算不相亂也。自陳碩甫毛詩疏主牟廷相謬説，謂月令春旦秋昏中星皆河鼓，經典無名牛宿曰牽牛者，星家失傳自天官書始，余嘗作牽牛辨破之。按牽牛主犧牲，有牛象，故曰牽牛。河鼓象牽牛之人，故亦名牽牛，牽之者與所牽者皆可云牽。若因河鼓一名牽牛，轉概星紀之牽牛爲非牛宿，將以河鼓爲牛宿乎。至河鼓主軍鼓，見天官書，甘氏星經云：枕河主軍鼓，是字宜從水作河，郭璞作從人之何或刻作荷而以荆楚俗呼爲證，陳氏復以農諺之扁擔星證之，殊不雅馴，阮文達校勘記以何爲郭氏私改是也。若欲援郭説入天官書漢志之占以荷鼓爲即行軍用鼓之制，愈加淆矣。要之河鼓爲三將軍主軍鼓占也，曰河鼓主名也，其合九旗以接於牽牛宿，有似人牽牛象也。謂之牽牛，旁稱也，星紀之牽牛占也，亦象也，主名也，奈何以其複他星之旁稱而混星紀之主名耶。

問：爾雅釋五嶽有二説，鄭君注周官兼用之，前後互歧，宜何從。

答曰：邵二雲郝蘭皋爾雅疏皆以前説爲定，而以後説爲漢儒增入，惟王西莊謂後説句係嶽字爲五嶽一定之正名，以賈公彦崧高疏爲能圓融鄭説。姚姬傳則謂書第言東巡之爲岱宗，南西北會諸侯之嶽無一定之山。爾雅兩載，儒者相傳異説，蓋皆古王者制作，爾雅者不能明而後人欲明之過矣。

問：衡霍二山之别。

答曰：郭景純注爾雅霍山，謂在衡陽湘南縣南，蓋以衡山别名霍山，而他説皆謂廬江灊縣西南之霍山。按秦時呼禹貢衡山曰湘山，而名灊之霍山曰衡山，始皇二十八年渡淮水之衡山南郡浮江是也，故項羽封吳芮爲衡山王，約在今安慶廬州黄州地，是衡陽之衡山灊縣之霍山其名互蒙。

問：爾雅薢茩英光與蔆蕨攗，郭注兩釋，而説文廣雅牽合爲一，果一物而四名歟。郭注或曰蔆也，蔆從𠂤與從水淩不同，蔆或原生之草，非水生之草歟。

答曰：爾雅薢茩英光與蔆蕨攗判分兩處，郭注亦判分兩物，惟於薢茩英光注有或曰蔆也句以旁通之，而説文廣雅則合而一之。邵二雲郝蘭皋病楚金於郭注兩釋之者牽合爲一，然楚金猶謂蕨攗，即英光之聲轉，芰又蕨攗之合聲，則竟全合爲一更無區别。錢竹汀謂蕨攗與英光聲近，蔆、蕨攗、薢茩、英光殆一物而四名。所謂一物者，何物耶，其本草之決明子乎，抑芰實乎，二者皆有之，則是謂決明子爲一物四名也可，謂芰實爲一物四名也亦可。諸家知攻擊傳之牽合，而於己說之全合爲一更無區別者則不以爲疑，竊謂當會爾雅各釋之旨以嚴其辨，從郭氏分注而兼存或說之意，以定其物而通其說，參之說文廣雅以存其疑，據景純注謂蓤從𨸏，爲原生之草，非水生之草，創辨爲前人所未有，惜檢各字書無蓤蔆，從𨸏從水，一芰一非芰之分，雖有心得而獨斷無以伸也。

與高鑾之上舍書論爾雅林烝君也義　後樂堂文鈔

清・陳玉澍

足下博學强識，不自滿假，殷殷以雅義下詢，樹雖弇陋，敢不貢厥所知。古者君有二義，易繫辭曰天尊地卑，君臣定矣，君之尊對臣言也，此天帝詁君之義也。林烝訓衆又得訓君者，君者衆所立，必有衆而後有君，趙威后所謂苟無民何有君也。周書謚法解從之，成群曰君。太子晉解侯能成群曰君。韓詩外傳、白虎通、廣雅釋言皆訓君爲群，君者衆也。易乾鑿度、書大傳、呂氏春秋、白虎通、說文皆云王者天下所歸往，天下亦衆詞也。觀於君王之皆從衆得義，又何疑林烝之爲衆亦爲君乎。何以言君爲衆所立也，古者舜禹啓之立皆朝覲訟獄謳歌者爲之，周禮小司寇掌外朝之政以致萬民而詢焉，三曰詢立君，此民衆之立天子也。史記吳世家云荆蠻立爲吳大伯，左氏春秋傳僖十三年晉將立圉朝國人而以君命賞，此民衆之立諸侯也。又有因民衆而廢者，炎帝時夙沙之民自攻其君而來歸，周厲王時萬民不忍居王於彘，此事在後世爲大悖逆，而神農氏不以爲非也，周召共伯和不以爲亂民而討之也。蓋古者貴不列於五福，人君不敢自尊，臣民視君雖尊而實親，故文王受命伊尹周公之攝政，後世震爲非常之舉，古聖視之略不爲異。自秦始皇廢封建稱皇帝，以民爲黔首而愚之，自是民賤而君獨尊，炎漢以來相沿不改，雖有令辟，而唐虞三代之盛不可復矣。爾雅詁君之字十，冠林烝於天帝皇王之上，此即周易上地下天爲泰之象，而與孟子民貴君輕之義適符。此義不明，高郵王氏伯申遂謂林烝不可訓君而讀君爲群，玉樹所著爾雅釋例已辨之詳矣，無怪足下疑其非是。然古今之治，各有制度，儒者不可據今以疑古，謂衆之義無與於君，亦不可援古以繩今，謂君之權宜分於衆也。

籀高述林

清・孫詒讓

斪斸謂之定義

爾雅釋器斪斸謂之定，有鉏斤兩義，郭璞注云鋤屬，釋文載或本斸作欘，又引李巡云：斪，斸，鋤也。定，鋤別名。御覽引舍人注同。廣雅釋器云槈謂之定，亦同李郭義。說文斤部斪斸下並云斫也，斫，擊也。不辨何器。而木部有欘字云：斫也，齊謂之鎡錤，一曰斤柄性自曲者。依許說則欘斸二字音義本同，欘字說解以斫爲鎡錤，明斤部斪斸訓斫即專用欘字前一義也。考工記車人說車工之度云：半矩謂之宣，一宣有半謂之欘，一欘有半謂之柯，一柯有半謂之磬折。鄭注云：欘，斲斤柄。引爾雅作句欘。鄭司農云：蒼頡篇有柯欘。據李郭義則斪斸爲鉏，據鄭義則句欘爲斤柄，據許說則欘本含兩義，前一義爲斫土之鎡錤，亦即鉏，故廣雅釋器云：鎡錤，鋸，鉏也。許義即李郭諸說所本。後一義爲斫木斤柄，即鄭說所本也。管子小匡篇又云：惡金以鑄斤釜鉏夷鋸欘。（國語齊語作鉏夷斤欘，無釜鋸二字，與管子文異。）尹知章注云：鋸欘，钁類。考說文金部云：钁，大鉏也。則尹以鋸欘亦爲鉏屬。墨子備城門篇有居屬與築壘同舉，（壘與孟子虆梩字同。）則亦鉏钁之類，足證尹說。蓋屬與欘斸同字，而鋸居與斪句則取義迥異，其歧牾之故莫能詳也。考車人宣欘柯磬折四者，程易田謂即形學三角斂侈之度審繹，記義蓋以欘柄本直，其首箸金則横出而成曲度，故記人假以别倨句形體，蓋古國工審曲面勢力之精義也。今以割圜四象限求之，矩爲一象限九十度，宣半矩則四十五度也，欘一宣有半則六十七度二分度之一也。竊謂考工凡云倨句，即曲角侈弇之差意者。鉏斤二器同有欘稱，而其箸金於柄則倨句不同，倨者爲鉏柄箸金之度，故謂之居屬。鋸欘明鉏爲欘之倨者，居鋸皆倨之借字也。句者爲斤柄箸金之度，故謂之句。欘斪斸明斤爲欘之句者，爾雅釋文載或本斪又作拘，廣韻四覺引爾雅亦作拘欘。斪拘亦即句之借字也。以車人一宣有半之欘推之，自六十七度二分度之一而侈之以至百零一度四分度之一，而成柯之倨句，則凡侈於宣而弇於柯者皆欘倨句之度也。今申欘以爲柯，其較凡三十三度四分度之三，折取其半爲中數，則八十三度以内爲欘之句度，斤柄之度準之，以外爲欘之倨度，鉏柄之度準之，蓋句欘居欘之名義既定而斤與鉏倨句之形亦約略可推，知爾雅之義當從鄭爲正，李郭諸説與句欘實不相當也。若然欘斸爲斫器之大名，倨句則曲度之通語。斤柄之曲度微弇，字當爲句欘，後人因其爲斤，變欘爲斸，又并增句爲斪，此孳乳而寖多，句斪非斤柄之專名也。鉏柄之曲度微侈，字當爲倨欘，倨省而爲居，後人因其箸金增居爲鋸，遂與槍唐之名掍淆，説文金部：鋸，槍唐也。即今木工所用之鋸。此假借以爲用，居鋸亦非鉏柄之本名也。蓋倨句對文幖識，不能孤立爲名，而欘名通於鉏斤，必加以倨句乃足以示别異，故許書欘字必兼舉兩訓，而廣雅詁鋸爲鉏爲失其義，唯説文訓欘爲斤柄性自曲，則亦不可通，夫斤柄本直，以首箸金乃得有侈弇，安取本性自曲，且木性自曲亦自中他用，不必專爲斤柄，何必特爲制名乎。段氏注云謂斫木之斤及斫田之器，其木首接金者，生而内句不假揉治。段内句之説既難通，又牽入田器，尤非許意。竊意説文舊本當云斤柄句曲者，許蓋即據句欘爲訓，與先鄭引蒼頡篇義同。今本因句與自形近而訛，後人又增性字以成其誤，遂不可理董耳。知欘斸同爲斫器，以倨句形度異名，而後爾雅考工及管墨諸書之本義、許鄭李郭諸儒之異論，皆可塙定其是非，此亦釋名辨物之助也。

爾雅匡名補義

近代爾雅之學以邵郝兩疏爲淵棷，而考正文字則歸安嚴氏匡名致爲精審，三家驂靳並行，觀古辨言，殆無賸義矣。曩校讀斯經藉資研覈，偶得數事爲嚴書所遺闕，聊復記之。釋詁：矢、雉、引、延、順、薦、劉、繹、尸、旅，陳也。釋文矢作戻，云本作矢。嚴云：戻，俗字，自石經以後諸本無作戻者。今考戻當作矦，說文匕部：匙，未定也，從匕矦聲。矦，古文矢字。矢部無此重文。許書不云矦從何形，其上從匕，似匕之反文，經本或作此字，後人不識，傳寫誤爲從尸，遂成戻字，然則戻爲矦之變乃隸古之訛，嚴以爲俗字殆未究其本，至爾雅舊本究當以矢爲正，故廣雅釋詁云戻陳也，字與陸本同誤，但張書大例凡爾雅元文所有者咸不重出，今本間有重複者皆傳寫之訛。足證漢魏舊本經文不作此字，宜唐石經之不從陸也。釋山：山大而高，崧。郭注云：今中嶽嵩高山蓋依此名。經注崧嵩互異，釋文：崧又作嵩。嚴引盧紹弓云崧嵩二字說文所無，韋昭國語注云古通用崇字。考嵩字見漢碑者凡七，劉寬後碑、尉氏令鄭季宣碑、陰魯峻碑、陰韓勑碑、桐柏廟碑、三公山碑、唐扶頌。則雖說文所無而其字實古於崧。爾雅元文當本作嵩，與注同。釋文及唐石經作崧者，後人所改。邢疏引李巡云高大曰嵩，詩崧高孔疏引作崧，蓋依詩文改。是漢時本作嵩也。通典一百四云：東晉康帝諱岳太學言被尚書符解列尊下疑挩名字舊是五山之大名。按，釋山篇：山大而高，嵩。今取諱宜曰嵩，此尤晉時本作嵩之塙證。郭注自是古本，今經文皆改爲崧，郭注以中嶽之名僅得不改，當據以訂正。釋艸：虋，赤苗。注云：今之赤粱粟。又芑白苗注云：今之白粱粟，皆好穀。考說文艸部：虋，赤苗嘉穀。芑，白苗嘉穀。詩大雅生民惟糜惟芑，糜與虋同，毛傳亦用爾雅，此皆以爲穀名，惟太平御覽百卉部引舍人注云：別米赤白苗也，是伯夷所食首陽草也。齊民要術二止引下句，伯夷下有叔齊二字。此注前後義異，前一義云別米赤白苗，與毛許郭諸家說正同，後一義云伯夷所食首陽山草，則以爲草名，蓋舍人所見本虋或作薇，注中兼載異文，故別附此說以備一義。虋薇聲類相近故通用，周禮天官、天府、春官𠤱人、鷄人注並云釁讀爲徽，是其例也。此漢注異文之一，邵郝兩疏並不憭，遂譏其謬說，非也。釋獸：蜼卬鼻而長尾，時善乘領。此當蒙爲一節，次句注云好登山峰，則郭意時是義同，時善乘領即謂蜼之爲獸是善登山領，俗作嶺同此與上文猱蝯善援、貜父善顧，及後文騉蹄趼善陞甗、騉駼枝蹏趼善陞甗，皆論獸之性習，文例正同。自邢疏以下並分爲二節，則似以時爲獸名，非是。嚴氏亦未訂正。謹附識之以遺讀此經者。

爾雅時善乘領義

釋獸：蜼卬鼻而長尾，時善乘領。注云好登山峰。邢疏云好登山峰之一獸。審玩邢義，似以時爲獸名與蜼別，今考此當蒙上蜼爲文，邵同邢義，郝亦別為一條而無釋。時是義同。言此蜼之爲獸是善登山領也。釋獸一篇凡言善者皆謂獸之性質所能，如上文云猶如麂善登木，又云猱蝯善援，貜父善顧，又釋畜云騉蹄趼善陞甗，騉駼枝蹄善陞甗，文例並與此正同，乘領與登木陞甗義亦不異，郭以其義易明，故注中不箸時字詁釋，邢疏未審，迺以時別爲善乘領之一獸，非徒於古無徵，即以爾雅文義校之亦必不可通，其疏舛殊甚，而邵郝諸家咸無匡正，何也。

釋翼

訓故者即古之言語，其略具於爾雅而散見於詩書，然以字義求之，其爲本訓者至少，而以聲義假借引申則十得其八九，蓋古言古義展轉孳益，爾雅固不能盡載也。釋詁云：翼，敬也。釋訓云：翼翼，恭也。翼本訓鳥翅，此訓敬訓恭者，蓋趩之假借字。論語鄉黨篇：趨進翼如也。說文走部作趩，是其本字。趩本爲拱翼之容，引申爲恭敬，因之所尊敬之人亦得稱翼。此其義見於詩書而爾雅不詳，漢以來詁經者咸莫能稽覈，蓋古言廢失而古書之誤解者多矣。詩大雅文王有聲篇云：詒厥孫謀，以燕翼子。翼子者，猶言子之尊貴者，與胄子元子義蓋相近。上句言詒其謀猷於孫，下句言以安爾之尊貴之子，義正相承貫也。而毛傳云：燕，安。翼，敬也。鄭箋云：孫，順也。故傳其所以順天下之謀，以安其敬事之子孫。禮記表記亦引此詩，鄭注云乃遺其後世之子孫以善謀，以安翼其子也。鄭禮注與詩箋義小異，而訓翼爲敬略同。表記孔疏謂鄭訓翼為助，未塙。今玩詩辭，自以翼子别於衆子孫，毛本雅訓以爲安敬，鄭又云敬事之子孫，於文義似皆迂曲，不如訓爲尊貴子之協也。翼子爲尊貴之子，故又借以爲兄長之稱。書大誥云：爾庶邦君，越庶士，御事，罔不反，曰，艱大，民不靜，亦惟在王宫邦君室，越予小子，考翼，不可征。訛孔傳訓考爲成，訓翼爲敬，云敬成周道。語既傎到，又與上下文義並不相貫。諦審書義，此二句蔡仲默謂指管蔡言之，其説最塙。大旨謂邦君庶士等，咸謂與殷民爲不靜者乃惟在王家及邦君家與我之父兄，此等皆親貴，故不可遽征伐之也。蓋釋親云父爲考，因之諸從父亦得謂之考，翼本尊敬之稱，因之兄長亦謂之翼，其義例本同也。況考翼爲父兄，大誥下文又有明證，彼文云：若考作室，既厎法，厥子乃弗肯堂，矧肯構，厥父菑，厥子乃弗肯播，矧肯穫，厥考翼，其肯曰予有後，弗棄基。此考翼即父兄，對上厥考厥子及下予有後爲文。考既指父言之，則翼爲兄長，其義昭然，故下文又云：若兄考。乃有友伐厥子，民養其勸弗救。亦以兄考對厥子言。兄考即考翼，文偶變易，兩文對勘，尤明辯晳矣。而鄭書注訓爲其父敬事之人，僞孔又云其父敬事創業而子不能繼成其功，皆於文義爲不順。王文簡經義述聞知其難通，遂疑此翼字涉上文而衍，皆非也。且翼之爲兄長，以聲義求之，又得一比例焉。釋親云女子同出，謂先生爲姒，後生爲娣。又云：長婦謂稚婦爲娣婦，娣婦謂長婦爲姒婦。喪服傳云：娣姒婦者，弟長也。蓋即以弟長釋娣姒。男子之以翼爲長爲兄，亦猶女子之以姒爲長也。姒翼古音相近，故春秋經定姒公穀作定弋，弋翼音同字通。書多士：非我小國敢弋殷命。釋文及孔疏引馬鄭王本並作翼，是其證也。蓋翼訓尊貴，又假以偁兄長。詩書之義可以互證，而説經者徒拘守爾雅翼敬之訓，不能通其引申之義，故咸不得其旨。謹表出之，或足裨雅訓之遺闕乎。

釋五嶽

清·王舟瑶

五嶽之説，諸家互異，論者謂由爾雅前後歧出而誤，不知爾雅並不歧出，歧之者康成也。釋山首言河南華、河西嶽、河東岱、河北恒、河南衡，此釋五山之名，並無五嶽之號，固未嘗指此五山爲五嶽也。至篇末言泰山爲東嶽、華山爲西嶽、霍山爲南嶽、恒山爲北嶽、嵩高爲中嶽，則始釋五嶽之名，自來注爾雅者皆知其然，故李巡云：華，西嶽華山也，岱，東嶽泰山也。恒，北嶽恒山也。衡，南嶽衡山也。不以吴嶽當其一。李引注見左昭四年正義。孫炎云：雍州鎮有吴嶽山。引見御覽四十四郭璞云：嶽，吴嶽。並不指爲西嶽，是諸家固未以此五山當五嶽也。伏生大傳、班氏白虎通、許君説文皆以岱、霍、華、恒、嵩高爲五嶽，説與釋山篇末同。史記封禪書、孝經鉤命決以及何劭公之公羊注、服子慎之左傳注所論五嶽説亦不異，惟改霍山爲衡山，其實衡山即霍山，名異而地一也。風俗通曰衡山一名霍山，言萬物霍然大也，是霍山即衡山，衡山一名霍山猶泰山一名岱山。自武帝以衡山遼曠，移其神於天柱山，於是霍山之名爲天柱所專，而衡山反無霍山之稱，故孫叔然疑爾雅霍字爲衡字之誤。而郭注竟以天柱當霍山則大誤也。鄭注周官大宗伯數岱、衡、華、恒、嵩高爲五嶽，其説與諸家同本不誤，而注大司樂云，五嶽岱在兖州，衡在荆州，華在豫州，嶽在雍州，恒在并州，而説始歧。其實鄭以職方氏之九州鎮山分配大司樂之四鎮五嶽，故指此五山爲五嶽，而初未嘗本爾雅爲説，後人見其與釋山篇首所列五山相合，又見鄭禘問志云周都豐鎬，故以吴嶽爲西嶽，而遂以篇首所列爲周之五嶽，而斥篇末所列爲漢人附益。近邵氏晉涵説。又或以爾雅前所述者成周之制，後所述者夏殷及東遷以後禮。臧氏庸説又或以岱、衡、華、恒、霍大爲唐虞夏之五嶽，岱、衡、華、恒、嵩高爲殷之五嶽，岱、衡、華、恒、吴嶽爲周之五嶽，東遷以後復用殷制，金氏鶚説而異説滋矣。不知五嶽之名就天下之形勢定之，岱在東故爲東嶽，衡在南故爲南嶽，華在西故爲西嶽，恒在北故爲北嶽，嵩高居河南，當天下之中，故爲中嶽。四嶽仍於古，中嶽起於周，就天下之形勢定之，確然不可移易也。若必據所都以爲定，則五嶽之名無代不改，誠有如孔冲遠所譏軒居上谷，處恒山之西，舜居蒲坂，在華陽之北，豈當據己所在嶽祀乎。至於五嶽之名始見周官，虞夏之書僅聞四嶽，而史公何劭説尚書而及嵩高，已覺據後概前，乖違經旨，而近儒復見霍大山有太岳之稱，遂據之以當唐虞之中嶽，閻百詩、胡朏明、邵二雲、金誠齋説同。此尤望文生訓，無徵不信之説。夫山之嶽名者多矣，漢志曰岳山古文以爲敦物，霍大稱太岳而可以爲中岳，將敦物稱岳山亦可據以當一嶽乎，此尤明白易斷也。夫東岱、南衡、西華、北恒、中嵩高，證諸爾雅，既有明文，按之地勢又不可易，故自伏生、司馬子長、班孟堅、許叔重、應仲瑗諸人皆信之而不疑，今人必舍篇末之明文而據卷首之别誼，亦何爲哉，亦何爲哉。

釋爾雅邠國

爾雅釋四極西至於邠國，郭注止言皆四方極遠之國，而不能實指其所在。今按，説文汃下云西極之水也，引爾雅曰西至於汃國謂之四極。是許君據爾雅作汃，汃國當即從汃水得名也，然亦不言汃水之所在。今考汃水實出郟西邠州三水縣之東北，其流入於涇，齊氏水道提綱云涇水又東南經邠州北，又東南有溫涼河，東北自三水縣合汃水來會，注云溫泉涼河經三水縣西境，又南有汃水，自三水縣東北石門山西南流經城南而西南流來會，又南入涇。案此即古之汃水，其名不見於水經者，蓋汃水入涇，今本水經佚涇水篇，故汃水亦不見於水經，然其水尚在，其名存於方志，固可得而考也。汃水出今邠州東北，自是西極，故謂之西極之水，以汃水在此。考之，則所謂邠國者即指劉國也。漢地理志右扶風栒邑下云有豳鄉，詩豳國公劉所邑，鄭君詩豳譜亦云今屬右扶風栒邑。劉昭注郡國志漆縣引杜預説云豳國在東北，又引帝王世紀云有豳亭，案漢栒邑在今邠州三水縣東北，而邠州西即漢漆縣地，公劉墓及廟皆在州城東六十里，是公劉之國自在今邠州三水之間也。汃水即出其東北，其南又有豳山，說文豳下云：美陽亭即豳也，民俗以夜市有豳山。案美陽二字誤，當在漆縣。方輿紀要云郃州南有豳山，是郃國本以山水得名，其字古止作汃，或作豳也，郃當是後起字，因國名而制也，猶之岐周因岐山得名，古止作岐，後因國名而別制郊字也。是故郃國可作汃作豳，豳山汃水不得作郃，今說文列汃於水部而釋爲西極之水，是矣。不列豳於山部而隸於郃下，竟以豳爲郃之重文，與列岐於郊下而反以岐爲郊之或文，皆體例之未善也。漢書司馬相如傳右西極，文穎注既引爾雅爲證，又云在長安西，故言右也。案公劉國爲漢栒邑，正在長安西，則所謂西極之郃國非指此，更何指也。

釋山五嶽前後異義考 經訓書院自課文

清·皮錫瑞

釋山前云河南華、河西嶽、河東岱、河北恒、江南衡，後又云泰山爲東嶽、華山爲西嶽、霍山爲南嶽、恒山爲北嶽、嵩高爲中嶽，前後異義，學者疑焉。錫瑞案，兩漢經師家説有今古文之分，而今古文分於七十子之後，並不始於兩漢，釋山前説乃古文説，後説乃今文説，爾雅與魯詩合，蓋今文家所傳，故前説不標五嶽之名，後説明舉五嶽，其意當以後説爲正。兩漢爾雅古注多就亡佚，郭注無甚發明，近世邵郝兩家號稱精博，亦不通曉今古文師法，於釋山前後異義未能分別疏證，且是丹非素，舉一廢百，甚違不知蓋闕之義，兹特鉤稽古訓，詮釋雅文，其前後相同者不復備舉。前云河南華河西嶽，後云華山爲西嶽嵩高爲中嶽者，詩崧高正義引鄭君雜問志有云：周都豐鎬，故以吳嶽爲西嶽，周家定以嶽山爲西嶽，不數崧高。鄭君此言即可爲爾雅塙詁。周都偏於西，華山在其東，故更以吳嶽爲西嶽，其時當以華山爲中嶽，故爾雅前説首列河南華河西嶽而無崧高，若華山爲西嶽嵩高爲中嶽，蓋殷制或東周之制。兩漢今文説以嵩山爲中嶽，見孝經緯、大傳、説苑、白虎通、公羊解詁諸書，嶽山爲西嶽不見於今文家所稱引，疑古文説有之，鄭君兼通今古文，故注大司樂曰華在豫州、嶽在雍州，明以華爲中嶽、嶽爲西嶽，與大宗伯注以華爲西嶽不同。鄭學宏通，不拘一説，孔穎達不知其旨，乃駁鄭云：若必據已所都以定方岳，則五嶽之名無代不改，何則軒居上谷，處恒山之西，舜居蒲坂，在華陰之北，豈當據已所在改岳祀乎。錫瑞案，冲遠此説拘滯鮮通，王者既可遷都，何以必不可改嶽，古者一王受命，正朔服色無不改易，何獨嶽祀不可變更。嶽所以觕功德，行黜陟，本爲四方巡狩各標一方之山以爲準，不必定在一山，若都在西而西嶽在其東，都在北而北嶽在其南，則名實不符，而一方諸侯之會於嶽下者當先過王都，尤不相宜，故古之嶽祀當隨建都遷改，非若後世並不巡狩，正朔服色亦不改革，而嶽祀遂不復變也。軒轅之事，荒渺無考，舜居華陰之北，不在華山之西，以華爲西，名實未亂。霍太山亦稱太嶽，邵氏正義謂唐虞以霍太山爲中嶽，雖無明文，而既有太嶽之名則必古時嘗以爲嶽，此亦古者五嶽不定一山之明證也。邵氏正義據鄭説爲定論甚是，而郝氏義疏背康成之古訓，信冲遠之野言，謂若依鄭志及周禮注則是周家當有兩五嶽矣，恐不然也，不知周既有兩王都，何以不得有兩五嶽乎。前云江南衡後云霍山爲南嶽者，崧高正義、左昭四年傳正義引郭璞爾雅注云：霍山今在廬江灊縣，潛水出焉，别名天柱山，漢武帝以衡山遼曠，故移其神於此，今其土俗人皆呼之爲南嶽，南嶽本自以兩山爲名，非從近來也，而學者多以霍山不得爲南嶽，又言從漢武帝始乃名之，如此言爲武帝在爾雅之前乎，斯不然矣。孔穎達云：竊以璞言爲然，何則孫炎以霍山爲誤，當作衡山，案書傳虞夏傳及白虎通風俗通廣雅並云霍山爲南嶽，豈諸文皆誤，明是衡山一名霍也。錫瑞案，冲遠此説信郭璞而駁孫炎，引古書以證爾雅霍山不誤，其説皆是，惟謂衡山一名霍，其意以爲爾雅後説，霍山爲南嶽，霍山即前説江南衡之衡，衡霍一名，皆非天柱，則與郭意殊不相合。郭氏之意以爲衡霍兩山皆名南嶽，爾雅在漢武之前，已云霍山爲南嶽，則名霍爲嶽不始於武帝，其解爾雅精塙不易。孔疏明引郭爾雅注，今無其文，則今所傳爾雅郭注亦多佚脱。郝懿行不曉古義，並不信爲郭注，乃謂是郭音義文，與孔疏違，殊屬武斷，又謂郭誤據廣雅，不知兩漢人皆以霍山爲南嶽。孔疏所引之外，如説苑論衡今文説，説文古文説，其説皆同，豈獨廣雅。郭氏云學者多以霍山不得爲南嶽，則偏執一説，自晉時已然，淺人不信古書，雖兩漢人有明文，皆以爲是漢制，伏生書傳在漢武之前，又謂書傳不盡出伏生，即爾雅後説亦謂漢人增竄，不知爾雅即有漢初人增益，亦必在武帝前，景純所言斷乎不妄。嘗考得一塙證，遠在漢武以前，楚辭天問云吴獲迄古南嶽是止，王逸注曰：獲，得也。迄，至也。古，謂古公亶父也。言吴國得賢君，至古公亶父之時，而遇太伯，陰讓避王季，辭之南嶽之下，采藥於是，遂止而不還也。案太伯逃荆蠻，乃吴地非楚地，屈子所云南嶽必謂霍山，非謂衡山，據此足信霍山爲南嶽。古説有之，必非自漢武始，爾雅後説亦非漢人增竄明矣。

又案，邵郝諸家不以爾雅後説爲後人增竄，尚能篤守古訓，而謂衡霍二山爲一則異義，猶未明衡霍本無定稱。衡横古通用，山之横者皆可名衡，爾雅大山宮小山霍，山之大而圍小者皆可名霍，左氏襄三年傳克鳩兹至於衡山，杜預曰衡山在吴興烏程縣南，郭注中山經曰今平陽永安縣晉安羅江縣河南鞏縣皆有霍山，而皆與南嶽無涉，安見南嶽之衡霍不得有二名乎。湘之衡亦可名霍，灊之霍亦可名衡，衡霍皆一山二名，又皆嘗爲南嶽，故説者多牽混。古人多以霍爲南嶽，乃謂霍即是衡，後人多以衡爲南嶽，乃謂衡即是霍。其謂霍即衡者，漢書諸侯王表：北界淮瀕，略廬衡，爲淮南。師古注曰：廬衡二山名也。衡屬淮南，必即是霍，風俗通曰：南方衡山，一名霍，霍者，萬物盛長，垂枝布葉，霍然而大，廟在廬江灊縣。唐盧潘廬江四辨曰衡即今霍山，此皆以霍爲衡者也。其謂衡即霍者，吴越春秋越王無余外傳曰：禹治水始於霍山。注云：南嶽衡山又名霍山，泰與岱衡與霍皆一山二名。李石續博物志曰衡山即霍山，山海經衡山即岣嶁山。志蓋引山海經以别於灊之霍。其見於唐詩，如杜甫詩云衡霍生春早瀟湘共海浮，劉長卿詩云愛此衡霍近，又云見盡湘南山，郎士元詩云昔别醉衡霍，又云兼得瀟湘遊，此皆以衡爲霍者也。衡霍在後世雖可通稱，而在爾雅必有一定之名，非一山二名，不得以泰岱爲比。兩漢習用今文，皆以霍山爲南嶽，則釋山後說爲今文說、前說當爲古文說無疑。古今說所以不同者，王者嶽祀代有變更，衡霍二山皆嘗爲嶽，正如周初以嶽爲西嶽，華爲中嶽，與西嶽華山中嶽嵩高之文有異。爾雅釋山兩說並載，亦如鄭注周禮兩說並存，古人網羅舊聞，疑者傳疑，意在矜慎，豈若後人武斷，必欲强使合一，若李斯之別黑白而定一尊乎。應劭風俗通義本謂衡即是霍，孔疏據之，誤會其旨，乃謂霍即是衡。郝氏依洪頤煊之誤解正與孔同，而斥孔爲謬，是並孔疏亦未諦視，宜其解爾雅不明也。

又案，史記封禪書引堯典五月巡狩至南嶽，云南嶽衡山也，班孟堅曰遷書載堯典多古文說，疑此是古文說之一，故與大傳今文不同，然考秦始皇本紀云：乃西南渡淮水，之衡山、南郡，浮江至湘山祠。後又云上至南郡由武關歸。張守節正義引括地志衡山亦名峋嶁山，又云言欲向衡山，即西北過南郡入武關至咸陽。錫瑞案，此文有不可解者，始皇由淮水至南郡，不經今之衡山，今之衡山在湘山南，若往衡山當在至湘山祠之後，不當列其文於南郡之前，始皇豈先往衡山乃至南郡，又浮江至湘山，復至南郡乃歸，如是其迂曲乎。張守節知其說不可通，故以之衡山爲欲往衡山，然如其說則始皇尚未往，史臣揣其意而書之，古史無此文法。蓋始皇南至湘山而止，實未嘗至今之衡山，史記所云衡山，當即霍山，霍在灊，與淮水相近，故次於渡淮水之後，然則封禪書云南嶽衡山亦即霍山，猶漢書諸侯王表廬霍爲廬衡而非別載古文說矣。史記黥布列傳云：九江、廬江、衡山、豫章郡皆屬布。淮南衡山列傳云：立子長爲淮南王，王黥布故地，凡四郡。徐廣曰：九江、廬江、衡山、豫章也。此衡山即霍山，後云徙爲衡山王，王江北，此其明證。項羽本紀云立芮爲衡山王，都邾，亦非今之衡山，據史記證史記，皆古以霍爲衡之證也。

閱爾雅說 湖南文徵

清・何文廌

我聞先輩有言，爾雅倡於周公而成於子夏，廌十歲治尚書，行年十五而五經旁歷，閱竟其目，十三經中爾雅與焉，獨怪日加博涉，睹經十一而爾雅與儀禮俱弗得見。前兩值攻城之寇，後頻遭革命之兵，如是者六年間，茲二書也屢購求弗得，販書者皆云版廢，付之長歎而已。茲幸廖友景陶近赴秋闈，獲購爾雅以歸，借閱之，則丁卯春新刊版也。彝陵州守田恩遠字豈三，乃三韓人，自癸丑秋以長陽令攝篆西陵，旋拜命實授，閒閱州志中有雅臺明月之景，其臺乃晉郭景純所建，注釋爾雅於其間。詢之臺久廢而書無存，遍覓其書不可得。偶遇明經劉子於廷對後自燕臺獲舊集云，旋出覽之，乃先明萬歷戊午秋彝陵州守上猶人良明吳從哲所校刊之舊本也。田公驚喜，因授梓以行之。廌今得見，欣慰夙心，七十行年，仍似童齡之篤志。細閱之則多係釋詩，如釋訓一篇過半是姬公以後人事。廌思舍藏之愠屢積於心曰居居，窮詰之言頻宣於口曰究究，闕切之情懷，指其故好而子之，居居究究之語句，則姬公所未前聞者也。孝友之張仲，在姬公二百五十年後，切磋琢磨之辭、瑟僩赫喧之詠，又豈在於姬公時乎。恂慄威儀之說、盛德至善之文，則曾子大學之語也，向非子夏同時見之，焉能翕其口吻。子夏長於詩而作序，則所謂爾雅倡於周公而成於子夏，其言洵不誣矣。獨是昔吳守序刊於前，則但曰周文公，今田守序刊於後亦但曰周元公，皆不言及於子夏，是豈未之見，疑而致思邪，抑皆略而不言邪，又或二守未得聞其實邪。子茲且勿論，更有蟛蜞似螃蟹而小，蔡謨誤食蟛蜞，人咸謂其未諳於爾雅也。予少閱群書，見所記先龍之外，有鱗曰蛟龍，有翼曰應龍，無角曰虬龍，未升天曰蟠龍，此猶是廣雅之言也，但明宣德中，上閱書紀飛龍之有翼，出問群臣，檢討陳繼對曰有翅曰言龍，出在爾雅，取視之果然，小史具載可考而知矣。麟鳳龜龍謂之四靈，今茲刻本，略於麟鳳，猶曰瑞物不常見可以勿贅也，乃如龍則湖海所常見而靈變至貴者，乃何以此書既詳於龜，且詳於貝雉鼠鼇，並無一字爲蛟龍之記辯，而言龍螗蟹均無與焉，詎非因當年舊本有脱簡闕文也哉。簡脱文闕則書弗全矣。前景純序謂别立音圖，今此刻無圖，而音切則彝陵學博黄九門所輯者，是景純之音圖又失而注解弗全矣。廉初以得見是書爲慶，繼乃以此喜幸之中心多歉焉。周公云乎哉，子夏云乎哉，誨我者當更有以慰我矣。

藝風堂文集

爾雅有衍脱文考

繆荃孫

釋詁　犯奢果毅　毅字衍文。按，注以陵犯釋犯，誇奢釋奢，果毅釋果，此以注文而誤衍。

阬阬　下阬字衍文。鄭樵云：阬阬重文。經典所無，疑衍一字。案廣韻十二庚阬字下引爾雅曰虚也，郭璞云阬壍也。客庚切。非重文。

鞫訩　訩字衍文。阮云鞫詰盈，訩詰訟，不詰盈。此郭氏因引詩降此鞫訩，正文遂衍訩字。

釋天　太歲在甲曰閼逢　太歲在寅曰攝提格　兩太字衍文。錢氏養新録云古法太陰與太歲不同，淮南天文訓太陰在寅歲名攝提格云云，蓋閼逢以下十名、攝提格云云以下十名皆由太陰得名，不關太歲。史記天官書索隱引爾雅云：歲在甲曰焉逢，寅曰攝提格。無太字，當是古本。東漢術家不求太陰，誤認太陰爲太歲，故漢書天文志有太歲在寅曰攝提格之文。太史公書但云攝提格歲陰左行在寅初不云太歲也。然此兩太字已是漢人所增矣。

釋地　郊外謂之牧　似衍文。案魯頌毛傳：邑外謂郊，郊外謂野，野外謂林，林外謂坰。説文亦云：邑外謂之郊，郊外謂之野，野外謂之林，林外謂之冂。俱據爾雅，無郊外謂牧之文。小雅出車于彼牧矣，毛云：出車，就馬於牧地也。周語國有郊牧，韋昭注：國外曰郊，牧，牧地也。而不云牧在郊外，此五字疑後人所加。

釋草　藒車芞輿　車字衍文。案，郝氏義疏：説文，藒，芞輿也。芞，芞輿也。並無車字，臧氏經義雜記云車即輿字之駁文也。據釋文知古本爾雅作藒芞輿，郭注特因離騷謂之揭車，故援以證之，後人輒仿注義增經字耳。

虉從水生　生字衍文。案，阮氏云此虉從水與下薇垂水文一律，此注生於水中與下注生於水邊文亦一律，因經無生字，故注云生於水中，蓋因注誤衍，覺注爲贅矣。以上衍文八條

釋天　赤奮若下脱歲陰二字。案，史記曆書焉逢攝提格元年，索隱曰：爾雅釋天云歲陽十干是也，歲陰十二支是也，歲陽在甲云焉逢，謂歲干也，歲陰在寅曰攝提格，謂歲支也。此唐司馬貞時歲陰二字尚存，自開成石經始脱去，宜補。

釋邱　水出其左營邱脱前而二字。案，詩正義：水所營繞，故曰營邱。郭注今齊之營邱，淄水過其南及東。是不惟郭氏所注之本正作水出其前而左，且營邱之形勢宛然如在目前，不可易也。乃邵氏正義反據孫炎注以駁郭氏，謂經文並無而前字，郭氏此注殆欲使人易曉耳。其説殊爲武斷。

釋魚　鼁䵸蟾諸上脱圥字，下脱鼀字。釋文鼁音起據反，起據之音蓋以鼁從去也。羅願爾雅翼曰鼁䵸詹諸，洪焱祖音釋曰：鼁，爾雅音圥，讀如六。似是爾雅鼁本作鼀。説文亦云：圥鼀，詹諸，從黽從圥。圥，七宿切，讀如促。是鼁從圥不從去，則陸氏起據之音非矣。釋文：䵸，音秋。案，莊子曰鰌我亦勝我，鰌本又

作鐥。荀子曰大燕鰌吾後，注：鰌，蹴也。釋名曰：蹙，遒也。遒，迫也。然則鰌鐥遒三字從酋得聲並讀如促，䶍字從酋其音亦宜。然説文云鼀或從酋作䶍，是䶍即鼀字，音促不音秋，鼀䶍即一字也。然爾雅何以作重文，考説文叙述之次，曰：夫鼀，詹諸也。䶍䵶，詹諸也。若據説文以訂正爾雅，則爾雅當曰：圥鼀、䶍䵶，蟾諸也。今但存鼀䶍二字，重複爲文，莫可解説，疑傳寫者上脱夫字下脱䵶字。鼀當作鼀。

釋畜　雞三尺爲鶤下脱六畜二字。案，春秋桓六年正義云：爾雅釋畜於馬牛羊豕狗雞之下題曰六畜。又昭二十五年正義曰：釋畜之末别釋馬牛羊豕犬雞六者之名，其下題曰六畜。然則唐初本爾雅有此題，今本脱。以上脱四條。

釋言　遇偶也　此文誤倒。案，文選讓宣城郡公表偶識量已注引爾雅曰：偶，遇也。郭注：偶爾值也。與山巨源絶交書：偶與足下相知。注引爾雅曰：偶，遇也。一切經音義卷二偶成下引字林：偶，合也。引爾雅：偶，遇也。郭氏曰：偶爾相值者矣。卷九偶得下引爾雅：偶，遇也。郭氏曰：偶爾相值也。據此，知唐以前爾雅作偶遇也，郭注作偶爾相值，值即釋經之遇，今本經誤倒，注又衍遇字。

釋宫　閍謂之門　此文誤倒。案，郊特牲祊之於東方，正義引釋宫云：門謂之祊，孫炎云謂廟門外。是孫叔然注本作門謂之閍也。郊特牲索祭祝於祊，注：廟門曰祊。正義曰：爾雅釋宫文。又禮器爲祊乎外，正義曰：以釋宫云廟門謂之祊。皆閍字在下可互證。鄭孔俱言廟者，以義增加，非爾雅本文。以上倒文二條。

釋草　菋至藸。釋木菋荎著。郭氏釋木注：釋草已有此名，疑誤重，而王氏經義述聞則引周禮注杜子春云韎讀如菋荎著之菋，以爲菋有韎音，與音味者師讀不同，郝氏義疏亦引之，又同引齊民要術所引之皇覽，以爲木中亦有五味而力駁郭氏重出之説，不知杜氏相傳之師説固在郭氏之前，但杜氏自注韎字與爾雅初不相謀，雖曰漢儒之讀若即後人假借之例，不惟假其聲并假其義，然其時尚無反切，未可一概論也。他若齊民要術、唐本草諸書則皆在郭氏後，無庸深辨矣。

釋蟲　密肌繼英。釋鳥密肌繫英。郭氏釋鳥注：釋蟲已有此名，疑誤重。錢氏潛研堂集本之僅解釋蟲，而釋鳥則從闕。郝氏義疏則引玉篇廣韻之鳥名以解釋鳥之繫英，而釋蟲之疏則本錢氏之説而引申之，且謂今釋蟲釋鳥俱有螒天雞而郭氏未嘗以爲誤重，其説殊有理，但郭氏於釋蟲注亦既以爲未詳，兹更以爲誤重，匪惟蓋闕之義，殆亦有所本焉，正不妨並存其説也。

釋鳥　桑扈竊脂　本篇重此句。以上重文三條。

鸕諸雉　此錯簡，諸雉二字當在鷺舂鉏之下，黑爲鸕白爲鷺也。諸雉二字在下文鷂雉等之上，雉有數類，故以諸雉冠之。

釋獸　豕子豬一段　此錯簡，當在釋畜羊屬之後，並脱彘屬二字，不應在釋獸内。以上錯簡二條

逸文附考

皇，大也。　尚書洪範：建用皇極。傳：皇，大。正義曰：皇，大。釋詁文。案，今本釋詁皇爲君，訓大者卅九字，而皇豐二字無之。

豐，大也。　詩周頌豐年傳：豐，大也。正義曰：豐，大。釋詁文，今本無。

良，善也。　詩唐風良士瞿瞿，箋：良，善也。正義曰：良，善。釋詁文。案，今本釋詁云：元、良，首也。訓善者十六字而無良字。

自，用也。　尚書立政正義曰：釋詁云，自，用也。案，今本釋詁云：遹、遵、率、循、由、從，自也。無用之一訓。

由，用也。　左昭八年傳：猶將復由。注：由，用也。正義曰：由，用。釋詁文。案，今本釋詁由訓自，無用之一

壽，考也。詩魯閟宮頌：三壽作朋。傳：壽，考也。正義曰：壽，考。釋詁文。案，今本釋詁云：黄、髮、齯、齒、鮐、背、耇、老，壽也。而無考字。

謐，吞也。古玉篇引爾雅曰：謐，吞也。案，今本釋詁謐訓靜，無吞之一訓。

藙，靜也。古玉篇引爾雅曰：藙，靜也。案，今本釋詁訓靜者十一字而無藙字。

顯，明也。禮記祭法：顯考廟。注：顯，明也。正義曰：顯，明。釋詁文。案，今本釋詁顯訓光，又訓代，無明之一訓。

虔，敬也。詩殷武：方斲是虔。傳：敬也。正義曰：虔，敬。釋詁文。案，今本釋詁云：儼、恪、祗、翼、諲、恭、欽、寅、熯，敬也。而無虔字。以上釋詁

忒，疑也。詩鳲鳩：其儀不忒。傳：忒，疑也。正義曰：釋言文。按，今本釋言爽訓忒，無疑之一訓。

輯，合也。尚書舜典：輯五瑞。正義曰：釋言云，輯，合也。案，今本釋詁輯訓和，又合之一訓有九字而無輯字。釋言篇二字皆無之。

斯，盡也。詩皇矣：王赫斯怒。箋：斯，盡也。正義曰：斯，盡。釋言文。案，今本釋詁訓盡者十三字而無斯字。

飪，孰也。儀禮士虞禮：羹飪。注：飪，孰也。疏曰：飪，孰。釋言文。今本無此文。

𣄼，薄也。說文旡部：𣄼，事有不善言𣄼也。爾雅：𣄼，薄也。今本無此文。

鋪，布也。敷，布也。文選西都賦：桑麻鋪棻。李善注引爾雅曰：鋪，布也。後漢班固傳作敷，章懷注引爾雅曰：敷，布也。又尚書傳序正義亦引爾雅：敷，布也。今本無此文。

幾，冀也。尚書傳序正義引爾雅：幾，冀也。案，今本釋詁幾訓危。又釋言云：庶、幾，尚也。無冀之一訓。

濬，通也。史記五帝紀索隱引爾雅：濬，通也。案今本釋言：濬，幽，深也。無通之一訓。

遂，生也。後漢杜篤傳：粳稻陶遂。章懷注引爾雅曰：遂，生也。今本無此文。

蹤，迹也。慧琳音義一引爾雅曰：蹤，迹也。今本無此文。説文無蹤，古止從字。詩谷風傳：委委，行可委曲從迹也。

摎，求也。後漢張衡傳：摎天道其焉如。注引爾雅：摎，求也。今本無此文。

與，許也。論語公冶長：吾與汝弗如也。皇疏引爾雅：與，許也。今本無此文。以上釋言

棘，戟也。文選吳都賦注、過秦論注、辨亡論注均引爾雅曰：棘，戟也。今本無此文。

半璧曰璜。後漢書張衡傳注引爾雅：半璧曰璜。今本無此文。

赤緣謂之襐。儀禮士喪禮注：赤緣謂之襐。疏曰爾雅文。今本無此文。以上釋器

春爲忠，東方爲春，春，動也。是故鳥獸孕孳，草木華生，萬物成遂，忠之至也。夏爲樂，南方爲夏，夏，興也。南，任也。是故萬物莫不任興，蕃殖充盈，樂之至也。秋爲禮，西方爲秋，秋，肅也。萬物莫不肅敬，禮之至也。冬爲信，北方爲冬，冬，終也。北方，伏方也。萬物至冬皆伏，貴賤若一，美惡不異，信之至也。御覽引尸子案，釋天穹蒼蒼天也一段題曰四時，而所釋止天之異名，各書所引尸子當是四時篇，而今本無此文。

四時和，正光照，謂之玉燭。甘雨以降，萬物以嘉，高者不少，下者不多，此之謂醴泉。其風春爲發生，夏爲長嬴，秋爲方盛，冬爲安靜。四時和爲通正，謂之永風。爾雅疏引尸子。案，此段全用爾雅，其説較今本完備，疑今本殘缺。

須女謂之婺女。史記天官書索隱引爾雅云：須女謂之婺女。今本無此文。

中央鎮星，東方歲星，南方熒惑，謂之大辰。後漢書注引爾雅云：中央鎮星，東方歲星，南方熒惑，謂之大辰。今

本無此文。

時雨曰澍雨。雨與雪雜下曰霰。初學記二引爾雅。今本無此文。

正幅爲縿。周禮春官注：正幅爲縿。疏曰：正幅爲縿者，爾雅文。今本無此文。

熊虎曰旗。文選西京賦薛注引爾雅：熊虎爲旗。今本無此文。以上釋天

土之高者曰邱，高邱曰阜。周禮春官疏：爾雅云土之高者曰邱，高邱曰阜。今本無此文。

有齊營邱。白帖六引爾雅。今本無此文，有齊當作齊有。

山足曰麓。周禮地官序官林衡注、秋官柞氏注，山足曰麓。疏曰：山足曰麓，爾雅文。今本無此文。

山南曰陽，山北曰陰。秋官柞氏疏曰：爾雅云山南曰陽，山北曰陰。今本無此文。

水別流曰派，風涌水面曰波，大波曰濤。朝夕而至曰潮，風行水成文曰漣，水波如錦文曰漪。御覽五十八引爾雅。今本無此文。以上釋地

蜃大蛤　周禮天官醢人注云：蠃，螔蝓。蜃，大蛤。蚳，蛾子。疏曰皆爾雅文。今本無蜃大蛤三字。釋魚

二歲曰駒，三歲曰駣。周禮夏官注引鄭司農云：二歲曰駒，三歲曰駣。疏曰爾雅文。今本無此文。釋畜

序篇

釋詁釋言，通古今之字，古與今異言也。釋訓言形貌也。毛詩正義引序篇，漢書藝文志爾雅二十篇，今止十九，疑本有序篇而今逸之。

爾雅冬爲上天廣證　江標輯沅湘通藝録　易順豫

爾雅釋天冬爲上天，釋名謂氣上騰與地絶，與月令孟冬天氣上騰，地氣下降，天地不通，閉塞而成冬義合。案此爲漢以前天學不絶之一綫，不僅就氣而言，所謂上指日輪天也。書洪範：日月之行，則有冬有夏。易大傳：日月運行，一寒一暑，蓋日右旋繞地一周而成一歲。易卦離爲日，大有，離在乾上，上九曰自天右之，言日自天右旋，冬夏之分在日輪不在宗動，以是知月及五星必皆以日躔爲主，言天亦必以日爲主也。舊嘗主西人地球繞日一周自成一歲之説，又據易大傳坤靜翕動闢之文，悟翕闢之義即捭闔，闢捭爲疊韻字，疑地之冬夏由南北極之捭，地之在天心如今火輪舟及時辰表内之捭然，捭俗作擺南極捭而前，則北極捭而後。中國居赤道北，距日遠，故爲冬。北極捭而前，則南極捭而後，中國居赤道北，距日近，故爲夏。然皆舍日而言地，於冬爲上天之義不可通。考説文上高也，西法日有高卑加減，宣城梅氏謂即古法之盈縮，盈縮之法自北齊張子信積候合蝕加時始覺日行有入氣之差，而立爲損益之率。又有趙道嚴者，復準晷景長短定日行進退，更造盈縮以求虧食。至隋劉焯立躔度與四序升降，爲法加詳。厥後皆相祖述，以爲步日躔之準，始知太陽行天三百六十五日一周，惟春分前三日之一日，秋分後三日之一日，能合平行，此外日行皆有盈縮，而夏至縮之極，每日不及平行二十分之一，冬至盈之極，又過於平行二十分之一。盈縮起算之端謂之最高行，又謂之最高衝，或省曰高衝。蓋積數千年之實測，合五大洲之疇人，其法始益密，不知極縮處即爲最高，高即上之正詁，極縮處即盈限之起，盈限之起爲冬至，冬爲上天之義實早見及之也。顧説者謂地勢北高南下，天圓北極爲上，冬至日南至當爲下，不得反云上。案爾雅一書多言殷制，殷時冬至日猶在虚，虚，北方宿，是日雖南至而所躔實在北，亦可爲上矣。故春爲蒼天，以春分夊辰值房，房，東方蒼龍宿也。上之引申義又爲自下而上之上，周髀算經凡爲日月運行之圓周，七衡周而六間，以當六月，節六月爲百八十二日八分日之五，故曰夏至在東井極内衡，曰冬至在牽牛極外衡也，衡復更，終冬至，故曰一歲三百六十五日四分日之一，一歲一内極一外極。漢趙君卿七衡圖注第一：夏至，日道也。出第四：春秋分，日道也。外弟七：冬至，日道也。皆隋黄道。冬至從南而北，夏至從北而南。案從北而南爲降，於十二宫爲自午而未而申酉戌亥，於卦氣爲坤六爻，陰，主退，所謂陰時六也。從南而北爲升，於十二宫爲自子而丑而寅卯辰巳，於卦氣爲乾六爻，陽，主進，所謂陽時六也。圓圖之自左而右，即六爻自下而上之象，尤可爲冬爲上天之確證云。然必舍日以言天，及以日爲不動之物，是失古聖人已知有日輪天之一義矣。

爾雅兔子嬎説文釋文作娩説　江標輯沅湘通藝録

吳宗讓

爾雅兔子嬎。嬎，俗字也。説文兔部：娩，兔子也。義本雅訓。然女部又收嬎字，云生子齊均也。此篆必後人據爾雅誤本羼入。嬎上篆爲嫋，下篆爲嫛，皆訓婦人孕育之事，忽以從女兔生之嬎字廁其中，且訓生子齊均亦殊不類，即以嬎篆言之，大徐本作從女、從生、兔聲，小徐本作從女㝃聲，二徐本固多不合，然未有如是之舛誤者，則爲後人所增入斷可知也。然推其致誤之由，蓋自唐初已然，釋文云：娩本或作嬎。是陸氏時所見爾雅本已有作嬎之俗字矣。唐石經亦同。爾雅既有此誤字，後又承誤以增嬎篆，展轉沿訛，不可究詰，故娩之音讀或以爲芳萬切、以爲匹萬切，皆惑於嬎字，遂有此臆説也。今欲釐正其旨，仍當於郭注求之。郭云：俗呼曰⿺兔需。廣雅：⿺兔需，兔子也。釋文引字林同，是即郭之所本，而即知郭本固作娩，必不作嬎。知者郭云俗呼曰⿺兔需，即⿺兔需之古音求之自與娩音近，必非謂俗體之嬎也。⿺兔需從需聲，易需卦作溽卦，康成易注直讀需爲秀，則與兔音自近，而兔部之娩，許不言聲，然從女兔之下當補兔亦聲三字以合許例。江慎修深通鄭讀，乃以需字入韻書尤侯部中，最爲精塙，即此可以通爾雅說文矣。爾雅之嬔當改作娩無疑，而說文女部之嬔即當删去，以此誣郭者亦從可釋然矣。

左盦集

劉師培

注爾雅舍人考

爾雅有舍人注，釋文叙録云：犍爲文學卒史臣舍人，漢武帝時待詔。近翁、盧、邵、宋諸氏據文選注引作郭舍人注，遂謂即東方朔傳郭舍人。今考犍爲置郡在建元六年，朔與郭舍人隱語在建元前，故漢書朔傳先叙隱語，次乃記建元三年上出獵事。則舍人仕漢之時，漢無犍爲郡。洪氏筠軒謂西京雜記有郭威，疑即此人，然亦無明證。臧氏庸堂謂選注衍郭字，似較翁、洪爲確。又錢氏竹汀云：廣韻有舍姓，或姓舍名人。其説亦非。竊疑舍人乃漢臣之名。考之漢志，其所列各書有郎中臣嬰齊賦十篇，有待詔臣安臣未央術一篇，又有臣昌市臣壽臣説之書，蓋漢代進御之書均不書姓氏，惟稱臣繫名上標所歷之官，今世所存宋元槧本以及道藏各書，凡周秦古籍恒列向、歆進書之表，其所標題均曰某官臣某，此蓋漢人標題舊式。故劉氏校書，凡著書之人無可徵，亦沿書中所標之題稱爲某官臣某，若其無官則稱臣某，漢志所列是也。釋文叙録於臣舍人三字上繫以犍爲文學卒史之官，蓋舍人姓氏無徵，故沿舊册標題之語著之叙録。漢書顔注所引臣瓚説亦同斯例，惟彼遺官名此列官名耳。互相參驗，斯誼益昭矣。

爾雅逸文考

爾雅各篇固間有殘挩，然唐宋諸書所引，其有爲今本所無者，不必盡屬佚文。試即邵、嚴所未引者言之，有倒引正文者，如慧琳音義二十三引待須也，即釋詁頍待也之譌。卷十三引緩舒也，即釋言舒緩也之譌是也。有引注文爲正文者，如輔行記第六之三引崖水濱也，即係李注厓水邊邢疏引之異文。第八之三引貉雌者曰貀、今江東呼爲狖狻，悉本釋獸郭注今本郭注貀作貜，釋文云或作貀。是也。有誤他書爲爾雅者，如文選西京賦薛注引熊虎爲旗、慧琳音義六十十九引鏷璞謂之礦、鏷當作鐵六十十七引押輔也、輔行記第五之三引休者喜也、下引廣雅云慶也。所引互訛，當改訂。第五之四引堂堂容也，均爲廣雅之文。首條見釋天，第二條見釋器，第三條見釋詁一，第四條見釋詁四，第五條見釋訓。慧琳音義十九引縷謂之緻，語本方言。卷四御覽五十八引水別流曰派，語本說文文選頭陀寺碑注引是也。是與唐人誤引字林為說文同例。有所引之文不類爾雅者，如慧琳音義四十二引蠱亦毒也、輔行記第五之四引八方神爲八靈是也。惟慧琳音義卷一引蹤迹也、卷七引噉吞也，當屬釋言之文。輔行記第四之三引耽久樂也，第七之二，又引酖久樂也，耽酖通用。當屬釋訓篇釋詩之詞。詩小雅賓之初筵云子孫其湛，湛即耽字，疑釋訓曾引是詩，以久樂釋耽。彼篇鄭箋云樂之久，當本雅訓，與釋詁妉樂也別為一條，故湛然兩引其文均有久字，且有耽酖之異文也。第五之四引風動塵起曰埃、烟雲霧起曰霿，與陰而風曰霾之文相屬，當亦釋天之佚句。若第七之三引殃肉爛也，與殃訓不合，似當從疑，不必援以補本書也。

爾雅誤字考

近儒考爾雅異文者，以嚴氏匡名爲至詳，然文字之誤尚有未檢正者，如輔行記第五之四引爾雅田者地也，今釋言作土田也，蓋土田也三字確爲田地也之訛。嚴氏匡名謂元應音義引作田土也，此唐本田居句首之證。然所引之本，地已挩形為土，嗣後又互倒其文，遂成土田也三字。輔行記第一之三引爾雅東至濮盆，今釋地盆作鉛，蓋鉛即盆字之訛。盆從分聲，即周禮考工記之妢胡也。胡承珙以妢為汝墳之墳，鄒漢勛謂即鄱陽之鄱，以地產竹箭證之。鄒說近是。蓋古代贛粵之間地均名妢，山海經之賁隅亦妢音之轉，故爾雅濮盆並言。若濮鉛之名僅見廣韻，於古無徵，蓋古文從皿之字或體恒作金，如鎜盤是也。台又分訛。輔行記所引蓋係未訛之本。原本玉篇云部引爾雅曰藝靜也，今釋詁靜也條無藝字，蓋蟄即藝字之訛。說文：㝞，靜也。爾雅古本蓋作㝞字，假為藝，玉篇所引是也。藝蟄形近，因訛為蟄。說文雖訓蟄為藏，然與謐慎諸義不相近，邵疏釋靜字條顗字云或作㝞，蓋㝞即藝字未誤之文，嗣移為顗字異文也。王仁俊學古堂日記以藝本文當作㝞是也，以藝為佚字，非也。此均今本爾雅之誤字也。又原本玉篇言部引爾雅曰謐眘也，今本爾雅作毖神溢慎也，蓋古本慎字作眘，毖亦作謐，毖謐音近，故顧氏所據本毖字作謐，王仁俊謂謐眘也，當別一條，非是。慎乃後人所改俗字也。慧琳音義十二引爾雅西至日所入爲太濛，則古本蒙字作濛，王仁俊僅引原本玉篇作濛，未引此。蒙乃後代省形之字也。是則爾雅一書，訛文既衆，即古本所用正字亦恒爲後人所更，不惟勴省爲勵、涇改爲徑已也。又輔行記第五之四引謂之宎，今本宎均作窔。漢書應劭注亦引作宎，卷五之四引陰而風爲翳，今本翳均作曀，亦足補釋文之缺。惟慧琳音義二十六引蚶蠃螔蝓，與各本作蚹不同，其爲別本之故文，抑係抄胥之訛字，不可考矣。

釋蒲盧

爾雅釋蟲：果蠃，蒲盧。郭云即細腰蠭也。說文云：蠣蠃，蒲盧，細要土蠭也。方言云：蠭，其小者謂之蠮螉。郭云：小細腰蜂也。蓋蠮螉象聲，果蠃則象形，古於形圓中細之物均稱爲蠃，果蠃同音，故果蠃聯文，蒲盧又果蠃轉音也。考釋艸云果蠃謂之括蔞，說文苦蔞名果蓏，是艸實形圓腰細者名果蠃也，轉音爲蒲盧，又爲胡盧，而胡盧又爲今人稱瓠之名，瓠亦形圓中細之物也。釋木云：邊要棗。郭云：子細腰，今謂之鹿盧棗，棗以細腰名鹿盧，猶蟲因細腰名蒲盧也。鹿盧二字亦係蠃字轉音，蓋形圓中細之物咸謂鹿盧。凡壙中井上繞繩之木圓而易轉者，古皆謂之鹿盧，見禮記檀弓鄭注及漢書雋不疑傳晉灼注。或作轆轤，廣雅云圓轉木也。因圓而易轉，故字音近贏。又國語吳語云其名就蒲盧于東海之濱，蒲盧即螺，而螺亦名贏。説文蝸贏下又云一曰虒蝓，蝸字下云蝸贏也。虒蝓即蝸牛，見于郭注。蝸牛即小螺，見于廣韻。故亦名曰贏。今人於形圓之物，凡具横形者俗稱圓滾盧，而形圓中細之物作植形者則俗稱胡盧，或變稱忽路，均蒲盧之轉。又淮南稱細腰蜂爲盧蜂，盧即蒲盧之盧，亦古音猶存者也。

爾雅逸文箋　國粹學報第八十二期　1911年

陳邦福

釋詁

皇，大也。尚書洪範正義、止觀輔行記宏決第一之一引案，詩皇矣篇云皇矣上帝，楚茨篇云皇尸載起，有聲篇云皇王維辟，毛傳皆云：皇，大也。説文玉篇同。福嘗謂毛公解詩多取雅訓，此條解皇爲大，益信爲釋故之舊文矣。

豐，大也。詩周頌豐年正義引案，易序卦傳：豐者，大也。方言一：凡物之大貌曰豐。二：凡大人謂之豐人。燕記曰豐人杼首，豐亦大義。

良，善也。詩唐風蟋蟀正義引案説文：良，善也。坊記云惟予小子無良，注：無功善也。吳語云：夫吳，良國也。良亦善義。

壽，考也。詩周頌祕宫正義引案，説文：考，老也。白虎通云：老者，壽考也。

妃，姬也。詩大叙正義據釋文引案，説文：妃，匹也。晉語云：昔少典取於有蟜氏，生黄帝於姬水。則姬爲人君匹偶之地，故姬有妃義。

藝，靜也。古玉篇引案藝寞古通。蒼頡篇云：寞，靜也。說文同。徐鍇曰：深，靜也。廣雅釋言云：絜，靜也。與藝寞亦通。

斯，盡也。詩板篇正義引案禮記檀弓曰我喪也斯沾，鄭注：斯，盡也。呂氏春秋報更篇曰：斯食之吾更與汝，高注：猶盡也。

怖，懼也。莊子釋文引案淮南子修務訓云：焦心怖肝，高注：怖猶戒懼也。宋玉神女賦云：神止怖覆，李注：恐怖而反覆也。後漢書第五倫傳云：其巫祝有依托鬼神，詐怖愚民。梁慬傳云：單于惶怖。應劭傳云：邊將恐怖。漢耿勳碑云：怖威悔懷。怖皆憂懼之義，今人謂懼爲怕者，是又怖聲之轉耳。

虔，敬也。詩商頌殷武正義引 案廣雅釋詁云：虔，敬也。又爲謹。謹亦敬義。

矕，視也。後漢書馬融傳注引案說文：矕，目矕矕也。觀許君不曰目矕，重言之曰矕矕，蓋即怒視之義耳。漢書敘傳云：矕龍虎之文，晉灼曰：矕，視也。博雅廣韻同。韓愈贈張籍詩云：親戚相覞矕，與此義亦合。

謐，眘也。古玉篇言部引案此與釋詁溢慎也句不同，郝懿行云謐通作恤，朱駿聲云當借作卹。福謂恤卹古通，虞書今文曰：惟刑之恤哉，徐廣曰：今文惟刑之謐哉。則恤謐二字古本通用，與眘謹之義尤爲符合。

興，喜也。禮記學記正義引案興與嬹通，說文：嬹，悅也。段注嬹與興同。漢書功臣表曰：有甘泉侯嬹。廣雅：嬹，喜也。而李善注潘岳關中詩、顏延年和謝靈運詩，均借興爲嬹，是嬹爲喜樂之解也明矣。

休，喜也。輔行記引案國語周語曰：爲晉休戚，注：休，喜也。小雅菁莪云：我心則喜，我心則休，是即詩人顛倒採訓之例也。

⿰兂京，薄也。說文兂部引案說文：涼，薄寒也。玉篇⿰兂京涼並音良，又音諒。汗簡云⿰兂京字見古爾雅。是涼爲正字，⿰兂京爲假借。詩大雅桑桑篇職涼善背，傳云：涼，薄也。左傳莊三十二年曰：虢多涼德，昭四年曰：君子作法於涼，杜注兩訓爲薄。小爾雅曰：涼，薄也。駺涼古通。

蹤，迹也。慧琳一切經音義卷一引案說文無蹤字，車部僅曰𨎮車迹也，𨎮亦蹤義。楚辭怨上擬斯兮二蹤，王逸注：蹤，迹也。又與迹通，漢高陽令楊著碑云追迹曾參，是其明證。

邀，遮也。文選李注引案廣韻：邀，遮也。與徼亦通，漢書司馬相如傳云：徼麋鹿之怪獸，注云：徼，遮也。廣雅釋詁：徼、闑、遮也。闑義亦近。

摟，牽也。文選琴賦注引案詩衛風釋文引馬融毛詩說云：婁，牽也。趙岐劉熙等注孟子即本此義。

顯，明也。禮記祭法正義引案顯，說文云明飾也。廣雅同。

自，用也。尚書立政正義引案詩緜篇云：自土沮漆，羔裘篇云：自我人居居，毛傳皆云用也。

由，用也。左傳昭公八年正義引案詩王風右招我由房，毛傳云：由，用也。小雅小弁：君子無易由言，鄭箋曰：由，用也。周易豫卦：由豫也，釋文引鄭注曰：由，用也。禮郊特牲：有由辟焉，鄭注曰：由，用也。樂記同。觀毛公傳詩，本諸雅訓，而鄭箋一皆因之，益信雅文之訛奪者多矣。

釋言

極，中也。周禮賈疏引案詩思文：莫匪爾極，傳云：極，中也。楚茨：永錫爾極，箋云：極，中也。江漢箋同。

摎，求也。漢書張衡傳注引案說文：摎，殺而縛之也。殺有求義。

遂，生也。後漢書杜篤傳注引案漢書禮樂志：根荄以遂，注云：遂，生也。

隱，痛也。禮記正義引案詩邶風：如有隱憂，傳云：隱，痛也。韓詩作如有殷憂。說文：慇，痛也。孟子梁惠王篇王若隱其無罪而就死地，趙注即本毛義。

芬，氣也。華嚴經音義卷二引注云芬香氣調也案詩大雅鳧鷖：燔炙芬芬，傳云：芬芬，香也。說文：芬，屮初生其香分布也。方言十三：芬，和也。是芬皆香氣調和之義。又案，鄭君爾雅注，其見於各書者，如史記五帝紀藝五種，索隱引爾雅：荏菽，戎菽也。鄭氏曰豆之大者是也。一切經音義卷三十引爾雅鄭注云：懋謂自勉也。卷八十三引爾雅鄭注云：郵，道路過也。又引駿馬之美稱也。觀司馬貞慧琳諸人所引，益信周禮宗伯疏天皇北辰耀寶魄句爲鄭君之雅注矣。孫貽谷未見慧琳之書，曲爲之說，不足據也。

忒，疑也。詩曹風鳲鳩正義引案，忒古書中多以匿爲之，說文：匿，亡也。淮南說林訓注：匿，逃也。逃有疑義。

輯，合也。尚書堯典正義引案，國語周語云：和協輯睦，於是乎興，注：聚也。聚合同義。

飪，孰監本作熟也。儀禮士虞禮正義引案，說文：飪，大熟也。廣雅云：飪，熟也。熟孰古今字。

幾，冀也。尚書傳叙正義引案，禮其庶幾乎踈冀，此幾冀連用之證。

濬，通也。史記五帝本紀注引案說文：濬，通川也。

與，許也。論語公冶長正義引案子罕篇皇疏亦云與許也。

由，助也。輔行記卷三引案廣雅：由，助也。方言：由，輔也，燕之北鄙曰由。郭注謂爲輔持，即輔助之義。

釋訓

堂堂，容也。輔行記引案廣雅曰：堂堂，容也。王念孫引論語各書爲證。又通作棠，魯峻碑云：棠棠忠惠。是其明證。

襀襀，惛也。說文衣部引案，王符潛夫論洄洄襀襀，即本此文。考襀通作潰，詩召旻篇云：無不潰止，箋云：亂也。又通作憒，漢書息夫躬傳云：憒眊不知所爲，注云：心亂也。惛憒同義。

殿屎，呻吟也。詩正義引案，今本脱去吟字。何超晉書音義引爾雅有吟字，一切經音義同。

釋親

無夫無婦並謂之寡，丈夫曰索，婦人曰嫠。詩周南桃夭正義引案，禮王制：老而無夫者謂之寡，老而無妻者謂之鰥。桃夭疏又引鄭氏孝經注：丈夫六十無妻謂之鰥，婦人五十無夫謂之寡。寡者，釋名曰踝也，踝踝單獨之言也，故鴻雁傳云：偏喪曰寡，左襄二十七年傳云：齊崔杼生成及彊而寡。是寡寔無夫無婦並稱之確證也。丈夫者，寡夫無婦之義也，故謂之索。禮記檀弓：子夏離群而索居。廣雅釋詁：索，獨也。則人索居亦當爲獨居之解矣。婦人者，無夫獨居之人也，故謂之嫠。證之毛詩巷伯傳鄰之嫠婦，音義云：嫠婦，寡婦也。爾雅釋器云：嫠婦謂之笱。王肅家語注：寡婦曰釐。釐嫠義近，與孀同解，則婦人既謂之嫠，必爲寡婦之稱無疑矣。詳呂覽注又案小爾雅廣義云：凡無妻無夫通謂之寡，寡夫曰煢，寡婦曰嫠。明與爾雅逸文大有異同，胡承珙謂爾雅既無此文，當是小爾雅語，説殆失之。

福又案，唐以前引小爾雅，或稱小雅，或省稱爾雅，如文選注所引爾雅劭美也、翥舉也、蓋載覆也、棘戟也，皆小爾雅之文。史記索隱又引爾雅顔額也、怵猶狃也、四尺謂之仞、倍仞謂之尋，皆小爾雅之文。又書叙正義引爾雅檝謂之橈，此亦小爾雅之文，毋足辯也。

釋器

杻謂之梏，械謂之桎。周易正義引案杻杽，古通，説文：杽，械也。後漢書蔡邕傳論：抱鉗杻。是杻爲約束之義。梏之言角也，説文：梏，手械也。與杽略同。廣雅云：梏、福、衡、腳也。械者，説文桎梏也。服虔通俗文云：拘罪人曰桁，械謂穿木加足曰械，大械曰桁。則械爲手刑足刑之通稱也可知。桎者，説文：足械也。蒼頡篇云：參著曰梏，偏著曰桎。周禮鄭注：在手曰梏，在足曰桎。左傳杜注同。

半璧曰璜。後漢書注卷五十九引案，說文：璜，半璧也。山海經海外西經曰：夏后啓珮玉璜，注：半璧曰璜。

赤緣謂之祿。士冠禮疏引案，說文：緣，衣純也。字亦作祿。釋器云：緣謂之純。據禮疏所引，益信爲此句上之脫文矣。方言云：懸襜謂之緣，注：衣縫緣也。

兔罟曰第。輔行記引案，第乃罤字之省文。玉篇网部：罤，徒犁切，兔罔也。莊子外物篇：得兔忘蹏，注：蹄者所以在兔。釋文：蹄，兔罥也，係其足故曰蹄。日知錄云：蹏罤古通。

釋天

時雨曰澍雨。初學記卷二引案，說文：澍，時雨也。論衡雷虛：雨潤萬物名曰澍。

雨與雪雜下曰霰。初學記卷二引案說文：霰，稷雪也。釋名：霰，星也，水雪相摶如星相散也。毛詩傳曰：霰，暴雪也。與雅訓正合。

正幅爲縿。周禮春官正義引案，說文：縿，旌旗之游所屬也。是旌旗之正幅，游則屬焉，則交龍鳥隼之屬皆畫於縿矣，而游垂於正幅之下者也。證之詩鄘風箋以縫紕旌之旒縿，疏云縿謂繫於旌旗之體，旒謂縿末之垂者。則縿即旌旗之正幅，旒即說文旌旗之游也。漢書司馬相如傳：垂旬始以爲幓兮，注云：旒也。

熊虎曰旗。文選西京賦注引案，周禮司常職云：熊虎曰旗，注云：畫熊虎者，鄉遂出軍賦，象其守猛，不敢犯也。釋名釋兵器云：熊虎爲旗，旗，期也，言與衆期於下。字林云：熊旗五斿，謂與士卒爲期於其下，故曰旗也。則龍虎既繪於旗，立旗即當期民於旗下也。又案，詩桑柔傳有鳥隼曰旟，龜蛇曰旐。釋名同。疑古本爾雅實有此三句，至晉初已不可復見矣。

釋丘

崖，水濆也。輔行記引案，說文：瀕，水崖也。廣雅：瀕，崖也。詩大雅召旻：池之竭矣，不云自頻。傳云：頻，厓也。

釋山

土之高者曰邱，高邱曰阜。周禮冢人疏引案，說文：丘，土之高也。阜，大陸也。詩天保傳曰：大陸曰阜。邱陵義近。

有齊營邱。白帖六引案，有齊當倒作齊有爲正。營邱詳郝疏。

山足曰麓。周禮地官疏引案，易屯卦：即鹿無虞，虞注：山足稱麓。尚書堯典：納於大麓，鄭注：麓，山足也。大雅旱麓：瞻彼旱麓，毛傳：麓，山足也。漢書班固傳云：鄠杜濱其足，李賢引爾雅曰：麓，山足也。又通作鹿，春秋沙鹿崩，穀梁僖十四年傳：林屬於山爲麓。

山南曰陽，山北曰陰。周禮柞氏疏引案，說文：陽，明也。陰，雲覆日也。陽即山南見日之義，陰即山北背日之義。

釋水

沮，洳也。太平寰宇記引案，蒼頡篇云：沮，漸也。詩魏風：彼汾沮洳，傳云：沮洳，其漸沮者。禮王制：山川沮澤，注謂萊沛。釋文：沮，洳也。說文溼，漸溼也。廣雅：沮，溼也。則沮洳當爲卑溼之地也明矣。

濼水出比陽。水經比水注引案，文選南都賦云：爾其川瀆則滍澧濼瀁，注引字書曰：濼水出泚陽。泚疑比字之訛。

水流爲派。御覽卷五十八引案，說文：派，别水也。文選吴都賦云：百川派别，歸海而會。劉淵林注引字説曰：水别流爲派。郭璞江賦云：源二分於崌崍，流九派乎潯陽。李善注曰：水别流爲派。選注所引疑本爾雅之舊文。

風吹水涌曰波。御覽卷五十八引案，說文：涌，滕也。又波水涌流也。淮南人間訓云：起波濤，高注：波者涌起。文選西京賦云：河渭爲之波盪，注：摇動也。洞簫賦注引字林曰：波，水涌也。然則水流有奔騰之聲，故爲之涌，水涌有澎湃之勢，則謂之波矣。

大波曰濤。御覽卷五十八引案，倉頡篇曰：濤，大波也。三蒼曰：大波曰濤。漢書敘傳亦同。

朝夕而至曰潮。御覽卷五十八引案，説文潮通淖。楚辭王逸注云：朝曰潮，夕曰汐。是汐乃潮之别名。廣輿記曰：南陽揭陽，隋曰潮州。則潮亦當取朝夕之義。

風行水成文曰漣，水波如錦文曰漪。御覽卷五十八引案，釋名曰：風吹水成文曰瀾，瀾，連也。説文無漪字。左思吴都賦云：刷盪漪瀾，郭璞江賦云：隨風猗萎，注：隨風之貌。

釋草

茆，鳧葵。文選南都賦注引案，説文：攣，鳧葵也，茆，鳧葵也。攣茆同義。詩泮水：薄采其茆，傳云：茆，鳧葵也。陸疏云：茆與荇葉相似，或謂之水葵。周官醢人：朝事之豆，其實茆菹，鄭注云：茆，鳧葵也。山海經西山經云：陰山多茆蕃，又名屏風。後漢書馬融傳云：桂荏鳧葵，李注云：鳧葉團似蓴，生水中，今俗名水葵。

芥，艸也。文選注引案，左哀元年傳：以民爲土芥，杜注云草也。孟子離婁：君之視臣如草芥，趙注云：芥，草芥也。又萬章：一介不以與人，趙注云：芥介古通。莊子逍遥遊：芥爲之舟，李注云：小草也。淮南俶真訓：猶飛羽負芥也，高注云中也。方言：芥，艸也，自關而西或曰艸，或曰芥。廣雅釋艸同。

釋魚

蜃，大蛤。周禮天官醢人疏引案，國語晉語注曰：小曰蛤，大曰蜃。

釋畜

飛曰雌雄，走曰牝牡。周禮天官庖人疏引案，詩邶風匏葉：雉鳴求其牡，傳云：飛曰雌雄，走曰牝牡。陳氏奂云：從隹爲飛鳥，從牛爲走獸。急就篇云：雌雄牝牡相隨趨。顔監注同。

二歲曰駒，三歲曰駣。周禮夏官校人疏引案説文：馬二歲曰駒，一歲曰馵，三歲曰駣。

在野曰獸，在家曰畜。周禮天官叙官獸醫疏引案，此與釋鳥二足而羽謂之禽、四足而毛謂之獸不同，嚴元照亦以爲釋畜之逸文。儀禮聘禮疏同。

爾雅釋親宗族考　上海國學雜誌第五期　1915年

于鬯

父爲考，母爲妣。父之考爲王父，父之妣爲王母。王父之考爲曾祖王父，王父之妣爲曾祖王母。曾祖王父之考爲高祖王父，曾祖王父之妣爲高祖王母。父之世父叔父爲從祖祖父，父之世母叔母爲從祖祖母。父之晜弟先生爲世父，後生爲叔父。男子先生爲兄，後生爲弟。謂女子先生爲姊，後生爲妹。父之姊妹爲姑。父之從父晜弟爲從祖父，父之從祖晜弟爲族父，族父之弟相謂爲族晜弟，族晜弟之子相謂爲親同姓。兄之子、弟之子相謂爲從父晜弟。子之子爲孫，孫之子爲曾孫，曾孫之子爲玄孫，玄孫之子爲來孫，來孫之子爲晜孫，晜孫之子爲仍孫，仍孫之子爲雲孫。王父之姊妹爲王姑，曾祖王父之姊妹爲曾祖王姑，高祖王父之姊妹爲高祖王姑。父之從父姊妹爲從祖姑，父之從祖姊妹爲族祖姑。父之從父晜弟之母爲從祖王母，父之從祖晜弟之母爲族祖王母。父之兄妻爲世母，父之弟妻爲叔母。父之從父晜弟之妻爲從祖母，父之從祖晜弟之妻爲族祖母。父之從祖祖父爲族曾王父，父之從祖祖母爲族曾王母。父之妾爲庶母。祖，王父也。晜，兄也。

右經文

				族父之子相謂爲族晜弟
			父之從祖晜弟爲族父父之從祖晜弟之妻爲族祖母	

		曾祖王父之考爲高祖王父曾祖王父之妣爲高祖王母	高祖王父之姊妹爲高祖王姑
	父之從祖祖父爲族曾王父父之從祖祖母爲族曾王母	王父之考爲曾祖王父王父之妣爲曾祖王母	曾祖王父之姊妹爲曾祖王姑
父之從祖晜弟之母爲族祖王母	父之世父叔父爲從祖祖父父之世母叔母爲從祖祖母又云父之從父晜弟之母爲從祖王母	父之考爲王父父之妣爲王母	王父之姊妹爲王姑
父之從父晜弟爲從祖父父之從父晜弟之妻爲從祖母	父子晜弟先生爲世父後生爲叔父父之兄妻爲世母父之弟妻爲叔母	父爲考母爲妣父之妾爲庶母	父之姊妹爲姑
兄之子弟之子相謂爲從父晜弟	男子先生爲兄後生爲弟		男子謂女子先生爲姊後生爲妹

父之從父姊妹爲從祖姑	父之從祖姊妹爲族祖姑

右圖

高祖格有高祖王姑而無高祖之晜弟及其妻，若如賈誼新書六術篇言曾祖昆弟，又有子爲族兄弟之例例之，則高祖之晜弟及其妻當稱族高王父族高王母。爾雅於曾祖之晜弟及其妻已稱族曾王父族曾王母，則高祖之晜弟實在族之外，故曰族晜弟之子，相謂可親，同姓族晜弟之子即高祖晜弟之玄孫也，不仍曰族晜弟，而變稱親同姓，明已別之於族，則高祖之晜弟不得仍曰族可知矣。是無稱也，故不著。爾雅釋族與儀禮喪服篇合古義也。賈子又遠一世稱族，漢人之例。或曰，高祖之晜弟固及見者少矣，若高祖晜弟之子，則有及見者矣，若高祖晜弟之孫若曾孫以及玄孫之子若孫，及見者多矣，及見而無稱奈何，曰無已，則亦謂之親同姓而已。

王父格有族祖王母而無族祖王父，最爲可疑，而從祖祖母從祖王母又犯複叠，竊謂經文父之世母叔母爲從祖祖母，與父之從父晜弟之母爲從祖王母二條當有一誤。以父之晜弟先生爲世父後生爲叔父之下不即釋世母叔母，父之從父晜弟爲從祖父之下不即釋族母例之，則父之世父叔父爲從祖祖父之下亦不當即釋從祖祖母，是父之世母叔母爲從祖祖母一條，當作父之從祖祖父爲族祖王父。邕前校爾雅存此說以父之從祖祖父爲族曾王父、父之從祖祖母爲族曾王母，二句對文例之，則父之從祖晜弟之母爲族祖王母之上當先釋父之祖晜弟之父。是父之從父晜弟之母爲從祖王母一條，當作父之從祖晜弟之父爲族祖王父。鄭珍巢經巢經說用此說。　如是則複者不複，而闕者不闕，雖蹈改經之弊，理實然也。　其族祖王姑之不釋，亦即可由族祖王父而推之矣。

父格族父族祖母族祖姑，若以族父例族祖母族祖姑，則當删兩祖字，稱族母族姑。　若以族祖母族祖姑例族父，則亦當加祖字稱族祖父。　書稱族父與儀禮喪服篇合，此在巢經巢經説論之最詳。

晜弟格闕晜從祖晜弟，竊謂經文兄之子弟之子相謂爲從父晜弟之下，當脱從父晜弟之子相謂爲從祖晜弟十三字，與族父之子相謂爲族晜弟、族晜弟之子相謂爲親同姓，文法一例也。　至若從父姊妹，固可由從父晜弟而推之矣。　從祖姊妹若有此十三字，即可由從祖晜弟而推之矣，族姊妹亦可由族晜弟而推之矣，自不煩著。　巢經巢經説補從父姊妹從祖姊妹二條，大屬不必，乃既補從父姊妹從祖姊妹二條，卻又遺族姊妹一條，是何説也。　其言五服内親無一遺闕，則族姊妹未嫁，亦應有緦麻三月之服，若謂儀禮喪服不著族姊妹之服，則喪服亦不著從父姊妹從祖姊妹未嫁之服也。喪服有從父姊妹在小功章，則指已嫁者，未嫁者之不以不著亦即可各由昆弟而推之，禮經與爾雅同例也。　且族祖王姑之與族姊妹，其服制正同，族祖姑鄭業已補入，爾雅本有族祖姑，即族姑也。鄭之族祖姑，則族祖王姑也。　何獨遺族姊妹而不補，既族姊妹之可遺，又何從父姊妹從祖姊妹之必不可遺也。以雅文章法論，則從父姊妹、從祖姊妹即欲補入，亦應補在為族祖姑之下，鄭於前尤非。

右圖説

釋爾雅釋蟲 上海國學雜誌第二期 1915年

章星垣

爾雅釋蟲，其名稱多爲世人所不曉。或代遠年湮，種類以天演而變，或訓詁箋疏，考覈以不精而舛，嗜古者恨焉。鄙特有鑒於此，作釋釋蟲一篇，綜覈群言，去浮擷實，援古證今，要期有當，其不知者闕焉。螅蛄之智，侈説春秋，其註誤知所不免，願與海内博物家公同商榷焉。

螜天螻　郭璞注：螻蛄也。按，天螻亦名螻蟈揚子方言，亦名仙蛄神農本艸，穴土而居，有短翅，四足，雄者善飛鳴，雌者腹大羽小，不善飛，喜就燈光，春夏時最多，俗謂之土狗。

蜚蠦蜰　按，蜚即臭惡之甲蟲。頭部尖鋭，色黑，善飛，六足，俗名臭蟲。頗害植物，故左傳曰有蜚不爲災。前漢五行志：劉向以蜚爲售。其爲害蟲無疑。郭璞以爲負盤，林堯叟以爲負蠜。按，負盤即負蠜，是草螽，非蜚也。詳後草螽釋

螾衙入耳　螾衙即蚰蜒。揚子方言云：自關而東謂之螾蜇，或謂之入耳，趙魏之間或謂蚨虷，北燕謂之蛆蚭，宋魏之間謂之蚰蜒。按，蚰蜒屬多足類，似蜈蚣而瘦小，體長而黄，頭具觸角一對，複眼一對，善駛走，長約寸許，死則蜷曲如環，與馬陸相類。多栖濕地，今人以蚰蜒爲鼻涕蟲者，非。

蜩蜋蜩　詩豳風：五月鳴蜩，毛傳曰：蜩，螗也。朱注曰：蜩，蟬也。大雅：如蜩如唐，毛傳曰：蜩，蟬也。螗，蝘也。朱注曰：皆蟬也。朱注固渾，毛傳亦先後不同。按，蜩與螗必爲二物，詩固明明别之，夏小正傳曰：蜋蜩者五彩具。必爲一種小蟬。

螗蜩　按，詩螗作唐。夏小正傳曰：唐蜩者蝘。亦作唐。許氏説文則無螗字，段玉裁謂螗蓋蜩之大者，斯言爲得。

蚻蜻蜻　按，蚻亦爲一種小蟬，揚子方言云：蟬之大者爲蟧，小者謂之麥蚻。

蠽茅蜩　郭注：江東呼爲茅截，似蟬而小，青色。初夏時潛伏樹幹，而鳴聲嘒嘒者，即此物。

蝒馬蜩　説文蚵蚗即馬蜩也，是蟬之最大者，盛夏時栖於高枝，鳴聲甚大。

蜺寒蜩　郭注：似蟬而小，寒螿也。月令：七月寒蟬鳴。即蜺也。其色青緑，鳴於新秋。揚子謂黑而赤者，非。

蜓蚞螇螰　説文云蛁蟟也。郭璞注蝭蟧也。按，蝭蟧爲關東之土音，齊人謂之螇螰，楚人謂之蟪蛄，其實一物也。按段注説文蝭蟧讀作支遼，今江北俗語尚有此稱，亦爲一種小蟬。

蛣蜣蜣蜋　蛣蜣蜣蜋本爲二物，古注皆混同爲一，均以爲轉糞之黑甲蟲。按蛣蜣好啖糞，每取糞作丸而轉之，一名轉丸，莊子云蛣蜣之智在於轉丸是也。蜣蜋頭有長獨角，較蛣蜣爲大，喜居高樹，能入藥，非蛣蜣一種。

蝎蛣蝠　桑木中之蠹蟲，下文云蝎桑蠹，是一物而兩釋之，非有别也。

蠰齧桑　蠰爲桑之害蟲，身有甲，甲具白點，頭具有節之二觸角，喜齧桑，俗謂之桑牛。

諸慮奚相　諸慮亦作諸蠦。郭注未詳。

蜉蝣渠略　揚子方言曰：蜉蝣，秦晉之間謂之渠略。樊光曰糞中蝎蟲。按蜉蝣亦爲甲蟲，甲下有翅，甲上有黄黑點，體小，叢生糞土中，朝生暮死。

蛂蟥蛢　按，蛂非甲蟲，是直翅之螽類，緑色，六足，善跳，喜栖草上，亦名蟜蟥，以翼鳴。見考工記梓人鄭注。

蠸輿父守瓜　今瓜中黄甲小蟲。頗與螢相類，善食瓜葉，俗名瓜狗。

蝚蛖螻　邢昺疏：蝚及蛖螻爲螻蛄之異名。按蝚爲螻蛄類，即今所呼之蛞螻也。

不蜩王蚥　郭注未詳。按王蚥疑即蝭蚥，是螳螂一種。

蛄䗐强蚌　郭注今米穀中小黑蛀蟲，是也。

不過蟷蠰　即螳蜋也。前足如鐮形，能捕異類以爲食，俗名斫郎。

其子蜱蛸　郭注：一名蟳蟭，螳蜋卵也。今藥中有桑螵蛸，即此物。

蒺藜蝍蛆　蝍蛆即蜈蚣也，見關尹子三極篇。郭注以爲似蝗而大腹者，非。

蝝蝮蜪　國語云蟲舍蚳蝝，韋注：蝝，蝮蜪也。董仲舒云：蝝，蝗子。劉歆云：蝝，蚍蠹之有翼者。未知孰是。按公羊何注：蝝即蟓也，始生曰蝝，大曰蟓蟓即古螽字。漢書五行志劉向亦以爲蝗始生爲蝝，則從蝗子爲是。

蟋蟀蛬　唐風：蟋蟀在堂，毛傳曰：蟋蟀，蛬也。説文作悉蟹。口有鉗，好鬬，有光黑之角翅，振翅則鳴。郭璞遵陸璣楊雄説，謂蟋蟀亦名促織，亦名青蛚。按促織是絡緯之别名，青蛚則以注鳴見考工記。非蟋蟀也。

螢螟　螢即蝦螟，腹大而足短，一號蟾蜍。解作青蛙者誤。

蜠馬蠘　蜠即馬蠋，馬蠋即馬蚿。郭云俗呼馬蠲，莊子云多足蟲也，淮南呂覽皆曰腐草化爲蚿，是馬蠋即今所謂之馬陸。體長寸餘，黑色，全體皆成環節，每環節生小足一對，茅茨陳腐則多生之。

皀螽蠜　蝗中之最大者爲皀螽。高飛成群，爲植物害，今之所謂飛蝗者是。

草螽負蠜　草螽即詩所謂草蟲，毛傳曰常羊也。常羊即負蠜，亦蝗類，色青而小，後足長，便跳躍，振翅則有聲。

蜇螽蜙蝑　郭注：蜙蠑也，俗呼春黍。體長而青，長角長股，人持其後足，即叩首如舂黍然，故以爲名。

蟿螽螇蚸　似蜇螽而小，多栖草上，俗呼爲蛭螻。

土螽蠰谿　郭注云：似蝗而小，俗謂土蝶。按此蟲多栖泥土上，色與泥土無異。

螼蚓蜸蠶　亦名蛩蟺，即蚯蚓也。

莫貈蟷蜋蛑　皆螳蜋也。

虰蛵負勞　虰蛵似蜻蜓，尾端有長毫，其幼蟲多栖於水，迨成蟲則飛行空中，不半日而夭死。前儒多以虰蛵即蜻蜓，誤矣。

蛅毛蠹　蠹，蟲之有毛者。乾木中多有之，米穀中亦有，郭璞云即載也。

螺蛅蟖　郭注云蛓屬，注與蛅無别。按蛅爲木中之蠹，蠼乃食木葉之蟲，螺所産之卵殼名曰雀甕。

蟠鼠負　負或作婦。本草曰鼠負亦名負蟠。郭璞曰瓮器底蟲。按此蟲生於濕地，體小，爲橢圓狀，色微白，多足，瓮器底多有之，鼠坎中亦有之，故曰鼠負。陸璣云在壁根下，甕器底土中生，似白魚者是也。

蟫白魚　衣書中蠹魚也，亦名炳魚，亦名衣魚。

蛩羅　大戴禮云食桑葉者有絲而蛩，此蛩即蠶蛹所變者也。

翰天雞　黑身赤頭，今之樗雞虫是也。

傅負版　郭注未詳。按負版亦作蝜蝂。柳宗元蝜蝂傳曰：蝜蝂者，善負小蟲也，行遇物輒負之，雖困劇不止。

强蚚　蚚蓋蠅之小者，好自磨捋其足，今俗所謂米蒼蠅是也。

蛶螪何　螪何亦作螪蚵。注未詳。

螝蛹　蠶蛹謂之螝。

蜆縊女　郭注：小黑蟲，赤頭，喜自經死，故名縊女。今所見者係一種長身之小野蠶，每以絲自經死。

蚍蜉大蟻　大黑蟻也。

小者蝗　尋常之小蟻也。

蠪朾蝗　蟻之大而赤色者名蠪。

螱飛蝗　蟻之有翅者爲螱。

其子蚳　蟻卵謂之蚳。

次蟗鼅鼄鼅鼄鼄蝥　經文輾轉相釋，謂次蟗即鼅鼄，鼅鼄即鼄蝥，皆蛛蜘也。揚子方言云：關西謂之鼄蝥，關東謂之鼅鼄，或謂之蠾蝓，北燕朝鮮謂之蝳蜍。郭注云齊人又呼社公，又呼網公，同一物也。

土鼅鼄　在地上布網者，形灰黑而小。

草鼅鼄　在草上布網者，長足，腹有花紋。

土蠭　說文：蠕贏，細腰土蠭也。中庸蒲盧，鄭注土蠭也。蒲盧即果贏，則土蠭必爲細腰蜂，喜在土中作窠。

木蠭即大黃蜂。本草云露蜂房，謂木上大黃蜂窠也，露蜂即對土蜂在地中而言，此類皆在樹上作房。

蟦蠐螬　郭注云糞土中蟲。本草曰螬亦名乳齊，一名地蠶，一名應條，大者如足大指，以背滾行，身具堅黑之殼，口有鋭鉗，能齧物。

蝤蠐蝎　揚子方言云：關東謂之蝤蠐，梁益間謂之蝎。木中之蠹也，色白而長，故詩人以比婦人之頸，衛風云領如蝤蠐是也。

蛜蝛委黍　詩：伊威在室，毛傳曰：委黍也。與爾雅同。朱注曰：鼠婦也，室不掃則有之。是誤以蛜蝛爲蟠蟲。按蛜蝛即今之地鼈蟲，室中塵穢則有之。段注說文亦以爲地鼈蟲。

蛭蝚至掌　郭注未詳。疑即馬蟥。

國貉蟲蠁　蛹蟲爲蠁。

蠖蚇蠖　一名屈蠖，一名蝍蝛，一名步屈，行動時每屈而不伸，亦蠶類。

果贏蒲盧　細腰蜂也，喜在筆管中作巢，無子，每取桑蟲之子，負持而去，至窠中祝曰類我類我，即化爲其子，故詩曰：螟蛉有子，果贏負之。

螟蛉桑蟲　一曰桑蟗，一曰戎女，是桑間之小青蟲。

蝎桑蠹　詳上釋。

熒火即炤　夜飛腹下有光，即螢蟲也。

蜜肌繼英　繼或作蠿，英或作蝧。郭注未詳。或云蜂屬。

蚅烏蠋　郭注大蟲如指似蠶，蓋即今橘葉上大青蟲也，爲鳳蝶之産子，俗名豆蠋。

蠓蠛蠓　俗謂蠓蟲，似蚊而小，夏日晚間亂飛於空，揚雄甘泉賦云浮蠛蠓而蔽天是也。

王蛈蜴　郭注即螲蟷，似蜘蛛，在空中，有蓋。

蟓桑繭　食桑葉作繭，即今人所蓄之蠶也。

雔由樗繭　食樗葉之蠶類。

棘繭　食棘葉之蠶類。

欒繭　食欒葉之蠶類。

蚢蕭繭　食蕭葉之蠶類。

翥醜罅　翥，飛也。醜，類也。蟲類能翥飛者謂蟬屬，皆剖母背爲孔罅而生也。

螽醜奮　謂螽好奮飛也。

强醜捋　謂强好磨將其足也見前釋。

蠭醜螸　謂蠭之垂其腴也。

蠅醜扇　謂蠅好摇其翅也。

食苗心螟食葉蟘食節賊食根蟊　皆稻之害蟲，以食苗之所在而異其名。螟爲一種飛蛾，頭具複眼一對，有二觸毫，恒産卵於稻葉上，其幼蟲入稻莖内食其養料。蟘即苞蟲，爲蝶類之幼蟲，常吐絲連綴稻葉爲窠，喜食稻葉，賊體甚小。疑即浮塵子，常以鋭吻吸食稻莖中之液汁。螽即一種水蝨，常環繞於苗之根幹間，吸食稻汁。

有足謂之蟲無足謂之豸　説文云：豸，獸長脊行豸豸然，欲有所司殺形。凡無足之蟲，體多長，如蛇蚓之屬，長脊而行豸豸然。張衡西京賦云：增嬋娟以跐豸，注：跐豸，姿狀婀娜也。蛇蚓之類其行動亦似婀娜，故謂之豸。

釋爾雅釋鳥 上海國學雜誌第三期、第四期 1915年

章星垣

爾雅一經，傳自周初，世越數千年。所釋之鳥，多爲後儒所不曉，謹綜集諸家之説，參以聞見，以今證古而再釋之。其鳳凰鶤鳥鵌鳥鸛鶇之屬，爲近世所不見者，悉本典藉，謹爲記載，未敢牽合，閱者諒焉。

隹其鳺鴀　郭璞注云今⿰孚鳥鳩，李巡則以爲楚鳩，詩曰翩翩者鵻，毛傳云：鵻，夫不也，夫不即鳺鴀之省字 一宿之鳥。鄭康成箋云：一宿者，一意於所宿之木，是謹愨孝順之鳥也。陸機云：今之小鳩，一名⿰孚鳥鳩，幽州人謂之鵙鵖，梁宋之間謂之隹。按説文：鵻，祝鳩也。春秋傳曰。祝鳩司徒也，杜預解曰：祝鳩，鶌鳩也。鶌鳩孝，故爲司徒。揚雄方言云：鶌鳩大者謂鳻鳩，小者謂鴓鳩，梁宋之間謂之鶌鳩。則祝鳩鶌鳩一鳻鳩耳。鳻斑音相近，俗書改作斑鳩。則祝鳩即斑鳩，即今所號之斑隹也。色青灰而有斑，方春尚小，呈綠褐色，或謂之黄褐侯，亦曰青鶌。至秋而大，號爲斑隹，名隨形異，實一鳥也。此鳥不善爲巢，亦號拙鳩。又按⿰孚鳥鳩即鵓鳩，嚴華谷論鵻有十四名，而⿰孚鳥鳩鵓鳩兩名并列，大抵⿰孚鳥鵓字形相似，始也誤⿰孚鳥爲鵓，繼則⿰孚鳥鵓歧而爲二。鵓鳩之名，始見於顧野王之玉篇，而説文則無鵓字，鵓字必爲⿰孚鳥字之訛，鵓鳩即⿰孚鳥鳩也。鵻鳩之名稱極繁，經生之惑滋甚，風土記以祝鳩爲反舌，而玉篇又以隼爲鵻，錯之甚矣。

鶌鳩鶻鵃　春秋傳云：鶻鳩，司事也。杜注云：鶻鳩，鶻鵰也，春來秋去，故爲司事。即此鶌鳩也。郭注云：

似山鵲而小，短尾，青黑色，多聲，江東亦呼鶻鵃。按鶌鳩必爲反舌，一名百舌，一名鶷鷎壯如鴝鵒而小，灰黑色，微有斑點，俗名泥八哥。李時珍注本艸云，此鳥立春後鳴囀不已，夏至後則無聲，故月令云：仲夏之月反舌無聲。十月後則藏蟄不見，冬則死。其鳥之形聲，固與郭注吻合。而杜預所謂春來秋去者，浦鏜云秋字爲冬字之訛，亦與李氏所謂十月藏冬日死之言相符，其足爲司事之鳥亦無疑。風土記以祝鳩爲反舌，是以祝鳩誤爲鶌鳩，而廣雅以鶌鳩即斑鳩，是又以鶌鳩誤作祝鳩矣。鄭樵以鶌鳩即鴝鵒，蓋得其近似而又誤也。

鳲鳩鴶鵴　郭注云：今之布穀，江東呼爲穫穀。詩：鳲鳩在桑，毛傳云：秸鞠也。秸鞠即鴶鵴鄭康成名爲搏穀，陸機名爲擊穀，陳藏器本艸注。又名郭公，北人名爲撥穀，皆聲之轉也。按布穀爲催農事之鳥，似鷂而長尾，微帶黃色，以穀雨後至，啼鳴相呼而不相集，不能爲巢，多居樹穴及空鵲巢中，詩曰：維鵲有巢，惟鳩居之。即指此鳥也。其名甚多，皆因其聲之近似而呼之，如俗呼阿公阿婆、割麥插禾、脱卻布袴之類是也。方言以鳲鳩爲戴勝，誤矣。

鷑鳩鵧鴀　郭云：小黑鳥，鳴自呼，江東名爲烏鵙。按鷑鳩亦名鵧鷑，又曰鵯鵊，李時珍注本艸云即戴勝也，其鳥大如燕，黑色，長尾有歧，頭上戴勝，常飛啄烏鵲，乃隼屬也。三月即見，俗謂之駕犂，農人以爲候，五更輒鳴曰架架格格，至曙乃止，滇人呼爲榨油郎，或曰鐵燕子。古有催明之鳥，名喚起者，即此鳥也。

鵙鳩王鳩　師曠禽經云：王鳩即魚鷹，故郭注云鵰屬，江東呼爲鶚，好在江渚山邊食魚。詩：關關雎鳩，陸機疏云：鵙鳩大如鴟，深目，目上骨露，幽州謂之鷲。而揚雄許慎皆云白鷢，似鷹，尾上白。顔氏匡謬亦云：鵙鳩王鳩，魚鷹也，亦曰白鷢。按左氏以鵙鳩爲司馬之官，則鵙鳩必爲鷙鳥。李時珍本艸鶚鳥注云：似鷹而土黃色，深目，好峙立。雌雄相得，鷙而有別，交則雙翔，別則異處，常翱翔水上，捕魚食之，并非水鳥也。則鶚爲鵙鳩無疑矣。陸氏以爲鷲，不知鷲爲青黑之大鳥，與鶚有別。揚許顏三家以爲白鷺，按白鷺名鷥，俗呼爲𪀚，較鶚則形小矣。朱子集傳以爲鳧鷖之屬，更爲荒謬，鳧鷖水鳥，鵙鳩山禽，鳧鷖小鳥，鵙鳩鷙鳥，相去遠矣。

鵅鵋鶀　說文隹部：雒，忌欺也。鵅作雒。郭注鵅音格，與下文鵅鳥鸔之鵅音洛者不同。江東呼鵂鶹爲鵋鶀，亦謂之鴝鵅。按鵅鳥即本艸經之鵂鶹，大如鴟鷹，黃黑斑色，頭目如貓，有毛角兩耳，亦曰角鷹，亦曰貓頭鷹，晝伏夜出，鳴聲連轉，如云休留休留，故謂之鵂鶹，古稱不詳之鳥。

鶅鬼軌　或云即木兔，有毛角，夜飛，好攫雞食之。郭注未詳。

鴗天狗　郭云：小鳥也，青似翠，食魚，江東呼爲水狗。按水狗即魚狗，亦曰魚虎，石林詩話云：江淮間有水禽，號魚虎，翠羽紅首，顏色可愛。埤雅云：魚虎即翠之小者，一曰魚師。陳藏器釋本艸云：魚狗即翠鳥也，穴土爲巢，大者名翠，小者名魚狗，俱能在水上取魚。是鴗即翠鳥之小者也。

鷚天鸙　郭注云：大如鷃雀，色似鶉，好高飛作聲，今江東名曰天鷚。按此鳥好巢於麥田内，二三月間處處有之，高飛而鳴，直入雲中，俗呼鵖鷚，因其鳴聲綢繆，人喜畜之。留青日扎云：春間有小鳥，飛鳴入雲，翻身徑落，其聲嗢唧，名曰告天子。山堂肆考云：告天子一名叫天子，褐色，似鶉而小，遇天晴霽，且飛且鳴，直上雲端，其聲連綿不已，告天子即天也。

鵱鷜鵝　郭云：今之野鵞。邢昺疏云：鵱鷜，野鵞之別名。按野鵞即蒼雁，非天鵞也。陶弘景詩疏云：雁類有大小，皆同一形。又有野鵝，大於雁，似人家蒼鵝，謂之駕鵝。李時珍注本艸云：白者爲雁，蒼者爲野鵝。

鶬麋鴰　按此鶬即本艸之鶬雞，名麋鴰，關西呼爲鴰鹿，山東呼爲鶬鴰，俗亦號麥雞。狀如鶴大而頂無丹，兩頰紅，長頸，高脚，青蒼色，亦有灰色者，好栖田澤沙渚中。文選江賦云：奇鶬九頭。後儒不知奇鶬爲鬼車鳥之別名，因以奇鶬目麋鴰，謂此鳥九頭，夜飛作聲，錯矣。

鴼烏鸔　鴼音洛，水鳥也。郭云此鳥似鶂，短頸，腹翅紫白，背上緑色，江東呼爲烏鸔，亦鳧類也。

舒雁鵝　邢昺云：鵞别名舒雁，即今人所畜之家鵝也。李時珍曰：鵝謂之舒雁者，以其似雁而舒遲也。亦謂之鴚，有蒼白二色，緑眼黄喙，頭上瘤起，江淮以南多畜之。

舒鳧鶩　尸子云：野鴨爲鳧，家鴨爲鶩。鳧鶩之爲家爲野，遂致滋後世之疑。按本艸經所謂鶩者，釋名亦號舒鳧，實指家鴨而言，然家鴨不能飛翔，王勃滕王閣序云：落霞與孤鶩齊飛。則鶩又似爲野鴨，不知鳧鶩本可通稱，鶩有舒鳧之名。而鳧亦有野鶩之號，見陸機詩疏故王勃可以通用。周禮庶人執鶩，豈野鴨乎。國風弋鳧與雁，豈家鴨乎。屈原離騷云：將與雞鶩爭食乎，將汎汎若水中之鳧乎。以鳧鶩對言，則家也野也。不辨自明。經謂舒鳧鶩，郭璞釋爲家鴨，實不誣也。

鳽鵁鶄　師曠禽經云：鵁鶄睛交而孕，又曰交目者其名鳽。陳藏器曰：鵁鶄，水鳥也，出南方池澤中，似鴨，緑衣，人家養之，馴擾不去。李時珍曰：大如鳧鴨，而高脚長喙，其頂有紅毛如冠，翠鬣碧斑，丹嘴青脛，喜居茭艸中，俗名茭雞。

輿鵛鷀　輿本作與，樊光孫炎作鷽，與即鷽字之省。唐石經作輿者非。郭注未詳何鳥。廣雅云鵛雀，怪鳥也。玉篇云鷀鳩屬。未知孰是。

鵜鴮鸅　郭云：今之鵜鶘也，好群飛，沉水食魚，故名洿澤，俗呼爲淘河。詩維鵜在梁，陸機云：鵜，水鳥，形如鶚而極大，喙長尺許，直而且廣，頷下胡大如數斗囊，若小澤中有魚，便群共抒水滿其胡而棄之，令水竭盡，魚在陸地，乃共食之。按山海經云：沙水多犁鶘，其名自呼。犁鶘即今之鵜鶘。此鳥灰色，如蒼鵝，長嘴高脚，頤下有大胡，好食魚，多生荒野中，俗名淘鵝。

鶾天雞　鶾即今之錦雞，赤羽有文彩。逸周書云：文鶾谷彩雞，周成王時蜀人獻之。王世貞錦雞賦云：首如鬱金，項如結綠，悲翠叢腋，渥丹凝腹。其有文彩可知矣。

鷽山鵲　郭云：似鵲。有文彩。按鷽狀如鵲而小，青灰色，赤足長尾，説文指爲知來事之鳥，即今俗所呼之山喜也。鄭樵指爲喜鵲者，誤。

鷣負雀　鷣即今之鷂也，善捕雀，故名負雀。陸機詩疏所謂雀鷹者，亦此鳥也。

鸐鹵艾　或謂鸐鹵，鳥名。或謂鹵當作鸐。鸐艾，鳥名。猶蟲中之有鸐桑也。郭注未詳。

鵅鵋老　郭注云鵂鶹也。邢疏云：鵅　亦謂鵋老。即俗所呼之痴鳥也。海濱有之。

扈鴳　舍人李巡孫炎郭璞皆斷老上屬，扈下屬。解云：鵅一名鵋老，扈一名鴳。惟樊光以爲老下屬，老扈一名鴳。以老扈補下之春扈夏扈秋扈冬扈桑扈棘扈行扈宵扈共爲九扈，理亦可通。然癡鳥本有鵋老之號，仍當以前説爲正，今從之。鴳即今之鷃雀也，小鳥，不木處。莊子逍遥篇云：斥鷃笑之。斥鷃即斥鴳。此鳥騰躍不過數仞，飛翔蓬蒿之間，亦謂之籬鷃。

桑扈竊脂　竊即古淺字，竊脂，淺白也，非盜竊脂肉之謂。亦名青雀，好在桑間，背青黑色，翅有白花紋，故詩曰：交交桑扈，有鶯其羽。鶯文彩貌，其觜微曲，或淡白如脂，或凝厚而黄。如傅蠟然，俗謂之蠟觜。

鳭鷯剖葦　鳭鷯喜在蘆葦中，俗名柴雀，色黄而小，亦謂之黄脰雀。因其好剖葦皮，食其中蟲，故亦謂之剖葦。

桃蟲鷦其雌鴱　桃蟲名鷦，其雌名鴱。揚雄方言曰：自關而東謂之巧雀，或謂之女匠，自關而西謂之韤雀，或謂之巧女，燕人謂之巧婦，江東謂之桃雀。此鳥形小如黄脰雀，灰色有斑，眼眶有長白紋，取茅葦毛毳爲窠，大如雞卵，至爲精密，懸于樹枝。古人云鷦鷯一枝，鷦鷯即桃蟲也。

鶠鳳其雌皇　鳳亦名鶠，雌者曰凰，身備五色而多赤，古人稱爲瑞應之鳥。山海經云：丹穴之山有鳥焉，其狀如鶴，五彩而文，名曰鳳，見則天下安寧。舜時鳳凰來儀，周文王時曾鳴于岐山。

鶌鴝雝渠　鶌鴝即鶺鴝，水鳥也。郭云：雀屬，飛則鳴，行則摇。按此鳥長脚長尾，頭上黑下白，背灰色，腹下白，翅端有白花紋，尾之四周有白痕，喜栖水田内及河濱淺水處，行則摇，飛則鳴，俗呼顛尾鷚。

鷽斯鵯鶋　鷽斯，小鴉也，腹下白。好群飛，多見於秋冬時，一名鵯鶋，亦呼鵯鳥。詩：弁彼鷽斯。即此鳥也。

燕白脰烏　脛，項也。烏之白項者爲燕，亦名白脰烏。古之烏亦名燕，今人則專以燕爲玄鳥矣。

鴽鴾母　郭云：鵪也，青州呼鴾母。按鴽即今之鵪鶉，大如雞雛，褐色，頭細而無尾，善鬭。月令云：田鼠化爲鴽。淮南子時則訓曰：田鼠化爲鶉。鶉即鴽也。

密肌繫英　郭云：釋虫已有此名，疑誤重。或曰密作鸐，英作鶧，鳥名也。

巂周　郭云：子巂鳥，出蜀中。邢疏云：即今之子規。按子規亦作秭歸，亦名杜鵑，或杜宇，亦號題鴂，色灰黑，間有白斑，口亦有小冠，足如啄木鳥，尾長而不鋭，春暮即鳴，夜啼達旦，出西蜀。説文云巂蜀王望帝所化，不經之語也。

燕燕鳦　詩：燕燕于飛。燕燕即玄鳥，齊人呼鳦，即今日之燕也。孫炎舍人以巂周、燕燕、鳦爲一物三名，錯矣。

鴟鴞鸋鴂　舍人云：鴟鴞一名鸋鴂。郭云鴟類。乃陸機詩疏以爲鴟鴞即巧婦。趙岐孟子注曰：鴟鴞小鳥。陳琳檄吴文曰：鸋鴂之鳥巢于葦苕。是皆以鴟鴞即鷦鷯。考鷦鷯之雛能化爲鵰，故邢昺云：鷦鷯小鳥而生鵰鶚，鳥之由小而大也。則鵰鶚爲鷦鷯之雛所化生，非謂鷦鷯即鵰鶚也。陸趙陳三家誤以鴟鴞即鷦鷯，實不知鴟鴞大鳥，鷦鷯小雀，不可强同也。　王叔師楚詞注云：鴟鴞，鸋鴂，貪鳥也。郭注爲鴟類，意亦相同，蓋鴟鴞實鷙鳥，非小雀也。

狂茅鴟　狂，鳥名，一名茅鴟。郭云：今鵵鴟也，似鷹而白。按鵵鴟即今之呼咵鷹也，似鷹微小，獵人畜之以捕雉雁。

怪鴟　怪鴟即鴟鵂，亦即前之鵋鵙，有角之貓頭怪鳥也。

梟鴟　説文云：梟，食母，不孝之鳥。郭云今之土梟。本艸鴞亦名梟，陳藏器云鴞即梟也，一名鵩，吳人呼爲魑魂，惡聲鳥也。詩：爲梟爲鴟，陸機云：梟，惡鳥，入人家凶，賈誼所賦鵩鳥是也。按梟在北方名訓狐，在南方名鵩，本艸李時珍注云：北土有鳥名訓狐，其聲爲訓狐，因以爲名，少美好而長醜惡，狀如母雞，有斑文，頭如鴝鵒，兩目如貓，作笑聲，當有人死。劉恂嶺表錄云：北方梟鳴，人以爲怪，南方晝夜飛鳴，與烏鵲無異。劉氏所謂北方之梟即指訓狐而言也。盛弘之荆州記云：巫縣有鳥如雌雞，其名爲鴞，楚人謂之鵩。鵩與訓狐實一鳥也。陳正敏謂梟爲伯勞，誤矣。

鶛劉疾　郭注未詳。按下文云鷯鶉其雄鶛，此所謂鶛，未識果爲鶉屬否。

生哺鷇　鳥子生，須母哺而飼者鷇，燕雀之屬也。

生噣雛　鳥子生，能自啄而食者爲雛，雞雉之屬也。

爰居雜縣　爰居亦名雜縣，魯語云：海鳥爰居，止於魯東門之外。漢元帝時，瑯琊有大鳥，如馬駒，時人謂之爰居，蓋海中大鳥也。或云即今之禿鶖。

春鳸鳻鶞　春鳸以下共八鳸，郭云皆以毛色音聲定名，未辨爲何雀。按前漢書黄霸傳云：鶡雀飛集丞相府，顔師古云：鶡音芬，即鳻雀，大而色青，出羌中。

夏鳸竊玄　夏鳸淺黑，故名竊玄。賈逵云：趣民耘耕之雀也。按夏鳸即架犁，鳴于孟夏，農人指爲候時之鳥。汴人呼爲夏鷄，即夏鳸也。

冬鳸竊黄　冬鳸淺黄，因名竊黄。賈逵云：趣民蓋藏之鳥也。按冬鳸即古之鸘鳥，色青蒼而微黄，禽經云：鸘飛則霜。亦名鷫鸘。鸘鳥至則知冬之將至矣。

桑鳸竊脂　經文與上複，詳上。

棘鳸竊丹　棘鳸淺丹，故名竊丹。或云即古之鳭鳥。

行鳸唶唶　行鳸之聲唶唶，因名唶唶。疑即乾鵲也。

宵鳸嘖嘖　宵鳸之聲嘖嘖，因名嘖嘖。宵鳸疑即竹雞，形比鷓鴣差小，褐色多斑，其性好啼，鳴聲嘖嘖，亦號泥滑滑，因其呼聲之近似而名之也。王安石竹雞詩云：竹雞呼我出華胥，起滅篝燈擁燎爐。蓋竹雞常以宵鳴也。

鵖鴔戴鵀　戴勝亦名戴鵀，亦名鵖鴔，即前之鵧鳩也。詳上。以三月鳴，故月令云：季春之月戴勝降於桑。楊子方言：戴勝亦名鶝鴀，亦名鵖鶝。

鶭澤虞　似水鴞，蒼黑色。郭云媢澤鳥，俗呼護田鳥。按護田鳥即鸐雞，身大如雞，長腳紅冠，雄者大而色褐，雌者稍小而色班，常栖水田内。

鷀鷧　即鸕鷀也，啄［喙］曲如鈎，能入水取魚。埤雅云夔州人謂鸕鷀爲烏鬼，臨水居人皆養此烏，繩繫其頸，使之捕魚，得魚則倒提出之。本艸衍義：鸕鷀亦名水老鴉。

鷯鶉其雄鶛牝痺　鶉之雄者足高，雌者足卑，故雄名鶛，雌名痺。

鸍沈鳧　郭云：似鴨而小，長尾，背上有文，江東呼爲鸍。按鸍即野鴨也，性能没水，故名沉鳧，亦可高飛，江海湖泊中皆有之，一名野鶩。

鴢頭鵁　鴢一名頭鵁，似鳧，腳近尾不能行，亦曰魚鵁。山海經：青要山，畛水出焉，中有鳥名鴢，如鳧，青身朱目。即此鳥也。

鵽鳩寇雉　郭云：鵽大如鴿，似雌雉，鼠腳，無後指，歧尾。本草釋名以鵽鳩爲突厥鳥，李時珍引唐書云：鳴鵽群飛則突厥入寇，因名突厥鳥。按鵽鳩即今俗所呼之桃花鵽，大如鴿，色褐有班，短毛，好群飛，可爲食品。

萑老鵵　郭云：木兔也，似鵄鵂而小，兔頭有角，夜飛，好食雞。今俗謂之兔頭鷹。

鵁鶄鳥　鵁一名鶄鳥，似雉。青身白頭。

狂夢[瘳]鳥　狂本作鵟，省文爲狂。山海經曰：大荒西栗廣之野有五采之鳥，有冠，名曰狂。即此鳥也。

皇黃鳥　皇名黃鳥，即黃鶯也，歌喉百囀，巧舌如簧，亦名黃離留，一名搏黍。詩：黃鳥于飛，陸機疏云：黃鳥，黃鸝留也。或謂黃栗留，其名甚多，一曰倉庚，一曰商庚，一曰鵹黃，一曰楚雀。

翠鷸　翠與鷸後世分而爲二，翠即食魚之翡翠，鷸則如鶉，色蒼嘴長，在泥涂中。作鷸鷸聲者是。按爾雅言翠鷸，必鷸即是翠，故李巡釋經曰：翠一名鷸，其羽可爲飾。則翠鷸爲一鳥。不知鳥屬中本有鷸鳥，褐色有班，爲鶖鶉之屬，而翠鳥亦有鷸號。左傳：鄭子臧好聚鷸冠，杜注：鷸，翠鳥。宋史輿服志言鷸羽可爲服用，蒼褐之鷸羽必不堪爲飾，所謂鷸羽定指翠羽而言。經以鷸釋翠，本爲一鳥，非二也。

鸀山烏　郭云：似烏而小，赤嘴，穴乳，出西方。李時珍曰山烏亦名鸀。按鸀水鳥，非山禽也。

蝙蝠服翼　蝙蝠亦名服翼，似鼠，灰黑色，有薄肉翅，連合四足及尾如一，夏出冬蟄，日伏夜飛。一曰天鼠，一曰仙鼠，一曰飛鼠，一曰夜燕，一曰䘃蟙。

晨風鸇　詩：鴥彼晨風，毛傳云：鸇也。陸機言鸇似鷂，青黃色，燕頷勾喙，嚮風摇翅，擊鳩鴿燕雀食之，即今土人所呼之百雄也，似鷂而大，喜高飛，善捕雀。

鸒白鷢　鸒似鷹，尾上白，一名曰鷢，俗呼爲鶲，善捕小雀食之。

寇雉泆泆　寇雉一名泆泆，即上鵁鶄也。

鷏蚊母　蚊母鳥，一名鷏，大如雞，黑色，生南方池沼茹蘆中，其聲如人嘔吐，俗謂此鳥能吐蚊，亦號吐蚊鳥。

鷉須蠃　郭云：似鳧而小，膏中瑩刀。按鷉即鸊鷉，亦名水鷙，一名油鴨，一名鸰鳭，鳧屬也。大如鳩，腳連尾，不能陸行，常在水中，人至則沉，俗呼爲水雞，取其膏涂刀劍不鏽。

鼯鼠夷由　鼯鼠亦名夷由，亦名鼺鼠，亦曰耳鼠。狀如蝙蝠，肉翅，四足，翅尾及項紫赤色，背蒼艾色，腹下黃色。説文云：鸓，飛走且乳之鳥。亦名飛生，禽經則謂之鸓。

倉庚商庚　即黄鳥也。

鴩餔𧽎　鴩亦作鴃，説文云：鴩，餔豉也。古本爾雅亦作餔豉，唐石經始改作餔𧽎。或又云餔當爲鵏字之訛。郭注未詳。

鷹鶆鳩　鶆鳩即鷞鳩，故郭云鶆爲鷞字之訛。左傳云：鷞鳩，司寇也。杜注：鷞鳩，鷹也，鷙故爲司寇。按鷹性爽猛，因號鷞鳩。嘴曲爪鋭，色褐黑有花紋，老則變蒼黄色，能捕雉兔，故獵人畜之。

鶼鶼比翼　釋地篇云：南方有比翼鳥，不比不飛，其名謂之鶼鶼。案山海經：崇吾山有鳥焉，狀如鳬，一翼一目，相得乃飛，名曰蠻蠻，色青黑，不比不能飛。爾雅之鶼鶼即蠻蠻也。

鵹黄楚雀　皆黄鳥之别名也。

鴷斲木　鴷一名斲木，即啄木鳥也。異物志云：啄木有大小，有褐有斑，褐者是雌，斑者是雄。剛爪利嘴，舌長，常啄樹，食其中蟲。

鸄鶶鷵　鸄亦名鶶鷵，郭云似烏，蒼白色。按酉陽雜俎云：鸄色常變，一變爲青鴘，再變爲白鴘，則鸄即鴘鳥也。或又云鸄鶶鷵即阿濫堆，阿濫堆，驪山鳥也，明皇常採其聲爲曲云。

鸕諸雉　郭注未詳，疑鸕即諸雉之總名。以下鷂雉鷮雉鳪雉等乃分别言之。

鷺春鉏　埤雅云：鷺色白，頂上有毛，長數寸，毿毿然如絲，欲取魚則弭之，步於淺水，時好自低昂，如春如鉏之狀，因名春鉏。此鳥處處有之，毛色潔白，青脚，長尺許，喙長二寸，頂上有長絲，亦謂之帶絲禽。

鷂雉　素質五采，江淮以南之雉名也。顧野王云鷂爲五采雉，與郭注同。或疑爲鷴，誤矣。

鷮雉　説文：鷮雉，長尾雞也。郭云：鷮雉長尾，走且鳴。詩：有集維鷮，陸機疏云：鷮微小於翟，走而且鳴，其聲鷮鷮，尾甚長，肉美可食。

鳪雉　雉之黄色者名鳪。其鳴自呼。

鷩雉　郭云：似山雞而小冠，背毛黄，腹下赤，項緑，色鮮明。按鷩雉亦名鵔鸃，其性耿介，其色文秀。周有鷩冕，漢有鵔鸃冠，皆取其文明俊秀之義。禽經謂鷩即山雞，然郭璞言與山雞相似，則非山雞明矣。

秩秩海雉　似雉而蒼黑，多生海上。

鸐山雉　鸐一名鸐雞，形類鷮雞而尾稍短，好居山林中，故稱山雉，即山雞也。

鶾雉鵫雉　鶾雉一名鵫雉，白色，亦名白雉，即白鷳也。

雉絶有力奮　雉之壯大有力能鬭者名奮。

伊洛而南素質五采皆備成章曰翬　李巡曰：素質五采備，文章鮮明曰翬。孫炎云：翬雉白質，五色爲文。周禮内司服云：王后之六服褘衣，鄭注云：褘衣畫翬。蓋言翬之毛色美麗，后服象之以爲飾也。

江淮而南青質五采皆備成章曰鷂　即上之鷂雉也。周禮云揄狄，鄭注云揄狄畫摇摇，與鷂音同，即鷂也。王后之衣亦取以爲飾。

南方曰〓東方曰鶅北方曰鵗西方曰鷷　别四方雉名之不同也。

鳥鼠同穴其鳥爲鵌其鼠爲鼵　鵌似鵽而小，黄黑色，穴居。鼵如人家鼠而短尾。尚書云：導渭自鳥鼠同穴。李巡云：鵌鼵共處一穴，天性然也。鳥鼠同穴山，今在甘肅省渭源縣。

鸛鷒鶝鶔如鵲短尾射之銜矢射人　鸛鷒名鶝鶔，一名㝅羿，㝅即古惰字。言此鳥能銜矢轉射人，雖羿之善射亦無如何也，故名㝅羿。此鸛鷒與詩所謂鳴垤之鸛不同。

鵲鵙醜其飛也翪　鵲即乾鵲，山鵲之類。鵙，伯勞也，詳下釋。醜，類也。翪，竦也，謂鵲鵙之類不能翱翔遠飛，但竦翅上下而已。

鳶烏醜其飛也翔　鳶，鴟也，鷙鳥之屬。謂鳶烏之類能遠飛，翱翔於天也。

鷹隼醜其飛也翬　說文云：隼，鷙鳥，善捕雀。即鶻也。翬，疾飛貌，謂鷹隼之類其飛急疾也。

鳧雁醜其足蹼其踵企　鳧，水鳥。雁，陽鳥，狀如鵝，有蒼白二色。蹼謂鳧雁之腳指幕蹼連屬也。踵，腳跟也。企，立也，謂鳧雁之類能平立沙渚也。今南美洲有企鵝，以企爲名者亦以其能企立也。郭注訓企爲直，謂鳧雁飛則伸直其腳。按企字古無作伸直解者，郭注疑誤。

烏鵲醜其掌縮　烏鵲之類飛則潛縮其掌也。

亢鳥嚨其粻嗉　鳥之喉嚨名亢，粻，食也。鳥受食之處名嗉。

鶉子鳼鴽子鸋　鶉所生之子爲鳼，鴽所生之子爲鸋。按李時珍注本草云：鵪與鶉爲兩物，形狀相似，但無斑者爲鵪即鴽也，有斑者爲鶉，今人統以鵪鶉呼之無有別也。

雉之暮子爲鷚　雉晚生之子名鷚。

鳥之雌雄不可別者以翼右掩左雄左掩右雌　此以鳥翼之左右掩而別其雌雄也。

鳥少美長醜爲鶹鷅　鶹鷅即梟也，少小時毛色美好，及長其形醜惡。

二足而羽爲之禽四足而毛謂之獸　禽之奇異也，或一足或多足見山海經且體有生毛者如蝙蝠鼯鼠之類。獸之奇異者，或三足或六足，且有具翼而飛者俱見山海經經言二足而羽謂之禽，四足而毛謂之獸，此別普通禽獸之異也。

鵙伯勞也　伯勞一名伯趙，春秋傳云：少皞氏以鳥名官，伯趙氏司法也。伯趙即鵙也。以夏至來，冬至去，故爲司至。張華注禽經云：伯勞形似鴝鵒，許慎說文云：鴝鵒似鵙而有幘，顏師古注漢書云：鵙即鴂，爲子規，揚雄又謂鵙爲鶪鵙，王逸注楚詞，又謬以鵙爲巧婦，陳正敏且謂鵙爲梟，異說蜂騰，莫衷一是。竊謂鵙既可以候時，必非罕見之鳥，張許之說疑鵙即百舌，然鵙鳴聲鵙鵙，百舌則無此音，鵙至夏而鳴，百舌則鳴於春，至夏反無聲矣。顏氏以爲子規，子規非北方之鳥，豳風七月何以著鳴鵙之文。據揚說鶪鵙則又誤矣，鶡鴠即寒號蟲，冬月常鳴，與鵙之夏至冬去者不合。王之巧婦、陳之梟鳥，其謬妄更不足辨矣。按鵙以五月鳴，故月令云：仲夏之月鵙始鳴。鵙即俗所呼之姑惡也，其聲苦苦，又名苦鳥，以夏至鳴，大如鳩，青灰色，有白文。李時珍釋本草亦以伯勞即姑惡，則鵙爲姑惡無疑矣。

倉庚鵹黄　即上之黄鳥，其色鵹黑而黄，因以爲名云。

釋詁釋言釋訓三分篇説　載國學叢刊第一卷第二期 1923 年

王福隆

言小學者，類多分形聲訓詁，爾雅者，吾國言訓詁最早之書也。或謂作於周公，或謂纂自孔門。吕南公曰：爾雅非三代之書，其作於秦漢之經家乎。今以大戴禮孔子對魯哀公問證之，其説自破。總之，周代故物，何妨成於衆手，學者資之，其功普矣。林光朝艾軒詩説曰：古人之學，必先通爾雅，則六籍百家之言，皆可以類求矣，釋詁釋言釋訓，亦猶詩之有六義，小學之有六書也。其説誠然，故不讀爾雅者，不可與言古籍，不辨釋詁釋言釋訓三篇者，不可與言爾雅。而三篇名號各殊，義有專屬。爾雅序篇云：釋詁釋言，通古今之字，古與今異言也，釋訓言形貌也。詩疏一引。然釋言篇所釋，大概多不過二三言，與釋詁篇所釋動連十餘文而爲一義者大異，則釋詁釋言二篇，又不無微别也。故説之如次：

釋詁　釋詁一篇，説者多謂周公所作，而其文有出周公後者，劉歆西京雜記、張揖上廣雅表已詳之，兹姑弗論。説文曰：詁，訓故言也。段注故言者，舊言也，十口所識前言也。訓者，説教也，訓故言者，説釋故言以教人，是之謂詁。漢人傳注多偁故者，故即詁也。周南孔疏曰：詁者，古也，古今異言，通之使人知也。由是知釋詁者，以今字釋古字，猶漢人傳注某者某也之類也。如初載首基肇祖元胎俶落權輿，始也。原其造字皆非本義，假借轉注義可互通，有所未了，以始釋之。始，即當時最通行之文也。又所釋之字爲小名，釋之之字爲大名，如林烝天帝皇王后辟公侯，君也。君爲大名，可括以上十名，而上十名不能概括其他，皇王古字雖可互通見陳玉澍爾雅釋例文異訓同例。而不能以皇王訓公侯，故知君爲通稱，所以釋他專名也。釋詁中亦有釋方言者，如介幠嘏戎夏京壯將，大也。方言曰：東齊海岱之間謂之介，或曰幠，宋魯陳衛之間謂之嘏，或曰戎。秦晉之間凡物壯大謂之嘏，或曰夏，秦晉之間凡人之大謂之奘，或謂之壯。燕之北鄙，齊楚之郊，或曰京，或曰將，皆古今語也，初國別不相往來之言也，今或同，而舊書雅記故俗語不失其方，而後人不知，故爲之作釋也。卷一。據此則爾雅釋詁所釋方言，亦古代之方言，爲後人所不易曉者也。

釋言　大戴記曰：發志爲言。説文曰：直言曰言。釋名曰：言，宣也，宣彼此之意也。皆言之本義也。有以一句爲言者，有以一字爲言者，爾雅釋言則以一字或數字爲言也。以數字爲言者皆屬成語，西人謂之夫乃斯Phrase，猶今之自由、平等、習慣、精神之類。分言之，各自有義，合言之，又成一義。或義雖不殊，而因習慣往往二字或數字並用。如庶幾尚也，分言之，下文云：庶，幸也。説文曰：庶，屋下衆也。幾，微也，殆也。釋詁曰：幾，危也。又黼黻，彰也。誥誓，謹也。愷悌，發也。諈諉，累也。蓋割，裂也郭注蓋未詳。邕支，載也。皆方俗語，亦未詳。按此因郭不知二字合訓，故分言之，自有不可通者。疾齊，壯也。荐原，再也。髦士，官也。皆分言之各自有義，合言之別成一義之例。如作造，爲也。圯敗，覆也。征邁，行也。敖幠，傲也。俞盒，然也。皆分言合言其義不殊之例。推此以言，其他可知。以一字爲言者，大抵所釋之字爲方言，釋之之字爲普通語。今以方言證之，迨及也。方言曰：東齊曰迨，關之東西曰遝，或曰及卷三。䵒，膠也。方言曰：齊魯青徐自關而東曰䵒卷二。逆，迎也。方言曰：自關而東曰逆，自關而西或曰迎，或曰逢卷一。周人肇興關西，定鼎洛邑，封君命相，散布各國，自當以關東西語爲當時最有勢力者，可以通行各地，猶今之有京語也。故知如以迎釋逆之類，必以普通語釋土語也。劉歆稱三代周秦有輶軒使者，遒人使者，以歲八月巡路，求代語，故先代絶言，異國殊語，靡不畢採。書皆藏於周秦之室，及其破也，獨蜀人嚴君平臨邛林閭翁孺猶及見之，而揚雄皆與之有舊，故作方言，宜其書可以證爾雅也。

釋訓　説文曰：訓，説教也。釋詁曰：訓，道也。詩疏曰：道物之貌以告人也。是知釋訓一篇，多形容狀物之詞，釋而明之，使學者出言有章，近於雅而遠諸野也。孔子訓子曰：不學詩無以言。教門弟子曰：小子何莫學夫詩，詩可以興，可以觀，可以群，可以怨。孔門重詩如此，且以之爲修辭之書，故釋訓多釋詩文，而以重文爲最多者，貌物寫情，非重叠難盡其神勢，且往往重文並列，别有用意，故尤貴詮釋。洪頤煊曰：釋訓一篇，專爲釋詩而作，其間有不在今詩者，蓋三家傳本有異同耳。陳玉澍曰：自明明斤斤至秩秩，緟文一百四十有六，皆與詩文同，其不見於毛詩者，多三家詩也，亦有本與三家合，後人改之以從毛詩者，有本與毛詩合，後人以俗體改之，遂與毛詩異者，亦有毛詩本與爾雅字同，後人以俗體改之，始與爾雅異者。二家説皆是也。故郭璞爾雅序曰：夫爾雅者通詁訓之指歸，叙詩人之興詠。不若專指釋訓而言，爲尤切也。又世之説爾雅者，多謂自釋言以下爲孔子子夏所益，亦因孔門重詩，子夏傳詩而爲言耳。

爾雅有序篇説　華國月刊第一卷第十期　1924年　曹元忠

自漢書藝文志有爾雅三卷二十篇，至梁武帝撰孔子正言時，爾雅尚二十篇，見於隋書經籍志，知東漢以至唐初爾雅猶未殘闕也。及宋元注疏本則自釋詁至釋畜祇十九篇，已亡二十篇矣。吾謂爾雅第二十篇當亡於唐鄭覃等刻開成石經之世，知者爾雅第二十爲叙篇，詩周南關雎疏：詁訓言形貌也。魏張揖放爾雅作廣雅，復作雜字，亦用爾雅詁鈔，故爾雅釋文於釋詁下引張揖雜字云：詁者，古今之異語也。釋訓下引張揖雜字云：訓者，謂字有意義也。皆本序篇爲説，足證漢魏傳本皆有序篇。唐初撰詩疏時猶及引之，知唐本有第二十篇也。逮文宗開成二年，鄭覃等所刻石經，於釋畜等十九篇後非惟無二十篇，並左傳疏所謂爾雅於牛羊豕犬雞之後題云六畜見桓五年昭二十五年疏而亦無之，始悟唐寫皆卷子本，故標題六畜之後即接論序，古書皆在卷尾，鄭覃等皆因卷首既刻郭璞序，卷尾序篇當可删去，不意並標題六畜二字亦誤去之，宋元注疏本皆出開成石經，故無六畜二字，亦無序論也。雖然，序篇既爲開成石經删去，邢疏何以引之，不知邢疏所引即詩周南關雎詁訓傳疏耳，何足信。

爾雅歲陽歲名出於顓頊考　學衡第四十六期　1926年

鮑鼎

爾雅歲陽歲名，錢大昕十駕齋養新錄謂由太陰得名，王予中白田草堂存稿則謂起於戰國時星家，鼎按二説皆非也。考其原來，實始於顓頊，何以言之，洪範傳曆紀始於顓頊上元大始閼蒙攝提格之歲。新唐書曆志引春秋命曆序：顓頊設元，歲在甲寅。宋書律曆志引新唐曆志：顓頊術上元甲寅歲。是顓頊曆以甲寅爲元也。按蔡邕明堂月令論、續漢書律曆志皆謂顓頊乙卯元非，古曆管窺論之甚詳。試考爾雅歲陽歲名之序，歲陽太歲在甲曰閼逢，而旃蒙等名從之，歲名太歲在寅曰攝提格，而單閼等名從之。淮南子天文訓述歲陽始甲終癸，歲名始寅終丑，與爾雅相合，何歲陽始甲而歲名不始子乎，由此可知此二十二名始於顓頊。顓頊甲寅元，故歲陽首甲，歲名首寅，錢氏謂此乃紀太陰而作，故次序如此，不知顓頊定曆時其原序已然，爾雅因其原序而紀之，初未嘗專謂太陰也，其證一也。顓頊建寅之後，夏正亦建寅，然汪曰楨曆代長術輯要考夏曆以甲寅爲元，釋一行爲十二次，立春日在東壁三度，又謂夏術章蔀紀首皆在立春，當即指顓頊甲寅元術而言。以上長術輯要姚文田顓頊曆術亦謂夏曆守顓頊法，以甲寅爲元，漢時術士各立算數，妄設上古距年以傳會其算術，於是其流遂異。以上顓頊曆術是夏曆元亦甲寅也。又晉書律曆志據正四時，夏爲得天，以承堯舜從顓頊故也。新唐曆曆志重黎受職於顓頊，九黎亂德，三官咸廢，帝堯復其子孫，命掌天地四時，以及虞夏，故本其所由生，命曰顓頊，其實夏曆也。據諸書則夏曆祖述顓頊，信而有徵。大戴禮記顓頊產鯀，鯀產文命，是爲禹，夏后氏爲顓頊之後，故夏正建寅，即紹述先王之曆法。爾雅夏曰歲，商曰祀，周曰年，夏之名歲，故爾雅於閼逢以下十名爲歲陽，攝提格以下十二名爲歲名，不然何不名爲祀陽祀名、年陽年名乎。周禮凌人掌冰政，歲十有二月，令斬冰。戴震曰十二月為夏之十二月，不直曰十有二月，而曰歲十有二月，加歲字以明夏，以別周，則知為夏時也。又大師正歲年以叙事，戴震曰：歲也者，夏時也，以建寅為孟春。年也者，周以建子為正月也。並見東原集。段玉裁周禮漢讀考亦言歲十有二月，則為夏正已顯明，不必加正字，以混於全書內之謂寅月者，司農從故書，掌冰政為長，左氏傳歲云秋矣，既為夏正之明證，而孟子歲十一月徒杠成、十二月輿梁成，焦循孟子正義亦以為指夏正言之，然則古人用夏正必加歲字，爾雅特標歲陽歲名，正師其例耳。洪範傳所謂閼蒙攝提格歲，亦用歲字，以此推夏以歲名，蓋祖顓頊而不自夏始，何則堯正建丑據鄭康成尚書注紀年曰載，而堯典歲二月東巡守，鄭注歲二月者，正歲建卯之月也。則夏以前已冠歲字於寅正之上，不然正月上日何以不冠歲字乎，尤可見歲陽歲名之起於顓頊。洪範傳作於劉向，其時顓曆未亡，必據其術，而非漫言可知，其證二也。王氏謂書、詩、春秋傳、國語、戰國策，無有閼逢紀爲歲名者，惟呂氏春秋有歲在涒灘，抑不知屈子離騷經亦有攝提貞於孟陬之文，豈亦足爲始於戰國之證乎。夫既始於戰國，而齊魏燕趙何皆不紀之，獨楚人念念不忘者，何哉，王氏殆亦不能自解其說矣。考大戴禮記，顓頊產老童，老童產重黎及吳回，吳回產陸終，陸終產六子，其六曰季連，是爲芈姓，楚之祖也。不韋韓陽翟賈人，然其地近楚之北鄙，濡染楚風已非一日，姚文田周初年月日歲星考及春秋經傳閏朔表，皆謂宋衛陳鄭皆殷畿近地，故雜用商正，然則陽翟近楚，濡染楚風必也。況據戰國策公何不以秦爲韓求穎川於楚，此乃韓之寄地二語，韓策公仲語注此本韓地，楚取之。則陽翟一地固嘗人於楚也。程恩澤國策地名考指穎川入楚為專主陽翟，又曰陽翟又韓國都，恐非楚所能得。又曰韓世家貞子徙平陽，哀侯徙新鄭，獨不言景侯徙陽翟，疑景侯本未都陽翟。鼎按，後說是也。史記韓世家哀侯二年滅鄭，因徙都鄭。漢書地理志陽翟下注云韓景侯自新鄭徙此。景侯為哀侯曾祖，距滅鄭相去三十三年，何由徙都，孟堅注誤或衍文也。然楚雖得陽翟，未能久據，韓世家楚圍雍氏可證。而不韋所仕之國又爲顓頊之裔，史記秦之先帝顓頊之苗裔。此二子所以紀歲陽歲名之故也。當顓頊作曆之後，習俗趨便，他國皆廢而不用，獨其子孫寶其先籍，故猶紀之且不第此。周人建子而楚則建寅，離騷經攝提貞於孟陬兮，惟庚寅吾以降，以周曆推之，則爲楚宣王二十七年戊寅建寅之月二十二日庚寅。據陳瑒屈子生卒年月考以夏曆推之，則爲二十一日庚寅。據劉師培古曆管窺雖相差一日，然在建寅之月則一，足知楚正建寅而作建子，故曰孟陬也。又呂氏春秋序意篇：維秦八年，歲在涒灘，秋甲子朔。歷代長術輯要推之爲始皇八年七月，呂氏稱七月爲秋而不從亥正，亦依顓頊之曆也。按古曆管窺據始皇即位之年起算，謂在七年七月，又謂甲為庚字之誤。又秦改時改月，秦蕙田觀象授時論之已詳。王引之謂秦改歲首不改月，王劉二說皆不可信。又按周初年月日歲星考及春秋經傳閏朔表，考得齊晉秦三國皆用夏正，蓋晉近於秦，齊為虞史伯夷之後，故雜用夏正，然祇建寅而不用閼逢等名，故與秦楚有異。微子之命曰，統承先王，修其禮物，然則杞用夏正，宋用商正，秦楚獨不可用顓頊曆乎。況楚王熊渠曰我蠻夷也，不與中國之號謚，蓋其不依周朔而反其先王之曆。試以春秋傳證之，宣十二年十二月楚子伐蕭，師人多寒，是年周曆失兩閏，十二月辰尚在西，不應即多寒，必寅正也。楚人用寅正，猶孔子殷人而修殷憲，據晉書律曆志尤足徵顓項曆之存於楚，而呂用涒灘、屈用攝提之必出顓項，其證三也。抑又有證焉，大戴禮記引虞史伯夷之言曰，明孟也，幽幼也，明幽雌雄也，雌雄迭興而順至正之統也。日歸於西，起明於東，月歸於東，起明於西。虞夏之曆正建於孟春，於是冰泮發蟄，百草權輿，瑞雉無釋，物乃歲俱生於東，以順四時，卒於冬方，於時雞三號，卒明，載於青色，撫十二月節卒於丑，日月成歲，曆再閏以順天道，此謂虞汁月。按尚書疏引鄭康成語，宋書禮志引高堂隆語，皆謂舜正建子，以此證之，恐不可信。而晉書律曆志：顓頊以今之孟春正月爲元，其時正月朔旦立春，五星會於天曆營室也，冰凍始解，蟄蟲始發，雞始三號。路史：顓頊高陽氏乃注新曆十二月以爲元，歲紀甲寅，上日乙巳日月值艮維之初而五星會於天曆，冰始離，蟄蟲動，時雞三號，而立春至。與大戴所記大率相類，然大戴祇云虞夏，而二書逕謂之顓頊，必有所據。再以史記考之，史記曆書：昔自在古曆，建正於孟春，於時冰泮發蟄，百草奮興，秭鳺先滜，物迺歲具，生於冬，次順四時，卒於冬分，此分字讀如禮記男有分、淮南子各守其分之分，不作分別分判之分解。時雞三號，卒明，撫十二節，卒於丑，日月成故明也，明者孟也，幽者幼也，幽明者雌雄也，雌雄代興而順至正之統也，日歸於西起明於東，月歸於東，起明於西。史公所言，悉取於大戴禮記，與晉書等亦大略相類。史公不僅指虞夏而曰昔自在古曆，可知此文不專出於虞夏，而出於顓頊。索隱：古曆者謂黃帝調曆以前皆以建寅為正，謂之孟春也，及顓頊夏禹亦以建寅為正，唯黃帝及殷周魯並建子為正。此語未必可據。按漢書藝文志，黃帝五家曆三十二卷，顓頊曆二十五卷，黃帝以前無曆書，則史公何由據而述之。然則史公所謂古曆，自專指顓頊言，何則黃帝建子與史公所言不合也。又按徐文靖竹書統箋據三墳五帝外紀等書，謂伏羲作曆即甲寅元，亦不足信。藝文志曆書斷自黃帝始，所謂伏羲甲寅元者固無從稽考，三墳等偽籍詎足徵乎。故年名焉逢攝提格等語，乃追紀顓頊曆元，而紀年專用歲陽歲名，亦以示人知其爲顓頊曆法，孫星衍平津館文集謂年名焉逢攝提格一條為追叙顓頊上元之歲，而不知史公所紀皆顓頊曆也。故曰孟陬殄滅，攝提無紀。攝提乃指歲陽歲名，與孟陬為互文。索隱謂為星名隨斗建指十二月，大誤。史公之意明明以攝提諸名屬之顓帝，不然不繫之黃帝少昊九黎亂德之下，而繫之黃帝二官廢職之下，史公之指，蓋有在矣。至其氣朔大小餘之數，朔大餘二十九，小餘四百九十九，氣大餘十五，小餘七，悉與顓頊曆合，尤足爲顓頊曆之確證。而其章蔀紀首咸在冬至，雖與顓頊曆不同，則由當時測候所得，蓋偶紀時君之制，不得以此而非之也。劉仲更長術以史記爲太初術，王應麟玉海云以大小餘計之乃古曆也，非太初也。王氏之言善矣。然古曆傳世蓋有七術，史公何獨紀顓頊歷乎，考其系統，蓋有二因。史記自序：昔在顓帝，命南正重以司天，北正黎以司地，唐虞之際，紹重黎之後，使復興之，至於夏商，故重黎氏世序天地，其在周，程伯休甫其後也，當周宣王時，失其守而爲司馬氏。然則史公出於顓頊之裔，用其曆者，蓋家學也。沈欽韓兩漢書疏證，天官書昔之明天數者於楚，唐昧御覽引春秋文耀勾云楚立唐氏唐史之策，上滅蒼雲，則唐氏世爲楚史，唐都蓋其後也。史記自序記其父談學天官於唐都，然則史公用顓頊曆者，又師説也。況其時武帝改正易朔，去亥從寅，史公得行其志，故述曆書而從顓頊，并其歲陽歲名，亦僅守弗失，知史記曆書爲顓頊術，而歲陽歲名制自顓頊尤彰彰明矣。錢王之説皆非確論，不知其傳甚古。爾雅爲考古之書，孔子曰爾雅以觀於古，可以辨言矣。大戴禮記小辨篇。蓋世代遼遠，文辭漸變，故必總而彙之，使相通曉。據爾雅正義。紀歲陽歲名則祖顓頊，猶紀九州而述殷制也。

爾雅釋丘 國學叢刊第三卷第一期 1926年

徐天璋

天下有名邱五，其三在河南，其二在河北。

郭注：説者多以州黎宛營爲河南，潛敦爲河北，案此方稱天下之名邱，恐此諸邱碌碌，未足用當之，殆自別有魁梧傑大者五，但未詳其名號，今所在耳。翟灝爾雅補郭云：惟西域有崑崙軒轅二邱，海外西北有平邱，東南有蹉邱，東有青邱，依山海經所言，此五邱爲天下最魁梧桀大而名稱於上古軒轅，平邱在河以外，蹉青在河以南，河出崑崙西北，則崑崙亦屬河南也。

按山海經云：青邱之山，其陽多玉，其陰多青䨼。青邱是石山，非土邱也。十洲記云：青邱在南海辰巳之地，其去河南太遠，必非爾雅之所指也。山海經又云：䃥邱在東海，兩山夾邱，上有樹木，一曰嵯邱。既在東海，更非爾雅之所指也。予考名邱之五，一爲開封府新鄭境内軒轅邱，通鑑前編所謂黄帝生於軒轅之邱者也。一爲歸德府商邱，陶唐氏遷閼伯於此，商人因之者也。一爲曹州府濮州帝邱，顓頊氏之所都也。三邱皆在大河以南。一爲衛輝府濮陽頓邱，顓頊帝嚳之陵之所在也。一爲沙邱，在順德府平鄉東，殷紂益廣沙邱苑臺，酒池肉林，野獸蜚鳥，充仞其中，秦始皇東巡道崩於此者也。二邱皆在大河以北。此五邱者，爲古帝王生於斯，都於斯，遊於斯，葬於斯，故曰名邱，世無不知者也。若郭注五邱，失之太小，翟補五邱，又非在河南北，均不合爾雅經旨也。

與唐立庵論爾雅郭注佚存補訂書

北平圖書館館刊第八卷第一期 1934 年

夏清貽

承示爾雅郭注佚存補訂二十卷，既讀之終篇。爾雅在唐代列於學官，惟貞元二年至十二年，廢爾雅而代以道德經，其先後皆以之帖試舉子也。然正以試帖故，習者輒摘要而省其繁，郭注之被删改，自是不可掩之事實。誠能博稽徵引，以還郭注之舊觀，此大快事也。今考補訂佚存者，其大例凡三：一曰陸氏釋文爲郭本經注之正本，故據陸本以改今郭注本。二曰唐郭注本已有繁簡二本，故以孔賈正義，玉篇殘本，玄應慧苑希麟慧琳之一切經音義，史漢注，文選注，本草注，説文繫傳，初學記，太平御覽，廣韵等書所引凡繁於今本者，皆據以補今本。三曰郭注中音切經明注疏本削去，郭撰音義一書久佚，今諸書凡引音切，悉爲補入，即或爲音義之文，然係一人之言，採掇不嫌於濫云云。貽嘗反覆求之，殊有未安於心者。元朗所見郭注本，果爲郭氏原本歟。六朝人作書，承分隸遷變之後，書無定體，北碑南帖，粲然具見，得謂移寫者必遵郭書點畫歟。即果然矣，元朗之書，又不知幾經寫刻，今之釋文，果字字皆元朗之舊歟。今且定一尊於今本釋文，謂果得郭氏之真歟。然使釋文文字果有整齊畫一之確據，猶可言也。即如著者所引，若狹陜蔭廕，啗啖呼𧦝，涂途箭箭，暴㬥菹葅之例，亦已不勝紛如矣。著者知其然，乃先以陸改陸，謂陸書作陜者是，而作狹者訛，作廕者是，而作蔭者訛，作啖者是，而作啗者訛，作𧦝者是，而作呼者訛。先以著者意之所是，改定陸書，即以所改之陸書改郭本，非所謂從我所好無復難事者歟。然使所以改陸書者果有確證，猶可言也。今姑舉呼𧦝字爲例：

奘，駔也。今江東𧦝大爲駔，駔猶麆也。釋文：𧦝，火乎反，或作呼同。樹枏案：下文號謼也，郭注曰今江東皆言謼。郭注全書蓋皆用江東之語作𧦝，幸有一處未經改易，故陸特出之，前後呼字俱據此改正。

謂郭注爾雅皆用江東語，斯言果有徵歟。行言也，郭注曰今江東通謂語爲行，未嘗改凡語皆爲行也。憐愛也，郭注曰今江東通呼爲憐，未嘗改凡愛皆爲憐也。鼅鼄鼄蝥，郭注曰今江東呼蝃蝥。其注蠨蛸長踦曰小鼅鼄，注王趺蝪曰似鼅鼄，不曰小蝃蝥似蝃蝥也，安見於呼字獨用江東語乎，且郭注所謂今江東皆言謼者，謼號字也，依許書字作嘑。又虖哮虖也，嘑虖義近，謼𧦝也，𧦝召也，謼𧦝義近，亦非一字，與嘑號義別，呼爲呼吸字，而經典相承則嘑虖謼𧦝俱作呼。釋親郭注呼壻爲甥，釋文出呼壻二字，其他作呼者不可勝數，安見作𧦝者獨是，況𧦝大爲駔，初非𧦝召之云乎，將謂謼𧦝字古於呼耶，則許書有蔭無廕，何又謂廕是而蔭訛也。更以詩曰詩云之例徵之：

徒歌謂之謡，詩云我歌且謡，上下注引詩皆作曰，此作云，傳寫之誤。

徒擊鼓謂之咢，詩曰或歌或咢，仿宋本誤作詩云，御覽引亦誤。

著者謂郭注引詩皆作詩曰，其作詩云者，傳寫之誤也。如或歌或咢句，釋文固作詩曰是也。其我歌且謡句，釋文作詩云者，非釋文之真也，則亦改之爲詩曰，全書引詩皆使歸於一律。按詩曰詩云，義無出入。惟或歌或咢句，仿宋本雅注作詩云，而釋文作詩曰爲異，此著者所以矜爲創獲也。然作曰作云，雅注與釋文不同，雅注與注不同，雅注與他書所引雅注不同者，所在多有。即如或歌或咢句，御覽引與仿宋本同，即音略本亦作詩云也。凱風注：詩曰凱風自南。初學記引作詩云。谷風注：詩云習習谷風。音略本御覽引皆作詩曰。涼風注：詩云北風其涼。音略本御覽引亦皆作詩曰。泰風注：詩云泰風有隧。雪窗本明注疏本御覽引皆作詩曰，而仿宋本音略本則皆作詩云。旄丘注：詩云旄丘之葛兮。阿丘注：詩云陟彼阿丘。均作詩云，各本無異。乃欲矜其創獲，取釋文而悉改之，并取郭注而悉改之，謂此乃郭注之真面目，其然豈其然歟。更就乘丘注證之：

如椉者椉丘，形如車椉也也。成云：椉，稻田塍埒。釋文云：如乘本又作椉。而釋獸釋文又云椉本或作乘，此皆傳寫之誤，據彼文訂正。

元朗釋文，隨文爲釋，所見異文，所釋異詞，無嫌乎前後不同也。著者乃爲之例曰，釋文所出字，郭本正字也。本今作某、本或作某者，他本也。有時窒礙而難於措辭，則曰本今作某、本或作某者，乃舊校者附記語，非元朗所固有。若釋丘釋文出如乘，而釋獸釋文云椉本或作乘，則乘椉二字，究竟孰爲郭注原本正字，無説自圓，不得不以如乘爲傳寫之誤，不得不改如乘爲如椉，此蓋著者之自繩自縛也。且著者固亦知其不然，爲釋天旌旂云：

飾以組，用纂組飾旒之邊，釋文云：纂音其，本亦作纂，祖管反。郝氏云：組者，説文綬屬，詩素絲組之箋以素絲縷縫組於旌旗，以爲之飾，蓋本此爲説也，是組用素，郭云纂組亦非，據釋文綦本亦作纂，説文纂似組而赤，以此注上下推之，知郭本必作纂矣。

釋文先出綦字，如作者説，必郭本作綦，而作纂者非郭本矣。著者又依郝疏，謂郭本作纂不作綦，不覺其説之矛盾。蓋綜言之，著者之第一例本不能成立也。唐人徵引郭注，較今本爲詳，如霍山爲南嶽注之類，阮校勘記固已言之，郝疏悉以爲郭音義之文，誠未必是，音義當不詳於本注也。然唐宋人引書，取明所釋而已，未嘗預爲後人輯佚地，字字悉如原文也。故或則節錄注文，或則隱括大意，皆簡於原注，或則兼引他書，未加别異，或則更以己意爲之申説，而皆繁於原注。若皆以爲郭注原文，傎矣。試舉例以明之：

壑、阬阬、滕、徵、隍、漮，虚也。壑，谿壑也。阬阬謂阬壍也。隍，城池無水者。方言曰：漮之言空也。皆謂丘虚耳。滕徵未詳。

慧琳遺教論一卷音義引郭注曰：坑壍池丘虚耳。又大乘大集地藏十輪經一卷音義，相續解脱地波羅密了義經一卷音義，引爾雅壑虚也，郭注曰：謂坑壍丘虚耳。此節錄注文之例也。

披粘。粘似松，生江南，可以爲船及棺材，作柱埋之不腐。

徐鍇説文繫傳引郭注曰：可作船，又耐埋。此隱括大意之例也。埋今本繫傳訛爲埤。

水淹所還埒丘。謂丘邊有界埒，水繞環之。

慧琳阿毗達磨大毗婆沙論六十六卷音義，引郭注爾雅曰：有界埒，似耕壠，因以爲名也。方言十三家或謂之壠，郭注：有界埒，似耕壠，因名之。是似耕壠云云，乃方言注文。此兼引他書未加别異之例也。

賚、貢、錫、畀、予、貺，賜也。皆賜與也。

玄應賢劫經十二卷音義引爾雅錫賜也，郭注曰：謂賜與也，上與下之辭也。上與下之詞，明是玄應語，蓋郭注總釋賚貢錫畀予貺諸字，不皆爲上與下之辭，玄應獨釋錫字，故改皆字爲謂字，而又以己意申説之。其王法正理論音義引爾雅錫賚賜予也，謂上與下之辭也。更糅合經注己意爲一談，可證知矣。又顯揚聖教論一卷音義引爾雅紹繼也，謂繼續先宗也。正法華經一卷音義引爾雅纘繼續也，謂繼修前業也。釋詁紹纘皆繼也，纘當爲纂之異文，郭注以皆常語賅之，初無所釋，所謂繼續先宗繼修前業者，明係玄應爲所釋經論作解，要於雅注無關。此更以己意爲之申説之例也。

丁丁、嚶嚶，相切直也。丁丁，斫木聲。嚶嚶，兩鳥鳴。以喻朋友切磋相正。

文選歸田賦注引郭注曰嚶嚶兩鳥鳴也。其釋訓此文與上下句韵，郭注亦以聲鳴正韵，著者乃據選注補也字，殆未覺注之用韵歟。在徵引者取明所釋而已，其慮與上下文牽連處，則加也字以絶句，或加者字，或並加者也字，或更加他字，因此，不得不於句首加謂字。今謂字，主於文義之順適而已，未嘗謂原文果爾也。著者之所補訂者，乃十之八屬於此類。

愒，貪也。謂貪羨。慧琳廣弘明集五卷音義引郭注爾雅云：愒謂貪羨也。樹枏案：今本注文皆從删省，唐時當有足本及删本，兩者並行於世，故見於唐人所引者與今本互有異同。如上文謂發揚、謂寬緩、紹愛忼之類，皆係删省，而無他引可證。以慧琳所引此注推之，則謂發揚，當作越謂發揚也，謂寬緩，當作宣謂寬緩也，謂愛忼當作懊謂愛忼也。必如此詁釋始知所解者爲何字，漢唐以來，傳注皆如此。

唐人删省固有可徵，若霍山爲南嶽注則然矣，非此之謂也。謂詁釋必須如是，唐宋而後則然矣，漢人文簡，殊不必爾。傳注俱在，不勝證也。即以郭注證郭注，方言虔儇慧也，注曰謂慧了。孑蓋餘也，注曰謂遺餘。憒竅阸也，注曰謂迫阸。正與此注同。將謂方言郭注亦唐人所删省歟。釋天扶摇謂之猋，郭注暴風從下上。而文選射雉賦注引曰謂暴風從下上也。御覽引同。曹子建贈徐幹詩注引曰暴風從上下者。慧琳六波羅密多經九卷音義引曰暴風從下而上也。蘇婆訶童子請問經下卷音義引曰暴風從上向下曰飈。根本説一切有毘奈耶攝頌四卷音義引曰暴風上下謂之飈也。然則豈祇兩本而已，亦可謂爲唐時有五本歟。若霍山爲南嶽注，則書堯典正義，詩嵩高正義，左昭四年傳正義，周禮大司樂正義，禮記王制正義，以至初學記，所引郭注字句，各各不同，將謂郭注乃有爾許不同之本歟。著者於唐宋人引書之所以多歧，未嘗措意，而一以清儒輯佚之法治之，宜其治絲愈棼也。非直此，著者此書雖曰佚存補訂，而意實主乎補佚，故凡前人引郭注，字數少於今本者，皆所不取，即邢疏羼入郭注，顯有可徵者，亦置弗問，而惟多於今本者是求，補之務不遺一字，遇有齟齬不相入，則著者以意融合而出之，從其量言，固增多矣，以此求郭本之真，不免愈趨愈遠。蓋著者之第二例亦不能成立也。明注疏本音别爲一篇，故注中不復有音，蓋以郭著音義既亡，以此當之也。以方言注例之，注中固非無音，幸他本俱在，未致爲所湮没。著者則於徵引之有音與反切者，悉爲補入，其爲徵引者所附益與否，殊少别擇。即使果引爾雅音，然郭音義之後，陸釋文一字或有二三音是郭音之外，早有他家之音。唐志有江灌音六卷，而曹憲智騫亦皆爲音，杜鎬孫奭又加詳定，毋昭裔更匯而删定之爲音略，是引爾雅音者，且無由定爲郭音義之音。况諱反言切，始於唐代，今乃悉以補郭注，不其傎歟。至云一人之言，採掇不嫌於濫，然則遊仙江賦亦可羼入雅注歟。是其第三例更不可通也。其他片段之是非，未遑致説，兹特就全書大例言之。著者高年碩望，今爲河北經學大師，心儀有年矣，不幸獲見成書，僅此一種。然是書爲其中年所著，固未敢以是測其中年以後之居限也。書中於雅注引詩之異於今本者，輒曰此三家詩。著者於三家詩爲專家，淺學不敢妄議。郝疏於他書引郭之不見今本注中者，輒曰此郭音義之文，將毋同歟。略述所見，藉求明教。

爾雅學　北強月刊第二卷第一期　1935年　魏紫銘

引　言

舊稱爾雅爲小學鼻祖，訓詁先天，梯航九流，錧鎋六藝，實士子之宗師而儒林之圭璧也，其信然乎。吾人讀書，非敢疑古，前賢論列，必有所據。溫故始可知新，根究方能見本。爰就早日偶獲，略加整飭，臚而述之，亦欲博識者之一笑耳。

I 源流考釋

爾雅一書，源遠流長，先儒考釋，迄無定見。玆特雜采舊説並附己意，分爲以下四端而敘之：

一、釋名

正名所以覈實，名不正則言不順，今徒云爾雅爾雅，爾雅之名，果何義乎。説文云：爾，爾麗，猶靡麗也。徐灝箋曰：麗爾蓋狀物之辭。説文又云：雅，楚烏也。段玉裁注曰：亦云素也，正也，皆屬假借。按此皆非爾雅正義。劉熙釋名曰：

爾雅，爾，昵也，昵，近也。雅，義也，義，正也。五方之言不同，皆以近正爲主也。

按此真得爾雅之義矣，通名合誼，折衷方國，爾雅爲書，正此類耳。清代學者阮氏元曰：雅言者，官話也，爾雅者，言之近官話者也。即成國之意也。

二、著者

漢志爾雅廿篇，未嘗載撰人名氏，其後郭璞注序，亦但云興乎中古隆於漢氏而已，然則此書作者究爲誰乎，鄭康成曰：爾雅孔子門人所作，以釋六藝之言五經異義。張揖曰：周公制禮以道天下，著爾雅一篇以釋其義，今俗所傳二篇，或言仲尼所增，或言子夏所益，或言叔孫通所補，或言沛縣梁文所考上廣雅表。按康成古代大儒，猶不及知作者主名，張揖生於魏朝，何得便言周公所著？觀其或云某某所增，或云某某所益，已自不敢肯定矣。昔人有書，往往托重於周公孔子，此實不足爲信耳。

鄭張而外，唐陸德明釋文亦主張釋詁爲周公作，説蓋本諸張揖。

今人康有爲獨破除舊説，别出新議，其僞經考中據漢平徵通知古書毛詩周官爾雅者詣京師，及爾雅有與毛詩周禮相合者二事，謂爾雅爲劉歆僞作，言雖有徵，然未免矯枉過正。蓋二事衹足爲劉歆竄亂之證而已，否則鄭玄郭璞何必同爲之諱乎。

故依某之意，謂爾雅爲周公所作固漂渺，言爾雅係劉歆訛撰亦武斷，當兼採鄭郭之説，旁究張康之語，而定爾雅爲：

無主名、無地帶之秦漢間人合著物，而又經漢人如叔孫通梁文劉歆等輩所附益者。

三、注疏者

爾雅注疏，代不乏人，今就文獻通考及四庫總目所録，開列如左。

1．爾雅注三卷，晉郭璞注。按晉書列傳云：郭璞字景純，河東聞喜人也。好經術，博學有高才而訥於言。好古文奇字，妙於陰陽歷算。官尚書郎記室參軍，贈宏農太守。其自序文云：

璞不揆檮昧，少而習焉，沈研鑽極，二九載矣，雖註者十餘，然猶未詳備，並多紛謬有所漏略，是以復綴集異文，會粹舊説，考方國之語，采謡俗之志，錯綜樊孫，博關群言，剟其瑕礫，搴其蕭稂，事有隱滯，援據徵之。其所易易，闕而不論。别爲音圖，用祛未寤。

按郭注爾雅以前，雖亦有註者，然因紛謬漏略未詳備也。至異聞舊説方國語謡俗志，則其材料。錯綜樊孫，博關群言，以及剟瑕礫搴蕭稂據徵隱滯闕祛易易等，則其方法。精到若此，邢昺稱讚以最爲稱首，又豈妄哉。

2．爾雅釋文一卷，唐陸德明撰。按唐書：陸德明，吴縣人，名元朗。善名理，歷事陳隋，高祖時爲國子博士，封吴縣男。著有經典釋文諸經音讀二書。此地所謂之爾雅釋文，即爲經典釋文之一部分也。

3．爾雅音訓二卷，崇文總目不著撰者名氏，以孫炎郭璞二家音訓爲尚狹，頗增益之，其書今已散佚。

4．爾雅疏十卷，宋邢昺撰。按宋史列傳：邢昺，濟陰人，字叔明，太宗時擢九經及第，真宗初置翰林學士以昺爲之，與杜鎬孫奭等校定三禮三傳論語孝經爾雅等書，官終禮部尚書。其自叙云：其爲義疏者，惟俗間有孫炎高璉，皆淺近，今奉敕校定，以景純爲主。其共事者，杜鎬而下八人。

5. 爾雅音略三卷，後蜀毋昭裔撰。按五代史：昭裔，河中龍門人，博學有才名，孟知祥擢爲御史中丞，昶立拜中書侍郎同平章事，以太子太師致任。爾雅舊有釋智騫及陸朗釋文，昭裔以一字有兩音或三音，後生疑於呼讀，乃釋其文義最明者爲定。

6. 爾雅新義廿卷，宋陸佃撰。按宋史載：陸佃，山陰人，字農師，居貧苦學，映月讀書，嘗受經於王安石，而不以新法爲是。擢熙寧甲科，補國子監直講，歷轉至左丞，罷爲中大夫，出知亳州卒於官。陳氏曰：其於是書，用力勤矣，自序以爲雖使郭璞擁篲清道跂望塵躅可也。以愚觀之，大率不出王氏之學。

7. 註雅三卷，宋鄭樵撰。按宋史儒林傳：鄭樵，字漁仲，蒲田人。居夾漈山中，因以爲號。又自稱西溪逸民。紹興間以薦召對，授右迪功郎兵部架閣，尋改監潭州南嶽廟，給札歸抄所撰通志，書成入爲樞密院編修。樵曰：言語、稱謂、宮室、器服、草木、蟲、魚、鳥、獸之所命不同，人所不能識者，故爲之訓釋。義，理，人之所本有，無待注釋，有注釋則人必生疑，反舍經之言而疑注解之言，或者復舍注解之意而泥己之意以爲經意自序。足見注釋之道，樵已得其三昧。

8. 爾雅正義，清邵晉涵著。按晉涵餘姚人，字與桐，乾隆進士，歸部銓選，累官至侍讀學士。博聞強識，尤長於經史，著爾雅正義以郭注爲宗。其序文云：

世所傳本，文字異同不免譌舛，郭注亦多脱落，俗説流行，古義寖晦，爰據唐石經暨宋槧本及諸中所徵引者審定經文，增校郭注，仿唐人正義，繹其義蘊，彰其隱賾……漢人治爾雅若舍人劉歆樊光李巡孫炎之注，遺文佚句，散見群籍。梁有沈旋集注，陳有顧野王音義，唐有裴瑜注……。今以郭氏爲主，略姑兼采諸家，分疏於下，用俟辯章……。

準是，吾人可知歷代爾雅注疏，以景純最爲高遠，與桐最爲完備，學者不可忽之也。

四、仿作者

爾雅仿作者，可分二類：

甲、標名爲雅，體例同然者，姑簡稱之曰甲類。

乙、名號雖異，方法則一者，姑簡稱之曰乙類。

甲類：

1. 小爾雅一卷　陳氏曰：漢志有此書，亦不著名氏。唐氏有李軌解一卷，今館閣書目云孔鮒撰，即孔叢子第十一也。篇曰廣詁言，廣訓，廣義，廣名，廣服，廣器，廣鳥，廣獸，凡十章文獻通考。

2. 博雅十卷　鼂氏曰：隋曹憲撰。魏張揖嘗採蒼雅遺文爲書名曰廣雅，憲因揖之説附以音解，避煬帝諱更之爲博云：按其書今存，清王念孫有廣雅疏證。

3. 蜀爾雅三卷，陳氏曰：不著撰人名氏。館閣按李邯鄲云：唐李商隱採蜀語爲之，當必有據同上。

4. 埤雅　鼂氏曰：皇朝按即宋朝陸佃農師撰，書載蟲，魚，鳥，獸，草，木，名物，喜採俗説同上。按書名埤雅者，言爲爾雅之輔也，其説諸物，大抵略於形狀而詳於名義，尋究編［偏］旁比附形聲，蓋已受有説文解字之影響矣。

5. 爾雅翼三十二卷　按是書宋羅願撰，顧名思義便知其亦爾雅輔翼之意也。書凡釋艸八卷，釋木四卷，釋鳥五卷，釋獸六卷，釋蟲四卷，釋魚五卷。四庫總目稱其考據精博，體例謹嚴，在陸佃埤雅之上，或有當也。

6. 別雅五卷　清吳玉搢撰，按四庫總目云：是書取字體之假借通用者，依韵編之，各注所出而爲之辨證，於考古深爲有功。

乙類：

1. 方言　揚雄爲學，最喜摹仿，方言一書，雖爲當代方國語言之編輯，而其通訓方法，未嘗不依爾雅之舊者也。

2. 釋名八卷　漢劉熙以同聲相諧推論稱名辨物之意，著書凡廿篇，實爾雅方言之續耳。

3. 說文解字三十卷　爾雅依義序列，說文就形分部，殊途同歸，並重訓詁，且許書之采自爾雅者，亦多矣。

4. 匡謬正俗八卷　唐顔師古撰。前四卷凡五十五條，皆論諸經訓詁音釋。後四卷凡一百二十七條，皆論諸書字義字音及俗語相承之異。

5. 群經音辨七卷　宋賈昌朝撰，凡群經之中一字異訓，音從而異者，彙集爲四門。絲牽繩貫，同異粲然，不無益於治小學者。

6. 字詁一卷　清黄生撰。是編取魏張揖字詁以名其書，每字皆有新義，而根據博奥，與穿鑿者有殊。

總之，爾雅勢力，實已遍及各代，彼其直接注疏與夫間作接仿作者無論已。即後來之類書亦有準此以纂輯結構者。

Ⅱ 内容研究

爾雅究有若何之特質，而能如彼其尊盛，吾人殊不能不諦觀全書，以一索乎真象矣。

一、篇目便覽

今本爾雅共三卷，始釋詁終釋畜凡十九章，合計經文一萬八百零九言，郭注一萬七千六百二十八言據古逸叢書影宋蜀大字本。就中最大篇章爲釋言,文約二百十七條,其最小者釋樂,僅有正文二十三條。玆更詳列各篇要旨與經文確數如下:

卷上:

釋詁第一　通古今之異語,凡一百九十一條。

釋言第二　宣彼此之音意,凡二百七十條。

釋訓第三　道一切之形貌,凡一百二十四條。

釋親第四　序男女之親屬,凡三十一條。

卷中:

釋宫第五　解庭堂之全象,凡七十六條。

釋器第六　定器皿之名目,凡一百十三條。

釋樂第七　列樂品之種類,凡二十三條。

釋天第八　談自然之物事,凡一百十六條。

釋地第九　述方域之典志,凡五十二條。

釋丘第十　言丘陵之稱謂,凡四十三條。

釋山第十一　論山嶺之殊態,凡四十六條。

釋水第十二　説江河之雅訓,凡五十三條。

卷下:

釋艸第十三　舉百卉之芳銜,凡二百二十六條。

釋木第十四　排諸木之名色,凡一百十一條。

釋蟲第十五　陳蟲豸之稱號，凡八十三條。

釋魚第十六　顯魚鼈之細目，凡六十八條。

釋鳥第十七　示飛禽之通詁，凡九十八條。

釋獸第十八　明走獸之種別，凡七十七條。

釋畜第十九　講六牲之屬類，凡八十三條。

右所述：題解乃某草擬，條數則依郭注爲斷者也，總計一千八百七十四條。

二、讀法舉例

吾人讀書，首惡泥古，分析實驗，方是上乘，否則能升窺堂奥者，未之有也。爾雅爲訓詁專書，竟體名物，故吾人考究，當自訓詁條例始。

1. 訓詁釋例　爾雅訓詁，方式頗多，類而別之，可得下者：

(一)獨訓例　單舉名物，孤立一格者，謂之獨訓。例如：

艾歷也釋詁鬼之爲言歸也釋訓久雨謂之淫釋天兩河間曰冀州釋地魯有大野同上望厓洒而高岸釋丘河南華釋山泉一見一否爲瀸釋水朮山薊釋艸鼬鼠釋獸

(二)合訓例　字異義同偕訓成組者，謂之合訓。例如：

如適之嫁徂逝往也釋詁　干流求也釋言　宮謂之室室謂之宮釋宮　九夷，八狄，七戎，六蠻，謂其之四海釋地　水出其前渻丘，水出其後沮丘，水出其右正丘，水出其左營丘釋丘　齧彫蓬薦黍蓬釋艸

(三)轉訓例　既已同義轉復相訓者，謂之轉訓，例如：

遘逢遇也，遘逢遇遻也，遘逢遇遻見也，釋詁　俾拼抨使也，俾拼抨使從也，同上

（四）叠訓例　同字異訓叠聯釋義者，謂之叠訓，例如：

晉廢也、晉滅也釋言　濟渡也、濟成也、濟益也仝上

（五）聲訓例　字義聲音兩兩同一者，謂之聲訓，例如：

履禮也釋言　增益也仝上　祺吉也仝上

（六）連綿字訓例　雙聲，叠韵，重言爲訓者，謂之連綿字訓

（1）重言

明明斤斤察也釋訓　晏晏溫溫柔也仝上　殷殷惸惸切切博博欽欽京京忡忡惙惙炳炳奕奕憂也仝上

（2）雙聲

籧篨口柔也釋訓　侜張誑也仝上

（3）叠韵

婆娑舞也釋訓　如琢如磨自修也仝上

2. 部類商榷　爾雅分部，頗欠精確，殆今昔異俗之故乎，然則吾人據今移古，或招誤覩時代之譏矣。故妄言之，以備一說。

（一）宜合部者　可有兩組：

（1）釋詁之與釋言　釋詁釋言雖分二類，然而異語音義之通宣，則固實質一致者也。且縱觀兩部全文，除釋詁之合訓者，略較釋言爲長外，吾未見其有何區別，例如：

悠傷憂思也釋詁　袝祪祖也仝上　即尼也律遹述也釋言　征邁行也仝上　佻偷也

同例繁多，不勝枚舉，故釋詁釋言應歸一類。

（2）釋丘之與釋山　丘之與山本非二物。兩篇所釋亦多同點。例如：

丘一成爲敦丘，再成爲陶丘，再成銳上爲融丘，三成爲崑崙丘釋丘

山三襲陟，再成英，一成坯……銳而高嶠釋山

水潦所止泥丘釋丘

山上有水埒，夏有水冬無水粱。釋山

陳有宛丘，晉有潛丘，淮南有州黎丘，天下有名丘五，其三在河南，其二在河北釋丘

泰山爲東嶽，華山爲西嶽，霍山爲南嶽，恒山爲北嶽，嵩高爲中嶽，梁山晉望也釋山

右所舉例，兩兩相比，其所異者，亦只丘山二字之形聲而已。邵氏所謂連貫六書，或即指此及艸、木、蟲、魚而言歟。

（二）宜分部者　輯得八則：

（1）釋詁：晊晊皇皇藐藐穆穆……美也，又關關噰噰音聲和也。釋詁無重言訓，二條宜入釋訓。

（2）釋言：翢纛也，纛翳也。二條乃器物之名，宜入釋器。

（3）釋宮：雞棲於弋爲榤，鑿垣而棲爲塒。雞棲之所混入宮室類中，嫌不雅馴。此條宜行剔出，或使併入釋畜雞屬則內。又路旅途也，路場猷行道也，一達謂之道路，至九達謂之逵等十一條，似由堂途謂之陳而敷説者，置此不類，亦宜抉出別副釋地項下。

（4）釋器　自皻謂之皻至澱謂之垽等十五條，或言物臭或言肉臞，或言米屑，側之釋器篇中，均嫌不倫，宜按屬惟分入釋言釋魚釋畜等章内。又菜謂之蔌，白蓋謂之苫，乃釋艸文也，宜入釋艸。

（5）釋天　講武人之釋天，已覺勉强，旌旂更附會之，未免太濫。夫旌旂乃物名也，故宜歸諸釋器。

（6）釋地　八陵多是丘嶺，似非九州十藪之類，故宜改入釋丘釋山九府五方之説，亦嫌牽强。

（7）釋水　因水及舟雖似可通，但諸舟究係物名，故自汎汎楊舟至庶人乘泭等七條宜入釋器爲是。又水中

一則，訓者州陼，此與丘山固同類者，宜併入之。

(8)釋畜　名曰六畜，實僅馬牛羊狗雞五屬而不見豕，豕屬卻在釋獸中，故釋獸自豕子豬至牝豝等九條文，應移入釋畜以補缺陷。

3．郭注檢討　居今之世而識爾雅，誠乎賴有郭注，故爾雅郭注之討論，實亦相當重要也。

按郭注之方法及材料，雖已略見序文中，然而輕描淡寫之説法，固未足以括全體，且再檢而錄出之，亦可以爲印證焉。

(一)方法　郭注方法，極爲完備，舉凡今日之通行者，郭已均爲之先例。

(1)以本書證本書　如釋言：華，皇也。郭引釋艸注云：葟華榮。

(2)以他書證本書　此例更多。如釋言：襄，除也。郭引詩曰不可襄也。又觀指示也，郭引國語曰且觀之兵。

(3)以類書證本書　如釋言謖興起也，郭引禮記曰尸稷。

(4)以舊注證本書　如釋艸蘱狗毒，郭引樊光曰俗語苦如蘱。又臺夫須，郭引鄭箋曰臺可以爲禦雨笠。

(5)以時事證本書　如釋親弟之妻爲婦，郭云猶今言新婦是也。又釋宮無室曰榭，郭云榭即今堂堭。

(二)材料、郭注取材，亦極廣博，經史子集而外，謠俗時物並涉及之。

(1)經典　尚書、詩、易……

(2)史册　春秋左傳、公羊傳、穀梁傳、國語、史記、漢書……

(3)子書　論語、孟子、莊子、韓子、尸子……

(4)集類　離騷

(5)博物　方言、廣雅、本草、山海經、穆天子傳、呂氏字林……

此外郭注不言出處者甚多，大率當時之事物也。是以郭注優點在其取材豐富，拓開注疏之路，而其劣點卻爲語焉不詳，每有闕落，使人感生寢晦耳。

3. 價值批判　前人之稱譽爾雅者，以郭璞邵晉涵爲最。郭序云：

夫爾雅者，所以通訓詁之指歸，叙詩人之興詠，總絶代之離詞，辯同實而殊號者也。誠九流之津涉，六藝之鈐鍵，學覽者之潭奥，摛翰者之華苑也。若乃可以博物不惑多識於鳥獸艸木之名者，莫近於爾雅。

邵序云：

其爲書也，重辯累言而意旨同受，依聲得義而假借相成，宫室器用之度，歲時星辰之行，州野山川之列，艸木蟲魚鳥獸之散殊，或因事以爲名，或比類以合誼。其事則觀指而可識，其形則隨象而可見。通貫六書，發揮六藝，聚類同條，雜而不越。

按郭邵之説，止見其長未見其短者也。如郭所云：通詁訓之指歸，辯同實而異號，博物不惑，多識於鳥獸艸木之名。則信然矣。如邵所云：通貫六書，發揮六藝，聚類同條，雜而不越。似尚須加斟酌也。且爾雅之書，自成體例，雜記名物，不附經義，而郭邵二公誤以爲經籍之注脚，藝苑之附庸，此亦未免厚没也。

是故爾雅一書之真價值，在其發明訓詁，采輯名物，自成一種名物專書。至於取材蕪雜，分部欠純，則係類書之通病，不必特爲之諱也。

Ⅲ 校勘小記

閒讀爾雅略備善本，考其同異參而録之，然而論證未能，妄斷豈敢，校對之物固不配稱校勘也。所用諸本，多爲北大圖書，今先開列於後：

唐開成石壁十二經本爾雅三卷百忍堂摹刻本
影宋蜀大字本爾雅三卷古逸叢書本
明人合刻五雅本爾雅三卷明天啟六年武林郎氏板
清代十三經注本爾雅十一卷稽古樓刻本
邵編修爾雅正義三卷皇清經解本

諸書以唐石刻經本及影宋本爲最佳，五雅本最劣，五雅本全體誤謬竟在百五十條以上，此實驚人。其餘則稽古樓本尚可。邵正義本考據雖詳，而刻治不良，讀之亦當小心。

此外舊校爾雅各書，如陸德明爾雅釋文考證，十三經注疏爾雅校勘記，百忍堂石經校文爾雅校文等，亦皆羅置案頭以資參驗。其爲諸書所未及者，始行公之於世焉。

一、經文部

1. 釋詁 共五條：

陽予也 唐石經本，影宋本，稽古樓本，邵正義本並同，五雅本作傷予也。邵晉涵曰，按郭注引詩陽如之何，詩考以爲即陳風澤陂篇傷如之何之異文也，魯詩亡於東晉，郭氏猶及見之，今韋君章句久佚，莫可考矣，巴濮人自呼阿陽，據時驗也。

替待也 唐石經本，五雅本並同，影宋本，稽古樓本作替，邵正義本作朁，按替朁古今字也。

掔笁厚也，唐石經本、稽古樓本、邵正義本並同，影宋本笁作竺，五雅本掔作掔，均誤。

汱隕也 影宋本稽古樓本並同，唐石經本邵正義本作汱墜也，五雅本作汱隳也，按説文：汱，淅瀾也。郭以爲水落之貌也。隳墜義通。

底止也　唐石經本、影宋本、邵正義本並同，稽古樓本五雅本底作廢。爾雅注疏校勘記云：底廢皆經所有。

2. 釋言　共四條：

惄飢也　唐石經本、影宋本、邵正義本並同，五雅本飢寫作饑。按飢饑亦古今字。

弃忘也　唐石經本影宋本並同，五雅本稽古樓本邵正義本，弃寫作棄。

休慶也　唐石經本、五雅本、稽古樓本、邵正義本並同，影宋本休字作佅，按士冠禮云承天之休，字正作休。

塊堛也　唐經石本、五雅本、稽古樓本、邵正義本此條並在將齊也文上，惟影宋本不見，當係脱落。

3. 釋地　共一條

東北之美者有岍山之文皮焉　唐石經本、影宋本、邵正義本並同。東北，五雅本作東方。岍山，五雅本稽古樓本作斥山。按隋書地理志：東萊郡文登縣有岍山，太平御覽以爲即爾雅之岍山也，邵晉涵云，斥山在今登州府榮成縣南一百二十里，又云斥山在營域内，營城越海有遼東地，故能聚東北之美。管子揆度篇曰：發朝鮮之文皮。銘案，據管子及隋志，則爾雅之岍山，或即今日遼東半島之千山也，岍之與千，特字之異耳。故五雅本稽古樓本之斥山東方等字蓋誤。

4. 釋丘　一條：

如畞畞丘　唐石經本、影宋本並同，五雅本、稽古樓本、邵正義本畞畞作畝。爾雅釋文考證云：畞乃畝之俗字。

二、郭注部

1. 釋詁　共九條：

那那爰…於也條下五雅本、稽古樓本、邵正義本並同，景宋本作都那。按那那奈何之合聲也，都那似誤。

秋獮爲獮劉…殺也條下　影宋本、五雅本、邵正義本並同，稽古樓本作秋獮曰獮。

行而相值即是見遘…見也條下影宋本稽樓本並同，五雅本見誤也，邵正義本作脱是字。

孫叔然字別爲義失矣覭…離也條下　影宋本、稽古樓本、邵正義本並同，五雅本闕。

貫貫伏也閑…習也條下　邵正義本同，影宋本伏作狀，五雅本作習伏也，稽古樓本作貫伏也。

於義未詳鴻…代也條下　影宋本、稽古樓本、邵正義本並同，五雅闕。

蹶美也衛…嘉也條下　影宋本、稽古樓本、邵正義本闕此二字，五雅本獨見。

侯誰在矣互相訓伊維侯也條下　影宋本、稽古樓本、邵正義本並同，五雅本別作伊和人斯，脱互相訓三字。

舜曰陟方乃死崩…死也條下　影宋本、稽古樓本、邵正義本並同，五雅本闕。

2. 釋言　共十一條：

皆傳車馹馬之名馹遽傳也條下　五雅本、稽古樓本、邵正義本並同，影宋本傳誤作轉。

惠然肯來若惠順也條下　影宋本、稽古樓本、邵正義本並同，五雅本作曾孫是若，惠然肯來。

餥飯爲饙饙熟爲餾，饙餾稔也條下　影宋本同，五雅本餥作攸，熟誤孰。稽古樓本邵正義本餥作貸。按廣雅云饙飯謂之餥，釋文引蒼頡篇云餥饙也，故攸貸均字之訛也。

音沓逮遝也條下　各本均脱，影宋本獨見。

畫者爲形象畫形也條下　影宋本全同，五雅本、稽古樓本、邵正義本象字作像。按説文：象，形也。當以象字爲正。

音薺懠怒也條下　各本均脱，影宋本獨見。

不可襄也襄除也條下　五雅本、稽古樓本、邵正義本並相同，影宋本脱也字。

言訩讒訩訟也條下　影宋本同，各本讒作譊。

已復於事而逡逡退也條下　各本並同，影宋本事誤作士。

謂發揚越揚也條下　各本均同，五雅本脱此三字，别作詩曰對揚王休。

狃伏復爲狃復也條下　五雅本、稽古樓本並同，影宋本伏作忕，邵正義本伏作狀。

3. 釋訓　共三條：

綿綿穮也注　影宋本作言芸精。五雅本作言芸耨者。稽古樓本邵正義本並作言芸耨精，當從。

陋人專祿國侵削賢士求哀念窮迫逑逑……惟逑鞫也條下　祿，五雅本作權。求，影宋本作永。稽古樓本，邵正義本同上文。

勿念念也勿念勿忘也條下影宋本、五雅本、邵正義本並同，稽古樓本作勿念忘也。按詩大雅無念爾祖，孝經釋文引鄭注云無念無忘也。又服虔左傳注云：不尚尚也，毋寧寧也，俱與此同，且毛傳亦云無念念也，乃郭所本，故稽古樓本非是。

4. 釋宮　共一條：

窔亦隱闇東南隅謂之窔條下五雅本，稽古樓本，邵正義本並同，影宋本闇字作闇。

5. 釋器樂　共一條

長尺二寸小者謂之筊條下　各本並同，影宋本獨作長尺一寸。按風俗通正作長尺二寸。

6. 釋天　共二條：

連歲不熟左傳曰　今又薦饑仍饑為荐條下　各本均同，五雅本脱此十一字。

涷音東西之東暴雨謂之涷條下　影宋本同，五雅本音誤同，稽古樓本，邵正義本並删。

7. 釋丘　共三條

敦盂也敦丘條下　稽古樓本邵正義本並同，影宋本盂作盉，五雅本盂誤孟。

但未詳其名號今者所在耳天下有名丘五條下　影宋本同，五雅本者誤嚴，稽古樓本邵正義本並闕者字。

8. 釋山　共一條：

重甗隒注　甗甑也句，稽古樓本邵正義本並同，影宋本脱也字，五雅本甗誤獻。

9. 釋水　共一條：

直横流也正絶流曰亂條下　稽古樓本邵正義本並同，影宋本流作渡，五雅本作絶河而渡也。

10. 釋艸　共三條：

亦呼爲莕音杏莕接余條下影宋本邵正義本並同，五雅本脱音杏二字，稽古樓本脱爲字。

薺子味甘薺葽實條下　稽古樓本、邵正義本、五雅本均同，影宋本作薺子名。爾雅注疏校勘記曰：此涉疏語誤改。

音怗芐地黄條下　各本均脱，獨見影宋本中。

11. 釋木　共一條：

音涉欇虎櫐條下　各本均脱，五雅本獨見。

12. 釋蟲　共一條：

齊呼螘爲蛘小者螘條下　稽古樓本邵正義本並同邵本蛘作蛘，影宋本作齊人呼蟻蟻蛘，五雅本作齊人呼爲呼爲蛾蛘。

13. 釋魚　共四條：

甲無鱗肉黄鱣條下　影宋本邵正義本並同，五雅本作甲鱗其肉黄。稽古樓本作中無鱗肉黄，當誤。

音鄷鄗鰝大鰕條下　影宋本同，五雅本脱鄗字，稽古樓邵正義等二本删。

魁狀如海蛤：即今之蚹也魁陸條下　影宋本同，五雅本海誤泥，蚹作蛆。稽古樓本邵正義本蚹作蚶。按釋文引字書云：蚶，蛤也。嶺表錄異：瓦屋子南中舊呼爲蚶子。似蚹當作蚶爲是。

音滑小者螖條下　影宋本五雅本並同，稽古樓本邵正義本從删。

14. 釋鳥　共二條：

音加鴐鵝條下　影宋本五雅本並同，稽古樓本邵正義宋從删。

伯趙氏伯勞也條下　五雅本、稽古樓本、邵正義本並同，影宋本氏作是。

15. 釋獸　共五條：

其雌者名㹚貈子貊條下　五雅等本並同，影宋本㹚作㹚。

音岸貙獌似貍條下　各本均脱，影宋本獨見。

即魋也魋如小熊條下　各本均脱，影宋本獨見。

音漏洩羊曰齥條下　各本均脱，影宋本獨見。

動作獸曰釁條下　五雅本、稽古樓本、邵正義本並同，影寧本闕。爾雅注疏校勘記云：係依疏語删改。

爾雅篇數考　北平華北日報圖書週刊第六十三期　1936.1.13　孫次舟

漢書藝文志六藝略著錄爾雅三卷二十篇，而今本爾雅只十有九篇，非復漢志之數，爲可疑焉。邵晉涵爾雅正義曰：漢志爾雅三卷二十篇，今所傳只十九篇，但考諸書之徵引爾雅者，似有佚句而無缺篇，班固所言篇第，今莫可考。邵氏言漢志篇第今莫可考，非也。今本爾雅並無缺篇，特後人於漢志分篇不甚明晰，故或疑其有捝篇耳。而崔應榴、葉德輝輩因又作臆必之説，尤足以淆亂聽聞也。崔氏吾亦廬稿曰：爾雅漢志二十篇，今惟十九篇。晴江翟氏曰：祭名與講武旌旂三章俱非天類而繫於釋天，邢氏强爲之説，義殊未了，古爾雅當更有釋禮一篇，與釋樂相隨，此三章乃釋禮文之殘缺失次者耳。案此説甚爲有理可取。葉氏曰：今本三卷十九篇，漢志蓋合序篇言之，詩正義引爾雅序篇云：釋詁釋言通古今之字，古與今異言也，釋訓言形貌。此爾雅有序篇之明證。謹案，兩説並非其實，一以爾雅原有釋禮，一以爾雅今缺序篇。魏張揖廣雅全仿爾雅，彼書自釋詁至釋獸十有九目，名稱次序皆與爾雅相同。張揖爲北魏時人，于爾雅定見完卷，廣雅篇目既盡與爾雅同，足見今本爾雅並無殘篇。爾雅序篇惟一見於孔氏詩訓詁傳第一疏，邢昺釋詁第一疏亦引之，當本諸詩疏也。詩疏曰：爾雅所釋，十有九篇，獨云詁訓者，詁者古也，古今異言，通之使人知也，訓者道也，道物之貌以告人也，釋言則釋詁之别，故爾雅續篇云云。繹其文義，則爾雅序篇當於唐時尚存，然孔疏明言爾雅十九篇，是當時爾雅已爲十九篇矣，則序篇非爾雅之缺篇無疑。竊疑序篇當爲舍人李巡孫炎諸人之爾雅叙，葉氏蓋未深察也。至釋天有祭名、講武、旌旂三章者，祭名乃釋祭天之名也，講武乃釋四時之田狩事也，旌旂乃釋祭天與講武時所用之器也，故連類及之，繫諸釋天，崔氏蓋未深考也。竊謂今本爾雅非有缺篇，邵氏之言爲是。邵氏正義曾列舉諸書之引爾雅者，以明爾雅有佚句無缺篇，可參。漢志作二十篇者，蓋以釋詁作二篇也。今取三證，以實吾説，藉正崔葉輩之誤焉。漢志爾雅作三卷，洎後舍人李巡孫炎郭璞等作注，並爲三卷，當依漢志舊次也。郭璞晉人，去漢未遠，若爾雅果有缺篇，其爾雅序中不能不言，其證一也。郭注本爲漢志舊本，並無缺篇，既無可疑，至宋邢昺依郭注作疏，只析三卷爲十卷而已，亦不言郭本有缺，足見邢疏爾雅即爲漢志舊本，惟于卷數有所分析而已，是今本爾雅並無缺篇，其證二也。漢志稱卷稱篇亦有定例，或以篇爲卷，或以卷爲篇，或其卷下附篇。其以篇爲卷，與以卷爲篇者，乃篇各爲卷，卷篇數同也，其卷下附篇者，乃卷包數篇也。六藝略尚書家著錄尚書古文經四十六卷，爲五十七篇，所謂四十六者，乃於二十九篇中出康王之誥於顧命，是爲三十，加多逸書十六篇是爲四十六也，逸書十六篇中，九共爲九，三十篇中盤庚泰誓各爲三，武成逸篇亡於建武之際，故爲五十七篇也。詳孫星衍尚書篇目表是漢志分篇若一篇分作數篇，即作數篇計也。若九共分作九，即爲九篇，盤庚泰誓各分爲三，即計作六篇也。今爾雅釋詁以篇簡繁重析爲二篇，故漢志亦以二篇計之，非有缺篇，其證三也。釋詁二篇，當即漢志所分，後人不悉古人分篇之例，誤合爲一，故或疑其有缺篇也。詩疏言爾雅十九篇，蓋其誤合釋詁爲一篇者，自唐初已然矣。今依郭注邢疏本，以漢志卷篇數目，列表於次，以質世之稽古者。

漢本爾雅目錄

卷上

釋詁上第一　釋詁下第二　釋言第三

釋訓第四　釋親第五

卷中

釋宮第六　釋器第七　釋樂第八

釋天第九　釋地第十　釋丘第十一

釋山第十二　釋水第十三

卷下

釋草第十四　釋木第十五　釋蟲第十六

釋魚第十七　釋鳥第十八　釋獸第十九

釋畜第二十

爾雅學源流 經學源流考

甘鵬雲

爾雅之作者，揚雄以爲孔子門人游夏之徒所記以解六藝，劉勰賈公彦從其說。張揖以爲釋詁一篇周公所作，釋言以下，仲尼所增，子夏所足，叔孫通所益，沛郡梁文所補。陸德明、張懷瓘、晁公武、陳振孫從其說。歐陽修謂出自秦漢間學詩者，纂集說詩博士解詁。葉夢得、錢文子以爲漢人所作，朱子謂是取傳注以作，惟四庫提要斷定其書在武帝以前毛亨以後，非纂自一手，非專爲詩作，亦非專爲五經作，大抵采諸書訓詁名物之同異，以廣見聞，自爲一書，不附經義，蓋方言急就之流，特說經家多資以證古義，從其重，列之于經，定其時代爲漢初人所爲。其說允矣。若考其遠源，則葛洪稱史佚教其子以爾雅，大戴禮、孔子三朝記稱孔子教哀公學爾雅，然則古代必有其書，特不知確否即今本耳。右爾雅作者考一則。

漢文帝時，其書與孟子、孝經同立博士。在武帝時，犍爲文學爲之作注，揚雄雅尚其書，劉歆問業於揚雄，亦爲作注，而樊光、李巡、孫炎皆注其書。據周禮正義所引，鄭玄亦嘗爲之注。此漢人之爾雅學也。晉郭璞注最有名而行世久，又有音義之作。當南北朝時，雅學盛行於江左，江瓘、施乾、謝嶠、顧野王多爲撰音，沈旋集諸家爲注。隋唐以降，陸德明、曹憲、裴瑜、毋昭裔均爲之疏釋。宋儒則邢昺有疏，又有鄭樵之注，世稱善本。元有胡炳文、危素，明有薛敬、羅日褧、譚璁吉諸家之書，此列代爾雅學之可考者。宋有荊公一家之學，其子雱有書，門人陸佃有埤雅，明牛衷為之廣要，此為一派。又有羅願爾雅翼之學，洪焱祖、陳櫟皆治其書，此又一派。清代雅學至盛，精博過前代，蓋研求小學所致。有輯爾雅古義者，臧庸漢注、黃奭古義、嚴可均一切音注是也。有補郭注者，嚴元照匡名、翟灝補郭、戴鎣郭注補正、劉玉麐補注殘本是也。有爲義疏學者，郝懿行義疏、邵晉涵正義、錢坫釋義、錢繹疏證是也。而郝邵尤爲傑作，蓋能以形聲義三者緯之，以同近通轉之法用釋是經，皆前代所未有，遂成訓詁最要之書。此外，錢坫有釋地以下四篇注，程瑶田有釋宫、釋草、釋蟲小記，雖非全書，亦深於雅學之不可廢者。右歷代爾雅學家一則。

至規仿爾雅而作者，有孔鮒之小爾雅，李軌爲之解，近人王煦爲之疏，宋翔鳳爲之訓纂，胡承珙爲之義證，葛其仁爲之疏證，錢東垣爲之校證，皆精研是學者也。魏張揖有廣雅，隋曹憲因爲博雅音，清王念孫爲之疏證，與郝邵兩家之疏爾雅并馳，此廣雅之學也。其效小爾雅而作者，劉伯莊有續爾雅，劉杳有要雅，崔銑有小爾雅，朱謀瑋有駢雅，清人魏茂林爲之訓纂，唐達有爾雅補，吴玉搢有別雅，李調元有彬雅，洪亮吉有比雅，此皆爾雅之支流也。右爾雅支流一則。

論爾雅 北平晨報國故週刊第六十二期 1940.12.17

甘鵬雲

鄭君駁五經異義：爾雅，孔子門人所作以釋六藝之言詩黍離正義引。此説最允。爾雅釋詩者多，人皆知之，至恒常、晉進、師衆、孚信、豫安、震動、頤養、履禮之類，釋易之言也。釋地以下四篇，釋書之言也。尚書言禹奠高山大川。奠，定也，定其名也。爾雅亦言：自釋地以下至九河皆禹所名。古者聖人不虚作，定其命必有其義，尚書存其名，爾雅則釋其名也。以元爲始，以王爲君，以聘爲問，以會爲集，詳山川之祭，別四時之獵，釋春秋之言也。禮經之中，有宗族等差之繁，有宫室制度之殊，有器用隆殺之異，釋親釋宫釋器三篇，足以盡之，不特釋禮之言，並禮之名物亦釋之矣。樂經雖亡，然其音響節奏，有五聲陰陽之別，其器具名目有大小之不同，釋樂一篇，足以盡之，不特釋樂之言，並樂之器物亦釋之矣。

竊謂爾雅一書，其功有三，爲六經羽翼，導傳注先河，作後學舌人，而多識不與焉。六經義精文奧，稍失其意貽誤滋多，既有爾雅，可無斯惑，是爲六經羽翼也。自漢以來，儒者詁經，莫不原本爾雅，是導傳注先河也。時有古今，猶地有華夷，相隔既遠，言語未有能通者，地遠賴有翻譯，時遠賴有訓詁，有翻譯則能通華夷異言，有訓詁則能通古今殊語，是作後學舌人也。六藝有大義，有微言，有訓詁。孝經六藝之大義，論語六藝之微言，爾雅六藝之訓詁，三者並足翼經，故漢志以此三書殿六藝之終。或乃軒孝經論語而輊爾雅，甚謂非聖人之書，亦偏宕而失其平矣。

爾雅作者，言人人殊，或謂釋詁一篇周公所作，釋言以下，仲尼所增，子夏所足，叔孫通所益，梁文所補陸元朗引張揖。或謂秦漢之間學詩者纂集說詩博士解詁歐陽永叔，或謂取傳注以作朱子，或謂釋言以下有周公說孫伯淵。余謂爾雅成於孔子諸子而授意於孔子，不必有周公說，亦不必成於子夏一人也。周公作釋詁之說出於張揖，別無碻證。且釋詁有黃髮齯齒、謔浪笑敖之文，直繹詩詞，不得云周公作。鄭君以爲孔子門人所作，蓋得其實。孔子修明六藝，及門通之者七十二人，孔子修其文，諸弟子繹其義，更聚既多，遂成此書耳。傳之既久，或有以漢代傳注增入者，如釋訓是刈是濩濩煮之也之類，取之毛傳，至爲顯然。或以爲全取傳注爲之，亦非也。鄭漁仲云：爾雅出自漢代箋注未行之前。斯言可信，足以證成鄭君之說。

訓詁學中爾雅之地位 北平晨報國故週刊第六十二期 1940.12.17

馬瀛

古人語言，隨時變異，前人所名，後人異焉。爾雅夏曰歲、商曰祀，周曰年、唐虞曰載，孟子夏曰校、商曰序、周曰庠，是皆同一事物而不同一名稱。則生於後世，必有不能識古義者，欲明古義，必須以今語釋之，此訓詁之學所以發生者一也。有隨方俗而殊稱者，如詩之用卬，左傳之用憯，公羊之用得來，同一名義而四方之稱呼各殊。欲通方言，不如證以雅言，此訓詁之學所以發生者二也。又有隨禮制文言而殊者，如天子曰崩、諸侯曰薨、大夫曰卒、士曰不祿、庶人曰死，牛曰一元大武、豕曰剛鬣、豚曰肥腯、羊曰柔毛、雞曰翰音、犬爲羹獻之類，此皆禮制修飾之詞，而與口語有別，此訓詁之學所以發生者三也。

吾國東周以降，語言與文字分離，典籍乏文，遂與習俗異趨，轉注之字既多，通假之例尤繁，非順逐以爲解釋，則其義意不能明悉，於是以今語解古語，或以雅言解方言之學乃應運而生。凡讀書求古之人莫不以訓詁爲通經明理之門，此不獨儒家一派爲然也。

今訓詁之書，以爾雅爲最古。爾雅一書，或謂作於周公，孔子子夏遞有增益，此説雖不可信，然其中訓詁，要多周代之遺文，而漢儒集合以成書者也。爾雅凡十九篇，釋詁一篇，釋今言盡於古言者也。釋言一篇，釋方言異於雅言者也。釋訓一篇，釋直言異於雅言者也。釋親以下十六篇，皆釋名物者也。

注爾雅者，魏晉之際有舍人、李巡、樊光、孫炎、郭璞，宋有鄭樵。其爲之疏者，宋有邢昺，清有邵晉涵、郝懿行，而以邵氏之正義及郝氏之義疏最爲精博。

至後人仿爾雅體例而作之書亦有七八種，如漢孔鮒之小爾雅、魏張揖之廣雅、宋陸佃之埤雅、羅願之爾雅翼、明朱謀瑋之駢雅、方以智之通雅、清吳玉搢之別雅，皆有埤於訓詁之學。而小爾雅、廣雅二書尤爲著名，清儒於此二書多爲之疏解，如宋翔鳳之小爾雅訓纂、胡承珙小爾雅義證、王念孫之廣雅疏證是也。而王氏之書，精博絶倫，就古音以求古義，引申觸類，不限形體。或考博以證其失，或參酌以悟其非。不特爲張揖之功臣，亦訓詁學中空前之作也。

漢代以前訓詁之書，自爾雅外，今存者方言、釋名、説文解字、白虎通義，四書皆爲後代訓詁學之祖，爲治文學者不可不讀之書。方言十三卷，漢揚雄所撰。應劭風俗通義序云：周秦常以歲八月遣輶軒之使求異代方言，還奏籍之，藏於秘室，及嬴秦之亡，遺棄漏脱，無見之者，蜀人嚴君平有千餘言，林閭翁孺才有梗概之法，揚雄好之，天下孝廉衛卒交會，周章質問，以次注續，二十七年，爾乃治正，凡九千字。故此書舊本題曰輶軒使者絶代語釋别國方言，後人以其名太冗長故省曰方言，晋郭璞爲之注，清戴震爲之疏注，錢繹爲之箋疏。揚雄以後，漢服虔作通俗文，詳於各土之殊言。唐顔師古作匡謬正俗，論俗語相承之同異，皆方言之支流。清杭世駿、陳先甲、徐乃昌皆有續方言之作，章太炎作新方言則援據古字古音，而考正近代之方言者也，明爾雅爲方言之源，方言則爾雅之支流也。

釋爾雅 群雅月刊 1940年4月

呂思勉

爾雅二字，昔人多釋爲近正，非其翔也。夏雅一字，爾雅蓋即近夏，古重楚夏之别，是以論語記子所雅言，詩書執禮，而孟子斥許行爲南蠻鴃舌之人。其後南北大通，楚夏之殊稍泯，而去古漸遠，古訓轉覺難通，於是正與不正，初致謹於語言者，後漸致謹於文字，而正與不正之别始以近夏與否爲凖者，繼乃以近古與否爲凖矣。史記樂書曰：今上即位，作十九章，通一經之士，不能獨知其辭，皆集會五經家相與共誦講習之，乃能通知其意，多爾雅之文。儒林傳：公孫弘請置博士弟子曰，詔書律令下者，明天人之際，通古今之義，文章爾雅，訓辭深厚，恩施甚美，小吏淺聞，不能究宣，無以明布諭下。漢書王莽傳：班符命四十二篇於天下，其文爾雅依托皆爲作説。皆爾雅之辭近古而其義不易通之證。古本不可稱雅，所以稱近古爲爾雅者，以爾雅二字習用既久，已變爲近正之義，當時文字以古爲正，遂從而襲用之耳。以近古釋當時之所謂爾雅，原不爲過，然雅字本無古義，亦無正義，要不得不分別言之也。大戴禮記小辯篇：孔子謂哀公曰，爾雅以觀於古，足以辨言矣。此以近古爲爾雅最早者，恐亦漢人語也。

論爾雅誰作　群雅月刊 1940 年 4 月

呂思勉

鄭康成駁五經異義曰：爾雅者，孔子門人所作，以釋六藝之文。張揖進廣雅表曰：周公著爾雅一篇，今俗所傳三篇，或言仲尼所增，或言子夏所益，或言叔孫通所補，或言沛郡梁文所考，皆解家所説，先師口傳，既無正驗，聖人所言，是故疑不能明也。今案，爾雅之文有明出秦漢後者，如釋魚鱊鮬鱖婦，注云：江東呼爲妾魚。疏引説文云：鯜魚出樂浪潘國。魵鰕，注云：出穢邪頭國，見呂氏字林。疏云：案説文亦云。釋鳥鵽鳩寇雉，注云出北方沙漠地。翠鷸，注云出鬱林。疏云：樊光云出交州。豻，疏云：字林云胡地野狗。狻麑如虦貓食虎豹，注云：即師子也，出西域。釋畜騊駼馬，疏云：字林云北狄良馬也。此等或尚非叔孫通所知，安得云周孔及孔門弟子。蓋古言作者與今異，今人言作，多指纂集之人，古則推原其所自出。以爾雅之文或同周官，昔以周官爲周公之書，則以爲周公作，以其多釋五經，則指爲孔子作，或言孔子門人，又或以子夏列文學之科而鑿指之。云出叔孫通者，以其爲漢制禮，亦未必有何依據也。惟梁文或爲纂集之一人耳。凡備檢閲之書，往往遞有增益，神農本草經其證。四庫書目提要言爾雅所取及於莊、列、尸、管、呂諸子，國語、楚辭、山海經、穆天子傳，爾雅固未必爲釋地等書作，穆天子傳尤爲晚出僞書，不能在爾雅前，然亦可見共采摭之博。提要又引曹粹中放齋詩説，謂爾雅毛公以前其文猶略，至康成時則加詳，亦其書成甚晚之證。解家以一篇爲周公作，餘則或言仲尼，或言子夏，或言叔孫通，或言梁文，固不足信，然其中有一篇最古，餘爲後來所增益，則或當不誣。趙岐孟子題辭言孝文時爾雅亦置博士，未知信否，然平帝元始五年嘗徵通爾雅者，則民間固有通其學者矣。通其學必有其書，今之爾雅，蓋此等人所纂集也。

爾雅歲陽歲陰考釋輯存　國學叢刊第十三期　1943 年

馮汝琪

爾雅歲陽歲陰，依臧氏爾雅注補云古本尚有歲陰二字，蓋以十干為歲陽，十二支為歲陰也。明葉秉敬有解，觀類道人有考，輯而存之，以備遺忘。

太歲在甲曰閼逢

史記律書作焉逢。萬物鋒芒欲出，擁遏未通。

在乙曰旃蒙

律書作端蒙。萬物遏蒙甲而出。

在丙曰柔兆

律書作游兆。徐廣曰一作游桃。生枝布葉。

在丁曰强圉

律書作彊梧。萬物剛盛。

在戊曰著雍

律書戊作徒維，屠作徒。位在中央，萬物繁養四方。

在己曰屠維

律書作祝犂，戊作徒維，與爾雅異。萬物各成其性，屠别維離也。

在庚曰上章

律書作商横。陰氣上升，萬物畢生。

在辛曰重光

律書作昭陽。萬物就成，熟其煌煌。

在壬曰玄黓

律書作横艾。歲終包任萬物。

在癸曰昭陽

律書作尚章。陽氣始萌，萬物合生。

按律書癸作尚章，辛作昭陽，亦與爾雅異。

太歲在寅曰攝提格

離騷云攝提，不言格者，省文。格起萬物，承陽而起。

在卯曰單閼

孫炎本作蟬焉。占經引孫炎蟬作殫。單盡閼止，陽氣推萬物而起，陰氣盡止也。

在辰曰執徐

封龍山碑作執涂。執蟄徐舒，伏蟄之物散舒而出。

在巳曰大荒落

律書作大芒落，天官書作大荒駱。費鳳碑歲各於大荒，不言落者，省文。荒，大也。落落，大布貌。

在午曰敦牂

敦盛牂壯。

在未曰協洽

律書作叶洽，童子逢盛碑協給。協和洽合，言陰欲化萬物和合。

在申曰涒灘

釋文作涒攤，孔廟禮器碑作涒歎。涒大灘循，萬物皆循其精氣。

在酉曰作噩

律書作作鄂，索隱引李巡云。作咢，漢書天文志作作詻。作噩零落也。

在戌曰閹茂

淮南作掩茂，律書作遏茂。閹蔽茂冒，萬物皆蔽冒也。

在亥曰大淵獻

淵藏，獻迎也。大小深藏窟伏以迎陽。

在子曰困敦

說文叙作困頓。困混敦沌，陽氣混沌，萬物芽蘖。

在丑曰赤奮若

律書作汭漢。赤陽色，奮起若順陽奮物而起，無不順其性。

爾雅篇目攷 南京學海雜誌第一卷第六期 1944年

蔣元慶

班書藝文志：爾雅三卷，二十篇。按今所傳本惟十九篇，後儒考覈者各持其説，以釋詁爲分上下二篇者，孫氏志祖之説也。見讀書脞錄續篇。以十九篇合序篇爲二十篇者，陸氏堯春之説也。見經義叢鈔所採詁經精舍文集。謂古爾雅當更有釋禮一篇，與釋樂篇相隨者，翟氏灝之説也。見爾雅補郭夏曰復胙條後。就三説衡之，釋詁分篇實自邢昺作疏時始，若唐石經及宋蜀大字本皆止作釋詁一篇，不作二篇，則知孫説之不塙也。爾雅茍以叙篇爲一篇，郭景純豈應删而不注，孫頤谷早已駁之，以此知陸説之亦非也。惟翟晴江謂有釋禮一篇，説最詳覈，無論祭名、講武、旌旗三章，與釋天無涉，明是釋禮遺文。而考爾雅爲周公所造，仲尼所增，子夏所益，叔孫通所補，自張揖廣雅表言之，陸元朗王伯厚皆仍其説。周公制禮，孔子學夏殷周禮傳，叔孫通定朝儀，豈有叠經禮家增益而反舍禮而不釋者，即或曰爾雅本以釋禮，故大戴禮謂爾雅以觀于古，廣雅表言叔孫通撰置禮記文不違古，似爾雅宜置入禮記，然觀山水草木蟲魚鳥獸諸篇，固無一字及於禮，爾雅必别有釋禮之專篇，蓋可知也。惟漢儒以爾雅置入禮中，後或疑不應别有釋禮之篇，乃誤删其目而附羼其文於釋天。逮漢末或并有遺佚，作廣雅者不察，因仍其目，此自稚讓之疏，而非爾雅之闕也。有釋禮則二十篇之目備矣。至篇目之次第，益又當考，邢叔明謂此無別説，蓋以先作者居前，增益者處後，作非一時，故題次無定例。竊謂不然，爾雅爲正名之書，專主小學，啓蒙莫先於語言文字，故首釋詁釋言釋訓。而童子所知，莫先於父子兄弟，故次以釋親。人無不居宮室而用器皿者，故次以釋宮釋器。有宮室器皿，乃可行禮，故次以釋禮。有禮必有樂，故次以釋樂。此八篇當屬三卷中之上卷，唐石經編釋親以上爲上卷，或尚不無小舛也。人日處天地之中，豈可不知天地，故首釋天次釋地。地廣博尤宜分釋焉，故次釋邱釋山釋水。此五篇別爲一卷，唐石經編此爲中卷自不誤也。天地生物不測，終不外草木蟲魚鳥獸，故下卷爲釋草釋木釋蟲釋魚釋鳥釋獸，而終之以釋畜焉。凡此皆專主小學，欲人童而習之，而曉然於訓詁名物也。且考爾雅宜有圖，而古圖已佚，近世所傳爾雅圖，爲南城曾賓谷所補，於宮室器皿多有依據，草木蟲魚獸畜，雖不能一一按其物而悉肖之，而讀爾雅者猶可參據焉。現今講論教育學，首重語言文字，已將日用起居之名物該括於中。至若天文學、輿地學、動植物學，每繪圖置器，講説以課童蒙，教者每自詡爲新知識，而烏知中古文明，爾雅之遺意，固如此哉。

唐寫本郭璞注爾雅校記

臺灣圖書月刊第一卷第五期　1946年12月　諫侯

敦煌出土六朝寫本郭璞注爾雅，爲法國伯希和教授于遜清光緒年間得之於敦煌千佛洞，現藏巴黎國家圖書館，共二截，上截存釋天第八至釋地岠齊州句，其編號爲 Pelliat2661，下截銜接上卷至釋水第十二，編號爲 Pelliat3735。王重民巴黎敦煌殘卷叙錄著錄，謂驗其斷痕與筆跡實爲一卷，當無疑問，卷末有大歷九年書主尹朝宗天寶八載，及乾元二年張真三題記，然因唐諱不缺筆，王重民定爲六朝寫本，説題記是閱讀者所記，這雖持之有故，然書主尹朝宗這五字似尚有再加以考慮的必要，據我想，書主無疑應是本卷書寫的主持人，且末行爾雅卷中四字與尹朝宗的題記，確是一人手筆，閱讀人決無爲添書名卷帙的道理，至於不避唐諱，在我經驗中不乏前例，惜參考書不在手邊，不然我倒可以舉出左證來的，所以我仍舊定之爲唐人寫本。

王重民在他叙錄里非常推重此卷，他說：昔唐本説文木部流出人間，咸同學者詫爲希世之珍，況此爾雅五篇，更爲六朝手寫本。他并舉了幾個頗關緊要的訛字來證明他這推重是不虚的。王重民所叙錄的巴黎藏卷子本珍籍差近四十種之多，有些他是亟付影攝，如春秋穀梁集解。有些是謹錄原文，如論語義疏。有些是足資校正別著敦煌群書校記中，如史記集解。獨於這本他認爲希世之珍的六朝寫本爾雅，偏并没有提到這三項中的任何一項，這在一班愛好目錄板本校勘之學的人將認爲一樁莫大的遺憾的，非常幸運的我在發見老子化胡經後，又發見這郭注爾雅五篇的攝影本，不但得把王重民所校的訛字重讀一遍，并把全卷與今本對校一過，的確發見了很多魯魚豕亥之類的誤字訛句。書經傳鈔刊刻，如果愈多或愈久的話，訛錯愈多，這是一定的道理，所以前宋學者流是不屑注意瑣屑的，他們所看重的是微言大義。現在的學者亦頗有此風，這是很好的現象，這種事應該讓一批目錄板本家或經籍校勘家專門去負責，讓他們一生埋首此中，整理出一個結果來供給一班學者作參考就夠了，不要讓［象］從前漢學者，斤斤於一字之間，爲了幾個字的音義或行款的問題，不但讓自己跌深淵里，還把他蔚成風氣，不惜拖了同時的優秀學人，把他們的聰明才智湮没於此中，以爲經濟名世盡在是矣，那纔大愚而特愚了。所以我的校勘此書動機是與此大有不同，套着上虞羅三的習語是天出神物與我有緣罷了，我既不願皓首窮經，更不想文章名世，天予之，人予之，王重民先生没有做得道地的工作，我來添些補綴之功而已，讀者諒之。

王重民先生共提出了五點，第一個是釋地下者曰隰的隰字，今本隰誤爲濕。這字我意無關緊要，因爲重刊宋本注疏已作隰，據阮元的校勘説是唐石經本及今注疏本濕，單疏本就作下者曰隰，云作濕誤。詩經車鄰篇正義引下者曰隰，李巡曰：隰，濕也。是李巡也作隰字，今本不過沿唐石經之誤而已。

第二是釋丘　水潦所屔丘，今本屔作泥，説是廣韻所引尚作屔。這比較是有出入的一個字，因爲陸德明的經典釋文也把牠弄錯，他説：泥，依字作尼，又作坭。阮元不只引玉篇廣韻爲作證説是應作坭，還引了經義雜記説，説文丘部：屔，反頂受水丘，從丘泥聲。郭注既説頂上汙下者當然用説文丘部的字，這真是掘發根底的話，所以我認這字之訛錯還是次要的，因爲前人已説過，我們不過多添一點證據而已。

第三是水潦所還，埒。上正，章。澤中有丘，都。今本埒下章下都下并有丘字，這倒是校勘記所未及，如果不説牠是奪了三個丘字，於句讀經義兩方面都很有出入了。不過試讀一下，有丘字，固然三句三讀非常通順，且和全篇語句相同，如果奪三丘字讀爲水潦所還埒，上正章，澤中有丘都。也很讀得下去，而且一句之中上下和協，不象定名，很象説景的口氣，再看郭注丘邊有界埒水繞還之與在池澤中，明是一種丘不能再分別了，頂平也注上正章三字，非常恰當，如果是注上正章丘，則似乎上正二字容納不了頂平也三個注吧，所以我覺得這三個丘字倒非常關係重大，未經前人道過者，決非奪字。

第四是丘背負丘，這句，王重民先生解釋得非常好，他説今本作丘背有丘爲負丘，郭注：此解宛丘中央隆峻，狀如負一丘於背上。郭懿行義疏云：此自別爲一丘，郭意欲爲宛丘作解，蓋失之矣。今按郭意蓋不知郭本經文有誤，因疑其失，下云丘上有丘爲宛丘，正爲上之經文作注，故郭注又云嫌人不了故重曉之也，這正是千年未宣之秘，不然不但嫌人不了故重曉之二句無所屬，試問，丘背、丘上亦有何分別處，其中毛病是出在中間隔了四句，後人讀丘背負丘不解，于是添了有丘爲三字，這里一定是有了脱簡，連郭璞也没有見到的。

第五是厓内爲隩外爲坬，今本坬作限，李巡孫炎本並作鞫，王重民解之爲鞫坭通改字，別無説，我按坭共訛錯了兩次，第一次變成鞫，如唐石經本、單疏本、雪牕本及經典釋文，其訛甚早，詩經鄭箋公劉篇：芮之言内也，水之内曰隩，水之外曰鞫。可見鄭箋詩經的時候即已作鞫，今本又變作限，邢疏説限當作鞫傳寫誤也，所以更不會知道應當作垠了，只有字林作坝，曰厓外也，九六反。確與鞫音近，故可通假。可是連阮元也不敢據以改正，至於改成限字，我想後人是因鞫字無義可訓，故改限字，微此本不會發現限爲鞫之改，鞫爲坝之通假，其初字應爲坝字的。

王先生又舉郭注之異者六點。

一、釋地豫州注自河南至漢，今本作南河至漢。

二、釋地雝州注自河西至黑水，今本作自西河至黑水。

三、釋地揚州注自江至南海，今本作自江南至海。王重民先生謂據公羊莊公十年疏引合，則上舉的豫州雝州二條亦應以卷子本爲對。

四、比肩民注各有一目一鼻孔，阮元校勘記引李善注文選三月三日曲水詩序與此合，今本鼻字下羡一字作一鼻一孔，阮元説這是誤衍，這也可證本卷確是善本。

五、北戴斗極空桐王跋誤為北極戴斗為空桐注：戴，頂也。今本作戴值，邢昺疏説值此斗極之下其處名空桐，照這樣解釋自以頂爲好，故王氏説戴值是義較迂曲。

六、釋丘非人爲之丘，注：地自然生也。王氏説今本然下衍生字，義有未足。我按注疏本省也字，不知道王氏所據的是什么本子，我想這字無多大出入，暫按不論。

以上所舉各字，王氏説是皆較今本爲勝者，又説其餘通假別構之字，衍羡異同之文有助于校勘訓詁者甚多。他所不及枚舉者，今就我管見所及條列于下，古人説得好，校書如掃落葉，這種掃落葉的工作我還是初初嘗試，恐怕漏略得很多，尚得請讀者原諒。

純陰用事嫌於無陽故以名云。今本純陰作純陽，顯是訛字。

所未詳通者故闕而不論也。今本作所未詳通者，故闕而不論。奪一能字，讀着就嫌不順。

颽風。今本作凱風，颽應是古寫字。

炖炖熾盛之皃也。今本作庉庉熾盛之貌也。按經文風與以爲炖或庉，邢疏曰言風自火出，火因風熾，這當然以炖爲近古，庉爲後起字了。

回風爲飄。今本作迴風爲飄，迴字是起後字。

言昏冥也。今本作言晦冥。按經文天不應曰霧霧謂之晦，是冥字是解釋晦字的，如春秋僖十五年己卯晦震夷伯之廟，公羊穀梁皆曰晦冥也，一字解一字，其義終覺不暢，且郭注很少有重字，仍以昏冥也來解釋一晦字爲恰當。

雷之急激者謂之霹靂也。今本作雷之急擊者謂霹靂。激擊音同而義自異，然拿來形容霹靂則都可通，蓋音訛，故雪牕本及元本均作激，經典釋文同單疏本監本毛本誤爲繫，阮元以爲激誤，其實是擊的筆誤。

雨霓爲消雪。今本作雨霓爲霄雪。說文：霄，雨霓爲霄，從雨肖聲，齊語也。是霄爲地方語，仍應作消，卷子本郭注詩字下殘，注疏本詩云如彼雨雪，先集維霓，霓。水雪雜下者謂之消雪。仍作消，阮元按謂霓爲水雪雜下，是不得偏舉雪也。我說雪消則水雪雜下，雪水一物，故渾稱之。

今江東人呼夏月大暴雨爲涷雨。今作今江東人呼夏月暴雨爲涷雨。奪大字，它本亦無大字。

今南陽人呼雨止爲霽，音薺菜也。今本無音薺菜也四字，而曰：濟音薺，霽組計切。查各本均無此四字，當是惟一孤證。

奎爲溝瀆，故曰降也。他本作奎爲溝瀆故名降。案經文曰降婁奎婁也，漢書天文志曰奎曰封豨，爲溝瀆是也，故曰降也于義協。

之畢或呼爲濁因星形似名之。今本作掩兔之畢或呼爲濁，因星形以名。奪似字。

經文題星。今本作星名。

祭川曰浮沉。今本沉作沈。沈沉古今字。

此其像也。今本作此其象也。

瀕于上帝。今本作類于上帝。類爲瀕省，五經及釋文也有類的。

周曰禪。今本作周曰繹。注同。此阮元校勘記所漏列者，因是祭名，當然應該從示旁，從糸誤。

管子曰獠獵罼隿，今江東亦呼獵爲獠，音遼，或曰即今夜獵戴鑪照也。今本作管子曰獠獵畢弋，今江東亦呼獵爲獠，音遼，或曰即今夜獵載鑪照也。單疏本及注疏本無音遼二字。罼隿各都作畢弋。此省音而義同者，無關宏旨。戴俱作載，無作戴者，暫存疑。

以火燒草獵亦爲狩也。今本作放火燒草獵亦爲狩。以作放，并奪也字。

復常宜也。今本作復常儀也。按經文有云起大事，動大衆，必先有事乎社而後出謂之宜。郭注引周官所謂宜予社，春官大祝職亦云出師宜於社造於祖是也。是郭注復常宜也承上而言，作儀是錯的。

白續旐末爲燕尾也義見詩也。今本作帛續旐末爲燕尾者，義見詩。今本也作者，奪也字。

戴旐於竿頭。今本作載旐於竿頭。經文有鈴曰旂。下郭注曰縣鈴於竿頭，戴縣兩字對舉極洽當。曲禮有云前有水則載青旌，前有塵埃則載鳴鳶云云，是戴與載義確不同，當然以戴爲是，戴是戴在竿頭上的意思，載則有導之意矣。

縣鈴於竿畫交龍於旐。今本作縣鈴於竿頭畫蛟龍於旐。覩于上節竿下應是漏書頭字，交龍據引常曰畫二龍於上，一升一降相交，阮元校勘記曰注疏本文誤蛟是也。公羊宣十二年疏亦引作交龍。

此謂合剝鳥皮置之竿頭也即禮記所云戴鴻及戴鳴鳶也。今本作此謂合剝鳥皮毛置之竿頭，即禮記云載鴻及鳴鳶。今本奪也字、所字、戴字。戴誤載，與前條同例。

通白爲旃是。今本作通帛爲旃，白帛音同致訛。

題旃旗。作旃旂。經典釋文曰本又作旗。

鄗曰幽州。今本作幽燕州曰，鄗燕古今字。

濰陽縣。今本作睢陽縣，古地名都加水旁。

海濱廣厈。今本作海濱廣斥。邢昺疏引說文曰鹵鹹地也，東方謂之斥，西方謂之鹵，以爲海畔迴闊，地皆斥鹵，故云廣斥也。我按，海濱廣斥，原爲禹貢文，而孔傳只說濱涯也，是禹貢原文在孔氏前亦應作厈，海畔迴闊是解釋廣字，地皆斥鹵變爲節外生枝了，作厈對的。

鄗有昭余祁。今本作燕有照余祁。鄗之與燕，昭之與照，并是古今字。

今滎陽。今本作今熒陽。按雪牕本舊本均作滎，單疏本及經典釋文作[illegible]熒。阮元說：凡古書熒陽字皆從火，有從水者，淺人所改。今卷子本作滎，雖從水從火於義無害，惟可斷定的是卷子本決非淺人所作，阮說尚有準酌。

即鴈門山是也。今本作即鴈門山也，奪是字。

墳大防也。今本無此四字，惟邢昺疏引墳大防三字，我疑漏書。

西南方之美者。今本作西南之美者，奪方字經文。

謂野牛筋角也。今本作謂多野牛筋角，今本衍多字。

有厈山之文皮焉。今本作有斥山之文皮焉。雪牕本、流疏本、經典釋文同作斥山，唐石經作厈山與此卷子本同。邢疏曰：厈山，山名也。其誤與海濱廣厈同，或以形誤。

其名謂之蟨。今本作其名謂之蟨。阮元校勘記亦作蟨。

亦猶魚鼠之相合。今本作亦有魚鳥之相合。究是魚鼠抑魚鳥，當詢之博物家，鳥鼠相合則我知爲蝙蝠矣。

五百里之界界各十里也。今本作五十里界，界各十里也。按上文有云百里之國，是不應有五百里之界，這就不能因牠是唐人寫本而說牠没有錯了。

坡者曰阪。今本作陂者曰阪。坡陂音同義近，故致訛經文。

阪地不平也。今本作阪陀不平。邢昺疏曰此三者地形雖有高下不平，皆可種穀。是應作地不平，下今本又奪也字。

今安東。今本作今江東。安東江東是兩地，待再查。

九侇。今本作九夷。侇夷今古字。

今江東呼地高堆爲敦丘也。今本作今江東呼地高堆者爲敦。奪丘字，衍者字。

濟陰。今本作今濟陰，衍今字。

或云棄謂稻出塍埒也。今本作或云棄者謂稻田塍埒。奪也字，衍者字。

澤中有丘都。今本作澤中有丘都丘，衍丘字。

左陵泰丘。今本作右陵泰丘。此經文異者。

宋有太丘社亡見史記。今本作宋有泰邱社亡見史記。注疏本同。

嫌人不憭，今本作嫌人不了。了俗字。

其三在河南二在河北。今本作三河南其二在河北。今本其字移下。

嵲堂牆。今本作畢堂牆。按郭注謂畢爲終南山道名，邢昺疏引詩泰風終南何有，有紀有堂。是畢確爲終南山道名，加山旁作嵲對的，省山作畢非。

山上地也。今本作岸上地。按重崖岸下注曰兩厓累者爲岸，是山上猶地上了。

小而高岑。今本作山小而高岑。按小而高岑，係對下鋭而高嶠卑而大扈而言，山應是衍字。

卑而大巋今本作卑而大扈，唐石經本單疏本雪牕本均作扈，經典釋文作岜，謂音户或作扈，是陸德明時已兩見之矣。

岌謂高過之也。今本作岌謂高過。邢昺疏嫌岌謂高過四字還没有分明，因申之曰：言小山與大山相並而小山高過於大山者名峘，非謂小山名岌，大山名峘也。我以爲邢昺如見郭注原文爲岌謂高過之也，那他的話就嫌蛇足了。

言驛駱相連也。今本作言駱驛相連屬。這大概是古今語的關係，後人改的。驛駱古語，駱驛今語，連古語，連屬今語。

謂長山脊也。今本作謂山長脊。邢疏引孫炎云長山之脊也，是猶存郭注之舊。陳氏書錄解題上説爾雅舊有劉歆樊光李巡孫炎之學，今惟郭氏行於世，是孫炎注久亡，今得到此條，一方面可以證明邢疏所引之孫炎注可靠，一方面可以看到郭注與孫注之關係。

末及上翠微。今本作未及上翠微。邢疏是這樣解釋的，他説未及頂上在旁陂陀之處名翠微，一説山氣青縹色，故曰翠微。我想翠微應該是山的頂高處，如單讀未及上三字，則連郭注近上旁陂也變爲不近情了，故以末及上爲妥。

形以堂室者也，尸子曰松柏之鼠不知堂密之有美樅是。今本作形如堂室者，尸子曰松柏之鼠不知堂密之有美樅。

連山中斷絶也。今本作連中斷絶。邢疏曰謂山形連延中忽斷絶者名陘。是應有山字。

多礓礫者也。今本作多礓礫，奪者也二字。

冬無㳅。今本作冬無水㳅。

西北臨沂上也。今本作西北臨河上。

冬無即此類也。今本作冬無水即此類也。漏書水字也。

猶江之有氾也。今本作猶江之有沱。按經文下有云決復入爲氾，注曰水出去復還。邢疏曰凡水決之岐流復還本水者名氾，詩召南云江有氾是也。據此本條灉反入應作河之有灉猶江之有氾，不應作沱，蓋同爲水反入也，阮元校勘記亦云然。惟經文又云江有沱河有灉汝有濆，郭注說重見，則不免與上有衝突了。

水泉潛出便自停成汙地。今本作水流潛出便自停成汙池。潛出者應稱泉，停成者不一定是池，故以作泉作地爲對。

汾陰。今本作汾陰縣。

洽陽。今本作郃陽。

東別爲沲。今本作東別爲沱。沲沱古今字。

直波爲涇。今本作直波爲徑。各本作徑，又作俓，惟釋名云水直波曰涇，猶存真面目。此里阮元校勘記上說得甚好，兹引如下：唐石經雪牕本同，單疏本標起止云河水至爲徑，釋文俓字或作徑，注同。按字或作徑，當爲涇，釋名云水直波曰涇，涇，俓也。言如道俓也。經大波爲瀾小波爲淪，字皆從水，此當作直波爲涇，注云言徑侹則作徑爲經注異文之證，俓徑同。此卷如使阮氏見，不知將如何歡喜贊嘆也。

深則濿。今本作深則厲。下又曰以衣涉水爲濿。今本作以衣涉水爲厲。濿并誤厲。阮元校勘記曰：唐石經、單疏本、雪牕本同，釋文則厲如字，本或作濿。五經文字濿音厲，爾雅或以爲深則厲之厲，詩風及論語皆作厲。

衣謂襌也。今本作衣論襌。疑刻誤，因邢疏仍作襌也。

繇猶自也。今本作繇自也。邢疏謂繇自也釋詁文云云。

佛繂也。今本作佛繂也。此字存疑。

綏繫也。今本郭注無此句，而見之于邢疏，極怪。

曰泝洄。今本作曰泝洄。曰泝游，今本作曰泝游。按卷子泝均作泝。

小州曰陼小陼曰沚。今本作小州曰渚小渚曰沚。按注疏本附音曰陼渚坻池潏述，卷子本無之，在此里可以證注疏本所附音雖不見於卷子本，而附音則確有所本，後人蓋誤注音本子，而改陼爲渚大謬。

墟色白。今本作虛色白。墟虛古今字，猶殷墟之亦作殷虛也，注同。

義所未詳。今本作義所未聞。

東莧縣今有胡蘇亭義所未詳，今本作東莞縣今有胡蘇亭其義未詳。據莧此前條，義所未聞應作詳。東莧東莞應是筆誤，阮元校勘記謂注疏本謂莧誤莞。

鉤般。今本作鉤盤。般盤古今字。

水多阸陜。今本作水都阸陜。按經文馬頰下郭注上廣下狹，卷子本作狹不作陜，則此陜可能卷子本誤。

從釋地以下至九河皆禹所名也。卷子本大字似爲經文，今本列入郭注。

按郭璞注爾雅三卷，最早見之於隋書經籍志，唐書經籍志藝文志及宋書藝文志均著錄，陳氏書錄解題說爾雅舊有劉歆樊光李巡孫炎之學，今惟郭氏行於世，可見郭注爾雅是現存中最早之本了。四庫提要小學類說：璞時去漢未遠，所見尚多古本，故所注多可據，後人雖迭爲補正，然宏綱大旨，終不出其範圍。據此又可知郭注雖早仍是有權威的作品，至現存刊本之比較好的，有唐石經本，明仿宋刻本，元雪牕書院本，宋刻單疏本，元刻注疏本，明閩刻注疏本，明監本，明毛氏刻本。可是據我所校勘得來的經驗，均不及此卷子本，卷子本可說是最近古最無翻刻之誤訛的一種，其中還有幾點要提出來而我没有寫入校記中的有：

一、卷子本有也字的，今本多省去，如果木子也，今本作果木子。炖炖熾盛之皃也，今本作庉庉熾盛之貌。故謂之星紀也，今本作故謂之星紀。見尸子也，今本作見尸子。諸如此類，真所謂不勝枚舉了。

二、今本多注音而卷子本無之，不是注疏所據爲另一種本子，定是後人妄添。如今本有亢音剛、雨音預，噎於計切，縿音衫，旁於干反等，卷子本都没有，將來一查玉篇廣韵，定知今本有無所本。

三、卷子本曰，今本改爲云，如詩曰，今本作詩云。卷子本公羊傳云，今本又改作公羊傳曰，雖無礙文義，要亦訛錯之一端。

我們非見到郭氏手稿本，否則就得以此爲最近古最善之本，無怪王重民先生要譽之爲希世之珍了。天出神物，與我有緣，不可不記。

三五年十月十八日諫侯校於東寧

文成後讀王靜安先生觀堂集林卷五書爾雅郭注後，謂郭注爾雅注中往往有音係從漢人注經之法，以今語釋古語也，不然，郭璞既有爾雅音義，何以注中再加音，因爲他是釋古語的今語而作，他引了很多江東呼怎麼作例，他説後人不達郭意，如元以來注疏本以載音義，故遂將注中之音删刓殆盡，近人雖多據舊本補綴，然頗不能言郭注中所以有音之故。這點與我前所説的稍有不大分明處，不過可以提出作反證的。我以爲後人羼進去的都是單單注音并没有如王氏所引那些江東人曰云云的。第二我據的本子是翻宋本注疏，與元以來注疏又是另一回事，在這里我敢進一步説，我所指的那些後人加進去的音，或須是後人從郭注音義上抄了加進去的，至於元以來注疏本我還没有考校過，如把江東人云云也删去，那簡直是荒唐了。王先生所説極精湛，不得不引在這里以祛讀者之疑。

爾雅學・緒言

陳晉

第一章　爾雅學之命名

斯賓塞曰：有言語然後有文字。誠以文字者，所以代表言語，言語必先文字而起，而文字乃濟言語之窮。吾國言語學之書，莫先於方言，文字學之書，莫先於爾雅、說文。其名爲爾雅者，義何取乎，張晏漢書注云：爾，近也。雅，正也。此解本於釋名。爾雅之爾即邇字，爾邇古通用。大雅云：戚戚兄弟，莫遠具爾，即以爾爲邇。陸德明音義云爾字本作邇可證。雅者，文選長門賦注引七略云：雅之言正也。詩鼓鐘箋云：雅，正也。雅中正，故正言稱雅言，正聲稱雅聲，然則爾雅云者，即邇於雅正之謂也。

所謂邇於雅正者，何所指乎，謂名也，謂文字也。論語論爲政，以正名爲先，謂名不正則言不順。此所謂名，即指文字，所謂言，即指言語。禮云二名不偏諱，二名謂二字，鄭康成注周官論語，皆謂古者謂之名今世謂之字，是爾雅命名取義近正者，即論語所謂正名而已。爾雅一書取正名之義，是以劉熙撰書，與爾雅同體，即徑稱之曰釋名矣。

第二章　爾雅之著作者

著爾雅者究爲何許人，衆說紛紜，茫然莫辨。古籍如靈樞、素問、詩序、儀禮、周官、鶡冠子、玉泉子、周髀算經，皆不著作者姓氏，即漢魏碑碣，亦多不識爲何人之筆，不獨爾雅爲然。考西人米格安治，生於西歷一千四百七十五年，以一人之身兼有詩家畫家建築雕刻家之長，嘗在昔氏丁畫壁上，自題其名曰雕刻家某，此與近代著述署名之事略同。然十三世紀峨特式建築之盛行也，美術家研究自然之美，遠在今人上，而峨特式之建築雕刻皆不記作者姓名，然則古之文學家、美術家，有所撰著，不自署名，不論中外，如出一轍，意者習慣爲之歟。今就昔人所有諸説，略列於後。

(一)周公作爾雅説。張揖上廣雅表有云：昔在周公，制禮作樂，以導天下，著爾雅一篇，以釋其義，傳於後孳。邵晉涵爾雅正義云：周公所作謚法解，其訓釋字義與爾雅同。此皆主周公作爾雅之説也。案春秋元命包云：家君以爲外戚傳稱史佚教其子以爾雅，爾雅之出遠矣，舊傳學者皆云周公所作也。史佚與周公同時，見古今人表，是周公作爾雅，亦屢見諸載籍矣。

邵氏論爾雅篇第云：漢書藝文志作三卷二十篇，今所傳本止十九篇，陸德明經典序錄云釋詁一篇蓋周公所作，案張揖謂周公著爾雅一篇，今所傳三篇爲後人增補，是張揖所謂篇，即後人所謂卷，猶云周公所作衹一卷，後人增補迺有三卷耳，陸氏乃以張揖所謂篇即班固所謂篇，遂以周公所作者爲二十篇之一，殆考之不審以致誤，其實諸篇之目皆周公所定，七十子之徒，每篇皆有增益也。此爾雅作於周公之説也。

(二)孔子門人作爾雅説。鄭康成駁五經異義云：玄之聞也，爾雅者，孔子門人所作，以釋六藝之言。劉勰練字篇亦云：爾雅者，孔徒之所纂。此爾雅作於孔子門人之説也。

(三)孔子子夏增益爾雅説。張揖云：今俗所傳三篇爾雅，或言仲尼所增，或言子夏所益。邵氏據象傳序卦傳之辭多符爾雅，儀禮喪服傳親屬稱謂與釋親相同之理，以爲張説亦有證。此孔子與子夏增益爾雅之説也。

(四)叔孫通梁文補益爾雅説。張揖又云：或言叔孫通所補，或言梁文所考。邵氏云：爾雅之文，間有漢儒增補，如釋地八陵云鴈門是也，釋獸云秦人謂之小驢，疑皆漢初傳爾雅者所附益，後儒遽以此爲爾雅作自漢儒則非也。此漢人附益爾雅則有之，非爾雅即爲漢人所作之説也。

右説不一，晉謂爾雅作於孔子門人，爲古今大儒鄭康成之説，尚足信。何以言之，西京雜記引揚雄之言云：孔子門徒游夏之儔所記，以解釋六藝者也。此與鄭説亦同。商書云學於古訓乃有獲，大雅告之詁言，此訓詁之稱，見於孔子以前者也。孔子序易卦之辭，如蒙者蒙也、師者衆也、頤者養也，皆假借轉注之義，且多與爾雅義同。陳澧云：史記采尚書，以訓詁代正字，如方鳩作旁聚，鳩，聚也，見釋詁。以訓詁代正字，自孔子贊易而已然矣，如乾象傳當云天行乾，而曰天行健。然則以時代論之，孔子既以六經授其門人，其門人撰作訓詁之書，以爲治六藝群籍之津塗，亦事理之應有者，如子夏之著喪服傳、門人之記論語，即其例也。

既爲孔子門人所作，何以有三百篇成句，及秦漢人語羼入書中乎，此則後人爲之，後人於古書，有有心作之者，如東晉晚出之僞古文書是也。有無心作之者，如治經者之箋注，後世以爲經文，王引之云書傳多有旁記之字誤入正文者，舉墨子及史記刺客傳爲證是也。此在書中爲數必少，讀書者猶如酷吏折獄，深文周内，致併全書而疑之，其極將至於無書可讀。

是故爾雅一書，其始必爲孔子門人所作，歷年既久，治經者之箋注，後人有闌入經文者，如釋地篇之十藪，孫星衍以爲傳，實勝於郝氏殷制之説也。釋訓有先引他書成語，然後加以訓釋者，晉以謂所引經語，亦爲箋注。至明爲後人增益者，則釋訓子子孫孫引無極也，以下三十餘句皆用韻，陳澧云必是古人一篇文字而取入爾雅也，其説皆可信。若此者亦止可視爲狐裘之羔袖而已，如必謂魯以雁往，則大失之。

第三章　爾雅之詮釋者

注爾雅者，郭璞以前有五家，一、犍爲文學，或作犍爲舍人，二、劉歆，三、樊光，四、李巡，五、孫炎。或以爲有鄭康成注，戴震已辨其非。郭氏爾雅序云雖注者十餘，是不僅五家，但書既散逸，不知其爲誰氏矣。在郭氏後者，有沈旋爾雅集注、謝嶠爾雅音、五代時孫炎爾雅疏，亦多散失。郭璞爾雅注，邢昺稱：用心幾二十年，注解方畢，甚得六經之旨，頗詳百物之形，學者祖焉，最爲稱首。蓋郭氏去古未遠，又錯綜孫樊，博關群言，故其注爲學者所宗。爲音義者，有陸德明，錢大昭有爾雅釋文補三卷，足補陸氏所未備。邢氏與杜鎬孫奭等奉敕撰爾雅疏，一以郭注爲主，於詁訓甚通。此外鄭樵有爾雅注三卷，於爾雅義理可通者通之，不可通者無所穿鑿，清儒謂於説爾雅家爲善本。羅願有爾雅翼，分草木鳥獸蟲魚六類，依據確當，其音釋爲洪焱祖所作。

清室漢學，超越前古，各家小學書籍，尤爲歷代所未有。爾雅漢注，臧庸輯。爾雅古義，黄奭輯。一切古説，賴之以存。周春爾雅補注四卷，翟灝爾雅補郭二卷，錢坫爾雅釋義十卷、釋地以下四篇注四卷，並有獨到之地。戴震爾雅文字考，孫星衍正俗字考，考據精覈。邵晉涵爾雅正義，多審定經文，引證尤博，視諸書爲詳備。有學海堂本，亦有通行本。郝懿行爾雅義疏，於郭注邢疏並多匡正，又通於音韻，博考精審，更在邵氏正義之上。此外陳玉澍有爾雅釋例，此爾雅言例之書。王國維有爾雅草木蟲魚鳥獸釋例，其始本釋以聲爲義之例，其後於聲無涉者亦一并釋之，書既成，又爲文二篇，有所删訂，視初稿益精密。

第四章　爾雅爲訓詁書

前章謂爾雅以訓詁爲主，何故，王充論衡是應篇曰：爾雅之書，五經之訓故。劉勰宗經篇曰：書實紀言，而訓詁茫昧，通乎爾雅，則文義曉然。蓋爾雅十九篇，每篇皆用釋字以名之，自經傳異辭，五方殊音，以及典禮制度山川草木鳥獸，無不爲之辨別同異，揭其指歸，此其所以爲訓詁書也。與説文之闡明文字本義、方言之講求言語，各不同耳。

歐人彼脱拉者，爲近世言情詩之鼻祖，素爲大旅行家，足跡所到，必收羅典籍，以注釋古文。有費西納，爲新伯拉圖派，曾將柏氏全集譯爲拉丁文，加以詳博之注釋。日爾曼當古學發達時代，北派中有負隆盛之譽，勢力澎湃於全歐者，曰愛拉司姆，曾爲牛津大學、劍橋大學之教授，其畢生事業即在注釋希臘拉丁之書，是訓釋考據之學在歐洲亦代不乏人，正與吾國之士人相同。至西人辭書之畢備，尤爲吾國所不及。一國之文化，常與其辭書相比例，是以西人有專門辭書、普通辭書，而吾國則瞠乎後矣。或謂爾雅即今之辭書，此説大非。辭書今古並收，爾雅則爲考古之用。辭書依字以分部，以部首之字以隸事屬辭，爾雅則據義理以分類，歷舉某類之名物，而承之以相同之訓詁，性質迥别，必謂爾雅爲辭書，則張行孚建類一足之誚，又將不免矣。

第五章 爾雅與群經之關係

郭璞云：爾雅者所以通訓詁之指歸，總絶代之離辭，誠九流之津涉，六藝之鈐鍵，學覽者之潭奥，擒翰者之華苑也。戴震亦云：通古今之異言，然後能諷誦乎章句。竊謂儒者治經，宜自爾雅始。誠以爾雅爲訓詁書，舍爾雅即無以博通群籍，今試就其與群書之關繫，分别言之。

第一節 與詩之關繫

漢儒傳經，各守專門，最重師法。詩自毛亨作訓詁傳，遂有毛詩之稱，傳其學者爲毛萇、劉德、貫長卿、解延年、徐敖、陳俠，相繼不絶。鄭玄初學韓詩，後治毛詩，其箋詩也，自云：注詩宗毛爲主，毛詩若隱略，則更表明，如有不同，即下己意，使可識别也。其尊毛如此。然毛之訓詁傳，實據爾雅而作，孔穎達云毛以爾雅有釋詁釋訓，故依爾雅訓而爲詩立傳，可爲明證。即鄭氏作箋，其補益之辭亦多取之雅義，然則欲治毛詩而不讀爾雅，雖謂之眯目而道黑白，可也。

爾雅云：關關嗈嗈，音聲和也。又云：丁丁嚶嚶，相切直也。此雖見於風雅，然爲普通副詞形容詞，非爲詩而作也。至釋草、釋木詳述植物，釋鳥、釋獸、釋畜詳説動物，古稱贍博。其後三百篇用之、離騷用之、説文用之，此則稽古之士所皆知者。至山川地域之名，尤更僕難數，是爾雅與詩之關係大矣。

第二節　與易之關繫

爾雅正義云：孔子作十翼以贊周易，彖傳云師衆也、比輔也、晉進也、遘遇也，序卦云師者衆也、履者禮也、頤者養也、震者動也，聖義闡敷，式昭雅訓。易辭之用爾雅者，邵氏考之審矣。漢之易學，田何開其始，三傳而至孟喜京房，而孟喜、京房之易傳，皆用雅義，是易之經傳根據爾雅以立言者，爲不少矣。

六書有假借，爾雅之訓釋字義用假借處極多說詳後各篇，焦循著易詁及易通釋發明易之用字，多取同聲假借，如豹杓同聲，借杓爲豹，羊祥同聲，借羊爲祥，即其書中之例。又考法人拉克伯里釋離卦之辭，謂離之一字有多數之意義，其釋卦之辭黄離，云黄鳥之名，此以鸝訓離也。釋突如，云不意之遭殃，此以罹訓離也。釋其來如，云附也、來歸也，此以麗訓離也。釋有嘉，云婚姻之結合，此以伉儷之儷訓離也。拉氏所釋，如離之訓麗，即反訓例，嘉之訓儷，即左傳嘉耦曰妃之義。據近人所考見，且多本之爾雅，則彼此之關係，不可不謂深也。

美人威爾巽歷史哲學云：埃及國語蓋如墨西哥語，全藉圖解，由圖解一變而爲字號，再變而爲音聲。據威氏言，知西國文字，實發軔於圖畫，吾國象形字，猶是圖畫而已，前引鶡冠子所云有圖而有名之語，即謂此也。劉師培云：大約易經六十四卦，爲文字祖。然則易之卦畫，亦即吾國文字之權輿，治訓詁者而不通易，豈非數典而忘祖。

第三節　與尚書之關繫

尚書古稱難通，周誥殷盤，詰倔聱牙，尤不易讀。邵氏正義云：太史公受尚書於孔安國，其爲本紀世家，徵引尚書者，以訓詁之字，闡釋經義，悉依於爾雅。邵氏但就堯典一篇考之，已有數十義，邵氏並云其餘謨、貢、誓、範，莫不皆然。至於馬融之書注，亦多用爾雅之言，然則尚書雖自古難讀，但使通爾雅、諳訓故，殊不虞其古奥也。

禮緣習俗而起，欲考當時社會之狀況而知其典禮制度，莫加於禮。以禮記爲集諸經之傳及儒家諸子而成者，爲康有爲，謂周禮爲劉歆竄造者，始於方苞，而康氏力主其説，且有實行周官之制則終歲從事於祭且猶不給之語，此皆謂古書之未可信也。然日本織田萬嘗云：各國法律，最初皆惟有刑法，其後乃逐漸分析，行政法典，成立尤晚，惟中國早有之，周禮是也，周禮固未必周公所制，然亦必有此理想者所成，則中國當戰國時已有編纂行政法典之思想。周禮爲周公所作，織氏固不信此言，但當戰國時，能有此思想，有此著作，在織氏亦以爲大可貴之物矣。奈何吾國人於古之典籍，稍有可疑，即妄加詆諆，不可謂非學人之一大蔽也。

第四節　與儀禮禮記大戴禮記周禮之關繫

儀禮爲禮經，高堂生所傳之禮即係此書。喪服記一篇，子夏爲之作傳，其親屬稱呼與爾雅同，已如前章所云矣。今之禮記，爲小戴所删纂，如文王世子篇，可藉以考古代之學制刑法，中庸篇爲孔門最高之哲學，皆有用之書。馬融注禮記，即皆用爾雅解説之。大戴禮記，篇次本繁，史繩祖謂宋之時嘗以此書與小戴並列稱十四經，誠無愧色。今所存者，如夏小正確爲古書，可據以考歲時，與爾雅相表裏。本命推究萬物之本源，以數説之，亦爲古代哲學也。周禮之可貴，織氏已有前説，且其制度詳密，叙述極有統系，故杜子春、鄭衆、鄭興皆治周禮，並爲之注，且銓釋經義皆采諸爾雅。呂思勉謂今日治禮當以言義理者爲正宗，而其言節文者，則轉視爲注脚，欲明義理，則爾雅自爲禮書之關鍵矣。

總之，禮之爲用，如冠昏喪祭，足徵典制，親族關係，可明倫理學及家庭制度，下至宮室舟車衣服器具，皆切於民生日用之事，而爾雅書中如釋親釋天釋宮釋器諸篇，皆有古訓，可以考證，所以爾雅學實爲治禮者所宜究心也。

第五節　與春秋之關繫

春秋傳之記事，以左氏爲詳，然先儒論義理，則必取之公羊，穀梁體例與公羊爲近，昔人不明春秋之用者，至毀之爲斷爛朝報。梁啓超謂：春秋孔子所自作，所以明改定制度之書，黄黎洲明夷待訪録，黄氏之改制也，孔子作春秋亦猶是耳。西人果魯士西亞虎哥，皆以布衣而著萬國公法，孔子之春秋，乃萬世公法。梁氏改制之説，本於康有爲。考之春秋，有貶天子譏世卿之事，論語有孔子答顔淵問爲邦之言，齊太史以孔子爲素王，則康梁之論，於古有徵矣。春秋之爲用大矣哉。

梁氏又云：孔子之學，有微言大義兩派，微言亦謂之大同，大義亦謂之小康，大同亦謂之太平，小康亦謂之撥亂，謂之升平，春秋謂之三世，微言之學，孟子傳之，江都繁露衍微言大義之傳可爲西漢學統之代表，太史公於孔子之學，獨得力於春秋，公羊傳屢引子司馬子，仁和夏曾佑以爲必史公。

據梁氏言，漢之治春秋者，如江都、龍門二子，蔑以加矣。司馬氏之用爾雅訓詁改易尚書字，前於第三節内已言之，則其釋公羊傳亦必爾耳。邵氏謂賈董之書訓釋經義悉符爾雅，又謂賈逵服虔之注左傳俱稟承爾雅訓釋經言，然則學春秋三傳者，爾雅其先河矣。

第六章　爾雅與古今方言説文之關繫

第一節　方言

爾雅非言語學書也，然古未有言語書，有之自揚雄始，其他皆混言文而一之。陸氏音義云：釋詁以下三篇皆釋古今之語、方俗之言。劉氏釋名所以翼雅，其第十四篇即釋言語，亦屬此意。不過爾雅書中不僅首三篇關於方言，如宫、樂、山、水、草、木、鳥、獸諸篇皆有雅名、有俗名，有時俗名且多於雅名，所謂俗名即方言也。是故釋方言者每取義於爾雅，釋爾雅者亦取義於方言，郭氏注爾雅，又注方言，正以二書關係之深切也。

揚氏方言之作在爾雅後，其去爾雅時代尚不甚遠，即居今日而欲討論言語學，亦非依據爾雅不可。新方言第一篇云：爾雅釋言：孔，甚也。釋器：肉培好謂之璧。郭璞云：好，孔。是借好爲孔也，今人謂甚曰好，如甚大曰好大、甚快曰好快，與古言孔正同。第二篇云：爾雅：洋，多也。匡謬正俗曰：山東呼衆曰洋。今淮南吳越偉大其物則稱曰洋。凡若此者不堪悉數，是以新方言自序即云：考方言者，在求其難通之語，筆札常文所不能悉，因以察其條貫，上稽爾雅、方言、說文，敫然如祈符之復合，斯爲貴也。

於此又可以見吾國之言語文字，相生相襲，以流播於今日，雖經數千年之變遷，徵之已往而不相悖，即行之各省區，遐邇無不一致，西方學者謂吾國之文字爲東方之愛司倍崙讀，固有自耳。

第二節　說文

說文以形體爲主，故段玉裁稱爲形書。爾雅以訓詁爲主，不言形聲，體例各別。說文解文字之本義，亦多見於爾雅，至轉注假借，則爾雅獨詳。然欲討索假借而不根據說文，則不知本義之所從出，不知音韻之所從生矣。是爾雅說文相爲表裏者也。劉歆和七略，班固因之作藝文志，而六藝略中以爾雅、小爾雅、古今字，與孝經同列稱孝經家，以史籀八體、倉頡、凡將、急就、元尚、訓纂、別字、倉頡傳、倉頡訓纂、倉頡故爲小學家，段玉裁云：不當分合舛繆一致於斯也，一而二之，致今學者膠柱鼓瑟，謂小學專爲字形，六書爲六樣字形，而爾雅之學，乃別爲一事，晦盲沈痼，莫能鍼其膏肓，起其廢疾。其訾之也深矣，然以爾雅與說文分裂爲二家，自有可議者在焉。

第七章　爾雅與歷史諸子及小説之關繫

郭氏爾雅序：夫爾雅者，所以總絶代之離詞，辨同實而殊號者也，誠九流之津涉，六藝之鈐鍵，若乃可以博物不惑，多識於鳥獸草木之名者，莫近於爾雅。此謂欲研覈史傳、討索諸子，以及博物多識，實非爾雅無以通曉也。序又云：錯綜樊孫，博關群言。邢疏：群言，謂子史及小説。蓋子史小説，有採摭爾雅之訓詁名物者極夥，故郭氏爲注必援引其詞以釋之，子史不律言矣。山海經，小説家書。郭注爾雅，亦注山經，郝疏爾雅，亦疏山經，正以二書相關，尤非他書所可及也。四庫全書總目云：其書釋詩者不及十之一，非專爲詩作，釋五經者不及十之三四，更非專爲五經作，今觀其文，大抵採諸書訓詁名物之同異以廣見聞，實自爲一書，不附經義。其於爾雅之作，可謂持正之論，無所偏倚矣。

戴震曰：曩閲莊周書已而爲知者，已而不知其然，語意不可識，偶檢釋故曰：已，此也。始豁然通乎其詞，爾雅之可貴如此也。王引之曰：語詞之釋，肇於爾雅，自漢以來，説經者宗尚雅訓，凡實義所在，既明著之矣，而語詞之例則略而不究，或即以實義釋之，遂使其文扞格而意不明。此經傳釋詞自序之言。今就此書十卷細察之，所謂語詞者，在文法書中爲轉接詞、介詞、感歎詞、助詞四種，此四種詞，何書蔑有，爲一二字之解説不明，致其大意亦不得而通曉，好學之士恒引爲憾事，既明雅訓，則比例而知，觸類而長，自涣然而冰釋。如戴王諸氏之論，爾雅訓詁之用，固不以某經某傳而限耳。

第八章　爾雅發明轉注

説文轉注之義，歧説紛紜，以轉注爲互訓者，倡於戴震，而段玉裁主其説。是以釋詁之林、烝、天、帝、皇、王、后、辟、公、侯，君也。轉注也。君子所謂一首也。肩、堪、勝也。勝、肩，克也。勤，勞也。勞，勤也。皆轉注也。所謂展轉相注也。此主義轉説。

其主形轉者，説文身躳互訓，而釋詁云：躳、身也。此以身字轉注於躳，故小徐以邊旁加訓釋轉注，許宗彦孫詒讓均從之，此一轉注也。蓋轉注者，依類依首以造之，義形聲皆有轉注字，而轉注字不必義形聲皆備也。是故互訓之説，論者雖皆爲濫，然必求字字不離乎聲，則又失之隘，此形轉之説，所以亦爲轉注之一種也。

章氏於轉注之義素主聲轉，其弟子朱宗萊輩均從其説。 即以聲論，爾雅之以聲轉者亦甚夥矣，如釋詁時、寔、是也。是爲禪母，時寔與是爲同母之字，此雙聲轉注之例也。又粤、于、爰，曰也。爰、粤、于也。于，羽俱切，爰，羽元切，粤，王伐切，此亦雙聲轉注例也。 是以治説文者，欲於轉注之字，旁搜博考，舍爾雅其奚屬矣。

第九章　爾雅發明假借

説文釋假借云：本無其字，依聲託事。段氏注云：爾雅方言，所以發明轉注假借。 清儒漢學大家如戴王諸氏亦有此言。説文本無其字之假借，爲始初造字之假借，如爾雅所言，無字之假借亦多矣。

鄭康成駁群經異文云：其始書之也，倉卒無其字，或比方假借爲之，趣於近之而已，受之者非一邦之人，人用其鄉，同言異字，同字異言，於兹遂生矣。鄭所言乃後起有字之假借，見於爾雅者甚夥，略舉爾雅字以分釋之。

（一）無字假借。説文：初，從刀衣，裁衣之始。爾雅：初、始也。初本爲裁衣之始，引伸之爲凡始之稱。始字亦然，説文云：始，女之初也，從女、台聲。爾雅用爲凡始之字亦繫引伸言之。此皆説文爲本義，而爾雅爲假借義，乃無字之假借也。 餘如樂也、長也二節亦爲無字之假借。

（二）有字假借。説文：璹，玉器也，讀若淑。爾雅：璋大八寸謂之淑。 淑即璹之假借，今爾雅作琡，錢氏謂即淑之訛，此其一。説文：珣一曰玉器，讀若宣。爾雅云：璧大六寸謂之宣。宣乃珣之假借，此其二。 釋詁云：契、絶也。郭注謂今江東呼刻斷物爲斷契。考説文：契，刻也。段謂古經多作契假借字。此其三。其餘聲假之字頗多，此説文所謂依聲托事，不出聲近聲同之用也。

第十章　爾雅用音韻例

治説文者，六書以象形爲先，豈知有形即有聲，聲在文字，實爲最早。爾雅之用音韻有二類，一以聲韻爲文，二以聲韻爲訓。

其以聲韻爲文者，例如：

（一）釋天春爲青陽，夏爲朱明，秋爲白藏，冬爲玄英。

（二）釋天春爲發生，夏爲長嬴，秋爲收成，冬爲安寧。

（三）釋宮樴大者謂之栱，長者謂之閣。

（四）釋宮廟中路謂之唐，唐塗謂之陳。

右一例，明英，十二庚，陽唐，十陽十一唐。二例，生，十二庚，嬴成，十四清，寧，十五青。三例，栱閣，雙聲字，亦韻也。錢大昕云：雙聲亦可爲韻。小雅：決拾既佽，弓矢既調，射夫既同，助我舉柴。佽、柴，韻也。調同，爲雙聲而相韻。思齊造與士韻，張行孚云：造與士爲雙聲，故造可讀爲是，而與士韻也。此古以雙聲字爲韻之證。四例、唐陳，不同韻，並不同母，然亦韻也。錢氏謂古讀陳如田，既讀陳如田，則田唐皆爲定母，可相韻矣，且於詩亦有證，小雅維禹甸之、曾孫田之相韻。鄭於甸字切繩證，而於周禮稍人注引詩作維禹敶之，敶可韻田，故敶可韻唐，其例一也。

其以音韻爲訓者又有二種焉，一、則所訓之字與其訓有雙聲叠韻關係者，此其常也。例如：

（一）釋詁丁、當也。

(二)釋草薢茩、芙光。

(三)釋草莪、蘿。

(四)釋鳥倉庚、商庚。

二、則所訓之字自二字以至數十字之多，此多數字之中，各有聲韻之關係，亦常也。例如：

(一)釋詁初、哉、首、基、肇、祖、元、胎、俶、落、權、輿，始也。

右例，考之段氏聲表譜，始爲一部，哉胎亦一部，故與始爲同部。始首同爲審母，故首與始爲雙聲。始，六止，基七之，在一部，故基與始爲同部叠韻。此與上一種例同，人所易知耳。例中十一字，初俶雙聲，哉祖雙聲，初輿同部叠韻，哉胎同部叠韻，元權同部叠韻。首俶同部，基與哉胎亦同部，祖落與初輿亦同部。此外惟一肇字與音無涉。所訓同類之字十有二，而有音韻關係者十有一，是居什之九矣。此爲音訓之又一種，乃人所易忽者也。晉著説文研究法，列有二圖一表，可一覽而知之。至本爲一字而緩呼之即爲二字者，此多爲推論造字之本源，本爲二字緩呼之即爲三字者，持論者亦止爲揣測之詞，在爾雅中尚未成例，皆於後第十三章述之。

第十一章　異義字同條解釋例

他書之釋字也，所釋者不過一字，而釋之之字或多或寡，其詞不一，即有所釋不止於一字者，其義則無不同，而釋此數字之字之義，亦無不同也。爾雅釋詁數篇，其例不盡如此，其字自一至於數十，皆於一條內釋之，其字之義皆同，而釋之字其義亦同，此常例也。然亦有所釋之字，其字不同，其義亦不盡同，而釋之之字，雖爲一字，然非一義，而皆於一條釋之，此變例也。其例爲爾雅所創作，他書所無。王念孫謂張揖撰廣雅猶用此例。今舉釋詁篇君也及訛也二條，各爲一圖，列後。觀此二圖，其他可以隅反。

圖一

林烝——群衆
天帝皇王后辟公侯——君主
（群衆、君主）——君也

君有二義，一爲群衆之群，一爲君主之君。林烝，群也，天帝皇王后辟公侯，君主也，而皆爲君義。

圖二

載謨食——作爲
食詐——詐僞
（作爲、詐僞）——僞也

僞有二義，一爲作爲，一爲詐僞。載謨，作爲也，詐，詐僞也，食訓作爲，亦訓詐僞，並爲僞義。

第十二章　草木鳥獸蟲魚例

草木鳥獸蟲魚六篇，物各有名，名各有類，分而讀之，若風馬牛不相及，而比類以觀之，皆有通例，以一例而貫之諸名，皆不能越乎例之外。於此可以見古人著書，體例縝密，殊非後人所可及也。今但就其大者，分列數則於左。有時不僅六篇有其例，推之他篇亦有之，且不僅爾雅有其例，推之他書亦有之，是在讀書者有以會其通焉。

第一節　物類異類同名例

凡異類之物則亦異其名，其常也，然物之異類而同名者更僕難數，而多有義例可尋。其例：

(一)釋草果贏之實，栝樓。釋蟲果贏，蒲盧。

(二)釋草莪，蚍衃。釋蟲蚍蜉，大螘。

(三)釋草蘄茝，蘼蕪。又綿馬，羊齒。釋木木髦，柔英。釋蟲蠓，蠛蠓。釋天小雨謂之霢霂。

(四)釋草籠，天蘥。釋鳥鶌，鶌天。

王國維釋(一)例云：果贏果贏者，圓而下垂之意，即易雜卦傳之果蓏，凡在樹之果，與在地之蓏，其實無不圓而垂者，故物之圓而下垂者皆以果蓏名之。栝樓亦果贏之轉語，蜂之細腰者，其腹亦下垂如果蓏，故謂之果贏矣。其釋(二)例云：螘之大者色紫黑，莪之花亦紫，故以蚍衃名之。案莪即錦葵，其花爲淡紫色。其釋(三)例云：蘼蕪綿馬以下皆有小意，郭注云蘼蕪葉小如萋狀，綿馬草細葉羅生而毛，有似羊齒。是二者皆小草，草之小者曰蘼蕪，曰綿馬，木之柔者曰木髦，蟲之小者曰蠛蠓，鳥之小者亦綿蠻，毛傳綿蠻小鳥貌殆皆微字之音轉，霢霂亦同語之轉也。由此可以知異類同名，各有其故存焉，或以義同，或以色同，或以聲同，然後其名同耳。第四例未詳。

第二節　物名上冠字以别大小例

凡物名别其大小，用字之例相同，鳥獸蟲魚皆然，而草木尤多。凡稱大物，其物名上所冠之字則曰荏、亦曰戎、曰王、曰牛、曰馬、曰虎、曰鹿。稱小者則曰叔、曰女、曰婦、亦曰負、曰羊、曰狗、曰菟、曰鼠、曰雀。此皆例之常者也。

第三節　物名上下用無意義字例

上節物名所冠之字，非苟爲之，均有意義，故不僅爾雅用之，經典用之，其義並同。有時物名之上冠一字，物名之下薦一字，皆無深意，其冠於名上者，如釋虫：不蜩，王蚥。又云：不過，蟷蠰。其薦於名下者，如釋虫：蠸輿父，守瓜。釋獸：麙父，麔足。或用不字，或用父字，皆無意義，此在爾雅他篇亦有用之者，當爲變例。

第四節　取物聲為名例

爾雅物名，有取諸物之聲以爲物之名者，此亦不獨爾雅爲然。張氏云：古人造字之始，既以字形象物之形，即以字音象物之聲，至於字音不甚與物聲相似者，則字音展轉讀别耳，若夫形聲會意之字，雖字形不象物形，而字音亦有象物之聲者，此等字音，爲天地之元音，無論何時何地皆一成不易，管子言五聲必以牛羊雉豕馬之聲況譬之，誠以文字之音易變，而五物之聲不移故也。此可爲洞達本源之論矣。造字之始，既依音而造，爾雅安得無以聲爲名之物乎。釋鳥篇云：鳲鳩，鴶鵴。又：行扈，唶唶。此以聲爲名之例也。

第十三章　用音韻以治爾雅

阮元云：以聲音文字爲注爾雅之本，則爾雅明矣。又與郝懿行書云：今子爲爾雅之學，以聲音爲主而通其訓詁，予亟取之。然則欲治爾雅，不可不通聲韻之學明矣。釋詁：迓，迎也。邢氏釋此語不引秋官訝士之訝，及鵲巢之御而引左傳杜注之輅，不識雙聲也。

郝氏云：凡聲同聲近聲轉之字，其義多存乎聲。陳澧云：此但言雙聲，即足以明之矣。有今音非雙聲，而古音雙聲者，可以古無輕脣音及古音不分舌頭舌上定之（錢辛楣説），郝氏所謂聲近聲轉，即指此也。如大也一條内弘宏洪三字，雙聲，介嘏假京景簡六字，雙聲，溥丕二字雙聲，訏幠二字雙聲，昄廢二字雙聲，奕宇淫三字雙聲。又大也一條内墳字，今輕脣音，古讀重脣音，則與昄雙聲。至也一條内，詹與至雙聲，古音不分舌頭舌上，即詹讀如儋，與到弔雙聲。凡同在一條内而雙聲者，本同一意，意之所發，而音隨之，故其出音同，惟音之末不同耳。音末不同者，蓋時有不同、地有不同故也，其音之出則仍不改，故成雙聲也。如上説則爾雅訓釋之字，有求之義而不得者，苟知其爲雙聲則瞭然矣，惟叠韻易知，雙聲難知，研究爾雅不可不知此也。今復就一字一音、一字數音之理，分述於後。

爾雅釋訓篇叠字，其始本爲一音，劉師培云：古代形容之詞雖多重語，然單舉其文亦與重言無異，如釋訓明明察也，單舉明字亦爲察也，肅肅敬也，單舉肅字亦爲敬義，則知所謂重語者亦僅發音時延長之語耳，短言之則爲一字，長言之則爲重語，此可知一字一名之爲正例矣。

此不獨形容詞爲然，章氏云：中夏文字，一字一音，亦有一字二音者，出於常軌者也，説文蟲部有悉𧍢，𧍢，本字也，悉則借音字，何以不兼造蟋，則知𧍢字本有二音者也。如上説則爾雅之蟋蟀乃俗作，字本爲𧍢，長言之爲悉𧍢也。音論引宋沈括云：古人已有二聲合爲一字者，如不可爲叵，何不爲盍，此例在爾雅中如蒺藜爲茨、不律爲筆皆是也。要之，以一字而易爲二字，或由二字而易爲一字，無非聲音有長短遲速之所致，鄭樵所謂慢聲爲二、急聲爲一也。

此不獨二字之駢聯者爲然也，其有三字四字者亦如此，劉又云：一物僅有一字之名，其有二字三字之名者則音讀疾遲長短之不同故耳，後世象音而造字，實則有音無義之字也，爾雅所記歲陽歲名諸字，大抵皆然。

案章氏引淮南主術訓高注云駿䳄讀曰私鈚頭，以此爲二字三音，然則釋天之名稱，其私鈚頭之比歟。

爾雅所以發明轉注假借，前章所言轉注假借關於雙聲叠韻者不少矣，如本節所述，則凡爾雅中訓詁名物幾無不有聲音關係，是以章云：古音不明，雖窮形壽以治爾雅，猶不能條理，唐韻正、古韻標準，本非爲訓詁作，然餘波所及遠矣。

第十四章　用科學方法以治爾雅

梁啓超云：清室漢學諸家，能以科學方法研究學術，所以能冠絶古今。當清之世，未有所謂科學方法也，而諸儒之治學，實陰與科學方法相符，故梁胡諸君極稱道之。今據科學方法之步趨及清儒治學之緒論，以明爾雅之研究法如左。

第一步觀察。凡研究經史，其本身之真僞臧否首須鑒別，段玉裁所謂定底本之是非也。爾雅之錯簡脱誤本多，經清儒校勘之後，讀者皎若發矇，其省精力之地已不少矣。心理學之觀察法，重在客觀方面，吾人讀爾雅，於其一字一句，不欲輕易放過，他人視爲尋常者，我必注意以觀察之，然人讀書有得，常在無意之接觸，所以確切之結果，必須以多數之觀察爲憑，且以人之多數不同之觀察爲憑，但自來沿襲之傳説先入爲主，偏於主觀，必不可取，今人每以妻之兄弟爲舅，如據以解釋親屬稱謂，永無通理。

第二步比較討論。前所觀察之義理，果得有疑點矣，於是就客觀方面臚列諸家訓詁之資料於其同異之地，比較討論之，科學家對於繁複之事物加以實地試驗，即在此時期，後之所以能得有假定説者，全基於斯時之比較有方也。

第三步設假定説。前之討論，得一義理，姑作假定説，此時非可即下論斷，不過以之爲指導，可藉以繼續研究耳，故祗可謂之假定。王引之治經義，恒有此經過。俞樾於所討索之事，常自云須分别孰爲十分之見，孰爲未至十分之見，所謂未至十分之見者即假定説之理也。如用此假定之説訓釋一名一物，不能圓滿，例得别群途徑，在科學家且甚多，此之謂新假定。

第四步證實。依前所有假定之義理，更進而搜求證據，孤證不足憑，古義最有力。如李巡樊光孫炎之注，雖已散逸，然搜集引用，一鱗一爪，皆可寶貴。排列衆説，分類析條，舉例以相證，其始不論相同相異之論，皆引以相較，其終必求相同之義，而無不可通。胡適謂王氏的經傳釋詞全用歸納的方法，舉出無數的例子，分類排比起來，看出相同的性質，然後下一斷案。及觀經義述聞及俞樾之古書疑義舉例，無不如此，可以悟搜集證據之方法矣。英之達爾文得亨士羅之保薦，乘壁克兒船遊行海外，五年而還，將南亞美利加澳大利亞洲等地所搜集之材料加以整齊，悉心考覈，得此實驗之智識，所以能成博物學大家，科學家所以注重實驗也。

第五步綜合判斷。經過前度之會集證佐，凡同類之例無不一一符合，至此乃爲不易之論，是可綜合而下判斷矣，此之謂斷案。先有從前之臆説爲因，而後得今日之定理爲果，科學家所謂因果律者即屬此。治經不貴武斷，然墨守亦爲大忌。清代漢學家分戴惠二派，惠派遵漢，而戴派亦重古義，但於古人之錯誤至審查確定時，雖經文亦可改也。釋水云：以衣涉水爲厲，繇膝以下爲揭，繇膝以上爲涉。王引之謂繇膝以下爲揭六字爲唐以前學者所增，非爾雅原文，此即改易經文者。至阮元所撰爾雅校勘記，改經字處尤多，皆最後判斷之定案，然其前必經過幾番綿密之觀察、確切之考證，乃敢下此判斷耳。

凡治訓詁，必循右列步驟從事研究，捐除主觀之見，注重客觀法，屢次之經過，必用歸納法，如此則所得之義理必可確實。

胡適有杜威論思想一文，理極深邃，篇幅亦長，文内有數處可借爲研究訓詁之用，特摘録於後。梁氏謂清之大儒治漢學蓋不外此。

杜威論思想，分作五步説：(一)疑難的境地。(二)指定疑難之點，究在什麼地方。(三)假定種種解決疑難的地方。(四)把每種假定所涵的結果一一想出來，看那一個假定能夠解決這個困難。(五)證實這種解決，使人信用，或證明這種解決的謬誤，使人不信用。

(一)思想的起點是一種疑難的境地，譬如看中國白話小説的人看到正高興的時候，忽然碰着極難懂的話，自然發生一種疑難……，這些疑問便是思想的起點。

(二)指定疑難之點，究在何處。有些疑難很容易指定的，但是有些疑問一時不容易指定，究竟那一點是疑難的真問題，我且舉一個例，墨子小取篇有一句話：辟譬也者，舉也物而以明之也。初讀的時候，我們覺得舉也物三個字不可解，是一種疑難，畢沅注墨子徑説這個也字是衍文，王念孫讀到這裏，覺得畢沅看錯疑難的所在了，因爲這句話裏真疑難不在也字的多少，乃在研究這個地方既然跑出一個也字來，究竟這個字可以有解説没有解説看下文，如果先斷定這個也字是衍文，就近於武斷，不是科學的思想了。這一步工夫、平常人往往忽略過去，杜威以爲這一步是很重要的。

(三)提出種種假定的解決方。如上文所説辟也者舉也物而以明之也一句，畢説也物的也字是衍文，這是第一個解決，王念孫説也字曾作他字解，舉也物即是舉他物，這是第二個解決。

(四)決定哪一種假設是適用的解決。有時候一個疑難的問題能引起好幾個假設的解決法，應該把每種假設所涵的意義一一的演出來，如果某種假設，比較起來最能解決困難，我們便可採用這種解決。例如舉也物一句，如用畢沅的假設，有兩層結果：第一，删去這個也字，雖勉强講得通，但是牽强得很。第二，校勘學的方法，最忌無故衍字，凡衍一個字，必須問當初何以多寫，雖可以説鈔的人因上下文都有也字，所以無心中多寫了一個，但也字是煞尾的字，何以在句中多出這個字來，是畢沅的假設總不能充分滿意。再看王念孫的解説，也有兩層結果：第一、舉他物來説明此物，正是譬字的意義。第二，他字本作它，古寫像也字，故容易互混。再看墨子書中，如備城門篇、如小取篇的無也故焉、也者同也，都是他字寫作也字。是這個解決的涵義，果然能解決本文的疑難，所以應該採用這個假設。

（五）證明。已證實的假設，能使人信用，便成了真理，例如王念孫能尋出無也故焉和許多同類的例來證明「他」字常寫作也字，這個假設便成了可信的真理了。

杜威一系的哲學家論思想的作用，最注意假設。看上文第一步和第二步的工夫只是要引起這第三步的種種假設，以下第四第五步只是把第三步的假設演繹出來，加上評判，加上證驗，以定那種假設是否適用的解決法，這第三步假設是承上起下的關鍵，是歸納法和演繹法的關頭。

研究治學之方法極難，本章開始雖分步陳述，仍恐不易明瞭，胡適所述將墨子辟也者一語之研究法分隸於五步之中，更有統系，故録之以爲研究訓詁之標準。

第十五章　近世諸儒研究學術之言論

漢書藝文志云：古文讀應爾雅，故解古今語而可知也。蓋古人以訓詁代正字，故班氏有此語。陳澧云：史記采尚書，如庶績咸熙，史記作衆功皆興，庶、衆也，績、功也，咸、皆也，熙、興也，皆見釋詁，此所謂讀應爾雅也。故近人呂思勉云：爾雅乃訓詁書，專治小學者宜熟讀之。蓋不熟讀，則凡以訓詁代正字者，不可得而盡曉也。

呂思勉云：大抵時代相近則思想相同，前人之言即與後人同出揣度，亦恒較後人爲確，故治經當從漢人之書入。此言韙矣。唯皮錫瑞之論則曰：漢注古奥，唐疏繁複，先看注疏，人必畏難，當以近人之説先之，無論今文古文，專學通學，諸儒莫不著有成説，津逮後人，以視前人之茫然無途逕者，實爲事半功倍。蓋以瞭然於心目，則擇從甚易，不至費日力而增葛藤。誠以近代著作，其爲專治爾雅而撰者，多能指示門路，以爲向導，其考據精詳，先觀此類書籍，可以得研究之方便法門。其他有與爾雅有關繫亦足爲治爾雅者之佽助，所以呂氏雖有從漢人之論，而所舉治學之書，採諸清代及近世者仍不少，則仍不越皮氏之旨趣也。

梁任公論學問之價值有三，在善疑、在求真、在創獲。此語極得治經之要領。何故，非完全則寧無，柏拉圖之意志哲學以此爲信條，即力求真實之意。科學之研究，即以真實爲指歸，蓋不臻於真實之地則定理不見故也。是故研究訓詁，貴能澈底，模糊影響不合於科學之研究，此所謂求真也。爾雅爲數千年來之古籍，治爾雅者又不知幾何人矣，居今日而治斯學，似無從置喙，此殊不然，近人動輒有死文學之誚，果如上言，是文學洵不能復活矣。西人謂意之彼脱拉討究文學能以新意解古書，杜威論思想亦謂要尋出新事物或新智識來解決疑惑困難，此所謂創獲也。然此二者何所始乎，始於能疑而已，清儒治經，於疑處必加之以思考，此所謂善疑也。

第十六章　爾雅文字及篇節之異同得失

爾雅當漢世已有數本，説文衣部引爾雅䙡䙡，潛夫論則作潰潰，是許所見與王所見本各異。釋訓條條智也，洸洸武也，釋文則云舍人本作攸攸、舍人本作僙，是郭本與舍人本又異。其本異，故文字亦隨之而不同。莊述祖云：論語尚多古字，孝經孟子爾雅大抵爲後人妄改。觀説文厹部云：爾雅曰，𥝂𥝂如人，被髮，一名梟陽。今爾雅作狒狒，俗作也。説文弟部云周人謂兄爲罤，釋親作罤，阮元謂俗字。此爾雅之所以多俗字也。胡適論讀古書之法，第一爲校勘，清儒治經蓋亦以校勘爲要務也。

邢疏云：其諸篇所次，舊無明解，或以爲有親必須宮室，宮室既備，事資器用，今謂不然，何則，造物之始，莫先兩儀，而樂器居天地之先，豈天地乃樂器所資乎，蓋以先作者居前，增益者處後，作非一時，故題次無定例也。此謂文字不作於一時，不作於一人，故篇次亦隨之而異，豈獨此哉。其篇次有宜分而合者，如旌旗之隸於釋天是也，有宜合而分者，如詁訓之分爲三篇、獸畜之分爲二篇是也。其節次則一木之異名而前後錯出，釋天素錦韜杠以下二十一字與後有鈴曰旂四字本爲一節，而錯分爲二節，此皆失次也。密、靜也，兩見釋詁，桑扈竊脂，兩見釋鳥，此衍文之宜删者也。說文所引䄜䄜，西京賦薛綜注引熊虎曰旗，今釋訓釋天並無之，此逸文之宜補者也。爾雅篇節之異同得失，大略如此。

積微居小學述林

楊樹達

注爾雅臣舍人説

一九四二年二月二十二日

經典釋文叙錄載爾雅犍爲文學注三卷，一云犍爲郡文學卒史臣舍人，漢武帝時待詔。錢竹汀云：廣韻有舍姓，蓋其人姓舍名人。孫頤谷讀書脞錄續編云：姓舍罕見，且名人，疑未必然也，李善文選羽獵賦注引郭舍人爾雅注，是其人姓郭爾，漢書東方朔傳有幸倡郭舍人，正值漢武帝時，豈即其人邪，蓋本犍爲郡文學卒史而入爲舍人也，名則不可考矣。樹達按，錢孫二說並非也。漢書霍光傳載光與群臣連名奏事，自丞相臣敞，大司馬大將軍臣光，車騎將軍臣安世以下凡三十六人，皆首舉官名，次稱臣，次具名而不具姓，中惟臣夏侯勝兼具姓名，蓋諸吏文學光祿大夫已有臣勝，夏侯勝與臣勝同官同名，故特舉姓以示别也。犍爲郡文學卒史臣舍人之稱，與丞相臣敞，大司馬大將軍臣光，車騎將軍臣安世等正同。蓋注爾雅者之有臣舍人，猶注漢書者有臣瓚，既無嫌於淆混，不容兼舉姓名，故知竹汀以舍爲姓之説非也。至孫氏以舍人爲官名，尤爲失實。蓋犍爲文學卒史，官名已具，不容於臣字之下復出官稱也。或疑舍人之爲官稱，史漢恒見，不當以爲人名，不悟史記刺客傳載燕太子丹求得趙人徐夫人之匕首，彼以夫人爲名，不得以爲女子之夫人也，又何疑於舍人之爲人名乎。

爾雅舒訓叙緒釋

一九四二年三月八日

爾雅釋詁云：舒、業、順，叙也。釋舒爲叙，疏者多不得其解。邢疏云：展舒徐緩有次也。郝氏義疏云：舒緩與次第義近。此皆求之於字形，不能得其正義，故强爲之説也。愚謂舒之訓叙，當求之於聲音，不當求之於字形，舒蓋序之假字也。易繫辭上篇曰：是故君子所居而安者，易之序也。京房注云：序，次也。儀禮鄉飲酒禮曰衆賓序升，士喪禮曰酒豆籩俎序從，禮記中庸曰宗廟之禮所以序昭穆也，鄭注並云：序，次也。公羊傳文公七年曰諸侯何以不序，何注云：序，次也。周禮肆師曰以歲時序其祭祀，鄭注云：序，第次其先後大小。其他傳注訓序爲次者屢見不一見，與叙爲次叙之義相合，而舒序同從予聲，故知舒爲序之假字也。

釋詁又云：舒、業、順、叙，緒也。釋舒爲緒，亦無文證可求，故疏釋者亦皆强説之。余謂此亦序之假字也。詩周頌閔予小子曰：於乎，前王不忘，繼序思不忘。毛傳云：序，緒也。詩魯頌閟宫曰：纘禹之緒。禮記中庸曰：武王纘大王王季文王之緒。周頌之言繼序，猶魯頌中庸之言纘緒也。爾雅左右采獲，毛公詩傳是其淵泉。毛訓序爲緒，而雅詁不見序字，雅訓舒爲緒，而毛傳及古書傳注未見舒緒之條。參觀互證，爾雅之假舒爲序，灼然明矣。

詩大雅常武篇曰王舒保作，今本毛傳云：舒，徐也。陸氏釋文云：舒，序也，一本作舒徐也。是陸氏所據毛傳本作舒序也。毛傳訓詁多説明通假，舒序之訓即明詩文之舒乃假爲序字也，然則爾雅假舒爲序，正本於毛公也。

毛詩衛風芄蘭云能不我甲，毛傳云：甲，狎也。此毛謂詩文假甲爲狎也。韓詩作狎。陳風宛丘云子之湯兮，毛傳云：湯，蕩也。三家作蕩。小雅小明云是用不集，毛傳云：集，就也。韓詩作就。鴛鴦云摧之秣之，毛傳云：摧，莝也。韓詩作莝。大雅大明云俔天之妹，毛傳云：俔，磬也。韓詩作磬。抑云洒掃廷内，毛傳云：洒，灑也。韓詩作灑。此皆毛傳以訓詁明假借之例，與常武傳舒序之訓相同者也。撰集爾雅者采摭經傳，無所不包，其於訓詁説義者采之固詳，而以訓詁明假借者亦所不棄。疏釋者不求之於聲音，而必一一就字形以求其義，則有疐礙不通之病矣。

或曰毛公釋常武云：舒，序也。輯爾雅者以序叙音義相通，易爲舒叙也。按此説亦通。

爾雅妃合會對也解

一九四二年三月八日

爾雅釋詁云：敆、郃、盍、翕、仇、偶、妃、匹、會，合也。仇、讎、敵、妃、知、儀，匹也。妃、合、會，對也。妃、媲也。按雅詁雖析爲四端，義旨皆相通會，不容泥視。余十一年前，讀漢相府小史夏堪碑，有娉會謝氏并靈合柩之語，又讀盧文弨所輯風俗通佚文，有汝南張妙會杜士之文，悟會爲配偶之義，嘗撰跋堪碑一文，取二會字以證明雅詁矣。頃讀經傳，又有足爲證明者，儀禮士昏禮曰設對醬于東，鄭注云：對醬，婦醬也。後漢書逸民梁鴻傳云：鴻同縣孟氏有女，狀肥醜而黑，力舉石臼，擇對不嫁，至年三十，父母問其故，女曰欲得賢如梁伯鸞者，鴻聞而聘之。按，擇對謂擇配也。周語云棄其伉儷妃嬪，韋昭注云：伉，對也。通鑑卷六十九魏紀云：吳陸遜曰，劉備天下知名，曹操所憚，今在彊界，此彊對也。胡三省注云：彊對猶言强敵。此對字之義也。荀子王制篇云：婚姻娉内送逆無禮，則人有失合之憂，而有爭色之禍矣。楊倞注云：失合謂喪其配偶。左傳宣公二年云既合而來奔，杜注云：合猶荅也。按荅從合聲，故傳文以合爲荅，荅對義同，字亦相通。小雅雨無正云聽言則荅，大雅桑柔篇則云聽言則對，是其證也。此合字之義也，經子無論矣，漢魏去古未遠，文字猶多存古義，而疏爾雅者皆不之及，安得一一爲之疏通證明哉。

爾雅略例 一九四八年三月十七日

爾雅爲書，采擷諸經傳注而成。同一義也，經文或用本字，或用假字，故爾雅於一義中往往兼列本字假字，試舉例言之。 釋詁嘏假同訓大，以説文勘之，嘏訓大遠，假訓非真；知嘏爲本字，而假爲嘏之假字也。 京景同訓大，説文京訓人所爲絶高丘，高大義近，景訓日光，知京爲本字，而景則京之假字也。 菿濯亦同訓大，説文菿訓艸大，濯訓澣，知菿爲本字，而濯爲菿之假字也。謨漠同訓謀，説文謨訓議謀，漠訓北方流沙，知謨爲本字，而漠則謨之假字也。 敵知同訓匹，説文敵訓仇，知訓詞，知敵爲本字。 而知乃敵之假字也。 矢雉尸同訓陳，説文尸象人卧形，故有陳義，矢訓弓弩矢，知尸爲本字，而矢爲尸之假字也。 雉爲鳥名而亦訓陳者，雉從矢聲，又假爲矢也。自郭注云雉未詳，而説者紛紛强説，所謂失之眉睫者也。 務鶩同訓强，説文敄訓彊，彊與強同。務訓趣，務字從力，與彊義近，鶩訓亂馳，知務爲本字，而鶩爲務之假字也。竺篤同訓厚，説文竺訓厚，篤訓馬行而頓遲，知竺爲本字，而篤爲竺之假字也。 底厎同訓止，説文底訓止居，止居今本作山居，誤，茲從段校正。 厎訓柔石，知底爲本字，而厎爲底之假字也。曷遏亦同訓止，説文遏訓微止，曷訓何，知遏爲本字，而曷爲遏之假字也。騭陟同訓陞，説文陟訓登，騭訓牡馬，知陟爲本字，而騭則陟之假字也。 爾雅登亦訓陞，實則爾雅之陞乃登之假音也。 供共皆訓具，説文供訓供給，與具義同，共訓同，知供爲本字，而共乃供之假字也。

釋言篇本字假字並列者，試式同訓用，按説文試訓用，式訓法，知試爲本字，而式爲試之假字也。 蓋割同訓裂，説文割訓剝，與裂義近，而蓋訓苫，知割爲本字，而蓋爲割之假字也。

又有不關本義，而一爲常見之訓，一爲此常見之訓之假字者。 如穀彀同訓善，穀善常訓，彀則穀之假字也。 申神同訓重，申重常訓，神則申之假字也。 夷弟同訓易，夷易常訓，弟則夷之假字也。

又有二字一爲本字，一爲假字，而以本字訓假字者。 釋詁云：錫，賜也。説文錫訓銀鉛之閒，無賜義，錫即賜之假字也。係，繼也。説文係訓絜束，無繼義，係即繼之假字也。采，事也，説文采訓捋取，無事義，采即事之假字也。蓋，進也。方言蓋訓餘，無進義，蓋即進之假字也。昌，當也。説文昌訓美言，無當義，昌即當之假字也。歇，竭也。説文歇訓息，無竭義，歇即竭之假字也。神，慎也。説文神訓天神，無慎義，神即慎之假字也。又有與此相反以假字訓本字者，于，於也，於乃于之假字也。登，陞也，陞即登之假字也。接，捷也，捷即接之假字也。釋言篇以本字訓假字者，敖，傲也。説文敖訓出游，無傲義，敖即傲之假字也。憮，撫也。説文憮訓愛，無撫義，憮即撫之假字也。矢，誓也。説文矢訓弓弩矢，無誓義，矢即誓之假字也。葵，揆也。葵説文訓菜，無揆義，葵即揆之假字也。説文揆訓葵，乃誤訓，郝氏疏已言之。務，侮也。務説文訓趣，無侮義，務即侮之假字也。甲，狎也。説文甲無狎義，甲即狎之假字也。粲，餐也。説文粲訓稻重一秙爲米六斗大半斗曰粲。無餐義，粲即餐之假字也。訛，化也。訛説文作吪，動也，無化義，訛即化之假字也。畛，殄也。説文畛訓井田閒百，無殄義，畛即殄之假字也。諗，念也。説文諗訓深諫，無念義，諗即念之假字也。郝氏義疏於葵揆務侮甲狎粲餐諸條明言葵務甲粲諸字爲假借矣，而其他則多强説以相傅合，可謂知二五而不知一十也。

釋詁例舉單文，釋訓盡臚駢字，然釋詁先載亹亹，繼出暀暀、皇皇、藐藐、穆穆，知兩篇時有後先，撰釋詁者不知有釋訓也。爾雅之輯，出自周秦閒儒士，其人不必聖者，故爲例不純，罅漏閒出，後人務極推崇，於此等皆避而不説，又不知本假錯見之例，疏釋者往往舍近求遠，勞而無獲。今故表而出之，亦欲豁從來之塵霧，示後學以津塗云爾。

爾雅大瑟謂之灑説 一九三三年十二月五日

楊樹達

爾雅釋樂云：大瑟謂之灑。郭注云：長八尺一寸，廣一尺八寸，二十七弦。按大瑟所以名灑者，疏引孫叔然云：音多變布如灑出也。此望文之説，難以置信甚明。焦循孟子正義釋滕文公篇趙注五倍曰蓰，引爾雅此文爲證，謂蓰灑字通，琴五弦，大瑟二十五弦，爲琴之五倍，故名曰灑。按焦説舍形而求之於聲，視孫説爲差進，然其意謂瑟之作因於琴，於古無徵。愚謂灑之得名，蓋受之析。邢疏引世本云：庖犧氏作五十弦，黄帝使素女鼓瑟，哀不自勝，乃破爲二十五弦，其二均聲，此二十七弦之大瑟出於破析之事也。墨子兼愛中篇説禹治水之事云：東爲漏大陸，從孫詒讓校。防孟諸之澤，灑爲九澮。按灑爲九澮，即孟子之禹疏九河，謂分爲九河也。漢書司馬相如傳相如難蜀父老云：夏后氏戚之，乃堙洪原，決江疏河，灑沈澹災，東歸之於海，而天下永寧。師古注云：灑，分也。又溝洫志云：禹迺釃二渠以引其河。注引孟康云：釃，分也，分其流，泄其怒也。按此釃字史記河渠書作廝。索隱云：廝，漢書作灑。史記舊本亦作灑，字從水。韋昭云：疏決爲灑。據此則史記之廝、漢書之釃，舊皆作灑，此灑字訓爲分決之證也。易離云：離者，麗也。離有分離之義，易以麗訓離，則麗亦宜有分決之義。然爾雅史漢之灑釃，蓋以聲近假爲斯。今史記河渠書作廝，文選難蜀父老注引蘇林云：灑或作澌，音讀並同，皆其證也。説文十四篇上斤部云：斯，析也。從斤，其聲。引詩曰斧以斯之。灑斯聲近，故假灑爲斯。按破五十弦爲二十五弦，其事爲斯，遂名其物曰灑，故曰灑之得名蓋受之析也。

爾雅鷚天龠釋名 一九三四年六月十七日

爾雅釋鳥云：鷚，天龠。郭注云：大如鷃雀，色似鶉，好高飛作聲，今江東名之天鷚。郝氏義疏云：今此鳥俗謂之天雀，毛色全似阿鷚，而形差小，高飛直上，鳴聲相屬，有如告訴，或謂之告天鳥，即此也。朱駿聲説文通訓定聲云：今名叫天子。今按據郭、郝、朱三家之説，則此鳥受名之由灼然可知矣。説文四篇上羽部云：翏，高飛也。是鳥性好高飛，故名鷚矣。又名天龠者，龠當讀爲籲。説文九篇上頁部云：籲，呼也。從頁，籥聲，讀與籥同。引商書曰率籲衆戚。天龠者，言呼天而有所告訴也。書召誥曰以哀籲天是也。古名天龠，今名告天或叫天，其義一而已矣。邢、邵、郝諸疏皆不及其受名之故，故具言之。

爾雅窕閒説 一九三五年九月二十八日

爾雅釋言云：窕，閒也。邢疏引詩關雎傳窈窕訓幽閒爲證。王氏經義述聞引司馬法凡戰之道，力欲窕，氣欲閒，及擊其倦勞，避其閒窕諸語，證閒又爲閒暇之閒，説既得之矣。愚謂窕之訓閒，尚有寬閒一義，楚辭招魂篇王逸注云：空寬曰閒。是閒有空寬之義也。窕得訓爲空寬之閒者，大戴禮王言篇云：布諸天下而不窕，内諸尋常之室而不塞。管子宙合篇云：其處大也不窕，其入小也不塞。墨子尚賢篇云：大用之天下則不窕，小用之則不困。荀子賦篇云：充盈大宇而不窕，入郤穴而不逼。呂氏春秋適音篇云：音大鉅則志蕩，以蕩聽鉅，則耳不容，不容則横塞，横塞則振，大小則志嫌，以嫌聽小，則耳不充，不充則不詹，不詹則窕。高誘注云：窕，不滿密也。淮南子俶真篇云：處小隘而不塞，横扃天地之閒而不窕。本經篇云：故小而行大，則滔窕而不親，大而行小，則陿隘而不容。高注與呂氏春秋注同。氾論篇云：是以舒之天下而不窕，内之尋常而不塞。高注云：不窕，在大能大也。要略云：故置之尋常而不塞，布之天下而不窕。高誘云：窕，緩也。凡諸書言窕，與塞、困、逼諸語爲對文，言滔窕與陜隘爲對文，塞、困、逼、陜、隘，皆寬閒之反也，則窕謂寬閒明矣。高注於窕或言不滿密，或言緩，不滿密與緩，亦正寬閒之謂也。大抵閒者有餘之辭。說文十二篇下門部云：閒，隙也。從門，從月。此閒之本義也。引申爲寬閒之閒，謂有餘地也，復引申爲閒暇之閒，謂有餘時也，復引申爲幽閒之閒，謂有餘情也。愚意其引申之次蓋當如此。邢氏說爲幽閒，王氏說爲閒暇，皆不及寬閒之閒，乃爲能言其餘義而遺其要義矣。爾雅釋言又云：窕，肆也。經義述聞謂窕肆皆言深極，是也。說文七篇下穴部云：窕，深肆極也。曰肆，曰深肆極，義亦與寬閒相因。王氏念孫於廣雅釋詁能詳證廣雅窕寬之訓，而不悟廣雅之窕寬與爾雅之窕閒同義。郝懿行知窕閒之閒有寬閒之義，而不能證窕之爲寬閒，蓋皆未能心知其意也。故具言之。

爾雅木自獘柛說　一九三五年十月三日

爾雅釋木云：木自獘，柛。立死，椔。蔽者，翳。邵氏正義云：柛，說文作槇，云仆木也。槇，都年切。郝氏義疏亦引說文云：槇從真聲，與柛聲義俱近，柛猶伸也，人欠伸則體弛懈如顛仆也。樹達按，槇爲正字，柛爲假字。邵說以柛槇爲一字者，是也。申古文作𠃨，即今電字。說文十三篇上虫部虹或作[illegible]，云籀文虹從申，申，電也。是也。蓋𠃨爲初文象形字，電從雨從申，則後起字也。又陳字從申聲，古讀陳與田同，知申聲字古讀如電如田，與槇音近，故得相通假。郝氏舍聲而求之於形，云柛猶伸，謬矣。蔽者翳，王氏引之經義述聞卷二十八讀蔽爲獘。又據詩大雅皇矣篇其菑其翳，翳韓詩作殪，讀翳爲殪而訓爲仆，其說良是。蓋木之自獘者謂之槇，爲人所獘者謂之殪，槇殪皆仆踣之辭，事相近則其受名之故亦相近矣。

爾雅之作者及其成書之年代 問學集

周祖謨

爾，近也，謂依於雅頌，孔子曰詩可以言，可以怨，邇之事父，遠之事君，多識鳥獸草木之名也。

案循絃者，循乎絃，爾雅者，爾乎雅本王念孫廣雅疏證說雅者，雅言也。張稚讓以爾雅爲書名殆非。至於春秋元命包之言，王念孫謂當是釋春秋元年之義。其言曰：

公羊傳云：元年者何，君之始年也。爾雅云初哉首基元始也，春秋不以初哉首基等字爲始，而獨以元爲始，故釋之。

今案其書皆讖諱家言，後漢張衡已稱爲漢世虛僞之徒所作，以要世取資者見後漢書張衡傳。其所記子夏之言，又未盡實也。稚讓據此以證爾雅遠在孔子之前，而定爲周公所造，實不可信。若夫陸元朗謂周公所著者即釋詁一篇，則又誤以張揖所謂之一篇即班固漢志二十篇之篇矣。清邵晉涵爾雅正義云：

爾雅，漢書藝文志作三卷，二十篇，張揖謂周公著爾雅一篇，今所傳三篇爲後人增補，是張揖所謂篇，即後人所謂卷，猶云周公所作祇一卷，後人增補迺有三卷耳案黃以周儆季文抄卷三答陳善餘書亦同此說。陸氏以周公所作爲二十篇之一，殆考之不審，以致斯誤。

其言是也。

張氏謂爾雅爲周公所作，雖出於臆度，而謂子夏曾有所述，則本於後漢鄭玄之說。鄭氏駁五經異義云：

漢書藝文志爾雅二十篇，不著撰人名氏。魏太和中博士張揖始稱創自周公。其進廣雅表云：

昔在周公，纘述唐虞，宗翼文武，克定四海，勤相成王，踐阼理政，日昃不食，……六年制禮，以導天下，著爾雅一篇，以釋其意義，……禮三朝記：哀公曰，寡人欲學小辯以觀於政可乎，孔子曰，爾雅以觀於古，足以辯言矣。春秋元命包言子夏問夫子作春秋，不以初哉首基爲始何，是以知周公所造也。率斯以降，超絕六國，越踰秦楚，爰暨帝劉，魯人叔孫通撰置禮記，文不違古。今俗所傳三篇爾雅，或言仲尼所增，或言子夏所益，或言叔孫通所補，或言沛郡梁文所考，皆解家所說，先師口傳，既無正論聖人所言，是故疑不能明也。

自有此說，後世多宗之。故郭璞序爾雅云：

爾雅者，蓋興於中古，隆於漢氏。

陸德明經典釋文叙錄云：

釋詁一篇，蓋周公所作，釋言以下，或言仲尼所增，子夏所足，叔孫通所益，梁文所補，張揖論之詳矣。

是且以周公所作者爲釋詁一篇。今考哀公問孔子語見大戴禮小辨篇，文云：循絃以觀於樂，爾雅以觀於古。北周盧辯注云：

某之聞也，爾雅者，孔子門人所作以釋六藝之旨，蓋不誤也。見詩黍離正義引

張氏之言本此。然鄭氏所云，亦推測之辭耳。而西京雜記卷三云：

郭偉，字文偉，茂陵人也。好讀書，以謂爾雅周公所制，而爾雅有張仲孝友，張仲宣王時人，非周公之制明矣，余嘗以問楊子雲，子雲曰孔子門徒游夏之儔所記，以解釋六藝者也。

西京雜記，舊稱漢劉歆所作，實爲晉葛洪所依托詳余季豫先生四庫全書提要辨證。文中自稱余者，乃葛洪所以依托爲劉歆之言也。其說亦即由鄭張兩家出。或以爲子雲、子政曾有是說則誤矣。四庫全書爾雅注疏提要稱爾雅非專為詩作，楊雄方言以為孔子門徒解釋六藝，案子雲方言中無其語，實出於西京雜記。修提要者凡經部之書多以朱彝尊經義考為根據，經義考但題楊雄曰云云，不著出處，提要作者未遑考案，故誤題為方言耳。然爾雅之訓詁取自詩毛氏傳者至多，是又非孔門之徒所記也。此自宋人已發其蔀，如歐陽修詩本義即稱爾雅非聖人之書，乃秦漢之間學者所爲。殊有卓識。惟清儒猶有固守舊說者，如邵氏謂其書始於周公，成於孔子門人，且援引逸周書謚法解之訓釋字義與爾雅相符者爲周公嘗作是書之證，終不免牽强附會之病。蓋古訓可以更相傳述，二者雖有相同之處，而無同出一手之確證也。

然則舊以爲爾雅爲周公所作之說，自葛稚川而發其誤，舊以爲孔氏門徒所述之說，至歐陽修而正其妄，其書蓋爲漢人所纂集。

至其成書之年代，亦有可說。四庫全書總目爾雅注疏提要云：

據張揖進廣雅表……於作書之人亦無確指，其餘諸家所說，小異大同，今參互而考之，郭璞爾雅注序稱豹鼠既辨，其業亦顯，邢昺疏以爲漢武帝時終軍事，七錄載犍爲文學爾雅注三卷，按七錄久佚，此據隋志所稱梁有某書亡，知爲七錄所載。陸德明經典釋文以爲漢武帝時人，則其書在武帝以前。

此以爾雅之成書，當在武帝之前，恐未爲得。案豹鼠之辨，邢疏以爲漢武帝時終軍事，亦本於郭璞。提要舉邢疏而不舉郭注，失之。釋獸云豹文鼮鼠，郭云：鼠文采如豹者，漢武帝時得此鼠，孝廉郎終軍知之，賜絹百匹。然郭氏以此爲終軍事亦誤。王應麟困學紀聞卷八云：

爾雅注：漢武帝時得豹文鼮鼠，孝廉郎終軍知之，賜絹百匹，文選注引竇氏家傳以爲竇攸，世祖詔諸侯子弟從攸受爾雅，二說不同。

案二說雖有不同，必有一誤，考漢書終軍傳云：

終軍字子雲，濟南人也，少好學，以辯博能屬文聞於郡中，年十八選爲博士弟子，……至長安上書言事，武帝異其文，拜爲謁者給事中，從上幸雍祠五時，獲白麟，一角而五蹄，時又得奇木，其枝旁出，輒復合於木上，上異此二物，博謀群臣，軍上對宜因昭時令日改元，上甚異之，由是改元爲元狩。後擢爲諫大夫，及南越與漢和親，迺遣軍使南越，說其王，欲令入朝，……越王聽許，請舉國內屬，而越相呂嘉不欲內屬，發兵攻殺其王及漢使，軍死時年二十餘。

據是則終軍未嘗爲孝廉郎也，且其辨豹鼠事，亦毫無記載，此皆事理之可疑者。然考太平御覽卷九百十一引竇氏家傳云：

竇攸治爾雅，舉孝廉，爲郎，世祖與百寮遊於靈臺，得鼠，身如豹文，熒有光輝，問群臣，莫有知者，唯攸對曰此名鼮鼠，詔何以知之，攸曰見爾雅，詔案視書，果如攸言，賜帛百匹，詔群臣子弟從攸受爾雅。

又文選任昉薦士表：豈直鼮鼠有必對之辯，竹書無落簡之謬。李善注引摯虞三輔決錄及水經穀水注引虞書亦稱爲後漢光武帝時竇攸事，則其非終軍又無疑矣。二説傳聞異詞，宋王楙野客叢書及清臧琳經義雜記均已證明郭注之説有誤。

又犍爲文學爾雅注者，釋文叙錄稱犍爲郡文學卒史臣舍人，漢武帝時待詔。此以舍人爲武帝時待詔，不知所本，以意推之，蓋附會舍人即與東方朔同時之郭舍人矣。夫東方朔既待詔公車見漢書本傳，故亦稱舍人爲武帝時待詔，其因附之迹，昭然可察。清儒以文選羽獵賦注嘗引爾雅犍爲舍人注，又引郭舍人注，遂亦定爲一人，且謂即與東方曼卿同時之郭舍人，如孫志祖讀書脞錄續編，周春十三經音略，邵晉涵爾雅正義，宋翔鳳過庭錄，郝懿行爾雅義疏，皆主此説。今案舍人者自是其名，漢人稱臣例不自記其姓，故往往名存而姓不可考，如漢書有臣瓚注即其例，詳見胡元玉雅學考及劉師培左盦集卷三注爾雅舍人考。其雖爲犍爲郡文學，而其時代則當在漢武以後，何以言之，蓋爾雅一書之傳習，孝平以前猶未盛行，至平帝元始四年王莽始令天下通爾雅者詣公車見漢書莽傳上，及乎東漢，光武遊於靈台，竇攸獨能有鼮鼠之辨，乃詔群臣子弟從之受爾雅，足證東漢之初習此者尚鮮，若舍人果爲武帝時人，而有爾雅注，則劉歆七略又必著目，今漢志不載其書，是非武帝時人也。

其次，陸氏釋文及唐人五經正義與宋邢昺爾雅疏，所引舍人之注已雜有類似白虎通之訓釋，如宵，陽氣消也，宧，東北陽氣始起，萬物所養，故謂之宧，宎，東南萬物生，蟄蟲必出必與畢通，無不由户宎之類，皆哀平之際，讖諱之説既起以後，所用説經解字之法也，此與白虎通何異，是又舍人必在武帝以後之説也。然則元朗之言，實不可信。

今提要據豹鼠之辨及犍爲舍人注爾雅，以謂爾雅在武帝以前成書，其證據皆欠確鑿，已分辨至清。今之爾雅釋山有霍山爲嶽之文，以霍山爲南嶽，始自漢武，若爾雅在漢武以前，則又何説。要之，爾雅爲漢人所纂集，其成書蓋當在漢武以後，哀平以前。

《爾雅》研究專著存目

此存目列《爾雅詁林》、《爾雅詁林叙錄》未收之爾雅研究專著。其中大部分亡佚未見。即尚存之書，涉及諸多原因未能收入，亦列出以資參考。

凡古注已佚，而由後學輯佚，輯本又收入本書正編者，此不復重出。如漢犍爲文學注、樊光注等。

存目中，凡亡佚者，注明佚，存亡不明又確實未見者注明未見。

六朝·陳 江灌 爾雅音 八卷 佚

案，隋書經籍志云：爾雅音八卷，祕書學士江灌撰。此書隋志而外，皆題江灌。此從胡元玉雅學考。

六朝·陳 江灌 爾雅圖贊 一卷 佚

案，舊唐志云：爾雅圖贊二卷，江灌注。新唐志云：江灌圖贊一卷。胡元玉雅學考云：灌當爲潅。

佚名 爾雅兼義 十卷 佚

佚名 爾雅發題 一卷 佚

佚名 爾雅音訓 二卷 佚

佚名 互注爾雅貫類 一卷 佚

隋 釋智騫 爾雅音義 二卷 佚

唐 曹憲 爾雅音義 二卷 佚

五代 孫炎 爾雅疏 十卷 佚
五代 高璉 爾雅疏 七卷 佚
五代·蜀 毋昭裔 爾雅音略 三卷 佚
宋 王雱 爾雅 佚
宋 潘翼 爾雅釋 佚
宋 王應麟 爾雅奇字音義 二卷 明抄本
元 危素 爾雅略義 十九卷 未見
元 胡炳文 爾雅韻語 未見
明 薛敬之 爾雅便音 未見
明 羅日褧 爾雅餘 八卷 未見
明 譚吉璁 爾雅廣義 五十一卷 未見
明 陳深 十三經解詁·爾雅 未見
爾雅綱目 未見
清 陳鱣 爾雅舊注 三卷
清 戴震 爾雅文字考 一卷 未見
清 錢大昕 爾雅釋文補 三卷 抄本
清 王念孫 爾雅雜纂不分卷 手稿本
爾雅分韻不分卷 手稿本
清 顧澍 爾雅會編一卷，附音注難字考辨

爾雅會編旁音二卷　未見

清　翁方綱　爾雅附記一卷　抄本　未見

清　朱士端　爾雅考略一卷　手稿本　未見

清　王時亨　袚心堂讀疋孔見三卷，外編一卷　抄本　未見

清　王廷燮　爾雅節訓一卷　未見

清　史詮　爾雅異文考　手稿本

清　沈潮　爾雅箋釋　手稿本

清　李銘漢　爾雅聲類釋詁一卷　稿本

清　王仁俊　爾雅學　手稿本　未見

爾雅釋草釋木統箋不分卷，後案不分卷　稿本

民國　羅時憲　爾雅確詁録四卷

黄侃　爾雅聲類表

駱鴻凱　爾雅論略

方俊吉　爾雅義疏釋例

責任編輯的話——代後記

黄榕

煌煌五大卷、洋洋千萬言的《爾雅詁林》擺上案頭，作爲責任編輯的我，禁不住心潮激蕩，感慨萬千。

七年前，我奉湖北省新聞出版局邱久欽副局長及湖北教育出版社武修敬社長的委派，專程去湖北大學古籍研究所了解國家古籍整理「八五」規劃重點項目《爾雅詁林》的編纂情況。行前，邱局長向我介紹：湖北大學古籍研究所的學者曾參與我國有史以來最大最具權威性的字典《漢語大字典》的編纂工作，是做過重大貢獻的「有功之臣」；而且還編著、出版了一大批高質量的學術著作及工具書。其領頭人是《漢語大字典》的副主編、著名語言學家、文獻學家朱祖延教授。《爾雅詁林》即由朱先生主編。

跨進湖北大學古籍所的大門，我髣髴進入另一個天地——陳舊的房舍、清冷的空間、一架架綫裝書……令人感受到濃郁的學術氛圍。副所長、副主編張林川教授，忙不迭地請我去看《爾雅詁林》的工作現場。我看到了十數位衣著簡樸、埋頭苦干着的人；看到了他們用四年時間，跑了十幾個大圖書館複印或拍攝來的《爾雅》研究專著一百四十四種，還有一點一滴搜集整理裝了九個兩米多高大櫃子的十萬餘張卡片，以及一臺超期「服役」的老式複印機……我在心裏慶幸自己結識了一個堅忍、博大、富於理想、甘於清貧、擔文化道義於一身的中國知識分子群體。

十一年前，湖北大學古籍所的老師們是在完成了《漢語大字典》的工作後，未作任何休整，即接下了《爾雅詁林》這個國家級課題的。當時，社會上有論調説：西方人没有那么多古文化，可人家比東方經濟發達，言下之意是没有古文化的社會反而進步快。但古籍所的老師們堅定地認爲：古代典籍是中國文化的載體，對古籍的整理研究，無疑是匯聚英華、弘揚國粹、振興華夏的千秋偉業、萬世功德。

他們的觀點是對的。我們知道，《爾雅》是我國最早的一部解釋詞義的專著，也是一部按照詞義系統和事物分類編纂的詞典，還可以説，是我國第一部具有百科性質的工具書。《爾雅》自定型成書廣爲流傳後，由於自身不可估量的文獻價值及某些方面的不足，曾經吸引了一代又一代的「爾雅學」學者從各個方面對他展開研究，因此，選定這一科研項目具有深遠意義。

一九八六年，在殷孟倫、顧廷龍等老一輩專家的支持下，朱祖延先生組織湖北大學古籍研究所同仁，開始了艱苦卓絶的《爾雅詁林》編纂工作。作爲全國「爾雅學」研究的資料中心，湖北大學古籍所有一個艱苦奮鬬的、非常團結的科研班子，明知從事古籍整理研究太苦太累，干大項目更苦更累，「關鍵時刻甚至有逼命的感覺」。然而，爲祖國文化事業獻身的共同理想，使他們勇往直前，無所畏懼。經過十餘載的不懈努力，終於獲得了成功。

《爾雅詁林》既是一部大型的古籍整理著作，又是一部資料豐富的百科性工具書，既是一部《爾雅》學大全，又是一部大型的古詞語訓釋的資料性辭書。他仿清人丁福保《説文解字詁林》體例，匯歷代《爾雅》研究著作於一書，有購一書而衆書俱備之效，查一詞而諸説悉在之功，且爲保存古文獻、使之留傳千古而功不可没。

從一九八六年到一九九六年，十度春秋，幾多風雨，《爾雅詁林》編纂者們有説不盡的話題：「字字看來皆是血，十年辛苦不尋常。」他們有遠大的學術眼光，有很高的學術造詣，掙脱了名繮利鎖，特别能吃苦，所以干了别人想干而不能干的事情。張林川教授説：「我們古籍所的成員長期從事古籍整理實踐，有三代人工作經驗和理論感受的積累，就是青年人大多也坐了十來年的冷板凳。現在有這樣一支隊伍不容易，年輕、無私、不浮躁，每月人均六百元的薪水，還願意在古書裏翻來翻去，是不多見的。」話雖平實，無私奉獻的精神，實在感人至深。這甚至使我聯想起佛教中世尊釋迦牟尼的名號，又可意譯爲「寂默」、「能忍」，没有這「寂默」、「能忍」的定力，是不可能在古籍整理、研究這方冷寂的淨土中，淡泊名利，榮辱不驚，幾十年如一日地默默奉獻的。正是有了如許一批仁人志士——窗外，物欲横流；室内，古卷青燈。「不受塵埃半點侵，竹籬茅舍自甘心」——數十載含辛茹苦地工作，我們的古籍整理、研究事業才如一天好月，照徹人寰。

面對「詁林人」（《爾雅詁林》編者）的這部古籍整理巨著，每讀一頁，我都會憶起成書過程中的人和事。我想，他們的事蹟完全可以同學術一樣傳之永久，啓悟方來。記得《爾雅詁林》上馬伊始，首當其衝的是資料的收集。要把歷來關於《爾雅》的研究專著、論文、散見於古籍中相關的資料收齊，談何容易？爲此，六七位先生，幾乎跑徧了大半個中國。不用説去了包括北京大學、復旦大學、山東大學、四川大學在内及江蘇、浙江等地的十幾個大圖書館，更遑論武漢地區的藏書機構了。每到一處，複印、拍照，經年累月，終於將關於《爾雅》的研究專著基本收齊，計一百四十四種，後經甄別、篩選，使用了一百四十種，還做了十萬餘張資料卡片。當時，大家工資都很低，基本没有補貼。遠行總是選擇火車的硬座、輪船的五等艙，連到成都的三天兩夜亦不例外。到了目的地，總是找最廉價的住所。有次去北京，住的是北京圖書館旁邊地下室的大統鋪，日租金不到二元錢。餓了，啃口燒餅；渴了，喝口自帶的白水。這樣的日子，不是一天兩天，而是四年。古云「石可破也，而不可奪其堅；丹可磨也，而不可奪其赤」，恰是對收集資料的「詁林人」的寫照。

古籍的複印件拿回以後，須照原樣複印一套製成卡片，以作爲進行標點的底稿本。書稿的整體結構、編纂體例，包括研究專著的分類、不同類型文獻資料的編排、重要研究著作和一般著作的先後次第等，也要絞盡腦汁、煞費苦心地設計。最後還要通過複印機，將稿面大小不一、字蹟深淺不等的複印件或相片，再度複印成大小一致、墨色相同的剪貼本。複印的尺寸不能隨心所欲，有的是放大後再縮小，有的是縮小後再放大，顛來倒去，往往要費半天時間才能弄出一張合乎尺寸的影印稿面。全書所用的古籍，每種以三百五十頁計，一百四十種書複印兩套就是十萬頁，大部分都不是一次成功的。從《爾雅詁林》工作開始，古籍所的複印機已是接近壽終正寢，但没有經費添置新的，只好將就着用。三天兩頭鬧「罷工」的老爺機，曾先後换過三個硒鼓。負責複印的是《爾雅詁林》的副主編黄毓儀教授。他在業餘時間裏用這臺機器工作了大半年，最後報酬僅一百五十元，還不肯收。他説：「我搞複印收獲大大的，差不多成了修理複印機的高手。以後荒年也餓不死我這手藝人。」説完，自顧地笑起，那笑聲中藴含着無怨無悔的豪情，大家胸中也油然生出一股浩然之氣。

草稿本形成後，還有大量的工作——歸類、編排、除污、描字、剪貼、校對、標點。古籍所投入了全部力量，二十多人至少又忙了三年，草稿始成定稿。説起這三年時光，光是描字，個個都像經歷了一場「煉獄」。字不僅要描正確，還要符合原版的筆鋒，時間長了，頭昏眼花，飯吃不下，覺睡不著。這個星期描字，下個星期連書報都不想看，到後來，只要看到字就發暈、就惡心。到這個份上，還得做下去。兩度複印的草稿本，字蹟不清的實在太多，爲了提高影印本的清晰度，描字的工作量就相當大，但描上一個星期，補貼才五十元。而「詁林人」硬是咬着牙干完了這件不尋常的事。説到剪貼，是個細致活，也是個苦差事。時逢盛夏，武漢是個遐邇聞名的火爐城，古籍所没有空調設備，又在頂樓，熱的程度，非親身體驗是無法想象的，但爲了剪貼工作，在攝氏四十度的高溫下，不敢開電扇，怕把剪下來的草稿吹跑了。每個人只好把濕毛巾搭在身上，肘下墊上乾毛巾，幾個小時下來，濕毛巾更濕，乾毛巾也濕了，把水擰一擰，再接着干。五十平方米的房間，七個人剪貼，不需兩天，剪下來的紙就可以把人的脚埋起來。每當剪貼完一部分，還要把剪下來的紙再檢查一徧，怕有甚麼「閃失」。

甚麼叫「守其初心始終不改」，甚麼叫「雖九死其猶未悔」？請看「詁林人」吧！十年的辛苦，縱然不是體力勞動，但對人的精神消耗是巨大的。我接到《爾雅詁林》書稿時，衹有一個感覺：手裏正捧着一團火。我深深地感謝「詁林人」——他們是我的表率，是祖國優秀文化傳統、人文精神的傳薪者！

寫到此處，我自然想起了主編朱祖延教授。先生早年畢業於中央大學中國文學系，是大學者汪辟疆、殷孟倫的高足，溫文爾雅，慈眉善目。每次見到他，我立刻想起蒙田的名句：「真正的學者就像田野上的麥穗……當牠飽滿而成熟的時候，牠總是表現得很溫順的樣子，低垂着腦袋。」先生不幸身罹絶症，是在手術後拖着羸弱的身軀，開始主持《爾雅詁林》編纂的。作爲主編，他事事親力親爲，審讀書稿常至深夜。爲照顧行動不便的師母，先生還承擔不少家務。年逾古稀的老人，又是惡性腫瘤的患者，先生卻始終微笑着，數年如一日，一字一句地審讀書稿，然後在書稿袋上端端正正地簽上自己的名字，他説這就是千金一諾，這就是問心無愧。最讓人難忘的是一九九五年夏，爲《爾雅詁林》印刷校對事，先生一日驅車近四百公里，趕到位於襄樊市的文字六〇三廠。正逢百年不遇的酷暑，車間裏熱浪滚滚。大家請先生不要到車間去，先生不允，他説：「今天的計劃没有完成，還有明天；今生的心願没有實現，卻不再有來世了。我現在最大心願就是將《爾雅詁林》盡快盡好地出版，上對得起祖宗前輩，下對得起讀者諸君。」於是，他與年輕的健康人一起，堅持到工作完成。編纂《爾雅詁林》十年，每憶往日辛酸，先生總是淡淡的一句：「哦，那比繡花都難多了，但我們别無選擇，祇有豁出命來干。」聽到這話，我感到有一種特别的溫馨徐徐抵達内心深處，那是生活激情最本質的東西——對祖國的摯愛，對祖國優秀傳統文化的信任和追求！

還要寫到的是三位副主編：謝先俊、黄毓儀、張林川。

一九九五年，書稿即將付印，前後不到五個月，謝、黄二位老師相繼離世。每想起二位對《爾雅詁林》不可替代的貢獻，想到僅五十出頭的他們就被癌症奪去了生命，作爲責任編輯，不禁悲從中來。我覺得他倆是被《爾雅詁林》累病的。如今，二師已逝世兩年，我祇能記誦朱祖延先生爲他們撰寫的挽聯，緬懷他們。挽謝師聯云：「枕經葄史，考獻徵文，故紙堆中消日月；樂道安貧，奉公盡職，儕朋輩裏失儀型。」挽黄師聯云：「天喪斯文，百歲光陰年始半；人懷軫悼，一門孤寡夢難圓。」想到那兩次送行，白髮人送黑髮人，先生又是何等悲傷！

二師的家境都不好。謝師的愛人患精神分裂症，兩個兒子尚年少，他自己又有嚴重的高血壓、冠心病。每日上班是拄杖而行。到出版社上樓時要喘息好一會才能恢復常態。但送樣條、送書稿，謝師總是親自來。我曾多次勸他，讓年輕人跑好了，他當面諾諾，可到時候還是照來不誤。使我永遠記憶猶新的是送《爾雅詁林》書稿的那一天，古籍所來了一彪人馬，個個像過節般喜笑顔開。二十多隻碩大的書袋用繩子捆紮得整整齊齊。我發現，他們每人每次衹送一袋上樓來，並不用手提捆繩，而是緊緊地抱在懷裏。我很奇怪：爲甚麽不提捆繩，那不是省力得多嗎？謝師好像看出了我的疑竇，説：「提着上樓會把書稿弄壞的，我們在家裏就規定，衹准抱不准提。」我明白了，他們緊緊抱着的，像小心翼翼抱着十世單傳的兒子似的，是二十多人十年的心血與汗水的結晶！謝師病重時，我曾去探望，因化療，他頭髮全掉光了，人瘦得變了形。但當我告訴他《爾雅詁林》已成型時，他兩眼頓時有了光彩。

黄師是患肝癌去世的。他原本就有肝病，工作時，常是一手按着肝區，一手忙碌。就是在肝病疼痛最厲害的時候，還堅持收集了四十萬字的資料。他長期勞累過度，生活又不寬裕，平時省吃儉用成了習慣，病發作狠了，去開上兩三元錢一瓶的養血疏肝丸，就高興得很。大家説，這藥根本治不了肝病，他的病是被耽誤了的呀！説到這裏，説話的人和聽話的人都不由得潸然泪下。幾年前，不少知識分子下海，黄師也面臨一個十字路口。他的岳母有一手加工制作珠寶飾品的好手藝，想自己開公司，力邀女婿出面主其事。長期的清貧，使黄師動了心。但一想到《爾雅詁林》任務正緊，知識分子的良知和對祖國文化事業的忠誠，使他很快調整了心態，校正了方向，義無反顧地承擔起副主編的責任。人生中有許多「或許」，用於黄師，是否可以這樣説：如果他選擇了另一條路，或許現在已成爲大款，那冷月空山之中，或許會少一孤魂咧。

天忌英才，謝黄二師都還是盛年，正是做學問的大好時期，卻不幸英年早逝，在人生征途上，盡管道路坎坷，環境艱苦，他們始終是爲祖國古籍整理、研究事業嘔心瀝血、至死不悔的殉道者。「此身已作在山泉，涓滴無由補大川」，兩個崇高的生命逝去了，但他們的生命與鍾愛的事業永存，將與傳之久遠的泱泱巨著《爾雅詁林》同在！

張林川教授是古籍所最年輕的所長，但工作的勞頓，生活的清苦，痛風病的折磨，四十出頭的人已顯出早衰的症候。一提到他，我眼前就出現那拖着病腿一瘸一拐地爲《爾雅詁林》奔忙的身影。他厚道、沉穩、執著，凡事總爲别人設想。在「詁林人」中，除以上提到的幾位外，他可説是貢獻最大的。但在署名時，他悄悄將自己擺在最後，實際上他是執行副主編。十多年間，有數不清的難處，亂如麻的頭緒，始料不及的情况，他總是領着「詁林人」迎難而上。人譏之，一笑；人贊之，亦一笑；人漠然之，復一笑。人的一生中，能有幾個十年？他從頭角崢嶸的青年，進入早生華髮的中年，將最可寶貴的年華都奉獻給了《爾雅詁林》。祇管耕耘，不問收獲，最後所得酬勞是多少呢？「弱水三千，我祇取一瓢飲」，他自己從整個稿酬中執意祇領取了四千元。區區的四千元呵，你如何能報償「詁林人」十年來的勞績？寫到這裏，我已無法再繼續下去，雙眼噙滿感動的泪水，面前一片模糊……

以上所述，不過是幾位代表人物，更多的「詁林人」同樣像勤勉的農夫，無論春夏秋冬，日曬雨淋，精心耕耘滿藴希望的土地，又像傳道的聖者，無論雲山蒼蒼，江水蕩蕩，手中的火炬永不熄滅。他們勤奮而寂寞地工作、生活着，除卻偶爾在同行、學生那兒獲得幾聲喝彩外，其孜孜以求、殫精竭慮得來的成果，通常並不爲多人所知曉。可是倘若没有這許多耐得清寒的人做出努力與貢獻，我們的學術領域將會有一片怎樣的荒漠？

我還要説的是，《爾雅詁林》之所以能成功地推出，離不開方方面面的支持與幫助，對此，我要表示由衷的感謝。

感謝中華書局的有關同志。《爾雅詁林》原「前編叙錄」部分是交中華書局出版的，且已由責任編輯張力偉先生發了稿。當我們湖北教育出版社接受出版《爾雅詁林》後，爲保持全書的完整性，便向中華書局提出轉讓

「前編叙錄」部分版權的請求。中華書局很快就同意了，而且隻字未提轉讓費用，真乃大家風範，使我永誌難忘。

感謝湖北省新聞出版局的領導，他們從始至終關注着《爾雅詁林》的出版，不止一次地在會議上高度評價了《爾雅詁林》的學術價值及出版意義。在我工作遇到阻力時，局領導都親自出面斡旋。這些對我來説，不啻是極大的原動力。

感謝文字六〇三廠的工人師傅。《爾雅詁林》不久前榮獲國家新聞出版署印刷優質産品的光榮稱號，是與六〇三廠的工人師傅們所付出的辛勞與汗水分不開的。

更要感謝我社的同仁。没有社領導的支持，出版科的努力，紙張科的參與，發行科的配合，我憑個人力量是不可能完成這一巨大工程的。

總而言之，回憶擔任《爾雅詁林》責任編輯七年來的往事，有許多東西發出光芒，如星光，如月色，耐你久久地看，引你細細地想，可以從中悟出一些人生的况味。於是，我滿懷敬意，寫下如上的文字，權代後記。